【개정신판】

국어실용사전

한자어 · 외래어

국어 실용 사전 편찬 연구회 편

■ 다기능 다활용 국어 실용 사전 ■
- 학습 및 일상 실무에 필요한 한자어 5만여 어휘 수록
- 최근 신어 · 전문어 · 숙어 대폭 수록
- 단어마다 영어 · 일어를 달아 한영 · 한일 사전 겸함
- 한자 표제어마다 표준 펜글씨 제공
- 신속한 이해를 위한 삽화 제공
- 부록으로 최신 영자 약어 수록

(주)교학사

머 리 말

자기가 찾는 낱말이 그 사전에 보이지 않을 경우, "이 사전은 틀렸다."고 단정하는 예를 본다. 그 사전이 그 낱말을 빠뜨렸다기보다는 더 큰 사전에서 찾아보아야 한다.

무슨 사전이든 어휘가 많은 것이 좋지마는, 전공하거나 연구하는 이가 아닌 일반인에게는 일상 생활의 범위를 약간 넘은 간편한 것이 오히려 편리하다.

이 사전은 우리말의 고유어를 뺀 국어 사전이라고 할 수도 있고, 한자어 사전이라고도 할 수 있다.

학생이 공부를 하면서, 공무원이 기안을 하면서, 회사원이 상용 편지를 쓰면서, 말은 알면서도 그 말을 한자로 어떻게 쓰는지 얼른 생각나지 않는 경우가 종종 있다. 그런 때에 이 사전이 즉시 해결해 줄 것이다.

또 한자어 각각에 그 말에 해당되는 일어와 영어를 달아 놓아 한일 사전과 한영 사전의 구실도 겸하도록 하였다.

외래어의 경우도 마찬가지다. 날로 밀려드는 외래 문화의 영향으로 늘어나는 외래어를 널리 거두어 넣었다.

외래어의 표제어는 외래어 표기법에 따라 실었다.

이 사전이 편리성을 갖춘 실용적인 사전으로서 새시대를 사는 학생과 일반 교양인에게 항상 책상머리에 놓고 보아야 할 필수품의 하나가 될 것으로 믿는다.

2000년   월   일

국어 실용 사전 편찬 연구회

일러두기

표제어에 대하여

1. 표제어의 내용

표제어는 중학생부터 일반 사회인까지 일상 생활에 필요한 약 5만여 어를 골랐다. 즉 일상 용어는 물론, 신문·잡지 그 밖의 간행물에서 수집한 신어와 시사 용어·편지·사무 용어, 그리고 정치·경제·사회·자연 과학 등의 전문어·학술어까지 널리 거두어, 사전 본래의 사명에서 다시 한 걸음 나아가 소형 백과 사전적 요소를 겸하게 하였다.

2. 한자 표제어

한자(漢字)는 교육용 기초 한자 1800자는 물론, 그 밖의 일상어에 쓰이는 자를 널리 수록하였다. 교육용 기초 한자에서, 중학교용에는 * 고등 학교용에는 ☆ 표시를 하였다.

3. 외래어 표제어

일상어뿐 아니라, 그 밖의 전문어·경제 용어·신어까지 널리 거두어 넣었다.

주석에 대하여

주석은 기존 국어 사전과 달리 간결·평이하게 함을 원칙으로 하였고, 주석 끝에는 적절한 용례를 보였다.

펜 글자에 대하여

펜 글자는 서예가 죽사(竹史) 박충식(朴忠植) 선생이 쓴 것이다. 한자는 활자체와 서사체가 반드시 같지 않으므로 본보기로 보였다.

약어와 부호

1. 외국어의 약어

그 그리스어
네 네덜란드어
노 노르웨이어
독 독일어
라 라틴어
러 러시아어
말 말레이시아어
범 범어
아 아라비아어

에 에스파냐어
이 이탈리아어
페 페르시아어
포 포르투갈어
프 프랑스어
헤 헤브루어
힌 힌디어
영어는 표시하지 않았음

2. 부호

: 장음 표시.
⇨ ……을 보라. 한쪽의 설명을 생략해서 주석의 중복을 피했음.
← 바뀐 발음의 어원 앞에.
= 동의어 또는 유의어.
↔ 반대 또는 대응어.
㊒ 준말 앞에.
「 」 예문.

부록에 대하여

일상 언어 생활에 흔히 쓰이는 외국어 약어뿐 아니라 새로이 통용되는 각 분야의 최신 영자 약어를 널리 모아 알파벳순으로 배열하고 주석을 풀어 놓아 일목요연하게 정리하였다.

가[加]* 더할 가:더하다. 합치다. 보태다.「追加(추가)・增加(증가)・加筆(가필)・加減(가감)」カ・くわえる

가:[可]* ① 옳을 가:옳다. 좋다.「可否(가부)・可決(가결)」② 허락할 가:허락하다.「許可(허가)」カ・よい

가:[佳]* ① 아름다울 가:아름답다. 예쁘다. 좋다.「佳期(가기)・佳人(가인)・佳婦(가부)」② 착할 가:착하다. 좋다. カ・よい

가:[呵] ① 꾸짖을 가:꾸짖다. 야단치다.「呵責(가책)・呵止(가지)」② 껄껄 웃을 가:큰 소리로 웃다.「呵呵大笑(가가대소)」カ ① しかる ② わらう

가[柯] ① 가지 가:나뭇가지.「柯葉(가엽)・柯條(가조)」② 도끼 자루 가:「柯木(가목)」カ ① えだ

가:[苛] ① 가혹할 가:가혹하다. 심하다.「苛斂(가렴)・苛酷(가혹)」② 까다로울 가:까다롭다.「苛禮(가례)・苛細(가세)」カ・きびしい

가:[架]☆ ① 건너지를 가:건너지르다.「架橋(가교)・架設(가설)」② 시렁 가:시렁.「架子(가자)・架臺(가대)・書架(서가)」カ ① かける

가[哥] ① 노래 가:노래. 노래하다. ② 언니 가:형. ③ 가가:성.「金哥(김가)・李哥(이가)」カ ① うた・うたう ② あに

가[家] ① 집 가:집.「草家(초가)・家間事(가간사)」② 집안 가:집안.「家禮(가례)・家長(가장)・家門(가문)」カ・ケ ① いえ・や

가[迦] 부처 이름 가:「釋迦(석가)・迦比羅(가비라)・迦藍(가람)」カ・ほとけ

가:[假]* ① 거짓 가:거짓. 임시.「假死(가사)・假面(가면)・假屋(가옥)・假託(가탁)」② 빌릴 가:빌리다.「假借(가차)」③ 빌려 줄 가:빌려 주다.「假貸(가대)」カ・ケ ① かり ② かす

가[街]* 거리 가:거리. 네거리.「街路(가로)・街頭(가두)・街道(가도)・十字街(십자가)」ガイ・かい・まち

가[嫁] ① 시집갈 가:시집가다. 출가하다.「嫁期(가기)・出嫁(출가)・嫁資(가자)」② 떠넘길 가:떠넘기다.「轉嫁(전가)・嫁罪(가죄)」カ ① よめ・とつぐ ② なすりつける

가[賈] ⇨가(價).

가[暇]☆ ① 한가할 가:한가하다.「閒暇(한가)・暇日(가일)」② 겨를 가:겨를. 틈.「暇隙(가극)・餘暇(여가)」カ ② ひま

가[嘉] ① 아름다울 가:아름답다. 좋다.「嘉木(가목)・嘉賓(가빈)」② 즐거울 가:즐겁

다. 경사스럽다. 「嘉慶(가경)·嘉禮(가례)」カ ① よい 嘉禮

가[歌]* 노래 가: 노래. 노래 부르다. 장단 맞추다. 「歌曲(가곡)·歌妓(가기)·歌舞(가무)」カ・うた・うたう 歌曲 歌妓 歌舞

가[稼] 심을 가: 심다. 「稼穡(가색)·稼業(가업)」カ・うえる・かせぐ 稼業

가[價]* ① 값 가: 값. 「價格(가격)·定價(정가)」② 값어치 가: 값어치. 「價値(가치)」カ ① ねだん ② あたい 價格 價値

가:[駕] ① 수레 가: 수레. 가마. 「駕轎(가교)」② 탈 가: 타다. 「御駕(어가)」カ・ガ ① のりもの ② のる 駕轎 御駕

가:가[呵呵] 껄껄 우유 소리 내어 웃음. 「~대소(大笑)」かか   burst of laughter 呵呵

가:가[假家] ① 임시로 지은 집. =가옥(假屋). ② 가게의 원말. ① temporary house 假家 假屋

가가례[家家禮] 그 집안 고유의 예법·습관.   family code of etiquette 家家禮

가감[加減] ① 더하고 뺌. ② 적당히 조절함. かげん ① addition and subtraction ② modification 加減

가감법[加減法] 가법(加法)과 감법(減法). 더하기와 빼기.   method of addition and subtraction 加減法 加法

가감승제[加減乘除] 덧셈·뺄셈·곱셈·나눗셈의 총칭. かげんじょうじょ 加減乘除

가객[佳客] 반가운 손님. =가빈(佳賓·嘉賓).   welcome visitor 佳客

가격[價格] 값. かかく   price 價格

가:결[可決] 제출된 의안을 좋다고 인정하고 결정함. ↔부결(否決). 「~안(案)」かけつ   passing 可決

가:경[可驚] 놀랄 만함. 「~할 일」   surprisingness 可驚

가경[佳景] 아름다운 경치. =절경(絶境). かけい   beautiful scenery 佳景

가경[佳境] ① 경치 좋은 곳. ② 묘미가 있는 고비 또는 장면. 「점입(漸入)~」 かきょう ① scenic place ② climax 佳境

가경[家慶] ① 집안의 경사스러운 일. ② 오랫동안 객지에 있다가 집에 돌아가 양친을 뵙는 일. ① happy event in a home 家慶

가계[家系] 한 집안의 계통. =혈통(血統). かけい   family line 家系

가계[家計] ① 한 집안의 경제. 살림살이. 「~부(簿)」 ② 한 집안의 생활 정도. =생계(生計). かけい   housekeeping 家計 生計

가계부[家計簿] 집안 살림의 수입·지출을 적는 장부. 「~를 쓰다」かけいぼ   domestic account book 家計簿

가:계약[假契約] 임시로 맺는 계약. かりけいやく   provisional contract 假契約

가:계정[假計定] 회계 처리에서 임시로 설정한 계정. 가불금(假拂金) 계정·가수금(假受金) 계정 따위.   suspense account 假計定 假受金

가곡[歌曲] ① 노래. ② 우리 나라 고유 음악의 한 가지. ③ 독일에서 발달된 성악곡. かきょく   ① song ③ lied 歌曲

가공[加工] 일정한 제품을 만들기 위하여 원료에 인공(人工)을 가함. 「농산물(農産物)~」かこう   manufacturing 加工 人工 農産物

가:공[可恐] 두려워할 만함. 可恐
「～할 일」 fearfulness

가:공[架空] ① 공중을 건너질 架空
러 매닮.「～ 철도(鐵道)」②
근거가 없는 일.「～의 사실
(事實)」かくう 事實
① overhead construction ②
fictitiousness

가공 수입[加工輸入] 가공해 加工
서 판매・수출하기 위해 원료 輸入
를 수입하는 일. かこうゆ
にゅう

가공업[加工業] 가공을 전문 加工業
으로 하는 공업의 한 분야. か 專門
こうぎょう
manufacturing industry

가:관[可觀] ① 볼 만함.「설악 可觀
산의 단풍이 ～이다」② 구경
거리가 될 만함.「꼴이 ～이다」
① spectacle ② a sight

가:괴[可怪・可恠] 괴이하게 可怪
여길 만함. queerness

가:교[架橋] ① 다리를 놓음. 架橋
「～ 공사(工事)」② 건너질러 工事
놓은 다리. かきょう
① bridging

가:교[假橋] 임시로 놓은 다 假橋
리. かりばし
temporary bridge

가:교[駕轎] ① 두 필의 말이 駕轎
앞뒤에서 메고 가던, 임금이
타는 가마. ②쌍가마. ① horse-
carried royal palanquin

가구[佳句] 잘 지은 글귀. か 佳句
く fine sentence

가구[家口] ① 집안 식구. 또는 家口
그 수효. ② 한 집안. ＝세대
(世帶).「～주(主)」
① family ② household

가구[家具] 세간. ＝가재 집물 家具
(家財什物). かぐ furniture

가구[街衢] ① 거리.「～경행 街衢
(經行)」② 시정(市井). ＝가
항(街巷). がいく street

가구주[家口主] 한 집안의 주 家口主
장이 되는 사람. ＝세대주(世
帶主). householder

가규[家規] 집안의 규율. 家規
family rule

가극[歌劇] 노래를 중심으로 歌劇
전개되는 음악극. 오페라. か
げき opera

가:근[假根] 선태류(蘚苔類)의 假根
수분을 섭취하는 기관. 헛뿌
리. かこん rhizoid

가금[家禽] 집에서 기르는 닭・ 家禽
오리 따위의 날짐승. ↔야금
(野禽). かきん domestic fowl

가:급적[可及的] 되도록. 될 可及的
수 있는 대로. かきゅうてき
as...as possible

가:긍[可矜] 가엾고 불쌍함. 可矜
「～한 처지」 pitifulness

가기[佳氣] ① 상서롭고 좋은 佳氣
기운. ② 좋은 날씨. かき 瑞氣
② fine weather

가기[佳期] ① 좋은 때나 기회. 佳期
② 시집갈 시기. ③ 좋은 철이
나 명절. かき ①③ glorious
season ② marriageable age

가기[嫁期] 시집갈 시기. ＝혼 嫁期
기(婚期). かき
marriageable age

가기[歌妓] 노래를 잘 부르는 歌妓
기생. かぎ

가난[家難] 집안의 재난. かな 家難
ん domestic misfortune

가:납[假納] 세금 따위를 임시 假納
로 냄. かのう
provisional payment

가납[嘉納] ① 기꺼이 받아들 嘉納
임. ② 충고를 기꺼이 들음.
かのう ① acceptance ②
approving gladly

가내[家內] ① 집의 안. ② 한 家內
집안. 가까운 일가. かない

① home ② family

가년[加年] ① 나이를 속여 올림. ② 나이를 한 살 더 먹음. かねん　aging 加年

가능[可能] 할 수 있음. 될 수 있음. ↔불가능(不可能). 「~성(性)」かのう possibility 可能

가니메데[Ganymede] 목성(木星)의 가장 큰 위성. ガニュメデ 木星

가닛[garnet] 석류석(石榴石). ガーネット 石榴石

가단[歌壇] 가인(歌人)들의 사회. かだん world of songsters 歌壇

가:단철[可鍛鐵] 탄소의 함유량을 줄여 불릴 수 있게 만든 쇠. かたんてつ malleable iron 可鍛鐵

가담[加擔] ① 한몫 낌. ② 거늘어 줌. かたん
① participation ② help 加擔

가담항설[街談巷說] 항간에서 이렇다 할 근거 없이 나돌고 있는 소문. がいだんこうせつ gossip 街談 巷說

가:당[可當] ① 사리에 맞음. ② 해 낼 수 있음.
① reasonableness ② ability 可當

가대[家垈] 집터. site of a house 家垈

가대인[家大人] 남에게 자기의 아버지를 이르는 말. =가군(家君). my father 家大人

가도[家道] ① 집안의 생계(生計). ② 집안의 규율. かどう
① livelihood ② family custom 家道

가:도[假道] ① 임시 도로. ② 다른 나라의 길을 임시로 빌림. かどう ① temporary road 假道

가도[街道] 넓고 큰 길. 「경인(京仁)~」かいどう highway 街道

가독[家督] 호주로서의 권리와 의무. 「~상속(相續)」かと patrimony 家督

가돌리늄[gadolinium] 희토류(稀土類) 금속 원소의 하나. 원소 기호는 Gd. ガドリニウム 稀土類

가:동[可動] 움직일 수 있음. 「~교(橋)」かどう mobility 可動

가동[稼動] ① 사람이나 기계가 움직여 일을 함. ② 기계를 움직이게 함. 「~력(力)」かどう working 稼動

가:동교[可動橋] 배가 통과할 수 있도록 다리의 일부나 전부가 열리게 된 다리. かどうきょう movable bridge 可動橋 開閉橋

가:동성[可動性] 움직일 수 있는 성질. かどうせい movability 可動性

가두[街頭] 길거리. =가상(街上). がいとう street 街頭

가두 녹음[街頭錄音] 방송하기 위해 거리에서 녹음하는 일. がいとうろくおん street-corner transcription 錄音

가두 판매[街頭販賣] 정거장·차내·길거리에서 물건을 팖. がいとうはんばい street peddling 販賣

가:드[guard] ① 수위(守衛). ② 농구에서, 상대편의 슛을 막는 일. 또는 그 선수. ③ 미식 축구에서, 센터의 양쪽에 있는 선수. ガード 守衛

가:드레일[guardrail] ① 차도와 인도(人道) 사이에 쳐 놓은 사고 방지를 위한 시설물. ② 철로의 보조 레일. ガードレール 人道

가든 파:티[garden party] 건물 바깥에서 하는 파티. 원유회(園遊會). ガーデン パーティ 園遊會

가등[街燈] 가로등(街路燈)의 街燈

준말. がいとう

가:등기[假登記] 본등기(本登記)를 하기 위한 임시 등기. かりとうき   provisional registration

가람[伽藍] 승 가람마(僧伽藍摩)의 준말. がらん

가량[佳良] 아름답고 좋음. かりょう   goodness

가:량[假量] ① 어림짐작. ② 수량의 대강. 「열 ~」 ① guess ② about

가:려[可慮] 걱정이 됨. 염려스러움.   anxiety

가려[佳麗] ① 예쁘고 아름다움. ② 산수가 아름답고 산뜻함. =미려(美麗). かれい   beauty

가력[家力] 집안의 사는 형편.   housekeeping

가:련[可憐] 불쌍함. 딱하고 애처로움. かれん   pity

가:렴[苛斂] 세금을 혹독하게 거두어들임. 「~주구(誅求)」 かれん   extortion of taxes

가령[加齡] 새해를 맞아 나이를 한 살 더 먹게 됨. かれい   aging

가:령[苛令] 가혹한 명령. かれい   strict order

가령[家令] 대가(大家)에서 집안일을 돌보는 사람. かれい   steward

가령[家領] 한 집안의 소유로 된 땅.   family estate

가:령[假令] 이를테면. =가사(假使)·설령(設令). たとえ if

가례[家禮] 한 집안의 예법.   family code of etiquette

가로[街路] 도시의 넓은 길. がいろ   street

가로등[街路燈] 큰 길 양쪽에 조명을 위해 가설한 등. 준가등(街燈). がいろとう   street lamp

가로수[街路樹] 큰길 양쪽에 보건과 미관을 위해 심은 나무. がいろじゅ   street tree

가록[家祿] 집안 대대로 물려받던 녹(祿). かろく   hereditary stipend

가:망[可望] 될 만한 희망. ↔절망(絶望).   possibility

가맹[加盟] 연맹·동맹 등에 가입함. =가입(加入). かめい   affiliation

가:면[假面] ① 사람이나 짐승의 얼굴 모양을 본떠 만든 것. 탈. ② 본심을 속인 거짓 꾸밈. かめん   ① mask ② pretense

가면[假眠] ⇨가수(假睡). かみん

가:면제[假免除] 어떤 조건 아래서 의무의 부담을 면제하는 일. かりめんじょ   temporary exemption

가명[家名] 한 집안의 명예. かめい   family honor

가:명[假名] ① 가짜 이름. ② 임시로 지어 부르는 이름. ↔본명(本名). かめい   alias

가모[家母] 남 앞에서 자기의 어머니를 이르는 말. かぼ   my mother

가무[家務] 집안일. =가사(家事). かむ   housework

가무[歌舞] 노래와 춤. 춤추고 노래함. かぶ   song and dance

가문[家門] 한 집안의 사회적 지위. =문벌(門閥). 「~의 명예(名譽)」 かもん   one's family

가문[家紋] 한 가문(家門)의 표지로 삼는 문장(紋章). かもん   family emblem

가미[加味] ① 다른 재료를 넣어 맛이 더 나게 함. ② 본래의 것에 다른 것을 더 섞음. かみ ① seasoning ② addition

가미[佳味·嘉味] 입에 맞는 좋은 맛. かみ fine taste

가:박[假泊] 배가 임시로 머무름. かはく temporary anchoring

가:발[假髮] 머리털이나 인조털로 만들어 머리에 쓰는 가짜 머리. かはつ wig

가배[加配] 배급을 더 늘림. かはい additional rationing

가백[家伯] 자기의 맏형을 이르는 말. =가형(家兄)·사백(舍伯). my eldest brother

가벌[家閥] 대대로 내려오는 집안의 지체. =문벌(門閥). lineage

가법[加法] 덧셈의 구용어. かほう addition

가법[家法] 한 집안의 법식이나 규율. =가헌(家憲). かほう family rules

가:변[可變] 변하거나 변하게 할 수 있음. ↔불변(不變). 「~자본(資本)」 かへん variableness

가변[家變] 집안의 변고. domestic misfortune

가보[家譜] 한 집안의 계보(系譜). =가계(家系). かふ genealogy

가보[家寶] 한 집안의 보물. かほう heirloom

가보트[프 gavotte] 프랑스의 4분의 4박자의 경쾌(輕快)한 춤곡. 또는 그 춤. ガボット

가복[家僕] 집에서 부리는 남자 종. =가노(家奴). かぼく manservant

가:본[假本] 가짜로 꾸민 옛 책이나 그림·글씨. ↔진본(眞本). counterfeit copy

가봉[加俸] 본봉(本俸) 외에 더 주는 봉급. かほう additional allowance

가:봉[假縫] 대강 시침질하는 바느질. 시침바느질. かりぬい basting

가:부[可否] ① 옳고 그름. 「~간(間)」 ② 가결(可決)과 부결(否決). かひ ① right or wrong ② for and against

가부[佳婦] 예의 범절이 뛰어나고 아름다운 신부(新婦). beautiful bride

가부[家父] 자기 아버지를 이르는 말. かふ my father

가부[家夫] ① 남에게 자기 남편을 이르는 말. ② 남편이 아내에게 자신을 이르는 말. ① my husband

가:부간[可否間] 옳건 그르건. =좌우간(左右間). anyway

가:분[可分] 나눌 수 있음. かぶん divisibleness

가:분성[可分性] 미세하게 나눌 수 있는 성질. かぶんせい divisibility

가:분수[假分數] 분모(分母)보다 분자(分子)가 큰 분수. ↔진분수(眞分數). かぶんすう improper fraction

가:불[假拂] 임시로 지출함. かりばらい advance

가비알[gavial] 인도산(印度産) 악어의 하나. 악어과 중 가장 큼. ガビアル

가빈[佳賓·嘉賓] ① 반가운 손님. =가객(佳客). ② 귀한 손님. かひん welcome visitor

가빈[家貧] 집안이 가난함. かひん poor livelihood

가빠[←capa 에] ① 비옷의 한

가사[佳士] 행실이 올바른 사람. かし　gentleman

가사[佳詞] ① 좋은 말. ② 아름다운 글. かし
① good words ② fine writing

가사[家事] 집안일. =가무(家務). かじ　household affairs

가:사[假死] 의식을 잃어 죽은 듯한 상태. かし　asphyxia

가:사[假使] ⇨가령(假令).

가사[袈裟・←kaṣāya범] 중이 입는 겉옷. けさ
Buddhist priest's stole

〔가사〕

가사[歌詞] ① 노래의 내용이 되는 글. かし ② 조선 시대의 시가(詩歌)의 한 형식. =가사(歌辭). ① words of a song

가사[歌辭] ⇨가사(歌詞).

가사[稼事] 농사일. かじ　farming

가사체[歌辭體] 사사조(四四調)의 가사 문체.

가산[加算] ① 보태어 셈함. ② 더하기. =가법(加法). かさん　addition

가산[家山] 고향 산천(山川). かさん

가산[家産] 한 집안의 재산. かさん　family property

가:상[架上] 시렁 위. かじょう　on the shelf

가상[家相] 집의 위치・방향・구조로 길흉을 판단하는 일. かそう　aspect of a house

가:상[假相] 덧없고 헛된 현실 세계. ↔실상(實相). かそう
evanescent world

가:상[假象] 실제로는 없는 거짓 모습. かしょう　semblance

가:상[假想] 가정적(假定的)으로 생각함. 「~ 적국(敵國)」かそう　imagination

가상[街上] 가로 위. =노상(路上). がいじょう
on the street

가상[嘉尙] 착하고 기특하게 여김. 또는 착하고 갸륵함. かしょう　praise

가상[嘉賞] 칭찬하여 기림. 「~할 일」かしょう　eulogy

가서[佳婿] 좋은 사위. good son-in-law

가서[家書] ① 집에서 온 편지. ② 집으로 보내는 편지. ③ 집에 간직하고 있는 책. かしょ
① letter from home ② letter to home

가:석[可惜] 아깝고 애석함. regret

가:석방[假釋放] 개전의 정이 뚜렷한 수형자(受刑者)를 형기가 끝나기 전에 행정 처분으로 석방하는 일. かりしゃくほう
release on parole

가선[加線] 악보에서 오선(五線) 아래나 위에 더 긋는 짧은 선. 덧줄의 구용어. かせん　ledger line

가:선[架線] 전선을 가설함. 또는 그 전선. かせん　wiring

가설[加設] 더 설치함. かせつ　addition

가:설[架設] 건너질러 설치함. 「전화(電話) ~」かせつ　construction

가:설[假設] ① 임시로 설치함. ② 없는 것을 있다고 침. =가정(假定). かせつ

가:설[假說] ① temporary construction ② supposition 사실을 합리적으로 설명하기 위해 임시로 내세운 이론. かせつ hypothesis

가:성[苛性] 동식물의 세포 조직을 썩게 하는 성질. 「~소다(soda)」かせい causticity

가:성[家聲] 한 집안의 명성. かせい family reputation

가:성[假性] 병인(病因)은 다르나 증상(症狀)이 진성(眞性)과 비슷함. ↔진성(眞性)「~뇌염(腦炎)」かせい pseudo

가:성[假聲] 일부러 만들어 내는 목소리. 겉청. かせい falsetto

가성[歌聲] 노랫소리. かせい singing voice

가:성대[假聲帶] 진성대(眞聲帶)의 위쪽에 있는 좌우 한 쌍의 성대. かせいたい false vocal cords

가세[加勢] 거들어 줌. =조력(助力). かせい help

가:세[苛細] 까다롭고 번잡함. かさい fastidiousness

가:세[苛稅] 가혹한 세금. =중세(重稅)·혹세(酷稅). かぜい heavy tax

가:소[可笑] 같잖아서 우스움.「~롭다」 comicality

가소[佳宵] ① 기분 좋고 아름다운 저녁. ② 가인(佳人)을 만나는 좋은 저녁. ① good evening

가:소[苛小] 몹시 작음. かしょう tininess

가:소[假笑] 거짓 웃음. simper

가:소성[可塑性] 고체에 압력을 가할 때 형태가 변해 버리는 성질. かそせい plasticity

가속도[加速度] ① 단위 시간에 속도가 증가하는 비율. ② 속도를 더함. かそくど acceleration

가손[家損] 가명(家名)의 손상이나 치욕. damage of one's family name

가솔[家率] 호주나 가구주에게 딸린 식구. =가족(家族). family members

가솔린[gasoline] 휘발유. ガソリン

가솔린 스탠드[gasoline stand] 주유소(注油所).

가:송[架松] 시령을 맨 것같이 가지가 옆으로 뻗은 소나무.

〔가송〕

가수[加數] ① 더하기에서 보태는 쪽의 수. かすう ② 돈의 액수나 물품의 수효를 늘림. ② addition

가수[家數] ① 가벌(家閥)의 정도. ② 집안의 운수. ① social standing of a family ② fortune of a family

가:수[假受] 임시로 받아 둠. 假受

가:수[假睡] 선졸음. 선잠. =가면(假眠). かすい nap

가:수[假數] 로그(log)에서 소수점(小數點) 아래 부분. ↔정수(整數). かすう mantissa

가수[歌手] 노래를 직업적으로 부르는 사람. かしゅ singer

가:수요[假需要] 앞으로의 가격 인상이나 물자 부족을 예상하고 당장은 필요가 없으면서 미리 마련해 두려는 수요. ↔실수요(實需要). かりじゅよう imaginary demand

가스[gas] 기체(氣體)의 총칭. 氣體 ガス

가스 라이터[gas lighter] 액화(液化) 가스를 연료로 쓰는 라이터. ガス ライター 液化

가스 램프[gas lamp] 가스등(燈). ガス ランプ 瓦斯燈

가스 레인지[gas range] 연료용 가스를 이용하는 조리(調理) 기구. ガス レンジ 調理

가스 마스크[gas mask] 방독면(防毒面). ガス レンジ 防毒面

가스 미:터[gas meter] 가스 계량기(計量器). ザス メーター 計量器

가스 버:너[gas burner] 가스를 연료로 하는 버너. ガス バーナー

가스 스토:브[gas stove] 가스를 연료(燃料)로 쓰는 스토브. ガス ストーブ 燃料

가스 터:빈[gas turbine] 고온 고압(高壓)의 가스로 터빈을 회전시키는 원동기. ガスタービン 高壓

가스트로스코:프[gastroscope] 위(胃) 속을 검사(檢査)하는 거울. 檢査

가스트로카메라[gastrocamera] 위(胃) 속을 촬영(撮影)하는 카메라. ガストロ カメラ 撮影

가스 파이프[gas pipe] 가스관(管). ガス パイプ 瓦斯管

가승[家乘] 한 집안의 역사를 적은 책. family chronicles 家乘

가:시[可視] 볼 수 있음. ↔불가시(不可視). かし visibility 可視

가시[佳詩] 아름다운 시. かし fine verse 佳詩

가:식[假植] 임시로 딴 곳에 심음. 한때심기. かしょく temporary planting 假植

가:식[假飾] 거짓 꾸밈. =가분(假扮). かしょく disguise 假飾

가:신[可信] 믿을 만함. reliability 可信

가신[家臣] 정승의 집안일을 맡아보던 사람. =배신(陪臣). かしん vassal 家臣

가신[家信] ① 집에서 온 편지. ② 집으로 보내는 편지. =가서(家書). かしん ① letter from home ② letter to home 家信

가신[家神] 집을 지킨다는 신(神). family deity 家神

가신[嘉辰] 경사스러운 날. =가일(嘉日). かしん auspicious day 嘉辰

가실[家室] ① 한 집안. ② 아내. ① family ② wife 家室

가십[gossip] 사소한 사건에 관하여 흥미 본위로 쓴 기사(記事). ゴシップ 記事

가압[家鴨] 집오리. あひる duck 家鴨

가:압류[假押留] 재산을 임시로 압류하는 법원의 처분. provisonal seizure 假押留

가:애[可愛] 사랑할 만함. かわいい loveliness 可愛

가액[價額] 값. =가격(價格). かがく price 價額

가야금[伽倻琴] 열두 현으로 된 우리 나라 고유의 현악기. 가얏고. 伽倻琴

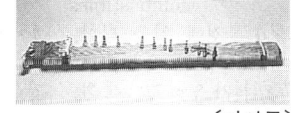

〔가야금〕

가:약[可約] 약분(約分)할 수 있음. かやく reducibility 可約

가약[佳約] ① 연인과 만날 약속. ② 부부가 될 약속. ① date ② marriage vow 佳約

가양[家釀] ① 집에서 빚은 술. 家釀

② 가용(家用)으로 술을 빚음. かじょう　　　home brew

가ː언[假言] 가정(假定)한 말. 假言
かげん　　　　assumption

가언[嘉言] 좋은 말. かげん 嘉言
good words

가ː엄[苛嚴] 가혹하고 엄격함. 苛嚴
かげん　　　　severity

가엄[家嚴] ⇨ 가친(家親). か 家嚴
げん

가업[家業] ① 집안의 직업. = 家業
가직(家職). ② 대대로 물려
내려오는 직업. =세업(世
業). かぎょう
① family occupation

가업[街業] 길거리에서 하는 街業
영업.　　　street peddling

가업[稼業] 광산에서 채광 작 稼業
업을 함. =가행(稼行). か
ぎょう　　　　　working

가역[家役] 집을 짓거나 고치 家役
거나 하는 일.
work on a house

가ː역[假驛] 임시로 마련한 철 假驛
도 정거장. temporary station

가연[佳宴] 경사스러운 연회. 佳宴
かえん　　　happy party

가연[佳緣] ① 아름다운 인연. 佳緣
② 사랑을 맺은 인연.
beautiful connection

가ː연물[可燃物] 불에 잘 타 可燃物
는 성질의 물질. かねんぶつ
combustibles

가열[加熱] 물건에 열을 더함. 加熱
かねつ　　　　heating

가ː열[苛烈] 가혹하고 세참. 苛烈
かれつ　　　　severity

가열[嘉悅] 손아랫사람의 경사 嘉悅
를 좋아하고 기뻐함.

가옥[家屋] 집. 「~세(稅)」 か 家屋
おく　　　　　　house

가ː옥[假屋] 임시로 지은 허술 假屋
한 집. かりや　tabernacle

가외[加外] ① 생각 밖의 것. 加外
② 일정한 것에 더 보탬. extra

가요[歌謠] 곡조를 붙인 노래. 歌謠
「~곡(曲)」かよう　　song

가ː용[可溶] 액체에 잘 녹음. 可溶
「~성(性)」かよう　solubility

가ː용[可鎔] 금속이 비교적 저 可鎔
온에서도 잘 녹음. かよう
fusibility

가용[家用] ① 집안 살림살이의 家用
비용. ② 집안에서 쓰임.
① family expenses ② domestic use

가ː우[假寓] ① 임시로 거처함. 假寓
② 임시로 사는 집. =우거(寓
居). かぐう
temporary dwelling

가우스[gauss] 자속(磁束)의 磁束
밀도를 나타내는 선사 단위.
ガウス

가우초[gaucho] 남미(南美)의 南美
소몰이. ガウチョー

가운[家運] 집안의 운수. 「~ 家運
번성(繁盛)」 かうん
fortunes of a family

가운[嘉運] 좋은 운수. =양운 嘉運
(良運). かうん　gook luck

가운[gown] ① 판검사·변호사
의 법복(法服). ② 잠옷 위에 法服
덧입는 옷. ③ 학위 수여식 등
에 입는 예복. ④ 의사·간호
사의 위생복. ガウン

가월[佳月] 아름다운 달. =명 佳月
월(明月). かげつ
beautiful moon

가월[嘉月] 음력 3월의 딴이 嘉月
름. かげつ
March of the lunar calendar

가ː위[可謂] 흔히 일러 오는 可謂
말 그대로.　　so to speak

가의[加意] 특별히 마음에 둠. 加意
=유의(留意).　　mindfulness

가ː의[可疑] 의심스러움. 可疑

가의[歌意] 노래의 뜻. かい 歌意
    meaning of verse / dubiety

가의[嘉儀] 경사스러운 의식. 嘉儀
  かぎ auspicious ceremony

가이던스[guidance] 지도(指 指導
導). 안내. 오리엔테이션. ガ
イダンス

가이드[guide] ① 안내(案內). 案内
안내원. ② 안내서. 길잡이.
ガイド

가이드라인[guideline] ① 정
책·시책 등의 지침(指針). ② 유 指針
도 지표(誘導指標). ガイドラ
イン

가이드북[guidebook] 관광(觀
光)이나 여행 안내서. ガイド 觀光
ブック

가이드포:스트[guidepost]
① 도로 표지(標識). ② 경제 標識
정책 등의 지침.

가인[佳人] ① 아름다운 여인. 佳人
=미인(美人). 「~ 박명(薄命)」
② 이성으로서 애정을 느끼게 하
는 연인. かじん
  ① beauty ② lover

가인[家人] 집안 사람. かじん 家人
  family members

가인[歌人] 노래를 짓거나 부 歌人
르는 사람. 「~금객(琴客)」
かじん singer

가일[佳日] ① 좋은 날. ② 좋 佳日
은 일이 있는 날. かじつ
  ② auspicious day

가:일[暇日] 한가한 날. かじ 暇日
つ leisure day

가일[嘉日] 경사스러운 날. か 嘉日
じつ fete day

가일층[加一層] 더 한층. 더 加一層
욱더. more

가임[家賃] 집세. やちん 家賃
  house rent

가입[加入] ① 이미 있는 데다 加入
새로 더 넣음. ② 단체에 들어
감. ↔탈퇴(脫退). かにゅう
  ① addition ② joining

가자[家資] 집안의 재산. =가 家資
재(家財). かし
  family property

가자[家慈] 자기 어머니를 이 家慈
르는 말. =자친(慈親). かじ
  my mother

가자[嫁資] ① 시집 보내는 데 嫁資
드는 비용. ② 시집올 때 가지
고 온 재산. かし
  ① money for one's trousseau
  ② dowry

가작[佳作] ① 잘 된 시문(詩 佳作
文)이나 서화(書畫). ② 당선
작(當選作) 다음 가는 작품.
「~ 입선(入選)」 かさく
  ① fine work ② unawarded
good work

가작[家作] 손수 농사를 짓는 家作
일. independent farming

가:작[假作] ① 임시로 만듦. 假作
② 거짓 행동. ① temporary
making ② fraudulent act

가잠[家蠶] 집에서 치는 누에. 家蠶
かさん domestic silkworm

가장[家長] 한 집안의 어른. 家長
かちょう patriarch

가장[家狀] 집안 조상의 행적 家狀
이나 그 기록.
  memories of one's ancestors

가장[家藏] 집에 보관하여 둠. 家藏
「~품(品)」 かぞう
  household possession

가:장[假裝] ① 거짓으로 꾸 假裝
밈. ② 얼굴이나 차림새를 다
른 모습으로 꾸밈. 「~ 행렬
(行列)」 かそう
  ① pretense ② masquerade

가:장[假葬] 시체를 임시로 묻 假葬
음. かそう temporary burial

가재[家財] ① 한 집안의 재산. 家財

② 집안의 세간. かざい ①
family property ② furniture

가재[歌才] 노래의 재주. かさい　singing skill

가재 집물[家財什物] 집안의 세간. ＝가구(家具). furnishings

가전[家傳] 집안에 대대로 전해 내려옴. 「～ 비약(祕藥)」 かでん　hereditariness

가전 제:품[家電製品] 냉장고·텔레비전 따위의 가정용 전기 제품. electric household appliances

가:전체[假傳體] 사물을 의인화하여 전기체(傳記體)로 쓴 문학의 한 형식.

가절[佳節] ① 좋은 계절. ② 경사스러운 명절. 「중추(仲秋) ～」 かせつ ① beautiful season ② auspicious occasion

가절[價折] ① 값을 정함. ② 값을 깎음. ① deciding the price ② reducing the price

가점[加點] 표시를 해야 할 글이나 글자에 점을 찍음. かてん　dotting

가:정[苛政] 가혹한 정치. かせい　tyranny

가정[家政] 집안을 다스리는 일. 「～학(學)」 かせい　housekeeping

가정[家庭] 가족이 함께 살고 있는 생활 공동체. かてい　home

가:정[假定] ① 임시로 정함. ② 사실로 간주함. かてい ① assumption ① supposition

가정 교:사[家庭教師] 남의 가정에서 보수를 받고 그 집 자녀를 가르치는 사람. かてい きょうし　tutor

가:정맹어호[苛政猛於虎] 가혹한 정치는 호랑이보다 더 무섭다는 뜻.

가정 법원[家庭法院] 가정이나 부부간의 문제를 전문으로 다루는 법원. Court of Family Affairs

가정부[家政婦] 남에게 고용되어 그 집의 살림을 돌보아 주는 여자. かせいふ　housekeeper

가제[加除] 더하기와 나누기. 덧셈과 나눗셈. addition and division

가제[家弟] 자기의 아우를 이르는 말. ↔가형(家兄). かてい　my younger brother

가.제[假製] 임시로 대충 만듦. temporarily making

가제[歌題] 노래의 제목. title of a song

가:제[독 Gaze] 의료용으로 쓰는 소독한 무명 베. 거즈. ガーゼ

가젯백[gadget bag] 어깨에 걸어 늘어뜨리는 가방 모양의 핸드백. ガジェットバッグ

가조[佳兆] 좋은 징조. かちょう　good omen

가조[嘉兆] 경사스러운 징조. かちょう　auspicious omen

가족[家族] 한 집에 사는 식구. ＝식솔(食率). かぞく　family

가족 계획[家族計畫] 생활 능력·건강 등에 따라 자녀의 수나 터울을 계획적으로 조정하는 일. かぞくけいかく　family planning

가족적[家族的] 한 가족처럼 단란한 것. かぞくてき　homeliness

가족 제도[家族制度] ① 가장(家長)을 중심으로 한 가정으로 사회의 기초를 이루는 제도. ② 가부장권(家父長權)을 중심으로 하는 대가족주의. かぞくせいど ① family system

가죄[嫁罪] 죄를 남에게 덮어 씌움. imputation

가주[佳酒·嘉酒] 좋은 술. =미주(美酒). かしゅ good drink

가주[家主] ① 한 집안의 주인. ② 집의 임자. いえぬし·やぬし ① master ② landlord

가:주거[假住居] 임시로 사는 곳. かりずまい temporary abode

가중[加重] ① 더 무거워짐. 죄가 더 무거워짐. 형(刑)을 더 무겁게 함. かじゅう ① weighting ② aggravation

가중 처벌[加重處罰] 특정 범죄에 대해 벌을 더 무겁게 함. かじゅうしょばつ aggravated punishment

가증[加症] 어떤 병을 앓고 있는데 딴 증세가 또 나타남.

가증[加增] 더욱 늘어남. かぞう increase

가:증[可憎] 얄미움. 「~스럽다」 hatefulness

가:지[可知] 가히 알 수 있음. 「불문(不問)~」 knowableness

가지[加持] 부처의 대자대비(大慈大悲)한 가호를 받음. かじ

가진[佳辰] 좋은 날. =가진(嘉辰)·가일(佳日). かしん auspicious day

가집[家集] 한 가문(家門)의 시문집(詩文集). the collected poems

가집[歌集] 시가(詩歌)를 모은 책. 「유행(流行)~」 anthology

가:집행[假執行] 판결이 확정되기 전의 임시 집행. かりしっこう provisional execution

가:차[假借] ① 임시로 빌림. ② 남의 사정을 보아 줌. 「~없이 처분하다」 ③ 음(音)이 같은 글자를 빌려 씀. かしゃく ① borrowing ② pardon ③ substitution

가:차압[假差押] 가압류(假押留)의 구용어.

가찬[佳饌] 좋은 음식. =미찬(美饌). delicious food

가창[街娼] 거리에서 손님을 끄는 창부(娼婦). streetwalker

가창[歌唱] ① 노래를 부름. ② 노래. 「~ 지도(指導)」 かしょう ① singing ② song

가:책[呵責] 꾸짖어 나무람. 「양심의 ~」 かしゃく scruple

가:책[苛責] 심하게 꾸짖음. かしゃく severe scolding

가:처분[假處分] 장래의 강제 집행을 보전하기 위한 일시적인 처분. かりしょぶん provisional disposition

가:철[假綴] 책을 임시로 대강 맴. かりとじ temporary binding

가:청[可聽] ① 들을 만함. ② 들을 수 있음. 「~ 지역(地域)」 ① worth hearing ② audibility

가축[家畜] 집에서 기르는 짐승. ↔야수(野獸). かちく livestock

가출[家出] 말없이 집에서 뛰쳐 나감. 「~ 소년(少年)」 いえで disappearance from home

가:출옥[假出獄] 교도소에서 가석방(假釋放)되어 나옴. かりしゅつごく

가취[佳趣] 좋은 흥취(興趣). 佳趣
かしゅ　　good taste

가취[嫁娶] 시집가고 장가드는 嫁娶
일. =취가(娶嫁)·결혼(結
婚). かしゅ　　marriage

가취[歌吹] 노래부르고 관악기 歌吹
를 붊. かすい
singing and blowing

가치[價値] ① 값어치. ② 재화 價値
(財貨)의 효용(効用) 정도.
③ 인간의 정신적 목표가 되는
진(眞)·선(善)·미(美) 등의
객관적 당위(當爲). 「~관
(觀)」 かち　　value

가치관[價値觀] ① 가치에 관 價値觀
한 견해. ② 어떤 사물이나 대
상이 지니고 있는 중요성·의
의·역할 등에 대하여 인간이
가지는 근본적인 평가. かち
かん　　one's sense of values

가친[家親] 자기의 아버지를 家親
이르는 말. =가부(家父)·가
엄(家嚴).　　my father

가칠[加漆] 칠한 위에 더 칠함. 加漆
recoating

가칭[佳稱·嘉稱] 좋은 명칭. 佳稱
かしょう　　fine name

가:칭[假稱] ① 임시로 부르는 假稱
칭호. ② 거짓으로 일컬음. か
しょう　① provisional name
② false naming

가:탁[假託] 다른 사물을 끌어 假託
다 나타내는 일. かたく

가:탄[可歎·可嘆] 탄식할 만 可歎
함. 「~할 일」 lamentability

가택[家宅] 살림하는 집. 「~ 家宅
침입(侵入)」 かたく residence

가:터[garter] 양말 대님. ガー
ター

가토[加土] ① 흙을 북돋움. ② 加土
무덤에 흙을 더 얹음.
① earthing up

가톨릭교[Catholic 敎] 정통 로
마 교회의 교의(敎義)를 따르는 敎義
기독교의 교파. 천주교.

가:통[可痛] 통탄할 만함. 「~ 可痛
할 불상사(不祥事)」
deplorability

가파[加派] 사람을 더 보냄. = 加派
증파(增派). reinforcement

가:편[可便] 의안을 표결할 때 可便
찬성하는 편. ↔부편(否便).
the affirmative

가편[加鞭] 채찍질을 더하여 加鞭
빨리 달리게 함. 「주마(走馬)
~」 whipping

가편[佳篇] 뛰어난 시(詩)나 佳篇
문장. =가작(佳作). かへん
good piece

가표[加標] 덧셈 기호. =가호 加標
(加號). ↔감표(減標).
plus sign

가품[家品] 한 집안 가족들의 家品
공통적인 품성.
family character

가풍[家風] 한 집안에 전해 내 家風
려오는 풍습이나 범절. 「엄격
한 ~」 かふう family custom

가필[加筆] 문장 등을 고치거 加筆
나 보충하거나 함. かひつ
revision

가학[加虐] 학대를 함. かぎゃ 加虐
く　　abuse

가:학[苛虐] 가혹하게 학대함. 苛虐
かぎゃく severe abuse

가학[家學] ① 한 집안의 대대 家學
로 닦아 오는 학문. ② 집에서
배운 학문. かがく
① hereditary learning

가해[加害] ① 남에게 해를 끼 加害
침. ② 남에게 상해(傷害)를
입힘. ↔피해(被害). 「~자
(者)」 かがい doing harm

가행[家行] 한 집안의 품행. 家行

가행[嘉行] 가상할 만한 행 嘉行
위. =선행(善行)·덕행(德

가행[稼行] 광산에서 채광 작업을 함. =가업(稼業). working

가향[家鄕] ⇨고향(故鄕). かきょう

가헌[家憲] 집안의 규율이나 예법. =가법(家法). かけん family rules

가형[加刑] 형벌을 더함. かけい raising of penalty

가형[家兄] 자기의 형을 이르는 말. =사형(舍兄). ↔가제(家弟). かけい my elder brother

가호[加護] ①보호해 줌. ②신이 보호하여 줌. 「신(神)의 ~」 かご ① protection

가호[家戶] 호적상의 집. home

가:호적[假戶籍] 임시로 본적지를 정하여 만든 호적. provisional family register

가:혹[苛酷] 매우 혹독함. ↔관대(寬大). かこく cruelty

가화[佳話] 아름다운 이야기. =미담(美談). かわ beautiful story

가:화[假花] ⇨조화(造花).

가화[嫁禍] 화(禍)를 남에게 넘겨씌움. imputation of fault

가화[嘉禾] 낟알이 많이 달린 벼. =대화(大禾). fruitful rice plant

가환[家患] 집안의 우환(憂患). domestic misfortune

가회[佳會·嘉會] 즐거운 모임. かかい delightful party

가획[加畫] 글자의 획수를 더함. ↔감획(減畫).

가효[佳肴·嘉肴] 맛좋은 안주. =미효(美肴). 「~진미(珍味)」

가훈[家訓] 자녀들의 교양을 위해 대를 이어 내려오는 그 집안의 교훈. かくん family precepts

가흥[佳興] 멋있는 흥취. かきょう excitement

가희[歌姬] 여자 성악가. 여자 가수. うたひめ songstress

각[各]* 각각 각 : 각각. 따로따로. 「各自(각자)·各種(각종)·各方面(각방면)」 カク·おのおの の

각[却]* ①물리칠 각 : 물리치다. 「却下(각하)」 ②물러날 각 : 물러나다. 「退却(퇴각)·却行(각행)」 ③돌이킬 각 : 돌이키다. 「却說(각설)」 キャク ①しりぞける ②しりぞく

각[角]* ①뿔 각 : 뿔. 「角笛(각적)·角弓(각궁)」 ②모퉁이 각 : 모퉁이. 구석. 「多角(다각)·角度(각도)」 カク ①つの ②かど

각[刻]* ①새길 각 : 새기다. 「彫刻(조각)·刻銘(각명)」 ②시각 각 : 시각. 시간. 「時刻(시각)·刻漏(각루)」 コク·きざむ

각[咯] 토할 각 : 토하다. 뱉다. 「咯痰(각담)·咯血(각혈)」 カク·はく

각[恪] ①정성 각 : 정성. 성의. 「恪勤(각근)」 ②공경할 각 : 공경하다. 「恪愼(각신)·恪守(각수)」 カク ②うやまう

각[脚]* ①다리 가 : 다리. 「脚骨(각골)·脚線美(각선미)」 ②발 각 : 물건의 다리. 「脚部(각부)·橋脚(교각)」 キャク ①あし

각[殼] 껍질 각 : 껍질. 피갑(皮甲). 「殼果(각과)·舊殼(구각)·地殼(지각)」 カク·から

각[閣]* ①층집 각 : 층집. 누

각. 「樓閣(누각)」 ②내각
각: 내각. 「閣僚(각료)·閣員
(각원)·閣令(각령)」 カク ①
たかどの 閣僚

각[擱] 버릴 각: 버리다. 놓다.
「擱筆(각필)」 カク·おく 擱筆

각[覺]☆ ①깨달을 각: 깨닫다.
「覺醒(각성)·自覺(자각)」 ②
나타날 각: 나타나다. 「發覺
(발각)」 カク ①さとる 覺醒

각각[各各] 따로따로. 「~ 헤
어지다」 おのおの　each one 各各

각각[刻刻] 시간의 일각(一刻)
마다. =각일각(刻一刻). 「시
시(時時)~」 こっこく
every moment 刻刻

각개[各個] 하나하나의 낱개.
「~ 점검(點檢)」 かっこ　each 各個

각개인[各個人] 각각의 개인.
each person 各個人

각거[各居] 각각 따로 거처함.
living separately 各居

각거리[角距離] 관측자(觀測
者)로부터 두 지점에 이르는
두 직선이 이루는 각도. かく
きょり　angular distance 角距離

각계[各界] 사회의 각 방면.
「~각층(各層)」 かっかい
each field 各界

각고[刻苦] 몹시 애씀. 「~면
려(勉勵)」 こっく arduousness 刻苦

각골[刻骨] 마음에 깊이 새겨
짐. 「~통한(痛恨)」
engraving in one's mind 刻骨

각골[脚骨] 다리의 뼈. きゃっ
こつ 脚骨

각골난망[刻骨難忘] 입은 은
혜의 고마움이 뼈에 새겨져
잊혀지지 아니함.
cherishing the memory of 刻骨難忘

각광[脚光] 무대 앞 아래쪽에
서 배우를 비치는 조명. きゃっ
こう　footlights 脚光

각궁[角弓] 쇠뿔·양뿔 따위로
꾸민 활. 角弓

각근[恪勤] 부지런히 힘씀.
「~면려(勉勵)」 かっきん
diligence 恪勤

각기[各其] 각각. 저마다. =
각자(各自).　every one 各其

각기[刻期] 기한을 정함. こく
き　fixing a term 刻期

각기[脚氣] 비타민 B_1의 부족
으로 다리가 붓는 병. かっけ
beriberi 脚氣

각단[角端] ①코 위에 뿔이 있
고 말을 한다는 전설상의 동
물. ②기린(麒麟)의 딴이름.
③뿔의 끝. ③ tip of a horn 角端

각도[各道] 행정 구역으로 나
뉘어진 각각의 도.
every province 各道

각도[角度] ①각(角)의 크기.
「~계(計)」 ②일이 전개되는
방향이나 면모. 「~를 달리하
다」 かくど　① angle ② phase 角度

각도[角壔] 한 직선에 평행한
셋 이상의 평면과, 이 직선과
만나는 두 개의 평행한 평면
으로 둘러싸인 다면체. 각기
둥. かくとう　prism 角壔

각도[刻刀] 새김칼. graver 刻刀

각두[殼斗] 깍정이. かくと
acorn cup 殼斗

각려[刻勵] 고생하며 몹시 애
씀. こくれい
indefatigable industry 刻勵

각력[脚力] 다리의 힘. きゃく
りょく　strength of legs 脚力

각렴[刻廉] 엄격하고 염직(廉
直)함. こくれん
austerity and uprightness 刻廉

각령[閣令] 내각(內閣)의 수반
(首班)이 내리는 명령. かく
れい　Cabinet order 閣令

각론[各論] 각 부분에 대한 논 各論

의(論議). ↔총론(總論). かくろん consideration in detail

각료[閣僚] 내각의 각부 장관. 「~ 회담(會談)」かくりょう Cabinet Minister

각루[刻漏] 물시계의 한 가지. =누각(漏刻). こくろう water clock

각리[各離] 이리저리 흩어짐. dispersion

각리[権利] 정부가 상품을 전매(專賣)하여 이익을 독점함. monopolization by government

각립[角立] ① 특히 유별남. ② 서로 버티고 굴복하지 않음. 「~ 대좌(對座)」 ① distinction ② standing opposite

각막[角膜] 눈동자의 앞쪽 바깥을 싼 투명한 막. =안막(眼膜). 「~염(炎)」かくまく cornea

각모[角帽] 모가 난 마름모꼴의 모자. =사각모(四角帽). かくぼう mortarboard

각목[角木] 네모지게 켠 긴 재목. square bar

각목[刻木] 나무에 새김. こくぼく wood carving

각물[殼物] 조개류. shellfishes

각민[恪敏] 조심성이 있고 민첩함. かくびん cautiousness and adroitness

가바[刻薄] 성질이 빡빡하고 박정함. こくはく severity

각반[各般] 여러 가지. =제반(諸般). かくはん all

각반[脚絆] 종아리에 감는 긴 천. きゃはん gaiters

각방[各方] 각방면(各方面)의 준말.

각방[各邦] ① 각 나라. ② 여러 나라. かくほう ① each country

각방[各房] 한 집의 각각의 방. each room

각방면[各方面] 각각의 방면. 여러 군데. 춘각방(各方). かくほうめん everywhere

각별[各別・恪別] 유다름. 특별함. かくべつ speciality

각본[刻本] 판에 글자를 새겨서 찍어 낸 책. =판본(版本). こくほん block book

각본[脚本] 연극이나 영화의 줄거리, 무대 장치, 배우의 대사와 동작 등을 적은 대본. =극본(劇本). きゃくほん play

각봉[各封] 따로따로 봉함. sealing separately

각부[各部] ① 전체의 일부가 되는 하나하나. ② 각 부분. ③ 각각의 부(部). かくぶ ② each part

각부[脚部] 다리 부분. きゃくぶ legs

각분[各分] 각각 따로따로 나눔. division

각산[各散] 저마다 뿔뿔이 흩어짐. 「~진비(盡飛)」 dispersing separately

각상[各床] ① 한 사람씩 따로 차린 상. 외상. ↔겸상(兼床). ② 각각의 상. separate table

각색[各色] ① 여러 가지 빛깔. ② 여러 가지. 「가양(各樣)~」 ① various colors ② various kinds

각색[脚色] 소설이나 사건 등을 연극이나 영화의 각본으로 고쳐 쓰는 일. きゃくしょく dramatization

각생[各生] 바둑에서 양편 말이 같이 살아남.

각서[覺書] 필요한 사항이나 약속을 뒷날을 위해 적는 글. おぼえがき　memorandum

각석[刻石] 돌에 글자나 그림 등을 새김. こくせき　stone engraving

각선미[脚線美] 여자 다리의 곡선(曲線)에서 느끼는 아름다움. きゃくせんび　beautiful shape of legs

각설[各設] 따로따로 설치함. installing separately

각설[却說] 말머리를 돌릴 때 첫머리에 쓰는 말. in the meanwhile

각설탕[角雪糖] 네모나게 굳힌 설탕. かくざとう　lump sugar

각섬석[角閃石] 화강암 등에 들어 있는 규산염 광물. かくせんせき　amphibole

각성[各姓] ① 각기 다른 성. 「~바지」② 각기 성이 다른 사람. ① different surnames ② people of different surnames

각성[覺醒] ① 눈을 떠서 정신을 차림. ② 깨달아 정신을 차림. 「대오(大悟) ~」 かくせい　awakening

각성제[覺醒劑] 중추 신경을 흥분시켜 잠을 억제하는 약. かくせいざい　stimulant

각소[角素] 머리털・손톱・발톱 따위를 이루는 경단백질. keratin

각승[角勝] 승부를 겨룸. competition

각신[恪愼] 조심함. 근신함. かくしん　prudence

각심[各心] ① 각각의 마음. ② 각각 달리 먹는 마음. 「각인(各人) ~」① mind of every man ② different mind

각암[擱巖] 선박이 좌초(坐礁)함. =각좌(擱坐). かくがん　stranding

각양[各樣] 여러 가지 모양. 「~각색(各色)」 かくよう　variety

각오[覺悟] ① 도리를 깨달음. ② 미리 마음 속으로 작정함. かくご　① perception of truth ② resolution

각운[脚韻] 시나 글귀의 줄 끝에 다는 운. ↔두운(頭韻). きゃくいん　end rhyme

각원[各員] 각각의 사람. =각자(各自). かくいん　every member

각원[閣員] 내각을 구성하는 장관. かくいん　Cabinet member

각위[各位] 여러분. =제위(諸位). かくい　every one of you

각의[刻意] 마음을 졸이고 애를 씀. =고심(苦心). こくい　taking pains

각의[閣議] 내각의 회의. 「~를 통과하다」 かくぎ　Cabinet council

각이[各異] 각각 다름. difference

각인[各人] 각각의 사람. =각자(各自). かくじん　each person

각인[刻印] ① 도장을 새김. ② 새긴 도장. こくいん　① carving a seal ② carved seal

각인각색[各人各色] ① 각 사람의 여러 모양. ② 사람마다 각각 다름. =각인각양(各人各樣). So many men, so many minds

각일[刻日] 기일을 한정함. setting the date

각일각[刻一刻] 시간이 지남에 따라. 시시각각으로. こくいっこく every moment

각자[各自] 사람마다 각각. 제각기. かくじ each one

각자[刻字] 글자를 새김. こくじ engraving characters

각자도생[各自圖生] 제 각기 살 길을 꾀함.

각자무치[角者無齒] 뿔이 있으면 이가 없다는 뜻에서, 한 사람이 모든 복을 갖출 수는 없다는 뜻.

각자위심[各自爲心] 제 각기 마음을 달리 먹음. So many men, so many minds

각장[角壯] 아주 두꺼운 장판지. thick floor paper

각재[角材] 네모지게 켠 재목. =각목(角木). かくざい square timber

각적[角笛] 짐승의 뿔로 만든 피리. つのぶえ horn

각종[各種] 여러 가지 종류. かくしゅ various kinds

각좌[擱坐] 선박이 좌초(坐礁)함. =각암(擱巖). かくざ running aground

각주[角柱] 일직선에 평행한 셋 이상의 평면(平面)과, 이 직선과 교차되는 두 개의 평행·평면으로 둘러싸인 입체(立體). 각기둥의 구용어. =각도(角墻). かくちゅう prism

각주[脚註·脚注] 본문 아래쪽 나 밖에 따로 붙인 주해(註解). ↔두주(頭註). きゃくちゅう footnote

각주구검[刻舟求劍] 배를 타고 가다가 강물에 칼을 떨어뜨린 사람이 그 칼을 찾을 속셈으로, 떨어뜨린 자리를 뱃전에 표시해 두었다가 나중에 그 표시를 보고 칼을 찾으려 했다는 고사에서, 사리에 어둡고 어리석은 사람을 비유하여 이르는 말.

각죽[刻竹] 무늬를 새긴 담뱃대. engraved pipe

각지[各地] 각 지방. 여러 곳. かくち each place

각질[角質] 각소(角素)로 된 물질. 손톱·발톱 따위. かくしつ keratin

각질[脚疾] 다리가 아픈 병. きゃくしつ leg disease

각처[各處] 여러 곳. 모든 곳. かくしょ everywhere

각체[各體] ① 여러 가지 체제(體制). ② 여러 가지 자체(字體). ① various types ② various styles

각촌[各村] 각 마을. 여러 마을. every village

각추[角錐] 밑면이 다각형으로서 같은 정점(頂點)을 가지는 다면체. 각뿔의 구용어. かくすい pyramid

각축[角逐] 서로 경쟁함. =경합(競合). 「~장(場)」 かくちく competition

각층[各層] 각각의 층. 여러 층. かくそう each stratum

각칙[各則] ① 여러 가지 법칙. ② 세분(細分)한 각 항목별 규칙. ↔총칙(總則). かくそく ① various regulations ② each regulation

각통[各通] 서류의 각 벌. 「~에 서명 날인하다」 かくつう each copy

각파[各派] ① 각 파별. ② 조상에서 갈라진 각각의 파. かくは each party

각피[角皮] 생물의 몸 거죽을 싸고 있는 얇고 단단한 막.

각필[擱筆] 붓을 놓음. 쓰기를 끝냄. ↔기필(起筆). かくひつ　finishing writing 擱筆

각하[却下] 받아들이지 않고 도로 물리침. 「원서(願書)를 ~하다」 きゃっか　rejection 却下

각하[刻下] 시각을 다투는 이 때. =목하(目下). 「~의 급선무(急先務)」 こっか　at present 刻下

각하[脚下] 발 아래. 발 밑. きゃっか　at one's feet 脚下

각하[閣下] 신분이 높은 사람에게 붙이는 존칭. 「대통령 ~」 かっか　Your Excellency 閣下

각한[刻限] 정한 시각. =정시(定時). 刻限

각해[覺海] 불교의 세계. world of Buddhism 覺海

각행[却行] 뒤로 물러감. 뒷걸음질침. きゃっこう　stepping backward 却行

각혈[喀血] ⇨객혈(喀血). 喀血

각형[角形] ① 각이 진 모양. ② 사각형(四角形)의 준말. かくがた　square shape 角形

각호[各戶] ① 각 집. =각가(各家). ② 각 세대(各世帶). =매호(每戶). かっこ　each house 各戶

각화[刻花] 도자기에 꽃무늬를 새김. 또는 그 새긴 꽃무늬. engraving flowers 刻花

간[干]* ① 방패 간 : 방패. 「干戈(간과)」 ② 범할 간 : 침범하다. 「干犯(간범)」 ③ 구할 간 : 구하다. 「干求(간구)」 ④ 얼마 간 : 얼마. 조금. 「若干(약간)」 ⑤ 천간 간 : 간지. 「干支(간지)」 カン ① たて 干戈 若干

간[刊]* ① 새길 간 : 새기다. 「刊行(간행)·刊本(간본)」 ② 깎을 간 : 깎다. 「刊誤(간오)·刊定(간정)」 カン ① きざむ ② けずる 刊行

간[奸] ① 간음할 간 : 간음하다. 「奸淫(간음)」 ② 어지러울 간 : 어지럽다. 문란하다. 「奸策(간책)·奸計(간계)」 カン ① おかす・みだす 奸淫

간:[艮] 괘 이름 간 : 괘의 한 가지. 「艮卦(간괘)·艮方(간방)·艮時(간시)」 コン・うしとら 艮方

간:[杆] ① 방패 간 : 방패. ② 지레 간 : 지레. 「杆棒(간봉)」 カン ① たて ② てこ 杆棒

간:[肝]* ① 간 간 : 간. 간장. 「肝管(간관)·肝腦(간뇌)·肝臟(간장)」 ② 요긴할 간 : 요긴하다. 「肝要(간요)」 カン ① きも ② かなめ 肝臟 肝要

간[姦]* ① 간사할 간 : 간사하다. 「姦計(간계)·姦吏(간리)」 ② 간음할 간 : 간음하다. 「強姦(강간)·姦婦(간부)」 カン ① よこしま ② みだら 姦計

간[竿] 장대 간 : 장대. 「竿頭(간두)」 カン・さお 竿頭

간[看]* ① 볼 간 : 보다. 「看過(간과)·看書(간서)·看做(간주)」 ② 지킬 간 : 지키다. 「看護(간호)·看守(간수)」 カン ① みる 看做

간[栞] 깎을 간 : 깎다. 꺾다. 「栞木(간목)·栞旅(간려)」 カン・しおり 栞木

간[乾] ⇨건(乾). 乾坤

간:[揀] 가릴 간 : 가리다. 고르다. 「揀選(간선)·揀擇(간택)」 カン・えらぶ 揀選

간[間]* ① 사이 간 : 사이. 틈새. 「間隙(간극)·間斷(간단)·間食(간식)」 ② 이간할 간 : 이간질하다. 「間言(간언)·反間 間隙

(반간)」 カン・ケン ① あいだ・ま

간:[幹]* ① 줄기 간:줄기. 「幹線(간선)・根幹(근간)」 ② 재능 간:재능. 재주. 「才幹(재간)・幹略(간략)」 カン ① みき・わざ

간[澗] 산골 물 간:산골 물. 「澗谷(간곡)・澗畔(간반)」 カン・たにみず

간[墾] 밭갈 간:밭을 갈다. 김매다. 「開墾(개간)・墾耕(간경)・墾植(간식)・간전(墾田)」 コン・ひらく

간:[諫] 간할 간:간하다. 「諫言(간언)・諫書(간서)」 カン・いさめる

간:[癎] ① 간기 간:간기. 「癎氣(간기)・癎病(간병)」 ② 간질 간:간질. 「癎疾(간질)・癎風(간풍)」 カン

간:[懇]* ① 정성 간:정성. 절.「懇切(간절)・懇諫(간간)」 ② 믿을 간:믿다. コン ① ねんごろ

간[艱] ① 어려울 간: 어렵다. 가난하다. 「艱苦(간고)・艱困(간곤)」 ② 근심 간:근심하다. 「艱急(간급)・艱患(간환)」 カン ② なやむ

간:[簡]* ① 편지 간:편지. 「書簡文(서간문)」 ② 쉬울 간:쉽다. 간편하다. 「簡易(간이)・簡便(간편)・簡要(간요)」③ 문별할 간:문별하다. カン・ケン ① てがみ

간각[刊刻] 글씨를 새김. engraving characters

간간[間間] 간간이. 드문드문. 때때로. まま often

간간악악[侃侃諤諤] 옳다고 생각하는 것을 거리낌없이 직언(直言)함. 준 간악(侃諤). かんかんがくがく straight speaking

간객[看客] 구경꾼. =관객(觀客). かんかく spectator

간검[看檢] 잘 살피고 검사함. inspection

간격[間隔] ① 물건과 물건의 거리. 사이. ② 시간과 시간과의 동안. かんかく
① distance ② interval

간:결[簡潔] 간단하고 요령이 있음. かんけつ conciseness

간경[看經] 불경을 소리내지 않고 눈으로 읽음. かんきん reading the sutra silently

간계[奸計] 간사한 꾀. =간모(奸謀). かんけい wiles

간계[諫戒] 간하여 경계함. かんかい precaution

간고[艱苦] 가난하고 고생스러움. =고간(苦艱)・신고(辛苦). かんく hardships

간:고[簡古] 간단하고 예스러움. かんこ
conciseness and antiqueness

간곡[奸曲・姦曲] 간악함. =간악(奸惡). かんきょく wickedness

간:곡[懇曲] 정성스런 마음과 지극한 성의를 다함. cordiality

간과[干戈] ① 창과 방패. ② 전쟁(戰爭). ③ 무기(武器). かんか ① spear and shield ② war ③ weapon

간과[看過] 별로 주의하지 않고 보아 스쳐 넘김. かんか overlooking

간:관[肝管] 간장(肝臟)에서 만들어진 담즙(膽汁)을 운반하는 관(管). かんかん

간교[奸巧] 간사하고 교활함. cunning

간구[干求] 구함. 요구함.

간:구[懇求] 간절히 요구함. 懇求
こんきゅう
　　　　requesting earnestly
간구[艱苟] 가난하고 구차함. 艱苟
　　　　　　　destitution
간군[艱窘] 가난하고 군색함. 艱窘
　　　　　　　poorness
간권[諫勸] 간하여 옳은 일을 諫勸
　하도록 권함.　remonstration
간균[桿菌] 막대기 모양이나 桿菌
　타원형으로 된 분열균(分裂
　菌)의 한 가지. かんきん
　　　　　　　bacillus
간극[間隙] ①물건과 물건 사 間隙
　이의 틈. ②사귀는 사이나 의
　견 등에서 생기는 틈. かんげ
　き　　　　①gap ②discord
간난[艱難] ①몹시 고생스러 艱難
　움. 「～신고(辛苦)」 ②몹시
　생활이 구차함. かんなん
　　　　①hardships ②poorness
간납[干納·肝納] 제사에 쓰 干納
　이는 저냐의 한 가지. 소의
　간·처녑 등으로 만듦.
간녀[奸女] 간악한 여자. 奸女
　　　　　　　wicked woman
간:년[間年] 한 해를 거름. 間年
　　　　　　　skipping a year
간녕[奸佞] 간사하게 아첨하는 奸佞
　성질이 있음. かんねい
　　　　　　　flattering artfully
간뇌[肝腦] 간과 뇌. 육체와 肝腦
　정신 かんのう liver and brain
간:뇌[間腦] 대뇌(大腦)와 소 間腦
　뇌(小腦) 사이에 있는 뇌의 大腦
　한 부분. かんのう
　　　　　　　diencephalon
간능[幹能] 재간이 있고 능숙 幹能
　함. 또는 재간과 능력. ability
간:단[間斷] 계속되던 것이 잠 間斷
　시 끊임. 「～없이」 かんだん
　　　　　　　interruption

간단[簡單] 간략하고 단순함. 簡單
　「～명료(明瞭)」 かんたん
　　　　　　　simplicity
간:담[肝膽] ①간과 쓸개. ② 肝膽
　속마음. 「～이 서늘해지다」
　かんたん　①liver and gall
　bladder ②heart
간:담[懇談] 탁 털어놓고 정답 懇談
　게 이야기함. 「～회(會)」 こ
　んだん　　　familiar talk
간:담상조[肝膽相照] 서로 속 肝膽
　마음을 털어놓고 친하게 사귐. 相照
　かんたんあいてらす
　　　having heart-to-heart talk
간당[奸黨] 간사한 무리들. = 奸黨
　간도(奸徒).　　　villains
간도[奸徒·姦徒] 간사한 무 奸徒
　리들. =간당(奸黨). かんと
　　　　　　　villains
간도[間道] 지름길. 샛길. か 間道
　んどう　　　shortcut
간:도[懇到] 간절하고 주도(周 懇到
　到)하게 신경을 씀.
간독[奸毒] 간사하고 독살스러 奸毒
　움.　　　　viciousness
간:독[懇篤] 간절하고 정이 두 懇篤
　터움. 친절(親切). こんとく
　　　　　　　kindness
간:독[簡牘] 편지틀. 편지의 簡牘
　예문집(例文集). かんどく
　　　　　　　letter writer
간두[竿頭] ①막대기 끝. ② 竿頭
　백척간두(百尺竿頭)의 준말.
　かんとう　①tip of a stick
간:략[幹略] 재간과 계략. 幹略
　　　　　　　skill and intrigue
간:략[簡略] 손쉽고 간단함. = 簡略
　간단(簡單). かんりゃく
　　　　　　　simplicity
간:릉[←幹能] 재간 있게 능청 幹能
　스러움. 「～을 부리다」
　　　　　　　astuteness
간리[奸吏·姦吏] 간사한 벼 奸吏

슬아치. 아첨을 일삼는 공무원. かんり   corrupt official

간린[慳吝] 욕심이 많고 몹시 인색함. けんりん   stinginess

간만[干滿] 밀물과 썰물. かんまん   ebb and flow

간:망[懇望] 간절히 바람. 간절한 소망. こんもう・こんぼう   entreaty

간명[肝銘] 마음에 깊이 새겨 잊지 않음. かんめい   deep impression

간명[簡明] 간단하고 명료함. かんめい   conciseness

간모[奸謀・姦謀] 간사한 꾀. =간계(奸計). かんぼう   crafty design

간목수생[乾木水生] 마른 나무에서 물이 난다는 말로, 없는 사람에게 억지로 무엇을 요구함의 비유. =강목수생(剛木水生).

간물[奸物・姦物] 간사한 사람. かんぶつ   crafty fellow

간:발[間髮] 매우 짧은 동안이나 아주 적음을 나타내는 말. 「~의 차이」

간:발[簡拔] 여러 사람 가운데서 뽑아 냄. =신발(選拔). かんばつ   selection

간:방[間方] 동서남북의 각 중간 방위. 곧 동남・서남・서북・동북의 방향.   in-between direction

간:벌[間伐] 나무들 솎아서 베어 냄. かんばつ   thinning out a forest

간범[干犯] 간섭하여 남의 권리를 침범함. かんぱん   violation

간법[簡法] 간편한 방법. 손쉬운 방도.   simple method

간:벽[癇癖] 툭하면 신경질을 부리는 버릇. かんぺき   irritability

간병[看病] 병구완. =간호(看護). かんびょう   nursing

간병[癎病] 어린아이가 경기(驚氣)를 하는 병.

간병[簡兵] ⇨열병(閱兵). かんぺい

간본[刊本] 간행된 책. =간행본(刊行本). かんぽん   published book

간:봉[杆棒・桿棒] 몽둥이. =곤봉(棍棒).   club

간부[姦夫] 배우자가 아닌 여자와 간통한 남자. ↔간부(姦婦). かんぷ   adulterer

간부[姦婦] 배우자가 아닌 남자와 간통한 여자. ↔간부(姦夫). かんぷ   adulteress

간:부[間夫] 샛서방. =정부(情夫).   adulterer

간부[幹部] 조직이나 단체의 중심이 되는 자리에 있는 사람. かんぶ   executive

간:불용발[間不容髮] ①일이 매우 급박함을 이르는 말. ②용의주도해서 조금도 빈틈이 없음을 이르는 말.
① emergency ② mindfulness

간사[奸邪] 간교하고 행실이 나쁨. かんじゃ   cunning

간사[奸詐] 간교하여 남을 잘 속이는 데가 있음. かんき   craft

간사[幹事] 어떤 조직이나 단체에서 사무를 담당하는 중견 인물. 또는 그 직무. かんじ   manager

간산[看山] ①묏자리를 구하려고 산을 돌아봄. ②산천(山川)을 구경함. 「주마(走馬)~」③성묘(省墓).
① looking for a site of the

grave

간삽[艱澁] ① 시(詩)나 문장이 알기 어려움. ② 몹시 힘들고 고생스러움.
① abstruseness ② difficulty

간상[奸商] 옳지 못한 수단으로 돈을 버는 상인. 「～배(輩)」 かんしょう profiteer

간ː상 세포[桿狀細胞] 눈의 망막에 있는 막대기 모양의 세포. 명암을 식별하는 작용을 함.

간색[看色] ① 본보기로 보이는 상품. ② 본보기를 봄.
① sample ② sampling

간ː색[間色] ① 두 빛깔의 중간색. ② 농담(濃淡)・명암(明暗)의 중간을 잇는 빛깔. かんしょく compound color

간서[刊書] 간행한 서적. かんしょ published book

간서[看書] 소리내지 않고 책을 읽음. ＝목독(目讀). silent reading

간ː서[懇書] ① 친절한 편지. ② 윗사람의 편지. こんしょ
① hearty letter

간석지[干潟地] 바닷물이 드나드는 개펄. tideland

간ː선[間選] 간접 선거(間接選擧)의 준말. ↔직선(直選).

간ː선[揀選] 간택하여 뽑음. selection

간선[幹線] 철도・도로의 원줄기가 되는 중요한 선(線). ↔지선(支線). かんせん main line

간섭[干涉] ① 남의 일에 참견함. ② 두 개의 광파(光波)나 음파(音波)가 겹치는 일. かんしょう interference

간성[干城] 방패와 성이라는 뜻으로, 나라를 지키는 군인을 이르는 말. かんじょう bulwark

간ː성[間性] ① 암수의 중간적 성질을 나타내는 생물 개체. ② 다른 동물과 교배해서 얻은 가축. 노새 따위. かんせい intersex

간ː세[間稅] 간접세(間接稅)의 준말. ↔직세(直稅).

간ː세[簡細] 간략함과 세밀함. brevity and preciseness

간ː소[簡素] 간단하고 수수함. ＝간략(簡略). かんそ simplicity

간ː솔[簡率] 단순하고 솔직함. かんそつ innocence

간수[看守] ① 살피면서 지킴. ② 교도관(矯導官)의 옛 호칭.
① keeping ② (prison)guard

간수[間數] 칸수의 비표준어.

간ː승[間繩] 일정한 간격으로 표시를 한 긴 끈. 모심기에 쓰임. straw rope marked at equal intervals

간ː식[間食] ① 끼니와 끼니 사이에 간단히 먹는 음식. 샛밥. ② 군음식. かんしょく between-meal snack

간신[奸臣・姦臣] 아첨을 일삼는 간사스런 신하. かんしん villainous retainer

간ː신[諫臣] 임금에게 옳은 말로 간하는 신하. かんしん

간신[艱辛] 힘들고 고생스러움. 「～히 빠져 나오다」 hardships

간심[奸心・姦心] 간사스런 마음. かんしん wickedness

간심[看審] 자세히 살핌. investigation

간악[奸惡] 간사하고 악독함. かんあく wickedness

간약[簡約] 글의 내용을 간략

히 요약함. =간략(簡略). か
んやく　　　simplicity
간:어제초[間於齊楚] 약자가
강자 틈에 끼어 괴로움을 받
는 경우를 이르는 말.
간:언[間言] 남을 이간하는 말.
alienating words
간:언[諫言] 간하는 말. =충
언(忠言). かんげん
remonstrance
간여[干與] ⇨ 간예(干預).
간:열[肝熱] 어린아이의 소화
불량으로 열이 나고 깜짝깜짝
놀라는 병.
간염[肝炎] 간의 염증성 질환.
크게 급성 간염과 만성 간염
으로 나누는데, 황달·구토·
식욕 부진·노곤함을 수반
함. =간장염(肝臟炎). かん
えん　　　　　hepatitis
간예[干預] 관계하여 참견함. =
간여(干與). かんよ
participation
간요[奸妖] 간사하고 요망스러
움.　　　　　　craft
간:요[肝要] 썩 긴요함. =중
요(重要)·긴요(緊要). かんよ
う　　　　　importance
간:요[簡要] 간단하고 요령이
있음. かんよう
being simple and useful
간:원[懇願] 간절히 바람. こ
んがん　　　　entreaty
간:월[間月] 한 달씩 거름. =
간삭(間朔).
every other month
간:유[肝油] 어류(魚類)의 간
에서 뽑은 기름. 비타민 A·
D가 많이 함유됨. かんゆ
cod-liver oil
간음[姦淫] 부부가 아닌 남녀
의 정교(情交). 「〜죄(罪)」
かんいん　　　adultery

간:이[簡易] 간단하고 쉬움.
かんい　　　　simplicity
간인[刊印] 인쇄물을 찍어 냄.
=간행(刊行).　　printing
간인[奸人] 간사한 사람. かん
じん　　　　wicked man
간:인[間人] ⇨ 간첩(間諜).
간:자[間者] ①⇨ 간첩(間諜).
かんじゃ ②그 사이. 그 동
안.
간:작[間作] ①한 작물 사이
에 다른 작물을 재배함. かん
さく ②간접 소작(間接小作)
의 준말.　①catch cropping
간:장[肝腸] 간과 창자.
liver and intestines
간:장[肝臟] 장기(臟器)의 하
나. 쓸개즙의 분비, 요소의
생성, 해독 작용 등의 기능을
함. =간(肝). かんぞう liver
간:장염[肝臟炎] ⇨ 간염(肝
炎). かんぞうえん
간재[奸才] 간사한 재주. =간
지(奸智). かんさい
cunning gifts
간:쟁[諫爭·諫諍] 임금의 잘
못을 강력하게 간언(諫言)함.
かんそう　　expostulation
간전[墾田] 버려 둔 땅을 일구
어 밭을 만듦. こんでん
reclamation
간:절[懇切] 지성스럽고 절실
함. こんせつ　　eagerness
간:접[間接] 사이에 사람이나
물체를 두고 관계를 가짐. ↔
직접(直接). かんせつ indirect
간:접 선:거[間接選擧] 국민
이 뽑은 피선거자들이 모여서
다시 다른 인물을 선출하는
선거. ↔직접 선거(直接選
擧). 준간선(間選). かんせつ
せんきょ　indirect election
간:접세[間接稅] 주세(酒稅)·

물품세·입장세처럼 소비자가 간접적으로 무는 세금. ⓒ간세(間稅). かんせつぜい
indirect tax

간:접 소:작[間接小作] 소작권을 얻은 사람에게서 다시 소작권을 얻어서 하는 소작. ⓒ간작(間作). かんせつこさく
subtenancy

간:접 침략[間接侵略] 직접 무기를 사용하지 않고, 간첩이나 후방 교란 등을 일삼는 침략 행위. ↔직접 침략(直接侵略). かんせつしんりゃく
indirect invasion

간:접환[間接換] 환거래(換去來)가 없는 두 나라 사이에서 거래되는 환(換).
indirect exchange

간:정[懇情] 지극히 친절한 애정(愛情). こんじょう
deep kindness

간:정맥[肝靜脈] 간 안에 분포된 정맥. かんじょうみゃく
hepatic vein

간조[干潮] 썰물. ↔만조(滿潮). かんちょう
ebb tide

간조선[干潮線] 썰물 때의 바다와 육지와의 경계선. かんちょうせん
low-water line

간주[看做] 그렇다고 여김. 그렇다고 가정(假定)함.
regarding

간:주[間柱] 기둥과 기둥 사이에 세운 가는 기둥.
middle pillar

간:주[間奏] 한 악곡 도중에 끼워 짧게 연주하는 부분. かんそう
interlude

간증[干證] 기독교에서, 지은 죄를 뉘우치고 믿음을 고백하는 일.
confession

간:증[癎症] 간질의 증세.
symptoms of epilepsy

간지[干支] 십간(十干)과 십이지(十二支). かんし・えと
sexagenary cycle

간지[奸智] 간사한 지혜. =간재(奸才). かんち
cunning talent

간:지[間紙] 접어서 맨 책장 속에 받침으로 넣는 종이.

간:지[幹枝] 식물의 줄기와 가지.
stem and branches

간:지[諫止] 간하여 말림. かんし
dissuasion

간:지[懇志] 간곡한 뜻. こんし
cordial intention

간:지[簡紙] 편지에 쓰는, 장지(壯紙)로 접은 종이.
letter paper

간:지석[間知石] 석축을 쌓는 데 쓰는, 앞면이 판판한 방추형의 석재(石材).

간질[癎疾] 발작적으로 경련과 의식 상실을 일으키는 질환. 지랄병. =전간(癲癇). かんしつ
epilepsy

간질[艱疾] 고치기 어려운 병. =난병(難病).
incorrigible disease

간책[奸策] 간사한 계책. =간계(奸計). かんさく
trick

간:책[簡冊·簡策] ①옛날에 종이 대신 글씨를 쓰던 대쪽. ②⇨서적(書籍).

간척[干拓] 바다를 둘러막거나 호수(湖水)의 물을 빼어 농지를 만드는 일. かんたく
reclamation

간:첩[間諜] 상대편의 내부에 침입하여 그 기밀을 알아내는 사람. 스파이. =첩자(諜者). かんちょう
spy

간:첩[簡捷] 간단하고 민첩함. かんしょう
expeditiousness

간:청[懇請] 간절히 청함. 또는 그러한 청. こんせい 懇請 entreaty

간:촉[懇囑] 간절히 부탁함. 懇囑 polite request

간추[看秋] 지주(地主)가 소작인의 추수 상황을 살펴봄. 看秋 surveying the crops before harvest

간출[刊出] 인쇄물을 박아서 펴냄. 刊出 publication

간:출[間出] ① 남의 눈을 피하여 나옴. ② 가끔 나옴. 間出

간:충직[間充織] 척추가 없는 하등 동물의 체내의 빈 틈에 있으면서 맥관계(脈管系)를 구성하고 있는 조직. =간엽(間葉). かんじゅうしき 間充織

간취[看取] 보아서 그 내용을 알아챔. かんしゅ perception 看取

간:친[懇親] 탁 털어놓고 친밀히 지냄. こんしん intimacy 懇親

간:택[揀擇] ① 왕·왕자·왕녀의 배우자를 고름. ② 분간하여 고름. selection 揀擇

간통[姦通] 배우자 이외의 사람과 몰래 정을 통함. 「~죄(罪)」 かんつう adultery 姦通

간:투사[間投詞] ⇨ 감탄사(感歎詞). かんとうし 間投詞

간특[奸慝·姦慝] 간사하고 악함. cunning and wickedness 奸慝

간파[看破] 겉으로 슬쩍 보고 속셈을 알아냄. 「진의(眞意)를 ~하다」 かんぱ penetration 看破

간판[看板] ① 상호나 조직체의 이름 따위를 적어서 내건 것. ② 남에게 내세울 만한 학벌이나 경력을 속되게 이르는 말. かんばん ① signboard 看板 學閥

간:편[簡便] 간단하고 편리함. =간이(簡易). かんべん expediency 簡便

간평[看坪] 추수 전에 농작물의 형편을 살핌. =간추(看秋). 「~도조(賭租)」 看坪

간:폐[肝肺] ① 간과 폐. ② ⇨ 진심(眞心). ① liver and lungs 肝肺

간:풍[癎風] 간질을 일으키는 증상. =간증(癎症). 癎風

간:필[簡筆] 편지 쓰기에 알맞은 붓. 초필보다 굵음. 簡筆

간핍[艱乏] 아주 가난함. =궁핍(窮乏). utter destitution 艱乏

간할[奸黠] ⇨ 간힐(奸黠).

간행[刊行] 책을 찍어서 펴냄. =출판(出版). かんこう publication 刊行

간:헐[間歇] 얼마 동안의 시간을 두고 어떤 일이 그쳤다 이어졌다 함. かんけつ intermittence 間歇

간:헐열[間歇熱] 일정한 간격을 두고 일어나는 신열(身熱). かんけつねつ intermittent fever 間歇熱

간:헐 온천[間歇溫泉] 일정한 기간을 두고 주기적으로 물이 분출하는 온천. 준간헐천(間歇泉). geyser 間歇溫泉

간헐천[間歇泉] 간헐 온천(間歇溫泉)의 준말. かんけつせん 間歇泉

간험[姦險] 간사하고 음험함. being cunning and sinister 姦險

간험[艱險] ① 몹시 험난함. ② 괴롭고 고생스러움. かんけん ① precipitousness ② hardships 艱險

간협[姦俠] 간악한 불량배. 姦俠

간호[看護] 환자를 치료하고 보살핌. =간병(看病). かんご nursing 看護

간호사[看護師] 병원이나 요양소에서 환자의 간호에 종사하는 사람. nurse 看護師

간호원[看護員] 간호사(看護 看護員

간:혹[間或] 이따금. 어쩌다가. 「~ 모습을 나타내기도 한다」 occasionally

간:혼[間婚] 남의 혼인을 중간에서 이간질함.

간화[艱禍] 곤란과 재화(災禍). かんか difficulty and disaster

간:회[肝膾] 소의 간으로 만든 회.

간:후[間候] 간첩이 되어 적의 형편을 살핌. かんこう espionage

간휼[奸譎] 간사하고 음흉함. artfulness

간흉[奸凶·姦凶] 간사하고 흉악함. craftiness

간힐[奸黠] 간사하고 꾀가 많음. 교활함.

갈[曷] 어찌 갈: 어떻게. 어찌 아니. 「曷爲(갈위)」 カツ·なんぞ

갈[喝] ① 꾸짖을 갈: 꾸짖다. 「喝道(갈도)·喝破(갈파)」 ② 목멜 애: 목이 메다. カツ ① しかる

갈[渴]* ① 목마를 갈: 목이 마르다. 「飢渴(기갈)·渴水(갈수)·渴症(갈증)」 ② 물 잦을 걸: 물이 잦다. カツ ① かわく

갈[葛] 칡 갈: 칡. 「葛布(갈포)·葛巾(갈건)·葛藤(갈등)」 カツ·くず

갈[竭] ① 다할 갈: 힘을 다하다. 「竭力(갈력)·竭産(갈산)」 ② 마를 갈: 힘이 다 없어지다. 「竭盡(갈진)」 ケツ ① つくす ② つきる

갈[碣] 우뚝선 돌 갈: 우뚝 서다. 「碣館(갈관)·碣石(갈석)」 ケツ·たちいし

갈[褐] ① 털옷 갈: 털옷. 「褐衣(갈의)·褐巾(갈건)」 ② 천할

갈: 천하다. 「褐夫(갈부)」 カツ·カチ·けごろも

갈[鞨] 말갈 나라 갈: 종족의 이름. 「鞨鼓(갈고)」 カツ

갈[gal] 가속도의 단위.

갈강병[褐殭病] 누에의 전염병의 한 가지.

갈건[葛巾] 갈포(葛布)로 만든 두건(頭巾). かっきん

갈골[竭汨] 일에 파묻혀 몹시 바쁨.

갈구[渴求] 목마르게 구함. 간절히 구함. eager desire

갈근[葛根] 칡뿌리. root of arrowroot

갈급[渴急] 목이 타는 듯이 몹시 조급함. impatience

갈급증[渴急症] 몹시 주급한 마음. 준갈증(渴症).

갈등[葛藤] ① 견해와 이해 등의 차이로 뒤얽힌 복잡한 관계. ② 마음 속에서 일어나는, 서로 다른 욕구나 감정 등이 충돌하는 상태. ↔화해(和解). かっとう discord

갈라고[Galago] 아프리카의 산림(山林)에 사는 갈라고의 원숭이 무리의 총칭.

갈락토오스[galactose] 단당류(單糖類)의 한 가지. ガラクトース

갈란테[이 galante] 악보에서, '우미(優美)하게'의 뜻.

갈란투스[Galanthus] 수선화과(水仙花科)에 속하는 알뿌리 식물.

갈력[竭力] 있는 힘을 다함. =진력(盡力). exertion

갈륨[gallium] 희유(稀有) 금속 원소의 하나. 원소 기호는 Ga. ガリウム

갈:릭[garlic] 마늘을 가루로 만든 양념. ガーリック

갈망[渴望] 간절히 바람. =열망(熱望). かつぼう aspiration 渇望

갈바노미터[galvanometer] 검류계(檢流計). ガルバノメーター 檢流計

갈부[褐夫] 거친 모직 옷을 입는 천한 사람. かっぷ 褐夫

갈색[褐色] 검은빛을 띤 주황색. =다색(茶色). かっしょく brown 褐色

갈색 인종[褐色人種] 머리털이 검고 코가 납작하며 살빛이 갈색인 인종. 말레이 인이 이에 속함. かっしょくじんしゅ the brown race 褐色人種

갈성[竭誠] 온갖 성의를 다함. けっせい devotion 竭誠

갈수[渴水] 물이 마름. 「~기(期)」 かっすい drought 渇水

갈앙[渴仰] ①목마르게 동경하고 사모함. ②불도를 깊이 숭상함. かつごう 渇仰

갈증[渴症] ①목이 말라 물을 마시고 싶은 느낌. ②갈급증(渴急症)의 준말. ①thirst 渇症

갈진[竭盡] 바닥이 드러나도록 다하여 없어짐. けつじん exhaustion 竭盡

갈채[喝采] 칭찬이나 환영의 뜻으로 열렬히 외치며 기뻐함. 「박수(拍手)~」 かっさい applause 喝采

갈탄[褐炭] 탄화(炭化)가 덜 된 갈색의 유연탄. かったん lignite 褐炭

갈파[喝破] ①큰 소리로 잘못을 꾸짖음. ②잘못을 들어 말하고 진리를 설파함. かっぱ ①shouting down ②proclamation 喝破

감[甘]* ①달 감:달다. 「甘味(감미)·甘露(감로)」②맛있을 감:맛있다. 「甘食(감식)·甘 甘味

眠(감면)」③달콤할 감:달콤하다. 「甘言(감언)」カン ①あまい ②うまい

감:[坎] ①구덩이 감:구덩이. ②험할 감:험하다. 험난하다. 「坎坷(감가)」 カン ①あな ②けわしい 坎

감[柑] 감귤 감:귤. 「柑果(감과)·柑皮(감피)」 カン·みかん 柑果

감[疳] 감질병 감:감질병. 종기. 「疳氣(감기)·疳病(감병)·脾疳(비감)」 カン·ひかん 疳氣

감[勘] ①헤아릴 감:헤아리다. 감당하다. 「勘檢(감검)·勘審(감심)」②마감할 감:마감하다. 「磨勘(마감)·勘葬(감장)」 カン ①かんがえる 勘審

감[紺] 아청 감:반물. 「紺碧(감벽)·紺色(감색)·紺青(감청)」 コン·こんいろ 紺色

감[堪] 견딜 감:견디다. 「堪耐(감내)·堪當(감당)」 カン·たえる 堪當

감[嵌] ①산 깊을 감:산이 깊은 모양. 「嵌谷(감곡)」②새겨 넣을 감:새겨 넣다. 「象嵌(상감)」 カン ②はめる 嵌谷

감:[敢]* ①구태여 감:구태여. 일부러. 「敢行(감행)」②날랠 감:날래다. 「敢決(감결)·敢然(감연)·果敢(과감)」 カン ①あえて 敢行

감:[減]* 덜 감:덜다. 감하다. 줄이다. 「減少(감소)·減却(감각)·輕減(경감)·減刑(감형)」 ゲン·へる·へらす 減少

감[酣] ①취할 감:취하다. 즐기다. 「酣歌(감가)·酣飲(감음)」②한창 감:한창. 한창 즐기나. 「酣眠(감면)·酣暢(감창)」 カン ②たけなわ 酣歌

감:[感]* ①감동할 감:감동하 感動

다. 「感動(감동)·感泣(감읍)·感激(감격)」② 느낄 감: 느끼다. 「感覺(감각)·感官(감관)·感性(감성)」カン ② かんじる

감[監] ① 볼 감: 위에서 내려다봄. 「監臨(감림)」 ② 살필 감: 살펴보다. 「監督(감독)·監視(감시)」カン・みる・しらべる

감:[憾] 서운해 할 감: 서운해하다. 한탄하다. 「遺憾(유감)·憾恨(감한)·憾悔(감회)」カン・うらむ

감[憨] 어리석을 감: 어리석다. 미련하다. 「憨態(감태)·憨笑(감소)」カン・おろか

감[撼] 흔들 감: 흔들다. 움직이다. 「撼落(감락)·撼動(감동)」カン・うごかす

감[橄] 감람나무 감: 감람나무. 「橄欖(감람)·橄欖油(감람유)」カン

감:[瞰] 내려볼 감: 내려다보다. 굽어보다. 「鳥瞰(조감)·瞰臨(감림)」カン・みる・みおろす

감[鑑] ① 거울 감: 거울. 본보기. 「龜鑑(귀감)」 ② 생각할 감: 생각하다. 「鑑定(감정)·鑑別(감별)」カン ① かがみ ② かんがみる

감:[龕] 감실 감: 감실. 「龕室(감실)」ガン・カン・ずし

감[鹹] 잿물 감: 잿물. 「鹹化(감화)」セン・あく

감:가[減價] 값을 싸게 함. ↔증가(增價). げんか discount

감:가 상각[減價償却] 토지 이외의 고정 자산의 가치 감소를 그것이 마멸되는 정도에 따라 보상하는 일. げんかしょうきゃく depreciation

감:각[減却] 줄여 버림. =감쇄(減殺). げんきゃく diminution

감:각[感覺] ① 외부로부터의 자극을 빛깔·소리·냄새·맛 등으로 분간하여 느끼는 기능, 또는 그것에 따라 생기는 의식(意識). 「코의 ~이 무디다」② 사물의 가치를 알아차리고 분간하는 능력. 「~이 예민하다」かんかく sense

감:각 기관[感覺器官] 외부로부터의 자극을 받아 신경계로 전하는 기관. 시각 기관·청각 기관·후각 기관 따위. 준감관(感官). かんかくきかん sensory organ

감:각론[感覺論] 인식(認識)의 구원을 감각에 있다고 주장하는 학설. かんかくろん sensationalism

감:각점[感覺點] 피부나 점막에 흩어져 있어 자극에 대하여 반응을 나타내는 점. 압점·통점·온점·냉점의 네 가지가 있음. かんかくてん sensory spot

감:개[感慨] 마음에 깊이 느낀 느낌. 「~ 무량(無量)」 かんがい deep emotion

감:격[感激] 마음에 깊이 느끼어 기분이 몹시 흥분됨. 「~의 눈물을 흘리다」 かんげき impression

감결[勘決] 잘 조사하여 결정함. かんけつ

감:경[減輕] 덜어서 가볍게 함. =경감(輕減). 「형기(刑期) ~」 reduction

감계[鑑戒] 지난 잘못을 거울 삼아 다시는 그런 잘못을 하지 않도록 하는 훈계. かんかい

감고[甘苦] ① 단맛과 쓴맛. 단

것과 쓴것. ② 즐거움과 괴로움. かんく ① sweet and bitter ② pleasure and pain

감고[勘考] 잘 생각함. =고려(考慮). かんこう consideration

감공[嵌空] 속이 깊은 굴. かんくう cavern

감과[坩堝] 쇠붙이를 녹이는 그릇. 도가니. るつぼ crucible

감:관[感官] 감각 기관(感覺器官)의 준말. かんかん

감:광[感光] 물질이 빛을 받아 화학 변화를 일으키는 일. 「~지(紙)」 かんこう sensitization

감:광계[感光計] 감광 재료의 빛에 대한 감도를 재는 계기(計器). かんこうけい sensitometer

감:광막[感光膜] 사진 건판(乾板)이나 필름·인화지의 표면에 얇은 막을 이룬 감광제. sensitive film

감교[勘校] 대조해 보아서 잘못된 것을 바로잡음. かんこう

감:구[感舊] 지난 일들을 생각하여 마음에 느낌. remembrance

감:구지회[感舊之懷] 지난 일들이 새삼스럽게 느껴지는 회포. 준감회(感懷). reminiscence

감:군[減軍] 군사력을 줄임. ↔증군(增軍). げんぐん armament reduction

감금[監禁] 일정한 곳에 가두어 행동의 자유를 제한함. かんきん imprisonment

감급[減給] 급료를 정한 액수보다 줄여서 줌. ↔가급(加給)·증급(增給). 「~ 처분(處分)」 げんきゅう salary cut

감기[疳氣] ⇨감병(疳病).

감:기[感氣] 바이러스로 말미암은 호흡기 계통의 염증성 질환. 고뿔. =감모(感冒)·외감(外感). cold

감내[堪耐] 어려움을 참고 견딤. endurance

감:념[感念] 느끼는 마음. impression

감농[監農] 농사짓는 일을 감독함.

감능[堪能] 재능이 뛰어남. かんのう

감당[堪當] 일을 맡아서 능히 해냄. coping with

감:대[感戴] 감사히 여겨 떠받듦.

감:도[感度] ① 어떤 자극에 느껴 반응하는 정도. ② 수신기나 측정기가 전파나 전류 등에 감응하는 정도. ③ 감광 재료가 빛에 반응하는 정도. かんど sensitivity

감독[監督] ① 보살피고 지도·단속함. 또는 그 사람이나 기관. ② 기독교 교직의 하나. ③ 영화나 연극의 연출을 맡아 보는 사람. ④ 운동 경기에서, 운동 선수를 지휘·지도하는 일을 맡은 사람. かんとく ① superintendence ② bishop ③ director ④ manager

감:동[感動] 깊이 느껴 마음이 움직임. かんどう impression

감:동사[感動詞] ⇨감탄사(感嘆詞). かんどうし

감:득[感得] ① 느끼어 깨달음. ② 신불(神佛)의 계시로 깨달아 앎. かんとく ② inspiration

감:등[減等] 등수(等數)나 등급(等級)을 깎아 낮춤. げんとう demotion

감:등[龕燈] 불단(佛壇)의 등불. がんどう

감람[甘藍] 양배추. 캐비지 (cabbage). かんらん 甘藍

감:람[橄欖] 감람수의 열매. =간과(諫果)·충과(忠果). かんらん olive 橄欖 忠果

감:람석[橄欖石] 철·마그네슘이 들어 있는 규산염 광물. かんらんせき olivine 橄欖石

감:람수[橄欖樹] ① 감람과의 상록 교목. ② 올리브(olive). 橄欖樹

감:량[減量] 분량 또는 중량을 줄임. ↔증량(增量). 「체중 ~」 げんりょう loss in weight[quantity] 減量

감로[甘露] ① 하늘에서 내린다는 달콤한 이슬. ② 천상의 신들이 마신다는 도리천에 있는 영검한 물. ③ 여름에 떡갈나무·단풍나무 따위의 잎에서 떨어지는 달콤한 액즙. 진딧물의 분비물. ④ 초목이나 생물에 이로운 이슬. かんろ ① sweet dew 甘露

감:루[感淚] 깊이 감격해서 흘리는 눈물. かんるい tears of gratitude 感淚

감률[甘栗] 알이 작고 맛이 단 밤의 한 가지. あまぐり sweet chestnut 甘栗

감리[監理] ① 감독하고 관리함. ② 건축사가 공사가 설계대로 실시되는지를 확인하는 일. かんり ① superintendence 監理

감림[監臨] 감독하기 위하여 현지(現地)로 감. 監臨

감:마[減摩·減磨] ① 닳아서 줄어듦. ② 마찰(摩擦)을 줄임. げんま ① abrasion ② lubrication 減摩

감마[gamma] 그리스 자모(字母)의 셋째 글자 Γ, γ의 이름. ガンマ 字母

감마 글로불린[gamma globulin] 혈청(血淸) 중에 녹아 있는 단백질 성분의 한 가지. 血淸

감마선(線)[gamma-rays] 방사성(放射性) 물질에서 나오는 방사선의 한 가지. X선보다 파장이 짧은 전자기파로 투과력은 X선보다 큼. 의료용이나 금속 재료의 결함을 탐지하는 데 쓰임. γ선(線). ガンマせん 放射 減磨

감:면[減免] 형벌·조세 따위를 경감하거나 면제함. げんめん reduction and exemption 減免

감:명[感銘] 깊이 느껴 마음에 새겨둠. 또는 새겨진 그 느낌. 「깊은 ~」 かんめい deep impression 感銘

감:모[減耗] 줄어듦. げんもう decrease 減耗

감:모[感冒] 고뿔. =감기(感氣). かんぼう cold 感冒

감미[甘味] 달콤한 맛. ↔고미(苦味). かんみ·あまみ sweet taste 甘味

감미[甘美] ① 달콤하고 맛이 좋음. ② 정서적으로 왕올한 느낌이 있음. 「~로운 멜로디」 かんび sweetness 甘美

감미료[甘味料] 단맛을 내는 데 쓰는 조미료. 설탕·사카린 따위. かんみりょう sweetener 甘味料

감방[監房] 죄수를 가두는 방. かんぼう cell 監房

감:배[減配] ① 배급하는 양을 줄임. ② 배당액을 줄임. ↔증배(增配). げんぱい reduction of a dividend 減配

감:법[減法] 감하는 산법. 뺄셈의 구용어. =감산(減算). ↔가법(加法). げんぽう subtraction 減法

감별[鑑別] 감식하여 좋고 나 鑑別

뽐을 가림. かんべつ
discrimination

감병[疳病] 음식 조절을 잘못 하여 생기는 어린아이의 병. =감기(疳氣)·감질(疳疾).

감복[感服] 감동하여 존경하는 마음을 품게 됨. 또는 아주 훌륭하다고 느껴 탄복함. かんぷく admiration

감봉[減俸] 봉급의 액수를 줄임. =감급(減給). げんぼう salary reduction

감분[感憤] 마음에 분함을 느껴 분기함. かんぷん

감분[感奮] 감격하여 분발함. かんぷん inspiration

감불생심[敢不生心] 감히 엄두도 내지 못함. =감불생의(敢不生意).

감불생의[敢不生意] ⇨ 감불생심(敢不生心).

감사[甘死] 기꺼이 죽음. 죽기를 꺼리지 않음. かんし

감사[甘辭] 비위를 맞추려고 듣기 좋게 하는 달콤한 말. =감언(甘言). かんじ
honeyed words

감사[敢死] 두려움 없이 기꺼이 죽음. =필사(必死)·결사(決死). かんし desperation

감사[感謝] 고마움. 고맙게 여김. 「～만만(萬萬)」 かんしゃ
thanks

감사[監事] ①공공 단체의 서무를 맡아보는 사람. ②법인(法人)의 업무·재산을 감사하는 사람. ③승직(僧職)의 한 가지. かんじ
① supervisor ② auditor

감사[監査] 감독하고 검사함. 「회계(會計) ～」 かんさ
inspection

감사[鑑査] 사물을 검사하여 우열(優劣)·진위(眞僞) 등을 가려냄. かんさ examination

감사[瞰射] 활·총포 따위를 높은 데서 내려다보며 쏨. かんしゃ

감사장[感謝狀] 감사의 뜻을 나타낸 글장. 준사장(謝狀). かんしゃじょう
letter of appreciation

감사패[感謝牌] 감사의 말을 쓰거나 새기어 주는 패.
plate of appreciation

감삭[減削] 깎아서 줄임. =삭감(削減). げんさく reduction

감산[甘酸] ①단맛과 신맛. ②즐거움과 괴로움. かんさん

감산[減産] ①생산량이 줆. ②생산량을 줄임. げんさん
① drop in output ② curtailment of production

감산[減算] 뺄셈. =감법(減法). げんざん subtraction

감상[感想] 마음에 느낀 생각. =소감(所感). かんそう
thoughts

감상[感傷] 하찮은 일에도 곧 잘 슬픔을 느끼는 마음. かんしょう sentimentality

감상[感賞] 감동하여 칭찬함. かんしょう admiration

감상[鑑賞] 예술 작품이나 화초 등의 아름다움을 즐기고 음미(吟味)함. 「음악 ～」 かんしょう appreciation

감상문[感想文] 느낀 바를 적은 글. かんそうぶん
description of impressions

감상적[感傷的] 하찮은 일에도 쓸쓸해하거나 슬픔에 젖어드는 모양. かんしょうてき
sentimental

감상주의[感傷主義] 감수성을 통해 인간의 내면 세계를 강

하게 표현하여 비애를 자아내는 문학상의 경향. かんしょうしゅぎ 主義 sentimentalism

감색[紺色] 검은빛을 띤 남색. 검남색. こんいろ 紺色 dark blue

감:색[減色] 빛이 바램. =퇴색(退色). 減色 fading

감:생[減省] 덜어서 줄임. げんしょう・げんせい 減省 reduction

감:성[感性] 대상으로부터의 자극을 느끼는 직관적인 능력. =감수성(感受性). かんせい 感性 sensibility

감:세[減稅] 세금의 액수를 줄임. 세율을 낮춤. ↔증세(增稅). げんぜい 減稅 tax reduction

감:세[減勢] 세력이 줄어듦. 減勢 subsidence

감:소[減少] 줄어서 적어짐. =감모(減耗). げんしょう 減少 decrease

감소[憨笑] 웃을 일이 아닌데 자꾸 웃어댐. 憨笑

감:속[減速] 속력을 줄임. げんそく 減速 deceleration

감:속 장치[減速裝置] 시세나 기구의 속도를 늦추는 장치. げんそくそうち 減速裝置

감:속재[減速材] 원자로 안에서 중성자(中性子)의 속도를 늦추는 데 쓰이는 물질. =완속 물질(緩速物質)·완속체(緩速體). げんそくざい 減速材 moderator

감:손[減損] 줄어서 적어짐. ↔증익(增益). げんそん 減損 decrease

감:쇄[減殺] 덜어서 없어지게 함. げんさつ 減殺 diminution

감:쇠[減衰] 힘이 줄어 약해짐. げんすい 減衰 attenuation

감수[甘受] 불만 없이 달게 받아들임. 「처벌을 ~하다」 かんじゅ 甘受 submission

감:수[減水] 강·호수 등의 물이 줄어듦. げんすい 減水 decrease of water

감:수[減收] 수입이나 수확이 줄어듦. ↔증수(增收). げんしゅう 減收 decrease

감:수[減壽] 수명이 줄어듦. 「십년(十年)을 ~하다」 減壽 shortening one's life

감:수[減數] ①뺄셈에서, 빼려는 수. ②수효를 줄임. げんすう 減數 ① subtrahend ② decrease

감:수[感受] 외부의 자극을 느끼고 받아들임. 「~성(性)」 かんじゅ 感受 reception

감수[監守] 감독하고 지킴 또는 그 사람. かんしゅ 監守 guard

감수[監修] 책의 저술·편찬을 감독하고 지도함. 「~자(者)」 かんしゅう 監修 editorial supervision

감승[勘勝] 잘 참고 견디어 냄. 勘勝 endurance

감시[監視] 잘못되는 일이 없도록 감독하며 살핌. かんし 監視 supervision

감식[甘食] 음식을 맛있게 먹음. 甘食

감:식[減食] 음식의 양이나 횟수를 줄임. げんしょく 減食 diet

감식[鑑識] 감정(鑑定)하여 분간해 냄. 또는 알아보는 그 식견. かんしき 鑑識 judgment

감심[甘心] 괴로움이나 책망을 달게 여김. 또는 그 마음. かんしん 甘心 tolerance

감암[嵌巖] ①산이 높고 험한 모양. ②골짜기가 깊고 험한 모양. かんがん 嵌巖

감:압[減壓] 압력(壓力)을 줄임. げんあつ 減壓 decompression

감:액[減額] 액수를 줄임. 또는 줄인 그 액수. ↔가액(加額)·증액(增額). げんがく　reduction

감어[酣飫] 술이나 음식을 진탕 먹고 마심. =취포(醉飽). satiation

감언[甘言] 비위를 맞추려고 듣기 좋게 하는 달콤한 말. =감사(甘辭). ↔고언(苦言). かんげん　honeyed words

감언이설[甘言利說] 남의 비위에 맞도록 꾸민 달콤한 말과 이로운 조건을 내세워 꾀는 말. wheedling

감여[堪輿] 하늘과 땅. =건곤(乾坤).

감:연[敢然] 과단성 있고 용감한 모양. 「~히 대들다」 かんぜん　boldness

감열[感咽] 감동하여 목메어 욺.

감열[感悅] 감격하여 기뻐함. かんえつ

감:염[感染] ① 병원체가 옮음. ② 영향을 받아 그것에 물듦. かんせん　① infection ② influence

감오[感悟] 감동하여 깨달음. かんご　perception

감옥[監獄] 교도소(矯導所)를 이전에 이르던 말. かんごく　prison

감우[甘雨] 가물다가 오는 반가운 비. 단비. かんう　long-awaited rain

감:원[減員] 인원수를 줄임. ↔증원(增員). げんいん　personnel reduction

감:은[感恩] 은혜를 고맙게 여김. かんおん　gratitude

감음[酣飲] 흥겹게 술을 마심.

감:읍[感泣] 감격하여 눈물을 흘리며 흐느낌. =감체(感涕). かんきゅう　being moved to tears

감:응[感應] ① 사물을 대하여 마음이 움직임. ② 믿음이 신불(神佛)에 통함. ③ 도체(導體)가 전기(電氣)나 자기(磁氣)를 띰. かんのう　① sympathy ② response ③ induction

감인[堪忍] 참고 견딤. =인내(忍耐). かんにん　patience

감입[嵌入] 자개 따위의 장식(裝飾)을 박아 넣음. かんにゅう　inlaying

감:자[減資] 자본금의 액수를 줄임. ↔증자(增資). げんし　reduction of capital

감:작[減作] 농작물의 수확량이 줆. げんさく　reduction of crop

감저[甘藷] ① 고구마. かんしょ ② '감자'의 원말. ① sweet potato ② potato

감:전[敢戰] 과감하게 싸움. かんせん　desperate fighting

감전[酣戰] 한창 치열하게 벌어진 싸움. かんせん　fierce battle

감:전[感電] 전류(電流)가 몸에 흘러 충격을 받는 상태. 「~사(死)」 かんでん　electric shock

감:점[減點] 점수를 줄임. 또는 줄인 그 점수. げんてん　a demerit mark

감정[戡定] 무력으로 난리를 평정함. =감란(戡亂). かんてい　pacification

감:정[感情] 어떤 상태나 사물로 말미암아 일어나는 기쁨·노여움·슬픔·즐거움·쾌감·불쾌감 등의 기분. emotion

감정[鑑定] 사물의 값어치, 가짜와 진짜 등을 가리어 판정함. 「～가(家)」かんてい
judgment

감정 가격[鑑定價格] 은행·보험 회사 등에서 자금을 대여할 때, 담보가 될 물건을 평가하여 매기는 가격.
appraised value

감:정론[感情論] 이성으로서가 아닌 감정에 치우친 논의(論議). かんじょうろん
impassioned debate

감정서[鑑定書] ① 감정의 경과 및 결과를 적은 문서. ② 미술 작품의 진짜·가짜 여부를 판단하여 보증하는 문서. かんていしょ
① expert opinion in writing
② written statement of an expert opinion

감제[監製] 감독하여 만듦. かんせい
making under supervision

감주[甘酒] 엿기름을 우린 물에 지에밥을 넣고 삭혀서 달인 음식. 단술. ＝감차(甘茶). あまざけ
sweet drink made from rice

감:지[感知] 느끼어 알아차림. かんち
perception

감질[疳疾] ⇨감병(疳病).

감차[甘茶] ⇨감주(甘酒).

감:차[減差] 병세가 덜하여 차도가 있음.
convalescence

감찰[監察] ① 감시하여 살핌. ② 단체의 규율과 구성원의 행동을 살피고 감독하는 일. 또는 그 직책. かんさつ
① inspection ② inspector

감찰[鑑札] 행정 관청에서 발행하는 영업 허가의 증표. かんさつ
license

감찰[鑑察] 자세히 살펴봄. かんさつ

감:채[減債] 빚을 갚아서 줄임. げんさい
partial payment of a debt

감천[甘泉] 물맛이 좋은 샘. かんせん
sweet spring

감천[感天] 하늘이 감동함. 「지성이면 ～이다」

감:청[紺靑] 산뜻하고 밝은 남색. こんじょう Prussian blue

감:청[敢請] 어려움을 무릅쓰고 감히 청함.
requesting boldly

감:체[感涕] ⇨감읍(感泣).

감초[甘草] 콩과의 다년초. 한방에서 뿌리를 약재로 씀. かんぞう licorice

감:촉[感觸] ① 무엇에 닿았을 때의 느낌. ② 외부와의 접촉에서 받는 느낌. かんしょく
feel

감:축[減縮] 덜어서 줄임. 덜리어 줆. reduction

감:축[感祝] ① 같이 좋아하고 축하함. ② 은혜를 몹시 고맙게 여김.
① hearty congratulation

감춘[酣春] 한창 무르익은 봄.
midst of spring

감취[酣醉] 술에 잔뜩 취함. かんすい intoxication

감:탄[感歎] 마음에 깊이 느끼어 탄복함. 「～하여 마지않다」かんたん admiration

감탄고토[甘呑苦吐] 달면 삼키고 쓰면 뱉음. 곧, 자기의 비위에 맞으면 좋아하고 안 맞으면 싫어함.

감:탄사[感歎詞·感嘆詞] 느낌·놀람 등을 나타내는 품사. 느낌씨. ＝감동사(感動詞)·간투사(間投詞). かんた

んし　　　　　interjection
감:퇴[減退] 의욕·체력 등이 減退
줄어서 약해짐. ↔증진(增
進). げんたい　　decline
감:투[敢鬪] 용감하게 싸움. 敢鬪
=감전(敢戰)·역투(力鬪). か
んとう　courageous fighting
감:패[感佩] 깊이 감사하며 잊 感佩
지 아니함. かんぱい
　　　　　 deep impression
감:행[敢行] 과감히 실행함. 敢行
또는 두려움 없이 행동함. か
んこう　　　decisive action
감:형[減刑] 형벌을 감하여 가 減刑
볍게 함. げんけい
　　　　　　　 commutation
감호[監護] 감독하고 보호함. 監護
かんご　　care and custody
감홍[甘汞] 염화제일수은. 설 甘汞
사약으로 쓰임. かんこう
　　　　　　　　　 calomel
감홍로[甘紅露] 소주에 홍국 甘紅露
과 약재 등을 넣어 우린 술. =
감홍주(甘紅酒).
감:화[感化] 좋은 영향을 받아 感化
좋은 방향으로 변화함. かん
か　　　　　　　 influence
감:회[感悔] 깊이 마음에 느끼 感悔
어 후회함.　　　　　regret
감:회[感懷] ①느낀 생각이나 感懷
회포. =회포(懷抱). ②감구 懷抱
지회(感舊之懷)의 준말. かん
かい　　　　① deep emotion
감흥[酣興] 술을 마시고 즐거 酣興
워함. =주흥(酒興).
　　　　　 hilarity from drink
감흥[感興] 감동하여 일어나는 感興
흥취. =흥감(興感). かん
きょう　　　　　 interest
감:희[感喜] 감격하여 기뻐함. 感喜
かんき
갑[甲]* ①갑옷 갑 : 갑옷. 「甲 甲兵
兵(갑병)·甲騎(갑기)」②첫째

갑 : 첫째. 「甲子(갑자)」 コ
ウ·よろい·きのえ
갑[匣] 갑 갑 : 갑. 상자. 「匣匳 匣匳
(갑렴)」コウ·はこ
갑[岬] 곶 갑 : 곶. 「岬角(갑 岬岫
각)·岬岫(갑수)」コウ·みさ
き
갑[胛] 어깻죽지 갑 : 어깻죽지. 胛骨
「胛骨(갑골)」コウ·かいがら
ぼね
갑[閘] 물문 갑 : 물문. 수문(水 閘門
門). 「閘門(갑문)·閘夫(갑
부)」オウ·コウ·ひのくち
갑가[甲家] 문벌이 높은 집안. 甲家
　　　　　　　　 lofty family
갑각[甲殼] 게 따위의 등딱지. 甲殼
こうかく　　　　　　　shell
갑각류[甲殼類] 주로 물에서 甲殼類
사는 절지동물의 한 강(綱).
게·가재·새우 따위. こうか
くるい　　　　　 Crustacea
갑기[甲騎] 갑옷을 입고 말을 甲騎
탄 병사. こうき　　 cavalry
갑남을녀[甲男乙女] 갑이란 甲男
남자와 을이란 여자. 곧, 보 乙女
통 사람들. ordinary person
갑년[甲年] 예순한 살이 되는 甲年
해. =환갑(還甲)·회갑(回
甲).　　　　　 60th birthday
갑론을박[甲論乙駁] 서로 자 甲論
기의 주장을 내세워 남의 주 乙駁
장을 공격함. こうろんおつば
く　　 arguments pro and con
갑문[閘門] 수위(水位)의 차가 閘門
심한 지역의 운하 등에 설치
한 수위 조절 장치. こうもん
　　　　　　　　　 sluice
갑반[甲班] 문벌이 좋은 집안. 甲班
　　　 distinguished family
갑부[甲富] 첫째가는 부자. = 甲富
수부(首富). the richest man
갑사[甲紗] 품질이 좋은 얇은 甲紗
비단. 「~ 댕기」　fine gauze

갑상선[甲狀腺] 목 아랫부분에 있는 내분비선(内分泌腺). 티록신을 분비하여 체내의 물질 대사를 촉진함. こうじょうせん　thyroid gland

갑을[甲乙] ① 십간(十干)의 첫째와 둘째. ② 순서나 우열을 나타낼 때 첫째와 둘째. ③ 이름을 모르는 사람이나 사물을 가리키는 말. こうおつ

갑종[甲種] 으뜸 가는 종류. こうしゅ　first grade

갑주[甲冑] 갑옷과 투구. かっちゅう　armor

〔갑주〕

갑충[甲蟲] 초시류(鞘翅類) 곤충의 총칭. 딱정벌레・풍뎅이 따위. こうちゅう　beetles

갑판[甲板] 큰 배 위의 넓은 바닥. こうはん・かんぱん　deck

갑피[甲皮] 창을 대지 아니한 구두의 울. uppers of leather shoes

강[江]* 강 강:강.「漢江(한강)・江河(강하)・江湖(강호)」コウ・え

강[岡] 산등성이 강:산등성이. 언덕.「岡陵(강릉)・岡阜(강부)」コウ・おか

강[姜] 성 강:성. キョウ

강:[降]* ① 내릴 강:내리다.「降雨(강우)・昇降(승강)」② 항복할 항:항복하다.「降伏(항복)・投降(투항)」コウ ① おりる・ふる ② くだる

강[剛]☆ 굳셀 강:굳세다. 굳다.「剛性(강성)・剛悍(강한)・剛直(강직)」ゴウ・つよい・かたい

강[康]☆ 편안할 강:편안하다. 즐겁다.「康寧(강녕)・康保(강보)・康居(강거)」コウ・やすい

강[控] ⇨공(控).

강:[強]* ① 강할 강:강하다. 굳세다.「強力(강력)・強健(강건)」② 힘쓸 강:힘쓰다. 노력하다.「勉強(면강)」③ 억지로 강:억지로. 무리하게.「強勸(강권)・強要(강요)」キョウ ① つよい ③ しいる

강[腔] 속 빌 강:속이 비다. 빈 속.「口腔(구강)・腔子(강자)・腔腸(강장)」コウ・から

강:[慷] 강개할 강:강개하다.「慷慨(강개)・慷愾(강개)」コウ・なげく

강[綱]▲ 벼리 강:벼리.「綱領(강령)・綱紀(강기)・綱目(강목)」コウ・つな

강[僵] 쓰러질 강:쓰러지다. 넘어지다.「僵立(강립)・僵仆(강부)」キョウ・たおれる

강[彊] 꿋꿋할 강:꿋꿋하다. 군세다.「彊壯(강장)・彊要(강요)・彊悍(강한)」キョウ・つよい

강[殭] 누에가 말라 죽을 강: 누에가 말라 죽다.「殭蠶(강잠)」キョウ・たおれる

강[襁] 포대기 강:포대기. 기저귀.「襁褓(강보)・襁抱(강포)」キョウ・せおいおび

강[鋼]☆ 강쇠 강:강쇠.「鋼鐵(강철)・鋼玉(강옥)」コウ・はがね

강[糠] 겨 강:겨.「糠粃(강비)・糟糠之妻(조강지처)」コウ・ぬか

강[薑] 새앙 강:새앙.「生薑(생강)・薑桂之性(강계지성)」キョウ・しょうが

강:[講] * ① 강론할 강: 강론하다. 「講義(강의)·講話(강화)」 ② 강화할 강: 강화하다. 화해하다. 「講和(강화)」 コウ ① とく ② はからう

강[疆] 지경 강: 경계. 「疆境(강경)·疆界(강계)·疆域(강역)」 キョウ·さかい·かぎり

강:가[降嫁] 왕족의 딸이 신하의 집으로 시집감. こうか
　　　　mesalliance

강:간[強姦] 강제적으로 부녀자를 욕보임. ごうかん　rape

강:간[強諫] 강력하게 간함. きょうかん
　　　remonstrating strongly

강:개[慷慨] 의기(義氣)가 복받쳐 한탄하고 분개함. 「비분(悲憤)~」 こうがい
　　　righteous indignation

강건[剛健] 꿋꿋하고 강함. 「~한 기품(氣禀)」 ごうけん
　　　　　sturdiness

강건[剛蹇] 강직하여 굽히지 아니함.

강건[剛謇] 강직하여 거리낌없이 말함.

강건[強健] 몸이 튼튼하고 강함. きょうけん　healthiness

강견[強肩] 어깨의 힘이 셈.
　　　　strong arm

강견[強堅·剛堅] 군세고 단단함. ごうけん　hardness

강경[剛梗] 성품이 꿋꿋하고 굳셈.　integrity

강경[強硬] 군세어 굽히지 않음. きょうこう indomitability

강경[疆境] ⇨강계(疆界).

강경책[強硬策] 강경한 방책이나 대책. hard-line policy

강경파[強硬派] 강경한 의견을 주장하고 버티는 파.
　　　　hard-line party

강계[疆界] 나라의 경계. =강경(疆境). きょうかい frontier

강고[強固] 군세고 단단함. ↔연약(軟弱). きょうこ strength

강골[強骨] 군세고 단단한 기질. sturdy disposition

강관[鋼管] 강한 압력에 견디는 강철 관(管). こうかん
　　　　steel pipe

강교[江郊] 강이 있는 교외.
　　suburbs near the river

강구[江口] ① 강의 어귀. =하구(河口). ② 나루.
　　① estuary ② ferry

강:구[講求] 조사하여 구함.
　　　　seeking

강구[康衢] 사통 오달(四通五達)의 큰 거리. こうく
　　　　busy street

강구[講究] 연구하여 대책을 생각함. こうきゅう
　　　consideration

강구연월[康衢煙月] 태평한 시대의 평화로운 거리 풍경.
　　　peaceful scene

강국[強國] 강한 나라. =강대국(強大國). きょうこく
　　　great power

강군[強軍] ① 전투력이 강한 군대. ② 실력이 뛰어난 경기 단체. きょうぐん ① powerful army ② strong team

강궁[強弓] 탄력이 매우 센 큰 활. ↔연궁(軟弓). ごうきゅう　strong bow

각:권[強勸] 억지로 권함.
　　　　pressing

강권[強權] 강력한 권력. 「~ 발동(發動)」 きょうけん
　　　　authority

강근지친[強近之親] 가까운 일가 친척. =강근지족(強近之族). near relatives

강기[剛氣] 굽히지 않는 강한 剛氣
기상(氣象). ごうき fortitude

강기[強記] 오래도록 잊지 않 強記
고 잘 기억함. きょうき
　　　　　　　　good memory

강기[綱紀] ①법강(法綱)과 풍 綱紀
기(風紀). ②삼강 오륜과 규
율(規律). こうき
　　　　　　　official discipline

강기 숙정[綱紀肅正] 강기를 綱紀
바로잡음. こうきしゅくせい 肅正

강남[江南] ①강의 남쪽. 강의 江南
남쪽 지역. ②중국 양쯔 강
(揚子江) 하류의 남쪽 지역.
↔강북(江北). こうなん

강녕[康寧] 건강하고 편안함. 康寧
「부귀(富貴) ～」 こうねい
　　　　　　　　healthiness

강:단[降壇] 강 단(講壇)에서 降壇
내려옴. =하단(下壇). ↔등
단(登壇). こうだん
　　　　　　leaving the platform

강단[剛斷] ①야무지게 결정하 剛斷
는 힘. ②어려움을 견디어 나
가는 힘. 「～성(性)」
　　　① decisiveness ② tenacity

강:단[講壇] 강연·강의를 하는 講壇
단(壇). こうだん platform

강담[剛膽] 담력이 강함. ごう 剛膽
たん　　　　　　　boldness

강:당[講堂] 학교나 교회에서 講堂
강연이나 의식 등을 하는 넓
은 방. こうどう auditorium

강대[強大] 세력이 강하고 큼. 強大
「～국(國)」 きょうだい
　　　　　　　　mightiness

강도[剛度] 철사 따위의 단단 剛度
한 정도. stiffness

강도[強度] 강한 정도. きょう 強度
ど　　　　　　　　intensity

강:도[強盜] 폭행·협박 등의 수 強盜
단으로 남의 금품을 빼앗는
도둑. ごうとう robber

강:독[講讀] 글을 읽고 그 뜻 講讀
을 밝힘. こうどく reading

강두[江頭] 강나루 근처. ferry 江頭

강력[強力] ①힘이 셈. 강한 強力
힘. ②⇨폭력(暴力). 「～범
(犯)」 きょうりょく　① power

강력분[強力粉] 글루텐의 함 強力粉
량에 따라 나눈 밀가루 종류
의 하나. 찰기가 강하고 주로
빵·마카로니 등을 만드는 데
쓰임. 강력 밀가루.
　　　　　　　　strong flour

강렬[強烈] 세차고 맹렬함. 強烈
きょうれつ intensity

강:령[降靈] 신(神)의 영(靈)
이 인간의 몸에 내림.

강령[綱領] ①일의 으뜸이 되 綱領
는 줄거리. ②정당·사회 단
체 따위의 기본 방침. こう
りょう ② general principles

강:론[講論] 학술이나 교리(教 講論
理)를 설명하고 토론함.
　　　　　　　　discussion

강류[江流] 강의 흐름. =하류 江流
(河流).

강릉[岡陵] 산 밭. =구릉(丘 岡陵
陵). hill

강:림[降臨] 신이 인간 세상에 降臨
내려옴. =하림(下臨). ↔승
천(昇天). こうりん advent

강만[江灣] 강(江)과 만(灣). 江灣
　　　　　　　　river and bay

강:매[強買] 안 팔리는 것을 強買
억지로 삼.

강:매[強賣] 억지로 떠맡겨 팖. 強賣
　　　　　　　　touting

강:명[剛明] 성품이 곧고 두뇌 剛明
가 명석함.

강명[講明] 강구하여 밝힘. こ 講明
うめい clarification

강목[綱目] 사물의 대강(大綱) 綱目
과 세목(細目). こうもく
　　　　　main points and details

강목수생[剛木水生] ⇨간목수생(乾木水生).

강:무[講武] 무예(武藝)를 강습함. 「~관(館)」こうぶ

강:박[強迫] 억지로 남의 의사를 꺾고 협박함. きょうはく compulsion

강:박 관념[強迫觀念] 떨쳐 버리려고 해도 안 되는 병적인 관념. きょうはくかんねん obsession

강반[江畔] 강가. riverside

강변[江邊] 강의 언저리. 강가. =하변(河邊). riverside

강:변[強辯] 억지로 주장함. 굳이 변명함. きょうべん sophistry

강병[強兵] ① 강한 군대. ② 병력을 굳세게 함. 「부국(富國)~」 きょうへい ① strong army ② consolidation

강보[襁褓] 포대기. 「~유아(幼兒)」 おしめ swaddle

강복[康福] 건강하고 복이 많음.

강사[講士] 강연하는 사람. speaker

강:사[講師] ① 학원에서 강하는 사람. ② 학교 등에서 촉탁을 받아 강의하는 사람. こうし lecturer

강삭[鋼索] 강철 줄을 여럿 꼬아 만든 굵은 쇠줄. こうさく wire rope

강산[江山] ① 강과 산. ② 국토. 「삼천리(三千里) ~」 こうざん ① rivers and mountains ② country

강산풍월[江山風月] 자연의 아름다운 경치. beautiful scenery

강상[江上] ① 강물 위. ② 강의 기슭. 강가. ③ 강의 상류. ① surface of the river ② riverside ③ upper stream

강:상[降霜] 서리가 내림. 또는 내린 그 서리. こうそう frost

강상[綱常] 삼강(三綱)과 오상(五常). 사람이 지켜야 할 도리. こうじょう moral principles

강:생[降生] ① 신이 인간으로 태어남. 「예수의 ~」 ② 어진 사람이 태어남. =강세(降世). こうせい ① incarnation

강:서[講書] 책의 내용을 강의함. こうしょ expounding

강:석[講席] 강의·강연을 하는 자리. =강연(講筵)·강좌(講座). こうせき chair

강:석[講釋] 책의 내용이나 어구의 뜻을 설명함. こうしゃく interpretation

강선[鋼線] 강철로 만든 줄. こうせん steel wire

강:설[降雪] 눈이 내림. 또는 내린 그 눈. こうせつ snowfall

강:설[講說] 강의하여 설명함. 또는 그 강의. こうせつ lecture

강:설량[降雪量] 일정한 곳에 일정 시간 내린 눈의 분량. こうせつりょう amount of snowfall

강성[剛性] 물체의 형태가 압력에 견디는 단단한 성질. ごうせい rigidity

강성[強性] 물질의 강한 성질. hardness

강성[強盛] 힘차고 왕성함. きょうせい vigor

강:성[講聲] 글을 읽는 소리.

강:세[降世] ⇨강생(降生).

강세[強勢] ① 기세가 세참. ②

물가가 오름세를 보임. ③ 센 어세(語勢). ごうせい
① strong force ② bull ③ emphasis

강속구[强速球] 야구에서, 투수가 던진 강하고 빠른 공. speedball

강송[强送] 강제로 보냄. deportation

강:송[講誦] 글을 소리내어 읽음. こうしょう recitation

강:수[降水] 눈·비 등으로 지상에 내린 물. 「~량(量)」 こうすい precipitation

강:수[講修] 연구하여 닦음. こうしゅう study

강:술[講述] 책의 내용을 설명함. lecturing

강습[强襲] 냅다 습격함. 「적을 ~하다」 きょうしゅう assault

강:습[講習] 학술·기예 등의 강의를 들어 익힘. 또는 그 지도를 하는 일. 「~회(會)」 こうしゅう training course

갓시[僵屍] 얼어 죽은 시체. =동시(凍屍). frozen corpse

강식[强食] ① 음식을 잘 챙겨 먹어서 몸을 보양(保養)함. ② 강한 자의 먹이. 「약육(弱肉)~」 きょうしょく

강식[强識] 기억력이 좋고 박식함. きょうしき erudition

강:신[降神] ① 제사 때 초헌(初獻)에 앞서 신이 내리게 한다는 뜻으로, 향을 피우고 술을 잔에 따라 모사(茅沙)에 붓는 일. ② 주문이나 다른 술법으로 신을 내리게 하는 일. こうしん

강심[江心] 강의 한가운데. center of a river

강심제[强心劑] 심장의 기능을 튼튼하게 하는 데 쓰는 약제. きょうしんざい cardiotonic drug

강악[强惡] 성질이나 행실이 억세고 악함. ごうあく atrocity

강안[江岸] 강기슭. riverside

강:안[强顔] 뻔뻔스러움. =후안(厚顔). きょうがん impudence

강:압[强壓] 힘이나 권력으로 마구 억누름. 「~적(的) 태도」 きょうあつ oppression

강약[强弱] ① 강함과 약함. ② 강하거나 약한 정도. =강도(强度). きょうじゃく
① strength and weakness ② intensity

강역[疆域] 강토(疆土)의 영역. きょういき district

강:연[講演] 어떤 주제로, 청중을 상대로 연설을 함. 또는 그 연설. 「~회(會)」 こうえん lecture

강:연[講筵] ① ⇨ 강석(講席). こうえん ② 임금 앞에서 경서(經書)를 강론하던 일.

강옥[鋼玉] 강옥석(鋼玉石)의 준말.

강옥석[鋼玉石] 천연의 산화알루미늄. 단단하기로는 금강석 다음인데 붉은 것은 루비(ruby), 푸른 것은 사파이어(sapphire)라고 함. 준 강옥(鋼玉). こうぎょくせき corundum

강왕[康旺] 건강하고 기운이 왕성함. robustness

강:요[强要] 무리하게 요구함. 「금품(金品) ~」 きょうよう forcible demand

강요[綱要] 기본이 되는 중요한 점. こうよう the gist

강용[剛勇] 굳세고 용맹함. 「～무쌍(無雙)」 ごうゆう　bravery

강용[強勇] 강하고 용맹스러움. きょうゆう　intrepidity

강:우[降雨] 비가 내림. 또는 내린 그 비. 「～기(期)」 こう　rainfall

강우[強雨] 세차게 쏟아지는 비.　heavy rainfall

강:우량[降雨量] 일정한 곳에, 일정한 시간 내린 비의 분량. こうういりょう　precipitation

강운[江韻] 하기 어려운 일의 비유. 한시(漢詩)에서 강(江)자 운이 적음에서 이르는 말.　difficult matter

강:원[講院] 불학(佛學)을 전문적으로 연구하고 학습하는 곳.

강유[剛柔] 굳셈과 부드러움. =경연(硬軟). ごうじゅう　firmness and softness

강유[綱維] ① 군신(君臣)·부자(父子)·부부(夫婦) 사이의 삼강(三綱)과 예(禮)·의(義)·염(廉)·치(恥)의 사유(四維). ② 나라의 법도(法度). こうい

강유[糠油] 쌀겨에서 짠 기름. ぬかあぶら　rice bran oil

강음[強音] 세게 발음하는 음(音). ↔약음(弱音). きょうおん　strong sound

강:음[強飮] 술을 억지로 마심.

강의[剛毅] 의지가 꿋꿋하여 굽힘이 없음. ごうき　fortitude

강:의[講義] 학문이나 기술을 설명하여 가르침. 「～실(室)」 こうぎ　lecture

강인[強引] ① 세게 끌어당김. ② 끝까지 버팀. ごういん

① strong attraction ② endurance

강인[強靭] 강하고 끈질김. 「～한 정신」 きょうじん　toughness

강자[強者] 힘이나 세력이 강한 사람. ↔약자(弱者). きょうしゃ　the strong

강장[強壯] 튼튼하고 기운이 왕성함. ↔허약(虛弱). 「～제(劑)」 きょうそう　robustness

강장[腔腸] 강장동물의 체강(體腔). こうちょう　body cavity

강재[鋼材] 건축물·선박·기계 따위에 쓰이는 강철. こうざい　steel materials

강적[強敵] 힘이 센 적. =경적(勁敵). きょうてき　formidable enemy

강:점[強占] 남의 영토나 물건을 강제로 점령하거나 차지함.　forcible occupation

강점[強點] 남보다 유리하고 우세한 점. =약점(弱點).　strong point

강정[強情] 억센 성정(性情). ごうじょう　obduracy

강:제[強制] 억지로 남의 자유를 억누름. 「～수단(手段)」 きょうせい　compulsion

강:제 집행[強制執行] 의무를 이행하지 않는 데 대해 국가가 강제적으로 그 의무를 이행하게 하는 일. 또는 그 절차. きょうせいしっこう　compulsory execution

강조[強調] ① 어떤 일을 특히 강하게 주장함. ② 회화·음악 따위의 예술 표현에서, 어떤 한 부분을 특히 두드러지게 나타냄. きょうちょう

① insistence ② emphasis

강:종[強從] 마지못해 따름. 強從
obeying against one's will

강:좌[講座] ① 강의·강연 등을 하는 자리. ② 대학의 강의(講義)의 단위. ③ 강의식(講義式)의 책이나 방송. こうざ 講座 講義
①② chair

강주[強酒] 독한 술. 強酒
strong alcohol

강즙[薑汁] 생강을 갈아서 짠 물. 「~ 소주(燒酎)」 薑汁
ginger juice

강:직[降職] 직위를 낮춤. 직위가 낮아짐. ↔승직(陞職). こうしょく 降職
demotion

강직[剛直] 마음이 굳세고 곧음. ごうちょく 剛直
integrity

강직[強直] ① 굳세고 정직함. ② 근육 띠위기 수축에서 뻣뻣해지는 상태. きょうちょく 強直
① uprightness ② stiffness

강진[強震] 열진(烈震) 다음 가는 강한 지진. きょうしん 強震
severe earthquake

강질[剛質] 천성이 굳세고 곧음. 剛質
integrity

강:차[降車] 차에서 내림. = 하차(下車). ↔승차(乘車). こうしゃ 降車
getting off

강:착[降着] 비행기가 지상이나 수상에 내림. こうちゃく 降着
landing

강천[江天] 강물과 하늘이 맞닿은 듯이 보이는 하늘. 「~의 달」 江天
distant sky over the river

강철[鋼鐵] 무쇠를 열처리하여 강도를 높인 쇠. 「~판(板)」 こうてつ 鋼鐵
steel

강:청[強請] 무리하게 청함. =강구(強求). きょうせい 強請
persistent demand

강촌[江村] 강가에 있는 마을. 江村
riverain village

강타[強打] ① 세게 침. ② 매우 심한 타격. ③ 야구에서, 공을 세게 치는 일. きょうだ 強打
power hitting

강:탄[降誕] 거룩한 이의 탄생. 「~절(節)」 こうたん 降誕
nativity

강:탄제[降誕祭] ① 크리스마스. ② 위인이나 존귀한 사람의 생일을 기념하는 잔치. 降誕祭
① Christmas

강:탈[強奪] 폭력을 써서 억지로 빼앗음. =강취(強取). ごうだつ 強奪
seizure

강토[疆土] 나라의 영토. =국토(國土). きょうど 疆土
territory

강판[鋼板] 판자 모양의 강철. =강철판(鋼鐵板). こうばん 鋼板
steel sheet

강판[薑板] 생강이나 무 따위를 갈 때 쓰는 판. 薑板
grater

강퍅[剛愎] ① 성미가 까다롭고 고집이 셈. ② 괴팍하여 융통성이 없음. ごうふく 剛愎
① obstinacy ② perverseness

강:평[講評] 일일이 이유를 들어 비평함. こうひょう 講評
criticism

강:포[強暴] ① 우악스럽고 사나움. ② 완강하고 포악함. きょうぼう 強暴
① ferocity ② violence

강풍[強風] ① 세게 부는 바람. =대풍(大風)·열풍(烈風). ② 센바람의 구용어. きょうふう 強風
① strong wind

강필[鋼筆] 제도(製圖)에 쓰이는 펜의 한 가지. 가막부리. 鋼筆
drawing pen

강하[江下] 강의 하류(下流). ↔강상(江上). 江下
downstream

강하[江河] 강과 내. 큰 강과 江河

작은 강. こうが　　rivers
강:하[降下] ①아래로 내림. 降下
②내려감. こうか　descent
강:학[講學] 학문을 닦음. こうがく　pursuit of study 講學
강:행[强行] ①어려움을 무릅쓰고 실행함. ②억지로 함. きょうこう　enforcement 强行
강호[江湖] ①강과 호수. ②세상. 일반 사회. 「～ 제현(諸賢)」こうこ ① rivers and lakes ② the world 江湖
강호[强豪] 뛰어나게 강함. 또는 그런 사람이나 집단. 「～를 물리치다」きょうごう　veteran 强豪
강호객[江湖客] 각처를 유랑하는 사람. こうこのきゃく　wanderer 江湖客
강:화[强化] 튼튼하고 강하게 함. ↔약화(弱化). きょうか　strengthening 强化
강:화[講和] 전쟁을 그만두고 화해함. =구화(媾和).「～조약(條約)」こうわ　reconciliation 講和
강:화[講話] 강의하듯 설명해서 들려 줌. こうわ　lecture 講話
강화미[强化米] 백미(白米)에 비타민 B를 보강한 쌀. きょうかまい　enriched rice 强化米
개:[介]* ①낄 개:끼다.「介入(개입)·介在(개재)」 ②중매할 개:중매하다. 중개하다.「紹介(소개)」 ③갑옷 개:갑옷.「介馬(개마)·介士(개사)」カイ ① はさまる ③ よろい 介入 介馬
개:[改]* ①고칠 개:고치다.「改良(개량)·改過(개과)」 ②바꿀 개:바꾸다.「改革(개혁)·改閣(개각)」カイ・あらためる・あらたまる 改良
개[芥] 겨자 개:겨자.「芥子 芥子
(개자)·芥菜(개채)」カイ・からし・あくた
개:[疥] 옴 개:옴.「疥癬(개선)·疥瘡(개창)」カイ・ひぜん 疥癬
개[皆]* 다 개:다. 전부. 한가지.「皆勤(개근)·皆旣(개기)」カイ・みな 皆勤
개:[個]* 낱 개:낱개. 하나.「個體(개체)·個人(개인)」コ・カ・ひとつ 個人
개:[凱] 이길 개:이기다. 승리하다.「凱旋(개선)·凱歌(개가)」ガイ・かちどき 凱旋 凱歌
개[開]* ①열 개:열다.「開門(개문)·開館(개관)」 ②통할 개:통하다.「開通(개통)·開導(개도)」カイ・ひらく・あく 開門
개:[愾] 성낼 개:성내다. 분개하다.「愾憤(분개)·愾然(개연)」ガイ・いかる 愾然
개:[箇] 낱 개:개수. 낱낱.「箇箇(개개)·箇中(개중)」カ 箇中
개:[蓋]* 뚜껑 개:뚜껑. 덮개.「蓋笠(개립)·蓋瓦(개와)」ガイ・ふた・おおう・かさ 蓋瓦
개:[慨]* 분할 개:분개하다.「慨嘆(개탄)·慨息(개식)·慨世(개세)」ガイ・なげく 慨嘆
개[漑] 물댈 개:물을 대다.「灌漑(관개)·漑田(개전)」ガイ・そそぐ 漑田
개:[槪]* 대강 개:대개.「槪念(개념)·槪算(개산)·槪括(개괄)」ガイ・おおむね 槪念
개:가[改嫁] 시집갔던 여자가 다시 시집을 감. =재가(再嫁). かいか　remarriage 改嫁
개:가[凱歌] 승전(勝戰)을 축하하는 노래.「～를 올리다」がいか　paean 凱歌
개:각[改刻] 다시 고쳐서 새김.　recarving 改刻

개각[改閣] 내각의 조직을 고치거나 각원을 바꿈. cabinet reshuffle

개간[開刊] 처음으로 책이나 신문을 간행함. first publication

개간[開墾] 거친 땅을 일구어 경작지로 만듦. reclamation

개강[開講] ① 학교의 강의가 시작됨. ② 불교의 강화(講話)가 시작됨. ↔종강(終講). かいこう ① beginning one's lectures

개:개[個個·箇箇] 하나하나. 낱낱. 「~ 승복(承服)」ここ individual

개거[開渠] 위를 덮지 않은 도랑이나 수로(水路). ↔암거(暗渠). かいきょ open ditch

개:고[改稿] 원고를 고쳐 씀. かいこう revision of a manuscript

개:과[改過] 허물을 고침. 「~천선(遷善)」かいか reformation

개관[開館] 도서관·회관 등을 열어 업무를 시작함. かいかん opening of a hall

개:관[概觀] 전체를 대충 살펴봄. がいかん general view

개괄[概括] 중요한 점을 추려 한데 뭉뚱그림. がいかつ summary

개광[開鑛] 광물을 캐기 시작함. beginning of mining

개교[開校] 새로 학교를 세우고 수업을 시작함. かいこう opening of a school

개구[開口] ① 입을 벌림. ② 입을 열어 말하기 시작함. かいこう ① opening one's mouth ② beginning one's speech

개국[開局] 방송국·전화국 따위가 새로 개설됨. かいきょく establishment

개국[開國] ① 나라를 처음으로 세움. 「~ 공신(功臣)」② 외국과 국교를 시작함. ↔쇄국(鎖國). かいこく ① founding of a country ② opening a country

개국주의[開國主義] 널리 외국과 사귀어 문물(文物)을 교류(交流)할 것을 주장하는 주의. かいこくしゅぎ open-door policy

개굴[開掘] 파헤쳐 파냄. excavation

개권[開卷] ① 책을 폄. ② 책의 첫머리 부분. かいかん ① publishing a book

개그[gag] 배우의 임기 응변(臨機應變)에서 나오는 익살이나 우스갯짓. ギャグ

개그맨[gagman] 개그를 직업으로 하는 남성(男性). ギャグマン

개그우먼[gag woman] 개그를 직업으로 하는 여성(女性). ギャグウーマン

개근[皆勤] 하루도 빠지지 않고 출근함. 「~상(賞)」かいきん non-absence

개:금[改金] 불상(佛像)에 다시 금칠을 함. repainting the Buddha with gold

개금[開襟] ① 옷깃을 펼침. ② 마음을 털어놓음. 「~ 담판(談判)」かいきん ② openheartedness

개기[皆旣] 개기식(皆旣蝕)의 준말. かいき

개기[開基] ① 공사(工事)를 하려고 터를 닦기 시작함. ② 절을 처음 세움. 「~승(僧)」か

개기식[皆旣蝕] 해나 달이 완전히 가려진 일식(日蝕)이나 월식(月蝕). 준개기(皆旣). かいきしょく　total eclipse

개:념[槪念] 많은 사물의 공통적인 내용을 추출한 개괄적인 관념. 개략적 의미. がいねん　concept

개답[開畓] 논을 새로 만듦. 논풀이.　opening a rice field

개더[gather] 호아서 잡은 주름. ギャザー

개도[開導] 깨우쳐 이끎.　guidance

개동[開東] ① 먼동이 틈. ② 새벽녘. ① dawning ② peep of dawn

개:략[槪略] 대강 간추려 줄임. 또는 줄인 줄거리. =대요(大要). がいりゃく　outline

개:량[改良] 결점을 고쳐 좋게 함. 「~주의(主義)」 かいりょう　reformation

개런티:[guarantee] ① 배우 등의 출연료. 사례금(謝禮金). ② 보증(保證). ギャランティー

개:력[改曆] ① 묵은 해를 보내고 새해를 맞이함. ② 역법(曆法)을 고침. かいれき
② revision of the calendar

개:령[改令] 한 번 내린 명령을 다시 고쳐서 내림.　revising orders

개로[開路] ① 길을 새로 냄. =개도(開道). ② 어떤 일을 새로 시작함. ① opening a road ② beginning

개:론[槪論] 개요(槪要)를 논한 것. =개설(槪說). がいろん　survey

개:린[介鱗] ① 갑각(甲殼)과 비늘. ② 조개와 물고기. かいりん ① shells and scales ② shellfish and fish

개:마[介馬·鎧馬] 무장을 갖춘 말. かいば(介馬)　armed horse

개막[開幕] ① 막을 올리고 연기를 시작함. ② 행사나 회의가 시작됨. かいまく ① raising the curtain ② opening

개명[丐命] 목숨을 살려 달라고 빎. begging for one's life

개:명[改名] 이름을 고침. かいめい　renaming

개명[開明] 지혜가 열려 문명이 발달함. =개화(開化). かいめい　civilization

개:모[槪貌] 대체의 모양이나 형편. がいぼう
general condition

개무[皆無] 아무것도 없음. 「~인마(人馬)」 かいむ　nothing

개문[開門] 문을 엶. ↔폐문(閉門). かいもん
opening the gate

개미[開眉] 근심이 없어져 눈살을 폄. unfolding wrinkles between the eyebrows

개발[開發] ① 산야(山野)를 개척함. ② 새로운 산업을 개척함. 「신제품~」 ③ 지능을 발딜시킴. 「 교육(敎育)」 かいはつ　① cultivation

개방[開放] ① 열어 놓음. 터 놓음. 「문호(門戶)~」 かいほう　opening

개방[開房] 교도소에서 죄수들에게 일을 시키기 위해 재소자를 감방에서 내보내는 일. opening the prison cells

개버딘[gabardine] 소모사(梳毛絲)를 써서 능직(綾織)으로 짠 옷감. ギャバジン 綾織

개벽[開闢] ① 천지(天地)가 처음으로 생김. ② 천지가 뒤집혀 세상이 달라짐. かいびゃく　① creation 開闢

개:변[改變] 고쳐서 바꿈. =개조(改造)·변개(變改). change 改變

개:별[個別·箇別] 하나하나 따로. 따로따로. 「~통지(通知)」こべつ individually 個別

개병[皆兵] 국민이 모두 병역 의무를 지는 일. 「국민(國民)~」かいへい universal conscription 皆兵

개복[開腹] 수술하려고 배를 쨈. 「~수술(手術)」かいふく cutting the abdomen open 開腹

개:봉[改封] 봉한 것을 다시 고쳐서 봉함. resealing 改封

개봉[開封] ① 편지의 겉봉을 뜯어 엶. かいふう ② 새로 만들거나 수입한 영화를 처음 상영함. 「~관(館)」
① opening a letter ② release 開封 初演

개:비[改備] 쓰던 것을 버리고 새것을 장만함. replacing 改備

개사[開肆] 점포를 엶. =개점(開店). opening of a store 開肆

개:사초[改莎草] 무덤의 떼를 갈아 입힘. resodding 改莎草

개산[開山] 절을 처음으로 세움. =개기(開基). かいさん founding of a Buddhist temple 開山

개:산[槪算] ① 대체적인 계산. ② 어림셈의 구어. がいさん rough estimate 槪算

개:색[改色] ① 색칠을 다시 고쳐서 함. ② 같은 종류의 물건 중에서 마음에 드는 것으로 바꿈. ① repainting 改色

개:서[改書] 다시 고쳐서 씀. rewriting 改書

개서[開書] 편지의 겉봉을 뜯어 엶. =개봉(開封). opening a letter 開書

개:선[改善] 좋게 고침. ↔개악(改惡). かいぜん improvement 改善

개:선[改選] 다시 뽑음. 선거를 다시 함. かいせん reelection 改選

개:선[疥癬] 옴벌레로 말미암은 전염성 피부병. 옴. かいせん the itch 疥癬

개:선[凱旋] 싸움에 이기고 돌아옴. 「~장군(將軍)」がいせん triumphal return 凱旋

개:설[改設] 시설을 고치어 설치함. 기구(機構)를 고치어 설치함. かいせつ renovation 改設

개설[開設] ① 새로 차리어 엶. =신설(新設). 「지점 ~」② 은행에서 새로 계좌를 마련함. かいせつ
① establishment ② opening 開設

개:설[槪說] 내용의 개략적인 설명. 또는 그런 내용의 글이나 책. =개론(槪論). がいせつ survey 槪說

개:성[改姓] 성을 고침. かいせい changing one's family name 改姓

개:성[個性] ① 개인의 특별한 성질. ② 개체(個體)의 특질. ③ 작품에 나타난 특유한 성질. こせい ① individuality 個性

개성[開城] 싸움에 져서 성문을 열고 적에게 항복함. かいじょう surrender 開城

개:세[改歲] 해가 바뀜. =환세(換歲). かいさい change of years 改歲

개:세[蓋世] 떨치는 힘이 세상을 뒤덮을 만큼 왕성함. 「~지 영웅(之英雄)」がいせい exercising one's power

개:세[慨世] 세상이 되어 가는 형편을 염려하여 한탄함. 「~지사(之士)」がいせい deploring

개:소[個所·箇所] 군데. 곳. 「일(一)~」かしょ place

개소[開所] 사무소·영업소 등을 새로 열고 사무를 보기 시작함. かいしょ opening of an office

개:수[改修] 손질하여 다시 고침. 「도로(道路) ~」かいしゅう repair

개:수[個數·箇數] 물건의 수효. 「과일의 ~」こすう number of articles

개:수[概數] 대강 짐작으로 잡은 수효. 어림수. がいすう round numbers

개:수일촉[鎧袖一觸] 갑옷 소매로 한 번 댐. 곧, 쉽사리 상대방을 물리침의 비유. がいしゅういっしょく

개시[皆是] 모두. 다. 「~유용(有用)」 all

개시[開示] ① 열어서 보임. ② 가르쳐 타이름. かいじ ① disclosing ② admonition

개시[開始] 처음으로 시작함. 「영업(營業) ~」かいし commencement

개:신[改新] 고쳐 새롭게 함. 「~ 정책(政策)」かいしん renewal

개:심[改心] 그릇된 마음을 바르게 고침. =개전(改悛). かいしん amendment

개:아[個我] 남과 구별되는 자아(自我). こが self

개:악[改惡] 고쳐서 오히려 나빠짐. ↔개선(改善). かいあく deterioration

개:악[凱樂] 개선할 때 연주하는 군악. =개가(凱歌). triumphal song

개안[開眼] ① 불도의 진리를 깨달음. ② 눈이 보이게 됨. 「~ 수술(手術)」かいげん·かいがん ① enlightenment ② gaining eyesight

개:양[蓋壤] 하늘과 땅. =천양(天壤)·천지(天地). がいじょう heaven and earth

개업[開業] 영업을 처음 시작함. =개점(開店)·개사(開肆). かいぎょう opening of a business

개:역[改易] 다른 것으로 바꿈. かいえき revision

개:역[改譯] 번역한 것을 다시 고쳐서 번역함. かいやく retranslation

개:연[介然] ① 고립(孤立)된 모양. ② 굳게 지켜 변하지 않는 모양. ③ 잠시. かいぜん ① alone ② firm ③ a short while

개연[開演] 연극·연설 등을 시작함. 「~ 시간」かいえん raising the curtain

개:연[慨然] 분개하여 탄식하는 모양. 「~히 자리를 뜨다」がいぜん indignation

개:연선[蓋然性] 어떤 일이 일어날 수 있는 확실성의 확률(確率). ↔필연성(必然性). がいぜんせい probability

개열[開裂] ① 터져 열림. ② 껍질이 벌어져 씨가 흩어짐. 「~과(果)」かいれつ ① cleavage ② dehiscence

개:오[改悟] 이전의 잘못을 뉘

우쳐 고침. =개전(改悛)・회개(悔改). かいご repentance

개오[開悟] 미혹(迷惑)에서 벗어나 진리를 깨달음. =해오(解悟). かいご
spiritual awakening

개:요[概要] 대강의 요점. =개략(概略)・대요(大要). がいよう outline

개운[開運] 운이 트임. かいうん opening up of good fortune

개원[改元] ① 연호(年號)를 고침. =개호(改號). ② 왕조 또는 임금이 바뀜. かいげん ① change of an era ② change of a dynasty

개원[開院] ① 병원・학원 등을 새로 엶. ② 국회를 엶. 「~식(式)」 かいいん ① opening of an institution ② opening of the National Assembly

개유[開諭] 타일러 가르침. admonition

개:의[介意] 마음에 둠. 「~치 않다」 かいい caring about

개:의[改議] ① 고쳐 의논함. ② 회의에서 다른 사람의 동의(動議)를 고쳐 제의함. 또는 그 제의. 「재(再)~」 ① reconsideration

개의[開議] 안건(案件)의 토의를 시작함. holding a council

개:인[改印] ① 도장의 모양을 다르게 고쳐 새김. ② 신고된 인감을 다른 것으로 바꿈. 「~신고(申告)」 かいいん change of one's seal

개:인[個人] ① 사회를 구성하는 한 인간. ② 인간으로서의 한 사람. こじん individual

개:인전[個人展] 개인의 작품을 보이는 전람회. こじんてん private exhibition

개:인주의[個人主義] 개인의 권위와 자유를 존중할 것을 주장하는 주의. こじんしゅぎ individualism

개:임[改任] 다른 임무를 맡게 함. replacement

개:입[介入] ① 사이에 끼어들어 관계함. ② 사건에 관계함. かいにゅう intervention

개자[芥子] 겨자씨와 갓씨의 통칭. からし mustard seed

개:작[改作] 다시 고쳐 만들거나 고쳐 지음. 또는 그 작품. かいさく adaptation

개:장[改裝] ① 꾸밈새를 새로 고침. ② 포장(包裝)을 다시 함. ③ 장치를 새로 함. かいそう ① remodeling ② re-packing ③ refit

개:장[改葬] 다른 자리로 옮겨서 다시 장사함. かいそう reburial

개장[開張] 넓게 벌여 놓음. exhibition

개장[開場] 어떤 시설물을 열이 공개하거나 사님을 입상시킴. かいじょう opening

개:재[介在] 사이에 끼여 있음. かいざい interposition

개:전[改悛] 잘못을 뉘우치고 마음을 바르게 고침. =개오(改悟). 「~의 정이 보이다」 かいしゅん repentance

개전[開戰] 전쟁을 시작함. かいせん outbreak of the war

개:절[剴切] 아주 적절함. =적절(適切). がいせつ appropriateness

개점[開店] ① 새로 가게를 냄. ② 가게를 열어 영업을 시작함. かいてん opening a shop

개점 휴업[開店休業] 가게는 열어 놓았으나 손이 없어 휴

업한 것과 같은 상태임. かいてんきゅうぎょう

개:정[改正] 바르게 고침. 「~안(案)」かいせい　　revision　改正

개:정[改定] 다시 고쳐 정함. 「~ 가격(價格)」かいてい　　revision　改定

개:정[改訂] 책의 내용 따위를 다시 고침. 「~판(版)」かいてい　　revision　改訂

개정[開廷] 법정에서 재판을 시작함. ↔폐정(閉廷). かいてい　opening of a court　開廷

개:제[改題] 책이나 작품의 제목을 고침. 「~ 신판(新版)」かいだい　　retitling　改題

개제[豈弟·愷弟·愷悌] 얼굴이나 기상이 온화하고 단정함.　good-naturedness　愷弟

개제[皆濟] 빚 따위를 다 갚아 끝이 남. かいさい　payoff　皆濟

개제[開霽] 비가 그치고 하늘이 활짝 갬.　clearing up　開霽

개:조[改造] 고쳐 만듦. =개변(改變). かいぞう　reconstruction　改造

개:조[個條·箇條] 하나하나의 조목. 낱낱의 조항. かじょう　each article　箇條

개조[開祖] ①종파(宗派)의 원조가 되는 사람. ②⇨원조(元祖). かいそ　founder　開祖

개:종[改宗] 다른 종교로 신앙을 바꿈. かいしゅう　conversion　改宗

개:주[介胄·鎧胄] 갑옷과 투구. =갑주(甲冑). かいちゅう　armor　鎧胄

개:주[改鑄] 고쳐서 다시 주조(鑄造)함. 「화폐(貨幣) ~」かいちゅう　recasting　改鑄

개:중[個中·箇中] 여럿 가운데. 그 중.　among them　個中

개:지[改紙] 글씨나 그림을 새 종이에 다시 쓰거나 그림.　改紙

개:진[改進] ①낡은 것을 고쳐 진보를 꾀함. ②문화가 진보됨. かいしん　①reform ②civilization　改進

개진[開陳] 남에게 의견을 말함. かいちん　statement　開陳

개진[開進] 개화하여 문물이 발달함. かいしん civilization　開進

개:차[蓋車] 덮개나 지붕이 있는 차. =유개차(有蓋車). ↔무개차(無蓋車). がいしゃ　boxcar　蓋車

개착[開鑿] ①산을 뚫거나 땅을 파 길을 냄. ②운하(運河)를 파서 수로(水路)를 엶. かいさく ①excavation ②constructing　開鑿

개:찬[改撰] 책 따위를 고쳐 지음. かいせん　rewriting　改撰

개:찬[改竄] ①고쳐 만듦. ②문장의 글귀를 고쳐 씀. かいざん　revision　改竄

개찰[改札] 개표(改票)의 구용어. かいさつ　examination of tickets　改札

개찰[開札] 입찰(入札) 결과를 알아봄. かいさつ examination on bidding papers　開札

개척[開拓] ①황무지를 일구어 논밭을 만듦. ②새로운 분야를 열어 활동함. 「~자(者)」かいたく ①reclamation ②breaking new ground　開拓

개천[開川] 개골창의 물이 흘러가게 만드는 긴 시내.　streamlet　開川

개청[開廳] 새로 설치한 관청에서 일을 시작함. かいちょう　opening a office　開廳

개:체[改替] 고치어 바꿈. かいたい　change　改替

개:체[個體·箇體] 독립된 낱낱의 물체. 개별적인 사람. こたい　individual 個體

개최[開催] 모임을 주장하여 엶. かいさい　holding 開催

개:축[改築] 고쳐 짓거나 쌓음. 「~ 공사(工事)」 かいちく　rebuilding 改築

개춘[開春] ① 봄철이 시작됨. ② 초봄. かいしゅん　① beginning of spring 開春

개:칙[槪則] 대략적인 규칙. がいそく　general rules 槪則

개:칠[改漆] ① 다시 칠함. ② 쓴 글씨에 다시 손을 댐. =개획(改畵). ① repainting ② retouching 改漆

개:칭[改稱] 이름이나 호를 고침. =개명(改名)·개호(改號). かいしょう　renaming 改稱

개탁[開坼] ⇨개척(開拓) 開坼

개:탄[慨嘆·慨歎] 분하게 여겨 탄식함. がいたん deploring 慨嘆

개통[開通] ① 철도·도로 따위가 통하게 됨. ② 전화·전신 따위가 통하게 됨. 「~식(式)」 かいつう　opening to traffic 開通

개:판[改版] 원판(原版)을 고쳐 다시 짬. かいはん revision 改版

개판[開版] 목판본의 책을 처음으로 찍어 냄. かいはん publication 開版

개:판[蓋板] ① 서까래·목판자 등의 위에 까는 널빤지. ② 장롱의 맨 위에 모양으로 대는 나무판. shingle 蓋板

개:편[改編] ① 책 등을 고쳐 엮음. ② 조직·기구 등을 고쳐 짬. かいへん ① reediting ② reorganization 改編

개:평[槪評] 대략적인 비평. がいひょう　general comment 槪評

개:폐[改廢] 고치거나 폐지함. 「기구(機構)를 ~하다」 かいはい　alteration and abolition 改廢

개폐[開閉] 열고 닫음. 여닫이. =개합(開闔). かいへい opening and shutting 開閉

개표[開票] 투표함을 열어 투표한 결과를 조사함. 「~소(所)」 かいひょう opening the ballot boxes 開票

개함[開函] 함이나 상자를 엶. 開函

개항[開港] 항구를 열어 외국 선박의 출입을 허락함. かいこう　opening a port 開港

개:혁[改革] 정치 체제나 제도 등을 새롭게 고침. 「의식(意識) ~」 かいかく reformation 改革

개:호[改號] 연호(年號) 따위를 고침. =개원(改元). かいごう change of an era 改號

개혼[開婚] 자녀의 혼인을 처음으로 치름. ↔필혼(畢婚). first marriage of one's children 開婚

개화[開化] 지혜가 열려 문물이 발달됨. 「문명(文明) ~」 かいか civilization 開化

개화[開花] 꽃이 핌. 「~기(期)」 かいか flowering 開花

개화 사상[開化思想] 조선 시대 말에 서양의 새 문물을 받아들여 개화하자는 사상. enlightened thought 開化思想

개활[開豁] ① 앞이 탁 트여 열림. ② 도량이 넓음. 「~한 인물」 かいかつ ① extensiveness ② large-mindedness 開豁

개:황[槪況] 개략적인 상황. 대체의 형편. がいきょう general situation 槪況

개회[開會] 회의를 시작함. ↔폐회(閉會). かいかい opening a meeting 開會

객[客]* ① 손 객: 손. 나그네. 「客人(객인)·客車(객차)·賓客(빈객)」 ② 지날 객: 지나다. 「客年(객년)·客月(객월)」 ③ 부칠 객: 부치다. 의거하다. キャク・カク

객[喀] 토할 객: 토하다. 기침하다. 「喀血(객혈)·喀痰(객담)」カク・はく

객거[客居] 객지에서 지냄. =여우(旅寓). living away from home

객고[客苦] 객지에서 겪는 고생. discomfort suffered in a strange land

객공[客工] 임시로 고용한 직공. temporary workman

객관[客觀] 자기만의 생각에서 벗어나 제삼자의 처지에서 사물을 보거나 생각하는 일. ↔주관(主觀). きゃっかん object

객귀[客鬼] ① 잡귀신. ② 떠돌아다니다 죽은 사람의 넋.

객금[客衾] 손을 위해 만든 금침. beddings for guests

객기[客氣] 쓸데없이 부리는 혈기나 용기. かっき rashness

객년[客年] 지난해. =작년(昨年). かくねん・きゃくねん last year

객담[客談] 객쩍은 소리. =객론(客論)·객설(客說). bosh

객담[喀痰] 담을 뱉음. 또는 그 담. かくたん spitting out phlegm

객동[客冬] 지난 겨울. かくとう last winter

객랍[客臘] 지난해의 섣달. =구랍(舊臘). かくろう last December

객론[客論] 쓸데없는 말. 군소리. =객담(客談). unnecessary talk

객미[客味] 객지에서 겪는 쓰라린 맛.

객반위주[客反爲主] 손이 도리어 주인 행세를 함. =적반하장(賊反荷杖). turning the tables

객병[客兵] 다른 나라에서 데려온 군사. かくへい foreign troops

객사[客死] 객지에서 죽음. かくし・きゃくし dying in a strange land

객사[客舍] 객지에서 침식하는 집. 곧, 여관. =여사(旅舍)·객관(客館). かくしゃ・きゃくしゃ inn

객석[客席] 손이 앉는 자리. きゃくせき seat for a guest

객선[客船] 여객을 태우고 운행하는 배. ↔화물선(貨物船). かくせん・きゃくせん passenger boat

객설[客說] 객쩍은 말. 군소리. =객담(客談)·객론(客論). idle talk

객수[客水] ① 외부에서 침수(浸水)한 물. ② 요긴하지 않은 비. ③ 식사 때 외에 마시는 물. ② unwanted rain

객수[客愁] 객지에서 느끼는 시름. =여수(旅愁). かくしゅう homesickness

객승[客僧] 절에 손으로 와 있는 중. =여승(旅僧). きゃくそう・かくそう travelling Buddhist priest

객실[客室] ① 손을 거처하게 하거나 응접하는 방. ② 호텔·여관·열차·배 따위에서 숙박객이나 승객이 드는 방. きゃくしつ guest room

객아[客我] 자기를 대상으로 할 때의 객관적인 나. ego

객연[客演] 전속 아닌 배우가 임시로 고용되어 출연함. きゃくえん guest appearance

객열[客熱] 객증(客症)으로 나는 신열(身熱).

객요[客擾] 손이 많아 어수선함.

객용[客用] 손이 쓰도록 한 물건. きゃくよう for guest use

객우[客寓] ① 남의 집에서 손이 되어 지냄. =객거(客居). ② 손으로 거처하는 집. かくぐう ① becoming a guest

객원[客員] 조직이나 직장에서 손님처럼 대접받는 정원(定員) 이외인 인물. 「~ 교수(敎授)」 きゃくいん・かくいん guest member

객월[客月] 지난달. =거월(去月). かくげつ last month

객유[客遊] 객지를 돌아다니며 지냄. きゃくゆう travelling

객인[客人] ① 손님. きゃくじん ② 객쩍은 사람. ① guest

객점[客店] 길 가는 손님에게 음식이나 숙소를 제공하는 집. inn

객정[客情] 타향에서 느끼는 외로움. =객회(客懷). きゃくじょう・かくじょう homesickness

객정[客程] ⇨여정(旅程).

객좌[客座] 손을 위해 마련된 좌석. =객석(客席). きゃくざ seat for a guest

객주[客主] 조선 시대에, 장사치를 재우거나 물건을 흥정 붙여 주던 영업. 또는 그 사람. commission agency

객중[客中] ① 손으로 있는 동안. ② 객지에 있는 동안. かくちゅう on a trip

객중[客衆] 많은 손들. きゃ しゅ guests

객증[客症] 어떤 병에 따라 생겨난 다른 병. =합병증(合併症). sequela

객지[客地] 집을 떠나 임시로 있는 곳. 「~살이」 かくち strange land

객진[客塵] 객지의 풍진(風塵). discomfort of a guest

객차[客車] 여객을 태우는 차량. ↔화차(貨車). きゃくしゃ passenger car

객창[客窓] 객지에서 묵고 있는 방. =여창(旅窓). かくそう hotel room

객체[客體] ① 생각과 행동의 목적물. 작용의 대상(對象)이 되는 것 ↔주체(主體) かくたい・きゃくたい ② 객지에 있는 몸. ① object

객초[客草] 손을 대접하는 담배. tobacco for guests

객추[客秋] 지난 가을. last autumn

객춘[客春] 지난 봄. last spring

객출[喀出] 뱉어 냄. spit

객침[客枕] 객지에서 자는 일.

객토[客土] ① 다른 곳에서 가져온 흙. ② 토질을 개량하기 위해 넣는 흙. かくど・きゃくど

객하[客夏] 지난 여름. last summer

객혈[喀血] 폐병 등으로 피를 토함. かっけつ hemoptysis

객황[客況] 객지에서 지내는 상황. =여황(旅況). life away from home

객회[客懷] 객지에서 겪는 외로운 느낌. =객정(客情). weary heart of a traveller

갠트리[gantry] 이동(移動)

기중기의 받침대. ガントリー
갠트리크레인[gantry crane] 초대형 기중기(起重機). ガントリー クレーン
갤러리[gallery] ① 화랑(畫廊). 미술관. ② 관람석. 방청석. ③ 관객. 구경꾼. ギャラリー
갤러핑인플레이션[galloping inflation] 물가(物價)가 급속히 뛰는 악성 인플레이션. ギャロッピングインフレーション
갤럽[gallop] 미국의 상업적 여론 조사(輿論調査) 기관. ギャロップ
갤리[galley] 고대・중세에 주로 노예나 죄인에게 노를 젓게 하던 배. ギャレー
갬블[gamble] 노름. 도박. 투기(投機). ギャンブル
갭[gap] ① 갈라진 금. ② 물건과 물건 사이의 틈. ③ 감정(感情)・의견 등의 차이. ギャップ
갱:[更]* ① 다시 갱:다시. 재차. 「更生(갱생)・更進(갱진)・更選(갱선)」 ② 고칠 경:고치다. 「更正(경정)・更新(경신)・更張(경장)」 コウ ① さら ② あらためる
갱[坑] 구덩이 갱:구덩이. 「坑口(갱구)・坑道(갱도)・坑木(갱목)」 コウ・あな
갱:[羹] 국 갱:국. 국물. 「羹粥(갱죽)・羹汁(갱즙)」 コウ・カン・あつもの
갱[gang] 폭력단. 강도단. ギャング
갱구[坑口] 갱도의 들머리. 굿문. こうこう   pit mouth
갱:기[更起] 다시 일어나거나 일으킴.   revival

갱내[坑內] ① 구덩이 안. ② 광물이나 탄(炭)을 캐는 굴의 내부. こうない   pit
갱:년기[更年期] 장년기(壯年期)에서 노년기(老年期)로 접어드는 시기. こうねんき   menopause
갱:년기 장애[更年期障碍] 갱년기에 일어나는 장애. 귀울음・발한・두통・수족 냉감 등 신체적・생리적 증상이 있음. こうねんきしょうがい   climacterium
갱도[坑道] ① 지하에 뚫어 놓은 길. ② 탄광 내의 굿길. =갱로(坑路). こうどう   gallery
갱:독[更讀] 다시 읽음.   rereading
갱로[坑路] ⇨갱도(坑道).
갱목[坑木] 갱 안의 벽과 천장을 버티는 재목. 동바리. こうぼく   pit prop
갱:무도리[更無道理] 다시는 어쩔 도리가 없음.
갱미[秔米・粳米] 멥쌀. ↔나미(糯米).   regular rice
갱:발[更發] 다시 발생함.   recurrence
갱:봉[更逢] 다시 만남. =재회(再會).   meeting again
갱부[坑夫] 광산이나 탄광에서 일하는 인부. こうふ   miner
갱살[坑殺] 구덩이에 던져 넣고 묻어 죽임.   burying alive
갱:생[更生] ① 다시 살아남. ② 생활을 새롭게 함. ③ 못 쓰게 된 것을 손질해서 다시 쓰게 함. =재생(再生)・갱소(更蘇). こうせい   revival
갱:선[更選] 다시 뽑음. =재선(再選).   reelection
갱:소[更蘇] ⇨갱생(更生).
갱:소년[更少年] 다시 젊어

짐. rejuvenation

갱수[賡酬] 시나 노래를 지어 서로 화답함. 賡酬

갱스터[gangster] 악한. 폭력단원. 惡漢

갱:신[更新] ① 다시 새로워지거나 새롭게 함. ② 계약 기간이 만료되었을 때, 그 기간을 연장하는 일. こうしん renewal 更新

갱연[鏗然] 종 따위 쇠붙이나 거문고 뜯는 소리가 맑고 고움. こうぜん clear clinking sound 鏗然

갱:위[更位] 물러났던 왕위(王位)에 다시 오름. こうい coming to the throne again 更立

갱:지[更紙] 신문지·시험지 등으로 쓰이는 솜 거친 양지(洋紙)의 한 가지. coarse paper 更紙

갱:진[更進] ① 다시 나아감. 더 나아감. ② 다시 올림. 다시 드림. ① farther advance ② presenting anew 更進

갱함[坑陷] 땅이 꺼져서 생긴 구덩이. 坑陷

갹금[醵金] 어떤 목적을 위하여 여러 사람이 저마다 돈을 냄. 또는 그 돈. きょきん collection of funds 醵金

갹출[醵出] 어떤 목적을 위하여 여러 사람이 저마다 금품을 냄. きょしゅつ contributing 醵出

거:[去]* ① 갈 거 : 가다. 떠나다. 「去月(거월)·去歲(거세)·過去(과거)」 ② 덜 거 : 덜다. 제하다. 「去皮(거피)·去勢(거세)·去痰(거담)·除去(제거)」 キョ·コ ① さる 去月 去勢

거:[巨]* ① 클 거 : 크다. 「巨大(거대)·巨人(거인)·巨盜(거도)」 ② 많을 거 : 많다. 「巨金 巨金

(거금)·巨量(거량)·巨費(거비)」キョ ① おおきい

거[車]* ① 수레 거 : 수레. 차. 「車馬費(거마비)」 ② 수레 차 : 수레. 「車輪(차륜)·汽車(기차)·車道(차도)」シャ·くるま 車馬

거[居]* 살 거 : 살다. 있다. 「居家(거가)·居留(거류)·居處(거처)」キョ·いる·おる 居家

거:[拒]* ① 막을 거 : 막다. 맞서다. 「拒否(거부)·拒止(거지)」 ② 물리칠 거 : 물리치다. 「拒絶(거절)」キョ ① こばむ 拒否

거:[炬] 횃불 거 : 횃불. 「炬火(거화)·炬燭(거촉)」キョ·コ·たいまつ 炬火

거:[倨] 거만할 거 : 거만하다. 「倨慢(거만)·倨視(거시)」キョ·おごる 倨慢

거:[据] 의지할 거 : 의지하다. 「据置(거치)」キョ 据置

거[渠] ① 도랑 거 : 도랑. 개천. 「渠水(거수)·暗渠(암거)」 ② 클 거 : 크다. 우두머리. 「渠帥(거수)·渠魁(거괴)」 ③ 무엇 거 : 무엇. 「渠輩(거배)」キョ ① みぞ 暗渠

거:[距]* ① 떨어질 거 : 떨어지다. 멀다. 「距수(거금)·距離(거리)」 ② 발톱 거 : 발톱. キョ ① へだてる 距離

거:[踞] 걸터앉을 거 : 걸터앉다. 「踞牀(거상)·踞坐(거좌)」キョ·うずくまる 踞坐

거:[據]* 의지할 거 : 의지하다. 「依據(의거)·據守(거수)·據點(거점)」キョ·よりどころ·よる 依據

거:[鋸] 톱 거 : 톱. 「鋸刀(거도)·鋸齒(거치)」キョ·のこぎり 鋸齒

거:[遽] 급할 거 : 급하다. 갑자기 急遽

거:[擧]* ①들 거: 들다. 「擧頭手(거수)·擧頭(거두)」 ②모두 거: 모두. 온통. 「擧國(거국)·擧族(거족)」 キョ ①あげる

거:[醵] 추렴할 거(갹): 추렴하다. 「醵金(갹금)·醵出(갹출)」 キョ

거:가[巨家] 문벌이 높은 집 안. 「~ 대족(大族)」 distinguished family

거가[車駕] ① 임금이 타는 수레. ② 임금의 행차. しゃが ① imperial carriage ② imperial cortege

거가[居家] 늘 집 안에 있음. 「~지락(之樂)」 keeping indoors

거:가[擧家] 온 집안이 다. きょか whole family

거:가 대:족[巨家大族] 지체 높고 대대로 번영한 문벌 있는 집안. =거실 세족(巨室世族). ㊁거족(巨族). lofty family

거각[去殼] 껍데기를 벗겨 냄. husking off

거:각[巨閣] 크고 높은 집. 「고루(高樓)~」 きょかく mansion

거:각[拒却] 거절하여 물리침. rejection

거:간[巨奸] 큰 죄를 지은 간악한 사람. felon

거간[居間] 흥정을 붙임. 또는 그 사람. 거간꾼. brokerage

거:개[擧皆] 거의 다. 거의 모두 greater part

거:거년[去去年] 지지난해. =재작년(再昨年). きょきょねん year before last

거:거번[去去番] 지지난번. time before last

거:거월[去去月] 지지난달. きょきょげつ month before last

거:거익심[去去益甚] 갈수록 더욱 심함. =거익심언(去益甚焉)·유왕유심(愈往愈甚). getting more and more

거:거일[去去日] 그저께. きょじつ day before last

거:경[巨鯨] 큰 고래. きょげい giant whale

거:골[距骨] 복사뼈. きょこつ talus

거:공[擧公] 공적(公的)인 규칙대로 처리함. handling by official rules

거:관[巨觀] 큰 구경거리. grand sight

거:관[擧棺] 출구(出柩)나 하관(下棺)하기 위해 관을 들어 올림. lifting up the coffin

거:구[巨軀] 큰 몸집. =거체(巨體). きょく big body

거:국[擧國] 온 나라. 나라 전체. 「~ 일치(一致)」 きょこく whole country

거:근[去根] ① 뿌리를 없앰. ② 병의 근원을 없앰. rooting out

거:금[巨金] 큰 돈. 많은 돈. big money

거:금[距今] 지금으로부터 거슬러 올라가서. 「~ 300년 전」 from now

거:금[醵金] ⇨갹금(醵金).

거:냉[去冷] 찬 기운만 없어지게 조금 데움. 「~한 술」 warming

거:년[去年] 지난해. =작년(昨年). きょねん last year

거:담[祛痰] 담(痰)을 없앰.

「~약(藥)」 きょたん expectoration

거:대[巨大] 엄청나게 큼. ↔미소(微小). きょだい hugeness 巨大

거:더[girder] 도리. 대들보.

거:도[巨盜] 큰 도둑. =거적(巨賊)·대도(大盜). きょとう arrant robber 巨盜

거:도[巨濤] 큰 파도. きょう big wave 巨濤

거:도[鋸刀] 한쪽에만 자루가 달린 큰 톱. big saw 鋸刀

거:독[去毒] 약의 독기를 없앰. detoxication 去毒

거:동[去冬] 지난 겨울. きょとう last winter 去冬

거:동[擧動] ① 몸을 움직이는 태도. =행동거지(行動擧止). きょとう ② 거둥의 원말. ① behavior 擧動

거동궤서동문[車同軌書同文] 각 지방의 수레의 너비를 똑같이 하고 글도 같은 글자를 쓴다는 뜻으로, 천하가 통일됨을 이르는 말. 車同軌書同文

거:두[巨頭] 우두머리. 큰 인물. きょとう leader 巨頭

거:두[去頭] 머리를 잘라 없앰. 「~절미(截尾)」 beheading 去頭

거:두절미[去頭截尾] 머리와 꼬리를 잘라 버림. 곧, 앞뒤의 잔사설은 빼고 요점만 말함. 截尾

거:둥[←擧動] 임금의 행차. emperor's visit 擧動

거:들[girdle] 허리의 선(線)을 고르게 하기 위한 여자용 속옷. ガードル 線

거:래[去來] ① 돈이나 물건을 주고받으며 장사를 함. 「~가 뜸하다」 ② 오고 감. ③ 과거와 미래. きょらい 去來
① transactions ② coming

and going ③ past and future

거:래소[去來所] 상품·유가증권(有價證券) 등을 거래하는 조직화된 상설 시장. 「증권(證券) ~」 exchange 去來所

거:래처[去來處] 거래하는 곳. customer 去來處

거:량[巨量] 많은 분량. great quantity 巨量

거:례법[擧例法] 자기의 이론을 증명하기 위하여 예를 들어 설명하는 수사법. 擧例法

거:론[擧論] 이야깃거리로 다룸. 문제로 삼아 말함. 「~할 필요조차 없다」 discussion 擧論

거류[居留] ① 일시적으로 살고 있음. ② 외국에 머물러 살고 있음. 「~민(民)」 きょりゅう
① temporary stay 居留

거류민단[居留民團] 거류민이 조직한 자치 단체. 준민단(民團). association of foreign residents 民團

거류지[居留地] 조약에 의해 외국인의 거주 및 영업을 허락한 일정한 지역. きょりゅうち foreign settlement 居留地

거:리[巨利] 큰 이익. ↔소리(小利). きょり enormous profit 巨利

거:리[距離] 떨어져 있는 길이. 「원(遠)~」 きょり distance 距離

거:리감[距離感] 사이가 뜬 느낌. 距離感

거마[車馬] 수레와 말. しゃば horses and vehicles 車馬

거마비[車馬費] 탈것을 이용하는 데 드는 비용. 또는 그 명목으로 주는 돈. 교통비(交通費). 여비(旅費). transportation expenses 車馬費

거:막[巨瘼] ① 고치기 힘든 巨瘼

병. 큰 병. ②큰 폐해.
① chronic disease

거:만[巨萬·鉅萬] 만의 만 곱절. 대단히 많은 액수. 「～금(金)」 きょまん millions

거:만[倨慢] 잘난 체하고 남을 업신여김. ↔겸손(謙遜). きょまん arrogance

거매[居媒] ⇨거간(居間).

거:목[巨木] ①매우 큰 나무. ②큰 인재의 비유. きょぼく
① great tree ② bigwig

거:문불납[拒門不納] 거절하여 대문 안에 들이지 않음.
refusal at the door

거물[巨物] ①큰 물건. ②큰 인물. 「～급(級) 인사(人士)」
② bigwig

거민[居民] 그 땅에 사는 주민. 백성. inhabitants

거반[去般] 지난번. last time

거반[居半] 거지반(居之半)의 준말.

거:번[去番] 지난번. =저번(這番). last time

거:베라[gerbera] 국화과(菊花科)에 속하는 다년초. 남아프리카 원산으로 5～9월에 적·황·백색의 꽃이 핌. ガーベラ

거:벽[巨擘] ①엄지손가락. ②학식이 뛰어난 사람. きょはく
① thumb ② leading scholar

거:병[擧兵] 군사를 일으킴. きょへい rising in army

거:보[巨步] ①큰 발걸음. ②큰 공적(功績). 큰 업적. きょほ ① giant step ② brilliant achievement

거:부[巨富] 큰 부자. =장자(長者). ↔극빈(極貧). きょふ millionaire

거:부[拒否] ①승낙하지 않고 물리침. =거절(拒絕). ②의회의 결정에 동의하지 않음. ↔수락(受諾)·승인(承認). きょひ rejection

거:부권[拒否權] ①거부할 수 있는 권리. ②의회를 통과한 법률을 행정부가 거부할 수 있는 권리. ③국제 회의에서 결정에 반대하는 권리. 「～행사(行使)」 きょひけん veto

거:부 반응[拒否反應] 남의 장기나 조직이 이식되었을 때, 이것을 배제하려고 일어나는 생체 반응. きょひはんのう rejection symptoms

거:비[巨費] 많은 비용. きょひ great cost

거:사[巨事] 큰 일. great projection

거사[居士] ①벼슬을 안 하고 숨어 사는 인사. ②속인(俗人)으로 법명(法名)을 가진 사람. こじ ① retired scholar ② Buddhist devotee

거:사[擧沙] 논밭을 덮은 모래를 제거함.

거:사[擧事] 큰 일을 일으킴. 「대의(大義) ～」
taking an action

거:사비[去思碑] 감사(監司)·수령(守令)이 떠난 뒤에 그의 공을 기리어 세우는 비.

거:산[巨山] 크고 높은 산. ↔잔산(殘山). big mountain

거:산[擧散] 집안 식구가 뿔뿔이 흩어짐. being all scattered

거:상[巨商] 많은 자본을 가지고 하는 장사. 또는 그 장수. =대상(大商)·대고(大賈). きょしょう
wealthy merchant

거상[居常] 보통 때. 사생활에

서의 평상시. 평소(平素). きょじょう　　ordinary times

거상[居喪] ① 상중(喪中)에 있음. ② 상중에 입는 옷. 「~을 입다」 ① being in mourning ② mourning attire

거생[居生] 머물러 살고 있음. staying on

거:석[巨石] 큰 돌. きょせき　　megalith

거:석 문화[巨石文化] 고인돌·선돌 등 거석을 이용한 유물로 대표되는 신석기 시대의 문화. きょせきぶんか

거:선[巨船] 큰 배. きょせん mighty ship

거:설[鋸屑] 톱밥. のこぎりくず・のこくず sawdust

거:성[去姓] 큰 죄를 지은 사람을 부를 때, 성을 빼고 이름만 부르던 일.

거:성[巨星] 항성(恒星) 중에서 반경(半徑)이나 광도(光度)가 큰 별. ↔왜성(矮星). きょせい giant star

거·성[去聲] ① 15세기 국어의 사성(四聲)의 하나. 가장 높은 소리. ② 한자(漢字)의 사성(四聲)의 하나. きょしょう・きょせい rising tone

거세[巨細] 크고 작음. =세대(細大). こさい・きょさい large and small

거세[去歲] ① 지난해. =거년(去年). ② 지나간 해. 이전(以前). きょさい last year

거세[去勢] ① 세력을 제거함. ② 동물의 불알이나 난소(卵巢)를 제거함. きょせい ① weakening ② emasculation

거:세[擧世] 온 세상. 또는 모든 사람. きょせい whole world

거소[居所] 사는 곳. 주소(住所). =거처(居處). きょしょ・いどころ dwelling place

거:송[巨松] 큰 소나무. big pine tree

거:수[巨樹] 큰 나무. きょじゅ tall tree

거:수[據守] 웅거하여 지킴. きょしゅ defending

거:수[擧手] 손을 들어올림. 「~ 가결(可決)」 きょしゅ raising one's hand

거:수기[擧手機] 손을 드는 기계란 뜻으로, 표결(表決)에서 주견(主見)이 없이 남의 의견에 추종하는 사람을 비웃는 말. rubber stamp

거:시[擧示] 구체적으로 들어 지적함. giving an instance

거:시적[巨視的] ① 인간의 감각으로 알 수 있는 정도의 크기의 것. ② 대국적인 관점에서 파악하는 것. ↔미시적(微視的). きょしてき macroscopic

거:식[擧式] 의식을 거행함. きょしき holding a ceremony

거실[居室] 거처하는 방. きょしつ livingroom

거:실[據實] 사실에 의거함. depending upon fact

거:안[巨眼] 큰 눈. 부리부리한 눈. きょがん big eyes

거:안[炬眼] 사물을 잘 분간하는 안식(眼識). きょがん insight

거:안제미[擧案齊眉] 밥상을 눈썹 높이까지 들어올려 남편에게 바친다는 뜻으로, 남편을 지극히 공경함을 뜻함.

거:암[巨巖] 큰 바위. きょがん huge rock

거:액[巨額] 많은 액수의 돈.

=거관(巨款). ↔소액(小額).
きょがく   large sum

거:야[去夜] 지난밤. 간밤. 去夜
last night

거:약[距躍] 뛰어넘거나 뛰어 距躍
오름.   jumping over

거:양[擧揚] ① 높이 받들어 올 擧揚
림. ② 높이 칭찬함.
① raising ② worship

거:업[擧業] ① 큰 사업을 일 擧業
으킴. ② 과거에 응시하던 일.
① starting a big enterprise

거:역[巨役] 엄청나게 큰 공사 巨役
(工事). 대공사.
colossal undertaking

거:역[拒逆] 윗사람의 명령을 拒逆
항거하여 거스름. disobedience

거연[居然] 모르는 사이에 슬 居然
그머니. 「~히 떠나다」
unnoticed

거연[遽然] 별안간. 갑자기. 遽然
문득. 「~히 자취를 감추다」
きょぜん   suddenly

거:오[倨傲] 거만하고 오만 倨傲
함. =거만(倨慢). 「~하기
짝이 없다」きょごう insolence

거:용[擧用] ⇨ 기용(起用). 擧用
きょよう

거우[居憂] 상중(喪中)에 있음. 居憂
=기중(忌中)・상중(喪中).
mourning

거:월[去月] 지난달. 먼젓달. 去月
きょげつ   last month

거:유[巨儒] 이름난 유학자(儒 巨儒
學者). -대유(大儒)・서유(碩
儒). きょじゅ
great confucianist

거:의[擧義] 의병을 일으킴. 擧義

거:익[巨益] 아주 큰 이익. きょ 巨益
えき   great profits

거:익[去益] 갈수록 더욱. 「~ 去益
격심(激甚)」more and more

거:익심언[去益甚焉] 갈수록 甚焉

더욱 심함.

거:인[巨人] ① 몸집이 큰 사 巨人
람. ② 뛰어난 위인. =위인 偉人
(偉人). ③ 신화・전설 등에 나
오는 초인간적(超人間的)인
힘을 가진 사람. きょじん
① giant ② great man

거:일[去日] 지난날. 전날. 去日
きょじつ   days gone by

거:작[巨作] ① 규모가 큰 작 巨作
품. ② 훌륭한 작품. =대작
(大作). ① work of large size
② great work

거:장[巨匠] 예술계의 대가(大 巨匠
家). きょしょう great artist

거:재[巨材] ① 큰 재목. ② 위 巨材
대한 재능. =위재(偉材). 偉材
きょざい ① huge timber ②
brilliant talent

거:재[巨財] 큰 재물. 많은 재 巨財
산. きょざい great wealth

거:적[巨跡・巨迹] 훌륭한 업 巨跡
적의 발자취. 巨迹
great achievement

거:전[拒戰] 적군을 막아 싸 拒戰
움. =항전(抗戰). きょぜん
resistance

거:절[拒絕] 받아들이지 않고 拒絕
물리침. =거부(拒否)・거각
(拒却). きょぜつ   refusal

거:절[據竊] 근거지를 정해 놓 據竊
고 도둑질을 함. plunder

거:점[據點] 활동의 발판이 되 據點
는 곳. きょてん position

거점[居接] 잠시 동안 머물러 居接
있음. 「~을 못 하게 되다」
staying for a while

거정[居貞] 정절(貞節)을 지 居貞
킴.   maintaining chastity

거제[居第] 집. =거택(居宅)・ 居第
주택(住宅).   residence

거:조[擧措] 일상의 기거(起 擧措
居)와 동작. =거지(擧止).

きょそ manners
거:조[擧朝] 온 조정(朝廷). 조정의 모든 관원(官員). きょちょう　whole court
거:족[巨族] 거가 대족(巨家大族)의 준말.
거:족[擧族] 한 족속(族屬)이 모두. 온 겨레. 「~적(的)」 きょぞく　whole nation
거:족적[擧族的] 온 겨레가 다. 전민족적(全民族的). 「~행사(行事)」 きょぞくてき nationwide
거:종[巨鐘] 큰 종. 큰 범종(梵鐘). きょしょう gigantic bell
거:좌[踞坐] 걸터앉음. きょざ sitting on
거:주[去週] 지난주. =작주(昨週). last week
거주[居住] 한 곳에 머물러 삶. 또는 그 집. 「~지(地)」 きょじゅう　residence
거중 조정[居中調停] ① 제3국이 분쟁 당사국 사이에 들어 조정을 함. ② 중간에서 화해시킴. きょちゅうちょうてい intermediation
거즈[gauze] ⇨가제(Gaze).
거:증[擧證] 증거를 들어 보임. =입증(立證). きょしょう giving evidence
거:지[巨指] 엄지손가락. thumb
거:지[拒止] 항거하여 막음. =거부(拒否). きょし resistance
거지[居地] 살고 있는 땅.
거:지[擧止] 행동거지(行動擧止)의 준말. きょし
거지반[居之半] 거의. 절반 이상. =태반(殆半). 준거반(居半). almost
거:찰[巨刹] 큰 절. =대찰(大刹). きょさつ grand temple
거:창[巨創・巨刱] 크기나 규모가 엄청나게 큼. hugeness
거:처[去處] 간 곳. 가는 곳. 갈 곳. 「~불명(不明)」 destination
거처[居處] 있는 곳. 사는 곳. =거소(居所). 「부지(不知)」 dwelling place
거:천[擧薦] ① 인재를 추천함. =천거(薦擧). ② 어떤 일에 관계하기 시작함. ① recommendation
거:체[巨體] 큰 몸집. =거구(巨軀). きょたい gigantic body
거:촉[炬燭] 횃불과 촛불. きょしょく torches and candles
거:촉[擧燭] 초에 불을 켜서 듦. holding a candle
거촌[居村] 머물러 사는 마을. きょそん one's village
거:추[巨酋] 거물인 괴수나 추장(酋長). giant chieftain
거:추[去秋] 지난 가을. きょしゅう last autumn
거:춘[去春] 지난 봄. きょしゅん last spring
거:출[醵出] ⇨갹출(醵出).
거:취[去取] 버리기와 취하기. 버림과 취함. きょしゅ throwing away and taking
거:취[去就] 어떤 자리에서 떠나는 일과, 그 자리에 머물러 있는 일. =진퇴(進退). 「~를 분명히 하다」 「그의 ~가 주목된다」 きょしゅう attitude
거치[据置] 돈이나 유가 증권(有價證券) 따위를 일정 기간 동안 상환(償還)하지 않고 그대로 둠. 「15년 ~ 20년 분할 상환」 すえおき deferment

거:탄[巨彈] ①큰 포탄이나 폭탄. ②파문을 일으킬 만한 통렬(痛烈)한 비난이나 성명(聲明) 등의 비유. きょだん ① large bomb ② startling announcement

거택[居宅] 사는 집. =주택(住宅). きょたく residence

거터[gutter] 볼링에서 레인 양쪽 가에 나 있는 홈.

거:판[擧板] 재산을 들어먹음. squander

거:폐[巨弊] 큰 폐해(弊害). great evil

거:폐[去弊] 폐해(弊害)를 없앰. removal of evils

거:폐생폐[去弊生弊] 폐해를 없애려다 도리어 다른 폐해가 생김.

거:포[巨砲] 큰 대포. きょほう huge gun

거:풍[擧風] 음습(陰濕)한 곳에 쌓아 두었던 책이나 물건을 꺼내어 바람을 쐼. airing

거:피[去皮] 껍질을 벗김. stripping off

거:피[guppy] 서인도 제도에서 나는 관상용 열대어. グッピー

거:하[去夏] 작년 여름. =작하(昨夏). きょかlast summer

거:한[巨漢] 몸집이 큰 사나이. きょかん giant

거:함[巨艦] 큰 군함. きょかん big warship

거:핵[去核] ①씨를 발라 낸 솜. ②과실 등의 씨를 바름. ① willowed cotton ② coring out

거:행[擧行] ①의식을 올림. きょこう ②명령대로 시행함. performance

거향[居鄕] 시골에서 살고 있음. living in the country

거:화[炬火] 햇불. きょか torchlight

거:화[擧火] ①햇불을 켬. ②조선 시대 때 백성이 임금에게 직간(直諫)할 일이 있을 때 그 뜻을 알리기 위해 남산 위에서 햇불을 켜던 일. きょか kindling a torch

건[巾] ①수건 건:수건. 「手巾(수건)」 ②건 건:건. 탕건. 「頭巾(두건)·巾布(건포)·巾帑(건탕)」 キン ①きれ

건[件]* ①물건 건:물건. 사건. 일. 「物件(물건)·事件(사건)·用件(용건)」 ②건 건:건. 「件數(건수)」 ケン ②くだり·くだん

건:[建]* 세울 건:세우다. 짓다. 「建立(건립)·建設(건설)·建物(건물)·建國(건국)」 ケン·コン·たてる

건[虔] 정성 건:정성. 공경하다. 「敬虔(경건)·虔恭(건공)」 ケン·つつしむ

건[乾]* ①마를 건:마르다. 「乾燥(건조)·乾濕(건습)·乾盃(건배)」 ②하늘 건:하늘. 「乾坤(건곤)」 カン·ケン ①かわく

건:[健]* 굳셀 건:굳세다. 튼튼하다. 「健康(건강)·健鬪(건투)·健勝(건승)」 ケン·すこやか·たけし

건:[腱] 힘줄 건:힘줄. 「腱肉(건육)」 ケン

건:[鍵] 열쇠 건:열쇠. 「鍵盤(건반)」 ケン·かぎ

건가[乾價] 술을 못 먹는 일꾼들에게 술 대신 주는 돈.

건:각[健脚] 잘 걷고 잘 달리는 튼튼한 다리. 또는 그런 사람. けんきゃく

good walker
건:각[蹇脚] 절름발이. けんきゃく　lame person
건:강[健剛] 건강하고 의지가 강함. けんごう　soundness
건:강[健康] 몸에 병이 없고 튼튼함. けんこう　health
건강[乾綱] ① 하늘의 법칙. ② 임금이 나라를 다스리는 대강(大綱). ③ 임금의 대권(大權). けんこう　① providence
건개[乾疥] 마른옴. 건성(乾性) 개선(疥癬).　itch
건건[虔虔] 조심하고 삼가는 모양.　careful
건건사사[件件事事] 낱낱의 모든 일. 온갖 일마다. =사사건건(事事件件). every case
건견[乾繭] 보존을 위하여 건조기로 누에고치의 번데기를 죽이는 일. かんけん
drying cocoons
건:경[健勁] 힘이 있고 씩씩함.　robustness
건계[乾季] 비가 적게 내리는 계절. ↔우계(雨季). かんき
dry season
건:고[建鼓] 아악기(雅樂器)의 한 가지. 발 달린 받침에 통이 긴 북을 가로 얹었음.

〔건고〕

건고[乾固] 말라서 굳어짐. かんこ　becoming stiff
건고[乾枯] 물기가 마름. かんこ　dryness
건곡[乾谷] 물이 없거나 말라 버린 골짜기.　dried ravine
건곡[乾穀] 제철에 거두어 말린 곡식.　dried grain

건곤[乾坤] ① 하늘과 땅. ② 음(陰)과 양(陽). けんこん
heaven and earth
건곤일척[乾坤一擲] 운명을 걸고 단판걸이 승부(勝負)를 하는 일. けんこんいってき
neck or nothing
건:공[建功] 나라를 위해 공을 세움.　meritorious service
건공[虔恭] 삼가 조심스럽게 행동하는 모양. =공건(恭虔).　prudence
건과[乾果] 건조과(乾燥果)의 준말. かんか
건과자[乾菓子] 비스킷 따위의 마른 과자. ↔생과자(生菓子). ひがし　dried confection
건괘[乾卦] 팔괘의 하나. 하늘을 상징함.
건:괘[蹇卦] 육십사괘의 하나. 산 위에 물이 있음을 상징.
건:국[建國] 나라를 세움. 「~기념일(紀念日)」けんこく
founding of a state
건:군[建軍] 군대를 창설함.
establishment of an army
건:극[建極] 백성의 의지할, 나라의 중심되는 도(道)를 세우는 일. けんきょく
건기[乾期] 건조기(乾燥期)의 준말. ↔우기(雨期). かんき
건기[愆期] 약속한 기일을 어김. =위기(違期). けんき
violation of a term
건납[愆納] 세금을 기한 안에 내지 못함. =체납(滯納).
delinquency
건달[乾達] ① 관계도 없으면서 건성으로 따라다니는 사람. ② 돈도 없이 난봉을 부리는 사람. ① good-for-nothing ② libertine
건:담[健啖] 음식을 많이 잘

먹음. 「~가(家)」 けんたん gluttony

건답[乾畓] 물이 잘 마르는 논. 마른논. dry rice field

건:당[建幢] 다른 이의 사표(師表)가 될 만한 중이 전법사(傳法師)로부터 법맥(法脈)을 이어받는 일.

건대[巾帶] 상복(喪服)에 쓰이는 건과 띠. mourner's cowl and belt

건덕[乾德] ① 하늘의 덕. ② 임금의 덕. ↔곤덕(坤德). けんとく ① heavenly virtue ② king's virtue

건:도[建都] ① 나라의 수도(首都)를 세움. ② 수도로 정함. =정도(定都). construction of the capital

건:둔[蹇屯] 운수가 막힘. end of one's luck

건락[乾酪] 치즈(cheese). かんらく

건락소[乾酪素] 우유의 주요 성분을 이루는 단백질. かんらくそ casein

건량[乾糧] ① 옛날에 먼 길을 갈 때 휴대하던 간편한 마른 식품. ② 흉년에 가난한 사람을 구제할 때 죽 대신 주던 곡식. dried food

건:령[建瓴] 세력이 매우 강함. mightiness

건류[乾溜] 고체를 고열로 쪄서 분해시켜 휘발분을 냉각·회수하는 일. かんりゅう dry distillation

건:립[建立] 건물·탑·동상 등을 세움. こんりゅう erection

건:마[健馬] 튼튼한 말. 썩 잘 달리는 말. けんば strong horse

건:망[健忘] 듣고 본 것을 잘 잊음. 「~증(症)」 けんぼう forgetfulness

건면[乾麵] 국물에 말지 않은 국수. 마른국수. かんめん dried noodles

건명[件名] ① 사물의 이름. ② 서류의 제목. けんめい subject

건명[乾命] ① 불교에서, 축원문에 쓰는 남자의 일컬음. ② 남자의 난 해. 생년(生年).

건목[乾木] 베어서 바싹 말린 나무. dried timber

건목수생[乾木水生] ⇨ 간목수생(乾木水生).

건몰[乾沒] 관아에서 법에 걸린 물건을 몰수함. =관몰(官沒). confiscation

건:물[建物] 땅 위에 지어 세운 집 따위의 구조물. 영조물(營造物). たてもの building

건물[乾物] 마른 식품. かんぶつ dried provisions

건반[乾飯] 마른밥. ↔수반(水飯). dried rice

건:반[鍵盤] 피아노·타자기 따위의 손가락으로 누르는 부분. けんばん keyboard

건:반사[腱反射] 건(腱)의 기계적 자극에 따라 일어나는 근육의 연축(攣縮). けんはんしゃ tendon reflex

건방[乾方] ① 방위(方位)를 스물넷으로 나눌 때의 북서의 간방(間方). ② 팔방(八方)의 하나로 북서의 긴방(間方).

건배[乾杯] ① 술잔을 비움. ② 여럿이 술잔을 높이 들고 축복하며 마시는 일. かんぱい ① draining the cup ② toast

건:백[建白] 윗사람이나 관아에 자기 의견을 말함. =선언(建言). けんぱく representation

건:보[健步] 잘 걷는 걸음. けんぽ strong pace

건:보[蹇步] 절름거리는 걸음. 蹇步

건:비[建碑] 비(碑)를 세움. けんぴ erecting a stone monument

건삼[乾蔘] 잔뿌리와 줄기를 자르고 겉껍질을 벗기어 말린 인삼. ↔수삼(水蔘). dried ginseng

건삽[乾澁] 말라서 윤기가 없음. being shriveled

건상[乾象] 일월성신(日月星辰)이 돌아가는 천체의 이치. =천기(天機).

건:선[健羨] 몹시 부러워함. 몹시 탐을 냄. great envy

건선[乾癬] 마른버짐. かんせん psoriasis

건선거[乾船渠] 바닷물을 들였다 빼었다 할 수 있게 설비하여, 큰 배를 그 안으로 들여서 수리 및 청소를 하게 만든 구조물. 건(乾)독. ↔습선거(濕船渠). かんせんきょ dry dock

건선명[乾仙命] 술가(術家)에서, 죽은 남자의 생년(生年)을 이르는 말.

건:설[建設] 건물을 짓거나 시설물을 이룩함. 「~업(業)」 けんせつ construction

건성[虔誠] 경건한 정성. sincerity

건성[乾性] 수분이 적고 잘 마르는 성질. ↔습성(濕性). かんせい dryness

건성유[乾性油] 공기 중에서 잘 마르는 성질이 있는 식물성 기름. ↔불건성유(不乾性油). かんせいゆ drying oil

건:송[健訟] 하찮은 일에도 송사(訟事)하기를 좋아함. =호송(好訟). けんしょう being litigious

건수[件數] 사물이나 사건의 가짓수. けんすう number of cases[things]

건수[乾水] 장마 때에만 땅 속에서 솟아나오는 물.

건수[乾嗽] 마른기침. dry cough

건숙[虔肅] 경건하고 엄숙함. piousness and solemnness

건순노치[乾脣露齒] 윗입술이 들려 이가 드러나 보임.

건습[乾濕] 마름과 축축함. かんしつ dryness and moisture

건습계[乾濕計] 건습구 습도계(乾濕球濕度計)의 준말. かんしつけい

건습구 습도계[乾濕球濕度計] 물이 증발하는 정도를 재어서 공기의 습도를 측정하는 장치. 준건습계(乾濕計). かんしつきゅうしつどけい psychrometer

건:승[健勝] 상대편의 건강함을 이르는 말. 「선생님께서도 ~하시온지요」 けんしょう good health

건시[乾柿] 곶감. ほしがき dried persimmon

건식[乾食] ①음식물을 말려서 먹음. ②마른반찬으로 밥을 먹음. ①dried food

건:식[健食] 음식을 가리지 않고 잘 먹음. gourmand

건:실[健實] 건전하고 착실함. soundness

건:아[建牙] 출정할 때에 대열(隊列)의 선두에 아기(牙旗)를 세우는 일. 곧, 무장이 군대를 이끌고 출정함.

건:아[健兒] 건장하고 씩씩한 사나이. けんじ vigorous youth

건어[乾魚] 건어물(乾魚物)의 준말. かんぎょ・ほしうお
건어물[乾魚物] 말린 생선・조개류 따위의 식품. ㈜건어(乾魚). dried fish
건:언[建言] 윗사람이나 관청에 의견을 말함. =건백(建白). けんげん petition
건오적어[乾烏賊魚] 말린 오징어. dried cuttlefish
건:용[健勇] 튼튼하고 용감함. robust manliness
건우[愆尤] 잘못. 과실. 허물. mistake
건:원[建元] 나라의 연호(年號)를 새로 정함. けんげん naming an era
건위[乾位] 남자의 무덤이나 신주. ↔곤위(坤位).
건:위[健胃] 위를 튼튼하게 함. 「~제(劑)」けんい making one's stomach strong
건:의[建議] 의견을 올림. 또는 그 의견. けんぎ proposal
건의[愆義] 올바른 길을 그르침.
건:장[健壯] 몸이 튼튼하고 굳셈. sturdiness
건:재[健在] 건강하게 잘 있음. けんざい being well
건재[乾材] 한약의 약재(藥材). 「~ 약국(藥局)」 dried medicinal herbs
건:전[健全] ①몸이 튼튼함. ②건실하고 온건함. 「~ 사상(思想)」けんぜん soundness
건전지[乾電池] 액체를 쓰지 않고 취급・휴대하기에 편리하도록 접체(粘體)와 고체로 만든 1차 전지. 라디오・장난감 등에 쓰임. ↔습전시(濕電池). かんでんち dry battery
건정[乾淨] ①말끔하고 깨끗함. ②일한 뒤가 깨끗하고 탈이 없음. purity
건:조[建造] 건물을 짓거나 선박을 만듦. けんぞう building
건조[乾燥] ①물기가 없이 마름. ②재미가 없음. 「무미(無味)~」かんそう dryness
건조과[乾燥果] 익으면 껍질이 말라서 단단해지는 과실. 벼・콩・밤・도토리・호두 등. ㈜건과(乾果). かんそうか dry fruit
건조기[乾燥期] 기후가 건조한 시기. ㈜건기(乾期). dry season
건조 주의보[乾燥注意報] 실효 습도가 60% 이하이고, 최소 습도가 30% 이하인 날이 2~3일 간 계속되리라고 예상될 때, 화재 예방을 위하여 발표하는 기상 주의보.
건:졸[健卒] 튼튼한 병졸. stout soldier
건즐[巾櫛] 수건과 빗. 세수하고 머리를 빗음. towel and comb
건채[乾菜] 말린 나물. dried vegetable
건:책[建策] 방책을 세움. けんさく planning
건천[乾川] 조금만 가물어도 물이 마르는 내. dry stream
건:첩[健捷] 굳세고 날램. swiftness
건초[乾草] 베어서 말린 풀. かんそう・ほしくさ hay
건:초[腱鞘] 칼집 모양으로 건(腱)을 싸고 있는, 안팎 두 층으로 된 접액낭(粘液囊). けんしょう
건초열[乾草熱] 급격히 나타나는 비염(鼻炎) 증세. 열이 오르며 재채기와 콧물이 나

옴. 식물의 개화기에 일어남.

건:축[建築] 건조물을 세움. 建築
「～ 공사(工事)」けんちく
building

건축[乾縮] 저장한 곡식이 말 乾縮
라서 양이 줄어듦. drying up

건:축선[建築線] 도로·광장· 建築線
공원 등에 침입하지 못하도록 境界線
설정한 건축물의 경계선. け
んちくせん building line

건치[乾雉] 말린 꿩고기. 乾雉
dried pheasant meat

건칠[乾漆] 옻나무의 즙을 말 乾漆
린 덩이. 약재·도료에 이용
됨. かんしつ
dry lump of lacquer

건탕[巾宕] 망건과 탕건. 巾宕

건:투[健投] 야구에서, 투수 健投
(投手)가 힘차게 공을 잘 던
짐. nice pitching

건:투[健鬪] 씩씩하게 싸움. 健鬪
건강하게 활동함. けんとう
good fight

건파[乾播] 마른논에 볍씨를 乾播
뿌리는 일.
sowing in dry paddy fields

건판[乾板] 유리로 만든 사진 乾板
감광판(感光板). ↔습판(濕
板). かんぱん dry plate

건:평[建坪] 건물이 차지하는 建坪
터의 평수. 건축 면적. たて
つぼ floor space

건:폐율[建蔽率] 대지 면적에 建蔽率
대한 건평의 비율. けんぺい
りつ building coverage

건포[巾布] ①두건을 만들 베. 巾布
②손수건. ②handkerchief

건포[乾布] 마른 헝겊. 마른 乾布
수건. 「～ 마찰(摩擦)」かん
ぷ dried handkerchief

건포[乾脯] 쇠고기·생선 따위 乾脯
를 저며서 말린 포.
dry sliced meat

건풍[乾風] 습기나 비·눈 따 乾風
위가 수반하지 않은 겨울 바
람. からかぜ dry wind

건:필[健筆] ①글씨를 잘 씀. = 健筆
달필(達筆). ②문장을 잘 지
음. けんぴつ facile pen

건:함[建艦] 군함을 만듦. け 建艦
んかん building warships

건회[愆悔] 허물. 잘못. 과실 愆悔
(過失). fault

걸[乞] 구걸할 걸: 구걸하다. 乞
요구하다. 「乞人(걸인)·乞客
(걸객)·乞糧(걸량)」コツ·キ
ツ·こう

걸[桀] 사나울 걸: 사납다. 「桀 桀
心(걸심)」ケツ·あらい

걸[揭] ⇨게(揭). 揭

걸[傑]☆ 호걸 걸: 호걸. 뛰어나 傑
다. 「英傑(영걸)·傑作(걸작)·
傑出(걸출)」ケツ·すぐれる

걸가[乞暇] ①휴가를 얻음. ② 乞暇
물건을 빌려 씀. ①getting a
vacation ②borrowing

걸객[乞客] 옛날에, 의관(衣 乞客
冠)을 갖추고 다니며 얻어먹
던 사람. beggar

걸교[乞巧] 칠석날 저녁에 여 乞巧
자들이 길쌈과 바느질을 잘
하게 해 달라고 비는 일.
きっこう

걸구[乞求] 남에게 구걸함. 乞求
begging

걸귀[乞鬼] ①새끼 낳은 암퇘 乞鬼
지. ②음식을 몹시 탐내는 사
람을 비웃는 말. ①sow that
littered ②glutton

걸량[乞糧] 남의 버력탕 같은 乞糧
데서 광석을 고르거나 사금을
채취하여 조금씩 돈을 버는
일. 거랑.

걸립[乞粒] ①동네나 절에서 乞粒
경비를 조달하기 위해, 무리 經費
를 지어 풍악을 울리면서 집

집마다 다니며 곡식이나 돈을 걷는 일. ②무당이 굿할 때 위하는 급이 낮은 신(神).
① collecting money or rice

걸립[傑立] 뛰어나게 우뚝 솟음. loftiness

걸맹[乞盟] ①적에게 화의(和議)를 청함. ②맹세할 때 신에게 고함. ① suing for peace

걸물[傑物] 특별히 뛰어난 인물. けつぶつ remarkable person

걸불병행[乞不竝行] 비럭질은 여러 사람이 함께 할 일이 아니라는 뜻으로, 요구하는 사람이 여럿이면 구하기 힘들다는 말.

걸사[傑士] 뛰어난 인물. けっし distinguished person

걸:스카우트[Girl Scouts] 전 세계에 퍼져 있는 소녀의 수양·교육 단체. 1912년 미국에서 창시. ガールスカウト

걸식[乞食] 남에게 빌어서 얻어먹음. こじき mendicancy

걸신[乞神] 음식을 몹시 탐내는 욕심. 「～들리다」 greed

걸인[乞人] 거지. 빌어먹는 사람. beggar

걸작[傑作] ①뛰어난 문예나 미술 작품. ②잘된 물건. ③우스꽝스런 짓을 하는 사람을 이르는 말. けっさく
① masterpiece ② good article ③ buffoon

걸출[傑出] 남보다 훨씬 뛰어남. けっしゅつ prominence

걸프[gulf] 바다가 육지로 쑥 들어간 곳. 만(灣).

걸행[傑行] 남보다 뛰어난 행실. excellent deed

검:[儉]☆ 검소할 검 : 검소하다. 「儉素(검소)·儉約(검약)·勤儉(근검)」ケン·つづまやか

검:[劍]☆ 칼 검 : 칼. 검. 「劍客(검객)·劍道(검도)·劍法(검법)」ケン·つるぎ

검[黔] 검을 검 : 검다. 「黔首(검수)·黔炭(검탄)」ケン·くろい

검:[檢]☆ ①조사할 검 : 조사하다. 검사하다. 「檢校(검교)·檢査(검사)」②검속할 검 : 검속하다. 「檢束(검속)·檢證(검증)」ケン·しらべる

검:객[劍客] 칼을 잘 쓰는 사람. =검사(劍士). けんかく·けんきゃく swordsman

검:거[檢擧] 검사나 경관이 범인이나 피의자를 잡아들임. けんきょ arrest

검:경[檢鏡] 현미경으로 검사함. けんきょう microscopic examination

검:공[劍工] 쇠를 불려 도검(刀劍)을 제조하는 사람. けんこう sword temperer

검:광[劍光] 검의 날이 번쩍거리는 빛. けんこう flash of a sword

검:극[劍戟] 검과 창(무기). けんげき swords and spears

검:극[劍劇] 칼싸움을 주제로 한 영화나 연극. けんげき sword-fighting play

검:기[劍器] 향악(鄕樂)의 칼춤에 쓰이는 칼.

검:난[劍難] 칼에 찔려 다치거나 죽거나 하는 재난. けんなん perishing by the sword

검:납[檢納] 검사하여 납입함. けんのう supplying after examining

검:뇨[檢尿] 병의 유무를 알기 위해 오줌을 검사함. けんにょう urine examination

검:담[檢痰] 결핵균(結核菌)의 유무를 담(痰)으로 검사함. けんたん sputum inspection

검:당계[檢糖計] 당(糖)의 농도(濃度)를 검사하는 계기. けんとうけい saccharimeter

검:덕[儉德] 검소한 덕. けんとく simplicity

검:도[劍道] 검을 쓰는 법을 익히는 무술(武術). けんどう swordsmanship

검:독[檢督] 검사하고 독려함. overseeing

검:란[檢卵] 알의 부화(孵化)의 적부(適否)를 검사함. けんらん examination of eggs

검:량[檢量] 수량·중량을 검사함. けんりょう metage

검:류[檢流] 긴류·조류(潮流) 따위의 속도·세기 등을 측정하고 검사함. measuring a current

검:무[劍舞] 칼춤. けんぶ sword dance

검:문[檢問] 검사하고 심문함. けんもん check

검:박[儉朴] 검소하고 질박함. thrift

검:박[儉薄] 검소함. stinginess

검:법[劍法] 도검(刀劍)을 쓰는 법. =검도(劍道). けんぽう art of fencing

검:변[檢便] 병원균·기생충의 유무를 알기 위해 대변을 검사함. けんべん examination of feces

검:봉[劍鋒] 칼의 뽀족한 끝.

검:봉[檢封] 잘 살펴 봉함. 또, 봉인(封印)을 검사함. けんぷう sealing after inspection

검:분[檢分] 입회(立會)해서 검사함. けんぶん test

검:사[劍士] ⇨검객(劍客). けんし

검:사[檢事] 범죄를 수사하여 피의자를 기소하고 재판의 집행을 감독하는 국가 기관. けんじ public prosecutor

검:사[檢査] 사실을 조사함. けんさ inspection

검:산[檢算] 계산이 맞았는지 어떤지를 검사함. 또는 그 검사하는 계산. =험산(驗算). けんざん checking figures

검:색[檢索] 검사하여 찾음. けんさく rummage

검:소[儉素] 사치스럽지 않고 수수함. けんそ frugality

검:속[檢束] 범죄의 혐의가 있는 사람의 신체의 자유를 구속함. けんそく arrest

검수[黔首] 섬은 머리. 곧, 관을 안 쓴 일반 서민. =여민(黎民). けんしゅ common people

검:수[檢水] 수질(水質)이나 수량(水量)을 검사함. けんすい examination of water

건:순[劍楯] 검과 방패. sword and shield

검:술[劍術] 검을 쓰는 법. けんじゅつ art of fencing

검:시[檢屍] 변사자(變死者)의 시체를 검사함. =검시(檢視). けんし autopsy

검:시[檢視] ①시력을 검사함. ②사실을 조사하여 봄. ③⇨검시(檢屍). けんし ① test of visual power ② investigation

검:안[檢案] ①형적(形迹)이나 상황을 조사하고 따짐. ②시체에 대하여 의사가 사망 사실을 의학적으로 확인하는 일. examination

검:안[檢眼] 시력·색맹 등을

알기 위해 눈을 검사함. 「~경(鏡)」 けんがん eye examination

검:안서[檢案書] ① 의사의 치료를 받지 않고 죽은 사람에 대하여, 그 사망을 확인하는 의사의 증명서. ② 검시(檢屍)한 기록. けんあんしょ death certificate

검:약[儉約] 검소하게 절약함. 「~가(家)」 けんやく economy

검:역[檢疫] 전염병을 막기 위하여 차량·항공기·선박 및 그 승객·승무원 등에 대하여 전염병의 유무를 검사하고 소독하는 일. けんえき quarantine

검:열[檢閱] ① 검사하고 열람함. ② 출판물·영화·언론 등의 내용을 미리 검사하여 그 발표를 통제함. けんえつ inspection

검:온[檢溫] 온도, 특히 체온을 재어 봄. けんおん thermometry

검:온기[檢溫器] 체온을 재는 계기. =체온계(體溫計). けんおんき clinical thermometer

검인[鈐印] 관인(官印)을 찍음. stamping an official seal

검:인[檢印] 서류나 물건을 검사하고 찍는 도장. けんいん stamp of approval

검:인정[檢認定] 검정(檢定)과 인정(認定). 「~ 교과서(敎科書)」 authorization

검:인증[檢印證] 검사 하였다는 증명. approval of certificate

검:자[檢字] 자전(字典)의 찾아보기의 한 가지. 부수(部首)나 음훈(音訓)에 의하지 않고, 한자(漢字)를 획수(畫數)의 차례로 늘어놓은 것. stroke index of Chinese characters

검:전기[檢電器] 전류(電流)·전위차(電位差)의 유무를 알아보는 기기. けんでんき electroscope

검:정[檢定] 검사해서 자격 따위를 인정함. 「~ 고시(考試)」 けんてい authorization

검:정필[檢定畢] 검정을 마쳤음. being approved

검:증[檢證] ① 실제로 조사해서 증명함. ② 판사·검사가 증거될 만한 장소나 물품을 실지로 조사함. 「현장(現場) ~」 けんしょう ② verification

검:지[檢知] 검사하여 알아냄. inspection

검:진[檢診] 병의 유무를 검사하기 위한 진찰. けんしん medical examination

검:차[檢車] 차량의 검사. けんしゃ inspection of vehicles

검:찰[檢察] ① 조사해서 사실을 밝힘. ② 범죄를 수사하여 증거를 수집함. 「~관(官)」 ③ 검찰청(檢察廳)의 준말. けんさつ ①② investigation

검:찰청[檢察廳] 법무부 소속 하에 검찰 사무를 통괄하는 관청. 준검찰(檢察). けんきつちょう Public Prosecutor's Office

검:찰 촌:장[檢察總長] 검찰청의 최고 책임자. Public Prosecutor General

검:척[檢尺] 자로 통나무의 지름을 잼. けんじゃく measuring the diameter of a log

검:출[檢出] 검사하여 찾아냄. 「독물(毒物) ~」 けんしゅつ detection

검:침[檢針] 전기나 수도의 계량기의 눈금을 보고 사용량을 알아봄. けんしん
inspection of a meter

검탄[黔炭] 화력이 적고 품질이 낮은 숯. ↔백탄(白炭).
coarse charcoal

검:토[檢討] 내용을 검사하여 따짐. けんとう investigation

검특[黔慝] 마음이 검고 음흉함.   black heartedness

검:파[劍把] 칼자루.   haft

검:파[檢波] ① 전 파(電波)의 있고 없음을 조사함. ②고주파 교류를 직류로 바꾸어 음성 전류(音聲電流)를 끌어내는 일. けんぱ
① detection ② demodulation

검:품[檢品] 물건의 품질이나 수량을 조사함. 「~계(係)」 けんぴん inspection of goods

검:험[檢驗] 조선 시대에 검관(檢官)이 현장에 가서 변사체(變死體)를 검사하던 일.
investigation

검:협[劍俠] 검술이 뛰어나고 의협심이 있는 남자. けんきょう valiant swordsman

검:호[劍豪] 검술(劍術)이 뛰어난 사람. けんごう
great swordsman

겁[劫] ①위협할 겁:위협하다. 겁을 주다.「劫奪(겁탈)」② 긴 세월 겁:아주 긴 세월. 「億萬劫(억만겁)・永劫(영겁)」 キョウ・コウ・ゴウ・おびやかす

겁[怯] 무서워할 겁:무서워하다.「怯夫(겁부)・怯怖(겁포)」 キョウ・おびえる

겁간[劫姦] 부녀자를 위협하여 간음함.   violation

겁겁[劫劫] ① ⇨ 급급(汲汲).
② 대(代)마다. 세세(世世)로.
③ 성미가 급하여 참을성이 없는 모양. ② generation after generation ③ impatience

겁기[劫氣] ①험한 산의 무시무시한 기운. ②궁한 사람의 근심스럽고 언짢은 기색. fear

겁나[怯懦] 겁이 많고 나약함. =겁약(怯弱). きょうだ
timidity

겁년[劫年] 액운이 닥친 해. =액년(厄年). unlucky year

겁략[劫掠・劫略] 위협하여 남의 것을 빼앗음. =겁탈(劫奪)・약탈(掠奪). きょうりゃく・ごうりゃく

겁렬[怯劣] 비겁하고 용렬함.
cowardice

겁박[劫迫] 위력으로 협박함.
threat

겁박[劫縛] 위협하여 묶음.
menace

겁부[怯夫] 겁이 많은 사나이. きょうふ   cowardly man

겁살[劫煞] 삼살방(三煞方)의 하나인 독하고 모진 기운.

겁성[怯聲] 겁이 나서 지르는 소리.   exclamation of fear

겁수[劫數] 액운(厄運).
misfortune

겁심[怯心] 무서워하는 마음.
fear

겁약[怯弱] 겁이 많고 마음이 약함. =겁나(怯懦). きょうじゃく   cowardice

겁운[劫運] 겁살이 낀 액운.
misfortune

겁탈[劫奪] ①남의 것을 억지로 빼앗음. =겁략(劫掠). ② ⇨겁간(劫姦). ごうだつ
① robbery

겁화[劫火] 불교에서 세계가 파멸할 때 일어난다는 큰불.

こうか

게:[偈] ①중의 귀글 게: 부처를 기리는 귀글. 「偈句(게구)·偈頌(게송)」 ②빠를 걸: 빠르다. 「偈偈(걸걸)」ゲ 偈句

게:[揭] 높이 들 게: 높이 들다. 「揭榜(게방)·揭示(게시)」 ケイ·かかげる 揭示

게:[憩]☆ 쉴 게: 쉬다. 「休憩(휴게)·憩息(게식)·憩泊(게박)」 ケイ·いこう 憩息

게:기[揭記] 여러 사람이 볼 수 있도록 써서 붙이거나 적어서 내걺. bulletining 揭記

게놈[genome] 생물의 생존에 필요한 염색체의 한 조(組). ゲノム 組

게라[galley] 교정쇄(校正刷). ゲラ 校正刷

게:류[憩流] 전류(轉流)에 앞서 해수(海水)가 거의 흐르지 않을 때의 조수(潮水). 憩流

게르마늄[germanium] 희유(稀有) 금속 원소의 하나. 회백색의 푸슬푸슬한 결정. 반도체로서 결정(結晶) 정류기·트랜지스터의 주요 재료로 쓰임. 원소 기호는 Ge. ゲルマニウム 稀有 結晶

게르만[독 German] ①아리안 인종(人種)의 하나. ②독일 민족. ゲルマン 人種

게리맨더링[gerrymandering] 정당이 자기 당에 유리하게 선거구를 맘대로 개정하는 일. ゲリマンダー(garrymander) 遊擊區 改正

게릴라[영 guerilla] 유격전(遊擊戰)을 하는 비정규(非正規)의 소부대(小部隊). 유격대(遊擊隊). ゲリラ 遊擊戰

게마인샤프트[독 Gemeinschaft] 공동 사회(共同社會). ↔게젤샤프트. ゲマインシャフト 共同社會

게:방[揭榜] 방문(榜文)을 내다 붙임. posting a notice 揭榜

게부입연[揭斧入淵] 도끼를 들고 물로 들어감. 곧, 쓸데없는 행동을 이르는 말. 揭斧入淵

게:송[偈頌] 부처의 공덕을 찬미하는 노래. 偈頌

게슈타포[독 Gestapo] 나치스 독일의 비밀 경찰(秘密警察). ゲシュタポ 秘密警察

게슈탈트[독 Gestalt] 형태(形態). 형태 심리학의 기본 개념. ゲシュタルト 形態

게스트[guest] 방송 프로 등에 초대된 출연자. ゲスト 出演者

게:시[揭示] 널리 알리기 위해 써서 내붙임. 또는 그 글. 게이지 notice 揭示

게:양[揭揚] 높이 닮. 「국기~」 けいよう raising 揭揚

게이지[gauge] ①표준 치수. ②계량기(計量器). ②편물에서, 코의 수. ゲージ 計量器

게이징[gauging] 계량(計量). 計量

게이트[gate] ①문. ②공항의 탑승구. ③경마장(競馬場)에서, 출발점의 칸막이. ゲート 競馬場

게이트볼:[gate ball] 나무공을 망치로 쳐서 세 개의 작은 문을 통과시키는 경기. ゲートボール 通過 競技

게임[game] ①운동 경기. ②놀이. ③한 시합 중의 한 판의 승부(勝負). ゲーム 勝負

게:재[揭載] 신문이나 잡지 등에 기사를 실음. けいさい printing 揭載

게젤샤프트[독 Gesellschaft] 이익 사회(利益社會). ↔게마인샤프트. ゲゼルシャフト 利益社會

게터[getter] 진공관 안에서

잔류(殘留) 가스를 흡착하는 殘留
물질. ゲッター

게토[이 ghetto] ① 유태인이 사는 지역. ② 제2차 세계 대전 때의, 유태인 강제 수용소. ③ 미국의 흑인 빈민(貧民) 지구. ゲットー 貧民

겐티아나[라 gentiana] 용담과의 다년초. 뿌리는 위장약(胃腸藥)으로 쓰임. ゲンチアナ 胃腸藥

겔[독 Gel] 콜로이드 용액이 조금 굳어진 상태. 한천(寒天)·젤라틴 등. ゲル 寒天

겟투[get two] 야구에서, 병살(倂殺). ゲッツー 倂殺

격[挌] 칠 격: 치다. 「挌鬪(격투)」 カク·うつ 挌鬪

격[格]☆ ① 격식 격: 격식. 「格式(격식)·合格(합격)·規格(규격)·格言(격언)·價格(가격)·正格(정격)」 ② 자리 격: 자리. 품위. 「人格(인격)」 ③ 그칠 각: 그치다. カク·キャク ① きまり 格式 價格

격[隔] ① 막힐 격: 막히다. 「隔阻(격조)·隔墻(격장)」 ② 뜰 격: 뜨다. 사이가 뜨다. 「隔離(격리)·隔世(격세)」 カク ② へだてる·へだたる 隔阻

격[膈] 명치 격: 명치. 「膈膜(격막)·膈痰(격담)」 カク 膈膜

격[激]☆ 거셀 격: 거세다. 격렬하다. 「激甚(격심)·激減(격감)·激化(격화)·感激(감격)」 ゲキ·はげしい 激化

격[骼] 뼈 격: 뼈. 「骨骼(골격)」 カク·ほね 骨骼

격[擊]☆ 칠 격: 치다. 때리다. 「擊滅(격멸)·擊墜(격추)·擊退(격퇴)·砲擊(포격)」 ゲキ·うつ 擊退

격[檄] 격문 격: 격문. 「檄文(격문)·檄書(격서)」 ゲキ 檄文

격감[激減] 갑자기 많이 줄어듦. げきげん sharp decrease 激減

격강[隔江] 강을 사이에 두고 떨어져 있음. 隔江

격검[擊劍] ⇨검술(劍術). げきけん·げっけん 擊劍

격고[擊鼓] 북을 두드림. beating a drum 擊鼓

격군[格軍] ① 곁꾼의 취름(取音). 곁에서 일을 도와 주는 사람. ② 조선 시대 때, 사공(沙工)을 돕던 사람. ① assistant 格軍

격권[激勸] 격려하여 권함. encouragement 激勸

격근[隔近] 사이가 가까움. nearness 隔近

격금[擊琴] 거문고를 탐. 擊琴

격기[隔期] 기일(期日)까지의 시간이 얼마 없음. being close-at-hand 隔期

격납고[格納庫] 비행기를 넣어 두는 창고. かくのうこ hangar 格納庫

격년[隔年] 한 해씩 거름. 해거리. かくねん every other year 隔年

격노[激怒] 격렬하게 성을 냄. げきど wrath 激怒

격단[激湍] 몹시 세차게 흐르는 여울. げきたん torrent 激湍

격단[擊斷] ① 쳐서 끊음. ② 마음대로 법률을 적용하여 처단함. ① cut 擊斷

격담[格談] ① 격에 맞는 말. ② ⇨격언(格言). ① reasonable talk 格談

격담[膈痰] 가래가 가슴에 차는 증세. 또는 그 가래. phlegm 膈痰

격도[格度] 품격(品格)과 도량(度量). generosity and grace 格度

격돌[激突] 격렬하게 부딪침. げきとつ crash 激突

격동[激動] ①급격하게 움직임. げきどう ②크게 흥분하고 감동함. violent shaking

격랑[激浪] 거센 파도. 센 물결. =격파(激波). げきろう raging waves

격려[激勵] 용기나 의욕을 북돋워 힘을 내게 함. 「~문(文)」「~사(辭)」げきれい encouragement

격렬[激烈] 몹시 맹렬함. 「~한 논조(論調)」げきれつ violence

격례[格例] 격식이 되어 있는 관례(慣例). かくれい precedent

격론[激論] 격렬하게 논의함. 또는 그런 토론이나 논쟁(論爭). 「환경 문제로 ~을 벌이다」げきろん hot controversy

격류[激流] 세차게 흐르는 물살. げきりゅう rapid current

격률[格率] 행위나 논리(論理)의 규준(規準) 또는 준칙(準則). かくりつ

격리[隔離] ①서로 떼어 놓음. ②일정한 장소에 따로 있게 함. 「~수용(收容)」かくり isolation

격린[隔隣] 가까이 이웃함. being nearby

격막[膈膜] ①횡격막(橫膈膜)의 준말. ②동물 체강(體腔)에 있는 중간막. かくまく ②septum

격면[隔面] ⇨절교(絶交).

격멸[擊滅] 쳐서 없애버림. げきめつ annihilation

격몽[擊蒙] 아이들을 가르쳐 깨우침.

격무[激務] 몹시 바쁘고 힘든 일. =극무(劇務). げきむ busy office

격문[檄文] 사람들의 궐기(蹶起)를 부추기는 글. げきぶん manifesto

격물[格物] 사물의 이치를 깊이 연구하여 밝힘. かくぶつ study of the principles of nature

격물치지[格物致知] 주자학(朱子學)에서, 사물의 이치를 밝히고, 지식을 깊게 하는 일. かくぶつちち

격발[激發] 격렬하게 일어남. 또는 일으킴. げきはつ outburst

격발[擊發] 탄환을 쏘기 위해 방아쇠를 당겨 화약을 터뜨림. 「~장치(裝置)」げきはつ percussion

격벽[隔壁] 칸막이가 되는 벽. かくへき partition

격변[激變] 갑자기 심하게 변함. げきへん sudden change

격분[激忿·激憤] 몹시 분노함. 격렬하게 성냄. げきふん(激憤) wild rage

격분[激奮] 몹시 흥분함. excitement

격살[擊殺] 쳐서 죽임. げきさつ killing

격상[格上] 자격·지위 등의 격(格)을 높임. ↔격하(格下). かくあげ elevation in rank

격상[激賞] 몹시 칭찬함. =격찬(激讚)·절찬(絶讚). げきしょう high praise

격상[擊賞] 격절 탄상(擊節歎賞)의 준말.

격색[隔塞] 멀리 떨어져 왕래가 막힘.

격서[檄書] ⇨격문(檄文).

격세[隔世] ①시대가 서로 다름. ②심한 변천으로 다른 시대처럼 느껴지는 일. 「~지감

(之感)」かくせい being for apart

격세 유전[隔世遺傳] 조상에 있었던 성질·체질 등의 열성 형질(劣性形質)이 세대를 걸러 유전함. かくせいいでん atavism

격세지감[隔世之感] 딴 시대(時代)와도 같은 몹시 달라진 느낌. かくせいのかん impression of being poles apart

격소[檄召] 격문을 돌려 동지를 모음. =격치(檄致).

격쇄[擊碎] ⇨격파(擊破). げきさい

격식[格式] 격에 맞는 법식. かくしき form

격실[隔室] 따로 떨어져 있는 방. compartment

격심[隔心] ⇨격의(隔意). かくしん

격심[激甚] 몹시 심함. =극심(劇甚·極甚). げきじん vehemence

격안[隔岸] 언덕을 사이에 두고 떨어짐. 또는 그 언덕 being separated by a bank

격앙[激昂] 감정이 몹시 격해짐. げっこう excitement

격야[隔夜] 하룻밤을 거름. 「~ 근무(勤務)」 a night's interval

격양[激揚] 기운이나 감정이 세차게 일어남. exaltation

격양[擊攘] 적을 쳐 물리침. げきじょう repulsion

격양[擊壤] ① 중국의 옛 유희(遊戲)의 하나. ② 땅을 두드리며 태평 세월을 노래하는 일. 「~가(歌)」げきじょう ② singing the praises of peace

격어[激語] 과격한 말. =격언(激言). げきご harsh remarks

격언[格言] 사리에 맞는 교훈이 될 만한 짤막한 말. =격담(格談). かくげん proverb

격외[格外] 보통의 격식이나 관계를 벗어난 밖. かくがい extraordinariness

격원[隔遠] 사이가 동떨어져 있음. =절원(絶遠). estrangement

격월[隔月] 한 달씩 거름. かくげつ every other month

격월[隔越] 멀리 떨어짐.

격음[激音] 거세게 나는 소리. ㅊ·ㅋ·ㅌ·ㅍ·ㅎ 따위. 거센소리. =유기음(有氣音). aspirate

격의[隔意] 서로 터놓지 아니한 속마음. =격심(隔心). かくい reserve

격일[隔日] 하루씩 거름. かくじつ every other day

격자[格子] ① 대갓끈의 대나무 도막 사이사이에 꿴 구슬. ② 대오리·나무오리 등으로 정(井間)을 맞추어 짠 물건. 「~창(窓)」こうし ② lattice

격자[擊刺] 몽둥이로 치고 칼로 찌름. げきし battering and slashing

격장[隔墻] 담을 사이에 둠. 「~지린(之隣)」 partitioning by a fence

격전[激戰] 격렬한 싸움. げきせん fierce battle

격절[隔絶] 사이가 떨어져 연락이 끊어짐. かくぜつ isolation

격절[激切] 말씨가 격렬하고 절실함. げきせつ

격절탄상[擊節歎賞] 무릎을 치며 탄복하고 칭찬함. =격상(擊賞). high praise

격정[激情] 세게 복받치는 감정. げきじょう　passion

격조[格調] 문장의 체제나 품위. 「～ 높은 문장」 かくちょう　tone

격조[隔阻] ① 서로 소식이 오래 끊어짐. 「～수삭(數朔)」 ② 서로 멀리 떨어져 있음. ① having no news

격조사[格助詞] 한 문장에서 선행하는 체언으로 하여금 일정한 자격을 가지도록 해 주는 조사. 자리토씨. かくじょし　case particle

격조파[格調派] 한시(漢詩)에서, 풍격(風格)과 성조(聲調)가 조화된 웅대한 표현을 중히 여기는 유파. かくちょうは

격증[激增] 급격히 늘어남. ＝급증(急增). げきぞう　sudden increase

격지[隔地] 멀리 떨어져 있는 지방. ＝원지(遠地). かくち　distant place

격지[隔紙] 물건 사이에 끼워 넣은 종이. inserted paper

격진[激震] 진도(震度) 7의 격렬한 지진. げきしん　severe earthquake

격차[格差] 가격·품질·자격 따위의 차. 「소득 ～를 줄이다」 かくさ　gap

격찬[激讚] 몹시 칭찬함. げきさん　high praise

격추[擊追] 뒤를 쫓아 침. ＝추격(追擊). pursuit

격추[擊墜] 비행기 따위를 쏘아 떨어뜨림. げきつい　shooting down

격치[檄致] ⇨격소(檄召).

격침[擊沈] 적의 함선을 쳐서 가라앉힘. げきちん　sinking

격탕[激盪] 몹시 뒤흔들림. 세게 뒤흔듦. げきとう

격통[激痛] 심한 통증(痛症). げきつう　severe pain

격퇴[擊退] 쳐서 물리침. げきたい　repulsion

격투[格鬪] 서로 맞붙어 싸움. ＝박전(搏戰). かくとう　fight

격투[激鬪] 몹시 심하게 싸움. げきとう　furious fisticuffs

격파[激波] 세찬 파도. ＝격랑(激浪). raging waves

격파[擊破] 쳐서 부숨. ＝격쇄(擊碎). げきは　defeating

격하[格下] 격을 낮춤. かくさげ　degradation

격화[激化] 격렬하게 됨. げきか　intensification

격화소양[隔靴搔癢] 신을 신은 채 신의 거죽에서 발의 가려운 데를 긁음. 곧, 뜻대로 되지 않는 답답한 마음의 비유. かっかそうよう　unsatisfactory

견[犬]* 개 견 : 개. 「犬馬(견마)·犬牙(견아)·犬羊(견양)·犬齒(견치)」ケン・いぬ

견:[見]* ① 볼 견 : 보다. 「見識(견식)·見利忘義(견리망의)」 ② 당할 견 : 당하다. 겪다. 「見疑(견의)」 ③ 뵐 현 : 웃어른을 뵈다. 「謁見(알현)」 ④ 드러낼 현 : 드러내어 보이다. 「見齒(현치)」 ⑤ 현재 현 : 지금. 지금 있다. 「見糧(현량)」ケン ① みる ③ まみえる

견[肩]* ① 어깨 견 : 어깨. 「肩膊(견박)·肩章(견장)」 ② 멜 견 : 메다. 「肩輿(견여)」ケン ① かた

견[狷] 편협할 견 : 편협하다. 狷急

「狷急(견급)・狷狂(견광)」ケン・せっかち

견[牽] ① 당길 견: 당기다. 끌다. 「牽引(견인)・牽強(견강)」 牽引 ② 별 이름 견: 별의 하나. 「牽牛織女(견우직녀)・牽牛星(견우성)」ケン ① ひく

견[堅]* 굳을 견: 굳다. 단단하다. 「堅固(견고)・堅強(견강)・堅實(견실)」ケン・かたい 堅固

견[絹]* 비단 견: 비단. 「絹織(견직)・絹帛(견백)・絹絲(견사)」ケン・きぬ 絹織

견[甄] ① 질그릇 구울 견: 질그릇을 굽다. 「甄陶(견도)・甄工(견공)」 ② 질그릇 구울 진: 질그릇을 굽다. ケン・すえ・すえもの 甄陶

견[遣]* 보낼 견: 부내다. 피견하다. 「派遣(파견)・分遣(분견)・遣奠祭(견전제)」ケン・やる・つかわす 派遣 分遣

견[鵑] 두견새 견: 두견새. 「鵑血滿胸(견혈만흉)・杜鵑(두견)」ケン・ほととぎす 杜鵑

견[繭] 고치 견: 누에고치. 「繭絲(견사)・繭紬(견주)」ケン・まゆ 繭絲

견[譴] 꾸짖을 견: 꾸짖다. 「譴告(견고)・譴責(견책)・譴罷(견파)」ケン・せめる・とがめる 譴告

견[蠲] 덜 견: 덜다. 감하다. 「蠲免(견면)・蠲除(견제)」ケン・やすで 蠲免

견가[譴呵] 꾸짖음. scold 譴呵
견:각[見却] 거절을 당함. =견퇴(見退). being rejected 見却
견감[蠲減] 세금의 일부를 감함. 蠲減
견갑[肩胛] 어깨뼈가 있는 부분. 「~골(骨)」 shoulder 肩胛
견갑[堅甲] 튼튼한 갑옷. 「~이병(利兵)」けんこう strong armor 堅甲
견갑골[肩胛骨] 어깨뼈. 준견골(肩骨). けんこうこつ shoulder blade 肩胛骨
견강[堅強] 단단하고 억셈. けんきょう solidity 堅強
견강[牽強] 도리에 안 맞는 것을 억지로 끌어 맞춤. けんきょう 牽強
견강부회[牽強附會] 자기에게 편리하도록 억지 이론을 끌어다 댐. けんきょうふかい distorted interpretation 牽強附會
견개[狷介] ① 고집이 세어 남과 잘 타협하지 않음. ② 절개가 굳음. けんかい uncompromisingness 狷介
견:경[見輕] 남에게 깔보임. contempt 見輕
견경[堅硬] 굳고 단단함. けんこう hardness 堅硬
견고[堅固] 굳고 단단함. けんご firmness 堅固
견고[譴告] 꾸짖어 훈계함. admonition 譴告
견·곤[見困] 곤핍을 당함. having trouble 見困
견골[肩骨] 견갑골(肩胛骨)의 준말. 肩骨
견공[犬公] 개를 의인화해서 일컫는 말. 犬公
견과[堅果] 호두 따위와 같은 단단한 껍데기에 싸인 과실. =각과(殼果). けんか nut 堅果
견광[狷狂] 성질이 괴팍하여 행동이 상규에 어긋남. =광견(狂狷). perverseness 狷狂
견:굴[見屈] 남에게 굽힘을 당함. giving in 見屈
견권[繾綣] 마음에 깊이 서리어 잊혀지지 않음. 「~지정(之情)」 繾綣
견급[狷急] 마음이 좁고 성질 狷急

견:기[見棄] 남에게 버림받음. 見棄
　　being deserted
견:기[見機] ①낌새를 알아챔. ②기회를 엿봄. 「~지재(之才)」 見機
견노[譴怒] 성을 내며 꾸짖음. 譴怒
けんど　　reprimand
견대[肩帶] ①돈 따위를 넣어서 어깨나 허리에 두르던 양쪽이 터진 자루. =전대(纏帶). ②상지(上肢)를 이루고 있는 여러 개의 뼈. =상지대(上肢帶). けんたい 肩帶·纏帶
　　① moneybag
견련[牽連·牽聯] ①서로 얽히어 관련됨. ②걸어서 잡아당김. けんれん ① connection 牽連
견련범[牽連犯] 한 가지 행위가 형법상 여러 죄에 걸리는 범죄. けんれんはん 牽連犯
　　related crime
견뢰[堅牢] 단단하고 튼튼함. けんろう　　solidity 堅牢
견:리[見利] 이끗을 목전(目前)에 봄. 「~사의(思義)」 見利
견:리망의[見利忘義] 이끗만 보고 의리를 잊음. 忘義
견:리사의[見利思義] 이끗이 보일 때 의리를 생각함. 思義
견마[犬馬] ①개와 말. ②윗사람 앞에서 자기 자신을 낮추어 겸손히 이르는 말. けんば 犬馬
견마곡격[肩摩轂擊] 사람의 어깨와 어깨가 스치고 수레의 굴통과 굴통이 서로 부딪친다는 뜻으로, 거리가 북적거림을 이르는 말. =곡격견마(轂擊肩摩). けんまこくげき 肩摩轂擊
　　busy traffic
견마지년[犬馬之年] ⇨견마치(犬馬之齒). けんばのとし 犬馬之年

견마지로[犬馬之勞] 윗사람을 위하여 자기의 힘을 다함을 겸손히 이르는 말. けんばのろう 犬馬之勞
　　humble service
견마지심[犬馬之心] 신하가 개나 말처럼 임금을 위하여 충성을 다하려는 마음. けんばのこころ　　loyalty 犬馬之心
견마지양[犬馬之養] 부모를 그저 먹이기만 하고 공경하지 않음을 이르는 말. けんばのやしない　　disrespect 犬馬之養
견마지치[犬馬之齒] 개나 말처럼 하는 일 없이 나이만 먹었다는 뜻으로, 자기의 나이를 겸손히 이르는 말. =견마지년(犬馬之年). けんばのよわい　　my age 犬馬之齒
견면[繭綿] 고치솜. 풀솜. floss 繭綿
견:모[見侮] 남에게 모욕을 당함.　　being insulted 見侮
견묘[犬猫] 개와 고양이. けんびょう 犬猫
견묘[畎畝] 밭의 고랑과 이랑. けんぽ　　furrow 畎畝
견:문[見聞] 보고 들음. 또는 거기서 얻은 지식이나 경험. けんぶん　　experience 見聞
견:무발검[見蚊拔劍] 모기를 보고 칼을 뺌. 곧, 하찮은 일에 요란스레 허둥댐을 이르는 말. =노승발검(怒蠅拔劍). drawing the sword at a mosquito 見蚊拔劍
견:물생심[見物生心] 물건을 보면 누구나 욕심이 생김.
　　Seeing is wanting 見物生心
견발[甄拔] 재능의 유무를 가려 등용(登用)함. 甄拔
견벽불출[堅壁不出] 단단한 벽으로 둘러싸인 곳에서 나오지 않음. 곧, 안전한 곳에서 제 몸을 지킴. 堅壁不出

견별[甄別] 사람의 우열(優劣)을 확실히 분간하여 인재를 고름. けんべつ 甄別

견:병[繭瓶] 와견(臥繭)의 무늬를 나타낸 병. 繭瓶

견:본[見本] 본보기가 되는 물건. =간색(看色). みほん sample 見本

견본[絹本] 서화(書畫)를 그리는 데 쓰이는 깁. 또는 깁에 그린 서화. けんぽん silk canvas 絹本

견:본시[見本市] 견본시장(見本市場)의 준말. みほんいち 見本市

견:본 시:장[見本市場] 상품의 견본을 진열하여 선전·소개 및 대량 거래를 도모하는 시장. ⓒ견본시(見本市). sample fair 見本市場

견부[肩部] 어깨 부분. けんぶ shoulder 肩部

견부[牽夫] 말구종. 말의 고삐를 잡아 끌거나 뒤에서 따르는 하인. 牽夫

견비[肩臂] 어깨와 팔. 「~통(痛)」 shoulders and arms 肩臂

견빙[堅氷] 단단하게 언 얼음. けんぴょう 堅氷

견사[絹紗] 견(絹)과 사(紗). 얇은 비단. silk and gauze 絹紗

견사[絹絲] 비단을 짜는 명주실의 총칭. けんし silk thread 絹絲

견사[繭絲] 고치에서 뽑은 실. 고치실. けんし raw silk thread 繭絲

견:사생풍[見事生風] 일을 당하면 재빨리 처리하여 손바람이 날 정도임. 見事生風

견설고골[犬齧枯骨] 개가 마른 뼈를 핥음. 곧, 아무 맛이 없음. insipidity 犬齧枯骨

견속[牽束] 행동의 자유를 속박함. けんそく restraint 牽束

견수[堅守] 굳게 지킴. けんしゅ 堅守

견:습[見習] 남이 하는 것을 보고 익힘. =수습(修習). 「~기자(記者)」 みならい. probation 見習

견:식[見識] ①견문과 학식. 「~이 높다」 ②⇨식견(識見). けんしき ① information 見識

견실[堅實] 사람됨이 미덥고 착실함. けんじつ steadiness 堅實

견아[犬牙] 개의 이빨처럼 서로 잘 맞지 않고 어긋남을 이르는 말. けんが 犬牙

견양[犬羊] ①개와 양. ②개와 양과 같은 하찮은 존재를 이르는 말. けんよう 犬羊

견:양[見様] 겨냥. aim 見様

견여금석[堅如金石] 맹세나 언약이 단단하기가 쇠나 돌과 같음. 堅如金石

견:오[見忤] 미움을 받음. being hated 見忤

견외[遣外] 외국에 파견함. 「~사실(使節)」 けんがい dispatching abroad 遣外

견:욕[見辱] 욕을 당함. 見辱

견우[牽牛] ①견우성(牽牛星)의 준말. ②나팔꽃의 다른 이름. 「~화(花)」 けんぎゅう 牽牛

견우성[牽牛星] 독수리자리의 으뜸별. 직녀성(織女星)과 마주 보고 있는 별. ⓒ견우(牽牛). けんぎゅうせい Altair 牽牛星

견원[犬猿] ①개와 원숭이. ②서로 원수같이 지내는 두 사람의 비유. けんえん ① a dog and a monkey ② mutual enmity 犬猿

견원지간[犬猿之間] 개와 원숭이처럼 원수같이 지내는 사이. 犬猿之間

견:위치명[見危致命] 나라가 위급할 때 몸을 바침. 見危致命

견인[牽引] 끌어당김. 「~차(車)」 けんいん traction 牽引

견인[堅忍] 굳게 참고 견딤. 「~불발(不拔)」 けんにん perseverance 堅忍

견인[堅靭] 단단하고 질김. けんじん toughness 堅靭

견인력[牽引力] 끌어 당기는 힘. けんいんりょく traction 牽引力

견잠[繭蠶] 고치를 지은 누에. 繭蠶

견장[肩章] 제복의 어깨에 붙여 관직의 종류나 계급을 나타내는 표. けんしょう shoulder strap 肩章

견장[肩牆] 야전(野戰)에서, 포수(砲手)와 포차(砲車)를 가리기 위하여 쌓은 흙담. けんしょう 肩牆

견:적[見積] 어림잡은 계산. =추산(推算). 「~서(書)」 みつもり estimate 見積

견전제[遣奠祭] 발인(發靷) 때 문 앞에서 지내는 제사. 遣奠祭

견제[牽制] ① 상대방이 자유 행동을 하지 못하게 제약함. ② 자기편이 원하는 방향이나 장소에 적을 묶어 두어 작전을 유리하게 함. けんせい ① check ② containment 牽制行動

견:중[見重] 남이 소중하게 여겨 줌. 見重

견:증[見憎] ⇨견오(見忤). 見憎

견:지[見地] 사물을 관찰하거나 판단하거나 할 때의 관점(觀點). けんち viewpoint 見地

견지[堅持] 주장·주의 등을 굳게 지님. =견집(堅執). けんじ adherence 堅持

견직[絹織] 견 직물(絹織物)의 준말. きぬおり 絹織

견직물[絹織物] 명주실로 짠 피륙. 준견직(絹織). きぬおりもの silk fabrics 絹織物

견진[堅陣] 방비를 단단히 한 진. けんじん strong position 堅陣

견진 성:사[堅振聖事] 가톨릭에서, 칠성사(七聖事)의 하나. 영세받은 신자에게 주교가 성령의 은총을 주기 위하여 그 신자의 이마에 성유(聖油)를 바르는 성사. sacrament of confirmation 堅振聖事

견:집[見執] 붙잡힘. being grasped 見執

견집[堅執] ① ⇨견지(堅持). ② 단단히 잡음. adherence 堅執

견:책[見責] 책망을 당함. receiving a rebuke 見責

견책[譴責] ① 잘못을 꾸짖음. ② 공무원에게 주의를 주는 가벼운 벌. けんせき reprimand 譴責

견:척[見斥] 배척을 당함. being rejected 見斥

견철[牽掣] ⇨견제(牽制). 牽掣

견:축[見逐] 축출(逐出)당함. being expelled 見逐

견:출[見黜] 내쫓김. being expelled 見黜

견치[犬齒] 송곳니. けんし dogtooth 犬齒

견:탈[見奪] 빼앗김. =피탈(被奪). being robbed of 見奪

견:태[見汰] 관직에서 쫓겨남. being dismissed 見汰

견:패[見敗] ① 패배(敗北)당함. ② 실패를 봄. ① being defeated ② fail 見敗

견폐[犬吠] 개가 짖음. 또는 그 소리. けんばい barking 犬吠

견폐[蠲弊] 폐해를 덜어 버림. 蠲弊

견포[絹布] 명주실로 짠 피륙. けんぷ silk 絹布

견표[甄表] 뚜렷이 밝혀 나타냄. announcement 甄表

견:학[見學] 실지로 보고 학식을 넓힘. けんがく 見學
study by observation

견:해[見害] 손해를 당함. 해를 봄. 見害

견:해[見解] 사물에 대한 자기의 의견이나 해석. けんかい 見解
view

견확[堅確] 굳고 확실함. けんかく 堅確
solidity

결[抉] ①도려낼 결: 도려내다. 「抉剔(결척)」 ②끊을 결: 끊다. 「抉出(결출)·抉別(결별)」 ケツ ①えぐる 抉別

결[決]* 결단할 결: 결단하다. 「決定(결정)·決行(결행)·決算(결산)」 ケツ・きめる 決算

결[缺]☆ 빠질 결: 빠지다. 「缺席(결석)·缺勤(결근)·缺員(결원)」 ケツ・かく・かける 缺席

결[訣] 이별할 결: 이별하다. 헤어지다. 「訣別(결별)·訣飮(결음)」 ケツ・わかれる 訣別

결[結]* 맺을 결: 맺다. 「結付(결부)·結束(결속)·歸結(귀결)·終結(종결)」 ケツ・むすぶ・ゆう 結束

결[潔]* 맑을 결: 맑다. 깨끗하다. 「淸潔(청결)·潔白(결백)·不潔(불결)·潔癖(결벽)」 ケツ・いさぎよい 潔白

결가[決價] 값을 정함. =절가(折價). fixing the price 決價

결가부좌[結跏趺坐] 두 발바닥을 위로 하여 두 넓적다리 위로 가도록 책상다리를 하고 앉음. けっかふざ 結跏趺坐
sitting with one's legs completely crossed

결각[缺刻] 무잎처럼 가장자리가 패어 들어간 잎의 모양. けっこく 缺刻
incision

결강[缺講] 강의를 쉬거나 빠짐. canceling a lecture 缺講

결거취[決去就] 일신상의 진퇴(進退)를 결정함. 決去就

결격[缺格] 필요한 어떤 자격이 갖추어지지 않음. 「~사유(事由)」 けっかく 缺格
disqualification

결과[缺課] ①과업을 쉼. ②학생이 수업 시간에 빠짐. けっか 缺課

결과[結果] ①열매를 맺음. 「~기(期)」 ②어떤 원인으로 이루어진 결말의 상태. ↔원인(原因). けっか 結果
result

결과[結裏] ①싸서 동여 맴. ②⇨결관(結棺). ①binding 結裏

결과론[結果論] 원인이나 경과(經過)는 무시하고, 오직 결과만을 보고서 하는 논의(論議). けっかろん 結果論
second-guessing

결과설[結果說] 어떤 행위(行爲)를 도덕적으로 평가함에 있어서 동기보다 결과를 중시하는 도덕론. けっかせつ 結果說

결관[結棺] 산(柩)을 밧줄로 묶음. =결과(結裏). 結棺

결교[結交] 서로 교분을 맺음. 結交
forming a relationship

결구[結句] 시문(詩文) 따위의 끝을 맺는 구절. けっく 結句
conclusion

결구[結球] 배추 따위 채소의 잎이 여러 겹으로 겹쳐서 둥글게 속이 차는 상태. けっきゅう 結球
head

결구[結構] ①얽거나 짜서 만듦. 또는 그 모양새. ②서화(書畫)의 구성(構成). けっこう 結構
①structure

결국[結局] ①일의 끝장. 결말이 나는 판국. ②결말에 가서는. 끝장에는. けっきょく 結局

② in the end

결권[結卷] ① 경전(經典)의 마지막 권. ② 책의 마지막 권. けっかん　last volume

결궤[決潰] 물에 밀려 둑이 무너짐. けっかい

결극[決隙·缺隙] 벽 따위의 갈라진 틈.　crevice

결근[缺勤] 출근하지 않고 빠짐. ↔출근(出勤). けっきん　absence

결뉴[結紐] 끈을 맴. 얽어 맴.　tying

결단[決斷] ① 딱 잘라 결정함. 단정을 내림. 「～력(力)」 ② 옳고 그름을 재결(裁決)함. けつだん　decision

결단[結團] 단체를 결성함. けつだん　forming an organization

결당[結黨] 도당이나 정당을 결성함. 「～식(式)」 けっとう　formation of a party

결람[結攬] 동지(同志)를 모음.

결략[缺略] 빼고 생략(省略)함. =궐략(闕略). けつりゃく　omission

결련[結連] 서로 맺어져 하나로 이어짐. =연결(連結).　connection

결렬[決裂] ① 갈갈이 찢어짐. ② 의견이 맞지 않아 각각 헤어짐. けつれつ　rupture

결렴[潔廉] 결백하고 청렴함.　integrity

결례[缺禮] 예의에 벗어남. 또는 그런 행동. =실례(失禮). けつれい　lack of courtesy

결론[結論] 끝을 맺는 글이나 말. 「～부터 밀하다」 けつろん　conclusion

결루[缺漏] 있어야 할 것이 빠지고 없음. けつろう omission

결막[結膜] 눈꺼풀의 뒤쪽과 눈알의 겉을 싸고 있는 투명한 막. けつまく　conjunctiva

결말[結末] 일의 끝장. 「～이 나다」 けつまつ　end

결망[缺望] 바라는 대로 이루어지지 않음. けつぼう failure

결맹[結盟] 맹약(盟約)·동맹(同盟)·연맹(聯盟) 등을 맺음. =체맹(締盟). けつめい

결명자[決明子] 결명차의 씨. 간열(肝熱)·안질을 고치고 코피를 그치게 하는 데 씀.

결명차[決明茶] 콩과의 일년초. 여름에 노란 꽃이 피고, 꽃이 진 뒤에 길쭉한 꼬투리가 여는데 그 속에 든 씨가 결명자임.

결묵[結墨] 목재를 다듬을 때 먹으로 치수를 매김.

결미[結尾] 끝장. =결말(結末). けつび　conclusion

결박[結縛] 몸이나 손 따위를 꼭 묶음. =박결(縛結).　binding

결발[結髮] 머리를 틀어올림. けっぱつ　doing one's hair in a chignon

결발부부[結髮夫婦] 처녀·총각이 결혼하여 맺은 부부.

결백[潔白] 행실 따위가 깨끗하여 부정(不正)한 일이 없음. けっぱく　integrity

결번[缺番] 번호가 빠져 있음. 또는 그 빠진 번호. けつばん　missing number

결벽[潔癖] ① 깨끗한 것을 지나치게 좋아하는 성질. ② 부정(不正)을 싫어하는 성질. けっぺき　① finicality ② scrupulousness

결별[訣別] ① 기약 없는 작별.

② 관계를 끊음. ＝메별(袂別). 「당(黨)과 ~하다」 けつべつ　　　　　separation

결본[缺本] 한 질(帙)이 다 갖추어져 있지 않고 빠진 책이 있는 것. 또는 그 빠진 책. けっぽん　　　lacking volume　缺本

결부[結付] 서로 관련을 지음. 結付　　　　　　　　linking

결빙[結氷] 물이 얼어붙음. けっぴょう　　　　freezing　結氷

결사[決死] 무슨 일을 할 때, 죽음을 각오함. 「~대(隊)」 けっし　　do-or-die spirit　決死

결사[結社] 공동의 목적을 이루기 위하여 단체를 조직함. 「~의 자유」 けっしゃ association 結社

결사[訣辭] 작별의 말. 결별(訣別)의 말. けつじ farewell 訣辭

결산[決算] ① 일정한 기간의 수지(收支)의 최종적인 계산. ② 마지막으로 마감하는 계산. けっさん　　　settlement 決算

결석[缺席] 출석하지 않음. ↔출석(出席). 「~ 재판(裁判)」 けっせき　　　　absence 缺席

결석[結石] 내장(內臟)에 생기는 돌 모양의 고형물(固形物). 「신장(腎臟) ~」 けっせき　　　　　calculus 結石

결선[決選] 마지막 투표로 당선자를 결정함. けっせん 決選　　　　　final election

결선 투표[決選投票] 선거의 투표에서 표수 미달로 당선자가 확정되지 않을 때, 당선자를 결정하기 위한 마지막 투표. けっせんとうひょう 決選投票　　　　decisive vote

결성[結成] 조직 따위를 형성함. けっせい　　　formation 結成

결속[結束] ① 하나로 묶음. ② 뜻이 같은 사람들끼리 서로 結束 단결함. けっそく
　　① binding ② union

결손[缺損] ① 축이 나거나 손해가 남. ② 수입보다 지출이 많아서 생기는 손실. けっそん　　　　　　　　loss 缺損

결순[缺脣] 언청이. ＝토순(兔脣). けっしん・いぐち harelip 缺脣

결승[決勝] 마지막 승부를 결정함. 「~전(戰)」 けっしょう 決勝
　　decision of a contest

결식[缺食] 끼니를 거름. 「~아동(兒童)」 けっしょく 缺食
　　going without a meal

결신[潔身] 몸을 깨끗하게 가짐. 潔身

결실[結實] ① 열매를 맺음. ② 일이 원만하게 이루어짐. けつじつ　　　fruitage 結實圓滿

결심[決心] 마음을 단단히 먹음. 각오함. ＝결의(決意). けっしん　determination 決心

결심[結審] 소송에서 심리(審理)를 끝냄. けっしん 結審
　　conclusion of hearing

결약[結約] 약속을 맺음. 또는 그 약속. けつやく 結約
　　making a promise

결어[結語] 끝맺는 말. 맺음 말. けつご　　conclusion 結語

결여[缺如] 모자람. 빠져 있음. 「애국심의 ~」 けつじょ 缺如
　　　　　　deficiency

결연[決然] 결단을 내리는 모양. 「~한 태도」 けつぜん 決然
　　　　　　firmness

결연[結緣] 인연을 맺음. 「자매(姉妹) ~」 けちえん・けつえん　forming a relationship 結緣

결원[缺員] 정원(定員)에 모자람. 빈자리. ＝궐원(闕員). けついん　　　　vacancy 缺員

결원[結怨] 원수가 됨. 結怨

결의[決意] 마음을 굳게 가짐. 단단히 작정함. =결심(決心). けつい determination

결의[決議] 회의에서 의안의 가부를 결정함. 「~ 사항(事項)」けつぎ decision

결의[結義] 남남끼리 의리로써 형제·자매와 같은 관계를 맺음. swearing to be brothers

결자[缺字] 인쇄물에서 빠진 글자. けつじ blank type

결자해지[結者解之] 맺은 사람이 풀어야 한다는 뜻으로, 일을 저지른 사람이 그 일을 해결해야 한다는 말.

결장[缺場] 운동 선수 따위가, 나가야 할 시합에 나가지 않음. けつじょう

결장[結腸] 맹장(盲腸)과 직장(直腸)을 뺀 나머지 부분의 대장. けっちょう colon

결재[決裁] 아랫사람이 올린 서류의 내용을 상관(上官)이 승인함. けっさい sanction

결적[抉摘] 숨겨진 것을 찾아 냄. exposing

결전[決戰] 마지막 승부를 결정하는 싸움. けっせん

결절[結節] ① 맺혀서 이루어진 마디. ② 강낭콩이나 도토리만하게 크기가 국한(局限)된 병소(病巢)의 총칭. けっせつ ① knot ② tubercle

결점[缺點] 모자라거나 잘못되어 흠이 되는 점. =결함(缺陷). ↔장점(長點). けってん defect

결정[決定] 결단하여 정함. 결말을 냄. 「~적(的)」けってい decision

결정[結晶] ① 원자가 규칙적이고 주기적으로 배열(配列)하여 만들어져 있는 고체. ② 고생·노력·애정 등으로 이루어진 좋은 결과. 「땀의 ~」けっしょう ① crystal ② fruit

결정타[決定打] 야구 등에서 승부를 판가름하는 결정적인 타격. winning hit

결정판[決定版] 보충이나 정정의 필요가 없는 완벽한 출판물. けっていばん definitive edition

결제[決濟] 증권 또는 대금을 주고받아 금전상의 거래 관계를 청산하는 일. けっさい liquidation

결제[缺除] 제거(除去)함. けつじょ elimination

결집[結集] 많은 것을 하나로 모음. 한데 모이어 뭉침. けっしゅう concentration

결착[決着] 완전히 결말이 남. =낙착(落着). けっちゃく end

결찰[結紮] 혈관(血管)을 잡아 매어 혈행(血行)을 중지시키는 일. けっさつ ligation

결책[決策] 책략(策略)을 결정함. settlement of strategy

결체[結滯] 심장병 등으로 맥박이 불규칙해지거나 한 맥박을 거르거나 하는 일. けったい pause in the pulse

결체[結體] 형체(形體)를 결합함. 또는 그 결합한 형체. けったい

결체 조직[結締組織] ⇨ 결합조직(結合組織).

결초보은[結草報恩] 은혜를 입은 사람의 죽은 혼령이 풀포기를 묶어 놓아, 적이 걸려 넘어지게 함으로써 은인을 구해 주었다는 고사에서, 죽어 혼령이 되어서라도 은혜를 잊지 않고 갚는다는 뜻.

결친[結親] 친분을 맺음. 結親
결탁[結託] ① 서로 마음을 합쳐 의탁함. ② 서로 짜고 한통이 됨. けったく　collusion 結託
결투[決鬪] 두 사람의 다툼이나 원한 따위에 결판을 내기 위하여, 목숨을 걸고 미리 약속한 방법에 따라 싸우는 일. 「~장(狀)」けっとう　duel 決鬪
결판[決判] 옳고 그름을 판정해서 가림. ＝판결(判決). judgment 決判
결핍[缺乏] ① 축이 나서 모자람. ② 있어야 할 것이 없거나 모자람. ③ 다 써서 없어짐. けつぼう　shortage 缺乏
결하지세[決河之勢] 둑이 무너져 물이 쏟아지듯, 막을 수 없이 내친 기세. けっかのいきおい 決河之勢
결함[缺陷] 부족하고 불완전한 점. 흠. ＝결점(缺點). けっかん　defect 缺陷
결합[結合] 합쳐서 하나로 뭉침. ↔분리(分離)・이산(離散). けつごう　union 結合
결합 조직[結合組織] 동물체의 기관과 조직 사이에서 이를 결합・지지하는 조직. connective tissue 組織
결항[缺航] 악천후나 사고 따위로, 정기적으로 취항하는 선박이나 항공기가 운행을 쉼. けっこう　cancelation of a sailing 缺航
결핵[結核] 결핵균으로 말미암아 발생하는 병의 총칭. 폐결핵을 가리키는 경우가 많음. けっかく　tuberculosis 結核
결핵균[結核菌] 결핵병을 일으키는 병원균. 간균(桿菌)으로, 빛이나 열에는 약하나 저항력과 번식력이 셈. けっ 結核菌 くきん　tubercle bacillus
결핵병[結核病] 결핵균의 감염으로 일어나는 만성 전염병. 폐결핵・장결핵 따위. tuberculosis 結核病
결핵질[結核質] 결핵병에 걸리기 쉬운 체질. けっかくしつ　tubercular constitution 結核質
결행[決行] 결단을 내려 실행함. けっこう　decisive action 決行
결혼[結婚] 남녀가 부부 관계를 맺음. ＝혼인(婚姻). 「~식(式)」けっこん　marriage 結婚
결활[契闊・契活] 오래 도록 만나지 못함. ＝소원(疏遠). けいかつ　alienation 契闊
결후[結喉] 남자 목의 연골(軟骨)이 조금 솟아나온 부분. 울대뼈. ＝후골(喉骨). けっこう　Adam's apple 結喉 軟骨
겸[兼]☆ 겸할 겸 : 겸하다. 아우르다. 「兼務(겸무)・兼管(겸관)・兼任(겸임)」ケン・かねる 兼務
겸[慊] ① 앙심먹을 겸 : 앙심 먹다. 미워하다. 「慊怨(겸원)・慊如(겸여)」② 족할 협 : 족하다. ケン・あきたる 慊怨
겸[箝] 재갈 겸 : 재갈. 「箝口(겸구)・箝語(겸어)」カン・くびかせ・はさむ 箝語
겸[謙]☆ 사양할 겸 : 사양하다. 「謙讓(겸양)・謙遜(겸손)・謙德(겸덕)」ケン・へりくだる 謙讓
겸[鎌] 낫 겸 : 낫. 「鎌利(겸리)」ケン・かま 鎌利
겸공[謙恭] 겸손하여 자기를 낮추고 남을 공경함. けんきょう　modesty 謙恭
겸관[兼官] 다른 관직을 겸함. 또는 그 관직. けんかん 兼官
겸관[兼管] 다른 기관의 일을 겸해서 주관함. 兼管

겸구[箝口] 입을 다물고 말을 하지 않음. =함구(緘口). holding one's tongue

겸구고장[箝口枯腸] 입에 재갈을 물리고 창자를 말린다는 뜻으로, 궁지에 빠져 말을 못 함. かんこうこちょう

겸근[謙謹] 겸손하고 삼감.

겸금[兼金] 옛날 중국에서, 보통의 금보다 값이 갑절이나 되는 질이 좋은 황금(黃金). けんきん

겸달[兼達] 어느 것에나 숙달함. mastery

겸대[兼帶] 두 가지 이상의 직무를 겸하여 봄. =겸임(兼任). けんたい concurrent position

겸덕[謙德] 겸손한 덕. けんとく virtue of modesty

겸렴[謙廉] 겸손하고 청렴함. modesty and uprightness

겸무[兼務] 두 가지 이상의 일을 겸해서 봄. 또는 그 업무. けんむ additional post

겸묵[謙默] 겸손하고 말이 없음. けんもく

겸병[兼倂] ① 한데 합쳐서 하나로 함. ② 합쳐서 가짐. けんぺい annexation

겸비[兼備] 함께 여러 가지를 갖춤. 「재색(才色) ~」 けんび combination

겸비[謙卑] 자기를 겸손하게 낮춤. =겸하(謙下). self-abasement

겸사[謙辭] ① 겸손한 말. ② 겸손하여 사양함. けんじ ① humble words ② humble refusal

겸상[兼床] 한 상에서 두 사람 이상이 먹도록 차린 상. 맞상. table for two

겸선[兼善] 다른 사람까지도 감화시켜 착하게 함.

겸섭[兼攝] 본직 이외의 사무를 겸하여 처리함. けんせつ

겸손[謙遜] 남을 높이고 자기를 낮춤. 「~한 태도」 けんそん modesty

겸수[兼修] 두 가지 이상을 한꺼번에 수업함. けんしゅう

겸승[兼勝] 두 적과 동시에 싸워서 이김. concurrent victory

겸신[謙愼] 겸손하고 삼감.

겸애[兼愛] 차별 없이 똑같이 사랑함. けんあい

겸양[謙讓] 겸손하게 사양함. =겸손(謙遜). けんじょう modesty

겸양사[謙讓辭] ⇨ 겸양어(謙讓語).

겸양어[謙讓語] 자기를 낮춤으로써 상대를 높이는 뜻의 말. けんじょうご

겸어[箝語] 입을 막고 말을 하지 못하게 함. gag

겸업[兼業] 본업 외에 다른 업무를 겸함. 또는 그 업무. けんぎょう side business

겸연[慊然・歉然] 미안해서 면목이 안 서는 모양. embarrassment

겸영[兼營] 두 가지 이상의 영업을 겸해서 운영함. けんえい running at the same time

겸용[兼用] 하나를 여러 경우 또는 여러 가지 목적에 겸하여 씀. 「청우(晴雨) ~」 けんよう combined use

겸용[兼容] 도량이 넓음. broad-mindedness

겸용종[兼用種] 두 가지 이상의 용도가 있는 가축의 품종. けんようしゅ

겸유[兼有] 둘 이상을 아울러

가짐. けんゆう having both
겸유[謙柔] 겸손하고 부드러움. 謙柔
겸인지용[兼人之勇] 혼자서 몇 사람을 당해 낼 만한 뛰어난 용기. 兼人之勇
겸임[兼任] 한 사람이 두 임무를 겸함. けんにん concurrent position 兼任
겸장[兼掌] 본직 이외의 다른 일을 겸해서 맡아봄. けんしょう 兼掌
겸장군[兼將軍] 장기에서, 한 수를 두어 두 군데로 동시에 걸리는 장군. 겹장군. double check 兼將軍
겸전[兼全] 여러 가지의 좋은 점을 다 갖추고 있음. 「지덕(智德)~」 being good at both 兼全
겸제[箝制] 자유를 억제함. かんせい restraint 箝制
겸직[兼職] 두 가지 직무를 겸해서 봄. けんしょく concurrent position 兼職
겸찰[兼察] 두 가지 이상이 일을 아울러 보살핌. 兼察
겸칭[謙稱] 자기를 낮추는 겸손한 표현. けんしょう humble expression 謙稱
겸탄[謙憚] 겸손한 태도로 어려워함. 謙憚
겸퇴[謙退] 겸손한 태도로 물러감. けんたい humble retirement 謙退
겸하[謙下] ⇨겸비(謙卑). 謙下
겸학[兼學] 여러 가지 학문을 함께 배움. けんがく 兼學
겸행[兼行] ① 밤낮을 가리지 않고 일을 함. 「주야(晝夜)~」 ② 여러 가지 일을 겸해서 함. けんこう 兼行 晝夜
  ② performing plural duties

겸허[謙虛] 겸손하여 삼가는 태도가 있음. 「~한 사람」けんきょ modesty 謙虛
겸황[歉荒] 흉년이 들어 민생이 황폐함. losing the support of the people 歉荒
경[更] ⇨갱(更). 更
경[京]* ① 서울 경 : 서울. 「京鄕(경향)·上京(상경)·歸京(귀경)」 ② 클 경 : 크다. 「京觀(경관)」ケイ·キョウ ① みやこ 京鄕
경[庚]* 천간 경 : 일곱째 천간. 「庚日(경일)·庚年(경년)」コウ·かのえ 庚日
경[勁] 굳셀 경 : 굳세다. 「勁健(경건)·勁敵(경적)·勁弓(경궁)」ケイ·つよい 勁健
경[哽] 목멜 경 : 목이 메다. 막히다. 「哽結(경결)·哽塞(경색)」コウ·むせぶ 哽塞
경[徑]* ① 지름길 경 : 지름길. 길. 「徑路(경로)·徑道(경도)·捷徑(첩경)」 ② 지름 경 : 지름. 「半徑(반경)·直徑(직경)」ケイ ① こみち ② さしわたし 徑路
경:[耕]* 갈 경 : 논밭을 갈다. 「耕作(경작)·耕田(경전)·深耕(심경)·秋耕(추경)」コウ·たがやす 耕田
경:[耿] ① 빛날 경 : 빛나다. 「耿光(경광)」 ② 깨끗할 경 : 깨끗하다. 「耿潔(경결)·耿介(경개)」コウ·ケイ ① あきらか 耿光
경[梗] 대개 경 : 대강. 「경개(梗槪)」コウ·キョウ·およそ 梗槪
경:[竟]* 마칠 경 : 마치다. 끝내다. 「畢竟(필경)·竟夜(경야)」キョウ·おわる 竟夜
경:[頃]* ① 잠깐 경 : 잠깐. 이 마적. 「頃刻(경각)·頃日(경 頃刻

일)」 ② 백 이랑 경 : 백 이랑. 「萬頃蒼波(만경창파)」 ケイ ① ころ・しばらく

경[脛] 정강이 경 : 정강이. 「脛股(경고)・脛骨(경골)」 ケイ・すね・はぎ

경[逕] 좁은 길 경 : 좁은 길. 「逕庭(경정)」 ケイ・こみち

경[莖] 줄기 경 : 줄기. 「莖柯(경가)・根莖(근경)」 ケイ・くき

경[卿]☆ 벼슬 경 : 벼슬 이름. 「卿相(경상)・卿宰(경재)」 ケイ・キョウ

경[景]* 경치 경 : 경치. 「景致(경치)・景觀(경관)・景光(경광)・夜景(야경)」 ケイ

경[痙] 경련 경 : 경련. 「痙攣(경련)」 ケイ・ひきつる

경[硬]☆ 단단할 경 : 단단하다. 「硬度(경도)・硬石(경석)・硬直(경직)」 コウ・かたい

경[傾]☆ 기울 경 : 기울다. 쏠리다. 「傾向(경향)・傾倒(경도)・傾國(경국)」 ケイ・かたむく

경:[敬]* 공경할 경 : 공경하다. 삼가다. 「敬意(경의)・敬白(경백)・敬愛(경애)」 ケイ・うやまう

경[經]* ① 글 경 : 글. 경문. 「經書(경서)・佛經(불경)」 ② 날 경 : 날실. 「經絲(경사)・經道(경도)・經緯(경위)」 ③ 지날 경 : 지나다. 지내다. 「經過(경과)・經歷(경력)」 ケイ・キョウ ③ へる

경[境]☆ 지경 경 : 지경. 경계. 「國境(국경)・境域(경역)・心境(심경)」 ケイ・キョウ・さかい

경[輕]* 가벼울 경 : 가볍다. 천하다. 「輕減(경감)・輕率(경솔)・輕重(경중)・輕快(경쾌)」 ケイ・かるい・かろんずる

경[儆] 경계할 경 : 경계하다. 「儆戒(경계)・儆備(경비)」 ケイ・いましめる

경:[慶]* 경사 경 : 경사. 기쁨. 「慶事(경사)・慶賀(경하)・慶祝(경축)」 ケイ・よろこぶ

경[憬] 깨달을 경 : 깨닫다. 그리워하다. 「憧憬(동경)・憬悟(경오)」 ケイ・さとる

경[暻] 밝을 경 : 밝다. ケイ・あきらか

경[璟] 옥빛 경 : 옥빛. 옥의 광채. ケイ

경[磬] 경쇠 경 : 경쇠. 「磬石(경석)・磬鐘(경종)」 ケイ・う・ちいし

경[頸] 목 경 : 목. 「頸骨(경골)・刎頸之交(문경지교)・頸血(경혈)」 ケイ・くび

경:[瓊] 구슬 경 : 구슬. 「瓊杯(경배)・瓊玉(경옥)」 ケイ・たま

경:[鏡]☆ 거울 경 : 거울. 「鏡面(경면)・鏡中美人(경중미인)・鏡臺(경대)」 キョウ・かがみ

경[鯨] 고래 경 : 고래. 「鯨魚(경어)・捕鯨(포경)」 ゲイ・くじら

경:[競]* 다툴 경 : 다투다. 겨루다. 「競走(경주)・競馬(경마)・競泳(경영)」 キョウ・ケイ・きそう

경:[警]☆ 경계할 경 : 경계하다. 「警戒(경계)・警察(경찰)・警鐘(경종)・軍警(군경)」 ケイ・キョウ・いましめる

경[驚]* 놀랄 경 : 놀라다. 「驚異(경이)・驚訝(경아)・驚歎(경탄)」 キョウ・おどろく

경각[頃刻] 아주 짧은 동안. 잠깐 동안. 「~을 다투다」 けいこく moment

경각[傾角] ① 기울어진 각도. ② 자침(磁針)의 방향이 수평면과 이루는 각도. =복각(伏角). けいかく
　　　angle of inclination

경ː각[警覺] 깨우쳐 깨닫게 함. 「~심(心)」 awakening

경간[徑間] 건물·교각·전주 등의 기둥과 기둥 사이의 거리. けいかん

경간[耕墾] 논밭을 개간하여 갊. こうこん
　　　bring under cultivation

경ː갈[罄竭] 재정(財政)이 고갈되어 다 없어짐.

경감[輕勘] 죄인을 가볍게 처분함.　　commutation

경감[輕減] 덜어서 가볍게 함. ↔가중(加重). けいげん
　　　　　　　reduction

경ː감[鏡鑑] ① 거울. ② 본보기. =귀감(龜鑑). きょうかん　　　mirror

경개[更改] 이미 있는 채무를 소멸시키고 새로운 채무를 성립시키는 계약.

경개[梗槪] 줄거리. =대요(大要). こうがい　outline

경개[景槪] ⇨경치(景致).

경거[輕擧] 경솔하게 행동함. 또는 그 행동. 「~망동(妄動)」 けいきょ
　　　　　rush action

경ː건[敬虔] 공경하는 마음으로 깊이 삼가고 조심함.「~한 마음으로 기도드리다」 けいけん　　　piousness

경건[勁健] 굳세고 건장함. 「~한 필치(筆致)」 けいけん
　　　　　sturdiness

경겁[驚怯] 놀라서 두려워함.
　　　　　awe

경ː경[耿耿] ① 마음에 잊혀지 않고 아련함. ② 불빛이 깜박깜박함. こうこう
　① dim memory ② flickering

경경[輕輕] 신중하지 못하고 경솔한 모양. 「~한 태도」 けいけい・かるがる　careless

경계[經界] ① 시비(是非)나 선악(善惡)이 분간되는 한계. =계경(界境). ② ⇨경계(境界). けいかい・きょうかい
　　　　turning point

경ː계[敬啓] 삼가 아룀. 편지에 쓰는 말.　Dear sir

경계[境界] 어떤 지역의 맞닿는 자리. 「~선(線)」 きょうかい・けいかい　boundary

경ː계[警戒] ① 범죄·화재·사고 등이 일어나지 않도록 미리 조심함. ② 타일러 주의시킴. 「~심(心)」 けいかい
　① watch ② warning

경ː계 경ː보[警戒警報] 적기(敵機)의 공습이 있을 것에 대비해 경계를 엄중히 하라는 경보. けいかいけいほう
　　　air-raid warning

경ː계망[警戒網] 그물처럼 이리저리 펴놓은 경계를 위한 조직. けいかいもう police net

경ː계색[警戒色] 다른 동물이 함부로 덤비지 못하게 경고하기 위한, 유난히 자극적인 동물의 몸빛. ↔보호색(保護色). けいかいしょく
　　　protective coloring

경고[傾庫] 창고의 물건을 다 들어 냄.　　clearance

경ː고[警告] 조심하라고 알림. 또는 그 말. けいこく warning

경골[脛骨] 종아리 안쪽에 있는 긴 뼈. 정강이뼈. けいこつ
　　　　shinbone

경골[硬骨] ① 척추동물의 골격을 이루는 단단한 뼈. ↔연골

(軟骨). ② 의지가 굳어 굽히지 않는 기질. 「~한(漢)」こうこつ
① hard bone ② inflexibility

경골[頸骨] 목뼈. けいこつ neck bone

경골[鯨骨] 고래의 뼈. whale bone

경공업[輕工業] 부피에 비하여 무게가 가벼운 제품을 만드는 공업. 섬유·의복·식품 공업 등. けいこうぎょう light industry

경과[經過] ① 시간이 지나감. 「시일이 ~하다」② 되어 가는 형편. 「~가 좋지 않다」けいか ① passing ② progress

경관[景觀] 경치. 풍경. 「자연 ~」けいかん scenery

경ː관[警官] 경찰관(警察官)의 준말. けいかん

경ː광[耿光] ① 밝은 빛. ② 빛나는 위엄. こうこう
① bright light ② dignity

경광[景光] ⇨ 경치(景致).

경교[景教] 당나라 때 중국에 들어간 예수교의 한 파. けいきょう Nestorianism

경교[經教] 경문(經文)의 가르침. きょうきょう teaching of Buddhist scripture

경ː구[敬具] 삼가 말씀드립니다의 뜻으로 편지 끝에 쓰는 말. =경백(敬白). けいぐ Yours sincerely

경구[硬球] 야구·테니스 등에 쓰는 단단한 공. ↔연구(軟球). こうきゅう hard ball

경구[經口] 약이나 세균 따위가 입을 통하여 들어가는 일. 「~ 투약(投藥)」「~ 감염(感染)」けいこう

경ː구[敬懼] 공경하고 두려워함. veneration

경ː구[警句] 인생이나 사회·문화 등에 대한 진리를 간결하면서도 날카롭게 표현한 어구(語句). けいく epigram

경구[驚句] 경인구(驚人句)의 준말.

경구개[硬口蓋] 입천장 앞쪽의 단단한 부분. ↔연구개(軟口蓋). こうこうがい hard palate

경국[傾國] ① 나라의 힘을 다 기울임. ② 나라를 위태롭게 함. 「~지색(之色)」けいこく
① exhausting national strength ② endangering of a nation

경국지색[傾國之色] 임금이 그 미색(美色)에 빠져, 나라가 기우는 것도 모를 정도로 썩 뛰어난 미인. fascinating beauty

경궁[勁弓] 힘이 센 활. =강궁(強弓). けいきゅう strong bow

경궁지조[驚弓之鳥] 화살에 놀란 새라는 뜻으로, 한번 혼이 난 일로 말미암아 늘 두려워하고 있음을 이르는 말. =상궁지조(傷弓之鳥).

경권[經卷] ① ⇨ 경서(經書). ② 불교의 경문을 적은 두루마리. けいかん·きょうかん
② roll of Buddhist's scripture

경극[京劇] 중국의 대표적인 고전 연극. きょうげき·けいげき

경ː근[敬謹] 공경하여 삼감. respect

경근[頸筋] 목 부분에 있는 여러 근육. けいきん cervical muscles

경금속[輕金屬] 알루미늄이나 마그네슘 등과 같은 비중이

가벼운 금속. ↔중금속(重金屬). けいきんぞく
　　　　　light metals

경:급[警急] 경계하여야 할 급한 일. けいきゅう 警急

경기[勁騎·輕騎] 장비(裝備)를 가볍게 차린 기병(騎兵). けいき　　light cavalry 勁騎

경기[景氣] 매매나 거래 등 경제 활동의 상황. 「~가 좋다」 けいき business conditions 景氣

경:기[競技] ① 기술의 우열을 다툼. ② 승부를 겨루는 일. 「육상(陸上) ~」きょうぎ　　match 競技

경기[驚起] 깜짝 놀라 일어남. きょうき　　startling 驚起

경기[驚氣] ⇨경풍(驚風). 驚氣

경기관총[輕機關銃] 혼자서 휴대할 수 있는 가벼운 기관총. けいきかんじゅう light machine gun 輕機關銃

경기구[輕氣球] 공기보다 가벼운 기체를 넣어 공중에 띄우는 큰 공 모양의 물건. =기구(氣球). けいききゅう balloon 輕氣球

경기 변:동[景氣變動] 자본주의 경제에서 주기적으로 호황(好況)과 불황(不況)이 반복되는 일. けいきへんどう business fluctuation 景氣變動

경:기장[競技場] 운동 경기를 하기 위하여 종합적 시설을 갖추어 놓은 곳. きょうぎじょう　　ground 競技場

경기 지수[景氣指數] 경제 활동의 변동 상황을 나타내는 지수. business barometer 景氣指數

경기체가[景幾體歌] 고려 중엽에 발생하여 조선 전기에 소멸한 시가의 한 형식. 장(章)마다 '경긔엇더ᄒᆞ니잇고' 景幾體歌 라는 후렴구가 있음. =경기하여가(景幾何如歌).

경낙[輕諾] 쉽게 승낙함. 輕諾
　　　　　ready consent

경난[經難] 어려운 일을 겪음. 「~이 많다」 經難
　　experience of difficulties

경난[輕煖] 옷 따위가 가볍고 따뜻함. けいだん 輕煖
　　being light and warm

경내[境內] 일정한 지역의 안. けいだい　　precincts 境內

경년[經年] ① 해를 보냄. ② 햇수가 지남. けいねん 經年
　　　　　lapse of a year

경노동[輕勞動] 체력이 덜 드는 비교적 가벼운 노동. けいろうどう　　light labor 輕勞動

경농[耕農] 농사를 지음. 耕農
　　　　　farming

경농[經農] 농업을 경영함. 經農
　　　　　farming

경뇌유[鯨腦油] 향유고래 머리의 지방을 압축·냉각하여 뽑아 낸 기름. 기계유 등에 쓰임. げいのうゆ　　sperm oil 鯨腦油

경달[驚怛] 부모상이나 집안의 가까운 어른의 부고를 받고 깜짝 놀람. 驚怛

경당[經堂] 경전(經典)을 간직하여 두는 집. きょうどう 經堂
　　　　temple of sutra

경:대[敬待] 공경하여 극진히 대접함. =관대(款待). けいたい　　cordial reception 敬待

경:대[鏡臺] 거울이 달린 화장대. きょうだい mirror stand 鏡臺

경도[京都] 서울. 京都

경도[徑道] 좁은 사잇길. 지름길. 徑道
　　　　　lane

경도[硬度] ① 물체의 딘딘한 정도. ② 물에 녹아 있는 산화칼슘의 함유량(含有量)의 정 硬度

도. こうど ① hardness

경도[經度] ① 지구상의 어느 지점이 본초 자오선을 기준으로 하여 동쪽 또는 서쪽으로 떨어져 있는 정도. ↔위도(緯度). けいど ② ⇨월경(月經).
① longitude

경도[傾度] 경사(傾斜)의 정도. けいど inclination

경도[傾倒] ① 기울어져 쓰러짐. ② 어떤 사람 또는 어떤 일에 마음을 쏟아 열중하는 일. 「장자(莊子)에 ~하다」 けいとう
① falling down ② devotion

경도[輕度] 정도가 가벼움. けいど lightness

경도[鯨濤] 큰 파도. =경랑(鯨浪). billows

경도[驚倒] 몹시 놀람. きょうとう astonishment

경도시[經度時] 본초 자오선(本初子午線)과 다른 지점과의 사이의 경도 차를 시·분·초로 환산한 것.

경도풍[傾度風] 공기 운동에 대한 저항이 없을 때, 등압선(等壓線)에 따라서 부는 바람. けいどふう

경독[耕讀] 농사를 지으며 틈틈이 글을 읽음. =주경야독(晝耕夜讀).
farming and reading

경독[經讀] 경문을 읽음. =독경(讀經). reading sutras

경동[傾動] 단층(斷層)으로 인하여 지괴(地塊)가 기울어져 움직이는 운동. けいどう
tilting

경동[輕動] 경솔하게 행동함. rash action

경:동[警動] 타이르고 격려(激勵)함. けいどう
warning and encouragement

경동[驚動] 크게 놀라 술렁거림. astonishment

경동맥[頸動脈] 목의 좌우에 있어, 머리에 혈액을 보내는 대동맥의 분맥(分脈). けいどうみゃく carotid artery

경동 지괴[傾動地塊] 경동으로 한쪽에는 가파른 단층애(斷層崖)가 생기고, 다른 쪽은 완만한 경사를 이루고 있는 땅덩이. けいどうちかい
tilted block

경라[輕羅] 가볍고 얇은 비단. けいら silk gauze

경:라[警邏] 경계하기 위해 순찰함. =순라(巡邏). けいら
patrol

경락[京洛] 서울. 수도(首都). きょうらく・けいらく
metropolis

경락[經絡] 한방에서, 침을 놓거나 뜸을 뜨는 자리인 경혈(經穴)과, 경혈을 서로 이은 선을 이르는 말. けいらく

경:락[競落] 경매(競賣)에 의하여 그 대상인 동산이나 부동산의 소유권을 얻는 일. けいらく・きょうらく
buying by auction

경랍[鯨蠟] 경뇌유(鯨腦油)에서 뽑은 결정성 물질. 초·향유 등의 원료임. げいろう
spermaceti

경략[經略] ① 나라를 통치함. ② 천하를 경영하여 사방을 공략함. けいりゃく ruling

경량[輕量] 가벼운 무게. ↔중량(重量). 「~급(級)」 けいりょう
light weight

경려[輕慮] 경솔한 생각. superficial view

경력[經歷] 이제까지 거쳐 온

학업·직업·자격 등에 관한 것. =이력(履歷). けいれき career

경련[痙攣] 근육이 발작적으로 수축하는 증상. けいれん spasm

경련[頸聯] 율시(律詩)에서 다섯째 구(句)와 여섯째 구의 두 구. けいれん

경:례[敬禮] 경의를 나타내어 절을 함. 또는 그 절. けいれい salutation

경:로[敬老] 노인을 공경함. 「~당(堂)」けいろう respect for the old

경로[經路] ① 지나온 길. ② 밟아 온 순서. =경위(經緯). けいろ course

경론[硬論] 강경한 의견이나 논설. argument for a strong measure

경론[經論] 석가의 설법(說法)을 적은 경(經)과 이를 해석한 논(論). きょうろん

경루[更漏] 밤 동안의 시간을 일러딘 물시계.

경륜[經綸] 나라를 다스리는 방책(方策). 「천하(天下)~」 けいりん government

경:륜[競輪] 자전거 경주. けいりん cycle race 自轉車

경리[經理] 회계나 급여(給與)에 관한 사무를 처리함. 또는 그 직무. けいり accounting

경:리[警吏] 경찰 행정에 종사하는 관리. 곧, 경찰관. けいり police officer

경마[耕馬] 논밭을 가는 데 부리는 말. こうば farm horse

경:마[競馬] 마장(馬場)에서 기수(騎手)가 말을 몰아 선착(先着)을 겨루는 경기. けいば horse race

경만[輕慢] ⇨경모(輕侮).

경망[輕妄] 말과 행동이 경솔하고 방정맞음. frivolousness

경:망[競望] 앞을 다투어 희망함. けいぼう・きょうぼう ardent desire

경:매[競賣] 사겠다는 사람이 많을 때, 값을 제일 많이 부르는 사람에게 파는 일.「~처분(處分)」きょうばい auction

경:면[鏡面] 거울이나 렌즈의 표면. きょうめん surface of a mirror

경멸[輕蔑] 깔보고 업신여김. =경모(輕侮). けいべつ contempt

경:명[敬命] 삼가 공경함. けいめい reverence

경명[傾命] 늙어서 얼마 남지 않은 목숨. =여명(餘命). けいめい

경:명풍[景明風] 남동풍(南東風)을 달리 이르는 말. southeast wind

경명행수[經明行修] 경 학(經學)에 밝고 행실이 착함. 준 경행(經行).

경모[京耗] 서울에서 온 편지나 소식. =경신(京信). news from the capital

경:모[景慕] 우러러 사모함. けいぼ adoration

경:모[敬慕] 공경하고 사모함. けいぼ respect

경모[傾慕] 마음을 기울여 사모함. けいぼ adoration

경모[輕侮] 업신여기어 모욕함. =경만(輕慢). けいぶ contempt

경목[耕牧] 농경(農耕)과 목축. こうぼく cultivation and stock farming

경묘[輕妙] 경쾌하고 묘미(妙味)가 있음. けいみょう lightness and smartness

경:무[警務] 경찰의 사무. けいむ police affairs

경문[經文] ① 불경에 있는 글. きょうもん ② 유교(儒敎)의 경서(經書)에 있는 글. ③ 도교(道敎)의 서적. scripture

경문학[硬文學] 독자에게 따따한 느낌을 주는, 논리성이나 사상성이 강한 문학 작품. ↔연문학(軟文學). こうぶんがく metaphysical reading

경문학[輕文學] 재미있게 읽을 수 있는, 딱딱하지 않은 문학 작품. けいぶんがく light literature

경물[景物] 철을 따라 달라지는 자연의 경치. けいぶつ scenery of the season

경미[粳米] 멥쌀. こうまい nonglutinous rice

경미[輕微] 가볍고도 아주 작음. =미소(微小). 「피해(被害)가 ～하다」 けいび slightness

경박[輕薄] 경조 부박(輕佻浮薄)의 준말. けいはく

경:발[警拔] 생각이 기발하고 날카로움. けいばつ conceit

경방[庚方] 이십사 방위(方位)의 하나. 정서(正西)에서 남쪽으로 15도 떨어진 방위.

경:방[警防] 재해(災害) 따위를 경계하여 막음. けいぼう guard

경:배[敬拜] 공경하여 절함. けいはい worship

경배[瓊杯] 옥으로 만든 잔. =옥배(玉杯). jade cup

경:백[敬白] 삼가 아뢴다는 뜻으로 편지 끝에 쓰는 말. けいはく Yours sincerely

경벌[輕罰] 가벼운 벌. ↔중벌(重罰). けいばつ light punishment

경범[輕犯] 경범죄(輕犯罪)의 준말. けいはん

경범죄[輕犯罪] 형벌(刑罰)이 비교적 가벼운 범죄. 준경범(輕犯). けいはんざい misdemeanor

경법[經法] ① 대경 대법(大經大法)의 준말. ② 석가(釋迦)의 가르침. きょうぼう

경변[硬便] 된똥. ↔연변(軟便). hard feces

경변[輕邊] 가벼운 변리. 싼 이자. low interest

경변증[硬變症] 장기(臟器)가 만성적인 자극을 받아 세포가 딱딱하게 굳어지면서 오그라드는 병증. こうへんしょう cirrhosis

경병[勁兵] 굳센 군사. =강병(強兵). けいへい strong soldier

경보[競步] 빨리 걸어가는 육상 경기의 한 가지. きょうほ walking race

경:보[警報] 재해(災害) 따위를 경계하라고 알리는 일. 또는 그 신호. 「폭풍(暴風) ～」 けいほう alarm

경:복[景福] 크나큰 복. けいふく

경:복[敬服] 존경하여 마음으로 복종함. けいふく respect

경:복[敬復・敬覆] 삼가 답장 드린다는 뜻으로, 편지 첫머리에 쓰는 말. けいふく Dear Sir

경복[傾覆] 한 나라나 한 집안이 뒤집힘. 또는 뒤엎음. けいふく overturning

경:복[慶福] 경사스럽고 복됨. 慶福
けいふく　　　　　　happiness

경부[頸部] 목 부분. けいぶ　頸部
neck area

경분[輕粉] 염화제일수은(鹽化 輕粉
第一水銀)을 한방에서 이르는
말.　　　　mercurous chloride

경:분[競奔] 앞을 다투어 뛰어 競奔
감.

경비[經費] 무슨 일을 하는 데 經費
필요한 비용. けいひ　　　cost

경:비[警備] 만약의 일에 대비 警備
하여 경계하고 지킴. 「~원
(員)」 けいび　　　　　defense

경:비정[警備艇] 바다와 강에 警備艇
서 위법 행위를 단속하는 데
쓰이는 작은 함정. guard ship

경비행기[輕飛行機] 농약 살 輕飛行機
포・훈련・스포츠 등에 사용
하는 소형 비행기. けいひこ
うき　　　　　　light plane

경사[經師] 경문의 뜻을 가르 經師
치는 법사. 경스승. けいし

경사[經絲] 피륙의 날실. ↔위 經絲
사(緯絲). たていと　　warp

경사[傾斜] 비스듬히 기울어서 傾斜
있음. 「~지(地)」 けいしゃ
inclination

경:사[慶事] 경사스러운 일. 慶事
けいじ　　　　　happy event

경:사[警査] 경찰 공무원 계급 警査
의 하나. 경장의 위, 경위의
아래.　　　assistant inspector

경산[京山] 서울 근방에 있는 京山
산.　　　mountains near Seoul

경산부[經産婦] 아기를 낳은 經産婦
적이 있는 부인. けいさんぷ
multipara

경:삼[慶蔘] 경상도에서 나는 慶蔘
인삼.

경삼[驚蔘] 옮겨 심어서 기른 驚蔘
산삼(山蔘).
transplanted ginseng

경삽[硬澁] 문장이 딱딱하고 硬澁
이해하기 어려움.
hard-boiledness

경:상[景狀] 사회나 자연의 모 景狀
습.

경상[經常] 일정한 상태로 계 經常
속되어 변함이 없는 일. 「~
비(費)」 けいじょう
ordinariness

경상[境上] 국경 또는 경계의 境上
근처. きょうじょう
within the border

경상[輕傷] 가벼운 상처. ↔중 輕傷
상(重傷). けいしょう
slight injury

경:상[慶賞] 경사스러움을 기 慶賞
림.　　　　　auspiciousness

경상 거:래[經常去來] 국제간 經常去來
의 거래에서 자본 거래 이외
의 거래. 상품의 수출입이나
서비스 요금의 수불(受拂)・물
물 교환 등.

경상비[經常費] 해마다 계속 經常費
해서 규칙적으로 나가는 경
비. けいじょうひ
ordinary expenditure

경상 수입[經常收入] 해마다 經常收入
일정하게 들어오는 수입. 조
세・수수료・전매 수입 등.
ordinary revenue

경상 수지[經常收支] 국제간 經常收支
거래에서 경상 거래에 의한
수지로, 무역 수지・무역외 수
지・이전 수지를 합한 것.
current balance

경색[哽塞] 울음이 지나쳐 목 哽塞
이 멤.
being choked with tears

경색[梗塞] ①융통이 잘 되지 梗塞
못하고 막힘. 「자금(資金)의
~」 ②응고된 혈액이나 이물
질 등이 혈관을 막아 영양을
공급받지 못한 조직의 일부가

사멸하는 일. 「심근(心筋) ~」こうそく getting blocked

경색[景色] ⇨경치(景致). けいしょく・けしき

경서[經書] 옛 성현(聖賢)들의 가르침을 적은 책. 사서(四書)・오경(五經) 따위. けいしょ Confucian classics

경:서[慶瑞] 경사스러운 징조. =경조(慶兆). good omen

경석[竟夕] 밤을 샘. 밤새도록. all night

경석[輕石] 용암(熔巖)이 냉각해서 된 가벼운 돌. 속돌. かるいし pumice

경석고[硬石膏] 결정수(結晶水)를 함유하지 아니한 황산 칼슘. こうせっこう anhydrite

경선[經線] 지구 표면의 남북을 잇는 가상적(假想的)인 선. =자오선(子午線). ↔위선(緯線). けいせん meridian

경선[輕先・徑先] 조심성 없이 앞질러 하는 성질이 있음. recklessness

경선[頸腺] 목에 있는 림프선. けいせん cervical gland

경선[鯨船] 고래잡이 배. =포경선(捕鯨船). whaling vessel

경:선[競選] 후보자를 지명하지 않고 여러 사람을 경쟁시켜 선출하는 일. 또는 그 선거.

경설[經說] 경서(經書)의 해석에 대한 학설. けいせつ

경섭[經涉] 여러 곳을 지나옴. けいしょう making an extensive tour

경성[京城] ① 도읍의 성. =수도(首都). ② 일제 때의 서울의 이름. けいじょう ① capital ② former name of Seoul

경성[硬性] 단단한 성질. ↔연성(軟性). こうせい hardness

경:성[警醒] 정신을 차려 깨닫게 함. けいせい awaking

경성지색[傾城之色] ⇨경국지색(傾國之色).

경성 헌:법[硬性憲法] 개정하는 절차가 까다롭게 규정되어 있는 헌법. ↔연성 헌법(軟性憲法). こうせいけんぽう

경세[頃歲] ⇨근년(近年). けいさい

경세[經世] 세상을 다스림. 「~ 제민(濟民)」けいせい governing

경:세[警世] 세상 사람을 경계하여 깨우침. けいせい awakening the public

경세 제:민[經世濟民] 세상을 다스리고 백성을 구제함. けいせいさいみん

경소[輕小] 가볍고 작음. けいしょう littleness

경소[輕少] 가볍고 적음. =사소(些少). けいしょう slightness

경소[輕笑] 깔보고 비웃음. けいしょう

경솔[輕率] 언행이 조심성이 없고 가벼움. けいそつ rashness

경수[硬水] 염분(鹽分)이 비교적 많이 포함된 물. 센물. ↔연수(軟水). こうすい hard water

경수[輕水] 중수(重水)에 대해 보통의 물을 이르는 말. けいすい

경수[輕囚] 죄가 가벼운 죄수. misdemeanant

경수로[輕水爐] 감속재와 냉각재로 보통의 물을 사용하는 원자로. light water reactor

경숙[經宿] 임금이 대궐을 떠나 다른 곳에서 밤을 지냄. 經宿

경:순[敬順] 삼가 순종함. 敬順
obedience

경승[景勝] 경치가 뛰어나게 좋음. =절승(絶勝). けいしょう beautiful scenery 景勝

경승[敬承] ① 삼가 계승함. ② 남의 말을 삼가 들음. けいしょう ① succession 敬承

경시[更始] 고쳐서 다시 시작함. こうし recommencement 更始

경시[輕視] ① 무슨 일을 가볍게 생각함. ② 깔봄. けいし contempt 輕視

경:시종[警時鐘] 지정한 시간에 종이 울려 잠을 깨게 하는 시계. alarm clock 警時鐘

경식[耕食] 농사를 지어 생활을 함. farming 耕食

경식[耕植] 논밭을 갈아 농작물을 심음. こうしょく tilling and sowing 耕植

경식[硬式] 야구·테니스 등에서, 단단한 공을 쓰는 경기 방식. ↔연식(軟式). こうしき hard type 硬式

경신[更新] 고쳐 새롭게 함. こうしん renewal 更新

경신[京信] 지난날, 서울에서 온 소식을 이르던 말. letter from Seoul 京信

경:신[敬信] 존경하여 믿음. けいしん confidence 敬信

경:신[敬神] 신(神)을 공경함. 「~숭조(崇祖)」けいしん piety 敬神

경신[輕信] 경솔하게 믿어 버림. けいしん credulity 輕信

경신세[更新世] ⇨ 홍적기(洪積期). 更新世

경:실[苘實] 어저귀의 씨. 한방에서 강장제로 씀. 苘實

경심[傾心] ① 부체(浮體)에 있어서의 기울기의 중심. ② 마음을 기울임. 심혼(心魂)을 기울임. ① metacenter ② devoutness 傾心

경아[驚訝] 놀라고 의아하게 여김. astonishment 驚訝

경악[驚愕] 몹시 놀람. きょうがく great surprise 驚愕

경안[經眼] 경문(經文)을 보고 이해할 만한 안목(眼目). ability to read sutras 經眼

경:앙[景仰] 덕을 사모해 우러러봄. けいぎょう·けいこう adoration 景仰

경:애[敬愛] 공경하고 사랑함. けいあい veneration and love 敬愛

경애[境涯] 세상을 살아가는 데 있어서 놓여 있는 처지. きょうがい circumstances 境涯

경야[經夜] ① 밤을 지샘. ② 초상 때 가까운 친족과 친지가 모여 관(棺) 곁에서 밤샘하는 일. passing a night 經夜

경:어[敬語] 공대하는 말. 높임말. けいご term of respect 敬語

경언[鯁言] 거리낌없이 바르게 하는 말. 강직한 말. straight speaking 鯁言

경업[耕業] 농업. agriculture 耕業

경:업[競業] 영업상의 경쟁. きょうぎょう competition 競業

경역[境域] ① 경계(境界)가 되는 지역. ② 경계 안. きょういき ① boundary ② precincts 境域

경연[硬軟] 단단함과 무름. 강경(强硬)과 연약(軟弱). こうなん hardness and softness 硬軟

경연[經筵] 임금 앞에서 경서를 강의하던 자리. けいえん 經筵

경:연[慶宴] 경사스러운 잔치. feast 慶宴

경:연[慶筵] 경사스러운 잔치 慶筵

를 벌인 자리.

경:연[競演] 연기(演技)를 겨룸. きょうえん　contest

경열[庚熱] 삼복(三伏)의 심한 더위. =복열(伏熱).　midsummer heat

경염[庚炎] 삼복 더위. =복염(伏炎).　extreme heat

경영[經營] ① 규모나 방침 따위를 정하여 일을 해 나감. 「나라를 ~하다」② 경제적 이윤을 위해 회사나 사업 등을 계획적으로 운영해 나감. けいえい　② management

경:영[競泳] 수영으로 속도를 겨루는 경기. きょうえい　swimming race

경:영[競映] 제재(題材)가 같거나 비슷한 영화를 동시에 상영하여 우열을 겨루는 일. きょうえい　film contest

경예[輕銳] 날래고 예리함.　shrewdness

경:오[警悟] 머리가 잘 돌아 깨달음이 빠름. けいご　sagacity

경옥[硬玉] 알칼리 휘석(輝石)의 한 가지. 흔히 옥(玉)이라고 함. こうぎょく　jadeite

경:옥[鏡玉] 카메라·안경·망원경 등에 쓰는 렌즈. きょうぎょく

경:옥고[瓊玉膏] 한방에서, 혈액의 순환을 돕는다는 보약의 일종.

경:외[敬畏] 공경하고 두려워함. =외경(畏敬). けいい　reverence and fear

경외[境外] 경계 밖. ↔경내(境內). きょうがい　outside

경용[經用] 경상적으로 쓰는 비용.　ordinary expenses

경우[耕牛] 논밭을 가는 데 부리는 소.　cattle

경우[境遇] 놓여 있는 사정이나 형편. きょうぐう　circumstances

경운[耕耘] 논밭을 갈고 김을 맴. こううん　cultivating

경운기[耕耘機] 논밭을 가는 기계. こううんき　cultivator

〔경운기〕

경:원[敬遠] 겉으로는 존경하는 태도를 보이되 실제로는 가까이하지 아니함. けいえん

경원[經援] 경제 원조(經濟援助)의 준말.

경월[傾月] 서쪽으로 기울어지는 달. =낙월(落月).　setting moon

경위[涇渭] 중국의 경수(涇水)는 탁하고 위수(渭水)는 맑다는 데서, 사리의 옳고 그름을 이름.　good and evil

경위[經緯] ① 피륙의 날과 씨. ② 남북과 동서. ③ 경선(經線)과 위선(緯線). ④ 일이 되어 온 내력. けいい　① warp and woof ③ line of longitude and latitude ④ circumstances

경:위[警衛] ① 경계하여 지킴. ② 경찰관 계급의 하나. けいえい　① guard ② inspector

경유[經由] 거쳐 지나감. 「대전(大田) ~」けいゆ　passing through

경유[經遊] 여러 곳을 돌아다니며 놂. けいゆう

경유[輕油] 중유(重油)보다 기볍고 등유(燈油)보다 무거운 석유. 발동기의 연료, 기계

세척용으로 쓰임. けいゆ
light oil

경유[鯨油] 고래에서 얻는 기름. 고래기름. げいゆ
whale oil

경음[鯨飮] 술을 많이 마심. げいいん heavy drinking

경:음[競飮] 술마시기를 겨룸.
drinking contest

경음악[輕音樂] 클래식 음악에 대하여, 가벼운 기분으로 들을 수 있는 대중 음악. けいおんがく light music

경의[更衣] 옷을 갈아 입음. 「~실(室)」 こうい
changing clothes

경:의[敬意] 존경하는 마음. 「~를 표하다」けいい regard

경의[經義] 경서(經書)의 뜻. けいぎ
meaning of the classics

경의[輕衣] ① 간단한 옷차림. ② 가벼운 옷. けいい
light clothes

경의비마[輕衣肥馬] 가벼운 옷과 살찐 말. 곧, 호화스러운 차림새. =경장비마(輕裝肥馬). being richly dressed

경이[輕易] 가볍고 쉬움. 간단함. けいい
being easy and simple

경이[驚異] 놀라 이상하게 여김. 놀라움. 「~적(的)」 きょうい wonder

경:이원지[敬而遠之] ⇨ 경원(敬遠).

경인[京人] 서울 사람. 「~답(畓)」けいじん Seoulite

경:인[敬人] 남을 존경함. 천도교의 삼경(三敬)의 하나.
respecting people

경인구[驚人句] 사람을 놀라게 할 만큼 뛰어나게 잘 지은 시구(詩句). ⑥경구(驚句).
epigram

경일[頃日] 요즈음. けいじつ
last time

경:일[敬日] 대종교(大倧敎)에서 단군에게 경배드리는 날로, 일요일을 이르는 말.
Sunday

경:일[慶日] 경사스러운 날.
happy day

경임[更任] ① 고치어 다시 임명함. ② 어떤 자리의 인물을 바꿔침. こうにん
reappointment

경자[莖刺] 식물 줄기에 돋는 가시.
thorn

경:자[瓊姿] 옥처럼 아름다운 모습. けいし
beautiful as a gem

경작[耕作] 논밭을 갈아 농사를 지음. こうさく tillage

경작지[耕作地] 경작하는 토지. こうさくち arable land

경장[更張] ① 해이(解弛)된 것을 다잡아 긴장하게 함. ② 낡은 제도를 고쳐 새롭게 함. こうちょう reformation

경장[經藏] ① 삼장(三藏)의 하나인 불경. ② 절의 대장경(大藏經)을 넣어 두는 곳집. きょうぞう
② building to store sutras

경장[輕裝] 홀가분한 차림새. ↔성장(盛裝). けいそう
light attire

경:장[警長] 경찰 공무원·계급의 하나. 경사의 아래, 순경의 위.

경:장[瓊章] 남의 글을 높이어 이르는 말.

경:쟁[競爭] 서로 다투어 겨룸. 「입시(入試) ~」きょうそう competition

경저리[京邸吏] 고려·조선 시대 때 서울에 머물며 중앙과 지방 관청의 연락 사무를 맡아보던 향리(鄕吏). =경주인(京主人).

경적[勁敵·勍敵] 강한 적(敵). =강적(强敵). けいてき powerful enemy

경적[經籍] ⇨경서(經書). けいせき

경적[輕敵] 적을 깔봄.

경:적[警笛] 주의·경계를 위해서 울리는 고동. 또는 그 소리. けいてき alarm whistle

경전[耕田] 논밭을 갊. こうでん tilling

경전[經典] ① 부처의 가르침을 적은 책. きょうてん ② 논어(論語)·서경(書經) 등 성현(聖賢)의 가르침을 기록한 책. けいてん sacred books

경:전[慶典] 경사를 축하하는 식전(式典). けいてん ceremony for celebration

경:전[競傳] 서로 다투어 전함. competing to report

경:절[慶節] 온 국민이 경축할 만한 날. =경일(慶日). national festival

경정[更正] 고쳐서 바르게 함. 「~예산(豫算)」こうせい correction

경정[更定] 고치어 작정함. redecision

경정[更訂] 책의 내용 등을 바르게 고침. こうてい revision

경정[逕庭·徑庭] 둘 사이의 큰 차이. けいてい great difference

경:정[敬呈] 삼가 증정(贈呈)함.

경정[輕艇] 가볍고 속력이 빠른 배. けいてい light boat

경정 예:산[更正豫算] 다시 고쳐서 편성한 국가 예산. こうせいよさん revised budget

경정직행[徑情直行] 꾸밈이 없이 곧이곧대로 함. =직정경행(直情徑行). 줌경행(徑行). righteous action

경제[經濟] ① 인간이 살아가기 위해 재화(財貨)를 얻고 이용하는 활동의 총칭. ② 비용이나 시간 등을 적게 들이는 일. 「~적(的)」けいざい economy

경제 봉쇄[經濟封鎖] 어떤 나라에 대해 통상·금융 등 일체의 경제 교류를 제한 또는 차단하여 경제적으로 고립시키는 일. けいざいふうさ economic blockade

경제 원:조[經濟援助] 강대국이 약소국·개발 도상국에 대하여 경제적으로 돕는 일. 줌경원(經援). economic aid

경조[更造] 고치어 다시 만듦. remaking

경조[京調] ① 서울의 풍습. ② 서울 지방 특유의 시조 창법. ① manners of capital

경조[景祚] 커다란 행복. =경복(景福). happiness

경:조[敬弔] 삼가 조상(弔喪)함. けいちょう mourning

경조[輕佻] 언행이 가벼움. 「~부박(浮薄)」けいちょう imprudence

경조[輕躁] 침착하지 못하고 수선스러움. けいそう flightiness

경:조[慶弔] ① 기쁜 일과 궂은 일. ② 경사를 축하하고 흉사를 조문함. けいちょう congratulations and condolences

경:조[慶兆] 좋은 일이 있을

징조. =길조(吉兆). けい ちょう good omen

경:조[競漕] 보트를 저어 그 속도로 승부를 겨루는 수상 경기의 한 가지. きょうそう boat race

경조부박[輕佻浮薄] 언행이 진중하지 못하고 가벼움. 준 경박(輕薄).

경졸[勁卒] 굳센 병졸. brave soldier

경종[京種] ① 서울 지방에서 나는 채소 따위의 씨앗. ② 서울내기.

경종[耕種] 논밭을 갈아 씨앗을 뿌려 가꿈. こうしゅ cultivation

경:종[警鐘] ① 위험을 알리는 종. ② 잘못되어 가는 것을 깨우치기 위한 주의나 충고. 「~을 울리다」 けいしょう alarm bell

경죄[輕罪] 가벼운 죄. ↔중죄(重罪). けいざい minor offense

견주[傾注] ① 기울어 쏟음. ② 외곬으로만 마음을 씀. 「전력(全力)을 ~하다」 けいちゅう devotion

경주[輕舟] 가볍고 빠른 작은 배. けいしゅう light boat

경:주[競走] 일정한 거리를 정하고 달려 그 빠르기를 겨룸. きょうそう race

경중[京中] 서울 안. きょうちゅう in capital

경:중[敬重] 존경하여 중하게 여김. けいちょう respect

경중[輕重] ① 가벼움과 무거움. ② 큰 일과 작은 일. ③ 중요성(重要性)의 정도. けいちょう・けいじゅう ③ seriousness

경:중[警衆] 뭇사람을 깨우침. warning the public

경:중미:인[鏡中美人] 거울 속의 미인. 실속이 없음의 비유. =화중지병(畫中之餠). beauty in the mirror

경증[輕症] 대단치 않은 병. 가벼운 증세. ↔중증(重症). けいしょう slight illness

경증[驚症] 나귀나 말의 깜짝 깜짝 잘 놀라는 성질.

경지[耕地] 농작물을 가꾸는 땅. =농지(農地). こうち cultivated land

경지[境地] ① 경계 안의 땅. ② 환경이나 처지. ③ 어떤 단계에 이른 마음의 상태. 「무아(無我)의 ~」 きょうち ① border ② state

경직[勁直・梗直] 뜻이 굳고 곧음. integrity

경직[耕織] 농사짓는 일과 길쌈하는 일. こうしょく farming and weaving

경직[硬直] 빳빳하게 굳어 버림. こうちょく hardness

경진[輕震] 진도 2의 창문이 조금 흔들릴 정도의 가벼운 지진. けいしん weak earthquake

경:진회[競進會] 산물이나 제품을 모아 전시하여 그 우열(優劣)을 품평(品評)하는 모임. =공진회(共進會).

경질[更迭・更佚] 어떤 자리에 있는 사람을 다른 사람과 바꿈. 「장관을 ~하다」 こうてつ replacement

경질[硬質] 단단하고 굳은 바탕. ↔연질(軟質). 「~ 자기(瓷器)」 こうしつ hardness

경:찰[警察] 국가의 안녕・질서를 유지하기 위한 행정 작용.

또는 그 조직. けいさつ police

경:찰견[警察犬] 경찰에서 범인이나 증거품을 수사할 때 쓰는 훈련된 개. けいさつけん　police dog

경:찰관[警察官] 경찰의 임무에 종사하는 공무원. けいさつかん　police officer

경:찰 국가[警察國家] 경찰 권력으로 국민 생활을 감시·통제하는 형태의 국가. けいさつこっか　police state

경:찰권[警察權] 공공의 안녕·질서 유지를 위하여 국민에게 명령·강제하여 그 자유를 제한하는 공권력. けいさつけん　police power

경:찰서[警察署] 일정한 구역 안의 경찰 업무를 맡아보는 관청. けいさつしょ　police station

경채[硬彩] 짙고 선명하게 나타낸, 도자기에 그린 그림의 색채.

경:책[警責] 정신을 차리도록 꾸짖음.　admonition

경처[景處] 경치가 뛰어난 곳. picturesque place

경:천[敬天] ① 하늘을 공경함. ② 천도교의 삼경(三敬)의 하나.　worship of Heaven

경:천근민[敬天勤民] 하늘을 공경하고 백성을 위하여 부지런히 일함.

경천동지[驚天動地] 하늘이 놀라고 땅이 흔들린다는 뜻으로, 세상을 크게 놀라게 함. きょうてんどうち　amazing the world

경:천애인[敬天愛人] 하늘을 공경하고 사람을 사랑함. けいてんあいじん　esteeming Heaven and loving people

경천위지[經天緯地] 온 천하를 경륜하여 다스림. governing the world

경철[輕鐵] 경편 철도(輕便鐵道)의 준말.

경첩[勁捷] 굳세고 날램. けいしょう　agility

경첩[輕捷] 가뿐하고 민첩함. =경민(輕敏). けいしょう　nimbleness

경:청[敬請] 삼가 청함. requesting respectfully

경:청[敬聽] 공경하여 조용히 들음. けいちょう　listening courteously

경청[傾聽] 귀를 기울여 주의해서 들음. けいちょう　listening closely

경초[勁草] 센 바람에도 견디는 억센 풀. 지조(志操)가 굳은 사람의 비유. けいそう　hard grass

경추[頸椎] 목등뼈. 「~ 신경(神經)」 けいつい　cervical vertebrae

경:축[慶祝] 기쁜 일을 축하함. =경하(慶賀). 「~일(日)」 けいしゅく　felicitation

경취[景趣] 경치와 풍취(風趣). けいしゅ

경측[傾仄] 물건이 한쪽으로 기울어져 쏠림.　tilt

경치[景致] 산수(山水) 등 자연의 아름다운 모습. =경색(景色)·풍경(風景)·경개(景槪). けいち　scene

경칩[驚蟄] 24 절기의 하나. 양력 3월 5일쯤으로 벌레가 동면(冬眠)에서 깨어나는 시기.

경:칭[敬稱] 높여 일컬음. = 존칭(尊稱). ↔ 겸칭(謙稱). けいしょう　honorific title

경쾌[輕快] ① 몸놀림이 가볍고

날램. ② 마음이 가뜬하고 시원함. けいかい　being light

경:탄[敬憚] 존경하고 어려워함. けいたん　reverence

경:탄[敬歎] 존경하여 감탄함. admiration

경탄[驚嘆] ① 몹시 감탄함. ② 놀라고 탄식함. きょうたん　wonder

경토[耕土] 경작에 알맞은 땅. こうど　rich soil

경토[輕土] 모래가 많고 차지지 않아 갈기 쉬운 땅. けいど　soft soil

경퇴[傾頹] 건물·조직 등이 기울어져 무너짐. けいたい　collapse

경파[硬派] 강경한 의견을 내세우기 좋아하는 파. 또는 그 파에 속하는 사람. ↔연파(軟派). こうは　hard-liner

경파[鯨波] 큰 파도. =경도(鯨濤). げいは　billow

경판[京板] 서울에서 판각(板刻)함. 또는 그 책. blocks engraved in capital

경판[經板] 경서(經書)의 각판 (刻板). classics engraved on blocks

경편[輕便] 손쉽고 편리함. けいべん　being handy

경편 철도[輕便鐵道] 궤도가 좁고 규모가 작은 철도. 준경철(輕鐵). けいべんてつどう　narrow-gauge railway

경포[輕砲] 구경(口徑) 105밀리 이하의 비교적 작은 대포 (大砲). ↔중포(重砲). けいほう　light gun

경폭격기[輕爆擊機] 폭탄을 적게 싣는 소형의 폭격기. けいばくげきき　light bomber

경표[輕剽] 진중하지 못하고 경솔함. けいひょう　rashness

경:표[警標] 경계나 주의가 필요하다는 것을 적은 표지(標識)나 팻말. けいひょう　danger signal

경품[景品] 상품에 곁들여 주거나 제비를 뽑아 타게 하는 물건. 「～권(券)」 けいひん　premium

경품권[景品券] 추첨을 통하여 경품과 바꾸어 주는 표. premium ticket

경풍[勁風] 아주 세찬 바람. =강풍(强風). けいふう　gale

경풍[景風] 마파람. =남풍(南風). south wind

경풍[輕風] 가볍게 살살 부는 바람. けいふう　soft wind

경풍[驚風] 한방에서, 어린아이의 경련(痙攣)을 이르는 말. =경기(驚氣). きょうふう　children's fits

경필[硬筆] 연필·펜(pen) 따위의 필기구. こうひつ

경:필[警蹕] 지난날, 임금이 거둥할 때 일반인의 통행을 막던 일. けいひつ

경:하[敬賀] 공경하여 축하함. respectful congratulation

경:하[慶賀] 경사스러운 일을 축하함. =축하(祝賀). けいが　congratulation

경학[經學] 유학(儒學)의 경서 (經書)를 연구하는 학문. けいがく

경한[勁悍] 굳세고 사나움. けいかん　sturdiness and fierceness

경한[輕汗] 조금 나는 땀. =미한(微汗)·박한(薄汗). light perspiration

경한[輕悍] 재빠르고 사나움. nimbleness and fierceness

경한[輕寒] 가벼운 추위. 輕寒
mild cold

경함[經函] 불경(佛經)을 넣어 經函
두는 함. きょうかん
box for sutras

경:합[競合] ① 서로 경쟁함. 競合
「두 회사가 ~하다」 ② 사법
(私法)에서, 권리가 중복(重
複)됨. ③ 형법(刑法)에서, 하
나의 행위가 몇 가지 죄에 해
당함. きょうごう・せりあい
① competition

경합금[輕合金] 비중이 가벼 輕合金
운 합금. 알루미늄이 주성분
으로, 기계 부품으로 쓰임.
けいごうきん light alloy

경:해[謦咳] ① 인기척으로 내 謦咳
는 헛기침. 윗사람에게 뵙
기를 청할 때 자기가 있음을
알리는 헛기침. けいがい
① ahem

경해[驚駭] 몹시 놀람. きょう 驚駭
がい astonishment

경행[京行] 서울로 감. 京行
going to Seoul

경행[徑行] 경정직행(徑情直 徑行
行)의 준말. けいこう

경행[景行] ① 큰길. =대로(大 景行
路). ② 훌륭한 덕행(德行).
① thoroughfare ② brilliant
virtue

경행[經行] ① 불도(佛道)를 닦 經行
음. =행도(行道). ② 경명행
수(經明行修)의 준말. きょう
ぎょう

경:행[慶幸] 행복을 기뻐함. 慶幸
기쁨. 행복. けいこう
good luck

경향[京鄕] 서울과 시골.「~ 京鄕
각지(各地)」
capital and country

경향[傾向] 사상・행동・현상・ 傾向
대세(大勢) 등이 어떤 방향으
로 기울어 쏠리는 일.「소비
가 줄어드는 ~」けいこう
inclination

경험[經驗] 실제로 겪음. 또는 經驗
그로 말미암아 얻은 지식이나
기능. =체험(體驗). けいけ
ん experience

경험 과학[經驗科學] 경험적 經驗
사실이나 현상을 대상으로 하 科學
는 학문. 자연 과학이나 사회
과학 따위. けいけんかがく
empirical science

경험담[經驗談] 직접 경험한 經驗談
이야기. けいけんだん story
of one's personal experience

경험론[經驗論] 모든 인식이 經驗論
나 지식은 경험에 의한 것이
라는 학설. けいけんろん
empiricism

경험방[經驗方] 한방에서, 실 經驗方
지로 많이 써서 경험해 본 약
방문.

경험 철학[經驗哲學] 경험이 經驗
지식의 기초이며 유일한 근원 哲學
이라고 주장하는 철학.
empirical philosophy

경혁[更革] 고침. 고쳐서 새롭 更革
게 함. renovation

경혈[經穴] 침을 놓거나 뜸을 經穴
뜨는 자리. けいけつ

경혈[驚血] 한방에서, 피하 출 驚血
혈(皮下出血)을 이르는 말.

경협[輕俠] 경박하게 호걸 흉 輕俠
내를 냄. 또는 그런 사람.
imitating a hero frivolously

경형[輕刑] 가벼운 형벌. ↔중 輕刑
형(重刑). light penalty

경호[京湖] ① 경기도와 충청도 京湖
의 병칭. ② 경기도・충청도・
전라도의 병칭.

경:호[警護] 경계하고 보호함. 警護
「~원(員)」けいご convoy

경홀[輕忽] 경박(輕薄)하고 조 輕忽

심성이 없음. けいこつ・きょうこつ　carelessness

경화[京華] 서울. =경락(京洛).「~자제(子弟)」けいか　capital

경화[硬化] ① 단단하게 굳어짐. ② 의견이나 태도가 강경해짐. ③ 시세가 오름세를 보임. こうか　① hardening ② stiffening ③ rising

경화[硬貨] ① 금속으로 만든 돈. ② 금 또는 미국의 화폐인 달러 등의 외화(外貨)와 바꿀 수 있는 화폐. こうか　① metallic currency ② hard money

경화기[輕火器] 소총・경기관총 등 비교적 가벼운 화기. ↔중화기(重火器). けいかき　light weapons

경:화수월[鏡花水月] 거울 속의 꽃과 물 속의 달처럼 눈으로 볼 뿐이고 손으로는 잡을 수 없는 것, 또는 말로는 표현할 수 없고 마음으로 느낄 수밖에 없는 것을 비유하는 말. きょうかすいげつ

경화유[硬化油] 액체 상태의 기름에 수소를 첨가하여 고체 상태의 지방(脂肪)으로 만든 것. 마가린・비누 따위. hardened oil

경확[耕穫] 경작(耕作)과 수확(收穫). farming and harvest

경환[輕患] 가벼운 질환. ↔중환(重患). けいかん　light disease

경황[景況] ① 무슨 일을 할 수 있는 겨를이나 형편.「그럴~이 아니다」② 경제적인 경기(景氣)의 상태. けいきょう　① interesting situation

경황[驚惶] 놀라고 두려워함. =경포(驚怖).「~망조(罔措)」being afraid of

경황망조[驚惶罔措] 놀라고 두려워 어찌할 바를 모름.

경:희[慶喜] 경사롭고 기쁨. けいき　delight

경희[驚喜] 뜻밖의 좋은 일에 몹시 기뻐함.「~작약(雀躍)」きょうき　pleasant surprise

계:[戒]* 경계할 계 : 경계하다.「戒告(계고)・戒嚴(계엄)・戒飮(계음)」カイ・いましめる

계:[系]* 맬 계 : 매다. 딸리다.「系統(계통)・系列(계열)・系譜(계보)」ケイ・ちすじ

계:[季]* ① 끝 계 : 끝. 마지막.「季秋(계추)・季父(계부)」② 사철 계 : 사철. 계절.「季刊(계간)・春季(춘계)・季節(계절)」キ ① すえ

계:[屆] 이를 계 : 이르다. 다다르다.「屆出(계출)」カイ・とどける

계:[係]* 맬 계 : 매다. 잇다.「係累(계루)・係爭(계쟁)・係數(계수)」ケイ・かかる

계:[契]* ① 계약할 계 : 계약하다. 맺다. 계약.「契約(계약)・契文(계문)・默契(묵계)」② 계 계 : 계.「親睦契(친목계)・契員(계원)」③ 나라 이름 글 : 나라 이름.「契丹(글안)」ケイ ① ちぎる

계:[界]* 지경 계 : 지경. 경계.「境界(경계)・界標(계표)・限界(한계)」カイ・さかい

계:[癸] 북방 계 : 북쪽. 천간.「癸方(계방)・癸亥(계해)」キ・みずのと

계:[計]* ① 셈할 계 : 셈하다. 계산하다.「計算(계산)・計器(계기)」② 꾀할 계 : 꾀하다.「計略(계략)・計謀(계모)・計畵

(계획)」ケイ・はかる

계[桂]* 계수나무 계:계수나무. 「桂樹(계수)・桂皮(계피)・桂枝(계지)・月桂冠(월계관)」 ケイ・かつら

계:[啓]* ① 열 계:열다. 밝히다. 「啓發(계발)」 ② 가르칠 계:가르치다. 인도하다. 「啓蒙(계몽)・啓示(계시)」 ③ 여쭐 계:여쭈다. 아뢰다. 「啓禀(계품)・狀啓(장계)」 ケイ ① ひらく ③ もうす

계[械]* ① 틀 계:틀. 기계. 「械器(계기)・機械(기계)」 ② 형구 계:형구(刑具). 「械繫(계계)」 カイ ② かせ

계:[悸] 두근거릴 계:두근거리다. 「悸病(계병)・動悸(동계)」 キ・わななく

계[階]* ① 섬돌 계:섬돌. 층계. 「層階(층계)・階段(계단)」 ② 차례 계:차례. 「位階(위계)・階級(계급)」 カイ ① きざはし

계[溪] "谿"와 同字. 시내 계:시내. 냇물. 「溪谷(계곡)・溪流(계류)」 ケイ・たに

계:[誡] 경계할 계:경계하다. 타이르다. 「訓誡(훈계)・誡勉(계면)」 カイ・いましめる

계[稽] ① 상고할 계:상고하다. 「稽考(계고)」 ② 익살부릴 계:익살부리다. 「滑稽(골계)」 ケイ ① かんがえる

계:[繫] 맬 계:매다. 얽다. 「繫留(계류)・繫縛(계박)・連繫(연계)」 ケイ・つなぐ・かける

계:[繼] 이을 계:잇다. 계속하다. 「繼續(계속)・繼承(계승)・中繼(중계)」 ケイ・つぐ

계[鷄]* 닭 계:닭. 「鷄冠(계관)・鷄頭(계두)・鷄群(계군)」 ケイ・にわとり

계:가[計家] 바둑을 다 두고 집 수를 헤아림.

계:간[季刊] 잡지 따위가 석 달에 한 번씩, 1년에 네 차례 발행되는 일. 또는 그 간행물. 「~ 잡지(雜誌)」 きかん   quarterly publication

계간[溪澗] 산골짜기에 흐르는 시냇물. けいかん   glen

계간[鷄姦] 비역. =남색(男色). けいかん   sodomy

계:감[計減] 셈을 따져 덜 것을 덞. =계제(計除).   subtraction

계:감[契勘] 지난날, 어음・부절 등을 맞추어 보고 그 진부(眞否)를 확인하는 일.   cross-reference

계:거기[計距器] 차의 바퀴에 연동시켜 운행 거리를 자동적으로 나타나게 한 계기.   range finder

계견[鷄犬] 닭과 개. けいけん   hen and dog

계:경[界境] ⇨경계(境界).

계:계승승[繼繼承承] 자손 대대로 가계(家系)를 이어감.   handing down to posterity

계:고[戒告] 규칙을 어긴 사람을 법률에 따라 엄하게 경고하는 일. かいこく   warning

계:고[啓告] 윗사람에게 말이나 글로 여쭘. =상신(上申). けいこく   reporting to a superior

계고[稽古] 옛일을 공부하고 고찰함.   study of antiquities

계곡[溪谷・谿谷] 물이 흐르는 골짜기. =계학(谿壑). けいこく   valley

계:관[桂冠] ⇨월계관(月桂冠).

계관[鷄冠] ① 닭의 볏. ② 맨

드라미의 딴이름. けいかん
① cock's crest

계관석[鷄冠石] 비소(砒素)와 황(黃)으로 이루어진 붉은 광물. 대기 중에 놓아 두면 적황색의 가루가 됨. 그림 물감의 재료로 쓰임. けいかんせき realgar

계ː관 시인[桂冠詩人] 영국 왕실에서 최고의 시인에게 주는 칭호. けいかんしじん poet laureate

계ː교[計巧] 남을 속이려고 꾸민 꾀. trick

계ː교[計較] 서로 견주어 살핌. =교계(較計). comparison

계ː구[戒具] 수갑·포승 등 죄인의 몸을 구속하는 기구. かいぐ

계ː구[戒懼] 삼가 조심하고 두려워함. かいく circumspection

계구[鷄口] ① 닭의 부리. ② 작은 단체의 우두머리를 비유하는 말. けいこう
① mouth of a hen ② leader of a small group

계구[鷄灸] 닭고기를 구운 음식. 닭구이. roast chicken

계구우후[鷄口牛後] 소의 꼬리보다는 닭의 부리가 낫다는 뜻으로, 큰 단체의 꼴찌가 되기보다는 작은 단체의 우두머리가 되는 것이 낫다는 뜻. けいこうぎゅうご

계군일학[鷄群一鶴] 닭의 무리 가운데 있는 한 마리의 학이라는 뜻으로, 여러 평범한 사람 가운데서 뛰어난 한 사람을 비유하여 이르는 말. =군계일학(群鷄一鶴).

계ː궁[計窮] 계책이 다함.
one's wit's end

계ː금[戒禁] ① 타일러 못 하게 함. ② 불교에서, 불선(不善)을 금하는 계율(戒律). かいきん prohibition

계ː급[階級] ① 관직 등의 등급(等級). ② 신분이나 직업·재산 등이 비슷한 사람들로 이루어지는 사회적 집단. 「노동(勞動) ~」かいきゅう class

계ː급 독재[階級獨裁] 어떤 계급이 특별한 권력을 가지고 온 사회를 지배하는 일.
class dictatorship

계ː급 문학[階級文學] 계급 의식을 바탕으로 하는 문학.
class literature

계ː급 의ː식[階級意識] ① 일정한 계급에 속하는 사람이 가지는 심리나 사고 방식의 경향 및 관념의 형태. ② 자기가 속한 계급의 지위·성질·사명을 인식하고 그것을 실현하려는 의식. かいきゅういしき ① class consciousness

계ː급장[階級章] 군대나 경찰 등에서 계급을 나타내기 위해 제복에 다는 표. かいきゅうしょう rank chevron

계ː급 제ː도[階級制度] 신분이나 지위 등 계급의 엄격한 구별에 의하여 모든 것이 움직여지게 되어 있는 제도.
class system

계ː급 타ː파[階級打破] 사회적 계급을 부인(否認)하고 깨뜨림. class leveling

계ː급 투쟁[階級鬪爭] 서로 다른 사회적 지위·계급 간의 대립으로 일어나는 투쟁. かいきゅうとうそう class strife

계ː기[屆期] 작정한 시기가 됨. 기한에 이름. deadline

계ː기[契機] 어떤 일이 생기거

나 결정되는 기회. けいき chance

계:기[計器] 무게·길이·부피·속도·온도·시간 따위를 재는 기구. けいき meter

계:기[繼起] 어떤 일이 잇달아 일어남. けいき succession

계:녀[季女] 막내딸. きじょ youngest daughter

계:녀가[戒女歌·誡女歌] 영남 지방에 전하는 내방 가사(內房歌辭)의 하나.

계농[鷄農] 닭을 치는 일. =양계(養鷄). poultry farming

계:단[戒壇] 중이 계(戒)를 받는 단. かいだん

계단[階段] 층층대. 층계. かいだん stairway

계단 경작[階段耕作] 비탈진 땅에 층층으로 논밭을 만들어 경작하는 일. かいだんこうさく terraced fields cultivation

계단참[階段站] 층층대 중간에 마련된 조금 넓은 공간. =층계참(層階站). landing

계:대[繼代] 대를 이음. succession

계:도[系圖] 대대의 계통을 나타낸 도표. けいず genealogy

계:도가[契都家] 계(契)에 관한 일을 맡아서 처리하는 집. principal of a loan club

계돈[鷄豚] 닭과 돼지. けいとん fowls and pigs

계돈 동사[鷄豚同社] 같은 고향 사람끼리 계(契) 따위를 만들어 친목을 도모함.

계:동[季冬] 늦겨울. 음력 12월. きとう late winter

계두병[鷄頭瓶] 닭의 목처럼 목이 긴 병.

계란[鷄卵] 닭의 알. 달걀. けいらん egg

계란선[鷄卵膳] 쇠고기를 볶아 달걀을 씌워 여러 켜로 중탕(重湯)을 해서 익힌 음식.

계란유·골[鷄卵有骨] 달걀에도 뼈가 있다는 뜻으로, 몹시도 복이 없는 사람이 모처럼 좋은 기회를 만났으나 역시 허탕치고 마는 경우를 이르는 말.

계:략[計略] 남을 속이기 위한 책략(策略). けいりゃく scheme

계:량[計量] 분량이나 무게 등을 잼. けいりょう measuring

계:량[繼糧] 추수한 곡식으로 한 해 양식을 이어 감.

계:량기[計量器] 계량에 쓰이는 기구. =계기(計器). けいりょうき meter

계:려[計慮] 헤아려 생각함. =사려(思慮). けいりょ consideration

계:련[係戀] 마음 깊이 연모(戀慕)함. けいれん being attached to

계:료[計料] 셈을 헤아림. けいりょう calculation

계:루[係累·繫累] ① 얽매이어 관련됨. ② 몸과 마음을 구속하는 번거로운 일. ③ 부모·처자식 등 돌봐야 할 가족. 「~가 많다」けいるい encumbrances

계류[溪流·谿流] 산골짜기에서 흐르는 물. =계간(溪澗). けいりゅう mountain stream

계:류[繫留] ① 붙잡이 매어 놓음. 「~기구(氣球)」 ② 사건이 해결되지 않고 걸려 있음. 「~ 중인 사건」けいりゅう mooring

계륵[鷄肋] 먹으려 하니 먹을 것은 별로 없고, 그렇다고 버

리기에는 아까운 것이 닭의 갈비란 뜻에서, 별로 쓸모는 없지만 버리기에는 아까운 사물을 비유하는 말. 또는 몸이 몹시 허약한 것을 비유하는 말. けいろく

계:리[計理] ⇨회계(會計). けいり

계:리사[計理士] 공인 회계사의 구칭. けいりし

계림 팔도[鷄林八道] 우리 나라를 달리 이르는 말. =팔도 강산(八道江山). Korea

계맹[鷄盲] 밤눈이 어두움. =야맹(夜盲). night blindness

계:면[界面] ① 서로 접촉하여 있는 두 물질의 경계가 되는 면. かいめん ② 계면조(界面調)의 준말. ① interface

계:면[誡勉] 훈계하고 격려함. admonition

계:면조[界面調] 속악에서, 슬픈 느낌을 주는 음계의 하나. 서양 음악의 단조와 비슷함. 준계면(界面).

계:명[戒名] ① 중이 계(戒)를 받은 뒤에 스승에게서 받는 이름. ② 불가(佛家)에서, 죽은 이에게 지어 주는 이름. =법명(法名). かいみょう Buddhist name

계:명[啓明] ① 계명성(啓明星)의 준말. ② ⇨계몽(啓蒙). けいめい

계명[階名] ① 도·레·미·파 등 음계(音階)의 이름. かいめい ② 계급이나 품계(品階)의 이름. ① syllable names ② rank

계명[鷄鳴] ① 닭의 울음소리. ② 새벽. けいめい ② cockcrow

계명구도[鷄鳴狗盜] 중국 춘추 시대의 맹상군이, 닭 울음소리를 잘 내고 좀도둑질을 잘 하는 식객(食客)들의 도움으로 위기를 모면했다는 고사에서, 군자가 배워서는 안 될 하찮은 재주, 또는 그런 재주를 가진 사람의 비유. けいめいくとう trickster

계:명성[啓明星] 금성(金星)의 다른 이름. 샛별. 준계명(啓明).

계:모[計謀] ⇨계략(計略). けいぼう

계:모[繼母] 아버지의 후처(後妻). けいぼ・ままはは stepmother

계:몽[啓蒙] 사람들에게 바른 지식을 주고, 합리적인 사고 방식을 가지도록 지도하는 일. =계발(啓發). けいもう enlightenment

계:몽 문학[啓蒙文學] ① 낡은 인습에 젖은 민중을 계몽하려는 문학. ② 18세기 유럽에서 일어난, 이지(理智)를 중히 여긴 합리주의 문학. ① literature of enlightenment

계:몽 사:상[啓蒙思想] 18세기 유럽의 중심적인 혁신 사상. 봉건 사회의 전통이나 인습을 합리적인 비판 정신으로 타파하고 자아의 해방, 인간성의 존중을 주장했음. けいもうしそう

계:몽 운:동[啓蒙運動] ① 전통적 인습을 깨뜨리고 자율적인 견지에서 합리적 판단을 하는 기풍을 성하게 하려는 운동. ② 계몽주의를 실천하는 운동. ② campaign for enlightenment

계:몽주의[啓蒙主義] ① 몽매한 것을 계발하려는 경향. ② 16세기 말에서 18세기 후반에

걸쳐 유럽 전역에서 일어나, 구시대의 묵은 사상을 타파하려던 혁신적인 합리주의. 合理主義
　　　　illuminism
계:몽 철학[啓蒙哲學] 17~18세기에 영국·독일·프랑스의 사상계를 휩쓸던 철학. 깊은 철리(哲理)를 쉽게 풀이하여 대중적인 보급에 힘썼음. 啓蒙哲學
　　philosophy of enlightenment
계:문[戒文] 계율(戒律)의 조문(條文). かいもん 戒文
　　　　Buddhist precepts
계:문[契文] 계약의 문서. 契文
　　　　written agreement
계:미[繫縻] 붙들어 맴. 얽어 맴. 　　tie 繫縻
계:박[繫泊] 배를 매어 둠. 繫泊
　　　　mooring
계반[溪畔] 시냇가. 溪畔
　　　　edge of a stream
계:발[啓發] 지능을 깨우쳐 열어 줌. =계몽(啓蒙). けいはつ 啓發
　　　　enlightenment
계:방[季方] 사내 동생. 季方
　　　　younger brother
계:방[癸方] 이십사 방위의 하나. 정북에서 동쪽으로 15도 되는 방위. 癸方
계:방형[季方兄] 남의 사내 동생에 대한 존칭. 季方兄
　　your younger brother
계:법[戒法] 불교 계율(戒律)의 법. かいほう 戒法
　　　　Buddhist precepts
계:변[計邊] 이자를 계산함. 計邊
　　reckoning of interest
계:보[系譜] 혈연 관계나 계통 관계를 도식적(圖式的)으로 적은 것. =계도(系圖). けいふ 系譜
　　　　lineage
계:부[季父] 아버지의 막내 동생. けいふ 季父

youngest brother of one's father
계:부[繼父] 의붓아버지. けいふ·ままちち stepfather 繼父
계:부모[繼父母] 의붓아버지와 의붓어머니. ↔실부모(實父母). けいふぼ stepparents 繼父母
계:분[契分] ⇨친분(親分). 契分
계분[鷄糞] 닭의 똥. 거름으로 씀. けいふん 鷄糞
　　droppings of fowls
계:불입량[計不入量] 계획이나 계책이 들어맞지 않음. 計不入量
계:빈[啓殯] 발인할 때 관(棺)을 내기 위해 빈소(殯所)를 엶. =파빈(破殯). 啓殯
계:사[戒師] ①계법(戒法)을 주는 스님. ②계법을 지키는 스님. かいし 戒師
계:사[啓事] 임금에게 사실을 적어 올림. 또는 그 문서. けいじ 啓事
계:사[稽査] 고찰하고 조사함. 稽査
　　　　investigation
계:사[繫辭] ①주역(周易)의 괘효(卦爻) 아래 써 넣은 해설. ②명제의 주사(主辭)와 빈사(賓辭)를 연결하여 부정 또는 긍정의 뜻을 나타내는 말. けいじ　②copula 繫辭
계:사[繼嗣] 양자를 들여 뒤를 잇게 함. =계후(繼後). けいし 繼嗣
　　adopting an heir
계사[鷄舍] 닭장. けいしゃ 鷄舍
　　　　henhouse
계:삭[繫索] ①물건을 매어 두는 밧줄. ②묶어서 매어 둠. けいさく 繫索
　　①cord ②cording
계:산[計算] 더하거나 빼거나 곱하거나 나누거나 하여 수치를 구하는 일. けいさん 計算
　　　　calculation

계:산기[計算器] 계산을 하는 데 쓰이는 기기의 총칭. 수판·전자 계산기 따위. けいさんき calculating machine

계:산서[計算書] ①물건값의 청구서. ②계산을 밝힌 서류. bill

계삼탕[鷄蔘湯] 약병아리의 내장을 빼고 인삼을 넣어 곤 보약. =삼계탕(蔘鷄湯). chicken soup with ginseng

계:상[計上] 전체 속에 계산해서 넣음. 「예비비를 예산에 ~하다」 けいじょう adding up

계:상[啓上] 웃어른에게 여쭘. けいじょう telling to a superior

계:상[階上] 계단의 위. ↔계하(階下) かいじょう upstairs

계상[稽顙] 머리를 조아림. 「~ 재배(再拜)」 けいそう kotowing

계:색[戒色] 여색(女色)을 경계함. continence

계:서[繼序] 뒤를 이음. succession

계:석[計石] 곡식의 섬 수를 계산함.

계:선[戒善] 불교에서, 계율(戒律)을 지킴으로써 얻어지는 선근(善根). かいぜん keeping the commandment

계:선[繫船] 배를 매어 둠. けいせん mooring

계설향[鷄舌香] 정향(丁香)나무의 꽃봉오리를 말린 약재. けいぜつこう

계성[鷄聲] 닭 우는 소리. =계명(鷄鳴). けいせい cockcrowing

계:세[季世] ⇨말세(末世). きせい

계:소[繼紹] 받아 계승함. けいしょう succession

계:속[繫束] ①얽어매어 묶음. ②자유를 속박함. =기속(羈束). けいそく binding

계:속[繫屬·係屬] ①남에게 매여 있음. ②소송 사건이 법원에 걸려 있음. 「소송(訴訟)~」 けいぞく
① subordination ② pendency

계:속[繼續] 이어 나감. 「발언(發言)을 ~하다」 けいぞく continuation

계:속비[繼續費] 여러 해에 걸친 사업의 경비를 일괄하여 미리 국회의 의결을 얻고, 일정한 경비 총액을 여러 회계 연도에 나누어 계속적으로 지출하는 경비. けいぞくひ continuing expenditure

계:손[系孫] 혈통이 먼 손자. =원손(遠孫). distant grandchildren

계:쇄[繫鎖] ①쇠사슬로 매어 둠. 또는 그 쇠사슬. ②자유를 구속함. けいさ chaining

계:수[季嫂] 아우의 아내. =제수(弟嫂). younger brother's wife

계:수[計數] ①수를 셈. 계산함. ②계산해서 얻은 수치(數値). けいすう
① computation ② figures

계:수[係數] 수학에서, 기호 문자와 숫자로써 된 곱에서, 숫자를 기호 문자에 대하여 일컫는 말. けいすう coefficient

계:수[桂樹] 녹나무과의 교목. 특이한 방향(芳香)이 있으며 5~6월에 황백색의 꽃이 핌. 계수나무. cinnamon tree

계수[溪水] 골짜기의 물. 시냇물. けいすい

계:수[繫囚] 옥에 갇힌 죄수. 繫囚
けいしゅう　　　　prisoner
mountain stream

계:수[繼受] 이어받음. =계승 繼受
(繼承). けいじゅ　succession

계:수관[計數管] 방사선의 입 計數管
자 또는 광양자(光量子)의 도
달을 하나하나 검출하는 데
쓰이는 장치. けいすうかん
counter

계:수기[計數器] ① 수에 대한 計數器
기본 관념을 심어 주기 위한
아동 학습 용구(用具). 작은
알들을 몇 줄의 쇠줄에 꿰었음.
② 수효를 측정하는 기계. け
いすうき

계:술[繼述] 선인(先人)의 뜻 繼述
을 이어 서술함. けいじゅつ

계:습[繼襲] 조상·선인의 뜻이 繼襲
나 사업을 이음.

계승[階乘] 수학에서, n이 하 階乘
나의 자연수일 때, 1에서 n까
지의 모든 자연수의 곱을 n에
대하여 이르는 말. n! 또는 n
으로 표시함. かいじょう

계:승[繼承] 뒤를 이어받음. = 繼承
승계(承繼). けいしょう
accession

계:시[計時] 시간을 잼. けい 計時
じ　　　　　checking time

계:시[啓示] ① 일깨워 알게 함. 啓示
② 사람의 지혜로는 알 수 없
는 종교적 진리를 신(神)이 영
감(靈感)을 통하여 일깨워 줌.
けいじ　　　　revelation

계:신[戒愼] 경계하여 삼감. 戒愼
かいしん　　　　prudence

계신[鷄晨] 닭이 우는 새벽. 鷄晨
새벽녘. けいしん
time of dawning

계:실[繼室] ⇨후실(後室). け 繼室
いしつ

계:심[戒心] 경계하여 조심함. 戒心
かいしん　　　　caution

계:심[桂心] 계피(桂皮)의 겉 桂心
껍질을 깎아 낸 속의 얇은 부
분. 약재로 씀. けいしん
inner part of cassia bark

계:씨[季氏] 남의 아우의 높임 季氏
말. =제씨(弟氏).

계안창[鷄眼瘡] 티눈. けいが 鷄眼瘡
ん　　　　　　　　corn

계:약[契約] 매매·교환·대차 契約
등에 관한 약속. けいやく
contract

계:약금[契約金] 계약 보증금 契約金
(契約保證金)의 준말. けいや
くきん

계:약급[契約給] 근로자와 사 契約給
용자 사이에 일정한 노동 조
건에 따라 개별적으로 정한
임금. contract wages

계:약 농업[契約農業] 소비자 契約農業
·상인(商人)·상사(商社) 등과
농민 사이에 생산이나 판매 계
약을 맺고 그 계약에 따라 농
민이 농산물을 생산하는 농업.
contract farming

계:약 보증금[契約保證金] 保證金
계약 이행의 담보로 당사자의
한쪽이 상대편에게 미리 주는
돈. 준계약금(契約金).
contract deposit

계:약서[契約書] 계약의 성립 契約書
을 증명하기 위하여 그 내용
을 적은 서류. けいやくしょ
contract document

계:엄[戒嚴] ① 경계를 엄중히 戒嚴
함. ② 전시(戰時)나 비상시에 戰時
행정권·사법권의 전부 또는
일부를 군부(軍部)가 장악하
는 일. かいげん
① strict vigilance　② enforc-
ing martial law

계:엄령[戒嚴令] 계엄 실시를 戒嚴令
선포하는 명령. かいげんれい

martial law
계:열[系列] 서로 관련이 있거나 유사한 점이 있어 한 갈래로 이어지는 계통이나 조직. けいれつ　system
계:열사[系列社] 한 기업 집단에 딸린 회사. affiliates
계:영[繼泳] 릴레이로 하는 수영 경기. 「~대회(大會)」けいえい　relay swimming race
계:옥[桂玉] 땔나무는 계수나무처럼 귀하고 쌀은 옥같이 비싸다는 말로, 시량(柴糧)이 몹시 귀함을 이르는 말. 「~지수(之愁)」
계:옥[啓沃] ①남을 가르쳐 인도함. ②임금에게 충성된 말을 함. けいよく
　　②advising honestly
계:옥[繫獄] 옥에 가둠. けいごく　imprisonment
계우[溪友] 속세를 떠나 산골 짜기에서 사는 벗.
계:원[係員] 사무를 갈라맡은 계(係)에서 일을 보는 사람. かかりいん　clerk in charge
계:원[契員] 계에 든 사람. member of a loan club
계:월[計月] 달수를 계산함. =계삭(計朔). counting the months
계:월[桂月] ①달. ②음력 8월의 다른 이름. =계추(桂秋). けいげつ
　①the moon ②August by the lunar calendar
계육[鷄肉] 닭고기. けいにく　chicken
계:율[戒律] 종교인이 지켜야 할 행동 규범. かいりつ　commandment
계:율[悸慄] 부들부들 떨며 두려워함. shaking with fear

계:음[戒飮] 술마시기를 삼가고 경계함. =계주(戒酒). temperance
계:인[契印] 관련된 두 장의 서류에 걸쳐서 찍는, 계(契) 자를 새긴 도장. =인상(印相). けいいん　joint seal
계:일[計日] 날수를 계산함. counting the days
계:자[季子] 막내아들. きし the youngest son
계:자[契子·系子] ⇨양자(養子).
계:자[繼子] 의붓자식. けいし stepchild
계자[鷄子] ①달걀. ②병아리. けいし ①egg ②chick
계:장[契狀] 계약의 취지를 적은 문서. けいじょう contract
계:장[係長] 어느 한 계(係)의 책임자. かかりちょう head of a section
계:장[計贓] 범죄로 얻은 물건을 계산함.
계:장[繼葬] 조상의 무덤 아래에 잇따라 사는이의 묘를 씀.
계:쟁[係爭] 소송 당사자 사이의 싸움. けいそう contention
계:적[繼蹟] 조상의 좋은 행실과 업적을 이음.
계적[鷄炙] 닭고기로 만든 적.
계:전[契錢] 곗돈. money for the loan club
계:전기[繼電器] 어떤 회로의 전류가 끊어지고 이어짐에 따라 다른 회로를 여닫는 장치. けいでんき　relay
계:절[季節] 춘하추동의 그 한 철. きせつ　season
계:절병[季節病] 여름의 식중독, 겨울의 감기 등 계절에 따라 유행하는 병. きせつびょう　seasonal disease

계:절풍[季節風] 계절에 따라 일정한 방향으로 부는 바람. きせつふう　seasonal wind

계:정[計定] 부기에서, 자산·부채·손익 등에 관한 계산. 「～과목(科目)」 account

계:정 계:좌[計定計座] 부기에서, 계정마다 금액의 증감(增減)을 차변과 대변으로 나누어 기록·계산하는 자리. 준 계좌(計座).

계:제[計除] ⇨계감(計減).

계:제[階梯] ① 계단과 사다리. ② 일이 되어 가는 순서. ③ 일의 좋은 기회. かいてい ① steps ② step ③ opportunity

계:종[繼蹤] 뒤를 이음. accedence

계:좌[計座] 계정 계좌(計定計座)의 준말.

계:주[戒酒] ⇨계음(戒飮).

계:주 경:기[繼走競技] 몇 사람이 일정한 거리를 나누어 맡아 이어 가며 달리는 경기. 이어달리기. けいそうきょうぎ relay race

계죽[鷄粥] 닭고기를 넣고 쑨 죽. porridge with chicken

계:중[契中] ① 계원 가운데. ② 계원 전체.

계:지[季指] ① 새끼 손가락. ② 새끼발가락. ① little finger ② little toe

계:지[繼志] 앞사람의 뜻을 이음.

계:차[階次] 계급의 차례. order of rank

계:착[係着] 늘 마음에 걸려 잊혀지지 않음. concern

계:책[戒責] ① 경고하여 꾸짖음. ② 견책함. ③ 과오가 없도록 경계하여 각성시킴.

계:책[計策] 꾀. =계략(計略). けいさく scheme

계:처[繼妻] 본처가 죽거나 이혼하여 헤어진 뒤 다시 얻은 처. =후처(後妻). けいさい second wife

계:첩[戒牒] 중이 계를 받았다는 증명서. かいちょう

계:청[啓請] 임금에게 아뢰어 청함.

계:체[稽滯] 일이 밀려 늦어짐. delay

계:촌[計寸] 촌수를 따짐. counting the degree of relationship

계:추[季秋] ① 늦가을. ② 음력 9월의 다른 이름. きしゅう ② September by lunar calendar

계:추[桂秋] ① 가을. ② ⇨계월(桂月). けいしゅう ① fall

계:춘[季春] ① 늦봄. ② 음력 3월의 다른 이름. きしゅん ① late spring ② March by the lunar calendar

계:출[屆出] ⇨신고(申告). とどけで

계:측[計測] 여러 가지 기계로 길이·무게·부피 등을 잼. けいそく measuring

계층[階層] ① 층계. ② 사회를 이루는 여러 계열의 층. ③ 한 계급 안의 층(層). かいそう ① stairs ② class ③ rank

계:칙[戒飭] 주의를 주어 조심하게 함. かいちょく admonition

계:친[繼親] ⇨계부모(繼父母).

계:칩[啓蟄] 겨울잠을 자던 벌레가 봄을 맞아 나와서 움직임. awakening from hibernation

계:칩[繫縶] 자유를 구속당하

계탕[鷄湯] 닭고기로 끓인 국. 鷄湯
　　　　　　　　　chicken soup

계:통[系統] ①일정한 차례를 系統
따라 이어져 있는 통일된 연
관. ②공통의 조상에서 갈라 共通
져 나온 것끼리의 관계. 「우
랄 알타이 ~의 언어」③같은 關係
종류나 방면에 딸려 있는 관
계. 「적색 ~의 빛깔」④전체 全體
가 하나의 통일성을 가지고
기능하도록 되어 있는 조직.
「신경 ~」けいとう　system

계:통[繼統] 임금의 계통(系 繼統
統)을 이음. けいとう
　　succeeding to the throne

계:통 발생[系統發生] 어떤 생 系統
물이 원시 상태로부터 현재에 發生
이르기까지 거쳐온 형태 변화
의 과정. けいとうはっせい
　　　　　　　phylogeny

계:투[繼投] 야구에서, 이제까 繼投
지 공을 던지던 투수가 물러
나고 다른 투수가 이어서 공
을 던지는 일.

계:표[計票] 표를 정리하여 수 計票
를 셈.　counting the votes

계:표[界標] 경계를 나타내는 界標
표지. かいひょう　landmark

계:피[桂皮] 계수나무의 껍질. 桂皮
약재로 씀. けいひ
　　　　　cinnamon bark

계:피말[桂皮末] 계피의 가루. 桂皮末
　　　cinnamon powder

계피학발[鷄皮鶴髮] 닭의 살 鷄皮
갗 같고 학의 머리 같다는 뜻 鶴髮
으로, '노인'을 비유하여 이르
는 말.　　　　　old man

계:하[季夏] ①늦은 여름. 季夏
음력 6월의 다른 이름. きか
① late summer ② June by
the lunar calendar

계하[階下] 계단의 아래. ↔계 階下
상(階上). かいか
　place below the stairs

계학지욕[谿壑之慾] 한 없이 谿壑
큰 욕심. けいがくのよく 之慾
　　　　　　　　avarice

계:한[界限] ①땅의 경계. ② 界限
⇨한계(限界).　① boundary

계:행[啓行] ①앞장서서 인도 啓行
함. =선도(先導). ②여행길
을 나섬. けいこう　① guide

계:행[繼行] ①계속해서 감. 繼行
②계속해서 함.
① keep going ② keep doing

계:호[戒護] ①경계하여 지킴. 戒護
②교도소 안의 치안을 확보함.
かいご　① guard ② security
in the prison

계:화[桂花] 계수나무의 꽃 桂花
　　　　　　cassia flower

계:회[契會] 계의 모임. 契會
　meeting of fraternity

계:획[計畫] 앞으로 할 일의 計劃
규모와 내용 등을 미리 짬.
けいかく　　　　　plan

계:획 경제[計畫經濟] 정부가 經濟
세운 일정한 계획에 따라서
생산 활동 및 생산물의 분배
가 이루어지는 경제 제도. け
いかくけいざい
　　　　planned economy

계:후[季候] 계절과 기후. き 季候
こう　season and weather

고:[古]* ①예 고: 옛날. 옛
일. 「古代(고대)·古談(고담)· 古代
古今(고금)」②선조 고: 선
조. 「先古(선고)」コ ①いに
しえ・ふるい

고[叩] ①두드릴 고: 두드리
다. 「叩門(고문)·叩叩(고고)」 叩門
②조아릴 고: 조아리다. 「叩
頭(고두)」③물을 고: 묻다. 叩頭
「叩問(고문)」コウ ①たたく

고[尻] 꽁무니 고: 꽁무니. 엉 尻

덩이. コウ・しり

고[考]* ① 상고할 고:상고하다. 생각하다. 「考察(고찰)·考古(고고)·思考(사고)」 ② 죽은 아비 고:죽은 아비. 「考妣(고비)·先考(선고)」 コウ ① かんがえる

고:[告]* ① 알릴 고:알리다. 고하다. 「通告(통고)·告示(고시)·告別(고별)」 ② 청할 고:청하다. 고소하다. 「告訴(고소)·告發(고발)」 ③ 물을 고:묻다. コク ① つげる

고[估] ① 값 고:값. 값어치. 「估價(고가)·估券(고권)」 ② 팔 고:팔다. コ ① あたい

고[沽] ① 팔 고:팔다. 「沽販(고판)·沽賣(고매)」 ② 살 고:사다. 「沽酒(고주)」 コ ① うる ② かう

고[呱] 아이 울 고:아이가 울다. 「呱呱(고고)·呱呱之聲(고고지성)」 コ・なく

고[固]* ① 굳을 고:굳다. 단단하다. 「固形(고형)·堅固(견고)·固結(고결)」 ② 고집할 고:고집하다. 「固執(고집)·疾固(질고)」 ③ 완고할 고:완고하다. 「固陋(고루)」 ④ 이미 고:이미. 「固行(고행)」 コ ② かたい・かためる・かたまる

고[姑]☆ ① 시어머니 고:시어머니. 「姑婦(고부)」 ② 시누이 고:시누이. 「小姑(소고)」 ③ 고모 고:고모. 「姑母(고모)」 ④ 아직 고:아직. 잠시. 「姑息(고식)」 コ ① しゅうとめ ④ しばらく

고[孤]☆ ① 외로울 고:외롭다. 「孤立(고립)·孤客(고객)·孤帆(고범)·孤島(고도)」 ② 아비 없을 고:고아. 「孤兒(고아)·孤哀子(고애자)」 コ ① ひとり ② みなしご

고[股] ① 넓적다리 고:넓적다리. 「股間(고간)·股肱(고굉)」 ② 나뉠 고:나누어지다. 「股叉(고차)」 コ ① もも・また

고[拷] 매 때릴 고:매로 때리다. 「拷問(고문)·拷責(고책)」 ゴウ・うつ

고:[故]* ① 연고 고:연고. 「緣故(연고)」 ② 까닭 고:까닭. 이유. 「何故(하고)」 ③ 일 고:사건. 「事故(사고)」 ④ 예 고:옛일. 「故人(고인)·故事(고사)」 コ ② ゆえ ④ ふるい

고[枯]* ① 마를 고:초목이 마르다. 「枯木(고목)·枯死(고사)·枯松(고송)」 ② 여윌 고:여위다. 「枯庾(고유)」 コ ① かれる

고[苦]* ① 괴로울 고:괴롭다. 「苦生(고생)·苦闘(고투)·苦困(고곤)」 ② 쓸 고:쓰다. 「苦味(고미)·苦草(고초)·苦酒(고주)」 ク ① くるしい ② にがい

고[庫]☆ 곳집 고:곳간. 창고. 「倉庫(창고)·庫舍(고사)」 コ・くら

고[罟] 그물 고:그물. 「罟網(고망)·罟罘(고부)」 コ・あみ

고[高]* ① 높을 고:높다. 「高等(고등)·最高(최고)·高低(고저)」 ② 높일 고:높이다. 공경하다. 「高見(고견)」 ③ 비쌀 고:비싸다. 「高價(고가)·高騰(고등)」 コウ ①③ たかい

고[皐・皋] 못 고:못. 늪. コウ・さわ

고[袴] 바지 고:바지. 고의. 「袴衣(고의)·袴下(고하)」 コ・はかま

고[詁] 주낼 고:주를 달다. 「詁訓(고훈)」 コ・よみ

고[辜] ① 허물 고: 허물. 죄. 「無辜(무고)·辜功(고공)」 ② 반드시 고: 반드시. 꼭. 「辜限(고한)」 コ ① つみ 無辜

고[雇] 품팔 고: 품팔이하다. 「雇傭(고용)·雇主(고주)·雇用(고용)」 コ・やとう 雇用

고[痼] 고질 고: 고질. 「痼疾(고질)·痼弊(고폐)·痼瘼(고막)」 コ・ながやみ 痼疾

고[賈] ① 앉은장사 고: 앉아서 하는 장사. 상업. 「賈人(고인)·賈賣(고매)」 ② 성 가: 성의 하나. 「賈哥(가가)」 コ・カ ① あきない 賈人

고[鼓]* ① 북 고: 북. 「鼓手(고수)」 ② 칠 고: 치다. 두드리다. 「鼓腹(고복)·鼓舌(고설)」 コ ① つづみ 鼓手

고[敲] 두드릴 고: 두드리다. 「敲門(고문)·推敲(퇴고)」 コウ・たたく 推敲

고[睾] ① 불알 고: 불알. 「睾丸(고환)·睾女(고녀)」 ② 질펀할 고: 질펀하다. 「睾如(고여)」 コウ ① きんたま 睾丸

고[膏] ① 기름 고: 기름. 「膏血(고혈)·膏汗(고한)」 ② 고약 고: 고약. 「膏藥(고약)」 コウ ① あぶら 膏藥

고[稿]* ① 볏짚 고: 볏짚. 「稿草(고초)」 ② 초고 고: 원고. 「原稿(원고)·稿本(고본)」 コウ ① わら ② したがき 稿草

고[錮] 가둘 고: 가두다. 「禁錮(금고)」 コ・つなぐ・とぢこめる 錮疾

고[藁] ① 짚 고: 볏짚. 보릿짚. 「藁稻(고도)·藁工(고공)」 ② 거적 고: 거적. コウ ① わら 藁工

고[瞽] ① 장님 고: 장님. 「瞽者(고자)·瞽女(고녀)」 ② 전악 瞽者

고: 전악(典樂). コ ① めくら

고[顧]* ① 돌아볼 고: 돌아보다. 「回顧(회고)·顧眺(고조)」 ② 돌보아 줄 고: 돌보아 주다. 「顧問(고문)·顧愛(고애)」 コ・かえりみる 回顧

고[蠱] ① 독 고: 독(毒). 해독. 「蠱毒(고독)·蠱疾(고질)」 ② 고혹할 고: 현혹시키다. 「蠱惑(고혹)」 コ ② まどわす 蠱毒

고:가[古家] 지은 지 오래 된 집. =고옥(古屋). こか old house 古家

고:가[古歌] 옛 노래. こか old song 古歌

고:가[告暇] ① 휴가를 얻음. 또는 휴가를 청함. ② 결근(缺勤)이나 결석을 함. ① taking a vacation ② absence 告暇

고:가[故家] 여러 대에 걸쳐 지체 높게 잘 살아온 집안. 「~대족(大族)」 こか family of old standing 故家

고가[高架] 지상에 높이 건너지름. 「~ 도로(道路)」 こうか overhead 高架

고가[高價] 값이 비쌈. ↔저가(低價). 「~품(品)」 こうか costliness 高價

고가[雇價] 품삯. 삯전. wages 雇價

고가 철도[高架鐵道] 땅 위에 높이 다리를 놓고 그 위에 선로를 가설한 철도. こうかてつどう overhead railway 高架鐵道

고각[高閣] 높은 전각(殿閣). こうかく lofty building 高閣

고각[鼓角] 북과 나팔. drums and trumpets 鼓角

고간[股間] 두 다리 사이. 샅. こかん crotch 股間

고간[固諫] 기이이 간함. remonstrating firmly 固諫

고간[苦諫] 괴로운 마음을 무 苦諫

룹쓰고 간절히 간함. くかん
remonstrating earnestly

고갈[枯渴] ① 물이 바짝 마름. ② 돈이나 물자가 달림. ③ 생각이나 느낌 따위가 없어짐. こかつ
① drying up ② exhaustion

고객[孤客] 외로운 나그네. こかく   solitary traveler

고객[苦客] 성가시고 귀찮은 손.   tiresome visitor

고객[顧客] 영업상의 손. こきゃく・こかく   customer

고거[考據] 상세히 검토하여 근거나 증거로 삼음. こうきょ   referring to

고검[高檢] 고등 검찰청(高等檢察廳)의 준말.

고견[高見] ① 훌륭한 의견. ② 상대편을 높이어 그의 의견을 이르는 말. こうけん
① valuable opinion

고견[顧見] ① 지난 일을 돌이켜봄. ② 돌보아 줌. ① looking back ② taking care of

고결[高潔] 고상하고 깨끗함. こうけつ   loftiness

고경[苦境] 괴로운 처지. ↔낙경(樂境). くきょう
distressed circumstances

고계[苦界] 괴로운 인간 세상. くがい   the world

고고[考古] 유물·유적 또는 고서(古書) 등을 통하여 옛일을 연구함.「~학(學)」 こうこ
study of antiquities

고고[呱呱] 아이가 태어나면서 처음으로 우는 소리. 「~의 소리」 ここ
cry of a baby at its birth

고고[孤高] 속세에서 벗어나 홀로 고상하고 깨끗함. 「~한 기상」 ここう proud loneliness

고고지성[呱呱之聲] ① 갓 난 아이의 첫 울음소리. ② 사물이 처음으로 시작되는 기척을 비유하여 이르는 말.

고고학[考古學] 유물이나 유적에 의하여 고대 인류의 문화나 생활을 연구하는 학문. こうこがく   archaeology

고골[枯骨] 살이 썩어 없어진 시체의 뼈. ここつ skeleton

고공[高空] 높은 공중(空中). ↔저공(低空). こうくう
high sky

고공[雇工] ① 머슴. 「~살이」 ② 품팔이. ③ 고용살이하는 직공(職工).
① servant ② day laborer

고공병[高空病] 높은 공중(空中)의 기상 격변(激變)과 산소의 결핍으로 생기는 병증. こうくうびょう
altitude sickness

고과[考課] 일하는 성적을 평가하여 우열을 정함. こうか
evaluation of services

고과[孤寡] ① 고아와 과부. ② 왕후(王侯)가 스스로를 겸손하게 이르던 말.
① orphan and widow

고:관[告官] 관청에 아룀.   reporting to the public office

고관[高官] 지위가 높은 관리. 높은 벼슬. こうかん
high official

고:괴[古怪] 예스럽고 괴상함.   antiqueness and strangeness

고굉[股肱] ① 다리와 팔. 수족(手足). ② 고굉지신(股肱之臣)의 준말. ここう   ① limb

고굉지신[股肱之臣] 임금이 가장 믿고 중하게 여기는 신하. 준고굉(股肱).
king's right-hand man

고:교[古敎] 예수가 나기 전의 천주를 숭배하는 종교. 모세교. 古敎

고교[考校] ① 상고(詳考)하여 조사함. ② 시험. =고시(考試). ① investigation ② examination 考校

고:교[故交] ⇨고구(故舊). 故交

고교[高校] 고등 학교(高等學校)의 준말. こうこう 高校

고교[高敎] 남의 가르침을 높여서 이르는 말. こうきょう your teaching 高敎

고구[考究] 자세하게 살펴 구명(究明)함. こうきゅう study 考究

고:구[故舊] 오랜 친구. 옛 친구. =고교(故交). こきゅう old friend 故舊

고:국[故國] ① 조상 때부터 살아온 자기 조국(祖國). 「~ 산하(山河)」 ② 역사가 오랜 나라. ③ 이미 망해 버린 옛 나라. ここく ① homeland ② ancient country 故國

고군[孤軍] 후원이 없는 고립된 군대. 「~분투(奮鬪)」 こぐん isolated force 孤軍

고:군[故君] ① 죽은 임금. こくん ② 죽은 남편. ① dead king ② dead husband 故君

고군[雇軍] ① 삯군. ② 고용한 군인. =용병(傭兵). ① hired hands ② mercenary 雇軍

고군분투[孤軍奮鬪] ① 수가 적고 후원도 없는 군대가 대적(大敵)과 싸움. ② 힘에 벅찬 일을 남의 도움도 없이 잘 해냄. こぐんふんとう 孤軍奮鬪

고:궁[古宮] 옛 궁궐. 「~ 순례(巡禮)」 old palace 古宮

고궁[固窮] 가난을 달게 여기고 잘 견디어 냄. bearing poverty with fortitude 固窮

고궁[孤窮] 외롭고 곤궁함. 孤窮

고권[沽券] ① 토지를 매매한 증서. ② 파는 값. =매가(賣價). ③ 품위. 체면. 「~에 관한 일」 こけん ① deed ② selling price ③ grace 沽券

고:귀[告歸] 작별하고 돌아감. 告歸

고귀[高貴] ① 신분이 높고 귀함. ② 훌륭하고 귀중함. 「~한 정신」 ③ 값이 비쌈. こうき ① nobility ③ expensiveness 高貴

고규[孤閨] 홀로 자는 부인의 외로운 잠자리. こけい 孤閨

고극[苦劇] 몹시 심함. severity 苦劇

고:금[古今] 옛날과 지금. こきん・ここん ancient and modern times 古今

고금[孤衾] 홀로 자는 외로운 잠자리. こきん solitary bed 孤衾

고금[雇金] 삯돈. 품삯. wages for labor 雇金

고:금동서[古今東西] 옛 날과 지금 및 동양과 서양의 뜻으로, 이제까지의 모든 시대와 모든 지역을 이르는 말. all ages and countries 古今東西

고금리[高金利] 높은 금리. 비싼 이자. こうきんり usury 高金利

고금리 정책[高金利政策] 금리를 정상적인 수준보다 높게 유지하여, 인플레이션을 억제하고 국제 수지를 개선하려는 정책. こうきんりせいさく dear money policy 政策

고:급[告急] 급한 처지임을 알림. 告急

고급[高級] 높은 등급이나 계급. ↔저급(低級). 「~품(品)」 こうきゅう high grade 高級

고급[高給] 높은 액수의 급료. 「~으로 채용하다」 こうきゅう high salary 高給

고급 언어[高級言語] 컴퓨터 프로그래밍 언어의 하나. 기계어와는 달리 사용자가 쉽게 이해하고 표현할 수 있도록 개발된 언어 형식임. 포트란·베이식·코볼 등이 있음.
　　high-level language

고급 장:교[高級將校] 군대의 영관급(領官級) 이상의 장교.　high-ranking officer

고:기[古奇] 예스럽고 기이함.
　antiqueness and strangeness

고:기[古記] 옛날 기록. こき
　　　old record

고:기[古基] 옛터.　old site

고:기[古器] 옛적에 쓰던 그릇. こき　antiquities

고:기[故基] 자기가 살던 옛터.　one's old site

고기[顧忌] 뒷일을 걱정하고 꺼림. こき

고기압[高氣壓] 주변보다 높은 기압. ↔저기압(低氣壓). こうきあつ
　high atmospheric pressure

고나도트로핀[gonadotropin] 뇌하수체 전엽에서 분비되는 생식선(生殖腺) 자극 호르몬. ゴナドトロピン

고난[苦難] 피로움과 어려움. 「~을 겪다」 くなん　trouble

고녀[雇女] 고용살이하는 여자.　maid

고녀[鼓女] 생식기가 완전하지 못한 여자.

고니[睾女] 남녀의 생식기를 한몸에 겸하여 가진 사람. 남녀추니.　hermaphrodite

고녀[瞽女] 여자 장님.
　　　blind woman

고년[高年] 나이가 많음. =고령(高齡). こうねん
　　　advanced age

고념[顧念] ①보살펴 줌. ②남의 허물을 덮어 줘. =고시(顧視). こねん　①looking after ②connivance

고뇌[苦惱] 고통스럽게 번민함. =고민(苦悶). くのう
　　　suffering

고니오미터[goniometer] ①전파(電波)가 오는 방향을 측정하는 장치. ②각도를 재는 기계를 통틀어 이르는 말.

고단[孤單] 단출하고 외로움.
　　　solitude

고:담[古談] 옛날 이야기.
　　　old tale

고담[枯淡] 글·그림·인품 따위가 속되지 아니하고 아취(雅趣)가 있음. こたん
　subdued refinement

고담[高談] ①거리낌없이 큰 소리로 말함. ②남의 말을 높여서 이르는 말. こうだん
　①speaking aloud ②your discourse

고담준론[高談峻論] ①고상하고 준엄한 말. ②잘난 체하고 과장해서 떠드는 말.
　①high and mighty talk ②bombast

고답[高踏] 지위나 명리에 얽매이지 않고 속세에 초연함. こうとう　transcending the mundane world

고당[高堂] ①높다랗게 지은 집. ②남의 부모를 높여 이르는 말. ③남의 집의 높임말. こうどう
　①lofty house ③your house

고:대[古代] ①옛 시대. ②역사의 시대 구분의 하나. 중세의 앞 시대. こだい
　　　ancient times

고대[苦待] 몹시 기다림. 「학

수(鶴首)~」 waiting eagerly for

고대[高臺] 높이 쌓은 대. かだい・こうだい lofty stand

고대광실[高臺廣室] 규모가 매우 크고 잘 지은 집. palatial mansion

고:덕[古德] 덕행이 높은 옛 중. ことく

고덕[高德] 덕이 높음. 또는 높은 덕. こうとく lofty virtues

고:도[古刀] ①옛날에 만든 칼. ② 헌 칼. ことう old sword

고:도[古都] 옛 도읍. こと former capital

고:도[古道] ①옛날에 다니던 길. ②옛날의 도의(道義).

고도[孤島] 외딴 섬. ことう isolated island

고도[高度] ①높이.「비행~」 ②수준이나 정도가 높은 상태.「~의 경제 성장」③지평면에서 천체까지의 각거리(角距離). こうど ① height

고도[高跳] 높이 뜀 high jump

고도화[高度化] 정도(程度)가 높아지거나 높아지게 함.「산업~」こうどか

고독[孤獨] ① 외로움. ② 부모를 일찍 여읜 아이와 자식 없는 늙은이. こどく ① solitude

고독[苦毒] 고통스러움. 쓰라림. =신독(辛毒). bitterness

고독[蠱毒] 뱀·지네·두꺼비 따위의 독기. 또는 이 독이 섞인 음식물을 먹고 생긴 병. venom

고독경[孤獨境] 홀로 외로운 처지. solitude

고:동[古董] ⇨ 골동품(骨董品).

고:동[古銅] 낡은 구리쇠. こどう old copper

고동[鼓動] ① 혈액 순환을 위하여 심장이 뛰는 일. ②더욱 힘을 내도록 용기를 북돋움. こどう ① palpitation ② encouragement

고:동색[古銅色] 검붉은 색을 띤 누른 빛깔. reddish brown

고두[叩頭] 공경하는 마음을 나타내려고 머리를 조아림. =고수(叩首). こうとう kotowing

고등[孤燈] 외따로 켜져 있는 등불. ことう solitary light

고등[高等] 등급이나 정도가 높음.「~ 교육(敎育)」こうとう high grade

고등[高騰] 물건값이 뛰어오름. こうとう rising in prices

고등 검:찰청[高等檢察廳] 고등 법원에 대응하여 설치된 검찰청. 준고검(高檢). こうとうけんさつちょう

고등 고시[高等考試] 사법 시험과 행정 고등 고시·공무원 임용 시험의 구용어. 준고시(高試). こうとうこうし state law examination

고등 법원[高等法院] 지방 법원의 재판에 대한 항소·항고를 재판하는 중급 법원. 대법원과 지방 법원의 중간임. 준고법(高法). こうとうほういん high court of justice

고등 학교[高等學校] 중학교를 졸업한 사람에게 중등 교육 및 실업 교육을 베푸는 학교. 준고교(高校). こうとうがっこう high school

고딕[Gothic] ①가로와 세로의 획의 굵기가 일정하게 굵은 서체(書體). ②유럽 중세 후반의 미술·건축 양식(樣式).

고락[苦樂] 피로움과 즐거움. 苦樂
「~을 같이하다」くらく
pain and pleasure

고람[高覽] 남을 높이어 그가 高覽
'보아 줌'을 이르는 말. こうらん
your inspection

고:래[古來] 자고이래(自古以來)의 준말. こらい 古來

고량[考量] 생각하여 헤아림. 考量
=사량(思量). こうりょう
consideration

고량[高粱] 수수. 「~주(酒)」 高粱
コーリャン

고량[膏粱] 고량진미(膏粱珍味)의 준말. こうりょう 膏粱

고량자제[膏粱子弟] 전혀 고 膏粱子弟
생을 모르고 자란, 부유한 집
안의 젊은이. こうりょうしてい
wellborn person

고량진미[膏粱珍味] 기름진 膏粱珍味
고기와 좋은 곡식으로 만든
맛있는 음식. 준고량(膏粱).
good fare

고려[考慮] 잘 생각해 봄. こ 考慮
うりょ   consideration

고려[苦慮] 생각에 골몰함. = 苦慮
고심(苦心). くりょ   pains

고려[顧慮] ① 지난 일을 돌이 顧慮
켜 생각함. ② 앞일을 헤아려
걱정함. こりょ

고려 가요[高麗歌謠] 구전(口 高麗歌謠
傳)하여 오던 고려 시대 평민
들의 노래. =고려 속요(高麗俗
謠). 문어요(麗謠).

고려장[高麗葬] ①전설에서, 高麗葬
고대에 노쇠한 사람을 묘실
(墓室)에 옮겨 두었다가 죽으
면 그 곳에서 장사지내던 풍
습. ② '고분(古墳)'을 속되게
이르는 말.

고련[顧戀] 마음에 두고 그리 顧戀
워함.

고령[高嶺] 높은 고개. たかね 高嶺
lofty ridge

고령[高齡] 나이가 많음. =고 高齡
년(高年)·고수(高壽). こうれい
advanced age

고령토[高嶺土] ① 도자기를 高嶺土
만드는 데 쓰는 흙. ② 장석
(長石)이 분쇄되어 생긴
흙. =고량토(高粱土). kaolin

고:례[古例] 예로부터 내려오 古例
는 관례(慣例). これい
old custom

고:례[古禮] 옛날의 예법(禮 古禮
法). これい   old manners

고:로[古老] 경험이 많으며, 古老
옛일을 많이 알고 있는 노인.
ころう   old man

고로[孤老] 의지할 데가 없는 孤老
외로운 늙은이.
solitary old man

고:로[故老] ①낡은 인습에 故老
젖은 노인. ②⇨고로(古老).
ころう

고로[高爐] 철광석을 제련하는 高爐
데 사용되는 용광로(鎔鑛爐).
こうろ   blast furnace

고록[高祿] 많은 봉록(俸祿). 高祿
많은 급여(給與). こうろく
high salary

고론[高論] ① 고상한 언론(言 高論
論). ② 남의 언론의 높임말.
こうろん   ① exalted view

고료[稿料] 원고료(原稿料)의 稿料
준말. こうりょう

고루[固陋] 낡은 생각이나 풍 固陋
습에 젖어 고집이 세고 변통
성이 없음. 「~한 생각」 こう
bigotry

고루[孤陋] 보고 들은 것이 적 孤陋
어 마음이 좁고 행동이 변변
치 못함. ころう   illiberality

고루[孤壘] 외따로 떨어져 있 孤壘
는 성루(城壘). こるい

고루[高樓] 높은 누각(樓閣). 「~거각(巨閣)」こうろう　solitary fortress; lofty building

고루[高壘] 높이 쌓은 보루(堡壘). こうるい

고륜[苦輪] 생사의 고뇌가 돌고 돌아 끝이 없음. くりん

고르곤[Gorgon] 그리스 신화에 나오는 세 자매의 마녀(魔女). ゴルゴン

고리[高利] ① 비싼 이자. 「~대금(貸金)」② 많은 이익. こうり　① usury ② large profit

고리 대:금[高利貸金] ① 높은 이자를 받는 돈놀이. ② 이자가 비싼 돈. ① usury ② loan at high interest

고릴라[gorilla] 유인원과의 큰 짐승. 아프리카 적도(赤道) 부근에 분포함. ゴリラ

고립[孤立] ① 혼자 외따로 떨어져 있음. ② 남과 어울리지 못하여 외톨이가 됨. こりつ　isolation

고립[雇立] 조선 시대에, 사람이나 마소를 고용하여 부리던 일.

고립어[孤立語] 언어 형태의 한 가지. 어미 변화나 접사 따위가 없고, 단지 관념을 나타내는 단어가 그 위치에 따라 문법적 기능을 달리하는 언어. 중국어·타이어·티베트어 등이 이에 딸림. こりつご　isolated languages

고마문령[瞽馬聞鈴] 눈먼 망아지가 워낭 소리를 듣고 따라간다는 뜻으로, 맹목적으로 남이 하는 대로 따라 함을 이르는 말. following

고막[鼓膜] 귓속에 있는 타원형의 얇은 막. 소리를 내이(內耳) 쪽으로 전달하는 구실을 함. 귀청. こまく　eardrum

고:매[故買] 훔친 물건인 줄 알면서 삼. 「장물(贓物) ~」こばい　fencing

고매[高邁] 인품이나 학식 등이 높고 뛰어남. こうまい　loftiness

고면[高免] 남이 용서해 줌을 높여서 이르는 말. こうめん　your pardon

고면[顧眄] 돌이켜봄. こべん·こめん　looking back

고:명[古名] 옛날 이름. こめい　old name

고명[高名] ① 이름이 널리 알려짐. 알려진 이름. ② 남의 이름의 높임말. こうめい　① fame ② your name

고명[高明] ① 고상하고 현명함. ② 식견이 높고 사리에 밝음. こうめい　① nobility and intelligence ② acumen

고명[顧命] 임금이 임종 때, 유언으로 나라의 뒷일을 부탁함. こめい　king's last will

고모[姑母] 아버지의 누이. paternal aunt

고모부[姑母夫] 고모의 남편. husband of one's paternal aunt

고모음[高母音] 입을 조금 벌려 혀가 입천장에 가장 가까운 상태에서 발음되는 모음. 'ㅣ·ㅡ·ㅜ' 따위. =폐모음(閉母音).

고:목[古木] 오래 자란 나무. こぼく　aged tree

고목[枯木] 말라서 죽은 나무. こぼく·かれき　withered tree

고목사회[枯木死灰] 말라 죽은 나무와 불기 없는 재라는 뜻으로, 생기와 의욕이 없는 사람의 비유.

고목생화[枯木生花] 죽은 나무에서 꽃이 핀다는 뜻으로, 불우한 사람이 큰 행운을 만남의 비유.

고:묘[古墓] 옛 무덤. old tomb

고:묘[古廟] 옛 사당. 오래 된 사당. こびょう old shrine

고:묘[告廟] ① 집안에 큰일이 있을 때 사당에 아뢰는 일. ② 나라나 왕실에 큰일이 있을 때 종묘(宗廟)에 아뢰는 일.

고묘[高妙] 고상하고 묘함. こうみょう nobility and excellence

고무[鼓舞] ① 북을 치며 춤을 춤. ② 더욱 힘을 내도록 용기를 북돋움. こぶ ② encouragement

고:묵[古墨] 만든 지 오래 된 먹. こぼく old ink stick

고:문[古文] ① 옛 글. ② 전자(篆字)가 생기기 전의 과두문자(蝌蚪文字). ③ 중국 고래의 산문(散文). こぶん ancient writing

고문[叩門] 사람을 찾아가서 문을 두드림. knocking at the door

고문[拷問] 죄를 자백시키기 위하여 피의자에게 여러 가지 육체적 고통을 주어 괴롭히면서 심문하는 일. =고신(拷訊). ごうもん torture

고문[高文] ① 고상한 글. ② 남의 문장의 높임말.

고문[顧問] ① 의견을 물음. ② 자문(諮問)에 응하여 의견을 말하는 직책. 또는 그 직책에 있는 사람. こもん
① asking advice ② adviser

고:문서[古文書] 옛 기록. こもんじょ archives

고문 치사[拷問致死] 지나친 고문으로 사람을 죽게 함.

고:물[古物] ① 옛 물건. ② 헌 물건. こぶつ ① antique ② secondhand article

고:미[古米] 묵은 쌀. こまい

고:미[苦味] 쓴맛. ↔감미(甘味). くみ bitterness

고미제[苦味劑] 건 위제(健胃劑)로 쓰는, 쓴맛이 나는 약제. bitters

고민[苦悶] 속을 태우며 괴로 워함. くもん agony

고:박[古朴·古樸] 예스럽고 질박함.

고:발[告發] 범인이나 피해자가 아닌 제삼자가 범죄 사실을 수사 기관에 신고하여 수사 및 범인의 기소(起訴)를 요구하는 일. 「～장(狀)」 こくはつ prosecution

고:발 문학[告發文學] 사회의 모순을 지적하는 데에 주안 둔 문학.

고:발장[告發狀] 범죄를 고발할 때에 제출하는 서류. こくはつじょう bill of indictment

고:발 정신[告發精神] ① 사회의 비리나 범죄를 적극석으로 고발하려는 정신. ② 사회의 비리나 범죄를 들추어 내어 비판하는 태도로 문학을 실천하는 정신.

고:방[古方] ① 예부터 전해 오는 권위 있는 약방문. ② 옛석에 하던 빙법.
① ancient prescription ② ancient method

고방[庫房] 광. 광으로 쓰는 방. storeroom

고배[苦杯] 쓴 술이 담긴 잔이라는 뜻으로, 실패하여 겪는

쓰라린 경험을 뜻함. 「~를 마시다」くはい　ordeal

고배[高排] 과일·과자 따위를 높이 괴어 올림. heaping 高拜

고:백[告白] 마음에 숨기고 있던 일을 털어놓고 말함. こくはく　confession 告白

고:백 성:사[告白聖事] 가톨릭에서, 일곱 가지 성사의 하나. 세례를 받은 신자가, 저지른 죄를 뉘우치고 하느님의 대리자인 사제에게 고백하여 용서를 받는 일. '고해 성사'의 고친 말. sacrament of penance 聖事

고범[孤帆] 외롭게 떠 있는 배. =고주(孤舟). こはん solitary ship 孤帆

고:범[故犯] 익부러 범한 죄. intentional crime 故犯

고:법[古法] 옛날의 법률이나 법식. こほう　ancient law 古法

고법[高法] 고등 법원(高等法院)의 준말. 高法

고벽[痼癖] 이미 굳어져서 고치기 어려운 버릇. こへき inveterate habit 痼癖

고:변[告變] ① 변고를 알림. ② 반역을 고발함. ①informing of an accident 告變

고:별[告別] 헤어지게 됨을 알림. 「~식(式)」こくべつ farewell 告別

고:별식[告別式] ① 헤어지게 됨을 알리는 의식. =송별식(送別式). ② 죽은 이의 영전에서 지내는 마지막 이별의 의식. こくべつしき
① farewell ceremony ② funeral service 告別式

고:병[古兵] ① 경험과 무공(武功)이 많은 병사. ↔신병(新兵). ② 경험이 많은 사람. 古兵 こへい　veteran

고복[鼓腹] 배를 두드림. 곧, 세상이 태평하고 생활이 넉넉함을 이르는 말. こふく happy and contented life 鼓腹

고복[顧復] 부모가 늘 자식을 걱정하며 마음을 쓰는 일.

고:본[古本] ① 헌 책. ↔신본(新本). ふるほん ② 고대의 책 또는 문서. こほん
① secondhand book ② old edition 古本

고본[股本] 여러 사람이 공동으로 하는 사업에서, 각자가 내는 자본. share of capital 股本

고본[稿本] 원고째로 맨 책. こうほん manuscript 稿本

고본계[股本契] 여러 사람이 일정한 기일 안에 일정한 금액을 모아 이자를 늘린 뒤에 나누어 갖는 계.
mutual financing association 股本契

고봉[孤峰] 외따로 떨어져 있는 산봉우리. こほう solitary peak 孤峰

고봉[庫封] 물건을 창고에 넣고 자물쇠로 채운 다음 봉인(封印)함.
sealing up a storehouse 庫封

고봉[高捧] 그릇의 전 위로 수북하게 담음. heaped measure 高捧

고:부[告訃] 사람의 죽음을 남에게 알림.
announcement of one's death 告訃

고부[姑婦] 시어머니와 며느리. =고식(姑媳). mother-in-law and daughter-in-law 姑婦

고부조[高浮彫] 돋을무늬가 매우 두드러지게 새기는 조각술. たかうきぼり　high relief 高浮彫

고:분[古墳] 옛 무덤. こふん ancient tomb 古墳

고분지통[鼓盆之痛·叩盆之 鼓盆

痛] 아내를 여읜 설움.

고:불[古佛] ① 오래 된 불상. ② 나이 많고 덕이 높은 중. ③ 매우 나이 많은 늙은이. こぶつ ① ancient Buddhist image ② virtuous old man

고블랭[프 Gobelin] 프랑스에서 만드는, 벽에 거는 장식용 직물(織物). ゴブラン

고비[叩扉] 문을 두드린다는 뜻으로, 남을 방문함을 이르는 말. こうひ calling at

고:비[古碑] 옛 비석. こひ old monument

고비[考妣] 선고(先考)와 선비(先妣). 곧, 돌아간 부모. こうひ deceased parents

고비[高卑] 고귀함과 비천함. こうひ nobility and humbleness

고비원주[高飛遠走] 멀리 달아나 자취를 감춤. leaving no trace behind

고빙[雇聘] 학식이나 기술이 높은 이를 모시어 옴. こへい invitation

고:사[古史] 옛 시대의 역사. こし ancient history

고:사[古寺] 오래 된 절. —고찰(古刹). こじ old temple

고:사[古祠] 옛 사당. こし old shrine

고사[考査] ① 상고하여 조사함. ② 성적·능력 등을 시험하여 검사함. ＝시험(試驗). 「기말(期末)～」こうさ ① investigation ② examination

고:사[告祀] 액운이 물러가고 행운이 오도록 음식을 차려 놓고 신령에게 제사지냄. 또는 그 제사. ritual for the worship of deities

고:사[告辭] 의식 때 글로 써서 권고하고 훈유(訓諭)하는 말. こくじ address

고사[孤寺] 외딴 곳에 있는 절. こじ isolated temple

고사[固辭] 굳이 사양하여 받아들이지 않음. こじ positive refusal

고사[枯死] 초목이 말라 죽음. こし withering to death

고:사[故事] ① 옛날에 있던 일. ② 예부터 전해 내려오는 유서 깊은 일. 또는 그것을 표현한 어구. 「～ 성어(成語)」こじ ① antiquities ② tradition

고사[高士] 세속에 물들지 않은 고결한 선비. こうし man of noble character

고사[庫舍] 곳집. ＝창고(倉庫). warehouse

고:사반[告祀盤] 걸립패(乞粒牌)에게 보시(布施)하는 물건을 차려 놓은 소반.

고:사본[古寫本] 옛날부터 전해 오는 필사본. old manuscript

고사포[高射砲] 공중의 항공기를 공격하는 앙각(仰角)이 큰 대포. こうしゃほう antiaircraft gun

고산[孤山] 외따로 떨어져 있는 산. ＝이산(離山). こざん lonely mountain

고:산[故山] ① 고향에 있는 산. ② ⇨고향(故鄕). 「～에 묻히다」こざん

고산[高山] 높은 산. 「～ 식물(植物)」こうざん lofty mountain

고산경행[高山景行] 높은 산과 큰 길이라는 뜻으로, 누구에게나 널리 존경을 받는 사람의 비유.

고산병[高山病] 높은 산에 올라갔을 때 기압이 낮아지고 산소가 부족하게 됨으로써 일어나는, 구토·두통 등의 병증. =산악병(山岳病). こうざんびょう mountain sickness

고산유수[高山流水] ① 거문고 가락의 미묘함의 비유. ② 지기(知己)의 비유.

고ː살[故殺] 고의적으로 사람을 죽임. こさつ murder

고삼[苦蔘] ① 콩과의 다년초. 산야에 나는데, 줄기는 곧고 여름에 나비 모양의 노란 꽃이 핌. 쓴너삼. ② 말린 고삼의 뿌리. 맛이 쓰고 성질이 참. 한방에서 황달·하혈·말라리아 등에 약세도 씀.

고삽[苦澁] 맛이 씁쓸하고 떫음. くじゅう bitterness and roughness

고상[苦狀] 고생스러운 상태나 형편. distress

고상[枯傷] 말라서 상함. こしょう

고상[高尙] 품위가 있고 격이 높음. ↔저속(低俗). 「~한 취미(趣味)」こうしょう nobility

고상[高翔] 하늘 높이 날아오름. =고비(高飛). こうしょう soar

고ː색[古色] ① 낡고 바랜 빛깔. ② 예스러운 모습이나 풍치. 「~창연(蒼然)」こしょく
① worn color ② antique look

고색[苦色] 싫어하거나 꺼리는 기색. displeasure look

고색[枯色] 마른 초목의 빛깔.

고ː색창연[古色蒼然] 예스러운 풍치가 그윽함. こしょくそうぜん

고생[苦生] 어렵고 괴로운 일이나 생활. 또는 그런 일이나 생활을 겪음. 「객지에서 ~하다」 toil

고ː생대[古生代] 지질(地質) 시대 구분에서, 원생대와 중생대 사이의 기간. 캄브리아기·오르도비스기·실루리아기·데본기·석탄기·페름기로 나뉨. こせいだい
the Paleozoic Era

고생문[苦生門] ① 고생을 할 운명. ② 고생의 시작. 「~이 훤하다」 ① adversity

고ː생물[古生物] 지질 시대에 살았던 동식물. こせいぶつ prehistoric life

고ː생층[古生層] 고생대(古生代)에 형성된 지층(地層). こせいそう paleozoic strata

고ː서[古書] ① 옛날 책. ② 헌 책. こしょ ① old book ② secondhand book

고ː석[古昔] 오랜 옛날. こせき ancient time

고식[鼓石] 무덤 앞의 상석(床石)을 괴는, 북 모양으로 다듬은 돌. 북석.

고선[考選] 가려 내어 뽑음. selection

고선[枯蟬] 매미가 벗은 허물.

고선[賈船] 장사하는 배. =상선(商船). こせん merchant ship

고ː설[古說] ① 옛날 이야기. ② 옛 사람의 학설. こせつ

고설[高說] ① 견식이 높은 학설. ② 남의 의견이나 학설의 높임말. こうせつ
① valuable opinion ② your opinion

고ː성[古城] 옛 성. こじょう old castle

고:성[古聖] 옛 성인(聖人). 古聖
old saint

고:성[告成] 일이 이루어짐을 告成
알림.

고성[孤城] ① 외딴 성. ② 적 孤城
군에게 에워싸여 고립된 성.
こじょう ① isolated castle
② besieged castle

고성[高聲] 높은 목소리. 큰 高聲
소리. ↔저성(低聲). こうせ
い・こうしょう loud voice

고성[鼓聲] 북 소리. drumbeat 鼓聲

고성낙일[孤城落日] 고립된 孤城
성과 서산으로 지는 해라는 落日
뜻으로, 세력이 다하여 의지
가지없이 된 외로운 처지의
비유. こじょうらくじつ
helpless predicament

고성능[高性能] 매우 높은 성 高性能
능. 「〜 운전기(輪轉機)」こ 輪轉機
うせいのう high efficiency

고세[庫貰] 창고를 빌려 쓴 세. 庫貰
warehouse charges

고:소[告訴] 범죄의 피해자나 告訴
그 법정 대리인이 수사 기관
에 신고하여 범인의 소추(訴
追)를 요구하는 일. こくそ
accusation

고소[苦笑] 쓴웃음. くしょう 苦笑
bitter smile

고소[高所] 높은 곳. こうしょ 高所
high place

고소 공:포증[高所恐怖症] 高所
높은 곳에 올라가면 떨어질 恐怖症
것 같은 두려움을 느껴 높은
곳을 무서워하는 강박 신경증
의 한 가지. こうしょきょう
ふしょう acrophobia

고:소인[告訴人] 고소를 한 告訴人
사람이나 그 법정 대리인. こ
くそにん complainant

고:소장[告訴狀] 고소인이 고 告訴狀
소의 내용을 적어 수사 기관
에 제출하는 서류. こくそ
じょう written complaint

고:속[古俗] 옛날 풍속. こぞ 古俗
く old custom

고속[高速] 매우 빠른 속도. 高速
「〜 냉각(冷却)」 こうそく
high speed

고속도강[高速度鋼] 금속을 高速
빠른 속도로 자르거나 깎는 度鋼
데 쓰는 공구의 재료가 되는
특수 강철. こうそくどこう
high-speed steel

고속 도로[高速道路] 자동차 高速
가 고속으로 달릴 수 있도록 道路
만든 자동차 전용 도로. こう
そくどうろ superhighway

고송[孤松] 외따로 서 있는 소 孤松
나무. こしょう
alone pine tree

고수[固守] 굳게 지킴. こしゅ 固守
adhesion

고수[高手] 수가 높음. 또는 高手
그런 사람. =상수(上手).
mastery, master

고수[高壽] 나이가 많음. 또는 高壽
많은 나이. =고령(高齡). こ
うじゅ advanced age

고수[鼓手] 북 치는 사람. 북 鼓手
잡이. こしゅ drummer

고수 공사[高水工事] 홍수를 高水
막기 위한 하천 개수(改修) 工事
공사. こうずいこうじ
river improvement work

고:스트[ghost] ① 유령. 영혼. 幽靈
② 사진을 촬영할 때, 강한 광
선이 렌즈의 표면에서 다중
반사를 일으킴으로써 필름에
형성되는 원형의 상(像). 고스
트

고스펠[gospel] ① 복음(福音). 福音
② 복음서(福音書). 고스펠

고스펠 송[gospel song] 복 聖歌
음 성가(福音聖歌). 고스펠

고:습[故習] 예부터 전해 오는 낡은 관습. こしゅう convention

고습[高濕] 습도가 높음. high humidity

고승[高僧] 학덕이나 지위가 높은 중. こうそう high Buddhist priest

고:시[古時] 옛날. 옛적. こじ ancient times

고:시[古詩] ① 옛날의 시(詩). ② 한시(漢詩)의 한 가지. 규칙이 비교적 자유로움. ＝고체시(古體詩). こし ① ancient poem

고시[考試] ① 학생이나 지원자의 학력·자격 등을 시험하여 합격이나 채용 여부를 결정하는 일. ② 지난날, 과거(科擧)의 성적을 끊아서 등수를 정하던 일. こうし ① examination

고:시[告示] 일반에게 널리 알림. こくじ notification

고시[高試] 고등 고시(高等考試)의 준말.

고시[顧視] ① 돌아다봄. ② ⇨ 고념(顧念). こし ① looking back

고:식[古式] 옛날의 법식. ↔신식(新式). こしき old rite

고식[姑息] 임시 변통이나 한때의 미봉(彌縫). 「～적(的)인 방책(方策)」 こそく mere makeshaft

고식[姑媳] 시어머니와 며느리. ＝고부(姑婦). mother-in-law and daughter-in-law

고식[高識] 뛰어난 식견(識見). excellent opinion

고신[孤臣] 임금의 신임을 받지 못하는 신하. 「～원루(冤淚)」 こしん solitary retainer

고신[孤身] 외로운 몸. 「～단영(單影)」 こしん solitary person

고신[苦辛] 괴롭고 쓰라림. くしん hardships

고신 얼자[孤臣孼子] 임금의 사랑을 받지 못하는 신하와 자식 대접을 받지 못하는 서자(庶子).

고신원루[孤臣冤淚] 임금의 사랑을 잃게 된 신하의 원통한 눈물.

고신척영[孤身隻影] 몸 부칠 곳이 없이 떠도는 외로운 홀몸. solitary person

고:실[故實] ① 예전에 있었던 일. ② 옛날에 있었던 법례(法例)·의식(儀式) 따위의 규정이나 관례(慣例). こじつ ② precedent

고실[鼓室] 중이(中耳)의 한 부분. 외벽은 고막(鼓膜)으로 되어 있으며, 소리의 진동을 내이(內耳)로 전하는 구실을 함. こしつ eardrum

고심[苦心] 마음을 태우며 몹시 애씀. ＝고려(苦慮). くしん pains

고:심사단[故尋事端] 일부러 말썽거리가 될 일을 일으킴.

고심참담[苦心慘憺] 몹시 애를 쓰며 마음을 썩임. くしんさんたん taking great pains

고:아[古雅] 예스럽고 우아한 멋이 있음. こが classical grace

고아[孤兒] 부모가 없는 아이. 「～원(園)」 こじ orphan

고아[高雅] 고상하고 우아함. こうが elegance

고:악[古樂] 옛날 음악. ancient music

고악[高嶽] 높은 산. =고산(高山). 高嶽 high mountain

고안[考案] 새로운 것을 연구하거나 생각해 냄. 또는 그 안(案). こうあん 考案 devising, device

고안[孤雁] 외기러기. こがん 孤雁 solitary wild goose

고안[苦顔] 괴로운 얼굴빛. 苦顔 glower

고:알[告訐] 남의 범죄 사실을 밀고함. 告訐 peaching

고압[高壓] ① 강한 압력. ② 높은 전압(電壓). ↔저압(低壓). 「~선(線)」こうあつ 高壓電壓
① high pressure ② high tension

고앙[高仰] 높이 우러러봄. 高仰 worship

고액[高額] 많은 금액. ↔저액(低額)·소액(少額). こうがく 高額 large sum

고약[孤弱] 돌보아 주는 사람이 없어 외롭고 힘이 약함. こじゃく 孤弱

고약[膏藥] 기름에 갠 외용약. 헌데나 곪은 데에 붙임. こうやく 膏藥 ointment

고양[高揚] 기분이나 분위기 따위를 드높임. こうよう 高揚 exaltation

고양[膏壤] 기름진 땅. 膏壤 fertile land

고:어[古語] 옛 말. ↔현대어(現代語). こご 古語 archaism

고:언[古言] ① 옛말. ② 옛 사람이 한 말. こげん 古言 old saying

고언[苦言] 듣기에는 거슬리나 유익한 말. =고어(苦語). ↔감언(甘言). くげん 苦言 bitter advice

고언[高言] 뱃심 좋게 장담하 高言 는 말. 큰소리. 「~장담(壯談)」こうげん boastful word

고역[苦役] 몹시 힘들고 괴로운 일. 「~을 치르다」くえき 苦役 drudgery

고:연[故緣] 옛 인연. =구연(舊緣). こえん 故緣 old ties

고열[考閱] 상세히 검토하며 훑어봄. 考閱 reference

고열[苦熱] 참을 수 없을 정도로 심한 더위. =고염(苦炎). くねつ 苦熱 oppressive heat

고열[高熱] 높은 열. こうねつ 高熱 high fever

고엽[枯葉] 마른 잎. こよう·かれは 枯葉 dead leaf

고엽제[枯葉劑] 식물의 잎을 인위적으로 말려 죽이는 약제의 총칭. 枯葉劑 defoliant

고영[孤影] 외롭고 쓸쓸해 보이는 모습. こえい 孤影 solitary figure

고영[高詠] ① 높은 소리로 읊음. ② 남을 높이어 그의 시가(詩歌)를 이르는 말. ③ 매우 뛰어난 시가. こうえい 高詠
① reciting aloud ③ excellent verses

고:옥[古屋] 지은 지 오래 된 집. =고가(古家). こおく·ふるや 古屋 old house

고옥[膏沃] 땅이 걸고 기름짐. =고유(膏腴). こうよく 膏沃 fertility

고온[高溫] 높은 온도. ↔저온(低溫). 「~지대(地帶)」こうおん 高溫 high temperature

고:와[古瓦] ① 옛 기와. ② 오래 되어 낡은 기와. 古瓦
① ancient tile

고와[高臥] 베개를 높이 베고 눕는다는 뜻으로, 벼슬을 하지 아니하고 은거하면서 마음 高臥

편히 지냄을 이르는 말. こう
が　　　　leisurely living

고:왕금래[古往今來] 옛 날부터 지금까지. hitherto

고왕독맥[孤往獨驀] 외로이 가고 홀로 달림.

고:요[古謠] 옛날 가요. こよう　　　　　old song

고욕[苦辱] 견디기 어려운 고통과 욕됨. くじょく
　　　　dishonorable thing

고용[雇用] 품삯을 주고 사람을 부림. ↔해고(解雇). こよう　　　　employment

고용[雇傭] 삯을 받고 남의 일을 하여 줌.「~계약(契約)」こよう　　　　employment

고용주[雇用主] 삯을 주고 사람을 부리는 사람. ⇨고주(雇主). employer

고:우[故友] ① 오래 사귄 벗. こゆう ② 고인(故人)이 된 벗. ① old friend ② deceased friend

고우[苦雨] 오래 두고 내리는 비. 궂은비. くう
　　　　long and nasty rain

고우[膏雨] 농작물에 유익한 단비. =감우(甘雨). こうう
　　　　　welcome rain

고:원[古園] 오래 된 정원. こえん　　　　old garden

고원[高原] 높은 지대에 펼쳐진 넓은 벌판. こうげん
　　　　　　plateau

고원[高遠] ① 높고도 멂. ② 뜻이 높고 원대하여 헤아릴 수 없음. こうえん loftiness

고원[雇員] 관청에서 채용한 사무 보조원. こいん
　　　government employee

고월[孤月] 외롭게 떠 있는 달. こげつ　　　solitary moon

고월[皐月] 음력 5월의 다른 이름. さつき the fifth month of the lunar calendar

고위[考位] 돌아가신 아버지와 각대(各代) 할아버지의 위(位).

고위[孤危] 고립되어 위태로움. こき dangerous isolation

고위[高位] ① 높은 지위.「~고관(高官)」② 높은 위치. こうい　　　high rank

고위도[高緯度] 위도가 높음. 곧, 남극·북극에 가까운 지방의 위도. こういど
　　　　　high latitude

고위층[高位層] 지위나 계급이 높은 계층. 또는 그런 계층에 있는 사람. こういそう
　　high ranking officials

고:유[告由] 국가나 개인 집에서 큰일을 치르기 전이나 치르고 나서 그 까닭을 종묘나 사당(祠堂)에 아뢰는 일.

고:유[告諭] 일반에게 널리 일러서 깨우쳐 줌. こくゆ
　　　　official notice

고유[固有] ① 본디부터 있음. ② 어느 물건에만 특별히 있음. こゆう
　① inherence ② peculiarity

고유 명사[固有名詞] 개별적인 대상을 다른 것과 구별하기 위하여 붙인 이름. 지명(地名)·인명(人名) 따위. こゆうめいし proper noun

고유 문화[固有文化] 어떤 국가·민족만의 독특한 문화.
　　　indigenous culture

고유색[固有色] 어떤 물체가 본디 지닌 빛깔. local color

고육지계[苦肉之計] 적을 속이거나 또는 어려운 사태에서 벗어나기 위한 수단으로 자신

의 희생을 무릅쓰고 꾸미는 계책. desperate measure
고율[高率] 높은 비율(比率). 高率 ↔저율(低率). こうりつ high rate
고은[高恩] 큰 은혜. =홍은(弘恩). こうおん 高恩 great favor
고음[苦吟] 고심하여 시나 노래를 지음. 또는 그 작품. くぎん 苦吟 laborious composition
고음[高音] ① 높은 소리. ↔저음(低音). ② 음악에서, 소프라노. こうおん 高音
① loud sound ② soprano
고:읍[古邑] 옛 고을. 古邑 ancient town
고:의[古意] 옛 뜻. こい 古意 old meaning
고:의[古義] 옛 뜻. 또는 옛 해석. こぎ 古義 old meaning
고:의[古誼] 오래 된 정의(情誼). 古誼 old friendship
고:의[故意] 결과가 어떻게 될 것을 알고 일부러 하는 생각이나 태도. こい 故意 deliberation
고의[高意] ① 높은 뜻. ② 남의 뜻의 높임말. 高意 ① ambition
고의[高義] ① 높은 덕의(德義). ② 남의 두터운 의리나 은혜의 높임말. こうぎ 高義
① virtue ② great favor
고의[高誼] ① 두터운 정의(情誼). ② 남의 두터운 정의의 높임말. こうぎ 高誼
① close friendship
고의[袴衣] 남자의 여름 홑바지. =중의(中衣). men's unlined short summer trousers 袴衣
고:인[古人] 옛날 사람. こじん 古人 ancient people
고:인[告引] 죄를 범했을 때, 서로 남을 일러바쳐 끌어들이는 일. 告引

고:인[故人] ① 죽은 사람. 「~이 되다」 ② 옛 친구. こじん 故人
① the deceased ② old friend
고인[高人] ① 고결한 선비. =고사(高士). ② 지위가 높은 사람. こうじん 高人
고인[雇人] 남에게 고용된 사람. やといにん 雇人 employee
고일[高逸] 덕망이 높고 학식이 뛰어남. 高逸 preeminence
고임[苦任] 힘들고 귀찮은 임무. 苦任 hard task
고:자[古字] 지금은 쓰지 않는, 옛 체(體)의 글자. こじ 古字 ancient letter
고:자[告者] 남의 죄나 비밀을 일러바친 사람. 告者 informer
고자[孤子] 아버지를 여의고 상중(喪中)에 어머니만 모시고 있는 사람이 자기를 일컫는 말. 孤子
고자[鼓子] 생식기가 불완전한 남자. =화자(火者). 鼓子 impotent man
고자[瞽者] 소경. =고인(瞽人). こしゃ 瞽者 blind man
고자세[高姿勢] 위압적이고 거만한 태도. ↔저자세(低姿勢). 「~로 임하다」 こうしせい 高姿勢 aggressive attitude
고장[枯腸] 주린 창자. 곧, 빈 속. こちょう 枯腸 empty stomach
고:장[故障] 기계나 기구 따위의 정상적인 작용이나 활동에 지장을 미치는 탈. 「발동기(發動機) ~」 こしょう 故障 trouble
고장[庫藏] 곳간. warehouse 庫藏
고장[藁葬] 시체를 거적에 싸서 장사지냄. 또는 그렇게 지내는 장사. 藁葬
고장난명[孤掌難鳴] 한쪽 손바닥은 울리지 않는다는 뜻으 孤掌

로, ① 혼자서는 일을 이루기가 어려움. ② 맞서는 사람이 없으면 싸움이 되지 않음을 뜻하는 말. 難鳴

고장애물 경:주[高障礙物競走] 높이 1.067미터의 장애물 열 개를 차례로 뛰어넘으며 달리는 경기. 高障礙物競走
high hurdle race

고재[高才] 남달리 뛰어난 재주. 또는 재주가 뛰어난 사람. こうさい brilliant talent 高才

고재[高材] ⇨고재(高才). こうさい 高材

고재질족[高材疾足] 키가 크고 걸음이 빠르다는 뜻으로, 곧 지용(智勇)을 겸비한 사람을 이름. こうざいしっそく great ability 疾足

고저[高低] 높음과 낮음. 높낮이. 「~ 장단(長短)」 こうてい rise and fall 高低

고:적[古蹟·古跡·古迹] 역사상의 유적. こせき historic remains 古蹟

고적[孤寂] 외롭고 쓸쓸함. loneliness 孤寂

고적대[鼓笛隊] 타악기와 취주 악기로 편성된 악대. こてきたい fife and drum band 鼓笛隊

고적운[高積雲] 층층운(中層雲)의 한 가지로, 비교적 높은 곳에 있는 구름. 백색 또는 회색으로 크고 둥글둥글하게 덩어리져 있음. 높쌘구름. こうせきうん altocumulus 高積雲

고:전[古典] ① 옛날의 법식이나 의식. ② 고대의 문헌이나 작품. ③ 과거를 대표하고 현대에도 생명력이 있는 예술작품. こてん
① ancient ritual ② ancient book ③ classics 古典作品

고:전[古錢] 옛날 돈. こせん ancient coin 古錢

고전[苦戰] 힘에 벅찬 괴로운 싸움. =고투(苦鬪)·악전(惡戰). くせん hard fighting 苦戰

고:전 문학[古典文學] ① 오늘날까지 어떤 가치를 지니고 전하여 오는 예전의 문학. ② 고전주의의 문학. こてんぶんがく ② classical literature 古典文學

고:전주의[古典主義] 17～18세기에 걸쳐 유럽에 일어난 예술상의 한 경향. 고전 문학·고전 예술에 흐르는 정신과 작품풍 등을 계승하여, 단정한 형식미·이지(理智)·조화·균형을 중히 여김. こてんしゅぎ classicism 古典主義

고절[孤節] 고고(孤高)한 절개. 孤節

고절[苦節] 괴로움 속에서도 굽히지 아니하고 지켜 나가는 굳은 절개. くせつ unswerving loyalty 苦節

고절[高絶] 더할 나위 없이 높고 뛰어남. supreme dignity 高絶

고절[高節] 높은 절개. こうせつ high principles 高節

고정[考正] 그릇된 점을 잘 생각하여 바르게 고침. correction 考正

고정[考定] 잘 생각해서 정함. こうてい definition 考定

고정[固定] ① 정한 대로 변하지 아니함. 「~ 재산(財産)」 ② 붙박이로 한 곳에 박혀 있음. こてい fixing 固定

고정[孤亭] 외따로 있는 정자. こてい 孤亭

고정[苦情] 괴로운 심정이나 사정. くじょう difficulties 苦情

고정 관념[固定觀念] 굳게 정해져서 움직이지 않는 관념. 固定

=고착 관념(固着觀念). こていかんねん　　fixed idea

고정 불변[固定不變] 고정하여 변고이 없음.
　　fixing and constancy

고정 자본[固定資本] 건물이나 기계 따위의 생산 설비에 든 자본. ↔유동 자본(流動資本). こていしほん
　　fixed capital

고정표[固定票] 선거에서, 일정한 정당이나 후보자를 지지하여 투표하는 확고한 표. ↔부동표(浮動票). こていひょう
　　fixed vote

고:제[古制] 옛 제도. ↔신제(新制). こせい　　old system

고제[高弟] 고족제자(高足弟子)의 준말. こうてい

고:조[古調] ①예스러운 곡조. ②옛날부터 전해 오는 가락. こちょう　　old tune

고조[枯凋] ①말라 시듦. ②일이 쇠하여짐. こちょう
　　withering

고조[枯燥] 시들어 말라 버림. こそう　　scorching

고조[高祖] 고조부(高祖父)의 준말.

고조[高調] ①높은 가락. ②의기를 돋움. ③분위기나 감정 따위가 한창 무르익거나 높아짐. こうちょう ①high tone ②elation ③uprush

고조[高潮] ①밀물로 해면의 높이가 가장 높아진 상태. ②감정이나 기세가 최고도로 높아진 상태. こうちょう
　　①flood tide ②climax

고조[高燥] 지대는 높고 습기가 없음. こうそう

고조[鼓譟] 북을 치면서 소란을 떪. こそう　beating noisily

고조[顧助] 돌보고 도와 줌.
　　taking care of

고조모[高祖母] 고조 할머니. 할아버지의 할머니.
　　great-great-grandmother

고조부[高祖父] 고조 할아버지. 할아버지의 할아버지. ㊉고조(高祖).
　　great-great grandfather

고족[孤族] 일가가 거의 없는 외로운 집안.
　　family with few relatives

고족[高足] 고족제자(高足弟子)의 준말. こうそく

고:족 대:가[古族大家] 여러 대를 이어 번성하고 세력이 있는 집안. prosperous family

고족상[高足床] 예식에 쓰는 다리가 높은 상.
　　long-legged big table

고족제자[高足弟子] 제자 중에서 특히 학식과 덕망이 뛰어난 제자. ㊉고제(高弟)·고족(高足). こうそくでし
　　one's best disciple

고:졸[古拙] 솜씨가 서툴러 보이지만 예스럽고 아담한 멋이 있음. こせつ

고:종[古鐘] 만든 지 오래 된 종. こしょう　　old bell

고종[孤宗] 대성(大姓) 가운데서 자손이 번성하지 못한 파(派).

고종[姑從] 고종 사촌(姑從四寸)의 준말.

고종[高蹤] 고상한 행동. =고행(高行). こうしょう

고종명[考終命] 명(命)대로 살다가 편안히 죽음. 오복(五福)의 하나로 침.
　　natural death

고종 사촌[姑從四寸] 고모의 자녀들. =내종 사촌(內從四寸)

寸). ❷고종(姑從). children of one's father's sister

고종시[高宗枾] 보통 감보다 작고 씨가 없는 감. 高宗枾

고좌[孤坐] 홀로 외롭게 앉아 있음. 孤坐 sitting alone

고좌[高座] ① 윗자리. =상좌(上座). ② 설교하는 높은 단. こうざ 高座
① upper seat ② platform

고:죄[告罪] 기독교에서, 자기가 지은 죄를 고백하는 일. 告罪 confession

고:주[古注·古註] 경서(經書)에 대한 한(漢)·당(唐) 시대의 주석(註釋). こちゅう 古注

고주[孤主] 외롭고 권력이 없는 군주(君主). こしゅ 孤主 lone king

고주[孤舟] ⇨고범(孤帆). 孤舟

고:주[故主] ① 세상을 떠난 임금. ② 이전에 섬기던 주인. こしゅ·こしゅう ① deceased king ② former lord 故主

고주[苦酒] ① 독한 술. ② 맛이 없는 술이라는 뜻으로, 남에게 술을 권할 때 그 술을 겸손하게 이르는 말. 苦酒
① hard liquor

고주[高柱] 한옥에서, 여러 기둥 가운데 특별히 높이 세운 기둥.「~ 대문(大門)」 高柱

고주[雇主] 고용주(雇用主)의 준말. やといぬし 雇主

고주파[高周波] 주파수가 높은 전파(電波)나 전류(電流). こうしゅうは high frequency 高周波

고준[考準] 베낀 책이나 문서 따위를 원본과 맞추어 봄. 考準

고준[高峻] ① 산이 높고 험준함. ② 헤아릴 수 없는 높은 견식(見識). こうしゅん 高峻
① steepness

고증[考證] 옛 문서나 유물의 내용·가치·연대 등을 증거를 끌어대어 논리적으로 밝혀 설명함. こうしょう 考證
historical research

고증학[考證學] 옛 문헌이나 물건을 일정한 전거(典據)에 의거하여 그 시대·가치·내용 등을 밝히는 학문. こうしょうがく 考證學
study of old documents

고:지[告知] 통지하여 알림. こくち notification 告知

고지[固持] 굳게 가지거나 지님. こじ persistence 固持

고:지[故地] 전에 살던 땅. こち 故地

고:지[故址] 예전에 집이나 성이 있었던 더. =고허(故墟). こし 故址
site of an ancient building

고지[枯枝] 말라서 시든 가지. かれえだ dead branch 枯枝

고지[高地] ① 높은 지대(地帶). こうち ↔저지(低地). ② 이루고자 하는 목표나 목적. こうち ① highland 高地

고지[高志] ① 고상하고 훌륭한 뜻. ② 남의 뜻의 높임말. 高志
① lofty intention

고직[庫直] 지난날, 관아의 창고를 관리하고 지키던 사람. 고지기. warehouse keeper 庫直

고진감래[苦盡甘來] 고생 끝에 낙이 옴. =흥진비래(興盡悲來). 苦盡甘來
No pleasure without pain

고질[姑姪] 고모부에 대하여 자신을 이르는 말. =인질(姻姪). 姑姪

고질[痼疾] ① 오래 되어 잘 낫지 않는 병. =구질(久疾)·숙질(宿疾). こしつ ② 고쳐지 痼疾

지 않는 나쁜 버릇. 「~적인 병폐」① chronic disease ② bad habit

고질[鋼疾] ⇨고질(痼疾).

고집[固執] 자기 주장을 끝까지 굽히지 않음. こしつ stubbornness

고집불통[固執不通] 고집이 세어 변통성이 없음. extreme stubbornness

고차[高次] ① 높은 차원(次元). ② 높은 차수(次數). 보통 삼차(三次) 이상을 말함. こうじ

고착[固着] ① 한 자리에 단단히 붙음. ② 한 군데에 머물러 옮기지 않음. こちゃく ① sticking ② sedentariness

고착 관념[固着觀念] ⇨고정 관념(固定觀念).

고:찰[古刹] 옛 절. =고사(古寺). こさつ ancient Buddhist temple

고찰[考察] 깊이 생각해서 살펴봄. こうさつ investigation

고찰[高札] ① 방문(榜文)을 써 붙이는 널빤지. ② 가장 높은 입찰액. ③ 남의 편지의 높임말. こうさつ ① bulletin board ② the highest bid price

고찰[高察] 뛰어난 추찰(推察). 남을 높이어 그의 추찰을 이르는 말. こうさつ

고:참[古參] 오래 전부터 그 일에 종사하는 사람. ↔신참(新參). こさん senior

고창[高唱] ① 높은 소리로 노래를 부름. ② 강력히 주장함. こうしょう ① singing loudly ② insistence

고창[高敞] 지대가 높고 시계(視界)가 탁 트임.

고창[鼓脹] 뱃속에 가스가 차

서 배가 땡땡하게 붓는 병. こちょう tympanites

고채[苦菜] ① 씀바귀. ② 고들빼기. にがな

고:처[故處] 지난날에 살던 곳.

고처[高處] 높은 곳. こうしょ high place

고:천문[告天文] 예식 때 하느님에게 아뢰는 글. ritual prayer to Heaven

고:철[古哲] 옛 철인(哲人). ancient sages

고:철[古鐵] 헌쇠. scrap iron

고첨[顧瞻] 돌아다봄. =고시(顧視). looking around

고:체[古體] 글씨·그림 등의 옛날 체. ↔신체(新體). こたい archaism

고체[固滯] 성질이 너그럽지 못하고 고집이 셈. narrow-mindedness

고체[固體] 일정한 부피와 모양을 가진 물체. 돌·쇠·목재 따위. こたい solid

고초[枯草] 마른 풀. かれくさ hay

고초[苦草] 고추의 원말. red pepper

고초[苦楚] 괴로움과 어려움. =고난(苦難). 「~를 겪다」 くそ trials

고촉[孤燭] 하나의 촛불.

고촌[孤村] 외딴 마을. こそん solitary village

고:총[古塚] 오래 된 무덤. こちょう

고총[固寵] 변함 없는 총애를 받음.

고충[苦衷] 괴로운 심정. 「남의 ~을 이해하다」くちゅう distress

고취[鼓吹] ① 북을 치고 피리

고층[高層] ① 높이 쌓아 많은 층을 이룸. 「~ 건물(建物)」 ② 하늘의 높은 곳. こうそう 高層

고층운[高層雲] 중 층 운(中層雲)의 한 가지. 2~7km의 상공에 널리 나타나는 잿빛 구름. 높층구름. こうそううん altostratus 高層雲

고치[高値] 비싼 값. =고가(高價). たかね high price 高値

고치[膏雉] 살진 꿩. fat pheasant 膏雉

고:친[故親] 오래 전부터 친한 사람. 옛 친구. こしん old acquaintance 故親

고침[孤枕] 혼자 자는 외로운 잠자리. 「~단금(單衾)」 孤枕

고침[高枕] 베개를 높이 하여 편안히 잔다는 뜻으로, 안심함의 비유. たかまくら 高枕

고침사지[高枕肆志] 일 없이 편안하게 지냄. living a leisurely life 高枕肆志

고:칭[古稱] 옛날에 부르던 이름. こしょう old name 古稱

고칭[高秤] 저울을 세게 다는 일. overmeasure 高秤

고타[拷打] 고문하여 마구 때림. 拷打

고:탑[古塔] 옛 탑. ことう old tower 古塔

고:태[古態] 예스럽고 수수한 모습. こたい antique appearance 古態

고:태[故態] 옛 모습. 「~의연(依然)」 こたい 故態

고:택[古宅] 오래 된 집. 古宅

고:택[故宅] 예전에 살던 집. 옛 집. こたく 故宅

고택[膏澤] ① 남의 은혜나 덕택. ② ⇨고혈(膏血). こうたく ① benefit 膏澤

고토[苦土] 마그네슘을 가열하여 얻는 흰 가루. 산화마그네슘. くど magnesia 苦土

고:토[故土] 고국(故國)의 땅. 고향의 땅. homeland 故土

고토[膏土] 걸고 기름진 땅. こうど rich soil 膏土

고통[苦痛] ① 아프고 괴로움. ② 마음의 번민으로 생기는 괴로운 감정. くつう ① pain ② agony 苦痛

고투[苦鬪] 몹시 힘들게 싸우거나 일함. 「악전(惡戰)~」 くとう bitter struggle 苦鬪

고:판[古版] ① 판각(板刻)으로 찍은 옛 책. ② 오래 된 판목(版木). ① old books in block print ② old woodblock 古版

고편[苦鞭] 수도자(修道者)가 극기(克己)를 위해 제 몸을 때리는 채찍. 苦鞭

고평[考評] 시문(詩文)이나 시험 답안지 따위를 평점(評定)함. comment 考評

고평[高評] 상대편을 높이어 그의 비평을 이름. こうひょう your esteemed opinion 高評

고:품[古品] 옛 물건. 낡은 물품. こひん 古品

고:풍[古風] ① 옛 풍습. ② 예스러운 풍취(風趣). ③ 한시(漢詩)의 한 체(體). こふう ① old manners 古風

고풍[高風] ① 높은 곳에서 부는 바람. ② 뛰어난 인품. ③ 고상한 풍채. ④ 상대편을 높이어 그의 인품이나 풍채를 이름. こうふう 高風人品

고:필[古筆] ① 옛사람의 필적. こひつ ② 오래 된 붓. 古筆

① ancient handwriting ② old brush

고하[高下] ① 나이의 많음과 적음. ② 지위나 등급 따위의 높음과 낮음. ③ 값의 많고 적음. ④ 내용이나 품질 따위의 좋고 나쁨. こうげ
② rank ④quality

고하[高廈] 규모가 큰 집. こうか

고하간[高下間] ① 값이 많든지 적든지. ② 지위가 높든지 낮든지.

고학[苦學] 스스로 학비를 벌어 가면서 공부함. 「~생(生)」くがく
studying under adversity

고한[苦寒] ① 지독한 추위. ② 추위로 말미암은 괴로움. くかん ① bitter cold

고함[高喊] 크게 부르짖는 소리. =대함(大喊). shout

고함[鼓喊] 북을 치며 일제히 소리를 지름.

고항[高亢·高抗] 뜻이 높고 도도하여 남에게 굽실거리지 않음. loftiness

고해[苦海] 괴로운 인간 세상의 비유. くかい
this bitter world

고:해 성:사[告解聖事] 고백성사(告白聖事)의 구용어.

고행[苦行] ① 깨달음을 얻기 위하여 자기 몸을 괴롭히면서 닦는 수행(修行). くぎょう ② 장차 중이 되기 위해 절에서 심부름하는 일. 또는 그 사람. ① penance

고:향[故鄕] 자기가 태어나고 자란 곳. =고산(故山)·향관(鄕關). こきょう·ふるさと
home

고:허[故墟] 예전에 집이나 성이 있었던 터. =고지(故址). こきょ
site of an ancient building

고헐[苦歇] 병이 더했다 덜했다 하며 오래 앓는 일.
lingering disease

고헐[高歇] ① 값이 올랐다 내렸다 함. ② 비쌈과 쌈.
① fluctuations

고험[高險] 높고 험함. こうけん

고:현[古賢] 옛 현인. こけん
ancient sages

고현학[考現學] 현대의 사회 현상을 연구하는 학문. ↔고학(考古學). こうげんがく
modernology

고혈[孤子] 고혈단신(孤子單身)의 준말.

고혈[膏血] 사람의 기름과 피라는 뜻으로, 가혹하게 수탈(收奪)한 재물이나 수익. こうけつ

고혈단신[孤子單身] 혈육이 없는 외로운 몸. 준고혈(孤子).

고혈압[高血壓] ① 정상보다 높은 혈압. ② 고혈압증(高血壓症)의 준말. ↔저혈압(低血壓). こうけつあつ
① high blood pressure

고혈압증[高血壓症] 혈압이 정상 상태보다 이상 상태로 높은 증세. 준고혈압(高血壓). hypertension

고형[固形] 바탕이 단단하고 일정한 모양과 부피를 가지고 있는 것. こけい solidity

고:호[古號] 사람이나 땅의 옛 이름. old name

고호[顧護] 돌보아 줌.
patronage

고혹[蠱惑] ① 마음을 호리어

쏠리게 함. こわく ②남을 꾀어 속임.
① enchanting ② hoaxing

고혼[孤魂] 의지할 곳이 없는 외로운 넋. 孤魂

고:화[古畵] 옛 그림. こが 古畵
old painting

고화자전[膏火自煎] 기름 등잔이 스스로 자신을 태운다는 뜻으로, 재주가 있는 사람이 그 재주로 말미암아 화를 입게 됨을 이르는 말. 膏火自煎

고환[睾丸] 불알. こうがん 睾丸
testicles

고황[苦況] 고생스러운 정황. くきょう 苦況

고황[膏肓] 심장과 횡격막의 사이. '고(膏)'는 심장의 아래 부분, '황(肓)'은 횡격막의 윗부분을 뜻하는 말로, 약의 효력이 미치지 않아 병이 생기면 낫기 어렵다는 부분. 「병이 ~에 들다」こうこう 膏肓

고:훈[古訓] 옛 사람의 교훈. こくん old precept 古訓

고휼[顧恤] 불쌍히 여겨 돌보아 줌. compassion 顧恤

고흥[高興] ①한창 흥겹게 일어나는 흥. ②고상한 흥취. 高興

고:희[古稀] 사람의 나이 70세를 달리 이르는 말. 두보(杜甫)의 시 '곡강(曲江)'에 '人生七十古來稀'라 한 데서 생긴 말. こき age of seventy 古稀

곡[曲]* ①굽을 곡: 굽다. 「曲線(곡선)·曲徑(곡경)·屈曲(굴곡)」②곡절 곡: 곡절. 「曲折(곡절)·委曲(위곡)」③곡조 곡: 곡조. 「曲調(곡조)·曲目(곡목)·歌曲(가곡)」キョク ①まがる・まげる ③ふし 曲線 曲折

곡[谷]* ①골 곡: 골. 골짜기. 「谷澗(곡간)·谿谷(계곡)」② 谷澗 궁진할 곡: 궁진하다. 극하다. コク ①たに ②きわまる

곡[哭]* 울 곡: 울다. 곡하다. 사람이 죽었을 때나 제사 때에 소리내어 우는 일. 「哭聲(곡성)·哭泣(곡읍)·痛哭(통곡)·慟哭(통곡)」コク・なく 哭聲

곡[斛] 열 말들이 곡: 열 말들이. 용적(容積)의 단위. 「斛斗(곡두)·斛量(곡량)」コク・こくます 斛斗

곡[桎] ①수갑 곡: 수갑. 「桎梏(질곡)」②어지러울 곡: 어지럽다. 「梏亡(곡망)」コク 桎梏

곡[穀]* ①곡식 곡: 곡식. 「穀物(곡물)·穀價(곡가)·穀氣(곡기)」②좋을 곡: 좋다. 「穀日(곡일)」コク・たなつもの 穀物

곡[鵠] ①과녁 곡: 과녁. 「鵠的(곡적)」②고니 곡: 고니. 따오기. 「鵠髮(곡발)」コク ①まと ②くぐい 鵠髮

곡가[穀價] 곡식의 값. 「~ 조절(調節)」 price of grain 穀價

곡간[谷澗] 산골에 흐르는 시내. 谷澗

곡경[曲徑] ①꼬불꼬불한 길. ②사사로운 이익을 얻기 위하여 취하는 부정(不正)한 방법. ① crooked road 曲徑

곡경[曲境] 몹시 힘들고 어려운 처지. =곤경(困境). difficult situation 曲境

곡곡[曲曲] ①굽이가 많은 산천·도로의 굽이굽이. ②방방곡곡(坊坊曲曲)의 준말. 曲曲

곡굉이침지[曲肱而枕之] 팔을 구부려 베개삼아 잠을 잔다는 뜻으로, 가난한 생활을 비유하여 이르는 말. 曲肱而枕之

곡귀[穀貴] 시장에서 곡식이 부족하여 값이 비쌈. 穀貴

곡기[穀氣] 밥·죽·미음 따위 穀氣

와 같이 곡식으로 만든 음식. 낱알기.

곡도[穀道] 항문(肛門)을 달리 이르는 말. こくどう 穀道

곡록[曲彔] 중이 사용하는 의자의 한 가지. きょくろく 曲彔

〔곡록〕

곡론[曲論] 이치에 어긋나는 이론. きょくろん sophistry 曲論

곡류[曲流] 굽이져 흐르는 물의 흐름. 또는 그 물. きょくりゅう meandering 曲流

곡류[穀類] ①곡식의 종류. ②쌀·보리 등의 곡식. =곡물(穀物). こくるい cereals 穀類

곡률[曲率] 선(線)이나 면(面)의 굽은 정도. 「~ 반경(半徑)」きょくりつ curvature 曲率

곡마[曲馬] 말을 부려서 하는 곡예. きょくば equestrian feat 曲馬

곡면[曲面] 곡선으로 이루어진 면(面). きょくめん curved surface 曲面

곡면체[曲面體] 표면의 일부가 곡면으로 된 입체. きょくめんたい solid bounded by curved surface 曲面體

곡명[曲名] 악곡의 이름. =곡목(曲目). きょくめい 曲名

곡목[曲目] ①연주할 악곡의 목록. ②⇨곡명(曲名). きょくもく title of a musical composition 曲目

곡물[穀物] 쌀·보리·조·수수·콩 따위의 총칭. =곡식(穀食). こくもつ cereals 穀物

곡미[曲眉] 초승달같이 생긴 눈썹. きょくび 曲眉

곡배[曲拜] 임금을 뵐 때 하는 절. 임금을 마주 대하지 않고, 동쪽이나 서쪽을 향해 절을 했음. 曲拜

곡법[曲法] 법을 어김. 법을 굽힘. breaking the law 曲法

곡변[曲辯] 말을 교묘히 둘러댐. きょくべん 曲辯

곡보[曲譜] ⇨악보(樂譜). きょくふ 曲譜

곡복사신[穀腹絲身] 밥 먹는 일과 옷 입는 일. =사신곡복(絲身穀腹). 穀腹絲身

곡비[曲庇] ①힘을 다하여 비호함. =곡호(曲護). ②도리를 굽히고 남을 비호함. きょくひ ①careful protection 曲庇·曲護

곡빙하[谷氷河] 산의 골짜기를 따라 흘러내리는 빙하. valley glacier 谷氷河

곡사[曲事] 옳지 못한 일. きょくじ wrong 曲事

곡사[曲射] 탄환을 굽은 탄도로 높게 쏘아 목표물에 떨어지도록 하는 사격. ↔직사(直射)·평사(平射). きょくしゃ high-angle fire 曲射

곡사[曲赦] 법을 어기어 용서해서는 안 될 죄인을 사면하는 일. きょくしゃ 曲赦

곡사포[曲射砲] 곡사할 때 쓰는 대포. きょくしゃほう high-angle gun 曲射砲

곡삼[曲蔘] 꼬리를 구부려서 말린 백삼. ↔직삼(直蔘). 曲蔘

곡상[穀商] 곡물 장사. grain dealer 穀商

곡선[曲線] 굽은 선. ↔직선(直線). きょくせん curved line 曲線

곡선미[曲線美] 건축·조각·회화·육체 등의 곡선에서 나타나는 아름다움. きょくせんび 曲線美

곡설[曲說] 한쪽으로 치우친 그릇된 이론. きょくせつ 曲說 biased argument

곡성[曲城] 성문 밖으로 빙 둘러서 굽이지게 쌓은 성. 곱은성. 曲城

곡성[哭聲] 곡하는 소리. こくせい 哭聲 wail

곡수[曲水] 굽이굽이 휘돌아 흐르는 물. きょくすい 曲水 meandering stream

곡수연[曲水宴] 지난날, 선비들이 정원의 굽이도는 물에 술잔을 띄우고, 그 잔이 자기 앞에 오기 전에 시를 짓고 술을 마시며 놀던 놀이. きょくすいえん 曲水宴

곡식[穀食] 밀·보리·포·콩 따위의 총칭. =곡물(穀物). 穀食 cereals

곡신[穀神] 곡식을 다스리는 신. 穀神

곡심[曲心] 비뚤어진 마음. 曲心 perversity

곡언[曲言] 에둘러서 하는 말. ↔직언(直言). きょくげん 曲言 euphemism

곡예[曲藝] 줄타기·공타기·곡마 등 여러 가지 재주를 부리는 연예의 한 가지. きょくげい 曲藝 acrobatics

곡용[曲用] 체언에 격조사(格助詞)가 붙어 어형(語形)이 바뀌는 것. =격변화(格變化). 曲用 declension

곡우[穀雨] 24절기의 하나. 양력 4월 20일경에 드는데, 봄비가 내리는 시기임. こくう 穀雨

곡읍[哭泣] 소리내어 슬프게 욺. こっきゅう 哭泣 wail

곡인[穀人] 곡식을 가꾸는 사람. 곧, 농민. 穀人 farmer

곡일[穀日] 좋은 날. 경사스러운 날. =길일(吉日). 穀日 propitious day

곡자[曲子·麴子] 누룩. 曲子 malted wheat

곡장[曲墻] 능(陵)·원(園)·무덤 뒤에 둘러쌓은 담. 曲墻

곡적[穀賊] 곡식의 까끄라기가 목구멍에 걸려, 목구멍이 붓고 열이 나는 병. 穀賊

곡절[曲折] ① 복잡한 사연이나 까닭. ② 문맥 따위가 단조롭지 않고 변화가 많은 것. きょくせつ 曲折 ① intricacies

곡절[曲節] 곡조의 마디. きょくせつ 曲節

곡정[曲釘] 대가리가 'ㄱ'자처럼 구부러진 못. 기역(ㄱ)자못. 曲釘

곡정[穀精] 곡식의 자양분. 穀精

곡조[曲調] 음악이나 가사의 가락. 곡(曲). きょくちょう 曲調 tune

곡좌[曲坐] 어른 앞에 앉을 때 마주 앉지 않고 옆으로 비스듬히 앉는 예법. 曲坐

곡주[穀酒] 곡식으로 빚은 술. 穀酒 rice liquor

곡직[曲直] ① 굽음과 곧음. ② 사리의 옳음과 그름. 「시비(是非)~」 きょくちょく ① 曲直 curve and straight ② right and wrong

곡진[曲盡] ① 마음과 정성이 지극함. ② 자세하고 간곡함. 曲盡

곡차[曲茶·穀茶·麴茶] 절에서 술을 이르는 말. 曲茶 alcoholic drinks

곡창[穀倉] ① 곡식을 쌓아 두는 창고. ② 곡식이 많이 생산되는 지방. 「~ 지대(地帶)」 こくそう·こくぐら 穀倉 granary

곡창[穀脹] 소화가 안 되고 헛 穀脹

배가 불러 오는 위장병.

곡천[穀賤] 곡식이 흔해서 값이 쌈. ↔곡귀(穀貴). 穀賤

곡철[曲鐵] ① 직각(直角)으로 된 쇠로 만든 장식. 곱쇠. ② 양금(洋琴)의 줄을 고르는 기구. 曲鐵

곡초[穀草] 벼 등의 이삭을 떨고 남은 줄기. 짚 따위. straw 穀草

곡출[穀出] 곡식을 거둔 수량. 穀出

곡풍[谷風] ① ⇨ 동풍(東風). ② 골짜기에서 부는 바람. こくふう ② wind from a valley 谷風

곡필[曲筆] 사실과 어긋나는 글을 씀. 또는 그런 글. きょくひつ falsification 曲筆

곡학[曲學] 진리에 어긋나는 학문. きょくがく 曲學

곡학아세[曲學阿世] 정론(正論)을 어기고 시류(時流)에 편승함. きょくがくあせい prostitution of learning 曲學阿世

곡해[曲解] 사실과는 어긋나게 잘못 해석함. きょっかい misinterpretation 曲解

곡형[曲形] 굽은 형상. curved shape 曲形

곡호[曲護] ⇨곡비(曲庇). 曲護

곤:[困]* 곤할 곤: 곤하다. 곤란하다. 어렵다. 「困窮(곤궁)·困境(곤경)·貧困(빈곤)·困臥(곤와)」 コン·こまる·くるしむ 困窮 困境 貧困

곤[坤]* ① 땅 곤: 땅. 「乾坤(건곤)·坤軸(곤축)」 ② 괘 이름 곤: 서남(西南). コン ① つち 乾坤

곤[昆] ① 맏 곤: 맏이. 형. 언니. 「昆季(곤계)·昆孫(곤손)」 ② 뒤 곤: 뒤. ③ 많을 곤: 많다. コン ① あに ② のち 昆季 昆孫

곤[悃] 정성 곤: 정성. 「悃望(곤망)·悃誠(곤성)」 コン·ま 悃望

こと

곤:[袞] 곤룡포 곤: 곤룡포. 「袞龍袍(곤룡포)·袞服(곤복)」 コン 袞服

곤:[梱] ① 문지방 곤: 문지방. 「梱外(곤외)」 ② 묶을 곤: 묶다. 「梱包(곤포)」 コン ② しばる 梱包

곤[崑] 곤륜산 곤: 산 이름. 「崑崙山(곤륜산)·崑岡(곤강)」 コン 崑岡

곤[棍] 곤장 곤: 곤장. 몽둥이. 「棍杖(곤장)·棍棒(곤봉)」 コン·ぼう 棍杖

곤:[滾] 물 흘러 꿈틀거릴 곤: 물이 꿈틀거리다. 「滾滾(곤곤)」 コン·たぎる 滾滾

곤[鯤] 물고기알 곤: 물고기의 알. 「鯤鮞(곤이)」 コン·はらご 鯤鮞

곤:경[困境] 곤란한 처지. difficult situation 困境

곤계[昆季] 형제. sibling brothers 昆季

곤:고[困苦] 어렵고 고생스러움. こんく privations 困苦

곤:곤[滾滾] 큰물이 출렁거리며 흐르는 모양. こんこん 滾滾

곤:골[滾汨] 몹시 바쁨. being very busy 滾汨

곤:군[困窘] 가난하고 군색함. こんきん destitution 困窘

곤:궁[困窮] 가난하고 궁함. こんきゅう poverty 困窮

곤:급[困急] 곤란하고 급함. こんきゅう 困急

곤:뇌[困惱] 가난한 살림에 시달리어 휘저서 고달픔. 困惱

곤덕[坤德] ① 대지(大地)의 덕. 대지의 만물을 생육하는 힘의 덕. ② 황후나 왕후의 덕. ↔건덕(乾德). こんとく 坤德

곤도[坤道] ① 대지(大地)의 도 坤道

(道). ② 부인(婦人)의 도. ↔ 건도(乾道). こんどう

곤:돈[困頓] 피곤하고 지쳐 기운이 없음. =곤핍(困乏). こんとん　exhaustion

곤돌라[이 gondola] ① 이탈리아 베니스에서 쓰는 작은 배. ② 비행선·기구·케이블카에 매달린 바구니 모양의 객실(客室). ③ 고층 건물에서 짐을 실어 오르내리는 데 사용하는 기구. ゴンドラ

곤두박질[←筋斗撲跌] 몸을 번드쳐 갑자기 거꾸로 내리박히는 일.　headlong fall

곤:란[困難] ① 처리하기가 어렵고 고생스러움. ② 생활이 가난함. こんなん
　　① difficulty ② poverty

곤:룡포[袞龍袍] 임금이 입는 정복(正服).　royal robe

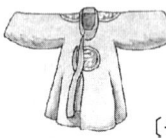
〔곤룡포〕

곤:마[困馬] ① 지친 말. ② 바둑에서, 살기 어려운 말.
　　① worn-out horse

곤:면[袞冕] 곤룡포와 면류관. 곧, 임금의 예복. こんべん

곤:박[困迫] 일이 곤궁하고 다급하게 됨. こんぱく

곤방[坤方] 이십사 방위의 하나. 정남과 정서의 한가운데 15도 각도 안.

곤:보[困步] 피곤한 걸음.

곤:복[袞服] ⇨ 곤룡포(袞龍袍). こんぷく

곤봉[棍棒] ① 몽둥이. =곤장(棍杖). ② 곤봉 체조에 쓰이는 운동 용구. こんぼう
　　① cudgel ② Indian club

곤:비[困憊] 피곤하고 지쳐 기운이 없음. =곤핍(困乏). 「피로(疲勞)~」こんぱい　fatigue

곤:색[困塞] ① 돈의 융통이 막힘. ② 운수가 막혀 궁색함.
　　① tightness

곤시[坤時] 이십사시의 열여섯째 시. 하오 2시 30분부터 3시 30분까지.

곤신풍[坤申風] 서남풍(西南風).　southwestern wind

곤:액[困厄] 곤란과 재액(災厄). =재난(災難). こんやく　misfortune

곤약[菎蒻] ① 구약나물. ② 구약나물의 지하경(地下莖) 가루에 석회유(石灰乳)를 섞어 서 끓여 익힌 식품. こんにゃく
　　① devil's tongue

곤:와[困臥] 피곤하여 드러누움. こんが

곤:욕[困辱] 심한 모욕. =군욕(窘辱). こんじょく
　　bitter insult

곤위[坤位] ① 여자의 무덤이나 신주. ② 왕후(王后)의 지위. =곤위(壼位).
　　② position of the queen

곤이[鯤鮞] ① 물고기의 알. ② 물고기의 새끼. ① hard roe

곤:작[困作] 애써 글을 지음.　elaboration

곤장[棍杖] 형구(刑具)의 한 가지. 죄인의 볼기를 치는 몽둥이.　cudgel

곤전[坤殿] ⇨ 중궁전(中宮殿).

곤:절[困絕] 몹시 가난하고 궁함. =곤갈(困竭). こんぜつ　destitution

곤충[昆蟲] ① 벌레를 흔히 이르는 말. ② 곤충류에 딸린 동물. こんちゅう　① bug

곤:침[困寢] 곤하게 잠이 듦. 困寢
곤포[昆布] 다시마. 「~차(茶)」こんぶ tangle 昆布
곤:포[梱包] 거적·새끼 따위로 짐을 꾸림. 또는 그 짐짝. こんぽう bale 梱包
곤:핍[困乏] 피곤하고 지쳐 기운이 없음. =곤비(困憊). fatigue 困乏
곤:학[困學] 고생하여 학문을 배움. =고학(苦學). こんがく studying under adversity 困學
곤:혹[困惑] 곤란한 일을 당하여 난처해 함. こんわく embarassment 困惑
골[汨] ①물결 솟을 골: 물이 치솟다. 괄괄거리다. 「汨汨(골골)」 ②골몰할 골: 골몰하다. 「汨沒(골몰)」 ③물 이름 멱: 물 이름. 「汨羅(멱라)」 コツ ②しずむ 汨沒 汨羅
골[骨]* ①뼈 골: 뼈. 「骨格(골격)·骨肉(골육)·骨粉(골분)」 ②풍도 골: 풍도. 풍골. 「氣骨(기골)·奇骨(기골)·聖骨(성골)」 コツ ①ほね 骨格 氣骨
골:[goal] ①목표. ②결승선(決勝線). ③축구 등에서, 공을 넣어 득점하는 곳. 또는 그 곳에 공을 넣어 득점하는 일. 골. 決勝線
골각기[骨角器] 석기 시대에, 짐승의 뼈나 뿔로 만들어 쓰던 기구. こっかくき bone implement 骨角器
골간[骨幹] ①뼈대. ②기본을 이루는 중요 부분. こっかん ① physique ② core 骨幹
골격[骨格·骨骼] ①뼈의 조직. 뼈대. ②무슨 일을 하는 데 있어서의 기본적인 뼈대. こっかく frame 骨格
골경[骨鯁·骨骾] ①짐승의 뼈와 물고기의 뼈. ②임금의 허물을 서슴지 않고 간하는 충신. 「~지신(之臣)」 之臣
골계[滑稽] 익살. 「~극(劇)」 こっけい waggery 滑稽
골기[骨器] 짐승이나 물고기의 뼈로 만든 기구. こっき bone implement 骨器
골다공증[骨多孔症] 뼈의 석회 성분이 줄고 밀도가 떨어져서 뼈가 약해지고 쉽게 부러지는 등의 각종 병증을 나타내는 증세. osteoporosis 骨多孔症
골동[骨董] ①⇨골동품(骨董品). こっとう ②여러 가지 물건이 한데 섞인 것. 骨董
골동품[骨董品] ①미술적인 가치가 있는 희귀한 옛 세간이나 물품. =골동(骨董). 「~소장(所藏)」 ②오래 되었을 뿐 가치가 없고 쓸모도 없게 된 물건. 또는 그런 사람의 비유. こっとうひん ① curio ② museum piece 骨董品 物品 物件
골:드 트랑슈[gold tranche] 국제 통화 기금 가맹국이 단기적으로 국제 수지가 악화된 경우, 기금으로부터 무조건 융자 받을 수 있는 외화(外貨) 부분. ゴールド トランシュ 通貨 外貨
골:든 디스크[golden disc] 백만 장 이상 팔린 음반(音盤)을 이르는 말. ゴールデン ディスク 音盤
골:든아워[golden hour] 청취율이나 시청률이 가장 높은 방송 시간대(時間帶). 時間帶
골: 라인[goal line] ①결승선(決勝線). ②축구·하키에서, 골대를 따라 그은 선. 골 라인. 決勝線
골립[骨立] ①몸이 말라 뼈만 骨立

앙상하게 드러남. こつりつ
② 잎이 떨어져 나무의 줄기만
남음.
① haggardness ② gauntness

골막[骨膜] 뼈의 표면을 싸고 있는 막(膜). こつまく periosteum

골몰[汨沒] 한 가지 일에만 정신을 쏟음. こつぼつ absorption

골반[骨盤] 척추동물의 허리 부분을 이루며, 장기(臟器)를 받치고 생식기·비뇨기 등을 보호하는 넓적한 뼈. こつばん pelvis

골분[骨粉] 동물의 뼛가루. こっぷん powdered bones

골비[骨痺] 골수가 아프고 저리는 마비증이 하나.

골산[骨山] 나무는 없고 바위로 이루어진 산. rocky mountain

골상[骨相] ① 몸의 골격. ② 골격의 겉에 드러나 보이는 생김새. 「~학(學)」 こっそう physiognomy

골수[骨髓] ① 뼈의 공동(空洞)을 채우고 있는 연한 조직. ② 요점(要點). ③ 속마음. 「~에 사무치다」 こつずい ① marrow

골양[骨瘍] 뼈의 만성 염증의 하나. 카리에스(caries). こつよう

골:에어리어[goal area] 축구·하키 등에서, 골문 앞에 그어 놓은 일정한 구역(區域). ゴール エリア

골유[骨油] 골지(骨脂)에서 고체 상태의 지방을 뺀 액체. 비누·초 등의 원료로 씀. こつゆ bone oil

골육[骨肉] ① 뼈와 살. ② 가까운 혈족. 「~상잔(相殘)」 こつにく ② blood relations

골육상잔[骨肉相殘] 혈육끼리 또는 같은 민족끼리 서로 해치고 싸움. family [domestic] discord

골:인[goal in] ① 공이 골에 들어감. ② 목표(目標)에 다다름. ゴールイン

골자[骨子] 요긴한 줄거리. =요점(要點). こっし gist

골절[骨折] 뼈가 부러짐. =절골(折骨). こっせつ fracture

골절[骨節] 뼈의 마디. こっせつ joint

골조[骨組] 건조물(建造物)의 주요 구조체가 되는 뼈대. ほねぐみ frame

골종[骨腫] 뼈의 그곳에 생기는 혹. osteoma

골지[骨脂] 동물의 뼈에서 나온 지방(脂肪). こっし

골질[骨質] 동물의 뼈와 같은 물질. こっしつ bony tissue

골:키퍼[goalkeeper] 축구·하키 등에서, 골문을 지키는 선수(選手). ゴールキーパー

골:킥[goal kick] 축구에서, 자기편 골 에어리어 안에서 공을 차는 일. ゴール キック

골탄[骨炭] ① 동물의 뼈를 건류(乾溜)하여 얻는 활성탄. ② 코크스. =해탄(骸炭). こったん ① boneblack

골패[骨牌] 노름 기구의 한 가지. 검은 나무 바탕에 흰 뼈를 붙이고, 여러 가지 수효의 구멍을 새김. こっぱい dominoes

골퍼[golfer] 골프를 하는 사람. ゴルファー

골편[骨片] 부스러진 뼛조각. こっぺん spicule

골:포스트[goalpost] 축구 등에서, 골대. ゴールポスト

골품[骨品] 신라 때 있었던 혈통에 따른 신분의 등급. 성골(聖骨)·진골(眞骨) 따위. こっぴん

골프[golf] 클럽으로 공을 쳐서 18개의 구멍에 차례로 넣는 운동 경기. ゴルフ

골해[骨骸] 뼈만 남은 송장.

골회[骨灰] 동물의 뼈를 태워서 만든 가루. 비료로 씀. こっかい   bone ashes

공[工]* ①장인 공:장인. 직공. 「工匠(공장)·工作(공작)·工藝(공예)」 ②공교할 공:공교하다. ③만들 공:만들다. 「工場(공장)·工法(공법)·工銀(공은)」 コウ ①たくみ

공[公]* ①공변될 공:공변되다. 사사롭지 아니하다. 「公共(공공)·公館(공관)·公租(공조)」 ②밝을 공:밝다. 바르다. 「公平(공평)·公正(공정)」 ③작위 공:작위. 귀인. 「貴公(귀공)·公卿(공경)·公爵(공작)」 コウ ①おおやけ

공:[孔]* ①구멍 공:구멍. 「孔穴(공혈)」 ②매우 공:매우. 심히. 「孔明(공명)」 ③성 공:성의 하나. 「孔子(공자)·孔老(공로)」 コウ ①あな ②はなはだ

공[功]* ①공 공:공. 「功德(공덕)·功過(공과)·功勞(공로)」 ②일 공:일. 「婦功(부공)·田功(전공)」 コウ ①いさお·てがら

공:[共]* ①함께 공:함께. 같이. 「共同(공동)·共有(공유)·共産主義(공산주의)」 ②다 공:다. 모두. キョウ·とも·ともに

공:[攻]* ①칠 공:치다. 「攻擊(공격)·攻防(공방)·攻勢(공세)」 ②갈 공:갈다. 닦다. 「攻玉(공옥)·攻學(공학)」 コウ ①せめる ②おさめる

공:[供]* ①받들 공:받들다. 「供養(공양)」 ②이바지할 공:이바지하다. 주다. 「供給(공급)·供與(공여)·供進(공진)」 ク·キョウ ①そなえる

공[空]* ①빌 공:비다. 「空間(공간)·空白(공백)」 ②하늘 공:하늘. 「空中(공중)·蒼空(창공)」 ③없을 공:없다. 「空虛(공허)」 クウ ①から·あく ②そら ③むなしい

공:[拱] 팔짱 낄 공:팔짱을 끼다. 구경만 하다. 「拱手(공수)」 キョウ·こまぬく

공:[恐]* ①두려워할 공:두렵다. 무섭다. 「恐怖(공포)·恐懼(공구)」 ②염려할 공:염려하다. キョウ ①おそれる·おそろしい

공[恭]* ①공손할 공:공손하다. 「恭遜(공손)·恭待(공대)」 ②공경할 공:공경하다. 「恭敬(공경)」 キョウ·うやうやしい

공:[貢]* 바칠 공:바치다. 「貢納(공납)·貢馬(공마)」 コウ·みつぐ

공:[控] ①상소할 공:상소하다. 「控訴(공소)」 ②당길 공:제어하다. 「控除(공제)·控弦(공현)」 コウ ①ひかえる

꽁[跫] 발자국 소리 공. 발사국 소리. 「跫音(공음)·跫然(공연)」 キョウ·あしおと

공[箜] 공후 공:공후. 거문고. 「箜篌(공후)」 コウ·くご

공:[槓] 지렛대 공:지렛대. 「槓杜(공두)」 コウ·てこ

공:[鞏] 굳을 공: 굳다. 단단하다. 「鞏固(공고)」 キョウ·かたい 鞏固

공[gong] ① 청동이나 놋쇠로 만든 원반형의 타악기. ② 권투에서, 경기 시작과 끝을 알리는 종. ゴング 青銅

공가[工價] ⇨공전(工錢). 工價

공가[公家] 중이 절을 이르는 말. 公家

공가[空家] 빈 집. あきや　vacant house 空家

공:가[拱架] 아치를 만들 때 버티기 위해 쓰는 구조물. 拱架

공각[空殼] ① 곡식이나 열매의 빈 껍질. ② 조개의 빈 껍데기. あきがら　① empty ears 空殼

공간[公刊] 책을 내어 세상에 널리 폄. こうかん publication 公刊

공간[空間] ① 비어 있는 곳. ② 만물이 존재하는 무한한 곳. 삼차원(三次元)의 무한한 범위. くうかん　space 空間

공:간[槓杆] 지렛대. こうかん lever 槓杆

공간 예:술[空間藝術] 조각·건축 등 공간을 구성하여 형상화하는 예술. くうかんげいじゅつ　spatial art 空間藝術

공갈[空竭] 헛되이 다하여 없어짐. exhaustion 空竭

공:갈[恐喝] 무섭게 윽박지르고 위협함. 「~죄(罪)」 きょうかつ　threat 恐喝

공:감[共感] 남의 의견이나 감정 등에 대하여 자기도 그러하다고 느낌. 또는 그런 감정. =동감(同感). きょうかん　sympathy 共感同感

공:감각[共感覺] 어떤 자극에 대하여 일어난 감각이 동시에 다른 영역의 감각을 일으키는 일. きょうかんかく 共感覺 synesthesia

공개[公開] 일반에게 널리 개방함. 「~ 방송(放送)」 こうかい　opening to the public 公開放送

공개 수사[公開搜査] 범인의 인상이나 몽타주 사진을 전국에 배포하여, 널리 민간인의 협력을 기대하는 수사 방법의 하나. こうかいそうさ open criminal investigation 公開搜査

공개 채:용[公開採用] 공개적으로 지원자를 모집하여 시험을 치른 뒤 합격자를 뽑아 쓰는 일. 준공채(公採). public employment 採用

공개 투표[公開投票] 투표인의 투표 내용을 제삼자가 알 수 있는 투표 방법. public ballot 投票

공건[空件] 쓸데없는 물건. useless thing 空件

공검[恭儉] 공손하고 검소함. きょうけん 恭儉

공격[公格] 공직(公職)에 관한 격식. 公格

공:격[攻擊] ① 적을 침. ↔방어(防禦). ② 비난함. ③ 운동 경기 따위에서, 이기기 위한 적극적인 행동. こうげき ① attack ② censure 攻擊

공결[公決] 공정한 결정. impartial decision 公決

공겸[恭謙] 남을 공경하고 자기를 낮춤. ↔거오(倨傲)·교오(驕傲). きょうけん　modesty 恭謙

공경[恭敬] 공손하게 받듦. きょうけい　reverence 恭敬

공계[空界] 불교에서 이르는 아무것도 없는 빈 세계. 「~무물(無物)」 くうかい 空界

공고[工高] 공업 고등 학교(工業高等學校)의 준말. こうこう 工高

공고[公告] 관공서나 공공 단체에서 일반에게 알리는 고지 公告

(告知).「~문(文)」こうこく
public notice

공:고[鞏固] 아주 단단하고 굳음.「~한 방비(防備)」きょうこ 鞏固
solidity

공곡[公穀] 나라나 관청이 소유하는 곡식. 公穀

공곡[空谷] 텅 빈 골짜기. くうこく 空谷

공곡공음[空谷跫音] 빈 골짜기에 울리는 발자국 소리라는 뜻으로, 쓸쓸할 때 기쁜 소식이나 반가운 사람이 찾아옴의 비유. くうこくきょうおん 空谷跫音

공공[公共] 사회 일반에 공동으로 딸리거나 관계되는 것.「~ 질서(秩序)」こうきょう 公共
public society

공공[空空] ① 아무것도 없는 상태. くうくう ② 글자가 빠진 표시나 숨김의 표시로 쓰는 ○○의 이름. 空空

공공 기업체[公共企業體] 정부가 출자해서 경영하는, 공공의 복리를 위한 기업체. こうきょうきぎょうたい 公共企業體
public corporation

공공 사:업[公共事業] 공공의 이익이나 복지를 꾀하기 위한 사업. こうきょうじぎょう 公共事業
public works

공공심[公共心] 공공의 이익을 위하는 마음. ↔이기심(利己心). こうきょうしん 公共心
public spirit

공공 요금[公共料金] 철도·전기·전화·우편·수도·도시 가스·지하철 등 공익 사업에 대한 요금. 公共料金
public utility charges

공과[工科] 공학(工學)에 관한 학과.「~ 대학(大學)」こうか 工科大學
engineering department

공과[工課] 공부의 과정. 工課
course

공과[公課] 국가나 공공 단체가 국민에게 부과하는 세금이나 부담.「~금(金)」こうか 公課
public charge

공과[功過] 공로와 허물. 잘잘못. =공죄(功罪). こうか 功過
merits and demerits

공과[功課] ① 일의 성적. 사업의 진행 정도. ② 학문 또는 교육의 과정. =학과(學課). ② lesson 功課

공과 상반[功過相半] 공로와 허물이 반반씩임. 功過相半

공관[公館] ① 정부 고관(高官)의 공적(公的)인 저택. ② 외국에 설치된 외교 기관.「재외(在外) ~」③ 공공(公共)이 쓰는 건물. こうかん
① official residence ② diplomatic establishments abroad ③ public hall 公館高官

공관[空官] 비어 있는 벼슬자리. 空官
vacant post

공관[空罐] 빈 깡통. あきかん 空罐
empty can

공관장[公館長] 외국에 주재하고 있는 대사·공사·영사 등 공관의 우두머리. 公館長

공:교[拱橋] 아치 모양으로 가설한 다리. きょうきょう 拱橋
arched bridge

공교육[公敎育] 공적인 재원에 의하여 관리·운영되는 교육. こうきょういく 公敎育
public education

공구[工具] 기계 따위를 만들거나 손질할 때 쓰는 기구. こうぐ 工具
tool

공구[工區] 구분해서 맡은 공사 구역. こうく 工區
section of works

공:구[攻究] 사물의 이치나 학문 따위를 연구함. こうきゅう   study 攻究

공:구[恐懼] 몹시 두려워함. きょうく   fear 恐懼

공군[空軍] 하늘을 방비하는 군대. こうぐん   air force 空軍

공권[公權] 공법상(公法上)의 권리. 조직권·형법권·경찰권·강제권·재정권 등 납세·병역 의무를 이행시키는 국가적 공권과 참정권·수익권·자유권 등의 개인적 공권이 있음. 「~박탈(剝奪)」「~정지(停止)」こうけん   civil rights 公權

공권[空拳] 빈 주먹. 맨주먹. 「적수(赤手)~」くうけん   bare hand 空拳

공권력[公權力] 국가 또는 공공 단체가 국민에 대하여 명령하고 강제하는 권력. こうけんりょく   power of civil rights 公權力

공궤[供饋] 음식을 줌. providing with food 供饋

공규[空閨] 오랫동안 남편 없이 여자 홀로 지내는 방. = 공방(空房). くうけい   bedchamber of a neglected wife 空閨

공:규[孔竅] ① 구멍. 틈새. ② 눈·귀·코·입을 이르는 말. こうきょう   ① hole 孔竅

공:극[孔棘] 대단히 급박함. こうきょく   urgency 孔棘

공극[空隙] ① 빈틈. 틈새. ② 겨를. ③ 빈터. くうげき   ① gap ② spare time ③ vacant lot 空隙

공:극률[孔隙率] 암석이나 흙의 용적을 100으로 했을 때 그 속에 포함된 빈틈의 용적. こうげきりつ   porosity 孔隙率

공근[恭勤] 공손하고 부지런함. politeness and diligence 恭勤

공근[恭謹] 공손하고 조심성이 있음. きょうきん   politeness and discreetness 恭謹

공금[公金] 국가나 공공 단체의 돈. 「~횡령(橫領)」こうきん   public money 公金

공:급[供給] ① 요구에 따라 물품을 지급함. ② 판매·교환을 위해 재화(財貨)를 시장에 내놓음. ↔수요(需要). 「~과잉(過剩)」きょうきゅう   ① provision ② supply 供給 財貨

공기[公器] ① 공공의 물건. ② 사회 공중이 널리 이용하는 기구. 「사회의 ~」こうき   ② public organ 公器

공기[空氣] ① 지구를 싸고 있는 무색 무취의 기체. =대기(大氣). ② 어떤 자리에 감도는 분위기. 「~가 험악하다」くうき   ① air ② atmosphere 空氣 大氣

공기[空器] ① 빈 그릇. ② 밥을 덜어 먹는 데 쓰는 작은 그릇.   ① empty dish ② bowl 空器

공기업[公企業] 국가 또는 공공 단체가 소유하여 경영하는 기업. こうきぎょう   public enterprise 公企業

공기총[空氣銃] 압축 공기의 작용으로 탄알을 쏘게 되어 있는 소총. くうきじゅう   air gun 空氣銃

공기침[空氣枕] 공기를 넣어서 쓰게 되어 있는 베개. くうきまくら   air pillow 空氣枕

공:난[攻難] 공격하여 비난함. こうなん   blame 攻難

공납[公納] 국고(國庫)나 특수 기관으로 납입되는 돈. 「~금(金)」   public imposts 公納

공:납[貢納] 옛날에 공물(貢物)을 바치던 일. こうのう 貢納

공낭[空囊] 돈이 들어 있지 않은 빈 주머니. くうのう empty purse

공:노[共怒] 함께 노함. 「천인(天人)~」

공능[功能] ①공적(功績)과 재능(才能). ②공들인 보람을 나타내는 능력. こうのう ① merits and ability

공단[工團] 공업 단지(工業團地)의 준말.

공단[公團] 일정한 국가적 사업을 수행하기 위하여 설립된 특수 법인. こうだん public corporation

공:단[貢緞] 무늬가 없는 두꺼운 비단. satin

공담[公談] ①공평한 말. ②공무(公務)에 관한 말. ① impartial words ② official talk

공:담[共擔] 같이 부담함. 「~의무(義務)」

공담[空談] 쓸데없는 말. =객담(客談). くうだん idle talk

공당[公黨] 정치적 주의·주장을 세상에 널리 밝혀 그 활동이 공적으로 인정되는 정당. こうとう public party

공대[空垈] ①빈 집터. ②울안의 빈 터.

공대[恭待] ①공손히 대접함. ②상대편에게 경어를 씀. ↔하대(下待). ① respectful treatment

공덕[公德] 사회 공공을 위한 도덕. 「~심(心)」 こうとく public morality

공덕[功德] ①불교에서, 착한 일을 많이 한 공과 불도를 닦은 덕. ②공적과 어진 덕. くどく ① charity tribute

공덕심[功德心] 불교에서, 남에게 착한 일을 많이 하려는 마음. public spirit

공도[公盜] 공금이나 공물(公物)을 횡령하는 공무원. =공적(公賊). こうとう peculator

공도[公道] ①사회 일반에 통용되는 올바른 도리. ②공중이 다니는 도로. こうどう ① justice ② public way

공:도동망[共倒同亡] 운명을 같이함. falling together

공:동[共同] 여러 사람이 함께 하거나 함께 관계됨. 「~작업(作業)」 きょうどう cooperation

공동[空洞] ①비어 있는 골짜기. ②텅 빈 구멍. ③결핵균으로 폐의 내부가 비어 있는 부분. くうどう ①② hollow ③ vomica

공:동[恐動] 위협하여 두려워하게 함. terrifying

공:동 묘:지[共同墓地] 공동으로 무덤을 쓸 수 있도록 마련된 묘지. きょうどうぼち public cemetery

공:동 사회[共同社會] 가족·촌락처럼 혈연(血緣)·지역(地緣) 등의 관계로 이루어진 사회적 결합. ↔이익 사회(利益社會). きょうどうしゃかい community

공:동 생활[共同生活] 여럿이 함께 모여서 서로 협력하여 사는 생활. collective life

공:동 성명[共同聲明] 둘 이상의 개인·단체·국가가 자기들의 의견을 공동으로 발표하는 성명. joint statement

공:동 소:유[共同所有] 둘 이상의 권리 주체가 공동으로 동일물에 대하여 소유권을 갖는

공:동 우승[共同優勝] 운동 경기에서, 두 사람 또는 두 단체가 함께 우승함. 優勝 joint ownership

공:동 위원회[共同委員會] 한 문제를 공동으로 심의·검토하기 위하여 두 단체 또는 두 국가 이상이 각각 위원을 내어 조직한 위원회. 준공위(共委). 委員會 joint committee

공:동체[共同體] ①공동 사회. ②생활과 운명을 같이하는 조직체. きょうどうたい 共同體 community

공:동 판매[共同販賣] 농산물이나 공업 생산품을 어떤 조직을 통해서 공동으로 판매함. 준공판(共販). きょうどうはんばい 共同販賣 joint sale

공득[空得] 힘들이지 아니하고 공으로 얻음. 空得 thing won for nothing

공:락[攻落] 공격하여 함락시킴. こうらく 攻落 surrender

공란[空欄] 지면(紙面)의 빈 자리. くうらん 空欄 blank

공랭[空冷] 공기로 열기(熱氣)를 식힘. 「~식(式) 기관」くうれい 空冷 air cooling

공:략[攻掠] 공격하여 남의 것을 약탈(掠奪)함. こうりゃく 攻掠 capture

공:략[攻略] 적지·적진을 공격하여 빼앗음. こうりゃく 攻略 attack

공:량[貢糧] 지난날, 글방 선생에게 사례로 주던 양곡. =강미(講米). 貢糧

공력[工力] ①물건을 만드는 데 드는 힘. ②공부하여 쌓은 실력. 工力

공력[公力] 개인이나 단체를 강제로 복종시키는 국가나 사회의 권력. こうりょく 公力 public force

공력[功力] ①공을 들인 힘. ②불교에서, 불도를 닦아서 얻은 공덕의 힘. 功力 ① exploit

공력[空力] 효과가 없는 헛심. 空力 fruitless effort

공렬[功烈] 뛰어난 공. こうれつ 功烈 distinguished services

공로[公路] 공중(公衆)이 다니는 길. =공도(公道). こうろ 公路 highway

공로[功勞] 힘을 들인 노력이나 수고. 또는 힘을 들여 이룬 업적. =효로(效勞)·공력(功力). こうろう 功勞 exploit

공:로[攻路] 공격하여 나아가는 길. 攻路

공로[空老] ①한 일도 없이 헛되이 늙음. ②과거에 급제도 못 하고 늙어 버림. 空老

공로[空路] 항공기가 다니는 길. =항공로(航空路). くうろ 空路 airway 航空路

공로주[功勞株] 주식 회사에 기획이나 설립에 공이 있는 사람에게 주는 주권. こうろうかぶ 功勞株 bonus stock

공론[公論] ①공평한 이론. ②사회 일반의 여론. こうろん 公論 ① unbiassed view ② public opinion

공론[空論] 헛된 이론. 「~공담(空談)」くうろん 空論 futile argument

공:룡[恐龍] 중생대 쥐라기에서 백악기에 걸쳐 살았던 거대한 파충류. きょうりゅう 恐龍 dinosaur

공루[空淚] 슬픈 듯이 흘리는 거짓 눈물. 空淚 crocodile tears

공류[公流] 공공의 이해(利害)에 관계되는 유수(流水). こう 公流

공륜[空輪] ① 불탑에서 수연(水煙) 바로 아래에 있는, 아홉 개의 테로 되어 있는 금속 장식. ② 불교에서 이르는 사륜(四輪)의 하나. 이 세상의 가장 밑에 있다는 허공. くうりん 空輪

공률[工率] 단위 시간에 이루는 일의 양(量). こうりつ　rate of work 工率

공:률[恐慄] 무서워서 벌벌 떪. trembling with fear 恐慄

공리[公吏] 지방 자치 단체나 공공 단체에서 일하는 직원. こうり　public servant 公吏

공리[公理] ① 널리 일반적으로 통하는 도리. ② 수학에서, 증명을 필요로 하지 않고 자명한 진리로 인정되어 다른 명제의 전제가 되는 근본 명제. こうり
① self-evident truth ② axiom 公理

공리[功利] ① 공명(功名)과 이득(利得). ② 행복과 이익. こうり
① honor and profit ② utility 功利 功名

공리[空理] ① 실제와는 동떨어진 이론. ② 불교에서 말하는 만유(萬有)가 헛되다는 이치. くうり　① empty theory 空理 萬有

공리공론[空理空論] 실천이 뒤따르지 않는 헛된 이론. くうりうろん　doctrinarianism 空論

공립[公立] 공공 단체가 설립하여 운영함. 또는 그 시설. ↔사립(私立). 「～ 학교」こうりつ　public institution 公立

공:립[共立] 공동으로 설립함. 「～ 병원(病院)」きょうりつ　joint foundation 共立

공막[空漠] ① 아득하게 넓음. ② 막연하여 종잡을 수 없음. 空漠
くうばく
① vastness ② vagueness

공막[鞏膜] 안구(眼球)의 뒤쪽을 싸고 있는 하얀 막. =백막(白膜). きょうまく　sclera 鞏膜 白膜

공매[公賣] 공고하여 입찰이나 경매로 팖. こうばい
public auction 公賣

공:맹지도[孔孟之道] 공자와 맹자가 주장한 인의(仁義)의 도덕. こうもうのみち
doctrines of Confucius and Mencius 孔孟之道

공명[公明] 사사로움이 없이 공정하고 명백함. 「～정대(正大)」こうめい　impartiality 公明

공명[功名] 공을 세워 이름을 떨침. 또는 그 이름. 「～심(心)」こうみょう　fame 功名

공:명[共鳴] ① 남의 사상·의견에 동감함. ② 발음체가 외부 자극을 받아 이와 동일한 진동수의 소리를 내는 현상. きょうめい
① sympathy ② consonance 共鳴

공명[空名] 실속이 없는 헛된 명예. =허명(虛名). くうめい
empty fame 空名

공명[空明] 맑은 물에 비치 달의 그림자. くうめい 空明

공명[空冥] 하늘 또는 허공(虛空). くうめい　sky 空冥

공명골[功名骨] 장래에 공명을 이룰 만하게 잘생긴 골격. 功名骨

공:명관[共鳴管] 관 속에 들어 있는 공기를 진동시킴으로써 소리를 더 크게 하는 관. resonance tube 共鳴管

공명 선:거[公明選擧] 부정이 없는 떳떳하고 바른 선거. 「～를 치르다」こうめいせんきょ
clean election 公明 選擧

공명심[功名心] 공을 세워 이 功名心

공모[公募] 일반에게 공개하여 모집함.「현상(懸賞)~」こうぼ public subscription

공:모[共謀] 두 사람 이상이 공동으로 좋지 못한 일을 꾀함. きょうぼう conspiracy

공모전[公募展] 공개 모집한 작품의 전람회.

공모주[公募株] 일반에게 널리 투자자를 모집하여 발행하는 주식. publicly subscribed stocks

공:목[拱木] ① 아름드리 나무. ② 무덤 주위에 심은 나무. =묘목(墓木). きょうぼく

공몽[涳濛] 이슬비나 안개로 시계(視界)가 뽀얗고 자욱함. くうもう haziness

공무[工務] ① 토목·건축 등의 공사에 관한 일. ② 공장에 관한 사무. こうむ ① engineering works

공무[公務] ① 공적인 일. ② 국가나 공공 단체의 직무. 「~집행(執行)」こうむ ② public duties

공문[公文] 공문서(公文書)의 준말. こうぶん

공:문[孔門] 공자의 문하. =성문(聖門). こうもん Confucian school

공:문[孔紋] 식물의 세포막(細胞膜)에 있는 구멍.

공문[空文] 실제로 효력이 없는 문서. くうぶん dead letter

공문서[公文書] ① 공무원이 직무상 만든 문서. ② 공적인 서면(書面). 준공문(公文). こうぶんしょ official document

공물[公物] 관청이나 단체의 물건. ↔사물(私物). こうぶつ public property

공:물[供物] 신불(神佛)에게 바치는 물건. くもつ offering

공:물[貢物] 지난날, 백성이 궁중이나 나라에 세금으로 바치던 지방 특산물. =폐공(幣貢). こうぶつ tribute

공:미[供米] 신불에게 바치는 쌀. くまい rice offering

공민[公民] ① 사회인으로서의 자유민(自由民). ② 국가나 공공 단체의 공무에 참여할 수 있는 자격이 있는 사람. こうみん citizen

공박[攻駁] 심하게 따지고 논박함. refutation

공:발[攻拔] 성(城)이나 보루(堡壘)를 공격하여 함락시킴. こうはつ surrender

공발[空發] ① 겨냥하지 않고 헛되게 발사(發射)함. ② 남포질을 할 때, 목적한 암석을 파괴하지 못하고 허탕으로 폭발시킴. くうはつ ① blank shot ② vain explosion

공방[工房] ① 공예가의 작업장. こうぼう ② 조선 시대에, 공전(工典)에 관한 사무를 맡아보던 승정원 육방(六房)의 하나. ① studio

공:방[攻防] 공격과 방어. =공수(攻守).「~전(戰)」こうぼう offense and defense

공방[空房] ① 사람이 거처하지 않는 방. ② 남편이 없이 여자 혼자서 거처하는 방. =공규(空閨)·고규(孤閨). くうぼう ① vacant room ② bedchamber of a widow

공방살[空房煞] 부부간의 사이가 나쁜 살.

공배[空排] 바둑에서, 양편의

공배수[公倍數] 두 개 이상의 정수(整數)에 공통되는 배수(倍數). こうばいすう common multiple

공백[空白] ① 일정한 지면이나 화면에 글씨나 그림이 없이 빈 곳. =여백(餘白). ② 아무 것도 없음. くうはく
① blank ② emptiness

공:벌[攻伐] 공격하여 정벌함. =공토(攻討). こうばつ subjugation

공:범[共犯] 두 명 이상이 공모하여 지은 죄. 또는 그 사람. ↔단독범(單獨犯). きょうはん complicity

공법[工法] 공사(工事)의 시공(施工) 방법. こうほう method of construction

공법[公法] 국가의 조직이나 국가간, 또는 국가와 개인간의 관계를 규정한 법률의 총칭. 헌법·행정법·형법 따위. こうほう public law

공법인[公法人] 공법의 규정에 따라 인격(人格)이 부여된 공공 단체. ↔사법인(私法人). こうほうじん public corporation

공:변세:포[孔邊細胞] 식물의 기공(氣孔) 둘레에 있는 반달 모양의 세포. 기공을 여닫는 구실을 하여 수분 조절을 함. こうへんさいぼう guard cell

공병[工兵] 군대에서, 토목·건설 등을 맡은 병과. 또는 그에 딸린 군인. 「~대(隊)」 こうへい military engineers

공:병[共病] 아내가 임신해서 입덧 등의 증세가 있을 때, 남편도 같은 증세를 일으키는 병.

공병[空瓶] 빈 병. あきびん empty bottle

공보[公報] 관공서에서 국민 일반에게 널리 알리는 보고. こうほう official report

공복[公僕] 국민의 심부름꾼이라는 뜻으로 공무원을 이르는 말. こうぼく public servant

공복[空腹] 음식을 먹지 않은 빈 배. ↔만복(滿腹). くうふく empty stomach

공부[工夫] 학문과 기술을 배우고 익히는 일. learning

공부[公簿] 관공서가 법령의 규정에 따라 작성·비치하는 장부. こうぼ official book

공분[公憤] ① 공적인 일에 대한 분노. ② 일반 공중(公衆)의 분노. こうふん
① public indignation

공분모[公分母] 통분(通分)해서 얻은 공통된 분모. こうぶんぼ common denominator

공비[工費] 공사(工事)에 드는 비용. こうひ cost of construction

공비[公費] 관청이나 공공 단체에서 쓰는 비용. ↔사비(私費). こうひ public expense

공:비[共匪] 공산 계열의 유격대. きょうひ Red guerrillas

공비[空費] 헛된 비용. くうひ waste

공사[工事] 토목·건축 등에 관한 일. 「토목(土木)~」 こうじ construction

공사[工師] 공장(工匠)의 우두머리. こうし foreman

공사[公司] 회사(會社)의 중국식 이름. こうし·コンス company

공사[公私] 공적인 일과 사사로운 일. 「~ 혼동(混同)」こうし
public and private affairs

공사[公社] 정부가 설립한 공공 기업체로, 경제상 독립되어 있는 공법상의 법인. 「해운(海運)~」こうしゃ
public corporation

공사[公事] 국가나 공공 단체의 일. 공적(公的)인 일. ↔사사(私事). こうじ
public business

공사[公使] 나라를 대표하여 외국에 주재하는 외교관. 대사의 아래. こうし
diplomatic minister

공사[空事] 헛일. useless work

공사립[公私立] 공립과 사립. 「각(各)~ 학교(學校)」
public and private institutions

공산[公算] 확실성(確實性)의 정도. 「실패할 ~이 크다」こうさん probability

공·산당[共産黨] 공산주의 사회의 실현을 목적으로 하는 정당. きょうさんとう
Communist Party

공산명월[空山明月] ① 인기척이 없는 적적한 산 위에 떠 있는 밝은 달. ② 산과 달을 그린 화투짝의 한 가지.
① bright moonshining on a lone mountain

공·산주의[共産主義] 재산의 사유·세습을 부인하고 모든 사람이 계급으로부터 해방되어 누구나 능력에 따라 일하고 필요한 만큼 분배받는 사회를 실현하자는 주의. きょうさんしゅぎ communism

공산품[工産品] 공업 생산품. industrial products

공:살[攻殺] 적군(敵軍)을 공격하여 죽임. こうさつ

공상[工商] ① 공업과 상업. ② 장인(匠人)과 상인(商人). こうしょう
① industry and commerce ② artisan and tradesman

공상[公傷] 공무(公務)를 수행하다가 입은 부상. こうしょう injury resulting from official work

공상[功狀] 공적(功績)의 내용. こうじょう

공상[空想] 현실에서 실현될 수 없는 헛된 생각. くうそう fancy

공:생[共生] ① 함께 살아감. ② 다른 종류의 두 생물이 서로 작용하면서 한곳에서 사는 일. 「~ 식물(植物)」きょうせい ① living together ② commensalism

공생애[公生涯] 개인이 공무나 공공의 사업에 종사하는 기간. ↔사생애(私生涯). こうしょうがい public life

공서[公署] 공공 단체가 사무를 보는 곳. こうしょ office

공:서[共棲] 다른 종류의 생물이 서로 작용하면서 한곳에서 사는 일. きょうせい commensalism

공서 양속[公序良俗] 법률 행위를 판단할 때 기준이 되는 공공의 질서와 선량한 풍속. こうじょりょうぞく good public order and customs

공석[公席] ① 공무를 맡아보는 자리. ② 공적(公的)인 일로 모인 자리. ↔사석(私席).
① official post ② public occasion

공:석[孔釋] 공자와 석가모니. こうしゃく Confucius and Sakyamuni

공석[空石] 벼를 담지 않은 빈 섬. empty straw sack

공석[空席] 비어 있는 자리. 「~을 메우다」くうせき vacant seat

공선[工船] 잡은 어류(魚類)를 배에서 바로 처리·가공할 수 있는 시설을 갖춘 어선. こうせん factory boat

공선[公船] ① 공용(公用)에 쓰이는 선박. ② 국제법상 국가의 공권(公權)을 행사하는 선박. 군함·세관 선박·경찰 선박 따위. こうせん public boat

공선[公選] ① 일반 공중에 의해서 이루어지는 선거. こうせん ② 공평한 선거. ① public election

공선[空船] 승객이나 화물을 싣지 않은 빈 배. くうせん unloaded ship

공설[公設] 국가나 공공 단체가 공중을 위하여 설립함. ↔ 사설(私設). 「~ 시장(市場)」 こうせつ public installation

공설[空說] 근거가 없는 뜬소문, =낭설(浪說). くうせつ groundless rumor

공설 운:동장[公設運動場] 국가나 공공 단체가 설립한 운동장. public stadium

공:성[孔性] 모든 물질의 분자(分子) 사이에 틈이 있는 성질. porosity

공:성[孔聖] 공자(孔子)를 성인으로 일컫는 말. こうせい Confucius

공:성[攻城] 성을 공격함. こうじょう siege

공성[空城] 사람이 살지 않는 빈 성. くうじょう empty castle

공성명수[功成名遂] 훌륭한 공적을 세워 이름을 떨침.

공성신퇴[功成身退] 훌륭한 공적을 세운 뒤에 그 자리에서 물러남.

공세[公稅] 국가에 바치는 세금. こうぜい taxes

공:세[攻勢] 공격하는 태세(態勢)나 그 세력. こうせい offensive

공:세[貢稅] ⇨조세(租稅).

공소[公訴] 검사가 형사 사건에 관하여 법원에 재판을 청구하는 일. 「~ 기간(期間)」 こうそ arraignment

공소[空疎] ① 뚜렷한 내용이 없이 엉성함. ② 텅 비고 드문드문 떨어져 있음. くうそ ① poorness in content ② sparseness

공:소[控訴] 항소(抗訴)의 구용어.

공소 시효[公訴時效] 어떤 범죄에 대하여 검사가 공소권을 행사할 수 있는 법적인 기간. 「~가 지나다다」

공소장[公訴狀] 검사가 범죄인을 공소할 때 관할 법원에 제출하는 서면. written arraignment

공손[公孫] 임금이나 제후의 손자. こうそん grandson of the queen

공손[恭遜] 예의바르고 겸손함. 「~한 태도」 politeness

공:수[攻守] 공격과 수비. 「~동맹(同盟)」 こうしゅ offense and defense

공수[空手] 빈손. =공권(空拳). くうしゅ empty hand

공:수[供需] 절에서 손에게 대

접하는 음식.

공수[空輸] 항공 수송(航空輸送)의 준말. くうゆ

공:수[拱手] ①공경하는 뜻으로 두 손을 마주 잡음. ②아무 일도 하지 않고 있음. きょうしゅ

공수래공수거[空手來空手去] 빈손으로 왔다 빈손으로 간다는 뜻으로, 재물에 욕심을 부릴 필요가 없다는 말.

공:수병[恐水病] 물을 두려워하는 증세를 보인다고 하여, 사람에게 전염된 광견병을 이르는 말. きょうすいびょう hydrophobia

공수 부대[空輸部隊] ①비행기로 병력·군수 물자 등을 수송하는 부대. ②공중에서 낙하산을 타고 적지에 투입되어 작전하는 부대. airborne corps

공수표[空手票] ①예금의 잔액이 적거나 없는 경우의 수표. ②신용 없는 헛약속. ① fictitious bill ② empty promise

공순[恭順] 공손하고 고분고분함. きょうじゅん obedience

공술[公述] 공청회(公聽會)에서 의견을 진술함. こうじゅつ public statement

공:술[供述] 신문(訊問)에 응하여 진술함. 「~ 거부권(拒否權)」 きょうじゅつ testimony

공습[空襲] 항공기로 적군이나 적지를 공격함. 「~ 경보(警報)」 くうしゅう air raid

공시[公示] 공공 기관이 일정한 내용을 널리 일반에게 알림. こうじ public notification

공시가[公示價] 정부나 공공 기관에서 공시한 값.

공시 지가[公示地價] 정부가 토지 거래 보상이나 과세 기준으로 삼기 위하여 매년 1월 1일을 기준으로 감정 고시하는 땅값.

공시 최고[公示催告] 법원이 불특정·불분명한 이해 관계자에 대하여, 권리의 신고와 증서의 제출을 일정 기한 안에 시키기 위하여 공시하는 재판상의 최고. こうじさいこく public summons

공식[公式] ①공적(公的)으로 정해진 형식이나 방식. ②틀에 박힌 방식. ③수학에서, 계산의 법칙이나 방식을 기호로써 나타낸 것. こうしき ① formality ③ formula

공식[空食] 힘들이지 않고 금품을 얻거나 음식을 먹음. getting something for nothing

공식화[公式化] 일정한 공식으로나 공식적인 것으로 됨. 또는 그렇게 되게 함.

공신[功臣] 나라에 공이 있는 신하. こうしん meritorious retainer

공신력[公信力] 사회적으로 인정되는 신용의 효력. public trust

공실[空室] 사람이 없는 방. 빈 방. くうしつ empty room

공심[公心] 사사롭지 않고 공평한 마음. ↔사심(私心).

공심[空心] 아무것도 먹지 않은 빈 속. =공복(空腹). empty stomach

공아[公衙] 관청. 관아. こうが government office

공안[公安] 사회의 안녕 질서(安寧秩序). こうあん

공안[公案] ① 공무(公務)에 관한 문서. ② 공론에 의해서 결정된 안(案). ③ 석가모니의 언행. ④ 선종(禪宗)에서 도(道)를 깨우치게 하기 위해 제시하는 과제. こうあん ① draft of a public document ② plan decided by public opinion

공안[公眼] 공중(公衆)의 공정한 눈. public eyes

공:안[供案] 지난날, 죄인이 진술한 것을 적은 문서를 이르던 말.

공약[公約] ① 공법(公法)에 따른 계약. ② 대중에게 선언한 약속. 「~ 이행(履行)」 こうやく ② public promise

공약[空約] 헛된 약속. empty promise

공약수[公約數] 두 개 이상의 정수(整數) 또는 다항식에서 공통되는 약수. こうやくすう common divisor

공:양[供養] ① 어른을 모시어 음식 이바지를 하는 일. ② 부처 앞에 음식물을 이바지하는 일. ③ 절에서, 하루 세 끼 음식을 먹는 일. くよう

공언[公言] ① 대중 앞에서 공개적으로 말함. ② 공식적으로 말함. こうげん declaration

공언[空言] 빈말. 헛소리. くうげん empty words

공언부시[空言無施] 빈 말만 하고 실행함이 없음.

공업[工業] 자연물(自然物)에 인공을 가하여 유용한 물품을 만드는 생산의 작업. こうぎょう industry

공업[功業] 큰 공로를 이룬 업적. こうぎょう

공업 고등 학교[工業高等學校] 공업에 관련된 학문이나 기술을 전문적으로 가르치는 실업 고등 학교. 준공고(工高). こうぎょうこうとうがっこう technical high school

공업 단지[工業團地] 구획한 토지에 계획적으로 공장을 유치하여 만든 공장 지역. 준공단(工團). ごうぎょうだんち industrial complex

공업 용:수[工業用水] 공업의 생산 과정에 쓰이는 물. こうぎょうようすい industrial water

공업 폐:수[工業廢水] 공업 생산 과정에서 생긴 오염된 물. industrial effluent

공업 표준[工業標準] 생산·유통·소비를 단순·표준화하기 위하여 규격·품질·성능 등을 통일하여 정한 기준. industrial standard

공:여[供與] 남에게 이익이나 편의를 제공함. きょうよ offer

공역[工役] ⇨공사(工事). 工役

공역[公役] 국가나 공공 단체가 부과하는 부역(賦役)이나 병역(兵役). public service

공:역[共譯] 두 사람 이상이 공동으로 번역함. きょうやく joint translation

공연[公演] 여러 사람 앞에서 연극·무용·음악 따위를 상연함. こうえん public performance

공:연[共演] 연극이나 영화에 함께 출연함. きょうえん coacting

공:열[恭悅] 삼가 기뻐함. きょうえつ delight

공염불[空念佛] ① 신심(信心)이 없이 입으로만 중얼거리는

염불. ②실행이나 내용이 뒤따르지 못하는 주장. ③아무리 타일러도 허사가 되는 말. からねんぶつ fruitless talk

공영[公營] 국가나 공공 단체가 경영함. 「~ 식당(食堂)」 こうえい public management

공:영[共榮] 다 같이 번영함. 「공존(共存)~」 きょうえい mutual prosperity

공:영[共營] 공동으로 경영함. きょうえい joint management

공영 방:송[公營放送] 국가 기관으로부터 독립하여 방송 사업을 경영하되, 영리를 직접적인 목적으로 하지 않는 방송 기관. public broadcasting

공예[工藝] 실용적인 공업품에 미술적인 의장(意匠)을 가하는 기예(技藝). 「미술(美術)~」 こうげい industrial arts

공예품[工藝品] 칠기·도자기·가구 등과 같이 예술적 조형미를 조화시켜서 만든 공작품. こうげいひん craftwork

공:옥[攻玉] 옥을 간다는 뜻으로, 지덕(智德)을 닦음을 이르는 말. こうぎょく moral culture

공용[公用] 공적인 목적에 사용함. 또는 그에 사용하는 비용. ↔사용(私用). 「~지(地)」 こうよう public use

공용[功用] ⇨공효(功效). こうよう

공:용[共用] 공동으로 사용함. 「~ 수도(水道)」 きょうよう common use

공:용[供用] 마련하여 두었다가 씀. きょうよう utilization

공용어[公用語] 한 국가 안에서 공식적으로 쓰는 말. official language

공운[空運] 항공기로 하는 수송. =공수(空輸). くううん air transportation

공원[工員] 공장에서 일하는 직공. こういん factory worker

공원[公園] 공중의 휴식·놀이 등을 위한 시설이 되어 있는 큰 정원이나 지역. こうえん park

공원 묘지[公園墓地] 공원처럼 꾸미어 개인이 경영·관리하는 공동 묘지. park cemetery

공위[功位] ①훈공과 지위. ②공을 세워서 얻은 지위. こうい ① merits and rank

공:위[共委] 공동 위원회(共同委員會)의 준말. きょうい

공:위[攻圍] 공격하여 포위함. こうい siege

공위[空位] ①빈 자리. =공석(空席). ②이름뿐이고 실권이 없는 지위. くうい ① vacant seat ② nominal position

공유[公有] 국가나 공공 단체의 소유. 「~지(地)」 こうゆう public ownership

공:유[共有] 두 사람 이상이 공동으로 소유함. きょうゆう joint ownership

공유[恭惟] 공경하는 마음으로 생각함. きょうい respect

공은[公恩] 가톨릭에서, 모든 사람에게 베풀어지는 천주(天主)의 은혜를 이름.

공음[蛩音] ①귀뚜라미의 우는 소리. ②벌레 우는 소리. ① chirp of crickets ② chirp of insects

공음[跫音] 사람의 발자국 소리. =족음(足音). きょうお

ん footsteps
공:읍[拱揖] 두 손을 맞잡고 읍함. きょうゆう
공의[公義] 공평·공정한 도의.
공의[公醫] 지난날, 관청의 청탁으로 일정 지역의 의료를 맡아보던 의사. こうい community doctor
공의[公議] ⇨공론(公論). こうぎ
공익[公益] 사회 전체의 이익. 「~ 사업(事業)」こうえき public benefit
공:익[共益] 공동의 이익. きょうえき common benefit
공익 사:업[公益事業] 공공 이익을 위주로 하는 독점성이 강한 사업. 철도·전신·수도·가스 사업 등. こうえきじぎょう public work
공인[工人] 조선 시대에 악기를 연주하던 사람. 악생(樂生)과 악공(樂工). ancient court musician
공인[公人] ① 공직(公職)에 있는 사람. ② 국가나 사회를 위하여 일하는 사람. こうじん ① public servant ② public man
공인[公印] 관청이나 공공 단체의 도장. =관인(官印). こういん official seal
공인[公認] ① 국가나 공공 단체가 공적으로 인정함. ② 일반 공중이 다 인정함. こうにん ① authorization ② public approval
공인 중개사[公認仲介士] 국가가 인정하는 자격을 얻어 부동산의 매매·교환·임대차 등을 알선·중개하는 일을 직업으로 삼는 사람. licensed real estate agent

공인 회:계사[公認會計士] 국가가 인정하는 자격을 얻어 회계에 관한 감사·감정·계산·정리·입안 또는 법인 설립에 관한 회계와 세무 대리를 직업으로 삼는 사람. こうにんかいけいし certified public accountant
공일[空日] ① 쉬는 날. =휴일(休日). ② 일요일. ① holiday ② sunday
공임[工賃] 직공의 품삯. こうちん wages
공임[公任] 공적인 임무. official duty
공자[公子] 지체 높은 집안의 젊은 자제. こうし young nobleman
공작[工作] ① 물건을 만듦. 「~ 기계(機械)」② 어떤 목적을 위하여 미리 일을 꾸밈. 「와해(瓦解) ~」こうさく ① construction ② maneuvering
공:작[孔雀] 꿩과의 새. 수컷은 머리에 10cm 가량의 관모가 있고 긴 꼬리를 펼치면 부채 모양을 이루는데, 둥글고 잔무늬가 많음. くじゃく peacock
공작[公爵] 오등작(五等爵)의 첫째 작위. こうしゃく duke
공작물[工作物] ① 재료에 기계적 가공을 해서 조립하여 만들어 낸 물품. ② 지상이나 지하에 실비한 선소물. こうさくぶつ ① manufactured articles ② building
공:작석[孔雀石] 산화동(酸化銅)의 광물. 안료(顏料)나 장식물로 쓰임. くじゃくせき malachite
공장[工匠] 물건 만드는 일을 업으로 삼는 사람. こうしょ

공장[工場] 근로자가 기계를 사용하여 물품을 가공·제조하거나 수리·정비하는 시설. 또는 그 건물. こうじょう·こうば　craftsman / factory

공장[空腸] ① 십이지장에 이어지는 소장의 전반부(前半部). くうちょう ② 아무것도 먹지 않은 빈 창자. ① jejunum

공장 폐:수[工場廢水] 공장의 공업 생산 과정에서 생기는 더러운 물. industrial sewage

공재[空財] 공으로 얻은 재물. free property

공저[公邸] 고급 공무원에게 그 직위에 있는 동안 머물러 살 수 있도록 나라에서 제공한 공무용 저택. =관저(官邸). こうてい　official residence

공:저[共著] 한 책을 두 사람 이상이 함께 지음. 또는 그렇게 지은 책. きょうちょ　joint work

공적[公的] 공공(公共)에 관한 것. ↔사적(私的). 「~ 회담(會談)」 こうてき　public

공적[公賊] 공금이나 공물(公物)을 훔친 도둑. peculator

공적[公敵] 국가와 사회, 또는 공공 대중의 적. こうてき　public enemy

공적[功績] 어떤 일을 이루어 낸 업적. こうせき　achievement

공적[空寂] ① 불교에서, 만물은 모두 실체(實體)가 없고, 그 본성은 공(空)임을 이름. ② 텅 비어 쓸쓸함. くうじゃく　lonesomeness

공전[工錢] 물건을 만드는 품 삯. =공가(工價). こうせん　wages

공전[公田] 국가 소유의 논밭. public farm

공전[公典] 공평한 법률. justice law

공전[公電] 국가나 관청끼리 주고받는 전보. こうでん　official telegram

공전[公轉] 한 천체(天體)가 다른 천체의 주위를 주기적으로 도는 일. ↔자전(自轉). こうてん　revolution

공전[功田] 옛날에 국가에 공을 세운 사람에게 내리던 논밭. こうでん

공:전[攻戰] 공격하여 싸움. 또는 그 전투. こうせん　attack

공전[空前] 일찍이 그런 것은 없었음. 「~절후(絶後)」 くうぜん　unprecedentedness

공전[空電] 대기 속의 방전 현상으로 생기는 잡음 전파. くうでん　static

공전[空轉] ① 바퀴나 기관 따위가 헛돎. ② 어떤 일이나 행동이 겉돌거나 제자리걸음을 함. くうてん　skidding

공정[工程] 작업이나 공작의 과정, 또는 진행 정도. 「생산(生産) ~」 こうてい　progress of work

공정[公正] 공평하고 올바름. 「~한 판단」 こうせい　equity

공정[公定] 국가 기관이나 공론(公論)에 따라 정함. 「~환율(換率)」 こうてい　public decision

공정[空庭] 빈 뜰. empty garden

공정 가격[公定價格] 국민 생활의 안정을 위하여 국가 또

는 지방 자치 단체가 일정 품목에 대하여 지정한 가격. こうていかかく 公定價格
officially fixed price

공정 증서[公正證書] 공무원이나 공증인이 법률 행위나 그 밖의 사건에 관하여 작성한 증서. こうせいしょうしょ 公正證書
notarial deed

공:제[共濟] 서로 힘을 합하여 도움. 「~ 조합(組合)」 きょうさい 共濟組合
mutual aid

공:제[控除] 일정한 금액이나 수량에서 물거나 덜어야 할 것을 빼어 냄. 「월급에서 ~하다」 こうじょ 控除
deduction

공조[工曹] 고려·조선 시대에 산택(山澤)·공장(工匠)·영선(營繕) 등의 일을 맡아보던 육조(六曹)의 하나. 工曹

공:조[共助] 여럿이 서로 도움. きょうじょ 共助
mutual assistance

공:존[共存] 서로 성질이 다른 둘 이상의 사물이 함께 존재함. 「평화(平和) ~」 きょうそん 共存
coexistence

공죄[公罪] 국가의 공익을 해치는 죄. ↔사죄(私罪). こうざい 公罪
public crime

공죄[功罪] 공로와 죄과(罪過). =공과(功過). こうざい 功罪
merits and demerits

공주[公主] 임금의 정실(正室)의 딸. こうしゅ 公主
princess

공수[空酒] 거저 얻어먹는 술. 공술. 空酒
free drink

공중[公衆] 사회의 일반 사람들. =대중(大衆). こうしゅう 公衆
public

공중[空中] 하늘과 땅 사이의 빈 곳. 「~전(戰)」 くうちゅう 空中
sky

공중 급유[空中給油] 비행 중인 항공기에 다른 항공기가 급유기를 통해 공중에서 연료를 공급하는 일. くうちゅうきゅうゆ 空中給油
refueling in the air

공중 누각[空中樓閣] 아무 근거가 없는 헛된 생각이나 가공적인 사물. =신기루(蜃氣樓). くうちゅうろうかく 空中樓閣
castle in the air

공중 도덕[公衆道德] 공중의 복리를 위하여 여러 사람이 서로 지켜야 할 덕의(德義). こうしゅうどうとく 公衆道德
public morality

공중 분해[空中分解] 비행 중인 항공기가 사고로 공중에서 분해·파괴되는 일. くうちゅうぶんかい 空中分解
breaking down in the air

공중전[空中戰] 항공기끼리 공중에서 벌이는 전투. =공전(空戰). くうちゅうせん 空中戰
air battle

공증[公證] ① 공변된 증거. ② 국가 또는 공공 단체가 특정 법률 사실이나 법률 관계의 존부(存否)를 공식으로 증명하는 일. 「~ 문서(文書)」 こうしょう ① authentication ② notarial act 公證

공증인[公證人] 당사자 또는 그 밖의 관계자의 의뢰에 따라 민사 관계의 공정 증서를 만들거나 사서(私署) 증서를 인증(認證)해 주는 권한을 가진 사람. こうしょうにん 公證人
notary public

공지[工遲] 솜씨는 좋으나 일이 더딤. =교지(巧遲). 工遲 巧遲
dexterity but slowness

공지[公知] 세상 사람들이 다 알거나 알도록 함. こうち 公知

공지[空地] 비어 있는 땅. 빈 터. =공처(空處). くうち・あきち　unoccupied ground

공직[公直] 공평하고 정직함. justice and honesty

공직[公職] 관청이나 공공 단체 등의 공적인 직무. 「~ 사퇴(辭退)」こうしょく official position

공:진[共振] 전기적·기계적 공명(共鳴). きょうしん resonance

공:진회[共進會] 생산품을 진열해 놓고 일반 공중에게 널리 관람시켜 그 우열(優劣)을 품평(品評)·사정(査定)하는 모임. 「농산물(農産物) ~」きょうしんかい competitive exhibition

공차[公差] ① 등차 급수(等差級數)에서 서로 이웃하는 두 항(項)의 차(差). ② 근사값의 오차(誤差) 한계나 범위. ③ 도량형기(度量衡器) 등의 제작에서, 실생활 밀려진 치수에 대해 공적으로 허용되는 범위의 오차. こうさ ① common difference ③ tolerance

공차[空車] ① 빈 차. くうしゃ ② 거저 타는 차. ① empty carriage ② free ride

공:차반[供次飯] 절에서, 반찬을 이르는 말.

공:찰[恐察] 삼가 추찰(推察)함. 「~하옵건대」きょうさつ guessing

공창[工廠] ① 철공장(鐵工場). ② 병기와 탄약을 만드는 공장. こうしょう ① steel factory ② arsenal

공창[公娼] 관청으로부터 허가를 얻어 매음을 영업으로 하는 여자. 「~ 제도(制度)」こうしょう licensed prostitute

공채[公採] 공개 채용(公開採用)의 준말.

공채[公債] 국가나 지방 자치 단체가 재정 자금을 마련하기 위해 임시로 지는 부채(負債). こうさい government securities

공책[空册] 글씨를 쓰거나 그림을 그릴 수 있도록 백지로 맨 책. notebook

공처[空處] ① 임자 없는 빈 땅. ② ⇨공지(空地).

공:처[恐妻] 남편이 아내에게 눌려 지냄. 「~가(家)」きょうさい being henpecked

공천[公薦] ① 일반 대중의 합의(合意)에 따라 추천함. ② 공정한 추천. ③ 정당에서 공식으로 후보자를 내세움. こうせん ① public recommendation ③ nominating a candidate

공첩[公牒] ⇨공문서(公文書).

공청[公聽] 널리 일반의 의견을 들음. 「~회(會)」こうちょう

공청회[公聽會] 국회나 공공 단체 등이 전문 지식을 필요로 하는 중요 안건을 의결하기 전에, 이해 관계자나 해당 분야의 전문가로부터 공개적으로 의견을 듣는 모임. こうちょうかい public hearing

공축[恭祝] 삼가 축하함. respectful congratulation

공:축[恐縮] 두려워서 몸을 움츠림. きょうしゅく flinch

공:출[供出] 국가의 요청에 따라 국민이 곡식이나 기물을 의무적으로 정부에 내놓는 것. きょうしゅつ offering

공:취[攻取] 공격하여 빼앗음. 攻取 こうしゅ seizure

공치사[功致辭] 자기의 공로를 스스로 칭찬하고 자랑함. 功致辭 self-praise

공치사[空致辭] 빈말로 하는 칭찬. empty compliments

공칭[公稱] ① 공식적인 명칭. 公稱 ② 사회 일반에 드러내어 일컬음. こうしょう ① official name

공:탁[供託] ① 물건을 맡기어 供託 보관을 부탁함. ② 법의 규정에 따라 금전·유가 증권(有價證券)·물품 따위를 지정된 은행이나 공탁소에 보관시킴. 「~금(金)」 きょうたく ① consignment ② deposit

공:탈[攻奪] 공격하여 빼앗음. 攻奪 capture

공:토[攻討] 공격하여 토벌(討伐)함. =공벌(攻伐). 攻討 subjugation

공:통[共通] 여러 사물에 두루 共通 해당되거나 통용됨. 「~적(的) 사실」 きょうつう commonness

공:통어[共通語] 몇 가지 다 共通語 른 언어가 쓰이는 지역 안에서 공동적으로 통용되는 언어. 「세계(世界) ~」 きょうつうご common tongue

공파[空破] 풍수 지리학(風水 空破 地理學)에서 말하는 불길한 자리.

공판[公判] 소송 관계자들이 公判 모여서 벌이는, 사건에 관한 재판 심리. こうはん public trial

공:판[共販] 공동 판매(共同販 共販 賣)의 준말. 「~장(場)」 きょうはん

공패[功牌] 공로자에게 그의 功牌 공을 기리는 글을 새겨 주는 패. =상패(賞牌). こうはい medal

공편[公便] 공평하고 편리함. 公便 equity and convenience

공평[公平] 어느 한쪽으로 치 公平 우치지 않고 공정함. 「~무사 (無私)」 こうへい equity

공평[公評] ① 공정한 비평. ② 公評 일반 대중의 비평. こうひょう ② public opinion

공평무사[公平無私] 공평하여 公平 사사로움이 없음. impartiality 無私

공포[公布] 확정된 법률이나 公布 조약 등을 국민에게 널리 알림. こうふ promulgation

공포[空胞] 식물의 원형질 안 空胞 에 있는, 속이 빈 세포. =액 液胞 포(液胞). くうほう vacuole

공포[空砲] ① 실탄을 재지 않 空砲 고 쏘는 헛총. ② 위협하려고 공중에다 쏘는 총. くうほう ① blank shot

공:포[貢布] 지난날, 결세(結 貢布 稅)로 바치던 베.

공:포[恐怖] 두렵고 무서움. 恐怖 「~감(感)」 きょうふ fear

공:포 정치[恐怖政治] 반대 政治 세력을 폭력으로 탄압하여 정치상의 목적을 달성하는 정치. きょうふせいじ terrorism

공:포증[恐怖症] 특정 대상에 恐怖症 대한 공포감이 행동을 저해하는 병증. きょうふしょう phobia

공폭[空爆] 항공기에서 폭탄을 空爆 떨어뜨려 공격하는 일. くうばく bombardment from the air

공표[公表] 세상에 널리 알림. 公表 こうひょう publication

공표[空票] ① 거저 생긴 입장 空票 권이나 차표 따위. ② 추첨에서 당첨이 안 된 표.
① windfall ticket ② blank
공하[恭賀] 삼가 축하함. 「~신년(新年)」きょうが
respectful congratulation
공학[工學] 공업의 이론·기술 등을 연구하는 학문. 「전기(電氣) ~」こうがく
engineering
공·학[共學] 남녀 또는 다른 민족의 학생들이 한 학교나 한 교실에서 같이 배움. 「남녀(男女) ~」きょうがく
coeducation
공한[公翰] 공적(公的)인 편지나 서류. ↔사한(私翰).
official letter
공한[空閑] ① 땅을 이용하는 사람이 없어 미이 있음. 「~지(地)」くうかん ② 하는 일이 없어 한가함.
① vacancy ② leisure
공·함[攻陷] 공격하여 함락함.
conquering
공함[空函] ① 빈 상자. 또는 빈 함(函). ② 빈 봉투.
① empty box
공항[空港] 민간 항공기가 이착륙할 수 있도록 여러 가지 시설을 갖춘 곳. =항공항(航空港). 「김포(金浦) ~」くうこう
airport
공해[公海] 어느 나라의 주권에도 속하지 아니하여 세계 여러 나라가 공통으로 사용할 수 있는 바다. こうかい
open sea
공해[公害] 산업 활동 등으로 말미암아 공중의 건강이나 생활 환경에 미치는 여러 가지 해독. 매연(煤煙)·소음·악취·폐수(廢水)·배기(排氣) 가스 따위. こうがい
pollution

공행[公行] ① 공무(公務)로 하는 여행. ② 공공연하게 행함. こうこう
① official trip
공행[空行] ① 헛걸음. ② 글을 쓰지 않은 빈 줄.
① vain effort
공행[恭行] 받들어 행함.
respectful doing
공행공반[空行空返] 행하는 것이 없으면 제게 돌아오는 것도 없음.
공허[公許] 정부에서 허가함. =관허(官許). こうきょ
official leave
공허[空虛] ① 아무것도 없이 텅 빔. 「~감(感)」 ② 실속이 없이 헛됨. くうきょ
① emptiness ② vainness
공·헌[貢獻] ① 이바지함, 기여(寄與). こうけん ② 옛날에 공물을 나라에 바치던 일.
① service ② offering a tribute
공·혈[孔穴] ① 구멍. こうけつ ② 한방의 경락(經絡)에서, 침을 놓거나 뜸을 뜨면 효력이 나타나는 자리. =경혈(經穴).
① hole
공·혈[供血] 수혈(輸血)에 쓰일 혈액을 제공함. きょうけつ
donation of blood
공·화[共和] ① 여러 사람이 함께 어울려 일함. ② 공동으로 화합해서 정치를 함. 「~정치(政治)」 きょうわ ① collaboration ② republicanism
공·화[供華·供花] 부처나 죽은 사람에게 꽃을 올림. 또는 그 꽃. きょうか·くげ
offering of flowers
공·화국[共和國] 주권이 국민에게 있는 나라. 「민주(民主) ~」きょうわこく
republic

공:화 정치[共和政治] 국가의 주권이 국민에게 있고, 국민이 선출한 대표자로 이루어진 합의체 기관에서 국정을 행하는 정치. republican government

공환[空還] 목적을 이루지 못하고 헛되이 돌아옴. returning in vain

공활[空豁] 텅 비고 매우 넓음. vastness

공:황[恐惶] 두려워서 어쩔 줄을 모름. 「~근언(謹言)」 きょうこう trembling with fear

공:황[恐慌] ① 경제계가 급격한 불황(不況)에 빠져 혼란한 상태. ② 놀랍고 두려워 어찌할 바를 모르는 상태. きょうこう ① panic ② being nervous with fear

공회[公會] ① 공공의 일로 모이는 모임. ② 여러 사람이 모임. 「~당(堂)」 ③ 중대한 문제를 토의하기 위하여 열리는 국제 회의. こうかい ① public meeting ③ international conference

공효[功效] 공을 들인 보람. effect

공후[公侯] 공작(公爵)과 후작(侯爵). こうこう princes and marquises

공후[箜篌] 하프 비슷한 옛 현악기의 하나. くご

공훈[功勳] 두드러진 공로. = 훈공(勳功). こうくん merits

공휴[公休] ① 공적으로 정하여진 휴일. ② 동업자끼리 약속하여 정기적으로 쉬는 날. 「~일(日)」 こうきゅう holiday

곶[串] ⇨관(串).

과[戈]☆ 창 과:창. 「戈甲(과갑)·戈劍(과검)」 カ・ほこ

과[瓜]☆ ① 오이 과:오이. 참외. 「瓜田(과전)·瓜菹(과저)」 ② 모과 과:모과. 「木瓜(모과)」 カ ① うり

과:[果]☆ ① 과실 과:과실. 열매. 「果實(과실)·果樹(과수)·果物(과물)」 ② 감히 할 과:감행하다. 결단하다. 「果敢(과감)·果勇(과용)」 ③ 결과 과:결과. 「結果(결과)·因果(인과)」 カ ② はたす ③ はて・はてる

과[科]☆ ① 과정 과:과정. 과목. 「科目(과목)·科程(과정)」 ② 품수 과:품수. 등급. 「科別(과별)」 カ ② しな

과[胯] ① 사타구니 과:사타구니. 「胯下(과하)」 ② 다리 고:다리. 두 발. 「胯間(고간)」 コ ① また

과:[跨] 걸터앉을 과:걸터앉다. 걸치다. 「跨據(과거)·跨年(과년)」 コ・またぐ・また

과[菓] 과자 과:과자. 「菓子(과자)·茶菓(다과)·製菓(제과)·油菓(유과)」 カ・くだもの・かし

과[誇]☆ 자랑할 과:자랑하다. 「誇示(과시)·誇大(과대)·誇稱(과칭)」 コ・ほこり・ほこる

과:[過]☆ ① 지날 과:지나다. 경과하다. 「過去(과거)·經過(경과)·過冬(과동)」 ② 허물 과:허물. 잘못. 「過失(과실)·過誤(과오)·改過(개과)」 カ ① すぎる・すごす ② あやまち

과:[夥] ① 많을 과:많다. 「夥多(과다)·夥數(과수)」 ② 동무 과:친구. 「夥人(과인)」 カ ① おびただしい

과:[寡]☆ ① 적을 과:적다.

「寡少(과소)・寡作(과작)」 ②
과부 과: 과부.「寡婦(과부)・
寡宅(과댁)」カ ①すくない
②やもめ

과[蝌] 올챙이 과: 올챙이.「蝌
蚪(과두)・蝌蚪文字(과두문
자)」カ・おたまじゃくし

과[課]* ①공부 과: 공부. 일.
「課題(과제)・課目(과목)・學課
(학과)」②매길 과: 매기다.
「課稅(과세)・賦課(부과)」③
부서 과: 부서. 과.「經理課
(경리과)」カ ②わりあてる

과[鍋] 노구 과: 노구솥. 냄비.
「茶鍋(다과)・銀鍋(은과)」カ・
なべ

과[顆] 덩이 과: 덩어리. 알.
「顆粒(과립)」カ・つぶ

괴: 감[果敢] 견단성이 있고 용
감함.「~한 행동」かかん
boldness

과: 감[過感] 지나칠 만큼 고마
움.
excessive feeling of gratitude

과갑[戈甲] 창과 갑옷. かこう
spear and armor

과객[科客] 과거를 보러 오거
나 가는 사람.

과: 객[過客] 지나가는 나그네.
かかく   passerby

과거[科擧] 벼슬아치를 뽑기
위해 보이던 시험. =과시(科
試). かきょ
state examinations

과: 거[過去] ①지난날. ↔미
래(未來). ②지난 일. 또는
지나간 생활. ③지나간 동
작・상태를 나타내는 어법. か
こ   ① past ③ past tense

과: 거[寡居] 과부로 홀로 지
냄. かきょ   widowhood

과: 거장[過去帳] 절에서 세상
을 떠난 사람의 속명・법명
(法名)・사망 연월일 따위를
적어 두는 장부. かこちょう
obituary

과검[戈劍] 창과 검. 무기(武
器).   spear and sword

과: 격[過激] 지나치게 격렬함.
「~한 사람」かげき
being radical

과: 겸[過謙] 지나치게 겸손함.
being overmodest

과: 계[過計] 계획이 잘못됨.
=실책(失策). faulty policy

과: 공[誇功] 공로를 자랑함.
boasting of one's merits

과: 공[過恭] 지나치게 공손함.
being overmodest

과공[課工] 일과로 날마다 하
는 공부.   daily lesson

과: 급기[過給器] 내연 기관
(內燃機關)의 흡입(吸入) 압
력을 높이는 장치. =예압기
(豫壓器). かきゅうき
supercharger

과: 긍[誇矜] 자랑하며 뽐냄.
boasting

과기[瓜期] ①기한이 다 참.
②여자의 15,16세의 시기.
③벼슬의 임기. かき
① expiration

과: 기[過期] 기한이 지남. =
과한(過限). being over due

과: 녀[寡女] ⇨과부(寡婦).

과년[瓜年] ①여자가 혼기에
이른 나이. ②임기(任期)가
다 차는 해. ① marriageable
age ② last year of term

과: 년[過年] ①지난해.「~도
(度)」②여자의 나이가 보통
의 혼인할 시기를 지남.「~
한 딸」かねん
① last year ② passing the
marriageable age

과: 념[過念] 지나치게 걱정함.

과:다[過多] 지나치게 많음. 過多
↔과소(少少). かた
superfluity

과다[夥多] 몹시 많음. ↔근소 夥多
(僅少). かた　　excess

과:단[果斷] 딱 잘라 결정함. 果斷
「~성(性)」 かだん
decisiveness

과:당[果糖] 단 과일이나 꿀 果糖
속에 들어 있는 당분. かとう
fructose

과:당[過當] 보통보다 정도가 過當
지나침. 「~ 경쟁(競爭)」 か
とう　　excessiveness

과:대[誇大] 실제보다 크게 불 誇大
림. 「~ 망상증(妄想症)」 こ
だい　　exaggeration

과:대[過大] 지나치게 큼. 「~ 過大
평가(評價)」 かだい　excess

과:대 망:상[誇大妄想] 자기 誇大妄想
의 현재 상태를 턱없이 과장
하여 그것이 사실인 것처럼
믿는 일. 또는 그 생각. こだ
いもうそう
delusions of grandeur

과:댁[寡宅] 과수댁(寡守宅)의 寡宅
준말.

과:덕[寡德] 덕이 적음. かと 寡德
く　　a few virtue

과:도[果刀] 과일을 깎는 데 果刀
쓰는 칼.　　fruit knife

과:도[過度] 정도에 넘침.「~ 過度
한 지출(支出)」 かど
immoderation

과:도[過渡] 이떤 단계에서 다 過渡
른 단계로 옮아 가거나 바뀌
어 가는 도중. 「~ 정부(政
府)」 かと　　transition

과:도기[過渡期] ① 어떤 단계 過渡期
에서 다음 단계로 옮기어 가
는 도중의 시기. ② 사회의 사
상과 제도 등이 확립되지 않

고 민심이 불안정한 시기. か
とき　　① transitional period

과:도 정부[過渡政府] 한 정 過渡
체(政體)에서 다른 정체로 넘 政府
어가는 과정에 임시로 조직된
정부. ⨪과정(過政).
interim government

과:동[過冬] 겨울을 남. =월 過冬
동(越冬). 「~ 양식(糧食)」
passing the winter

과두[裹頭] ① 염할 때, 시체의 裹頭
머리를 싸는 베. ② 중이 머리
를 가사(袈裟)로 싸는 일.

과두 문자[蝌蚪文字] 중국의 蝌蚪
고대 문자의 한 가지. 글자 文字
모양이 올챙이 같다고 해서
붙은 이름. かともんじ

과:두 정치[寡頭政治] 소수의 寡頭
사람이 권력을 장악한 정치. 政治
oligarchy

과라나[guarana] 브라질 원
산의 덩굴 식물. 열매 속의
씨로 카페인 성분이 있는 음 飮料
료를 만듦. ガラナ

과:람[過濫] 분수에 넘침. 過濫
undeservedness

과:랭[過冷] ① 액체가 어는점 過冷
이하로 냉각되어도 고체화하
지 않고 액체 상태로 있는 현
상. ② 증기가 이슬점 이하의
온도가 되어도 액체로 되지
않는 상태. かれい

과:량[過量] 일정한 분량을 넘 過量
음.　　excessive quantity

과량[裹糧] 먼 길을 떠날 때에 裹糧
양식을 싸 가시고 다님.

과:려[過慮] 지나치게 염려함. 過慮
かりょ　　overanxiety

과:로[過勞] 무리할 정도로 지 過勞
나치게 일함. 「~사(死)」 か
ろう　　overwork

과료[科料] 가벼운 범죄에 물 科料
리는 재산형. かりょう　fine

과:료[過料] 과태료(過怠料)의 구용어. かりょう 過料

과:루[寡陋] 견문이 적어 완고함. 寡陋

과:류[過謬] 잘못. =과실(過失). かびゅう mistake 過謬

과립[顆粒] ① 잘고 둥근 알갱이. ② 마마나 트라코마(trachoma)에 걸렸을 때 피부나 결막에 돋는 작은 망울. かりゅう ① granule 顆粒

과:망[過望] 분수에 넘치게 바람. avarice 過望

과면[瓜麵] 오이를 채쳐서 녹말을 묻힌 다음 삶아 건져 냉면처럼 말아 먹는 음식. 瓜麵

과:목[果木] 과실 나무. =과수(果樹). fruit tree 果木

과목[科目] ① 사물을 분류한 조목(條目). ② 학문의 소구분(小區分). ③ 교과의 구분. かもく ① branch ③ subject 果木

과목[課目] ① 할당된 항목(項目). ② 학과. ③ 사무의 구분. かもく ① assignment lesson ③ branch 課目

과몽[科夢] 과거(科擧)에 급제할 꿈. 科夢

과:묵[寡默] 말수가 적음. = 과언(寡言). 「~한 사람」 かもく taciturnity 寡默

과:문[寡聞] 보고 들은 것이 적음. 「~천식(淺識)」 かぶん poor information 寡聞

과:문불입[過門不入] 아는 사람의 대문 앞을 지나면서도 들르지 않음. 過門不入

과:민[過敏] 지나치게 예민함. 「신경(神經) ~」 かびん nervousness 過敏

과:밀[過密] 인구나 산업 시설 등이 한곳에 지나치게 집중되어 있음. 「~ 도시(都市)」 か 過密

みつ excessive density

과:반[果盤] 과일을 담는 쟁반. fruit tray 果盤

과:반[過半] 반이 넘음. 「~수(數)」 かはん greater part 過半

과:반[過般] 지난번. ↔금반(今般). かはん last time 過般

과:방[果房] 잔치 때 음식물을 맡아 차려 내는 방. =숙설간(熟設間). 果房

과방[科榜] 과거에 급제한 사람의 이름을 적어서 내붙이던 방. 科榜

과:방[過房] 일갓집 아이를 양자로 삼는 일. 過房

과:병[寡兵] 적은 병력. かへい small force 寡兵

과:부[寡婦] 남편이 죽어서 혼자 사는 여자. 홀어미. =과녀(寡女). かふ widow 寡婦

과:부족[過不足] 남음과 모자람. かふそく overs and shorts 過不足

과:분[過分] 분에 넘침. 「~한 칭찬」 かぶん excess 過分

과:불[過拂] 한도를 넘게 지불함. overpayment 過拂

과:불급[過不及] 지나치거나 미치지 못함. =과부족(過不足). かふきゅう excess and deficiency 過不及

과:산화수소[過酸化水素] 수소의 과산화물. 무색 투명한 액체이며, 표백·소독제로 쓰임. かさんかすいそ hydrogen peroxide 過酸化水素

과:상[過賞] 지나치게 칭찬하거나 상을 줌. =과칭(過稱). かしょう overpraise 過賞

과:생[過生] 세상을 살아 나감. living 過生

과:서[果序] 화서(花序)에 따라 형성되는 열매의 배열 상태. 果序

과선[戈船] ① 배 밑에 창을 장비한 배. ② 창을 실은 배. 곧, 병선(兵船)을 이르는 말. かせん

과ː선교[跨線橋] 철로(鐵路) 위를 건너질러서 놓은 다리. こせんきょう   overbridge

과ː세[過歲] 설을 쇰. 묵은 해를 보내고 새해를 맞음.   greeting of the New Year

과세[課稅] 세금을 매김. 「~액(額)」 かぜい   taxation

과ː소[過小] 너무 작음. ↔과대(過大). かしょう   being too small

과ː소[過少] 너무 적음. ↔과다(過多). かしょう   being too little

과ː소[過疏] 어느 지역에 인구 밀도가 지나치게 적음. 너무 성김. かそ   excessive sparseness

과ː소[寡少] 몹시 적음. ↔다(夥多). かしょう   fewness

과ː소비[過消費] 분수에 넘치게 소비함.   overspending

과ː소 평가[過小評價] 실제 이하의 평가. かしょうひょうか   underrating

과ː속[過速] 일정한 표준보다 지나치게 빠름. 또는 그 속도.   overspeed

과ː수[果樹] 과일 나무. 「~원(園)」 かじゅ   fruit tree

과ː수[過數] 일정한 수효를 넘음.   excess

과ː수[寡守] 과부로 혼자 사는 사람. 홀어미. =과부(寡婦).   widow

과ː수댁[寡守宅] 과수(寡守)의 높임말. 준과댁(寡宅).

과ː시[果是] 과연. 「~ 장사로군」   as was expected

과ː시[誇示] ① 뽐내어 보임. ② 사실보다 크게 나타내 보임. こじ   showing off

과ː시[過時] 때가 지남.

과시[課試] 일정한 때에 보이는 시험. かし   regular examination

과ː식[過食] 너무 많이 먹음. かしょく   overeating

과ː신[過信] 지나치게 믿음. かしん   excessive confidence

과ː실[果實] ① 먹을 수 있는 나무의 열매. 과일. ② 밑천이 되는 물건에서 생기는 수익물. かじつ   ① fruit ② profit

과ː실[過失] 허물. 잘못. =과오(過誤)·실착(失錯)·과류(過謬). 「~ 치사(致死)」 かしつ   fault

과ː실 상계[過失相計] 손해 배상 책임이 발생한 경우에, 피해자 측에도 과실이 있을 때는 손해 배상의 책임을 정하는 데 그 과실을 참작하는 일.

과ː실 치ː사[過失致死] 과실로 인해 사람을 죽임. かしつちし   accidental homicide

과ː심[果心] 과일 속의 씨를 싸고 있는 부분.   core

과ː약[寡弱] 적고 약함.   being small and weak

과ː언[過言] 지나친 말. かごん   exaggeration

과ː언[寡言] 말수가 적음. =과묵(寡默). ↔다언(多言). かげん   taciturnity

과업[課業] ① 해야 할 일. ② 일과로 정한 업무 또는 학과. かぎょう   task or lesson

과ː연[果然] 알고 보니 정말. 참으로. =과시(果是). かぜん   indeed

과:열[過熱] ① 지나치게 뜨겁게 하거나 뜨거워짐. ② 경기(景氣)가 지나치게 활기를 띰. ③ 경기(競技)나 선거 따위의 경쟁이 지나치게 치열해짐. かねつ　overheating 過熱

과:오[過誤] 잘못. =과실(過失). かご　error 過誤

과외[課外] 정해진 학과나 과업 이외의 것. 「~ 수업(授業)」かがい
extracurricular study 課外

과:욕[過慾] 지나친 욕심. avidity 過慾

과:욕[寡慾] 욕심이 적음. かよく　unselfishness 寡慾

과:용[果勇] 과단성(果斷性)과 용기가 있음. daring 果勇

과:용[過用] 돈 따위를 지나치게 많이 씀. extravagance 過用

과원[課員] 과(課)에 소속된 직원. かいん
staff of a section 課員

과:유불급[過猶不及] 지나침은 도리어 미치지 못함과 같음. 過猶不及

과:육[果肉] 과실의 살. かにく　pulp 果肉

과율[課率] 과세 표준에 따라서 세액을 산정하는 법정 비율. =세율(稅率). かりつ
rate of taxes 課率

과:음[過淫] 성교(性交)를 지나치게 함. promiscuity 過淫

과:음[過飲] 술 따위를 지나치게 마심. かいん
excessive drinking 過飲

과인[科人] ⇨죄인(罪人). とがにん 科人

과:인[寡人] 임금이 자신을 겸손하게 이르던 말. かじん 寡人

과:일[過日] 지난날. =과반(過般). かじつ　last day 過日

과:잉[過剩] 예정한 수량이나 필요한 양보다 많음. 「~ 생산(生産)」かじょう　surplus 過剩

과:잉 방위[過剩防衛] 정당 방위로서 허용되는 범위를 넘은 반격(反擊) 행위. かじょうぼうえい
excessive self-defense 防衛

과자[菓子] 밀가루・쌀가루・설탕・우유 따위로 만든 간식용 식품. かし　confectionery 菓子

과:작[寡作] 작품을 적게 제작함. ↔다작(多作). かさく 寡作

과장[科長] 대학이나 병원 등에서, 과(科)의 책임자. 「내과(內科) ~」かちょう
head of a department 科長

과:장[過狀] 사과하는 서장(書狀). かじょう
letter of apology 過狀

과:장[誇張] 실제보다 지나치게 불려서 나타냄. こちょう
exaggeration 誇張

과장[課長] 관청이나 회사 등에서, 과(課)의 책임자. かちょう　head of a section 課長

과전[瓜田] 오이밭. かでん
cucumber field 瓜田

과전불납리[瓜田不納履] 오이밭에서 신을 고쳐 신지 말라는 뜻으로, 남의 의심을 받기 쉬운 일은 하지 말라는 말. =이하부정관(李下不整冠). 瓜田不納履 李下不整冠

과:점[寡占] 어떤 상품 시장을 소수의 기업이 독차지함. かせん　oligopoly 寡占

과정[科程] 학과의 과정. かてい　curriculum 科程

과:정[過政] 과도 정부(過渡政府)의 준말. 過政

과:정[過程] 일이 되어 가는 경로나 거쳐 가는 순서. かて 過程

과정[課程] ① 과업의 정도. ② 학교 등에서 일정한 기간 안에 배워야 하는 학과의 내용과 양.「교과(敎科) ~」かてい ② course 課程

과제[課題] 주어진 문제나 임무.「방학(放學) ~」かだい subject 課題

과제장[課題帳] ① 어떤 학과의 연구나 학습 등에 관한 문제를 실은 책. ② 과제를 기록하는 공책. かだいちょう exercise book 課題帳

과조[科條] 법령·규칙·명령 등의 조목(條目). かじょう regulations 科條

과:조[寡照] 농작물에 볕의 쬠이 적음. 寡照

과조[課租] 조세를 부과함. か そ imposing a tax 課租

과족[裹足] ① 발을 싸맨다는 뜻으로, 앞으로 나아가지 못함. ② 걸어서 여행함. かそく ① binding one's legs ② walking tour 裹足

과종[瓜種] 오이·참외·수박 따위의 씨앗. 瓜種

과:종[果種] ① 과실의 종류. ② 과일. ① kind of fruits ② fruits 果種

과종[過從] 서로 의좋게 지냄. =상종(相從). association 過從

과종[踝腫] 발 뒤축과 복사뼈 사이에 나는 종기. 踝腫

과죄[科罪] 죄를 처단함. conviction 科罪

과:중[過重] ① 지나치게 무거움. ② 힘에 벅참.「~ 부담(負擔)」かじゅう ① overweight 過重

과:즙[果汁] 과일을 짠 즙. かじゅう fruit juice 果汁

과:징[過徵] 세금 등을 규정보다 더 많이 징수함. かちょう surcharge 過徵

과:차[過次] 지나가는 길. on one's way 過次

과:찬[過讚] 지나치게 칭찬함. 또는 그런 칭찬.「~의 말씀입니다」かさん overpraise 過讚

과:채[果菜] 과실과 채소. かさい fruits and vegetables 果菜

과:추[過秋] 가을을 남. passing the autumn 過秋

과:춘[過春] 봄을 남. passing the spring 過春

과:취[過醉] 술에 몹시 취함. getting overdrunk 過醉

과:칭[過稱] 지나치게 칭찬함. =과상(過賞)·과찬(過讚). かしょう overpraising 過稱

과:칭[誇稱] ① 뽐내어 말함. ② 과장하여 말함. こしょう ① boasting 誇稱

과:태[過怠] 실수로 해야 할 일을 기한 안에 못 함.「~료(料)」かたい default 過怠

과:태료[過怠料] 공법상의 의무 이행을 태만히 한 사람에게 벌로 물리는 돈. fine for default 過怠料

과:피[果皮] 과실 껍질. かひ rind 果皮

과:하[過夏] 여름을 남. passing the summer 過夏

과:하주[過夏酒] 소주와 약주를 섞어서 빚은 술로, 주로 여름에 마심. 過夏酒

과학[科學] 사물의 법칙과 이치에 관한 바른 지식 체계. 또는 그것을 밝히는 학문. 특히 자연 과학(自然科學)을 가리킴. かがく science 科學

과학적[科學的] 과학의 이치나 체계에 맞는 것.「~ 방 科學的

법」かがくてき　scientific
과학화[科學化] 과학적으로 체계를 세움. scientification 科學化
과・현미[過現未] 불교에서 이르는 과거・현재・미래의 삼세(三世). かげんみ　past, present and future 過現未
과・혹[過酷] 지나치게 참혹함. かこく　cruelty 過酷
과회[科會] 대학의 한 학과끼리 모이는 모임. かかい　seminar 科會
곽[郭]* 성곽 곽:성곽. 「城郭(성곽)・外郭(외곽)」カク・くるわ 城郭 外郭
곽[霍] 빠를 곽:빠르다. 급하다. 「霍亂(곽란)・霍然(곽연)」カク・にわか 霍亂
곽공[郭公] 뻐꾸기. かっこう　cuckoo 郭公
곽란[霍亂・癨亂] 음식이 체하여 토하고 설사를 하는 급성 위장병. 「토사(吐瀉)~」 cholera morbus 霍亂 吐瀉
곽암[藿巖] 미역이 붙어서 자라는 바위. 藿巖
곽전[藿田] 바닷가의 미역을 따는 곳. 藿田
관[串] ①익숙할 관:익숙하다. 「串童(관동)」②어음 천:어음. 「串票(천표)」③곳곳:곳. カン ①なれる ②てがた 串童
관[官]* ①벼슬 관:벼슬. 공무원. 「官吏(관리)・官僚(관료)・任官(임관)」②관가 관:관가. 관청. 「官廳(관청)・官邊(관변)・官房(관방)」③기관 관:기관. 「五官(오관)・官能(관능)・器官(기관)」カン ①つかさ 官吏 官邊
관[冠]* ①갓 관:갓. 「冠帶(관대)・冠弁(관변)・冠玉(관옥)」②갓 쓸 관:갓을 쓰다. 「冠禮(관례)・冠歲(관세)」カン ①かんむり 冠帶 冠禮
관[貫]* ①꿸 관:꿰다. 뚫다. 「貫通(관통)・貫徹(관철)」②맞힐 관:맞히다. 적중하다. 「貫革(관혁)・貫中(관중)」③관 관:관. 무게의 단위. 「五貫(오관)」カン ①つらぬく 貫通 貫徹
관[棺] ①널 관:널. 관. 「棺柩(관구)・棺材(관재)」②입관할 관:입관하다. 「棺殮(관렴)」カン ①ひつぎ 棺柩
관[款] ①정성스러울 관:정성스럽다. 「款待(관대)・款接(관접)・交款(교관)」②조목 관:조목. 「款目(관목)・款章(관장)」③도장 관:도장. 금석에 새긴 글자. 「款識(관지)・落款(낙관)」カン ①まこと 款待 落款
관[管]* ①대통 관:대통. 대롱. 「土管(토관)・管狀(관상)・管見(관견)」②쌍피리 관:쌍피리. 「管樂(관악)」③주관할 관:주관하다. 「管理(관리)・主管(주관)」カン ①くだ 土管 管狀
관[慣]* ①익숙할 관:익숙하다. 「慣面(관면)・慣聞(관문)・慣熟(관숙)」②버릇 관:버릇. 「慣例(관례)・慣習(관습)・慣用(관용)」カン ①なれる 慣面 慣例
관[寬]* 너그러울 관:너그럽다. 「寬容(관용)・寬大(관대)・寬裕(관유)・寬恕(관서)・寬赦(관사)」カン・ひろい 寬大
관[盥] ①씻을 관:씻다. 「盥浴(관욕)」②대야 관:대야. 「盥盤(관반)」カン ②たらい 盥浴
관[館]* ①객사 관:객사. 여관. 「旅館(여관)」②집 관:집. 「分館(분관)・映畵館(영화관)・館長(관장)」カン ②や 旅館 館長

かた・たて・たち

관[關]* ① 관계할 관 : 관계하다.「關係(관계)·聯關(연관)·相關(상관)」② 관문 관 : 관문.「關門(관문)·稅關(세관)」カン ① かかわる ② せき 關係 稅關

관:[灌] ① 물댈 관 : 물을 대다.「灌漑(관개)·灌水(관수)·灌注(관주)」② 적실 관 : 적시다. 물로 씻다.「灌腸(관장)·灌浴(관욕)」カン ① そそぐ 灌水

관[罐] 그릇 관 : 그릇.「汽罐(기관)·藥湯罐(약탕관)」カン・ほとぎ 汽罐

관[觀]* ① 볼 관 : 보다.「觀察(관찰)·觀點(관점)·觀光(관광)·主觀(주관)·客觀(객관)」② 모양 관 : 모양. 용모.「美觀(미관)·壯觀(장관)」③ 생각 관 : 생각. 의견.「人生觀(인생관)」カン ① みる 觀察 壯觀

관가[官家] ① 관청. 관아. ② 고을의 원.「～에 고발하다」かんか ① public building 官家

관감[觀感] 눈으로 보고 마음으로 느낌.「～흥기(興起)」seeing and feeling 觀感

관:개[灌漑] 논이나 밭에 물을 끌어댐.「～ 용수(用水)」かんがい irrigation 灌漑

관객[觀客] 구경꾼. かんきゃく・かんかく spectator 觀客

관건[關鍵] ① 문의 빗장. =관약(關鑰). ② 사물의 가장 중요한 부분. かんけん ① bolt ② key point 關鍵 關鑰

관견[管見] ① 좁은 소견. ② 자기 의견을 겸손하게 이르는 말. かんけん ① narrow view 管見

관계[官界] 관리의 사회. =관해(官海)·환해(宦海). かんかい officialdom 官界

관계[官階] 벼슬의 등급. =관 官階

등(官等). かんかい official rank

관계[關係] ① 둘 이상의 사물이나 현상 사이에 서로 맺고 있는 관련. ② 사람들 사이에 서로 얽혀 있는 관련.「부자(父子) ～」③ 남녀가 '성적(性的) 교섭을 가지는 일. ④ 무엇에 관련되는 방면이나 분야.「방송(放送) ～의 일을 하다」かんけい ① relation ② ties ③ intercourse 關係 關聯 交渉

관:곡[款曲] 친절하고 인정이 많음. かんきょく kindness 款曲

관골[顴骨] 광대뼈. かんこつ cheekbone 顴骨

관공리[官公吏] 관리와 공리. =공무원(公務員). かんこうり public official 官公吏

관공립[官公立] 관립(官立)과 공립(公立). =국공립(國公立). かんこうりつ government and public 官立 公立

관공서[官公署] 관청과 공서. 곧, 정부나 지방 자치 단체 기관의 사무소. かんこうしょ public office 官公署

관곽[棺槨] 시체를 넣는 속 널과 겉 널. かんかく inner and outer coffins 棺槨

관광[觀光] 다른 지방이나 다른 나라의 풍경·풍물·풍습 등을 구경함.「～ 사업(事業)」かんこう sightseeing 觀光

관광 산:업[觀光産業] 숙박·교통·오락 시설·토산물 판매장 등 관광객에게 서비스를 제공하는 영업의 총체. 레저 산업. かんこうさんぎょう tourist industry 産業

관광 자원[觀光資源] 관광객을 유치할 수 있는 관광 대상물. 자연이나 문화재 따위. 資源

かんこうしげん
tourist resources
관광지[觀光地] 관광 대상이 될 만한 명승지나 유적지가 있는 곳. かんこうち 觀光地
tourist resort

관괘[觀卦] 육십사괘의 하나. 손괘(巽卦)와 곤괘(坤卦)가 거듭된 것. 觀卦

관구[管區] 관할 구역(管轄區域)의 준말. かんく 管區

관군[官軍] 나라에서 훈련시킨 정부의 군대. ↔적군(賊軍). かんぐん government army 官軍 / 賊軍

관권[官權] 국가 기관 또는 관리의 권력. 「~ 남용(濫用)」 かんけん government authority 官權

관귀[官鬼] 점괘(占卦)의 육친(六親) 가운데 '관살'을 가리키는 말. 官鬼

관규[官規] 관청의 관리에 대한 규칙. かんき official discipline 官規

관극[觀劇] 연극을 구경함. かんげき playgoing 觀劇

관금[官金] 정부의 돈. =관은(官銀). かんきん government fund 官金

관급[官給] 정부가 지급함. 「~품(品)」 かんきゅう government supply 官給

관기[官妓] 관청에 딸려 있던 기생. かんぎ 官妓

관기[官紀] 관리가 지켜야 할, 관청의 규율. 「~숙정(肅正)」 かんき official discipline 官紀

관내[管內] 관할 구역의 범위 안. ↔관외(管外). かんない within the jurisdiction 管內 / 管外

관내[館內] 관(館)의 내부. ↔관외(館外). かんない inside the hall 館內

관념[關念] ⇨관심(關心). 關念

관념[觀念] ①어떤 사물에 대한 생각이나 견해. ②어떤 대상에 대한 인식이나 의식의 내용. ③현실과 동떨어진 추상적이고 이론적인 생각. 「~론(論)」 ④불교에서, 마음을 가라앉히고 제법(諸法)의 진리를 관찰하는 일. かんねん idea 觀念 / 認識 / 諸法

관념적[觀念的] 추상적이고 현실성이 없는 것. かんねんてき ideal 觀念的

관노[官奴] 옛날에 관가(官家)에서 부리던 사내종. ↔사노(私奴). かんぬ slave in government employ 官奴

관능[官能] ①감각 기관(感覺器官)의 기능 ②동물의 생리적 기관의 작용. ③육체적 쾌감을 느끼는 작용. 「~주의(主義)」 かんのう ① organic functions ③ sensuality 官能 / 感覺

관능적[官能的] 육체의 쾌감을 일으키는 것. =육감적(肉感的). かんのうてき sensual 官能的

관:담[款談] 속마음을 털어놓고 얘기함. 또는 그런 이야기. =환담(歡談). かんだん open-hearted talk 款談

관:대[款待] 정성껏 대접함. =환대(歡待). かんたい welcome 款待

관대[寬大] 너그러움. =관홍(寬弘). ↔엄격(嚴格). かんだい generosity 寬大

관대[寬貸] 너그럽게 용서함. =관서(寬恕). pardon 寬貸

관도[官途] 관리가 되는 길. 「~에 오르다」 かんと government service 官途

관독[管督] 관리하고 감독함. control 管督

관동[冠童] 어른과 아이. 冠童
　　　　　　adult and child
관동[關東] 대관령의 동쪽 지 關東
　방. 곧, 강원도.
관두[關頭] 가장 중요한 지경. 關頭
　고비. かんとう　　　crisis
관등[官等] 관직의 계급. =관 官等
　계(官階). かんとう
　　　　　　official rank
관등[觀燈] 음력 4월 8일에 觀燈
　등불을 켜고 부처의 탄생을
　기념하는 일. 「~절(節)」
　anniversary of Buddha's
　birth
관락[觀樂] 구경하고 즐김. か 觀樂
　んらく
관람[觀覽] 연극·영화나 전시 觀覽
　품 또는 운동 경기 등을 구경
　함. 「~석(席)」かんらん
　　　　　　　　viewing
관력[官力] 국가 기관의 힘. 官力
　관청의 권력.
관력[官歷] 공무원으로서의 경 官歷
　력. かんれき　official career
관련[關聯] 서로 연관됨. 서로 關聯
　관계를 가짐. かんれん
　　　　　　connection
관련성[關聯性] 서로 걸리어 關聯性
　얽힌 성질. 서로 관계되는 성
　질.　　　　　relevancy
관렴[棺殮] 시체를 관에 넣음. 棺殮
　=납관(納棺)·입관(入棺).
관령[官令] 관청의 명령. 官令
　　　　　government orders
관령[管領] 도맡아 다스림. 管領
관례[冠禮] 지난날, 아이가 어 冠禮
　른이 될 때 치르던 예시. 남
　자는 갓을 쓰고, 여자는 쪽을
　졌음. かんれい
　　coming-of-age ceremony
관례[慣例] 관습이 된 전례. 慣例
　かんれい　　　　custom
관록[官祿] ① 관리에게 주는 官祿
　녹봉. ② 관직과 녹봉.
　　　① an official salary
관록[貫祿] 어떤 일에 대하여 貫祿
　가지고 있는 권위와 경력.
　「~이 붙다」かんろく　dignity
관료[官僚] ① 같은 벼슬의 동 官僚
　료. =동관(同官). ② 관리들.
　벼슬아치. ③ 특수한 권력을
　가진 고급 관리. 「~ 정치(政 政治
　治)」かんりょう
　　　　　② bureaucracy
관료주의[官僚主義] 관리가 官僚
　자기의 지위를 높이 생각하고 主義
　국민에 관권을 펴고자 강압
　적이고 권위적·억압적·독선
　적인 태도를 취하는 사고 방
　식. かんりょうしゅぎ
　　　　　　bureaucratism
관류[貫流] 꿰뚫고 흐름. かん 貫流
　りゅう　　flowing through
관리[官吏] 관직에 있는 사람. 官吏
　かんり　government official
관리[管理] 직원이나 사무 또 管理
　는 물품을 관할하고 처리함. 管轄
　「노무(勞務) ~」かんり
　　　　　administration
관립[官立] 관청에서 설립함. 官立
　=국립(國立). ↔사립(私立).
　「~ 학교」かんりつ
　　government institution
관망[冠網] ① 갓과 망건. 「~ 冠網
　을 갖추다」② 갓과 망건을 갖
　추어 씀.
관망[觀望] ① 멀리 바라봄. ② 觀望
　한 발 물러서서 형세를 바라
　봄. かんぼう　② observation
관맥[關脈] 한방에서, 병을 진 關脈
　찰하는 손목의 맥. かんみゃ
　く　　　　　　　pulse
관면[寬免] 죄나 과실을 관대 寬免
　히 용서함.
관명[官名] 벼슬의 이름. かん 官名
　めい　　　　official title

관명[冠名] 관례(冠禮)를 치를 때 지은 이름. 어른이 되어서 지은 이름. 冠名
name given on coming of age

관모[冠毛] 꽃받침이 변형된 것으로, 씨방의 꼭지에 붙어 있는 솜털같은 것. 갓털. かんもう 冠毛
pappus

관목[關木] 문의 빗장. 關木
crossbar

관:목[灌木] 중심 줄기가 분명하지 않고 최고 3미터 이상 자라지 않는 키가 작은 나무. 앵두나무·진달래 따위. 떨기나무. ↔교목(喬木). かんぼく 灌木
shrub

관문[慣聞] 익히 들어 귀에 익음. 慣聞
being accustomed to hear

관문[關門] ① 국경이나 요새에 세운 문. ② 그 곳을 통과해야 들어갈 수 있는 중요한 길목. ③ 들어서기 어려운 어떤 일의 초입. 또는 어떤 일을 위해서는 반드시 거쳐야 하는 중요한 고비. ④ 문을 닫음. かんもん 關門 重害 初入
① barrier ③ difficult situation

관문서[官文書] 관청에서 만든 문서. =공문(公文). かんぶんしょ 官文書
official document

관물[官物] 관청의 물품. かんぶつ·かんもつ 官物
government issue

관민[官民] 관리와 민간인. 정부와 민간. 「~ 합동(合同)」かんみん 官民
officials and people

관방[官房] 지난날, 관리가 일을 보거나 숙직하던 방. 官房

관변[官邊] ① 정부나 관청과 관계가 있는 방면. 관청측. 「~ 소식통(消息通)」かんべん ② 조선 시대에 관에서 명령으로 제정했던 이율(利率). 官邊 消息通 利率

① official circles ② legal rate of interest

관병[觀兵] ① 군대의 위세를 보이는 일. ② 군사를 벌여 세우고 검열함. 「~식(式)」かんぺい 觀兵 檢閱
① demonstration of military force ② inspection of troops

관보[官報] ① 정부에서 널리 알릴 일을 실은 인쇄물. ② 관공서에서 내는 공용 전보. かんぽう 官報
① official gazette ② official telegram

관복[官服] 관리의 제복. ↔사복(私服). かんぷく 官服 制服
official uniform

관복[官福] 관리로 출세할 운수. 官福

관:복[款服] 진심으로 따르고 복종함. 款服
allegiance

관본[官本] ① 관청의 장서(藏書). ② 관청에서 펴낸 책. かんぼん 官本

관부[官府] ① 지난날, 조정(朝廷)이나 정부를 일컫던 말. ② 관청. かんぷ 官府
① government ② government office

관부[官簿] 관청의 장부. かんぼ 官簿
official book

관북[關北] 마천령 이북의 땅. 곧, 함경 북도 지방. 關北

관:불[灌佛] 불상(佛像)에다 향수를 뿌리는 일. かんぶつ 灌佛

관비[官費] 관청에서 내는 비용. ↔사비(私費). 「~생(生)」かんぴ 官費
government expense

관비[官婢] 지난날, 관가에서 부리던 계집종. 官婢

관사[官私] ① 공적(公的)인 것과 사사로운 것. ② 관립과 사립. かんし public and private 官私

관사[官舍] 관리가 살도록 관청에서 지은 집. かんしゃ 官舍

관사[官事] 관청의 일. ↔사사(私事). かんじ 官事 government affair

관사[冠詞] 서구어(西歐語)에서 명사 앞에 두는 품사. かんし 冠詞 article

관사[館舍] 지난날, 외국 사신을 묵게 하던 집. 館舍 residence of a foreign delegation

관삼[官蔘] 관청에서 쪄서 파는 인삼. 官蔘

관상[管狀] 대롱과 같이 생긴 모양. かんじょう 管狀 tube-shapedness

관상[觀相] 인상(人相)을 보고 재수·운명을 판단하는 일. 「~학(學)」かんそう 觀相 physiognomy

관상[觀象] 기상(氣象)을 관측함. かんしょう 觀象 meteorological observation

관상[觀賞] 보고 기리며 즐김. 「~ 식물(植物)」かんしょう 觀賞 enjoyment

관상가[觀相家] 관상을 업으로 삼는 사람. physiognomist 觀相家

관상 동:맥[冠狀動脈] 심장에 산소와 영양을 공급하는 좌우 두 줄기의 동맥. かんじょうどうみゃく 冠狀動脈

관상 식물[觀賞植物] 관상하기 위해 가꾸는 식물. ornamental plant 觀賞植物

관서[官署] 관청. =관아(官衙). かんしょ 官署 government office

관서[寬恕] 너그럽게 용서함. かんじょ 寬恕 forgiveness

관서[關西] 마천령의 서쪽 지방. 곧, 평안도 지방. 關西

관선[官選] 국가 기관에서 뽑음. 또는 뽑은 사람. ↔민선(民選). 「~ 의원(議員)」かんせん 官選 selection by the government

관설[官設] 국가가 설립함. =공설(公設). かんせつ 官設 government facility

관섭[關涉] 관계하고 간섭함. かんしょう 關涉 interference

관:성[款誠] 정답고 친절한 정성. =진심(眞心). 款誠 sincerity

관성[慣性] 물체가 외부의 작용을 받지 않으면, 정지 또는 운동 상태를 계속 유지하려는 성질. かんせい 慣性 inertia

관세[冠歲] 남자가 성년이 되는 20세를 이르는 말. =관년(冠年). 冠歲

관세[關稅] 국경을 통과하는 물품에 부과하는 조세. 「~ 동맹(同盟)」かんぜい 關稅 tariff

관세음보살[觀世音菩薩] 보살의 하나. 중생이 괴로울 때, 그 이름을 외면 곧 구제해 준다고 함. 준관음(觀音). かんぜおんぼさつ 觀世音菩薩 Goddess of Mercy

관세 장벽[關稅障壁] 수입 상품에 높은 관세를 적용시켜 그 가격을 인상함으로써, 수입을 억제하고 같은 종류의 상품을 생산하는 국내 산업을 유리하게 하는 일. かんぜいしょうへき 關稅障壁 tariff barriers

관속[官屬] 옛날 지방 관청의 아전(衙前)과 하인. 官屬

관수[官修] ①정부에서 책을 짓거나 엮음. ②정부에서 수리함. かんしゅう 官修 ① official compilation ② official mending

관수[官需] 정부의 수요(需要). ↔민수(民需). 「~ 물자(物資)」かんじゅ 官需

관수[冠水] 홍수 등으로 농작물이 물에 잠김. かんすい official demand / submergence 冠水

관수[管守] 간직하여 잘 지킴. かんしゅ guard 管守

관:수[灌水] 농작물에 물을 댐. =관개(灌漑). かんすい irrigation 灌水

관숙[慣熟] ① 손이나 눈에 익음. ② 아주 친밀함. かんじゅく familiarity 慣熟

관습[慣習] 개인이나 사회의 관례로 된 습관. かんしゅう custom 慣習

관식[官食] 관청에서 주는 음식. ↔사식(私食). かんしょく meals provided by the government 官食

관심[關心] 어떤 것에 끌리는 마음. 「~을 가지다」 かんしん concern 關心

관아[官衙] 관청. かんが government office 官衙

관악기[管樂器] 입으로 불어 관 속이 공기를 진동시켜 소리를 내는 금관 악기와 목관 악기의 총칭. かんがっき wind instrument 管樂器

관:액[款額] 작정한 액수. fixed amount 款額

관약[關鑰] ① 빗장과 자물쇠. ② 사물의 중요한 부분. =관건(關鍵). かんやく ① bolt and lock ② important point 關鑰

관억[寬抑] ① 격한 감정을 너그럽게 억제함. ② 너그럽게 생각함. ① lenient suppression 寬抑

관엄[寬嚴] 관대함과 엄격함. 관대하고도 엄격함. かんげん lenity and severity 寬嚴

관업[官業] 정부가 경영하는 기업. 공영 사업(公營事業). ↔민업(民業). かんぎょう government enterprise 官業

관여[關與] 관계하고 참여함. かんよ participation 關與

관:역[灌域] ① 관개할 수 있는 지역. ② ⇨유역(流域). かんいき ① irrigable area 灌域

관엽 식물[觀葉植物] 잎사귀의 빛깔·모양을 보고 즐기기 위하여 기르는 식물. 고무나무·야자나무 따위. かんようしょくぶつ foliage plant 觀葉植物

관영[官營] 정부가 경영함. 「~ 사업(事業)」 かんえい government management 官營事業

관옥[冠玉] ① 관 앞쪽에 장식으로 다는 옥. ② 남자의 아름다운 얼굴을 비유한 말. ② handsome face 冠玉

관외[管外] 관할 구역 밖. ↔관내(管內). かんがい outside the jurisdiction 管外

관외[關外] ① 서울 밖. 곧, 시골. ② 상관할 바가 아님. 「~지사(之事)」 ① country ② out of concern 關外

관용[官用] 관청에서 씀. 또는 관청에서 소용되는 것. 「~차(車)」 かんよう official use 官用

관용[慣用] 늘 습관적으로 씀. 「~어(語)」 かんよう common use 慣用

관용[寬容] 너그럽게 용서하거나 받아들임. 「~을 베풀다」 かんよう tolerance 寬容

관운[官運] 관리로서의 운수. 「~이 트이다」 かんうん fortune as an official 官運

관원[官員] 관리. 공무원. かんいん government official 官員

관위[官位] 관리의 등급. かんい official rank 官位

관유[官有] 관청의 소유. ↔사 官有

관유(私有). 「~지(地)」 かんゆう government ownership

관유[貫乳] 도자기 겉에 나타나 있는 잔금. かんにゅう

관유[寬裕] 마음이 넓고 너그러움. かんゆう generosity

관음[觀音] 관세음보살(觀世音菩薩)의 준말.

관음경[觀音經] 법화경의 보문품(普門品)을 따로 뽑은 불경. Sutra of Avalokitesvara

관음찬[觀音讚] 관음보살을 찬양하여 부르는 노래 글귀.

관인[官人] 관직에 있는 사람. ↔민간인(民間人). かんにん official

관인[官印] 관청이나 공무원이 직무상 쓰는 공식 도장. ↔사인(私印). かんいん official seal

관인[官認] 관청에서 인허(認許)함. government authorization

관인[寬仁] 너그럽고 인자함. かんじん generosity

관인 대:도[寬仁大度] 마음이 너그럽고 어질며 도량이 큼. かんじんたいど generous and magnanimous disposition

관입[貫入] 꿰뚫고 들어감. かんにゅう penetration

관자[貫子] 망건에 달아 망건당줄을 꿰는 작은 고리. head band buttons

관장[管掌] 주관하여 맡아봄. 「~사무(事務)」 かんしょう management

관:장[灌腸] 배변(排便)하기 위해 항문부터 약물을 직장이나 대장에 집어 넣음. 「~약(藥)」 かんちょう cyster

관재[官災] 관아로부터 받는 재앙. official disaster

관재[管財] 재산을 관리함. 「~인(人)」 かんざい administration of properties

관저[官邸] 장관급 이상의 고관의 관사(官舍). かんてい official residence

관전[觀戰] ① 전쟁의 실황을 살펴봄. ② 시합을 지켜봄. かんせん ① witnessing a war ② watching a game

관전평[觀戰評] 경기 따위를 보고 나서 하는 평. witness's comment

관절[冠絶] 두드러지게 뛰어남. かんぜつ consummation

관절[關節] 뼈와 뼈를 잇는 마디. かんせつ joint

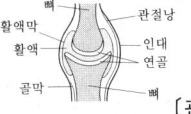
〔관절〕

관절염[關節炎] 관절 안에 세균이 들어가서 생기는 염증. かんせつえん arthritis

관점[觀點] 관찰하는 각도·입장. =견지(見地). かんてん viewpoint

관정[寬政] 너그럽게 다스리는 정치. かんせい liberal rule

관:정[灌頂] 불교에서, 계(戒)를 받거나 지위가 오를 때 머리에 향수를 끼얹는 의식. かんじょう

관제[官制] 정무(政務)를 분담하는 기관에 대한 규성. かんせい government regulation

관제[官製] 정부가 만든 물건. 「~엽서(葉書)」 かんせい government manufacture

관제[管制] ① 국가가 강제적으로 관리하고 제한하는 일.

「등화(燈火)~」 ② 공항에서 항공기와 교신하면서 이착륙 등을 지시하는 일. 「~탑(塔)」 かんせい control

관제 엽서[官製葉書] 정부에서 만들어 파는 우편 엽서. かんせいはがき government postcard

관제탑[管制塔] 공항에서 항공기의 이착륙·비행장 진입 방향 지시 등 항공 교통을 관제하는 탑 모양의 시설. かんせいとう control tower

관조[觀照] ① 사물을 객관적으로 차분히 관찰하여 그 본질을 분명하게 인식하는 일. ② 대상의 미(美)를 직접적으로 인식하는 일. かんしょう ① contemplation ② intuition

관족[管足] 극피(棘皮)동물의 수관계(水管系)에 붙은 발. かんそく tube foot

관존민비[官尊民卑] 관리는 높고 귀하며 백성은 낮고 천하다는 사고 방식. putting government above people

관주[貫珠] 지난날, 시문(詩文)을 꼲을 때 잘 쓰여진 글 옆에다 치던 동그라미.

관중[貫中] 화살이 과녁 복판에 맞음. hitting of the bull's-eye

관중[觀衆] 구경꾼. かんしゅう spectator

관지[關知] 어떤 일에 관계하여 그 일에 대해서 알고 있음. かんち being concerned with

관직[官職] 관리의 직책이나 직무. かんしょく official post

관진[觀診] 병자의 안색을 보고 진찰함.

관찬[官撰] 정부에서 편찬함. 또는 편찬한 그 책. かんせん government compilation

관찰[觀察] 사물을 주의해서 살핌. 「~력(力)」 かんさつ observation

관찰사[觀察使] 조선 시대의 지방 행정 단위인 도의 장관. 종이품 문관으로, 민정·군정·재정·형정(刑政) 등을 통할 지휘 감독하였음. provincial governor

관천[貫穿] ① 학문에 능통함. ② 꿰뚫음. かんせん ① proficiency ② penetration

관철[貫徹] 끝까지 꿰뚫어 이룩함. 「초지(初志) ~」 かんてつ accomplishment

관철[觀徹] 사물을 꿰뚫어 봄. discernment

관청[官廳] ① 법률로 정해진 국가의 사무를 다루는 국가 기관. ② 국가 기관의 사무를 맡아보는 곳. かんちょう government office

관측[觀測] 관찰하고 측정함. かんそく observation

관측소[觀測所] ① 천문·기상 등 자연 현상을 관찰·기록하고 그 변화를 측정하는 곳. ② 적의 동정을 관측하는 곳. かんそくしょ ① observatory ② observation post

관측통[觀測通] 어떤 방면의 동정·사정을 소상히 관측하는 사람이나 기관. observer

관치[官治] 국가가 국가의 행정 기관에게 직접 행정을 하게 하는 일. ↔자치(自治). かんち government

관통[貫通] 꿰뚫음. 「~상(傷)」 かんつう piercing

관폐[官弊] 관리의 부정 행위로 말미암은 폐단.

관포지교[管鮑之交] 관중(管仲)과 포숙아(鮑叔牙)의 사귐이라는 말로, 시세(時勢)에 따라서도 변함 없는 두터운 우정(友情)을 이르는 말.

관하[管下] 관할하는 범위 안. かんか under the jurisdiction

관학[官學] 관립(官立)의 학교. かんがく government school

관할[管轄] 권한으로 통제·관리함. 또는 권한이 미치는 범위. 「～구역(區域)」 かんかつ jurisdiction

관할 구역[管轄區域] 관할권이 미치는 지역. 준관구(管區). sphere of jurisdiction

관할권[管轄權] 관할하는 직권. jurisdiction

관:항[款項] 관(款)과 항(項). '관'은 큰 분류, '항'은 '관'을 작게 나눈 것.

관해[官海] 관리의 사회. =관계(官界). かんかい official circles

관행[貫行] 끝까지 실행함. かんこう

관행[慣行] ① 관례에 따라 시행함. ② 자주 행함. かんこう ① convention ② routine

관향[貫鄕] 시조(始祖)의 고향. =본관(本貫)·선향(先鄕). one's ancestral home

관허[官許] 관청의 허가. かんきょ government permission

관헌[官憲] ① 관청의 규칙. ② 관청. ③ 관리. 주로 '경찰관'을 이름. かんけん ① official rule ② government office ③ officials

관현[管絃] 관악기와 현악기. かんげん

wind and string instrument

관현악[管絃樂] 관악기·현악기·타악기 들로 이루어진 합주. かんげんがく orchestra

관형격[冠形格] 체언을 꾸미는 자리. attributive case

관형격 조:사[冠形格助詞] 문장에서 체언에 붙어 그 체언을 관형어가 되게 하는 격조사. attributive particle

관형사[冠形詞] 어떤 체언 앞에서 그 체언을 꾸미는 품사. attributive adjective

관혼상제[冠婚喪祭] 관례·혼례·상례·제례의 네 가지 의식. かんこんそうさい ceremonies of coming of age, marriage, funeral, and ancestral worship

관활[寬闊] 도량이 넓고 활달함. かんかつ

관후[寬厚] 너그럽고 인정이 있음. かんこう generosity

관후장자[寬厚長者] 너그럽고 후하며 점잖은 사람. man of magnanimity

괄[刮] ① 비빌 괄 : 눈을 비비다. 「刮目(괄목)」 ② 깎을 괄 : 깎다. 「刮削(괄삭)」 カツ ① こする

괄[括] ① 쌀 괄 : 싸다. 「括弧(괄호)·包括(포괄)」 ② 묶을 괄 : 묶다. 「括髮(괄발)」 カツ ① くくる

괄[适] 빠를 괄 : 빠르다. カツ·はやい·すみやか

괄목[刮目] 눈을 비비고 다시 잘 봄. 「～상대(相對)」 かつもく watching with keen interest

괄목상대[刮目相對] 눈을 비비고 다시 본다는 말로, 주로 손아랫사람의 학식이나 재주

괄선[括線] 여러 글자나 숫자를 일괄하여 다른 글자나 숫자와 구별하기 위해 위에 긋는 선. 括線 vinculum

괄시[恝視] 업신여김. 恝視 negligence

괄약[括約] ① 합하여 모음. ② 벌어진 것을 오므림. 「～근(筋)」 かつやく 括約
① binding ② contraction

괄호[括弧] 묶음표. ( )〔 〕따위. かっこ 括弧 bracket

광[光]* ① 빛 광 : 빛. 「光線(광선)・光輝(광휘)・光彩(광채)」 ② 경치 광 : 경치. 「光景(광경)・觀光(관광)」 ③ 세월 광 : 세월. 「光陰(광음)」 ④ 위엄 광 : 위엄. 세력. 「榮光(영광)・國光(국광)」 コウ ① ひかり 光線 光陰

광[匡] ① 바를 광 : 바르다. 「匡正(광정)・匡益(광익)」 ② 구원할 광 : 구원하다. 「匡救(광구)・匡護(광호)」 キョウ ① ただす ② すくう 匡正 匡救

광[狂] ① 미칠 광 : 미치다. 「狂人(광인)・狂氣(광기)・發狂(발광)」 ② 경망할 광 : 경망하다. 열중하다. 「狂信(광신)・狂妄(광망)・酒狂(주광)」 キョウ ① くるう 狂人 狂氣

광[珖] 옥피리 광 : 피리. 옥피리. コウ・たまぶえ 珖

광[胱] 오줌통 광 : 오줌통. 「膀胱(방광)」 コウ 膀胱

광[筐] 광주리 광 : 광주리. 「筐笥(광사)・筐底(광저)・筐筥(광거)」 キョウ・かご 筐笥

광:[廣]* ① 넓을 광 : 넓다. 크다. 「廣大(광대)・廣域(광역)・廣義(광의)」 ② 넓이 광 : 넓이. 폭. 「廣幅(광폭)」 コウ ① ひろい 廣大

광[壙] ① 구덩이 광 : 구덩이. 「壙穴(광혈)・壙中(광중)」 ② 텅 빌 광 : 텅 비다. 「壙埌(광량)」 コウ ① あな 壙穴

광:[曠] ① 훵할 광 : 훵하다. 넓다. 「曠土(광토)」 ② 빌 광 : 비다. 「曠古(광고)」 ③ 오랠 광 : 오래다. 「曠劫(광겁)」 ④ 밝을 광 : 밝다. コウ ① ひろい 曠古 曠劫

광:[礦] 광석 광 : 광석. 「礦石(광석)」 コウ 礦石

광:[鑛]☆ 쇳돌 광 : 쇳돌. 광석. 「鑛石(광석)・鐵鑛(철광)・鑛夫(광부)・鑛山(광산)」 コウ・あらがね 鑛石

광각[光覺] 빛의 자극으로 일어나는 감각. こうかく 光覺
optic sense

광:각[廣角] 각도(角度)가 넓음. 또는 넓은 각도. 「～렌즈」こうかく wide angle 廣角度

광객[狂客] ① 미친 사람처럼 언행이 도리에 벗어난 사람. ② 미친 사람. mad man 狂客

광:갱[鑛坑] 광물을 파내기 위한 구덩이. こうこう mine 鑛坑

광:겁[曠劫] 아주 오랜 세월. eternity 曠劫

광견[狂犬] 광견병에 걸린 개. 미친 개. きょうけん mad dog 狂犬

광견[狂狷] 상례를 벗어나 지나친 행동을 하는 사람과 고집이 너무 세어 너그러움이 없는 사람. 중용을 벗어난 행동을 하는 사람. きょうけん 狂狷

광:견[廣絹] 명주실로 엷게 짠 비단. silk fabric 廣絹

광견병[狂犬病] 바이러스로 말미암아 일어나는 개의 전염 狂犬病

광경~광망

병. 사람이나 짐승에게도 전염함. =공수병(恐水病). きょうけんびょう hydrophobia

광경[光景] 눈에 보이는 경치. 어떤 장면의 모양. こうけい spectacle

광:고[廣告] ① 널리 알림. 또는 그러기 위한 수단. ② 상업상의 목적으로 영업체나 상품을 널리 선전하여 알림. こうこく ① announcement ② advertisement

광:고[曠古] 전례(前例)가 없음. こうこ unprecedentedness

광:고 대:행업[廣告代行業] 신문·잡지·방송 등에 광고를 내는 일을 광고주를 대신해서 하는 직업. advertising agency

광:고 매체[廣告媒體] 광고 내용을 대중에게 전달하는 매개체. 신문·잡지·라디오·텔레비전·연도 광고판 등. advertising media

광:고탑[廣告塔] 큰길에 세워 상품·상호 따위를 선전하는 탑. こうこくとう advertisement tower

광관[光冠] 구름이 해나 달을 가릴 때 물방울의 회절(回折)로 생기는 아름다운 광채. こうかん corona

광구[光球] 보통 눈으로 태양을 볼 때 둥글게 광채를 내는 부분. こうきゅう photosphere

광구[匡救] 잘못된 것을 바로잡음. きょうきゅう correction

광:구[廣求] 널리 일반에게서 구함. seeking far and wide

광:구[鑛區] 광물을 채굴·시굴하는 특정 지역. こうく mining area

광:궤[廣軌] 궤도 폭이 1.435 m 이상인 철도 선로. ↔협궤(狹軌). こうき broad railroad

광기[狂氣] ① 미친 증세. ② 미친 듯이 소리지르고 아우성을 치는 기질. きょうき madness

광녀[狂女] 미친 여자. きょうじょ mad woman

광년[光年] 천문학에서 쓰는 거리의 단위. 빛이 1년 동안에 다다를 수 있는 거리로, 약 9조 4670억km에 해당함. こうねん light-year

광:대[廣大] 넓고 큼. ↔협소(狹小). こうだい vastness

광:대[曠代] 당대(當代)에 견줄 데가 없이 훌륭함. こうだい peerlessness

광도[光度] 광원(光源)의 밝기의 정도. こうど luminous intensity

광:도[廣度] 넓은 도량. こうど broad-mindedness

광:독[鑛毒] 광물을 파거나 정련(精鍊)할 때 생기는 독. こうどく mineral pollution

광란[狂亂] 미친 듯이 어지럽게 행동함. きょうらん derangement

광량[光量] 일정한 면을 일정한 시간 안에 통과하는 빛의 에너지의 총량. こうりょう intensity of radiation

광림[光臨] 상대편을 높이어 그가 찾아옴을 이르는 말. =왕림(枉臨). こうりん your esteemed visit

광:막[廣漠] 넓고 끝이 없이 아득함. こうばく vastness

광망[光芒] 광선의 빛살. 부챗살같이 보임. こうぼう beam of light

광망[狂妄] 미친 것처럼 망령

됨. きょうもう・きょうぼう
광:맥[鑛脈] 암석 틈새에 널처럼 굳어 있는 광물의 줄기. こうみゃく　mineral vein

〔광맥〕

광:면[廣面] 교제가 넓어 아는 사람이 많음.
광명[光明] ① 밝고 환한 빛. ② 영예나 희망의 비유. 「~을 잃다」 ③ 부처나 보살의 몸에서 비치는 빛. こうみょう
① light ② hope
광명정대[光明正大] 언행(言行)이 공정함. こうめいせいだい　justice
광:목[廣木] 무명실로 폭이 넓게 짠 베. cotton cloth
광:무[鑛務] 광업에 관한 사무. こうむ　mining affair
광:문[廣問] 널리 알아봄. extensive research
광:물[鑛物] 천연으로 땅 속에 묻혀 있는 유용한 물질. 금·철 따위. こうぶつ　minerals
광배[光背] 부처의 몸 뒤쪽에서 비치는 빛. =후광(後光). こうはい　halo
광:범[廣範] 범위가 넓음. 「~위(圍)」 こうはん
comprehensiveness
광병[狂病] 미치는 병. きょうびょう　insanity
광복[光復] ① 잃었던 나라를 되찾음. 「조국(祖國) ~」 ② 쇠퇴한 사업을 다시 일으킴. こうふく ② restoration of independence
광복[匡復] 잘못된 것을 바로잡아 회복함. きょうふく

광부[狂夫] ① 미친 사나이. ② 어리석은 사나이. きょうふ
① mad man ② foolish man
광:부[曠夫] ① 홀아비. ② 아내에게 불충실한 남편.
① widower ② unfaithful husband
광:부[鑛夫] 광산에서 일하는 사람. 광군. こうふ　miner
광분[狂奔] ① 어떤 일을 이루기 위해 미친 듯이 뛰어다님. ② 미친 듯이 날뜀. きょうほん
① making desperate efforts
② running madly about
광:사[鑛砂] 광석을 채광·선광·제련하는 과정에서 생기는 광석의 부스러기. こうしゃ　slag
광:산[鑛山] 광물을 캐내는 곳. こうざん　mine
광:산[鑛産] 금·은·석탄 따위의 광업 산물. こうさん
mineral product
광:상[鑛床] 유용한 광물이 묻혀 있는 곳. こうしょう
mineral deposit
광상곡[狂想曲] 일정한 규칙 없이 자유 분방하고 변화가 많으며 즉흥적인 성격을 띤 악곡. きょうそうきょく
capriccio
광:석[鑛石] 유용한 광물이 들어 있는 돌. こうせき　ore
광선[光線] 빛. 빛의 줄기. こうせん　light
광설[狂雪] ① 어지럽게 흩날리는 눈. ② 철 늦게 내리는 눈.
① blizzard ② untimely snow
광섬유[光纖維] 석영·유리·플라스틱 등 투명 재료로 만든 섬유의 내부에 적당한 굴절률을 분포시켜 빛을 전파할 수 있도록 한 것. 주로 광신호

전송에 이용됨. optical fiber

광:세[曠世] ① 세상에 유례가 없음. 「～의 영웅(英雄)」 ② 오랫동안. こうせい ① being rare ② for a long time

광속[光束] ① 빛이 일정한 시간에 어떤 면을 통과하는 복사(輻射) 에너지. ② 광선의 다발. こうそく ② pencil

광속[光速] ① 빛의 속도. ② 진공 속에서의 빛·전자파의 속도. こうそく velocity of light

광시곡[狂詩曲] 서사적·영웅적·민족적인 색채를 띤 자유로운 형식의 기악곡. きょうしきょく rhapsody

광신[狂信] 미친 듯이 맹목적으로 믿음. きょうしん fanaticism

광압[光壓] 빛이 물체의 표면에 미치는 압력. こうあつ light pressure

광:야[廣野] 넓은 들판. こうや wide plain

광:야[曠野] 막힌 것이 없이 넓고 흰한 들판. こうや wilderness

광약[狂藥] 사람을 미치게 하는 약이라는 뜻으로, '술'을 달리 이르는 말. alcoholic drink

광:어[廣魚] ① 넙치. ② 말린 넙치. ① flatfish ② dried flatfish

광언[狂言] 종잡을 수 없는 말. きょうげん mad talk

광:업[鑛業] 광물을 채굴하는 사업. こうぎょう mining

광:역[廣域] 넓은 구역. 넓은 지역. こういき vast area

광:역시[廣域市] 지방 자치 단체의 하나. 1995년 행정 구역 개편에 따른 직할시의 바뀐 명칭. 대전·부산·인천·대구·광주·울산 광역시가 있으며, 도(道)와 동등한 지위로 직접 중앙 정부의 지도·감독을 받음.

광열[光熱] 빛과 열. こうねつ light and heat

광열비[光熱費] 난방·조명 등에 쓰이는 전기·가스 등의 비용. 조명비(照明費)와 연료비(燃料費). こうねつひ light and heat expenses

광염[光焰·光炎] ① 빛과 불꽃. ② 타오르며 빛나는 불꽃. こうえん ① flame

광염[光艷] 매우 아리따움.

광염[狂炎] 세차게 타오르는 불꽃. きょうえん raging blaze

광영[光榮] ⇨영광(榮光). こうえい

광원[光源] 스스로 빛을 내는 물체. 태양·전구 따위. こうげん source of light

광:원[廣遠] 한없이 넓고 멂. 「～한 이상(理想)」 こうえん vastness

광:유[鑛油] 광물성 기름. 석유 따위. こうゆ mineral oil

광음[光陰] 세월. =시일(時日). 「～여시(如矢)」 こういん time

광음여시[光陰如矢] 세월의 흐름이 화살과 같이 빠름. Time flies like an arrow

광:의[廣義] 넓은 범위의 뜻. ↔협의(狹義). こうぎ broad sense

광:익[廣益] 널리 일반에게 이익을 베풂. こうえき

광인[狂人] 미친 사람. 미치광이. きょうじん mad man

광:일미구[曠日彌久] 꾸물거리며 헛되이 세월을 보내어 오래 끎. こうじつびきゅう procrastination

광:작[廣作] 농사를 많이 지음.「~ 농가(農家)」 large scale farming

광:장[廣壯] 건물 등이 넓고 훌륭함. こうそう magnificence

광:장[廣場] 넓은 마당.「대화(對話)의 ~」ひろば open ground

광:재[鑛滓] 광석을 제련한 뒤에 남는 찌꺼기. こうさい slag

광전관[光電管] 빛을 전류(電流)로 바꾸는 진공관. こうでんかん phototube

광정[匡正] 올바르게 바로잡음. =시정(是正). きょうせい correction

광:제[廣濟] 세상 사람을 널리 구제함. general relief

광조[狂躁] 미친 듯이 떠들고 날뜀. きょうそう frenzy

광:주[鑛主] 광산의 광업권을 가진 사람. こうしゅ owner of a mine

광채[光彩] ①아름다운 광택. ②찬란한 빛. こうさい luster

광:천[鑛泉] 광물질이 많이 섞인 샘.「~수(水)」こうせん mineral spring

광체[光體] 빛을 내는 물체. =광원체(光源體). こうたい luminous body

광축[光軸] ①렌즈 등의 광학계(光學系)에서 각 면의 중심과 곡률 중심을 연결한 선. ②이방성(異方性) 결정에서 빛이 복굴절(複屈折)을 나타내지 않는 방향의 축. こうじく optical axis

광취[狂醉] 술에 몹시 취함. きょうすい intoxication

광:층[鑛層] 해저나 호수 바닥에 물에 용해되었던 광물 성분이 침전하여 이루어진 광상. こうそう ore bed

광탄[光彈] 어두운 밤을 비치게 하는 발광탄(發光彈). 야간 신호, 원거리의 조명 등에 사용됨. こうだん flare bomb

광:탐[廣探] 널리 찾으면서 알아봄. excessive research

광태[狂態] 미치광이 같은 태도나 행동. きょうたい crazy behavior

광택[光澤] ①빛의 반사로 물체의 표면에 번쩍이는 빛. ②번들거리는 빛.「~기(機)」こうたく luster

광파[光波] 빛의 파동. こうは light waves

광:판[廣板] 폭이 넓은 널빤지. broad board

광패[狂悖] 하는 짓이 막되고 도리에 어긋남.

광포[狂暴] 미친 듯이 사납고 난폭함. =조포(粗暴). きょうぼう wildness

광:포[廣布] ①널리 세상에 알림. ②폭이 넓은 삼베. ① propagation

광:폭[廣幅] ①넓은 폭. ②까닭없이 남의 일에 참견함. ① full width ② meddling

광풍[光風] 맑은 날씨에 부는 산들바람.「~제월(霽月)」こうふう breeze

광풍[狂風] 미친 듯이 휘몰아치는 바람. きょうふう raging wind

광:하[廣廈] 넓고 큰 집. =대하(大廈). こうか large building

광학[光學] 빛의 현상을 연구하는 학문. 「~ 기계(機械)」 こうがく　optics

광학[狂虐] 몹시 포악하고 잔학함. きょうぎゃく　truculence

광한[狂漢] 미친 사나이. きょうかん　mad man

광:혈[壙穴] 시체를 묻는 구덩이. =묘혈(墓穴). こうけつ

광:협[廣狹] ① 넓음과 좁음. ② 넓이. 폭. こうきょう　① width and narrowness ② width

광혹[狂惑] 미쳐서 현혹됨. きょうわく

광혹[誑惑] 남을 속이고 호림. きょうわく　coaxing

광:활[廣闊] 훤하게 틔어서 넓음. こうかつ　wideness

광휘[光輝] ① 광채. 빛. ② 영예. 영광. こうき　① brightness ② honor

광흥[狂興] 미친 듯이 흥겨워함. exhilaration

광희[狂喜] 미친 듯이 기뻐함. 몹시 좋아함. きょうき　rapture

괘[卦] 점괘 괘:점괘. 「占卦(점괘)·卦象(괘상)·卦爻(괘효)」 ケ·カ·うらかた

괘:[挂] 걸 괘:걸다. 달다. 「挂冠(괘관)·挂帆(괘범)」 ケイ·カイ·かける

괘:[掛]☆ 걸 괘:걸다. 달아두다. 「掛圖(괘도)·掛佛(괘불)」 カイ·かける

괘:[罫] ① 줄칠 괘:줄을 지다. 「罫線(괘선)·罫紙(괘지)」 ② 거리낄 괘:거리끼다. ケイ·ケ ① すじ·め

괘:관[掛冠·挂冠] 관을 벗어서 걺. 곧, 벼슬을 그만둠. かいかん·けいかん　resignation

괘:념[掛念] 마음에 두고 잊지 아니함. =괘의(掛意).

괘:도[掛圖] 벽에 걸어 놓고 보는 학습용 그림이나 지도. かけず　wall picture

괘:등[掛燈] ① 등을 걸어 놓음. ② 천장이나 전각에 매단 등. けいとう　② suspended lamp

괘:방[掛榜] 정령(政令)이나 합격자 등을 방(榜)으로 내다 붙임.

괘:범[掛帆] 돛을 닮.

괘:불[掛佛] 그림으로 그려 걸게 된 불화(佛畫).

괘사[卦辭] 점괘를 푼 글이나 말.

괘상[卦象] 길흉을 나타내는 괘(卦)의 모양.

괘:선[罫線] 종이에 일정한 간격으로 친 줄. 가로·세로의 선. けいせん　ruled lines

괘:의[掛意] 마음에 두고 잊지 않음. =괘념(掛念). minding

괘:종[掛鐘] 벽 등에 걸게 된 시계. wall clock

괘:지[罫紙] 줄이 인쇄된 종이. けいし　ruled paper

괴[乖] ① 어그러질 괴:어그러지다. 「乖角(괴각)·乖亂(괴란)」 ② 배반할 괴:배반하다. 「乖叛(괴반)·乖逆(괴역)」 カイ ① たがう ② そむく

괴:[怪]☆ ① 괴이할 괴:괴이하다. 「怪奇(괴기)·怪談(괴담)·怪力(괴력)」 ② 요괴 괴:요괴. 괴물. 「怪鬼(괴귀)·怪物(괴물)·怪獸(괴수)」 カイ ① あやしい

괴[拐] ① 유인할 괴:유인하다. 꾀다. 「誘拐(유괴)·拐騙(괴편)」 ② 훔쳐 갈 괴:훔쳐

서 팔다. カイ ① かどわかす

괴:[傀] ① 꼭두각시 괴: 꼭두각시. 「傀儡(괴뢰)·傀儡師(괴뢰사)」 ② 괴이할 괴: 괴이하다. 「傀奇(괴기)」 カイ ① くぐつ

괴[塊]* ① 흙덩이 괴: 흙덩이. 「土塊(토괴)」 ② 덩이 괴: 덩이. 「金塊(금괴)·肉塊(육괴)·塊根(괴근)」 カイ ① つちくれ ② かたまり

괴:[愧]* 부끄러울 괴: 부끄러워하다. 「愧慨(괴개)·愧負(괴부)·愧死(괴사)」 キ·はじ·はじる

괴[槐] ① 느티나무 괴: 느티나무. 「槐木(괴목)·槐枝(괴지)」 ② 삼공 괴: 삼공(三公). カイ ① えんじゅ

괴[瑰] ① 옥돌 괴: 옥돌. 「瑰瓊(괴경)」 ② 진귀할 괴: 진귀하다. 「瑰怪(괴괴)·瑰麗(괴려)」 カイ ② めずらしい

괴[魁] ① 우두머리 괴: 두목. 「魁首(괴수)·魁頭(괴두)」 ② 클 괴: 크다. 「魁傑(괴걸)·魁偉(괴위)」 カイ ① かしら·さきがけ

괴:[壞]* ① 무너뜨릴 괴: 무너뜨리다. 「倒壞(도괴)·壞決(괴결)·壞滅(괴멸)」 ② 무너질 괴: 스스로 무너지다. カイ ① こわす ② くずれる

괴:걸[怪傑] ① 키가 크고 괴상한 힘이 있는 사람. ② 괴상한 사람. かいけつ ② mysterious man

괴경[塊莖] 식물의 땅속줄기가 덩어리를 이룬 것. 덩이줄기. かいけい tuber

괴:광[怪光] 괴상한 빛. かいこう mysterious light

괴:교[怪巧] 매우 교묘함. か いこう

괴:구[愧懼] 창피를 당할까 두려워함. 수치스럽고 두려움. きく

괴:귀[怪鬼] 괴이한 귀신. 도깨비. かいき goblin

괴근[塊根] 덩이 모양으로 된 뿌리. 고구마·달리아 따위. かいこん tuberous root

괴:기[怪奇] 이상야릇함. =기괴(奇怪). かいき wonder

괴:난[愧赧] 부끄러워 얼굴이 붉어짐. きたん blush

괴:담[怪談] 괴상한 이야기. かいだん strange story

괴:도[怪盜] 괴상한 도둑. かいとう mysterious thief

괴란[乖亂] 어그러져 어지러움. かいらん disorder

괴려[乖戾] 사리에 어그러져 온당하지 않음. かいれい irrationality

괴:력[怪力] 괴이하게 강한 힘. かいりき·かいりょく marvelous strength

괴:뢰[傀儡] ① 꼭두각시 ② 남의 앞잡이로 이용당하는 사람. 「~ 정권(政權)」 かいらい·くぐつ ① puppet ② tool

괴리[乖離] 서로 등져서 떨어짐. 어긋나 동떨어짐. かいり estrangement

괴:망[怪妄] 괴상하고 망측함.

괴:멸[壞滅] 파괴되어 멸망함. かいめつ demolition

괴:몽[怪夢] 이상스런 꿈. かいむ strange dream

괴:문[怪聞] 이상야릇한 소문. かいぶん strange rumor

괴:물[怪物] 괴상하게 생긴 물체. かいぶつ monster

괴:벽[怪癖] 괴이한 버릇. peculiar habit

괴:변[怪變] 괴상한 변고. かいへん strange accident

괴:사[怪死] 원인 불명으로 죽음. 「～사건(事件)」かいし mysterious death

괴:사[怪事] 괴상한 일. かいじ mystery

괴:사[壞死] 신체 조직이나 세포가 생활력을 잃고 국부적으로 죽는 일. えし necrosis

괴:상[怪常] 이상야릇함. oddity

괴:상망측[怪常罔測] 괴상하기 짝이 없음.

괴:석[怪石] 괴상하게 생긴 돌. 「기암(奇巖)～」かいせき fantastic stone

괴:설[怪說] 기괴한 설. 이상한 소문. かいせつ

괴수[魁首] 나쁜 짓을 하는 무리의 두목. ＝수괴(首魁). かいしゅ ringleader

괴:아[怪訝] 수상히 여김. けげん dubiousness

괴:암[怪巖] 괴상하게 생긴 암석. かいがん strange rock

괴:열[壞裂] ① 허물어지고 갈라짐. ② 일이 중도에서 깨어짐. かいれつ ① break

괴:우[怪雨] 회오리바람이 불어 흙·벌레 따위가 섞여 내리는 비. かいう

괴위[魁偉] 몸집이 크고 훌륭함. かいい

괴:의[怪疑] 괴이하고 의심스러움. かいぎ doubtfulness

괴:이[怪異] 괴이하고 이상스러움. かいい mystery

괴:저[壞疽] 몸의 한 부분이 썩어 못 쓰게 됨. えそ gangrene

괴:질[怪疾] ① 원인을 알 수 없는 괴상한 병. ② 콜레라의 속칭. ① mysterious disease ② cholera

괴:탄[怪歎] 의심스럽고 놀라워 탄식함. かいたん

괴탄[塊炭] 덩이로 된 석탄. ↔분탄(粉炭). かいたん lump coal

괴패[乖悖] 사리에 맞지 않음. かいはい absurdity

괴:한[怪漢] 행동이 괴상한 사나이. かいかん suspicious fellow

괴:혈병[壞血病] 비타민 C의 부족으로 일어나는 병. 잇몸에 출혈이 생기고 빈혈을 일으킴. かいけつびょう scurvy

괴:화[怪火] 까닭을 알 수 없는 화재. かいか mysterious fire

괵[馘] 목벨 괵: 목을 베다. 파면하다. 「馘首(괵수)」カク・くびきる

괵수[馘首] ① 목을 자름. ＝참수(斬首). ② 파면. 면직. かくしゅ ① beheading ② firing

굉[宏] ① 넓을 굉: 넓다. 「宏達(굉달)·宏弘(굉홍)」 ② 클 굉: 크다. 「宏器(굉기)·宏大(굉대)·宏業(굉업)」コウ ① ひろい

굉[肱] 팔뚝 굉: 팔뚝. 팔꿈치. 「肱脊(굉려)」コウ・ひじ

굉[轟] 수레 모는 소리 굉: 수레 굴러가는 소리. 「轟破(굉파)·轟音(굉음)」ゴウ・とどろく

굉굉[轟轟] 소리가 크게 울리는 모양. ごうごう roaring

굉구[宏構] ① 큰 구상. ② 큰 건축물. ③ 대저작(大著作). こうこう ② large building ③ great writing

굉기[宏器] ① 큰 그릇. ② 도

량이 큼. 큰 인물. こうき
① large bowl

굉대[宏大] 굉장히 큼. こうだい 宏大
vastness

굉렬[轟烈] 몹시 사납고 세참. 轟烈
ferocity

굉연[轟然] 세차게 진동하여 뒤흔들리는 모양. 「~한 폭음(爆音)」ごうぜん 轟然爆音

굉음[宏飮] 술을 많이 마심. 宏飮
overdrinking

굉음[轟音] 크게 울리는 소리. ごうおん roaring sound 轟音

굉장[宏壯] 넓고 크며 훌륭함. こうそう grandeur 宏壯

굉활[宏闊] 크고 시원스럽게 넓음. spaciousness 宏闊

교:[巧]* ① 교묘할 교: 교묘하다. 「巧妙(교묘)・巧匠(교장)」② 거짓 꾸밀 교: 거짓으로 꾸미다. 「巧言(교언)・巧僞(교위)・詐巧(사교)」③ 예쁠 교: 예쁘다. 「巧態(교태)・巧笑(교소)」コウ ① たくみ 巧妙

교[交]* ① 사귈 교: 사귀다. 「交際(교제)・交友(교우)・外交(외교)」② 바꿀 교: 바꾸다. 「交換(교환)・交代(교대)・交替(교체)」③ 주고받을 교: 주고받다. 엇갈리다. 「交通(교통)・交戰(교전)」コウ ① まじわる ③ かわす 交際交換

교[咬] ① 물 교: 물다. 「咬裂(교열)・咬傷(교상)」② 새 지저귈 교: 새가 지저귀다. 「咬咬(교교)」③ 음란할 교: 음란하다. 「咬哇(교와)」コウ ① かむ 咬傷咬咬

교[狡] ① 교활할 교: 교활하다. 「狡詐(교사)・狡智(교지)・狡猾(교활)」② 빠를 교: 빠르다. コウ ① ずるい・わるがしこい 狡詐狡猾

교[郊]* ① 들 교: 들. 벌판. 「郊燎(교료)・郊里(교리)」② 시외 교: 시외. 「郊外(교외)・近郊(근교)」コウ 郊里

교:[校]* ① 학교 교: 학교. 「學校(학교)・校庭(교정)・校友(교우)」② 교정할 교: 교정하다. 「校正(교정)・三校(삼교)・校訂(교정)」③ 사냥할 교: 사냥하다. 「校獵(교렵)」コウ ① まなびや ② くらべる 校庭校訂

교:[皎] 달 밝을 교: 달이 밝은 모양. 「皎皎(교교)」コウ 皎皎

교:[敎]* ① 가르칠 교: 가르치다. 가르침. 「敎育(교육)・敎導(교도)・敎授(교수)」② 종교 교: 종교. 「基督敎(기독교)・佛敎(불교)」キョウ ① おしえる 敎育佛敎

교[喬] ① 높을 교: 높다. 「喬木(교목)・喬松(교송)・喬辣(교송)」② 교만할 교: 교만하다. 「喬才(교재)・喬志(교지)」キョウ ① たかい 喬木喬才

교[絞] 목맬 교: 목을 매다. 「絞殺(교살)・絞首(교수)」コウ・しめる 絞首

교[蛟] 도롱뇽 교: 도롱뇽. 「蛟蛇(교사)・蛟龍(교룡)」コウ・みずち 蛟龍

교:[較]* 비교할 교: 비교하다. 「比較(비교)・較藝(교예)・較量(교량)」カク・くらべる 較藝

교[僑] 붙어 살 교: 붙어 살다. 「僑胞(교포)・僑居(교거)・僑人(교인)」キョウ・かりずまい 僑胞

교[嬌] 아리따울 교: 아리땁다. 「嬌態(교태)・愛嬌(애교)・嬌聲(교성)・嬌娘(교낭)」キョウ・うつくしい・なまめかしい 嬌態嬌娘

교[膠] ① 아교 교: 아교. 「膠質(교질)・阿膠(아교)・膠漆(교칠)」② 굳을 교: 굳다. 굳게 膠質

붙다. 「膠着(교착)·膠固(교고)」コウ ① にかわ

교[橋]* 다리 교: 다리. 「橋梁(교량)·橋脚(교각)」キョウ·はし

교[蕎] 메밀 교: 메밀. 「蕎麥(교맥)·蕎麥粉(교맥분)」キョウ·そば

교:[矯]☆ ① 바로잡을 교: 바로잡다. 「矯正(교정)·矯矢(교시)·矯俗(교속)」 ② 거짓 교: 거짓. 칭탁하다. 「矯詐(교사)·矯僞(교위)」 キョウ ① ためる ② いつわる

교[鮫] 상어 교: 상어. 「鮫魚(교어)·鮫皮(교피)」コウ·さめ

교[轎] 가마 교: 가마. 「駕轎(가교)·轎馬(교마)·轎軍(교군)·轎子(교자)」 キョウ·かご

교[驕] 교만할 교: 교만하다. 「驕慢(교만)·驕易(교이)·驕侈(교치)」キョウ·おごる

교[攪] 어지러울 교: 어지럽다. 「攪亂(교란)·攪拌(교반)」カク·コウ·みだる

교:가[校歌] 학교에서 제정한 그 학교의 노래. こうか school song

교가[嬌歌] 요염한 노래. きょうか alluring song

교각[橋脚] 다리의 몸체를 받치는 기둥. きょうきゃく pier

교:각살우[矯角殺牛] 소의 굽은 뿔을 바로잡으려다 소를 죽인다는 뜻으로, 결점을 고치려다 오히려 송두리째 망침의 비유.

교감[交感] ① 서로 맞대어 느낌. 「～ 신성(神經)」 ② 최면술을 쓰는 사람이 상대자를 최면시켜 그의 의식을 지배하는 관계. こうかん ① mutual response

교:감[校監] 교장을 도와 교무를 감독하는 직책. 또는 그 사람. assistant principal

교감 신경[交感神經] 고등 동물의 내장 기관과 혈관 등에 분포되어 있는 자율 신경(自律神經)의 하나. こうかんしんけい sympathetic nerve

교갑[膠匣] 쓴 가루약 따위를 넣는, 아교로 만든 작은 갑. =교낭(膠囊). capsule

교객[嬌客] 남의 사위를 이르는 말.

교격[矯激] 말이나 행동이 유달리 억세고 과격함. きょうげき being extreme

교결[交結] 서로 사귐. こうけつ making friends

교:결[皎潔] ① 맑고 깨끗함. ② 맑고 밝음. こうけつ ① clean and white ② clean and bright

교:계[教界] 종교 사회. 종교계. religious world

교:계[教誡] 가르쳐 훈계함. きょうかい preach

교:고[巧故] 교묘한 거짓. こうこ subtle lie

교고[膠固] ① 아교로 붙인 것처럼 단단함. ② 너무 굳어 융통성이 없음. こうこ ① solidification ② inflexibility

교골[交骨] 음부(陰部) 좌우에 있는 뼈. pubis

교:과[教科] 가르치는 과목. 「～ 과정(課程)」きょうか subject

교:과서[教科書] 학교에서 가르치기 위해 만든 책. きょうかしょ textbook

교:관[教官] ① 학술을 교수하

는 공무원. ②병사나 학생에게 군사 훈련을 가르치는 사람. きょうかん ① instructor ② drill instructor

교:교[皎皎] ①달이 퍽 맑고 밝음. 「~한 월색(月色)」 ② 썩 희고 깨끗함. こうこう ① bright ② clean and white

교:구[校具] 학교에서 쓰이는 온갖 기구. こうぐ school installations

교:구[敎具] 학습을 효과적으로 시키기 위해 사용하는 기구. 칠판·지도·표본 따위. きょうぐ teaching tools

교:구[敎區] 종교를 펴거나 감독하기 위해 설정한 구역. きょうく parish

교군[轎軍] ①가마. ②가마를 메는 사람. 교군꾼. ① palanquin ② palanquin bearer

교:권[敎勸] 가르쳐 권함. きょうかん admonishment

교:권[敎權] ①교육의 지도권. ②가톨릭에서, 교회나 교황이 가는 권력. きょうけん ① educational authority ② ecclesiastical authority

교:규[校規] 학교의 규칙. =교칙(校則). こうき school regulations

교:기[校紀] 학교의 풍기. 학교의 기강. こうき school discipline

교:기[校旗] 학교를 상징하는 깃발. こうき school flag

교기[嬌氣] 아양떠는 태도. coquetry

교기[驕氣] 교만한 태도. きょうき proud air

교:난[敎難] 종교에 대한 박해. religious persecution

교:내[校內] 학교 안. ↔교외

(校外). こうない school grounds

교녀[嬌女] 교태가 있는 여자. coquette

교:노승목[敎猱升木] 원숭이에게 나무에 오르는 것을 가르친다는 뜻으로, 나쁜 사람에게 나쁜 짓을 권함의 비유.

교:단[敎團] 같은 교인(敎人)끼리 만든 종교 단체. きょうだん religious society

교:단[敎壇] ①교실에서 강의할 때 올라서는 단. ②교육계. きょうだん ① platform ② educational circles

교담[交談] 이야기를 서로 주고받음. having a talk

교대[交代] 서로 바꾸어 번을 듦. =교체(交替). こうたい alternation

교대[橋臺] 다리의 양쪽 끝의 받침. きょうだい

교도[交道] 벗 사귀는 도리.

교:도[敎徒] 종교를 믿는 사람. =신도(信徒). きょうと believer

교:도[敎導] 가르쳐 인도함. きょうどう instruction

교:도소[矯導所] 징역·금고·구류 등 자유형(自由刑)의 선고를 받고 그 형기(刑期) 중에 있는 사람을 수용하여 행형(行刑)과 교정(矯正)을 맡아보는 기관. prison

교두보[橋頭堡] ①다리를 엄호하기 위해 쌓은 보루. ②적지(敵地)에 만드는 상륙 거점. きょうとうほ bridgehead

교란[攪亂] 뒤흔들어 어지럽게 함. 「후방(後方) ~」 かくらん disturbance

교량[橋梁] 다리. きょうりょう bridge

교:련[敎鍊] ① 가르쳐 단련시킴. ② 군사 훈련. きょうれん
① training ② military drill

교:령[敎令] 임금의 명령. きょうれい   king's mandate

교:료[校了] 교정이 끝남. 「책임(責任)~」こうりょう
finishing proofreading

교룡[蛟龍] 용처럼 생겼다는 상상의 동물. こうりゅう・こうりょう

교류[交流] ① 일정한 시간마다 방향이 바뀌는 전류. ↔직류(直流). ② 다른 지역이나 다른 조직·계통의 사람이 서로 오가고 하여 섞임. こうりゅう   ① alternating current

교:리[敎理] 종교상의 원리나 이치. きょうり   doctrine

교린[交隣] 이웃 나라와의 사귐.
friendship among neighbors

교마[轎馬] 가마와 말.
palanquin and horse

교만[驕慢] 건방지고 방자하여 남을 깔봄. =거오(倨傲). ↔공겸(恭謙). きょうまん
haughtiness

교망[翹望] 목을 길게 빼고 간절히 바람. =교수(翹首)·절망(切望). ぎょうぼう
eager wish

교맥[蕎麥] 메밀. 「~분(粉)」きょうばく・そば   buckwheat

교면[嬌面] 교태를 부리는 얼굴. きょうめん   coquettish face

교명[校名] 학교 이름.
name of a school

교명[嬌名] 화류계 여자의 교태로 알려진 명성. きょうめい

교:목[校牧] 학교에서 종교 교육을 맡아보는 목사. きょうぼく   school chaplain

교목[喬木] 줄기가 굳고 굵으며 높이 자라는 나무. 큰키나무. ↔관목(灌木). きょうぼく   arbor

교:묘[巧妙] 썩 잘 되고 묘함. 「~한 수단(手段)」こうみょう
ingenuity

교:무[校務] 학교의 운영에 관한 직무. こうむ

교:무[敎務] ① 교육상의 사무. 「~실(室)」② 종교상의 사무. きょうむ ① academic affairs ② religious affairs

교:문[校門] 학교의 정문(正門). こうもん   school gate

교미[交尾] 동물의 암수가 교접하는 일. 「~기(期)」こうび   copulation

교미[嬌媚] 아리따운 태도로 아양을 부림. きょうび
coquetry

교민[僑民] 외국에서 사는 겨레. 「~회(會)」
brothers abroad

교:밀[巧密] 교묘하고 정밀함. こうみつ
ingenuity and precision

교반[橋畔] 다리 근처. きょうはん   near the bridge

교반[攪拌] 휘저어 한데 섞음. 「~기(機)」かくはん
stirring up

교:발기중[巧發奇中] 우연히 꺼낸 말이 교묘하게 들어맞음. こうはつきちゅう

교배[交配] 종류가 다른 생물의 암수를 배합하여 신종(新種)을 만드는 일. 「~종(種)」こうはい   interbreeding

교번[交番] 번을 바꾸어 다른 사람이 들어감. こうばん
alternation

교:범[敎範] 가르치는 법식.

きょうはん teaching method

교:법[敎法] ① 교육의 방법. ② 종교의 본뜻. =교의(敎義). きょうほう ① teaching method ② religious doctrine

교:복[校服] 학교에서 정한 복장. こうふく school uniform

교:본[校本] 교정을 다 본 책. こうほん

교:본[敎本] ① 교과서. ② 가르치는 근본. きょうほん ① textbook

교부[交付・交附] ① 내어 줌. 「지원서(志願書) ~」 ② 물건을 남에게 넘겨 줌. 「~금(金)」 こうふ delivery

교분[交分] 친구 사이의 정분. =교의(交誼)・교정(交情). こうぶん friendship

교:비[校費] 학교에서 쓰는 비용. こうひ school expense

교빙[交聘] 나라끼리 사신을 보냄. exchange of envoys

교사[巧詐] 교묘하게 남을 속임. こうさ artfulness

교사[狡詐] 간사한 꾀로 속임. こうさ clever fraud

교:사[校舍] 학교의 건물. こうしゃ school building

교:사[敎師] 학문을 가르치는 사람. 특히 초・중・고등 학교의 선생. きょうし teacher

교:사[敎唆] 남을 부추기어 못된 짓을 하게 함. 「~범(犯)」 きょうさ instigation

교사[驕奢] 교만하고 사치스러움. きょうしゃ haughtiness and luxury

교살[絞殺] 목을 졸라 죽임. =교수(絞首). こうさつ strangulation

교상[咬傷] 짐승・독사・독충 따위에 물린 상처. こうしょう bite

교상[膠狀] 아교처럼 끈끈한 상태. 「~질(質)」 こうじょう colloidal state

교색[驕色] 교만한 안색이나 태도. きょうしょく haughty countenance

교:생[敎生] 부속 학교 등에서 교육 실습을 받는 사범 학생. student teacher

교:서[敎書] ① 대통령이 의회에 보내는 의견서. 「연두(年頭)~」 ② 로마 교황이 공식으로 내는 훈고(訓告). きょうしょ ① message ② bull

교섭[交涉] ① 서로 관계를 가짐. ② 어떤 목적을 위해 절충하고 의논함. こうしょう ① connection ② negotiation

교섭 단체[交涉團體] 국회 원활한 의사 진행을 위하여 일정수 이상의 의원을 가진 정당의 소속 의원들로써 구성된 의원 단체. こうしょうだんたい negotiation body

교성[嬌聲] 애교를 부리는 아리따운 목소리. きょうせい coquettish voice

교:세[敎勢] 종교의 형세나 그 세력. きょうせい religious influence

교:소[巧笑・嬌笑] ① 귀염성 있게 웃는 웃음. ② 아양떠는 웃음. こうしょう ① cute smile ② coquettish smile

교:속[矯俗] ① 나쁜 풍속을 고침. ② 세상의 풍속과 어긋나는 짓을 함. きょうぞく ① correcting bad customs

교:수[巧手] 교묘한 수단. 능숙한 솜씨. こうしゅ subtle trick

교:수[敎授] ① 학예를 가르

침. ②대학 등의 고등 교육 기관에서 전문 학술을 가르치고 연구하는 일을 하는 사람. 「명예(名譽)~」 きょうじゅ ① teaching ② professor

교수[絞首] 목을 졸라 죽임. 「~형(刑)」 こうしゅ hanging

교순[交詢] 교제하여 친밀을 꾀함. こうじゅん association

교:습[教習] 가르쳐 익히게 함. 「~소(所)」 きょうしゅう training

교:시[教示] 가르쳐 보여 줌. きょうじ・きょうし teaching

교:식[矯飾] 겉만 번지르르하게 꾸밈. きょうしょく keeping up appearance

교신[交信] ①통신을 주고받음. ②서신을 주고받음. こうしん communication

교:실[教室] 학교에서 수업(授業)을 하는 방. きょうしつ classroom

교아절치[咬牙切齒] 몹시 분하여 이를 갊.

교악[狡惡] 간사하고 악독함. こうあく wickedness

교:안[教案] 교수할 내용을 적은 초안. =교수안(敎授案). きょうあん teaching plan

교:양[教養] ①학문이나 지식·사회 생활을 통해 이루어진 품위. 「~과목(科目)」 ②가르쳐 기름. きょうよう
① culture ② education

교:양 과목[教養科目] 전공 이외에 일반 교양을 위하여 배우는 과목. きょうようかもく cultural subjects

교:양물[教養物] 교양을 위한 읽을거리.

교:어[巧語] ⇨교언(巧言).

교:언[巧言] 교묘하게 꾸며 대는 말. =교어(巧語). 「~영색(令色)」 こうげん fair words

교:언영색[巧言令色] 남의 환심을 사려고 아첨하는 교묘한 말과 보기 좋게 꾸미는 얼굴빛. こうげんれいしょく

교여[轎輿] 가마와 수레. きょうよ palanquin and cart

교역[交易] 물품을 팔고 사고 함. =무역(貿易). こうえき trade

교:역[教役] 종교적 사업을 책임지고 맡아 하는 일. 「~자(者)」 religious work

교:열[校閱] 원고나 문서의 잘못된 곳을 교정하고 검열(檢閱)함. こうえつ revision

교염[嬌艶] 애교가 있고 아리따움. きょうえん coquetry and beauty

교오[驕傲] 교만하고 거만함. きょうごう arrogance

교외[郊外] 도시 주변의 들이나 논밭이 비교적 많은 곳. 「~산책(散策)」 こうがい suburbs

교:외[校外] 학교 밖. ↔교내(校內). 「~지도(指導)」 こうがい outside the school

교:외별전[教外別傳] 선종(禪宗)에서, 석가가 말이나 문자를 쓰지 않고 이심전심으로 심원(深遠)한 뜻을 전하여 준 일을 이름.

교:외 지도[校外指導] 학생들의 학교 밖의 생활을 단속·지도하는 일. こうがいしどう extramural instruction

교우[交友] ①벗을 사귐. ②사귀는 벗. 「~관계(關係)」 こうゆう ① making friends ② friend

교:우[校友] ① 같은 학교를 다니는 친구. ② 같은 학교의 직원·재학생·동창생의 통칭. 「~회(會)」こうゆう　schoolmate

교우이신[交友以信] 믿음으로써 벗을 사귐. 세속 오계(世俗五戒)의 하나.

교:원[教員] 원아(園兒)·학생을 지도 교육하는 선생. 「초등(初等)~」きょういん　teacher

교:위[巧違] 뜻밖의 일로 공교롭게 기회를 놓침.

교유[交遊] 서로 사귀어 같이 놂. こうゆう　association

교:유[教諭] 가르치고 타이름. きょうゆ　admonition

교:육[教育] 지식을 가르치고 품성과 체력을 길러 줌. 「~평가(評價)」きょういく　education

교:육감[教育監] 서울 특별시와 광역시 및 각 도의 교육청의 사무를 총괄하여 처리하는 공무원.

교:육 과정[教育課程] 심신 발달에 맞추어 교육의 내용을 체계적으로 배열한 지도 계획. きょういくかてい　curriculum

교:육 대학[教育大學] 초등 학교 교원 양성을 목적으로 하는 대학. きょういくだいがく　college of education

교:육 방:송[教育放送] 라디오나 텔레비전을 통하여 실시하는 시청각 교육의 한 가지.

교:육세[教育稅] 의무 교육비에 충당하기 위한 조세. education tax

교:육열[教育熱] 교육에 대한 열성.

교:육학[教育學] 교육의 본질·목적·내용·방법 및 교육 제도·교육 행정 등에 관한 이론을 연구하는 학문. きょういくがく　pedagogics

교:육 한:자[教育漢字] 중고등 학교에서 지도하도록 교육부에서 선정한 1,800자의 한자. きょういくかんじ

교의[交誼] 사귀는 정분. =교분(交分). 「~를 두터이 하다」こうぎ　friendship

교:의[教義] ① 종교의 본뜻. ② 교육의 의의. =교법(教法). きょうぎ　doctrine

교:인[教人] 종교를 믿는 사람. =신도(信徒). believer

교:자[巧者] 재간이 있는 사람. こうしゃ

교자[交子] ① 교자상에 구색을 맞추어 차려 놓은 음식. ② ⇨ 교자상(交子床). ① food set on a large table

교자상[交子床] 긴 네모꼴의 큰 음식상. large rectangular table

교잡[交雜] ① 한데 뒤섞임. ② 다른 계통·품종 사이에 교배(交配)하는 일. =잡교(雜交). こうざつ
① confusion ② crossbreeding

교:장[校長] 학교의 최고 책임자. こうちょう　principal

교:장[教場] 가르치는 곳. 교실. きょうじょう　drill ground

교:재[教材] 수업이나 학습에 쓰는 여러 가지 재료. きょうざい　teaching materials

교전[交戰] 서로 전쟁을 함. 「~국(國)」こうせん　engagement

교:전[教典] ① 교육의 기본이 되는 법칙. ② 종교의 교의를

쓴 책. きょうてん ① pedagogical principle ② canon

교전국[交戰國] 전쟁의 당사국. 곧, 전쟁 관계에 있는 나라. こうせんこく belligerent powers

교전권[交戰權] ① 국가가 전쟁을 할 수 있는 권리. 주권국에만 있음. ② 국가가 교전국으로서 가지는 국제법상의 권리. こうせんこく ① belligerent rights

교점[交點] ① 행성·위성·혜성 등의 궤도면(軌道面)이 황도면(黃道面)과 만나는 점. ② 수학에서 두 개의 선이 서로 만나는 점. こうてん ① node ② intersecting point

교접[交接] ① 서로 마주 닿아 접촉함. ② 남녀의 성교(性交). こうせつ ① contact ② sexual intercourse

교접[膠接] 단단하게 붙음. =교착(膠着). こうせつ agglutination

교정[交情] 서로 사귀는 정분. =교의(交誼). こうじょう friendship

교:정[校正] 가인쇄물(假印刷物)을 원고와 대조하며 글자의 잘못 따위를 바로잡음. こうせい proofreading

교:정[校訂] 출판물의 글귀나 글자의 잘못을 바르게 고침. こうてい revision

교:정[校庭] 학교의 마당. こうてい schoolyard

교:정[敎程] ① 가르치는 단계. ② 가르치는 방식. きょうてい ① grade ② teaching method

교:정[矯正] 나쁜 버릇이나 결점 따위를 바로잡아 고침. きょうせい reform

교:정[矯情] 감정을 억누르고 나타내지 않음.

교:정쇄[校正刷] 교정하기 위한 임시 인쇄. 또는 그 인쇄지. こうせいずり proof sheet

교:정 시:력[矯正視力] 안경이나 콘텍트렌즈 등으로 교정했을 때의 시력. きょうせいしりょく corrected vision

교제[交際] 서로 사귀어 가깝게 지냄. 「〜술(術)」こうさい association

교:조[敎祖] 어떤 종교나 종파를 처음 일으킨 사람. =교주(敎主). きょうそ founder of a religion

교:조[敎條] 교회가 공인하여 교인에게 믿게 하는 교의(敎義). 또는 그 조목(條目). きょうじょう dogma

교:졸[巧拙] 익숙함과 서투름. こうせつ skill and clumsiness

교:종[敎宗] ① 선종(禪宗)에 상대하여 불교의 교리를 중심으로 하여 불도를 깨달으려는 교파. ↔선종(禪宗). ② 조선 세종 때 자은종(慈恩宗)·화엄종(華嚴宗)·시흥종(始興宗)·중신종(中神宗)이 통합된 종파.

교:주[校主] 사립 학교의 설립 경영자. こうしゅ founder of a school

교:주[校註] 간행한 책의 문장이나 글자를 원본과 대조하여 바르게 수석함. こうちゅう annotation

교:주[敎主] ① ⇨교조(敎祖). ② 한 종교를 대표하는 우두머리. きょうしゅ founder of a religion

교주고슬[膠柱鼓瑟] 비파나

거문고의 기둥을 아교풀로 단단하게 붙여 버리면 한 가지 소리밖에 나지 않는다는 뜻으로, 고지식하여 변통성이 없음을 비유하여 이르는 말. 膠柱鼓瑟

교:지[巧智] 약삭빠른 지혜. 교묘한 재지(才智). こうち 巧智
　　　　　　　　cleverness

교:지[校地] 학교 터. こうち 校地
　　　　　　　　school site

교:지[校誌] 학생들이 교내에서 편집·발행하는 잡지. こうし 校誌
　　　　　　　　school magazine

교:지[敎旨] ① 가르치는 취지. ② 종교의 취지. きょうし ③ 조선 시대에 사품(四品) 이상의 벼슬을 임명할 때에 주던 사령장. ① principles of education ② doctrine 敎旨 趣旨

교직[交織] 두 가지 이상의 실을 섞어서 짬. 또는 그렇게 짠 피륙. こうしょく 交織
　　　　　　　　mixed weave

교:직[敎職] ① 교육자로서의 직무. ② 교회에서 신자를 지도하는 직책. きょうしょく ① teaching profession ② ministry 敎職 職責

교:직원[敎職員] 학교의 교원과 사무 직원. きょうしょくいん school personnel 敎職員

교질[交迭] 어떤 직책을 맡은 사람을 바꿈. =교체(交遞). こうてつ shift 交迭

교질[膠質] ① 아교와 같은 끈끈한 성질. ② 미립자(微粒子)가 기체·액체·고체 속에 흩어져 있는 상태. 연기나 우유 따위. こうしつ ① stickiness ② colloid 膠質

교차[交叉] ① 엇갈림. 「~로(路)」② 생식 세포의 감수 분열 때 상동 염색체 사이에 그 交叉 染色體
일부가 서로 바뀌는 현상. こうさ ① crossing ② crossing-over

교착[交錯] 복잡하게 엇걸려 서로 뒤섞임. こうさく mixture 交錯

교착[膠着] ① 매우 단단히 달라붙음. ② 어떤 상태가 그대로 유지되어 변동이 없음. 「~ 상태(狀態)」こうちゃく agglutination 膠着

교착어[膠着語] 언어의 형태상 유형의 하나. 어떤 말에 독립해서 쓰이지 않는 조사나 접사를 붙여 문법적인 관계를 나타내는 언어. 한국어·일본어 등. こうちゃくご agglutinative language 膠着語

교창[交窓] 분합문 위에 가로로 길게 끼우는 빛받이 창. 交窓

교창[咬創] 동물에게 물린 상. bite 咬創

교천[交淺] 사귄 지 얼마 안 됨. 交淺

교체[交遞] 서로 번갈아 듦. =교대(交代). shift 交遞

교:치[巧緻] 교묘하고 치밀함. =치교(緻巧). こうち elaborateness 巧緻

교치[驕侈] 교만하고 사치스러움. =교사(驕奢). きょうし haughtiness and luxury 驕侈

교:칙[校則] 학교의 규칙. =교규(校規). こうそく school regulations 校則

교:칙[敎則] 가르치는 규칙. きょうそく rules for teaching 敎則

교칠[膠漆] ① 아교와 칠. ② 두 사람 사이가 떨어질 수 없을 정도로 교분이 두터움을 비유하여 이르는 말. ① glue and lacquer ② intimacy 膠漆

교:탁[敎卓] 교단 앞에 놓는 탁자. きょうたく 敎卓

교태[嬌態] 아리따운 태도. 또는 아양을 떠는 태도. =교자(嬌姿). きょうたい coquetry

교통[交通] ① 사람이나 탈것 등이 오가는 일. ② 자동차·배·비행기 등을 이용하여 사람이나 물자 등이 이동하는 일. こうつう traffic

교통 기관[交通機關] 교통 운수 사업을 관리 운영하는 기관 및 이에 이용되는 도로·교량 따위의 총칭. こうつうきかん transport facilities

교통난[交通難] 교통 시설의 부족, 교통량의 과다 등으로 소통이 원활하지 못한 일. こうつうなん traffic difficulties

교통망[交通網] 그물과 같이 분포되어 있는 교통로의 체계. こうつうもう transportation network

교통비[交通費] ① 교통 기관을 이용하는 데 드는 비용. =거마비(車馬費). ② 자동차 등의 운행(運行) 및 수리에 드는 비용. ① transportation expenses

교통 신ː호[交通信號] 교차로·횡단로·건널목 등 교통이 번잡한 거리에서 '가라·서라·주의' 등을 표시하는 신호. こうつうしんごう traffic signal

교통 안전 표지[交通安全標識] 교통 안전에 필요한 주의·규제·지시·안내 등을 표시한 기호나 문자·선 등의 표지. traffic safety sign

교통 지옥[交通地獄] 교통량이나 이용객이 지나치게 많아서 혼잡한 상태를 지옥에 비유한 말. こうつうじごく

교통 체증[交通滯症] 자동차가 많이 밀려 도로의 통행이 잘 이루어지지 않는 상태.

교ː파[教派] 같은 종교의 분파(分派). =종파(宗派). きょうは sect

교ː편[教鞭] 학생들에게 수업할 때 교사가 이용하는 막대기.「~을 잡다」 きょうべん birch rod

교ː폐[矯弊] 폐단을 바로잡음. きょうへい remedying an abuse

교포[僑胞] 외국에서 사는 동포.「재미(在美) ~」 brethren abroad

교ː풍[校風] 그 학교 특유의 기풍. こうふう school tradition

교ː풍[矯風] 나쁜 풍습을 바로 잡음. きょうふう remedying an abuse

교ː학[教學] ① 가르치는 일과 배우는 일. ② 교육과 학문. きょうがく ① teaching and learning

교ː합[校合] 이본(異本)을 원본(原本)과 대조하여 본문의 같고 다름을 확인하거나 잘못된 점을 바로잡는 일. きょうごう proofreading

교향곡[交響曲] 관현악을 위해 작곡한 보통 4악장으로 된 음악 작품. こうきょうきょく symphony

교ː혁[矯革] 잘못을 고쳐 바로 잡음. きょうかく reform

교호[交互] 서로 번갈. こうご alternation

교호[交好] 사이좋게 사귐. こうこう friendly relations

교ː화[教化] 가르쳐 착한 길로 인도함. =교도(教導). きょ

교환[交換] 서로 바꿈.「~조건(條件)」こうかん exchange 交換

교환[交歡·交驩] 서로 사이 좋게 사귀며 기쁨을 나눔.「~회(會)」こうかん fraternization 交歡

교환 가치[交換價値] ① 일정량의 물품을 다른 물품과 환할 수 있는 상대적 가치. ② 한 나라의 화폐를 다른 나라의 화폐와 교환할 때의 가치. こうかんかち
① exchange value 交換價値

교환 교:수[交換敎授] 두 나라의 대학간에 교수를 파견하여 강의를 하는 일. 또는 그 교수. こうかんきょうじゅ exchange professor 交換敎授

교:활[狡猾] 간사하고 꾀가 많음. =회활(獪猾). こうかつ cunning 狡猾 奸詐

교:황[敎皇] 가톨릭 교회의 최고 지도자로서의 성직자. きょうこう Pope 敎皇

교:황청[敎皇廳] 로마 교황을 중심으로 하는 전세계 가톨릭 교회 행정의 중앙 기관. Papal court 敎皇廳

교:회[敎會] ① 종교를 함께 하며 그 가르침을 지키고 전하려 하는 사람들의 모임. ② 예배를 하거나 의식을 거행하는 건물. 예배당. きょうかい
② church 敎會

교:회[敎誨] 가르쳐 잘못을 깨닫게 함. きょうかい admonition 敎誨

교:훈[校訓] 학교의 교육 이념을 표현한 표어. きょうくん school precept 校訓

교:훈[敎訓] 가르쳐 일깨우는 일. 또는 그런 내용이나 말. きょうくん instruction 敎訓

구[九]* 아홉 구 : 아홉.「九曲(구곡)·九門(구문)·九重(구중)」ク·キュウ·ここのつ 九曲

구:[久]* 오랠 구 : 오래다.「久闊(구활)·永久(영구)」キュウ·ク·ひさしい 久闊 永久

구:[口]* ① 입 구 : 입.「口蓋(구개)·口中(구중)·口腔(구강)」② 말할 구 : 말하다. 말.「口頭(구두)·口舌(구설)·口語(구어)」③ 어귀 구 : 어귀. 입구.「入口(입구)·河口(하구)·出口(출구)」④ 인구 구 : 인구.「人口(인구)·戶口(호구)」コウ ① くち 口蓋 口腔 河口

구[仇] ① 원수 구 : 원수.「仇怨(구원)·仇恨(구한)·仇邦(구방)」② 짝 구 : 짝.「好仇(호구)·仇匹(구필)」キュウ ① あだ·かたき 仇怨 好仇

구[勾] 굽을 구 : 굽다.「勾配(구배)」コウ·まがる 勾配

구[句]* ① 글귀 구 : 글귀. 글.「句節(구절)·難句(난구)」② 굽을 구 : 굽다.「句曲(구곡)·句柱(구주)」ク ① くぎり 句節

구[丘]* ① 언덕 구 : 언덕.「丘陵(구릉)·丘阜(구부)·丘坂(구판)」② 무덤 구 : 무덤.「丘墓(구묘)·丘木(구목)」③ 고을 구 : 고을. 마을.「丘民(구민)·丘里(구리)」キュウ ① おか 丘陵 丘民

구[臼] 절구 구 : 절구. 확.「臼杵(구저)·臼狀(구상)·臼磨(구마)」キュウ·うす 臼杵

구[佝] 곱사등이 구 : 곱사등이.「佝僂(구루)·佝僂病(구루병)」コウ·ク 佝僂

구[求]* 구할 구 : 구하다.「求人(구인)·求得(구득)·要求(요구)·求職(구직)·求婚(구혼)· 求人

구[灸] 뜸질할 구:뜸질하다. 뜸.「灸術(구술)·灸穴(구혈)·鍼灸(침구)」キュウ·やいと 灸術 鍼灸

구[玖] 구슬 구:구슬. 검은 구슬.「玖璇(구선)」キュウ 玖璇

구[究]* ① 궁구할 구:궁구하다. 연구하다.「研究(연구)·究明(구명)·究察(구찰)」② 다할 구:다하다. 극하다.「究極(구극)·究竟(구경)」キュウ·きわめる 究明 究極

구[劬] 수고할 구:수고하다. 애쓰다.「劬勞(구로)·劬儉(구험)·劬祿(구록)·劬劇(구극)」ク 劬勞

구[具]* ① 갖출 구:갖추다.「具備(구비)·具色(구색)·具書(구서)」② 그릇 구:그릇. 기구.「器具(기구)·家具(가구)·文房具(문방구)」グ·ク ① そなえる 具備 家具

구[咎] ① 미워할 구:미워하다. 탓하다.「咎悔(구회)」② 허물 구:허물. 재앙.「咎殃(구앙)」キュウ ② とが·とがめ 咎悔

구[拘]* ① 거리낄 구:거리끼다.「不拘(불구)·拘礙(구애)·拘泥(구니)」② 잡을 구:잡다. 붙잡다.「拘囚(구수)·拘束(구속)·拘引(구인)」コウ ① かかわる ② とらえる 拘礙

구[狗]* 개 구:개. 강아지.「狗盜(구도)·狗膏(구고)·狗疫(구역)·狗腎(구신)」ク·コウ·いぬ 狗盜

구[區]* ① 구역 구:구역.「區域(구역)·地區(지구)·選擧區(선거구)」② 나눌 구:나누다.「區分(구분)·區別(구별)」③ 잘달 구:잘달다. 잘다.「區區(구구)」ク ① さかい 區域

구[垢] ① 때 구:때.「垢故(구고)·垢衣(구의)·垢面(구면)」② 부끄러울 구:부끄럽다.「垢辱(구욕)」ク ① あか·けがれ 垢衣

구[枸] ① 구기자나무 구:구기자나무.「枸杞(구기)·枸杞酒(구기주)」② 탱자나무 구:탱자나무. ③ 굽을 구:굽다.「枸木(구목)」ク·コウ 枸杞

구[柩] 널 구:널. 관.「柩車(구차)·柩衣(구의)·靈柩(영구)」キュウ·ひつぎ 柩車

구:[苟]* ① 구차할 구:구차하다.「苟艱(구간)·苟生(구생)·苟且(구차)」② 겨우 구:겨우. 간신히.「苟命徒生(구명도생)」コウ·かりそめ·いやしくも 苟艱 苟且

구[矩] ① 곡척 구:곡척. 곱자.「矩尺(구척)·矩形(구형)」② 법 구:법. 법도.「矩度(구도)」ク ① かねざし·さしがね ② のり 矩尺

구[俱]* 함께 구:함께. 같이.「俱沒(구몰)·俱存(구존)·俱全(구전)」ク·グ·ともに·そなえる 俱沒

구[寇] ① 도둑 구:도둑. 떼도둑.「寇盜(구도)·元寇(원구)·寇亂(구란)」② 해칠 구:해치다. ③ 원수 구:원수.「寇敵(구적)」コウ ② しいたげる ③ あだ 寇盜

구·[救]* 구원할 구:구원하다. 돕다.「救助(구조)·救援(구원)·救濟(구제)·救護(구호)」キュウ·すくう 救援 救護

구[毬] 제기 구:제기. 공.「毬工(구공)·毬門(구문)·毬場(구장)」キュウ·まり 毬工

구[球]* ① 둥근 물체 구:둥근 물체.「球根(구근)·球面(구 球根

구[球] 면)·球狀(구상)·地球(지구)」 ②공 구:공.「蹴球(축구)·庭球(정구)·野球(야구)」キュウ・たま 野球

구[蚯] 지렁이 구:지렁이.「蚯蚓(구인)」キュウ・みみず 蚯蚓

구[傴] 꼽추 구:꼽추.「傴僂(구루)·傴背(구배)」ウ・せむし 傴僂

구[溝] ①도랑 구:도랑.「下水溝(하수구)·溝渠(구거)」 ②해자 구:해자.「溝池(구지)」コウ・みぞ 溝渠

구[媾] ①화친할 구:화친하다.「媾和(구화)」 ②사랑할 구:사랑하다.「媾合(구합)」コウ 媾和

구[舅] ①시아버지 구:시아버지.「舅姑(구고)·舅家(구가)」 ②외삼촌 구:외삼촌.「舅父(구부)·舅弟(구제)」キュウ ①しゅうと 舅姑 舅家

구[鉤] ①갈고리 구:갈고리.「鉤竿(구간)·鉤距(구거)·鉤狀(구상)」 ②잡아당길 구:잡아당기다.「鉤머(구이)·鉤取(구취)」コウ ①かぎ 鉤竿

구[鳩] ①비둘기 구:비둘기.「鳩鳥(구조)·鳩巢(구소)」 ②모을 구:모으다.「鳩首(구수)·鳩財(구재)·鳩合(구합)」キュウ ①はと ②あつめる・あつまる 鳩巢

구[嘔] 토할 구:토하다.「嘔吐(구토)·嘔逆(구역)」オウ・はく 嘔吐 嘔逆

구[嫗] 할미 구:할미. 늙은 여자.「老嫗(노구)·翁嫗(옹구)」ウ・おうな 老嫗

구[嶇] 산 가파를 구:산이 가파르다.「嶇嶔(구흠)·嶇路(구로)·嶇岑(구잠)」ク・けわしい 嶇嶔 嶇路

구[廏] 마구 구:마구간.「廏舍(구사)·廏閑(구한)」キュウ・うまや 廏舍

구[構]☆ ①얽을 구:얽다. 짓다.「構造(구조)·構築(구축)·構成(구성)」 ②없는 사실 꾸밀 구:없는 사실을 꾸미다.「構陷(구함)」 ③생각 얽을 구:생각을 얽다.「構想(구상)·構圖(구도)」コウ ①かまえる・かまう 構造 構成

구[歐] ①토할 구:토하다.「歐吐(구토)」 ②땅 이름 구:지명.「歐洲(구주)·西歐(서구)·南歐(남구)·歐美(구미)」オウ ①はく 歐洲 西歐

구[毆] 쥐어박을 구:쥐어박다. 때리다.「毆打(구타)·毆縛(구박)·毆殺(구살)」オウ・うつ・なぐる 毆打

구[駒] 망아지 구:망아지.「駒馬(구마)」ク・こま 駒馬

구[購] 살 구:사다. 구입하다.「購買(구매)·購入(구입)·購讀(구독)」コウ・あがなう 購買

구[舊]☆ ①예 구:옛적. 옛날.「舊例(구례)·舊習(구습)·舊式(구식)」 ②오랠 구:오래다.「舊物(구물)·古舊(고구)」 ③친구 구:친구.「親舊(친구)·故舊(고구)」キュウ ①ふるい 舊式 親舊

구[謳] 노래할 구:노래. 노래하다.「謳歌(구가)·謳謠(구요)·謳唱(구창)」オウ・うたう 謳歌

구[軀] 허우대 구:허우대. 몸집.「體軀(체구)·軀幹(구간)·軀命(구명)」ク・み・からだ 軀幹

구[懼]☆ 두려워할 구:두려워하다.「恐懼(공구)·悚懼(송구)·危懼(위구)」ク・おそれる 悚懼 危懼

구[驅]☆ ①몰 구:몰다. 쫓다.

「驅軍(구군)・驅逐(구축)・驅蟲(구충)・驅驅(구구)」② 앞잡이 구: 앞잡이. 앞을 가다. 「先驅(선구)」ク ① かける・かる

구[鷗] ☆ 갈매기 구: 갈매기. 「鷗鷺(구로)・鷗盟(구맹)・鷗汀(구정)」オウ・かもめ

구[衢] 네거리 구: 네거리. 「衢街(구가)・衢道(구도)・衢巷(구항)」ク・みち

구가[仇家] 원수의 집. きゅうか　enemy's house

구가[求暇] 휴가를 청함. =청가(請暇). application for leave

구:가[舊家] ① 대를 이어 온 유서 깊은 집안. ② 전에 살던 집. きゅうか

구가[謳歌] 칭송하여 노래함. おうか　glorification

구:각[口角] 입아귀. 「~춘풍(春風)」こうかく corners of the mouth

구:각[舊殼] ① 낡은 껍질. 낡은 제도나 관습. 「~을 탈피하다」 ② old custom

구:간[苟艱] 구차하고 가난함. poverty

구간[區間] 일정한 두 구역 사이. 「승차(乘車) ~」くかん section

구간[軀幹] 몸통. =동부(胴部). くかん body

구:간[舊刊] 오래 전에 나온 간행물. ↔신간(新刊). きゅうかん　old edition

구:갈[口渴] 목이 마름. 「~증(症)」thirst

구:강[口腔] 입 속. 「~ 위생(衛生)」こうこう oral cavity

구:개[口蓋] 입천장. 「~음(音)」こうがい palate

구:개음화[口蓋音化] 혀끝소리인 'ㄷ・ㅌ'이 모음 'ㅣ'나 선행(先行) 모음 'ㅣ'에 동화되어, 혓바닥과 입천장 사이에서 나는 구개음 'ㅈ・ㅊ'으로 바뀌는 현상. '굳이'가 '구지'로, '밭이다'가 '바치다'로 발음되는 따위. palatalization

구거[溝渠] 도랑. 개골창. こうきょ　ditch

구걸[求乞] 남에게 금품을 빎. 「~ 행각(行脚)」きゅうきつ begging

구격[具格] 격식을 갖춤. 「~ 상신(上申)」 formality

구:결[口訣] 한문의 토를 약호(略號)로 다는 부호. '하고'를 '뉴'로 쓰는 따위.

구경[九經] 중국 고전인 아홉 가지 경서. 곧, 주역(周易)・시경(詩經)・서경(書經)・예기(禮記)・춘추(春秋)・효경(孝經)・논어(論語)・맹자(孟子)・주례(周禮). 또는 주례(周禮)・의례(儀禮)・예기(禮記)・좌전(左傳)・공양전(公羊傳)・곡량전(穀梁傳)・주역・서경・시경을 이르기도 함. きゅうけい

구:경[口徑] 원통형 물체의 아가리의 지름. 「38~」こうけい diameter

구경[究竟] ① 사물을 궁구(窮究)해 가다가 마침내 끝간데에 이름. 또는 그 끝간데. =궁극(窮極). ② 필경. 마침내. 결국. きゅうきょう ① final ② finally

구경[球莖] 둥글게 생긴 땅속 줄기. 백합 따위. 알줄기. きゅうけい bulb

구경하[具慶下] 양친이 다 살아 있는 처지.

구계[拘繫] 붙잡아 매어 둠.

구고[究考] 끝까지 연구함. こうけい 究考 research

구고[舅姑] 시아버지와 시어머니. きゅうこ parents-in-law 舅姑

구:고[舊故] 오래 전부터 사귀어 온 벗. =구우(舊友). きゅうこ old friend 舊故

구:고[舊稿] 전에 써 둔 원고. 묵은 원고. きゅうこう old manuscript 舊稿

구곡[九穀] 아홉 가지 곡식. 곧, 수수·옥수수·조·벼·콩·팥·보리·참밀·깨. きゅうこく 九穀

구:곡[舊穀] 묵은 곡식. =진곡(陳穀). ↔신곡(新穀). きゅうこく old grains 舊穀

구곡간장[九曲肝腸] 굽이굽이 서린 창자의 뜻으로, 상심이 서린 마음속을 이름. 九曲肝腸

구공[九空] 아득히 멀고 가없는 하늘. 九空

구:공[口供] 죄를 자백(自白)함. こうきょう confession 口供

구:과[口過] ① 말을 잘못한 허물. ② 입에서 나는 악취. =구취(口臭). こうか ① improper language ② bad breath 口過 口臭

구과[毬果] 솔방울과 같은 열매. きゅうか cone 毬果

구:관[舊官] 이전에 그 관직에 있던 사람. きゅうかん former official 舊官

구:관[舊慣] 예전부터 전해 오는 관습. きゅうかん old custom 舊慣

구:관[舊館] 오래 된 건물. 전에 지은 건물. ↔신관(新館). きゅうかん old building 舊館 新館

구관조[九官鳥] 참새목 찌르레깃과의 새. 사람의 말 소리를 흉내냄. きゅうかんちょう myna 九官鳥

구:교[久交] 오래 사귐. きゅうこう long association 久交

구:교[舊交] 오랜 친구. 옛 친구. きゅうこう old friend 舊交

구:교[舊教] 개신교에 대하여 가톨릭을 이르는 말. ↔신교(新教). きゅうきょう Roman Catholicism 舊教

구구[區區] ① 각각 다름. ② 변변치 않음. 「~한 변명(辨明)」③ 사소함. くく ① variety ③ trivialness 區區 辨明

구구[購求] 사들임. =구매(購買). こうきゅう purchase 購求

구구법[九九法] 곱하기와 나누기에 쓰이는 기초 공식. 또는 그것을 외는 방법. くく rules of multiplication 九九法

구:국[救國] 나라를 위기에서 구함. きゅうこく national salvation 救國

구:권[舊券] 전에 발행한 문서나 화폐. ↔신권(新券). きゅうけん 舊券

구:규[舊規] 전에 제정한 규칙. =구법(舊法). きゅうき old rule 舊規

구균[球菌] 둥근 형태의 세균. 폐렴균 따위. =구상균(球狀菌). きゅうきん coccus 球菌

구극[究極] ⇨궁극(窮極). 究極

구:극[舊劇] 구파(舊派) 연극. ↔신극(新劇). きゅうげき old-school drama 舊劇

구근[球根] 공 모양이나 괴상(塊狀)의 뿌리 또는 지하경(地下莖). 알뿌리. 「~식물(植物)」きゅうこん bulb 球根

구금[拘禁] 붙잡아 가둠. こうきん detention 拘禁

구:급[救急] ① 위급할 때 구 救急

해 줌. ② 위급한 병자나 부상에 대하여 응급 처치(應急處置)를 함. 「～차(車)」きゅうきゅう　first aid

구기[口器] 곤충의 주둥이 주변에 있어 먹이를 섭취하는 기관(器官). こうき

구기[拘忌] 혹시 불길하지나 않을까 하여 꺼림. こうき　anxiety

구기[球技] 공을 가지고 하는 경기. 축구·야구·탁구 따위. きゅうぎ　ball game

구:기[舊記] 옛날의 기록. ＝고기(古記). きゅうき　old chronicle

구기자[枸杞子] ① 구기자나무. ② 구기자나무의 열매. 해열제·강장제로 쓰임. ① boxthorn　② fruit of a boxthorn

구:난[救難] 재난에서 구해 줌. きゅうなん　rescue

구내[區內] 일정한 구역 안. ↔구외(區外). くない　within the section

구내[構內] 큰 건물이나 시설 등의 울안. 「～ 식당(食堂)」こうない　premises

구:년[久年] 오랜 해. 오랜 세월. きゅうねん　for many years

구:년[舊年] 지난해. ＝작년(昨年)·거년(去年). きゅうねん　last year

구:눌[口訥] 말굳음. stammering

구니[拘泥] 어떤 일에 얽매임. 구애됨. こうでい　adhesion

구단[球團] 프로 야구·프로 농구 등의 사업을 운영하는 단체. きゅうだん　ball club

구:달[口達] 구두로 전달함. こうたつ　oral transmission

구:담[口談] 입으로 말함. ↔필담(筆談). こうだん　talk

구:답[口答] 말로 대답함. ↔필답(筆答). こうとう　oral answer

구:답[舊畓] 전부터 있던 논.

구:대[舊代] 예전 시대. 전세대(前世代). old times

구:덕[口德] 말에 나타나는 덕(德).

구덕[具德] 덕을 갖추고 있음. ぐとく

구:덕[舊德] ① 전에 베푼 덕. ② 선조의 덕. きゅうとく

구도[求道] ① 올바른 도의를 찾음. ② 불도(佛道)를 탐구함. きゅうどう　seeking after truth

구도[狗盜] 좀도둑. くとう　pilferer

구도[構圖] 미적(美的) 효과를 얻기 위해 전체적으로 조화되게 그 내용을 구상함. 또는 그 구상. こうず　composition

구:도[舊都] 옛 도읍지. 옛 서울. ↔신도(新都). きゅうと　old capital

구:도[舊道] 예전부터 있던 길. きゅうどう　old road

구독[購讀] 책·신문 따위를 사서 읽음. 「～료(料)」こうどく　subscription

구:동[舊冬] 지난 겨울. ＝작동(昨冬). きゅうとう　last winter

구:두[口頭] 마주 대하여 말로 함. 「～ 시험(試驗)」こうとう　word of mouth

구두법[句讀法] 글을 읽기 편하도록 단어나 구절을 점·부호 등으로 나타내는 법. くとうほう　punctuation

구:두선[口頭禪] 입으로만 떠들고 실행함이 없음. こうとうぜん　empty slogan

구두점[句讀點] 구두법에 따라 나타내는 쉼표나 마침표 따위. くとうてん　punctuation marks

구:둔[口鈍] 입이 굼뜸. 말이 굼뜸.　slowness of speech

구득[求得] 구하여 얻음. きゅうとく　obtaining

구람[購覽] 책·신문 따위를 사서 읽음. =구독(購讀).　subscription

구:랍[舊臘] 지난해의 섣달. きゅうろう　last December

구:래[舊來] 예로부터 전해 내려옴. 「~의 관습」 きゅうらい　from old times

구략[寇掠] 쳐들어가 약탈함. こうりゃく　plundering

구력[球歷] 구기(球技)에 관계해 온 경력. きゅうれき

구:력[舊曆] 태음력(太陰曆)을 태양력(太陽曆)에 상대하여 이르는 말. きゅうれき

구:령[口令] 여러 사람을 움직이게 하는 호령.　word of command

구:령[舊領] 이전의 영토. きゅうりょう　old territory

구:례[舊例] 이전부터의 관례(慣例). きゅうれい　old custom

구:례[舊禮] 예로부터 전해 오는 예법. きゅうれい　ancient manners

구로[劬勞] 자식을 낳아 기르는 수고.

구:로[舊路] 전부터 있던 길. =구도(舊道). きゅうろ　old road

구록[具錄] 빠짐없이 모두 기록함.

구:론[口論] 구두로 논쟁함. 입씨름. こうろん　argument

구롱[丘壟] ① 산언덕. ② 조상의 산소. きゅうろう　① hill ② ancestral grave

구:료[救療] 병을 치료할 능력이 없는 사람을 돌보아 병을 고쳐 주는 일. きゅうりょう

구루[佝僂·痀瘻] 곱사등이. 「~병(病)」 くる・せむし　hunchback

구루병[佝僂病] 뼈의 발육 불완전으로 등뼈·가슴뼈가 굽고, 보행 불능·생치(生齒) 지연 등 여러 가지 장애가 나타나는 병. くるびょう　rickets

구류[拘留] 잡아서 가둠. こうりゅう　detention

구륜[九輪] 탑(塔)의 노반(露盤) 위에 있는 기둥머리에 하는 장식. くりん

구륵법[鉤勒法] 동양화 화법에서 두 줄로 물체의 윤곽을 그리고 그 사이를 색칠하는 기법. こうろくほう

구릉[丘陵] 언덕. 「~지(地)」 きゅうりょう　hill

구리[究理] 사물의 이치를 구명함. きゅうり　investigation

구:림[久霖] 오래 계속되는 장마.　long spell of rain

구마[驅馬] 말을 몲. 말을 달림. くば　driving a horse

구마[驅魔] 마귀를 쫓음. くま　hunting devil out

구매[毆罵] 때리고 욕함.　hurling

구매[購買] 물건을 삼. =구입(購入). こうばい　purchase

구:면[苟免] ① 간신히 액을 면함. ② 일시적으로 모면함. こうめん

구면[球面] ①둥근 물체의 표면. ②한 점으로부터 일정한 거리에 있는 점의 궤적(軌跡). きゅうめん spherical surface

구:면[舊面] 이전부터 잘 아는 사이. acquaintance

구면경[球面鏡] 구면의 한 부분이 반사면(反射面)으로 된 거울. 볼록거울·오목거울이 있음. きゅうめんきょう spherical mirror

구명[究明] 깊이 연구하여 밝힘. きゅうめい inquiry

구:명[救命] 사람의 목숨을 건짐. 「~대(帶)」 きゅうめい lifesaving

구:명[舊名] 이전 이름. きゅうめい old name

구몰[俱沒] 부모가 다 세상을 떠남. losing one's parents

구무[構誣] 터무니없는 일을 꾸며 남을 속임. deceit

구:문[口文] 흥정을 붙여 주고 받는 돈. =구전(口錢). commission

구:문[口吻] ①입술. ②부리. ③입버릇. 말투. こうふん ① lip ② bill ③ manner of speech

구문[究問] 따져서 물음. きゅうもん cross-question

구문[構文] 글의 짜임새. 문장의 구성. こうぶん sentence structure

구문[歐文] 유럽 사람늘이 쓰는 글자나 글. おうぶん European language

구:문[舊聞] 전에 들은 소문. きゅうぶん old story

구:물[舊物] ①옛날의 물건. ②대대로 전해 오는 물건. きゅうぶつ ① antique ② relic

구:미[口味] 입맛. 「~를 돋구다」 こうみ appetite

구미[歐美] 유럽과 아메리카. 「~ 각국(各國)」 Europe and America

구:미[舊米] 묵은 쌀. ↔신미(新米). old rice

구:민[救民] 백성을 구제함. きゅうみん relief of people

구민[區民] 그 구(區)에 사는 주민. くみん inhabitants of a ward

구:밀복검[口蜜腹劍] 입으로는 달콤한 말을 하지만 뱃속에는 칼을 지녔다는 뜻으로, 겉으로는 친한 체하나 속으로는 해칠 생각을 품고 있음. 또는 돌아서서 남을 헐뜯고 깎아내림을 비유하여 이르는 말.

구박[驅迫] 못 견디게 괴롭힘. 「~이 심하다」 mistreatment

구발[俱發] 한꺼번에 일어남. ぐはつ concurrence

구배[勾配] 수평면에 대한 기울기의 정도. こうばい slope

구법[句法] 시문(詩文)의 구(句)나 문장을 구성하는 방법. くほう

구:법[舊法] ①예전 법률. ↔신법(新法). ②낡은 방식. きゅうほう old law

구:벽[口癖] 입버릇. くちぐせ habit of saying

구:변[口辯] 말솜씨. =언변(言辯). 「~이 없다」 こうべん eloquence

구별[區別] ①구역별. ②치별을 둠. ③나누어 구분함. くべつ ① according to the ward ② distinction ③ division

구:병[救病] 병구완을 함. nursing

구보[驅步] 달음박질. running fast

구:복[口腹] ① 입과 배. ② 먹고 사는 일. 「~지계(之計)」 こうふく ① mouth and paunch ② living

구:복지계[口腹之計] 먹고 살아갈 방도.

구분[區分] 따로따로 갈라서 나눔. くぶん division

구:비[口碑] 옛날부터 말로 전해 내려옴. 「~ 문학(文學)」 こうひ oral tradition

구비[具備] 필요한 것을 두루 갖춤. 「~ 서류(書類)」 ぐび being fully equipped

구비[廐肥] 외양간에서 나는 두엄. 쇠두엄. きゅうひ muck

구:빈[救貧] 가난한 사람을 구제함. きゅうひん relief of the poor

구사[灸師] 뜸으로 병을 고치는 사람.

구사[求嗣] 대를 이을 아들을 얻으려고 함.

구사[鳩舍] 비둘기장. きゅうしゃ pigeon house

구사[廐舍] 마구간. きゅうしゃ stable

구사[驅使] ① 사람이나 가축을 부림. ② 자유자재로 다루어 씀. 「언어(言語) ~」 くし ① driving ② free use

구:사상[舊思想] ① 옛날 사상. ② 낡은 사상. old-fashioned ideas

구사일생[九死一生] 죽을 고비를 여러 차례 겪고 겨우 살아남. きゅうしいっしょう narrow escape from death

구:산[口算] 입으로 셈함. 또는 그 셈. oral calculation

구산[求山] 묏자리를 찾음. selecting the site for one's grave

구상[臼狀] 절구 같은 생김새. きゅうじょう

구상[求償] 배상이나 상환을 청구함. きゅうしょう claim for compensation

구상[具象] 형태를 갖추고 있음. =구체(具體). ↔추상(抽象). ぐしょう concreteness

구상[球狀] 공처럼 둥근 모양. きゅうじょう globular shape

구상[構想] 앞으로 하려는 일에 대해 그 내용이나 규모·방법 등을 생각하여 일거리를 짜는 일. 또는 그 생각. こうそう conception

구상 무:역[求償貿易] 두 나라 사이의 수출과 수입이 균형을 이루도록 수출량에 따라 이와 교환적으로 수입량을 허가하는 무역. 바터제. きゅうしょうぼうえき barter trade

구:상유취[口尚乳臭] 입에서 아직 젖내가 난다는 뜻으로, 말이나 하는 짓이 유치함을 비유하여 이르는 말. childishness

구상 화:산[臼狀火山] 폭발성 분화로 생긴 화산. 산의 높이에 비해 화구(火口)의 지름이 큼. きゅうじょうかざん

구색[求索] 구하여 찾음. きゅうさく search

구색[具色] 여러 가지 물건을 고루 갖춤. 「~이 안 맞는다」 assortment

구생[舅甥] ① 외삼촌과 생질. ② 장인과 사위. ① uncle and nephew ② father-in-law and son-in-law

구:서[口書] 붓을 입에다 물고 쓴 글씨. こうしょ・くちがき

구서[具書] 한자를 쓸 때 글자의 획을 빼지 않고 갖추어 씀. ぐしょ

구:서[舊棲] 전에 살던 집. きゅうせい former house

구서[驅鼠] 쥐를 잡아 없앰. extermination of rats

구:석기[舊石器] 홍적세(洪積世) 때 인류가 만들어 쓰던 타제(打製) 석기. きゅうせっき paleolith

구:설[口舌] 시비하고 비방하는 말. くぜつ malicious gossip

구:설[舊說] 이전에 주창한 설(說). ↔신설(新說). きゅうせつ old theory

구:설수[口舌數] 구설을 들을 운수.

구성[九星] 음양가가 사람의 길흉을 판단할 때 쓴다는 아홉 개의 별. 일백(一白)·이흑(二黑)·삼벽(三碧)·사록(四綠)·오황(五黃)·육백(六白)·칠적(七赤)·팔백(八白)·구자(九紫)를 이름. きゅうせい

구성[構成] 얽어 짜서 만들어 냄. こうせい composition

구성원[構成員] 어떤 조직을 이루고 있는 사람. constituent

구:세[救世] 세상 사람을 괴로움이나 죄악으로부터 구제함. きゅうせい salvation

구:세군[救世軍] 군대와 같은 조직으로 전도와 사회 사업을 하는 기독교의 한 파. きゅうせいぐん Salvation Army

구:세대[舊世代] 옛 세대. 낡은 세대. old generation

구세동거[九世同居] 9대가 같이 산다는 뜻으로, 집안이 화목함의 비유.

구:세 제:민[救世濟民] 어지러운 세상과 도탄에 빠진 백성을 구제함. salvation of the world

구:세주[救世主] ①인류를 구원하는 사람. ②기독교에서 예수를 일컫는 말. =구주(救主). きゅうせいしゅ Savior

구:속[拘束] ①자유를 속박함. ②피고인 또는 피의자를 가두어 둠. こうそく binding

구:속[舊俗] 옛 풍속. 낡은 풍습. きゅうぞく ancient manners

구속력[拘束力] 일정한 행위를 제한 또는 강제하는 효력. こうそくりょく

구속 영장[拘束令狀] 검사의 신청으로 법관이 발부하는, 피의자의 신체를 구속할 수 있는 명령서. こうそくれいじょう warrant of arrest

구속 적부 심사[拘束適否審査] ⇨적부 심사(適否審査).

구:송[口誦] 소리를 내어 욈. こうしょう recitation

구:수[口受] 말로 전하여 받음. こうじゅ・くじゅ

구:수[口授] 말로 전해 줌. こうじゅ・くじゅ dictation

구수[仇讎] ⇨ 원수(怨讎). きゅうしゅう

구수[丘首] 여우가 죽을 때는 살던 굴 쪽으로 머리를 둔다는 말로, 근본을 잊지 않음의 비유.

구수[鳩首] 머리를 맞대다시피 하여 의논하는 일. 「~회의(會議)」きゅうしゅ counseling together

구:순[口脣] ①입과 입술. ②입술. こうしん ① mouth and lip ② lip

구:술[口述] 말로 이야기함.

또는 그 말. こうじゅつ oral statement

구술[灸術] 뜸으로 병을 다스리는 의술. =구치(灸治). きゅうじゅつ cautery

구스베리[gooseberry] 범의귓과의 낙엽 소관목(小灌木). 가시가 많으며 봄에 흰 꽃이 핌. 둥근 황록색 열매는 날로 먹거나 잼을 만들어 먹음.

구:습[口習] ①입버릇. ②말버릇. habit of talking

구:습[舊習] 낡은 습관. きゅうしゅう old custom

구:승[口承] 말로 전해 내려옴. =구전(口傳). こうしょう oral tradition

구시[仇視] 원수같이 여김. きゅうし hostility

구:시[舊時] 옛적. 옛날. =왕시(往時). きゅうじ old times

구:시대[舊時代] 옛 시대.

구:식[舊式] 옛날 형식. 옛 격식. ↔신식(新式). きゅうしき old style

구:식[舊識] 오래 전부터 면식이 있음. =구고(舊故). きゅうしき acquaintance

구신[具申] 자세히 사정을 아룀. =상신(上申). ぐしん reporting

구:신[舊臣] 옛 신하. きゅうしん former retainer

구:실[口實] 핑계. 변명할 재료. こうじつ excuse

구심[求心] ①중심을 향해 쏠리거나 당겨지는 힘. ↔원심(遠心). 「~력(力)」 ②불교에서, 참된 마음을 찾는 일. きゅうしん ①centripetal force ②honest mind

구심[球心] 구체(球體)의 중심. きゅうしん center of a sphere

구심[球審] 야구에서, 포수(捕手) 뒤에서 심판하는 사람. きゅうしん ball umpire

구심력[求心力] 물체가 원운동을 할 때 중심으로 쏠리는 힘. ↔원심력(遠心力). きゅうしんりょく centripetal force

구심점[求心點] 중심으로 쏠리어 모이는 그 점. centripetal point

구십춘광[九十春光] ①봄의 석 달 동안. ②노인의 마음이 청년처럼 젊음을 뜻하는 말. ①ninety days of spring

구아[球芽] 백합과(百合科) 식물의 잎겨드랑이에 생기는 둥근 눈. bulb

구아노[guano] 물새의 똥이 굳어서 된 덩어리. 인산(燐酸) 비료로 씀.

구아닌[guanine] 핵 단백질의 분해(分解) 산물.

구아슈[프 gouache] 아라비아 고무 따위로 만든 불투명한 수채(水彩) 물감.

구:악[舊惡] 이전에 발생했던 악한 일. 「~ 일소(一掃)」 きゅうあく past crime

구:악[舊樂] 양악(洋樂)에 대하여 아악(雅樂) 등의 전래 음악을 이름. national classical music

구안[具案] ①초안(草案)을 작성함. ②일정한 안을 갖춤. 일정한 수단·방법을 갖춤. ぐあん ①drafting ②draft

구안[具眼] 일정한 안목을 갖추고 있음. 식견이 있음. 「~의 인사(人士)」 ぐがん having insight

구:안[苟安] 일시적인 안일(安逸). こうあん

구애[求愛] 이성에게 애정을 구하는 일. きゅうあい wooing

구애[拘礙] 거리끼거나 얽매임. =구니(拘泥).「~하지 않다」 hitch

구:액[口液] 침. =타액(唾液). saliva

구:약[口約] 말로써 하는 약속. こうやく verbal promise

구:약[舊約] ① 묵은 약속. ② 구약 성서(舊約聖書)의 준말. ↔신약(新約). ③ 예수가 세상에 태어나기 전에 하느님이 인간에게 한 약속. きゅうやく former promise

구:약 성:서[舊約聖書] 예수 탄생 이전의 이스라엘 민족의 역사와 하느님의 계시 등을 모은 성서. 준구약(舊約). Old Testament

구:어[口語] 보통 회화(會話)에 쓰이는 말. ↔문어(文語).「~체(體)」こうご spoken language

구:어체[口語體] 구어로 쓴 글체. こうごたい colloquial style

구:업[舊業] ① 예로부터 해 오던 사업. きゅうぎょう ② 전부터 있던 재산.

구역[區域] 일정하게 갈라 놓은 지역. くいき zone

구역[嘔逆] 메스꺼워 토할 듯한 느낌. 욕기기.「~질」 nausea

구:역[舊譯] 전에 번역한 것을 새로 번역한 것에 상대하여 이르는 말. ↔신역(新譯). きゅうやく old translation

구:연[口演] 말로써 하는 연기. こうえん oral narration

구:연[舊緣] 전부터 맺은 인연. きゅうえん old relationship

구:연 동:화[口演童話] 주로 어린이들을 상대로 말로써 연기하듯 하면서 들려 주는 동화. orally narrated fairy tale

구연산[枸櫞酸] 감귤류의 과실 속에 있는 유기산. 청량 음료수의 재료·의약품 등에 쓰임. 레몬산(lemon酸). くえんさん citric acid

구:열[口熱] 입 속에서 나는 열. こうねつ fever in the mouth

구외[構外] 건물이나 울타리 바깥. ↔구내(構內). こうがい outside of the compounds

구:외불출[口外不出] 생각은 있으나 입 밖에 내지 않음.

구:우[舊友] 옛 친구. 사귄 지 오랜 친구. =구고(舊故). きゅうゆう old friend

구우일모[九牛一毛] 아홉 마리의 소 가운데서 뽑은 한 오리의 털이라는 뜻으로, 여럿 가운데 섞여 있는 적은 수, 곧 아주 하찮은 것을 비유하여 이르는 말.

구:원[久遠] 아득히 오래고 멂. くおん・きゅうえん eternity

구원[仇怨] ⇨ 원수(怨讐). きゅうえん

구:원[救援] ① 어려운 처지에 있는 사람을 도와 줌. =구제(救濟). ② 기독교에서, 인류를 죄악과 고통에서 벗어나게 이끌어 줌. きゅうえん relief

구:원[舊怨] 이전부터 쌓인 원한. きゅうえん old grudge

구위[球威] 구기(球技)에서, 공의 위력(威力). 특히 야구에서 투수가 던지는 공의 위력.

구유[具有] 두루 갖추고 있음. ぐゆう powerful delivery possession

구:유[舊遊] ① 예전에 놀던 일. 「~지(地)」② 지난날 사귄 벗. きゅうゆう ① amusement in old times ② friend in old times

구육[狗肉] 개의 고기. 「양두(羊頭)~」 くにく dog's flesh

구:은[舊恩] 예전에 입은 은혜. きゅうおん old favor

구:읍[舊邑] 옛날에 관아가 있었던 고을. old town

구의[柩衣] 출관(出棺)할 때 관을 덮는 긴 베. pall

구:의[舊誼] 옛적에 친했던 정분. きゅうぎ old friendship

구이[鉤餌] 낚시에 난 미끼. こうじ bait in a hook

구인[求人] 고용할 사람을 구함.「~광고(廣告)」きゅうじん job offer

구인[拘引] ① 잡아서 데리고 감. ② 신문할 목적으로 피고인·주인 등을 지정된 곳에 강제로 데리고 가는 처분. こういん arrest

구인[鉤引] 갈고리로 걸어 잡아당김. hooking

구:인[舊因] 오래 전부터의 인연. old relationship

구인난[求人難] 필요한 사람을 구하기가 어려움. きゅうじんなん labor shortage

구인란[求人欄] 신문 따위의 구인 광고를 싣는 난. help-wanted column

구인장[拘引狀] 법원이 피고인 또는 다른 관계인을 구인하기 위하여 발부하는 영장(令狀). こういんじょう arrest warrant

구입[購入] 사들임. =구매(購買). こうにゅう buying

구:작[舊作] 묵은 작품. ↔신작(新作). きゅうさく old works

구잠정[驅潛艇] 폭뢰(爆雷) 따위로 적의 잠수함(潛水艦)을 공격하는 소형 쾌속정. くせんてい submarine chaser

구장[球場] 구기(球技)를 하는 경기장. 특히 야구장(野球場)을 이름. 「잔디 ~」きゅうじょう stadium

구:재[口才] 말솜씨. 말재주. こうさい gift of the gap

구재[俱在] 둘 이상의 다른 사물·재능·성질 등이 함께 있음. coexistence

구:재[救災] 재난을 맞은 사람을 구제함. きゅうさい relief

구재[構材] 구조물을 만드는 재료. こうざい

구:적[口笛] 휘파람. くちぶえ whistle

구적[仇敵] ⇨ 원수(怨讎). きゅうてき

구:적[舊迹·舊蹟·舊跡] 옛날의 사건이나 건물 등이 있던 곳. =고적(古蹟). きゅうせき remains

구:전[口傳] 말로 전함. 「~민요(民謠)」 くでん·くちづたえ oral tradition

구:전[口錢] 중개(仲介)의 수수료. =구문(口文). こうせん commission

구전[俱全] 다 갖추어 온전함. perfection

구:전[舊典] ① 옛 법전이나 제도. ② 옛 문서. =고서(古書). きゅうてん ① ancient code ② ancient book

구:전[舊錢] 옛날 돈. きゅう

구전문사[求田問舍] 논밭과 집을 구하여 산다는 말로, 자기의 이익에만 마음을 쓰고 원대한 뜻이 없음을 이르는 말. 求田問舍 old coin

구절[句節] ①구와 절. ②한 토막의 말이나 글. 句節 paragraph

구절양장[九折羊腸] 산길 따위가 양의 창자처럼 몹시 구불구불한 것을 이르는 말. 九折羊腸 meandering path

구절판[九折坂] 구절판 찬합에 담은 음식. 둘레의 여덟 칸에 여덟 가지 음식을 담고, 가운데 둥근 칸에는 밀전병을 담아, 둘레의 음식을 골고루 조금씩 밀전병에 싸서 초장이나 겨자장에 찍어 먹음. 九折坂

구절판 찬:합[九折坂饌盒] 팔각형의 나무 그릇. 중간에 보시기만한 칸을 내고 그 둘레를 여덟 칸으로 나눈, 뚜껑이 따로 있는 찬합. 饌盒

구점[句點] 한 구절이 끝날 때 찍는 점. 句點 くてん full stop

구점[灸點] 뜸을 뜰 자리에 먹으로 표를 한 점. きゅうてん 灸點 moxacausis

구:정[舊正] ①음력 설. ②음력 정월. ↔신정(新正). 舊正 ① lunar New year's Day

구:정[舊情] 옛 정. 오래 된 정분. きゅうじょう 舊情 old friendship

구:제[救濟] 어려운 처지에 있는 사람을 구해 줌. =구조(救助). きゅうさい 救濟 relief

구:제[舊制] 옛 제도. 이전 제도. 「~ 중학(中學)」 きゅうせい 舊制 former system

구제[驅除] 몰아내어 없앰. 잡아 없앰. 「해충(害蟲) ~」 く 驅除

じょ extermination

구:제 금융[救濟金融] 기업의 도산을 막기 위하여 금융기관이 특정한 기업에 정책적으로 자금을 융자하는 일. 救濟金融 relief loan

구:제도[舊制度] 옛 제도. 舊制度 old system

구:조[久阻] 오랫동안 소식이 끊김. 久阻

구:조[救助] 구원하여 도와 줌. =구원(救援). きゅうじょ 救助 rescue

구조[構造] 전체를 이루고 있는 각 부분의 꾸밈새. 또는 그러한 꾸밈새로 이루어진 것. こうぞう 構造 structure

구조곡[構造谷] 단층(斷層)·습곡(褶曲) 등으로 생긴 골짜기. 構造谷

구:조대[救助袋] 고층 건물에 불이 났을 때 사람을 구조하는 긴 부대. 사람이 부대 속으로 미끄러져 내려오도록 되어 있음. きゅうじょぶくろ 救助袋 escape chute

구조물[構造物] ①꾸며 만든 물건. ②자연물에 인공을 가하여 만든 다리·터널과 같은 시설물. 構造物 structure

구:조선[救助船] 바다 등에서 조난당한 사람이나 선박을 구조하는 배. 救助船 lifeboat

구조식[構造式] 원자의 결합 배열 상태를 보이는 화학식. こうぞうしき 構造式 structural formula

구조적 실업[構造的失業] 자본주의의 경제 구조에 따라 발생하는 만성적·장기적인 실업. 構造的失業

구족[九族] ①고조(高祖)로부터 현손(玄孫)까지의 직계 친 九族

족. ②부족(父族)・모족(母族)・처족(妻族)의 총칭. ③외조부모(外祖父母)・빙부모(聘父母)・이종(姨從)・고종(姑從)・외손(外孫) 및 자기의 동족의 총칭. きゅうぞく 父族 母族

구족[具足] 모두 갖추어져 있음. ぐそく possessing all 具足

구존[具存] 빠짐없이 갖추어져 있음. perfection 具存

구존[俱存] 부모가 다 살아 있음. ↔구몰(俱沒). 俱存

구종[驅從] 지난날, 벼슬아치를 모시고 다니던 하인. 「~들다」 attendant 驅從

구:좌[口座] 계좌(計座)의 구 용어. account 口座

구:주[口奏] 마주 대하여 말로 아룀. こうそう oral report 口奏

구:주[救主] ⇨구세주(救世主). すくいぬし 救主

구주[歐洲] 유럽. 「~ 각국(各國)」 おうしゅう Europe 歐洲

구:주[舊主] ①옛 주인. ②전대의 임금. きゅうしゅ ① former master ② former king 舊主

구:주[舊株] 전에 발행한 주식을 새로 발행한 주식에 상대하여 이르는 말. ↔신주(新株). きゅうかぶ old share 舊株

구중[九重] ①아홉 겹. ②구중궁궐(九重宮闕)의 준말. このえ ① ninefold 九重

구중궁궐[九重宮闕] 문이 겹겹이 달린 대궐. 준구중(九重). royal palace 九重宮闕

구:증[口證] 말로 하는 증명. ↔물증(物證). こうしょう verbal evidence 口證

구지[溝池] ①도랑과 못. ②성 밑에 판 못. こうち ① ditch and pond ② moat 溝池

구:지[舊址] 전에 구조물이 있었던 자리. 옛 터. =구기(舊基). きゅうし ruins 舊址

구:지[舊知] 오래 전부터 아는 사이. きゅうち acquaintance 舊知

구직[求職] 직장을 구함. 직업을 구함. 「~자(者)」 きゅうしょく job hunting 求職

구:진[久陳] ①음식이 오래 되어 맛이 변함. ②약재가 오래 되어 약효가 없어짐. ① staleness ② ineffectiveness 久陳

구:진[口陳] 직접 말로써 말함. =구술(口述). こうちん oral statement 口陳

구진[具陳] 자세히 말함. 자세히 보고함. ぐちん detailed statement 具陳

구십[九秩] 나이 아흔 살을 달리 이르는 말. ninety years of age 九秩

구질[球質] 야구에서, 투수가 던진 공의 성질. 球質

구집[驅集] 한쪽으로 몰아서 모음. くしゅう 驅集

구차[柩車] 영구차(靈柩車)의 준말. きゅうしゃ 柩車

구찰[究察] 샅샅이 조사하여 밝힘. =구심(究審). きゅうさつ investigation 究察

구:창[口瘡] 입 안에 생긴 부스럼. sore in the mouth 口瘡

구창[灸瘡] 뜸을 뜬 자국이 헐어서 생긴 부스럼. きゅうそう 灸瘡

구:채[舊債] 전에 진 빚. 묵은 빚. きゅうさい old debt 舊債

구책[咎責] 잘못을 꾸짖음. blame 咎責

구처[求妻] 아내를 구함. seeking for a wife 求妻

구처[區處] ①구분하여 처리함. ②변통함. くしょ ① 區處

구척[矩尺] 나무나 쇠로 'ㄱ'자 모양으로 만든 자. 곱자. 矩尺
     carpenter's square
구척장신[九尺長身] 아홉 자나 됨직한 큰 키. 九尺長身 giant
구천[九天] ① 하늘을 아홉 방위(方位)로 나누어 이르는 말. ② 하늘의 가장 높은 곳. =천상(天上). ③ 불교에서, 대지를 중심으로 하여 도는 아홉 천계(天界). きゅうてん 九天
    ② heavens
구천[九泉] ① 저승. =황천(黃泉). ② 묘지(墓地). 무덤. ③ 땅 속. きゅうせん 九泉 黃泉
  ① Hades ② grave
구청[區廳] 구(區)의 행정 사무를 맡아보는 관청. くちょう 區廳
    ward office
구:체[久滯] 오래 된 체증. きゅうたい 久滯
  chronic dyspepsia
구체[球體] 공처럼 둥근 물체. きゅうたい 球體 sphere
구체[軀體] ⇨신체(身體). 軀體
구체 명사[具體名詞] 사람·나무·돌 따위와 같은 구체적 개념을 나타내는 명사. 具體名詞
구체적[具體的] 일정한 내용과 형식을 갖추고 있는 것. 「~인 설명」 ぐたいてき 具體的
    concrete
구체화[具體化] ① 구체적인 것이 되게 함. 구체적으로 됨. ② 실행(實行)함. ぐたいか 具體化
  ① materialization
구축[構築] 쌓아올려 만듦. こうちく 構築 construction
구축[驅逐] 몰아서 내쫓음. くちく 驅逐 driving away
구축함[驅逐艦] 적의 함선을 공격하는, 속력이 빠른 군함. くちくかん 驅逐艦 destroyer

구:출[救出] 위험한 상태에서 구해 냄. 「인질(人質) ~」 きゅうしゅつ 救出 rescue
구출[驅出] 몰아냄. expulsion 驅出
구충[驅蟲] 해충·기생충 따위를 없애 버림. 「~약(藥)」 くちゅう 驅蟲 worming
구:취[口臭] 입에서 나는 나쁜 냄새. =구과(口過). こうしゅう 口臭 bad breath
구치[臼齒] 어금니. きゅうし 臼齒 molar tooth
구치[灸治] 뜸으로 병을 고침. きゅうじ 灸治 moxacautery
구치[拘置] 몸을 구속하여 가둠. 「~소(所)」 こうち 拘置 detention
구치[驅馳] ① 말이나 마차를 몰아서 빨리 달림. ② 어떤 일을 위하여 분주하게 뛰어다님. くち 驅馳
    ① driving fast
구침[鉤針] 끝이 갈고리처럼 된 바늘의 총칭. かぎばり 鉤針 hook
구:칭[口稱] 입으로 '나무아미타불'을 외는 일. 口稱
구:칭[舊稱] 전에 부르던 이름. 이전 명칭. きゅうしょう 舊稱
    old name
구타[毆打] 남의 몸을 마구 때림. おうだ 毆打 assault
구:태[舊態] 옛 모습. 예전 그대로의 상태. 「~의연(依然)」 きゅうたい 舊態 former state
구:태의연[舊態依然] 옛 모양 그대로임. 「~한 경제 정책」 きゅうたいいぜん 依然
구:택[舊宅] ① 여러 대를 살던 집. ② 옛사람이 살던 집. きゅうたく 舊宅
구토[嘔吐] 먹은 음식물을 게움. =토역(吐逆). おうと 嘔吐 vomiting

구:투[舊套] 예전의 양식이나 격식. =구식(舊式). きゅうとう 舊套 obsoleteness

구:파[舊派] ① 구식을 따르는 파. ② 이전에 형성된 파벌. ↔신파(新派). きゅうは 舊派 old school

구:판[舊版] 내용이 고쳐지기 전에 나온 판. 또는 그 책. ↔신판(新版). きゅうはん 舊版 新版 old edition

구:폐[舊弊] 전부터 내려오는 폐단. 낡은 악습. きゅうへい 舊弊 old abuses

구포[臼砲] 포신(砲身)이 짧고 사각(射角)이 큰 대포. 박격포 따위. きゅうほう 臼砲 mortar

구품[具稟] 윗사람에게 일의 내용과 사유를 갖추어 아룀. 具稟 report on business

구풍[歐風] 유럽식. 서양식. =양풍(洋風). おうふう 歐風 European style

구풍[颶風] ① 열대 지방의 폭풍. ② 초속 29m 이상의 강풍. ぐふう 颶風 typhoon

구:풍[舊風] 옛 풍습. 낡은 풍속. きゅうふう 舊風 old custom

구피[狗皮] 개가죽. dog skin 狗皮

구:필[口筆] 붓을 입에 물고 쓰는 글씨. writing with the brush held in one's mouth 口筆

구학[求學] 배움의 길을 찾음. 求學 pursuit of learning

구학[矩矱] ① 먹줄과 자. ② 법칙(法則)의 비유. ② rule 矩矱

구:학[舊學] 구학문(舊學問)의 준말. 舊學

구:학문[舊學問] 지난날, 재래의 한학(漢學)을 서양의 신학문에 상대하여 이르던 말. ↔신학문(新學問). 준구학(舊學). 舊學問 old learning

구:한[舊恨] 오랜 원한. =구원(舊怨). old grudge 舊恨

구:한감우[久旱甘雨] 오래 가물다가 내리는 단비. 久旱甘雨

구함[構陷] 거짓말을 꾸며 남을 죄에 빠지게 함. =모함(謀陷). こうかん 構陷 charging

구:합[苟合] ① 아첨하여 남의 말에 찬동함. ② 간신히 합함. こうごう 苟合

구해[求解] 해석을 구함. きゅうかい 求解 request of understanding

구:해[救解] 감죄(減罪)되도록 잘 변호함. きゅうかい 救解 pleading

구:향[舊鄕] 고향(故鄕). きゅうきょう 舊鄕

구허[構虛] 사실을 꾸밈. 「→날조(捏造)」 fabrication 構虛

구:허[舊墟] 옛날의 성이나 건물이 있었던 자리. =구지(舊址). きゅうきょ 舊墟 ruins

구:험[口險] 입버릇이 상스럽고 험함. foulness 口險

구현[具現] 구체적으로 나타냄. ぐげん 具現 embodiment

구혈[灸穴] 뜸을 뜨는 자리. きゅうけつ 灸穴

구혈[甌穴] 하상(河床)의 바위면에 생기는 둥근 구멍. おうけつ 甌穴 pothole

구:혐[舊嫌] 오래 된 혐의(嫌疑). 舊嫌 old suspicion

구형[求刑] 형사 재판에서, 피고에게 지울 형벌에 대하여 재판부에 제기하는 검사의 의견. きゅうけい 求刑 prosecution

구형[矩形] 직사각형의 구용어. くけい 矩形 rectangle

구형[球形] 공같이 둥근 형태. きゅうけい 球形 sphere

구:호[口號] ① ⇨군호(軍號). 口號

② 어떤 요구 조건을 간결하게 표현한 말. slogan
구:호[救護] ① 어려운 처지에 있는 사람을 도와 보호함. ② 병자나 부상자를 간호하고 치료함. きゅうご ① relief ② care 救護 病傷者
구:호[舊好] 예전부터 친하게 지내는 사이. =구의(舊誼). きゅうこう old friendship 舊好
구:호[舊號] ① 묵은 잡지. ② 옛 호칭. きゅうごう ① old magazine ② old name 舊號
구혼[求婚] ① 혼처를 찾음. ② 상대에게 결혼을 청함. きゅうこん ① seeking after a spouse ② proposal of marriage 求婚
구:화[口話] 농아(聾啞)가 남이 말하는 입술 모양 등으로 말을 알아듣고, 자기도 소리내어 말하는 일. lip language 口話
구:화[救火] 화재의 불을 끔. extinguishment 救火
구화[媾和] 교전국이 전쟁을 그만두고 화해함. =강화(講和). こうわ peace 媾和 講和
구:활[久闊] 오래도록 소식이 없거나 만나지 못함. きゅうかつ 久闊
구:활[苟活] 절개를 굽히고 욕된 생활을 함. こうかつ 苟活
구:황[救荒] 기근(飢饉) 때에 빈민을 구제함. きゅうこう relief of the famine victims 救荒 飢饉
구:황 작물[救荒作物] 흉년이 든 해에 재배하기 적당한 작물. 감자·고구마·메밀 따위. きゅうこうさくもつ relief farming plants 救荒 作物
구:회[久懷] 오랜 회포. きゅうかい long bosom 久懷
구회[咎悔] ① 책망을 듣고 스 咎悔
스로 뉘우침. ② 책망과 뉘우침. きゅうかい ① repentance ② blame and remorse
구:회[舊懷] 지난날을 그리워하는 마음. きゅうかい reminiscence 舊懷
구획[區劃] 토지 등을 경계를 지어 가름. 또는 가른 각 구역. 「～ 정리(整理)」 くかく division 區劃
구:휼[救恤] 빈민·이재민에게 금품을 주어 구제함. 「～품(品)」 きゅうじゅつ relief 救恤
구희[球戲] 공을 가지고 하는 놀이. 특히, '당구'를 이름. きゅうぎ ball game 球戲
국[局]☆ ① 방 국 : 방. 부서(部署). 「局內(국내)·局長(국장)·總務局(총무국)」 ② 판 국 : 판. 「局面(국면)·對局(대국)·終局(종국)」 ③ 시절 국 : 시절. 「時局(시국)」 ④ 굽힐 국 : 굽히다. 「不局(불국)」 キョク① わける·くぎる ② よう す·ありさま 局 內 終 局
국[國]* ① 나라 국 : 나라. 「國家(국가)·國力(국력)·國民(국민)·國政(국정)·愛國(애국)」 ② 고향 국 : 고향. 「故國(고국)·母國(모국)·祖國(조국)」 コク·くに 國家 故 國
국[菊]☆ 국화 국 : 국화. 「菊花(국화)·野菊(야국)·殘菊(잔국)」 キク 菊花
국[跼] 곱송그릴 국 : 옴츠리다. 오그리다. 「跼蹐(국척)·跼步(국보)·跼縮(국축)」 キョク·かがむ 跼步
국[鞠] ① 기를 국 : 기르다. 치다. 「鞠養(국양)·鞠育(국육)」 ② 구부릴 국 : 구부리다. 「鞠躬(국궁)」 ③ 고할 국 : 고하다. 문초 받다. 「鞠問(국문)· 鞠養 鞠問

鞠罪(국죄)」キク ① やしなう

국[鞠] 조사받을 국 : 조사를 받다. 문초를 받다. 「鞠問(국문)·鞠訊(국신)·鞠正(국정)」鞠訊 キク·といつめる·きわめたずねる

국[麴] 누룩 국 : 누룩. 「麴子(국자)·麴母(국모)·麴菌(국균)」キク·こうじ 麴子

국가[國家] 일정한 영토에 거주하는 사람들로 구성된 통치권을 가진 사회 집단. 나라. こっか　　　　　country 國家

국가[國歌] 나라를 상징하고 대표하는 노래. こっか national anthem 國歌

국가 고:시[國家考試] 어떤 자격을 인정해 주기 위하여 국가에서 관리·시행하는 시험. national examination 國家考試

국가 공무원[國家公務員] 국가의 공무에 종사하고 국가의 예산으로 보수가 지급되는 공무원. こっかこうむいん national public servant 國家公務員

국가관[國家觀] 국가의 성립·형태·목적·의의 따위에 대하여 가지는 견해나 주장. view of nation 國家觀

국가 보:안법[國家保安法] 국가의 안전과 국민의 생존 및 자유를 확보할 목적으로 만든 법. 준보안법(保安法). national security law 保安法

국가주의[國家主義] 국가를 구성하는 개인보다도 국가 자체를 중요시하여, 국가의 통일 발전을 목적으로 삼는 주의. こっかしゅぎ nationalism 主義

국견[局見] 좁은 소견. short-sighted opinion 局見

국경[國境] 나라와 나라 사이의 경계. =국계(國界). 「~선(線)」こっきょう·くにざかい border 國境

국경일[國慶日] 국가적인 경사를 축하하기 위하여, 법률로 정하여 온 국민이 기념하는 날. national holiday 國慶日

국계[國界] ⇨ 국경(國境). こっかい 國界

국고[國庫] 국가 소유의 돈을 보관하고 그 수지(收支)를 맡아보는 기관. 「~ 부담(負擔)」こっこ national treasury 國庫

국광[國光] 나라의 영광 또는 영예. こっこう national glory 國光

국교[國交] 나라와 나라 사이의 외교. 「~ 단절(斷絶)」こっこう diplomatic relations 國交

국교[國敎] 나라에서 보호하고 국민에게 신봉하게 하는 종교. こっきょう state religion 國敎

국구[國舅] 임금의 장인. 國舅

국군[國軍] 나라의 군대. 자기 나라의 군대. 「~ 장병(將兵)」こくぐん national army 國軍

국궁[國弓] ① 양궁(洋弓)에 대하여, 우리 나라의 활을 이르는 말. ② 우리 나라 제일의, 활의 명사수. 國弓

국궁[鞠躬] 상대편을 존경하여 몸을 굽힘. 「~ 배례(拜禮)」きっきゅう prostration 鞠躬

국권[國權] 나라의 권력. 주권과 통치권. こっけん sovereignty 國權

국극[國劇] 그 나라 특유의 전통적인 연극. 우리 나라의 창극(唱劇), 중국의 경극(京劇) 따위. こくげき national drama 國劇

국금[國禁] 나라의 법으로 금함. こっきん national prohibition 國禁

국기[國技] 그 나라의 독특한 國技

기예(技藝). こくぎ
national sport

국기[國紀] 나라의 기강(紀綱). 國紀 「~ 해이(解弛)」 こっき
national discipline

국기[國基] 나라의 기틀. =국 國基 초(國礎). こっき
foundation of a nation

국기[國旗] 나라를 상징하는 國旗 기(旗). こっき national flag

국기[國器] 나라를 다스릴 만 國器 한 뛰어난 인물. こっき
statesman

국난[國難] 나라의 재난이나 國難 위기. 「~ 타개(打開)」 こく 打開 なん national crisis

국내[局內] ① 관청이나 회사 局內 등의 국(局)이 붙는 기관의 관할 범위 안. きょくない ② 묘(墓)의 구역 안. ↔국외(局 局外 外). ① within the bureau inside of a grave

국내[國內] 나라 안. ↔국외 國內 (國外). こくない
in the country

국내법[國內法] 한 나라의 주 國內法 권이 행사되는 범위 안에서 효력을 가지며, 주로 그 나라 의 내부 관계를 규정하는 법. こくないほう national law

국내선[國內線] 국내의 교통· 國內線 통신에만 이용되는 선. ↔국 제선(國際線). domestic line

국내외[國內外] 나라의 안과 國內外 밖. home and abroad

국내 정세[國內情勢] 국내의 情勢 정치적·경제적·군사적 사정. こくないじょうせい
domestic situation

국도[國度] 나라의 소용. =국 國度 용(國用). こくど

국도[國都] 한 나라의 수도. 國都 서울. こくと capital

국도[國道] 국가에서 건설·관 國道 리하는 도로. こくどう
national road

국란[國亂] 나라 안의 변란. 國亂 こくらん civil war

국량[局量] 도량과 재간. きょ 局量 くりょう magnanimity

국력[國力] 나라의 힘. 「~ 신 國力 장(伸張)」 こくりょく
national power

국련[國聯] 국제 연합의 준말. 國聯 こくれん

국록[國祿] 나라에서 주는 녹 國祿 봉(祿俸). government salary

국론[國論] 국민 일반의 의견. 國論 =공론(公論)·세론(世論). こ くろん public opinion

국리[國利] 나라의 이익. 「~ 國利 민복(民福)」 こくり
national interests

국립[國立] 나라에서 설립함. 國立 =관립(官立). 「~ 도서관(圖 書館)」 こくりつ national

국립 공원[國立公園] 경관이 國立 뛰어난 곳을 국가가 지정하 公園 여, 시설을 갖추고 관리하는 공원. こくりつこうえん
national park

국면[局面] ① 일이 되어 가는 局面 형편이나 장면. 「~ 타개(打 打開 開)」② 장기나 바둑의 대국의 형세. きょくめん ① situation

국명[國名] 나라의 이름. =국 國名 호(國號). こくめい
name of a country

국명[國命] ① 나라의 명령. ② 國命 나라의 사명. こくめい
① national order ② national mission

국모[國母] 임금의 아내를 이 國母 르는 말. こくぼ empress

국모[麴母] 누룩밑. 홍국(紅 麴母 麴)의 재료.

국무[國務] 나라에 직접 관계 되는 사무. 국가의 정무(政務). こくむ　state affairs

국무 위원[國務委員] 국무 회의의 구성원. 국정(國政)에 관하여 대통령을 보좌하며 국정을 심의(審議)함.
minister of state

국무 장:관[國務長官] 미국 국무부의 장관. 수석 장관임. こくむちょうかん
Secretary of State

국무 총:리[國務總理] 대통령을 보좌하고 대통령의 명을 받아 행정 각부를 통할하는 정무직 공무원. 준총리(總理).
Prime Minister

국무 회:의[國務會議] 대통령·국무 총리 및 국무 위원으로 구성된 국가 최고 정책 심의 기관.　State Council

국문[國文] ①자기 나라 고유의 글자. 또는 그것으로 쓴 글. ②한국어로 쓴 글. ③국문학의 준말. 「~학자(學者)」 こくぶん　①national script

국문학[國文學] ①그 나라 말로 지은 문학. ②우리 나라의 문학. 또는 이를 대상으로 연구하는 학문. 준국문(國文). こくぶんがく
②Korean literature

국민[國民] 그 나라의 국적을 가진 사람. 「~ 경제(經濟)」 こくみん　nation

국민 감:정[國民感情] 국민 전반에 공통된 감정.
national sentiment

국민 경제[國民經濟] 가계·기업 등의 개별 경제 주체들이 모여 정부를 단위로 성립되는 한 나라의 경제. こくみんけいざい　national economy

국민성[國民性] 국민 전체에 공통되는 고유의 성질이나 감정. こくみんせい
national character

국민 소:득[國民所得] 국민 전체가 일정한 기간에 생산·획득한 재화를 화폐로 환산한 총액.　national income

국민 운:동[國民運動] 어떤 목적을 위하여 뜻을 같이하는 국민이 일으키는 운동.
national movement

국민 의례[國民儀禮] 국가의 의식·예식에서 국민으로서 갖추어야 할 예절.
national ceremony

국민장[國民葬] 국가와 사회에 공로가 큰 사람이 죽었을 때 국민의 이름으로 치르는 장례.　public funeral

국민주[國民株] 국민의 소득 향상을 목적으로 국민에게 팔아서 보급하는 공기업의 정부 소유 주식.

국민차[國民車] 국민 대중이 싼 값으로 살 수 있는 실용적인 소형 승용차. こくみんしゃ　people's car

국민 투표[國民投票] 국가의 중대한 일에 대하여 국민 전체가 하는 투표. こくみんとうひょう　national vote

국방[國防] 외적의 침략을 막아내고 나라를 지키는 일. 「~ 체제(體制)」 こくぼう
national defense

국방색[國防色] 푸른빛을 띤 누른색. 카키색. こくぼうしょく　khaki

국번[局番] 국번호의 준말. きょくばん

국번호[局番號] 전화 교환국마다 가지는 고유의 번호. 준

국번(局番). きょくばんごう telephone exchange number

국법[國法] 나라의 법률. 특히 헌법.「~ 준수(遵守)」 こくほう national law

국변[國變] 나라의 변란. national trouble

국보[局報] ① 관청끼리 주고 받는 전보. ② 방송국의 보도. きょくほう ① service telegram ② information of a radio station

국보[國步] 나라의 운명. =국운(國運). こくほ state fortune

국보[國寶] 문화적으로 중요한 가치가 있다고 인정하여 나라에서 특히 보호하는 시설이나 문화재. こくほう national treasure

국본[國本] ① 나라의 근본. 나라의 기초. =방본(邦本). こくほん ② 왕세자. ③ 국민. ① basis of the state ② crown prince ③ nation

국부[局部] ① 전체 가운데의 한 부분. ② ➪음부(陰部). ③ 병이나 상처가 있는 부분. =국소(局所).「~ 마취(痲醉)」 きょくぶ ① part ③ scathed area

국부[國父] ① 임금. ② 한 나라의 위대한 지도자를 높이어 이르는 말. こくふ father of one's country

국부[國富] 나라의 재력. 국가와 국민의 재화의 총량. こくふ national wealth

국비[國費] 나라에서 지출하는 경비.「~ 보조(補助)」 こくひ national outlay

국빈[國賓] 나라의 손님으로 대접받는 외국 사람. こくひん national guest

국사[國士] 온 국민의 존경을 받는 뛰어난 인물. こくし distinguished citizen

국사[國史] ① 한 나라의 역사. ② 우리 나라의 역사. こくし ① national history ② Korean history

국사[國事] ① 국가 전체에 관계되는 일. ② 나라의 정치에 관한 일. こくじ national affairs

국사[國師] 신라·고려·조선 초기에 임금이 덕행이 높은 중에게 주던 최고의 칭호. こくし

국사[國嗣] 임금의 대를 이을 자손. Heir Apparent to the Throne

국산[國産] ① 자기 나라에서 생산함. 또는 생산한 산물. ② 우리 나라의 산물.「~품(品)」 こくさん home production

국상[國喪] 지난날, 국민 모두가 복상(服喪)하는 왕실의 상사(喪事)를 이르던 말. =국애(國哀)·국휼(國恤). こくそう national funeral

국새[國璽] ① 국가의 표상으로 삼는 인장(印章). ② 임금의 도장. =옥새(玉璽). こくじ ① seal of state ② great seal of the king

국색[國色] ① 나라 안에서 제일 아름다운 여자. =국향(國香). ② '모란꽃'을 달리 이르는 말. こくしょく ① most beautiful woman of the nation

국서[國書] 나라의 이름으로 외국에 보내는 문서. 외교 문서. こくしょ

국석[菊石] 중생대(中生代)에 성했던 암모나이트의 화석. 중생대의 표준이 되는 화석임. きくいし　sovereign's message / ammonite

국선[國仙] ⇨ 화랑(花郎).

국선[國選] 나라에서 선정함. =관선(官選). 「~ 변호인(辯護人)」 こくせん　being chosen by the government

국세[局勢] ① 시국의 정세. ② 바둑·장기 등의 국면의 형세(形勢).

국세[國稅] 국가가 경비의 재원으로서 직접·간접으로 국민으로부터 징수하는 세금. 소득세·법인세·상속세·주세 따위. ↔지방세(地方稅). こくぜい　national tax

국세[國勢] 나라의 형세나 세력. こくせい　condition of country

국소[局所] 한정된 자리. 특히 신체의 어느 한 부분. =국부(局部). きょくしょ　part

국속[國俗] 나라의 풍속. =국풍(國風). こくぞく　national custom

국수[國手] ① 훌륭한 의사. =명의(名醫). ② 바둑·장기 따위의 기량이 한 나라에서 으뜸가는 사람. こくしゅ　① noted physician

국수[國粹] 그 나라의 고유한 국민성의 특징으로 삼을 만한 장점(長點) 또는 아름다운 점. こくすい　national characteristics

국수[國讐·國讎] 나라의 원수. こくしゅう　enemy of the country

국수주의[國粹主義] 자기 나라의 특성만을 우수한 것으로 믿고 행동하는 배타적·보수적인 주의. こくすいしゅぎ　nationalism

국시[國是] 나라의 근본으로 삼는 정치 방침. こくぜ　national policy

국악[國樂] ① 그 나라의 고유 음악. ② 우리 나라의 고유한 옛 음악. 향악(鄕樂)·아악(雅樂)·속악(俗樂) 등. ① national classical music ② Korean classical music

국어[國語] ① 그 나라에서 공적(公的)으로 쓰이는 말. ② 우리 나라의 고유한 말. 「~ 순화(醇化)」 こくご　① national language ② Korean

국역[國譯] 외국어로 된 것을 우리 말로 옮김. -한역(韓譯). こくやく　translating into Korean

국영[國營] 나라에서 경영함. ↔민영(民營). こくえい　state management

국왕[國王] 나라의 임금. =군주(君主). こくおう　king

국외[局外] 그 일에 관계가 없음. 「~자(者)」 きょくがい　outside

국외[國外] 나라의 영토 밖. ↔국내(國內). こくがい　abroad

국욕[國辱] 나라의 치욕. =국치(國恥). こくじょく　national disgrace

국용[國用] ① 나라의 소용. ② 나라의 비용. =국비(國費). こくよう　① national use

국운[國運] 나라의 운명. =국조(國祚). こくうん　national fortune

국원[局員] 국(局)이라는 명칭이 붙은 기관의 직원. きょく

いん staff of bureau

국위[國威] 나라의 위세. 「~선양(宣揚)」 こくい 國威
national prestige

국유[國有] 국가의 소유. ↔사유(私有). 「~ 철도(鐵道)」 こくゆう 國有
state ownership

국유 철도[國有鐵道] 국가가 소유·관리하는 철도. 준국철(國鐵). こくゆうてつどう 鐵道
national railroad

국유화[國有化] 국가의 소유로 함. 國有化
nationalization

국은[國恩] 나라의 은혜. こくおん 國恩
national favor

국익[國益] 국가의 이익. =국리(國利). こくえき 國益
national interests

국자[國字] 나라의 글자. =국문(國文). こくじ 國字
national script

국장[局長] 국(局)이란 이름이 붙은 기관의 책임자. きょくちょう 局長 責任者
director of bureau

국장[國章] 나라의 권위를 나타내는 휘장의 총칭. 국기·군기 따위. こくしょう 國章
national emblem

국장[國葬] 국가에 큰 공을 세운 사람이 죽었을 때 나라의 비용으로 지내는 장사(葬事). こくそう 國葬
national funeral

국재[國災] 나라의 재난. 國災
national disaster

국적[國賊] 나라에 해를 끼친 역적. こくぞく 國賊 traitor

국적[國籍] 나라의 국민으로서의 자격. 「~ 상실(喪失)」 こくせき 國籍
nationality

국전[國典] ① 나라의 법전(法典). ② 나라의 의식(儀式)이나 제도. こくてん ① code of state ② state ceremony 國典

국전[國展] 이전의 '대한 민국 미술 전람회(大韓民國美術展覽會)'의 약칭. 國展 美術 覽會

국정[國定] 나라에서 제정함. 「~ 교과서(敎科書)」 こくてい 國定 敎科書
national authorization

국정[國政] 나라의 정사(政事). 「~ 쇄신(刷新)」 こくせい 國政
national administration

국정[國情] 나라의 형편. こくじょう 國情
condition of a country

국제[國際] ① 나라와 나라 사이에 관계된 것. ② 여러 나라 사이. 「~ 회의(會議)」 こくさい ① international association ② international 國際

국제 단위[國際單位] 여러 국가가 공동으로 제정한 단위. こくさいたんい 國際 單位
international unit

국제법[國際法] 국가간의 권리·의무를 규정한 법. こくさいほう international law 國際法

국제어[國際語] 국제적으로 사용되는 말. こくさいご 國際語
international language

국제 연합[國際聯合] 평화 유지를 위해 1945년 조직된 국제 기구. 유엔(UN). 준국련(國聯). こくさいれんごう 國際 聯合
United Nations

국조[國祚] ⇨국운(國運). 國祚

국조[國祖] 나라의 시조(始祖). こくそ founder of country 國祖

국조[國鳥] 그 나라의 상징으로 정한 새. 우리 나라의 까치 따위. こくちょう 國鳥
national bird

국지[局地] 한정된 지역. 「~ 전쟁(戰爭)」 きょくち 局地
limited region

국채[國債] ① 국가의 채무(債務). ② 나라가 발행하는 채권 國債

(債券). 국채 증권. こくさい ① national debt ② national bond

국책[國策] 나라의 정책이나 시책. 「~ 회사(會社)」 こくさく　national policy 國策

국척[跼蹐] 황송하여 몸을 굽힘. きょくせき　crouchness 跼蹐

국철[國鐵] 국유 철도(國有鐵道)의 준말. ↔사철(私鐵). こくてつ 國鐵

국체[國體] ① 국가의 형태. 「민주(民主) ~」 こくたい ② 나라의 체면. ① national constitution ② national face 國體・形態

국초[國初] 건국(建國)한 때의 초기. こくしょ　beginning of one's country 國初

국초[國礎] 국가의 기초. =국기(國基). こくそ　foundation of nation 國礎

국치[國恥] 나라의 치욕. =국욕(國辱). 「~일(日)」 こくち　national disgrace 國恥

국태[國泰] 나라가 태평(太平)함. 「~민안(民安)」 national peace 國泰

국토[國土] 나라의 통치권이 미치는 지역. 나라의 땅. =영토(領土). 「~ 방위(防衛)」 こくど　territory 國土

국판[菊版] ① 종이의 원지(原紙) 치수의 한 가지. 가로 63 cm, 세로 93 cm 의 크기. ② 책의 판형의 한 가지. 가로 15 cm, 세로 22 cm 크기의 책. 「~ 서적(書籍)」 きくばん　② small octavo 菊版

국폐[國弊] 나라에 해롭고 손해가 되는 일. national evil 國弊

국풍[國風] 나라의 풍습. =국속(國俗). こくふう　national custom 國風

국학[國學] 나라의 고유한 문물을 연구하는 학문. こくがく　national classical studies 國學

국한[局限] 어느 한 부분에만 한정함. きょくげん　localization 局限

국한문[國漢文] ① 국문과 한문. ② 한글과 한자를 섞어 쓴 글. こっかんぶん　① Korean and Chinese languages ② Korean writing with Chinese characters in it 國漢文

국헌[國憲] 나라의 근본이 되는 법률. 곧, 헌법. こっけん　national constitution 國憲

국호[國號] 나라의 이름. =국명(國名). こくごう　name of a country 國號

국화[國花] 나라의 상징으로 삼는 꽃. 한국의 무궁화, 영국의 장미 따위. こっか　national flower 國花

국화[菊花] 국화과의 다년초. 가을에 피며 관상용임. きくか　chrysanthemum 菊花

국회[國會] 국민이 선출한 의원으로 구성되는 입법 기관. こっかい　National Assembly 國會

군[君]* ① 임금 군: 임금. 「君主(군주)・君王(군왕)・聖君(성군)」 ② 아버지 군: 아버지. 「府君(부군)・先君(선군)」 ③ 남편 군: 남편. 「夫君(부군)」 ④ 그대 군: 그대. 자네. 「諸君(제군)・金君(김군)」 クン・きみ 君主・諸君

군[軍]* 군사 군: 군사. 「軍人(군인)・軍隊(군대)・軍馬(군마)・軍營(군영)・軍幕(군막)」 グン・いくさ 軍隊・軍馬

군:[郡]* 고을 군: 고을. 「郡守(군수)・市郡(시군)・郡邑(군읍)・郡民(군민)・郡廳(군청)」 郡守

グン・こおり

군:[窘] ①군색할 군: 군색하다. 「窘塞(군색)・窘乏(군핍)」 ②급할 군: 급하다. 「窘急(군급)・窘迫(군박)」 キン ①くるしむ ②せまる 窘塞

군[裙] 치마 군: 치마. 「裙帶(군대)・裙釵(군차)」 クン・もすそ 裙帶

군[群]☆ ①무리 군: 무리. 「群盜(군도)・群鶴(군학)・群小(군소)」 ②많을 군: 많다. 「群雄(군웅)・郡集(군집)」 グン ①むれ ②むらがる 群盜 群雄

군가[軍歌] 군대의 사기를 높이기 위해 지어 부르는 노래. ぐんか   war song 軍歌

군거[群居] 떼를 지어 삶. ＝군서(群棲). ぐんきょ   being gregarious 群居

군견[軍犬] 군대에서 수색・통신 등에 쓰이는 개. 군용견. ぐんけん   military dog 軍犬

군경[軍警] 군대와 경찰. 「～합동 작전」 ぐんけい   army and police 軍警

군:경[窘境] 몹시 군색한 처지. difficulties 窘境

군:계[郡界] 군과 군의 경계. ぐんかい   boundary of a county 郡界

군:곤[窘困] ①괴롭고 어려움. ②가난해서 군색함. ① difficulties ② privation 窘困

군공[軍功] 전쟁에서 세운 공. ぐんこう   military merit 軍功

군구[軍區] 군사상의 필요로 정한 구역. ぐんく   military district 軍區

군국[君國] ①군주와 국가. ②군주가 다스리는 나라. くんこく ① king and his country ② monarchy 君國

군국주의[軍國主義] 나라의 정치・경제・문화 등 모든 분야를 군비(軍備)를 위한 체제로 만들어, 군사력으로 나라의 번영과 사회의 발전을 꾀하는 사상이나 주의. ぐんこくしゅぎ   militarism 君國主義

군규[軍規] 군대의 규율. ぐんき   military discipline 軍規

군기[軍紀] 군대의 규율과 풍기. 군대의 기강. ぐんき   military discipline 軍紀

군기[軍記] 전쟁에 관한 기록. ＝전기(戰記). ぐんき   military history 軍記

군기[軍旗] 군대의 표장으로 쓰이는 기(旗). ぐんき colors 軍旗

군기[軍機] 군사상의 기밀. ぐんき   military secret 軍機

군기[群起] 많은 사람들이 어떤 일을 이루기 위해 일시에 들고일어나는 일. ぐんき   uprising 群起

군납[軍納] 군대에서 필요한 물품을 주문받아 가져다 줌. 「～품(品)」 ぐんのう   supply of goods and services to the military 軍納

군:내[郡內] 한 군(郡)의 안. 「～ 유지(有志)」 ぐんない   in a county 郡內

군단[軍團] 육군의 편성 단위의 한 가지. 군(軍)의 아래, 사단(師團)의 위. 몇 개의 사단으로 이루어짐. ぐんだん   corps 軍團

군담[軍談] 전쟁에 관한 이야기. war story 軍談

군대[軍隊] 일정한 조직 편제를 가진 군인의 집단. ぐんたい   troop 軍隊

군도[軍刀] 군인이 몸에 지니는 칼. ぐんとう   saber 軍刀

군도[群島] 가까운 거리를 두고 모여 있는 여러 섬. 「남양(南洋) ~」ぐんとう　archipelago

군도[群盜] 떼를 이룬 도둑. ぐんとう　group of robbers

군락[群落] ① 많은 마을. ② 같은 자연 환경에서 자라는 식물군(植物群). ぐんらく　① groups of villages

군란[軍亂] 군대가 일으킨 난리. =군요(軍擾). ぐんらん　army rebellion

군략[軍略] 공격과 방어 등에 관한 군사상의 계략(計略). =전략(戰略). ぐんりゃく　strategy

군량[軍糧] 군대의 양식 =병량(兵糧). ぐんりょう　military provisions

군령[軍令] ① 작전 중의 명령. ② 국가의 원수가 군에 내리는 명령. ぐんれい　military command

군림[君臨] ① 임금으로서 나라와 국민을 다스림. ② 어떤 분야에서 대단한 권위와 힘을 가지고 남을 압도하는 일. くんりん　reigning

군마[軍馬] ① 군사와 말. ② 군대에서 부리는 말. ぐんば　① soldiers and horses ② military horse

군명[君命] 임금의 명령. くんめい　royal command

군명[軍命] 군대의 명령. ぐんめい　military order

군모[軍帽] 군대의 제모(制帽). ぐんぼう　military cap

군목[軍牧] 군대에 배속되어 있는 장교로서의 목사 또는 신부. chaplain

군무[軍務] ① 군사에 관한 일. ② 군인으로서 군대의 일에 복무하는 일. ぐんむ　military service

군문[軍門] ① 군영(軍營)의 문. =아문(牙門)·영문(營門). ② 군대. 「~에 들다」ぐんもん　① camp gate ② army

군민[軍民] 군인과 민간인. 「~ 친선(親善)」ぐんみん　the military and the people

군:민[郡民] 그 군에 사는 주민. ぐんみん　inhabitants of a county

군:박[窘迫] ① 몹시 구차하고 군색함. ② 일의 형세가 다급함. ① destitution

군번[軍番] 군인마다 개별적으로 받는 일련 번호. serial number of the army

군벌[軍閥] 군인의 파벌. 「~ 정치(政治)」ぐんばつ　military clique

군법[軍法] ① 군대의 형법. =군율(軍律). ② 군대 내의 규칙. ぐんぼう　① military law ② military regulation

군병[軍兵] ⇨군사(軍士). ぐんぴょう·ぐんびょう

군복[軍服] 군대의 제복. =전복(戰服). ぐんぷく　military uniform

군봉[軍鋒] ① 전열(戰列)의 위세. ② 군의 선봉. =선진(先陣). ぐんぼう　① military power ② advance guard

군부[軍部] 군(軍)의 일을 맡은 기관. ぐんぶ　military authorities

군비[軍備] ① 국방상의 군사 시설. ② 전쟁을 위한 준비. ぐんび　① armaments ② war preparation

군비[軍費] 국방과 전쟁에 쓰

이는 비용. 「～ 책정(策定)」 ぐんぴ　military expense

군비 축소[軍備縮小] 군비의 규모를 줄이는 일. 준군축(軍縮). ぐんびしゅくしょう　軍費縮小
armament reduction

군빙[群氷] 북극(北極)이나 남극(南極)의 바다에 떠 있는 수많은 얼음덩이들. ぐんぴょう　群氷 北極 南極

군사[軍士] ① 군인. ② 일반 사병. =군병(軍兵). ぐんし　軍士
soldier

군사[軍使] 교전 중에 군의 명령으로 적지에 파견되는 사람. ぐんし　軍使　military envoy

군사[軍事] 군대 또는 전쟁에 관한 일. 「～ 고문(顧問)」 ぐんじ　軍事
military affairs

군사[軍師] ① 군의 참모. ② 전략이 뛰어난 사람. ぐんし　軍師
① staff ② strategist

군사 원ː조[軍事援助] 전쟁 수행을 돕기 위해 병력·무기 등의 원조를 하는 일. 준군원(軍援). 　軍事援助　military aid

군산[群山] 잇닿은 많은 산. ぐんざん　chain of mountains　群山

군상[群像] 회화나 조각에서 많은 사람의 집단적인 행동을 주제로 하여 그린 것. ぐんぞう　群像
figures of many people

군ː색[窘塞] ① 일이 막히어 곤란함. ② 가난함. 구차함.　窘塞
① embarrassment ② poverty

군생[群生] ① 일체의 중생(衆生). ぐんじょう ② 많은 생물. 많은 사람. ③ 식물이 한 곳에 몰려서 삶. ぐんせい　群生 衆生
① all living things ② many creatures ③ gregariousness

군서[群棲] 같은 종류의 동물이 떼를 지어 생활함. =군거(群居). ぐんせい　群棲
gregarious living

군선[軍船] 전쟁에 쓰이는 선박(船舶). =군함(軍艦). ぐんせん　軍船　warship

군세[軍勢] 군대의 세력. ぐんせい　軍勢　military power

군소[群小] 수많은 작은 것들. 작은 무리. 「～ 정당(政黨)」 ぐんしょう　群小 政黨　the small

군속[軍屬] 군인이 아니면서 군무에 종사하는 사람. ぐんぞく　軍屬　civilian employee

군수[軍需] 군사상 필요한 물자. 「～품(品)」 ぐんじゅ　軍需
military equipments

군ː수[郡守] 군청의 최고 책임자. ぐんしゅ　郡守
magistrate of a county

군신[君臣] 임금과 신하. 「～유의(有義)」 くんしん　君臣
sovereign and subject

군심[群心] ① 여러 사람의 마음. =중심(衆心). ② 군중 심리(群衆心理). ① group mind　群心

군악[軍樂] 군대에서, 장병의 사기를 높이기 위해서, 또는 의식 등에서 연주하는 음악. 「～대(隊)」 ぐんがく　軍樂
military music

군영[軍營] 군대가 주둔하는 처소. =병영(兵營). ぐんえい　軍營

군왕[君王] 임금. くんのう　君王
king

군용[軍用] 군사(軍事)에 쓰임. 또는 그 물건. 「～ 열차(列車)」 ぐんよう　軍用　military use

군웅[群雄] 같은 시기에 나타난 많은 영웅들. 「～할거(割據)」 ぐんゆう　rival leaders　群雄

군원[軍援] 군사 원조(軍事援助)의 준말.　軍援

군율[軍律] ① 군대의 규율(規律). ② 군대의 법률(法律). =군법(軍法).
① military discipline ② military law

군의[軍醫] 군의관(軍醫官)의 준말. ぐんい

군의관[軍醫官] 군대에서 환자의 진찰·치료 등을 맡아보는 장교. 준군의(軍醫). ぐんいかん army doctor

군인[軍人] 군대에 적(籍)을 둔 사람. ぐんじん serviceman

군자[君子] ① 덕이 높은 사람. ② 자기 남편에 대한 높임말. くんし ① a man of virtue

군자[軍資] 군사(軍事)에 필요한 자금. 「～금(金)」ぐんし war funds

군자란[君子蘭] 남부 아프리카가 원산지인 다년초의 한 가지. くんしらん Kaffir lily

군장[軍裝] ① 군인의 복장. ② 군대의 장비. ぐんそう
① military uniform ② war outfit

군적[軍籍] 군인으로서의 신분. 또는 그 내력을 적은 책. ぐんせき army record

군정[軍政] ① 전시·사변 때 군사령관이 맡아 하는 임시 행정. ② 군의 행정 사무. ぐんせい ① military government ② military administration

군정[軍情] 군대의 정황(情況). 「～ 시찰(視察)」ぐんじょう military conditions

군제[軍制] 군대의 여러 제도. ぐんせい military system

군졸[軍卒] ⇨군사(軍士). ぐんそつ

군주[君主] 임금. =군왕(君王). くんしゅ monarch

군주국[君主國] 군주가 통치권을 행사하는 나라. ↔공화국(共和國). くんしゅこく monarchy

군중[群衆] 한곳에 모인 많은 사람의 무리. =대중(大衆). ぐんしゅう crowd

군중 심리[群衆心理] 운집한 사람들이 남의 언동에 생각 없이 동조하는 심리 작용. ぐんしゅうしんり mass psychology

군집[群集] 떼를 지어 모임. ぐんしゅう·くんじゅ·ぐんじゅ crowding

군청[群青] 짙은 남빛의 광물성 물감. ぐんじょう ultramarine

군·천[郡廳] 군의 행정 사무를 맡아보는 관청. ぐんちょう county office

군축[軍縮] 군비 축소(軍備縮小)의 준말. 「～ 회담(會談)」ぐんしゅく

군취[群聚] 동물 생태학에서, 거의 같은 자연 환경을 가진 지역에 유기적 관계를 가지고 생활하는 동물군(動物群)을 이름. 식물에서는 군락(群落)이라고 함. ぐんしゅう

군표[軍票] 점령지에서 군대가 통화(通貨) 대용으로 발행하는 어음. 군용 수표. ぐんぴょう military scrip

군함[軍艦] 전쟁에 쓰기 위해 만든 함선. ぐんかん warship

군항[軍港] 함정의 근거지가 되는 항구. ぐんこう naval port

군화[軍靴] 군인이 신는 구두. ぐんか military shoes

굴[屈]☆ ① 굽을 굴: 굽다. 굽히다. 「屈曲(굴곡)·屈伸(굴

신)·屈身(굴신)」② 다할 굴: 다하다.「屈竭(굴갈)」③ 굳셀 굴: 굳세다.「屈起(굴기)」クツ ① かがむ

굴[倔] 굳셀 굴: 굳세다.「倔彊(굴강)」クツ·つよい

굴[堀] ① 팔 굴: 파다.「堀穴(굴혈)」② 굴 굴: 굴.「堀室(굴실)」クツ ① ほる ② あな

굴[掘] ① 팔 굴: 파다.「掘開(굴개)·試掘(시굴)·發掘(발굴)」② 우뚝할 굴: 우뚝하다.「掘起(굴기)」クツ ① ほる

굴:[窟] 굴 굴: 굴. 토굴.「土窟(토굴)·窟穴(굴혈)」クツ·いわや

굴강[屈強] ① 남에게 굽히지 않고 강력함. ② 고집이 셈. くっきょう　sturdiness

굴건[屈巾] 상주(喪主)가 쓰는, 베로 만든 건(巾). =굴관(屈冠).

〔굴건〕

굴곡[屈曲] 이리저리 굽어 꺾임. 또는 굽은 굽이.「~선(線)」くっきょく　winding

굴근[屈筋] 팔다리를 굽히는 작용을 하는 골격근(骨格筋)의 총칭. くっきん　flexor

굴기[屈起] 굳세게 일어섬. 벌떡 일어섬. くっき　rising

굴복[屈伏] 머리를 숙이고 엎드림. くっぷく

굴복[屈服] 뜻을 굽혀 복종함. くっぷく　submission

굴신[屈伸] 굽힘과 폄.「~을 못 하다」くっしん
　　bending and stretching

굴욕[屈辱] 억눌리고 업신여김을 받는 치욕. くつじょく　humiliation

굴절[屈折] 굽어 꺾임. =굴곡(屈曲).「광선의 ~」くっせつ　refraction

굴종[屈從] 뜻을 굽혀 복종함. くつじゅう　submission

굴지[屈指] ① 손가락을 꼽음. ② 손가락을 꼽아 셀 만큼 뛰어남.「~의 재벌(財閥)」くっし　② prominence

굴착[掘鑿] 땅을 파거나 바위 등을 뚫음. くっさく　excavation

굴칩[屈蟄] 때를 못 만나 집 안에 틀어박혀 있음.
　　living in obscurity

굴혈[掘穴] 무덤이나 구멍을 팜. excavation

궁[弓]* 활 궁: 활.「弓房(궁방)·弓手(궁수)·弓術(궁술)·弓箭(궁전)」キュウ·ゆみ

궁[穹] ① 하늘 궁: 하늘.「穹蒼(궁창)·穹天(궁천)」② 활 모양 궁: 활 모양.「穹窿(궁륭)」キュウ ① そら

궁[宮]* ① 궁궐 궁: 궁궐. 대궐.「宮城(궁성)·宮廷(궁정)·宮中(궁중)·王宮(왕궁)」② 음 소리 궁: 오음(五音)의 하나.「宮商角徵羽(궁상각치우)」③ 불깔 궁: 거세하다. 오형(五刑)의 하나. キュウ·グウ ① みや

궁[躬] 몸소 궁: 몸소. 스스로.「躬行(궁행)·躬耕(궁경)·躬進(궁진)」キュウ·み·みずから

궁[窮]* ① 다할 궁: 다하다. 극하다.「窮盡(궁진)」② 궁할 궁: 궁하다. 가난하다.「窮地(궁지)·貧窮(빈궁)·窮境(궁경)·窮乏(궁핍)·窮勢(궁세)」③ 궁구할 궁: 궁구하다.「窮

極(궁극)·窮究(궁구)」キュウ
キョク ① きわめる・きわまる

궁가[宮家] 왕족이 사는 궁궐.
みやけ　　　　　　palace

궁객[窮客] 몹시 궁한 사람.
　　　　　　　　needy person

궁경[躬耕] ① 임금이 몸소 밭을 갊. ② 자기 스스로 농사를 지음.

궁경[窮境] 살아갈 길이 없는, 매우 어려운 처지. 「~에 빠지다」 きゅうきょう　plight

궁계[窮計] 막다른 경지에서 생각해 낸 꾀.　last resort

궁곤[窮困] 가난하여 생활이 옹색함. きゅうこん　poverty

궁구[窮究] 깊이 파고들어 연구함.　thorough investigation

궁궐[宮闕] 임금이 사는 집. =궁정(宮廷)·대궐(大闕)·금중(禁中).　royal palace

궁극[窮極] ① 극도에 이르러 어찌할 도리가 없음. ② 어떤 과정의 마지막이나 끝. =구경(究竟)·구극(究極). 「~ 목적(目的)」 きゅうきょく
　　　　　　　　extremity

궁기[窮氣] 가난한 기색. =궁색(窮色). 「~가 들다」
　　　　　　　wretchedness

궁내[宮內] 궁성의 안. =궐내(闕內). くない
　　　　　within the palace

궁녀[宮女] 옛날 궁중에서 일하던 내명부(內命婦). =여관(女官). きゅうじょ court lady

궁달[窮達] 궁함과 잘됨. =궁통(窮通).　vicissitude

궁도[弓道] 활을 쏘는 기법이나 예법. きゅうどう　archery

궁도[窮途] 곤궁한 처지. きゅうと　　predicament

궁동[窮冬] 겨울의 마지막. 곧 음력 12월을 달리 이르는 말. きゅうとう　end of winter

궁륭[穹窿] ① 활 모양으로 둥글게 보이는 하늘. =천궁(天穹). ② 활처럼 둥근 천장. きゅうりゅう ① blue vault of heaven ② dome

궁리[窮理] 좋은 도리를 생각해 내려고 깊이 연구함. きゅうり　　　　　　study

궁마[弓馬] ① 활과 말. ② 궁술과 마술. きゅうば
① bow and horse ② archery and horsemanship

궁민[窮民] 곤궁한 백성. きゅうみん　　poor people

궁박[窮迫] 매우 곤궁함. =곤궁(困窮)·궁고(窮苦). きゅうはく　　　　　strait

궁방[弓房] 활을 만드는 곳.
　　　　　bow-maker's shop

궁벽[窮僻] 후미지고 으슥함.
　　　　　　　　seclusion

궁사[弓師] 활을 만드는 사람.
ゆみし

궁상[窮狀] 어렵고 딱한 상태. =궁태(窮態). きゅうじょう
　　　　　distressed state

궁상[窮相] 궁하게 생긴 얼굴.
　　　　　　　meager face

궁색[窮色] 곤궁한 모습. =궁기(窮氣).　indigence

궁색[窮塞] 아주 가난함. =궁핍(窮乏).　poverty

궁생원[窮生員] 곤궁하게 지내는 선비.　poor scholar

궁서[窮鼠] 쫓겨서 궁지에 몰린 쥐. 「~설묘(齧猫)」 きゅうそ　cornered mouse

궁설[窮說] 궁색한 처지에서 하는 말.

궁성[宮城] ① 궁궐을 둘러싼 성벽(城壁). ② 임금이 거처하

는 궁전. =금성(禁城)·왕성(王城). きゅうじょう
① royal palace wall

궁세[窮勢] 곤궁한 형세. hard time

궁술[弓術] 활을 쏘는 기술. きゅうじゅつ archery

궁시[弓矢] 활과 화살. きゅうし·ゆみや bow and arrow

궁여지책[窮餘之策] 막 다른 처지에서 짜낸 계책. =궁여일책(窮餘一策). last resort

궁인[窮人] 곤궁한 사람. =궁객(窮客). きゅうじん poor person

궁전[宮殿] 궁궐. 대궐. きゅうでん palace

궁절[窮節] 묵은 곡식은 떨어지고 햇곡식은 아직 익지 않아 곤궁한 시절. =궁춘(窮春). off-crop season

궁정[宮廷] ⇨ 궁궐(宮闕). きゅうてい

궁중[宮中] 대궐 안. =궁내(宮內). きゅうちゅう
within the court

궁지[窮地] 어쩔 도리가 없는 어려운 처지. =궁경(窮境). きゅうち predicament

궁진[窮盡] 다하여 없어짐. exhaustion

궁창[穹蒼] 높고 푸른 하늘. =창궁(蒼穹). きゅうそう blue sky

궁책[窮策] 구차한 계책. =궁세(窮計). きゅうさく

궁체[宮體] 조선 시대 때, 궁녀들이 쓰던 부드럽고 단정한 한글의 글씨체.

궁촌[窮村] 빈궁한 촌락. 「~벽지(僻地)」 poor village

궁추[窮追] ① 끝까지 쫓아감. ② 끝까지 물어서 밝힘. =추궁(追窮). きゅうつい
② close inquiry

궁춘[窮春] 양식이 떨어진 궁한 봄. =궁절(窮節)·춘궁(春窮). season of spring poverty

궁통[窮通] ① 곤궁과 영달. =궁달(窮達). ② 생각을 깊이 함. きゅうつう
① vicissitude ② deep thought

궁폐[窮弊] 곤궁하고 피폐함. destitution

궁핍[窮乏] 가난하여 아무것도 없음. きゅうぼう want

궁합[宮合] 혼담이 있는 남녀의 사주를 오행(五行)에 맞추어 보아서 배우자로서 잘 어울리는 관계인지 아닌지를 보는 점.

궁행[躬行] 몸소 실천함. =친행(親行). 「실천(實踐)~」 きゅうこう personal practice

궁형[弓形] 활처럼 둥근 모양. =호형(弧形). きゅうけい
crescent form

궁흉[窮凶] 성정(性情)이 흉악함. craft

권[券]☆ 문서 권 : 문서. 증서. 「證券(증권)·株券(주권)·食券(식권)·馬券(마권)」 ケン·わりふ·てがた

권:[卷]* ① 책권 권 : 책의 권수. 「卷數(권수)·卷頭(권두)·卷末(권말)」 ② 접을 권 : 접다. 말다. 「卷尺(권척)·卷雲(권운)·卷軸(권축)」 カン ① まき ② まく

권:[倦] ① 게으를 권 : 게으르다. 「倦怠(권태)·倦勤(권근)·倦厭(권염)」 ② 고달플 권 : 고달프다. 「倦憊(권비)」 ケン ① うむ

권:[拳]☆ ① 주먹 권 : 주먹. 「鐵拳(철권)·拳鬪(권투)·拳術

(권술)」 ② 마음에 품을 권: 마음에 품다. 「拳拳(권련)·拳拳服膺(권권복응)」 ケン ① こぶし

권:[圈] ① 우리 권: 우리. 「圈檻(권함)·圈牢(권뢰)」 ② 동그라미 권: 동그라미. 테두리. 「勢力圈(세력권)·商圈(상권)·大氣圈(대기권)」 ケン ① おり

권:[捲] 걷을 권: 걷다. 말다. 「捲土重來(권토중래)」 ケン·まく

권:[眷] ① 돌볼 권: 돌보다. 돌아보다. 「眷顧(권고)·眷念(권념)·眷庇(권비)」 ② 친척 권: 친척. 「眷屬(권속)·眷口(권구)」 ケン ① かえりみる

권:[勸]* ① 권할 권: 권하다. 「勸誘(권유) 勸奬(권장) 勸善(권선)」 ② 가르칠 권: 가르치다. 「勸講(권강)·勸導(권도)·勸化(권화)」 カン ① すすめる

권[權]* ① 권세 권: 권세. 권력. 「權力(권력)·權門(권문)·權勢(권세)」 ② 저울 권: 저울, 저울질하다, 「權度(권도)·權量(권량)」 ③ 권도 권: 권도. 「權謀(권모)·權術(권술)」 ケン·ゴン ② はかる

권가[權家] 권문 세가(權門勢家)의 준말. けんか

권:계[勸戒] ① 타일러 착한 일을 하게 함. ② 불도에 인연이 있는 남녀에게 수계(受戒)를 권함. かんかい ① admonition

권:고[勸告] 타일러 권함. かんこく advising

권:구[眷口] 한 집에 같이 사는 식구. members of family

권:권[眷眷] 어떤 일에 마음이 늘 쏠리는 모양. 「~불망(不忘)」 けんけん unalterable affection

권귀[權貴] 권력이 있고 신분이 높음. けんき high-ranking position

권:내[圈內] 어떤 범위 안. ↔圈外. 「당선(當選) ~」 けんない within the scope

권내[權內] 권한의 안. ↔권외(權外). 「~에 속하다」 けんない within one's authority

권:농[勸農] 농사를 장려함. 「~일(日)」 かんのう encouragement of agriculture

권능[權能] 권리를 주장하고 행사할 수 있는 능력. けんのう authority

권:도[勸導] 타일러서 이끌어 줌. leading

권도[權度] ① 저울과 자. ② 법도(法度). 법칙. ③ 평형(平衡). 균형. けんど ① balance and measure

권도[權道] 수단은 옳지 않으나 목적 달성에는 부합되는 방도. =방편(方便). けんどう expediency

권:독[勸督] 타이르고 감독함. かんとく admonition

권:독[勸讀] 글을 읽도록 권함. advice of reading

권:두[卷頭] 책의 첫머리. 「~사(辭)」 かんとう beginning of a book

권:두언[卷頭言] 머리말. かんとうげん preface

권:려[勸勵] 권하고 장려함. かんれい encouragement

권력[權力] 남을 지배하여 복종시키는 힘. けんりょく power

권:련[眷戀] 애타게 생각하고 그리워함. けんれん deep affection

권:로[倦勞] 싫증이 나고 피로함. けんろう　tiresomeness

권리[權利] 법률로 보호되는 권세나 이권(利權). ↔의무(義務). けんり　right

권:말[卷末] 책의 맨 끝. 「~주해(註解)」かんまつ　end of a book

권:면[券面] 증권의 액수를 기록한 앞면. 「~액(額)」けんめん　face of bill

권:면[勸勉] 권고하여 힘쓰게 함.　encouragement

권모[權謀] 그때 그때의 형편에 따른, 변통성이 있는 계략. 「~ 술수(術數)」けんぼう　machination

권문 세:가[權門勢家] 벼슬이 높고 권세가 있는 집안. 준권가(權家). けんもん　influential family

권:법[拳法] 주먹으로 치거나 발로 차거나 하는 기술을 주로 하는 격투기.

권변[權變] 임기응변으로 처리하는 수단. けんぺん　opportunism

권불십년[權不十年] 아무리 대단한 권세라도 오래 가지 못한다는 말. 「~ 화무십일홍(花無十日紅)」　Every flow has its ebb

권:선[捲線] 절연물(絕緣物)을 입힌 전선을 둥글게 감은 것. けんせん　coil

권:선징악[勸善懲惡] 착한 행실을 권하고 악한 행실을 징계함. 준권징(勸懲). かんぜんちょうあく　promoting virtue and reproving vice

권:설[勸說] 타일러 권함. 또는 권하는 말. 　advising

권세[權勢] 권력과 세력. けんせい　power

권:속[眷屬] 한 집안에 딸린 식구. けんぞく　family

권:솔[眷率] 거느리고 있는 집안 식구들.　family

권:수[卷首] ①책의 첫머리. =권두(卷頭). ②여러 권 가운데의 첫째 권. かんしゅ　① prologue ② first volume

권:수[卷數] 책의 수효. かんすう　number of volumes

권:수[卷鬚] 덩굴손. まきひげ　tendril

권신[權臣] 권세를 잡은 신하. けんしん　powerful courtier

권:언[勸言] 권하는 말. =권설(勸說).　advice

권:업[勸業] 산업을 장려함. かんぎょう　encouragement of industry

권:연[卷煙] 궐련의 원말.

권:염[倦厭] 싫증이 남. けんえん　being weary

권:외[圈外] 어떤 범위 밖. ↔권내(圈內). けんがい　outside the circle

권외[權外] 권한 밖. ↔권내(權內). けんがい　beyond one's authority

권요[權要] 권세가 있는 중요한 자리. けんよう　important post

권:운[卷雲] 상층운(上層雲)의 한 가지. 하늘에 하얀 줄무늬 또는 명주실 모양으로 높이 뜬 구름. 새털구름. 털구름. けんうん　cirrus

권위[權威] ①남을 복종시키는 위엄. ②일정 분야에서 인정을 받고 영향을 끼칠 수 있는 능력이나 위신. 또는 그 위신을 가진 사람. 「사계(斯界)의 ~」けんい

① authority ② expert
권:유[勸誘] 권하여 꾐. =유 勸誘
진(誘進). かんゆう
　　　　　　inducement
권:유[勸諭] 권하여 타이름. = 勸諭
권인(勸引). admonition
권익[權益] 권리와 이익. けん 權益
えき right and interests
권:인[勸引] 권하여 인도함. 勸引
かんいん leading
권:장[勸奬] 권하여 장려함. 勸奬
かんしょう encouragement
권:점[圈點] ①문장의 중요한 圈點
부분이나 주의할 곳에 표시하
는 동그라미표. ②사성의 구 四聲
별을 위하여 한자 옆에 찍는
둥근 점. ③벼슬아치를 뽑을
때, 후보자의 명단에서 자기
가 뽑고자 하는 사람의 이름
아래에 표시하던 둥근 점. け
んてん ① emphasizing dot
권:족[眷族] ⇨권솔(眷率). 眷族
권좌[權座] 권세의 자리. 특히 權座
통치권을 가지고 있는 자리.
「~에 오르다」 seat of power
권:주[勸酒] 술을 권함. 「~가 勸酒
(歌)」
권:지[勸止] 권하여 중지시킴. 勸止
　　　　　　dissuasion
권:질[卷帙] 두루마리 책과 꿰 卷帙
맨 책이라는 뜻에서 '책'을 달
리 이르는 말. かんちつ
　　　　　　volume
권:징[勸懲] 권선징악(勸善懲 勸懲
惡)의 준말. かんちょう
권:척[卷尺] 줄자의 구용어. 卷尺
まきじゃく tape measure
권척[權戚] 권세 있는 사람의 權戚
친척. relatives of an influen-
tial person
권:총[拳銃] 한 손으로 다룰 拳銃
수 있게 만든 소형의 총. け
んじゅう pistol

권:층운[卷層雲] 상층운(上層 卷層雲
雲)의 한 가지. 높은 하늘에
하얀 장막처럼 퍼져 있는 구
름. 비가 내릴 전조로 나타
남. 털층구름. けんそううん
　　　　　　cirrostratus
권:태[倦怠] 싫증이 나고 게을 倦怠
러짐. 「~기(期)」 けんたい
　　　　　　ennui
권토중래[捲土重來] 흙먼지를 捲土
일으키며 다시 쳐들어온다는 重來
뜻으로, 어떤 일에 한 번 실
패한 사람이 힘을 가다듬어
다시 시작함을 이를 때 쓰는
말.
권:투[拳鬪] 두 사람이 양손에 拳鬪
가죽 장갑을 끼고 규칙에 따
라 서로 치고 막는 경기. け
んとう boxing
권:학[勸學] 학문을 힘써 배우 勸學
라고 권함. かんがく
　　encouragement of learning
권한[權限] 법령에 따라서 그 權限
직권을 행사하는 범위. けん
げん competence
권현[權現] ⇨권화(權化). 權現
권형[權衡] ①저울대와 추. ② 權衡
⇨평형(平衡). けんこう 平衡
　　　　　① beam and weight
권:화[勸化] ①불도(佛道)를 勸化
권함. ②중이 보시(布施)를
권함. かんげ
　　　② urging to contribute
권화[權化] ①신불이 중생을 權化
구제하기 위해 모습을 바꾸어
이 세상에 나타나는 일. =권
현(權現). ②추상적인 특질을 權現
구체화 또는 유형화함. ごん
げ incarnation
권흉[權凶] 권세를 함부로 부 權凶
리는 흉악한 사람.
궐[厥]⁂ ①그 궐:그. 그것. 厥
「厥女(궐녀)·厥者(궐자)」 ② 厥女

짧을 궐: 짧다. 「厥尾(궐미)」 厥尾
ケツ ①それ

궐[獗] 날뛸 궐: 날뛰다. 「猖獗 猖獗
(창궐)」 ケツ・たける

궐[闕] ①대궐 궐: 대궐. 「大
闕(대궐)・闕庭(궐정)・闕中(궐
중)」 ②궐할 궐: 궐하다. 빠
지다. 「闕席(궐석)・闕直(궐 闕席
직)・闕參(궐참)」 ケツ ①ご
てん

궐[蹶] ①뛸 궐: 뛰다. 일어나
다. 「蹶起(궐기)・蹶然(궐연)」 蹶起
②쓰러질 궐: 쓰러지다. 「蹶
躓(궐지)・蹶失(궐실)」 ケツ
②つまずく

궐기[蹶起] 결연히 일어섬. 蹶起
「～대회(大會)」けっき
　　　　　　　　springing up

궐내[闕內] 대궐 안. ＝궁중 闕內
(宮中). imperial court

궐:련[←卷煙] 종이로 말아 놓 卷煙
은 담배. 「～갑(匣)」cigarette

궐루[闕漏] 들어 있던 것이 빠 闕漏
져 나가고 없음. ＝결루(缺
漏). けつろう　　　omission

궐문[闕文] 글자가 빠진 글. 闕文
또는 그 빠진 부분. けつぶん
　　　　　　　　omitted word

궐문[闕門] 대궐의 문. ＝궁문 闕門
(宮門).

궐사[闕祀] 제사를 지내지 아 闕祀
니함. 또는 제사지내는 일에
참여하지 못함. ＝궐제(闕
祭)・궐향(闕享).

궐식[闕食] 끼니를 거름. ＝결 闕食
식(缺食). going without meal

궐연[蹶然] 갑자기 바치고 일 蹶然
어나는 모양. けつぜん
　　　　　　　　springing up

궐참[闕參] 참여할 곳이나 일 闕參
에 빠짐. non-attendance

궤:[几] ①안석 궤: 안석. 자
리. 「几席(궤석)・几杖(궤장)」 几席
②책상 궤: 책상. 「几案(궤
안)」キ ②つくえ

궤:[机] ①책상 궤: 책상. 「机 机上
上(궤상)・机案(궤안)」②궤나 机案
무 궤: 궤나무. 느티나무. キ
①つくえ

궤:[軌] ①굴대 궤: 바퀴자국.
「軌道(궤도)・軌條(궤조)・廣軌 軌道
(광궤)」②법 궤: 법. 「軌範
(궤범)・軌則(궤칙)」キ ①わ
だち

궤:[詭] ①괴이할 궤: 괴이하
다. 「詭怪(궤괴)・詭辯(궤변)・ 詭辯
詭形(궤형)」②간사할 궤: 간
사하다. 속이다. 「詭妄(궤
망)・詭謀(궤모)」キ ②いつ
わる

궤:[跪] 꿇어앉을 궤: 꿇어앉
다. 「跪伏(궤복)・拜跪(배궤)・ 跪伏
跪坐(궤좌)」キ・ひざまずく

궤:[潰] ①무너질 궤: 무너지
다. 「潰決(궤결)・潰滅(궤멸)・ 潰滅
潰圍(궤위)」②흩어질 궤: 흩
어지다. 「潰走(궤주)」③문드 潰走
러질 궤: 헐다. 「潰爛(궤란)」
カイ ①つぶれる・ついえる

궤:[櫃] 궤 궤: 궤. 함. 상자.
「櫃封(궤봉)・櫃櫝(궤독)」キ・ 櫃封
ひつ

궤:[饋] 먹일 궤: 먹이다. 음식 饋食
을 대접하다. 「饋食(궤식)・
饋恤(궤휼)」キ・すすめる

궤:계[詭計] 간사한 계략. き 詭計
けい　　　　　　　　trick

궤:도[軌道] ①기차・전차가 軌道
달리는 선로. ②천체(天體)가
운행하는 경로. きどう
　　　　　① track ② orbit

궤:란[憒亂] 마음이 어수선함. 憒亂
＝궤궤(憒憒). かいらん
　　　　　　　　　confusion

궤:란[潰爛] 썩어 문드러짐. 潰爛
かいらん　　　　　festering

궤:망[詭妄] 거짓. 속임수. 詭妄 deceit

궤:맹[潰盟] 맹세한 일을 깨뜨려 버림. かいめい 潰盟 breach of an oath

궤:멸[潰滅] 허물어져 멸망함. かいめつ 潰滅 collapse

궤:모[詭謀] 간사하게 남을 속이는 꾀. =궤계(詭計). きぼう 詭謀 trick

궤:배[跪拜] 무릎을 꿇고 절함. きはい 跪拜 bow on one's knees

궤:범[軌範] 본보기가 될 규범. きはん 軌範 model

궤:변[詭辯] 그럴 듯하게 둘러 대는 억지 이론. 남을 현혹시키는 변론. きべん sophistry 詭辯

궤:사[詭詐] 거짓으로 속임. きさ 詭詐 fraud

궤:산[潰散] 전투에 져서 뿔뿔이 흩어짐. かいさん 潰散 rout

궤:상[机上] 책상 위. =탁상(卓上). 「~공론(空論)」 きじょう top of a desk 机上

궤:설[詭說] 거짓말. 거짓 언설(言說). きせつ chicanery 詭說

궤:양[潰瘍] 피부나 점막이 짓무르고 허는 증상. 「위(胃)~」 かいよう ulcer 潰瘍

궤:위[詭僞] 거짓으로 속임. きぎ falsehood 詭僞

궤:위[潰圍] 적의 포위망을 무너뜨림. かいい breakthrough 潰圍

궤:적[軌迹·軌跡] ①수레바퀴의 지나간 자국. ②수학에서, 주어진 조건을 만족시키는 모든 점이나 선을 포함한 도형(圖形). 자취의 구용어. きせき ①track ②locus 軌迹 軌跡

궤:조[軌條] 기차·전차가 다니도록 깔아 놓은 두 가닥의 철길. 레일. きじょう rail 軌條

궤:주[潰走] 전투에 지고 뿔뿔이 흩어져 달아남. =패주(敗走). かいそう rout 潰走

궤:하[机下] ①책상 아래. ②편지의 겉봉에 받아 볼 사람의 이름 밑에 쓰는 말. =귀하(貴下). ①under the table 机下

귀:[鬼]☆ 귀신 귀: 귀신. 도깨비. 「鬼神(귀신)·鬼面(귀면)·鬼哭(귀곡)·鬼籍(귀적)·惡鬼(악귀)」キ·おに 鬼哭

귀:[貴]* ①귀할 귀: 귀하다. 높다. 「高貴(고귀)·貴賓(귀빈)·貴族(귀족)·貴賤(귀천)」 ②귀히 여길 귀: 귀하게 여기다. 「貴下(귀하)·貴翰(귀한)·貴社(귀사)」キ ①とうとい ②とうとぶ 貴賓 貴賤

귀[龜] ①거북 귀: 거북. 「龜甲(귀갑)·龜毛(귀모)·龜玉(귀옥)」 ②터질 균: 터지다. 갈라지다. 「龜裂(균열)·龜手(균수)」 ③나라 이름 구: 나라 이름. 「龜玆(구자)」キ ①かめ 龜毛

귀[歸]* ①돌아올 귀: 돌아오다. 「歸國(귀국)·歸還(귀환)·歸路(귀로)·歸結(귀결)·歸着(귀착)·歸正(귀정)」 ②붙좇을 귀: 붙좇다. 따르다. 「歸順(귀순)·歸依(귀의)」 ③시집갈 귀: 시집가다. 「歸嫁(귀가)·歸寧(귀녕)」キ ①かえる 歸國 歸路

귀가[歸家] 집으로 돌아감. returning home 歸家

귀감[龜鑑] 본보기가 될 만한 일. =명감(明鑑). きかん paragon 龜鑑

귀갑[龜甲] 거북의 등딱지. 약재로 씀. きっこう tortoiseshell 龜甲

귀거래[歸去來] 벼슬을 버리고 고향으로 돌아감. 「~사 歸去來

(辭)」ききょらい

귀결[歸結] ①끝을 맺음. =귀착(歸着). ②어떤 결말에 다다름. 또는 그 결말. =결론(結論). きけつ　conclusion

귀경[歸京] 서울로 돌아옴. ききょう
returning to capital[Seoul]

귀:곡[鬼哭] 귀신의 울음. 또는 그 소리. 「~성(聲)」 きこく　wailing of a ghost

귀:골[貴骨] ①귀하게 자란 사람. ②귀하게 될 골상(骨相). ↔천골(賤骨).
① noble man ② noble feature

귀:공자[貴公子] ①귀한 집안의 젊은 남자. ②외모와 몸가짐이 의젓한 남자. きこうし　young noble

귀:관[貴官] 관직에 있는 상대편에 대한 높임말. きかん

귀:교[貴校] 상대편을 높이어, 그의 '학교'를 이르는 말. きこう　your school

귀교[歸校] 학교로 돌아감. きこう　returning to school

귀:국[貴國] 상대편을 높이어, 그의 '나라'를 이르는 말. きこく　your country

귀국[歸國] 본국(本國)으로 돌아옴. ↔출국(出國). きこく
homecoming

귀:금속[貴金屬] 산출이 적고 쉽게 화학 변화하지 않으며 광택이 아름다운 금속. 백금·금·은 따위. ききんぞく
precious metals

귀:기[鬼氣] 귀신이 나올 듯한 무시무시한 기운. きき
ghastliness

귀기[歸期] 돌아가거나 돌아올 시기. きき
time for one's return

귀납[歸納] 낱낱의 구체적인 사실로부터 일반적인 사실이나 원리를 이끌어 냄. ↔연역(演繹). 「~법(法)」 きのう
induction

귀:녀[貴女] ①귀한 집안의 여자. ②특별히 귀염을 받는 딸. きじょ　① lady of noble birth ② your ladyship

귀농[歸農] 글공부나 도시 생활을 그만두고 농촌으로 돌아가 농사를 지음. =귀경(歸耕). ↔이농(離農). きのう
returning to the farm

귀대[歸隊] 부대로 돌아가거나 돌아옴. きたい
returning to one's unit

귀:댁[貴宅] 상대편을 높이어, 그의 '집'을 이르는 말. きたく　your house

귀도[歸途] 돌아가는 길. =귀로(歸路). きと　way home

귀두[龜頭] ①자지의 끝 부분. きとう ②⇒귀부(龜趺).
① glans

귀래[歸來] 돌아옴. きらい
return

귀로[歸老] 관직을 그만두고 고향으로 돌아가 노후를 보냄. きろう

귀로[歸路] 돌아가는 길. =귀도(歸途). きろ　way home

귀류법[歸謬法] 증명하려는 명제(命題)의 결론을 부정하면 모순이 생김을 보임으로써 원명제의 옳음을 증명하는 방법. =산섭 승녕(間接證明). きびゅうほう
reduction to absurdity

귀:매[鬼魅] 귀신. 도깨비. きみ
goblin

귀:면[鬼面] 귀신의 얼굴. きめん　devil's face

귀:명[貴命] 상대편을 높이어, 그의 '명령'을 이르는 말. きめい   your orders

귀모토각[龜毛兔角] 거북의 털과 토끼의 뿔. 곧, 있을 수 없는 일의 비유.

귀문[鬼門] ① 저승으로 들어가는 문. ② 무슨 일을 시작할 때의 불길하다는 방향. 동북방을 이르기도 함. きもん
① demon's gate ② north-east

귀:문[貴門] ① 존귀한 집안. ② 상대편을 높이어, 그의 '집안'을 이르는 말.
① noble family

귀:물[貴物] 아주 드물고 귀한 물건.   rare article

귀범[歸帆] 멀리 나갔다가 돌아오는 돛배. きはん
returning sail

귀:보[貴報] 상대편을 높이어, 그가 보낸 '보도(報道)'나 '서신'을 이르는 말. きほう
your report

귀복[歸伏] 귀순하여 따름. きふく   submission

귀부[龜趺] 돌을 거북 모양으로 조각한 비석 받침. =귀두(龜頭). きふ   turtle base of a stone monument

〔귀부〕

귀:부인[貴婦人] 지체가 높은 부인. きふじん   noble lady

귀:빈[貴賓] 귀한 손님. 「~실(室)」 きひん   honored guest

귀:사[貴社] 상대편을 높이어, 그의 '회사'를 이르는 말. きしゃ your esteemed company

귀:상[貴相] 귀하게 될 인상(人相). きそう
noble physiognomy

귀:서[貴書] 상대편을 높이어, 그의 '편지'를 이르는 말. きしょ   your esteemed letter

귀성[歸省] 고향으로 돌아가 부모를 뵘. 「~ 열차(列車)」 きせい   homecoming

귀소성[歸巢性] 동물이 멀리 갔다가도 제 집으로 돌아오는 본능. =귀가성(歸家性). きそうせい   homing instinct

귀속[歸屬] ① 제자리로 돌아가 붙음. ② 재산·권리가 특정한 기관이나 사람의 소속으로 돌아감. 「~ 재산(財産)」 きぞく ① reversion ② belonging

귀순[歸順] 항복하여 순종함. 「~병(兵)」 きじゅん
submission

귀:신[鬼神] ① 죽은 사람의 영혼. ② 인간에게 복이나 화를 준다는 정령(精靈). きじん·おにがみ
① spirit of the dead ② demon

귀심[歸心] ① 고향으로 돌아가고 싶은 마음. 「~여시(如矢)」 ② 마음이 쏠림. きしん
① longing for home ② attachment

귀안[歸雁] 봄철이 되어 다시 북쪽으로 돌아가는 기러기. きがん   returning wild geese

귀:업[貴業] 상대편을 높이어, 그의 '사업(事業)'을 이르는 말. きぎょう
your esteemed business

귀영[歸營] 병영(兵營)으로 돌아감. きえい
returning to barracks

귀:의[貴意] 상대편을 높이어, 그의 '의견'을 이르는 말. きい   your opinion

귀의[歸依] ① 깊이 부처를 믿고 의지함. ② 돌아와 몸을 의탁함. きえ ① devotion

귀:인[貴人] ① 지위나 신분이 높은 사람. きじん ② 조선 때, 내명부(內命婦)의 종일품(從一品) 품계. ① noble man

귀일[歸一] 한 가지 결과로 귀착됨. being united into one

귀임[歸任] 임지(任地)로 돌아옴. きにん returning to one's post

귀:자모신[鬼子母神] 불교에서 말하는 안산(安産)·보육(保育)·부부 화합(夫婦和合)을 맡아본다는 신. きしぼじん goddess of children

귀:재[鬼才] 귀신같이 뛰어난 재주. 또는 그런 재주를 가진 사람. きさい genius

귀:적[鬼籍] 죽은 사람의 신분을 적는 장부. =과거장(過去帳). 「~에 들다」きせき obituary

귀정[歸正] 옳은 길로 돌아감. 「사필(事必)~」 coming back to the right way

귀:제[貴弟] 상대편을 높이어, 그의 '동생'을 이르는 말. きてい

귀조[歸朝] ① 외국으로 보낸 사신이 돌아옴. ② ⇨귀국(歸國). きちょう returning home from abroad

귀:족[貴族] 가문이나 신분이 높은 특권 계급. ↔평민(平民). きぞく nobility

귀죄[歸罪] 죄를 남에게 돌림. imputation

귀:중[貴中] 편지를 받는 기관이나 단체의 이름 뒤에 써서 상대편을 높이는 말. Messrs.

귀:중[貴重] 아주 귀하고 중요함. =진중(珍重). きちょう preciousness

귀:지[貴地] 상대편을 높이어, 그가 '사는 곳'을 이르는 말. きち your place

귀:지[貴紙] 상대편을 높이어, 그쪽에서 발행하는 '신문'을 이르는 말. きし your paper

귀:지[貴誌] 상대편을 높이어, 그쪽에서 발행하는 '잡지'를 이르는 말. きし your magazine

귀착[歸着] ① 돌아와 닿음. ② 어떤 결말에 다다름. きちゃく ① returning ② upshot

귀:찰[貴札] 상대편을 높이어, 그의 '편지'를 이르는 말. =귀간(貴簡)·귀함(貴函). きさつ your letter

귀:천[貴賤] ① 신분이 높은 사람과 낮은 사람. ② 부귀와 빈천(貧賤). きせん high and low

귀:체[貴體] 상대편을 높이어, 그의 '몸'을 이르는 말. 「~만왕(萬旺)…」きたい your body

귀추[歸趨] 사물이 귀착하는 곳. きすう outcome

귀:축[鬼畜] ① 귀신과 짐승. ② 의리를 모르는 잔인한 인간. きちく ① brute ② brute of a man

귀취[歸趣] ⇨귀추(歸趨). きしゅ

귀:태[貴態] ① 존귀한 자태(姿態). ② 품위 있는 태도. ① noble figure

귀택[歸宅] 집으로 돌아감. 또는 돌아옴. =귀가(歸家). きたく returning home

귀토[歸土] 흙으로 돌아감. 곧, 죽음. きど dying

귀:하[貴下] 편지 따위를 받는

사람의 이름 뒤에 써서 상대편을 높이는 말. きか
Mr. Mrs. Miss

귀:함[貴函] 상대편을 높이어, 그의 '편지'를 이르는 말.
your esteemed letter

귀항[歸航] 선박이나 항공기가 기지로 돌아옴. きこう
homeward voyage

귀항[歸港] 배가 떠났던 항구로 돌아옴. きこう
returning to port

귀향[歸鄕] 고향으로 돌아옴. =귀성(歸省). ききょう
going home

귀:현[貴顯] 신분이 높고 명성이 자자한 사람. きけん
grandee

귀:형[貴兄] 상대편을 높이어 일컫는 말. きけい you

귀화[歸化] 남의 나라로 국적을 옮겨 그 나라의 국민이 됨. 「～민(民)」 きか
naturalization

귀환[歸還] 본디의 거점[據點]으로 돌아감. 「～장병(將兵)」 きかん return

귀휴[歸休] 집으로 돌아가서 쉼. 「～병(兵)」 ききゅう
layoff

규[叫]☆ 부르짖을 규:부르짖다. 「叫苦(규고)·叫喚(규환)」 キョウ・さけぶ

규[圭] 홀 규:홀. 서옥(瑞玉). 「圭角(규각)·圭璧(규벽)」 ケイ・たま・かど

규[糾] ①살필 규:살피다. 「糾明(규명)·糾察(규찰)·糾民(규민)」 ②탄핵할 규:탄핵하다. 「糾彈(규탄)」 ③모을 규:모으다. 「糾合(규합)」 ④어그러질 규:어그러지다. 「紛糾(분규)·糾錯(규착)」 キュウ ①ただす

규[虯] ①꿈틀거릴 규:꿈틀거리다. ②용 새끼 규:용의 새끼. 「虯龍(규룡)·虯蟠(규반)」 キュウ ②みずち

규[奎] 별 규:별. 「奎星(규성)·奎宿(규수)」 ケイ

규[硅] 규석 규:규석. 「硅石(규석)·硅巖(규암)·硅砂(규사)」 ケイ・けいそ

규[規]☆ ①법 규:법. 본보기. 「規則(규칙)·規律(규율)·規範(규범)·規模(규모)·規準(규준)」 ②그림쇠 규:그림쇠. 「規矩(규구)」 ③간할 규:간하다. 고치다. 「規戒(규계)」 キ ①のり ②ぶんまわし ③ただす

규[揆] ①헤아릴 규:헤아리다. 「揆度(규도)」 ②법도 규:법도. 「揆一(규일)」 キ ①はかる

규[逵] 큰길 규:큰길. 길거리. 「逵路(규로)」 キ・おおじ

규[葵] ①아욱 규:아욱. ②해바라기 규:해바라기 「葵心(규심)·葵花(규화)」 ③촉규화 규:촉규화. 「蜀葵花(촉규화)」 キ ①あおい

규[閨]☆ ①안방 규:안방. 「閨門(규문)·閨房(규방)·閨內(규내)·閨秀(규수)·閨中處子(규중처자)」 ②협문 규:협문. 「閨閤(규합)」 ケイ ①ねや

규[窺] 엿볼 규:엿보다. 「窺間(규간)·窺見(규견)·窺視(규시)」 キ・うかがう

규각[圭角] ①옥(玉)의 뾰족한 부분. ②언행이 모가 나고 원만하지 않음. けいかく
① angle ② angularity

규간[窺間] 기회를 엿봄. きかん

watching for an opportunity

규격[規格] ① 일정한 표준. ② 공업 제품의 품질·형태 등의 정해진 표준. 「～품(品)」 きかく　standard

규견[窺見] ⇨규시(窺視).

규계[糾戒] 규탄하고 경계함.

규구[規矩] ① 그림쇠. ② 규구준승(規矩準繩)의 준말. きく
　① compass and ruler

규구준승[規矩準繩] 걸음쇠와 곱자와 수준기와 먹줄. 곧, 사물의 기준이나 표준이 되는 것을 이름. 준규구(規矩). きくじゅんじょう　standards

규도[規度] ⇨규범(規範).

규례[規例] 일정한 규칙. rules

규리[糾理] 살피고 다스림.
　administration

규명[糾明] 따지고 캐어 사실을 밝힘. きゅうめい
　close examination

규모[規模] ① 본보기가 될 만한 것. =규범(規範)·모범(模範). ② 물건을 만드는 방법이나 그 구조. ③ 씀씀이의 계획성이나 일정한 한도. きぼ·きも ① example ② structure ③ budget limit

규문[糾問·糺問] 죄를 따지어 물음. きゅうもん
　investigation

규방[閨房] ① 안방. ② 침실. 특히, 부부의 침실. ③ 부녀자가 거처하는 방. 「～ 문학(文學)」 けいぼう
　① Women's quarters ② bed-chamber ③ boudoir

규범[規範] ① 본보기. =모범(模範). ② 판단·평가 또는 행위의 의거할 기준. きはん
　① example ② criterion

규사[硅砂] 석영(石英)의 작은 알갱이로 된 모래. 유리의 원료로 쓰임. けいしゃ　silica

규사[窺伺] 틈을 엿봄. きし
　watching for a chance

규산[硅酸] 규소(硅素)·산소(酸素)·수소(水素)의 약산성 화합물. けいさん　silicic acid

규석[硅石] 규산질 암석. 유리·도자기·내화 벽돌 등의 원료로 쓰임. けいせき　silex

규성[叫聲] 외치는 소리.　yell

규소[硅素] 비금속(非金屬) 원소의 하나. 광물의 주성분을 이루며, 지구에 널리 분포함. けいそ　silicon

규수[閨秀] ① 학예에 뛰어난 여자. 「～ 작가(作家)」 けいしゅう ② 남의 집 처녀를 점잖게 이르는 말.
　① bluestocking ② maiden

규시[窺視] 엿봄. =규견(窺見).　peep

규약[規約] 규칙으로 정한 약속. =규정(規定). きやく contract

규율[規律] ① 행동의 기준으로 정한 것. ② 일정한 질서나 차례. きりつ
　① regulations ② order

규정[規定·規程] 규칙으로 정함. 또는 정해 놓은 그 규칙. きてい　rules

규제[規制] 규칙에 의한 통제. きせい　control

규조[硅藻] 해수·담수에 서식하며, 규산질로 된 껍질을 가진 단세포의 미소한 식물. けいそう　diatom

규조토[硅藻土] 규조가 쌓여서 된 퇴적물. けいそうど
　diatomite

규준[規準] ① 규범이 되는 표준. ② 따라야 할 규칙. きじゅん　① standard

규중[閨中] 안방. 부녀자가 거처하는 곳.「~ 처녀(處女)」 けいちゅう　boudoir

규지[窺知] 엿보아 앎. きち

규칙[規則] 여러 사람이 지키기로 약속한 법칙. きそく rule

규탄[糾彈] 잘못을 들추어 내어 따지고 나무람. きゅうだん　censure

규폐[硅肺] 규산(硅酸)이 많이 들어 있는 먼지를 오랜 시일에 걸쳐 들이마셔서 생기는 폐병. けいはい　silicosis

규합[糾合] 일을 꾸미기 위해 사람을 끌어 모음. きゅうごう　rally

규환[叫喚] 큰 소리로 부르짖음.「아비(阿鼻)~」きょうかん　cry

균[均]* ①고를 균:고르다. 고르게 하다.「均一(균일)·均等(균등)·均霑(균점)·均衡(균형)」② 평평할 균:평평하다.「平均(평균)」キン ①ならす·ひとしい

균[菌]* ①버섯 균:버섯.「菌傘(균산)·菌帽(균모)」②곰팡이 균:곰팡이. 세균.「細菌(세균)·菌腫(균종)·菌毒(균독)」キン ①きのこ

균근[菌根] 균류(菌類)가 기생(寄生)하거나 공생(共生)하고 있는 고등 식물의 뿌리. きんこん　mycorrhiza

균등[均等] 차별이 없이 고름. きんとう　equality

균류[菌類] 엽록소(葉綠素)를 갖지 않은 포자식물(胞子植物)의 총칭. 버섯·곰팡이·효모(酵母) 따위. きんるい　fungi

균모[菌帽] ⇨균산(菌傘).

균배[均排] 고르게 안배함.

균분[均分] 똑같이 고르게 나눔. きんぶん　equal division

균사[菌絲] 균류(菌類)의 몸을 구성하는 실 모양의 부분. きんし　spawn

균산[菌傘] 버섯의 줄기 위에 있는, 우산을 펼친 모양의 부분. =균모(菌帽). きんさん　pileus

균세[均勢] 균등한 세력. きんせい　balance of power

균안[均安] 두루 편안함.

균열[龜裂] 갈라져서 터짐. 터져 금이 감. =균탁(龜坼). きれつ　crack

균일[均一] 한결같이 고름. 차이가 없음.「가격 ~」きんいつ　uniformity

균전[均田] 결세(結稅)를 고르게 매기는 제도. きんでん

균점[均霑] 이익이나 혜택을 고루 받음. =균첨(均沾). きんてん　share in equality

균제[均齊] 고루 가지런함. きんせい　evenness

균질[均質] ①성질이 같음. ②한 물체의 어느 부분을 보아도 질이나 성분·밀도가 일정함. きんしつ　homogeneity

균첨[均沾] ⇨균점(均霑).

균할[均割] 똑같이 나눔. equal division

균형[均衡] 어느 쪽에도 치우치지 않고 고름.「~이 잡히다」きんこう　balance

귤[橘] 귤 귤:귤.「橘皮(귤피)·橘酒(귤주)·橘核(귤핵)」キツ·たちばな

그라나[grana] 고등 식물의 엽록체 속에 들어 있는 층상(層狀) 조직. グラナ

그라베[이 grave] 악보에서,

'매우 느리게·매우 침착하게·장엄하게'의 뜻.

그라비어[프 gravure] 인쇄 기법의 하나. 사진 요판(凹版). グラビア

그라우팅[grouting] 갈라진 바위 틈이나 지반(地盤)의 틈 사이에 회반죽 등을 넣어 메우는 일.

그라운드[ground] ① 운동장. ② 기초(基礎). グラウンド

그라운딩[grounding] ① 그림이나 자수 따위의 바탕. ② 기초 훈련. 기초 지식.

그라인더[grinder] 연마반(研磨盤).

그라치오소[이 grazioso] 악보에서, '우아하게'의 뜻. グラツィオーソ

그라탱[프 gratin] 화이트소스로 무친 고기·채소 등에 빵가루와 치즈를 입혀 오븐에 구운 요리. グラタン

그란디오소[이 grandioso] 악보에서, '웅대하게·당당하게'의 뜻. グランディオーソ

그랑프리[프 grand prix] 대상(大賞). 최우수상. グランプリ

그래스코:트[grass court] 잔디밭으로 된 테니스 코트. グラスコート

그래파이트[graphite] 흑연(黑鉛). グラファイト

그래쏘스코:프[graphoscope] 컴퓨터의 화면에 표시된 데이터를 라이트펜 따위로 수정할 수 있는 수상(受像) 장치.

그래프[graph] 그림표. 도표(圖表). グラフ

그래프널[grapnel] 네 갈고리를 가진 작은 닻. グラップネル

그래픽[graphic] 사진·그림을 주로 한 출판물. 화보(畫報). グラフィック

그래픽디자이너[graphic designer] 그래픽디자인을 전문으로 하는 사람. グラフィックデザイナ

그래픽디자인[graphic design] 인쇄 기술을 통해 표현하는 시각(視覺) 디자인. グラフィックデザイン

그랜드스탠드[grandstand] 경마장·경기장의 정면에 있는 특별 관람석(觀覽席).

그랜드슬램[grand slam] ① 야구에서, 만루 홈런. ② 골프·테니스에서, 그 시즌의 주요 경기를 모두 이겨 제패하는 일. グランドスラム

그랜드피아노[grand piano] 연주회용의 대형 피아노. グランドピアノ

그램[gram] 미터법에 의한 질량의 단위. グラム

그러데이션[gradation] ① 미술에서, 진한 색채에서 점차 엷고 흐리게 칠하는 일. 바림. ② 농담(濃淡). 해조(諧調). グラデーション

그레고리오 성가(聖歌)[Gregorian chant] 가톨릭 교회에서 부르는 성가의 하나. グレゴリオせいか

그레이더[grader] 지면(地面)을 닦이 고르는 데 쓰이는 기계. グレーダー

그레이드[grade] 계급(階級). 단계. 등급. グレード

그레이비[gravy] 서양 요리에서 쓰는 고깃국물. グレービー

그레이트데인[Great Dane] 덴마크산의 몸집이 큰 개. グ

レートデーン

그레이프주:스[grape juice]
포도즙. 또는 포도즙으로 된 음료. グレープジュース 葡萄汁

그레이하운드[greyhound]
몸이 가늘고 긴 영국산 사냥개. グレーハウンド 英國産

그레코로만형(型)[Greco-Roman style] 레슬링에서, 하반신 공격을 못하게 하는 경기 방식. グレコローマンスタイル 攻擊

그로그랭[프 gros-grain] 골이 지게 짠 평직(平織)의 광택 있는 직물. グログラン 平織

그로기[groggy] 권투에서, 심한 타격을 받아 몸을 가누지 못할 정도로 비틀거리는 상태. グロッキー 拳鬪

그로:스[gross] 12다스. 곧, 144개. グロス

그로테스크[프 grotesque]
① 괴상하고 끔찍스러운. 엽기적(獵奇的). ② 예술상에 나타난 괴이하고 황당무계한 괴기미(怪奇美). グロテスク 獵奇美

그룹:[group] 동아리. 집단(集團). 무리. グループ 集團

그룹:사운드[group sound]
노래하며 연주하는 작은 규모의 연주 집단. グループサウンズ 演奏

그룹:웨어[group ware] 컴퓨터의 소규모 공동 작업에 알맞도록 설계된 소프트웨어. 設計

그리드[grid] 전자관(電子管)의 양극과 음극 사이에 놓이는 전극(電極). グリッド 電極

그리:스[grease] 기계의 마찰력을 덜기 위해 쓰는 윤활유(潤滑油). グリース 潤滑油

그리스도[Christ] '구세주'라는 뜻으로 '예수'를 일컫는 救世主 말. キリスト

그리:팅카:드[greeting card]
인사장・연하장・크리스마스 카드 따위. グリーティングカード 年賀狀

그린:[green] ① 녹색(綠色). ② 풀밭. ③ 골프장의 잔디밭. グリーン 綠色

그린:라운드[Green Round]
자유 무역과 환경 보호에 관한 다자간(多者間) 국제 협상. グリーンラウンド 多者間

그린:벨트[greenbelt] 개발 제한 구역. 도시 주변의 녹지대(綠地帶). グリーンベルト 綠地帶

그린:피:스[Green Peace]
환경 보호 등을 목표로 활동하는 국제 단체. グリーンピース 環境 保護

그릴[grill] ① 즉석에서 석쇠에 구운 고기나 생선. ② 양식점(洋食店). グリル 洋食店

그립[grip] 라켓 등의 손잡이. 또는 그것을 잡는 방식. グリップ 方式

극[克] ① 이길 극: 이기다. 「克己(극기)・克服(극복)・克捷(극첩)」 ② 능할 극: 능하다. 「克家(극가)・克孝(극효)」 コク ① かつ ② よくする 克己

극[剋] ① 이길 극: 이기다. 「相剋(상극)・剋復(극복)」 ② 정할 극: 정하다. 「剋期(극기)」 ③ 심할 극: 심하다. 엄하다. 「剋核(극핵)・剋意(극의)」 コク ① かつ 相剋 剋核

극[戟] 창 극: 창. 찌르다. 「刺戟(자극)・戟盾(극순)・劍戟(검극)」 ゲキ・ほこ 刺戟

극[棘] ① 가시나무 극: 가시나무. 「棘茨(극사)・棘針(극침)」 ② 창 극: 창. 「棘門(극문)」 キョク ① いばら・とげ 棘茨 棘門

극[極]* ① 다할 극: 다하다. 심하다. 「極甚(극심)·極致(극치)·極寒(극한)」 ② 끝 극: 끝. 「極光(극광)·北極(북극)」 ③ 지극할 극: 지극하다. 지극히. 「極貴(극귀)·極樂(극락)」 キョク·ゴク ① きわまる

극[隙] 틈 극: 틈. 겨를. 「隙孔(극공)·隙地(극지)·間隙(간극)」 ゲキ·すきま·ひま

극[劇]☆ ① 심할 극: 심하다. 「劇甚(극심)·劇惡(극악)·劇暑(극서)」 ② 연극 극: 연극. 「演劇(연극)·劇場(극장)·劇作(극작)」 ③ 바쁠 극: 바쁘다. 「劇職(극직)·劇月(극월)」 ゲキ ① はげしい

극간[極艱] 극히 어렵고 고생스러움. extreme hardships

극감[剋減] 깎아서 줄임. こくげん diminution

극감[極減] 극도로 줄임. extreme reduction

극계[劇界] 연극인의 사회. =극단(劇壇). げきかい theatrical world

극공[極恭] 지극히 공손함.

극관[極冠] 화성(火星)의 양극 지방에 있는 흰 부분. きょっかん polar cap

극광[極光] 지구의 남북극 지방의 공중에 나타나는 아름다운 빛의 현상. 오로라. きょっこう aurora

극구[極口] 표현할 수 있는 말을 다함. 온갖 말을 다하여. 「~ 찬양하다」

극궁[極窮] 몹시 궁색함. extreme poverty

극권[極圈] 남극권(南極圈)과 북극권(北極圈). きょっけん· きょくけん polar circle

극귀[極貴] 지극히 귀함.

rareness

극근극검[克勤克儉] 매우 부지런하고 검소함.

극기[克己] 자기의 욕망이나 충동·감정 따위를 이겨냄. 「~심(心)」 こっき self-control

극기[極忌] 몹시 미워하거나 싫어하여 꺼림. abhorrence

극난[極難] 몹시 어려움. 「~사(事)」

극단[極端] ① 맨 끝. ② 한쪽으로만 몹시 치우침. 「~적(的)인 의견」 きょくたん extreme

극단[劇團] 연극을 공연하는 사람들의 단체. げきだん dramatic company

극단[劇壇] ① 연극의 무대. ② 연극인의 사회. =극계(劇界). げきだん ① stage ② theatrical world

극담[劇談] ① 쾌활한 이야기. ② 과격한 말. ③ 연극에 관한 이야기. げきだん ① familiar conversation ② heated discussion ③ talk on drama

극대[極大] 더할 수 없이 큼. ↔극소(極小). きょくだい the greatest

극도[極度] 더할 수 없는 정도. きょくど extremity

극독[劇毒] 심한 독. =맹독(猛毒). げきどく deadly poison

극동[極東] ① 동쪽의 맨 끝. ② 아시아의 동쪽 지역. きょくとう ② Far East

극락[極樂] ① 극히 안락함. 「~계(界)」 ② 불교에서 말하는 극락 세계. ↔지옥(地獄). ごくらく ① supreme happiness ② paradise

극락조[極樂鳥] 풍조과의 새.

수컷은 깃털 빛깔이 매우 아름답고 긴 장식 깃을 가지고 있음. =풍조(風鳥). ごくらくちょう bird of paradise

극량[極量] 극약·독약의 과용으로 인한 위험을 막기 위해 정해 놓은 사용량의 한계. きょくりょう maximum dose

극려[克勵·剋勵] 사사로운 욕심을 버리고 부지런히 힘씀. こくれい

극력[極力] 할 수 있는 데까지 힘껏. 「~ 노력하다」きょくりょく to the utmost

극렬[極烈] 몹시 열렬함. =과격(過激). 「~분자(分子)」 violence

극렬[劇烈] 지나치게 맹렬함. =격렬(激烈). げきれつ vehemence

극론[極論] ① 철저하게 논의함. ② 극단적인 이론. きょくろん ① extreme argument

극론[劇論] 격렬하게 논쟁함. 또는 그런 논쟁. =격론(激論). げきろん extreme discussion

극류[極流] 남극 및 북극에서 적도 쪽으로 흐르는 한류(寒流). きょくりゅう polar current

극명[克明] ① 하나하나 꼼꼼하게 밝힘. ② 아주 자세하고 분명함. こくめい scrupulousness

극목[極目] 시력(視力)이 미치는 한 멀리 봄. 「~ 주시(注視)」 きょくもく in eyesight

극무[劇務] 몹시 바쁘고 고된 일. げきむ arduous task

극미[極微] 몹시 미미함. 아주 작음. きょくび infinitesimal

극벌원욕[克伐怨慾] 네 가지 악덕(惡德). 곧, 이기기를 좋아하는 일, 스스로 자랑하는 일, 원망하는 일, 욕심을 내는 일을 이름. こくばつえんよく

극변[劇變] 급격히 변화함. =급변(急變). げきへん sudden change

극복[克服] 난관이나 고생을 이겨냄. 「만난(萬難)~」こくふく surmounting

극본[劇本] 연극이나 방송극 등의 기본이 되는 대본(臺本). 배우의 대사와 여러 가지 지시 등을 적은 글. =각본(脚本). script

극북[極北] 북쪽 맨 끝. ↔극남(極南). きょくほく extreme north

극비[極秘] 극히 비밀로 하는 일. =엄비(嚴秘). ごくひ strict secrecy

극빈[極貧] 몹시 가난함. =적빈(赤貧). 「~자(者)」ごくひん extreme poverty

극상[極上] ① 맨 위. ② 극히 상등(上等)임. 가장 좋음. 「~품(品)」ごくじょう ① top ② the first rate

극서[極暑·劇暑] 몹시 심한 더위. =혹서(酷暑). ↔극한(極寒). ごくしょ severe heat

극성[極盛] ① 몹시 왕성함. ② 성질이나 언행이 드세거나 지나치게 적극적임. 「~을 부리다」① the height prosperity ② impatientness

극세[極細] 몹시 잘거나 가늚. minuteness

극소[極小] 몹시 작음. ↔극대(極大). きょくしょう the smallest

극소[極少] 분량이 극히 적음. きょくしょう the fewest

극심[極甚·劇甚] 몹시 심함. =태심(太甚).「~한 홍수 피해」 excessiveness 極甚 劇甚

극악[極惡] 몹시 악함.「~무도(無道)」ごくあく atrocity 極惡

극약[劇藥] 사용량을 초과하면 위험한 약. 독약(毒藥) 다음으로 약리 작용이 심한 약. げきやく drastic medicine 劇藥

극언[極言] ① 극단적으로 말함. 또는 그 말. ② 극력 간하여 말함. きょくげん ① extreme argument ② unreserved words 極言

극영화[劇映畵] 일정한 줄거리가 있는 영화. ↔기록 영화(記錄映畵). げきえいが film drama 劇映畵 記錄

극우[極右] 극단적인 우익(右翼) 사상. 또는 그런 사상을 가진 사람. ↔극좌(極左). きょくう extreme right 極右 右翼

극월[極月] 섣달의 다른 이름. =납월(臘月). ごくげつ·ごくづき December 極月

극위[極位] 가장 높은 지위. きょくい·ごくい the highest position 極位

극작가[劇作家] 연극의 대본(臺本)을 쓰는 일을 직업으로 하는 사람. げきさくか playwriter 劇作家

극장[劇場] 연극이나 영화를 상연 또는 상영하는 건물. げきじょう theater 劇場

극적[劇的] 연극을 보듯이 감격스럽고 인상적인 것.「~장면(場面)」げきてき dramatic 劇的

극점[極點] ① 극도에 이른 점. ② 북극점과 남극점. きょくてん ① extreme point ② polar point 極點

극존[極尊] ① 지위가 매우 높음. ② '임금'의 높임말. ② king 極尊

극좌[極左] 극단적인 좌익(左翼) 사상. 또는 그런 사상을 가진 사람. ↔극우(極右). きょくさ extreme left 極左 翼

극지[極地] ① 가장 끝에 있는 땅. ② 남극과 북극 지역. きょくち pole 極地

극진[極盡] 정성스럽기가 더할 나위 없음.「~한 대접」 utter devotion 極盡

극찬[極讚] 몹시 칭찬함. highest praise 極讚

극채색[極彩色] 여러 가지 선명한 색을 이용한 짙고 치밀한 채색. ごくさいしき brilliant coloring 極彩色

극치[極侈] 극도로 사치함. extravagance 極侈

극치[極致] 이를 수 있는 최고의 경지.「미(美)의 ~」きょくち the acme 極致

극통[極痛] ① 몹시 심한 아픔. ② 가슴에 깊이 맺힌 고통. =지통(至痛). ① severe pain ② acute pain 極痛

극평[劇評] 연극에 대한 비평.「~가(家)」げきひょう drama criticism 劇評

극한[極限] 궁극의 한계. 사물의 끝닿은 데.「~ 투쟁(鬪爭)」きょくげん utmost limit 極限

극한[極寒] 몹시 심한 추위. =혹한(酷寒). ごっかん severe cold 極寒

극형[極刑] 가장 무거운 형벌. 곧, 사형(死刑). きょっけい capital punishment 極刑

극화[劇化] 사건·소설 따위를 극의 형식으로 각색함. げきか dramatization 劇化

근[斤]* ① 근 근: 근. 「斤數(근수)·斤量(근량)」 ② 도끼 근: 도끼. 「斤斧(근부)」 キン ② おの・まさかり 斤量

근[芹] 미나리 근: 미나리. 「芹菜(근채)」 キン・せり 芹菜

근:[近]* 가까울 근: 가깝다. 「近代(근대)·近日(근일)·近年(근년)·近似(근사)·近親(근친)·親近(친근)」 キン·ちかい 近代 近似

근[根]* ① 뿌리 근: 뿌리. 「木根(목근)·根幹(근간)·根莖(근경)」 ② 밑 근: 밑. 밑동. 근본. 「根據(근거)·根本(근본)」 コン ① ね 根莖 根本

근[筋] ① 힘줄 근: 힘줄. 「筋骨(근골)·筋脈(근맥)」 ② 힘 근: 힘. 체력. 「筋力(근력)」 キン ① すじ 筋骨

근:[僅]* ① 적을 근: 적다. 「僅少(근소)」 ② 겨우 근: 겨우. 「僅僅(근근)·僅僅得生(근근득생)」 キン ① わずか ② わずかに 僅少

근[勤]* 부지런할 근: 부지런하다. 「勤勉(근면)·勤務(근무)·勤勞(근로)」 キン·ゴン·つとめる 勤勉

근[槿] 무궁화 근: 무궁화. 「槿花(근화)·槿域(근역)」 キン·むくげ 槿域

근[瑾] 옥 근: 옥. 「瑾瑜(근유)」 キン 瑾瑜

근[懃] 은근할 근: 은근하다. 「慇懃(은근)·懃懇(근간)」 キン·ねんごろ 慇懃

근:[謹]* 삼갈 근: 삼가다. 「謹愼(근신)·謹拜(근배)」 キン·つつしむ 謹愼

근[覲] 뵈올 근: 뵙다. 「覲禮(근례)·覲參(근참)·覲親(근친)」 キン·まみえる 覲禮

근[饉] 흉년들 근: 흉년들다. 굶다. 「飢饉(기근)」 キン·うえる 飢饉

근각[勤恪] 부지런하고 삼감. 勤恪 きんかく
　　diligence and prudence

근:간[近刊] 최근에 간행됨. 또는 그 간행물. 「~ 도서(圖書)」 きんかん 近刊
　　recent publication

근:간[近間] 요사이. 요즈음. 近間
　　lately

근간[根幹] ① 뿌리와 줄기. ② 사물의 바탕이나 중심이 되는 부분. こんかん 根幹
　　① root and trunk ② basis

근거[根據] ① 생활이나 활동의 터전이 되는 곳. ② 의견·의논 따위의 원인 또는 밑바탕이 되는 것. こんきょ base 根據

근:거리[近距離] 가까운 거리. ↔원거리(遠距離). きんきょり short distance 近距離

근검[勤儉] 부지런하고 검소함. 「~ 절약(節約)」 きんけん thrift and diligence 勤儉

근:경[近景] 가까운 곳의 경치. ↔원경(遠景). きんけい 近景
　　near view

근:경[近境] 가까운 곳. 가까운 지방. きんきょう 近境
　　neighboring districts

근경[根莖] ① 뿌리와 줄기. ② 식물의 줄기가 변하여 뿌리처럼 땅 속으로 뻗어나간 땅속줄기의 하나. 뿌리줄기. こんけい ① roots and stems ② rootstock 根莖

근:고[近古] 그리 오래 되지 않은 옛날. 중고(中古)와 근세(近世)의 중간 시대. きんこ early modern age 近古

근고[勤苦] 애써 부지런히 일 勤苦

함. きんく working hard

근:고[謹告] 삼가 아룀. 고시(告示)하는 글의 첫머리에 쓰는 말. きんこく 謹告
informing with respect

근골[筋骨] ① 근육과 뼈. ② 몸매. 체격. きんこつ 筋骨
① sinews and bones ② physique

근공[勤工] 부지런히 공부함. 勤工
hard study

근:교[近郊] 도시의 주변 역. =교외(郊外). きんこう 近郊
suburbs

근:구[近口] 입만 대고 먹는 체만 함. 조금만 먹음. =접구(接口)·접순(接脣). 近口
eating a little

근:국[近國] 가까운 이웃 나라. ↔원국(遠國). きんこく 近國
neighboring country

근:근[僅僅] 겨우. 간신히. 「~이 먹고 살다」 barely 僅僅

근근간간[勤勤懇懇] 썩 부지런하고 정성스러운 모양. 勤勤懇懇
assiduity

근:근득생[僅僅得生] 겨우 겨우 살아남. 僅僅得生

근:근부지[僅僅扶持] 간신히 견디어 나감. 僅僅扶持
managing with difficulty

근:기[近畿] 서울에 가까운 지방. きんき 近畿

근기[根氣] ① 근본이 되는 힘. ② 참고 배겨 내는 힘. こんき 根氣
① perseverance ② energy

근기[根基] 뿌리를 박은 터전. =근저(根底). こんき root 根基

근:년[近年] 요 몇 해 사이. =근래(近來)·경년(頃年). きんねん recent years 近年

근농[勤農] 농사에 부지런히 힘씀. farming diligently 勤農

근:대[近代] ① 얼마 지나지 아니한 가까운 시대. ② 근세와 현대의 중간 시대. 「~문학(文學)」 きんだい 近代
① modern ages

근:대극[近代劇] 19세기 말엽부터 일어난 유럽의 사실극. きんだいげき modern drama 近代劇

근:동[近東] 유럽에 가까운 동양의 서쪽 지방. 터키·이란·이라크 등지. きんとう 近東
Near East

근:동[近洞] 가까이에 있는 동리. 近洞
neighboring village

근:래[近來] 요즈음. 「~에 드문 대작(大作)」 きんらい 近來
recently

근량[斤量] 무게. =중량(重量). きんりょう weight 斤量

근력[筋力] 근육의 힘. きんりょく muscular strength 筋力

근로[勤勞] 부지런히 일함. 「~자(者)」 きんろう labor 勤勞

근로 기준법[勤勞基準法] 근로 조건의 최저 수준을 규정한 법. Labor Standard Law 勤勞基準法

근로 소:득[勤勞所得] 근로로 얻는 소득. ↔불로 소득(不勞所得). きんろうしょとく 勤勞所得
earned income

근로자[勤勞者] 근로 소득으로 생활하는 사람. きんろうしゃ worker 勤勞者

근류[根瘤] 고등 식물의 뿌리에 생기는 혹 모양의 부분. 뿌리혹. こんりゅう 根瘤
root tubercles

근:린[近隣] 가까운 이웃. きんりん neighborhood 近隣

근맥[筋脈] 힘줄과 핏줄. 근육과 혈맥. きんみゃく 筋脈
sinews and blood vessels

근면[勤勉] 부지런히 힘씀. 勤勉

「~가(家)」きんべん diligence
근멸[根滅] 뿌리째 없애 버림. 根滅
=근절(根絶). rooting out
근모[根毛] 식물의 뿌리 끝 부 根毛
분에 나 있는 가느다란 털.
뿌리털. こんもう root hair
근:무[勤務] 직장에서 직무를 勤務
맡아 일함. きんむ work
근민[勤民] 부지런한 백성. き 勤民
んみん diligent people
근민[勤敏] 부지런하고 민첩 勤敏
함. きんびん
diligence and quickness
근:방[近方] ⇨근처(近處). 近方
근:배[謹拜] 삼가 절한다는 뜻 謹拜
으로, 편지 끝에 쓰는 말.
Yours truly
근:변[近邊] ⇨근처(近處). き 近邊
んぺん
근본[根本] 사물이 생겨나는 根本
바탕이 되는 것. こんぽん
origin
근:봉[謹封] 편지나 소포의 봉 謹封
한 자리에, 삼가 봉함이란 뜻
으로 쓰는 말.
근:사[近似] ① 아주 비슷함. 近似
きんじ ② 보기에 썩 그럴듯
함. 「~한 차림새」① approx-
imation ② splendidness
근:상[近狀] 요즈음의 형편. = 近狀
근황(近況). きんじょう
recent condition
근성[根性] 그 사람의 타고난 根性
성질. こんじょう nature
근:세[近世] ① 역사의 시대 近世
구분의 하나. 중세(中世)와
근대(近代) 사이의 시대. 「~
사(史)」「~ 조선(朝鮮)」②
가까운 지난날의 세상. きん
せい ① modern times
근:소[僅少] 얼마 되지 않을 僅少
만큼 아주 적음. きんしょう
a little

근속[勤續] 한 직장에서 오래 勤續
근무함. 「10년 ~」きんぞく
continuous service
근수[斤數] 근 단위로 단 무게 斤數
의 정도. きんすう weight
근:시[近時] 요즈음. きんじ 近時
these days
근:시[近視] 가까운 곳은 잘 近視
보이나 먼 곳은 잘 보이지 않
는 눈. 바투보기. 졸보기. ↔
원시(遠視). きんし 遠視
nearsightedness
근:시안[近視眼] 근시인 눈. 近視眼
きんしがん nearsightedness
근:신[近臣] 임금을 가까이에 近臣
서 모시는 신하. =시신(侍
臣). きんしん
근:신[謹身] 몸차림이나 행동 謹身
을 조심함. circumspection
근:신[謹愼] ① 말이나 행동을 謹愼
함부로 하지 아니하고 조심
함. ② 처벌의 한 가지. 학교
나 직장에서 일정 기간 등교
나 출근을 금하여 잘못을 반
성하게 하는 처벌. きんしん
① prudence ② disciplinary
confinement
근실[勤實] 부지런하고 착실 勤實
함. diligence and sincerity
근:엄[謹嚴] 조심성이 있고 엄 謹嚴
숙함. きんげん sobriety
근:업[近業] ① 최근의 작품. 近業
② 요즈음에 하는 사업. きん
ぎょう
근역[槿域] 무궁화가 많은 곳 槿域
이란 뜻으로, 우리 나라를 이
르는 말. Korea
근:영[近影] 최근에 찍은 인물 近影
사진. きんえい
latest photograph
근원[根源] ① 물줄기의 근본. 根源
② 사물이 생겨나는 본바탕.
こんげん ① source ② origin

근:위[近衞] 임금을 가까이에서 호위함. 「~병(兵)」 きんえい 近衞

근육[筋肉] 힘줄과 살. 「~질(質)」 きんにく muscle 筋肉

근:인[近因] 가까운 원인. 직접 원인. ↔원인(遠因). きんいん proximate cause 近因

근:일[近日] 요사이. 이즈음. =근자(近者). these days 近日

근:일점[近日點] 태양을 도는 천체가 궤도상에서 태양과 가장 가까워졌을 때의 위치. ↔원일점(遠日點). きんじつてん perihelion 近日點

근:자[近者] ⇨근일(近日). 近者

근:작[近作] 최근에 지은 작품. きんさく recent work 近作

근:저[近著] 최근에 지은 저서. きんちょ recent work 近著

근저[根底·根柢] 사물의 근본. 기초. こんてい foundation 根抵

근:저당[根抵當] 장차 생길 채권의 담보로 미리 질권(質權)이나 저당권을 설정함. 또는 그 저당. fixed collateral 根抵當債權

근절[根絶] 뿌리째 없애 버림. -근멸(根滅). こんぜつ eradication 根絶

근:접[近接] ① 가까이 다가옴. =접근(接近). ② 가까운 곳에 있음. 「서울에 ~한 신도시」 きんせつ ① approach 近接

근:정[謹呈] 삼가 증정(贈呈)함. きんてい presentation 謹呈

근:제[謹製] 삼가 제조함. 「○○사(社) ~」 きんせい carefully produced 謹製

근:조[謹弔] 삼가 조상(弔喪)함. sincere condolences 謹弔

근:족[近族] 가까운 친족. =근친(近親). near relative 近族

근:종[筋腫] 근육에 생기는 부스럼. きんしゅ myoma 筋腫

근:직[謹直] 조심성이 있고 정직함. きんちょく conscientiousness 謹直

근:착[近着] 최근에 도착함. 「~ 신간」 きんちゃく recent arrival 近着

근착[根着] ① 뿌리가 내림. ② 확실한 내력이나 주소. 根着

근참[覲參] 찾아가서 뵘. 覲參

근채[根菜] 뿌리를 먹는 채소. こんさい 根菜

근:처[近處] 가까운 곳. =근방(近方)·근변(近邊). neighborhood 近處

근:척[近戚] 가까운 친척. near relative 近戚

근:청[謹請] 삼가 청함. requesting with attention 謹請

근:청[謹聽] 삼가 귀담아 들음. きんちょう listening with attention 謹聽

근:촌[近寸] 가까운 촌수. ↔원촌(遠寸). nearby kinship 近寸

근:촌[近村] 가까운 마을. 가까이 있는 동네. neighboring village 近村

근치[根治] 병을 근본적으로 치료함. こんじ·こんち radical cure 根治

근:칙[謹飭] 삼가고 조심함. きんちょく circumspection 謹飭

근:친[近親] 가까운 친족. きんしん near relative 近親

근친[覲親] 시집간 딸이 친정에 가서 부모를 뵘. 覲親

근타[勤惰] ⇨근태(勤怠). きんだ 勤惰

근태[勤怠] 부지런함과 게으름. きんたい diligence and indolence 勤怠

근피[跟皮] 구두 뒤축 안에 대 跟皮

근:하[謹賀] 삼가 축하함.「~신년(新年)」きんが 謹賀 cordial congratulation

근:함[謹緘] 편지의 봉한 자리에, 삼가 봉함의 뜻으로 쓰는 말. 謹緘

근:해[近海] 육지와 가까운 바다. ↔원양(遠洋)·원해(遠海).「~ 어업(漁業)」きんかい 近海 neighboring waters

근행[勤行] ① 불도를 수행함. ② 부처 앞에서 독경(讀經)이나 예배 등을 하는 일. ごんぎょう 勤行 讀經 ② religious service

근행[覲行] 시집간 딸이 친정 어버이를 뵈러 친정에 감. 覲行

근:향[近鄕] 가까운 시골. = 근촌(近村). きんごう 近鄕 neighboring village

근:화[近火] 가까운 곳에서 난 화재. きんか 近火

근화[槿花] ⇨무궁화(無窮花). 槿花

근:황[近況] 최근의 형편. 요즘 상황(狀況). きんきょう 近況 狀況 recent condition

근:후[謹厚] 조심성스럽고 온후함.「~한 인품」きんこう 謹厚 prudence and gentleness

글라디올러스[gladiolus] 붓꽃과의 다년초. 여름에 긴 꽃줄기 끝에 깔때기 모양의 꽃이 이삭처럼 핌. グラジオラス 多年草

글라스노스트[glasnost] 정보 공개(情報公開). 개방. グラスノスチ 情報 公開

글라스울:[glass wool] 유리 솜. グラスウール 琉璃

글라스파이버[glass fiber] 유리 섬유. グラスファイバー 纖維

글라이더[glider] 활공기(滑空機). グライダー 滑空機

글라이드패스[glide path] 계기 비행 때, 무선 신호에 따라 활강하는 길. 無線 信號

글라이딩[gliding] 활공(滑空). 활주(滑走). グライディング 滑空

글래드스턴[Gladstone] 상자 모양의 여행용 가방. 旅行用

글래머[glamour] 육감적(肉感的). 肉感的

글래머걸:[glamour girl] 육체가 풍만하고 성적 매력이 있는 여성. グラマーガール 豊滿

글러브[glove] 권투·야구 등을 할 때, 손에 끼는 가죽 장갑. グローブ 掌甲

글레이즈[glaze] ① 유약(釉藥). ② 생선을 냉동 저장할 때, 생선에 만드는 얼음 피막(被膜). 釉藥

글레이징[glazing] ① 유리 끼우기. ② 관(管)의 이음새의 납을 가열하여 반들반들하게 하는 일. 加熱

글렌첸트[독 glänzend] 악보에서, '히러히게'의 뜻. 華麗

글로리아[라 Gloria] 신의 영광을 찬미한 노래. グロリア 榮光

글로:벌리즘[globalism] 세계 통합을 지향하는 자유 세계 경제 운영의 지도 이념. 지구주의. グローバリズム 理念

글로불린[globulin] 단순 단백질의 한 가지. 생물체에 널리 분포하며, 물에 녹지 않음. グロブリン 分布

글로빈[globin] 철이 들어 있는 색소체인 헴과 화합하여 헤모글로빈을 구성하는 단백질. グロビン 蛋白質

글로켄슈필:[독 Glockenspiel] 철금(鐵琴). 鐵琴

글루코오스[glucose] 포도당

(葡萄糖). グルコース

글루타민[glutamine] 단백질을 구성하는 아미노산의 한 가지. グルタミン

글루:텐[gluten] 밀 따위에 들어 있는 단백질. 글루탐산이 많음. グルテン

글리사드[프 glissade] 등산에서, 피켈이나 지팡이 등으로 제동을 걸면서 빙설의 사면(斜面)을 미끄러져 내려오는 기술. グリセード

글리산도[이 glissando] 하프 등의 현악기로 비교적 넓은 음역을 급속히 미끄러지듯 연주하는 방법. グリッサンド

글리세리드[glyceride] 글리세린의 지방산(脂肪酸) 에스테르의 총칭. グリセリド

글리세린[glycerin] 유지(油脂)의 가수 분해에 의해 만들어지는, 무색 투명의 끈끈한 액체. 화장품의 원료로 쓰임. グリセリン

글리신[glycine] 필수 아미노산의 한 가지. 동물성 단백질에 다량으로 함유되어 있는 백색 결정. グリシン

글리오톡신[gliotoxin] 열에 불안정한 제균성(制菌性) 항생 물질.

글리코:겐[glycogen] 동물의 간장·근육에 들어 있는 탄수화물의 하나. グリコーゲン

글리고시드[glycoside] 배당체(配糖體). グリコシド

금[今]* ①이제 금 : 이제. 지금. 「今時(금시)·今昔(금석)·今後(금후)·古今(고금)」 ②곧 금 : 곧. 당장. 「只今(지금)·今方(금방)」 ③오늘 금 : 오늘. 「今日(금일)·今朝(금조)·今夕(금석)」 コン·キン ①い

ま

금[金]* ①쇠 금 : 쇠. 쇠붙이. 「金屬(금속)·金石(금석)」 ②금 금 : 금. 「金鑛(금광)·金銀(금은)·黃金(황금)」 ③귀할 금 : 귀하다. 「金言(금언)·金科玉條(금과옥조)」 ④돈 금 : 돈. 「金錢(금전)·金額(금액)」 ⑤성 김 : 성의 하나. 「金氏(김씨)」 キン·コン ①かね ②こがね

금[衿] 옷깃 금 : 옷깃. 「衿喉(금후)·衿契(금계)」 キン·えり

금:[衾] 이불 금 : 이불. 「衾枕(금침)」 キン·ふすま

금[琴]☆ 거문고 금 : 거문고. 「琴曲(금곡)·琴道(금도)·琴線(금선)·琴心(금심)·洋琴(양금)」 キン·こと

금:[禁]* ①금할 금 : 금하다. 「禁戒(금계)·禁斷(금단)·禁止(금지)·禁煙(금연)·禁酒(금주)·禁漁(금어)」 ②대궐 금 : 대궐. 「禁中(금중)·禁門(금문)·禁闕(금궐)」 キン ①とどめる

금[禽]* ①새 금 : 새. 날짐승. 「禽獸(금수)·禽語(금어)·禽鳥(금조)」 ②사로잡을 금 : 사로잡다. 「禽殄(금진)·禽翦(금전)」 キン ①とり ②とりこ

금[擒] 사로잡을 금 : 사로잡다. 「擒縛(금박)·擒捉(금착)·擒生(금생)」 キン·とりこ·とらえる

금:[錦]☆ 비단 금 : 비단. 「錦衣(금의)·錦綺(금기)·錦繡江山(금수강산)」 キン·にしき

금[噤] 입 다물 금 : 입을 다물다. 「噤口(금구)·噤害(금해)」 キン·つぐむ

금[檎] 능금 금 : 능금. 사과.

「林檎(임금)」ゴ 林檎

금:[襟] ① 옷깃 금: 옷깃. 「襟章(금장)・襟喉(금후)」② 가슴 금: 가슴. 「襟抱(금포)・胸襟(흉금)・襟度(금도)」キン ① えり 胸襟 襟度

금각[金閣] ① 금으로 장식한 누각. ② 아름다운 누각. きんかく 金閣

금강력[金剛力] 굳세고 용감한 힘. こんごうりき Herculean strength 金剛力 勇敢

금강사[金剛砂] 석류석(石榴石) 가루. 금강석 다음 가는 경도를 가져 연마용(硏磨用)으로 쓰임. こんごうしゃ emery powder 金剛砂 石榴石

금강석[金剛石] 순수한 탄소의 결정으로 아름다운 광채가 나며 경도가 가장 높은 보석. こんごうせき diamond 金剛石 寶石

금갱[金坑] 금을 캐내는 구덩이. きんこう gold mine 金坑

금:계[禁戒] 금지하고 경계함. 또는 그 계율(戒律). きんかい 禁戒

금:계[禁界] 통행을 금하는 지역이나 그 경계(境界). off-limits area 禁界

금:계[錦鷄] 꿩과의 새. 수컷은 머리에 금빛 깃이 있음. きんけい golden pheasant 錦鷄

금고[金庫] 돈이나 귀중품 따위를 보관하기 위하여, 쇠붙이로 만든 상자. きんこ safe 金庫

금:고[禁錮] 자유형의 한 가지. 강제 노동을 시키지 않고 교도소에 가두기만 하는 형. きんこ imprisonment 禁錮

금곡[金穀] 돈과 곡식. =전곡(錢穀). きんこく money and grain 金穀

금:과[禁果] 기독교에서 말하는, 금단(禁斷)의 열매. forbidden fruit 禁果

금과옥조[金科玉條] 금이나 옥처럼 귀중히 여겨 지켜야 할 법칙이나 규정. 「~로 삼다」きんかぎょくじょう golden rule 金科玉條

금관[金冠] 금으로 만들거나 장식한 관. きんかん gold crown 金冠

금광[金光] 황금의 광채. 금빛. きんこう golden color 金光

금광[金鑛] ① 금을 캐내는 광산. ② 황금이 들어 있는 광석. きんこう ① gold mine ② gold ore 金鑛 石

금괴[金塊] 금덩이. きんかい gold bullion 金塊

금:구[衾具] 이부자리. =침구(寢具). bedclothes 衾具

금:구[禁句] ① 노래나 시에서 쓰기를 꺼리는 어구. ② 남의 감정을 해칠 염려가 있어 말하기를 꺼리는 어구. きんく taboo word 禁句

금구무결[金甌無缺] 조금도 흠이 없는 황금 단지처럼 완전하고 결점이 없다는 뜻으로, 외침(外侵)을 받은 적이 없는 완전 무결한 국가의 비유. きんおうむけつ 金甌無缺

금권[金券] 특정 범위 안에서 화폐로 통용되는 증권. きんけん gold note 金券

금권[金權] 돈을 많이 가짐으로써 생기는 권력. きんけん power of money 金權

금궤[金櫃] ① 금으로 장식하여 만든 궤. ② ⇨철궤(鐵櫃). きんき 金櫃

금기[今期] 이번 시기. 이번 기간. こんき this term 今期

금:기[禁忌] 꺼리어 금하거나 禁忌

싫어함. きんき　　　taboo

금:남[禁男] 남자의 출입을 금함. 「~의 집」 きんだん　禁男
forbidden to men

금납[金納] 조세 따위를 돈으로 냄. ↔물납(物納). 「~제(制)」 きんのう　金納
payment in money

금년[今年] 올해. こんねん・ことし　今年
this year

금니[金泥] 금가루를 아교에 갠 것. 서화(書畫)에 쓰임. =이금(泥金). こんでい・きんでい　金泥
gold paint

금:단[禁斷] 어떤 행위를 엄하게 금함. 「~의 열매」 きんだん　禁斷
prohibition

금:단 현:상[禁斷現象] 알코올・니코틴・모르핀 등의 중독자가 갑자기 그것을 끊었을 때 일어나는 정신적・신체적 증세. 오한・구토・망상 따위. きんだんげんしょう　禁斷現象
withdrawal symptoms

금당[金堂] 절에서, 본존(本尊)을 모신 불당. =본당(本堂). こんどう　金堂・本堂
main hall

금대[今代] 지금의 시대. 지금의 세상. =당대(當代). こんだい　今代
present age

금대[衿帶・襟帶] ① 옷깃과 띠. ② 산이나 강에 둘러싸인 요해처(要害處). きんたい　襟帶

금도[琴道] 거문고의 이치와 그것을 타는 법. 琴道

금:도[襟度] 남을 받아들이는 도량. きんど　襟度
magnanimity

금동[今冬] 올 겨울. こんとう　今冬
this winter

금동[金銅] 금도금을 하거나 금박을 입힌 구리. こんどう　金銅
gilt bronze

금란[金蘭] 벗 사이에 정이 매우 두터운 상태. 金蘭

금란지교[金蘭之交] 쇠처럼 단단하고 난초처럼 향긋한 교우(交友)란 말로, 두터운 친구의 정의를 비유한 말. =금란지계(金蘭之契). きんらんのまじわり　金蘭之交
close friendship

금래[今來] 지금에 이르기까지. 「고왕(古往)~」　今來
hitherto

금력[金力] 돈의 힘. =금권(金權). きんりょく　金力
power of money

금:렵[禁獵] 사냥을 금함. 「~구(區)」 きんりょう　禁獵
prohibition of hunting

금:령[禁令] 어떤 행위를 금지하는 명령. きんれい　禁令
prohibition

금류[禽類] 새 종류. =조류(鳥類). きんるい　禽類
birds

금리[金利] 빚돈이나 예금 등에 붙는 이자. きんり　金利　interest

금:리[禁裏] 대궐 안. =금액(禁掖). きんり　禁裏

금명간[今明間] 오늘이나 내일 사이. 今明間
in a day or two

금:문[禁門] ① 대궐의 문. ② 출입을 금지하는 문. きんもん　禁門

금:물[禁物] ① 함부로 쓰지 못하도록 금하는 물건. ② 해서는 안 될 일. きんもつ　禁物
prohibited thing

금박[金箔] 금을 종이처럼 얇게 늘인 것. 「~ 포장(包裝)」 きんぱく　金箔
gold leaf

금박[擒縛] 사로잡아 묶음. きんばく　擒縛

금발[金髮] 금빛이 나는 머리털. 「~ 미인(美人)」 きんぱつ　金髮
golden hair

금방[今方] 이제 곧. 지금 막. =방금(方今). 今方
just now

금:방[禁方] ① 함부로 전하지 않는 약방문. ② 비밀로 하여 함부로 가르치지 않는 술법. きんぽう ① esoteric prescription ② secret conjury

금배[金杯] 금으로 만든 잔. 또는 금도금을 한 잔. きんぱい　gold cup

금백[金帛] ① 금과 비단. ② 금전(金錢)과 포백(布帛). きんぱく　① gold and silk

금:벌[禁伐] 나무를 함부로 베지 못하게 금함. きんばつ prohibition of deforestation

금:법[禁法] 어떤 행위를 금지하는 법령. きんぽう

금보[琴譜] 거문고의 악보.

금본위[金本位] 금본위 제도(金本位制度)의 준말. きんほんい

금본위 제:도[金本位制度] 화폐의 단위 가치를 일정한 양의 금의 가치와 관련시킨 제도. ⓒ금본위(金本位). きんほんいせいど gold standard system

금분[金分] 광석 속에 들어 있는 순금(純金)의 비율. percentage of gold

금분[金粉] 금가루. 또는 금빛의 가루. きんぷん　gold dust

금불[金佛] 금으로 만든 불상. 또는 겉에 금을 입힌 불상. 금부처. きんぶつ gold statue of Buddha

금비[金肥] 돈을 주고 사서 쓰는 비료라는 뜻으로, 화학 비료를 이르는 말. ↔퇴비(堆肥). きんぴ chemical manure

금사[金砂] ① 금가루. =금분(金粉). ② 금박(金箔)의 가루. ③ 금빛이 나는 모래. きんしゃ

① gold dust ③ golden sand

금사[金絲] ① 금을 가늘게 뽑아 만든 실. ② 금빛이 나는 실. きんし　gold thread

금산[金山] 금이 나는 광산. =금광(金鑛). きんざん gold mine

금:산[禁山] 나라에서 나무를 베지 못하도록 금하는 산. reserved forest

금상[今上] 지금 왕위에 있는 임금. きんじょう

금상[金賞] 상의 등급을 금·은·동으로 나누었을 때의 일등상. きんしょう

금:상첨화[錦上添花] 비단 위에 꽃을 보탠다는 뜻으로, 좋은 일에 또 좋은 일이 더하을 이르는 말.

금색[金色] 황금같이 누른 빛깔. 금빛. きんいろ·こんじき·きんしょく　golden color

금:색[禁色] ① 색사(色事)를 금함. ② 지난날, 임금이 신하의 옷 빛깔을 제한하던 일. ① prohibition of sexual intercourse

금생[今生] 이승. 이 세상. こんじょう　this life

금:서[禁書] 법률로 도서의 출판·판매를 금하는 일. 또는 그 책. きんしょ forbidden book

금석[今夕] 오늘 저녁. こんせき·こんゆう　this evening

금석[今昔] 지금과 옛날. 현재와 과거. こんじゃく past and present

금석[金石] ① 쇠붙이와 돌. ② 몹시 굳고 단단함의 비유. 「～맹약(盟約)」 ③ 글자가 새겨진 돌이나 쇠붙이. きんせき　① metals and rocks ② adamant

금석뇌약[金石牢約] 쇠나 돌 같이 굳은 약속. firm promise 金石牢約

금석지감[今昔之感] 지금과 옛날을 비교해 볼 때 너무나 격차가 심함을 느끼는 감개. こんじゃくのかん 今昔之感

금선[金線] 금빛 물감이나 재료로 그은 선. きんせん 金線

금선[琴線] ① 가야금이나 거문고의 줄. ② 감동하고 공명하는 미묘한 심정. 「~을 울리다」 きんせん ② heartstrings 琴線

금성[金星] 태양계의 아홉 행성의 하나. 샛별. =명성(明星). きんせい Venus 金星

금성[金城] 견고한 성. 방비가 튼튼한 성. 「~철벽(鐵壁)」 きんじょう strong castle 金城鐵壁

금:성[禁城] 왕이 거처하는 성. =궁성(宮城). きんじょう royal palace 禁城

금세[今世] 이승. 이 세상. =현세(現世)·금생(今生). こんせ·こんせい this life 今世

금소[今宵] 오늘 밤. =금야(今夜). こよい tonight 今宵

금속[金屬] 쇠붙이. きんぞく metal 金屬

금수[禽獸] 날짐승과 길짐승. =조수(鳥獸). 「~만도 못한 사람」 きんじゅう birds and beasts 禽獸

금:수[禁輸] 수입과 수출을 금함. 「~품(品)」 きんゆ embargo 禁輸

금:수[錦繡] 비단과 수. 또는 수를 놓은 비단. 「~강산(江山)」 きんしゅう brocade and embroidery 錦繡江山

금슬[琴瑟] ① 거문고와 비파. ② 금실의 원말. きんしつ 琴瑟

금시[今時] 이제. =지금(只今)·금방(今方). 「~발복(發福)」「~초문(初聞)」 こんじ·いまどき now 今時

금:식[禁食] 계율(戒律)을 지키거나 어떤 결심을 보이려고 음식을 먹지 아니함. 「~기도」 fast 禁食

금실[←琴瑟] 금실지락(琴瑟之樂)의 준말. きんしつ 琴瑟

금실지락[←琴瑟之樂] 부부 사이의 다정하고 화목한 즐거움. 준금실(琴瑟). conjugal happiness 琴瑟之樂

금:압[禁壓] 억눌러서 못하게 함. きんあつ suppression 禁壓

금액[金額] 돈의 액수(額數). 「지급(支給) ~」 きんがく amount of money 金額

금야[今夜] 오늘 밤. こんや tonight 今夜

금어[金魚] ① 금붕어. きんぎょ ② 고려 때, 사품(四品) 이상의 문관이 관복을 입을 때에 차던, 붕어처럼 만든 황금빛의 주머니. ① goldfish 金魚

금:어[禁漁] 고기잡이를 금함. 「~구(區)」 きんぎょ prohibition of fishing 禁漁

금언[金言] 생활하는 데 본보기로 삼을 만한 귀중한 내용의 짧은 어구(語句). =격언(格言). きんげん maxim 金言

금:연[禁煙] ① 담배를 피우지 못하게 금함. 「장내(場內)~」 ② 담배를 끊음. きんえん ① no smoking ② giving up smoking 禁煙

금오[金烏] 태양의 별칭. 「~옥토(玉兎)」 きんう sun 金烏

금옥[金玉] ① 금과 옥. ② 금관자와 옥관자. 또는 그것을 붙인 사람. きんぎょく ① gold and jade 金玉

금요일[金曜日] 칠요일(七曜日)의 여섯째 날. きんよう Friday

금:욕[禁慾] 본능적인 욕망을 억누름. 특히 성욕(性慾)을 억누르는 일. 「~주의(主義)」 きんよく abstinence

금원[金員] 돈의 액수. ≒금액(金額). きんいん amount of money

금월[今月] 이 달. こんげつ this month

금융[金融] ① 자금의 수요와 공급의 관계. ② 돈의 융통. きんゆう ① finance

금융 기관[金融機關] 자금의 융통을 원활하게 하는 경제 기관. 은행 따위. きんゆうきかん banking institution

금융단[金融團] 금융업을 하는 업체의 연합체. きんゆうだん financial syndicate

금융 실명제[金融實名制] 은행 예금·주식 매매 등 모든 금융 거래를 거래자의 실명으로 하도록 의무화하는 제도.

금융 자본[金融資本] 은행 자본과 산업 자본이 밀접히 결합한 자본. きんゆうしほん financial capital

금은[金銀] 금과 은. 「~보화(寶貨)」 きんぎん gold and silver

금:의[錦衣] 비단옷. 「~환향(還鄕)」 きんい clothes of brocade

금:의야행[錦衣夜行] 비단옷을 입고 밤에 간다는 뜻으로, 아무도 알아주지 않는 보람 없는 행동을 함을 이르는 말.

금인[今人] 지금 사람. 현대에 사는 사람. ↔고인(古人). こんじん

금일[今日] 오늘. 오늘날. きょう·こんにち today

금일봉[金一封] 종이에 싼 돈. 금액을 밝히지 않고 남에게 줄 때 이르는 말. きんいっぷう enclosure of money

금자[今者] 요즈음. ≒현금(現今)·지금(只今). こんしゃ present

금자[金字] 금박(金箔)을 올리거나 금니(金泥)로 쓴 글자. きんじ gold letter

금자탑[金字塔] ① 피라미드. ② 불멸의 업적의 비유. 「~을 쌓다」 きんじとう ① pyramid ② monumental achievement

금잔[金盞] 금으로 만들거나 금도금을 한 술잔. gold cup

금잔화[金盞花] 국화과의 일년초. 유럽 원산으로, 여름에 황적색 꽃이 핌. きんせんか pot marigold

금:장[禁葬] 어떤 자리에 송장을 묻지 못하게 함. prohibition of burial

금:장[標章] 군인이나 학생 등의 제복 옷깃에 다는 휘장. えりしょう collar badge

금장도[金粧刀] ① 금으로 장식한 장도. ② 나무로 된 칼에 금칠을 한, 의장(儀仗)의 한 가지. ① gold pocketknife

금전[金錢] ① 쇠붙이로 만든 돈. ② 돈. きんせん money

금전 등록기[金錢登錄器] 자동적으로 금전의 출납을 기록하고, 또 금전을 보관하는 기계. きんせんとうろくき cash register

금전옥루[金殿玉樓] 화려하게 지은 전각과 누대. きんでんぎょくろう

금점[金店] ⇨금광(金鑛).

금:제[禁制] 법으로 어떤 일이나 행위를 금함. 또는 그 법규.「~품(品)」きんせい　interdiction

금조[今朝] 오늘 아침. =금단(今旦). こんちょう・けさ　this morning

금조[禽鳥] 날짐승. きんちょう　birds

금:족[禁足] 외출을 금지하는 일.「~령(令)」きんそく　confinement

금주[今週] 이번 주. 이 주일. こんしゅう　this week

금:주[禁酒] ① 술을 마시지 못하게 함.「~령(令)」② 술을 끊음. =단음(斷飮)·단주(斷酒). きんしゅ
① prohibition ② temperance

금:중[禁中] 대궐. 궁궐. =금성(禁城). きんちゅう　royal palace

금:지[禁止] 어떤 일을 못하게 함.「통행(通行) ~」きんし　prohibition

금:지[禁地] 함부로 드나들지 못하게 막는 지역. restricted area

금:지[錦地] 상대편을 높이어, 그가 '사는 곳'을 이르는 말. =귀지(貴地). きんち　your place

금지옥엽[金枝玉葉] 황금으로 된 나뭇가지와 옥으로 된 잎사귀라는 뜻으로, ① 임금의 집안과 자손을 이름. ② 귀여운 자손을 이름. きんしぎょくよう　① person of royal birth ② precious children

금철[金鐵] ① 금과 철. ② 견고한 사물의 비유. きんてつ
① gold and iron ② firmness

금추[今秋] 올 가을. こんしゅう　this autumn

금춘[今春] 올 봄. こんしゅん　this spring

금치[金齒] 금으로 만든 의치(義齒). 금니. きんば　gold tooth

금:치산[禁治産] 백치 등의 심신 상실자를 보호하고자 법원이 법률상, 본인 스스로가 재산을 관리할 능력이 없음을 인정하고 재산을 처분하지 못하도록 하는 제도. きんじさん·きんちさん　incompetency

금:칙[禁飭] 하지 못하게 타이름. きんちょく　admonition

금:침[衾枕] 이부자리와 베개. きんちん　bedclothes and a pillow

금파[金波] ① 금빛으로 반짝이는 물결. きんぱ ② 곡식이 누렇게 익은 들판의 비유.
① golden waves

금패[金牌] 금으로 만든 상패(賞牌). きんぱい　gold medal

금품[金品] 돈과 물품. きんぴん　money and other articles

금혈[金穴] 금줄에 금이 박혀 있는 곳. きんけつ　gold mine

금:혼[禁婚] ① 통혼을 금함. ② 왕조 때, 세자(世子)·세손(世孫)의 비(妃)를 간택하는 동안에는 백성들의 혼인을 금하던 일.
prohibition of marriage

금혼식[金婚式] 결혼 50주년을 축하하는 의식. きんこんしき　golden wedding

금화[金貨] 금이 주성분인 주조 화폐. きんか　gold coin

금환식[金環蝕] 일식(日蝕)으로 태양의 빛이 달의 둘레에 고리처럼 보이는 상태. きんかんしょく　annular eclipse

금:회[襟懷] 가슴에 깊이 품고 있는 회포. きんかい 襟懷

금후[今後] 앞으로. 이제로부터 뒤. =이후(以後). こんご hereafter 今後

금휘[琴徽] 기러기발. =안족(雁足)·안주(雁柱). bridge 琴徽

급[及]* ① 미칠 급:미치다. 「波及(파급)·言及(언급)·普及(보급)·及第(급제)」 ② 및 급:및. 「日月及星辰(일월급성신)」 キュウ ① およぶ 波及 及第

급[扱] 다룰 급:다루다. 「取扱(취급)」 ソウ·あつかう 取扱

급[汲] ① 물 길을 급:물을 긷다. 푸다. 「汲路(급로)·汲水(급수)·汲泉(급천)」 ② 급할 급:급하다. 「汲汲(급급)」 ③ 당길 급:당기다. 「汲引(급인)」 キュウ ① くむ 汲泉 汲引

급[急]* ① 급할 급:급하다. 「急救(급구)·急擊(급격)·急進(급진)」 ② 빠를 급:빠르다. 「急行(급행)·急流(급류)·急速度(급속도)」 キュウ ① いそぐ 急進 急流

급[級]* ① 등급 급:등급. 「等級(등급)·級數(급수)·上級(상급)」 ② 목 급:목. 「首級(수급)」 キュウ ① しな 級數

급[給]* ① 줄 급:주다. 「供給(공급)·俸給(봉급)·給與(급여)」 ② 넉넉할 급:넉넉하다. 「給足(급족)」 ③ 말 잘할 급:말을 잘하다. 「捷給(첩급)」 キュウ ① たまう 供給 給與

급각도[急角度] 급한 각도. きゅうかくど acute angle 急角度

급감[急減] 갑작스럽게 줄어 줄임. ↔급증(急增). きゅうげん sudden reduction 急減

급강하[急降下] 급속히 밑으로 내려옴. 「기온(氣溫)이 ~하다」 きゅうこうか 急降下

sudden drop

급거[急遽] 별안간. 갑작스럽게. 「~ 상경(上京)」 きゅうきょ in a hurry 急遽

급격[急激] 급하고 격렬함. 「~한 변화」 きゅうげき suddenness 急激

급격[急擊] 갑작스럽게 공격함. きゅうげき sudden attack 急擊

급고[急告] 급히 알림. =급보(急報). きゅうこく urgent message 急告

급구[急求] 급히 구함. 急求

급구[急救] 급히 구해 줌. きゅうきゅう 急救

급급[汲汲] 한 가지 일에만 정신을 쏟아 여유가 없는 모양. きゅうきゅう 汲汲

급기야[及其也] 마침내. =필경(畢竟). finally 及其也

급난[急難] 위급한 곤란. きゅうなん imminent calamity 急難

급등[急騰] 물가 따위가 갑자기 오름. ↔급락(急落). きゅうとう sudden rise 急騰

급락[及落] 급제와 낙제. きゅうらく success or failure 及落

급락[急落] 물가나 시세 따위가 갑자기 떨어짐. ↔급등(急騰). きゅうらく sudden depreciation 急落

급랭[急冷] ① 갑자기 차가워짐. 또는 급히 냉각함. ② 금속을 가열했다가 물이나 기름에 넣어 급히 식힘. きゅうれい 急冷

급료[給料] ① 일한 데 대한 보수(報酬). きゅうりょう ② 지난날, 하급 관원에게 급료로 쌀을 주던 일. =요급(料給). salary 給料

급류[急流] 물살이 빠르게 흐름. 또는 그렇게 흐르는 흐 急流

름. 「~에 휩쓸리다」 きゅうりゅう　　　rapid stream

급매[急賣] 물건 등을 급히 팖. 急賣
きゅうばい

급모[急募] 급히 모집함. 「판매원 ~」 きゅうぼ 急募
urgent invitation

급무[急務] 급히 해야 할 일. 急務
「목하(目下)의 ~」 きゅうむ
urgent business

급박[急迫] 눈앞에 닥쳐 매우 急迫
급함. 「~한 상황(狀況)」 きゅうはく　　being urgent

급변[急變] ① 갑자기 달라짐. 急變
② 갑자기 생긴 변고(變故).
きゅうへん ① sudden change
② emergency

급병[急病] 갑자기 생긴 병. 몹시 위급한 병. =급증(急症)·급환(急患). きゅうびょう 急病
sudden illness

급보[急步] 급히 걸음. 또는 急步
그런 걸음걸이. ↔완보(緩步). きゅうほ 緩步

급보[急報] 급히 알림. 또는 急報
급한 기별. きゅうほう
urgent message

급부[給付] 재물 따위를 내어 給付
줌. きゅうふ　　　delivery

급비[給費] 비용을 대어 줌. 給費
또는 그 비용. 「~생(生)」
きゅうひ supply of expenses

급사[急死] 갑자기 죽음. =돈사(頓死). きゅうし 急死 頓死
sudden death

급사[急使] 급한 일로 보내는 急使
사자(使者). きゅうし
express messenger

급살[急煞] 갑자기 닥치는 재액(災厄). the worst fate 急煞

급살탕[急煞湯] 갑자기 닥치는 재앙. sudden calamity 急煞湯

급서[急書] 급한 일을 알리는 急書
편지. きゅうしょ
express message

급서[急逝] 갑자기 세상을 떠 急逝
남. きゅうせい sudden death

급선무[急先務] 급하게 먼저 急先務
해야 할 일.
the most urgent business

급성[急性] 증세가 갑자기 일어 急性
나거나 빨리 악화되는 성질.
「~전염병」 きゅうせい
acuteness

급소[急所] ① 몸 가운데서 조 急所
금만 다쳐도 목숨에 관계되는
중요한 곳. ② 사물의 가장 중
요한 부분. きゅうしょ
① vital part

급속[急速] 몹시 빠름. =질속(疾速). きゅうそく rapidity 急速

급속도[急速度] 빠른 속도. きゅうそくど rapid speed 急速度

급송[急送] 급히 서둘러서 보냄. 急送
「의약품을 ~하다」 きゅうそう
sending in haste

급수[汲水] 물을 길음. きゅうすい 汲水

급수[級數] ① 일정한 법칙에 級數
따라 증감하는 수를 차례로
배열한 수열. ② 우열에 따른
등급을 나타내는 수. きゅうすう　　　① progression

급수[給水] 물을 공급함. 「~ 給水
차(車)」 きゅうすい
water supply

급습[急襲] 갑자기 습격함. きゅうしゅう sudden attack 急襲

급식[給食] 공장이나 학교 능 給食
에서 끼니 음식을 줌. きゅうしょく　　supply of food

급신[急信] 급한 일을 알리는 急信
통신. きゅうしん
urgent message

급양[給養] ① 물건을 대어 수 給養
어 양성함. ② 생활에 필요한

의식을 공급함. きゅうよう
　　　　　　　maintenance
급여[給與] ① 돈이나 물품을 給與
줌. 또는 그 물품. ② 급료나
수당을 통틀어 이르는 말.
「~액(額)」きゅうよ
　　　　　① supply ② pay
급용[急用] ① 급히 쓸 일. ② 急用
급한 용건(用件). きゅうよう
　　　　　② urgent business
급우[級友] 같은 학급의 친구. 級友
=동급생(同級生). きゅうゆう
　　　　　　　classmate
급유[給油] 휘발유 등의 연료 給油
를 공급함. 「~소(所)」きゅ
うゆ　　　　　　oil supply
급전[急電] 급히 보내는 전보 急電
나 전화. きゅうでん
　　urgent telegram [telephone]
급전[急錢] 급히 쓸 돈. 急錢
　　　urgently needed money
급전[急轉] 갑자기 형편이 바 急轉
뀜. 「~직하(直下)」きゅうて　直下
ん　　　　　sudden change
급전[給電] 전력(電力)을 공급 給電
함. 「~시설(施設)」きゅう
でん　　　　electric supply
급정거[急停車] 급히 차가 섬. 急停車
또는 급히 차를 세움. きゅう
ていしゃ　　　sudden stop
급정지[急停止] 급히 멈춤. 또 急停止
는 급히 멈추게 함. きゅうて
いし　　　　　sudden stop
급제[及第] 시험에 합격함. きゅ 及第
うだい　　　　　　passing
급조[急造] 급히 만듦. 「~가 急造
건물(假建物)」きゅうぞう
　　　　hurried construction
급증[急症] 갑자기 생긴 병. 急症
=급병(急病). きゅうしょう
　　　　　　sudden illness
급증[急增] 갑자기 늘어남. ↔ 急增
급감(急減). 「수요(需要) ~」
きゅうぞう　　rapid increase
급진[急進] 급하게 나아감. ↔ 急進
점진(漸進). 「~주의(主義)」
きゅうしん　　　radicalism
급탄[給炭] 석탄·연탄 등을 공 給炭
급함. きゅうたん　　coaling
급파[急派] 급히 파견함. きゅ 急派
うは　　　　　　dispatch
급행[急行] ① 급히 감. ② 急行
급행 열차나 급행 버스. きゅ
うこう
　　① going in a hurry ② express
급혈[給血] 수혈(輸血)할 피를 給血
공급함. きゅうけつ
　　　　　supply of blood
급환[急患] ① 위급한 병. ② 急患
급병에 걸린 환자. きゅうか
ん　　　　① sudden illness
긍ː[亘] 뻗칠 긍ː뻗치다. 길치 亘
다. 「亘古(긍고)·亘萬古(긍만
고)」コウ・わたる
긍ː[肯]* ① 옳이 여길 긍ː옳 肯
이 여기다. 「肯定(긍정)·首 肯 定
肯(수긍)·肯從(긍종)」② 뼈에 首 肯
붙은 살 긍ː뼈에 붙은 살.
「肯綮(긍경)」コウ ① うべな
う・がえんじる
긍ː[矜] ① 자랑할 긍ː자랑하 矜 持
다. 「矜持(긍지)·矜誇(긍과)」
② 불쌍히 여길 긍ː불쌍히 여
기다. 「矜愍(긍민)·矜哀(긍 矜 哀
애)」キョウ ① ほこる ② あ
われむ
긍ː[兢] ① 두려워할 긍ː두려 兢
워하다. 「戰戰兢兢(전전긍
긍)·兢懼(긍구)」② 삼갈 긍ː 兢 懼
삼가다. 조심하다. 「兢戒(긍
계)」キョウ ② つつしむ
긍ː**긍**[兢兢] 두려워 조마조마 兢 兢
해 하는 모양. 「전전(戰戰)
~」きょうきょう　trembling
긍ː**낙**[肯諾] 수긍하여 승낙함. 肯諾
こうだく　　　　　consent

긍:민[矜愍] 가엾게 여김. = 矜愍
긍련(矜憐). きょうびん　pity

긍:의[肯意] 긍정하는 의사. 肯意
affirmation

긍:정[肯定] 그렇다고 인정함. 肯定
↔부정(否定). こうてい
affirmation

긍:지[肯志] 찬성하는 뜻. = 肯志
긍의(肯意). approval

긍:지[矜持] 자신이 있어 떳떳 矜持
하게 여기는 자랑. きょうじ
pride

긍:휼[矜恤] 가엾게 여겨 돌보 矜恤
아 줌. きょうじゅつ　pity

기[己]* ① 몸 기:몸. 자기.
「利己(이기)·己身(기신)·克己 利己
復禮(극기복례)」 ② 여섯째 천
간 기:천간의 하나. 「己卯 己卯
(기묘)·己酉(기유)」 コ·キ ①
おのれ ②つちのと

기[企]* ① 꾀할　기:꾀하다.
계획하다. 「企圖(기도)·企劃 企圖
(기획)·企業(기업)」 ② 바랄
기:바라다. 「企待(기대)·企 企待
望(기망)·企仰(기앙)」 キ ①
くわだてる

기[伎] ① 재주 기:재주. 「伎
倆(기량)」 ② 광대 기:광대. 伎倆
예능. 「伎樂(기악)」 ③ 천천히 伎樂
걸을 기:천천히 걷다. 「伎伎
(기기)」 キ·ギ ① わざ

기[肌] 살 기:살. 피부. 「肌理
(기리)·肌骨(기골)·肌膚(기 肌骨
부)」 キ·はだ

기:[妓] ① 기생 기:기생. 「妓
生(기생)·妓家(기가)·妓女(기 妓生
녀)」 ② 갈보 기:갈보. 「娼妓 娼妓
(창기)」 ギ·あそびめ·うたい
め

기[岐] ① 갈라질 기:갈라지
다. 둘로 나누이다. 「岐路(기 岐路
로)·岐傍(기방)·多岐(다기)」
② 산 이름 기:산 이름. 「岐

山(기산)」 キ ① わかれる

기[忌]* ① 꺼릴　기:꺼리다.
「忌嫌(기혐)·忌憚(기탄)·禁忌 忌憚
(금기)」 ② 미워할 기:미워하
다. 시기하다. 「忌刻(기각)· 忌刻
忌憎(기증)」 ③ 제사 기:제
사. 기제. 「忌日(기일)·忌祭
(기제)·忌故(기고)」 キ ① い
む·いまわしい

기:[技]* 재주 기:재주. 재
능. 「技藝(기예)·技能(기능)·
特技(특기)·技術(기술)」 ギ· 技藝
わざ

기[杞] ① 구기자 기:구기자.
「枸杞(구기)·枸杞子(구기자)」 枸杞
② 갯버들 기:갯버들. 「杞棘
(기극)」 ③ 나라 이름 기:나
라 이름. 「杞憂(기우)」 キ 杞憂

기[汽] 김 기:김. 증기. 「汽車 汽車
(기차)·汽罐(기관)·汽船(기
선)·汽笛(기적)」 キ·ゆげ

기[其]* 그 기:그. 그것. 「其
間(기간)·其人(기인)·其他(기 其間
타)·其後(기후)」 キ·その· 其後
それ

기[奇]* ① 기이할 기:기이하
다. 괴이하다. 「奇怪(기괴)· 奇怪
奇異(기이)·奇妙(기묘)·奇謀 奇妙
(기모)」 ② 홀수 기:홀수.
「奇數(기수)」 ③ 때 못 만날
기:기구하다. 「奇薄(기박)」
キ ① あやしい·めずらしい

기[祈]* 빌 기:빌다. 기도. 祈禱
「祈願(기원)·祈禱(기도)·祈雨 祈雨
(기우)」 キ ① いのる

기[紀]* ① 벼리 기:벼리. 「紀 紀綱
綱(기강)·紀律(기율)·軍紀(군
기)」 ② 해 기:해. 기년. 「紀
元(기원)·世紀(세기)·西紀(서
기)·檀紀(단기)」 ③ 기록할 西紀
기:기록하다. 「紀念(기념)·
紀行(기행)·紀事(기사)」 キ
① のり ③ しるす

기[氣]* ① 기운 기:기운.「氣力(기력)·氣盡(기진)·氣短(기단)·氣勢(기세)」② 날씨 기:날씨.「氣候(기후)·氣象(기상)·大氣(대기)」③ 공기 기:공기.「氣球(기구)·氣體(기체)」④ 숨 기:숨.「氣管支(기관지)·氣孔(기공)·氣息(기식)」キ·ケ ①いきおい ④いき

기:[耆] 늙은이 기:늙은이.「耆老(기로)·耆德(기덕)·耆年(기년)」キ·おさ·としより

기[記]* ① 적을 기:적다. 기록하다.「記錄(기록)·筆記(필기)·記寫(기사)」② 기억할 기:기억하다.「記憶(기억)·暗記(암기)」③ 글 기:글.「記事(기사)·手記(수기)·日記(일기)」キ ①しるす

기[豈]☆ ① 어찌 기:어찌.「豈可(기가)·豈不(기불)」② 승전악 개:승전하고 울리는 음악.「豈樂(개악)」ガイ ①あに

기[起]* ① 일어날 기:일어나다.「起床(기상)·起臥(기와)·起因(기인)·起立(기립)」② 일으킬 기:일으키다. 시작하다.「起工(기공)·起債(기채)·起業(기업)」キ ①おきる ②おこす

기[飢]* ① 주릴 기:주리다.「飢餓(기아)·飢寒(기한)·飢渴(기갈)」② 흉년들 기:흉년이 들다.「飢饉(기근)·飢年(기년)」キ ①うえる

기[基]* ① 터 기:터. 기초.「基地(기지)·基礎(기초)」② 근본 기:근본.「基幹(기간)·根基(근기)」キ ①もと·もとい

기[寄]☆ ① 부처살 기:부처살다.「寄居(기거)」② 맡길 기:맡기다. 부탁하다.「寄託(기탁)」キ ①よる

기[崎] 산길 험할 기:산길이 험하다.「崎險(기험)·崎嶇(기구)」キ·けわしい·さき

기[旣]* 이미 기:이미.「旣往(기왕)·旣刊(기간)·旣決(기결)」キ·すでに

기[幾]* ① 얼마 기:얼마. 몇.「幾何(기하)·幾次(기차)」② 기미 기:기미.「幾微(기미)」③ 때 기:때. 기회.「幾運(기운)」④ 거의 기:거의.「幾至死境(기지사경)·幾死(기사)」キ ①いく ④ちかい·ほとんど

기[朞] 돌 기:돌.「朞年(기년)·朞服(기복)」キ

기[期]* ① 기약할 기:기약하다.「期約(기약)·期成(기성)·期必(기필)」② 때 기:때. 시일.「期日(기일)·期間(기간)·時期(시기)」③ 한정 기:한정.「期限(기한)·任期(임기)」④ 돌 기:돌.「期年(기년)」⑤ 바랄 기:바라다.「期待(기대)·期望(기망)」キ·ゴ ②とき

기[棄]☆ 버릴 기:버리다.「棄却(기각)·廢棄(폐기)·棄權(기권)」キ·すてる

기[棋·碁] 바둑 기:바둑. 장기.「棋院(기원)·棋局(기국)·棋石(기석)·將棋(장기)」キ·ご

기[欺]☆ 속일 기:속이다. 거짓.「詐欺(사기)·欺瞞(기만)·欺騙(기편)」キ·あざむく

기[琪] 옥 기:옥.「琪樹(기수)·琪花瑤草(기화요초)」キ

기:[嗜] ① 즐길 기:즐기다.「嗜慾(기욕)·嗜酒(기주)·嗜客(기객)」

(기객)」② 좋아할 기:좋아하다. 「嗜好(기호)·嗜玩(기완)」 シ·たしなむ

기[碁] ⇨기(棋·棊).

기[畸] 기이할 기:기이하다. 병신. 「畸人(기인)·畸形(기형)」 キ·ことなる

기[旗]☆① 기 기:기. 깃발. 「旗幟(기치)·國旗(국기)·旗手(기수)·旗幅(기폭)·反旗(반기)」② 대장기 기:대장의 기. 「旗艦(기함)」 キ·はた

기[箕]① 키 기:키. 「箕斂(기렴)」② 걸터앉을 기:걸터앉다. 「箕坐(기좌)」③ 별 이름 기:별 이름. 「箕宿(기수)·箕星(기성)」 キ·①み

기[綺]① 비단 기:비단. 「綺羅(기라)」② 아름다울 기:아름답다. 「綺窓(기창)·綺閣(기각)」 キ①あや·あやぎぬ ② うつくしい

기[畿]☆ 경기 기:경기. 서울 근방. 「京畿(경기)·畿內(기내)·畿湖(기호)」 キ·みやこ·さかい

기[冀] 바랄 기:바라다. 원하다. 「冀圖(기도)·冀望(기망)·冀願(기원)」 キ·こいねがう

기[器]☆① 그릇 기:그릇. 「器物(기물)·器具(기구)·土器(토기)·木器(목기)」② 도량 기:도량. 「器量(기량)·德器(덕기)·器才(기재)」③ 쓰일 기:쓰이다. 「器用(기용)」 キ ① うつわ

기[機]☆① 틀 기:틀. 기계. 「機械(기계)·機器(기기)·機甲(기갑)」② 기미 기:기미. 기회. 「機會(기회)·機運(기운)·天機(천기)」③ 베틀 기:베틀. 「機織(기직)」 キ ③ はた

기[璣]① 구슬 기:구슬. 「璣玉(기옥)」② 별 이름 기:별 이름. 「璣衡(기형)」 キ ① た ま

기[磯] 물가 기:물가. 「磯館(기관)·磯根(기근)」 キ·いそ

기[騎]☆ 말 탈 기:말을 타다. 「騎馬(기마)·騎兵(기병)·騎士(기사)·輕騎(경기)」 キ·のる

기[譏]① 꾸짖을 기:꾸짖다. 「譏謗(기방)·譏訕(기산)·譏評(기평)」② 살필 기:살피다. 「譏察(기찰)」 キ ① そしる ② しらべる

기[麒] 기린 기:기린. 「麒麟(기린)」 キ

기[饑]① 주릴 기:주리다. 「饑渴(기갈)·饑餓(기아)」② 흉년 들 기:흉년 들다. 「饑年(기년)·饑饉(기근)」 キ ① うえる

기[羈]① 굴레 기:굴레. 「羈旅(기려)」② 잡아맬 기:잡아매다. 「羈絆(기반)·羈束(기속)」 キ ① おもがい·きずな ② つなぐ

기[驥] 천리마 기:천리마. 「驥馬(기마)·驥尾(기미)」 キ

기:가[妓家] 기생집.

기각[棄却]① 쓰지 아니하고 버림. ② 법원에서 수리한 소송을 심리한 결과, 그 이유가 없는 것이나 절차가 틀린 것, 또는 기간을 경과한 것 등을 도로 물리치는 일. 「상고(上告) ~」 ききゃく rejection

기각지세[掎角之勢]① 사슴을 잡을 때 한 사람은 달아나는 사슴의 뒷다리를 붙잡고, 한 사람은 사슴 앞에서 뿔을 잡는다는 뜻으로, 앞뒤에서 적을 제압하는 태세를 이르는 말. ② 두 영웅이 대치하여 세력을 다투는 형세를 이르는

말. きかくのいきおい
② rivalry

기간[其間] 그 동안. 그 사이. 其間
　　meantime

기간[基幹] 기본이나 기초가 基幹
　되는 중요한 부분. =근간(根
　幹).「~ 산업(産業)」きかん
　　mainstay

기간[既刊] 이미 간행됨. 또는 既刊
　이미 간행된 간행물. きかん
　　previous publication

기간[期間] 어느 일정한 때에 期間
　서 다른 어느 때까지의 사이.
　「~이 짧다」きかん period

기간[旗竿] 깃대. はたざお 旗竿
　　flagstaff

기갈[飢渇] 배고픔과 목마름. 飢渇
　きかつ starvation and thirst

기갑 부대[機甲部隊] 기세와 機甲
　부대와 장갑 부대의 총칭. き 部隊
　こうぶたい armored forces

기강[紀綱] 기율(紀律)과 질서. 紀綱
　きこう principle

기개[氣概] 굽히지 않는 꿋꿋 氣概
　한 의기. =기골(氣骨). きが
　い unyielding spirit

기객[棋客] 바둑을 두는 사람. 棋客
　きかく・ききゃく

기거[起居] ① 일상적인 생활. 起居
　② 몸을 움직여 하는 모든 짓.
　ききょ ① daily living

기거[寄居] 남의 집에서 한동 寄居
　안 머물러 지냄. ききょ

기걸[奇傑] 드물게 보는 뛰어 奇傑
　난 인물. きけつ
　　remarkable man

기겁[←氣急] 갑자기 매우 놀 氣急
　라거나 겁에 질리어 다급한
　소리를 지름. being aghast

기결[起結] 시작과 끝맺음. き 起結
　けつ beginning and finishing

기결[既決] 이미 결정됨. ↔미 既決
　결(未決). きけつ settlement

기경[起耕] 생땅이나 묵힌 땅 起耕
　을 일구어 논밭을 만듦.
　　reclamation of wasteland

기경기효[起敬起孝] 한층 더 起敬
　부모를 공경하고 효도함. 起孝

기계[奇計] 기묘한 계책. きけ 奇計
　い clever scheme

기계[器械] 연장과 기구, 또는 器械
　간단한 기계(機械) 등의 총
　칭. きかい instrument

기계[機械] 동력으로 움직여서 機械
　일정한 일을 하게 만든 장치. 裝置
　きかい machine

기계 공업[機械工業] 기계를 工業
　사용하여 생산하는 공업. ↔
　수공업(手工業). きかいこう
　ぎょう machine industry

기계론[機械論] 모든 현상을 機械論
　물질적・기계적인 법칙에 따
　라 설명하려는 이론. ↔목적
　론(目的論). きかいろん
　　mechanism

기계 수뢰[機械水雷] 수중에 水雷
　설치하여 함선(艦船)이 건드
　리면 터지게 만든 폭발물. 준
　기뢰(機雷). きかいすいらい
　　submarine mine

기계적[機械的] ① 기계로 일 機械的
　을 하는 것. ② 기계가 움직이
　듯 수동적・맹목적으로 하는
　것.「~인 인간」きかいてき
　　mechanical

기계화[機械化] ① 사람의 노 機械化
　동력 대신에 기계를 사용함. 導入
　② 사람의 언행이 자주성을 잃
　고 기계적으로 됨. きかいか
　　mechanization

기고[忌故] 기제사(忌祭祀)를 忌故
　지내는 일. 또는 그 제사.

기고[起稿] 원고를 쓰기 시작 起稿
　함. =기초(起草). きこう
　　drafting

기고[寄稿] 원고를 신문이나 寄稿

잡지에 실도록 보냄. きこう contribution

기고[旗鼓] ① 군기(軍旗)와 북. ② 병력과 군세(軍勢). きこ ① ensign and drum ② army and military power

기고만장[氣高萬丈] ① 일이 뜻대로 되어 기세가 대단함. ② 몹시 성이 나 있음. ① elation

기곤[飢困] 굶주려 고달픔. きこん hardship

기골[肌骨] 살과 뼈. きこつ flesh and bone

기골[奇骨] ① 특이한 골상. ② 뛰어난 기상. きこつ ① remarkable countenance ② remarkable spirit

기골[氣骨] ① 기혈(氣血)과 골격. ② 꿋꿋한 기개. きこつ ① body frame ② mettle

기공[技工] ① 손으로 가공하는 기술. 또는 그런 기술을 가진 사람. ② 솜씨. ③ 능숙한 기술자. ぎこう ② skill ③ craftsman

기공[奇功] 특별히 뛰어난 공로. きこう remarkable merit

기공[起工] 공사를 시작함. ↔ 준공(竣工). 「~식(式)」きこう start of work

기공[氣孔] ① 곤충류의 숨구멍. ② 식물의 표피에 있는 작은 구멍. きこう pore

기관[技官] 기술을 맡아보는 공무원. 「토목(土木) ~」ぎかん technical official

기관[汽罐] 밀폐된 용기 안에서 물을 끓이어 고온·고압의 증기를 얻는 장치. きかん boiler

기관[奇觀] 신기한 광경. 볼 만한 경치. きかん strange sight

기관[氣管] 척추동물의 목에서 기관지까지 이어진 관. 숨통. きかん trachea

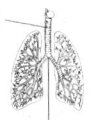
〔기관〕

기관[器官] 여러 조직으로 이루어져, 일정한 모양과 기능을 가진 생물체의 한 부분. きかん organ

기관[機關] ① 화력·전력·수력 등의 에너지를 기계 에너지로 바꾸는 장치. ② 어떤 목적을 위해 설치된 조직. 「보도(報道) ~」きかん ① engine ② organ

기관지[氣管支] 기관의 아래쪽에서 좌우로 갈라져 양쪽 폐에 이어지는 가는 관. きかんし bronchus

기관지[機關紙] 기관에서 펴내는 신문. きかんし bulletin

기관차[機關車] 객차나 화차를 끌고 달리는 데 쓰는, 동력 장치를 갖춘 철도 차량. きかんしゃ locomotive

기관총[機關銃] 탄환이 자동으로 장전되면서 연속 사격할 수 있게 만든 총. 준기총(機銃). きかんじゅう machine gun

기괴[奇怪] 이상야릇함. 「~망측(罔測)」きかい mysteriousness

기교[技巧] ① 교묘한 솜씨나 기술. ② 예술에서의 표현상의 솜씨나 기술. ぎこう ① technique ② mechanism

기교[奇巧] 기이하고 교묘함. きこう exquisiteness

기교[奇矯] 언행이 보통과 다름. ききょう　eccentricity 奇矯

기구[祈求] 기도(祈禱)하여 바람. 　prayer 祈求

기구[起句] ① 시문(詩文)의 첫 구. ② 한시(漢詩)의 맨 첫 구. ↔결구(結句). きく　opening line 起句

기구[氣球] 공기보다 가벼운 기체를 넣어 공중에 띄우는 공 모양의 큰 주머니. ききゅう　balloon 氣球

기구[寄口] 남의 집에서 한 식구처럼 사는 사람. きこう　hanger-on 寄口

기구[崎嶇] ① 산길이 험준함. ② 세상살이가 순탄하지 못하고 가탈이 많음. 「~한 운명」 きく ① steepness ② adversity 崎嶇

기구[冀求] 바라고 구함. =희구(希求). ききゅう　hope 冀求

기구[器具] ① 세간・그릇・연장 등의 총칭. ② 간단한 기기나 도구류. きぐ　implement 器具

기구[機構] ① 기계의 짜임새. 기계 내부의 구조. ② 단체나 기관의 유기적인 조직. 「~신설(新設)」 きこう　① structure ② organization 機構

기국[棋局] ① 바둑판. ② 바둑이나 장기의 국면(局面). ききょく 棋局

기국[器局] 도량(度量)과 재간. ききょく　capacity 器局

기굴[奇崛] 용모가 기이하고 허우대가 큼. きくつ　good looks 奇崛

기궁[奇窮] 살기가 몹시 어려움. 　destitution 奇窮

기궁[饑窮] 굶주리어 몸시 고생함. ききゅう　suffering from hunger 饑窮

기권[氣圈] 지구 둘레의, 대기가 있는 범위. =대기권(大氣圈). きけん　atmosphere 氣圈

기권[棄權] 권리를 버리고 행사하지 않음. きけん　abandonment 棄權

기근[氣根] 식물의 줄기에서 나와 공기 중에 드러나 있는 뿌리. きこん　aerial root 氣根

기근[饑饉・饑饉] ① 흉년으로 식량이 모자라서 굶주림. ② 필요한 물자가 크게 부족함. ききん　famine 饑饉

기금[基金] 어떤 목적을 위하여 적립하여 두는 자금. 「재해(災害) ~」 ききん　fund 基金

기급[企及] 바라던 바를 이룸. ききゅう　attainment 企及

기기[汽機] ⇒증기 기관(蒸氣機關). 汽機

기기[器機] 기구(器具)와 기계를 통틀어 이르는 말. きき　machinery and tools 器機

기기묘묘[奇奇妙妙] 매우 기묘함. ききみょうみょう　extreme strangeness 奇奇妙妙

기남[奇男] 재주와 슬기가 남달리 뛰어난 사나이. きだん　remarkable man 奇男

기낭[氣囊] ① 새의 폐에 딸려 있는, 얇은 막으로 된 공기 주머니. ② 기구(氣球) 등의 가스를 넣는 주머니. きのう　① air sac ② gasbag 氣囊

기내[畿內] 서울을 중심으로 한 가까운 주변 지역 안. きない　capital area 畿內

기내[機內] 항공기의 안. 「~방송」「~식(食)」きない　inside of aircraft 機內

기네스북[Guinness Book] 영국의 맥주 회사 기네스사(社)가 해마다 발행하는 세계 최고 기록집(記錄集). 記錄集

기:녀[妓女] ① ⇨ 기생(妓生). ② 지난날, 의약·침구·바느질·가무 등을 배워 익히던 관비의 총칭. ぎじょ·ぎにょ

기년[祈年] 풍년이 들기를 빎. 「~제(祭)」 きねん
　praying for a good harvest

기년[紀年] 기원(紀元)에서부터 센 햇수. きねん

기:년[耆年] 예순 살이 넘은 나이. きねん

기년[期年] ① 만 1년이 되는 해. 1주년. ② 기한이 되는 해. きねん ① one full year ② expiring year

기년복[朞年服] 일년 동안 입는 상복. 준기복(朞服).

기념[祈念] 기원(祈願)하는 마음. きねん　prayer

기념[紀念·記念] 어떤 뜻깊은 일을 잊지 않고 생각함. 「~품(品)」 きねん
　commemoration

기:능[技能] 기술상의 재주와 능력. ぎのう　skill

기능[機能] ① 생물체의 생명 유지를 위한 활동 능력. ② 사물의 역할이나 작용. きのう
　function

기니피그[guinea pig] 쥣과의 작은 짐승. 페루 원산으로 쥐와 비슷한데 꼬리가 없음. 생물학·의학 실험용으로 쓰임. 속칭은 모르모트.

기단[氣團] 온도·습도 등이 거의 같으며 수평 방향으로 넓게 퍼져 있는 공기 덩어리. =기괴(氣塊). 「열대 ~」 きだん　air mass

기단[基壇] 건축물·비석 등의 기초가 되는 단. きだん
　foundation stone

기담[奇談·奇譚] 이상하고 재미있는 이야기. きだん
　strange story

기담[氣痰] 가래가 목구멍에 걸려서 뱉지도 삼키지도 못하고 가슴이 답답한 병.

기대[期待] 어느 때로 기약하여 이루어지기를 바람. きたい
　expectation

기도[企圖] 일을 이루려고 꾀함. 또는 그 계획. きと
　attempt

기도[祈禱] 신불에게 비는 일. きとう　prayer

기도[氣道] 공기가 폐에 드나드는 통로. きどう　airway

기도[期圖] 기약하여 꾀함.

기독교[基督敎] 세계 3대 종교의 하나. 예수 그리스도를 구세주로 믿고 그의 가르침을 받듦. 예수교. キリストきょう
　Christianity

기동[奇童] 신기하게 꾀와 재주가 많은 아이. きどう
　child prodigy

기동[起動] ① 몸을 일으켜 움직임. =기신(起身). ② 기관의 운전을 시작함. きどう
　① movement ② starting

기동[機動] ① 조직적이며 기민하게 움직이는 행동. ② 군대가 상황에 따라 부대나 무기를 기민하게 전개 행동하는 일. 「~ 부대(部隊)」 きどう
　① maneuver ② movement

기동력[機動力] 상황에 따라 재빨리 이동할 수 있는 능력. きどうりょく　mobility

기동차[汽動車] 전기나 유류(油類) 등을 써서 운전하는 철도 차량. 준동차(動車). きどうしゃ
　internal-combustion railcar

기득[旣得] 이미 얻음. 「~권

(權)」きとく
being already acquired

기라[綺羅] ① 곱고 아름다운 비단. ② 아름답고 고운 옷. きら ① fine brocade

기라성[綺羅星] 어두운 밤에 반짝반짝 빛나는 무수한 별. きらぼし glittering stars

기략[機略] 때와 형편에 알맞은 계략. =기지(機智). きりゃく resource

기:량[技倆·伎倆] ⇨기능(技能).

기량[器量] 재능과 도량. =기국(器局). きりょう ability

기려[奇麗] 눈부시게 고움. きれい

기려[羈旅] 나그네. きりょ vagabond

기력[氣力] ① 일을 감당해 낼 수 있는 힘. =근력(筋力). きりょく ② 압착된 공기의 힘. ① capability

기력[機力] 기계의 힘.

기로[岐路] 갈림길. きろ forked road

기:로[耆老] 예순 살이 넘은 노인. きろう person over sixty

기록[記錄] ① 사실을 적음. 또는 그 문서. ② 운동 경기 등의 성적. 또는 그 최고 수준. 「~을 깨뜨리다」 きろく ① recording ② record

기록 문학[記錄文學] 사실 그대로를 객관적으로 기록한 문학 작품. きろくぶんがく documentary literature

기록 영화[記錄映畫] 사실을 그대로 찍은 영화. ↔극영화(劇映畫). きろくえいが documentary film

기론[奇論] 기이한 이론(理論). きろん

기롱[欺弄] 남을 속이고 놀림. きろう derision

기롱[譏弄] 실없는 말로 남을 놀림. 희롱함. ridicule

기뢰[機雷] 기계 수뢰(機械水雷)의 준말. きらい

기:루[妓樓] 창기(娼妓)를 두고 영업을 하는 집. =창루(娼樓)·청루(靑樓). ぎろう brothel

기류[氣流] 대기 중에서 일어나는 공기의 흐름. 「이상(異常)~」 きりゅう current of air

기류[寄留] ① 본적지 이외의 지역에 머물러 있음. ② 남의 집이나 객지에서 머물러 삶. きりゅう
① temporary residence

기린[麒麟] ① 아프리카 특산인 기린과의 짐승. ② 성인(聖人)이 이 세상에 나올 조짐으로서 나타난다고 하는 상상의 동물. きりん ① giraffe

기린아[麒麟兒] 슬기와 재주가 뛰어난 사람. きりんじ prodigy

기립[起立] 일어섬. 「~ 자세(姿勢)」 きりつ standing up

기마[騎馬] ① 말을 탐. =승마(乘馬). きば ② 타는 말.
① riding a horse

기만[欺瞞] 남을 그럴듯하게 속임. 「~성(性)」 ぎまん deception

기말[期末] 어느 기간의 끝. きまつ end of a term

기망[企望] 일이 이루어지기를 바람. =기대(企待). きぼう expectation

기망[祈望] 빌고 바람. きぼう prayer

기망[旣望] 음력 16일. 또는

기망~기병

그날 밤의 달. きぼう sixteenth night of a lunar month

기망[幾望] 음력 14일. 또는 그날 밤의 달. きぼう fourteenth night of a lunar month

기맥[氣脈] ① 기혈(氣血)과 맥락(脈絡). ② 서로 통하는 낌새. 「~상통(相通)」 きみゃく ① vein ② connection

기면[嗜眠] 극도의 쇠약·고열 등으로 외계의 자극에 응하는 힘이 약해져서 수면 상태에 빠져드는 일. 「~성(性) 뇌염(腦炎)」 しみん lethargy

기명[記名] 이름을 적음. ↔무기명(無記名). 「~ 투표(投票)」 きめい signature

기모[奇謀] 기묘한 꾀. きぼう ingenious stratagem

기모[起毛] 직물(織物) 표면의 섬유를 쓸어 보풀이 일게 함. きもう napping

기묘[奇妙] 기이하고 묘함. 이상야릇함. きみょう strangeness

기:무[妓舞] 기생이 추는 춤.

기무[機務] 기밀한 정무(政務). きむ secret affairs

기문[奇文] 기이하고 묘한 글. strange writing

기문[奇聞] 이상한 소문. =진문(珍聞). きぶん strange news

기물[器物] 살림살이에 쓰는 그릇붙이와 기구(器具)를 통틀어 이르는 말. =기명(器皿). きぶつ utensils

기미[氣味] ① 냄새와 맛. ② 생각과 취미. きみ ① smell and taste ② thought and hobby

기미[機微] 낌새나 눈치. きび signs

기민[機敏] 눈치가 빠르고 동작이 날램. =민첩(敏捷). きびん smartness

기민[饑民] 굶주린 백성. きみん starved people

기밀[氣密] 기체(氣體)가 통하지 않게 밀폐됨. きみつ airtightness

기밀[機密] 정치·군사상의 중요한 비밀. 「~ 문서(文書)」 きみつ secrecy

기박[奇薄] 운수가 기구하고 복이 없음. 「팔자가 ~하다」 being unlucky

기반[基盤] 기초가 될 만한 지반. 기본이 되는 자리. 「~이 튼튼하다」 きばん base

기반[羈絆] ① 굴레. ② 자유를 구속하는 일. =속박(束縛). きはん ② restraint

기발[奇拔] 유달리 재치 있고 뛰어남. 「~한 아이디어」 きばつ novelty

기백[氣魄] 씩씩한 기상과 진취적인 정신. きはく forceful spirit

기범선[機帆船] 동력 기관과 돛을 아울러 갖춘 비교적 작은 배. きはんせん motor sailing vessel

기:법[技法] 기술상의 방법. ぎほう technique

기벽[奇癖] 괴이한 버릇. きへき eccentric habit

기변지교[機變之巧] 그때 그때의 정황에 따라 쓰는 교묘한 수단. きへんのこう

기별[奇別·寄別] ① 소식을 전해 줌. 또는 그 통지. ② 조선 때, 승정원(承政院)에서 처리한 일을 널리 알리던 일. ① information

기병[奇病] 흔히 볼 수 없는

기이한 병. きびょう strange disease

기병[起兵] 군사를 일으킴. raising an army

기병[騎兵] 말을 타고 싸우는 군사. =기마병(騎馬兵). きへい cavalry

기보[既報] 이미 알림. 또는 이미 알린 보고나 보도.「~한 바와 같이」きほう previous report

기보[棋譜] 바둑 두는 방법을 적은 책. きふ

기복[起伏] ① 산이나 길 따위의 높낮이. =고저(高低). ② 세력이 강해졌다 약해졌다 함. =성쇠(盛衰). きふく ① undulation ② rise and fall

기복[朞服] 기년복(朞年服)의 준말.

기본[基本] 사물의 기초와 근본.「~ 문법(文法)」きほん foundation

기본적 인권[基本的人權] 인간으로서 당연히 가지고 있는 기본적인 권리. きほんてきじんけん fundamental human rights

기봉[奇峰] 생김새가 기묘한 산봉우리. きほう fantastic peak

기봉[起峰] 잇닿은 산줄기에서 가장 높이 솟은 산봉우리. towering peak

기봉[機鋒] ① 날카로운 칼끝. ② 날카로운 논조. =예봉(銳鋒). きほう ① point

기부[肌膚] 살. 살가죽. =피부(皮膚). きふ skin

기부[寄附] 어떤 일을 도울 목적으로 재물을 내놓음.「~금(金)」きふ donation

기부[基部] 기초가 되는 부분. きぶ base

기부족[氣不足] 기력이 부족함. 또는 그로 인하여 생기는 병.

기분[氣分] 어떤 분위기나 몸 상태에 따라 심신에 절로 느껴지는 감정의 상태. きぶん feelings

기분파[氣分派] 기분에 좌우되어 행동하는 사람. きぶんは temperamental person

기비[基肥] 씨를 뿌리거나 모를 내기 전, 또는 나무를 심기 전에 주는 비료. きひ・もとごえ initial manure

기:사[技士] 기술직 6급 공무원. ぎし technical official

기:사[技師] 관청이나 회사에서 전문적인 기술 업무를 맡아보는 사람. ぎし engineer

기사[奇事] 기이한 일. きじ strange thing

기사[記事] ① 사실을 적음. 또는 그 글. ② 신문·잡지 따위에 실린 사실을 알리는 글.「삼면(三面) ~」きじ ① description ② article

기사[記寫] ① 기록하여 씀. ② 보고 베낌. ① recording

기사[棋士] 바둑이나 장기를 전문적으로 두는 사람. きし

기사[騎士] ① 말을 탄 사람. ② 중세 유럽의 무인(武人). 또는 그 계급을 일컫는 말. きし ① rider ② knight

기사[餓死] 굶어 죽음. =아사(餓死). きし starvation

기사근생[幾死僅生] 거의 다 죽어 가던 사람이 겨우 살아남. restoration from death

기사도[騎士道] 용맹·의협·예절의 존중 등 기사 계급 특유의 기풍과 도덕. きしどう

knighthood
기사회생[起死回生] 죽을 뻔한 중병이나 처지에서 도로 살아남. きしかいせい
restoration from death

기산[起算] 기점(起點)을 정하여 세어 나감. 세기 시작함. 「~점(點)」きさん
starting to count

기상[奇想] 기발한 생각. 「~천외(天外)」きそう
fantastic idea

기상[起床] 잠자리에서 일어남. =기침(起寢). 「~ 나팔」きしょう
getting up

기상[氣象] ① 타고난 성품(性品). =기질(氣質). ② 대기(大氣)의 현상(現象). 「~ 관측(觀測)」きしょう ① nature ② atmospheric phenomena

기상[氣像] 타고난 성품과 몸가짐. spirit

기상[機上] 비행기의 안. 또는 비행기를 타고 있음. 「~ 전망(展望)」きじょう
being on a plane

기색[起色] 어떤 일이 일어날 낌새. signs

기색[氣色] ① 감정의 작용으로 나타나는 얼굴빛. ② 어떤 모양이나 눈치. きしょく・けしき
looks

기색[氣塞] 심한 정신적 충격으로 숨이 일시 막히는 일.
suffocation

기색[饑色・飢色] 굶주린 안색. きしょく
hungry appearance

기:생[妓生] 지난날, 잔치나 술자리에서 노래나 춤 따위로 흥을 돋구는 일을 업으로 삼던 여자.

기생목[寄生木] 겨우살잇과의 상록 관목. 참나무・자작나무 등에 기생하는데 줄기와 잎은 약재로 쓰임. やどりぎ

기생충[寄生蟲] ① 다른 동물에 붙어서 영양분을 빨아먹고 사는 벌레. 회충・촌충 따위. ② 자기는 일을 하지 아니하고 남에게 의지해서 사는 사람의 비유. きせいちゅう parasite

기생 화:산[寄生火山] 화산의 중턱이나 기슭에 새로 분화해서 생긴 화산. きせいかざん
parasite volcano

기서[寄書] ① 편지를 부침. 또는 부친 그 편지. 「~인(人)」② 원고를 보냄. 또는 그 원고. =기고(寄稿). きしょ
① sending a letter ② contribution

기석[碁石・棋石] 바둑돌. ごいし

기선[汽船] 증기의 힘으로 가는, 규모가 큰 배. きせん
steamship

기선[機先] 어떤 일이 일어나려 하는, 또는 무슨 일을 하려 하는 그 직전. 「~을 제압하다」きせん
taking the initiative

기선[機船] 발동기선(發動機船)의 준말. きせん

기설[既設] 이미 설치되어 있음. ↔미설(未設). きせつ
having already constructed

기성[奇聲] 괴이한 소리. 기묘한 발성(發聲). きせい
peculiar voice

기성[既成] ① 이미 이루어져 있거나 만들어져 있음. 「~복(服)」② 어떤 부문에서 이미 지위나 지격을 이룸. 「~ 작가(作家)」きせい
having already been made

기성[期成] 어떤 일을 이룰 것을 기약함. 「~ 동맹(同盟)」「~회(會)」 きせい 期成會

기세[氣勢] 무슨 일을 하려고 내뻗는 힘찬 기운. 또는 그 형세. きせい　　　dash 氣勢

기세[棄世] ① 세상을 버림. = 별세(別世). ② 세상을 초탈 (超脫)하여 나서지 않음. 「~은둔(隱遁)」
　　　　① decease ② seclusion 棄世 超脫

기소[起訴] 법원에 공소(公訴)를 제기함. 특히 검사의 제소(提訴). 「~ 처분(處分)」 きそ　　　prosecution 起訴

기소[欺笑] 남을 업신여겨서 비웃음. きしょう　ridicule 欺笑

기속[羈束] ① 얽어 매어 묶음. ② 늑박아서 자유를 주지 않음. =기반(羈絆)·구속(拘束). きそく　　fastening 羈束

기송[記誦] 기억하여 욈. きしょう　　recitation 記誦

기수[忌數] 꺼리어 싫어하는 숫자. 4, 13 따위. きすう
　　　unauspicious number 忌數

기수[奇數] 2로 나눌 수 없는 정수(整數). 홀수. ↔우수(遇數). きすう　odd number 奇數 遇數

기수[起首] 어떤 일의 첫머리. 일의 발단. きしゅ beginning 起首

기수[旣遂] 이미 일을 끝냄. ↔미수(未遂). きすい
　　　　　consummation 旣遂

기수[基數] 기수법에서 기초가 되는 수. 십진법에서는 0에서 9까지의 정수. きすう
　　　　　cardinal number 基數

기수[旗手] ① 기로 신호하는 일을 맡은 사람. ② 군대나 단체가 행진할 때, 그 표지가 되는 기를 드는 사람. きしゅ
　　　　② standard-bearer 旗手

기수[機首] 항공기의 앞머리. 「~를 돌리다」 きしゅ
　　　nose of an airplane 機首

기수[騎手] ① 말을 타는 사람. ② 경마에서 경주마를 타는 사람. きしゅ　① rider ② jockey 騎手

기:숙[耆宿] 덕망이 있고 경험이 풍부한 노인. きしゅく
　　　experienced old man 耆宿

기숙[寄宿] 남의 집에서 신세를 지면서 지냄. 「~사(舍)」 きしゅく　　　lodging 寄宿

기:술[技術] ① 어떤 일을 재간 있게 해내는 재주. 「~자(者)」 ② 이론을 실지로 응용하는 재주. ぎじゅつ
　　　① skill ② technique 技術

기술[奇術] ① 기묘한 재주. ② 색의 눈을 교묘하게 속여 이상야릇한 일을 해 보이는 요술. きじゅつ　jugglery 奇術

기술[記述] 기록하여 서술함. 또는 그 기록. きじゅつ
　　　　　description 記述

기습[奇習] 이상스런 풍습. きしゅう　　strange custom 奇習

기습[奇襲] 갑자기 습격함. 「~공격(攻擊)」 きしゅう　raid 奇襲 攻擊

기승[氣勝] 남에게 굽히지 않는 굳세고 억척스러운 성미나 기세. 「~을 부리다」
　　　　　　unyielding 氣勝

기승전결[起承轉結] 한시(漢詩)에서 절구(絶句)를 구성하는 법. 시정(詩情)을 일으키는 것을 기(起), 그것을 이어 받는 것을 승(承), 소재를 발전시키는 것을 전(轉), 맺는 것을 결(結)이라 함. きしょうてんけつ
introduction, development, turn and conclusion 起承轉結 漢詩

기식[氣息] 들이쉬고 내쉬는 氣息

숨. =호흡(呼吸). 「~엄엄(奄奄)」きそく breath

기식[寄食] 남의 집에서 신세를 지면서 지냄. きしょく sponging

기식[器識] 기량(器量)과 식견(識見). きしき ability and knowledge

기신[忌辰] 세상을 떠난 사람이나 세상을 떠난 사람의 가족을 높이어 그 '제삿날'을 이르는 말. きしん anniversary of sb's death

기신[起身] ① 몸을 움직여 일어남. 「~을 못 하다」 ② 몸을 빼쳐 관계를 끊음. ① rising ② secession

기실[其實] ① 그 실상. ② 실지로. そのじつ ① fact

기아[飢餓・饑餓] 굶주림. きが hunger

기아[棄兒] 어버이로부터 버림받은 아이. きじ・すてご abandoned child

기아 수출[飢餓輸出] 외화(外貨)를 얻기 위하여 국민의 생활에 필요한 물자마저 수출하는 일. きがゆしゅつ hunger export

기악[器樂] 악기로 연주하는 음악. ↔성악(聲樂). きがく instrumental music

기악곡[器樂曲] 악기로 연주하도록 만들어진 악곡. きがっきょく

기안[起案] 공식적인 문서의 초안(草案)을 만드는 일. =기초(起草). きあん drafting

기암[奇巖] 기이하게 생긴 바위. 「~ 절벽(絕壁)」 きがん rocks of fantastic shape

기압[汽壓] 기관(汽罐) 안의 증기의 압력. きあつ steam pressure

기압[氣壓] 대기(大氣)의 압력. 「고(高)~」 きあつ atmospheric pressure

기압계[氣壓計] 기압을 재는 장치. きあつけい barometer

기약[奇藥] 효험이 신기한 약. きやく specific

기약[氣弱] ① 원기가 약함. ② 기백이 약함.

기약[期約] 때를 정하여 약속함. 「재회(再會)를 ~하다」 きやく pledge

기어[奇語] 기이한 말. =기언(奇言). きご queer word

기어[gear] ① 톱니바퀴. ② 전동 장치(傳動裝置). ギア

기억[記憶] 지난 일 등을 잊지 않고 외어 둠. 또는 그 내용. 「~력(力)」 きおく memory

기언[奇言] ⇨기어(奇語).

기업[企業] ① 사업을 계획함. ② 영리를 목적으로 계속해서 경영하는 조직체. 또는 그 사업. きぎょう enterprise

기업[起業] 새로 사업을 시작함. きぎょう promotion

기업[基業] ① 기초가 되는 사업. ② 대대로 물려 오는 사업과 재산. きぎょう ① basic business ② hereditary business and property

기여[寄與] ① 이바지함. 공헌함. ② 보내 줌. =증여(贈與). きよ ① contribution ② presentation

기역[其亦] 그 역시. 그것 또한. それまた also

기연[奇緣] 기이한 인연. きえん strange fate

기연[機緣] ① 기회(機會). 계기(契機). ② 불교에서, 부처의 교화를 받을 만한 인연의

기틀을 이룸. きえん

기염[氣焰] 호기로운 기세. 대단한 기세. 「~을 토하다」 きえん　氣焰　high spirit

기영[機影] 날고 있는 비행기의 모습. 또는 그 그림자. きえい　機影　sight of a plane

기:예[技藝] 기술상의 재주와 솜씨. ぎげい　技藝　arts

기예[氣銳] 무슨 일을 해내려는 기백이 날카로움. 「신진(新進) ~의 인재(人材)」 きえい　氣銳　spiritedness

기온[氣溫] 대기의 온도. 「~상승(上昇)」 きおん　氣溫　temperature

기와[起臥] 일어남과 누움. 곧, 일상 생활. =기거(起居). きが　起臥　daily life

기왕[既往] ①이전. 그전. =과거(過去). ②이왕에. きおう　既往　① the past ② already

기왕증[既往症] 전에 앓은 적이 있는 병. きおうしょう　既往症　anamnesis

기왕지사[既往之事] 이미 지나간 일. 既往之事　bygones

기외[其外] 그 외. 그 밖. =기타(其他). そのほか　其外　rest

기요[紀要] 중요한 부분을 적어 놓은 것. =적요(摘要). きよう　紀要　summary

기요[起擾] 소란을 일으킴. 起擾　raising a disturbance

기요[프 guyot] 꼭대기가 넓고 평탄한 해산(海山). 海山

기:욕[嗜慾] 하고 싶은 일을 하며 즐기려는 욕심. しよく　嗜慾

기용[起用] 사람을 뽑아 씀. 「인재(人材) ~」 きよう　起用　employment

기우[杞憂] 중국 고대 기(杞)나라 사람이 하늘이 내려앉 杞憂 지나 않을까 하고 걱정했다는 고사(故事)에서, '쓸데없는 걱정'을 이르는 말. きゆう　unnecessary anxiety

기우[奇遇] 기이한 인연으로 만남. きぐう　奇遇　chance meeting

기우[祈雨] 가물 때 비가 오기를 빎. 「~제(祭)」 きう　祈雨　祈雨祭　praying for rain

기우[氣宇] 기개와 도량. 「~장대(壯大)」 きう　氣宇壯大

기우[寄寓] 한동안 남의 집에서 몸을 의지하고 지냄. 「~처(處)」 きぐう　寄寓　lodging

기운[氣運] 되어 가는 형편. きうん　氣運　tendency

기운[氣韻] 글씨나 그림 등에서 풍기는 품격 높은 멋. きいん　氣韻　elegance

기운[機運] 기회와 운수. 「~성숙(成熟)」 きうん　機運

기울[氣鬱] 마음이 매우 울적함. きうつ　氣鬱　melancholy

기원[紀元] ①나라를 세운 첫해. ②연대를 세는 기준이 되는 해. きげん　紀元　③ era

기원[祈願] 바라는 일이 이루어지기를 빎. 「통일(統一)을 ~하다」 きがん　祈願　supplication

기원[起源·起原] 사물이 생긴 본바탕. =연유(緣由). きげん　起源　緣由　source

기원[棋院·碁院] 바둑을 즐기는 사람들에게 시설과 자리를 빌려 주는 일을 업으로 삼는 곳. 棋院　碁院

기원[冀願] 바람. =희원(希願). きがん　冀願　hope

기원전[紀元前] 서력(西曆) 기원 이전. 「~ 3세기」 きげんぜん　紀元前　西曆　Before Christ

기월[忌月] 기일(忌日)이 든 달. きげつ　忌月

기월[期月] ① 정한 기한의 달. ② 만 한 달. きげつ ① fixed month ② full month

기위[旣爲] 이미. 벌써. already

기유[己有] 자기의 소유(所有). ownership

기유[耆儒] 늙은 선비. きじゅ

기율[紀律] ① 사람의 행위의 기준이 되는 것. ② 일정한 질서. きりつ ① regulations ② order

기음[基音] 진동수(振動數)가 가장 적은 음. =기본음(基本音)·원음(原音). きおん fundamental tone

기이[奇異] 기묘하고 이상함. きい strangeness

기인[奇人] 성격이나 언행이 보통 사람과 다른 별난 사람. きじん eccentric person

기인[起因] 어떤 일이 일어나는 원인. 「무지(無知)에 ~하다」 きいん fundamental cause

기인[飢人] 굶주린 사람. hungry person

기일[忌日] ① 제삿날. ② 사람이 죽은 날. きじつ・きにち ① anniversary of sb's death

기일[奇日] 기수(奇數)의 날. 1,3,5,7,9일 등. ↔우일(偶日).

기일[期日] 약정한 시일. 기한이 되는 날. きじつ・きにち fixed date

기입[記入] 적어 넣음. 「~란(欄)」 きにゅう entry

기자[記者] 신문·잡지·방송·통신 따위의 기사를 취재·집필·보도·편집하는 사람. きしゃ journalist

기장[記帳] 장부에 적어 넣음. きちょう entry

기장[記章] 어떤 일의 기념으로 관계를 가진 사람에게 주는 표장(標章). きしょう insignia

기장[機長] 항공기의 승무원 중의 최고 책임자. きちょう captain

기재[奇才] 드물게 뛰어난 재주. 또는 그런 재주를 지닌 사람. きさい extraordinary talent

기재[記載] 문서 등에 기록하여 실음. きさい statement

기재[器才] 기량과 재능. きさい

기재[器材] ① 기구와 재료. ② 기구의 재료. きざい ① machinery and materials

기저[基底] ① 어떤 사물의 기초가 되는 것. ② 입체의 바닥. きてい ① base

기적[汽笛] 증기를 내뿜는 힘으로 소리를 내게 만든 신호 장치. 또는 그 소리. きてき whistle

기:적[妓籍] 지난날, 기생의 신분으로 등록된 소속. 또는 기생의 적(籍).

기적[奇蹟] 상식으로는 일어날 수 없는 것으로 생각되는 기이한 일이나 현상. きせき miracle

기적[棋敵·碁敵] 바둑을 두는 사람끼리의 맞적수.

기전[其前] 그전. 그보다 앞서. =이전(以前). before

기전[紀傳] '본기(本紀)'와 '열전(列傳)'을 아울러 이르는 말. きでん

기전[起電] 전기를 일으킴. 「~기(機)」 きでん generation of electricity

기전[騎戰] 말을 타고 하는 전

투. きせん
기전체[紀傳體] 역사를 기록하는 형식의 한 가지. 인물이 행한 일을 중심으로 한 시대의 역사를 구성하는데 대개 본기(本紀)·열전(列傳)·지(志)·표(表)로 이루어짐. ↔편년체(編年體). きでんたい
기절[奇絶] 매우 기이함. きぜつ marvel
기절[氣絶] ① 한때 정신을 잃음. きぜつ ② 몹시 놀라 숨이 막힐 지경이 됨. ① fainting
기절[氣節] ① 기개와 절조. ② ⇨기후(氣候). きせつ ① spirit and constancy
기점[起點] 사물이 시작되는 곳. ↔종점(終點). きてん starting point
기정[汽艇] 증기 기관을 동력으로 하는 작은 배. きてい steam launch
기정[起程] 길을 떠남.
기정[既定] 이미 정해져 있음. 「~ 사실(事實)」きてい
기정[欺情] 걱정거리 인정을 부리고 속마음을 드러내지 않음.
기제[忌祭] 삼년상이 끝난 뒤 해마다 세상을 떠난 날에 지내는 제사. =기제사(忌祭祀). きさい
기제[既濟] 이미 처리가 끝남. ↔미제(未濟). 「~ 서류(書類)」きさい
기조[基調] ① 어떤 악곡의 중심이 되는 가락. =주조음(主調音). ② 사상·학설·작품 등의 근본적인 생각이나 경향. 「~ 연설(演說)」きちょう keynote
기족[驥足] 준마(駿馬)의 발이라는 뜻으로, 빼어난 재능 또는 그런 재능을 가진 사람을 이름. きそく talent

기존[既存] 전부터 있음. 「~ 시설(施設)」きそん being already in existence
기종[機種] ① 항공기의 종류. ② 기계의 종류. ① kinds of airplanes ② type of a machine
기좌[起坐] 사람을 맞이할 때 존경의 뜻을 나타내기 위하여 잠깐 일어났다가 앉는 일. 「~지례(之禮)」
기주[起酒] ① 술이 괴어오름. ② 중편 같은 것을 만들 때에, 반죽에 술을 부어 부풀어오르게 함. 「~떡」 ① fermentation of wine
기주[寄主] 기생 생물이 기생 대상으로 삼는 생물. =숙주(宿主). きしゅ host
기:주[嗜酒] 술을 좋아함. fondness for liquor
기준[奇峻] 산 모양이 기이하고 가파름. loftiness
기준[基準] 기본이 되는 표준. 「~ 미달(未達)」きしゅん standard
기중[忌中] ⇨상중(喪中). きちゅう
기중[其中] 그 가운데. 그 속.
기중기[起重機] 무거운 물건을 동력으로 달아 올리어 이동시키는 기계. きじゅうき crane
기증[寄贈] 물품을 선물로 줌. きぞう・きそう donation
기지[奇智] 기발한 지혜. きち acumen
기지[氣志] 의기(意氣)와 의지(意志). spirit and will
기지[基地] 활동의 근거지. 「군사(軍事) ~」「항공(航空) ~」きち base

기지[既知] 이미 알고 있음. 「~의 사실(事實)」 きち

기지[機智] 임기응변으로 재빠르게 변통하는 지혜. quick wits

기지수[既知數] 방정식(方程式) 따위에서 이미 그 값을 알고 있거나 주어진 것으로 가정한 수. ↔미지수(未知數). きちすう known number

기진[氣盡] 기력이 다함. 「~맥진(脈盡)」 exhaustion

기질[奇疾] 원인을 알 수 없는 이상한 병. =괴질(怪疾). きしつ mysterious disease

기질[氣質] ① 기력과 체질. ② 사람의 성격의 바탕을 이루는 감정적 반응의 특징. きしつ ② temperament

기차[汽車] 증기 기관을 동력으로 하여 객차나 화차를 끌고 궤도를 달리는 열차. きしゃ train

기착[寄着] 목적지로 가는 도중에 어떤 곳에 잠시 들름. 「~지(地)」 stopover

기찰[譏察] 넌지시 살펴 조사함. secret inquiry

기채[起債] ① 빚을 냄. ② 공채(公債)를 모집함. きさい ② flotation of a loan

기책[奇策] 기발한 계책. =기계(奇計). きさく uncommon plot

기서[其處] 그 곳. そこ that place

기체[氣滯] 한방에서, ① 기운이 고르게 돌지 못하고 한곳에 머물러서 생기는 병. ② 마음이 펴이지 않아서 생기는 체증(滯症).

기체[氣體] ① 일정한 모양이나 부피가 없고 유동성인 물질. ↔고체(固體)·액체(液體). きたい ② 웃어른에게 문안하는 편지에서 그의 정신과 건강 상태를 이르는 말. ① gas

기체[機體] ① 비행기의 전체. ② 비행기의 날개 또는 엔진 이외의 부분. きたい ① fuselage

기초[起草] 글의 초안(草案)을 씀. きそう drafting

기초[基礎] ① 사물이 이루어지는 데 바탕이 되는 것. ② 건축물의 무게를 받치기 위해 만든 밑받침. 「~공사(工事)」 きそ basis

기총[機銃] 기관총(機關銃)의 준말. 「~소사(掃射)」 きじゅう

기축[祈祝] 빌고 바람. 「성공을 ~하다」

기축[機軸] ① 기관이나 바퀴 등의 굴대. ② ⇨지축(地軸). ③ 활동의 중심. 사물의 중심. きじく axis

기출[己出] 자기가 낳은 자식. real child

기취[既娶] 이미 장가를 들었음. ↔미취(未娶).

기층[氣層] 대기의 층.

기층[基層] ① 기초를 이루고 있는 것. ② 여러 층으로 겹쳐진 것의 밑바탕인 층. きそう

기치[旗幟] ① 옛날, 군중(軍中)에서 쓰던 깃발. ② 기의 표지(標識). ③ 분명히 나타내는 주의 주장이나 태도. 「개혁의 ~를 선명히 하다」 きし ③ attitude

기침[起寢] ① 잠자리에서 일어남. =기상(起床). ↔취침(就寢). ② 절에서, 밤중에 일어나 부처에게 예배하는 일. ① rising

기타[其他] 그 밖의 다른 것. 其他
=기외(其外). そのた
  the others
기타:[guitar] 발현 악기의 한 東恐
가지. 평평한 표주박 모양의
공명통에 여섯 줄을 벌여 맨
악기. ギター
기탁[寄託] 금품을 남에게 맡 寄託
겨 그 처리를 부탁함. きたく
  deposition
기탄[忌憚] 꺼림. 어려워함. 忌憚
「~없이 이야기하다」きたん
  reserve
기태[奇態] 기이한 모양. 「~ 奇態
만상(萬象)」きたい
  strangeness
기통[氣筒] 증기 기관이나 내 氣筒
연 기관에서 피스톤이 왕복
운동을 하는 원통(圓筒). き
とう cylinder
기특[奇特] 생각이나 마음씨 奇特
또는 행동이 대견하고 훌륭
함. 「행실이 ~하다」きとく
기포[氣泡] 액체나 고체의 내 氣泡
부나 표면에 생기는 공기 방
울. きほう bubble
기포[氣胞] ① 폐 속의 기관지 氣胞
(氣管枝)의 잔가지 끝에 포도
송이처럼 되어 있는 작은 주
머니 부분. ② 물고기의 부레.
きほう
  ① air cell ② air bladder
기폭[起爆] 화약이 폭발 반응 起爆
을 일으키는 일. 「~ 장치(裝
置)」きばく detonation
기폭[旗幅] 깃발. 또는 깃발의 旗幅
너비.
기폭제[起爆劑] ① 폭파약 등 起爆劑
의 점화에 쓰이는, 가벼운 충
격이나 마찰에도 폭발하는 폭
약. ② 어떤 사태를 일으키는
계기가 되는 일의 비유.
  ① priming

기표[記票] 투표(投票) 용지에 記票
표를 하거나 글씨를 씀. 「~
소(所)」きひょう
  filling in a ballot
기품[奇品] 진기한 물품. 奇品
  rare article
기품[氣品] 은근히 풍기는 품 氣品
위 있는 느낌. きひん nobility
기품[氣稟] 타고난 기질과 성 氣稟
품. きひん
기풍[氣風] 어떤 집단이나 지 氣風
역 사람들에게서 공통적으로
느낄 수 있는 독특한 기질.
きふう morale
기피[忌避] ① 꺼리어 피함. ② 忌避
소송 당사자가 법관의 직무
집행을 거부하는 일. きひ
  ① evasion ② exception
기필[起筆] 글을 쓰기 시작함. 起筆
↔각필(擱筆). きひつ
기필[期必] 반드시 이루어지기 期必
를 기약함. 「~코 성취하겠
다」 without fail
기핍[氣乏] 기력이 없음. 氣乏
  lack of energy
기하[幾何] ① 얼마. ② 도형(圖 幾何
形)이나 공간의 성질을 연구
하는 수학의 한 부문. 「~학
(學)」きか
  ① how much ② geometry
기:학[嗜虐] 잔학한 일을 즐김. 嗜虐
しぎゃく
기한[飢寒] 배고프고 추움. き 飢寒
かん hunger and cold
기한[期限] 미리 정해 놓은 시 期限
기. 「~부(附)」きげん term
기함[旗艦] 함대의 사령관이 旗艦
타고 지휘를 하는 군함. きか
ん flagship
기합[氣合] ① 의기(意氣)가 서 氣合
로 잘 맞음. ② 어떤 일에 힘
과 정신을 집중하였을 때의
대단한 기세(氣勢). 또는 그

기항~기후대

① harmony ② spirit

기항[寄港] 항해 중인 배가 도중의 항구에 들름. 「~지(地)」 きこう call at a port

기행[奇行] 기이한 행동. きこう eccentric conduct

기행[紀行] 여행하면서 보고 듣고 느낀 것을 적은 글. 「~문(文)」 きこう account of a trip

기허[氣虛] 원기가 허약함. feebleness

기험[崎險] ① 산이 험악함. ② 사람의 성질이 음험(陰險)함. こうか

기혐[忌嫌] 꺼리고 싫어함. aversion

기형[畸形] 보통과 다른 이상한 모양. 「~아(兒)」 きけい malformation

기호[記號] 어떤 뜻을 나타내기 위하여 쓰이는 문자·부호·표장 등의 총칭. きごう sign

기:호[嗜好] 즐기고 좋아함. 「~품(品)」 しこう taste

기호[畿湖] 경기도와 충청도를 아울러 이르는 말. 「~ 지방(地方)」

기호[饑戶] 양식이 떨어져서 굶주리는 집.

기호지세[騎虎之勢] 범을 타고 달리는 형세라는 뜻으로, 이미 시작한 일을 도중에 그만둘 수 없는 형세를 비유하는 말. きこのいきおい

기혼[旣婚] 이미 결혼함. ↔미혼(未婚). 「~자(者)」 きこん

기화[奇花] 진기한 꽃. rare flower

기화[奇貨] ① 진기한 물건. ② 이용하면 뜻밖의 이득을 볼 것 같은 일이나 기회. 「보는 사람이 없음을 ~로 무단 횡단을 하다」 きか

① rarity ② good opportunity

기화[奇禍] 뜻밖에 당하는 재난(災難). きか accident

기화[氣化] 액체가 기체(氣體)로 변함. ↔액화(液化). きか vaporization

기화[琪花] 고운 꽃. 「~요초(瑤草)」 beautiful flower

기환[綺紈] ① 고운 비단. ② 곱고 값진 옷. 「~ 자제(子弟)」

기회[期會] 정기적인 집회(集會). regular meeting

기회[機會] 어떤 일을 하기에 아주 알맞은 때 또는 고비. =시기(時機). 「~를 엿보다」 きかい opportunity

기회 균등[機會均等] ① 모든 사람에게 권리나 대우 등에 관해서 평등하고 차별이 없음. ② 외교 정책에서, 자기 나라와 관계가 있는 경제 활동에 대해 여러 외국에게 평등한 기회를 주는 일. 「~주의(主義)」 きかいきんとう

equality of opportunity

기획[企劃] 일을 계획함. 「~실(室)」 きかく planning

기효[奇效] 신기한 효험. きこう remarkable effect

기후[氣候] ① 어느 지역의 장기간에 걸친 기상(氣象) 상태. きこう ② 어른에게 보내는 편지에서 그의 정신과 건강의 상태를 이르는 말. =기체후(氣體候). ① climate

기후대[氣候帶] 지구의 기후 분포를 위도에 거의 평행한 띠 모양의 지역으로 구분한 것. 열대(熱帶)·온대(溫帶)·

한대(寒帶) 따위. きこうたい 熱帶 climate zone

〔기후대〕

기휘[忌諱] 꺼리고 싫어함. 꺼리어 피함. きき avoiding

긴[緊]* ① 요긴할 긴 : 요긴하다. 「要緊(요긴)·緊切(긴절)」 ② 급할 긴 : 급하다. 「緊急(긴급)·緊迫(긴박)」 ③ 움츠릴 긴 : 움츠리다. 「緊縮(긴축)·緊束(긴속)」 キン ② さしせまる ③ ちぢむ·しまる·しめる

긴객[緊客] 꼭 친밀한 손. intimate visitor

긴급[緊急] 매우 급함. 「~ 동의(動議)」 きんきゅう urgency

긴담[緊談] 긴요한 이야기.

긴무[緊務] 매우 긴요한 볼일. important business

긴밀[緊密] 서로의 관계가 썩 가까움. 「~한 관계」 きんみつ closeness

긴박[緊迫] 바싹 다가와 몹시 급함. 「~한 사정」 きんぱく tension

긴박[緊縛] 꼼짝 못 하게 바싹 동여맴. きんぱく

긴속[緊束] ① 꼭 죄어 묶음. ② 엄중한 구속(拘束). きんそく

긴요[緊要] 매우 필요하고 중요함. =요긴(要緊)·간요(肝要). きんよう essential importance

긴용[緊用] 아주 요긴하게 씀.

긴장[緊張] ① 마음을 가다듬어 정신을 바짝 차림. 「극도(極度)의 ~」 ② 서로의 관계가 악화되어 싸움이 일어날 것 같은 상태가 됨. ③ 근육의 지속적인 수축 상태. ↔이완(弛緩). きんちょう tension

긴절[緊切] 매우 절실함. きんせつ

긴청[緊請] 요긴한 부탁. 꼭 받아들여 주기를 바라고 하는 부탁.

긴축[緊縮] ① 바짝 줄임. ② 재정상의 필요로 지출을 바짝 줄임. 「~ 정책(政策)」 きんしゅく curtailment

길[吉]* ① 길할 길 : 길하다. 「吉凶(길흉)·吉日(길일)·吉運(길운)」 ② 즐거울 길 : 즐겁다. 「吉事(길사)·吉慶(길경)」 キチ·キツ ① よい

길[桔] ① 노라시 실 : 노라지. 「桔梗(길경)」 ② 두레박틀 길 : 두레박틀. 「桔樺(길고)」 ケツ·キチ

길경[吉慶] 즐겁고 경사로운 일. きっけい auspicious event

길경[桔梗] 도라지. ききょう Chinese bellflower

길년[吉年] 혼인하기에 좋다는 해. auspicious year

길례[吉禮] 관례나 혼례 등의 경사스러운 예식.

길몽[吉夢] 좋은 일이 생길 듯한 조짐의 꿈. ↔흉몽(凶夢). きつむ lucky dream

길버:트[gilbert] 기자력(起磁力)의 단위.

길보[吉報] 좋은 소식. ↔흉보(凶報). きっぽう good news

길복[吉服] ① 삼년상을 치르고 나서 입는 보통 의복. ② 신랑 신부가 혼인 때 입는 옷. ② wedding garments

길사[吉事] 경사스러운 일. ↔흉사(凶事). きつじ·きちじ

길상[吉相] 복을 받을 골상. 吉相 ↔흉상(凶相). きっそう
lucky face

길상[吉祥] 좋은 일이 있을 징조. =상서(祥瑞). きっしょう・きちじょう good omen

길서[吉瑞] 좋은 일이 있을 징조. 운수가 좋을 조짐. =길조(吉兆)・길상(吉祥) きつずい・きちずい good omen

길신[吉辰] 좋은 날. 좋은 때. きっしん auspicious day

길운[吉運] 좋은 운수. ↔악운(惡運). good fortune

길일[吉日] 좋은 날. =길신(吉辰). きちにち・きつじつ auspicious day

길조[吉兆] 좋은 일이 있을 징조. =경조(慶兆)・길징(吉徵). きっちょう good omen

길항[拮抗] 서로 버티고 겨룸. きっこう rivalry

길행[吉行] 경사스러운 일에 감. きっこう attending to a celebration

길흉[吉凶] 좋은 일과 나쁜 일. 吉凶 「~화복(禍福)」きっきょう good or ill luck

깁스[독 Gips] ①석고. ②석고 가루로 굳혀 만든 붕대. ギプス

껌[←chewing gum] 치클이나 초산비닐 등의 합성 수지에 당분・향료 등을 넣어 만든 씹는 과자. ガム

끽[喫] ①마실 끽:마시다. 「喫茶(끽다)」 ②먹을 끽:먹다. 「喫飯(끽반)」キツ ①のむ ②くう

끽경[喫驚] 몹시 놀람. きっきょう amazement

끽긴[喫緊] 매우 중요함. 썩 필요함. きっきん

끽다[喫茶] 차를 마심. 「~점(店)」きっさ drinking tea

끽반[喫飯] 밥을 먹음. きっぱん having a meal

끽연[喫煙] 담배를 피움. 「~실(室)」きつえん smoking

ㄴ

나:[那]☆ ① 어찌 나: 어찌. 어느. 어떤. 「那邊(나변)·那裏(나리)·那何(나하)」 ② 저나: 저. 저것. 「那個(나개)」 ナ ① なんぞ   那邊

나[奈] ⇨내(奈).   奈

나[娜] ① 아름다울 나: 아름답다. ② 하늘거릴 나: 하늘거리다. 「娜娜(나나)」 ダ・ナ   娜

나:[拿·挐] ① 사로잡을 나: 사로잡다. 「拿捕(나포)·拿來(나래)·拿問(나문)」 ② 낮낯실 나: 맞당기다. 끌다. 「拿引(나인)·拿致(나치)」 ダ・ナ   拿 捕

나:[懦] 나약할 나: 나약하다. 「懦弱(나약)·懦夫(나부)·懦劣(나열)」 ダ・よわい   懦 弱

나:[儺] 역귀 쫓을 나: 역귀를 쫓다 「儺禮(나례)·儺儺之聲(나나지성)」 ダ・ナ・おにやらい   儺 禮

나각[螺角] 소라고등의 껍데기로 만든 악기. =법라(法螺). trumpet shell   螺 角

나:겁[懦怯·儒怯] 마음이 약하고 겁이 많음. weak-spiritedness   懦 怯

나계[螺階] 나사처럼 빙빙 돌게 된 층계. 나사 층층대. らかい spiral staircase   螺 階

나노-[nano-] '10억분의 1'을 나타내는 말. ナノ   十 億

나:농[懶農] 농사일을 게을리 함. =태농(怠農). neglecting one's farming   懶 農

나단[羅緞] 주란사실로 짠 피류.   羅 緞

나라타:주[프 narratage] 영화에서, 주인공에게 과거를 회상시키면서 장면을 구성하는 표현 방법. ナラタージュ   過去 回想

나락[奈落] ① 지옥(地獄). ② 벗어날 수 없는 극한 상황. ならく ① hell   奈 落

나:래[拿來] 죄인을 잡아 강제로 끌고 옴. =나치(拿致). arrest   拿 來

나:례[儺禮] 궁중이나 민가에서 섣달 그믐날 밤에 악귀를 몰아 내기 위하여 베풀던 의식.   儺 禮

나르시스[프 Narcisse] 그리스 신화에 나오는 미소년(美少年). ナルシス   美少年

나르시시즘[narcissism] 자기 도취(自己陶醉). 자만(自慢). ナルシシズム   自己 陶醉

나르콜렙시[narcolepsy] 수면 발작. 발작적으로 참기 어려운 졸음을 동반하는 병. 나르콜레프시—   睡眠 發作

나:마[裸馬] 안장을 얹지 않은 말. はだかうま unsaddled horse   裸 馬

나맥[裸麥] 쌀보리. はだかむぎ rye   裸 麥

나발[←喇叭] 놋쇠로 만든 우리 나라 고유의 관악기.   喇 叭

나배[羅拜] 여럿이 늘어서서 함께 절함.   羅 拜

나:변[那邊] 어디. 어느 곳. 「이유(理由)가 ~에 있는가?」   那 邊

나:병[癩病] 문둥병. らいびょう　癩病　leprosy

나:부[裸婦] 벌거벗은 여자. = 나녀(裸女). 「~상(像)」らふ　裸婦　nude woman

나:부[懦夫] 겁이 많은 사나이. 겁쟁이. だふ　懦夫　coward

나사[螺絲] 나선 모양의 홈이 겉으로 나 있는 수나사와, 안쪽으로 나 있는 암나사가 한 벌이 되어 물건을 죄어서 고정시키는 데 쓰이는 것. screw　螺絲

〔나사〕

나사[羅紗·포 raxa] 두꺼운 모직물의 하나. 「~점(店)」ラシャ　羅紗　woolen cloth

나삼[羅衫] ① 엷은 비단으로 만든 적삼. ② 혼례 때 신부가 입던 예복.　羅衫

나선[螺旋] 용수철과 같이 빙빙 감아 올린 것과 같은 모양. 「~계단(階段)」らせん　螺旋 階段　spiral

나성[羅城] 성의 외곽(外郭). = 외성(外城). らじょう　羅城 外城　outer block of a castle

나:성[懶性] 게으른 성질.　懶性　inertia

나:신[裸身] ⇨ 나체(裸體).　裸身

나:악[懦弱·懧弱] 의사가 약함. 패기가 없음. =허약(虛弱). だじゃく　懧弱　feebleness

나열[羅列] ① 죽 벌여 놓음. ② 죽 열을 지음. られつ　羅列　array

나왕[羅王·lauan] 용뇌향과의 상록 교목. 또는 그 재목. 옹이가 없어 건축·가구 등에 쓰임. ラワン　羅王

나이브[프 naïve] 소박(素朴)하고 순진함. ナイーブ　素朴

나이트[night] 밤. 야간(夜間). ナイト　夜間

나이트가운[nightgown] 잠옷 위에 덧입는 길고 가벼운 겉옷. ナイトガウン

나이트 게임[night game] 야간 경기(夜間競技). ナイトゲーム　夜間 競技

나이트 래치[night latch] 방 안에서는 손잡이로, 밖에서는 열쇠로 여닫는 빗장. ナイトラッチ

나이트클럽[nightclub] 술·춤·음악 등을 즐기는 야간의 사교 클럽. ナイトクラブ　夜間 社交

나이팅게일[nightingale] 꾀꼬리와 비슷한 지빠귓과의 작은 새. ナイチンゲール

나이프[knife] ① 서양식의 작은 칼. ② 주머니칼. ナイフ　西洋式

나이프 스위치[knife switch] 칼날처럼 생긴 수동(手動) 스위치. ナイフスイッチ　手動

나이프에지[knife-edge] 칼날같이 날카로운 산의 능선(稜線). ナイフエッジ　稜線

나일론[nylon] 석탄·물·공기를 원료로 한 합성 수지로 만든 인조 섬유(人造纖維). ナイロン　人造 纖維

나:장[裸葬] 관 없이 시체를 그대로 묻어 장사지냄.　裸葬　burying without a coffin

나전[螺鈿] 광채가 나는 작은 자개 조각을 박아 붙여서 만든 공예품. 「~칠기(漆器)」らでん　螺鈿　nacre

나:족[裸足] 맨발. 하다시　裸足　bare foot

나졸[邏卒] 예전에 거리를 순찰하던 하급 군인.　邏卒　patrol

나찰[羅刹·범 Rāksasa] 불교에서, 사람을 잡아먹는다는 악귀. らせつ

나:체[裸體] 벌거벗은 몸. =나신(裸身). 「~화(畵)」らい naked body

나:충[裸蟲] 털이나 날개가 없는 벌레의 총칭. らちゅう·はだかむし

나치[독 Nazi] 나치스 당원. ナチ

나치스[독 Nazis] 히틀러를 당수로 했던 독일의 국가 사회주의 노동당의 약칭. 또는 그 당원. ナチス

나치즘[독 Nazism] 나치스 정치 사상.

나침반[羅針盤] 선박이나 항공기가 방향을 알기 위해 쓰는 계기. ⓒ침반(針盤). らしんばん　compass

〔나침반〕

나:타[懶惰] ⇨나태(懶怠). らいだ·らんだ

나:태[懶怠] 게으르고 느림. =나타(懶惰). idleness

나트륨[독 Natrium] 은백색의 금속 원소의 하나. 원소 기호는 Na. ナトリウム

나팔[喇叭] ① 밸브가 없는 간단한 트럼펫. ② 끝이 나팔꽃 모양으로 된 금관(金管) 악기의 총칭. らっぱ　trumpet

나팔관[喇叭管] 난소(卵巢)로부터 난자(卵子)를 자궁으로 보내는 나팔 모양의 관. らっぱかん　oviduct

나:포[拿捕] 붙잡음. 특히 영해를 침범한 외국 선박을 붙잡음. =나획(拿獲). だほ　seizure

나프타[naphtha] 석유·콜타르 등을 증류하여 얻는 기름. ナフサ

나프탈렌[naphthalene] 방충제 등으로 쓰이는 방향족 탄화수소의 하나. ナフタリン

나한[羅漢] 아라한(阿羅漢)의 준말. らかん

나:화[裸花] 꽃부리와 꽃받침이 없는 불완전한 꽃. =무피화(無被花). らか　achlamydeous flower

나:획[拿獲] ⇨나포(拿捕). だかく

낙[諾]＊ ① 허락할 낙: 허락하다. 「諾否(낙부)·諾諾(낙낙)·承諾(승낙)」② 대답할 낙: 대답하다. ダク·うべなう

낙가[落價] ① 값이 떨어짐. ② 가치가 떨어짐. depreciation

낙경[樂境] ① 편안한 경지(境地). ② 살기 좋은 곳. =낙토(樂土). らっきょう　paradise

낙과[落果] 열매가 익기 전에 나무에서 떨어짐. 또는 그 열매. らっか　falling of unripe fruits

낙관[落款] 그림·글씨에 이름을 쓰고 도장을 찍음. 또는 그 이름이나 도장. らっかん　writer's [painter's] signature

낙관[樂觀] ① 일이 잘 될 것으로 생각함. ② 인생이나 세상을 즐겁고 희망적인 것으로 봄. ↔비관(悲觀). 「~론(論)」らっかん　optimism

낙구[落句] 한시 등의 끝 구절. 끝구. らっく

낙농[酪農] 소나 양의 젖으로 버터나 치즈 따위를 만드는 농업. 「~가(家)」らくのう

낙담[落膽] ① 일이 뜻대로 되지 않아 크게 실망함. らくたん ② 몹시 놀라 간이 떨어질 듯함. ① disappointment dairying

낙도[落島] 육지에서 멀리 외따로 떨어져 있는 섬. outlying island

낙등[落等] 등급이 떨어짐. degradation

낙락장송[落落長松] 가지가 축축 늘어진 큰 소나무. tall and exuberant pine tree

낙뢰[落雷] 벼락이 떨어짐. 또는 그 벼락. らくらい thunderbolt

낙루[落淚] 눈물을 흘림. =영루(零淚)·타루(墮淚). らくるい shedding tears

낙마[落馬] 말에서 떨어짐. らくば falling from a horse

낙막[落寞] 고요하고 쓸쓸함. =적막(寂寞). らくばく dreariness

낙망[落望] ⇨낙심(落心).

낙매[落梅] 시들어 떨어진 매화꽃. 또는 그 열매. らくばい withered plum blossoms

낙명[落名] 명성이 떨어짐. ↔양명(揚名). losing fame

낙명[落命] 목숨을 잃음. 죽음. らくめい losing one's life

낙목[落木] 잎이 떨어진 앙상한 나무. らくぼく bare tree

낙미지액[落眉之厄] 눈 앞에 닥친 재앙이나 액운. imminent calamity

낙박[落剝] 벗어져 떨어짐. =박락(剝落). らくはく exfoliation

낙반[落盤] 광산의 갱내에서 암석이나 토사가 무너져 내림. 「~사고(事故)」 らくばん cave-in

낙발위승[落髮爲僧] 머리를 깎고 중이 됨. =삭발위승(削髮爲僧). becoming a monk

낙방[落榜] 과거(科擧)에 떨어짐. =낙제(落第). failure in an examination

낙백[落魄] 넋을 잃음.

낙본[落本] 본전(本錢)에서 밑짐. =실본(失本). losing the principal

낙부[諾否] 승낙함과 거절함. 「~를 결정하다」 だくひ approval and disapproval

낙사[樂事] 즐겁고 유쾌한 일. らくじ pleasure

낙산[酪酸] 버터 따위에 함유된 시큼한 지방산(脂肪酸). らくさん butyric acid

낙상[落傷] 떨어지거나 넘어져서 다침. 또는 그 상처. hurt from a fall

낙서[落書] ① 장난으로 아무데나 쓰는 글씨. らくしょ·らくがき ② 책을 베낄 때 글자를 빠뜨리고 씀. ① scrawling ② omission in copying

낙석[落石] 산 위나 벼랑에서 돌이 떨어짐. 또는 그 돌. らくせき falling rock

낙선[落選] ① 선거에서 뽑히지 못함. ↔당선(當選). ② 출품한 작품이 입선되지 못함. ↔입선(入選). らくせん ① defeat in an election ② rejection

낙성[落成] 건축물이 완성됨. =준공(竣工)·완공(完工). 「~식(式)」 らくせい completion

낙세[落勢] 물가 따위가 떨어지는 경향. ↔등세(騰勢). らくせい downward trend

낙세[樂歲] 농사가 잘 된 해. =풍년(豐年). らくさい 樂歲
rich year

낙소[酪素] 건 락소(乾酪素)의 준말. らくそ 酪素

낙수[落水] 처마 끝에서 떨어지는 물. 낙숫물. 「~받이」 落水
eavesdrops

낙수[落穗] ① 논밭에 떨어진 벼나 보리의 이삭. ② 어떤 일의 뒷이야기. おちぼ 落穗
① fallen ears ② episode

낙승[樂勝] 손쉽게 승리함. ↔ 신승(辛勝). らくしょう 樂勝
easy victory

낙심[落心] 바라던 일을 이루지 못하여 맥이 풀리고 마음이 상함. =낙망(落望). 落心
discouragement

낙안[落雁] 땅으로 내려앉는 기러기. 「평사(平沙)~」 らくがん 落雁

낙약[諾約] 계약의 신청을 승낙함. だくやく 諾約

낙양[落陽] 서쪽으로 넘어가는 해. =석양(夕陽)·낙일(落日). らくよう 落陽 夕陽
setting sun

낙역[絡繹] 사람과 거마(車馬)의 왕래가 빈번하여 끊이지 않음. 「인마(人馬)~」らくえき 絡繹
ceaseless traffic

낙엽[落葉] 잎이 떨어짐. 또는 그 잎. らくよう·おちば 落葉
fallen leaves

낙엽수[落葉樹] 가을에 잎이 떨어지는 나무. ↔상록수(常綠樹). らくようじゅ 落葉樹
deciduous tree

낙오[落伍] ① 대열에서 뒤떨어짐. ② 실패하여 타락함. 「인생의 ~자(者)」 らくご 落伍
① straggling

낙원[樂園] 괴로움이 없이 편 樂園
안히 살 수 있는 곳. =낙토(樂土)·낙지(樂地). らくえん
paradise

낙월[落月] 서산으로 지는 달. =경월(傾月). らくげつ 落月
setting moon

낙인[烙印] ① 불에 달구어 찍는 쇠도장. =화인(火印). ② 씻기 어려운 명예롭지 못한 이름. らくいん 烙印
① brand ② stigma

낙일[落日] 서쪽으로 지는 해. =낙양(落陽). らくじつ 落日
setting sun

낙장[落張] ① 제본이 잘못되거나 하여 책의 낱장이 빠지는 일. 또는 그 낱장. ② 화투놀이 등에서 이미 바닥에 내놓은 패. 「~불입(不入)」 落張
① missing page

낙적[落籍] ① 호적부나 학적부에서 이름이 빠짐. ② 기생 따위의 몸값을 치러 주고 기적(妓籍)에서 뺌. らくせき 落籍

낙점[落點] 2품 이상의 벼슬아치를 뽑을 때, 후보자 세 사람 중 적임자의 이름 위에 왕이 점을 찍던 일. 落點

낙정미[落庭米] ① 말이나 되로 곡식을 될 때, 바닥에 떨어진 낟알. ② 수고한 끝에 얻는 변변치 못한 물건. 落庭米

낙제[落第] 시험에 떨어짐. ↔ 급제(及第). らくだい 落第
failure in an examination

낙조[落照] 저녁 해. =석양(夕陽). らくしょう setting sun 落照

낙종[樂從] 기꺼이 따름. 樂從
willing obedience

낙종[諾從] 응낙하고 좇음. 諾從

낙지[落地] 세상에 태어남. 「~이래(以來)」 birth 落地

낙지[樂地] 살기 좋은 곳. = 樂地

낙토(樂土). らくち paradise

낙질[落帙] 한 질을 이루는 여러 권의 책 중에서 빠진 책이 있음. 또는 그러한 질책. 「~본(本)」
uncomplete set of books

낙차[落差] ① 물이 흘러 떨어지는 아래위의 수면(水面)의 차. ② 두 사물 사이의 간격 또는 격차. らくさ ① head

낙착[落着] 일의 결말이 남. らくちゃく settlement

낙찰[落札] 입찰(入札)에서 그 목적물이나 권리 등이 자기 손에 들어옴. 「~ 가격(價格)」らくさつ successful bid

낙척[落拓] 역경에 빠짐. らくたく falling into adversity

낙천[落薦] 추천(推薦)이나 천거(薦擧)에 들지 못하고 떨어짐. 「~자(者)」
failure in an application

낙천[樂天] 자기의 운명이나 처지에 만족하고 세상을 즐겁게 여김. 「~가(家)」らくてん optimism

낙체[落體] 중력(重力)의 작용으로 떨어지는 물체. らくたい falling body

낙타[駱駝] 낙타과의 포유동물. 사막 생활에 유용한 짐승으로 단봉(單峯) 낙타와 쌍봉(雙峯) 낙타가 있음. 약대. らくだ camel

낙탁[落魄] 살림이나 세력 등이 아주 형편없이 됨. =영락(零落). らくはく ruin

낙태[落胎] ① 달이 차기 전에 죽은 태아를 낳음. ② 인위적으로 태아를 모체로부터 떼어냄. 「~ 수술(手術)」
② abortion

낙토[樂土] 살기 좋은 땅. =낙지(樂地). らくど paradise

낙하[落下] 높은 곳에서 떨어짐. らっか descent

낙하산[落下傘] 비행기에서 지상으로 안전하게 뛰어내릴 때 쓰는 우산 모양의 장비. らっかさん parachute

낙향[落鄕] 서울에서 시골로 내려가 삶. rustication

낙혼[落婚] 문벌이 낮은 집안과 혼인함. =강혼(降婚).

낙화[烙畵] 판자 따위에 인두로 지져서 그리는 그림.
poker work

낙화[落花] 꽃이 짐. 또는 떨어지는 꽃. 「~유수(流水)」らっか falling blossoms

낙화생[落花生] 땅콩. らっかせい peanut

낙후[落後] 뒤떨어짐. らくご falling behind

난:[暖]* "煖"과 同字. 따뜻할 난: 따뜻하다. 「暖冬(난동)·暖氣(난기)·暖衣(난의)·春暖(춘난)·暖帶(난대)」ダン·あたたかい·あたたまる

난[煖] ⇨난(暖).

난[難]* ① 어려울 난: 어렵다. 「難解(난해)·難易(나이)·難攻(난공)·多難(다난)·難語(난어)」② 나무랄 난: 나무라다. 「非難(비난)·難駁(난박)」③ 근심 난: 근심. 재앙. 나리. 「患難(환난)·避難(피난)」ナン ① かたい·むずかしい

난:가[亂家] 말썽이 많은 어수선한 집안. family in turmoil

난가[難家] 형편이 어려운 집안. destitute family

난간[欄干] 층계나 다리의 가장자리를 둘러막은 시설. らんかん railing

난감[難堪] ① 견디어 내기 어

러움. ② 난처함. 「~한 일」
　　　　　unbearableness
난객[蘭客] 좋은 친구. 蘭客
　　　　　good friend
난건[難件] 처리하기 어려운 難件
　사건이나 안건(案件). なんけ
　ん　　knotty problem
난경[難境] 곤란한 처지. 어려 難境
　운 상황. なんきょう
　　　　difficult situation
난곡[難曲] 부르거나 연주하기 難曲
　에 어려운 악곡. なんきょく
　　　　difficult tune
난공[難攻] 공격하기 어려운 難攻
　「~불락(不落)」なんこう
　　　　impregnability
난관[難關] ① 통과하기 어려운 難關
　곳. ② 타개하기 어려운 사태.
　「~에 부닥치다」なんかん
　　　　　obstacle
난:괴[卵塊] 물고기나 곤충·개 卵塊
　구리 따위의 알의 덩어리. ら
　んかい
난:괴[亂魁] 반란을 일으킨 두 亂魁
　목. leader of an insurrection
난교[蘭交] 뜻이 맞는 친구 사 蘭交
　이의 두터운 교분(交分). =
　난계(蘭契). らんこう
　　　　close friendship
난구[難句] 해석하기 어려운 難句
　구절. なんく　difficult phrase
난:국[亂局] 어지러운 판국. 亂局
　　　tumultuous situation
난:국[亂國] 어지러운 나라. 亂國
　らんこく　disturbed state
난국[難局] 처리하기가 어려운 難局
　상황. 어려운 시국(時局). な
　んきょく　difficult situation
난:기[暖氣·煖氣] 따뜻한 기 暖氣
　운. =온기(溫氣). だんき
　　　　　warmth
난당[難當] 당해내기가 어려 難當
　움. being unable to endure

난:대[暖帶] 열대와 온대 사이 暖帶
　의 따뜻한 지대. だんたい
　　　　subtropics
난:도[亂刀] 칼로 함부로 베거 亂刀
　나 찌르거나 잘게 다짐. 「~
　질」　　mincing
난:도[亂道] 사설(邪說)을 부 亂道
　르짖으며 도리를 어지럽힘.
난:독[亂讀] ⇨남독(濫讀). ら 亂讀
　んどく
난독[難讀] 읽기 어려움. なん 難讀
　どく　　dyslexia
난:동[亂動] 파괴·살인·방화를 亂動
　하는 등 함부로 행동함. 또는
　그런 행동. 「~을 부리다」
　　　　　riot
난득[難得] 얻기 어려움. =난 難得
　구(難求). unattainableness
난등[蘭燈] 밝고 아름다운 등. 蘭燈
　=난촉(蘭燭).
난:로[煖爐] 방 안을 따뜻하게 煖爐
　하는 기구. 「전기(電氣)~」
　だんろ　　stove
난로[難路] 걷기 힘드는 험악 難路
　한 길. なんろ　hard pass
난:류[暖流] 온도가 높은 해류 暖流
　(海流). ↔한류(寒流). だん
　りゅう　warm current
난:륜[亂倫] ① 인륜(人倫)을 어 亂倫
　지럽힘. ② 소행이 난잡함. =
　파륜(破倫). らんりん
　① immorality ② immoral
　conduct
난:리[亂離] 전쟁 따위로 세상 亂離
　이 소란하고 질서가 어지러운
　상태. 또는 그러한 병란이나
　전쟁. 「~를 겪다」らんり
　　　　　uproar
난:립[亂立] ① 뒤섞여 늘어섬. 亂立
　② 선거에서 많은 후보자가 입
　후보함. らんりつ
　　　　① disorderliness
난:마[亂麻] ① 뒤얽힌 삼가 亂麻

닥. ② 어지럽게 뒤얽힌 사물의 비유. らんま ② imbroglio

난:막[卵膜] 동물의 난세포를 싸고 있는 막. らんまく
egg membrane

난:만[爛漫] ① 꽃이 어지럽도록 만발한 모양. ② 화려한 광채가 넘쳐 흐르는 모양. らんまん ① being in full bloom ② splendor

난망[難忘] 잊기 어려움. 「백골(白骨)~」 unforgettableness

난망[難望] 바라기 어려움. difficult hope

난:맥[亂脈] 원칙이나 규칙이 지켜지지 않아 질서가 없는 상태. 「~상(相)을 드러내다」 らんみゃく   chaos

난면[難免] 면하기 어려움. 벗기 어려움. 「힐책(詰責)~」 unavoidableness

난:무[亂舞] ① 어지럽게 마구 춤을 춤. ② 함부로 날뜀. 「폭력(暴力)이 ~하다」 らんぶ ① boisterous dance ② rampage

난문[難問] 어려운 질문이나 문제. なんもん
knotty problem

난물[難物] 다루기 어려운 사물이나 사람. なんぶつ
hard case [character]

난민[難民] ① 생활이 어려운 백성. ② 전쟁이나 천재지변으로 역경에 있는 백성. なんみん ① the destitute ② victims of a calamity

난:반사[亂反射] 표면이 울퉁불퉁한 물체의 표면에서 빛이 여러 방면으로 불규칙하게 반사하는 현상. ↔정반사(正反射). らんはんしゃ
diffused reflection

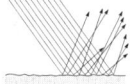

〔난반사〕

난:발[亂發] ① 탄알을 함부로 발사함. =난사(亂射). ② 증명서나 지폐를 함부로 발행함. =남발(濫發). らんぱつ ① shooting at random ② issuing excessively

난:발[亂髮] 헝클어진 머리털. 「봉두(蓬頭)~」 みだれがみ・らんぱつ   disheveled hair

난:방[暖房・煖房] 실내를 따뜻하게 함. 또는 그 시설. 「~ 장치(裝置)」 だんぼう
heating

난방[蘭房] 부인의 아름다운 침실. らんぼう

난방[蘭芳] ① 난초의 그윽한 향기. ② 미덕(美德)의 비유. ① orchid's perfume ② virtue

난:백[卵白] 알의 흰자위. =단백(蛋白). ↔난황(卵黃). らんぱく   albumen

난병[難病] 잘 낫지 않는 병. 고치기 어려운 병. =난증(難症). なんびょう
incurable illness

난봉[鸞鳳] ① 신조(神鳥)로 여기는 가상(假想)의 새인 난조와 봉황. ② 덕이 있는 군자(君子)를 비유하는 말. ②의 좋은 친구나 화목한 부부를 비유하는 말. らんぽう

난:사[亂射] 총알이나 화살을 함부로 쏨. =난발(亂發). らんしゃ   firing at random

난사[難事] 어렵고 까다로운 일. =난건(難件). なんじ
difficult thing

난산[難産] ① 해산이 순조롭지

못하여 어렵게 아이를 낳음. →순산(順産). ② 일이 이루어지기 어려움. なんざん ① difficult delivery

난삽[難澁] 말이나 글이 어렵고 까다로워 매끄럽지 못함. 難澁 「~한 문장」 being difficult to understand

난:상[爛商] 충분히 논의함. 爛商 「~ 토의(討議)」 exhaustive discussion

난:색[暖色] 따뜻한 느낌을 주는 빛깔. 노랑·빨강 따위. 暖色 →한색(寒色). だんしょく warm color

난색[難色] 꺼리거나 어려워하는 기색. 「~을 띠다」 なんしょく 難色 unwillingness

난:생[卵生] 어류·조류 따위와 같이 알로 새끼를 까는 일. 卵生 →태생(胎生). らんせい oviparity

난선[難船] 배가 풍파 따위로 부서지거나 뒤집히거나 가라앉거나 좌초(坐礁)하거나 함. 또는 그 배. なんせん 難船 wrecked ship

난:세[亂世] 어지러운 세상. 亂世 らんせい troubled times

난:세포[卵細胞] 생물의 암컷의 생식기 안에 있어, 독립체가 될 생식 세포. =난자(卵子)·난주(卵珠). らんさいぼう 卵細胞 ovum

난센스[nonsense] 무의미한 일. 어리석은 일. 쓸데없는 짓. 엉터리. ナンセンス 無意味

난:소[卵巢] 여성 생식 기관의 한 부분. 난자(卵子)를 만들어 내고 여성 호르몬을 분비함. らんそう 卵巢 ovary

난:숙[爛熟] ① 열매가 무르익음. ② 사물이 더할 나위 없이 爛熟 발전됨. 「~기(期)」 らんじゅく ① overripeness

난:시[亂時] 세상이 어지러운 시기. 亂時 troubled times

난:시[亂視] 각막의 굴절(屈折) 이상으로 대상을 바르게 보지 못하는 눈. らんし 亂視 屈折 astigmatism

난:신[亂臣] ① 나라를 어지럽히는 신하. 「~적자(賊子)」 ② 난세(亂世)의 충신. らんしん ① traitorous subject ② loyal subject in troubled times 亂臣

난:심[亂心] ① 미칠 듯이 마음이 어지러워짐. ② 미침. 미친 마음. らんしん distraction 亂心

난어[難語] 이해하기 어려운 말. 難語 「~를 나열한다」 なんご difficult expression

난언[難言] 말하기 어려움. 難言

난역[難役] 어려운 역할. 또는 어려운 배역(配役). なんやく 難役 hard role

난외[欄外] ① 난간 바깥쪽. ② 책에서, 기사(記事)를 눌러싼 여백(餘白)의 부분. らんがい ② margin 欄外

난:용[亂用] ⇨남용(濫用). らんよう 亂用

난:용종[卵用種] 알을 낳게 할 목적으로 기르는 닭의 품종(品種). ↔육용종(肉用種). らんよう 卵用種

난:의[暖衣·煖衣] 따뜻한 옷. 또는 옷을 따뜻하게 입음. 「~포식(飽食)」だんい warm clothes 暖衣 煖衣

난:이[難易] 어려움과 쉬움. 「~도(度)」 なんい 難易 hardness and easiness

난:입[亂入] 난폭하게 함부로 밀고 들어감. 「~자(者)」 ら 亂入

난:자[卵子] ⇨ 난세포(卵細胞). らんし

난:자[亂刺] 함부로 여기저기 찌름.「칼로 ~당하다」 stabbing wildly

난자[難字] 어려운 한자(漢字). なんじ difficult Chinese character

난:작[爛嚼] 음식을 충분히 씹음.

난:잡[亂雜] ① 어수선하고 혼잡함. ② 얌전하지 못하고 막됨.「~한 생활」らんざつ ① disorder ② obscenity

난:장[亂杖] ① 함부로 때리는 매.「~질을 하다」 ② 장형(杖刑)에서 마구 치던 매. ① lashing recklessly

난:장[亂場] ① 마구 떠들어 대는 판.「~판」 ② 과거를 볼 때, 선비들이 들끓어 뒤죽박죽이 된 곳. ① mess

난:적[亂賊] 나라를 어지럽히는 도둑이나 역적. らんぞく rebels

난:전[亂廛] 옛날 육주비전(六注比廛)에서 파는 물건을 몰래 뒷거래하던 기게.

난:전[亂戰] 운동 경기나 전쟁 등에서, 마구 뒤섞여 어지럽게 싸움. 또는 그러한 싸움. =혼전(混戰). らんせん scuffle

난전[難戰] 몹시 힘들고 어려운 싸움. なんせん hard battle

난점[難點] ① 곤란한 점. 다루기 어려운 점. ② 비난받을 점. なんてん ① difficult point

난제[難題] ① 어려운 문제. ② 어려운 일. なんだい knotty subject

난:조[亂調] 조화나 정상을 잃은 흐트러진 상태.「투수가 ~를 보이다」らんちょう

난:중[亂中] 난리 중.「~일기(日記)」らんちゅう during a war

난지[暖地] 기후가 따뜻한 곳. ↔한지(寒地). だんち warm area

난처[難處] 이럴 수도 저럴 수도 없어 딱함.「~한 상황」 perplexity

난청[難聽] ① 청각 기관의 장애로 잘 듣지 못함.「~아(兒)」 ② 라디오 따위가 잘 들리지 않음.「~지역」なんちょう hardness of hearing

난초[蘭草] 난초과의 다년초. 잎이나 꽃이 아름답고 향기가 좋아 관상용으로 재배되는 종류가 많음. orchid

난:취[爛醉] 몹시 취함. =이취(泥醉). らんすい dead drunkenness

난측[難測] 헤아리기 어려움. inscrutability

난치[難治] 병이 낫기 어려움. 고치기 어려움.「~병(病)」なんじ incurability

난:타[亂打] 마구 침. らんだ wild beating

난:투[亂鬪] 서로 뒤섞여서 어지럽게 싸움.「~극(劇)」らんとう scuffle

난파[暖波] 저기압의 통과에 따라 난역(暖域)이 파급(波及)해 오는 현상. ↔한파(寒波). current of warm air

난파[難破] 폭풍우로 배가 부서지거나 뒤집히거나 좌초(坐礁)하거나 함.「~선(船)」なんぱ shipwreck

난:폭[亂暴] 몹시 포악함.「~한 행동」らんぼう violence

난:풍[暖風] 따뜻한 바람. ↔ 한풍(寒風). だんぷう warm wind

난:필[亂筆] 되는 대로 마구 쓴 글씨. 난잡한 필체. らんぴつ scribble

난항[難航] ① 폭풍우 따위로 항해(航海)가 곤란함. ② 일이 순조롭지 못함.「회의가 ~을 거듭하다」なんこう ① stormy voyage ② hard going

난해[難解] 까다로워 이해하기 어려움.「~한 문장(文章)」なんかい being hard to understand

난:행[亂行] ① 난폭한 행동. ② 음란한 소행. らんぎょう ① violent conduct

난행[難行] 괴롭고 어려운 수행(修行).「~ 고행(苦行)」なんぎょう penance

난향[蘭香] 난초의 향기. らんこう fragrance of orchid

난:형[卵形] 달걀 같은 모양. 달걀꼴. らんけい ovalness

난형난제[難兄難弟] 누구를 형이라 하고, 누구를 아우라 할지 분간하기 어렵다는 뜻으로, 누가 더 낫다고 할 수 없을 정도로 둘이 서로 비슷함을 이르는 말.

난:황[卵黃] 알의 노른자위. ↔난백(卵白). らんおう yolk

난:후[亂後] 난리가 끝난 후. ↔난전(亂前). らんご after war

날[捏] 이길 날 : 이기다. 반죽하다.「捏造(날조)」ネツ・デツ・こねる

날[捺] 도장 찍을 날 : 도장을 찍다. 누르다.「捺印(날인)·捺章(날장)·捺染(날염)」ナツ・おす

날염[捺染] 천에 본을 놓고 롤러로 물감을 칠하여 무늬를 내는 염색법. なっせん・おしぞめ printing

날인[捺印] 도장을 찍음. =날장(捺章).「기명(記名) ~」なついん affixing one's seal

날조[捏造] 남을 모함하기 위해 거짓 꾸밈.「허위(虛僞) ~」ねつぞう fabrication

남[男]* ① 사내 남 : 사나이.「男兒(남아)·男性(남성)·快男(쾌남)·男服(남복)·男女(남녀)」② 아들 남 : 아들.「長男(장남)·得男(득남)·生男(생남)」③ 작위 남 : 작위 이름.「男爵(남작)」ダン・ナン ① おとこ

남[南]* 남녘 남 : 남쪽.「南國(남국)·南風(남풍)·南北(남북)」ナン・みなみ

남[楠] 녹나무 남 : 녹나무. ナン・くすのき

남가일몽[南柯一夢] 덧 없는 꿈, 또는 덧없는 부귀 영화. 인생의 덧없음을 이르는 말.

남계[男系] 남자의 계통. ↔여계(女系). だんけい male line

남공[男工] 남자 직공. ↔여공(女工). だんこう workman

남구[南歐] 남부 유럽. 이탈리아·스페인 등. なんおう Southern Europe

남국[南國] 남쪽에 있는 나라. ↔북국(北國). なんこく south country

남굴[濫掘] ① 광석을 함부로 파냄. ② 무덤을 함부로 파헤침. らんくつ reckless digging

남귤북지[南橘北枳] 강남(江南)의 귤을 강북(江北)에 옮겨 심으면 탱자나무가 된다는 말로, 사람은 환경에 따라 달라짐을 비유하여 이르는 말.

남극[南極] 지구의 남쪽 끝. ↔북극(北極). なんきょく　Antarctic

남극성[南極星] 남극 부근의 하늘에 보이는 별. 고대 중국에서 사람의 수명을 맡아보는 별이라 함. =수성(壽星).

남기[嵐氣] 저녁 무렵에 멀리 보이는 푸르스름하고 흐릿한 기운. 이내. らんき　dusk

남남[喃喃] 수다스럽게 말함. 재잘거리는 소리. なんなん chatter

남남북녀[南男北女] 우리 나라에서 남쪽 지방은 남자에, 북쪽 지방은 여자에 잘난 사람이 많다고 예부터 일러 오는 말.

남녀[男女] 남자와 여자. 「~공학(共學)」だんじょ　man and woman

남단[南端] 남쪽 끝. ↔북단(北端). 「제주(濟州) ~」なんたん　southern extremity

남대문 입납[南大門入納] 겉봉에 '남대문'이라고만 쓴 편지의 뜻으로, 주소도 이름도 모르고 집을 찾음을 조롱하여 이르는 말.

남:독[濫讀] 아무것이나 닥치는 대로 마구 읽음. =난독(亂讀). らんどく　desultory reading

남:루[襤褸] ① 누더기. ② 옷 따위가 더럽고 해져 지저분함. 「~한 차림새」ぼろ　rags

남만[南蠻] 남쪽 오랑캐. 「~북적(北狄)」なんばん southern barbarian

남매[男妹] 오라비와 누이. 오누이. 「~간(間)」 brother and sister

남면[南面] ① 남쪽을 향함. 또는 남쪽 면. ② 임금은 남쪽을 향하여 앉는 데서, 임금의 자리 또는 임금을 이르는 말. なんめん　① facing the south

남문[南門] 성곽의 남쪽에 있는 문. なんもん　south gate

남반구[南半球] 지구를 적도에서 남북으로 나눈 남쪽의 부분. ↔북반구(北半球). みなみはんきゅう　Southern Hemisphere

남:발[濫發] 법령이나 지폐·증명서 따위를 마구 발행함. =난발(亂發). らんぱつ excessive issue

남방[南方] 남쪽. 남쪽 지방. ↔북방(北方). なんぽう　south

남:벌[濫伐] 나무를 함부로 벰. 「~ 금지(禁止)」らんばつ　reckless deforestation

남:벌[濫罰] 이유 없이 함부로 벌을 줌. らんばつ unlawful punishment

남복[男服] ① 남자의 옷. ② 여자가 남자의 옷을 입음. = 남장(男裝). ↔여복(女服). ① men's clothes ② male attire

남부[南部] ① 남쪽의 부분. ② 조선 때, 서울을 5부로 나눈 구역의 남쪽 부분. なんぶ ① southern part

남부여대[男負女戴] 남자는 짐을 등에 지고 여자는 짐을 머리에 인다는 뜻으로, 가난하거나 재난을 당한 사람들이 살 곳을 찾아 이리저리 떠돌아다님을 이르는 말.

남북[南北] 남쪽과 북쪽. 「~통일(統一)」なんぼく　north and south

남:비[濫費] 금품을 함부로 소

비함. =낭비(浪費). らんぴ lavishment

남사당[男寺黨] 지난날, 사당 복색을 하고 각처로 다니며 소리와 춤을 팔던 사내.

남:살[濫殺] 함부로 죽임. らんさつ slaughter

남상[男相] 남자같이 생긴 여자의 얼굴. ↔여상(女相). unwomanly face

남:상[濫觴] 사물의 시초. =근원(根源). らんしょう origin

남색[男色] 비역. =계간(鷄姦). だんしょく・なんしょく sodomy

남색[藍色] 남빛. らんしょく・あいいろ indigo

남성[男性] 성별(性別)이 남자인 사람. 곧, 남자. ↔여성(女性). だんせい man

남성[男聲] ① 남자의 목소리. ② 음악에서, 남자의 성부(聲部). 테너・베이스 따위. ↔여성(女聲). 「~ 합창(合唱)」 だんせい male voice

남수[男囚] 남자 죄수. ↔여수(女囚). だんしゅう male prisoner

남승[男僧] 남자 중. ↔여승(女僧). monk

남:식[濫食] 가리지 않고 아무 것이나 마구 먹음. らんしょく intemperance in eating

남아[男兒] ① 남자. 사나이. ② 사내아이. 소년. ↔여아(女兒). だんじ ① man ② boy

남안[南岸] 남쪽의 강안(江岸)이나 해안(海岸). ↔북안(北岸). なんがん southern coast

남양[南洋] ① 태평양의 적도(赤道) 부근의 바다. ② 남양 군도 및 말레이 군도의 총칭. なんよう South Seas

남:용[濫用] 함부로 쓰거나 부림. =난용(亂用). 「직권(職權)~」 らんよう abuse

남위[南緯] 지구의 적도로부터 남쪽의 위도. ↔북위(北緯). なんい south latitude

남자[男子] 사나이. =남성(男性). ↔여자(女子). だんし man

남작[男爵] 오등작(五等爵)의 다섯째 작위. だんしゃく baron

남:작[濫作] 글이나 시 따위의 작품을 함부로 많이 지음. らんさく excessive production

남장[男裝] 여자가 남자의 복색을 함. ↔여장(女裝). だんそう male attire

남정[男丁] 지난날, 열다섯 살 이상의 장정(壯丁). 곧, 젊은 남자를 이르던 말. man above the age of fifteen

남정[南征] 남쪽을 정벌함. ↔북벌(北伐). なんせい

남:조[濫造] 품질 따위는 생각하지 않고 함부로 마구렁쿠러 만들어 냄. =남제(濫製). らんぞう reckless manufacture

남존여비[男尊女卑] 남성을 존중하고 여성을 비천하게 여김. だんそんじょひ

남종화[南宗畵] 수묵 화(水墨畵)의 유파의 하나. 당(唐)나라 왕유(王維)로부터 비롯된다고 함. 수묵・담채(淡彩)로 주로 산수(山水)를 그렸음. 준남화(南畵). なんしゅうが

남중[南中] 천체가 자오선(子午線)을 통과하는 일. なんちゅう southing

남진[南進] 남쪽으로 나아감. ↔북진(北進). なんしん southward advance

남:징[濫徵] 금품을 함부로 징수함. らんちょう
excessive requisition

남창[男唱] 국악에서, 여자가 남자 목소리로 부르는 노래. ↔여창(女唱). song by a woman in male voice

남창[南窓] 남쪽으로 난 창문. ↔북창(北窓). なんそう south window

남천[南天] ① 남쪽 하늘. ↔북천(北天). ② ⇨남천촉(南天燭). なんてん ① south sky

남천촉[南天燭] 매자나뭇과의 상록 관목. 관상용으로 심으며, 열매는 한방에서 약재로 쓰임. =남촉(南燭)·남천(南天). なんてんしょく sacred bamboo

남청[藍靑] 짙은 청색. dark blue

남체[男體] 남자의 몸. ↔여체(女體). なんたい man's body

남촌[南村] ① 남쪽에 있는 마을. ② 예전에, 서울 안의 남쪽 동네를 이르던 말. ↔북촌(北村). ① southern village

남침[南侵] 남쪽으로 쳐들어감. ↔북침(北侵). なんしん invading southward

남탕[男湯] 남자용 목욕탕. ↔여탕(女湯). men's quarter of a public bath

남파[南派] 남쪽으로 파견함. 「~ 간첩」 dispatching to the south

남편[男便] 부부(夫婦)에서, 여자의 짝이 되는 남자. ↔아내. husband

남풍[南風] 남쪽에서 불어오는 바람. 마파람. ↔북풍(北風). なんぷう·みなみかぜ south wind

남하[南下] 남쪽으로 내려감. ↔북상(北上). 「장마 전선이 ~하다」 なんか southward advance

남해[南海] 남쪽에 있는 바다. ↔북해(北海). なんかい southern sea

남행[南行] 남쪽으로 감. ↔북행(北行). 「~ 열차(列車)」 みなみゆき going south

남향[南向] 남쪽을 향함. ↔북향(北向). 「~집」 みなみむき southern exposure

남:형[濫刑] 원칙도 없이 함부로 형벌을 내림. らんけい improper punishment

남혼[男婚] 아들의 혼사(婚事). ↔여혼(女婚). marriage of one's son

남화[南畫] 남종화(南宗畫)의 준말. なんが

남:획[濫獲] 물고기나 짐승 따위를 함부로 잡음. らんかく reckless fishing [hunting]

납[納]* ① 받을 납: 받다. 받아들이다. 「收納(수납)·納受(납수)」 ② 바칠 납: 바치다. 「納品(납품)·納付(납부)·物納(물납)·滯納(체납)」 ノウ·トウ·ナ ② おさめる

납골[納骨] 화장한 유골(遺骨)을 그릇에 담음. 또는 납골당(納骨堂) 등에 모심. 「~당(堂)」のうこつ laying one's ashes to rest

납공[納貢] 옛날에, 백성이 그 지방의 특산물을 조정에 바치던 일. =공납(貢納). のうこう offering of a tribute

납관[納棺] 시체를 관에 넣음. =관렴(棺殮). のうかん placing in a coffin

납금[納金] 돈을 납부함. 또는

그 돈. のうきん　payment
납기[納期] 납부해야 할 기한. 納期期限
「~를 넘기다」のうき
　　　　　date of payment
납길[納吉] 신랑집에서 결혼 納吉
날짜를 받아 신붓집에 알림.
납득[納得] 남의 말이나 어떤 納得
일의 내용을 인정하고 이해
함. 「~이 안 가다」なっとく
　　　　　understanding
납량[納凉] 더위를 피해 시원 納凉
한 바람을 쐼. のうりょう
　　　　　enjoying the cool air
납뢰[納賂] 뇌물을 바침. ↔수 納賂
뢰(受賂). offering a bribe
납밀[蠟蜜] 밀초. wax candle 蠟蜜
납배[納杯] ① 마지막 술잔. = 納杯
종배(終杯). ② 술잔치를 마
침 ② finishing a banquet
납본[納本] 신간 서적을 관계 納本
관청에 본보기로 몇 권 바침.
のうほん　presentation of
　specimen copy
납부[納付] 세금이나 공과금 納付
(公課金)을 냄. =납입(納入).
のうふ　　　　　payment
납석[蠟石] 밀초처럼 매끈매끈 蠟石
한 감촉이 있는 광물의 총칭.
인재(印材)로 씀. 곱돌. ろう
せき　　　　　agalmatolite
납세[納稅] 세금을 바침. =세 納稅
납(稅納). のうぜい
　　　　　tax payment
납수[納受] ① 받아들임. =수 納受
납(收納). ② 부탁을 들어 줌.
のうじゅ
① receipt ② granting a wish
납양[納陽] 햇볕을 쐼. 納陽
　　　　　basking in the sun
납월[臘月] 섣달, 곧 음력 12 臘月
월의 다른 이름. =극월(極
月). ろうげつ　　December
납육[臘肉] ① 소금에 절인 돼 臘肉

지고기. ② 납향(臘享)에 쓰는
산짐승의 고기.
납의[納衣] 중이 입는 검은 옷. 納衣
=가사(袈裟)・법의(法衣). の
うえ　　black garments of
Buddhist priests
납입[納入] 세금・회비 따위를 納入
바침. =납부(納付). のう
にゅう　　　　　payment
납채[納采] 혼인 때 신랑집에 納采
서 신붓집으로 예물을 보내는
일. 또는 그 예물. =납폐(納
幣). のうさい
납촉[蠟燭] 밀초. ろうそく 蠟燭
　　　　　wax candle
납치[拉致] 사람・항공기・선박 拉致
따위를 강제로 끌고 감. 「여
객기(旅客機) ~」らち・らっ
ち　　　　　　　seizure
납폐[納幣] ⇨납채(納采). 納幣
납품[納品] 물품을 바침. 또는 納品
그 물건. のうひん
　　　　　delivery of goods
납향[臘享] 납일(臘日), 곧 동 臘享
지(冬至) 뒤의 셋째 술일(戌
日)에 그 해의 농사를 비롯한
여러 일을 신에게 고하는 제
사.
납회[納會] ① 그 해의 마지막 納會
모임. ② 증권 거래소에서, 그
해의 마지막 입회(立會). ↔
발회(發會). のうかい
　　　　　① last meeting
낭[娘]☆ ① 아가씨 낭: 아가씨.
처녀. 소녀. 「娘子(낭자)」 娘子
딸 낭: 딸. ③ 어머니의 속어.
「娘娘(낭 낭)・娘家(낭 가)」 娘家
ジョウ　① むすめ
낭[曩] ① 접때 낭: 접때. 요
전. 일전. 「曩日(낭일)・曩者
(낭자)」 ② 오래 낭: 오래다.
「曩昔(낭석)」ノウ　① さき 曩昔
낭[囊] ① 주머니 낭: 주머니.

「囊中(낭중)·囊刀(낭도)·囊乏(낭핍)」 ② 자루 낭: 자루. 「沙囊(사낭)·背囊(배낭)·囊橐(낭탁)」ノウ ② ふくろ

낭:객[浪客] ⇨낭인(浪人). ろうかく

낭:고[狼顧] 이리가 자주 뒤를 돌아다보듯, 무서워서 자꾸만 뒤를 돌아다봄. ろうこ

낭군[郞君] 젊은 아내가 자기의 남편을 이르는 말. ろうくん　　　dear husband

낭도[囊刀] 주머니칼.　　pocket knife

낭:독[朗讀] 소리내어 읽음. ↔묵독(默讀). ろうどく　　recitation

낭:득허명[浪得虛名] 평판은 좋으나 실속이 없음.

낭:랑[浪浪] ① 정처없이 방랑하는 모양. ② 눈물이 거침없이 흐르는 모양. ろうろう
① wandering ② tearing

낭랑[琅琅] ① 옥이 맞닿아 나는 소리. ② 새가 지저귀는 소리. ろうろう

낭:랑[朗朗] 목소리가 맑고 또랑또랑한 모양. 「~한 목소리」ろうろう　　sonority

낭:만[浪漫] 비현실적이며 정서적·이상적·낙천적인 세계를 지향하는 일. 또는 그러한 상태. ろうまん　　being romantic

낭:만주의[浪漫主義] 18세기 말에서 19세기 초에 걸쳐 유럽에서 일어난 문예 사상. 주관적·공상적·감정적인 경향을 가짐. ろうまんしゅぎ　　romanticism

낭:보[朗報] 반가운 소식. =길보(吉報). ろうほう　　good news

낭:비[浪費] 돈이나 물건을 헛되이 함부로 소비함. =허비(虛費). ろうひ　wastefulness

낭:설[浪說] 터무니없는 소문. 뜬소문.　groundless rumor

낭:송[朗誦] 소리를 내어 읽음. 「시(詩)를 ~하다」ろうしょう　recitation

낭:연[狼煙·狼烟] 옛날에 변란 따위를 알리기 위한 신호로 피우던 불. =낭화(狼火)·봉화(烽化). ろうえん·のろし　signal fire

낭:영[朗詠] ⇨낭음(朗吟). ろうえい

낭:요[朗耀] 밝게 빛남.　brightness

낭:유[浪遊] 허랑하게 놀고 지냄. 「~도식(徒食)」ろうゆう　dissipation

낭:음[朗吟] 시를 소리내어 읊음. =낭영(朗詠). ろうぎん　recitation

낭:인[浪人] ① 직업이 없이 노는 사람. ② 방랑 생활을 하는 사람. =낭객(浪客). ろうにん　jobless man

낭:일[曩日] 전번. 지난번. =낭시(曩時). のうじつ　last time

낭자[娘子] 처녀. 아가씨. じょうし　virgin

낭:자[狼藉] 어지럽게 여기저기 흩어져 있음. 「패싸움으로 유혈(流血)이 ~하다」ろうぜき　disorder

낭재[郞材] 신랑감.　likely bridegroom

낭:전[浪傳] 함부로 말을 퍼뜨려 전함.　spreading false rumors

낭중[囊中] 주머니 속. 자루 속. 「~지물(之物)」のうちゅ

낭중지추[囊中之錐] 주머니 속의 송곳이라는 뜻으로, 주머니 속의 송곳은 그 끝이 비어져 나오게 마련이듯이, 유능한 사람은 여러 사람 가운데 있어도 그 재능이 저절로 드러나게 됨을 비유한 말. 囊中之錐　inside of a purse

낭:지[浪志] 이치에 맞지 않는 어지러운 생각. 浪志

낭:질[狼疾] 마음이 고약하면서도 반성할 줄 모름의 비유. 狼疾

낭창[踉蹡] 걸음걸이가 비틀비틀함. ＝창랑(蹡踉). ろうそう　踉蹡　stagger

낭패[狼狽] 사고를 당하거나 일이 실패로 돌아가 난감해짐. 狼狽　failure

낭핍[囊乏] 주머니가 텅 빔. 가진 돈이 없음. 囊乏　emptiness of the purse

낭하[廊下] ① ⇨ 행랑(行廊). ② ⇨ 복도(複道). ろうか　廊下

내:[乃]* ① 곧 내:곧. 즉. 「人乃天(인내천)」 ② 너 내:너. 그이. 「乃父(내부)·乃兄(내형)」 ③ 접때 내:접때. 「乃者(내자)·乃昔(내석)」 ダイ·ナイ ① すなわち　乃

내:[內]* ① 안 내:안. 속. 가운데. 「內面(내면)·內容(내용)·內陸(내륙)·國內(국내)·院內(원내)」 ② 처 내:처. 아내. 「內室(내실)·內房(내방)·內寢(내침)」 ③ 비밀 내:비밀. 「內密(내밀)·內定(내정)·內幕(내막)·內通(내통)」 ④ 우리 나라 내:우리 나라. 「內國(내국)」 ⑤ 여관 내:여관 (女官). 궁녀. 「內人(내인·나인)」 ナイ·ダイ ① うち　內　內面　內陸　內室　內人

내:[奈]* ① 어찌 내:어찌. 어떻게. 「奈何(내하)」 ② 나라 내:나라. 지옥. 「奈落(나락)」 ナ ① いかん·なに　奈何

내:[柰] ① 능금나무 내:능금나무. ② 어찌 내:어찌. 어떻게. 「柰何(내하)」 ① べにりんご ② いかん　柰何

내:[耐]* 참을 내:참다. 견디다. 「忍耐(인내)·耐久(내구)·耐暑(내서)·耐火(내화)·耐乏(내핍)」 タイ·たえる　忍耐

내:각[內角] ① 한 직선이 각각 다른 점에서 두 직선과 만날 때 두 직선 안쪽에 생기는 각. ② 야구의 본루에서 타자와 가까운 쪽. 인 코너. ↔외각(外角). ないかく　內角　外角　① interior angle ② inside

내:각[內閣] 국무 위원으로 조직된 행정의 최고 기관. ないかく　內閣　cabinet

내:간[內間] 부녀자가 거처하는 곳. 아낙. 內間

내:간[內艱] 어머니의 상사(喪事). ＝내우(內憂). 內艱

내:간[內簡] 부녀자들끼리 주고받는 편지. 「～체(體)」 內簡

내:감[內感] 내부 감각(內部感覺)의 준말. 內感

내:강[內剛] 겉으로 보기보다는 속마음이 굳셈. 「외유(外柔)～」 ないごう　內剛　strong-mindedness

내:강[內腔] 체내의 비어 있는 부분. 복강(腹腔)·흉강(胸腔) 따위. 內腔　腹腔

내:객[內客] 안손님. 여자 손님. 內客　women caller

내객[來客] 찾아온 손님. らいきゃく　來客　caller

내:경[內徑] 물건의 안쪽의 지름. ↔외경(外徑). ないけい　內徑　inside diameter

내:계[內界] 의식(意識)의 내 內界

부 세계. 마음 속의 세계. ↔ 외계(外界). ないかい
inner world

내ː고[內顧] ① 집안일을 돌보고 살핌. ② 처자를 생각하고 돌봄. ないこ ① household cares ② care for one's family 內顧

내ː공[乃公] 임금이 아랫사람에 대해서 자신을 이르는 말. だいこう・ないこう myself 乃公

내ː공[內供] 옷의 안감으로 쓰이는 질이 낮은 무명. lining 內供

내ː공[內攻] 병이 외부로 나타나지 않고 내부의 기관을 침범함. ないこう retrocession 內攻

내공[來貢] 외국의 사신이 와서 공물(貢物)을 바침. らいこう 來貢

내ː공[耐空] 도중에 한 번도 내리지 않고 비행을 계속함. remaining in flying 耐空

내ː과[內科] 내장의 병을 수술에 의하지 않고 치료하는 의학의 한 분과. 또는 병원의 그 부서. ↔외과(外科). ないか internal medicine 內科

내ː과[內踝] 발의 안쪽에 있는 복사뼈. ↔외과(外踝). inside ankle 內踝

내ː과피[內果皮] 열매의 속껍질. ないかひ endocarp 內果皮

내ː곽[內廓] 안쪽 테두리. ↔외곽(外廓). ないかく retrenchment 內廓

내ː관[內官] ⇨내시(內侍). 內官

내ː관[內觀] 자신의 의식의 상태를 스스로 관찰함. 자기 관찰. =내성(內省). ないかん introspection 內觀

내관[來館] 박물관·도서관 등의 관(館)에 찾아옴. らいかん visiting a hall 來館

내ː구[耐久] 오래 견딤. 「~력 耐久

(力)」たいきゅう endurance

내ː국[內局] 장·차관의 감독을 직접 받는 중앙 관서의 국(局). ↔외국(外局). ないきょく intra-ministrial bureau 內局

내ː국[內國] 자기 나라의 안. 또는 자기 나라. ↔외국(外國). 「~인(人)」ないこく home country 內國

내ː군[內君] 남의 아내의 높임 말. ないくん your wife 內君

내ː규[內規] 내부에서만 적용하는 규칙이나 규약. ないき private rules 內規

내ː근[內勤] 근무처의 내부에서 일을 함. ↔외근(外勤). ないきん indoor service 內勤

내ː금[內金] 치를 돈에서 일부만 내는 돈. 계약금·중도금 따위. うちきん part of money to be paid 內金

내내년[來來年] 내년의 다음 해. =내명년(來明年). year after next 來來年

내년[來年] 금년의 다음 해. =명년(明年). らいねん next year 來年

내ː당[內堂] 안방. =내실(內室). ↔외당(外堂). main living room 內堂

내도[來到] 와서 닿음. =내착(來着). arrival 來到

내두[來頭] 다가올 앞날. 장래. =전두(前頭). 「~사(事)」 time to come 來頭

내ː락[內諾] 비공식(非公式)으로 승낙함. 「~을 얻다」ないだく informal consent 內諾

내ː란[內亂] 국내에서 일어난 난리. =내우(內憂). ↔외환(外患). ないらん civil war 內亂

내ː람[內覽] 비공식으로 몰래 봄. ないらん 內覽

private examination
내레이션[narration] ① 이야기. 서술(敍述). ② 방송극 등에서의 해설. ナレーション 敍述

내레이터[narrator] 영화·방송극 따위에서, 해설을 하는 사람. ナレーター 映畫

내력[來歷] ① 겪어 온 과정이나 자취. ② 유전되어 내려옴. らいれき 來歷
① career ② inheritance

내:륙[內陸] 바다에서 멀리 떨어진 지역. 「~ 지방(地方)」 ないりく 內陸
inland

내림[來臨] 찾아오심. =왕림(枉臨). らいりん 來臨
coming to visit

내:막[內幕] 내부의 사정. 일의 속내. =내정(內情). ないまく·うちまく 內幕
inside facts

내맥[來脈] ① 일이 지나 온 과정. =내력(來歷). ② 풍수에서 이르는, 종산(宗山)에서 뻗은 산줄기. =내룡(來龍). 來脈
① course

내:면[內面] ① 안쪽. 안쪽 면. ② 사람의 정신적인 면. ↔외면(外面). 「~ 세계(世界)」 ないめん 內面
interior

내:명[內明] 어리숙해 보이나 속셈이 밝음. 內明

내:명[內命] 비공식 명령. ないめい 內命
private order

내:무[內務] ① 국내의 정무(政務). ② 내부적인 사무. ↔외무(外務). 「~반(班)」 ないむ 內務
① home affairs ② internal affairs

내:밀[內密] ① 숨겨진 비밀. ② 남몰래 넌지시 하여 겉으로 드러나지 않음. ないみつ 內密
① secrecy ② privacy

내:방[內房] 안방. =내실(內室). 內房

inner room
내:방[來訪] 찾아 옴. 방문해 옴. ↔왕방(往訪). らいほう 來訪
visit

내:벽[內壁] 안벽. 「위(胃)의 ~」 ないへき 內壁
inner wall

내:변[內變] 나라 안에서 일어난 변고. =내란(內亂). ないへん 內變
civil war

내:보[內報] 내적(內的)으로 알리는 통보. ないほう 內報
private information

내보[來報] ① 와서 보고함. 또는 그 보고. ② 불교에서 말하는 장래의 응보(應報). らいほう 來報
① information

내:복[內服] ① 약을 먹음. =내용(內用). 「~약(藥)」 ないふく ② 속옷. 內服
① internal use ② underwear

내:부[內部] ① 안쪽. 안쪽의 부분. ② 어떤 조직의 안. ↔외부(外部). 「~ 사정」 ないぶ 內部
interior

내:부 감:각[內部感覺] 신체 내부의 운동 감각 평형 감각·내장 감각의 총칭. =내감(內感). ないぶかんかく 內部感覺
inner sense

내:분[內紛] 내부의 분쟁. 집안 싸움. ないふん 內紛
internal trouble

내:분비[內分泌] 혈액이나 체액(體液) 속으로 몸 안에서 만들어진 분비물을 직접 보내는 작용. ないぶんぴ·ないぶんぴつ 內分泌
internal secretion

내빈[來賓] 어떤 모임에 초대되어 온 손님. 「~석(席)」 らいひん 來賓
guest

내:빈[耐貧] 가난을 견디어 냄. 耐貧
endurance of poverty

내:사[內舍] 집의 바깥채에 대 內舍

하여, 안채. main house

내:사[內査] 내막적으로 비밀히 조사함. ないさ secret examination

내사[來社] 회사·신문사 따위로 찾아옴. らいしゃ visiting to the company

내생[來生] 불교에서, 내세(來世)에서 다시 살아갈 일생(一生). =후생(後生). future life

내:서[耐暑] 더위를 견디어 냄. ↔내한(耐寒). proof against heat

내:선[內線] ① 안쪽의 선. ② 건물 안에 있는 전화선이나 배전선(配電線). ↔외선(外線). 「~공사(工事)」 ないせん ① inner line ② interior wiring

내:성[內省] 깊이 자기 자신을 돌이켜봄. ないせい introspection

내세[來世] 불교에서, 죽어서 다시 태어난다는 세상. =후세(後世). らいせ other world

내셔널리즘[nationalism] 민족주의(民族主義). ナショナリズム

내셔널리티[nationality] 민족성. 국민성(國民性). ナショナリティー

내:소박[內疏薄] 아내가 남편을 구박함. mistreating one's husband

내:소외친[內疏外親] 마음 속으로는 소홀히 하고 겉으로는 친한 듯이 함. skin-deep friendship

내:수[內水] 나라 안에 있는 수역(水域). 하천·호소(湖沼) 따위. ないすい inland waters

내:수[內需] 국내의 수요(需要). ↔외수(外需). 「~용(用) 자재(資材)」 ないじゅ domestic demand

내:수[耐水] 물에 넣어도 젖지 않거나 변질되지 않음. たいすい waterproofness

내습[來襲] 습격하여 옴. =습래(襲來). 「폭풍우(暴風雨)가 ~하다」 らいしゅう attack

내:습[耐濕] 습기를 받아도 변질되지 않음. たいしつ wetproofness

내:시[內示] 비공식으로 알림. 은근히 알려 줌. ないじ informal announcement

내:시[內侍] ① 내시부(內侍府)의 관원. =내관(內官)·환관(宦官)·환시(宦侍). ② ⇨고자(鼓子). eunuch

내:시경[內視鏡] 식도·위·복강 등 신체 내부를 직접 보기 위한 기구의 총칭. endoscope

내:신[內申] 비밀히 상신(上申)함. 「~서(書)」 ないしん unofficial report

내:신[內臣] 대궐 안에서 임금을 가까이 받드는 신하. ないしん close attendant

내신[來信] 남에게서 온 편지. =내서(來書). らいしん letter received

내:실[內室] 안방. =내당(內堂). women's quarters

내:실[內實] 속이 알참. 「~을 기하다」 substantiality

내:심[內心] ① 속마음. 마음속. ② 수학에서, 삼각형에 내접(內接)하는 원(圓)의 중심. ないしん ① one's inmost heart ② inner center

내:알[內謁] 은밀히 뵘. ないえつ private audience

내:압[耐壓] 압력에 견디어 망가지지 않음. 「~재(材)」 た

내:야[內野] 야구장에서, 1·2·3루와 본루(本壘)를 잇는 정사각형의 안. ↔외야(外野). ないや 内野 infield / いあつ resisting pressure

내:약[內約] 몰래 비밀히 약속함. 또는 그 약속. ないやく 内約 private contract

내:역[內譯] ⇨명세(明細). 内譯

내:연[內緣] 호적상의 절차를 거치지 않은 혼인 관계. 「～의 아내」 ないえん 内緣 informal marriage

내연[來演] 그 곳에 와서 음악을 연주하거나 연극 따위를 공연(公演)함. らいえん 來演 visiting for performance

내:연 기관[內燃機關] 연료를 기통 안에서 태워 그 폭발력으로 움직이는 원동기. ないねんきかん 内燃機關 internal-combustion engine

내:열[耐熱] 열에 견디어 냄. 「～ 합금(合金)」 たいねつ 耐熱 heat-resistance

내영[來迎] ① 와서 맞음. ② 임종 때 부처나 보살이 극락세계로 영접함. らいごう 來迎 ① welcome

내왕[來往] 오고 감. ＝왕래(往來). らいおう 來往 coming and going

내:외[內外] ① 안과 밖. ② 국내와 국외. ないがい ③ ⇨부부(夫婦). 「～간(間)」 ④ 외간 남녀간에 직접 대하기를 피하는 예의. 内外 夫婦 ① inside and outside ② home and abroad

내:외종[內外從] 내 종(內從)과 외종(外從). 内外從

내:외척[內外戚] 본 종(本宗)과 외족(外族). 内外戚

내:용[內用] ① 안살림의 씀씀이. ② 내복(內服)으로 쓰이는 약. 「～약(藥)」 ないよう 内用 ① domestic expenditure

내:용[內容] ① 속에 들어 있는 것. ② 사물의 실질. 또는 실질적인 뜻. ないよう 内容 ① contents ② substance

내:용 증명[內容證明] 문서인 우편물에 대해 우체국의 확인을 받아 등본으로 보관하여 증명하는 우편물의 특수 취급 제도. ないようしょうめい 内容證明 contents-certified mail

내:우[內憂] ① 내부의 근심거리. ② 국내의 온갖 걱정거리. 「～외환(外患)」 ないゆう ③ ⇨내산(內娡). 内憂 ① internal troubles

내원[來援] 와서 원조함. 「～을 요청하다」 らいえん 來援 coming to help

내월[來月] 새 달. 다음 달. 내달. らいげつ next month 來月

내유[來遊] 와서 놂. 놀러 옴. らいゆう visit for amusement 來遊

내:응[內應] 몰래 적(敵)과 통함. ＝내통(內通)·내부(內附). ないおう 内應 内附 secret communication

내:의[內衣] 속옷. ＝내복(內服). 内衣 underwear

내:의[內意] 속마음. ないい 内意 one's intention

내의[來意] 찾아온 취지. 오게 된 이유. らいい 來意 object of one's visit

내:이[內耳] 귀의 가장 안 부분. 소리를 감지(感知)하는 곳. ↔외이(外耳). 「～염(炎)」 ないじ 内耳 internal ear

내:인[內因] 내부에 있는 원 内因

relatives by marriage

인. ↔외인(外因). ないん inner cause

내:인[耐忍] 참고 견딤. =인내(忍耐). たいにん perseverance

내일[來日] 오늘의 바로 다음 날. =명일(明日). らいじつ tomorrow

내임[來任] 그 곳에 부임(赴任)해 옴. らいにん arrival at one's post

내:입[內入] ① 갚을 돈에서 일부만 먼저 들여 놓음. うちいり ② 궁중에 물건을 들임. ① partial payment ② delivery of goods to the court

내:자[內子] 남에게 자기의 아내를 이르는 말. my wife

내:장[內裝·內粧] 건물의 내부를 꾸미는 일. ↔외장(外裝). 「~용(用)」 internal decoration

내:장[內藏] 내부에 지니고 있음. 「카메라가 ~되다」 ないぞう internal

내:장[內臟] 소화기·호흡기·비뇨기 따위의 몸 속의 여러 기관. ないぞう internal organs

내장[來場] 회장(會場)으로 들어옴. らいじょう attendance

내:재[內在] 사물의 내부에 존재함. 「~성(性)」 ないざい inherence

내:적[內的] ① 사물의 내부에 관한 것. 「 요인(要因)」 ② 정신이나 마음에 관한 것. ↔외적(外的). ないてき ① internal ② mental

내:전[內戰] 국내의 싸움. =내란(內亂). ないせん civil war

내전[來電] 전화나 전보가 옴. らいでん telegram received

내점[來店] 가게에 옴. 상점에 옴. らいてん coming to the shop

내:접[內接] 도형(圖形) 내부에 다른 도형이 접해 있음. ないせつ being inscribed

내:정[內定] 내부적으로 정함. 「과장(課長)으로 ~되다」 ないてい unofficial decision

내:정[內政] 국내의 정치. 「~간섭(干涉)」 ないせい domestic administration

내:정[內庭] 집 안에 있는 뜰. 안뜰. ないてい·うちにわ courtyard

내:정[內情] 내부의 사정. 내부의 정세. ないじょう internal condition

내:제[內題] 책의 속표지나 머리말·차례, 본문 첫머리 등에 쓴 제목. ↔외제(外題). ないだい inside title

내:조[內助] 아내가 남편을 도와 줌. 또는 그 도움. =내보(內輔). 「~의 공(功)」 ないじょ one's wife's help

내조[來朝] 외국의 사신이 옴. らいちょう visit to Korea

내:종[內從] 내종 사촌(內從四寸)의 준말. =고종(姑從).

내:종[內腫] 한방에서, 내장에 난 부스럼을 이르는 말. internal tumor

내:종 사:촌[內從四寸] 고모의 아들이나 딸. =고종 사촌(姑從四寸). 준내종(內從). cousin by a paternal aunt

내주[來住] 다른 고장에서 옮겨 와 삶. らいじゅう

내주[來週] 다음 주일. 돌아오는 주(週). ↔전주(前週). らいしゅう next week

내:지[乃至] ① 위와 아래, 또

는 앞과 뒤만을 들고 그 사이를 생략할 때 쓰는 말. 「50~100」 ② 또는. 혹은. 「영어 ~ 독일어」 ないし 省略
① from ··· to ② or

내:지[內地] ① 국토의 안쪽 지역. ② 국내(國內). ↔외지(外地). ないち inland 內地

내:직[內職] 본직 외에 부업으로 가정에서 하는 직업. ないしょく side job 內職

내:진[內診] 부녀자의 생식기나 장내(腸內)의 진찰. ないしん internal examination 內診

내진[來診] 의사가 환자의 집에 와서 진찰함. =왕진(往診). らいしん · doctor's visit 來診

내:진[耐震] 지진에 견디어 손상을 입지 않는 일. 「~건축」 たいしん resisting earthquake 耐震

내:질[內姪] 아내의 형제의 자녀. 처조카. one's wife's niece 內姪

내:착[來着] 와서 닿음. =도착(到着). らいちゃく arrival 來着

내:채[內債] 국내에서 모집하는 공사채(公社債). =내국채(內國債). ないさい internal loan 內債

내:처[內處] 안방에서 거처함. staying in 內處

내추[來秋] 내년 가을. ↔작추(昨秋). らいしゅう next autumn 來秋

내추럴리즘[naturalism] 자연주의(自然主義). ナチュラリズム 自然主義

내:춘[來春] 내년 봄. =명춘(明春). ↔작춘(昨春). らいしゅん next spring 來春

내:출혈[內出血] 조직 내부나 체강 안에서 출혈이 일어나는 일. ないしゅっけつ 內出血 體腔

internal hemorrhage

내:측[內側] 안쪽. ↔외측(外側). うちがわ inside 內側

내:치[內治] ① 나라 안의 정치. ないち ② 약을 먹어서 병을 고침. 內治
① home administration ② cure by internal treatment

내침[來侵] 침입하여 옴. invasion 來侵

내:탄[耐彈] 탄알을 맞아도 뚫리지 않고 견디어 냄. 「~건축물」 たいだん bulletproofness 耐彈

내:탐[內探] 내밀히 살펴 알아 봄. ないたん private inquiry 內探

내:탕금[內帑金] 군주(君主)가 사사로이 쓰는 돈. ないどきん private purse 內帑金君主

내:통[內通] ① 적과 몰래 통함. =내응(內應). ② 남녀가 몰래 정을 통함. =사통(私通). ないつう 內通 私通
① secret communication ② illicit intercourse

내편[來便] ① 오는 인편. ② 다음 편. 來便
① by a person coming this way ② next occasion

내:평[內評] 공개적이 아닌, 내부적인 평판이나 비평. ないひょう private criticism 內評

내:포[內包] ① 어떤 뜻이나 속성을 속에 지님. ② 하나의 개념 속에 포함되는 모든 속성(屬性). ↔외연(外延). connotation 內包

내:폭[耐爆] 폭탄을 맞아도 부서지지 않고 견디어 냄. 「~건물(建物)」 たいばく bombproofness 耐爆

내:피[內皮] ① 속가죽. 속껍질. ↔외피(外皮). ② 식물 조직의 피층(皮層)과 중심주(中 內皮

心柱) 사이의 세포층. ないひ
① inside skin ② endodermis

내:핍[耐乏] 가난이나 생활 용품의 부족 따위를 참고 견딤. 耐乏
「~생활」たいぼう austerity

내하[奈何] 어찌하랴. 어째서. 奈何 how

내한[來韓] 외국인이 한국에 옴. 「~공연(公演)」らいかん 來韓
visit to Korea

내한[耐寒] 추위를 견디어 냄. 「~훈련(訓練)」たいかん 耐寒
coldproofness

내항[內港] 항만(港灣)의 안쪽에 있어, 선박이 정박하게 된 항구. ↔외항(外港). ないこう 內港港灣
inner harbor

내항[來航] 외국에서 배를 타고 옴. 「~선(船)」らいこう 來航
visit by a ship

내해[內海] 육지로 둘러싸여 있으며 해협(海峽)으로 외해(外海)와 이어지는 바다. ないかい inland sea 內海

내행[內行] ① 부녀자의 여행. 여자의 나들이. ② 가정에서의 부녀자의 행실. 內行 行實
① woman's traveling ② conduct of a woman at home

내:향[內向] ① 내부로 향함. ② 소극적이고 내성적(內省的)임. ↔외향(外向). 「~성(性)」ないこう ② introversion 內向

내:허[內虛] 속이 빔. 실속이 없음. 「~외식(外飾)」 內虛
emptiness

내:형제[內兄弟] ① 고종 형제. ② 아내의 형제. 內兄弟
wife's brothers

내:홍[內訌] 내부의 분쟁. = 내분(內紛). ないこう 內訌
internal strife

내:화[內貨] 제 나라의 화폐. 內貨
↔외화(外貨). ないか
domestic currency

내:화[耐火] 타거나 녹거나 하지 않고 높은 열에 잘 견딤. 「~연와(煉瓦)」たいか 耐火
fireproofness

내:환[內患] ① 아내의 병. ② 국내의 우환(憂患). ↔외환(外患). ないかん 內患
① one's wife's illness ② home troubles

내후년[來後年] 내년의 다음 해. = 내명년(來明年). 來後年

내:흉[內凶] 겉보기와는 달리 속이 엉큼함. 내숭. 內凶
wickedness

냅색[knapsack] 작고 간편한 배낭의 하나. ナップザック 背囊

냅킨[napkin] 식탁에서 음식 먹을 때 쓰는 수건이나 종이. ナプキン 手巾

냉:각[冷却] 식어서 차게 됨. 차게 식힘. ↔가열(加熱). 「~기(機)」れいきゃく cooling 冷却 加熱

냉:각 기간[冷却期間] 분쟁·교섭 따위에서 흥분을 가라앉히기 위해 두는 유예 기간. れいきゃくきかん 冷却期間
cooling-off period

냉:건[冷乾] 차게 해서 말림. 冷乾
cooling and drying

냉:과[冷菓] 아이스크림 따위의 얼음과자. = 빙과(氷菓). れいか frozen dessert 冷菓

냉:광[冷光] 열을 수반하지 않는 빛. 인광(燐光)·형광(螢光) 따위. れいこう 冷光
luminescence

냉:기[冷氣] 찬 기운. 찬 공기. ↔온기(溫氣). れいき 冷氣
cold air

냉:담[冷淡] ① 동정심이 없고 쌀쌀함. ② 무관심함. れいた 冷淡

ん ① cold-heartedness ② indifference

냉:대[冷待] 쌀쌀하게 대접함. 冷待 푸대접. ↔환대(歡待). inhospitality

냉:동[冷凍] 식품 따위를 얼려 冷凍 서 신도(新鮮度)를 유지시 키는 일.「~어(魚)」れいとう freezing

냉:랭[冷冷] 온도나 태도가 쌀 冷冷 쌀한 모양. れいれい chilly

냉:량[冷凉] 차가울 정도로 서 冷凉 늘함. れいりょう coolness

냉:매[冷媒] 냉동기 등에서 냉 冷媒 각을 위해 사용하는 암모니아 · 프레온(freon) 등의 매체. coolant

냉:매[冷罵] 비웃으며 욕함. れ 冷罵 いば

냉:면[冷麵] 찬 국물 따위에 말 冷麵 아 먹는 메밀국수. れいめん cold buckwheat noodles

냉:반[冷飯] 찬밥. れいはん· 冷飯 ひやめし cold meal

냉:방[冷房] ① 불을 때지 않 冷房 은 온돌방. =냉돌(冷埃)·냉 실(冷室). ② 냉각 장치로 실 내의 온도를 낮춤.「~ 장치 (裝置)」れいぼう
① unheated room ② air-conditioning

냉병[冷病] 한방에서, 몸을 차 冷病 게 함으로써 일어나는 병증의 총칭. =냉증(冷症). illness resulting from body chill

냉:상[冷床] 인공적인 온열을 冷床 가하지 않고 태양열만으로 기 르는 묘상(苗床). ↔온상(溫 床). れいしょう coldbed

냉:소[冷笑] 비웃음. 쌀쌀한 冷笑 웃음. れいしょう sneer

냉:수[冷水] 찬물.「~ 마찰 冷水 (摩擦)」れいすい cold water

냉:습[冷濕] ① 차고 누짐. れ 冷濕 いしつ ② 한방에서, 냉기와 습기로 생기는 병증의 총칭.
① cool and wet

냉:안[冷眼] 쌀쌀한 눈빛이나 冷眼 눈길.「~시(視)」れいがん cold look

냉:암[冷暗] 차고 어두움.「~ 冷暗 소(所)에 보관하다」れいあん cool and dark

냉:엄[冷嚴] ① 냉정하고 엄숙 冷嚴 함. ② 엄연(儼然)함.「~한 현실(現實)」れいげん sternness

냉:엄법[冷罨法] 찬 찜질로 冷罨法 염증(炎症)을 치료하는 방법. れいあんぽう cold compress

냉:연[冷然] 태도가 쌀쌀하고 冷然 냉담한 모양.「~히 거절하 다」れいぜん cold

냉:염[冷艶] 차가운 아름다움. 冷艶 흰 꽃이나 눈 따위의 형용. icy beauty

냉:온[冷溫] ① 찬 기운과 따 冷溫 뜻한 기운. ② 낮은 온도. = 저온(低溫).
① coldness and warmth ② low temperature

냉:우[冷雨] 찬비. れいう 冷雨 chilly rain

냉:우[冷遇] 푸대접. =냉대 冷遇 (冷待). ↔후우(厚遇). れい ぐう inhospitality

냉:육[冷肉] 쩌서 식힌 쇠고 冷肉 기·돼지고기·닭고기 따위. れ いにく cold meat

냉:장[冷藏] 음식물 따위의 부 冷藏 패를 막기 위해 저온에서 저 장함. ↔온장(溫藏).「~고 (庫)」れいぞう refrigeration

냉:전[冷戰] 무기를 써서 싸우 冷戰 지는 않으나, 서로 적으로 생 각하는 국제간의 대립 상태.

↔열전(熱戰). れいせん
cold war

냉:점[冷點] 피부에 분포되어 있어 냉각(冷覺)을 느끼는 감각점. ↔온점(溫點). れいてん　冷點
cold spot

냉:정[冷情] 매정하고 쌀쌀한 마음. ↔온정(溫情).　冷情
cold-heartedness

냉:정[冷靜] 차분하여 감정에 치우치지 않음.「~한 판단」れいせい　冷靜
coolness

냉:주[冷酒] 찬 술. れいしゅ・ひやざけ　冷酒
iced wine

냉:증[冷症] ⇨냉병(冷病).　冷症

냉:차[冷茶] 얼음을 넣어 차게 만든 찻물.　冷茶
iced tea

냉:채[冷菜] 차게 하여 먹는 채.　冷菜
cold vegetable dish

냉:천[冷泉] ①찬 샘. ②물의 온도가 섭씨 25도 이하인 광천(鑛泉). ↔온천(溫泉). れいせん　冷泉
cold mineral spring

냉:철[冷徹] 냉정(冷靜)하게 사물의 본질을 꿰뚫어보고 있음.「~한 판단」れいてつ　冷徹
coolheadedness

냉:풍[冷風] 싸늘한 바람. ↔열풍(熱風). れいふう　冷風
cold wind

냉:한[冷汗] 식은땀.「~ 삼두(三斗)」れいかん・ひやあせ　冷汗
cold sweat

냉:한[冷寒] 차고 추움. =한랭(寒冷). れいかん　冷寒
coldness

냉:해[冷害] 여름철의 이상 저온이나 일조(日照) 부족으로 인한 농작물의 피해.「~ 방지」れいがい　冷害
damage from cold weather

냉:혈[冷血] ①외기(外氣)의 온도보다 체온이 낮은 상태. 찬피.「~ 동물」②매정하고　冷血
냉혹함.「~한(漢)」れいけつ
cold blood

냉:혈 동:물[冷血動物] ①외기(外氣)의 온도에 따라 체온이 변화되는 동물. 양서류·파충류 따위. ②냉혹하고 매정한 사람의 비유. れいけつどうぶつ　冷血動物　冷酷
① cold-blooded animal

냉:혈한[冷血漢] 냉혹하고 매정한 사나이. れいけつかん　冷血漢
cold-hearted man

냉:혹[冷酷] 냉정하고 혹독함. 박정하고 가혹함. ↔온후(溫厚). れいこく　冷酷
cruelty

너클 볼:[knuckle ball] 야구(野球)에서, 투수가 손가락 끝을 공 표면에 세워서 던지는 공. 불규칙하게 떨어지므로 타자가 치기 어려움. ナックルボール　打者

너트[nut] 볼트에 끼어 죄는 공구(工具). 암나사. ナット　工具

넘버[number] 번호(番號). 숫자. ナンバー　番號

넘버링 머신:[numbering machine] 자동 회전식으로 번호를 차례로 찍을 수 있게 만든 사무 기구. ナンバリングマシン　事務器具

넘버 원[number one] 첫째. 제일(第一). 제일인자. ナンバーワン　第一

네거티브[negative] ①부정적. ②사진의 음회(陰畫). ③음전기(陰電氣). ネガティブ　陰畫　陰電氣

네글리제[프 négligé] 헐렁한 여성용 실내복이나 잠옷. ネグリジェ　室內服

네뷸러[nebula] 성운(星雲). ネビュラ　星雲

네스트[nest] 보금자리. 은신처. ネスト　隱身處

네안데르탈인(人)[Neanderthal] 홍적세(洪積世) 중기의 화석 인류. ネアンデルタールじん

네오디뮴[neodymium] 희토류(稀土類) 원소의 하나. 은백색의 금속으로 늘어나는 성질이 있음. 원소 기호는 Nd. ネオジミウム

네오리얼리즘[Neo-Realism] 신사실주의(新寫實主義). ネオリアリズム

네오마이신[neomycin] 방선균(放線菌)으로부터 얻어지는 항생 물질의 일종. ネオマイシン

네온[neon] 대기 중에 극소량(極少量) 존재하는 무색·무미·무취의 희(稀)가스 원소의 하나. 원소 기호는 Ne. ネオン

네온 사인[neon sign] 네온관(管)의 방전(放電)을 이용하여 광고나 장식 등에 쓰이는 장치. ネオン サイン

네이블 오렌지[navel orange] 브라질 원산의 양귤(洋橘). ネーブル オレンジ

네이팜탄(彈)[napalm] 강력한 파괴력을 가진 유지(油脂) 소이탄(燒夷彈)의 하나. ナパームだん

네임 밸류[name value] 이름이 지닌 선전 가치. 지명도(知名度). ネームバリュー

네커치프[neckerchief] 주로 여성들이 장식·보온용(保溫用)으로 목에 두르는 스카프. ネッカチーフ

네크라인[neckline] 양복의 목둘레의 선. ネックライン

네킹[necking] 남녀 사이에서 얼굴이나 목 부분을 애무(愛撫)하는 일. ネッキング

네트[net] 그물. ネット

네트볼:[netball] 테니스·탁구·배구 등에서, 서브한 공이 네트에 닿고 상대편(相對便) 코트로 넘어가는 일. ネットボール

네트워:크[network] 라디오·텔레비전 등의 방송망(放送網). ネットワーク

네트 터치[net touch] 테니스·배구에서, 경기 중에 몸이나 라켓이 네트에 닿는 반칙(反則). ネット タッチ

네트 플레이[net play] 테니스·배구(排球)에서, 네트 가까이에서 하는 플레이. ネットプレー

네프로:제[녹 Nephrose] 신장의 세뇨관(細尿管)에 생기는 병. ネフローゼ

넥타[nectar] 진한 과일 주스. ネクター

넥타이[necktie] 와이셔츠의 칼라에 장식으로 매는 띠 모양의 천. ネクタイ

넥타이핀[necktie pin] 넥타이가 움직이지 않도록 꽂는 장식용의 핀. ネクタイピン

넥톤[necton] 유영(游泳) 생물. ネクトン

넵투늄[neptunium] 1940년 핵실험 중에 발견된 인공 방사성(放射性) 원소의 하나. 원소 기호는 Np. ネプツニウム

넵튠[Neptune] ① 로마 신화 중의 해신(海神). ② 해왕성(海王星). ネプチューン

넷스케이프내비게이터[Netscape Navigator] 인터넷 검색(檢索)용 프로그램의 하나.

녀[女]* ① 딸 녀: 딸. 「女息

(여식)·女兒(여아)·一男二女(일남이녀)」② 여자 녀:여자. 부녀.「處女(처녀)·少女(소녀)·婦女(부녀)·女丈夫(여장부)·女士(여사)」ジョ·ニョ② め·おんな 處女 婦女

년[年]* ① 해 년:해.「年代(연대)·年間(연간)·年末(연말)」② 나이 년:나이.「年歲(연세)·年齒(연치)·晩年(만년)」ネン·とし 年代

널[涅] ① 열반 널:죽다. 극락으로 가다.「涅槃(열반)」② 검은 물 들일 널·날:검게 물들이다.「涅齒(열치)」ネ·デツ·ネツ 涅槃

념:[念]* ① 생각할 념:생각하다. 생각.「念念(염념)·念頭(염두)·思念(사념)·通念(통념)」② 욀 념:외다.「念佛(염불)·念書(염서)·念讀(염독)」③ 스물 념:스물. 이십.「念日(염일)·念前(염전)·念晦間(염회간)」ネン ① おもう 念頭 思念 念佛

념[拈] 집을 념·점:집다.「可拈(가념)·拈出(염출)·拈香(점향)」ネン·ひねる 拈出

념[恬] ① 편안할 념:편안하다.「恬泰(염태)·恬然(염연)·恬安(염안)·恬愉(염유)」② 고요할 념:고요하다.「恬波(염파)·恬靜(염정)」テン 恬安

념:[捻] 비틀 념:비틀다. 짜다.「捻出(염출)·捻挫(염좌)」ネン·ひねる 捻出

녕:[佞] ① 아첨할 녕:아첨하다. 간사하다.「佞姦(영간)·佞辯(영변)·佞者(영자)」② 재주 녕:재주.「佞慧(영혜)」ネイ·デイ ① おもねる 佞姦

녕[寧]* ① 편안할 녕:편안하다.「安寧(안녕)·康寧(강녕)·寧息(영식)」② 차라리 녕:차 安寧寧息

라리. 오히려.「寧爲鷄口無爲牛後(영위계구무위우후)」ネイ ① やすい ② むしろ

녕[嚀] 정녕 녕:정녕.「叮嚀(정녕)」ネイ 叮嚀

녕[濘] 진흙 녕:진흙.「濘溺(영닉)·濘淖(영뇨)·泥濘(이녕)」ネイ·デイ 濘溺 泥濘

녕[獰] 모질 녕:모질다.「獰猛(영맹)·獰毒(영독)·獰惡(영악)」ドウ 獰猛

노[奴]* ① 종 노:종.「奴僕(노복)·奴婢(노비)·奴屬(노속)」② 놈 노:놈. 천하게 부르는 칭호.「守錢奴(수전노)·賣國奴(매국노)」ド·ヌ ② やつ·やっこ 奴婢

노[努]* 힘쓸 노:힘쓰다.「努力(노력)」ド·つとめる 努力

노[呶] 지껄일 노:지껄이다.「呶呶(노노)·呶呶發明(노노발명)」ド·ドウ 呶呶

노:[怒]* 성낼 노:성내다.「怒氣(노기)·怒罵(노매)·怒言(노언)·憤怒(분노)·喜怒(희노)·怒濤(노도)·怒號(노호)」ド·おこる·いかる 怒氣 怒濤

노[瑙] 옥돌 노:옥돌.「瑪瑙(마노)」ノウ 瑪瑙

노[駑] 노둔할 노:노둔하다.「駑鈍(노둔)·駑馬(노마)」ド 駑馬

노:객 [老客] ① 늙은 손님. ② 늙은 사람. 늙은이.
① aged visitor ② old person 老客

노:건[老健] 나이가 많으면서도 건장함. ろうけん 老健

노: 게임[no game] 야구에서, 시합이 무효(無效)가 되는 일. ノーゲーム 無效

노:견[路肩] 도로의 정식 폭양 바깥쪽의 일정한 너비의 노면(路面). 갓길. ろかた·ろけん 路肩

노:경[老境] 늙바탕. ろうきょう 老境
노:고[老姑] 할멈. 할미. 老姑
　　　　　　　　　　　　old woman
노고[勞苦] 애쓰는 일. 고생하 勞苦
　는 일.「~에 보답하다」ろう
　く　　　　　　　　　　labor
노곤[勞困] 고단함. 피곤함. 勞困
　　　　　　　　　　　languor
노:골[老骨] 늙은 몸. =노구 老骨
　(老軀)·노체(老體). ろうこつ
　　　　　　　　　aged person
노골적[露骨的] 있는 그대로 露骨的
　숨김없이 드러내는 것. ろこ
　つてき　　　　　　outspoken
노:공[老公] 노인의 높임말. 老公
　ろうこう　　　　　　old man
노:교[老巧] ⇨노련(老練). ろ 老巧
　うこう
노:구[老軀] 늙은 몸. =노골 老軀
　(老骨)·노체(老體). ろうく
　　　　　　　　　　　old body
노구[爐口·壚口] 불을 때는 爐口
　아궁이.　　　　　　fuel hole
노권[勞倦] 피로하여 싫증을 勞倦
　냄.　　　　　　　　 fatigue
노근노골[勞筋勞骨] 몸을 아 勞筋
　끼지 않고 일에 힘씀.　　　勞骨
　　　　　　working faithfully
노:기[老妓] 늙은 기생. ろう 老妓
　ぎ
노:기[怒氣] 성난 얼굴빛. = 怒氣
　노색(怒色).「~ 충천(衝天)」
　どき　　　　　　　　 anger
노:기등등[怒氣騰騰] 노기가 怒氣
　잔뜩 오름.　　 being furious 騰騰
노:년[老年] 늙은 나이. =만 老年
　년(晩年)·모년(暮年). ろうね 暮年
　ん　　　　　　　　　 old age
노:농[老農] ① 늙은 농부. ② 老農
　경험이 많은 농부. ろうのう
　① old farmer ② experienced
　farmer
노농[勞農] 노동자와 농민. ろ 勞農

うのう　laborers and peasants
노:당익장[老當益壯] 늙어서 老當
　도 기운이 더욱 씩씩함. =노 益壯
　익장(老益壯).
노:대[老大] 나이가 듦. 늙은 老大
　이가 됨. ろうだい
노대[露臺] 양식 건물에서 옥외 露臺
　로 달아 낸, 지붕이 없고 난
　간이 있는 대. 발코니. ろだい
　　　　　　　　　　　balcony
노:대가[老大家] 나이가 많은 老大家
　노련한 권위자. ろうだいか
　　　　　　　　　 old master
노:더[norther] 미국 남부·멕
　시코 만·중앙 아메리카 등지 北風
　에, 가을과 겨울에 부는 차가
　운 북풍.
노:도[怒濤] 무섭게 밀려 오는 怒濤
　큰 파도. 성난 파도. どとう
　　　　　　　　 raging billows
노도[櫓棹] 노와 상앗대. 櫓棹
　　　　　　　　　 oar and pole
노:독[路毒] 여행에서 온 피 路毒
　로. 또는 그 때문에 생긴 병.
　sickness from the fatigue of
　travel
노동[勞動] ① 체력을 써서 일 勞動
　함. ② 생활을 위하여 생산업
　에 종사함.「~ 조합(組合)」
　ろうどう　　　① toil ② labor
노동 계:약[勞動契約] 노동자 勞動
　는 노동력을 제공하고, 사용 契約
　자는 일정한 임금을 주기로 하
　는 계약. ろうどうけいやく
　　　　　　　 labor contract
노동법[勞動法] 노동자의 권 勞動法
　익을 보호하기 위하여 제정한
　법률의 총칭. ろうどうほう
　　　　　　　　　 labor laws
노동 쟁의[勞動爭議] 노동 조 勞動
　건이나 대우 문제를 중심으로 爭議
　사용자와 노동자 사이에 일어
　나는 다툼. ろうどうそうぎ

노동 조합[勞動組合] 노동 조건의 개선 및 경제적·사회적 지위 향상을 목적으로 노동자가 만든 단체. 준노조(勞組). ろうどうくみあい labor union

노동 협약[勞動協約] 노동 조건 등에 대한 노동 조합과 사용자 사이의 협약. ろうどうきょうやく labor agreement

노두[露頭] 광상·지층 따위가 지표면 밖으로 드러난 부분. ろとう outcrop

노:둔[老鈍] 늙어서 몸이 둔함.

노둔[魯鈍·駑鈍·鹵鈍] 어리석고 둔함. =우둔(愚鈍). ろどん stupidity

노:드[node] ① 네트워크의 분기점이나 단말 장치의 접속점. ② 활동이나 조직의 중심점. ノード

노:래[老來] ① 늘그막. ② 늙은 뒤. =만래(晚來). ろうらい ① growing older ② in one's old age

노략[擄掠] 떼를 지어 돌아다니면서 사람이나 재물을 약탈함. 「~질하다」ろりゃく plunder

노력[努力] 어떤 일을 위하여 힘을 씀. 또는 그 힘. 「~의 결정(結晶)」どりょく effort

노력[勞力] 어떤 일을 하는 데 드는 힘. 또는 인력(人力). ろうりょく labor

노:련[老練] 경험이 많아 그 일에 익숙하고 능란함. =노교(老巧)·노숙(老熟). ろうれん mature experience

노:령[老齡] 늙은 나이. ─노년(老年). ろうれい old age

노:론[老論] 조선 시대 때 사색 당파의 하나. ↔소론(少論).

노:류장화[路柳墻花] 길가의 버들과 울타리에 핀 꽃. 아무나 꺾을 수 있다는 데서 '기생(妓生)'을 이르는 말.

노르아드레날린[noradrenalin] 부신(副腎)에서 분비되는 호르몬. 혈관을 수축시키고 혈압을 상승시키는 작용을 함. ノルアドレナリン

노마[駑馬] 걸음이 느린 말. 둔하고 못난 사람의 비유. どば idle horse

노:마지지[老馬之智] 쓸모 없던 늙은 말이 길 잃은 군사를 바르게 인도하였다는 고사에서, 재능이 둔하고 남에게 뒤지는 사람도 때로는 쓸모가 있음을 비유한 말.

노:망[老妄] 늙어서 부리는 망령. 「~을 떨다」 dotage

노:멀[normal] 정상(正常). 표준. ノーマル

노:매[怒罵] 성내며 욕함. どば furious abuse

노:면[路面] 길바닥. 도로의 표면. ろめん road surface

노명[露命] 이슬 같은 덧없는 목숨. 「~을 이어 가다」ろめい transient life

노:모[老母] 늙은 어머니. ろうぼ old mother

노모그래프[nomograph] ⇨ ノモグラム. ノモグラフ

노모그램[nomogram] 계산을 간편히 하기 위하여 쓰는 도표. 계산 도표. ノモグラム

노:목[老木] 오래 된 나무. =노수(老樹). ろうぼく old tree

노무[勞務] ① 육체적인 노동으로 하는 직무. 「~자(者)」 ② 노동에 관한 사무. 「~ 관리

노무 출자[勞務出資] 노무를 제공하는 방식의 출자. ろうむしゅっし 勞務出資

노:물[老物] ①늙어서 쓸모가 없는 사람을 낮게 이르는 말. ②낡은 물건. ろうぶつ ① dotard ② old article 老物

노미네이션[nomination] ①지명(指名). ②임명(任命). ③추천(推薦). ノミネーション 推薦

노:반[路盤] 도로(道路)·철로(鐵路)의 지반(地盤). =노상(路床). ろばん roadbed 路盤 地盤

노:발대발[怒發大發] 크게 성을 냄. flaring up 大發

노:방[路傍] 길가. 길 옆. =노변(路邊). 「~소(草)」 ろぼう roadside 路傍

노:배[老輩] 늙은이들. ろうはい old men 老輩

노벨레테[Novellette] ①단편 소설(短篇小說). ②자유 형식의 피아노곡. ノベレット 短篇小說

누벨륨[nobelium] 인공 방사성 원소의 이름. 원소 기호는 No. ノーベリウム 人工放射

노:변[路邊] 길가. =노방(路傍). ろへん wayside 路邊

노변[爐邊] 화롯가. 난롯가. 「~한화(閑話)」 ろへん fireside 爐邊

노:병[老兵] 늙은 병정. ろうへい old soldier 老兵

노:병[老病] 늙어 쇠약해서 생긴 병. =노질(老疾). ろうびょう disease of old age 老病

노:복[老僕] 늙은 사내 종. ろうぼく old manservant 老僕

노:부[老父] 늙은 아버지. ↔노모(老母). ろうふ old father 老父

노:부[老夫] 늙은 남자. 늙은 老夫 사나이. ↔노부(老婦). ろうふ aged man

노:불[老佛] ①노자(老子)와 석가. ②노자와 석가의 가르침. 곧, 도교(道敎)와 불교. ろうぶつ ③오래 된 낡은 불상. ① Lao-tsu and Buddha ② Taoism and Buddhism 老佛 道敎

노브[knob] 문의 손잡이. ノブ

노비[奴婢] 남자종과 여자종. ぬひ servant 奴婢

노:비[老婢] 나이 많은 계집종. ろうひ old female servant 老婢

노비[勞費] 노동의 대가로 주는 돈. 품삯. 勞費

노:비[路費] 여행하는 데 드는 돈. =노자(路資)·여비(旅費). traveling expenses 路費

노:사[老士] 늙은 선비. old scholar 老士

노:사[老死] 늙어 죽음. ろうし dying of old age 老死

노:사[老師] ①늙은 중의 존칭. ②늙은 스승. ろうし ② old teacher 老師

노사[勞使] 노동자와 사용자(使用者). 「~분규(紛糾)」「~협조(協調)」 ろうし labor and management 勞使

노:상[路上] 길 위. 「~강도(强盜)」 ろじょう on the road 路上

노:색[怒色] 성난 얼굴빛. =노기(怒氣). angry face 怒色

노:생[老生] 노인이 자신을 낮추어 이르는 말. ろうせい 老生

노:선[路線] ①도로·선로·항공로 따위의 교통선. ②어떤 목적을 위한 진로(進路). 「민주주의 ~」 ろせん ② line 路線

노설[露洩] 비밀이 드러남. 비밀이 샘. leakage 露洩

노:성[老成] ①나이에 비하여 어른스러움. ②노련하고 능숙 老成

함. ろうせい
① maturity ② skillfulness

노:성[怒聲] 성이 나서 지르는 소리. 성난 목소리. どせい angry voice

노:소[老少] 늙은이와 젊은이. 「남녀(男女)~」ろうしょう age and youth

노:소부정[老少不定] 사람의 죽음은 노소와 관계가 없음. ろうしょうふじょう

노:송[老松] 늙은 소나무. =고송(古松). ろうしょう aged pine tree

노:쇠[老衰] 늙어서 쇠약함. ろうすい senility

노:수[老手] 익숙한 솜씨. ろうしゅ experienced skill

노:숙[老熟] 경험이 많아 능숙함. =노련(老練). ろうじゅく consummate skill

노숙[露宿] 한데서 잠. =노와(露臥). ろじゅく bivouac

노: 스모:킹[no smoking] 금연(禁煙). ノースモーキング

노스탤지어[nostalgia] 향수(鄕愁). ノスタルジア

노:승[老僧] 늙은 중. ろうそう old Buddhist priest

노:신[老臣] 늙은 신하. ろうしん old retainer

노신[勞神] 속을 썩임. =심로(心勞). ろうしん anxiousness

노:실[老實] 누숙(老熟)하고 성실함. ろうじつ being skillful and faithful

노심[勞心] 애를 씀. 「~초사(焦思)」anxiety

노: 아웃[no out] 야구에서, 무사(無死). 공격측에 아웃이 없음. ノーアウト

노:안[老眼] 늙어서 원시(遠視)가 된 눈. =원시안(遠視眼). ろうがん presbyopia

노:약[老弱] ① 늙어서 몸이 약함. ② 늙은이와 어린이. 「~자(者)」ろうじゃく ① senility ② the old and the weak

노엘[프 Noël] ① 크리스마스. ② 크리스마스 캐럴. ノエル

노역[勞役] 의무적으로 해야 하는, 매우 힘드는 막노동. ろうえき hard labor

노:염[老炎] 늦더위. late heat

노영[露營] 야외에 진을 침. 또는 그 진영(陣營). =야영(野營). ろえい camping

노예[奴隸] ① 옛날에 매매의 대상이었으며 소유자의 재산으로 다루어지던 노동자. 종. ② 무슨 일에 지나치게 집착하여 거기서 벗어나지 못하는 사람을 이르는 말. 「돈의 ~」 どれい slave

노:옹[老翁] 나이 많은 남자. =노수(老叟). ろうおう old man

노와[露臥] 한데서 잠. =노숙(露宿). ろが

노:욕[老慾] 늙어서 부리는 욕심. old man's desire

노:용[路用] 여행 중의 비용. =노비(路費)・노자(路資)・여비(旅費). ろよう traveling expenses

노:우[老優] 나이 많은 배우. ろうゆう old actor

노:유[老幼] 늙은이와 어린아이. ろうよう the young and the old

노은[勞銀] 품삯. =노임(勞賃). ろうぎん wages

노이로:제[독 Neurose] 불안・억압・갈등 등이 원인이 되

어 일어나는 신경 쇠약. ノイローゼ

노이즈[noise] ① 소음(騷音). 騷音 ② 라디오・텔레비전 등의 잡음. ノイズ

노:익장[老益壯] 늙었어도 기력이 더욱 좋아짐. =노당익장(老當益壯).「~을 과시하다」 老益壯
vigor of old age

노:인[老人] 늙은이. ろうじん 老人
old man

노:인[路人] 길 가는 사람. =행인(行人). ろじん passerby 路人

노:인 자제[老人子弟] 나이 많아서 낳은 아들. 老人子弟

노:인장[老人丈] 노인의 높임말. 늙으신네. old person 老人丈

노일[noil] 방적(紡績) 공정에서, 양털이나 명주의 덤미 속에서 제거한 짧은 부스러기 섬유. ノイル 紡績 除去

노:임[勞賃] 노동에 대한 보수. 품삯. =노은(勞銀). ろうちん wages 勞賃

노자[勞資] ① 노동자와 자본가.「~ 협조(協調)」② 노동과 자본. ろうし
① laborer and capitalist ② labor and capital 勞資 協調

노:자[路資] 여행하는 데 드는 돈. =여비(旅費)・노비(路費). traveling expenses 路資

노작[勞作] ① 힘들여 일함. ② 힘들여 만듦. 또는 그 작품. =역작(力作). ろうさく
① hard work ② laborious work 勞作

노:장[老壯] 노년(老年)과 장년(壯年). 늙은이와 젊은이. ろうそう
the youth and the age 老壯

노:장[老莊] 노자(老子)와 장자(莊子).「~ 사상(思想)」 老莊

ろうそう

노:장[老將] ① 늙은 장군. ② 많은 경험을 쌓은 노련한 장군. 또는 어떤 분야에서 경험 많고 뛰어난 노련가. ろうしょう ① old general ② veteran general 老將

노적[露積] 곡식 따위의 물건을 한데에 쌓아둠. 또는 그 물건. =야적(野積).「~가리」 stack in the open air 露積 野積

노점[露店] 길바닥에 벌여놓은 가게. 난전.「~ 상인(商人)」 ろてん street stall 露店

노점[露點] 대기 중의 수증기가 응결하기 시작할 때의 온도. 이슬점.「~ 습도계(濕度計)」 ろてん dew point 露點溫度

노:정[勞政] 노동에 관한 행정 또는 정책. ろうせい
labor administration 勞政

노:정[路程] ① 목적지까지의 거리. ② 여행의 경로나 일정. =여정(旅程)・도정(道程). ろてい
① mileage ② route of travel 路程

노정[露井] 지붕이 없는 우물. uncanopied well 露井

노정[露呈] 숨겨져 있던 것이 드러남.「범죄가 ~하다」ろてい exposure 露呈

노정골[顱頂骨] ⇨ 두정골(頭頂骨) 顱頂骨

노조[勞組] 노동 조합(勞動組合)의 준말. ろうそ・ろうくみ 勞組

노:졸[老拙] ① 늙고 못남. ② 노인이 자기를 낮추어 이르는 말. ① being old and foolish 老拙

노:주[老酒] ① 섣달에 담가 해를 묵혀 거른 술. ろうしゅ ② 중국에서 나는 양조주의 총칭. ラオチュウ ③ 술로 늙은 老酒

사람.　　　③ old drunkard
노주[勞酒] 수고를 위로하기 위한 술. 勞酒
노:중[路中] 길 가운데. =도중(道中). 路中　on the way
노즐[nozzle] 대롱 끝의 작은 구멍으로 액체나 기체를 분출시키는 장치. ノズル 噴出
노지[露地] ① 지붕 같은 것으로 가리지 않은 땅. 한데. 「~ 재배(栽培)」② 속세를 떠난 적정(寂靜)의 경지. ろじ　① open ground 露地 栽培
노:질[老疾] 늙고 쇠약해서 생긴 병. =노병(老病). ろうしつ　senile infirmity 老疾
노질[駑質・魯質] 어리석고 둔한 성질. dull nature 駑質
노천[露天] 지붕 같은 것으로 가리지 않은 곳. 한데. 「~극장(劇場)」ろてん　open air 露天
노천굴[露天掘] 지표(地表)에서 직접 광석이나 석탄을 파는 일. ろてんぼり　open-air mining 露天掘
노:체[老體] 늙은 몸. =노구(老軀). ろうたい　old body 老體
노출[露出] ① 겉으로 드러남. 또는 드러냄. ② 사진기의 셔터를 열어 광선을 필름에 비춤. =노광(露光). ろしゅつ exposure 露出
노췌[勞瘁] 고달파서 몸이 파리함. ろうすい emaciation due to fatigue 勞瘁
노:치[老齒] 늙은이의 이. old man's teeth 老齒
노:친[老親] ① 늙은 부모. 「~시하(侍下)」ろうしん ② 노인을 높이어 이르는 말. ① old parents 老親
노:카운트[no count] 테니스나 탁구 등에서, 점수로 치지 點數 않는 일. ノーカウント
노커[knocker] 출입문에 달린, 문을 두드려 방문(訪問)을 알리는 쇠고리. ノッカー 訪問
노:코멘트[no comment] 언급(言及)할 것이 없음. 말을 하지 않음. ノーコメント 言及
노크[knock] 가볍게 문 따위를 두드림. ノック
노킹[knocking] 가솔린 엔진에서, 연료의 이상(異常) 폭발 현상. ノッキング 異常 爆發
노킹 온[knocking on] 아이스하키에서, 손이나 발로 퍽을 치는 반칙(反則). 反則
노:타이[no tie] ① 넥타이를 매지 않음. ノータイ ② 넥타이를 매지 않고 입는 셔츠. 노 타이 셔츠.
노:태[老態] 늙어 보이는 모양. 늙은 티. 노티. 「~가 나다」ろうたい looking old 老態
노:터치[no touch] ① 손을 대지 않음. ② 관여(關與)하지 아니함. ノータッチ 關與
노:퇴[老退] 늙어서 스스로 관직에서 물러남. retirement due to old age 老退
노트[knot] 배의 속도에 쓰는 단위. 배가 1시간에 1해리를 달리는 속도(速度). ノット 海里
노:트[note] ① 노트북의 준말. ② 메모. 수기(手記). ③ 주석(注釋). ノート 手記
노:트북[notebook] 공책(空册). 필기장. ノートブック 筆記帳
노:트북 컴퓨:터[notebook computer] 공책 크기의, 가지고 다닐 수 있는 작은 컴퓨터. 空册
노:파[老婆] 늙은 여자. ↔노야(老爺). ろうば old woman 老婆
노:파심[老婆心] 지나친 친 老婆心

절. 필요 이상으로 남의 일에 걱정을 하고 돌봐 주려는 마음. ろうばしん
　　　　　excessive solicitude
노ː파ː킹[no parking] 주차 금지(駐車禁止). ノーパーキング　駐車禁止
노ː폐[老廢] 오래 되거나 낡아서 소용에 닿지 않음. 「~물(物)」ろうはい　老廢
　　　　　superannuation
노ː표[路標] ⇨도표(道標). ろひょう　路標
노플리우스[nauplius] 새우·게·물벼룩 등 갑각류의 발생 초기에 나타나는 유생(幼生). ナウプリウス　幼生
노ː필[老筆] ① 노숙(老熟)한 글씨. ② 노인의 글씨. ろうひつ　老筆
　① skillful handwriting
노ː하우[know-how] 기술 정보. 비결. ノーハウ　秘訣
노ː해[勞懈] 피로하여 게을리 함. 　　　　loafing　勞懈
노ː혐[怒嫌] 노여움. 「~을 사다」　　anger　怒嫌
노ː형[老兄] 상대방을 대접하여 부르는 말. ろうけい you　老兄
노ː호[怒號] 성내어 부르짖음. 또는 그 소리. どごう bellow　怒號
노ː혼[老昏] 늙어서 정신이 흐리멍덩함.　　dotage　老昏
노ː화[老化] ① 나이가 많아짐에 따라 신체적·정신적 기능이 쇠약해지는 현상. ② 고무나 콜로이드 용액 따위가 시간이 경과함에 따라 변질하는 현상. ろうか　老化 衰弱
노화[蘆花] 갈대의 꽃. ろか　蘆花
　　　　reed flower
노ː환[老患] 늙어 쇠약해서 생긴 병. =노병(老病). 老患
　　　　senile infirmity

노ː회[老獪] 노련하고 교활함. 「~한 정치가」ろうかい craft　老獪
노획[鹵獲] 적의 무기나 군수품을 빼앗아 얻음. ろかく　鹵獲
　　　　capture
노획[虜獲] 적을 사로잡는 일과 목을 치는 일. りょかく　虜獲
　　　　capturing alive
노ː후[老朽] 오래 되거나 낡아서 쓸모가 없음. 「~ 시설(施設)」ろうきゅう　老朽
　　　　superannuation
노ː후[老後] 늙은 뒤. 「~의 안락(安樂)」ろうご　老後 安樂
　　　　one's old age
노ː히트 노ː런[no-hit no-run] 야구에서, 투수가 상대팀을 무안타·무득점(無得點)으로 막아 이기는 일. ノーヒット ノーラン　無得點
녹각[鹿角] 사슴의 뿔. ろっかく　鹿角　antler
녹내장[綠內障] 안구(眼球)의 압력이 높아짐으로써 일어나는 눈병의 한 가지. 시력이 감퇴되며 등불 주위에 색륜(色輪)이 보임. りょくないしょう　綠內障
　　　　glaucoma
녹니[綠泥] 짙은 녹색을 띤 깊은 바다의 침전물(沈澱物). 다량의 해록석(海綠石)을 함유함. りょくでい　　chlorite 綠泥 沈澱物
녹다운[knockdown] 권투에서 공격(攻擊)당한 선수가 링 바닥에 쓰러짐. ノックダウン　拳鬪
녹두[綠豆] 콩과의 일년초. 열매는 녹색이며 긴 꼬투리로 열림. りょくず mung bean　綠豆
녹로[轆轤] ① 깃발·두레박 등을 올리고 내릴 때 줄을 거는 도르래나 고리. 고패. ② 둥근 도자기를 만드는 데 쓰는 회전기(回轉器). ③ 우산의 살을　轆轤 回轉器

모아, 우산을 펴고 오므리게 하는 대롱 모양의 꼭지. ろくろ ① pulley ② potter's wheel ③ umbrella hub

녹록[碌碌] ① 하잘것없는 모양. ② 호락호락한 모양. 「~하게 볼 수 없는 사람」 ろくろく　uselessness

녹림[綠林] ① 푸른 숲. ② 도적의 소굴. りょくりん ① green forest ② den of thieves

녹말[綠末] ① 녹두를 갈아 가라앉힌 앙금을 말린 가루. ② ⇨전분(澱粉).　starch

녹문[綠門] 축전(祝典) 따위를 할 때 세우는, 청솔가지를 입힌 아치형의 문. 솔문. りょくもん

녹미[祿米] 녹봉으로 주는 쌀. =녹식(祿食).

녹봉[祿俸] 벼슬아치에게 연봉(年俸)으로 주는 쌀·명주·돈 따위의 총칭. =봉록(俸祿).　stipend

녹비[綠肥] 거름이 되게 하려고 그대로 논밭에 넣는 생풀이나 생나뭇잎 따위. りょくひ　green manure

녹빈홍안[綠鬢紅顔] 젊고 아름다운 여자의 얼굴. beautiful and young woman's face

녹색[綠色] 파랑과 노랑의 중간색. りょくしょく·みどりいろ　green

녹수[綠水] 푸른 물. =벽수(碧水). 「~청산(靑山)」 りょくすい　green water

녹수[綠樹] 푸른 잎이 우거진 나무. りょくじゅ　green tree

녹식[祿食] ⇨녹미(祿米).

녹아웃[knockout] 권투(拳鬪)에서, 상대를 10초 안에 다시 일어나지 못하도록 때려 눕히는 일. 케이오(K.O.). ノックアウト

녹야[綠野] 초목이 푸른 들판. りょくや　green field

녹양[綠楊] 푸르게 우거진 버드나무.　green willow

녹엽[綠葉] 푸른 잎. りょくよう　green leaves

녹용[鹿茸] 한방에서 약재로 쓰는, 사슴의 새로 돋은 연한 뿔. 보혈·강장제로 씀. 「인삼(人蔘) ~」　antler

녹우[綠雨] 신록(新綠) 무렵에 내리는 비. りょくう　summer rain

녹음[綠陰] 푸른 잎이 우거진 나무의 그늘. 「~방초(芳草)」 りょくいん　green shade of trees

녹음[錄音] 소리를 레코드·필름·테이프 따위에 기계로 기록함. 「~기(器)」 ろくおん　recording

녹의[綠衣] ① 녹색의 옷. ② 연두색 저고리. 「~홍상(紅裳)」　① green dress

녹자[綠瓷·綠磁] 녹색을 띤 자기(磁器).　green porcelain

녹죽[綠竹] 푸른 대나무. =녹균(綠筠). 「~청송(靑松)」 りょくちく　green bamboo

녹즙[綠汁] 녹색 채소의 잎이나 열매·뿌리를 갈아 받은 즙.

녹지[綠地] 풀이나 나무가 우거진 푸른 땅. 「~대(帶)」「~조성(造成)」 りょくち　green land

녹지[錄紙] 남에게 보이기 위하여 내용의 요점만 적은 쪽지.　memo

녹차[綠茶] 차나무의 어린 잎

녹차 을 따서 곧 열처리함으로써 녹색을 그대로 지니게 한 찻잎. 또는 그것을 끓인 차. りょくちゃ　　　green tea

녹창[綠窓] ① 가난한 여자의 집. ↔홍루(紅樓). ② 부녀가 거처하는 방의 창문. ① poor woman's house ② woman's room　綠窓／紅樓

녹청[綠靑] 구리에 생기는 녹색의 녹. 또는 그 빛깔. ろくしょう　verdigris　綠靑

녹초[綠草] 푸른 풀. =청초(靑草). りょくそう green grass　綠草

녹턴:[nocturne] 야상곡(夜想曲). ノクターン　夜想曲

녹토비전[noctovision] 적외선 능을 이용하여 어둠 속에서도 목표물이 보이도록 한 장치. 암시(暗視) 장치. ノクトビジョン　暗視

녹혈[鹿血] 사슴의 피. blood of deer　鹿血

녹화[綠化] 나무를 심어 국토를 푸르게 만듦. 「산림(山林)〜」りょっか　afforestation　綠化

녹화[錄畫] 화상(畫像)을 비디오테이프 따위에 기록하는 일. 또는 그 기록한 것. 「〜중계(中繼)」ろくが video recording　錄畫／中繼

논객[論客] 의론(議論)이나 논설(論說)에 능한 사람. ろんきゃく・ろんかく　disputant　論客

논거[論據] 논설이나 이론의 근거. ろんきょ　data　論據

논결[論決] 논의하여 결정함. =논정(論定). ろんけつ decision　論決

논결[論結] 서로 의논하여 결말을 지음. ろんけつ conclusion　論結

논고[論考·論攷] 논술하여 고찰함. 또는 그 논문. ろんこう　study　論考

논고[論告] 검사가 피고의 죄를 논하고 구형을 함. ろんこく　prosecution　論告

논공[論功] 공적(功績)의 유무·대소를 논의하여 정함. 「〜행상(行賞)」ろんこう evaluation of services　論功行賞

논구[論究] 사물의 이치를 캐어 논함. ろんきゅう exhaustive discussion　論究

논급[論及] 그 일에 논의가 미침. ろんきゅう　reference　論及

논단[論壇] ① 평론가·비평가들의 사회. ② 토론하는 곳. ろんだん ① circle of critics ② forum　論壇

논단[論斷] 논하여 판단을 내림. ろんだん　conclusion　論斷

논담[論談] 의론(議論)과 담화(談話). =담론(談論). ろんだん discussion　論談

논란[論難] 남의 부정(不正)이나 잘못을 논하여 비난함. 「〜이 빗발치다」ろんなん adverse criticism　論難

논리[論理] ① 생각이나 의론(議論) 따위의 조리. ② 논리학(論理學)의 준말. ろんり logic　論理

논리성[論理性] ① 논리에 맞는 성질. ② 논리의 정확성. ろんりせい　logicality　論理性

논리학[論理學] 바른 인식을 얻기 위하여, 사고(思考)의 규범이 되는 방법과 형식을 연구하는 학문. 준논리(論理). ろんりがく　logic　論理學

논문[論文] ① 의견을 이론적으로 쓴 글. ② 연구한 결과를 발표하는 글. ろんぶん　論文

논문집[論文集] 논문을 모아서 엮은 책. 준논집(論集). ろんぶんしゅう collection of learned papers

논박[論駁] 남의 잘못된 논설 등을 따지고 반박함. ろんばく confutation

논법[論法] 논리를 세워 논술하는 방법.「삼단(三段) ~」ろんぽう reasoning

논변[論辨・論辯] 변론하여 옳고 그름을 밝힘. ろんべん argument

논봉[論鋒] 논란(論難)할 때의 예리한 말씨. 논설의 기세.「날카로운 ~으로 굴복시키다」ろんぽう force of an argument

논설[論說] 일의 옳고 그름을 따지고 자기의 의견을 말함. 또는 그 문장.「~란(欄)」ろんせつ discourse

논술[論述] 의견을 구체적으로 진술함. ろんじゅつ statement

논스톱[nonstop] 멈추지 아니함. 멈추지 않고 바로 감. 무정차(無停車). 무착륙(無着陸). 직행(直行). ノンストップ

논어[論語] 공자의 언행을 기록한 책. 사서(四書)의 하나. ろんご Analects of Confucius

논오[論誤] 잘못을 논함. =논과(論過). refutation

논외[論外] ① 논하고 있는 범위 밖의 것. ② 논할 필요가 없는 것. ろんがい out of the question

논의[論議] 서로 의견을 말하여 의논함. ろんぎ discussion

논자[論者] 의견을 내세워 말하는 사람. ろんしゃ debater

논쟁[論爭] 서로 의견을 내세워 격렬하게 다툼. =논전(論戰). ろんそう dispute

논전[論戰] ⇨논쟁(論爭). ろんせん

논점[論點] 논의의 요점. ろんてん point at issue

논정[論定] 논의하여 결정함. =논결(論決). ろんてい decision

논제[論題] 논설・논의・토론 등의 제목. ろんだい theme

논조[論調] 논설의 경향.「날카로운 ~」ろんちょう tone of an argument

논죄[論罪] 죄의 유무(有無)나 경중(輕重)을 따짐. ろんざい verdict

논증[論證] 논리적(論理的)으로 증명함. 증거를 들어 논함. ろんしょう proof

논지[論旨] 논설의 취지. ろんし point of an argument

논진[論陣] ① 논쟁이나 변론을 위한 논자(論者)의 진용(陣容). ② 토론이나 변론을 위한 논리의 구성. ろんじん ① personnel of the writers

논집[論集] 논문집(論文集)의 준말. ろんしゅう

논책[論責] 잘못을 논란(論難)함.

논총[論叢] 논문을 모은 책. =논집(論集). ろんそう collection of learned papers

논타이틀[nontitle] 신수권(選手權)의 방어나 쟁탈이 아님. ノンタイトル

논 탄토[이 non tanto] 악보(樂譜)의 빠르기말. '너무 ~하지 않게'의 뜻.

논 트로포[이 non troppo] 악보의 빠르기말. '지나치지 않게'의 뜻. ノントロッポ

논파[論破] 논설로 상대방의 설을 뒤엎음. =설파(說破). ろんぱ　confutation

논판[論判] ① 논의하여 시비를 가림. ② ⇨논쟁(論爭). ろんぱん　discussion

논평[論評] 논하여 비평함. ろんぴょう　criticism

논픽션[nonfiction] 사실(事實)에 바탕을 두고 쓴 작품. ノンフィクション

논핵[論劾] 허물을 탄핵(彈劾)함.　denunciation

논힐[論詰] 허물을 따지고 구짓음. ろんきつ　denunciation

농[農]* 농사 농: 농사. 농사를 짓다. 「農業(농업)・農夫(농부)・農家(농가)・農耕(농경)・貧農(빈농)」ノウ

농[濃]☆ ① 짙을 농: 짙다. 진하다. 「濃淡(농담)・濃液(농액)・濃縮(농축)」 ② 무르녹을 농: 무르녹다. 「濃爛(농란)・濃熟(농숙)」ノウ ① こい・こまやか

농[膿] 고름 농: 고름. 「膿疥(농개)・膿病(농병)・化膿(화농)」ノウ・うみ

농가[農家] 농사를 업으로 하는 집. のうか　farmhouse

농:간[弄奸] 남을 농락하는 간사한 짓.　trick

농경[農耕] 논밭을 갈아 농사를 지음. 「~지(地)」のうこう　farming

농공[農工] ① 농업과 공업. ② 농부와 직공. のうこう　agriculture and industry

농공[農功] 농사일. =농사(農事). のうこう　farming

농과[農科] 농업에 관한 학과. 「~ 대학(大學)」のうか　agricultural department

농:교[弄巧] 잔꾀를 씀. 지나치게 기교를 부림.　resorting to artifice

농구[農具] 농사짓는 데 쓰이는 연장. =농기(農器). のうぐ　farming tool

농구[籠球] 상대편 바스켓에 공을 넣어 그 득점을 겨루는 경기. ろうきゅう　basketball

농군[農軍] 농사짓는 일꾼. =농부(農夫)・곡인(穀人).　farmer

농:권[弄權] 권력을 마음대로 휘두름.　usurpation of power

농기[農期] 농사철. のうき　farming season

농기[農旗] 농촌에서, 두렛일을 할 때 세우는 기. 농악대(農樂隊)에 앞세우기도 함.　farm flags

농기구[農機具] 농사에 쓰이는 기계와 기구. のうきぐ　farming tool

농노[農奴] 봉건 사회에서 영주(領主)에 예속되어 농사짓던 농민. のうど　serf

농단[壟斷] ① 깎아지른 듯한 언덕. ② 이익을 독차지함. =독점(獨占). ろうだん　① precipice ② monopolization

농:담[弄談] 우스개로 하는 실없는 말. ㉰농(弄).　joke

농담[濃淡] 빛깔 따위의 짙음과 엷음. のうたん　shading

농대석[籠臺石] 비석의 받침돌.　plinth

농도[濃度] 용액(溶液) 따위의 짙은 정도. のうど　density

농독증[膿毒症] 곪은 자리로부터 화농균이 혈액을 통하여 온몸으로 번지는 병. のうどくしょう

농락[籠絡] 남을 속여서 제 마

음대로 이용함. 「~당하다」
ろうらく　　　cajolement
농량[農糧] 농사짓는 동안 먹을 양식. 농가의 양식.
food for farming season
농리[農利] 농사에서 얻는 이익.　　farming profit
농림[農林] 농업과 임업. 「~정책(政策)」のうりん
agriculture and forestry
농목[農牧] 농업과 목축업. のうぼく　agriculture and stock farming
농무[農務] ①농사일. ②농업에 관한 사무. のうむ　farming
농무[濃霧] 짙은 안개. のうむ
dense fog
농민[農民] 농업으로 생계를 이어 가는 사람. のうみん
farmer
농번기[農繁期] 농사일로 한창 바쁜 시기. 모내기 때와 추수 때 따위. ↔농한기(農閒期). のうはんき　farming season
농병[農兵] ①평시에는 농업에 종사하고 유사시에 군사가 되는 사람. ②농민으로 조직된 군대. のうへい
agrarian soldier
농병[膿病] 피부에서 신물이 흐르면서 죽는, 누에 따위 곤충의 전염병. のうびょう
grasserie
농부[農夫] 농사에 종사하는 사람. 「~가(歌)」のうふ
farmer
농부[農婦] 농사일을 하는 여자. のうふ　　farmerette
농사[農事] 농업에 관한 일. 「~ 시험장(試驗場)」のうじ
farming
농산물[農産物] 농업으로 얻어지는 곡식·채소·과실 따위의 생산물. 「~ 가공(加工)」のうさんぶつ
farm products
농상[農商] 농업과 상업. のうしょう
agriculture and commerce
농색[濃色] 짙은 빛깔. ↔담색(淡色). こきいろ　dark color
농성[籠城] ①적에게 에워싸여 성문을 굳게 닫고 성을 지킴. ②어떤 목적을 위해 한 자리에서 떠나지 않고 버팀. ろうじょう　①holding a castle ②sit-down strike
농수[濃愁] 깊은 시름. =심수(深愁). のうしゅう
deep worry
농숙[濃熟] 과실 따위가 무르익음.　　　full maturity
농아[聾啞] ①듣지 못하고 말하지 못하는 사람. 귀머거리와 벙어리. ②발성 기관에는 이상이 없으나 청각의 장애로 말을 배우지 못해서 된 언어 장애인. 「~ 학교(學校)」ろうあ　　　deaf-mute
농악[農樂] 명절 같은 때에 농민들이 꽹과리·징·북 등의 악기를 연주하는 고유의 민속 음악. 「~대(隊)」のうがく
instrumental music of peasants
농액[濃液] 농도가 짙은 액체. のうえき　　　thick liquid
농약[農藥] 농산물과 가축의 병충해를 없애는 데 쓰이는 약. のうやく
agricultural medicines
농양[膿瘍] 몸의 조직의 어떤 부분에 고름이 괴는 병. のうよう　　　abscess
농업[農業] 농작물을 가꾸거나 가축을 기르거나 하는 생산

업. のうぎょう　farming

농업 협동 조합[農業協同組合] 농산물의 판매, 자재의 구입, 금융, 영농 지도 등 생산력 증진과 농촌 생활의 향상을 위한 여러 사업을 하는 협동 조합. ⓒ농협(農協). のうぎょうきょうどうくみあい
agricultural cooperative

농염[濃艷] 남을 호릴 만큼 아리따움. =요염(妖艷). のうえん　coquetry

농예[農藝] ① 농업과 원예. ② 농업에 관한 기예(技藝). のうげい
① farming and gardening
② agricultural technology

농예화학[農藝化學] 농학(農學)의 화학적 분야를 연구하는 학문. のうげいかがく
agricultural chemistry

농요[農謠] 농부들 사이에 전해지는 속요(俗謠).

농용[農用] 농사에 소용됨. のうよう　using in farming

농우[農牛] 농사에 부리는 소. のうぎゅう　plow ox

농원[農園] 채소·화초·과수 따위를 재배하는 농장. のうえん　farm

농:월[弄月] 달을 바라보고 즐김. ろうげつ

농음[濃陰] 짙은 그늘.　dark shade

농자[農資] 농사를 위해 필요한 자금. 농업 자금.
agricultural fund

농자[聾者] 귀먹은 사람. 귀머거리. ろうしゃ　deaf person

농작[農作] 농사를 지음. 농작물을 가꿈. 「~물(物)」 のうさく　farming

농작물[農作物] 논이나 밭에 심어서 가꾸는 곡식·채소 따위의 재배 식물. ⓒ작물(作物). のうさくぶつ　crops

농잠[農蠶] 농업과 잠업. のうさん
agriculture and sericulture

농장[農場] 일정한 농지와 농사에 필요한 설비를 갖추고 농업을 경영하는 장소. =농원(農園). のうじょう　farm

농장[籠檄] 옷을 넣어 두는 농과 장. =장롱(檄籠).
clothespress

농절[農節] 농사철. のうせつ
farming season

농정[農政] 농업에 관한 정책이나 행정. のうせい
farm policy

농·조[弄調] 농담하는 말투. 「~로 한 말을 곡해하다」

농조[籠鳥] 농중조(籠中鳥)의 준말.

농주[農酒] 농사철에 쓰기 위하여 농가에서 빚은 술.

농중조[籠中鳥] ① 새장 안의 새. ② 자유를 속박당한 사람의 비유. ⓒ농조(籠鳥).
① bird in a cage

농즙[膿汁] 고름. のうじゅう　pus

농지[農地] 농사를 짓는 데 쓰이는 땅. =농토(農土). のうち　farm land

농찬[農饌] 농사일을 할 때 일꾼들에게 먹이기 위해 만든 반찬.

농채[濃彩] 짙게 채색(彩色)함. 또는 짙은 채색. ↔담채(淡彩). のうさい　deep color

농초[農草] 농부가 제 집에서 쓰려고 심어 가꾸는 담배.

농촌[農村] 농민들이 사는 동네. のうそん　farm village

농축[濃縮] ① 액체를 졸아들게 하여 농도를 높임. ② 원소(元素)의 함유량을 높임.「〜우라늄」のうしゅく ① concentration ② enrichment

농탁[濃濁] 진하고 걸쭉함. being thick and muddy

농:탕[弄蕩] 남녀가 난잡하게 놀아남. obscenity

농토[農土] ⇨농지(農地). 農土

농포[農圃] 농작물을 재배하는 밭. のうほ farm

농:필[弄筆] ① 희롱으로 글을 씀. 또는 그 글. ② 사실과 다르게 글을 씀. 또는 그 글. ろうひつ

농학[農學] 농업에 관해서 연구하는 학문.「〜사(士)」のうがく agriculture

농한[農閑] 농사일이 한가함.「〜기(期)」のうかん farmer's leisure

농혈[膿血] 피고름. 고름과 피. のうけつ bloody pus

농협[農協] 농업 협동 조합(農業協同組合)의 준말. のうきょう

농홍[濃紅] 짙은 붉은빛. =진홍(眞紅). dark scarlet

농황[農況] 농작물이 되어 가는 형편. =농형(農形)・연형(年形). crop conditions

농후[濃厚] ① 빛깔 따위가 짙음. ② 되다랗고 걸쭉함. ③ 그럴 가능성이 많음. のうこう thickness

뇌[惱]* 괴로워할 뇌 : 괴로워하다. 고민하다.「苦惱(고뇌)・惱殺(뇌쇄)・惱悶(뇌민)・煩惱(번뇌)」ノウ・なやむ

뇌[腦]* 머릿골 뇌 : 머릿골. 뇌. 정신.「腦炎(뇌염)・腦波(뇌파)・腦膜(뇌막)・大腦(대뇌)・頭腦(두뇌)」ノウ

뇌격[雷擊] 어뢰(魚雷)를 발사하여 적의 함선을 공격함.「〜전(戰)」らいげき torpedo attack

뇌고[牢固] 튼튼하고 굳음. =강고(強固). ろうこ firmness

뇌고[惱苦] 몸과 마음이 몹시 괴로움. suffering

뇌관[雷管] 총포 따위의 탄약에 점화(點火)하는 장치. らいかん detonator

뇌광[雷光] 번갯불. らいこう bolt

뇌동[雷同] 주견이 없이 남의 의견에 무턱대고 동조함.「부화(附和)〜」らいどう blind following

뇌동[雷動] 천둥이 울리듯 몹시 시끄럽게 떠들어 댐. らいどう

뇌락[磊落] 도량이 넓어 작은 일에 구애하지 않음.「호방(豪放)〜」らいらく openheartedness

뇌리[腦裏・腦裡] 머리 속. のうり one's mind

뇌막[腦膜] 두개골 속의 뇌를 감싸고 있는 얇은 막. のうまく meninges encephali

뇌막염[腦膜炎] 세균의 침입으로 뇌막에 발생하는 염증. 어린이에 흔함. のうまくえん cerebral meningitis

뇌명[雷名] 뇌성대명(雷聲大名)의 준말. らいめい

뇌명[雷鳴] 천둥이 울림. 또는 그 소리. らいめい thunder

뇌문[雷紋] 직선을 이리저리 꺾어서 번개 모양을 나타낸 무늬. 또는 사각형의 소용돌이 모양이 연속되는 무늬. らいもん fret

뇌물[賂物] 옳지 않은 방법으로 어떤 목적을 이루기 위해 남에게 주는 금품. bribe

뇌병[腦病] 뇌에 관계되는 병의 총칭. のうびょう brain disease

뇌빈혈[腦貧血] 뇌의 혈액이 감소되어 현기증을 일으키는 증상. のうひんけつ cerebral anemia

뇌사[牢死] 옥중에서 죽음. ＝옥사(獄死). ろうし death in prison

뇌사[腦死] 뇌가 회복 불능의 기능 상실 상태에 빠지는 일. のうし brain death

뇌성[雷聲] 우렛소리. 천둥소리. ＝뇌명(雷鳴). らいせい thunder

뇌성대명[雷聲大名] ① 세상에 높이 드러난 이름. ② 남의 이름을 높여서 이르는 말. ⑤ 뇌명(雷名). ① wide fame

뇌쇄[惱殺] 몹시 번민하게 함. 특히 여자가 그 아름다움으로 남자를 혼하시키는 일. のうさつ fascination

뇌수[腦髓] 다세포동물의 머리 속에 있는 중추 신경계의 주요 부분. 대뇌(大腦)·소뇌(小腦)·연수(延髓)로 구분됨. 머릿골. ＝뇌(腦). のうずい encephalon

뇌신[儡身] ① 꼭두각시. 허수아비. ＝괴뢰(傀儡). ② 실패하여 영락(零落)한 몸. ① puppet

뇌신경[腦神經] 뇌수에서 나오는 12쌍의 말초 신경. 주로 머리·얼굴·귀·코·눈·입 등에 퍼져 있음. のうしんけい cerebral nerve

뇌약[牢約] 굳게 약속함. 또는 굳은 언약. firm promise

뇌어[雷魚] 가물치. らいぎょ snakehead

뇌염[腦炎] 뇌의 염증성 질환의 총칭. 「일본(日本)～」の うえん encephalitis

뇌옥[牢獄] 감옥. 교도소. ろうごく prison

뇌우[雷雨] 우렛소리와 함께 쏟아지는 비. らいう thunderstorm

뇌운[雷雲] 뇌우(雷雨)를 수반한 먹구름. らいうん thundercloud

뇌유[腦油] 고래·돌고래 등의 머리에서 짜는 기름. のうゆ

뇌일혈[腦溢血] 고혈압·동맥 경화 등으로 뇌의 혈관이 터져서 생기는 병. のういっけつ cerebral hemorrhage

뇌장[腦漿] 뇌의 겉쪽이나 뇌실(腦室) 안을 채우는 액체. のうしょう fluid in the brain

뇌전[雷電] 우레와 번개. らいでん thunder and lightning

뇌전벽력[雷電霹靂] 천둥과 벼락. らいでんへきれき thunderbolt

뇌조[雷鳥] 꿩과의 새. 날개 길이 약 20cm로, 고산 지대에 살며 겨울에는 깃털이 희게 변함. らいちょう ptarmigan

뇌:주[酹酒] 땅에 술을 부어 강신(降神)을 빎.

뇌증[腦症] 뇌에 일어나는 각종 증상. 중병이나 고열로 의식 장애를 일으키는 병증. のうしょう brain fever

뇌진[雷震] 천둥이 크게 울림. thundering

뇌진탕[腦震盪] 뇌가 외부의 충격으로 기능 장애를 일으키는 현상. のうしんとう

concussion of the brain
뇌천[腦天] 정수리. のうてん 腦天
crown of the head
뇌출혈[腦出血] ⇨ 뇌일혈(腦 腦出血
溢血). のうしゅっけつ
뇌충혈[腦充血] 흥분·과로·알 腦充血
코올 중독 등으로 뇌의 혈관
안을 흐르는 혈액량이 늘어난
상태. のうじゅうけつ
cerebral hyperemia
뇌파[腦波] 뇌의 활동에 따라 腦波
서 일어나는 미약한 주기성
(週期性) 전류. のうは
brain waves
뇌풍[腦風] 한방에서 이르는 腦風
풍병의 한 가지. 뒷머리에서
등까지 차지고 머리가 아프며
어지러운 신경병.
뇌하수체[腦下垂體] 척추동물 腦下垂體
의 뇌 밑에 있는 완두콩 크기
의 내분비선. 발육(發育)·생
식(生殖)에 작용하는 각종 호
르몬을 분비함. のうかすいた
い   pituitary gland
뇌화[雷火] ① 번갯불. ② 낙뢰 雷火
(落雷)로 발생하는 화재. ら
いか ① flash of lightning ②
fire caused by lightning
뇌후[腦後] ① 뒤통수. ② 무덤 腦後
의 뒤쪽.   ① back of the
head ② rear part of a grave
뇨[尿] 오줌 뇨:오줌. 「尿道 尿道
(요도)·尿管(요관)·泌尿器(비
뇨기)·檢尿(검뇨)」 ニョウ·
いばり
누:가[累加] 거듭하여 보냄. 累加
또는 보내어심. ↔누삼(累
減). るいか   cumulation
누가[프 nougat] 사탕·물엿 菓子
등을 졸여서 땅콩 등을 넣어
만든 캔디. ヌガー
누:각[漏刻] 물시계. =각루 漏刻
(刻漏). ろうこく·るこく

water clock
누각[樓閣] 높이 지은 다락집. 樓閣
「사상(沙上)~」ろうかく
tall building
누:각[鏤刻] ① 금속이나 나무 鏤刻
등에 글자·그림 등을 새김.
② 글을 아름답게 수식함. ろ
うこく·るこく
① carving ② embellishment
누:감[累減] 거듭하여 줄임. 累減
또는 줆. ↔누가(累加). るい
げん   degression
누:거[陋居] ① 누추한 거처. 陋居
② 자기 집을 낮추어 이르는
말. ろうきょ   ① hovel
누:거만[累巨萬] 여러 거만(巨 累巨萬
萬). 썩 많은 액수.   millions
누:견[陋見] ① 좁은 소견. ② 陋見
자기 의견의 낮춤말. ろうけ 所見
ん   ① narrow view ② my
humble opinion
누:결[漏決] 물이 새어 둑 따 漏決
위가 무너짐.
누:계[累計] 소계(小計)를 차 累計
례로 더하여 합계를 냄. 또는
그 합산한 수. =누산(累算).
るいけい   total
누:고[漏告] ① 빼어버리고 말 漏告
하지 않음. ② 비밀을 누설함.
ろうこく ① omission ② leakage
누:관[涙管] 눈물을 눈에서 코 涙管
로 흐르게 하는 관. るいかん
tear duct
누나탁[nunatak] 대륙 빙하에 基盤
의해 둘러싸인, 기반(基盤)이
암석으로 되어 있는 산. メナ
タク
누:년[累年·屢年] 여러 해. 累年
오랜 세월. るいねん
successive years
누:누[累累] 여러 번. 「~이 累累
설명하다」   many times
누:대[累代·屢代] 여러 대. 累代

=누세(累世). 「~ 봉사(奉祀)」るいだい successive generations

누:두[漏斗] 깔때기. ろうと funnel

누:드[nude] 벌거벗은 몸. 나체(裸體). ヌード

누:락[漏落] 기록이나 수효에서 빠짐. =낙루(落漏). 「~자(者)」 omission

누:란[累卵] 포개 놓은 알처럼 몹시 불안정하고 위태로운 상태. =누란지위(累卵之危). 「~지세(之勢)」るいらん imminent danger

누:란지위[累卵之危] ⇨ 누란(累卵).

누:만[累萬] 여러 만(萬). 굉장히 많은 수. 「~금(金)」 tens of thousands

누:망[縷望] 실낱 같은 희망. 한 가닥의 가느다란 희망. gleam of hope

누:명[陋名] ① 더러운 평판에 오르내리는 이름. ② 억울하게 뒤집어쓴 불명예스러운 이름. =오명(汚名). stigma

누:문[漏聞] 새어 나온 말을 얻어들음. =측문(仄聞). ろうぶん overhearing

누문[樓門] 다락집 밑으로 드나들게 된 문. ろうもん tower gate

누:범[累犯] ① 범죄를 거듭 저지름. ② 형(刑)이 가중되는 원인이 되는 범죄를 거듭 저지름. 또는 그 사람. るいはん repeated offense

누벨[프 nouvelle] 중편(中篇) 소설. ヌーベル

누벨 바그[프 nouvelle vague] 새로운 물결이라는 뜻으로, 1950년대 후반 프랑스 영화계의 젊은 작가들 사이에서 일어난 혁신 운동(革新運動). 運動 ヌーベル バーグ

누보 로망[프 nouveau roman] '앙티로망'의 딴이름. ヌーボー ロマン

누:비[陋鄙] 촌스럽고 추함. baseness

누:산[累算] ⇨ 누계(累計). るいさん

누상[樓上] 다락 위. ↔누하(樓下). ろうじょう upper story

누:선[淚腺] 눈물을 분비하는 선(腺). 눈물샘. るいせん lachrymal gland

누선[樓船] 다락이 마련된 배. ろうせん houseboat

누:설[漏洩・漏泄] ① 틈이 샘. ② 비밀이 샘. ろうせつ・ろうえい leakage

누:세[累世] 여러 대(代). 대대(代代). 세세(世世). =누대(累代). るいせい・るいせ successive generations

누:속[陋俗] 천한 풍속. ろうぞく sordid customs

누:수[淚水] 눈물. tear

누:수[漏水] 물이 샘. 또는 새는 물. ろうすい leakage of water

누수[壘手] 야구에서, 베이스(base)를 지키는 사람. るいしゅ baseman

누:술[縷述] 자세히 말함. るじゅつ detailed statement

누:습[陋習] 나쁜 관습. =폐습(弊習). 「고래(古來)의 ~」 ろうしゅう evil practice

누:습[漏濕] 습기가 새어 나옴. oozing out

누:승[累乘] 같은 수를 거듭 곱함. 거듭제곱의 구용어. る

누:실[陋室] ①누추한 방. ② 陋室
자기 방의 낮춤말. ろうしつ
① squalid room

누:실[漏失] 빠뜨려 잃어버림. 漏失
빠져 없어짐. ろうしつ
omission

누심[壘審] 야구에서, 각 루 壘審
(各壘)의 심판. るいしん
base umpire

누:안[淚眼] ①눈물이 괴어 있 淚眼
는 눈. ②병으로 눈물이 자꾸
흐르는 눈. るいがん
① tearful eyes

누:열[陋劣] 하는 짓이 추하고 陋劣
비열(卑劣)함. ろうれつ
meanness

누:옥[陋屋] ①누추한 집. ② 陋屋
자기 집의 낮춤말. ろうおく
① squalid hut ② my humble house

누:월[累月·屢月] 여러 달. 屢月
=누삭(累朔). るいげつ
many months

누:일[累日·屢日] 여러 날. 累日
るいじつ many days

누:적[累積] 포개어 쌓음. 쌓 累積
이고 쌓임. 「~된 부채(負債)」 るいせき accumulation

누:적[漏籍] 호적·병적·학적 漏籍
등 있어야 할 데서 이름이 빠짐.

누:전[漏電] 전선이나 기구의 漏電
불량·파손 등으로 전기가 새
어 흐름. 「~으로 인한 화재」
ろうでん electric leakage

누:정[漏精] 성행위 없이 정액 漏精
(精液)이 무의식중에 흘러 나
옴. 또는 그 정액. =유정(遺
精). ろうせい spermatorrhea

누:증[累增] 쌓이어 점점 늘어 累增
남. ↔누감(累減). るいぞう
cumulation

いじょう power

누:지[陋地] ①누추한 곳. ② 陋地
자기가 사는 곳을 낮추어 이
르는 말. ① squalid place

누:진[累進] ①지위 따위가 자 累進
꾸 올라감. ②많아질수록 비
율이 높아짐. ↔누퇴(累退).
「~율(率)」るいしん
① successive promotion
② progressive increase

누:진세[累進稅] 금액이 많아 累進稅
질수록 과세율(課稅率)이 높 課稅率
아지는 조세. るいしんぜい
cumulative taxation

누:차[累次·屢次] 여러 차례. 累次
여러 번에 걸쳐. =수차(數次). 屢次
るいじ many times

누:추[陋醜] 지저분하고 더러 陋醜
움.「~한 집」ろうしゅう
filthiness

누:출[漏出] 새어 나감.「가스 漏出
~」ろうしゅつ leakage

누:탈[漏脫] 빠져 없어짐. 빠 漏脫
짐. =탈루(脫漏). ろうだつ
omission

누:태[陋態] 보기에 흉한 모양. 陋態
꼴불견. ろうたい
unsightliness

누:택[陋宅] ①누추한 집. ② 陋宅
자기 집을 낮추어 이르는 말.
ろうたく ① squalid hut ②
my humble house

누:퇴[累退] ①지위가 점점 내 累退
려감. ②비율이 차차 내려감.
↔누진(累進).
① successive demotion

누:풍[陋風] 더러운 풍습. = 陋風
누속(陋俗). ろうふう
sordid practices

누하[樓下] 다락 아래. ↔누상 樓下
(樓上).

누:항[陋巷] ①좁고 누추한 거 陋巷
리나 마을. ②자기가 사는 곳
을 낮추어 이르는 말. ろうこ

누:회[陋回·屢回] 여러 번. 여러 차례. 屢回 many times

누흔[淚痕] 눈물 자국. るいこん 淚痕 tearstain

눌[訥] 말 더듬을 눌: 말을 더듬다.「訥言(눌언)·訥辯(눌변)·訥言敏行(눌언민행)」ト ツ·どもる 訥

눌변[訥辯] 더듬거리는 말솜씨. ↔웅변(雄辯). とつべん 訥辯 ineloquence

눌삽[訥澁] 말을 더듬어 듣기 답답함. 訥澁 stammering

눌언[訥言] 더듬는 말. とつげん 訥言 stammering speech

뉘앙스[프 nuance] 빛깔·소리·뜻·감정 등의 미묘한 차이. ニュアンス 感情

뉴[紐] ①끈 뉴: 끈. ②맺을 뉴: 맺다.「紐帶(유대)」③단추 뉴: 단추.「紐釦(유구)」チュウ·ジュウ ①ひも 紐帶

뉴:딜[New Deal] 1933년 미국의 루스벨트 대통령이 경제 공황(經濟恐慌)을 극복하기 위해 취한 일련의 경제 정책. ニュー ディール 經濟 恐慌

뉴:런[neuron] 신경 계(神經系)를 구성하는 기본 단위. 신경 세포를 가리킴. ニューロン 神經系

뉴:로 컴퓨:터[neuro computer] 인간의 신경 회로망(神經回路網)의 구조나 기능을 모델로 하여 만들어지는 컴퓨터. 神經 回路網

뉴: 미디어[new media] 새로운 정보 전달 매체(媒體). 신문·방송 등 종래의 매체에 대한, 위성 방송·비디오텍스·CATV·팩시밀리 따위. ニュー メディア 媒體

뉴: 세라믹스[new ceramics] 고도의 성능을 갖는 새로운 요업(窯業) 제품의 총칭. 내열성이 있고 단단하여 로켓부품 등에 쓰임. ニュー セラミックス 窯業

뉴:스[news] ①새 소식. ②신문·방송 등의 시사성(時事性) 있는 보도. ニュース 消息 時事性

뉴:스 데스크[news desk] 신문사·방송국 등의 뉴스 편집실(編輯室). 編輯室

뉴:스 매거진[news magazine] 뉴스 잡지. 시사 주간지(時事週刊誌). ニュース マガジン 時事 週刊誌

뉴:스위크[Newsweek] 미국의 대표적인 주간(週刊) 시사 잡지의 하나. 1933년에 창간됨. ニュースウィーク 週刊

뉴:스 캐스터[news caster] 뉴스 프로그램에서, 해설을 곁들이면서 보도(報道)하는 사람. ニュース キャスター 報道

뉴:욕 타임스[New York Times] 1851년에 창간된 미국의 대표적인 일간지(日刊紙). ニューヨーク タイムズ 日刊紙

뉴: 크리티시즘[new criticism] 작자보다 작품 자체를 비평하려고 하는 비평(批評)의 한 갈래. ニュー クリティシズム 批評

뉴클레오티드[nucleotide] 유전 정보 물질인 핵산(核酸)을 구성하는 기본 물질. ヌクレオチド 核酸

뉴:턴[newton] 힘의 단위의 하나. 기호는 N. ニュートン

뉴:트론[neutron] 중성자(中性子). ニュートロン 中性子

뉴:트리노[neutrino] 중성 미자(微子). ニュートリノ 微子

뉴: 페이스[new face] 영화·

텔레비전 등에서 새로 등장한 인물. 신인(新人). 뉴 페이스 新人

늑간[肋間] 갈빗대와 갈빗대의 사이. 「~ 신경통(神經痛)」 ろっかん 肋間 intercostal

늑골[肋骨] 갈빗대. 갈비뼈. ろっこつ 肋骨 rib

늑막[肋膜] 허파의 표면과 흉곽(胸廓)의 내면을 싸고 있는 막. 「~염(炎)」ろくまく 肋膜 pleura

늑명[勒銘] 금석(金石)에 글씨를 새김. 또는 그 새긴 글자. =각명(刻銘). ろくめい 勒銘 inscribing, inscription

늑목[肋木] 몇 개의 기둥을 세우고, 기둥과 기둥 사이에 여러 개의 가로장을 댄 체조용구. ろくぼく 肋木 wall bars

늑사[勒死] 목을 매어 죽음. 또는 목을 졸라 죽임. ろくし 勒死 strangulation

늑재[肋材] 선박의 늑골을 이루는 여러 재료. ろくざい 肋材 frame timber

늠:렬[凜烈] 추위가 매우 심함. りんれつ 凜烈 severe cold

늠:름[凜凜] 위풍이 있고 당당한 모양. 「~한 풍채」 りんりん 凜凜 majestic

늠연[凜然] 위풍이 있고 씩씩한 모양. 「~한 기상(氣象)」 りんぜん 凜然 stern

능[能]* 능할 능: 능하다. 재능. 「能力(능력)・可能(가능)・技能(기능)・萬能(만능)」ノウ・よく・あたう 萬能

능가[凌駕] 무엇에 비교하여 그보다 훨씬 뛰어남. りょうが 凌駕 surpassing

능각[稜角] 모서리각. りょうかく 稜角 edge

능간[能幹] 일을 감당할 능력이 있음. 또는 그 능력. 能幹 capability

능견난사[能見難思] 눈으로 볼 수는 있으나 그 내용을 짐작할 수 없음. 能見難思

능곡지변[陵谷之變] 언덕이 골짜기로 바뀌는 것과 같은, 세상일의 극심한 변동. りょうこくのへん 陵谷之變

능관[能官] 유능한 관리. 能官 competent official

능구[陵丘] 언덕. =구릉(丘陵). りょうきゅう 陵丘 hill

능동[能動] 스스로 움직이거나 작용하는 일. ↔수동(受動)・피동(被動). 「~적(的)」のうどう 能動 被動 activity

능라[綾羅] 두꺼운 비단과 얇은 비단. =능단(綾緞). りょうら 綾羅

능력[能力] 어떤 일을 해낼 수 있는 힘. 「초(超)~」のうりょく 能力 ability

능률[能率] 일정한 시간에 해내는 일의 분량. 또는 그 비율. =공율(工率). 「~ 향상(向上)」のうりつ 能率 efficiency

능률급[能率給] 일의 능률에 따라서 주는 급여(給與). のうりつきゅう 能率給 efficiency wages

능멸[凌蔑・陵蔑] 깔보고 업신여김. 凌蔑 slighting

능모[凌侮] 넘보고 업신여김. りょうぶ 凌侮 disdain

능문[能文] 글에 능함. 능한 글. =달문(達文). 「~능필(能筆)」のうぶん 能文 being skilled in writing

능변[能辯] 말을 막힘 없이 잘함. 또는 그런 말솜씨. 「~가(家)」のうべん 能辯 eloquence

능사[能事] 능한 일. 잘 하는 能事

일. 「돈 버는 것만이 ~가 아니다」のうじ proper and suitable work

능서[能書] 글씨를 잘 씀. 또는 그런 사람. =능필(能筆). のうしょ skillful penmanship 能書

능선[稜線] 산등성이의 길게 이어진 선. りょうせん ridgeline 稜線

능소[陵所] 능이 있는 곳. 陵所

능소능대[能小能大] 크고 작은 일을 모두 잘 함. versatility 能小能大

능수[能手] 무슨 일에 능란한 솜씨. 또는 그런 사람. ability 能手

능욕[凌辱·陵辱] ① 업신여겨 욕을 보임. ② 여자를 강제로 범함. =강간(強姦). りょうじょく ① insult ② rape 凌辱

능재[能才] 어떤 일을 잘 처리하는 능력. 또는 그런 재능이 있는 사람. のうさい ability, able person 能才

능지[陵遲] 능지처참(陵遲處斬)의 준말. 陵遲

능지처참[陵遲處斬] 지난날, 역적(逆敵)에게 내리던 극형. 몸을 토막쳐 죽였음. 준능지(陵遲). hacking a criminal to pieces 陵遲處斬

능직[綾織] 직물의 기본 조직의 한 가지. 날실과 씨실이 교차되어 빗금 무늬를 이루게 짜는 방법. =사문직(斜紋織). あやおり twill 綾織

능통[能通] 사물에 환히 통달함. mastery 能通

능필[能筆] 글씨를 잘 씀. 또는 그런 사람. =능서(能書). のうひつ good penmanship, good penman 能筆

능학[凌虐·陵虐] 욕보이고 학대함. りょうぎゃく abuse 凌虐

능형[菱形] 마름모. 마름모꼴. ひしがた diamond 菱形

능활[能猾] 능간이 있고 교활함. cunning 能猾

니[尼] 여승 니: 여승. 「尼姑(이고)·尼房(이방)·尼寺(이사)·比丘尼(비구니)」ニ·ジ·あま 尼房

니[怩] 부끄러울 니: 부끄럽다. 겸연쩍다. 「忸怩(육니)」ジ 忸怩

니[泥]* ① 수렁 니: 수렁. 진흙. 「泥濘(이녕)·泥溝(이구)·泥水(이수)」② 술 취할 니: 술에 취하다. 「泥醉(이취)」デイ ① どろ·なずむ 泥水 泥醉

니그로[Negro] 흑인(黑人). 흑인종. ニグロ 黑人

니그릴로[Negrillo] 중앙 아프리카·남아프리카에 사는 흑인종(黑人種). ニグリロ 黑人種

니르바나[범 Nirvana] 불교에서, 열반(涅槃). 涅槃

니벨룽겐[Nibelungen] 고대 독일의 전설적인 왕족 니벨룽(Nibelung)을 시조(始祖)로 하는 나래의 조상. 始祖

니스[←varnish] 도료(塗料)의 한 가지. 광택이 나며 습기를 방지함. 바니시. ニス 塗料

니엘로[이 niello] 유황과 은·동·아연의 합금. 흑금(黑金). ニエロ 黑金

니오브[독 Niob] 희유(稀有) 금속 원소의 하나. 녹는점이 높고 합금의 재료로 쓰이는 회백색의 금속. 원소 기호는 Nb. ニオブ 稀有

니커보커스[knickerbockers] 무릎 근처에서 졸라매게 된 헐렁한 반바지. 등산용(登山用) 등으로 씀. 登山用

니케[Nike] 그리스 신화에 나오는 승리의 여신(女神). ニケ 女神

니켈[nickel] 은백색의 금속 원소(金屬元素). 공기·물·알칼리 등에 잘 침식되지 않음. 기호는 Ni. ニッケル 金屬元素

니코틴[nicotine] 주로 담뱃잎에 들어 있는 알칼로이드. 독성(毒性)이 강함. ニコチン 毒性

니콜 프리즘[Nicol prism] 방해석(方解石)의 복굴절(複屈折)을 이용한 편광(偏光) 프리즘. ニコル プリズム 複屈折 偏光

니크롬[Nichrome] 니켈을 주로 하여 크롬·철·망간을 함유하는 합금의 상표명. 전기 저항이 커서 전열선(電熱線) 등에 이용됨. ニクロム 合金 電熱線

니트[knit] 뜨개 질하여 만든 옷. 또는 그 옷감. ニット

니트[nit] 휘도(輝度)의 단위의 하나. 기호는 nt. 輝度

니트로구아니딘[nitroguanidine] 구아니딘을 진한 황산으로 탈수시켜 만드는 폭발성 물질. 黃酸

니트로글리세린[nitroglycerin] 글리세린의 질산 에스테르. 기름 모양의 액체로, 강력한 폭발물임. 다이너마이트의 원료임. ニトログリセリン 爆發物

니트로벤젠[nitrobenzene] 벤젠을 황산·질산·물의 혼합물로 처리하여 얻는, 특이한 향기가 있는 엷은 황색의 액체. 아닐린의 원료로 쓰임. ニトロベンゾル 液體

니트로셀룰로오스[nitrocellulose] 셀룰로오스의 질산 에스테르. 셀룰로오스를 황산·질산·물의 혼합물로 처리하여 만듦. 화약(火藥)·래커·필름·셀룰로이드 등의 원료임. ニトロセルロース 火藥

니트론[nitron] 질산 이온의 특수 분석 시약(試藥). ニトロン 試藥

니팅[knitting] 뜨개질. ニッティング 編物

니퍼[nipper] 철사·전선(電線) 등을 자르는 데 쓰는 도구. ニッパー 電線

니페[Nife] 지구의 중심부를 이루고 있는 금속핵(金屬核). 철과 니켈이 주성분임. ニフェ 金屬核

니힐[라 nihil] 허무(虛無). ニヒル 虛無

니힐리스트[nihilist] 허무주의자. ニヒリスト 主義

니힐리즘[nihilism] 허무주의. ニヒリズム 虛無主義

닉네임[nickname] 별명(別名). 애칭(愛稱). ニックネーム 別名 愛稱

님프[nymph] ① 그리스 신화에 나오는 산·강·숲 따위에 사는 여자 정령(精靈)들. 요정(妖精). ② 아름다운 소녀. ニンフ 妖精

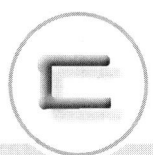

다[多]* 많을 다 : 많다. 「多岐(다기)·多難(다난)·多年(다년)·多少(다소)·過多(과다)」 タ・おおい

다[茶]☆ ① 차 다 : 차나무. 「茶房(다방)·茶園(다원)·茶色(다색)·茶食(다식)·茶菓(다과)」 ② 차 차 : 차. 「茶欌(차장)·茶諸具(차제구)·紅茶(홍차)·葉茶(엽차)」 チャ・サ

다각[多角] ① 여러 모. 여러 믹. ② 여러 방면. たかく

다각 경영[多角經營] 다른 종류의 사업을 동일 계통의 자본으로 병행해서 경영하는 일. たかくけいえい multiple management

다각도[多角度] ① 여러 각도(角度). 「~로 검토하다」 ② 여러 방면. たかくど

다각형[多角形] 셋 이상의 선분(線分)으로 둘러싸인 평면도형. =다변형(多邊形). たかっけい polygon

다갈색[茶褐色] 짙은 갈색. ちゃかっしょく brown

다감[多感] 느낌이 많고 감동하기 쉬움. 「~다정(多情)」 たかん sensibility

다겁[多怯] 겁이 많음. timidity

다게레오타이프[daguerreotype] 은판(銀板)으로 사진을 찍는 기술.

다고바[dagoba] 인도에서 세우는 작은 불탑의 하나. 안에 사리(舍利)를 넣지 아니함.

다공[多孔] 구멍이 많음. 「골(骨)~」 porosity

다과[多寡] 수량의 많고 적음. =다소(多少)·중과(衆寡). たか

다과[茶菓] 차와 과자. 「~회(會)」 さか·ちゃか tea and cake

다구[茶具] 차를 끓이는 기구. =차제구(茶諸具). ちゃぐ tea-things

다기[多技] 기술이나 손재주가 많음. 「~다재(多才)」 たぎ versatility

다기[多岐] 여러 갈래. 또는 갈래가 많음. 「~망양(亡羊)」 たき many branches

다기[多氣] 여간한 일에는 놀라거나 두려워하지 않으며 야무지고 당참. 「~지다」 courageousness

다기[茶器] ① 찻그릇. ちゃき ② 부처 앞에 맑은 물을 떠놓는 그릇.

다기망양[多岐亡羊] 갈림길이 많아서 달아난 양을 찾다가 잃어버리고 말았다는 고사(故事)에서, ① 학문을 하는 사람이 지엽적인 것에 사로잡히면 본질을 놓치게 됨의 비유. ② 학문의 길이 갈래가 많으면 진리(眞理)를 탐구하기가 어려움의 비유. ③ 무슨 일에 방침(方針)이 지나치게 많으면 어찌할 바를 모르게 됨의 비유. たきぼうよう

다난[多難] 어려움이 많음. 「다사(多事)~」 다난   full of troubles

다남[多男] 아들이 많음. 「부귀(富貴)~」   having many sons

다년[多年] 여러 해. 「~간(間)」 다넨   many years

다년초[多年草] 3년 이상 자라는 초본 식물. 해마다 가을에 땅위줄기는 말라 죽지만 뿌리 부분은 살아 있어 이듬해 봄이 되면 다시 움이 돋아남. 여러해살이풀. 다넨소우   perennial plant

다능[多能] 여러 가지에 능함. 재주가 많음. =다예(多藝). 다노우   versatility

다다이스트[dadaist] 다다이즘을 주장하는 사람. ダダイスト

다다이즘[dadaism] 제1차 세계 대전 말기에 일어난 반이성주의적(反理性主義的) 예술 운동. 일체의 기존 질서를 부정하고 전통적인 예술 형식의 파괴를 주장함. ダダイズム

다다익선[多多益善] 많으면 많을수록 더욱 좋음.   The more, the better

다단[多端] 일의 가닥이 많음. 「다사(多事)~」 다탄   many items

다당류[多糖類] ① 가수 분해에 의해 두 분자 이상의 단당류를 생성하는 탄수화물의 총칭. ② 다당류 중에서 덱스트린같이 분자량이 크며, 물에 용해되지 않거나 교상액(膠狀液)을 이루는 당류. ↔단당류(單糖類). 다토우루이   ① polysaccharide

다대[多大] 많고 큼. 다다이   多大

다도[茶道] 차를 마시거나 대접할 때의 방식 및 예절. さどう・ちゃどう   tea ceremony

다독[多讀] 책을 많이 읽음. 다도쿠   wide reading

다량[多量] 많은 분량. ↔소량(少量). 다료우   great quantity

다마스크[damask] 능직(綾織)이나 수자직(繻子織) 바탕에 무늬를 짜 넣은 피륙. ダマスク

다망[多忙] 매우 바쁨. =다사(多事). 다보우   pressure of business

다망[多望] 바라는 바가 많음. 다보우   great desire

다매[多賣] 많이 팖. 「박리(薄利)~」 다바이   large sale

다면[多面] ① 면이 많음. 「~각(角)」 ② 여러 방면. 다멘   many sides

다모[多毛] 몸에 털이 많음. 「~증(症)」 다모우   hirsuteness

다모작[多毛作] 같은 땅에 한 해에 세 번 이상 농작물을 경작·수확하는 일. 다모우사쿠   multiple cropping

다문[多聞] 보고 들은 것이 많음. ↔과문(寡聞). 다분   being widely informed

다반사[茶飯事] 차를 마시고 밥을 먹는 것처럼, 보통 있는 예사로운 일. 「결석을 ~로 한다」 사한지   everyday occurrence

다발[多發] 많이 발생함. 다하츠   occurring frequently

다발식[多發式] 항공기에서 세 개 이상의 발동기를 가지는 구조. 다하츠시키

다방[茶房] 차와 음료수를 파는 가게. =다실(茶室)·다점

(茶店). teahouse
다번[多煩] ① 매우 번거로움. ② 매우 많음. =번다(煩多).
다변[多辯] 말이 많음. たべん talkativeness
다변[多變] 변화가 많음. 또는 많은 변화.
다병[多病] 병이 많음. 자주 앓음. ↔무병(無病). たびょう sickliness
다복[多福] 복이 많음. ↔박복(薄福). 「~다남(多男)」 たふく great happiness
다부[多夫] 한 여자가 둘 이상의 남편을 가지는 일. ↔다처(多妻). たふ polyandry
다불과[多不過] 많다고 해야 고작. 「~ 만원 안짝이다」 at most
다비[茶毘] 불교에서, 화장(火葬)을 이르는 말. だび cremation
다사[多士] 많은 인재. 「제제(濟濟)~」 たし many talents
다사[多事] ① 일이 많음. 「~다망(多忙)」 ② 쓸데없이 참견하여 바쁨. 「공연히 ~하다」 たじ ① pressure of business ② meddlesomeness
다사[多思] 많이 생각함. 「다독(多讀) ~」 thoughtfulness
다사[多謝] ① 깊이 감사함. ② 깊이 사과함. たしゃ
다사제제[多士濟濟] 뛰어난 인재가 많이 모여 있음. たしせいせい・たしさいさい galaxy of brilliant men
다사지추[多事之秋] 일이 많아 바쁜 시기.
다산[多産] ① 아이나 새끼를 많이 낳음. 「~계(系)」 ② 물품을 많이 생산함. たさん fecundity

다상량[多商量] 많이 생각함.
다색[茶色] ⇨갈색(褐色). ちゃいろ
다생[多生] 불교에서, 몇 번이고 다시 태어남을 이름. たしょう
다세[多世] 많은 연대. 또는 여러 시대. たせい many ages
다세[多勢] 많은 인원. 또는 큰 세력. たぜい
다세대[多世帶] 여러 세대. 「~주택」
다세포[多細胞] 한 개체를 이루고 있는 두 개 이상의 세포. ↔단세포(單細胞). たさいぼう
다소[多少] ① 많음과 적음. ② 얼마간. 약간. 「~간(間)」 たしょう ② a little
다소[茶素] 커피·차 따위에 함유된 알칼로이드의 일종. 카페인(kaffein). ちゃそ
다솔[多率] ① 식구가 많음. ② 많은 인원을 거느림. 「~가족(家族)」
다수[多數] 많은 수효. 「~가결(可決)」 たすう large number
다수결[多數決] 다수인의 찬성으로 회의에서 토의되는 안건의 가부를 결정함. たすうけつ decision by majority
다스[←dozen] 12개를 한 묶음으로 세는 단위. ダース 單位
다습[多濕] 습기가 많음. 「고온(高溫) ~」 たしつ high humidity
다시[多時] 많은 시간. 오랜 시일. たじ long time
다식[多食] 음식을 많이 먹음. =대식(大食). ↔소식(少食). たしょく gluttony
다식[多識] 아는 것이 많음.

=박식(博識). たしき wide knowledge

다식[茶食] 곡식의 가루나 송화가루를 꿀이나 조청에 반죽해서 판에 박아 낸 유밀과(油蜜果).

다신교[多神敎] 많은 신 또는 많은 정령을 인정하여 이를 믿고 숭배하는 종교의 한 형태. ↔일신교(一神敎). たしんきょう polytheism

다실[茶室] ⇨다방(茶房).

다심[多心] 근심 걱정이나 마음쓰는 일이 많음. 「~ 다정(多情)」

다액[多額] 많은 액수. ↔소액(少額). 「~ 납세자(納稅者)」 たがく large sum

다양[多樣] 종류가 여러 가지로 많음. 「~한 취미(趣味)」 たよう variety

다언[多言] 말이 많음. 또는 많은 말. ↔과언(寡言). 「~혹중(或中)」 たげん garrulity

다언삭궁[多言數窮] 말이 많으면 자주 어려움을 당함.

다언혹중[多言或中] 말을 많이 하다 보면 더러 사리에 맞는 말도 있음.

다예[多藝] 여러 가지 기예(技藝)에 능함. 「다재(多才) ~」 たげい varied accomplishments

다욕[多辱] 욕되는 일이 많음.

다욕[多慾] 욕심이 많음. たよく greediness

다용[多用] 많이 씀. 여러 군데에 씀. たよう many uses

다운[down] ① 값이나 수량 등을 내리거나 줄임. ② 권투에서, 경기자가 상대편의 주먹을 맞고 쓰러지는 일. ③ 지치거나 의식을 잃어 몸을 가누지 못하는 상태. ④ 컴퓨터 시스템에 오류(誤謬)가 발생하여 정상적인 상태로 작업을 진행하지 못하고 멈춰 있는 상태. ダウン

다운사이징[downsizing] 한 대의 대형 컴퓨터를 가지고 수행했던 작업을 소규모의 컴퓨터 여러 대를 사용하여 수행할 수 있도록 환경을 변경하는 일. ダウンサイジング

다운타운[downtown] 도시의 상업(商業) 지대. ダウンタウン

다원[多元] 사물의 근원이 여러 갈래로 많음. ↔일원(一元). 「~론(論)」 たげん pluralism

다원[茶園] 차를 재배하는 밭. ちゃえん tea field

다위니즘[Darwinism] 생물 진화의 요인이 자연 도태와 적자 생존(適者生存)에 있다는 학설. 영국의 생물학자인 다윈이 주창함. ダーウィニズム

다육[多肉] 식물의 잎・줄기・과일 따위에 살이 많음. 「~과(果)」 たにく fleshiness

다이내믹[dynamic] 동적(動的). 활동적. ダイナミック

다이내믹스피:커[dynamic speaker] 영구 자석(永久磁石)의 자기장 내에 있는 코일에 음성 신호 전류를 보내어, 전기 에너지를 음성 에너지로 변환하는 기구를 가진 스피커의 총칭. ダイナミックスピーカー

다이너마이트[dynamite] 니트로글리세린을 규조토(硅藻土)・목탄・면화약(綿火藥) 등에 흡수시켜 만든 폭약의 한 가지. ダイナマイト

다이너모[dynamo] 발전기(發

電機). ダイナモ

다이너모미ː터[dynamometer] ① 동력계(動力計). ② 악력계(握力計). ③ 망원경의 배율계. ダイナモメーター

다이렉트메일[direct mail] 상품의 선전을 위해 특정 고객(顧客) 앞으로 직접 보내는 광고용 우편물. ダイレクトメール

다이버[diver] ① 다이빙하는 사람. ② 잠수부(潛水夫). ダイバー

다이빙[diving] ① 높은 곳에서 몸을 날려 뛰어내리는 일. ② 일정한 높이의 대에서 물 속으로 뛰어들며 여러 가지 재주를 부리는 수상 경기. ③ 비행기의 급강하(急降下). ダイビング

다이스[dice] 서양(西洋) 주사위. ダイス

다이스[dies] 암나사의 일부를 날로 삼아 수나사를 깎아 만드는 공구(工具). ダイス

다이아[dia] ① 다이어그램의 준말. ② 다이아몬드의 준말. ダイヤ

다이아몬드[diamond] ① 금강석(金剛石). ② 야구장의 내야(內野). ③ 트럼프의 마름모꼴 무늬. 또는 그 패. ダイヤモンド

다이애나[Diana] 로마 신화에 나오는 달과 사냥의 여신(女神). ダイアナ

다이어그램[diagram] ① 도표(圖表). ② 행사 예정표. 또는 진행표. ③ 열차 운행표. ダイヤグラム

다이어리[diary] 일기(日記). ダイアリー

다이어토닉 스케일[diatonic scale] 온음계.

다이어트[diet] 미용(美容)·건강을 위해서, 먹는 음식의 양이나 종류를 제한하는 일. ダイエット

다이어프램[diaphragm] ① 사진기 렌즈의 조리개. ② 횡격막(橫隔膜). ダイアフラム

다이얼[dial] 시계·나침반(羅針盤)·라디오·전화 등에 있는 문자판이나 눈금판의 총칭. ダイヤル

다이얼 게이지[dial gauge] 측정(測定)하려는 부분에 측정자를 대어 길이의 차를 비교하는 측정기. 평면의 요철, 공작물의 부착 상태, 축 중심의 흔들림 등을 검사하는 데 이용함. ダイヤルゲジ

다이얼로그[dialogue] 연극이나 영화에서, 작중 인물(作中人物)들 사이의 대화. ダイアローグ

다이오ː드[diode] 양극과 음극의 두 극만을 가진 진공관(眞空管). ダイオード

다이옥신[dioxin] 고엽제(枯葉劑)의 주요 성분으로, 맹독성을 가진 유기 염소 화합물. ダイオキシン

다이제스트[digest] 내용을 간단히 추려 적음. 또는 그런 출판물(出版物). ダイジェスト

다이캐스팅[die casting] 정밀주조법(鑄造法)의 하나. 鑄造法

다인[dyne] 힘의 크기의 단위. ダイン

다일레이턴시[dilatancy] 입자(粒子)가 강한 외력(外力)에 의하여 액체를 빨아들이고 부풀어 굳어지는 현상.

다작[多作] ① 문예 작품을 많이 지음. ↔과작(寡作). ② 농

산물・물품 따위를 많이 만듦. たさく
① prolificacy in writing ② abundant production

다재[多才] 재주가 많음. 「~다병(多病)」 たさい versatile talents

다정[多情] ① 정이 많음. ② 매우 정다움. 「~다한(多恨)」 たじょう ① warm-heartedness ② intimacy

다조[多照] 농작물 따위에 햇볕이 쬐는 시간이 많음. 「~기(期)」 たしょう

다족[多足] ① 많고 넉넉함. ② 다리가 많음. 「~류(類)」 たそく ① plenty ② multiped

다족[多族] 친족이 많음. ＝번족(繁族). having many relatives

다종[多種] 종류가 많음. 또는 여러 가지 종류. たしゅ many kinds

다중[多重] 여러 겹. たじゅう

다중[多衆] 많은 사람. 여러 사람. たしゅう

다중 방:송[多重放送] 한 주파수로 복수의 프로그램을 동시에 내보내는 방송. たじゅうほうそう multiplex broadcasting

다채[多彩] ① 여러 가지 빛깔이 어울려 호화로움. ② 많은 종류나 형태가 한데 어우러져 다양하고 화려함. 「~로운 행사(行事)」 たさい ① colorfulness

다처[多妻] 한 남자가 여러 명의 아내를 거느리는 일. ↔다부(多夫). 「일부(一夫)~」 たさい polygamy

다카포[이 da capo] 악보에서, 처음으로 되돌아가서 다시 연주하라는 뜻. ダカーポ 演奏

다큐멘터리[documentary] 기록 영화(記錄映畵). ドキュメンタリー 記錄映畵

다:크룸:[darkroom] 암실(暗室). ダークルーム

다:크호:스[dark horse] ① 경마(競馬)에서, 실력은 알 수 없으나 의외의 결과를 가져올지도 모르는 말. ② 실력・역량(力量)은 알 수 없으나 유력하다고 지목되는 경쟁 상대. ダークホース

다탁[茶卓] 차를 마실 때 찻잔을 올려 놓는 탁자. ちゃたく tea table

다태[多胎] 포유동물의 난자가 수정된 뒤에 둘 이상으로 분리되어 별개의 개체가 되는 일. 「~아(兒)」

다:트[dart] ① 양재(洋裁)에서, 평면적인 옷감을 입체적인 체형(體型)에 맞추기 위하여 솔기가 겉에 나타나지 않게 주름을 잡아 꿰맨 부분. ② 점수가 매겨진 원반 모양의 과녁에 조그만 창을 던지며 노는 서양 놀이. ダート

다한[多恨] ① 원한이 많음. ② 한스러운 생각이 간절함. 「다정(多情)~」 たこん

다한증[多汗症] 체질적・병적으로 땀을 지나치게 많이 흘리는 증세. たかんしょう hyperhidrosis

다항식[多項式] 둘 이상의 항을 '+' 또는 '-'로 이어 놓은 정식. ↔단항식(單項式). polynomial

다행[多幸] 일이 뜻밖에 잘 됨. 「천만(千萬)~」 たこう good luck

다혈[多血] ① 보통 사람보다

몸에 피가 많음. ↔빈혈(貧血). ② 정서의 움직임이 빠르며, 감정에 치우치기 쉬움. 「~질(質)」たけつ sanguineness

다혈질[多血質] 자극에 예민하고 흥분하기 쉬우나 오래 가지 않으며, 성급하고 인내력이 부족한 기질. たけつしつ sanguine temperament

다화[茶話] 차를 마시면서 나누는 이야기. さわ・ちゃわ・ちゃばなし

닥스훈트[독 Dachshund] 몸이 길고 다리가 짧은 독일산 사냥개. ダックスフント

닥터[doctor] 박사. 의사(醫師). ドクター

닥터스톱[doctor stop] 권투에서, 부상으로 경기의 속행(續行)이 불가능하다고 판단될 때 의사가 경기를 중단시키는 일. ドクターストップ

단[丹]* ① 붉을 단: 붉다. 「丹青(단청)・丹朱(단주)・丹脣(단순)」② 성실할 단: 성실하다. 정성스럽다. 「丹心(단심)・丹誠(단성)・丹忠(단충)」③ 신약 단: 신약. 환약. 「丹藥(단약)・丹劑(단제)・仙丹(선단)」タン ① あか

단[旦]* ① 아침 단: 아침. 새벽. 「旦夕(단석)・旦暮(단모)・元旦(원단)・早旦(조단)」② 밝을 단: 날이 밝다. タン ① あさ

단:[但]* 다만 단: 다만. 「但書(단서)・但只(단지)・非但(비단)」タン・ただし

단[段]* ① 조각 단: 조각. 부분. 「段落(단락)・分段(분단)」② 층 단: 층계. 「階段(계단)」タン・ダン

단[蛋] 새알 단: 새의 알. 「蛋白質(단백질)・蛋黃(단황)」タン・たまご

단[單]* ① 홀로 단: 홀. 홀로. 「單價(단가)・單色(단색)・單獨(단독)・單身(단신)」② 다할 단: 다하다. 「單耗(단모)」③ 성 선: 성의 하나. タン ① ひとえ

단[湍] 여울 단: 여울. 「湍激(단격)・湍流(단류)・湍水(단수)・急湍(급단)」タン・はやせ

단:[短]* ① 짧을 단: 짧다. 「短音(단음)・短日(단일)・長短(장단)・短信(단신)・短銃(단총)」② 허물 단: 허물. 결점. 「短點(단점)・短所(단소)」③ 젊어서 죽을 단: 젊어서 죽다. 「短命(단명)・短壽(단수)」タン ① みじかい

단[端]* ① 끝 단: 끝. 「尖端(첨단)・末端(말단)・上端(상단)・兩端(양단)」② 바를 단: 바르다. 「端正(단정)・端坐(단좌)・端行(단행)」③ 실마리 단: 실마리. 「端緖(단서)・事端(사단)」④ 단오 단: 단오. 「端午(단오)」タン・ハ ① はし・はた ③ はじめ

단[團]* ① 둥글 단: 둥글다. 「團子(단자)・團飯(단반)」② 모일 단: 모이다. 덩이가 되다. 「團結(단결)・團體(단체)・軍團(군단)・樂團(악단)」ダン ① まるい

단[緞] 비단 단: 비단. 「綢緞(주단)・緞子(단자)・緞帳(단장)」ドン・ダン

단[壇]* ① 단 단: 단. 「石壇(석단)・花壇(화단)・詩壇(시단)」② 제터 단: 제사지내는 터. 「壇所(단소)・壇場(단장)」ダン

단[檀] ① 박달나무 단 : 박달나무. 「檀木(단목)·檀弓(단궁)」 ② 향나무 단 : 향나무. 「檀香木(단향목)·檀桓(단환)」 ダン ① まゆみ

단[鍛] 쇠불릴 단 : 쇠를 불리다. 「鍛工(단공)·鍛鍊(단련)·鍛冶(단야)·鍛鐵(단철)」 タン・きたえる

단:[斷] ① 끊을 단 : 끊다. 「斷交(단교)·斷切(단절)·斷金(단금)·斷面(단면)」 ② 결단할 단 : 결단하다. 「決斷(결단)·斷案(단안)·斷定(단정)·英斷(영단)」 ③ 조각낼 단 : 조각내다. 「斷片(단편)」 ダン ① たつ ② ことわる

단[簞] 대밥그릇 단 : 대로 결은 둥근 밥그릇. 「簞笥(단사)·簞瓢(단표)·簞食(단사)」 タン・はこ・ひさご

단가[單家] 가난하고 세력이 없는 집안. 「～살이」

단:가[短歌] ① 가사(歌辭)에 대하여, 시조(時調)를 이르는 말. ② 판소리를 부르기 전에 목청을 가다듬기 위하여 부르는 짧은 노래. たんか

단가[單價] 각 단위마다의 가격. 낱값. 「～계산」 たんか unit price

단가[檀家] 절에 시주하는 사람의 집. だんか·だんけ

단:간잔편[斷簡殘篇] 떨어져 나가거나 빠져서 완전하지 못한 책 또는 문서.

단:갈[短碣] 무덤 앞에 세우는 짤막한 비석. small tombstone

단강[鍛鋼] 달구어 세게 만든 강철. たんこう forged steel

단거[單擧] 딘 한 사람만 추천함.

단:거리[短距離] ① 짧은 거리. ↔장거리(長距離). ② 짧은 거리를 달리는 트랙 경기의 한 가지. たんきょり
① short distance ② short-distance race

단:검[短劍] 양날로 된 짧은 칼. ↔장검(長劍). たんけん dagger

단:견[短見] ① 좁은 소견. ② 남에게 자기 의견을 겸손하게 이르는 말. たんけん
① narrow view ② my opinion

단결[團結] 여러 사람이 한데 뭉침. 「～력(力)」 だんけつ unity

단:경[短徑] 타원의 중심을 통하는 긴지름에 수직 이등분하는 가장 짧은 선분. 짧은지름의 구용어. ↔장경(長徑). たんけい

단:경[斷經] 여자가 나이가 들어 월경이 아주 그침. menopause

단경기[端境期] 철이 바뀌어 묵은 쌀 대신 햅쌀이 나오기 시작할 무렵. 음력 9~10월경을 이름. はざかいき
in-between season

단계[段階] 일이 진행되는 과정. 「완성 ～」 だんかい stage

단:계[短計] 얕은 꾀. 졸렬한 계획. =졸책(拙策). poor plan

단:곡[短曲] 짧은 악곡. short piece

단공[鍛工] 쇠붙이를 단련함. 또는 그 일을 하는 사람. たんこう metal worker

단과[單科] 한 가지 계통의 학부(學部). 「～ 대학(大學)」 たんか

단:교[斷交] ① 교제를 끊음. =절교(絶交). ② 국교(國交)

를 끊음. だんこう   break of relations
단구[丹丘] 신선이 산다는 곳. 丹丘
단구[段丘] 강·바다의 기슭에 계단형으로 지층(地層)을 이룬 지대. 주로 물의 침식 작용 때문에 생김. だんきゅう   bench 段丘
단:구[短晷] 짧은 해. 짧은 낮. =단일(短日).   short day 短晷
단:구[短軀] 키가 작은 몸. ↔장구(長軀). たんく   short stature 短軀
단국[檀國] 배달 나라. 檀國
단군[檀君] 우리 민족의 시조. 「~ 신화(神話)」 檀君
단군 기원[檀君紀元] 단군이 즉위한 해인 서력 기원전 2333년을 원년(元年)으로 하는 기원. 준단기(檀紀). 檀君紀元
단권[單卷] 단권책(單卷册)의 준말. 單卷
단권책[單卷册] 한 권으로 이루어진 책. 준단권(單卷).   one volume 單卷册
단궤[單軌] 단선(單線)으로 된 철도. ↔복궤(複軌). monorail 單軌
단근[單根] 가지가 없는 외줄기의 뿌리.   simple root 單根
단금[單衾] ① 한 채뿐인 이불. ② 홑이불. 單衾
단:금[斷金] 굳기가 쇠라도 자를 만큼 우정(友情)이 두터움을 이르는 말. 「~지교(之交)」 だんきん   close friendship 斷金之交
단급[單級] 둘 이상의 학년을 하나로 편성한 학급. 「~ 분교(分校)」 たんきゅう   one class 單級
단기[單技] 단 한 가지의 재주. 單技
단기[單記] ① 낱낱이 따로 적어 넣음. ② 그것 하나만을 적 單記

음. ↔연기(連記). たんき   single entry
단기[單機] ① 단일 기계(單一機械)의 준말. ② 한 대의 비행기. 「~ 비행(飛行)」 たんき   ② single plane 單機
단기[單騎] 홀로 말을 타고 감. 또는 그 사람. たんき   single horseman 單騎
단:기[短氣] ① 숨이 차고 기력이 떨어지는 증세. ② 조급한 성질.   ① out of breath 短氣
단:기[短期] 짧은 기간. ↔장기(長期). 「~ 금융(金融)」 たんき   short term 短期
단기[團旗] 단체를 상징하는 기. だんき association banner 團旗
단기[檀紀] 단군 기원(檀君紀元)의 준말. 檀紀
단념[丹念] 정성을 다하는 마음. =단심(丹心). たんねん   sincerity 丹念
단:념[斷念] 품었던 생각을 버림. =체념(諦念). だんねん   abandonment 斷念
단·단무타[斷斷無他] 굳게 진심하여 다른 생각이 없음. 斷斷無他
단:단상약[斷斷相約] 서로 굳게 약속함.   solemn promise 斷斷相約
단당류[單糖類] 가수 분해에 의해 더 이상 분해되지 않는 당류. ↔다당류(多糖類). たんとうるい   monosaccharide 單糖類
단:도[短刀] 외날로 된 짧은 칼. ↔장도(長刀). たんとう   dagger 短刀
단도[檀徒] 불교에서, 시주를 하는 사람들을 이르는 말. だんと   supporters 檀徒
단도기[端度器] 다른 물체의 크기와 길이를 재는 기준기(基準器). 블록게이지(block gauge)·한계(限界) 게이지 따 端度器基準器

위. たんどき
단도직입[單刀直入] 말이나 글에서, 대뜸 본론(本論)으로 들어감. たんとうちょくにゅう straightforwardness
단독[丹毒] 피부나 점막의 상처에 균이 들어가서 생기는 급성 전염병. たんどく erysipelas
단독[單獨] ① 단 하나. ② 오직 혼자. =단신(單身). 「~행위(行爲)」たんどく singleness
단:두대[斷頭臺] 죄인의 목을 자르는 형구(刑具). だんとうだい guillotine
단락[段落] ① 일정한 정도에서 일이 끝나는 고비. 「~을 짓다」② 긴 글에서, 내용상 하나의 토막으로 끊어지는 구획. だんらく ① end ② paragraph
단:락[短絡] 전기 회로의 두 점 사이를 작은 저항으로 접속함. たんらく short circuit
단란[團欒] ① 매우 원만함. ② 가족이나 가까운 사람들이 한 곳에 모여 화목하게 지냄. 「~한 분위기」だんらん ② happy circle
단:려[短慮] 좁고 얕은 소견. たんりょ thoughtlessness
단려[端麗] 품행이 단정하고 모양이 아름다움. たんれい grace
단련[鍛鍊] ① 쇠붙이를 달구어 불림. ② 훈련 등을 통하여 몸과 마음을 굳세게 함. 「심신(心身) ~」たんれん ① temper ② discipline
단류[湍流] 급하게 흐르는 물. =급류(急流). たんりゅう rapid stream

단리[單利] 원금에 대해서만 계산하는 이자. ↔복리(複利). たんり simple interest
단막[單幕] 연극이나 희곡의 구성이 한 막으로 된 것. 「~극(劇)」 one act
단말[端末] ① 끝. 끄트머리. ② 전선 따위의 끝. ③ 단말기(端末機)의 준말. たんまつ
단말기[端末機] 컴퓨터에서, 중앙 처리 장치와 연결되어 자료를 입력하거나 결과를 출력하는 장치. たんまつき terminal
단:말마[斷末魔] ① 숨이 끊어질 때의 고통. ② 죽을 때. =임종(臨終). だんまつま ① last agony ② last moment
단:망[斷望] 바라던 것이 끊어져 버림. despair
단:면[斷面] ① 자르거나 쪼갠 면(面). 「~도(圖)」② 어느 한 측면. 「사회 문제의 한 ~」だんめん section
단:멸[斷滅] 끊어져 없어짐. だんめつ extinction
단:명[短命] 목숨이 짧음. 젊어서 죽음. =요절(夭折). ↔장수(長壽). たんめい short life
단모[旦暮] ① 아침과 저녁. =조석(朝夕). ② 언제나. 항상. ③ 곧. 머지않아. たんぼ ① morning and evening
단모음[單母音] 국어 모음 가운데 처음부터 끝까지 같은 소리로 발음되는 모음. 'ㅏ·ㅓ·ㅗ·ㅜ·ㅡ·ㅣ·ㅐ·ㅔ·ㅚ' 등이 이에 딸림. 홑홀소리. ↔복모음(複母音). single vowel
단:무타려[斷無他慮] 조금도 다른 근심이 없음.

단:문[短文] ① 짤막한 글. ↔장문(長文). たんぶん ② 배운 것이 적음. ① short sentence ② shallow learning

단문친[袒免親] 종고조부·고대고모·재종 증조부·재종 증대고모·삼종 조부·삼종 대고모·삼종 백숙부·삼종 고모·사종 형제 자매의 총칭.

단발[單發] ① 한 번의 발사. =단방(單放). ② 발동기가 하나뿐임. ③ 단발총(單發銃)의 준말. たんぱつ
① single shot ② single engine

단:발[短髮] 짧은 머리털. ↔장발(長髮). たんぱつ
short hair

단:발[斷髮] ① 머리털을 짧게 자름. 「~령(令)」 ② 짧게 사른 여자의 머리 모양의 하나. だんぱつ bobbed hair

단발기[單發機] 발동기가 하나뿐인 비행기. たんぱつき
single-engined plane

단발총[單發銃] 한 발씩 쏘도록 되어 있는 총. 준답반(單發). たんぱつじゅう
single-loader

단방[單方] ① 한 가지 약으로만 된 처방. ② 한 가지 약제만으로 병을 다스리는 약. ③ 매우 효력이 좋은 약.

단방[單放] ① 총포 따위의 한 방. =단발(單發). ② 뜸을 한 번 뜨는 일. ③ ⇨단번(單番).
single shot

단:방[斷房] 방사(房事)를 끊음. sexual abstinence

단백질[蛋白質] 생물체의 주성분을 이루는 고분자 질소 화합물. 흰자질. たんぱくしつ protein

단번[單番] 다만 한 번. =단방(單放). only once

단별[段別] 어떤 단계나 단락을 단위로 한 구분. たんべつ

단:병[短兵] 적과 직접 맞붙어 싸울 때 쓰는 짧은 병기(兵器). 칼·창 따위. 「~접전(接戰)」 たんぺい

단보[段步] 논밭의 면적을 나타내는 단위. 1단보는 300평을 이름.

단사[單舍] 단사리별(單舍利別)의 준말. たんしゃ

단사[簞食] 도시락밥. lunch

단사리별[單舍利別] 흰 설탕 65%를 증류수 35%에 녹인 것. 약제의 조미료로 쓰임. 준단사(單舍). たんしゃりべつ
simple syrup

난:산[斷産] ① 아이를 낳던 여자가 아이를 낳지 못하게 됨. ② 아이 낳는 일을 끊음.
stopping conception

단상[壇上] 단의 위. ↔단하(壇下). だんじょう platform

단:상[斷想] 생각나는 대로의 단편적인 생각이나 느낌. だんそう fragmentary thoughts

단색[單色] 한 가지 빛깔. ↔다색(多色). たんしょく
single color

단:서[但書] 본문에 덧붙여서 그에 대한 조건이나 예외 등을 제시하는 글. 「~가 붙다」 ただしがき proviso

단서[端緒] 어떤 문제를 풀어 나갈 수 있는 실마리. 「~가 잡히다」 たんしょ clue

단석[旦夕] ① 아침과 저녁. =조석(朝夕). ② 일의 상태가 급박한 모양. 「목숨이 ~에 놓여 있다」 たんせき
① morning and evening

단석[單席] 홑겹 돗자리.

단선[單線] ① 외줄. 외가닥. 單線
② 단선 궤도(單線軌道)의 준말. ↔복선(複線). たんせん
single rushmat
① single line

단선[團扇] 둥글게 만든 부채. 團扇
うちわ　　　　　　　　fan

단:선[斷線] ① 줄이 끊어짐. 斷線
② 전선(電線)이나 선로(線路)가 끊어짐. だんせん
disconnection

단선 궤:도[單線軌道] 같은 單線軌道
선로(線路)를 상하행(上下行) 열차가 공용(共用)하는 철도. 준단선(單線). たんせんきどう
monorail

단성[丹誠] 진심에서 우러나는 丹誠
뜨거운 정성. 거짓 없는 참된 정성. =단정(丹精)·적성(赤誠). たんせい
sincerity

단성[單性] 생물이 암수의 어느 單性
한쪽 생식 기관만을 가지는 일.「~ 생식(生殖)」たんせい
unisexuality

단세포[單細胞] 한 개체를 이 單細胞
루는 단 하나의 세포. ↔다세포(多細胞). たんさいぼう
unicell

단:소[短小] 짧고 작음. ↔장 短小
대(長大). たんしょう

단:소[短所] ⇒단처(短處). た 短所
んしょ

단:소[短簫] 통소보다 조금 짧 短簫
은 피리. 구멍은 앞에 넷, 뒤에 하나 있음.
short bamboo flute

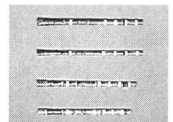
〔단소〕

단소[壇所] 제단이 있는 곳. 壇所
だんしょ

단속[團束] 경계를 단단히 하 團束
여 다잡음.「~ 기간(期間)」
control

단:속[斷續] 끊어졌다 이어졌 斷續
다 함.「~ 장치」だんぞく
intermittence

단수[段數] ① 유도·태권도·바 段數
둑 따위에서 기량의 정도를 나타내는 단(段)의 정도. ② 술수를 쓰는 재간의 정도.「~가 높다」
① grade

단수[單手] 바둑·장기 등에서 單手
단 한 수로 적의 말을 잡거나 이길 수 있는 결정적인 수.

단수[單數] ① 단일한 수. 홀 單數
수. ② 문법에서, 한 사람이나 한 사물을 지칭하는 말. ↔복수(複數). たんすう
① unit ② singular number

단:수[短壽] 명이 짧음. =단 短壽
명(短命).　　　short life

단수[端數] 우수리가 되는 수. 端數
어떤 수효의 우수리. たんすう
fraction

단:수[斷水] 물길이 막히거나 斷水
수돗물이 끊어짐. だんすい
suspension of water supply

단:수로[短水路] 수영에서, 短水路
20~50m의 코스. たんすいろ
short course

단순[丹脣] ① 붉은 입술. 주로 丹脣
젊은 여자의 입술을 이름. ② 연지를 바른 입술. =주순(朱脣). たんしん ② rouged lips

단순[單純] ① 복잡하지 않고 單純
간단함. ↔복잡(複雜).「~한 문장」② 조선이나 세한이 없음. たんじゅん ① simplicity
② unconditionalness

단순호치[丹脣皓齒] 붉은 입 丹脣皓齒
술과 하얀 이. 곧, 아름다운 여자의 얼굴.

단:시[短視] ① 소견이 좁아 전 短視

체를 모르거나 장래를 내다보지 못함. =단견(短見). ② ⇨ 근시(近視). 단시
① shortsightedness

단:시[短詩] 짧은 시. ↔장시(長詩). 단시 short poem

단:시간[短時間] 짧은 시간. ↔장시간(長時間). 단지칸 short time

단:시일[短時日] 짧은 시일. 「공사를 ~에 끝내다」단시지츠 short period of time

단식[單式] ① 단순한 방식. ② 단식 부기(單式簿記)의 준말. ③ 단식 경기(單式競技)의 준말. ↔복식(複式). 단시키 ① simple system

단:식[斷食] 수행 등의 목적으로 일정 기간 음식물을 먹지 않음. 「~ 기도(祈禱)」단지키 fast

단식 경:기[單式競技] 테니스·탁구·배드민턴 등에서 한 사람씩 맞서서 겨루는 방식. ↔복식 경기(複式競技). ⓒ단식(單式).

단식 부기[單式簿記] 계정 과목 사이에 일정한 관계가 없이 다만 재산의 출납·증감만을 기장하는 부기. ↔복식 부기(複式簿記). ⓒ단식(單式). 단시키보키 single-entry bookkeeping

단신[單身] 홑몸. 혼자의 몸. 「~ 부임(赴任)」단신 single person

단:신[短信] ① 짤막하게 쓴 편지. ② 짤막한 보도. 단신 ① brief message

단심[丹心] 정성스러운 마음. 「일편(一片)~」단신 sincerity

단아[端雅] 단정하고 아담함. 단가 elegance

단:악[斷惡] 나쁜 짓을 하지 않음. 「~수선(修善)」단아쿠

단안[單眼] ① 외눈. ② 곤충 따위에서 볼 수 있는 간단한 구조의 작은 시각기(視覺器). 명암(明暗)만을 분간함. 홑눈. ↔복안(複眼). 단간 ② stemma

단:안[斷岸] 깎아지른 듯한 언덕. 단간 precipice

단:안[斷案] ① 어떤 사항에 대한 생각을 결정함. 또는 그 생각. 「~을 내리다」② 삼단 논법에서, 두 전제로부터 미루어 얻은 결론. 단안 ① decision

난:애[斷崖] 깎아지른 듯이 가파른 언덕. 낭떠러지. =절애(絶崖). precipice

단:야[短夜] 짧은 밤. ↔장야(長夜). 단야·미지카요

단야[鍛冶] 쇠붙이를 달구어 연장 따위를 만듦. 단야·카지 forging

단어[單語] 문법상의 일정한 뜻과 기능을 가지는, 언어의 최소 단위. 낱말. 「~ 풀이」단고 word

단언[端言] 바른말을 함. 또는 그 말. =정언(正言). right word

단:언[斷言] 딱 잘라서 말함. 단겐 assertion

단엄[端嚴] 단정하고 엄숙함. 단겐

단역[端役] 연극이나 영화에서, 중요하지 않은 간단한 배역. 또는 그러한 역을 맡은 배우. ↔주역(主役). 하야쿠 minor part

단:연[斷然] 두말할 필요도 없

단:열[斷熱] 물체 사이에 열(熱)이 전도되는 것을 막음. 「~ 장치(裝置)」 だんねつ insulation

단예[端倪] ① 일의 시초와 끝. ② 맨 끝. たんげい

단오[端午] 음력 5월 5일을 명절로 이르는 말. =천중절(天中節)·단양(端陽). たんご

단:운[斷雲] 조각구름. だんうん scattered clouds

단원[單元] ① 철학에서, 단일한 근원을 이르는 말. ② 어떤 주제나 내용을 중심으로 뭉뚱그린 학습 활동의 단위. 「~학습(學習)」 たんげん ② unit

단원[團員] 단이란 이름이 붙은 단체를 구성하고 있는 사람. 「합창단 ~」 だんいん member

단원[團圓] ① 매우 원만함. ② 둥긂. ③ 소설·연극 따위의 결말. 「대(大)~」 だんえん ③ final

단원제[單院制] 하나의 의원(議院)만 두는 의회 제도. ↔양원제(兩院制). unicameral system

단위[單位] 사물을 계산하는 기본으로 정해 놓은 기준. 「~면적」 たんい unit

단음[單音] ① 단일한 진동수의 음. ② 음성을 구성하는 음의 최소 단위. 홑소리. ↔복음(複音). たんおん single sound

단:음[短音] 짧은 소리. ↔장음(長音). たんおん short sound

단:음[斷飮] 술을 끊음. =금주(禁酒). abstinence from drink

단일[單一] ① 단 하나. =단독(單獨). ② 다른 것이 섞이지 않음. 「~민족(民族)」 ③ 복잡하지 않고 단순함. 「~한 구조」 たんいつ ① single ② unity ③ simplicity

단:일[短日] ① 겨울의 짧은 해. たんじつ ② 얼마 안 되는 날수. ① short day

단일 기계[單一機械] 가장 간단한 구조의 기계. 지레·도르래 따위. 준단기(單機). たんいつきかい machine unit

단일어[單一語] 하나의 형태소로 이루어진 낱말. 마을·바다·배 따위. たんいつご single word

단자[單子] ① 부조(扶助) 또는 선사를 하는 물품의 목록이나 수량을 적은 종이. ② 사주나 폐백을 보낼 때, 그 내용물을 적은 종이. ③ 철학에서, 넓이나 형체를 가지고 있지 않으며 무엇으로도 나눌 수 없는 궁극적인 실체를 이르는 말. ① list of gifts ③ monad

단:자[短資] 단기 대부(貸付)의 자금. 「~회사」 たんし call loan

단자[團子·團養] 찹쌀가루 따위로 동그랗게 빚은 전통 찹쌀떡. だんご

단자[端子] 전기 회로의 접속을 위한 도체(導體). たんし terminal

단작[單作] 한 농토에 한 종류의 작물만 재배하는 일. 「~농업(農業)」 たんさく single crop

단잔[單盞] 단 한 잔만 올리는 제주(祭酒). 홑잔.

단장[丹粧] ① ⇨ 화장(化粧). ② 손질하여 꾸밈. 「방을 ~하

다」 ② decoration
단:장[短杖] 짧은 지팡이. = 개화장(開化杖). 短杖 cane
단:장[短墻] 나지막한 담. 短墻 low wall
단장[團長] 단체의 우두머리. 團長 だんちょう leader
단:장[斷章] ① 일정한 구성 없이 산문체로 쓴 토막글. ② 시나 문장의 일부분. 「~취의(取義)」だんしょう 斷章
① literary fragment
단:장[斷腸] 창자가 끊어질 듯한 깊은 슬픔이나 괴로움을 이르는 말. 斷腸 heartbreak
단:재[短才] 하찮은 재주. たんさい 短才
단:재[斷裁] 종이 따위를 가지런히 자름. 「~기(機)」 だんさい 斷裁 cutting
단적[端的] ① 명백한. 분명한. 「~인 증거」 ② 솔직한. 「~으로 말한다면」 たんてき 端的
단전[丹田] 배꼽 아래로 한 치 다섯 푼 되는 곳. 기력이 모이는 곳이라 함. たんでん 丹田 abdomen
단전[單傳] ① 불교의 교법을 한 중에게만 전함. ② 불교에서, 이심전심(以心傳心)을 이르는 말. たんでん 單傳
② telepathy
단:전[斷電] 전기의 공급을 끊음. ↔송전(送電). 斷電 suspension of power supply
단:절[短折] 젊어서 죽음. = 요절(夭折)・요사(夭死). たんせつ 短折 premature death
단:절[斷切・斷截] ① 끊어짐. ② 잘라 버림. = 절단(切斷). だんせつ 斷切
① breaking ② cutting
단:절[斷折] 부러뜨림. 꺾음. 斷折

단:절[斷絕] 관계나 교류를 끊음. = 절단(絕斷). 「연락(連絡)이 ~되다」 だんぜつ 斷絕 severance
단:점[短點] 부족한 점. = 결점(缺點). ↔장점(長點). 短點 defect
단정[丹精] ⇨단성(丹誠). 丹精
단:정[短艇] 보트. たんてい 短艇 boat
단정[端正] 바르고 얌전함. 「품행(品行) ~」 たんせい 端正 decency
단정[端整] 깨끗하게 정돈되어 있음. 「용모(容貌) ~」 たんせい 端整 trimness
단:정[斷定] 분명한 태도로 결정함. 「~을 내리다」 だんてい 斷定 decision
단조[單調] ① 가락이 단순함. ② 변화가 없이 늘 같음. 「~로운 생활」 たんちょう 單調
① monotone ② dullness
단:조[短調] 단음계(短音階)의 곡조. ↔장조(長調). たんちょう 短調 minor
단조[鍛造] 쇠붙이를 달구고 두드려서 물건을 만듦. たんぞう 鍛造 forging
단:종[斷種] 생식 능력을 없애어 번식하지 못하게 함. だんしゅ 斷種 sterilization
단좌[端坐] 단정하게 앉음. = 정좌(正座). たんざ 端坐 sitting up straight
단좌[團坐] 여러 사람이 빙 둘러앉음. だんざ 團坐 sitting in a circle
단:죄[斷罪] 죄를 밝혀 처단함. 「~안(案)」 だんざい 斷罪 conviction
단:주[斷酒] 술을 끊음. = 단음(斷飮)・금주(禁酒). だんしゅ 斷酒

단중[端重] 몸가짐이 단정하고 무게가 있음. 「~한 인물(人物)」

단:지[但只] 다만. 오직. only

단지[團地] 주택이나 공장을 계획적·집단적으로 조성한 일정 지역. 「공업(工業) ~」だんち complex

단:지[斷指] 손가락을 자름. cutting a finger

단:찰[短札] ① 짤막한 편지. ② 자기가 쓴 편지의 낮춤말.

단참[單站] 쉬지 않고 한 번에 하는 것. 「~에 갔다 오다」 at a breath

단창[單窓] 겉창이 없는 외겹창.

단:창[短槍] 짧은 창. たんそう short spear

단:처[短處] ① 능하지 못한 점. ② 모자라는 점. 결점(缺點). =단소(短所). ↔장처(長處). ② weak point

단:척[短尺] 정해진 치수에 차지 못한 피륙.

단철[鍛鐵] ① 쇠를 두드려 단련함. ② ⇨연철(軟鐵). たんてつ ① forging

단청[丹靑] ① 전통 양식의 건축물에 여러 가지 빛깔로 그림이나 무늬를 그리는 일. 또는 그 그림이나 무늬. ② 그림이나 장식에 색을 칠함. たんせい ② coloring

단체[單體] 한 가지 원소로 된 물질. 유황·금·은·금강석 따위. 홑원소 물질. ↔화합물(化合物). たんたい simple substance

단체[團體] 두 사람 이상이 공동의 목적을 위해 결합한 조직체. 「~ 행동(行動)」だんたい group

단체 교섭[團體交涉] 노동 조합의 대표자가 노동 조건의 유지·개선에 대하여 고용주와 교섭하는 일. だんたいこうしょう collective bargaining

단:총[短銃] ① 총신(銃身)이 짧은 총. ↔장총(長銃). 「기관(機關) ~」 ② ⇨권총(拳銃). たんじゅう pistol

단:축[短縮] 짧게 줄임. 「기간(期間) ~」たんしゅく shortening

단충[丹忠] 참된 충성. true loyalty

단취[團聚] 집안의 겨레붙이가 화목하게 모임.

단층[單層] 단 하나의 층. 「~집」 single story

단:층[斷層] 지각(地殼)이 솟거나 지진으로 지층이 어그러져 층을 이룬 현상. だんそう fault

〔단층〕

단칠[丹漆] 붉은 칠. たんしつ red lacquer

단:침[短針] 시계 따위의 짧은 바늘. ↔장침(長針). たんしん short hand

단칭[單稱] 단 하나만을 일컬음. ↔복칭(複稱). 「~ 명제(命題)」 singular

단타[單打] 야구에서, 타자나 주자가 한 루(壘)를 갈 수 있도록 친 안타(安打). たんだ single hit

단:타[短打] 야구에서, 진루(進壘)를 위해 배트를 짧게 잡고 정확하게 치는 타격. ↔

장타(長打). たんだ chopping
단:파[短波] 자유 공간에서의 주파수가 3~30메가헤르츠인 전파. 원거리·대외 통신에 쓰임. たんぱ　shortwave　短波
단:파 방:송[短波放送] 단파를 사용하는 방송. 원거리·해외 통신 따위에 쓰임. たんぱほうそう　shortwave broadcasting　短波放送
단판[單瓣] 외겹으로 된 꽃잎. 홑꽃잎. 「~화(花)」 たんべん single petal　單瓣
단:편[短篇] 소설·영화 등의 짤막한 작품. 「~ 소설(小說)」 たんぺん short story　短篇
단:편[斷片] 끊어진 조각. 토막. だんぺん fragment　斷片
단:편[斷編] 노박도막 끊어진 글. だんぺん short piece　斷編
단:평[短評] 짤막한 비평. たんぴょう brief comment　短評
단표[簞瓢] ① 도시락과 표주박. ② 양이 적고 초라한 음식. たんぴょう ① lunch and gourd ② coarse food　簞瓢
단풍[丹楓] ① 단풍나무. ② 늦가을에 나뭇잎이 누르거나 붉게 변하는 현상. 또는 그 나뭇잎. ① maple　丹楓
단:필[短筆] 잘 쓰지 못하는 글씨. poor penmanship　短筆
단합[團合] 여러 사람이 뜻을 한데 뭉침. =단결(團結). unity　團合
단행[單行] ① 혼자서 감. ② 단독으로 행동함. ③ 한 번만 한 행동. たんこう ① going alone ② independent action　單行
단:행[斷行] 결단을 내려 행동함. =결행(決行). だんこう decisive action　斷行
단행본[單行本] 잡지나 전집　單行本 (全集)이 아닌, 한 권으로 된 책. たんこうぼん independent volume
단헌[單獻] 제사 때, 술잔을 단 한 번만 올림.　單獻
단:호[斷乎] 마음먹은 것을 실행하는 태도가 과단성 있고 엄격함. 「~히 배격하다」 だんこ firmly　斷乎
단혼[單婚] 일부 일처(一夫一妻)의 결혼. たんこん monogamy　單婚
단:화[短靴] 목이 짧은 구두. ↔장화(長靴). たんぐつ shoes　短靴
달[疸] 황달 달: 황달. 「黃疸 (황달)·疸病(달병)·疸症(달증)」 タン·おうだん　黃疸
달[達]* ① 통달할 달: 통달하다. 「熟達(숙달)·達人(달인)·通達(통달)·四通五達(사통오달)」 ② 이를 달: 이르다. 다다르다. 「到達(도달)·下達(하달)·上達(상달)」 ③ 보낼 달: 보내다. 「送達(송달)·配達(배달)」 ④ 나타날 달: 나타나다. 「顯達(현달)」 ⑤ 이룰 달: 이룩하다. 「達成(달성)」 タツ ① とおる·とどく　達人 到達
달[撻] 종아리 칠 달: 종아리를 때리다. 「鞭撻(편달)·撻楚(달초)·撻罰(달벌)」 タツ·むちうつ　鞭撻 撻楚
달[闥] 대궐 문 달: 대궐의 문. 「紫闥(자달)」 タツ　紫闥
달[韃] 오랑캐 달: 오랑캐. 종족의 이름. 「韃靼人(달단인)·韃帽(달모)」 タツ·えびす　韃帽
달견[達見] 사리에 통달한 뛰어난 식견(識見). たっけん excellent view　達見
달관[達觀] 사소한 일에 얽매이지 않고 사물의 진실을 꿰뚫어 봄으로써 높은 경지에　達觀

이르는 것. =대관(大觀). 大觀
たっかん philosophic view

달기[疸氣] ⇨황달(黃疸). 疸氣

달기[達氣] 귀하고 높이 될 기색. 達氣

달덕[達德] 사람으로서 마땅히 행해야 할 도덕. たっとく cardinal virtues 達德

달도[達道] ① 사람으로서 마땅히 지켜 행해야 할 도덕. たつどう ② 도(道)에 통달함. ① cardinal virtues 達道

달러[dollar] 미국의 화폐(貨幣) 단위. ドル 貨幣

달:리아[dahlia] 국화과(菊花科)의 다년초. 멕시코 원산으로 초여름에서 가을에 걸쳐 국화 모양의 꽃이 핌. ダリア 菊花科

달마[達磨] ① 불교에서, 법·진리·본체·궤범(軌範)·이법(理法)·교법(敎法)의 일컬음. ② 달마 대사(達磨大師)의 준말. だるま ① dharma 達磨大師

달마 대:사[達磨大師] 중국 선종(禪宗)의 시조. 준달마(達磨). だるまだいし Dharma 達磨大師

달마티카[라 dalmatica] 가톨릭에서, 장엄 미사나 대례(大禮) 미사 때 부제(副祭)가 입는 제의(祭衣). 祭衣

달문[達文] 조리 있고 세련된 글. たつぶん clearly-written composition 達文

달변[達辯] 썩 능란한 말재주. =능변(能辯). たつべん eloquence 達辯

달사[達士] 이치에 밝아서 사물에 얽매이지 않는 사람. たっし philosopher 達士

달상[達相] 귀하게 될 인상(人相). good physiognomy 達相

달서[達曙] 밤을 샘. =달야(達夜). vigil 達曙

달성[達成] 뜻한 바를 이룸. たっせい achievement 達成

달세뇨[이 dal segno] 악보에서, 𝄋가 붙은 곳으로 돌아가 되풀이하여 연주하라는 뜻. ダルセニョ 演奏

달야[達夜] 밤을 새움. =달서(達曙)·달소(達宵). vigil 達夜

달언[達言] ① 사리가 분명한 말. ② 어디서든지 통용되는 말. ① reasonable words 達言

달의[達意] 자기의 생각이 남에게 잘 통함. たつい 達意

달인[達人] ① 학예(學藝)의 어떤 분야에 능통한 사람. ② 사물의 이치에 널리 정통한 사람. =달자(達者). たつじん ① expert ② philosopher 達人

달자[達者] ⇨달인(達人). たっしゃ 達者

달재[達才] 널리 사물에 통달한 재주. 또는 그러한 사람. たっさい master mind 達才

달증[疸症] ⇨황달(黃疸). 疸症

달초[撻楚] 회초리로 종아리나 볼기를 침. =초달(楚撻). lashing 撻楚

달필[達筆] ① 썩 잘 쓴 글이나 글씨. —능필(能筆). ↔악필(惡筆). ② 글이나 글씨를 썩 잘 쓰는 사람. たっぴつ ① calligraphy ② good calligrapher 達筆

달효[達孝] 한결같이 변함이 없는 효도. unfailing filial piety 達孝

담[啖] ① 씹을 담: 씹다. 「啖噍(담초)」 ② 삼킬 담: 삼키다. 「健啖(건담)·啖啖(담담)」 タン ② くう 啖噍

담:[淡]* ① 물 맑을 담: 물이 맑다. 「淡水(담수)」 ② 싱거울 담: 싱겁다. 「淡味(담미)·淡白(담백)·淡食(담식)」 ③ 묽을 淡水 淡白

담:묽다.「淡粧(담장)·淡煙(담연)·淡色(담색)」タン ③あわい

담:[毯] 담요 담:담요.「毯子(담자)」タン

담[覃] ① 깊을 담:깊다.「覃覃思(담사)」② 벋을 담:벋다. 퍼지다.「覃恩(담은)·覃覃(담담)·覃及(담급)」タン ① ふかい

담:[痰] 담 담:담. 가래.「痰結(담결)·痰病(담병)·痰咳(담해)·痰喘(담천)·血痰(혈담)」ダン·たん

담[潭]☆ ① 연못 담:연못. 못.「潭水(담수)·潭上(담상)·潭淵(담연)」② 깊을 담:깊다.「潭思(담사)·潭根(담근)」ダン ① ふち·いけ

담[談]* 말씀 담:말. 말하다.「談話(담화)·談論(담론)·美談(미담)·面談(면담)」ダン·かたる

담[擔]☆ 멜 담:메다. 짊어지다. 떠맡다.「負擔(부담)·擔任(담임)·分擔(분담)·加擔(가담)」タン·になう

담:[曇] 구름 낄 담:구름이 끼다. 흐리다.「曇天(담천)·曇曇(담담)」ドン·くもる·くもらす

담:[澹] ① 담박할 담:담박하다. 싱겁다.「澹澹(담담)·澹泊(담박)·澹味(담미)」② 움직일 담:움직이다.「澹淡(담담)」タン ① あわい ② うごく

담:[膽] ① 쓸개 담:쓸개.「熊膽(웅담)·膽汁(담즙)·膽管(담관)」② 담력 담:담력.「大膽(대담)·膽力(담력)·膽小(담소)·膽勇(담용)」タン ① きも

담[譚] ① 클 담:크다. 깊다.「譚思(담사)」② 말씀 담:말씀. 이야기.「譚譚(담담)·怪譚(괴담)·奇譚(기담)·民譚(민담)」タン ② はなし

담가[擔架] 들것. たんか   stretcher

담:결[痰結] 가래가 목구멍에 붙어 잘 안 떨어지는 병.

담:교[淡交] 담담(淡淡)한 교제. たんこう   disinterested friendship

담:기[膽氣] ⇨담력(膽力).

담:낭[膽囊] 쓸개. たんのう   gallbladder

담:녹색[淡綠色] 엷은 녹색. 연둣빛. たんりょくしょく   light green

담:담[淡淡] ① 빛깔이 엷고 맑음. ② 마음이 차분하고 평온함.「~한 심정」③ 맛이 느끼하지 않고 산뜻함. たんたん
① simple ② cool ③ plain

담당[擔當] 어떤 일을 맡음.「~구역」たんとう   charge

담:대[膽大] 담이 크고 겁이 없음. ↔담소(膽小). たんだい   boldness

담:대심소[膽大心小] 배짱은 크게 가지되 주의는 세심해야 한다는 말. たんだいしんしょう   being bold but careful

담:략[膽略] 담력과 지략(智略). たんりゃく   courage and resourcefulness

담:력[膽力] 겁이 없고 용감한 기운. =담기(膽氣). たんりょく   pluck

담론[談論] 주고받는 이야기나 의논. だんろん   discourse

담:묵[淡墨] 묵화(墨畫)를 그리기 위한 엷은 먹물. たんぼく·うすずみ   thin Indian ink

담:미[淡味] 진하지 않은 담담한 맛. たんみ   lightness

담:박[淡泊·澹泊] ① 욕심이 없고 마음이 깨끗함. ② 맛이나 빛이 산뜻함. =담백(淡白). たんぱく 淡泊 澹泊
① unselfishness ② plainness

담:백[淡白] ⇨담박(淡泊). たんぱく 淡白

담:벽[淡碧] 엷은 푸른빛. たんぺき light green 淡碧

담:병[痰病] 몸의 분비액(分泌液)이 큰 열을 만나서 생기는 온갖 병. 痰病

담보[擔保] 돈을 꾼 사람이 그 돈을 갚는다는 것을 보증하기 위해 꾸어 준 사람에게 제공하는 것. たんぽ security 擔保

담부[擔夫] 짐을 운반해 주는 인부. 짐꾼. たんぷ porter 擔夫

담부[擔負] 짐을 어깨에 메고 등에 짐. たんぷ carrying on the back and shoulder 擔負

담사[潭思] 깊이 생각함. =심사(深思). meditation 潭思

담:색[淡色] 엷은 빛깔. ↔농색(濃色). light color 淡色

담:석[膽石] 담 낭(膽囊)이나 담관(膽管)에 생기는 결석(結石). 「~증(症)」 たんせき gallstone 膽石

담:성[痰聲] 목구멍에서 가래가 끓는 소리. wheezing 痰聲

담세[擔稅] 세금을 부담함. 「~능력」 たんぜい bearing tax 擔稅

담:소[淡素] 담담하고 소박함. being disinterested and simple 淡素

담소[談笑] 웃으면서 이야기를 나눔. =언소(言笑). だんしょう chatting 談笑

담:소[膽小] 담력이 약함. =담약(膽弱). timidity 膽小

담:수[淡水] 염분이나 광물질이 섞이지 않았거나 적게 섞인 물. 민물. 「~어(魚)」 たんすい fresh water 淡水

담수[潭水] 깊은 못이나 늪의 물. たんすい pond 潭水

담:식[淡食] 싱겁게 먹음. taking light food 淡食

담심[潭心] 깊은 물의 밑바닥. たんしん bottom of the deep pond 潭心

담:아[淡雅] 맑고 아담함. refinement 淡雅

담:액[膽液] ⇨담즙(膽汁). 膽液

담:약[膽弱] 담력이 약함. 겁이 많음. =담소(膽小). timidity 膽弱

담여[談餘] ① 이야기한 뒤. ② 이야기하던 김. 「~에 한 마디 더 하다」 談餘

담:연[淡然] 욕심이 없고 깨끗함. 「~한 자세(姿勢)」 たんぜん 淡然

담:연[淡煙] 엷게 낀 연기나 안개. たんえん light haze 淡煙

담:연[痰涎] 가래침. phlegm 痰涎

담:열[痰熱] 얼굴이 붉어지고 열과 기침이 나며 호흡이 곤란해지는 어린아이의 병. 痰熱

담:용[膽勇] 대담하고 용기가 있음. たんゆう pluck and courage 膽勇

담:운[淡雲] 엷고 맑게 낀 구름. たんうん light cloud 淡雲

담:월[澹月·淡月] 으슴푸레하게 비치는 달. 으스름달. たんげつ hazy moon 澹月 淡月

담의[談義] ① 사물의 도리를 설명함. ② 불법(佛法)·성선(經典)에 대한 담론(談論). だんぎ 談義 談論

담임[擔任] 책임지고 맡음. 또는 그 사람. 「~선생」 たんにん charge 擔任

담:자[淡姿] 아담하고 말쑥한 淡姿

모습.　　　　refined figure
담:장[淡粧] 엷고 깨끗한 화장. たんそう・たんしょう　light makeup
담:즙[膽汁] 간장에서 분비되는 소화액(消化液). 쓸개즙. =담액(膽液). たんじゅう bile
담:채[淡彩] 엷은 채색. ↔농채(濃彩). 「~화(畫)」 たんさい　light coloring
담:천[曇天] 흐린 날씨. どんてん　cloudy weather
담:청색[淡靑色] 엷은 푸른빛. うすあおいろ　light blue
담:타[痰唾] 가래와 침. 가래침. たんつば　phlegm
담판[談判] 시비를 가리거나 결말을 짓기 위하여 서로의 주장과 의견을 말하거나 판가름을 냄.「만나서 ~을 짓다」 だんぱん　negotiation
담합[談合] ① 서로 의논함. ② 경쟁 입찰 때에, 입찰자들이 미리 의논하여 입찰 가격 등을 협정함. だんごう
　　　　　　① conference
담:해[痰咳] ① 가래와 기침. ② 가래가 나오는 기침. たんせき
담:향[淡香] 엷고 산뜻한 향기. 　　　　fragrance
담:홍[淡紅] 엷은 홍색.「~색(色)」 たんこう　　pink
담화[談話] ① 이야기. ② 어떤 사안에 대하여 발표하는 개인이나 단체의 의견. だんわ talk
답[沓] ① 겹칠 답:겹치다. 거듭하다.「沓至(답지)・合沓(합답)」② 섞일 답:섞이다.「沓雜(답잡)」 ③ 탐할 답:탐내다.「沓貪(답탐)」 トウ ①かさなる
답[畓]* 논 답:논.「畓農(답농)・田畓(전답)・天水畓(천수답)」
답[答]* ① 대답할 답:대답하다.「對答(대답)・應答(응답)・答辯(답변)」 ② 갚을 답:갚다.「報答(보답)・答禮(답례)」 トウ ① こたえる
답[遝] 모일 답:모이다.「遝至(답지)」 トウ
답[踏]* 밟을 답:밟다.「踏步(답보)・踏査(답사)・踏山(답산)・踏橋(답교)」 トウ・ふむ
답곡[畓穀] 논에서 나는 곡식. 벼.　　　　paddy
답교[踏橋] 재앙을 물리친다 하여 음력 정월 보름날 밤에 다리를 밟던 풍습. 다리밟이.
답구[踏臼] 발로 디디어서 찧는 방아. 디딜방아. treadmill
답농[畓農] 논농사. 　　　　rice cultivation
답례[答禮] 남에게 받은 예(禮)를 갚음. 또는 그런 예의. とうれい　return call
답배[答盃] 술잔을 받고 답으로 주는 술잔.
답변[答辯] 물음에 대한 대답. とうべん　　　reply
답보[踏步] ① 제자리걸음. ② 일의 진행이나 상태가 나아지거나 나아가지 못하고 제자리에 머물러 있음. 발전이 없음.「~ 상태(狀態)」 standstill
답사[答謝] 답례(答禮)로 하는 사례.
답사[答辭] 축사 따위에 대한 대답으로 하는 인사말. とうじ　　address in reply
답사[踏査] 실지로 가서 직접 조사함.「현지(現地) ~」 とうさ　survey
답산[踏山] 무덤 자리를 잡으려고 산으로 다니며 조사함.

exploring for a good burial site

답서[答書] ⇨답장(答狀). とうしょ 答書

답습[踏襲] 전해 내려오는 방식을 그대로 따르거나 이어나감. =도습(蹈襲). とうしゅう following 踏襲

답신[答申] 질문이나 자문(諮問)에 대한 대답으로 의견 또는 사실을 진술하여 보고함. 「~서(書)」とうしん report of an inquiry 答申

답신[答信] 회답하여 보내는 통신이나 서신. =답서(答書)·답장(答狀). answer 答信

답안[答案] 문제의 해답. 또는 그것을 쓴 종이. 「~ 용지(用紙)」とうあん examination paper 答案

답언[答言] 대답으로 하는 말. 말로 대답함. =답사(答辭). address in reply 答言

답장[答狀] 회답하는 편지. 답서(答書)·답찰(答札)·답간(答簡). answer 答狀

답전[答電] 회답하는 전보. =회전(回電). とうでん reply telegram 答電

답지[遝至] 여기저기서 몰려옴. 「성금(誠金)이 ~하다」 rush 遝至

답청[踏靑] 봄날에 들판의 푸른 풀을 밟으며 거니는 일. とうせい 踏靑

답측[踏測] 실지로 현장에 가서 측량함. とうそく survey 踏測

답토[畓土] 논으로 된 땅. paddy field 畓土

답통[答通] 통문(通文)에 대한 회답. 答通

답파[踏破] 멀거나 험한 길을 끝까지 걸음. とうは 踏破

traveling on foot

답포[答砲] 외국 군함이 쏜 예포에 대해 답례의 뜻으로 쏘는 포. とうほう 答砲

당[唐]☆ ①당나라 당:당나라. 중국. 「唐代(당대)·唐女(당녀)·唐墨(당묵)」 ②당황할 당:당황하다. 「唐慌(당황)·荒唐(황당)」 ③갑자기 당:갑자기. 느닷없이. 「唐突(당돌)」トウ ①から 唐 代 唐 突

당[堂]* ①집 당:집. 「法堂(법당)·講堂(강당)·食堂(식당)」 ②번듯할 당:번듯하다. 정당하다. 「正正堂堂(정정당당)」 ③가까운 친척 당:가까운 친척. 「堂叔(당숙)·堂姑母(당고모)」 ④마루 당:마루. 「堂下(당하)」ドウ·トウ 法堂 堂叔

당[棠] ①아가위 당:아가위나무. 「棠毬子(당구자)」 ②산앵두나무 당:산앵두나무. 「棠棣(당체)」トウ 棠毬子 棠

당[塘] 못 당:못. 연못. 「塘池(당지)·池塘(지당)·蓮塘(연당)」トウ·つつみ 塘池

당[當]* ①마땅할 당:마땅하다. 알맞다. 「當然(당연)·適當(적당)·不當(부당)」 ②당할 당:당하다. 해당되다. 「當該(당해)·當局(당국)·該當(해당)」 ③저당할 당:저당하다. 「抵當(저당)·典當(전당)」 ④그 당:그. 이. 「當年(당년)·當日(당일)·當者(당자)」トウ ②あたる 當然 該當

당[撞] 칠 당:치다. 누드리다. 부딪치다. 「撞球(당구)·撞突(당돌)·撞木(당목)」ドウ·つく 撞球

당:[瞠] 똑바로 볼 당:똑바로 보다. 「瞠瞠(당당)·瞠目(당목)·瞠視(당시)·瞠然(당연)」 瞠瞠

ドウ・みはる

당[糖]☆ ① 사탕 당(탕): 사탕. 설탕. 「雪糖(설탕)・砂糖(사탕)・糖蜜(당밀)・糖類(당류)」 ② 엿 당: 엿. 「糖化(당화)・麥芽糖(맥아당)」 トウ ② あめ

당[螳] 버마재비 당: 버마재비. 사마귀. 「螳螂(당랑)」 トウ・かまきり

당[黨]☆ ① 무리 당: 무리. 떼. 「政黨(정당)・朋黨(붕당)・與黨(여당)・野黨(야당)・惡黨(악당)」 ② 편벽될 당: 치우치다. 편들다. 「不偏不黨(불편부당)」 ③ 동네 당: 동네. 마을. 「鄕黨(향당)」 ④ 일가 당: 일가. 친족. 「妻黨(처당)」 トウ ① くみ・なかま

당가[當家] ① 그 집. 이 집. とうけ ② 집안일을 주관함. ① this house

당견[黨見] 당(黨)의 의견. 당의 견해. opinion of a party

당고[當故] 부모의 상사(喪事)를 당함. =조간(遭艱)・당상(當喪). losing one's parent

당고모[堂姑母] 아버지의 사촌 누이. =종고모(從姑母). 「~부(夫)」 female cousin of one's father

당과[糖菓] 사탕으로 만든 과자의 총칭. candy

당괴[黨魁] 당의 괴수(魁首). 악당의 우두머리. boss

당구[撞球] 일정한 대(臺) 위에 붉은 공과 흰 공을 놓고 큐로 쳐서 맞히는 실내 오락. 「~장(場)」 どうきゅう billiards

당국[當局] ① 어떤 일을 직접 맡아봄. 또는 그 기관. ② 어떤 형편이나 국면을 당함. とうきょく authorities

당국[國國] ① 그 나라. 이 나라. とうこく ② 나라일을 맡아봄.

당권[黨權] 당(黨)의 주도권. 「~ 투쟁(鬪爭)」 party hegemony

당귀[當歸] 승검초의 뿌리. 한방에서 보혈제로 씀.

당규[黨規] 당(黨)의 규약. =당칙(黨則). とうき party rules

당금[當今] 당면한 이때. 바로 지금. =현금(現今). とうこん nowadays

당기[當期] ① 이 시기. ② 어떤 법률 관계의 기간을 몇 기(期)로 나누었을 때, 현재 경과 중인 기간. 「~ 이익금(利益金)」 とうき this term

당기[黨紀] 당(黨)의 규율. とうき party discipline

당년[當年] 그 해. 또는 그 해의 나이. 「~ 20세」 とうねん this year

당뇨병[糖尿病] 혈액 속에 포도당이 많아져서 당분이 섞인 오줌이 나오는 만성병. とうにょうびょう diabetes

당당[堂堂] ① 모습이 의젓하고 무게가 있음. ② 거리낌없이 떳떳함. 「~히 나서다」 どうどう ① stateliness ② fairness

당대[當代] ① 지금 세상. ② 그 시대. 그 세대(世代). =당세(當世). ③ 사람의 일대(一代). =일세(一世). とうだい ① present age ② those days ① one's whole life

당도[當到] 어떤 곳이나 일에 당하여 이름. 「목적지에 ~하다」 arrival

당돌[唐突] 꺼리거나 어려워함이 없이 올차고 다부짐. 「~한 질문(質問)」 とうとつ daring

당동벌이[黨同伐異] 의견이 같은 사람끼리는 한패가 되고, 의견이 다른 사람은 배척함. =동당벌이(同黨伐異). Like attracts like.

당두[當頭] ① 가까이 닥침. 「기일(期日)이 ~하다」 ② 절의 큰 방에 청산(靑山)·백운(白雲) 따위를 써 붙인 것. ① drawing near

당락[當落] 당선과 낙선. 「내일이면 ~이 판가름난다」 とうらく success or failure in an election

당랑[螳螂] 버마재비. 사마귀. 「~거철(拒轍)」 とうろう mantis

당랑거철[螳螂拒轍] 사마귀가 긴 앞발을 들고 수레바퀴를 가로막는다는 뜻으로, 제 분수도 모르고 강한 적에게 덤비는 무모한 행동을 비유하여 이르는 말.

당략[黨略] 당(黨)의 정책으로 쓰이는 책략. とうりゃく party policy

당량[當量] 어떤 반응에서, 임의로 그 양이 고정된 다른 물질과 정확히 반응하거나, 또는 그 물질과 결합가(結合價)가 같은 물질의 양을 나타내는 화학 용어. =화학 당량(化學當量). とうりょう equivalent

단로[當路] ① 정권을 잡음. ② 중요한 지위에 있음. とうろ

당론[黨論] 당(黨)의 의견이나 논의. とうろん party opinion

당류[糖類] 액체에 잘 녹으며 단맛이 나는 탄수화물(炭水化物)의 총칭. 단당류(單糖類)·이당류(二糖類)·다당류(多糖類) 따위. とうるい sugars

당류[黨類] 같은 무리에 속하는 사람들. とうるい party

당리[黨利] 당(黨)의 이익. 「~당략(黨略)」 とうり party interests

당망[搪網] 후릿그물. seine

당면[唐麵] 녹말 가루로 만든 마른 국수. Chinese noodles

당면[當面] 일이 눈앞에 닥침. 「~과제(課題)」 とうめん facing

당목[唐木] 무명실로 짠, 바닥이 곱고 튼튼한 피륙. Chinese cotton goods

당목[撞木] 절에서 종(鐘)이나 징을 치는 나무막대기. しゅもく

당:목[瞠目] ⇨당시(瞠視). どうもく

당무[當務] 어떤 직무를 맡음. 또는 현재 맡은 직무. 「~자(者)」 とうむ

당무[黨務] 정당의 사무. とうむ party affairs

당묵[唐墨] 중국에서 만든 질이 좋은 먹. 당먹. とうぼく Chinese ink

당미[糖米] 수수쌀.

당밀[糖蜜] 자당(蔗糖)을 만들 때 생기는, 담황색의 끈적끈적한 액체. とうみつ molasses

당방[當方] 이쪽. 우리 쪽. 우리 편. とうほう our part

당배[黨輩] 같이 어울리는 무리들. とうはい company

당백전[當百錢] 조선 고종 때 만들었던 돈. 한 푼이 엽전 백 푼과 맞먹는 가치를 지님. 준당백(當百).

당번[當番] 일하는 차례의 번이 됨. 또는 그 사람. ↔비번(非番). とうばん being on duty

당벌[黨閥] 같은 당파의 사람들이 단결하여 다른 당파를 배척하는 일. 또는 그런 목적으로 뭉친 당파. とうばつ

당봉[撞棒] 당구에서 공을 치는 막대기. cue

당부[當付] 말로 단단히 부탁함. 또는 그 부탁. 「신신(申申)~」 request

당부[當否] 마땅함과 그렇지 않음. 옳고 그름. 「~ 미정(未定)」 とうひ right or wrong

당분[糖分] 당류의 성분. 「~ 섭취(攝取)」 とうぶん sugar content

당분간[當分間] 앞으로 얼마 동안. とうぶんかん for the time being

당비[黨比] 같은 무리끼리 가깝고 두텁게 사귀는 일.

당비파[唐琵琶] 오동나무로 짠 길둥근 모양의 몸통에 열두 괘(棵)를 붙이고 네 가닥의 줄을 연결하여 만든 비파.

당사[當社] 이 회사(會社). =본사(本社). とうしゃ our company

당사[當事] 어떤 일에 직접 관계함. 「~국(國)」 とうじ

당사자[當事者] 그 일에 직접 관계가 있는 사람. person concerned

당사주[唐四柱] 중국에서 들어온, 그림으로 보는 사주. 또는 그 책.

당삭[當朔] ①이 달. 그 달. ②임신한 여자가 해산할 달을 맞음. ② month of parturition

당산[堂山] 토지나 부락의 수호신(守護神)이 있는 곳.

당상[堂上] ①대청 위. ②조선 때, 정삼품(正三品) 이상의 벼슬아치를 이르던 말. ③지난날, 아전들이 자기의 상관을 이르던 말.

당상[當喪] 부모의 상사(喪事)를 당함. =당고(當故). losing one's parent

당석[當席] 앉은 그 자리. とうせき that seat

당선[當選] ①작품 따위가 심사에서 뽑힘. 「~작(作)」 ②선거에서 뽑힘. ↔낙선(落選). とうせん ① being selected ② being elected

당세[當世] ①지금 세상. ②그 시대. 그 때 세상. =당대(當代). とうせい ① present day ② those days

당세[黨勢] 정당·당파의 세력. 「~ 확장(擴張)」 とうせい party influence

당소[當所] 이 곳. 그 곳. とうしょ this place

당속[糖屬] 설탕에 조려서 만든 음식들.

당수[唐手] 맨주먹만을 쓰는 무술. からて

당수[黨首] 정당의 우두머리. とうしゅ party leader

당숙[堂叔] 아버지의 사촌 형제. =종숙(從叔). 「~모(母)」 male cousin of one's father

당시[唐詩] 중국 당나라 때의 한시(漢詩). とうし Chinese poetry of the Tang period

당시[當時] 어떤 일이 있던 그 때. とうじ that time

당:시[瞠視] 놀라거나 이상하게 여겨 눈을 휘둥그렇게 뜨고 봄. =당목(瞠目). どうし straining one's eyes

당시[黨是] 정당의 근본 방침. とうぜ party principle

당신[當身] ①상대편을 가리키

는 말. ② 그 자리에 없는 웃어른을 높여서 일컫는 말. 「~께서 손수 들고 오셨다」 ① you ② he[she]

당악[唐樂] ① 당나라 때의 음악. ② 우리 나라의 궁중 음악 중 중국에서 들어온 당송(唐宋)의 속악(俗樂). とうがく 唐樂

당야[當夜] 그날 밤. とうや that night 當夜

당:약[瞠若] ⇨당연(瞠然). どうじゃく 瞠若 瞠然

당업자[當業者] 그 사업을 직접 경영하는 사람. 當業者

당연[當然] 마땅히. 으레. = 응당(應當)·응연(應然). とうぜん naturally 當然

당:연[瞠然] 놀라거나 이상하게 여겨 눈을 휘둥그렇게 뜨고 바라보는 모양. =당약(瞠若). どうぜん straining one's eyes 瞠然

당연지사[當然之事] 마땅히 그렇게 되어야 할 일. 당연한 일. とうぜんのこと matter of course 當然之事

당용[當用] 당장에 씀. とうよう present use 當用

당우[堂宇] ① 크고 화려한 집. =전당(殿堂). ② 대청이 있는 큰 집과 규모가 작은 집의 총칭. どうう 堂宇

당원[黨員] 당(黨)에 가입한 사람. 「~증(證)」 とういん member of the party 黨員

당월[當月] ① 바로 그 달. とうげつ ② 임신한 여자가 해산할 달을 맞음. =당삭(當朔). ① that month 當月

당위[當爲] 마땅히 있어야 할 것. 또는 마땅히 행해야 할 것. 「~성(性)」 とうい what should be 當爲

당의[唐衣] 조선 때 여자의 예복. 저고리 위에 덧입는 것으로, 앞·뒷자락이 무릎에 닿음. からごろも 唐衣

당의[糖衣] 알약의 변질을 막거나 먹기 좋게 하기 위하여 약의 겉면을 당분이 있는 물질로 싼 것. 「~정(錠)」 とうい sugar coating 糖衣

당의[黨議] 당(黨)의 의논이나 결의(決議). とうぎ party decision 黨議

당일[當日] 바로 그 날. 「~치기」 とうじつ the very day 當日

당자[當者] 그 일에 직접 관계가 있는 사람. =당사자(當事者). person concerned 當者

당장[當場] 그 자리에서 바로. 「~ 시작하다」 on the spot 當場

당재[唐材] 중국에서 나거나 들어오는 한약재. 唐材

당쟁[黨爭] 당파를 이루어 서로 싸움. とうそう party strife 黨爭

당적[黨籍] 당원으로 등록되어 있는 적(籍). 「~을 이탈하다」 とうせき party register 黨籍

당절[當節] 꼭 알맞은 계절. 당철. 제철. right season 當節

당정[黨政] 정당, 특히 여당과 정부를 아울러 이르는 말. 「~ 협의회」 黨政

당좌[當座] 당좌 예금(當座預金)의 준말. とうざ 當座

당좌 대:월[當座貸越] 은행이 당좌 예금 거래처에 대하여, 예금 잔고 이상으로 발행된 수표나 어음에 대해서도 일정 한도까지 지급(支給)함으로써 대부(貸付)하는 형태. 준대월(貸越). とうざかしこし overdraft 當座貸越

당좌 예:금[當座預金] 은행의 요구불 예금의 하나. 수표 또 當座預金

당중[當中] 어떤 곳의 꼭 가운데가 되게 함. 또는 그 곳. 當中 midst

당지[唐紙] 중국에서 나는, 서화에 쓰는 종이. とうし 唐紙 Chinese paper

당지[當地] ①이 곳. 또는 이 땅. ②일이 생긴 바로 그 곳. とうち ①this place ②place in question 當地

당직[堂直] 서당(書堂)이나 당집을 맡아서 보살피는 사람. 당지기. 堂直 shrine keeper

당직[當直] 근무하는 곳에서 숙직·일직 등의 번드는 차례가 됨. 또는 그 차례에 당한 사람. =상직(上直). とうちょく being on duty 當直

당직[當職] ①이 직업. 또는 이 직무. ②현재의 직무나 직업. とうしょく ①this duty 當職

당직[讜直] 말이 충성스럽고 곧음. loyalty and rightness 讜直

당질[堂姪] 종형제의 아들. =종질(從姪). son of a male cousin 堂姪

당착[撞着] 앞뒤가 맞지 않고 모순됨. 「자가(自家)~」 どうちゃく contradiction 撞着

당처[當處] ①일이 생긴 바로 그 자리. ②이 곳. =당소(當所). とうしょ 當處

당천[當千] 한 사람이 천 사람을 당해 냄. 「일기(一騎)~」 とうせん match for a thousand 當千

당첨[當籤] 제비에 뽑힘. 「복권에 ~되다」 とうせん prize winning 當籤

당초[唐椒] 고추. red pepper 唐椒

당초[當初] 일의 맨 처음. 애초. とうしょ beginning 當初

당치[黨治] 한 정당이 정권을 독점하는 일. 黨治

당칙[黨則] 당(黨)의 규칙. =당규(黨規). とうそく party rule 黨則

당파[撞破] 쳐서 깨뜨림. とうは 撞破

당파[黨派] 주의나 주장을 같이하는 사람들끼리 뭉쳐진 단체. =파당(派黨). とうは faction 黨派

당판[堂板] 마루에 까는 널빤지. floorboard 堂板

당폐[黨弊] 당쟁으로 인한 폐단. とうへい party evils 黨弊

당하[堂下] ①대청의 아래. ②조선 때, 정삼품(正三品) 이하의 벼슬. 堂下

당학[唐瘧] 학질의 한 가지. 이틀거리. tertian 唐瘧

당한[當寒] 추위가 닥쳐옴. 當寒

당해[當該] 바로 그것. 「~ 관청(官廳)」 とうがい concerned 當該

당헌[黨憲] 당(黨)의 근본이 되는 강령이나 방침. party constitution 黨憲

당혜[唐鞋] 울이 깊고 코가 작은 가죽신의 하나. 앞뒤에 당초문을 새김. 唐鞋

당호[堂號] ①당우(堂宇)의 호. 본채나 별채에 지어 붙인 이름임. ②⇨별호(別號). 堂號

당혹[當惑] 갑자기 어떤 일을 당하여 어찌할 줄을 모름. とうわく confusion 當惑

당혼[當婚] 혼인할 나이가 됨. reaching the marriageable age 當婚

당화[糖化] 전분(澱粉) 따위의 다당류가 가수 분해되어 단당 糖化

류나 이당류로 변하는 반응.
「~작용(作用)」とうか
saccharification

당화[黨禍] 당파 싸움으로 말미암아 생기는 재앙과 피해. 黨禍 party evils

당황[唐慌·唐惶] 놀라서 어찌할 줄을 모름. 唐慌 bewilderment

대:[大]* ①큰 대:크다. 「大家(대가)·大小(대소)·大義(대의)·巨大(거대)·甚大(심대)」大家 巨大 ②높이는 말 대:높임말. 「大兄(대형)·大先生(대선생)·大人(대인)」 ③지나칠 대:지나치다. 「過大(과대)·誇大(과대)·尊大(존대)」 タイ·ダイ 誇大 ①おおきい

대:[代]* ①대신할 대:대신하다. 「代用(대용)·代理(대리)·代土(대토)·代品(대품)」 代用 代品 ②대수 대:시대. 세대. 「時代(시대)·世代(세대)·古代(고대)·現代(현대)」 ③번갈 대:번갈다. 「交代(교대)·迭代(질대)」 タイ·ダイ ①かわる·かえる

대[垈] 집터 대:집터. 「垈地(대지)·家垈(가대)」 垈地

대:[待]* ①기다릴 대:기다리다. 「期待(기대)·待命(대명)·待望(대망)」 待望 ②대접할 대:대접하다. 「待遇(대우)·優待(우대)·虐待(학대)·賤待(천대)」 タイ ①まつ

대:[玳] 대모 대:대모. 「玳帽(대모)·玳帽甲(대모갑)」 タイ 玳帽

대:[帶]* ①띠 대:띠. 띠다. 「帶劍(대검)·單帶(혁내)·皮帶(피대)·帶水(대수)·帶電(대전)」 帶劍 ②데릴 대:데리다. 「帶同(대동)·帶率(대솔)·帶妻(대처)」 帶妻 ③가질 대:가지다. 「携帶(휴대)」 タイ ①おび·おびる

대[袋] 자루 대:자루. 부대. 「布袋(포대)·慰問袋(위문대)·皮袋(피대)」 タイ·ふくろ 布袋

대:[貸]* 빌릴 대:빌리다. 꾸어 주다. 「貸金(대금)·貸與(대여)·貸借(대차)·先貸(선대)·貸切(대절)」 タイ·かす·かし 貸金 先貸

대[隊]* 대 대:대. 무리. 「隊列(대열)·隊商(대상)·軍隊(군대)·隊伍(대오)·部隊(부대)」 タイ 隊列

대[碓] 방아 대:방아. 물방아. 「碓擣(대도)·碓聲(대성)」 タイ·うす 碓擣

대:[對]* ①대할 대:대하다. 상대하다. 「對敵(대적)·對抗(대항)·對決(대결)·對談(대담)」 對決 ②대답할 대:대답하다. 「對答(대답)·應對(응대)」 ③짝 대:짝. 「對句(대구)」 タイ·ツイ ②こたえる 對句

대[臺]* ①대 대:대. 돈대. 「高臺(고대)·燈臺(등대)·舞臺(무대)·寢臺(침대)」 燈臺 ②관청 대:관청. 「臺閣(대각)」 ③터 대:터. 「土臺(토대)·臺地(대지)」 タイ·ダイ ①うてな

대[擡] 들 대:들다. 치켜들다. 「擡頭(대두)」 タイ·もたげる 擡頭

대[黛] ①눈썹 그릴 대:눈썹을 그리다. 「黛面(대면)·黛靑(대청)·黛黑(대흑)」 黛面 ②새파랄 대:새파랗다. 「黛螺(대라)·黛綠(대록)」 タイ ①まゆずみ 黛綠

대:[戴] ①일 대:머리에 이다. 「戴冠(대관)·戴天(대천)·戴白(대백)」 ②받들 대:받들다. 「推戴(추대)·奉戴(봉대)」 タイ·いただく 戴天

대:가[大家] ①큰 집. ②대대로 번창한 집안. ③학문·예술·기술 등의 전문 분야에 大家

조예가 깊은 사람. =거장(巨匠). たいか・たいけ
① great house ③ virtuoso

대:가[代價] ① 물건의 값으로 치르는 돈. =대금(代金). ② 노력이나 희생한 일에 대한 결과. だいか　　① price　代價

대:가[貸家] 세를 받고 빌려 주는 집. かしや　house to let　貸家

대:가[對價] 자기의 재산이나 노력 등을 남이 이용하게 하고 그 보수로 얻는 재산상의 이익. たいか　consideration　對價

대:각[大覺] ① 도(道)를 닦아 크게 깨달음. 또는 그 사람. ② 부처를 달리 이르는 말. だいかく　大覺

대:각[對角] 수학에서, 서로 마주 대하고 있는 각(角). 「~선(線)」たいかく
opposite angle　對角

대각[臺閣] ① ⇨ 누각(樓閣). ② 정치를 행하는 관청. =내각(內閣). たいかく・だいかく ③ 옛날의 사헌부(司憲府)・사간원(司諫院)의 총칭.　臺閣／樓閣

내:각 세:손[大覺世尊] 불타(佛陀)의 존칭. だいかくせそん　大覺世尊

대:갈[大喝] 큰 소리로 꾸짖음. 「~일성(一聲)」だいかつ
loud rebuke　大喝

대:감[大監] ① 조선 때, 정이품(正二品) 이상의 벼슬아치를 높여 이르던 말. ② 집터나 그 밖의 수호신(守護神)을 높여 이르는 말.　大監／正二品

대:강[大綱] ① 대 강령(大綱領)의 준말. ② 세밀하지 않은 대체의 줄거리. =대략(大略)・대개(大槪). 「~만 추리다」たいこう　大綱

대:강[代講] 남을 대신하여 강의를 함. だいこう　代講

teaching as a substitute

대:강령[大綱領] 일의 가장 중요한 부분을 추린 줄거리. 준대강(大綱).　大綱領
fundamental principles

대:개[大槪] ① 대부분. 「~의 경우」② 대체의 뜻이나 줄거리. =대강(大綱). たいがい
① most ② outline　大概

대:객[待客] 손을 접대함. たいかく　reception　待客

대:객[對客] 손을 마주 대함. たいきゃく・たいかく　對客

대:거[大擧] ① 많은 사람을 동원시켜 일을 일으킴. 또는 그 일. ② 크게 서둘러서 일을 함. ③ 널리 인재를 천거함. ④ 한꺼번에 많이. 「~ 출동(出動)하다」たいきょ
② doing a job in a great hurry　大擧

대:거[帶鋸] 띠톱. おびのこ
band saw　帶鋸

대:거[貸去] 남이 빌려감. loan　貸去

대:검[大檢] 대검찰청(大檢察廳)의 준말.　大檢

대:검[帶劍] 검을 참. 또는 그 검. =패검(佩劍). たいけん
wearing a sword　帶劍

대:검찰청[大檢察廳] 대법원(大法院)에 대응하여 설치된 최고 검찰 기관. 준대검(大檢). だいけんさつちょう
Supreme Public Prosecutor's Office　大檢察廳

대:겁[大怯] 크게 두려워함.　大怯

대:견[對見] 서로 마주봄.　對見
looking at each other

대:결[代決] 담당자가 없을 때 대리로 결재함. だいけつ
approving for the manager　代決

대:결[對決] 양쪽이 맞서서 승부나 가부(可否)를 판가름함.　對決

대:겸[大歉] 큰 흉년이 듦.「~년(年)」 great famine

대:경[大經] 인간이 지켜야 할 근본 도리. =대도(大道). たいけい great principle

대:경[大慶] 큰 경사. たいけい great matter for congratulation

대:경[大驚] 크게 놀람.「~실색(失色)」 great astonishment

대:경[對境] 객관의 사물. =대상(對象). たいきょう object

대:계[大系] 어떤 분야의 저작을 두루 모아 차례를 세워 엮은 책(冊).「동양사(東洋史)~」たいけい outline

대:계[大計] 큰 계획. たいけい great plan

대:고[大故] ①부모의 상사(喪事). たいこ ②큰 사고. ①death of one's parent ②great accident

대:고[大賈] 장사를 크게 하는 사람. =대상(大商). たいこ wealthy merchant

대:고[大鼓] ①큰북. ②국악기의 하나. 나무나 금속으로 테를 두른 다음 가죽으로 메우고 방망이로 쳐서 소리를 내는 타악기. ↔소고(小鼓). たいこ big drum

대:고모[大姑母] 아버지의 고모. =왕고모(王姑母). grandaunt on one's father's side

대:고풍[大古風] 우리 나라 특유의 한시체(漢詩體). 칠언 십팔구(七言十八句)로 되어 있으며, 운(韻)을 달지 않음.

대:곡[大哭] 큰 소리로 슬프게 욺. wailing

대:공[大空] 크고 넓은 하늘. たいくう sky

대공[對空] 항공기의 공격에 대항함.「~ 포화(砲火)」たいくう antiair

대:공지정[大公至正] 아주 공평하고 지극히 정당함. full justice

대:과[大過] 큰 허물. 큰 실수.「~ 없이 임무를 완수하다」たいか serious error

대:과 급제[大科及第] 문과(文科)에 합격함.

대:관[大觀] ①전체를 널리 관찰함. 또는 그런 관찰. =달관(達觀)·통관(通觀). ②웅대한 경관(景觀). =장관(壯觀). たいかん ①general view ②magnificent view

대:관[戴冠] 제왕이 왕관(王冠)을 머리에 씀.「~식(式)」たいかん coronation

대:관절[大關節] 요점만 말하건대. =도대체(都大體).

대:구[大口] 바닷물고기의 한 가지. 깊고 한랭한 바다에 살며, 간은 간유의 원료로 쓰임. codfish

대:구[對句] 시가에서 짝을 이룬 글귀. ついく antithesis

대:국[大局] 전체의 형세. =대세(大勢). たいきょく general situation

대:국[大國] ①국토가 넓은 나라. ②세력이 강한 나라. たいこく ①large country ②Great Power

대:국[對局] ①어떠한 국면에 놓임. ②마주 상대하여 바둑이나 장기를 둠. たいきょく ①confronting the situation

대:군[大軍] 병사의 수효가 아주 많은 군대. たいぐん

대:군[大群] 큰 떼. 많은 무리. 「명태(明太)의 ~」 たいぐん　large army / large crowd

대:권[大圈] ①구의 중심을 통과하여 평면으로 자른 면. =대원(大圓). ②지구 표면에 그린 대원. 「~ 항로(航路)」 たいけん　great circle

대:권[大權] 국가 원수(國家元首)가 국가를 통치하는 권한. たいけん　supreme power

대:궐[大闕] 임금이 거처하는 곳. =궁궐(宮闕)·금중(禁中).　royal palace

대:규[大叫] 크게 소리쳐 부르짖음. =절규(絕叫).　exclamation

대:구[代勤] 남을 대신하여 근무함.

대:금[大金] 많은 돈. 큰돈. たいきん　large sum of money

대:금[大笒] 가로 대고 부는 피리의 한 가지. 삼금(三笒) 중 제일 큼.　large cross flute

〔대금〕

대:금[大禁] 전국적으로 엄히 금하는 일. たいきん　strict prohibition

대:금[代金] 산 물건의 값. =대가(代價). だいきん　price

대:금[貸金] 돈을 꾸어 줌. 또는 그 돈. 「~업(業)」　loan

대:급[貸給] ⇨대여(貸與).

대:기[大忌] 크게 꺼리거나 싫어함.　abomination

대:기[大起] 매달 음력 보름날과 그믐날에 조수가 가장 높이 들어오는 때. 한사리.　flood tide

대:기[大氣] ①⇨공기(空氣). ②천체를 둘러싼 기체(氣體). たいき　② atmosphere

대:기[大期] 아이를 낳을 달. =임월(臨月)·산월(産月).　month of parturition

대:기[大器] ①큰 그릇. ②큰일을 할 만한 뛰어난 인재. 「~만성(晩成)」 たいき　① large vessel ② man of great caliber

대:기[待期] 때를 기다림.　waiting for a chance

대:기[待機] ①기회가 오기를 기다림. ②준비를 갖추고 명령을 기다림. たいき　① waiting for a chance

대:기만성[大器晩成] 큰 그릇을 만드는 데는 시간이 오래 걸린다는 뜻으로, 크게 될 인물은 오랜 공적과 수양을 쌓아 충분한 준비를 갖춘 뒤에 이루어짐을 비유하여 이르는 말. たいきばんせい　Great talents mature late.

대:길[大吉] 매우 길함. 「입춘(立春)~」 だいきち　excellent luck

대:난[大難] 큰 재난. だいなん　great calamity

대:남[對南] 남쪽이나 남방을 상대로 함. 「~ 방송」　against the south

대:납[代納] ①남을 대신해서 바침. ②다른 물건으로 대신 바침. だいのう　① payment by proxy ② payment in kind

대:내[對內] 내부나 국내에 대한 것. ↔대외(對外). 「~ 사정(事情)」 たいない　interior

대:년[待年] 약혼한 뒤에 혼인할 해를 기다림.

대:농[大農] 큰 규모로 짓는 농사. ↔소농(小農). だいのう large-scale farming

대:농[大籠] 큰 장롱(欌籠). large wardrobe

대:뇌[大腦] 척추동물의 뇌수의 대부분을 차지하는 뇌. 정신 작용의 중추 기관임. だいのう cerebrum

대:다수[大多數] 전체 수효의 거의 모두. だいたすう large majority

대:단원[大團圓] ① 일의 맨 끝. ② 연극이나 영화 따위에서, 사건의 결말을 짓는 마지막 장면. 「~의 막을 내리다」 だいだんえん finale

대:담[大膽] 일에 대처하는 태도가 용감하고 당참. ↔소담(小膽). だいたん boldness

대:담[對談] 서로 마주 보고 이야기함. たいだん talk

대:답[對答] 부르거나 묻는 말에 응하는 말. reply

대:당[對當] 낫고 못함이 없이 서로 걸맞음. たいとう correspondence

대:대[大隊] ① 많은 사람이 모여 일단(一團). ② 4개 중대(中隊)로 편성된 군대 편제상의 한 단위. だいたい ① large group ② battalion

대:대[代代] 거듭되는 여러 세대. =세세(世世)·열대(列代). だいだい successive generations

대:대적[大大的] 일의 범위나 규모가 썩 큰 것. 「~으로 선전하다」 だいだいてき great

대:덕[大德] ① 넓고 큰 인덕(仁德). 또는 그런 사람. ② 덕이 높은 중. だいとく ① great virtue

대:도[大刀] 큰 칼. ↔소도(小刀). だいとう long sword

대:도[大度] 도량이 큼. たいど generosity

대:도[大都] 큰 도시. たいと large city

대:도[大盜] 큰 도둑. =거도(巨盜). たいとう notorious thief

대:도[大道] ① 큰길. =대로(大路). ② 사람이 마땅히 지켜야 할 근본이 되는 도리. だいどう ① highway ② great principle

대:도[帶刀] 칼을 참. =패검(佩劍). たいとう wearing a sword

대:도구[大道具] 연극 따위에서 무대의 장면을 꾸미는 데 쓰이는 비교적 큰 장치물들. ↔소도구(小道具). おおどうぐ stage set

대:독[代讀] 식사(式辭)나 축사(祝辭) 따위를 남을 대신해서 읽음. だいどく reading by proxy

대:동[大同] ① 대체로 같음. 「~소이(小異)」 ② 같은 뜻으로 함께 어울림. 「~ 단결(團結)」 だいどう ① general similarity

대:동[大東] 동방의 큰 나라라는 뜻으로 우리 나라를 일컫는 말. 「~여지도(輿地圖)」 Korea

대:동[帶同] 사람을 함께 데리고 감. =안동(眼同). 「경호원을 ~하다」 たいどう accompaniment

대:동맥[大動脈] 심장의 좌심실에서부터 시작되는, 대순환의 본줄기를 이루는 큰 동맥. だいどうみゃく main artery

대:두[大斗] 열 되들이 큰 말. ↔소두(小斗). 大斗 large-size measure

대:두[大豆] 콩. だいず 大豆 soybean

대두[擡頭] ① 어떤 현상이나 세력이 고개를 듦.「신진 세력의 ~」② 여러 줄로 써 나가는 글 속에서 경의(敬意)를 나타내어야 할 경우, 줄을 바꾸어 쓰되 다른 줄보다 한두 자 올려 쓰거나 한두 자 비우고 쓰는 일. たいとう ① rise 擡頭 勢力

대:두박[大豆粕] 콩깻묵. だいずかす 大豆粕 soybean cake

대:두정[大頭釘] 대가리가 큰 쇠못. 大頭釘 spike

대:득[大得] 뜻밖에 좋은 성과를 얻음. 大得 big hit

대:등[大登] 큰 풍년이 듦. 大登 rich harvest

대:등[對等] 서로 우열이 없이 맞먹음.「~한 실력(實力)」 たいとう equality 對等

대:란[大亂] 큰 난리. たいらん great disturbance 大亂

대:래[貸來] 돈을 꾸어 옴. 貸來 borrowing

대:략[大略] ① 뛰어난 지략(智略). ② 대강의 줄거리. =개요(槪要). ③ 대체로. =대강(大綱).「사건의 내용은 ~ 다음과 같다」たいりゃく ① cleverness ② outline ③ roughly 大略

대:량[大量] ① 많은 분량. ② 큰 도량. 넓은 마음. たいりょう ① great quantity ② generosity 大量

대:량[大樑] 대들보. girder 大樑

대:련[對聯] ① 시문 등에서 대(對)가 되는 연(聯). ② 문이나 기둥에 써 붙이는 대구(對句). ついれん ① couplet 對聯

대:련[對鍊] 겨루기. 對鍊

대:렴[大殮] 소렴한 다음 날 시신에게 옷을 거듭 입히고 이불로 싸서 베로 묶는 일. 大殮

대:렵[大獵] 사냥에서 많은 성과를 올림. たいりょう large take 大獵

대:령[大領] 영관(領官) 장교의 으뜸 계급. 중령(中領)의 위, 준장의 아래임. colonel 大領

대:령[待令] ① 명령을 기다림. ② 미리 갖추어 준비하고 기다림.「가마를 ~시키다」 ① awaiting for orders 待令

대:례[大禮] ① 혼인을 치르는 예식. ② 지난날, 조정(朝廷)의 중대한 의식. たいれい ① wedding ceremony 大禮

대:로[大老] 세간(世間)에서 존경을 받는 노인. たいろう well respected old man 大老

대:로[大怒] 몹시 화를 냄. wild rage 大怒

대:로[大路] 폭이 넓고 큰 길. たいろ・おおじ main street 大路

대:로[代勞] 남을 대신하여 수고함. 代勞

대:루[對壘] 보루(堡壘)를 쌓고 적과 맞섬. たいるい counterwork 對壘

대:류[對流] 열로 인하여 기체 또는 액체가 아래위로 뒤바뀌면서 움직이는 현상. たいりゅう convection 對流

대:륙[大陸] 바다로 둘러싸인 넓고 큰 육지. ↔대양(大洋). たいりく continent 大陸

대:륙붕[大陸棚] 대륙 언저리의, 완만한 경사를 이룬 깊이 200미터 이내의 바다 밑. たいりくだな・たいりくほう continental shelf 大陸棚 緩慢 傾斜

〔대륙붕〕

대ː륙성[大陸性] 대륙적인 성질. 민족성으로는 흔히 인내력이 강하고 규모가 크며, 기후로는 기온의 차가 심한 특성이 있음. たいりくせい   continentality 大陸性 氣候

대ː륙판[大陸坂] 대륙붕(大陸棚)의 가로부터 깊은 바다에 이르는 가파른 비탈. たいりくざか   continental slope 大陸坂

대ː륜[大輪] 꽃송이 따위의 둘레가 큰 것. 「~화(花)」たいりん   large flower 大輪

대ː리[大利] 큰 이익. ↔소리(小利). たいり   enormous profit 大利

대ː리[代理] 남을 대신하여 일을 처리함. 또는 그런 사람. 「~인(人)」だいり   agency 代理

대ː리석[大理石] 석회암(石灰巖)이 열과 압력을 받아 변질된 암석. 주로 조각이나 건축에 쓰임. だいりせき   marble 大理石 石灰巖

대ː립[對立] 서로 맞섬. =대치(對峙). 「의견(意見)이 ~되다」たいりつ   opposition 對立

대ː마[大馬] 바둑에서 많은 자리를 잡은 말. 「~불사(不死)」a large group of stones 大馬

대ː마[大麻] 삼. 「~유(油)」たいま   hemp 大麻

대ː마초[大麻草] 삼의 이삭이나 잎. 환각제로 쓰임.   hemp cigarette 大麻草

대ː망[大望] 큰 희망. 「~을 품다」たいもう・たいぼう   ambition 大望

대ː망[待望] 기다리고 바람. = 기대(期待). たいぼう   eager waiting 待望

대ː맥[大麥] 보리. 「~장(醬)」おおむぎ   barley 大麥

대ː면[對面] 얼굴을 마주 보고 대함. =면대(面對)・당면(當面). たいめん   facing 對面

대ː면 통행[對面通行] 보행자와 차량이 통행하는 방향을 반대로 정함으로써 보행자와 차량이 마주 보며 다니게 하는 방법. たいめんつうこう   facing traffic 對面通行

대ː명[大名] 널리 알려진 훌륭한 이름. たいめい   fame 大名

대ː명[大命] 군주의 명령. =칙명(勅命). たいめい   royal command 大命

대ː명[待命] ① 관리가 잘못을 저질렀을 때, 상부의 처분 명령을 기다림. ② 공무원을 무보직(無補職) 상태로 놓아 두는 인사 발령. たいめい   ① awaiting orders ② being placed on the waiting list 待命 命令

대ː명사[代名詞] 어떤 사물에 대하여 구체적인 이름을 나타내지 않고, 다만 그 사물을 가리키면서 명사가 놓일 자리에 대신하여 쓰이는 말. 나・그것・거기 따위. だいめいし   pronoun 代名詞

대ː모[大母] 유복친(有服親) 이외의, 할머니뻘 되는 여자 친척. たいぼ   grandmother 大母

대ː모[代母] 가톨릭에서, 성세(聖洗) 성사와 견진(堅振) 성사를 받는 여자의 신앙 생활을 돕는 여자 후견인(後見人).   godmother 代母

대ː모[玳瑁・瑇瑁] 열대 지방에 사는 바다거북. たいまい   hawksbill turtle 玳瑁 瑇瑁

대:목[大木] ① ⇨목공(木工). ② 규모가 큰 건축 일을 하는 목수.　② master carpenter

대목[臺木] 접을 붙일 때 바탕이 되는, 뿌리 달린 나무. =접본(椄本). だいぎ　stock

대:몽[大夢] 아주 좋은 꿈. 「～을 꾸다」 auspicious dream

대:무[對舞] 마주 서서 추는 춤.　contredanse

대묵[臺墨] 남을 높이어 그의 '편지'를 이르는 말. =방묵(芳墨). たいぼく

대:문[大文] ① 글의 한 도막이나 단락. 「한 ～」 ② 주해(註解)가 붙은 책의 본문.
① passage ② text

대:문[大門] 집의 정문(正門). だいもん　front gate

대:문가[對門家] 대문이 서로 마주 선 건넛집.
opposite house

대:문간[大門間] 대문 안쪽의 빈 칸.　inside the gate

대:문자[大文字] 서양 문자의 큰 글씨체. ↔소문자(小文字). だいもんじ・おおもじ
capital letters

대:미[大米] 쌀.　rice

대:미[大尾] 맨 끝. =종국(終局)・결말(結末). たいび end

대미[黛眉] 눈썹먹으로 그린 눈썹. たいび

대:반[大盤] 큰 소반.

대:반석[大盤石] ① 큰 바위. ② 견고하여 움직이지 않는 사물의 비유. だいばんじゃく
① large rock

대:반야경[大般若經] 반야(般若)를 설명한 여러 경전(經典)을 모은 것. =대반야바라밀다경(大般若波羅蜜多經). だいはんにゃきょう

Sutra of Great Wisdom

대:방[大房] ① 큰 방. ② 불교에서, 여러 명의 중이 한 곳에 모여 밥을 먹는, 절의 큰 방.　① large room

대:배[大盃・大杯] 큰 술잔. たいはい　large cup

대:백[戴白] 흰 머리털이 많이 남. 또는 그러한 노인. たいはく　silver hair

대:번[代番] 남의 숙직이나 일직 따위를 대신함. =대근(代勤). だいばん

대:범[大凡] 무릇. 오오요소
on the whole

대:범[大汎・大泛] ① 사물에 대한 태도가 까다롭거나 잘지 않고 너그러움. ② 감정을 나디내는 내포가 날틀하거나 애틋하지 않고 예사로움.
① broad-mindedness

대:법[大法] ① 근본이 되는 가장 중요한 법. ② 뛰어난 부처의 가르침. たいほう
① important law

대:법원[大法院] 우리 나라의 최고 재판 기관.
Supreme Court

대:변[大便] 사람의 똥. ↔소변(小便). だいべん　feces

대:변[大變] 큰 변고. たいへん
grave disturbance

대:변[代辨] 남을 대신해서 변상함. だいべん
compensation by proxy

대:변[代辯] 어떤 개인이나 기관을 대신하여 그의 의견・입장・태도 따위를 책임지고 말함. 「～자(者)」 だいべん
speaking by proxy

대:변[貸邊] 복식 부기에서, 자산의 감소나 부채(負債) 또는 자본의 증가나 이익 등을

적는 부분. ↔차변(借邊). credit

대:변[對邊] 한 변(邊) 또는 한 각(角)과 마주 대하고 있는 변. たいへん opposite side 對邊

대:변[對辯] 대답하여 말함. pleading 對辯

대:별[大別] 크게 나눔. たいべつ general classification 大別

대:병[大兵] 병사의 수효가 매우 많은 군대. =대군(大軍). たいへい large army 大兵

대:병[大病] 중한 병. =중환(重患)·중병(重病). たいびょう serious illness 大病

대:복[大福] 큰 복. だいふく great happiness 大福

대:본[大本] ① 같은 종류의 물건 중에서 가장 큰 것. ② 으뜸 가는 근본. たいほん ① biggest thing ② great foundation 大本

대:본[貸本] 돈을 받고 책을 빌려 줌. 또는 그 책. =세책(貰册). かしほん book for lending 貸本

대본[臺本] ① 연극이나 영화의 각본. ② 어떤 토대가 되는 책. =저본(底本). だいほん ① scenario 臺本 / 脚本

대:봉[代捧] 꾸어 준 돈이나 물건 대신에 다른 것을 받음. payment in substitute 代捧

대:부[大父] 유복친(有服親) 이외의, 할아버지뻘 되는 남자 친척. たいふ grandfather 大父

대:부[大富] 큰 부자. millionaire 大富

대:부[代父] 가톨릭에서, 성세 성사와 견진 성사를 받는 남자의 신앙 생활을 돕는 남자 후견인. godfather 代父

대:부[貸付] 돈이나 물건을 빌려 줌. 「~금(金)」 かしつけ loan 貸付

대:부분[大部分] ① 반이 훨씬 넘는 수효나 분량. ② 거의 다. =태반(太半). だいぶぶん ① majority ② mostly 大部分

대:부인[大夫人] 남의 어머니의 존칭. =모부인(母夫人)·모당(母堂). your mother 大夫人 / 母夫人

대:불[大佛] 큰 부처. 큰 불상(佛像). だいぶつ great image of Buddha 大佛

대:비[大妃] 선왕(先王)의 후비(后妃). queen dowager 大妃

대:비[大悲] ① 중생의 괴로움을 구제하는 부처의 자비(慈悲). 「대자(大慈)~」 ② 관세음보살을 달리 이르는 말. だいひ ① great charity 大悲 / 大慈

대:비[對比] 서로 맞대어 비교함. たいひ comparison 對比 / 比較

대:비[對備] 앞으로 있을 일에 대응하기 위하여 미리 준비함. 또는 그 준비. 「만일의 사태에 ~하다」 preparation 對備

대:빈[大賓] 공경하여 모실 귀한 손. たいひん guest of honor 大賓

대빗[davit] 닻이나 보트를 달아 올리고 내리기 위한, 끝이 직각으로 굽은 기둥. ダビット 直角

대:사[大使] 국가를 대표하여 외교 교섭을 하며, 자국민에 대한 보호 감독의 임무를 수행하는 제1급의 외교 사절. たいし ambassador 大使

대:사[大事] ① 큰 일. ↔소사(小事). だいじ ② ⇨대례(大禮). ① great thing 大事

대:사[大祀] 종묘(宗廟)·영녕전(永寧殿)·원구단(圜丘壇)·사직단(社稷壇)의 제사. 大祀

대:사[大師] ① 고승(高僧)의 높임말. ② 고려·조선 때, 덕이 높은 승려에게 주던 법계(法階). だいし 大師

대:사[大赦] 일반 사면(一般赦免)을 흔히 이르는 말. たいしゃ amnesty 大赦

대:사[代謝] 신진 대사(新陳代謝)의 준말. たいしゃ 代謝

대사[臺詞] 각본에 따라 배우가 무대 위에서 하는 말. せりふ lines of a play 臺詞

대:살[代殺] 사람을 죽인 자를 사형에 처함. execution of a murderer 代殺

대:상[大商] 장사를 큰 규모로 하는 사람. wealthy merchant 大商

대:상[大祥] 사람이 죽은 지 두 돌 만에 지내는 제사. -대기(大朞)·상사(祥事). たいしょう second anniversary of a death 大祥

대:상[大喪] 임금의 상사(喪事). たいそう·たいも funeral of a king 大喪

대:상[大賞] 경연 대회 등에서, 가장 우수한 성적을 올린 사람이나 단체에게 주는 상. grand prix 大賞

대:상[代償] ① 다른 물건으로 대신 물어 줌. ② 남을 대신하여 갚아 줌. だいしょう compensation 代償

대:상[帶狀] 띠처럼 좁고 긴 모양. おびじょう·たいじょう zonation 帶狀

대:상[隊商] 사막 지대 등에서 낙타나 말 따위에 물건을 싣고 무리를 지어 다니면서 장사하는 상인. たいしょう caravan 隊商 駱駝 沙漠

대:상[對象] ① 목표(目標)가 되는 것. ② 인식(認識)의 목적물. たいしょう ① target ② object 對象

대:생[對生] 잎이 각 마디마다 두 개씩 마주 붙어서 남. 마주나기. たいせい opposition 對生

대:서[大書] 글씨를 크게 씀. 「~특필(特筆)」たいしょ special mention 大書

대:서[大暑] ① 몹시 심한 더위. ② 이십사 절기의 하나. 7월 23일경임. たいしょ ① extreme heat 大暑

대:서[代書] 남을 대신해서 관공서에 내는 서류 따위를 작성함. 「~인(人)」だいしょ writing for another 代書 代書人

대:서[代署] 남을 대신해서 서명(署名)함. だいしょ signing for another 代署

대:서사[代書士] 관공서에 낼 서류 따위를 대신 작성하거나 써 주고 돈을 받는 직업인. scrivener 代書士

대:서양[大西洋] 유럽·아프리카와 남북 아메리카·남극 사이에 있는 바다. たいせいよう Atlantic Ocean 大西洋

대석[臺石] ① 물건의 밑바닥을 받치는 돌. ② 댓돌. だいいし pedestal stone 臺石

대:석[對席] 마주 앉음. たいせき taking opposite seats 對席

대:선[大船] 큰 배. たいせん large vessel 大船

대:설[大雪] ① 많이 내린 눈. おおゆき ② 이십사 절기의 하나. 12월 8일경임. たいせつ ① heavy snow 大雪

대:성[大成] 크게 성공함. たいせい completion 大成

대:성[大姓] ① 겨레붙이가 번성한 성(姓). ② 지체가 좋은 성(姓). =거성(巨姓). たいせ 大姓

い ① family name of a prosperous clan

대:성[大聖] ① 지극히 거룩한 사람. ② 공자를 높여 이르는 말. たいせい ① great sage

대:성[大聲] 크게 지르는 소리. 「~ 통곡(痛哭)」 たいせい・おおごえ loud voice

대:성[戴星] 별을 하늘에 이고 있다는 뜻으로, 새벽부터 밤 늦게까지 일을 한다는 말. たいせい

대:세[大勢] ① 일의 대체적인 형편이나 상태. ② 큰 권세나 세력. たいせい ① general situation ② great power

대:소[大小] 크고 작음. 「~를 막론(莫論)하다」 だいしょう large and small sizes

대:소[大笑] 큰 소리로 웃음. 「가가(呵呵)~」 たいしょう roar of laughter

대:소[代訴] 당사자를 대신하여 소송을 일으킴. litigation by proxy

대:소가[大小家] ① 큰집과 작은집. ② 본부인의 집과 첩의 집. ① main and branch families ② one's wife's and concubine's dwellings

대:소변[大小便] 대변과 소변. 똥오줌. だいしょうべん feces and urine

대:소사[大小事] 크고 작은 모든 일. 「집안의 ~를 의논하다」 matters great and small

대:소상[大小祥] 대상과 소상. =대소기(大小朞). first and second anniversaries of a death

대:소월[大小月] 음력의 큰달과 작은달. odd and even months

대:소인원[大小人員] 높고 낮은 모든 관리. officials high and low

대:소장[大小腸] 대장과 소장. large and small intestines

대:속[代贖] ① 예수가 십자가에 못박혀 흘린 피로 인류의 죄를 대신 씻어 구원한 일. ② 남의 죄나 고통을 대신 당하거나 속죄하는 일. ① Atonement ② redemption

대:송[代送] 다른 것을 대신 보냄. だいそう sending a substitute

대:송[對訟] 송사(訟事)에 응함. =응소(應訴).

대:수[大水] 장마로 인한 큰 물. =홍수(洪水). おおみず flood

대:수[大數] ① 큰 수. ↔소수(小數). たいすう ② 큰 운수. 「~가 터지다」 ① great number ② good luck

대:수[代數] ① 대 수 학(代數學)의 준말. だいすう ② 세대(世代)의 수.

대:수[對酬] ⇨응수(應酬). たいしゅう

대:수학[代數學] 숫자나 문자를 써서 수의 성질・관계를 연구하는 학문. 준대수(代數). だいすうがく algebra

대:승[大乘] 이타주의의 처지에서 널리 인간 전체의 평등과 성불(成佛)을 주장하는 적극적인 불법. ↔소승(小乘). だいしょう Mahayana

대:승[大勝] 크게 이김. ↔대패(大敗). たいしょう great victory

대:시[待時] 시기가 오기를 기다림. waiting for one's time

대시[dash] ① 돌진. 역주(力

走). ② 단거리 경주. ③ 말한 내용을 부연하거나 정정할 때 쓰는 이음표 '―'의 이름. ダッシュ

대:식[大食] 많이 먹음. 「~가(家)」たいしょく 大食 gluttony

대:식[對食] 마주 앉아 먹음. 對食

대:신[大臣] ① 의정(議政)의 총칭. ② 갑오개혁 이후 대한 제국 때 궁내부 각부의 으뜸 벼슬. ③ 군주 국가에서, 장관을 이르는 말. 「외무(外務)~」だいじん 大臣 ③ minister

대:신[代身] ① 남을 대리함. ② 어떤 것을 다른 것으로 대체함. ③ 어떤 일이나 행동에 대한 보상 또는 대가. 「벌금으로 처벌을 ~하다」 ① vicariousness ② substitution 代身

대:심[對審] 원고와 피고를 함께 합석시켜 심리함. たいしん 對審 confrontation in court

대:아[大我] ① 우주의 유일 절대(唯一絶對)적인 본체. ② 개인의 사사로운 의견이나 집착을 떠난 경지, 곧, '참되 나'를 이르는 불교 용어. ↔소아(小我). だいが ① absolute ego ② one's true self 大我

대:아[大雅] ① 평교간(平交間)의 문인(文人)·학자끼리 우편물 따위의 겉봉의 상대편 이름 밑에 쓰는 경칭어. ② 시경(詩經)의 시의 한 체(體). たいが 大雅 / 詩經

대:악[大惡] 몹시 악하거나 못된 짓. 또는 그런 짓을 하는 사람. 「~무도(無道)」だいあく 大惡 heinousness

대:안[大安] 평교간(平交間)의 편지에서 안부(安否)를 물을 때 쓰는 말. 「귀체(貴體) ~하신지…」 大安 平交間

대:안[代案] 어떤 안(案)을 대신할 다른 안. だいあん 代案 alternative plan

대:안[對岸] 강의 건너편 기슭이나 언덕. たいがん 對岸 other side of a river

대:안[對案] 상대의 안(案)에 대하여 이쪽에서 내는 안. たいあん 對案 counterproposal

대:안[對顏] 서로 얼굴을 마주 대함. =대면(對面). たいがん 對顏 facing

대:액[大厄] 몹시 사나운 운수. たいやく great misfortune 大厄

대:약[大約] 사물의 대강. =대요(大要). たいやく summary 大約

대:양[大洋] 넓고 큰 바다. =내해(大海). たいよう ocean 大洋

대:어[大魚] 큰 물고기. ↔소어(小魚). たいぎょ big fish 大魚

대:어[大漁] 물고기가 많이 잡힘. =풍어(豐漁). たいぎょ·たいりょう large catch of fish 大漁 / 豐漁

대:언[大言] 큰소리. 「~장담(壯談)」たいげん loud boast 大言

대:언[代言] 남을 대신하여 말함. だいげん speaking for another 代言

대:언[對言] 직접 대하여 말함. talk 對言

대:업[大業] ① 큰 사업. ② 나라를 세우는 일. =홍업(洪業). たいぎょう ① great achievement ② founding a country 大業

대:여[貸與] 빌려 줌. =대급(貸給). たいよ lending 貸與

대:역[大役] ① 책임이 무거운 직책이나 직무. ② 나라의 큰 공사. たいやく ① important task 大役

대:역[大逆] ① 인도(人道)에 大逆

크게 어그러지는 행위. ②나라를 배반하는 행위.「~죄(罪)」たいぎゃく·だいぎゃく ① bestial wickedness ② high treason

대:역[代役] ①품삯을 받고 남 대신 신역(身役)을 치름. 또는 그런 사람. ②연극 따위에서, 배우의 역을 대신하여 일부 연기를 다른 사람이 함. 또는 그런 사람. だいやく ① alternate ② stand-in 代役

대:역[對譯] 원문과 번역문을 대조해 볼 수 있도록 나란히 나타내는 일. 또는 그 번역. たいやく translation printed side by side with the original text 對譯

대:연[大宴] 크게 베푼 잔치. grand feast 大宴

대:열[大悅] 크게 기뻐함. たいえつ exultation 大悅

대:열[大熱] ①몹시 높은 체온(體溫). ②심한 더위. だいねつ ① high fever ② great heat 大熱

대열[隊列] 대를 지어 늘어선 줄. =대오(隊伍). たいれつ ranks 隊列

대:오[大悟] 크게 깨달음.「~각성(覺醒)」たいご·だいご great wisdom 大悟

대오[隊伍] 군대의 병사가 대를 이루어 늘어선 그 한 줄. =대열(隊列).「~당당(堂堂)」たいご ranks 隊伍

대:옥[大獄] 큰 옥사(獄事). たいごく·だいごく 大獄

대:왕[大王] ①훌륭하고 업적이 뛰어난 왕의 존칭. ②선왕(先王)의 높임말. だいおう ① great king 大王

대:왕 대:비[大王大妃] 왕의 살아 있는 할머니를 일컫는 말. 大妃

대:외[對外] 외부 또는 외국에 대함. ↔대내(對內).「~홍보(弘報)」たいがい foreign 對外

대:요[大要] 대략의 줄거리. =대약(大約)·요지(要旨). たいよう summary 大要

대:욕[大辱] 큰 치욕(恥辱). deep disgrace 大辱

대:욕[大慾·大欲] 큰 욕심. たいよく avarice 大慾

대:용[代用] 대신 씀. 또는 그 대용 물건.「~품(品)」だいよう substitution 代用

대:용작[代用作] 모를 내지 못한 마른 논에 대신 다른 작물을 재배함. =대파(代播). だいようさく sowing a substitute plant 代用作

대:우[大雨] 큰비. たいう heavy rainfall 大雨

대:우[大愚] 대단히 어리석음. 또는 그런 사람. たいぐ great fool 大愚

대:우[待遇] 예를 갖추어 알맞게 대접함.「~개선(改善)」たいぐう treatment 待遇

대:운[大運] 매우 좋은 운수. たいうん good luck 大運

대:원[大願] ①큰 소원. ②부처가 중생을 구하고자 하는 소원. たいがん·だいがん ① great desire 大願·所願

대:원[隊員] 대(隊)의 구성원. たいいん member 隊員

대:원군[大院君] 방계(傍系)로서 대통(大統)을 이어받은 임금의 친아버지의 봉작(封爵). 大院君

대:월[大月] 큰달. ↔소월(小月). だいげつ odd month 大月

대:월[貸越] 당좌 대월(當座貸越) 貸越

대:위[大尉] 위관(尉官)의 제일 위의 계급. たいい captain

대:위[代位] ① 남을 대신해서 권리를 이어받음. ② 당사자가 아닌 사람이 권리자를 대신해서 그 법률상의 지위에 앉는 일. だいい ① substitution ② subrogation

대:유법[代喩法] 수사법상 비유법의 하나. 대상의 한 부분으로 대상 전체를 나타내거나, 대상과 관련 있는 다른 사물이나 속성으로 그 대상 자체를 나타내는 표현법. '백의(白衣)의 천사(天使)' 따위.

대:은[大恩] 넓고 큰 은혜. =홍은(弘恩). だいおん great obligation

대:음[大飮] 술을 많이 마심. =경음(鯨飮). heavy drinking

대:음[對飮] 마주 앉아 술을 마심. =대작(對酌). たいいん drinking together

대:읍[大邑] 큰 고을. ↔소읍(小邑) big town

대:응[對應] ① 서로 마주 대함. =상대(相對). ② 어떤 일이나 사태에 알맞은 태도나 행동을 취함. 「~ 조치(措置)」たいおう ① facing each other ② correspondence

대:의[大義] 사람으로서 마땅히 지켜야 할 큰 의리. 「~명분(名分)」たいぎ great duty

대:의[大意] 대강의 뜻. =대지(大旨). たいい synopsis

대:의[代議] ① 대표자들간의 논의. ② 의원(議員)이 국민을 대표하여 정치를 논의하는 일. 「~원(員)」だいぎ representation

대:의원[代議員] 정당이나 어떤 단체의 대표로 선출되어, 전체 회의에 나가 토의·의결 등을 행하는 사람. だいぎいん representative

대:인[大人] ① 어른. =성인(成人). ② ⇨거인(巨人). だいにん・おとな ③ 덕이 높은 사람. ↔소인(小人). たいじん ④ 남을 높이어 이르는 말. ⑤ 남의 아버지를 높이어 이르는 말. ① adult ③ man of virtue

대:인[代人] 남을 대신함. 또는 대신하는 사람. だいにん proxy

대:인[代印] 남을 대신해서 도장을 찍음. 또는 그 도장. だいいん signing per procuration

대:인[待人] 사람을 기다림. waiting for a person

대:인[對人] 남을 대함. 「~관계(關係)」たいじん concerning personnel

대:임[大任] 중대한 임무. =대역(大役). たいにん great task

대:임[代任] 남의 임무를 대신하여 처리함. 또는 그 사람. だいにん agency

대:입[代入] ① 다른 것을 대신 넣음. ② 대수식에서, 식에 들어 있는 문자 대신에 여러 가지 수치를 바꾸어 넣는 일. だいにゅう substitution

대:자[大字] ① 큰 글자. ② 로마 문자의 큰 자체(字體). =대문자(大文字). だいじ ① large character ② capital letter

대:자[大慈] 부처가 중생을 사랑하는 마음이 큼. 「~대비(大悲)」だいじ great mercy

대:자보[大字報] 대형 벽신문

이나 벽보. だいじほう
wallposter

대:자색[代赭色] 대자석(代赭石)의 빛깔. 적황색과 황갈색에 가까움. たいしゃいろ
red ocher

대:자석[代赭石] 적철광(赤鐵鑛)의 한 가지. 점토를 많이 함유한 붉은 빛깔의 광물. たいしゃせき

대:작[大作] ①규모가 큰 작품. ②뛰어난 작품. たいさく ① work of large size ② masterpiece

대:작[代作] ①남을 대신하여 만듦. ②남을 대신해서 글을 지음. 또는 그 글. だいさく ① making for another ② writing for another

대:작[對酌] 마주 앉아 술을 같이 마심. =대음(對飲). たいしゃく drinking together

대:장[大庄] 많은 논밭.
large farm

대:장[大將] ①국군의 장관(將官) 계급의 하나. 중장(中將)의 위, 원수(元首)의 아래임. ②한 무리의 우두머리. たいしょう ① general ② head

대:장[大腸] 소장(小腸)의 끝에서 항문에 이르는 소화 기관. 「~균(菌)」だいちょう
large intestine

대:장[代將] 남을 대신하여 출전(出戰)한 장수.

대장[隊長] 한 대(隊)를 이끄는 우두머리. たいちょう
captain

대장[臺帳] 근거가 되도록 어떤 사항을 기록한 장부나 원부(原簿). だいちょう register

대:장경[大藏經] 불경을 모두 모은 경전. =일체경(一切經). だいぞうきょう the complete Buddhist literature

대:장부[大丈夫] 늠름하고 씩씩한 남자. ↔졸장부(拙丈夫). manly man

대:재[大才] 크게 뛰어난 재주. 또는 그런 재주를 지닌 사람. たいさい great abilities

대:재[大災] 심한 재난(災難). =대액(大厄).
great misfortune

대:쟁[大箏] 당악(唐樂)을 연주할 때만 쓰는 현악기의 한 가지.

대:저[大抵] 대체로 보아. 무릇. たいてい almost

대:적[大賊] ①큰 것을 노리는 도둑. =대도(大盜). ②무리를 이룬 도둑. だいぞく ③큰 잘못을 저지른 죄인. ① notorious robber ② large pack of robbers ③ consummate villain

대:적[大敵] 대단한 적수. =강적(强敵). たいてき
powerful enemy

대:적[對敵] ①적을 마주 대함. ②적 또는 어떤 세력 따위가 서로 맞서 겨룸. =저저(抵敵). たいてき
② competition

대:전[大全] ①완전히 갖추어져 있음. =십전(十全). ②어떤 분야에 관계된 것을 빠짐없이 모아 엮은 책. 「서식(書式) ~」たいぜん ① completeness ② complete work

대:전[大典] ①나라의 큰 의례(儀禮). ②중대한 법전(法典). たいてん
① state ceremony ② canon

대:전[大篆] 한자 서체(書體)의 한 가지. 주대(周代)에 태

사(太史)인 주(籒)가 만들었다고 함. =주문(籒文). だいてん

〔대전〕

대:전[大戰] 대규모의 전쟁. 「세계(世界) ~」たいせん great war 大戰

대:전[代錢] 물건 대신으로 주거나 받는 돈. だいせん price 代錢

대전[垈田] ① 집터와 밭. ② 텃밭. ① plot and fields ② kitchen garden 垈田

대:전[帶電] 물체가 전기를 띰. 「~체(體)」たいでん electrification 帶電

대:전[對戰] 맞서 싸움. =대항(對抗). たいせん fight 對戰

대:전제[大前提] 삼단 논법(三段論法)에서 대개념(大槪念)을 포함한 첫째 전제. ↔소전제(小前提). だいぜんてい major premise 大前提 大槪念

대:절[大節] 대의(大義)를 위한 절개. たいせつ 大節

대:점[貸店] 가게를 세놓음. 또는 그 가게. かしみせ shop to let 貸店

대:접[待接] ① 음식을 차리고 손을 맞음. 「식사(食事) ~」 ② 예를 갖추어 대우함. =접대(接待). ① entertainment ② reception 待接

대:정[大定] 일을 확실히 결정함. conclusion 大定

대:제[大帝] 황제(皇帝)의 높임말. たいてい great emperor 大帝

대:제[大祭] ① 성대히 지내는 제사. ② 조선 때, 종묘·사직·영녕전(永寧殿) 등에서 지내던 큰 제사. たいさい ① grand festival 大祭

대:조[大棗] 대추. jujube 大棗

대:조[大潮] 한 달 중 간만(干滿)의 차가 가장 클 때. 또는 그 때의 조수(潮水). 음력 1일과 15일경에 일어남. おおしお flood tide 大潮

대:조[對照] ① 둘 이상의 대상을 맞대어 견주어 봄. ② 서로 반대되거나 대비됨. たいしょう contrast 對照

대:족[大族] 자손이 많고 세력이 있는 집안. たいぞく powerful family 大族

대졸[大卒] 대학 졸업(大學卒業)을 줄여 이르는 말. だいそつ 大卒

대:종[大宗] ① 내종가(大宗家)의 계통. ② 사물의 큰 근본. だいそう ① head family ② main items 大宗

대:종[大鐘] 쇠로 만든 큰 종(鐘). large bell 大鐘

대:종가[大宗家] 여러 종파 중에서 시조의 제사를 받드는 종가. だいそうか general head family 大宗家

대:종교[大倧敎] 단군을 교조(敎祖)로 하는, 우리 나라 고유의 종교. 大倧敎

대:종손[大宗孫] 대종가(大宗家)의 종손. heir of the general head family 大宗孫

대:좌[對坐] 마주 앉음. たいざ sitting face to face 對坐

대:죄[大罪] 큰 죄. 중한 죄. たいざい・だいざい serious crime 大罪

대:죄[待罪] 죄인이 처벌을 기다림. =대벌(待罰). たいざい waiting punishment 待罪

대:주[大主] 무당이 단골집의 大主

대:주[大酒] 술을 많이 마심. =호주(豪酒). 「~가(家)」 たいしゅ　heavy drinking

대:주[代走] 야구에서, 주자(走者) 대신 달리는 일. 또는 그 사람. 「~자(者)」 だいそう　pinch runner

대:주교[大主教] 가톨릭에서, 대교구를 주관하는 직위. 또는 그 직위에 있는 사람. だいしゅきょう　archbishop

대:중[大衆] ① 수많은 사람의 무리. ② 한 사회를 구성하는 대다수의 사람. ③ 불가에서, 모든 중을 이르는 말. たいしゅう　② masses

대:중 소:설[大衆小說] 일반 대중을 상대로 한 흥미 위주의 소설. たいしゅうしょうせつ　popular novel

대:중판[大衆版] 일반 대중에게 팔기 위하여 대량으로 펴낸, 값이 싼 출판물. =보급판(普及版). たいしゅうばん　popular edition

대:증 요법[對症療法] 병의 증세에 따라 적절히 처치하는 치료법. たいしょうりょうほう　allopathy

대:지[大地] 대자연의 넓고 큰 땅. だいち　earth

대:지[大旨] 말이나 글의 대강의 내용이나 뜻. =대의(大意). たいし　outline

대:지[大志] 원대한 뜻. たいし　ambition

대:지[大指] 엄지손가락. thumb

대:지[大智] 뛰어난 지혜. ↔ 대우(大愚). だいち　great wisdom

대지[垈地] 집터로서의 땅. site

대:지[貸地] 돈을 받고 빌려 주는 땅. ↔차지(借地). かしち　land to let

대지[臺地] 주위보다 높고 평평한 땅. だいち　plateau

대지[臺紙] 그림이나 사진 따위를 붙일 때 밑바탕이 되는 두꺼운 종이. だいし　pasteboard

대:진[代診] 담당 의사를 대신해서 진찰함. だいしん　examination on behalf of another doctor

대:진[對陣] ① 양편의 군사가 서로 마주하여 진을 침. ② 놀이나 경기에서 편을 갈라 서로 맞섬. 「~표(表)」 たいじん　① confrontation of armies

대:질[對質] 소송에서, 피고인이나 증인 등의 진술이 서로 엇갈릴 경우 양자를 마주 대하게 하여 신문하는 일. たいしつ　confrontation

대:차[大差] 큰 차이(差異). たいさ　great difference

대:차[貸借] ① 꾸어 줌과 꾸어 옴. ② 부기의 대변(貸邊)과 차변(借邊). 「~ 대조표(對照表)」 たいしゃく・かしかり　① lending and borrowing ② debit and credit

대:차륜[大車輪] ① 큰 수레바퀴. ② 기계 체조의 한 가지. 양손으로 철봉을 잡고 그것을 중심으로 원을 그리며 도는 운동. だいしゃりん　① large wheel ② giant swing

대:찰[大刹] 규모가 크거나 이름난 절. =거찰(巨刹). たいさつ・たいせつ　grand temple

대:책[大冊] 면수가 많아 두껍거나 크기가 큰 책. たいさつ

대:책[大責] 몹시 꾸짖음. 큰 꾸지람. 大責 bulky volume / harsh scolding

대:책[對策] 어떤 일에 대응하는 방책. 「실업(失業) ~」たいさく 對策 counterplan

대:처[大處] 도시(都市). 도회지. 大處 urban area

대:처[帶妻] 아내를 둠. 「~승(僧)」 帶妻 matrimony

대:처[對處] 어떤 일에 대하여 적절한 조처를 취함. 「~할 각오(覺悟)」たいしょ 對處 preparation

대:척[對蹠] 서로 정반대의 처지가 됨. 「~점(點)」たいしょ・たいせき 對蹠 antipodes

대:천[大川] 큰 내. 또는 이름난 내. たいせん・おおかわ 大川 big river

대:천명[待天命] 천명(天命)을 기다림. 「진인사(盡人事) ~」 待天命

대:첩[大捷] 크게 이김. =대승(大勝). たいしょう 大捷 great victory

대:청[大廳] 한옥에서, 몸채의 방과 방 사이에 있는 큰 마루. 大廳 hall

대:청[代聽] 지난날, 왕세자(王世子)가 왕을 대신해서 임시로 정사(政事)를 보던 일. 代聽

대:체[大體] ① 사물의 기본적인 큰 줄거리. =대요(大要). ② 대관절. 요점만 말하자면. 「~ 누구 말이 옳으냐」だいたい 大體 大要 ① outline ② on earth

대:체[代替] 다른 것으로 바꿈. だいたい 代替 alternation

대:체[對替] 어떤 계정(計定)의 금액을 다른 계정에 옮겨 적음. 「~ 전표(傳票)」 對替計定 transfer

대:초[大草] 서양 문자의 필기체 대문자(大文字). 大草 italic capitals

대:촌[大村] 큰 마을. ↔소촌(小村). 大村 large village

대:출[貸出] 돈이나 물건을 꾸어 주거나 빌려 줌. 「~금(金)」かしだし 貸出 loan

대:충[代充] 다른 것으로 대신 채움. 代充 supplement by substitutes

대:취[大醉] 술에 몹시 취함. たいすい 大醉 dead drunkenness

대:치[代置] 어떤 것을 다른 것으로 바꾸어 놓음. 「~품(品)」だいち 代置 replacement

대:치[對峙] 서로 맞서서 버팀. =대립(對立). たいじ 對峙 opposition

대:침[大針] 큰 바늘 大針 big needle

대:침[大鍼] 끝이 조금 둥글고 긴 침. 大鍼

대:칭[對稱] ① ⇨제이인칭(第二人稱). ② 수학에서, 도형이 점・선・면(面) 등을 중심으로 서로 맞서는 자리에 놓이는 일. 「~축(軸)」たいしょう 對稱 第二人稱 ② symmetry

대:타[代打] 야구에서, 원래 차례인 타자를 대신해서 공을 침. 또는 그 선수. だいだ 代打 pinch hitter

대:탈[大頉] 큰 탈. 큰 사고. 大頉 disastrous accident

대:토[代土] 대신 장만하거나 주는 땅. 代土 substitute land

대:통[大通] 크게 트임. 「운수(運數) ~」 大通 being wide open

대:통[大統] 왕위를 계승하는 계통. =황통(皇統). 大統 imperial line

대:통령[大統領] 공화국의 원수(元首). 행정부의 수반으로, 大統領

국가를 대표함. だいとうりょう　President

대:퇴[大腿] 넓적다리. だいたい　thigh

대:파[大破] ①크게 부서지거나 부서뜨림. ②적을 크게 쳐부숨. たいは　① great damage ② crushing defeat

대:파[代播] 모를 내지 못한 논에 다른 곡식의 씨앗을 뿌림. =대용작(代用作). sowing in substitution

대:판[大版] 사진·인쇄물·책 따위의 큰 판형. large size

대:판[代辦] 사무를 대신 처리함. 「~업(業)」だいべん　agency

대:패[大敗] 크게 실패함. 크게 패배함. ↔대승(大勝). たいはい　crushing defeat

대:포[大砲] 화약의 힘으로 포탄을 발사하는 병기. cannon

대:폭[大幅] ①큰 폭. ②큰 폭으로. 썩 많이. 「~ 수정(修正)하다」おおはば　① full width

대:표[代表] ①단체나 여러 사람을 대신해서 그 의사를 남에게 표시하는 일. 또는 그 사람. 「지역 주민의 ~」②전체 가운데 일원인 것이 전체를 잘 나타내고 있는 일. 또는 그것. ③어떤 분야나 집단에서 기술·능력 등이 뛰어난 것으로 평가되는 일. 또는 그 사람이나 물건. 「한국을 ~하는 성악기」だいひょう　① representation

대:품[代品] 어떤 물품의 대신으로 쓰이는 물품. =대용품(代用品)·대물(代物). だいひん　substitute article

대:풍[大風] 큰 바람. たいふう·おおかぜ　strong wind

대:풍[大豊] 크게 든 풍년. ↔대흉(大凶). 「~이 들다」abundant harvest

대:피[待避] 위험이 지나가기를 기다리며 한동안 피함. たいひ　taking refuge

대:필[大筆] ①큰 붓. ②썩 잘 쓴 글씨나 시문(詩文). たいひつ　① big writing brush ② calligraphy

대:필[代筆] 남을 대신해서 글씨나 글을 씀. 또는 대신 쓴 글씨나 글. だいひつ　writing for another

대:하[大河] 큰 강. たいが　large river

대:하[大蝦] 보리새웃과의 대형 새우. 촉각이 길고 맛이 좋음. 왕새우. spiny lobster

대:하 소:설[大河小說] 여러 대에 걸친 시대 배경, 많은 등장 인물, 사건의 중첩 등을 특징으로 하는, 내용의 규모가 큰 소설. たいがしょうせつ　river novel

대:하증[帶下症] 여자의 음부에서 흰빛이나 붉은빛의 분비물이 흐르는 병. leucorrhea

대학[大學] ①학교 제도의 최고 교육 기관. 학술 연구와 지도적 인격 도야를 목적으로 함. ②유교의 경전인 사서(四書)의 하나. 정치와 학문의 근본 뜻을 설명한 내용. だいがく　① university

대학원[大學院] 대학의 일부로서, 대학의 졸업자가 한층 더 높은 정도의 학술과 기예를 연구하는 곳. だいがくいん　graduate school

대:한[大旱] 대단한 가뭄. たいかん　great drought

대:한[大寒] ① 아주 심한 추위. ② 이십사 절기의 하나. 소한(小寒)과 입춘(立春) 사이로, 양력 1월 21일경임. だいかん ① severe cold

대:합[大蛤] 백합과(白蛤科)의 바닷물조개. clam

대:항[對抗] 서로 맞서서 버티거나 겨룸.「〜전(戰)」たいこう rivalry

대:해[大害] 큰 손해. 큰 재해. だいがい great harm

대:해[大海] 넓은 바다. =대양(大洋). たいかい·だいかい ocean

대:행[代行] 남을 대신하여 함. 또는 대신하여 하는 그 사람.「신고(申告)〜」だいこう vicarious execution

대:현[大賢] 뛰어나게 어질고 학식이 높은 사람. たいけん great sage

대:형[大兄] ① 편지에서, 벗을 높이어 그 이름 뒤에 쓰는 말. たいけい ② 대종교(大倧敎)에서 사교(司敎)·정교(正敎)의 교직을 가진 사람을 높이어 이르는 말.

대:형[大形] 크기가 큼. 또는 크기가 큰 것. おおがた large size

대형[隊形] 여러 사람이 질서 있게 늘어선 형태. たいけい formation

대:호[大戶] 식구가 많고 살림이 넉넉한 집안. たいこ large and rich family

대:호[大呼] 큰 소리로 부름. たいこ loud cry

대:혹[大惑] 크게 현혹됨. 몹시 반함. being mad on

대:홍[大紅] 도자기의 몸에 덧씌우는 짙붉은 잿물.

대:화[大火] 큰 화재. 큰불. たいか conflagration

대:화[對話] 마주 대하여 이야기함. 또는 그 이야기. たいわ conversation

대:환[大患] ① 큰 근심이나 걱정. ② 큰 병. =중병(重病)·중환(重患). たいかん ① disaster ② serious illness

대:황[大黃] 마디풀과의 다년초. 뿌리는 약재로 쓰임. だいおう rhubarb

대:회[大會] ① 많은 사람의 모임. ② 어떤 조직이나 단체가 베푸는 큰 규모의 행사 모임. たいかい ① rally ② general meeting

대:효[大孝] 지극한 효도. =지효(至孝). たいこう great filial piety

대:후[待候] 웃어른의 분부를 기다림. waiting for superior's order

대:흉[大凶] ① 운수 따위가 아주 흉함. ↔대길(大吉). だいきょう ② 큰 흉년. ↔대풍(大豊). ① great evil ② very bad crop

대:희[大喜] 크게 기뻐함. 큰 기쁨. exultation

댄디[dandy] 멋쟁이. 세련(洗練)된 남자. ダンディー

댄서[dancer] 무용수(舞踊手). ダンサー

댄스[dance] 서양식의 사교(社交)춤. ダンス

댄스홀:[dance hall] 무도장(舞踏場). ダンスホール

댐[dam] 발전(發電)·수리(水利) 등을 목적으로 강물을 막아 쌓은 둑. ダム

댐퍼[damper] 피아노 현 따위의 운동 물체나 진동체(振動

體)를 울리지 않게 하는 장치. ダンパー

더그아웃[dugout] 야구장의 선수 대기석(待機席). ダックアウト

더미[dummy] ① 축구나 럭비에서, 상대방의 공격을 피하는 수법. ② 사격장의 표적판(標的板), 양장점의 마네킹, 영화의 사람 대용으로 쓰이는 인형. ダミー

더블드리블[double dribble] 농구에서, 한 번 드리블을 한 다음 패스나 슛을 하지 않고 다시 드리블하는 반칙(反則). ダブルドリブル

더블롤:[double role] 일인 이역(一人二役).

더블베드[double bed] 이인용의 넓은 침대(寢臺). ダブルベッド

더블보:기[double bogey] 골프에서, 한 홀의 타수(打數)가 기준 타수보다 2타 많은 경우. ダブルボギー

더블샤:프[double sharp] 음악에서, 겹올림표.

더블스[doubles] 테니스·탁구 등에서, 복식(複式) 경기. ダブルス

더블스틸:[double steal] 야구에서, 두 사람의 주자(走者)가 동시에 도루(盜壘)하는 일. ダブルスチール

더블파울[double foul] 농구에서, 양편의 두 선수가 동시(同時)에 반칙을 범하는 일. ダブルファウル

더블펀치[double punch] 권투에서, 한쪽 주먹으로 두 번 연달아 치는 일. ダブルパンチ

더블폴:트[double fault] 배구나 테니스에서, 서브를 두 번 다 실패하는 일. ダブル失敗 フォールト

더블플레이[double play] 야구에서, 두 사람의 주자를 한꺼번에 아웃시키는 일. 병살(倂殺). 겟투(get two). ダブルプレー

더블헤더[doubleheader] 야구에서, 같은 팀이 같은 날 같은 구장(球場)에서 두 번 계속하여 경기하는 일. ダブルヘッダー

더:비[Derby] 영국에서 매년 거행되는 대경마(大競馬). ダービー

더빙[dubbing] ① 영화·방송 등에서, 녹음된 필름·테이프에 다른 효과음을 첨가하여 녹음하는 일. ② 외국 영화의 대사(臺詞)를 우리말로 바꾸어 녹음하는 일. ダビング

더스트슈:트[dust chute] 고층 건물의 각 층에서 쓰레기를 맨 아래층으로 버리게 만든 곧은 관 모양의 설비. ダストシュート

더치페이[Dutch pay] 비용을 각자 부담하는 일.

더킹[ducking] 권투에서, 윗몸을 구부리어 공격을 피하는 일. ダッキング

더플[duffle] 방모 직물(紡毛織物)의 일종. ダッフル

덕[德]* ① 덕 덕: 덕. 도덕. 「美德(미덕)·德望(덕망)·德操(덕조)」 ② 은혜 덕: 은혜. 덕택. 「恩德(은덕)·德澤(덕택)·厚德(후덕)」 トク·トッ

덕교[德敎] 도덕으로써 가르침. とっきょう
moral teachings

덕기[德氣] 어질고 인정이 많

은 마음씨. grace
덕기[德器] 도량과 재능. 또는 德器
그것을 갖춘 사람. とっき
virtue and talent
덕담[德談] 잘 되기를 축복하 德談
는 말. ↔악담(惡談).
felicitations
덕량[德量] 어질고 너그러운 德量
마음씨. broad-mindedness
덕론[德論] 덕의 본질·종류· 德論
수양법 등을 연구하는 윤리학
(倫理學)의 한 부문. とくろん
덕망[德望] 덕행으로 얻은 명 德望
망(名望). とくぼう
high moral repute
덕목[德目] 충·효·인·의(忠孝 德目
仁義) 등 덕을 분류한 명목.
とくもく elements of morals
덕문[德門] 덕행(德行)이 높은 德門
집안. family of fair name
덕분[德分] 남에게 어질고 고 德分
마운 행동을 베푸는 일. =덕
택(德澤). 「~에 편히 갔습니
다」 favor
덕색[德色] 남에게 약간의 호 德色
의를 베풀고 생색을 내려는
기색. 「~질」
trying to gain one's gratitude
덕성[德性] 어질고 너그러운 德性
품성. とくせい
moral character
덕업[德業] 덕스러운 일이나 德業
업적. とくぎょう
덕우[德友] 덕의(德義)로 사귄 德友
벗. virtuous friend
덕육[德育] 덕성을 기르고 인 德育
격을 높이는 것을 목적으로
하는 교육. とくいく
moral training
덕윤신[德潤身] 덕을 쌓으면 德潤身
겉보기에도 덕기가 있어 보
임.
덕음[德音] ①도리에 맞는 좋 德音

은 말. ②좋은 평판. ③임금
을 높이어, 그의 '음성'을 이
르는 말. とくおん
① reasonable words ② praise
덕의[德義] 사람이 마땅히 지 德義
켜야 하는 도덕상의 의무. と
くぎ morals
덕인[德人] 덕이 있는 사람. 德人
とくじん virtuous man
덕정[德政] 덕으로 다스리는 德政
정치. とくせい
benevolent administration
덕조[德操] 변함없는 굳은 절 德操
조. とくそう chastity
덕치주의[德治主義] 도덕적으 德治
로 눈뜨지 못한 대중의 지도 主義
교화를 정치의 요체로 하는
옛 중국의 정치 이념. ↔패권
주의(覇權主義).
덕택[德澤] 남에게 끼친 덕성 德澤
스러운 행실. 또는 그로 말미
암은 보람. とくたく favor
덕트[duct] 배기관(排氣管)·排氣管
송풍관(送風管). ダクト
덕풍[德風] 덕(德)이 사람을 감 德風
화(感化)함을 바람에 비유하
는 말. とくふう
virtuous teaching
덕행[德行] 어질고 착한 행실. 德行
とっこう virtuous conduct
덕화[德化] 덕(德)으로 교화시 德化
킴. とっか moral influence
덤덤탄[dumdum彈] 총 탄의
한 가지. 사람에게 명중하면
체내에서 파열하여 큰 상처를 破裂
입힘. ダムダムだん
덤벨[dumbbell] 아령(啞鈴). 啞鈴
ダンベル
덤프[dump] 컴퓨터에서, 주기
억 장치의 내용을 보조 기억
장치에 출력(出力)하는 작업. 出力
ダンプ
덤프트럭[dump truck] 짐받

이를 기울여 짐을 한꺼번에 부리게 만든 화물 자동차. 貨物自動車

덤핑[dumping] 생산비보다 낮은 가격으로 상품을 파는 일. 투매(投賣). ダンピング 投賣

덩크슛[dunk shoot] 농구에서, 장신 선수가 점프하여 바스켓 위에서 공을 내리꽂듯이 하는 슛. ダンクシュート 籠球

데니어[denier] 생사(生絲)·인조 견사 등의 섬도(纖度)를 재는 단위. デニール 生絲 纖度

데님[denim] 튼튼한 능직(綾織)의 면직물. デニム 綾織

데드라인[deadline] ① 최후의 선이나 한계(限界). ② 신문사 등의 원고 마감 시간. デッドライン 限界

데드로크[deadlock] 막다른 골목. 교착(膠着) 상태. デッドロック 膠着

데드히:트[dead heat] 우열을 가릴 수 없는 열전(熱戰). 막상막하의 접전. デッドヒート 熱戰

데릭[derrick] 배 등에 화물을 싣는 기중기(起重機). デリック 起重機

데마고그[demagogue] 선동 정치가. デマゴーグ 煽動

데먼스트레이션[demonstration] 시위(示威). 시위 운동. デモンストレーション 示威

데모크라시[democracy] ① 민주 정치. ②민주주의. デモクラシー 民主主義

데뷔[프 début] 사교계·문단(文壇) 등에 처음 등장함. デビュー 文壇

데비트카:드[debit card] 이용 대금이 즉시 결제(決濟)되는 카드. 決濟

데생[프 dessin] 밑그림. 소묘(素描). デッサン 素描

데스마스크[death mask] 죽은 사람의 얼굴을 본을 떠 만든 안면상(顔面像). デスマスク 顔面像

데스크[desk] ① 신문사 등의 편집부의 책임자. ②호텔 등의 접수처. デスク 責任者

데시그램[decigram] 1그램의 10분의 1. デシグラム 重量

데시리터[deciliter] 1리터의 10분의 1. デシリットル 單位

데시미터[decimeter] 1미터의 10분의 1. デシメートル

데시벨[decibel] ① 전류·전압의 증감(增減)을 나타내는 단위. ② 소리의 세기를 재는 단위. デシベル 增減

데시아:르[deciare] 1아르의 10분의 1. デシアール

데시케이터[desiccator] 화학 실험 등에 쓰이는 건조기(乾燥機)의 한 가지. デシケーター 乾燥機

데이지[daisy] 국화과(菊花科)의 다년초. 유럽 원산의 관상용 화초로, 주걱 모양의 잎이 뿌리에서 나옴. デージー 菊花科

데이크론[Dacron] 양털과 비슷한 폴리에스테르계(系) 합성 섬유의 한 가지. 合成纖維

데이터[data] ① 자료(資料). ② 컴퓨터에서, 프로그램을 운용할 수 있는 형태로 기호화·숫자화한 자료. データ 資料

데이터뱅크[data bank] 컴퓨터에서, 여러 가지 정보(情報)를 기억해 두는 장치. データバンク 情報

데이터베이스[data base] ① 정리·관리된 정보의 집합체(集合體). ② 컴퓨터에서, 각종 자료를 통합·저장한 것. データベース 集合體

데이트[date] 이성간에 교제(交際)를 위하여 만나는 일. 交際

또는 그 약속. デート
데카그램[decagram] 10그램. デカグラム
데카당[프 décadent] ① 데카당파의 문인·예술가. ② 퇴폐적인 사람. デカダン 頹廢
데카당스[프 décadence] 문예 사조에서, 19세기 말에 일어난 퇴폐적 경향의 관능주의(官能主義). デカダンス 官能主義
데카:르[decare] 10아르. デカール
데카리터[decaliter] 10리터. デカリットル
데카미터[decameter] 10미터. デカメートル
데카슬론[decathlon] 십종 경기(十種競技). デカスロン 十種競技
데칼린[decaline] 나프탈렌에 수소를 작용시켜 만든 무색 액체. 발동기(發動機)의 연료 등으로 쓰임. 發動機
데칼코마니[프 décalcomanie] 종이 위에 물감을 두껍게 칠하고 반으로 접었다 펴거나, 물감 위에 다른 종이를 덮어 찍어 무늬를 만드는 회화 기법(繪畫技法). デカルコマニー 繪畫技法
데커레이션케이크[decoration cake] 크림·초콜릿 등으로 꾸민 케이크. デコレーションケーキ
데크레센도[이 decrescendo] 악보에서, '점점 여리게'의 뜻. デクレッシェンド 樂譜
데클러레이션[declaration] 선언(宣言). 성명(聲明). デクラレーション 宣言
데타셰[프 détaché] 바이올린·비올라 등을 연주할 때, 음절(音節)을 분리하여 연주하는 방법. 音節

데탕트[프 détente] 긴장 완화(緊張緩和). デタント 緊張緩和
데포[프 dépot] 물품 보관소. 창고(倉庫). デポー 倉庫
데포르마시옹[프 déformation] 소재나 대상을 의식적으로 확대하거나 변형시켜 묘사하는 근대 미술의 한 표현법. デフォルマシオン 美術表現法
덱[deck] ① 갑판(甲板). ② 승강구의 발판. 또는 기차나 전차의 바닥. デッキ 甲板
덱스트린[dextrin] 녹말을 산·열 또는 효소로 가수 분해(加水分解)할 때 생기는 여러 가지 중간 생성물의 총칭. デキストリン 加水分解
델리카토[이 delicato] 악보에서, '부드럽고 아름답게'의 뜻. デリカート 樂譜
델리킷[delicate] 섬세함. 미묘(微妙)함. デリケート 微妙
델린저 현:상[Dellinger 現象] 태양 표면의 폭발 현상으로 일어나는 단파(短波) 통신의 장애 현상. デリンジャーげんしょう 短波
델타[그 delta] ① 삼각주(三角洲). ② 그리스 문자의 넷째 자모(字母)인 'Δ, δ'의 이름. デルタ 三角洲
뎅기[dengue] 관절(關節) 및 근육통·백혈구 감소 등의 증상이 나타나는 전염성 질환. 주로 열대 지방에서 발생함. デング 關節
도[刀]* 칼 도: 칼. 「大刀(대도)·刀劍(도검)·利刀(이도)·名刀(명도)」 トウ・かたな 大刀 名刀
도:[到]* ① 이를 도: 이르다. 다다르다. 「到達(도달)·到着(도착)·來到(내도)」 ② 주밀할 도: 주밀하다. 「周到(주도)」 到達 周到

도:[度]* ① 법도 도:법도. 법. 「法度(법도)・制度(제도)」 法度 ② 자 도:길이의 표준. 자. 「尺度(척도)・度量衡(도량형)」 ③ 지날 도:지나다. 보내다. 「度日(도일)・度世(도세)」 度世 ④ 도수 도:도수. 도. 번. 「度數(도수)・溫度(온도)・速度(속도)・進度(진도)」 進度 ⑤ 헤아릴 탁:헤아리다. 재다. 「度地(탁지)」 ド・タク ② はかる ④ たび

도[挑]* ① 돋울 도:돋우다. 집적거리다. 「挑發(도발)・挑 挑發 戰(도전)」 ② 뛸 도:뛰다. 挑戰 「挑達(도달)」 チョウ ① いどむ

도:[倒] ① 넘어뜨릴 도:넘어 뜨리다. 넘어지다. 「倒閣(도각)・倒壞(도괴)・打倒(타도)・ 倒壞 卒倒(졸도)」 ② 거꾸로 도:거꾸로 되다. 「倒錯(도착)・倒立(도립)」 トウ ① たおれる・ 倒立 たおす

도[島]* 섬 도:섬. 「島民(도민)・島國(도국)・島嶼(도서)・ 島民 半島(반도)・列島(열도)」 トウ・しま

도[徒]* ① 걸어다닐 도:걸어 다니다. 「徒步(도보)・徒行(도행)・徒涉(도섭)」 徒步 ② 무리 도:무리. 「徒黨(도당)・信徒(신도)・徒衆(도중)」 ③ 제자 도:제자. 「徒弟(도제)」 ④ 헛될 도:헛되다. 「徒勞(도로)・徒 徒勞 費(도비)・徒食(도식)」 ト ④ いたずら

도[逃]* 달아날 도:달아나다. 「逃亡(도망)・逃走(도주)・逃避 逃亡 (도피)・逃身(도신)」 トウ・ 逃避 チョウ・にげる・のがれる

도[桃]* ① 복숭아나무 도:복숭아나무. 복숭아. 「桃花(도 桃花 화)・桃蟲(도충)・桃紅(도홍)」 ② 앵도 도:앵두. 「櫻桃(앵도)」 トウ ① もも

도[悼] 슬퍼할 도:슬퍼하다. 哀悼 「哀悼(애도)・悼詞(도사)・悼惜 悼詞 (도석)」 トウ・いたむ

도[掉] 흔들 도:흔들다. 「掉頭 (도두)・掉尾(도미)・掉舌(도 掉尾 설)」 トウ・ふるう

도[淘] 일 도:일다. 쌀을 일 다. 「淘金(도금)・淘漉(도록)」 淘金 トウ・よなげる

도:[途]* 길 도:길. 「途上(도 途上 상)・途中(도중)・途次(도차)・ 別途(별도)・前途(전도)」 ト・ みち

도[陶]* ① 질그릇 도:질그릇. 「陶工(도공)・陶器(도기)・陶窯 陶工 (도요)」 ② 교화할 도:교화하다. 「陶冶(도야)・薰陶(훈도)」 陶冶 ③ 기뻐할 도:기뻐하다. 흥이나다. 「陶醉(도취)・陶然(도연)」 トウ ① すえもの

도[堵] 담 도:담. 「堵墻(도장)・堵列(도열)」 ト・かき 堵列

도[屠] ① 잡을 도:잡다. 죽이다. 「屠殺(도살)・屠狗(도구)・ 屠殺 屠羊(도양)・屠牛(도우)」 ② 백정 도:백정. 「屠人(도인)・屠家(도가)・屠漢(도한)」 ト ① ほふる

도[棹] 노 도:노. 「棹歌(도 棹歌 가)・棹聲(도성)・棹唱(도창)」 トウ・さお・かい

도:[渡]* ① 건널 도:건너다. 「渡江(도강)・渡日(도일)・渡河 渡河 (도하)」 ② 나루 도:나루. 「渡船(도선)・渡津(도진)」 ③ 줄 도:주다. 내어 주다. 「不渡(부도)・明渡(명도)・賣渡(매 明渡 도)」 ト ① わたる

도[盜]* ① 도적 도:도적. 도둑. 「盜賊(도적)・大盜(대도)」 大盜

② 훔칠 도: 훔치다. 「盜作(도작)·盜用(도용)·盜電(도전)」 トウ ② ぬすむ

도[萄] 포도 도: 포도. 「葡萄(포도)·乾萄(건도)·萄藤(도등)」 ドウ·ぶどう

도[都]* ① 도읍 도: 도읍. 도회지. 「都邑(도읍)·都會(도회)·大都(대도)·古都(고도)·首都(수도)」 ② 거느릴 도: 거느리다. 「都家(도가)·都元帥(도원수)」 ③ 모두 도: 모두. 전체. 대체. 「都是(도시)·都合(도합)·都賣(도매)」 ト·ツ ① みやこ ③ すべて

도[塗] ① 바를 도: 바르다. 「塗裝(도장)·塗料(도료)·塗粉(도분)·塗墨(도묵)」 ② 진흙 도: 진흙. 구렁텅이. 「塗炭(도탄)」 ③ 길 도: 길. 「塗不拾遺(도불습유)·塗說(도설)」 ト ① ぬる·まみれる ③ みち

도[搗] ① 찧을 도: 찧다. 「搗精(도정)·搗藥(도약)」 ② 방망이질할 도: 방망이질하다. 「搗衣(노의)·搗砧(도침)」 トウ ① つく

도[滔] 물 넘칠 도: 물이 넘치다. 출렁거리다. 「滔滔(도도)·滔天(도천)·滔乎(도호)」 トウ

도:[道]* ① 길 도: 길. 「道路(도로)·大道(대도)·軌道(궤도)·鐵道(철도)」 ② 이치 도: 이치. 도리. 「道理(도리)·道德(도덕)·道義(도의)」 ③ 도 도: 행정 구역의 이름. 「道界(도계)·各道(각도)·京畿道(경기도)」 ④ 말할 도: 말하다. 「報道(보도)·道破(도파)」 ドウ ① みち ④ いう

도[跳]☆ 뛸 도: 뛰다. 「跳躍(도약)·跳梁(도량)」 チョウ·とぶ·はねる·おどる

도[圖]* ① 그림 도: 그림. 「圖面(도면)·圖畫(도화)·略圖(약도)·海圖(해도)」 ② 꾀할 도: 꾀하다. 「圖謀(도모)·企圖(기도)·意圖(의도)」 ズ·ト ② はかる

도[睹] 볼 도: 보다. 「目睹(목도)·睹聞(도문)」 ト·みる

도[稻]☆ 벼 도: 벼. 「稻作(도작)·稻農(도농)·稻芒(도망)·稻苗(도묘)·陸稻(육도)」 トウ·いね

도:[導]☆ ① 이끌 도: 이끌다. 인도하다. 「引導(인도)·訓導(훈도)·導師(도사)·先導(선도)·善導(선도)」 ② 당길 도: 당기다. 당겨 끌다. 「導線(도선)·導體(도체)」 ドウ ① みちびく

도[覩] 도(睹)와 同字.

도[賭] 걸 도: 걸다. 내기. 「賭博(도박)·賭技(도기)·賭射(도사)」 ト·かけ·かける

도[濤] 물결 도: 물결. 파도. 「波濤(파도)·濤雷(도뢰)·濤聲(도성)」 トウ·なみ

도[蹈] 밟을 도: 밟다. 「蹈襲(도습)·蹈踐(도천)」 トウ·ふむ

도:[鍍] 도금할 도: 도금하다. 「鍍金(도금)」 ト·めっき

도[燾] 덮을 도: 덮다. 비추다. 「燾育(도육)」 トウ·てらす

도[櫂] 노 도: 노. 「櫂歌(도가)·櫂舟(도주)」 トウ·かい

도[禱] 빌 도: 빌다. 「祈禱(기도)·默禱(묵도)」 トウ·いのる·まつる

도[韜] ① 감출 도: 감추다. 「韜光(도광)·韜面(도면)」 ② 칼집 도: 칼집. 「劍韜(검도)」 ③ 비결 도: 비결. 「六韜三略

(육도삼략)」トウ

도가[都家] ① 같은 장사를 하는 장수들이 모여서 계(契)나 장사에 관한 의논 등을 하던 집. ② 도매(都賣)하는 집. 都家
① guild's house ② wholesale store

도가[棹歌·櫂歌] 뱃노래. とうか 棹歌
chantey

도:가[道家] ① 노장(老莊)의 무위자연(無爲自然) 사상을 따르던 학자들을 일컫는 말. ② 도교(道敎)를 믿고 그 도를 닦는 사람. どうか·どうけ 道家
① Taoist

도:각[倒閣] 내각(內閣)을 넘어뜨림. 「~ 운동(運動)」とうかく 倒閣
unseating the Cabinet

도감[都監] ① 고려·조선 때, 국장(國葬)·국혼(國婚) 따위를 맡아보던 관청. ② 절에서 돈이나 곡식을 맡아보는 일. 또는 그 중. 都監

도감[圖鑑] 여러 가지 사물의 실제 모양을 그림이나 사진으로 보이면서 해설한 책. 「식물 ~」「동물 ~」ずかん 圖鑑
pictorical book

도:강[渡江] 강을 건넘. =도하(渡河). 渡江
crossing a river

도거[逃去] 도망하여 감. とうきょ 逃去
escape

도검[刀劍] 칼과 검. 칼의 총칭. とうけん 刀劍
swords

도:계[道界] 행정 구역상의 도(道)와 도의 경계. どうかい 道界
boundary of a province

도:고[道高] ① 도덕적 수양이 높음. ② 스스로 도덕적 수양이 높은 체함. ② haughtiness 道高

도공[刀工] 도검(刀劍)을 만드는 일을 전문으로 하는 사람. とうこう swordmaker 刀工

도공[陶工] 도자기를 만드는 일을 전문으로 하는 사람. とうこう potter 陶工

도:과[倒戈] 자기편의 군사가 적과 내통하여 반란을 일으킴. とうか mutiny 倒戈

도:관[導管] ① 액체나 기체가 통하게 만든 관. ② 식물의 물관. どうかん 導管
① conduit ② vessel

도광[韜光] ① 빛이 밖에 비치지 않게 함. ② 학식이나 재능을 감추고 나타내지 않음. 韜光
① covering the light

도:괴[倒壞] 무너지거나 무너뜨림. とうかい collapse 倒壞

도:교[道交] 도의로써 사귀는 사귐. moral intercourse 道交

도:교[道敎] 황제(黃帝)와 노자(老子)를 교조(敎祖)로 삼은 중국 고유의 종교. どうきょう Taoism 道敎

도:구[渡口] 나루. ferry 渡口

도:구[道具] 일할 때 쓰는 연장의 총칭. どうぐ tool 道具

도구[賭具] 노름판에 쓰이는 물건. 골패·화투 따위. 賭具
articles used for betting

도국[島國] 섬 나라. 「~민(民)」しまぐに·とうこく 島國
island country

도굴[盜掘] ① 광업권이나 광주(鑛主)의 승낙 없이 몰래 광물을 캐내는 일. ② 고분(古墳) 따위를 허가 없이 파내는 일. とうくつ 盜掘
① illegal mining ② grave robbery

도:궤[倒潰] 넘어져 무너짐. とうかい collapse 倒潰

도규[刀圭] ① 한방에서, 가루약을 뜨는 숟가락. ② 의술(醫術)을 달리 이르는 말. 「~계(界)」とうけい 刀圭

① pharmaceutist's spoon

도그레그[dog-leg] 골프에서, 코스가 굽어 있는 상태. ドッグレッグ

도그마[dogma] ① 독단(獨斷). ② 교의(敎義). 신조(信條). ドグマ

도그머티즘[dogmatism] 독단주의(獨斷主義). ドグマチズム

도금[淘金] 사금(砂金)을 일어서 금을 골라 냄. とうきん   panning off

도:금[鍍金] 쇠붙이에 금·은 따위를 얇게 입히는 일. ときん   gilding

도급[都給] 어떤 일을 완성할 것을 약정하고, 상대편이 그 일의 결과에 대하여 보수를 지급하기로 하고 맡기는 일. 「~계약」   contract

도급기[稻扱機] 벼를 훑는 기계. 벼훑이. いねこき き   threshing machine

도기[陶器] 오지그릇. とうき   earthenware

도기[賭技] 노름. =도박(賭博).   gambling

도난[盜難] 도둑을 맞은 재난. 「~당하다」 とうなん   theft

도남[圖南] 붕새가 날개를 펴고 남명(南溟)으로 날아가려고 한다는 뜻으로, 웅대한 일을 꾀함을 이르는 말. となん   ambitious enterprise

도:너[donor] 장기(臟器) 기증자. 헌혈자. ドナー

도:넛[doughnut] 밀가루 반죽을 둥글거나 고리 모양으로 만들어 기름에 튀긴 과자. ドーナッツ

도:념[道念] ① 도를 구하는 마음. ② 도덕을 지키려는 마음. どうねん   ① pursuit of truth ② moral sense

도닉[逃匿] 달아나 숨음. とうとく   shirking

도:달[到達] 정한 곳이나 어떤 수준에 다다름. とうたつ   arrival

도:달[導達] 윗사람이 모르는 일을 아랫사람이 때때로 넌지시 알려 줌. どうたつ

도당[徒黨] 떼를 지은 무리. =당여(黨與). ととう   clique

도대체[都大體] ① 대체(大體). 대관절(大關節). ② 전혀. 도무지.   ① in the world

도:덕[道德] 사람으로서 지켜야 할 도리. 「~관념(觀念)」 どうとく   morality

도데카포니[독 Dodekaphonie] 십이음(十二音) 음악. ドデカホニー

도도[滔滔] ① 넓은 물줄기가 막힘이 없이 흐르는 모양. ② 말을 거침없이 하는 모양. とうとう
   ① with a rush ② fluency

도독[盜讀] 몰래 읽음. ぬすみよみ   surreptitious reading

도:두[渡頭] 나루. =도구(渡口). ととう   ferry

도득[圖得] 꾀하여 얻음.   acquirement by stratagem

도:락[道樂] ① 본직(本職) 외에 즐겨서 하는 일. ② 주색(酒色)에 빠짐. ③ 도(道)를 깨달아 스스로 즐김. どうらく   ① hobby ② dissipation

도:래[到來] 닥쳐옴. とうらい   arrival

도:래[渡來] 물을 건너옴. 바다를 건너 외국에서 옴. とらい   introduction

도:량[度量] 너그럽고 사물을

도량[跳梁] 잘 포용하는 품성. 「~이 넓다」どりょう generosity

도량[跳梁] 함부로 날뜀. ちょうりょう rampancy

도:량[道場] 불도를 닦는 곳. どうじょう Buddhist seminary

도:량형[度量衡] 길이와 부피와 무게. 자와 되와 저울. どりょうこう weights and measures

도:련[刀鍊] 종이의 가장자리를 가지런히 베어 냄. 「~칼」 trimming paper

도로[徒勞] 헛된 수고. 「~무익(無益)」 とろう vain effort

도:로[道路] 사람이나 차가 다니는 비교적 넓은 길. 「~교통법(交通法)」 どうろ road

도:로 표지[道路標識] 교통의 안전과 편의를 위해 안내·주의·경계·지시 등을 나타낸 표지판. どうろひょうしき road sign

도록[都錄] 사람이나 물건의 이름을 모두 적은 목록.

도론[徒論] 쓸데없는 논의. とろん useless argument

도뢰[圖賴] 말썽을 일으켜 놓고 그 허물을 남에게 덮어씌움. とらい imputation

도료[塗料] 물건의 겉에 칠하여 썩지 않게 하거나 아름답게 하는 유동성 물질. とりょう paints

도룡지기[屠龍之技] 용을 잡는 재주라는 뜻으로, 몸에 익히기는 했지만 실제로 아무 쓸모가 없는 기술을 비유하여 이르는 말. とりょうのぎ useless skill

도루[盜壘] 야구에서, 주자(走者)가 수비의 허술한 틈을 타서 다음 누(壘)로 가는 일. とうるい base stealing

도륙[屠戮] 참혹하게 마구 죽임. =도살(屠殺). とりく massacre

도리[桃李] ① 복숭아와 자두. 또는 그 꽃이나 열매. ② 남이 천거한 어진 사람의 비유. とうり ① peach and plum

도:리[道里] 길의 거리. =이정(里程). mileage

도:리[道理] ① 사람으로서 지켜야 할 바른 길. ② 마땅한 방법이나 이치(理致). 「다른 ~가 없다」 どうり ① reason ② method

도:립[倒立] 물구나무서기. とうりつ handstand

도:립[道立] 도(道)에서 설립하여 운영함. 「~병원(病院)」 どうりつ

도말[塗抹] 발라서 안 보이게 함. 칠해서 지워 버림. とまつ painting over

도망[逃亡] 달아나 자취를 감춤. =도주(逃走). とうぼう flight

도망[悼亡] 죽은 아내를 생각하여 슬퍼함. とうぼう mourning

도망[稻芒] 벼의 까끄라기. とうぼう awn

도매[都買] 물건을 도거리로 사들임. bulk purchase

도매[都賣] 물건을 도거리로 팖. ↔산매(散賣). wholesale

도매[盜賣] 남의 물건을 훔쳐서 팖. =투매(偸賣). とうばい selling one's stealings

도면[刀麵·刀麭] ① 밀가루 반죽을 칼로 토막토막 잘라서 끓인 음식. 칼싹두기. ② 칼국수.

도면[圖免] 책임을 벗으려고

피함. contriving escape

도면[圖面] 토목·건축·기계 따위의 구조·설계를 그린 그림. ずめん　plan 　圖面

도명[刀銘] 도검에 새겨 넣은 명(銘). とうめい 　刀銘

도모[圖謀] 어떤 일을 꾀함. 「친목(親睦) ~」とほう scheming 　圖謀

도묘[稻苗] 볏모. とうびょう young rice plants 　稻苗

도묵[塗墨] 먹을 칠함. 　塗墨

도:문[倒文] 어법(語法)으로 보아 말의 차례가 거꾸로 된 말. =도어(倒語). 　倒文

도문[睹聞] 보고 들음. =견문(見聞). とぶん　information 　睹聞

두미[掉尾] 꼬리를 흔든다는 뜻으로, 마지막 판에 가서 더욱 세차게 활약함을 이름. 「~의 용기」ちょうび·とうび making a final effort 　掉尾

도미[稻米] 입쌀. 멥쌀. とうべい nonglutinous rice 　稻米

도미넌트[dominant] 음악에서, 딸림음(音). ドミナント 　音樂

도미노[domino] ① 28장의 상아(象牙)로 만든 패를 가지고 노는 서양 골패. ② 가장 무도회에서 입는, 두건과 작은 가면이 붙은 겉옷. ドミノ 　象牙

도민[島民] 섬사람. とうみん islander 　島民

도:민[道民] 그 도(道) 안에서 사는 사람. どうみん residents of a province 　道民

도:박[到泊] 배가 와서 머묾. anchorage 　到泊

도박[賭博] ① 금품을 걸고 따먹기를 내기하는 일. 노름. ② 요행수를 바라고 위험하거나 가능성이 없는 일에 손을 대는 일. とばく ① gambling 　賭博

도발[挑發] 남을 집적거리어 시비를 걺. 「~ 행위(行爲)」ちょうはつ stirring up 　挑發

도:방[道傍] 길가. =노변(路邊)·노방(路傍). どうぼう roadside 　道傍

도배[徒配] 도형(徒刑)에 처한 뒤에 귀양을 보냄. exile 　徒配

도배[徒輩] 함께 어울려 같은 짓을 하는 무리. とはい gang 　徒輩

도배[塗褙] 종이로 벽·반자·장지 등을 바르는 일. 「~지(紙)」papering 　塗褙

도벌[盜伐] 산의 나무를 몰래 벰. =도작(盜斫). とうばつ secret felling of trees 　盜伐

도범[盜犯] 도둑질한 범죄. 또는 그 범인. とうはん theft 　盜犯

도법[圖法] 자도법(作圖法)의 준말. ずほう 　圖法

도베르만[독 Dobermann] 개의 한 품종. 경찰견·군용견(軍用犬)으로 쓰임. ドーベルマン 　軍用犬

도벽[盜癖] 물건을 훔치는 버릇. とうへき kleptomania 　盜癖

두벽[塗壁] 벽에 흙 따위를 바름. 　塗壁

도:별[道別] 각 도(道)마다 따로 나눔. 「~ 인구(人口)」どうべつ classification by province 　道別

도보[徒步] 걸어서 감. とほ walking 　徒步

도보[圖譜] 동식물이나 그 밖의 사물을 분류하여 그림으로 설명한 책. =도감(圖鑑). ずふ pictorial book 　圖譜

도본[圖本] ⇨도면(圖面). 　圖本

도:부[到付] ① 공문(公文)이 와 닿음. ② 이곳 저곳을 돌아다니며 물건을 팖. 도붓장사. =행상(行商). 「~꾼」② peddling 　到付

도분[塗粉] 분을 바름. とふん 塗粉

도비[徒費] 헛되이 씀. =낭비(浪費). 「～심력(心力)」とひ waste 徒費

도비[都鄙] 서울과 시골. =경향(京鄕). とひ the capital and the country 都鄙

도사[徒死] 개죽음. 헛된 죽음. とし useless death 徒死

도사[徒事] 헛일. =허사(虛事). とじ vain effort 徒事

도사[悼詞] 죽은 이를 생각하며 슬퍼하는 마음을 나타낸 글이나 말. =조사(弔詞). とうじ funeral address 悼詞

도:사[道士] ① 도(道)를 닦는 사람. =도인(道人). ② 불도(佛道)를 깨달은 사람. どうし ① ascetic 道士

도:사[導師] ① 중생을 인도하여 불도를 깨닫게 하는 부처나 보살. ② 법회에서 의식(儀式)을 지도하는 중. どうし ① spiritual guide in Buddhism 導師

도사견[←일 土佐犬] 일본의 도사[土佐] 지방에서 나는 개의 한 품종. とさいぬ 土佐犬

도:산[到山] 장사 때, 상여(喪輿)가 산소에 나아름. 到山

도:산[倒産] ① 아이를 거꾸로 낳음. =역산(逆産). ② 재산을 모두 잃고 망함. =파산(破産). とうさん ① cross birth ② bankruptcy 倒産 破産

도산[逃散] 뿔뿔이 도망쳐 흩어짐. 「～패주(敗走)」とうさん・ちょうさん dispersion 逃散

도산매[都散賣] 도매와 산매. wholesale and retail 都散賣

도살[屠殺] 가축을 잡음. 「～장(場)」とさつ slaughter 屠殺

도:상[途上] ① 길 위. =노상 途上

(路上). とじょう ② 일이 진행되는 도중. ① on the road

도:상[道床] 철도 선로의 노반(路盤)과 침목(枕木) 사이에 있는, 자갈 따위를 깐 바닥. どうしょう roadbed 道床

도색[桃色] ① 복숭아꽃과 같은 빛깔. ② 남녀 사이의 색정적인 일. 「～ 잡지」ももいろ ① pink ② obscenity 桃色

도:생[倒生] ① 가지나 뿌리 따위가 거꾸로 남. ② 땅에 목을 박고 거꾸로 난다는 데서, 초목(草木)을 달리 이르는 말. とうせい 倒生

도생[圖生] 살기를 꾀함. 「구명(救命)～」making a living 圖生

도서[島嶼] 크고 작은 여러 섬. とうしょ islands 島嶼

도서[圖書] 책. 서적(書籍). 「～관(館)」としょ books 圖書

도서[圖署] 그림·글씨·책 등에 찍는 도장. 圖署

도서관[圖書館] 도서를 비롯한 온갖 기록 및 자료들을 모아 놓고 일반에게 열람시키는 시설. としょかん library 圖書館

도석[悼惜] 죽은 사람을 애석하게 여기며 슬퍼함. とうせき lamentation 悼惜

도:석[道釋] 도교(道敎)와 불교. どうしゃく Taoism and Buddhism 道釋

도선[徒善] 착하기만 하고 주변성이 없음. 徒善

도선[徒跣] 맨발. とせん bare foot 徒跣

도:선[渡船] 나룻배. 「～장(場)」とせん ferry boat 渡船

도:선[導線] 전류를 통하게 하는 쇠붙이 줄. どうせん leading wire 導線

도설[塗說] 뜬소문. 「도청(塗 塗說

도설[圖說] 그림이나 사진을 넣어 설명함. 또는 그런 책. ずせつ　explanatory diagram

도섭[徒涉] 걸어서 물을 건넘. としょう　wading

도:섭[渡涉] 물을 건넘. としょう　crossing a stream

도성[都城] 서울. =수도(首都). とじょう　capital city

도:성[道成] 도를 닦아 이룸. 「~덕립(德立)」

도성[濤聲] 파도 소리. とうせい　sound of waves

도:세[道稅] 도(道)에서 부과하는 지방세. provincial tax

도소[屠蘇] 술에 넣어서 설날에 마시는 약재. 「~주(酒)」とそ

도소지양[屠所之羊] 도살장에 끌려가는 양이라는 뜻으로, 죽음이 눈앞에 닥친 사람을 비유하여 이르는 말. としょのひつじ

도:속[道俗] 도인(道人)과 속인(俗人). どうぞく　ascetic and layman

도:수[度數] ① 거듭하는 횟수(回數). ② 각도·온도 따위의 크기를 나타내는 수. どすう　① times ② degrees

도수[徒手] 맨손. 「~체조(體操)」としゅ　empty hand

도수[都數] 모두 합한 수효. =도합(都合). total

도:수[導水] 물이 일정한 방향으로 흐르도록 물길을 만들어 이끎. 「~관(管)」どうすい water conveyance

도수장[屠獸場] 가축을 잡는 곳. =도살장(屠殺場). butchery

도:술[道術] 도사(道士)나 도가(道家)의 방술. どうじゅつ　magic arts

도:스킨[doeskin] ① 무두질한 암사슴의 가죽. ② 암사슴 가죽처럼 표면을 부드럽게 만든 직물. ドースキン

도습[蹈襲] 옛 정책·방식·수법 등을 그대로 좇아 함. =답습(踏襲). とうしゅう　following

도시[都市] 정치·경제·문화·교통 등의 중심을 이루며, 인구 밀도가 높은 지역. =도회지(都會地). 「~생활(生活)」とし　city

도시[都是] 도무지. 「~알 수 없는 일이다」at all

도시[盜視] 몰래 봄. =도견(盜見). とうし　stealing a glance

도시[圖示] 그림으로 그려서 보임. ずし　illustration

도시 계:획[都市計劃] 도시의 구획·교통·위생·주택 등에 관한 건설·개량·배치 등의 계획. としけいかく　city planning

도식[徒食] 하는 일이 없이 놀면서 지냄. としょく　living an idle life

도식[盜食] 숨어서 몰래 먹거나 훔쳐서 먹음. ぬすみぐい　eating secretly

도식[塗飾] 칠을 해서 꾸밈. としょく　painting

도식[圖式] 사물의 구조나 관계 등을 그림으로 나타낸 것. ずしき　diagram

도신[刀身] 칼의 몸체. とうしん　sword blade

도심[盜心] 남의 물건을 훔치려 하는 마음. 「~이 생기다」とうしん·ぬすみごころ

propensity for theft

도심[都心] 도시의 중심.「~지(地)」としん center of the city

도:심[道心] ① 사사로운 욕심을 떨친, 본디 그대로의 마음. ② 불도(佛道)에 귀의(歸依)하는 마음. どうしん ① moral sense ② faith in Buddhism

도안[圖案] 미술품이나 공예품 등의 형상·색채 등을 고안하여 그림으로 나타낸 것.「포스터 ~」ずあん design

도야[陶冶] 몸과 마음을 닦아 기름.「인격(人格)의 ~」とうや cultivation

도약[跳躍] ① 뛰어오름.「~경기(競技)」② 급격히 진보나 발전의 상태에 접어듦. ちょうやく jumping

도:양[渡洋] 바다를 건넘.「~작전(作戰)」とよう crossing the sea

도어[刀魚] 갈치. たちうお hairtail

도:어[倒語] 어법상 말의 차례를 바꾸어 놓은 말. =도문(倒文). words in reversed order

도어엔진[door engine] 압축 공기를 써서 차량의 문을 여닫는 장치. ドアエンジン

도어체크[door check] 문을 자동적으로 천천히 닫히게 하는 장치. ドアチェック

도열[堵列] 많은 사람이 죽 늘어섬. 또는 그 대열. とれつ lining up

도열병[稻熱病] 벼에 생기는 병의 한 가지. 잎에 암갈색의 반점이 생기면서 말라 죽음. とうねつびょう·いもちびょう rice blast disease

도:영[倒影] ① 거꾸로 비친 그림자. ② 해가 질 무렵의 그림자. とうえい ① inverted image ② shadow at sunset

도:영[導迎] 인도하여 맞이함. とうげい

도예[陶藝] 도자기에 관한 미술·공예. とうげい ceramic art

도와[陶瓦] 유약(釉藥)을 바른 기와. 질기와. とうが glazed tile

도:외[度外] 어떤 한도나 범위의 밖. どがい out of scope

도:외시[度外視] 어떤 범위 밖의 것으로 여기고 상관하지 않음. どがいし disregarding

도요[桃夭] 여성의 혼기(婚期)를 달리 이르는 말. とうよう

도요[陶窯] 도자기를 굽는 가마. とうよう kiln

도용[盜用] 몰래 훔쳐서 씀. とうよう using by stealth

도우[屠牛] 소를 잡음. とぎゅう slaughtering cattle

도원[桃源] 무릉도원(武陵桃源)의 준말. とうげん

도원[桃園] 복숭아밭. とうえん

도원결의[桃園結義] 중국 후한 말기에 유비(劉備)·관우(關羽)·장비(張飛)가 도원에서 형제의 의를 맺었다는 고사에서, '의형제를 맺음'을 이르는 말.

도원수[都元帥] ① 고려 이후 전쟁 때 군무(軍務)를 통괄하던 장수. ② 한 지방의 병권(兵權)을 통괄하던 장수.

도위[徒爲] 무익한 일. 헛일. useless thing

도읍[都邑] 서울. capital

도:의[道義] 사람으로서 지켜

야 할 도리. 「~심(心)」どうぎ morality

도이[島夷] 섬나라의 오랑캐. とうい island barbarian

도인[刀刃] 칼날. とうじん edge of a sword

도인[桃仁] 복숭아씨. 한방에서 약재로 쓰임. とうにん kernel of a peach

도:인[道人] ①도(道)를 닦는 사람. =도사(道士). ②천도교(天道敎)를 믿는 사람. どうじん

도:인[導引] 이끎. =인도(引導). どういん inducement

도:인[導因] 어떤 사태를 이끌어 낸 원인. どういん direct cause

도:일[度日] 세월을 보냄. passing the time

도:임[到任] 지난날, 지방의 관리가 임지에 도착함을 이르던 말. arriving at one's new post

도:입[導入] 끌어들임. 「외자(外資)~」どうにゅう introduction

도자기[陶瓷器] 질그릇·오지그릇·사기그릇의 총칭. どうじき ceramics

도작[盜作] 남의 작품의 구상이나 문장 등을 함부로 자기 작품에 끌어다 쓰는 일. 또는 그러한 작품. とうさく plagiarism

도작[稻作] 벼농사. いなさく rice farming

도장[刀匠] 칼을 만드는 일을 전문으로 하는 사람. =도공(刀工). とうしょう swordsmith

도:장[倒葬] 조상의 묘지 윗자리에 자손의 묘를 쓰는 일.

도:장[道場] ①무예를 익히는 곳. ②⇒도량(道場). どうじょう gymnasium

도장[塗裝] 물체의 표면에 도료(塗料)를 칠하는 일. とそう coating with paint

도장[圖章] 나무나 뿔·돌 따위에 개인·단체·관직 등의 이름을 새긴 물건. =인장(印章). seal

도적[盜賊] 도둑. とうぞく robber

도전[挑戰] ①정면으로 싸움을 걺. 「~장(狀)」②어려운 사업이나 기록 갱신 따위에 맞섬. ちょうせん challenge

도전[盜電] 전력을 몰래 훔쳐씀. とうでん surreptitious use of electricity

도절시진[刀折矢盡] 칼은 부러지고 화살은 다 써서 없어졌다는 뜻으로, 기진맥진하여 싸울 기력이 없음을 이르는 말. complete exhaustion

도:정[道程] ⇒노정(路程). どうてい

도정[搗精] 곡식을 찧고 쓿음. 「~업(業)」とうせい milling

도제[徒弟] 어려서부터 스승 밑에서 직업에 필요한 지식·기술 따위를 배우는 직공. とてい apprentice

도조[賭租] 남의 논밭을 빌려서 부치고 그 세(稅)로 해마다 내는 벼. =도지(賭地). rice paid as ground rent

도죄[徒罪] 도형(徒刑)을 받은 죄. とざい

도주[逃走] ⇒도망(逃亡). とうそう

도:중[途中] ①길을 떠나서 어디에 이르기까지의 어느 동안. =노상(路上). ②어떤 일

을 하는 어느 동안. =중도(中途). とちゅう
① on the way ② halfway

도지[賭地] ① 도조(賭租)를 물고 빌려 부치는 논밭이나 집터. ② ⇨도조(賭租).
① rented ground

도지[dodge] 럭비·하키에서 교묘한 동작과 발 움직임으로 상대의 태클이나 수비를 피하면서 빠져나가는 일. ドッジ

도지볼[dodge ball] 피구(避球). ドッジボール

도:지사[道知事] 도(道)의 행정 사무를 총괄하는 지방 장관. ⓒ지사(知事).

도:착[到着] 목적지에 다다름. =도달(到達). とうちゃく arrival

도:착[倒錯] 위아래가 뒤바뀌어 어긋남. とうさく perversion

도찬[逃竄] 달아나서 숨음. =도닉(逃匿). とうざん escape

도찰[刀擦] 잘못된 글자를 칼로 긁어 고침. rubbing off wrong words with a knife

도찰[塗擦] 바르고 문지름. とさつ embrocation

도침[圖讖] 미래의 길흉을 예언하는 술법. 또는 그러한 내용이 적힌 책.「~설(說)」 prophetic book

도창[刀創] 칼에 베이어 다친 자리. =도흔(刀痕). とうそう sword cut

두창[刀槍] 칼과 창. sword and a lance

도:처[到處] 가는 곳. 곳곳. 가는 곳마다.「~선화당(宣化堂)」 everywhere

도청[淘淸] 흐린 물 따위를 가라앉혀서 맑게 함. sedimentation

도청[盜聽] 몰래 엿들음.「~장치」とうちょう tapping

도:청[道廳] 도(道)의 행정 사무를 맡아보는 지방 관청. どうちょう provincial office

도:청도설[塗聽塗說] 길거리에 떠도는 뜬소문. どうちょうとせつ town talk

도:체[導體] 열(熱)이나 전기 따위를 잘 전하는 물체. ↔부도체(不導體). どうたい conductor

도축[屠畜] 가축을 도살함.「~장(場)」とちく butchery

도:출[導出] 어떤 판단이나 결론을 이끌어 냄. どうしゅつ

도충[稻蟲] 벼를 해치는 벌레의 총칭. いなむし

도취[陶醉] ① 거나하게 취함. ② 무엇에 마음이 쏠려 취하다시피 됨. とうすい
① intoxication ② rapture

도취[盜取] 훔쳐서 가짐. とうしゅ stealing

도:치[倒置] 위치나 차례를 뒤바꾸어 놓음.「~법(法)」とうち inversion

도큐먼트[document] 자료 문서(文書). 기록 영화. ドキュメント

도킹[docking] ① 인공 위성·우주선 등이 우주 공간에서 결합하는 일. ② 배를 독(dock)에 넣는 일. ドッキング

도탄[塗炭] 몹시 비참하고 고통스러운 처지.「~에 빠지다」とたん dire distress

도태[淘汰] ① 물에 일어서 쓸모 없는 것을 가려 낸다는 뜻으로, 쓸모 없거나 부적당한 것을 없애 버림. ② 자연 환경에 적응하지 못한 생물이 멸

망하는 일. とうた
① weeding out ② selection

도토[陶土] 도자기의 원료로 쓰는 질흙. とうど
potter's clay

도:통[道通] 사물의 깊은 이치를 깨달아 훤히 앎.
spiritual awakening

도트[dot] 점. 물방울 무늬. ドット

도트매트릭스프린터[dot matrix printer] 가로 세로로 평행하게 배열된 여러 개의 점을 조합(調合)하여 글자를 만드는 방식의 프린터. ドットマトリックスプリンター

도트맵[dot map] 점의 크기나 빽빽한 정도로써 인구·산물(產物) 등의 분포를 나타내는 지도. ドットマップ

도:파[道破] 끝까지 다 말함. 딱 잘라 말함. =설파(說破). どうは   clear statement

도판[圖版] 책에 실린 그림. ずはん   illustration

도포[塗布] 약 따위를 바름. とふ   application

도:포[道袍] 지난날, 선비가 평상복으로 입던, 소매가 넓고 깃이 곧은 겉옷.

〔도포〕

도:표[道標] 도로가 벋어 나간 방향이나 거리 등을 나타내어 길가에 세운 표지물. どうひょう·みちしるべ guidepost

도표[圖表] 그림으로 나타낸 표. ずひょう   graph

도피[逃避] 도망하여 피함. =도찬(逃竄)·타피(躱避). とうひ

escape

도:핑[doping] 운동 선수가 운동 능력을 높이기 위해 흥분제나 근육 증강제(增強劑) 등의 약물을 사용하는 일.

도하[都下] 서울 안. 도성 안. とか   in the capital

도:하[渡河] 강을 건넘. =도강(渡江). 「~ 작전(作戰)」 とか   crossing the river

도:학[道學] ① 도덕에 관한 학문. 「~ 군자(君子)」 ② ⇨정주학(程朱學). ③ ⇨도교(道敎). どうがく   ① morality

도한[盜汗] 잠자는 동안에 나는 식은땀. とうかん
night sweat

도합[都合] 모두 합한 것. 「~ 50만원」 つごう   total

도:항[渡航] 선박이나 항공기편으로 해외(海外)에 감. 「~증(證)」 とこう   passage

도해[圖解] 그림으로 풀이함. 또는 그런 내용의 책. 「어류(魚類) ~」 ずかい illustration

도:현[倒懸] ① 거꾸로 매달림. ② 위험이 바싹 닥침. とうけん   ① hanging upside down ② pressing danger

도형[徒刑] 오형(五刑)의 하나. 죄인을 곤장으로 다스려 징역에 처하는 형벌. とけい

도형[圖形] ① 그림의 모양. ② 면(面)·선(線)·점(點) 등으로 이루어진 형태. ずけい
② figure

도:혼[倒婚] 형제 자매 중 나이가 아래인 사람이 먼저 혼인함. 또는 그런 혼사. =역혼(逆婚).
marriage in reverse order

도홍[桃紅] 복숭아꽃 같은 엷은 분홍빛. 「~색(色)」   pink

도화[桃花] 복숭아꽃. とうか 桃花
peach blossom

도:화[道化] 도(道)로써 교화함. 道化

도화[圖畫] ① 그림과 도안(圖案). ② 그림 그리기. ずが 圖畫
① picture and design ② drawing

도:화선[導火線] ① 폭발물이 터지도록 불을 붙이는 심지. ② 어떠한 사건이 일어나게 된 직접적인 원인. どうかせん 導火線
① fuse ② cause

도회[都會] 도회지(都會地)의 준말. 都會

도회[韜晦] 재주나 지혜·학문 등을 감추고 드러내지 않음. とうかい incognito 韜晦

도회지[都會地] 인구가 많고 번화한 고장. 준도회(都會). 都會地

도흔[刀痕] 칼에 베인 흔적. とうこん sword scar 刀痕

독[禿] ① 모지라질 독:모지라지다. 「禿筆(독필)·禿毫(독호)」 ② 대머리 독:대머리. 「禿頭(독두)·禿頂(독정)·禿山(독산)」トク ② はげ 禿筆 禿頭

독[毒]* ① 독할 독:독하다. 「毒計(독계)·毒種(독종)」 ② 해할 독:해롭다. 독. 「毒舌(독설)·毒婦(독부)·毒矢(독시)」ドク 毒婦

독[督]* ① 감독할 독:감독하다. 「監督(감독)·督率(독솔)·督軍(독군)」 ② 권할 독:권하다. 「督勵(독려)」 ③ 재촉할 독:재촉하다. 「督促(독촉)·督納(독납)」 ④ 대장 독:대장. 「提督(제독)」トク ① みはる 督促

독[獨]* 홀로 독:홀로, 혼자, 마음대로. 「獨身(독신)·獨步(독보)·獨斷(독단)·獨善(독선)·獨白(독백)」ドク·ひとり 獨身

독[篤]* ① 도타울 독:도탑다. 두텁다. 「篤實(독실)·篤信(독신)·篤行(독행)」 ② 위중할 독:위중하다. 「危篤(위독)·篤疾(독질)」トク ① あつい 篤實 危篤

독[瀆] ① 흐릴 독:흐리다. 더럽히다. 「瀆職(독직)·冒瀆(모독)」 ② 개천 독:개천. 「汚瀆(오독)」 ③ 거만할 독:거만하다. 업신여기다. 「瀆慢(독만)」トク·ドク ① けがす 瀆職 冒瀆

독[牘] ① 편지 독:편지. 「簡牘(간독)·尺牘(척독)」 ② 공문 독:공문. 「牘背(독배)·牘尾(독미)」トク ① てがみ·かきもの 簡牘

독[犢] 송아지 독:송아지. 「犢車(독거)·犢牛(독우)」トク·こうし 犢牛

독[讀]* ① 읽을 독:읽다. 「讀書(독서)·讀破(독파)·朗讀(낭독)·愛讀(애독)·購讀(구독)」 ② 구절 두:구절. 「吏讀(이두)·句讀(구두)」トク·ドク·トウ ① よむ 讀書 愛讀

독[dock] 선거(船渠). ドック 船渠

독감[毒感] ① 지독한 감기. ② 유행성 감기. 毒感
① bad cold ② influenza

독거[獨居] 혼자 삶. どっきょ solitary life 獨居

독경[篤敬] 언행이 성실하고 공손함. とっけい moderation 篤敬

독경[讀經] 경문(經文)을 소리 내어 읽음. どきょう Sutra chanting 讀經

독공[篤工] 학업에 부지런히 힘씀. hard working 篤工

독공[獨工] 홀로 공부함. studying alone 獨工

독공[篤恭] 인정이 두텁고 공손함. とっきょう 篤恭

독과점[獨寡占] 독점과 과점. 「~ 사업(事業)」 monopoly and oligopoly

독기[毒氣] ① 독의 성분이나 기운. ② 사납고 모진 기운. どくけ・どっけ ① poisonous character ② malice

독납[督納] 세금을 바치도록 독촉함. pressing tax payment

독녀[獨女] 외딸. only daughter

독농[篤農] ⇨근농(勤農). とくのう

독단[獨斷] 자기 혼자만의 생각으로 결단함. 「~론(論)」 どくだん arbitrary decision

독담[獨擔] 독담당(獨擔當)의 준말.

독담당[獨擔當] 어떤 일을 혼자서 담당함. 준독담(獨擔). taking sole charge

독대[獨對] 지난날, 벼슬아치가 홀로 임금을 대하고 정치에 관한 의견을 아뢰던 일.

독도법[讀圖法] 지도가 표시하고 있는 내용을 해독하는 방법. どくずほう map reading

독두[禿頭] 대머리. とくとう・はげあたま bald head

독락[獨樂] 혼자 즐김. どくらく

독려[督勵] 감독하며 격려함. とくれい encouragement

독력[獨力] 혼자의 힘. どくりょく one's own efforts

독로시하[篤老侍下] 일흔 살이 넘은 부모를 모시고 있는 처지.

독론[篤論] 빈틈없는 착실한 논의(論議). とくろん close argument

독료[讀了] 책을 다 읽음. どくりょう

독립[獨立] ① 남에게 의지하거나 속박을 받지 않고 독자적으로 활동하거나 생활함. 「~생계(生計)」 ② 정치적으로 한 나라가 완전한 주권을 행사함. 「자주(自主) ~」 どくりつ independence

독립독행[獨立獨行] 남에게 의지하지 않고 자기의 뜻에 따라 행동함. どくりつどっこう doing by oneself

독목[禿木] 잎이 다 떨어진 앙상한 나무. bare tree

독목교[獨木橋] 외나무다리. a single-log bridge

독목주[獨木舟] 통나무를 파서 만든 작은 배. 마상이. canoe

독무대[獨舞臺] 독판. 독장치는 판. playing alone

독물[毒物] ① 독성이 있는 물질. どくぶつ ② 악독한 사람. ① poisonous substance ② vicious person

독방[獨房] ① 혼자서 쓰는 방. ② 교도소·구치소 등에서, 죄수 한 사람만을 가두는 방. どくぼう ① single room ② solitary cell

독백[獨白] 연극에서, 배우가 상대자 없이 혼자서 말함. 또는 그 대사(臺詞). どくはく monologue

독법[讀法] 읽는 법. どくほう way of reading

독보[獨步] ① 혼자 걸음. ② 달리 견줄 사람이 없이 뛰어남. どっぽ ① walking alone ② uniqueness

독본[讀本] 글을 읽어서 익히기 위한 책. どくほん

독부[毒婦] 몹시 악독한 계집. どくふ wicked woman

독부[獨夫] ① 홀몸인 남자. ②

인심을 잃어 남의 도움을 받지 못하게 된 남자. どくふ ① bachelor ② person left out

독불장군[獨不將軍] ① 혼자서는 장군이 될 수 없다는 뜻으로, 혼자 잘난 체하며 뽐내다가 남에게서 따돌림을 받은 사람을 이르는 말. ② 남의 생각은 무시하고 저 혼자 모든 일을 처리하는 사람을 이름. ① man of self-assertion

독사[毒死] 독약에 의해서 죽음. どくし killing by poison

독사[毒砂] 황비철광(黃砒鐵鑛). どくしゃ

독사[毒蛇] 이빨에 독선(毒腺)을 가지고 있는 뱀을 통틀어 이르는 말. どくじゃ viper

독산[禿山] 나무가 없어 흙이 드러난 산. 민둥산. はげやま bald hill

독산[獨山] ① 한 집안에서만 쓰는 산소. ② 외따로 떨어져 있는 산.

독살[毒殺] 독물이나 독약을 써서 죽임. =독해(毒害). どくさつ poisoning

독삼탕[獨蔘湯] 맹물에 인삼 한 가지만 넣어 달인 약. どくじんとう

독상[獨床] 혼자 먹도록 차린 음식상. ↔겸상(兼床). table for one person

독생자[獨生子] 기독교에서, 하느님의 외아들인 예수를 이르는 말. Jesus Christ

독서[讀書] 책을 읽음. 「~삼매(三昧)」どくしょ reading

독선[獨船] 혼자서 세를 내고 빌린 배. chartered boat

독선[獨善] 자기만이 옳다고 생각하고 행동하는 일.「~적(的)」どくぜん self-righteousness

독선생[獨先生] 한 집 아이만을 맡아 가르치는 선생. private teacher

독설[毒舌] 남을 지나치게 헐뜯거나 해치는 몹쓸 말. どくぜつ vituperation

독성[毒性] 독이 있는 성분. 「배기 가스의 ~」どくせい virulence

독소[毒素] ① 유기 물질이 썩어서 생기는 독이 있는 화합물(化合物). ② 해로운 요소. 「~ 제거(除去)」どくそ toxin

독송[讀誦] 소리를 내어 읽거나 욈. =송독(誦讀). どくしょう reading aloud

독수[毒手] 남을 해치려는 악독한 수단. =독아(毒牙). どくしゅ vicious means

독수[獨守] ① 혼자서 지킴. ② ⇨독숙(獨宿). ① guard by oneself

독수[獨修] 혼자서 배워 익힘. =독습(獨習). どくしゅう self-learning

독숙[獨宿] 혼자서 잠. =독수(獨守). sleeping by oneself

독순술[讀脣術] 상대편의 입술의 움직임과 그 모양 등을 보고 말의 뜻을 알아내는 기술. =독순법(讀脣法). どくしんじゅつ lip reading

독습[獨習] 혼자서 배워 익힘. =독수(獨修). どくしゅう self-teaching

독시[毒矢] 독약을 묻힌 화살. 독화살. =독전(毒箭). どくや poisoned arrow

독시[毒弑] 독약으로 윗사람을 죽임. どくし poisoning a superior

독식[獨食] ① 혼자서 먹음. ②

이익을 혼자서 차지함. ① eating by oneself ② monopoly

독신[獨身] ① 가족이 없이 혼자인 사람. ② 배우자가 없이 혼자인 사람. 「~자(者)」どくしん　　　single life

독신[篤信] 독실하게 믿음. 「~자(者)」とくしん devotion

독신[獨慎] ① 혼자서 스스로 근신(謹慎)함. ② 교도소에서 규칙을 어긴 재소자를 독방에 가두어 근신시키는 일. どくしん ① being on one's good behavior ② solitary confinement

독실[篤實] 열성스럽고 착실함. とくじつ　　　sincerity

독심[毒心] 독살스런 마음. どくしん　　　malice

독심술[讀心術] 남의 생각을 알아내는 술법. どくしんじゅつ　　mind reading

독아[毒牙] ① 독이 있는 이. 독니. ② 악독한 수단. =독수(毒手). どくが ① fang ② evil design

독아[毒蛾] 독나방. どくが　brown-tail moth

독안[獨眼] 애꾸눈. =척안(隻眼). どくがん blindness of one eye

독안타[獨鞍駝] 등에 혹이 하나만 있는 낙타의 한 종류. 단봉(單峰) 낙타. dromedary

독액[毒液] 독기가 들어 있는 액체. どくえき poisonous liquid

독야청청[獨也靑靑] 홀로 푸르다는 뜻으로, 홀로 절개를 지켜 늘 변함이 없음을 이르는 말. standing alone with constant fidelity

독약[毒藥] 독성이 강한 약제. どくやく　　　poison

독어[獨語] ① 혼자말. =독언(獨言). ② 독일어(獨逸語)의 준말. 「~ 독문학(獨文學)」どくご　　① monologue

독언[獨言] 혼자서 중얼거리는 말. =독어(獨語). どくげん・ひとりごと　　soliloquy

독연[獨演] 혼자서 하는 연기(演技). どくえん sole performance

독염[毒焰] ① 독기를 내뿜는 불꽃. ② 독살을 피우는 기세. どくえん ① poisonous flame ② malicious spirit

독와[獨臥] 홀로 잠. =독침(獨寢). どくが sleeping alone

독우[篤友] 정이 두터운 벗, 또는 그러한 우애(友愛). intimate friend

독우[犢牛] 송아지. calf

독음[獨吟] 혼자서 시가 따위를 읊조림. どくぎん

독음[讀音] ① 글 읽는 소리. ② 한자(漢字)의 음(音). ① voice of reading

독이[毒栮] 독버섯. poisonous mushroom

독인[毒刃] 흉한(兇漢)의 칼. 「~에 쓰러지다」どくじん dagger of an assassin

독일[獨逸] 도이칠란트(Deutschland). ドイツ Germany

독일어[獨逸語] 인도 유럽 어족 중 게르만 어파 서게르만 어군에 속하는 언어. 준독어(獨語). German

독자[獨子] 외아들. only son

독자[獨自] ① 저 혼자. ② 그 자체에만 특유(特有)함. 「~성(性)」どくじ ① individual ② originality

독자[讀者] 책·신문·잡지 따위의 출판물을 읽는 사람. 「~층(層)」どくしゃ reader

독작[獨酌] 혼자서 술을 따라 마심. ↔대작(對酌). どくしゃく drinking by oneself

독재[獨裁] 특정한 개인·단체·계급 등이 권력을 쥐고 모든 일을 지배하거나 처리함. 「~정치(政治)」どくさい despotism

독전[督戰] 전투를 독려함. 「~대(隊)」とくせん leading in battle

독점[獨占] 혼자서 다 차지함. 「~사업(事業)」どくせん monopoly

독제[毒劑] 독성이 있는 약제. =독약(毒藥). どくざい poisonous medicine

독존[獨存] 홀로 존재함. どくそん existing alone

독존[獨尊] 자기만이 다른 누구보다도 존귀(尊貴)함. 「유아(唯我)~」どくそん self-importance

독종[毒腫] 악성인 종양. malignant tumor

독종[毒種] ①성질이 독한 사람. ②성질이 고약한 짐승의 품종. ① cold-blooded person ② fierce animal

독좌[獨坐] 혼자 앉아 있음. どくざ sitting alone

독주[毒酒] ①알코올 농도가 매우 높은 술. ②독약을 탄 술. どくしゅ ① strong liquor ② poisoned liquor

독주[獨走] ①혼자 달림. ②남과는 관계없이 제 마음대로 행동함. どくそう ① running alone ② having a free hand

독주[獨奏] 혼자 악기를 연주함. ↔합주(合奏). 「~회(會)」どくそう recital

독지[篤志] 인정이 많고 친절한 마음. 「~가(家)」とくし benevolence

독직[瀆職] 직책을 더럽힘. 「~사건(事件)」とくしょく corruption

독질[毒疾] 잘 낫지 않는 고약한 병. =악질(惡疾). malignant disease

독질[毒質] ①독한 성질. ②독의 성분. どくしつ ① venomous disposition

독질[篤疾] 위독한 병. =중환(重患)·중병(重病). とくしつ dangerous illness

독창[毒瘡] 잘 낫지 않는 고약한 부스럼. malignant tumor

독창[獨唱] 혼자서 노래를 부름. 또는 그러한 노래. ↔합창(合唱). 「~회(會)」どくしょう solo

독창[獨創] 자신만의 독특한 생각으로 새로운 것을 만들거나 고안해 냄. 「~적(的)」どくそう originality

독책[督責] ①몹시 재촉함. ②몹시 책망함. とくせき ① urging ② reproving excessively

독처[獨處] 홀로 지냄. どくしょ dwelling alone

독천장[獨擅場] 자기 마음대로 해동할 수 있는 곳. どくせんじょう

독초[毒草] ①독이 있는 풀. どくそう ②매우 독한 담배. ① poisonous plant ② strong tobacco

독촉[督促] 빨리 하도록 재촉함. 「~장(狀)」とくそく urging

독축[讀祝] 제사에서 축문(祝文)을 읽음. 讀祝

독충[毒蟲] 독이 있는 벌레. 독벌레. どくむし・どくちゅう 毒蟲
poisonous insect

독칙[督飭] 감독하고 타이름. 督飭

독침[毒針] ① 일부 곤충의 독을 내쏘는 바늘 같은 기관. ② 독을 바른 바늘. どくしん 毒針
① poison stinger ② poisoned needle

독침[獨寢] 홀로 잠. =독와(獨臥). 獨寢
sleeping alone

독탕[獨湯] 혼자 쓰도록 된 목욕탕. 獨湯
private bathroom

독트린[doctrine] ① 교리(敎理). ② 주의(主義). 정책상의 원칙. ドクトリン 敎理

독특[獨特] 특별히 다름. 「~한 구상(構想)」どくとく 獨特
peculiarity

독파[讀破] 책을 끝까지 다 읽어 냄. 「역사 소설을 ~하다」どくは 讀破
reading through

독필[禿筆] 몽당붓. とくひつ 禿筆
stumped brush

독필[毒筆] 남을 욕하거나 해치려고 놀리는 붓끝. 또는 그러한 내용의 글. どくひつ 毒筆
spiteful pen

독학[督學] 학사(學事)를 감독함. 「~ 기관(機關)」とくがく 督學
supervision of study

독학[獨學] 스승이 없이, 또는 학교에 다니지 않고 혼자서 공부함. どくがく 獨學
self-education

독학[篤學] 독실하게 학문에 열중함. 「~지사(之士)」とくがく 篤學
devotion to one's studies

독해[毒害] 독약으로 남을 죽임. =독살(毒殺). どくがい 毒害
poisoning

독해[讀解] 글을 읽어서 이해함. 「~력(力)」どっかい 讀解
comprehension

독행[篤行] 성실하고 부지런한 행실. とっこう good deeds 篤行

독행[獨行] ① 혼자서 감. ② 남에게 의지하지 않고 혼자 힘으로 해 나감. どっこう 獨行
① going alone ② self-reliance

독혈[毒血] 독이 있는 나쁜 피. 毒血
bad blood

독호[獨戶] ① 늙고 아들이 없는 구차한 집안. ② 지난날, 세금이나 추렴을 온전한 한 집 몫으로 내는 집을 이르던 말. ① old and childless person ② household 獨戶

독회[讀會] 국회에서, 법률안을 신중히 심의하기 위하여 단계적으로 심의하는 일. 또는 그 모임. 「제일(第一) ~」どっかい 讀會
reading

독효[篤孝] 매우 두터운 효성. とっこう generous filial piety 篤孝

독후[篤厚] 독실하고 인정이 두터움. とっこう sincerity 篤厚

독후감[讀後感] 책을 읽고 난 뒤의 느낌. 또는 그것을 적은 글. どくごかん 讀後感
impressions of a book

독흉[獨凶] 풍년인 해에 한 지방이나 한 집에만 든 흉년. 獨凶

돈:[沌] 혼돈할 돈: 혼돈하다. 「混沌(혼돈)」トン・にごる 混沌

돈[惇] ① 두터울 돈: 두텁다. 인정이 있다. 「惇謹(돈근)·惇德(돈덕)·惇信(돈신)」② 힘쓸 돈: 힘쓰다. 「惇誨(돈회)」トン ① あつい 惇謹

돈[豚]☆ ① 돼지 돈: 돼지. 「豚犬(돈견)·豚肉(돈육)·養豚(양돈)」② 복 돈: 복. 「河豚(하돈)」トン ① ぶた 豚犬

돈[敦]* ① 핍박할 돈: 핍박하다. 「敦迫(돈박)」 ② 도타울 돈: 두텁다. 「敦厚(돈후)·敦睦(돈목)·敦篤(돈독)」 ③ 성낼 돈: 성내다. 「敦圉(돈어)」 トン ② あつい

돈:[頓] ① 조아릴 돈: 조아리다. 「頓首(돈수)」 ② 급할 돈: 급하다. 한꺼번에. 「頓服(돈복)·頓死(돈사)·頓飯(돈반)」 ③ 가지런할 돈: 가지런하다. 「整頓(정돈)」 ④ 그칠 돈: 그치다. 「頓絶(돈절)」 トン ① ぬかずく ② にわか

돈[墩] 돈대 돈: 돈대. 「墩臺(돈대)」 トン·おか

돈견[豚犬] ① 돼지와 개. ② 어리석은 사람의 비유. とんけん ① pig and dog ② stupid person

돈:끽[頓喫] 한꺼번에 마음껏 많이 먹음. eating voraciously

돈대[墩臺] 조금 높고 편편한 땅. high place

돈독[敦篤] 인정이 두터움. 돈후(敦厚). 「우의(友誼)가 ~하다」 warm-heartedness

돈:모[頓牟] 호박(琥珀)을 달리 이르는 말. amber

돈목[敦睦] 일가 친척 사이에 오가는 정이 두터움. とんぼく intimacy

돈:복[頓服] 약 따위를 한 번에 먹음. とんぷく taking a dose at once

돈:사[頓死] 갑자기 죽음. = 급사(急死). とんし sudden death

돈사[豚舍] 돼지우리. とんしゃ pigsty

돈:수[頓首] ① 머리를 조아리고 절함. ② 편지 끝에 경의를 나타내는 뜻으로 쓰는 말. 「~재배(再拜)」 とんしゅ ① bow of the head ② Sincerely Yours

돈실[敦實] 인정이 많고 진실함. とんじつ sincerity

돈아[豚兒] 남에게 자기 아들을 낮추어 이르는 말. =가돈(家豚). とんじ

돈어[豚魚] ① 돼지와 물고기. ② 미련한 사람의 비유. ① pig and fish ② stupid person

돈역[豚疫] 돼지의 법정 전염병. 늑막염이나 폐렴이 따르는 패혈증(敗血症). とんえき hog diseases

돈:오[頓悟] 문득 깨달음. とんご casual understanding

돈육[豚肉] 돼지고기. ぶたにく·とんにく pork

돈:절[頓絶] 소식 따위가 갑자기 끊어짐. sudden ceasing

돈:좌[頓挫] 기세 따위가 갑자기 꺾임. とんざ setback

돈책[豚柵] 돼지우리. pigsty

돈피[豚皮] 돼지 가죽. ぶたがわ pig skin

돈후[敦厚] 인정이 두터움. = 돈독(敦篤). とんこう generosity

돌[乭] 돌 돌: 돌. 주로 이름에 쓰임. 「貴乭(귀돌)·甲乭(갑돌)」

돌[咄] ① 꾸짖을 돌: 꾸짖다. 「咄呵(돌가)」 ② 괴이쩍을 돌: 괴이쩍다. 「咄咄怪事(돌돌괴사)」 ③ 눈 깜짝할 새 돌: 눈 깜짝할 사이. 「咄嗟(돌차)」 トツ ① しかる

돌[突]* ① 우뚝할 돌: 우뚝하다. 「突起(돌기)·突出(돌출)」 ② 다다칠 돌: 다다치다. 부딪다. 「衝突(충돌)·突貫(돌관)」 ③ 별안간 돌: 별안간. 「突然

(돌연)·突發(돌발)·唐突(당돌)」④ 굴뚝 돌: 굴뚝. 「溫突(온돌)·煙突(연돌)」 トツ ②つく

돌격[突擊] 적진으로 거침없이 나아가 침. 「～전(戰)」 とつげき charge

돌관[突貫] ① 힘차게 내밀어서 꿰뚫음. ② 어떤 일을 한 번에 기운차게 해 나감. ③ 고함을 지르며 돌격함. とっかん
① penetration ② accomplishing at a stroke ③ charge

돌기[突起] ① 어떤 것의 한 부분이 도드라지게 불거져 나옴. 또는 그렇게 나온 부분. ② 갑자기 우뚝 솟음. とっき
① projection ② rising suddenly

돌로로소[이 doloroso] 악보에서, '슬픈 기분으로'의 뜻.

돌로마이트[dolomite] 백운석(白雲石). ドロマイト

돌리[dolly] 영화나 텔레비전의 이동식 촬영대(撮影臺). トリー

돌리네[독 Doline] 석회암(石灰巖) 지대에 생기는 움푹 팬 땅. ドリネ

돌먼슬리ː브[dolman sleeve] 위쪽은 낙낙하며 소매부리 쪽으로 가면서 좁아지는 소매형(型). ドルマンスリーブ

돌멘[dolmen] 선사 시대(先史時代)의 거석 기념물로, 납작하고 넓찍한 돌을 양편에 세우고 그 위에 평평한 돌을 얹은 분묘. 고인돌. ドルメン

돌발[突發] 뜻밖의 일이 갑자기 일어남. 「～ 사고(事故)」 とっぱつ outbreak

돌변[突變] 갑작스럽게 달라짐. 「태도(態度)가 ～하다」 sudden change

돌비시스템[Dolby system] 녹음·재생(再生) 과정에서 잡음을 적게 하는 방법. ドルビーシステム

돌연[突然] 별안간. 갑자기. 뜻밖에. ＝돌홀(突忽)·돌여(突如). とつぜん suddenly

돌연 변ː이[突然變異] 생물체에서 어버이의 계통에 없었던 새로운 형질(形質)이 갑자기 나타나는 일. ＝우연 변이(偶然變異). とつぜんへんい mutation

돌올[突兀] 우뚝 솟음. とっこつ loftiness

돌입[突入] 세찬 기세로 갑자기 뛰어듦. とつにゅう inrush

들전[突戰] 돌진하여 싸움. とっせん assault

돌제[突堤] 육지에서 강이나 바다로 길게 내밀게 만든 둑. とってい jetty

돌진[突進] 거침없이 나아감. とっしん rush

돌차[咄嗟] 혀를 차며 탄식함.

돌차간[咄嗟間] 매우 짧은 농안. ＝순식간(瞬息間). brief instant

돌체[이 dolce] 악보에서, '부드럽게·아름답게'의 뜻. ドルチェ

돌출[突出] ① 갑자기 튀어나옴. ② 밖으로 쑥 불거져 나옴. 「～한 바위」 とっしゅつ projection

돌치시모[이 dolcissimo] 악보에서, '가장 부드럽게'의 뜻.

돌탄[咄嘆] 혀를 차며 탄식함. 「～ 막급(莫及)」 clicking one's tongue with regret

돌파[突破] ① 뚫고 나감. 「～

구(口)」 ② 어떤 목표나 수준을 넘어섬. 「기록(記錄) ~」 記錄 とっぱ ① breaking through ② passing

돌풍[突風] 갑자기 세차게 부는 바람. 突風 とっぷう gust of wind

돌핀[dolphin] ① 배를 매어 두기 위하여 부두(埠頭)에 박은 쇠나 콘크리트의 말뚝. 埠頭 ② 돌고래. ドルフィン

돌핀 킥[dolphin kick] 접영(蝶泳)에서, 양다리를 가지런히 하고 발등으로 물을 위아래로 동시에 치면서 나아가는 다리 동작의 하나. 蝶泳

돌홀[突忽] ⇨돌연(突然). 突忽

돔[dome] 반구형(半球形)으로 된 지붕 또는 천장. ドーム 半球形

돔라[러 domra] 만돌린과 비슷한 러시아의 민속 악기. 民俗樂器

동:[冬]* 겨울 동:겨울. 「冬節(동절)·冬至(동지)·冬期(동기)·冬服(동복)·過冬(과동)·冬眠(동면)」 トウ・ふゆ 冬至 過冬

동[同]* ① 한가지 동:같다. 「同一(동일)·同氣(동기)·同級(동급)·同僚(동료)·同等(동등)」 ② 모을 동:모으다. 「會同(회동)·合同(합동)·同盟(동맹)」 ③ 화할 동:화하다. 「同化(동화)·雷同(뇌동)」 ④ 같이 할 동:행동을 같이하다. 「同行(동행)·同棲(동서)」 ドウ ① おなじ 同僚 合同

동[東]* ① 녘녘 동:동녘. 동쪽. 「東西(동서)·東國(동국)·東洋(동양)·極東(극동)·東門(동문)」 ② 봄 동:봄. 「東風(동풍)·東作(동작)」 トウ ① ひがし 東西

동:[洞]* ① 골 동:골. 동굴. 「洞窟(동굴)·洞穴(동혈)·洞天(동천)」 ② 빌 동:비다. 「空洞(공동)」 ③ 동리 동:동리. 「洞里(동리)·洞中(동중)」 ④ 밝을 통:밝다. 꿰뚫다. 「洞見(통견)·洞察(통찰)·洞燭(통촉)」 ドウ ① ほら 洞窟 洞察

동:[凍]☆ ① 얼 동:얼다. 「凍結(동결)·凍傷(동상)·凍土(동토)·凍氷(동빙)·凍屍(동시)」 ② 추울 동:춥다. 「凍餓(동아)·凍雨(동우)」 トウ ① こおる 凍結 凍餓

동[桐]☆ 오동나무 동:오동나무. 「梧桐(오동)·桐花(동화)·桐油(동유)」 トウ・ドウ・きり 梧桐

동:[疼] 아플 동:아프다. 「疼痛(동통)·疼腫(동종)」 トウ・いたむ・うずく 疼痛

동:[胴] 몸 동:몸. 몸체. 「胴體(동체)·胴部(동부)」 ドウ 胴體

동:[動]* ① 움직일 동:움직이다. 「動搖(동요)·自動(자동)·移動(이동)」 ② 행동 동:행동. 「行動(행동)·動作(동작)·擧動(거동)」 ③ 흐트릴 동:흐트리다. 어지럽게 하다. 「騷動(소동)·亂動(난동)·暴動(폭동)」 ドウ・うごく 動搖 移動 亂動

동[棟] 마룻대 동:마룻대. 「棟梁(동량)·棟宇(동우)」 トウ・むね 棟梁

동:[童]* ① 아이 동:아이. 「兒童(아동)·童子(동자)·童心(동심)·牧童(목동)」 ② 벗겨질 동:민둥민둥하다. 「童濯(동탁)」 ③ 뿔 없는 양 동:뿔 없는 양. 「童羖(동고)」 ドウ ① わらべ 兒童 牧童

동:[董] 감독할 동:감독하다. 「董正(동정)·董督(동독)」 トウ・ただす 董正

동:[銅]☆ 구리 동:구리. 「銅鑛(동광)·銅線(동선)·銅像(동상)」 銅線

상)・銅板(동판)」 ドウ・あかがね

동:[憧] ① 마음 동할 동: 마음이 동하다. 들뜨다. 「憧憧(동동)」 ② 그리워할 동: 그리움. 그리워하다. 「憧憬(동경)」 ドウ・ショウ・あこがれる 憧憬

동:[瞳] 눈동자 동: 눈동자. 「瞳子(동자)・瞳孔(동공)・瞳睛(동정)」 ドウ・ひとみ 瞳子

동가[同價] 같은 값. 「～홍상(紅裳)」 どうか　same price 同價

동가식서가숙[東家食西家宿] 동쪽 집에서 먹고 서쪽 집에서 잠잔다는 뜻으로, 떠돌아다니면서 얻어먹고 지냄. 또는 그 사람. 東家食西家宿

동갈[恫喝] 위력으로써 으름. 위협함. どうかつ　threat 恫喝

동감[同感] 남과 같게 느끼거나 생각함. 또는 그 느낌이나 생각. どうかん　sympathy 同感

동갑[同甲] 같은 나이. 또는 나이가 같은 사람. =동경(同庚)・갑장(甲長). 「～내기」 どうこう　same age 同甲

동갱[銅坑] 광산에서 구리를 캐내는 구덩이. どうこう copper mine 銅坑

동거[同居] 한 집에서 같이 삶. どうきょ　living together 同居

동격[同格] 같은 자격이나 지위. どうかく　same rank 同格

동:결[凍結] ① 얼어붙음. ② 자산・자금 등의 사용이나 이동을 금지함. 또는 그 상태. とうけつ　freezing 凍結資金

동경[同慶] 함께 경축함. 같이 기뻐함. どうけい mutual congratulation 同慶

동경[東經] 본초 자오선(本初子午線)을 0도로 해서 동쪽으로 180도까지의 사이에 있는 경선(經線). とうけい east longitude 東經

동경[銅鏡] 구리로 만든 거울. どうきょう　copper mirror 銅鏡

동:경[憧憬] 무엇을 마음에 두고 그리워하여 간절히 생각함. どうけい・しょうけい aspiration 憧憬

동계[同系] 같은 계통. 「～학교」 どうけい　same stock 同系

동:계[冬季] 겨울철. =동기(冬期). とうき　winter time 冬季

동:계[動悸] 심장의 고동이 보통 때보다 심하여 가슴이 울렁거림. どうき　palpitation 動悸

동고[同苦] 같이 고생함. ↔동락(同樂). 「～동락(同樂)한 동료.」 suffering together 同苦

동:공[瞳孔] 눈동자. どうこう pupil 瞳孔

동공이곡[同工異曲] 재주나 솜씨는 같으나 표현하는 형식이나 맛은 서로 다름. どうこういきょく 同工異曲

동광[銅鑛] ① 구리를 캐는 광산. ② 구리가 함유된 광석. どうこう
① copper mine ② copper ore 銅鑛

동교[東郊] ① 동쪽에 있는 들이나 교외(郊外). ② 봄의 들. ③ 서울 동대문 밖 근처.
① eastern suburbs ② spring fields ③ suburbs outside of East Gate of Seoul 東郊

동구[東歐] 유럽의 동부 지역. ↔서구(西歐). とうおう Eastern Europe 東歐

동:구[洞口] 동네 어귀. entrance to a village 洞口

동국[東國] ① 동쪽에 있는 나라. ② 지난날, 중국에 대하여 '우리 나라'를 이르던 말. =동방(東邦). とうごく 東國

동:굴[洞窟] 깊고 넓은 큰 굴. =동혈(洞穴). どうくつ cave

동궁[東宮] ① ⇨ 왕세자(王世子). ② 왕세자가 거처하던 궁전. とうぐう ② palace of the crown prince

동권[同權] 같은 권리. 동등한 권리. どうけん equal rights

동귀일철[同歸一轍] 같은 결과로 돌아감. どうきいってつ

동:극[童劇] 아동극(兒童劇)의 준말.

동근[同根] ① 근본이 같음. ② 자라난 뿌리가 같음. ③ ⇨형제(兄弟). どうこん ① same root

동금[同衾] 남녀가 잠자리를 같이함. =동침(同寢). どうきん sleeping together

동급[同級] ① 같은 등급. ② 같은 계급. ③ 같은 학급. 「～생(生)」 どうきゅう ① same grade ② same rank ③ same class

동:기[冬期] 겨울철. =동계(冬季). とうき winter time

동기[同氣] 형제와 자매를 통틀어 이르는 말. どうき brothers and sisters

동기[同期] ① 같은 시기. ② 학교 교육이나 강습 등을 같은 시기에 함께 받은 사람. 「～생(生)」 どうき ① same period

동:기[動機] 어떤 일이나 행동을 일으키게 하는 내적인 요인. どうき motive

동:기[童妓] 어린 기생.

동기[銅器] 구리로 만든 그릇. どうき copper utensil

동남[東南] ① 동쪽과 남쪽. ② 동쪽과 남쪽의 중간 방향. = 남동(南東). とうなん ① east and south ② southeast

동:남[童男] 사내아이. ↔동녀(童女). 「～동녀(童女)」 どうなん boy

동:납월[冬臘月] 동짓달과 섣달. November and December

동:내[洞內] 동네 안. 마을 안. in the village

동:녀[童女] 계집아이. ↔동남(童男). どうにょ・どうじょ girl

동년[同年] ① 같은 해. ② 같은 나이. 「～배(輩)」 どうねん ① same year ② same age

동단[東端] 동쪽 끝. ↔서단(西端). とうたん eastern end

동당[同堂] 사촌 형제. cousin

동당[同黨] ① 같은 당(黨). ② 같은 무리. どうとう same party

동덕[同德] 천도교(天道教)에서, 신자끼리 서로 부르는 호칭.

동도[同道] ① 같은 도(道). ② 이 도. 그 도. ③ ⇨동행(同行).

동도서말[東塗西抹] 이리저리 간신히 꾸며 대어 맞춤. managing somehow

동도주[東道主] 일정한 방면에서 일정한 곳으로 다니는 길손을 늘 묵게 하여 대접하는 주인. とうどうしゅ

동:독[董督] 감독하고 독촉함. とうとく superintendence

동:두민[洞頭民] 한 동네의 어른이 되는 사람. 또는 식견이 높은 사람.

동두철신[銅頭鐵身] ⇨동두철액(銅頭鐵額).

동두철액[銅頭鐵額] 성질이 모질고 고집이 세며 거만한 사람을 비유하여 이르는 말. = 동두철신(銅頭鐵身).

동:등[冬等] 지난날, 등급을 춘하추동(春夏秋冬)의 넷으로 나눈 것의 넷째 등급. 冬等

동등[同等] 등급·자격·처지 따위가 같음.「~ 자격(資格)」 どうとう　　　same rank 同等

동락[同樂] 다른 사람과 함께 즐김. ↔동고(同苦). どうらく　　sharing joy 同樂

동:란[動亂] 폭동이나 반란·전쟁 등으로 세상이 몹시 어지러워짐. どうらん　upheaval 動亂

동량[棟梁] ① 기둥과 들보. ② 동량지재(棟梁之材)의 준말. とうりょう　pillar and beam 棟梁

동량지재[棟梁之材] 한 집안이나 한 나라의 기둥이 될 만한 인재. 준동량(棟梁). 棟梁之材

동:력[動力] ① 어떤 사물을 움직여 나가는 활동의 근원이 되는 힘. ② 수력·풍력·전력 등의 에너지를 이용하여 기계를 움직이는 힘.「~ 자원(資源)」 どうりょく
① motivity ② motive power 動力

동:력선[動力線] 배전선(配電線) 가운데 일반 전동기(電動機)에 전력을 공급하는 전선(電線). どうりょくせん
power line 動力線

동:력 자:원[動力資源] 동력을 일으키는 자원. 석탄·석유·수력 따위. どうりょくしげん　power resources 動力資源

동렬[同列] ① 같은 줄. ② 같은 수준이나 위치. どうれつ ③ 같은 항렬.　① same line
② same circle ③ same degree of relationship 同列

동:렬[凍裂] 얼어서 터짐. 凍裂

동령[同齡] 같은 나이. =동년 同齡

(同年). どうれい　　same age

동록[銅綠] 구리 거죽에 슨 푸른 녹. =동청(銅靑)·상록(霜綠). copper rust 銅綠

동뢰연[同牢宴] 신랑과 신부가 교배(交拜)를 마치고 술잔을 나누는 잔치.「~ 과부(寡婦)」 wedding reception 同牢宴

동료[同僚] 같은 직장이나 부문에서 함께 일하는 사람. =붕료(朋僚). どうりょう
colleague 同僚

동류[同流] ① 같은 유파(流派). ② 나이나 신분이 서로 같은 사람. =동배(同輩). どうりゅう
① same school 同流

동류[同類] ① 같은 무리. ② 같은 종류. どうるい
same kind 同類

동류[東流] 물이 동쪽으로 흐름. ↔서류(西流). とうりゅう
flowing eastwards 東流

동:륜[動輪] 증기 기관이나 전동기 등에서 회전 동력을 받아 차량을 움직이게 하는 바퀴. どうりん　driving wheel 動輪

동률[同率] 같은 비율. どうりつ
same rate 同率

동:리[洞里] ① 마을. 동네. ② 지방 행정 구역인 동(洞)과 이(里).　　　① village 洞里

동:맥[動脈] ① 심장으로부터 몸의 각 부분으로 피를 보내는 혈관. ② 어떤 분야나 조직에서 으뜸이 되는 줄기를 비유하여 이르는 말. どうみゃく ① artery ② arterial roads 動脈

동맹[同盟] 둘 이상의 국가나 단체 또는 개인이 동일한 목적이나 이익을 위해 같이 행동하기로 약속함. どうめい
alliance 同盟

동맹 파:업[同盟罷業] 노동 罷業

동맹 휴교[同盟休校] 어떤 목적을 위해 학생들이 집단적으로 수업을 거부하고 등교를 하지 않는 일. 준맹휴(盟休). どうめいきゅうこう

동:면[冬眠] 동물이 생활 활동을 멈추고 땅 속 등에서 잠자는 것과 같은 상태로 겨울을 지내는 일. とうみん hibernation

동명[同名] 이름이 같음. 또는 같은 이름. 「~이인(異人)」 どうめい same name

동:명[洞名] 동(洞) 또는 동네의 이름. name of a village

동:명태[凍明太] 얼린 명태. 준동태(凍太).

동:무[童舞] 아이들이 추는 춤. どうぶ children's dance

동문[同文] 같은 글자. 또는 같은 글. 「이하(以下) ~」 どうぶん same sentence

동문[同門] ① 한 스승에게서 같이 배운 사람. 또는 같은 학교를 졸업한 사람. =동문생(同門生). ② 같은 문중(門中)이나 종파(宗派). どうもん ② same family[sect]

동문[東門] 동쪽 문. 동쪽으로 난 문. とうもん eastern gate

동:문[洞門] 동굴(洞窟)의 입구. どうもん entrance of cave

동:물[動物] ① 스스로 움직일 수 있으며 지각·생장·생식의 기능을 가진 생물의 한 가지. ② 짐승. とうぶつ animal

동:민[洞民] 한 동네에 사는 사람. villagers

동반[同伴] 짝이 되어 함께 감. 「부부(夫婦) ~」 どうはん accompanying

동반[同班] ① 서로 같은 반. ② 같은 반열(班列). same class

동반구[東半球] 지구를 동경 160도, 서경 20도 선에서 동서 양쪽으로 나눈 것의 동쪽 부분. ↔서반구(西半球). ひがしはんきゅう eastern hemisphere

동발[銅鈸] 국악에서, 심벌즈와 비슷한 모양의 금부(金部) 타악기의 한 가지. どうばつ

동방[同邦] 같은 나라. =동국(同國). どうほう same country

동방[東方] 동쪽. 「~예의지국(禮儀之國)」 とうほう east

동:방[洞房] ① 침실(寢室). ② 동방화촉(洞房華燭)의 준말. どうぼう

동:방화촉[洞房華燭] 혼례를 치른 뒤에 신랑이 신부 방에서 첫날밤을 보내는 의식. 준동방(洞房).

동배[同輩] 나이나 신분이 서로 같거나 비슷한 사람. どうはい fellow

동백[冬柏] 동백나무의 열매. camellia seeds

동병[同病] 같은 병. 「~상련(相憐)」 どうびょう same disease

동:병[動兵] 군사를 일으킴. mobilization

동병상련[同病相憐] ① 같은 병을 앓는 사람끼리 서로 가엾게 여김. ② 처지가 어려운 사람끼리 서로 동정하고 도움.

동:복[冬服] 겨울옷. ↔하복(夏服). ふゆふく

동복[同腹] 한 어머니에게서 난 동기. ↔이복(異腹). どうふく winter clothes children born of the same mother

동:복[童僕·僮僕] 사내아이 종. =동수(童竪). どうぼく boy

동봉[同封] 봉투에 함께 넣어 봉함. どうふう enclosing

동부[同父] 아버지가 같음. ↔이부(異父). どうふ

동부[東部] 동쪽 부분. ↔서부(西部). とうぶ eastern part

동부[胴部] 가슴·배·등으로 이루어진 몸의 중심 부분. =구간(軀幹). どうぶ trunk

동:부동[動不動] 꼭. 반드시. sure

동부인[同夫人] 아내와 함께 감. going out with one's wife

동북[東北] ① 동쪽과 북쪽. ② 동쪽과 북쪽의 중간 방향. ↔서남(西南). とうほく ① east and north ② northeast

동분[同分] ① 똑같이 나눔. ② 성질이 서로 다른 물질이 원소(元素)와 화합(化合)의 비례를 같이함. ① dividing equally ② isomerism

동분리[同分利] 동업자(同業者)끼리 이익을 똑같이 나눔.

동분서주[東奔西走] 바쁘게 이리저리 돌아다님. =동치서주(東馳西走). とうほんせいそう rushing east and west

동:빙[凍氷] 물이 얾. =결빙(結氷). freezing

동사[同死] 같이 죽음. dying together

동사[同事] 장사나 영업을 같이 함. running in partnership

동:사[凍死] 얼어 죽음. とう freezing to death

동:사[動詞] 사물의 움직임을 나타내는 품사(品詞). どうし verb

동:산[動産] 모양과 성질을 바꾸지 않고 옮길 수 있는 재산. 세간·돈·증권 등. ↔부동산(不動産). どうさん personal estate

동산[銅山] 구리를 캐는 광산. =동광(銅鑛). どうざん copper mine

동산금혈[銅山金穴] 풍성한 자원(資源)이나 재원(財源)을 이르는 말. rich economic resources

동산소[同山所] 두 집안의 무덤을 한 땅에 같이 씀.

동.심[冬三] 겨울의 석 달. 곧, 음력 시월·동짓달·섣달. =동삼삭(冬三朔). winter season

동:삼[童蔘] 어린아이처럼 생긴 산삼(山蔘). =동자삼(童子蔘).

동상[同上] 위에 적힌 사실과 같음. =상동(上同). どうじょう ditto

동상[同床] 잠자리를 같이함. どうしょう sleeping with

동상[東床·東牀·東廂] 남의 새 사위를 점잖게 이르는 말. your son-in-law

동:상[凍傷] 심한 추위에 살가죽이 얼어서 상함. 또는 그 상처. とうしょう chilblains

동상[銅像] 구리 등으로 사람이나 동물의 형상을 만들어 놓은 기념물. どうぞう bronze statue

동상이몽[同床異夢] 겉으로는 같이 행동하면서도 생각은 서로 다름. =동상각몽(同床各夢). どうしょういむ

동색[同色] ① 같은 빛깔. ② 같은 파벌(派閥).「초록(草綠)은 ~」どうしょく
① same color ② same faction

동색[銅色] 구릿빛. 검붉은 빛깔. どうしょく copper color

동생[同生] ① 한 어버이의 자식들 사이에서 나이가 적은 쪽 사람을 이르는 말. ② 같은 항렬의 남자나 여자끼리에서 나이가 적은 쪽 사람을 이르는 말. どうせい
younger brother[sister]

동생공사[同生共死] 생사(生死)를 같이함.
sharing one's fate with

동서[同棲] ① 서로 다른 종류의 동물이 한곳에서 같이 삶. ② 법적인 부부가 아닌 남녀가 한 집에서 함께 살면서 부부 생활을 함. どうせい
① living together

동서[同壻] ① 자매의 남편끼리의 관계. 또는 그런 관계에 있는 사람. ② 형제의 아내끼리의 관계. 또는 그런 관계에 있는 사람.「~간(間)」
① husband of one's wife's sister ② wife of one's husband's brother

동서[東西] ① 동쪽과 서쪽. ② 동양과 서양.「~고금(古今)」とうざい ① east and west

동서불변[東西不辨] 동서를 분별하지 못할 정도로 어리석음.

동시양[東西洋] 동양과 서양. 곧, 전세계.
the Orient and the Occident

동석[同席] 자리를 같이함. 또는 같은 자리. =동좌(同坐). どうせき sitting together

동:석[凍石] 질이 고운 활석(滑石)의 한 가지. 곱돌·석필석 따위. とうせき steatite

동선[同船] 같은 배를 함께 탐. =동주(同舟). どうせん
taking the same ship

동선[銅線] 구리줄. 구리철사. どうせん copper wire

동선하로[冬扇夏爐] 겨울의 부채와 여름의 난로라는 뜻으로, 때에 맞지 않아 쓸데없게 된 물건의 비유. とうせんかろ useless things

동설[同說] ① 같은 학설이나 견해. ② 앞에 말한 그 설. どうせつ ① same theory

동섬서홀[東閃西忽] 동에 번쩍 서에 번쩍. 이리저리 잽싸게 돌아다님을 뜻함.

동성[同性] ① 같은 성질. ② (암수·남녀의) 같은 성(性). ↔이성(異性).「~ 연애(戀愛)」どうせい
① homogeneity ② same sex

동성[同姓] 성(姓)이 같음. 또는 같은 성(姓).「~ 동본(同本)」どうせい same surname

동성[同聲] 같은 소리.「이구(異口)~」どうせい
same voice

동성 동본[同姓同本] 성(姓)과 본관(本貫)이 같음. same surname and family origin

동성애[同性愛] 동성(同性)끼리 사랑함. 또는 동성간의 사랑. どうせいあい
homosexual love

동성이속[同聲異俗] 사람이 날 때는 누구나 같은 소리를 내지만 성장하면서 환경에 따라 언어·습관·풍속이 달라진다는 말로, 사람의 본성은 본디 같으나 교육에 의하여 서로 차이가 생긴다는 뜻. ど

うせいいぞく
동소[同素] 같은 바탕이나 소질. どうそ　same character 同素

동소체[同素體] 같은 원소로 구성되어 있으면서 그 원자의 배열이나 결합, 물리적·화학적 성질을 서로 달리하는 두 가지 이상의 홑원소 물질. どうそたい　allotrope 同素體

동수[同數] 같은 수효. どうすう　same number 同數

동숙[同宿] 한 방이나 한 곳에서 함께 묵음. どうしゅく　lodging together 同宿

동승[同乘] 탈것에 같이 탐. どうじょう　riding together 同乘

동시[同時] 같은 때. 같은 시각. どうじ　same time 同時

동시[同視] ① 안 가지고 봄. =동일시(同一視). ② 똑같이 대우함. どうし　putting in the same category 同視

동:시[凍屍] 얼어 죽은 시체. frozen corpse 凍屍

동:시[童詩] ① 어린이의 정서와 동심이 세계를 표현한 시. ② 어린이가 지은 시. =아동시(兒童詩). どうし　children's verse 童詩

동시 녹음[同時錄音] 영화 따위에서 촬영과 동시에 녹음하는 일. どうじろくおん　synchronous recording 同時錄音

동:식물[動植物] 동물과 식물. どうしょくぶつ　animals and plants 動植物

동심[同心] ① 마음을 같이함. 또는 같은 마음. 「~동력(同力)」 ② 수학에서, 여러 도형의 중심(中心)이 같음을 이름. どうしん　① accord ② concentricity 同心 中心

동:심[動心] 마음이 움직임. 動心
being inclined to

동:심[童心] 어린이의 마음. 또는 어린이와 같은 순진한 마음. 「~으로 돌아가다」 どうしん　child's mind 童心

동:아[冬芽] 늦여름이나 가을에 생겨 겨울을 나고 이듬해 봄에 싹이 트는 눈. 겨울눈. とうが　winter buds 冬芽

동아[東亞] 아시아의 동부(東部). とうあ　East Asia 東亞

동:아[凍餓] 헐벗고 굶주림. とうが　hunger and cold 凍餓

동안[同案] ① 같은 안건. ② 그 안건. どうあん　① same item 同案

동안[東岸] 강·바다·호수의 동쪽 연안. ↔서안(西岸). とうがん　east coast 東岸

동:안[童顔] ① 어린아이의 얼굴. ② 나이 든 사람의 어린아이와 같은 얼굴. どうがん　boyish face 童顔

동액[同額] 같은 금액. 같은 액수. どうがく　same sum 同額

동:야[冬夜] 겨울밤. winter night 冬夜

동양[東洋] 동쪽 아시아 지역. ↔서양(西洋). 「~사(史)」 とうよう　Orient 東洋

동업[同業] ① 같은 직업이나 영업. 「~조합(組合)」 どうぎょう ② 두 사람 이상이 영업을 함께 함. 또는 그 영업. ① same trade ② joint enterprise 同業

동연[同然] 다름이 없음. どうぜん　similarity 同然

동왕[同王] ① 같은 임금. ② 그 임금. どうおう　① same king 同王

동:요[動搖] ① 흔들려서 움직임. ② 사상이나 신념이 확고 動搖

하지 못하고 흔들림. ③ 혼란스러워 갈팡질팡함. どうよう ① quaking ③ restlessness

동:요[童謠] 어린이들의 정서를 표현한 노래. 또는 어린이들이 부르는 노래. どうよう children's song

동:원[動員] ① 군대를 전시편제(戰時編制)로 전환시키는 일. ② 인적·물적 자원을 통제·운용하거나 집중시키는 일. 「～령(令)」 どういん mobilization

동위[同位] ① 같은 위치. ② 같은 지위. どうい same rank

동위 원소[同位元素] 원자 번호는 같으나 질량수가 다른 원소. どういげんそ isotope

동음[同音] 같은 소리. 동일한 음. どうおん same sound

동읍[同邑] ① 같은 읍. ② 그 읍.

동:의[冬衣] 겨울옷. ＝동복(冬服). ↔하의(夏衣). winter clothes

동의[同意] ① 같은 의미. ② 같은 의견. ③ 의견이나 의사를 같이함. ↔이의(異意). どうい ① same meaning ② same opinion ③ approval

동의[同義] 같은 뜻. ↔이의(異義). どうぎ same meaning

동의[胴衣] ① 남자가 입는 저고리. ② 조끼. どうい ② vest

동:의[動議] 회의 때에 도의할 문제를 제기함. 또는 그 제의. どうぎ motion

동의어[同義語] 뜻이 같은 말. どうぎご synonym

동이[同異] 같은 것과 다른 것. ＝이동(異同). どうい sameness and difference

동인[同人] ① 같은 사람. ② 어떤 일에 뜻을 같이하여 모이는 사람. 「～잡지」 どうじん·どうにん ① same person ② comrade

동인[同仁] 멀고 가까움에 차별을 두지 아니하고 널리 평등하게 사랑하는 일. 「일시(一視)～」 どうじん loving equally

동:인[動因] 어떤 현상을 일으키거나 변화시키는 직접적인 원인. どういん motive

동인[銅印] 구리에 새긴 도장. copper seal

동일[同一] 똑같음. どういつ sameness

동일[同日] ① 같은 날. ② 그 날. どうじつ ① the same day

동:자[童子] 사내아이. ＝동남(童男). どうじ boy

동:자[瞳子] 눈동자. どうし pupil

동:자석[童子石] ① 사내아이의 형상으로 만들어 무덤 앞에 세우는 돌. ② 돌 난간 기둥 사이의 죽석(竹石)을 받치는 돌. ＝동자주(童子柱). ① stone image of a child in front of the grave

동:작[動作] 몸이나 손발의 움직임. 「기거(起居)～」 どうさ movement

동:잠[動箴] 공자가 제자에게 말한 네 가지 경계의 하나로, 예(禮)가 아니면 움직이지 말라는 것.

동:장[洞長] 동(洞)의 행정 책임자. 또는 그 직위. village headman

동장[銅章] ① 구리로 만든 도장. ＝동인(銅印). ② 구리로 만든 기념장(紀念章)을 통틀어 이르는 말. どうしょう ①

copper seal ② bronze medal

동:장군[冬將軍] 겨울철의 심한 추위를 이르는 말. 冬將軍
    rigorous winter

동:저[凍猪] 내장을 빼고 튀해서 얼린 돼지고기. 凍猪

동:적[動的] 활동성이 있는 것. ↔정적(靜的). どうてき 動的
    dynamic

동전[銅錢] 구리 또는 구리의 합금으로 만든 돈. =동화(銅貨). どうせん copper coin 銅錢

동:전기[動電氣] 유동(流動)하고 있는 전기. ↔정전기(靜電氣). どうでんき 動電氣
    dynamic electricity

동:절[冬節] 겨울철. =동계(冬季). winter season 冬節

동점[同點] 같은 점수. どうてん 同點
    tie

동점[東漸] 세력이나 영향이 동쪽으로 점차 옮아감. ↔서점(西漸). とうぜん 東漸
    eastward advance

동접[同接] 같은 곳에서 함께 공부함. 또는 그런 벗. =동연(同硯)·동학(同學). 同接
    fellow student

동정[同情] 남의 어려운 사정을 자기 일처럼 생각하여 마음 아파하는 일. 또는 그런 마음으로 위로하는 일. どうじょう sympathy 同情

동:정[動靜] 어떤 일이나 상황 등이 벌어지고 있는 낌새. 「~을 살피다」どうせい 動靜
    movements

동:정[童貞] ① 아직 이성과 성적 관계를 가진 일이 없는 사람. 또는 그러한 상태. ② 가톨릭에서 수도자를 이르는 말. どうてい ① chastity 童貞

동:정녀[童貞女] ① 동정인 여자. ② 가톨릭에서, 성모(聖母) 마리아를 이르는 말. どうていじょ ① virgin 童貞女

동정식[同鼎食] 한솥밥을 먹는다는 뜻으로, 한 집에서 같이 삶을 이르는 말. 同鼎食
    living together

동제[銅製] 구리로 만듦. 또는 그 물건. 「~품(品)」どうせい 銅製
    made of copper

동조[同祖] 조상이 같음. 또는 같은 조상. どうそ 同祖

동조[同調] ① 같은 가락. ② 남의 의견이나 주장(主張)에 찬동하여 따르거나 보조를 같이함. 「~자(者)」どうちょう ① same tune 同調主張

동족[同族] ① 같은 겨레. 「~상잔(相殘)」② ⇨동종(同宗). どうぞく same clan 同族

동:족방뇨[凍足放尿] 언 발에 오줌 누기라는 뜻으로, 어떠한 사물이 한때의 도움이 될 뿐 바로 효력이 없어짐을 이르는 말. 凍足放尿

동종[同宗] ① 같은 종파. ② 한 조상으로부터 갈라져 내려온 동성 동본의 일가. 同宗

동종[同種] 같은 종류. =동류(同類). どうしゅ same kind 同種

동좌[同坐] 자리를 같이하여 앉음. どうざ sitting together 同坐

동죄[同罪] 같은 죄. どうざい same crime 同罪

동주[同舟] 같은 배를 함께 탐. =동선(同船). 「오월(吳越)~」どうしゅう 同舟
    taking the same ship

동:중[洞中] 동네 안. =동내(洞內). in the village 洞中

동지[冬至] 이십사 절기의 하나. 양력 12월 22일이나 23일이 됨. とうじ winter solstice 冬至

동지[同志] 목적이나 뜻을 같이함. 또는 그런 사람. どうし comrade

동:지[動止] 행동거지(行動擧止)의 준말. どうし

동질[同質] 같은 본질 또는 성질. どうしつ homogeneity

동:차[動車] ⇨ 기동차(汽動車).

동:차[童車] 어린아이를 태워서 밀거나 끌고 다니게 만든 조그마한 수레. =유모차(乳母車). baby carriage

동참[同參] 함께 참가함. どうさん attending together

동창[同窓] ① 같은 학교 또는 같은 스승 밑에서 공부한 관계. ② 동창생(同窓生)의 준말. どうそう schoolmate

동창[東窓] 동쪽으로 난 창. east window

동:창[凍瘡] 심한 추위로 살가죽이 얼어서 생기는 헌데. とうそう frostbite

동창생[同窓生] 같은 학교를 졸업한 사람. 준동창(同窓). どうそうせい

동처[同處] ① 같은 곳. ② 한 방에서 함께 지냄. ① same place

동:천[冬天] ① 겨울 하늘. ② 겨울날. とうてん ① winter sky ② winter day

동천[東天] 동쪽 하늘. とうてん east sky

동천[東遷] 동쪽으로 옮김. ↔서천(西遷). とうせん removal to the east

동:천[洞天] 산과 내로 둘러싸인 경치가 좋은 곳. beauty spot

동:천[動天] 하늘을 움직일 만큼 세력이 성함. どうてん wielding power

동철[銅鐵] 구리와 쇠. copper and iron

동청[銅靑] 구리 거죽에 슨 푸른 녹. =동록(銅綠). どうせい copper rust

동체[同體] ① 같은 물체. ② 한 몸. 「일심(一心)~」どうたい ① same substance ② one body

동체[胴體] 가슴·배·등으로 이루어진 몸의 중심 부분. =동부(胴部). どうたい trunk

동:체[動體] ① 움직이는 것. ② 기체(氣體)와 액체(液體)를 아울러 이르는 말. =유동체(流動體). どうたい ① moving body ② fluid

동촌[東村] 동쪽 마을. ↔서촌(西村). eastern village

동취[銅臭] 동전에서 나는 냄새라는 뜻으로, 재물을 자랑하거나 재물로 출세한 사람을 비웃는 말. どうしゅう

동치[同値] 같은 값. 또는 같은 수치(數値). =등치(等値). どうち equal value

동치[同齒] 같은 나이. =동갑(同甲)·동년(同年). どうし same age

동침[同寢] 남녀가 잠자리를 같이함. sleeping together

동키펌프[donkey pump] 왕복식(往復式) 증기 펌프의 한 기지. ドンキ ポンプ

동:탁[童濯] ① 산에 나무나 풀이 없음. ② 씻은 듯이 아주 깨끗함. ① baldness ② cleanliness

동:태[凍太] 동명태(凍明太)의 준말.

동:태[動態] 움직이거나 변해 가는 상태. ↔정태(靜態). ど

동토[凍土] ① 동쪽의 땅. ② 동방에 있는 나라. とうど ① land in the east

동:통[疼痛] 신경의 자극으로 몸이 쑤시고 아픈 증상. とうつう pain

동:파[凍破] 얼어서 터짐. 凍破

동판[銅版] 구리판에다 글씨나 그림을 새긴 인쇄 원판. どうばん copper plate

동편[東便] 동쪽 방면. ↔서편(西便). east side

동포[同胞] ① 형제 자매. ② 같은 민족. 한 겨레. どうほう ① brothers ② fellow countrymen

동풍[東風] 동쪽에서 불어 오는 바람. ↔서풍(西風). とうふう・ひがしかぜ east wind

동학[同學] 한 학교나 한 스승에게서 함께 배움. 또는 그런 벗. =동접(同接). どうがく studying together, fellow student

동학[東學] ① 천도교(天道敎)의 다른 이름. ② 조선 시대, 서울 동부에 두었던 사학(四學)의 하나.

동:한[冬寒] 겨울의 추위. cold of winter

동항[同行] 같은 항렬(行列).

동:항[凍港] 겨울에는 바닷물이 얼어붙어 선박이 드나들 수 없는 항구. ↔부동항(不凍港). とうこう icebound port

동해[東海] ① 동쪽의 바다. ② 우리 나라 동쪽의 바다. East Sea

동:해[凍害] 농작물 따위가 추위로 얼이시 해를 입는 일. とうがい damage caused by cold

동:해[童孩] 어린아이. =동유(童幼). どうがい child

동행[同行] 함께 감. 또는 함께 가는 그 사람. =동도(同道). どうこう going together

동향[同鄕] 고향이 같음. 또는 같은 고향. 「~인(人)」 どうきょう same homeland

동향[東向] 동쪽을 향함. 「~집」 ひがしむき eastern exposure

동:향[動向] 마음이나 형세 따위가 움직여 가는 경향이나 방향. どうこう trend

동헌[東軒] 지난날, 지방 관아에서 고을 원이나 감사·병사·수사 등이 공사(公事)를 처리하던 대청이나 집.

동혈[同穴] ① 같은 구멍이나 구덩이. ② 부부가 죽은 뒤에 한 무덤에 묻히는 일. 「해로(偕老)~」 どうけつ ① same hole ② being buried together

동:혈[洞穴] 깊고 넓은 굴의 구멍. =동굴(洞窟). どうけつ cavern

동형[同形] 같은 모양. 또는 같은 형식. どうけい same form

동호[同好] 같은 취미를 가지고 함께 즐김. 또는 그런 사람. 「~인(人)」 どうこう same taste

동화[同化] ① 어떤 사물이나 현상이 다른 것을 닮아서 그것과 성질이 같아짐. ② 밖에서 얻은 지식 따위를 완전히 자기 것으로 만듦. ③ 생물이 외부로부터 섭취한 영양물을 자기 몸의 고유한 성분으로 변화시킴. どうか assimilation

동화[同和] 같이 화합함. どうわ being in harmony

동:화[童畫] 어린이가 그린 그림. どうが juvenile picture 童畫

동:화[童話] 어린이를 대상으로 하여 동심을 바탕으로 지은 이야기. 「~극(劇)」 どうわ nursery tale 童話

동화[銅貨] 구리 또는 구리의 합금으로 만든 돈. =동전(銅錢). どうか copper coin 銅貨

두[斗]* ① 말 두; 말. 용량의 단위. 「斗穀(두곡)·斗米(두미)·斗酒(두주)·斗升(두승)·斗量(두량)」 ② 별 이름 두; 별 이름. 「北斗七星(북두칠성)·斗牛(두우)」 ③ 문득 두; 문득. 「斗然(두연)」 ト・トウ ① ます 斗酒 北斗七星

두[杜] ① 막을 두; 막다. 막히다. 「杜絶(두절)·杜塞(두색)·杜門不出(두문불출)」 ② 아가위 두; 아가위. 「杜莖山(두경산)·杜冲(두충)」 ③ 향초 이름 두; 향초의 이름. 「杜若(두약)」 ト ① とざす 杜絶 杜門

두[肚] 배 두; 배. 복부. 「肚裏(두리)·肚皮裏(두피리)」 ト・はら 肚裏

두[豆]* ① 콩 두; 콩. 「大豆(대두)·豆腐(두부)·豆芽(두아)·豆肥(두비)」 ② 팥 두; 팥. 「小豆(소두)·赤豆(적두)」 ③ 제기 두; 나무로 만든 제기. 「俎豆(조두)」 ズ・トウ ① まめ 大豆

두[枓] 두공 두; 두공. 「枓栱(두공)·柱枓(주두)」 枓栱

두[蚪] 올챙이 두; 올챙이. 「蝌蚪(과두)」 ト 蚪

두[逗] 머무를 두; 머무르다. 「逗留(두류)·逗撓(두뇨)」 ト ウ・とどまる 逗留

두[兜] 투구 두; 투구. 「兜鍪(두무)」 ト・かぶと 兜鍪

두[痘] 마마 두; 마마. 천연두. 「天然痘(천연두)·痘瘡(두창)·痘疫(두역)·牛痘(우두)·種痘(종두)」 トウ・もがさ 天然痘

두[頭]* ① 머리 두; 머리. 「頭腦(두뇌)·頭痛(두통)·頭髮(두발)」 ② 우두머리 두; 우두머리. 「頭目(두목)」 ③ 마리 두; 마리. 짐승의 수효. 「一頭(일두)·百頭(백두)」 ④ 시초 두; 시초. 「初頭(초두)·年頭(연두)·先頭(선두)」 ズ・トウ ① あたま・かしら 頭腦 頭目 先頭

두[蠹] ① 좀 두; 좀. 「蠹魚(두어)」 ② 좀먹을 두; 좀먹다. 「蠹毒(두독)·蠹書(두서)·蠹害(두해)」 ト ① しみ 蠹魚

두가[痘痂] 마마의 부스럼 딱지. 痘痂

두각[頭角] ① 머리 끝. ② 여럿 가운데서 특히 뛰어난 학식이나 재능. 「~을 나타내다」 とうかく ① top of the head ② prominence 頭角 才能

두개[頭蓋] 척추동물의 두뇌를 감싸고 있는 골격. cranium 頭蓋

두개골[頭蓋骨] 척추 동물의 두개를 이루는 뼈를 통틀어 이르는 말. 머리뼈. =두골(頭骨). ずがいこつ skull 頭蓋骨

두건[頭巾] 남자 상제가 상중(喪中)에 머리에 쓰는, 베로 만든 쓰개. ずきん mourner's hempen hood 頭巾

두견[杜鵑] ① 무선이. ② 진달래. 「~화채(花菜)」 とけん ① cuckoo ② azalea 杜鵑

두견화[杜鵑花] 진달래꽃. とけんか azalea 杜鵑花

두곡[斗穀] 한 말 가량의 곡식. 말곡식. 斗穀

두골[頭骨] 머리뼈. とうこつ cranium 頭骨

두공[枓栱·杜空] 기둥 위에, 지붕을 받치며 기둥머리를 장식하기 위해 짜 올린 구조. ときょう

두구[頭垢] 비듬. ふけ　dandruff

두뇌[頭腦] ① 머릿골. =뇌(腦)·뇌수(腦髓). ② 사물을 슬기롭게 판단하는 힘. ずのう　① brains ② intellect

두락[斗落] 마지기. 「다섯 ~」

두랄루민[Duralumin] 알루미늄을 주성분으로 한 합금(合金)의 한 가지. 비교적 단단하고 가벼워 항공기나 자동차 따위를 만드는 데 쓰임.

두량[斗量] 되나 말로 곡식의 분량을 되어 헤아림 또는 그 분량. とりょう

두량[斗糧] 얼마 안 되는 양식.

두령[頭領] 여러 사람을 거느린 우두머리. とうりょう　leader

두류[逗留] 객지에서 얼마 동안 머무름. =체류(滯留). とうりゅう　staying

두면[痘面] 얽은 얼굴. とうめん　pockmarked face

두면[頭面] 머리와 얼굴. とうめん　head and face

두목[頭木] 두절목(頭切木)의 준말.

두목[頭目] 좋지 못한 집단의 우두머리. とうもく　boss

두묘[痘苗] 종두(種痘)로 쓰는 재료. 독을 약화시킨 두창(痘瘡) 바이러스의 액체. とうびょう　vaccine

두문불출[杜門不出] 집 안에만 틀어박혀 바깥 나들이를 하지 아니함. keeping indoors

두미[頭尾] ① 머리와 꼬리. ② 처음과 끝. =수미(首尾). ① head and tail

두민[頭民] 지난날, 동네에서 나이가 많고 식견이 높은 사람을 이르던 말. wise old man

두박[豆粕] 콩깻묵. =대두박(大豆粕). まめかす bean cake

두발[頭髮] 머리털. とうはつ　hair

두병[痘病] 마마. =두창(痘瘡)·두역(痘疫)·천연두(天然痘).　smallpox

두부[豆腐] 콩으로 만든 음식의 한 가지. =두포(豆泡). とうふ　bean curd

두부[頭部] 머리 부분. とうぶ　head

두비[豆肥] 콩깻묵을 썩여서 쓰는 거름.　bean-manure

두사[頭辭] 표(表) 또는 전문(箋文) 등의 첫머리에 쓰는 말.　headword

두상[頭上] ① 머리. ② 머리 위. ずじょう ① head ② over head

두상[頭狀] 사람의 머리 같은 모양. 「~화(花)」ずじょう　headlike form

두서[頭書] ① 머리말. =서문(序文). ② 문서나 상장 등에서 본문 앞에 쓴 글을 가리켜 이르는 말. とうしょ ① preface ② superscription

두서[頭緖] ① 일의 실마리. ② 일의 차례나 갈피. 「~ 없는 말」 ① beginning ② order

두서[蠹書] ① 좀먹은 책. =두간(蠹簡). ② 책을 볕에 쬐고 바람을 쐼. =폭서(曝書). としょ ① moth-eaten book ② airing of books

두설[頭屑] 비듬. =두구(頭垢).　scurf

두소[斗筲] ①도량이 좁음. 변변치 못함.「～지재(之材)」②녹봉(祿俸)이 적음. とそう・としょう ①stupidity

두송[杜松] 노간주나무. としょう juniper tree

두수[斗數] 말로 된 수량.

두수[抖擻] ①정신을 차려서 일어남. ②불교에서, 속세의 번뇌를 털어 버리고 불도를 닦는 일. とそう・とすう

두수[頭數] 말・소 따위의 마리 수. とうすう the number of heads

두시[杜詩] 당나라 시인 두보(杜甫)의 시.「～언해(諺解)」とし

두식[蠹蝕] ①좀먹음. ②좀먹듯이 개먹음. ①being worm-eaten ②gnawing at

두역[痘疫] 마마. ＝두창(痘瘡). とうえき smallpox

두연[斗然] ①우뚝 솟은 모양. ②문득. ①towering ②suddenly

두엽장[豆葉醬] 콩잎으로 장 아찌를 박아 담근 간장. 콩잎장.

두옥[斗屋] 아주 작은 집. ＝두실(斗室).「삼간(三間)～」

두옥신[斗玉神] 사나운 귀신의 하나. 두억시니. ＝야차(夜叉).

두운[頭韻] 시구(詩句)의 첫머리에 같은 음(音)의 글자를 되풀이해서 쓰는 음위율의 하나. ↔각운(脚韻). とういん alliteration

두유[豆油] 콩기름. ＝대두유(大豆油). まめあぶら bean oil

두유[豆乳] 불린 콩을 갈아서 거른 진한 콩국. とうにゅう soybean milk

두음[頭音] 단어의 첫 음절의 첫소리. '강'의 'ㄱ' 따위. とうおん

두장[豆醬] 콩장. seasoned beans

두절[杜絶] 교통이나 통신이 막히어 끊어짐.「소식 ～」とぜつ stoppage

두절목[頭切木] 재목을 다듬을 때 그 대가리를 잘라 낸 토막. 준두절(頭切)・두목(頭木).

두정[蠹政] 백성을 해롭게 하는 정치.

두정골[頭頂骨] 머리뼈의 한 부분. 대뇌의 뒤를 덮은 한 쌍의 뼈. とうちょうこつ parietal

두족[頭足] ①소・돼지 따위의 머리와 네 발. ②연체동물 두족류(頭足類)의 발. とうそく ①head and limbs of an ox ②foot of a cephalopod

두족류[頭足類] 연체동물의 한 갈래. 발・머리・몸통의 세 부분으로 나뉘며 머리 부분에 8～10개의 발이 달린 것이 특징임. cephalopod

두주[斗酒] 말술.「～불사(不辭)」としゅ

두주[頭註] 본문의 위쪽에 적은 주석(註釋). ↔각주(脚註). とうちゅう head note

두중각경[頭重脚輕] 정신이 어찔하고 다리에 힘이 없어 쓰러짐. toppling

두신[痘疹] 천연두의 겉으로 드러난 증세. 춥고 열이 나며 온몸에 붉은 점이 돋음. とうしん smallpox pustules

두찬[杜撰] ①전거(典據)나 출처가 확실하지 못한 저작. ②틀린 곳이 많은 저작. ずさん

두창[痘瘡] 법정 전염병의 한 가지. =천연두(天然痘)·두역(痘疫). とうそう smallpox

두창[頭瘡] 머리에 나는 온갖 부스럼.

두타[頭陀] 속세의 번뇌를 버리고 의식주에 집착하지 않으며 깨끗하게 불도(佛道)를 닦는 일. 또는 그러한 중. ずだ Buddhist priest

두태[豆太] ① 콩과 팥. ② 콩팥을 군두목으로 이르는 말. ② kidney

두통[頭痛] 머리가 아픈 증세. ずつう headache

두피족[頭皮足] 잡은 소의 머리와 가죽과 네 발을 아울러 이르는 말.

두한족열[頭寒足熱] 머리는 차게 하고 발은 따뜻하게 하는 일. 건강에 좋다고 함. ずかんそくねつ

두해[頭骸] ⇨ 두개골(頭蓋骨). ずがい

두호[斗護] 남을 두둔하여 감쌈. patronage

두흉부[頭胸部] 머리와 가슴 부분. head and chest

두흔[痘痕] 천연두를 앓아서 얽은 자국. 마맛자국. とうこん·あばた pockmark

둔[屯] ① 진칠 둔 : 진을 치다. 「屯兵(둔병)·屯營(둔영)·駐屯(주둔)」 ② 어려울 준 : 어렵다. 「屯險(준험)」 トン ① たむろ

둔:[鈍]☆ ① 무딜 둔 : 무디다. 둔하다. 「鈍刀(둔도)·鈍兵(둔병)·鈍利(둔리)·鈍器(둔기)」 ② 노둔할 둔 : 노둔하다. 어리석다. 「鈍感(둔감)·鈍筆(둔필)·鈍才(둔재)」 ドン ① にぶい ② のろい

둔:[遁] ① 달아날 둔 : 달아나다. 「遁走(둔주)·遁逃(둔도)」 ② 피할 둔 : 피하다. 「遁世(둔세)·遁避(둔피)」 トン ① にげる ② のがれる

둔[臀] 볼기 둔 : 볼기. 「臀部(둔부)·臀腫(둔종)」 デン·しり

둔:각[鈍角] 90도보다 크고 180도보다 작은 각. ↔예각(銳角). 「~ 삼각형」 どんかく obtuse angle

둔:감[鈍感] 감각이 무딤. 또는 무딘 감각. ↔민감(敏感)·예감(銳感). どんかん insensibility

둔:갑[遁甲] 술법을 써서 마음대로 제 몸을 감추거나 변하게 함. 「~술(術)」 とんこう taking the form

둔:근[鈍根] 우둔한 천성. 또는 지혜와 덕행이 예민하지 못한 사람. ↔이근(利根). どんこん stupidity

둔:기[鈍器] ① 무딘 날붙이. ② 날이 없는 도구. 사람을 삼해하기 위해 사용한 곤봉·벽돌 따위. どんき ① dull weapon

둔:도[鈍刀] 날이 무딘 칼. どんとう blunt blade

둔:도[遁逃] 피해서 달아남. とんとう escape

둔:리[鈍利] 무딤과 날카로움. どんり

둔:박[鈍朴] 미련하나 순박함.

둔병[屯兵] 어느 곳에 머물러 있는 군사. garrison

둔:보[鈍步] 굼뜬 걸음. dull step

둔부[臀部] 엉덩이 부분. でんぶ rump

둔:사[遁辭] 발뺌하거나 핑계

둔세~드라이브인시어터

둔:대는 말. とんじ　excuse
둔:세[遁世] ① 세상을 피해서 삶. ② ⇨둔속(遁俗). とんせい　① seclusion from the world 遁世
둔:속[遁俗] 속세를 등지고 불문(佛門)에 들어감. とんぞく 遁俗
둔:열[鈍劣] 둔하고 용렬함. stupidity 鈍劣
둔영[屯營] 군사가 주둔하는 군영. とんえい military camp 屯營
둔:재[鈍才] 둔한 재주. 또는 재주가 둔한 사람. どんさい stupidity 鈍才
둔:적[遁迹] 종적을 감춤. とんせき covering one's traces 遁迹
둔전[屯田] 고려·조선 때, 주둔해 있는 군대에 딸려 그 수확을 군량에 충당하던 밭. とんでん　garrison farm 屯田
둔:주[遁走] 피하여 달아남.＝도주(逃走). とんそう flight 遁走
둔:주곡[遁走曲] 푸가(fugue). 遁走曲
둔:중[鈍重] ① 성질이나 동작이 둔하고 느림. ② 소리가 둔하고 무거움. どんじゅう 鈍重
둔:질[鈍質] 우둔한 성질. どんしつ dullness 鈍質
둔:총[鈍聰] 아둔한 총기(聰氣). dull memory 鈍聰
둔취[屯聚] 여러 사람이 한군데 모여 있음. assemblage 屯聚
둔:탁[鈍濁] ① 성질이 굼뜨고 흐리터분함. ② 소리가 둔하고 탁함. dullness 鈍濁
둔:통[鈍痛] 둔하고 무지근한 통증. どんつう dull pain 鈍痛
둔:필[鈍筆] 서투른 글씨. 또는 글씨가 서투른 사람. poor handwriting 鈍筆
둔:한[鈍漢] 둔한 사람. どんかん stupidity 鈍漢
둔:화[鈍化] 둔하게 됨. 「진도 鈍化

(進度)가 ~되다」どんか slowing down
듀:공[dugong] 포유류(哺乳類) 듀공과의 바다 짐승. 얕은 바다에 삶. ジュゴン 哺乳類
듀:스[deuce] 탁구·배구·테니스 따위에서, 나머지 1점만 따면 승부가 결정나게 되어 있을 때, 양편이 동점(同點)이 된 상태. 어느 한 편이 연속 2득점을 하면 승부가 남. ジース 同點
듀엣[duet] ① 이중주(二重奏). ② 이중창(二重唱). デュエット 二重唱
듀:테륨[deuterium] 중수소(重水素). デューテリウム 重水素
드라마[drama] ① 희곡(戲曲). 각본(脚本). 연극. ② 어떤 극적인 사건. ドラマ 脚本
드라마티스트[dramatist] 극작가(劇作家). ドラマチスト 劇作家
드라마틱[dramatic] 인상적(印象的). 극적(劇的). ドラマチック 劇的
드라이[dry] ① 드라이클리닝의 준말. ② 머리털을 말리거나 다듬는 일. ドライ 乾燥
드라이독[dry dock] 건선거(乾船渠). ドライドック 乾船渠
드라이버[driver] ① 운전자. ② 나사돌리개. ③ 골프에서, 원거리용의 타구봉(打球棒). ドライバー 打球棒
드라이브[drive] ① 자동차를 운전(運轉)하거나 몰고 달림. ② 테니스·탁구·골프 등에서, 공을 싸서 세게 치기. ドライブ 自動車
드라이브웨이[driveway] 드라이브하기에 적합한 도로(道路). ドライブウェー 道路
드라이브인시어터[drive in theater] 자동차를 탄 채 영화를 관람할 수 있는 야외 시

설(野外施設). 드라이브인 시어터 野外施設

드라이아이스[dry ice] 고체(固體) 이산화탄소. 드라이아이스 固體

드라이어[dryer] ① 건조기(乾燥機). ② 건조제. ③ 젖은 머리털을 말리며 손질하는 전기 기구. 드라이어 乾燥機

드라이클리ː닝[dry cleaning] 물 대신 벤젠 등으로 때를 빼는 세탁. 건조 세탁(乾燥洗濯). 드라이클리닝 乾燥洗濯

드라이포인트[drypoint] 미술에서, 동판화(銅版畵) 기법의 하나. 드라이포인트 銅板畵

드라이플라워[dry flower] 생화(生花)를 말리거나, 말려서 염색한 것. 드라이플라워 生花

드래프트시스템[draft system] 프로 야구·축구의 신인 선발 제도(新人選拔制度). 각 구단이 신인을 구할 때 추첨으로 선수를 지명하여 교섭권을 가지는 방식. 드래프트 시스템 新人選拔制度

드러머[drummer] 드럼 연주자(演奏者). 드러머 演奏者

드럼[drum] 서양 음악에서, 북의 총칭. 드럼 西洋音樂

드레스[dress] 원피스로 된 여성복(女性服). 드레스 女性服

드레시[dressy] 여성복의 선·모양이 우아(優雅)하고 아름다움. 드레시 優雅

드레싱[dressing] 식품에 치는 소스의 한 가지. 드레싱 食品

드레싱가운[dressing gown] 길고 헐렁한 실내복(室內服)의 한 가지. 드레싱가운 室內服

드레싱룸ː[dressing room] ① 분장실(扮裝室). ② 옷을 갈아입는 방. 드레싱룸 扮裝室

드레저[dredger] 준설기(浚渫機). 드레저 浚渫機

드로어즈[drawers] 여성용 팬츠의 한 가지. 女性用

드로ː잉[drawing] ① 제도(製圖). ② 단색의 선화(線畵). ③ 경기에서 대전(對戰) 편성을 위한 추첨. 드로잉 製圖 線畵

드로ː잉룸ː[drawing room] ① 응접실(應接室). ② 그림 그리는 방. 應接室

드ː로잉 페이퍼[drawing paper] 제도(製圖)에 쓰는 종이. 드로잉 페이퍼 製圖

드론ː워ː크[drawnwork] 천의 실을 뽑아 그 자리에 여러 무늬를 떠서 놓은 자수(刺繡)의 한 가지. 드론워크 刺繡

드롭샷[dropshot] 테니스에서, 공에 역회전(逆回轉)을 주어 공이 네트를 넘자마자 갑자기 떨어지게 치는 법. 드롭샷 逆回轉

드롭스[drops] 설탕에 향료(香料)를 섞어서 여러 가지 모양으로 만들어 굳힌 사탕 과자. 드롭. 香料

드롭킥[dropkick] 럭비 등에서, 손에 들고 있는 공을 땅에 떨어뜨려 튀어오르는 순간에 차는 일. 드롭킥

드롭트골ː[dropped goal] 드롭킥한 공이 골에 들어감.

드리블[dribble] ① 축구·럭비에서, 공을 두 발로 차며 몰고 가는 일. ② 배구에서, 경기 중에 한 사람이 두 번 공에 닿는 반칙. ③ 농구·핸드볼에서, 공을 손으로 치며 몰 蹴球 排球 籠球

고 가는 일.

드릴[drill] ① 공작용(工作用)의 구멍 뚫는 기구. 보르반(Bohr盤). ② 반복 연습(反復練習). ドリル

드링크[drink] 조그만 병에 넣은 청량제(淸涼劑)나 약액제. ドリンク

득[得]* ① 얻을 득: 얻다. 「得勢(득세)·得男(득남)·得名(득명)·取得(취득)·拾得(습득)」 ② 만족할 득: 만족하다. 「得意(득의)·得心(득심)」 ③ 알 득: 알다. 깨닫다. 「得理(득리)·納得(납득)·體得(체득)」 トク ①える

득가[得暇] 틈이나 말미를 얻음. having leisure

득계[得計] 좋은 계책을 얻음. 또는 그 계책. =득책(得策). good policy

득공[得功] 성공함. success

득남[得男] 아들을 낳음. =생남(生男). begetting of a son

득녀[得女] 딸을 낳음. =생녀(生女). begetting of a daughter

득달[得達] 목적한 곳에 다다름. arrival

득도[得道] ① 도(道)를 닦아 깨달음. ② 오묘한 뜻을 깨침. とくどう ① attainment of Nirvana

득력[得力] 숙달하거나 깊이 깨달아 확고한 힘을 얻음.

득롱망촉[得隴望蜀] 중국 한나라 광무제(光武帝)가 농(隴)을 정복하고 또 촉나라를 넘보았다는 고사에서, 사람의 욕심은 끝이 없음을 이르는 말. insatiable ambition

득리[得利] 이익을 얻음. =획리(獲利). とくり making a profit

득면[得免] 책임이나 좋지 않은 일을 피하여 면하게 됨.

득명[得名] 이름이 널리 알려짐. とくめい gaining fame

득문[得聞] 얻어들음. hearing

득병[得病] 병을 얻음. 병에 걸림. getting ill

득부실부[得斧失斧] 얻은 도끼나 잃은 도끼나 마찬가지라는 뜻으로, 별로 손해가 없음을 이르는 말. =득부상부(得斧喪斧).

득세[得勢] ① 세력을 얻음. ↔실세(失勢). 「강경파(強硬派)가 ~하다」 ② 형세(形勢)가 좋게 됨. とくせい ① gaining power

득소실다[得少失多] 얻은 것은 적고 잃은 것은 많음. 이익보다 손실이 큼.

득승[得勝] 싸움이나 경쟁에서 이김. とくしょう victory

득시[得時] 좋은 때를 만남. とくじ finding an opportunity

득실[得失] 얻음과 잃음. 또는 이익과 손실. とくしつ gains and losses

득유[得由] 말미를 얻음.

득음[得音] 풍악이나 노래의 곡조가 썩 아름다운 지경에 이름. being melodious

득의[得意] 뜻대로 이루어져 만족함. 또는 이를 뽐냄. ↔실의(失意). とくい satisfaction

득의양양[得意揚揚] 뜻하는 것을 이루어 뽐내고 우쭐거리는 모양.

득의지추[得意之秋] 뜻대로 이루어질 좋은 시기.

득인[得人] 쓸 만한 사람을 얻음.

득인심[得人心] 인심을 얻음. 得人心 ↔실인심(失人心).

득점[得點] 시험·경기 따위에서 점수를 얻음. 또는 그 점수. ↔실점(失點). 「무(無)~」 とくてん   score   得點

득죄[得罪] 잘못을 저질러 죄가 됨.   committing a crime   得罪

득중[得中] 꼭 알맞음. とくちゅう   moderation   得中

득지[得志] 소원을 이룸. とくし   having one's wish   得志

득참[得參] 참여(參與)할 수 있게 됨.   得參

득책[得策] 좋은 계책을 얻음. 또는 그 계책. とくさく   good policy   得策

득체[得體] 체면을 유지함.   saving the honor   得體

득총[得寵] 지극한 사랑을 받음.   得寵

득표[得票] 투표에서 찬성의 표를 얻음. 또는 그 표수. 「~수(數)」 とくひょう   number of votes obtained   得票

득효[得効] 약 따위의 효험을 봄.   being effective   得効

등:[等]* ①등급 등:등급. 「等級(등급)·特等(특등)·高等(고등)·等外(등외)·下等(하등)」 ②무리 등:무리. 떼. 「等屬(등속)·等等(등등)」 ③같을 등:같다. 「均等(균등)·等身(등신)·等溫(등온)」 トウ ① わかち ② ともがら ③ ひとしい   等級 等外 均等

등[登]* ①오를 등:오르다. 「登山(등산)·登壇(등단)·登極(등극)·登載(등재)」 ②나아갈 등:나아가다. 「登校(등교)·登場(등장)」 ③익을 등:익다. 「豐登(풍등)」 トウ ①のぼる   登山 登校

등[橙] 귤 등:귤. 「橙色(등색)·橙黃(등황)·橙皮(등피)」 トウ・だいだい   橙黃

등[燈]* ①등불 등:등. 등잔. 등불. 「燈火(등화)·燈臺(등대)·燈心(등심)·燈下(등하)·電燈(전등)·外燈(외등)」 ②불도 등:불도(佛道). 「法燈(법등)·觀燈(관등)」 トウ ①と もしび   燈火 觀燈

등[謄] 베낄 등:베끼다. 등사하다. 「謄寫(등사)·謄本(등본)·謄記(등기)·謄書(등서)·謄錄(등록)」 トウ・うつす   謄本

등[藤] 등나무 등:등나무. 「藤花(등화)·藤架(등가)」 トウ・ふじ   藤花

등[騰] 오를 등:오르다. 뛰다. 「騰貴(등귀)·騰降(등강)·奔騰(분등)·暴騰(폭등)」 トウ・あがる   騰貴 奔騰

등:가[等價] 가치 또는 가격이 같음. 또는 그런 가치나 가격. とうか   equivalence   等價

등가[燈架] 등잔을 얹어서 걸어 놓는 기구. 등잔걸이. とうか   燈架

등가[藤架] 네 기둥을 세우고 그 위에 나무를 걸쳐 등나무 덩굴을 받치게 만든 시렁.   藤架

등:각[等角] 서로 크기가 같은 각. とうかく   equal angles   等角

등경[燈檠] ⇨등가(燈架).   燈檠

등고[登高] 높은 곳에 오름. =등척(登陟). とうこう   ascension   登高

등:고[等高] 높이가 같음. とうこう   equal elevation   等高

등:고선[等高線] 지도에서, 해면으로부터 같은 높이에 있는 점들을 이은 선. =동고선(同高線). とうこうせん   contour line   等高線 同高線

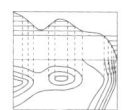
〔등고선〕

등과[登科] 과거(科擧)에 급제함. とうか

등광[燈光] 등불의 빛. とうこう　light

등교[登校] 학생이 학교에 감. ↔하교(下校). とうこう　going to school

등교의[藤交椅] 등의 줄기로 엮어서 만든 의자. =등의자(藤椅子). cane chair

등귀[騰貴] 물건값이 뛰어오름. とうき　rise

등극[登極] 왕위에 오름. とうきょく　accession

등:급[等級] 신분·품질 등에 따라 위아래나 좋고 나쁨을 나누어 구별하는 단계. とうきゅう　grade

등기[登記] ① 일정한 법률 관계를 널리 밝히기 위하여 관련 사항을 공부(公簿)에 적어 넣는 일. 또는 그 장부. 「부동산(不動産) ~」 ② 등기 우편(登記郵便)의 준말. とうき　① registration

등기 우편[登記郵便] 특수 취급 우편의 한 가지. 우체국에서 우편물을 확실히 다루기 위하여 우편물을 접수할 때부터 받을 사람에게 배달될 때까지 발송·수취 확인을 기록하는 제도. 준등기(登記). registered post

등년[登年] 여러 해가 걸림. taking many years

등단[登壇] ① 연단이나 교단 등에 오름. ② 왕조 때, 내상 벼슬에 오름을 이르던 말. ③ 어떤 사회적 분야에 등장함. とうだん　① going on the platform

등:대[等待] 미리 갖추어 두고 기다림. =대령(待令)·후후(等候). waiting

등대[燈臺] 해안이나 섬에 세워서 밤에 등불을 밝혀 놓고 뱃길의 목표나 위험한 곳을 알리는 탑 모양의 건물. とうだい　lighthouse

등도[登途] 길을 떠남. =등정(登程). departure

등:등[等等] 여러 사물을 죽 들어 말할 때 체언이나 용언 뒤에 붙어, '그 밖에 여러 가지'의 뜻을 나타내는 말. 따위. 「이런 ~의 사례(事例)가 많다」 とうとう　and so on

등락[騰落] 값이 오르고 내리는 일. 「물가(物價)의 ~」 とうらく　rise and fall

등:량[等量] 같은 분량. とうりょう　equal quantity

등:렬[等列] 같은 항렬이나 반열. same rank

등록[登錄] 일정한 사항을 공증(公證)하기 위하여 공부(公簿)에 기재하는 일. とうろく　registration

등록[謄錄] ① 전례(前例)를 적은 기록. ② 베끼어 기록함. とうろく　① written precedent ② transcription

등롱[燈籠] 대오리나 쇠 살로 만든 틀에 종이나 헝겊을 바르고 그 속에 촛불을 켜서 들고 다니거나 걸어 놓는 등. とうろう　hanging lantern

등루거제[登樓去梯] 남을 다락에 올려놓고 사닥다리를 치운다는 뜻으로, 사람을 꾀어서 어려운 지경에 빠지게 함

을 비유한 말. driving into a corner

등림[登臨] ① 높은 곳에 올라 내려다봄. ② 등산임수(登山臨水)의 준말. 登臨

등명[燈明] 신불(神佛)에게 바치는 등불. とうみょう sacred light 燈明

등반[登攀] 산이나 높은 곳에 기어오름. とうはん climbing 登攀

등:배[等輩] 나이나 정도가 같거나 어금지금한 무리. =동배(同輩). とうはい fellow 等輩

등:변[等邊] 다변형에서, 각 변의 길이가 같음. 또는 그 같은 변. 「~ 삼각형(三角形)」とうへん equal sides 等邊

등본[謄本] 문서의 원본(原本)을 그대로 베낀 서면. とうほん transcript 謄本原本

등부[登簿] 장부에 정식으로 등기하거나 등록함. とうぼ registering 登簿

등:분[等分] 똑같이 나눔. 또는 그 분량. 「삼(三)~」とうぶん division into equal parts 等分

등분[登盆] 땅에 심었던 화초를 화분에 옮겨 심음. planting in the pot 登盆

등:비[等比] 두 개의 비(比)가 서로 똑같음. 또는 그 비. 「~ 급수(級數)」とうひ equal ratio 等比

등빙[登氷] 얼음 위를 건너감. passing over the ice 登氷

등사[謄寫] ① 등사판으로 박음. ② ⇨등초(謄抄). とうしゃ mimeographing 謄寫

등사판[謄寫板] 등사 원지에 철필로 써서 판에 대고 롤러로 밀어 찍는 간편한 인쇄기. とうしゃばん mimeograph 謄寫板

등산[登山] 산에 오름. ↔하산 登山

(下山). 「~가(家)」とざん・とうざん climbing 登山家

등산임수[登山臨水] 산에 오르기도 하고 물가에 가기도 함. ㈜등림(登臨). 登山臨水

등상[凳床・凳牀] 발판이나 걸상으로 쓰게 나무로 만든 세간. stool 凳床凳牀

등상[藤牀] 등(藤)의 줄기로 만든 걸상. cane chair 藤牀

등색[橙色] 귤껍질 같은 빛깔. 오렌지색. だいだいいろ・とうしょく orange 橙色

등서[謄書] 원본에서 필요한 것만 골라 베낌. copying 謄書

등선[登仙] ① 신선이 되어 하늘로 오름. ② 존귀한 사람의 죽음을 일컫는 말. とうせん 登仙

등선[登船] 배에 오름. 배를 탐. =승선(乘船). とうせん embarkation 登船

등선[燈船] 뱃길과 위험물을 알리기 위해 등대 설비를 갖추어 정박시켜 두는 배. =등대선(燈臺船). とうせん lightship 燈船燈臺船

등성[登城] 성에 오름. 성으로 들어감. とじょう・とうじょう going to the castle 登城

등세[騰勢] 값이 오르는 형세. とうせい 騰勢

등:소[等訴] 연명(連名)으로 관청에 호소함. =등장(等狀). 等訴

등:속[等速] 속도가 같음. 또는 같은 속도. とうそく uniform velocity 等速

등:속[等屬] 그런 등등. 따위. 「사과・배 ~을 과일이라 한다」 and so on 等屬

등:수[等數] 등급이나 순위에 따라 정한 차례. grade 等數

등:식[等式] 둘 이상의 수나 等式

식을 등호(等號)로 묶어 그 값이 서로 같음을 나타내는 관계식. とうしき equality

등:신[等身] 사람의 키만한 높이. 「~대(大)」 とうしん・とうじん life size

등:신[等神] 어리석은 사람의 비유. fool

등심[燈心] ① 심지. とうしん ② 한방에서, 골풀의 속을 약재로 이르는 말. ① wick

등:심선[等深線] 지도에서, 바다나 호수·강 등의 깊이가 같은 지점을 이은 선. とうしんせん

등심초[燈心草] 골풀. rush

등아[燈蛾] 불에 모여드는 나방 따위의 벌레. とうが tiger moth

등:압선[等壓線] 일기도(日氣圖)에서, 기압이 같은 지점을 이은 선. とうあつせん isobar

등양[騰揚] 기세와 지위가 높아 크게 떨침.

등영[燈影] 등불이나 전등 따위의 빛. 또는 등불에 비쳐 생긴 그림자. とうえい shade of the lamplight

등:온[等溫] 온도가 같음. 또는 같은 온도. 「~변화(變化)」 とうおん equal temperature

등:온선[等溫線] 지도 위에 온도가 같은 지점을 이어서 그린 선. とうおんせん isothermal line

등:외[等外] 정한 등급의 밖. とうがい also-ran

등용[登用·登庸] 인재를 뽑아 씀. とうよう appointment

등용문[登龍門] 잉어가 용문을 올라 용이 된다는 전설에서, 입신출세의 어려운 관문을 비유하여 이르는 말. gateway to success

등원[登院] 국회 의원이 국회에 출석함. とういん attendance at the House

등:위[等位] ① ⇨ 등급(等級). ② 같은 위치. とうい ② same rank

등유[燈油] 등불을 켜는 데 쓰는 기름. とうゆ kerosene

등자[鐙子] 말을 탔을 때 두 발을 올려놓는 제구. stirrups

〔등자〕

등잔[燈盞] 기름을 담아 등불을 켜게 만든 그릇. oil cup for a lamp

등:장[等狀] 연명(連名)으로 관아에 호소함. =등소(等訴).

등장[登場] ① 무대나 연단에 나타남. ② 어떠한 일이나 분야에 관련 인물로 나타남. ③ 연극·영화 등에서 어떤 인물로 나옴. とうじょう ① entrance

등재[登載] ① ⇨ 게재(揭載). ② 대장이나 장부 따위에 올림. =기재(記載). とうさい registration

등절[燈節] 연등절(燃燈節)의 준말.

등정[登程] 여정(旅程)에 오름. =능도(登途). departure

등제[登第] ⇨ 등과(登科). とうだい

등:제[等儕] 나이나 정도가 같거나 어금지금한 무리. =등배(等輩). とうせい fellow

등:족[等族] 같은 신분이나 계

등:지[等地] 지명(地名) 뒤에 쓰이어 그러한 곳들이라는 뜻을 나타내는 말. 「대구·부산~」とうち　like places

등:질[等質] 어떤 상태에 있는 물체의 어느 부분을 취하더라도 물리적·화학적으로 같은 성질을 갖는 것. =균질(均質). とうしつ　homogeneity

등:차[等差] 등급에 따라서 생기는 차이. 「~ 급수(級數)」とうさ　gradation

등척[登陟] 높은 곳에 오름. =등고(登高). ascension

등천[登天] 하늘에 오름. =승천(昇天).

등청[登廳] 관청에 출근함. ↔퇴청(退廳). とうちょう attendance at office

등초[謄抄·謄草] 원본에서 베껴 냄. =등사(謄寫). transcription

등촉[燈燭] 등불과 촛불. 「~을 밝히다」とうしょく lamplight and candlelight

등판[登板] 야구에서, 투수(投手)가 마운드에 서는 일. ↔강판(降板). とうばん taking the mound

등표[燈標] 암초(暗礁)나 수심이 얕은 곳의 위치를 표시하는 등불. とうひょう lamp signal

등피[燈皮] ① 남포 위에 덧씌우는 유리로 만든 물건. ② 남포등. =양등(洋燈). ① lamp chimney

등피유[橙皮油] 귤 따위의 열매 껍질을 말려 물에 담가 두었다가 증류하여 얻은 기름. とうひゆ

등하불명[燈下不明] 등잔 밑이 어둡다는 뜻으로, 가까이에 있는 것을 오히려 잘 모름을 이르는 말.

등:한[等閑] 어떤 일에 소홀하거나 무심함. 「~시(視)」とうかん neglect

등:호[等號] 두 수나 식이 서로 같음을 나타내는 부호. 같음표. とうごう equal sign

등화[燈火] 등불. 「~ 관제(管制)」とうか light

등화[燈花] 촛불 등의 심지 끝이 타면서 맺힌 불덩어리. とうか

등화가친[燈火可親] 가을은 서늘하고 밤이 길어서 등불을 가까이하여 글을 읽기에 좋다는 말.

등황색[橙黃色] 등색(橙色)보다 조금 붉은빛을 띤 누른 빛깔. reddish yellow

디기탈리스[digitalis] 현삼과(玄蔘科)의 다년초. 약용·관상용으로 재배함.

디너파:티[dinner party] 만찬회(晩餐會). ディナーパーティー

디노미네이션[denomination] 화폐 단위명(單位名).

디:데이[D-day] ① 공격 개시 예정일(豫定日). ② 계획 개시 예정일.

디렉터리[directory] 컴퓨터에서, 목록(目錄). ディレクトリー

디몰토[이 di molto] 악보에서, '매우'·'대단히'의 뜻.

디미누엔도[이 diminuendo] 악보에서, '점점 여리게'의 뜻. 기호(記號)는 dim. ディミヌエンド

디바이더[divider] 제도(製圖)

따위에서, 선을 분할(分割)하거나 일정한 치수를 옮길 때 쓰는 기구. ディバイダー

디밸류에이션[devaluation] 평가 절하(平價切下). 平價切下

디:버깅[debugging] 컴퓨터 프로그램의 오류(誤謬)를 수정하는 일. 誤謬

디베르티멘토[이 divertimento] 희유곡(嬉遊曲). ディベルティメント 嬉遊曲

디스인플레이션[disinflation] 인플레이션 억제 정책(抑制政策). ディスインフレーション 抑制 政策

디스카운트[discount] 할인(割引). 할인율. ディスカウント 割引

디스카운트세일[discount sale] 염가 판매(廉價販賣). 할인 판매. ディスカウントセール 廉價販賣

디스켓[diskette] 컴퓨터의 외부 기억 장치(外部記憶裝置)의 한 가지. 플로피디스크. 外部記憶裝置

디스코[disco] 레코드 음악의 리듬에 맞추어 자유롭게 추는 춤. ディスコ

디스코테:크[프 discothèque] 레코드를 틀어 놓고 춤을 출 수 있도록 만들어 놓은 댄스 홀. ディスコテーク

디스크[disk, disc] ① 음반(音盤). ② 컴퓨터의 보조 기억 장치로 사용되는 원형 판. ③ 추간판 헤르니아(椎間板hernia)를 흔히 이르는 말. 音盤

디스크드라이브[disk drive] 컴퓨터에서, 정보를 저장하거나 읽을 수 있는 내장의 보조 기억 장치(補助記憶裝置). 補助記憶裝置

디스크자키[disk jockey] 라디오 프로그램이나 디스코테크 등에서 가벼운 이야기와 함께 레코드 음악을 들려 주는 사람. ディスクジョッキー 音樂

디스턴스레이스[distance race] 스키에서, 장거리 경주. ディスタンスレース 長距離競走

디스토마[라 distoma] 흡충강(吸蟲綱)에 딸린 편형동물(扁形動物)의 총칭. 扁形動物

디스토피아[dystopia] 현대 사회의 부정적인 측면들이 극단화되어 초래할지 모르는 암울한 미래상(未來像). 未來像

디스포:저[disposer] 부엌에서 나오는 찌꺼기를 잘게 부수어 하수도(下水道)로 흘려 보내는 기구. 下水道

디스프로슘[dysprosium] 희토류(稀土類) 원소의 한 가지. 자성(磁性)이 세고 이온색은 황색, 산화물은 무색임. 원소 기호는 Dy. 稀土類

디스플레이[display] 일정한 목적과 계획에 따라 상품(商品) 등을 전시하는 기술. ディスプレー 商品展示

디아스타아제[diastase] ① 아밀라아제. ② 엿기름이나 누룩 곰팡이로 만든 효소제(酵素劑). 소화제로 씀. 酵素劑

디아테르미[diathermy] 전기 투열(電氣透熱)에 의한 치료법. 또는 그 기구. ディアテルミー 電氣透熱

디오니소스[Dionysos] 그리스 신화에 나오는 포도 재배와 술의 신(神). ディオニソス 神話

디오라마[프 diorama] 배경(背景)을 그린 막 앞에 물건을 놓고 조명하여 실제 광경처럼 보이게 만든 장치. 背景

디자이너[designer] 의장(意匠)·도안(圖案)·설계 등을 전문으로 하는 사람. デザイナー 意匠圖案

디자인[design] 설계(設計). 도안. 의장(意匠). デザイン 圖案

디저ː트[dessert] 양식에서, 식사 후에 먹는 과자나 과실 따위의 간단한 음식. 후식(後食). デザート 菓子 果實 後食

디ː제이[D.J.] 디스크자키의 준말.

디ː젤엔진[diesel engine] 중유(重油)를 사용하는 내연 기관의 한 가지. 디젤 기관. ディーゼルエンジン 內燃 機關

디지털[digital] 데이터(data)를 수치(數値)로 바꾸어 처리하거나 숫자로 나타내는 방법. ディジタル 數値

디캐슬론[decathlon] 십종 경기(十種競技). デカスロン 十種 競技

디테일[detail] ①세부(細部). ②세부 묘사. ディテール 細部

디텍터[detector] ①검파기(檢波器). ②검전기(檢電器). ディテクター 檢電器

디펜스[defence] 방어(防禦). 수비. ディフェンス 防禦

디프레션[depression] 물가가 급격히 떨어짐으로써 일어나는 불경기(不景氣). 不景氣

디프테리아[diphtheria] 어린 아이들이 잘 걸리는 급성 전염병(急性傳染病)의 한 가지. 急性 傳染病

디플레이션[deflation] 통화량(通貨量) 감소로 물가가 하락하고 경제 활동이 침체되는 현상. デフレーション 通貨量 減少

딜ː러[dealer] 기관 투자자를 상대로 채권(債券)·주식 따위를 매매 거래하는 전문직. ディーラー 債券

딜럭스[프 de luxe] 화려함. 큼. デラックス

딜레마[dilemma] ①양도 논법(兩刀論法). ②진퇴양난(進退兩難). ディレンマ 進退 兩難

딜레탕트[프 dilettante] 예술이나 학문을 취미(趣味)로 즐기는 사람. ディレッタント 藝術 愛護家

딩고[dingo] 갯과의 짐승. 오스트레일리아에 서식하는 야생 식육(食肉) 동물. ディンゴ 食肉

라:[裸] ① 벌거벗을 라: 벌거벗다. 「裸體(나체)·裸形(나형)·裸花(나화)·赤裸裸(적나라)」② 털 없는 벌레 라: 털 없는 벌레. 「裸蟲(나충)」ラ·はだか

라[螺] 소라 라: 소라. 소라처럼 꾄 형태. 「螺角(나각)·螺舟(나주)·螺絲(나사)·螺線(나선)」ラ·にな·にし

라[羅]* ① 벌 라: 벌이다. 늘어놓다. 「羅列(나열)」② 새그물 라: 새그물. 「網羅(망라)·羅網(나망)」③ 지남철 라: 지남철. 「羅針盤(나침반)」④ 깁 라: 깁. 비단. 「綾羅(능라)·亢羅(항라)」ラ ① ならべる ② あみ ③ うすぎぬ

라:[癩] ① 문둥이 라: 문둥이. 문둥병. 「癩病(나병)·癩子(나자)」② 옴 라: 옴. 피부병의 하나. 「癩頭瘡(나두창)」ライ

라[邏] ① 돌 라: 돌다. 순찰하다. 「巡邏(순라)·邏卒(나졸)·邏騎(나기)」② 둘러막을 라: 둘러막다. ラ ① めぐる·みまわる

라:[Ra] 이집트 신화의 태양신(太陽神). 라ー

라:거비어[lager beer] 저장(貯藏) 맥주. フーガービール

라놀린[lanoline] 양모(羊毛)에 있는 지방질로 만든 기름. ラノリン

라니냐[La Ñina] 저도(赤道) 부근의 중·동부 태평양에서, 해면 수온이 비정상적으로 낮아지는 현상. 반(反)엘리뇨 현상.

라돈[radon] 라듐이 알파 붕괴할 때 생기는 방사성(放射性) 기체 원소. 천연적으로는 우라늄광·지하수·온천(溫泉) 등에 들어 있음. 원소 기호는 Rn. ラドン

라듐[radium] 방사성(放射性) 원소의 하나. 은백색의 금속으로, 우라늄과 함께 피치블렌드 속에 존재함. 원소 기호는 Ra. ラジウム

라:드[lard] 돼지의 지방을 정제(精製)한 반고체의 기름. ラード

라디안[radian] 수학에서, 반지름과 같은 길이의 호에 대한 중심각(中心角). ラジアン

라디에이터[radiator] 난방 장치의 방열기(放熱器). ラジューター

라디오[radio] 방송국에서 발신(發信)한 음성 전파를 소리로 바꾸어 재생하는 기계. ラジオ

라디오드라마[radio drama] 라디오 방송극(放送劇). ラジオドラマ

라디오디텍터[radiodetector] 무선 검파기(檢波器). ラジオディテクター

라디오미터[radiometer] 복사선의 세기 등을 측정하는 계기. 복사계(輻射計). ラジ

オメーター

라디오바서[독 Radio Wasser] 라듐 수용액(水溶液)으로 만든 무색 투명한 액체. 라돈이 들어 있어 신경통·류머티즘 따위에 온욕(溫浴)이나 찜질의 재료로 씀.

라디오부이[radio buoy] 배나 항공기가 해상에서 조난당했을 때 일정한 전파를 내어 그 위치를 알리는 해난 구조 부표(浮標). ラジオブイ

라디오비ː컨[radio beacon] 특정한 부호를 가진 전파를 이용하여 항공기나 선박의 위치·방향을 확인하는 방식. 또는 그 시설. 무선 표지(無線標識). ラジオビーコン

라디오세트[radio set] 라디오 수신기(受信機). ラジオセット

라디오아이소토ː프[radioisotope] 방사성 동위 원소(放射性同位元素). ラジオアイソトープ

라디오인터뷰ː[radio interview] 방송국의 아나운서가 탐방한 사람과의 대담(對談)을 방송하는 프로그램. ラジオインタビュー

라디오존데[독 Radiosonde] 전파를 이용하여 대기(大氣) 상층의 기상 상태를 관측하는 기계. ラジオゾンデ

라디오컴퍼스[radio compass] 비행나 선박의 무선 방향 탐지기(無線方向探知機). ラジオコンパス

라디오텔레폰ː[radiotelephone] 무선 전화(無線電話)나 전화기. ラジオテレホン

라르고[이 largo] 악보에서, '아주 느리고 폭이 넓게'의 뜻. ラルゴ

라마[lama] 라마교의 고승(高僧). ラマ

라마교(敎)[Lamaism] 티베트를 중심으로 몽고 등지에 전파(傳播)된 불교의 한 파.

라마단[Ramadan] 이슬람교에서 금식(禁食) 등 재계(齋戒)를 지키는 달. ラマダーン

라ː멘[독 Rahmen] 건축에서, 틀 모양의 구조물(構造物). ラーメン

라미[ramie] 모시풀. ラミー

라베카[포 rabeca] 네 가닥의 줄을 시위로 켜서 연주하는 포르투갈의 악기(樂器). ラベイカ

라벤더[lavender] 꿀풀과의 상록(常綠) 다년초. ラベンダー

라벨[프 label] 상표나 품명 등을 인쇄하여 상품에 붙이는 종이 조각. 상표(商標). ラベル

라비[헤 rabbi] 유대교의 율법사(律法師). ラビ

라스트스퍼ː트[last spurt] 경주 따위에서, 결승점을 향하여 최후의 역주(力走). ラストスパート

라스트신ː[last scene] 연극이나 영화의 마지막 장면(場面). ラストシーン

라우탈[독 Lautal] 알루미늄 합금(合金)의 한 가지. 자동차·항공기 등의 부품이나 광학(光學) 기계의 재료로 쓰임. ラウタール

라운드[round] ① 권투 경기에서, 한 회(回). ② 골프에서, 18홀을 한 바퀴 도는 한 코스. ラウンド

라운지[lounge] 호텔·극장·공항 등의 휴게실(休憩室). ラ

ウンジ

라이거[liger] 사자의 수컷과 호랑이의 암컷과의 교배(交配) 잡종. 라이거-

라이너[liner] ① 야구에서, 땅에 닿지 않고 일직선으로 날아가는 타구(打球). ② 정기선(定期船). 정기 항공기. ③ 코트의 안에 대는 천이나 털 따위. 라이너-

라이노타이프[Linotype] 주식기(鑄植機)의 한 가지. 행씩의 문자가 한 덩이로 되어 동시에 주조되도록 장치된 기계. 라이노타이프

라이닝[lining] ① 약물의 침식을 막기 위하여 고무나 에보나이트 등을 용기(容器)의 안쪽에 대는 일. ② 안감 대기. 라이닝

라이다:[lidar] 레이저를 이용하여 대기 중의 습도·온도 등을 측정(測定)하는 장치. 라이더-

라이벌[rival] 경쟁 상대(競爭相對). 라이벌

라이브[live] 생 방송(生放送). 라이브

라이브러리[library] ① 도서관. ② 장서(藏書). ③ 컴퓨터에 즉시 사용할 수 있도록 자기(磁氣) 테이프 내에 정리 기록한 정보 집단. 라이브러리

라이선스[license] ① 면허(免許). 또는 그 면허장. ② 허가. 또는 그 허가증. 라이선스

라이스페이퍼[rice paper] 질이 좋고 썩 얇은 종이. 컬런을 만드는 데 씀. 라이스페이퍼-

라이온스 클럽[Lions Club] (liberty, intelligence, our nation's safety] 실업가(實業家)들을 회원으로 하는, 국제적인 민간 사회 봉사 단체. 라이온스클럽

라이터[lighter] 주로 담배를 피울 때 쓰는 점화기(點火器). 라이터-

라이트[light] ① 빛. 광선. ② 조명등(照明燈). 라이트

라이트모티프[독 Leitmotiv] 오페라나 표제 음악(標題音樂) 등에서, 곡 중에 반복적으로 나타나 주요한 인물이나 사물·감정 등을 나타내는 악구(樂句). 라이트모티프

라이트뮤:직[light music] 경음악(輕音樂). 라이트뮤직

라이트스트레이트[right straight] 권투에서, 오른팔을 앞으로 뻗쳐 상대 선수를 치는 타격(打擊).

라이트오페라[light opera] 경가극(輕歌劇). 라이트오페라

라이트오픈:[light open] 연극(演劇)에서, 조명이 켜져 있는 채로 막을 여는 일. 라이트오픈

라이트윙[right wing] 축구·하키에서, 오른쪽 공격 위치의 선수. 우익(右翼). 라이트윙

라이트체인지[light change] 연극에서, 조명이나 불이 거져 있는 채로 무대를 전환(轉換)시키는 일. 라이트체인지

라이트커:튼[light curtain] 연극에서, 조명(照明)이나 불이 켜져 있는 채로 막을 내리는 일. 라이트커튼

라이트필:더[right fielder] 야구에서, 우익수(右翼手). 라

라이트필:드[right field] 야구에서, 우익(右翼). ライトフィールダー

라이프보:트[lifeboat] 구명정(救命艇). ライフボート

라이프사이클[life cycle] ① 인간의 일생을 몇 개의 과정(過程)으로 나눈 것. ② 어떤 제품의 개발·보급·쇠퇴를 거치는 과정. ライフサイクル

라이프재킷[life jacket] 구명대(救命帶). ライフジャケット

라이플[rifle] ① 총열의 안쪽 벽에 나선상(螺旋狀)의 홈을 판 총. ② 소총(小銃). ライフル

라인[line] ① 항공기·선박의 항로(航路). ② 기업이나 관청의 직선적(直線的) 조직. ③ 순서대로 진행되는 작업 과정. ライン

라인드라이브[line drive] 야구에서, 땅에 닿지 않고 일직선으로 날아가는 타구(打球). ラインドライブ

라인아웃[line out] 럭비에서, 공이 터치라인 밖으로 나가 게임을 다시 시작할 때, 양 팀의 공격수(攻擊手)가 두 줄로 서서 공을 서로 빼앗는 일. ラインアウト

라인업[lineup] ① 야구에서, 출전 선수의 타순(打順). ② 운동 경기가 시작될 때 양 팀 선수들이 한 줄로 늘어서는 일. ③ 어떤 일을 함께 하기 위해 모인 사람들의 구성. 진용(陣容). ラインアップ

라인즈맨[linesman] 운동 경기에서, 선심(線審). ラインズマン

라인크로스[line cross] 운동 경기에서, 선을 밟거나 넘는 반칙(反則). ラインクロス

라인프린터[line printer] 컴퓨터에서 처리된 결과를 한 번에 한 행씩 인쇄(印刷)하는 장치. ラインプリンター

라일락[lilac] 물푸레나뭇과의 낙엽 활엽 관목(灌木). 늦봄에 연보라나 흰 꽃이 피는데 향기가 좋아 관상용(觀賞用)으로 재배함. ライラック

라임라이트[limelight] 지난날, 극장에서 주요 인물을 집중적으로 비추는 데 쓴 강렬한 백색광(白色光). ライムライト

라켓[racket] 테니스·탁구·배드민턴 따위에서, 공을 치는 채. ラケット

라테[독 Ratte] '흰쥐'를 의학 실험용(實驗用)으로 이르는 말. ラッテ

라테라이트[laterite] 사바나 기후 지역에 발달하는 적색 풍화토(風化土). ラテライト

라텍스[latex] 고무나무의 껍질에서 나는 흰 액체(液體). 생고무를 만드는 데 쓰임. ラテックス

라틴아메리카[Latin America] 라틴계 언어가 사용되는 북아메리카 남부(南部)에서 남아메리카에 걸친 지방의 총칭. ラテンアメリカ

라펠[lapel] 양재(洋裁)에서, 재킷이나 코트 등의 접은 옷깃. ラペル

락[洛]☆ ① 낙수 락:낙수. 강의 이름. 「洛水(낙수)·洛神(낙신)」 ② 서울 락:서울. 「京洛(경락)·洛陽(낙양)·洛中(낙중)」 ラク ① みやこ

락[烙] ① 지질 라:지지다. 「烙竹(낙죽)·烙畫(낙화)·烙印

(낙인)」② 단근질할 락: 단근질하다. 「烙刑(낙형)·烙殺(낙살)」③ 사를 락: 사르다. 태우다. ラク ① やく

락[絡]☆ ① 이을 락: 잇다. 연락하다. 「連絡(연락)·斷絡(단락)」② 맥 락: 맥. 「脈絡(맥락)·經絡(경락)」③ 두를 락: 두르다. 「籠絡(농락)」 ラク ① つながる

락[落]* ① 떨어질 락: 떨어지다. 「落傷(낙상)·落馬(낙마)·落第(낙제)·落望(낙망)」② 마을 락: 마을. 「村落(촌락)」③ 낙성할 락: 낙성하다. 「落成(낙성)」④ 폐할 락: 폐하다. 「零落(영락)·沒落(몰락)」⑤ 논마지기 락: 마지기. 「斗落(두락)」 ラク ① おちる

락[酪] 소젖 락: 소의 젖. 「酪農(낙농)·牛酪(우락)·酪酸(낙산)·酡酪(타락)·乾酪(건락)」 ラク·ちちざけ

락[樂]* ① 즐길 락: 즐기다. 「喜怒哀樂(희로애락)·樂觀(낙관)·樂天家(낙천가)·安樂(안락)·享樂(향락)」② 풍류 악: 풍류. 음악. 「樂曲(악곡)·音樂(음악)·樂士(악사)·風樂(풍악)·樂譜(악보)」③ 좋아할 요: 좋아하다. 「樂山樂水(요산요수)」 ガク·ラク ① たのしい·たのしむ

락[駱] ① 약대 락: 낙타. 「駱駝(나타)」② 기리온 락: 기리온. 駱馬(낙마)·駱驛(낙역)」 ラク ① らくだ

락타아제[lactase] 젖당 분해 효소(酵素). ラクターゼ

락토오스[lactose] 젖당. 유당(乳糖). ラクトース

락토플라빈[lactoflavin] 유럽에서 이르는 '비타민 B$_2$'의 다른 이름. ラクトフラビン

란:[卵]* ① 알 란: 알. 「鷄卵(계란)·卵白(난백)·卵狀(난상)·產卵(산란)·卵生(난생)」② 기를 란: 기르다. 「卵育(난육)」③ 불알 란: 불알. 「精卵(정란)」 ラン ① たまご

란:[亂]☆ ① 어지러울 란: 어지럽다. 「亂雜(난잡)·騷亂(소란)」② 난리 란: 난리. 「亂中(난중)·亂後(난후)·壬辰倭亂(임진왜란)」③ 음란할 란: 음란하다. 「淫亂(음란)·狂亂(광란)」 ラン ① みだれる·みだす

란[瀾] ① 큰 물결 란: 큰 물결. 「瀾汗(난한)」② 눈물 흘릴 란: 눈물을 흘리다. 「瀾瀾(난란)·瀾漫(난만)」 ラン ① なみ

란:[爛]☆ ① 밝을 란: 밝다. 「爛爛(난란)·爛然(난연)」② 난만할 란: 난만하다. 「絢爛(현란)·爛漫(난만)·爛發(난발)」③ 문드러질 란: 문드러지다. 「腐爛(부란)·糜爛(미란)」 ラン ① ひかる ③ ただれる

란[欄]☆ ① 난간 란: 난간. 테두리. 「欄干(난간)·空欄(공란)」② 외양간 란: 외양간. ラン ① てすり·かこい

란[蘭]☆ ① 난초 란: 난초. 「蘭草(난초)·蘭石(난석)·建蘭(건란)」② 목란꽃 란: 목란. 「木蘭(목란)」 ラン

란[鸞] ① 난새 란: 난새. 「鸞鳳(난봉)·鸞鏡(난경)」② 칼 방울 란: 칼에 단 방울. 「鸞刀(난도)」 ラン

란제리[프 lingerie] 여성의 양상용(洋裝用) 속옷. ランジュリー

란체라[ranchera] 아르헨티나

의 민요(民謠). 또는 그에 맞추어 추는 춤.

란탄[독 Lanthan] 희토류 원소(稀土類元素)의 하나. 원소 기호는 La. ランタン

랄[剌] ① 어그러질 랄: 어그러지다. 「剌謬(날류)·剌剌(날랄)」 ② 물고기 뛰는 소리 랄: 물고기 뛰는 소리. 「潑剌(발랄)」ラツ

랄[辣] 매서울 랄: 매섭다. 맵다. 「辛辣(신랄)·辣腕(날완)·辣手(날수)」ラツ・からい・きびしい

랄[喇] ① 말 급히 할 랄: 말을 급히 하다. 「喇嘴(날취)·喇唬(날호)」 ② 나팔 라: 나팔. 「喇叭(나팔)」 ③ 라마교 라: 라마교. 「喇嘛教(나마교)」ラ・ラツ ② らっぱ

람:[嵐] ① 아지랑이 람: 아지랑이. 「嵐氣(남기)·嵐光(남광)·嵐翠(남취)」 ② 폭풍 람: 폭풍. 「風嵐(풍람)·山嵐(산람)」ラン ② あらし

람:[濫] ① 넘칠 람: 넘치다. 「氾濫(범람)」 ② 외람할 람: 외람하다. 함부로 하다. 「濫伐(남벌)·濫用(남용)·濫費(남비)·濫食(남식)」 ③ 풍설 람: 풍설. 뜬말. 「濫說(남설)」ラン ① あふれる ② みだり

람[藍]* ① 쪽 람: 쪽풀. 「藍實(남실)·藍色(남색)·藍靑(남청)」 ② 절 람: 절. 「伽藍(가람)」ラン ① あい

람:[襤] 옷 해질 람: 옷이 해지다. 「襤褸(남루)」ラン・ぼろ

람[籃] 큰 등롱 람: 큰 등롱. 큰 바구니. 「籃輿(남여)·籃球(남구)·搖籃(요람)」ラン・かご

람[覽]* 두루 볼 람: 두루 보다. 「觀覽(관람)·要覽(요람)·遊覽(유람)·展覽(전람)·回覽(회람)·一覽(일람)」ラン・みる

람:[攬] ① 잡을 람: 잡다. 뽑다. 「攬筆(남필)·攬要(남요)」 ② 모을 람: 모으다. ラン ① とる

람[欖] 감람나무 람: 감람나무. 「橄欖(감람)·欖仁(남인)·欖香(남향)」ラン・かんらん

람[纜] 닻줄 람: 닻줄. 「纜舸(남가)」ラン・ともづな

람바다[lambada] 브라질의 관능적(官能的)인 춤과 노래.

랍[拉] ① 잡아갈 랍: 잡아가다. 「拉致(납치)·被拉(피랍)·拉北(납북)」 ② 꺾을 랍: 꺾다. 「拉朽(납후)」ラ・ラツ ① ひっぱる

랍[臘] ① 섣달 랍: 섣달. 12월. 「臘月(납월)·臘平(납평)·臘酒(납주)」 ② 납향제 랍: 납향제. 「臘享祭(납향제)」ロウ ① くれ

랍[蠟] ① 밀 랍: 밀. 「蜜蠟(밀랍)·蠟紙(납지)」 ② 백랍 랍: 백랍. 「白蠟(백랍)」 ③ 초 랍: 초. 「蠟燭(납촉)」ロウ

랑:[浪]* ① 물결 랑: 물결. 「波浪(파랑)·浪浪(낭랑)·激浪(격랑)」 ② 함부로 쓸 랑: 함부로 쓰다. 「浪費(낭비)」 ③ 맹랑할 랑: 맹랑하다. 헛되다. 「浪說(낭설)·浪傳(낭전)」 ④ 떠돌아다닐 랑: 떠돌아다니다. 「浪士(낭사)·浪人(낭인)·浪遊(낭유)」ロウ ① なみ

랑:[狼] ① 이리 랑: 이리. 늑대. 「狼虎(낭호)·豺狼(시랑)」 ② 어수선할 랑: 어수선하다. 낭자하다. 「狼藉(낭자)」 ③ 낭패 랑: 낭패. 「狼狽(낭패)」ロウ ① おおかみ

랑[郎]* ① 사내 랑 : 사내. 남자. 「花郎(화랑)」 ② 남편 랑 : 남편. 「郎君(낭군)·郎材(낭재)·新郎(신랑)」 ③ 벼슬 이름 랑 : 벼슬 이름. 「郎中(낭중)·郎官(낭관)」 ロウ ① おとこ 花郎 郎官

랑:[朗]☆ 밝을 랑 : 밝다. 명랑하다. 「明朗(명랑)·朗朗(낭랑)·朗報(낭보)·朗月(낭월)·淸朗(청랑)」 ロウ·ほがらか 明朗

랑[琅] ① 옥소리 랑 : 옥이 구르는 소리. 「琅琅(낭랑)·琅然(낭연)·琅玕(낭간)」 ② 파란 랑 : 파란. 「琺琅(법랑)」 ③ 잠글 랑 : 잠그다. 「琅璫(낭당)」 ロウ 琅然 琅玕

랑[廊]☆ ① 행랑 랑 : 행랑. 바깥채. 「廊底(낭저)·廊閣(낭각)」 ② 복도 랑 : 복도. 「廊下(낭하)·廊腰(낭요)」 ③ 묘당 랑 : 묘당. 「廊廟(낭묘)」 ロウ ① わたどの 廊閣 廊腰

랑데부[프 rendezvous] ① 밀회(密會). ② 둘 이상의 우주선이 도킹(docking)하기 위하여 우주 공간에서 만나는 일. ランデブー 密會

래[來]* ① 올 래 : 오다. 「往來(왕래)·來者(내자)·來訪(내방)·來書(내서)·來賓(내빈)」 ② 이를 래 : 이르다. 도착하다. 「來到(내도)·渡來(도래)」 ライ·くる·きたる 來訪 渡來

래[萊] ① 쑥 래 : 쑥. 명아주. 「蓬萊(봉래)」 ② 땅 이름 래 : 땅 이름. 「東萊(동래)」 ③ 풀 거칠새 날 래 : 쑥이 무성하다. 「萊蕪(내무)」 ライ 蓬萊

래글런[raglan] 소매 둘레의 선이 목둘레에서 겨드랑이로 비스듬하게 이어진 형태. ラグラン 形態

래드[rad] 방사선 흡수량(吸收量)을 나타내는 단위. ラド 吸收量

래빗안테나[rabbit antenna] 텔레비전 수신용(受信用)의 소형 실내 안테나. ラビットアンテナ 受信用

래스터[raster] 브라운관의 주사선(走査線)으로 구성된 화상(畫像). ラスター 走査線

래커[lacquer] 건조가 빠른 도료(塗料)의 한 가지. 라카. ラッカー 塗料

래크[rack] 톱니바퀴를 맞물려서 회전 운동을 직선(直線) 운동으로 바꾸는 데 쓰이는 기구. ラック 直線

래프팅[rafting] 고무 보트를 타고 계곡의 급류(急流)를 헤쳐나가는 레저스포츠. 急流

랙[lac] 랙깍지진디벌레의 분비물(分泌物)을 가공하여 만든 도료(塗料). ラック 塗料

랜덤샘플링[random sampling] 여론 조사에서, 무작위 추출법(無作爲抽出法). ランダムサンプリング 無作爲 抽出法

랜덤액세스[random access] 컴퓨터의 기억 장치에서 정보를 무작위로 호출(呼出)하는 방법. ランダムアクセス 呼出

랜딩[landing] ① 착륙(着陸). ② 스키에서, 점프의 착지(着地). 또는 그 지점. ランディング 着陸

랜싯[lancet] 양쪽 끝이 뾰쪽한 의료용(醫療用) 칼. ランセット 醫療用

랜턴[lantern] 휴대용 손전등. 제등(提燈). ランタン 提燈

랠리[rally] ① 테니스·탁구 등에서, 네트를 사이에 두고 양편의 타구(打球)가 계속 이어지는 일. ② 자동차의 장거리 경주. ラリー 打球

램프[lamp] ① 남포등. ② 가열용(加熱用) 장치. ランプ 加熱用

램프[ramp] 고속 도로가 입체 교차(交叉)할 때 인터체인지와 고속 도로를 접속하는 경사진 부분. ランプ 傾斜

랩[lap] ① 트랙 경기에서, 한 바퀴. ② 수영 코스의 한 왕복(往復). ③ 랩타임의 준말. ラップ 往復

랩[rap] 역동적(力動的)인 리듬에 맞추어서 말하듯이 노래하는 음악. ラップ 力動的

랩[wrap] ① 몸을 싸서 감듯이 헐렁하게 입는 옷의 총칭. ② 식료품(食料品) 포장용의 얇은 막. ラップ 食料品

랩소디[rhapsody] 광시곡(狂詩曲). ラプソディー 狂詩曲

랩코:트[wrap coat] 야회복(夜會服) 위에 걸치는 여자용 외투. ラップコート 女子用 外套

랩타임[lap time] 경주·경영(競泳) 따위에서, 전 코스 중 일정 구간마다의 소요 시간. ラップタイム 競泳

랩톱컴퓨:터[laptop computer] 무릎 위에 올려놓고 사용할 수 있을 정도로 작고 가벼운 휴대용(携帶用) 컴퓨터. 携帶用

랭킹[ranking] 성적의 순위. 등급(等級). ランキング 等級

랭[冷]* ① 찰 랭:차다. 「冷水(냉수)」 ② 쌀쌀할 랭:쌀쌀하다. 「冷情(냉정)」 レイ·リョウ ① つめたい·ひえる 冷水

략[略]* ① 간략할 략:간략하다. 「簡略(간략)·省略(생략)·略圖(약도)·略記(약기)·前略(전략)」 ② 꾀 략:꾀. 「戰略(전략)·商略(상략)·策略(책략)·政略(정략)」 ③ 노략질할 략:노략질하다. 「略取(약취)·侵略(침략)·擄略(노략)」 ④ 지경 략:지경. 「略界(약계)」 リャク ② はかりごと 簡略 戰略

략[掠]* ① 노략질할 략:노략질하다. 「掠奪(약탈)·擄掠(노략)」 ② 매질할 략:매질하다. 「掠治(약치)」 リャク ① かすめる 掠奪

량:[兩]* ① 둘 량:둘. 쌍. 「兩國(양국)·兩軍(양군)·兩眉(양미)·兩面(양면)·兩性(양성)」 ② 냥 량:돈의 단위. 「五兩(오량)·百兩(백량)」 ③ 근량 량:무게의 단위. リョウ ① ふたつ 兩國 五兩

량[良]* ① 어질 량:어질다. 착하다. 「良心(양심)·良士(양사)·賢良(현량)·善良(선량)」 ② 남편 량:남편. 「良人(양인)·良郞(양랑)·良匹(양필)」 ③ 좋을 량:좋다. 「良策(양책)·良器(양기)·良俗(양속)」 ④ 자못 량:자못. 꽤. 「良久(양구)」 ⑤ 깊을 량:깊다. 「良夜(양야)」 リョウ ① まこと ③ よい 良心 良人 良久

량[亮] ① 밝을 량:밝다. 「亮明(양명)·亮達(양달)·亮直(양직)」 ② 천자(天子)의 상(喪) 량:천자가 거상을 입다. 「亮陰(양음)」 リョウ ① あきらか 亮明

량[倆] 재주 량:재주. 「伎倆(기량)」 リョウ·わざ·たくみ 伎倆

량[梁]* ① 대들보 량:대들보. 「梁麗(양려)·梁材(양재)·梁上君子(양상군자)」 ② 나무다리 량:나무다리. 다리. 「橋梁(교량)」 ③ 날뛸 량:날뛰다. 「跳梁(도량)」 リョウ ① はり·うつばり 梁麗 橋梁

량[涼]* ① 서늘할 량:서늘하다. 「淸涼(청량)·涼風(양풍)· 淸涼

량[凉] ① 서늘할 량 : 서늘하다. 「凉天(양천)·凉雨(양우)」 ② 엷을 량 : 엷다. 「凉德(양덕)」 リョウ ① すずしい

량[量]* ① 헤아릴 량 : 헤아리다. 「計量(계량)·測量(측량)」 ② 휘 량 : 휘. 되. 말. 「少量(소량)·分量(분량)·度量(도량)」 ③ 국량 량 : 국량. 도량. 「器量(기량)·力量(역량)」 リョウ ① はかる

량[梁] 기장 량 : 기장. 「梁米(양미)」 リョウ・あわ

량[諒]* ① 믿을 량 : 믿다. 양해하다. 「諒察(양찰)·惠諒(혜량)·諒解(양해)」 ② 알 량 : 알다. 「諒知(양지)」 リョウ ② さとる

량[輛] 수레 량 : 수레. 수레의 수효. 「車輛(차량)·十輛(십량)」 リョウ

량[糧]* 양식 량 : 양식. 먹이. 「食糧(식량)·糧穀(양곡)·糧道(양도)·糧米(양미)·軍糧(군량)」 リョウ・ロウ・かて

러너[runner] ① 뛰는 사람. 경주자(競走者). ② 야구에서, 주자(走者). ランナー

러닝슈ː즈[running shoes] 경주용(競走用) 화. 스파이크슈ː즈. ランニングシューズ

러버라켓[rubber racket] 표면에 고무를 댄 탁구(卓球) 라켓. ラバーラケット

러브[love] ① 사랑. ② 테니스 경기에서, 득점(得點)이 없는 일. ラブ

러브게임[love game] 테니스 경기에서, 한 편이 무득점(無得點)으로 진 경우. ラブゲーム

러시아워[rush hour] 출퇴근·통학(通學) 등으로 교통이 혼잡한 시간. ラッシュアワー

러키[lucky] 행운(幸運). 복. ラッキー

러키세븐[←lucky seventh] 야구에서, 7회에 다른 회보다 득점(得點)이 많다고 하여 '7'을 행운의 숫자로 이르는 말. ラッキーセブン

러키존:[lucky zone] 야구장에서, 본루타(本壘打)를 쉽게 내도록 외야 울타리를 당겨 본루와의 거리를 좁힌 구역(區域). ラッキーゾーン

럭비[Rugby] 럭비풋볼의 준말. ラグビー

럭비풋볼[Rugby football] 각 15명씩의 두 팀이 럭비공을 손이나 발로 자유롭게 다루면서 상대편의 진지(陣地)에 찍거나 차 넘겨 득점을 겨루는 경기.

럭스[lux] 조명도(照明度)의 단위. 기호는 lx.

런치[lunch] 서양식의 간단한 점심(點心). ランチ

럼[rum] 당밀이나 사탕수수를 발효시켜 만든 증류주(蒸溜酒). ラム

레[이 re] 음악에서, 장음계(長音階)의 제2음, 단음계(短音階)의 제4음.

레가토[이 legato] 악보에서, '음을 부드럽게, 원활하게'의 뜻. レガート

레가티시모[이 legatissimo] 악보에서, '극히 부드럽게'의 뜻.

레게[reggae] 중남미(中南美) 자메이카에서 발생한 록풍의 음악. レゲエ

레겐데[독 Legende] 종교적·전설적 설화에 바탕을 둔, 일종의 성담곡(聖譚曲).

레구민[legumin] 콩·팥 따위에 들어 있는 단백질(蛋白質)

質). レグミン

레그혼:[leghorn] 이탈리아 원산의 난용종(卵用種) 닭. 빨리 자라며 산란 능력이 뛰어남. レグホーン

레깅스[leggings] ① 가죽으로 만든 각반(脚絆). ② 허리에서 발끝까지 덮이는 어린이용의 좁은 바지. レギンス

레닌[renin] 단백질 분해 효소(酵素)의 하나. レニン

레더[leather] ① 무두질한 가죽. ② 모조(模造) 가죽. レザー

레디[ready] 경주·작업 등에서 '시작할 준비(準備)'를 뜻하는 구호. レディ

레디메이드[ready-made] 기성(既成). 기성품(既成品). レディーメード

레디믹스[ready-mix] 시멘트 공장에서 미리 혼합(混合)하여 공사 현장으로 운반해 오는 시멘트·모래·자갈·물 등의 혼합물. レディーミックス

레모네이드[lemonade] 레몬즙에 물·설탕·시럽 등을 탄 음료(飮料). レモネード

레몬[lemon] 운향과의 상록 교목. 과즙(果汁)에는 구연산과 아스코르브산이 들어 있으며 신맛이 남. レモン

레몬스쿼시[lemon squash] 레몬즙에 소다수를 탄 청량 음료(淸涼飮料). レモンスカッシュ

레몬주:스[lemon juice] 레몬즙에 설탕을 첨가(添加)한 음료. レモンジュース

레미콘[remicon] 〔ready mixed concrete〕 수송(輸送)하는 차 속에서 물·모래·시멘트를 배합(配合)한 콘크리트. 또는 그런 장치를 한 차. レミコン

레버[lever] 지렛대. レバー

레세페르[프 laissez-faire] 무간섭주의. 자유 방임주의(自由放任主義). レッセフェール

레스토랑[프 restaurant] 서양 요리점. 양식점(洋食店). レストラン

레슨[lesson] ① 일과(日課). 교과. 학과. ② 수업. 연습. 특히, 개인 지도(個人指導). レッスン

레슬링[wrestling] 두 선수가 매트 위에서 상대편의 양 어깨를 바닥에 1초 동안 닿게 함으로써 승부(勝負)를 겨루는 경기. レスリング

레시틴[lecithin] 인지질(燐脂質)의 하나. 생체막의 주요 구성 성분으로, 동물·식물·효모 등에 들어 있음. レシチン

레아[Rhea] 그리스 신화에 나오는 대지(大地)의 여신(女神). レア

레이[lei] 환영의 뜻으로 방문객의 목에 걸어 주는 화환(花環). 본디 하와이 섬 사람의 의례에서 썼음. レイ

레이더[radar] 전파 탐지기(電波探知機). レーダー

레이더스[raiders] 기업 약탈자(企業掠奪者). 매입한 주식을 배경으로 회사 경영을 압박하고 매입 주식을 비싼 값에 되파는 등 부당 이익을 취하는 집단임.

레이디얼타이어[radial tire] 고속 주행용(高速走行用)으로 개발된 타이어의 하나. ラジアルタイヤ

레이디퍼:스트[lady first] 여성을 존중하는 정신으로, 모

든 면에서 여성에게 우선권을 주는 태도 또는 풍습(風習). 風習 레디ー퍼ー스트

레이서[racer] 경주용의 자동차·요트 따위. 또는 그 경기자(競技者). 레ー서ー 競技者

레이스[lace] 실을 코바늘로 떠서 여러 가지 무늬를 나타낸 서양식 수예 편물(手藝編物)의 하나. 레ー스 手藝編物

레이스코ː스[racecourse] 경주를 하기 위한 주로(走路). 레ー스코ー스 走路

레이싱카ː[racing car] 경주용(競走用) 자동차. 레ー싱그카ー 競走用

레이아웃[layout] ① 편집(編輯)·디자인 등에서, 문자·그림·사진 등을 지면 위에 효과적으로 구성·배치하는 일. ② 건축에서, 부지(敷地) 안에 건물을 효과적으로 배치하는 등의 설계. 레이아웃 編輯

레이업슛[lay-up shoot] 농구(籠球)에서, 바스켓 바로 밑에서 한 손으로 가볍게 넣는 슛. 籠球

레이오프[layoff] 일시 해고(一時解雇). 一時解雇

레이온[rayon] 인조 견사(人造絹絲). 또는 그것으로 짠 직물. 레ー용 人造絹絲

레이윈[rawin] 전파를 이용하여 대기 상층의 풍향(風向)과 풍속(風速)을 탐지하는 기상 관측기. 레ー윈 風向

레이저[laser] 전자파의 유도 방출에 의한 빛의 증폭(增幅)·발신 장치. 레ー저ー 增幅

레이저디스크[laser disk] 빛에 의해 영상 신호를 내는 광학식(光學式) 비디오 디스크. 光學式

레이컨[racon] 레이너용 비컨.

레이크[lake] 수용성(水溶性)의 유기 색소를 금속염이나 타닌 등으로 침전시켜서 불용성(不溶性)으로 만든 유기 안료(有機顔料). 레ー크 有機顔料

레이크[rake] 땅을 고르거나 풀을 긁어모으는 데 쓰는 쇠갈퀴. 레ー크

레인[lane] ① 볼링에서, 공을 굴리는 마루. ② 육상·수영 등에서 달리거나 나아가는 각 주로(走路). 레ー인 走路

레인저[ranger] 기습 공격이나 정찰 등을 위하여 특수 훈련을 받은 유격(遊擊) 대원. 레ー인저ー 遊擊

레인지[range] 가스나 전기를 사용하는 취사용 조리 기구(調理器具). 레ー인지 調理器具

레인코ː트[raincoat] 비옷. 우의(雨衣). 레ー인코ー트 雨衣

레일[rail] ① 철도의 선로. ② 궤도(軌道). 레ー일 鐵路 軌道

레저[leisure] 여가(餘暇). 또는 여가를 이용한 놀이나 오락. 레저ー 餘暇

레저붐ː[leisure boom] 놀이나 레크리에이션에 쏠리는 사회적 풍조(風潮). 레저ー붐ー 風潮

레저스포ː츠[leisure sports] 여가에 레저를 겸하여 하는 스포ー츠. 餘暇

레제드라마[독 Lesedrama] 상연이 목적이 아닌, 문학적으로 읽히기 위해 쓴 희곡(戲曲). 戲曲

레즈비언[lesbian] 여성끼리의 동성애(同性愛). 또는 그런 관계에 있는 여성. 레스비언 同性愛

레지던트[resident] 인턴 과정을 마친 수련의(修鍊醫). 레ー 修鍊醫

ジデント

레지스탕스[프 résistance] 침략군에 대한 저항 운동(抵抗運動). 특히, 제2차 세계 대전 중 독일군 점령하의 프랑스의 저항 운동. 레지스탕스

레지스터[register] 컴퓨터에서, 특정한 목적에 사용되는 일시적인 기억 장치(記憶裝置)의 총칭. 레지스터

레지에로[이 leggiero] 악보에서, '경쾌하게, 가볍게'의 뜻. 레지에로

레치타티보[이 recitativo] 가극 등에서, 대사(臺詞)를 말하듯이 노래하는 부분. 서창(敍唱).

레커차[wrecker車] 고장이나 사고가 난 자동차를 끌거나 싣고 가는 차. 구난차(救難車). 레커차

레코:드[record] ① 음반(音盤). ② 컴퓨터에서 필드(field)의 집합으로, 데이터로 다루어지는 단위. 레코드

레코:드플레이어[record player] 음반에 녹음되어 있는 음을 재생(再生)하는 장치. 레코드플레이어

레퀴엠[라 requiem] 위령곡(慰靈曲). 진혼곡(鎭魂曲). 레퀴엠

레크리에이션[recreation] 운동·오락 등을 통한 기분 전환. 레크리에이션

레터링[lettering] 시각적(視覺的) 효과를 고려하여 문자를 도안(圖案)하는 일. 레터링

레토르트[retort] 건류(乾溜)나 증류할 때 쓰는 화학 실험 기구. 레토르트

레토르트 식품(食品)[retort food] 가공 조리한 식품을 주머니에 넣어 밀봉한 후, 레토르트 솥에서 가열·살균한 저장 식품(貯藏食品). 레토르트 식품

레트[let] 테니스나 탁구 등에서, 서브한 공이 네트를 스치고 상대편 코트에 들어가는 일. 레트

레퍼리[referee] 축구·농구 등의 심판원(審判員). 레퍼리

레퍼리볼:[referee ball] 수구(水球)에서, 양편이 모두 반칙하였을 때 심판이 공평하게 공을 던져 경기를 계속하는 일. 또는 그 공. 레퍼리볼

레퍼토리[repertory] 극단 또는 연주가가 어느 때라도 상연(上演) 또는 연주할 수 있도록 준비한 작품의 목록. 레퍼토리

레퍼토리시스템[repertory system] 극단(劇團) 등이 미리 결정된 여러 작품을 차례차례 상연하는 방법. 레퍼토리시스템

레포:츠[leports] [leisure sports] 레저와 스포츠를 겸한 활동.

레프트스트레이트[left straight] 권투에서, 왼팔을 앞으로 뻗쳐 상대 선수를 치는 타격(打擊).

레프트윙[left wing] 축구·하키 등에서, 왼쪽 공격 위치의 선수. 좌익(左翼). 레프트윙

레프트필:더[left fielder] 야구에서, 좌익수(左翼手). 레프트필더

레프트하:프[left half] 축구에서, 왼쪽 하프백의 위치(位置). 또는 그 위치의 선수. レフトハーフ

렉스[rex] 모피용(毛皮用) 집토끼의 한 품종.

렌더링[rendering] 디자인·건축 등에서, 완성 예상도(豫想圖). レンダリング

렌즈[lens] 빛을 모으거나 분산시키기 위하여 유리나 수정을 갈아서 만든 투명체(透明體). レンズ

렌치[wrench] 너트나 볼트 또는 파이프를 죄거나 비틀어 돌리는 공구(工具). レンチ

렌탄도[이 lentando] 악보에서, '차차 느리게'의 뜻. レンタンド

렌터카:[rent-a-car] 이용자로부터 세를 받고 빌려 주는 자동차. 임대 자동차(賃貸自動車). レントカー

렌토[이 lento] 악보에서, '아주 느리게, 느리고 무겁게'의 뜻. レント

렌티시모[이 lentissimo] 악보에서, '아주 느리게'의 뜻. レンティッシモ

렐리지오소[이 religioso] 악보에서, '경건하게'의 뜻.

렘마[그 lemma] 수학에서, 어떤 정리(定理)를 이끌어 내는 도중에 얻어지는 명제.

렙토스피라[라 leptospira] 스피로헤타에 속하는 실 모양의 미생물(微生物). レプトスピラ

렙톤[lepton] ① 그리스의 화폐 단위. ② 경입자(輕粒子). レプトン

려[呂] ① 풍류 려:풍류. 「律呂(율려)」 ② 성 려:성(姓)의 하나. リョ·ロ

려[戾] ① 어기어질 려:어기어지다. 「悖戾(패려)·暴戾(폭려)」 ② 이를 려:이르다. 「戾止(여지)·戾天(여천)·返戾(반려)」 ③ 허물 려:허물. 죄. レイ ② もどす·もどる ③ つみ

려[侶] 짝 려:짝. 친구. 벗. 「伴侶(반려)·侶行(여행)」 リョ·ロ·とも

려[旅]* ① 나그네 려:나그네. 「旅人(여인)·旅客(여객)·旅情(여정)·旅愁(여수)·行旅(행려)」 ② 군사 려:군사 단위. 「旅團(여단)」 ③ 무리 려:무리. 「旅食(여식)·旅退(여퇴)」 リョ ① たび

려[唳] ① 학 울 려:학이 울다. 「鶴唳(학려)」 ② 기러기 소리 려:기러기 우는 소리. 「唳唳(여려)」 レイ

려:[厲] ① 갈 려:갈다. 「厲劍(여검)·厲石(여석)」 ② 사나울 려:사납다. 「厲民(여민)·厲聲(여성)·厲色(여색)」 ③ 지을 려:짓다. レイ ① とぐ·みがく

려[慮]* ① 생각할 려:생각하다. 「慮外(여외)·考慮(고려)·思慮(사려)」 ② 염려할 려:염려하다. 「心慮(심려)·憂慮(우려)·苦慮(고려)」 リョ·おんぱかる·おもいはかる

려[閭] ① 마을 려:마을. 「閭甲(여리)·閭巷(여항)·閭中(어중)」 ② 이문 려:마을의 문. 「閭門(여문)·閭閣(여각)」 リョ

려[黎] ① 무리 려:무리. 「黎民(여민)·黎苗(여묘)」 ② 검을 려:검다. 「黎首(여수)·黎元(여원)·黎庶(여서)」 ③ 동틀 려:동이 트다. 「黎明(여명)」

レイ ①おおい ②くろい ③あけぼの

려[勵]☆ ①힘쓸 려：힘쓰다. 「勵行(여행)・勵精(여정)・勉勵(면려)」 ②권할 려：권하다. 「奬勵(장려)・勵聲(여성)・勵翼(여익)」 レイ ①はげむ・はげます 勵行

려:[濾] 거를 려：거르다. 「濾過(여과)・濾過器(여과기)・濾水(여수)」ロ・リョ・こす 濾過

려[廬] ①오두막 려：오두막. 초막. 「廬幕(여막)・廬舍(여사)」②집 려：집. ロ・リョ ①いおり 廬幕

려[櫚] 종려나무 려：종려나무. 「棕櫚(종려)」ロ・リョ 棕櫚

려[藜] ①명아주 려：명아주. 「藜杖(여장)・藜藿(여곽)・藜蕨(여궐)」②아름다운 옥 려：아름다운 옥. レイ ①あかざ 藜杖

려[麗]☆ ①고울 려：곱다. 「美麗(미려)・麗人(여인)・秀麗(수려)」②빛날 려：빛나다. 「華麗(화려)・綺麗(기려)」③나라 이름 려：나라 이름. 「高麗(고려)・高句麗(고구려)」レイ ①うるわしい(ライ・リ) 美麗

려:[礪] ①숫돌 려：숫돌. 「礪石(여석)・礪砥(여지)」②갈 려：갈다. 「礪行(여행)」レイ 礪石

려[鑢] ①줄 려：쇠붙이 따위를 쓸거나 깎는 연장. ②갈 려：갈다. 「鑢紙(여지)・磨鑢(마려)」リョ ①やすり 鑢紙

려[驢] 나귀 려：나귀. 당나귀. 「驢馬(여마)・驢背(여배)・驢鳴犬吠(여명견폐)」リョ・ロ 驢馬

려[驪] ①가라말 려：가라말. 「驪駒(여구)」②검을 려：검다. 「驪龍(여룡)」レイ・リ ①くろうま 驪駒

력[力]☆ ①힘 력：힘. 기운. 「力道(역도)・力爭(역쟁)・力士(역사)」②힘쓸 력：힘쓰다. 「盡力(진력)・力作(역작)・力說(역설)」③부지런할 력：부지런하다. 「力子(역자)」④작용할 력：작용하다. 「引力(인력)・彈力(탄력)・水力(수력)・電力(전력)」リキ・リョク ①ちから 力道 盡力 引力

력[曆]☆ ①책력 력：책력. 「月曆(월력)・日曆(일력)・曆書(역서)」②셀 력：세다. 「西曆(서력)・陰曆(음력)」③세월 력：세월. レキ ①こよみ 曆書 西曆

력[歷]* ①지낼 력：지내다. 겪다. 「經歷(경력)・履歷(이력)・學歷(학력)」②다닐 력：두루 다니다. 「歷訪(역방)・歷任(역임)・遍歷(편력)」③역력할 력：역력하다. 「歷歷(역력)・歷然(역연)」④차례 력：차례. 「歷史(역사)・歷代(역대)・歷朝(역조)」レキ ①へる 履歷 學歷 歷史

력[櫟] ①상수리나무 력：상수리나무. 「櫟樗(역저)」②노략질할 력：노략질하다. レキ ①くぬぎ 櫟樗

력[瀝] ①거를 력：거르다. ②물방울 떨어질 력：물이 방울져 떨어지다. 「瀝滴(역적)」③물 졸졸 흐를 력：물이 졸졸거리며 흐르다. 「瀝瀝(역력)」④비바람 소리 력：비바람 소리. 「瀝瀝(역력)」レキ ②したたる 瀝滴 瀝瀝

력[櫪] 마판 력：마판. 외양간. 「櫪馬(역마)・櫪廐(역구)・槽櫪(조력)」レキ 櫪馬

력[礫] ①조약돌 력：조약돌. 「礫石(역석)・砂礫(사력)・瓦礫(와력)」②주사 력：주사(朱砂). 「丹礫(단력)」レキ ①こいし・さざれ 礫石 朱砂

력[轢] ① 삐걱거릴 력: 삐걱거리다. 「軋轢(알력)」 ② 치일 력: 차에 치이다. 「轢死(역사)·轢殺(역살)」 レキ ① きしる ② ひく

력[靂] 벼락 력: 벼락. 벽력. 「霹靂(벽력)」 レキ

련[連]* ① 이어질 련: 이어지다. 계속되다. 「連續(연속)·連綿(연면)·連勝(연승)·連結(연결)·連鎖(연쇄)」 ② 끌 련: 끌다. 잡아당기다. 「連引(연인)·連行(연행)」 ③ 붙일 련: 붙이다. 어울리다. 「連帶(연대)」 レン ① つらなる ② つれる・ひきつれる

련:[煉] ① 쇠 불릴 련: 쇠를 불리다. 「煉獄(연옥)·煉丹(연단)」 ② 반죽할 련: 반죽하다. 「煉炭(연탄)·煉白粉(연백분)·煉合(연합)」 レン ① ねる

련[漣] ① 물놀이 칠 련: 잔물결이 일어나다. 「漣紋(연문)·漣水(연수)·漣漪(연의)」 ② 눈물 흘릴 련: 눈물을 흘리다. 「漣如(연여)·漣然(연연)·漣落(연락)」 レン ① さざなみ

련[憐]☆ ① 불쌍할 련: 불쌍하다. 「憐悼(연도)·憐憫(연민)·憐恤(연휼)·憐愛(연애)」 ② 가련할 련: 가련하다. 「可憐(가련)」 ③ 사랑할 련: 사랑하다. レン ① あわれむ

련:[練]* ① 익힐 련: 익히다. 「修練(수련)·練習(연습)·練兵(연병)」 ② 연복 련: 연복. 소상복. 「練祥(연상)·練服(연복)」 ③ 누일 련: 누이다. 「練絲(연사)·練絹(연견)」 ④ 가릴 련: 가리다. 「練日(연일)」 レン ① ねる

련[蓮]☆ 연꽃 련: 연꽃. 「蓮花(연화)·蓮莖(연경)·蓮根(연근)·蓮實(연실)·蓮肉(연육)」 レン・はす

련[輦] ① 연 련: 연. 수레. 「輦輿(연여)·輦車(연거)·鳳輦(봉련)」 ② 당길 련: 당기다. 끌다. 「輦夫(연부)」 レン ① てぐるま

련[聯]☆ ① 잇닿을 련: 잇닿다. 「聯立(연립)·聯騎(연기)·聯紙(연지)·聯作(연작)」 ② 관계할 련: 관계하다. 「關聯(관련)·聯邦(연방)·聯想(연상)」 レン ① つらなる

련:[鍊]☆ ① 단련할 련: 단련하다. 「鍛鍊(단련)·鍊武(연무)·鍊鍛(연단)」 ② 불릴 련: 불리다. 「鍊金(연금)·鍊工(연공)」 レン ① ねる

련:[戀]☆ 사모할 련: 사모하다. 그리워하다. 「戀戀(연연)·戀愛(연애)·戀情(연정)·悲戀(비련)·愛戀(애련)」 レン・こい・こいしい

렬[列]* ① 벌 렬: 벌이다. 펼치다. 「陳列(진열)·列擧(열거)·列島(열도)」 ② 무리에 들 렬: 무리에 들다. 「列强(열강)·列國(열국)·列士(열사)·列傳(열전)」 ③ 항오 렬: 항오. 대열. 「隊列(대열)·整列(정렬)·前列(전열)」 ④ 반열 렬: 반열. 차례. 「列次(열차)·序列(서열)·班列(반열)」 レツ ① つらねる・ならぶ

렬:[劣]☆ ① 용렬할 렬: 용렬하다. 남보다 뒤떨어지다 「劣等(열등)·優劣(우열)·拙劣(졸렬)」 ② 낮을 렬: 수준·정도·지위 등이 낮다. 「劣惡(열악)·卑劣(비열)·鄙劣(비열)」 ③ 약할 렬: 약하니. レツ ② おとる

렬[洌] 찰 렬: 차갑다. 「洌泉

(열천)·洌淸(열청)·洌洌(열렬)」レツ・さむい

렬[洌] ① 찰 렬：차다. 「洌風(열풍)」② 맑을 렬：맑다. レツ ② きよい

렬[烈]* ① 매울 렬：맵다. 독하다. 심하다. 「烈風(열풍)·猛烈(맹렬)·熱烈(열렬)·激烈(격렬)」② 불 활활 붙을 렬：불이 활활 붙다. 「烈火(열화)·烈日(열일)」③ 충직할 렬：충직하다. 「烈士(열사)·先烈(선열)·義烈(의열)」④ 공 렬：공. 「武烈(무열)·偉烈(위열)·忠烈(충렬)」レツ ①は げしい

렬[裂]* ① 찢어질 렬：찢어지다 「破裂(파열)·裂傷(열상)·裂開(열개)」② 갈릴 렬：갈리다. 「分裂(분열)·決裂(결렬)·支離滅裂(지리멸렬)」レツ ① さく・さける

렴[廉]* ① 맑을 렴：맑다. 「淸廉(청렴)·廉恪(염각)·廉吏(염리)」② 살필 렴：살피다. 「廉問(염문)·廉察(염찰)·廉按(염안)」③ 값쌀 렴：값이 싸다. 「廉價(염가)·廉賣(염매)·低廉(저렴)」④ 모 렴：모. 모서리. 「廉裾(염거)·廉隅(염우)」レン ①いさぎよい ③やすい ④かど

렴[濂] ① 경박할 렴：경박하다. ② 시내 이름 렴：강 이름. 「濂溪(염계)」レン

렴ː[殮] 염할 렴：염하다. 「殮襲(염습)·殮布(염포)·殮具(염구)」レン・おさめる

렴ː[斂] ① 거둘 렴：거두다. 모으다. 「苛斂(가렴)·收斂(수렴)」② 감출 렴：감추다. 「斂跡(염적)」レン ① おさめる

렴[簾] 발 렴：발. 「簾幕(염막)·簾影(염영)·垂簾聽政(수렴청정)」レン・すだれ

렵[獵] ① 사냥 렵：사냥. 「獵銃(엽총)·獵人(엽인)·狩獵(수렵)」② 어긋날 렵：어긋나다. 이상하다. 「獵奇(엽기)」リョウ ① かり

령[令]* ① 명령할 령：명령하다. 「命令(명령)·號令(호령)·訓令(훈령)」② 법률 령：법률. 「法令(법령)·部令(부령)」③ 가령 령：가령. 「假令(가령)·設令(설령)」④ 벼슬 이름 령：벼슬 이름. 「使令(사령)·令息(영식)·令愛(영애)·令夫人(영부인)」⑤ 철 령：철. 때. 시기. 「月令(월령)」レイ・リョウ ①いいつけ

령ː[伶] ① 영리할 령：영리하다. 「伶俐(영리)」② 악공 령：악공(樂工). 「伶官(영관)·伶人(영인)·伶優(영우)」レイ ①かしこい

령[囹] 옥 령：옥. 감옥. 「囹圄(영어)·囹圉(영위)」レイ

령ː[怜] 영리할 령：영리하다. 「怜悧(영리)·怜質(영질)」レイ・さとい

령[玲] ① 옥 소리 령：옥이 굴러가는 소리. 「玲琅(영랑)·玲玲(영령)」② 아롱아롱할 령：아롱거리다. 「玲瓏(영롱)」レイ・リョウ

령[苓] ① 복령 령：복령. 「茯苓(복령)·白茯苓(백복령)」② 도꼬마리 령：도꼬마리. レイ

령[蛉] ① 잠자리 령：잠자리. 「蜻蛉(청령)」② 뽕나무 벌레 령：뽕나무 벌레. 「蛉蟲(영충)」レイ ① とんぼ

령[鈴] 방울 령：방울. 「電鈴(전령)·鈴鐸(영탁)·鈴語(영어)·鈴鈴(영령)·搖鈴(요령)」

レイ・すず
령[零]* ①떨어질 령 : 떨어지다. 「零落(영락)·零淚(영루) 零落 ②우수리 령 : ㉠셈한 나머지. 적은 수효. 「零雨(영우)·零在(영재)·零殘(영잔)·零賣(영매)」 ㉡아무것도 없음. 「零度(영도)·零下(영하)·零時 零下 (영시)」 ③부서질 령 : 부서지다. 「零碎(영쇄)·零碎碎碎(영령쇄쇄)」 レイ・ゼロ ①ふる ②あまり

령[領]* ①거느릴 령 : 거느리다. 「領導(영도)·領率(영솔)· 領導 領相(영상)·頭領(두령)」 ②차지할 령 : 차지하다. 「占領(점 占 領 령)·領有(영유)」 ③받을 령 : 받다. 「領受(영수)·受領(수령)」 ④종요로울 령 : 종요롭다. 요긴하다. 「綱領(강령)·要領(요령)·大領(대령)」 リョウ・レイ ①すべる ②しめる 要 領 ③うける・うけとる

령[嶺]* ①고개 령 : 고개. 재. 「嶺上(영상)·峻嶺(준령)·嶺底 峻 嶺 (영저)」 ②산봉우리 령 : 산봉우리. レイ・みね

령[齡] 나이 령 : 나이. 「年齡 年 齡 (연령)·齒齡(치령)」 レイ・よわい

령[靈] ①신령 령 : 신령. 「神 神 靈 靈(신령)·靈界(영계)·靈光(영광)」 ②혼백 령 : 혼백. 「靈座(영좌)·靈魂(영혼)」 ③신통할 령 : 신통하다. 「靈妙(영묘)· 靈 妙 靈效(영효)·靈驗(영험)」 レイ・リョウ ②たま・たましい

례:[例]* ①전례 례 : 전례. 「前例(전례)·慣例(관례)·例外 慣 例 (예외)·先例(선례)」 ②법식 례 : 법식. 「例式(예식)·例法(예법)·例祭(예제)」 ③견줄 례 : 견주다. 「比例(비례)」 ④

같을 례 : 같다. 「例示(예시)· 例 示 例判(예판)」 レイ ①たとえる

례:[隷] ①종 례 : 종. 노예. 「奴隷(노예)·隷御(예어)·僕隷 奴 隷 (복례)·隷臣(예신)」 ②붙이 례 : 붙이. 붙어 따름. 「隷屬 隷 屬 (예속)」 ③서체 이름 례 : 예서. 「隷書(예서)·隷篆(예전)」 レイ ①しもべ

례:[禮]* ①예도 례 : 예도(禮度). 「禮儀(예의)·禮法(예 禮 法 법)·禮式(예식)·婚禮(혼례)·禮節(예절)」 ②인사 례 : 인사하다. 절하다. 「拜禮(배례)· 拜 禮 目禮(목례)」 レイ・ライ

로:[老]* ①늙을 로 : 늙다. 「老人(노인)·老衰(노쇠)·老客 老 人 (노객)·老境(노경)·不老(불로)」 ②익숙할 로 : 익숙하다. 「老熟(노숙)·老練(노련)」 ③ 老 練 어른 로 : 어른. 「老父(노부)·大老(대로)·長老(장로)」 ロウ ①おいる

로[鹵] ①황무지 로 : 황무지. 「鹵田(노전)」 ②빼앗을 로 : 빼앗다. 「鹵掠(노략)·鹵獲(노 鹵 獲 획)」 ③의장 로 : 의장. 의식. 「鹵簿(노부)」 ロ ①あれち

로[勞]* ①일할 로 : 일하다. 수고하다. 「勞動(노동)·勞務 勞 作 (노무)·勞作(노작)·勤勞(근로)·勞資(노자)」 ②근심할 로 : 근심하다. 「勞心(노심)· 勞 心 勞神(노신)·心勞(심로)·苦勞(고로)」 ③부지런할 로 : 부지런하다. 「勉勞(면로)·勞力(노력)」 ④고단할 로 : 고단하다. 「疲勞(피로)·過勞(과로)」 ⑤ 疲 勞 위로할 로 : 위로하다. 「慰勞(위로)·勞問(노문)」 ロウ ④つかれる ⑤いたわる

로[虜] ①사로잡을 로 : 사로잡다. 「捕虜(포로)·虜掠(노략)· 捕 虜

虜獲(노획)」 ②적 로:적(敵). 「虜將(노장)」 リョ ① とりこ

로[路]* ①길 로:길. 「大路(대로)·道路(도로)·水路(수로)·往路(왕로)·路資(노자)」 ②중요할 로:중요하다. 「要路(요로)」 ③클 로:크다. ロ ① みち

로[撈] 건져낼 로:건져내다. 「漁撈(어로)·撈採(노채)·撈救(노구)」 ロウ·とる

로[魯] ①어리석을 로:어리석다. 「魯鈍(노둔)·魯朴(노박)」 ②나라 이름 로:나라 이름. 「魯國(노국)」 ロ ① おろか

로[擄] 노략질할 로:노략질하다. 「擄掠(노략)」 ロ·かすめる

로[盧] ①술집 로:술집. 술청. 「盧臺(노대)」 ②검을 로:검다. 「盧弓盧矢(노궁노시)」 ③눈동자 로:눈동자. 「盧子(노자)」 ロ

로[廬] ①술청 로:술청. 「廬邸(노저)·廬頭(노두)·木廬(목로)」 ②지승 로:저승. ロ

로[爐]* ①화로 로:화로. 「火爐(화로)·暖爐(난로)·原子爐(원자로)·香爐(향로)」 ②뙤약볕 로:뙤약볕. ロ·いろり

로[蘆] 갈대 로:갈대. 「蘆笠(노립)·蘆簾(노렴)·蘆場(노장)·蘆田(노전)」 ロ·あし

로[露]* ①이슬 로:이슬. 「白露(백로)·霜露(상로)·雨露(우로)·草露(초로)」 ②드러날 로:드러나다. 「露骨(노골)·露呈(노정)·暴露(폭로)」 ③한데 로:한데. 「露宿(노숙)·露處(노처)·露店(노점)」 ロ ① つゆ ② あらわす

로[鷺] ①백로 로:백로. 「白鷺(백로)」 ②따오기 로:따오기. 「朱鷺(주로)」 ロ ① さぎ

로고[logo] 회사 이름·상품 이름 따위를 나타내기 위하여 개성적으로 디자인한 문자(文字). ロゴ

로고스[그 logos] ① 만물의 조화·질서의 근본 원리인 이성(理性). ② 기독교에서, 삼위 일체의 제2위인 그리스도를 가리키는 말. ロゴス

로돕신[rhodopsin] 망막(網膜)의 간상 세포(杆狀細胞)에 들어 있는 자줏빛 색소. 시홍소(視紅素).

로듐[rhodium] 백금족 원소(白金族元素)의 하나. 전성(展性)·연성(延性)이 풍부함. 원소 기호는 Rh.

로:드게임[road game] 원정 경기(遠征競技). ロードゲーム

로:드롤:러[road roller] 노면(路面) 등을 고르고 다지는 데 쓰이는 롤러. ロードローラー

로:드사인[road sign] 도로 표지(道路標識). ロードサイン

로:드쇼;[road show] 새 영화의 개봉(開封)에 앞서 특정 극장에서 하는 특별 상연. ロードショー

로렌슘[lawrencium] 인공(人工) 방사성 원소의 하나. 원소 기호는 Lr. ローレンシウム

로마네스크[Romanesque] 11~12세기 전반에 서유럽 각지에서 성행하던 미술·건축 양식(樣式). ロマネスク

로망[프 roman] 중세 유럽의 연애담이나 무용담을 중심으로 한, 전기적(傳奇的)·모험적·공상적인 통속 소설. ロマン

로맨스[romance] ① 낭만적인

사랑. 또는 그런 연애 사건. ② 서양 음악에서, 서정적인 선율(旋律)을 가진 가곡이나 아리아. 로맨스

로맨티시스트[romanticist] ① 낭만파. ②공상가. 몽상가(夢想家). ロマンチシスト

로맨티시즘[romanticism] 낭만주의. ロマンチシズム

로맨틱[romantic] 낭만적. 비현실적. 공상적(空想的). ロマンチック

로봇[robot] ①인조 인간(人造人間). ② 자동 기계나 장치. ③주관 없이 남의 조종대로 움직이는 사람을 비유하는 말. ロボット

로브[lob] ⇨로빙(lobbing).

로브[프 robe] 아래위가 연결된, 길고 풍성한 겉옷. ローブ

로브데콜테[프 robe décolletée] 여자의 서양식 예복(禮服)의 하나. 이브닝드레스와 비슷하나 소매가 없고 깃을 깊이 팠음.

로브스터[lobster] 가시발새웃과의 큰 새우. 미국 등지에서 요리의 재료로 씀. ロブスター

로비[lobby] ① 호텔이나 극장 등에서, 현관으로 이어지는 통로(通路)를 겸한 넓은 공간. ②특정 목적을 달성하기 위하여 영향력(影響力) 있는 사람이나 단체를 상대로 펼치는 활동. ロビー

로비스트[lobbyist] 특정 단체의 이익을 위하여 입법(立法)에 영향을 줄 목적으로, 정당이나 의원을 상대로 활동하는 운동원(運動員). ロビイスト

로빙[lobbing] ①테니스에서, 공을 높이 쳐 상대편의 머리 위를 넘겨 코트의 구석에 떨어뜨리는 일. 로브(lob). ② 축구에서, 완만한 포물선(抛物線)을 그리듯이 공을 차올리는 일. ロビング

로사리오[포 rosario] 성모 마리아에 대한 기도. 또는 이 기도에 사용되는 묵주(默珠). ロザリオ

로:션[lotion] 주로 알코올 성분이 많은 화장수(化粧水). ローション

로:스터[roaster] 육류(肉類)나 생선을 굽기 위한 조리 기구(調理器具). ロースター

로:스트[roast] 고기 따위를 불에 굽는 일. 또는 그렇게 구운 고기. ロースト

로:열젤리[royal jelly] 꿀벌의 여왕벌이 될 유충의 먹이. 꿀벌의 일벌 인후선(咽喉腺)에서 분비되는 특수한 영양 물질임. ロイヤルゼリー

로:열티[royalty] 특허권(特許權)·저작권(著作權)을 사용하는 대가로 지급하는 사용료. ロイヤルティー

로제트[rosette] ① 장미꽃 모양의 장식. ②24면으로 된, 장미 모양의 다이아몬드. ③배전(配電) 기구의 하나. ロゼット

로지[lodge] 등산객을 위한 간이 휴게소나 숙박소(宿泊所). ロッジ

로진[rosin] 송진에서 테레빈유를 증류하고 얻어지는 수지(樹脂). 도료 등의 원료임. ロジン

로진백[rosin bag] 송진(松津) 가루를 넣은 작은 주머니. 야구 선수가 손에 바르거나 바이올린의 활에 발라 미끄럼을

방지하는 데 쓰임. ロジンバッグ

로ː컬뉴ː스[local news] 신문이나 방송에서, 그 지방(地方)에 관한 내용의 뉴스. ローカルニュース

로케이션[location] 영화에서, 야외 촬영(野外撮影). ロケーション

로켓[locket] 여성용 장신구(裝身具)의 한 가지. 사진 등을 담아 목에 거는 작은 갑. ロケット

로켓[rocket] 고온·고압의 가스를 발생·분출시켜 그 반동(反動)으로 추진력을 얻는 장치. ロケット

로켓엔진[rocket engine] 로켓을 이용한 추진 장치(推進裝置). ロケットエンジン

로코코[프 rococo] 18세기에 프랑스를 중심으로 유럽에서 유행한 건축·미술 양식(樣式). ロココ

로쿤ː[rockoon] 고공(高空)에 띄운 기구(氣球)에서 관측 로켓을 발사하는 장치. ロックーン

로크[lock] 레슬링에서, 팔 또는 손으로 상대(相對)를 끼어서 꼼짝 못하게 하거나 비틀어 올리는 기술. ロック

로크아웃[lockout] 노사(勞使) 분쟁이 일어났을 때, 사용자측이 노동자측의 쟁의 행위에 대한 대응 방법으로 하는 공장 폐쇄(閉鎖). ロックアウト

로큰롤ː[rock'n'roll] 1950년대 미국에서 유행한 열광적(熱狂的)인 댄스 음악. ロックンロール

로ː키ː톤ː[low-key tone] 사진·영화에서, 화면(畫面)이 전체적으로 어두워 침울하거나 신비한 느낌을 주는 일. ローキートーン

로ː터[rotor] ①터빈의 축차(軸車). ②헬리콥터의 회전 날개. ローター

로ː터리[rotary] 원활한 교통 소통을 위하여 원형으로 만들어 놓은 교차로(交叉路). ロータリー

로ː터리클럽[Rotary Club] 사회 봉사(社會奉仕)를 목적으로 하는 국제적 사교 단체. ロータリークラブ

로ː프[rope] 굵은 밧줄. ロープ

로ː프웨이[ropeway] 화물(貨物) 운송용의 가공 삭도(架空索道). ロープウェー

로ː허ː들[low hurdle] 육상 경기 종목의 하나. 저장애물 경주(低障礙物競走). ローハードル

록[鹿]* 사슴 록ː사슴. 「鹿茸(녹용)·逐鹿(축록)」ロク·しか

록[碌] ①돌이 많은 모양 록ː돌이 많은 모양. ②따르고 좇는 모양 록ː따르고 좇는 모양. 「碌碌(녹록)」ロク

록[祿]* 녹 록ː녹봉. 「祿俸(녹봉)」ロク

록[綠]* 푸를 록ː푸르다. 「綠林(녹림)·綠水(녹수)·綠陰(녹음)·綠衣紅裳(녹의홍상)」リョク·ロク·みどり

록[錄]* ①기록할 록ː기록하다. 베끼다. 「記錄(기록)·錄畫(녹화)·實錄(실록)」②문서 록ː문서. ③목록 록ː목록. 「目錄(목록)」ロク ①しるす

록[麓] 산기슭 록ː산기슭. 「山麓(산록)」ロク·ふもと

록가ː든[rock garden] 자연석(自然石)을 조화 있게 배치

록클라이밍 [rock-climbing] 암벽 등반(巖壁登攀). ロッククライミング

록파이버[rock fiber] 화산암(火山巖)으로 만든 유리 섬유. 석면(石綿)의 대용품임. ロックファイバー

론[論]* 논의할 론: 논의하다. 「評論(평론)・論功行賞(논공행상)・論議(논의)」 ロン・あげつらう

론:[lawn] ① 잔디. ② 성기고 얇은 천. ローン

론:[loan] 대부(貸付). 대부금. ローン

론도[이 rondo] ① 프랑스의 2박자 계통의 경쾌한 무곡(舞曲). ② 회선곡(回旋曲). ロンド

롤:[roll] 감은 것. 두루마리. ロール

롤:러[roller] 회전시켜서 쓰는 원통형(圓筒形)의 물건. ローラー

롤:러베어링[roller bearing] 회전축(回轉軸)과 베어링 사이의 마찰을 줄이기 위해, 그 사이에 강철로 만든 롤러를 끼운 베어링. ローラーベアリング

롤:러스케이트[roller skate] 바닥에 작은 바퀴가 달린 스케이트. ローラースケート

롤:링[rolling] ① 회전하는 압연기(壓延機)의 롤에 금속 재료를 넣어 판자(板子) 모양으로 만드는 일. ② 배나 비행기가 좌우로 흔들리는 일. 옆질. ローリング

롤:링밀[rolling mill] 압연기(壓延機). ローリングミル

롬퍼스[rompers] 위 아래가 붙은, 아이들의 놀이옷. ロンパース

롱:[弄]* ① 희롱할 롱: 희롱하다. 「弄奸(농간)・弄談(농담)」 ② 놀 롱: 놀다. 즐기다. 「弄月(농월)」 ③ 업신여길 롱: 업신여기다. 「愚弄(우롱)・嘲弄(조롱)」 ロウ ① もてあそぶ

롱:[壟] ① 밭두둑 롱: 밭두둑. 「壟畝(농묘)」 ② 언덕 롱: 언덕. 「壟斷(농단)」 ロウ ① うね

롱[朧] 달빛 흐릿할 롱: 달빛이 흐릿하다. 「朦朧(몽롱)」 ロウ・おぼろ

롱[瓏] ① 환할 롱: 환 하다. 「玲瓏(영롱)」 ② 옥 소리 롱: 옥 소리가 쟁그랑거리다. 「瓏瓏(농롱)」 ロウ

롱[籠] ① 대그릇 롱: 대그릇. 새장. 「鳥籠(조롱)」 ② 쌀 롱: 싸다. 「籠括(농괄)」 ロウ ① かご

롱[聾] 귀먹을 롱: 귀먹다. 귀머거리. 「聾啞(농아)」 ロウ・つんぼ

롱[long] 탁구 기술의 하나. 탁구대(卓球臺)에서 멀리 서서 길게 치는 법. ロング

롱숏[long shot] 영화에서, 카메라를 피사체(被寫體)로부터 멀리 떨어지게 하여 넓은 장면(場面)을 촬영하는 일. ロングショット

롱슛[long shoot] 농구・축구 등에서, 먼 거리에서 골을 향해 공을 차는 일. ロングシュート

롱패스[long pass] 축구・농구・핸드볼 등에서, 공을 길게 차거나 던져서 하는 패스. ロングパス

롱플레잉레코:드 [long-playing record] 엘피반(LP盤).

롱히트[long hit] 야구에서, 장타(長打). ロングヒット 長打

뢰[牢] ①옥 뢰:옥. 감옥. 「牢獄(뇌옥)·牢囚(뇌수)·牢城(뇌성)」 ②굳을 뢰:굳다. 「牢固(뇌고)·牢堅(뇌견)·牢鎖(뇌쇄)」 ③희생 뢰:희생(犧牲). 「牲牢(생뢰)」 ④우려할 뢰:우려하다. 걱정하다. 「牢愁(뇌수)」 ロウ ①おり·ひとや ②かたい 牢獄 牢堅 牢愁

뢰[賂] ①뇌물 뢰:뇌물. 「賂物(뇌물)·賂遺(뇌유)·賂謝(뇌사)·受賂(수뢰)·賄賂(회뢰)」 ②끼칠 뢰:끼치다. ロ ①まいなう 賂物

뢰[雷]* ①천동 뢰:천동. 우레. 「雷聲(뇌성)·落雷(낙뢰)·避雷針(피뢰침)」 ②님 떠기 소리지를 뢰:뇌동하다. 「雷同(뇌동)」 ③터질 뢰:터지다. 「水雷(수뢰)·魚雷(어뢰)·雷擊(뇌격)」 ライ ①かみなり·いかずち 雷聲 雷同

뢰[磊] ①돌 무더기 뢰:돌 무너기. 「磊塊(뇌외)」 ②헌걸찰 뢰:헌걸차다. 늠름하다. 「磊落(뇌락)」 ライ 磊落

뢰[賴]* ①믿을 뢰:믿다. 「信賴(신뢰)」 ②힘입을 뢰:남의 힘을 입다. 「依賴(의뢰)·親賴(친뢰)·賴力(뇌력)·賴德(뇌덕)」 ライ·よる ①たのむ·たよる 信賴 依賴

뢰[儡] ①꼭두각시 뢰:꼭두각시. 「傀儡(괴뢰)·儡身(뇌신)」 ②피로할 뢰:피로하다. 지치다. 「儡儡(뇌뢰)」 ライ 傀儡

료:[了]* ①마칠 료:마치다. 「終了(종료)·了勘(요감)」 ②깨달을 료:깨닫다. 「了解(요해)·了得(요득)」 ③명확할 료:명확하다. 「了然(요연)·明了(명료)」 リョウ ①おわる ②さとる 終了 了解 了然 明了

료:[料]* ①헤아릴 료:헤아리다. 「料簡(요간)·料得(요득)·思料(사료)」 ②대금 료:대금. 「料金(요금)·入場料(입장료)」 ③감 료:감. 재료. 「材料(재료)·原料(원료)·資料(자료)」 ④녹 료:녹. 「料米(요미)·料食(요식)」 リョウ ①はかる 料得 思料 材料

료[聊] ①의지할 료:의지하다. 힘입다. 「聊賴(요뢰)」 ②귀 울릴 료:귀가 울리다. 「聊啾(요추)」 リョウ ①よる·たのむ 聊賴 聊啾

료[僚] ①벗 료:벗. 「同僚(동료)·僚友(요우)」 ②동관 료:동관(同官). 「僚官(요관)·僚相(요상)」 リョウ ①とも·ともがら 同僚 僚官

료[寥] ①고요할 료:고요하다. 「寥寥(요료)」 ②빌 료:텅 비다. 「寥廓(요곽)·寥闊(요활)」 リョウ ①しずか 寥廓

료[寮] ①관리 료:관리. 「寮佐(요좌)·寮囚(요수)」 ②동관 료:동관. 동료. 「同寮(동료)」 リョウ ①つかさ 同寮

료[蓼] 여뀌 료:여뀌. 「蓼蟲(요충)·蓼花(요화)」 リョウ·たで 蓼蟲

료[潦] ①큰비 료:큰비. 장마. 「潦浸(요침)·潦炎(요염)」 ②길바닥에 괸 물 료:길바닥에 괸 물. 「潦水(요수)」 ③헛늦을 로:헛늦다. 「潦倒(요도)」 ロウ ①おおあめ 潦浸 潦水

료[燎] ①불 놓을 료:불을 놓다. 「燎髮(요발)·燎亂(요란)·燎原之火(요원지화)」 ②횃불 료:횃불. 「燎火(요화)·燎燭(요촉)」 リョウ ①やく ②か 燎原之火

がりび

료[遼] ① 멀 료：멀다.「遼遠(요원)·遼廓(요곽)」② 나라 이름 료：지명(地名).「遼西(요서)·遼陽(요양)」リョウ ① はるか·とおい

료[療] 병 고칠 료：병을 고치다.「治療(치료)·療養(요양)·療方(요방)·療法(요법)·加療(가료)」リョウ·いやす

료[瞭] ① 눈 밝을 료：눈이 밝다.「明瞭(명료)·瞭然(요연)」② 아득하게 보일 료：아득하게 보이다.「瞭望(요망)·瞭遠(요원)」リョウ ① あきらか

룡[龍]☆ ① 용 룡：용.「龍頭(용두)·龍夢(용몽)」② 임금님 룡：임금.「龍顔(용안)·龍鬚(용수)·龍床(용상)」③ 말 이름 룡：말.「龍馬(용마)」リュウ ① たつ

루:[陋] ① 추할 루：추하다.「陋醜(누추)·陋態(누태)·陋風(누풍)」② 좁을 루：좁다. 좁고 더럽다.「陋屋(누옥)·陋室(누실)」ロウ ① いやしい ② せまい

루:[淚]☆ 눈물 루：눈물.「淚水(누수)·淚管(누관)·淚液(누액)·淚河(누하)·血淚(혈루)·落淚(낙루)·涕淚(체루)」ルイ·なみだ

루:[累]☆ ① 포갤 루：여럿을 포개다.「累加(누가)·累計(누계)·累積(누적)·累進(누진)」② 더럽힐 루：더럽히다.「累名(누명)」③ 얽힐 루：얽히다.「係累(계루)·連累(연루)」ルイ ① かさなる ③ まきぞえ

루[僂] ① 곱사등이 루：곱사등이.「佝僂(구루)·佝僂病(구루병)」② 굽을 루：굽다.「僂指(누지)」ロウ·ル ① せむし

루:[屢]☆ ① 여럿 루：여럿.「屢次(누차)·屢代(누대)·屢報(누보)」② 빠를 루：빠르다. ル ① しばしば

루:[漏]☆ ① 샐 루：새다.「漏水(누수)·漏電(누전)·漏精(누정)·漏盡(누진)」② 빠질 루：빠지다.「漏落(누락)·漏失(누실)」③ 물시계 루：물시계.「漏刻(누각)」ロウ ① もる

루[樓]☆ ① 다락 루：다락집.「樓閣(누각)·樓臺(누대)·樓上(누상)」② 문 루：문. 성문.「樓門(누문)」ロウ ① たかどの ② やぐら

루[褸] 옷 해질 루：옷이 해지다.「褸襤(누람)」ロウ·ほろ

루:[壘] ① 진 루：진.「城壘(성루)·一壘(일루)·本壘(본루)·壘垣(누원)·壘塹(누참)」② 늘 비할 루：늘비하다.「壘壘(누루)」ルイ ① とりで

루:[鏤] ① 새길 루：새기다.「鏤刻(누각)·鏤身(누신)·鏤版(누판)」② 강철 루：강철. ル ① ちりばめる

루[髏] 해골 루：해골.「髑髏(촉루)」ロウ·されこうべ

루:멘[lumen] 광속(光束)을 나타내는 단위. ルーメン

루미놀[luminol] 화학 냉광(冷光)을 나타내는 유기 화합물(有機化合物). ルミノール

루바슈카[러 rubashka] 러시아의 민속 이상(民俗衣裳)으로, 남자가 입는 블라우스 모양의 윗도리. ルパシカ

루바토[이 rubato] 템포가 자유로운 주법(奏法)이나 창법(唱法).

루:블[rouble] 러시아의 화폐(貨幣) 단위. ルーブル

루:비[ruby] 강옥석(鋼玉石)의

한 가지. 홍옥(紅玉). ルビー

루비듐[rubidium] 알칼리 금속 원소의 하나. 원소 기호는 Rb. ルビジウム

루:스[loose] 태도(態度)나 행동(行動)이 느슨한 모양. ルーズ

루:스리:프[loose-leaf] 용지(用紙)를 자유로이 갈아 끼울 수 있게 만든 장부나 공책. ルーズリーフ

루스티카나[이 rusticana] ⇨ 루스티코.

루스티코[이 rustico] 악보에서, '전원적(田園的)·민요적(民謠的)으로'의 뜻. ルスティカナ.

루시페라아제[luciferase] 생물이 빛을 낼 때 촉매(觸媒) 구실을 하는 효소. ルシフェラーゼ

루시페린[luciferin] 발광소(發光素). ルシフェリン

루이사이트[lewisite] 미란성(糜爛性) 독가스. ルイサイト

루:주[프 rouge] 입술 연지. 립스틱. ルージュ

루:지[luge] 올림픽 경기 종목(種目)의 하나. 나무 썰매에 한 사람 이상의 선수가 타고 약 1000m의 얼음 주로(走路)를 달려 그 시간을 겨루는 경기.

루키[rookie] 야구에서, 새로 입단한 신인(新人) 선수. ルーキー

루:테늄[ruthenium] 백금족(白金族) 원소의 하나. 원소 기호는 Ru. ルテニウム

루:테인[lutein] 카로티노이드 색소의 하나. ルテイン

루테튬[lutetium] 희토류(稀土類) 원소의 하나. 원소 기호는 Lu. ルラチウム

루:트[route] 통로(通路). 경로(經路). ルート

루:틴[routine] 컴퓨터 프로그램의 일부로, 특정한 일을 실행하기 위한 일련의 명령군(命令群). ルーチン

루:틴[rutin] 달걀 노른자나 토마토의 줄기 등에 들어 있는 배당체(配糖體)의 하나. 고혈압 뇌일혈의 예방에 쓰임. ルチン

루페[독 Lupe] 확대경(擴大鏡). ルーペ

루:프[loop] ① 끈이나 실로 만든 고리. ② 스케이팅에서, 한 쪽 끝으로 그린 곡선(曲線). ③ 피임 용구의 하나. ④ 컴퓨터에서, 반복 수행(反復遂行). ループ

루프르[네 roeper] 음성을 먼 곳까지 들리게 하기 위하여 만든 나팔 모양의 메가폰의 한 가지. ループル

루:프안테나[loop antenna] 고리 모양의 안테나. ループアンテナ

루:피:[rupee] 인도(印度) 등지의 화폐 단위. ルピー

루:핑[roofing] 지붕 밑에 까는 방수 재료(防水材料). ルーフィング

룰렛[roulette] ① 도박 용구의 한 가지. ② 양재(洋裁)에서, 점선을 치는 톱니바퀴가 달린 도구. ルーレット

룸바[에 rumba] 쿠바의 민속 무곡(舞曲). ルンバ

룸펜[독 Lumpen] 부랑자. 실업자(失業者). ルンペン

류[柳]* ① 버들 류: 버들. 「柳枝(유지)·柳絲(유사)·細柳(세류)·花柳(화류)」 ② 별 이름

류: 별 이름. 「柳星(유성)·柳宿(유수)」 リュウ ① やなぎ

류[流]* ① 흐를 류: 흐르다. 「流水(유수)·流年(유년)·曲流(곡류)·水流(수류)·河流(하류)」 ② 번져나갈 류: 번져나가다. 「流行(유행)·流通(유통)·流布(유포)」 ③ 무리 류: 무리. 「流派(유파)·黨流(당류)」 ④ 귀양보낼 류: 귀양보내다. 「流刑(유형)·流配(유배)」 ⑤ 근거 없을 류: 근거가 없다. 「流言(유언)」 ⑥ 등급 류: 등급. 「上流(상류)·一流(일류)·下流(하류)」 ル·リュウ ① ながれる

류[留]* ① 머무를 류: 머무르다. 「逗留(두류)·寄留(기류)·留宿(유숙)·留任(유임)」 ② 멈출 류: 멈추다. 「停留(정류)·留陣(유진)」 ③ 더딜 류: 더디다. 「遲留(지류)」 リュウ ① とまる·とどめる

류[琉] 유리돌 류: 유리. 「琉璃(유리)·琉璃瓶(유리병)」 ル·リュウ

류[硫] 유황 류: 황. 유황. 「硫黃(유황)」 リュウ·いおう

류[溜] 방울져 떨어질 류: 물이 방울져 듣다. 「溜滴(유적)」 リュウ·したたる

류[榴] 석류 류: 석류. 「石榴(석류)·榴花(유화)·榴房(유방)」 リュウ·ざくろ

류[瑠] 유리 류: 유리. 「瑠璃(유리)」 ル

류[劉] ① 이길 류: 이기다. ② 죽일 류: 죽이다. ③ 성 류: 성의 하나. リュウ ① かつ

류:[謬] ① 그를 류: 그르다. 「誤謬(오류)·謬計(유계)·謬習(유습)」 ② 어긋날 류: 어긋나다. 「謬說(유설)·謬戾(유려)」 ビュウ ① あやまる

류:[類]* ① 무리 류: 무리. 「部類(부류)·種類(종류)·類集(유집)」 ② 같을 류: 같다. 닮다. 「類似(유사)·類例(유례)·類人猿(유인원)」 ③ 견줄 류: 견주다. 「無類(무류)·比類(비류)」 ④ 나눌 류: 나누다. 「分類(분류)」 ルイ ② たぐい

류머티즘[rheumatism] 뼈·관절·근육 등의 동통(疼痛)과 경결(硬結)·운동 장애를 주된 증상으로 하는 병의 총칭. リューマチ

류신[leucine] 비장(脾臟)·지라 속에 있는 필수 아미노산의 하나.

류트[lute] 16세기에 유럽에서 유행한 현악기. 만돌린과 비슷하게 생겼으며, 독주(獨奏)·합주용으로 씀. リュート

륙[六]* ① 여섯 륙: 여섯. 「六法(육법)·六禮(육례)·六臣(육신)·六爻(육효)」 ② 여섯 번째 륙: 여섯 번째. 「第六(제륙)·六代(육대)」 ロク·リク ① むつ

륙[陸]* ① 뭍 륙: 뭍. 육지. 「陸地(육지)·陸路(육로)·水陸(수륙)·陸軍(육군)·陸上(육상)」 ② 뛸 륙: 뛰다. 「陸梁(육량)」 ③ 두터울 륙: 두텁다. リク ① おか ② おどる

륙[戮] ① 죽일 륙: 죽이다. 「殺戮(살육)·戮屍(육시)」 ② 죄지을 륙: 죄를 짓다. 「戮人(육인)·戮辱(육욕)」 リク ① ころす

륙색[rucksack] 물건을 넣어 등에 지는 등산용(登山用) 낭의 하나. リュックサック

륜[倫]* ① 인륜 륜: 인륜. 도덕. 「人倫(인륜)·倫理(윤리)·

倫紀(윤기)」 ②무리 륜:무리. 「倫比(윤비)·倫匹(윤필)」 リン ①みち ②ともがら

륜[崙] 곤륜산 륜:곤륜산. 「崑崙山(곤륜산)」 リン　崑崙山

륜[淪] ①빠질 륜:빠지다. 「淪沒(윤몰)·淪溺(윤닉)·淪滅(윤멸)」 ②거느릴 륜:거느리다. ③물결칠 륜:물결치다. 「淪漣(윤련)」 リン ①しずむ　淪沒 淪溺

륜[綸] ①푸른 실끈 륜:푸른 실끈. 「綸綿(윤면)·綸中(윤중)」 ②사륜 륜:사륜. 임금의 말씀. 「綸音(윤음)·綸言(윤언)·綸旨(윤지)」 ③휩쌀 륜:휩싸다. 「彌綸(미륜)」 リン ①いと·ひも　綸綿 綸言

륜[輪]☆ ①바퀴 륜:바퀴. 「車輪(차륜)·化輪(화륜)·輪禍(윤화)·五輪(오륜)」 ②돌 륜:돌다. 「輪番(윤번)·輪作(윤작)·輪轉機(윤전기)」 ③장대할 륜:장대하다. 「輪奐(윤환)」 リン ①わ　車輪 輪番

률[律]* ①법 률:법. 「律法(율법)·法律(법률)·律文(율문)」 ②풍류 률:풍류. 「律客(율객)·律動(율동)·律詩(율시)·律賦(율부)」 ③저울질할 률:저울질하다. 「他律(타율)·自律(자율)」 リツ·リチ ①のり　律法 他律

률[栗]☆ ①밤 률:밤. 「栗木(율목)·栗子(율자)·栗房(율방)·生栗(생률)」 ②추울 률:춥다. 「栗烈(율렬)」 リツ ①くり　栗木 栗然

률[率]☆ ①비율 률:비율. 비례. 「確率(확률)·利率(이율)·百分率(백분률)」 ②⇨솔(率). リツ　確率

률[慄] ①두려울 률:두려워하다. 「慄慄(율률)·慄然(율연)」 戰慄 慄然

②떨 률:떨다. 「戰慄(전율)」 リツ ①おそれる ②おののく

륭[隆]☆ ①성할 륭:성하다. 「隆盛(융성)·隆昌(융창)·隆運(융운)·隆隆(융륭)」 ②두둑할 륭:두둑하다. 「隆愛(융애)·隆鼻(융비)」 ③클 륭:크다. 「隆恩(융은)」 リュウ ①さかん·さかんになる　隆盛 隆鼻

르네상스[프 Renaissance] 14~16세기에 유럽에 번진 학문·예술상의 혁신(革新) 운동. ルネサンス　革新

르포르타주[프 reportage] ①현지 보고. 탐방 기사(探訪記事). ②기록 문학. 보고(報告) 문학. ルポルタージュ　現地 報告

륵[肋] 갈빗대 륵:갈빗대. 「肋骨(늑골)·肋膜炎(늑막염)·肋軟骨(늑연골)」 ロク·あばら　肋 肋骨

륵[勒] ①억지로 할 륵:억지로 하다. 「勒買(늑매)·勒定(늑정)·勒婚(늑혼)」 ②새길 륵:새기다. 「勒銘(늑명)·勒石(늑석)」 ③엄중할 륵:엄중하다. 「勒兵(늑병)」 ロク ①おさえる ②ほる·きざむ　勒買 勒兵

름[凜] 찰 름:차다. 춥다. 「凜兢(늠긍)·凜冽(늠렬)·凜凜(늠름)·凜然(늠연)」 リン·さむい·はげしい　凜兢

름[廩] ①쌀광 름:쌀광. 쌀창고. 「廩庫(늠고)·廩困(늠균)·廩倉(늠창)」 ②줄 름:주다. 공여하다. 「廩振(늠진)·廩入(늠입)·廩食(늠식)」 リン　廩庫 廩振

릉[凌] ①지날 릉:지나다. 넘다. 「凌駕(능가)·凌厲(능려)·凌雨(능우)」 ②빙고 릉:얼음 창고. 「凌室(능실)」 ③업신여길 릉:업신여기다. 「凌犯(능범)·凌辱(능욕)·凌蔑(능멸)」 凌駕 凌犯

④ 떨 릉 : 떨다. リョウ ① しのぐ

릉[陵]☆ ① 큰 언덕 릉 : 큰 언덕. 「丘陵(구릉)」 ② 무덤 릉 : 임금의 무덤. 「陵墓(능묘)·陵田(능전)·陵園(능원)·陵城(능성)」 ③ 업신여길 릉 : 업신여기다. 「陵侮(능모)·陵蔑(능멸)·陵斥(능척)」 ④ 짓밟을 릉 : 짓밟다. 「陵轢(능력)」 リョウ ① おか ② みささぎ

릉[菱] 마름 릉 : 마름. 「菱實(능실)·菱荷(능하)·菱形(능형)·菱花(능화)」 リョウ・ひし

릉[稜] ① 모 릉 : 모. 모가 나다. 「稜角(능각)·稜鏡(능경)·稜線(능선)」 ② 서슬 릉 : 서슬. 위엄. 「稜威(능위)·稜岸(능안)」 ③ 형편 릉 : 형편. 사정. リョウ ① かど

릉[綾] 무늬 놓은 비단 릉 : 무늬가 있는 비단. 「綾織(능직)·綾緞(능단)·綾羅(능라)·綾紗(능사)」 リョウ・あや

리 : [吏]☆ ① 아전 리 : 아전. 「吏校(이교)·吏屬(이속)·吏房(이방)」 ② 관리 리 : 관리. 공무원. 「官吏(관리)·公吏(공리)·執達吏(집달리)」 リ ① つかさ

리 : [利]* ① 이로울 리 : 이롭다. 이익. 「利益(이익)·利權(이권)·利害(이해)·便利(편리)·水利(수리)·不利(불리)·地利(지리)」 ② 날카로울 리 : 날카롭다. 「利器(이기)」 ③ 변리 리 : 변리. 이자. 「利子(이자)·利率(이율)」 ④ 탐할 리 : 탐내다. 「利己(이기)·名利(명리)·功利(공리)」 リ ① もうけ ② とし・するどい

리 : [李]☆ ① 오얏 리 : 오얏나무. 자두나무. 「李下(이하)·李花(이화)」 ② 행장 리 : 행장. 보따리. 「行李(행리)」 ③ 성 리 : 성(姓)의 하나. リ ① すもも

리 : [里]* ① 마을 리 : 마을. 「洞里(동리)·里落(이락)·里民(이민)」 ② 이수 리 : 이수. 거리. 「里數(이수)·里程表(이정표)」 リ ① さと

리[俚] ① 속될 리 : 속되다. 촌스럽다. 「俚婦(이부)·俚耳(이이)·俚鄙(이비)」 ② 속말 리 : 속말. 속담. 「俚諺(이언)·俚語(이어)·俚言(이언)」 リ ① いやしい

리[厘] ① 이 리 : 화폐 단위의 하나. 1전(錢)의 10분의 1. 「厘毛(이모)·五厘(오리)」 ② 티끌 리 : 티끌. リン

리[俐] 영리할 리 : 영리하다. 「怜俐(영리)」 リ・かしこい

리[哩] ① 어조사 리 : 말의 조사. ② 마일 리 : 마일(Mile). 「五哩(오리)」 リ・マイル

리[狸] 삵 리 : 살쾡이. 「狸德(이덕)·狸製(이제)」 リ・たぬき

리[梨]* ① 배 리 : 배. 「梨花(이화)·梨果(이과)·梨園(이원)·梨雪(이설)」 ② 벌레 이름 리 : 벌레 이름. リ ① なし

리 : [理] ① 다스릴 리 : 다스리다. 「管理(관리)·理事(이사)·理財(이재)」 ② 이치 리 : 이치. 도리. 「理論(이론)·理致(이치)·理直(이직)·理想(이상)」 ③ 고칠 리 : 고치다. 「修理(수리)」 ④ 성품 리 : 성품. 「理性(이성)·理念(이념)」 ⑤ 나뭇결 리 : 나뭇결. 「木理(목리)」 ⑥ 힘입을 리 : 힘입다. リ ① おさめる ② ことわり

리 : [痢] 이질 리 : 이질. 설사. 「痢疾(이질)·痢症(이증)·痢漸

(이점)」리・はらくだり

리:[裏]* ①안 리:안. 속. 뒤. 「裏面(이면)・表裏(표리)・胸裏(흉리)」 ②옷 안 리:옷 안. 안감. 「內裏(내리)・衣裏(의리)」리 ① うら　　表裏　胸裏

리[漓] 스며들 리:물이 스며들다. 리　　淋漓

리:[履]* ①가죽신 리:가죽신. 신. 「木履(목리)・敝履(폐리)」②밟을 리:밟다. 겪다. 「履踵(이종)・履歷(이력)・履修(이수)・履行(이행)」리 ①くつ ②ふむ　　履歷

리[璃] 유리 리:유리. 「琉璃(유리)」리　　琉璃

리[罹] ①만날 리:만나다. 당하다. 「罹災(이재)・罹病(이병)・罹難(이난)」 ②근심일 리:근심하다. 리 ①かかる　　罹災 罹病

리:[釐] ①다스릴 리:다스리다. 「釐正(이정)・釐定(이정)・釐革(이혁)」②줄 리:주다. 「釐降(이강)・釐爾(이이)」리・린 ①おさめる　　釐正 釐降

리:[鯉] ①잉어 리:잉어. 「鯉魚(이어)」②편지 리:편지. 「鯉素(이소)」리 ①こい　　鯉魚

리:[離]* ①떠날 리:떠나다. 이별하다. 「離別(이별)・離婚(이혼)・離任(이임)・離鄕(이향)・離散(이산)・流離(유리)」 ②외손 리:외손자. 「離孫(이손)」리 ①はなれる　　離別 離散

리[籬] ①울타리 리:울타리. 「籬菊(이국)・籬根(이근)・籬落(이락)」②조리 리:조리. 「笊籬(조리)」리 ①まがき　　籬菊 笊籬

리고로소[이 rigoroso] 악보에서, '박자(拍子)를 정확하게'의 뜻.　　拍子

리골레토[이 rigoletto] 4분의 3박자의 이탈리아 춤곡. 리고 레토

리:그[league] 야구・축구・농구 등의 경기 연맹(聯盟). 리그　　聯盟

리그닌[lignin] 목재 속에 있는 방향족(芳香族) 고분자 화합물. 리그닌　　芳香族

리그로인[ligroin] 석유를 분류(分溜)할 때 나오는 석유 에테르의 하나. 리그로인　　分溜

리넨[linen] 아마(亞麻)의 섬유로 짠 직물. 리넨　　亞麻

리놀륨[linoleum] 실내(室內)의 바닥이나 벽에 붙이는 건축 재료. 리노리움　　室內

리:더[leader] 조직이나 단체 등을 이끌어 가는 사람. 지도자(指導者). 리더　　指導者

리:더십[leadership] 지도력. 통솔력(統率力). 리더십　　統率力

리:드[lead] ①선두에 섬. ②야구에서, 주자(走者)가 도루(盜壘)하려고 베이스를 떠남. ③신문 기사에서 본문의 요점을 추려서 쓴 짧은 문장. 리드　　盜壘

리:드[reed] 관악기(管樂器)에 붙이는, 탄력성 있는 얇은 떨림판. 혀. 리드　　管樂器

리:드오르간[reed organ] 페달을 밟아 소리를 내는 소형(小型) 오르간. 리드오르간　　小型

리듬[rhythm] ①일반적으로 규칙적인 요소의 반복을 이르는 말. ②문학의 운율(韻律). ③음의 장단과 강약이 일정한 규칙에 따라 되풀이되는 것. 리즘　　韻律

리듬 앤드 블루:스[rhythm and blues] 제2차 세계 대전 후 미국 흑인들 사이에서 유행하기 시작한 팝 음악. 리즘 안드 블루스　　黑人 音樂

리:딩히터[leading hitter] 수위 타자(首位打者). 리딩히터

리라[이 lira] 이탈리아의 화폐 단위. 리라

리라[그 Lyra] 고대 그리스의 작은 현악기(絃樂器). 하프와 비슷함. 리라

리레코:딩[rerecording] 영화의 재녹음(再錄音).

리리시즘[lyricism] 서정주의(抒情主義). 리리시즘

리:머[reamer] 금속에 뚫은 구멍을 정확한 치수로 다듬는 공구(工具). 리머

리모델링[remodeling] 오래된 아파트나 주택의 실내 구조를 최신 유행 구조로 바꾸어 주는 주택 개수(改修) 또는 보수(補修).

리모:트컨트롤:[remote control] 원격 제어 장치(遠隔制御裝置). 리모컨. 리모트컨트롤

리바운드[rebound] ① 배구에서, 상대편 방어벽(防禦壁)에 공이 닿아 되돌아오는 일. ② 농구에서, 슛한 공이 골인되지 않고 튀어나오는 일. 리바운드

리바이벌[revival] 오래 된 유행가·연극·영화 따위의 재상연(再上演)이나 재상영(再上映). 또는 그것의 재유행. 리바이벌

리베이트[rebate] ① 판매자가 사례금·보상금(補償金)의 형식으로 일정 비율의 금액을 지급인에게 돌려 주는 일. 또는 그 돈. ② 수수료(手數料). 리베이트

리베터[riveter] 리벳을 박고 죄는 기계. 리베터

리벳[rivet] 대가리가 둥글고 굵은 금속제(金屬製) 못. 대갈못. 리벳

리보솜[ribosome] 세포질 속에 있으며, 단백질을 합성·생성하는 소과립(小顆粒). 리보솜

리보오스[ribose] 리보 핵산(核酸)의 구성 요소로서 모든 생물체에 널리 존재하는 백색 결정(結晶).

리보플라빈[riboflavin] '비타민 B_2'의 다른 이름.

리본[ribbon] ① 장식용(裝飾用)의 긴 끈. ② 끈 모양의 타이프라이터용 먹지.

리볼버[revolver] 회전식 연발(連發) 권총. 리볼버

리브레토[이 libretto] 가극의 대본(臺本) 또는 가사. 리브레토

리비도[독 Libido] 정신 분석학의 기초 개념인 성적(性的) 본능에 의한 충동. 리비도

리비툼[라 libitum] 악보에서, '자유롭게'의 뜻.

리사이클링[recycling] 자원(資源)의 재활용(再活用).

리사이틀[recital] 독주회(獨奏會). 독창회.

리서:치[research] 조사(調査). 연구. 리서치

리셉션[reception] 빈객(賓客)을 환영하기 위한 공식 연회(宴會). 리셉션

리소그래피[lithography] 석판(石版) 인쇄 기술. 또는 그 인쇄.

리솔루토[이 risoluto] 악보에서, '힘차고 분명(分明)하게'의 뜻. 리솔루토

리:스[lease] 기계·설비 등의 장기간에 걸친 임대(賃貸).

리스

리스[독 Riss] 등산(登山) 용어로, 바위의 갈라진 틈. 리스

리스테소 템포[이 listesso tempo] 악보에서, '먼저와 같은 속도'의 뜻.

리스트[list] 목록(目錄). 명부(名簿). 일람표(一覽表). 리스트

리시:버[receiver] ① 전기 진동을 음향 진동으로 변화시키는 장치. 직접 귀에 대고 들음. ② 테니스·배구 따위에서, 서브를 받는 사람. 레시버

리시:브[receive] 구기(球技)에서, 상대편이 서브한 공을 받아 넘김. 레시브

리신[lysine] 필수(必須) 아미노산의 하나. 달걀 노른자 등의 동식물성 단백질에 많이 함유되어 있음. 리진

리얼리스트[realist] ① 사실주의자. ② 현실주의자. ③ 철학에서, 실재론자(實在論者). 리얼리스트

리얼리스틱[realistic] ① 사실적(寫實的). 사실주의적. ② 현실적. 현실주의적. 리얼리스틱

리얼리즘[realism] ① 현실주의(現實主義). ② 사실주의. ③ 철학에서, 실재론(實在論). 리얼리즘

리엔지니어링[reengineering] 사업의 조직 체계의 재설계·재편성(再編成)을 단행하는 일. 리엔지니어링

리올러지[rheology] 물질의 변형과 유동(流動)에 관한 과학. 레오로지

리:치[reach] 권투에서, 상대편까지 닿는 팔의 길이. 리치

리케차[rickettsia] 세균(細菌)보다 작고 바이러스보다 큰 미생물(微生物). 리켓치아

리코:더[recorder] ① 기록계(記錄係). 기록원. ② 기록기. ③ 녹음기(錄音機). 레코더 ④ 세로로 부는 목관 악기. 리코더

리콜:제[recall制] ① 정치에서, 소환제(召還制). ② 결함 있는 제품을 회수하여 교체·수리하여 주는 일. 리콜

리퀘스트 프로그램[request program] 청취자(聽取者)나 시청자의 희망에 따라서 방송되는 프로그램. 리퀘스트 프로그램

리큐:어[liqueur] 알코올에 설탕·향료 등을 섞은 혼성주(混成酒)의 한 가지. 리큐어

리클라이닝 체어[reclining chair] 기차나 자동차에서 등받이의 각도를 자유롭게 조절할 수 있는 의자.

리타르단도[이 ritardando] 악보에서, '점점 느리게'의 뜻. 약호(略號)는 rit.

리터[liter] 용량(容量)의 단위. 기호는 *l* 또는 L.

리:터치[retouch] 회화(繪畫)·조각·사진 등에서, 수정 또는 가필(加筆).

리턴:[return] 컴퓨터에서, 지시 내용이 끝날 때마다 컴퓨터 내부에 알리기 위해 누르는 장치(裝置). 리턴

리턴:매치[return match] 권투 등에서, 복수전·설욕전(雪辱戰). 리턴매치

리테누토[이 ritenuto] 악보에서, '그 부분에서부터 좀 느리게'의 뜻. 약호는 riten. 리

テヌート

리토폰:[lithopone] 황산바륨과 황화아연으로 된 흰색 안료(顔料). リトポン 顔料

리튬[Lithium] 알칼리 금속 원소(金屬元素)의 하나. 원소 기호는 Li. リチウム 金屬元素

리:트[독 Lied] 시와 음악의 융합에 의한, 서정적인 성악곡(聲樂曲). リート 聲樂曲

리트머스[litmus] 알칼리를 만나면 청색, 산을 만나면 붉은 색이 되는 색소(色素). リトマス 色素

리티곤[litigon] 타이곤 수컷과 암사자의 교배 잡종. 雜種

리파아제[lipase] 지방(脂肪)을 가수 분해시키는 효소. リパーゼ 脂肪

리파이낸싱[refinancing] 채무를 갚기 위해 마련하는 차입금(借入金). 借入金

리포이드[lipoid] 유지질(類脂質). リポイド 類脂質

리포:터[reporter] 방송이나 신문·잡지의 탐방 기자(探訪記者). リポーター 探訪記者

리포:트[report] ①조사나 연구·실험 등의 결과 보고서. ②학생이 교수에게 제출하는 소논문(小論文). リポート 報告

리프레인[refrain] 시·악곡에서, 반복되는 부분. 후렴(後斂). リフレイン 後斂

리:프린트[reprint] ①사진·자료 등의 복사(複寫). ②서적 등의 복제(複製). ③녹음이나 녹화 테이프의 복제. リプリント 複製

리프트[lift] ①기중기(起重機). ②엘리베이터. ③스키장이나 관광지에서, 낮은 곳에서 높은 곳으로 사람을 의자에 앉힌 채 실어 나르는 기구. リフト 起重機

리플레이션[reflation] 물가 정상화를 위해 행하는 계획적인 통화(通貨) 팽창. リフレーション 通貨

리플렉스카메라[reflex camera] 내부에 반사경(反射鏡)이 들어 있어, 실제 사진으로 나타나는 그대로를 들여다보며 찍을 수 있는 카메라. リフレックスカメラ 反射鏡

리플렉터[reflector] ①사진을 찍을 때의 채광용 반사판(採光用反射板). ②자동차나 자전거 등의 뒤에 다는 반사판. リフレクター 採光用 反射板

리:플릿[leaflet] 종이 한 장을 몇 페이지로 접은 광고·선전용(宣傳用)의 인쇄물. リーフレット 宣傳用

리피:트[repeat] 음악에서, 도돌이표. リピート 音樂

리:허빌리테이션[rehabilitation] 환자의 사회 복귀(復歸)를 위한 지도·훈련. リハビリテーション 復歸

리허:설[rehearsal] 연극·음악·방송 등에서, 공연을 앞두고 하는 예행 연습(豫行演習). 豫行演習

린스[rinse] 머리를 감은 뒤, 윤기를 내기 위해 쓰는 약제(藥劑). 藥劑

릴:[reel] ①녹음 테이프·필름 따위의 감는 틀. ②낚싯대의 밑부분에 날아 낚싯줄을 풀고 감을 수 있게 한 장치(裝置). リール 裝置

릴레이[relay] 이어달리기. リレー

릴리앤:[lily yarn] 인견사(人絹絲)로 짠 신축성이 있는 人絹絲

실. 편물 재료의 한 가지. 리리얀

릴리:프[relief] ① 조각에서, 부조(浮彫). ② 야구에서, 구원 투수. 리리프

림:[林]* ① 수풀 림:수풀. 「森林(삼림)·林産(임산)·林野(임야)·林地(임지)」② 무성할 림:무성하다. 많이 나다. 「林立(임립)」 リン ① はやし

림:[淋] ① 방울져 떨어질 림: 물이 뚝뚝 떨어지다. 「淋瀝(임력)·淋淋(임림)·淋漉(임록)」② 젖을 림:젖다. 「淋雨(임우)」③ 병 이름 림:임질. 「淋疾(임질)·淋病(임병)·淋毒(임독)」 リン

림[琳] 아름다운 옥 림:아름다운 옥. 「琳琅(임랑)·琳宇(임우)」 リン

림:[痳] 임질 임:임질. 「痳疾(임질)」 リン

림[霖] 장마 림:장마. 「梅霖(매림)·霖雨(임우)」 リン

림:[臨]* ① 임할 림:임하다. 낙시나. 「臨機(임기)·來臨(내림)·枉臨(왕림)·臨死(임사)·臨終(임종)」② 클 림:크다. 「臨臨(임림)」 リン ① のぞむ

림:[ream] 양지(洋紙)를 세는 단위. 연(連). リーム

림[rim] 차 바퀴의 테를 이루는 고리 모양의 부분. リム

림프[lymph] 척추동물(脊椎動物)의 조직 사이를 채우는 무색의 액체. リンパ

립[立]* ① 설 립:서다. 「起立(기립)·立談(입담)·立像(입상)」② 이룰 립:이루다. 「成立(성립)」③ 정할 립:정하다. 「立法(입법)」④ 세울 립:세우다. 「樹立(수립)·創立(창립)·公立(공립)·建立(건립)」 リツ·リュウ ① たつ

립[笠] 삿갓 립:삿갓. 「笠房(입방)·笠帽(입모)·笠子(입자)」 リュウ·リツ·かさ

립[粒] ① 낟알 립:낟알. 「粒狀(입상)·粒米(입미)·粒餌(입이)」② 쌀밥 립:쌀밥. 「飯粒(반립)」 リュウ ① つぶ

립스틱[lipstick] 입술 연지(臙脂). 루주. リップスティック

립 싱크[lip-sync] 녹음·녹화한 것에 맞추어 입술의 움직임과 음성(音聲)을 일치시키는 일.

링[ring] ① 반지. ② 고리. ③ 권투 경기장(競技場). ④ 체조 기구이 하나 두 줄의 로프 끝에 쇠고리를 달아 놓음. リング

링사이드[ringside] 권투나 레슬링 경기장에서, 링에 가까운 앞줄의 관람석(觀覽席). リングサイド

링커[linker] 축구에서, 자기 편 진용의 가운데 부분에서 공격과 수비(守備)를 연결하는 구실을 하는 선수.

링크[link] ① 연결(連結). ② 기계의 연동(連動) 장치. ③ 측량(測量)에서 거리의 단위. リンク

링크[rink] 실내(室內) 스케이트장. リンク

링크맨[linkman] ⇨ 링커(linker).

링크스[links] 골프장. リンクス

링키지[linkage] 두 나라 사이의 외교 교섭(交涉)을 성립시키는 일. リンケージ

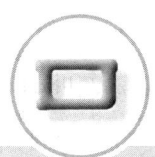

마:[馬]* ① 말 마: 말. 「馬上(마상)·馬脚(마각)·馬夫(마부)·名馬(명마)」 ② 나라 이름 마: 나라 이름. 「馬韓(마한)」 バ・マ・メ ① うま

마[麻]☆ ① 삼 마: 삼. 「麻絲(마사)·麻布(마포)·大麻(대마)·亞麻(아마)·麻衣(마의)」 ② 깨 마: 깨. 「胡麻(호마)」 マ ① あさ

마[痲] ① 홍역 마: 홍역. 「痲疹(마진)」 ② 저릴 마: 저리다. 「痲醉(마취)·痲痹(마비)·痲藥(마약)」 マ ② しびれる

마[瑪] "碼"와 同字. 옥돌 이름 마: 옥돌. 「瑪瑙(마노)·瑪瑙油(마노유)」 メ

마[摩] ① 닦을 마: 닦다. 문지르다. 「摩擦(마찰)·摩滅(마멸)」 ② 미칠 마: 미치다. 「摩天樓(마천루)」 ③ 헤아릴 마: 헤아리다. 「摩民(마민)·撫摩(무마)」 マ ① する

마[碼] "瑪"와 同字.

마[磨]☆ ① 갈 마: 갈다. 「練磨(연마)·磨碎(마쇄)·磨光(마광)」 ② 맷돌 마: 맷돌. 「磨石(마석)」 ③ 비빌 마: 비비다. 「磨擦(마찰)」 マ ① みがく

마[魔] ① 마귀 마: 마귀. 귀신. 「魔鬼(마귀)·魔女(마녀)·妖魔(요마)·惡魔(악마)」 ② 마술 마: 마술. 「魔術(마술)」 マ

마가린[margarine] 인조(人造) 버터. マーガリン

마:각[馬脚] ① 말의 다리. ② 숨기고 있던 사물의 정체. 「～이 드러나다」 ばきゃく ① horse's legs ② true character

마감[磨勘] 옛날 중국에서 관리들의 행적을 고사(考査)하던 일. まかん

마:거리트[marguerite] 국화과의 다년초. 관상용(觀賞用) 식물. 여름에 하양·노랑 등의 꽃이 핌. マーガレット

마계[魔界] 악마의 세계. =마경(魔境). まかい devildom

마고소양[麻姑搔痒] 마고(麻姑) 할미의 긴 손톱으로 등을 긁으면 퍽 시원하겠다는 뜻에서, 일이 뜻대로 됨을 이르는 말. まこそうよう

마골[麻骨] 껍질을 벗긴 삼대. 겨릅대. skinned hemp stalks

마광[磨光] 옥이나 돌을 갈아서 광을 냄. まこう

마:구[馬具] 말을 부릴 때 쓰이는 연장. 안장·재갈 따위. ばぐ harness

마:구[馬廐] 마구간(馬廐間)의 준말.

마:구간[馬廐間] 말을 기르는 집의 칸살. 준마구(馬廐). stable

마굴[魔窟] ① 악마가 있는 곳. ② 악한 무리들이 모여 있는 소굴. まくつ ① lair of devils ② den

마권[馬券] 경마할 때 사는 두 표권의 통칭. ばけん pari-mutuel ticket

마권찰장[摩拳擦掌] 주먹과 손바닥을 문지른다는 뜻으로, 기운을 모아 돌진할 기회를 기다림. eagerly watching for a chance

마귀[魔鬼] 요사스런 귀신. 마키 devil

마그나카르타[라 Magna Charta] 영국 입헌 정치의 근거가 된 헌법 문서. 대헌장(大憲章). マグナカルタ

마그날륨[magnalium] 마그네슘을 함유하는 알루미늄 합금(合金). 가볍고 단단함.

마그네사이트[magnesite] 탄산마그네슘을 주성분으로 하는 투명한 광물(鑛物). 시멘트·내화 벽돌·마그네슘의 원료로 쓰임.

마그네슘[magnesium] 은백색(銀白色)의 가벼운 금속 원소. 원소 기호는 Mg. マグネシウム

마그네시아[magnesia] 산화(酸化)마그네슘. マグネシア

마그네타이트[magnotite] 자철광(磁鐵鑛). マグネタイト

마그네트론[magnetron] 마이크로파 따위의 발진(發振)에 쓰이는 특수 진공관. 자전관(磁電管). マグネトロン

마그네틱스피:커[magnetic speaker] 영구 자석을 이용한 확성기(擴聲器)의 하나. マグネチックスピーカー

마그넷[magnet] 자석. 자기체(磁氣體). マグネット

마그녹스[magnox] 마그네슘을 주성분으로 하여 소량의 알루미늄·칼슘 등이 섞인 합금(合金).

마그마[magma] 땅 속 깊은 곳에 녹아 있는 고온의 조암(造巖) 물질. マグマ

마근[麻根] 삼뿌리. 한방에서 약재로 씀. hemp root

마네킹[mannequin] 상점에서 옷을 입혀 놓은 진열용의 인형(人形). マネキン

마녀[魔女] ① 마력(魔力)을 가진 여자. ② 여자 마귀. まじょ ① witch ② she-devil

마노[瑪瑙] 차돌의 하나. 빛깔이 아름다워 장식이나 도장 따위로 쓰임. めのう agate

마노미터[manometer] 유체(流體)의 압력을 재는 계기의 총칭. マノメーター

마누[Manu] 인도 신화에 나오는 인류의 시조(始祖).

마니아[mania] 어떤 한 가지 일에 몹시 열중(熱中)하는 사람. マニア

마니에:르[프 manière] 문학에서, 자기의 특이성(特異性)을 강하게 나타내는 표현 방법. マニエール

마담[프 madame] ① 부인(婦人). ② 술집·다방 등의 안주인. マダム

마대[麻袋] 거친 삼실로 짠 큰 자루. gunny sack

마도로스[네 matroos] 뱃사람. 선원(船員). マドロス

마도로스파이프[matroos pipe] 담배통이 뭉툭하고 크며 대가 짧은 서양식 담뱃대. マドロスパイプ

마돈나[이 Madonna] 성모 마리아. 성모상(聖母像). マドンナ

마:두희[馬頭戲] 줄다리기. tug of war

마드리갈[프 madrigal] 자유 형식의 서정적 가요(歌謠). マドリガル

마드무아젤[프 mademoiselle] 영양(令孃). 양(孃). 미스(miss). マドモアゼル 令孃

마라카스[프 maracas] 라틴 아메리카 음악에 쓰이는 리듬 악기의 하나. マラカス 音樂

마라톤[marathon] 육상 경기의 한 종목(種目)으로 42.195km를 뛰는 장거리 경주(長距離競走). マラソン 陸上競技

마ː량[馬糧] 말의 먹이. 말먹이. ばりょう fodder 馬糧

마려[磨礪] ① 사람을 연마함. ② 갊. 갈아서 날카롭게 함. まれい ① training ② grinding 磨礪練磨

마ː력[馬力] 원동기 따위의 동력(動力)을 재는 단위. 「20~」 ばりき horsepower 馬力動力

마력[魔力] 사람을 미혹시키는 이상스런 힘. 마술의 힘. まりょく・まりき magical powers 魔力

마ː령[馬齡] ① 말의 나이. ② 자기 나이의 낮춤말. =마치(馬齒). ばれい ① age of a horse 馬齡

마ː령서[馬鈴薯] 감자. ばれいしょ potato 馬鈴薯

마로니에[프 marronnier] 나도밤나뭇과의 낙엽 교목(喬木). 키 30m 가량. 초여름에 종 모양의 붉은 무늬가 있는 흰 꽃이 피며, 열매에는 가시가 있음. マロニエ 喬木庭園樹

마롱[프 marron] 마로니에의 열매. マロン 食用果實

마ː르[독 Maar] 화산 폭발로 생긴 화구(火口) 형태의 한 가지. 미약한 폭발에 의하여 생긴 작은 화구. マール 火口

마르멜로[포 marmelo] 장미과의 낙엽 교목(喬木). 중앙 아시아원산으로, 봄에 흰 꽃 또는 담홍색(淡紅色)의 꽃이 핌. 열매는 맛이 달고 향기가 있음. マルメロ 喬木

마르모트[프 marmotte] ⇨ 마멋(marmot). モルモット 實驗用白鼠

마르치알레[이 marciale] 악보에서, '행진곡조(行進曲調)로'의 뜻. 行進曲調

마르카토[이 marcato] 악보에서, '한 음 한 음을 또렷이 강조(强調)하여'의 뜻. マルカート 强調

마르크[독 Mark] 독일의 화폐(貨幣) 단위. マルク 獨逸貨幣

마르틀레[프 martelé] 악보에서, '음을 아주 세게'의 뜻. マルトレ 樂譜

마리네라[에 marinera] 페루의 경쾌한 민속 무곡(舞曲). マリネラ 舞曲

마리아[그 Maria] 예수의 어머니. 성모(聖母). マリア 聖母

마리아치[mariachi] 멕시코의 민족색이 짙은 악단(樂團). 또는 그 음악. 각종의 기타・바이올린・트럼펫으로 편성됨. マリアッチ 樂團

마리오네트[프 marionette] 인형극(人形劇)에 쓰이는 꼭두각시 인형. マリオネット 人形劇

마리화나[에 marihuana] 삼의 잎을 말려 가루로 만든 마약(麻藥)의 일종. マリファナ 麻藥

마림바[marimba] 멕시코 지방에서 발달한, 실로폰 비슷한 타악기(打樂器)의 하나. 打樂器

마립간[麻立干] 신라 때의 임금의 칭호. 麻立干

마ː마[媽媽] ① 지난날, 지체 높은 사람의 칭호 밑에 붙이던 말. 「상감~」 ② 천연두(天然痘)의 속칭. 媽媽天然痘

마ː멀레이드[marmalade] 오 橘汁

렌지나 레몬의 겉껍질로 만든 잼. マーマレード

마:멋[marmot] 다람쥣과의 동물. 몸 길이 50~80cm로 다람쥣과 중에서 가장 큼. 털빛은 갈색(褐色)이며, 땅 속이나 바위 틈에 집을 짓고 낮에 활동함. 마르모트. 動物 褐色

마면사[麻綿絲] 삼실과 면사를 섞어 드린 실. hemp and cotton thread 麻綿絲

마멸[磨滅] 닳아 없어짐. まめつ wear and tear 磨滅

마:모[馬毛] 말의 털. horsehair 馬毛

마모[磨耗] 닳아서 작아지거나 없어짐. まもう abrasion 磨耗

마:목[馬木] 가마나 상여 등을 올려 놓는, 나무로 만든 받침대. coffin or litter stand 馬木

마목[痲木] ① 한방에서, 근육이 굳어져 감각이 없어지며 굴신이 잘 안 되는 병. ② 문둥병 증세가 처음으로 피부에 나타나 허는 자리. 痲木

마무[摩撫] 어루만져 위로하고 달램. =무마(撫摩). 摩撫

마묵[磨墨] 벼루에 먹을 갊. 磨墨

마물[魔物] 요망(妖妄)한 사물. まもの demon 魔物

마:미[馬尾] ① 말의 꼬리. ② 말총. ばび ① horsetail ② horsehair 馬尾

마:방[馬房] 마구간이 갖추어져 있는 주막집. 「~집」 inn with stable facilities 馬房

마법[魔法] 이상야릇한 재주를 부리는 술법. =요술(妖術). まほう magic 魔法

마:병[馬兵] ① 기병(騎兵). ② 조선 시대 때, 훈련도감에 딸렸던 기병. cavalry 馬兵

마:부[馬夫] ① 말구종. ② 말을 부리는 사람. ② groom 馬夫

마:분[馬糞] 말의 똥. 「~지(紙)」 ばふん horse dung 馬糞

마블[marble] ① 대리석(大理石). ② 대리석의 조각물. マーブル 大理石

마비[痲痺] 저려서 감각이 없어짐. 「신경(神經)~」 まひ palsy 痲痺

마:사[馬事] 말을 기르고 다루는 모든 일. 「~회(會)」 ばじ horse affairs 馬事

마사[磨砂] 금속제의 기물을 닦는 데 쓰는, 보드라운 석회질의 백토(白土). 磨砂

마사:지[massage] ① 안마(按摩). ② 피부를 문지르는 미용법(美容法). マッサージ 按摩

마;상[馬上] 말의 등 위. 말을 타고 있음. ばじょう horseback 馬上

마석[磨石] ① 맷돌. ② 돌을 갊. ① millstone ② grinding the stone 磨石

마성[魔性] 악마 같은 성질. 남을 호리고 속이는 습성. ましょう devilishness 魔性

마세[프 massé] 당구(撞球)에서, 큐를 수직으로 세워 공을 치는 방법. 撞球

마손[磨損] 금속 따위의 면이 쓸리어 닳음. まそん wear and tear 磨損

마수[魔手] 악마의 손길. 남을 해치는 수단. 「~에 걸리다」 ましゅ evil influence 魔手

마:술[馬術] 말을 타는 기술. ばじゅつ horsemanship 馬術

마술[魔術] 남의 눈을 속여 신기한 일을 해 보이는 재주. =마법(魔法)・요술(妖術). まじゅつ magic 魔術 妖術

마스카라[mascara] 속눈썹을

짙게 보이도록 칠하는 먹. 마스카라 化粧品

마스코트[mascot] 행운(幸運)을 가져온다고 믿어 고이 간직하는 물건. 마스코트 幸運

마스크[mask] ① 용모(容貌). ② 병균이나 먼지를 막기 위하여 입과 코를 가리는 위생 용품. ③ 탈. 가면(假面). 마스크 容貌 假面

마스터[master] ① 주인. ② 습득(習得)하거나 숙달함. 마스터 習得

마스터베이션[masturbation] 수음(手淫). 마스터베이션 自瀆 手淫

마스터키:[master key] 호텔 등에서 쓰이는, 모든 자물쇠에 맞는 열쇠. 마스터키

마스터플랜[master plan] 기본 계획. 기본 설계(基本設計). 基本設計

마스토돈[mastodon] 화석(化石)으로 발견되는 코끼리 비슷한 동물. 마스토돈 化石

마스트[mast] 돛대. 마스트

마스티프[mastiff] 티베트 원산(原産)으로 영국에서 개량된 개의 한 품종. 몸집이 크며, 사냥개나 경비견으로 쓰임. 原産

마승[麻繩] 삼노끈. あさなわ 麻繩

마:시[馬市] 말을 매매하는 시장. うまいち horse fair 馬市

마:시멜로:[marshmallow] 녹말·난백·향료·설탕·젤라틴 등을 원료로 하여 만든 양과자(洋菓子). 洋菓子

마신[魔神] 재앙을 가져다 주는 악한 신. まじん devil 魔神

마애불[磨崖佛] 자연의 암벽(巖壁)에 새긴 불상(佛像). まがいぶつ 磨崖佛

마야족[Maya族] 중앙 아메리카 인디언의 한 부족(部族). マヤぞく 部族

마약[痲藥] 마취나 환각(幻覺) 등의 작용을 하는 아편·모르핀·코카인 등의 약물. 장기간 복용하면 중독 증세를 일으킴. まやく narcotic 痲藥

마에스토소[이 maestoso] 악보에서, '장엄(莊嚴)하게'의 뜻. マエストーソ 莊嚴

마:역[馬疫] 말의 전염병. ばえき horse plague 馬疫

마연[磨研] ⇨연마(研磨). 磨研

마연지[磨研紙] 유릿가루나 금강사(金剛砂)를 두꺼운 종이에 바른 것. 샌드페이퍼. = 사포(砂布). sandpaper 磨研紙 金剛砂

마왕[魔王] 마귀의 왕. まおう Satan 魔王

마요네:즈[프 mayonnaise] 샐러드용 소스. 달걀 노른자·샐러드유·소금·식초 등을 섞어서 만듦. マヨネーズ 食醋

마우스[독 Maus] 의학 실험용(實驗用)으로 기르는 쥐. マウス 實驗用

마우스[mouse] 컴퓨터에서, 커서를 이동시킬 때 사용하는 입력 장치(入力裝置)의 하나. マウス 入力裝置

마우스피:스[mouthpiece] ① 관악기(管樂器)의 입에 대고 부는 부분. ② 권투에서, 이의 손상을 막기 위해 선수가 입에 무는 것. マウスピース 管樂器

마운드[mound] 야구에서, 투수(投手)가 서는 곳. マウンド 投手板

마의[麻衣] 삼베옷. まい hemp clothes 麻衣

마이너[minor] ① 단조(短調). ② 단음계(短音階). マイナー 短調

마이너스[minus] ① 수학에서, 뺄셈의 기호(記號) '−'의 이

름. ② 음수(陰數). 음극(陰極). 마이너스

마:이동풍[馬耳東風] 봄바람이 불면 사람은 좋아하나 말은 아무런 반응도 보이지 않는다는 데서, 남의 의견이나 충고 따위를 귀담아 듣지 않고 곧 흘려 버림을 비유하여 이르는 말. Talking to the wall

마이신[mycin] ⇨ 스트렙토마이신. マイシン

마이실린[mycillin] 스트렙토마이신과 페니실린의 복합제(複合劑). マイシリン

마이카:[my car] 자가용차(自家用車). マイカー

마이카나이트[micanite] 운모 조각으로 만든 열 및 전기 절연물(絶緣物)의 상품명. マイカナイト

마이카콘덴서:[mica condenser] 금속판 사이에 운모를 끼운 축전기(蓄電器). マイカコンデンサー

마이크[mike] 마이크로폰(microphone)의 준말. マイク

마이크로그램[microgram] 100만분의 1그램.

마이크로미터[micrometer] 가는 철사의 지름 등 미소한 길이를 재는 기구. 측미계(測微計). マイクロメーター

마이크로밸런스[microbalance] 화학 실험 등에서, 1mg 이하의 적은 양을 재는 천칭(天秤).

마이크로버스[microbus] 소형(小型) 버스. マイクロバス

마이크로옴[microhm] 전기 저항(電氣抵抗)의 단위. 100만분의 1 옴(Ω).

마이크로웨이브[microwave] 극초단파(極超短波). 마이크로파(波). マイクロウェーブ

마이크로컴퓨터[microcomputer] 초소형(超小型) 컴퓨터. マイクロコンピューター

마이크로퀴리[microcurie] 방사능(放射能)의 양을 나타내는 단위. 100만분의 1퀴리. マイクロキュリー

마이크로톰:[microtome] 생물체의 조직을 현미경용 표본(標本)으로 얇게 자르는 장치. マイクロトーム

마이크로폰:[microphone] 음파(音波)를 전기 신호로 바꾸는 장치. 전화나 방송의 송화기 따위. マイクロホン

마이크로프로세서[microprocessor] 컴퓨터의 중앙처리 장치의 주요한 부분을 고밀도 집적 회로(集積回路)로 하여 담은 칩. マイクロプロセッサー

마이크로필름[microfilm] 책·신문 등의 자료를 축소 촬영하여 보존(保存)하는 데 쓰이는 필름. マイクロフィルム

마:인[馬印] 말의 산지(産地)를 표시하기 위해 말의 볼기에 찍는 낙인(烙印). horsebrand

마인[麻仁] 삼의 씨. 한방에서 약재로 씀. 삼씨. =마자(麻子). hempseed

마일[mile] 야드 파운드법의 거리의 단위. 1마일은 약 1609m. マイル

마일포:스트[milepost] 이정표(里程標).

마임[mime] 몸짓과 표정(表情)으로만 하는 연기(演技). 팬터마임. マイム

마자[麻子] 삼의 씨. 삼씨. =

마인(麻仁). hempseed
마작[麻雀] 중국에서 시작된 실내 오락의 한 가지. 보통 네 사람이 한 조(組)가 되어 136개의 패를 가지고 각각 짝을 맞추어 나감. マージャン
마:장[馬場] 말을 놓아 기르는 곳. grazing ground
마장[魔障] 귀신의 훼살. =마희(魔戱). ましょう trick of the devil
마:적[馬賊] 말을 탄 도적의 무리. ばぞく mounted bandits
마:정[馬政] 말의 사육과 번식·품종 개량 등에 대한 행정(行政).
마:제[馬蹄] 말굽. 「~형(形)」ばてい horse's hoof
마제[磨製] 돌 따위를 갈아서 만든 물건. 「~석기」
마젠타[magenta] 자줏빛이 도는 붉은빛. 인쇄 잉크 따위의 삼원색(三原色)의 하나.
마조히즘[masochism] 변태 성욕의 한 가지. 피학증(被虐症). マゾヒズム
마졸리카[majolica] 15세기경 이탈리아에서 발달한 채화 도기(彩畵陶器). マジョリカ
마주르카[mazurka] 폴란드의 경쾌한 민속(民俗) 춤곡. マズルカ
마지[麻紙] 삼 껍질로 만든 종이. まし hempen paper
마지[摩旨] 부처에게 올리는 밥. 마짓밥.
마지노선(線)[프 Maginot Line] ① 제1차 세계 대전 후, 프랑스가 독일과의 국경선에 구축한 요새선(要塞線). ② 더는 물러설 수 없는 막다른 경우를 비유하여 이르는 말. マジノせん

마직물[麻織物] 삼실로 짠 피륙. あさおりもの hemp cloth
마진[痲疹] ⇨홍역(紅疫). ましん
마:진[margin] ① 차익(差益). 벌이. ② 주식의 증거금. ③ 판매 수수료(販賣手數料). 마진머니. マージン
마:진 머 니[margin money] ⇨마진(margin). マージンマネー
마:차[馬車] 말이 끄는 수레. ばしゃ carriage
마찰[摩擦] ① 무엇에 대고 문지름. ② 어떤 물체가 다른 물체의 면 위를 운동할 때, 그 접촉면에 받는 저항. ③ 서로 의견이 맞지 않아 충돌하는 일. まさつ
① rubbing ②③ friction
마천루[摩天樓] 하늘 높이 치솟은 높은 건물. まてんろう skyscraper
마:철[馬鐵] 말굽에 대갈로 박아 고정시키는 쇳조각. 편자. horseshoe
마:초[馬草] 말꼴. 말먹이. まぐさ horse pasturage
마취[痲醉·痳醉] 약물을 써서 일시적으로 감각을 잃게 하는 일. 「~제(劑)」ますい anesthesia
마:치[馬齒] ① 말의 나이. ② 자기 나이의 낮춤말. =마령(馬齡). ばし
① age of a horse
마:치[march] ① 행진. ② 행진곡(行進曲). マーチ
마카로니[이 macaroni] 가는 대롱 모양으로 속이 빈, 이탈리아시 국수. マカロニ
마카롱[프 macaron] 편도(扁桃)·밀가루·달걀·설탕 등을 넣어 만든 소형의 고급 양과자.

마:케팅[marketing] 생산자가 소비자에게 제품이나 서비스를 효과적으로 유통(流通)시키는 모든 기업 활동. マーケティング

마:케팅리서:치[marketing research] 시장 조사(市場調査). マーケティングリサーチ

마:크[mark] ① 기호(記號). 상표(商標). ② 기록(記錄)함. ③ 축구 등에서, 상대 선수를 주목하여 견제하는 일. マーク

마크라메[프 macrame] 실이나 끈을 뜨거나 맺거나 하여 여러 가지 무늬를 만드는 수예(手藝)의 하나. マクラメ

마크로코스모스[녹 Makrokosmos] 철학에서, 대우주(大宇宙). マクロコスモス

마키아벨리즘[Machiavellism] 목적을 위해서는 수단을 가리지 않는, 권력과 술수(術數)에 의한 통치 양식. マキアベリズム

마티에:르[프 matière] ① 재료. ② 미술에서, 화면의 재질감(材質感). マチエール

마:패[馬牌] 옛날에 관원이 지방에 출장 갈 때 역마(驛馬)를 쓸 수 있는 표로서 지니던 패. 구리로 만들고 말이 새겨져 있음.

〔마패〕

마:편[馬鞭] 말을 모는 채찍. 말채찍. horsewhip

마포[麻布] 삼베. まふ・あさぬの hemp cloth

마풍[麻風] 마파람. =남풍(南風). south wind

마:피[馬皮] 말가죽. horsehide

마피아[이 Mafia] 이탈리아에서 조직된 국제 범죄(犯罪) 조직. マフィア

마:필[馬匹] 말. 「~ 개량(改良)」ばひつ horse

마하[Mach] 초음속 제트기나 로켓의 속도를 나타내는 단위. 마하 1은 음속(音速)과 같은 초속 약 340m. 기호는 M. マッハ

마헤[독 Mache] 공기・온천수 등에 함유되어 있는 라돈이나 라듐의 농도(濃度)의 단위. マッヘ

마혜[麻鞋] 삼으로 삼은 신. 미투리. hemp-cord sandals

마호가니[mahogany] 단향과(檀香科)의 상록 교목. 고급 가구의 재료로 쓰임. マホガニー

마:황[馬黃] 말의 뱃속에 생기는 우황(牛黃) 비슷한 덩어리. 한방에서 약재로 씀. =마묵(馬墨).

마희[魔戲] 귀신의 해살. =마장(魔障). trick of the devil

막[莫]* ① 말 막 : 말다. 하지 않다. 「莫論(막론)・莫說(막설)」 ② 클 막 : 크다. 「莫重(막중)・莫大(막대)・莫嚴(막엄)」 ③ 무성할 막 : 무성하다. 「莫茂(막무)・莫莫(막막)」 ④ 저물 모 : 저물다. 늦다. 「莫春(모춘)・莫夜(모야)」 バク・ボ ① なかれ

막[寞] ① 쓸쓸할 막 : 쓸쓸하다. 「寞寞(막막)・寂寞(적막)」 ② 잠잠할 막 : 잠잠하다. 「靜寞(정막)」 バク ① さびしい

막[幕]* ① 장막 막 : 장막. 「帳

幕(장막)·軍幕(군막)·幕舍(막사)」 ② 가릴 막 : 가리다. 「幕間(막간)·終幕(종막)·銀幕(은막)·字幕(자막)·開幕(개막)」 ③ 덮을 막 : 덮다. マク·バク

막[漠]* ① 모래펄 막 : 모래 벌판. 「砂漠(사막)·漠南(막남)」 ② 아득할 막 : 아득하다. 「漠漠(막막)·漠然(막연)」 ③ 고요할 막 : 고요하다. 「寂漠(적막)」 バク

막[膜] ① 홑떼기 막 : 홑떼기. 각막(角膜). 「結膜(결막)·粘膜(점막)·肋膜(늑막)」 ② 절모 : 절. 배례. 「膜拜(모배)」 マク

막간[幕間] 연극에서 무대에 막이 내리고 장면이 바뀌는 동안. まくあい intermission

막감개구[莫敢開口] 무서워서 감히 입을 열지 못함.

막감수하[莫敢誰何] 세력이 굉장하여 아무도 건드리지 못함.

막강[莫强] 더할 수 없이 강함. 「~한 국력(國力)」

막낭[膜囊] 엷은 막으로 된 주머니.

막능당[莫能當] 능히 당해 낼 수가 없음.

막대[莫大] 더할 나위 없이 큼. 「~한 재산(財産)」 ばくだい enormousness

막론[莫論] 가리거나 구별하여 논하지 않음. 「누구든 ~하고 들어올 수 없다」
going without question

막료[幕僚] 장군 밑에 딸린 참모진(參謀陣). ばくりょう
staff officer

막막[漠漠] 넓고 아득한 모양. 「~대해(大海)」 ばくばく
vastness

막막[寞寞] ① 쓸쓸하고 고요함. 「~강산(江山)」 ② 의지할 데 없이 외로움. 「~한 심정(心情)」 ばくばく desolation

막무가내[莫無可奈] ① 어찌할 수 없음. ② 아무리 하여도. obstinacy

막벽[膜壁] 막질(膜質)로 된 칸막이.

막부득이[莫不得已] 어쩔 수 없이. 하는 수 없이. '부득이(不得已)'의 힘줌말.
unavoidably

막불탄:복[莫不歎服] 탄복하지 않을 수가 없음.

막비[莫非] 아닌 것이 없음. 「~왕토(王土)」

막사[幕舍] ① 옥외(屋外)에 세운 천막집. ② 군대가 거주하는 건물. ばくしゃ camp

막상[莫上] 다시 없이 위임. = 극상(極上). the best

막상막하[莫上莫下] 어느 것이 더 낫고 더 못하다고 할 수가 없이 비슷비슷함.
nothing better and nothing worse

막설[莫說] 말을 그만둠. 「이제 ~하고 결정하자」

막심[莫甚] 몹시 심함. 「~한 피해」 tremendousness

막엄[莫嚴] 더할 나위 없이 엄함. 「~지지(之地)」
supreme sternness

막역[莫逆] 서로 허물 없이 썩 친함. 「~한 사이」 ばくぎゃく·ばくげき
the firmest friendship

막연[漠然·邈然] ① 뚜렷하지 못하고 어렴풋함. ② 넓고 아득한 모양. ばくぜん
① vagueness ② vastness

막영[幕營] ① 막을 둘러친 진

영(陣營). ② 천막을 치고 야영(野營)함. ばくえい camp

막중[莫重] 매우 중대함. 매우 중요함. 「~한 책임」 莫重 extreme preciousness

막지[漠地] 사막처럼 거칠고 메마른 땅. 漠地 deserted land

막지동서[莫知東西] 동서를 분간하지 못함. 곧, 사리를 분별하지 못함. =동서불변(東西不辨). 莫知東西

막질[膜質] 얇은 막과 같은 성질. まくしつ 膜質 scariousness

막하[幕下] 주장(主將)이 거느리는 부하. ばっか 幕下 followers

막후[幕後] ① 막의 뒤. ② 겉으로 드러나지 않는 뒤편. 「~ 교섭(交涉)」 幕後 backstage

만:[卍] 만자 만 : 불교의 표지(標識). 「卍果(만과)·卍字(만자)·卍巴(만파)」 マン・まんじ 卍果

만[娩] ① 해산할 만 : 해산하다. 「分娩(분만)·娩痛(만통)」 ② 유순할 만 : 유순하다. 「娩順(만순)」 ベン 分娩

만[挽] 낯길 인 : 당기다. 끌다. 「挽留(만류)·挽引(만인)·挽回(만회)」 ② 상여꾼 노래 만 : 상여꾼의 노래. 「挽歌(만가)·挽詩(만시)」 バン ① ひく 挽留 挽回

만:[晩]* ① 늦을 만 : 늦다. 「晩秋(만추)·晩年(만년)·晩得(만득)·晩婚(만혼)」 ② 저녁 만 : 저녁때. 「晩飯(만반)·晩酌(만작)·晩餐(만찬)·今晩(금만)」 バン ① おそい ② くれる 晩秋 晩餐

만[曼] ① 길 만 : 길다. 멀다. 「曼曼(만만)·曼衍(만연)」 ② 아름다울 만 : 아름답다. 「曼辭(만사)」 マン 曼衍 曼辭

만:[萬]* ① 일 만 만 : 일만. 「萬里(만리)·萬人(만인)·百萬(백만)」 ② 많을 만 : 많다.「萬金(만금)·萬代(만대)·巨萬(거만)」 ③ 만약 만 : 만약. 「萬若(만약)·萬一(만일)」 ④ 결단코 만 : 결단코. マン・バン ①② よろず 萬金 巨萬

만:[慢]* ① 게으를 만 : 게으르다. 「怠慢(태만)·慢慢(만만)·懈慢(해만)」 ② 거만할 만 : 거만하다. 「驕慢(교만)·傲慢(오만)·頑慢(완만)」 ③ 느릴 만 : 느리다. 「慢性(만성)·慢延(만연)」 マン ① おこたる ② あなどる 怠慢 傲慢

만:[漫]* ① 부질없을 만 : 부질없다. 「漫談(만담)·漫筆(만필)·漫畫(만화)·浪漫(낭만)」 ② 흩어질 만 : 흩어지다. 「散漫(산만)·冗漫(용만)」 ③ 아득할 만 : 아득하다. 「漫瀾(만란)·漫然(만연)」 マン・ひろい ① みだりに・そぞろに 漫談 散漫

만:[滿]* ① 가득할 만 : 가득하다. 「滿員(만원)·滿月(만월)·滿足(만족)·豐滿(풍만)·未滿(미만)」 ② 넘칠 만 : 넘치다. 「滿溢(만일)·滿場(만장)」 ③ 땅 이름 만 : 시냉. 「滿洲(만주)」 マン ① みちる・みたす 滿員 滿足

만[輓] ① 수레 끌 만 : 수레를 끌다. 「輓車(만거)·輓馬(만마)·輓舟(만주)」 ② 애도할 만 : 애도하다. 「輓歌(만가)·輓詩(만시)·輓章(만장)」 バン ① ひく 輓馬 輓章

만[蔓] ① 덩굴 만 : 덩굴. 「蔓茂(만무)·蔓蔘(만삼)·蔓生(만생)」 ② 순무 만 : 순무. 「蔓菁子(만청자)·蔓菁(만청)」 マン・つる・かずら 蔓生 蔓菁

만[瞞] ① 속일 만 : 속이다. 「欺瞞(기만)·瞞過(만과)·瞞着(만착)」 ② 눈 거슴츠레할 만 : 눈이 거슴츠레하다. 「瞞 瞞過

瞞(만만)」③ 부끄러워할 문: 부끄러워하다. 「瞞然(문연)」 瞞然 マン ① だます

만:[蹣] 절뚝거릴 만: 절뚝거리다. 비틀거리다. 「蹣跚(만산)」 蹣跚 マン

만[懣] 속 답답할 만: 속이 답답하다. 「懣懣(만만)·懣然(만연)·憤懣(분만)」 懣然 マン·もだえる

만[饅] ① 만두 만: 만두. 「饅頭(만두)」② 밀 음식 만: 밀로 만든 음식. 饅頭 マン·バン

만[彎] ① 굽을 만: 굽다. 「彎曲(만곡)·彎環(만환)·屈彎(만굴)」② 당길 만: 당기다. 彎曲 彎屈 ワン

만[灣] ① 물굽이 만: 물의 굽이. 「灣然(만연)」② 배 대는 곳 만: 배 대는 곳. 항구. 「港灣(항만)·灣泊(만박)」 灣然 港灣 ワン

만[蠻]☆ ① 야만 만: 야만. 「野蠻(야만)·蠻行(만행)」② 오랑캐 만: 오랑캐. 「蠻地(만지)·蠻夷(만이)」 野蠻 バン

만가[挽歌·輓歌] ① 중국에서, 수레에 실은 상여를 끄는 사람들이 부르던 노래. ② 죽은 이를 애도하는 시가(詩歌). ばんか 挽歌 哀悼 ① funeral song ② dirge

만:가[滿家] ① 집에 가득 참. ② 재산이 많이 있음. 滿家 ① housefulness

만:각[晚覺] ① 뒤늦게 깨달음. ② 늘어서야 지각이 남. 晚覺

만:간[滿干] 밀물과 썰물. =간만(干滿). まんかん. 滿干 ebb and flow

만:감[萬感] 여러 가지 감회. 「~이 교차하다」 ばんかん 萬感感懷 flood of emotions

만:강[萬康] 매우 편안함. 주로 편지글에서 윗사람의 안부 萬康 를 물을 때 쓰임. =만안(萬安). peace

만:강[滿腔] 가슴에 가득 참. 전신(全身)에 충만함. 「~의 사의(謝意)」 まんこう·まんくう 滿腔 whole-heartedness

만:개[滿開] 꽃이 활짝 핌. =만발(滿發). まんかい 滿開 full bloom

만거[挽車·輓車] 상여를 싣고 끄는 수레. ばんしゃ 挽車 hearse

만:건곤[滿乾坤] 온 천지에 가득 참. 「백설(白雪)이 ~하니」 滿乾坤

만:겁[萬劫] 한없이 오랜 세월. =영겁(永劫). まんごう·まごう·ばんごう eternity 萬劫 永劫

만:경[晚景] 저녁 경치. =모경(暮景). ばんけい evening scene 晚景

만:경[晚境] 늘 바탕. =노경(老境). old age 晚境

만:경[萬頃] 한없이 넓은 땅이나 바다. 「~창파(滄波)」 ばんけい·ばんきょう vast extent 萬頃 滄波

만:경유리[萬頃琉璃] 아름답게 반짝이는 한없이 넓은 바다. 萬頃 琉璃

만:계[晚計] ① 뒤늦은 계책. ② 늘바탕에 대비하는 계획. ① belated scheme 晚計

만:고[萬古] ① 오랜 옛적. ② 한없는 세월. 「~ 불변(不變)」 ばんこ ① remote antiquity ② eternity 萬古 不變

만:고천하[萬古天下] ① 만대에 영원한 이 세상. ② 아득한 옛날의 천하. 萬古 天下

만:고풍상[萬古風霜] 오랜 동안 겪어 온 수많은 고생. =만고풍설(萬古風雪). all kinds of hardships and privations 萬古 風霜

만ː곡[萬斛] 많은 분량. ばんこく copiousness 萬斛

만곡[彎曲] 활처럼 굽음. =만굴(彎屈). わんきょく curve 彎曲

만ː골[萬骨] 수많은 사람의 뼈. 많은 목숨. ばんこつ thousands of lives 萬骨

만과[瞞過] 속여서 넘김. deception 瞞過

만ː교[晚交] 늙바탕의 교우(交友). friend having in late life 晚交

만ː구[萬口] ① 많은 사람의 입. ② 많은 사람의 평판. 「~ 칭송(稱頌)」 ばんこう ① myriad mouths ② popular voices 萬口

만ː국[萬國] 세계의 모든 나라. 세계 각국. 「~기(旗)」 ばんこく all nations 萬國

만ː국 박람회[萬國博覽會] 세계 각국이 산업 성과와 기술 따위를 전시하는 국제적인 박람회. 엑스포. ばんこくはくらんかい international exposition 萬國博覽會

만ː군[萬軍] 많은 군사. 「~중(之中)」 thousands of troops 萬軍

만굴[彎屈] 휘어져 굽음. =만곡(彎曲). わんくつ curve 彎屈

만ː권[萬卷] 많은 책. 「~시서(詩書)」 まんがん thousands of books 萬卷

만ː귀잠잠[萬鬼潛潛] 깊은 밤에 온갖 것이 다 잠든 듯이 고요함. dead of night 萬鬼潛潛

만ː균[萬鈞] 몹시 무거움. 「~의 중책(重責)」 まんきん・ばんきん supreme heaviness 萬鈞

만근[輓近] 요즈음. =최근(最近)・근래(近來). ばんきん recently 輓近

만ː금[萬金] 아주 많은 돈. =만냥(萬兩). 「~의 가치」 まんきん・ばんきん immense sum of money 萬金

만ː기[晚期] ① 만년(晚年)의 시기. ② ⇨말기(末期). ばんき. ① later years 晚期

만ː기[萬機] 중요한 모든 정사(政事). 「~친람(親覽)」 ばんき 萬機

만ː기[滿期] 기한이 다 참. 「~제대(除隊)」 まんき expiry 滿期

만ː끽[滿喫] ① 충분히 먹고 마심. ② 실컷 즐김. まんきつ ① eating one's fill 滿喫

만나[manna] 옛 이스라엘 민족이 이집트에서 탈출하였을 때, 광야(曠野)에서 여호와로부터 받았다는 음식물. 曠野

만ː난[萬難] 온갖 고난. 「~을 무릅쓰다」 ばんなん all obstacles 萬難

만ː냥[萬兩] 아주 많은 돈. =만금(萬金). まんりょう immense sum of money 萬兩

만ː년[晚年] 늙은 시기. =노년(老年). ばんねん later years 晚年

만ː년[萬年] 아주 많은 햇수. 「~지택(之宅)」 まんねん eternity 萬年之宅

만ː년필[萬年筆] 사용할 때 펜대 속의 잉크가 저절로 나오게 된 휴대용 펜. まんねんひつ fountain pen 萬年筆

만ː능[萬能] ① 온갖 일에 능통함. ② 온갖 것을 다 할 수 있음. 「~선수」 まんのう・ばんのう ① almightiness 萬能

만다라[曼茶羅・曼陀羅 Mandala 범] 밀교(密敎)에서, 불교의 진리를 나타내는 방법으로서, 여러 부처와 보살을 체계적으로 늘어놓은 그림. 曼茶羅 菩薩

まんだら

만다린[mandarin] ① 중국 청나라 시대의 고급 관리. ② 〔Mandarin〕 중국의 공용어(公用語). ③ 중국 원산의 귤(橘). 公用語

만ː단[萬端] 여러 가지 사항. 모든 일. 「～의 준비(準備)를 갖추다」 ばんたん 萬端 準備
all sorts of affairs

만ː달[晚達] 늘그막에 벼슬과 명망이 높아짐. 晚達

만ː담[漫談] 세상과 인정을 풍자한 재치 있는 이야기. まんだん 漫談
comic chat

만ː당[晚唐] 당나라 때의 문학사를 넷으로 나눈 맨 끝 시대. ばんとう 晚唐

만ː당[滿堂] 집이나 넓은 방에 사람이 가득 참. 「～의 내빈(來賓)」 まんどう 滿堂
the whole house

만ː대[萬代] 오랜 세월. =만세(萬世). ばんだい all ages 萬代

만ː도[晚到] 시간이 지난 뒤에 도착함. 늦게 옴. 晚到
late attendance

만ː도[滿都] 수도(首都) 전체. 온 서울 장안. まんと 滿都
the whole city

만돌린[mandolin] 비파와 비슷한 서양의 현악기(絃樂器). マンドリン 絃樂器

만ː동[晚冬] 늦겨울. =모동(暮冬). ばんとう late winter 晚冬 暮冬

만ː두[饅頭] 밀가루 반죽을 얇게 밀어, 소를 넣고 둥글게 빚어서 찐 음식. まんとう 饅頭
dumpling

만ː득[晚得] 늘그막에 자식을 낳음. =만생(晚生). begetting a child in one's later years 晚得

만ː득자[晚得子] 늙어서 낳은 자식. =만생자(晚生子). child 晚得子 begotten in one's later years

만ː등[萬燈] 부처 앞을 밝히는 많은 등불. まんどう 萬燈

만ː래[晚來] 늦은 뒤. =노래(老來). 晚來

만ː래[萬來] 많은 사람이 찾아 옴. 「천객(千客)～」 ばんらい 萬來千客

만ː량[晚涼] 저녁때의 선선한 기운. ばんりょう evening cool 晚涼

만ː려[萬慮] 여러 가지로 생각함. 또는 그 생각. =천려(千慮). 「～의 일실(一失)」 ばんりょ various thoughts 萬慮

만ː력[萬力] 쇠붙이 따위의 공작물을 꽉 물어 고정시키는 공구(工具)의 하나. 바이스. まんりき vice 萬力工具

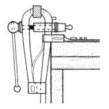

〔만력〕

만력[蠻力] ① 만용(蠻勇)의 힘. ② ⇨ 완력(腕力). ばんりょく violence 蠻力腕力

만ː록[萬綠] 보이는 것은 온통 녹색임을 이르는 말. 「～ 총중 홍일점(叢中紅一點)」 ばんりょく myriad green leaves 萬綠

만ː록[漫錄] 마음 내키는 대로 이것저것 적음. 또는 그 글. =만필(漫筆). まんろく stray notes 漫錄

만ː뢰[萬雷] 많은 우렛소리. 요란한 소리. 「～의 박수(拍手)」 ばんらい peals of thunders 萬雷

만ː뢰[萬籟] 자연계의 온갖 것이 바람에 불려서 내는 소리. ばんらい 萬籟

만ː료[滿了] 기한이 다 지남. 「임기(任期) ～」 まんりょう expiration 滿了

만:루[萬縷] 자질구레한 여러 가지 일. ばんる details 萬縷

만:루[滿壘] 야구에서, 누(壘)마다 주자(走者)가 있는 상태. まんるい full base 滿壘

만류[挽留] 붙잡고 말림. =만지(挽止)·만집(挽執).「사직(辭職)을 ~하다」 detention 挽留

만:류[萬留] ⇨만물(萬物). 萬留

만류[灣流] 멕시코 만(灣)에서 북동으로 흘러 대서양으로 들어가는 난류(暖流). わんりゅう Gulf Stream 灣流

만:리[萬里] ① 천리(千里)의 10배. ② 아주 먼 거리. ばんり ② long distance 萬里

만:리경[萬里鏡] ⇨망원경(望遠鏡). 萬里鏡

만:리장성[萬里長城] 중국의 북부에 있는, 길이 약 2400km에 이르는 높고 긴 성벽. ばんり(の)ちょうじょう Great Wall of China 萬里長城

만:리장천[萬里長天] 몹시 넓고 높은 하늘. High and vast sky 萬里長天

만리호치[曼理皓齒] 살결이 곱고 이가 백옥같이 흼. 곧, 미인의 형용. beautiful woman 曼理皓齒

만마[輓馬] 짐수레를 끄는 말. ばんば packhorse 輓馬

만:만[滿滿] 가득 참. 부족함이 없음.「자신(自信)~」まんまん 滿滿

만:만[漫漫] 끝없이 넓고 아득한 모양. まんまん boundlessness 漫漫

만:만다행[萬萬多幸] 아주 다행함. =천만다행(千萬多幸). great good fortune 萬萬多幸

만만디[慢慢的 중] 천천히 하는 모양. 느림. マンマンデ slowly 漫漫的

만:망[萬望] 간절히 바람. ardent desire 萬望

만:면[滿面] 얼굴에 가득함. 온 얼굴.「희색(喜色)이 ~하다」まんめん the whole face 滿面

만:면춘색[滿面春色] 얼굴에 기쁜 빛이 가득함. =만면희색(滿面喜色). face beaming with joy 滿面春色

만모[慢侮·謾侮] 거만한 태도로 남을 업신여김. まんぶ contempt 慢侮

만:목[萬目] 많은 사람의 눈. 여러 사람이 보고 있음. まんもく·ばんもく public notice 萬目

만:목[滿目] 눈에 보이는 전체.「~ 홍엽(紅葉)」まんもく the whole view 滿目

만:무[萬無] 만에 하나도 없음. 절대로 없음. 萬無

만:문[漫文] 이런저런 이야기를 우습고 재미있게 쓴 글. まんぶん causeries 漫文

만:물[萬物] 세상에 있는 온갖 것.「~의 영장(靈長)」ばんぶつ all things 萬物

만:물 박사[萬物博士] 모르는 것이 없는 박식한 사람. well-informed person 萬物博士

만:물상[萬物相] 금강산(金剛山)의 명승(名勝)의 하나인 가지가지의 기묘한 형상을 한 암봉(巖峯)들. =만물초(萬物肖). 萬物相

만:물상[萬物商] 일상 생활에 필요한 온갖 잡화를 파는 장사. 또는 그 가게. general shop 萬物商

만:민[萬民] 온 백성. =증민(烝民)·만성(萬姓). ばんみん all the people 萬民 烝民

만:민[蠻民] 야만인. 미개인(未開人). =만인(蠻人). ばんみん savage 蠻民

만:반[萬般] 여러 가지 일. 온 갖 것. =만단(萬端). 「~의 준비」 ばんぱん　all things

만:반[滿盤] 소반에 가득함. 「~ 진수(珍羞)」

만:발[滿發] 꽃이 활짝 핌. = 만개(滿開). 「무궁화가 ~하 다」　full bloom

만:방[萬方] ① 여러 방면. ② 여러 곳. =각처(各處)・백방 (百方). ばんぽう all directions

만:방[萬邦] 온갖 나라. 세계 각국. =만국(萬國)・만역(萬 域). ばんぽう・まんぽう
　　all countries on earth

만:백성[萬百姓] 모든 백성. 모든 국민.　all the people

만:벽[滿壁] 그림 따위가 벽에 가득함. 「~의 서화(書畫)」

만:변[萬變] 갖가지로 변화 함. =만화(萬化). ばんぺん
　　full of variety

만:별[萬別] 가지각색의 구별. 「천차(千差)~」 ばんべつ
　　infinite variety

만:병[萬病] 모든 병. 「~ 통 치(通治)」 まんびょう
　　all kinds of diseases

만:보[漫步] 목적 없이 한가롭 게 거닒. =산보(散步)・산책 (散策). まんぽ　ramble

만보[瞞報] 거짓 보고(報告). 거짓을 알림.　false report

만:복[晩福] 만년에 누리는 복. 늦복. 「~이 터지다」

만:복[萬福] 온갖 복. 「~을 빌다」 ばんぷく
　　all sorts of good fortune

만:복[滿腹] 많이 먹어 배가 잔뜩 부름. ↔공복(空腹). ま んぷく　satiety

만:부[萬夫] 많은 사나이들. 수많은 남자. ばんぷ
　　many men

만:부당[萬不當] 천부당만부 당(千不當萬不當)의 준말.

만:부득이[萬不得已] 하는 수 없이. 부득이(不得已)의 힘줌 말.　inevitably

만:분[萬分] ① 만(萬)으로 나 눔. ② 아주. 매우. 「~ 다행 이다」 まんぶん　② great

만:분다행[萬分多幸] 뜻 밖에 잘 되어 매우 다행임. =천만 다행(千萬多幸).
　　great good fortune

만:불근리[萬不近理] 전혀 이 치에 닿지 않음.
　　unreasonableness

만:불성설[萬不成說] 전혀 이 치에 안 맞아 말이 되지 않 음.　unreasonable talk

만:불실일[萬不失一] 조금도 실수가 없음. 곧, 절대로 틀 림이 없음. =만불일실(萬不 一失).　sureness

만:사[萬事] 모든 일. 「~ 형 통(亨通)」 ばんじ everything

만사[輓詞] 죽은 이를 애도하 여 지은 글. =만장(輓章).
　　lament

만:사무심[萬事無心] ① 걱정 으로 다른 일에는 경황이 없 음. ② 모든 일에 관심이 없 음.　indifference

만:사태평[萬事太平・萬事泰 平] ① 모든 일이 잘 되어 아 무 걱정이 없음. ② 성질이 시 나치게 너그러워 아무 걱정도 않고 태연함.
　　① Everything goes well.

만:사휴의[萬事休矣] 모든 것 이 끝장남. 더 이상 손쓸 방 법이 없음. ばんじきゅう(萬 事休)す　All is hopeless.

만:삭[滿朔] 해산할 달이 꽉

참. =만월(滿月). completion of time for childbirth

만:산[晚産] ① 산기(産期)가 넘어서 늦게 해산을 함. ↔조산(早産). ばんさん ② 늘그막에 아이를 낳음. ① late childbearing

만:산[滿山] 온 산에 가득함. 「~홍(紅)」 まんざん the whole mountain

만:산[蹣跚] 비틀거리는 걸음걸이. 「취보(醉步) ~」 まんさん limping

만:상[萬狀] 만 가지 모양. 온갖 모양. ばんじょう diversity

만:상[萬象] 온갖 형상. 모든 사물. 「삼라(森羅)~」 ばんしょう all things in the universe

만:생[晚生] 늘그막에 자식을 낳음. =만득(晚得). 「~자(子)」 ばんせい

만생[蔓生] 식물의 줄기가 덩굴을 이룸. まんせい vine

만:서[萬緒] 여러 가지로 엉클어진 일의 실마리. 온갖 사단(事端). ばんしょ various clues

만:석[萬石] ① 벼 만 섬. ② 많은 곡식. ばんせき

만:선[萬善] 온갖 착한 일. 많은 착한 행동. まんぜん all good things

만:선[滿船] 잡은 고기가 배에 가득 참. 또는 그 배. まんせん

만:성[晚成] ① 늦게야 이루어짐. ② 나이가 든 후에 비로소 성공함. 「대기(大器)~」 ばんせい ① belated finish ② belated success

만:성[萬姓] 온갖 성. 곧, 모든 백성. =만민(萬民)·서민(庶民). ばんせい various surnames

만성[慢性] 증세가 심하지는 않으나 오래 끄는 병의 성질이나 상태. ↔급성(急性). 「~위염(胃炎)」 まんせい chronicity

만성[蔓性] 식물의 줄기가 덩굴지는 성질. 「~식물(植物)」 まんせい vine

만성[蠻性] 야만인 성질. ばんせい savage disposition

만:세[晚歲] 늘바탕. =만년(晚年). ばんさい later years

만:세[萬世] 오랜 세대. =영세(永世)·만대(萬代). ばんせい all ages

만:세[萬歲] ① ⇨만년(萬年). ② 영원히 번영함. ③ 경축의 뜻을 나타내는 말. 축복이나 번영을 위하여 외치는 소리. ばんざい ② eternal prosperity ③ hurrah

만:세력[萬歲曆] 앞으로 백 년 동안의 월·일·요일·간지(干支)·절기·해돋이·일식·월식 등을 나타낸 책력. =천세력(千歲曆). perpetual almanac

만속[蠻俗] 야만인의 풍속. ばんぞく barbarous customs

만:수[萬殊] 모든 것이 가지각색으로 다름. 「~일리(一理)」 ばんしゅ difference in many ways

만:수[萬壽] 오래오래 삶. 「~무강(無疆)」 ばんじゅ·まんじゅ longevity

만:수[滿水] 물이 가득 참. まんすい being full of water

만:수[滿數] 일정한 수효에 참. まんすう full number

만:수향[萬壽香] ① 가늘고 길게 만든 향의 하나. ② 부처 앞에 피우는 향의 이름.

만:숙[晚熟] 늦게 익음. 늦됨.

↔조숙(早熟). ばんじゅく
belated ripeness
만습[蠻習] 야만스런 풍속이나 습관. =만속(蠻俗)・만풍(蠻風). ばんしゅう
savage customs
만:승[萬乘] ① 일만 대의 병거(兵車). ② 천자(天子), 또는 천자의 자리.「~지존(之尊)」ばんじょう ② sovereign
만:시[晚時] 시간이나 시기가 뒤늦음.「~지탄(之歎)」
being too late
만시[輓詩・挽詩] 죽은 이를 애도하여 읊는 시. ばんし
lament
만:식[晚食] 때를 넘겨 늦게 식사를 함. late dinner
만:신[滿身] 온몸. =전신(全身).「~창이(瘡痍)」まんしん the whole body
만:실[滿室] 방에 가득함. まんしつ roomfulness
만심[慢心] 잘난 체하고 거드럭거림. 또는 그런 마음. まんしん self-conceit
만:심[滿心] 마음에 참. 또는 그런 마음. satisfaction
만:안[萬安] 아주 편안함. 두루 편안함. =만강(萬康). ばんあん peace
만:앙[晚秧] 철이 지나 모를 내는 일. 늦모내기.
late rice-planting
만:약[萬若] ⇨만일(萬一).
만:억[萬億] 아주 많은 수효.「~년(年)」ばんおく
a great deal of number
만:언[漫言] 실없이 하는 말. =만어(漫語). まんげん
rambling talk
만:역[萬域] 온갖 지역. 여러 나라. =만방(萬邦). ばんい

き all countries
만:연[漫然] ① 뚜렷한 목적이나 의식이 없는 모양.「~히 행동하다」② 종잡을 수 없는 모양. ③ 주의를 기울이지 않는 모양. まんぜん ① at random ③ carelessness
만연[蔓延・蔓衍] 널리 퍼짐. 번짐.「전염병의 ~」まんえん spreading
만연체[蔓衍體] 문장의 길이에 따른 문체의 한 가지. 많은 언어를 써서 수식・반복・부연 설명함으로써 문장이 길어진 문체. loose style
만:열[滿悅] 만족하여 기뻐함. まんえつ great delight
만:염[晚炎] 늦더위. =노염(老炎)・잔서(殘暑).
lingering summer heat
만:왕[萬旺] 윗사람의 기력이 왕성함. =만중(萬重). vigor
만용[蠻勇] 주책없이 함부로 날뛰는 용맹. ばんゆう
recklessness
만:우절[萬愚節] 4월 1일. 서양 풍속에서 악의 없는 거짓말을 하며 즐기는 날. ばんぐせつ April Fools' Day
만:운[晚運] ① 늙바탕의 운수. ② 만년의 행운. ばんうん
만:원[滿員] 정원(定員)이 참. 사람이 많아 더 이상 들어갈 수 없는 상태.「~ 버스(bus)」まんいん no vacancy
만:원[滿願] 정한 기한이 차서 부처께 비는 일을 끝냄. まんがん completion of a vow
만:월[滿月] ① 보름달. 둥근 달. =망월(望月)・영월(盈月). ② ⇨만삭(滿朔). まんげつ ① full moon
만월[彎月] 구붓한 모양의 달.

곤, 초승달이나 그믐달. わんげつ crescent

만:유[萬有] 우주에 있는 모든 것. =만물(萬物)・만상(萬象).「~ 인력(引力)」ばんゆう all things

만:유[漫遊] 이곳 저곳 한가로이 떠돌아다니며 놂. まんゆう tour

만:음[漫吟] 한때의 흥취를 마음 내키는 대로 시로 지어 읊음. まんぎん

만:이[晩移] 늦은 이앙(移秧). 늦모내기. =만앙(晩秧). late rice-planting

만이[蠻夷] ① 남만(南蠻)과 북이(北夷). ② 야만인. 미개인. 오랑캐. ばんい ② savages

만인[挽引] 잡아당김. 끌어냄김. traction

만:인[萬人] 썩 많은 사람. 모든 사람. ばんにん・ばんじん・まんにん everyone

만:인[滿人] 만주(滿洲) 사람. 만주인. まんじん Manchurian

만인[蠻人] 교화기 낫은 미개한 종족. =만민(蠻民)・야만인(野蠻人). ばんじん savage

만:인지상[萬人之上] 옛날의 영의정(領議政)의 자리를 이르던 말. premiership

만:일[萬一] ① 만의 하나. 거의 없으나 극히 드물게 있는 일. ② 어쩌다가. 혹시. =만약(萬若). まんいち if

만:일[滿溢] 가득 차서 넘침. まんいつ overflow

만입[彎入・灣入] 해안선이 육지로 휘어들어 만(灣)을 이루고 있는 모양. わんにゅう indentation

만:자[卍字] ① 불상(佛像)의 가슴에 나타내는 상서로운 표지. ② 卍자 모양의 무늬. まんじ swastika

만:작[滿酌] ⇨만잔(滿盞).

만:잔[滿盞] 잔에 차도록 술을 따름. =만작(滿酌).

만:잠[晩蠶] 늦게 치는 누에. ばんさん late silkworm

만:장[萬丈] 만 길이나 되도록 매우 높음.「기고(氣高)~」ばんじょう unfathomable height

만:장[萬障] 여러 가지 장애(障碍). ばんしょう all obstacles

만장[輓章・挽章] 죽은 이를 슬퍼하여 지은 글. =만사(輓詞). lament

만:장[滿場] ① 회장(會場)에 사람이 가득 참. ② 회장에 있는 모든 사람.「~ 일치(一致)」まんじょう ① the whole house

만:재[滿載] ① 사람이나 짐 따위를 가득 실음. ② 신문・잡지 등에 기사(記事)를 가득 실음.「재미있는 읽을거리를 ~하다」まんさい ① being fully loaded ② being full of

만:전[萬全] 허술한 데 없이 모든 것이 완전함. 아주 안전함.「~지계(之計)」ばんぜん perfection

만:절[晩節] ① 늦은 절기. ② ⇨만년(晩年). ③ 만년(晩年)의 절조(節操). ばんせつ ① late season

만:절필동[萬折必東] 황하(黃河)가 여러 번 꺾여도 필경은 동쪽인 황해로 흐르듯이, 무슨 일이든 본뜻대로 결말이 남의 비유. =사필귀정(事必歸正). corollary

만:점[滿點] ① 가장 높은 점수. ② 모든 점이 완전함. 완전

무결(完全無缺)함. まんてん
① perfect score ② perfection

만:정[滿廷] 조정이나 법정에 가득함. 또는 그 사람들. まんてい the whole court

만:정[滿庭] 뜰에 가득함. 「~도화(桃花)」まんてい the whole garden

만:조[滿潮] 밀물로 바닷물이 가장 높아진 상태. ↔간조(干潮). まんちょう high tide

만:조 백관[滿朝百官] 조정의 모든 벼슬아치. all the officials of the court

만:족[滿足] 마음이 흐뭇함. 흡족함. ↔불만(不滿). まんぞく satisfaction

만족[蠻族] 야만스런 민족. 미개 민족. ばんぞく barbarians

만:종[晩種] 같은 식물에서 특히 늦게 여무는 종류. =만생종(晩生種).

만:종[晩鐘] 해질녘에 절이나 교회에서 치는 종. =모종(暮鐘). ばんしょう evening bell

만:좌[滿座] 그 자리에 있는 사람 전체. 「~의 신사 숙녀」まんざ the whole assembly

만:중[萬重] ① 여러 겹. =만첩(萬疊). ② ⇨만왕(萬旺). ばんちょう ① many folds

만:지[滿地] 땅에 가득 참. 지면(地面) 전체. まんち the whole ground

만지[蠻地] 야만인이 사는 땅. 미개한 지방. ばんち savage land

만:지장서[滿紙長書] 사연이 긴 편지. long letter

만착[瞞着] 속임. 남의 눈을 속임. 기만(欺瞞)함. まんちゃく deception

만:찬[晩餐] 저녁 식사. 「~회(會)」ばんさん dinner

만:책[萬策] 온갖 책략. 모든 방법. ばんさく every means

만:천[滿天] 하늘에 가득함. まんてん the whole sky

만:천하[滿天下] 온 천하. 온 세계. まんてんか the whole world

만:첩[萬疊] 겹겹이 겹친 모양. 아주 여러 겹. =만중(萬重). 「~청산(靑山)」ばんちょう many folds

만:청[晩晴] 저녁 무렵에 날이 갬. 또는 그 하늘. ばんせい becoming clear in the evening

만초[蔓草] 덩굴지는 풀의 총칭. 덩굴풀. つるくさ・まんそう creeper

만:추[晩秋] 늦가을. =모추(暮秋). ばんしゅう late fall

만:춘[晩春] 늦봄. =모춘(暮春). ばんしゅん late spring

만:취[滿醉] 술에 잔뜩 취함. 「~객(客)」dead drunkenness

만:타[萬朶] 많은 꽃가지. 또는 많은 꽃. ばんだ many branches of flowers

만:태[萬態] 여러 가지 모양. 「천상(千狀) ~」ばんたい various phases

만틸라[mantilla] 스페인・멕시코 등지(等地)에서 여성들이 머리에 쓰는 베일이나 스카프. マンティーラ

만:파[萬波] 끝없이 줄렁이는 많은 물결. まんぱ・ばんぱ rolling waves

만:파[萬派] ① 수많은 지류(支流). ② 많은 유파(流派). ばんぱ ① many branches ② many groups

만파[輓把] 논밭을 고르는 갈퀴 모양의 농구. rake

만:패불청[萬霸不聽] ① 아무리 지분거려도 못 들은 체함. ② 바둑에서 큰 패가 생겼을 때, 상대방이 아무리 패를 써도 응하지 않음.

만:평[漫評] 일정한 주관 없이 생각나는 대로 마음 편히 하는 비평. まんぴょう rambling criticism

만:폭[滿幅] ① 정해진 너비에 꽉 참. ② 피륙의 온 폭. まんぷく full width

만:풍[晚風] 저녁 무렵에 부는 바람. ばんぷう evening breeze

만:필[漫筆] 일정한 형식이 없이 마음 내키는 대로 글을 씀. 또는 그 글. =만록(漫錄). まんぴつ stray notes

만:하[晚夏] 늦은 여름. 여름이 끝날 무렵. ばんか late summer

만:하[晚霞] ① 저녁놀. ② 해질 무렵에 끼는 안개. ばんか ① sunset glow ② evening mist

만:학[晚學] 나이가 들어서 늦게 공부함. ばんがく learning late in life

만:학[萬壑] 첩첩이 겹친 많은 골짜기. 「천산(千山)~」 ばんがく deep valleys

만:행[萬幸] 매우 다행함. =지행(至幸). good luck

만:행[蠻行] 야만스러운 행동. ばんこう brutality

만:호[萬戶] ① 많은 집. ばんこ ② 조선 시대 때의 지방의 종사품 무관직. ① numerous houses

만:혹[萬或] ⇨만일(萬一).

만:혼[晚婚] 나이가 들어 늦게 하는 결혼. ↔조혼(早婚). ばんこん late marriage

만:홀[漫忽] 등한하고 소홀함. negligence

만:화[晚花] 제철이 지나 늦게 피는 꽃. ばんか late blooming flower

만:화[萬貨] 많은 물품. 온갖 재화(財貨). ばんか many goods

만:화[漫畫] 단순하고 가벼운 수법으로 익살과 과장을 주로 그린 그림. 인생이나 사회를 풍자한 것이 많음. 「~ 영화(映畫)」 まんが cartoon

만:화경[萬華鏡] 세 개의 직사각형의 거울을 삼각 기둥 모양의 통이 되게 맞추고, 색종이 부스러기를 넣은 장난감. 통을 돌리면서 한쪽 끝의 구멍으로 들여다보면 아름다운 무늬가 갖가지로 변하면서 나타남. まんげきょう・ばんかきょう kaleidoscope

만:화방창[萬化方暢] 봄이 되어 온갖 것이 한창 자라남. All things grow luxuriously.

마:화석[萬花席] 갖가지 꽃무늬를 놓아서 진 돗자리. 꽃돗자리. figured cushion

만:황씨[萬黃氏] 못나고 어리석은 사람을 놀리는 말. Mr. Stupid

만회[挽回] 처음 상태로 돌이킴. 「형세(形勢)를 ~하다」 ばんかい recovery

만:흥[漫興] 저절로 일어나는 흥취. spontaneous joy

말[末]* ① 끝 말: 끝. 「月末(월말)・週末(주말)・末尾(말미)・末席(말석)」 ② 멀 말: 멀다. 「末孫(말손)」 ③ 하찮을 말: 하찮다. 「末技(말기)」 ④ 가루 말: 가루. 「粉末(분말)」 マツ・バツ ① すえ

말[抹] ① 지울 말: 지우다. 「抹消(말소)·抹殺(말살)·抹去(말거)」 ② 바를 말: 바르다. 「塗抹(도말)·抹銀(말은)」 ③ 가루 말: 가루. 「抹茶(말차)」 マツ

말[沫] 물방울 말: 물방울. 「飛沫(비말)·泡沫(포말)」 マツ·あわ

말[杧] 기둥 말: 기둥. 표말. 「標杧(표말)」 バツ·マチ

말[靺] ① 붉을 말: 붉은 빛깔. 「絳靺(강말)」 ② 종족 이름 말: 종족 이름. 「靺鞨(말갈)」 マツ·バツ

말[襪] 버선 말: 버선. 「洋襪(양말)·襪線(말선)」 バツ

말감[末勘·末減] 가장 가벼운 벌을 줌.

말거[抹去] 지워서 없앰. =말소(抹消). erasure

말경[末境] ① 끝판. ② 늙바탕. ① the end

말계[末計] 구차하게 생각해 낸 계책. =궁계(窮計). last shift

말기[末技] 변변치 못한 기술이나 재주. まつぎ trifling art

말기[末期] ① 인생의 끝 무렵. 죽을 무렵. まつご ② 끝이 되는 시기. 끝나는 시기. =만기(滿期). まっき
① ending ② expiration

말녀[末女] 막내딸. ↔장녀(長女). the youngest daughter

말년[末年] ① 어떤 시기의 끝 날 무렵. ② 인생의 말기(末期). =만년(晩年). まつねん ② later years of life

말단[末端] 사물의 끄트머리. 맨 끝. 「~ 행정(行政)」 まったん end

말대[末代] ① ⇨ 말세(末世). ② 마지막 대. まつだい ② last generation

말라게냐[에 malagueña] 스페인 말라가 지방에서 발달한 무용곡(舞踊曲). マラゲーニャ

말라리아[malaria] 학질모기가 매개하는 전염병(傳染病). マラリア

말로[末路] ① 인생의 종말. =만년(晩年). ② 쇠약해지거나 몰락한 끝판. まつろ
① last days ② miserable end

말류[末流] ① 강의 하류(下流). ② 혈통의 끝. ③ 보잘것없는 유파(流派). まつりゅう·ばつりゅう
① downstream ② end of a pedigree ③ trifling school

말류지폐[末流之弊] 잘 되어 오던 일의 끝판에 생기는 폐단. ⓒ유폐(流弊).

말리[末利] 눈앞의 작은 이익. まつり quick but small profit

말목[杧木] 나무 말뚝. =말장(杧杖). stake

말문[末文] 문장의 매듭을 짓는 글. ↔전문(前文). まつぶん concluding remarks

말미[末尾] 끝 부분. =말단(末端). 「글의 ~」 まつび tip

말배[末杯] 술자리에서 술잔을 돌릴 때의 맨 나중의 잔. =종배(終杯).

말복[末伏] 삼복(三伏)의 마지막 복날. 초복(初伏)·중복(中伏)에 이어짐. まっぷく

말분[末分] 일생을 셋으로 나누었을 때 마지막 시기인 말년(末年). 또는 말년의 운수. one's late years

말사[末寺] 본사(本寺)에 소속된 작은 절. まつじ branch temple

말살[抹殺] ① 뭉개어 없애 버림. ② 사실이나 존재를 부인(否認)하여 완전히 지워 버림. まっさつ　erasure

말석[末席] 지위나 좌석의 맨 끝. =말좌(末座). 「~을 차지하다」 まっせき・ばっせき　the lowest seat

말세[末世] ① 도의(道義)가 무너진 시대. ② 불교에서, 불법(佛法)이 다하고 세상이 어지러워지는 마지막 시대. まっせ・まっせい　① corrupt age

말소[抹消] 지워 버림. 없애 버림. =말거(抹去). まっしょう　erasure

말속[末俗] 말세의 풍속. 타락한 풍속. まつぞく　degenerate customs

말손[末孫] 먼 후대(後代)의 자손. =원손(遠孫)・말예(末裔). ばっそん・まっそん descendant

말약[末藥] 가루약. =산약(散藥). まつやく　powdered medicine

말언[末言] 빈번함은 말. まつげん　worthless words

말엽[末葉] 어떤 시대의 마지막 시기. 초엽(初葉)・중엽(中葉)에 이어짐. 「18세기 ~」 まつよう　close of an age

말예[末裔] ⇨말손(末孫). まつえい・ばつえい

말운[末運] ① 말년의 운수. ② 종말이 가까워지는 운명. まつうん　② end of one's luck

말위[末位] 맨 끝자리. 최하의 지위. ↔수위(首位). まつい　the lowest seat

말은[抹銀] 도자기 표면에 은가루를 발라서 광채가 나게 하는 일.　silver glazing

말음[末音] 한 음절(音節)의 끝에 오는 자음(子音). '닥'의 'ㄱ' 따위. 끝소리. =종성(終聲).　end sound

말일[末日] 그 달의 마지막 날. 그믐날. まつじつ　last day of a month

말자[末子] 막내아들. ↔장자(長子). まっし・ばっし・すえこ　the youngest son

말절[末節] ① 끝 부분. ② 본질적이 아닌 사소한 일. 「지엽(枝葉) ~」 ③ 노래 따위의 맨 끝 절. まっせつ
①③ last part

말제[末弟] 막내아우. まってい・ばってい the last brother

말좌[末座] 제일 아랫자리. =말석(末席). まつざ　the lowest seat

말직[末職] 맨 끝자리의 낮은 직위(職位). 「미관(微官) ~」 the lowest post

말찰[抹擦] 비빔. 문지름. rubbing

말초[末梢] ① 나무의 가지 끝. ② 사물의 끝 부분. 「~ 신경(神經)」 まっしょう
① tip of a twig ② tip

말초 신경[末梢神經] 뇌・척수에서 갈라져 나와 온몸에 분포하는 신경 섬유. 「~을 자극하다」 まっしょうしんけい　nerve ending

말타아제[maltase] 맥아당을 분해(分解)하여 포도당으로 만드는 효소. マルターゼ

말토오스[maltose] 맥아당(麥芽糖). マルトース

맘모스[mammoth] ⇨매머드.

맘보[에 mambo] 쿠바의 토속적(土俗的)인 선율에 바탕을 둔 댄스 음악. 또는 그 춤. マンボ

망[亡]* ① 망할 망 : 망하다. 「興亡(흥망)·亡兆(망조)·亡國(망국)·亡運(망운)」 ② 죽을 망 : 죽다. 「亡父(망부)·亡室(망실)·死亡(사망)」 ③ 도망할 망 : 도망하다. 「逃亡(도망)·亡命(망명)」 ④ 없어질 망 : 없어지다. 「亡失(망실)·滅亡(멸망)·存亡(존망)」 モウ·ボウ ① ほろびる ④ ない

망:[妄]* ① 망령될 망 : 망령되다. 「妄靈(망령)·妄發(망발)·妄念(망념)·妄言(망언)·妄想(망상)」 ② 허망할 망 : 허망하다. 「虛妄(허망)」 ボウ·モウ ① みだり

망[忙]* 바쁠 망 : 바쁘다. 「多忙(다망)·奔忙(분망)·繁忙(번망)·忙劇(망극)·忙忙(망망)」 ボウ·いそがしい

망[邙] 북망산 망 : 산 이름. 「北邙山(북망산)」 ボウ

망[忘]* 잊을 망 : 잊다. 「忘却(망각)·忘恩(망은)·忘失(망실)·忘憂(망우)」 ボウ·わすれる

망[芒] ① 가시랭이 망 : 가시랭이. 까끄라기. 「刺芒(자망)·芒角(망각)·芒銳(망예)」 ② 빛살 끝 망 : 빛살의 끝. 「光芒(광망)·芒彩(망채)」 ③ 피로할 망 : 피로하다. 「芒然(망연)·芒芒(망망)」 ボウ ① のぎ·すすき

망[罔]* ① 없을 망 : 없다. 「罔晝夜(망주야)·罔極(망극)·罔測(망측)」 ② 그물 망 : 그물. 「罔疏(망소)」 ③ 속일 망 : 속이다. 「罔民(망민)」 ④ 어둘 망 : 어둡다. ボウ·モウ ① ない ② あみ

망[茫]* ① 아득할 망 : 망망하다. 「茫茫大海(망망대해)·茫蒼(망창)·茫洋(망양)」 ② 막연할 망 : 막연하다. 「茫然(망연)·茫然自失(망연자실)」 ボウ·モウ

망[惘] 멍할 망 : 멍하다. 「惘惘(망망)·惘然(망연)」 ボウ·あきれる

망:[望]* ① 바라볼 망 : 바라보다. 「展望(전망)·望樓(망루)·望拜(망배)·望見(망견)·望臺(망대)」 ② 원망할 망 : 원망하다. 「怨望(원망)」 ③ 보름달 망 : 보름달. 「望月(망월)·望日(망일)」 ④ 바랄 망 : 바라다. 「仰望(앙망)·希望(희망)·羨望(선망)·切望(절망)」 ⑤ 우러를 망 : 우러르다. 「德望(덕망)·名望(명망)」 ⑥ 책망할 망 : 책망하다. 「責望(책망)」 ボウ·モウ ① のぞむ ③ もち

망[網] ① 그물 망 : 그물. 「網巾(망건)·網版(망판)·漁網(어망)」 ② 법 망 : 법. 「法網(법망)·網密(망밀)·網周(망주)」 ③ 그물칠 망 : 그물을 치다. 「組織網(조직망)·放送網(방송망)·通信網(통신망)」 ④ 온통 망 : 온통. 「網羅(망라)」 モウ ① あみ

망[魍] 산도깨비 망 : 산도깨비. 「魍魅(망매)·魍魎(망량)」 モウ·ボウ

망가[亡家] ① 집안이 망함. ② 결딴난 집안. ぼうか ② ruined family

망가닌[Manganin] 구리에 망간과 니켈을 섞은 합금(合金).

망각[忘却] 잊어버림. ぼうきゃく oblivion

망:간[望間] 음력 보름께. about the fifteenth day of the month

망간[독 Mangan] 금속 원소

(金屬元素)의 하나. 철과 비슷하나 철보다 연하며, 탄소를 함유하면 부서지기 쉬움. 화학성은 철보다 활발함. 원소 기호는 Mn. マンガン

망거[妄擧] 망령된 짓. ぼうきょ   reckless deed

망건[網巾] 상투를 튼 사람이 머리에 두르는 그물 모양의 물건.
headband made of horsehair

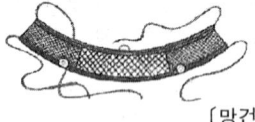

〔망건〕

망:견[望見] 멀리 바라봄. ぼうけん   watching from afar

망:계[妄計] 그릇된 계책(計策). 무모한 꾀. ぼうけい
reckless scheme

망고[網罟] 물고기나 새를 잡는 그물. もうこ seine[snare]

망고:[mango] 옻나뭇과의 상록 교목. 또는 그 열매. 동남 아시아 원산으로 높이 약 10 m. 열매는 달걀꼴 또는 긴 타원형으로 맛이 좋음. 종자는 약용(藥用)함. マンゴー

망고:스틴:[mangosteen] 물레나뭇과의 상록 교목(喬木). 말레이 반도 원산으로 높이 약 6m. 꽃은 검붉으며 열매는 암자색인데, 액즙(液汁)이 많고 향기가 있어 맛이 좋음. マンゴスチン

망:곡[望哭] 먼 곳에서 부모상을 당하여, 그쪽을 향하여 곡을 하는 일.

망골[亡骨] 몹시 주책없는 사람을 욕하는 말. =망물(亡物).   rough fellow

망:구[望九] 나이가 90세를 바라보게 됨. 곧, 81세. =망구순(望九旬).

망:구순[望九旬] ⇨망구(望九).

망국[亡國] ① 멸망한 나라. 「~의 한(恨)」 ② 나라를 망침. ↔흥국(興國). ぼうこく
① ruined country ② ruining one's country

망군[亡君] 죽은 군주(君主). ぼうくん   deceased lord

망극[罔極] ① 임금이나 어버이의 은혜가 그지없이 큼. 「호천(昊天)~」 ② 망극지통(罔極之痛)의 준말.
① being immeasurable

망극지통[罔極之痛] 한이 없는 슬픔. 임금이나 어버이의 상사(喪事)를 이르는 말. ㉿ 망극(罔極), the greatest grief

망:기[望氣] 운기(雲氣)를 바라보고 길흉을 판단함. ぼうき

망:기[望旗] ①망대에 꽂은 기. ②망대에서 척후병에게 신호하는 기.   signal flag

망녀[亡女] ①죽은 딸. ②주책없는 짓을 하는 여자.
① dead daughter ② bad woman

망년[忘年] ①늙은 나이를 잊음. ②그 해의 온갖 괴로움을 잊어버림. 「~회(會)」ぼうねん

망년지우[忘年之友] 나이에 구애되지 않고 사귀는 벗. =망년지교(忘年之交). ぼうねんのとも

망:념[妄念] ⇨망상(妄想). もうねん・ぼうねん

망:념간[望念間] 음력 보름께부터 스무날께까지의 사이.

망:단[妄斷] 망령되고 터무니없는 판단. もうだん・ぼうだん   rash conclusion

망:단[望斷] 바라던 일이 실패

로 돌아감. despair

망:대[望臺] 망을 보기 위해 세운 높은 대. ぼうだい watchtower

망덕[亡德] 자신과 집안을 망치는 못된 짓. ruinous misdeed

망:덕[望德] 가톨릭에서, 천주의 은총으로 천당에서 행복을 누리기를 바람.

망:동[妄動] 분별 없어 망령되이 행동함. 「경거(輕擧)~」 もうどう blind action

망:두석[望頭石] ⇨망주석(望柱石).

망라[網羅] 빠짐없이 모두 포함함. 「모든 분야를 ~하다」 もうら including all

망락[網絡] 빠짐없이 모두 한데 모음. bringing all together

망량[魍魎] ① 도깨비. ② 사람을 해치는 귀신. もうりょう goblin

망령[亡靈] 죽은 이의 영혼. =혼령(魂靈). ぼうれい・もうれい departed spirit

망:령[妄靈] 늙거나 정신이 혼미해서 언행이 정상이 아님. 또는 그러한 언행. 「~이 들다」 dotage

망:론[妄論] 망령스런 이론. 이치에 안 맞는 허튼 말. absurd opinion

망:루[望樓] 망을 보기 위하여 세운 높은 다락집. ぼうろう watchtower

망루탄수[網漏呑舟] 큰 죄를 짓고도 법망(法網)을 능히 빠져나감을 이르는 말.

망:륙[望六] 나이가 60을 바라봄. 곧, 51세. fifty-one years of age

망막[茫漠] ① 끝없이 넓음. ② 뚜렷하지 않고 희미함. ぼうばく ① extensiveness

망막[網膜] 눈알의 가장 안쪽에 있는 시신경이 분포된 막. 「~염(炎)」 もうまく retina

망망[忙忙] 매우 바쁨. busyness

망망[茫茫] 넓고 멀어서 아득한 모양. 「~ 대해(大海)」 ぼうぼう vastness

망매[亡妹] 죽은 누이동생. ぼうまい dead younger sister

망매[茫昧] 세상일에 어두움. ignorance

망매[魍魅] 도깨비. もうみ goblin

망명[亡命] 정치적인 원인으로 본국을 탈출하여 외국으로 도망함. 「~객(客)」「~ 정부(政府)」 ぼうめい exile

망모[亡母] 죽은 어머니. ↔망부(亡父). ぼうぼ late mother

망목[芒目] 빛과 무늬가 두드러지게 나타난 도자기의 요변(窯變).

망무두서[茫無頭緖] 정신이 멍해서 앞뒤를 가릴 수 없음. confusion

망:문과:부[望門寡婦] 결혼식을 올리기 직전에 약혼자가 죽어서 된 과부. 까막과부.

망:문투식[望門投食] 여비가 떨어져 남의 집 문간에서 얻어먹음.

망물[亡物] ① 몹시 주책없는 사람을 욕하는 말. =망골(亡骨). ② 죽은 중의 유물. ① rough fellow

망:물[妄物] 망령된 짓을 하는 사람. evil fellow

망민[罔民] 백성을 속임. deceiving the public

망밀[網密] ① 그물눈이 촘촘하

망박[忙迫] 일에 몰려 몹시 분주함. busyness

망:발[妄發] ①그릇된 언동으로 자신이나 조상을 욕되게 함. 또는 그런 언행. ②망령된 말.=망언(妄言). ignominious speech

망:배[望拜] 멀리서 연고가 있는 쪽을 바라보고 절함. 또는 그렇게 하는 절. worshiping from a distance

망:백[望百] 나이가 100을 바라봄. 곧, 91세. ninety-one years of age

망부[亡夫] 죽은 남편.↔망처(亡妻). ぼうふ late husband

망부[亡父] 죽은 아버지.↔망모(亡母). ぼうふ late father

망:부석[望夫石] 남편을 기다리다가 그대로 죽어서 되었다는 돌. ぼうふせき

망:사[望士] 덕망이 높은 선비. scholar of high repute

망:사[望祀] 산천의 신에게 제사를 지냄.

망사[網紗] 그물같이 성기게 짠 얇은 깁. gauze

망:상[妄想] 이치에 맞지도 않는 허무맹랑한 생각.=망념(妄念). もうそう・ぼうそう wild fancy

망상[罔象] ①형상(形象)이 없음. ②물 속에 사는 괴물. water demon

망:상[望床] 잔치 때 많은 음식을 높게 괴어 볼품으로 차린 상.

망상[網狀] 그물처럼 된 모양. もうじょう net shape

망:색[望色] 안색(顔色)을 바라봄. 기색을 살핌. ぼうしょく reading another's face

망석[網席] 멍석. straw mat

망:설[妄說] 망령된 말.=망언(妄言). もうせつ・ぼうせつ absurd remark

망소[網疎] 그물눈이 성김. 곧, 법률이 느슨하여 빠져나갈 구멍이 있음. loopholes in the law

망:솔[妄率] 망령되고 경솔함. rashness

망쇄[忙殺] 몹시 바쁨. ぼうさつ busyness

망식열후[忙食噎喉] 급히 먹는 밥에 목이 멤. 곧, 너무 급히 서두르면 실패한다는 뜻. Haste makes waste.

망신[亡身] 언행의 잘못으로 체면 창피를 당하는 일. 또는 그 창피.「~살(煞)」disgrace

망:신[妄信] 옳지 못한 것을 덮어놓고 믿음. もうしん・ぼうしん credulity

망신살[亡身煞] 망신하게 될 운수.「~이 뻗치다」 bad luck to bring disgrace

망실[亡失] 잃어버림. ぼうしつ loss

망실[亡室] 죽은 아내.=망처(亡妻). ぼうしつ late wife

망실[忘失] 기억에서 사라져 잊어버림.=망각(忘却). ぼうしつ oblivion

망:심[妄心] 미망(迷妄)의 마음. もうじん

망아[亡兒] 죽은 아이. ぼうじ dead child

망아[忘我] 깊은 사색에 잠겨 자신을 잊는 일.「~지경(之境)」ぼうが self-oblivion

망야[罔夜] 밤을 새움.「~도주(逃走)」 vigil

망양[茫洋・芒洋] 끝없이 넓

고 멂. ぼうよう
boundless expanse

망양보:뢰[亡羊補牢] 양 잃고 우리를 고친다는 뜻으로, 이미 일을 그르친 뒤에는 후회해도 소용없음을 이르는 말. '소 잃고 외양간 고친다'와 같은 말.

망양 조직[網樣組織] 편도선·임파선·흉선·비장 등에서 볼 수 있는 결체(結締) 조직. 각 세포에는 돌기가 있어 서로 연결하여 그물 모양을 이룸.

망양증[亡陽症] 몸의 양기가 없어지는 증상.

망양지탄[亡羊之歎] 갈래진 길에서 양을 잃고 탄식한다는 말로, 학문의 길이 여러 갈래여서 진리를 찾기가 어려움을 한탄함의 뜻. ぼうようのたん

망:양지탄[望洋之歎] 넓은 바다를 바라보며 한탄한다는 뜻으로, 위대한 인물이나 심원한 학문 등에 대하여 자신의 보잘것없고 미치지 못함을 한탄함을 이름.
grief for one's inability

망:어[妄語] ① ⇨ 망언(妄言). ぼうご ② 불교의 오계(五戒)의 하나. もうご

망:언[妄言] ① 망령되고 허무맹랑한 말. ② 거짓말. =망설(妄說)·망발(妄發)·망어(妄語). ぼうげん·もうげん
① absurd remark ② lie

망연[罔然·惘然] ① 정신이 흐리멍덩한 모양. ② 무지(無知)한 모양. もうぜん
① vacuity ② ignorance

망연[茫然] ① 맥이 빠지고 정신이 흐리멍덩한 모양. 「~자실(自失)」② 넓고 멀어 아득한 모양. ぼうぜん
① vacuity ② boundlessness

망:외[望外] 바라던 이상의 것. 생각 밖. 「~의 행운(幸運)」ぼうがい unexpectedness

망우[亡友] 죽은 친구. ぼうゆう deceased friend

망우[忘憂] ① 근심을 잊음. ② 근심을 잊게 하는 것. 곧, 술. =망우물(忘憂物). ぼうゆう ① forgetting one's worry

망운[亡運] 망할 운수. ↔흥운(興運). decline of fortune

망:운[望雲] 구름을 바라본다는 뜻으로, 자식이 타향에서 고향의 부모를 그리워함을 비유하는 말. 「~지정(之情)」ぼううん
yearning for one's parents

망:원경[望遠鏡] 먼 곳의 물체를 확대하여 크게 볼 수 있게 만든 기구. ぼうえんきょう telescope

망월[忙月] 농사일로 바쁜 달. season for farmers

망:월[望月] ① 달을 바라봄. ② 보름달. ぼうげつ·もちづき
① viewing the moon ② full moon

망은[忘恩] 은혜를 잊음. 은혜를 모름. ぼうおん ingratitude

망인[亡人] 죽은 사람. =망자(亡者). ぼうじん dead person

망인[鋩刃] 날카로운 칼날. sharp edge of a sword

망:일[望日] 음력 보름날. ぼうじつ·もちのひ
full-moon day

망자[亡子] 죽은 자식. ぼうし dead son

망자[亡者] 죽은 사람. =망인(亡人). もうじゃ dead person

망자[芒刺] 까끄라기와 가시.

ぼうし　　　　　arista[thorn]

망:자존대[妄自尊大] 주책없이 스스로 잘난 체함. 　self-conceit

망:전[望前] 음력 보름날 이전. ↔망후(望後). 　days before the full moon

망정[忘情] 희로애락(喜怒哀樂)의 정을 잊어버림. 아무런 감정도 느끼지 않음. 　indifference

망제[亡弟] 죽은 동생. ぼうてい　deceased younger brother

망:제[望祭] ① 먼 곳에서 조상의 무덤이 있는 쪽을 바라보고 지내는 제사. ② 달마다 음력 보름에 지내는 종묘 제사.

망조[亡兆] 망징패조(亡徵敗兆)의 준말. ぼうちょう

망조[罔措] 망지소조(罔知所措)의 준말.

망:족[望族] 명망이 높은 집안. =명문(名門). 　illustrious family

망종[亡終] 사람이 죽을 때. =임종(臨終). the hour of death

망종[亡種] 행실이 아주 몹쓸 사람을 욕하는 말. 　rogue

망종[芒種] ① 까끄라기가 있는 곡식. ② 이십사 절기의 하나. 6월 5일경. ぼうしゅ　　① awned corn

망주[網周] 빠져나갈 구멍이 없을 만큼 법이 빈틈없음. 　rigid law

망:주석[望柱石] 무덤 앞 양쪽에 세우는, 여덟 모로 깎은 한 쌍의 돌기둥. =망두석(望頭石). a pair of stone posts in front of a tomb

망주야[罔晝夜] 밤낮 없이 부지런히 일함. 　industry

망:중[望重] 명망(名望)이 아주 높음. 　high reputation

망중[忙中] 바쁜 가운데. 바빠서 경황이 없는 동안. 「~유한(有閑)」ぼうちゅう

망중한[忙中閑] 바쁜 가운데의 한가할 때. 　moment of leisure from pressure of business

망지소조[罔知所措] 허둥지둥 하며 어쩔 줄을 모름. ⓒ망조(罔措). 　being at a loss

망:진[望診] 한방에서, 환자의 영양 상태·피부 상태·얼굴빛 등을 눈으로 보고 병세를 진단함. =시진(視診). ぼうしん　sight examination

망:집[妄執] ① 망령된 고집. ② 불교에서, 망상을 버리지 못하고 그것에 집착함. もうしゅう① deep-rooted delusion

망징패조[亡徵敗兆] 망하거나 결딴날 징조. ⓒ망조(亡兆). 　omen of ruin

망찬[亡竄] 도망하여 숨어 버림. ぼうざん　　　flight

망창[茫蒼] 큰일을 당하고도 대책이 없어 앞일이 막막함.

망처[亡妻] 죽은 아내. ↔망부(亡夫). ぼうさい deceased wife

망초[芒硝] 황산나트륨. ぼうしょう　sodium sulfate

망:촉[望蜀] 농(隴)의 땅을 얻고도 다시 촉(蜀)의 땅을 넘본다는 말로, 욕심이 끝이 없음을 이르는 말. ぼうしょく　　insatiability

망측[罔測] 정상적인 상태에서 크게 벗어나 차마 볼 수가 없음. 「~스러운 일」absurdity

망치[忘置] ⇨망각(忘却).

망:칠[望七] 나이가 70세를 바라봄. 곧, 61세.

망:탄[妄誕] 터무니없는 거짓말. もうたん・ぼうたん lie 妄誕

망태[網太] 그물로 잡은 명태. 網太

망토[프 manteau] 소매가 없이 어깨로부터 내리 걸치는 외투의 하나. マント 外套

망판[網版] 인쇄판(印刷版)의 한 가지. 화상(畫像)의 농담(濃淡)을 망점(網點)을 이용하여 나타내는 철판(凸版). あみはん halftone 網版

망:팔[望八] 여든을 바라본다는 뜻으로, 나이 '일흔한 살'의 일컬음. seventy-one years of age 望八

망:해 도법[望海圖法] 바다 가운데의 섬을 뭍에서 보고 그 거리를 헤아리는 셈법. 望海圖法

망:행[妄行] 망령된 행위. evil act 妄行

망:향[望鄉] 고향을 그리워함. 「~지심(之心)」ぼうきょう homesickness 望鄉

망형[亡兄] 죽은 형. ぼうけい one's deceased elder brother 亡兄

망형교[忘形交] 신분(身分)이나 처지 따위에 구애되지 않고 마음으로 사귀는 친밀한 교제. close friendship 忘形交

망혜[芒鞋] 미투리. 「죽장(竹杖)~」 hemp sandals 芒鞋

망혼[亡魂] 죽은 이의 혼. ぼうこん spirit of the dead 亡魂

망회[忘懷] 마음에 두지 않고 잊어버림. indifference 忘懷

망후[亡後] 죽은 뒤. after death 亡後

망:후[望後] 음력 보름날 후. days after the full moon 望後

매:[每]* ① 마다 매: 마다. 「每日(매일)・每週(매주)・每番(매번)・每事(매사)」 ② 언제나 매: 언제나. 「每常(매상)・每樣(매양)」 マイ ② つねに 每日 每事

매[妹]* 손아랫누이 매: 손아랫누이. 「妹弟(매제)・妹氏(매씨)・妹夫(매부)・妹家(매가)・令妹(영매)・姉妹(자매)」 マ 令 妹イ・いもうと 妹弟 令妹

매:[枚] ① 낱 매: 낱개. 하나하나. 한 장 한 장. 「枚擧(매거)・枚陳(매진)・枚數(매수)・百枚(백매)」 ② 하무 매: 하무. 재갈. 「銜枚(함매)」 マイ・バイ 枚擧 百枚

매[昧] ① 먼동 틀 매: 먼동이 틀 때. 「昧旦(매단)・昧爽(매상)」 ② 어두울 매: 어둡다. 어리석다. 「蒙昧(몽매)・愚昧(우매)・昧者(매자)・曖昧(애매)・昏昧(혼매)」 マイ ② くらい 昧旦 蒙昧

매[埋]☆ ① 묻을 매: 묻다. 「埋葬(매장)・埋根(매근)・埋築(매축)・埋藏(매장)」 ② 감출 매: 감추다. 「埋伏(매복)・埋祕(매비)」 マイ ① うめる・うもれる 埋葬 埋藏

매[眛] 눈 어두울 매: 눈이 어둡다. マイ 愚眛

매[梅]☆ ① 매화나무 매: 매화나무. 「梅花(매화)・梅實(매실)・白梅(백매)・紅梅(홍매)」 ② 매우 매: 매실이 익을 무렵에 드는 장마. 「梅雨(매우)・梅霖(매림)」 バイ ① うめ 梅花 梅雨

매[媒]☆ ① 중매 매: 중매하다. 매개하다. 「仲媒(중매)・媒介(매개)・媒婆(매파)・媒質(매질)」 ② 미끼 매: 미끼. 「媒鳥(매조)・觸媒(촉매)」 バイ ① なかだち 仲媒

매[寐] 잠잘 매: 잠을 자다. 「夢寐(몽매)・寐語(매어)」 ビ・ねる 夢寐

매:[買] 살 매: 사다. 「購買(구 購買

매)·買入(매입)·賣買(매매)·
買價(매가)·買上(매상)·買土
(매토)·買受(매수)」バイ·かう
매[煤] ① 그을음 매: 그을음. 煤煙
「煤煙(매연)·煤氣(매기)」② 煤印
먹 매: 먹. 「煤印(매인)」バ
イ ① すす
매:[罵] 꾸짖을 매: 꾸짖다. 욕
하다. 「罵議(매기)·罵倒(매 罵倒
도)·罵辱(매욕)」バ·ののしる
매:[賣]* 팔 매: 팔다. 「賣上
(매상)·賣渡(매도)·賣笑(매 賣渡
소)·發賣(발매)·販賣(판매)·
賣買(매매)」バイ·うる
매[魅] 호릴 매: 호리다. 「魅力
(매력)·魅惑(매혹)·魅了(매 魅了
료)」ミ
매:[邁] ① 갈 매: 가다. 「邁進 邁進
(매진)·邁往(매왕)」② 뛰어날
매: 뛰어나다. 「英邁(영매)·
豪邁(호매)」マイ ① ゆく
매가[妹家] 시집간 누이동생의 妹家
집.
매:가[買價] 사는 값. ↔매가 買價
(賣價). ばいか purchase price
매:가[賣家] 집을 값. 파는 집. 賣家
うりや·うりいえ
selling a house, house for sale
매:가[賣價] 파는 값. ↔매가 賣價
(買價). ばいか sale price
매:가육장[賣家鬻莊] 집과 논 賣家
밭을 모두 팔아 없앰. 鬻莊
dissipating one's fortune
매:각[賣却] 팔아 버림. ばい 賣却
きゃく disposal
매개[媒介] ① 중간에서 관계를 媒介
맺어 줌. =중개(仲介). ② 전
해 줌. 「~물(物)」ばいかい
medium
매:거[枚擧] 낱낱이 들어서 말 枚擧
함. まいきょ enumeration
매거진:[magazine] ① 잡지 雜誌
(雜誌). ② 사진기의 필름 넣

는 통. マガジン
매골[埋骨] 죽은 이의 화장(火 埋骨
葬)한 뼈를 묻음. まいこつ
interring the bones
매:관[賣官] 돈을 받고 관직에 賣官
앉게 함. 「~매직(賣職)」ば
いかん sale of offices
매:광[賣鑛] 광석을 팖. 賣鑛
sale of mineral ores
매:국[賣國] 사리사욕(私利私 賣國
慾)을 위해 자기 나라에 불리
한 행위를 하는 일. 「~노
(奴)」ばいこく
selling one's country
매그니튜:드[magnitude] 지
진(地震) 규모를 나타내는 단 地震
위. 기호는 M. マグニチュード
매:기[每期] 정해진 시기마다. 每期
まいき every term
매:기[買氣] 물건을 사려고 하 買氣
는 마음. ↔매기(賣氣). かい
き buying disposition
매:기[賣氣] 물건을 내다 팔려 賣氣
는 마음. ↔매기(買氣). うり
き selling disposition
매기[煤氣] ① 매연(煤煙)이 섞 煤氣
인 공기. ② 석탄의 가스.
① smoky air ② coal gas
매너[manner] ① 태도. 몸가
짐. ② 예절(禮節). マナー 禮節
매너리즘[mannerism] 예술
창작에서, 독창성(獨創性)을 獨創性
잃고 평범한 경향으로 흘러
생기와 신선미를 잃는 일. マ
ンネリズム
매:년[每年] 해마다. 매해. = 每年
연년(年年). まいねん·まいと
し every year
매뉴팩처[manufacture] 공장
제(工場制) 수공업. マニュ 工場制
ファクチュア
매니저[manager] 관리인. 지 管理人
배인. 감독(監督). マネー 支配人

매니큐어[manicure] 손톱의 손질과 화장(化粧). 또는 그 화장품. マニキュア

매:덕[邁德] 뛰어난 덕행(德行). eminent virtue

매:도[罵倒] 몹시 꾸짖고 욕함. ばとう abuse

매:도[賣渡] 팔아 넘김. 「~증서(證書)」 うりわたし sale and delivery

매독[梅毒] 스피로헤타 팔리다 균의 감염으로 생기는 악성의 성병(性病). ばいどく syphilis

매두몰신[埋頭沒身] 일에 파묻혀 헤어나지 못함. devotion

매:득[買得] 물건을 사들임. =매입(買入). ばいとく bargain

매력[魅力] 남의 마음을 끌어 당기는 힘. みりょく charm

매료[魅了] 남의 마음을 완전히 사로잡음. みりょう fascination

매:리[罵詈] 욕하고 꾸짖음. ばり abuse

매림[梅霖] 초여름 장마. =매우(梅雨). ばいりん rainy spell in early summer

매립[埋立] 해변이나 강 따위를 흙으로 메워 육지를 만듦. 「~지(地)」 うめたて reclamation

매매[昧昧] ①동이 틀 무렵의 어둑한 모양. ②어두운 모양. まいまい

매매[賣買] 팔고 사는 일. 「~계약(契約)」 ばいばい buying and selling

매머드[mammoth] ①코끼리 과의 거대한 화석(化石) 동물. ②'거대한 것'을 비유하는 말. 「~ 빌딩」 マンモス

매:명[每名] 각 사람. =매인(每人). everyone

매:명[買名] 재물을 써서 명예를 구함. buying the honor

매명[昧冥] 세상일에 어두움. 몽매(蒙昧)함. ignorance

매:명[賣名] 자기의 이름을 세상에 들날리기 위하여 애를 씀. 「~을 위한 출판」 ばいめい publicity

매몰[埋沒] 파묻음. 또는 파묻힘. まいぼつ burying

매:문[賣文] 글을 팔아서 생활을 함. ばいぶん selling of writing

매:물[每物] 하나하나의 물건.

매:물[賣物] 팔 물건. うりものの article for sale

매:방[每放] 총이나 대포의 한 방 한 방. every shot

매:번[每番] 번번이. =매회(每回)·매매(每每). every time

매복[埋伏] ①몰래 숨어 있음. ②복병(伏兵)을 둠. まいふく ambush

매복[賣卜] 점치는 것을 업으로 삼음. 「~가(家)」 ばいぼく selling fortunes

매부[妹夫] 누이의 남편. one's sister's husband

매사[昧事] 사리(事理)에 어두움. ignorance

매:사[每事] 일마다. 모든 일. まいじ everything

매:삭[每朔] 다달이. 매달. =매월(每月). every month

매상[每常] 늘. =항상(恒常). always

매:상[買上] 정부나 관공서가 민간으로부터 물건을 사들임. 「추곡(秋穀) ~」 かいあげ purchase

매:상[賣上] 상품을 팖. 「~고(高)」 うりあげ sale

매:색[賣色] ⇨매음(賣淫). ばいしょく

매:서[賣暑] 음력 정월 대보름날 이른 아침에 만나는 사람에게 더위를 파는 민속(民俗).

매:석[每石] 곡식이 든 섬 하나하나마다. 섬마다. each straw sack

매:석[賣惜] 물건값이 오를 것을 예상하고 팔기를 꺼림. 「매점(買占)~」 hoarding

매설[埋設] 수도관·케이블(cable) 따위를 땅에 묻어 시설함. 「~ 공사(工事)」 まいせつ laying under the ground

매:성[罵聲] 상스럽게 욕하는 소리. ばせい

매:세[賣勢] 남의 세력을 빌려 기세를 부림.

매:소[賣笑] ⇨매음(賣淫). 「~부(婦)」 ばいしょう

매:수[枚數] 종이 따위의 장수(張數). まいすう number of sheets

매:수[買收] ①물건을 사들임. =매입(買入). ②금품 따위로 남을 꾀어 자기 편으로 만듦. 「~ 공작(工作)」 ばいしゅう
① purchase ② corruption

매:수[買受] 물건을 사서 넘겨 받음. =매도(賣渡). かいうけ acquiring by purchase

매스게임[mass game] 많은 사람이 일제히 하는 체조나 무용(舞踊). マスゲーム

매스미:디어[mass media] 대중 전달의 매체(媒體). 신문·잡지·방송·영화 따위. マスメディア

매스커뮤니케이션[mass communication] 매스미디어를 통하여 널리 대중에게 많은 정보를 전달하는 일. 대중 전달(大衆傳達). マスコミュニケーション

매스컴[←mass communication] 매스커뮤니케이션의 준말. マスコミ

매스패션[mass fashion] 대량 생산으로 만들어지는 의류품(衣類品). マスファッション

매스프로덕션[mass production] 대량 생산(大量生産). マスプロダクション

매:시간[每時間] 한 시간마다. every hour

매:식[買食] 음식을 사서 먹음. 또는 그 음식. paid meal

매:신[賣身] 몸을 팖. prostitution

매실[梅實] 매실나무의 열매. 「~주(酒)」

매씨[妹氏] 남의 누이를 공손히 이르는 말.

매:악[賣惡] 나쁜 일은 남에게 넘겨 씌움.

매:야[每夜] 밤마다. =야야(夜夜). まいよ·まいや every night

매:약[賣約] 팔기로 약속함. 「~필(畢)」 ばいやく contract for sale

매:약[賣藥] ①약을 팖. ②약방에서 파는, 미리 만들어 놓은 약. ばいやく·うりぐすり ① selling a drug ② patent medicine

매연[煤煙] 그을음과 연기. 「~ 공해(公害)」 ばいえん soot and smoke

매염[媒染] 섬유에 물이 잘 들지 않을 때 약품을 이용하여 물들이는 일. 흔히 명반·초산 따위가 쓰임. 「~제(劑)」
ばいせん　　　mordanting
매옥[埋玉] 옥을 묻는다는 뜻으로, 아까운 인재나 미인의 죽음을 이르는 말. 「~지탄(之歎)」まいぎょく
매:왕[邁往] 용감하게 나아감. =용진(勇進)·매진(邁進). まいおう　　dashing forward
매:욕[罵辱] 꾸짖고 욕하여 창피를 줌. ばじょく　derision
매우[梅雨] 6월에서 7월에 걸쳐서 지는 장마를 이르는 말. =매림(梅霖). ばいう·つゆ
　　rainy spell in early summer
매:우[賣友] 자신의 이익을 위해 친구를 배반함.
　　　　selling one's friend
매원[埋怨] 원한을 품음.
　　　　bearing a grudge
매:원[買怨] 남의 원한을 삼.
　　　　causing a grudge
매원[梅園] 매실나무를 많이 심은 정원. ばいえん
매:월[每月] 달마다. 다달이. 매달. まいげつ·まいつき
　　　　　　　　every month
매:은[賣恩] 어떤 갚음을 기대하여 남에게 은혜를 베풂.
매:음[賣淫] 여자가 돈을 받고 몸을 팖. =매소(賣笑)·매춘(賣春)·매색(賣色). 「~부(婦)」ばいいん　prostitution
매:인[每人] 사람마다. 각 사람. =매명(每名). each man
매:일[每日] 날마다. 나날이. まいにち　　　every day
매:입[買入] 물건을 사들임. =매득(買得). ↔매도(賣渡). かいいれ　　　purchase
매자[媒子] ⇨중매(仲媒).
매작[媒妁] 결혼을 중매하는

일. =중매(仲媒). ばいしゃく　　　matchmaking
매:장[每場] 장날마다.
　　　　every market day
매장[埋葬] ① 유해를 땅에 묻음. =토장(土葬). ② 못된 짓을 한 사람을 사회에서 버림받게 함. まいそう
　　① burial ② social ostracism
매장[埋藏] ① 땅에 묻혀 있음. 「~량(量)」 ② 묻어서 감춤. まいぞう burying underground
매:장[買贓] 장물(贓物)을 삼.
　　　buying stolen articles
매:장[賣場] 물건을 파는 장소. うりば　　selling place
매:절[賣切] 물건이 다 팔리고 없음. =절품(切品). うりきれ　　　sellout
매:점[買占] 물건값이 오를 것을 짐작하고 상품을 몰아서 사 둠. 사재기. 「~매석(賣惜)」かいしめ　buying up
매:점[賣店] 역·공원·빌딩 등의 구내에 있는 소규모의 가게. 「구내(構內) ~」ばいてん　　　stall
매제[妹弟] 누이동생의 남편. one's younger sister's husband
매:조[每朝] 아침마다. 매일 아침. まいちょう·まいあさ
　　　　every morning
매:주[每週] 주(週)마다. 주간(週間)마다. まいしゅう
　　　　every week
매:주[買主] 물건을 사는 사람. ↔매주(賣主). かいぬし　　　　buyer
매:주[賣主] 물건을 파는 사람. ↔매주(買主). うりぬし　　　　seller
매:주[賣酒] 술을 팖. 또는 파

는 술.　　　　　selling wine

매죽[梅竹] 매화나무와 대나무.「～도(圖)」梅竹

매직[magic] ①마법. ②마력(魔力). ③마술(魔術). 마직　魔法

매직넘버[magic number] 프로 야구에서, 수위(首位) 팀이 우승하는 데 필요한, 남은 경기에서의 승수(勝數). 매직넘버　勝數

매직미러[magic mirror] 한 쪽에서는 보통 유리처럼 보이나 반대쪽은 거울처럼 되어 있는 특수(特殊) 유리. 매직미러　特殊琉璃

매직아이[magic eye] 수신기가 수신 전파에 바르게 동조(同調)하고 있는지를 눈으로 보고 알 수 있게 한 특수 진공관. 매직아이　特殊真空管

매직잉크[magic ink] 휘발성이 강한 유성(油性) 잉크. 또는 그 잉크를 쓴 필기 용구. 매직잉크　油性

매직핸드[magic hand] ⇨ 매니퓰레이터(manipulator). 매직핸드

매:진[枚陳] 낱낱이 진술(陳述)함.　　枚陳
giving a detailed statement

매:진[賣盡] 상품이 모두 팔림. 賣盡

매:진[邁進] 씩씩하게 나아감. =용진(勇進)·매왕(邁往).「일로(一路)～」매진　邁進
dashing forward

매질[媒質] 파동(波動)을 전하는 매개물(媒介物). 예를 들어, 공기는 음파(音波)의 매질임. 매질　媒質　medium

매:차[每次] 차례마다. 그때마다. =매회(每回). 매차　每次
each time

매처학자[梅妻鶴子] 매화를 아내로 삼고 학을 자식으로 삼음. 곧, 속세를 떠나 숨어서 삶의 비유. reclusion 梅妻鶴子

매:척[每尺] 자마다. 한 자 한 자마다. 每尺

매체[媒體] ①물리적 작용을 전달하는 구실을 하는 물체. ②정보를 전할 때의 매개(媒介)가 되는 것. 신문·방송 등. 매체　媒體　medium

매:춘[賣春] ⇨ 매음(賣淫).「～부(婦)」매춘 賣春

매:출[賣出] ①물건을 내어 팖. ②특별히 기한을 설정한 선전 판매. 매출　賣出　sale

매치[match] ①경기. 시합(試合). ②일치함. 어울림. 매치　試合

매치포인트[match point] 테니스·탁구 등에서, 경기의 승패(勝敗)를 결정하는 최후의 한 점. 매치포인트　勝敗

매카:시즘[McCarthyism] 미국 상원 의원이었던 매카시의 극단적인 반공주의(反共主義) 및 이와 관련한 반공 활동. 매카시즘　反共主義

매크로-[macro-] ①거대(巨大)한. ②거시적(巨視的)인. 매크로　巨大

매크로코즘[macrocosm] 대우주(大宇宙). 大宇宙

매탁[媒託] 미리 맺어 두는 굳은 언약. promise 媒託

매탄[煤炭] ⇨ 석탄(石炭). 煤炭

매:토[買土] 땅을 삼. ↔매토(賣土). 買土　purchase of land

매:토[賣土] 땅을 팖. ↔매토(買土). 賣土　sale of land

매트[mat] ①유도·레슬링 등의 운동을 할 때 바닥에 까는 푹신한 깔개. ②현관(玄關) 등에 두는, 신발의 흙을 떨기 玄關

매트리스~맥량

위한 깔개. マット
매트리스[mattress] 침대용의 寢臺用 요. マットレス
매파[媒婆] 혼인을 중매하는 媒婆 노파. 「~를 놓다」
　　　　old wowan go-between
매:판[買辦] 외국 자본의 앞잡 買辦 이가 되어 자국의 이익을 돌보지 않는 사람. ばいべん
　　　　　　　　　comprador
매:표[賣票] 차표나 입장권 따 賣票 위를 팖. 「~구(口)」
　　　　　selling of tickets
매:품[賣品] 파는 물건. ↔비 賣品 매품(非賣品). ばいひん
　　　　　　article for sale
매:필[每匹] 마소의 한 마리마 每匹 다. 　　　　　　every head
매:필[每疋] 피륙의 한 필마 每疋 다. 　　　　　　every roll
매합[媒合] 혼인을 중매함. ば 媒合 いごう　　　　　matchmaking
매향[梅香] 매화의 향기. 梅香
매:혈[買血] 수혈(輸血)에 대 買血 비하여, 혈액을 삼.
　　　　　　blood buying
매:혈[賣血] 피를 팖. 賣血
　　　　　　blood selling
매형[妹兄] 손윗누이의 남편. 妹兄 =자형(姊兄).
　　one's elder sister's husband
매:호[每戶] 호마다. 집집마 每戶 다. =호호(戶戶). まいこ
　　　　　　every house
매혹[魅惑] 남을 호리어 현혹 魅惑 시킴. みわく　　fascination
매화[梅花] 매화나무의 꽃. ば 梅花 いか
매:회[每回] 회(回)마다. 번번 每回 이. =매번(每番). まいかい
　　　　　　　each time
맥[脈]* ① 혈관 맥: 혈관. 맥. 「動脈(동맥)・靜脈(정맥)・脈搏 動脈
(맥박)・血脈(혈맥)・脈管(맥관)」 ② 줄기 맥: 줄기. 「葉脈 (엽맥)・水脈(수맥)・地脈(지 地脈 맥)・脈理(맥리)・命脈(명맥)」 ミャク
맥[麥]* ① 보리 맥: 보리. 「大 大麥 麥(대맥)・麥芽(맥아)・麥飯(맥반)・麥湯(맥탕)」 ② 밀 맥: 밀. 「小麥(소맥)・胡麥(호맥)・ 胡麥 麥粉(맥분)」 ③ 귀리 맥: 귀리. 「燕麥(연맥)」バク ①むぎ
맥[貊] 오랑캐 맥: 오랑캐. 종족의 이름. 「貊弓(맥궁)・蠻 蠻貊 貊(만맥)」バク・ミャク
맥[驀] ① 말 탈 맥: 말을 타다. 「驀進(맥진)」 ② 뛰어넘을 驀進 맥: 뛰어넘다. 「驀越(맥월)・ 驀直(맥직)」バク
맥간[麥稈] 밀짚・보릿짚의 줄 麥稈 기. ばっかん stalk of a straw
맥고[麥藁] 밀짚, 보릿짚. 「~ 麥藁 모자(帽子)」むぎわら　straw
맥관[脈管] 체액(體液)이 흐르 脈管 는 관. 혈관(血管)・림프관 등. みゃっかん
맥국[麥麯] 보리누룩. 麥麯
맥노[麥奴] 보리의 깜부기. ば 麥奴 くど　black ear of barley
맥농[麥農] 보리 농사. 麥農
　　　　　barley farming
맥도[脈度] 맥박이 뛰는 정도. 脈度
　　　　　　pulse rate
맥동[脈動] ① 맥이 뜀. ② 활 脈動 기차게 움직임. みゃくどう
　　　　　① pulsation
맥락[脈絡] ① 혈관의 연락되어 脈絡 있는 계통. ② 사물의 연결. みゃくらく ① system of veins
맥랑[麥浪] 보리밭의 푸른 보 麥浪 리가 바람에 불려 물결처럼 일렁이는 모양. ばくろう
　　　waving barley field
맥량[麥涼] 보리가 익을 무렵 麥涼

의 계절. =맥추(麥秋). cool weather at the barley harvest season

맥령[麥嶺] 보리가 여물기 전인, 농촌에서 양식이 한창 달리는 시기. 보릿고개.

맥류[麥類] 보리 종류. 보리·밀·쌀보리·귀리 따위. むぎるい barley, wheat, oats, etc.

맥리[脈理] ① 사물의 연결. =맥락(脈絡). ② 맥을 짚어 보고 병을 헤아리는 이치. ② diagnostic theory of the pulse

맥망[麥芒] 보리의 까끄라기. ばくぼう awn

맥박[脈搏] 심장의 박동으로 일어나는 혈관의 주기적인 고동. みゃくはく pulsation

맥반[麥飯] 보리밥. ばくはん·むぎめし boiled barley

맥반석[麥飯石] 산 속 계곡에 있는 황백색의 천연석. 예로부터 정수(淨水) 작용이 있다 함.

맥부[麥麩] 밀기울. wheat bran

맥분[麥粉] 밀가루. 또는 보릿가루. むぎこ wheat flour

맥석[脈石] 광맥 속에 있으나 광석으로서의 가치가 없는 돌. 석영(石英)·방해석(方解石) 따위. みゃくせき gangue

맥소[脈所] ① 짚어서 맥박이 뛰는 것을 알 수 있는 곳. ② 사물의 급소(急所). vital point

맥수지탄[麥秀之歎] 은(殷)나라가 망한 후, 기자(箕子)가 은나라의 폐허를 지나면서 그 곳에 무성하게 자라는 보리를 보고 탄식하여 지었다는 시에서, '망국(亡國)의 슬픔'을 이름.

맥시[maxi] 복사뼈를 가릴 정도의 길이의 스커트. マキシ

맥시류[脈翅類] 날개가 투명하고 얇으며, 그물 모양의 줄이 있는 곤충류. 유시아강(有翅亞綱)에 딸림. みゃくしるい Neuroptera

맥시멈[maximum] ① 최대. 최대한. ② 수학에서, 극대(極大). 극대치. マキシマム

맥아[麥芽] ①보리의 싹. ② 엿기름. ばくが malt

맥아당[麥芽糖] 엿기름을 전분(澱粉)에 작용시켜 만드는 당류(糖類). 물엿의 원료가 됨. 엿당. ばくがとう maltose

맥암[脈巖] 암석 사이에 스며든 암장(巖漿)이 굳어 맥을 이룬 화성암(火成巖). みゃくがん dike rock

맥우[麥雨] 보리가 익을 무렵에 오는 비. ばくう rain coming in the barley ripening season

맥작[麥作] 보리 농사. ばくさく·むぎさく barley farming

맥주[麥酒] 엿기름·홉 따위를 원료로 하여 빚은 술. ばくしゅ beer

맥진[驀進] 좌우를 돌아보지 않고 힘차게 앞으로 나아감. ばくしん rush

맥추[麥秋] 보리의 수확기. 보릿가을. ばくしゅう·むぎあき harvest time for barley

맥피[麥皮] 밀기울. wheat bran

맨션[mansion] 고급 분양 주택(分讓住宅). マンション

맨투맨[man-to-man] 한 사람에 한 사람이 대응(對應)하는 일. 1대 1. 「~으로 가르치다」 マンツーマン

맨투맨디펜스[man-to-man defense] 축구·농구 등에서,

대인(對人) 방어법. マンツー 對人マンディフェンス

맨틀[mantle] ① 지구 내부의, 지각(地殼)과 핵 사이의 부분. ② 가스 맨틀. マントル

맨틀피:스[mantelpiece] 벽난로(壁煖爐)의 아궁이 둘레 부분. 또는 윗부분에 장식으로 마련한 선반. マントルピース

맨파워[manpower] 인력(人力). 인적 자원. マンパワー

맨홀[manhole] 지하(地下)의 하수관 등을 검사·청소하기 위해 사람이 드나들게 된, 둥근 뚜껑을 덮은 구멍. マンホール

맹:[孟]☆ ① 맏 맹: 맏이. 「孟伯(맹백)」 ② 첫 맹: 처음. 「孟夏(맹하)·孟冬(맹동)」 ③ 맹랑할 맹: 맹랑하다. 「孟浪(맹랑)」 ④ 성 맹: 성의 하나. 「孟子(맹자)·孟母三遷(맹모삼천)」 モウ

맹[氓] 백성 맹: 백성. 「氓俗(맹속)·蒼氓(창맹)·氓隸(맹례)」 ボウ・たみ

맹[盲] ① 장님 맹: 장님. 「盲人(맹인)·盲啞(맹아)·盲目(맹목)」 ② 어두울 맹: 어둡다. 어리석다. 「盲進(맹진)·文盲(문맹)·盲信(맹신)·盲點(맹점)」 モウ・めくら

맹:[猛]☆ ① 세찰 맹: 세차다. 「猛烈(맹렬)·猛進(맹진)」 ② 사나울 맹: 사납다. 모질다. 「猛犬(맹견)·猛虎(맹호)·猛鬪(맹투)·猛獸(맹수)」 ③ 엄할 맹: 엄하다. 「猛省(맹성)」 モウ・たけし

맹[萌] ① 싹틀 맹: 싹트다. 비롯하다. 「萌芽(맹아)·萌葉(맹엽)·萌動(맹동)」 ② 움직이지 않을 맹: 움직이지 않다. 「萌乎(맹호)」 ③ 조짐 맹: 조짐. 징조. 「萌漸(맹점)·萌兆(맹조)」 ホウ・ボウ ① もえる・きざす

맹[盟]☆ 맹세 맹: 맹세하다. 「盟誓(맹서)·盟書(맹서)·盟約(맹약)·結盟(결맹)·同盟(동맹)」 メイ・ちかう

맹:격[猛擊] 맹렬한 공격. =맹공(猛攻). もうげき violent attack

맹:견[猛犬] 몹시 사나운 개. もうけん violent dog

맹:공[猛攻] 맹렬한 공격. =맹격(猛擊). もうこう violent attack

맹관[盲管] 한쪽이 막힌 관강(管腔). 맹장(盲腸) 따위. もうかん

맹관 총창[盲管銃創] 총알이 몸을 관통하지 않고 몸 안에 박혀 있는 총상(銃傷). もうかんじゅうそう bullet lodged in the flesh

맹구[盲溝] 물이 잘 스며들도록 바닥에 조약돌을 채운 하수구(下水溝).

맹귀우목[盲龜遇木] 눈먼 거북이 떠 있는 나무를 만났다는 뜻으로, 어려운 판에 좋은 일을 만남의 비유. good luck

맹:금[猛禽] 독수리·매 등 육식을 하는 사나운 새. もうきん bird of prey

맹:기[猛氣] 몹시 사나운 기세. fierce nature

맹도견[盲導犬] 장님의 보행을 인도하도록 훈련시킨 개. もうどうけん guide dog

맹:독[猛毒] 맹렬한 독. =극독(劇毒). もうどく deadly poison

맹:동[孟冬] 초겨울. 음력 10월. =초동(初冬). もうとう 孟冬 early winter

맹동[萌動] ① 초목이 싹을 틔우기 시작함. ② 일이 움직이기 시작함. ほうどう 萌動 germination

맹:렬[猛烈] 몹시 사납고 세참. 「~한 기세(氣勢)」 もうれつ 猛烈

맹:모단기[孟母斷機] 맹자가 학업을 그만두고 돌아왔을 때, 그 어머니가 짜던 베를 칼로 자르더 학업의 중단을 훈계하였다는 고사(故事). 孟母斷機

맹:모삼천[孟母三遷] 맹자의 어머니가 아들의 교육을 위하여 세 번 이사한 교육에 있어서 환경이 얼마나 중요한가를 나타내는 말. 孟母三遷

맹목[盲目] ① 먼눈. ② 분별이 없이 함부로 행동하는 일. 「~적(的)」 もうもく blindness 盲目

맹방[盟邦] 동맹을 맺은 나라. =동맹국(同盟國). めいほう 盟邦 ally

맹:분[猛奮] 맹렬히 힘씀. もうふん strenuous effort 猛奮

맹:사[猛士] 힘이 세고 용감한 병사. もうし courageous warrior 猛士

맹:사[猛射] 맹렬히 사격함. もうしゃ violent shooting 猛射

맹서[盟誓] '맹세(盟誓)'의 원말. 盟誓

맹석[盲席] 무늬 없이 친 돗자리. plain mat 盲席

맹:성[猛省] 크게 뉘우침. 깊이 반성함. 「~을 촉구하다」 もうせい serious reflection 猛省

맹:세[猛勢] 맹렬한 기세. もうせい・もうぜい fierce spirit 猛勢

맹세[←盟誓] 굳게 약속함. 또 盟誓
는 그 약속. pledge

맹:수[猛獸] 성질이 사나운 짐승. 호랑이·사자 따위. もうじゅう fierce animal 猛獸

맹:습[猛襲] 맹렬한 습격. もうしゅう vigorous attack 猛襲

맹신[盲信] 맹목적으로 믿음. もうしん overcredulity 盲信

맹아[盲啞] 장님과 벙어리. 「~학교(學校)」 もうあ the blind and mute 盲啞

맹아[萌芽] ① 식물의 싹이 틈. ② 사물의 시초. 「~기(期)」 ほうが ① sprout ② inception 萌芽

맹악[猛惡] 사납고 모질며 독함. もうあく ferocity 猛惡

맹약[盟約] 굳게 맺은 약속. めいやく pledge 盟約

맹언[盟言] 맹세하는 말. oath 盟言

맹:용[猛勇] 굳세고 용감함. =용맹(勇猛). もうゆう valor 猛勇

맹:우[猛雨] 세차게 쏟아지는 비. もうう heavy rain 猛雨

맹우[盟友] 서로 굳게 맹세한 벗. めいゆう sworn friend 盟友

맹:월[孟月] 맹춘·맹하·맹추·맹동의 총칭. 세 철이 시작되는 첫달. もうげつ 孟月

맹:위[猛威] 사나운 위세(威勢). 맹렬한 위력. もうい ferocity 猛威

맹:의[猛毅] 뜻이 굳고 곧음. ambition 猛毅

맹인[盲人] 장님. 소경. 「~교육(敎育)」 もうじん blind person 盲人

맹자[盲者] 장님. =맹인(盲人). もうしゃ blind person 盲者

맹장[盲腸] 대장(大腸)이 시작되는 부분에 있는, 길이 6cm 가량의 끝이 막힌 장관(腸管). 막창자. もうちょう caecum 盲腸·大腸

맹:장[猛將] 용맹스런 장수. もうしょう brave general

맹점[盲點] ① 시신경(視神經)이 망막으로 들어가는 곳에 있는, 빛을 느끼지 못하는 부분. ② 사람이 흔히 빠뜨리기 쉬운 부분. 「경비(警備)의 ~을 찌르다」 もうてん blind spot

맹조[萌兆] 징조. 조짐. ほうちょう omen

맹종[盲從] 분별할 줄 모르고 맹목적으로 따름. もうじゅう blind obedience

맹주[盟主] 동맹의 중심이 되는 사람 또는 단체. めいしゅ leader

맹진[盲進] 무턱대고 나아감. もうしん

맹:진[猛進] 세찬 기세로 나아감. もうしん dash

맹:추[孟秋] 초가을. 음력 7월. =초추(初秋). もうしゅう early autumn

맹:춘[孟春] 초봄. 음력 정월. =초춘(初春). もうしゅん early spring

맹:타[猛打] 야구 등에서, 맹렬한 타격. もうだ heavy blow

맹:투[猛鬪] 사납게 써움. もうとう furious fight

맹:포[猛暴] 사납고 거침. もうぼう

맹폭[盲爆] 목표도 없이 함부로 퍼붓는 폭격. もうばく blind bombing

맹:폭[猛爆] 맹렬한 폭격. もうばく heavy bombing

맹:풍[猛風] 맹렬하게 부는 바람. もうふう vehement wind

맹:하[孟夏] 초여름. 음력 4월. =초하(初夏). もうか early summer

맹형[盟兄] 친구에 대한 높임말. めいけい dear friend

맹:호[猛虎] 사나운 호랑이. もうこ ferocious tiger

맹:화[猛火] 세차게 타오르는 불. =열화(烈火). もうか raging fire

맹휴[盟休] 동맹 휴업(同盟休業)·동맹 휴학(同盟休學)의 준말. めいきゅう

머니서플라이[money supply] 민간에의 통화 공급량(供給量). マネーサプライ

머니퓰레이터[manipulator] 사람의 손과 비슷한 동작을 하게 해서, 원거리에서 손으로 하는 일을 대신 하게 하는 원격 조작 장치(遠隔操作裝置). 매직핸드. マニピュレーター

머스크멜론[muskmelon] 멜론의 하나. 향기(香氣)가 좋고 겉에 그물 무늬가 있음. マスクメロン

머스터드[mustard] 서양(西洋) 겨자. マスタード

머캐덤[macadam] 자갈을 깔고 아스팔트로 다진 포장 도로(鋪裝道路).

머:큐로크롬[Mercurochrome] 상처에 바르는 살균(殺菌)·소독제의 하나. マーキュロクローム

머:큐리[Mercury] ① 로마 신화에서 상업의 신. ② 수성(水星).

머프[muff] 털가죽 등으로 만든 토시 모양의 방한(防寒) 용구. 양쪽에서 손을 넣어 추위를 막음. マフ

머플러[muffler] ① 목도리. ② 자동차의 소음기(消音器). マフラー

머핀[muffin] 작고 동그스름하게 구운 빵. マフィン 〔食品〕

멀티-[multi-] '많은'·'여러 가지의' 등 종류나 수량이 많음을 나타내는 접두어(接頭語). 〔接頭語〕

멀티미디어[multimedia] 여러 매체의 장점들을 하나로 통합시킨 복합 매체(複合媒體). マルチメディア 〔複合媒體〕

멍키스패너[monkey spanner] 볼트나 너트의 크기에 따라 아가리를 자유로이 조절(調節)할 수 있도록 한 스패너. モンキースパナ 〔調節〕

메가바:[megabar] 압력(壓力)의 단위. 1cm²에 대하여 100만 다인(dyne)의 힘이 가해질 때의 압력. メガバール 〔壓力〕

메가바이트[megabyte] 컴퓨터에서 다루는 정보량(情報量)의 단위. 100만 바이트. メガバイト 〔情報量〕

메가사이클[megacycle] ⇨ 메가헤르츠. メガサイクル

메가톤[megaton] 핵 폭탄의 폭발력(爆發力)을 나타내는 단위. 메가톤은 TNT 화약 100만 톤의 폭발력에 해당함. メガトン 〔爆發力〕

메가폰:[megaphone] 멀리까지 들리도록 입에 대고 말하는 나팔 모양의 기구. メガホン 〔擴聲器〕

메가헤르츠[megahertz] 주파수(周波數)의 단위. 100만 헤르츠. 메가사이클. メガヘルツ 〔周波數〕

메갈로폴리스[megalopolis] 몇 개의 대도시가 연속된 도시 형태. 초거대 도시(超巨大都市). メガロポリス 〔超巨大都市〕

메노[이 meno] 악보에서, '보다 작게'의 뜻. 〔樂譜〕

메뉴[menu] 식단(食單). 차림표. メニュー 〔食單表〕

메달[medal] 표창이나 기념을 위하여 주어지는 금속제의 조그만 기장(記章). メダル 〔記章〕

메달리스트[medalist] 운동 경기 등에 입상(入賞)하여 메달을 받은 사람. メダリスト 〔入賞者〕

메두사[Medusa] 그리스 신화에 나오는 괴녀(怪女). 괴물인 고르곤 세 자매의 막내. メドゥサ 〔怪女〕

메들리[medley] ① 메들리 레이의 준말. ② 음악에서, 접속곡(接續曲). メドレー 〔接續曲〕

메들리릴레이[medley relay] ① 육상 경기에서, 혼합 계주(繼走). ② 수영에서, 혼계영(混繼泳). メドレーリレー 〔繼走·繼泳〕

메디신볼:[medicine ball] 여럿이 세로로 줄을 서서, 공을 뒷사람에게 차례로 넘기는 생기. メディシンボール 〔親技〕

메디안테[이 mediante] 음계(音階)의 셋째 음. 가온음. 〔音階〕

메로고니[merogony] 인공적 단성 생식(單性生殖)의 한 가지. 동정 생식(童貞生殖). メロゴニー 〔童貞生殖〕

메르헨[독 Märchen] 설화(說話) 문학의 한 형태로 환상적인 이야기나 동화 따위. メルヘン 〔說話〕

메리고:라운드[merry-go-round] 회전 목마(回轉木馬). メリーゴーラウンド 〔回轉木馬〕

메리노[merino] 면양(緬羊)의 한 품종. 털의 질이 우수하여 고급 직물의 원료로 쓰임. メリノ 〔緬羊〕

메리야스[에 medias] 면사나 모사로 신축성(伸縮性) 있고 촘촘하게 짠 직물. メリヤス 〔綿絲織物〕

메리트[merit] ① 장점(長點). 이점(利點). ② 공적(功績). 〔長點〕

실적(實績). メリット

메모[memo] ① 메모랜덤의 준말. ② 잊지 않기 위하여 간단히 적음. メモ

메모랜덤[memorandum] ① 비망록(備忘錄). ② 각서. ③ 적요. メモランダム 備忘錄 摘要

메모리[memory] 컴퓨터에서, 기억(記憶) 장치. メモリー 記憶

메사[에 mesa] 꼭대기가 평탄하고 둘레가 가파르게 비탈진 탁상(卓狀) 지형. メサ 卓狀

메서디스트[Methodist] 감리교(監理敎)의 교도. メソジスト 監理敎

메세나[프 mécénat] 기업이 예술·문화·과학 분야에 대해 지원(支援)하는 일. メセナ 支援

메소토륨[mesothorium] 토륨계 방사성(放射性) 원소. 라듐의 대용품으로 쓰임. 원소 기호는 MsTh. 放射性

메스[네 mes] 수술(手術)·해부할 때에 쓰는 칼. メス 手術 解剖刀

메스티소[에 mestizo] 에스파냐계의 백인과 인디오와의 혼혈(混血) 인종. メスティーソ 混血

메시[mesh] ① 가루 따위의 입자(粒子)의 크기를 나타내는 단위. ② 그물눈. ③ 그물 모양의 무늬를 나타낸 직물. メッシュ 粒子

메시아[Messiah] 예수 그리스도. 구세주(救世主). メシア 救世主

메시아니즘[Messianism] 구세주가 나타날 것으로 믿는 종교적 신앙(信仰). 信仰

메시지[message] ① 통고. 전언(傳言). ② 자기의 의견 등을 밝히는 성명. ③ 미국 대통령의 교서(敎書). メッセージ 通告 傳言 敎書

메신저[messenger] 물건을 전하는 등 여러 가지 심부름을 직업(職業)으로 하는 사람. メッセンジャー 職業

메이데이[May Day] 매년 5월 1일의 국제적 노동절(勞動節). メーデー 勞動節

메이저[major] ① 규모가 큼. 중요함. ② 음악의 장조(長調). 장음계. メジャー 長調

메이커[maker] 제작자(製作者). 특히, 유명한 제품의 제조업자. メーカー 製作者 造物主

메이퀸:[May Queen] 오월의 여왕(女王). 女王

메이크업[makeup] ① 배우의 화장이나 분장(扮裝). ② 화장(化粧). メーキャップ 扮裝

메인마스트[mainmast] 범선(帆船)의 중심되는 제일 큰 돛대. メーンマスト 帆船

메인샤프트[main shaft] 주축(主軸). メーンシャフト 主軸

메인스타디움[main stadium] 주경기장(主競技場). メーンスタジアム 主競技場

메인스탠드[main stand] 특별 관람석(特別觀覽席). 경기장의 정면에 있는 관람석. メーンスタンド 觀覽席

메인이벤트[main event] 프로그램 중에서, 제일 중요한 순서. メーンイベント 順序

메인타이틀[main title] 영화의 첫머리나 끝에 나오는, 제명(題名)이나 스태프 등을 나타내는 자막(字幕). メーンタイトル 映畵 字幕

메인테이블[main table] ① 회의의 의장석. ② 파티의 주빈석(主賓席). メーンテーブル 主賓席

메조소프라노[이 mezzo soprano] 소프라노와 알토와의 중간 성역(聲域). 또는 그 성역의 여성 가수. メゾソプラノ 聲域

메조포르테[이 mezzo forte]

악보에서, '조금 세게'의 뜻. 기호는 mf. メゾフォルテ

메조피아노[이 mezzo piano] 악보에서, '조금 여리게'의 뜻. 기호는 mp. メゾピアノ

메카[Mecca] ① 회교(回教)의 교조 마호메트의 탄생지. ② 무엇이 처음 시작된 곳. 발상지(發祥地). ③ 그 분야의 중심지로 동경의 대상이 되는 곳. メッカ

메커니즘[mechanism] 기구(機構). 기계 장치. メカニズム

메타모르포:제[독 Metamorphose] 변형. 변신(變身). メタモルフォーゼ

메타세쿼이아[metasequoia] 삼나뭇과의 낙엽 침엽 교목(喬木). 높이 35m로 현대에 살아남은 화석(化石) 식물의 한 가지. メタセコイア

메타센터[metacenter] 배 따위의 기울기의 중심. メタセンター

메타포:[metaphor] 비유법의 하나인 은유(隱喩). 암유(暗喩). メタフォー

메타피지스[metaphysics] 형이상학(形而上學). メタフィジックス

메탄[methane] 못이나 늪에서 침전된 식물질이 썩어 발생된 무색·무취의 가연성(可燃性) 기체. メタン

메탄올[methanol] 목재를 건류(乾溜)할 때 생기는 향기 있는 액체. 메틸알코올. メタノール

메탈[metal] 금속(金屬).

메탈리콘[metallicon] 도금(鍍金) 방법의 한 가지. 녹인 금속을 압축 공기로 물건의 표면에 뿜음. メタリコン

메트로[프 métro] 지하철(地下鐵).

메트로놈:[프 metronome] 악곡(樂曲)의 템포를 나타내는 기계. メトロノーム

메트로폴리스[metropolis] ① 수도(首都). 대도시. ② 중심지. メトロポリス

메티오닌[methionine] 황을 함유하는 필수(必須) 아미노산의 하나. メチオニン

메틸렌블루:[methylene blue] 짙은 푸른빛의 염기성(鹽基性) 물감. メチレンブルー

메틸바이올렛[methyl violet] 보랏빛의 염기성 물감. メチルバイオレット

메틸알코올[methyl alcohol] ⇨메탄올. メチルアルコール

메틸에:테르[methyl ether] 메탄올에서 얻는 향기 있는 무색 기체(無色氣體). メチルエーテル

메틸오렌지[methyl orange] 아조(azo) 염료의 하나로 등황색(橙黃色)의 결정. 산성 용액 중에서는 붉은빛, 알칼리 용액 중에서는 등황색을 나타냄. メチルオレンジ

멘델레븀[mendelevium] 인공 방사성(放射性) 원소의 하나. 원소 기호는 Md. メンデレビウム

멘탈[mental] 지능이나 정신에 관한 것. 정신적(精神的). メンタル

멘탈테스트[mental test] 지능 검사(知能檢查). メンタルテスト

멘톨[menthol] 박하뇌(薄荷腦). メントール

멘히르[menhir] 선사(先史) 시대의 거석(巨石) 기념물의 하

나. 선돌. 입석(立石). メン 立石
ヒル

멜라닌[melanin] 동물의 피부에 있는 흑색 또는 흑갈색의 색소(色素). メラニン 色素

멜라민[melamine] 석회 질소로부터 만들어지는 화합물. 합성 수지(合成樹脂)의 원료로 쓰임. メラミン 合成樹脂

멜랑콜리[melancholy] ① 우울(憂鬱). ②우울증. メランコリー 憂鬱 憂愁

멜랑콜리아[melancholia] ⇨ 멜랑콜리. メランコリア

멜로드라마[melodrama] 감상적(感傷的)·통속적(通俗的)인 드라마. 통속극. メロドラマ 通俗劇

멜로디[melody] 음악의 선율(旋律). 가락. メロディー 旋律

멜로디언[melodion] 소형의 건반(鍵盤) 악기. 鍵盤

멜로디오소[이 melodioso] 악보에서, '선율적으로·가요적(歌謠的)으로'의 뜻. 歌謠的

멜론[melon] 박과의 일년생 덩굴 식물. 아프리카 원산이며 참외의 한 품종(品種)임. 둥글거나 길동근 모양의 열매는 향기가 좋고 맛이 닮. メロン 品種

멜턴[melton] 표면이 보풀로 덮인 모직물(毛織物)의 한 가지. メルトン 毛織物

멤버[member] 단체를 구성하는 일원. 회원(會員). メンバー 會員

멤버십[membership] 클럽이나 조직 등의 구성원(構成員)임. 또는 그 자격이나 지위. メンバーシップ 構成員

멱[覓] 찾을 멱: 찾다. 구하다. 「覓得(멱득)·覓去(멱거)·覓來(멱래)·覓索(멱색)·覓句(멱구)」ベキ·もとめる 覓得 覓索

멱[冪] ①덮을 멱: 덮다. 「冪冪(멱멱)」 ②거듭제곱할 멱: 거듭제곱. 누승(累乘). 「冪數(멱수)·昇冪(승멱)」ベキ 冪數

멱근[冪根] 거듭제곱근. =누승근(累乘根). 冪根

멱목[幎目] 소렴(小殮) 때 시신의 얼굴을 싸서 매는 형겊. =면모(面帽). 幎目

면:[免]* ①면할 면: 면하다. 용서하다. 「免除(면제)·放免(방면)·赦免(사면)」 ②허가할 면: 허가하다. 「免許(면허)」 ③내칠 면: 내치다. 그만두게 하다. 「免職(면직)·罷免(파면)」メン ①まぬかれる 免除

면:[俛] ①숙일 면: 고개를 숙이다. 구부리다. 「俛首(면수)·俛仰(면앙)」 ②힘쓸 면: 힘쓰다. 「俛焉(면언)·俛勉(면면)」ベン ①ふせる ②つとめる 俛首 俛仰

면:[勉]* 힘쓸 면: 힘쓰다. 「勉勵(면려)·勉強(면강)·勉學(면학)·勤勉(근면)」ベン·つとめる 勉學 勤勉

면[眄] 곁눈질할 면: 곁눈질하다. 돌아보다. 「左顧右眄(좌고우면)」ベン 左顧右眄

면:[面]* ①낯 면: 낯. 얼굴. 「面刀(면도)·面貌(면모)·面目(면목)·面識(면식)·舊面(구면)」 ②탈 면: 탈. 「假面(가면)」 ③대할 면: 대하다. 「面談(면담)·面對(면대)·面駁(면박)·面壁(면벽)·面責(면책)·面會(면회)」 ④겉 면: 겉. 「地面(지면)·表面(표면)」 ⑤면 면: 행정 구역의 하나. 「面長(면장)」メン ①④おも·おもて·つら 面刀 面談 面長

면[眠]* ①잠잘 면: 잠자다. 「睡眠(수면)·安眠(안면)」 ② 睡眠

쉴 면: 쉬다. 「冬眠(동면)」ミン ① ねむる・ねむい

면[冕] 면류관 면: 관. 면류관. 「冕旒冠(면류관)・冕服(면복)」ベン・かんむり

면[棉] 목화 면: 목화. 「棉花(면화)」メン・わた

면[綿]* ① 솜 면: 솜. 「綿絲(면사)・綿布(면포)・綿織(면직)」 ② 잇닿을 면: 끊이지 않다. 「綿綿(면면)・綿連(면련)」 ③ 자세할 면: 자세하다. 「綿密(면밀)」 ④ 감길 면: 감기다. 얽히다. 「纏綿(전면)」 メン・わた

면[麵] ⇨면(麪).

면[麪] ① 밀가루 면: 밀가루. 「䴷麪(면면)」 ② 국수 면: 국수. 「冷麪(냉면)・溫麪(온면)」 メン

면:강[面講] 지난날, 과거(科擧)를 볼 때에 시험관 앞에서 글을 외던 일.

면:견[面見] 직접 봄. meeting

며겨[綿繭] 풀솜을 뽑는 허드레 고치.

면:결[面決] 면전(面前)에서 결정함. deciding to one's face

면:경[面鏡] 얼굴을 비추어 보는 작은 거울. =석경(石鏡). hand mirror

면:계[面界] 행정 구역인 면(面)의 경계. めんかい

면:관[免官] 관직을 그만두게 함. =면직(免職). ↔임관(任官). めんかん dismissal

면:괴[面愧] 남을 대하기가 부끄러움. =면구(面灸). shamefacedness

면국[䴷麴] 밀가루로 만든 누룩. =면곡(䴷麴). wheat yeast

면:궁[免窮] 가난을 면함. emerging from poverty

면:급[免急] 위급한 경우를 면함. escaping a danger

면기[眠期] 누에가 잠을 자는 기간. みんき silkworm's molting season

면:내[面內] 행정 구역인 면(面)의 안. めんない

면:담[面談] 서로 만나서 이야기함. めんだん interview

면:대[面對] 서로 얼굴을 대함. =대면(對面)・면접(面接). facing each other

면:대칭[面對稱] 공간에 있는 도형이 하나의 평면을 경계로 수직 이등분되었을 때, 그 평면에 대한 도형의 관계. =평면 대칭(平面對稱). plane symmetry

면:도[面刀] ① 면도칼. ② 얼굴의 잔털이나 수염을 깎는 일. ① razor ② shaving

면:려[勉勵] 힘써 함. 열심히 노력함. べんれい diligence

면련[綿連] 이어져 끊이지 아니함. =연면(連綿). continuance

면:례[緬禮] 무덤을 옮겨서 장사를 다시 지냄.

면:류관[冕旒冠] 임금이 정복(正服)에 갖추어 쓰던 관. crown

면말[綿襪] 솜버선. cotton Korean socks

면:면[面面] ① 여러 면. ② 여러 얼굴. 여러 사람. めんめん ① every direction ② many faces

면:면상고[面面相顧] 아무 말 없이 서로 얼굴만 바라봄. looking at each other in silence

면:모[面貌] ① 얼굴 모양. ②

사물의 겉모양. めんぼう
① countenance ② appearance

면모[綿毛] 솜털. わたげ down

면:목[面目] ① 낯. 얼굴. ② 세상에 대한 명예. =체면(體面). めんもく・めんぼく
① countenance ② honor

면:무식[免無識] 무식을 겨우 면할 정도의 학식이 있음.
little learning

면:무안[免無顏] 간신히 무안을 면함.
barely escaping dishonor

면:무인색[面無人色] ⇨ 면여토색(面如土色).

면:문[免問] 문책(問責)을 면함. escaping punishment

면밀[綿密] 소홀하지 아니하고 찬찬함. =세밀(細密)·치밀(緻密). めんみつ minuteness

면:박[面駁] 맞대 놓고 꾸짖어 나무람. めんばく
abusing to one's face

면방[綿紡] 면방적(綿紡績)의 준말.

면방적[綿紡績] 목화의 섬유로 실을 만드는 일. 준면방(綿紡). cotton spinning

면:백[免白] 민맥두(免白頭)의 준말.

면:백두[免白頭] 늘그막에야 겨우 변변치 못한 벼슬을 함. 준면백(免白).

면:벌[免罰] 처벌을 면함. めんばつ
exemption from punishment

면:벽[面壁] 불교에서, 벽을 마주하고 앉아 참선하는 일. 「~ 참선(參禪)」 めんぺき
practicing Zen facing the wall

면:벽구년[面壁九年] 선종(禪宗)의 개조(開祖)인 달마대사(達磨大師)가 숭산(嵩山)에서 9년 동안이나 면벽 참선하여 도통했다는 일.

면:병[麵餅] ① 밀가루 떡. ② 가톨릭에서, 성체 성사(聖體聖事)에 쓰는 밀떡.
② holy bread

면:복[冕服] 옛날 제왕의 정복(正服)인 면류관과 곤룡포(袞龍袍).

면복[麵腹·麪腹] 빨리 소화되는 국수 먹은 배. 쉽게 찾아온 복은 오래 가지 못함의 비유. lightly come, lightly go

면봉[緬奉] '면례(緬禮)'의 존칭.

면:부[面部] 얼굴 부분. face

면:부득[免不得] 도저히 면할 수가 없음.

면:분[面分] 얼굴이나 알 정도의 사귐. acquaintance

면:붕[面朋] ⇨ 면우(面友).

면:사[免死] 죽음을 면함.
escape from death

면사[綿絲] 무명실. めんし
cotton yarn

면:사보[面紗褓] ⇨ 면사포(面紗布).

면:사포[面紗布] 혼인 때에 신부가 머리에 쓰는 흰 사(紗). =면사보(面紗褓).
wedding veil

면:상[免喪] 부모의 상을 입고 3년 상기(喪期)를 마치는 일. めんそう

면:상[面上] 얼굴. 얼굴 바닥. face

면:상[面相] 얼굴의 모습. 용모. =면상(面像). めんそう
countenance

면:상[面像] ⇨ 면상(面相). めんぞう

면:상육갑[面上六甲] 얼굴을 보고 나이를 짐작함.
면:색[面色] ① 얼굴빛. =안색(顔色). ② 얼굴의 생김새. めんしょく ① complexion ② countenance
면:색여토[面色如土] ⇨ 면여토색(面如土色).
면:세[免稅] 세금을 면제함. 「~점(點)」めんぜい exemption from taxation
면:세[面勢] ① 행정 구역인 면(面)의 형세. ② 겉으로 드러난 형세. ② appearance
면:소[免訴] 형사 피고인에게 공소(公訴)의 효력을 없애는 일. めんそ acquittal
면:소[面訴] 직접 만나서 호소함. めんそ direct appeal
면:수[免囚] 형기(刑期)를 마치고 교도소에서 나온 사람. めんしゅう discharged prisoner
면:수[面首] 여자처럼 곱게 생긴 남자. めんしゅ womanish man
면:수[俛首] 머리를 숙임. bowing one's head
면:숙[面熟] 낯이 익음. めんじゅく familiarity
면:술[面述] 면대하여 진술(陳述)함. =면진(面陳). めんじゅつ making a direct statement
면:시[免試] 시험을 면함. めんし exemption from examination
면:시[面試] 면전에서 시험함. めんし oral examination
면:식[面識] 얼굴을 서로 앎. めんしき acquaintance
면식[眠食] ⇨ 침식(寢食). みんしょく

면실유[棉實油] 목화 씨에서 짠 기름. めんじつゆ cottonseed oil
면:안[面眼] ⇨ 안목(眼目).
면:알[面謁] 만나 뵘. =배알(拜謁). めんえつ audience
면:앙[俛仰] ⇨ 부앙(俯仰).
면:액[免厄] 액을 면함. 액때움. escape from evil
면:약[面約] 직접 만나서 약속을 함. direct promise
면약[綿弱] 약하고 가냘픔. =섬약(纖弱). weakness
면양[綿羊·緬羊] 솟과에 속하는 가축. 털은 모직물의 원료, 기름은 비누 원료로 쓰임. =양(羊). めんよう sheep
면억[緬憶] 지나간 일을 생각함. recollection
면:여토색[面如土色] 몹시 놀라 얼굴빛이 흙빛과 같이 변함. =면무인색(面無人色)·면색여토(面色如土).
면:역[免役] 부역이나 병역(兵役) 따위의 의무가 면제됨. めんえき discharge from service
면:역[免疫] ① 전에 앓았던 병에는 다시 걸리지 않도록 몸 안에 저항력을 가짐. 「~성(性)」② 같은 일이 되풀이됨으로써 습관이 되어 아무렇지도 않게 여겨지는 일. めんえき immunity
면연[綿延] 이어져 늘어짐. 오래 계속됨. めんえん continuation
면연[緬然] ① 아득한 모양. ② 생각에 골똘한 모양. めんぜん ① remoteness
면:예불충[面譽不忠] 남을 면전에서 칭찬하는 사람은 성심(誠心)이 적음.

면:요[免夭] 요사(夭死)를 겨우 면함. 곧, 50세를 넘기고 죽음.

면:욕[免辱] 치욕을 면함. escape from an affront

면:욕[面辱] 면전에서 모욕함. personal insult

면:용[面容] 얼굴의 모양새. =면상(面相). めんよう countenance

면:우[面友] 얼굴이나 알고 지내는 벗. =면붕(面朋). めんゆう mere acquaintance

면원[綿遠] 세대가 오래 이어짐. prolonged succession of generations

면:유[面諭] 면전에서 타이름. めんゆ personal admonition

면의[綿衣] 솜옷. めんい wadded clothes

면:자[面刺] 면대해서 책망함. =면책(面責). めんし personal reproof

면자[麪子・麵子] 국수. めんす noodles

면작[棉作] 목화 농사. めんさく cotton culture

면:장[免狀] 면허장(免許狀)의 준말. めんじょう

면:장[面長] 행정 기관인 면의 책임자.

면:장[面墻] ① 집 앞쪽에 쌓은 담. ② 견식(見識)이 좁음의 비유. ① front fence ② illiteracy

면:적[面積] 표면의 넓이. めんせき area

면:전[面前] 눈앞. 보는 앞. =안전(眼前)・목전(目前). めんぜん presence

면:절[面折] 면전에서 상대의 잘못을 꾸짖음. めんせつ direct scolding

면:접[面接] ① 직접 만나 봄. =대면(對面)・면회(面會). ② 면접 시험(面接試驗)의 준말. めんせつ interview

면:접 시험[面接試驗] 직접 만나 그 사람의 인품・언행 등을 시험하는 일. 준면접(面接). oral examination

면:정[面情] 얼굴이나 알 정도의 정의(情誼). acquaintance

면:제[免除] 어떤 책임이나 의무(義務)를 지우지 아니함. =해제(解除). 「병역(兵役)~」めんじょ exemption

면제[綿製] 무명으로 만듦. 「~품(品)」めんせい cotton goods

면:조[免租] 조세(租稅)의 일부 또는 전부를 면제함. めんそ tax exemption

면:종[勉從] 마지못해 복종함. 억지로 순종함. unwilling obedience

면:종[面從] 보는 앞에서만 복종함. 겉으로는 순종하는 체함. 「~복배(服背)」めんじゅう eye-service

면:죄[免罪] 죄를 면함. =사면(赦免). めんざい acquittal

면:죄부[免罪符] 중세 가톨릭 교회에서, 재물을 바친 신자에게 그 죄를 용서한다는 뜻으로 교황이 발행하던 증서. めんざいふ indulgence

면:지[面紙] ① 책의 앞뒤 표지를 펼쳤을 때, 마주보고 있는 좌우의 두 페이지를 이르는 말. ② 절에서, 위패(位牌)에 쓴 이름을 가리는 오색 종이. ① end paper

면:직[免職] 관직 등 근무하던 곳에서 물러나게 함. =파직(罷職). めんしょく discharge

면직[綿織] 면직물(綿織物)의 준말.

면직물[綿織物] 무명실로 짬 또는 그 무명. 준면직(綿織). めんおり　cotton weaving

면:질[面叱] 직접 맞대 놓고 꾸짖음.　personal reproof

면:책[免責] 져야 할 책임을 면함. 또는 면제시킴. めんせき　exemption from responsibility

면:청[面請] 대면해서 직접 요구함.　personal request

면:추[免醜] 여자의 얼굴이 못 나지는 않음. 보통 얼굴임. being free from ugliness

면:출[免黜] 벼슬을 그만두게 하고 지위를 끊어버림. めんちゅつ　demotion

면:탁[面託] 직접 대면하여 부탁함.　personal request

면:탈[免脫] 죄를 벗어남. =면죄(免罪). escape from punishment

면·파[面破] 직접 만나서 약속 했던 것을 깨뜨림. breaking off in person

면포[綿布] 무명실로 짠 피륙. 무명. めんぷ　cotton cloth

면:품[面稟] 직접 뵙고 사룀.

면:피[面皮] 낯가죽.「～가 두껍다」めんぴ　sense of honor

면:학[勉學] 학문에 힘씀. =수학(修學). べんがく　study

면:허[免許] 특수한 행위나 영업을 허락하는 행정 처분. 「～장(狀)」めんきょ　license

면:허장[免許狀] 면허의 내용 및 사실을 기재한 증서. 준면장(免狀). めんきょじょう license

면:화[免禍] 화를 면함. escape from a mishap

면화[棉花] ⇨목화(木花). めんか

면화약[綿火藥] 솜을 질산과 황산의 혼합액에 적셔서 만든 화약. 솜화약. めんかやく guncotton

면:회[面灰] 담이나 벽의 겉에 바르는 회.　lime

면:회[面會] 만나 봄. めんかい　interview

면:흉[免凶] 흉년을 면함. =면겸(免歉). escape from a crop failure

면:힐[面詰] 맞대 놓고 책망함. =면책(面責). めんきつ personal reproof

멸[滅]☆ ①멸할 멸：멸하다. 다하다.「滅亡(멸망)·破滅(파멸)·全滅(전멸)·不滅(불멸)」② 열반(涅槃) 멸：열반하다. 죽다.「入滅(입멸)·寂滅(적멸)·滅後(멸후)」メツ ① ほろびる

멸[蔑] ①업신여길 멸：업신여기다.「蔑視(멸시)·輕蔑(경멸)·蔑如(멸여)」② 없을 멸：없다.「蔑德(멸덕)」ベツ ① さげすむ

멸각[滅却] 없애 버림. めっきゃく　eradication

멸공[滅共] 공산 세력을 없애 버림. eradicating communism

멸구[滅口] 비밀을 지키기 위해 그 일을 아는 사람을 죽여 버림.

멸균[滅菌] 세균을 죽여 없애 버림. めっきん　sterilization

멸도[滅度] 불교에서, 열반(涅槃) 또는 입적(入寂)을 이르는 말. めつど　Nirvana

멸렬[滅裂] 찢기고 흩어져 형태가 없어짐. めつれつ disruption

멸망[滅亡] 망하여 없어짐. ↔ 흥륭(興隆). めつぼう downfall

멸문[滅門] 한 집안을 다 죽여 없앰. 「~지화(之禍)」 extermination of the whole family

멸법[滅法] 불교에서, 인간 세상에서 모든 고통을 없애는 일. めっぽう

멸사[滅私] 사심(私心)을 버림. =거사(去私). めっし self-denial

멸사봉공[滅私奉公] 사심(私心)을 버리고 공(公)을 위하여 힘써 일함. めっしほうこう selfless devotion to one's country

멸살[滅殺] 죽여 없앰. annihilation

멸상[滅相] 불교에서, 생명이 다하여 형태가 없어짐. めっそう

멸시[蔑視] 남을 업신여김. 깔봄. =경시(輕視). べっし contempt

멸실[滅失] ① 있던 것이 사라짐. ② 법률에서, 화재·천재지변 따위로 물품이나 가옥 따위가 그 효용을 상실할 정도로 파괴됨. めっしつ

멸적[滅敵] 적을 쳐서 무찌름. destruction

멸절[滅絕] 멸망하여 없어짐. =절멸(絕滅). めつぜつ extinction

멸족[滅族] 가족이나 종족이 망하여 없어짐. めつぞく extermination of a clan

멸종[滅種] ① 씨를 없앰. 또는 씨가 없어짐. ② 한 종류가 모두 없어짐. extermination of a race

멸죄[滅罪] 불교에서, 참회나 선행 등으로 죄를 소멸시킴. めつざい atonement

멸퇴[滅退] 없애어 물리침.

멸후[滅後] ① 멸망한 뒤. ② 입멸(入滅)한 뒤. 곧, 석가(釋迦)의 사후(死後). めつご 死後 ① after death

명[皿] 그릇 명:그릇. 접시. 「器皿(기명)·大皿(대명)」 ベイ·さら

명[名]* ① 이름 명:이름. 「名義(명의)·姓名(성명)·名稱(명칭)·名詞(명사)·記名(기명)」 ② 이름날 명:이름나다. 「功名(공명)·名聲(명성)·名譽(명예)·名曲(명곡)」 ③ 이름지을 명:이름짓다. 「命名(명명)」 ④ 사람 명:사람의 수. 「百名(백명)」 メイ·ミョウ·な

명:[命]* ① 목숨 명:목숨. 「生命(생명)·餘命(여명)·命脈(명맥)·人命(인명)·壽命(수명)」 ② 명령할 명:명령하다. 「命令(명령)·王命(왕명)·大命(대명)」 ③ 운수 명:운수. 「運命(운명)·宿命(숙명)·天命(천명)」 ④ 해야 할 일 명:해야 할 일. 임무. 「使命(사명)」 メイ·ミョウ ① いのち

명[明]* ① 밝을 명:밝다. 「明月(명월)·明暗(명암)·光明(광명)」 ② 분명할 명:분명하다. 「明確(명확)·分明(분명)·自明(자명)」 ③ 총명할 명:총명하다. 「聰明(총명)·賢明(현명)·明敏(명민)」 ④ 날이 샐 명:날이 새다. 「黎明(여명)·明朝(명조)·明日(명일)」 ⑤ 밝힐 명:밝히다. 「證明(증명)·文明(문명)·開明(개명)」 メイ·ミョウ ① あかるい ② あきらか ④ あける

명[冥]* ① 어두울 명: 어둡다. 「冥闇(명암)·冥冥(명명)」② 저승 명: 저승. 「幽冥(유명)·冥途(명도)·冥府(명부)」③ 사리에 어두울 명: 사리에 어둡다. 어리석다. 「冥愚(명우)·頑冥(완명)」 メイ·ミョウ ① くらい

명[茗] 차 싹 명: 차나무의 싹. 「茗具(명구)·茗飮(명음)·茗樹(명수)·茗器(명기)·茗香(명향)」 メイ·ミョウ

명[溟] ① 어두울 명: 어둡다. 「溟溟(명명)·溟然(명연)」② 바다 명: 바다. 「溟洲(명주)·溟池(명지)·南溟(남명)」 メイ ① くらい

명[酩] ① 술 취할 명: 취하다. 「酩酊(명정)」② 감주(甘酒) 명: 감주. 「酩酒(명주)」 メイ

명[銘]* ① 새길 명: 새기다. 「銘刻(명각)·記銘(기명)·銘心(명심)」② 기록할 명: 기록하다. 「銘記(명기)·銘旌(명정)」 メイ·しるす

명[鳴]* ① 울 명: 울다. 붙다. 「鳴笛(명적)·鳴器(명기)·鳴金(명금)」② 새 울음 명: 새가 울다. 「鷄鳴(계명)」 メイ ① なる ② なく

명[瞑] ① 눈 감을 명: 눈을 감다. 죽다. 「瞑目(명목)·瞑想(명상)」② 눈 흐릴 명: 눈이 흐리다. 「瞑眩(명현)·瞑瞑(명명)」 メイ

명[螟] 며루 명: 며루. 「螟蟲(명충)·螟蛉(명령)」 メイ

명가[名家] 이름 있는 집안. =명문(名門). めいか
  famous family

명가[冥加] 신불의 가호(加護). =명리(冥利). みょうが
  divine protection

명가수[名歌手] 유명한 가수. めいかしゅ renowned singer

명각[銘刻] ① 쇠붙이나 돌에 글자를 새김. 또는 그 글자. =각명(刻銘). ② 마음에 깊이 새김. =명심(銘心). めいこく inscription

명간[銘肝] 마음에 깊이 새김. =명심(銘心). めいかん
  inscribing in one's memory

명감[名鑑] 사람이나 사물의 이름을 모으고, 그에 관한 정보를 기록한 책. =명부(名簿). めいかん
  register of names

명감[明鑑] ① 맑은 거울. =명경(明鏡). ② 높은 식견(識見). ③ 좋은 귀감(龜鑑). 좋은 본보기 めいかん
  ① clear mirror ② perspicacity ③ pattern

명감[冥感] 정성이 신불(神佛)에게 감응(感應)함. 뜻이 신불에 통함. めいかん
  inward sympathy

명거[明渠] 위에 덮개가 없는 도랑. ↔암거(暗渠). めいきょ draining ditch

명견[名犬] 이름난 개. めいけん
  fine dog

명견[明見] 밝은 식견(識見). sagacity

명결[明決] 분명하게 결단을 내림. 또는 그 결단. =명단(明斷). めいけつ
  clear decision

명경[明經] ① 불경(佛經)을 강독(講讀)함. ② 과거(科擧)에서 경서(經書)의 몇 대목을 읽. =강경(講經). めいけい
  ① reading sutras ② reciting sutras

명경[明鏡] ① 맑은 거울. =명

감(明鑑). ② 사념(邪念)이 없는 밝은 마음. めいきょう
① clear mirror ② pure soul

명경지수[明鏡止水] ① 맑은 거울과 조용한 물. ② 사념(邪念)이 없는 맑고도 밝은 마음의 비유. めいきょうしすい 明鏡止水
② pure soul

명계[冥界] 저 세상. 저승. = 명도(冥途)·황천(黃泉). めいかい 冥界 Hades

명계[銘戒] 마음에 깊이 새겨 경계함. めいかい 銘戒 caution

명고[鳴鼓] 북을 울림. 鳴鼓 beating a drum

명곡[名曲] 뛰어난 악곡. 유명한 악곡. めいきょく 名曲 famous music

명골[名骨] 상어나 개복치 따위의 연골을 쪄서 말린 음식. 중국 요리에 쓰임. めいこつ 名骨 中國料理

명공[名工] 이름난 장인(匠人). =명장(名匠). めいこう 名工 famous artisan

명공[名公] 뛰어난 재상(宰相). 名公 famous premier

명과기실[名過其實] 이름은 크게 났으나 실상은 그만 못함. 名過其實 being good only in the name

명:과학[命課學] 운명·길흉 등을 판단하던 옛 학문. 命課學

명관[明官] 어진 정치를 베푸는 관리. 明官 wise governor

명관[名官] 뛰어난 관리. 이름난 관리. 「구관(舊官)이 ~」 めいかん 名官 famous magistrate

명관[名貫] 이름과 본관(本貫). めいかん 名貫 name and one's ancestral hometown

명관[鳴管] 조류(鳥類)의 발성 기관(發聲器官). 울대. =명기(鳴器). めいかん 鳴管 syrinx

명교[名敎] 인륜(人倫)의 명분을 밝히는 가르침. 곧, 유교(儒敎)를 이름. めいきょう 名敎 moral teaching

명구[名句] 뛰어나게 잘 된 글귀. めいく 名句 famous phrase

명구[名區] 이름난 지역(地域). 「~승지(勝地)」 めいく 名區 noted place

명구승지[名區勝地] 이름 난 지역과 경치 좋은 곳. 名區勝地 noted place and beauty spot

명군[名君] 뛰어난 군주(君主). 총명한 임금. =명주(明主). めいくん 名君 wise lord

명궁[名弓] ① 유서 깊은 유명한 활. ② 활쏘기의 명인(名人). めいきゅう 名弓 ① noted bow ② expert archer

명귀[冥鬼] 저승에 있다는 귀신. めいき 冥鬼 one's soul in the Hades

명:근[命根] ① 목숨의 뿌리. 명줄. ② 땅 속으로 곧장 뻗은 식물의 뿌리. 곧은뿌리. めいこん 命根
① inmost self ② main root

명금[鳴金] 징이나 바라 따위를 커서 소리를 냄. 鳴金

명금[鳴禽] 고운 소리로 우는 새. =명조(鳴鳥). めいきん 鳴禽 songbird

명기[名妓] 뛰어난 기생. 이름난 기생. めいぎ 名妓

명기[名器] 유명한 기물(器物). 진귀한 그릇. めいき 名器 rare utensil

명기[明記] 분명히 기록함. めいき 明記 writing clearly

명기[明氣] ① 맑고 아름다운 산천의 기운. ② 환한 얼굴빛. 明氣
① beauty of a landscape ② cheerful countenance

명기[明器] 고대 중국에서, 무덤에 함께 묻기 위하여 만든 토기·자기 등의 기물(器物). めいき

명기[銘記] 마음에 깊이 새기어 잊지 않음. =명심(銘心). めいき impression on one's mind

명기[銘旗] 장례 때 쓰는, 죽은 이의 관직이나 이름 따위를 쓴 조기(弔旗). =명정(銘旌). めいき

명기[鳴器] ⇨ 명관(鳴管).

명기누골[銘肌鏤骨] 살 갗과 뼈에 새김. 곧, 깊이 마음에 간직하여 잊지 않음. =명간(銘肝). めいきるこつ imprint upon one's mind

명년[明年] 다음 해. 돌아오는 해. =내년(來年). みょうねん next year

명념[銘念] ⇨ 명심(銘心).

명단[名單] 해당자의 이름을 적은 문건. list of names

명단[明旦] ① 밝을녘. 새벽. ② 내일 아침. みょうたん ① dawn ② tomorrow morning

명단[明斷] 분명한 판단. 명쾌(明快)한 결단(決斷). =명결(明決). めいだん clear decision

명달[明達] 사리에 밝고 일에 통달함. めいたつ sagacity

명담[名談] 사리에 꼭 맞는 훌륭한 말. めいだん wise saying

명답[名答] 훌륭한 대답. ↔우답(愚答). めいとう nice reply

명답[明答] 분명하고 확실한 대답. =확답(確答). めいとう definite answer

명당[明堂] ① 아주 좋은 묏자리나 집터. ② 무덤 앞의 평지. ③ 임금이 조현(朝見)을 받는 정전(正殿). めいどう ① blessed grave site ② front yard of a grave ③ state chamber

명덕[明德] ① 공명한 덕행. ② 더럽히지 않은 본디의 천성(天性). めいとく ① high virtue ② inherent virtue

명도[名刀] 유명한 칼. =명검(名劍). めいとう noted sword

명도[明度] 색의 밝은 정도. 색상·채도(彩度)와 함께 색의 3요소의 하나. めいど lightness

명도[明渡] 집이나 토지 따위의 부동산을 남에게 넘겨 줌. 「~ 소송(訴訟)」あけわたし evacuation

명도[冥途] 불교에서, 사람이 죽어서 간다는 세상. =명계(冥界)·명토(冥土). めいど Hades

명동[鳴動] 울리어 진동(振動)함. 「태산(泰山) ~ 서일필(鼠一匹)」めいどう rumbling

명란[明卵] 명태의 알. 「~젓」 spawn of a pollack

명랑[明朗] 밝고 쾌활함. めいろう brightness

명량[明亮] 밝고 뚜렷함. =양명(亮明). めいりょう clearness

명:령[命令] ① 윗사람이 아랫사람에게 시킴. 또는 그 말. 준명(命)·영(令). ② 관청이 법률의 위임을 받아서, 또는 법률을 시행하기 위하여 제정하는 법령. めいれい ① command ② ordinance

명론[名論] 뛰어난 논설(論說). 「~ 탁설(卓說)」めいろん excellent opinion

명료[明瞭] 뚜렷하고 확실함. =명백(明白). めいりょう clearness

명류[名流] 이름이 널리 알려진 사람들. めいりゅう eminent figures

명륜당[明倫堂] 성균관(成均館)이나 향교(鄕校) 안에 있는, 유학(儒學)을 가르치던 곳.

명리[名利] 명예와 이익. めいり·みょうり fame and profit

명마[名馬] 이름난 좋은 말. めいば fine horse

명막[冥漠] 아득히 멀고도 넓음. vastitude

명망[名望] 명성이 높고 인망(人望)이 있음. 「~가(家)」 めいぼう good reputation

명ː맥[命脈] 생명. 목숨. 「겨우 ~을 이어 가다」 めいみゃく life

명면[名面] 이름과 얼굴. 「~각지(各知)」 name and face

명멸[明滅] 불빛이 켜졌다 꺼졌다 함. 또는 밝았다 어두웠다 함. めいめつ flickering

명ː명[命名] 이름을 지어 붙임. 「~식(式)」 めいめい naming

명명[明明] ① 매우 밝음. ② 뚜렷하여 의심할 여지가 없음. 「~백백(白白)」 めいめい clearness

명명[冥冥] ① 어두운 모양. ② 깊고 먼 모양. ③ 마음 속으로 저절로 느끼는 모양. めいめい ① darkness ② vastitude

명모[名母] 어머니의 이름을 부름. 곧, 배운 지식을 잘못 이용하는 어리석음을 이르는 말. indiscretion

명모[明眸] 맑고 아름다운 눈동자. 곧, '미인'을 이르는 말. 「~호치(皓齒)」 めいぼう beauty

명모호치[明眸皓齒] 맑은 눈동자와 새하얀 이. 곧, 미인(美人). めいぼうこうし bright eyes and pearly teeth; beauty

명목[名目] ① 사물의 이름. =명호(名號). ② 표면상의 이유나 핑계. めいもく ① appellation ② pretext

명목[瞑目] ① 눈을 감음. ② 죽음. めいもく ① closing one's eyes ② death

명목 임금[名目賃金] 물가는 고려하지 않고, 화폐의 액수로만 나타낸 임금. ↔실질 임금(實質賃金). めいもくちんぎん nominal wages

명무[名武] 지체 높은 무관(武官). famous general

명문[名文] ① 뛰어난 문장. ② 유명한 글. めいぶん noted composition

명문[名門] 문벌이 좋은 집안. =명가(名家). めいもん famous family

명문[名聞] 세상의 평판. めいぶん·みょうもん fame

명문[明文] 확실히 규정한 문구(文句) 또는 조문(條文). 「~화(化)」 めいぶん express provision

명ː문[命門] ① 명치. ② 한방에서, 몸을 지탱하는 물질을 나누는 기관(器官). ① solar plexus

명문천하[名聞天下] 이름이 천하에 알려짐. =명만천하(名滿天下). worldwide fame

명물[名物] ① 그 지방의 특산품. =명산(名産). ② 어떤 뚜

렷한 특징이 있는 인물 또는 사물. 「회사의 ~」めいぶつ ① specialty

명미[明媚] 경치가 맑고 아름다움. 「풍광(風光) ~」めいび　picturesqueness　明媚

명민[明敏] 영리하고 민첩함. =총민(聰敏). めいびん　sagacity　明敏

명반[明礬] 황산알루미늄과 황산칼륨의 화합물. =백반(白礬). みょうばん　alum　明礬

명백[明白] 아주 뚜렷함. めいはく　clearness　明白

명벌[名閥] ⇨명문(名門).　名閥

명변[明辯] 명쾌히 말함. 명쾌한 변설(辯舌). めいべん plain speech　明辯

명보[名寶] 이름난 보물. めいほう　rare treasure　名寶

명보[冥報] 죽은 뒤의 과보(果報).　冥報

명복[冥福] 죽은 뒤의 행복. 「~을 빌다」めいふく happiness in the other world　冥福 佛事

명부[名簿] 해당하는 사람들의 이름·주소 등을 적은 장부. めいぼ　register of names　名簿

명부[冥府] 저승. =명계(冥界)·명도(冥途). めいふ Hades　冥府

명분[名分] ① 신분에 상응하게 지켜야 할 도리. 「대의(大義) ~」 ② 표면상의 이유나 핑계. =명목(名目). めいぶん ① moral duty ② just cause　名分

명ː분[命分] ⇨운수(運數).　命分

명사[名士] 사회에서 이름난 사람. 「학계(學界)의 ~」めいし noted person　名士

명사[名詞] 사물의 이름을 나타내는 품사(品詞). 이름씨. めいし noun　名詞

명사[名辭] 철학에서, 개념을 언어로 나타낸 것. 주사(主辭)와 빈사(賓辭)가 있음. めいじ term　名辭

명사[明沙·明砂] 아주 곱고 깨끗한 모래. fine sand　明沙

명사[明絲] 명주실. silk thread　明絲

명사구[名詞句] 명사의 구실을 하는 구(句). めいしく noun phrase　名詞句

명산[名山] 이름난 산. めいざん noted mountain　名山

명산[名産] 그 지방의 유명한 산물(産物). 「~지(地)」めいさん noted product　名産物

명상[名相] ① 뛰어난 재상(宰相). めいしょう ② 유명한 관상가(觀相家). ① well-known premier ② famous physiognomist　名相 宰相

명상[冥想] 잡념을 떨치고 조용히 눈을 감고 생각함. めいそう meditation　冥想

명색[名色] 겉으로 본 부류(部類)의 구별. 「~이 남자라고…」 name　名色

명색[明色] 밝은 빛깔. ↔암색(暗色). めいしょく bright color　明色

명석[明夕] 내일 저녁. みょうせき tomorrow evening　明夕

명석[明晳] 분명하고 똑똑함. めいせき clearness　明晳

명성[名聲] 세상의 좋은 평판. めいせい reputation　名聲

명성[明星] 샛별. =금성(金星). みょうじょう Venus　明星

명세[名世] 세상에 알려진 사람. 「~지재(之才)」 noted person　名世

명세[明細] 명확하고 상세함. 「~서(書)」めいさい minuteness　明細

명소[名所] 경치나 고적 등으 名所

로 이름난 곳. めいしょ famous place

명수[名手] 뛰어난 솜씨를 가진 사람. =명인(名人). めいしゅ 名手 expert

명수[名數] ① 사람의 수효. ② 어떤 단위(單位)의 이름을 붙여서 나타낸 수. 5원, 10m, 6시간 따위. めいすう 名數 ① number of persons ② concrete number

명:수[命數] ① 타고난 수명(壽命). ② 운명과 재수. めいすう 命數 ① one's span of life ② destiny

명승[名勝] 경치가 뛰어난 곳. 「~ 고적(古蹟)」めいしょう 名勝 beauty spot

명승[名僧] 학덕이 뛰어난 중. めいそう 名僧 distinguished Buddhist priest

명시[明示] 분명하게 가리킴. 뚜렷이 나타냄. ↔암시(暗示). めいじ 明示 clear statement

명시[明視] 뚜렷이 볼 수 있음. めいし 明視 clear vision

명신[名臣] 이름난 신하(臣下). 뛰어난 신하. めいしん 名臣 eminent subject

명실[名實] 이름과 실속. 형식과 내용. 「~ 공(共)히」めいじつ 名實 name and reality

명심[銘心] 마음에 깊이 새겨 잊지 않음. =명각(銘刻)·명간(銘肝)·명기(銘記). めいしん 銘心 impression on one's mind

명안[名案] 뛰어난 생각. 좋은 안(案). めいあん 名案 capital idea

명암[明暗] ① 밝음과 어두움. ② 그림·사진 등에서, 색의 짙고 엷음과 밝고 어두움의 정도. ③ 행복과 불행, 기쁨과 슬픔을 비유하는 말. めいあん 明暗 light and darkness

명야[明夜] 내일 밤. みょうや 明夜 tomorrow night

명:야복야[命也福也] 연거푸 생기는 행운(幸運). 命也福也 series of happiness

명약[名藥] 효력이 뛰어나 이름난 약. めいやく 名藥 wonderful remedy

명약관화[明若觀火] 불을 보듯 명백함. 빤함. 「~한 사실」 明若觀火 obviousness

명언[名言] 뛰어난 말. 유명한 말. めいげん 名言 wise saying

명언[明言] 확실히 말함. めいげん 明言 declaration

명역[名譯] 뛰어난 번역. 유명한 번역. めいやく 名譯 apt translation

명연[名演] 매우 훌륭한 연기 또는 연주. めいえん 名演 brilliant performance

명예[名譽] ① 세상으로부터 인정받는 떳떳한 이름이나 자랑스러움. ② 어떤 분야에서의 공적을 기리어 직위나 직명 앞에 붙여 주는 칭호. 「~ 박사(博士)」 めいよ 名譽博士 ① honor

명예직[名譽職] 보수는 없이 이름만 갖는 공직(公職). めいよしょく 名譽職 honorary post

명예 훼:손[名譽毀損] 남의 체면을 손상시키고 명예를 더럽힘. めいよきそん 名譽毀損 defamation

명:완[命頑] 죽지 않고 모질게 삶. 命頑 hard life

명완[冥頑] 사리에 어둡고 완고함. 冥頑 stupidity

명왕[明王] ① 정사(政事)에 밝고 어진 임금. めいおう ② 불교에서, 악마를 퇴치하고 불법을 수호하는 신장(神將). 明王 神將

みょうおう ① wise king
명왕성[冥王星] 태양계(太陽系)의 가장 바깥쪽을 도는 행성(行星). めいおうせい Pluto
명월[明月] ① 밝은 달. ② 보름달. めいげつ
① bright moon ② full moon
명위[名位] 관명(官名)과 위계(位階). めいい
fame and official rank
명유[名儒] 이름난 선비. めいじゅ famous confucianist
명의[名義] ① 문서상의 이름. 「~ 변경(變更)」 ② 명분과 의리. めいぎ ① name
명의[名醫] 이름난 의사. めいい famous doctor
명의[明衣] 염습할 때 시신에게 맨 먼저 입히는 옷.
명인[名人] 특정 분야에서 이름난 사람. =명가(名家). めいじん master hand
명일[名日] 명절과 국경일(國慶日)의 총칭. public holiday
명일[明日] ⇨내일(來日). みょうにち・あす・あした
명:일[命日] 사람이 죽은 날. =기일(忌日). めいにち
anniversary of one's death
명자[名字] ① 이름 자(字). ② 세상에 널리 알려진 평판. めいじ ① name ② fame
명자[明瓷] 명나라 때의 자기(瓷器).
명작[名作] 뛰어난 작품. 「~ 소설(小說)」 めいさく
masterpiece
명장[名匠] 이름난 장인(匠人). めいしょう skillful artisan
명장[名將] 이름난 훌륭한 장수. めいしょう
famous general
명:재경각[命在頃刻] 목숨이 곧 끊어질 지경에 있음.
being on the brink of death
명재명간[明再明間] 내일이나 모레 사이. between tomorrow and day after tomorrow
명저[名著] 훌륭한 저술(著述). めいちょ masterwork
명적[名跡・名蹟] 유명한 고적(古蹟). めいせき
famous historic spot
명전[明轉] 연극에서 막을 내리지 않고 조명(照明)이 비추어진 채 무대를 바꾸는 일.
revolving the stage in the light
명절[名節] ① 전통적으로 해마다 일정하게 지키어 즐기는 날. ② 명예와 절조(節操). めいせつ ① gala day ② honor and integrity
명정[酩酊] 몸을 가누지 못할 정도로 술에 취함. めいてい
intoxication
명정[銘旌] 죽은 이의 관직과 성명을 적은 기(旗).
명정언순[名正言順] 명분이 바르고 말이 이치에 맞음.
reasonable words
명:제[命題] ① 글 따위에 제목을 붙임. 또는 그 제목. ② 논리적 판단을 언어나 기호(記號)로 표현한 것. めいだい ① giving a subject ② proposition
명조[明朝] ① 내일 아침. =명단(明旦). みょうちょう ② 활자의 명조체(明朝體). みんちょう ① tomorrow morning ② Ming-style printing type
명조[冥助] 모르는 사이에 입는 신령의 도움. めいじょ
blessing of God
명족[名族] 이름난 집안의 겨

명존실무[名存實無] 이름뿐이고 실속이 없음. =유명무실(有名無實). being nominal

명:졸지추[命卒之秋] 거의 죽게 된 때. moment of death

명종[鳴鐘] 종을 쳐서 울림. ringing the bell

명주[明主] 총명한 임금. =명군(明君). めいしゅ wise lord

명주[明珠] ① 아름다운 구슬. ② 방합(蚌蛤) 속에서 생기는 진주(眞珠). めいしゅ ① bright pearl

명주[明紬] 명주실로 무늬 없이 짠 피륙. silks without figures

명주[銘酒] 특별한 명칭을 가진 이름난 술. めいしゅ superior wine

명:중[命中] 목표물에 화살이나 총알을 쏘아 맞춤. 「~률(率)」めいちゅう hit

명증[明證] ① 확실히 증명함. ② 뚜렷한 증거. めいしょう ① clear proof ② clear evidence

명지[明智] 총명한 지혜. 「~저견(的見)」めいち sagacity

명지[銘誌] 묘비(墓碑)에 새긴 글. =지명(誌銘). めいし epitaph

명징[明澄] 밝고 맑음. めいちょう lucidity

명징[明徵] ⇨명증(明證). めいちょう

명찰[名札] 이름을 써서 가슴에 다는 표. 이름표. なふだ nameplate

명찰[名刹] 유명한 절. 「고사(古寺)~」めいさつ famous temple

명찰[明察] 분명히 살핌. めいさつ penetration

명창[名唱] 뛰어나게 잘 부르는 노래. 또는 그 사람. excellent singing

명창[明窓] 볕이 잘 드는 창. 「~정궤(淨几)」めいそう sunny window

명천[名川] 유명한 하천(河川). =명강(名江). めいせん noted river

명천[明天] ① ⇨내일(來日). ② 모든 것을 알고 살피시는 하느님. ② Heaven

명천지하[明天之下] 명철한 임금이 다스리는 태평한 세상. peaceful world

명철[明哲] 현명하고 사리에 밝음. めいてつ sagacity

명추[明秋] 내년 가을. =내추(來秋). みょうしゅう next autumn

명춘[明春] 내년 봄. =내춘(來春). みょうしゅん next spring

명충[螟蟲] 벼의 해충의 한 가지. 마디충. 「이화(二化)~」めいちゅう pearl moth

명칭[名稱] 사물을 일컫는 이름. =칭호(稱號). めいしょう name

명쾌[明快] 말이나 글의 조리가 분명하고 시원스러움. めいかい clarity

면:탁[命濁] 오탁(五濁)의 하나. 인간의 수명이 백 년을 채우기 어려움.

명태[明太] 대구과의 바닷물고기. 말린 것은 북어(北魚)라 함. めんたい walleye pollack

명토[冥土] 저승. =명도(冥途). めいど Hades

명투[明透] 분명히 알아 환함.

명판[名板] ① 기관·회의 등의 명칭을 적어서 여러 사람이 볼 수 있도록 달아 놓은 물건. ② 기계·기구 등에 상표와 함께 공장명·회사명을 적어 붙인 패. 名板

명패[名牌] 이름이나 직위 등을 적어 책상 따위의 위에 놓는 패. nameplate 名牌

명품[名品] 뛰어나거나 이름난 물건 또는 작품. めいひん 名品

명필[名筆] ① 잘 쓴 글씨. ② 글씨를 잘 쓰기로 이름난 사람. めいひつ 名筆
① excellent writing ① master calligrapher

명:한[命限] 목숨의 한도. limit of one's life 命限

명함[名衡·名啣] 직함(職衡)이나 주소를 곁들여 이름을 박은 작은 종이. business card 名衡 名啣

명함판[名衡判·名啣判] 크기가 명함만한 사진판. 名衡判 名啣判

명해[明解] 분명하게 풀이함. めいかい clear interpretation 明解

명해[冥海] 망망(茫茫)한 바다. 冥海

명현[名賢] 이름 높은 현인(賢人). めいけん
man of great wisdom 名賢

명현[明賢] 영특하고 현명함. 또는 그런 사람. めいけん
sagacity, sage 明賢

명호[名號] ① 이름과 호. ② ⇨명목(名目). めいごう
① name and pen name 名號

명호[冥護] 사람이 모르는 가운데 신명(神明)이 보호함. めいご·みょうご 冥護

명화[名花] ① 이름난 꽃. ② 이름난 기생. めいか
① celebrated flower 名花

명화[名畵] ① 매우 잘 된 그림 名畵

이나 영화. ② 유명한 그림이나 영화. めいが
① excellent picture[movie]
② famous picture[movie]

명확[明確] 아주 분명하고 확실함. めいかく
distinction 明確

명후년[明後年] 내년의 다음 해. =내후년(來後年). みょうごねん year after next 明後年

명후일[明後日] 모레. 내일의 다음 날. みょうごにち·あさって day after tomorrow 明後日

몌[袂] 소매 몌:소매. 「袂別(몌별)」ベイ·たもと·そで 袂

몌별[袂別] 헤어짐. べいべつ leave-taking 袂別

모:[母]* ① 어미 모:어미. 「父母(부모)·母親(모친)·慈母(자모)·母系(모계)·國母(국모)」 ② 장모 모:장모. 「丈母(장모)·聘母(빙모)」 ③ 모체 모:모체. 「母體(모체)·分母(분모)·字母(자모)」ボ ① はは 母親 母系

모[毛]* ① 터럭 모:털. 「毛髮(모발)·毛物(모물)·毛具(모구)·毛笠(모립)·毛筆(모필)」 ② 풀 모:풀. 「二毛作(이모작)·不毛(불모)」 ③ 양 모:양. 「羊毛(양모)·毛絲(모사)·毛織(모직)」モウ ① け 毛髮 羊毛

모[矛]* 창 모:세모진 창. 「矛戈(모과)·矛戟(모극)·矛楯(모순)·矛盾(모순)·矛叉(모차)」ム·ボウ·ほこ 矛盾

모[牟] ① 소 울 모:소가 울다. 「牟然(모연)」 ② 보리 모:보리. 「牟麥(모맥)」 ③ 빼앗을 모:빼앗다. 「牟利(모리)」 ④ 클 모:크다. ム·ボウ 牟麥 牟利

모[牡] ① 수컷 모:수컷. 「牡牛(모우)」 ② 빗장 모:빗장. 「牡鑰(모약)」 ボ·ボウ ① おす 牡牛

모:[侮] 업신여길 모: 업신여기다. 「侮辱(모욕)・侮瀆(모독)・侮弄(모롱)・受侮(수모)・輕侮(경모)」 ブ・あなどる

모:[冒] ①무릅쓸 모: 무릅쓰다. 「冒雨(모우)・冒寒(모한)・冒險(모험)」 ②공격할 모: 공격하다. 「冒突(모돌)・冒擊(모격)・冒瀆(모독)」 ③거짓쓸 모: 거짓말하다. 「冒年(모년)」 ボウ ②おかす

모:[某]* 아무 모: 아무. 「誰某(수모)・某人(모인)・某年(모년)・某日(모일)・某官(모관)」 ボウ・それがし・なにがし

모[茅] 띠 모: 띠. 띠풀. 「茅屋(모옥)・茅舍(모사)・茅庵(모암)」 ボウ・かや

모[耗] ①줄 모: 줄다. 닳다. 「消耗(소모)・耗減(모멸)・耗損(모손)」 ②빌 모: 비다. ③다할 모: 다하다. 「耗竭(모갈)」 モウ・コウ ①へる

모[帽] ①모자 모: 모자. 「帽子(모자)・帽章(모장)・官帽(관모)・軍帽(군모)」 ②무릅쓸 모: 무릅쓰다. 「帽名(모명)」 ボウ

모[募]* ①널리 구할 모: 널리 구하다. 「募集(모집)・應募(응모)・募債(모채)・公募(공모)」 ②부를 모: 부르다. 「召募(소모)」 ③고용할 모: 고용하다. 「募工(모공)・募軍(모군)」 ボ ①つのる

모[瑁] 대모 모. 대모. 「玳瑁(대모)」 ボウ・マイ

모[摸] ①더듬어 찾을 모: 더듬어 찾다. 「摸索(모색)」 ②본뜰 모: 본뜨다. 「摸擬(모의)」 モ・ボ ①さぐる ②まねる

모[貌]* 모양 모: 모양. 꼴. 「貌樣(모양)・貌形(모형)」 ボウ・かたち・すがた

모:[慕] ①사모할 모: 사모하다. 「思慕(사모)・慕心(모심)・愛慕(애모)・戀慕(연모)」 ②생각할 모: 생각하다. 「慕情(모정)・追慕(추모)・傾慕(경모)」 ボ・したう

모[摹] ①본뜰 모: 본뜨다. 「摹本(모본)・摹寫(모사)・摹倣(모효)」 ②규모 모: 규모. 「規摹(규모)」 モ・ボ ①まねる

모:[暮]* ①저물 모: 저물다. 「日暮(일모)・歲暮(세모)・暮色(모색)・暮景(모경)・暮境(모경)」 ②늦을 모: 늦다. 「暮冬(모동)・暮春(모춘)」 ボ ①くれる

모[模]* ①법 모: 법. 「軌模(궤모)」 ②본뜰 모: 본뜨다. 「模作(모작)・模寫(모사)・模造(모조)」 モ・ボ ①のり ②ならう

모[謀]* ①꾀 모: 꾀. 「謀計(모계)・奇謀(기모)」 ②도모할 모: 도모하다. 「圖謀(도모)・謀事(모사)・謀士(모사)」 ③의논할 모: 의논하다. 「謀議(모의)・密謀(밀모)・陰謀(음모)」 ボウ・ム ①はかりごと ②はかる

모[謨] 꾀 모: 꾀. 계책. 「謨訓(모훈)」 ボ・はかる

모:[mho] 전기 전도도(傳導度)의 단위. モー

모각[模刻] 원본(原本)을 본떠서 판목(版木)을 새김. もこく copied engraving

모:경[冒耕] 주인의 허락 없이 남의 땅에 농사를 지음. cultivating in other's land without permission

모:경[暮景] 해가 넘어갈 무렵

의 경치. =만경(晚景). ぼけい evening scene

모:경[暮境] 늘바탕. =만경(晚境). 暮境 old age

모:계[母系] 어머니 쪽의 계통. ↔부계(父系).「~ 상속(相續)」ぼけい maternal line 母系

모계[謀計] 계책을 꾀함. 또는 그 계책. =계략(計略). ぼうけい scheming 謀計

모골[毛骨] 터럭과 뼈.「~이 송연(悚然)하다」もうこつ hair and bone 毛骨

모공[毛孔] 털구멍. けあな・もうく・もうこう skin pores 毛孔

모과[木瓜] 모과나무의 열매. ぼっか・ぼけ Chinese quince 木瓜

모관[毛管] 모세관(毛細管)의 준말. もうかん 毛管

모:관[某官] 어떠한 벼슬. ぼうかん government officer 某官

모관 현:상[毛管現象] 모세관 현상(毛細管現象)의 준말. もうかんげんしょう 毛管現象

모:교[母校] 자기의 출신(出身) 학교. ぼこう alma mater 母校出身

모:교[母教] 어머니의 가르침. =모훈(母訓). mother's teachings 母教

모구[毛具] 털로 만든 방한구(防寒具). woolen outfit against cold 毛具

모:국[母國] 다른 나라에 가 있는 사람이 자기 나라를 이르는 말. =조국(祖國).「~어(語)」ぼこく one's mother country 母國

모군[募軍] ① 군인을 모집함. =모병(募兵). ぼぐん ② 공사장 따위에서 품팔이하는 사람. ① recruiting ② navvy 募軍募兵

모:권[母權] ① 자식에 대한, 어머니로서의 권리. ② 원시 母權

가족 제도에서, 가족을 다스리는 어머니의 지배권. ↔부권(父權). ぼけん maternal rights

모규[毛竅] 털구멍.「~ 출혈(出血)」 pores 毛竅

모근[毛根] 털의 뿌리. もうこん root of hair 毛根

모금[募金] 기부금 따위를 모음. ぼきん fund raising 募金寄附金

모기[耄期] 여든 살에서 백 살까지의 나이. ぼうき 耄期

모나드[monad] 철학에서, 실재(實在)를 구성하는 궁극의 요소. 단원(單元). 단자(單子). モナド 單元

모나리자[이 Mona Lisa] 16세기 이탈리아의 화가 다빈치가 그린 여인상(女人像). モナリザ 女人像

모나자이트[monazite] 세륨·토륨·지르코늄 등을 함유하는 광석(鑛石). 鑛石

모낭[毛囊] 모근을 둘러싸고 있는, 주머니처럼 생긴 부분. もうのう hair follicle 毛囊

모넬메탈[Monel metal] 니켈 외에 구리 및 철·망간·규소(硅素)를 포함하는 합금(合金). 硅素

모:녀[母女] 어머니와 딸. mother and daughter 母女

모:년[某年] 아무 해. certain year 某年

모노그래프[monograph] 하나의 문제만을 대상으로 하는 연구 논문(研究論文). モノグラフ 研究論文

모노그램[monogram] 두 개 이상의 글자를 한 글자 모양으로 도안화(圖案化)한 것. モノグラム 圖案化

모노드라마[monodrama] 단

한 사람의 배우(俳優)가 하는 연극. 모노드라마

모노럴[monaural] 방송·녹음에서, 입체 음향이 아닌 하나의 스피커로 음을 재생(再生)하는 보통의 녹음 방식. 모노랄

모노럴레코:드[monaural record] 입체 음향 방식이 아닌 보통의 음을 내는 음반(音盤). モノラルレコード

모노레일[monorail] 외줄 선로(線路)의 철도. モノレール

모노마니아[monomania] 편집광(偏執狂). モノマニア

모노머[monomer] 고분자 화합물을 구성하는 기본 단위 물질. 단위체(單位體). モノマー

모노크롬[monochrome] ① 단색화(單色畫). ② 영화·사진·텔레비전 따위의 흑백물. モノクローム

모노클[monocle] 단안경(單眼鏡). モノクル

모노타이프[monotype] 활자를 자동적으로 한 자씩 주조하며 조판(組版)하도록 된 장치. モノタイプ

모노톤:[monotone] ① 단조(單調). ② 그림에서, 한 가지 색조(色調)로 나타내는 일. モノトーン

모노포니[monophony] 단성부(單聲部) 음악. モノフォニー

모놀로그[monologue] 독백(獨白). モノローグ

모니터[monitor] ① 기계나 방송 상태를 감시(監視)하는 장치. 또는 그 사람. ② 방송국·기업 등의 의뢰로, 방송 프로나 제품 등에 관하여 의

견을 말하는 사람. ③ 컴퓨터의 실행 결과를 나타낼 수 있는 대표적인 출력(出力) 장치. モニター

모:닝코:트[morning coat] 남자가 낮에 입는 서양식 예복(禮服)의 한 가지. モーニングコート

모:당[母堂] 남의 어머니의 높임말. =대부인(大夫人). your mother

모더니스트[modernist] ① 모더니즘을 신봉하는 사람. ② 현대적 경향(傾向)을 좇는 사람. モダニスト

모더니즘[modernism] ① 20세기 초 구미(歐美)에서 일어난, 도시적이고 근대적인 감각을 나타내는 예술상의 경향. ② 현대적 유행이나 풍조(風潮)를 좇는 경향. モダニズム

모더레이터[moderator] 감속재(減速材).

모던[modern] 현대적(現代的). モダン

모던댄스[modern dance] 개성(個性)을 추구하는 새로운 예술 무용. モダンダンス

모던발레[modern ballet] 전통(傳統) 발레에 대하여, 새로운 형식의 발레를 가리키는 말. モダンバレエ

모던아:트[modern art] 20세기에 전개(展開)된 새로운 경향의 미술. モダンアート

모던재즈[modern jazz] 1940년대에 시작된, 새로운 경향(傾向)의 현대적인 재즈. モダンジャズ

모데라토[이 moderato] 악보에서, '보통 빠르기로'의 뜻. モデラート

모델[model] ① 모형(模型). 본보기. ② 그림·조각·사진에서 표현의 대상이 되는 물건이나 인물. ③ 문학 작품의 소재(素材)가 되는 실재의 사람이나 사건. ④ 패션 모델의 준말. モデル

모델링[modelling] ① 모형을 만드는 일. ② 그림·조각(彫刻)에서 실체감(實體感)을 표현하는 일. モデリング

모델케이스[model case] 본보기나 표준이 되는 사례(事例). モデルケース

모델하우스[model house] 아파트 등을 건축할 때 본보기로 지어 전시하는 주택(住宅). モデルハウス

모뎀[modem] 디지털 신호인 컴퓨터 정보(情報)를 아날로그 신호로 요하는 전화선 등으로 송수신하기 위하여 신호 변환(變換)을 하는 장치.

모:독[冒瀆] 능멸하여 욕되게 함. ぼうとく profanity

고ː동[暮冬] 늦은 겨울. =만동(晚冬). late winter

모두[毛頭] 털끝. もうとう tip of hair

모:두[冒頭] 글이나 말의 서두에 내놓는 말. =서언(序言). ぼうとう foreword

모듈:[module] ① 건축물 등을 지을 때에 기준으로 삼는 척도(尺度). ② 기어의 톱니의 크기를 나타낸 값. モジュール

모:드[mode] 양식(樣式). 유행. モード

모라토:리엄[moratorium] 법률에서, 지급 유예(支給猶豫). モラトリアム

모란[←牡丹] 작약과의 낙엽 관목. 관상용으로 재배하며 뿌리의 껍질은 약재로 쓰임. 중국 원산임. =목단(牡丹). ぼたん tree peony

모랄리스트[프 moraliste] ① 도덕가. ② 인간성과 인간 생활을 탐구(探究)하여 글로 쓰는 사람. モラリスト

모:람[冒濫] 침범하여 어지럽힘. ぼうらん

모략[謀略] 남을 해롭게 하려고 속임수를 써서 일을 꾸밈. =책략(策略). ぼうりゃく strategy

모려[牡蠣] ① 굴조개. ② 굴조개의 말린 살. かき ① oyster

모려[謀慮] 어떤 일을 꾀하여 궁리함. 또는 그 궁리. ぼうりょ

모:록[冒錄] 사실이 아닌 것을 사실인 것처럼 기록함. false description

모류[毛類] 모피(毛皮)나 모직물(毛織物)을 이르는 말.

모르타르[mortar] 시멘트와 모래를 섞어 물에 갠 건축 재료(建築材料). モルタル

모르핀[morphine] 알칼로이드의 하나. 마취제·진통제(鎮痛劑)로 쓰임.

모리[謀利] 공익(公益)을 무시하고 부당한 방법으로 제 이익만 꾀함. 「~배(輩)」 ぼうり profiteering

모린[毛鱗] 털과 비늘이라는 뜻으로, 짐승과 물고기류의 총칭. もうりん beast and fish

모:만[侮慢] 남을 업신여기고 거만을 떪. ぶまん insolence

모:만사[冒萬死] 만 번 죽기를 무릅쓴다는 뜻으로, 온갖 위험과 죽음을 무릅씀. risking one's life

모말[毛襪] 털가죽 따위로 크

게 만든 버선. woolen socks
모:매[母妹] 한 어머니에서 난 *母妹*
누이동생. 동복(同腹) 누이.
younger sister
모:매[侮罵] 업신여겨 꾸짖음. *侮罵*
ぶば scorn
모맥[麰麥·牟麥] 밀과 보리. *麰麥/牟麦*
ぼうばく wheat and barley
모:멘트[moment] 원인. 계기 *契機*
(契機). モーメント
모면[謀免] 꾀를 내거나 운이 *謀免*
좋아서 어려운 고비를 면함.
escape
모:멸[侮蔑] 업신여김. ぶべつ *侮蔑*
contempt
모:명[冒名] 거짓 꾸며 대는 *冒名*
이름. =위명(僞名).
assumed name
모:모[某某] 아무아무. 누구누 *某某*
구. ぼうぼう Mr. so and so
모:몰[冒沒] 염치를 무릅쓰고 *冒沒*
함. =모렴(冒廉).「~염치(廉
恥)」 risking of one's honor
모물[毛物] ① 털가죽. ② 털로 *毛物*
만든 물건. furs
모:반[母斑] 선천적인 피부의 *母斑*
반점(斑點). 점·주근깨 따위.
ぼはん birthmark
모반[謀反·謀叛] 반란을 꾀 *謀反*
함. むほん·ぼうはん rebellion
모발[毛髮] ① 사람의 몸에 난 *毛髮*
온갖 털. ② 사람의 머리털.
=두발(頭髮). もうはつ hair
모방[模倣] 본떠 흉내냄. もほ *模倣*
う imitation
모:범[冒犯] 일부러 불법(不 *冒犯*
法)을 저지름. violation
모범[模範] 본받아 배울 만한 *模範*
본보기. =모표(模表)·귀감
(龜鑑). もはん model
모:법[母法] 어떤 법령의 근거 *母法*
가 되는 기본 법률. ぼほう
mother law

모:병[募兵] 병사를 모집함. *募兵*
「~ 제도(制度)」 ぼへい
recruiting
모본[模本] ① 본보기. =모범 *摸本*
(模範). ② ⇨모형(模型). も
ほん ① example
모:부인[母夫人] 남을 높여 *母夫人*
그 어머니를 이르는 말. =대
부인(大夫人). your mother
모불사[貌不似] ① 꼴이 말이 *貌不似*
아님. ② 생김새가 보잘것없거
나 흉악함. grotesqueness
모브신:[mob scene] 영화에 *群衆*
서, 군중(群衆)이 나오는 장
면. モップシーン
모:빌[mobile] 가느다란 철사
나 실 따위에 여러 가지 모양
의 쇳조각·나뭇조각 등을 매
달아 균형의 아름다움을 나타
낸 조형품(造形品). *造形品*
모사[毛紗] 털실로 짠 얇은 천. *毛紗*
もうしゃ gauze knitted wool
모사[毛絲] 털실. けいと *毛絲*
woolen yarn
모사[茅舍] 자기 집의 낮춤 *茅舍*
말. =모옥(茅屋). ぼうしゃ
my humble cottage
모:사[某事] 아무 일. =모건 *某事*
(某件). certain affair
모사[模寫] ① 무엇을 흉내내어 *摸寫*
그대로 나타냄.「성대(聲帶)
~」② 어떤 그림을 본떠서 그
리거나 베낌. もしゃ copying
모사[謀士] 꾀를 잘 내는 사 *謀士*
람. =책사(策士). ぼうし
strategist
모사[謀事] 일을 꾀함. =모획 *謀事*
(謀劃). planning
모살[謀殺] 모략을 꾸며 계획 *謀殺*
적으로 사람을 죽임. ぼうさつ
premeditated murder
모:상[母喪] 어머니가 돌아간 *母喪*
상사(喪事).

death of one's mother
모색[毛色] ① 털빛. けいろ ② 비단의 검은빛. ① hair color ② black color of silk

모색[茅塞] 욕심 때문에 마음이 답답하고 어두움.

모색[摸索] 더듬어 찾음. もさく groping

모:색[暮色] 날이 저물어 갈 때의 경치. ぼしょく evening twilight

모생약[毛生藥] 털을 나게 하는 약. けはえぐすり hair tonic

모샤브[moshav] 이스라엘의 공동 취락(聚落)의 한 형태.

모:서[母書] 어머니가 자녀에게 보내는 편지 끝에 쓰는 말. ↔부서(父書). from your mother

모서[謀書] 거짓으로 만든 문서. ぼうしょ forged document

모:선[母船] ① 작업의 중심체가 되어 작은 배들을 통제하는 큰 배. ② 원양 어업 등의 선단(船團)에서, 거느리고 있는 어선의 어획물의 처리·저장이나 물자의 보급 등을 하는 배. ぼせん mother ship

모:선망[母先亡] 어머니가 아버지보다 먼저 세상을 떠남.

모:설[暮雪] 저물녘에 내리는 눈. ぼせつ evening snow

모:성[母性] 여성이 어머니로서 갖는 본능적인 감정이나 특징 따위. ↔부성(父性). 「~애(愛)」ぼせい maternity

모:성애[母性愛] 자식에 대한 어머니의 지극한 사랑. ぼせいあい maternal affection

모:세[暮世] 요즘의 세상.

모:세[暮歲] 한 해가 저물어 가는 때. 세밑. end of a year

모세관[毛細管] ① 동맥과 정맥으로 이으며, 조직 속에 그물 모양으로 퍼져 있는 가는 혈관. ② 모세 혈관처럼 매우 가는 관. 준모관(毛管). もうさいかん capillary tube

모세관 현:상[毛細管現象] 가는 관을 물이나 수은 속에 세웠을 때, 관 안의 물이나 수은의 높이가 관 밖보다 높아지거나 낮아지는 현상. 준모관 현상(毛管現象). capillarity

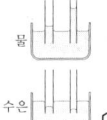
〔모세관 현상〕

모:션[motion] ① 동작. 행위. ② 몸짓. 자세(姿勢). モーション

모:션 픽 처[motion picture] 영화(映畫).

모손[耗損] 닳거나 줄거나 하여 없어짐. =손모(損耗). friction loss

모:수[某數] 어떤 수. ぼうすう certain number

모:수림[母樹林] 임업용(林業用)의 종자나 묘목을 채취하는 나무들로 이루어진 숲. ぼじゅりん seed forest

모순[矛盾] 창과 방패라는 뜻으로, 말이나 행동이 앞뒤가 맞지 않음을 비유한 말. contradiction

모스크[mosque] 이슬람교의 예배당(禮拜堂). モスク

모슬[毛蝨] 사면발이. けじらみ

모슬렘[Moslem] 이슬람교도. モスレム

모습[模襲] ⇨모방(模倣).

모:시[某時] 아무 시간. 아무 때. 「모일(某日) ~」ぼうじ

모식[模式] 표준이 될 전형적인 형식.「~도(圖)」 もしき   model form 模式

모신[謀臣] 지모(智謀)가 뛰어난 신하. ぼうしん   strategist 謀臣

모ː심[慕心] 사모하는 마음.   affection 慕心

모ː씨[母氏] 아랫사람의 어머니를 이르는 말. your mother 母氏

모ː씨[某氏] '아무개'의 높임말. ぼうし   certain person 某氏

모악동물[毛顎動物] 바다에서 사는 작고 투명한 부유 동물(浮游動物). 자웅 동체(雌雄同體)임. もうがくどうぶつ   chaetognath 毛顎動物

모ː암[母巖] 광맥(鑛脈)을 둘러싸고 있는 암석. ぼがん   mother rock 母巖

모ː야[暮夜] 이슥한 밤.「~의 종소리」 ぼや   dark night 暮夜

모ː야모야[某也某也] 아무아무. 누구누구. 某也某也

모ː양[某樣] 어떤 양식(樣式).   certain style 某樣

모양[模樣·貌樣] 사람이나 사물의 겉으로 나타난 꼴. =양자(樣姿). もよう   figure 模樣 貌樣 樣姿

모양체[毛樣體] 안 구(眼球) 안의 수정체를 둘러싸고 있는, 가는 주름으로 된 부분. もようたい   ciliary body 毛樣體

모ː어[母語] ① 자기 나라의 말. =모국어(母國語). ② 어떤 언어의 근본이 되는 언어. ぼご   mother tongue 母語

모역[謀逆] 반역(反逆)을 꾀함. ぼうぎゃく   rebellion 謀逆

모ː연[暮煙] 저녁 무렵에 나는 연기. ぼえん   smoke in the evening 暮煙

모옥[茅屋] ① 띠로 이은 초가. 허름하고 초라한 집. ② '자기의 집'을 겸손하게 이르는 말. ぼうおく   ① thatched house 茅屋

모와[牡瓦] 수키와. おがわら 牡瓦

모ː욕[侮辱] 깔보고 욕되게 함. ぶじょく   insult 侮辱

모용[毛茸] 식물의 겉에 나는 잔털. もうじょう   hair 毛茸

모우[牡牛] 소의 수컷. 수소. おうし   bull 牡牛

모ː우[冒雨] 비를 무릅씀.「~결행(決行)」 braving rain 冒雨

모ː우[暮雨] 저녁 때 내리는 비. ぼう   evening rain 暮雨

모ː유[母乳] 포유동물의 모체에서 나는 젖. ぼにゅう   mother's milk 母乳

모유[謀猷] 어떤 일을 이루기 위하여 꾸미는 계책이나 책략. 謀猷

모ː음[母音] 홀소리.'ㅏ·ㅓ·ㅗ·ㅜ…' 따위. ↔자음(子音). ぼいん   vowel 母音

모의[毛衣] 털가죽으로 만든 옷. 갖옷. もうい   furs 毛衣

모의[模擬] 실제와 비슷한 형식과 내용으로 연습삼아 해봄.「~재판(裁判)」 もぎ   imitation 模擬

모의[謀議] ① 어떤 일을 꾀하여 같이 의논함. ② 여럿이 범죄의 계획 및 실행 수단을 의논함. ぼうぎ   ① conference ② conspiracy 謀議 議論

모ː인[某人] 어떤 사람. 아무개.   certain person 某人

모ː인[冒認] 남의 물건을 제 것인 양 꾸며 속임.   laying a false claim 冒認

모ː일[某日] 아무 날. 어느 날.「모월(某月) ~」 ぼうじつ   certain day 某日

모ː자[母子] 어머니와 아들. 母子

ぼし　　　　　mother and son
모:자[母姉] 어머니와 손윗누이.　母姉
　　mother and elder sister
모:자[母慈] 어머니의 사랑.　母慈
　　maternal affection
모자[眸子] 눈동자. ぼうし　眸子
　　　　　　　　　　pupil
모자[帽子] 예의를 갖추거나　帽子
　머리를 보호하기 위해서 쓰는
　쓰개. ぼうし　　　　　hat
모자이크[mosaic] 돌·색유
　리·조가비·나무 등의 조각
　을 붙여 그림이나 도안(圖案)　圖案
　으로 나타낸 것. 또는 그러한
　미술 형식. モザイク
모작[模作] 남의 작품을 그대　模作
　로 본떠서 만듦. 또는 그 작
　품. もさく　　　　imitation
모장[帽章] 모자에 붙이는 일　帽章
　정한 표지. =모표(帽標). ぼ
　うしょう　　　　cap badge
모재[募財] 여러 곳에서 돈을　募財
　모음.
　　collection of contributions
모전[毛氈] 짐승의 털을 가공　毛氈
　하여 만든 담요. もうせん
　　　　　　　　　fur carpet
모:정[母情] 자식에 대한 어머　母情
　니의 정. ぼじょう
　　maternal affection
모정[茅亭] 짚이나 새 따위로　茅亭
　지붕을 이은 정자. ぼうてい
　　　　　　　thatched arbor
모:정[慕情] 그리워하는 마음.　慕情
　ぼじょう　　　　　yearning
모조[毛彫] 아주 가는 선으로　毛彫
　새긴 조각. hairline engraving
모조[模造] 본떠서 만듦. 「~　模造
　품(品)」 もぞう　imitation
모조지[模造紙] 양지(洋紙)의　模造紙
　한 가지. 품질이 강하고 질기
　며 윤택이 남. もぞうし
　　　　　　　　vellum paper

모족[毛族] 털을 가진 짐승의　毛族
　총칭.　　　　hairy beasts
모:종[某種] 어떤 종류.「~의　某種
　사건(事件)」 ぼうしゅ
　　　　　　　　certain kind
모:종[暮鐘] 해가 질 무렵에　暮鐘
　치는 종. =만종(晩鐘). ぼ
　しょう　　　　evening bell
모:주[母主] 어머니의 높임말.　母主
모:주[母酒] 맑은 술을 뜨고　母酒
　난 뒤에 남는 찌끼술. 밑술.
　ぼしゅ　　　　crude liquor
모주[謀主] 일을 주장하여 꾀　謀主
　하는 사람. ぼうしゅ　plotter
모주[謀酒] 술 마시기를 꾀함.　謀酒
　「~꾼」 plotting for a drink
모직[毛織] 털실을 원료로 해　毛織
　서 짠 피륙. 「~물(物)」 けお　原料
　り　　　　　woolen fabrics
모진[耗盡] 줄거나 닳아서 없　耗盡
　어짐. もうじん wear and tear
모집[募集] 널리 희망자를 모　募集
　음. 「사원 ~」 ぼしゅう
　　　　　　　　　recruitment
모채[募債] 공채(公債)나 사채　募債
　(私債)를 모음. ぼさい
　　　　flotation of a loan
모책[謀策] 어떤 일을 처리하　謀策
　거나 모면할 계책. =모계(謀
　計). ぼうさく　　stratagem
모:처[某處] 어떤 곳. 아무 곳.　某處
　=모소(某所). ぼうしょ
　　　　　　　　certain place
모:천[暮天] 저물녘의 하늘.　暮天
　ぼてん　　　　evening sky
모첨[茅簷] 초가 지붕의 처마.　茅簷
　eaves of a thatched house
모:체[母體] ①아이나 새끼를　母體
　밴 어미의 몸. ②갈라져 나온
　것의 근본 바탕. ぼたい
　　　　　　　② parent body
모:추[暮秋] 늦 가을. =만추　暮秋
　(晩秋). ぼしゅう late autumn

모:춘[暮春] 늦봄. =만춘(晚春). ぼしゅん　late spring　暮春

모충[毛蟲] 몸에 털이 있는 벌레. 송충이·쐐기 따위. けむし　caterpillar　毛蟲

모충[謀忠] 남을 돕기 위해 좋은 꾀를 내어 줌. devising a plan for others　謀忠

모:측[母側] ① 어머니의 곁. 어머니 슬하. ② 어머니 쪽. ① mother's side ② maternal side　母側

모:친[母親] 어머니. =자친(慈親). ははおや mother　母親

모침[貌侵·貌寢] 몸집이 작고 됨됨이가 좀 모자람. dullness　貌寢

모:칭[冒稱] 이름을 거짓으로 꾸며 댐. ぼうしょう　misrepresentation　冒稱

모:카커:피[Mocha coffee] 예멘의 모카에서 나는 질 좋은 커피.

모:켓[moquette] 두껍고 보풀이 있는 모직물(毛織物)의 한 가지. モケット　毛織物

모:탁[冒濁] 마음이 탐욕으로 가득 차서 탁함. covetousness　冒濁

모:태[母胎] ① 어머니의 태안. ② 사물이 발생하거나 발전하는 밑바탕. ぼたい ① mother's womb ② beginning　母胎

모:터[motor] ① '발동기(發動機)'의 총칭. ② 전동기(電動機).　發動機

모:터보:트[motorboat] 모터를 추진기(推進機)로 사용하는 보트. モーターボート　推進機

모:터사이클[motorcycle] 가솔린 엔진을 장치(裝置)하여 자동으로 움직이게 된 사선거. 모터바이시클. 오토바이. モーターサイクル　裝置

모:터쇼:[motor show] 자동차 또는 자동차 부품(部品) 따위의 전시회. モーターショー　自動車 部品

모:텔[motel] 자동차 여행자를 위한 숙박(宿泊) 시설. モーテル　宿泊

모:토[母土] 무덤을 팔 때, 관이 들어가 놓일 자리를 파낸 흙. earth of a grave　母土

모토[motto] 신조(信條). 좌우명(座右銘). モットー　信條

모:티브[motive] ⇨모티프.

모:티비즘[motivism] 동기설(動機說).　動機說

모티프[프 motif] ① 예술 작품에서의 중심 사상(中心思想). ② 음악 형식의 최소 구성 단위. モチーフ　中心 思想

모포[毛布] 담요. もうふ blanket　毛布

모표[帽標] 모자에 붙이는 표지. 모자표. =모장(帽章). cap badge　帽標

모피[毛皮] 털이 붙어 있는 가죽. 털가죽. もうひ·けがわ fur　毛皮

모피[謀避] 꾀를 부려 피함. evasion　謀避

모필[毛筆] 짐승의 털로 만든 붓. もうひつ brush　毛筆

모:핑[morphing] 서로 다른 형상의 이미지를 변환(變換)시킬 때 그 공백을 채워 주는 데 사용되는 컴퓨터 애니메이션 기법(技法).　變換 技法

모:하[暮夏] 늦여름. =만하(晚夏). late summer　暮夏

모:학[侮謔] 깔보고 놀려 댐. underestimate　侮謔

모:한[冒寒] 추위를 무릅씀. braving the cold　冒寒

모:함[母艦] 항공 모함(航空母艦).　母艦

艦)의 준말. ぼかん

모함[謀陷] 남을 모해하여 곤경에 빠뜨림. 謀陷 entrapping

모:항[母港] 그 배의 근거지가 되는 항구. 또는 그 배가 출항하여 온 항구. ぼこう 母港 home port

모해[謀害] 못된 방법을 써서 남을 해침. 謀害 doing harm to

모:험[冒險] 위험을 무릅씀. 「~담(談)」 ぼうけん 冒險 adventure

모헤어[mohair] 앙고라 염소의 털. 또는 그것으로 짠 모직물(毛織物). モヘア 羊毛 毛織物

모형[模型·模形] ① 실물의 형태 그대로 만든 것. ② 실물을 축소해서 만든 것. もけい 模型 model

모호[模糊] 흐릿하고 분명하지 못함. 「애매(曖昧)~」 もこ 模糊 dimness

모:화[慕化] 덕(德)을 사모하여 감화됨. 慕化

모:화[慕華] 중국의 문물(文物)·사상(思想) 등을 섬김. 「~사상(思想)」 ほか worship of Chinese civilization 慕華

모획[謀畫] 꾀하여 획책함. ＝모사(謀事)·모략(謀略). planning 謀畫

모:후[母后] 황제의 어머니. ぼこう 母后

모:훈[母訓] 어머니의 교훈. ぼくん mother's teachings 母訓

목[木]* ① 나무 목: 나무. 「樹木(수목)·木材(목재)·木器(목기)·木工(목공)·古木(고목)」 ② 질박할 목: 질박하다. 「木訥(목눌)·木强(목강)」 ③ 무명 목: 무명. 「木綿(목면)·木花(목화)」 モク·ボク ① き·こ 木材 古木 木綿

목[目]* ① 눈 목: 눈. 「目不忍見(목불인견)·目子(목자)·目擊(목격)·耳目(이목)」 ② 중요할 목: 중요하다. 「要目(요목)」 ③ 두목 목: 두목. 「頭目(두목)」 ④ 눈여겨볼 목: 눈여겨보다. 「注目(주목)」 ⑤ 조목 목: 조목. 「條目(조목)·項目(항목)·費目(비목)」 ⑥ 제목 목: 제목. 「題目(제목)·目次(목차)」 モク·ボク ① め·まなこ 忍見 頭目 目次

목[沐]* ① 머리 감을 목: 머리를 감다. 「沐浴(목욕)·沐間(목간)·沐雨(목우)」 ② 혜택 받을 목: 혜택을 받다. 이익을 얻다. 「沐恩(목은)」 モク ① あらう 沐浴

목[牧]* ① 기를 목: 기르다. 「牧畜(목축)·牧馬(목마)·牧童(목동)」 ② 다스릴 목: 다스리다. 「牧司(목사)·牧使(목사)·牧民(목민)」 ③ 살필 목: 살피다. 「牧察(목찰)」 ボク·モク 牧畜 牧民

목[睦]* ① 화목할 목: 화목하다. 「和睦(화목)·親睦(친목)·友睦(우목)」 ② 눈매 고울 목: 눈매가 곱다. ボツ ① むつまじい·むつむ 和睦 親睦

목[穆] ① 온화할 목: 온화하다. 「穆淸(목청)·穆穆(목목)」 ② 고요할 목: 고요하다. 「穆然(목연)」 ボク ① やわらぐ 穆淸

목가[牧歌] ① 목동이 부르는 노래. ② 전원(田園)을 주제로 한 시가(詩歌). 「~적(的)」 ぼっか ① shepherd's song ② pastoral song 牧歌 田園

목각[木刻] 나무에 그림이나 글자를 새김. 또는 나무에 새긴 그림이나 글자. wood carving 木刻

목간[木竿] 장대. 장나무. pole 木竿

목간[木幹] 나무의 줄기. trunk 木幹

목간[木簡] 옛날에 종이가 없었을 때 글을 적은 나뭇조각. もっかん・もくかん

목간[沐間] ① 목욕간(沐浴間)의 준말. ② 목욕간에서 목욕을 함. ② bathing

목갑[木匣] 나무로 만든 갑. wooden casket

목강[木強] 억지가 세고 쉽게 굽히지 않음. ぼっきょう stiff-neckedness

목검[木劍] 칼 모양으로 다듬은 나무 막대. 검술을 익힐 때 씀. =목도(木刀). ぼっけん wooden sword

목격[目擊] 눈으로 직접 봄. =목견(目見)・목도(目睹). もくげき observation

목견[目見] ⇨ 목격(目擊).

목공[木工] ① 나무를 가공(加工)하여 물건을 만듦. ② ⇨ 목수(木手). もっこう ① woodworking

목관[木棺] 나무로 만든 관(棺). wooden coffin

목관[木管] ① 나무로 만든 관(管). 「~ 악기(樂器)」② 방적(紡績) 기계의 실패. もっかん ① wooden pipe

목괴 포장[木塊鋪裝] 나무 토막을 길에 죽 까는 포장. もっかいほそう wood block paving

목교[木橋] 나무로 만든 다리. wooden bridge

목교[目巧] 눈썰미 quick eye for learning things

목구[木毬] 나무로 만든 공. 격구(擊毬)에 쓰임. wooden ball

목궁[木弓] 산뽕나무 따위로 만든 활. wooden bow

목균[木菌] 말리어 나무 꼬치에 꿴 버섯. skewer of dried mushrooms

목극토[木克土] 오행설(五行說)에서 이르는 상극(相剋)의 하나. 나무가 흙을 이긴다는 뜻.

목근[木根] 나무의 뿌리. root

목근[木槿] 무궁화(無窮花)나무. むくげ・もくげ rose of Sharon

목금[木琴] 타악기(打樂器)의 하나. 음계에 따라 조율한 나무토막을 벌여 놓고 두 개의 채로 쳐서 소리를 냄. 실로폰. もっきん xylophone

목기[木器] 나무로 만든 그릇. もっき wooden vessel

목내이[木乃伊] 미라. ミイラ mummy

목농[牧農] 목축 농업(牧畜農業)의 준말.

목눌[木訥] 순진하고 말재주가 없음. ぼくとつ artlessness

목단[牡丹] ⇨ 모란(牡丹).

목도[木刀] ⇨ 목검(木劍). ぼくとう

목도[目睹] 눈으로 직접 봄. =목격(目擊)・목견(目見). もくと witnessing

목독[目讀] 소리내지 않고 눈으로 읽음. =묵독(默讀). silent reading

목동[牧童] 목축에 종사하는 아이. =목자(牧者)・목수(牧豎). ぼくどう shepherd boy

목란[木蘭] ⇨ 목련(木蓮). もくれん

목련[木蓮] 목련과의 낙엽 교목. 4월에 분홍이나 흰 꽃이 핌. =목란(木蘭)・목필(木筆). もくれん magnolia

목렴[木廉] 무덤 속의 송장에 나무 뿌리가 감기는 재앙.

목례[目禮] 눈으로만 하는 인

사. もくれい   nod

목로[木路] 얕은 물에서 배가 다닐 만한 곳에 나뭇가지를 꽂아 표시한 뱃길. waterway

목로[木櫨] 선술집에서 술잔을 벌여 놓는 좁고 기다란 상(床).   bar

목록[目錄] 책의 내용이나 물품의 이름을 적은 일람표. もくろく   table of contents

목리[木理] ①나무의 결. 나무의 연륜(年輪). 나이테. もくり   ① grain of wood annual ring

목리[木履] 나막신. ぼくり   clogs

목마[木馬] ①나무로 말 모양처럼 만든 기구의 한 가지. 놀이·운동 용구임. ②건축 현장에서, 높은 곳에 올라가는 데 쓰이는 발돋움. もくば   ① wooden horse

목마[牧馬] 말을 먹여 기름. 또는 기른 그 말. ぼくば   horseraising

목날[木木] 베밀가루.   buckwheat flour

목맥[木麥] 메밀. buckwheat

목면[木棉·木綿] ① 목면과의 교목. 열대 식물로, 씨는 솜털에 덮여 있음. もくめん ②⇨목화(木花). ③무명. もめん   cotton

목면포[木綿布] 무명. cotton

목문[木紋] 나뭇결 무늬.   grain of wood

목물[木物] 나무로 만든 물건의 총칭.   things made of wood

목민[牧民] 백성을 다스림. ぼくみん governing the people

목반[木盤] 얇은 널조각으로 바닥을 하고 운두가 낮은 전을 사방으로 댄 나무 그릇. 음식을 담는 데 씀. =목판(木板).   wooden tray

목본[木本] 목질부(木質部)가 발달하여 줄기와 뿌리가 단단한 식물. ↔초본(草本). もくほん   shrub

목봉[木棒] 몽둥이. club

목부[牧夫] 목장에서 말·소·양 등을 돌보는 사람. =목자(牧者). ぼくふ   shepherd

목불[木佛] 나무로 만든 불상(佛像). きぶつ·もくぶつ·きほとけ   wooden image of Buddha

목불식정[目不識丁] 고무래를 놓고 '丁'자도 알아보지 못한다는 뜻으로, 배운 것이 없어 글자를 전혀 모름. 또는 그런 사람을 뜻함. =일자무식(一字無識).   sheer illiteracy

목불인견[目不忍見] 눈으로는 차마 볼 수가 없음. being unable to bear the sight of

목비[木碑] 나무로 만든 비.   wooden monument

목사[牧舍] 말·소·양·돼지 따위를 기르는 우리. ぼくしゃ   cattle pen

목사[木絲] 무명실.   cotton yarn

목사[牧師] 기독교의 교리를 해설하고 예배를 인도하는 등의 일을 맡아보는 교직. 또는 그 사람. ぼくし   pastor

목상[木像] 나무로 만든 사람의 형상(形相). =목우(木偶). もくぞう wooden image

목석[木石] ①나무나 돌. ②감정이 둔하고 인정이 없는 사람의 비유. ぼくせき   ① wood or stone ② insensibility

목석한[木石漢] 나무나 돌처럼

럼 인정이나 감정이 없는 사내. ぼくせきかん
insensible person

목선[木船] 나무배. もくせん 木船
wooden boat

목설[木屑] 톱밥. きくず 木屑
sawdust

목성[木性] 나뭇결. grain 木性

목성[木星] 태양계에서 다섯 번째 궤도를 도는 행성. 태양계의 행성 중 가장 크며, 열여섯 개 이상의 위성(衛星)을 거느리고 있음. もくせい 木星
Jupiter

목수[木手] 목재로 집이나 가구 따위를 만드는 사람. 木手
carpenter

목수[牧竪] ⇨목동(牧童). ぼくじゅ 牧竪

목식[木食] 나무 열매나 잎 등을 날것으로 먹으면서 생활하는 일. 木食
living on fruit

목신[木神] 나무에 깃들여 있다는 귀신. 木神

목실[木實] 나무의 열매. fruit 木實

목안[木雁] 나무로 만든 기러기 형상. 재래식 혼례에 쓰임. 목기러기. 木雁
wooden wildgoose

목양[牧羊] 양을 침. ぼくよう 牧羊
sheep farming

목양[牧養] ⇨목축(牧畜). ぼくよう 牧養

목어[木魚] ①도루묵. ②절에서 쓰는 기구의 하나. 나무로 잉어 모양을 만들어 매달아 두고 불사(佛事) 때 두드림. もくぎょ ①sandfish 木魚

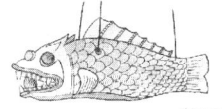
〔목어②〕

목엽[木葉] 나뭇잎. =수엽(樹葉). もくよう・このは leaf 木葉

목요일[木曜日] 칠요일(七曜日)의 하나. 일요일로부터 다섯째 요일. もくようび 木曜日
Thursday

목욕[沐浴] 머리를 감고 몸을 씻음. もくよく bath 沐浴

목욕간[沐浴間] 목욕을 할 수 있도록 설비해 놓은 곳. 준목간(沐間). 沐浴間

목욕실[沐浴室] 목욕을 할 수 있도록 시설을 갖춘 방. 준욕실(浴室). bathroom 沐浴室

목욕탕[沐浴湯] 목욕을 할 수 있도록 설비해 놓은 곳. 또는 그런 시설로써 영업을 하는 곳. 준욕탕(浴湯). bathhouse 沐浴湯設備

목우[木偶] 나무로 만든 사람의 형상. =목인(木人). でく 木偶
wooden figure

목우[沐雨] 비를 흠뻑 맞음. もくう being wet to the skin 沐雨

목우[牧牛] 소를 침. 또는 그 소. ぼくぎゅう cattle farming 牧牛

목월[睦月] 음력 정월의 다른 이름. むつき 睦月
January of lunar calendar

목이[木耳・木栮] 죽은 나무에 나는 식용 버섯. 목이버섯. きくらげ Jew's-ear 木耳

목인[木人] ⇨목우(木偶). ぼくじん 木人

목자[目子] 눈. 目子

목자[目眥] 눈초리. 눈꼬리. もくし outer corner of the eye 目眥

목자[牧者] ①목장에서 가축을 돌보는 사람. =목부(牧夫)・목인(牧人). ぼくしゃ ②기독교의 성직자(聖職者). 牧者
① shepherd ② pastor

목잔[木棧] 나무로 사닥다리처럼 놓은 길. wooden stairway 木棧

목잠[木簪] 나무로 만든 비녀. ornamental hairpin made of wood

목장[牧場] 울타리 등의 시설을 하여 말·소·양 따위를 놓아 기르는 넓은 터. ぼくじょう·まきば　ranch

목재[木材] 건축물·공작물·펄프 등의 재료나 원료로 쓰이는 나무. =재목(材木). もくざい　timber

목저[木箸] 나무젓가락. wooden chopsticks

목적[目的] 지향하는 대상(對象)이나 곳. =목표(目標). もくてき　goal

목적[牧笛] 목동이 가축을 다룰 때 부는 피리. ぼくてき shepherd's pipe

목적격[目的格] 문장에서, 체언이 동사의 목적어임을 나타내는 격. もくてきかく objective case

목적론[目的論] 모든 사물이나 현상은 어떤 목적을 실현하기 위해 존재한다는 설. もくてきろん　teleology

목적어[目的語] 문장에서, 동사의 동작의 대상이 되는 사물을 가리키는 말. もくてきご　object

목전[木栓] 코르크(cork). もくせん

목전[目前] ①눈앞. ②지금 당장. もくぜん ②right now

목전층[木栓層] 코르크참나무의 껍질 안쪽에 생기는 조직. 코르크층(cork層). もくせんそう

목정[木釘] 나무못. きくぎ peg

목정[木精] 메탄올(methanol). もくせい

목제[木製] 나무를 재료로 하여 만든 것. もくせい wooden structure

목조[木造] 나무를 재료로 하여 지은 것. 「~가옥(家屋)」 もくぞう wooden construction

목조[木彫] 나무에 조각함. 또는 나무로 만든 조각품. もくちょう　wood carving

목조[木槽] 나무로 만든 구유. もくそう　wooden manger

목주[木主] ⇨위패(位牌). もくしゅ

목주련[木柱聯] 나무로 만든 주련. wooden hanging scroll

목질[木質] ①나무와 같은 성질. ②나무 줄기 속의 목질화(木質化)한, 단단한 부분. もくしつ

목차[目次] 참목(項目)·조목(條目) 등을 일정한 차례로 적어 놓은 것. もくじ contents

목찰[木札] ①나무를 깎을 때 생기는 부스러기. 지저깨비. ②나무로 만든 패. =목패(木牌). ①splinter ②wooden tablet

목책[木柵] 나무 말뚝을 박아 만든 울타리. 울짱. =목채(木寨). もくさく　wooden fence

목척[木尺] 나무로 만든 자. wooden ruler

목첩[目睫] 눈과 속눈썹이라는 뜻으로, '매우 가까운 곳이나 때'의 비유. 「~지간(之間)」 もくしょう　nearness

목초[牧草] 가축의 사료로 쓰이는 풀. ぼくそう　grass

목축[牧畜] 가축을 기름. ぼくちく pasturage

목축 농업[牧畜農業] 목축을 전문으로 하는 농업. ㉔목농(牧農)

목측[目測] 눈어림. 눈대중. もくそく

もくそく　eye measurement

목침[木枕] 나무토막으로 만든 베개. きまくら wooden pillow 木枕

목탁[木鐸] ① 불공할 때 치는 나무로 만든 물건. ② 세상 사람들을 깨우쳐 이끌 만한 사람이나 기관의 비유. 「사회의 ~」ぼくたく
① wooden bell ② leader 木鐸

〔목탁①〕

목탁 귀:신[木鐸鬼神] ① 목탁만 치다가 죽은 귀신. ② 목탁 소리만 나면 모인다는 귀신. 木鐸鬼神

목탄[木炭] ① 숯. ② 밑그림이나 소묘 등에 쓰는, 버드나무·오동나무 따위로 만든 결이 곱고 무른 숯. もくたん charcoal 木炭

목탄지[木炭紙] 목탄 화(木炭畵)를 그리는 데 쓰이는 종이. もくたんし charcoal paper 木炭紙

목탄차[木炭車] 숯을 때어 그 가스로 동력을 일으켜서 가게 하는 자동차. もくたんしゃ charcoal car 木炭車

목탄화[木炭畵] 목탄으로 그리는 서양화(西洋畵). もくたんが fusain 木炭畵

목판[木板] ① 널조각. ② ⇨목반(木盤). ① board 木板

목판[木版] 나무에 글자나 그림을 새긴 원판(原版). もくはん block 木版

목팔사[木八絲] 무명실을 몇 오리 합쳐 여덟 가닥으로 꼰 동그란 끈목. 木八絲

목패[木牌] 나무로 만든 패. =목찰(木札). もくはい wooden tablet 木牌

목편[木片] 나무 조각. もくへん·きぎれ a piece of wood 木片

목표[目標] 이루거나 도달하려는 대상이 되는 것. もくひょう aim 目標

목피[木皮] 나무 껍질. 「초근(草根)~」もくひ·ぼくひ bark 木皮

목필[木筆] ① ⇨연필(鉛筆). ぼくひつ ② ⇨목련(木蓮). 木筆

목하[目下] 바로 이 때. 지금. =현 하(現下)·현금(現今). もっか now 目下

목합[木盒] 나무로 만든 합(盒). wooden receptacle with high edges and a lid 木盒

목향[木香] 엉거싯과의 다년 초. 밭에서 재배하는데 뿌리는 한방에서 약재로 씀. 「~채(菜)」elecampane 木香

목험[木枚] 농기구의 하나. 넉가래. wooden shovel 木枚

목협[木鋏] 나뭇가지를 치는 큰 가위. きばさみ shears 木鋏

목형[木型] 나무로 만든 형틀. きがた wooden mold 木型

목혜[木鞋] 나막신. clogs 木鞋

목화[木花] 무궁화과의 일년 초. 열매가 익어 벌어지면 하얀 섬유가 붙은 씨가 드러남. 씨에 붙은 섬유는 피륙이나 실의 원료가 되며, 씨에서는 기름을 짜냄. =면화(棉花)·목면(木棉). cotton plant 棉花

목화[木畵] 목공품(木工品) 표면에 상감(象嵌)으로 무늬를 놓는 기법(技法). 木畵象嵌

목화[木靴] ① 검은 녹비(鹿皮)로 목을 길게 만든 신. 조선 시대에 관원이 관복을 입을 때 신었음. =화자(靴子). ② 조선 시대에, 무동(舞童)이 木靴

신던 목이 긴 신. きぐつ
① deer-skin boots

〔목화①〕

목활자[木活字] 나무로 만든 활자. wooden type

목회[木灰] 나무가 타고 남은 재. wood ash

몬순:[monsoon] 계절풍(季節風). モンスーン

몬스테라[Monstera] 천남성과(天南星科)의 상록 덩굴 식물. 잎은 두껍고 질기며 깃꼴로 갈라져 표면에 많은 구멍이 나 있음. 멕시코 원산이며 온실에서 재배함.

몬트가스[독 Mond gas] 석탄을 가열하고, 이에 뜨거운 공기·수증기를 통하여서 만드는 기체 연료(氣體燃料).

몰[沒]* ① 잠길 몰: 잠기다. 「沈沒(침몰)·沒入(몰입)·埋沒(매몰)」 ⑩ 망할 몰: 망하다「沒落(몰락)」 ③ 다할 몰: 다하다. 없어지다. 죽다. 「沒食(몰식)·病沒(병몰)·沒死(몰사)·沒殺(몰살)」 ④ 빼앗을 몰: 빼앗다. 「沒收(몰수)」 ボツ·モツ ① しずむ

몰[歿] 죽을 몰: 죽다. 「病歿(병몰)·存歿(존몰)」 ボツ ① しぬ

몰[mol] ① 물질의 양을 나타내는 계량(計量) 단위의 한 가지. ② 화학에서, 몰농도의 단위. モル

몰각[沒却] 마음에 두지 아니함. ぼっきゃく disregarding

몰골법[沒骨法] 동양화에서, 윤곽이나 선을 그리지 않고, 먹이나 물감을 찍어서 한 붓에 그리는 화법. ぼっこつほう·もっこつほう

몰교섭[沒交涉] 관계나 교섭이 전혀 없음. ぼっこうしょう having no relation with

몰끽[沒喫] 남기지 않고 다 먹음. =몰탄(沒吞)·몰식(沒食). eating up

몰년[歿年] 죽은 해. =졸년(卒年). ぼつねん one's age at death

몰닉[沒溺] ① 물에 빠져 가라앉음. ② 무슨 일에 깊이 빠지거나 열중함. ぼつでき ① drowning ② devotion

몰두[沒頭] 한 가지 일에 열중함. =몰입(沒入). ぼっとう devotion

몰두몰미[沒頭沒尾] 밑도 끝도 없음. =무두무미(無頭無尾). indistinction

몰락[沒落] ① 나라나 집안이 번성하다가 아주 보잘것없이 됨. 「~한 귀족의 후예」 ② 멸망하여 없어짐. ぼつらく ruin

몰렴[沒廉] 몰염치(沒廉恥)의 준말.

몰리브덴[독 Molybdän] 크롬과 비슷한, 은백색(銀白色)의 금속 원소. 원소 기호는 Mo. モリブデン

몰미[沒味] 몰취미(沒趣味)의 준말.

몰방[沒放] ① 총이나 포 따위를 한 곳을 향하여 한꺼번에 쏨. 「~질을 하다」 ② 폭발물이 한꺼번에 터짐. ① volley

몰분수[沒分數] 도무지 분수가 없음. =몰요량(沒料量). indiscretion

몰사[沒死] 모두 죽음. ぼつし extinction

몰살[沒殺] 모두 죽임. =오살(鏖殺). 沒殺 annihilation

몰상식[沒常識] 도무지 상식이 없음. ぼつじょうしき 沒常識 senselessness

몰서[沒書] ① 정기 간행물에서 투고(投稿)한 것을 게재하지 않음. ② 편지 따위가 몰수됨. ぼっしょ ① rejection 沒書

몰세[沒世] ① 일생을 마칠 때까지. ② 끝없이 오램. ぼっせい ② eternity 沒世

몰소[沒燒] 다 타 버림. 또는 다 태워 버림. burning out 沒燒

몰송[沒誦] 글이나 책의 내용을 다 욈. complete recitation 沒誦

몰수[沒收] ① 재산이나 권리 등을 국가 권력 또는 권력을 가진 자가 빼앗아 거두는 것. ② 형법에서, 주형(主刑)에 덧붙여 과하는 부가형(附加刑)의 하나. 주형의 범죄 행위와 일정한 관계가 있는 물건이나 재산 따위를 박탈하는 형벌. 「재산 ~」ぼっしゅう ① confiscation ② forfeiture 沒收

몰수[沒數] 전체의 수량(數量). =진수(盡數). whole 沒數

몰식[沒食] ⇨몰끽(沒喫). 沒食

몰실[沒實] ⇨무실(無實). 沒實

몰아[沒我] 자기 자신을 잊고 있는 상태. 「~의 경지(境地)」ぼつが self-effacement 沒我

몰약[沒藥] 아프리카산 감람과의 식물 수피(樹皮)에서 나오는 고무 수지. 방향제·방부제 및 통경제·진위제 등으로 쓰임. 沒藥 樹皮

몰염치[沒廉恥] 염치가 없음. 뻔뻔스러움. 준몰렴(沒廉). shamelessness 沒廉恥

몰요량[沒料量] 도무지 요량이 없음. =몰분수(沒分數). 沒料量 indiscretion

몰입[沒入] 어떤 한 가지 일에 온 마음을 기울임. ぼつにゅう saturation 沒入

몰자비[沒字碑] ① 글자가 없는 비(碑). ② 글 모르는 사람을 놀리는 말. ② illiterate 沒字碑

몰책[沒策] 계책이 전혀 없음. 沒策

몰취미[沒趣味] 아무런 취미가 없음. 준몰미(沒味). ぼっしゅみ tastelessness 沒趣味

몰탄[沒呑] ⇨몰끽(沒喫). 沒呑

몰토[이 molto] 악보에서, '매우'·'대단히'의 뜻.

몰·트위스키[malt whisky] 맥아(麥芽)를 발효시켜 증류하여 만든 위스키. モルトウイスキー 麥芽

몰패[沒敗] 모조리 패함. =대패(大敗). complete defeat 沒敗

몰풍[沒風] 풍치(風致)가 없음. 「~스럽다」 沒風

몹[mop] T자 모양의 자루 끝에 걸레를 단 청소 도구(道具)의 한 가지. モップ 清掃道具

몽:[夢]☆ ① 꿈 몽:꿈. 「夢中(몽중)·夢裏(몽리)·吉夢(길몽)·夢兆(몽조)·惡夢(악몽)」② 상상함 몽:상상하다. 「夢想(몽상)·夢幻(몽환)」ム ① ゆめ 夢中 夢想

몽[蒙]☆ ① 어릴 몽:어리다. 어리석다. 「童蒙(동몽)·蒙昧(몽매)·蒙養(몽양)·啓蒙(계몽)」② 입을 몽:입다. 당하다. 「蒙利(몽리)·蒙喪(몽상)·蒙恩(몽은)」③ 나라 이름 몽:나라 이름. 「蒙古(몽고)·蒙古族(몽고족)」モウ ② こうむる 童蒙 蒙古

몽[濛] ① 부슬비 몽:부슬비. 「濛雨(몽우)」② 흐릿할 몽:흐릿하다. 「濛漠(몽막)·濛昧 濛雨

(몽매)」モウ

몽[朦] ① 정신 희미할 몽: 정신이 희미하다.「朦昏(몽혼)·朦朧(몽롱)」② 달빛 어른거릴 몽: 달빛이 어른거리다.「朦朦(몽몽)」モウ ① おぼろ

몽[懜] 청맹과니 몽: 청맹과니.「懜瞽(몽고)·懜瞀(몽모)·懜瞍(몽수)」モウ

몽고반[蒙古斑] 어린아이의 엉덩이나 등 따위에 나타나는 푸른색의 반점. もうこはん Mongolian spot

몽고풍[蒙古風] ① 몽고의 풍속이나 양식(樣式). =몽고식(蒙古式). ② 몽고의 고비 사막에서 중국의 동북부로 부는 건조한 바람. もうこふう ① Mongolian custom

몽롱[朦朧] ① 희미하게 흐리어 또렷하지 아니함. ② 의식(意識)이 또렷하지 아니하고 흐릿함. もうろう haziness

몽리[蒙利] 이익을 얻음. もうり gaining

몽:리[夢裏·夢裡] 꿈 속 = 몽중(夢中). むり in one's dream

몽리 구역[蒙利區域] 관개 시설을 통하여 농업 용수의 혜택을 받는 구역. もうりくいき land under irrigation

몽매[蒙昧] 어리석고 사리에 어두움.「무지(無知)~」もうまい ignorance

몽:매[夢寐] 잠을 자면서 꿈을 꿈. むび dreaming

몽몽[濛濛] 비·안개·연기 따위로 앞이 자욱함. もうもう denseness

몽방[蒙放] 죄인이 용서를 받아 방면(放免)됨. =몽유(蒙宥). release

몽:사[夢事] 꿈에 본 일. dream

몽상[蒙喪] 상복(喪服)을 입음. mourning

몽:상[夢想] 실현성이 없는 헛된 공상. むそう dream

몽상문[蒙上文] 한 문장 속에 둘 이상의 어구(語句)가 있을 때, 그 어구 양쪽에 공통되는 말이나 글자.

몽:설[夢泄] 남자가 잠을 자면서, 꿈에 성적(性的)인 흥분을 느끼어 사정(射精)하는 일. =몽정(夢精). wet dream

몽수[朦瞍] 장님으로서 점치는 일을 업으로 하는 사람. 판수. blind fortune-teller

몽:압[←夢魘] 자다가 가위에 눌림. nightmare

몽애[蒙騃] 사리에 어둡고 둔함. =미거(未擧). dullness

몽:염[夢魘] 몽압(夢魘)의 원말.

몽:외[夢外] 꿈에도 생각지 않았던 터. =의외(意外).「~지사(之事)」

몽:유[夢遺] ⇨몽설(夢泄). 夢遺

몽:유병[夢遊病] 자다가 갑자기 일어나 행동한 일을 전혀 기억하지 못하는 병적(病的)인 증상. むゆうびょう somnambulism

몽은[蒙恩] 은혜를 입음. =몽혜(蒙惠). receiving a favor

몽:정[夢精] ⇨몽설(夢泄). むせい

몽:조[夢兆] 꿈자리. むちょう dream

몽:중[夢中] 꿈 속. =몽리(夢裏).「~몽(夢)」むちゅう in one's dream

몽진[蒙塵] 임금이 난리를 만나 피난을 감. もうじん flight

from the imperial palace

몽타:주[프 montage] ① 영화에서, 따로 촬영한 여러 화면(畫面)을 편집하여 하나의 작품으로 구성하는 기법. ② 몇 장의 사진에서 한 부분씩을 따서 하나로 합성(合成)한 사진. 몽타주 사진. モンタージュ 畫面 合成 寫眞

몽학[蒙學] 조선 시대에, 몽고어에 관한 학문을 이르던 말. もうがく science of Mongolian language 蒙學 蒙古學

몽혼[朦昏] ⇨마취(痲醉). 朦昏

몽:환[夢幻] ① 꿈과 환상. ② 덧없음. むげん ① fantasy ② evanescence 夢幻

묘:[卯]* ① 토끼 묘:토끼. 넷째 지지. 「卯年(묘년)·丁卯(정묘)」 ② 동쪽 묘:동쪽. 「卯方(묘방)」 ③ 무성할 묘:무성하다. ボウ ① う ③ しげる 卯方

묘:[妙]* ① 묘할 묘:묘하다. 「奇妙(기묘)·妙法(묘법)·巧妙(교묘)」 ② 예쁠 묘:예쁘다. 「妙麗(묘려)」 ③ 젊을 묘:젊다. 「妙齡(묘령)·妙年(묘년)」 ミョウ ① たえ 妙法

묘:[杳] ① 아득할 묘:아득하다. 「行方杳然(행방묘연)·杳昧(묘매)·杳乎(묘호)」② 깊을 묘:깊다. 「杳杳(묘묘)」 ヨウ ① くらい・はるか 杳然 杳乎

묘:[昴] 별 묘:별 이름. 「昴星(묘성)·昴宿(묘수)」ボウ・すばる 昴星

묘:[眇] ① 애꾸눈 묘:애꾸눈. 「眇能視(묘능시)·眇目(묘목)」 ② 작을 묘:작다. 「眇軀(묘구)·眇小(묘소)·眇眇(묘묘)」 ③ 아득할 묘:아득하다. 「眇然(묘연)」 ビョウ ① すがめ・かため 眇目 眇然

묘:[苗]☆ ① 싹 묘:싹. 「苗木(묘목)·苗心(묘심)·種苗(종묘)」② 무리 묘:무리. 자손. 「苗裔(묘예)·苗胤(묘윤)」 ③ 종족 이름 묘:종족의 하나. 「苗族(묘족)·苗民(묘민)」 ビョウ ① なえ 苗木 苗 種苗

묘:[畝] 밭이랑 묘:밭이랑. 畝

묘:[描] 그릴 묘:그리다. 「描寫(묘사)·描出(묘출)·描畫(묘화)·描線(묘선)」 ビョウ・えがく 描寫 描畫

묘:[渺] 아득할 묘:아득하다. 물이 끝없이 넓다. 「渺然(묘연)·渺茫(묘망)·渺渺(묘묘)·渺漫(묘만)」 ビョウ・かすか・はるか 渺然

묘:[猫] 고양이 묘:고양이. 「猫睛(묘정)·犬猫(견묘)」 ビョウ・ねこ 犬猫

묘:[墓]☆ 무덤 묘:무덤. 「墓地(묘지)·墓碑(묘비)·古墓(고묘)·墓村(묘촌)·省墓(성묘)·墳墓(분묘)」 ボ・はか 墓碑

묘:[廟]☆ 사당 묘:사당. 「宗廟(종묘)·廟堂(묘당)·廟祭(묘제)·廟塔(묘탑)」 ビョウ・たまや・やしろ 廟堂

묘:[錨] 닻 묘:닻. 「錨纜(묘람)·錨地(묘지)」 ビョウ・いかり 錨地

묘:갈[墓碣] 무덤의 앞이나 곁에 세우는 묘표(墓標)의 한 가지. ぼけつ tombstone 墓碣

묘:결[妙訣] 묘한 비결. strange secret 妙訣

묘:경[妙境] ① 풍경 따위가 뛰어난 곳. =가경(佳境). ② 예술의 절묘한 경지(境地). みょうきょう ① superb view ② divine skill 妙境

묘:계[妙計] 매우 뛰어난 계략. =묘책(妙策). みょうけい 妙計

묘:공[妙工] 매우 뛰어난 솜씨. 또는 그런 솜씨를 지닌 사람. =묘기(妙技). みょうこう ingenious trick / exquisite skill

묘:구[妙句] 빼어나게 좋은 글귀나 표현. みょうく fine phrase

묘:구 도적[墓丘盜賊] ① 무덤 속의 물건을 훔치는 도둑. =도굴범(盜掘犯). ② 시체를 파다가 감추고 돈을 요구하는 도둑. 준묘적(墓賊).

묘:기[妙技] 절묘한 기술. =묘공(妙工). みょうぎ exquisite skill

묘:기[妙妓] 아름다운 기생.

묘:년[妙年] ⇨묘령(妙齡).

묘:노[墓奴] 묘지기. grave keeper

묘:답[墓畓] 묘위답(墓位畓)의 준말.

묘:두현령[猫頭懸鈴] 고양이 목에 방울 달기라는 뜻으로, 현실성이 없는 헛된 방법임을 뜻하는 말. useless argument

묘:득[妙得] 묘리(妙理)를 깨달음.

묘:략[妙略] 묘한 계략. =묘책(妙策). ingenious trick

묘:려[妙麗] 아름답고 화려함. みょうれい charm

묘:령[妙齡] 한창 아리따운 젊은 여자의 나이. 「~의 여인(女人)」 みょうれい blooming age

묘:리[妙理] 오묘한 이치. 「~를 터득하다」 みょうり abstruse principle

묘:막[墓幕] 지난날, 무덤 가까운 곳에 지어 묘지기가 지내던 자그마한 집. hut built near a grave

묘:망[渺茫] 끝없이 넓고 아득함. びょうぼう vastness

묘:맥[苗脈] 일이 곧 일어날 실마리. clue

묘:명[杳冥] 어둠침침하고 아득함. ようめい darkness

묘:목[苗木] 옮겨 심기 위해 가꾸는 어린 나무. なえぎ sapling

묘:묘[杳杳] 그지없이 가마아득함. ようよう being far off

묘:미[妙味] 미묘한 재미. 는 묘한 맛. みょうみ zest

묘:방[妙方] ① 절묘한 방법. ② 효험이 있는 훌륭한 약방문. ① excellent method

묘:법[妙法] 절묘한 방법. みょうほう clever means

묘:비[墓碑] 무덤 앞에 묘표(墓標)로 세운 돌. =묘석(墓石). ぼひ tombstone

묘:사[描寫] 어떠한 대상이나 현상을 말 또는 그림 등으로 표현하는 일. びょうしゃ delineation

묘.사[廟社] 종묘(宗廟)와 사직(社稷). びょうしゃ

묘:상[苗床] ① 모종을 키우는 자리. ② 못자리. なえどこ seedbed

묘:석[墓石] 무덤 앞에 묘표(墓標)로 세운 돌. =묘비(墓碑). ぼせき tombstone

묘:소[墓所] 산소(山所)의 높임말. ぼしょ grave

묘:수[妙手] ① 바둑이나 장기 등에서, 절묘한 수. ② 뛰어난 솜씨. 또는 뛰어난 솜씨를 가진 사람. みょうしゅ ① good move ② master hand

묘:수[妙數] 사람의 기묘한 운수. mysterious luck

묘:술[妙術] ① 교묘한 술법.

② 교묘한 꾀. みょうじゅつ ① capital plan ② ingenious trick

묘:안[妙案] 썩 좋은 생각. =묘계(妙計)·묘책(妙策). みょうあん excellent idea

묘:안석[猫眼石] 금록석(金綠石)에 속하는 보석의 한 가지. =묘정석(猫睛石). びょうがんせき cat's-eye

묘:약[妙藥] 신통하게 효험이 있는 약. みょうやく specific

묘:역[墓域] 묘소로 정한 구역. ぼいき site for graveyard

묘:연[杳然] ① 멀고 아득한 모양. ようぜん ② 알 길이 없이 가마아득함. ① remoteness

묘:연[渺然] 그지없이 넓음. びょうぜん vastness

묘:위답[墓位畓] 생산되는 곡식을 묘제(墓祭)의 비용으로 쓰기 위해 경작하는 논. 준묘답(墓畓).

묘:위전[墓位田] 생산되는 곡식 등을 묘제(墓祭)의 비용으로 쓰기 위해 경작하는 밭. 준묘전(墓田).

묘:위토[墓位土] 생산되는 곡식 등을 묘제(墓祭)의 비용으로 쓰기 위해 경작하는 논밭. 준위토(位土).

묘:음[妙音] 매우 아름다운 음성이나 음악. みょうおん excellent music

묘:의[廟議] 조정(朝廷)의 회의. びょうぎ court council

묘:정석[猫睛石] ⇨묘안석(猫眼石).

묘:제[墓祭] 산소에서 지내는 제사. ぼさい

묘:지[墓地] 무덤이 있는 땅. =한림(寒林). ぼち graveyard

묘:지[墓誌] 죽은 사람의 행적 따위를 새겨 관과 함께 묻는 돌이나 전(塼). 또는 거기에 새긴 글. ぼし inscription on a gravestone

묘:직[墓直] 남의 묘를 지키는 사람. 묘지기. grave keeper

묘:책[妙策] 매우 교묘한 계책. =묘계(妙計). みょうさく excellent plan

묘:촌[墓村] 선산(先山) 근처에 있는 마을. village near the grave

묘:출[描出] 어떤 사물의 상태나 생각 등을 글이나 그림으로 나타냄. びょうしゅつ depiction

묘:취[妙趣] ⇨묘미(妙味). みょうしゅ

묘:태[妙態] 아름다운 자태. =묘자(妙姿). beautiful figure

묘:판[苗板] 못자리. nursery

묘:포[苗圃] 묘목을 심어 기르는 밭. 모밭. びょうほ nursery

묘:표[墓標] 무덤 앞에 세우는 표석이나 팻말. ぼひょう gravestone

묘:필[妙筆] ① 썩 잘 쓴 글씨. ② 썩 잘 그린 그림. みょうひつ ① excellent writing ② excellent picture

묘:혈[墓穴] 관(棺)이나 유골(遺骨)을 묻을 구덩이. ぼけつ grave

무:[戊]* 천간 무: 다섯째 천간. 「戊午(무오)·戊夜(무야)·戊辰(무진)」ボウ·ボ·つちのえ

무:[巫] ① 무당 무: 무당. 「巫瞽(무고)·巫女(무녀)·巫卜(무복)·巫夫(무부)」 ② 산 이름 무: 산의 이름. 「巫山(무산)」フ ① みこ

무:[拇] 엄지손가락 무: 엄지손가락. 「拇印(무인)·拇指(무

지)」ボ
무:[武]* ① 호반 무:호반(虎班). 군관. 「武監(무감)·武官(무관)·武科(무과)·武班(무반)」② 강할 무:강하다.「武斷(무단)·武勇(무용)·威武(위무)·武威(무위)」③ 날랠 무:날래다. 「武猛(무맹)·英武(영무)」ム·ブ ③ たけし
무:[茂]* ① 무성할 무:무성하다. 「茂盛(무성)·茂林(무림)·茂樹(무수)·茂蔭(무음)·茂生(무생)」② 아름다울 무:아름답다. 뛰어나다. 「茂材(무재)·茂行(무행)」③ 힘쓸 무:힘쓰다. 「茂學(무학)」モ ① しげる·しげみ
무:[務]* ① 힘쓸 무:힘쓰다. 「務職(무직)·務耕(무경)·務農(무농)·務德(무덕)·務得(무득)」② 일 무:일.「事務(사무)·職務(직무)·本務(본무)·兼務(겸무)·業務(업무)」③ 마음먹을 무:마음먹다. 「務望(무망)」ム ① つとめる
무[無]* ① 없을 무:없다. 「無故(무고)·無骨(무골)·絶無(절무)·無料(무료)·無代(무대)」② 아닐 무:아니다. 「無我(무아)·無怪(무괴)·無難(무난)·無似(무사)」③ 말 무:말다. 아니하다. 「無論(무론)」ム·ブ ① ない
무:[貿]* ① 무역할 무:무역. 장사. 「貿易(무역)·貿穀(무곡)·貿草(무초)·貿米(무미)」② 어릿어릿할 무:어리둥절하다. 「貿貿(무무)」ボウ ① かえる
무:[舞]* ① 춤출 무:춤. 춤추다. 「舞曲(무곡)·舞蹈(무도)·舞踊(무용)·舞姬(무희)·歌舞(가무)」② 좋아서 펄펄 뛸 무:좋아서 날뛰다. 「舞躍(무약)」③ 환롱할 무:환롱하다. 희롱하다. 「舞弄(무롱)」ブ ① まう
무:[誣] 속일 무:속이다. 「誣告(무고)·誣言(무언)·誣陷(무함)·誣構(무구)·誣訴(무소)」フ·ブ·しいる
무:[憮] ① 어루만질 무:어루만지다. 「懷憮(회무)·憮悀(무엄)」② 실심할 무:실심하다. 「憮然(무연)」ブ·ム ① いつくしむ
무:[撫] ① 어루만질 무:어루만지다. 「撫勞(무로)·撫安(무안)·撫慰(무위)·宣撫(선무)」② 두드릴 무:두드리다. 「撫琴(무금)」③ 좇을 무:좇다. 「撫循(무순)」ブ ① なでる
무:[蕪] ① 거칠 무:거칠다. 「蕪徑(무경)·蕪駁(무박)·蕪舛(무천)」② 난잡할 무:난잡하다. 「蕪雜(무잡)」③ 무 무:무의 한 가지. 「蕪菁(무청)」ブ·ム ① あれる
무[鵡] 앵무새 무:앵무새. 「鸚鵡(앵무)」ム·おうむ
무:[霧]☆ 안개 무:안개. 「霧露(무로)·霧消(무소)·霧鐘(무종)·濃霧(농무)」ム·きり
무:가[巫歌] 무당의 노래. witch's song
무:가[武家] 대대로 무관의 벼슬을 지낸 집안. ぶけ military family
무가[無價] ① 매긴 값이 없는 것. ② 값을 매길 수 없을 만큼 귀중한 것. むか·むげ ② invaluableness
무가내[無可奈] ⇨ 무 가 내 하 (無可奈何).
무가내하[無可奈何] 어찌 할 도리가 없음. 「아무리 타일러

도 ~다」 inevitability
무가당[無加糖] 당분을 넣지 않음. sugarlessness
무간[無間] 사귀며 지내는 사이가 허물없이 가까움. intimacy
무간지옥[無間地獄] 불교에서 이르는 팔대지옥(八大地獄)의 하나. 죄를 저지른 사람이 거기서 끊임없이 고통을 받는다고 함. =아비지옥(阿鼻地獄). むけんじごく hell of incessant torture
무감각[無感覺] ① 감각이 마비되어 아무 느낌이 없음. ② 감수성이 둔하여 감정 표현이 없거나 주변의 일에 아무 관심이 없음. むかんかく ① insensibility ② apathy
무강[無疆] 끝이 없음. 「만수(萬壽)~하옵소서」 むきょう endlessness
무개[無蓋] 덮개나 지붕이 없음. 「~ 화차(貨車)」 むがい openness
무거[無據] 근거가 없음. groundlessness
무겁[無怯] 겁이 없음. fearlessness
무결[無缺] 흠이나 결점이 없음. 「완전(完全)~」 むけつ perfectness
무계[無稽] 터무니없음. 근거 없음. 「황당(荒唐)~」 むけい unfoundedness
무:고[巫蠱] 무술(巫術)로 남을 저주함. ふこ curse
무고[無告] 괴로움을 하소연할 곳이 없음. むこく having no relief
무고[無故] ① 별다른 연고가 없음. ② 아무 탈이 없음. =무사(無事). ↔유고(有故).

① without relation ② peace
무고[無辜] 아무 죄도 없음. 「~한 사람이 벌을 받다」 むこ innocence
무:고[誣告] 없는 사실을 꾸며서 남을 신고함. ぶこく false charge
무:고[舞鼓] ① 북을 치고 춤을 춤. 또는 그 북. ② 북춤. drum dance
무:고죄[誣告罪] 없는 사실을 꾸며서 신고하는 행위를 벌하는 죄. ぶこくざい calumny
무고지민[無告之民] 고통을 호소할 만한 상대가 없는 사람들. 곧, 의지할 데 없는 사람들. むこくのたみ helpless person
무:곡[舞曲] ① 춤과 음악. ② 춤을 추기 위해 작곡된 음악의 총칭. 춤곡. ぶきょく ① dance and music ② dance music
무골[無骨] ① 뼈가 없음. むこつ ② 줏대가 없음. ③ 갈피를 잡을 수 없는 어지러운 문장. ① bonelessness
무골호:인[無骨好人] 숭굴숭굴하여 남의 비위에 두루 맞는 사람. good-natured person
무:공[武功] 싸움터에서 세운 공로. =무훈(武勳). ぶこう military merit
무공[無功] 아무런 공로가 없음. ↔유공(有功). without merit
무공주[無孔珠] 구멍을 뚫지 않은 진주. holeless pearl
무:과[武科] 조선 때, 무예(武藝)와 병서(兵書)에 능통한 사람을 뽑던 과거. ぶか military examination
무:관[武官] ① 무과(武科) 출

신의 벼슬아치. ② 군사(軍事)에 관한 일을 맡아보는 관리. ↔문관(文官). ぶかん military officer

무관[無官] 관직이 없음. 「무위(無位) ~」 むかん having no office

무관[無冠] 지위(地位)가 없음. =무위(無位). 「~의 제왕(帝王)」 むかん

무관[無關] 무관계(無關係)의 준말. ↔유관(有關).

무관계[無關係] 아무 관계가 없음. ⓒ무관(無關). むかんけい no connection

무관심[無關心] 마음에 두지 않음. 관심이 없음. 「~한 표정」 むかんしん indifference

무괴[無怪] 괴이한 데가 없음. undoubting

무괴[無愧] 불교에서, 자기의 죄를 부끄러워하지 않음. 곧, 거리낌없이 나쁜 짓을 하려는 마음. むぎ

무구[無垢] ① 순수함. 「순진(純眞) ~」 ② 몸과 마음이 깨끗함. ③ 죄가 없음. むく purity

무구호[無口湖] 물이 흘러 나갈 곳이 없는 호수. むこうこ

무궁[無窮] 한이 없음. 끝이 없음. 「~무진(無盡)」 むきゅう eternity

무궁무진[無窮無盡] 한이 없고 다함이 없음. ⓒ무진(無盡). endlessness

무궁화[無窮花] ① 아욱과의 낙엽 관목. 동아시아 원산으로 키 2~4 m. 7월경에서 10월경까지 계속 꽃이 핌. =목근(木槿). ② 무궁화나무의 꽃. =근화(槿花). むくげ rose of Sharon

무궤도[無軌道] ① 궤도가 없음. ② 예절을 모르고 언행(言行)이 상규(常規)에 벗어나 있음. むきどう ① railless- ness ② eccentricity

무극[無極] ① 끝이 없음. ② 전극(電極) 또는 자극(磁極)이 존재하지 않음. むきよく ① boundlessness

무근[無根] 근거가 없음. 「사실(事實) ~」 むこん groundlessness

무근지설[無根之說] 근거 없는 뜬소문. むこんのせつ groundless rumor

무급[無給] 보수가 없음. =무보수(無報酬). ↔유급(有給). 「~ 봉사(奉仕)」 むきゅう

무:기[武技] 무술(武術)에 관한 재주. =무예(武藝). ぶぎ military arts

무:기[武器] 총·대포 등 전쟁에 직접 쓰이는 기구의 총칭. ぶき weapon

무기[無期] 무기한(無期限)의 준말. ↔유기(有期). 「~ 징역(懲役)」 むき

무기[無機] ① 생활 기능을 가지지 않음. 또는 그런 물질. ② 무기 화합물(無機化合物)의 준말. ↔유기(有機). むき ① inorganic matter

무:기[舞妓] 지난날, 나라 잔치 때 춤을 추던 기생. ぶぎ・まいこ

무:기[誣欺] 남을 속임. deception

무기력[無氣力] 기력이 없음. むきりょく lethargy

무기명[無記名] 이름을 쓰지 않음. ↔기명(記名). 「~ 투표(投票)」 むきめい unsignedness

무기물[無機物] 물·공기·광물류 등과 이들을 원료로 하여 만든 물질의 총칭. =무기체(無機體). ↔유기물(有機物). むきぶつ inorganic substance

무기 비:료[無機肥料] 무기물을 성분으로 하는 비료. 황산암모니아·염화칼리·과인산석회 따위. ↔유기 비료(有機肥料). むきひりょう inorganic fertilizer

무기산[無機酸] 탄소 원자가 들어 있지 않은 산의 총칭. 염산·황산·질산 따위. ↔유기산(有機酸). むきさん inorganic acid

무기 연기[無期延期] 기일을 정하지 않은 연기. むきえんき indefinite postponement

무기음[無氣音] 발음할 때 입김이 거세게 나오지 않는 소리. 'ㅊ·ㅋ·ㅌ·ㅍ·ㅎ'이외의 자음. ↔유기음(有氣音). むきおん unaspirated sound

무기질[無機質] 뼈·이·체액·혈액 등에 함유되어 있는 칼슘·인산·철분·물 따위를 통틀어 이르는 말. ↔유기질(有機質). inorganic matter

무기 징역[無期懲役] 일정한 기한이 없이 종신토록 교도소에 가두는 징역. むきちょうえき penal servitude for life

무기체[無機體] ⇨ 무기물(無機物). ↔유기체(有機體). むきたい

무기한[無期限] 정한 기한이 없음. ↔유기한(有期限). 준무기(無期). むきげん indefiniteness

무기 화학[無機化學] 탄소 이외의 원소 및 그 화합물을 연구하는 화학의 한 분과. むきかがく inorganic chemistry

무기 화합물[無機化合物] 탄소를 포함하지 않은 화합물과 이산화탄소 등과 같은 간단한 탄소 화합물의 총칭. 유기 화합물 이외의 모든 화합물. ↔유기 화합물(有機化合物). 준무기(無機). むきかごうぶつ inorganic compound

무난[無難] 내세울 만한 특색도 없지만, 별다른 결점도 없음. 「~한 방법」ぶなん

무남독녀[無男獨女] 아들이 없는 집의 외동딸. only daughter

무:녀[巫女] 점을 치고 굿을 하는 여자. 무당. みこ·ふじょ witch

무념[無念] 마음 속에 아무런 생각도 없음. 「~무상(無想)」むねん freedom from all thoughts

무능[無能] 재능이 없음. ↔유능(有能). むのう incapability

무능력자[無能力者] ①능력이 없는 사람. ②단독으로 법률 행위를 할 능력이 인정되지 않는 사람. 미성년자·금치산자(禁治産者) 따위. むのうりょくしゃ ① incompetent person ② person without legal capacity

무:단[武斷] 무력을 배경으로 정치를 단행함. 「~ 정치(政治)」ぶだん militarism

무단[無斷] 미리 양해를 얻거나 허락을 받거나 하지 않음. 「~ 결근(缺勤)」むだん without notice

무담보[無擔保] 담보물을 제공하지 않음. 「~ 융자(融資)」むたんぽ unsecuredness

무:대[舞臺] ① 연극·무용·음악 등을 공연하기 위하여 관람석보다 높게 마련한 자리. ② 기량이나 역량 따위를 발휘할 수 있는 자리. 「외교 ~」 ぶたい　stage

무:대 감독[舞臺監督] 연극 따위에서 연출자를 도와 무대의 전 책임을 지고 지도·감독하는 일. 또는 그 사람. ぶたいかんとく　stage director

무:대 장치[舞臺裝置] 무대의 배경·구조물·도구 등을 포함한 모든 설비. ぶたいそうち　setting

무:덕[武德] 무인(武人)의 덕의(德義). ぶとく　military virtue

무덕[無德] 덕망이 없음. ↔유덕(有德). むとく　lack of virtue

무:도[武道] ① 무인이 지켜야 할 도리. ② 무술(武術)과 무예(武藝). ぶどう　① chivalry ② military arts

무도[無道] 도리에 어긋나고 도덕에 벗어나는 일. 「~한 인간」 むどう　inhumanity

무:도[舞蹈] ① 춤을 춤. ② 서양식의 춤. 댄스. =무용(舞踊). 「가면(假面) ~회(會)」 ぶとう　dance

무:도병[舞蹈病] 얼굴이나 손발의 근육이 저절로 움직이는 신경병의 한 가지. ぶとうびょう　chorea

무독[無毒] ① 독성이 없음. ↔유독(有毒). むどく ② 성질이 순하여 표독하지 않음. ① innocuousness

무:동[舞童] ① 지난날, 나라 잔치 때 가무를 하던 아이. ② 걸립패(乞粒牌)에서 남의 어깨 위에서 춤을 추던 아이.

무두무미[無頭無尾] 밑도 끝도 없음. =몰두몰미(沒頭沒尾). incoherence

무:드[mood] 기분. 정서(情緖). 분위기. ムード

무등[無等] ① 등급이 더할 나위 없음. ② 등급이나 차별이 없음. ① being peerless

무량[無量] 헤아릴 수 없이 많음. =무한량(無限量). 「감개(感慨) ~」 むりょう　infinite amount

무려[無慮] ① 염려할 것이 없음. ② 예상보다 훨씬 많게. 자그마치. 「~ 백만이나 된다」 むりょ　① having no concern ② no less than

무:력[武力] 군사상의 힘. =병력(兵力)·전력(戰力). ぶりょく　military power

무력[無力] 아무런 힘도 없음. ↔유력(有力). 「~한 사람」 むりょく　powerlessness

무렴[無廉] 염치가 없음. shamelessness

무례[無禮] 예의에 벗어남. 「~한 행동」 ぶれい　discourtesy

무:로[撫勞] 어루만져 위로함. ぶろう

무:로[霧露] 안개와 이슬. むろ　fog and dew

무론[無論] 말할 나위도 없음. =물론(勿論). むろん　of course

무뢰한[無賴漢] 일정한 직업이 없는 불량배. 깡패. ぶらいかん　rogue

무료[無料] 요금을 받지 않음. ↔유료(有料). むりょう　free of charge

무료[無聊] ① 하는 일이 없어 지루하고 심심함. ② 겸연쩍

무루~무법 549

무루[無漏] ① 불교에서, 번뇌(煩惱)가 없는 경지(境地). ↔유루(有漏). むろ ② 빠짐없이 전부. ① without agony ② without omission

무류[無類] 비길 데가 없음. 유례가 없음.「~의 호인(好人)」むるい being incomparable

무류[無謬] 오류가 없음. 잘못된 데가 없음. むびゅう having no mistake

무:릉도원[武陵桃源] 인간 세상과 동떨어진 별천지(別天地). 이상향(理想鄕). 도원경(桃源境). 준도원(桃源).

무리[無理] ① 사리에 맞지 않음. 이유가 서지 않음. 억지.「~인 줄 알면서도 고집을 꺾지 않는다」② 하기 어려운 일.「~한 부탁」③ 힘겹게 강행(强行)함. むり ① unreasonableness ③ overstrain

무리수[無理數] 분수(分數)의 형태로 나타낼 수 없는 실수(實數). ↔유리수(有理數). むりすう irrational number

무:림[茂林] 나무가 우거진 숲. dense forest

무:마[撫摩] 어루만져 달램. soothing

무:망[務望] 힘써 바람. desire
무망[無妄] ⇨무망중(無妄中).
무망[無望] 희망이 없음. 가망이 없음. 일이 제대로 이루어질 것 같지 않음. hopelessness

무:망[誣罔] 남을 속임. =기망(欺罔). ふもう deception

무망중[無妄中] 뜻하지 않은 가운데.「~ 결례를 하고 말았다」 unexpectedly

무망지복[毋望之福] 뜻밖의 행운. windfall

무매독신[無妹獨身] 형제 자매가 없는 외로운 몸.

무면도강[無面渡江] 일에 실패하여 고향으로 돌아갈 면목이 없음. =무면도강동(無面渡江東).

무:명[武名] 무인(武人)으로서의 명성.「~을 떨치다」ぶめい military fame

무명[無名] ① 이름이 없음. ② 이름이 세상에 알려지지 않음. ↔유명(有名).「~ 작가(作家)」むめい ① namelessness ② being unknown

무명[無明] 불교에서, 번뇌(煩惱)에 사로잡혀 진리에 어두움. むみょう obscurity

무명씨[無名氏] 이름을 알 수 없는 사람임을 나타내는 말.「~의 작품」むめいし anonymous person

무명지[無名指] 약손가락. むめいし ring finger

무모[無謀] 분별이 없고 신중하지 못함.「~한 행동」むぼう recklessness

무문[無紋] 무늬가 없음.「~토기」むもん having no design

무물불성[無物不成] 돈이 없이는 아무 일도 이루지 못함.

무미[無味] ① 맛이 없음. ② 아무런 재미도 없음.「~건조(乾燥)」むみ tastelessness

무방[無妨] 지장이 없음. 괜찮음. being all right

무배당[無配當] 이익 배당이 없음. 특히 주식에서 주주에게 이익 배당을 하지 않음. むはいとう non-dividend paying

무법[無法] ① 법이 지켜지지

않아 질서가 없음. 「~ 천지(天地)」 ② 도리에 어긋나고 난폭함. むほう
① illegality ② rudeness

무변[無邊] ① 가이없음. 끝이 없음. 「홍대(洪大) ~」 むへん ② 변리(邊利)가 없음.
① infinity ② free of interest

무병[無病] 병이 없음. 「~ 장수(長壽)」 むびょう
good health

무:복[巫卜] 무당과 점쟁이.
sorceress and soothsayer

무:복[巫服] 무당이 굿할 때 입는 옷. sorceress robe

무:부[巫夫] 무당의 남편. 무당 서방.
husband of a sorceress

무분별[無分別] 분별이 없음. むふんべつ indiscretion

무불간섭[無不干涉] 무슨 일이고 간섭하지 않는 것이 없음. interference in everything

무불통지[無不通知] 모르는 것이 없이 다 환히 앎. 「군내(郡內)의 일이라면 ~다」
being well-informed

무:브망[프 mouvement] ① 그림이나 조각에서 느껴지는 운동감·생동감(生動感). ② 정치·사회·예술 등에 관계되는 운동. 무브먼트. ムーブマン

무:브먼트[movement] ⇨ 무브망. ムーブメント

무:비[武備] 전쟁에 대한 방비. =군비(軍備). ぶび armament

무비[無比] 비길 데 없음. 뛰어남. =무류(無類). むひ
peerlessness

무:비[movie] 영화(映畫). ムービー

무:비카메라[movie camera] 영화 촬영기(撮影機). ムービーカメラ

무:빙[霧氷] 높은 산에서, 안개가 나무 따위에 내려 얼어붙은 얼음. むひょう hoarfrost

무:사[武士] 지난날, 무술을 익혀 그 방면에 종사하던 사람. ぶし warrior

무사[無私] 사심이 없음. 사사로움이 없음. 「~ 공평(公平)」 むし impartiality

무사[無死] 야구에서, 한 사람도 아웃이 되지 않음. 노아웃. むし no out

무사[無事] 별다른 일이 없음. 편안함. ぶじ safety

무사고[無事故] ① 사고가 없음. ② 사고를 내지 않음.
① without a trouble

무사무려[無思無慮] 아무 생각도 걱정도 없음. freedom from all ideas and thoughts

무사불참[無事不參] 무슨 일이고 참견하지 않는 일이 없음. interference in everything

무사자통[無師自通] 스승 없이 스스로 깨쳐서 앎.
self-understanding

무산[無産] 재산이 없음. ↔유산(有産). むさん

무:산[霧散] 안개가 걷히듯 흩어져 없어짐. 「계획이 ~되다」 むさん dissipation

무산 계급[無産階級] 자산이 없이 노동력을 팔아 생활해 가는 사람들의 계급. 프롤레타리아. ↔유산 계급(有産階級). むさんかいきゅう
proletariat

무산자[無産者] 재산이 없는 사람. 무산 계급에 속하는 사람. ↔유산자(有産者). むさんしゃ proletarian

무상[無上] 그 위에 더할 수가 없음. =최상(最上).「~의 영광」 むじょう superlative

무상[無狀] ① 이렇다 할 공로가 없음. ② 무례함. 예절이 없음. ③ 어떠한 형상이 없음. むじょう
① no merits ② impudence

무상[無常] ① 덧없음. ② 상주(常住)함이 없이 뜬구름 같음. むじょう transiency

무상[無想] ① 아무 생각도 하지 않음.「무념(無念) ~」② 무심(無心)함. むそう
freedom from all thoughts

무상[無償] ① 보수가 없음. ② 대가(代價)를 받지 않음.「~ 대여(貸與)」 むしょう
gratuitousness

무상 무벌[無賞無罰] 상을 받은 일도 없고 벌을 받은 일도 없음.

무상시[無常時] 일정한 때가 없음. 준무시(無時). always

무색[無色] ① 빛깔이 없음. ↔유색(有色). むしょく ② 부끄러워 볼 낯이 없음. =무안(無顏).
① colorlessness ② shame

무생대[無生代] 지구에 생물이 없었다고 생각되던, 캄브리아기보다 앞선 지질 시대. 그러나 화석이 발견됨으로써 이 말은 잘 쓰이지 않게 됨.
Azoic Age

무생물[無生物] 생활 기능을 가지지 못한 물체. ↔생물(生物).「~ 시대」 むせいぶつ
inanimate object

무선[無線] 전선을 쓰지 않음. ↔유선(有線).「~ 전신」 むせん wirelessness

무:선[舞扇] 춤출 때에 쓰는 부채. dancer's fan

무선 전:신[無線電信] 전선을 사용하지 않고 전파의 작용에 의하여 행해지는 전신. 준무전(無電). むせんでんしん
wireless telegraph

무선 전:화[無線電話] 전선을 쓰지 않고 전파를 이용하는 전화. 준무전(無電). むせんでんわ wireless telephone

무선 조종[無線操縱] 전파로 먼 곳에 있는 기기를 조종함. 기계·차량·함선·비행기 따위에 이용함. むせんそうじゅう wireless control

무선 통신[無線通信] 전선이 없이 전파를 이용하여 하는 통신. むせんつうしん
radio communication

무:설[誣說] 거짓 소문. 근거 없는 낭설. ふせつ

무:성[茂盛] 초목이 우거짐. exuberance

무성[無性] 하등 동물에서 암수의 구별이 없음. ↔유성(有性).「~ 생식(生殖)」 むせい
asexuality

무성[無聲] 소리가 나지 않음.「~ 영화(映畫)」 むせい
silence

무성 영화[無聲映畫] 녹음이 되지 않던 시대의, 음향이 없는 영화. ↔발성 영화(發聲映畫). むせいえいが
silent picture

무:소[誣訴] 없는 일을 꾸며서 소송을 제기함.
false accusation

무소가취[無所可取] 취하여 쓸 만한 것이 없음.
uselessness

무소득[無所得] ① 소득이 없음. 수입이 없음. ② 불교에

서, 무상(無相)의 이치를 깨달아 집착·분별함이 없음. むしょとく ① no gain

무소불능[無所不能] 못 하는 것 없이 다 능통함. omnipotence

무소속[無所屬] 일정한 소속이 없음. 「~ 의원(議員)」 むしょぞく independence

무소식[無消息] 소식이 없음. 「~이 희소식」 no news

무수[無水] ① 수분이 없음. ② 산소산(酸素酸)에서 물의 분자를 뺀 산화물임을 나타내는 말. むすい ① dryness ② anhydride

무수[無數] 한이 없는 수. 많은 수. むすう numberlessness

무순[無順] 일정한 순서가 없음. むじゅん disorder

무:술[武術] ⇨ 무예(武藝). ぶじゅつ

무:스[프 mousse] 머리에 발라 형태를 고정(固定)시키는 거품 모양의 제품. 상표명임. ムース

무슬림[아 Muslim] 이슬람교의 신도(信徒).

무승부[無勝負] 승부가 나지 않음. 비김. むしょうぶ tie

무시[無時] 무상시(無常時)의 준말.

무시[無視] ① 문제삼지 않음. ② 얕봄. むし disregard

무시무종[無始無終] 처음도 끝도 없음. 불교에서, 불법의 진리가 영원히 변함없음을 이르는 말. むしむしゅう without beginning, without last

무시험[無試驗] 시험을 치르지 않음. 「~ 입학」 むしけん without examination

무식[無識] 지식이나 식견이 없음. ↔유식(有識). むしき ignorance

무:신[武臣] 무관인 신하. ↔ 문신(文臣). ぶしん subject in military service

무신[無信] ① 신의(信義)·신용이 없음. ② 소식이 없음. ① unfaithfulness ② hearing nothing

무신경[無神經] ① 감각이 둔함. ② 남의 감정이나 체면 따위에 신경을 쓰지 않음. むしんけい ① insensibility ② shamelessness

무신론[無神論] 신의 존재를 부정하는 사상적 견해. ↔유신론(有神論). むしんろん atheism

부:실[扶實] 실속 있는 일에 힘씀.

무실[無實] ① 사실이 없음. ② 성실한 마음이 없음. むじつ falsehood

무심[無心] ① 아무것도 생각하지 않음. ② 관심이 없음. ③ 사심(邪心)이 없이 순직함. ④ 딴 털로 속을 박지 않은 붓. むしん ① detachment ③ innocence

무쌍[無雙] 견줄 데가 없이 뛰어남. =무이(無二). むそう·ぶそう matchlessness

무아[無我] ① 사심(私心)이 없음. ② 자기를 잊음. =무의식(無意識). むが ① without selfishness ② unconsciousness

무아경[無我境] 정신이 통일되어 자신을 잊고 있는 경지. ecstasy

무:악[舞樂] 춤출 때 연주하는 아악. ぶがく

무안[無顔] 면목이 없음. 부끄러워서 볼 낯이 없음. shame

무애[無涯] 끝이 없음. =무제(無際). むがい infinity

무애[無礙·無碍] 막힘이 없음. 장애물이 없음. むげ freedom from all obstacles

무:애[撫愛] 어루만져 사랑함. caress

무양[無恙] 몸에 탈이 없음. being quite well

무언[無言] 말이 없음. むごん silence

무언[誣言] 거짓을 사실인 양 속여 말함. =무설(誣說). ふげん slander

무언극[無言劇] 대사 없이 음악·무용·몸짓만으로 하는 연극. =묵극(默劇). むごんげき pantomime

무언부답[無言不答] 대답하지 못할 말이 없음.

무언중[無言中] 말이 없는 가운데. 「~에 의사가 통하다」 tacitly

무엄[無嚴] 삼가고 어려워하는 태도가 없음. 「어른에게 ~한 태도를 취하다」 impertinence

무역[貿易] 외국과 상품의 거래를 함. 또는 그 거래. ぼうえき trade

무역상[貿易商] 외국과의 상품 거래를 영업으로 하는 사업. 또는 그 상인. ぼうえきしょう trader

무역풍[貿易風] 중 위도(中緯度) 지방에서 적도(赤道)를 향하여 일년 내내 부는 바람. ぼうえきふう trade wind

무연[無緣] ① 연고가 없음. ② 인연이 없음. むえん without relation

무:연[憮然] ① 낙담하는 모양. ② 놀라는 모양. ぶぜん

무연탄[無煙炭] 탄소의 함량이 가장 많고, 광택이 있고 단단하며, 태워도 연기가 나지 않는 석탄. むえんたん anthracite coal

무연 화약[無煙火藥] 솜화약과 니트로글리세린을 원료로 하는 화약. 폭발했을 때 연기가 거의 나지 않음. むえんかやく smokeless powder

무염[無鹽] 소금기가 없음. 간을 치지 않음. 「~ 식사(食事)」 むえん saltlessness

무:예[武藝] 검술·사격·말타기 등 무도(武道)에 관한 재주. =무술(武術). ぶげい military arts

무욕[無慾] 욕심이 없음. むよく freedom from avarice

무:용[武勇] 무예에 뛰어나고 용맹스러움. ぶゆう bravery

무용[無用] 소용이 없음. ↔유용(有用). 「~지물(之物)」 むよう uselessness

무:용[舞踊] 춤. =무도(舞蹈). 「~단(團)」 ぶよう dance

무:용담[武勇談] 싸움에서 용감하게 활약하여 공을 세운 이야기. ぶゆうだん tale of heroism

무용지물[無用之物] 소용에 닿지 않는 물건. むようのもの useless thing

무우[無憂] 근심이 없음. むゆう freedom from care

무:우[霧雨] 이슬비. きりさめ·きりあめ drizzle

무:운[武運] ① 무인(武人)의 운명. ② 싸움에서 이기는 운수. 「~ 장구(長久)」 ぶうん ① soldier's fortune

무운시[無韻詩] 운(韻)을 달지 않은 시. ↔압운시(押韻詩). むいんし blank verse

무원[無援] 도움이 없음. 원군(援軍)이 없음. 「고립(孤立)~」 むえん helplessness

무위[無位] 지위·위계(位階)가 없음. =무관(無冠). むい without a rank

무:위[武威] 무력의 위세. =위무(威武). ぶい military prestige

무위[無爲] ① 아무 일도 하지 않음. 「~도식(徒食)」 ② 자연 그대로이며 작위(作爲)가 없음. むい・ぶい ① doing nothing ② artlessness

무위[無違] 어김이 없음. 틀림이 없음. without mistake

무:위[撫慰] 어루만져 위로함. soothing

무:육[撫育] 잘 보살펴 기름. 「~지도(之道)」 ぶいく bringing up

무:음[茂蔭] 무성한 나무의 그늘. deep shade of trees

무:음[誣淫] 거짓이 많고 음탕함. falsehood and voluptuousness

무의[無依] 의지할 데가 없음.

무의[無意] ① 고의(故意)가 아님. ② 특별한 뜻이 없음. むい ② insignificance

무의[無醫] 의사가 없음. 「~촌(村)」 むい doctorlessness

무:의[舞衣] 춤출 때 입는 옷. ぶい dancer's dress

무의무탁[無依無托] 의지할 데도 없고 의탁할 데도 없음. having no place to turn to

무의미[無意味] ① 아무 뜻이 없음. ② 아무런 의의(意義)나 가치가 없음. むいみ ① nonsense ② insignificance

무의식[無意識] ① 의식이 없음. 「~ 상태」 ② 자기 행위에 대해 스스로 깨닫지 못하는 상태. 「~중에 저지른 잘못」 むいしき unconsciousness

무의촌[無醫村] 의사가 없는 마을. むいそん doctorless village

무이[無二] 둘도 없음. 다시 없음. 「유일(唯一)~」 むに matchlessness

무이[無異] 다름이 없음. 마찬가지임. むい without any difference

무이식[無利息] 대차(貸借) 관계에서 이자가 붙지 않음. =무이자(無利子). むりそく no interest

무이자[無利子] 이자가 붙지 않음. 「~로 융통하다」 むりし no interest

무익[無益] 이익이 없음. 이로울 것이 없음. ↔유익(有益). 「백해(百害)~」 むえき uselessness

무:인[武人] 무예(武藝)를 닦은 사람. 무관의 직에 있는 사람 ↔문인(文人). ぶじん warrior

무:인[拇印] 엄지손가락 끝의 지문(指紋)을 도장삼아 찍는 손도장. ぼいん thumbmark

무인[無人] 사람이 없음. 사람이 살지 않음. 「~ 우주선」「~도(島)」 むじん being uninhabited

무인지경[無人之境] 사람이 전혀 없는 곳. むじんのきょう no-man's land

무일물[無一物] 아무것도 가진 것이 없음. むいちもつ having nothing

무일불성[無一不成] 한 가지도 안 되는 것이 없음.

무임[無賃] 삯돈이 들지 않음.

무임 삯돈을 내지 않음. 「~ 승차(乘車)」 むちん being free of charge

무임소 장:관[無任所長官] 특정한 행정 사무를 맡지 않는 국무 위원의 속칭. 정무 장관을 이름. むにんしょちょうかん minister without portfolio

무자[無子] ① 아들이 없음. ② 무자식(無子息)의 준말. ① having no sons

무자각[無自覺] 자기가 하는 일의 뜻이나 책임을 깨닫지 못함. 「~한 행동」 むじかく unconsciousness

무자격[無資格] 자격이 없음. ↔유자격(有資格). 「~자(者)」 むしかく disqualification

무자력[無資力] 지불할 경제적 능력이 없음. むしりょく insolvency

무자미[無滋味] ① 아무 재미도 없음. ② 맛도 자양분도 없음. insipidity

무자본[無資本] 자본이 없음. 「~으로 시작한 장사」 むしほん lack of funds

무자비[無慈悲] 자비심이 없음. 냉혹함. むじひ cruelty

무자식[無子息] 아들딸이 전혀 없음. ㉣무자(無子). 「~상팔자」 childlessness

무작위[無作爲] 특별한 의도 없이 우연에 맡김. 「~로 추출(抽出)하다」 むさくい random

무작정[無酌定] ① 작정한 바가 없음. ② 무턱대고. 「~ 상경(上京)하다」 ① lack of any definite plan ② without a plan

무잡[無雜] 잡것이 섞이지 않음. 「순일(純一) ~」 むざつ purity

무:잡[蕪雜] 사물이 뒤섞이어 난잡함. ぶざつ disorder

무:장[武將] 무인(武人)으로서의 장수. 군대의 장군. ぶしょう general

무:장[武裝] 전쟁을 위한 장비를 갖춤. 또는 그 장비. 「~해제(解除)」 ぶそう armament

무:장 평화[武裝平和] 군사력으로 서로 견제함으로써 유지되는 평화. ぶそうへいわ armed peace

무재[無才] 재주가 없음. 「~무능(無能)」 むさい lack of ability

무저항주의[無抵抗主義] 비폭력적인 방법으로 저항하는 주의. むていこうしゅぎ principle of nonresistance

무적[無敵] 겨룰 만한 상대가 없을 만큼 강함. 「천하(天下)~」 むてき invincibility

무적[無籍] 호적·학적·병적 따위가 없음. 「~자(者)」 むせき absence of a registered domicile

무:적[霧笛] 안개가 낄 때, 사고를 막기 위하여 등대나 배에서 울리는 고동. むてき foghorn

무전[無電] 무선 전신(無線電信)·무선 전화(無線電話)의 준말. 「~기(機)」 むでん

무전[無錢] 돈을 가지지 않음. 「~여행」 むせん being penniless

무전 취:식[無錢取食] 음식섬에서 음식을 먹고 값을 치르지 않음. jumping a restaurant bill

무절제[無節制] 절제함이 없음. むせっせい intemperance

무정[無情] 인정이나 동정심이

없음. ↔유정(有情). 「~한 인간」 むじょう heartlessness

무정견[無定見] 뚜렷한 주견이 없음. むていけん vacillation

무정란[無精卵] 수정하지 아니한 알. 홀알. ↔수정란(受精卵). むせいらん unfertilized egg

무정물[無情物] 감각성(感覺性)이 없는 물건. insensate thing

무정부주의[無政府主義] 개인의 완전한 자유를 주장하여, 정부 등 일체의 권력을 배격하는 주의. むせいふしゅぎ anarchism

무정수[無定數] 일정한 수효가 없음. むていすう without a fixed number

무정형[無定形] ① 일정한 형태가 없음. ② 일정한 형식이 없음. むていけい amorphousness

무제[無際] 넓고 멀어 끝이 없음. =무애(無涯). 「일망(一望) ~」 boundlessness

무제[無題] ① 제목이 없음. ② 제목을 붙이지 않은 시나 예술 작품. むだい no title

무제한[無制限] 제한이 없음. 「수입을 ~ 허용한다」 むせいげん nonrestrictiveness

무조건[無條件] 아무런 조건도 붙지 않음. ↔조건부(條件附). 「~ 항복(降伏)」 むじょうけん absolutely

무종[無終] 끝이 없음. 「유시(有始) ~」 むしゅう limitlessness

무죄[無罪] ① 죄가 없음. ② 법률상 죄가 성립되지 않음. ↔유죄(有罪). 「~ 석방(釋放)」 むざい no guilty

무주[無主] 임자가 없음. 「~ 고혼(孤魂)」 むしゅ being ownerless

무주의[無主義] 어떤 주의도 가지지 않음. むしゅぎ being unprincipled

무중력 상태[無重力狀態] 중력을 느끼지 않는 상태. 궤도에 오른 우주선 내부 따위에서 발생함. むじゅうりょくじょうたい weightlessness

무:지[拇指] 엄지손가락. ぼし thumb

무지[無地] 무늬가 없이 단색(單色)임. むじ solid color

무지[無知] ① 지식이 없음. ② 어리석음. 「~한 인간」 むち ignorance

무지[無智] 지혜롭지 못함. 꾀가 없음. むち stupidity

무지각[無知覺] 지각이 없음. =몰지각(沒知覺). insensibility

무지막지[無知莫知] 매우 무지하고 상스러움. being stupid and rough

무지망작[無知妄作] 아무 것도 모르고 함부로 행동함.

무직[無職] 일정한 직업이 없음. 「~자(者)」 むしょく having no occupation

무진[無盡] ① 다함이 없음. ② 무궁무진(無窮無盡)의 준말. ③ 상호 신용계(相互信用契)의 구칭. むじん ① infinitude

무진장[無盡藏] 아무리 꺼내거나 써도 없어지지 않음. 한없이 많음. むじんぞう inexhaustibility

무차별[無差別] 차별하지 않음. 가리지 않음. 「~ 폭격」 むさべつ indiscrimination

무착륙[無着陸] 항공기가 목

적지에 도착할 때까지 도중에 한 번도 착륙하지 않음. むちゃくりく　nonstop

무참[無慘] 더없이 참혹함. むざん　pitifulness

무참[無慚·無慙] ① 죄를 저지르고도 부끄러움이 없음. ② 잔혹(殘酷)함. むざん　shamelessness

무책[無策] 대책이나 방책이 없음. 「무위(無爲)~」 むさく　lack of policy

무책임[無責任] ① 책임이 없음. ② 책임 관념이 없음. むせきにん　① irresponsibility

무척추동:물[無脊椎動物] 등뼈가 없는 동물. 곧, 척추동물 이외의 모든 동물. むせきついどうぶつ　invertebrate

무:천[蕪淺] 학식이 변변치 못함. ぶせん　superficial learning

무체물[無體物] ① 형체가 없고 관념상으로만 이해할 수 있는 것. ② 법률에서, 전기·빛·열·소리·권리 등과 같이 형체가 없는 것을 이르는 말. むたいぶつ　① incorporeal thing

무취[無臭] 아무 냄새도 없음. 「무색(無色) ~」 むしゅう　scentlessness

무취미[無趣味] 아무 취미도 없음. =몰취미(沒趣味). むしゅみ　tastelessness

무치[無恥] 부끄러워할 줄 모름. 연치가 없음. 「후안(厚顔)~」 むち　shamelessness

무크[mook] 잡지와 단행본(單行本)의 중간 성격을 띤 출판물. ムック

무탈[無頉] 아무 탈이 없음. 「~ 무고(無故)」 healthiness

무통[無痛] 아픔을 느끼지 않음. 「~ 분만(分娩)」 むつう　painlessness

무퇴[無退] 뒤로 물러서지 않음. 「임전(臨戰)~」 no retreating

무투표[無投票] 투표를 하지 않음. 「~ 당선(當選)」 むとうひょう　without voting

무패[無敗] 싸움이나 경기에 한 번도 지지 않음. no defeat

무편무당[無偏無黨] ⇨불편부당(不偏不黨). むへんむとう

무:폐[蕪廢] 땅을 버려 두어 거칠어짐. desolation

무표정[無表情] 아무런 표정이 없음. むひょうじょう　absence of expression

무풍[無風] ① 바람이 없음. 연기가 곧장 올라갈 정도의 기류(氣流)의 상태를 말함. ② 파란이나 영향이 없음. むふう　① windlessness ② calmness

무풍대[無風帶] ① 적도(赤道) 부근의, 연중 바람이 없는 지대. ② 소란 따위가 일어나지 않는 평온한 지대. =무풍지대(無風地帶). むふうたい　doldrums

무하[無瑕] 조금도 흠이 없음. =무자(無疵). むか·むきず　flawlessness

무학[無學] 배운 것이 없음. 무식함. むがく　illiteracy

무한[無限] 한정이 없음, 끝이 없음. ↔유한(有限). 「~ 급수(級數)」 むげん　infinity

무한 궤:도[無限軌道] 트랙터나 탱크 따위의 바퀴 겉쪽에 거는 띠 모양의 장치. 캐터필러. むげんきどう　caterpillar

무한대[無限大] 한없이 큼. ↔무한소(無限小). むげんだい

무한량[無限量] 분량에 한이 없음. =무량(無量). infinity

무한소[無限小] 한이 없이 작음. ↔무한대(無限大). むげんしょう infinitesimal

무한정[無限定] 한정이 없음. unlimitedness

무한 책임[無限責任] 회사의 채무가 자본 총액보다 많을 경우, 자신의 전재산으로 변제해야 하는 책임. ↔유한 책임(有限責任). むげんせきにん unlimited liability

무:함[誣陷] 없는 일을 꾸며 남을 어려운 지경에 빠뜨림. slander

무해[無害] 해로울 것이 없음. ↔유해(有害). 「～무득(無得)」 むがい harmlessness

무허가[無許可] 허가가 없음. 「～건축」 むきょか no permit

무혈[無血] 피를 흘리지 않음. 전투가 없음. 「～혁명(革命)」 むけつ bloodlessness

무혐의[無嫌疑] 혐의가 없음. being unsuspicious

무형[無形] 형태가 없음. ↔유형(有形). 「～재산(財産)」 むけい formlessness

무형무적[無形無迹] 형상이나 자취가 없음. =무형적(無形迹).

무형 문화재[無形文化財] 음악·연극·공예 기술 따위처럼 일정한 형체가 없는 문화재. ↔유형 문화재(有形文化財). むけいぶんかざい intangible cultural assets

무형물[無形物] 형체가 없는 물건. 바람·소리 따위. ↔유형물(有形物). むけいぶつ immaterial thing

무형 자본[無形資本] 형태가 없는 자본. 곧 특허권이나 기술 따위. ↔유형 자본(有形資本). むけいしほん immaterial capital

무화과[無花果] 무화과나무의 열매. いちじく fig

무효[無效] ①효과·효력·효험이 없음. ②법률 행위가 그 효력을 나타내지 못함. ↔유효(有效). むこう ①ineffectiveness ②invalidity

무후[無後] 대를 이을 자손이 없음. =무사(無嗣)·절손(絕孫). having no heir

무:훈[武勳] 싸움에서 세운 공. =무공(武功). ぶくん military exploits

무훼무예[無毀無譽] 헐뜯지도 않고 칭찬하지도 않음.

무휴[無休] 쉬지 않음. 쉬는 날이 없음. 「연중(年中)～」 むきゅう having no holiday

무:휼[撫恤] 불쌍히 여겨 위로하고 도와 줌. ぶじゅつ relief

무:희[舞姬] 춤추는 일을 업으로 삼는 여자. ぶき·まいひめ dancer

묵[墨]* ①먹 묵: 먹. 「墨畵(묵화)·筆墨(필묵)」 ② 그을음 묵: 그을음. 「墨煤(묵매)」 ③자자할 묵: 자자(刺字)하다. 「墨刑(묵형)」 ④어두울 묵: 어둡다. 「墨墨(묵묵)」 ボク ①すみ

묵[默]☆ 잠잠할 묵: 잠잠하다. 조용하다. 「默默(묵묵)·默讀(묵독)·沈默(침묵)·寡默(과묵)·默過(묵과)」 モク·だまる

묵객[墨客] 먹을 가지고 글씨를 쓰거나 그림을 그리는 데 능한 사람. 「문인(文人)～」 ぼっかく artist

묵계[默契] 말없는 가운데 서로 뜻이 통함. 또는 그렇게 하여 이루어진 약속. もっけい tacit agreement

묵고[默考] 말없이 잘 생각함. 「심사(深思)~」 もっこう meditation

묵과[默過] 모른 체하고 지나쳐 버림. 「~할 수 없는 사건」 もっか connivance

묵극[默劇] 대사 없이 동작으로만 하는 극. =무언극(無言劇). もくげき pantomime

묵도[默禱] 말없이 마음 속으로 기도함. 또는 그 기도. もくとう silent prayer

묵독[默讀] 소리를 내지 않고 읽음. もくどく silent reading

묵례[默禮] 말없이 고개만 조금 숙이는 인사. もくれい silent bow

묵묵[默默] 말이 없음. 잠잠함. 「~부답(不答)」 もくもく silence

묵비권[默祕權] 용의자 또는 피고인이 재판관이나 경찰관에게 조사를 받을 때, 자기에게 불리한 말을 하지 않을 수 있는 권리. もくひけん right to keep silent

묵삭[墨削] 먹으로 글씨를 지워 버림. smearing with Indian ink

묵살[默殺] 알고도 모르는 체하여 문제삼지 않음. もくさつ ignoring

묵상[默想] 말없이 생각에 잠김. =묵사(默思). もくそう meditation

묵색[墨色] 먹의 빛깔. 「~임리(淋漓)」 ぼくしょく·すみいろ inky black

묵선[墨線] 먹으로 그은 검은 줄. inking line

묵수[墨守] 자기 의견이나 관습을 굳게 지킴. ぼくしゅ obstinacy

묵시[默示] 말없이 간접적으로 의사를 나타내 보임. もくし implication

묵시[默視] 말없이 가만히 지켜보기만 함. もくし watching in silence

묵언[默言] 말이 없이 잠자코 있음. silence

묵연[默然] 입을 다물고 말없이 잠잠함. =묵묵(默默). もくぜん silence

묵음[默音] 글자로는 있으나 발음되지 않는 소리. mute

묵인[默認] 모르는 체하고 슬며시 인정하여 줌. もくにん tacit admission

묵주[默珠] 가톨릭에서 묵주의 기도를 욀 때에 쓰는, 줄에 꿴 구슬. rosary

묵죽[墨竹] 먹으로 그린 대나무. bamboo drawn in Indian ink

묵중[默重] 말이 적고 몸가짐에 무게가 있음. taciturnity

묵지[墨紙] 먹지. =복사지(複寫紙).

묵필[墨筆] ① 먹과 붓. =필묵(筆墨). ② 먹물을 찍어서 쓰는 붓. ぼくひつ

묵향[墨香] 먹의 향기. ぼっこう

묵화[墨畫] 먹물로 그리는 동양화. ぼくが painting in Indian ink

묵흔[墨痕] 먹물이 묻은 흔적. ぼっこん ink spot

문[文]* ① 글월 문: 글. 글월. 「文章(문장)·文筆(문필)·文壇(문단)·文人(문인)·文才(문

재)」 ② 글자 문: 글자.「文字(문자)·古文(고문)·文盲(문맹)」 ③ 무늬 문: 무늬.「文樣(문양)·文身(문신)·斑文(반문)」 ④ 꾸밀 문: 꾸미다. ⑤ 어구 문: 어구.「文句(문구)」 モン·ブン ① ふみ ③ あや

문[刎] 목 자를 문: 목을 자르다.「刎頸之交(문경지교)」フン·ブン·はねる·くびはねる

문[吻] 입술 문: 입술.「吻合(문합)·吻哨(문초)」フン·くちびる·くちさき

문[汶] ① 더럽힐 문: 더럽히다.「汶汶(문문)」 ② 내 이름 문: 내의 이름.「汶水(문수)」ブン ① けがれ

문[門]* ① 문 문: 문.「大門(대문)·門禁(문금)·門戶(문호)·正門(정문)·通用門(통용문)」 ② 집안 문: 집안.「一門(일문)·門閥(문벌)·家門(가문)」 ③ 무리 문: 무리.「門下(문하)·同門(동문)·門人(문인)·門生(문생)」モン

문.[紊] 어지러울 문: 어지럽다.「紊亂(문란)·紊碎(문쇄)·紊棄(문기)」ブン·ビン·みだれる

문[紋] 무늬 문: 무늬.「紋樣(문양)·紋織(문직)·金紋(금문)·雲紋(운문)·指紋(지문)」モン·あや

문[蚊] 모기 문: 모기.「蚊群(문군)·蚊脚(문각)·蚊蚋(문예)·蚊帳(문장)」ブン·か

문:[問]* ① 물을 문: 묻다.「問題(문제)·設問(설문)·下問(하문)·問議(문의)」 ② 문안할 문: 문안하다.「問安(문안)」 ③ 문초할 문: 문초하다. 꾸짖다.「問責(문책)·問招(문초)·審問(심문)」モン ① とう

문:[聞]* ① 들을 문: 듣다.「見聞(견문)·聽聞(청문)·聞知(문지)」 ② 소문 문: 소문. 소식.「新聞(신문)·風聞(풍문)」 ③ 들릴 문: 들리다.「聞望(문망)」ブン·モン ① きく ③ きこえる

문간[門間] 대문이 있는 자리.

문간방[門間房] 대문간 곁에 있는 방.
　　room beside the entrance

문갑[文匣] 문구나 문서 따위를 넣어 두는 세간의 하나. ぶんこう　box for papers

문객[門客] ① 대가(大家)의 식객(食客). ② 덕을 보려고 세력 있는 집에 드나드는 손. もんかく　hanger-on

문건[文件] 공식(公的)인 서류나 문서. public document

문격[文格] 글을 짓는 격식. ぶんかく　literary form

문:견[聞見] 듣고 보아 알게 된 지식. =견문(見聞). ぶんけん　experience

문견지교[刎頸之交] 죽고 삶기를 같이할 만큼 친한 사귐. ふんけいのまじわり
　　sworn friendship

문고[文庫] ① 책을 넣어 두는 창고. =서고(書庫). ② 서적·문서 따위를 담아 두는 상자. ③ 널리 보급하기 위해 소형으로 값이 싸게 만든 간편한 책. 또는 그 총서(叢書). ぶんこ
　　① stack room ③ paperback

문고[文稿·文藁] 한 사람의 시문을 모아 엮은 원고.
　　manuscripts

문과[文科] ① 인문 과학의 분야. 또는 그 분야의 학문을 연구하는 대학의 분과(分科).

문관~문무

↔이과(理科). ② 조선 시대에, 문관을 뽑기 위하여 실시하던 과거. ↔무과(武科). ぶんか ① department of liberal arts

문관[文官] ① 문과 출신의 벼슬아치. ↔무관(武官). ② 군인이 아니면서 군무에 종사하는 공무원. ぶんかん ② civil servant

문교[文交] 글로써 사귐. ぶんこう literary friendship

문교[文教] ① 학문으로 가르쳐 지도함. ② 문화와 교육. ぶんきょう ① education ② culture and education

문구[文句] 글의 구절. 글귀. もんく phrase

문구[文具] 문방구(文房具)의 준말. ぶんぐ

문내[門內] ① 대문 안. ② ⇨ 문중(門中). もんない ① within the gate

문단[文壇] 문학인·문필가들의 사회. ぶんだん literary circles

문단[文段] 문장의 한 단락. paragraph

문담[文談] ① 글이나 문학에 관한 이야기. ② 편지로 하는 상담(相談). ぶんだん ① literary talk

문:답[問答] ① 물음과 대답. ② 서로 묻고 대답함. 「~식(式)」 もんどう ① question and answer

문덕[文德] 학문의 덕. ぶんとく literary virtue

문도[門徒] ① ⇨ 제자(弟子). ② 불문(佛門)의 신도. もんと

문등[門燈] 문에 다는 등. もんとう gate lamp

문:란[紊亂] 도덕이나 질서가 흐트러져서 어지러움. 「풍기(風紀) ~」 びんらん·ぶんらん disorder

문례[文例] 여러 가지 문장 짓는 법이나 쓰는 법을 보인 실례(實例). ぶんれい example

문루[門樓] 성문 위에 세운 다락집. もんろう turret

문리[文理] ① 글의 뜻을 깨닫는 방도나 힘. ② 사물 현상의 이치를 깨달아 아는 능력. ③ 문과(文科)와 이과(理科). ぶんり ① context ② line of thought ③ liberal arts and sciences

문망[文望] 학문으로 알려진 명망(名望). literary fame

문맥[文脈] 글의 맥락. ぶんみゃく context

문맹[文盲] 글을 모름. 또는 그런 사람. 「~ 퇴치(退治)」 もんもう illiteracy

문면[文面] 글의 내용이나 취지. ぶんめん

문명[文名] 문필가로서 알려진 명성. 글을 잘 쓴다는 평판. ぶんめい literary fame

문명[文明] ① 문장이 빛이 나고 명백함. ② 인지(人智)가 발달하고 세상이 개화(開化)하여 물질적·정신적으로 풍족해진 사회 상태. 「~ 사회」 ぶんめい ② civilization

문명병[文明病] 문화의 발달로 생기는 병. 신경 쇠약·폐결핵·근시 따위. ぶんめいびょう disease incidental to civilization

문묘[文廟] 공자를 모신 사당. =근궁(芹宮).

문무[文武] ① 문관과 무관. ② 학문과 무예. 「~ 겸비(兼備)」 ぶんぶ ② literary and military arts

문묵[文墨] 시문(詩文)을 짓거나 서화(書畫)를 쓰거나 그리는 일. ぶんぼく 文墨
writing and drawing

문물[文物] 학문·예술·종교 등 문화의 산물. ぶんぶつ 文物
products of civilization

문방[文房] ① ⇨ 서재(書齋). ② 문방구(文房具)의 준말. ぶんぼう 文房

문방구[文房具] 공부와 집필(執筆)에 필요한 물품의 총칭. 〖준〗문구(文具)·문방(文房). ぶんぼうぐ stationery 文房具

문방 제구[文房諸具] 종이·붓·먹·벼루 등, 글을 쓰거나 사무를 보는 데 필요한 모든 기구. stationery 文房諸具

문벌[門閥] 대대로 내려오는 그 집안의 지체. =문호(門戶)·세벌(世閥). もんばつ lineage 門閥

문범[文範] 글의 본보기. 본보기가 되는 문장. ぶんぱん model composition 文範

문법[文法] 언어의 문장을 옳게 쓰도록 체계를 세운 법칙. ぶんぽう grammar 文法

문ː병[問病] 앓는 사람을 찾아보고 위로함. visit to a sick person 問病

문ː복[問卜] 점쟁이에게 길흉을 물어 봄. 점을 쳐 봄. consulting a fortune-teller 問卜

문부[文簿] 나중에 상고할 수 있도록 적은 문서와 장부. =문안(文案). book 文簿

문빙[文憑] 증거가 될 만한 문서. documentary evidence 文憑

문사[文士] ① 지난날, 학문으로 입신(立身)하는 선비를 이르던 말. ② 문필업에 종사하거나 시문(詩文)에 능한 사람. ぶんし ② writer 文士

문ː상[問喪] 남의 죽음에 대하여 슬퍼하는 뜻을 드러내며 상주를 위문함. =조문(弔問). condolence 問喪

문생[門生] 문하생(門下生)의 준말. もんせい 門生

문서[文書] ① 글로써 일정한 내용을 적어 나타낸 것의 총칭. ② 소송법상 모든 사람이 알 수 있는 기호로 사상을 표시한 일체의 것. ③ ⇨ 문부(文簿). ④ 계약이나 소유를 밝힌 서류. ぶんしょ·もんじょ papers 文書

문서화[文書化] 말로 결정한 것을 글로 적어서 문서로 만듦. ぶんしょか committing to writing 文書化

문석[紋石] 겉에 무늬가 있는 돌. もんせき patterned stone 紋石

문선[文選] 활판 인쇄에서, 판을 짜기 위해 원고대로 활자를 고르는 일. 「~공(工)」ぶんせん type picking 文選

문수[文數] 고무신 따위의 치수. もんすう size of shoes 文數

문수보살[文殊菩薩] 여래(如來)의 왼쪽에 있는 보살로, 지혜를 맡은 보살. もんじゅぼさつ 文殊菩薩

문식[文飾] 실속 없이 겉만 꾸밈. ぶんしょく ostentation 文飾

문식[文識] 학문과 지식. learning 文識

문신[文身] 살갗을 바늘로 찔러 먹물로 글씨·그림·무늬 따위를 새기는 일. 또는 그렇게 새긴 것. =자청(刺青). ぶんしん tattoo 文身

문아[文雅] 시문을 짓고 읊조리는 풍류의 도(道). ぶんが elegance 文雅

문안[文案] ① ⇨문부(文簿). ② 문서나 문장의 초안(草案). ぶんあん ② draft

문:안[問安] 웃어른의 안부를 물음. 또는 그 인사. asking after

문약[文弱] 글만 숭상하여 상무(尙武)의 기풍이 쇠퇴함. ぶんじゃく effeminacy

문양[文樣] 무늬의 모양. もんよう

문어[文魚] 낙짓과의 연체동물. 낙짓과에서 가장 크며 8개의 발이 있음. =대팔초어(大八蛸魚). octopus

문어[文語] 문장에서만 쓰이는 말. ↔구어(口語). ぶんご written language

문언[文言] 문장 속의 어구. もんごん・ぶんげん

문예[文藝] ① 문학과 예술. ② 미적(美的) 현상을 사상화(思想化)해서 언어로 표현한 예술 작품의 총칭. ぶんげい
① literature and art ② literary arts

문예면[文藝面] 신문이나 잡지에서 문예 관계의 기사를 싣는 지면. ぶんげいめん literary column

문예 부흥[文藝復興] 14세기에서 16세기에 걸쳐 이탈리아에서 일어나 전 유럽에 퍼진, 예술과 학문상의 혁신 운동. ぶんげいふっこう Renaissance

문외한[門外漢] ① 그 일에 직접 관계가 없는 사람. ② 그 일에 전문가가 아닌 사람. もんがいかん
① outsider ② layman

문우[文友] 문학을 통하여 사귄 벗. ぶんゆう literary friend

문운[文運] ① 학문이나 예술이 발전하는 형세. ② 문인으로 성공할 운세. ぶんうん
① cultural progress ② writer's fortune

문운[門運] 한 가문의 운수. fortunes of a family

문웅[文雄] 크게 뛰어난 문학가. =문호(文豪). ぶんゆう great writer

문원[文苑] 문학인들의 사회. =문단(文壇). ぶんえん literary world

문의[文義] ⇨문의(文意).

문의[文意] 글의 뜻. =문의(文義). ぶんい meaning of a phrase

문:의[問議] 물어서 의논하거나 알아봄. inquiry

문인[文人] 문학에 종사하는 사람. ↔무인(武人). ぶんじん literary man

문인[門人] ⇨문하생(門下生). もんじん

문:일지십[聞一知十] 하나를 듣고 열 가지를 짐작하여 앎. knowing all from hearing one

문자[文字] ① 말의 음이나 뜻을 표기하는 기호. 글자. もじ・もんじ ② 한자로 된 성구나 속담. 「무식하다면서 ~만 잘 쓴다」 ① letter

문자반[文字盤] 시계 따위에서, 숫자나 기호가 적힌 표시판. もじばん dial

문장[文章] ① 어떤 생각이나 느낌을 줄거리를 세워 글자로 적어 표현한 것. 글월. 글발. ぶんしょう ② 문장가(文章家)의 준말. ① composition

문장[門長] 한 집안에서, 항렬이나 나이가 가장 높은 어른. head of a family

문장[門帳] 문과 창문에 치는 휘장. 門帳 curtain
문장[蚊帳] 모기장. ぶんちょう・かや 蚊帳 mosquito net
문장가[文章家] 문장이 뛰어난 사람. 글을 잘 쓰는 사람. ⓒ문장(文章). ぶんしょうか 文章家 good writer
문재[文才] 시문(詩文)을 잘 짓는 재주. 글재주. ぶんさい 文才 literary talent
문전[文典] 문법이나 어법(語法)을 설명한 책. ぶんてん 文典 grammar
문전[門前] 문 앞. 「～걸식(乞食)」もんぜん 門前 front of a gate
문전성시[門前成市] 권세나 명성을 이용하려고 찾아오는 사람이 많아 대문 앞이 저자를 이루다시피 한다는 말. =문전약시(門前若市). 門前成市 having a constant stream of visitors
문전약시[門前若市] ⇨문전성시(門前成市). 門前若市
문:정[問情] 사정(事情)을 물음. 형편을 알아봄. 問情 inquiry
문제[門弟] 문제자(門弟子)의 준말. もんてい 門弟
문:제[問題] ① 해답을 요구하는 물음. ② 연구하거나 해결해야 될 사항. ③ 말썽거리가 될 만한 일. ④ 사회적으로 화젯거리가 되어 있는 것. もんだい 問題 事件 ① problem ② subject ③ trouble ④ issue
문:제시[問題視] 문젯거리로 삼고 주시함. もんだいし 問題視 calling a matter to account
문:제아[問題兒] 지능·성격·행동 따위가 보통의 아동과 달라 특별히 보살펴야 될 아동. もんだいじ 問題兒 problem child
문제자[門弟子] 스승의 문하에서 배우는 제자. ⓒ문제(門弟). もんていし 門弟子 pupil
문:제작[問題作] 사회적으로 화제나 주목을 불러일으킬 만한 작품. もんだいさく 問題作 論爭 作品 controversial work
문조[文藻] ① 문장의 화려한 멋. =문화(文華). ② 시문을 잘 짓는 재주. ぶんそう 文藻 ② literary talent
문조[文鳥] 참샛과에 속하는 애완용 새의 한 가지. 몸 길이 13~14cm이고, 부리와 발은 담홍색임. ぶんちょう 文鳥 愛翫 paddybird
문족[門族] 한 가문의 겨레붙이. 門族 one's folks
문:죄[問罪] 죄를 캐어 물음. もんざい 問罪 accusation
문중[門中] 성(姓)과 본(本)이 같은 가까운 집안. =문내(門內). もんちゅう・むんちゅう 門中 clan
문지[門地] ⇨문벌(門閥). もんち 門地
문:지[聞知] 늘어서 내용을 앎. ぶんち 聞知 being informed of
문지방[門地枋] 문 아래에 가로지른 나무. 門地枋 threshold
문지[門直] 문지기. gatekeeper 門直
문직[紋織] ① 무늬를 넣어 짬. ② 무늬가 도드라지게 짠 옷감. もんおり 紋織 ① figured textile ② brocade
문진[文鎭] 문서나 책장이 바람에 날리지 않도록 눌러 놓는 물건. =서진(書鎭). ぶんちん 文鎭 paperweight
문:진[問診] 의사가 환자의 건강 상태를 직접 물어 보아서 판단을 내리는 진단. もんしん 問診
문질[文質] 겉에 나타난 아름 文質

다음과 내면의 본바탕. ぶんしつ ornament and substance

문질빈빈[文質彬彬] 겉과 속의 아름다움이 잘 조화를 이룸. ぶんしつひんぴん 文質彬彬

문집[文集] 시나 문장을 모아 엮은 책. ぶんしゅう collection of works 文集

문채[文采·文彩] ① 아름다운 광채. ② 무늬. ぶんさい 文采

문:책[問責] 잘못을 캐묻고 책망함. もんせき censure 問責

문첩[文牒] 관청의 문서. =문장(文狀). official document 文牒

문체[文體] 문장의 양식. 문장의 특색이나 표현 방법. ぶんたい style 文體

문:초[問招] 죄인을 심문(審問)함. questioning 問招

문치[文治] 학문이나 법령으로 다스리는 정치. ぶんじ·ぶんち civil administration 文治

문치[門齒] 앞니. もんし incisor 門齒

문투[文套] ① 글을 짓는 법식. ② 글의 버릇. ① literary form ② literary style 文套

문패[門牌] 집주인의 주소·성명을 적어서 문에 다는 패. doorplate 門牌

문:표[問標] 물음표. '?'을 이르는 말. =의문부(疑問符). question mark 問標

문풍[文風] 글을 숭상하는 경향이나 풍습. tendency to set value on literary culture 文風

문풍[門風] ① 한 가문의 풍습. ② 문바람. 「~지(紙)」 ① family customs ② draft 門風

문풍지[門風紙] 문틈으로 들이오는 바람을 막기 위해 문짝 가에 바르는 종이. 준풍지(風紙). weather strip 門風紙

문필[文筆] ① 글과 글씨. ② 글을 짓거나 쓰는 일. 「~가(家)」 ぶんぴつ writing 文筆

문하[門下] ① 학문의 가르침을 받는 스승 아래. ② 문하생(門下生)의 준말. ③ 문하생이 드나드는 권세 있는 집. 門下

문하생[門下生] ① 문하에서 가르침을 받는 제자. もんかせい ② 세도가 있는 집안에 드나드는 사람. 준문생(門生)·문하(門下). ① disciple ② follower 門下生

문학[文學] ① 자연 과학 및 정치·법률·경제 따위에 관한 학문 이외의 여러 가지 학문. 순문학(純文學)·사학(史學)·철학(哲學) 따위. ② 시가·소설·희곡·평론·수필 따위의 총칭. ぶんがく literature 文學 史學

문학사[文學士] 대학의 문과를 졸업한 사람에게 주는 칭호. ぶんがくし Bachelor of Arts 文學士

문학사[文學史] 문학의 역사적 발전 과정. 또는 그것을 연구하는 학문. ぶんがくし history of literature 文學史

문학 소녀[文學少女] 문학을 좋아하는 감상적인 소녀. ぶんがくしょうじょ literary girl 文學少女

문학 청년[文學青年] 문학을 좋아하며 작가를 지망하는 청년. ぶんがくせいねん literary youth 文學青年

문한[文翰] ① 글 짓는 일에 관계되는 일. ② 문장에 능한 사람. ① writing ② good writer 文翰

문:향[聞香] 향내를 맡음. ぶんこう smelling incense 聞香

문헌[文獻] ① 과거의 제도나 문물을 아는 데 필요한 자료나 기록. ② 학문 연구에 참고 文獻

문호[文豪] 크게 뛰어난 문학가. =문웅(文雄). ぶんごう great writer

문호[門戶] ① 드나드는 문. ② 출입구가 되는 긴요한 곳. 「~ 개방(開放)」③ ⇨문벌(門閥). もんこ ① door

문화[文化] ① 인지(人智)가 깨어 세상이 발달함. ② 인류의 이상을 실현해 가는 인간의 정신 활동. 또는 그에 의하여 얻어진 물질적·정신적 소산. ぶんか culture

문화[文華] ① 문장의 화려함. =문조(文藻). ② 문화(文化)의 찬란함. ぶんか ① flourish ② glory of civilization

문화 국가[文化國家] 문화의 발전과 향상을 지상 목표로 삼는 나라. ぶんかこっか cultured nation

문화사[文化史] 인간의 정신적·사회적 활동에 관한 역사. ぶんかし cultural history

문화재[文化財] 문화적 가치가 있는 유물. 유형(有形) 문화재와 무형(無形) 문화재가 있음. ぶんかざい cultural assets

문:후[問候] 웃어른의 안부를 물음. inquiring after one's senior

물[勿]* ① 말 물: 말라다. 금지하다. 「勿入(물입)·勿驚(물경)」② 없을 물: 없다. 아니하다. 「勿出朝報(물출조보)·勿論(물론)·勿問(물문)」モツ・モチ

물[物]* ① 물건 물: 물건. 「物件(물건)·物物交換(물물교환)·物證(물증)·物資(물자)·古物(고물)·寶物(보물)」② 일 물: 일. 사물. 「事物(사물)·文物(문물)」③ 재물 물: 재물. 「財物(재물)·物力(물력)·物欲(물욕)」④ 헤아릴 물: 헤아리다. 「物色(물색)·物議(물의)」ブツ・モツ ① もの

물가[物價] 상품의 시장 가격. 물건값. ぶっか price

물가고[物價高] 물건값의 정도. 물건값의 시세. 또는 물건값이 비쌈. ぶっかだか high prices of commodities

물가 지수[物價指數] 물가의 변동을 나타내는 통계 숫자. ぶっかしすう price index

물건[物件] ① 일정한 형체를 갖춘 물질적 존재. ② 법률에서, 권리의 객체가 될 수 있는 것. ぶっけん articles

물건비[物件費] 물건을 사용함으로써 생기는 비용. ↔인건비(人件費). ぶっけんひ

물경[勿驚] 엄청난 것을 말할 때 '놀라지 말라'·'놀랍게도'의 뜻. 「최많기기 6만 명이다」 surprisingly enough

물계[物界] 물질의 세계. =물질계(物質界). ↔심계(心界). ぶっかい physical world

물고[物故] ① 사회적으로 이름난 사람의 죽음. ぶっこ ② 죄지은 사람을 죽임. 「~를 내다」① death ② execution of a criminal

물권[物權] 어떤 물건을 직접 지배할 수 있는 권리. 소유권·점유권 따위. ぶっけん real right

물납[物納] 세금 따위를 금전 이외의 물품으로 냄. ↔금납(金納). 「~세(稅)」ぶつのう payment in goods

물라토[mulatto] 중남미에서, 백인과 흑인의 혼혈아(混血兒)를 이르는 말. ムラート

물량[物量] 물건의 분량.「~공세(攻勢)」ぶつりょう
amount of materials

물력[物力] ① 재물의 힘. ② 물건의 재료와 노력.
① material power ② materials and efforts

물론[勿論] 더 말할 것도 없이. =무론(無論). もちろん
not to mention

물료[物療] 물리 요법(物理療法)의 준말. ぶつりょう

물리[物理] 만물의 이치. 현상(現象)의 원리.「~학(學)」 ぶつり
law of nature

물리 요법[物理療法] 약물을 쓰지 않고, 전기·광선·온열·기계 따위의 물리적 작용을 이용한 치료법. 준물료(物療). ぶつりりょうほう
physiotherapy

물리 탐광[物理探鑛] 지구 물리학(地球物理學)을 이용해서 지하의 지질 구조나 광상(鑛床)의 존재를 탐지하는 일. ぶつりたんこう
geophysical survey

물리학[物理學] 물체의 구조와 운동 및 여러 가지 자연 현상 등에 대하여 연구하는 학문. ぶつりがく physics

물망[物望] 많은 사람들이 우러러보는 명망(名望).
popular expectation

물망초[勿忘草] 지칫과의 다년초. 유럽 원산의 관상용 식물. わすれなぐさ forget-me-not

물목[物目] 물건의 목록.
list of articles

물물 교환[物物交換] 물건과 물건을 직접 맞바꾸는 일. 준물교(物交). ぶつぶつこうかん
barter

물산[物産] 그 지방에서 산출되는 물건. ぶっさん
local product

물상[物象] ① 자연계의 사물 및 그 변화 현상(現象). ② 무생물, 또는 그것들의 물리적 성질을 학습의 대상으로 하는 교과목의 하나. ぶっしょう
① material phenomena ② science of inanimate nature

물상 객주[物商客主] 장사하는 사람들이 묵을 수 있게 해 주고 그들의 상품을 거간하는 영업. 또는 그 주인. broker

물색[物色] ① 물건의 빛깔. ② 적당한 사람이나 물건을 찾거나 고름. ぶっしょく ① color of a thing ② looking for

물성[物性] 물질이 갖는 성질. ぶっせい properties of matter

물시[勿施] ① 하려던 것을 그만둠. ② 하던 것을 무효로 함. ① suspension

물심[物心] 물질과 정신.「~양면(兩面)으로 돕다」ぶっしん
matter and mind

물아[物我] ① 외물(外物)과 자아(自我). ② 주관과 객관. ぶつが
① external object and ego

물외[物外] 물질 이외의 세계. ぶつがい immaterial world

물욕[物慾] 물질을 탐내는 욕심. ぶつよく worldly desire

물의[物議] 세상 사람들의 평판. 곧 여론(輿論)·세론(世論)을 뜻함.「~를 빚다」
public criticism

물입[勿入] '들어오지 말 것'의 뜻.「한인(閒人) ~」

물자[物資] ① 물건을 만드는 데 드는 재료. ② 경제나 생활의 바탕이 되는 물품. 「필수(必需)~」 ぶっし ① materials ② goods

물적 증거[物的證據] 형체가 있는 물건이나 문서로 드러난 증거. 준물증(物證). ぶってきしょうこ material evidence

물정[物情] 세상의 인심이나 사정. 세상 형편. 「~을 모르다」 ぶつじょう public feelings

물종[物種] 물건의 종류. kind

물주[物主] ① 장사 밑천을 대는 사람. ② 노름판에서, 애기패를 상대로 승부를 다투는 사람. ① financier

물증[物證] 물적 증거(物的證據)의 준말. ぶっしょう

물질[物質] ① 물건의 본바탕. ② 공간(空間)을 차지하고 객관적으로 실재하는 것. ↔정신(精神). ③ 금전이나 물품. ぶっしつ matter

물질 문명[物質文明] 물직의 이용을 기초로 하여 발전해 온 문명. ↔정신 문명(精神文明). ぶっしつぶんめい material civilization

물질적[物質的] ① 물질로서의 성질을 가진 것. ② 정신보다 물질에 치중하는 것. ↔정신적(精神的). ぶっしつてき material

물질주의[物質主義] 물질적인 것을 사고(思考)의 첫째 조건이라고 보는 주장. ↔정신주의(精神主義). ぶっしつしゅぎ materialism

물질 현상[物質現象] 철학에서, 현상(現象)은 객관적인 물질을 기초로 해서 나타난다 no admittance
고 보는 설(說). ぶっしつげんしょう

물체[物體] ① 구체적인 형태를 가지고 존재하는 것. ② 철학에서, 지각(知覺)·정신이 없는 형체. ぶったい body

물표[物表] ① 물건의 겉. ② 세속(世俗) 밖. ① surface ② out of the world

물표[物票] 물건을 보내거나 맡긴 증거로 삼는 표(票). check

물품[物品] 사용 가치가 있는 물건이나 물품. ぶっぴん goods

물품 회계[物品會計] 물품의 출납을 정리·계산하는 업무. ぶっぴんかいけい

물풍[物豐] 물건이 풍족함. abundant goods

물형[物形] 물건의 생긴 모양. form

물화[物貨] 물품과 재화. commodities

물활론[物活論] 물질에도 생명과 영혼이 있다는 범심론(汎心論)의 한 주장. ぶっかつろん animism

뮈지크콩크레트[프 musique concrète] 자연계의 소리·도시의 소음 따위를 녹음하고, 그것을 전기 장치로 변형·편집하여 하나의 작품으로 구성한 음악. 구체 음악(具體音樂). ミュージックコンクレート

뮤:[μ] 길이 단위의 하나인 미크론의 기호. ミュー

뮤:온[muon] 경입자족(輕粒子族)에 속하는 소립자의 하나.

뮤:즈[Muse] 그리스 신화에 나오는, 시·극·음악·미술을 맡은 아홉 여신(女神). ミューズ

뮤:지컬[musical] 노래와 춤을 중심으로 하는 음악극(音樂劇). ミュージカル

뮤:지컬쇼:[musical show] 라디오·텔레비전에서, 노래와 춤을 주로 하여 구성(構成)한 오락 프로그램. ミュージカルショー

뮤:지컬코미디[musical comedy] 희가극(喜歌劇). ミュージカルコメディー

뮤:직홀:[music hall] 음악당(音樂堂). 음악 감상실. ミュージックホール

미:[未]* ① 아닐 미:아니다. 못하다.「未完(미완)·未定(미정)·未遂(미수)·未達(미달)·未決(미결)」② 지지 미:여덟째 지지(地支).「辛未(신미)·未時(미시)·未年(미년)」ミ·ビ ① いまだ

미[米]* 쌀 미:쌀.「米穀(미곡)·米糧(미량)·米商(미상)·白米(백미)·節米(절미)」マイ·ベイ·こめ

미[尾]* ① 꼬리 미:꼬리.「尾翼(미익)·尾大(미대)」② 끝 미:끝.「末尾(말미)·後尾(후미)」③ 흘레할 미:흘레하다.「交尾(교미)」ビ ① お

미[味]* ① 맛 미:맛.「美味(미미)·甘味(감미)·味覺(미각)·佳味(가미)·辛味(신미)」② 맛볼 미:맛보다.「吟味(음미)」③ 뜻 미:뜻.「意味(의미)」④ 기분 미:기분.「滋味(자미)·情味(정미)·趣味(취미)」ミ ① あじ ② あじわう

미[眉]* ① 눈썹 미:눈썹.「眉間(미간)·眉目(미목)·蛾眉(아미)·愁眉(수미)」② 언저리 미:언저리.「眉宇(미우)」ビ·ミ ① まゆ

미:[美]* ① 아름다울 미:아름답다.「美貌(미모)·美麗(미려)·美女(미녀)·美姬(미희)」② 좋을 미:좋다.「美感(미감)·美質(미질)」③ 맛날 미:맛나다. 맛있다.「美味(미미)·美肴(미효)·美食(미식)·美酒(미주)」ビ·ミ ① うつくしい

미[迷]☆ ① 미혹할 미:미혹하다.「迷惑(미혹)·低迷(저미)」② 희미할 미:희미하다.「迷路(미로)·迷想(미상)·迷界(미계)·迷宮(미궁)」③ 망설일 미:망설이다.「迷離(미리)」メイ ① まよう

미[媚] ① 아첨할 미:아첨하다.「媚附(미부)·媚寵(미총)」② 상긋거릴 미:상긋거리다.「媚態(미태)·媚笑(미소)」ビ ① こびる

미[微]☆ ① 작을 미:작다.「微小(미소)·微微(미미)·微末(미말)·微細(미세)」② 천할 미:천하다.「微物(미물)」③ 은미할 미:은미(隱微)하다.「微妙(미묘)·微辭(미사)·微量(미량)」ビ·ミ ① かすか

미[彌] ① 두루 미:두루.「彌滿(미만)·彌漫(미만)」② 꿰맬 미:꿰매다.「彌縫(미봉)·彌縫策(미봉책)」③ 오랠 미:오래다.「彌久(미구)」ビ·ミ ① ゆきわたる

미[糜] ① 죽 미:죽.「糜粥(미죽)」② 싸라기 미:싸라기.「糜散(미산)」ビ ① かゆ

미[薇] ① 장미 미:장미.「薔薇(장미)」② 고비나물 미:고비나물.「薇蕨(미궐)」ビ ② わらび

미[謎] 수수께끼 미:수수께끼.「謎題(미제)·謎語(미어)」メ

イ・なぞ

미[靡] ① 없을 미: 없다. 아니하다. 「靡寧(미령)・靡樂(미락)」 ② 화려할 미: 화려하다. 「靡衣(미의)・靡麗(미려)」 ③ 쓰러질 미: 쓰러지다. 쏠리다. 「靡拉(미랍)・靡傾(미경)・靡然(미연)」 ビ・ヒ ③ なびく

미[瀰] 물 질펀할 미: 물이 가득하다. 「瀰漫(미만)・瀰瀰(미미)」 ビ

미[黴] ① 곰팡이 미: 곰팡이. 「黴菌(미균)」 ② 기미 낄 미: 기미가 끼다. 「黴黑(미흑)・黴瘠(미척)」 バイ ① かび

미가[米價] 쌀값. べいか   price of rice

미각[味覺] 오감(五感)의 하나. 혀 따위로 맛을 느끼는 감각. みかく sense of taste

미각 기관[味覺器官] 미각을 느끼는 기관. 준미관(味官). みかくきかん gustatory organ

미간[未刊] 책 따위가 아직 간행되지 않음. ↔기간(旣刊). みかん being unpublished

미간[眉間] 양미간(兩眉間)의 준말. みけん

미간주[眉間珠] 불상(佛像)의 양미간에 있는 구슬.

미감[味感] ⇨미각(味覺). みかん

미:감[美感] 아름다움에 대한 감각. びかん sense of beauty

미:개[未開] ① 아직 문명이 발달하지 못한 상태에 있음. 「~ 민족(民族)」 ② 꽃이 아직 피지 않은 상태에 있음. みかい ① being uncivilized ② being unblooming

미:개발[未開發] 아직 개발되지 아니함. みかいはつ undevelopment

미:거[未擧] 사리에 어둡고 철이 없음. =몽매(蒙昧). being unenlightened

미:거[美擧] 훌륭한 행동. びきょ fine action

미:견[未見] 아직 보지 못함. みけん being unseen

미견[迷見] 사리에 어두운 의견이나 견해. wrong view

미:결[未決] 아직 결정을 보지 못함. ↔기결(旣決). みけつ pendency

미:결수[未決囚] 죄가 확정되지 않은 형사 피고인. みけつしゅう unconvicted prisoner

미:경[美境] 아름다운 경지. びきょう stage of beauty

미:경지[未耕地] 아직 개간하기나 경작하지 않은 땅. みこうち uncultivated land

미곡[米穀] ① 쌀. ② 쌀과 그 밖의 곡식. べいこく ① rice ② grain

미곡 연도[米穀年度] 미곡의 통계적 처리를 위하여 정한 기간. 곧 11월 1일부터 다음 해 10월 31일까지의 1년 동안. べいこくねんど rice year

미골[尾骨] 척추의 아래쪽 끝에 있는 뼈. 꼬리뼈. びこつ coccyx

미:과[美果] ① 맛이 좋고 아름다운 과실. ② 좋은 결과. びか ① sweet fruit ② good result

미관[味官] 미각 기관(味覺器官)의 준말. みかん

미:관[美觀] 아름다운 경관(景觀)이나 훌륭한 경치. びかん fine sight

미관[微官] ① 보잘것없는 관직. 「~말직(末職)」 ② 관리가 자신을 낮추어 이르는 말. び

미광[微光] 아주 희미하고 약한 빛. びこう faint light

미:구[未久] 오래지 않음. 「~불원(不遠)」 shortly

미구[微軀] ① 미천한 몸. ② 자신의 몸을 낮추어 이르는 말. びく

미국[米麴] 쌀누룩. malted rice

미궁[迷宮] ① 한번 안으로 들어가면 나갈 문을 찾을 수 없게 만든 곳. ② 사건 따위가 복잡하게 얽혀서 해결하기 어렵게 된 상태. めいきゅう
① labyrinth ② mistery

미균[黴菌] ⇨세균(細菌). ばいきん

미그[MIG] 구소련의 대표적인 제트 전투기의 이름. ミグ

미:급[未及] 아직 미치지 못함. being not yet reached

미:기[美技] 훌륭한 연기. 또는 훌륭한 기술. びぎ fine play

미:기[美妓] 아름다운 기생. びぎ

미:남[美男] 미남자(美男子)의 준말. びなん・びだん

미남자[美男子] 얼굴이 썩 잘 생긴 남자. 준미남(美男). びだんし handsome man

미:납[未納] 아직 내지 못함. 「~자(者)」 みのう
default in payment

미너렛[minaret] 이슬람 사원에 설치하는 첨탑(尖塔).

미네랄[mineral] 생체의 생리 작용에 필요한 무기질(無機質) 영양소. 마그네슘·칼륨·철 등. ミネラル

미네르바[Minerva] 로마 신화에 나오는 지혜·기예(技藝)·전쟁의 여신. ミネルバ

미:녀[美女] 아름다운 여자. =미인(美人). びじょ beauty

미노스[Minos] 그리스 신화(神話)에 나오는 크레타 섬의 왕.

미뉴에트[minuet] 4분의 3박자의 프랑스 옛 춤곡. メヌエット

미니[mini] ① '소형(小型)'의 뜻. ② 미니스커트의 준말. ミニ

미니멈[minimum] 최소 한도(最小限度). 극소(極小). ミニマム

미니스커:트[miniskirt] 치맛자락이 무릎 위까지 올라오는, 짧은 길이의 스커트의 총칭(總稱). 미니. ミニスカート

미니어처[miniature] 작은 모형(模型). ミニチュア

미:달[未達] 아직 어떤 한도나 기준에 이르지 못함. 「정원(定員) ~」 insufficiency

미:담[美談] 사람들을 감동시킬 만한 아름다운 이야기. びだん praiseworthy anecdote

미:답[未踏] 아직 아무도 발을 들여놓지 않았음. 「전인(前人) ~」 みとう being untrodden

미대난도[尾大難掉] 꼬리가 커서 흔들기가 어렵다는 뜻으로, 일의 끝이 크게 벌어져서 수습하기가 곤란함의 비유.

미:덕[美德] 아름다운 덕. 기특한 덕행. びとく virtue

미:도[未到] 아직 도착하지 않음. =미착(未着). みとう
being not yet arrived

미도[味道] 내용을 충분히 음미하고 이해함.

미독[味讀] 내용을 충분히 음미하며 읽음. =숙독(熟讀).

미:동[美童] 잘 생긴 사내아이. =미소년(美少年). びどう handsome boy 美童

미동[微動] 약간 흔들림. 조금 움직임. 「～도 안 한다」びどう quiver 微動

미두[米豆] 미곡을 현물 없이 시세만 가지고 매매하는 투기(投機). bucket-shop operations in rice 米豆

미드필:드[midfield] 경기장(競技場)의 중앙부. 競技場

미등[尾燈] 자동차의 뒤쪽에 단 등. びとう taillight 尾燈

미등[微騰] 물가 따위가 조금 오름. ↔미락(微落). びとう fractional advance 微騰

미디[midi] 미니와 맥시의 중간 길이의 스커트. ミディ 中間

미디스커:트[midiskirt] 옷자락이 장딴지의 중간쯤 내려가는 길이의 스커트.

미디어[media] ①매체(媒體). 매개체(媒介體). ②수단(手段). メディア 媒體

미라[포 mirra] 오랫동안 썩지 않고 본 모습 그대로 보존(保存)된 사람 또는 동물의 시체. ミイラ 保存

미라:주[프 Mirage] 프랑스 전투기(戰鬪機)의 이름. ミラージュ 戰鬪機

미락[微落] 물가 따위가 조금 떨어짐. ↔미등(微騰). びらく fractional decline 微落

미란[迷亂] 정신이 혼미하여 어지러움. bewilderment 迷亂

미란[靡爛·糜爛] 썩어 문드러짐. びらん decomposition 靡爛

미:래[未來] ①앞으로 오는 시대. =장래(將來). ②죽은 후의 세상. =내세(來世). みらい ①future ②next world 未來

미:래파[未來派] 20세기 초에 이탈리아에서 일어난 신예술 운동. 조화·통일·전통을 무시하고 힘찬 움직임과 운동감각의 표현을 주장함. みらいは futurism 未來派

미랭[微冷] 약간 찬 듯함. びれい slight coldness 微冷

미량[微涼] 조금 서늘함. slight coolness 微涼

미량[微量] 아주 적은 분량. びりょう very small amount 微量

미량 어염[米糧魚鹽] 양식·생선·소금 같은, 일상 생활에 필요한 식료품. べいりょうぎょえん necessary foodstuff 米糧魚鹽

미:려[美麗] 매우 아름답고 화려함. びれい beauty 美麗

미력[微力] ①힘이 약함. 또는 약한 힘. ②남에게 자기의 역량(力量)을 겸손하게 이르는 말. 「～하나마 협력하겠습니다」びりょく ①slight power 微力

미:련[未練] ①생각을 딱 끊을 수 없음 「아직도 ～을 가지다」 ②아직 익숙하지 못함. みれん ①lingering attachment ②unfamiliarity 未練

미령[靡寧] 웃어른이 병으로 편안하지 못함. 靡寧

미로[迷路] ①한번 들어가면 방향을 알 수 없게 된 길. ② ⇨내이(內耳). めいろ ①maze 迷路

미:료[未了] 아직 다 끝내지 못함. =미필(未畢). みりょう being unfinished 未了

미르[러 mir] 구소련이 1986년에 쏘아 올린 대형(大型) 우주 정거장. ミール 大型

미륵[彌勒] ①미륵보살(彌勒菩薩)의 준말. みろく ②돌부처. ②stone image of Buddha 彌勒

미륵보살[彌勒菩薩] 미래에 나타나 중생을 구제한다는 보살. ㊅미륵(彌勒). みろくぼさつ

미립[微粒] 아주 작은 알맹이. びりゅう particle

미립자[微粒子] 물질을 구성하고 있는 미세(微細)한 입자(粒子). びりゅうし corpuscle

미：만[未滿] 정한 수량이나 정도에 차지 못함. 「50개 ~」 みまん less than

미만[彌滿・彌漫] 널리 퍼져 가득 참. びまん expanse

미말[尾末] 끝. 맨 아래. end

미：망[未忘] 잊지 못함. being unforgettable

미망[迷妄] 사리에 어두워 마음의 갈피를 잡지 못하고 헤맴. めいもう hesitation

미：망인[未亡人] 남편이 죽고 혼자 된 사람. ＝과부(寡婦). みぼうじん・びぼうじん widow

미맥[米麥] 쌀과 보리. べいばく rice and barley

미맹[味盲] 미각(味覺)의 이상으로 어떤 특정한 맛을 느끼지 못하는 상태. 또는 그런 사람. みもう

미：명[未明] 날이 샐 무렵. 새벽녘. みめい early dawn

미：명[美名] ①좋은 평판(評判). ②그럴듯한 명분(名分). びめい ① good name

미명[微明] 희미하게 밝음. ＝박명(薄明). びめい dim light

미：명하[美名下] 그럴듯한 명목 아래. under the cloak of

미모[尾毛] 짐승의 꼬리털. tail hair

미모[眉毛] 눈썹. まゆげ eyebrow

미：모[美貌] 아름다운 얼굴 모습. びぼう beautiful face

미모사[mimosa] 콩과의 일년초. 온몸에 가는 털과 가시가 있고 잎을 건드리면 오므라들면서 아래로 늘어짐. 함수초(含羞草). ミモザ

미목[眉目] ①눈썹과 눈. ②얼굴의 생김새. 「~수려(秀麗)」 びもく ① eyebrow and eye ② countenance

미몽[迷夢] 무엇에 홀린 듯이 혼미해진 정신 상태. 「~에서 깨어나다」 めいむ delusion

미：묘[美妙] 아름답고 묘함. びみょう elegance

미묘[微妙] ①섬세하고 교묘함. ②이상야릇하여 알 수 없음. 「~한 정세(情勢)」 びみょう subtlety

미：문[未聞] 아직 들어 보지 못함. 「전대(前代)~」 みもん being unheard of

미：문[美文] 아름다운 문장. 잘 쓴 글. びぶん elegant prose

미：문[美聞] 좋은 소문. ↔추문(醜聞). reputation

미물[微物] ①작고 보잘것없는 물건. ②자질구레한 벌레나 동물. 「~에 불과하다」 ① trifle ② microbe

미미[微微] 아주 보잘것없이 작음. 「~한 문제」 びび slightness

미믹[mimic] 극・무용에서, 동작만으로 어떤 감정(感情)을 표현하는 연기술(演技術). ミミック

미반[米飯] 쌀밥. べいはん boiled rice

미：발[未發] ①일이 아직 일어나지 않음. ②아직 떠나지 않음. ↔기발(旣發). みはつ

① being not yet bloomed ② being not yet started
미:발표[未發表] 아직 발표를 하지 않음. みはっぴょう   未發表
being unpublished
미백색[微白色] 부유스름하게 흰 빛깔. whitish color   微白色
미복[微服] 지위가 높은 사람이 미행(微行)할 때에 신분(身分)을 숨기기 위하여 입는 옷. 「~차림」びふく disguise in dress   微服
미복 잠행[微服潛行] 남이 알아보지 못하도록 미복 차림으로 슬그머니 다님. 준미행(微行). びふくせんこう going in disguise   微服潛行
미봉[彌縫] 꿰맨다는 뜻으로, 빈 구석이나 잘못된 것을 임시로 이리저리 꾸며대는 일을 말함. びほう temporizing   彌縫
미봉책[彌縫策] 임시로 꾸며대어 눈가림만 하려는 대책. びほうさく makeshift   彌縫策
미부[媚附] 아부함. 아첨함. びふ adulation   媚附
미분[米粉] 쌀가루. べいふん rice flour   米粉
미분[微分] 어떤 함수(函數)의 미분 계수(微分係數)를 얻는 일. びぶん differentiation   微分
미분자[微分子] 아주 작은 분자. びぶんし atom   微分子
미불용극[靡不用極] 온 심력(心力)을 다해야 함. doing one's best   靡不用極
미:비[未備] 아직 완전히 갖추어지지 아니함. 「서류(書類)~」 incompletion   未備
미비[靡費] 남김없이 모두 써 버림. using up   靡費
미:사[美辭] ① 아름다운 말. ② 교묘하게 꾸민 말. びじ   美辭
① flowery word ② fair word
미사[라 missa] ① 가톨릭 교회에서, 성체(聖體)와 성혈(聖血)을 하느님께 바치는 의식. ② 미사곡. ミサ   聖體
미:사여구[美辭麗句] 듣기 좋도록 아름답게 꾸민 말과 글귀. びじれいく fine phrases   美辭麗句
미사일[missile] 로켓이나 제트 엔진으로 추진되며 유도(誘導) 장치로 목표물을 폭파하는 장거리용 공격 무기. 유도탄(誘導彈). ミサイル   誘導彈
미산[米産] 쌀의 생산. べいさん rice production   米産生産
미삼[尾蔘] 인삼의 잔뿌리.   尾蔘
미:상[未詳] 자세하지 않음. 자세히 알 수 없음. 「성명(姓名)~」みしょう being not exactly known   未詳
미상[米商] 쌀장사. 또는 쌀장수. べいしょう rice dealer   米商
미상[迷想] 갈피를 잡지 못하는 생각. めいそう mistaken notion   迷想
미상[微傷] 가벼운 상처. びしょう slight wound   微傷
미:상불[未嘗不] 아닌게아니라. 따지고 보면. =미상비(未嘗非). 「~ 성의도 부족했다」 really   未嘗不
미:상비[未嘗非] 아닌게아니라. =미상불(未嘗不). indeed   未嘗非
미색[米色] 약간 노르께한 빛깔. pale yellow   米色
미:색[美色] ① 아름다운 빛깔. ② 여자의 고운 얼굴. びしょく ① beautiful color ② beautiful face   美色
미색[迷色] 여색(女色)에 빠지는 일. being infatuated with a woman's beauty   迷色

미생물[微生物] 현미경으로나 볼 수 있는 매우 작은 생물의 총칭. びせいぶつ　microbe

미생지신[尾生之信] 미생이라는 사람이 고지식하게 약속을 지키다가 죽고 말았다는 고사(故事)에서, 융통성이 없는 어리석은 믿음이나 신의를 비유하는 말.

미:설[未設] 아직 설치하거나 마련하지 못함. みせつ being unestablished

미:성[未成] ① 아직 다 이루지 못함. =미완(未完). ② 아직 성인(成人)이 되지 못함. みせい ① being unfinished ② minority

미:성[美聲] 아름다운 목소리. びせい beautiful voice

미성[微誠] ① 조그마한 정성. ② 자기의 정성을 겸손하게 이르는 말.

미성[微聲] 겨우 들리는 작은 소리. びせい dim sound

미:성년[未成年] ① 아직 성년이 되지 않은 나이. 또는 그 사람. ② 법률에서, 만 20세가 되지 않은 나이. みせいねん minority

미:성숙[未成熟] ① 아직 채 여물지 않음. ② 아직 익숙하지 못함. みせいじゅく ① unripeness ② greenness

미:성취[未成娶] 아직 장가를 들지 않음. being unmarried

미:성품[未成品] 아직 완성되지 않은 물건. ↔완성품(完成品). みせいひん unfinished article

미세[微細] 매우 가늘고 작음. びさい minuteness

미셀러니[miscellany] 문학에서, 경수필(輕隨筆).

미션[mission] ① 선교(宣敎) 또는 전도(傳道). ② 선교 단체. ミッション

미션스쿨[mission school] 기독교 단체에서 선교(宣敎)와 교육을 목적으로 세운 학교. ミッションスクール

미소[媚笑] 아양을 떨며 웃는 웃음. びしょう coquettish smile

미소[微小] 아주 작음. =극소(極小). ↔거대(巨大). びしょう very small

미소[微笑] 소리 없이 빙긋이 웃는 웃음. びしょう・ほほえみ・ほおえみ smile

미:소년[美少年] 얼굴이 예쁘게 생긴 소년. びしょうねん handsome youth

미소망:상[微小妄想] 자기 자신을 과소 평가하여 비애감을 갖는 병적 상태. びしょうもうそう

미소 정책[微笑政策] 외면상으로 친선을 꾀하는 체하여 상대국에게서 이권을 얻으려는 대외 정책.

미:속[美俗] 아름다운 풍속. =미풍(美風). びぞく beautiful custom

미쇄[微瑣] 매우 자질구레하고 보잘것없음. trifle

미:수[未收] 아직 거두지 못함. =미봉(未捧). 「~금(金)」 みしゅう being uncollected

미:수[未遂] 아직 목적을 이루지 못함. 「살인(殺人) ~」 みすい attempt

미수[米壽] '米'자를 풀면 八十八이 되는 데서, 88세를 달리 이르는 말. べいじゅ eighty-eight years old

미수[眉壽] 남에게 오래 살기

를 축원할 때 하는 말. =장수(長壽)・만수무강(萬壽無疆). びじゅ

미ː수[美鬚] 아름다운 수염. 美鬚 びぜん   beautiful beard

미수[微睡] 잠시 눈을 붙임. 微睡 びすい   doze

미ː숙[未熟] ① 아직 덜 익음. 未熟 ② 익숙하지 못함. 「~한 기술」 みじゅく ① greenness ② being unskilled

미ː술[美術] 공간 및 시각(視覺)을 통해 미(美)를 표현하는 예술. 회화・조각・건축・공예 따위. びじゅつ   art 美術

미ː술 전ː람회[美術展覽會] 미술 작품을 전시하여 일반에게 관람하게 하는 전람회. 美術展覽會 ⓒ 미전(美展).   art exhibition

미스[miss] 잘못. 실수. 오류(誤謬). 미스. 失手

미스[Miss] 미혼 여성의 성(姓)이나 이름 앞에 붙이는 호칭(呼稱). 미스. 未婚女

미스캐스트[miscast] 연극・영화에서, 배역(配役)을 잘못 정한 것. 미스캐스트. 不適配役

미스터[mister, Mr.] 남자의 이름이나 성(姓) 앞에 붙이는 호칭. 미스터. 男子敬稱

미스터리[mystery] ① 신비(神祕). 불가사의(不可思議). ② 추리 소설. 미스터리. 不可思議

미스테리오소[이 misterioso] 악보에서, '신비(神祕)스럽게'의 뜻. 神祕

미스테이크[mistake] 실수. 잘못. 미스. 미스테이크. 過誤

미스프린트[misprint] 인쇄(印刷)의 잘못. 또는 잘못 박힌 인쇄물. 미스프린트. 誤植

미시적[微視的] ① 인간의 감각으로는 식별(識別)할 수 없 微視的 을 만큼 미세한 것. ② 사물・현상을 부분적・개별적으로 분석하려는 태도. ↔거시적(巨視的). びしてき   microscopic

미시즈[mistress, Mrs.] 기혼(旣婚) 여성의 이름이나 성(姓) 앞에 붙여 부르는 호칭. 미세스. 旣婚

미ː식[未熄] 어떤 사건이나 변고가 그치지 않음. 未熄 being not yet ceased

미식[米食] 쌀을 주식으로 함. 米食 べいしょく   living on rice

미ː식[美式] 미국의 방식. 「~축구」   American style 美式

미ː식[美食] 맛좋은 음식을 먹음. 또는 맛좋은 음식. ↔악식(惡食). 「~가(家)」 びしょく   rich diet 美食

미ː식[美飾] 아름답게 꾸밈. 美飾 decoration

미식[迷息] 남에게 대하여, 자기의 아들이나 딸의 낮춤말. =미아(迷兒). 迷息

미ː신[未信] 미덥지 못함. 未信 unreliability

미신[迷信] 그릇된 신앙. めいしん   superstition 迷信

미신[微臣] ① 지위가 낮은 신하. ↔중신(重臣). ② 신하가 임금 앞에서 자신을 낮추어 일컫는 말. びしん ① low subject 微臣

미ː심[未審] ① 확실하지 않아 안심할 수 없음. ② ⇒불심(不審).   ① doubtfulness 未審

미아[迷兒] ① 길 잃은 아이. ② ⇒미식(迷息).   ① stray child 迷兒

미ː안[未安] ① 남에게 폐를 끼치거나 하여 마음이 편하지 않고 거북함. ② 남에게 겸연쩍은 마음이 있음. 「~천만」   sorriness 未安

미:안[美顔] ①아름다운 얼굴. ②얼굴을 아름답게 매만짐. 「～술(術)」びがん ① beautiful face ② facial treatment

미약[媚藥] 성욕(性慾)이 일어나게 하는 약. ＝음약(淫藥). びやく philter

미약[微弱] 작고 약함. 보잘것 없음. びじゃく insignificance

미양[微恙] 대수롭지 않은 병. びよう slight illness

미어[謎語] 수수께끼. めいご riddle

미:역[未疫] 아직 역질(疫疾)을 치르지 않음.

미:연[未然] 아직 그렇게 되기 전. ＝사전(事前). 「～에 방지하다」みぜん before something happens

미열[微熱] 평상시의 체온보다 조금 높은 체온. ↔고열(高熱). びねつ slight fever

미오글로빈[myoglobin] 근육세포(細胞) 내의 적색 색소 단백질.

미오신[myosin] 근 단백 질(筋蛋白質)의 주요 성분.

미:온[未穩] 평온하지 못함. troubles

미온[微溫] 미지근함. 「～적(的)인 대책」びおん tepidity

미온수[微溫水] 미지근한 물. びおんすい tepid water

미:완[未完] 미완성(未完成)의 준말. みかん

미:완성[未完成] 아직 완성되지 않음. 준미완(未完). みかんせい incompletion

미:용[美容] ①아름다운 얼굴. ②얼굴이나 머리를 곱게 꾸밈. 「～술(術)」びよう ① beautiful face ② beauty treatment

미:용 체 조[美容體操] 몸의 균형을 바로잡고 몸매를 아름답게 만들기 위한 체조. びようたいそう calisthenics

미우[眉宇] 이마의 눈썹 언저리. びう

미우[微雨] 가랑비. 이슬비. ＝세우(細雨). びう drizzle

미월[眉月] 눈썹같이 생긴 초승달. びげつ crescent

미:육[美育] 예술을 통하여 정서를 순화하고 인격을 도야하는 교육. びいく aesthetic culture

미음[米飮] 쌀이나 좁쌀에 물을 넉넉히 붓고 푹 끓여 체로 밭인 걸쭉한 음식. thin rice gruel

미:음[美音] 아름다운 소리. びおん sweet voice

미:의[美衣] 아름다운 옷. びい fine dress

미의[微意] 남에게 자기의 뜻이나 성의(誠意)를 겸손하게 이르는 말. ＝미충(微衷). びい humble desire

미:의식[美意識] 미(美)를 감지하는 의식. びいしき aesthetic consciousness

미익[尾翼] 비행기의 꼬리 부분에 있는 수직 날개와 수평 날개. びよく empennage

미:인[美人] 용모가 아름다운 여자. ＝미녀(美女). びじん beauty

미:인계[美人計] 미인을 이용하여 남을 꾀는 계교. びじんけい using a beautiful woman for business purposes

미작[米作] ⇨도작(稻作). べいさく

미:장[美匠] 물품의 겉모양을

아름답게 보이기 위한 장식적인 가공이나 고안. びしょう decorative design

미:장[美粧] 얼굴이나 머리 모양 등을 곱게 다듬는 일. 「~원(院)」 びしょう beauty culture

미:장[美裝] 아름답게 꾸미고 차림. びそう decoration

미재[微才] 하찮은 재주라는 뜻으로, 자기의 재능을 겸손하게 이르는 말. びさい small talent

미:적[美的] 아름다움에 관한 것. 「~ 쾌감(快感)」 びてき aesthetic

미적분[微積分] 미분(微分)과 적분(積分). びせきぶん differential and integral calculus

미:전[美展] 미술 전람회의 준말. びてん

미:점[美點] ① 성격상으로 아름다운 점. ② ⇨장점(長點). びてん merit

미:정[未定] 아직 정하지 못함. ↔기정(既定). 「~ 상태(狀態)」 みてい pendency

미:제[未濟] 무슨 일이 아직 끝나지 않았거나 해결되지 아니함. ↔기제(既濟). みさい pending

미:제[美製] 미국에서 만든 제품. 「~ 사진기」 American-made goods

미:제[謎題] 수수께끼 같은 문제. riddle

미:조술[美爪術] 손톱을 아름답게 하는 화장술. びそうじゅつ manicure

미:족[未足] 아직 넉넉하지 못함. shortage

미죄[微罪] 아주 가벼운 죄.
가벼운 죄상. びざい petty offense

미:주[美洲] 아메리카 주. べいしゅう (米州) American continent

미:주[美酒] 매우 맛이 좋은 술. びしゅ good wine

미주 신경[迷走神經] 연수(延髓)로부터 나온 뇌신경. 지각(知覺)과 내장의 운동과 분비를 맡음. めいそうしんけい pneumogastric nerve

미죽[糜粥] 미음이나 죽. gruel

미:준[未竣] 공사를 아직 끝내지 못함. being not yet completed

미즈[Ms.] 기혼(既婚)·미혼(未婚)에 상관 없이 여성의 성 앞에 붙여, 씨(氏)와 같은 뜻으로 쓰는 호칭. ミズ

미즙[米汁] 쌀뜨물.

미증[微增] 약간 증가함. 조금 늚. びぞう increasing a little

미:증유[未曾有] 아직까지 있어 본 적이 없음. 「~의 사건」 みぞう being unprecedented

미:지[未知] 아직 알지 못함. 「~의 세계」 みち being unknown

미지[微志] ⇨미의(微意). びし

미:지수[未知數] ① 방정식(方程式)에서, 값이 알려지지 않은 수. ↔기지수(既知數). ② 장차 어떻게 될지 모르는 일. みちすう unknown quantity

미:지숙시[未知孰是] 누가 옳은지 알 수 없음. not knowing who is right

미:진[未盡] 아직 다하지 못함. 아직 충분하지 못함. 「~한 일이 아직도 남아 있다」 being incompleted

미진[微塵] ① 작은 티끌. ②

작고 변변하지 못한 물건. みじん ① particle

미진[微震] 극히 미약한 지진. びしん slight earthquake

미:질[美質] 아름다운 본바탕. びしつ good character

미:착[未着] 아직 도착하지 않음. =미도(未到). みちゃく being not yet arrived

미채[迷彩] 적의 공격을 피하기 위해 건물·함선·탱크 따위에 여러 가지 빛깔을 불규칙하게 칠하는 일. めいさい camouflage

미채[薇菜] 고비나물. osmund

미천[微賤] 신분이 보잘것없고 천함. =비천(卑賤). びせん obscurity

미:추[美醜] 아름다움과 추함. =미악(美惡). びしゅう beauty or ugliness

미추골[尾椎骨] 꽁무니뼈. coccyx

미충[微衷] 남에게 자기의 뜻이나 성의(誠意)를 겸손하게 이르는 말. =미의(微意). びちゅう

미:취[未娶] 아직 장가들지 않음. ↔기취(旣娶). being unmarried

미취[微醉] 술에 약간 취함. びすい slight intoxication

미:칭[美稱] 아름답게 일컫는 명칭. びしょう beautiful name

미:쾌[未快] 아직 병이 낫지 않음. being not yet recovered

미크로-[프 micro-] ⇨마이크로-. ミクロ-

미크론[micron] 길이의 단위(單位). 1미크론은 1mm의 1000분의 1. 기호는 μ.

미타[彌陀] 아미타(阿彌陀)의 준말. みだ

미:태[美態] 아름다운 자태(姿態). ↔추태(醜態). びたい beautiful posture

미태[媚態] 아양을 떠는 태도. びたい coquetry

미:터[meter] ① 길이의 단위. 기호는 m. ② 가스·전기·택시 따위의 자동 계기(計器). メーター

미:터글라스[meter glass] 유리컵에 미터법에 따른 눈금을 새긴 액체 용적(容積)의 계량기.

미토콘드리아[mitochondria] 동식물의 세포질(細胞質) 속에 많이 들어 있는 과립(顆粒) 모양의 물질. 세포 호흡에 중요한 구실을 함.

미:트[meat] 쇠고기나 돼지고기 등의 식용육(食用肉). ミート

미트[mitt] 야구에서, 포수(捕手)·일루수(一壘手)가 끼는 글러브. ミット

미:트볼[meatball] 서양식(西洋式) 고기 완자. ミートボール

미:팅[meeting] 집회(集會). 모임. ミーティング

미:품[美品] 아름답고 좋은 물건. article of fine quality

미품[微稟] 넌지시 아룀. telling in confidence

미:풍[美風] 아름다운 풍속. =미속(美俗). びふう laudable custom

미풍[微風] 약하게 솔솔 부는 바람. 산들바람. びふう breeze

미:필[未畢] 아직 다 끝내지 못함. =미료(未了).「검사(檢査) ~」 incompletion

미하[微瑕] 약간의 흠. びか small flaw

미:학[美學] 미(美)의 본질·미

미한[微汗] 조금 나는 땀. = 微汗
경한(輕汗).

미:해결[未解決] 아직 해결을 未解決
짓지 못함. みかいけつ
　　　　being unsettled

미행[尾行] 남의 뒤를 몰래 밟 尾行
음. びこう　　　shadowing

미:행[美行] 아름다운 행실. 美行
びこう　　　good conduct

미행[微行] 미복 잠행(微服潛 微行
行)의 준말. びこう

미현[迷眩] 마음이 혼미하고 迷眩
정신이 산란함. perplexity

미혹[迷惑] ①정신이 무엇에 迷惑
홀림. ②정신이 헷갈려 갈팡 精神
질팡 헤맴. めいわく
　① bewitchery ② perplexity

미:혼[未婚] 아직 결혼한 적이 未婚
없음. ↔기혼(旣婚). 「~자
(者)」 みこん being unmarried

미:화[美化] 아름답게 꾸밈. 美化
「환경 ~ 작업(作業)」 びか
　　　　beautification

미:화[美貨] 미국의 화폐. 달 美貨
러. べいか(米貨). U.S. dollar

미황색[微黃色] 노르께한 빛 微黃色
깔. light yellow

미:효[美肴] 맛좋은 안주. = 美肴
가효(佳肴).

미훈[微醺] 주기(酒氣)가 약간 微醺
있음. びくん
　　　　slight intoxication

미:흡[未洽] 흡족하지 아니함. 未洽
「~한 점이 아직 많다」
　　　　insufficiency

미:희[美姬] 아름다운 여자. = 美姬
미인(美人)·미녀(美女). びき
　　　　beauty

믹서[mixer] ①콘크리트 제조 混合器
기계. ②과실이나 채소 등의
즙을 내는 기계. ③방송국에
서, 음량(音量)이나 음질(音
質)을 조정하는 장치. 또는
그러한 일을 하는 사람. ミキ
サー

믹스[mix] 혼합(混合)함. 섞 混合
음. ミックス

민[民]* 백성 민: 백성. 국민.
「國民(국민)·民家(민가)·民意 民家
(민의)·官民(관민)·民法(민
법)·民需(민수)」 ミン・たみ

민[旼] 화할 민: 화(和)하다. 旼旼
「旼旼(민민)」 ビン・やわらぐ

민[泯] ①망할 민: 망하다. 멸 泯沒
망하다. 「泯沒(민몰)·泯滅(민
멸)·泯然(민연)」 ②물 맑을
민: 물이 맑은 모양. 「泯泯
(민민)」 ③다할 민: 다하다.
「泯盡(민진)」 ビン・ミン・ほ 泯盡
ろびる

민[玟] 옥돌 민: 옥돌. 「玟瑰 玟瑰
(민괴)」 ビン・ミン・たまいし

민[珉] 옥돌 민: 옥돌. 「珉砌 珉砌
(민체)」 ビン・ミン・たまいし

민[敏]* ①빠를 민: 빠르다.
「敏捷(민첩)·敏速(민속)·敏活 敏捷
(민활)」 ②총명할 민: 총명하 聰敏
다. 「明敏(명민)·聰敏(총민)·
敏智(민지)」 ③공손할 민: 공
손하다. 「敬敏(경민)·恭敏(공
민)」 ビン ① はやい

민[悶] ①번민할 민: 번민하
다. 「煩悶(번민)·苦悶(고민)· 煩悶
悶懷(민회)·悶歎(민탄)·悶死 悶死
(민사)」 ②어두울 민: 어둡
다. 「悶悶(민민)」 モン ① も
だえる

민[憫] ①가엾게 여길 민: 가
엾게 여기다. 마음 아파하다.
「憫傷(민상)·憫慰(민위)·憫惜 憫傷
(민석)」 ②걱정할 민: 걱정하
다. 근심하다. 「憫懣(민만)·
憫憫(민민)」 ビン　　　憫憫

민[愍] ① 슬플 민 : 슬프다. 「愍痛(민통)·愍悲(민비)」 ② 불쌍히 여길 민 : 불쌍히 여기다. 「憐愍(연민)·愍恤(민휼)」 ビン ② あわれむ

민[憫]* ① 딱할 민 : 딱하다. 「憫憫(민망)·憫笑(민소)」 ② 불쌍히 여길 민 : 불쌍히 여기다. 「憫然(민연)·憫恤(민휼)」 ③ 근심할 민 : 근심하다. 「憫迫(민박)」 ビン·ミン ② あわれむ

민가[民家] 일반 국민이 사는 살림집. みんか private house

민간[民間] 일반 국민의 사회. 「~ 설화(說話)」 みんかん

민간 방:송[民間放送] 민간의 자본으로 설립하여 광고료 등으로 운영되는 방송. ↔공공방송(公共放送). 준민방(民放). みんかんほうそう commercial broadcasting

민간 요법[民間療法] 예로부터 민간에 전해 내려오는 질병 치료법. 약초·침·뜸질 따위. みんかんりょうほう folk remedy

민간인[民間人] 공무원이나 군인이 아닌 일반인. みんかんじん civilian

민감[敏感] 감각이 예민함. ↔둔감(鈍感). びんかん sensitiveness

민경[民警] 민간(民間)과 경찰. みんけい people and police

민곤[民困] 국민의 곤궁. 국민의 생활고. distress of the people

민국[民國] 국민이 주권을 가진 나라. ↔군국(軍國)·왕국(王國). republic

민군[民軍] 정규의 군대가 아닌 민간인으로 편성된 군대. =민병(民兵). みんぐん militia

민궁[民窮] 국민의 생활이 가난하고 구차함. 「~재갈(財渴)」 みんきゅう distress of the people

민권[民權] 국민의 권리. 「~운동(運動)」 みんけん people's rights

민권주의[民權主義] ① 민권의 신장(伸張)을 목적으로 하는 주의. ② 삼민주의(三民主義)의 하나. みんけんしゅぎ democracy

민단[民團] ① 민간인으로 이루어진 단체. ② 거류민단(居留民團)의 준말. みんだん

민달[敏達] 민첩하여 모든 일에 통달함. びんたつ adroitness

민담[民譚] 민간 설화. みんだん folklore

민답[悶沓] 속이 타고 가슴이 답답함. =민울(悶鬱). anxiety

민도[民度] 국민의 문화 생활의 정도. みんど conditions of the people

민란[民亂] 백성들이 일으킨 소요(騷擾). =민요(民擾). みんらん riot

민란[泯亂] 사회의 질서와 도덕을 어지럽힘. corrupting public morals

민력[民力] 국민의 재력(財力)이나 노동력. みんりょく national power

민련[憫憐] 딱하고 불쌍함. pitifulness

민렴[民斂] 백성에게서 금품을 거두어들임. extortion

민망[民望] ① 국민의 신망(信望). ② 백성의 희망. =중망

민(衆望). みんぼう ① public confidence ② public desire

민망[憫惘] 대하기가 면구스러울 만큼 딱하고 안타까움. =민만(憫懣). sorriness

민멸[泯滅] 자취나 흔적이 아주 없어짐. =민몰(泯沒)·민절(泯絕). びんめつ extinction

민몰[泯沒] ⇨민멸(泯滅).

민민[憫憫] 몹시 딱하고 안쓰러움. pitifulness

민박[民泊] 민가(民家)에 숙박함. みんぱく lodging at a private residence

민박[憫迫] 애가 탈 정도로 근심이 아주 절박함. pressing

민방[民放] 민간 방송(民間放送)의 준말. 「지역(地域) ~」

민방위[民防衛] 적의 침공이나 안녕 질서를 해치는 재난으로부터 주민의 생명과 재산을 보호하기 위하여 민간인이 펴는 비군사적 방위 활동. civil defense

민법[民法] 사권(私權)에 관계되는 법률의 총칭. 개인간의 신분(身分)이나 재산의 상속·처분에 관한 법률을 이름. みんぽう civil law

민병[民兵] 민간인으로 편성된, 상비군(常備軍)이 아닌 군대. =민군(民軍). みんぺい militia

민복[民福] 국민의 복리(福利). みんぷく welfare of the people

민본[民本] 국민을 위주로 함. みんぽん

민사[民事] 민법(民法)·상법(商法) 등 사법상(私法上)의 법률 관계에 관련되는 사항. ↔형사(刑事). みんじ civil case

민사[悶死] 괴롭게 번민하다가 죽음. もんし death in agony

민사 소송[民事訴訟] 사인(私人)의 권리에 관한 분쟁을 법원에 의하여 법률적으로 해결하기 위한 절차. ↔형사 소송(刑事訴訟). みんじそしょう civil suit

민사 회사[民事會社] 농업·어업·광업·임업 등의 영리 사업(營利事業)을 목적으로 하지만 상행위(商行爲)는 하지 않는 사단 법인. ↔상사 회사(商事會社). みんじがいしゃ civil company

민생[民生] ① 국민의 생활 또는 생계(生計). 「~ 문제(問題)」 ② 일반 국민. みんせい ① people's livelihood ② people

민생고[民生苦] 일반 국민의 생활고. みんせいく people's economic difficulties

민선[民選] 국민이 선거로 뽑음. ↔관선(官選). 「~ 대의원(代議員)」 みんせん popular election

민설[民設] 민간에서 시설을 세움. 또는 그 시설. ↔관설(官設)·공설(公設). みんせつ private establishment

민성[民聲] 국민의 소리. 사회의 여론. みんせい public opinion

민소[民訴] ① 억울한 일을 당한 국민이 관(官)에 대하여 호소함. ② 민사 소송(民事訴訟)의 준말. みんそ civil suit

민소[憫笑] 딱하게 여겨 웃음. びんしょう smile of pity

민속[民俗] 민간의 풍속. 「~촌(村)」 みんぞく folk customs

민속[敏速] 날래고 빠름. ↔지

둔(遲鈍). びんそく　alacrity
민속 무ː용[民俗舞踊] 각 지방에 전승(傳承)되어 온 전통적인 생활 문화를 반영한 무용. みんぞくぶよう folk dance
민속학[民俗學] 그 민족의 전통적인 생활 문화·전승(傳承) 문화를 연구의 대상으로 하는 학문. みんぞくがく ethnology
민수[民需] 민간의 수요(需要). ↔관수(官需)·군수(軍需). みんじゅ civilian needs
민스[mince] 얇게 썬 고기.
민습[民習] 민간의 습속(習俗). folkways
민심[民心] 국민의 마음. =민정(民情). みんしん popular feelings
민약설[民約說] 사회 성립의 근거는 그 구성원인 개인이 자유 평등한 자격으로 합의한 계약에 있다고 하는 학설. =사회 계약설(社會契約說). みんやくせつ theory of social contract
민업[民業] 민간인이 경영하는 사업. ↔관업(官業). みんぎょう private enterprise
민연[泯然] 형적(形迹)이 없음. 「~히 사라지다」 tracelessness
민영[民營] 민간인이 경영함. ↔관영(官營)·공영(公營). みんえい private management
민예[民藝] 민중의 생활 속에서 생겨난 향토색인 공예. 「~품(品)」 みんげい folkcrafts
민완[敏腕] 일을 빠르고 재치 있게 처리하는 수완. 「~형사(刑事)」 びんわん ability
민요[民謠] 민중의 생활 감정이나 지역성(地域性) 따위를 반영하여 오랫동안 전해 내려오는 노래의 총칭. みんよう folk song
민요[民擾] 백성들이 일으킨 소요(騷擾). =민란(民亂). みんじょう riot
민울[悶鬱] 속이 타고 가슴이 답답함. =민답(悶沓). anxiety
민원[民怨] 일반 국민의 원망(怨望) 또는 원성(怨聲). public hatred
민원[民願] 국민의 소원 또는 청원. 「~ 서류(書類)」 desire of the people
민유[民有] 국민 개인의 소유. ↔국유(國有). 「~지(地)」 みんゆう private ownership
민의[民意] 국민의 의사. 「~를 묻다」 みんい will of the people
민의원[民議院] 구(舊)헌법의 양원제(兩院制) 국회에서, 참의원(參議院)과 함께 국회를 구성했던 의원(議院). ↔참의원(參議院). みんぎいん Lower House
민의원[民議員] 민의원 의원(民議院議員)의 준말. みんぎいん
민의원 의원[民議院議員] 민의원(民議院)을 구성하던 의원. 준민의원(民議員). Representative
민자[民資] 민간의 자본. 「~ 유치(誘致)」 private capital
민장[民狀] 국민의 송사(訟事)나 청원 등에 관한 서류. private document
민재[民財] 국민의 재산. =민물(民物). みんざい private property
민적[民籍] 조선 말에 호적(戶籍)을 달리 이르던 말. みんせき census register

민절[泯絶] 형적(形迹)이나 모습이 아주 없어짐. =민멸(泯滅). びんぜつ　extinction

민절[悶絶] 괴롭게 번민하다가 까무러침. もんぜつ

민정[民政] ① 국민의 이익과 행복을 도모하는 정치. ② 군인이 아닌 민간인이 하는 정치. ↔군정(軍政). みんせい　civil government

민정[民情] ① 국민 생활의 사정과 형편. ② ⇨민심(民心). みんじょう　① condition of the people

민족[民族] 같은 지역에 살고 언어와 풍속이 같은 인간 집단. みんぞく　race

민족성[民族性] 한 민족의 공통적이며 특유한 기질. みんぞくせい　racial traits

민족 운:동[民族運動] 민족주의를 달성하기 위한 대중 운동. みんぞくうんどう　racial movement

민족 자결[民族自決] 각 민족이 남의 간섭이나 강요를 받지 않고, 자신의 정치 제도를 스스로 선택·결정하는 일. 「~주의(主義)」 みんぞくじけつ　racial self-determination

민족주의[民族主義] 민족의 독립과 자립을 중시하고 같은 민족으로 국가를 형성·발전시키자는 주장. ↔국제주의(國際主義). みんぞくしゅぎ　nationalism

민주[民主] 국민이 주인이며 주권이 국민에게 있음. 「~정치(政治)」 みんしゅ　democracy

민주 공:화국[民主共和國] 주권(主權)이 국민 전체에게 있는 공화국. みんしゅきょうわこく　democratic republic

민주주의[民主主義] 주권이 국민에게 있고 국민의 힘으로 국민 전체의 이익을 위하여 정치를 해야 한다는 주의. みんしゅしゅぎ　democracy

민중[民衆] 국가나 사회를 구성하는 다수의 일반 국민. =대중(大衆). みんしゅう　people

민중화[民衆化] ① 민중과 어울려 동화(同化)하거나 동화시킴. ② 민중의 것이 되게 함. みんしゅうか　popularization

민지[民志] 국민의 뜻. =민의(民意). will of the people

민지[民智] 국민의 슬기. people's intellect

민지[敏智] 미첩한 지혜. tact

민첩[敏捷] 재빠르고 날램. ↔지둔(遲鈍)·불민(不敏). びんしょう　agility

민충[民衷] 백성의 고충. nation's dilemma

민치[民治] 백성을 다스림. みんじ　government

민폐[民弊] 민간에게 폐가 되는 일. 「~를 끼치다」 abuse suffered by the public

민풍[民風] 민간(民間)의 풍속. =민속(民俗). みんぷう　folk customs

민혜[敏慧] 재빠르고 슬기로움. びんけい　alacrity

민호[民戶] ⇨민가(民家).

민화[民畫] 지난날, 화가 아닌 민간인이 풍속·서민 생활 등을 소재로 하여 그린 그림.

민화[民話] 민간에 전해 내려오는 이야기. みんわ　folk tale

민활[敏活] 날래고 활발함. びんかつ　quickness

민회[民會] 고대 그리스·로마

민휼[憫恤] 불쌍히 여겨 도와줌. helping poor people 憫恤

민흉[愍凶] 부모를 여읜 불행. びんきょう 愍凶

밀[密]* ① 빽빽할 밀: 빽빽하다. 「密林(밀림)·密生(밀생)·密集(밀집)」 ② 자세할 밀: 자세하다. 꼼꼼하다. 「緻密(치밀)·綿密(면밀)·細密(세밀)」 ③ 가까울 밀: 가깝다. 친밀하다. 「親密(친밀)」 ④ 비밀할 밀: 비밀하다. 「密事(밀사)·密談(밀담)·祕密(비밀)·密通(밀통)」 ミツ 密林 密集 緻密 密事

밀[蜜]* 꿀 밀: 꿀. 「蜜蜂(밀봉)·蜜水(밀수)·蜜酒(밀주)·蜜汁(밀즙)」 ミツ 蜜蜂

밀[謐] ① 고요할 밀: 고요하다. 「謐謐(밀밀)·謐然(밀연)」 ② 편안할 밀: 편안하다. 「寧謐(영밀)」 ヒツ 謐然

밀[mil] 야드파운드법의 길이의 단위. 1인치의 1000분의 1임.

밀감[蜜柑] 운향과의 상록 교목. 또는 그 열매. 귤나무. 귤. みかん mandarin orange 蜜柑

밀계[密計] 은밀히 꾸미는 계략. =밀책(密策). みっけい secret plan 密計

밀고[密告] 남몰래 넌지시 일러바침. みっこく betrayal 密告

밀구[蜜灸] 약재에 꿀을 발라 불에 구운 것. 蜜灸

밀기[密記] 비밀히 기록함. secret record 密記

밀담[密談] 은밀히 하는 이야기. =밀어(密語). みつだん secret talk 密談

밀도[密度] ① 일정한 넓이나 부피 속에 들어 있는 것의 빽빽한 정도. ② 내용의 충실한 정도. 「～ 높은 강연」 みつど ① density 密度

밀도[密屠] ⇨밀살(密殺). 密屠

밀랍[蜜蠟] 꿀 찌끼를 끓여 짜낸 물질. 양초·파라핀의 원료로 씀. みつろう beeswax 蜜蠟

밀레니엄버그[millennium bug] 초기의 데이터베이스 설계에서, 기억 장치 용량을 절약하기 위하여 연호(年號)를 서력(西曆)의 아래 두 자리 수만 관리하던 일이 원인이 되어, 2000년대에 시스템에 오작동(誤作動)이 생기게 되는 문제. 年號 誤作動

밀렵[密獵] 허가 없이 몰래 사냥을 함. みつりょう poaching 密獵

밀리-[milli-] 미터·그램·리터 등의 단위(單位)에 붙어 그 1000분의 1을 나타내는 말. ミリ 單位

밀리그램[milligram] 질량(質量)의 단위. 1그램의 1000분의 1. 기호는 mg. ミリグラム 質量

밀리리터[milliliter] 용량(容量)의 단위. 1리터의 1000분의 1. 기호는 ml. ミリリットル 容量

밀리미:터[millimeter] 길이의 단위. 1미터의 1000분의 1. 기호는 mm. ミリメートル 千分

밀리바:[millibar] 기압(氣壓)을 재는 단위. 1바의 1000분의 1. 기호는 mb. ミリバール 氣壓

밀리볼트[millivolt] 전압(電壓)의 단위. 1볼트의 1000분의 1. 기호는 mV. 電壓

밀리암페어[milliampere] 전류(電流)의 단위. 1암페어의 1000분의 1. 기호는 mA. ミリアンペア 電流

밀리터리마:치[military

march] 군대 행진곡(行進曲). 行進曲 ミリタリーマーチ

밀림[密林] 나무들이 빽빽하게 들어선 숲. みつりん 密林 thick forest

밀매[密賣] 금지된 물건 등을 규약을 어기고 몰래 판매함. みつばい 密賣 illicit sale

밀모[密謀] 몰래 모의를 함. 또는 그 모의. みつぼう 密謀 plot

밀보[密報] 비밀히 하는 보고. みっぽう 密報 secret report

밀봉[密封] 단단히 봉함. みっぷう 密封 tight sealing

밀봉[蜜蜂] 꿀벌. みつばち 蜜蜂 honeybee

밀봉 교:육[密封敎育] 일정한 곳에 수용하여 외부와의 접촉을 차단하고 실시하는 비밀 교육. みっぷうきょういく 密封敎育 secret training for a spy

밀사[密使] 몰래 파견하는 사자(使者). みっし 密使 emissary

밀사[密事] 비밀리에 하는 일. みつじ 密事 secret

밀살[密殺] ① 몰래 죽임. ② 가축을 허가 없이 몰래 잡음. =밀도(密屠). みっさつ 密殺 ① secret killing ② secret butchery

밀생[密生] 빈틈없이 빽빽하게 남. みっせい 密生 growing thickly

밀서[密書] 비밀히 보내는 편지나 문서. みっしょ 密書 secret letter

밀선[密船] 법을 어기고 몰래 다니는 배. 密船 smuggling vessel

밀선[蜜腺] 식물에서, 단물을 내는 조직이나 기관. 「~ 식물(植物)」 みっせん 蜜腺 nectary

밀소[密訴] 몰래 아뢰는 일. みっそ 密訴 secret information

밀송[密送] 몰래 보냄. 密送 sending secretly

밀수[密輸] 법을 어기고 몰래 외국과 상거래를 함. 「~품(品)」 みつゆ 密輸 smuggling

밀수입[密輸入] 법을 어기고 몰래 하는 수입. ↔밀수출(密輸出). みつゆにゅう 密輸入 unlawful import

밀수출[密輸出] 법을 어기고 몰래 하는 수출. ↔밀수입(密輸入). みつゆしゅつ 密輸出 unlawful export

밀실[密室] 남이 함부로 드나들 수 없게 하고 비밀히 쓰는 방. みっしつ 密室 secret room

밀약[密約] 비밀히 약속함. 또는 그 약속. みつやく 密約 secret promise

밀어[密語] 비밀히 주고받는 말. =밀담(密談). みつご 密語 密談 confidential talk

밀어[密漁] 법을 어기고 몰래 고기잡이를 하는 일. みつりょう 密漁 poaching

밀어[蜜語] 남녀간의 달콤하고 정다운 이야기. みつご 蜜語 lover's talk

밀원[蜜源] 벌이 꿀을 빨아 오는 근원. みつげん 蜜源

밀월[蜜月] ① 결혼하고 얼마 되지 않은 동안. 「~ 여행(旅行)」 ② 친밀한 관계에 있는 일. みつげつ 蜜月 旅行 ① honeymoon

밀의[密議] 비밀히 의논함. みつぎ 密議 secret conference

밀입국[密入國] 정식 절차를 밟지 않고 몰래 입국함. みつにゅうこく 密入國 illegal entry into a country

밀장[密葬] 남의 땅에 몰래 지내는 장사(葬事). みっそう 密葬 secret burial

밀전[密栓] 마개로 단단히 막 密栓

음. みっせん　tight corking
밀접[密接] ①아주 가까운 관계에 있음. ②매우 가깝게 맞닿음. みっせつ
　　①intimacy ②closeness
밀정[密偵] 비밀히 정탐함. 또는 그런 일을 하는 사람. みってい　　　　spy
밀조[密造] 허가 없이 몰래 제조함. みつぞう
　　　illicit manufacture
밀주[密酒] 허가 없이 몰래 담그는 술. みっしゅ moonshine
밀주[蜜酒] 꿀과 메밀가루를 섞어서 빚은 술.
밀지[密旨] 임금의 은밀한 명령. みっし king's secret order
밀집[密集] 빈틈없이 빽빽하게 모임. みっしゅう congestion
밀착[密着] 빈틈없이 딱 달라붙음. みっちゃく
　　　close adherence
밀책[密策] 몰래 꾸미는 계책. =밀계(密計). 　secret plan
밀크[milk] 우유. ミルク
밀크셰이크[milk shake] 우유에 달걀·설탕 등을 넣고 기계로 휘저어서 만든 음료(飮料). ミルクセーキ
밀탐[密探] 은밀히 하는 정탐(偵探).　　　espionage
밀통[密通] ①형편을 몰래 알려 줌. ②부부 아닌 남녀가 몰래 정을 통함. みっつう
　　　　　　liaison
밀파[密派] 사람을 몰래 파견함. 　secret dispatch
밀폐[密閉] 틈이 생기지 않도록 꼭 막거나 닫음. みっぺい
　　　tight closing
밀항[密航] 법적인 절차를 밟지 않고 배나 비행기에 편승하여 외국에 나감. みっこう
　　　secret passage
밀행[密行] 몰래 다니거나 몰래 어떤 곳으로 감. みっこう
　　　going secretly
밀화[蜜花] 밀랍과 비슷한 누른빛을 띠는 호박(琥珀).
밀환[蜜丸] 가루로 만든 약재(藥材)를 꿀에 반죽하여 알약을 만듦. 또는 그렇게 만든 알약.　　honeyed pill
밀회[密會] 몰래 모이거나 만남. みっかい
　　clandestine meeting
밍크[mink] 족제빗과의 작은 동물. 북아메리카 원산으로 족제비와 비슷함. 모피(毛皮)는 외투 따위에 쓰임. ミンク

바:[bar] ① 높이뛰기·평행봉에서, 가로대. ② 악보에서, 세로줄. ③ 서양식 목로(木壚) 술집. ④ 압력(壓力)의 절대 단위. 바ー

바가텔[프 bagatelle] 피아노용 소곡(小曲).

바게트[프 baguette] 막대기 모양의 기다란 빵. バゲット

바:겐세일[bargain sale] 상품을 정가보다 싸게 파는 일. 특매(特賣). バーゲンセール

바나나[banana] 파초과(芭蕉科)의 상록 다년초. 또는 그 열매. バナナ

바나듐[vanadium] 희금속(稀金屬) 원소의 한 가지. 합금의 제조나 촉매로 쓰임. 원소 기호는 V. バナジウム

바:니시[varnish] 수지(樹脂) 따위를 녹여 만든 도료(塗料)의 한 가지. 니스.

바닐라[vanilla] 난초과의 다년생 만초(蔓草). 열매에서 향료인 바닐린을 채취(採取)함. バニラ

바닐린[vanillin] 바닐라의 익지 않은 열매를 발효시켜 얻는 무색 결정(結晶)의 향료.

바라크[프 baraque] ① 임시로 허술하게 지은 집. ② 군대의 막사(幕舍). バラック

바로미터[barometer] ① 청우계(晴雨計). ② 사물을 판단하는 기준이나 척도(尺度). バロメーター

바로크[baroque] 17~18세기에 유럽에서 유행한 예술의 한 양식(樣式). バロック

바륨[barium] 알칼리 토금속(土金屬) 원소의 한 가지. 원소 기호는 Ba. バリウム

바리새[Pharisees] 기원전 2세기에 일어난 유대교의 한 종파(宗派).

바리에이션[variation] 변주곡(變奏曲). バリエーション

바리캉[프 bariquant] 머리털을 깎는 이발 기구. バリカン

바리케이드[barricade] 임시로 쌓은 방벽(防壁). バリケード

바리콘[←variable condenser] 가변 축전기(可變蓄電器). バリコン

바리톤[baritone] ① 테너와 베이스 사이의 남성 음역(音域). 또는 그 가수. ② 바리톤 음역의 색소폰과 비슷한 악기. バリトン

바:바리[Burberry] 방수(防水) 가공한 면 개버딘. 또는 그것으로 만든 레인코트. 바바리사의 상표명임. バーバリ

바:버리즘[barbarism] 야만(野蠻)적인 태도나 행동. バーバリズム

바:벨[barbell] 양 끝에 쇠로 된 원반을 끼운, 역도나 근력 단련에 쓰이는 운동 기구. 역기(力器). バーベル

바:비큐[barbecue] 고기를 직

접 불에 구운 요리. バーベキュー

바셀린[Vaseline] 석유에서 얻은 탄화수소(炭化水素) 혼합물의 하나. 무색 또는 담황색의 젤리 모양의 물질임. ワセリン

바순:[bassoon] 저음(低音)의 목관 악기. 파고토(fagotto). バスーン

바스켓[basket] 농구 대(籠球臺)의 링(ring)과 링에 매단, 밑이 없는 그물. バスケット

바스켓볼:[basketball] 농구. バスケットボール

바이러스[virus] 여과성 병원체(濾過性病原體). 비루스. ウイルス

바이메탈[bimetal] 열 팽창률(熱膨脹率)이 다른 두 장의 금속판을 맞붙인 것. バイメタル

바이브레이션[vibration] '진동(振動)'의 뜻으로, 성악이나 기악에서 음을 가늘게 떨어서 내는 기법(技法). 또는 그 소리. バイブレーション

바이브레터[vibrator] 진동기(振動機). 전기 안마기. バイブレーター

바이블[Bible] ① 성서(聖書). ② 권위 있는 책. バイブル

바이샤[범 Vaiśya] 인도의 사성(四姓) 가운데 셋째 계급. バイシャ

바이스[vise, vice] 작업할 때, 공작물을 꽉 물려 고정시키는 공구(工具). バイス

바이애슬론[biathlon] 동계 올림픽 경기의 한 종목. 스키와 사격의 복합(複合) 경기. バイアスロン

바이어[buyer] 수입 상(輸入商). バイヤー

바이어스[bias] 천의 올에 대하여 비스듬히 마른 선. バイアス

바이얼레이션[violation] 농구에서, 파울을 제외한 모든 반칙(反則). バイオレーション

바이오닉스[bionics] 생체 공학(生體工學). バイオニクス

바이오리듬[biorhythm] 생명 활동을 통하여 인체·감정·지성 등에 나타나는 주기적(週期的)인 현상. バイオリズム

바이오세라믹스[bioceramics] 인공 뼈 등 생체(生體)의 대용물로 쓰는 의료용 세라믹스. バイオセラミックス

바이오컴퓨:터[biocomputer] 생물의 정보 처리나 전달 방법을 응용(應用)한 컴퓨터. 바이오칩으로 구성됨. バイオコンピューター

바이오테크놀러지[biotechnology] 생명 공학(生命工學). 생물 공학. バイオテクノロジー

바이올렛[violet] ① 제비꽃. ② 보라색. バイオレット

바이올리니스트[violinist] 바이올린 연주자(演奏者). バイオリニスト

바이올린[violin] 현악기(絃樂器)의 한 가지. 타원형의 통에 네 줄을 매어 활로 켜서 연주함. バイオリン

바이킹[Viking] 8세기 말~11세기 초 유럽에서 활약(活躍)한 노르만족을 흔히 이르는 말. バイキング

바이트[bite] 금속을 자르거나 깎을 때 공작(工作) 기계에 붙여 쓰는 날이 있는 공구. バイト

바이트[byte] 컴퓨터가 처리하는 정보량(情報量)의 기본 단위의 하나. 1바이트는 8비트(bit)임. バイト

바이패스[bypass] 우회 도로(迂廻道路). バイパス

바인더[binder] ① 서류(書類) 등을 철하는 데 쓰는 딱딱한 표지. ② 곡물을 베어서 단으로 묶는 기계. バインダー

바자[bazaar] 공공(公共) 사업·사회 사업 등에 필요한 자금을 마련하기 위하여 벌이는 시장. 자선시(慈善市). バザール

바주:카[bazooka] 휴대용 로켓식 대전차포(對戰車砲). バズーカ

바캉스[프 vacance] 주로 피서지·휴양지(休養地) 등에서 지내는 휴가. バカンス

바커스[Bacchus] 로마 신화(神話)의 술의 신. 주신(酒神). バッカス

바켄[독 Backen] 스키를 신을 때 구두를 고정(固定)시키는 쇠고리. バッケン

바:코:드[bar code] 광학(光學) 판독기용으로 상품에 표시된 흑백 줄무늬 기호. バーコード

바:터[barter] 물물 교환(物物交換). バーター

바:텐더[bartender] 카페나 바의 카운터에서 주문(注文)을 받고 칵테일 등을 만드는 사람. バーテンダー

바통[프 bâton] ① ⇨배턴(baton). バトン ② 후계자(後繼者)에게 인계하는 지위 등의 비유. 「~을 넘기다」

바티스카프[프 bathyscaphe] 심해 학술 조사용의 심해 관측용 잠수정(潛水艇).

바티칸[Vatican] ① 바티칸 궁전. ② 바티칸 시국(市國). ③ 교황청의 별칭. バチカン

박[朴]* ① 순박할 박: 순박하다. 「質朴(질박)·朴忠(박충)·淳朴(순박)·素朴(소박)」 ② 후박나무 박: 후박나무. 「厚朴(후박)」 ボク ① すなお

박[拍]* ① 칠 박: 치다. 「拍手(박수)·拍掌(박장)·拍掌大笑(박장대소)」 ② 노래 곡절 박: 노래의 곡절. 「拍子(박자)」 ハク·ヒョウ ① うつ

박[泊]* ① 쉴 박: 쉬다. 머물다. 「宿泊(숙박)·停泊(정박)」 ② 고요할 박: 고요하다. 「泊乎(박호)·泊如(박여)」 ③ 말쑥할 박: 말쑥하다. 「淡泊(담박)」 ハク ① とまる

박[珀] 호박 박: 호박. 「琥珀(호박)」 ハク

박[迫]* ① 핍박할 박: 핍박하다. 「迫害(박해)·脅迫(협박)·逼迫(핍박)」 ② 궁할 박: 궁하다. 「窮迫(궁박)·切迫(절박)」 ③ 서두를 박: 서두르다. 급하다. 「迫急(박급)」 ハク ① せまる

박[剝] ① 벗어질 박: 벗어지다. 벗기다. 「剝製(박제)·剝落(박락)·剝削(박삭)·剝刺(박자)」 ② 두드릴 박: 두드리다. 「剝剝(박박)·剝啄(박탁)」 ハク ① はぐ·むく

박[粕] ① 지게미 박: 지게미. 「酒粕(주박)·糟粕(조박)」 ② 깻묵 박: 깻묵. 「油粕(유박)」 ハク ① かす

박[舶] 큰 배 박: 큰 배. 「船舶(선박)·舶載(박재)·舶來(박래)·舶物(박물)」 ハク·おおぶね

박[博] ① 넓을 박:넓다.「博愛(박애)·博文(박문)·博覽(박람)·博施(박시)」② 노름 박:노름.「賭博(도박)·博戲(박희)」③ 학문 있을 박:학문이 있다.「博學(박학)·博士(박사)」ハク ① ひろい

박[雹] 우박 박:우박.「雨雹(우박)·雹災(박재)·雹霰(박산)」ハク·ひょう

박[搏] 칠 박:치다.「搏擊(박격)·搏拊(박부)·搏鬪(박투)」ハク·うつ

박[箔] 금박 박:금박.「金箔(금박)·銀箔(은박)」ハク

박[駁] ① 논박할 박:논박하다.「論駁(논박)·反駁(반박)·攻駁(공박)·痛駁(통박)」② 섞일 박:섞이다.「駁雜(박잡)」バク ① ただす

박[撲] ① 칠 박:치다. 때리다.「撲滅(박멸)·撲殺(박살)」② 부딪칠 박:부딪다.「相撲(상박)」ボク ① うつ·たたく

박[膊] 어깨 박:어깨.「上膊(상박)」ハク·かた

박[樸] 순박할 박:순박하다.「樸素(박소)·樸淳(박순)·樸愚(박우)·樸直(박직)」ボク·す なお

박[縛] 묶을 박:묶다.「捕縛(포박)·縛束(박속)」バク·しばる

박[薄] ① 얇을 박:얇다.「薄石(박석)·薄松(박송)·薄皮(박피)·厚薄(후박)」② 적을 박:적다.「薄利(바리)·薄俸(박봉)·薄給(박급)」③ 가벼울 박:가볍다.「薄罪(박죄)」ハク ① うすい·うすらぐ

박격[迫擊] 바짝 다가가서 공격함.「~砲(포)」はくげき

박격[駁擊] 남의 주장이나 이론을 비난하고 공격함. ばくげき   contradiction

박격포[迫擊砲] 근거리용의 간편한 소형 곡사포(曲射砲). はくげきほう   trench mortar

박급[迫急] ⇨급박(急迫).

박급[薄給] 박한 급료. 적은 봉급. =박봉(薄俸). はっきゅう   small salary

박답[薄畓] 메마른 논. ↔옥답(沃畓).   barren paddy field

박대[薄待] 아무렇게나 대접함. 푸대접. =박우(薄遇). ↔후대(厚待). cold treatment

박덕[薄德] ① 덕이 적음. ↔후덕(厚德). ②'자기의 덕행'을 겸손하게 이르는 말. はくとく ① lack of virtue

박도[博徒] 노름꾼. ばくと   gamester

박두[迫頭] 기간 등이 가까이 닥쳐 옴.

박둔[樸鈍] ① 날카롭지 못함. ② 순진하고 둔함. dullness

박락[剝落] 새긴 그림이나 글씨가 오래 되어 긁히고 깎여서 떨어짐. はくらく   exfoliation

박람[博覽] ① 사물을 널리 봄. ② 많은 책을 읽음. はくらん ① extensive knowledge ② wide reading

박람다식[博覽多識] 여러 책을 널리 읽어 아는 것이 많음. はくらんたしき   extensive knowledge

박람회[博覽會] 신입의 빌진을 위하여 각지의 문화재·생산품을 모아 일반에게 관람시키는 모임. はくらんかい   exhibition

박래[舶來] 외국에서 배로 실어 옴. 외국에서 들어옴. 또

는 그 물품. はくらい importation

박력[迫力] 강하게 밀고 나가는 힘. はくりょく force

박렴[薄斂] 조세(租稅)를 적게 거둠. =박부렴(薄賦斂).

박론[駁論] 남의 의견이나 학설 등을 비난하고 공격함. ばくろん refutation

박리[剝離] 벗겨짐. 벗겨 냄. はくり peeling off

박리[薄利] 적은 이익. 박한 이윤. 「~다매(多賣)」はくり small profits

박멸[撲滅] 짓두드려 없애 버림. 모조리 때려 잡아 없앰. ぼくめつ eradication

박명[薄明] ① 희미하게 밝음. うすあかり ② 일출(日出) 전이나 일몰(日沒) 후, 하늘이 희미하게 밝아 있는 현상. 또는 그 무렵. はくめい
① dim light ② twilight

박명[薄命] ① 기박한 운명. 「미인(美人)~」② 목숨이 짧음. はくめい
① evil fate ② short life

박모[薄暮] 해가 진 뒤의 어스름. 땅거미. はくぼ・うすぐれ dusk

박문[博文] 학문을 널리 닦아 아는 것이 많음. はくぶん wide learning

박문[博聞] 사물을 널리 들어 아는 것이 많음. はくぶん erudition

박문[駁文] 남의 의견이나 학설 등을 비난하고 공격하는 글. letter of refutation

박문약례[博文約禮] 널리 학문을 닦아 사리를 알고 예로써 그것을 요약하여 실행하는 일.

박물[博物] ① 여러 가지 사물을 널리 잘 앎.「~ 군자(君子)」② 여러 가지 사물과 그에 대한 참고가 될 만한 물건. ③ 박물학(博物學)의 준말. はくぶつ
① wide knowledge

박물관[博物館] 고고학 자료나 미술품 등 자연・문화에 관계되는 자료를 널리 모아 보관・전시하여 일반에게 공개하는 곳. はくぶつかん museum

박물 표본[博物標本] 동물・식물・광물 따위의 표본. はくぶつひょうほん specimen of natural history

박물학[博物學] 동물학・식물학・광물학・지질학 따위의 총칭. ㉰박물(博物). はくぶつがく natural history

박미[薄媚] 상냥하고 우아한 모습. graceful appearance

박보[博譜] 장기를 두는 법을 풀이한 책.

박복[薄福] 복이 별로 없음. 팔자가 사나움. ↔다복(多福).「~한 팔자」misfortune

박봉[薄俸] 적은 봉급. =박급(薄給). はくほう small salary

박부[薄夫] 경박한 사내. frivolous man

박부득이[迫不得已] 일이 매우 급박하여 어찌할 수가 없음. =박어부득(迫於不得).

박빙[薄氷] 얇게 언 얼음. 살얼음. はくひょう・うすごおり thin ice

박빙여림[薄氷如臨] 살얼음을 밟는 것처럼 몹시 위태함.

박사[博士] ① 대학원의 박사 과정을 마치거나 그 이상의 학력이 인정되고, 박사 학위

박사[博士] 논문 심사·시험에 합격한 사람에게 주는 학위. 또는 그 사람. はかせ·はくし ② 조선 시대 때 교서관·성균관·승문원·홍문관 등의 정칠품 벼슬. ① doctor

박사[薄紗] 얇은 사(紗). gauze

박사[薄謝] 얼마 안 되는 사례. =박의(薄儀). はくしゃ small consideration

박산[薄饊] 유밀과(油蜜果)의 한 가지. 산자(饊子)에 잣·호두 따위를 붙여 만듦.

박살[撲殺] 때려 죽임. =구살(毆殺). ぼくさつ shattering

박색[薄色] 아주 못생긴 얼굴. 또는 그러한 여자. ↔절색(絕色). ugly face

박서[薄暑] 대단치 않은 더위. 초여름의 더위. はくしょ early summer heat

박선[泊船] 배를 육지에 댐. =박주(泊舟). はくせん anchorage

박설[薄雪] 얇게 쌓인 눈. 자국눈. うすゆき light snow

박섭[博涉] ① 여러 가지 책을 많이 읽음. ② 널리 사물을 견문함. ① extensive reading

박세[迫歲] 섣달 그믐이 다가옴.

박소[朴素] 검소하고 수수함. =소박(素朴). simplicity

박소[薄少] 얼마 되지 아니함.

박속[薄俗] 경박한 풍속. はくぞく frivolous manners

박송[薄松] 소나무를 두께 3cm 정도로 얇게 켜서 만든 널빤지.

박수[拍手] 환영·찬양·찬성 등의 뜻으로 여러 번 손뼉을 치는 일. 「~ 갈채(喝采)」はくしゅ hand clapping

박스[box] 상자(箱子). ボックス

박시[博施] 널리 은혜와 사랑을 베풂. 「~제중(濟衆)」はくし philanthropy

박식[博識] 견문이 넓어 아는 것이 많음. はくしき eruditon

박애[博愛] 모든 사람을 평등하게 사랑함. 「~ 정신」はくあい philanthropy

박야[樸野] 꾸밈이 없고 촌스러움. ぼくや simplicity

박야[薄夜] ① 훤하게 밝을 무렵. ② 땅거미. =박모(薄暮). ① twilight ② dusk

박약[薄弱] ① 의지나 체력이 굳세지 못하고 여림. ② 불충분하거나 불확실함. はくじゃく ① infirmity

박어부득[迫於不得] 다급해서 어찌할 수가 없음. =박부득이(迫不得已).

박옥[璞玉] 갈지 아니한 천연 그대로의 옥 덩어리. はくぎょく uncut gem

박옥혼금[璞玉渾金] 갈지 않은 옥과 제련하지 않은 금이란 뜻으로, 순박하여 꾸밈이 없음의 비유. はくぎょくこんきん simplicity

박우[薄遇] 냉담하게 대접하는 일. =박대(薄待). はくぐう cold treatment

박운[薄雲] 엷게 낀 구름. はくうん·うすぐも

박운[薄運] 기막한 운명. 불행한 운수. はくうん misfortune

박의[薄衣] 얇은 옷. poor clothes

박의[薄儀] 변변찮은 사례(謝禮). 자기가 주는 사례를 겸손하게 이르는 말. はくぎ small present

박이[雹異] 우박이 내려서 해를 끼치는 일. disaster by a hailstone

박이부정[博而不精] 아는 것은 많으나 자세히 알지 못함. Jack of all trades, and master of none.

박인[博引] 널리 예(例)를 인용함. 「~방증(傍證)」 はくいん wide quotation

박자[拍子] 음악적 시간을 구성하는 기본 단위. ひょうし time

박잡[駁雜] 이것 저것이 뒤섞여서 순수하지 아니함. ばくさつ impurity

박장[拍掌] 손바닥을 침. 「~대소(大笑)」 hand clapping

박재[舶載] ① 배에 실음. ② 외국에서 배에 싣고 옴. はくさい
① shipment ② importation

박재[雹災] 우박으로 말미암은 농작물의 피해. hail disaster

박재[薄才] 변변하지 못한 재주, =비재(菲才). はくさい lack of ability

박전[薄田] 메마른 밭. barren field

박절[迫切] 인정이 없고 야박함. 「~하게 거절하다」 coldheartedness

박정[薄情] 인정미가 없음. はくじょう coldheartedness

박제[剝製] 새나 짐승의 내장과 살을 제거하고 속을 메워 표본을 만드는 일. 또는 그 물건. はくせい stuffed thing

박주[泊舟] 배가 정박함. =박선(泊船). はくしゅう anchorage

박주[薄酒] ① 맛이 좋지 않은 술. ② 자기가 남에게 대접하는 술을 겸손하게 이르는 말. はくしゅ ① untasted liquor

박지[薄志] ① 박약한 의지. ② 적은 사례. はくし ① infirmity

박지약행[薄志弱行] 의지가 약하고 실행력이 약함. はくしじゃっこう

박지타지[縛之打之] 묶어 놓고 때림. 㑃박타(縛打).

박직[剝職] 관직을 박탈함. はくしょく deprivation of an office

박진[迫眞] 표현이 현실의 모습이나 장면과 똑같은 느낌이 있음. 「~감(感)」 はくしん verisimilitude

박차[拍車] 승마화(乘馬靴) 뒤축에 단 톱니바퀴 모양의 쇠. 그것으로 말의 배에 자극을 주어 속도를 조절함. 「~를 가하다」 はくしゃ spur

박찬[薄饌] 변변하지 못한 반찬. plain side dishes

박채[博採] 널리 채택함. 「~중의(衆議)」 selecting opinions widely

박처[薄妻] 아내에게 박절하게 대함. cold treatment to one's wife

박초풍[舶趠風] 음력 5월에 부는 바람. 박초바람.

박취[剝取] 벗겨서 떼어 냄. deprivation

박타[縛打] 박지타지(縛之打之)의 준말.

박탈[剝脫] 벗겨져 떨어짐. 벗겨서 떨어지게 함. はくだつ exfoliation

박탈[剝奪] 남의 재물이나 권리 따위를 빼앗음. はくだつ deprivation

박테리아[bacteria] 세균(細菌). バクテリア

박테리오파:지[bacteriophage] 박테리아에 기생(寄生)하여 그것을 녹여 증식하는 바이러스의 일종. 세균 바이러스. バクテリオファージ

박토[薄土] 메마른 땅. ↔옥토(沃土). barren soil

박통[博通] 여러 사물에 널리 통하여 앎. はくつう eruditon

박편[薄片] 얇은 조각. はくへん scale

박피[剝皮] 껍질이나 가죽을 벗김. はくひ peeling

박하[薄荷] 꿀풀과의 다년초. 잎은 향료나 약재로 쓰임. 영생이. はっか peppermint

박하유[薄荷油] 박하의 잎을 증류하여 얻는 기름과 같은 액체. 식료품의 향료로 널리 쓰임. はっかゆ peppermint oil

박학[博學] 학식이 넓음. ↔박학(薄學). 「~ 다문(多聞)」 はくがく erudition

박학[薄學] 학식이 얕음. =천학(淺學). ↔박학(博學). superficial learning

박해[迫害] 핍박하여 해롭게 함. はくがい persecution

박해[雹害] 우박으로 말미암은 농작물의 피해. ひょうがい hail disaster

박행[薄行] 경박한 행동. はっこう frivolous behavior

박행[薄幸] ⇨불행(不幸). はっこう

박혁[博奕] ① 장기와 바둑. ② 승부를 겨루는 놀이. 바둑 따위. ③ 노름. はくえき

박홍[薄紅] 엷게 붉은 빛깔. うすべに light pink

박흡[博洽] 널리 배워 아는 것이 많아 사물에 막히는 데가 없음. はっこう wide knowledge

반:[反]* ① 돌이킬 반: 돌이키다. 「反問(반문)·反轉(반전)·反哺(반포)」 ② 배반할 반: 배반하다. 「背反(배반)·反逆(반역)·謀反(모반)」 ③ 돌아볼 반: 돌아보다. 「反省(반성)」 ④ 거스를 반: 반대하다. 「反對(반대)·相反(상반)·反共(반공)」 ⑤ 뒤칠 번: 뒤치다. 바꾸다. 「反畓(번답)·反田(번전)」 ハン·タン·ホン ① かえす ② そむく

반:[半]* ① 절반 반: 절반. 「折半(절반)·半額(반액)·半月(반월)·半期(반기)·後半(후반)」 ② 조각 반: 조각. 「半影(반영)」 ③ 가운데 반: 가운데. 「夜半(야반)·半宵(반소)」 ④ 덜 될 반: 덜 되다. 「半熟(반숙)·半醒(반성)」 ハン ① なかば

반:[伴] ① 짝 반: 짝. 벗. 「相伴(상반)·伴侶(반려)」 ② 동반할 반: 동반하다. 「同伴(동반)·伴奏(반주)·隨伴(수반)」 ハン·バン ② ともなう

반:[返]* 돌아올 반: 돌아오다. 「返戾(반려)·返納(반납)·返信(반신)·返品(반품)·返還(반환)」 ヘン·かえす

반:[叛]* 배반할 반: 배반하다. 「叛逆(반역)·叛臣(반신)·叛將(반장)」 ハン·ホン·そむく

반:[班]* ① 반차 반: 차례. 「班次(반차)」 ② 얼룩질 반: 얼룩지다. 「班白(반백)·班紋(반문)」 ③ 줄 반: 줄. 행렬. 조(組). 「同班(동반)·班員(반원)·班長(반장)」 ハン

반:[畔] ① 밭두둑 반: 밭두둑. 「畔岸(반안)·畔界(반계)·畦畔(휴반)」

반[般]☆ ① 일반 반 : 일반. 「一般(일반)·諸般(제반)·全般(전반)」 ② 즐길 반 : 즐기다. 「般樂(반락)·般遊(반유)」 ③ 되돌아올 반 : 되돌아오다. 「般師(반사)」 ハン 一般 諸般

반[絆] ① 옭아맬 반 : 옭아매다. 「絆拘(반구)·絆緣(반연)」 ② 말굴레 반 : 말굴레. 「羈絆(기반)」 ハン·バン ② きずな 絆緣

반[斑] ① 얼룩질 반 : 얼룩지다. 「斑點(반점)·斑文(반문)·斑白(반백)·斑馬(반마)」 ② 아롱질 반 : 아롱지다. 잡색. 「斑駁(반박)」 ハン ① まだら 斑點

반[飯]* ① 밥 반 : 밥. 「朝飯(조반)·米飯(미반)·飯器(반기)·飯匙(반시)·飯店(반점)」 ② 먹을 반 : 먹다. 「飽飯(포반)」 ③ 칠 반 : 치다. 기르다. 「飯牛(반우)」 ハン ① めし 朝飯 飯店

반[搬] 옮길 반 : 옮기다. 「運搬(운반)·搬出(반출)·搬入(반입)·搬移(반이)」 ハン·はこぶ·うつす 運搬

반[頒] ① 반포할 반 : 반포하다. 펴다. 「頒布(반포)·頒給(반급)·頒料(반료)」 ② 머리털 반쯤 셀 반 : 머리가 반쯤 세다. 「頒白(반백)」 ハン ① わかつ 頒布 頒料

반[盤]☆ ① 소반 반 : 소반. 「小盤(소반)·玉盤(옥반)·杯盤(배반)」 ② 즐길 반 : 즐기다. 「盤遊(반유)·盤樂(반락)」 ③ 돌 반 : 선회하다. 「盤舞(반무)·盤渦(반와)」 ④ 서릴 반 : 서리다. 「盤結(반결)」 バン 小盤 盤遊

반[磐] ① 반석 반 : 반석. 「磐石(반석)」 ② 광대한 모양 반 : 광대하다. 「磐礴(반박)」 ③ 연이을 반 : 연잇다. 「磐牙(반아)」 バン·ハン 磐石

반[蟠] ① 서릴 반 : 서리다. 「蟠踞(반거)·蟠屈(반굴)·蟠龍(반룡)」 ② 엎드릴 반 : 엎드리다. 「蟠據(반거)」 バン·ハン ① わだかまる 蟠屈

반[攀] ① 더위잡을 반 : 붙잡고 오르다. 「登攀(등반)」 ② 당길 반 : 당기다. 「攀緣(반연)」 ハン ① よじる·よじのぼる 登攀

반:가[半價] 반값. 절반 가격. はんか   half price 半價

반:각[半角] ① 어떤 각의 절반. ② 활자의 절반 크기의 공간이나 사이. =이분(二分). 半角

반:각[返却] 보낸 물건을 받지 않고 도로 돌려보냄. へんきゃく   return 返却

반:간[反間] ① 적의 간첩을 역이용(逆利用)함. はんかん ② ⇨이간(離間). 反間

반:감[反感] 상대편의 언행이나 태도에 대하여 반대하거나 반항하는 감정. はんかん   antipathy 反感

반:감[半減] 절반으로 줆. 또는 절반으로 줄임. はんげん   cut by half 半減

반:개[半個] 한 개의 절반. half a piece 半個

반:개[半開] ① 반쯤 열거나 벌림. ② 꽃이 반쯤 핌. ↔만발(滿發). ③ 반쯤 개명함. はんかい ① being half open ② being half in bloom ③ semicivilization 半開

반갱[飯羹] 밥과 국. boiled rice and broth 飯羹

반거[盤據] 넓고 세차게 근거를 잡고 지킴. standing on 盤據

반거[蟠踞] 뿌리를 박고 서린 蟠踞

반:격[反擊] 쳐들어오는 적을 되받아 공격함. はんげき counterattack

반:경[半徑] 반지름. はんけい radius

반:계[半季] ① 사계(四季)의 각 계절의 반. ② 1년의 반. =반년(半年). はんき ① half season ② half year

반계곡경[盤溪曲徑] 일을 순리대로 하지 않고 그릇된 방법으로 무리하게 함. =방기곡경(旁岐曲徑).

반:고체[半固體] 액체가 반쯤 엉기어서 이루어진 무른 고체. はんこたい semisolid

반:곡[反曲] 뒤로 구부러짐. 반대로 휨. はんきょく bending backward

반:곡[反哭] 장사를 지내고 돌아와 정침(正寢)에서 곡하는 상례 의식의 하나.

반곡[盤曲] 얽히어 구부러짐. ばんきょく twisted bending

반:골[反骨] 권위 따위에 저항하는 기골. はんこつ uncompromising attitude of mind

반:공[反共] 공산주의를 반대함. はんきょう anti-Communism

반:공[反攻] 수세(守勢)로 있던 것이 도리어 공세(攻勢)로 나섬. はんこう counteroffensive

반:공[半空] 반공중(半空中)의 준말. はんくう

반:공일[半空日] 오후에는 일을 쉬는 날. 즉, 토요일. Saturday

반:공전[半工錢] 온 품삯의 절반 품삯. half wage

반:공중[半空中] 그다지 높지 않은 공중. 준반공(半空). midair

반과[飯顆] 밥알. a grain of boiled rice

반:괴[半壞] 반쯤 부서짐. はんかい

반:구[半句] ① 한 구(句)의 절반. ② 아주 적은 말. 「일언(一言)~」はんく

반:구[半球] ① 구(球)의 절반. ② 지구를 양분했을 때의 한 부분. 「북(北)~」はんきゅう hemisphere

반:구[返柩] 객지에서 죽은 사람의 시체를 제 집이나 고향으로 옮겨 옴. =반상(返喪). returning of the corpse to one's home

반:구형[半球形] 구(球)를 반으로 나눈 모양. はんきゅうけい

반:군[反軍] 군부(軍部)에 반대함. はんぐん antimilitarism

반:굴[反屈] 뒤로 구부러짐. 반대쪽으로 굽음. bending backward

반:궁[半弓] 대궁(大弓)의 절반 길이의 짧은 활. 앉아서 쏠 수 있음. はんきゅう short bow

반근[盤根] ① 서리어 얽힌 나무의 뿌리. ② 뒤얽혀 처리하기 곤란한 일. ばんこん ① entangled roots ② entanglement

반근착절[盤根錯節] 서린 뿌리와 엉클어진 마디라는 뜻으로, 뒤얽혀 해결하기 어려운 일. ばんこんさくせつ hardships

반:금[返金] 받은 돈을 도로 돌려 줌. 또는 그 돈. へんき

반:기[反旗・叛旗] 반란을 일으킨 표시로 드는 기. 한ㄱ standard of revolt

반:기[半期] 한 기간의 절반. 특히, 1년의 절반. 「상(上)~」 한ㄱ half term

반:기[半旗] 조의(弔意)를 표하기 위해 기폭만큼 내려서 다는 국기. 한ㄱ flag at half-mast

반:기[叛起] 배반하여 일어남. uprising

반기[飯器] 밥그릇. rice bowl

반:나체[半裸體] 살을 다 가리지 않고 반쯤 드러낸 몸. ⓒ반라(半裸). seminudity

반:납[半納] 정해진 액수의 반만 납부함. 한ㄴㅇ paying a half

반:납[返納] 도로 갖다가 바침. 돌려 줌. 헨ㄴㅇ return

반낭주대[飯囊酒袋] 밥주머니와 술부대란 뜻으로, 먹기만 하고 쓸모가 없는 사람의 비유.

반:노[叛奴] 상전을 배반한 종. treacherous slave

반:농[半農] 생업(生業)의 반쯤이 농업임. 한ㄴㅇ semifarming

반:농반:어[半農半漁] 농사를 지으면서 한편으로는 어업에 종사함. 한ㄴㅇ한ㄱㅇ semifarming and semifishing

반달리즘[vandalism] 예술・문화에 대한 파괴적(破壞的)인 경향. 또는 그러한 행위.

반:당[反黨] ① 반역을 꾀하는 무리. ② 당을 배반하거나 당의 결정에 반대함. 「~ 분자(分子)」 한ㄴㅇ ① traitors ② treachery to the party

반:대[反對] ① 방향・위치・순서 따위가 서로 맞서 있는 상태. ② 어떤 의견에 맞서서 거스름. 한ㄴㅇ
  ① opposition ② objection

반대[胖大] 살이 쪄서 몸집이 크고 뚱뚱함. =비대(肥大).
  corpulence

반:대 급부[反對給付] 한쪽의 급부에 대해 다른 한쪽이 교환 관계로 주는 급부. 물건의 대금 지급 따위. 한ㄴㅇ큐ㅂ quid pro quo

반:대 신:문[反對訊問] 증인 신문에서, 증인을 신청한 당사자의 상대편이 하는 신문. 한ㄴㅇㅈㄴㅁ
  cross-examination

반더포겔[독 Wandervogel] 철새라는 뜻으로, 집단으로 도보(徒步) 여행하는 청년 운동. 또는 그 집단. 완더포겔

반:도[半島] 대륙에서 바다로 길게 뻗어 나와 삼면이 바다로 둘러싸인 육지. 한ㄷ
  peninsula

반:도[半途] ① 일정한 거리의 반쯤 되는 길. ② 진행하고 있는 일의 중간. =중도(中途). 한ㄷ ① middle of a road ② midway

반:도[叛徒] 반란을 꾀하거나 반란을 일으킨 무리. 한ㄷ
  rebels

반도[蟠桃] 삼천 년에 한 번씩 열매가 열린다는 전설상의 복숭아. 한ㄷ

반도네온[독 bandoneon] 탱고 음악 연주(演奏)에 사용되는 아코디언 비슷한 악기. 반도네온

반:도미[半搗米] 속겨가 벗겨

지지 않을 정도로 쓿은 쌀. はんつきまい half-polished rice

반:도이폐[半途而廢] 일을 하다가 중간에서 그만둠. =중도이폐(中途而廢). doing thing by halves

반:도체[半導體] 전기를 전도하는 성질이 도체와 절연체의 중간 정도 되는 물질. はんどうたい semiconductor

반:독립[半獨立] ① 얼마쯤은 남의 도움을 받고 있는 독립. ② 주권의 일부를 딴 나라에 의하여 제한받고 있는 상태. 「~국(國)」 はんどくりつ halfway independence

반:동[反動] ① 어떤 힘이나 작용에 대하여 그 반대 방향으로 미치는 작용. ② 어떤 경향에 대하여 그 반대로 일어나는 경향이나 동작. 특히 진보적인 경향에 대한 보수적인 경향. はんどう ① reaction

반:동주의[反動主義] 구체제를 유지하고 진보를 방해하려는 극단적인 보수주의. はんどうしゅぎ reactionism

반:두부[半豆腐] 콩을 불려 간 것에 호박이나 호박순을 넣고 끓인 음식. 되두부.

반:등[反騰] 내리던 시세가 갑자기 오름. ↔반락(反落). はんとう reactionary rise

반등[攀登] 기어오름. -등반(登攀). climbing

반:라[半裸] 반나체(半裸體)의 준말. はんら

반:락[反落] 오르던 시세가 갑자기 떨어짐. ↔반등(反騰). はんらく reactionary fall

반락[般樂] 잘 놀면서 마음껏 즐김. はんらく amusement

반:란[反亂·叛亂] 권력이나 지배자를 배반하여 난리를 일으킴. 또는 그 난리. はんらん revolt

반란[斑爛] ① 여러 빛깔이 섞여 알록달록하게 빛남. ② 마마가 곪아 터져서 문드러짐.

반:려[反戾] 배반하여 돌아섬. はんれい treachery

반:려[伴侶] 짝이 되는 벗. はんりょ companion

반:려[返戾] 돌려 줌. 도로 돌려 보냄. =반환(返還). へんれい return

반:려자[伴侶者] 반려가 되는 사람. はんりょしゃ companion

반:로[返路] 돌아오는 길. =회로(回路). return way

반:론[反論] 남의 논설이나 비난에 대하여 반박함. 또는 그 논설. 「~을 제기하다」 はんろん refutation

반룡[攀龍] 세력 있는 사람의 도움으로 출세하는 일. はんりょう

반룡부봉[攀龍附鳳] 세력 있는 사람을 좇아서 공명을 세움. はんりょうふほう

반:륜[半輪] 둥근 모양의 반쪽. =반원(半圓). はんりん semicircle

반:리[反理] 도리에 어긋남. 이치에 반대됨. =배리(背理). irrationality

반:립[反立] 정립(定立)의 부정(否定). =반(反). ↔정립(定立). はんりつ antithesis

반립[飯粒] 밥알. 밥풀. はんりゅう·めしつぶ a grain of boiled rice

반마[斑馬] 얼룩말. はんば·しまうま zebra

반:만성[半蔓性] 식물의 줄기

가 거의 덩굴처럼 되는 성질. 반덩굴성.

반:맹[半盲] 시야(視野)의 오른쪽이나 왼쪽 반이 보이지 않음. はんもう half blindness

반:면[反面] ① 반대되는 쪽. ② 어떤 사실과는 반대되거나 다른 면. ③ 어디를 다녀와서 어버이를 뵘. はんめん ① opposite side ② the other hand

반:면[半面] ① 얼굴의 좌우 어느 한쪽. ② 반쪽 면. 전면(全面)의 반. はんめん ① half face ② one side

반:면식[半面識] 조금 아는 처지. はんめんしき

반명[班名] ① 양반이라고 이르는 명색. ② 반의 이름. ① title of nobility ② title of a class

반:모음[半母音] 모음의 성질을 가졌으나 자음(子音)의 요소가 많은 소리. 'ㅑ·ㅕ·ㅛ·ㅠ'의 첫소리인 'ㅣ·ㅗ·ㅜ' 따위. はんぼいん, はんぼおん semivowel

반:목[反目] 서로 미워함. はんもく hostility

반:문[反問] 묻는 말에 대답을 하지 않고 되받아서 물음. 되물음. はんもん return question

반문[斑紋] 얼룩무늬. はんもん speckle

반문[盤問] 자세히 캐어 물음. =반핵(盤覈). investigation

반문농부[班門弄斧] 자기의 실력도 모르고 당치 않은 일을 하려고 덤빈다는 뜻.

반미[飯米] 밥쌀. 밥을 지을 쌀. はんまい

반:미개[半未開] 완전히 문명화되지 못한 과도적 단계. =반개(半開). はんみかい semibarbarism

반:민[反民] 민족에 반역되는 일. 「~ 행동(行動)」 national treachery

반:민[叛民] 반란을 일으킨 백성. traitors

반:박[反駁] 남의 의견에 대해 비난하고 공격함. はんばく refutation

반박[班駁] 여러 빛깔이 뒤섞여 아롱진 모양. はんばく mottle

반:반[半半] 똑같이 가른 반과 반. はんはん half-and-half

반:발[反撥] ① 되받아서 퉁김. ② 다른 힘에 반항하여 받아들이지 아니함. 「~심(心)」 はんぱつ ① repulsion ② opposition

반발[班髮·斑髮] 반백(半白)의 머리털. gray hair

반:배[反背] ① 어김. ② 배반함. ① breach ② treachery

반:백[半白] ① 현미(玄米)가 반쯤 섞인 백미(白米). ② 반쯤 센 머리털. =반백(斑白). はんぱく ① half-polished rice ② gray hair

반:백[半百] ① 백의 절반. ② 백 살의 절반. 곧 쉰 살. 「~을 넘다」 ② fifty years of age

반백[斑白·頒白] 희끗희끗하게 센 머리털. =반백(半白). はんぱく grizzled hair

반벌[班閥] 양반의 문벌. noble lineage

반:병신[半病身] ① 몸이 성하지 못하여 제대로 쓰지 못하는 사람. ② 지능이 보통 사람보다 매우 낮은 사람. 반편

반:보[返報] 앙갚음. へんぽう 返報 requital

반:복[反復] 되풀이함. はんぷく 反復 repetition

반:복[反覆] ① 되풀이함. = 반복(反復). ② 이랬다저랬다 하여 자꾸 고침. はんぷく 反覆
① repetition ② inconstancy

반:복[半腹] 산의 중턱. =중복(中腹). はんぷく 半腹 mountain's breast

반:복[叛服] 반역과 복종. はんぷく 叛服 treason and obedience

반:복법[反復法] 같거나 비슷한 어구(語句)를 되풀이하여 뜻을 강조하거나 율조(律調)를 가지게 하는 수사법의 한 가지. はんぷくほう 反復法 律調

반:봉건[半封建] 사회 정치 제도나 의식 속에 봉건적 요소가 남아 있는 상태. はんほうけん 半封建 semi-feudalism

반:부[返附] 돌려 보냄. 돌려 줌. =반환(返還). へんぷ 返附 return

반:분[半分] ① 절반으로 나눔. =이분(二分). ② 절반의 분량. はんぶん 半分
① dividing into halves

반비[飯婢] 밥 짓는 일을 맡아 하던 여자 종. 飯婢 woman cook

반:비례[反比例] 어떤 양이 다른 양의 역수에 비례되는 관계. =역비례(逆比例). はんぴれい 反比例 inverse proportion

반:빙[半氷] 약간 얼어붙은 얼음. 半氷 half-frozen ice

반:사[反射] ① 빛이나 전파 따위가 물체 면에 부딪쳐 되돌아오는 현상. ② 자극에 대하여 기계적으로 일어나는 신체적 반응. はんしゃ 反射 reflection

반:사[半死] 거의 죽게 된 상태. はんし 半死 half death

반:사경[反射鏡] 빛을 반사시켜 방향을 바꾸거나 하는 데 쓰는 거울. はんしゃきょう 反射鏡 reflex mirror

반:사능[反射能] 빛이 물체의 표면에 수직 입사(入射)할 때, 입사 에너지에 대한 반사 에너지의 비율. はんしゃのう 反射能 reflective power

반:사반:생[半死半生] 거의 죽게 된 상태. はんしはんしょう 半死半生

반:사운:동[反射運動] 반사에 의해 무의식적으로 일어나는 운동. はんしゃうんどう 反射運動 reflex movement

반:삭[半朔] 한 달의 절반. 반달. 半朔 half a month

반:산[半産] 한방에서, 낙태(落胎)나 유산(流産)을 이르는 말. はんさん 半産 abortion

반삽[飯鍤] 밥주걱. 飯鍤 spatula for serving boiled rice

반:상[反常] 상도(常道)에서 벗어남. 이치에 어긋남. 反常 unreasonableness

반:상[返喪] 객지에서 죽은 사람의 시체를 제 집이나 고향으로 옮겨 옴. =반구(返柩). 返喪 returning of the corpse to one's home

반:상[返償] 돌려서 갚음. へんしょう 返償 repayment

반상[班常] 양반과 상사람. 班常 the nobles and the commoners

반상[飯床] ① 밥과 반찬을 차린 상차림. ② 반상기(飯床器)의 준말. 飯床

반상기[飯床器] 밥상 하나를 飯床器

차리도록 갖추어진 한 벌의 그릇. 준반상(飯床).
a set of dishes for a table

반:상낙하[半上落下] 처음에는 정성껏 하다가 도중에 중지하여 이루지 못함.

반상회[班常會] 반 단위로 다달이 여는 모임.
monthly meeting of a village

반색[斑色] 아롱진 빛깔. まだらいろ・はんしょく
mottled color

반:생[半生] 일생(一生)의 반. はんしょう half a lifetime

반:생반:숙[半生半熟] 반쯤은 설고 반쯤은 익었다는 뜻으로, 어떤 기예에 아직 익숙하지 못함을 이르는 말. はんなまはんじゅく being half done

반:서[反噬] 기르던 짐승이 주인을 문다는 뜻으로, 은혜를 원수로 갚음을 이르는 말. はんぜい

반석[盤石] ① 넓고 편편한 큰 돌. ② 견고함의 비유. 「태산(泰山) ~」 ばんしゃく
① huge rock ② firmness

반선[盤旋] 산길 따위가 구부러져 돎. はんせん winding

반:설음[半舌音] 훈민정음에서 'ㄹ'의 소리를 이르는 말. 반혓소리. はんぜつおん
semilingual sound

반:성[反省] 자신의 언행의 잘잘못을 깨닫기 위해 스스로 돌이켜 살핌. 「지난날을 ~하다」 はんせい reflection

반:성[半醒] 술기운이나 졸음이 반쯤 깸. 「반취(半醉)~」 はんせい

반:성양[半成樣] 사물이 반쯤 이루어짐.

반:세[半世] 한 세상을 사는 동안의 절반. はんせい
half a lifetime

반:소[反訴] 피고가 방어 방법으로 원고를 상대로 제기하는 소송. はんそ counteraction

반:소[半宵] 한밤중. =야반(夜半). はんしょう midnight

반:소[半燒] 절반쯤 탐. はんしょう・はんやけ
partial destruction

반:송[伴送] 다른 물건에 붙여서 함께 보냄.
sending with other things

반:송[返送] 되돌려 보냄. =환송(還送). へんそう
returning

반송[盤松] 키가 작고 가지가 옆으로 퍼진 소나무.
dwarf pine tree

〔반송〕

반:수[反數] ① 어떤 수의 부호를 바꾸어서 얻은 수. ② 역수(逆數). はんすう

반:수[半睡] 잠이 깊이 들지 아니함. はんすい doze

반:수[半數] 전체 수의 절반. はんすう half the number

반:수[伴隨] 짝이 되어 따름. =수반(隨伴). はんずい
accompanying

반수[班首] ① 반열 가운데의 수위(首位). 또는 그 자리에 있는 사람. ② 지난날, 등짐장수나 봇짐 장수의 우두머리.
① chief ② boss

반수[礬水] 명반(明礬)을 녹인 물에 아교를 섞은 것.
aluminous water

반:숙[半熟] 반쯤 익거나 익

힘. 또는 그렇게 익거나 익힌 것. 「달걀 ~」 はんじゅく being half-done

반:승반:속[半僧半俗] 중도 아니고 속인도 아니라는 뜻으로, 무엇이라고 분명히 명목을 붙일 수 없는 것을 이르는 말. はんそうはんぞく 半僧 半俗

반:시[半時] ⇨반시간(半時間). はんじ 半時

반시[飯匙] 숟가락. spoon 飯匙

반시[盤柿] 동글납작하게 생긴 감. 납작감. flat persimmon 盤柿

반:시간[半時間] 한 시간의 절반. 30분. =반시(半時). half an hour 半時間

반:신[半身] 온몸의 반. 「~불수(不隨)」 はんしん half the body 半身不隨

반:신[半信] 완전히 믿지는 않고 반쯤만 믿음. 「~반의(半疑)」 はんしん half in doubt 半信

반:신[返信] 회답하는 편지나 전보. =회신(回信). 「~료(料)」 へんしん answer 返信

반:신[叛臣] 배반한 신하. =역신(逆臣). はんしん traitor 叛臣

반:신반:의[半信半疑] 한편으로는 믿고 다른 한편으로는 의심함. はんしんはんぎ dubiousness 半信半疑

반:실[半失] 절반 가량 잃거나 축이 나거나 손해를 봄. 「곡식이 ~되다」 losing about half 半失

반:심[半心] 할까 말까 망설이는 마음. hesitation 半心

반:심[叛心] 배반하려는 마음. =배심(背心). はんしん rebellious mind 叛心

반암[斑巖] 많은 반정(斑晶)이 있어 얼룩무늬를 가진 화성암(火成巖). はんがん porphyry 斑巖

반암[盤巖] 넓고 편편하게 생긴 바위. broad and flat rock 盤巖

반:액[半額] 전액의 반. 일정한 금액의 반. はんがく half amount 半額

반:야[半夜] 한밤중. 한밤. はんや midnight 半夜

반야[般若] 불법의 참다운 이치를 깨닫는 지혜. はんにゃ 般若

반:양장[半洋裝] ① 책의 속장을 실로 매고 겉장을 속장에 붙여 함께 마무르는 제본법(製本法). 또는 그 책. ② 반쯤 서양식으로 꾸민 복장. はんようそう 半洋裝

반:어[反語] 뜻을 강조하기 위하여 실제와는 반대되는 뜻으로 쓰는 말. はんご irony 反語

반:역[反逆・叛逆] 배반하여 역적질을 꾀함. はんぎゃく revolt 反逆 叛逆

반연[絆緣] 얽히어 맺어지는 인연. tangled affinity 絆緣

반연[攀緣] ① 더위잡아 기어오름. ② 속된 인연에 얽매임. ③ 불교에서, 원인을 도와 결과를 맺게 하는 일. はんえん 攀緣

반연경[攀緣莖] 다른 것을 휘어잡거나 덩굴 자체가 감아 올라가는 줄기. はんえんけい 攀緣莖

반열[班列] 신분이나 등급 또는 품계(品階)의 순위. =반차(班次). はんれつ order 班列

반:영[反映] ① 반사하여 비침. ② 어떤 영향이 다른 것에 미치어 그 결과가 나타남. 「인격(人格)의 ~」 はんえい reflection 反映

반:영[反影] 반사하여 비친 그림자. はんえい reflected shadow 反影

반와[盤渦] 소용돌이침. 또는 소용돌이. whirlpool 盤渦

반:우[返虞] 장사지낸 뒤에 집으로 신주를 모셔 오는 일. =반혼(返魂). 返虞

반:원[半圓] 원(圓)을 지름으로 이등분한 한쪽. 「~형(形)」 はんえん half circle 半圓

반원[班員] 반의 구성원. はんいん 班員

반:월[半月] ①반달. はんげつ ②한 달의 절반. はんつき ① half moon ② half month 半月

반:월문[半月門] 윗부분을 반달 모양으로 만든 문. 반달문. semilunar gate 半月門

반:월판[半月瓣] 심장의 심실에서 동맥으로 이어지는 곳에 있는 반달 모양의 판막. はんげつべん semilunar valve 半月瓣

반:음[半音] 온음의 2분의 1이 되는 음정. はんおん semitone 半音

반:음계[半音階] 각 음 사이가 모두 반음(半音)으로 이루어진 음계(音階). はんおんかい chromatic scale 半音階

반:음양[半陰陽] 남녀의 생식기를 둘 다 가지고 있는 사람. 남녀추니. はんいんよう hermaphrodite 半陰陽

반:응[反應] ①생체가 자극을 받아 일으키는 변화나 움직임. ②물질 사이의 상호 작용으로 일어나는 화학 변화. はんのう・はんおう ① response ② reaction 反應

반:의[叛意] 배반하려는 의사. =반심(叛心). はんい traitorous mind 叛意

반:의어[反義語] 어떤 낱말에 대하여 반대되는 뜻을 가진 낱말. 반대말. ↔동의어(同義語). はんいご antonym 反義語

반이[搬移] 세간을 싣고 이사함. removal 搬移

반:일[半日] 한나절. 하루 낮의 절반. はんにち half a day 半日

반입[搬入] 운반하여 들임. ↔반출(搬出). はんにゅう carrying in 搬入

반:자[半子] 반자지명(半子之名)의 준말. 半子

반:자[半字] 한문 글자의 획수가 많은 것을 줄이어 간편하게 쓴 글자. '醫'를 '医'로 쓰는 따위. =약자(略字). 半字

반:자기[半瓷器] 질그릇 비슷한 사기그릇. 半瓷器

반:자성체[反磁性體] 물체를 자기장(磁氣場) 안에 넣을 때 자기장과 반대되는 방향으로 자화(磁化)되는 물질. 금·은·구리 따위. はんじせいたい diamagnetic substance 反磁性體

반:자지명[半子之名] 아들이나 다름없다는 뜻으로, 사위를 이르는 말. ⓒ반자(半子). 半子之名

반:작[半作] ⇨소작(小作). 半作

반:작용[反作用] 어떤 작용에 대하여 크기는 같으나 방향이 반대인 힘. はんさよう reaction 反作用

반:장[反掌] 손바닥을 뒤집는다는 뜻으로, 힘들이지 않고 쉽게 할 수 있음을 이르는 말. はんしょう without effort 反掌

반:장[返葬] 객지에서 죽은 사람의 시체를 그가 살던 곳이나 고향으로 옮겨 장사지냄. 返葬

반:장[叛將] 반란을 일으킨 장수. はんしょう rebel leader 叛將

반장[班長] 반의 대표자 또는 책임자. はんちょう squad leader 班長

반:적[叛賊] 나라를 배반한 역적. はんぞく rebel 叛賊

반:전[反戰] 전쟁을 반대함. 反戰

「~운동(運動)」はんせん
opposition to war

반:전[反轉] ① 반대쪽으로 구름. ② 형세가 뒤집힘.「사태가 ~하다」はんてん
② reversal

반:전[返電] 회답으로 보내는 전보. =답전(答電). へんでん
reply telegram

반:절[反切] 한자의 음을 다른 두 한자의 음을 빌려서 나타내는 법. '東'자의 독음을 '德紅切'이라 하여 '德'의 초성과 '紅'의 중성·종성을 따서 나타내는 따위. はんせつ

반:절[半切·半截] ① 절반으로 자름. ② 전지(全紙)를 절반으로 자른 것. はんせつ
① cutting in half

반:절[半折] 반으로 꺾거나 가름. folding in half

반점[斑點] 얼룩얼룩한 점. 얼룩점. はんてん spot

반:정[反正] ① 본래의 바른 상태로 돌아감. 또는 돌아가게 함. ② 난리를 바로잡음. はんせい ③ 지난날, 나쁜 임금을 폐하고 새 임금을 대신 세우던 일. ② suppression

반:제[反帝] 제국주의에 반대함.「~운동」はんてい
anti-imperialism

반:제[半製] 반쯤 가공(加工)됨.「~품(品)」はんせい

바:제[返濟] 빌려 쓴 돈이나 물건을 갚음. へんさい
payment

반:조[反照·返照] ① 석양의 햇빛. ② 빛이 되비침. 또는 그 빛. はんしょう ② reflection

반:조[半租] 쌀에 뉘가 반쯤 섞임.「~반미(半米)」

반족[班族] 양반의 겨레붙이. noble family

반좌[盤坐] 책상다리를 하고 편안히 앉음. ばんざ
sitting with one's legs crossed

반:주[伴奏] 악곡의 주요 성부를 보완하거나 강조하기 위하여 붙이는 성부. 또는 그 연주. ばんそう accompaniment

반주[飯酒] 끼니 때 밥에 곁들여서 마시는 술.
liquor taken at a meal

반:증[反證] 어떤 주장이 거짓임을 증거를 들어 밝힘. 또는 그 증거. はんしょう disproof

반:지[半紙] 일본 종이의 한 가지. 세로 25cm, 가로 35cm 가량의 크기로, 주로 습자용으로 쓰임. はんし

반지[斑指·半指] 한 짝으로 된 가락지. ring

반:지반[半之半] 반의반. 4분의 1. quarter

반:직[伴直] 두 사람이 함께 번을 듦.

반진[斑疹] 홍역이나 성홍열 등과 같이 온몸에 붉고 좁쌀만한 것이 돋는 병의 총칭.

반찬[飯饌] 밥에 곁들여 먹는 온갖 음식. =식찬(食饌).
side dish

반창[瘢瘡] 상처의 흔적. =상흔(傷痕). はんそう scar

반창고[絆創膏] 상처를 보호하거나 붕대 따위를 고정시키는 데 쓰는, 접착제를 바른 띠 모양의 헝겊. ばんそうこう
sticking plaster

반:천[半天] ① 하늘의 반쪽. ② 하늘의 한가운데. =중천(中天). はんてん

반:청[半晴] 날씨가 반쯤 갬.「~반담(半曇)」はんせい
being partly clear

반:초[半草] 초서(草書)와 행서(行書)의 중간쯤 되게 흘려 쓰는 글씨체. 반흘림.

반촌[班村] 양반이 많이 살던 동네. ↔민촌(民村).

반:추[反芻] 소나 염소 따위가 한번 삼킨 먹이를 입으로 되올려 씹다가 다시 삼키는 일. はんすう　rumination

반:추위[反芻胃] 소나 염소 따위 반추 동물의 위. はんすうい ruminant stomach

반출[搬出] 운반하여 냄. ↔반입(搬入). はんしゅつ carrying out

반:취[半醉] 술이 얼근하게 반쯤 취함. はんすい half-drunkenness

반:측[反側] ① 잠이 오지 않거나 걱정에 잠겨 몸을 이리저리 뒤척거림. 「전전(輾轉)~」 ② 두 가지 마음을 품고 바른 길을 좇지 않음. はんそく　① turning over in bed

반:칙[反則] 규칙 따위를 어김. 또는 규칙 따위에 어긋남. ↔준칙(準則). はんそく irregularity

반:침[半寢] 방 옆에 붙여서 물건을 넣어 두게 만든 작은 방. closet

반:침[伴寢] 한 방에서 함께 잠. =동숙(同宿). lodging together

반:타작[半打作] ① 지주와 소작인이 소출을 똑같이 나누어 가지는 일. 배메기. =병작(竝作). ② 소출이나 소득이 예상의 반밖에 되지 못함. ① tenancy on half-and-half shares

반토[礬土] 알루미늄의 산화물(酸化物). 산화알루미늄. ばんど　alumina

반:투막[半透膜] 용액·콜로이드 용액·혼합 기체 등과 같은 혼합물의 일부 성분은 통과시키나 다른 성분은 통과시키지 않는 막. はんとうまく semipermeable membrane

반:투명[半透明] 환히 비치지 않고 약간 흐릿함. はんとうめい translucency

반:편[半偏] ① 한 개를 절반으로 나눈 한 편짝. ② 지능이 보통 사람보다 아주 낮은 사람. 반편이. 반병신. ① half ② ninny

반:포[反哺] 자식이 부모의 은혜를 갚음. 안갚음. 「~지효(之孝)」 はんぽ

반포[班布] 빛깔 섞게 한 실을 섞어 짠, 수건감의 폭이 좁은 무명. 반베.

반포[頒布] 세상에 널리 폄. はんぷ　promulgation

반:포지효[反哺之孝] 자식이 자라서 부모가 길러 준 은혜에 보답하는 효성.

반:폭[半幅] 한 폭의 절반. はんはば　half width

반:푼[←半分] ① 한 푼의 반. 매우 적은 돈. 「~ 어치도 안 된다」 ② 한 푼 길이의 반. はんぶん　① halfpenny

반:푼쭝[←半分重] 한 푼쭝의 절반 무게.

반:품[返品] 사들인 물건을 도로 돌려 보냄. 또는 그 물건. へんぴん　returned goods

반:풍수[半風水] 서투른 풍수.

반함[飯含] 염습(殮襲)할 때 죽은 사람의 입에 쌀과 구슬을 물리는 일.

반합[飯盒] 밥을 지을 수 있게 만든, 알루미늄으로 된 휴대용

밥그릇. はんごう　messtin

반:항[反抗] 순순히 따르지 않고 대들거나 맞섬. はんこう　resistance 反抗

반:해[半解] ① 반쯤 이해함. ② 반으로 나눔. はんかい 半解

반:해[半楷] 해서(楷書)보다 조금 부드럽게 하여 행서(行書)에 가깝게 쓰는 글씨체. はんかい 半楷行書

반핵[盤覈] 곡절을 자세히 캐어물음. =반문(盤問). investigating in detail 盤覈

반:행[伴行] 함께 감. =동행(同行). going together 伴行

반행[頒行] 책 따위를 널리 펴냄. はんこう　distribution 頒行

반:향[反響] ① 음파(音波)가 어떤 물체에 부딪쳐 다시 울리는 현상. ② 어떤 일이나 현상의 영향을 받아서 일어나는 반응. はんきょう ① echo ② influence 反響音波

반:현[半舷] 군함의 승무원을 우현(右舷)과 좌현(左舷)으로 나누었을 때의 그 한쪽. はんげん 半舷

반:혼[返魂] 장사를 지낸 뒤에 신주(神主)를 집으로 모셔 오는 일. =반우(返虞). 返魂

반홍[礬紅] 녹반(綠礬)을 태워서 만든 붉은 채색. 도자기에 쓰임. 礬紅

반:화[半靴] 신울을 낮게 하여 발등이 드러나게 만든 구두. 반구두. はんぐつ 半靴

반:환[返還] ① 도로 돌려 줌. =반려(返戾). 「메달을 ~하다」 ② 되돌아오거나 되돌아감. へんかん　return 返還

반환[盤桓] 어정어정 돌아다님. =배회(徘徊). ばんかん wandering 盤桓

반회[盤回] 물의 흐름이나 길이 구불구불 돌게 됨. ばんかい　meanders 盤回

반:휴[半休] 한나절만 일하고 쉼. はんきゅう　half-holiday 半休

반:흉반:길[半凶半吉] 길흉이 반반씩임. 半凶半吉

반흔[瘢痕] 상처나 부스럼 따위가 나은 자리에 남은 자국. はんこん　scar 瘢痕

발[拔]☆ ① 뺄 발: 빼다. 뽑다. 「拔去(발거)・拔根(발근)」 ② 빼어날 발: 빼어나다. 「拔群(발군)・拔俗(발속)・卓拔(탁발)」 ③ 덜어 버릴 발: 덜어 버리다. 「拔貧(발빈)」 バツ ① ぬく 拔去 拔群

발[勃] ① 번성할 발: 번성하다. 「勃勃(발발)」 ② 발끈할 발: 발끈하다. 화내다. 「勃然(발연)・勃怒(발노)」 ③ 때마침 발: 졸지에 일어나다. 「勃發(발발)・勃起(발기)・勃興(발흥)・勃爾(발이)」 ボツ 勃發 勃起 勃興

발[渤] ① 바다 발: 바다. 「渤海(발해)」 ② 나라 이름 발: 나라 이름. 「渤海(발해)」 ボツ 渤海

발[發]* ① 일어날 발: 일어나다. 「發起(발기)・發狂(발광)・發生(발생)」 ② 필 발: 피다. 「滿發(만발)」 ③ 떠날 발: 떠나다. 「出發(출발)・發進(발진)・發車(발차)・先發(선발)」 ④ 펼 발: 펴다. 「發表(발표)・發刊(발간)・發行(발행)」 ⑤ 드러낼 발: 드러내다. 「發揚(발양)」 ハツ・ホツ ① おこる ② ひらく 發起 發進 發

발[跋] ① 밟을 발: 밟다. 「跋履(발리)・跋涉(발섭)」 ② 글 이름 발: 글 이름. 「跋文(발문)・跋辭(발사)」 ③ 뛸 발: 뛰다. 날뛰다. 「跋扈(발호)」 跋涉 跋扈

バツ・ふむ・おくがき

발[鉢] 바리때 발 : 바리때. 「周鉢(주발)・托鉢(탁발)・鉢器(발기)」ハツ・ハチ・はち 托鉢

발[撥] ①다스릴 발 : 다스리다. 「撥亂(발란)」 ②덜 발 : 덜다. 「撥去(발거)・撥憫(발민)」 ③통길 발 : 통기다. 「反撥(반발)」ハツ・バチ ③はねる 撥亂 反撥

발[潑] ①활발할 발 : 활발하다. 「活潑(활발)・潑剌(발랄)」 ②물고기 펄펄 뛸 발 : 물고기가 펄펄 뛰다. 「潑潑(발발)」ハツ 活潑

발[髮]☆ 터럭 발 : 터럭. 머리털. 「頭髮(두발)・毛髮(모발)・金髮(금발)・理髮(이발)・長髮(장발)」ハツ・かみ 頭髮

발[魃] 가물 발 : 가물. 「旱魃(한발)・魃蜮(발역)」バツ・ひでり 旱魃

발[醱] 술 괼 발 : 술이 괴다. 「醱酵(발효)・醱酷(발배)」ハツ・かもす 醱酵

발각[發覺] 숨겼던 일이 드러남. はっかく detection 發覺

발간[發刊] 책이나 신문・잡지 따위를 박아 펴냄. =간행(刊行). はっかん publication 發刊

발간적복[發奸摘伏] 정당하지 못한 일이나 숨겨진 일을 들추어 냄. revelation 發奸摘伏

발검[拔劍] 검을 칼집에서 뺌. =발도(拔刀). ばっけん drawing a sword 拔劍

발견[發見] 처음으로 찾아 내거나 알아 냄. はっけん discovery 發見

발광[發光] 빛을 냄. 「∼체(體)」 はっこう luminescence 發光

발광[發狂] ①병으로 미친 증세가 일어남. ②미친 듯이 날뜀. はっきょう craziness 發狂

발군[拔群] 여럿 가운데서 특히 뛰어남. ばつぐん preeminence 拔群

발굴[發掘] 땅 속에 묻혀 있는 물건이나 유적을 파내는 일. 「고분(古墳) ∼」はっくつ excavation 發掘

발권[發券] 은행권・채권・승차권 따위를 발행함. はっけん note issuing 發券

발근[拔根] 뿌리를 뽑음. ばっこん uprooting 拔根

발근[發根] 뿌리를 내림. rooting 發根

발금[發禁] 발매 금지(發賣禁止)의 준말. はっきん・はつきん 發禁

발급[發給] 발행하여 줌. 「증명서 ∼」はっきゅう issuance 發給

발기[勃起] ①갑자기 불끈 일어남. ②음경이 해면체의 충혈로 커지고 딴딴해지는 일. ぼっき erection 勃起

발기[發起] ①어떤 사업을 시작할 때에 먼저 방안이나 의견을 내는 일 ②경전(經典)을 먼저 읽어 내려가는 사람. ほっき ① proposal 發起

발노[發怒] 성을 냄. はつど getting angry 發怒

발단[發端] 어떤 일이 벌어짐. 또는 그 일의 실마리. =기단(起端). ほったん the beginning 發端

발달[發達] ①성장하여 완전한 상태에 가까워짐. ②진보 발전함. 「문화의 ∼」はったつ development 發達

발당[發黨] 정당 조직을 발기함. 「∼ 대회」 formation of a political party 發黨

발대식[發隊式] '隊'자가 붙거나 군대 조직에 준하는 조직 發隊式

발도[拔刀] 칼을 칼집에서 뺌. =발검(拔劍). ばっとう drawing a sword

발동[發動] ① 움직이기 시작함. ② 동력을 일으킴. 「~기(機)」 ③ 법적 권한 따위를 행사함. はつどう ② motion ③ operation

발동기[發動機] 동력을 일으키는 기계. はつどうき motor

발동기선[發動機船] 발동기로 움직이는 배. はつどうきせん motorboat

발라드[프 ballade] ① 자유로운 형식의 짧은 서사시. 담시(譚詩). ② 서사적인 가곡. 담시곡(譚詩曲). バラード

발란[撥亂] 어지러운 세상을 바로잡아 다스림. 「~ 반정(反正)」 はつらん putting down the uprising

발랄[潑剌] 생기 있고 활발함. 「~한 여학생(女學生)」 はつらつ liveliness

발레[프 ballet] 일정한 줄거리를 대사 없이 음악에 맞추어 표현하는 무용극(舞踊劇). バレー

발레리ː나[이 ballerina] 발레를 하는 여자 무용수(舞踊手). バレリーナ

발령[發令] ① 명령을 내림. ② 법령·사령(辭令)을 발표하거나 공포함. はつれい ① giving official order ② official announcement

발로[發露] 겉으로 드러남. はつろ manifestation

발로[이 ballo] ① 무용. ② 무용곡(舞踊曲).

발리[volley] 테니스·축구(蹴球)에서, 공이 땅에 떨어지기 전에 도로 치거나 차는 일.

발리볼ː[volleyball] 배구(排球). バレーボール

발매[發賣] 상품을 팖. 「일제(一齊) ~」 はつばい sale

발매 금ː지[發賣禁止] 출판물이나 상품의 발매를 금지하는 행정 처분. 준발금(發禁). はつばいきんし prohibition of sale

발명[發明] ① 전에 없던 기술이나 물건 따위를 새로 연구해 내거나 만들어 냄. ② 죄나 잘못이 없음을 말하여 밝힘. はつめい ① invention

발모[發毛] 털이 남. 「~제(劑)」 はつもう

발묘[拔錨] 닻을 올린다는 뜻으로, 배가 떠남을 이르는 말. =출범(出帆). ↔투묘(投錨). ばつびょう sailing

발문[跋文] 책의 끝에 책 내용의 대강이나 내력을 간략하게 적은 글. ばつぶん epilogue

발발[勃勃] 사물이 한창 성한 모양. ぼつぼつ prosperity

발발[勃發] 큰일이나 사건이 갑자기 일어남. 「전쟁이 ~하다」 ぼっぱつ outbreak

발배[發配] 지난날, 죄인을 귀양살이할 곳으로 보내던 일. exile

발병[發兵] 군사를 일으켜 보냄. =발군(發軍). dispatch of troops

발병[發病] 병이 남. =이병(罹病). はつびょう falling sick

발복[發福] 운이 틔어 복이 닥침. 「금시(今時) ~」 advent of good fortune

발본[拔本] ① 근본 원인을 없애 버림. 「~색원(塞源)」 ② 장사에 이익이 남아 밑천을

뽑음. ばっぽん ① eradication
발부[發付] 증서·영장 등의 공식 문서를 만들어 내어 줌. =발급(發給). 發付 issuance
발부[髮膚] 머리털과 살갗.「신체(身體)~」はっぷ 髮膚
발분[發憤] 마음과 힘을 돋우어 일으킴. =분발(奮發). はっぷん 發憤 exertion
발사[發射] 총포 따위를 쏨. はっしゃ 發射 firing
발사[跋辭] ⇨발문(跋文). 跋辭
발산[發散] 밖으로 퍼져 흩어짐.「악취(惡臭)를 ~하다」はっさん 發散 emission
발삼[balsam] 침엽수의 줄기에서 나오는 끈적끈적한 액체. 향료(香料)·접착제 등으로 쓰임. バルサム 香料
발상[發祥] 역사적으로 큰 의의가 있는 일이 처음으로 나타남.「~지(地)」はっしょう 發祥 birth
발상[發想] ① 어떤 새로운 생각을 해냄. ② 어떤 사상이나 감정 따위를 표현함. はっそう 發想 ① conception
발색[發色] ① 컬러 필름·염색물 따위의 빛깔의 상태. ② 화공 처리를 하여 빛깔을 냄. はっしょく 發色
발생[發生] 어떤 사건이나 현상·사물 따위가 생겨남.「가스 폭발 사고가 ~하다」はっせい 發生 genesis
발선[發船] 배가 떠남. =발항(發航). はっせん 發船 sailing
발설[發說] 입 밖에 말을 내어 남이 알게 함. announcement 發說
발섭[跋涉] 산을 넘고 물을 건넌다는 뜻으로, 여러 곳을 두루 돌아다님을 이르는 말. ばっしょう 跋涉 traversing

발성[發聲] 소리를 냄.「~영화(映畫)」はっせい utterance 發聲
발성 영화[發聲映畫] 영상과 함께 소리가 들리도록 제작한 영화. ↔무성 영화(無聲映畫). はっせいえいが 發聲映畫 talking picture
발송[發送] 편지나 물건 따위를 부침. はっそう sending 發送
발수[發穗] 벼나 보리의 이삭이 팸. 發穗
발신[發身] 미천하거나 가난한 처지에서 벗어나 앞길이 펴임. 發身
발신[發信] 통신을 보냄. ↔수신(受信).「~인(人)」はっしん sending a letter or telegram 發信
발심[發心] ① 무슨 일을 하겠나고 마음을 먹음. ② 보리심(菩提心)을 일으킴. ほっしん ① resolution ② conversion 發心
발아[發芽] 식물의 싹이 틈. はつが budding 發芽
발악[發惡] 사리(事理)를 가리지 않고 악을 쓰며 모진 말이나 행동을 함. raving 發惡
발안[發案] ① 어떤 안(案)을 생각해 냄. ② 의안을 제출함. はつあん ① contrivance ② suggestion 發案
발암[發癌] 암이 생김. 또는 암을 발생시킴.「~물질(物質)」はつがん carcinogenesis 發癌
발양[發揚] 마음·기운·재주 따위를 떨쳐 일으킴. はつよう exaltation 發揚
발어[發語] ⇨발언(發言). 發語
발언[發言] 말로써 의견을 나타냄. 또는 그 말. =발어(發語).「~권(權)」はつげん·はつごん utterance 發言
발연[勃然] ① 힘차게 일어나는 모양. ② 발끈 성을 내는 모 勃然

양. 「~대로(大怒)」ほつぜん 大怒
발연[發煙] 연기를 냄. 「~탄 發煙
(彈)」はつえん　　　fume
발열[發熱] ①물체가 열을 냄. 發熱
②몸에 열이 남. はつねつ
　　①calorification ②fever
발원[發源] ①물의 근원이 비 發源
롯함. ②사물이나 현상·사상
이 비롯하여 발생함. はつげ
ん ①the source ②the origin
발원[發願] 신불에게 소원을 發願
빎. ほつがん　　　prayer
발유창[發乳瘡] 유방에 생기는 發乳瘡
종기.
발육[發育] 생물체가 발달하여 發育
자람. 「~기(期)」はついく
　　　　　　　　growth
발육 부전[發育不全] 선천적 發育
또는 그 밖의 원인으로 몸의 不全
어느 기관이나 조직 등의 발
육이 완전하지 못함. はつい
くふぜん　　　　abortion
발음[發音] 말을 이루는 소리 發音
를 냄. 또는 그 소리. はつお
ん　　　　pronunciation
발음기[發音器] 발음 기관(發 發音器
音器官)의 준말. はつおんき
발음 기관[發音器官] ①사람 發音
이 발음하는 데 필요한 기관. 器官
②동물체의 소리를 내는 기
관. 준발음기(發音器). はつ
おんきかん　speech organ
발의[發意] ①의견이나 계획을 發意
내놓음. ②어떤 일을 생각해
냄. はつい·ほつい suggestion
발의[發議] 회의 등에서 어떤 發議
의안을 내놓음. はつぎ
　　　　　　　proposal
발인[發靷] 상여가 장지를 향 發靷
해 집을 떠남. 「~식(式)」は
ついん departure of a funeral
발작[發作] ①갑자기 증세가 發作
나타났다가 얼마 안 가서 멈

추는 증상. ほっさ ②어떤 감
정이 갑자기 일어남. はっさ
　　　　　　　　①fit
발적[發赤] 염증 등으로 피부 發赤
의 한 부분이 벌겋게 부어오
르는 상태. はっせき
　　　　　　rubefaction
발전[發展] ①어떤 상태가 보 發展
다 좋은 상태로 되어감. ②일
이 어떤 방향으로 전개됨.
はってん　　①development
발전[發電] 전기를 일으킴. 發電
「화력(火力)~」はつでん
　　generation of electricity
발전체[發電體] 전기를 일으 發電體
키는 물체. はつでんたい
발정[發情] 동물의 암컷이 성 發情
적 욕구를 일으키는 일. 「~기
(期)」はつじょう
　　　sexual excitement
발정[發程] 길을 떠남. =계정 發程
(啓程). はってい departure
발족[發足] 어떠한 조직체가 發足
새로 만들어져 활동을 개시
함. ほっそく·はっそく
　　　　　　　　starting
발종지시[發蹤指示] 사냥개를 發蹤
풀어 짐승이 있는 곳을 가리 指示
켜 잡게 한다는 뜻으로, 방법
을 가리켜 보임.
발주[發注] 물건을 주문함. ↔ 發注
수주(受注). はっちゅう
　　　　　　　ordering
발진[拔進] 여럿 중에서 뽑아 拔進
승진시킴.
발진[發疹] 피부에 좁쌀 같은 發疹
종기가 남. はっしん eruption
발진[發進] 항공기나 군함 따 發進
위가 기지를 출발함. はっしん
　　　　　　　　takeoff
발차[發車] 기차·전차·자동차 發車
따위가 떠남. はっしゃ
　　　　　　　departure

발착[發着] 출발과 도착.「~시간표」はっちゃく 發着
departure and arrival

발초[拔抄] 필요한 부분만 뽑아서 베낌. 또는 그 글. 拔抄
extract

발출[拔出] 빼어 냄. ばっしゅつ 拔出
predominance

발췌[拔萃] 필요한 부분만을 뽑아 냄. ばっすい excerption 拔萃

발치[拔齒] 이를 뽑아 냄. ばっし extraction of a tooth 拔齒

발코니[balcony] ① 노대(露臺). ② 극장의 이층 좌우에 있는 특별석. バルコニー 露臺

발탁[拔擢] 여러 사람 가운데서 특별히 뽑아 씀. ばってき selection 拔擢

발탕기[鉢湯器] 보통 탕기보다 아가리가 조금 오긋하며 뚜껑이 없는 그릇. 鉢湯器

발파[發破] 바위 같은 데에 구멍을 뚫고 폭약을 재어 폭파하는 일. はっぱ blasting 發破

발포[發布] 법령 따위를 세상에 널리 펴서 알림. はっぷ promulgation 發布

발포[發泡] 거품이 일어남.「~제(劑)」はっぽう foaming 發泡

발포[發砲] 총포를 쏨. はっぽう firing 發砲

발표[發表] 어떤 사실을 널리 드러내어 알림. はっぴょう announcement 發表

발한[發汗] 병을 낫게 하기 위하여 땀을 냄. =취한(取汗).「~제(劑)」はっかん sweating 發汗

발항[發航] 배가 떠남. =발선(發船). はっこう sailing 發航

발항[發港] 배가 항구를 떠남. =출항(出港). ↔착항(着港). はっこう departure from a port 發港

발행[發行] ① 출판물을 펴냄. ② 화폐·증권·증명서 따위를 만들어 효력을 발생시킴. はっこう ① publication ② issue 發行

발행권[發行權] 신문·잡지·도서를 발행할 수 있는 권리. はっこうけん right of publication 發行權

발행인[發行人] ① 출판물을 발행하는 사람. 펴낸이. ② 어음이나 수표 따위를 발행한 사람. はっこうにん ① publisher ② drawer 發行人

발향[發向] 목적한 곳을 향하여 길을 떠남. =향발(向發). はっこう leaving for 發向

발현[發現] 숨겨져 있던 것이 드러나 보임. 또는 드러나게 함. はつげん revelation 發現

발호[跋扈] 함부로 세력을 휘두르거나 제멋대로 날뜀.「불량배가 ~하다」ばっこ prevalence 跋扈

발화[發火] 불이 남. 불이 일어남. はっか outbreak of fire 發火

발화점[發火點] 공기 중에서 물질이 가열되어 저절로 타기 시작하는 최저 온도. =착화점(着火點). はっかてん ignition point 發火點

발회[發會] ① 새로 조직된 회의 첫 모임. ② 증권 거래소의 매월 첫 입회(立會). はっかい ① first meeting 發會

발효[發效] 효력이 발생함. はっこう effectuation 發效

발효[醱酵] 효모나 세균 등의 작용으로 유기 화합물이 분해 또는 산화·환원하여 알코올·유기산 등으로 변화되는 현상. はっこう fermentation 醱酵

발휘[發揮] 가지고 있는 실력 따위를 드러내어 보임. 떨치 發揮

어 나타냄. はっき display

발흥[勃興] 갑자기 일어나서 왕성해짐. ぼっこう sudden rise 勃興

방[方]* ① 모 방 : 모, 네모. 「方眼(방안)·平方(평방)」 ② 방위 방 : 방위, 방향. 「西方(서방)·方向(방향)·四方(사방)·午方(오방)」 ③ 방법 방 : 방법. 「方法(방법)·方策(방책)·方便(방편)」 ④ 방서 방 : 방서, 처방. 「處方(처방)·漢方(한방)·方文(방문)」 ⑤ 바야흐로 방 : 바야흐로. 「方今(방금)·方將(방장)·方暢(방창)」 ⑥ 바를 방 : 바르다, 곧다. 「方正(방정)·方直(방직)」 ホウ 方眼 四方 方文

방[坊] 골 이름 방 : 골 이름, 동네. 「坊坊曲曲(방방곡곡)·坊間(방간)·坊民(방민)」 ボウ 坊坊曲曲

방[妨]☆ ① 방해할 방 : 방해하다. 「妨害(방해)·妨碍(방애)」 ② 해로울 방 : 해롭다. 「妨工害事(방공해사)·妨遏(방알)」 ボウ ① さまたげる 妨害 妨碍

방:[尨] ① 삽살개 방 : 삽살개, 털이 많은 개. 「尨犬(방견)·尨茸(방용)」 ② 무럭무럭 클 방 : 무럭무럭 크다. 「尨大(방대)·尨然(방연)」 ボウ ① むくいぬ 尨犬

방[彷] ① 방황할 방 : 방황하다. 「彷徨(방황)·彷徉(방양)」 ② 비슷할 방 : 비슷하다. 「彷彿(방불)」 ホウ ① さまよう 彷徨 彷彿

방[邦]☆ 나라 방 : 나라. 「邦家(방가)·萬邦(만방)·邦紀(방기)·邦治(방치)·邦土(방토)·合邦(합방)」 ホウ・くに 萬邦 合邦

방:[防]* ① 방비할 방 : 방비하다. 「國防(국방)·防禦(방어)·防共(방공)·防空(방공)」 ② 언덕 방 : 언덕. 「堤防(제방)· 國防

③ 막을 방 : 막다. 「防犯(방범)·防疫(방역)·防寒(방한)·防火(방화)」 ボウ ① ふせぐ ② つつみ 防寒

방[房]* ① 방 방 : 방. 「房内(방내)·房門(방문)·獨房(독방)·寢房(침방)·廚房(주방)」 ② 집 방 : 가옥, 관아. 「房掌(방장)·房直(방직)」 ボウ ① へや 獨房 房掌

방:[放]* ① 놓을 방 : 놓다. 「釋放(석방)·放免(방면)·放赦(방사)」 ② 놓아먹일 방 : 놓아먹이다. 「放牧(방목)·放飼(방사)」 ③ 흩어질 방 : 흩어지다. 「放散(방산)」 ④ 쫓을 방 : 쫓다. 「放逐(방축)·追放(추방)」 ⑤ 방자할 방 : 방자하다. 「放恣(방자)·放逸(방일)」 ホウ ① はなす・はなつ 釋放 放免 追放

방[肪] 기름 방 : 기름, 비계. 「脂肪(지방)」 ボウ・あぶら 脂肪

방[芳]☆ ① 꽃다울 방 : 꽃답다. 「芳年(방년)·芳菊(방국)·芳香(방향)·芳味(방미)·芳齡(방령)」 ② 이름 빛날 방 : 이름이 빛나다. 「芳名(방명)」 ホウ ① かんばしい 芳香 芳名

빙:[厖] ① 클 방 : 크다. 「厖大(방대)·厖洪(방홍)」 ② 두터울 방 : 두텁다. 「駿厖(준방)」 ③ 섞일 방 : 섞이다. 「厖雜(방잡)」 ボウ 厖大 厖雜

방:[倣]☆ 본받을 방 : 본받다. 「模倣(모방)·倣刻(방각)·倣似(방사)·倣傚(방효)」 ホウ・ならう 模倣 倣似

방[旁] ① 곁 방 : 곁. 「旁系(방계)·旁註(방주)·旁題(방제)」 ② 넓을 방 : 널리, 넓다. 「旁求(방구)·旁引(방인)」 ③ 오락가락할 방 : 오락가락하다. 「旁午(방오)·旁行(방행)」 ホ 旁註 旁引

방[紡] 길쌈할 방: 길쌈하다. 「紡織(방직)·紡毛(방모)·紡車(방차)·混紡(혼방)·綿紡(면방)」 ボウ・つむぐ

방[舫] ① 쌍배 방: 쌍배. 두 개의 배. 배. 「舫樓(방루)·舫船(방선)」 ② 사공 방: 사공. 「舫人(방인)」 ホウ

방:[訪]* 물을 방: 묻다. 찾아가다. 「訪問(방문)·訪客(방객)·來房(내방)·往訪(왕방)·探訪(탐방)」 ホウ・おとずれる・たずねる

방[幇] 도울 방: 돕다. 곁들이다. 「幇助(방조)」 ホウ・たすける

방[傍]☆ ① 곁 방: 곁. 「傍觀(방관)·傍室(방실)·傍人(방인)」 ② 의지할 방: 의지하다. 「傍倚(방의)」 ボウ・ホウ ① かたわら

방[滂] 비 퍼부울 방: 비가 퍼붓다. 「滂沱(방타)·滂湃(방배)·滂澤(방택)」 ボウ

방:[榜] ① 게시판 방: 게시판. 「榜目(방목)·榜示(방시)」 ② 매 방: 매. 「榜笞(방태)·榜掠(방략)」 ③ 배 저을 방: 배를 젓다. 「榜人(방인)·榜歌(방가)」 ホウ・ボウ

방[膀] 오줌통 방: 오줌통. 「膀胱(방광)·膀胱炎(방광염)」 ボウ

방:[髣] 비슷할 방: 비슷하다. 「髣髴(방불)」 ホウ

방[謗] 나무랄 방: 나무라다. 헐뜯다. 「謗聲(방성)·謗怨(방원)·謗議(방의)·誹謗(비방)」 ボウ

방[龎] ① 어수선할 방: 어수선하다. 「龎錯(방착)·龎雜(방잡)」 ② 충실할 롱: 충실하다. 「龎龎(농롱)」 ホウ・ロウ

방가[邦家] 나라. 국가. ほうか state

방:**가**[放歌] 남을 아랑곳하지 않고 큰 소리로 노래를 부름. 「고성(高聲)~」 ほうか singing loudly

방:**각**[倣刻] 모방하여 새김.

방간[坊間] 일반 사회. =시정(市井)·항간(巷間). ぼうかん streets

방갈로[bungalow] ① 정면에 베란다가 있고 처마가 깊숙한 별장식(別莊式)의 단층 목조(木造) 건물. ② 산이나 바닷가에 지은 캠프용의 작은 집. バンガロー

방거[紡車] 물레. ぼうしゃ spinning wheel

방경[邦慶] 나라의 경사(慶事). =국경(國慶). national celebration

방계[傍系] 직계에서 갈려 나간 계통. ぼうけい collateral family

빙.고[倣古] 옛 것을 모방함. imitation of classics

방:**고**[訪古] 고적을 탐방함. =남고(覽古). ほうこ

방:**곡**[放哭] 목을 놓아 욺. 「대성(大聲)~」

방골[方骨] 척추동물의 아래턱을 받치고 있는 작은 뼈. ほうこつ

방공[防共] 공산주의 세력을 막음. ぼうきょう anti-Communism

방공[防空] 적의 항공기나 미사일 등의 공격을 막음. 「~훈련(訓練)」 ぼうくう air defense

방공해사[妨工害事] 남의 일에 훼살을 놓아 해롭게 함.

방:과[放課] 그 날의 정해진 수업을 마침. ほうか dismissal of a class

방관[傍觀] 상관하지 않고 옆에서 보기만 함. ぼうかん looking on

방:광[放光] 빛을 내쏨. ほうこう radiation

방:광[放曠] 언행의 구속을 받지 않음. 거리낌이 없음.

방광[膀胱] 오줌통. 「~ 결석(結石)」ぼうこう the bladder

방교[邦交] 나라와 나라 사이의 외교 관계. =국교(國交). diplomatic relations

방:교[放校] 교칙을 어긴 학생을 학교에서 내쫓음. =출학(黜學). ほうこう expulsion from school

방구[防口] 말을 퍼뜨리지 못하게 입막음함. hushing up

방국[邦國] 나라. =국가(國家). ほうこく nation

방국[芳菊] 향기로운 국화.

방:귀[放歸] 돌아가게 놓아 둠.

방금[方今] 바로 지금. =금방(今方). 「~ 도착했다」 just now

방금[防禁] 하지 못하게 말림. prohibition

방금[邦禁] 나라에서 금지하는 명령이나 법령. ほうきん national ban

방:금[放禽] 잡아 가두었던 새를 놓아 줌. setting a bird free

방기[芳紀] 꽃다운 나이. =방춘(芳春). 「~ 18세」ほうき sweet age

방:기[放氣] 방귀. breaking wind

방:기[放棄] 내버림. 버리고 돌보지 않음. ほうき abandonment

방기휘[房忌諱] 아이를 낳은 집에서 부정을 막기가 어려울 때, 산실만이라도 부정과 통하지 않게 하는 일.

방내[坊內] 동네 안. =동내(洞內). inside a village

방내[房內] 방 안. =방중(房中). ぼうない inside a room

방년[芳年] 여자의 20세 전후의 꽃다운 나이. 「~ 20세」ほうねん sweet age

방:념[放念] 마음을 놓음. 안심함. ほうねん

방:뇨[放尿] 오줌을 눔. ほうにょう urination

방:담[放談] 생각나는 대로 거리낌없이 말함. 또는 그 말. ほうだん random talk

방:담[放膽] 일하는 모양이나 성미가 대범함. ほうたん boldness

방:대[尨大・厖大] 규모나 분량이 매우 크거나 많음. ぼうだい enormousness

방도[方途・方道] 일을 치러 나갈 방법. ほうと means

방독[防毒] 독기를 막음. 「~마스크」ぼうどく protection against poison

방:돈[放豚] ① 놓아먹이는 돼지. ② 제멋대로 자란 아이를 욕으로 이르는 말. ① swine kept loose ② child left wild

방동[方冬] 음력 10월의 다른 이름.

방두[方斗] 모가 진 말.

방란[芳蘭] 향기가 좋은 난초. ほうらん

방:랑[放浪] 정처 없이 떠돌아다님. =유랑(流浪). ほうろう

방:랑자[放浪者] 정처 없이 떠돌아다니는 사람. 떠돌이. ほうろうしゃ wanderer

방략[方略] 무슨 일을 하는 방법과 꾀. =책략(策略). ほうりゃく stratagem

방렬[芳烈] ① 향기가 몹시 짙음. ② ⇨의열(義烈). ほうれつ

방령[芳齡] 꽃다운 젊은 나이. =방년(芳年). ほうれい sweet age

방로[房勞] 방사(房事)로 말미암은 피로. fatigue from sexual intercourse

방:론[放論] 생각대로 거리낌 없이 의논함. ほうろん

방:류[放流] ① 가두어 놓은 물을 터서 흘려 보냄. ② 번식을 위하여 어린 물고기를 강이나 호수에 놓아 보냄. ほうりゅう ① discharge

방립[方笠] 상제가 나들이할 때에 쓰는 갓. 방갓.

방:만[放漫] 하는 일이 아무지지 못하고 싱싱함. 「―한 운영」ほうまん carelessness

방:매[放賣] 물건을 내놓아 팖. selling

방:매가[放賣家] 팔려고 내놓은 집. house for sale

방면[方面] ① 어떤 곳이나 지역이 있는 방향. 또는 그 일대. 「부산 ~」② 뜻을 두거나 생각하는 분야. 「예술 ~」ほうめん ① direction ② field

방:면[放免] 법으로 구속하였던 사람을 풀어 줌. =석방(釋放). ほうめん release

방명[方命] 명령을 어김. ほうめい

방명[芳名] ① 좋은 평판이나 이름. ② 꽃다운 이름이라는 뜻으로, 남을 높이어 그의 '이름'을 일컫는 말. ほうめい ① good name ② your honored name

방모사[紡毛絲] 짐승의 털을 자아 뽑은 실. =방모(紡毛). ほうもうし woolen

방:목[放牧] 가축을 놓아 기름. 「~장(場)」ほうぼく pasturage

방묵[芳墨] 향기가 좋은 먹이라는 뜻으로, 상대편을 높이어 그의 '편지나 글'을 일컫는 말. ほうぼく

방문[方文] 약방문(藥方文)의 준말.

방문[房門] 방으로 드나드는 문. room-door

방:문[訪問] 남을 찾아옴. 「가정(家庭) ~」ほうもん visit

방:문[榜文] 널리 알리기 위해 길거리나 사람이 많이 모이는 곳에 써 붙인 글. 준방(榜). public notice

방문주[方文酒] 특별한 방법으로 빚은 맛이 좋은 술. tasteful liquor

방방곡곡[坊坊曲曲] 전국의 모든 고장. 곳곳마다. 준곡곡(曲曲). everywhere throughout the country

방백[傍白] 연극에서, 청중은 듣지만 무대 위의 상대편에게는 들리지 않는 것으로 약속하고 말하는 대사. ほうはく aside

방범[防犯] 범죄가 생기지 않도록 막음. ほうはん crime prevention

방법[方法] 어떤 목적을 이루기 위하여 취하는 수단. ほうほう method

방법론[方法論] 학문의 연구

방법에 관한 의론. ほうほうろん　methodology

방벽[防壁] ①공격을 막기 위해 쌓은 벽. ②방어의 구실을 하는 사물. ほうへき
① protective wall

방부[防腐] 썩지 못하게 함. ぼうふ　antisepsis

방부제[防腐劑] 미생물의 생육을 막고 물건이 썩는 것을 방지하는 약제. ぼうふざい
antiseptic

방:분[放糞] 똥을 눔. ほうふん

방:불[彷彿·髣髴] 거의 비슷함. ほうふつ
close resemblance

방비[防備] 침입·피해 등을 미리 막아서 지킴. 또는 그런 설비나 수단. ぼうび
protection

방사[方士] 신선의 술법을 닦는 사람. ほうし　hermit

방사[房事] 남녀가 육체적으로 관계하는 일. =성교(性交). ぼうじ　sexual intercourse

방:사[放射] ①중심에서 바퀴살 모양으로 내뻗침.「~선(線)」 ②물체로부터 열이나 전자기파가 방출됨. =복사(輻射). ほうしゃ ① radiation

방:사[放赦] 용서하여 놓아 줌. =방면(放免). ほうしゃ
release

방:사[放飼] 가축을 놓아먹임. =방목(放牧). pasturage

방:사[倣似] 매우 비슷함. similarity

방사[紡絲] 섬유를 자아서 실을 뽑음. 또는 그렇게 뽑은 실. ぼうし　yarn

방:사능[放射能] 어떤 원소가 스스로 붕괴하면서 방사선을 방출하는 성질. 또는 그 현상. ほうしゃのう
radioactivity

방:사선[放射線] 라듐 따위의 방사성 원소의 붕괴에 따라 방출되는 알파선·베타선·감마선을 통틀어 이르는 말. ほうしゃせん　radial rays

방:사성[放射性] 방사능을 가진 성질.「~ 원소(元素)」ほうしゃせい　radioactivity

방:산[放散] ①풀어서 헤침. ②각각 흩어짐. ほうさん
② diffusion

방색[方色] 동서남북중(東西南北中)의 다섯 방위에 따른 빛깔. 곧, 청백적흑황(靑白赤黑黃)의 다섯 빛깔.

방색[防塞] 막아서 들어오지 못하게 함. ぼうさい blocking

방:생[放生] 불교에서, 사람에게 잡혀 죽게 된 생물을 놓아 살려 줌. ほうじょう
setting captured animals free

방서[防暑] 더위를 막음. ↔방한(防寒). ぼうしょ
protection from the heat

방서[芳書] 남을 높이어, 그의 '편지'를 이르는 말. ほうしょ
your letter

방석[方席] 앉을 때 밑에 까는 작은 깔개. =좌욕(坐褥).
cushion

방선[傍線] 세로쓰기에서 글줄의 오른편에 내리그은 줄. ぼうせん

방설림[防雪林] 눈의 피해를 막기 위하여 조성한 숲. ぼうせつりん　snowbreak

방성[芳聲] 좋은 평판. ほうせい
good reputation

방:성[放聲] 소리를 크게 시름. 또는 그 소리.「~통곡(痛哭)」crying out

방세[房貰] 남의 집 방을 빌려 쓰면서 내는 돈. 房貰 room rent

방:소[放笑] 큰 소리로 웃음. 放笑 ほうしょう loud laughter

방속[方俗] 지방 풍속. 方俗 regional customs

방속[邦俗] 나라의 풍속. =국속(國俗). ほうぞく 邦俗 national customs

방손[傍孫] 방계 혈족의 자손. 傍孫 grandchildren on a collateral line

방:솔[放率] 꾸밈이 없고 솔직함. ほうそつ 放率 artlessness

방:송[放送] 라디오나 텔레비전을 통하여 청취·시청할 수 있도록 소리나 영상을 전파에 실어 널리 내보냄. 「~국(局)」 はっそう 放送 broadcasting

방:송국[放送局] 방송 시설을 갖추고 방송을 하는 기관. ほうそうきょく 放送局 broadcasting station

방수[方手] 방법과 수단. 方手 ways and means

방수[防水] 물이 새거나 스며거나 넘쳐 흐르는 것을 막음. 「~제(劑)」 ぼうすい 防水 waterproofing

방수[防戍] 국경을 지킴. 防戍 frontier guard

방수[防守] 막아서 지킴. ぼうしゅ 防守 defense

방:수[放水] 물길을 터서 보냄. 또는 그 물. ほうすい 放水 drainage

방수[芳樹] 향기가 있는 나무라는 뜻으로, '꽃나무'를 이르는 말. 芳樹

방수[傍受] 무선 통신에서, 통신의 당사자가 아닌 사람이 그 통신을 우연히 또는 고의적으로 수신하는 일. ぼう 傍受 じゅ interception

방:수로[放水路] 홍수를 막거나 발전을 위하여 인공으로 물을 흘려 보내는 수로. ぼうすいろ 放水路 diversion channel

방수포[防水布] 방수 처리한 천. ぼうすいふ 防水布 waterproof cloth

방순[芳醇] 향기롭고 맛이 좋은 술. ほうじゅん 芳醇

방술[方術] ① 방법과 기술. ② 신선의 술법. ほうじゅつ 方術 ① method and technique ② wizardry

방습[防濕] 습기를 막음. 「~제(劑)」 ぼうしつ 防濕 dampproof

방식[方式] 정해진 형식이나 방법. =법식(法式). ほうしき 方式 formula

방식제[防蝕劑] 금속 표면의 부식을 방지하는 데 쓰이는 페인트·흑연·기름 따위의 물질. ぼうしょくざい 防蝕劑 anticorrosive

방신[芳信] 남을 높이어, 그의 '편지'를 이르는 말. ほうしん 芳信 your kind letter

방심[芳心] 꽃답고 애틋한 마음. ほうしん 芳心 kind heart

방:심[放心] ① 마음을 놓아 버림. ② ⇒안심(安心). ほうしん 放心 ① carelessness

방안[方案] 일을 처리할 방법에 대한 안(案). 「해결 ~」 ほうあん 方案 scheme

방안[芳顔] ① 아름다운 얼굴. ② 남을 높이어, 그의 '얼굴'을 이르는 말. ほうがん 芳顔 ① graceful face

방안지[方眼紙] 모눈종이. ほうがんし 方眼紙 graph paper

방애[妨礙] 거치적거려 일이 순조롭게 진행되지 못하게 妨礙

함. ほうがい

방약[方藥] ① 약제를 조합하는 일. ② 처방에 따라 지은 약. ほうやく ① compounding ② prescribed medicine

방약무인[傍若無人] 옆에 사람이 없는 것처럼 거리낌없이 함부로 행동함. ほうじゃくぶじん insolence

방어[防禦] 적의 침입을 막아 냄. 「~전(戰)」ぼうぎょ defense

방:어[放語] 거리낌없이 함부로 말함. =방언(放言). ほうご

방어[鮎魚] 전갱잇과의 바닷물고기. 몸은 긴 방추형이고 옆구리에 황색 줄무늬가 있음. yellowtail

방어선[防禦線] 공격을 막기 위하여 진을 쳐 놓은 전선(戰線). ぼうぎょせん defense line

방어전[防禦戰] ① 적의 공격을 막아 내기 위한 전투. 준 방전(防戰). ② 권투 따위에서, 챔피언이 타이틀을 지키기 위해 하는 경기. ほうぎょせん ① defensive war

방언[方言] 어떤 지역이나 지방에서만 쓰이는 특유한 언어체계. 사투리. ほうげん dialect

방:언[放言] 거리낌없이 함부로 말함. =방어(放語). ほうげん irresponsible utterance

반역[防疫] 전염병을 예방함. ぼうえき prevention of epidemics

방역[邦譯] 외국어로 된 글을 우리말로 옮김. 또는 그 옮긴 글. =국역(國譯). ほうやく translation into Korean

방:열[放熱] 열을 발산함. 또는 그 열. ほうねつ radiation of heat

방:영[放映] 텔레비전으로 방송을 함. 「~ 시간」ほうえい televising

방외[方外] ① 구역이나 범위의 밖. ② 세속(世俗)의 밖. ③ 유가(儒家)에서 도가(道家)나 불가(佛家)를 이르는 말. ほうがい ① out of category ② beyond the world

방외[房外] 방 바깥. outdoors

방외객[方外客] 그 일에 관계가 없는 사람. outsider

방외사[方外士] 세상의 속된 일을 벗어난 고결한 사람. man of noble character

방원[方圓] 모진 것과 둥근 것. ほうえん square and circle

방위[方位] 동서남북을 기준으로 하여 정한 어느 쪽의 위치. ほうい direction

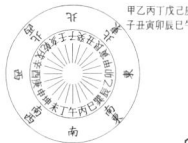

〔방위〕

방위[防圍] 막아서 에워쌈. surrounding

방위[防衛] 막아서 지킴. ぼうえい protection

방음[防音] 외부의 소리가 실내로 들어오거나 실내의 소리가 외부로 새어 나가는 것을 막음. ぼうおん sound isolation

방음 장치[防音裝置] 실내로 소음이 들어오거나 실내의 소리가 외부로 새어 나가는 것을 막는 장치. ほうおんそうち soundproof equipment

방인[邦人] 자기 나라 사람. ほうじん fellow country man

방인[傍人] 곁에 있는 사람. 傍人 옆 사람. ほうじん
　　　　person beside one
방:일[放逸] 제멋대로 행동함. 放逸 ほういつ　self-indulgence
방:임[放任] 간섭하지 않고 내 放任 버려 둠. ほうにん
　　　　nonintervention
방자[芳姿] 꽃다운 자태. 아름 芳姿 다운 모습. ほうし
　　　　beautiful figure
방:자[放恣] 말이나 행동 등에 放恣 삼가는 태도가 없이 건방 짐. =자방(恣放). 「~한 행 동」ほうし　self-indulgence
방잠망[防潛網] 적의 잠수함 防潛網 이 다니거나 항만에 침입하는 것을 막기 위하여 항만 어귀 에 처 누는 그눌. ぼっせんもっ
　　　　antisubmarine net
방장[方丈] ① 사방 한 길의 넓 方丈 이. ② 절에서, 주지(住持)가 거처하는 방. ③ ⇨주지(住 持). ほうじょう
방장[房帳] 방 안에 치는 휘 房帳 장. hangingo
방장부절[方長不折] 한창 자 方長 라는 초목을 꺾지 않는다는 不折 뜻으로, 장래성이 있는 사람 의 앞길을 막지 말라는 말.
방재[防災] 재해를 막음. ぼう 防災 さい　prevention of disasters
방저원개[方底圓蓋] 바닥이 方底 네모난 그릇에 둥근 뚜껑이라 圓蓋 는 뜻으로, 사물이 서로 맞지 아니함을 이르는 말.
　　　　incongruity
방적[紡績] 동식물의 섬유를 가 紡績 공하여 실을 뽑는 일. ほうせ き　　　　spinning
방전[方田] 네모 반듯한 논밭. 方田
　　　　square field
방전[防戰] 방어전(防禦戰)의 防戰 준말. ぼうせん
방:전[放電] ① 대전체(帶電體) 放電 가 전기를 잃는 현상. ② 절연 絶縁體 체(絶緣體)를 사이에 낀 두 전극 사이에 높은 전압을 가 했을 때 전류가 그 속을 흐르 는 현상. ほうでん
　　　① electric discharge
방점[傍點] ① 주의를 끌기 위 傍點 해 글자의 옆이나 위에 찍는 점. ② 15~16세기 국어 표기 법에서, 음절의 성조(聲調)를 나타내기 위하여 글자의 왼쪽 에 찍던 점. ほうてん side dot
방정[方正] ① 물건이 네모지고 方正 반듯함. ② 언행이 바르고 점 잖음. 「품행(品行) ~」ほう せい　　　　uprightness
방정식[方程式] 식 중의 미지 方程式 수(未知數)에 특정한 값을 주 었을 때에만 성립되는 등식 (等式). ほうていしき equation 等式
방제[方劑] 약을 조제함. 또는 方劑 그 약. ほうざい
　　　　prepared medicine
방제[旁題] 신주(神主)의 아래 旁題 왼쪽에 쓴 제사를 받드는 사 람의 이름.
방조[幇助·幫助] 거들어 도 幫助 와 줌. 「~죄(罪)」ほうじょ
　　　　aiding and abetting
방조[傍照] 적용할 법문(法文) 傍照 이 없을 때 그와 비슷한 다른 법문을 참조함.
　　　　indirect reference
방조림[防潮林] 해풍(海風)· 防潮林 해일(海溢) 등의 피해를 막기 海風 위해 만든 숲. ぼうちょうりん
　　　tidewater control forest
방조제[防潮堤] 조수(潮水)가 防潮堤 밀려들어오는 것을 막기 위하 여 바닷가에 쌓은 둑. ぼう ちょうてい　　　seawall

방:종[放縱] 거리낌없이 함부로 행동함. ほうじゅう 放縱
self-indulgence

방주[旁註・傍注] 본문 옆에 단 주해(註解). ぼうちゅう 旁註・傍註
marginal notes

방죽[←防築] 물을 막기 위해 쌓은 둑. 防築
bank

방중[房中] 방의 안. ぼうちゅう 房中
interior of a room

방증[傍證] 간접적으로 증명함. 또는 그 증거. ぼうしょう 傍證
circumstantial evidence

방지[防止] 어떤 일이 일어나지 못하게 막음. 「도난(盜難)~」ぼうし 防止
prevention

방지[芳志] '꽃답고 애틋한 정'이라는 뜻으로, 남의 친절한 마음을 높이어 이르는 말. ほうし 芳志

방지[旁支] 본체에서 갈려 나간 가닥. ぼうし 旁支
branch

방직[方直] 바르고 곧음. ほうちょく 方直
uprightness

방직[紡織] 기계를 사용하여 실을 날아서 피륙을 짬. 「~공장」ぼうしょく 紡織
spinning and weaving

방진[防塵] 먼지가 들어오는 것을 막음. 「~장치」ぼうじん 防塵
protection against dust

방차[防遮] 막아서 가림. 防遮
screening

방차[紡車] 물레. ぼうしゃ 紡車
spinning wheel

방창[方暢] 바야흐로 화창함. 「만화(萬化)~」being bright 方暢

방책[方策] 방법과 꾀. ほうさく 方策
scheme

방:척[放擲] 내던져 버림. ほうてき 放擲
abandonment

방천[防川] 둑을 쌓아 냇물이 넘치는 것을 막음. 防川
banking

방첨주[方尖柱] 고대(古代) 이집트에서, 태양 신앙의 상징으로 세웠던 높다란 기념비. ほうせんちゅう 方尖柱
obelisk

방첩[防諜] 적의 첩보 활동을 막음. ぼうちょう 防諜
counterespionage

방청[傍聽] 회의나 연설・공판 따위를 곁에서 들음. 「~석(席)」ぼうちょう 傍聽
auditing

방초[芳草] 향기가 좋은 풀. 「녹음(綠陰)~」ほうそう 芳草
fragrant grass

방촌[方寸] ① 사방 한 치의 넓이. ② 사람의 마음은 한 치 사방 넓이의 심장에 깃들인다는 뜻으로, '마음 속'을 이르는 말. ほうすん 方寸
② mind

방추[方錐] 날 끝이 네모진 송곳. ほうすい 方錐
square drill

방추[紡錘] ① 물레의 가락. ② 베틀에 딸린 부속품의 한 가지. 북. ぼうすい 紡錘
① spindle ② shuttle

방추형[紡錘形] 물레 가락과 비슷한 모양. 곧 양끝이 뾰족한 원기둥꼴. ぼうすいけい 紡錘形
square pyramid

방축[防築] 방죽의 원말. ほうちく 防築

방축[防縮] 천 따위가 줄어드는 것을 방지함. ぼうしゅく 防縮
shrinkproof

방:축[放逐] 쫓아 냄. ほうちく 放逐
banishment

방준[芳春] ① 꽃이 한창인 봄. ② 여자의 20세 전후의 꽃다운 나이. =방기(芳紀). ほうしゅん 芳春・芳紀
① flowering spring

방:출[放出] 널리 내어 놓음. 또는 한꺼번에 내어 놓음. 「미곡(米穀)~」ほうしゅつ 放出
release

방충[防蟲] 해충(害蟲)의 침해를 막음. 「~제(劑)」ぼうちゅう driving out insects

방취[防臭] 나쁜 냄새가 풍기지 못하게 막음. 「~제(劑)」ぼうしゅう deodorization

방:치[放置] 그대로 버려 둠. ほうち leaving

방친[傍親] 방계의 친척. ぼうしん collateral

방침[方針] 방위(方位)를 가리키는 자침(磁針)이라는 뜻으로, 앞으로 일을 해 나갈 방향과 계획. ほうしん policy

방타[滂沱] ① 비가 세차게 쏟아짐. ② 눈물이 줄줄 흐름. ほうだ ① pouring down

방탄[防彈] 탄알을 막음. 「~유리(琉璃)」ぼうたん protection against bullets

방:탄[放誕] 턱없이 큰소리만 하여 허황함. ほうたん bragging

방:탕[放蕩] 주색(酒色)에 빠져 행실이 좋지 못함. 「~아(兒)」ほうとう dissipation

방토[方土] 어느 한 지방의 땅. ほうど

방토[邦土] 나라의 영토. =국토(國土). ほうど domain

방토[防土] 흙이 무너져 내리는 것을 방지하기 위하여 만든 시설.

방통[旁通] 자세하고 분명하게 앎. conversance

방파제[防波堤] 거센 파도를 막기 위해 항만에 쌓은 둑. ぼうはてい breakwater

방판[方板] 네모 반듯한 널빤지. square board

방패[防牌] ① 지난날, 전쟁할 때 창·칼·화살 등을 막는 데 쓰던 무기. ② 무슨 일을 할 때 앞장세울 만한 사람을 비유하여 이르는 말. ① shield

방패연[防牌鳶] 직사각형 연의 이마에 둥근 달을 오려 붙이고 방구멍 좌우에 색종이를 붙여 장식한 연의 한 가지. shield-formed kite

방편[方便] ① 그때그때의 형편에 따라 일을 쉽게 처리할 수 있는 수단과 방법. ② 불교에서, 보살이 중생을 구제하기 위하여 쓰는 묘한 수단. ほうべん ① expedient

방폐[防弊] 폐단을 막음. prevention of abuses

방포[方袍] 네모진 두루마기라는 뜻으로, '가사(袈裟)'를 이르는 말.

방:포[放砲] 총이나 대포 따위를 놓음. firing

방풍[防風] ① 바람을 막음. 「~림(林)」 ② 방풍나물. ぼうふう ① protection against wind

방풍림[防風林] 바람을 막기 위하여 가꾼 숲. ぼうふうりん shelterbelt forest

방풍원[防風垣] 바람을 막기 위해 만든 울타리.

방:학[放學] 학교에서, 학기가 끝난 뒤에 일정한 기간 수업을 쉬는 일. 또는 그 기간. 「여름 ~」 vacation

방한[防寒] 추위를 막음. 「~복(服)」ぼうかん protection against cold

방한[芳翰] 남을 높이어, 그의 '편지'를 일컫는 말. =방묵(芳墨)·귀함(貴函). ほうかん your letter

방한구[防寒具] 추위를 막는 온갖 기구. ぼうかんぐ outfit for protection against cold

방한모[防寒帽] 추위를 막기 위해 쓰는 모자. ぼうかんぼう

방함[芳啣] ⇨방명(芳名).

방합[蚌蛤] 방합과의 민물조개. 껍데기는 검은빛에 갈색 무늬가 있고 타원형임. 공예 재료로 쓰임.

방해[妨害] 남의 일에 훼방을 놓아 해를 끼침. ぼうがい disturbance

방해석[方解石] 탄산칼슘이 주성분으로 하는 비금속 광물의 한 가지. 무색 투명함. ほうかいせき calcite

방향[方向] ① 사물이 향하거나 나아가는 쪽. =방위(方位). 「～ 탐지기(探知機)」② 향하여 나아가고자 하는 일의 목표. 「～ 설정(設定)」 ほうこう ① direction ② intension

방향[芳香] 좋은 향기. ほうこう sweet smell

방향타[方向舵] 비행기의 방향을 조종하기 위하여 꼬리날개 위에 수직으로 세운 장치. ほうこうだ vertical rudder

방형[方形] 네모 반듯한 모양. ほうけい square

방형[邦刑] 나라의 형률(刑律).

방호[防護] 막아서 보호함. ぼうご protection

방혼[芳魂] 아름다운 여자의 넋. ほうこん departed soul of a beautiful woman

방화[防火] 화재를 미리 막음. 「～ 시설(施設)」 ぼうか fire prevention

방화[邦貨] 자기 나라의 화폐. ほうか

방화[邦畫] 자기 나라에서 제작된 영화. ↔외화(外畫). ほうが

방:화[放火] 일부러 불을 지름. 「～죄(罪)」 ほうか incendiarism

방화[芳華] ① 꽃답고 환함. ② 향기로운 꽃. ① beauty and splendor ② fragrant flower

방:화[訪花] 꽃을 찾아 구경함. flower-viewing

방화벽[防火壁] 불이 번지는 것을 막기 위하여 건물에 설치한 내화(耐火) 구조물. ほうかへき fire-protection wall

방화사[防火砂] 불을 끄는 데 쓰기 위해 마련해 놓은 모래. ぼうかしゃ

방화선[防火線] 불이 번지는 것을 막기 위하여 어느 정도의 넓이를 빈 곳으로 둔 지대. ぼうかせん firebreak

방환[方環] 네모진 고리. square link

방:환[放還] 지난날, 귀양살이 하던 사람을 풀어 집으로 돌아가게 하던 일. ほうかん release

방황[彷徨] 이리저리 떠돌아다님. ほうこう wandering

방회[傍灰] 매장할 때 관의 언저리를 메우는 석회.

방훈[芳薰] 꽃다운 향기. perfume

방훼[謗毀] 헐뜯음. =비방(誹謗). ぼうき obloquy

방휼지쟁[蚌鷸之爭] 방합과 도요새가 서로 물고 놓지 않으며 다툰다는 뜻으로, 서로 물러섬이 없이 맞서서 다투다가 제삼자만 이롭게 함을 비유하여 이르는 말. being locked in fight

배[杯]* 잔 배:술잔. 「杯盤(배반)・杯酒(배주)・玉杯(옥배)・酒杯(주배)・杯中物(배중물)」 ハイ・さかずき

배:[拜]* 절 배:절. 절하다. 삼가고 공경하다. 「拜禮(배례)·拜手(배수)·答拜(답배)·禮拜(예배)·拜顏(배안)·拜送(배송)·拜受(배수)·拜觀(배관)」ハイ・おがむ

배:[背] ①등 배:등. 「背痛(배통)·腹背(복배)」②배반할 배:배반하다. 「背反(배반)·背信(배신)·背逆(배역)·背德(배덕)·違背(위배)」ハイ ①せ ②そむく

배[胚] 아이 밸 배:아이를 배다. 「胚子(배자)·胚胎(배태)·胚孕(배잉)·胚盤(배반)」ハイ・はらむ

배[俳] ①배우 배:배우. 「俳優(배우)」②어정거릴 배:어정거리다. 「俳徊(배회)」③장난 배:장난. 농담. 「俳諧(배해)·俳詼(배회)」ハイ ①わざおぎ

배:[倍]* ①곱 배:곱. 「倍加(배가)·百倍(백배)·倍率(배율)·倍量(배량)」②더할 배:더하다 「倍舊(배구)·倍前(배전)」バイ ①ます

배:[配]* ①짝 배:짝. 「配匹(배필)·配偶者(배우자)·婚配(혼배)」②나눌 배:나누다. 돕다. 「配給(배급)·配當(배당)·配慮(배려)·配意(배의)·分配(분배)」③귀양보낼 배:귀양보내다. 「流配(유배)·配所(배소)·定配(정배)」ハイ ①つれあい ②くばる

배:[培]* 북돋울 배:북돋다. 「栽培(재배)·培養(배양)·培植(배식)」バイ・つちかう

배[徘] 배회할 배:배회하다. 「徘徊(배회)·徘徘徊徊(배배회회)」ハイ・さまよう

배[排]* ①물리칠 배:물리치다. 「排斥(배척)·排擊(배격)·排外(배외)」②밀칠 배:밀치다. 「排出(배출)·排氣(배기)」③벌여 놓을 배:벌여 놓다. 「排列(배열)·排定(배정)·排置(배치)」ハイ ①②おしひらく ③ならべる

배:[陪] 따를 배:따르다. 모시다. 「陪行(배행)·陪從(배종)·陪席(배석)·陪審(배심)」バイ・したがう・そう

배[湃] 물결 부딪칠 배:물결이 부딪치다. 「澎湃(팽배)」ハイ

배[裵] 옷 치렁거릴 배:옷이 치렁거리다. 「裵裵(배배)」ハイ

배[褙] ①배자 배:배자. 「褙子(배자)」②배접할 배:배접(褙接)하다. 「褙布(배포)」ハイ

배[賠] 물어 줄 배:물어 주다. 「賠償(배상)·賠償金(배상금)」バイ・つぐなう

배[輩]* 무리 배:무리. 「輩流(배류)·先輩(선배)·同輩(동배)·後輩(후배)·年輩(연배)」ハイ・ともがら・たぐい

배:가[倍加] 갑절로 늘어남. 갑절로 늘림. ばいか doubling

배각[排却] 물리쳐 버림. rejection

배:강[背講] 책을 보지 않고 돌아앉아서 욈.

배:객[陪客] 높은 사람을 모시고 자리를 함께 하는 손. ばいかく

배격[排擊] 배척하여 물리침. はいげき repulsion

배:견[拜見] 삼가 뵘. =배관(拜觀). はいけん seeing respectfully

배:경[背景] ①사진이나 그림 따위에서 주요 제재의 뒤쪽 경치. ②무대 뒤쪽에 꾸며 놓은 장치. ③뒤에서 돌보아 주

는 힘. はいけい
① background ② scenery ③ backing

배:계[拜啓] 삼가 아룀의 뜻으로, 편지 첫머리에 쓰는 말. 拜啓 はいけい

배:관[拜觀] 삼가 봄. =배견(拜見). 拜觀 はいかん seeing respectfully

배:관[配管] 액체·기체 등을 보내기 위해 관을 배치함. 「~ 공사(工事)」 配管 はいかん

배:관[陪觀] 지위가 높은 사람을 모시고 같이 구경함. 陪觀 ばいかん seeing in one's superior's company

배:광[背光] 부처의 몸 뒤로부터 비치는 빛. =후광(後光). 背光 はいこう halo

배:광성[背光性] 식물이 빛의 자극을 받았을 때 그 반대쪽으로 굽는 성질. ↔향광성(向光性). 背光性 はいこうせい negative phototropism

배:교[背敎] 믿던 종교를 버리거나 다른 종교로 개종함. 背敎 はいきょう apostasy

배:구[倍舊] 이전보다 갑절 더 한 것. 倍舊 ばいきゅう redoubling

배구[排球] 구기(球技)의 한 가지. 코트 중앙에 네트를 치고, 양편이 서로 손으로 공을 쳐 넘기는 경기. 排球 はいきゅう volleyball

배:궤[拜跪] 절하고 꿇어앉음. 拜跪 はいき

배:근[背筋] 등에 있는 근육의 총칭. 背筋 はいきん

배:근[配筋] 철근을 설계에 따라 배열함. 配筋 はいきん

배:근[培根] 뿌리를 북돋우어 줌. 培根

배:금[拜金] 돈을 지나치게 소 拜金 중히 여김. 「~주의(主義)」 主義 はいきん money worship

배:급[配給] 물자를 어떤 비율에 따라 여러 몫으로 고르게 나누어 줌. 「~ 제도(制度)」 配給 はいきゅう supply

배기[排氣] ① 내부의 공기를 밖으로 뽑아 냄. ② 내연 기관에서 작용을 끝낸 불필요한 증기나 가스를 밖으로 내보냄. 또는 그 증기나 가스. 排氣 はいき ① ventilation ② exhaust

배:납[拜納] 삼가 바침. =봉납(捧納). 拜納 はいのう offering respectfully

배:낭[背囊] 물건을 담아 등에 질 수 있도록 천이나 가죽 따위로 만든 주머니. 背囊 はいのう knapsack

배뇨[排尿] 오줌을 눔. 排尿 はいにょう urination

배니싱크림:[vanishing cream] 지방분이 적은 기초 화장용(化粧用) 크림의 한 가지. バニシングクリーム 化粧用

배:단[拜壇] 배례하기 위하여 신위(神位) 앞에 만들어 놓은 단. 拜壇 はいだん

배:달[配達] 물건을 가져다가 돌라 줌. 「우편(郵便) ~」 配達 はいたつ delivery

배:달[倍達] 상고(上古) 시대의 우리 나라의 이름. 「~ 민족」 倍達 Korea

배달직입[排闥直入] 주인의 허락 없이 함부로 남의 집에 들어감. 排闥直入

배담 작용[排膽作用] 쓸개즙이 쓸개의 수축에 따라 십이지장으로 배출되는 일. 排膽作用 はいたんさよう

배:당[配當] ① 몫몫이 나누어 줌. ② 주식 회사가 이익금을 配當

주주에게 분배함. はいとう
① apportionment ② dividend

배:덕[背德] 도덕에 어긋남. 背德
　はいとく　immorality

배:도[背道] 도리에 어긋남. 背道
　deviation

배:도[配島] 섬으로 귀양보냄. 配島
　banishing to an island

배:독[拜讀] 남의 글을 존경하 拜讀
는 마음으로 읽음. =배람(拜
覽). はいどく
　reading respectfully

배:독[背讀] 책을 보지 않고 背讀
돌아앉아서 욈. =배강(背
講). はいどく

배드민턴[badminton] 네트를
사이에 두고, 라켓으로 셔틀
콕을 치고 받는 경기(競技). 競技
バドミントン

배:등[倍騰] 물건값이 갑절로 倍騰
오름.

배란[排卵] 난세포가 난소(卵 排卵
巢)에서 배출되는 일. はいらん
　ovulation

배:람[拜覽] ⇨배독(拜讀). 拜覽

배:량[倍量] 어떤 양의 갑절이 倍量
되는 양. ばいりょう

배:려[背戾] 배반되고 어그러 背戾
짐. はいれい

배:려[配慮] 여러 모로 마음을 配慮
씀. 「이웃에 대한 ～」 はい
りょ　consideration

배:령[拜領] ⇨배수(拜受). は 拜領
いりょう

배:례[拜禮] 머리를 수그리어 拜禮
절을 함. はいれい　worship

배:롱[焙籠] 화로 위에 씌워 焙籠
놓고 그 위에 기저귀나 젖은
옷 따위를 얹어 말리는 기구.

배류[輩流] 같은 또래의 사 輩流
람. =동배(同輩). fellow

배:리[背理] 도리에 어긋남. 背理
はいり　deviation

배립[排立] 줄지어 죽 늘어섬. 排立

배:면[背面] 뒤쪽. はいめん 背面
　back

배:명[拜命] 명령 또는 임명 拜命
(任命)을 삼가 받음. はいめい
　receiving orders

배:문[拜聞] 공경하는 마음으 拜聞
로 삼가 들음. =배청(拜聽).
はいぶん　hearing respectfully

배:미[拜眉] 삼가 만나 뵘. = 拜眉
배안(拜顔). はいび
　seeing respectfully

배민[排悶] 심중의 번민을 물 排悶
리침. はいもん

배:반[杯盤] 술상에 차려 놓은 杯盤
그릇이나 그 안에 담긴 음식.
はいばん

배:반[背叛] 신의를 저버리고 背叛
돌아섬. はいはん　treachery

배반[胚盤] 조류·파충류 따위 胚盤
의 알의 노른자 위에 희게 보
이는 원형질. はいばん
　blastodisc

배:백[拜白] 엎드려 아뢴다는 拜白
뜻으로, 편지 끝의 이름 아래
에 쓰는 말. はいはく

배변[排便] 대변을 배설함. は 排便
いべん　excretion

배:별[拜別] 존경하는 사람과 拜別
이별함. はいべつ　farewell

배:복[拜復] 삼가 회답함의 뜻 拜復
으로, 편지 첫머리에 쓰는
말. はいふく

배:본[配本] 새로 펴낸 책을 配本
거래처에 보내거나 구독자에
게 돌라 주는 일. はいほん
　distribution of books

배:부[背部] 등 부분. ↔복부 背部
(腹部). はいぶ　back

배:부[配付] 나누어 줌. はい 配付
ふ　distribution

배:분[配分] 몫몫이 나눔. は 配分
いぶん　distribution

배불[排佛] 불교를 배척함. 「~ 사상(思想)」はいぶつ 排佛
excluding Buddhism

배비[排比] 비례를 따라 나누어 몫을 지음. 排比

배:사[背斜] 물결 모양을 이룬 지층(地層)의 봉우리 부분. →향사(向斜). はいしゃ 背斜
anticline

배:사[拜賜] 어른이 주는 것을 공손히 받음. 拜賜

배:사[拜謝] 어른에게 공손히 사례함. はいしゃ 拜謝
saying thanks respectfully

배:사[拜辭] 공손히 사양함. はいじ 拜辭

배:사곡[背斜谷] 지층의 배사부(背斜部)가 침식되어 이루어진 골짜기. はいしゃこく 背斜谷
anticlinal valley

배삭[排朔] 한 달에 얼마씩 여러 달에 걸쳐 나눔. 排朔
allocating per month

배:산임수[背山臨水] 산을 등지고 강을 바라보는 지세(地勢). 背山臨水

배:상[拜上] 삼가 올림의 뜻으로, 편지 끝에 쓰는 말. はいじょう 拜上
Yours sincerely

배상[賠償] 남에게 입힌 손해를 물어 줌. 「손해(損害) ~」ばいしょう 賠償
reparation

배:색[配色] 두 가지 이상의 색을 배합함. 또는 배합한 그 색. はいしょく 配色
coloration

배:서[背書] ① 서면이나 책장 뒤쪽에다 글씨를 씀. 또는 그 글씨. ② 어음·수표 등의 뒤에 아무에게 양도한다는 뜻을 글로 적는 일. 뒷보증. 背書
endorsement

배:석[拜席] 의식 때, 절하는 곳에 까는 자리. 拜席

배:석[陪席] 높은 사람을 모시고 자리를 같이함. 「~ 판사(判事)」ばいせき 陪席
sitting with a superior

배:석 판사[陪席判事] 합의 재판에서, 재판장 이외의 판사. ばいせきはんじ 判事
associate judge

배:선[配船] 배를 배치함. はいせん arrangement of ships 配船

배:선[配線] 전선(電線)을 끌어 설치함. 「~ 공사(工事)」はいせん wiring 配線

배:선도[配線圖] 전기 기기의 내부 또는 건축물 내부의 배선을 나타낸 도면. 「텔레비전의 ~」はいせんず 配線圖
wiring diagram

배설[排泄] 동물체가 영양을 흡수하고 남은 찌꺼기를 몸 밖으로 내보내는 작용. =배출(排出). はいせつ excretion 排泄

배설[排設] 의식·연회 등에서, 필요한 제구를 벌여 놓음. =진설(陳設). arrangement 排設

배:소[配所] 죄인이 귀양살이를 하는 곳. はいしょ 配所
place of exile

배:소[焙燒] 광석 따위를 녹는 점 이하에서 가열하여 그 물리·화학적 성질을 변화시키는 일. ばいしょう calcination 焙燒

배:속[配屬] 어떤 곳에 배치하여 속하게 함. はいぞく 配屬
assignment

배:송[拜誦] 남의 글을 존경하는 마음으로 읽음. =배독(拜讀). はいしょう 拜誦
reading respectfully

배:송[配送] 배당해서 보냄. はいそう delivery 配送

배:수[背水] 하천을 댐이나 수문으로 막았을 때 상류 쪽에 配水

괴는 물. はいすい

배:수[拜手] 꿇어앉아서 두 손을 모으고, 머리를 손에 닿을 정도로 숙여서 하는 절. はいしゅ

배:수[拜受] 공손하게 삼가 받음. =배령(拜領). はいじゅ receiving with thanks

배:수[配水] 상수도 등의 물을 곳곳에 보냄. はいすい distribution of water

배:수[倍數] ① 갑절이 되는 수. ② 수학에서, 자연수 'a'가 다른 자연수 'b'로 나누어 떨어질 때 'b'에 대한 'a'를 일컬음. ばいすう
① double number ② multiple

배수[排水] ① 안에 있는 물을 밖으로 빼 냄. 「~로(路)」 ② 물에 뜬 물체가 그것이 물 속에 잠긴 만큼의 부피의 물을 밀어 냄. はいすい draining

배:수[陪隨] 높은 사람을 모시고 따름. ばいずい accompanying

배수량[排水量] 배가 뜰 때 그 무게로 인해서 밀려 나가는 물의 분량. はいすいりょう displacement

배:수진[背水陣] 물을 등지고 치는 진. 「~을 치다」 はいすい(の)じん position taken up with a river behind the troops

배:승[拜承] 삼가 공손히 받거나 들음. はいしょう receiving respectfully

배:승[倍勝] 갑절이나 더 나음. ばいしょう being much better

배:승[陪乘] 지체가 높은 사람을 모시고 탈것에 탐. ばいじょう

배:시[陪侍] 지체가 높은 사람을 곁에서 모심. ばいじ waiting upon a superior

배:식[配食] ① 음식을 몫몫이 나누어 줌. ② ⇨배향(配享). ① distributing meals

배:식[培植] 나무 따위를 심어서 가꿈. ばいしょく cultivating the plant

배:신[背信] 신의를 저버림. はいしん betrayal

배:신[陪臣] 왕조 시대에 공경 대부의 집에 딸려 그들을 섬기던 사람. =가신(家臣). ばいしん

배:심[背心] 배반하려는 마음. =반심(叛心). はいしん rebellious mind

배:심[陪審] ① 재판의 심리에 배석함. ② 형사 사건에서 배심원이 재판의 기소 또는 심리에 참여함. 「~원(員)」 ばいしん jury

배아[胚芽] 식물의 씨 속에서 자라 싹눈이 되는 부분. はいが embryo bud

배아미[胚芽米] 배아가 다 떨어져 나가지 않게 쓿은 쌀. はいがまい whole rice

배:알[拜謁] 지체가 높거나 존경하는 사람을 찾아뵘. はいえつ audience

배:암투명[背暗投明] 그른 길을 버리고 옳은 길로 돌아감. reform

배:압[背壓] 증기 원동기나 내연 기관에서 뿜어 나오는 증기나 가스의 압력.

배:액[倍額] 두 배의 값. ばいがく double the amount

배:약[背約] 약속을 저버림. はいやく breach of promise

배:양[培養] ① 식물을 가꾸어 기름. ② 능력이나 실력 등을

길러 냄. ③미생물 또는 동식물 조직의 일부를 인공적으로 길러 증식시킴. ばいよう cultivation

배ː양기[培養基] 미생물을 배양하는 데 쓰이는 영양물. ばいようき culture medium

배ː역[背逆] 은혜를 저버리고 배반함. betrayal

배ː역[配役] 연극·영화 등에서 배우에게 어떤 역할을 맡김. 또는 그 역할. はいやく cast

배ː열[配列·排列] 일정한 차례나 간격에 따라 죽 벌여 놓음. はいれつ arrangement

배ː영[背泳] 위를 향하여 반듯이 누운 자세로 헤엄치는 수영 방법의 한 가지. 송장헤엄. はいえい backstroke

배외[排外] 외국인이나 외국 문물 등을 배척함. はいがい antiforeign

배ː우[配偶] ⇨배필(配匹). はいぐう

배우[俳優] 연극이나 영화 등에서 극 중의 어떤 인물로 분하여 연기하는 사람. はいゆう actor[actress]

배ː우자[配偶者] 부부로서 짝이 되는 상대자. 곧, 남편에 대한 아내, 아내에 대한 남편을 이르는 말. はいぐうしゃ spouse

배월[排月] 한 달에 얼마씩 여러 달에 걸쳐 나눔. =배삭(排朔). allocating per month

비ː위[背違] ⇨위반(違反). はいい

배유[胚乳] 씨앗 속에 있는, 배아(胚芽)의 양분이 되는 조직. 배젖. 씨젖. はいにゅう albumen

배ː율[倍率] 현미경이나 망원경 등으로 물체를 볼 때, 실제 물체와 확대된 상(像)과의 크기의 비율. ばいりつ magnification

배율[排律] 한시체(漢詩體)의 한 가지. 오언(五言)이나 칠언(七言)의 대구를 여섯 구 이상 배열해 놓은 시. はいりつ

배ː은[背恩] 은혜를 저버림. ingratitude

배ː은망덕[背恩忘德] 은덕을 저버리고 배반함. ungratefulness

배ː음[背音] 대사나 해설 등을 할 때 효과를 내기 위하여 뒤에서 들려 주는 음악이나 음향. sound effect

배ː의[配意] 여러 모로 마음을 씀. =배려(配慮). はいい concern

배ː일성[背日性] 식물체가 햇빛의 자극을 받았을 때, 그 반대쪽으로 굽는 성질. ↔향일성(向日性). はいじつせい apheliotropism

배ː임[背任] ①임무를 저버림. ②임무의 본뜻에 어긋남. 「~죄(罪)」はいにん breach of trust

배잉[胚孕] 아이나 새끼를 뱀. conception

배자[胚子] 동물이 수정하여 알이 되면서부터 새끼로 태어나기 전까지의 개체.

배ː자[褙子] 저고리 위에 덧입는 단추가 없는 조끼 모양의 옷. fur-lined woman's waistcoat

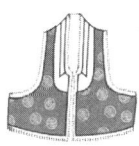

〔배자〕

배:전[倍前] 이전의 갑절. 「~의 애호」 倍前

배:전[配電] 전력이나 전류를 수요자에게 나누어 보냄. 「~시설(施設)」はいでん electric supply 配電

배:전반[配電盤] 전기 회로의 개폐(開閉)나 기기(器機)의 제어를 쉽게 하기 위하여 안전 장치·개폐기·계기 등을 장치하여 만든 반. はいでんばん switchboard 配電盤

배:점[配點] 점수를 나누어 몫을 정함. 「주관식 ~」 distribution of marks 配點

배:접[褙接] 종이·헝겊 따위를 겹쳐 붙임. pasting sheets together 褙接

배:정[拜呈] 삼가 공손히 드림. はいてい respectful presentation 拜呈

배:정[配定] 나누어 몫을 정함. assignment 配定

배정[排定] 알맞게 갈라서 벌여 놓음. allocation 排定

배:제[配劑] 여러 가지 약제를 알맞게 섞음. はいざい dispensation 配劑

배제[排除] 물리쳐 제거함. はいじょ elimination 排除

배주[杯酒] 잔에 따른 술. 또는 잔술. はいしゅ glassful wine 杯酒

배주[胚珠] 종자식물의 암술에 있는, 수정(受精)하여 씨앗이 되는 부분. 밑씨. はいしゅ ovule 胚珠

배중사영[杯中蛇影] 술잔 속의 뱀 그림자라는 뜻으로, 쓸데없이 의심하고 걱정함을 비유하여 이르는 말. 杯中蛇影

배:증[倍增] 갑절로 증가함. 「소득(所得) ~」ばいぞう 倍增

doubling

배지[badge] 휘장(徽章). バッジ 徽章

배:지성[背地性] 식물이 지구의 인력과 반대 방향으로 성장하려는 성질. はいちせい negative geotropism 背地性 反對 方向

〔배지성〕

배:진[倍振] 힘을 갑절이나 떨쳐 일으킴. mustering up double one's strength 倍振

배:진[配陣] 진을 배치함. はいじん battle array 配陣

배:징[倍徵] 정한 액수의 갑절을 거두어들임. ばいちょう 倍徵

배:차[配車] 일정한 노선이나 구간의 차례에 따라 알맞은 간격으로 차를 보냄. 「~시간」はいしゃ allocation of cars 配車

배차[排次] 차례를 정함. 또는 그 정해진 차례. arrangement of the order 排次

배:찰[拜察] 삼가 헤아려 살핌. はいさつ guess 拜察

배:창[背瘡] 등에 나는 큰 부스럼. 등창. 背瘡

배척[排斥] 반대하여 내침. はいせき rejection 排斥

배:청[拜聽] 공손히 들음. はいちょう listening to respectfully 拜聽

배축[胚軸] 종자식물의 배(胚)에 생기는, 기둥 모양으로 된 부분. 나중에 줄기가 될 부분으로 위쪽 끝은 떡잎, 아래쪽 끝은 어린 뿌리가 됨. はいじく hypocotyl 胚軸

배:출[倍出] 갑절이나 더 남. 倍出

producing twice the quantity

배출[排出] 밖으로 내보냄. はいしゅつ discharge

배ː출[輩出] 인재(人材)가 잇달아 나옴. はいしゅつ appearing one after another

배ː치[背馳] 반대가 되어 어긋남. はいち contrariety

배ː치[配置] ① 물건을 각각 알맞은 자리에다 둠. ② 사람을 맡을 일자리 등에 앉힘. はいち ① allotment ② arrangement

배치[排置] 갈라 나누어 벌이어 놓음. ＝포치(布置). はいち

배치프로세싱[batch processing] 컴퓨터에서, 일괄 처리(一括處理). バッチプロセシング

배큐엄클리ː너[vacuum cleaner] 진공 청소기(眞空淸掃機). バキュームクリナー

배타[排他] 남을 배척함. 「～주의(主義)」はいた exclusion

배태[胚胎] ① 아이나 새끼를 뱀. ② 어떤 일의 원인이 될 조짐이 생기게 됨. はいたい ① becoming pregnant ② germ

배터[batter] 야구에서, 타자(打者). バッター

배터리[battery] ① 야구에서, 투수(投手)와 포수(捕手). ② 축전지. バッテリー

배터박스[batter's box] 야구에서, 타석(打席). バッターボックス

배터인더호ː[batter in the hole] 야구에서, 볼카운트가 타자에게 불리(不利)한 상태. バッターインザホール

배턴[baton] 릴레이 경주(競走)에서, 앞 주자(走者)가 다음 주자에게 넘겨 주는 짧은 막대기. バトン

배턴터치[baton touch] 릴레이 경주에서, 선수(選手)끼리 배턴을 주고받는 일. バトンタッチ

배트[bat] ① 야구 방망이. ② 탁구 라켓. バット

배트[vat] 사진을 현상·정착(定着)할 때나 음식을 요리할 때 쓰는, 사기로 만든 작은 접시. バット

배팅[batting] 야구에서, 타격(打擊). バッティング

배팅애버리지[batting average] 야구에서, 타율(打率). バッティングアベレージ

배팅오더[batting order] 야구에서, 타격순(打擊順). バッティングオーダー

배ː포[配布] 널리 나누어 줌. はいふ distribution

배포[排布·排鋪] ① 일을 이리저리 조리 있게 계획함. ② 차례에 맞게 벌여 놓음. ① planning ② arrangement

배ː포[焙脯] 고기를 엷게 저미어 소금을 뿌리고, 화롯불에 씌우 배롱 위에 넣어 말린 포. broiled and dried meat

배ː품[拜稟] 삼가 아룀. 공손히 여쭘. telling respectfully

배ː피[拜披] 편지 등의 봉한 글을 삼가 펴 봄. opening a letter respectfully

배ː필[配匹] 부부로 되는 짝. ＝배우(配偶). spouse

배ː하[拜賀] 삼가 치하의 말을 올림. はいが respectful congratulations

배ː하[配下] 거느리는 아래. 또는 그에 딸린 사람. はいか followers

배:한[背汗] 등에 나는 식은 땀. はいかん

배:합[配合] ① 여러 가지를 알맞게 섞음. ② 짝을 지어 부부가 되게 함. はいごう
① mixture ② matching

배:합 비:료[配合肥料] 농작물에 필요한 질소·인·칼륨 등의 성분을 섞은 비료. はいごうひりょう
compound fertilizer

배:행[陪行] ① 윗사람을 모시고 따라감. ② 배웅.
① accompanying a superior

배:행[輩行] 나이가 비슷한 또래. one's equal

배:향[配享] ① 지난날, 종묘에 공신의 신주(神主)를 함께 모시던 일. ② 지난날, 문묘(文廟)에 학덕이 있는 사람을 부제(祔祭)하던 일. =배식(配食)·종사(從祀).

배회[徘徊] 목적 없이 이리저리 돌아다님. はいかい
loitering

배:후[背後] ① 뒤편. 등뒤. ② 드러나지 않은 이면(裏面). 「~에서 조종하다」はいご
back

백[白]* ① 흰 백: 희다. 「白色(백색)·白雪(백설)·白餠(백병)」② 깨끗할 백: 깨끗하다. 「潔白(결백)·純白(순백)」③ 아무것도 없을 백: 아무것도 없다. 「餘白(여백)·白紙(백지)·空白(공백)」④ 분명할 백: 분명하다. 「明白(명백)·明明白白(명명백백)」⑤ 아뢸 백: 아뢰다. 「敬白(경백)·告白(고백)·獨白(독백)」ハク·ビャク ① しろ·しろい

백[百]* ① 일백 백: 일백. 「百年(백년)·百歲(백세)·一當百(일당백)」② 많을 백: 많다. 「百計(백계)·百科(백과)·百難(백난)·百藥(백약)」ヒャク

백[伯]☆ 맏 백: 맏이. 「伯氏(백씨)·伯父(백부)·伯叔(백숙)」ハク·あに·おじ

백[帛] ① 비단 백: 비단. 「帛絲(백사)·帛書(백서)」② 폐백 백: 폐백. 「幣帛(폐백)」ハク ① きぬ

백[柏]☆ ① 측백나무 백: 측백나무. 「柏子仁(백자인)」② 잣나무 백: 잣나무. 「柏子(백자)·柏葉(백엽)·柏酒(백주)」ハク ① かしわ

백[魄] ① 넋 백: 넋. 「魂魄(혼백)·氣魄(기백)」② 영락할 탁: 영락하다. 「落魄(낙탁)」ハク ① たましい

백[back] ① 후원자(後援者). ② 구기 종목에서, 후위(後衛). ③ 뒤로 가거나 보내는 일. バック

백[bag] 가방. バッグ

백가[百家] 많은 학자. 「~쟁명(爭鳴)」ひゃっか
hundred of scholars

백가서[百家書] 여러 학자의 저서. ひゃっかしょ
books of many scholars

백간죽[白簡竹] 담뱃대로 쓰는 흰 설대.
white bamboo for a pipe

백겁[百劫] 아주 오랜 세월. =영겁(永劫).
long period of time

백경[白鏡] 빛깔이 없는 알을 끼운 안경.
uncolored eyeglasses

백계[白鷄] 흰 닭. white hen

백계[百計] 온갖 꾀. 여러 가지 계책. 「~무책(無策)」ひゃっけい
all means

백곡[百穀] 온갖 곡식. ひゃっこく 百穀 all kinds of grains

백골[白骨] ① 죽은 사람의 뼈. 「～난망(難忘)」 はっこつ ② 옻칠을 하기 전의 목기(木器)나 목물(木物). 白骨 ① skeleton ② unpainted wooden goods

백공[百工] ①온갖 장인(匠人). ② ⇨백관(百官). 百工 ① all artisans

백공천창[百孔千瘡] 구멍이 백 개, 부스럼이 천 개라는 뜻으로, 갖가지 폐단으로 엉망진창이 됨을 이르는 말. =만신창이(滿身瘡痍). 百孔千瘡

백과[白果] 은행나무의 열매. 白果 ginkgo nut

백과[百果] 온갖 과실. ひゃっか 百果 all fruits

백과[百科] 모든 학과. 여러 과목. ひゃっか 百科 all sciences

백과 사:전[百科事典] 학술·기예 등 모든 부문에 걸친 지식을 항목화하여 해설한 사전. ひゃっかじてん 百科事典 encyclopedia

백과 전서[百科全書] ① ⇨백과 사전(百科事典). ② 일정한 체계 아래 백과적인 지식을 기록한 책. ひゃっかぜんしょ 百科全書 encyclopedia

백과주[百果酒] 온갖 과실 즙을 소주에 타서 빚은 술. 百果酒

백관[百官] 모든 벼슬아치. 「문무(文武) ～」 ひゃっかん 百官 all the government officials

백구[白球] 야구·배구 등의 흰 공. 「～의 향연(饗宴)」 白球 white ball

백구[白鷗] 갈매기. はくおう 白鷗 gull

백국[白麴] 흰 누룩. 白麴 white yeast

백군[白軍] 경기에서, 양편을 청(靑)과 백(白)으로 나눌 때의 백(白) 쪽의 편. ↔청군(靑軍). 白軍 white team

백귀[百鬼] 온갖 귀신. ひゃっき 百鬼 all demons

백귀야행[百鬼夜行] 온갖 잡귀가 밤에 나다닌다는 뜻으로, 흉악한 무리가 제멋대로 날뜀을 비유하여 이르는 말. ひゃっきやぎょう・ひゃっきやこう 夜行 pandemonium

백그라운드[background] 배경(背景). バックグラウンド 背景

백그라운드뮤:직[background music] 배경 음악. バックグラウンドミュージック

백금[白金] 백금족 원소에 속하는 은백색의 귀금속 원소. 전성(展性)과 연성(延性)이 좋고, 고온으로 가열해도 변화하지 아니함. 이화학 용기·장식품 등에 쓰임. はっきん 白金 platinum

백기[白氣] 흰빛의 기체(氣體). 白氣 white gas

백기[白旗] ① 흰 기. ② 항복의 표시로 쓰이는 기. しらはた 白旗 white flag

백기어[back gear] 주축대(主軸臺)에 딸린 톱니바퀴 장치. バックギア 主軸臺

백난[百難] 온갖 곤란. =만난(萬難). ひゃくなん 百難 all difficulties

백난지중[百難之中] 온갖 어려운 고비를 겪는 판. 之中

백내장[白內障] 눈의 수정체가 회백색으로 흐려져 시력 장애를 일으키는 병. はくないしょう 白內障 cataract

백넘버[back number] 운동 선수의 등 번호(番號). バックナンバー 番號

クナンバー

백네트[back net] ⇨ 백스톱.
バックネット

백년[百年] ① 오랜 세월. ② 한평생. 「~해로(偕老)」 ひゃくねん ② one's whole life

백년지객[百年之客] 한평생을 두고 손님 대접을 해야 하는 사람이라는 뜻으로, 곧 '사위'를 이르는 말. son-in-law

백년초[百年草] ⇨ 선인장(仙人掌).

백년하청[百年河清] 늘 흐려 있는 황하의 물이 맑기를 기다린다는 뜻으로, 아무리 기다려도 이루어질 가망이 없음을 이르는 말.

백단[白檀] 단향과의 상록 교목. 재목은 노르스름한 흰 빛깔로 짙은 향기가 나는데, 불상·공예품 등에 쓰임. 인도·동남 아시아 등지에서 남. びゃくだん sandalwood

백단[百端] 온갖 일의 실마리. ひゃくたん

백답[白畓] 가물어서 모를 심지 못한 논. parched paddy field

백당[白糖] 흰 설탕. はくとう white sugar

백대[百代] 멀고 오랜 세월. ひゃくだい many generations

백도[白桃] 복숭아의 한 품종. 살이 희고 무름. はくとう white peach

백도[白道] 달이 천구상에 그리는 궤도. はくどう lunar orbit

백동[白銅] 백통의 원말.

백두[白頭] ① 허옇게 센 머리. はくとう ② 지체는 높으나 벼슬하지 못한 양반. ① white hair

백라이트[backlight] 무대 뒤쪽에서 비추는 조명(照明).
バックライト

백라인[back line] 럭비·미식 축구에서, 후위가 구성하는 공방 포진선(攻防布陣線).
バックライン

백락일고[伯樂一顧] '명마(名馬)도 백락을 만나야 세상에 알려진다'는 뜻으로, 사람도 자신을 알아 주는 사람을 만나야 그 재능을 떨칠 수 있다는 말.

백란[白蘭] ⇨ 백목련(白木蓮).

백랍[白鑞] 땜질에 쓰이는 납. はくろう·びゃくろう pewter

백련[白蓮] ① 흰 연꽃. ② 백목련(白木蓮)의 준말. はくれん·びゃくれん ① white lotus

백로[白露] 이십사 절기의 하나. 처서와 추분 사이로, 9월 8일경. はくろ

백로[白鷺] 해오라기. はくろ·しらさぎ snowy heron

백로지[白露紙] 면이 좀 거칠고 빛깔이 거무스름한 양지(洋紙)의 한 가지. =갱지(更紙). pulp paper

백마[白馬] 털빛이 흰 말. はくば·しろうま white horse

백막[白膜] ⇨ 공막(鞏膜).

백만장자[百萬長者] 재산이 매우 많은 사람. 큰 부자. ひゃくまんちょうじゃ millionaire

백말[白沫] 흰 물거품. white bubble

백망중[百忙中] 몹시 바쁜 가운데. under the pressure of business

백매[白梅] 흰 빛깔의 매화. はくばい

백면[白面] ① 흰 얼굴. ② 나

이가 짧고 경험이 별로 없음. 「~서생(書生)」 はくめん
① pale face ② unexperienced young man

백면[白麵] ① 메밀가루. ② 메밀국수. 白麵 ① buckwheat flour ② Buckwheat noodles

백면지[白綿紙] 품질이 좋은 백지(白紙)의 한 가지. 白綿紙
white paper of good quality

백모[伯母] 큰어머니. はくぼ 伯母
aunt

백목[白木] 무명. cotton cloth 白木

백목련[白木蓮] 목련과의 낙엽 교목. 중국 원산의 관상 식물. =백란(白蘭). 준백련(白蓮). はくもくれん yulan 白木蓮

백무일실[百無一失] 무슨 일에나 실패나 실수가 없음. 百無一失
infallibility

백묵[白墨] ⇨분필(粉筆). はくぼく 白墨

백문[白文] ① 구두점(句讀點)이나 주석(註釋)을 달지 않은 한문. ② 조선 시대에 관인(官印)이 찍히지 아니한 문서를 이르던 말. はくぶん 白文
① unpunctuated Chinese writing ② document without an official seal

백문[百聞] 백 번 들음. 곧, 여러 번 들음. 「~이 불여일견(不如一見) ひゃくぶん 百聞
often hearing

백문불여일견[百聞不如一見] 百聞不如一見
'백 번 듣는 것이 한 번 보는 것만 못하다'는 뜻으로, 무엇이든지 실제로 겪어 보는 것이 중요하다는 말.

백물[百物] 온갖 물건. ひゃくぶつ 百物
various things

백뮤:직[back music] ⇨백그라운드뮤직. バックミュージック

백미[白米] 희게 쓿은 멥쌀. はくまい polished rice 白米

백미[白眉] 옛날 중국의 마씨(馬氏) 집 다섯 형제가 모두 재주가 뛰어났으나, 그 중에서도 눈썹에 흰 털이 섞인 마량(馬良)이 가장 뛰어났다는 고사에서, 여러 사람 중에서 가장 뛰어난 사람. 또는 많은 것 중에서 가장 뛰어난 것을 뜻하는 말. 白眉

백미[百媚] 사람을 홀리는 온갖 아양. coquetry 百媚

백미러[back mirror] 자동차 등에 달려 있는, 뒤쪽을 볼 수 있게 한 거울. バックミラー 後鏡

백반[白斑] ① 흰 반점. ② 태양의 흑점 부근에 있는, 하얀 반점처럼 보이는 부분. はくはん ① white spot 白斑

백반[白飯] ① 흰밥. 쌀밥. ② 음식점에서 흰밥에 국과 반찬을 곁들여 파는 한 상의 음식. ① boiled rice 白飯

백반[白礬] 황산알루미늄과 알칼리 금속·암모늄 등의 황산염으로 만들어지는 무색 투명한 결정. 매염제(媒染劑)·수렴제(收斂劑) 등으로 쓰임. =명반(明礬). alum 白礬

백반[百般] 여러 가지. 여러 방면. =제반(諸般). ひゃっぱん every direction 百般

백발[白髮] 하얗게 센 머리털. ↔흑발(黑髮). はくはつ·しらが gray hair 白髮

백발백중[百發百中] ① '백 번 쏘아 백 번을 다 맞춘다'는 뜻으로, 쏘는 대로 어김없이 다 맞음을 이르는 말. ② 미리 생각한 것이 꼭꼭 들어맞음. 百發百中

ひゃっぱつひゃくちゅう ② infallibility

백발성성[白髮星星] 머리털이 희끗희끗함. being streaked with gray

백방[白放] 죄가 없다는 것이 확인되어 풀어 줌. acquittal

백방[百方] ① 여러 방면. 「~으로 수소문하다」② 온갖 수단. 「~으로 손을 쓰다」ひゃっぽう every way

백배[百拜] 여러 번 절을 함. 「~사죄(謝罪)」ひゃくはい many times of bowing

백배[百倍] 백 곱절. ひゃくばい one hundred times

백범[白帆] 흰 돛. しらほ・はくはん white sail

백병[白兵] ① 적 가까이에서 쓸 수 있는 무기. 창·칼 따위. ② ⇨백인(白刃). はくへい ① sword and bayonet

백병[百病] 온갖 병. 모든 병. ひゃくびょう all kinds of diseases

백병전[白兵戰] 칼이나 총검 (銃劍) 등을 가지고 맞붙어 싸우는 육박전. はくへいせん fighting with swords and bayonets

백복령[白茯苓] 흰 빛깔의 복령. 한약재로 쓰임.

백부[伯父] 큰아버지. はくふ uncle

백분[白粉] ① 얼굴에 바르는 흰 분. おしろい ② 밀이나 쌀의 흰 가루. はくふん ① face powder ② white powder

백분비[百分比] 전체의 100 분의 1을 단위로 하여 나타낸 비율. =백분율(百分率). ひゃくぶんひ percentage

백분율[百分率] ⇨ 백분비(百分比). ひゃくぶんりつ

백불유인[百不猶人] 백이면 백 가지가 다 남보다 못함.

백비탕[白沸湯] 맹탕으로 끓인 물. boiled water

백빈[白鬢] 허옇게 센 귀밑털. gray earlocks

백사[白沙] 깨끗한 흰 모래. 「~장(場)」はくさ・はくしゃ・しらすな white sand

백사[白蛇] 흰 빛깔의 뱀. はくじゃ・しろへび white snake

백사[白絲] 흰 실. しらいと white thread

백사[百事] 온갖 일. 「~불성(不成)」ひゃくじ everything

백사[帛絲] 흰 명주실. white silk yarn

백사기[白沙器] 흰 빛깔의 사기. =백자(白瓷). white porcelain

백사장[白沙場] 강이나 바닷가의 흰 모래가 있는 곳. sand beach

백사탕[白砂糖] 흰 설탕. = 백설탕(白雪糖). しろざとう white sugar

백삼[白蔘] 잔뿌리를 따고 껍질을 벗겨 볕에 말린 인삼. white ginseng

백상[百祥] 온갖 상서로운 일. 온갖 행복. all sorts of happiness

백색[白色] 흰 빛깔. はくしょく・しろいろ white

백색광[白色光] 가시 광선의 모든 파장의 빛이 균등하게 혼합되어 아무 색깔도 없는 빛. 태양 광선 따위. はくしょくこう white ray

백색 인종[白色人種] 피부의 빛깔이 흰 인종. 준백인종(白人種). はくしょくじんしゅ

백서[白書] 정부가 경제·외교 등 각 분야의 실정(實情)이나 시책(施策)을 국민에게 알리기 위하여 발표하는 공식 보고서. 「경제 ~」はくしょ 白書 white paper

백석[白石] 흰 돌. はくせき·しろいし 白石 white stone

백석[白晳] 살빛이 힘. 「~인종」はくせき 白晳 white in complexion

백선[白線] 흰 줄. はくせん 白線 white line

백선[白癬] 사상균(絲狀菌)으로 말미암은 전염성 피부병의 한 가지. はくせん 白癬 favus

백설[白雪] 흰 눈. =소설(素雪). はくせつ·しらゆき 白雪 white snow

백설고[白雪糕] 멥쌀 가루로 고물 없이 만든 시루떡의 한 가지. 백설기. 白雪糕

백설탕[白雪糖] 흰 설탕. =백사탕(白砂糖). 白雪糖 white sugar

백성[百姓] ① 국민의 예스러운 말. ② 지난날, 문벌이 높지 않은 보통 사람을 이르던 말. ひゃくせい 百姓 people

백세[百世] 오랜 세대. ひゃくせい 百世 many generations

백세[百歲] ① ⇨ 백년(百年). ② 백 살. ひゃくさい 百歲

백세지사[百世之師] 오랜 뒤까지 모든 사람의 스승으로 받듦을 받을 만한 사람. 之師

백손[白損] 인쇄하기 전에, 운반 도중 찢어지거나 더러워져 못 쓰게 된 신문 용지. ↔흑손(黑損). 白損 spoiled newsprint

백송[白松] 소나뭇과의 상록 침엽 교목. 나무 껍질이 큰 비늘처럼 벗겨져서 밋밋하고 白松 흰빛이 돎. 중국 특산임. しろまつ

백수[白水] ① 깨끗하고 맑은 물. ② 청백한 마음의 비유. 白水 ① clear water

백수[白首] 허옇게 센 머리. =백두(白頭). はくしゅ 白首 white hair

백수[白鬚] 허옇게 센 수염. しらひげ·はくしゅ 白鬚 white beard

백수[百獸] 온갖 짐승. 「~지왕(之王)」ひゃくじゅう 百獸 all beasts

백수북면[白首北面] 재주와 덕이 없는 사람은 늙어서도 북쪽을 향하여 스승의 가르침을 빌어야 한다는 뜻. 白首北面

백숙[白熟] 고기나 생선 따위를 양념 없이 맹물에 삶아 익힘. 또는 그 음식. 白熟 fish[meat] boiled in plain water

백숙[伯叔] 네 형제 중의 맏이와 셋째. はくしゅく 伯叔

백스톱[backstop] 야구에서, 포수의 뒤에 설치한 철망(鐵網) 같은 것. 鐵網

백스트레치[backstretch] 육상 경기에서, 결승점의 반대쪽 직선 주로(走路). バックストレッチ 走路

백스트로:크[backstroke] 배영(背泳). バックストローク 背泳

백시[白柹] 곶감. しろがき 白柹 dried persimmon

백신[vaccine] 전염병의 병원균으로 만든, 접종용으로 쓰이는 면역(免疫) 약물. 免疫

백실[白失] 밑천까지 모두 잃음. complete loss

백씨[伯氏] 님의 맏형을 높어 이르는 말. 伯氏 your[his] eldest brother

백악[白堊] ① 석회질(石灰質)의 흰 암석. ② ⇨백토(白土). ③ 석회로 칠한 흰 벽. はくあ ① chalk ③ white-plastered wall

백악[百惡] 온갖 못된 짓. 가지가지 악행. ひゃくあく all vices

백악계[白堊系] 백악기(白堊紀)에 이루어진 지층(地層). はくあけい Cretaceous stratum

백악기[白堊紀] 중생대(中生代)의 마지막 지질 시대. はくあき Cretaceous period

백안[白眼] ① 눈알의 흰 부분. ② 노려보는 눈. ↔청안(靑眼). はくがん ① white of the eye

백안시[白眼視] 경시(輕視)하거나 냉대하여 흘겨봄. はくがんし looking slightingly upon

백야[白夜] 위도(緯度)가 높은 지방에서, 해가 뜨기 전이나 신 뒤에도 박명(薄明)이 오랫동안 지속되는 현상. 또는 그러한 밤. はくや·びゃくや white night

백약[百藥] 온갖 약. 「～이 무효(無效)」ひゃくやく sundry medicines

백약지장[百藥之長] 온갖 약 중 으뜸이라는 뜻으로, '술'을 달리 이르는 말. ひゃくやくのちょう liquor

백양[白楊] 버드나뭇과의 낙엽 교목. 잎은 두껍고, 타원형 또는 넓은 타원형임. 황철나무. はくよう·どろのき white poplar

백어[白魚] 뱅어과의 민물고기. 몸은 가늘고 길며, 반투명한 흰색을 띰. 봄에 하천으로 올라와 알을 낳음. 뱅어. しらうお·はくぎょ

백업[backup] ① 야구에서, 수비자의 실책(失策)에 대비하여, 그 뒤에 다른 수비자가 대비하는 일. ② 컴퓨터에서, 파일의 원본을 복사하여 저장(貯藏)하는 일. バックアップ

백연와[白煉瓦] 빛이 흰 내화(耐火) 벽돌. しろれんが

백열[白熱] ① 힘이나 열정 따위가 최고조에 이름. 또는 그 힘이나 열정. 「～전(戰)」 ② 물체가 흰빛을 발할 정도로 고온에 달함. 또는 그 열. はくねつ ① climax ② incandescence

백열 전구[白熱電球] 진공 또는 적은 양의 질소나 아르곤가스를 넣은 유리구 안에, 가는 저항선(抵抗線)을 넣고 전류를 통하여, 그 발열로 생기는 빛을 이용한 전구. はくねつでんきゅう incandescent bulb

백엽상[百葉箱] 온도계·습도계·기압계 등을 장치하여 기상을 관측할 수 있게 만든 상자 모양의 설비. ひゃくようばこ·ひゃくようそう instrument screen

〔백엽상〕

백옥[白玉] 흰 빛깔의 옥. 또는 흰 구슬. はくぎょく·しらたま white gem

백옥[白屋] ① 흰 띠로 지붕을 이은 초라한 집. ② 가난한 사람의 집을 비유하여 이르는

말. はくおく
① humble thatched hut

백옥루[白玉樓] 문인(文人)·묵객(墨客)이 죽어서 간다는 하늘의 누각. 「~의 선인(仙人)이 되다」はくぎょくろう palace in the paradise

백옥반[白玉盤] ① 백 옥으로 만든 소반. ② 둥근 달의 비유. ② full moon

백우[白雨] ① ⇨ 우박(雨雹). ② 소나기. はくう ② shower

백운[白雲] 흰 구름. ↔흑운(黑雲). はくうん white cloud

백웅[白熊] 북극 지방에 사는 흰곰. 북극곰. しろくま polar bear

백월[白月] ① 밝은 달. =명월(明月). はくげつ ② 불교에서 한 달을 두 보름으로 나눌 때, 선보름을 이르는 말. びゃくげつ ① bright moon ② first half of a month

백의[白衣] ① 흰 옷. 「~ 민족(民族)」② 벼슬이 없는 선비. ③ 중들이 속인(俗人)을 이르는 말. はくい·びゃくえ ① white robe

백의용사[白衣勇士] 전쟁에서 부상하거나 병이 든 군인. =상이 군인(傷痍軍人). hero in white

백의종군[白衣從軍] 벼슬이 없는 사람으로 군대를 따라 싸움터로 나감. civilians going to the front

백의천사[白衣天使] 간호사를 미화(美化)해서 이르는 말. はくい(の)てんし nurse

백인[白人] 백색 인종(白色人種)에 속하는 사람. はくじん

백인[白刃] 서슬이 시퍼런 칼날. しらは·はくじん

백인종[白人種] 백색 인종(白色人種)의 준말. はくじんしゅ

백일[白日] ① 맑은 날의 밝은 해. ② 대낮. はくじつ ① bright sun ② daytime

백일몽[白日夢] 대낮의 꿈. 실현할 수 없는 헛된 생각의 비유. はくじつむ daydream

백일장[白日場] ① 조선 시대 때, 유생들의 학업을 권장하기 위해 각 지방에서 실시하던, 시문(詩文)을 짓는 시험. ② 글짓기 대회. 작문(作文)·작시(作詩)를 겨루는 대회. poem contest

백일해[百日咳] 백 일 해 균에 의한 어린이의 호흡기 전염병의 한 가지. 백일 기침. ひゃくにちぜき whooping cough

백일홍[百日紅] ① 국화 과의 일년초. =백일초(百日草). ② 부처꽃과의 낙엽 활엽 교목. 배롱나무. ひゃくじつこう·さるすべり ① zinnia ② crape myrtle

백자[白瓷] 흰 빛깔의 자기. はくじ

백자천손[百子千孫] 대대로 퍼진 수많은 자손. great number of offsprings

백작[伯爵] 작위(爵位)의 제3위. 공(公)·후(侯)의 다음. はくしゃく count

백저[白苧] 흰 모시. white ramie fabric

백전[白戰] ① 무기 없이 맨손으로 하는 싸움. ② 문인들이 글재주를 겨루는 경쟁. はくせん ① hand-to-hand fight ② poet's contest

백전[百戰] 수많은 싸움. ひゃくせん many battles

백전노:장[百戰老將] ① 수많은 싸움을 겪은 노련한 장수. ② 세상일을 많이 겪어 능란한 사람. ひゃくせんろうしょう veteran

백전백승[百戰百勝] 싸울 때마다 꼭꼭 이김. ひゃくせんひゃくしょう invincibility

백절[百折] 수없이 꺾임. 여러 번 실패함.「~불굴(不屈)」ひゃくせつ failing over and over again

백절불요[百折不撓] '백 번을 꺾여도 굽히지 않는다'는 뜻으로, 어떠한 어려움에도 굽히지 않음의 비유. =백절불굴(百折不屈). ひゃくせつふとう indefatigability

백점토[白粘土] 도자기를 만드는 데 쓰는 흰 찰흙. しろねんど kaolin

백접[白蝶] 흰나비. しろちょう white butterfly

백정[白丁] 지난날, 소나 돼지를 잡거나 고기를 다루던 하층 계급. 백씽. =도한(屠漢). butcher

백조[白鳥] 오릿과의 물새. 몸빛은 흰색으로, 다리는 검음. 유럽·시베리아 등지에서 번식하며 가을에 우리 나라에 날아와 겨울을 남. 고니. はくちょう swan

백종[百種] 온갖 종류. ひゃくしゅ all kinds

백주[白酒] 빛깔이 흰 술. 막걸리. しろざけ white-colored liquor

백주[白晝] 대낮. はくちゅう daytime

백죽[白粥] 흰죽. 쌀죽. rice gruel

백중[百中·百衆] 명일(名日)의 하나로 음력 7월 15일. 백중날.

백중[伯仲] ① 맏형과 둘째형. ② 우열이 없이 비슷비슷함.「~지세(之勢)」はくちゅう ① one's eldest and second eldest brothers ② matching equally

백중숙계[伯仲叔季] 사형제의 차례를 이르는 말. 백(伯)은 맏이, 중(仲)은 둘째, 숙(叔)은 셋째, 계(季)는 막내를 이름. order of four brothers

백중지간[伯仲之間] 실력이 어금지금한 사이. はくちゅうのあいだ good match

백지[白紙] ① 흰 종이. ② 아무것도 쓰지 않은 종이. はくし ① white paper ② blank sheet of paper

백지 위임장[白紙委任狀] 위임자의 성명만 적어 두고 다른 것은 위임받은 사람이 마음대로 적게 하는 위임장. はくしいにんじょう carte blanche

백질[白質] ① 흰빛을 지니는 성질. ② 중추 신경계에서 신경 섬유의 집단을 이루는 흰 부분. はくしつ ① whiteness

백채[白菜] 배추. はくさい

백척간두[百尺竿頭] 백 자나 되는 높은 장대 끝이란 뜻으로, '몹시 위험한 지경'을 이르는 말. ㉣간두(竿頭). ひゃくしゃくかんとう last extremity

백천만사[百千萬事] 온갖 일. 오만가지 일. every sort of things

백철[白鐵] 양은·니켈 등 빛이 흰 쇠붙이. tinplate zinc

백청[白清] 희고 품질이 좋은

꿀. honey of superior quality

백청자[白靑瓷] 몸은 백자, 잿물은 청자로 된, 청자와 백자의 중간이 되는 자기. =청백자(靑白瓷)·백태 청기(白胎靑器).

백출[百出] 여러 가지로 많이 나옴. 「의견(意見) ~」ひゃくしゅつ arising in great numbers

백충[白蟲] 촌백충(寸白蟲)의 준말.

백치[白痴·白癡] 뇌의 장애나 질환으로 지능이 몹시 낮은 상태. 또는 그런 사람. =천치(天痴). はくち fool

백코:트[backcourt] 농구 등에서, 자기편 바스켓 밑의 엔드라인에서 중앙선(中央線) 안쪽까지의 부분. 즉, 자기편 코트. バックコート

백탁[白濁] ① 희고 탁함. はくだく ② 오줌 빛이 뿌옇고 걸쭉한 병. ① turbidity

백탄[白炭] 빛깔이 희읍스름한, 참나무로 만든 숯. ↔검탄(黔炭). はくたん charcoal of superior quality

백태[白苔] ① 설열 따위로 혓바닥에 끼는 황백색 물질. ② 눈병의 한 가지. 몸에 열이 있거나 하여 눈알에 덮이는 희끄무레한 막. ① fur on the tongue ② cloudy film

백태[百態] 여러 가지 모습. 「~ 만상(萬象)」ひゃくたい various phases

백토[白土] 흰 빛깔의 흙. はくど white earth

백통[←白銅] 동(銅)과 니켈의 합금. 「~전(錢)」はくどう nickel

백파이프[bagpipe] 스코틀랜드의 민속 악기(民俗樂器). 가죽 주머니와 몇 개의 리드가 달린 관으로 된 취주 악기. バグパイプ

백판[白板] ① 하얀 널빤지. ② 아무것도 없는 처지, 또는 전혀 모르는 상태. ① white board ② no preparedness

백팔번뇌[百八煩惱] 불교에서 이르는 백여덟 가지 번뇌. 인간의 온갖 고뇌. ひゃくはちぼんのう one hundred and eight worldly passions

백팔 염:주[百八念珠] 백팔번뇌의 수에 맞추어 작은 구슬 백여덟 개를 꿰서 만든 염주.

백폐[百弊] 온갖 폐단. ひゃくへい all kinds of abuses

백포[白布] ① 흰 베. ② 베옷. =포의(布衣). はくふ ① white hemp cloth

백포장[白布帳] 흰 베로 만든 휘장. white curtain

백표[白票] ① 흰색의 표. ② 후보자의 이름을 쓰지 않은 기권표. はくひょう

백학[白鶴] 두루미. しらつる crane

백합[白蛤] 백합과의 조개. 껍데기는 둥근 삼각형으로, 두껍고 견고함. 얕은 바다의 모래나 개펄 속에 삶.

백합[百合] 백합과의 다년초. 키는 30~100 cm. 5~6월에 흰색의 꽃이 줄기 끝에 두세 송이씩 옆으로 달림. ゆり lily

백해[百害] 온갖 해로움. 「~ 무익(無益)」ひゃくがい many harms

백핸드[backhand] 테니스·탁구 등에서, 공을 치는 손의 손등이 상대방을 향하는 타법(打法). バックハンド

백행[百行] 온갖 행실. 모든 행동. all kinds of conducts

백혈구[白血球] 혈구(血球)의 한 가지. 체내에 침입한 세균을 잡아먹음. はっけっきゅう・はくけっきゅう white blood corpuscle

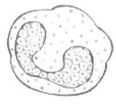 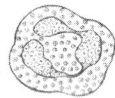

〔백혈구〕

백혈병[白血病] 혈액 속의 백혈구가 이상으로 많아지는 병. はっけつびょう leukemia

백형[伯兄] 맏형. 큰형. はっけい eldest brother

백홍[白虹] 흰 빛깔로 보이는 무지개. はっこう pale rainbow

백화[白話] 현대 중국에서 일상 회화에 쓰는 말. 중국어의 구어(口語). はくわ colloquial Chinese

백화[百花] 온갖 꽃. 여러 가지 꽃. ひゃっか all sorts of flowers

백화점[百貨店] 여러 종류의 상품을 진열해 놓고 파는 규모가 큰 상점. ひゃっかてん department store

백흑[白黑] 백과 흑이라는 뜻으로, '선과 악', '참과 거짓' 따위의 뜻으로 쓰임. =흑백(黑白). しろくろ right and wrong

백흑지변[白黑之辨] 선(善)과 악(惡), 참과 거짓 따위를 가려 내는 일.

밴드[band] ① 띠. ② 악단(樂團). 악대(樂隊). バンド

밴드마스터[bandmaster] 악단의 지휘자. 악장(樂長). バンドマスター

밴조:[banjo] 손으로 뜯는 현악기의 한 가지. 미국 민요(民謠)나 재즈 음악 연주에 쓰임. バンジョー

밸러스트[ballast] ① 선체(船體)의 안정 유지를 위해 싣는 배의 바닥짐. ② 철도의 선로에 깔거나 콘크리트에 섞는 자갈. バラスト

밸런스[balance] 균형(均衡). バランス

밸브[valve] 기체나 액체 등의 드나듦을 조절하는 여닫이 장치. バルブ

뱀파이어[vampire] ① 흡혈귀(吸血鬼). ② 요부(妖婦). バンパイア

뱁디스트[Baptist] ① 침례교도. ② 세례(洗禮)를 행하는 사람.

뱅크론:[bank loan] 은행간 차관(銀行間借款). バンクローン

버:너[burner] 기체·액체·분체 연료를 고속으로 내뿜는 장치. 흔히 휴대용 가열(加熱) 기구를 이름. バーナー

버:니어[vernier] 길이나 각도를 잴 때, 가장 작은 눈의 끝수를 정밀하게 재기 위해 어미자에 덧붙여 쓰는 보조(補助) 자. 아들자.

버:디[birdie] 골프에서, 기준 타수(打數)보다 하나 적은 타수로 공을 홀(hole)에 넣는 일. バーディー

버라이어티쇼:[variety show] 노래·무용 등 다양한 프로그램으로 엮은 오락 연예(娛樂演藝). バラエティーショー

버:밀리온[vermilion] 서양화에서, 주홍(朱紅).

버스[bus] ① 대형의 합승 자동차(合乘自動車). ② 컴퓨터 시스템, 또는 하드웨어 장치 사이에 정보를 전달하는 선로. バス

버스트[bust] ① 흉상(胸像). 반신상(半身像). ② 양장에서, 여성의 가슴 둘레. バスト

버저[buzzer] 전자석의 코일에 단속적(斷續的)으로 전류를 보내어 철편(鐵片)을 진동시켜 소리를 내는 장치. ブザー

버:전[version] 하나의 소프트웨어가 개발된 후, 개정판(改訂版)이 나올 때마다 이전의 제품과 구별하기 위하여 붙이는 번호. バージョン

버크럼[buckram] 풀이나 아교 따위를 발라서 빳빳하게 한 아마포(亞麻布). バックラム

버클[buckle] 허리띠를 죄어 고정시키는 장식물(裝飾物). バックル

버터[butter] 우유의 지방(脂肪)을 분리해 굳힌 식품. バター

버터밀크[buttermilk] 우유를 원심 분리(遠心分離)하여 얻은 그림에서 버터 입자글 세거한 나머지 액체. バターミルク

버터플라이[butterfly] ① 나비. ② 접영(蝶泳). バタフライ

버튼[button] ① 단추. ② 전기 장치에 전류(電流)를 단속시키는 단추. ボタン

버팅[butting] 권투에서, 머리·이마 등을 상대 선수에게 부딪는 행위(行爲). バッティング

버퍼[buffer] 컴퓨터에서, 동작 속도가 다른 장치 사이에 전송(電送)되는 데이터가 일시적으로 저장될 수 있도록 주기억 장치 안에 마련된 임시 기억 장소. バッファー

벅스킨[buckskin] ① 사슴이나 양의 가죽. ② 사슴 가죽처럼 짠 모직물(毛織物). バックスキン

번[番]* ① 번수 번: 번수. 「順番(순번)·番號(번호)·百番(백번)」 ② 번들 번: 번들다. 「當番(당번)·番兵(번병)·輪番(윤번)」 ③ 땅 이름 반: 지명. 「番禺(반우)」 バン

번[煩]* ① 번거로울 번: 번거롭다. 「煩雜(번잡)·煩劇(번극)·煩累(번루)」 ② 수고로울 번: 수고롭다. 「煩勞(번로)」 ③ 번열증 날 번: 번열이 나다. 「煩燥(번조)」 ハン·ボン ① わずらう

번[燔] ① 사를 번: 사르다. 태우다. 「燔劫(번겁)·燔柴(번시)」 ② 구울 번: 굽다. 「燔肉(번육)·燔造(번조)·燔鐵(번철)·燔土(번토)」 ハン ② やく

번[蕃] ① 더부룩할 번: 더부룩하다. 「蕃茂(번무)·蕃盛(번성)」 ② 야만 번: 야만. 오랑개. 「蕃國(번국)·蕃境(번경)·蕃民(번민)·蕃人(번인)」 ③ 고을 이름 번: 고을 이름. バン·ハン ① しげる ② えびす

번[繁]* ① 성할 번: 성하다. 「繁盛(번성)·繁茂(번무)·繁華(번화)」 ② 낳을 번: 낳다. 「繁多(번다)·繁霜(번상)」 ③ 번잡할 번: 번잡하다. 「繁雜(번잡)」 ハン ① しげる

번[飜·翻]* ① 번득일 번: 번득이다. 「翻天(번천)·翻然(번연)」 ② 엎치락뒤치락할 번: 엎치락뒤치락하다. 「翻意(번의)」 ③ 번역할 번: 번역하다. 「翻

譯(번역)」ホン ① ひるがえる
번[藩] ① 울타리 번 : 울타리. 「藩屏(번병)·藩籬(번리)·藩翰(번한)」 ② 제후 나라 번 : 제후(諸侯)의 나라. 「藩國(번국)·藩方(번방)·藩臣(번신)」ハン 藩籬
번가[煩苛] 번거롭고 까다로움. はんか troublesomeness 煩苛
번각[翻刻] 한 번 새긴 책판을 본보기로 하여 다시 새김. ほんこく·はんこく reprinting 翻刻
번간[煩簡] 번거로움과 간략함. はんかん complicatedness and simpleness 煩簡
번갈[煩渴] 가슴이 답답하고 목이 마름. 「~증(症)」 feeling oppressed and thirsty 煩渴
번경[反耕] 논을 여러 번 갈아 뒤집음. ploughing many times 反耕
번고[煩告] 자주 일러바침. informing frequently 煩告
번국[藩國] 제후(諸侯)의 나라. =번방(藩邦). はんこく 藩國
번극[煩劇·繁劇] 몹시 번거롭고 바쁨. はんげき being very busy 煩劇
번급[煩急] 몹시 번거롭고 급함. being urgent 煩急
번뇌[煩惱] 마음이 시달려 괴로움. ぼんのう worldly passions 煩惱
번다[煩多] 일이 많고 번거로움. =다번(多煩). はんた 煩多
번답[反畓] 밭을 논으로 만듦. converting a dry field into a paddy 反畓
번등[翻謄] 번역하여 베낌. copying 翻謄
번란[煩亂] 마음이 괴롭고 어지러움. はんらん being troubled 煩亂

번려[煩慮] 여러 가지 생각으로 괴로워함. 또는 그 생각. はんりょ anxiety 煩慮
번례[煩禮] 번거로운 예법. =욕례(縟禮). complicated manners 煩禮
번로[煩勞] 몸과 마음이 번거로워 괴로움. はんろう trouble 煩勞
번론[煩論] 번거롭게 논의함. 또는 그런 언론(言論). はんろん complicated argument 煩論
번롱[翻弄] 마음대로 놀리고 희롱함. ほんろう making a fool of 翻弄
번루[煩累] 번거로운 근심 걱정. =번폐(煩弊). はんるい nuisance 煩累
번류[翻流] 물보라를 튕기며 세차게 흐름. =분류(奔流). 翻流
번만[煩懣] 가슴이 답답함. =번민(煩悶). anguish 煩懣
번망[繁忙] 번거롭고 바쁨. はんぼう busyness 繁忙
번무[煩務] 번거롭고 바쁜 일. はんむ troublesome affairs 煩務
번무[繁茂] 초목이 무성함. はんも 繁茂
번무[繁蕪] ① 초목이 무성함. =번무(繁茂). ② 번거롭고 어수선함. はんぶ ① exuberance ② entanglement 繁蕪
번문욕례[繁文縟禮] 규칙이나 절차 또는 예법 등이 까다롭고 번거로움. ⓒ번욕(繁縟). はんぶんじょくれい red-tapism 繁文縟禮
번민[煩悶] 마음이 답답하여 괴로워함. 또는 그 괴로움. =번만(煩懣). はんもん agony 煩悶
번복[翻覆] 이리저리 뒤쳐 고침. 뒤엎음. reversal 翻覆
번삭[煩數] 번거롭게 짓음. being so frequent as to be bothersome 煩數

번설[煩屑] 번거롭고 자질구레하여 귀찮음. troubles

번설[煩說] ① 너저분한 잔말. ② 떠들어 소문을 냄. ① bothersome talk ② gossiping

번설[煩褻] 번잡스럽고 더러움. being bothersome and filthy

번성[蕃盛] ① 초목이 무성해짐. ② 자손이 늘어서 퍼짐. ① exuberance ② prosperity

번성[繁盛] 붇거나 늘어서 한창 잘 됨. はんじょう flourish

번세[煩細] 번거롭고 자잘함. はんさい being bothersome and worthless

번소[番所] 번(番)을 드는 곳. ばんしょ

번속[蕃俗] 야만인의 풍습. 야만적인 풍속. ばんぞく savage customs

번쇄[煩瑣] 너저분하고 자질구레함. はんさ troublesomeness

번수[番數] 차례의 수효. times

번숙[蕃熟] 곡식 따위가 무성하고 잘 여묾. ばんじゅく ripeness

번순[反脣] 입술을 비쭉거리며 비웃음. はんしん making a lip

번식[繁殖] 붇고 늘어서 많이 퍼짐. はんしょく breeding

번안[翻案] ① 안건(案件)을 뒤집음. ② 원작(原作)의 내용을 바탕으로 하여 고쳐 짓는 일. 또는 고쳐 지은 그것. 주로 소설이나 희곡에 대해서 이름. ほんあん ① reversal ② adaptation

번역[翻譯·飜譯] 어떤 언어로 표현된 글을 다른 언어의 글로 옮기는 일. 「~ 문학」ほんやく translation

번연[幡然·飜然] ① 펄럭이는 모양. ② 별안간 마음을 고쳐먹는 모양. 또는 모르던 것을 갑자기 깨닫는 모양. 「~히 과오를 깨닫다」ほんぜん ② suddenly

번연개오[幡然開悟·飜然開悟] 모르던 일을 갑자기 깨달음. はんぜんかいご attaining enlightenment suddenly

번영[繁榮] 번성하고 발전하는 일. はんえい prosperity

번옥[燔玉] 인공으로 만든 옥. artificial jade

번요[煩擾] 번거롭고 요란스러움. はんじょう bothersomeness

번욕[繁縟] 번문욕례(繁文縟禮)의 준말. はんじょく

번우[煩憂] 괴롭고 근심스러움. 몹시 걱정이 됨. はんゆう severe troublesomeness

번위[反胃] 한방에서 이르는 위병(胃病)의 한 가지. 구역질이 나고 음식을 토함.

번육[燔肉] 구운 고기. はんにく roast meat

번음[繁陰] 나무가 무성한 곳에 지는 짙은 그늘. はんいん shade of thick trees

번의[飜意] 결심을 변경함. ほんい changing one's mind

번인[蕃人] 오랑캐. =야만인(野蠻人). ばんじん aboriginal

번작[燔灼] 불에 구움. roast

번잡[煩雜] 번거롭고 복잡함. はんさつ complexity

번조[燔造] 질그릇 따위를 구워 만들어 냄. pottery

번족[蕃族] 대만의 원주민. ばんぞく

번족[繁族] 자손이 많아 집안이 번성함. 또는 그런 집안.

↦고족(孤族).
　　　　　prosperous family

번지[番地] 거주지를 명시하기 위해 동(洞)이나 이(里)의 토지를 세분하여 붙인 번호. ばんち　house number

번지점프[bungee jump] 고무 밧줄에 몸을 묶고 점프대나 크레인 따위에서 뛰어내리는 스포츠.

번차[番次] 번을 드는 차례(次例).

번차례[番次例] 돌려 가며 갈마드는 차례.　　　　turn

번창[繁昌] 한창 잘 되어 성함. はんじょう　prosperity

번철[燔鐵] 지짐질을 하는 데 쓰는 무쇠 기구. =전철(煎鐵)　　　　　frying pan

번초[蕃椒] 고추. ばんしょう
　　　　　　　red pepper

번토[燔土] 질그릇이나 사기그릇을 만드는 데 쓰이는 흙.
　　　　　　　potter's clay

번트[bunt] 야구에서, 연타(軟打). バント

번트앤드런[bunt and run] 야구에서, 타자와 주자가 미리 짜고 투수의 투구(投球)와 동시에 주자는 다음 누(壘)로 달리고, 타자는 번트하는 공격법(攻擊法). バントエンドラン

번폐[煩弊] 번거로운 폐단.
　　　　　troublesome evil

번호[番號] 차례를 나타내는 호수(號數). 「접수(接受) ~」 ばんごう　　number

번화[繁華] 번성하고 화려함. 「~가(街)」 はんか prosperity

벌[伐]* ① 칠 벌 : 치다. 「征伐 (정벌)・討伐(토벌)・攻伐(공벌)」 ② 벨 벌 : 베다. 「間伐 (간벌)・伐木(벌목)・伐採(벌채)」 ③ 공 벌 : 공. 「伐閱(벌열)」バツ ① うつ ② きる

벌[筏] 떼 벌 : 떼. 「筏舫(벌방)・筏夫(벌부)」 ハツ・バツ・いかだ

벌[罰]☆ ① 벌줄 벌 : 벌을 주다. 「處罰(처벌)・罰金(벌금)・罰則(벌칙)」 ② 꾸짖을 벌 : 꾸짖다. 「罰責(벌책)・懲罰(징벌)」バツ

벌[閥] ① 가문 벌 : 가문. 「門閥 (문벌)・閥族(벌족)」 ② 공적 벌 : 공적. 「閥閱(벌열)」バツ ① いえがら ② てがら

벌금[罰金] 벌로서 부과하는 돈. ばっきん　　　　　fine

벌:레스크[burlesque] 풍자적 희가극, 해학적 촌극(寸劇). バーレスク

벌룬[balloon] ① 기구(氣球). ② 풍선(風船). バルーン

벌목[伐木] 나무를 벰. felling

벌배[罰杯] 술자리에서 규칙을 어겼다고 벌로 받는 술잔. =벌주(罰酒). ばっぱい
　　　　　　　penalty cup

벌봉[罰俸] 조선 시대에, 벼슬아치가 죄를 저지른 데 대한 징계로 봉급의 전부 또는 일부를 관아에 바치게 했던 일. ばっぽう

벌부[筏夫] 뗏목을 타고 저어 가는 사공.　　　raftsman

벌빙[伐氷] 간직해 두었다가 쓰려고 강 등에서 얼음장을 떠냄.　cutting blocks of ice

벌수[罰水] 고문하거나 벌 주기 위해 강제로 마시게 하는 물. 벌물.　water torture

벌열[閥閱] 나라에 공이 많아 벼슬을 여러 차례 지낸 집안. =벌족(閥族).

벌전[罰錢] 약속이나 규칙을 어긴 사람에게 벌로 내게 하는 돈. 罰錢 cash penalty

벌점[罰點] 잘못한 벌로 감하거나 더하여 매기는 점수. 罰點 ばってん demerit mark

벌족[閥族] ⇨벌열(閥閱). 閥族 ばつぞく

벌죄[伐罪] 죄를 추궁함. 伐罪 punishment

벌채[伐採] 나무를 베어 내고 섶을 깎아 냄. 伐採 ばっさい felling

벌책[罰責] 죄과(罪過)를 꾸짖어 가볍게 벌함. 罰責 admonition

벌초[伐草] 무덤의 잡풀을 깎아 깨끗이 함. 伐草 mowing the grass around a grave

벌칙[罰則] 규율을 어긴 사람에게 주는 처벌을 규정한 규칙. 罰則 ばっそく penal regulations

벌커나이즈드파이버[vulcanized fiber] 전기 절연물(絶緣物)·배낭 등의 재료로 쓰이는 가죽 대용품. 파이버. 絶緣物

벌크[bulk] 선박에서, 포장하지 않고 흩어진 채로 쌓은 화물(貨物). 바르크. 貨物

범[凡]* ① 대상 범: 내강. 「擧凡(거범)·凡例(범례)」② 무릇 범: 무릇. 대개. 「凡事(범사)·凡節(범절)」③ 평범할 범: 평범하다. 「平凡(평범)·凡人(범인)·凡材(범재)·凡夫(범부)」ボン·ハン ② およそ 擧凡 平凡

범:[氾] ① 넘칠 범: 넘치다. 「氾濫(범람)·氾溢(범일)」② 넓을 범: 넓다. 「氾論(범론)」③ 들뜰 범: 들뜨다. 「氾氾(범범)」ハン·ホン ① あふれる 氾濫 氾論

범:[犯]* ① 범할 범: 범하다. 「輕犯(경범)·犯法(범법)·犯過(범과)·犯意(범의)·初犯(초범)·侵犯(침범)·犯界(범계)·犯越(범월)」ハン·ボン ① おかす 輕犯 侵犯

범:[帆] 돛 범: 돛. 「帆竿(범간)·帆船(범선)·帆布(범포)·出帆(출범)」ハン·ほ 帆船

범:[汎]☆ ① 뜰 범: 뜨다. 「汎舟(범주)」② 넓을 범: 넓다. 「汎稱(범칭)·汎愛(범애)·汎神論(범신론)」ハン ① うかぶ ② ひろい 汎舟 汎愛

범:[泛] ① 뜰 범: 뜨다. 「泛舟(범주)·泛泛(범범)」② 넓을 범: 넓다. 「泛溢(범일)·泛論(범론)·泛愛(범애)」ハン ① うかぶ 泛舟

범:[梵] ① 중의 글 범: 범어. 「梵語(범어)·梵宮(범궁)·梵王(범왕)·梵字(범자)·梵音(범음)」② 웅얼거릴 범: 웅얼거리다. 「梵唄(범패)」ボン 梵語 梵字

범:[範]☆ ① 법 범: 법. 「規範(규범)·範軌(범궤)」② 본보기 범: 본보기. 「模範(모범)·師範(사범)」ハン ① のり 師範

범:간[泛看] 눈여겨보지 않고 데면데면하게 봄. inattention 泛看

범:경[梵磬] 절에서 쓰는 돌로 만든 악기. 梵磬

범:계[犯戒] 계율을 범함. violation of Buddhist precepts 犯戒

범:계[犯界] 경계선을 넘어 들어감. border transgression 犯界

범골[凡骨] 평범한 사람. ぼんこつ mediocrity 凡骨

범:과[犯科] 법을 범함. =범법(犯法). はんか violation of the law 犯科

범:과[犯過] 잘못을 저지름. 과오를 범함. wrongdoing 犯過

범:과[泛過] 꼼꼼히 하지 않고 데면데면하게 지나감. inattention 泛過

범:궁[梵宮] ① 범천(梵天)의 궁전. ② 절과 불당(佛堂)의 총칭.

범:금[犯禁] 금하는 것을 어기고 함. はんきん violation of the ban

범:독[泛讀] 정신을 기울이지 않고 대강대강 읽음.

범:람[氾濫·汎濫] ① 물이 넘쳐 흐름. はんらん ② 바람직하지 못한 것들이 많이 나돎. ① flooding

범:령[犯令] 법령이나 명령을 어김. violation of the law

범례[凡例] 책 첫머리에 그 책을 지은 방침이나 사용법을 적은 글. 일러두기. はんれい introductory remarks

범:로[犯路] ① 뭇 나니세 된 길을 다님. ② 길을 침범하여 집을 지음. ① violation of a restricted thoroughfare

범:론[汎論·氾論] 어떤 부문에 관하여 전체를 개괄하여 논한 것. はんろん general remark

범류[凡類] 평범한 사람들의 부류. common herds

범:문[梵文] 범자(梵字)로 된 글. =범서(梵書). ぼんぶん Sanskrit composition

범물[凡物] 이 세상의 모든 물체. all things

범민[凡民] 일반 국민. ぼんみん plebeian

범:방[犯房] 방사(房事)를 함. having sexual intercourse

범:배[犯拜] 대중을 향해 한꺼번에 절을 함.

범백[凡百] ① 온갖 것. ② 모든 사람들. ぼんぴゃく·はんぴゃく ① all things

범백사[凡百事] 가지 가지의 일. 온갖 일. 「~에 신중을 기하다」

범:법[犯法] 법을 어김. 법에 저촉됨. =범과(犯科). 「~행위(行爲)」 violation of the law

범:본[梵本] 범자(梵字)로 쓴 책.

범부[凡夫] ① 평범한 사람. ② 불교에서, 번뇌에 얽매이는 속세의 사람을 이르는 말. ぼんぷ ① ordinary man ② layman

범:분[犯分] 신분에 어긋나는 짓을 함. committing insolence

범사[凡事] ① 모든 일. ② 평범한 일. ① all things ordinary matter

범상[凡常] 대수롭지 않고 예사로움. =용상(庸常). ぼんじょう ordinariness

범:색[犯色] 함부로 색사(色事)를 함. immoderate sexual intercourse

범서[凡書] 평범한 시식. ぼんしょ common book

범:서[梵書] ① 범자(梵字)로 쓴 글. ② ⇒ 불경(佛經). ぼんしょ ① Sanskrit literature

범:선[帆船] 돛단배. はんせん sailing boat

범:설[汎說] 전체를 개괄하여 설명함. 또는 그 설명. はんせつ summary

범성[凡聖] 범인(凡人)과 성인(聖人). ordinary person and saint

범속[凡俗] 평범하고 속됨. ぼんぞく commonness

범:수[犯手] ① 남에게 먼저 손찌검을 함. ② ⇒ 범용(犯用). ① beating others

범승[凡僧] 평범한 중. ぼんそう　mediocre Buddhist priest

범실[凡失] 야구 등에서, 대단치 않은 실책. ぼんしつ　stupid error

범안[凡眼] 보통 사람의 안목과 식견. ぼんがん　common eye

범:애[汎愛] ⇨박애(博愛). はんあい

범:어[梵語] 고대 인도의 문어(文語)인 산스크리트. ぼんご　Sanskrit

범:연[泛然] 데면데면하고 성의가 없는 모양. 「～한 태도」 carelessness

범용[凡庸] 평범하고 용렬함. ぼんよう　mediocrity

범:용[犯用] 남이 맡긴 물건을 마음대로 써 버림. surreptitious use

범:용[汎用] 널리 일반적으로 쓰임. はんよう　wide application

범:월[犯越] 불법으로 남의 나라 국경을 침범하거나 남의 나라에 몰래 들어감. invasion

범:위[範圍] 한정한 둘레의 안. 힘이 미치는 한계. はんい　extent

범:음[梵音] ① 범자(梵字)의 음. ② 불경을 읽는 소리. ぼんおん・ぼんのん　① Sanskrit sound ② voice of reading Buddhist sutras

범:의[犯意] 죄를 저지르려고 하는 생각. はんい　malice

범인[凡人] 평범한 사람. 보통 사람. ぼんじん　mediocrity

범:인[犯人] 죄를 저지른 사람. =범죄인(犯罪人). はんにん　criminal

범:일[汎溢・氾溢] 물이 넘쳐서 흐름. =범람(氾濫). flood

범:입[犯入] 들어가지 못하게 되어 있는 구역으로 허락 없이 들어감. intrusion

범:자[梵字] 산스크리트를 적는 데 쓰이는 글자. ぼんじ　Sanskrit character

범작[凡作] 평범한 작품. ぼんさく　common work

범재[凡才] 평범한 재주. 또는 그런 재주를 가진 사람. ぼんさい　common ability

범재[凡材] 평범한 인재. ぼんさい　person of common ability

범:적[犯跡] 범죄를 저지른 흔적. はんせき　evidences of a crime

범절[凡節] ① 일상 생활의 모든 일. ② 법도에 맞는 모든 절차나 예절. 「인사(人事)～」 ② etiquette

범:접[犯接] 가까이 다가가 함부로 건드림. 「～을 못 하게 하다」

범:종[梵鐘] 절에서 치는 큰 종. ぼんしょう　temple bell

범:죄[犯罪] 죄를 범함. 또는 그 죄. はんざい　crime

범:주[帆走] 배가 돛을 달고 달림. はんそう　sailing

범:주[泛舟] 배를 물에 띄움. =부주(浮舟). setting a boat afloat

범:주[範疇] ① 일반적으로 같은 성질의 것들이 속하는 부문(部門)이나 범위. ② 외계의 사물을 인식하여 개념을 구성할 때 취해야 하는 사유(思惟)의 근본 형식. はんちゅう　category

범:칙[犯則] 규칙을 어김. はんそく

범:칭[汎稱・泛稱] 두루 일컬음. 또는 넓은 범위로 쓰는 명칭. はんしょう general title

범타[凡打] 야구에서, 안타가 되지 못한 타격. ぼんだ easy fly

범퇴[凡退] 야구에서, 타자가 아무 소득 없이 물러감. ぼんたい being easily put out

범퍼[bumper] 철도 차량이나 자동차 따위에 쓰이는 완충(緩衝) 장치. バンパー

범:포[帆布] 배의 돛이나 천막 따위를 만드는 데 쓰이는 두꺼운 천. はんぷ canvas

범:학[梵學] ① 불교에 관한 학문. ② 범어(梵語)에 관한 학문. ぼんがく ① study of Buddhism ② study of Sanskrit literature

범:한[犯限] 제한된 범위를 벗어남. violation of restriction

범:행[犯行] 범죄 행위. はんこう crime

범:홀[泛忽] 데면데면하여 탁탁지 않음. inattention

법[法]* ① 법 법:법. 법률. 법식. 「法律(법률)・憲法(헌법)・民法(민법)・法度(법도)・遵法(준법)」② 본받을 법:본받다. 방법. 「方法(방법)・法式(법식)・論法(논법)・用法(용법)」ホウ ① のり

법[琺] 법랑 법:법랑. 「琺瑯(법랑)」ホウ

법강[法綱] 법률과 기율(紀律). law and discipline

법계[法系] 한 나라 민족 안에서 발달된 법규범이 다른 나라 민족에게 이어짐으로써 형성되는 법의 계통. 영미 법계・독일 법계 따위. ほうけい legal system

법고[法鼓] 부처 앞에서 치는 작은 북. ほっく・ほうく

법과[法科] ① 법률 과목. ② 대학에서, 법률을 연구하는 학과. ほうか ① law course ② law department

법과 대학[法科大學] 법률에 대한 학문을 교수 연구하는 단과 대학. 준법대(法大). law college

법관[法官] 법원을 구성하고 형사(刑事) 및 민사상의 재판을 맡아보는 공무원. ＝사법관(司法官). ほうかん judge

법권[法權] 법적인 권한. ほうけん legal right

법규[法規] ① 성문(成文)의 법령・법률・명령・조례・규칙 따위. ② 일반 국민의 권리・의무에 관계되는 법규범. ほうき law

법금[法禁] 법으로 금함. 또는 그러한 법령. ほうきん prohibition

법기[法器] ① 불도를 수행할 만한 사람. ② 불사(佛事)에 쓰이는 도구. ほうき articles used on a Buddhist altar

법난[法難] 역사상, 불교 교단이 받은 박해. ほうなん

법담[法談] ① 불법(佛法)에 대한 이야기. ② 불법(佛法)을 서로 묻고 대답하는 일. ほうだん

법당[法堂] 불상을 안치하고, 설법도 하는 절의 정당(正堂). ほうどう・はっとう main building of a temple

법대[法大] 법과 대학(法科大學)의 준말. ほうだい

법도[法度] ① 법률과 제도. ② 마땅히 지켜야 할 예법이나

제도. はっと　① law and institution ② etiquette

법등[法燈] ① 부처 앞에 켜는 등불. ② 세상의 어두움을 밝히는 등불이라는 뜻으로, '불법(佛法)'을 이르는 말. ほうとう　② light of Buddhism

법랑[琺瑯] 금속 표면에 입히는 유리질의 유약. 또는 그것을 입힌 것. ほうろう　enamel

법랑질[琺瑯質] 치아(齒牙)의 겉을 덮어 상아질을 보호하는 유백색의 단단한 조직. 에나멜질. ほうろうしつ　enamel

법력[法力] ① 불법(佛法)의 힘. ほうりき ② 법률의 효력.

법령[法令] 법률과 명령. ほうれい　statute

법례[法例] 법률을 적용할 때에 준거가 되는 통례(通例). ほうれい　rules for the application of laws

법률[法律] ① 사회의 질서 유지를 위하여 국가가 정하여 국민을 강제하는 규범. 법. ② 국회의 의결을 거쳐 제정되는 성문법(成文法). 헌법의 다음 단계. ほうりつ　law

법리[法理] 법률의 원리. ほうり　legal principle

법망[法網] 범죄자에 대한 법률의 제재를 그물에 비유한 말. 「~에 걸리다」ほうもう　net of the law

법명[法名] 불문(佛門)에 들어온 이에게 주는 이름. ほうみょう　Buddhist name

법무[法務] ① 법률에 관한 사무. ② 불법에 관한 일체의 사무. ほうむ　① judicial affairs ② Buddhist affairs

법문[法文] ① 법령에 적힌 글. 법의 조문(條文). ほうぶん
② 불경의 글. ① text of the law

법문[法門] 불법(佛法)으로 들어가는 길. 곧, 부처의 가르침. ほうもん　Buddhism

법복[法服] ① 법관이 법정에서 입는 옷. ほうふく ② 중의 옷. =법의(法衣). ほうふく・ほうぶく　① judge's robe ② monk's robe

법사[法事] ① 불법을 수행하거나 널리 선전하는 일. ② 죽은 이의 명복을 빌기 위해 독경(讀經)·공양(供養) 등을 베푸는 일. =불사(佛事). ほうじ

법사[法師] ① 불법(佛法)에 정통하고 청정한 수행을 한 중. ② ⇨법주(法主). ほうし　Buddhist priest

법상[法相] 제법(諸法)의 모양. 우주에 존재하는 만유(萬有)의 모양. ほうそう・ほっそう

법석[法席] 불법(佛法)을 강(講)하는 자리. ほうせき　preaching seat of a priest

법성[法城] 불법의 굳고 단단함을 성(城)에 비유한 말. ほうじょう　Buddhism

법수[法手] 방법과 수단. ways and means

법술[法術] ① 방법과 기술. ② 방사(方士)의 술법. ほうじゅつ　① method and technique

법식[法式] ① 법도(法度)와 양식(樣式). ② ⇨방식(方式). ほうしき　① form

법안[法案] 법률의 초안. 법률안. ほうあん　bill

법어[法語] ① 부처의 말. ② 불교에 관한 글. ほうご　① Buddhist sermon ② Buddhist literature

법언[法言] 법도에 맞는 바른

말. ほうげん reasonable remarks

법역[法域] ①법령의 효력이 미치는 지역적 범위. ②법령의 적용 범위. ほういき sphere of the law

법열[法悅] ①불법을 듣고 진리를 깨달아 마음 속에 일어나는 기쁨. ②깊은 이치를 깨달았을 때의 희열. ほうえつ

법왕[法王] 석가여래(釋迦如來)를 높이어 이르는 말. ほうおう Buddha

법외[法外] 법률이나 규칙이 적용되는 범위 밖. ほうがい beyond the limits of laws

법요[法要] ①불법(佛法)의 요의(要義). ②불사(佛事)의 의식(儀式). ほうよう ② Buddhist service

법원[法院] 사법권을 행사하는 국가 기관. 가정 법원·지방 법원·고등 법원·대법원이 있음. ほういん court

법원 행정[法院行政] 사법권의 운영을 위한 행정 작용, =사법 행정(司法行政). ほういんぎょうせい court administration

법의[法衣] 중이 입는 옷. =법복(法服). ほうえ・ほうい canonicals

법의[法義] 불법(佛法)의 본의(本義). ほうぎ truth of Buddhism

법의[法意] 법률의 근본 취지. ほうい meaning of law

법의학[法醫學] 법률상 문제되는 의학적 사항을 연구하여 이를 해결함으로써 법 운영에 이바지하는 학문. ほういがく medical jurisprudence

법익[法益] 법률에 의하여 보호되는 생활상의 이익. ほうえき legal interest

법인[法人] 자연인 이외에 법률적으로 인격(人格)이 주어진 권리·의무의 주체. 「사단(社團) ~」 ほうじん juridical person

법적[法的] 법에 의거한 (것). 「~ 근거(根據)」 ほうてき legal

법전[法典] 국가가 제정한 통일적·체계적인 성문(成文) 법령집. ほうてん code

법정[法廷] 법원이 재판을 하는 곳. 소송 사건을 심리하고 판결하는 장소. ほうてい court

법정[法定] 법령으로 규정함. 「~ 기간(期間)」 ほうてい fixing by law

법정 전염병[法定傳染病] 법으로 규정된 전염병. 병이 발생하면 곧 신고하고, 환자를 격리 수용해야 함. ほうていでんせんびょう legal communicable disease

법정 통화[法定通貨] 국법으로 강제 통용력과 지불 능력이 인정된 화폐. 준법화(法貨). legal tender

법제[法制] 법률과 제도. 또는 법률로 정해진 각종 제도. ほうせい legislation

법조[法曹] 법관·변호사 등 법률 관련 부문에 종사하는 사람. 「~계(界)」 ほうそう judicial officer

법조[法條] 법률의 조문(條文). ほうじょう text of a law

법주[法主] ①불교의 한 종파(宗派)의 우두머리. ②법회에서 설법을 주장(主掌)하는 사람. ③부처님. ほうしゅ・ほっしゅ

법첩[法帖] 옛 사람들의 유명한 필적을 돌이나 나무에 새기고 탑본(搨本)하여 만든 책.

법체[法體] ① 우주 만물의 본체(本體). ② 중의 자태. ほうたい・ほったい ② priestly attire

법치[法治] 법률에 따라 다스림. 또는 그러한 정치. 「~국가(國家)」ほうち constitutional government

법치국[法治國] 법률에 의거해서 통치하는 국가 형태. ほうちこく constitutional state

법칙[法則] ① 지켜야 하는 규칙. ② 사물 상호간의 보편적·필연적 관계. 「만유 인력의 ~」ほうそく ① rule ② law

법통[法統] 불법(佛法)의 전통. 「~을 잇다」ほうとう Buddhist tradition

법학[法學] 법의 원리·해석·적용에 관하여 연구하는 학문. ほうがく jurisprudence

법해[法海] 불법(佛法)이 넓음을 바다에 비유하여 이르는 말. ほうかい

법호[法號] 불문(佛門)에 들어온 사람에게 주는 이름. ほうごう Buddhist name

법화[法貨] 법정 통화(法定通貨)의 준말. ほうか

법화[法話] 불법(佛法)에 관한 이야기. ほうわ Buddhist sermon

법회[法會] ① 설법하는 모임. ② 죽은 사람을 위하여 재를 올리는 모임. ほうえ ① Buddhist lecture meeting ② Buddhist service

벙커[bunker] ① 선박(船舶)의 석탄 창고. ② 골프 코스 중, 모래가 들어 있는 우묵한 곳. ③ 엄폐호(掩蔽壕) 식으로 만든 잠수함 기지. バンカー

베가톤[begaton] 폭발 에너지의 한 단위. 1 베가톤은 1000 메가톤에 해당함. ベガトン

베고니아[begonia] 추해당(秋海棠). ベゴニア

베니션블라인드 [Venetian blind] 플라스틱 등의 가늘고 긴 얇은 쪽을 일정한 간격(間隔)으로 가로 엮어서 늘어뜨린 블라인드. ベネチアンブラインド

베니어[veneer] ① 합판(合板) 위에 댄, 썩 좋은 질의 얇은 판자. ② 합판용의 얇은 판자. ベニヤ

베다[범 Veda] 인도 브라만교의 근본 성전(聖典). ベーダ

베델른[독 Wedeln] 스키에서, 연속적으로 작게 회전하면서 활주(滑走)하는 방법. ウェーデルン

베드신:[bed scene] 연극·영화 등의 정사(情事) 장면. ベッドシーン

베드타운[bed town] 도시 주변의 고급 주택지(住宅地). ベッドタウン

베란다[veranda] 양옥(洋屋)에서, 집채의 앞쪽으로 툇마루같이 튀어나오게 만든 부분. ベランダ

베레[프 béret] 차양(遮陽)이 없고 둥글납작하게 생긴 서양식 모사. ベレ

베르무트[프 vermouth] 포도주에 향료와 약초(藥草)를 넣어 향미를 낸 혼성주(混成酒). ベルモット

베릴륨[beryllium] 금속 원소의 하나. 염산·황산에 녹아

수소를 발생하며 유독(有毒)함. 원소 기호는 Be. ベリリウム

베바트론[bevatron] 양자(陽子) 가속 장치의 하나. ベバトロン

베스트[vest] 여성복(女性服)에서, 남자의 조끼와 비슷한 윗도리. ベスト

베스트드레서[best dresser] 옷을 가장 세련(洗練)되게 잘 입는 사람. ベストドッサー

베스트셀러[best seller] 어떤 기간(期間) 내에 가장 많이 팔린 책. ベストセラー

베어링[bearing] 굴대 등을 일정 위치에 고정시켜 자유롭게 회전(回轉)시키는 기구. ベアリング

베이비골프[baby golf] 좁은 면적에서 하는 작은 규모(規模)의 골프. ベビーゴルフ

베이스[base] ① 기초(基礎). ② 야구에서, 누(壘). ベース

베이스[bass] ① 남성의 최저 음역(音域). 또는 그 음역의 가수. ② 콘트라베이스의 준말. ③ 최저음부를 맡는 악기. ④ 악곡의 최저 성부(聲部). ベース

베이스드럼[bass drum] 큰북. ベースドラム

베이스라인[base line] ① 테니스 코트의 한계선(限界線). ② 야구에서, 베이스와 베이스를 연결하는 선. ベースライン

베이스볼[baseball] ① 야구. ② 야구공. ベースボール

베이지[beige] 엷은 다갈색(茶褐色). ベージュ

베이컨[bacon] 돼지의 옆구리 살을 소금에 절여 불에 그을린 식품(食品). ベーコン

베이클라이트[Bakelite] 페놀과 포름알데히드를 반응시켜 만든 합성 수지(合成樹脂)의 상표명. ベークライト

베이킹파우더[baking powder] 빵·과자 따위를 만들 때 재료를 부풀게 하는 가루. ベーキングパウダー

베일[veil] ① 여자들이 얼굴을 가리거나 장식하기 위해 쓰는, 망사(網紗)와 같은 얇은 천. ② '비밀스레 가려져 있는 상태'를 비유하여 이르는 말. ベール

베테랑[프 vétéran] 어느 분야의 기술이나 기능에 썩 노련(老鍊)한 사람. ベテラン

베텔게우스[Betelgeuse] 오리온사리의 알파성(α星). ベテルギウス

벤[이 ben] 악보에서, '충분히'의 뜻.

벤젠[benzene] 타르를 분류(分溜)·정제(精製)한 무색의 휘발성(揮發性) 액체. ベンゼン

벤졸[bonzol] ⇒벤젠(benzene). ベンゾール

벤처비즈니스[venture business] 첨단 기술이나 독창적인 발상(發想)을 구사하여 새 분야의 개척에 도전하는 작은 규모의 기업. ベンチャービジネス

벤처캐피털[venture capital] 벤처비즈니스에 자금을 지원하는 기업. 또는 그 자본(資本). ベンチャーキャピタル

벤치[bench] ① 긴 의자. ② 경기장의 선수석과 감독석(監督席). ベンチ

벤치마:킹[bench marking] 기업이 우수한 타기업(他企業)의 생산 기술이나 경영 방

식 등을 배우는 일. ベンチマーキング

벤토나이트[bentonite] 응회암(凝灰巖) 따위가 풍화(風化)하여 된 흙. ベントナイト

벨[bell] ① 종. ② 초인종(招人鐘). ベル

벨로니테[독 Belonite] 화산(火山)의 한 형식. 탑 모양의 화산. ベロニーテ

벨로드롬[velodrome] 트랙을 경사(傾斜)지게 만든 사이클 경기장.

벨로체[이 veloce] 악보(樂譜)에서, '빠르게'의 뜻.

벨루어[velour] 섬세하고 조밀한 실 보풀이 일어나도록 처리한 천. 스웨이드·벨벳·펠트 따위. ベロア

벨벳[velvet] 거죽에 고운 털이 돋게 짠 직물. 우단(羽緞). ベルベット

벨칸토[이 bel canto] 아름다운 목소리, 부드러운 가락 등에 중점을 두는 가창 기법(歌唱技法). ベルカント

벨트[belt] ① 허리띠. ② 피대(皮帶). ベルト

벨트컨베이어[belt conveyer] 벨트를 써서 물품을 연속적(連續的)으로 운반하는 장치. ベルトコンベヤー

벽[辟] ① 물리칠 벽:물리치다. 「辟邪(벽사)」 ② 편벽될 벽:편벽되다. 「辟陋(벽루)」 ③ 우렛소리 벽:우렛소리. 「辟歷(벽력)」 ④ 피할 피:피하다. 「辟忌(피기)·辟世(피세)」 ヘキ ④ さける

벽[碧]* ① 푸를 벽:푸르다. 「碧空(벽공)·碧落(벽락)·碧色(벽색)·碧水(벽수)·碧波(벽파)」 ② 청강석 벽:청강석. 「碧玉(벽옥)」 ヘキ ① みどり・あお

벽[僻] ① 후미질 벽:후미지다. 「僻村(벽촌)·僻邑(벽읍)·僻地(벽지)」 ② 편벽할 벽:편벽하다. 「僻戾(벽려)·僻言(벽언)」 ③ 괴벽할 벽:괴벽하다. 「僻書(벽서)·僻字(벽자)」 ④ 피할 피:피하다. 「僻倪(피예)」 ヘキ ① いなか ② かたよる ③ ひがむ

벽[劈] 쪼갤 벽:쪼개다. 「劈開(벽개)·劈破(벽파)·劈碎(벽쇄)」 ヘキ・ヒャク・つんざく

벽[壁]* ① 바람벽 벽:바람벽. 「壁土(벽토)·壁報(벽보)·壁線(벽선)·壁欌(벽장)」 ② 진벽:진(陣). 「壁壘(벽루)」 ③ 돌비탈 벽:돌비탈. 「壁立(벽립)」 ヘキ ① かべ

벽[璧] 둥근 옥 벽:둥근 옥. 「璧羨(벽선)·璧瑬(벽당)·璧帛(벽백)·完璧(완벽)」 ヘキ・たま

벽[甓] 벽돌 벽:바닥에 까는 벽돌. 「甓瓦(벽와)」 ヘキ・しきかわら

벽[癖] ① 버릇 벽:버릇. 「病癖(병벽)·癖性(벽성)·酒癖(주벽)·惡癖(악벽)·盜癖(도벽)」 ② 적병 벽:적. 적병. 「癖痼(벽고)·癖積(벽적)」 ヘキ ① くせ

벽[闢] ① 열 벽:열다. 「開闢(개벽)」 ② 폐할 벽:폐하다. 「闢土(벽토)」 ヘキ・ビャク ① ひらく

벽[霹] 벼락 벽:벼락. 「霹靂(벽력)」 ヘキ

벽개[劈開] ① 쪼개져 갈라짐. ② 돌 따위가 결을 따라 갈라짐. へきかい cleavage

벽거[僻居] 궁벽한 곳에 삶. secluded life

벽견[僻見] 치우친 생각. 편벽된 견해. へきけん prejudice

벽계[碧溪] 푸른 물이 흐르는 골짜기. へにけい

벽공[碧空] 푸른 하늘. =벽우(碧宇)·벽천(碧天). へきくう blue sky

벽난로[壁煖爐] 벽면(壁面)에 아궁이를 내고 굴뚝을 벽 속으로 통하게 한 난방 시설. fireplace

벽도[碧桃] ①선경(仙境)에 있다는 복숭아. ②벽도화(碧桃花)의 준말. ① peach of the fairyland

벽도화[碧桃花] 복숭아나무의 한 종류인 벽도나무의 꽃. 준 벽도(碧桃).

벽두[劈頭] 어떤 일이나 시기 또는 말이나 글이 시작되는 첫머리. 「새해 ~」 へきとう the first

벽력[霹靂] 벼락. 「청천(靑天) ~」 へきれき thunderbolt

벽로[僻路] 시골길. へきろ

벽론[僻論] 도리에 맞지 않는, 치우친 언론. へきろん prejudiced opinion

벽루[僻陋] ①궁벽한 두메구석. ②성질이 괴팍하고 식견이 좁음. へきろう ① secluded place ② perversity

벽루[壁壘] 성채(城砦). へきるい fort

벽립[壁立] 깎아지른 듯한 낭떠러지가 벽같이 서 있음. へきりつ precipitousness

벽보[壁報] 여러 사람에게 알리기 위해 종이 따위에 써서 벽에 붙여 놓은 글. bill

벽보판[壁報板] 벽보를 붙이는 널빤지. bulletin board

벽사[辟邪] 사귀(邪鬼)를 물리침. へきじゃ exorcism

벽사[僻事] 도리에 맞지 않는 부당한 일. へきじ unreasonableness

벽색[碧色] 짙은 푸른색. 짙푸른 빛깔. へきしょく deep blue

벽서[僻書] 도리나 사실에 맞지 않는 것을 적은 하찮은 책.

벽서[壁書] 벽에 쓰거나 써 붙인 글. へきしょ·かべがき writings on the wall

벽석[壁石] 넓고 얇게 다듬은, 벽에 붙이는 장식용 돌. wall stone

벽설[僻說] 도리에 맞지 않는 말. 치우친 견해. へきせつ prejudiced opinion

벽성[僻性] 편벽된 성품. eccentric nature

벽수[碧水] 푸른빛이 도는 맑고 깊은 물. =녹수(綠水). へきすい

벽신문[壁新聞] 주장이나 새 소식 등을 신문처럼 꾸미어 벽 또는 게시판에 써 붙이는 벽보의 한 가지. かべしんぶん wall newspaper

벽심[壁心] 벽 속의 외(椳)를 튼튼하게 하기 위하여 상인방과 하인방 사이에 세우는 나무. 심살.

벽안[碧眼] ①눈동자가 푸른 색을 띤 눈. ②서양 사람. 「~의 신사(紳士)」 へきがん ① blue eyes ② Westerner

벽안자염[碧眼紫髥] 푸른 눈과 붉은 수염이라는 뜻으로, '서양 사람'을 이르는 말. へきがんしぜん blue eyes and red beard

벽언[僻言] 도리에 어긋난 편벽된 말. へきげん

eccentric word

벽오동[碧梧桐] 벽오동과의 낙엽 활엽 교목. 껍질은 녹색이며 재목이 단단하고 결이 곧음. =청동(靑桐). へきごとう

벽옥[碧玉] 푸른 옥. へきぎょく jasper

벽와[甓瓦] 벽돌. brick

벽운[碧雲] 푸른빛을 띤 구름. =취운(翠雲). へきうん blue cloud

벽원[僻遠] 궁벽하고 멂. へきえん remoteness

벽읍[僻邑] 궁벽한 고을. へきゆう remote village

벽인[璧人] 옥과 같이 아름다운 사람. へきじん

벽자[僻字] 별로 쓰이지 않는 글자. rare character

벽장[壁欌] 벽에 붙박이로 만든 장. closet

벽재[僻材] 한방에서, 매우 드물게 쓰이는 약재. medicines used rarely

벽적[癖積] 한방에서, 뱃속에 무슨 뭉치 같은 것이 생기는 병.

벽제[辟除] 지난날, 지위가 높은 사람이 길을 갈 때 일반 사람들의 통행을 제지하던 일. 「~ 소리」

벽좌우[辟左右] 밀담하기 위해 곁에 있는 사람을 물러가게 함.

벽지[僻地] 도시에서 멀리 떨어져 외지고 한적한 곳. =벽처(僻處). へきち secluded place

벽지[壁紙] 건물 안의 벽에 바르는 종이. かべがみ wallpaper

벽지[擘指] 엄지손가락. thumb

벽창우[碧昌牛] ①평안 북도 벽동(碧潼)·창성(昌成)에서 나는 크고 억센 소. ②벽창호의 원말.

벽창호[←碧昌牛] 고집이 세고 고루하여 말이 통하지 않는 사람의 비유. bigot

벽처[僻處] ⇨벽지(僻地). へきしょ

벽천[碧天] 푸른 하늘. =벽공(碧空). へきてん blue sky

벽청[碧靑] 구리에 녹이 나서 생기는 푸른빛. green rust

벽촌[僻村] 벽지의 마을. =벽항(僻巷). へきそん remote village

벽토[壁土] 벽에 바르는 흙. かべつち plaster

벽토[闢土] 거친 땅을 일굼. 개간함. plowing

벽파[劈破] ①찢어 발김. ②쪼개어 깨뜨림. ① tearing in pieces ② splitting

벽항[僻巷] 외진 곳에 있는 한적한 마을. =벽촌(僻村). isolated village

벽해[碧海] 푸른 바다. へきかい blue sea

벽향[僻鄕] 도시에서 멀리 떨어져 있는 외진 시골. へききょう secluded village

벽호[僻好] 좋아하는 것이 치우침. 또는 치우친 기호(嗜好).

벽호[癖好] 인이 박이다시피 되어 몹시 좋아함. indulgence

벽화[壁畫] 건물이나 동굴의 벽면·천상·기둥 등에 그린 그림. へきが mural painting

변ː[卞] ①법 변: 법. 「卞正(변정)」 ②조급할 변: 조급하다. 「卞急(변급)」 ベン

변[弁] 고깔 변: 고깔. 「弁冕(변면)」 ベン

변:[辨] ① 판단할 변: 판단하다. 밝히다. 「辨理(변리)·辨正(변정)·辨白(변백)·辨說(변설)」 ② 분별할 변: 분별하다. 「分辨(분변)·辨色(변색)·辨別(변별)·辨證(변증)」 ベン ② わきまえる 辨理 辨說

변[邊] ① 가 변: 가. 「江邊(강변)·水邊(수변)·爐邊(노변)」 ② 변방 변: 변방. 「邊方(변방)·邊境(변경)·邊地(변지)」 ③ 곁할 변: 곁하다. 「身邊(신변)·周邊(주변)」 ヘン ① ほとり·あたり 江邊 周邊

변:[辯] ① 말 잘할 변: 말을 잘하다. 「辯舌(변설)·辯才(변재)·辯解(변해)」 ② 논쟁할 변: 논쟁하다. 「辯論(변론)·抗辯(항변)」 ② あらそう 辯論

변:[變] ① 변할 변: 변하다. 「變化(변화)·變形(변형)·變換(변환)·變節(변절)」 ② 재앙 변: 재앙. 「地變(지변)·異變(이변)·災變(재변)」 ③ 고칠 변: 고치다. 「變革(변혁)·更(변경)」 ヘン ① かわる 變化 變革

변강[邊疆] 나라와 나라의 경계가 되는 곳. =변경(邊境). へんきょう frontier 邊疆

변:개[變改] 바꾸어 고침. =변경(變更). へんかい change 變改

변:격[變格] ① 정상적인 격식에서 벗어난 격식. ② 일정한 법칙이나 규칙 등에서 벗어난 법칙이나 규칙. ↔정격(正格). へんかく irregularity 變格

변경[邊境] 나라와 나라의 경계가 되는 곳. =변지(邊地). へんきょう frontier 邊境

변:경[變更] 바꾸어 고침. へんこう alteration 變更

변계[邊戒] 변경(邊境)의 경계. 국경의 경비. =변비(邊備). へんかい 邊戒

변계[邊界] ⇨변경(邊境). へんかい 邊界

변:고[辨告] 사리를 밝혀 타이름. 辨告

변:고[變故] 재변(災變)이나 사고. へんこ accident 變故

변:광성[變光星] 시간에 따라 광도(光度)가 변화하는 별의 총칭. へんこうせい variable star 變光星

변:괴[變怪] ① 이상야릇한 재변. ② 도리에 어긋나는 못된 행위. ① unexpected disaster ② outrageous deed 變怪

변:교[辯巧] 말솜씨가 교묘하고 능란함. べんこう fair-spokenness 辯巧

변:구[辯口] 말을 잘 하는 재주. =변설(辯舌). べんこう eloquence 辯口

변:국[變局] 평상시와 다르게 국면이 변함. 또는 그러한 국면. へんきょく emergency 變局

변기[便器] 대소변을 받는 용기. べんき toilet bowl 便器

변:난[辯難] 트집을 잡아서 비난함. べんなん denunciation 辯難

변:덕[變德] 이랬다저랬다 하며 자주 변하는 마음이나 태도. 「~쟁이」 whim 變德

변:동[變動] 바뀌어 달라짐. 바뀌어 움직임. へんどう fluctuation 變動

변:동 소:득[變動所得] 해마다 일정하지 않고 변동하는 소득. へんどうしょとく fluctuating income 變動所得

변동일실[便同一室] 남과 썩 친하게 지내어 한 집안과 같음. intimacy 便同一室

변:동 환:율[變動換率] 환율을 換率

고정시키지 않고 외환 시장의 실세(實勢)에 따르는 환시세. ↔고정 환율(固定換率). floating exchange rate

변두[邊頭] 편두통(偏頭痛). migraine

변:란[變亂] 변고로 일어난 난리. へんらん disturbance

변:량[變量] 통계에서, 주어진 조건에서 여러 가지 값을 취할 수 있는 양(量). variate

변:려문[騈儷文] 한문체(漢文體)의 한 가지. 넉 자와 여섯 자로 된 대구(對句)를 많이 쓴 글. べんれいぶん

변:론[辯論] ① 서로 논란(論難)을 벌임. ② 소송의 당사자가 법정에서 하는 진술. べんろん ① disputation ② pleading

변:리[辨理] 일을 맡아서 처리함. べんり management

변리[邊利] 변돈에서 느는 이자(利子). 준변(邊). interest

변:리사[辨理士] 특허·실용신안·의장(意匠)·상표에 대해 신청·출원을 대행하는 사람. べんりし patent attorney

변:망[辯妄] 님이 찬, 사리에 어긋나는 말을 반박함. べんぼう·べんもう refutation

변:명[辨明] ① 옳고 그름을 가리어 밝힘. ② 잘못에 대하여 구실을 대고 까닭을 밝힘. べんめい vindication

변:명[變名] 이름을 다르게 고침. 또는 그렇게 고친 이름. へんめい changing one's name

변:모[變貌] 모습이 바뀜. =변용(變容). へんぼう transfiguration

변:무[抃舞] 기뻐서 덩실덩실 춤을 춤. 또는 그러한 춤. べんぶ dance for joy

변:미[變味] 음식이 상하여 맛이 달라짐. 또는 그러한 음식 맛. へんみ turning sour

변:민[邊民] 변방에 사는 백성. へんみん residents of the frontiers

변:박[辨駁·辯駁] 남의 말의 옳고 그름을 따져 논박함. =반박(反駁). べんばく refutation

변:발[辮髮] 지난날, 만주족(滿洲族)의 풍습으로, 남자의 머리를 둘레는 밀어 깎고 가운데의 머리만을 땋아서 뒤로 길게 늘이던 머리 모양. べんぱつ pigtail

〔변발〕

변방[邊方] ⇨변경(邊境).

변방[邊防] 변경(邊境)의 방비. へんぼう frontier defense

변:백[辨白] ⇨변명(辨明).

변:법[辨法·辯法] 법에 따라서 서로 쟁송(爭訟)함.

변:별[辨別] ① 사물과 사물의 차이를 가리거나, 가리어 앎. ② 시비(是非)나 선악을 가림. べんべつ distinction

변보[邊報] 변경에서 오는 보고. へんぼう news from the frontiers

변:보[變報] 변고를 알리는 보고. へんぼう report of an accident

변:복[變服] 남의 눈을 속이려고 옷을 바꿔 입음. 또는 그 옷. disguise

변비[便祕] 변비증(便祕症)의 준

말. べんぴ

변비[邊備] 변경의 수비. 국경의 경비. へんぴ 邊備
defense of frontier

변비[邊鄙] ① 외딴 시골. ② 변방의 땅. へんぴ ① remote village ② remote land 邊鄙

변비증[便祕症] 대변이 순하게 누이지 않는 병증. 준변비(便祕). べんぴしょう constipation 便祕症

변:사[辯士] ① 말을 잘 하는 사람. ② 연설이나 강연을 하는 사람. ③ 지난날, 무성 영화를 상영할 때, 화면의 줄거리나 대화 내용을 설명하던 사람. べんし
① eloquent speaker ② speaker ③ silent film narrator 辯士

변:사[辯辭] 능하 말. 능숙힌 언변. eloquence 辯辭

변:사[變死] 뜻밖의 변고로 죽음. =횡사(橫死). へんし unnatural death 變死

변:사[變事] 예삿일이 아닌 변스러운 일. へんじ mishap 變事

변:사[變詐] ① 요사스레 이랬다저랬다 함. 또는 요리조리 속임. ② 병세(病勢)가 갑자기 달라짐. ① deceiving variously ② sudden change of the condition of disease 變詐

변:사[變辭] 먼저 한 말을 이리저리 고침. altering one's previous words 變辭

변:상[辨償] 남의 손실에 대해 그만한 대가(代價)를 치러 물어 줌. =판상(辦償). べんしょう compensation 辨償

변:상[變喪] ① 변고로 인한 상사(喪事). ② 자손이 부모나 조부모보다 먼저 죽는 일. 變喪

변상가변[邊上加邊] 변리를 본전으로 돌라매고 그에 덧붙이 邊上加邊

는 변리. =변지변(邊之邊).
compound interest

변상중:지[邊上重地] 변방의 중요한 땅. 邊上重地
important frontier areas

변새[邊塞] ① 변경에 있는 요새(要塞). ② ⇨변경(邊境). 邊塞

변:색[辨色] 일의 흑백을 구별함. べんしょく discrimination 辨色

변:색[變色] ① 색깔이 변함. へんしょく ② 화가 나서 안색이 변함. 「~을 하고 덤벼들다」 ① discoloration ② change of color 變色

변:석[辨釋] 사리(事理)를 분별하여 해석함. 辨釋

변:석[辨析] 옳고 그름을 따져서 가림. べんせき discrimination 辨析

변:설[辨說] 일의 잘잘못을 가려서 말함. べんぜつ 辨說

변:설[辯舌] 재치 있는 말솜씨. =변구(辯口). べんぜつ eloquence 辯舌

변:설[變說] 주장하던 의견을 중간에서 바꿈. へんせつ changing one's view 變說

변성[邊城] 변방에 있는 성. へんじょう 邊城

변:성[變成] 변하여 다르게 됨. へんせい metamorphosis 變成

변:성[變性] ① 성질이 달라짐. ② 단백질 따위의 천연물이 물리적·화학적 영향으로 성질이 다른 물질로 변화하는 일. ③ 생체의 조직이나 장기(臟器)가 이상 물질의 출현으로 성질이 다른 물질로 변화하는 일. へんせい denaturation 變性

변:성[變聲] 목소리가 변함. 「~기(期)」 へんせい change of voice 變聲

변:성명[變姓名] 성명(姓名)을 變姓名

달리 고침. changing one's name

변:성암[變成巖] 땅 속의 온도나 압력 등의 영향으로 성질이 바뀐 암석. へんせいがん metamorphic rock

변소[便所] 대소변을 보도록 마련된 곳. 뒷간. =측간(厠間). べんじょ toilet

변:속[變速] 변속 장치를 다루어서 속도를 바꿈. 「~ 장치 (裝置)」 へんそく change of speed

변:쇠[變衰] 변하여 쇠퇴하거나 쇠약해짐. degradation

변:수[變數] ① 어떤 범위 내에서 수치가 바뀔 수 있는 수(數). ↔상수(常數). ② 상황 따위의 가변적 요인. へんすう variable

변:시증[變視症] 물체가 이지러져 보이는 병. へんししょう

변:시체[變屍體] 변사(變死)한 시체. へんしたい

변:신[變身] 몸의 모습을 바꿈. 또는 다른 모습으로 되는 일. へんしん transformation

변:심[變心] 마음이 변함. へんしん change of mind

변:압[變壓] 전압(電壓)을 바꿈. へんあつ transformation

변:압기[變壓器] 전자기 유도 작용을 이용하여 교류(交流) 전압(電壓)이나 전류의 값을 높이거나 낮추는 기기. へんあつき transformer

변역[邊域] 변경의 지역. へんいき borders

변:역[變易] 다르게 바뀌거나 바꿈. -변개(變改). へんえき change

변:온 동:물[變溫動物] ⇨ 냉혈 동물(冷血動物). へんおんどうぶつ

변:용[變容] 모습이 바뀜. 또는 바뀐 그 모습. =변모(變貌). へんよう transfiguration

변:위[變位] 물체가 위치를 바꿈. へんい displacement

변:음[變音] 원래의 음이 바뀌어 된 음. へんおん

변:읍[邊邑] 국경 지대에 있는 마을. へんゆう frontier village

변:이[變異] 같은 종류의 생물의 개체가 다른 성질이나 모양을 나타내는 일. 「돌연(突然)~」 へんい variation

변자[邊子] 물건의 가에 대는 꾸미개.

변:자[辯者] 변설에 능한 사람. 구변이 좋은 사람. べんしゃ eloquent person

변:작[變作] 이미 있던 것을 고쳐서 만듦. =변조(變造). alteration

변:장[變裝] 다른 사람처럼 보이게 하려고 옷차림이나 모습을 달리 고쳐서 꾸밈. 「~술(術)」 へんそう disguise

변:재[辯才] 말재주. 말재간. べんさい eloquence

변:전[變轉] 이리저리 변하여 달라짐. へんてん mutation

변:전소[變電所] 발전소에서 보내 온 전력을 변압기로써 필요한 전압으로 바꾸어 배전(配電)하는 시설. へんでんしょ transformer substation

변:절[變節] ① 내세워 오던 주의나 주장을 바꿈. ② 절개를 저버림. へんせつ ① apostasy

변:정[辨正] 옳고 그름을 따져 바로잡음. correction

변정[邊情] 변경의 형편이나

사정.

변:제[辨濟] 빚을 갚음. べんさい repayment 辨濟

변:조[變造] ① 이미 있던 것을 고쳐서 만듦. =변작(變作). ② 문서 따위를 고쳐서 내용을 다르게 만듦. へんぞう ① alteration ② forgery 變造

변:조[變潮] 바뀌어 가는 사조(思潮). 또는 사조의 변화. 變潮

변:조[變調] 곡조를 바꿈. へんちょう change of tone 變調

변:종[變種] ① 전체로서는 그 종류에 들면서 조금 다른 것. ② 생물 분류상의 한 계급. 종(種) 또는 아종(亞種)의 아래에 위치함. へんしゅ variety 變種

변:주곡[變奏曲] 하나의 주제를 바탕으로 하여 리듬·화성 등을 변화시켜 새로이 만든 악곡. へんそうきょく variation 變奏曲

변:증[辨證] 변별하여 증명함. べんしょう demonstration 辨證

변:증[變症] 병의 증세가 자주 바뀜. 또는 그 달라진 증세. へんしょう 變症

변:증법[辨證法] 헤겔 철학에서, 모순과 대립을 지양(止揚)하고 고차(高次)의 인식에 이르게 되는 사고 방식. べんしょうほう dialectic 辨證法

변:지[辨志] 그 뜻이 향하는 바를 변별함. 辨志

변지[邊地] 변방(邊方)의 땅. へんち 邊地

변:지[辯智] 사리를 분명히 가릴 줄 아는 슬기. べんち 辯智

변지변[邊之邊] 변리의 변리. 이자의 이자. =변상가변(邊上加邊). compound interest 邊之邊

변:질[變質] ① 물질이나 사물의 성질이 달라짐. ② 사람이 變質

보통과 다른 성격으로 바뀜. へんしつ transmutation

변:천[變遷] 세월의 흐름에 따라 변하여 바뀜. 「사회의 ~」 へんせん vicissitudes 變遷

변:첩[辯捷] 변설에 능하고 재빠름. べんしょう eloquence 辯捷

변:체[變體] 형체나 체재를 달리 고침. 또는 달라진 형체나 체재. へんたい variant 變體

변:치[變置] 다른 것으로 바꾸어 놓음. へんち replacement 變置

변:칙[變則] 원칙에서 벗어난 법칙. ↔정칙(定則). 「~ 활용(活用)」 へんそく irregularity 變則

변:태[變態] ① 모양이나 상태를 바꾸는 일. ② 보통 상태와 다른, 이상하거나 병적인 상태. ③ 동물이 유생(幼生)에서 성체(成體)로 되기까지 여러 가지 형태로 변하는 일. 탈바꿈. ①③ metamorphosis ② abnormality 變態 動物

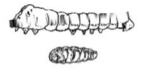
〔변태〕

변토[邊土] 국경 지방. へんど borders 邊土

변통[便通] 대변이 나오는 일. べんつう bowel movement 便通

변통[便痛] 대변을 볼 때에 일어나는 통증. 便痛

변:통[變通] ① 그때 그때의 형편에 따라서 융통성 있게 처리함. へんつう ② 돈이나 물건 따위를 융통해서 씀. ① makeshift ② versatility 變通

변:통성[變通性] 그때 그때의 형편에 따라 융통할 줄 아는 성질. 주변성. 두름성. へん 變通性

변폐[便閉] 대변이 꽉 막혀 나오지 않는 병증. 便閉

변폭[邊幅] ①올이 안 풀리게 짠, 피륙의 가장자리 부분. ②겉을 휘갑쳐서 꾸밈. 邊幅
① selvage

변:해[辯解] 잘 설명하여 밝힘. べんかい explanation 辯解

변:혁[變革] 사회나 제도 등에 급격한 변화나 전환을 일으킴. 또는 그 변화나 전환. へんかく reform 變革

변:형[變形] 형태가 달라지거나 달라지게 함. 또는 달라진 그 형태. へんけい transformation 變形

변:호[辯護] 남을 변론하여 도와 줌. べんご vindication 辯護

변:호사[辯護士] 법으로 규정된 자격을 갖추고, 소송에서 피고인의 변호를 해 주는 일을 업으로 삼는 사람. べんごし lawyer 辯護士

변:화[變化] 사물의 형태나 성질 따위가 달라짐. へんか change 變化

변환[邊患] 변경(邊境)에서 생긴 근심거리. 邊患

변:환[變幻] 갑자기 나타났다 사라졌다 하여 종잡을 수 없는 변화. へんげん phantasmagoria 變幻

변:환[變換] 형태나 성질을 바꿈. 또는 형태나 성질이 바뀜. へんかん change 變換

별[別]* ①다를 별: 다르다.「別個(별개)・別名(별명)・別品(별품)」②이별 별: 이별하다.「離別(이별)・死別(사별)・永別(영별)」③가를 별: 가르다. 분별하다.「分別(분별)・區別(구별)・差別(차별)」④나눌 별: 나누다.「別室(별실)・別册(별책)・別行(별행)」ベツ ②わかれる 別個 離別

별[瞥] 눈 깜짝할 별: 눈을 깜짝거리다.「瞥見(별견)・瞥眼間(별안간)・瞥然(별연)」ベツ 瞥見

별[鼈] 자라 별: 자라.「鼈甲(별갑)・鼈裙(별군)・鼈盞(별잔)」ベツ・すっぽん 鼈裙

별가[別家] ①딴 집. ②작은 집. 첩의 집. ② concubine's house 別家

별갑[鼈甲] 자라의 등딱지. 장식품・약재 따위로 쓰임. べっこう tortoiseshell 鼈甲

별개[別個] 같은 것으로 볼 수 없는 서로 다른 것. 딴것. べっこ another thing 別個

별거[別居] 따로 떨어져 삶. ↔동거(同居). べっきょ separation 別居

별건[別件] ①보통 물건과는 다르게 만든 것. ②특별한 사건. 다른 일. =별사(別事). ① extraordinary article ② different matter 別件

별건곤[別乾坤] 사람이 사는 세계라고는 생각할 수 없는 별다른 세계. =별천지(別天地). another world 別乾坤

별게[別揭] 따로 게시함. べっけい 別揭

별격[別格] 보통 것과는 다른 격식.「~ 취급(取扱)」べっかく 別格

별견[瞥見] 힐끗 봄. 잠시 흘어 봄. べっけん glance 瞥見

별고[別故] ①특별한 사고. ②다른 까닭. ① accident ② particular reason 別故

별고[別庫] 중요한 물건을 넣어 두기 위해 따로 만든 창고. special storage 別庫

별곡[別曲] 중국의 시가에 대하여, 운(韻)이나 조(調)가 없는 우리 나라의 독특한 시가를 이르는 말. 「관동(關東)~」

별과[別科] 조선 시대에, 식년시(式年試) 이외에 특별히 시행하던 과거. =별시(別試).

별관[別館] 본관 외에 따로 지은 건물. ↔본관(本館). べっかん annex

별군[別軍] 본대(本隊) 이외에 따로 조직한 군대. べつぐん detachment

별궁[別宮] ① 왕이나 왕세자의 혼례 때 왕비나 세자비를 맞아들이던 궁전. ② 특별히 따로 지은 궁전.

별기[別記] 본문에 덧붙여 따로 적음. 또는 그러한 기록. べっき separate paragraph

별납[別納] ① 정식으로 바치는 것 외에 따로 더 바침. ② 다른 방법으로 요금을 치름. 「요금 ~」べつのう ① special payment

별당[別堂] ① 몸채의 곁이나 뒤에 따로 지은 집. ② 절의 주지나 경스승 등이 거처하는 방. ① annex

별도[別途] ① 다른 용도(用途). 「~ 지출」② 다른 방면이나 방법. 「~의 지시」べっと ① special use ② another way

별도리[別道理] 달리 변통할 길. 별다른 방도. better way

별동[別棟] 본채와 따로 떨어져 있는 집채. べつむね outbuilding

별동대[別動隊] 본대(本隊)와 따로 행동하는 부대. detached force

별로[別路] ① 이별하고 떠나는 길. ② 다른 길. べつろ ① parting way ② another way

별록[別錄] 따로 만든 기록. べつろく

별루[別淚] 이별을 아쉬워하는 눈물. べつるい parting tears

별리[別離] 서로 헤어짐. =이별(離別). べつり parting

별명[別名] 그 사람의 특징 따위를 잡아 남이 지어서 부르는, 본이름 외의 다른 이름. べつめい・べつみょう nickname

별물[別物] ① 보통 것과는 다른 물건. ② 성격이나 생김새가 유다른 사람. 별사람. べつもの ① special thing ② queer fellow

별미[別味] 특별히 좋은 맛. 또는 그런 맛을 가진 음식. delicate taste

별반[別般] 별로. 특별히. 두드러지게. =별양(別樣). 「~ 다를 것이 없다」particularly

별배[別杯] 이별을 아쉬워하며 나시는 술. 이별의 술잔. べっぱい

별법[別法] ① 다른 방법. ② 별난 방법. べっぽう different method

별별[別別] 보통 것과는 다른 가지가지. 온갖. 「~ 물건이 다 있다」all kinds of

별보[別報] 다른 보고(報告)나 보도(報道). べっぽう another report

별본[別本] ① 다른 책.. ② 부본(副本). べっぽん ③ 보통 것과 다른 모양이나 생김새. ① independent volume ③ peculiar form

별봉[別封] 따로 싸서 봉함. 또는 그 편지. 「~ 서신(書

별비[別備] ① 따로 특별히 준비함. 또는 그 준비. ② 굿할 때 무당에게 목돈 외에 따로 더 주는 돈. ① special preparation

별사[別使] ① 따로 보낸 특별한 사신(使臣). ② 다른 사자(使者). べっし ① special envoy ② another envoy

별사[別事] 다른 일. 딴 일. べつじ different matter

별사[別辭] ① 이별의 인사. 이별의 말. べつじ ② 그 밖의 말. ① farewell speech

별석[別席] 따로 마련한 자리. べっせき special seat

별설[別設] 특별히 마련함. =특설(特設). special installment

별세[別世] 이 세상을 떠남. =기세(棄世)・하세(下世). death

별세계[別世界] ① 이 세상이 아닌 딴 세상. ② 현실과는 동떨어진 환경. =별천지(別天地). ③ 자기가 있는 곳과는 아주 다른 환경이나 사회. べっせかい another world

별쇄[別刷] ① 본문과는 달리 다른 종이에 인쇄하는 일. 또는 인쇄한 것. ② 잡지 등의 어느 한 부분만을 따로 인쇄하는 일. 또는 그 인쇄한 것. べつずり offprint

별수[別數] ① 썩 좋은 운수. ② 별다른 방법. 「~없다」 ③ 별의별 방법. 온갖 수단. ① special luck ② special method ③ every means

별수단[別手段] ① 특별한 수단. ② 별의별 수단. 「~을 다 써 보다」 ① special means ② every means

별식[別食] 늘 먹는 것과는 다른 특별한 음식. special dish

별실[別室] 딴 방. 특별히 마련된 방. べっしつ special room

별안간[瞥眼間] 눈 깜짝할 동안. 갑자기. suddenly

별양[別樣] ⇨별반(別般).

별연죽[別煙竹] 특별히 잘 만든 담뱃대.

별유천지[別有天地] ⇨별세계(別世界).

별의[別意] ① 딴 뜻. 다른 생각. ② 이별을 아쉬워하는 마음. べつい ① any other intention

별인[別人] ① 별난 사람. ② 본인이 아닌 다른 사람. べつじん ② different person

별자[別者] ① 별나게 생겼거나 별난 짓을 하는 사람. ② 별나게 생긴 물건.

별장[別莊] 살림집 외에 경치 좋은 곳에 따로 마련한 집. =별저(別邸). べっそう villa

별장[別章] ① 다른 장(章). ② 이별의 아쉬움을 나타낸 시문(詩文). ① different chapter

별재[別才] 특별한 재주. 또는 그런 재주를 가진 사람. べっさい special talent

별전[別奠] 조상에게 임시로 지내는 제사.

별전[別殿] 본전(本殿) 밖에 따로 지은 전각(殿閣). べつでん annexed palace

별정직 공무원[別定職公務員] 공무원법상 특수 경력직의 국가 공무원. 국회 수석 전문 위원, 특별시・광역시・도선거 관리 위원회의 상임 위원 및 감사원의 사무 차장, 국가 정보원 기획 조정 실장, 각급 노동 위원회 상임 위원, 해양 안전 심판원의 원장 및 심판관 등이 이에 속함. officials in special government service

별제[別製] 특별히 공들여 만듦. 또는 그 물건. =특제(特製). べっせい special make

별종[別種] ① 다른 종자. ② 다른 종류. ③ ⇨별자(別者). べっしゅ ① different seeds ② different kinds

별주[別酒] ① 이별을 아쉬워하며 마시는 술. ② 특별한 방법으로 빚은 술. ① farewell drink ② special wine

별증[別症] 어떤 병을 앓는 동안에 생기는 다른 증세. intercurrent disease

별지[別紙] ① 다른 종이. ② 서류 등에 따로 덧붙인 문서. べっし annexed paper

별차[別差] 이렇다 할 두드러진 차이. 「~ 없다」 great difference

별찬[別饌] 특별히 잘 만든 반찬. special dish

별책[別册] 잡지나 전집 등의 부록으로 따로 된 책. 「~ 부록(附錄)」 べっさつ separate volume

별천지[別天地] ⇨별세계(別世界). べってんち

별체[別體] ① 양식 등이 다른 것. ② 한자(漢字)에서, 표준으로 삼는 자체(字體)에 대해서 고자(古字)·속자(俗字)·약자(略字) 등을 이르는 말. べったい ① special style

별취[別趣] ① 별다른 취미. ② 마음가는 것이 다름. 취향(趣向)이 다름. ① peculiar taste ② different taste

별치[別置] ① 따로 둠. ② 특별히 설치함. ① setting aside

별칭[別稱] 다른 호칭. 달리 부르는 이름. =별명(別名). べっしょう byname

별택[別擇] 특별히 가려 뽑음. special choice

별파[別派] 다른 유파(流派). べっぱ different party

별편[別便] ① 따로 부치는 편지. べつびん ② 딴 인편(人便)이나 차편(車便).

별표[別表] 따로 덧붙인 표(表). べっぴょう attached table

별품[別品] ① 딴 물품. ② 별스러운 물품.

별한[別恨] 이별의 아쉬움 헤어실 때의 안타까운 마음. =이한(離恨). べつこん sorrow of parting

별항[別項] 다른 조항이나 항목. べっこう another section

별행[別行] 따로 잡아서 쓰는 글의 줄. べつぎょう new line

별호[別號] ① 딴 이늠. =별칭(別稱). ② 본이름 외에 따로 지어 부르는 이름. =아호(雅號). べつごう ② pen name

별후[別後] 이별한 이후. べつご

병:[丙]* 셋째 천간 병: 셋째 천간. 「丙子(병자)·丙寅(병인)·丙午(병오)」 ヘイ·ひのえ

병[兵]* ① 군사 병: 군사. 「兵家(병가)·兵力(병력)·兵丁(병정)·將兵(장병)·步兵(보병)」 ② 무기 병: 무기. 「兵器(병기)·兵甲(병갑)·兵馬(병마)」 ③ 전쟁 병: 전쟁. 「兵火(병화)·兵備(병비)·兵船(병선)」 ヘイ·ヒョウ ①② つわもの ③ いくさ

병:[幷] 아우를 병: 아우르다. 합하다. 「幷有(병유)·幷呑(병탄)·幷合(병합)」 ヘイ・あわせる

병:[倂] ① 나란할 병: 나란히 하다. 「倂進(병진)·倂發(병발)·倂起(병기)」 ② 합할 병: 합하다. 「倂合(병합)·倂力(병력)」 ヘイ ① ならぶ ② あわせる

병:[秉] 잡을 병: 잡다. 「秉權(병권)·秉軸(병축)」 ヘイ

병:[柄] ① 자루 병: 자루. 「斗柄(두병)」 ② 권세 병: 권세. 「柄授(병수)·柄臣(병신)·柄用(병용)·權柄(권병)」 ヘイ ① え

병:[炳] 밝을 병: 밝다. 「炳然(병연)·炳映(병영)·炳耀(병요)」 ヘイ

병:[病]* ① 병들 병: 병들다. 「病菌(병균)·病院(병원)·疾病(질병)·病毒(병독)·身病(신병)」 ② 병통 병: 병통. 「病痛(병통)·病苦(병고)」 ビョウ・ヘイ ① やまい

병:[竝]☆ 아우를 병: 아우르다. 「竝有(병유)·竝立(병립)·竝用(병용)」 ヘイ

병:[屛]☆ ① 병풍 병: 병풍. 「屛風(병풍)·屛風石(병풍석)」 ② 울타리 병: 울타리. 「屛面(병면)·屛藩(병번)」 ③ 덮을 병: 덮다. 「屛氣(병기)·屛息(병식)」 ヘイ・ビョウ ② へい・かき

병[瓶] 병 병: 병. 「花瓶(화병)·瓶盆(병분)·瓶花(병화)」 ビン・ヘイ・びん

병[餠] 떡 병: 떡. 「餠師(병사)·餠餡(병함)·煎餠(전병)」 ヘイ・もち

병가[兵家] ① 병법에 밝은 사람. ② 군사(軍事)에 종사하는 사람. ③ 중국 전국 시대의 제자백가(諸子百家)의 하나로, 병술(兵術)을 논하던 학파. へいか
① strategist ② military man

병:가[病家] 병자가 있는 집. = 환가(患家). びょうか
patient's house

병:가[病暇] 병으로 말미암은 휴가. びょうか sick leave

병가상사[兵家常事] 전쟁에서 이기고 지는 일은 흔히 있는 일이라는 뜻으로, 실패는 흔히 있으니 낙심하지 말라는 비유. 「한 번 실수는 ~」

병:감[病監] 병든 죄수를 수용하는 감방. びょうかん
patient's cell

병갑[兵甲] ① 무기와 갑옷. ② 무장한 병사. へいこう
① armor

병:객[病客] ① 늘 병을 앓는 사람. ② ⇨병자(病者).

병거[兵車] 전쟁에 쓰이는 수레. へいしゃ chariot

병거[屛居] 속세를 등지고 집에만 틀어박힘. へいきょ
retirement

병:견[竝肩] 어깨를 나란히 함. =비견(比肩). equality

병:결[病缺] 병으로 결근하거나 결석함. びょうけつ
absence due to sickness

병:겸[倂兼] 한데 아울러서 겸함. 「재색(才色) ~」 combine

병:고[病苦] 병으로 말미암은 고통. =질고(疾苦). びょうく
pain of sickness

병:고[病故] 병에 걸린 사고. =질고(疾故).

빙:골[病骨] 병이 잦은 허약한 몸. 또는 그런 사람. びょうこつ invalid

병과[兵戈] ① 전쟁에 쓰이는 창이라는 뜻으로 무기를 이르는 말. ② 전쟁. 헤이카 ① spear 兵戈

병과[兵科] ⇨병종(兵種). 헤이카 兵科

병:과[倂科] 동시에 몇 가지 형벌을 함께 지우는 일. 체형과 벌금형을 아울러 지우는 따위. 倂科

병:구[病軀] 병든 몸. びょうく sick body 病軀

병권[兵權] 군대를 통수(統帥)하는 권한. 헤이켄 military power 兵權

병:권[秉權] 권력을 장악함. coming into power 秉權

병귀신속[兵貴神速] 군사를 지휘하는 데는 신속히 행동하는 것이 중요하다는 뜻. 兵貴 神速

병:균[病菌] 병의 원인이 되는 세균. びょうきん germ 病菌

병:근[病根] ① 병의 근원. びょうこん ② 깊이 밴 나쁜 습관의 근본 원인. ① cause of a disease ② root of an evil 病根

병기[兵器] 전쟁에 쓰이는 모든 기구. 헤이키 arms 兵器

병:기[倂起] 두 가지 이상의 일이 한꺼번에 일어남. 헤이키 rising up together 倂起

병:기[並記·倂記] 함께 적음. 헤이키 recording together 並記 倂記

병기창[兵器廠] 병기를 만들거나 수리하는 공장. 헤이키쇼 arsenal 兵器廠

병단[兵端] 전쟁의 계기. =전단(戰端). 헤이탄 hostilities 兵端

병단[兵團] 어떤 작전을 수행하기 위해 몇 개의 사단(師團)을 합쳐서 편성한 부대. 헤이단 army corps 兵團

병:독[倂讀] 두 가지 이상의 책을 아울러 읽음. 헤이도쿠 倂讀

병:독[病毒] 병을 일으키는 독. びょうどく virus 病毒

병:동[病棟] 병원에서, 주로 병실이 있는 한 채의 건물. びょうとう ward 病棟

병란[兵亂] 나라 안에서 일어나는 난리. 헤이란 military disturbance 兵亂

병략[兵略] 군사상(軍事上)의 책략. =군략(軍略). 헤이랴쿠 stratagem 兵略

병량[兵糧] 군대가 먹을 양식. =군량(軍糧). ひょうろう supplies 兵糧

병력[兵力] ① 군대의 힘. ② 군대나 무기의 수효 따위를 종합한 전투력. =군력(軍力). 헤이료쿠 military strength 兵力

병:력[並力] 힘을 한데 합함. 並力

병:력[病歷] 이제까지 앓았던 병의 경력. びょうれき history of a case 病歷

병:렬[並列] ① 나란히 벌여 서거나 벌여 세움. ② 전지(電池) 따위를 같은 극(極)끼리 연결함. ↔직렬(直列). 헤이레쓰 ① arranging in a row ② parallel 並列

병:류[並流] 유동체(流動體)가 같은 방향으로 흐름. ↔향류(向流). 並流

병:리[病理] 병의 원인·발생·경과 등에 관한 이론. 「~학(學)」びょうり pathology 病理 論

병:립[並立] 나란히 섬. 헤이리쓰 standing side by side 並立

병마[兵馬] ① 병사와 군마(軍馬). ② ⇨군비(軍備). ③ 전쟁에 관련된 모든 것. 헤이바 ① soldiers and war-horses 兵馬

병:마[病魔] 병을 악마에 비유하여 이르는 말. びょうま 病魔

demon of ill health

병:막[病幕] 지난날, 전염병에 걸린 사람을 따로 수용하던 막사. isolated ward

병:맥[病脈] 병든 사람의 맥박. irregular pulse

병:명[病名] 병의 이름. びょうめい name of a disease

병:몰[病沒] 병으로 죽음. = 병사(病死). びょうぼつ death from an illness

병무[兵務] 병사(兵事)에 관한 사무. へいむ conscription affairs

병무 소집[兵務召集] 현역(現役)을 마친 장정에게 재교육을 시키기 위한 단기 소집. へいむしょうしゅう

병:발[倂發] 두 가지 이상의 일이 한꺼번에 발생함. へいはつ concurrence

병법[兵法] 전쟁을 하는 방법. へいほう tactics

병:벽[病癖] 병적(病的)인 버릇. びょうへき morbid habit

병변[兵變] ⇨병란(兵亂).

병:복[屛伏] 세상을 피하여 숨어 삶. retirement

병:부[病夫] ①병든 남편. ②병든 사내. びょうふ ① sick husband ② sick man

병비[兵備] 군사(軍事)에 관한 준비. =군비(軍備). へいび armaments

병사[兵士] ⇨군사(軍士). へいし

병사[兵舍] 병영(兵營) 안의, 병사(兵士)가 거처하는 집. = 병영(兵營). へいしゃ barracks

병사[兵事] ①군대나 전쟁에 관한 일. ②병역(兵役)에 관한 일. へいじ military affairs

병:사[病死] 병으로 죽음. = 병몰(病沒). びょうし death from an illness

병:사[病舍] 병자를 수용하는 건물. びょうしゃ infirmary

병:살[倂殺] 야구에서, 두 사람을 동시에 아웃시키는 일. へいさつ double play

병:상[病床] 병자의 침상. びょうしょう sickbed

병:상첨병[病上添病] 앓는 가운데 또 다른 병이 생김. complication

병:색[病色] 병든 사람의 안색. sickly appearance

병서[兵書] 병법(兵法)에 관한 책. へいしょ book on military tactics

병:서[竝書] 두 글자를 나란히 씀.

병:석[病席] 앓아 누워 있는 자리. =병상(病床). 「~에서 신음하다」 sickbed

병선[兵船] 전쟁에 쓰이는 배. =전함(戰艦). へいせん warship

병:설[竝設·倂設] 함께 설치함. へいせつ juxtaposition

병세[兵勢] 군사의 세력. =군세(軍勢). へいせい force

병:세[病勢] 병의 진행 상태. びょうせい condition of a disease

병:쇠[病衰] 병으로 쇠약해짐. びょうすい infirmity

병식[屛息] 섭이 나서 숨을 죽임. へいそく

병:신[病身] ①몸의 일부분이 온전하지 못하거나 기형인 사람. ②병을 앓거나 다쳐서 성하지 못한 몸. びょうしん ③ 제대로 모습을 갖추시 못했거나 짝이 갖추어지지 않은 물

건. ④ 변변치 못한 사람을 얕잡아 이르는 말.
① cripple ② sick body ③ defective thing ④ imbecile

병ː실[病室] 치료를 위해 환자를 따로 거처하게 하는 방. =병소(病所). びょうしつ 病室
sickroom

병ː안[病眼] 병이 난 눈. 病眼
sick eye

병액[兵厄] 전쟁으로 말미암은 재액(災厄). へいやく 兵厄
disasters of war

병ː약[病弱] ① 몸이 약하여 병을 자주 앓음. ② 병으로 몸이 약해짐. びょうじゃく 病弱
infirmity

병ː여[病餘] 병이 아직 완전히 낫지 않은 상태. 또는 병이 낫기는 하였으나 체력이 완전히 회복되지 않은 상태. 「~의 몸」 病餘
convalescence

병역[兵役] 군에 입대하여 복무하는 일. へいえき 兵役
military service

병영[兵營] 병사(兵士)가 집단으로 거처하는 곳. へいえい 兵營
barracks

병ː와[病臥] 병으로 자리에 누움. びょうが 病臥
being ill in bed

병ː욕[病褥] 병으로 누워 있는 자리. =병석(病席). びょうじょく 病褥
sickbed

병ː용[並用・併用] 아울러 같이 씀. へいよう 並用
using together

병원[兵員] 병사(兵士). 또는 병사의 수효. へいいん 兵員
military personnel

병원[病院] 병자(病者)를 진찰하고 치료해 주는 곳. びょういん 病院
hospital

병원[病原・病源] 병의 원인. 病原 병의 근원. 「~체(體)」 びょうげん cause of a disease

병원선[病院船] 의료 시설을 갖추고 이동하면서 상병자(傷病者)를 수용・치료하는 배. びょういんせん hospital ship 病院船

병ː유[並有・併有] 함께 아울러 가짐. へいゆう combine 並有

병인[兵刃] 칼・창 따위의 날이 있는 병기. へいじん 兵刃
weapons with blade

병ː인[病因] ⇨ 병원(病原). びょういん 病因

병ː자[病者] 병을 앓는 사람. びょうしゃ patient 病者

병ː자호란[丙子胡亂] 조선 인조(仁祖) 14년(1636)에 청나라가 쳐들어온 난리. 준호란(胡亂). 丙子胡亂

병ː작[並作] 소출(所出)을 지주와 절반씩 나누는 소작. 배메기. 並作

병장[兵長] 군대의 사병(士兵) 계급의 하나. 하사(下士)의 아래. へいちょう sergeant 兵長

병적[兵籍] ① 군인의 신분. =군적(軍籍). ② 군인의 신분에 관한 사항을 기록하는 장부. へいせき ① military status ② muster roll 兵籍

병ː적[病的] 정상이 아닌, 병이 든 것 같은 불완전한 상태. 「~인 신경질」 びょうてき morbidity 病的

병적[屛迹] 자취를 감춤. 屛迹
disappearing without a trace

병ː점[病占] 병이 빨리 나을지 빨리 낫지 않을지를 알아보는 점. divination of a disease 病占

병정[兵丁] 병역에 복무하는 장정. へいてい soldier 兵丁

병제[兵制] 군사(軍事)에 관한 제도. =군제(軍制). へいせ 兵制

병:제[竝製] 보통으로 만든 제품. ↔특제(特製). なみせい common article

병존[竝存] 함께 존재함. へいそん coexistence

병졸[兵卒] 하사관 이하의 군졸. =군사(軍士). へいそつ soldier

병:졸[病卒] ⇨병사(病死).

병:종[丙種] 차례나 등급을 갑·을·병·정 등으로 매길 때의 셋째 종류. へいしゅ the third class

병종[兵種] 군인을 그 임무에 따라 나눈 병과(兵科)의 종별(種別). へいしゅ arm

병:중[病中] 병으로 앓는 중. びょうちゅう during one's illness

병:증[病症] 병의 증세. びょうしょう case

병진[兵塵] 전쟁으로 인한 어지러운 분위기. =전진(戰塵). へいじん

병:진[竝進] 함께 나란히 나아감. へいしん keeping pace with

병:질[病質] 병의 성질. びょうしつ nature of a disease

병참[兵站] 전장(戰場)의 후방에서, 군수품·식량 따위의 보급이나 수송 등을 담당하는 임무. 또는 그 병과(兵科). 「~ 부대(部隊)」へいたん

병:창[竝唱] 악기를 타면서 동시에 노래를 부름. 또는 그 노래.

병:처[病妻] 병든 아내. びょうさい sick wife

병:처[病處] 몸의 병이 난 부분. =환부(患部). affected part

병:체[病體] 병든 몸. びょうたい sick body

병:충[病蟲] 농작물에 해를 입히는 벌레. びょうちゅう noxious insects

병:충해[病蟲害] 병균이나 병충으로 말미암은 농작물의 피해. びょうちゅうがい

병:치[倂置] 둘 이상의 것을 같은 곳에 두거나 동시에 설치함. へいち juxtaposition

병:칭[倂稱] 함께 일컬음. へいしょう ranking with

병:탄[倂呑] 남의 재물이나 영토를 한데 아울러서 자기 것으로 만듦. へいどん annexation

병:탈[病頉] 병을 핑계삼음.

병:탕[餅湯] 떡국.

병:태[病態] 병의 상태. =병상(病狀). びょうたい condition of a disease

병:패[病敗] ⇨병폐(病弊).

병:폐[病弊] 사물의 내부에 숨어 있는 폐단. 「자본주의의 ~」びょうへい evil

병:폐[病廢] 병으로 몸을 잘 쓰지 못하게 됨.

병:폐[病斃] 병으로 죽음. =병사(病死). びょうへい death from an illness

병풍[屛風] 방이나 마루에 둘러쳐서 무엇을 가리거나 바람을 막거나 하는 가리개. びょうぶ folding screen

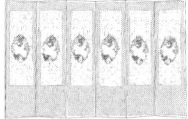

〔병풍〕

병학[兵學] 군사(軍事)에 관한 학문. =군학(軍學). へいがく military science

병:합[倂合] 둘 이상의 것을 하나로 합침. =합병(合倂). へいごう　　　　　　union 倂合

병:해[病害] 병으로 인한 가축이나 농작물의 피해. びょうがい　　　　　　blight 病害

병:행[竝行] ① 나란히 감. ② 둘 이상의 일을 한꺼번에 함. へいこう ① going abreast ② performing at the same time 竝行

병화[兵火] 전쟁으로 말미암은 화재. =전화(戰火). へいか　　　　　　war fire 兵火

병화[兵禍] 전쟁으로 말미암은 재화(災禍). へいか　　　　　　disasters of war 兵禍

병:환[病患] '병(病)'의 높임말. びょうかん　　　　illness 病患

보[甫] 클 보: ㅋ다. 「市甫(보보)·甫田(보전)」ホ·はじめ 甫田

보:[步]* ① 걸을 보: 걷다. 「步行(보행)·速步(속보)·步道(보도)·步兵(보병)·步調(보조)」② 운수 보: 운수. 「國步(국보)·天步(천보)」③ 발자취 보: 발자취. 길이의 단위 「步數(보수)·百步(백보)·步合(보합)」ホ·ブ ① あるく·あゆむ 步行 步調 百步

보:[保]* ① 보전할 보: 보전하다. 「保全(보전)·保有(보유)·確保(확보)·保安(보안)」② 기를 보: 기르다. 보육하다. 「保養(보양)·保育(보육)·保姆(보모)」③ 도울 보: 돕다. 「保佐(보좌)·隣保(인보)」ホ·ホウ ① たもつ 保全 保育 隣保

보[洑] ① 보막이 보: 보막이. 「洑坰(보동)·洑水稅(보수세)·洑主(보주)」② 물 스며 흐를 복: 물이 스며 흐르다. 「洑流(복류)」フク 洑水稅 洑主

보:[堡] 방축 보: 방축. 둑. 「堡砦(보채)·堡壘(보루)·堡聚(보취)·堡守兵(보수병)」ホ·ホウ·とりで 堡壘

보:[報]* ① 갚을 보: 갚다. 「報答(보답)·報酬(보수)·應報(응보)·果報(과보)」② 고할 보: 고하다. 알리다. 「報告(보고)·通報(통보)·報知(보지)·電報(전보)·速報(속보)·警報(경보)」ホウ ① むくいる 報答 報告

보:[普]☆ 두루 보: 두루. 널리. 「普遍(보편)·普洽(보흡)·普選(보선)·普通(보통)·普及(보급)」フ·あまねく 普遍 普及

보[菩] ① 보리나무 보: 보리수. 「菩提樹(보리수)」② 보살 보: 보살. 「菩薩(보살)·菩薩乘(보살승)」ボ 菩薩

보:[補]☆ ① 도울 보: 돕다. 「補助(보조)·補佐(보좌)」② 기울 보: 깁다. 「補綴(보철)·補添(보첨)」③ 보탤 보: 보충하다. 「補完(보완)·補充(보충)」ホ ② おぎなう 補助 補充

보[褓] 포대기 보: 포대기. 「褓子了(보사)·襁褓尙(보부상)·褓商(보상)·褓乳(보유)」ホウ 褓子

보:[輔] ① 도울 보: 돕다. 「輔佐(보좌)·輔弼(보필)·輔行(보행)」② 수레 덧방나무 보: 수레의 부속. 「보거상의(輔車相依)」ホ·フ ① たすける 輔佐

보:[譜]☆ ① 계보 보: 계보. 「族譜(족보)·系譜(계보)·譜牒(보첩)·世譜(세보)」② 문서 보: 문서. 「年譜(연보)·印譜(인보)」③ 악보 보: 악보. 「樂譜(악보)·音譜(음보)·曲譜(곡보)」フ ② かきもの 族譜

보:[寶]☆ ① 보배 보: 보배. 「寶物(보물)·國寶(국보)·寶山(보산)·珍寶(진보)·財寶(재보)」② 귀할 보: 귀하다. 「寶 財寶 寶典

典(보전)·寶馬(보마)·寶書(보서)」③돈 보:돈.「寶貨(보화)」ホウ ①たから

보:가[保家] 한 집안을 보전함. 保家
preservation of a family

보:가[寶駕] 임금이 타는 수레. 寶駕
=대가(大駕). ほうが
king's palanquin

보:각[補角] 두 각(角)의 합이 補角
180°를 이룰 때 한쪽 각을 다른 각에 대하여 이르는 말.
ほかく supplementary angle

보:감[寶鑑] 본보기가 될 만한 寶鑑
사물. 또는 그런 것을 적은 책. ほうかん thesaurus

보:강[補強] 모자라거나 약한 補強
것을 보충해서 강하게 함.
「~ 공사(工事)」ほきょう
reinforcement

보:강[補講] 결강(缺講)이나 補講
휴강(休講)을 보충하기 위하여 강의함. 또는 그 강의. ほこう supplementary lecture

보:강 증거[補強證據] 동일한 補強證據
사실을 증명하기 위한, 성질을 달리하는 다른 증거. ほきょうしょうこ corroboration

보:거상의[輔車相依] 수레의 輔車相依
덧방나무와 바퀴가 서로 이지한다는 뜻으로, '떨어질 수 없는 관계를 맺고 서로 돕고 의지함'을 이르는 말. ほしゃあいよる mutual dependence

보:건[保健] 건강을 유지해 나 保健
가는 일.「~ 사업(事業)」ほけん preservation of health

보:건소[保健所] 질병의 예방 保健所
과 진료 및 공중 보건의 향상을 위하여 시·군·구에 설치된 공공 의료 기관. ほけんじょ health center

보:검[寶劍] 보배로운 검(劍). 寶劍
=보도(寶刀). ほうけん
treasured sword

보:결[補缺] 빈자리를 채움. 補缺
「~ 시험(試驗)」ほけつ
supply of deficiency

보:결생[補缺生] 결원(缺員) 補缺生
이 생겨 보결로 들어간 학생.
ほけつせい standby student

보:계[寶戒] 귀중한 계율(戒律). ほうかい 寶戒
precious precepts

보:고[報告] 윗사람이나 감독 報告
기관에 사정이나 결과 따위를 알림. ほうこく report

보:고[寶庫] ①귀중한 재물을 寶庫
넣어 두는 창고. ②유용한 것이 많이 나거나 있는 곳.「광산물의 ~」ほうこ ①treasure-house ②resources

보:과[報果] 한 일의 보람. 또 報果
는 그 결과. reward

보:관[保管] 물건을 맡아서 관 保管
리함.「~ 창고(倉庫)」ほかん safekeeping

보:관[寶冠] 보석으로 장식한 寶冠
관. ほうかん crown

보:구[報仇] 앙갚음. ほうきゅう 報仇
revenge

보:국[報國] 충성을 다하여 나 報國
라의 은혜에 보답함. ほうこく patriotism

보:국[輔國] 나라일을 도움. 輔國
「~ 안민(安民)」

보:궐[補闕] 빈자리를 채움. 補闕
ほけつ supply of deficiency

보:궐 선:거[補闕選擧] 의원의 選擧
결원을 보충하기 위한 임시 선거. 준말보선(補選). ほけつせんきょ
election to fill a vacancy

보:균[保菌] 병균(病菌)을 몸 保菌
에 지니고 있음.「~자(者)」
ほきん carrying germs

보:급[普及] 세상에 널리 퍼져 普及

거나 쓰이게 됨. ふきゅう spread

보:급[補給] 모자라거나 떨어진 물자(物資)를 대어 줌. 「식량(食糧) ~」 ほきゅう 補給 supply

보:급선[補給線] 전선(戰線)으로 무기나 식량 따위를 보급하는 교통로(交通路). ほきゅうせん 補給線 交通路 supply line

보:급판[普及版] 널리 보급시키기 위해 처음 나온 책보다 종이의 질을 낮추거나 하여 값을 싸게 매긴 출판물. ふきゅうばん 普及版 popular edition

보:기[步騎] 보병과 기병. ほき 步騎 infantry and cavalry

보:기[補氣] 약이나 음식 따위를 먹어 기운을 도움. =보원(補元). 補氣 strengthening

보:기[寶器] 보배로운 그릇. ほうき 寶器

보:기[bogey] 골프에서, 기준 타수(打數)보다 하나 많은 타수로 공을 홀(hole)에 넣는 일. 보기— 打數

보난자그램[bonanzagram] 빈 칸에 적당한 문자(文字)나 단어를 넣어 문장을 완성시키는 퀴즈의 하나. ボナンザグラム 文字

보:너스[bonus] 상여금(賞與金). ボーナス 賞與金

보닛[bonnet] ① 턱 밑에서 끈을 매게 된 여자·어린이용 모자(帽子). ② 자동차의 앞 엔진 덮개. ボンネット 帽子

보:답[報答] 남의 호의에 대해서 답례를 함. ほうとう 報答 recompense

보:더라이트[borderlight] 무대 천장에 일렬로 달아 놓아 무대 전체를 고르게 비추는 조명등(照明燈). ボーダーライト 照明燈

보:더라인[border line] 경계선(境界線). ボーダーライン 境界線

보:덕[報德] 남의 은덕을 갚음. ほうとく 報德 requital

보:도[步度] 걸음의 속도나 보폭(步幅)의 정도. ほど pace 步度

보:도[步道] 사람이 다니도록 차도와 구별하여 만들어 놓은 길. =인도(人道). ほどう 步道 sidewalk

보:도[報道] 신문·방송 등에서 국내외의 새 소식을 널리 알리는 일. 「~ 기관(機關)」 ほうどう 報道 機關 report

보:도[輔導] 도와서 바른 길로 이끎. 「불량아(不良兒)의 ~」 はとう 輔導 guidance

보:도[寶刀] 보배로운 칼. ほうとう treasure sword 寶刀

보:독[報毒] 원한을 앙갚음함. revenge 報毒

보드빌[프 vaudeville] 춤·노래·촌극 등을 엮은 가볍고 풍자거리인 희가극(喜歌劇). ボードビル 喜歌劇

보드카[러 Vodka] 러시아 특산의 호밀 따위로 만든 증류주(蒸溜酒). ウオツカ 蒸溜酒

보디가드[bodyguard] 신변을 호위하는 사람. 경호원(警護員). ボディーガード 警護員

보디블로[body blow] 권투에서, 배와 가슴 부분을 치는 일. ボディーブロー 拳鬪

보디빌딩[body building] 역기·아령 등으로 골격(骨格)과 근육을 발달시키는 운동. ボディービルディング 骨格

보디워:크[bodywork] 권투에서, 상반신(上半身)의 동작. 上半身

보:랑[步廊] 건너다니는 복도. 步廊

보:령[寶齡] 임금의 나이. =寶算 보산(寶算). king's age

보:례[補禮] 급한 사정으로 온전한 예식을 갖추지 못하고 약식으로 거행한 성세(聖洗)나 성사(聖事)를 나중에 보충하는 예식. 補禮

보:록[譜錄] 악보(樂譜)를 모아서 실은 책. 譜錄

보:루[堡壘] ① 적의 공격을 막기 위해 쌓은 진지. ② 무엇을 지키기 위한 튼튼한 방벽(防壁)의 비유. 「민주주의의 ~」ほうるい ① fort 堡壘

보:류[保留] 결정하지 않고 뒤로 미룸. =유보(留保). ほりゅう reservation 保留

보:류[補流] 여러 가지 원인으로 다른 곳으로 이동한 해수(海水)를 보충하기 위해 다른 곳으로부터 그 자리로 흘러드는 해류(海流). ほりゅう 補流

보르도[프 Bordeaux] 프랑스 보르도 지방에서 나는 포도주(葡萄酒). 葡萄酒

보리[菩提 ← Bodhi 범] ① 번뇌와 욕망을 뛰어넘은 깨달음의 경지(境地). ② 불과(佛果)를 얻어 극락 왕생(極樂往生)하는 일. ぼだい 菩提 大悟 佛門

보리성[菩提聲] 염불하는 소리. ぼだいごえ 菩提聲

보리수[菩提樹] ① 피나뭇과의 낙엽 교목. 높이 3～6m로 7일경에 누런 꽃이 핌. 중국 원산. ② 뽕나뭇과의 상록 교목. 높이 30m에 이름. 석가가 이 나무 밑에서 깨달음을 얻었다고 전해짐. ぼだいじゅ ① linden ② bo tree 菩提樹

보리심[菩提心] 불교의 구도심(求道心). ぼだいしん 菩提心

보:린[保隣] 이웃끼리 서로 도움. mutual help among neighbors 保隣

보:링[boring] ① 시추(試錐). ② 구멍을 뚫는 일. 천공(穿孔). ボーリング 試錐

보:링머신[boring machine] 구멍이나 원통(圓筒)의 안쪽을 깎는 공작 기계. ボーリングマシン 圓筒

보메[프 Baumé] ① 부칭(浮秤)의 한 가지. ② 액체의 비중을 재는 단위. 섭씨 60도의 물의 비중을 10으로 함. ボーメ 浮秤

보:명[保命] 목숨을 보전함. life conservation 保命

보:모[保姆] 유치원·보육원의 여자 선생. ほぼ kindergartener 保姆

보:무[步武] 걸음걸이. 「~ 당당(堂堂)한 행진」ほぶ marching steps 步武

보:물[寶物] 보배로운 물건. =보재(寶財). ほうもつ・たからもの treasure 寶物

보:배[←寶貝] 썩 귀하고 소중한 물건. =보재(寶財). treasure 寶貝

보:법[步法] 걷는 법. manner of walking 步法

보:병[步兵] 육군의 병종(兵種)의 하나. 소총·기관총·수류탄 등을 가지고 총격전이나 백병전(白兵戰)을 함. ほへい infantry 步兵

보:보[步步] 걸음걸음. 걸음마다. 「~ 행진(行進)」ほほ step by step 步步

보:복[報復] 앙갚음. =복수(復讐). ほうふく revenge 報復

보:본[補本] 밑진 본전을 채움. recovery of a loss 補本

보:본[報本] 천지(天地)나 조상 報本

의 은혜를 갚음. 「~반시(反始)」ほうほん

보:부상[褓負商] 지난날의 봇짐 장수와 등짐 장수를 아울러 이르던 말. =부보상(負褓商). 褓負商 peddler

보:부족[補不足] 부족한 것을 채움. 補不足 supplement

보:비[補庇] 보호하고 돌보아 줌. 補庇 protection

보:비[補肥] 농작물이 성장하는 도중에 주는 비료. 덧거름. =추비(追肥). ほひ 補肥 additional fertilizer

보:비[補裨] 모자라는 것을 도와서 보탬. =보조(補助). 補裨 assistance

보:비위[補脾胃] ① 위(胃)의 기운을 보함. ② 남의 비위를 잘 맞춤. 補脾胃 ① strengthening of one's stomach and spleen ② flattery

보빈[bobbin] ① 통 모양이나 막대 모양의 실패. ② 재봉틀의 밑실을 감은 실패를 넣는 통. ボビン 木管

보·빙[報聘] 납례(答禮)로써 외국을 방문함. 報聘

보:사[步射] 지난날, 활쏘기나 총쏘기를 할 때, 달음질하면서 과녁을 향해 쏘던 일. 步射

보:사[報謝] 물품 따위를 보내어 은혜에 보답함. ほうしゃ 報謝 requital

보:산[寶算] 임금의 나이. =보령(寶齡). ほうさん 寶算 king's age

보살[菩薩] ① 부처의 다음 가는 성인(聖人). ② 보살승(菩薩乘)의 준말. ③ 늙은 신녀(信女). 보살할미. ④ 고승(高僧)을 높여 이르는 말. ぼさつ ① bodhisattva ③ old 菩薩 高僧 she·Buddhist

보살승[菩薩乘] 삼승(三乘)·오승(五乘)의 하나. 보살이 그것에 의하여 수행함으로써 부처가 되는 교법(敎法). 준 보살(菩薩). 菩薩乘

보:상[報償] ① 손해를 보상(補償)함. ② ⇨보복(報復). ほうしょう ① compensation 報償

보:상[補償] ① 남에게 끼친 손해를 돈으로 갚아 줌. ② 행정 처분에 따라 국민에게 입힌 손해를 갚아 줌. ほしょう ① compensation ② indemnity 補償代價

보:색[補色] 혼합했을 때 무채색이 되는 두 색을 서로 일컫는 말. =여색(餘色). ほしょく complementary color 補色

보:석[保釋] 일정한 보증금을 내게 하고 구류 중인 형사 피고인을 석방하는 일. 「~금(金)」ほしゃく bail 保釋

보:석[寶石] 희귀하고 빛깔·광택이 아름다워 장식품으로 쓰이는 광석. =보옥(寶玉). ほうせき jewel 寶石

보:선[保線] 철도의 선로를 안전하게 보전함. 「~ 공사(工事)」ほせん maintenance of way 保線

보:선[補選] 보궐 선거(補闕選擧)의 준말. ほせん 補選

보:선[普選] 보통 선거(普通選擧)의 준말. ふせん 普選

보:섭[步涉] 길을 걷고 물을 건넘. ほしょう walking and wading 步涉

보세[洑稅] 보수세(洑水稅)의 준말. 洑稅

보:세[保稅] 수입세(輸入稅)의 부과가 보류되는 상태. 「~창고(倉庫)」ほぜい 保稅倉庫

보:세 가공[保稅加工] 외국으 保稅

로부터 수입한 원자재를 보세 加工 된 상태에서 가공하여 다시 輸出 수출하는 일. ほぜいかこう
bonded processing

보ː세 지역[保稅地域] 세관(稅 保 稅 關) 구내에 설치되며, 외국으 地 域 로부터 수입한 화물을 보세 된 상태에서 보관할 수 있는 지역. ほぜいちいき
bonded area

보ː세 화ː물[保稅貨物] 수입세 保 稅 의 부과가 보류되는, 아직 통 貨 物 관 절차가 끝나지 않은 외국 화물. ほぜいかもつ
bonded goods

보ː소[譜所] 족보를 만들기 위 譜 所 해 임시로 마련한 사무소.

보ː속[步速] 걷는 속도. ほそ 步 速 く　　　pace

보ː속[補贖] 가톨릭에서, 지은 補 贖 죄 때문에 일어난 나쁜 결과 를 보상하는 일.

보ː수[步數] 걸음의 수효. ほ 步 數 すう　　number of steps

보ː수[保手] 보증 수표(保證手 保 手 票)의 준말.

보ː수[保守] ①정상 상태를 유 保 守 지하는 일. ②재래(在來)의 제 도나 전통을 존중하여 그대 로 지킴. 또는 그 당파. 「~주 의(主義)」 ほしゅ　　 主 義
conservatism

보ː수[補修] 낡았거나 부서진 補 修 부분을 손질함. 「~ 공사(工 事)」 ほしゅう　　　 repair

보ː수[報酬] 노력의 대가나 사 報 酬 례로 주는 금품. ほうしゅう
remuneration

보ː수[報讐・報讎] 앙갚음. = 報 讐 보복(報復). ほうしゅう
revenge

보ː수당[保守黨] 보수주의를 신 保守黨 봉하는 정당. ほしゅとう
conservative party

보수세[洑水稅] 봇물을 이용하 洑水稅 고 그 대가로 내는 돈이나 곡 식. =수세(水稅). ⓒ보세(洑 稅).

보스[boss] 두목. 우두머리. 영 頭 目 수(領袖). 「정계(政界)의 ~」 ボス

보스턴백[Boston bag] 여행용 旅行用 의 작은 손가방. ボストン バッグ

보ː습[補習] 정규 학습의 부족 補 習 을 보충해서 익힘. 「~ 교육」 補 充 ほしゅう　　 教 育
supplementary lessons

보ː시[布施] 절에 돈이나 물품 布 施 을 베풂. ふせ　　almsgiving

보ː시[報施] 보답하여 베풂. ほ 報 施 うし　repaying an obligation

보ː시[普施] 은혜를 널리 베풂. 普 施
bestowing favors

보ː식[補植] 빈 자리에 보충해 補 植 서 심음. ほしょく
supplementary planting

보ː신[保身] 몸의 안전을 꾀함. 保 身 「~술(術)」 ほしん
self-protection

보ː신[補身] 보약이나 영양이 補 身 많은 음식으로 몸을 보함.
nurturing

보ː신[補腎] 보약 등으로 정력 補 腎 (精力)을 도움.
invigoration by taking tonics

보ː신지책[保身之策] 몸의 안 保 身 전을 꾀하는 계책. ⓒ보신책 之 策 (保身策). ほしんのさく
ways of self-protection

보ː신탕[補身湯] 몸을 보하는 補身湯 탕국. 흔히 개장국을 이름.

보아[boa] 남아메리카 열대산 (熱帶産)의 큰 뱀. 길이 5.5 m 熱帶産 에 이르는 것도 있으나 보통 3 m 정도임. ボア

보:안[保安] ① 안전을 유지하는 일. ② 사회의 안녕 질서를 지키는 일. 「~경찰」ほあん 保安 preservation of public peace

보:안[保眼] 눈 또는 시력을 보호함. 「~경(鏡)」 保眼 protection of eyes

보:안림[保安林] 공중(公衆)의 이익을 위해 나라에서 보호하는 수풀. =보존림(保存林). ほあんりん 保安林 公衆 reserved forest

보:약[補藥] 몸의 원기를 돕는 약. =보제(補劑). ほやく・おぎないぐすり 補藥 tonic

보:양[保養] 심신(心身)을 편안히 하여 건강의 유지나 회복을 꾀함. =양생(養生). ほよう 保養 health preservation

보:양[補陽] 몸의 양기를 부함. ↔보음(補陰). aiding virility 補陽

보:어[補語] 주어(主語)와 술어(述語)의 부족한 점을 보완하는 구실을 하는 말. '나는 학생이 아니다'에서 '학생이' 따위. 기움말. ほご 補語 complement

보:옥[寶玉] ⇨보석(寶石). ほうぎょく 寶玉

보:온[保溫] 일정한 온도를 유지함. ほおん keeping warmth 保溫

보:온병[保溫瓶] 겹으로 된 유리병이나 스테인리스 병 사이를 진공(眞空)으로 하여, 내용물이 장시간 일정한 온도를 유지하게 하는 병. 保溫瓶 thermos bottle

보:완[補完] 모자라는 것을 보충하여 완전하게 함. ほかん 補完 supplement

보:우[保佑] 보호하여 도움. ほゆう 保佑 protection

보:원[補元] 원기를 도움. =보기(補氣). 補元 invigorating

보:원[報怨] 앙갚음. =보복(報復). revenge 報怨

보:위[保衛] 보호하여 지킴. ほえい defense 保衛

보:위[寶位] 제왕의 자리. =보조(寶祚). ほうい throne 寶位

보:유[保有] 보전하여 가짐. 지니고 있음. ほゆう retention 保有

보:유[補遺] 빠진 것을 보충함. ほい addendum 補遺

보:육[保育] 어린아이를 보호하고 양육함. 「~원(園)」ほいく 保育 nurture

보:은[報恩] 은혜에 보답함. ↔배은(背恩). ほうおん gratitude 報恩

보:음[補陰] 몸의 음기(陰氣)를 보함. ↔보양(補陽). 補陰

보:응[報應] ⇨응보(應報). 報應

보:이[boy] ① 소년(少年). ② 심부름하는 사내아이. ボーイ 少年

보:이 소프라노[boy soprano] 변성기(變聲期) 전의 소년의 높은 목소리. 또는 그 음역의 소년 가수. ボーイ ソプラノ 變聲期

보:이 스카우트[Boy Scouts] 1908년에 창설(創設)된 국제적인 소년 단체. ボーイ スカウト 少年團

보:이콧[boycott] ① 불매 동맹(不買同盟). ② 단결하여 배척하는 일. ボイコット 排斥

보:이 프렌드[boy friend] 남자 친구. ボーイ フレンド 親舊

보:익[補益] 보태어 도움. =비익(裨益). ほえき aid 補益

보:인[輔仁] 친구끼리 서로 격려하고 도우며 어진 품성을 기름. ほじん 輔仁

보일[voile] 평직(平織)으로 성기게 짠 얇은 여름 직물의 하나. ボイル 平織

보일러[boiler] ① 난방 등을 위하여 물을 끓이는 시설. ② 기 蒸氣

관(汽罐). ボイラー

보:일보[步一步] 한 발짝 한 발짝. 조금씩. ほいっぽ
　　step by step

보:임[補任] 어떤 직책을 맡겨 공무원으로 임명함. ほにん
　　appointment

보:장[保障] 장애가 없도록 보증함. 「신분(身分) ~」ほしょう
　　guarantee

보:장[寶藏] ① 소중히 보관함. ② 보물을 간직하는 창고. ほうぞう
　　treasury

보:재[寶財] ⇨보물(寶物). ほうざい

보:전[保全] 보호하여 안전하게 함. ほぜん preservation

보:전[補塡] 보태어 채움. = 전보(塡補). ほてん
　　compensation

보:전[寶典] ① 귀중한 책. ② 귀중한 불전(佛典). ③ 일상 생활에 편리하게 쓰이는 책. ほうてん
　　① precious book ③ handbook

보:정[補正] 모자라는 점을 보충하고 잘못된 것을 바르게 고침. 「~ 예산(豫算)」ほせい
　　revision

보:정[補整] 모자라는 점을 보충하고 다듬음. ほせい
　　rearrangement

보제[菩提] ⇨보리(菩提).

보:제[補劑] ① ⇨보약(補藥). ② 약효(藥效)를 돕거나 부작용을 막기 위하여 넣는 약제(藥劑).

보:조[步調] ① 걷는 걸음새. 특히 여러 사람이 함께 걸을 때의 걸음걸이. ② 여러 사람의 행동 통일의 상태. 「~를 맞추다」ほちょう
　　① pace ② acting in concert

보:조[補助] 부족한 점을 도와 줌. 「~금(金)」ほじょ
　　assistance

보:조부[補助簿] 주된 장부의 보조로 비치하는 장부. ほじょぼ
　　subsidiary book

보:조 화:폐[補助貨幣] 본위 화폐(本位貨幣)의 보조로 쓰이는 소액의 화폐. ほじょかへい
　　subsidiary money

보:족[補足] 보태어 덧붙임. ほそく
　　supplement

보:존[保存] 오래도록 잘 간직하여 탈이 없게 함. ほぞん
　　preservation

보:존 과학[保存科學] 문화재, 특히 미술품을 오래 보존하기 위한 방책을 연구하는 학문. ほぞんかがく
　　science of conservation

보:졸[步卒] ⇨보병(步兵). ほそつ

보:좌[保佐] 보호하여 도움. ほさ
　　assistance

보:좌[補佐] 상관을 도와 일을 처리함. ほさ
　　aid

보:좌[寶座] ① 임금이 앉는 자리. = 옥좌(玉座). ② 불상(佛像)을 안치(安置)하는 자리. = 연화좌(蓮花座). ほうざ
　　① throne

보:주[補註] 부족한 점을 보충한 주석(註釋). 또는 주석의 보충. ほちゅう
　　supplementary note

보:주[寶珠] ① 보배로운 구슬. ② ⇨여의주(如意珠). ほうしゅ
　　① gem

보:중[保重] 몸을 아끼어 잘 보전함.
　　preservation of one's health

보:증[保證] ① 책임을 지고 보장함. ② 채무의 뒷처리를 책

임짐. ほしょう guarantee
보:증 수표[保證手票] 은행이 발행하는 자기앞 수표. 준보수(保手). certified check 保證手票
보:지[保持] 간직하여 지님. 그대로 유지함. 「선수권을 ~하다」 ほじ maintenance 保持
보:지[報知] 알림. =통지(通知). ほうち information 報知
보:직[補職] 공무원에게 어떤 직책을 맡게 함. 또는 그 직책. 「총무 과장으로 ~되다」 ほしょく appointment 補職
보:채[堡砦] 적의 공격을 막기 위하여 쌓은 구축물. =보루(堡壘). ほうさい fort 堡砦
보:채[報債] 빚을 갚음. payment of one's debt 報債
보:처자[保妻子] 아내와 자식들을 안전하게 부양(扶養)함. maintaining the family 保妻子
보:천[普天] 넓은 세상. =천하(天下). 「~지하(之下)」 ふてん 普天
보:철[補綴] ①찢어진 곳 따위를 기움. ②보충하여 한데 모아 엮음. ③옛 사람의 자구(字句)를 꿰어 맞추어서 시문(詩文)을 지음. ほてい ④상한 이를 금속으로 싸거나 의치(義齒)를 해 박음. ほてつ 補綴
보:첨[補添] 덧붙여 채움. addition 補添
보:첩[譜牒] ⇨족보(族譜). 譜牒
보:청기[補聽器] 잘 들리지 않는 귀의 청력(聽力)을 보완하는 기구. ほちょうき hearing aid 補聽器
보:체[寶體] 귀중한 몸이라는 뜻으로, 편지 등에서 상대를 높여 이르는 말. 寶體
보:초[步哨] 군대의 경계·감시의 임무를 맡은 병사. 또는 그 일. 「~선(線)」 ほしょう sentry 步哨
보:충[補充] 부족한 것을 보태어 채움. 「~병(兵)」 ほじゅう supplement 補充 補充兵
보:측[步測] 일정한 보폭으로 걸어서 거리를 대충 잼. ほそく measuring by pace 步測
보:칙[補則] 법령의 규정을 보충하기 위해 만든 규칙. ほそく supplementary rules 補則
보:컬[vocal] 성악(聲樂). 가창(歌唱). ボーカル 歌唱
보:컬리스트[vocalist] 가수. 성악가(聲樂家). ボーカリスト 聲樂家
보코더[vocoder] 음성 송신(送信) 장치의 하나. ボコーダー 送信
보:크[balk] ①야구에서, 주자(走者)가 있는 경우에 투수가 범하는 반칙 행위. ②볼링에서, 투구(投球) 전에 파울선을 넘는 일. ボーク 走者
보:크라인[balkline] 육상에서, 트랙 종목의 출발선(出發線). 出發線
보:크사이트[bauxite] 알루미늄이 원료가 되는 광석. ボーキサイト 鑛石
보:타이[bow tie] 나비 넥타이. ボータイ
보:탄[補綻] 타진 곳을 기움. ほたん patching a tear 補綻
보:탑[寶塔] ①귀한 보옥으로 장식한 탑. ②다보탑(多寶塔). ほうとう 寶塔
보:태[補胎] 아이 밴 여자의 기력을 도움. 補胎
보:토[補土] 팬 땅을 흙으로 메움. supplement of earth 補土
보:통[普通] 별다르거나 드물거나 하지 않고 예사로움. =통상(通常). ↔특별(特別). ふつう ordinariness 普通
보:통 선:거[普通選擧] 자격의 選擧

제한 없이 모든 성인에게 선거권을 주는 선거 제도. 준보선(普選). ふつうせんきょ popular suffrage

보:트[boat] ① 서양식의 작은 배. ② 단정(端艇). ボート 端艇

보:트 피:플[boat people] 베트남 공산화 이후 자유를 찾아 작은 배로 해상 탈출한 표류 난민. 선상 난민(船上難民). ボート ピープル 船上難民

보:편[普遍] ① 모든 것에 두루 미침. ② 모든 것에 공통됨. 「~성(性)」ふへん ubiquity 普遍

보:편성[普遍性] 널리 일반적으로 통하는 성질. ふへんせい universality 普遍性

보:폭[步幅] 걸을 때의 두 발 사이의 너비. ほはば pace 步幅

보:표[譜表] 음표나 쉼표 따위를 적기 위한 다섯 줄의 평행선. 오선(五線). ふひょう score 譜表

보:필[輔弼] 임금의 정사(政事)를 도움. ほひつ assistance to the throne 輔弼

보:합[保合] 시세(時勢)가 큰 변동 없이 대체로 현상(現狀)을 유지하는 일. 「~세(勢)」もちあい steadiness 保合

보:해[補害] 손해를 메워서 채움. making up the loss 補害

보:행[步行] 걸어 감. 걸음걸이. 걷기. ほこう walking 步行

보:험[保險] ① 손해를 물어 주겠다는 보증. ② 불의(不意)의 사고로 생기는 손해를 보상하기 위하여, 계약자로부터 보험료를 받고 사고가 났을 때 정해진 액수의 보험금을 지급하는 계약. ほけん insurance 保險

보:험금[保險金] 계약에 따라 보험 회사가 피보험자에게 지급하는 돈. ほけんきん 保險金

insurance money
보:험료[保險料] 보험에 든 계약자가 정기적으로 보험 회사에 내는 요금. ほけんりょう 保險料

premium
보헤미안[Bohemian] ① 집시(gypsy). ② 세속(世俗)에 얽매이지 않고 자유 분방한 생활을 하는 사람. ボヘミアン 世俗

보:혈[補血] 약을 먹어 몸의 조혈 작용(造血作用)을 도움. 「~강장(强壯)」ほけつ 補血 强壯

보:호[保護] 잘 돌보아 지킴. 「~자(者)」 ほご protection 保護

보:호국[保護國] 조약에 따라 남의 나라의 보호를 받는 반주권국(半主權國). ほごこく protectorate 保護國

보:호 무:역[保護貿易] 국내의 산업을 보호하기 위해 관세 정책 등으로 국가가 수출입을 통제하는 무역. ほごぼうえき protective trade 保護貿易

보:호색[保護色] 동물이 주위의 색깔과 비슷한 몸빛을 함으로써, 외적으로부터 몸을 보호하는 빛깔. ほごしょく protective coloring 保護色

보:호조[保護鳥] 함부로 잡지 못하게 법으로 보호하고 있는 조류(鳥類). ほごちょう protected bird 保護鳥

복[卜]* ① 점 복:점.「占卜(점복)·卜師(복사)·卜術(복술)·卜債(복채)」② 짐바리 복:짐.「卜軍(복군)·卜馬(복마)·卜駄(복태)」ボク ① うらなう 卜 術

복[伏]* ① 엎드릴 복:엎드리다.「起伏(기복)·伏謝(복사)·伏願(복원)」② 숨을 복:숨다.「伏在(복재)·伏隱(복은)·伏兵(복병)」③ 복 복:복. 더 起 伏

위.「三伏(삼복)·初伏(초복)·伏中(복중)」④ 굴복할 복 : 굴복하다.「屈伏(굴복)·降伏(항복)」⑤ 따를 복 : 따르다.「伏罪(복죄)」フク ① ふせる·ふす

복[服]* ① 옷 복 : 옷.「衣服(의복)·服裝(복장)·制服(제복)·正服(정복)·服飾(복식)」② 좇을 복 : 좇다. 따르다.「服從(복종)·承服(승복)」③ 일할 복 : 일하다. 종사하다.「服務(복무)·服役(복역)」④ 먹을 복 : 먹다. 약을 먹다.「服藥(복약)·服用(복용)」フク

복[匍] 길 복 : 기다. 기어가다.「匍枝(복지)·匍匐(포복)」フク·はう

복[復]* ① 돌아올 복 : 돌아오다. 돌이키다.「回復(회복)·復權(복권)·復舊(복구)·收復(수복)」② 아뢸 복 : 아뢰다.「復命(복명)·復申(복신)·復答(복답)」③ 갚을 복 : 갚다.「報復(보복)·復讐(복수)」④ 거듭할 복 : 거듭하다.「反復(반복)」⑤ 다시 부 · 다시「復活(부활)·復生(부생)·復興(부흥)」フク ① かえる ⑤ また

복[腹]☆ ① 배 복 : 배.「腹部(복부)·腹帶(복대)·腹背(복배)·腹中(복중)」② 마음 복 : 마음. 마음 속.「腹案(복안)·腹心(복심)·腹稿(복고)」フク ① はら

복[僕] ① 종 복 : 종.「隸僕(예복)·僕夫(복부)·僮僕(동복)」② 마부 복 : 마부.「僕御(복어)」③ 다스릴 복 : 다스리다. 관리하다.「僕區(복구)」ボク ① しもべ

복[福]* 복 복 : 복. 행복.「壽福(수복)·福德(복덕)·萬福(만복)·幸福(행복)·福利(복리)·福祉(복지)·冥福(명복)·祝福(축복)·福音(복음)」フク·さいわい

복[複]☆ ① 겹옷 복 : 겹옷. 솜옷.「複衣(복의)」② 복도 복 : 복도.「複道(복도)」③ 겹칠 복 : 겹치다.「複數(복수)·複式(복식)·複窓(복창)·複合(복합)·重複(중복)」フク ③ かさねる·かさなる

복[蝠] 박쥐 복 : 박쥐.「蝙蝠(편복)」フク

복[輻] ① 바퀴살 복 : 바퀴의 살.「輻射(복사)·輻射熱(복사열)」② 바퀴통 폭 : 바퀴통.「輻輳(폭주)」フク ① や

복[覆] ① 가릴 복 : 가리다. 덮다.「覆蓋(복개)·被覆(피복)」② 되풀이할 복 ; 되풀이하다. 거듭하다.「覆考(복고)·覆審(복심)·覆按(복안)·覆奏(복주)」③ 뒤집을 복 : 뒤집다. 뒤집히다.「覆沒(복몰)·覆船(복선)·顚覆(전복)」フク ① おおう ③ くつがえす

복[馥] 향기 복 : 향기. 향기롭다.「馥郁(복욱)」フク

복각[複刻·覆刻] 판본(板本)을 다시 간행하는 경우, 원판(原版) 그대로 다시 새기는 일. 또는 그 판(版). ふっこく　reprint

복간[復刊] 정간(停刊) 또는 폐간(廢刊)되었던 정기 간행물을 다시 간행함. =속간(續刊). ふっかん　reissue

복강[腹腔] 척추동물의 몸에서 위·장·간장·췌장·신장 등의 내장이 들어 있는 부분. ふくこう　abdominal cavity

복개[覆蓋] 덮개. 또는 덮개를 덮음.「~ 공사(工事)」covering

복거[卜居] 살 곳을 가려서 정함. ぼっきょ
taking up one's residence

복거지계[覆車之戒] 앞의 수레가 엎어짐을 보고 자기 수레를 조심함. 곧, 남의 실패를 보고 자신을 경계하라는 말. ふくしゃのいましめ

복건[幞巾·幅巾] 도복에 갖추어서 쓰던 건. 현재는 어린 사내아이가 명절이나 돌날에 씀.

〔복건〕

복걸[伏乞] 엎드려 빎. 간절히 빎. 「애걸(哀乞)~」
begging with prostration

복계[復啓] 편지 답장 첫머리에 쓰는 말. =배복(拜復). ふくけい

복고[復古] ① 옛 상태로 돌아감. ② 과거의 체제나 전통 등을 본뜨려고 하는 일. ふっこ
restoration

복고[腹稿] 시문(詩文) 등의 초고를 마음 속으로 구상하는 일. 또는 그 구상. ふっこう
plan in one's mind

복고[覆考] 되풀이하여 조사고 생각함. ふっこう
reconsideration

복고여산[腹高如山] ① 부자가 배가 불러 교만함. ② 임신한 여자의 배가 몹시 부름.

복고조[復古調] 옛것으로 돌아가려는 경향. ふっこちょう
reactionary tendency

복공증[腹空症] 시장기. 헛헛증.
hunger

복과재생[福過災生] 너무 복에 겨우면 오히려 재앙이 생김.

복광[複光] 여러 빛깔의 단광(單光)이 섞여서 이루어진 빛.

복교[復校] 학교에 다시 다니게 됨. 「제대하고 ~하다」ふっこう
return to school

복구[復仇] 원수를 갚음. =복수(復讐). ふっきゅう revenge

복구[復舊] 그 전 상태로 돌아감. 「~ 공사(工事)」ふっきゅう
recovery

복구 현:상[復舊現象] 장애를 받았던 생물체가 다시 원상(原狀)으로 회복하는 현상. ふっきゅうげんしょう

복권[復權] 법률상의 상실된 자격이나 권리를 회복함. ふっけん rehabilitation

복권[福券] ① 제비를 뽑아 배당금을 받게 되는 증표(證票). ② 경품권(景品券).
lottery ticket

복궤[複軌] 두 가닥으로 된 궤도(軌道). ↔단궤(單軌).
double track

복귀[復歸] 본디의 상태나 제자리로 돌아옴. 「원대(原隊)~」ふっき return

복근[腹筋] 복벽(腹壁)을 이루는 근육. ふっきん
abdominal muscle

복기[復碁] 바둑의 경과를 검토하려고 다시 처음부터 돌을 놓아 가는 일.

복길[卜吉] 좋은 날을 가려서 정함.

복당[復黨] 제명(除名)당하거나 탈당한 당원이 다시 그 당의 당적을 가짐. ふくとう
rejoining the party

복당[福堂] 지난날, 감옥을 일컬어 이르던 말. prison

복대[腹帶] 임부(姙婦)의 배에 腹帶
감는 긴 띠. ふくたい・はら
おび　　　　　　belly band

복덕[福德] ①복과 덕. ②불교 福德
에서, 모든 선행. 또는 선행
으로 얻은 행복. ふくとく

복덕방[福德房] 지난날, 토지· 福德房
가옥 등의 매매나 대차(貸借) 貸借
를 주선해 주던 소개소. 현재
의 부동산 중개소.
　　　　　real estate agency

복도[複道] 방과 방, 집채와 집 複道
채 사이를 연결한 긴 마루.
=낭하(廊下).　　corridor

복도지[複圖紙] 설계도 따위를 複圖紙
밑에 깔고 모사(模寫)하는 데
쓰는 얇은 종이. 트레이싱 페이
퍼. ふくずし　tracing paper

복독[服毒] 독약을 마심. =음 服毒
독(飮毒). ふくどく
　　　　　　　taking poison

복독[複讀] 되풀이해서 읽음. 複讀
ふくどく　reading repeatedly

복락[福樂] 행복과 즐거움. ふ 福樂
くらく　happiness and pleasure

복량[服量] 약 떼위를 먹는 분 服量
량.　　　　　　　 dosage

복력[福力] 복을 누리는 힘. 福力
ふくりき

복령[茯苓] 소나무 뿌리에 기 茯苓
생하는 버섯의 한 가지. 한방
에서 약재로 씀. ふくりょう

복례[復禮] 예의를 따름. 예의 復禮
를 지킴. ふくれい
　　　　　observing decorum

복록[福祿] 행복과 봉록(俸祿). 福祿
ふくろく　happiness and stipend

복뢰[腹雷] ⇨복명(腹鳴). 腹雷

복룡[伏龍] 물 속 깊이 숨어 있 伏龍
는 용. 재능이 세상에 알려지
지 않은 대인물을 비유하는 말.
ふくりゅう・ふくりょう
　　　unknown talent or hero

복리[複利] 복리법으로 계산하 複利
는 이율. =복변리(複邊利).
↔단리(單利). ふくり
　　　　　compound interest

복리[福利] 행복과 이익. 「~ 福利
증진(增進)」ふくり　welfare

복리법[複利法] 일정 기간마 複利法
다 이자를 원금에 합치고, 그
합계액을 다음 기간의 원금으
로 하는 이자 계산법.
　　compound interest method

복마[卜馬] 짐을 실은 말. 卜馬
　　　　　　　　packhorse

복마전[伏魔殿] ①마귀가 숨 伏魔殿
어 있다는 전당. ②나쁜 음모 魔鬼
를 꾸미는 무리들이 있는 곳.
ふくまでん　pandemonium

복막[腹膜] 내장을 둘러싸고 腹膜
있는 뱃속의 막. 「~염(炎)」
ふくまく　　　peritoneum

복망[伏望] 웃어른의 처분을 伏望
엎드려 바람. begging humbly

복면[腹面] 배가 있는 쪽. 앞 腹面
쪽. ↔배면(背面).　　front

복면[覆面] 천 따위로 얼굴을 覆面
싸서 가림 또는 그 천. 「~ 강
도(強盜)」ふくめん　masking

복멸[覆滅] 뒤엎어져 망함. 뒤 覆滅
엎어 망하게 함. ふくめつ
　　　　　　　destruction

복명[復命] 명령에 따라 처리 復命
한 경과나 결과를 보고함.
「~서(書)」ふくめい　report

복명[腹鳴] 창자에 찬 가스나 腹鳴
액체 등으로 하여 뱃속에서
나는 소리. =복뢰(腹雷). ふ
くめい　　　　　rumbling

복모[伏慕] 웃어른을 엎드려 사 伏慕
모함. 「~지정(之情)」
　　　　　　　　adoration

복모음[複母音] 둘 이상의 모 複母音
음으로 된 소리. 'ㅑ·ㅒ·ㅕ·
ㅖ·ㅛ·ㅠ·ㅘ·ㅙ·ㅝ·ㅞ·

게・늬' 따위의 이중(二重) 모음. 겹홀소리. ↔단모음(單母音). ふくぼいん・ふくぼおん 單母音
diphthong

복몰[覆沒] ① 배가 뒤집혀 가라앉음. ② 집안이 망함. ふくぼつ ① capsize ② ruin 覆沒

복묘[覆墓] 장사지낸 사흘째 되는 날에 성묘(省墓)하는 일. ふくぼ 覆墓

복무[服務] 직무에 종사함. 「~규정(規程)」ふくむ service 服務

복문[複文] 한 문장 안에서 둘 이상의 절(節)이 주절(主節)과 종속절(從屬節)의 관계를 이루고 있는 글. 겹문장. ↔단문(單文). ふくぶん complex sentence 複文 從屬

복발[復發] 근심이나 설움이 다시 일어남. 「울음이 ~치다」 recurrence 復發

복방[複方] 일정한 처방에 따라 다른 약품을 섞은 약제. ↔단방(單方). ふくほう compound medicine 複方

복배[腹背] ① 배와 등. ② 앞면과 뒷면. ふくはい ① abdomen and back ② front and back 腹背

복배수적[腹背受敵] 앞뒤로 적의 공격을 받음. =복배대적(腹背對敵). being enveloped by the enemy 腹背受敵

복백[伏白] 엎드려 사뢴다는 뜻으로 편지에 쓰는 말. 伏白

복벽[復辟] 물러났던 임금이 다시 왕위(王位)에 오름. ふくへき restoration of the monarchy 復辟

복벽[腹壁] 뱃가죽의 안쪽. ふくへき abdominal wall 腹壁

복병[伏兵] 적을 기습하기 위하여 숨겨 놓은 병력. ふくへい ambush 伏兵

복복선[複複線] 철도에서, 복선 둘이 나란히 놓여 있는 선로. ふくふくせん four-track line 複複線

복본위제[複本位制] 금과 은 등 두 가지 이상의 본위 화폐를 가지는 통화(通貨) 제도. ↔단본위제(單本位制). ふくほんいせい bimetallism 複本位制

복부[腹部] 배의 부분. 물체의 중간이 되는 부분. ふくぶ abdomen 腹部

복분[福分] 복을 누리는 천분(天分). 타고난 복. ふくぶん luck 福分

복불복[福不福] 복이 있고 없고의 정도. 곧, 사람의 운수. 「당첨되고 안 되고는 ~이다」 福不福

복비[腹誹] 마음 속으로만 비난함. blaming in one's heart 腹誹

복비[僕婢] 남자 종과 여자 종. =복첩(僕妾). ぼくひ a servant and a servant girl 僕婢

복사[卜師] 점쟁이. =복인(卜人). fortune-teller 卜師

복사[伏射] 엎드려 쏨. 또는 그러한 사격법. ふくしゃ prone firing 伏射

복사[服事] ① 공무에 종사함. ② 복종하여 섬김. ふくじ serving 服事

복사[袱紗] 비단으로 만든 작은 보자기. ふくさ small silk wrapper 袱紗

복사[輻射] 빛이나 열이 수레바퀴의 살처럼 한 점으로부터 사방으로 내쏘는 현상. =방사(放射). ふくしゃ radiation 輻射

복사[複寫] ① 같은 문서 따위를 두 장 이상 베끼거나 찍어냄. ② 그림・사진 따위를 복제(複製)함. ふくしゃ copy 複寫

복사[蝮蛇] 살무사. 독이 있는 뱀의 하나. viper

복사[覆沙] 흐르는 물에 모래가 실려 와서 논밭을 덮음. 또는 그 모래. sand drift

복사기[複寫機] 문서나 도면을 복사하는 사무용 기기의 총칭. ふくしゃき copying machine

복사지[複寫紙] 손을 써서 문서 따위를 복사할 때 용지 사이에 끼우는, 검은 칠을 한 종이. 먹지. =묵지(墨紙)·탄산지(炭酸紙). ふくしゃし carbon paper

복상[福相] 복스럽게 생긴 얼굴. ↔궁상(窮相). ふくそう happy look

복색[服色] ① 신분이나 직업 등에 따라 차려 입은 옷의 꾸밈새. ② 옷의 모양과 색깔. ① attire ② color of clothes

복서[伏暑] 더위를 먹음. =음서(飮暑). being affected by the heat

복서[boxer] 권투 선수. ボクサー

복선[伏線] ① 나중 일을 생각하여 미리 남모르게 마련해 두는 것. ② 소설·희곡 등에서 뒤에 일어날 일을 미리 암시(暗示)하여 두는 일. ふくせん preparation

복선[複線] ① 겹줄. ② 왕복 선로가 따로따로 나란히 부설되어 있는 궤도. ↔단선(單線). ふくせん ① double lines ② double track

복선[覆船] 배가 뒤집힘. capsize

복선화음[福善禍淫] 착한 사람에게는 복이 오고, 못된 사람에게는 화가 옴.

복설[復設] 없어졌던 것을 다시 설치함. reestablishment

복성[複姓] 두 글자로 된 성. 사공(司空)·선우(鮮于) 따위. ふくせい two-chinese-character surname

복성 화:산[複成火山] 분화구(噴火口) 안에 또다른 분화구가 생긴 화산. =복식 화산(複式火山). ふくせいかざん composite volcano

복세[複稅] 여러 세종(稅種)을 통합시킨 과세. 「~ 제도(制度)」 compound tax

복속[服屬] 복종하여 따름. ふくぞく obedience

복송[復誦] 되풀이해서 읽거나 욈. ふくしょう repeating

복수[復讐] 앙갚음. =보복(報復). ふくしゅう revenge

복수[腹水] 뱃속에 액체가 괴는 병. 또는 그 액체. ふくすい ascites

복수[福數] 복을 누릴 운수. luck

복수[複數] 둘 이상의 수효. ↔단수(單數). ふくすう plural

복술[卜術] 점을 치는 술법. fortune-telling

복습[復習] 배운 것을 다시 익힘. ↔예습(豫習). ふくしゅう review

복식[服飾] ① 의복과 장신구(裝身具). ② 옷의 꾸밈새. ふくしょく ① dress and its ornaments ② attire

복식[複式] 둘 또는 그 이상으로 되는 방식. ↔단식(單式). 「~ 경기」 ふくしき multiple forms

복식 부기[複式簿記] 수지(收支) 또는 거래가 있을 때마다 차변(借邊)과 대변(貸邊)의 양

쪽에 적는 방식의 부기. ↔단식부기(單式簿記). ふくしきぼき double-entry bookkeeping

복신[福神] 행복을 가져다 준다는 신. ふくじん God of Wealth

복심[伏審] 삼가 살핀다는 뜻으로 편지에 쓰는 말.

복심[腹心] ① 뱃속. 속마음. ② 마음으로 믿을 수 있는 아랫사람. =심복(心腹). ふくしん ① inmost heart ② one's confidant

복심[覆審] 상급심(上級審)에서 다시 심리함. 또는 그 심리. ふくしん retrial

복싱[boxing] 권투. ボクシング

복안[腹案] 마음 속에 지닌 생각. 아직 발표하지 않은 구상. ふくあん plan in one's mind

복안[複眼] 많은 눈이 모여서 하나의 눈처럼 보이는, 곤충 따위의 눈. 겹눈. ↔단안(單眼). ふくがん compound eyes

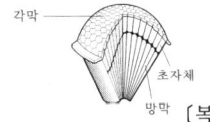
〔복안〕

복약[服藥] 약을 먹음. =복용(服用). ふくやく taking medicine

복역[服役] ① 병역(兵役) 따위의 공역(公役)에 복무함. ② 징역(懲役)을 삶. ふくえき ① military service ② penal servitude

복열[伏熱] 삼복(三伏)의 심한 더위. =경열(庚熱)·복염(伏炎). extreme heat

복염[伏炎] ⇨복열(伏熱).

복엽[複葉] ① 한 잎자루에 여러 개의 낱잎이 붙어 이루어진 잎. 겹잎. ② 비행기의 날개가 상하 두 개로 된 것. ↔단엽(單葉). ふくよう ① compound leaf ② biplane

복용[服用] 약을 먹음. =복약(服藥). ふくよう taking medicine

복욱[馥郁] 꽃다운 향기가 풍김. 「방향(芳香) ~」 ふくいく fragrance

복운[復運] 회복하는 시운(時運).

복운[福運] 행복스런 운수. =호운(好運). ふくうん good fortune

복원[伏願] 웃어른께 삼가 원함. begging humbly

복원[復元·復原] 원상태로 회복함. 「~ 공사(工事)」 ふくげん restoration

복원[復員] 전시(戰時) 체제의 군대를 평시의 체제로 되돌림. 또는 소집(召集)이 풀린 병사가 집으로 돌아감. ふくいん demobilization

복원[復圓] 일식이나 월식이 끝나고 해나 달이 본디의 둥근 형태로 되돌아옴. ふくえん

복위[復位] 물러났던 왕이나 후비(后妃)가 다시 그 자리에 오름. ふくい restoration

복은[伏隱] 납작 엎드려 몸을 숨김.

복음[福音] ① 바가운 소식 ② 그리스도에 의하여 인류가 구원을 받는다는 가르침. ふくいん ① good news

복음[複音] 발음하는 동안에 처음과 나중이 다르게 소리나는 모음과 자음. 겹홀소리와 겹닿소리. ↔단음(單音). compound sound

복인[卜人] 점쟁이. =복사(卜師). 卜人 fortune-teller

복인[服人] 기년(朞年) 이하의 복(服)을 입은 사람. 복재기. 服人

복인[福因] 행복을 가져오는 원인. ↔화인(禍因). 「~과(福果)」 福因 福果 cause of happiness

복일[伏日] 초복·중복·말복이 되는 날. 복날. ふくじつ 伏日

복자[卜者] 점쟁이. =복인(卜人). ぼくしゃ fortune-teller 卜者

복자[伏字·覆字] ① 인쇄에서 활자가 거꾸로 끼워져 검게 인쇄된 글자. ② 인쇄물에서 명기(明記)하기를 피하려고 ○○·×× 따위로 표시한 글자. ふせじ turn 伏字 覆字 明記

복자음[複子音] 둘 이상의 자음으로 된 글자. 'ㅈ·ㅇ·ㄷ·ㅍ·ㄹ·ㄹㅐ' 따위. 겹닿소리. 複子音

복잡[複雜] 겹치고 뒤섞여 어수선함. ↔간단(簡單)·단순(單純). ふくざつ complexity 複雜 單純

복장[服裝] 옷. 또는 옷차림. ふくそう appearance 服裝

복장[伏藏] ① 엎드려 숨음. ② 깊이 감추어 둠. ふくぞう ② concealment 覆藏

복재[伏在] 드러나지 않고 숨겨져 있음. ふくざい lying concealed 伏在

복적[復籍] 혼인이나 입양(入養) 등으로 제적되었던 사람이, 이연(離緣) 등으로 하여 본디 호적에 다시 오름. ふくせき return to one's original domicile 復籍

복절[伏節] ① 삼복(三伏)에 든 절기. ② 절개(節介)를 굳게 지킴. ① midsummer ② keeping one's fidelity strongly 伏節

복제[複製] 원래의 물건과 똑같은 것을 만들어 냄. 「유전자 ~」 ふくせい duplication 複製

복조리[福笊籬] 설날 새벽에 팔러 다니는 조리. 福笊籬

복종[服從] 남의 명령이나 뜻에 따름. ふくじゅう obedience 服從

복종[僕從] 종으로 부리는 남자. =복부(僕夫). ぼくじゅう servant 僕從

복죄[伏罪·服罪] 지은 죄에 따라 형벌(刑罰)을 받음. ふくざい acceptance of one's sentence 伏罪 服罪

복주[伏奏] 임금 앞에서 엎드려 아룀. 삼가 아룀. ふくそう report to the throne 伏奏

복중[伏中] 삼복(三伏) 동안. 초복(初伏)에서 말복(末伏)까지의 기간. 伏中

복중[服中] 기년복(朞年服) 이하의 복(服)을 입고 있는 동안. period in mourning 服中

복중[腹中] 뱃속. 속마음. ふくちゅう bosom 腹中

복지[伏地] 땅 위에 엎드림. 「~부동(不動)」 lying prone on the ground 伏地

복지[服地] 양복감. ふくじ suiting 服地

복지[匐枝] 땅으로 뻗어 가며 뿌리를 땅에 박고 자라는 가지. ふくし stolon 匐枝

복지[福地] ① 복을 누릴 만한 땅. ② 지덕(地德)이 좋은 땅. ふくじ·ふくち ② blessed land 福地

복지[福祉] 행복. 특히 사회의 많은 사람들의 행복. =복리(福利). 「~사회(社會)」 ふくし welfare 福祉

복직[復職] 원래의 직장으로 다시 돌아감. ふくしょく reappointment 復職

복창[復唱] 구두(口頭)로 명령 復唱

을 받은 사람이, 그 내용을 확인하는 뜻으로 그 자리에서 그대로 읽음. ふくしょう　repetition

복창[複窓] 겹으로 된 창. 겹창. 複窓　double window

복창증[腹脹症] 배가 불러 숨이 가쁜 병. 腹脹症

복채[卜債] 점을 치는 값으로 점쟁이에게 주는 돈. 卜債　charge for fortune-telling

복철[覆轍] 뒤집힌 수레의 바퀴 자국이란 뜻으로, 앞 사람의 실패. 또는 실패의 선례(前例)를 이르는 말. =전철(前轍). ふくてつ 覆轍

복첨[福籤] 경품(景品)이나 상금(賞金)이 붙는 제비. 福籤 lottery

복축[伏祝] 엎드려 축원함. 伏祝 prayer

복칭[複稱] 둘 이상의 사물을 이르는 명칭. ↔단칭(單稱). ふくしょう 複稱

복통[腹痛] 배가 아픔. 배앓이. ふくつう・はらいた 腹痛 stomachache

복학[復學] 정학이나 휴학하고 있던 학생이 다시 학교에 복귀함. =복교(復校). ふくがく 復學 returning to school

복학[腹瘧] 한방에서, 비장(脾臟)이 부어 뱃속에 멍울이 생기며 열이 심하게 나는 어린 아이의 병. 자라배. 腹瘧

복합[複合] 둘 이상이 합쳐서 하나가 됨. 「~어(語)」「~적인 원인」ふくごう complex 複合

복행[服行] 복종하여 실행함. 服行

복화술[腹話術] 입을 거의 움직이지 않고 다른 목소리를 내어, 마치 다른 사람이 말하는 것처럼 말하는 재주. ふくわじゅつ ventriloquism 腹話術

본[本]* ① 근본 본 : 근본. 「根本(근본)・本然(본연)・本來(본래)・本是(본시)」 ② 저 본 : 저. 자기. 「本人(본인)・本國(본국)」 ③ 밑천 본 : 밑천. 「資本(자본)・本錢(본전)・本金(본금)」 ④ 책 본 : 책. 「製本(제본)・納本(납본)・眞本(진본)・假本(가본)」 ⑤ 주될 본 : 주되다. 「本館(본관)・本流(본류)・本社(본사)・本家(본가)」 ⑥ 본 본 : 본. 견본. 「書本(서본)・見本(견본)」ホン ① もと 根本・本・資本・納本・見本

본가[本家] ① 본집. ほんけ ② 친정집. ③ 본채. 원채. ① main family ② woman's native home ③ main house 本家

본가[本價] 본값. =원가(原價). cost price 本價

본간[本幹] 근본이 되는 줄기. 원줄기. ほんかん basic line 本幹

본거[本據] 중심이 되는 곳. 근거가 되는 것. =근거(根據). ほんきょ base 本據

본건[本件] 이 안건. 이 사건. ほんけん this event 本件

본격적[本格的] ① 올바른 격식을 갖추고 있음. =정식(正式). ② 제대로 적극적인 자세를 가짐. 「~인 활동」 ほんかくてき ① full-dress ② in earnest 本格的・正式

본견[本絹] 순수한 명주실 또는 비단. =순견(純絹). ほんけん pure silk 本絹

본과[本科] ① 주가 되는 과(科). ② 이 과(科). ほんか ① regular course ② this[our] course 本科

본관[本官] ① 겸관(兼官)에 대한 원래의 관직. ② 지난날, 자기 고을의 수령(守令)을 일컫던 말. ③ 관리가 자신을 가 本官・守令

리키는 말. ほんかん

본관[本貫] ⇨관향(貫鄕). 준 본(本). ほんかん 本貫

본관[本館] 주가 되는 건물. ↔별관(別館). ほんかん main building 本館

본교[本校] ① 중심이 되는 학교. ↔분교(分校). ② 이 학교. ほんこう ① principal school ② this[our] school 本校

본교생[本校生] 본교의 학생. ↔타교생(他校生). ほんこうせい student of our school 本校生

본국[本局] ① 분국(分局)에 대하여 주가 되는 국(局). ② 자기가 딸려 있는 국. 이 국. ほんきょく ① head bureau ② our bureau 本局

본국[本國] ① 자기가 태어난 나라. 자기의 국적이 있는 나라. ② 식민지가 아닌, 본래의 국토. =본방(本邦). ほんごく ① one's native country 本國

본군[本郡] 자기가 사는 고을. 이 군(郡). ほんぐん this[our] county 本郡

본권[本權] 점유권(占有權)을 법률상 정당화하는 권리. 소유권·임차권(賃借權) 따위. ほんけん 本權

본금[本金] 원래의 자본. =원금(元金)·본전(本錢). ほんきん principal 本金元金

본급[本給] 수당을 합하지 아니한 기본의 급료(給料). ほんきゅう basic salary 本給

본기[本紀] 기전체(紀傳體) 역사에서 제왕(帝王)의 사적(事績)을 적은 부분. ほんぎ 本紀

본년[本年] 올해. 이 해. ほんねん this year 本年

본능[本能] 사람이나 동물이 선천적으로 가지고 있는 성질이 本能 先天的

나 능력. ほんのう instinct

본당[本堂] 절에서, 본존(本尊)을 모신 불당(佛堂). ほんどう main temple 本堂

본대[本隊] ① 주력(主力)이 되는 부대. ↔지대(支隊). ② 자기가 소속된 부대. ほんたい ① main force 本隊

본댁[本宅] ① 본집. =본가(本家). ほんたく ② 첩에 대하여 정실(正室)을 이르는 말. 본댁네. =정실(正室). ① one's principal residence ② one's legal wife 本宅

본동사[本動詞] 보조 동사(補助動詞)에 대하여, 본래의 뜻과 자립성을 가지는 동사. ほんどうし main verb 本動詞助動詞

븐드[bond] ① 접착제의 한 가지. 상품명임. ② 채권(債券). ボンド 債券

본래[本來] 본디. 처음부터. =원래(元來). ほんらい originally 本來

본령[本令] 이 법령. ほんれい this law 本令

본령[本領] ① 본래의 영지(領地). ② 본디의 성질. 특색. 특질. ほんりょう ① original territory ② original nature 本領

본론[本論] ① 논문·논설의 주가 되는 부분. ② 이 논문. 이 논설. ほんろん ① main discourse 本論

본루[本壘] 야구에서, 타자(打者)가 공을 치는 자리. 홈 베이스. ほんるい home base 本壘

본류[本流] ① 강이나 내의 원줄기. ② 주가 되는 계통. ↔지류(支流). ほんりゅう mainstream 本流 支流

본말[本末] ① 일의 중요한 부분과 그렇지 않은 부분. 「~ 本末

본망[本望] 본래의 소망. ほんもう long-cherished desire

본맥[本脈] 혈맥이나 산맥・광맥 등의 본줄기. ↔지맥(支脈). main range

본명[本名] 본디의 이름. 본이름. =실명(實名). ↔가명(假名)・별명(別名). ほんみょう one's real name

본명[本命] ① 출생한 해의 간지(干支). ほんめい・ほんみょう ② 타고난 명. ② predestined span of life

본무[本務] ① 본래의 직무. =본분(本分). ② 자기가 맡은 사무. ほんむ ① proper function ② one's regular business

본문[本文] ① 주석(註釋)・설명에 대한 원문. ② 책・문서의 앞뒤 부분을 뺀, 중심이 되는 부분의 글. ほんぶん・ほんもん ① text ② body

본문[本門] ① ⇨ 정문(正門). ② 불교에서, 본유(本有)의 묘리를 밝히는 법문(法門). ほんもん

본방[本方] 한방에서, 의서(醫書)에 있는 그대로의 방문(方文). ほんぽう established prescriptions

본방[本邦] ⇨본국(本國). ほんぽう

본변[本邊] 본전과 변리(邊利). 원금(元金)과 이사. principal and interest

본병[本病] 원래부터 앓고 있으며, 가끔 도지는 병. =본질(本疾)・본증(本症)・지병(持病). ほんびょう old complaint

본보[本報] 신문 보도에서 그 신문 자체를 스스로 이르는 말. 「~ 9월 1일자 참조」

본봉[本俸] ⇨본급(本給). ほんぽう

본부[本夫] 본남편. 본래의 남편. ほんぷ

본부[本部] 어떤 기관이나 단체의 중심이 되는 조직. 또는 그 조직이 있는 장소. ↔지부(支部). ほんぶ head office

본분[本分] 마땅히 하여야 할 의무. ほんぶん one's duty

본사[本寺] ① 처음에 출가해서 중이 되었던 절. ② 그 지역에 있는 여러 말사(末寺)를 거느리는 큰 절. ③ 이 절. ほんじ ① temple where one became a priest ② head temple ③ this temple

본사[本社] ① 회사의 중심이 되는 사업소. ↔지사(支社). ② 이 회사. =당사(當社). ほんしゃ ① head office ② this [our] company

본산[本山] 본사(本寺)의 구용어. ほんざん

본색[本色] ① 본디의 빛깔. ② 본디의 성질. 「~이 드러나다」 ほんしょく ② one's real character

본생가[本生家] 양자(養子)의 친가. 준본생(本生)・생가(生家). ↔양가(養家). adopter's native home

본생 부모[本生父母] 양자로 간 사람의 친부모. adopter's real parents

본서[本署] ① 지서(支署)・분서(分署) 등에 대하여 주가 되는 관서(官署). ② 이 서(署). ほんしょ ① principal office ② this office

본선[本船] ① 선단(船團) 등에

서 주가 되는 큰 배. ②이 배. ほんせん ① depot ship

본선[本線] ① 도로·철도·전선 本線 등에서 주가 되는 선로. =간 선(幹線). ② 이 선로. ほんせん ① main line

본선[本選] 예선에 대하여, 우 本選 승자를 뽑는 최종 선발. ↔예 선(豫選). ほんせん final selection

본성[本性] 본디부터 가진 성 本性 질. =천성(天性). ほんしょ う·ほんせい real character

본성[本姓] 본디의 성(姓). ほ 本姓 んせい original family name

본세[本稅] 부가세(附加稅)에 本稅 대하여 그 기본이 되는 세목 附加稅 (稅目). ほんぜい principal tax

본소[本訴] ① 민사 소송에서, 本訴 소송에 관계된 사람들이 처음 에 제기했던 소송. ② 이 소 송. ほんそ ① original suit ② this suit

본시[本是] 본디. 본디부터. = 本是 본래(本來)·원래(元來). 「~ 착한 사람이다」 originally

본식[本式] ① 본디의 방식. 정 本式 식의 방식. ② 이 법식. ほん しき ① original style ② this style

본실[本室] ⇨본처(本妻). 本室

본심[本心] ① 본래의 마음. 본 本心 마음. ② 거짓이 없는 참마 음. =본정(本情). ほんしん true mind

본안[本案] ① 원래의 안건(案 本案 件). =원안(原案). ②이 안 건. ほんあん ① original bill ② this bill

본업[本業] 주가 되는 생업(生 本業 業). =본직(本職). ↔부업 (副業). ほんぎょう one's principal occupation

본연[本然] 인공(人工)을 보태 本然 지 않은 본래의 상태. 본디 그대로의 모습. 「인간 ~의 자세」 ほんぜん nature

본영[本營] 총지휘관이 있는 군 本營 영(軍營). ほんえい headquarters

본원[本院] ① 분원(分院)·지원 本院 (支院)에 대하여 주가 되는 원(院). ②이 원(院). ほんい ん ① main public building

본원[本源] 사물의 근원. =본 本源 근(本根)·연원(淵源). ほんげ ん source

본원[本願] ① 본래의 소원. ② 本願 불교에서, 부처와 보살이 중 생을 구제하려고 세운 서원 (誓願). ほんがん ① long-cherished desire

본위[本位] ① 판단이나 행동의 本位 중심이 되는 기준. 「자기 ~로 생각하다」 ② 본래의 위 치. ほんい ① standard ② original position

본위 화:폐[本位貨幣] 한 나라 本位 의 화폐 제도의 기본이 되는 貨幣 화폐. ↔보조 화폐(補助貨 幣). ほんいかへい standard coin

본유[本有] 본래부터 가지고 本有 있음. =고유(固有). ほんゆ う innateness

본의[本意] ① 본디의 생각. 본 本意 마음. ② 본래의 의미. =원의 (原意). ほんい ① original purpose ② real intention

본의[本義] 참뜻. ほんぎ 本義 true meaning

본인[本人] ①그 사람 자신. 本人 ② 자기 자신. =당자(當者). ほんにん ① the person him-

본일[本日] 오늘. =금일(今日). ほんじつ today

본장[本葬] 시체를 정식(正式)으로 묻는 장사(葬事). ↔가장(假葬). ほんそう regular funeral

본적[本籍] 그 사람의 호적이 있는 곳. =원적(原籍). ほんせき permanent domicile

본전[本傳] 전기(傳記)에서, 중심이 되는 부분. ほんでん original biography

본전[本錢] ① 원래의 자본. 밑천. ② 이자가 붙지 않은 원금(元金). =본금(本金). ① capital ② principal

본점[本店] ① 지점(支店)이나 분점(分店)이 아닌, 영업의 본거가 되는 점포. ↔지점(支店). ② 이 점포. 이 상점. ほんてん ① head office ② this store

본정[本情] 본디의 심정. 본마음. =본의(本意). real intention

본제[本第] 고향에 있는 본집. one's ancestral home

본제[本題] ① 중심이 되는 제목. ② 이 제목. ③ 본래의 제목. ほんだい ① original subject ② this subject

본제입납[本第入納] 자기 집에 편지할 때에 겉봉에 자기 이름을 쓰고 그 밑에 이어 쓰는 말. addressed to one's own home

본조[本朝] ① 현재의 왕조(王朝). ② 자기 나라. 자기 나라의 조정(朝廷). =아조(我朝). ほんちょう
① present dynasty ② our country[dynasty]

본존[本尊] 그 절에서 으뜸이 되는 부처. =주불(主佛). ほんぞん principal image of Buddha

본종[本宗] 성과 본이 같은 일가붙이. relatives on one's father's side

본종[本種] 본디부터 그 지방에 있던 종자. =재래종(在來種). native kind

본죄[本罪] ① 기독교에서, 인간이 날 때부터 지녔다는 죄. =원죄(原罪). ② 이 죄. ほんざい ① original sin

본주[本主] 본디의 주인. 본래의 소유자(所有者). ほんしゅ original owner

본지[本旨] 본래의 취지. 근본이 되는 취지. ほんし main purport

본지[本志] 본디의 뜻. =본의(本意). ほんし original purpose

본지[本紙] ① 부록 따위를 뺀 주가 되는 지면(紙面). ② 우리 신문. 이 신문. ほんし
① main section ② our paper

본지[本誌] ① 부록 따위를 뺀, 잡지의 중심이 되는 부분. ② 우리 잡지. 이 잡지. ほんし ① main section ② our magazine

본직[本職] ① 주가 되는 직업. ↔부직(副職). ② 이 직업. ほんしょく ① one's regular job

본진[本陣] 사령관이 있는 진영(陣營). =본영(本營). ほんじん headquarters

본질[本疾] 본디부터 앓고 있는 질병. =본병(本病). main complaint

본질[本質] 본바탕. 본래의 성질. 「~적인 문제」ほんしつ essence

본처[本妻] 정식으로 맞은 아내.

=본실(本室)·정실(正室). ほん
さい　　　　　　legal wife
본처[本處] 본고장.　　　　本 處
본체[本體] ① 본래의 모습. =　本 體
　정체(正體). ② 기계 따위의
　중심이 되는 부분. ③ 현상계　現 象
　(現象界)의 배후(背後)에 있
　으며, 사유(思惟)에 의해서만
　인지(認知)할 수 있는 실체
　(實體). ほんたい　true form
본초[本初] 사물의 시초 또는　本 初
　근본. ほんしょ·ほんじょ
　　　　　　　　　　origin
본초[本草] ① 나무와 풀. 식　本 草
　물. ② 한방에서, 약으로 쓰이
　는 식물·동물·광물의 총칭.
　③ 본초학(本草學)의 준말. ほ
　んぞう　② medicinal herbs
본초학[本草學] 중국 고래(古　本草學
　來)의 식물학·약물학. 준본
　초(本草). ほんぞうがく
본칙[本則] ① ⇨ 원칙(原則).　本 則
　② 법령의 본체가 되는 부분.
　ほんそく　　　　principle
본태[本態] 본래의 형태. 실제　本 態
　의 모습. ほんたい
　　　　　　　　original form
본택[本宅] 본댁(本宅)의 원말.　本 宅
본토[本土] ① 자기가 사는 고　本 土
　장. 이 땅.「~박이」② 섬 등
　에 대하여 그 섬이 소속되어
　있는 주된 국토. ほんど
　　　　　　　　② mainland
본토불[本土弗] 전지(戰地)나 점　本土弗
　령지 등에서 사용되는 미국의
　군표(軍票)에 대하여, 미국의
　본국에서 통용되는 '달러'를
　이르는 말.　　　greenback
본판[本板] 본바탕.「~이 나쁜　本 板
　사람은 아니다」　true nature
본포[本鋪] ① 어떤 특정 상품　本 鋪
　의 제조·판매를 주관하는 점　店 鋪
　포. ② 자기의 점포. 이 점포.

ほんぽ　① main office ② this
[our] store
본향[本鄕] ① 본디 살던 고향.　本 鄕
　=본토(本土). ② 시조(始祖)
　가 난 땅. =관향(貫鄕)·본
　관(本貫). ほんごう
　　　　② one's ancestral home
본형[本刑] 판결(判決)에 의하　本 刑
　여 선고된 주형(主刑). ほん
　けい　　　　regular penalty
본형[本形] 본디의 형태. 원모　本 形
　습.　　　　　original form
본회[本會] ① 본회의(本會議)의　本 會
　준말. ② 분회(分會)나 지회
　(支會)에 대하여 그 본부를
　이르는 말. ③ 이 회. ほんかい
　　　　　　　② main meeting
본회[本懷] ① 속마음. =본의　本 懷
　(本意). ② 연래(年來)의 소　本 意
　망. ほんかい　　one's wish
본회의[本會議] ① 분과(分科)　本會議
　회의에 대한 전체 회의. 전원　分 科
　이 참가하는 정식 회의. ② 이
　회의. 이 회합. 준본회(本　本 會 合
　會). ほんかいぎ
　　　　　① main conference
볼:[ball] ① 공. 구(球). ② 야
　구에서, 스트라이크가 아닌
　투구. ボール　　　　　投 球
볼:[bowl] 서양 요리 등에서
　쓰는 둥글고 속이 깊은 식기
　(食器). ボール　　　　食 器
볼:드[bold] 볼드페이스의 준
　말. ボールド
볼:드페이스[boldface] 영문(英　英 文
　文) 활자에서, 보통의 활자체
　보다 선이 굵은 체.
볼란테[이 volante] 악보에서,
　'가볍게'·'경쾌(輕快)하게'의　輕 快
　뜻.
볼레로[에 bolero] ① 4분의 3
　박자의 에스파냐의 민속 무
　용. 또는 그 춤곡. ② 단추가

볼:로미:터[bolometer] 적외선(赤外線)의 에너지 측정에 쓰이는 일종의 저항 온도계. ボロメーター

볼:룸:[ballroom] 무도장(舞踏場). ボールルーム

볼륨[volume] ①분량(分量). 부피. ②음량(音量). 「텔레비전의 ~을 높이다」 ③양감(量感). ボリューム

볼링[bowling] 지름 20cm 가량의 공을 한 손으로 굴려 전방에 세워 놓은 10개의 핀을 쓰러뜨리는 실내(室內) 경기. ボーリング

볼:베어링[ball bearing] 굴대와 축받이 사이에 여러 개의 강철 알을 끼워 넣어, 그것들이 구름으로써 굴대가 받는 마찰을 감소시키는 축받이의 하나. ボールベアリング

볼셰비즘[러 Bolshevism] 레닌이 주도한 볼셰비키의 사상(思想). 레닌주의. ボルシェビズム

볼셰비키[러 Bolsheviki] ①레닌이 이끈 러시아 사회 민주 노동당의 급진파(急進派). ②과격한 혁명주의자. ボルシェビキ

볼:엄파이어[ball umpire] 야구에서, 구심(球審). ボールアンパイア

볼:카운트[ball count] 야구에서, 한 타자(打者)에게 투수가 던진 공의 스트라이크와 볼의 수. ボールカウント

볼:컨트롤[ball control] ①야구에서, 투수가 투구(投球)를 마음대로 조절하는 일. ②축구에서, 공을 잘 다루는 일. ボールコントロール

볼타미:터[voltameter] 전량계(電量計).

볼트[bolt] 한쪽 끝에 육각형의 대가리가 있고, 다른 끝은 나사로 되어 있는 굵은 못. 너트와 함께 물체를 고정시키는 데 쓰임. ボルト

볼트[volt] 전위(電位)·전압 및 기전력(起電力)의 실용 단위. ボルト

볼트미:터[voltmeter] 전압계(電壓計). ボルトメーター

볼:펜[ballpen] 펜대 끝에 작은 강철(鋼鐵) 알을 끼워 넣은 펜. 글씨를 쓸 때 이 알이 회전하면서 잉크가 나오게 되어 있음. ボールペン

봄베[독 Bombe] 고압(高壓)의 기체를 저장하는 데 쓰이는 두꺼운 강철제의 용기. ボンベ

봅슬레이[bobsleigh] 썰매를 이용한 활강(滑降) 경기. 또는 그 썰매. ボブスレー

봉:[奉]* ①받들 봉: 받들다. 「奉告(봉고)·奉讀(봉독)·奉行(봉행)·奉祀(봉사)」 ②드릴 봉: 드리다. 바치다. 「奉獻(봉헌)·奉賞(봉상)」 ③힘쓸 봉: 힘쓰다. 일하다. 「奉公(봉공)·奉仕(봉사)」 ホウ·ブ ①たてまつる

봉[封]* ①봉할 봉: 봉투 따위를 봉하다. 「封緘(봉함)·封書(봉서)·同封(동봉)·封印(봉인)」 ②무덤 봉: 무덤. 「封墓(봉묘)·封墳(봉분)」 ③제후로 봉할 봉: 제후로 봉하다. 제후의 영지. 「封土(봉토)·封建(봉건)·封邑(봉읍)·封地(봉지)·封爵(봉작)」 フウ·ホウ

봉:[俸] 녹 봉: 녹. 급료. 「俸祿(봉록)·俸給(봉급)·月俸(월

봉)·俸銀(봉은)·年俸(연봉)」ホウ·ふち

봉:[捧] ① 받들 봉: 받들다. 「捧納(봉납)·捧上(봉상)·捧持(봉지)·捧入(봉입)」 ② 안을 봉: 안다. 껴안다. 「捧腹(봉복)·捧負(봉부)」 ホウ ① ささげる 捧納

봉[峰·峯]☆ 봉우리 봉: 봉우리. 「峰頭(봉두)·峰勢(봉세)·主峰(주봉)·奇峰(기봉)·上峰(상봉)·高峰(고봉)」ホウ·みね 峰頭

봉[烽] 봉화 봉: 봉화. 「烽火(봉화)·烽燧(봉수)·烽煙(봉연)·烽戍(봉수)」ホウ·のろし 烽火

봉[逢]* ① 만날 봉: 만나다. 「相逢(상봉)·逢別(봉별)」 ② 맞을 봉: 맞다. 「逢迎(봉영)」ホウ ① あう 相逢

봉:[棒] ① 몽둥이 봉: 몽둥이. 「棍棒(곤봉)·棒術(봉술)」 ② 칠 봉: 치다. 「棒喝(봉갈)」ボウ 棍棒

봉:[蜂]☆ 벌 봉: 벌. 「蜂蜜(봉밀)·蜂蝶(봉접)·蜂巢(봉소)·蜂房(봉방)」ホウ·はち 蜂蜜

봉:[鳳]☆ 봉황 봉: 봉황새. 「鳳頭(봉두)·鳳凰(봉황)·鳳聲(봉성)·鳳舞(봉무)·鳳冠(봉관)」ホウ·おおとり 鳳凰

봉[蓬] ① 쑥 봉: 쑥. 「蓬笠(봉립)·蓬室(봉실)·蓬艾(봉애)」 ② 더부룩할 봉: 더부룩하다. 「蓬頭(봉두)·蓬髮(봉발)」ホウ ① よもぎ 蓬室 蓬艾

봉[鋒] ① 칼날 봉: 칼날. 「鋒芒(봉망)·鋒刃(봉인)」 ② 앞장 설 봉: 앞장. 앞장서다. 「先鋒(선봉)·前鋒(전봉)」ホウ ① ほこさき 鋒芒

봉[縫] 꿰맬 봉: 꿰매다. 「裁縫(재봉)·縫工(봉공)·縫合(봉합)·彌縫(미봉)」ホウ·ぬう 裁縫

봉건[封建] ① 봉토(封土)를 나누어 주고 제후(諸侯)를 세워 다스리게 하던 일. ② 봉건 제도(封建制度)의 준말. ほうけん 封建

봉건적[封建的] 봉건 시대처럼 상하 관계를 중히 하고, 개인의 자유와 권리를 가벼이 여기는 (것). ほうけんてき feudal 封建的

봉건 제:도[封建制度] 임금이 여러 제후에게 땅을 나누어 주고, 각각 그 영내를 강압적으로 다스리게 하던 제도. 준 봉건(封建). feudalism 封建制度

봉:견[奉見] 편지 따위를 삼가 받들어 봄. seeing reverentially 奉見

봉경[烽警] 봉화(烽火)로 알리는 경보(警報). warning by torches 烽警

봉:고[奉告] 삼가 아룀. ほうこく respectful report 奉告

봉고[bongo] 라틴 아메리카 음악에 사용되는, 음높이가 다른 한 쌍의 작은북. ボンゴ 音樂

봉·고도[棒高跳] 장대높이뛰기의 구용어. ぼうたかとび 棒高跳

봉고파:직[封庫罷職] 조선 시대 때, 부정을 저지른 원을 파면하고 관고(官庫)를 봉해 잠그던 일. 封庫罷職

봉:공[奉公] ① 국가·사회를 위해 이바지함. ② 공무(公務)에 종사함. =봉직(奉職). ほうこう public service 奉公

봉:교[奉敎] ① 임금이나 윗사람의 가르침을 받듦. ② 가톨릭에서, 천주의 가르침을 믿고 실행(實行)함. ① obedience to an instruction 奉敎

봉군[封君] 대군(大君)이나 군(君)에 봉함. 封君

봉:급[俸給] 공무원이나 회사 俸給

원 등에게 지급되는 급료(給料). ほうきゅう　salary

봉기[蜂起] 벌떼처럼 들고 일어남. ほうき　uprising

봉:납[奉納] 신불(神佛)에게 바침. ほうのう　dedication

봉:납[捧納] 물건을 바침. ＝봉상(捧上). offering

봉년[逢年] 풍년을 만남. ＝봉풍(逢豊). having a bumper crop

봉:답[奉答] 웃어른에게 삼가 대답함. ほうとう　deferential reply

봉당[封堂] 안방과 건넌방 사이의 마루가 될 자리를 흙바닥 그대로 둔 곳. unfloored area between two rooms

봉:대[奉戴] 삼가 받들어 모심. 「임금의 뜻을 ～하다」ほうたい　treating with deference

봉대[烽臺] 봉화(烽火)를 올리던 곳. 봉홧둑. ＝봉수대(烽燧臺). beacon mound

봉:독[奉讀] 임금이나 윗사람의 글을 삼가 받들어 읽음. ほうどく　reading reverentially

봉두[峰頭] 산봉우리의 맨 위. peak

봉두[蓬頭] 덥수룩한 머리. 쑥대머리. 「～난발(亂髮)」ほうとう　tangled hair

봉랍[封蠟] 병마개 따위에 발라 병을 밀봉하는 데 쓰는 수지질(樹脂質)의 혼합물. ふうろう　sealing wax

봉랍[蜂蠟] 꿀 찌끼를 끓여 만든 물질. 밀. ＝밀랍(蜜蠟). はちろう　beeswax

봉래산[蓬萊山] ① 중국에 있는 신선이 산다는 산. ② 여름철의 금강산을 이르는 말. ほうらいさん

봉:련[鳳輦] 꼭대기에 황금의 봉황을 장식한, 임금이 타는 가마. ほうれん　imperial palanquin

봉:로[奉老] 늙은 부모를 편안히 모심. supporting one's old parents

봉:록[俸祿] 벼슬아치에게 연봉(年俸)으로 주는 피륙·곡식 따위. ＝녹봉(祿俸). ほうろく　stipend

봉:리[鳳梨] 파인애플. ほうり pineapple

봉:무[鳳舞] 봉황이 춤을 춤. 곧, 세상이 태평하다는 말. ほうぶ

봉문[蓬門] 쑥대를 엮어서 만든 문이라는 뜻으로, 가난한 집을 이름. ほうもん　humble cottage

봉물[封物] 지난날, 지방에서 서울의 벼슬아치에게 보내던 선물을 이르는 말.

봉밀[蜂蜜] 꿀. 벌꿀. はちみつ　honey

봉바르동[프 bombardon] 튜바와 비슷한 저음 금관(金管) 악기의 하나.

봉발[蓬髮] 덥수룩하게 엉클어진 머리. ＝봉두(蓬頭). ほうはつ　disheveled hair

봉방[蜂房] 벌집. 벌집의 구멍. ほうぼう　honeycomb

봉변[逢變] 뜻밖에 모욕을 당하거나 화를 입음. 「～을 당하다」meeting with a mishap

봉:별[奉別] 웃어른과 작별함. parting one's superior

봉복[逢福] 복을 만남. 좋은 일을 만남. being visited by a luck

봉:복절도[捧腹絶倒] 배를 끌

어안고 나자빠진다는 뜻으로, 몹시 웃음. =포복 절도(抱腹絶倒). ほうふくぜっとう 絶倒

봉봉[프 bonbon] 사탕 속에 과즙(果汁)이나 위스키 등을 넣은 캔디. ボンボン 果汁

봉분[封墳] 흙을 둥글게 쌓아 무덤을 만듦. 또는 그 무덤. =성분(成墳). 封墳
making a grave mound

봉분제[封墳祭] 장사지낼 때, 봉분한 뒤에 그 앞에서 지내는 제사. =평토제(平土祭). 封墳祭

봉비[封妃] 왕비(王妃)로 봉함. 封妃
installation of a queen

봉:사[奉仕] ① 국가·사회를 위해서 일함. ② 상인이 고객에게 특별한 서비스를 함. 「~가격(價格)」 ほうし service 奉仕

봉:사[奉事] ① 웃어른을 섬김. ほうじ ② 소경. 장님. ③ 조선 시대 때 봉상시(奉常寺)의 종팔품(從八品) 벼슬. 奉事
① working for one's superior
② blind person

봉:사[奉祀] 조상의 제사를 지냄. ほうし performing an ancestral sacrifice 奉祀

봉:상[捧上] 물건을 받들어 올림. =봉납(捧納). 捧上
offering respectfully

봉:상[棒狀] 막대기 같은 모양. ぼうじょう pole shape 棒狀

봉서[封書] 봉한 편지. ふうしょ sealed letter 封書

봉선화[鳳仙花] 관상용으로 심는 봉선화과의 일년생 화초. 봉숭아. ほうせんか balsam 鳳仙花

봉소[蜂巢] 벌집. はちす beehive 蜂巢

봉:솔[奉率] 상봉하솔(上奉下率)의 준말. 奉率

봉:송[奉送] ① 웃어른을 배웅 奉送

함. ② 영령(英靈)·유골·성물(聖物) 따위를 정중히 보냄. ↔봉영(奉迎). ほうそう 奉迎
① seeing off one's superior

봉쇄[封鎖] ① 출입을 막음. ② 상대국의 해상 교통을 실력으로 방해함. ふうさ blockade 封鎖

봉:수[奉受] 삼가 받음. 奉受
receiving reverentially

봉수[逢受] 남의 돈이나 물건을 맡음. 「~표(票)」 逢受
receiving in trust

봉수[逢授] 남에게 돈이나 물건을 맡김. ↔봉수(逢受). 逢授

봉수[烽燧] ⇨봉화(烽火). 烽燧

봉수 구면[蓬首垢面] 헝클어진 머리와 때가 낀 얼굴. 蓬首
unkempt hair and dirty face

봉:승[奉承] 윗사람의 뜻을 이어받음. ほうしょう 奉承
complying with

봉시[逢時] 때를 만남. 逢時
having an opportunity

봉:아[鳳兒] 장래 뛰어난 인물이 될 아이. ほうじ 鳳兒
bright child

봉:안[奉安] 신주·유해·사리(舍利) 등 거룩한 것을 삼가 안치(安置)함. ほうあん 奉安
enshrinement

봉:양[奉養] 부모나 조부모를 받들어 모심. ほうよう 奉養
supporting

봉역[封域] 봉토(封土)의 구역. ほういき area of a feud 封域

봉:영[奉迎] 귀인(貴人) 등을 삼가 맞이함. ↔봉송(奉送). ほうげい 奉迎
welcoming one's superior

봉영[逢迎] 상대편의 뜻을 맞추어 줌. 逢迎

봉예[鋒銳] 성질이 날카롭고 재빠름. sharpness 鋒銳

봉왕[蜂王] 장수벌. 여왕벌. = 왕봉(王蜂)·여왕봉(女王蜂). 蜂王 queen bee

봉:요[奉邀] 웃어른을 삼가 청함. 奉邀 inviting a superior

봉욕[逢辱] 욕을 당함. 逢辱 suffering an insult

봉인[封印] 봉한 자리에 도장을 찍음. 또는 그 도장. ふいん 封印 sealing

봉인[鋒刃] 창이나 칼 따위의 날. 鋒刃 blade

봉인첩설[逢人輒說] 사람을 만나는 대로 이야기하여 소문을 퍼뜨림. 逢人輒說 gossiping

봉입[封入] 봉하여 넣음. ふうにゅう 封入 enclosure

봉자[丰姿] 아름다운 모습. 예쁜 자태. =봉채(丰采). ふうし 丰姿 beautiful figure

봉작[封爵] ① 제후(諸侯)로 봉하여 관작(官爵)을 내려 줌. ② 의빈(儀賓)·외명부·내명부를 봉하던 일. ほうしゃく 封爵 ① ennoblement

봉잠[鳳簪] 봉황의 모습을 머리 부분에 새긴 비녀. 鳳簪

봉장풍월[逢場風月] 어디서든 닥치는 대로 시를 읊음. 逢場風月

봉적[逢賊] 도둑을 만남. 逢賊 meeting with a robber

봉접[蜂蝶] 벌과 나비. 蜂蝶 bees and butterflies

봉:접[鳳蝶] 호랑나비. 鳳蝶 swallowtail

봉:정[奉呈] 삼가 드림. ほうてい 奉呈 presentation

봉제[縫製] 재봉틀 따위로 박아서 만듦. 「~품(品)」ほうせい 縫製 needlework

봉:제사[奉祭祀] 조상의 제사를 받들어 지냄. 奉祭祀 holding a religious service

봉:죽[←奉足] 일을 주장하는 사람을 곁에서 도와 줌. 「~들다」 奉足 helping

봉지[封紙] 종이 주머니. 封紙 paper bag

봉:직[奉職] 공무에 종사함. ほうしょく 奉職 public service

봉착[逢着] 어떤 일에 부닥침. =직면(直面). 「난관에 ~하다」ほうちゃく 逢着 encountering

봉:창[奉唱] 엄숙하게 노래를 부름. 「애국가 ~」ほうしょう 奉唱

봉창[封窓] ① 창문을 봉함. 또는 봉한 창문. ② 벽에 구멍을 내고 종이를 바른 창. 封窓 ① sealing up a window

봉창[篷窓] 뜸을 두른 작은 배의 창. ほうそう 篷窓 porthole

봉채[丰采] ⇨봉자(丰姿).

봉채[封采] 봉치의 원말. 封采

봉:축[奉祝] 삼가 축하함. ほうしゅく 奉祝 celebration

봉축[封築] 무덤을 만들기 위해 흙을 쌓아올림. 封築 making a grave mound

봉치[←封采] 결혼을 앞두고 신붓집으로 보내는 채단과 예장(禮狀). 封采

봉치[封置] 봉하여 둠. 封置 keeping after sealing

봉:친[奉親] 어버이를 받들어 모심. 奉親 supporting one's parents

봉:침[鳳枕] 봉황을 수놓은 베개. 鳳枕

봉침[縫針] 바느질하는 바늘. ぬいばり 縫針 needle

봉토[封土] ① 흙을 쌓아올림. ふうど ② 제후(諸侯)의 영지(領地). =봉강(封疆). ほうど 封土 ① filing up earth ② fief

봉투[封套] 편지나 서류 따위를 넣는 종이 주머니. ふうと 封套

う　　　envelope
봉필[蓬篳] 쑥대나 가시덤불로 지붕을 이음. 가난한 집의 비유. =봉문(蓬門). 「～생휘(生輝)」ほうひつ
　　　humble cottage
봉함[封函] 봉한 편지.
　　　sealed letter
봉함[封緘] 편지를 봉투에 넣고 봉함. ふうかん　sealing
봉합[封合] 봉하여 붙임.
　　　sealing up
봉합[縫合] 상처나 갈라진 자리를 꿰매어 붙임. ほうごう
　　　suture
봉：행[奉行] 분부를 받들어 실행함. 삼가 거행함. ほうこう
　　　observance
봉：헌[奉獻] 삼가 물선을 마침. =봉납(奉納). ほうけん
　　　dedication
봉혈[封穴] ① 개미집의 구멍. ② 구멍을 막음. ① ant hole
봉호[蓬戶] 쑥대를 엮어서 문으로 한 집. 곧, 가난한 집의 비유. =봉문(蓬門). ほうこ
　　　humble cottage
봉화[烽火] 지난날, 위급을 알리기 위하여 봉홧둑에서 올리던 불. =봉수(烽燧). ほうか・のろし　signal fire
봉화[逢禍] 화를 당함. 재화(災禍)를 입음.
　　　meeting with a calamity
봉：환[奉還] 삼가 돌려 드림. ほうかん
　　　returning respectfully
봉：황[鳳凰] 상서로운 새로 여기는 상상의 새. ほうおう
부[仆] ① 엎드러질 부 : 엎드러지다. 쓰러지다. 「仆倒(부도)・仆顚(부전)」② 죽을 부 : 죽다. 「仆斃(부폐)」フ ① た

おれる
부[夫]* ① 지아비 부 : 지아비. 남편. 「夫婦(부부)・夫君(부군)・先夫(선부)」② 사내 부 : 사내. 「匹夫(필부)・凡夫(범부)・丈夫(장부)・漁夫(어부)・人夫(인부)」フ・フウ ① おっと
부[父]* ① 아비 부 : 아비. 「父母(부모)・父親(부친)・父子(부자)・養父(양부)・生父(생부)・伯父(백부)・父兄(부형)」② 늙은이 부 : 노인. 「父老(부로)」フ ① ちち
부：[付]* ① 부칠 부 : 부치다. 「付加(부가)・付記(부기)・付書(부서)・付送(부송)・付上(부상)」② 줄 부 : 주다. 「給付(급부)・交付(교부)・付與(부여)」③ 부탁 부 : 부탁. 「付託(부탁)・付囑(부촉)」フ ① つく・つける
부：[否]* ① 아닐 부 : 아니다. 「否認(부인)・否決(부결)・否定(부정)・成否(성부)・良否(양부)」② 나쁠 부 : 나쁘다. 「否德(부덕)・否便(부편)」③ 막힐 비 : 막히다. 「否塞(비색)・否運(비운)・否泰(비태)」ヒ ① いな
부[孚] ① 기를 부 : 기르다. 「孚育(부육)」② 미쁠 부 : 미쁘다. 참되다. 「孚信(부신)・孚佑(부우)」フ
부[扶]* ① 도울 부 : 돕다. 「扶助(부조)・相扶(상부)・扶護(부호)・扶養(부양)」② 붙들 부 : 붙들다. 「扶持(부지)・扶支(부지)・扶腋(부액)」フ ① たすける
부：[咐] 분부할 부 : 분부하다. 「吩咐(분부)・咐囑(부촉)」フ
부：[府]* ① 고을 부 : 고을. 「府尹(부윤)・府兵(부병)」②

곳집 부:곳집. 「府庫(부고)」 ③ 관청 부:관청. 「府中(부중)·府第(부제)·府寺(부시)」 フ ② くら

부[斧] 도끼 부:도끼. 「斧斤(부근)·斧鉞(부월)·斧柯(부가)」 フ·おの

부[芙] 부용 부:부용. 연꽃. 「芙蓉(부용)·芙蓉姿(부용자)」 フ

부[阜] ① 클 부:크다. 많다. 「阜財(부재)·阜成(부성)」 ② 언덕 부:언덕. 「阜垤(부질)」 フ ② おか

부:[附]* ① 붙일 부:붙이다. 「附加(부가)·附言(부언)·附錄(부록)·附議(부의)」 ② 가까울 부:가깝다. 「附近(부근)」 フ ① つく

부[俘] 사로잡을 부:사로잡다. 「俘虜(부로)·俘級(부급)·俘囚(부수)」 フ·とりこ

부:[訃] 부고 부:부고. 부고하다. 「訃告(부고)·訃音(부음)·訃報(부보)」 フ

부:[負]* ① 짐 질 부:짐을 지다. 「負債(부채)·負責(부책)·負笈(부급)·負擔(부담)·負荷(부하)」 ② 질 부:지다. 「勝負(승부)」 ③ 입을 부:입다. 「負傷(부상)」 ④ 믿을 부:믿다. 「自負(자부)」 フ ①③ おう ② まける

부:[赴]* ① 갈 부:가다. 「赴擧(부거)·赴召(부소)·赴任(부임)」 ② 부고 부:부고(訃告) 「赴告(부고)·赴問(부문)」 フ ① おもむく

부:[俯] 구부릴 부:구부리다. 「俯僂(부구)·俯仰(부앙)·俯項(부항)」 フ·ふせる

부:[剖] ① 가를 부:가르다. 쪼개다. 「解剖(해부)·剖析(부석)·剖折(부절)」 ② 갈릴 부:갈리다. 떨어지다. 「剖分(부분)」 ボウ·ホウ ① さく ② わける

부[浮]* ① 뜰 부:뜨다. 「浮橋(부교)·浮袋(부대)·浮動(부동)·浮力(부력)·浮木(부목)」 ② 덧없을 부:덧없다. 정처없다. 「浮浪(부랑)·浮生(부생)·浮榮(부영)」 フ ① うく·うかぶ

부[釜] 가마 부:가마. 솥. 「釜鬲(부력)·釜鼎(부정)·釜中生魚(부중생어)」 フ·かま

부:[副]* 버금 부:버금가다. 「副官(부관)·副校長(부교장)·副會長(부회장)·副題(부제)·副作用(부작용)·副署(부서)」 フク·そう

부[埠] 부두 부:부두. 「埠頭(부두)」 フ

부[婦]* ① 지어미 부:지어미. 「夫婦(부부)·婦家(부가)·子婦(자부)」 ② 여자 부:여자. 「婦女(부녀)·婦人(부인)·派出婦(파출부)·婦功(부공)·婦德(부덕)」 フ ② おんな

부[桴] ① 북채 부:북채. 「桴鼓(부고)」 ② 뗏목 부:뗏목. 「桴筏(부벌)」 フ ① ばち ② いかだ

부[符]* ① 부신 부:부신(符信). 부절. 「符牌(부패)·符節(부절)·符契(부계)·符合(부합)」 ② 부적 부:부적. 「符籍(부적)」 フ ① わりふ

부[趺] 책상다리할 부:도사리고 앉다. 「趺坐(부좌)·跏趺坐(가부좌)」 フ·あし

부[部]* ① 나눌 부:나누다. 「部署(부서)·部局(부국)·部分(부분)·部品(부품)」 ② 거느릴 부:거느리다. 「部下(부하)」

③ 무리 부:무리.「部族(부족)·部落(부락)」ブ

부[傅] ① 가까이할 부:가까이하다.「傅近(부근)」 ② 도울 부:돕다. 시중들다.「傅育(부육)·傅母(부모)·傅相(부상)」 ③ 스승 부:스승.「師傅(사부)·王傅(왕부)」ㄱ 傅相

부:[富]* ① 부자 부:부자.「富者(부자)·甲富(갑부)·巨富(거부)」 ② 넉넉할 부:넉넉하다.「豐富(풍부)·富有(부유)·富裕(부유)」ㄱ·とみ·とむ 富者 富裕

부[腑] 장부 부:장부. 내장.「六腑(육부)·臟腑(장부)·肺腑(폐부)」ㄱ·はらわた 肺腑

부[蜉] 하루살이 부:하루살이.「蜉蝣(부유)·蜉蝣人生(부유인생)」ㄱ 蜉蝣

부[艀] 거룻배 부:거룻배.「艀艇(부정)」ㄱ 艀艇

부[孵] 알 깔 부:알을 까다.「孵化(부화)·孵卵(부란)」ㄱ·かえる 孵化

부:[腐]* ① 썩을 부:썩다.「腐敗(부패)·腐芥(부개)·腐蝕(부식)·腐臭(부취)·腐肉(부육)」 ② 두부 부:두부.「豆腐(두부)」ㄱ ①くさる 腐敗

부:[賦]* ① 구실 부:구실. 세금.「賦稅(부세)·賦課(부과)·賦役(부역)」 ② 타고날 부:타고나다.「賦命(부명)·賦性(부성)」 ③ 줄 부:주다.「賦與(부여)·天賦(천부)」ㄱ 賦稅

부[敷] ① 펼 부:펴다. 깔다.「敷設(부설)·敷敎(부교)·敷化(부화)」 ② 너를 부:너르다.「敷求(부구)」ㄱ ①しく 敷設

부[膚]* ① 피부 부:피부.「皮膚(피부)·膚肌(부기)·膚理(부리)」 ② 겉 부:겉. 표면.「膚見(부견)」 ③ 아름다울 부:아 皮膚

름답다.「膚敏(부민)」ㄱ ① はだ

부:[駙] 곁마 부:곁마.「駙馬(부마)」ㄱ 駙馬

부:[鮒] 붕어 부:붕어.「鮒魚(부어)」ㄱ·ふな 鮒魚

부[賻] 부의 부:부의.「賻儀(부의)·賻助(부조)·賻祭(부제)」ㄱ·おくる 賻儀

부:[簿]* ① 치부 부:치부.「帳簿(장부)·簿記(부기)·簿錄(부록)·置簿(치부)·出席簿(출석부)」ボ 帳簿

부:가[附加] 덧붙임. =첨가(添加). ふか   addition 附加

부:가[富家] 부잣집. ふか·ふうか   wealthy family 富家

부:가 가치세[附加價值稅] 제조업·도매·소매의 각각의 단계에서 새로이 만들어 낸 가치에 대하여 부과되는 간접세. ふかかちぜい   value-added tax 附加價値稅

부:가형[附加刑] 주형(主刑)에 덧붙이는 형벌. 추징금(追徵金) 따위. ふかけい   accessory penalty 附加刑 追徵金

부:각[俯角] 물체를 내려다볼 때 그 시선과 수평면이 이루는 각(角). 내려본각. ↔앙각(仰角). ふかく   dip 俯角

부각[浮刻] ① 겉으로 도드라지게 새김. 돋을새김. ② 사물의 특징을 두드러지게 드러냄. ① relief 浮刻

부:각[腐刻] 약물로 부식시켜서 유리나 쇠붙이에 조각하는 일. =식각(蝕刻). ふこく   etching 腐刻

부:감[俯瞰] 높은 곳에서 내려다봄. =부관(俯觀).「~도(圖)」ふかん   overlooking 俯瞰

부:강[富强] 나라의 재정(財政) 富强

이 넉넉하고 군사력이 튼튼함. 「~한 국가(國家)」 ふきょう wealth and power

부객[浮客] 떠돌아다니는 나그네. ふかく 浮客 wanderer

부:거[副車] 거가(車駕)에 여벌로 따라가는 수레. ふくしゃ・そいぐるま・そえぐるま 副車 extra carriage

부:검[剖檢] 사망 원인 등을 알기 위해 시체를 해부하여 검사함. ぼうけん 剖檢

부견[膚見] 겉모양만 본 관찰. 얕은 소견. =천견(淺見). ふけん 膚見 superficial observation

부:결[否決] 회의에서, 안건(案件)을 승인하지 않기로 결정함. ↔가결(可決). ひけつ 否決 rejection

부:결[剖決] 옳고 그름을 가려서 결정함. ほうけつ judgment 剖決

부경[浮輕] ① 언행이 경솔함. ② 부피에 비하여 무게가 가벼움. 浮輕 ① frivolity

부계[父系] 아버지 쪽의 계통. ↔모계(母系). ふけい 父系 ↔母系 paternity

부계[伏鷄] 알을 품고 있는 암탉. 伏鷄 hen sitting on eggs

부고[缶鼓] 무당이 굿할 때 바가지를 물 위에 엎어 놓고 북처럼 치는 일. 또는 그 바가지. 缶鼓

부:고[府庫] ⇨창고(倉庫). ふこ 府庫

부:고[訃告] 사람의 죽음을 알리는 통지. =부보(訃報)·부음(訃音). ふこく 訃告・訃報 obituary notice

부:고환[副睾丸] 불알 뒤쪽에 붙은 생식기의 한 부분. ふくこうがん 副睾丸 epididymis

부:골[跗骨] 발목뼈. =족근골 跗骨 (足根骨). ふこつ tarsal bone

부:골[富骨] 부자답게 생긴 골상(骨相). wealthy feature 富骨

부공[婦功] ① 아내로서 해야 할 공덕·공적. ② 가정에서 부녀자가 하는 일. 婦功 ① woman's merit

부:과[副果] 꽃턱·꽃줄기·꽃받침 등이 씨방과 함께 붙어서 자란, 배·사과·무화과(無花果) 따위의 과실. 헛열매. =가과(假果). 副果

부:과[賦課] 세금 따위를 매겨서 부담하게 함. ふか 賦課 imposition

부:관[副官] 지휘관을 도와 사무 처리를 하는 장교. ふくかん 副官 adjutant

부:광[富鑛] 품질이 좋고 채굴하여 수지가 맞는 광석. ↔빈광(貧鑛). ふこう 富鑛 rich ore

부교[父敎] ① 아버지의 교훈. ② 아버지의 명령. 父敎 ① one's father's precept ② one's father's order

부교[浮橋] 배나 뗏목을 잇대어 매어 놓고 그 위에 널빤지 따위를 깔아 만든 다리. うきはし 浮橋 floating bridge

부:교[富驕] 재산을 믿고 부리는 교만. 富驕 presuming on one's wealth

부:국[富國] 나라를 부유하게 함. 또는 부유한 나라. 「~강병(强兵)」ふこく 富國 rich country

부군[夫君] 남의 남편에 대한 존칭. ふくん your husband 夫君

부:군[府君] 죽은 아버지나 대대의 할아버지의 존칭. 주로 위패·지방·축문(祝文) 등에 씀. ふくん 府君

부권[夫權] 아내에 대해 남편이 夫權

가지는 신분 및 재산상의 권리. ふけん　husband's rights
부권[父權] 아버지가 가지는 직계 비속(直系卑屬)에 대한 권리. ↔모권(母權). ふけん　父權　paternal rights
부:귀[富貴] 재산이 많고 신분이 높음. ↔빈천(貧賤). 「～공명(功名)」ふうき・ふき　富貴　riches and honors
부근[斧斤] 큰 도끼와 작은 도끼. ふきん　斧斤　large ax and small ax
부:근[附近] 가까운 곳. =근처(近處). ふきん　附近　vicinage
부:금[賦金] ①부과된 돈. ②일정 기간마다 붓는 돈. 「주택～」ふきん　②installment　賦金
부:급[負笈] 책 상자를 짐. 곧, 먼 곳으로 공부하러 감. 「～종사(從師)」負笈
부기[缶器] 아가리가 좁고 배가 부른 질그릇. 缶器　narrow-mouthed jar
부:기[附記] 본문(本文)에 덧붙여서 기록. 또는 그 기록. ふき　附記　additional remark
부기[浮氣] 몸의 어떤 부분이 부은 상태. 「～가 가라앉다」浮氣　swelling
부기[簿記] 금전 따위의 출납(出納)과 거래(去來)를 장부에 기록하는 방법. 단식과 복식이 있음. ぼき　bookkeeping　簿記去來
부기우기[boogie-woogie] 4분의 4박자의 곡의 한 마디를 8박자로 하여 연주하는 흥겨운 재즈의 리듬 스타일. ブギウギ　演奏
부나[독 Buna] 독일에서 개발된 합성 고무의 상표명.
부:난[赴難] 달려가서 국난(國難)을 구함. ふなん　赴難

부낭[浮囊] ①물고기의 부레. ②물에 떠 있을 수 있게 몸에 지니는 공기가 든 부대. 구명대(救命帶) 따위. ふのう・うきぶくろ　浮囊　浮袋
①air bladder ②life buoy
부내[部內] ①어떤 조직이나 기관의 안. ②관공서・회사 등의 부(部)의 내부. ↔부외(部外). 「～문제」ぶない　部內　within the department
부녀[父女] 아버지와 딸. 父女　father and daughter
부녀[婦女] ①⇨부인(婦人). ②부인과 여자. 곧, 여성(女性). =부녀자(婦女子). ふじょ　婦女　woman
부녀자[婦女子] ⇨부녀(婦女). ふじょし　婦女子
부:농[富農] 경작지가 많고 살림이 넉넉한 농민. ↔빈농(貧農). ふのう　富農　rich farmer
부단[不斷] 끊임이 없음. 늘 계속됨. 「～한 노력」ふだん　不斷　ceaselessness
부:담[負擔] ①일이나 책임을 떠맡음. 또는 그 일이나 책임. ふたん ②부담농(負擔籠)의 준말. ①burden　負擔
부:담금[負擔金] 부담하는 돈. ふたんきん　負擔金　allotment
부:담농[負擔籠] 물건을 담아서 말에 싣는 농짝. 준부담(負擔). 負擔籠
부당[不當] 도리에 벗어나 정당하지 않음. 「～이득(利得)」ふとう　不當　impropriety
부당[夫黨] 남편 쪽의 일가붙이. ↔부당(婦黨). 夫黨　husband's relatives
부당[婦黨] 아내 쪽의 일가붙이. 婦黨　wife's relatives
부:대[附帶] 곁들어 덧붙임. 부 附帶

속됨.「~ 사업(事業)」ふたい accessory

부:대[負袋] 종이・피류・가죽 따위로 만든 자루. =포대(包袋). sack

부대[部隊] ① 한 단위의 군대.「정찰 ~」② 집단을 이룬 한 무리.「박수 ~」ぶたい ① unit ② party

부:대[富大] 몸집이 뚱뚱하고 큼. =비대(肥大). fatness

부대불소[不大不小] 크지도 작지도 않고 알맞음. medium

부대접[不待接] 아무렇게나 대하는 대접. 푸대접. cold treatment

부덕[不德] 덕이 없음.「~의 소치(所致)」ふとく lack of virtue

부덕[婦德] 부녀자의 어진 덕행. ふとく womanly virtue

부도[不渡] 수표(手票)나 어음을 가진 사람이 기일이 되어도 지급을 받지 못하는 일. 또는 그 수표나 어음.「~ 수표」ふわたり dishonor

부도[父道] 아버지로서 지켜야 할 도리. ふどう father's duties

부:도[附圖] 어떤 책에 딸린 그림이나 지도.「지리(地理) ~」ふず appended map

부도[婦道] 여자로서 지켜야 할 도리. ふどう womanhood

부도덕[不道德] 도덕에 어긋남.「~한 행위」ふどうとく immorality

부도체[不導體] 열(熱)이나 전기를 전도(傳導)하기 어려운 물체. 고무・사기 따위. ↔도체(導體). ふどうたい nonconductor

부동[不同] 같지 않음. ↔동일(同一). ふどう dissimilitude

부동[不動] ① 움직이지 않음.「~ 자세(姿勢)」② 정신이 흔들리지 않음. ふどう firmness

부동[浮動] 떠서 움직임. 떠돌아다님.「~표(票)」ふどう floating

부동[符同] 나쁜 짓을 하려고 몇 사람이 어울려 한통속이 됨.「~이 돼서 쏘다니다」 band

부동산[不動産] 토지・건물・수목(樹木) 따위의 재산. ↔동산(動産). ふどうさん real estate

부동액[不凍液] 자동차 엔진의 냉각수가 얼지 않게 하기 위하여 쓰는 액체. ふとうえき antifreezing liquid

부동표[浮動票] 선거에서, 지지할 후보자나 정당이 고정되어 있지 않은 사람들의 표. ↔고정표(固定票). ふどうひょう floating vote

부동항[不凍港] 겨울에도 물이 얼지 않는 항구. ↔동항(凍港). ふとうこう ice-free port

부두[埠頭] 항구에서 배를 대는 선창(船艙).「연안 ~」ふとう wharf

부득불[不得不] 아니할 수 없어. 다른 도리가 없어서. =불가불(不可不).「군입대로 ~ 휴학하다」 inevitably

부득요령[不得要領] 말이나 글 따위의 요점(要點)을 알 수가 없음. =요령부득(要領不得). ふとくようりょう pointlessness

부득이[不得已] 마지못하여. 하는 수 없이. unavoidably

부등[不等] 서로 같지 않음. 고르지 않음. ふとう disparity

부락[部落] ⇨ 촌락(村落). ぶらく

부란[孵卵] 알이 깸. 또는 알을 깜. ふらん 孵卵 incubation

부:란[腐爛] 썩어 문드러짐. ふらん 腐爛 decomposition

부란기[孵卵器] 달걀을 인공적으로 부화시키는 기구. 「전기(電氣)~」ふらんき 孵卵器 incubator

부랑[浮浪] 하는 일 없이 이리저리 떠돌아다님. 「~아(兒)」ふろう 浮浪 wandering

부:레[프 bourrée] 프랑스 오베르뉴 지방에서 시작된 빠른 2박자의 경쾌한 춤곡. ブーレ 地方

부력[浮力] 물체를 뜨게 하는 액체나 기체의 힘. ふりょく 浮力 buoyancy

부:력[富力] 재산의 힘. =재력(財力). ふりょく 富力 influence of wealth

부령[部令] 각부(各部) 장관이 맡은 사무에 관하여 내는 명령. ぶれい 部令 ministerial ordinance

부로[父老] 나이가 많은 동리의 어른을 높이어 이르는 말. ふろう 父老 elders

부로[俘虜] 사로잡은 적군. =포로(捕虜). ふりょ 俘虜 prisoner

부:록[附錄] ①책의 본문(本文) 끝에 붙어 있는 도표나 설명 따위. ②잡지 따위에 덤으로 곁들여 따로 내는 책이나 물건. ふろく 附錄 appendix

부록[簿錄] 장부에 기록함. =기장(記帳). 簿錄 bookkeeping

부류[浮流] 떠서 흘러감. 「~기뢰(機雷)」ふりゅう 浮流 floating

부류[部類] 종류에 따라 나눈 갈래. 「~별(別)」ぶるい 部類 class

부르주아[프 bourgeois] ①중세 유럽의 중산층(中産層) 시민. ②근대 사회에서의 자본가. ブルジョア 資本家

부르주아지[프 bourgeoisie] 유산(有産) 계급. 자본가 계급. ブルジョアジー 有産 階級

부마[夫馬] 마부와 말. 일꾼과 말. 夫馬 groom and horse

부:마[付魔] 귀신이 붙음. 귀신들림. 付魔 possession

부:마[駙馬] 부마 도위(駙馬都尉)의 준말. ふば 駙馬

부:마 도위[駙馬都尉] 임금의 사위. 준부마(駙馬). 都尉 son-in-law of a king

부맥[浮麥] 밀 쭉정이. 浮麥

부메랑[프 boomerang] 오스트레일리아 원주민(原住民)이 사냥에 쓰는 'ㄱ'자 모양으로 굽은 나무 막대기. 던지면 제자리로 되돌아옴. ブーメラン 原住民

부면[部面] 사물의 어느 부분이 가지는 면. =국면(局面). ぶめん 部面 phase

부명[父名] 아버지의 이름. 父名 father's name

부명[父命] 아버지의 명령. ふめい 父命 father's instruction

부:명[富名] 부자로 소문난 이름. 부자로서의 명성. well-known name of a rich man 富名

부모[父母] 아버지와 어머니. =양친(兩親). 「~처자(妻子)」ふぼ・ちちはは 父母妻子 parents

부목[浮木] 물에 떠 있는 나무. ふぼく・うきき 浮木 driftwood

부:목[副木] 팔다리가 부러졌을 때 이를 고정시키기 위해 덧대는 나무. ふくぼく 副木 splint

부:문[訃聞] 사람이 죽었다는 소식. =부음(訃音). ふぶん 訃聞 report of one's death

부문[浮文] 겉치레뿐이고 내용이 없는 글. 浮文 frothy writings

부문[部門] 전체를 종류별로 나 部門

눈 하나하나의 부분.「문학(文學)~」ぶもん department

부민[浮民] 이리저리 떠돌아다니는 백성. vagabonds 浮民

부:민[富民] 생활이 넉넉한 백성. ↔빈민(貧民). ふみん
wealthy people 富民

부박[浮薄] 실없고 경솔함. ふはく frivolity 浮薄

부:보[訃報] 사람이 죽었다는 통지. =부고(訃告). ふほう
obituary 訃報

부:복[俯伏] 머리를 숙이고 엎드림. ふふく prostration 俯伏

부:본[副本] 원본(原本)과 똑같이 만든 서류. =사본(寫本). ↔정본(正本). ふくほん
duplicate 副本 原本

부부[夫婦] 남편과 아내. =내외(內外)·부처(夫妻). ふうふ
married couple 夫婦

부분[部分] 전체 가운데의 일부.「~품(品)」ぶぶん part 部分

부:불[賦拂] 몇 번에 나누어서 지불함. paying dividedly 賦拂

부빙[浮氷] ①물 위에 떠 있는 얼음덩이. ふひょう ②강에서 얼음덩이를 떠냄.
① floating ice 浮氷

부사[父師] 아버지와 스승. 또는 스승인 아버지.
father and teacher 父師

부:사[赴使] 사신(使臣)이 임지(任地)로 감. 赴使

부:사[副使] 정사(正使)를 돕는 사신. ふくし vice-envoy 副使

부:사[副詞] 동사·형용사 또는 다른 부사를 수식하는 품사. '퍽 많다'의 '퍽' 따위. ふくし
adverb 副詞

부:산물[副産物] ①어떤 생산물을 만드는 과정에서 얻어지는 다른 산물. ②어떤 일에 관련하여 일어나는 다른 일. ふくさんぶつ by-product 副産物

부상[父喪] 아버지의 상사(喪事). =부친상(父親喪).「갑자기 ~을 당하다」
death of one's father 父喪

부:상[付上] 편지나 물건을 웃어른에게 부쳐 드림. 付上

부상[扶桑] 동쪽 바다의 해뜨는 곳에 있다는 신령스러운 나무. 또는 그것이 있다는 곳. ふそう 扶桑

부:상[負傷] 몸에 상처를 입음.「~자(者)를 병원으로 옮기다」ふしょう
wound 負傷

부상[浮上] ①물 위로 떠오름. ↔침하(沈下). ②대수롭지 않던 사람이 화려하거나 유력한 위치로 솟아오름. ふじょう
surfacing 浮上

부:상[副賞] 정식 상 외에 따로 덧붙여 주는 상. ふくしょう
supplementary prize 副賞

부:상[富商] 자본이 넉넉한 상인. ふしょう
wealthy merchant 富商

부생[浮生] 덧없는 인생.「~약몽(若夢)」ふせい·ふしょう
transient life 浮生

부:생[復生] ①없어졌던 것이 다시 생겨남. ②⇨부활(復活).
regeneration 復生

부생지론[傅生之論] 사형이 선고된 죄에 이의(異議)가 있어 감형을 주장하는 변론. 傅生之論

부서[夫壻] ⇨남편(男便). 夫壻

부:서[副書] 원본(原本)을 베낀 문서. =부본(副本). ふくしょ
duplicate 副書

부서[部署] 여럿으로 나뉜 업무의 한 부분.「영업 ~」ぶしょ
post 部署

부:서[副署] 법령이나 조약 문 副署

서(條約文書) 따위에 대통령이 서명한 다음, 관계 부처의 장관이 서명하는 일. ふくしょ　countersignature

부석[浮石] ① 화산의 용암이 갑자기 식어서 된 가벼운 돌. 속돌. =경석(輕石). ふせき・うきいし ② 물 위에 일부분만 드러나 있어, 떠 있는 것처럼 보이는 암석. ① pumice ② half-submerged stone

부석[剖析] ① 쪼개어 가름. ② 해결(解決)함. ほうせき

부선망[父先亡] 아버지가 어머니보다 먼저 세상을 떠남. ↔ 모선망(母先亡).

부:설[附設] 부속시켜 설치함. 「~ 기관(機關)」ふせつ　attachment

부설[浮說] 떠도는 풍설. =부언(浮言). ふせつ groundless rumor

부:설[敷設] 철도·해저 전선·기뢰 따위를 설치함. 「철도(鐵道) ~」ふせつ　laying

부세[浮世] 덧없는 세상. うきよ・ふせい　transitory world

부:세[賦稅] 세금을 부과함. ふぜい　taxation

부셸[bushel] 야드파운드법에서, 곡물(穀物)·과실 등의 양을 재는 단위. ブッシェル

부:속[附屬] 주가 되는 것에 속해 있음. 「대학의 ~ 병원」ふぞく　attachment

부속[部屬] 어떤 부에 딸림. ぶぞく　subordination

부:송[付送] 물건을 부쳐 보냄. =송부(送付). sending

부:수[附隨] 따름. 관련됨. 「~적인 사항」ふずい　following

부수[俘囚] 사로잡은 적의 군사. =포로(捕虜). ふしゅう　arrested enemy

부:수[負數] 영(零)보다 작은 수. 음수(陰數)의 구용어. ↔ 정수(正數). ふすう　negative number

부수[部首] 한자(漢字)를 자전(字典)에서 찾을 때 길잡이가 되는 공통적인 구성 부분. '部·富·效'의 'β·宀·攵' 따위. ぶしゅ　radicals of the Chinese characters

부수[部數] 책·신문 따위의 수효. 「발행 ~」ぶすう number of copies

부:수입[副收入] 부업 등으로 생기는 수입. ふくしゅうにゅう additional income

부:수청령[俯首聽令] 윗사람의 위엄에 눌려 넝큰 고분고분 따름. passive obedience

부:스터[booster] ① 로켓 따위의 보조 추진 장치. ② 전압의 승압기(昇壓器). ブースター

부:시[俯視] 높은 곳에서 내려다봄. =부감(俯瞰). overlooking

부식[扶植] 세력이나 사상 따위를 심어서 가꿈. 「세력을 ~ 하다」ふしょく　implantation

부:식[副食] 부식물(副食物)의 준말. ↔주식(主食).

부:식[腐蝕] ① 썩어 문드러짐. ② 금속·유리 등의 표면을 약품의 작용으로 변화시키는 일. ふしょく　corrosion

부:식물[副食物] 주식(主食)에 딸리는 음식물. 국·반찬 따위. ⓒ부식(副食). ふくしょくぶつ side dish

부:식제[腐蝕劑] 조직에 작용하여 파괴·사멸시키는 약제. 산(酸)·알칼리·염소 따위. ふ

부:식토[腐植土] 유기물이 썩어서 된, 검은 물질이 들어 있는 흙. 식물의 거름으로 쓰임. ふしょくど　humus soil, しょくざい　corrosive

부:신[符信] 나뭇조각이나 두꺼운 종이 조각에 글자를 쓰고 도장을 찍은 다음, 둘로 쪼개어 각각 나누어 지니다가 뒷날 서로 맞추어 증거로 삼던 물건.　tally

부:신[副腎] 콩팥 위의 양쪽에 있는 호르몬의 내분비 기관. 곁콩팥. ふくじん　suprarenal

부:신입화[負薪入火] 섶을 지고 불에 뛰어듦. 곧, 위험한 속으로 자청해서 들어가는 어리석음의 비유.

부실[不實] ① 믿음성이 적음. ② 내용이 충실하지 않음. ③ 몸이 약함. ① faithlessness ② unfaithfulness ③ unhealthiness

부:심[副審] 운동 경기에서 주심(主審)을 돕는 심판. ↔주심(主審). ふくしん　sub-umpire

부:심[腐心] 근심 걱정으로 마음을 썩임. 「해결책 찾기에 ~하다」 ふしん　taking pains

부:앙[俯仰] 아래를 굽어봄과 위를 쳐다봄. =면앙(俛仰). 「~천지(天地)」 ふぎょう　looking up and down

부:앙무괴[俯仰無愧] 하늘에 대해서나 사람에 대해서 조금도 양심에 부끄러움이 없음.

부액[扶腋] ① 겨드랑이를 붙들어 부축함. 곁부축. ② 곁에서 도와 줌. ふえき　① helping by holding a person's arms

부:약[負約] 약속을 어김. breaking a promise

부양[扶養] 생활 능력이 없는 이의 생활을 돌봄. 「~가족(家族)」 ふよう　support

부양[浮揚] 떠오름. 띄워 올림. 「부동산 경기(景氣) ~책(策)」 ふよう　floating

부:어[鮒魚] 잉어과의 민물고기. 주둥이는 둥글고 수염이 없음. 개울이나 못에 삶. 붕어.　crucian carp

부:언[附言] 덧붙여서 말함. 또는 그 말. ふげん　additional remarks

부업[父業] ① 대대로 내려오는 직업. =가업(家業). ② 아버지의 사업 또는 직업. ふぎょう　① family occupation ② father's job

부:업[副業] 본업 외에 따로 가지는 직업. ↔본업(本業). ふくぎょう　side job

부업[婦業] 여자가 하는 일. 여자의 직업. ふぎょう　woman's occupation

부:여[附與] 붙여서 줌. 줌. ふよ　grant

부:여[賦與] 나누어 줌. ふよ　endowment

부:역[夫役·賦役] 국가나 공공 단체가 의무적으로 부과하는 노역(勞役). ふえき　compulsory labor

부:역[附逆] 국가에 반역하는 일에 가담함. 「~자(者)」 complicity in treason

부:역[赴役] ① 부역(賦役)을 치르러 나감. ② 사사로이 서로 일을 도와 줌. ① attendance to the compulsory labor ② mutual aid

부:연[敷衍] 뜻이나 취지 따위를 더욱 늘여 자세히 설명함. ふえん　expatiation

부:엽토[腐葉土] 낙엽·풀 따

부영[浮榮] 덧없는 세상의 헛된 영화. transitory prosperity

부옹[婦翁] 사위에 대하여 장인(丈人)이 자신을 일컫는 말. ふおう

부왕[父王] 아버지인 임금. ふおう

부외[部外] 부(部)의 외부. 조직의 외부. ↔부내(部內). 「~인사(人士)」ぶがい outside

부:용[附庸] 종주국(宗主國)에 딸려 그 보호와 지배를 받음. 「~국(國)」ふよう dependence

부용[芙蓉] ① 연꽃. ② 아욱과의 낙엽 관목. 높이 1~3m로 중국 원산의 관상 식물. =목부용(木芙蓉). ふよう ① lotus ② cotton rose

부운[浮雲] ① 뜬구름. ② 덧없는 인생. 덧없는 세상. ふうん ① floating cloud ② transient life

부원[部員] 어떤 부나 부서에 딸린 사람. ぶいん staff

부:원[富源] 재물이 생기는 근원. 「바다는 미래의 ~이다」 ふげん source of wealth

부:원군[府院君] 왕비의 친아버지나 정일품(正一品) 공신의 작호(爵號). father of the queen

부월[斧鉞] 큰 도끼와 작은 도끼. 옛날 중국에서, 출정(出征)하던 대장에게 천자가 내리던 형구(刑具). ふえつ ax

부위[部位] 어느 부분이 전체에서 차지하는 자리. ぶい region

부유[浮遊・浮游] 이리저리 떠돌아다님. ふゆう floating

부유[婦幼] 부인과 어린아이. ふよう woman and suckling

부:유[富裕] 재물이 넉넉함. =富裕 부유(富有). ふゆう wealth

부유[蜉蝣] 하루살이. 「~일생(一生)」ふゆう・かげろう ephemera

부:유[腐儒] 실생활에 도움이 안 되는 쓸모없는 선비나 학자. ふじゅ pedant

부육[扶育] 돌보아 기름. ふいく support

부육[傅育] 소중히 보호하여 기름. ふいく bringing-up with care

부:육[腐肉] 썩은 고기. ふにく tainted meat

부:윤[富潤] 재물이 넉넉함. wealth

부:음[訃音] ⇨부고(訃告). ふいん

부:읍[富邑] 백성들의 생활이 넉넉하고 부유한 고을. ↔빈읍(貧邑). rich town

부:응[副應] 무엇에 좇아서 따름. 「기대에 ~하다」 complying with

부:의[附議] 회의에 붙여 의논하게 함. ふぎ submitting for discussion

부의[賻儀] 초상집에 부조로 금품을 보내는 일. 또는 그 금품. 「~금(金)」 condolatory present

부이[buoy] ① 낚시찌. ② 헤엄칠 때 쓰는 부낭(浮囊). ③ 부표(浮標). ブイ 浮標

부:익부[富益富] 부자일수록 더욱 부자가 됨. 「~ 빈익빈(貧益貧)」

부인[夫人] 남을 높이어 그 아내를 이르는 말. ふじん Madam

부:인[否認] 시인(是認)하지 아

니함. 아니라고 함. ↔시인(是認). ひにん denial 是認

부인[婦人] 결혼한 여자. 「~복(服)」ふじん woman 婦人

부인과[婦人科] 여성 생식기의 병을 전문으로 치료하는 의학의 한 분과. 「~ 병원」 ふじんか gynecology 婦人科

부:임[赴任] 임지(任地)로 감. ふにん going for one's new post 赴任

부자[父子] 아버지와 아들. ふし father and son 父子

부자[夫子] 덕이 높아 만인의 스승이 될 만한 사람에 대한 경칭. 「공(孔)~」ふうし mentor 夫子

부:자[附子] 바곳의 말린 뿌리. 약재로 씀. ふし 附子

부:자[富者] 재산이 많은 사람. ↔빈자(貧者). ふしゃ rich man 富者

부자연[不自然] 자연스럽지 못함. ふしぜん unnaturalness 不自然

부자유[不自由] 자유롭지 못함. ふじゆう lack of freedom 不自由

부:작용[副作用] 어떤 작용에 부수적으로 따르는 해로운 작용. 「약(藥)의 ~」 ふくさよう secondary effect 副作用

부작위[不作爲] 마땅히 해야 할 일을 적극적으로 하지 않는 일. ↔작위(作爲). ふさくい forbearance 不作爲

부:장[附葬] 부부를 함께 장사 지냄. =합장(合葬). burying together 附葬

부장[部長] 한 무(部)의 우두머리. ぶちょう department manager 部長

부:장[副長] 장(長)을 보좌하는 사람. 또는 그 지위. ふくちょう vice-director 副長

부:장[副將] 대장(大將)의 다음 자리에서 대장을 보좌하는 장수. ふくしょう subcaptain 副將

부:장[副葬] 죽은 이의 생전의 애용품 따위를 시신과 함께 묻는 일. 「~품(品)」 ふくそう burial of a dead person's personal belongings with the corpse 副葬

부재[不才] 재주가 없음. 흔히 겸양어로 쓰임. ふさい incapacity 不才

부재[不在] 그 곳에 있지 않음. 「~중(中)」ふざい absence 不在

부재다언[不在多言] 여러 말 않고 바로 결정함. brief decision 多言

부재모상[父在母喪] 아버지가 살아 있을 때 어머니가 세상을 떠난 상사(喪事). 父在母喪

부재 증명[不在證明] 사건이 일어난 시간에 피의자가 현장(現場)에 없었다는 증명. 알리바이. ふざいしょうめい alibi 不在證明

부:적[附籍] ①남의 호적에 얹혀 있음. 또는 그 호적. ②호적부에 없는 호적을 새로 호적에 올림. ② registry 附籍

부:적[符籍] 몸에 지니거나 집에 붙이면 액운을 면한다는, 붉은색으로 야릇한 무늬를 그린 종이. amulet 符籍

부적당[不適當] 적당하지 않음. 알맞지 않음. ふてきとう unsuitability 不適當

부전[不全] 신체 기능이나 발육이 불완전함. 「발육(發育) ~」 ふぜん imperfection 不全

부전[不戰] 싸우지 않음. 「~승(勝)」ふせん renunciation of war 不戰

부:전[附箋] 서류 따위에 의견 등 간단한 내용을 써서 덧붙이는 쪽지. ふせん tag 附箋

부전승[不戰勝] 경기에서 상대편의 기권 등에 의하여 싸우지 않고 이김. ふせんしょう unearned win

부전자승[父傳子承] ⇨부전자전(父傳子傳).

부전자전[父傳子傳] 대대로 아버지가 아들에게 전함. =부전자승(父傳子承). transmission from father to son

부:전지[附箋紙] 서류 따위에 글씨를 써서 붙인 쪽지. 또는 그 용지. =부전(附箋). ふせんし tag

부절[不絕] 끊이지 않음. 「연락(連絡)~」 incessantness

부:절[剖折] 쪼개어 나눔. division

부:절[符節] 지난날, 주로 사신(使臣)이 신표(信標)로 가지던, 옥이나 나무로 만든 부신(符信). ふせつ tally

부절[跗節] 발목마디. 곤충의 다리의 맨 끝 마디. ふせつ tarsus

부절제[不節制] 절제를 하지 않음. 특히, 건강에 좋지 않은 생활을 함. ふせっせい intemperance

부정[不正] 바르지 않음. 바르지 않은 일. 「~을 저지르다」 ふせい injustice

부정[不定] 일정하지 않음. 「주소(住所)~」 ふてい uncertainty

부정[不貞] 정조(貞操)를 지키지 않음. ふてい unchastity

부정[不淨] ① 깨끗하지 못함. ふじょう ② 치성을 드리는 기간에 일어나는, 사람이 죽거나 아이를 낳거나 하는 등의 꺼리는 일. 「~타다」 ③ 무당굿의 첫거리. ① dirtiness ② impurity

부정[不精] 조촐하거나 깨끗하지 못함. untidiness

부정[父情] 자식에 대한 아버지의 정. ふじょう father's affection

부:정[否定] 그렇다고 인정하지 않음. ↔긍정(肯定). ひてい denial

부정[斧正] 도끼로 바로잡는다는 뜻으로, 시문(詩文)의 첨삭(添削)을 청할 때의 겸양어. ふせい

부정기[不定期] 시기나 기한이 일정하지 않음. 「~ 항로(航路)」

부정 명색[不正名色] 정당하지 않은 수단으로 얻은 재물. ill-gotten wealth

부정지속[釜鼎之屬] 부엌에서 쓰는 그릇붙이. 솥·냄비·밥그릇 따위. kitchen tools

부정품[不正品] 정당하지 않은 방법으로 만들었거나 유통되거나 소유하고 있는 물건. ふせいひん illegal article

부제[婦弟] 매부에 대하여, 처남이 자기를 이르는 말.

부:제[副題] 책이나 논문의 주된 제목 밑에 덧붙이는 작은 제목. =부표제(副標題). ふくだい subtitle

부조[父祖] 아버지와 할아버지. 또는 조상(祖上). 「~ 전래(傳來)」 ふそ father and grandfather

부조[不調] 상태가 고르지 못함. 잘 되어 가지 않음. ↔호조(好調). ふちょう disorder

부조[扶助] ① 남을 도와 줌. ② 큰일을 치르는 집에 금품을 보내어 도움. 「~금(金)」 ふじょ ① help ② contribution

부조[浮彫] 도드라지게 새긴 조각. 돌을새김. うきぼり relief

부조[浮藻] 물에 떠다니는 마름. ふそう

부조리[不條理] ① 조리가 서지 않음. 도리에 어긋남. ② 실존주의 철학에서, 인생의 의미를 찾을 수 없는 절망적인 상황을 이르는 말. ふじょうり ① absurdity

부조화[不調和] 서로 조화가 이루어지지 않음. ふちょうわ disharmony

부족[不足] 모자람. 넉넉하지 않음. 「인력(人力) ~」ふそく insufficiency

부:족[附族] 형식상으로 붙여 놓은 일가. 붙이기일가. relatives

부족[部族] 일정한 지역에 살며, 같은 언어와 풍속을 가진 미개 민족이나 씨족의 집단. 「~ 국가(國家)」ぶぞく tribe

부족증[不足症] 원기가 쇠하여 몸이 약해지는 증세. consumption

부:종[付種] 씨를 뿌림. =파종(播種). sowing

부종[浮腫] 피하(皮下) 조직에 수분이 많이 괴어 붓는 증세. =부증(浮症). ふしゅ edema

부좌[跗坐] 그릇을 올려놓는 받침. stand

부주[父主] 아버님. 편지글에 쓰임. 「~전 상서(前上書)」 my father

부주의[不注意] 주의를 하지 않음. ふちゅうい carelessness

부중지어[釜中之魚] 솥 안의 물고기. 곧, 거의 죽게 되었음을 이름. ふちゅうのうお

부즉불리[不卽不離] 붙지도 않고 떨어지지도 않는 관계를 유지하는 일. 두 사람 또는 두 사물의 관계를 이름. ふそくふり neutrality

부증[浮症] ⇨부종(浮腫).

부지[不知] 알지 못함. 「~불식(不識)」ふち ignorance

부:지[付紙] 얇은 종이를 겹으로 붙임. 또는 그 종이.

부지[扶支] 버티어 나감. 배겨남. 「~하기 어렵다」 endurance

부:지[敷地] 건물이나 도로 등에 쓰일 땅. 「건축 ~」しきち site

부지:[bougie] 요도(尿道)나 식도 등 관 모양의 기관에 넣어서 안지름을 넓히기 위한 의료 기구. ブジー

부지기수[不知其數] 그 수를 알 수 없을 만큼 많음. innumerableness

부지불식간[不知不識間] 알지 못하는 사이.

부지하세월[不知何歲月] 얼마나 오래 걸릴지 그 세월을 알 수가 없음.

부:직[付職] ① 직업을 가지게 됨. ② 관직에 오르게 하여 줌. ② mediating an occupation

부:직[副職] 본직(本職) 외에 겸하고 있는 직책. ふくしょく additional post

부직포[不織布] 실로 짜지 않고, 섬유를 열·압력·접착제로 접합시켜 천 모양으로 만든 것. nonwoven fabric

부진[不振] 세력이나 성적·일 등의 진행이 시원치 않음. 「성적 ~」ふしん inactivity

부진[不進] 앞으로 나아가지 못함. 「지지(遲遲) ~」 making no progress

부진[不盡] 다함이 없음. 없어지지 않음. ふじん 不盡
inexhaustibility

부진수[不盡數] 수학에서 나누어서 똑 떨어지지 않는 수. ふじんすう 不盡數
irrational number

부질[婦姪] 고모부(姑母夫)에 대하여 자기를 이르는 말. =인질(姻姪). 婦姪

부:질[賦質] 타고난 바탕. ふしつ 賦質
nature

부질[麩質] 곡식알 속에 있는 단백질. 麩質

부:차적[副次的] 중심이 되는 것에 딸려 있는 것. 「~인 문제」ふくじてき 副次的
secondary

부:착[附着] 딱 붙어서 떨어지지 않음. ふちゃく 附着
attachment

부:착어[附着語] 어떤 말에 조사나 접사(接辭) 등이 결합되어 그 기능에 의하여 문법적 관계를 나타내는 언어. 우랄 알타이 계통의 말이 이에 속함. =교착어(膠着語)·첨가어(添加語). ふちゃくご 附着語 接辭
agglutinative language

부:찰[俯察] 아랫사람의 형편을 굽어 살핌. 俯察

부창부수[夫唱婦隨] 남편이 주장하고 아내는 이에 따름. ふしょうふずい 夫唱婦隨
conjugal harmony

부:채[負債] 남에게 빚을 짐. 또는 그 빚. =채무(債務). ふさい 負債
debt

부:채[賦彩·傳彩] 색을 칠함. 채색을 올림. =설채(設彩). 賦彩
coloring

부처[夫妻] 남편과 아내. =부부(夫婦). ふさい 夫妻
husband and wife

부처[部處] 정부 기관인 부(部)와 처(處). 部處
offices of the government

부:척[副尺] 길이나 각도를 잴 때, 눈금의 끝수를 세밀하게 읽을 수 있게 만든 보조자. 아들자의 구용어. ↔주척(主尺). ふくしゃく 副尺
vernier

부천[膚淺] 언행이 천박함. 膚淺
shallowness

부:첨[附添] 덧붙임. =첨부(添附). 附添
annexing

부:청[俯聽] 고개를 숙이고 주의 깊게 들음. =경청(傾聽). 俯聽
listening closely

부:촉[咐囑] 일을 남에게 부탁함. 咐囑
request

부:촌[富村] 부자가 많이 사는 마을. ↔빈촌(貧村). 富村
wealthy village

부ㅡ즈[boots] 장화(長靴). ブーツ 長靴

부측[父側] 아버지 쪽. 아버지의 곁. 父側
father's side

부:칙[附則] 법률이나 규칙을 보충하기 위하여 덧붙이는 규칙이나 규정. ふそく 附則
bylaw

부친[父親] 아버지. ↔모친(母親). ちちおや 父親
father

부침[浮沈] ①물 위에 떠올랐다 잠겼다 함. ②성(盛)함과 쇠(衰)함. ふちん 浮沈
① rise and fall ② vicissitude

부칭[浮秤] ⇨비중계(比重計). うきばかり 浮秤

부:케[프 bouquet] 꽃다발. ブーケ

부킹[booking] ①기장(記帳). ②예약. 출연 계약. ブッキング 記帳

부타디엔[butadiene] 합성(合成) 고무의 원료로 쓰이는 불포화 탄화수소. ブタジエン 合成

부:탁[付託] 남에게 어떤 일을 당부함. ふたく 付託
request

부탄[butane] 천연 가스·석유

분해 가스에 함유되어 있는 탄화수소(炭化水素). 연료나 화학 공업의 원료로 쓰임. 부탄가스. ブタン

부탄가스[butane gas] ⇨ 부탄(butane). ブタンガス

부탕도화[赴湯蹈火] 끓는 물에 들어가고 불 속에 뛰어듦. 곧, 물불을 가리지 않음.

부:토[腐土] 썩은 흙. humus soil

부:토[敷土] 흙을 펴서 깖. 또는 그 흙. paving with soil

부:통령[副統領] 대통령을 보좌하고 대통령의 유고(有故) 시 그 직무를 대행하는 기관. 또는 그 직위에 있는 사람. vice president

부티크[프 boutique] 고급 기성복·장신구·양장(洋裝) 소품 따위를 파는 가게. ブティック

부틸렌[butylene] 에틸렌계 탄화수소의 한 가지. 쉽게 액화(液化)하는 무색의 기체. ブチレン

부:팅[booting] 컴퓨터 하드웨어의 상태가 정상인지 검사하고, 보조 기억 장치에 있는 운영(運營) 체제를 주기억 장치로 복사하는 과정.

부:패[腐敗] ① 미생물의 작용으로 유기물, 특히 단백질이 악취를 풍기며 분해되는 현상. 썩음. ② 정신적으로 타락함. ふはい decay

부:편[否便] 회의에서, 옳지 않다고 주장하는 편. ↔가편(可便). negative side

부평초[浮萍草] 물에 떠서 자라는 다년생 수초(水草). 개구리밥. 「~ 신세」 ふへいそう duckweed

부:표[否票] 찬성하지 않는 표. 반대표. ↔가표(可票). negative vote

부:표[附表] 부록으로 덧붙인 도표(圖表). ふひょう attached list

부:표[附票] 무엇을 적어서 붙이는 작은 종이 쪽지. attaching tag

부표[浮漂] 물에 떠서 떠돌아 다님. ふひょう floating

부표[浮標] ① 물 위에 띄워 두어 항로(航路) 따위의 표지로 삼는 것. 부이. ② 낚시찌. ふひょう ① buoy ② float

〔부표〕

부품[部品] 기계·기구의 전체를 이루는, 부분적인 하나하나의 물품. 부분품. ぶひん parts

부:하[負荷] ① 짐을 짐. 또는 그 짐. ② 임무(任務) 또는 책임을 짐. ③ 기계를 돌려 실제로 시키는 일의 양. ふか ① burden

부하[部下] 남의 밑에서 그 지시에 따르는 사람. ぶか subordinate

부:합[附合] ① 서로 맞대어 붙음. ② 소유자가 서로 다른 둘 이상의 물건이 결합되어, 원칙적으로 하나의 물건으로 인정되는 일. ふごう ① attaching

부:합[符合] 틀림없이 딱 들어맞음. =합치(合致). ふごう coincidence

부:항[附缸] 종기의 고름이나 나쁜 피를 빨아 내기 위하여 살갗에 부항단지를 붙이는

일. cupping

부허[浮虛] 마음이 들떠서 미덥지 못함. 「~지설(之說)」 浮虛 unreliability

부형[父兄] 아버지와 형. 「학(學)~」ふけい 父兄 father and elder brother

부:형[負荊] 가시나무의 매를 짊어지고 자신의 처벌을 바란다는 뜻으로, 깊은 사죄(謝罪)의 뜻을 이르는 말. ふけい 負荊 謝罪 apology

부형 자제[父兄子弟] 아버지나 형의 가르침을 받고 자란 젊은이. 父兄子弟

부호[扶護] 도와서 보호함. 扶護 safeguard

부:호[符號] 어떤 뜻을 나타내는 기호(記號). ふごう mark 符號 記號

부:호[富豪] 재산이 많고 세력이 있는 사람. ふごう 富豪 rich man

부:화[附和] 주견(主見)이 없이 남의 말에 따름. 「~뇌동(雷同)」ふわ blind following 附和

부화[浮華] 실속이 없고 겉으로만 화려함. ふか vanity 浮華

부화[孵化] 동물의 알이 깸. 또는 알을 깜. 알까기. 「인공(人工)~」ふか incubation 孵化

부:화뇌동[附和雷同] 주견이 없이 남의 의견이나 행동에 덩달아 따름. ふわらいどう blind following 附和雷同

부:활[復活] 다시 되살아남. ふっかつ revival 復活

부:활절[復活節] 그리스도의 부활을 기념하는 축일. 춘분(春分) 후인 첫 만월(滿月) 직후의 일요일. Easter Sunday 復活節

부황[浮黃] 오래 굶어서 살가죽이 누렇게 뜨고 붓는 증세. 浮黃

부:회[附會] 이치에 닿지 않는 附會 말을 억지로 끌어대어 맞춤. 「견강(牽强)~」ふかい forced analogy

부회[部會] 부원(部員)들의 모임. 또는 부문별(部門別) 모임. ぶかい sectional meeting 部會

부:후[腐朽] 썩음. ふきゅう corruption 腐朽

부:흥[復興] 쇠했던 것이 다시 일어남. =재흥(再興)·흥복(興復). 「문예~」ふっこう reconstruction 復興

북[北]* ① 북녘 북: 북쪽. 「北方(북방)·南北(남북)·北歐(북구)·北上(북상)·北路(북로)·北極(북극)」 ② 패하여 달아날 배: 패배하다. 「敗北(패배)」ホク ① きた 北 北歐 北路 北極

북구[北歐] 북유럽. ほくおう Northern Europe 北歐

북국[北國] 북쪽의 나라. ↔남국(南國). ほっこく northern country 北國

북극[北極] ① 지축(地軸)의 북쪽 끝. 또는 그 지역. ② 자침(磁針)이 북쪽을 가리키는 극. 「~성(星)」ほっきょく North Pole 北極 磁針

북극성[北極星] 북극에 가장 가까운 별. =북신(北辰). ほっきょくせい polestar 北極星 北辰

북단[北端] 북쪽의 끝. ↔남단(南端). ほくたん northern end 北端

북당[北堂] 남의 어머니를 높이어 이르는 말. =모당(母堂)·자당(慈堂). ほくどう 北堂

북도[北道] 경기도 이북의 도(道). 곧 황해도·평안도·함경도를 이르는 말. northern province 北道

북두성[北斗星] 북두칠성(北斗七星)의 준말. ほくとせい 北斗星

북두칠성[北斗七星] 북쪽 하늘에 국자 모양으로 보이는 일곱 개의 별. 준북두성(北斗星). ほくとしちせい the Big Dipper

북로[北路] 북쪽으로 가는 길. 또는 북쪽에 있는 큰길. way toward north

북록[北麓] 산의 북쪽 기슭. northern foot of a mountain

북류[北流] 물이 북쪽으로 흐름. ↔남류(南流). ほくりゅう flowing north

북리뷰[book review] ① 신간 소개. ② 서평(書評). ブックレビュー

북망산[北邙山] ① 중국 허난성(河南省)에 있는 구릉(丘陵). 옛날에 무덤이 많았음. ② 묘지(墓地)의 다른 이름. 「～으로 가다(죽다)」 ほくぼうざん ② graveyard

북면[北面] ① 북쪽을 향함. =북향(北向). ② 북쪽의 면(面). ③ 임금은 남쪽을 향해 앉고 신하는 북쪽을 향해 앉은 데서, 신하로서 임금을 섬김을 이르는 말. ほくめん ① facing the north

북문[北門] 북쪽으로 난 문. ほくもん north gate

북미[北美] 북아메리카. North America

북반구[北半球] 지구의 적도(赤道) 이북의 부분. ↔남반구(南半球). きたはんきゅう Northern Hemisphere

북방[北方] 북쪽. 북쪽 지방. =삭북(朔北). ↔남방(南方). ほっぽう north

북벌[北伐] 북쪽의 지역이나 나라를 토벌(討伐)함. 「～전쟁」 ほくばつ expedition to conquer the north

북변[北邊] ① 북쪽의 변방(邊方). ② ⇨북비(北鄙). ほくへん far north

북부[北部] 북쪽 부분. ↔남부(南部). ほくぶ north part

북북동[北北東] 북쪽과 북동쪽과의 사이. ほくほくとう north-northeast

북북서[北北西] 북쪽과 북서쪽과의 사이. 「～풍(風)」 ほくほくせい north-northwest

북비[北鄙] 지난날, 함경도의 국경 지대를 이르던 말. =북변(北邊).

북상[北上] 북쪽으로 올라감. ↔남하(南下). ほくじょう northing

북안[北岸] 북쪽의 해안이나 강안(江岸). ほくがん northern coast

북양[北洋] 북쪽 바다. =북해(北海). ↔남양(南洋). 「～어업(漁業)」 ほくよう northern ocean

북어[北魚] 마른 명태. =건명태(乾明太). dried pollack

북위[北緯] 지구의 적도(赤道) 북쪽의 위도. 북씨. ↔남위(南緯). ほくい north latitude

북적[北狄] 북쪽 오랑캐라는 뜻으로, 중국인이 북쪽에 사는 이민족을 멸시하며 이르던 말. ↔남만(南蠻).

북조[北朝] 중국에서, 북위(北魏) 이후 수나라의 통일(589)까지의 150년간 화북(華北)에 있었던 여러 왕조(王朝)를 이르는 말. ↔남조(南朝). ほくちょう north government

북지[北至] 하지(夏至)에 해가 북회귀선(北回歸線)까지 이르는 데서, 하지를 달리 이르는

말. ↔남지(南至). ほくし summer solstice

북진[北進] 북쪽으로 진출·진격(進擊)함. ↔남진(南進). ほくしん northward advance 北進 進擊

북창삼우[北窓三友] 백거이(白居易)의 시에서 온 말로, 거문고와 술과 시(詩)를 아울러 이르는 말. 北窓三友

북촌[北村] 북쪽에 있는 마을. ↔남촌(南村). northern village 北村 南村

북편[北便] 북쪽. 북쪽 편. ↔남편(南便). north 北便

북풍[北風] 북쪽에서 불어 오는 바람. 뒤바람. =광한풍(廣寒風). ↔남풍(南風). ほくふう・きたかぜ north wind 北風 廣寒風

북학[北學] 조선(朝鮮) 중엽에 실학자(實學者)들이 청국(淸國)의 문물을 본받자고 한 주장. =북학론(北學論). 北學 北學論

북한[北韓] 한국의 휴전선 이북의 지역. ↔남한(南韓). North Korea 北韓

북해[北海] 북쪽의 바다. =북양(北洋). ↔남해(南海). ほっかい north ocean 北海

북행[北行] 북쪽으로 감. ↔남행(南行). 「~ 열차(列車)」 ほっこう northing 北行 列車

북향[北向] 북쪽을 향함. ↔남향(南向). 「~집」 きたむき facing the north 北向

북호[北胡] 북쪽에 있는 오랑캐 나라. northern barbaric country 北胡

분[分]* ① 나눌 분: 나누다. 「分割(분할)·等分(등분)·半分(반분)」 ② 나누어 줄 분: 나누어 주다. 「分配(분배)·分與(분여)·分給(분급)」 ③ 찢을 분: 찢다. 「分裂(분열)」 ④ 지위 분: 지위. 「身分(신분)·職分(직분)」 ⑤ 몫 분: 몫. 「一人分(일인분)」 ⑥ 푼 푼: 척도의 단위. 「五分(오푼)·七分(칠푼)」ブ・フン ① わける・わかれる 分割 分裂 五分

분[吩] 분부할 분: 분부하다. 「吩附(분부)」フン 吩附

분[扮] 꾸밀 분: 꾸미다. 「扮裝(분장)·扮飾(분식)」フン・よそおう・にぎる 扮裝 扮飾

분:[忿] ① 성낼 분: 성내다. 「忿怒(분노)·忿激(분격)·忿慣(분분)·忿心(분심)」 ② 원망할 분: 원망하다. 「忿憾(분감)·忿怨(분원)」フン ① いかる・いきどおる 忿怒

분[奔]☆ ① 분주할 분: 분주하다 「奔走(분주)·奔忙(분망)」 ② 달아날 분: 달아나다. 「奔北(분배)·奔逸(분일)」 ホン ② はしる 奔忙

분[盆] 동이 분: 동이. 「盆臺(분대)·盆栽(분재)·盆地(분지)」ボン・はち 盆栽 盆池

분[粉]☆ ① 가루 분: 가루. 「粉末(분말)·粉碎(분쇄)·粉眞(분식)·粉乳(분유)」 ② 분바를 분: 분을 바르다. 「白粉(백분)·粉飾(분식)·粉貼(분첩)·脂粉(지분)」 ③ 회 분: 회(灰). 「粉壁(분벽)」フン ① こな・こ 粉末 粉眞 脂粉

분[紛]☆ ① 어수선할 분: 어수선하다. 「紛然(분연)·紛糾(분규)·紛議(분의)」 ② 어지러울 분: 어지럽다. 「紛錯(분착)·紛擾(분요)·紛淆(분효)」フン ② まぎれる 紛糾

분[焚] 불사를 분: 불사르다. 「焚掠(분략)·焚滅(분멸)·焚殺(분살)·焚燒(분소)」フン・やく 焚殺

분[雰] ① 눈 날릴 분: 눈이 날

리다.「雰雰(분분)」 ② 상서로운 기운 분: 상서롭다.「雰圍氣(분위기)・雰虹(분홍)」フン 雰圍氣

분[墳]☆ ① 봉분 분: 봉분.「墳墓(분묘)・墳樹(분수)・墳塋(분영)」 ② 봇둑 분: 봇둑.「墳衍(분연)」フン ① はか 墳墓

분:[憤]☆ 성낼 분: 성을 내다.「憤激(분격)・憤怒(분노)・憤慨(분개)・憤怨(분원)・憤氣(분기)・發憤(발분)・義憤(의분)」フン・いきどおる 憤激 發憤

분:[噴] ① 뿜을 분: 뿜다.「噴水(분수)・噴沫(분말)・噴霧器(분무기)・噴出(분출)」 ② 꾸짖을 분: 꾸짖다.「噴噴(분분)」 ③ 재채기 분: 재채기.「噴嚔(분체)」フン ① ふく・はく 噴水

분:[奮]☆ ① 떨칠 분: 떨치다.「奮然(분연)・奮發(분발)・奮進(분진)・奮揚(분양)・奮袂(분메)・奮迅(분신)」 ② 분격할 분: 분격하다.「奮激(분격)・興奮(흥분)」フン ① ふるう 奮發 奮激

분[糞] ① 똥 분: 똥.「人糞(인분)・糞尿(분뇨)・糞池(분지)」 ② 쓸 분: 쓸다.「糞掃(분소)」フン ① くそ 糞尿

분가[分家] 가족의 일부가 따로 나가 살림을 차림. 또는 딴살림을 차린 그 집. = 분호(分戶).「결혼하고 ~하다」ぶんけ   branch family 分家

분간[分揀] 사물의 서로 다른 점을 가려서 앎. discernment 分揀

분김[分監] 원래 감옥에서 따로 갈라서 세운 감옥. branch prison 分監

분갑[粉匣] 분을 담는 갑. powder compact 粉匣

분:개[憤慨] 몹시 화를 냄. = 분노(憤怒). ふんがい   indignation 憤慨

분거[分居] 여기저기 나뉘어서 생활함. ぶんきょ 分居

분:격[憤激] 분한 감정이 북받쳐 오름. ふんげき   rage 憤激

분:격[奮激] 급격히 마음을 떨쳐 일으킴. ふんげき   exasperation 奮激

분:격[奮擊] 떨치고 일어나 적을 무찌름. ふんげき   fierce attack 奮擊

분견[分遣] 일부 인원을 갈라서 다른 곳으로 보냄.「~대(隊)」ぶんけん   detachment 分遣

분경[分境] 나뉘어진 경계. = 분계(分界). boundary 分境

분경[奔競] 심하게 다툼. 또는 심한 다툼질. keen dispute 奔競

분경[盆景] 화분 한가운데에 돌이나 모래 따위로 산수(山水)의 경치를 축소해서 만든 것. = 분석(盆石). ぼんけい   tray landscape 盆景

분계[分界] 나뉘어진 경계. = 분경(分境).「~선(線)」ぶんかい   boundary 分界

분골쇄신[粉骨碎身] 뼈가 가루가 되고 몸이 부서지도록 있는 힘을 다하여 노력함. 준쇄신(碎身). ふんこつさいしん   exerting oneself 粉骨碎身

분과[分科] 각 과목이나 업무 별로 나눔. 또는 그 나뉜 과목이나 업무.「~위원회」ぶんか   department 分科

분과[分課] ① 과제(課題)를 나누어서 맡음. ② 과(課)를 나눔. 또는 그 나뉜 과. ぶんか   ② subdivision 分課 課題

분과 위원회[分科委員會] 분과별로 조직한 위원회. 준분위(分委). subcommittee 分科委員會

분관[分館] 본관(本館) 외에 따로 세운 관(館). ぶんかん 分館

분광[分鑛] 광주(鑛主)에게 일정한 사용료를 내고 얼마 동안 마음대로 캐내는 광업. ぶんこう leasing a mine

분광기[分光器] 광선을 분해해서 관측하는 기구. 프리즘(prism) 따위. ぶんこうき spectroscope

분광학[分光學] 분광 분석(分光分析)으로 물질의 구조 따위를 연구하는 광학의 한 분야. ぶんこうがく spectroscopy

분:괴[憤愧] 분하게 여기고 부끄러워함. indignation and humiliation

분교[分校] 본교(本校)에서 떨어진 곳에 따로 세운 같은 계통의 학교. ぶんこう branch school

분교장[分敎場] 본교에서 멀리 떨어진 곳에 사는 학생들을 수용하려고 따로 세운 소규모의 교장(敎場). ぶんきょうじょう branch school building

분국[分局] 본국(本局)에서 갈라져 따로 설치된 국(局). ぶんきょく branch bureau

분국[粉麴] 밀가루로 만든 누룩.

분권[分權] 권력이나 권한을 나눔. ↔집권(集權). 「지방(地方)~」 ぶんけん decentralization of authority

분궤[犇潰] 싸움에 패하여 흩어져 달아남. =궤주(潰走). rout

분규[紛糾] 일이 어지럽게 뒤얽혀 생긴 말썽. ふんきゅう complication

분근[分根] 식물을 번식시키기 위하여 뿌리를 일부 가르거나 여러 개로 가름. 또는 가른 뿌리. 「~ 조림법(造林法)」 ぶんこん division of roots

분급[分給] 나누어 줌. =분여(分與). distribution

분기[分岐] 여러 갈래로 갈라짐. 또는 그 갈래. 「~점(點)」 ぶんき divergence

분기[分期] 일 년을 3개월씩 넷으로 나눈 기간. 「일사(一四)~」 quarter year

분기[紛起] 여기저기서 말썽이 일어남. arising of trouble

분:기[憤氣] 분한 기운. ふんき anger

분:기[奮起] 기운을 내어 떨쳐 일어남. ふんき stirring up

분:기충천[憤氣衝天] 분한 마음이 하늘을 찌를 듯이 솟음. =분기탱천(憤氣撐天).

분:기탱천[憤氣撐天] ⇨분기충천(憤氣衝天).

분납[分納] 몇 번에 나누어서 납부함. 「~제(制)」 ぶんのう payment in installments

분:노[憤怒・忿怒] 분하여 몹시 성냄. ふんど・ふんぬ indignation

분뇨[糞尿] 똥과 오줌. =대소변(大小便). ふんにょう feces and urine

분닉[焚溺] 불에 타고 물에 빠짐의 뜻으로, 백성들이 당하는 큰 고통의 비유. burning and sinking

분단[分段] ①사물의 구분(區分). 「~ 처리」 ②문장을 뜻에 따라 몇 토막으로 나눈 단락. ぶんだん ① division ② paragraph

분단[分團] ①한 단체를 작은 단위로 나눈 집단. ②한 학급을 몇으로 나눈 그 하나. 「~장(長)」 ぶんだん group

분단[分斷] 나누어 끊음. 「남북으로 ~되다」 ぶんだん 分斷 cutting

분담[分擔] 일을 나누어서 맡음. 「사무(事務) ~」 ぶんたん 分擔 partial charge

분당[分黨] ① 패가 갈라짐. 또는 그 패거리. ② 정당이 나뉘어짐. 또는 그 정당. ぶんとう 分黨 secession

분대[分隊] ① 군대의 편성 단위의 하나. 「~장(長)」 ② 본대(本隊)에서 갈라져 나온 군대. ぶんたい 分隊
① squad ② detachment

분대[盆臺] 화분(花盆)을 올려 놓는 받침. 분받침. 盆臺 pottery flowerpot saucer

분대[粉黛] ① 분을 바른 얼굴과 눈썹먹으로 그린 눈썹. ② 곱게 화장한 아름다운 여자의 비유. 粉黛

분:도[分度] 사물의 정도나 분량. =분한(分限). ぶんど 分度 utility

분도기[分度器] 각도기(角度器)의 구용어. 分度器 角度器

분:독[憤毒] 분하여 일어나는 독기(毒氣). 憤毒

분동[分棟] ① 원래의 병동(病棟) 외에 따로 갈라 세운 병동. ② 둘 이상의 집채로 나눔. 分棟 ① branch ward

분동[分銅] 천평칭(天平秤)의 한쪽 저울판 위에 올려놓아 물건의 무게를 재는 표준이 되는 추(錘). ふんどう 分銅 weight

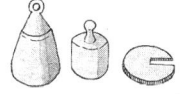

〔분동〕

분등[分等] 등급이나 등수(等數)를 갈라서 매김. grading 分等

분등[奔騰] 물건값이 갑자기 뛰어오름. 「주가(株價) ~」 ほんとう 奔騰 sudden rise

분:등[噴騰] 내뿜어 뻗쳐오름. 噴騰 spouting

분란[紛亂] 어수선하고 떠들썩함. =분요(紛擾). ふんらん 紛亂 confusion

분량[分量] 부피·수효·무게 등의 정도. ぶんりょう 分量 quantity

분:려[奮勵] 기운을 내어 노력함. ふんれい 奮勵 exertion

분력[分力] 어떤 힘을 여럿으로 나누었을 때의 각각의 힘. ↔합력(合力). ぶんりょく 分力 component

분로[分路] ① 함께 가던 사람과 중간에서 길이 갈림. ② 갈림길. ③ 전기 회로(電氣回路) 중의 두 점을 다른 도선(導線)으로 연결한 것. ぶんろ 分路 導線
① being separated on the way ② forked road ③ shunt

분류[分流] 주류(主流)에서 갈라진 물줄기. =지류(支流). ぶんりゅう 分流 支流 branch current

분류[分溜] 비등점(沸騰點)이 다른 혼합물을 증류(蒸溜)하여 분리하는 방법. =분별 증류(分別蒸溜). ぶんりゅう 分溜 蒸溜 fractional distillation

분류[分類] 종류에 따라 여럿으로 가름. =유별(類別). ぶんるい 分類 classification

분류[奔流] 세찬 흐름. ほんりゅう 奔流 gush

분리[分厘] 푼리의 원말. 分厘

분리[分離] ① 나뉘어 따로 떨어져 짐. ② 따로 떼어 냄. ↔결합(結合). ぶんり 分離 separation

분립[分立] 갈라져서 따로 섬. 또는 따로 갈라서 세움. ぶん 分立

분마[奔馬] 세차게 달리는 말. 奔馬 「～처럼 돌진하다」ほんば　galloping horse

분만[分娩] 아이를 낳음. ＝해산(解産)·해만(解娩). ぶんべん　parturition

분:만[憤懣·忿懣] 분하고 답답함. ふんまん　resentment

분말[粉末] 가루. 「～주스」ふんまつ　flour

분:말[噴沫] 거품을 내뿜음. spouting foams

분망[奔忙] 매우 부산하고 바쁨. busyness

분매[分賣] 한 부분씩 나누어 팖. ぶんばい　selling separately

분면[粉面] ① 분을 바른 얼굴. 「유두(油頭)～」 ② 신주(神主)의 분을 바른 면. 곧 신주의 앞쪽. ① powdered face

분명[分明] ① 흐리지 않고 또렷함. ② 틀림없음. 확실함. 「～한 사실」ぶんめい　clearness

분모[分母] 분수 또는 분수식에서, 가로줄 밑에 적은 수나 식. ↔분자(分子). ぶんぼ　denominator

분묘[墳墓] 무덤. ふんぼ　grave

분:무[噴霧] 물이나 약액(藥液)을 안개처럼 뿜어 냄. ふんむ　spraying

분:무기[噴霧器] 액체로 된 약품 따위를 안개처럼 뿜어 내는 기구. ふんむき　sprayer

분:문[噴門] 식도(食道)와 위(胃)가 이어지는 부분. ふんもん　cardia

분문[糞門] ⇨항문(肛門).

분반[分半] 반으로 나눔. ＝반분(半分). parting by half

분반[分班] 몇 반(班)으로 나눔. 또는 그 나뉜 반.

분:반[噴飯] 입에 든 밥을 내뿜는다는 말로, 웃음을 참을 수 없음을 이름. ふんぱん　bursting into laughter

분:발[奮發] 마음과 힘을 떨쳐 일으킴. ふんぱつ　exerting oneself

분방[奔放] 어떤 틀에 얽매이지 아니하고 마음대로 행동함. 「자유(自由)～」ほんぽう　extravagance

분배[分配] 몫몫으로 나누어 줌. ＝배분(配分). ぶんぱい　distribution

분백대록[粉白黛綠] 분을 바르고 눈썹먹으로 눈썹을 그린다는 뜻으로, 여인의 고운 화장. 또는 곱게 화장한 미인을 이르는 말. powdered face

분벽사창[粉壁紗窓] 하얗게 바른 벽과 비단으로 장식한 창문. 곧, 여자가 거처하는, 아름답게 꾸민 방. residence of a beautiful woman

분변[分辨] 서로 다른 점을 구별함. discrimination

분별[分別] ① 도리를 알고 가릴 줄 앎. 「～력(力)」ふんべつ ② 사물을 종류에 따라 나눔. ぶんべつ ① discrimination ② classification

분:병[忿病] 분을 못 이겨서 생긴 병. sickness caused by indignation

분복[分服] 약 따위를 여러 번에 나누어 먹음. ぶんぷく　taking in portions

분:복[分福] 타고난 복. one's lot

분봉[分蜂] 무리를 거느리던 여왕벌이 새로 태어난 여왕벌에

분부[分付·吩咐] 윗사람의 '명령'이나 '당부'의 높임말. 分付 command

분부[分賦] 세금 따위를 몇 번에 나누어서 물림. ぶんぷ 分賦 assignment

분:분[忿憤] 분하고 원통하게 여김. 忿憤 being resentful

분분[紛紛] ① 말썽이 많아 뒤숭숭하고 시끄러움. ② 의견이 각각이어서 갈피를 잡을 수 없음. 「이론(異論)이 ~하다」 紛紛 異論 ふんぷん ① arguing noisily ② being divided in opinions

분비[分泌] 몸의 세포가 생명 유지에 필요한 물질을 생성하여 그것을 세포 밖으로 배출하는 일. 「~물(物)」 ぶんぴ·ぶんぴつ 分泌 分泌物 secretion

분사[粉奢] 매우 호화롭고 사치스럽게 지냄. 또는 그런 상태. =호사(豪奢). 粉奢 luxury

분사[焚死] 불에 타서 죽음. 焚死 dying of burning

분:사[憤死] 분하고 원통한 나머지 죽게 됨. ふんし 憤死 death from indignation

분:사[噴射] 기체나 액체를 세차게 뿜어 냄. ふんしゃ 噴射 jet

분:사 추진[噴射推進] 연료 가스를 좁은 구멍을 통해 빠른 속도로 분출시킬 때 생기는 반작용을 이용해서 추진하는 방법. ふんしゃすいしん 噴射推進 jet propulsion

분산[分散] 갈라져 따로따로 흩어짐. ぶんさん 分散 dispersion

분산[奔散] 달아나 흩어심. 奔散 breaking up

분산[墳山] 묘를 쓴 산. 「조상의 ~」 墳山 mountain used as a burying place

분살[焚殺] 불태워 죽임. ふんさつ 焚殺 burning to death

분상[粉狀] 가루로 된 상태. ふんじょう 粉狀 powder

분상[墳上] 무덤의 봉긋한 부분. 墳上 grave mound

분서[焚書] 책을 불살라 버림. ふんしょ 焚書 burning the books

분서갱유[焚書坑儒] 중국 진(秦)나라의 시황제(始皇帝)가 학자들의 정치적 비판을 막기 위해 책을 불태우고 유생(儒生)들을 산 채로 구덩이에 묻어 죽인 일. 焚書坑儒

분석[分析] ① 어떤 사물을 그 요소나 성질에 따라 가르는 일. ② 물질의 조성(組成)을 살펴 그 성분의 종류나 양(量)의 비(比)를 밝히는 일. ぶんせき 分析 analysis

분석[盆石] ⇨ 분경(盆景). ぼんせき 盆石

분선[分線] 지선(支線)에서 갈린 작은 선. ぶんせん 分線 offshoot from a branch line

분설[分設] 기관이나 시설을 따로 나누어서 설치함. ぶんせつ 分設 establishment of a branch

분세수[粉洗手] ① 세수하고 분을 바름. ② 덩어리 분을 개어서 바르고 하는 세수. 粉洗手 ① washing and making up

분소[焚燒] 불사름. ふんしょ 焚燒 burning

분속[分速] 1분간을 단위로 한 속도. ふんそく 分速 velocity per minute

분손[分損] 해상 보험에서 사고의 발생으로 피보험물(被保 分損

險物)의 일부가 손실되었을 경우의 손해. ぶんそん　partial loss

분쇄[粉碎] ① 가루가 되게 부스러뜨림. ② 철저하게 쳐부숨. 「모략(謀略)을 ~하다」 ふんさい　pulverization

분ː수[分數] ① 사물을 분별하는 슬기. ② 자기의 처지에 알맞은 한도. ③ 어떤 수를 다른 수로 나눈 결과가 정수로 표시되지 않을 때, 그 수의 관계를 분자와 분모로 나타낸 것. ぶんすう
② one's place ③ fraction

분ː수[噴水] 물을 뿜어 내게 만든 시설. 또는 뿜어 나오는 물줄기. ふんすい　fountain

분수계[分水界] 빗물이 둘 이상의 수계(水界)로 갈라져 흐르는 경계(境界). ＝분수선(分水線). ぶんすいかい　divide

분수령[分水嶺] 물이 양쪽으로 갈라져서 흐르게 되는 경계나 산마루. ぶんすいれい
dividing ridge

분숙[分宿] 같은 일행이 여러 곳으로 나뉘어 숙박함. ぶんしゅく　putting up separately

분승[分乘] 일행이 여러 차에 나뉘어서 탐. ぶんじょう
riding separately

분식[分蝕] 일식(日蝕)이나 월식(月蝕)에서 해나 달의 일부분이 안 보이는 현상. ＝부분식(部分蝕). ぶんしょく
partial eclipse

분식[扮飾] 몸치장. ふんしょく　dressing up

분식[粉食] 곡식 가루로 만든 음식. 또는 그러한 음식을 먹음. 「~ 장려(獎勵)」 ふんしょく　flour-based meals

분식[粉飾] 거죽만을 발라 꾸밈. ふんしょく　embellishment

분신[分身] 본체(本體)에서 갈라져 나간 지체(支體). ぶんしん　one's other self

분신[焚身] 스스로 몸을 불사름. 「~ 자살(自殺)」 ふんしん　burning oneself to death

분실[分室] 본부(本部)에서 갈라져 나가 사무를 보는 곳. ぶんしつ　detached office

분실[紛失] 물건을 잃어버림. ↔습득(拾得). ふんしつ　loss

분ː심[忿心] 분한 마음. indignation

분야[分野] 여러 갈래로 나누어진 범위나 부분. 「문학 ~」 ぶんや　field

분양[分讓] 전체에서 일부를 갈라서 넘겨 줌. 「아파트를 ~하다」 ぶんじょう　sale in lots

분양[糞壤] ① 더러운 흙. ② 땅에 거름을 줌. ふんじょう
① dirty soil ② manuring

분업[分業] ① 일을 나누어서 함. 「의약(醫藥) ~」 ② 작업의 전공정(全工程)을 여러 사람이 부문에 따라 나누어 맡아 함. ぶんぎょう ① division of labor ② specialization

분여[分與] 나누어 줌. ＝분급(分給). ぶんよ　allocation

분ː연[憤然] 벌컥 화를 내는 모양. 「~히 뛰쳐나가다」 ふんぜん　indignantly

분ː연[奮然] 떨치고 일어서는 기운이 세참. ふんぜん
resolutely

분열[分列] 나누어 늘어섬. 「~식(式)」 ぶんれつ　filing off

분열[分裂] 하나가 여럿으로 갈라짐. 「신구파(新舊派)로 ~되다」 ぶんれつ　disunion

분:외[分外] 분수에 넘치는 일. 「~의 욕심」ぶんがい beyond one's limit

분요[紛擾] 어수선하고 시끄러움. =분란(紛亂). ふんじょう disorder

분운[紛紜] ① 세상이 떠들썩하고 어지러움. ② 여러 사람의 의견이 일치되지 않고 이러니저러니 하여 부산함. ふんうん ① disturbance ② dispute

분:울[憤鬱] 화가 치밀어 속이 답답함. indignation

분원[分院] 병원이나 학원 등에서 본원(本院) 외에 따로 둔 시설. ぶんいん branch

분:원[忿怨] 몹시 분해서 생기는 원망. ふんえん rancor

분위[分委] 분과 위원회(分科委員會)의 준말. ぶんい

분위기[雰圍氣] 어떤 자리나 그 주변에서 풍기는 느낌. 또는 그 곳에 감도는 느낌. 「화목한 ~」ふんいき atmosphere

분유[分有] 나누어서 가짐. ぶんゆう part ownership

분유[粉乳] 가루우유. ふんにゅう powdered milk

분:유[噴油] ① 지하 유전(油田)에서 천연 가스의 압력으로 석유가 땅 위로 분출하는 일. 또는 그 석유. ② 점화 기관(點火機關)에서 연료유를 연소실로 안개처럼 내뿜는 일. ふんゆ ① spouting oil

분:의[分義] 분수를 지켜서 도리에 맞게 행동하는 일. duty

분의[紛議] 분분한 의론(議論). ふんぎ dispute

분익[分益] 이익을 나눔. 「~소작(小作)」ぶんえき sharing profits

분자[分子] ① 어떤 특성을 가진 인간의 개체. 「극렬 ~」 ② 분수(分數)에서 횡선 위에 적은 수. ↔분모(分母). ③ 물리에서, 각 물질의 화학적 성질을 잃지 않고 존재하는 최소의 단위 입자(粒子). ぶんし ① element ② numerator ③ molecule

분자량[分子量] 탄소 12의 원자량을 12로 정했을 때 각종 분자의 상대적인 질량. ぶんしりょう molecular weight

분작[分作] 한 뙈기의 논밭을 서로 나누어서 농사지음. 또는 그런 농사. separate cultivation

분잡[紛雜] 많은 사람이 북적거려 어수선함. ふんざつ confusion

분장[分掌] 일을 나누어서 맡음. 「사무(事務) ~」ぶんしょう division of duties

분장[扮裝] ① 몸차림과 옷차림을 매만져 꾸밈. ② 배우가 작품 속의 인물로 몸차림을 바꿈. 「~술(術)」ふんそう ① makeup ② disguise

분재[分財] 재산을 가족에게 나누어 줌. distribution of property

분재[盆栽] 분(盆)에 심어서 줄기나 가지를 보기 좋게 가꾸어 감상하는 초목(草木). ぼんさい plants in pots

분:쟁[忿爭] 성이 나서 다툼. quarrel

분쟁[紛爭] 이해 관계가 얽혀 시끄럽게 다툼. =분경(紛競). ふんそう controversy

분:전[奮戰] 힘을 다하여 싸움. ふんせん desperate fight

분절[分節] ① 하나로 이어진 사물을 몇 개의 도막으로 가

름. 또는 그 도막. ② ⇨조음(調音). ぶんせつ ① section

분점[分店] 본점(本店)에서 따로 갈라 벌인 점포. =지점(支店). ぶんてん branch shop

분점[分點] ① 갈라지는 점. =분기점(分岐點). ② 천구상(天球上)에서, 황도(黃道)와 적도의 교차점. 춘분점(春分點)과 추분점(秋分點)을 이름. ぶんてん ① diverging point ② equinoxes

분제[粉劑] 가루로 된 약제. 가루약. ふんざい powdered medicine

분젠버:너[Bunsen burner] 독일의 화학자 분젠이 고안한 가스 연소 장치의 한 가지.

분주[奔走] 몹시 바쁨. ほんそう busyness

분지[盆地] 산지(山地)로 둘러싸인 평평한 지역. ぼんち basin

분지[盆池] 마당 같은 데 만들어 놓은 작은 연못. ぼんち small pond

분지[粉脂] 분과 연지. =지분(脂粉). powder and rouge

분지[糞池] ⇨변기(便器).

분진[粉塵] 티끌. dust

분:진[奮進] 기운을 떨쳐 앞으로 나아감. ふんしん vigorous advance

분책[分冊] 한 권의 책을 여러 권으로 나누어 제본함. 또는 그 책. ↔합본(合本). ぶんさつ separate volume

분:천[噴泉] 솟구쳐 오르는 샘. ふんせん fountain

분철[分綴] ① 문서나 신문 따위를 여러 부분으로 나누어서 맴. ② 낱말을 음절과 각각의 형태소 단위로 나누어 표기하는 일. ① separate binding

분첩[粉貼] ① 분을 바를 때 분을 찍어 바르는 화장구. ② 두꺼운 종이를 병풍 모양으로 접고 기름에 갠 분을 발라서 결은 물건. 아이들이 글씨 연습할 때 씀. ① puff ② writing slate

분체[分體] 모체(母體)가 분열해서 둘 이상의 자체(子體)로 되는 일. ぶんたい fission

분초[分秒] ① 분(分)과 초(秒). ② 매우 짧은 시간. ふんびょう ① minute and second ② moment

분:출[噴出] 내뿜음. 뿜어 냄. ふんしゅつ gush

분치[分置] 나누어 둠. ぶんち dividing

분치[奔馳] 빨리 달림. ほんち running fast

분침[分針] 시계의, 분(分)을 가리키는 긴 바늘. =장침(長針). ふんしん minute hand

분칭[分秤] 한 푼쯤에서 스무 냥쯤까지 다는 저울.

분탄[粉炭] 가루로 된 석탄이나 숯. ふんたん dust coal

분:탄[憤嘆] 매우 분하게 여김. =분개(憤慨). indignation

분탕[焚蕩] ① 몹시 부산하게 굴거나 소란을 일으킴. ② 재물을 다 없애 버림. 「~질」 ① bustling ② squandering

분토[墳土] 무덤의 흙. earth on the tomb

분토[糞土] 썩은 흙. ふんど rotten earth

분:통[憤痛] 몹시 분하고 원통함. 「~이 터지다」 great indignation

분:투[奮鬪] 있는 힘을 다하여 싸움. 「고군(孤軍)~」 ふんと

분파[分派] ① 여러 갈래로 갈라짐. 또는 그 갈래. ②정당이나 학파·유파(流派) 따위의 주류(主流)에서 갈라져 나와 다른 파를 이룸. 또는 그 파. ぶんぱ　① branch ② faction

분판[粉板] 분을 기름에 개어 널조각에 발라서 결은 판. 붓글씨 연습에 쓰이는데 물걸레로 닦으면 지워짐.

분:패[敗]\] 일을 잡쳐서 실패함.　failure

분:패[憤敗] 이길 수도 있는 것을 분하게 짐. regrettable defeat

분포[分布] ① 널리 흩어져 퍼져 있음. ②동식물이 종류에 따라 그 사는 구역을 달리하는 일. 「수직 ~」ぶんぷ　distribution

분필[分筆] 한 필지(筆地)로 된 토지를 분할하여 여러 몫으로 나눔. ↔합필(合筆). ぶんぴつ　splitting into lots

분필[粉筆] 소석고(燒石膏)나 백악(白堊) 가루를 반죽하여 막대 모양으로 굳힌 것. 칠판에 글씨를 쓰는 데 사용함. =백묵(白墨).　chalk

분:한[分限] ①신분의 한계. ぶんげん ②쓸 수 있는 일정한 한도. ① one's social position ② limit

분:한[忿恨] 분하고 한스러움. ふんこん　rancor

분할[分割] 둘 이상으로 나누어 쪼갬. 「~ 지불(支拂)」ぶんかつ　division

분할[分轄] 둘 이상으로 나누어 관할(管轄)함. ぶんかつ dividing for control

분합[分合] 나누었다 합하였다 함. 「폐치(廢置) ~」ぶんごう　division and combination

분합[分閤] 대청의 안마당을 면한 부분에 드리는 긴 창살문. 「~들쇠」 long lattice window

분해[分解] 하나로 결합한 것을 그 구성 성분이나 낱낱의 요소로 갈라 냄. 또는 그렇게 갈라짐. ↔화합(化合)·조립(組立). ぶんかい　analysis

분향[焚香] 향을 피움. =소향(燒香).　incensing

분홍[粉紅] 흰빛이 섞인 붉은 빛. 분홍빛.　pink

분화[分化] 본래 하나이던 것이 진화(進化)·발전함에 따라 여러 이질적인 부분으로 갈라지는 일. ぶんか differentiation

분화[盆花] 화분에 심은 화초의 꽃.　flower in a pot

분화[焚火] 불사름. 또는 타는 불.　fire

분:화[噴火] 불을 내뿜음. 「~구(口)」ふんか　emitting fire

분회[分會] 본부에서 갈라져 나온 회(會). ぶんかい　branch

분획[分劃] 여러 구획으로 나눔.　partition

분훤[紛喧] 매우 시끄러움.　noise

불[不]* ①아닐 불: 아니다. 아니하다. 「不孝(불효)·不法(불법)·不信(불신)·不過(불과)·不可不(불가불)·不具(불구)·不歸(불귀)」②아닐 부: 아니다. 않다. 「不德(부덕)·不振(부진)·不適(부적)·不在(부재)·不定(부정)·不足(부족)·不知(부지)」フ·ブ

불[弗]* ①아닐 불: 아니다. 「弗乎(불호)·弗豫(불예)·弗鬱

불[弗] ②달러(dollar)의 한자 표기.「弗貨(불화)·美弗(미불)·本土弗(본토불)」 フツ·ドル

불[佛]* 부처 불: 부처.「佛敎(불교)·佛心(불심)·念佛(염불)·佛堂(불당)·金佛(금불)」 ブツ·フツ·ほとけ

불[佛] 비슷할 불: 비슷하다.「彷佛(방불)」 フツ

불[拂]* ① 떨어 버릴 불: 떨어 버리다.「拂拭(불식)·拂去(불거)·拂塵(불진)」 ② 어긋날 불: 어긋나다.「拂戾(불려)」 ③ 도울 필: 도와 주다.「拂士(필사)」 フツ·はらう

불[祓] ① 푸닥거리 불: 푸닥거리.「祓禳(불양)」 ② 털어 버릴 불: 털어 버리다.「祓除(불제)·祓飾(불식)·祓濯(불탁)」 フツ·バツ ② はらう

불[髴] 비슷할 불: 비슷하다.「髣髴(방불)」 フツ

불가[不可] 옳지 않음. 좋지 않음. ↔가(可). ふか being wrong

불가[佛家] ① 불교를 믿는 사람. 또는 그 사회. =불문(佛門). ② 절. = 사찰(寺刹). ぶっけ ① Buddhist ② temple

불가결[不可缺] 없어서는 안 됨. 꼭 있어야 함. ふかけつ indispensability

불가능[不可能] 할 수가 없음. 될 수 없음. ↔가능(可能).「~한 일을 해내다」ふかのう impossibility

불가분[不可分] 나누거나 뗄 수 없음.「~의 관계」ふかぶん inseparability

불가불[不可不] 하지 않을 도리가 없어. 어쩔 수 없어. =부득불(不得不). inevitability

불가불념[不可不念] 마음에 두어 생각하지 않을 수 없음. unavoidable thought

불가사의[不可思議] 보통 생각으로는 도저히 상상할 수 없음.「~한 사건(事件)」ふかしぎ wonder

불가시[不可視] 육안(肉眼)으로는 볼 수가 없다. ふかし invisibility

불가시 광선[不可視光線] 육안으로는 볼 수가 없는 광선. 자외선·적외선 따위. ふかしこうせん invisible rays

불가지[不可知] 도저히 알 수가 없음. unknowableness

불가침[不可侵] 침범해서는 안 됨.「~ 조약(條約)」ふかしん inviolability

불가피[不可避] 피할 수가 없음.「~한 용무」ふかひ inevitability

불가항력[不可抗力] 사람의 힘으로는 도저히 막을 수가 없는 힘. ふかこうりょく irresistible force

불가해[不可解] 이해할 수가 없음. ふかかい inconceivability

불각[不覺] 깨닫지 못함. ふかく inapprehension

불각[佛閣] ⇨불당(佛堂). ぶっかく

불간섭[不干涉] 간섭하지 않음. ふかんしょう nonintervention

불감[不堪] 견디어 내지 못함. =불감당(不堪當). ふかん failing to bear

불감증[不感症] ① 성교(性交)할 때 여성이 쾌감(快感)을 느끼지 못하는 상태. ② 감수성(感受性)이 둔해지거나 습

관이 되거나 하여 잘 느끼지 못하는 상태. ふかんしょう frigidity

불건전[不健全] 건전하지 못함. 「~한 사상」ふけんぜん unsoundness

불결[不潔] 깨끗하지 않음. 더러움. ↔청결(淸潔). ふけつ dirtiness

불경[不敬] 마땅히 존경해야 할 대상에게 경의(敬意)를 나타냄이 없이 무례함. ふけい disrespect

불경[佛經] 불교의 교리를 적은 경전(經典). =불전(佛典). ぶっきょう Buddhist script

불경기[不景氣] 경제 활동이 활기를 잃은 상태. ↔호경기(好景氣). ふけいき depression

불경제[不經濟] 비용이나 물자의 낭비가 많은 상태. ふけいざい being uneconomical

불계[不計] ①시비곡직(是非曲直)을 따지지 않음. ②바둑에서, 승패가 뚜렷하여 집의 수효를 계산할 필요조차 없음.「~승(勝)」 ① not inquiring into right or wrong ② needing not to counter

불계[佛戒] 부처가 정한 계율(戒律). 오계(五戒)·십계(十戒) 따위. ぶっかい Buddha's commandments

불계[祓禊] 신에게 빌어 재액(災厄)을 떨어 버림. 또는 그 제사.

불고[不顧] 돌아보거나 돌보지 않음. 「염치(廉恥) ~」 disregard

불고지죄[不告知罪] 법에 저촉되는 특수 범죄자를 알면서도 수사 기관에 안리지 않음으로써 성립되는 죄.

불공[不恭] 공손하지 않음. insolence

불공[佛供] 부처 앞에 공양하는 일.「~을 드리다」ぶっく Buddhist mass

불과[不過] 겨우. 기껏. 고작. 「~ 2미터 거리다」 only

불관[不關] 관계하지 않음. 상관하지 않음. noninterference

불교[佛敎] 석가모니를 개조(開祖)로 하며, 그의 가르침을 받드는 종교. =불법(佛法). ぶっきょう Buddhism

불구[不具] ①있어야 할 것이 제대로 갖추어져 있지 않음. ②몸의 어느 부분이 온전하지 못함. ふぐ deformity

불구[不拘] 거리끼지 아니함. 「청우(晴雨)를 ~하고」 being free from

불구[佛具] 불사(佛事)에 쓰이는 모든 기구. ぶつぐ articles used in Buddhist rites

불구대천[不俱戴天] 같은 하늘 아래서 함께 살 수가 없을 만큼 원한이 깊이 사무친 원수의 비유. =불공대천(不共戴天). ふぐたいてん sworn enemy

불구속[不拘束] 피의자(被疑者)를 구속하지 않음.「~ 입건(立件)」ふこうそく nonrestraint

불구자[不具者] 몸이 불구인 사람. ふぐしゃ cripple

불굴[不屈] 버티고 굽히지 않음.「불요(不撓)~」ふくつ fortitude

불궤[不軌] ①법이나 도리에 벗어남. ②반역을 꾀함. ふき ① breach

불귀[不歸] ①돌아오지 않음. ②죽음을 이름.「~의 객(客)

이 되다」ふき ② passing away

불규칙[不規則] 규칙에서 벗어나거나 규칙이 없음.「~동사(動詞)」ふきそく　irregularity

불균형[不均衡] 균형이 잡히지 않음. ふきんこう　disproportion

불금[不禁] 금하지 아니함. not prohibiting

불급[不及] 미치지 못함.「과(過)는 ~과 같다」being unattainable

불급[不急] 급하지 않음.「~지찰(之察)」ふきゅう being not urgent

불긍[不肯] ① 즐겨 하지 않음. ② 요구 따위를 들어 주기 않음. being disinclined

불기[佛紀] 불가(佛家)의 연기(年紀). ぶっき Buddhist Era

불기[佛器] 부처에게 올리는 밥을 담는 그릇. ぶっき

불긴[不緊] 긴요하지 아니함.「~지사(之事)」being of little importance

불길[不吉] 운수가 좋지 않거나 일이 상서롭지 못함.「운수가 ~하다」ふきつ inauspiciousness

불능[不能] ① 능력이 없음. ② 할 수 없음.「재기(再起)~」ふのう ① incapability ② impossibility

불당[佛堂] 불상(佛像)을 안치한 집. =범전(梵殿)·불전(佛殿). ぶつどう

불도[佛徒] 불교를 믿는 신도. ぶっと Buddhist

불도[佛道] ① 부처의 가르침. ② 부처의 깨달음에 이르기까지의 가르침이나 수행(修行). ぶつどう

불도저[bulldozer] 흙을 밀어 내어 땅을 고르는 데 쓰는 차. ブルドーザー 整地機

불독[bulldog] ① 영국 원산의 개. 머리가 크고 넓적하며 투견용(鬪犬用)·호신용·애완용 등으로 기름. ② 사납고 끈질긴 사람의 비유. ブルドッグ 鬪犬用

불란[不亂] 어지럽지 아니함.「일사(一絲)~」ふらん orderliness

불량[不良] ① 물건의 상태가 좋지 못함.「~품(品)」② 행실이 나쁨.「~배(輩)」ふりょう ① inferiority ② delinquency

불력[佛力] 부처의 공력(功力). ぶつりき Buddha's influence

불령[不逞] 불평·불만을 품고 제멋대로 행동함.「~삼배(雜輩)」ふてい insubordination

불로[不老] 늙지 않음. ふろう

불로[不勞] 일하지 않음. ふろう

불로불사[不老不死] 늙지도 죽지도 않음. ふろうふし eternal youth

불로 소:득[不勞所得] 생산적인 노동에 직접 참여하지 않고 얻는 소득. 배당금·이자 따위. ふろうしょとく unearned income

불로장생[不老長生] 늙지 않고 오래 삶. ふろうちょうせい ageless youth

불로초[不老草] 먹으면 늙지 않는다는 약초. elixir of life

불륜[不倫] 인륜(人倫)에 어긋나는 일. ふりん immorality

불리[不利] 이롭지 못함. ↔유리(有利). ふり disadvantage

불립문자[不立文字] 불도의 깨달음은 마음에서 마음으로 전

하는 것이므로, 깨달음의 내용은 말이나 글로써 전해질 수 있는 것이 아니라는 말. ふりゅうもんじ

불만[不滿] 마음에 들거나 차지 않아 언짢은 것. ふまん　discontent

불만족[不滿足] 만족스럽지 아니함. dissatisfaction

불매 동맹[不買同盟] 특정국(特定國) 또는 특정 생산자나 상인의 상품을 사지 않기로 하는 동맹. ふばいどうめい　boycott

불면[不眠] 잠을 자지 않거나 잠을 자지 못함. 「～증(症)」 ふみん　sleeplessness

불면증[不眠症] 밤에 잠이 잘 오지 않는 병. ＝불매증(不寐症). ふみんしょう　insomnia

불멸[不滅] 멸망하지 않거나 없어지지 아니함. 「영구(永久)～」 ふめつ　immortality

불명[不明] ① 밝혀지지 않아 알 수가 없음. 「행방(行方)～」 ② 사리에 어두움. ふめい　① indistinctness ② stupidity

불명예[不名譽] 명예롭지 못함. ふめいよ　dishonor

불모[不毛] ① 땅이 메말라 초목이나 곡식이 자라지 않음. ↔비옥(肥沃). ② 아무런 발전도 결실도 얻지 못함의 비유. ふもう　barrenness

불목[不睦] 사이가 화목하지 못함. ↔화목(和睦). disharmony

불문[不問] 묻지 않음. 문제삼지 않음. ふもん　passing over

불문[佛文] 프랑스어로 된 문장. ふつぶん　French

불문[佛門] ⇨ 불가(佛家). ぶつもん

불문법[不文法] 문서의 형식을 갖추지는 않았으나 관습상으로 인정되는 법. ＝불문율(不文律). ↔성문법(成文法). ふぶんほう　unwritten law

불문율[不文律] ⇨불문법(不文法). ↔성문율(成文律). ふぶんりつ

불문화[不文化] 문서로 밝혀 두지 않음. ↔성문화(成文化). ふぶんか

불미[不美] 아름답거나 명예롭지 못함. ふび　disgrace

불민[不敏] ① 민첩하지 못함. ② 어리석고 둔함. ふびん　dullness

불민[不憫・不愍] 딱하고 가엾음. 불쌍함. ふびん　pity

불발[不拔] 아주 든든하여 빠지거나 꺾이지 않음. 「견인(堅忍)～」 ふばつ　firmness

불발[不發] ① 탄환이 발사되지 않거나 터지지 않음. 「～탄(彈)」 ② 계획했던 일을 하지 못하게 됨. ふはつ　① misfire

불범[不犯] ① 남의 것을 침범하지 않음. ② 남녀가 서로 사통(私通)하지 않음. ① not violating ② abstinence from sexual intercourse

불법[不法] 법에 어긋남. 「～행위(行爲)」 ふほう　unlawfulness

불법[佛法] ① ⇨ 불교(佛敎). ② 깨달음에 이르는 올바른 법. ぶっぽう　Buddhism

불법화[不法化] 국책(國策)에 어긋나는 정당・사회 단체를 법으로 인정하지 않는 조처. ふほうか　illegalization

불변[不辨] 분간하지 못함. 「숙맥(菽麥)～」 indiscrimination

불변[不變] 변하지 않음. ↔가

변(可變). ふへん unchangeability

불복[不服] ① 복종하지 않음. ② 복죄(服罪)하지 아니함. 「~ 신청(申請)」 ふふく 不服 disobedience

불분동서[不分東西] 어리석어 동서도 분간하지 못함. =불분상하(不分上下). 不分東西 idiot

불분명[不分明] 분명하지 않음. =불명(不明). ふぶんめい 不分明 indistinctness

불비[不備] 제대로 갖추어 있지 않음. ↔구비(具備). ふび 不備 incompletion

불사[不死] 죽지 않음. 「~약(藥)」 ふし 不死 immortality

불사[佛事] 불가(佛家)에서 하는 모든 행사. =법사(法事). ぶつじ 佛事 Buddhist rites

불사리[佛舍利] 석가(釋迦)의 유골(遺骨). =불골(佛骨). ぶっしゃり 佛舍利 Buddha's bones

불사신[不死身] ① 어떤 고통이나 상해(傷害)에도 견디어 내는 굳센 신체. ② 어떤 곤란을 당해도 절대로 꺾이지 않는 사람의 비유. =불사조(不死鳥). ふじみ 不死身 invulnerability

불사조[不死鳥] ① 이집트 신화에 나오는 신비한 새. 500년마다 스스로 불에 타 죽고는 그 잿속에서 다시 태어난다고 함. ② ⇨불사신(不死身). ふしちょう 不死鳥 ① phoenix

불상[不祥] 상서롭지 못함. 「~사(事)가 생기다」 ふしょう 不祥 inauspiciousness

불상[不詳] 자세하지 아니함. ふしょう 不詳 being unknown

불상[佛像] 부처의 형상을 그린 그림이나 조각. ぶつぞう 佛像 Buddhist image

불상견[不相見] 뜻이 맞지 않아 서로 만나지 않음. 不相見

불상용[不相容] 서로 용납하지 않음. 不相容 being incompatible with

불서[佛書] 불교에 관한 책. =불가서(佛家書). ぶっしょ 佛書 Buddhist scriptures

불석[不惜] 아끼지 않음. 「~신명(身命)」 不惜

불선[不善] 착하지 않음. 좋지 않음. ふぜん 不善 evil

불설[佛說] 부처의 가르침. ぶっせつ 佛說 Buddha's teachings

불성[不成] 다 이루어지지 못함. 「~모양(貌樣)」 不成 failure

불성설[不成說] 말이 되지 않음. 말이 이치에 맞지 않음. 「어(語)」 不成說 unreaconable talk

불세지재[不世之才] 세상에 드문 뛰어난 재주. ふせいのさい 不世之才 extraordinary talent

불세출[不世出] 좀처럼 세상에 나타나지 않을 만큼 뛰어남. ふせいしゅつ 不世出 extraordinariness

불소[不少] 적지 않음. ふしょう 不少 being not a few

불소[弗素] 할로겐 원소의 하나. 화합력이 강하고 충치 예방 효과가 있는 황록색의 기체. 플루오르(fluorine). 弗素

불소급[不遡及] ① 과거에까지 거슬러 올라가 영향이나 효력을 미치지 아니함. ② 법이 제정되기 이전의 사실에 소급하여 적용되지 않음. ふそきゅう 不遡及 irretroactivity

불손[不遜] 공손하지 못함. 「~한 태도」 ふそん 不遜 insolence

불수[不隨] 병 따위로 말미암아 몸이 자유롭게 움직여지지 않음. 「반신(半身)~」 ふずい 不隨

paralysis

불순[不純] 딴 것이 섞이어 순수하지 아니함. 「~물(物)」 ふじゅん　impurity

불순[不順] ①고분고분하지 아니함. ②기후 따위가 순조롭지 아니함. 「일기(日氣) ~」 ふじゅん　① disobedience ② unseasonableness

불시[不時] ①제철이 아닌 때. ②뜻하지 않은 때. 「~의 사고(事故)」 ふじ　① untimeliness ② unexpected time

불시착[不時着] 불시 착륙(不時着陸)의 준말. ふじちゃく

불시 착륙[不時着陸] 항공기가 고장이나 기상 악화 등으로 목적지 이외의 곳에 임시로 착륙하는 일. 준불시착(不時着).　forced landing

불식[不息] 쉬지 않음. 「~지공(之工)」

불식[佛式] 불교의 의식(儀式). 불교에서 하는 방식. ぶっしき　Buddhist ritual

불식[拂拭] 말끔히 씻거나 털어 없앰. 「구습(舊習)을 ~하다」 ふっしょく・ふっしき　eradication

불식지보[不食之報] 조상의 덕으로 자손이 잘 되는 일. ふしょくのむくい・ふじきのむくい reward of one's ancestor's good deeds

불신[不信] ①믿지 않음. 미덥시 않음. ②종교를 믿지 않음. ふしん　① distrust

불신임[不信任] 신임하지 않음. 「~ 결의(決議)」 ふしんにん　nonconfidence

불실기본[不失其本] 본분을 잃지 않음.　being faithful to one's duty

불심[不審] ①자세히 알지 못함. ②매우 의심스러움. 「~검문(檢問)」 ふしん　① unfamiliarity ② doubt

불심[佛心] ①부처의 자비심. ②중생이 본디부터 지니고 있는 부처로서의 본성. ぶっしん　① merciful heart of Buddha

불심상관[不甚相關] 그다지 관계될 것이 없음. 「크든 작든 ~이다」　having little effect upon

불심상원[不甚相遠] 그다지 틀리지 않고 거의 같음.　having little difference

불안[不安] ①걱정이 되어 마음이 놓이지 않음. ②분위기 따위가 술렁거리고 어수선함. 「~한 국제 정세」 ふあん　① uneasiness ② instability

불안정[不安定] 안정되지 않음. 「~한 직장」 ふあんてい　instability

불야성[不夜城] 밤에도 대낮같이 불이 환하게 켜져 있는 곳. 「~을 이루는 유흥가」 ふやじょう　nightless city

불어[不漁] 고기가 잘 잡히지 않음. ↔대어(大漁). ふりょう poor catch

불어[佛語] ①부처의 가르침. 부처의 말. ぶつご ②프랑스어. ふつご　② French

불언가:지[不言可知] 말을 하지 않아도 충분히 알 수가 있음.　It goes without saying....

불언실행[不言實行] 말없이 실제로 행동을 함. ふげんじっこう　action before words

불여의[不如意] 일이 뜻대로 되지 않음. ふにょい involuntariness

불역[不易] 바뀌지 않음. 변함

이 없음.「만대(萬代) ~」ふえき invariability

불연[不然] 그렇지 않음. 不然

불연[不燃] 불에 타지 않음.「~성(性) 건재(建材)」ふねん incombustibility

불연[怫然] 갑자기 성을 왈칵 내는 모양.「~히 자리를 박차고 나가다」ふつぜん in anger

불연속[不連續] 연속되어 있지 않음. ふれんぞく discontinuity

불연속면[不連續面] 풍향·풍속·온도 등의 기상 요소가 다른 두 기단(氣團)의 경계면. discontinuous surface

불연속선[不連續線] 불연속면이 지표와 만나는 선. ふれんぞくせん discontinuous line

불온[不穩] ① 온당치 않음. ② 치안(治安)을 문란케 할 우려가 있음.「~ 전단(傳單)」ふおん disquiet

불완전[不完全] 완전하지 않음.「~ 동사(動詞)」ふかんぜん imperfection

불요[不要] 필요하지 않음.「~불급(不急)」ふよう being unnecessary

불요[不撓] 흔들리지 않음. 고난(苦難)에도 꺾이지 않음.「~불굴(不屈)」ふとう being indomitable

불용[不用] ① 쓰지 않음. ② 쓸모 없음. =불요(不要). ふよう uselessness

불용성[不溶性] 용해(溶解)되지 않는 성질.「~ 결정(結品)」ふようせい insolubility

불우[不遇] 포부와 재능이 있어도 좋은 때를 만나지 못하여 불행함.「~한 만년(晩年)」ふぐう misfortune

불우[不虞] 미처 생각하지 못함.「~지변(之變)」ふぐ unexpectedness

불운[不運] 운수가 좋지 못함. =역운(逆運).「거듭되는 ~」ふうん misfortune

불원[不遠] ① 거리가 멀지 않음.「~천리(千里)」② 시일이 오래지 않음.「~장래(將來)」① not so distant ② before long

불원[不願] 바라지 아니함. dislike

불응[不應] 응하지 않음.「절대(絶對) ~」incompliance

불의[不意] 뜻밖. =의외(意外).「~의 사고」ふい unexpectedness

불의[不義] 이리(義理)·도리(道理)·정의(正義)에 어긋나는 일.「~를 참지 못하는 성미」ふぎ injustice

불이행[不履行] 말한 대로 실행하지 않음.「계약(契約) ~」ふりこう nonfulfillment

불인[不仁] ① 자비로운 마음이 없음. ② 손발이 마비(痲痺)됨. ふじん ① mercilessness ② numbness

불인[不忍] 차마 할 수 없음. ふにん being impossible to do

불인견[不忍見] 차마 볼 수 없음. =목불인견(目不忍見). being unable to bear the sight of

불인정시[不忍正視] 차마 바로 볼 수가 없음.「~할 참상(慘狀)」

불일내[不日內] 며칠 안 가서. 수일 안. 준불일(不日).「~ 개봉(開封)」ふじつ in a few days

불임[不姙] 임신하지 못함.「~

증(症)」ふにん sterility
불자[不字] ① 못 쓰게 생긴 물건. ② 검사에 불합격한 물건. 「~를 맞다」 wastrel
불전[佛典] 불교의 경전. =불경(佛經)·불서(佛書). ぶってん
불전[佛前] 부처 앞. 불단(佛壇) 앞. 「~에 기도하다」ぶつぜん
before the Buddhist altar
불제[祓除] 재앙을 물리쳐 버림. ばつじょ·ふつじょ exorcism
불좌[佛座] 부처를 모신 자리. ぶつざ Buddhist shrine
불찬[不贊] 불찬성(不贊成)의 준말.
불찬성[不贊成] 찬성하지 않음. ↔찬성(贊成). 준불찬(不贊). disapproval
불찰[不察] 똑똑히 살피지 않아서 생긴 잘못. 「나의 ~이니 용서하시오」 mistake
불찰[佛刹] 절. =사찰(寺刹). ぶっさつ temple
불참[不參] 참석하지 않음. =불참가(不參加). 「~자(者)」ふさん nonappearance
불철저[不徹底] 철저하지 못함. ふてってい
불철주야[不撤晝夜] 밤낮을 가리지 아니함. 「~로 공부하다」 day and night
불청[不聽] ① 듣지 않음. ② 청을 들어 주지 않음. ② rejection
불청객[不請客] 청하지 않았는데 찾아온 손. uninvited guest
불초[不肖] ① 어리석고 못남. 또는 그런 사람. ② 이버이의 덕망이나 유업(遺業)을 이을 만한 재질이 없는 사람. ③ 어버이에 대하여 아들이 자기를 낮추어 이르는 말. ④ 웃어른에게 자기를 낮추어 이르는 말. ふしょう ① stupidity ② being unworthy of one's father
불촉[不觸] 손대지 않음. 건드리지 않음.
불출[不出] ① 밖에 나가지 않음. 「두문(杜門)~」ふしゅつ ② 못나고 어리석은 사람. ① confining oneself at home ② stupid person
불충[不忠] 충성을 다하지 아니함. 「~불효(不孝)」ふちゅう disloyalty
불충분[不充分] 충분하지 않음. 「설명이 ~하여 이해 못 하겠다」ふじゅうぶん insufficiency
불취[不取] 취하지 않음. 갖지 않음.
불취동성[不娶同姓] 성(姓)이 같은 사람끼리는 결혼하지 않음.
불측[不測] ① 미루어 헤아리기 어려움. 추측할 수 없음. ふそく ② 생각이나 행동이 고약하고 엉큼함. 「~한 마음을 품다」 ① being unforeseeable ② wickedness
불치[不治] ① 병이 낫지 않음. 병을 고칠 수 없음. 「~의 고질(痼疾)」ふち·ふじ ② 정치가 잘못되어 나라가 어지러움. ① incurability ② misrule
불치불검[不侈不儉] 사치스럽지도 검소하지도 않고 수수함. modesty
불치하문[不恥下問] 손아랫사람이나 자기보다 못한 사람에게 묻는 것을 부끄러워하지 않음.
불친절[不親切] 친절하지 않음.

불침번[不寢番] 밤에 자지 아니하면서 번을 서는 일. 또는 그 사람. ふしんばん all-night watch

불카누스[라 Vulcanus] 로마 신화에 나오는 화신(火神).

불쾌[不快] 심신이 상쾌하지 않고 기분이 나쁨. ↔유쾌(愉快). ふかい displeasure

불쾌 지수[不快指數] 기온·습도 등의 기상(氣象) 요소를 자료로 하여 사람이 느끼는 쾌·불쾌의 정도를 나타내는 수치(數値). 70 이상이면 불쾌감을 느끼기 시작한다고 함. ふかいしすう discomfort index

불타[佛陀] 깨달은 사람이라는 뜻으로, 석가모니를 이름. ぶつだ Buddha

불탄일[佛誕日] 석가모니가 탄생한 날. 곧, 음력 4월 8일. =석탄일(釋誕日). Buddha's birthday

불탑[佛塔] 절에 있는 탑. ぶっとう pagoda

불통[不通] ① 교통·통신 따위가 막혀 통하지 못함. ↔개통(開通). ② 의사(意思) 소통이 되지 않음. ③ 세상일에 어둡거나 눈치를 알아채지 못함. 「소식 ～」 ふつう ① suspension ② no communication ③ ignorance

불퇴전[不退轉] ① 물러나지 아니함. ② 굳게 믿어 굽히지 않음. 「～의 초지(初志)」 ③ 한번 도달한 수행(修行)의 단계로부터 뒤로 물러나는 일이 없음. ふたいてん unswerving determination

불투명[不透明] ① 투명하지 않음. ② 명료하지 않고 애매함. ふとうめい opacity

불특정[不特定] 특별히 정하지 않음. 「～ 다수(多數)」 unspecific

불패[不敗] 지지 않음. 패배한 적이 없음. 「백전(百戰) ～」 ふはい invincibility

불:펜[bull pen] 야구장에서, 구원 투수가 경기 중에 투구(投球) 연습을 하는 곳.

불편[不便] ① 편리하지 않음. ふべん ② 몸이나 마음이 편하지 않음. ③ 거북함. 「～한 사이가 되다」 ① inconvenience ② discomfort

불편[不偏] 어느 한쪽으로 치우치지 않음. 「～부당(不黨)」 ふへん impartiality

불편부당[不偏不黨] 어느 쪽에도 치우치지 않고 공평함. ふへんふとう impartiality

불평[不平] 마음에 불만이 있음. 「～ 불만(不滿)」 ふへい discontent

불평 분자[不平分子] 어떤 조직체에서 그 조직의 시책이나 운영 등에 대하여 불만을 품고 있는 구성원. ふへいぶんし grumbler

불포화[不飽和] 포화 상태에 이르지 않음. 「～ 지방산(脂肪酸)」 unsaturation

불하[拂下] ⇨매각(買却). はらいさげ

불학[不學] 배우지 않거나 배우지 못함. uneducatedness

불한당[不汗黨] 떼를 지어 다니며 재물을 강탈하고 행패를 부리는 무리. gang of robbers

불합격[不合格] 시험이나 검사에 합격하지 못함. disqualification

불합리[不合理] 도리나 이치에 맞지 않음. ↔합리(合理). ふごうり　irrationality

불행[不幸] ① 운수가 좋지 않음. ② 행복하지 않음. ふこう ① misfortune ② unhappiness

불허[不許] 허가나 허락을 하지 않음. 「~ 복제(複製)」 ふきょ　disapproval

불호[不好] 좋아하지 않음. 「호(好)~를 막론하다」 dislike

불혹[不惑] ① 마음이 무엇에 홀리거나 헷갈리지 아니함. ② '마흔 살'을 달리 이르는 말. ふわく ① age of forty

불화[不和] 사이가 좋지 않음. 서로 화합(和合)하지 못함. ふわ　discord

불화[弗貨] 달러(dollar)를 단위로 하는 화폐. ドルか dollar

불화[佛畫] 불교에 관한 그림. ぶつが　Buddhist picture

불환 지폐[不換紙幣] 정화(正貨)와 바꿀 수 없는 지폐. ↔태환 지폐(兌換紙幣). ふかんしへい　inconvertible note

불황[不況] 경제 활동 전체가 정체되어 있는 상태. =불경기(不景氣). ↔호황(好況). ふきょう　depression

불효[不孝] 부모를 섬기는 도리를 다하지 않음. 「~막심(莫甚)」 ふこう disobedience

불효[拂曉] 새벽녘. =불서(拂曙). ふつぎょう　dawn

불효자[不孝子] ① 불효한 자식. ② 부모에게 드리는 편지에서 자신을 낮추어 이르는 말. ① undutiful son

불후[不朽] 썩지 아니함의 뜻으로, 오래도록 그 값어치를 잃지 않고 영원히 남음을 이름. 「~의 공적(功績)」 ふきゅう　immortality

불휴[不休] 쉬지 않음. 「불면(不眠)~」 ふきゅう without rest

붐:[boom] ① 갑작스러운 수요(需要)로 값이 크게 오르는 일. ② 갑자기 크게 유행하는 일. ブーム

붕[朋]* ① 벗 붕:벗. 「朋友(붕우)·朋執(붕집)」 ② 무리 붕:무리. 동료(同僚). 「朋徒(붕도)·朋勢(붕세)」 ホウ·ボウ ① とも

붕[崩]☆ ① 무너질 붕:무너지다. 「崩潰(붕궤)·崩落(붕락)·山崩(산붕)·土崩(토붕)」 ② 황제가 죽을 붕:황제가 죽다. 「崩御(붕어)·崩殂(붕조)」 ホウ ① くずれる

붕[棚] 시렁 붕:시렁. 선반. 「大陸棚(대륙붕)」 ホウ·たな

붕[硼] 약 이름 붕:약 이름. 「硼酸(붕산)·硼砂(붕사)·硼素(붕소)」 ホウ

붕[繃] 감을 붕:감다. 묶다. 「繃帶(붕대)·繃帶液(붕대액)」 ホウ·まく

붕[鵬] 붕새 붕:붕새. 「鵬翼(붕익)·鵬程(붕정)·鵬擧(붕거)·大鵬(대붕)」 ホウ·おおとり

붕괴[崩壞] 허물어져 무너짐. =붕궤(崩潰). 「빌딩이 ~하다」 ほうかい　collapse

붕궤[崩潰] ⇨붕괴(崩壞). ほうかい

붕당[朋黨] 뜻을 같이하는 사람끼리 모인 동아리. ほうとう　faction

붕대[繃帶] 상처를 감는, 소독한 천. ほうたい　bandage

붕도[鵬圖] 큰 포부나 큰 사업. ほうと great ambition

붕락[崩落] ①무너져서 떨어짐. ②물건값이 폭락함. ほうらく ①collapse ②slump 崩落

붕배[朋輩] 지위나 나이가 비슷한 또래의 벗. =동배(同輩). ほうばい fellow 朋輩

붕사[硼砂] 붕산(硼酸)과 나트륨의 화합물. 유리의 원료나 방부제로 씀. ほうしゃ borax 硼砂

붕산[硼酸] 무색·투명의 광택이 있는 비늘 모양의 결정체. 물에 녹아 살균 작용을 하므로 의약·소독약·방부제의 재료로 쓰임. ほうさん boracic acid 硼酸

붕어[崩御] 임금이 세상을 떠남. =승하(昇遐). ほうぎょ demise 崩御 昇遐

붕우[朋友] 벗. =친구(親舊). 「~유신(有信)」 ほうゆう friend 朋友

붕익[鵬翼] 붕새의 날개란 뜻으로, 큰 사업의 계획을 비유하는 말. ほうよく great undertaking 鵬翼

뷔페[프 buffet] 연회장(宴會場) 등에서, 여러 가지 음식을 큰 식탁에 차려 놓고 먹을 사람이 원하는 만큼 덜어 먹는 형식. 또는 그러한 식당. 宴會場

뷰글[bugle] 색소폰류의 금관(金管) 악기의 한 가지. 金管

뷰렛[buret] 화학의 적정(滴定) 등에 사용하는, 눈금이 있는 유리관으로 된 실험 기구. 滴定

뷰:어[viewer] 슬라이드를 보는 데 쓰이는 확대(擴大) 장치. 擴大

브라:마[Brahma] 동인도 원산인 닭의 한 품종(品種). 몸집이 크고 체질이 강함. 品種

브라:만[Brahman] 인도 카스트 제도에서, 가장 높은 지위인 승족(僧族). 僧族

브라보[이 bravo] '잘한다'·'좋다'·'신난다'의 뜻으로 기뻐서 부르짖는 말.

브라스밴드[brass band] 금관악기를 주체로 편성된 악대. 취주 악대(吹奏樂隊). 吹奏樂隊

브라우저[browser] 컴퓨터에서, 각종 자료(資料)의 내용을 보다 빠르게 살펴보기 위하여 사용되는 도구.

브라운[brown] 갈색(褐色). ブラウン 褐色

브라운관[Braun管] 전기 신호를 빛의 상(像)으로 바꾸는 전자관(電子管). 텔레비전 따위에 쓰임. 電子管

브라운소:스[brown sauce] 고기 요리에 많이 쓰이는 조미료(調味料). ブラウンソース 調味料

브래지어[brassiere] 여성의 젖을 받쳐 주고 보호하며 가슴의 모양을 보기 좋게 가다듬는 속옷의 한 가지. ブラジャー

브랜드[brand] 상표(商標). ブランド 商標

브랜디[brandy] 포도주를 증류(蒸溜)하여 만든 서양 술. ブランデー 蒸溜

브레이크[brake] 자동차 및 여러 기계 장치의 운동을 멈추게 하거나 늦추는 장치. 제동기(制動機). ブレーキ 制動機

브레이크[break] ①야구에서, 투수(投手)가 던진 공이 꺾여 들어가는 일. ②권투에서, 상대편을 껴안고 있는 선수에게 심판이 떨어질 것을 명령하는 말. 投手

브레인[brain] 두뇌(頭腦). ブレーン 頭腦

브레인스토:밍[brainstorm-

브레인스토밍[brainstorming] 자유로운 토론(討論)에 의해서 창조적인 아이디어를 끌어내는 일. ブレーンストーミング

브레인트러스트[brain trust] ① 정부나 기업체의 자문(諮問) 기관. ② 사적(私的)인 고문(顧問)이나 상담(相談) 상대자. ブレーントラスト

브로마이드[bromide] 예능인·운동 선수 등의 초상(肖像) 사진. ブロマイド

브로ː치[brooch] 양복 웃고리의 깃이나 앞가슴에 다는 장신구(裝身具)의 한 가지. ブローチ

브로ː커[broker] 매매(賣買)를 중개(仲介)하는 일을 업으로 하는 사람. 중개인(仲介人). ブローカー

브로케이드[brocade] 무늬를 화려하게 넣어 짠 견직물(絹織物)의 한 가지. ブロケード

브론즈[bronze] ① 청동(靑銅). ② 청동으로 된 조각. ブロンズ

브론토사우루스[라 brontosaurus] 중생대의 쥐라기에서 백악기(白堊紀)에 걸쳐 번성했다는 거대한 공룡.

브롬[Bromine] 할로겐 원소의 하나. 사진의 감광(感光) 재료·살균제 등에 쓰임. 원소 기호는 Br. ブローム

브루신[brucine] 맹독(猛毒) 알칼로이드의 일종.

브리지[bridge] ① 다리. 교량. ② 함선(艦船)의 상갑판(上甲板) 위에 설치된 지휘소. ③ 현악기의 기러기발. ④ 카드놀이의 하나. ブリッジ

브리ː핑[briefing] 어떤 일에 대한 개략적(槪略的)인 상황 설명.

브릴란테[이 brillante] 악보에서, '화려(華麗)하게'의 뜻.

블라우스[blouse] 부녀자가 윗옷으로 입는 셔츠 비슷한 옷. ブラウス

블라인드[blind] 창에 달아 햇빛을 가리는 물건. ブラインド

블랙[black] ① 검은 빛깔. 흑색(黑色). ② ⇨블랙커피. ブラック

블랙리스트[blacklist] 주의나 감시를 해야 할 인물의 명단(名單). ブラックリスト

블랙마ː켓[black market] 암시장(闇市場). ブラックマーケット

블랙박스[black box] ① 비행 자료 자동 기록 장치. ② 지하 핵실험 탐지용 자동 지진계(地震計). ブラックボックス

블랙커피[black coffee] 설탕·크림을 넣지 않은 커피. ブラックコーヒー

블랙코미디[black comedy] 어두운 느낌을 주는, 잔혹하고 통렬한 풍자(諷刺)를 내용으로 하는 희극(喜劇). ブラックコメディー

블랙홀ː[black hole] 고밀도(高密度)에 의해 생기는 강한 중력장(重力場)의 구멍. 거대한 별이 진화의 최종 단계에서 폭발한 결과로 생기며, 빛이나 물질 따위가 그 속으로 빨려 들어가면 빠져 나오지 못한다고 함. ブラックホール

블랭킷에어리어[blanket area] 수신(受信) 장애가 일어나기 쉬운 구역. ブランケットエリア

블레오마이신[bleomycin] 항암성(抗癌性) 항생 물질.

블레이저코ː트[blazer coat]

플란넬 등으로 활동적이고 경쾌한 느낌이 나게 만든 양복 모양의 윗옷. 淨服

블로킹[blocking] 농구·배구 등에서, 가로막기. ブロッキング 排球

블로:홀[blowhole] 용해된 금속이 굳을 때 가스가 완전히 빠지지 않아 생기는 기포(氣泡). ブローホール 氣泡

블록[bloc] 정치·경제상의 이익을 꾀하여 제휴(提携)한 동맹이나 집단. ブロック 提携

블록[block] ① 길에 깔거나 벽 등을 쌓는 데 쓰는, 벽돌 모양의 콘크리트 덩어리. 「보도~」 ② 시가(市街)의 한 구획. ブロック 市街

블록버스터[blockbuster] 광고(廣告) 등에 의하여 계획적으로 만들어진 거대한 베스트셀러. 廣告

블론드[blond] 금발(金髮). ブロンド 金髮

블루:길[bluegill] 미국 미시시피 강 유역에 사는 농어의 일종(一種). 물고기를 잡아먹음. 一種

블루:라운드[blue round] 국가간의 통상(通商) 문제에 노동자 문제도 포함시킨다는 선진국들의 무역 정책. 通商

블루머[bloomer] ① 여성이나 아이들이 입는 속바지의 한 가지. ② 여자용 운동 팬츠의 한 가지. ブルーマー 女性

블루:벨트[blue belt] 수자원(水資源) 보전 지역. 水資源

블루:블랙[blue black] 짙은 남색(藍色). 藍色

블루:스[blues] 4분의 2, 또는 4분의 4박자로 된 애조(哀調)를 띤 춤곡. 또는 그에 맞추어 추는 춤. ブルース 哀調

블루:진[blue jeans] 청바지. ブルージーンズ

블루:칩[blue chip] 주식 시장에서, 건전한 재무(財務) 구조를 유지하고 있는 우량주(優良株)를 가리키는 말. ブルーチップ 優良株

블루:칼라[bluecollar] 생산직(生産職)에 종사하는 육체 노동자. ブルーカラー 生産職

블루:필름[blue film] 남녀의 성행위(性行爲)를 노골적으로 보인 외설(猥褻) 영화. ブルーフィルム 猥褻

비:[匕] ① 비수 비 : 비수. 「匕首(비수)」 ② 숟가락 비 : 숟가락. 「匕箸(비저)」 ヒ ② さじ 匕首

비:[比]* ① 견줄 비. 견주다. 「比例(비례)·比較(비교)·比率(비율)·比論(비론)·百分比(백분비)」 ② 무리 비 : 무리. 「比類(비류)·比黨(비당)」 ③ 비길 비 : 비기다. 나란히 하다. 「比肩(비견)·櫛比(즐비)」 ④ 자주 비 : 자주. 「比年(비년)·比比(비비)」 ヒ ① くらべる 比例 比類 櫛比

비:[丕] ① 클 비 : 크다. 「丕構(비구)·丕圖(비도)·丕績(비적)·丕訓(비훈)·丕烈(비열)」 ② 으뜸 비 : 으뜸. 「丕祚(비조)」 ヒ ① おおきい 丕構 丕烈

비:[妃]* 왕비 비 : 왕비. 「王妃(왕비)·大妃(대비)·妃氏(비씨)·妃嬪(비빈)」 ヒ・きさき・つま・ひめ 王妃

비[屁] 방귀 비 : 방귀. ヒ・ヘ 放屁

비:[妣] 죽은 어머니 비 : 죽은 어머니. 「妣考(비고)·妣位(비위)·妣祖(비조)」 ヒ 妣考

비:[庇] 덮을 비 : 덮다. 「庇護(비호)·庇佑(비우)·庇蔭(비음)」 ヒ・ひさし・かばう 庇護

비:[批]☆ ① 비평할 비:비평하다. 「批判(비판)」 ② 손으로 칠 비:손으로 치다. 「批頰(비협)」ㅌ 批判

비:[卑]☆ ① 천할 비:천하다. 「卑陋(비루)·卑賤(비천)·男尊女卑(남존여비)」 ② 낮을 비:낮다. 「卑秩(비질)·卑窪(비와)」ㅌ ① 이야시이 卑陋 卑窪

비:[沸] ① 끓을 비:끓다. 「沸騰(비등)·沸湯(비탕)」 ② 용솟음칠 불:용솟음치다. 「沸水(불수)·沸波(불파)」フツ ① 와쿠 沸騰 沸水

비:[泌] ① 흐를 비:흐르다. 「泌尿器(비뇨기)」 ② 물결 부딪칠 필:물결이 맞부딪치다. 「泌箭(필즐)」ㅌ·ヒツ ① 나가레루 泌尿器

비:[肥]☆ ① 살찔 비:살찌다. 「肥大(비대)·肥滿(비만)·肥潔(비결)」 ② 거름 비:거름. 「肥料(비료)·追肥(추비)·施肥(시비)·金肥(금비)」ㅌ ① 코에루·코에 肥大 肥料

비[非]* ① 아닐 비:아니다. 「非金屬(비금속)·非常(비상)·非合理(비합리)」 ② 어길 비:어기다. 「非法(비법)·非違(비위)·非道(비도)」 ③ 그를 비:그르다. 옳지 않다. 「非望(비망)·非行(비행)·是非(시비)·前非(전비)」ㅌ ① 아라즈 非金屬 非合理

비[飛]* 날 비:날다. 「飛鳥(비조)·飛禽(비금)·飛行(비행)·飛翔(비상)·飛虎(비호)」ㅌ·토부·토바스 飛鳥 飛翔

비[悲] ① 흐를 비:흐르다. 「悲湧(비용)」 ② 삼갈 비:삼가다. ㅌ ② 츠츠시무 悲涌

비:[毗] 도울 비:돕다. 「毗補(비보)·毗益(비익)·毗翼(비익)·毗贊(비찬)」ㅌ 毗補

비:[砒] 비상 비:비상. 「砒酸(비산)·砒素(비소)·砒黃(비황)」ㅌ 砒酸

비:[秕] ① 쭉정이 비:쭉정이. 「秕糠(비강)」 ② 나쁜 정치 비:나쁜 정치. 「秕政(비정)」ㅌ 秕糠

비:[匪] 도둑 비:도둑. 악한(惡漢). 「匪賊(비적)·匪徒(비도)·匪魁(비괴)」ㅌ 匪賊

비:[祕]☆ ① 숨길 비:숨기다. 「祕密(비밀)·祕事(비사)·祕記(비기)·祕藏(비장)」 ② 신비할 비:신비하다. 「祕境(비경)·神祕(신비)」ㅌ ① 히메루 秘密 神秘

비:[粃] 쭉정이 비:쭉정이. 「粃糠(비강)·粃滓(비재)」ㅌ 粃糠

비:[婢]☆ ① 계집종 비:계집종. 「婢女(비녀)·婢夫(비부)·婢妾(비첩)」 ② 낮출 비:여자의 자기 비칭. 「婢子(비자)」ㅌ·하시타메 婢女

비:[備]* ① 갖출 비:갖추다. 「備置(비치)·備藏(비장)·備種(비종)·備荒(비황)·兼備(겸비)·完備(완비)·具備(구비)」 ② 방비할 비:방비하다. 「防備(방비)·後備(후비)·守備(수비)·兵備(병비)」ビ ① 소나에루 備置 防備

비:[悲]* ① 슬플 비:슬프다. 「悲哀(비애)·悲憤(비분)·悲劇(비극)·悲慘(비참)·悲話(비화)」 ② 불쌍히 여길 비:불쌍히 여기다. 「慈悲(자비)·大悲(대비)」ㅌ ① 카나시이 悲哀 悲慘

비:[扉] 사립문 비:사립문. 「柴扉(시비)」ㅌ·토비라 柴扉

비:[琵] 비파 비:비파 「琵琶(비파)」ビ 琵琶

비:[腓] 장딴지 비:장딴지. 「腓腸(비장)·腓骨(비골)」ㅌ 腓腸

비:[脾] 지라 비:지라. 「脾胃(비위)·脾臟(비장)·脾虛(비 脾胃

비:[菲] ① 엷을 비: 엷다. 보잘것없다. 「菲德(비덕)・菲薄(비박)」 ② 채소 이름 비: 채소 이름. 「采菲(채비)」 ヒ ① うすい

비:[費]☆ 쓸 비: 쓰다. 소모하다. 「消費(소비)・消耗費(소모비)・費消(비소)・費額(비액)・費用(비용)」 ヒ・ついやす

비:[碑]☆ 비석 비: 비석. 「碑石(비석)・墓碑(묘비)・碑面(비면)・碑文(비문)・紀念碑(기념비)」 ヒ・いしぶみ・たていし

비:[裨] ① 도울 비: 돕다. 「裨補(비보)」 ② 작을 비: 작다. 「裨海(비해)」 ③ 비장 비: 비장. 「裨將(비장)」 ヒ ① たすける

비:[榧] 비자나무 비: 비자나무. 「榧子(비자)・榧子板(비자판)」 ヒ・かや

비:[緋] ① 붉은빛 비: 붉은빛. 「緋甲(비갑)・緋玉(비옥)」 ② 붉은 깁 비: 붉은 천. 「緋衲(비납)・緋緞(비단)」 ヒ ① あか ② あかぎぬ

비:[翡] 비취 비: 비취. 「翡翠(비취)・翡色(비색)・翡玉(비옥)・翡帷(비유)」 ヒ

비:[鄙] ① 더러울 비: 더럽다. 「鄙吝(비린)・鄙劣(비열)・鄙陋(비루)」 ② 시골 비: 시골. 「鄙邊(비변)・鄙處(비처)・鄙遠(비원)」 ③ 천하게 여길 비: 천하게 여기다. 「鄙淺(비천)・鄙見(비견)・鄙軀(비구)」 ヒ ② ひな

비:[鼻]☆ ① 코 비: 코. 「耳鼻(이비)・鼻孔(비공)・鼻腔(비강)・鼻毛(비모)・鼻水(비수)」 ② 비롯할 비: 비롯하다. 「鼻祖(비조)」 ビ ① はな

비:[誹] 헐뜯을 비: 헐뜯다. 비방하다. 「誹謗(비방)・誹笑(비소)」 ヒ・そしる

비:[憊] 고달플 비: 고달프다. 피곤하다. 「憊困(비곤)・憊色(비색)・憊臥(비와)」 ハイ・つかれる

비:[臂] 팔뚝 비: 팔뚝. 「臂膊(비박)・臂痛(비통)・臂力(비력)・臂環(비환)」 ヒ・ひじ

비:[譬] 비유할 비: 비유하다. 「譬論(비유)・譬喩(비유)」 ヒ・たとえる

비:가[比價] 다른 것과 비교하여 본 가치. ひか

비가[悲歌] 슬픔을 나타낸 시가(詩歌). ひか elegy

비각[碑刻] 비석에 새긴 글. inscribing on a monument

비각[碑閣] 안에 비(碑)를 세워 놓은 집. pavilion for a monument

비갈[碑碣] 가첨석(加檐石)이 있는 비(碑)와 가첨석이 없는 갈(碣)을 아울러 이르는 말. ひけつ

비감[悲感] 슬픈 느낌이나 감정. ひかん sorrow

비:감[痞疳] 한방에서 이르는 어린아이의 만성 소화기(消化器) 장애. ひかん

비:강[粃糠] ① 쭉정이와 겨. ② 변변하지 못한 음식. ③ 하찮은 물건. ひこう ① bran ③ dregs

비:강[鼻腔] 코의 안쪽. 콧속. びこう nasal cavity

비거[vigour] 설탕이나 엿에 우유・향료(香料)를 넣어 만든 과자.

비:겁[卑怯] ① 겁이 많음. ② 하는 짓이 떳떳하지 못하고 야비함. ひきょう

① cowardice ② meanness

비격[飛檄] 격문을 급히 돌림. 또는 그 격문. ひげき manifesto

비:견[比肩] 어깨를 나란히 함. 곧, 우열이 없이 서로 비슷함. =병견(竝肩). ひけん equality

비:견[鄙見] 자기 의견의 낮춤말. ひけん my humble opinion

비:결[祕訣] 자기만 알고 있는 좋은 방법. =묘수(妙手). ひけつ

비:결[祕結] 대변이 쉽게 누이지 않는 증세. =변비(便祕). ひけつ constipation

비경[非輕] 일이 가볍지 않음. 중대함. seriousness

비:경[祕境] ① 신비스러운 경지. ② 외부의 사람이 가 본 적이 없거나 일반에게 잘 알려져 있지 않은 지역. ひきょう ① mysterious state ② unknown place

비경[悲境] 불행한 처지. =역경(逆境). ひきょう unfortunate circumstances

비:계[祕計] 남몰래 꾸미는 계략. =비모(祕謀). ひけい secret plan

비:고[備考] 참고로 비치해 두거나 적어 놓는 일. びこう note

비고로사멘테[이 vigorosamente] 악보에서, '힘차게'·'씩씩하게'의 뜻.

비:곡[祕曲] 세상에 알려지지 않은 악곡(樂曲). ひきょく secret music

비곡[悲曲] 슬픈 곡조. =비조(悲調). ひきょく plaintive melody

비:곤[憊困] 힘겹고 고달픔. exhaustion

비:골[鼻骨] 코를 이루고 있는 물렁뼈. びこつ nasal bone

비:골[髀骨] 넓적다리뼈. femur

비:공[鼻孔] 콧구멍. びこう nostril

비공식[非公式] 공식적(公式的)인 것이 아니고 사사로움. ひこうしき informality

비관[悲觀] ① 하는 일이 뜻대로 되지 아니하여 실망함. ② 인생을 어둡고 괴로운 것이라고 생각하는 일. ↔낙관(樂觀). ひかん pessimism

비:교[比較] 둘 이상의 것을 서로 견주어 봄. 「～ 문학(文學)」ひかく comparison

비:구[比丘] 남자 중. ↔비구니(比丘尼). びく Buddhist priest

비구[飛球] 야구에서, 공중으로 높이 쳐올린 공. ひきゅう fly ball

비:구니[比丘尼] 여자 중. =이승(尼僧). ↔비구(比丘). びくに Buddhist priestess

비국민[非國民] 국민으로서의 본분을 지키지 못한 사람. ひこくみん unpatriotic citizen

비:굴[卑屈] 비겁하고 용기가 없음.「～한 행동」ひくつ meanness

비극[悲劇] 인생이나 사회의 비참한 사건 또는 그것을 제재(題材)로 한 극(劇). ひげき tragic affairs

비:근[卑近] 주위에서 흔히 보고 들을 수 있을 정도로 일상 생활과 가까움.「～한 예(例)」ひきん familiarity

비금[飛禽] 날짐승. =비조(飛鳥). ひきん flying birds

비금속[非金屬] 금속의 성질을 지니지 않는 물질. ひきんぞく 非金屬 nonmetal

비:금속[卑金屬] 공기 중에서 쉽게 산화(酸化)하는 쇠붙이. ↔귀금속(貴金屬). ひきんぞく 卑金屬 酸化 base metal

비금주수[飛禽走獸] 날짐승과 길짐승. 준비주(飛走). 飛禽走獸

비:급[備急] 급할 때를 위하여 준비함. びきゅう 備急 provision

비:기[祕記] ① 길흉화복(吉凶禍福)을 예언한 기록. ② 비밀한 기록. 祕記 ② secret record

비나[vina] 인도의 고대 현악기(絃樂器)의 한 가지. 絃樂器

비난[非難] 남의 잘못이나 흠을 들추어 나무람. 非難 censure

비:너스[Venus] ① 로마 신회의 미와 사랑의 여신. ② 금성(金星). ビーナス 金星

비:뇨기[泌尿器] 오줌의 분비와 배설을 맡은 기관. 泌尿器 urinary organs

비니온[vinyon] 염화 비닐계 합성 섬유(合成纖維)의 상품명. 돛·절연재 등에 쓰임. 合成 纖維

비:닉[祕匿] 비밀히 숨겨 둠. 몰래 감춤. ひとく 祕匿 concealment

비닐[vinyl] 아세틸렌에서 얻은 투명한 합성 수지(合成樹脂). ビニール 合成

비닐론[vinylon] 비닐계 수지(樹脂)로 만든 합성 섬유의 한 가지. ビニロン 樹脂

비닐하우스[vinyl house] 채소나 꽃의 촉성 재배 또는 열대 식물의 재배를 위하여 비닐로 만든 온상(溫床). ビニールハウス 溫床

비단[非但] 다만. 「~ 너뿐만이 아니다」 非但 merely

비:단[緋緞] 명주실로 짠 피륙의 총칭. 緋緞 silk fabrics

비:대[肥大] 몸집이 살지고 큼. ひだい 肥大 corpulence

비덕[菲德] 덕이 적음. 또는 그런 사람. =박덕(薄德). ひとく 菲德 want of virtue

비데[프 bidet] 여성용의 국부 세척기(洗滌器). 洗滌器

비:도[丕圖] 큰 계획. =홍도(鴻圖). ひと 丕圖 鴻圖 big plan

비도[非道] 바른 도리에 어긋남. ひどう 非道 道理 immorality

비도[悲悼] 사람의 죽음을 슬퍼하고 애석하게 여김. ひとう 悲悼 condolence

비동[飛動] 날아 움직임. ひどう 飛動 flying around

비:둔[肥鈍] 살이 찌거나 옷을 두껍게 입어 동작이 둔함. 肥鈍

비:등[比等] 견주어 보아 서로 비슷함. 比等 match

비:등[沸騰] ① 액체가 끓어오름. ② 의논이 물끓듯 세차게 일어남. 「여론이 ~하다」 ふっとう ① boiling ② tumult 沸騰

비등[飛騰] 높이 날아 오름. ひとう 飛騰 soaring

비디오[video] 텔레비전에서, 음성(音聲)에 대한 화면 부분. ビデオ 畵面

비디오게임[video game] 마이크로칩과 컴퓨터를 이용하여 스크린 위에서 벌이는 게임.

비디오디스크[videodisc] 영상 신호와 음성 신호를 음반(音盤)에 기록한 것. 또는 그것을 재생하는 장치. ビデオディスク 音盤

비디오카메라[video camera] 영상(映像)을 전기 신호로 바꾸는 카메라. ビデオカメラ 映像

비디오카세트[videocassette] 영상 재생(再生) 장치. ビデオカセット 再生

비디오테이프[videotape] 영상이나 음성 신호를 기록하기 위한 자기(磁氣) 테이프. ビデオテープ 映像 磁氣錄化

비디오테이프리코:더[video tape recorder] 텔레비전의 영상 신호를 음성(音聲) 신호와 함께 테이프에 기록·재생하는 장치. 브이티아르(VTR). ビデオテープレコーダー 音聲

비디오텍스[videotex] 컴퓨터나 텔레비전의 영상 표시 장치에 화상(畫像) 정보를 보내 주는 통신 정보 체계. ビデオテックス 畫像

비디콘[vidicon] 텔레비전 촬상관(撮像管)의 한 가지. ビディコン 撮像管

비래[飛來] ① 날아옴. ② 항공기 편으로 옴. ひらい ① flying in 飛來

비:량[鼻梁] 콧마루. びりょう ridge of the nose 鼻梁

비련[悲戀] 이루어지지 못하고 비극으로 끝나는 남녀의 사랑. ひれん tragic love 悲戀

비:례[比例] ① 두 쪽의 것이 일정한 관계를 가지고 있을 때, 한쪽이 늘거나 줆에 따라 다른 한쪽도 늘거나 주는 일. ② 예를 들어 견주어 봄. ③ 물체의 각 부분 사이의 비율. ひれい ① proportion ② comparison 比例

비례[非禮] 예의가 아님. 예의에 어긋남. =실례(失禮). ひれい discourtesy 非禮

비례[菲禮] 변변치 못한 예물. humble present 菲禮

비:례 대:표제[比例代表制] 각 당파의 총득표수(總得票數)에 비례한 의석수(議席數)를 주는 선거 제도. ひれいだいひょうせい system of proportional representation 代表制

비로:드[포 veludo] 벨벳. 우단(羽緞). ビロード

비:록[祕錄] 비밀한 기록. ひろく secret notes 秘錄

비:료[肥料] 농작물을 잘 자라게 하기 위하여 흙에 뿌리거나 섞거나 하는 물질. 거름. ひりょう fertilizer 肥料

비:루[鄙陋] 행동이나 성질이 너절하고 더러움. ひろう meanness 鄙陋

비:류[比類] ① 비슷한 종류. ② 서로 비교할 만한 것. ひるい ① parallel 比類

비:륜[比倫] 서로 비교할 만한 것. ひりん peer 比倫

비리[非理] 도리에 어긋나는 일. ひり irrationality 非理

비:린[比隣] 가까운 이웃. =근린(近隣). ひりん vicinity 比隣

비:린[鄙吝] 다랍게 인색함. ひりん stinginess 鄙吝

비:마[肥馬] 살진 말. ひば fat horse 肥馬

비:만[肥滿] 살이 쪄서 뚱뚱함. ひまん corpulence 肥滿

비말[飛沫] 자잘하게 날아 흩어지는 물방울. ひまつ spray 飛沫

비:망[備忘] 잊어버리지 않기 위한 대비. 「~록(錄)」 びぼう 備忘

비:망록[備忘錄] 잊어버리지 않으려고 적어 두는 책자. びぼうろく memorandum 備忘錄

비매품[非賣品] 일반에게는 팔지 않는 물품. article not for sale 非賣品

비면[碑面] 비(碑)의 앞쪽 면. face of tombstone 碑面

비명[非命] 제 명대로 살지 못한 목숨.「~ 횡사(橫死)」ひめい　unnatural death

비명[悲鳴] 몹시 놀라거나 괴롭거나 다급하거나 할 때에 지르는 외마디 소리.「~을 지르다」ひめい　shriek

비명[碑銘] 비면(碑面)에 새긴 글. ひめい　epitaph

비:모[祕謀] 남몰래 꾸미는 계략. =비계(祕計). ひぼう　secret plan

비:모[鼻毛] 콧구멍에 난 털. はなげ　hairs in the nostrils

비:목[費目] 비용을 쓰임에 따라 분류한 항목. ひもく　item of expenditure

비목[碑木] 나무를 깎아서 세운 비.

비몽사몽[非夢似夢] 꿈인지 생시(生時)인지 어렴풋한 상태. =사몽-비몽(似夢非夢). dreamy state

비:문[祕文] ① 비밀한 주문(呪文). ひもん ② 비밀 문서. ① secret spell ② secret document

비문[碑文] 비석에 새긴 글. ひもん・ひぶん　epitaph

비:밀[祕密] ① 숨기어 남에게 공개하거나 알리지 않는 일. ② 밝혀지거나 알려지지 않은 일.「비행 접시의 ~」ひみつ　① privacy ② secrecy

비바·체[이 vivace] 악보에서, '빠르고 경쾌하게'의 뜻.

비바치시모[이 vivacissimo] 악보에서, '아주 생기(生氣) 있고 빠르게'의 뜻.

비박[菲薄] 너무 적어 변변치 못함. ひはく　pettiness

비:방[祕方] ① 자기만 알고 있는 비밀한 방법. ② 세상에 알려지지 않은 약방문. =비법(祕法). ひほう　① secret process ② secret formula

비방[誹謗] 남을 헐뜯어서 말함. ひほう　slander

비:버[beaver] 비버과의 동물. 큰 땅다람쥐와 비슷하고, 뒷발에 있는 물갈퀴로 헤엄을 침. 모피의 질이 좋음. 해리(海狸). 비이버―

비번[非番] 번(番)을 설 차례가 아님. ↔당번(當番). ひばん　off duty

비범[非凡] 보통보다 뛰어남.「~한 두뇌」ひぼん　uncommonness

비법[非法] 법에 어긋남. =불법(不法). ひほう　illegality

비:법[祕法] ⇨비방(祕方). ひほう

비:벽[鄙僻] 성질이 못나고 편벽됨. eccentricity

비:변[鄙邊] 자기가 사는 곳을 겸손하게 이르는 말. =비지(鄙地).

비보[飛報] 급한 통지. =급보(急報). ひほう　urgent report

비:보[祕報] 비밀 보고. secret report

비보[悲報] 슬픈 소식. ひほう　sad news

비보[이 vivo] 악보에서, '활발하고 빠르게'의 뜻. 비―보

비복[婢僕] 계집종과 사내종. servants

비:부[鄙夫] ① 어리석고 천한 사람. ② 도량이 좁은 사람. ひふ　low fellow

비분[非分] ① 신분이나 한도를 넘는 일. ② 도리에 어긋나는 일. ひぶん　① being not proper to one's means

비분[悲憤] 슬프고도 분함.「~

강개(慷慨)」ひふん indignation

비브라토[이 vibrato] 악기 연주나 성악(聲樂)에서, 음정(音程)을 아래위로 가볍게 떨어 울리게 하는 기법. ビブラート 演奏 聲樂

비브라폰:[vibraphone] 쇠로 만든 음판(音板) 밑에 전기 장치의 공명체(共鳴體)를 붙여 진동음의 효과를 살린 철금(鐵琴). ビブラフォン 鐵琴

비브리오[라 vibrio] 간균(桿菌)의 한 가지. 콜레라균・장염(腸炎) 비브리오 등. ビブリオ 桿菌

비:비[狒狒] 아프리카 지방에 서식(棲息)하는 원숭이의 일종. 몸빛은 암갈색임. ひひ baboon 狒狒 棲息 一種

비:사[祕史] 세상에 알려지지 않은 역사적 사실. 「한말(韓末) ~」ひし secret history 秘史 歷史的 事實

비:사[祕事] 비밀한 일. ひじ secret affair 秘事

비산[飛散] 날아서 흩어짐. ひさん scattering 飛散

비:산[砒酸] 비소(砒素)의 산화물(酸化物)로, 무색의 결정체. ひさん arsenic acid 砒酸

비상[非常] ① 여느 때와는 달리 매우 절박한 상태. ② 평범하지 않음. 「~한 두뇌」ひじょう ① emergency ② uncommonness 非常

비상[飛上] 날아오름. 飛上

비상[飛翔] 공중을 날아다님. ひしょう flight 飛翔

비:상[砒霜] 비석(砒石)을 승화시켜서 만든 독약. ひそう arsenic poison 砒霜

비상[悲傷] 마음이 슬프고 아픔. ひしょう bitter grief 悲傷

비상 경:계[非常警戒] 비상시 非常 에 특정 지역을 특별히 경계하는 일. ひじょうけいかい emergency caution 警戒

비상구[非常口] 건물이나 탈것 등에 위급한 일이 일어났을 때, 피해 나올 수 있도록 만들어 놓은 출입구. ひじょうぐち emergency exit 非常口

비상근[非常勤] 날마다 근무하지 않고 필요할 때만 일하는 근무. ひじょうきん part-time service 非常勤

비상 수단[非常手段] 비상시의 임시적인 방법. 「~을 쓰다」ひじょうしゅだん exceptional measures 非常手段

비상시[非常時] 비상한 일이 벌어진 때. ひじょうじ emergency 非常時

비:색[否塞] 운수가 막힘. clogging 否塞

비:색[翡色] 고려 청자기의 빛깔과 같은 푸른 빛깔. 翡色

비:서[祕書] ① 중요한 직위에 있는 사람에게 딸리어 기밀문서나 사무를 맡아보는 직책. 또는 그 사람. ② 비밀한 문서나 장서(藏書). ひしょ ① private secretary 秘書

비:석[砒石] 비소・황・철로 이루어진 광물. 강한 독성이 있음. ひせき arsenic 砒石

비석[碑石] ① 비(碑)의 재료로 쓰는 돌. 빗돌. ② 어떤 인물이나 사적(事蹟)을 기념하기 위하여 글씨를 새겨서 세워 놓은 돌. ひせき tombstone 碑石

비:성여뢰[鼻聲如雷] 코고는 소리가 매우 요란함. 鼻聲如雷

비:소[卑小] 보잘것없이 아주 작음. ひしょう pettiness 卑小

비:소[砒素] 독성이 있는 비금속 원소의 한 가지. ひそ 砒素

비:소[鄙笑] 얕보고 비웃음. arsenic 鄙笑
비소[誹笑] 비웃음. 誹笑
　　　derisive smile
비소설[非小說] 소설 이외의 서적. ひしょうせつ　nonfiction 非小說
비:속[卑俗] 천하고 품위가 없음. ひぞく　vulgarism 卑俗
비:속[卑屬] 자기보다 항렬이 낮은 친족. ↔존속(尊屬). ひぞく　lineal descendant 卑屬
비:수[匕首] 날밑이 없는 단도(短刀). ひしゅ　dirk 匕首
비수[悲愁] 슬픔과 근심. ひしゅう　grief 悲愁
비:술[祕術] 남에게 알려지지 않은 비밀한 술법. ひじゅつ　secret art 祕術
비슈누[범 Visnu] 힌두교의 세 주신(主神)의 하나. 主神
비스무트[bismuth] 금속 원소의 하나. 납·주석·카드뮴과 합금을 만듦. 의약품·안료(顏料) 등에 쓰임. 원소 기호는 Bi. ビスマス 顏料
비스코스[viscose] 목재 펄프에 수산화나트륨 수용액과 이황화탄소를 더하여 만든 용액. 인조 견사(人造絹絲)나 셀로판의 제조(製造) 원료임. ビスコース 製造
비스코:스레이온[viscose rayon] 비스코스를 원료(原料)로 만든 인조 견사. ビスコースレーヨン 人造絹絲
비스킷[biscuit] 밀가루에 설탕·버터·우유 등을 섞어 반죽하여 구운 양과자(洋菓子). ビスケット 洋菓子
비스타비전[Vista Vision] 와이드스크린 방식으로 된 영화. 화면의 선명도(鮮明度)가 뛰어남. ビスタビジョン 立體映畵

비스터[bister] 검댕으로 만든 갈색의 안료(顏料). 顏料
비스토[이 visto] 악보에서, '꽤 속하게'의 뜻. 快速
비신[碑身] 비문(碑文)을 새긴 비석의 몸체. 碑身
　　　stone for monument
비:실[備悉] 사정을 두루 잘 앎. knowing thoroughly 備悉
비심[非心] 올바르지 못한 마음. =사심(邪心). ひしん　wicked heart 非心
비아[非我] 철학에서, 자아(自我)에 대립하여 존재하는 모든 현상(現象). nonego 非我
비애[悲哀] 슬픔과 설움. ↔환희(歡喜). ひあい　sorrow 悲哀
비약[飛躍] ① 높이 뛰어오름. ② 크게 발전하거나 향상됨. 「〜적(的)인 발전」 ③ 순서나 단계를 밟지 아니하고 동떨어진 대로 옮겨감. ひやく　① jumping up ② rapid progress 飛躍
비:약[祕藥] ① 비방(祕方)으로 지은 약. ② 효험이 뛰어난 약. ひやく　① secret medicine ② effective medicine 祕藥
비양[飛揚] ① 높이 날아오름. ひよう ② 높은 지위에 오름. ③ 뽐내어 거들먹거림. ① flight ③ swaggering 飛揚
비:어[卑語·鄙語] ① 상스럽고 천한 말. 저속한 말. ② 낮춤말. =비언(鄙言). ひご　① vulgarism ② depreciatory term 卑語
비어[飛語·蜚語] 아무 근거 없이 떠도는 말. =유언(流言). ひご　wild rumor 飛語
비어홀:[beer hall] 맥주(麥酒)를 전문으로 파는 술집. ビヤホール 麥酒
비:언[鄙諺] 품위가 낮은 속 鄙諺

담. ひげん　popular saying
비:업[丕業] 나라를 세우는 큰 사업. =홍업(鴻業). ひぎょう　glorious achievement
비엔나소시지[Vienna sausage] 손가락 모양으로 짧고 가느다랗게 만든 소시지.
비엔날레[이 biennale] 2년마다 열리는 국제적 미술 전람회(展覽會). ビエンナーレ
비:열[卑劣] 품위가 낮고 비천함. 천하고 용렬함. =누열(陋劣). ひれつ　baseness
비:염[鼻炎] 콧속의 점막에 생기는 염증. びえん　nasal catarrh
비:예[睥睨] 곁눈으로 흘겨봄. へいげい　glaring at
비오틴[biotin] 비타민 B 복합체(複合體)의 하나.
비:옥[肥沃] 땅이 걸고 기름짐. 「~한 토지」 ひよく　fertility
비올라[이 viola] 바이올린보다 조금 큰, 4현의 현악기(絃樂器). ビオラ
비올렌토[이 violento] 악보에서, '급격(急激)하게'의 뜻
비올론첼로[이 violoncello] ⇨첼로(cello).
비:요[肥饒] 땅이 기름짐. =비옥(肥沃). ひじょう　fertility
비:용[費用] 어떤 일을 하는 데 드는 돈. 비발. ひよう　expense
비운[非運] 나쁜 운수. =억운(逆運). ↔행운(幸運). ひうん　misfortune
비운[悲運] 슬픈 운수나 운명. ひうん　bitter fate
비:원[祕苑] 대궐 안에 있는 정원(庭園)과 동산. imperial garden
비원[悲願] 꼭 이루어지기를 바라는 비장(悲壯)한 소원. ひがん　ardent desire
비위[非違] 법에 어긋남. 또는 그런 행위. ひい　violation
비:위[脾胃] ① 비장(脾臟)과 위(胃). ② 음식의 맛이나 어떤 사물에 대하여 좋고 언짢음을 느끼는 기분. 「~에 거슬리다」 ③ 싫은 것을 참고 견디는 힘. 「~ 좋은 사람」 ① spleen and stomach ② humor ③ patience
비:유[比喩] 어떤 현상이나 사물을, 그와 비슷한 사물이나 현상을 끌어대어 표현하는 일. ひゆ　simile
비:육[肥肉] 짐승의 살진 고기. ひにく　fat meat
비:육[肥育] 육용 가축(肉用家畜)을 단기간에 살지게 기르는 일. 「~법(法)」 ひいく　fattening
비:육지탄[髀肉之嘆] 넓적다리에 살이 찐 것을 탄식한다는 뜻으로, 하는 일 없이 허송 세월하는 신세를 한탄하는 말.
비:율[比率] 어떤 수나 양의 다른 수나 양에 대한 비(比). ひりつ　ratio
비:음[鼻音] 콧소리. 'ㄴ·ㅁ·ㅇ' 따위의 울림소리. びおん　nasal sound
비읍[悲泣] 슬퍼하며 욺. ひきゅう　weeping
비의[非義] 도리에 벗어남. 의리에 어긋남. ひぎ　injustice
비:익[裨益] 보태어 도움. =보익(補益). ひえき　aid
비:익연리[比翼連理] 비익조(比翼鳥)와 연리지(連理枝)라는 뜻으로, 부부 사이의 금실이

썩 좋음의 비유. ひよくれんり　deep love affair

비ː익조[比翼鳥] 암수의 눈과 날개가 각각 하나뿐이어서 짝을 짓지 않으면 날 수 없다는 전설상의 새. 곧, 금실이 좋은 부부의 비유. ひよく(の)とり　比翼鳥

비인[非人] ① 사람답지 못한 사람. ② 불교에서, 인간이 아닌 용(龍)·야차(夜叉)·귀신(鬼神)·축생(畜生) 등을 이르는 말. ひにん　① brute　非人

비인간[非人間] ① 사람 답지 못한 사람. 「～적인 처사(處事)」 ② 인간 세상이 아니라는 뜻으로, 경치가 매우 좋은 곳을 이름. ひにんげん
① inhuman wretch ② another world　非人間

비일비재[非一非再] ① 한두 번이 아님. ② 한둘이 아님. many　非一非再

비자[visa] 입국사증(入國査證). ビザ　入國査證

비자금[祕資金] 기업이 계약이나 거래 등에서 비합법적으로 발생한 부정한 돈을 세금 추적이 불가능하도록 특별 관리하는 자금. watered stock　祕資金

비ː장[祕藏] 비밀히 간직함. 「～의 보도(寶刀)」 ひぞう　treasuring　祕藏

비장[悲壯] 슬픔 속에서도 씩씩하고 꿋꿋한 데가 있음. 「～한 각오(覺悟)」 ひそう　tragic　悲壯

비ː장[備藏] 고루 갖추어서 간직함. providing　備藏

비ː장[脾臟] 위(胃)의 좌측에 있는 해면(海綿) 모양의 내장. 지라. ひぞう　spleen　脾臟

비재[菲才] ① 변변치 못한 재주. 대단치 않은 재주. ② 자기 재능을 겸손하게 이르는 말. ひさい　① incapacity　菲才

비ː저[匕箸] 숟가락과 젓가락. ひちょ　spoon and chopsticks　匕箸

비적[匪賊] 떼를 지어 다니면서 살인·약탈 등을 일삼는 도둑. ひぞく　bandits　匪賊

비전[飛電] ① 번쩍 하는 번개. ② 매우 급한 전보. ひでん
① flash of lightning ② urgent telegram　飛電

비ː전[祕傳] 비밀히 전해 내려옴. ひでん secret inheritance　祕傳

비전[vision] 장래에 대한 구상(構想). 미래 상(未來像). ビジョン　未來像

비ː접[←避接] 앓는 사람이 거처를 옮겨서 병을 다스리는 일. change of air　避接

비ː정[批正] 비판하여 잘못된 점을 바로잡음. ひせい　critical correction　批正

비정[非情] 인정미가 없음. 「～한 처사」 ひじょう　heartlessness　非情

비ː정[秕政] 나쁜 정치. 몹시 어지러운 정치. ＝악정(惡政). ひせい　misgovernment　秕政

비조[飛鳥] 날아다니는 새. 날짐승. ひちょう　flying bird　飛鳥

비조[悲調] 애처로운 곡조. ＝비곡(悲曲). ひちょう　plaintive melody　悲調

비ː조[鼻祖] ⇨시조(始祖). びそ　鼻祖

비주[飛走] 비금주수(飛禽走獸)의 준말.　飛走

비ː준[比準] 서로 견주어 봄. ＝대조(對照). collation　比準

비ː준[批准] 전권(全權)을 위임받은 사람이 서명한 조약이나 조문을 국가가 확인하고　批准

승인함. ひじゅん ratification
비:중[比重] ① 어떤 물질의 질량과 그것과 같은 체적의 표준 물질의 질량과의 비. ② 다른 것과 비교했을 때의 중점을 두는 정도. ひじゅう specific gravity
비:중계[比重計] 액체의 비중을 재는 기구의 총칭. =부칭(浮秤). ひじゅうけい gravimeter
비:중 천칭[比重天秤] 공기나 액체 중의 부력(浮力)의 차를 재어 고체·액체의 비중을 재는 기구. ひじゅうばかり
비:즈[beads] 장식용(裝飾用) 구슬. ビーズ
비즈니스[business] ① 직업. ② 업무(業務). ビジネス
비즈니스맨[businessman] ① 실업가(實業家). ② 회사원(會社員). ビジネスマン
비찰[飛札] 급한 편지. ひさつ urgent letter
비참[悲慘] 차마 볼 수 없을 만큼 슬프고 끔찍함. ひさん misery
비창[悲愴] 몹시 슬프고 마음이 아픔. ひそう pathos
비:책[祕策] 몰래 꾸민 책략(策略). ひさく stratagem
비:척[肥瘠] ① 몸의 살짐과 여윔. ② 땅의 기름짐과 메마름. ひせき ① fat and lean ② fertility and sterility
비:천[卑賤] 신분이나 지위가 낮고 천함. =비미(卑微). ひせん lowliness
비천[飛泉] ① ⇨ 폭포수(瀑布水). ② 땅 속에서 세차게 솟아오르는 샘. =분천(噴泉). ひせん. ② mineral spring
비:천[鄙淺] 천박하고 촌스러움. ひせん humbleness
비철 금속[非鐵金屬] 철(鐵) 이외의 모든 쇠붙이. 구리·납·아연 따위. ひてつきんぞく nonferrous metals
비추[悲秋] 쓸쓸한 가을. ひしゅう lonely autumn
비:축[備蓄] 미리 장만하여 둠. 「비상용 쌀을 ~하다」 びちく store
비:취[翡翠] ① 청록색 보석의 한 가지. ② 물총새. ひすい ① jade
비:치[備置] 갖추어 마련해 놓음. provision
비:치가운[beach gown] 해수욕장에서, 수영복 위에 입는 가운. ビーチガウン
비:치파라솔[beach parasol] 해수욕장에서, 햇볕을 가리는 큰 양산(陽傘). ビーチパラソル
비:칭[卑稱] 낮추어 일컫는 말. ひしょう humble title
비:커[beaker] 귀때가 달린 원통형의 화학 실험용(實驗用) 유리 그릇. ビーカー
비:컨[beacon] ① 항로(航路) 등의 표지(標識). ② 표지등(標識燈). ビーコン
비큐나[vicuña] 남아메리카산 야생(野生) 라마. ビキューナ
비키니[bikini] 가슴과 하복부(下腹部)를 약간씩 가린 투피스 모양의 여성용 수영복. ビキニ
비타민[bitamin] 생물체의 정상적인 발육이나 물질 대사(物質代謝)의 조절에 필요 불가결한 유기물의 총칭. ビタミン
비타캠퍼[vitacamphor] 장뇌(樟腦)를 먹인 개의 오줌으로 만든 강심제(强心劑)의 한 가지.

비탄[飛彈] 날아오는 탄환. ひだん 飛彈 flying bullet

비탄[悲嘆] 슬퍼하며 탄식함. ひたん 悲嘆 grief

비탈륨[vitallium] 코발트·크롬·몰리브덴 등을 주원료로 하는 합금(合金)의 상품명. 合金

비:탕[沸湯] 끓는 물. ふっとう 沸湯 boiling water

비텔린[vitellin] 노른자의 주성분이 되는 인단백질(燐蛋白質). 燐蛋白質

비:토[肥土] 기름진 땅. =옥토(沃土). ひど·こえつち 肥土 fertile soil

비:토[veto] 거부(拒否). 거부권. ベトー 拒否

비통[悲痛] 몹시 슬퍼서 애통함. 「~한 표정」 ひつう 悲痛 bitter grief

비:트[beat] ① 음악의 박자(拍子)의 단위. ② 수영에서, 발로 물장구를 치는 짓. 비트 拍子

비트[bit] 컴퓨터에서, 데이터를 나타내는 최소(最小) 단위. 비트 最小

비:트제너레이션[beat generation] 현대의 상식이나 도덕에 반항하며 무궤도(無軌道)한 행동을 하는 젊은이들. 비트족. 비트제너레이션 無軌道

비파[枇杷] 비파나무의 열매. 식용함. びわ 枇杷 loquat

비파[琵琶] 둥글고 긴 타원형의 몸에 자루는 곧고 4현 또는 5현을 맨 현악기의 한 가지. びわ 琵琶 lute

비:판[批判] 비평하여 판단함. 「~주의(主義)」 ひはん 批判 criticism

비:평[批評] 사물의 선악(善惡)·미추(美醜) 등을 지적하여 자기가 평가한 바를 말하는 일. 「~문학(文學)」 ひひょう 批評 criticism

비:품[備品] 관공서·회사·학교 등에서 업무용으로 갖추어 두고 쓰는 물건. 「~대장(臺帳)」 びひん 備品 fixtures

비풍참우[悲風慘雨] 쓸쓸히 부는 바람과 참혹하게 쏟아지는 비라는 뜻으로, 비참한 처지의 비유. 悲風慘雨 miserable circumstances

비:프[beef] 쇠고기. 비프

비:프스테이크[beefsteak] 쇠고기를 도톰하게 썰어 소금과 후춧가루를 뿌리고 구운 음식. 비프스테이크 飮食

비:프커틀릿[beef cutlet] 쇠고기에 밀가루와 푼 달걀·빵가루를 차례로 묻혀 기름에 튀긴 요리(料理). 비프카틀렛 料理

비:하[卑下] ① 남을 업신여기어 낮춤. ② 자신을 지나치게 낮춤. ひげ 卑下 humbleness

비:하정사[鼻下政事] 코 밑에 관한 정사라는 뜻으로, 겨우 먹고 살아가는 일. 「~에 바빠서 딴 일은 염두가 안 난다」 鼻下政事 bare livelihood

비:한[肥漢] 뚱뚱한 사나이. =비대한(肥大漢). ひかん 肥漢 fat guy

비합리[非合理] 논리에 맞지 않음. ↔합리(合理). ひごうり 非合理 irrationality

비합법[非合法] 법률의 규정에 어긋남. ↔합법(合法). ひごうほう 非合法 illegality

비행[非行] 도리나 도덕, 법규에 어긋나는 행위. 「~을 적발하다」 ひこう 非行 wrongdoing

비행[飛行] 공중을 날아다님. 飛行

「~기(機)」 ひこう flight

비행선[飛行船] 유선형(流線型) 기낭(氣囊) 속에 공기보다 가벼운 기체를 넣어 공중에 띄우고 발동기로 전진하는 비행체. ひこうせん airship

비행운[飛行雲] 비행기가 날 때 엔진의 배기(排氣) 가스가 핵(核)이 되어 생기는 구름. ひこうぐも contrail

비행장[飛行場] 비행기가 뜨고 내리는 데 필요한 설비를 갖춘 곳. ひこうじょう airfield

비행정[飛行艇] 대형의 수상(水上) 비행기. ひこうてい aeroboat

비:호[庇護] 감싸고 보호함. ひご patronage

비호[飛虎] 나는 듯이 날쌘 범. 「~같이 달아나다」 agile tiger

비화[飛火] ① 튀어 흩어지는 불똥. ② 좋지 못한 사건의 영향 등이 그 일과 관계 없는 곳에까지 미침. とびひ ① flying sparks ② by-blow

비화[飛禍] 남의 일로 말미암아 까닭 없이 당하는 재화(災禍). unexpected disaster

비:화[祕話] 세상에 알려지지 않은 숨은 이야기. ひわ secret story

비화[悲話] 슬픈 이야기. ひわ sad story

비환[悲歡] 슬픔과 기쁨. =애환(哀歡). grief and joy

비:황[備荒] 기근(饑饉)이나 재액(災厄)을 겪어 낼 준비로 미리 마련해 두는 일. 「~저축(貯蓄)」 びこう provision against famine

비회[悲懷] 슬픈 마음. ひかい sorrow in heart

비:효[肥效] 비료의 효과. efficacy of manure

비:후[肥厚] 살이 쪄 두툼함. 「~성(性) 비염(鼻炎)」 ひこう fatness

비:훈[祕訓] 비밀히 내리는 훈령(訓令). ひくん secret order

비:훈[鼻燻] 약의 기운을 코로 맡아 쏘임.

비훼[誹毁] 남을 욕하고 헐뜯음. ひき libel

비희[悲喜] 슬픔과 기쁨. =희비(喜悲). ひき joy and sorrow

비희극[悲喜劇] ① 비극과 희극. ② 비극의 요소와 희극의 요소가 뒤섞인 연극. =희비극(喜悲劇). ひきげき ① tragedy and comedy ② tragicomedy

빅뉴스[big news] 대단한 가치가 있는 보도(報道). ビッグニュース

빅딜:[big deal] 기업간의 대규모 사업 교환(交換).

빅뱅[big bang] ① 우주 생성 초기에 일어난 대폭발(大爆發). ② 금융 구조의 대변혁을 이르는 말. ビッグバン

빅토리[victory] 승리(勝利). ビクトリー

빈[牝] 암컷 빈: 암컷. 「牝鷄(빈계)·牝馬(빈마)·牝瓦(빈와)」 ヒン·めす

빈[彬] 빛날 빈: 빛나다. 「彬彬(빈빈)·彬蔚(빈위)」 ヒン

빈[貧]* 가난할 빈: 가난하다. 「貧富(빈부)·貧農(빈농)·貧困(빈곤)·極貧(극빈)·淸貧(청빈)·貧賤(빈천)」 ヒン·ビン·まずしい

빈[賓]* ① 손 빈: 손. 「貴賓(귀빈)·來賓(내빈)·賓客(빈객)·賓友(빈우)」 ② 복종할

빈:복종하다. 「賓服(빈복)」 ヒン

빈[頻]☆ ① 자주 빈:자주. 「頻繁(빈번)·頻發(빈발)·頻度(빈도)·頻數(빈삭)·頻頻(빈빈)」 ② 찡그릴 빈:찡그리다. 「頻蹙(빈축)」ヒン·ビン ① しきり 頻繁

빈[嬪] ① 지어미 빈:지어미. 부녀. 「嬪儷(빈려)」 ② 궁녀 벼슬 이름 빈:궁녀의 벼슬 이름. 「嬪婦(빈부)·嬪宮(빈궁)·嬪妾(빈첩)」 ヒン·ビン ① つま 嬪宮

빈[濱] ① 물가 빈:물가. 「濱海(빈해)·濱涯(빈애)」 ② 가까울 빈:가깝다. 「濱死(빈사)·濱行(빈행)」ヒン ① はま 濱海

빈[殯] 빈소 빈:빈소. 「殯所(빈소)·殯宮(빈궁)·殯殿(빈전)」ヒン 殯所

빈[瀕] ① 임박할 빈:임박하다. 「瀕死(빈사)」 ② 물가 빈:물가. 「瀕海(빈해)」ヒン ① せまる ② ほとり 瀕死

빈[顰] 찡그릴 빈:찡그리다. 「顰笑(빈소)·顰呻(빈신)·顰蹙(빈축)」ヒン·ひそむ 顰笑

빈[蘋] 마름 빈:마름. 「蘋藻(빈조)·蘋菜(빈채)·蘋風(빈풍)」ヒン 蘋藻

빈[矉] 찡그릴 빈:찡그리다. 「矉眉(빈미)·矉蹙(빈축)」ヒン·ひそむ 矉眉

빈가[貧家] 가난한 집. ひんか poor home 貧家

빈개념[賓概念] 논리학에서, 명제(命題)의 주사(主辭)에 대해서 무엇이라 주장하고 있는 개념. ↔주개념(主概念). ひんがいねん predicate 賓概念 主辭

빈객[賓客] ① 손님. ② 귀중한 손. ひんかく·ひんきゃく guest 賓客

빈격[賓格] ⇨목적격(目的格). ひんかく 賓格

빈계[牝鷄] 암탉. ひんけい hen 牝鷄

빈고[貧苦] 가난으로 인한 고생. ひんく hardship of poverty 貧苦

빈곤[貧困] ① 가난하고 군색함. =빈궁(貧窮). ↔부유(富裕). ② 내용이나 지식·생각 등이 아쉬울 정도로 모자람. 「아이디어의 ~」ひんこん poverty 貧困

빈광[貧鑛] 광석의 품질이 낮거나 산출량이 적은 광산. ↔부광(富鑛). ひんこう low-grade ore 貧鑛

빈국[貧局] ① 빈곤한 사회. ② 메마른 땅. ③ 궁해 보이는 얼굴. =빈상(貧相). ① poor society ② barren land ③ poor appearance 貧局

빈국[貧國] 가난한 나라. ↔부국(富國). ひんこく poor country 貧國

빈궁[貧窮] 가난하여 생활이 몹시 어려움. =빈곤(貧困). ひんきゅう dearth 貧窮

빈궁[嬪宮] 왕세자(王世子)의 비(妃). wife of the crown prince 嬪宮

빈농[貧農] 가난한 농가 또는 농민. ↔부농(富農). ひんのう poor peasant 貧農

빈도[頻度] 어떤 일이 되풀이하여 일어나는 도수(度數). 「교통 사고의 ~」ひんど frequency 頻度

빈례[賓禮] 예의를 갖추어 손으로 대접함. ひんれい treating as a guest 賓禮

빈례[殯禮] 장사지내는 예식. =상례(葬禮). funeral 殯禮

빈루[貧陋] 가난하고 누추함. 貧陋

빈모[牝牡] 짐승의 암컷과 수컷. ひんぼ
　male and female of beast

빈모[鬢毛] 관자놀이와 귀 사이에 난 털. 살쩍. びんもう
　hair before the ears

빈민[貧民] 가난한 국민. ↔부민(富民).「～굴(窟)」ひんみん
　the poor

빈민굴[貧民窟] 도시에서, 가난한 사람들이 모여 사는 지역. ＝빈항(貧巷). ひんみんくつ
　slum

빈발[頻發] 사건이나 사고 등이 자주 발생함.「교통 사고(事故)가 ～하다」ひんぱつ
　frequent occurrence

빈발[鬢髮] 살쩍과 머리털. びんぱつ

빈번[頻繁・頻煩] 일이 매우 잦음. ＝빈삭(頻數). ひんぱん
　frequency

빈:볼[bean ball] 야구에서, 투수(投手)가 타자(打者)의 기를 꺾기 위해서 일부러 타자의 머리 부근을 겨냥하여 던지는 공. ビーンボール

빈부[貧富] ① 가난함과 부유(富裕)함. ② 가난한 사람과 부자.「～의 차(差)」ひんぷ
　① poverty and wealth

빈분[繽紛] ① 많고 성함. ② 뒤섞여 어지러움. ③ 어지러이 날림.「낙화(落花) ～」ひんぷん
　② perplexity

빈붕[賓朋] 손으로 내접하는 친구. one's respected friend

빈빈[彬彬] 글의 형식과 내용이 다 갖추어져 훌륭함. ひんぴん
　brilliance

빈빈[頻頻] 매우 잦음.「사고가 ～하다」ひんぴん
　frequency

빈사[瀕死] 거의 죽을 지경에 이름.「～ 상태(狀態)에 빠지다」ひんし
　being on the verge of death

빈삭[頻數] ⇨빈번(頻繁).

빈상[貧相] 궁한 기색이 도는 얼굴. 가난기를 띤 인상(人相). ひんそう
　poor appearance

빈소[殯所] 발인할 때까지 관(棺)을 두는 곳. mortuary

빈소[嚬笑] 상을 찡그리는 일과 웃는 일. ひんしょう
　frowning and smile

빈실[賓室] ⇨객실(客室).

빈약[貧弱] ① 약하고 볼품이 없음. ② 내용이 알차지 못하고 변변찮음. ひんじゃく
　meagerness

빈와[牝瓦] 암키와. ↔모와(牡瓦).

빈우[牝牛] 암소. ↔모우(牡牛).

빈읍[貧邑] 생활이 넉넉지 못한 고을. poor town

빈자[貧者] 가난한 사람. ↔부자(富者). ひんじゃ poor man

빈자소인[貧者小人] 가난하면 남 앞에서 굽죄이는 일이 많아 기를 펴지 못하므로, 저절로 옹졸한 사람이 되기 쉽다는 말.
　Poverty makes a man mean.

빈조[蘋藻] 물 위에 떠서 사라는 풀과 물 속에서 자라는 풀. aquatic grass

빈주[賓主] 손님과 주인. ＝주객(主客). ひんしゅ
　guest and host

빈척[擯斥] 반대하여 물리침. ＝배척(排斥). ひんせき
　rejection

빈천[貧賤] 가난하고 천함. ↔부귀(富貴). ひんせん 貧賤
poverty and meanness

빈촌[貧村] 가난한 마을. ↔부촌(富村). ひんそん 貧村
poor village

빈축[顰蹙] 눈살을 찌푸리고 얼굴을 찡그림. 「남의 ~을 사다」 ひんしゅく 顰蹙
frowning

빈출[頻出] 자주 나타남. ひんしゅつ 頻出
frequent appearance

빈토[貧土] 생산물이 적은 토지. ひんど 貧土
unproductive land

빈핍[貧乏] 가난하여 아무것도 없음. びんぼう 貧乏
poverty

빈한[貧寒] 몹시 가난하여 집안이 썰렁함. ひんかん 貧寒
being poor and desolate

빈항[貧巷] 가난한 사람들이 모여 사는 지역. =빈민굴(貧民窟). ひんこう 貧巷
slum

빈혈[貧血] 혈액 속에 적혈구나 헤모글로빈의 양이 정상보다 적은 상태. 「~증(症)」 ひんけつ 貧血
anemia

빌딩[building] 철근(鐵筋) 콘크리트로 지은 고층 건축물. ビルディング 鐵筋

빌라[villa] 별장(別莊). ビラ 別莊

빌레이[belay] 등산(登山)에서, 밧줄을 안정시키는 일. ビレイ 登山

빔:[beam] ① 건축물의 들보나 도리. ② 빛이나 전자(電子) 등의 입자(粒子)의 흐름. ビーム 電子

빔:안테나[beam antenna] 동일한 위상(位相)의 전파를 공급함으로써 방향이나 수신 감도(感度)를 좋게 한 안테나. ビームアンテナ 位相

빙[氷]* 얼음 빙: 얼음. 「氷山(빙산)·氷水(빙수)·氷菓(빙과)·氷炭(빙탄)·氷河(빙하)·結氷(결빙)·氷上競技(빙상경기)」 ヒョウ·こおり 氷山 結氷

빙[聘]☆ ① 부를 빙: 부르다. 「招聘(초빙)·聘命(빙명)·聘賢(빙현)」 ② 장가들 빙: 장가들다. 「聘父(빙부)·聘母(빙모)·聘妻(빙처)」 ヘイ ① まねく 招聘

빙거[憑據] 사실을 입증할 근거. =증빙(證憑). ひょうきょ 憑據
proof

빙결[氷結] 얼음이 얾. =동결(凍結). ひょうけつ 氷結
freezing

빙고[氷庫] 얼음을 넣어 두는 창고. ひょうこ 氷庫
refrigerator

빙고[bingo] 숫자를 적은 카드를 써서 복권식(福券式)으로 하는 놀이. ビンゴ 福券式

빙과[氷菓] 얼음 과자. 아이스크림이나 아이스캔디 따위. ひょうか 氷菓
ice cream

빙괴[氷塊] 얼음덩이. ひょうかい 氷塊
lump of ice

빙구[氷球] 아이스하키. ひょうきゅう 氷球
ice hockey

빙기[氷肌] ① 얼음처럼 맑고 깨끗한 피부. =빙부(氷膚). ② 매화(梅花)의 딴이름. ひょうき 氷肌
① fair skin

빙기[氷技] 스케이트를 타는 기술. ひょうぎ 氷技
skating

빙낭[氷囊] 얼음주머니. ひょうのう 氷囊
ice bag

빙당[氷糖] 얼음사탕. =빙사탕(氷砂糖). こおりざとう 氷糖
sugar candy

빙동[氷凍] 얼음이 얾. freezing 氷凍

빙례[聘禮] 혼인의 의식(儀式). =혼례(婚禮). へいれい 聘禮
marriage ceremony

빙모[聘母] ⇨장모(丈母). 聘母

빙문[聘問] 예를 갖추어 방문함. へいもん 聘問
courteous visit

빙문[憑聞] 간접적으로 들음. 憑聞 hearing indirectly

빙물[聘物] 예를 갖추어 방문하는 데에 가지고 가는 예물(禮物). へいもつ·へいぶつ 聘物 present

빙벽[氷壁] ① 빙산의 벽. ② 눈이나 얼음으로 덮인 암벽. 氷壁 ice wall

빙부[氷膚] 얼음같이 희고 깨끗한 피부. =빙기(氷肌). ひょうふ 氷膚 fair skin

빙부[聘父] ⇨장인(丈人). 聘父

빙산[氷山] 극지방의 바다에 떠 있는 거대한 얼음덩이. ひょうざん 氷山 iceberg

빙산일각[氷山一角] 크나큰 사물의 극히 적은 일부분. ひょうざん(の)いっかく 氷山一角 one piece of iceberg

빙상[氷上] 얼음 위. 「~ 경기(競技)」 ひょうじょう 氷上 on the ice

빙석[氷釋] 얼음이 녹듯이 의심이 완전히 풀림. =빙해(氷解). ひょうしゃく 氷釋 dispelling suspicion

빙설[氷雪] 얼음과 눈. ひょうせつ 氷雪 ice and snow

빙수[氷水] ① 얼음물. ② 덩이 얼음을 갈고 그 위에 삶은 팥·설탕 등을 끼얹어 만든 음식. 「팥~」 ① iced water ② shaved ice with syrup 氷水

빙신[憑信] 남을 믿고 의지함. 憑信 reliance

빙심[氷心] 맑고 깨끗한 마음. 「~옥호(玉壺)」 ひょうしん 氷心 clear mind

빙심옥호[氷心玉壺] 얼음이나 옥같이 깨끗하고 고운 마음. 준빙호(氷壺). pure heart 玉壺

빙원[氷原] 땅 표면이 두꺼운 얼음으로 뒤덮인 매우 넓은 지역. =빙야(氷野). ひょうげん 氷原 ice field

빙인[氷人] 결혼 중매인. 「월하(月下)~」 ひょうじん 氷人 go-between

빙자[憑藉] ① 남의 힘을 빌려 의지함. ② 이유를 내세워 핑계를 댐. 「병을 ~하고 결하다」 ② pretext 憑藉

빙장[聘丈] ⇨장인(丈人). 聘丈

빙점[氷點] 물이 얼기 시작하거나 얼음이 녹기 시작하는 온도. 곧, 섭씨 0°. 어는점. =결빙점(結氷點). ひょうてん 氷點 freezing point

빙처[聘妻] ① 장가를 듦. ② 약혼녀. ② one's betrothed 聘妻

빙초[聘招] 예를 갖추어 남을 모셔 들임. =초빙(招聘). courteous invitation 聘招

빙초산[氷醋酸] 순도(純度)가 높은 초산. ひょうさくさん 氷醋酸 glacial acetic acid

빙침[氷枕] 신열(身熱)이 있을 때, 주머니에 얼음이나 찬물을 넣어서 베는 베개. こおりまくら·ひょうちん 氷枕 ice pillow

빙탄[氷炭] 얼음과 숯이라는 뜻으로, 성질이 서로 크게 다름을 비유하는 말. ひょうたん 氷炭 incompatibility

빙판[氷板] ① 얼음판. ② 얼음으로 덮인 땅바닥. ② frozen road 氷板

빙하[氷河] 설선(雪線) 이상의 시역에 있는 만년설(萬年雪)이 그 무게의 압력으로 얼음덩이가 되어 천천히 낮은 곳으로 흘러내리는 것. ひょうが 氷河 glacier

빙해[氷海] 얼어붙은 바다. ひょうかい 氷海 frozen sea

빙해[氷解] ①얼음이 녹음. =해빙(解氷). ②얼음이 녹듯이 의심이 완전히 풀림. =빙석(氷釋). ひょうかい thawing 氷解

빙호[氷壺] 빙심옥호(氷心玉壺)의 준말. 氷壺

빙화[氷花] 나무의 수분이나 이슬 따위가 얼어붙어 꽃처럼 보이는 것. ひょうか 氷花

빨치산[러 partizan] 정규군이 아닌, 민간인으로 조직된 유격대(遊擊隊). 파르티잔. パルチザン 遊擊隊

빵[포 pão] 곡식 가루를 반죽해서 굽거나 찐 음식. パン 飮食

삐라[←bill] 광고나 선전의 내용을 적은 한 장의 인쇄물. 전단(傳單). ビラ 傳單

사:[士]* ① 선비 사 : 선비. 「士林(사림)・士民(사민)・士人(사인)・士族(사족)・士論(사론)」 ② 군사 사 : 군사. 「士兵(사병)・士官(사관)・士氣(사기)・士伍(사오)」 ③ 남자 사 : 남자. 「紳士(신사)・力士(역사)」 シ ② さむらい

士林

士氣

사:[巳]* ① 뱀 사 : 뱀. ② 여섯째 지지 사 : 지지(地支)의 하나. 「巳方(사방)・巳年(사년)・巳日(사일)」. シ・み

巳方

巳時

사:[乍] ① 잠깐 사 : 잠깐. 「乍見(사견)・乍晴(사청)」 ② 별안간 사 : 별안간. 「乍雨(사우)・乍寒(사한)」 サ ② たちまち

乍見

사:[仕]* ① 벼슬할 사 : 벼슬하다. 「仕官(사관)・仕途(사도)・出仕(출사)・仕退(사퇴)」 ② 섬길 사 : 섬기다. 「給仕(급사)・奉仕(봉사)」 シ ② つかえる

仕官

給仕

사:[史]* 역사 사 : 역사. 「歷史(역사)・史家(사가)・國史(국사)・史實(사실)・先史(선사)・青史(청사)」 シ・ふみ

歷史

青史

사[司]* ① 맡을 사 : 맡다. 「司農(사농)・司會(사회)」 ② 벼슬 사 : 벼슬. 「司直(사직)・司正(사정)・司長(사장)」 シ ① つかさどる ② つかさ

司會

사:[四]* 넉 사 : 넷. 「四人(사인)・四個(사개)・四方(사방)・四面(사면)・四次(사차)・四回(사회)」 シ・よ・よつ・よっつ・よん

四面

사[寺]* ① 절 사 : 절. 「寺刹(사찰)・寺院(사원)・寺門(사문)・山寺(산사)・古寺(고사)」 ② 관청 시 : 관청. 「奉常寺(봉상시)・司僕寺(사복시)」 ジ ① てら

寺刹

古寺

사:[死]* 죽을 사 : 죽다. 「死亡(사망)・死因(사인)・死去(사거)・凍死(동사)・死力(사력)・死文(사문)・死境(사경)・死線(사선)」 シ・しぬ

死因

사[些] 적을 사 : 적다. 「些少(사소)・些細(사세)・些事(사사)」 サ・シャ・いささか

些少

사[伺] ① 엿볼 사 : 엿보다. 「伺望(사망)・伺隙(사극)・伺窺(사규)」 ② 안부 여쭐 사 : 안부를 여쭈다. 찾아뵙다. 「伺候(사후)」 シ ① うかがう

伺望

伺候

사:[似]* ① 같을 사 : 같다. 비슷하다. 「類似(유사)・相似(상사)・恰似(흡사)・近似(근사)」 ② 이을 사 : 잇다. 「似續(사속)」 ジ ① にる

類似

恰似

사[沙]* 모래 사 : 모래. 「沙場(사장)・沙石(사석)・沙田(사전)・沙土(사토)・沙嘴(사취)」 サ・シャ・すな

沙場

사[私]* ① 사사로울 사 : 사사롭다. 「私事(사사)・私服(사복)・私有(사유)・私用(사용)・公私(공사)・滅私(멸사)」 ② 간사할 사 : 간사하다. 「私行(사행)・私愛(사애)」 シ ① わたくし

滅私

사[邪]* 간사할 사 : 간사하다. 「邪計(사계)・邪氣(사기)・邪智

邪氣

(사지)·邪敎(사교)·正邪(정사)」ジャ·ヤ·よこしま

사:[事]* ① 일 사: 일. 「事務(사무)·事煩(사번)·事業(사업)」 ② 섬길 사: 섬기다. 「師事(사사)·事親(사친)·事大(사대)」 ③ 큰일 사: 큰일. 사고. 「事故(사고)·事件(사건)·凶事(흉사)·事變(사변)」 ④ 다스릴 사: 다스리다. 「刑事(형사)·民事(민사)·檢事(검사)·判事(판사)·執事(집사)」ジ ① こと 事務 師事 檢事 判事

사:[使]* ① 부릴 사: 부리다. 하여금. 「使嗾(사주)·使役(사역)·使人(사인)·使用(사용)·使丁(사정)·使喚(사환)」 ② 사신 사: 사신(使臣). 「大使(대사)·使館(사관)·使行(사행)」 ③ 가령 사: 가령. 「假使(가사)·設使(설사)」シ ① つかう 使嗾 大使 假使

사[泗] ① 물 이름 사: 물 이름. 지명. 「泗川(사천)·泗沘水(사비수)」 ② 콧물 사: 콧물. 「涕泗(체사)」シ 泗川

사[社]* ① 모일 사: 모이다. 「結社(결사)·社團(사단)·會社(회사)·社員(사원)」 ② 사직 사: 사직. 「社稷(사직)·社祠(사사)·社壇(사단)·宗社(종사)」 ③ 세상 사: 세상의 일. 「社會(사회)」シャ ② やしろ 結社 社稷

사[祀]* 제사 사: 제사. 「祭祀(제사)·事祀(사사)·祀典(사전)·合祀(합사)」シ·まつる 祭祀 祀典

사[舍]* ① 집 사: 집. 「舍廊(사랑)·舍館(사관)·官舍(관사)·宿舍(숙사)·校舍(교사)」 ② 쉴 사: 쉬다. 「晝夜不舍(주야불사)」シャ ① いえ·やど 舍廊 官舍

사[思]* 생각 사: 생각. 「思慮(사려)·思考(사고)·思想(사상)·思索(사색)·思惟(사유)·意思(의사)·心思(심사)」シ·おもう 思想

사[柶] 윷 사: 윷. 「擲柶(척사)」シ 擲柶

사[査]* ① 조사할 사: 조사하다. 「調査(조사)·考査(고사)·査察(사찰)·査問(사문)·探査(탐사)」 ② 사돈 사: 사돈. 「査頓(사돈)·査夫人(사부인)·査宅(사댁)」サ ① しらべる 考査 査頓

사[砂] ① 모래 사: 모래. 「砂丘(사구)·砂金(사금)·砂石(사석)·砂漠(사막)·砂洲(사주)」 ② 주사 사: 주사(朱砂). 「朱砂(주사)·砂仁(사인)」サ·シャ ① すな 砂金

사[唆] 부추길 사: 부추기다. 꾀다. 「敎唆(교사)·唆囑(사촉)·示唆(시사)」サ·そそのかす 敎唆

사[娑] ① 세상 사: 세상. 「娑婆(사바)」 ② 춤추는 모양 사: 춤추는 모양. 「娑娑(사사)」サ·シャ 娑婆

사[射]* ① 쏠 사: 쏘다. 「發射(발사)·射角(사각)·射法(사법)·射程(사정)·射的(사적)」 ② 비출 사: 비추다. 내쏘다. 「放射(방사)·直射(직사)·反射(반사)」 ③ 맞출 석: 맞추다. 「射中(석중)」 ④ 벼슬 이름 야: 벼슬 이름. 「僕射(복야)」シャ·セキ·ヤ ① いる 發射 反射

사[師]* ① 스승 사: 스승. 「師道(사도)·師弟(사제)·師親會(사친회)·師範(사범)·師恩(사은)」 ② 군사 사: 군사. 「師團(사단)·師行(사행)·出師(출사)」 ③ 어른 사: 어른. 「牧師(목사)·法師(법사)·大師(대사)」シ 師道 軍師

사[祠] ① 사당 사: 사당. 「祠堂(사당)·祠壇(사단)·祠宇(사우)·祠院(사원)」 ② 제사 사: 祠堂

제사. 「祠器(사기)」シ ①ほこら ②まつる

사[紗] 깁 사：비단. 천. 「紗巾(사건)・紗緞(사단)・紗屬(사속)・紗帳(사장)・羅紗(나사)」サ・シャ・うすぎぬ 羅紗

사[徙] ①옮길 사：옮기다. 「移徙(이사)・徙居(사거)・徙市(사시)」②넘을 사：넘다. 「徙月(사월)」シ ①うつる 移徙

사：[捨]* ①버릴 사：버리다. 「取捨(취사)・捨身(사신)・捨小取大(사소취대)」②줄 사：주다. 「喜捨(희사)」シャ ①すてる 喜捨

사：[赦] 용서할 사：용서하다. 「赦免(사면)・大赦(대사)・赦罪(사죄)・特赦(특사)」シャ・ゆるす 赦免

사[斜]* 비낄 사：비끼다. 비스듬하다. 「斜面(사면)・斜角(사각)・傾斜(경사)・斜傾(사경)」シャ・ななめ 斜面

사[蛇]* ①뱀 사：뱀. 「蛇毒(사독)・蛇尾(사미)・蛇足(사족)・長蛇(장사)」②이무기 사：이무기. 「蛇龍(사룡)」③든든할 이：든든하다. 「蛇蛇(이이)」ジャ・ダ ①へび 蛇足 蛇龍

사[奢] 사치할 사：사치하다. 「奢侈(사치)・奢恣(사자)・奢泰(사태)・奢華(사화)・奢傲(사오)」シャ・おごる 奢侈 奢傲

사[斯]* 이 사：이. 이것. 「斯界(사계)・斯道(사도)・斯民(사민)」シ・この 斯界 斯氏

사[絲]* ①실 사：실. 「絲縷(사루)・絹絲(견사)・綿絲(면사)・毛絲(모사)・絲笠(사립)」②현악기 사：현악기. 「絲管(사관)・絲桐(사동)・絲竹(사죽)」③적을 사：적다. 「絲毫(사호)・絲數(사수)」シ ①い 綿絲 絲管

と

사[詞]* ①글 사：글. 「詞賦(사부)・詞章(사장)・詞藝(사예)」②말 사：말. 「品詞(품사)・名詞(명사)・動詞(동사)・詞彩(사채)」③호소할 사：호소하다. 「詞訟(사송)」シ ②ことば 詞賦 品詞

사[詐]* 속일 사：속이다. 「詐欺(사기)・詐稱(사칭)・詐僞(사위)・詐妄(사망)・詐取(사취)・詐術(사술)・詭詐(궤사)」サ・いつわる・あざむく 詐欺 詐取

사[嗣] 이을 사：잇다. 「嗣音(사음)・嗣子(사자)・後嗣(후사)・嗣君(사군)・嗣續(사속)・繼嗣(계사)」シ・つぐ 嗣子

사：[肆] ①방자할 사：방자하다. 「肆毒(사독)・肆惡(사악)・肆惰(사타)」②베풀 사：베풀다. 늘어놓다. 「肆筵(사연)・肆陳(사진)」③저자 사：저자. 가게. 「册肆(책사)・肆廛(사전)・丹肆(단사)」シ ①ほしいまま ③みせ 肆筵 肆陳

사[獅] 사자 사：사자. 「獅子(사자)・獅豹(사표)」シ 獅子

사[裟] 가사 사：가사. 「袈裟(가사)」サ 袈裟

사[飼] 먹일 사：가축을 치다. 기르다. 먹이다. 「飼料(사료)・飼養(사양)・飼育(사육)・飼牛(사우)・放飼(방사)・飼豚(사돈)」シ・かう 飼料 飼豚

사[蓑] 도롱이 사：도롱이. 「蓑笠(사립)・蓑衣(사이)」サ・みの 蓑笠

사[寫]* ①베낄 사：베끼다. 「寫本(사본)・寫副(사부)・書寫(서사)・複寫(복사)・寫實(사실)」②모뜰 사：모뜨다. 「寫眞(사진)・縮寫(축사)・映寫(영사)」シャ ①うつす 寫本 寫實

사：[賜]* 줄 사：주다. 「賜暇

사[篩] 체 사 : 체. 체로 치다. 「篩骨(사골)·篩土(사토)·篩管(사관)·篩部(사부)」シ·ふるい 篩骨

사:[謝]* ① 사례할 사 : 사례하다. 「謝禮(사례)·感謝(감사)·謝意(사의)·拜謝(배사)」 ② 끊을 사 : 끊다. 거절하다. 「謝絶(사절)」 ③ 빌 사 : 빌다. 사과하다. 「謝過(사과)·謝罪(사죄)」 シャ ③ あやまる·ことわる 謝禮 謝絶

사[瀉] ① 설사할 사 : 설사하다. 「泄瀉(설사)·瀉痢(사리)·瀉劑(사제)」 ② 쏟을 사 : 쏟다. 「瀉出(사출)·瀉血(사혈)」 シャ ② そそぐ 泄瀉

사[辭]* ① 말씀 사 : 말씀. 「言辭(언사)·辭費(사비)·辭典(사전)」 ② 사양할 사 : 사양하다. 「辭讓(사양)·辭受(사수)」 ③ 물러갈 사 : 물러가다. 「辭去(사거)·辭任(사임)·辭退(사퇴)」 ジ ① ことば ③ やめる 言辭 辭退

사:[麝] 사향노루 사 : 사향. 사향노루. 「麝香(사향)·麝香鹿(사향록)」ジャ 麝香

사:가[史家] 역사가(歷史家)의 준말. しか 史家

사가[私家] 개인의 살림집. 사삿집. しか private house 私家

사가[査家] 사돈집. 「~댁(宅)」 house of one's in-laws 査家

사:가[賜暇] 벼슬아치에게 휴가를 줌. 말미를 줌. しか furloughing 賜暇

사가망처[徙家忘妻] 이사할 때 아내를 잊어버리고 두고 감. 곧, 잊기 잘하는 사람을 놀리는 말. 徙家忘妻

사:각[四角] ① 네 각. ② 네 모. 「~형(形)」 しかく ② square 四角

사:각[死角] ① 사정(射程) 거리 안에 있으나 장애물 등으로 탄환이 닿지 않는 곳. ② 눈길이 미치지 못하는 범위. 「치안(治安)의 ~ 지대」 しかく dead angle 死角

사각[射角] 탄환을 쏠 때 총신(銃身)이나 포신(砲身)이 수평선과 이루는 각도. しゃかく angle of fire 射角

사각[斜角] 직각(直角)이나 평각(平角)이 아닌 각. 빗각. しゃかく oblique angle 斜角

사각형[四角形] 네 개의 직선으로 둘러싸인 평면 도형. 준 가형(角形). quadrilateral 四角形

사갈[蛇蝎] ① 뱀과 전갈. ② 몹시 두렵거나 싫어하는 것을 비유하는 말. 「~시(視)」 だかつ ① snakes and scorpions 蛇蝎

사감[私感] 사사로운 감정. 개인 감정. personal feeling 私感

사감[舍監] 기숙사에서 기숙생들의 생활을 감독하는 사람. しゃかん dormitory inspector 舍監

사개[砂疥] 피부에 좁쌀 같은 것이 돋아 가려운 병. 砂疥

사:객[謝客] 찾아온 손을 만나지 않고 사절함. refusing to see callers 謝客

사:거[死去] 죽어 세상을 떠남. しきょ death 死去

사거[辭去] 작별하고 떠나감. じきょ leaving 辭去

사:건[事件] ① 일. 일거리. ② 뜻밖에 생긴 일. =사고(事故). じけん ① incident ② accident 事件

사검[査檢] 조사하여 자세히 밝힘. =검사(檢査). さけん 査檢

사격[射擊] 총·포·활 등을 쏨. 「~술(術)」しゃげき shooting 射擊

사견[私見] 자기 개인의 의견. しけん personal view 私見

사견[邪見] 옳지 못한 생각. 그릇된 견해. じゃけん wrong view 邪見

사:경[四更] 하룻밤을 다섯으로 나눈 넷째 시간. 상오 한 시에서 세 시 사이. しこう 四更

사:경[四境] 사방(四方)의 경계. しきょう four boundaries 四境 四方

사:경[死境] 죽을 지경. 죽게 된 상태. 「~을 헤매다」しきょう brink of death 死境

사경[私耕] ①묘지기나 마름이 소작료 없이 부쳐 먹던 논밭. 사래. ②가을에 머슴에게 주는 보수. 새경. 私耕

사경[斜徑] 비탈길. しゃけい steep road 斜徑

사:계[四季] 봄·여름·가을·겨울의 네 계절. 사철. =사시(四時). しき four seasons 四季

사계[私計] ①자기 혼자만의 계획. ②사리(私利)를 꾀하는 계획. しけい ① one's private plan 私計

사계[邪計] 옳지 못한 계책. 나쁜 계책. じゃけい plot 邪計

사계[斯界] 이 방면. 이 사회. 「~의 권위자(權威者)」しかい this field 斯界

사계[詐計] 남을 속이는 옳지 못한 꾀. =사략(詐略). trick 詐計

사:계도[四季圖] 병풍 따위에 그린 네 계절의 풍경화. pictures of four seasons 四季圖

사:고[四苦] 불교에서, 인간이 겪는 생로병사(生老病死)의 네 가지 괴로움. しく four agonies of man 四苦

사:고[四顧] 사방을 돌아다봄. 「~무친(無親)」しこ looking around 四顧

사:고[死苦] ①불교에서, 사고(四苦) 또는 팔고(八苦)의 하나. 죽음의 고통. ②죽을 때의 괴로움. しく ① death agony ② deadly pain 死苦

사고[私考] 자기의 생각. しこう personal view 私考

사고[私稿] 개인의 원고. =사초(私草). personal draft 私稿

사고[社告] 회사에서 알리는 광고. しゃこく announcement of a company 社告

사:고[事故] 뜻밖에 일어난 사건이나 탈. 「교통(交通) ~」じこ accident 事故

사고[思考] 생각함. 또는 생각. 「~ 방식」しこう thought 思考

사:고무친[四顧無親] 사방을 돌아보아도 친척이 없음. 곧, 의지할 만한 사람이 전혀 없음. 「~한 외로운 노인」standing alone and helpless 四顧 無親

사곡[邪曲] 마음이 바르지 못함. じゃきょく wickedness 邪曲

사곡[私穀] 개인 소유의 곡식. ↔공곡(公穀). privately owned cereals 私穀 個人

사:골[四骨] 곰거리로 쓰는, 소의 네 다리의 뼈. 「~을 푹 고아 먹다」bones of the four legs of cattle 四骨

사:골[死骨] 죽은 사람의 뼈. しこつ skeleton 死骨

사공[沙工] 배를 부리는 일을 업으로 삼는 사람. 뱃사공. boatman 沙工

사:과[沙果] 사과나무의 열매. =평과(苹果). apple 沙果

사:과[謝過] 잘못에 대하여 용서를 빎. apology 謝過

사:관[士官] 병사를 지휘하는 무관. 장교(將校). 「~학교」 しかん officer

사:관[仕官] 벼슬살이를 함. 관리가 됨. しかん government service

사:관[史觀] 역사적 현상(現象)을 파악하고 해석하는 관점. しかん historical view

사관[舍館] 객지에서 머무르는 집. 하숙·여관 따위. inn

사관[蛇管] ① 고무나 비닐 따위로 만든 호스(hose). ② 열을 흡수하거나 방출하는 면적을 크게 하기 위한 나선(螺旋) 모양의 관(管). じゃかん hose

사광[砂鑛] 사금(砂金)·사철(砂鐵) 따위를 캐는 곳. さこう placer

사교[司敎] 대종교(大倧敎)에서, 덕망이 높은 원로에게 주는 칭호.

사:교[死交] 죽음을 같이하자고 맹세할 정도의 극진한 사귐. しこう eternal friendship

사교[邪巧] 못된 마음으로 나쁜 짓을 꾀함. じゃこう intrigue

사교[私交] 사사로운 사귐. しこう private relationship

사교[邪敎] 사회에 해를 끼치는 요사스러운 종교. じゃきょう perverse religion

사교[社交] 사회 생활을 해 나가는 데 필요한, 사람과 사람과의 사귐. =교제(交際). 「~술(術)」 しゃこう social acquaintance

사교[詐巧] 교묘하게 속임. artifice

사:구[死球] 야구에서, 투수가 던진 공이 타자 몸에 닿는 일. 데드볼. しきゅう pitch which hits the batter

사구[砂丘] 모래가 많은 지역에서 바람이 휘몰아서 된 모래 언덕. さきゅう・しゃきゅう dune

사구체[絲球體·絲毬體] 콩팥의 피질부(皮質部)에 있는 작은 조직. 모세관(毛細管)이 공 같은 형태로 모여 있음. しきゅうたい glomerulus

사군[師君] 스승의 존칭. しくん teacher

사:군자[士君子] 덕행이 높고 학식이 많은 사람. しくんし man of learning and virtue

사:군자[四君子] 그 고결함이 군자와 같다는 뜻에서, 동양화에서 매화·국화·난초·대나무를 아울러 이르는 말. しくんし Four Gracious Plants

사굴[私掘] 남의 무덤을 허락 없이 마음대로 파냄. exhumation

사:궁[四窮] 네 가지의 딱한 처지. 곧, 늙은 홀아비·늙은 홀어미·고아·자식 없는 노인. しきゅう

사권[私權] 사법상(私法上)의 권리. 재산권·상속권 따위. ↔공권(公權). しけん private right

사권화[絲圈花] 철사를 가지로 해서 비단으로 만든 조화(造花). artificial flower

사귀[邪鬼] 요사스런 귀신. =요귀(妖鬼). じゃき evil spirit

사:귀신속[事貴神速] 일은 빨리 하는 것이 좋음.

사규[伺窺] 가만히 형편을 살펴봄. watching carefully

사규[社規] 회사의 규칙. company regulations

사ː극[史劇] 역사극(歷史劇)의 준말. しげき

사ː근[四近] 가까운 사방. vicinity

사ː근[事根] 일의 근본. origin

사글세[←朔月貰] 남의 집이나 방을 빌려 쓰는 대가로 다달이 내는 집세. 「~방(房)」 monthly rent

사금[砂金] 하상(河床)이나 해안의 모래에 섞인 금. さきん・しゃきん gold dust

사ː금[賜金] 정부에서 주는 돈. しきん money grant

사ː금[謝金] 고맙다는 뜻으로 주는 돈. =사례금(謝禮金). しゃきん honorarium

사ː기[士氣] ① 군사들의 의기. 「~ 충천(衝天)」 ② 선비의 기개(氣槪). しき ① morale ② spirit

사ː기[史記] ① 역사적인 사실을 기록한 책. =사서(史書). ② 중국 한(漢)나라 때 사마천(司馬遷)이 지은 130권의 역사책. しき ① history

사ː기[四氣] 춘하추동의 기운. 곧, 온(溫)·열(熱)·냉(冷)·한(寒)의 네 가지. しき

사ː기[死期] 죽을 때. =임종(臨終). しき time of death

사기[私記] 개인의 사사로운 기록. しき private record

사기[邪氣] ① 요사스런 기운. ② 병이 나게 하는 나쁜 기운. じゃき ① malice

사기[沙器·砂器] 백토(白土)로 빚어서 구워 만든 반드럽고 단단한 그릇. 사기그릇. 「~ 대접」 porcelain

사ː기[使氣] 혈기(血氣)를 부림.

사기[社旗] 회사의 기. しゃき company flag

사기[詐欺] 남을 나쁜 꾀로 속임. 「~꾼」 さぎ fraud

사기사[詐欺師] 사기를 일삼는 사람. 사기꾼. さぎし swindler

사기업[私企業] 민간인이 출자(出資)한 자본으로 운영하는 기업. ↔공기업(公企業). しきぎょう private enterprise

사기질[沙器質] 동물의 이의 겉을 싸고 있는 유백색(乳白色)의 몹시 단단한 물질. 에나멜질. =법랑질(琺瑯質). enamel

사낭[砂囊] ① 모래를 담은 주머니. 모래주머니. ② 조류(鳥類)의 위(胃)의 일부. 모래주머니. さのう ① sandbag ② gizzard

사ː녀[士女] 선비와 부인. 신사와 숙녀. 남자와 여자. しじょ scholars and women

사념[邪念] 간사하고 못된 생각. じゃねん evil thought

사념[思念] 마음에 두고 생각함. 또는 그 생각. =사려(思慮). しねん consideration

사노[私奴] 사노비(私奴婢)의 준말. =사천(私賤). ↔관노(官奴).

사노비[私奴婢] 지난날, 개인의 집에서 사사로이 부리던 노비. ↔관노비(官奴婢). 준 사노(私奴). しぬひ private slave

사ː농공상[士農工商] 지난날, 선비·농부·장인(匠人)·상인의 네 신분을 이르던 말. しのうこうしょう scholar, farmer, artisan and merchant

사니니즘[saninism] 성의 해방을 주장하는 일종의 육욕主義

(肉慾) 찬미주의.

사단[事端] ① 일의 실마리. 사건의 단서. じたん ② 사고나 탈. 사달. ① origin of an affair ② troubles

사단[師團] 군대 편성의 한 단위. 군단(軍團)의 아래, 연대(聯隊)의 위. しだん division

사단 법인[社團法人] 공익(公益) 또는 영리(營利)의 목적으로 설립한 단체로서, 법률상 권리 능력이 인정되어 있는 것. ↔재단 법인(財團法人). しゃだんほうじん incorporated body

사ː담[史談] 역사에 관한 이야기. しだん historical talk

사담[私談] 사사로이 하는 이야기. 「～ 엄금(嚴禁)」 private talk

사답[寺畓] 절에 딸린 논. temple-owned rice field

사답[私畓] 개인이 소유한 논. ↔공답(公畓). private rice field

사당[私黨] 사사로운 목적으로 모인 도당(徒黨). ↔공당(公黨). しとう faction

사당[祠堂] 신주를 모셔 놓은 건물. しどう shrine

사대[私大] 사립 대학(私立大學)의 준말. しだい

사대[師大] 사범 대학(師範大學)의 준말. しだい

사ː대문[四大門] 서울의 옛 성곽의 동서남북에 있는 네 개의 큰 성문. 곧, 흥인지문(興仁之門, 東大門)·돈의문(敦義門, 西大門)·숭례문(崇禮門, 南大門)·숙정문(肅靖門, 北門)의 네 문. 준사문(四門). four main gates of Seoul

사ː대부[士大夫] 지난날, 지체 높은 사람이나 벼슬이 높은 사람을 이르던 말. したいふ man of noble birth

사ː대주의[事大主義] 주체성(主體性)이 없이 세력 있는 국가나 개인에게 의지해서 살아나가려는 주의. じだいしゅぎ toadyism

사ː덕[四德] ① 만물을 기르는 천지 자연의 덕인 원형이정(元亨利貞). ② 부도(婦道)의 네 덕목(德目)인 마음씨·말씨·맵시·솜씨. ③ 인륜의 네 가지 덕인 효제충신(孝悌忠信). ④ 서양에서 중시되는 네 가지 덕인 예지·용기·절제·정의. ＝사행(四行). しとく four virtues

사덕[私德] 개인 또는 자기에 관한 도덕. 공덕(公德)에 상대하여 이르는 말. しとく personal virtue

사ː도[士道] 선비로서 지켜야 할 도리. しどう duty of a scholar

사도[邪道] 올바르지 못한 길. じゃどう evil course

사ː도[使徒] ① 신성한 사업을 위해 헌신적으로 힘쓰는 사람. 「정의(正義)의 ～」 ② 예수가 복음(福音)을 전하기 위해 특별히 선정한 12명의 제자. しと ① apostle ② Twelve Apostles

사ː도[使道] 사또의 원말. 使道

사도[師道] 스승으로서 지켜야 할 도리. しどう duty of a teacher

사도[斯道] ① 유교에서, 이 도(道). 곧, 성인(聖人)의 도. 또는 유교의 도덕. ② 이 분야(分野). 이 방면. 「～의 대가(大家)」 しどう

사ː도팔도[四都八道] 조선 시대

때, 우리 나라 전 지역을 이르던 말. 사도는 수원·광주·개성·강화, 팔도는 경기·충청·경상·전라·강원·황해·평안·함경의 각 도(各道). 八道
whole country of Korea

사독[蛇毒] 뱀의 독. じゃどく 蛇毒
snake poison

사돈[査頓] 자녀(子女)의 혼인으로 맺어진 척분(戚分) 관계. 「~간(間)」 査頓
relative by marriage

사:동[使童] 회사 또는 영업체에서 잔심부름을 시키기 위해 고용한 아이. =사환(使喚). 使童 使喚
errand boy

사디스트[sadist] 사디즘의 경향(傾向)이 있는 사람. サディスト 傾向

사디즘[sadism] 이성을 학대함으로써 성적 쾌감을 느끼는 변태 성욕(變態性慾)의 한 가지. サディズム 變態 性慾

사:도[←使道] 옛날의 지방관(地方官)이나 영(營)의 우두머리를 이르던 존칭. 使道

사라반드[saraband] 16세기에 에스파냐에서 일어난, 속도가 느린 고전(古典) 춤곡의 하나. 3박자의 장중한 리듬이 특징임. サラバンド 古典

사라사[포 saraça] 여러 가지 빛깔로 인물·조수(鳥獸)·꽃 또는 기하학적 무늬를 날염한 피륙. サラサ 捺染

사라센[Saracen] 옛날, 유럽인이 시리아 부근의 아랍인을 이르던 말. 중세 이후에는 회교도(回敎徒)의 총칭. サラセン 回敎徒

사랑[舍廊] 안채와 떨어져 있는, 바깥주인이 거처하는 곳. 「~방」「~채」 male quarters 舍廊

사랑양반[舍廊兩班] ① 바깥 兩班

주인. ② 남의 남편의 존칭. 尊稱
husband

사:략[史略] 간략하게 지은 역사책. 「십팔(十八) ~」 しりゃく 史略
outline history

사략[些略] 사소하고 간략함. 些略
simplicity

사략[詐略] 거짓 계략. 간사한 계략. =사계(詐計). さりゃく 詐略
trick

사량[思量] 생각하여 헤아림. 생각함. =사료(思料). しりょう 思量
consideration

사량[飼糧] 마소 따위의 가축의 먹이. =사료(飼料). しりょう 飼糧
fodder

사려[思慮] 여러 모로 주의 깊게 생각함. 「~ 깊은 행동」 しりょ 思慮
consideration

사:력[死力] 죽음을 마다 않고 내는 힘. 필사적인 노력. 죽을힘. 「~을 다하여 끝까지 싸우다」 しりょく 死力
desperate effort

사력[私力] 개인의 힘. 개인의 재력(財力). private power 私力

사력[沙礫] 모래와 자갈. されき・しゃれき sand and gravel 沙礫

사력[思力] 생각하는 힘. 思力
thinking power

사련[邪戀] 남녀간의 도리에 어그러진 사랑. じゃれん 邪戀
wicked love

사렵[射獵] 활로 하는 사냥. 射獵
hunting with bow and arrow

사령[司令] 군대를 지휘·통솔하는 직책. 또는 그 사람. 「~관(官)」 しれい command 司令

사령[辭令] ① 남에게 응대하는 말. ② 관직 임면(任免)의 내용을 적어 본인에게 주는 문서. 「~장(狀)」 じれい 辭令
① fair words ② written

appointment

사:례[四禮] 관례·혼례·상례·제례의 네 가지 예법의 총칭. 곧, 관혼상제(冠婚喪祭). 四禮

사:례[事例] 다른 경우에 있었던 예(例). 일의 전례(前例) 또는 실례(實例). 「성공 ~」 じれい　　　instance 事例

사:례[謝禮] 고마움을 표시하는 인사말이나 금품. 「~금(金)」 しゃれい　reward 謝禮

사록[寫錄] 옮겨 씀. 베낌. しゃろく　　copying 寫錄

사:론[士論] 선비들 사이의 공론(公論). scholars opinion 士論

사:론[史論] 역사에 관한 논설이나 주장. しろん historical essay 史論

사론[私論] 개인의 사사로운 논설이나 주장. ↔공론(公論). しろん personal opinion 私論

사론[邪論] 도리에 어긋나는 논의(論議)나 논설(論說). じゃろん unreasonable argument 邪論

사롱[만 sarong] 말레이시아·인도네시아 등에서, 남녀 무분 없이 허리에 둘러 입는 옷. サロン 衣服

사:료[史料] 역사 연구에 필요한 자료. しりょう historical materials 史料

사료[思料] 생각하여 헤아림. 생각함. =사량(思量). しりょう　consideration 思料

사료[飼料] 가축의 먹이. =사량(飼糧). しりょう　fodder 飼料

사롱[蛇龍] 이무기가 변해서 된다는 용. 蛇龍

사뤼소폰[프 sarrussophone] 두 개의 리드가 달린 금관 악기의 하나. 주로 취주악이나 군악에 쓰임. サリュソフォーン 吹奏樂

사:륙문[四六文] 한문체의 한 가지. 넉 자와 여섯 자로 된 구(句)를 기본으로 대구(對句)를 써서 화려하게 꾸민 글. =변려문(騈儷文). しろくぶん 四六文

사:륙 배:판[四六倍版] 사륙판의 배로 된 인쇄판. しろくばいばん　large octavo 四六倍版

사:륙판[四六版] 가로 약 13cm, 세로 약 19cm의 책의 크기. しろくばん　duodecimo 四六版

사르코마이신[sarcomycin] 방선균(放線菌)이 생산하는 항생 물질의 하나. 암의 치료제로 쓰임. ザルコマイシン 放線菌

사리[私利] 자기만의 이익. 사사로운 이익. ↔공리(公利). 「~사욕(私慾)」 しり self-interest 私利

사리[舍利] ①부처나 고승(高僧)의 유골(遺骨). 「~탑(塔)」 ②불교에서, 시체를 화장하고 남은 뼈. しゃり ① Buddha's bones ② ashes 舍利 遺骨

사:리[事理] 일의 이치. 「~에 어긋나다」 じり　reason 事理

사리[砂利] 자실구네린 돌메이. 자갈. じゃり　gravel 砂利

사리[射利] 이익을 얻으려고 노림. しゃり　speculation 射利

사리[瀉痢] ⇨설사(泄瀉). しゃり 瀉痢

사리:[saree, sari] 인도에서 주로 힌두교도인 여성들이 몸에 둘러 입는 긴 천. サリー 女性

사린[四隣] ①사방의 이웃. ②사방의 나라. 「~ 선교(善交)」 しりん whole neighborhood 四隣

사린[sarin] 유기인계(有機燐系)의 맹독성 신경 가스의 하나. サリン 有機燐系

사:림[士林] 유도(儒道)를 닦는 선비들. 또는 그들의 사 士林

회. =유림(儒林). しりん
　　　Confucianists

사립[私立] 개인이나 민간 단체가 설립하여 유지함. ↔공립(公立)·국립(國立). 「~학교」しりつ
　　　private establishment

사립[絲笠] 명주실로 싸개를 해서 만든 갓.

사립 대학[私立大學] 사인(私人) 또는 사법인이 설립·운영하는 대학. 준 사대(私大). しりつだいがく
　　　private university

사마륨[samarium] 희토류(稀土類) 원소의 하나. 회색의 광택이 있는 금속으로, 단단하면서도 잘 부서짐. 원소 기호는 Sm. サマリウム

사마베ː다[범 Sāma-Veda] 인도에서 가장 오래 된 바라문교의 성전(聖典)의 하나.

사막[砂漠·沙漠] ①모래로 뒤덮인 넓은 불모(不毛)의 땅. ②거칠고 메마른 곳의 비유. さばく　　desert

사만[邪慢] 사심(邪心)이 있고 오만함. じゃまん

사ː망[死亡] 죽음. =사몰(死沒). 「~ 신고(申告)」しぼう
　　　death

사ː망률[死亡率] 일정 기간의 인구 1000명에 대한 사망자의 비율. しぼうりつ　death rate

사ː맥[死脈] ①죽어 가는 사람의 약한 맥박. ②광을 다 채굴하여 더 이상 채굴할 여지가 없는 광맥(鑛脈). しみゃく
　①fatal pulse ②exhausted vein

사ː맥[事脈] 일의 갈피. 일의 내력.　　circumstances

사ː면[四面] ①동서남북의 네 방면. =사방(四方). ②네 쪽의 면. 「~팔방(八方)」しめん
　　　four sides

사ː면[死面] 죽은 사람의 얼굴을 본을 떠서 만든 석고탈. 데스마스크. しめん
　　　death mask

사ː면[赦免] 죄를 용서하여 형벌을 면제함. しゃめん　pardon

사면[斜面] 수평면(水平面)에 대하여 기울어져 있는 평면. 비탈진 면. 빗면. しゃめん
　　　slope

사면[辭免] 일자리를 그만두고 물러남.　　resignation

사ː면체[四面體] 네 개의 평면으로 둘러싸인 다면체(多面體). 네 면은 모두 삼각형임. 세모뿔. =삼각추(三角錐). しめんたい
　　　tetrahedron

사ː면초가[四面楚歌] 적에게 포위당한 상태. 또는 누구의 도움도 받을 수 없는 고립된 처지를 이르는 말.

사ː면춘풍[四面春風] 누구에게나 웃는 낯으로 대하여 모가 나지 않음. 두루춘풍. =사시춘풍(四時春風).

사ː멸[死滅] 죽어 없어짐. しめつ　　extinction

사ː명[四溟] 사면의 바다. =사해(四海).

사ː명[死命] ①죽음과 삶의 고비. ②죽을 목숨. しめい
　①life or death ②mortality

사명[社命] 회사의 명령. 「~출장(出張)」しゃめい
　　　order of the company

사ː명[使命] ①하여야 할 임무. ②사신으로서 받은 명령. しめい　①mission ②order which an envoy received

사명[捨命] 목숨을 버림.

laying down one's life

사:명일[四名日] 우리 나라 고유의 네 명절. 곧, 설·단오·추석·동지. =사명절(四名節).

사:명절[四名節] ⇨사명일(四名日).

사모[思慕] 마음에 두고 그리워함. 「~ 불망(不忘)」 しぼ longing for

사모[師母] 스승의 부인. one's teacher's wife

사:모[紗帽] 옛날에 관복(官服)을 입을 때 갖추어 쓰던 검은 사(紗)로 만든 모자. 오늘날, 재래식 혼례 때 신랑이 씀. =오사모(烏紗帽). 「~관대(冠帶)」

〔사모〕

사모[詐謀] 속여 넘기는 꾀. artful scheme

사:몽비몽[似夢非夢] 꿈인지 생시인지 분간 못할 어렴풋한 상태. =비몽사몽(非夢似夢). half awake and half asleep

사무[私務] 사사로운 업무. ↔공무(公務). しむ private affairs

사무[社務] 회사의 업무. 회사의 용무. しゃむ company affairs

사:무[事務] 맡아 하는 업무. 주로 책상에서 문서 따위를 처리하는 업무. 「~실(室)」 じむ business

사무사[思無邪] 사심(邪心)이 없이 마음이 올바름. 마음에 있는 그대로 나타내어 조금도 꾸밈이 없음. おもいよこしま なし right mind

사:무송[使無訟] 서로 타협하여 시비가 없도록 함. advising to compromise

사:무여한[死無餘恨] 죽어도 한이 없음. having nothing to regret

사:문[死文] ①조문만 있을 뿐 실제로 효력이 없는 법령이나 문장. 「~화(化)하다」 ②내용·정신이 없는 문장. しぶん ① dead letter

사문[寺門] 절로 들어가는 문. じもん entrance of a temple

사문[私門] 남에게 자기의 가문(家門)을 겸손히 이르는 말. しもん

사문[查問] 조사하여 심문함. 「~위인회(委員會)」 さもん inquiry

사문[蛇紋] 뱀 껍질 모양의 무늬. 「~암(巖)」 じゃもん design of a snake skin

사문서[私文書] ①공무원이 아닌 개인이 작성한 문서. 계약서·영수증 따위. ②개인적인 문서. ↔공문서(公文書). しぶんしょ private document

사:물[四勿] 논어(論語)에서, 공자가 제자에게 이른 네 가지 경계. 곧, 예(禮)에 벗어나는 것은 보지도 말고, 듣지도 말고, 말하지도 말고, 행하지도 말라는 것. しぶつ four forbidden things in Confucianism

사:물[死物] ①생명이 없는 것. ②소용이 없는 물건. しぶつ ① dead thing ② useless thing

사물[私物] 개인의 소유물(所有物). ↔공물(公物)·관물(官物). しぶつ private property

사:물[事物] 일과 물건. 온갖

현상(現象)과 물건. じぶつ things

사:민[士民] ① 선비와 백성. ② 도덕을 중시하고 학문이 있는 사람. しみん
① literati and people

사바나[savanna] 열대의 비가 적은 지대에 분포하는 초원. サバンナ

사바 세:계[←娑婆世界] 불교에서, 괴로움이 많은 이 세상. 중생(衆生)이 사는 곳. =사바(娑婆)·속세(俗世). しゃばせかい this earthly world

사:반[死斑] 죽은 지 1~10시간쯤 지난 후에 피부에 생기는 자줏빛 반점(斑點). しはん death spot

사:반기[四半期] ⇨ 사분기(四分期). しはんき

사발[沙鉢] 사기로 만든 밥그릇이나 국그릇. porcelain bowl

사발통문[沙鉢通文] 주모자(主謀者)를 알 수 없도록 관계자의 이름을 둥글게 빙 둘러 적은 통문(通文).

[사발통문]

사:방[四方] ① 네 방향. 곧, 동서남북의 총칭. 「~팔방(八方)」 ② 여러 곳. 둘레의 모든 방향. =사면(四面). しほう
① four directions ② all sides

사방[砂防·沙防] 토사(土砂)가 무너져 내리거나 흘러내리는 것을 방지하기 위하여 산에 나무를 심거나, 둑을 쌓거나, 하천(河川)에 댐을 막거나 하는 일. 「~ 공사(工事)」 さほう erosion control

사:방모자[四方帽子] 지난날, 대학생들이 쓰던, 위가 사각형으로 된 모자. =사각모자(四角帽子). square college cap

사:방팔방[四方八方] 동서남북과 그 간방(間方). 곧, 모든 방면. 여러 방면. しほうはっぽう all directions

사방형[斜方形] 네 변의 길이가 같고, 모든 각이 직각이 아닌 평행사변형. 마름모. =능형(菱形). しゃほうけい rhombus

사백[舍伯] 남에게 자기의 맏형을 겸손하게 이르는 말. my eldest brother

사백[詞伯] 시문(詩文)에 능한 사람에 대한 높임말. しはく master writer

사:범[事犯] 처벌을 받을 만한 행위. 「선거(選擧) ~」 じはん offense

사범[師範] ① 학술·기예 따위를 가르치는 사람. 「태권도 ~」 ② 본받을 만한 모범. 남의 스승이 될 만한 모범. しはん ① master ② example

사범 대:학[師範大學] 중·고등학교 교사를 양성하기 위하여 설립된 대학. 준사대(師大). college of education

사법[司法] 국가가 법률을 적용하여 사람들 사이의 권리 다툼이나 범죄를 심판하는 행위. 삼권(三權)의 하나. 「~부(部)」 しほう judicature

사:법[死法] 실제로 쓰이지 않는 법률. しほう dead law

사법[私法] 개인 사이의 법률 관계를 규정한 법. 민법·상법 따위. ↔공법(公法). しほう private law

사법[邪法] ① 그릇된 길. ② 요사스러운 수법. じゃほう
① evil ways

사법[射法] ① 활을 쏘는 법. ② 총포를 쏘는 법. しゃほう
① archery ② marksmanship

사법권[司法權] 국가 주권의 일부분으로 사법을 행하는 통치권의 작용. しほうけん
judicial power

사법 기관[司法機關] 사법권을 행사하는 국가의 기관. しほうきかん
machinery of the law

사법인[私法人] 사법(私法)의 규정에 의해 설립된 법인. 사단 법인·재단 법인으로 나누고, 그 목적에 따라 영리(營利) 법인·공익(公益) 법인으로 나눔. ↔공법인(公法人). しほうじん   private corporation

사:벨[네 sabel] 지난날, 군인·경찰관이 허리에 차던 서양식 칼. サーベル

사:벽[四壁] 바위 사방의 벽. しへき

사벽[砂壁] 건축에서 고운 모래에 흙을 섞어서 바른 벽. 「~질」 plastering fine sand and earth on the wall

사:변[四邊] ① 사방의 변두리. ② 주위(周圍). 근방. ③ 네 개의 변. しへん
① border ② neighborhood

사:변[事變] ① 천재나 그 밖의 커다란 변고. ② 군대가 출동해야 할 소란이나 전쟁 행위. 「만주 ~」じへん
① accident ② disturbance

사변[思辨] ① 깊이 생각하여 판단함. ② 경험에 의하지 않고 순수한 사유(思惟)만으로 인식에 이르려는 일. しべん
① discrimination ② speculation

사변[斜邊] 직각 삼각형에서 직각에 마주보는 변. 빗변. しゃへん   hypotenuse

사:별[死別] 상대방이 죽어서 영원히 만나지 못하게 됨. ↔생별(生別). しべつ·しにわかれ   separation by death

사:병[士兵] 하사관과 병(兵). =병사(兵士). しへい soldier

사:병[死病] 죽을 병. しびょう   fatal disease

사병[私兵] 개인이 사사로이 고용해서 부리는 군사. しへい   private army

사병[詐病] 병을 거짓으로 꾸밈. 꾀병. さびょう
feigned illness

사보[私報] ① 사사로운 통보(通報). ② 개인끼리 주고받는 전보. ↔공보(公報). しほう
① private message

사보[私寶] 개인이 소유한 보물. ↔국보(國寶). しほう
private treasure

사보[社報] 기업이 그 사원 등을 대상으로 펴내는 정기 간행물.   company periodical

사보타:주[프 sabotage] 태업(怠業). サボタージュ

사복[私服] 관복·제복이 아닌 보통 의복. ↔제복(制服)·관복(官服). 「~ 경찰(警察)」 しふく   civilian clothes

사복[私腹] 자기의 이익 또는 재산. 「사리(私利) ~」 しふく   self-interest

사본[寫本] 책이나 문서를 그대로 베끼거나 복사함. 또는 그 베끼거나 복사한 것. 「졸업 증명서 ~」 しゃほん
manuscript

사부[師父] ① 스승과 아버지. ② 아버지처럼 경애하는 스승. 시후 ① master and father

사부[詞賦] 운자(韻字)를 달아 지은 한문의 문장. 시후

사:부 합주[四部合奏] 현악 사중주 등과 같은, 4부의 악기에 의한 합주. 한 성부의 악기가 둘 이상인 점이 사중주와 다름. 시부갓소우 quartette

사:부 합창[四部合唱] 네 성부(聲部)로 이루어지는 합창. 한 성부에 두 사람 이상인 점이 사중창과 다름. 시부갓쇼우 vocal quartette

사분[私憤] 사로운 일에 대한 분노. ↔공분(公憤). 시분 personal grudge

사:분기[四分期] 전체 기간, 특히 한 회계 연도를 넷으로 등분한 기간. = 사반기(四半期). quarter of the year

사:분오:열[四分五裂] 여러 갈래로 분열됨. 갈기갈기 찢어짐. 시분고레츠 disruption

사:불명목[死不瞑目] 한이 많아 죽어서도 눈을 감지 못함.

사:불여의[事不如意] 일이 뜻대로 되지 않음. going amiss

사:브르[프 sabre] 펜싱 경기에 쓰는 검(劍)의 한 가지. 또는 그것으로 하는 경기. 사-브루

사비[私費] 개인이 지출하는 비용. = 자비(自費). ↔공비(公費)·관비(官費). 「~ 출장」 시히 private expense

사비[社費] 회사에서 지출하는 비용. 「~ 여행(旅行)」 샤히 company's expenses

사사[些事] 사소한 일. 하찮은 일. 사지 trifles

사사[私事] 사사로운 일. ↔공사(公事). 시지·와타쿠시고토 private affairs

사:사[事事] 모든 일. 일마다. 「~건건(件件)」 지지·고토고토 in everything

사사[師事] 스승으로 섬김. 스승으로 삼고 가르침을 받음. 시지 studying under

사사[斜射] 햇빛 따위가 비스듬히 비침. shining slantingly

사:사[賜死] 지난날, 죽일 죄인에게 사약(死藥)을 주어 스스로 죽게 하던 일.

사:사[謝辭] ① 고마움을 나타내는 말. ② 사과하는 말. 샤지 ① thanks ② apology

사:사분기[四四分期] 1년을 넷으로 나눈 네 번째 기간. last quarter of the year

사:사오입[四捨五入] 수의 계산에서 끝수의 4 이하는 버리고, 5 이상은 윗자리에 1을 가산하는 일. 반올림. 시샤고뉴우 rounding to the nearest whole number

사:산[四散] 사방으로 뿔뿔이 흩어짐. 「~ 분주(奔走)」 시산 dispersion

사:산[死産] 죽은 아이를 낳음. 시산 stillbirth

사:살[射殺] 쏘아 죽임. 샤사츠 killing by shooting

사:상[史上] 역사상(歷史上)의 준말. 시조우

사:상[四象] ① 하늘의 일월성신(日月星辰). ② 주역(周易)에서, 춘하추동(春夏秋冬). ③ 땅 속의 수화토석(水火土石). ④ 음양에서, 태양(太陽)·소양(少陽)·태음(太陰)·소음(少陰)의 총칭. 「~ 의학(醫學)」 시쇼우

사:상[死狀] 거의 죽게 된 상태. 死狀

사:상[死相] ① 죽은 사람의 얼굴. ② 죽음이 가까워진 얼굴. 죽을상. しそう 死相
① dead person's face ② the sign of death

사:상[死傷] 죽음과 다침. 「~자(者)」ししょう 死傷
death and injury

사:상[事象] 사실과 현상(現象). じしょう   phenomenon 事象

사상[思想] ① 생각. ② 사회와 인생에 대한 일정한 견해(見解). 「~범(犯)」しそう   thought 思想 見解

사:상[捨象] 생각을 정리할 때, 꼭 필요한 것 이외의 것을 버리는 일. しゃしょう   abstraction 捨象

사상[絲狀] 실처럼 가늘고 긴 모양. 「~균(菌)」しじょう   filiform 絲狀

사상누:각[砂上樓閣] 모래 위에 지은 누각. 곧, 기초가 약하여 오래 유지할 수 없는 일이나 실현 불가능한 일을 비유하는 말. さじょう(の)ろうかく   castle in the air 砂上樓閣

사:색[四色] ① 네 가지 빛깔. ② 조선 시대의 네 붕당. 곧, 노론(老論)·소론(少論)·남인(南人)·북인(北人). ① four colors ② Four Factions 四色

사:색[死色] 죽을상이 된 얼굴빛. 「사고 소식을 듣고 ~이 되다」ししょく   deadly pale look 死色

사색[思索] 조리를 세워 깊이 생각함. しさく   meditation 思索

사색[辭色] 말과 얼굴빛. じしょく   words and looks 辭色

사:생[死生] 죽음과 삶. 「~결단(決斷)」しせい・ししょう   life and death 死生 決斷

사생[寫生] 자연의 경치나 사물 따위를 보고 그대로 그림. 「~화(畫)」しゃせい   sketch 寫生

사생아[私生兒] 법률상 부부가 아닌 남녀 사이에서 낳은 아이. しせいじ   illegitimate child 私生兒

사생활[私生活] 개인의 사사로운 생활. しせいかつ   private life 私生活

사서[司書] 도서관에서 도서의 정리·보존·열람 등을 맡아 보는 일. 또는 그 일을 하는 사람. ししょ   librarian 司書

사:서[四書] 유교의 경전인 논어(論語)·맹자(孟子)·중용(中庸)·대학(大學)의 네 가지 책. 「~삼경(三經)」ししょ 四書 三經

사:서[史書] 역사를 기록한 책. =사기(史記). ししょ history 史書

사서[私書] ① 개인이 쓴 편지. =사신(私信). ② 내밀(內密)히 하는 편지. ししょ ① private letter ② secret letter 私書

사서[私署] 개인이 사인(私人)의 자격으로 서명함. 「~증서(證書)」ししょ   signing as an individual 私署

사서[辭書] ⇨사전(辭典). じしょ 辭書

사서함[私書函] 우편 사서함(郵便私書函)의 준말. ししょばこ 私書函

사석[私席] 사사로운 자리. =사좌(私座). ↔공석(公席).   unofficial occasion 私席

사:선[死線] 죽을 고비. 생사의 경계선. しせん   deadline 死線

사선[私船] ① 개인 소유의 배. ② 사인(私人)의 용도에 쓰이는 배. ↔공선(公船). しせん 私船

사선[私線] 개인이 설치한 철도선·통신선 따위. しせん _private boat_

사선[私選] 개인이 가려 뽑음. ↔관선(官選). 「~ 변호인(辯護人)」 しせん _private line / private election_

사선[射線] 발사 준비를 했을 때의 총신(銃身) 또는 포신(砲身)의 연장선. しゃせん _trajectory_

사선[斜線] ① 비스듬하게 그은 선. ② 하나의 직선(直線)이나 평면(平面)에 대해 수직(垂直)이 아닌 직선. 빗금. しゃせん _oblique line_

사선[蛇線] 기어가는 뱀처럼 구불구불한 선.

사설[私設] 개인이 설립함. ↔공설(公設). 「~ 유원지(遊園地)」 しせつ _private establishment_

사설[邪說] 그릇된 논설. じゃせつ _heretical doctrine_

사설[社說] 신문이나 잡지 등에서, 그 사(社)의 주장(主張)으로 내세워 싣는 논설. 「~란(欄)」 しゃせつ _editorial_

사설[辭說] ① 잔소리를 늘어놓음. 또는 그런 말. ② 가사의 내용을 이루는 말. ③ 판소리 등에서, 연기자가 사이사이에 엮어 넣는 이야기. ① _scolding_

사설 시조[辭說時調] 초·중·종장의 여섯 구 중, 두 구 이상이 무제한으로 길어진 시조 형식의 한 가지.

사설 철도[私設鐵道] 민간에서 부설하고 운영하는 철도. 준 사철(私鐵). しせつてつどう _private railroad_

사:성[四星] 사주(四柱)와 같

은 뜻으로, 사주 단자(四柱單子)의 봉투에 쓰는 말. =사주(四柱).

사:성[四聖] ① 공자·석가·예수·소크라테스의 네 성인. ② 불교에서, 불도(佛道)를 깨달은 이의 네 단계로, 불(佛)·보살(菩薩)·연각(緣覺)·성문(聲聞). ③ 불교에서, 아미타불·관세음보살·대세지보살·대해중보살의 네 성인. しせい _Four Sages_

사:성[四聲] 한자(漢字)의 음을 성조에 따라 나눈 네 가지 유형. 곧, 평성(平聲)·상성(上聲)·거성(去聲)·입성(入聲). しせい·ししょう _four tones_

사:성[賜姓] 임금이 성(姓)을 내려 줌. 또는 그 성. しせい _bestowing a surname_

사:성 장군[四星將軍] 별이 네 개인 계급장에서, 대장(大將)을 달리 이르는 말. _four-star general_

사세[司稅] 세금에 관한 일을 맡아봄. しぜい tax business

사세[些細] 보잘것없이 사소함. =사소(些少). ささい trifle

사:세[社勢] 회사의 사업의 규모나 실적 따위의 형세. 「~ 확장(擴張)」

사:세[事勢] 일이 되어 가는 형세. 「~부득(不得)」 situation

사세[辭世] 죽어 세상을 떠남. じせい death

사소[死所] ① 보람 있게 죽을 곳. ② 죽은 곳. ししょ

사소[些少] 작고 미미함. =사세(些細). 「~한 일로 화를 내다」 さしょう·しゃしょう trifle

사소[私訴] 공소(公訴) 절차에

사소설[私小說] 작가 자신에 관한 것을 소재로 한, 사회성이 적은 소설. ししょうせつ private life novel

사:소취:대[捨小取大] 작은 것을 버리고 큰 것을 취함.

사속[嗣續] 대(代)를 이음. しぞく inheritance

사:수[死守] 목숨을 걸고 지킴. 「국경을 ~하다」 ししゅ desperate defense

사수[私讎] 개인적인 원한이나 원수. ししゅう private grudge

사수[砂水·沙水] 소독하거나 맑게 하기 위해 노래에 밭은 물.

사수[查收] 금품 따위를 잘 조사하여 받음. =사수(查受). さしゅう receipt

사수[查受] ⇨사수(查收).

사수[射手] 총포(銃砲)나 활을 쏘는 사람. しゃしゅ shooter

사숙[私淑] 직접 가르침을 받지 않으나 마음 속으로 그 사람의 덕을 사모하고 본받아서 도(道)나 학문을 닦음. ししゅく taking for one's model

사숙[私塾] 개인이 설치한 소규모의 교육 시설. 글방. しじゅく private school

사숙[舍叔] 남에게 자기 숙부를 이르는 말. my uncle

사:순재[四旬齋] 기독교에서, 사순절(四旬節) 동안 고기를 금하고 예수의 고난을 되새기는 재계(齋戒).

사:순절[四旬節] 예수가 광야에서 40일 동안 단식 수행하던 일을 기념하기 위하여 단식과 속죄를 하도록 규정한 기간. 부활절 전의 40일 동안. しじゅんせつ Lent

사술[邪術] 요사스런 술법. black magic

사술[射術] 대포·총·활 따위를 쏘는 기술. しゃじゅつ skill of shooting

사술[詐術] 남을 속이는 못된 꾀. 속임수. さじゅつ trickery

사습[私習] 선생 없이 혼자 공부함. self-education

사시[四時] ①한 해의 네 계절. 곧, 봄·여름·가을·겨울. 사철. =사계(四季). ②한 달의 네 때. 곧, 초하루·이레·보름·그믐. ③하루의 네 때. 곧, 아침·낮·저녁·밤. しじ ① four seasons

사시[沙匙] ①사기로 만든 숟가락. ②서양식 숟가락. 스푼. ① porcelain spoon

사시[斜視] ①흘겨봄. ②두 눈의 시선이 일치하지 않고, 한 눈이 다른 쪽을 향하고 있음. 또는 그런 눈. しゃし ① looking askance ② squint

사:시장춘[四時長春] 일년 내내 봄과 같다는 뜻에서, 늘 잘 지냄을 이르는 말. everlasting spring

사:시춘풍[四時春風] 누구에게나 좋은 낯으로 대하여 아무 걱정이 없는 사람을 이르는 말. 두루춘풍. =사면춘풍(四面春風).

사식[私食] 교도소나 유치장에 있는 사람에게 개인이 들여보내 주는 음식. ↔관식(官食). private food

사신[私信] 사사로운 편지. 개인의 서신. ししん private letter

사신[邪神] 재앙을 내리는 못된 귀신. じゃしん evil deity

사:신[使臣] 지난날, 왕명으로 외국에 파견되는 신하. ししん envoy

사:실[史實] 역사상의 사실(事實). しじつ historical fact

사실[私室] 개인이 사용하는 방. ししつ private room

사:실[事實] ① 실제로 있었던 일. ② 자연의 객관적인 현상(現象). ③ 정말. 실지로. じじつ ①② fact ③ really

사실[寫實] 사물의 실제의 모습을 그대로 그려 냄. 「~소설(小說)」 しゃじつ reality

사실주의[寫實主義] 이상이나 공상을 배제하고, 사물의 실체를 객관적으로 나타내려는 예술상의 주의. しゃじつしゅぎ realism

사심[私心] 사욕(私慾)을 꾀하는 마음. 「~을 버리다」 ししん selfishness

사심[邪心] 도리에 어긋나는 못된 마음. じゃしん evil mind

사심[蛇心] 뱀처럼 모질고 음험(陰險)한 마음. じゃしん wicked heart

사심불구[蛇心佛口] 음험(陰險)한 마음을 가지고, 입으로는 부처같이 착한 말만 함. 또는 그런 사람. じゃしんぶっこう

사:십구일재[四十九日齋] 불교에서, 사람이 죽은 지 49일 되는 날에 지내는 재. =칠칠재(七七齋). しじゅうくにち

사악[邪惡] 간사하고 악독함. じゃあく wickedness

사안[私案] 개인의 생각. 개인의 고안. しあん private plan

사:안[事案] 법률적으로 문제가 되어 있는 안건. 「중대(重大) ~」

사안[斜眼] ① 흘겨보는 눈. ② 사팔눈. しゃがん squint

사알[私謁] 임금이나 귀인을 개인적으로 만나뵘. しえつ private audience

사암[砂巖] 석영(石英)·장석(長石) 따위가 물에 가라앉아서 굳어진 암석. さがん·しゃがん sandstone

사애[私愛] ① 어떤 특정인을 두둔함. ② 몰래 사랑함. しあい ① favoritism

사:액[賜額] 임금이 서원(書院) 등에 이름을 지어 줌. 「~서원(書院)」

사:약[死藥] 먹으면 죽는 약. lethal drug

사:약[賜藥] ① 임금이 병을 앓는 신하에게 약을 내림. ② 임금이 죄를 지은 신하에게 독약을 내림. 「역적 모의(逆賊謀議)가 탄로나 ~을 받다」 ② bestowal of poison

사양[斜陽] ① 서쪽으로 기우는 해. 또는 그 햇빛. =낙조(落照)·낙일(落日). ② 점점 쇠퇴하여 몰락해 감을 비유하여 이르는 말. 「~산업」 しゃよう ① the setting sun ② decadence

사양[飼養] 가축을 기름. =사육(飼育). しよう breeding

사양[辭讓] 겸손하여 받지 않거나 응하지 아니함. 「~지심(之心)」 declination

사양족[斜陽族] 시대의 변천으로 몰락해 가는 상류 계급을 이르는 말. しゃようぞく the fallen aristocracy

사양화[斜陽化] 한창 왕성했던 것이 쇠퇴해 감. しゃよう

사:어[死語] 전에는 쓰였으나 현대에는 쓰이지 않는 말. しご 死語 decay / obsolete word

사어[私語] ① 사사로이 부탁하는 말. ② 속삭이는 말. しご 私語 ② whisper

사업[社業] 회사의 사업. 또는 그 업적. しゃぎょう 社業 company's business

사:업[事業] ① 사회적인 일. 「자선(慈善)~」 ② 일정한 목적과 계획하에서 경영하는 모든 경제 활동. 「~가(家)」 じぎょう 事業 ② enterprise

사:여[賜與] 국가에서 금품 등을 국민에게 줌. しよ 賜與 bestowal

사:역[使役] ① 남에게 일을 시킴. 부림. ② 남으로 하여금 어떤 동작을 하게 하는 뜻을 나타내는 어법. 「~ 동사(動詞)」 しえき 使役 ① employment

사:연[事緣] 일의 앞뒤 사정과 까닭. 事緣 case

사연[辭緣·詞緣] ① 하고자 하는 말. ② 편지의 내용. 辭緣·詞緣 ① the point ② contents

사열[査閱] ① 조사하기 위하여 잘 살핌. ② 군에서 장병을 정렬시켜 놓고 군사 교육의 성과를 실지로 검열하는 일. 「~식(式)」 さえつ 査閱 ① examination ② inspection

사영[私營] 개인의 경영. ↔공영(公營). しえい 私營 private management

사영[舍營] 군대가 가옥(家屋) 내에서 휴양하거나 숙박하는 일. しゃえい 舍營 quartering

사영[斜影] 비스듬히 비친 그림자. しゃえい 斜影 slanting shadow

사영[寫影] 물체의 모습을 비치어 나타냄. 또는 나타낸 그 그림자. しゃえい 寫影

사:예[四藝] 거문고·바둑·글씨·그림의 네 가지 기예. しげい 四藝技藝 four arts

사옥[社屋] 회사의 건물. しゃおく 社屋 office building

사:요[史要] 역사의 개요(概要). 또는 그것을 쓴 책. 史要 outline of history

사욕[沙浴·砂浴] ① 조류(鳥類)가 이·진드기 등의 기생충을 없애려고 자기 몸에 모래나 흙을 끼얹는 일. ② 뜨거운 모래 속에 파묻혀 찜질을 하는 일. 모래찜. さよく 砂浴·沙浴 ② sand bath

사욕[私慾] 자기의 이익만을 취하려는 욕심. 「사리(私利)~」 しよく 私慾私利 selfish desire

사욕[邪慾] ① 그릇된 욕망. ② 음란한 욕정. じゃよく 邪慾 ① wicked desire ② carnal desire

사용[私用] ① 개인적인 일에 씀. ② 개인적인 용무(用務). ↔공용(公用). しよう 私用個人 ① private use ② private business

사용[社用] ① 회사의 용무(用務). ② 회사일로 씀. しゃよう 社用用務 ① company business

사:용[使用] 물건을 쓰거나 사람을 고용해서 부림. 「~료(料)」 しよう 使用 use

사:용인[使用人] ① 물건이나 시설 등을 쓰는 사람. =사용자(使用者). ② 남에게 고용된 사람. しようにん 使用人 ① user ② employee

사:용자[使用者] ① 물건이나 시설 등을 쓰는 사람. =사용 使用者

인(使用人). ② 사업을 하기 위하여 사람을 고용해서 쓰는 사람. しようしゃ
① user ② employer

사:우[四隅] ① 네 구석. 네 모퉁이. ② 동남·동북·서남·서북의 네 방위(方位). しぐう 四隅 方位
① four corners

사:우[死友] ① 죽은 친구. = 망우(亡友). ② 생사를 같이하는 친구. しゆう 死友 亡友
① deceased friend ② friend sharing the same fate

사우[社友] 한 회사에 근무하는 동료.「~회(會)」しゃゆう 社友
colleague

사우[師友] ① 스승과 벗. ② 스승처럼 대접하는 친구. しゆう 師友
① master and friends ② highly respected friend

사우[絲雨] 실같이 가늘게 내리는 비. しう 絲雨

사우나[sauna] 욕실(浴室) 안에 건조한 열기를 채우고, 그 속에서 땀을 흘리는 핀란드식 한증탕(汗蒸湯). サウナ 汗蒸湯

사우스포:[southpaw] 권투·야구에서, 왼손잡이 선수. サウスポー 左腕

사운[社運] 회사의 운명. しゃうん future of the company 社運

사운드[sound] 소리. 음향(音響). サウンド 音響

사운드박스[sound box] ① 공명 상자(共鳴箱子). 현악기의 몸통. ② 축음기에서, 바늘의 신동을 받아 소리를 재생하는 장치. 共鳴箱子

사운드카:드[sound card] 개인용 컴퓨터에 내장(內藏)하여 전자 신호를 소리로 변환해 주는 장치. 內藏

사운드트랙[sound track] 영화 필름의, 소리를 녹음(錄音)한 부분. サウンドトラック 錄音

사운드필름[sound film] 발성 영화(發聲映畵). サウンドフィルム 發聲映畵

사원[寺院] 절. じいん 寺院
Buddhist temple

사원[私怨] 사사로운 원한. = 사한(私恨). しえん 私怨
private grudge

사원[社員] ① 회사에 근무하는 사람.「경력 ~을 뽑다」② 사단 법인의 구성원. しゃいん 社員
① worker ② member

사:원[赦原] 정상을 참작하여 죄인을 놓아 줌. release 赦原

사월[斜月] 서쪽 하늘에 기우는 달. 지는 달. しゃげつ 斜月
the setting moon

사:위[四圍] 사방의 둘레. =주위(周圍). しい surroundings 四圍

사위[詐僞] 진실이 아님. 거짓. さぎ deceit 詐僞

사위토[寺位土] 절에 딸린 논밭. 寺位土

사유[私有] 개인의 소유. 또는 개인이 소유함. ↔공유(公有)·국유(國有).「~ 재산(財産)」しゆう private ownership 私有 財産

사:유[事由] 일의 까닭. =연유(緣由). じゆう reason 事由

사유[思惟] 논리적으로 사고(思考)함. しい thought 思惟

사유지[私有地] 개인 또는 사법인(私法人)이 수유하는 토지. ↔공유지(公有地)·국유지(國有地). しゆうち private land 私有地

사육[飼育] 가축을 기름. しいく raising 飼育

사육제[謝肉祭] 가톨릭에서, 사순절(四旬節) 전에 며칠 동안 치르는 축제. 카니발. しゃにくさい the carnival 謝肉祭

사은[師恩] 스승의 은혜. 「~회(會)」しおん teacher's favor

사은[謝恩] 입은 은혜에 대하여 감사의 뜻을 나타냄. 「~회(會)」しゃおん expression of gratitude

사음[邪淫] ① 마음이 사악하고 음란함. ② 남의 남편이나 아내와 음탕한 짓을 함. じゃいん lewdness

사의[私意] 자기 개인의 생각. = 사견(私見). しい private opinion

사의[邪意] 올바르지 못한 마음. じゃい immoral will

사의[私誼] 개인 사이의 오랜 정분. personal intimacy

사의[私議] 사적(私的)인 논의(論議). しぎ private discussion

사의[謝意] ① 감사하는 마음. ② 사과하는 마음. しゃい ① thanks ② apology

사의[辭意] 사임(辭任)할 의사. 「~ 표명(表明)」じい intention to resign

사이다[cider] 탄산수에 구연산·향료·설탕 등을 섞어 만든 청량 음료(淸涼飮料). サイダー

사이드[side] ① 옆. 곁. ② 측면(側面). ③ 한쪽 편. サイド

사이드드럼[side drum] 타악기(打樂器)의 한 가지. 군악·관현악 등에 쓰이는 작은북. サイドドラム

사이드라인[sideline] ① 측선(側線). 횡선. ② 경기장을 구획하는 세로줄. サイドライン

사이드스텝[side step] ① 댄스에서, 한 발을 옆으로 내디디고 다른 발을 끌어다 붙이는 동작. ② 운동 경기에서, 옆으로 발을 내디디는 일. サイドステップ

사이드스트로크[sidestroke] 물 위에 모로 누운 자세로 헤엄쳐 나가는 수영 방법. 모잡이헤엄. サイドストローク

사이드아웃[sideout] ① 테니스에서, 공이 사이드라인 밖으로 나가는 일. ② 배구에서, 서브측이 득점(得點)을 못해 서브권이 상대편으로 넘어가는 일. サイドアウト

사이드카:[sidecar] 측차(側車)가 달린 오토바이. 또는 그 측차. サイドカー

사이렌[Siren] 그리스 신화에서 상반신은 여자이고 하반신은 새인, 목소리가 아름다운 마녀(魔女). サイレン

사이렌[siren] 시각(時刻)이나 경보를 알리기 위해 쓰이는 음향 장치. サイレン

사이버네틱스[cybernetics] 자동 제어(自動制御) 장치와 그 기계 장치에 적합한 인간의 신체 구조와 행동을 연구하는 학문. 인공 두뇌학. サイバネティックス

사이버스페이스[cyberspace] 인터넷 속의 가상(假想) 공간. 전자 두뇌 공간.

사이보:그[cyborg] 장기(臟器) 등 몸의 일부를 기계로 바꾸어 개조한 인간. サイボーグ

사:이비[似而非] 겉으로는 비슷하나 실제로는 전혀 다르거나 가짜인 것. 「~ 기자(記者)」えせ sham

사이즈[size] 크기. 치수. 척도(尺度). サイズ

사이코드라마[psychodrama] 집단적 정신 요법의 한 가지. 심리극(心理劇). サイコドラマ

사이코아날리시스 [psycho-analysis] 정신 분석(精神分析). 정신 분석학. サイコアナリシス

사이콜로지[psychology] ① 심리학(心理學). ② 심리. 심리 상태. サイコロジー

사이클[cycle] ① 진동수 또는 주파수. ② 순환 과정. 주기(週期). ③ 자전거. サイクル

사이클로이드[cycloid] 일직선 위를 한 원이 미끄러지는 일이 없이 굴러갈 때, 원주상의 고정된 한 점이 그리는 곡선(曲線)의 자취.

사이클로트론[cyclotron] 이온 가속(加速) 장치의 하나. 원자핵의 연구나 원자핵의 인공 파괴(人工破壞)에 널리 쓰임. サイクロトロン

사이클론[cyclone] 인도양에서 발생하는 열대성(熱帶性) 저기압. サイクロン

사이클링[cycling] 스포츠로 하는, 먼 거리의 자전거타기. サイクリング

사이클히트[cycle hits] 야구에서, 한 타자(打者)가 한 경기에서 1루타·2루타·3루타·홈런을 모두 치는 일. サイクルヒット

사이키델릭[psychedelic] 환각제(幻覺劑)의 복용으로 환각 상태에 있는 일. 또는 그런 상태를 상기시키는 원색적(原色的)이고 자극이 강한 색채나 음향. サイケデリック

사이펀[siphon] ① 액체를 높은 곳에서 낮은 곳으로 옮기는 데 쓰이는 구부러진 관. ② 커피를 끓이는 유리로 된 기구의 한 가지. サイホン

사익[私益] 개인의 이익. ↔공익(公益). しえき　personal profit

사:인[死人] 죽은 사람. =사자(死者). しにん　dead person

사:인[死因] 죽게 된 원인. しいん　cause of death

사인[私人] ① 사적 자격으로서의 개인. ② 사권(私權)의 주체가 되는 당사자. ↔공인(公人). しじん　individual

사인[私印] 개인이 쓰는 도장. ↔관인(官印). しいん　private seal

사인[sign] ① 서명(署名). ② 신호. 암호. サイン

사인[sine] 삼각 함수(三角函數)의 하나. 기호는 sin. サイン

사일런트픽처[silent picture] 무성(無聲) 영화.

사일로[silo] 겨울철에 쓰일 가축의 먹이를 저장하기 위한 원통형의 창고(倉庫). サイロ

사임[辭任] 맡은 직책을 그만둠. じにん　resignation

사:자[死者] 죽은 사람. =사인(死人). ↔생자(生者). ししゃ　dead person

사:자[使者] ① 사명을 띠고 심부름을 가는 사람. ししゃ ② 불교에서, 죽은 사람의 혼을 저승으로 잡아간다는 귀신. 「저승 ~」 ① messenger

사자[嗣子] 대를 이을 아들. しし　heir

사자[獅子] 고양잇과의 맹수. 아프리카 초원 지대에 분포하며 백수(百獸)의 왕으로 불림. しし　lion

사자[寫字] 글자를 베껴 씀. 「~생(生)」しゃじ　copying

사자후[獅子吼] ① 사자가 우렁차게 울부짖음. ② 일체를 승복하게 하는 부처의 설법.

③ 정의와 진리를 외치는 대연설. ししく ① roaring of a lion ② preaching of Buddha ③ impassioned speech

사:장[四葬] 인도의, 장사를 지내는 네 가지 방식. 곧, 수장(水葬)·화장(火葬)·토장(土葬)·임장(林葬). しそう　four ways of burial 四葬

사:장[死藏] 활용하지 않고 간직해 두기만 함. しぞう　hoarding 死藏

사장[沙場·砂場] 모래밭. 모래톱. 「백(白)~」すなば sands 沙場 砂場

사장[私藏] 개인이 간직하고 있음. 「~품(品)」しぞう　private possession 私藏

사장[社長] 회사의 대표자. しゃちょう　president 社長

사장[査丈] 사돈집의 웃어른. 査丈

사장[師匠] 학문이나 기예(技藝)의 스승. ししょう　master 師匠

사장[紗帳] 얇은 비단으로 만든 휘장. gossamer curtain 紗帳

사장[射場] ① 활터. ② 사격을 하는 곳. －사격장(射擊場). しゃじょう　① archery range ② firing range 射場 射擊場

사장[寫場] 사진을 찍어 주는 영업소. ＝사진관(寫眞館). しゃじょう　photo studio 寫場

사:장[謝狀] ① 감사(感謝)의 편지. ② 사과의 편지. しゃじょう　① letter of thanks 謝狀 感謝

사재[私財] 개인의 재산. しざい　private property 私財

사저[私邸] 개인의 저택. ＝사제(私第). ↔관저(官邸). してい　private residence 私邸

사저[沙底·砂底] 잿물이 잘 묻지 않아 흙바닥 그대로인 도자기의 밑바닥. 沙底 砂底

사:적[史的] 역사에 관한 것. 史的

「~ 유물론(唯物論)」してき　historical

사:적[史蹟] 역사상의 유적. しせき　historic remains 史蹟

사:적[史籍] 역사에 관한 책. ＝사기(史記). しせき　history 史籍

사적[私的] 개인에 관한 것. ↔공적(公的). 「~인 일」してき　personal 私的

사:적[事蹟·事跡·事迹] 사건이 있었던 자취. 사실의 흔적. じせき　trace 事蹟 事跡

사적[射的] 과녁. 또는 과녁을 맞힘. しゃてき　shooting 射的

사:전[史傳] ① 역사와 전기(傳記). ② 역사에 전해지는 기록. しでん　① history and biography 史傳

사전[寺田] 절에 딸린 밭. しでん　temple-owned field 寺田

사전[沙田] 모래가 많이 섞인 밭. sandy field 沙田

사전[私錢] 민간에서 사사로이 위조한 돈. counterfeit money 私錢

사전[祀典] 제사의 의식. してん　ritual 祀典

사전[事典] 여러 가지 사항을 모아, 일정한 순서로 배열하여 자세히 해설한 책. 「백과(百科)~」じてん　cyclopedia 事典

사:전[事前] 일이 벌어지기 전. ↔사후(事後). 「~에 알리다」じぜん　beforehand 事前

사전[辭典] 낱말을 차례로 늘어놓고 뜻을 풀이한 책. ＝사서(辭書). じてん　dictionary 辭典

사:절[四節] 봄·여름·가을·겨울의 네 계절. 사철. ＝사계(四季). しせつ　four seasons 四節

사:절[死絶] 한 집안의 자손이 다 죽어 대가 끊어짐. しぜつ　extinction 死絶

사:절[使節] 어떤 사명을 띠고 使節

국가나 정부를 대표하여 외국에 파견되는 사람. 「외교(外交)~」しせつ envoy

사:절[謝絶] 요구나 제의를 받아들이지 않고 물리침. 「면회(面會)~」しゃぜつ refusal 謝絶

사절[辭絶] 사양하고 받아들이지 않음. declination 辭絶

사:점[死點] 왕복 기관(往復機關)의 행정(行程) 중에서 연접봉(連接棒)과 크랭크가 일직선상(一直線上)에 있어, 크랭크를 회전시키는 분력(分力)이 생기지 않는 점. してん dead point 死點 / 分力

사정[司正] 공직에 있는 사람의 그릇됨을 다스려 바로잡음. 「~ 위원회(委員會)」 reformation 司正 / 委員會

사정[邪正] 그릇됨과 올바름. =정사(正邪). じゃせい・じゃしょう right and wrong 邪正

사정[私情] ①개인의 사사로운 정. ②자기만의 편의를 얻고자 하는 마음. =사심(私心). しじょう ① personal feelings ② selfishness 私情 / 私心

사:정[事情] ①일의 형편. ②딱한 처지에 동정을 비는 일. じじょう ① circumstances ② supplication 事情

사정[査定] 잘 조사해서 결정함. 「~ 가격(價格)」 さてい assessment 査定

사정[射程] ①탄환의 발사 지점에서 낙하(落下) 지점까지의 거리. 「~ 거리(距離)」 ②힘이 미치는 범위를 비유하여 이르는 말. しゃてい range 射程

사정[射精] 성교(性交)에서 정액(精液)을 배출하는 일. しゃせい ejaculation 射精 / 性支

사제[司祭] 가톨릭에서, 주교 (主敎)와 신부(神父)의 총칭. しさい priest

사제[私第] 개인의 집. 사삿집. private residence 私第

사제[私製] 개인이 만듦. 또는 만든 그 물건. ↔관제(官製). 「~ 엽서(葉書)」しせい private manufacture 私製 / 葉書

사제[舍弟] ①남에게 자기 아우를 겸손하게 이르는 말. ↔사형(舍兄). ②편지에서 형에게 아우가 자기를 이르는 말. しゃてい ① my younger brother 舍弟 / 便紙

사제[査弟] 편지글 등에서 바깥사돈끼리 자기를 낮추어 이르는 말. 査弟

사제[師弟] 스승과 제자. 「~ 지간(之間)」してい master and pupil 師弟

사:조[四祖] 아버지·할아버지·증조할아버지·외할아버지의 총칭. 四祖

사조[思潮] 그 시대의 일반적인 사상적 경향. 사상의 흐름. 「문예(文藝) ~」しちょう current of thought 思潮 / 文藝

사조[詞藻] ①시가(詩歌)와 문장. ②문장의 수사(修辭) 또는 수식(修飾). しそう 詞藻

사:족[四足] ①짐승의 네 발. ②책상 따위의 네 발 달린 기구. ③사지(四肢)의 낮은말. しそく・よつあし ① four feet ③ the limbs 四足

사족[蛇足] 화사첨족(畫蛇添足)의 준말. 畫蛇添足

사:졸[士卒] ⇨병졸(兵卒). しそつ 士卒

사종[邪宗] 요사스런 종교. 그 나라의 사회 제도나 도덕에 어긋나는 종교. =사교(邪敎). じゃしゅう heresy 邪宗

사:죄[死罪] 죽을 죄. 사형에 해당하는 죄. しざい　capital offense

사:죄[赦罪] 죄를 용서함. しゃざい　pardon

사:죄[謝罪] 죄나 잘못에 대해 용서를 빎. しゃざい　apology

사:주[四柱] ① 생년(生年)·생월(生月)·생일(生日)·생시(生時)의 네 간지(干支). 「～팔자(八字)」 ②⇨사주단자(四柱單子). ① year, month, day and hour of one's birth

사:주[使嗾] 남을 충동질함. 남을 부추기어 어떤 일을 하게 함. =사촉(唆囑). しそう·しぞく　instigation

사주[砂洲] 바닷가에 모래나 자갈이 쌓여서 바다로 가늘고 길게 내뻗은 모래톱. さす·さしゅう　sandbar

사:주단자[四柱單子] 신랑집에서 신붓집으로 보내는, 신랑의 사주를 적은 간지(簡紙). =사주(四柱). 준주단(柱單).

사:주팔자[四柱八字] ① 사주의 간지(干支)가 되는 여덟 글자. ② 타고난 운수. ② fate

사죽[絲竹] 관악기와 현악기. いとたけ·しちく　wind and string instruments

사:중주[四重奏] 네 가지 악기로 연주하는 실내악. しじゅうそう　quartet

사:중창[四重唱] 성부(聲部)가 다른 네 사람의 가수에 의한 중창. 「혼성 ～」 しじゅうしょう　quartet

사증[邪症] 멀쩡한 사람이 가끔 미친 듯이 행동하는 병증.

사증[査證] 조사하여 증명함. 또는 그 증명. 주로 외국인의 여권(旅券)을 조사해서 입국을 허가하는 증명. 비자. さしょう　visa

사:지[四肢] ① 인간의 두 팔과 두 다리. ② 짐승의 네 발. しし　the limbs

사:지[死地] 죽을 곳. 살아 나오기 어려운 매우 위험한 곳. しち　jaws of death

사지[沙地·砂地] 모래땅. すなじ　sandy place

사지[邪智] 간사한 지혜. じゃち　perverted talent

사지[砂紙] 금강사(金剛砂)나 유리 가루를 종이나 천에 바른 것. 쇠붙이 따위를 닦는 데 쓰임. =사포(砂布). sandpaper

사:지곡직[事之曲直] 일의 옳고 그름. right or wrong

사직[司直] ① 법에 의해 옳고 그름을 가리는 법관(法官). ② 조선 때, 오위(五衛)의 군직(軍職). しちょく　① the bench

사직[社稷] ① 옛날에 나라에서 제사지내던 토신(土神)과 곡신(穀神). ② 한 왕조의 기초. しゃしょく

사직[辭職] 직무를 그만두고 물러감. 「～서(書)」 じしょく　resignation

사진[砂塵] 모래가 바람에 날아올라 자욱한 먼지처럼 보이는 것. =사연(砂煙). さじん·しゃじん　cloud of dust

사진[寫眞] 사진기로 찍은 화상(畫像)을 인화지(印畫紙)에 나타낸 것. 「～사(師)」 しゃしん　photograph

사진기[寫眞機] 사진을 찍기 위한, 렌즈·어둠상자·셔터 등으로 이루어진 기계. しゃしんき　camera

사진 식자[寫眞植字] 활자를 쓰지 않고, 인화지나 필름에 한 자씩 사진을 찍어 나가는 일. 「~기(機)」 しゃしんしょくじ photocomposition

사진첩[寫眞帖] 사진을 붙여 두는 책. 앨범. しゃしんちょう photo album

사진판[寫眞版] 사진 제판법에 의하여 만드는 인쇄판의 총칭. 철판(凸版)·요판(凹版)·평판(平版) 등이 있음. しゃしんばん photo plate

사질[舍姪] 남에게 자기의 조카를 겸손하게 이르는 말. my nephew

사:차원[四次元] 네 차원. 가로·세로·높이의 공간(空間)의 삼차원(三次元)에다 시간(時間)의 한 차원을 더한 것. 「~ 세계」 よじげん four dimensions

사찰[寺刹] 절. =사원(寺院). じさつ Buddhist temple

사찰[私札] 개인 사이에 주고 받는 편지. private letter

사찰[伺察] 남의 동정(動靜)을 엿보아 살핌. しさつ prying

사찰[査察] 조사하고 살핌. 동태(動態)를 파악함. ささつ inspection

사창[私娼] 허가 없이 매음(賣淫)을 하는 여자. ↔공창(公娼). ししょう prostitute

사창[紗窓] 사(紗)를 바른 창.

사채[私債] 개인 사이의 빚. ↔공채(公債). 「~를 쓰다」 しさい private debt

사채[社債] 주식 회사가 사업 자금을 조달하기 위하여 공모(公募)하는 채권. しゃさい debenture

사처[←下處] 윗사람의 숙소를 높이어 이르는 말.

사:처[四處] 여러 곳. =사방(四方). all sides

사처[私處] 개인이 거처하는 곳. private place

사철[私鐵] 사설 철도(私設鐵道)의 준말. ↔국철(國鐵). してつ

사철[砂鐵] 하상(河床)·해안·해저 등에 쌓인 모래 모양의 자철광(磁鐵鑛). さてつ iron sand

사:체[死體] 사람이나 동물의 죽은 몸뚱이. =시체(屍體)·사해(死骸). したい corpse

사초[史草] 지난날, 사관(史官)이 기록한 사기(史記)의 초고(草稿).

사초[私草] ⇨사고(私稿).

사초[莎草] ① 사초과(莎草科)의 식물의 총칭. ② ⇨향부자(香附子). ③ 잔디. ④ 무덤에 떼를 입히는 일. ① sedge ③ turf ④ sodding a grave

사초[飼草] 가축의 먹이로 쓰는 풀. かいぐさ forage

사촉[唆囑] ⇨사주(使嗾).

사:촌[四寸] ① 네 치. よんすん ② 아버지의 친형제의 아들 딸. 종형제자매간(從兄弟姉妹間). ② cousin

사축[私蓄] 개인이 하는 저축. 또는 그 재물. private savings

사축[飼畜] 가축을 기름. しちく raising

사춘기[思春期] 이성(異性)을 의식하기 시작하는 시기. 성(性)에 눈뜨는 시기. ししゅんき adolescence

사출[射出] ① 화살·탄환을 쏘아 내보냄. ② 액체 같은 것을 작은 구멍으로부터 내뿜음. しゃしゅつ

사:출[瀉出] 액체 따위를 쏟아 냄. しゃしゅつ 瀉出
① shooting ② emission

사취[砂嘴] 연안류(沿岸流)에 실려 온 토사(土砂)가 쌓여 바다로 가늘고 길게 뻗어 나간 모래톱. さし・しゃし 砂嘴
sand spit

사취[詐取] 남의 것을 속여서 가지거나 빼앗음. さしゅ 詐取
swindle

사치[奢侈] 분수에 넘치도록 호화롭게 지내는 일. 「~품(品)」 しゃし 奢侈
luxury

사:칙[四則] 가감승제(加減乘除)의 네 가지 산법. しそく 四則 加減
four fundamental rules of arithmetics

사:친[事親] 어버이를 섬김. 事親
filial piety

사친회[師親會] 교육의 효과를 높이기 위해 교사와 학부모들로 조직된 협력 단체. 「~비(費)」 師親會
parent-teacher association

사칭[詐稱] 성명・신분 따위를 속여서 말함. さしょう 詐稱
false assumption

사카린[saccharin] 인공 감미료의 한 가지. 감미(甘味)가 설탕의 약 500배임. 톨루엔을 원료로 하여 만듦. サッカリン 人工甘味料

사커[soccer] 축구. サッカー 蹴球

사탄[詐誕] 언행이 간사하고 허황됨. =허탄(虛誕). さたん 詐誕

사탄[Satan] 기독교에서, 하느님에게 적대(敵對)하는 악마를 이르는 말. サタン 惡魔

사탑[寺塔] 절에 있는 탑. じとう 寺塔

사탑[斜塔] 비스듬히 기울어진 탑. しゃとう leaning tower 斜塔

사탕[砂糖] ① 사탕수수・사탕무 砂糖 로 만드는 맛이 단 유기 화합물. さとう ② 사탕으로 만드는 과자의 총칭. 菓子
① sugar ② candy

사:태[死胎] 죽어서 나오는 태아(胎兒). したい dead fetus 死胎

사태[沙汰] ① 비에 산비탈이나 언덕 따위의 토사가 무너지는 일. 「산(山)~」 ② 사람이나 물건이 주체할 수 없이 많이 쏟아져 나오는 일. 沙汰 山沙汰
① landslip ② spate

사:태[事態] 일의 벌어진 상태. じたい situation 事態

사택[私宅] 개인의 살림집. 사삿집. =사제(私第). したく private residence 私宅

사택[社宅] 회사에서 마련한 사원의 주택. しゃたく company house 社宅

사:토[死土] 풍수지리에서, 한 번 파내었던 땅이나 흙을 이르는 말. 死土

사토[私土] 개인 소유의 토지. private land 私土

사토[沙土・砂土] 모래흙. 모래땅. sandy soil 沙土 砂土

사:통[四通] 길이 사방으로 통함. 「~오달(五達)」 しつう 四通

사통[私通] ① 부부 아닌 남녀가 몰래 정을 통함. =내통(內通). しつう ② 공사(公事)에 관하여 벼슬아치들끼리 사사로이 편지를 주고받음. 또는 그 편지. 私通 內通
① illicit intercourse ② private correspondence

사퇴[辭退] ① 웃어른께 작별하고 물러남. ② 사양하여 물리침. ③ 어떤 지위에서 물러남. 「의원직을 ~하다」 じたい 辭退
① taking one's leave from elders ② refusing to accept

사:투[死鬪] 죽을 힘을 다하여 다툼. 죽도록 분투 노력함. しとう desperate struggle

사투[私鬪] 개인적인 감정이나 이해 관계로 다툼. しとう personal strife

사파리[safari] 아프리카 동부 등의 수렵 여행(狩獵旅行). 사파리

사파이어[sapphire] 푸른빛의 강옥(鋼玉). 청옥(靑玉). 사파이어

사포[砂布] 금강사나 유리 가루를 종이나 천에 바른 것. 금속 따위의 표면을 닦는 데 씀. =사지(砂紙). sandpaper

사포딜라[sapodilla] 사포타과의 상록 교목. 높이 20m에 이르며 열대 지방에서 과수(果樹)로서 재배함. 열매는 달고 향긋하며, 나무 껍질의 유액(乳液)은 껌의 원료로 씀.

사:표[死票] 선거에서, 낙선한 후보자에게 던져진 표. しひょう

사표[師表] 세인(世人)의 모범이 되는 일. 또는 그런 사람. しひょう model

사표[辭表] 사직하겠다는 뜻을 적어서 내는 문서. 「~ 수리(受理)」 じひょう written resignation

사풍[邪風] 좋지 못한 풍조나 풍습. じゃふう indecent tendency

사풍[斜風] 비껴 부는 바람. 「~세우(細雨)」 しゃふう side wind

사풍세우[斜風細雨] 비껴 부는 바람과 가늘게 내리는 비.

사프란[네 saffraan] 붓꽃과의 다년초. 남유럽 원산의 관상(觀賞) 재배 식물. 알줄기를 가지며, 잎은 가늘고 긺. 가을에 엷은 자줏빛의 여섯잎꽃이 핌. サフラン

사피즘[sapphism] 여자의 동성(同性) 연애. サッフィズム

사:필[史筆] 역사를 기록하는 필법(筆法). しひつ

사:필귀정[事必歸正] 모든 일은 반드시 바른 길로 돌아옴.

사:학[史學] 역사학(歷史學)의 준말. 「~자(者)」 しがく

사학[私學] 사설 교육 기관. 사립 학교. ↔관학(官學). 「~의 명문(名門)」 しがく private school

사한[私翰] 개인끼리 주고받는 편지. =사신(私信). ↔공한(公翰). private letter

사:항[事項] 일의 조항. 「결의 (決議) ~」 じこう items

사:해[四海] ① 사방의 바다. ② 온 세계. しかい ① four seas ② whole world

사:해[死骸] ⇒사체(死體). しがい

사해[詐害] 사기(詐欺)로 남에게 해를 끼침. 「~ 행위(行爲)」 さがい fraudulent injury

사행[邪行] 옳지 못한 행위. じゃこう vicious conduct

사행[私行] ① 사생활에서의 행동. 사사로운 행위. ② 남몰래 하는 행위. しこう private conduct

사행[蛇行] ① 뱀처럼 구불구불 휘어서 기어감. ② 하천이 구불구불 흘러감. 「~천(川)」 だこう meandering

사행심[射倖心] 요행을 노리는 마음. 노력하지 않고 뜻밖의 이득을 얻으려는 생각. 「~을 조장(助長)하다」 しゃこうしん speculative spirit

사향[思鄕] 고향을 생각함. 思鄕
　　　　　　　homesickness
사ː향[麝香] 사향노루 수컷의 麝香
　향낭(香囊)을 말려서 만든 향
　료. じゃこう　　　　musk
사ː향록[麝香鹿] 사슴과의 짐 麝香鹿
　승. 사슴보다 훨씬 작으며, 암
　수 모두 뿔이 없음. 수컷의 배
　부분에 있는 향낭(香囊)에서 사
　향이라는 향료를 얻음. 사향노
　루. じゃこうじか　musk deer
사혈[瀉血] 뇌일혈 따위의 치 瀉血
　료를 위해 환자의 정맥에서
　피를 조금 뽑아 냄. しゃけつ
　　　　　　　　phlebotomy
사ː형[死刑] 범인의 생명을 빼 死刑
　앗는 형벌. =생명형(生命刑).
　「～ 선고(宣告)」しけい
　　　　　　capital punishment
사형[私刑] 개인이나 사적 단 私刑
　체가 사사로이 가하는 형벌.
　=사형벌(私刑罰). しけい
　　　　　　　　　　lynching
사형[舍兄] ① 자기 형을 남 앞 舍兄
　에서 이르는 말. =가형(家 家兄
　兄). ② 형이 아우에 대하여
　자기를 이르는 말. ↔사제(舍
　弟). しゃけい・しゃきょう
　　　　　① my elder brother
사형[詞兄] 동배(同輩)의 문인 詞兄
　(文人)끼리 서로 부르는 높임
　말. しけい
사ː화[士禍] 조선 시대 때, 벼 士禍
　슬아치나 선비들이 반대파에
　몰려서 입은 참혹한 화(禍).
　　　　　massacre of scholars
사ː화[史話] 역사 이야기. し 史話
　わ　　　　　historical tale
사ː화[史禍] 사필(史筆)로 말 史禍
　미암아 입는 화(禍). しか
　indictment for one's histori-
　cal works
사ː화[死貨] 현재 쓰이지 않거 死貨
　나 쓰지 못하는 돈. しか
　　　　　　　　　dead coin
사화[私話] 낮은 목소리로 소 私話
　곤거리는 말. =사어(私語).
　しわ　　　　secret word
사화[奢華] 사치스럽고 호화로 奢華
　움. しゃか　　　　luxury
사ː화산[死火山] 현재는 활동 死火山
　을 멈추고 있는 화산. ↔활화
　산(活火山). しかざん
　　　　　　　extinct volcano
사ː환[使喚] 사무실 등에 고용 使喚
　되어 잔심부름을 하는 사람.
　　　　　　　　　　servant
사ː활[死活] 죽음과 삶. =생 死活
　사(生死). 「～이 걸린 문제다」
　しかつ　　　　life or death
사회[司會] 회의나 행사의 진 司會
　행을 맡아봄. 또는 그 사람.
　「～자(者)」しかい
　　　　　　　chairmanship
사회[社會] ① 공동 생활을 하 社會
　는 인간의 집단. ② ➪세상(世 生活
　上). ③ 같은 부류(部類)의 사
　람들로 이루어진 한정된 세
　계. 「상류～」しゃかい
　　　　① society ③ circle
사회 과학[社會科學] 사회의 社會
　모든 현상을 분석·종합하여 科學
　일정한 법칙을 발견하려는 학
　문. しゃかいかがく
　　　　　　　social science
사회 단체[社會團體] ① 사회 社會
　문제의 해결을 목적으로 하는 團體
　단체. ② 사회성(社會性)을 띤
　온갖 단체. しゃかいだんたい
　　　　　social organization
사회면[社會面] 신문에서, 사 社會面
　회에 관한 기사가 실려 있는 新聞
　지면. しゃかいめん
　　　　　local news section
사회 민주주의[社會民主主 社會民
　義] 의회 투쟁에 중점을 두어 主主義

합법적으로 사회주의를 실현하자는 주장. しゃかいみんしゅしゅぎ　social democracy

사회 보ː장[社會保障] 질병·빈곤·노령 등에 의한 생활상의 여러 문제를 국가가 사회 보험이나 실업 보험 따위로 보장하는 일. 「~ 제도(制度)」 しゃかいほしょう　social security

사회 보ː험[社會保險] 근로자 등의 재해·재난 사고에 대비하는 보험. 산업 재해 보험·의료 보험 따위. しゃかいほけん　social insurance

사회 사ː업[社會事業] 공중의 생활 개선, 복리 증진 따위의 사회 복지를 목적으로 하는 사업. 「~가(家)」 しゃかいじぎょう　social work

사회상[社會相] 사회의 모습. 사회의 형편. social circumstances

사회성[社會性] ① 어떤 사회의 고유(固有)한 성질. ② 집단을 이루어 생활하려는 인간의 성질. ③ 모든 사람에게 직접·간접으로 관계되는 일. しゃかいせい　① nature of the society ② sociality

사회 운ː동[社會運動] 사회 문제 따위를 해결하려는 조직적 활동. 「~가(家)」 しゃかいうんどう　social movement

사회인[社會人] ① 사회의 일원(一員)으로서의 개인. ② 실사회에서 활동하는 사람. しゃかいじん　① public person

사회주의[社會主義] 자본주의의 모순을 비판하고, 생산 수난을 사회의 공유로 하자는 정치·사상 운동. 「~ 국가(國家)」 しゃかいしゅぎ　socialism

사회 환원[社會還元] 기업체가 벌어들인 수익의 일부를 사회에 되돌리는 일. 사회 사업이나 공공 시설을 마련하는 따위. しゃかいかんげん　returning profit to the society

사ː후[死後] 죽은 뒤. ↔생전(生前). しご　after one's death

사ː후[事後] 일이 끝난 뒤. ↔사전(事前). 「~ 결재(決裁)」 じご　after the event

사ː후 공명[死後功名] 죽은 뒤에 내리는 벼슬이나 시호(諡號). posthumous fame

사훈[社訓] 사원이 지켜야 할 그 회사의 방침. company precepts

사휘[辭彙] ① ⇨ 어휘(語彙). ② ⇨ 사전(辭典). じい

삭[削]✽ ① 깎을 삭 : 깎다. 「削除(삭제)·添削(첨삭)·削髮(삭발)·削去(삭거)」 ② 줄일 삭 : 줄이다. 「削減(삭감)」 ③ 빼앗을 삭 : 빼앗다. 「削奪(삭탈)·削官(삭관)·削職(삭직)」 サク ① けずる

삭[朔]✽ ① 초하루 삭 : 초하루. 「朔日(삭일)·朔祭(삭제)·朔望(삭망)」 ② 북방 삭 : 북방. 「朔氣(삭기)·朔風(삭풍)·朔北(삭북)·朔雪(삭설)·朔地(삭지)」 サク ① ついたち

삭[索] ① 새끼 삭 : 새끼. 밧줄. 「索條(삭조)·索道(삭도)」 ② 쓸쓸할 삭 : 쓸쓸하다. 「索莫(삭막)·索然(삭연)」 ③ 찾을 색 : 찾다. 「模索(모색)·搜索(수색)·思索(사색)·探索(탐색)」 サク ① なわ·つな ③ もとめる

삭각[削刻] 깎고 새기고 함. carving

삭감[削減] 깎아서 줄임. 「예산(豫算)~」 さくげん reduction

삭거[削去] 깎아 버림. 깎아 없앰. elimination

삭과[蒴果] 나팔꽃·봉숭아 따위의 씨처럼, 익으면 과피(果皮)가 벌어져서 씨가 튀어나와 흩어지는 열매. =열과(裂果). さっか・さくか capsule

삭도[索道] 공중에 가설한 강삭(鋼索)에 운반차를 매달아 사람이나 화물을 나르는 설비. =가공 삭도(架空索道). さくどう cableway

삭마[削磨] 울퉁불퉁한 표면을 깎아서 반드럽게 갊. さくま cutting and polishing

삭막[索莫·索寞·索漠] 황폐하여 몹시 쓸쓸함. さくばく dreariness

삭말[削抹] 깎아서 지워 버림. 삭제(削除)하고 말소(抹消)함. erasure

삭망[朔望] ① 음력 초하루와 보름. さくぼう ② 삭망전(朔望奠)의 준말. ① syzygy

삭망전[朔望奠] 상중(喪中)인 집에서 음력으로 매월 초하루와 보름에 올리는 제사. 준삭망(朔望).

삭맥[數脈] 보통보다 뛰는 횟수가 많은 맥. =속맥(速脈). quick pulse

삭모[削毛] 털을 깎음. haircutting

삭모[槊毛] 깃대나 창대 따위의 머리에 술 또는 이삭 모양으로 만들어 다는, 붉은 빛깔의 가는 털. =상모(象毛). tassel

삭박[削剝] ① 닳아서 벗어짐. ② 깎아서 벗김.

① abrasion ② peeling

삭발[削髮] ① 머리를 깎음. ② 중이 됨. 출가(出家)함. 「~위승(爲僧)」 さくはつ ① haircutting

삭벽[削壁] 깎아지른 듯이 우뚝 솟은 암벽(巖壁). cliff

삭변증[數便症] 한방에서, 대변이 잦은 병증을 이르는 말.

삭북[朔北] 북쪽. 북녘. さくほく north

삭삭[數數] 자주자주. 빈번히. often

삭월[朔月] 음력 초하룻날의 달. さくげつ

삭월세[朔月貰] 사글세의 비표준어.

삭일[朔日] 음력으로 매월 초하룻날. さくじつ first day of the lunar month

삭적[削籍] 호적·학적·당적(黨籍) 따위에서 이름을 지워 없앰. =제적(除籍). さくせき striking off the list

삭제[削除] ① 깎아서 없앰. ② 지워 버림. 「문제가 된 기록을 ~하다」 さくじょ elimination

삭탈관직[削奪官職] 지난날, 죄지은 사람의 벼슬과 품계(品階)를 빼앗아 버리던 일. =삭탈관작(削奪官爵)·삭관탈직(削官奪職). さくだつかんしょく deprivation of office and rank

삭풍[朔風] 겨울철에 북쪽에서 불어 오는 찬 바람. =북풍(北風). さくふう north wind

삭회[朔晦] 음력 초하루와 그믐. さくかい first and last days of the lunar month

산[山]* 뫼 산: 뫼. 산. 「산정(山頂)·태산(泰山)·산천(山川)·산촌(산촌)·산사(산사)·

南山(남산)・石山(석산)・金剛山(금강산)」サン・やま 南山

산:[刪] 깎을 산: 깎다.「刪蔓(산만)・刪補(산보)・刪定(산정)・刪削(산삭)」サン・けずる 刪蔓

산[珊] ① 산호 산: 산호.「珊瑚(산호)」② 패옥 소리 산: 패옥 소리.「珊珊(산산)」サン 珊瑚

산:[産]* ① 낳을 산: 낳다.「出産(출산)・産兒(산아)・安産(안산)・流産(유산)・順産(순산)」② 생산할 산: 생산하다.「生産(생산)・産出(산출)・産業(산업)・國産(국산)・量産(양산)・畜産(축산)・産地(산지)」サン ① うむ・うぶ 産兒 國産

산[傘] 우산 산: 우산.「雨傘(우산)・洋傘(양산)・傘下(산하)」サン・かさ・からかさ 雨傘

산:[散]* ① 흩어질 산: 흩어지다.「散散(산산)・散花(산화)・分散(분산)・離散(이산)・解散(해산)」② 한가할 산: 한가하다. 일이 없다.「閑散(한산)・散策(산책)・散職(산직)」③ 없어질 산: 없어지다.「散佚(산일)・散逸(산일)」サン ① ちる・ちらす 散花 閑散

사:[算]* 셈할 산: 셈하다.「算出(산출)・算數(산수)・算法(산법)・目算(목산)・槪算(개산)・淸算(청산)・決算(결산)」サン・かぞえる 算出

산[酸]☆ ① 실 산: 맛이 시다.「酸味(산미)・酸性(산성)・蟻酸(의산)・醋酸(초산)」② 산소 산: 산소.「酸素(산소)」サン ① すい・す 酸性 酸素

산가[山家] 산 속에 있는 집. さんか・やまが house in the mountain 山家

산:가[産家] 아이 낳은 집. house delivered of a child 産家

산각[山脚] 산기슭. =산록(山麓). さんきゃく foot of a mountain 山脚

산간[山間] 산과 산 사이. 곧 산골.「~ 벽지(僻地)」さんかん in the mountains 山間

산:감[刪減] 깎아서 줄임. reduction 刪減

산:개[散開] ① 여러 곳으로 흩어짐. ② 간격을 두고 드문드문 너른 대형(隊形)을 만드는 일.「~진(陣)」さんかい deployment 散開

산객[山客] ① 속세를 떠나 산 속에서 사는 사람. ② 등산(登山)하는 사람. ① hermit ② climber 山客

산거[山居] 산 속에서 삶. さんきょ dwelling in the mountain 山居

산견[山繭] 산누에고치. =작잠견(柞蠶繭). やままゆ tussah cocoons 山繭 柞蠶繭

산:견[散見] 여기저기서 보임. さんけん being found here and there 散見

산경[山景] 산의 경치. さんけい mountain scenery 山景景致

산:고[産苦] 아이를 낳는 고통. birthpangs 産苦

산:고[産故] 아이를 낳는 일. delivery 産故

산곡[山谷] 산골짜기. さんこく mountain valley 山谷

산:곡[産穀] 곡식을 생산함. 또는 생산힌 곡식. production of grain 産穀

산:과[産科] 임신・분만(分娩) 따위에 관한 의술의 한 분과.「~ 병원(病院)」さんか obstetrics 産科

산:광[散光] 서친 면에서 빛이 사방으로 불규칙하게 흩어지는 현상. さんこう 散光

산:구[産具] 아이를 낳는 데 필요한 기구. さんぐ　産具
obstetrical supplies

산:금[産金] 금을 생산함. さんきん　産金
gold production

산기[山氣] 산 속 특유의 맑고 서늘한 공기. さんき　山氣
mountain air

산:기[産氣] 아이를 낳을 기미. さんけ　産氣
travail

산:기[産期] 아이를 낳을 시기. =출산기(出産期). さんき　産期
times of parturition

산다화[山茶花] 동백나무과의 상록 소교목. 일본 원산이며 높이 약 3m. 가을에서 겨울에 걸쳐 흰 꽃이 핌. 애기동백. 동백꽃. さざんか　山茶花
camelia blossom

산:답[散畓] 한 사람의 소유로 여기저기 흩어져 있는 논. 散畓
one's scattered paddy fields

산대극[山臺劇] 고려 때 비롯되고 조선 때 발전한 우리 나라 고유의 가면극. 산대 밑천대·봉산 탈춤·송파 산대 따위가 전함. 산대놀음. =산대도감극(山臺都監劇). 山臺劇 假面劇

산도[山稻] 밭에서 생산되는 벼. 밭벼. =육도(陸稻). ↔수도(水稻). 山稻 陸稻
upland rice

산:도[産道] 분만할 때 태아가 통과하는 모체 안의 통로. さんどう　産道
parturient canal

산도[酸度] ① 염기(鹽基) 한 분자 속에 들어 있는 수산기(水酸基)의 수효. ② ⇨산성도(酸性度). さんど　酸度 水酸基
acidity

산동[山童] 두메에서 사는 아이. さんどう　山童

산:락[散落] 사방으로 흩어져서 떨어짐. さんらく　散落

scattered light

산:란[産卵] 알을 낳음. 「~기(期)」さんらん　産卵
laying eggs

산:란[散亂] ① 흩어져 어지러움. ② 정신이 어수선하여 갈피를 못 잡음. さんらん　散亂
① dispersion ② confusion

산령[山靈] 산신령(山神靈)의 준말. さんれい　山靈

산:로[産勞] 아이를 낳는 노고. =산고(産苦). birthpangs 産勞

산록[山麓] 산기슭. =산각(山脚). さんろく　山麓
foot of a mountain

산뢰[山籟] 산바람이 나뭇가지를 스쳐서 울리는 소리. さんらい　山籟

산류[酸類] 산성(酸性)이 있는 화합물의 총칭. さんるい　酸類
acids

산릉[山陵] ① 산과 언덕. ② 임금의 무덤. さんりょう　山陵
① mountains and hills ② king's grave

산림[山林] ① 산과 숲. ② 산에 있는 숲. 「~녹화(綠化)」さんりん　山林
① mountains and forests ② forests on a mountain

산막[山幕] 약을 캐거나 사냥하는 사람이 임시 거처로 산에 마련해 놓은 허름한 집. さんまく　山幕
hut in a mountain

산:만[散漫] 주의(注意)가 흩어져서 어수선함. さんまん　散漫
diffusion

산:망[散亡] 흩어져 없어짐. 뿔뿔이 도망침. さんぼう　散亡
getting scattered and lost

산:매[散賣] 물건을 낱개로 헐어서 파는 일. =소매(小賣). ↔도매(都賣). 散賣
retail

산맥[山脈] 길게 뻗어나간 산의 줄기. さんみゃく　山脈

산명[山鳴] 지진 따위의 땅 속의 변화로 산이 울리는 일. 또는 그 소리. やまなり 山鳴
mountain rumbling

산명수자[山明水紫] 산수의 경치가 매우 아름다움. =산자수명(山紫水明). 山明水紫
beautiful scenery

산:모[産母] 아이를 낳은 어머니. =산부(産婦). 産母
woman in childbed

산:목[算木] ① 점칠 때 쓰는, 대로 만든 가늘고 긴 나무. ② 지난날, 수효를 셈할 때 쓰던 젓가락 모양의 물건. 산가지. さんぎ 算木

산문[山門] ① 산의 어귀. ② 절의 바깥 정문. さんもん 山門
① entrance to a mountain

산:문[産門] 아이를 낳는 여자의 음부(陰部). =해탈문(解脱門). 産門
vulva

산:문[散文] 글자의 수나 운율 따위에 구애됨이 없이, 자유롭게 쓴 보통의 문장. 줄글. =평문(平文). ↔운문(韻文). さんぶん 散文
prose

산:물[産物] 그 지방에서 산출되는 물자. =물산(物産). さんぶつ 産物
products

산:미[産米] ① 농사를 지어 생산한 쌀. さんまい ② 해산어미가 먹을 밥을 지을 쌀. 해산쌀. 産米
① rice products

산미[酸味] 초와 같은 신맛. 시큼한 맛. さんみ・すみ 酸味
acidity

산:발[散發] 드문드문 일어남. 이따금 일어남. 「~적(的) 뇌우(雷雨)」 さんぱつ 散發
sporadic occurrence

산:발[散髮] 머리를 풀어 헤침. 散髮
또는 그 머리. さんぱつ
disheveled hair

산방[山房] 산 속에 있는 집. 또는 그 집의 방. さんぼう 山房
room of the house in a mountain

산배[山背] 산등성이의 뒤쪽. さんぱい 山背

산벌[山伐] 산의 나무를 벰. 山伐
cutting the trees on a mountain

산벌[傘伐] 숲을 10년 이상에 걸쳐 단계적으로 벌채하면서 새로운 숲을 형성(形成)해 나가는 방법. さんばつ 傘伐

산:법[算法] 셈을 하는 방법. 셈법. さんぽう arithmetic 算法

산:병[散兵] 적전(敵前)에서, 병사를 밀집(密集)시키지 않고, 적당한 간격으로 여기저기 흩어서 배치하는 일. 또는 그 병사. 「~전(戰)」 さんぺい 散兵
skirmishers

산:보[散步] 기분 전환이나 건강을 위해 이리저리 거니는 일. =산책(散策). さんぽ 散步
walk

산복[山腹] 산의 중턱. さんぷく 山腹
mountainside

산봉[山峯] 산봉우리. 山峯
peak

산:부[産婦] 출산 전후의 임산부. =산모(産母). さんぷ 産婦
woman in childbed

산:부인과[産婦人科] 임신·분만 및 부인병을 맡아보는 의술의 한 분야. さんふじんか 人科 生理的
obstetrics and gynecology

산붕[山崩] 큰비나 지진 따위로 산비탈의 암석이나 토사(土砂)가 무너져 내리는 일. =산사태(山沙汰). やまくずれ 山崩 地震
landslide

산비[散飛] 흩어져 낢. =비산(飛散). 散飛
scattering

산사[山寺] 산 속에 있는 절. 山寺
さんじ・やまでら
temple in a mountain

산:삭[刪削] 불필요한 말이나 구절을 지워 버림. =산제(刪除). さんさく 刪削
elimination

산:삭[産朔] 아이를 낳을 달. 해산달. =산월(産月). 産朔
month of parturition

산삼[山蔘] 깊은 산에 저절로 나서 자란 삼. 약효가 썩 좋다 함. 山蔘
wild ginseng

산상[山上] ①산 위. ②뫼 쓰는 일을 하는 곳. 또는 뫼가 있는 곳. さんじょう 山上
① top of a mountain

산성[山城] 산에 쌓은 성. さんじょう 山城
mountain castle

산성[酸性] 산(酸)이 가지는 화학적 성질. ↔알칼리성(alkali性). さんせい 酸性
acidity

산성도[酸性度] 용액의 산성 강도를 나타내는 정도. =산도(酸度). さんせいど 酸性度
acidity

산성 반:응[酸性反應] 푸른 리트머스 시험지를 빨갛게 변화시키는 등 산의 성질이 있음을 나타내는 반응. さんせいはんのう 反應 變化
acid reaction

산세[山勢] 산의 형세(形勢). さんせい 山勢
geographical features of a mountain

산세비에리아[sansevieria] 백합과의 다년생 관엽(觀葉) 식물. 아프리카 원산으로 잎은 두꺼우며 모양이 다양함. 자잘한 흰 꽃이 이삭 모양으로 달림. サンセベリア 觀葉植物

산소[山所] ①무덤의 높임말. ②무덤이 있는 곳. =산처(山處)·영역(塋域). 山所 山處
① grave ② graveyard

산소[酸素] 공기(空氣)의 약 5 酸素 분의 1을 차지하고 있는 무색·무취·무미한 기체 원소. 「~ 호흡기」 さんそ oxygen

산소 흡입[酸素吸入] 호흡이 곤란할 때, 또는 공기 중에 산소가 희박할 때 산소를 들이마시게 하는 일. さんそきゅうにゅう 酸素吸入
oxygen inhalation

산수[山水] ①산과 물. ②산과 물이 어울린 자연의 경치. ③산수화(山水畫)의 준말. さんすい 山水 景致
① mountains and water

산:수[刪修] 글의 자구(字句)를 깎고 다듬어 잘 정리함. さんしゅう 刪修 字句
revision

산수[傘壽] 여든 살. 傘壽
eighty years old

산:수[算數] ①수효를 계산함. ②일상 생활에 필요한 계산을 다루는 기초적인 수학. 초등학교 교과의 하나로 지금은 '수학'이라고 함. さんすう 算數
arithmetic

산수도[山水圖] ⇨산수화(山水畫). さんすいず 山水圖

산수병[山水屛] 산수를 그린 병풍. 山水屛
screen with landscape painting

산수유[山茱萸] 산수유나무의 열매. 한방에서 해열제나 강장제로 쓰임. さんしゅゆ 山茱萸

산수화[山水畫] 동양화의 한 갈래인, 자연을 주제로 한 그림. =산수도(山水圖). 준산수(山水). さんすいが 山水畫 東洋畫
landscape

산:술[算術] ①일상 생활에 응용할 수 있는, 수와 양의 성질 및 셈을 다루는 기초적인 계산법. ②산수(算數)의 구용어. さんじゅつ 算術
arithmetic

산스크리트[범 Sanskrit] 인도유럽 어족 중 인도이란어파 梵語

에 속하는 옛 인도아리안 말. 범어(梵語). サンスクリット

산:식[算式] 더하기·빼기·곱하기·나누기 등의 기호(記號)를 써서 계산하는 순서나 방법을 표시한 식. さんしき   arithmetic expression

산신[山神] 산신령(山神靈)의 준말. やまがみ·さんじん

산:신[産神] 출산에 관한 일을 맡고 있다는 신. 삼신할머니. うぶがみ

산신령[山神靈] 산을 맡아 보호하는 신령. 준산신(山神)·산령(山靈).   spirit of a mountain

산신제[山神祭] 산신령에게 지내는 제사. 준산제(山祭).

산:실[産室] ① 산부가 아이를 낳는 방. =산방(産房). ② 어떤 일을 꾸미거나 이루어 내는 곳. 「초대 내각의 ~」 さんしつ   ① lying-in room

산:실[散失] 흩어져 없어짐. =산일(散逸). さんしつ   being scattered and lost

산:심[散心] ① 마음이 어수선함. ② 딴 생각을 하느라고 마음을 놓아 버림. =방심(放心). ① distraction ② carelessness

산:아[産兒] 아이를 낳음. 또는 그 아이. さんじ childbirth

산:아 제:한[産兒制限] 피임법을 써서 인위적으로 출산(出産)을 제한함. さんじせいげん   birth control

산악[山嶽·山岳] 높고 험한 산. 「~ 지방(地方)」 さんがく   mountains

산안[山眼] 묏자리의 좋고 나쁨을 볼 줄 아는 눈.

산:액[産額] 생산되는 수량 또는 금액. =산출액(産出額). さんがく   amount of production

산야[山野] 산과 들. さんや   fields and mountains

산:약[散藥] 가루약. =산제(散劑). さんやく   powdered medicine

산양[山羊] ① 염소. やぎ ② 솟과에 딸린, 산악 지대에 사는 야생 동물. 염소와 비슷하나 조금 큼. 끝이 뾰족한 뿔이 있고 동작이 날쌤. =영양(羚羊). かもしか   ① goat ② antelope

산양[山陽] 산의 남쪽. ↔산음(山陰). さんよう   sunny side of a mountain

산:업[産業] 농업·임업·광업·공업·어업·상업 등 물건의 생산이나 공급에 관계되는 모든 사업. さんぎょう industry

산:업 예:비군[産業豫備軍] 자본주의적 산업에서, 기계의 이용이나 개량의 결과로 일자리를 잃은 노동자의 무리. さんぎょうよびぐん   industrial reserve army

산:업 재해[産業災害] 업무상 일어난 사고, 또는 작업 환경이나 직업병으로 말미암아 근로자가 받는 신체의 장애. 준산재(産災).   industrial accidents

산:업 혁명[産業革命] 수공업(手工業)에서 기계 공업으로 변혁된 산업상의 혁명. 서구(西歐)에서 18 세기 밀에서부터 영국을 중심으로 일어남. さんぎょうかくめい   Industrial Revolution

산역[山役] 뫼를 쓰는 역사(役事). 「~꾼」   tomb work

산:열[散熱] 열을 빙산(放散)함. さんねつ   radiation

산염[山鹽] 산에서 캐는 소금.

= 암염(巖鹽). ↔해염(海鹽).
さんえん　　　　　rock salt
산영[山影] 산 그림자. 또는 산의 모습. さんえい
　　　shadow of a mountain
산요[山腰] 산의 중턱. 산허리.
さんよう　　　　mountainside
산:욕[産褥] 해산할 때 산모가 까는 요. 「~열(熱)」さんじょく
산용[山容] 산의 생김새. =산자(山姿). さんよう
　　　features of a mountain
산:용[算用] 계산하는 데 쓰임. 「~숫자」さんよう
산:원[産院] 조산사(助産師)가 산모와 신생아를 돌보는 시설. さんいん　maternity hospital
산:월[産月] 해산할 달. =산삭(産朔). さんげつ・うみづき
　　　month of parturition
산:육[産育] 아이를 낳아 기름.
　　　bearing and bringing-up
산음[山陰] 응달이 지는 산의 북쪽. ↔산양(山陽). さんいん
　　　shady side of a mountain
산인[山人] ① 세상을 등지고 깊은 산 속에서 사는 사람. ② 산 속에 사는 중이나 도사(道士). さんじん
　　　① mountain folks
산:인[散人] ① 세상일을 멀리하고 한가로이 사는 사람. ② 무능한 사람. 쓸모 없는 사람. さんじん ① man in retirement ② useless person
산:일[散佚・散軼・散逸] 전집(全集)으로 된 책이나 일련(一連)의 문헌 따위가 흩어져 더러 없어짐. さんいつ
　　getting scattered and lost
산:입[算入] 계산에 넣음. さんにゅう　　　　inclusion

산:자[糝子・饊子] 찹쌀 가루 반죽을 밀어서 모나게 썬 조각을 기름에 지진 다음, 꿀이나 조청을 바르고 튀밥・깨 따위를 묻힌 유밀과(油蜜菓)의 한 가지.
산자수명[山紫水明] 산 수의 경치가 매우 아름다움. =산명수자(山明水紫). さんしすいめい　beautiful scenery
산장[山莊] ① 산 속에 있는 별장. ② 산 속에 있는, 등산객을 위한 숙소. さんそう
　　　　① mountain villa
산:재[産災] 산업 재해(産業災害)의 준말.
산:재[散在] 여기저기 흩어져 있음. ↔밀집(密集). さんざい
　　　　scatteredness
산:재[散財] 재산을 헛되이 써서 없앰. さんざい　dissipation
산적[山賊] 산 속에 있는 도둑. さんぞく　　　　　bandit
산적[山積] 물건이나 일이 산 더미처럼 쌓임. 「재고품(在庫品)이 ~ 해 있다」さんせき
　　　　mountainous pile
산:적[散炙] 쇠고기 따위를 꼬챙이에 꿰어서 구운 음식.
　meat with vegetables on a skewer
산전[山田] 산에 있는 밭.
　　　field in a mountain
산:전[産前] 아기를 낳기 전. ↔산후(産後). さんぜん
　　　　before childbirth
산전수전[山戰水戰] 산에서의 싸움, 물에서의 싸움이란 뜻으로, 세상의 온갖 고생과 어려움을 다 겪음을 비유하는 말. going through the ups and downs of life
산정[山亭] 산 속에 있는 정자.

산정[山頂] 산꼭대기. =정상(頂上). さんちょう peak

산정[山精] ① 산의 정령(精靈). =산령(山靈). さんせい ② 삽주의 뿌리. =창출(蒼朮).
① guardian spirit of a mountain

산:정[算定] 계산하여 정함. さんてい computation

산제[山祭] 산신제(山神祭)의 준말. やままつり

산:제[散劑] 가루약. =산약(散藥). さんざい powdered medicine

산조[山鳥] 산새. やまどり・さんちょう mountain bird

산:조[散調] 민속 악곡의 하나로, 가야금·거문고·대금 등을 장구의 반주로 연주하는 기악 독주 음악. 느린 속도의 진양조로 시작하여 차츰 빠른 중모리·자진모리·휘모리로 바뀌어 끝남.

산주[山主] ① 산의 임자. 야마누시 ② 산디탈을 보존하는 사람. ③ 무당들이 조직한 신청(神廳)의 한 직명(職名).
① owner of a mountain

산죽[山竹] 산에 저절로 나는 대.
bamboo of natural growth

산준수급[山峻水急] 산의 형세가 험하고 물살이 빠름.

산중[山中] 산 속. 「~귀물(貴物)」 さんちゅう
in the mountain

산지[山地] ① 산이 많은 땅. ↔평지(平地). さんち ② 묏자리로 쓰기에 알맞은 땅.
① mountainous district

산:지[産地] 산출지(産出地)의 준말. さんち

산:지사:방[散之四方] 여기저기 사방으로 흩어짐.
being scattered

산직[山直] 산이나 뫼를 지키는 사람. 산지기. forest ranger

산진수궁[山盡水窮] ① 매우 깊은 산골짜기. ② 막다른 지경에 이르러 빠져 나갈 도리가 없음을 이르는 말. 산궁수진(山窮水盡). ① depths of a mountain ② circumstances of extreme need

산:질[散帙] 질(帙)로 된 책 가운데서 그 일부가 없어짐. 또는 그렇게 된 책. =낙질(落帙). missing some volumes

산채[山菜] 산에서 나는 나물. 산나물. 멧나물. さんさい
edible wild plant

산채[山砦・山寨] 산 속에 있는 도적의 소굴. 산적의 본거지. さんさい
den of mountain bandits

산:책[散策] 기분 전환이나 건강을 위하여 이리저리 걸어다님. =산보(散步). 「공원을 ~하다」 さんさく walk

산천[山川] 산과 내. 곧, 자연(自然)을 이르는 말. 「~초목(草木)」 さんせん・やまかわ
mountains and streams

산초[山草] ① 산에서 나는 풀. ② 산전(山田)에 심은 담배. さんそう ① grasses growing in the mountain

산초[山椒] 산초나무의 열매. 향신료(香辛料)로 쓰임. さんしょう

산촌[山村] 산 속에 있는 마을. 두메. さんそん
mountain village

산:촌[散村] 집이 모여 있지 않고 여기저기 흩어져 있는 동네. ↔집촌(集村). さんそん

산:출[産出] 물건이 생산되어 나옴. 또는 생산해 냄. 「~물(物)」 さんしゅつ dispersed village / production

산:출[算出] 계산해 냄. 「원가(原價)~」 さんしゅつ calculation

산:출지[産出地] 물건이 산출되는 곳. 준산지(産地). place of production

산치성[山致誠] 산신(山神)에게 정성을 드림.

산타마리아[이 Santa Maria] 예수의 어머니에 대한 존칭. 성모(聖母) 마리아. サンタマリア

산타클로스[Santa Claus] 크리스마스 전날 밤에 굴뚝으로 들어와 잠자는 어린이에게 선물을 가져다 준다는 붉은 옷을 입은 흰 수염의 노인(老人). サンタクロース

산:탄[霰彈] 많은 탄알이 한꺼번에 터져 나와 쫙 퍼지는 탄환. さんだん shot

산태[山汰] 산비탈이 무너져 내리는 사태(沙汰). =산사태(山沙汰). landslide

산토닌[santonin] 무색 무취의 가루로 된 회충(蛔蟲) 구제약. サントニン

산:통[算筒] 소경이 점치는 데 쓰는, 점대를 넣는 통.

산:파[産婆] 아이를 낳을 때, 아이를 받고 산모를 돌보는 일을 하는 여자. 조산사(助産師)의 옛 호칭. さんば midwife

산:파역[産婆役] 무슨 일을 주선하여 잘 이루어지도록 하는 구실. さんばやく sponsor

산패[酸敗] 유기물, 특히 술이나 지방 따위가 부패하여 신맛이 남. さんぱい acidification

산:편[散片] 깨어져 산산이 흩어진 조각. fragment

산포[山砲] ① 산악전에서 쓸 수 있도록 여러 부분으로 분해가 되는 소형의 대포. さんぽう ② 산포수(山砲手)의 준말. ① mountain gun

산:포[散布] 흩어져서 퍼지거나 흩어 퍼뜨림. =살포(撒布). さんぷ scattering

산:포[散脯] 쇠고기를 조각조각 떠서 소금을 뿌려 볕에 말린 포. dried beef slices

산포수[山砲手] 산 속에서 사냥을 업으로 하는 사람. 준산포(山砲).

산:표[散票] 선거에서, 표가 한 후보에 집중되지 않고 여러 후보에게 흩어지는 일. 또는 흩어진 표. さんぴょう scattered votes

산:품[産品] 산출된 물건. =산물(産物). さんぴん product

산플라티나[sanplatina] 니켈과 크롬의 합금(合金). 주로 치과에서 금의 대용품으로 쓰임.

산하[山下] 산 아래. 산기슭. さんか foot of a mountain

산하[山河] 산과 강. =산천(山川). さんか・さんが mountain and river

산하[傘下] 세력 있는 사람이나 조직의 지배 또는 지도를 받는 일. 「~ 단체(團體)」 さんか under the influence

산:학[産學] 산업과 학문. 또는 산업계와 학교. 「~ 협동」 industry and study

산:학[算學] 산수에 관한 학문. さんがく arithmetic

산해[山海] 산과 바다. 「~진미(珍味)」 さんかい mountain and sea

산해[山害] 묏자리가 나빠서 입는다는 재해(災害). =산화(山禍).

산행[山行] ① 산길을 걸어감. 산에 감. ② ⇨등산(登山). さんこう climbing

산형[山形] 산의 생김새. =산용(山容). appearance of a mountain

산호[珊瑚] 바다에 모여 사는 산호충(珊瑚蟲)이 해저(海底)의 바위에 붙어서 굳어져, 마른 나뭇가지 모양이 된 것. 흰색·빨강·빨홍 등 여러 가지 빛깔의 것이 있으며, 장식품으로 쓰임. さんご coral

산호초[珊瑚礁] 산호의 석회질이 쌓여서 된 암초(巖礁)나 섬. さんごしょう coral reef

산호충[珊瑚蟲] 산호과의 강장동물(腔腸動物). 해저에 사는 미세한 벌레로, 모여서 산호를 이룸. さんごちゅう coral insect

산화[山火] 산불. さんか mountain fire

산화[山禍] 묏자리가 좋지 못한 탓으로 입는다는 재화(災禍). =산해(山害).

산:화[散華] ① 꽃이 져서 흩어짐. ② 젊은 목숨이 전쟁 따위에서 죽음. ③ 꽃을 뿌려 부처를 공양하는 일. さんげ ① scattering of flowers ② heroic death in battle

산화[酸化] 어떤 물질이 산소(酸素)와 화합(化合)함. 또는 어떤 물질에서 수소를 빼앗음. 「~아연(亞鉛)」さんか oxidation

산:회[散會] 모임을 마치고 흩어짐. さんかい adjournment

산:후[産後] 아이를 낳은 뒤. ↔산전(産前). さんご after childbirth

살[殺]* ① 죽일 살 : 죽이다. 「殺人(살인)·打殺(타살)·毒殺(독살)·沒殺(몰살)·殺意(살의)」② 깨뜨릴 살 : 깨뜨리다. 「殺風景(살풍경)」③ 감할 쇄 : 감하다. 「相殺(상쇄)」④ 강조할 쇄 : 뜻을 강조하기 위하여 덧붙임. 「惱殺(뇌쇄)」⑤ 심할 쇄 : 심하다. 「殺到(쇄도)」サツ·サイ ① ころす

살[煞] 모진 기운 살 : 사람을 해치는 독하고 모진 기운. 「凶煞(흉살)」サツ

살[撒] 흩어버릴 살 : 흩어버리다. 「撒水(살수)·撒肥(살비)·撒布(살포)」サン·サツ・まく

살[薩] 보살 살 : 보살. 「菩薩(보살)·薩埵(살타)」サツ

살균[殺菌] 약품이나 열 따위로 세균을 죽임. 「~제(劑)」さっきん sterilization

살기[殺氣] ① 독살스러운 기운. ② 살인이라도 날 듯한 무시무시한 분위기. 「~충천(衝天)」さっき ① violent temper ② bloodthirstiness

살라미[salami] 마늘로 맛을 낸 이탈리아식 소시지의 하나. サラミ

살롱[프 salon] 객실(客室). 응접실. サロン

살륙[殺戮] 살육(殺戮)의 원말.

살리실산(酸)[salicylic acid] 무색의 바늘 모양의 결정. 신맛과 자극성이 있으며, 살균(殺菌) 작용이 강함. 의약·방부제·염료 등으로 쓰임.

살모넬라[라 salmonella] 주로 사람이나 동물의 창자에 기생하는 병원균(病原菌). 장티푸스·파라티푸스·식중독 등

을 일으키게 함. サルモネラ

살바르산[독 Salvarsan] 매독(梅毒)의 치료제 이름. 606호. サルバルサン

살벌[殺伐] 풍경·분위기·인정 따위가 거칠고 서먹서먹함. 「사무실 분위기가 ~하다」 さつばつ violence

살비[撒肥] 비료를 뿌림. manuring

살상[殺傷] 죽이거나 상처를 입힘. 「~ 행위(行爲)」 さっしょう killing and wounding

살생[殺生] 생물(生物)을 죽임. 「~ 금단(禁斷)」 せっしょう destruction of life

살수[撒水] 물을 뿌림. 「~차(車)」 さんすい watering

살신성인[殺身成仁] 자기 몸과 생명을 희생해서라도 옳은 일을 위하여 힘쓴다는 뜻.

살육[殺戮] 사람을 마구 죽임. さつりく massacre

살의[殺意] 사람을 죽이려는 생각, 「~를 품다」 さつい murderous intent

살인[殺人] 사람을 죽임. 「~강도(強盜)」 さつじん murder

살충[殺蟲] 해충을 약 따위로 죽임. 「~제(劑)」 さっちゅう insecticide

살타토[이 saltato] 현악(絃樂)에서, 활을 악기의 현 위에서 춤추듯 튀게 연주하는 법.

살포[撒布] 흩어 뿌림. さんぷ scattering

살풍경[殺風景] 아주 보잘것없거나 몹시 삭막하고 쓸쓸한 풍경. さっぷうけい dreariness

살해[殺害] 사람을 해쳐 죽임. さつがい murder

삼[三]* ① 석 삼: 셋. 「三人(삼인)·三三五五(삼삼오오)·三角(삼각)·三時(삼시)·三綱(삼강)·再三(재삼)」 ② 자주 삼: 자주. 여러 번. 「三思(삼사)」 サン ① みつ

삼[杉] 삼나무 삼: 삼나무. 「杉木(삼목)·杉風(삼풍)·杉檜(삼회)」 サン·すぎ

삼[衫] 적삼 삼: 적삼. 「衫子(삼자)·長衫(장삼)」 サン

삼[森]* ① 나무 많은 모양 삼: 나무가 빽빽이 들어선 모양. 「森林(삼림)·森羅(삼라)」 ② 성한 모양 삼: 무성한 모양. 「森然(삼연)」 ③ 우뚝 솟을 삼: 나무가 높이 솟은 모양. 「森立(삼립)」 シン ① もり ② さかん

삼[滲] 스밀 삼: 스미다. 배다. 「滲透(삼투)·滲出(삼출)·滲水(삼수)·滲入(삼입)·滲漏(삼루)」 シン·しむ

삼[蔘] 인삼 삼: 인삼. 「人蔘(인삼)·蔘根(삼근)·蔘商(삼상)·山蔘(산삼)·蔘茸(삼용)·蔘業(삼업)」 ジン

삼각[三角] 세모. 「~형(形)」 さんかく triangularity

삼각[三脚] ① 세 발이 달린 받침대. 삼각가(三脚架). ② 비경이. 베틀의 잉아 뒤와 사침대 앞 사이에 있는 기구. さんきゃく tripod

삼각 관계[三角關係] 셋 사이의 관계. 특히 세 남녀 사이의 연애 관계. さんかくかんけい eternal triangle

삼각법[三角法] 삼각형의 변과 각의 관계를 기초로 하여 기하학적 도형을 연구하는 수학의 한 분야. さんかくほう trigonometry

삼각주[三角洲] 강물이 운반해 온 모래와 흙이 강어귀에 퇴

적되어 이루어진 삼각형의 충적 평야(沖積平野). さんかくす delta

삼각형[三角形] 일직선 위에 있지 않은 세 점을 연결하는 세 직선으로 이루어진 평면 도형. 세모꼴. さんかくけい triangle

삼강[三綱] 유교 도덕의 기본이 되는 세 가지 도리. 군신(君臣)·부자(父子)·부부(夫婦) 사이에 지켜야 할 도리. 「~ 오륜(五倫)」 さんこう three fundamental principles in human relations

삼경[三更] 하루의 밤을 다섯으로 나눈 셋째 시각. 오후 11시부터 오전 1시까지의 사이. さんこう

삼계[三界] 불교에서, ① 천계(天界)·지계(地界)·인계(人界). ② 욕계(欲界)·색계(色界)·무색계(無色界). ③ 불계(佛界)·중생계(衆生界)·심계(心界). さんがい three worlds

삼계탕[蔘鷄湯] 영계의 내장을 빼고 인삼과 찹쌀 등을 넣고 곤 음식. =계삼탕(鷄蔘湯).

삼고[三考] 세 번 생각함. 잘 생각함. さんこう deep consideration

삼고초려[三顧草廬] 중국 촉한(蜀漢)의 임금인 유비(劉備)가 제갈량(諸葛亮)의 초옥(草屋)을 세 번이나 찾아가 간청하여 그를 군사(軍師)로 맞아들였다는 고사에서, 인재를 맞아들이기 위하여 참을성 있게 예를 다하는 일을 이르는 말.

삼광[三光] 해와 달과 별. = 삼정(三精). さんこう sun, moon and star

삼교[三校] 인쇄하기 전에 세 번째 보는 교정(校正). =삼준(三準). さんこう third proof

삼국[三國] ① 세 나라. ② 신라·백제·고구려의 세 나라. ③ 중국 후한(後漢) 말엽에 일어난 위(魏)·오(吳)·촉(蜀)의 세 나라. さんごく
① three countries

삼군[三軍] ① 전체의 군대. ② 육군·해군·공군을 통틀어 이르는 말. さんぐん
① whole army ② three armed services

삼권[三權] 입법권·행정권·사법권을 아울러 이르는 말. 「~ 분립(分立)」 さんけん three branches of government

삼권 분립[三權分立] 국가 권력을 입법·사법·행정으로 분리하여 각 기관들이 서로를 견제하도록 한 장치. 국가가 권력을 남용하여 국민의 기본권을 침해하는 것을 방지하기 위함. さんけんぶんりつ separation of the three branches of government

삼남[三南] 영남(嶺南)·호남(湖南)·호서(湖西)의 세 지방을 통틀어 이르는 말. three southern areas

삼년상[三年喪] 3년 동안의 거상(居喪). =삼년초토(三年草土). さんねん(の)も mourning of three years

삼농[蔘農] 인삼을 재배하는 농사. cultivation of ginseng

삼다[三多] ① 중국 송대(宋代)의 구양수(歐陽修)가 말한 글 짓는 공부의 세 가지 방법. 곧, 많이 읽고 [多讀] 많이 짓고 [多作] 많이 생각하는 [多商量] 것. ② 제주도에 여자와 바람과 돌이 많음을 이르는 말.

さんた

삼단 논법[三段論法] 대전제(大前提)·소전제(小前提)의 두 명제로부터 하나의 새로운 결론을 이끌어 내는 추리 논법. さんだんろんぽう   syllogism

삼동[三冬] ①겨울의 석 달. 곧, 맹동(孟冬)·중동(仲冬)·계동(季冬)을 이름. ②세 번의 겨울. 곧 3년. さんとう ①three winter months ②three years

삼라만상[森羅萬象] 우주의 온갖 사물과 모든 현상(現象). しんらばんしょう   everything in nature

삼루[三壘] 야구에서, 이루(二壘)와 본루(本壘) 사이에 있는 셋째 누. さんるい third base

삼륜차[三輪車] 바퀴가 셋 달린 차. さんりんしゃ tricycle

삼림[森林] 나무가 많이 우거진 곳. しんりん   forest

삼림대[森林帶] 온도나 강수량 등 기후 조건에 따라 나타나는, 삼림의 띠 모양의 분포(分布). 열대림·온대림·난대림 따위. しんりんたい   forest belt

삼립[森立] 빽빽하게 들어섬. standing densely

삼매[三昧] ①불교에서, 마음을 한 가지 일에만 집중시켜 흔들림이 없는 경지를 이름. ②다른 말 다음에 쓰이어 '오로지 그 일에만 열중함'을 뜻함. =삼매경(三昧境). 「독서(讀書)~」 さんまい   absorption

삼면[三面] ①세 방면. ②세 면(面). ③신문의 셋째 면. さんめん ①three sides ②three planes ③third page

삼모작[三毛作] 1년 동안 세 가지의 농작물을 같은 논밭에서 차례로 재배하여 거두는 일. さんもうさく   three crops a year

삼바[samba] 브라질의 대표적 무용 음악. 4분의 2박자로 매우 빠르며 정열적(情熱的)임. サンバ

삼배[三拜] 세 번 절함. さんばい   bowing three times

삼보[三寶] ①불교에서, 불보(佛寶)·법보(法寶)·승보(僧寶). ②도가(道家)에서 귀·입·눈의 세 가지를 이름. さんぼう ② ear, mouth and eye

삼복[三伏] ①초복(初伏)·중복(中伏)·말복(末伏)을 통틀어 이르는 말. ②여름의 가장 더운 기간. =삼경(三庚). さんぷく ② the hottest period of summer

삼부[三府] 입법부·사법부·행정부를 아울러 이르는 말. 「~ 요인(要人)」

삼부작[三部作] 세 부분으로 이루어져 있으나 주제가 서로 관련되어 전체적으로 통일되어 있는 작품. さんぶさく   trilogy

삼부 합창[三部合唱] 세 성부(聲部)로 이루어지는 합창. さんぶがっしょう   three-part chorus

삼분[三分] 셋으로 나눔. さんぶん   trisection

삼사[三思] ①여러 번 깊이 생각함. ②어려서는 어른이 되었을 때를, 늙어서는 죽은 뒤를, 넉넉할 때는 가난한 때를 생각하는 일. さんし ① mature consideration

삼사분기[三四分期] 1년을 네 기간으로 나눈 세 번째 기간.

곧, 7·8·9월의 3개월.
　　　　　　third quarter

삼삼오오[三三五五] 서넛 또는 대여섯 사람씩 떼를 지어 다니거나 무엇을 하는 모양. さんさんごご
　　　by twos and threes

삼상 교류[三相交流] 전압이 같고 전류의 주파수와 진폭이 각각 같으며 서로 120°의 위상차를 가지는 교류. さんそうこうりゅう three phase current

삼색판[三色版] 빨강·노랑·파랑의 삼원색으로 분해하여 만든 삼색 사진판을 써서 찍는 인쇄. =원색판(原色版). さんしょくばん　tricolor printing

삼생[三生] 불교에서, 전생(前生)·현생(現生)·후생(後生)을 이르는 말. さんしょう
　　past, present and future

삼세[三世] ① 조부(祖父)·부(父)·자(子)의 세 대. =삼대(三代). ② 불교에서, 전세(前世)·현세(現世)·내세(來世)를 아울러 이르는 말. さんぜ ① three generations ② three lives

삼순[三旬] ① 상순·중순·하순을 통틀어 이르는 말. =삼한(三澣). ② 30일. さんじゅん
　　　　　　② thirty days

삼승[三乘] ① 세제곱의 구용어. ② 불교의 세 가지 교법(教法). 곧, 성문승(聲聞乘)·연각승(緣覺乘)·보살승(菩薩乘). さんじょう　① cube

삼시[三時] 아침·점심·저녁의 세 끼니.　three daily meals

삼심 제도[三審制度] 소송 당사자가 한 사건에 대하여 세 번의 심리·재판을 청구할 수 있는 제도. さんしんせいど
three-instance trial system

삼십육계[三十六計] ① 서른여섯 가지의 계략. 많은 꾀. さんじゅうろっけい ② 형편이 불리할 때 달아나는 것이 상책이라는 말로, 뺑소니치는 일을 이르는 말.

삼엄[森嚴] 무시무시하리 만큼 엄숙함. 「~한 경계(警戒)」 しんげん　　　solemnity

삼원색[三原色] 모든 빛깔의 바탕이 되는 세 가지 원색. 그림 물감에서, 빨강·노랑·파랑. 빛에서, 적색·녹색·청색. さんげんしょく
　　　three primary colors

삼위[三位] 기독교에서, 성부(聖父)·성자(聖子)·성령(聖靈)을 아울러 이르는 말. 「~일체(一體)」 さんみ

삼위 일체[三位一體] ① 기독교에서, 성부(聖父)·성자(聖子)·성령(聖靈)의 셋은 하나인 신이 세 모습으로 나타난 것이라는 교의(教義). ② 세 가지의 것이 서로 연관·통합하여 목적하는 하나가 되는 일. さんみいったい　① Trinity

삼일절[三一節] 기미년(己未年)인 1919년 3월 1일의 독립운동을 기념하는 국경일.
anniversary of the Independence Movement of Korea

삼일천하[三日天下] 사흘 동안 천하를 얻는다는 뜻으로, 짧은 기간 정권을 잡았다가 곧 실권(失權)함을 비유하여 이르는 말. みっかてんか
　　　　very brief reign

삼자[三者] ① 세 사람. 「~회동(會同)」 ② 당사자 이외의 사람. =제삼자(第三者). さんしゃ　① three persons ②

삼절[三絶] ① 세 가지의 뛰어난 사물. 「송도(松都)~」 ② 세 가지 뛰어난 재주. 또는 그런 재주를 가진 사람. ③ 세수(首)의 절구(絶句). ④ 세 번 끊어짐. 「위편(韋編)~」 さんぜつ

삼정승[三政丞] 조선 시대때, 영의정(領議政)·좌의정(左議政)·우의정(右議政)을 아울러 이르던 말. =삼공(三公)·삼상(三相).

삼조 대:질[三造對質] 원고·피고·증인이 모여 하는 무릎맞춤. =삼조 대면(三造對面). confrontation of the three parties of a law suit

삼족[三族] ① 부모와 형제와 처자. ② 부계(父系)·모계(母系)·처계(妻系)의 세 겨레붙이. 「반역죄(反逆罪)로 ~을 멸하다」 さんぞく
three sets of relatives

삼중주[三重奏] 세 가지 악기로 하는 합주. 피아노·바이올린·첼로로 하는 피아노 삼중주 따위. さんじゅうそう trio

삼중창[三重唱] 성부(聲部)가 다른 세 사람이 함께 부르는 중창. さんじゅうしょう trio

삼진[三振] 야구에서, 타자가 세 번의 스트라이크로 아웃이 되는 일. さんしん strike-out

삼차원[三次元] 길이·넓이·두께의 세 차원. 곧 입체적 공간. さんじげん
three dimensions

삼척동자[三尺童子] 키가 석자밖에 안 되는 아이라는 뜻으로, 철모르는 어린아이를 이르는 말. さんじゃく(の)どうじ   mere child

삼천 대:천 세:계[三千大千世界] 불교에서 이르는 상상의 세계. 중천(中千) 세계를 천 배한 대천(大千) 세계를 이름. ⓒ삼천 세계(三千世界).
whole universe

삼천리 강토[三千里疆土] 남북의 거리가 3천 리인 우리 나라의 강토를 이르는 말.
territory of Korea

삼천 세:계[三千世界] 삼천 대천 세계(三千大天世界)의 준말. さんぜんせかい

삼청[三請] 노래 따위를 한 사람에게 재청(再請)을 하고 나서 다시 한 번 청하는 일.
calling for a second encore

삼체[三體] 서도(書道)에서 해서(楷書)·행서(行書)·초서(草書)의 세 가지 서체(書體)를 이르는 말. さんたい
three styles of penmanship

삼촌[三寸] ① 세 치. ② 아버지의 형제. ② uncle

삼추[三秋] ① 가을의 석 달. 곧, 맹추(孟秋)·중추(仲秋)·계추(季秋)를 이름. ② 세 번의 가을. 곧, 삼 년(三年). 「일각(一刻)이 여(如)~」 さんしゅう ① three autumn months ② three years

삼춘[三春] ① 봄의 석 달. 곧, 맹춘(孟春)·중춘(仲春)·계춘(季春)을 이름. ② 세 번의 봄. 곧, 삼 년(三年). さんしゅん
① three spring months ② three years

삼출[滲出] ① 액체가 스며 나옴. ② 혈관의 투과성이 비정상적으로 높아져서 혈액 성분이 혈관 밖으로 스며 나옴. 「~액(液)」 しんしゅつ
transudation

삼칠일[三七日] 출생(出生)한 지 21일이 되는 날. 세이레. さんしちにち
baby's twenty-first day of life

삼탄[三歎] ① 여러 번 한탄함. ② 감탄하여 몇 차례나 칭찬함. さんたん ① grief ② admiration

삼투[滲透] ① 스미어 들어감. ② 농도가 다른 두 가지 용액이 반투막(半透膜)을 통과하여 서로 섞이는 현상. しんとう ① permeation ② osmosis

삼팔선[三八線] 북위(北緯) 38도선. 2차 대전 후 우리 나라를 남북으로 갈라놓았던 경계선. = 삼십팔도선(三十八度線). thirty-eight degrees north latitude

삼포[蔘圃] 인삼을 재배하는 밭. ginseng field

삼하[三夏] ① 여름의 석 달. 곧, 맹하(孟夏)·중하(仲夏)·계하(季夏)를 이름. さんか ② 세 번의 여름. 곧, 3년. ① three summer months ② three years

삼한[三韓] 상고 시대에, 우리 나라 남쪽에 있었던 마한(馬韓)·진한(辰韓)·변한(弁韓)의 세 나라. さんかん

삼한사온[三寒四溫] 겨울철에 우리 나라와 중국 동북부 등지에서, 사흘쯤 추운 날씨가 계속되다가 다음 나흘쯤은 포근한 날씨가 계속되는 주기적(週期的)인 기후 현상. さんかんしおん
alternation of three cold days and four warm days

삼헌[三獻] 제사를 지낼 때 술 잔을 세 번 올리는 일. 곧, 초헌(初獻)·아헌(亞獻)·종헌(終獻). three offerings of wine at memorial services

삼현[三絃] 거문고·가야금·비파(琵琶)의 세 가지 현악기. 「~육각(六角)」 さんげん
three strings

삼효[三孝] 예기(禮記)에 나오는 세 가지 효행. 곧, 어버이를 우러러 받들고, 욕되게 하지 않으며, 잘 봉양하는 일. さんこう
three requisites of filial piety

삽[挿] 꽂을 삽: 꽂다. 끼다. 「挿入(삽입)·挿畵(삽화)·挿秧(삽앙)」 ソウ·さす

삽[颯] 바람 소리 삽: 바람 소리. 「颯然(삽연)·颯爽(삽상)·颯辣(삽랄)」 サツ·はやて

삽[澁] ① 떫을 삽: 떫다. 「澁味(삽미)·澁劑(삽제)」 ② 깔깔할 삽: 깔깔하다. 껄끄럽다. 「難澁(난삽)·澁喞(삽열)·澁滯(삽체)」 ジュウ ① しぶい

삽[霎] ① 가랑비 삽: 가랑비. 「霎雨(삽우)」 ② 잠깐 삽: 잠깐. 잠시. 「霎時間(삽시간)」 ショウ

삽고[澁苦] 맛이 떫고 씀. じゅうく
being astringent and bitter

삽구[挿句] 글 가운데에 글귀를 끼워 넣음. 또는 그 글귀. そうく
parenthesis

삽도[挿圖] 신문·서적 등의 글에 곁들여 넣어 내용의 이해를 돕는 그림. =삽화(挿畵). そうず
illustration

삽목[挿木] 식물의 줄기나 가지 따위를 잘라 흙에 꽂아서, 뿌리를 내리게 하여 새 그루를 이루게 하는 일. 꺾꽂이. = 삽지(挿枝). さしき
planting a cutting

삽미[澁味] 떫은 맛. しぶみ

삽삽[澁澁] ① 맛이 떫음. ② 매끄럽지 않고 껄끄함. ③ 말이나 문장이 분명하지 않아 이해하기 어려움. ① being astringent ② being rough ③ being crabbed

삽상[颯爽] 바람이 시원하게 불어서 기분이 상쾌함. さっそう refreshing

삽시[揷匙] 제사 때 숟가락을 메에 꽂는 일.

삽시[澁柿] 맛이 떫은 감. しぶがき

삽시간[霎時間] 극히 짧은 시간. =순시(瞬時). twinkle

삽앙[揷秧] 모를 논에 심음. そうおう planting of rice seedlings

삽어[澁語] 더듬거리는 말. stammer

삽입[揷入] 끼워 넣음. 꽂아 넣음. そうにゅう insertion

삽지[揷枝] ⇨ 삽목(揷木).

삽체[澁滯] 일이 잘 진척되지 않고 밀림. じゅうたい delay

삽화[揷畫] 내용의 이해를 돕기 위해 서적·신문·잡지 따위에 곁들이는 그림. =삽도(揷圖). そうが illustration

삽화[揷話] 이야기나 사건의 줄거리에 끼워 넣는, 줄거리와 직접 관련되지 않는 짤막한 이야기. そうわ episode

상:[上]* ① 위 상: 위. 높다. 「上方(상방)·山上(산상)·頂上(정상)·上下(상하)·上層(상층)·上司(상사)·尊上(존상)·進上(진상)·上納(상납)·上策(상책)·最上(최상)·上客(상객)」 ② 오를 상: 오르다. 올리다. 「上京(상경)·上演(상연)·上映(상영)·誌上(지상)」 ③ 임금 상: 임금. 「今上(금상)·主上(주상)·上旨(상지)」 主上 ジョウ ① うえ ② あがる

상[床]☆ 평상 상: 평상. 침상. 소반. 「平床(평상)·寢床(침상)·兼床(겸상)」 ショウ·とこ·ゆか

상:[尙]* ① 오히려 상: 오히려. 아직도. 「尙今(상금)·尙存(상존)」 ② 숭상할 상: 숭상하다. 「崇尙(숭상)·尙古(상고)·尙武(상무)」 ③ 높일 상: 높이다. 높다. 「尙志(상지)·高尙(고상)」 ショウ ① なお ② たっとぶ

상[狀]☆ ① 형상 상: 형상. 「狀態(상태)·形狀(형상)」 ② 문서 장: 문서. 「狀啓(장계)·賞狀(상장)」 ジョウ ① かたち·さま

상[庠] 학교 상: 학교. 「庠生(상생)·庠序(상서)」 ショウ

상[相]* ① 서로 상: 서로. 「相互(상호)·相見(상견)·相對(상대)·相關(상관)」 ② 모양 상: 모양. 모습. 「樣相(양상)·眞相(진상)·觀相(관상)·面相(면상)」 ③ 재상 상: 재상. 정승. 「相公(상공)·宰相(재상)·領相(영상)」 ソウ·ショウ ① あい ② すがた

상[桑] 뽕나무 상: 뽕나무. 「桑葉(상엽)·桑田(상전)·桑園(상원)·農桑(농상)·桑蟲(상충)」 ソウ·くわ

상[商]* ① 장사 상: 장사. 「商業(상업)·商人(상인)·商店(상점)·商利(상리)·商品(상품)」 ② 헤아릴 상: 헤아리다. 「協商(협상)·商量(상량)·商議(상의)」 ショウ ① あきなう

상[常]* ① 항상 상: 항상. 「恒常(항상)·平常(평상)·常時(상시)」 ② 떳떳할 상: 떳떳하다. 「常道(상도)·綱常(강상)·常情

(상정)」ジョウ ①つね

상:[爽] 시원할 상:시원하다. 爽快
「爽快(상쾌)・爽涼(상량)・爽達(상달)・爽德(상덕)・爽明(상명)」ソウ・さわやか

상[祥]☆ ①상서로울 상:상서롭다. 「祥瑞(상서)・祥雲(상운)・吉祥(길상)」 ②제사 상:제사. 「大祥(대상)・小祥(소상)」ショウ ①さいわい 祥雲 吉祥

상[喪]* ①초상 상:초상. 잃다. 「喪家(상가)・喪配(상배)・喪服(상복)・喪祭(상제)」 ②잃을 상:잃다. 「喪亡(상망)・喪神(상신)・喪失(상실)・喪心(상심)・喪氣(상기)」ソウ ①も ②うしなう 喪家

상[廂] 곁채 상:곁채. 「廂廊(상랑)・廂兵(상병)」ショウ 廂廊

상[湘] 물 이름 상:물 이름. 「湘水(상수)・湘竹(상죽)・湘靈(상령)」ショウ 湘水

상[象]☆ ①코끼리 상:코끼리. 「象牙(상아)・巨象(거상)・象笏(상홀)・象箸(상저)」 ②형상 상:형상. 「現象(현상)・象徵(상징)・象形(상형)」ショウ・ゾウ ①ぞう ②すがた 象牙

상[翔] 날 상:돌아서 날다. 「飛翔(비상)・翔舞(상무)・翔破(상파)・翔空(상공)」ショウ・かける 飛翔

상[傷]* ①상할 상:상하다. 「負傷(부상)・傷處(상처)・殺傷(살상)・損傷(손상)・傷害(상해)」 ②근심할 상:근심하다. 「悲傷(비상)・傷憤(상분)・感傷(감상)」ショウ ①きず ②いたむ・いためる 負傷 感傷

상:[想]* ①생각할 상:생각하다. 「想念(상념)・想到(상도)・想憶(상억)」 ②생각 상:생각. 「思想(사상)・想察(상찰)・ 想念

幻想(환상)・夢想(몽상)」ソウ ①おもう

상[詳]☆ 자세할 상:자세하다. 「仔詳(자상)・詳細(상세)・詳確(상확)・詳說(상설)・詳悉(상실)」ショウ・くわしい 仔詳

상[像]☆ 형상 상:형상. 모양. 꼴. 「像本(상본)・塑像(소상)・佛像(불상)・銅像(동상)」ゾウ・かたどる・すがた 佛像

상[嘗]☆ ①맛볼 상:맛보다. 「嘗味(상미)・嘗膽(상담)」 ②일찍이 상:일찍이. 「未嘗不(미상불)」ショウ ①なめる ②かつて 未嘗不

상[裳] 치마 상:치마. 「裳衣(상의)・裳繡(상수)・衣裳(의상)」ショウ・も・もすそ 衣裳

상[箱] 상자 상:상자. 「箱子(상자)」ショウ・はこ 箱子

상[賞]* ①상 줄 상:상 주다. 칭찬하다. 「授賞(수상)・賞狀(상장)・賞金(상금)・賞品(상품)・賞讚(상찬)」 ②구경할 상:구경하다. 「玩賞(완상)・賞春(상춘)・鑑賞(감상)」ショウ ①ほめる ②めでる 賞狀 玩賞

상[橡] 상수리 상:상수리나무. 「橡木(상목)・橡實(상실)・橡實油(상실유)」ショウ・とち 橡木

상[償]☆ 갚을 상:갚다. 값. 「償還(상환)・償債(상채)・代償(대상)・補償(보상)・無償(무상)」ショウ・つぐなう 償還

상[霜] 서리 상:서리. 희다. 「霜降(상강)・霜氣(상기)・雪霜(설상)・霜天(상천)・霜化(상화)・霜鬢(상빈)・霜髮(상발)」ソウ・しも 霜降

상[觴] 술잔 상:술잔. 「觴豆(상두)・觴詠(상영)・觴政(상정)・濫觴(남상)」ショウ・さかずき 觴詠

상[孀] 과부 상 : 과부. 「孀閨(상규)·孀婦(상부)」 ソウ·やもめ 孀 婦

상가[商家] 장사하는 집. しょうか shop 商家

상가[商街] 상점이 많이 늘어서 있는 거리. downtown 商街

상가[喪家] 초상이 난 집. そうか house of mourning 喪家

상각[償却] ① 보상하여 갚아 줌. ② 토지를 제외한 고정 자산에 생기는 가치의 소모를 결산기마다 계산하여 그 자산가격을 감(減)해 가는 일. 감가상각(減價償却). しょうきゃく repayment 償却 減價

상:감[上監] 임금에 대한 높임말. 「~마마」 the Lord 上監

상감[象嵌] ① 금속이나 도자기 등의 표면에 무늬를 파고 그 속에 금·은·자개 등을 박아 넣는 일. 또는 그 작품. ② 활판 인쇄에서, 인쇄판의 오자(誤字) 부분을 도려 내고 다른 활자 따위를 박아 수정하는 일. ぞうがん ① inlaying 象嵌 青瓷

상강[霜降] 이십사 절기의 하나. 10월 24일경으로 이 때부터 서리가 내린다고 함. そうこう 霜降

상:객[上客] ① 지위가 높은 손님. =상빈(上賓). じょうきゃく·じょうかく ② 혼인 때, 가족 중에서 신랑이나 신부를 데리고 가는 사람. =위요(圍繞). ① guest of honor 上客 上賓

상객[常客] 늘 찾아오는 손님. じょうきゃく regular customer 常客

상거[相距] 서로 거리가 떨어져 있음. distance 相距

상거래[商去來] 상업상의 매매(賣買) 행위. commercial transaction 商去來

상:게[上揭] 위에 게재하거나 게시함. じょうけい noticed above 上揭

상격[相格] 관상에서, 사람의 얼굴 생김새. physiognomy 相格

상격[相隔] 서로 떨어져 있음. being distant from each other 相隔

상견[相見] 서로 봄. 「~례(禮)」 そうけん meeting 相見 相見禮

상:견[想見] 생각하여 봄. そうけん consideration 想見

상:경[上京] 지방에서 서울로 감. =상락(上洛). じょうきょう going up to the capital 上京

상경[相敬] ① 서로 공경함. ② 서로 경어(敬語)를 씀. ① mutual respect 相敬

상경[常經] 사람이 마땅히 지켜야 할 떳떳한 도리. じょうけい right principle 常經

상경[祥慶] 경사스러운 일. しょうけい happiness 祥慶

상:계[上計] 가장 좋은 계책. =상책(上策). じょうけい best policy 上計

상계[商界] 상업계(商業界)의 준말. 商界 商業界

상계[商計] ① 해야 할 바를 이리저리 헤아림. ② 상업상의 계책 =상략(商略). しょうけい ① consideration ② business policy 商計

상계[詳計] 자세하게 세운 계획. minute artifice 詳計

상:고[上古] 아주 오랜 옛날. =상대(上代)·상세(上世). じょうこ ancient times 上古 上世

상:고[上告] ① 윗사람에게 고함. ② 제2심의 판결에 대해 불복(不服)하고 상소(上訴)함. じょうこく ① telling to one's superior ② appeal 上告 上訴

상:고[尙古] 옛날의 문물(文物)을 소중히 여김. 「~주의(主 尙古

義)」しょうこ　worship of ancient civilization

상고[商高] 상업 고등 학교(商業高等學校)의 준말. しょうこう　商高

상고[詳考] 자세히 참고함.　詳考
close reference

상:공[上空] ① 높은 하늘. ② 어떤 지역 위의 하늘. じょうくう　上空
upper air

상공[商工] 상공업(商工業)의 준말.「~ 회의소(會議所)」しょうこう　商工

상공[翔空] 하늘을 날아다님.　翔空
flight

상공[賞功] 공로에 대하여 상을 줌.　賞功　prize

상공업[商工業] 상업과 공업. 준상공(商工). しょうこうぎょう　商工業
commerce and industry

상과[商科] 상업에 관한 교과목. しょうか　commercial course　商科

상과 대학[商科大學] 상업 및 경제에 관한 전문 학술과 경영 기술을 학습 연구하는 단과 대학. 준상대(商大). しょうかだいがく　大學
college of commerce

상:관[上官] ① 윗자리의 관리. ② ⇨도임(到任). じょうかん　上官
① higher officer

상관[相關] 서로 관련이 됨. 서로 관계가 있음.「~ 관계(關係)」そうかん　correlation　相關

상구[喪具] 장례 때 쓰이는 제구. そうぐ　funeral outfit　喪具

상:국[上國] 지난날, 작은 나라로부터 조공(朝貢)을 받던 나라. じょうこく　上國

상국[霜菊] 서리가 내릴 무렵에 핀 국화.　霜菊
frosty chrysanthemum

상궁[尚宮] 조선 시내 때, 여관(女官)의 정5품 벼슬.　尚宮
court lady

상궁지조[傷弓之鳥] 화살을 맞아 다친 새라는 뜻으로, 한번 혼이 난 사람은 그 일로 늘 두려운 마음을 가짐을 비유하여 이르는 말.　傷弓之鳥

상:권[上卷] 두 권이나 세 권으로 된 책의 첫째 권. じょうかん　first volume　上卷

상권[商圈] 상업의 세력 범위. 「~ 다툼이 치열하다」しょうけん　commercial district　商圈

상권[商權] 상업상의 권리. しょうけん　commercial right　商權

상궤[常軌] 떳떳이 좇아야 할 바른 길.「~를 벗어나다」じょうき　proper course　常軌

상규[常規] 일반적인 규칙이나 규범. じょうき　常規
common standard

상극[相剋] ① 오행설(五行說)에서, 쇠는 나무를, 나무는 흙을, 흙은 물을, 물은 불을, 불은 쇠를 이기는 관계를 이르는 말. ↔상생(相生). ② 서로 화합하지 못하고 항상 충돌하는 관계. そうこく　相剋 五行說
incompatibility

상:금[尙今] 이제까지. 아직도.　尙今
till now

상금[賞金] 상으로 주는 돈. しょうきん　prize money　賞金

상금[償金] ① 물어 주는 돈. ② 갚는 돈. しょうきん　indemnity　償金

상:급[上級] 위의 등급. ↔하급(下級).「~ 학교(學校)」じょうきゅう　upper class　上級 等級

상급[賞給] ① 상으로 줌. ② 상으로 주는 돈이나 물건.　賞給
① awarding a prize ② prize

상:기[上記] 위에 적음. 또는 그 적은 내용. じょうき　上記
above statement

상:기[上氣] ① 흥분하거나 수치스러워서 얼굴이 달아오름. ② 한방에서, 피가 머리로 모여 얼굴이 붉어지고 두통·이명(耳鳴) 등을 일으키는 증상. じょうき ① being flushed

상기[喪氣] 기운이 꺾임. 기가 죽음. loss of spirits

상:기[想起] 지난 일을 돌이켜 생각함. そうき remembrance

상기[詳記] 자세히 기록함. 또는 그 기록. しょうき minute description

상:납[上納] ① 지난날, 나라에 조세를 바치던 일. ② 윗사람에게 금품을 바침. じょうのう ① tax payment to the government

상:념[想念] 마음 속에 떠오르는 여러 가지 생각. そうねん notion

상:농[上農] 대규모로 농사를 짓는 농부 또는 농가. =대농(大農). wealthy farmer

상:단[上段] ① 위에 있는 단. ② 글의 첫째 단락. ↔하단(下段). じょうだん ① upper step ② upper column

상:단[上端] 위쪽 끝. ↔하단(下端). じょうたん top

상:달[上達] 윗사람에게 여쭈어 알게 함. ↔하달(下達). 「하의(下意) ~」 じょうたつ report

상담[相談] 서로 의논함. =상의(相議). そうだん consultation

상담[商談] 상업상의 대화. 상거래에 관한 교섭. しょうだん business talk

상담[常談] ① 보통으로 쓰는 평범한 말. じょうだん ② 상스러운 말. ① everyday language ② slang

상당[相當] ① 서로 맞먹음. 어금지금함. ② 정도가 대단함. 「실력이 ~하다」 ③ 어떠한 기준에 알맞음. そうとう corresponding

상당수[相當數] 어지간히 많은 수. そうとうすう considerable number

상:대[上代] ① 먼 옛날. =상고(上古). ② 윗대. =조상(祖上). じょうだい ① ancient times ② ancestor

상대[相對] ① 서로 마주 대함. 또는 그 대상. ② 서로 겨룸. 또는 그 대상. ③ 어떤 관계에서 본 대상(對象). ④ 철학에서, 다른 사물에 의존하거나 제한을 받거나 하여 존재함. ↔절대(絶對). そうたい ① facing each other ④ relativity

상대[商大] 상과 대학(商科大學)의 준말. しょうだい

상대방[相對方] ⇨상대편(相對便).

상대성 원리[相對性原理] 물리학에서, 서로 등속 운동을 하는 관측자에 대하여 모든 자연 법칙은 같은 식으로 성립된다는 원리. そうたいせいげんり principle of relativity

상대적[相對的] 다른 것과의 관계나 비교 등으로 존재하는 것. ↔절대적(絶對的). そうたいてき relative

상대편[相對便] 서로 상대가 되는 쪽.

상도[常道] ① 항상 지켜야 할 옳은 길. ② 항상 변하지 않는 떳떳한 도리. じょうどう regular course

상도[商道] ⇨상도덕(商道德).

상:도[想到] 생각이 미침. そう

상도덕[商道德] 상업을 하는 데 지켜야 할 도덕. =상도(商道). 商道德 commercial ethics

상:동[上同] 위와 같음. =동상(同上). 上同 ditto

상:등[上等] 높은 등급. ↔하등(下等). じょうとう 上等 superiority

상:등[上騰] 물가 따위가 오름. ↔하락(下落). じょうとう 上騰 rising

상등[相等] 정도가 서로 비슷함. そうとう 相等 equality

상:등병[上等兵] 국군 사병의 한 계급. 일등병의 위, 병장의 아래임. 준상병(上兵). 上等兵 corporal

상람[詳覽] 자세히 봄. しょうらん 詳覽 seeing minutely

상:략[上略] 글이나 말의 앞부분을 생략함. ↔하략(下略). じょうりゃく 上略

상략[商略] 상업상의 책략. =상계(商計). しょうりゃく 商略 business policy

상략[詳略] 상세함과 간략함. しょうりゃく 詳略 minuteness and brevity

상:량[上樑] ① 집을 지을 때, 기둥에 보를 얹고 그 위에 마룻대를 올리는 일. 「~식(式)」 ② 마룻대. 上樑 ① raising the framework ② ridge beam

상:량[爽涼] 날씨가 기분 좋을 정도로 서늘함. そうりょう 爽涼 being cool

상량[商量] 헤아려 잘 생각함. しょうりょう 商量 consideration

상련[相連] 서로 잇닿거나 이어짐. 相連 connection

상련[相憐] 서로 가엾게 여겨 동정함. 「동병(同病)~」 あいあわれむ 相憐 mutual sympathy

상례[常例] 흔히 있는 예. じょうれい 常例 usual practice

상례[常禮] 보통의 예법. じょうれい 常禮 usual courtesy

상례[喪禮] 상중(喪中)에 행하는 모든 예절. そうれい 喪禮 ceremonies of mourning

상로[霜露] 서리와 이슬. そうろ・しもつゆ 霜露 frost and dew

상록[詳錄] 자세히 기록함. =상기(詳記). しょうろく 詳錄 detailed record

상록수[常綠樹] 1년 내내 잎이 푸른 나무. 소나무·대나무 따위. 늘푸른나무. ↔낙엽수(落葉樹). じょうりょくじゅ 常綠樹 evergreen tree

상론[詳論] 자세히 의논함. =상의(詳議). しょうろん 詳論 full treatment

상:루하:습[上漏下濕] 위에서는 비가 새고 아래에서는 습기가 찬다는 뜻으로, 허술하고 가난한 집을 이르는 말. 上漏下濕 humble cottage

상:류[上流] ① 하천(河川)의 근원에 가까운 쪽이나 지역. ↔하류(下流). ② 사회적 신분이나 생활 정도 따위가 높음. 「~사회(社會)」 じょうりゅう 上流 社會 ① upper stream ② higher class

상:륙[上陸] 배에서 내려 육지로 오름. 「~작전(作戰)」 じょうりく 上陸 landing

상륜[相輪] 불탑의 탑신(塔身) 위에 기둥 모양으로 올린 금속제나 석제의 장식물. =구륜(九輪). そうりん 相輪

상리[商利] 장사로 얻는 이득. しょうり 商利 profit

상리[常理] 떳떳한 이치. 당연한 도리. じょうり 常理

상리[商理] 장사의 이치. しょうり 商理
business principle

상:마[上馬] ①좋은 말. じょうば・じょうめ ②말에 오름. ↔하마(下馬). ① excellent horse ② getting on a horse 上馬

상마지교[桑麻之交] 전원(田園)에서 한가히 지내는 사람들의 사귐. plain association 桑麻之交

상망[喪亡] 망하여 없어짐. そうぼう ruin 喪亡

상:망[想望] ①생각하여 우러러봄. ②어떤 일이 이루어지기를 바라고 기다림. そうぼう ① yearning ② expecting 想望

상:면[上面] 위로 향한 쪽의 겉면. ↔하면(下面). じょうめん surface 上面

상면[相面] ①서로 만나 봄. ②처음으로 대면하여 서로 알게 됨. ① meeting ② meeting for the first time 相面

상:명[上命] ①임금의 명령. ②윗사람의 명령. じょうめい ① imperial order ② superior's order 上命

상:명[爽明] 시원하고 밝음. refreshingness 爽明

상명[詳明] 상세하고 분명함. しょうめい being minute and clear 詳明

상명[償命] 목숨으로 갚음. 곧, 사람을 죽인 사람을 죽임. execution of a murderer 償命

상명지통[喪明之痛] 눈이 멀 만큼 슬프다는 뜻으로, 아들을 잃은 슬픔을 이르는 말. 喪明之痛

상모[相貌] 얼굴의 생김새. そうぼう features 相貌

상모[象毛] ①⇨삭 모(槊毛). ②농악놀이에서, 벙거지 꼭지에 참대와 구슬로 꾸미고 그 끝에 흰 새털이나 종이 오리를 달아 돌리게 된 것. 象毛

상모[傷耗] ①상하여 줄어듦. ②결손(缺損)이 생김. ① exhaustion ② loss 傷耗

상:목[上木] ①품질이 썩 좋은 무명. ②품질이 썩 좋은 재목. ① fine cotton cloth ② superior lumber 上木

상목[桑木] 뽕나무. mulberry tree 桑木

상몽[祥夢] 좋은 꿈. 상서로운 꿈. =길몽(吉夢). lucky dream 祥夢

상:무[尚武] 무예를 숭상함. ↔상문(尙文). 「~ 정신(精神)」しょうぶ warlike spirit 尙武

상무[常務] ①일상의 업무. ②상무 이사(常務理事)의 준말. じょうむ ① routine work 常務

상무[商務] 상업상의 용무. しょうむ commercial affairs 商務

상무 이:사[常務理事] 회사·재단 등의 여러 이사 가운데서, 일상의 업무를 집행하는 이사. 준상무(常務). じょうむりじ managing director 常務理事

상:문[上文] 앞에 쓴 글. =전문(前文). じょうぶん foregoing paragraphs 上文

상문[喪門] 매우 흉한 방위(方位). baleful direction 喪門

상문[詳問] 자세히 물음. inquisition 詳問

상:미[上米] 품질이 좋은 쌀. じょうまい rice of fine quality 上米

상:미[上味] 음식의 맛이 썩 좋음. 또는 썩 좋은 그 맛. relish 上味

상미[嘗味] 맛을 봄. taste sampling 嘗味

상미[賞味] 음식의 맛이 좋다고 칭찬하며 먹음. しょうみ taste appreciation 賞味

상미[賞美] 칭찬함. しょうび 賞美
　　　　　　　　　　praise
상미[霜眉] 흰 눈썹. 하얗게 센 霜眉
　노인의 눈썹. gray eyebrows
상:미만[尙未晩] 아직 늦지 아 尙未晩
　니함.
상민[常民] 조선 시대에 양반에 常民
　상대하여 일반 평민을 이르던
　말. 상사람. じょうみん
　　　　　　　　common people
상밀[詳密] 자상하고 세밀함. 詳密
　しょうみつ　　　minuteness
상:박[上膊] 팔꿈치에서 어깨 上膊
　에 이르는 부분. ↔하박(下膊).
　じょうはく　　　　upper arm
상:반[上半] 위아래 절반으로 上半
　나눈 위의 부분. ↔하반(下半).
　「~신(身)」じょうはん
　　　　　　　　　　upper half
상반[床飯] 한 상씩 차려서 파 床飯
　는 밥. 상밥.
상반[相反] 서로 반대됨. 「이 相反
　해(利害) ~」そうはん
　　　　　　　　　contradiction
상반[相伴] 서로 짝이 됨. しょう 相伴
　ばん　　　　　　partaking
상반[常班] 상민과 양반. =반 常班
　상(班常).
　　　　　commoners and nobles
상:반기[上半期] 1년 혹은 일 上半期
　정한 기간을 둘로 나눌 때 앞
　의 절반 기간. ↔하반기(下半
　期). じょうはんき
　　　　　first half of the year
상:반[上方] ①⇨천계(天界). 上方
　② 위쪽. 위쪽의 방향. ↔하방
　(下方). ③ 산 속에 있는 절.
　じょうほう　② upper part ③
　temple in a high mountain
상배[喪配] 아내를 여윔. =상 喪配
　처(喪妻). death of one's wife
상배[賞杯·賞盃] 상으로 주 賞杯
　는 잔이나 컵. しょうはい

　　　　　　　　　　　trophy
상벌[賞罰] ① 상과 벌. ② 잘 賞罰
　한 행위에는 상을 주고, 못한
　행위에는 벌을 줌. しょうばつ
　① reward and punishment
상법[常法] ① 일정한 법규. ② 常法
　흔히 쓰는 수단이나 방법.
　じょうほう　　　common law
상법[商法] ① 장사하는 방법. 商法
　② 상업에 관한 법률. しょうほう
　① principles of commerce ②
　commercial law
상변[喪變] 초상이 난 일. = 喪變
　상사(喪事).　　　mourning
상:병[上兵] 상등병(上等兵)의 上兵
　준말.
상병[傷兵] 부상을 당한 병사. 傷兵
　しょうへい　wounded soldier
상병[傷病] 다치거나 병이 듦. 傷病
　「~자(者)」しょうびょう
　　　　　being wound and sick
상보[床褓] ① 음식상을 덮는 床褓
　보자기. ② 예식(禮式)에 쓰
　는, 상의 아래를 가리는 헝
　겊. ① tablecloth
상보[商報] 상사(商社)나 상업 商報
　에 관한 일을 알리는 간행물.
　しょうほう　business bulletin
상보[詳報] ① 싱세한 보고(報 詳報
　告). ② 상세한 보도(報道).
　しょうほう　detailed report
상복[常服] 평소에 늘 입는 옷. 常服
　=평상복(平常服). じょうふく
　　　　　　　　　plain clothes
싱복[喪服] 상중(喪中)에 있는 喪服
　상제가 입는 예복. もふく
　　　　　　　mourning dress
상본[像本] 가톨릭에서, 천주 像本
　(天主)·천신(天神) 또는 성인
　(聖人)의 모상(模相). image
상:봉[上峰] 가장 높은 산봉우 上峰
　리.「상(上)~」　　　peak
상봉[相逢] 서로 만남. 相逢

상:봉하:솔[上奉下率] 위로는 부모를 봉양하고 아래로는 처자를 거느림. ⇨봉솔(奉率). supporting one's parents and family

상:부[上部] ① 위쪽 부분. ② 보다 위의 직위(職位)나 기관. ↔하부(下部).「~ 명령(命令)」 じょうぶ upper part

상부[相扶] 서로 도움.「~조(相助)」 そうふ mutual aid

상부[相符] 서로 꼭 들어맞음.「명실(名實)~」 corresponding

상부[喪夫] 남편을 여읨. death of one's husband

상부[孀婦] 청상과부(靑孀寡婦)의 준말. そうふ

상비[常備] 늘 준비하여 둠.「~약(藥)」 じょうび standing equipment

상비[喪費] 초상에 드는 비용. そうひ funeral expenses

상비[傷悲] 통탄하고 슬퍼함. しょうひ heart-breaking grief

상민[傷悶] 가슴에 쓰들너 마음이 상함.

상:사[上巳] 삼짇날. 음력 3월 3일. じょうし・じょうみ

상:사[上士] 군대의 하사관(下士官) 계급의 하나. 중사(中士)의 위, 준위(准尉)의 아래임. じょうし master sergeant

상:사[上司] ① 상급(上級)의 관청. ② ⇨상관(上官). じょうし ① higher authorities

상사[相似] 성질이나 모양이 서로 비슷함. そうじ resemblance

상사[相思] ① 서로 마음에 두고 생각함. ② 남녀가 서로 그리워함.「~병(病)」 そうし mutual love

상사[商社] ① 상업상의 결사(結社). ② 상사 회사(商事會社)의 준말. しょうしゃ firm

상사[商事] 상업에 관한 일. しょうじ business affairs

상사[常事] 예상사(例常事)의 준말. じょうじ

상사[喪事] 초상이 난 일. =상변(喪變). mourning

상사[殤死] 나이가 스무 살이 되기 전에 죽음. しょうし dying young

상사[賞詞] 칭찬하는 말. =찬사(讚辭). しょうし praise

상사마[相思馬] 생리적 변화로 한때 성질이 사나워진 수말. horse in heat

상사병[相思病] 남녀간에 몹시 그리워한 나머지 생기는 병. =화풍병(花風病). そうしびょう lovesickness

상사 회:사[商事會社] 상행위를 목적으로 설립된 사단 법인. ⇨상사(商社). しょうじがいしゃ commercial firm

싱:상[想像] 헌실하지 않거나 경험하지 못한 사물을 마음 속으로 그려 봄. 또는 그러한 생각.「~력(力)」 そうぞう imagination

상생[相生] 오행설(五行說)에서, 나무는 불을, 불은 흙을, 흙은 쇠를, 쇠는 물을, 다시 물은 나무를 낳는다는 서로의 관계. ↔상극(相剋).

상:서[上書] 웃어른에게 글을 올림. 또는 그 글. ↔하서(下書). じょうしょ sending a letter to one's senior

상서[祥瑞] 복스럽고 길한 일이 있을 징조. しょうずい propitious omen

상:석[上席] ① 윗사람이 앉는

자리. =상좌(上座). ②위의 등급이나 서열. 윗자리. ↔말석(末席). じょうせき
upper seat

상석[床石] 무덤 앞에 제물을 차려 놓기 위하여 돌로 만들어 놓은 상.
stonestand in front of a tomb

상:선[上船] 배에 오름. =승선(乘船). ↔하선(下船). じょうせん
going aboard

상선[相先] 실력이 비슷한 사람끼리 두는 바둑. 맞바둑.

상선[商船] 상업상의 목적으로 쓰이는 배. 여객선이나 화물선 따위. しょうせん
merchant ship

상설[常設] 항상 마련하여 둠.「~ 단체(團體)」じょうせつ
permanent establishment

상설[詳說] 자세히 설명함. しょうせつ detailed explanation

상설관[常設館] 늘 이용할 수 있도록 시설을 갖추어 놓은 건물. じょうせつかん

상:성[上聲] ①15세기 국어의 사성(四聲)의 하나. 처음이 낮고 나중이 높은 소리. 글자에 표할 때는 왼편에 점 두 개를 찍음. ②한자에서 사성의 하나. 처음이 낮고 차차 높아져서 가장 높을 때 그치는 소리. じょうしょう rising tone

상세[商勢] 상업의 형세. しょうせい commercial condition

상세[詳細] 자상하고 세밀함.「~ 하게 보고(報告)하다」しょうさい details

상:소[上疏] 임금에게 글을 올림. 또는 그 글.「~문(文)」じょうそ petition to the Throne

상:소[上訴] 하급 법원의 판결에 불복하여 상급 법원의 심리를 청구하는 일.「~권(權)」じょうそ appeal

상속[相續] ①뒤를 이어 주거나 이어받음. ②민법에서, 죽은 이가 생전에 소유하던 재산상의 권리와 의무를 일정한 친족 관계에 있는 사람이 물려받는 일. そうぞく
① succession ② inheritance

상쇄[相殺] 양편의 셈을 서로 비김. そうさい offset

상:수[上手] ①기술이나 솜씨가 좋음. ②장기나 바둑의 대국자 중 단위(段位)나 수가 위인 쪽. うわて・じょうず
② better hand

상:수[上水] 음료로 하기 위하여 수도관을 통해 보내는 맑은 물. ↔하수(下水).「~도(道)」じょうすい service water

상수[常數] ①정해진 수량. 일정한 수. ②수학에서, 변수(變數)에 대하여 항상 일정한 값을 취하는 수나 양. ③물질의 화학적·물리적 성질을 표시하는 수치. ↔변수(變數). じょうすう constant

상:수도[上水道] 음료수 따위로 사용하기 위한 물을 끌어다 공급하는 시설. ↔하수도(下水道). 준수도(水道). じょうすいどう waterworks

상:순[上旬] 초하루부터 초열흘까지의 동안. =초순(初旬). ↔하순(下旬). じょうじゅん
first ten days of a month

상:순[上脣] 윗입술. ↔하순(下脣). じょうしん upper lip

상:술[上述] 위 또는 앞에서 말함. じょうじゅつ
saying above

상술[商術] 장사하는 솜씨. business method

상술[詳述] 자세하게 진술함. しょうじゅつ full account

상습[常習] 늘 하는 버릇. 「~범(犯)」じょうしゅう habit

상:승[上昇・上升] 위로 올라감. ↔하강(下降). 「~ 기류(氣流)」じょうしょう rise

상승[相乘] 둘 이상의 수를 서로 곱함. 또는 그 곱. 「~작용(作用)」そうじょう multiplication

상승[常勝] 늘 이김. 「~ 장군」じょうしょう invincibility

상시[常時] 평상시(平常時)의 준말. じょうじ

상:식[上食] 상가(喪家)에서, 아침 저녁으로 궤연(几筵) 앞에 올리는 음식. offering of meals to the departed soul

상식[相識] 서로 안면이 있음. そうしき acquaintance

상식[常食] 늘 먹음. 또는 그 음식. じょうしょく daily food

상식[常識] 보통 사람으로서 지녀야 할 지식이나 판단력. 「~ 이하(以下)」じょうしき common sense

상:신[上申] 윗사람에게 상황이나 의견 따위를 여쭘. 「~서(書)」じょうしん report

상신[相信] 서로 믿음. mutual trust

상신[喪神] 정신을 잃음. =실신(失神). そうしん swoon

상신[霜信] 서리와 더불어 온 소식이라는 뜻으로, 기러기를 달리 이르는 말. wild goose

상실[桑實] 뽕나무의 열매. 오디. =상심(桑椹). mulberry

상실[喪失] 잃어 버림. 「기억(記憶) ~」そうしつ loss

상실[橡實] 상수리. acorn

상심[喪心] 근심으로 인하여 마음이 산란하고 맥이 빠짐. =실심(失心). そうしん dispiritedness

상심[傷心] 걱정으로 마음을 상함. しょうしん distress

상심[詳審] 자세히 살핌. しょうしん full investigation

상아[象牙] 코끼리의 위턱에 나는 긴 한 쌍의 앞니. 단단하여 여러 가지 세공품을 만드는 데 쓰임. ぞうげ ivory

상아[嫦娥] 전설에서, 달 속에 있다는 선녀. =항아(姮娥). じょうが
fairy who live in the moon

상아질[象牙質] 이의 주성분을 이루는 황백색의 단단한 물질. ぞうげしつ dentine

상아탑[象牙塔] 고고(孤高)하게 예술을 즐기는 경지, 또는 현실 도피적인 학구 생활 및 그 폐쇄적인 연구실이나 대학을 비유하여 이르는 말. ぞうげ(の)とう ivory tower

상:악[上顎] 위쪽의 턱. 위턱. ↔하악(下顎). じょうがく・うわあご upper jaw

상애[相愛] 서로 사랑함. そうあい mutual love

상약[相約] 서로 약속함. 또는 그 약속. engagement

상약[嘗藥] 존귀한 사람에게 약을 바칠 때 먼저 맛을 보는 일. しょうやく

상언[詳言] 자세히 말함. しょうげん expatiation

상업[商業] 상품을 매매하여 이익을 얻는 것을 목적으로 하는 사업. 「~ 경제(經濟)」しょうぎょう commerce

상업계[商業界] 상업하는 사람들의 사회. 준상계(商界). しょうぎょうかい

commercial world
상업 고등 학교[商業高等學校] 상업에 관한 지식과 기술의 전문 교육을 주로 하는 실업 고등 학교. ⊜상고(商高). しょうぎょうこうとうがっこう
commercial high school

상업 방:송[商業放送] 상품의 광고료로 수입의 근원을 삼는 방송. しょうぎょうほうそう
commercial broadcasting

상여[喪輿] 시체를 묘지까지 나르는 제구. =영여(靈輿).
bier

〔상여〕

상여[賞與] ① 상으로 금품 등을 줌. 또는 그 금품. ② 관청이나 회사에서 사원들에게 급료와는 별도로 돈을 줌. 또는 그 돈. しょうよ
① prize ② bonus

상:연[上演] 연극을 무대에서 펼쳐 보임. じょうえん
presentation

상:연[爽然] 심신이 상쾌한 모양. そうぜん   refreshing

상엽[桑葉] 뽕나무의 잎. 뽕잎.
mulberry leaves

상엽[霜葉] 서리를 맞아 단풍이 든 잎. そうよう・しもは
tinged autumnal leaves

상:영[上映] 영화를 영사막에 영사하여 관객에게 보임. 「~시간」じょうえい   screening

상:오[上午] 밤 12시부터 낮 12시까지의 동안. =오전(午前). ↔하오(下午). じょうご
forenoon

상온[常溫] ① 항상 일정한 온도. ② 일년 중의 평균 온도. ③ 가열하거나 냉각하지 않은 보통 온도. じょうおん
① constant temperature ② average temperature ③ normal temperature

상온층[常溫層] 계절과 밤낮에 관계 없이 온도가 항상 일정한 땅 속의 층. じょうおんそう   invariable stratum

상완[賞玩] 즐기어 구경함. =완상(玩賞). しょうがん
appreciation

상:왕[上王] 왕위를 물려준, 아직 살아 있는 전 왕.
abdicated emperor

상욕상투[相辱相鬪] 서로 욕하며 싸움.

상용[商用] ① 상업상의 용무. =상무(商務). ② 장사에 소용됨. しょうよう ① commercial business ② commercial use

상용[常用] 일상적으로 늘 씀. 「~ 한자(漢字)」じょうよう
daily use

상용[常傭] 항상 고용하고 있음. 「~ 인부(人夫)」じょうよう
regular employ

상:우[上愚] 바보는 아니면서도 편벽된 의견을 가진 사람을 이르는 말. じょうぐ
very stupid person

상우례[相遇禮] 신랑·신부가 시집이나 처가의 친척과 처음으로 만나 보고 인사하는 예.

상운[祥運] 상서로운 운수.
good luck

상운[商運] 상업상의 운수. 「~이 트이다」しょううん
trade luck

상:원[上元] 음력 정월 보름날. じょうげん

January fifteenth of the lunar calendar

상:원[上院] 양원제(兩院制)의 국회에서 하원(下院)과 함께 구성되는 의회. ↔하원(下院). じょういん　Upper House

상원[桑園] 뽕나무밭. そうえん　mulberry farm

상월[霜月] ① 음력 11월의 다른 이름. しもつき ② 서리가 내린 밤의 싸느랗게 맑은 달. ③ 서리와 달빛. そうげつ　① November of the lunar calendar ② moon of a frosty night ③ frost and moonlight

상:위[上位] 위치나 지위의 윗자리. ↔하위(下位). じょうい　higher rank

상위[常委] ① 상임 위원(常任委員)의 준말. ② 상임 위원회(常任委員會)의 준말. じょうい

상은[傷恩] 남에게서 입은 은정(恩情)을 상하게 함.

상:음[上音] 기음(基音)보다 진동수가 많고 높은 음. 배음(倍音)은 이의 일종임. じょうおん　overtone

상응[相應] ① 서로 응함. 같이 어울림. ② 서로 기맥이 통함. そうおう　① responding ② acting in concert

상:의[上衣] 윗도리에 입는 옷. 윗옷. ↔하의(下衣). うわぎ・じょうい　jacket

상:의[上意] ① 임금의 뜻. ② 윗사람의 뜻. 「~ 하달(下達)」 じょうい　① emperor's wish ② will of a superior

상의[相議・商議] 서로 의논함. =상담(相談). しょうぎ　consultation

상이[相異] 서로 다름.　difference

상이[傷痍] 몸에 상처를 입음. =부상(負傷). 「~ 군인(軍人)」 しょうい　wound

상:인[上人] ① 지덕(智德)을 갖춘 불제자(佛弟子). ② 승려(僧侶)의 높임말. しょうにん　holy priest

상인[常人] 상사람. じょうじん　common man

상인[商人] 장사하는 사람. 장수. 「~ 조합(組合)」 しょうにん　merchant

상인[喪人] ⇨상제(喪制).

상인[霜刃] 서슬이 시퍼런 칼날. =상도(霜刀).　burnished blade

상:일[上日] 초하루. =삭일(朔日). じょうじつ　first day

상임[常任] 일정한 임무를 늘 맡아봄. 「~ 간사(幹事)」 じょうにん　permanent post

상임 위원[常任委員] ① 항상 일정한 임무를 담당하는 위원. ② 국회 상임 위원회를 구성하는 위원. ⑥상위(常委). じょうにんいいん　member of the permanent committee

상임 위원회[常任委員會] ① 일정한 업무를 담당하는 위원회. ② 국회 의원을 각 전문 부문별로 나누어 조직한 위원회. ⑥상위(常委). じょうにんいいんかい　permanent committee

상임 집행 위원[常任執行委員] 일정한 임무를 늘 맡아 집행하는 위원. ⑥상집(常執).　standing executive committee

상자[箱子] 나무나 종이 따위로 만든 그릇. はこ　box

상:작[上作] 곡식이 썩 잘됨. =풍작(豐作). じょうさく　good crop

상잔[相殘] 서로 싸우고 해침. 「동족(同族)~」 相殘
struggling against each other

상:장[上狀] 경의(敬意)나 조의(弔意)를 표하여 올리는 편지. 上狀
letter of condolence 敬意

상:장[上場] 주식(株式)을 매매 대상으로 하기 위해서 거래소에 등록하는 일. 「~회사(會社)」じょうじょう listing 上場

상장[喪杖] 상제가 짚는 지팡이. 부상(父喪)에는 대, 모상(母喪)에는 오동나무를 씀. 喪杖
mourner's stick

상장[喪章] 거상(居喪)이나 조상(弔喪)의 뜻을 나타내기 위하여 옷가슴에 달거나 팔에 두르는 표. もしょう 喪章 弔喪
mourning badge

상장[喪葬] 장사(葬事)를 지내는 일과 상중(喪中)에 치르는 모든 예식. 喪葬
funeral service and mourning

상장[賞狀] 품행(品行)·성적(成績) 등이 우수한 사람에게 상으로 주는 증서. しょうじょう diploma of honor 賞狀

상:재[上才] 뛰어난 재주. 또는 뛰어난 재주를 가진 사람. 上才
outstanding talent

상:재[上梓] 판목에 올린다는 뜻으로, 책을 출판하는 일. じょうし publishing 上梓 出版

상재[商才] 장사하는 재능. しょうさい business ability 商才

상재[霜災] 서리가 일찍 또는 늦게까지 내려서 농작물이 해를 입는 재앙. frost damage 霜災

상쟁[相爭] 서로 다툼. 相爭
struggling

상적[相敵] 양편의 겨루는 힘이 비슷함. matching well 相敵

상적[商敵] 상업상의 경쟁자. 商敵
trade rival

상:전[上田] 소출이 많은 좋은 논밭. ↔하전(下田). じょうでん rich field 上田

상:전[上典] 지난날, 종에 대하여 그 주인을 이르던 말. 上典
one's master

상전[相傳] 대대로 서로 전함. 「세세(世世)~」そうでん inheritance 相傳

상전[相戰] 서로 싸움. =상투(相鬪). fight 相戰

상전벽해[桑田碧海] 뽕나무밭이 변하여 푸른 바다가 된다는 뜻으로, 세상의 변천이 덧없음을 비유하여 이르는 말. =상전창해(桑田滄海). そうでんへきかい 桑田碧海
Things are subject to change.

상점[商店] 물건을 파는 가게. しょうてん shop 商店

상접[相接] 서로 한데 닿음. 相接
contact

상:정[上程] 의안(議案)을 회의에 내놓음. 「개정안(改正案)~」じょうてい presentation 上程 議案

상정[常情] 누구나 가지는 보통의 인정. 「인지(人之)~」じょうじょう ordinary human nature 常情

상:정[想定] 생각하여 판정함. そうてい supposition 想定

상:제[上帝] 하늘을 다스린다는 신. 하느님. =천제(天帝). じょうてい God 上帝

상제[喪制] ① 상중(喪中)의 복제(服制). ② 부모 또는 승중(承重) 조부모의 거상 중에 있는 사람. =상인(喪人). 喪制 服制
① mourning custom

상제[喪祭] 상례(喪禮)와 제례(祭禮). そうさい 喪祭

상:조[尙早] 시기상조(時機尙早) 尙早

의 준말. しょうそう

상조[相助] 서로 도와 줌. 「상부(相扶)~」 mutual assistance 相助

상조[相照] 서로 대조함. contrast 相照

상:족[上簇] 막잠을 자고 난 누에를 발이나 섶에 올림. じょうぞく removing to a cocoonery 上簇

상:존[尙存] 아직도 그대로 있음. 「명맥(命脈)~」 still existing 尙存

상존[常存] 언제나 있음. 항상 있음. permanent existence 常存

상종[相從] 서로 따르며 친하게 지냄. association 相從

상:종가[上終價] 증권 거래소에서, 하루에 오를 수 있는 최고 한도까지 올라간 주가(株價). =상한가(上限價). 上終價

상:좌[上座] 윗자리. 높은 자리. じょうざ・かみざ upper seat 上座

상:주[上主] ⇨천주(天主). 上主

상주[常住] ① 한곳에 늘 살고 있음. 「~ 인구(人口)」 ② 불교에서, 생멸 변화 없이 항상 있음을 이름. じょうじゅう ① residing ② eternity 常住

상주[喪主] 주장이 되는 상제. 대개 맏상제가 됨. もしゅ・そうしゅ chief mourner 喪主

상주[賞酒] 상으로 주는 술. ↔벌주(罰酒). drinking for reward 賞酒

상중[喪中] ① 초상이 난 동안. ② 상제로 있는 동안. もちゅう in mourning 喪中

상:지[上肢] 사지(四肢) 중의 두 팔. ↔하지(下肢). じょうし upper limbs 上肢

상:지[上智] 가장 뛰어난 지혜. じょうち outstanding sagacity 上智慧

상지[相知] 서로 아는 사이. そうち acquaintance 相知

상:지상[上之上] ① 시문(詩文)을 평가하는 아홉 등급 가운데의 첫째 등급. ② 가장 우수한 것. じょうのじょう best thing 上之上 詩文

상:직[上直] 지난날, 일직이나 숙직의 차례를 당하여 근무하던 일. =당직(當直). night watch 上直

상직[常直] 계속해서 하는 숙직. じょうちょく continued night-duty 常直

상집[常執] 상임 집행 위원(常任執行委員)의 준말. 常執

상징[象徵] 추상적인 관념이나 내용을 감각적이고 구체적인 사물로써 이해하기 쉽도록 나타냄. 또는 그렇게 나타내는 사물. しょうちょう symbol 象徵

상징주의[象徵主義] 19세기 후반 프랑스를 중심으로 일어난 예술 사조(思潮). 내면의 세계를 상징적인 말이나 영상을 통해 암시적으로 나타내려고 하였음. しょうちょうしゅぎ symbolism 象徵主義

상찬[賞讚] 칭찬함. =찬상(讚賞). しょうさん admiration 賞讚

상찰[詳察] 자세히 살핌. しょうさつ careful observation 詳察

상채[喪債] 초상(初喪)을 치르느라고 진 빚. debt owing to funeral expenses 喪債

상채[償債] 빚을 갚음. repayment of debt 償債

상:책[上策] 제일 좋은 방법. =상계(上計). ↔하책(下策). じょうさく best plan 上策

상:처[喪妻] 아내를 여읨. =상우(喪偶). ↔상부(喪夫). loss of one's wife 喪妻

상처[傷處] 다친 자리. scar 傷處

상청[喪廳] 죽은 사람의 신위(神位)를 모셔 놓은 의자나 상 등의 물건을 차려 놓은 곳. 喪廳

상:체[上體] 몸의 윗부분. ↔하체(下體). じょうたい upper part of the body 上體

상:초[上草] 품질이 썩 좋은 살담배. cut tobacco of the finest quality 上草

상춘[賞春] 봄의 경치를 구경하며 즐김. 「~객(客)」 enjoying spring 賞春

상:충[上衝] 위로 치밀어 오름. じょうしょう surging 上衝

상충[相衝] 맞지 않고 서로 어긋남. contradiction 相衝

상:측[上側] 위쪽. ↔하측(下側). うわかわ upper part 上側

상:층[上層] ①위의 층. 「~기류(氣流)」 ②위의 계층. ↔하층(下層). 「~계급(階級)」 じょうそう upper stratum 上層 氣流

상:치[上齒] 윗니. ↔하치(下齒). うわば upper teeth 上齒

상치[相馳] 서로 어긋남. contradiction 相馳

상치[常置] 항상 설치해 놓음. じょうち being standing 常置

상칙[常則] 정해진 규칙. =상규(常規). じょうそく established rules 常則

상친[相親] 서로 친하게 지냄. affinity 相親

상:쾌[爽快] 기분이 시원하고 유쾌함. =상활(爽闊). そうかい being refreshing 爽快

상탄[賞嘆] 매우 칭찬함. しょうたん praise 賞嘆

상탐[詳探] 자세히 찾아봄. searching thoroughly 詳探

상:탕[上湯] 온천 안에서 물이 가장 뜨거운 곳. hottest place of hot spring 上湯

상태[狀態] 사람이나 사물이 놓여 있는 모양이나 형편. 「건강 ~」 じょうたい condition 狀態

상태[常態] 평상시의 모양이나 형편. じょうたい normal state 常態

상:통[上通] 아랫사람의 의사가 윗사람에게 전해짐. じょうつう 上通

상통[相通] ①마음과 뜻이 서로 통함. ②양쪽의 길이 서로 트임. ③서로가 어떤 일에 공통됨. 「유무(有無)~」 ① mutual understanding ③ commonness 相通 有無

상통[傷痛] 마음이 상하고 아픔. =상도(傷悼)·통도(痛悼). heartache 傷痛

상:퇴[上腿] 하지(下肢)의 윗부분. 골반(骨盤)에서 무릎까지. じょうたい thigh 上腿

상투[相鬪] 서로 싸움. =상전(相戰). fighting with each other 相鬪

상투[常套] 보통으로 하는 투. 「~수단(手段)」 じょうとう conventionality 常套

상투스[라 sanctus] 가톨릭의 미사에서, 성찬의 전례 때 부르는 기쁨의 노래. 典禮

상팀[프 centime] 프랑스·스위스의 화폐 단위. 1프랑의 100분의 1. サンチーム 貨幣

상패[賞牌] 상으로 주는 패. しょうはい medal 賞牌

상:편[上篇] 상하의 두 편 또는 상중하의 세 편으로 된 책의 첫째 편. じょうへん first volume 上篇

상포[商舖] ⇨상점(商店). しょうほ 商舖

상표[商標] 상품을 생산·가공 또는 판매하는 업자가 그 상 商標

**품에 붙이는 문자나 기호 등의 표지(標識). しょうひょう 標識 trademark

상:품[上品] 질이 좋은 물품. じょうひん 上品 good quality article

상품[商品] 팔고 사는 물건. 「~ 전시회(展示會)」しょうひん 商品 goods

상품[賞品] 상으로 주는 물품. しょうひん 賞品 prize

상품권[商品券] 상품과 교환할 수 있는 정액(定額) 무기명 유가 증권. しょうひんけん 商品券 merchandise coupon

상:피[上皮] 몸의 바깥 표면이나 조직과 기관의 안 표면을 싸고 있는 세포층. じょうひ 上皮 epithelium

상피[相避] ① 지난날, 친족 또는 기타의 관계로 같은 곳에서 벼슬하기를 피하거나, 청송관(廳訟官)이나 시관(試官)이 되는 것을 서로 피하던 일. ② 가까운 친척 사이의 남녀가 성적 관계를 맺는 일. 「~ 붙다」 相避 親戚 ① refraining from working in the same place ② incest

상피[象皮] 코끼리의 가죽. ぞうひ 象皮 elephant's hide

상피병[象皮病] 림프의 흐름에 장애가 생겨 피부가 코끼리 가죽처럼 두껍고 딱딱해지는 병. 주로 사상충(絲狀蟲)의 기생이 원인임. ぞうひびょう 象皮病 elephantiasis

상:하[上下] ① 위와 아래. ② 높고 낮음. ③ 윗사람과 아랫사람. じょうげ・うえした 上下 ① up and down ② high and low ③ superiors and inferiors

상하[常夏] 늘 계속되는 여름. 常夏 「~의 나라」とこなつ everlasting summer

상:하동[上下洞] 윗동네와 아랫동네. 上下洞 up and down villages

상:하분[上下墳] 한 묏자리에 부부를 위아래로 따로 묻는 무덤. =연분(連墳). 上下墳 tomb of a couple

상:학[上學] 학교에서 그 날의 공부를 시작함. ↔하학(下學). 「~ 시간(時間)」 上學 時間 beginning of lessons

상:한[上限] 위아래로 일정한 범위를 이루고 있을 때, 위쪽의 한계. ↔하한(下限). 「~가(價)」じょうげん 上限 upper limit

상한[傷寒] ① 추위로 말미암아 생기는 병. ② 방사(房事)가 지나치거나 성욕을 너무 억제하여 생기는 병. しょうかん 傷寒 房事

상한양증[傷寒陽症] 한방에서, 체온이 높아지는 양증의 상한을 이르는 말. 발열·오한·두통 등의 증세가 나타남. 준양증(陽症). 陽症

상합[相合] ① 서로 맞음. ② 서로 만나 결합함. coincidence 相合

상항[商港] 상선(商船)이나 무역선(貿易船)이 많이 드나드는 항구. =무역항(貿易港). しょうこう 商港 commercial port

상해[傷害] 남의 몸에 상처를 입혀 해를 끼침. 「~죄(罪)」しょうがい 傷害 injury

상해[詳解] 자세히 풀이함. 「수학(數學) ~」しょうかい 詳解 detailed explanation

상해[霜害] 서리로 말미암은 농작물의 피해. そうがい 霜害 damage by frost

상:행[上行] 위쪽으로 올라감. 또는 지방에서 서울로 올라감. ↔하행(下行). 「~ 열차(列車)」 上行 列車 going up

상:행하:효[上行下效] 윗사람의 행실을 아랫사람이 본받음. emulating one's superior

상:향[上向] 위쪽으로 향함. ↔하향(下向). うわむき looking upward

상:현[上弦] 음력 7, 8일경에 뜨는 달의 상태. 초승달과 보름달의 중간쯤 되는 반달로 현이 위로 향해 있음. ↔하현(下弦). じょうげん first quarter of the moon

상형[象形] 물건의 형태를 본뜸. 「~문자(文字)」しょうけい

상호[相互] 서로. =호상(互相). そうご mutuality

상호[相好] ① 서로 좋아함. ② 불교에서, 얼굴의 형상. そうごう ① liking each other ② countenance

상호[相呼] 서로 부름. calling each other

상호[商號] 회사나 상점의 이름. しょうごう firm name

상호 보:험[相互保險] 보험 가입을 희망하는 사람끼리 단체를 조직해서, 그 단체가 보험 회사가 되어 각 구성원을 구제하는 보험. そうごほけん mutual insurance

상호 부조[相互扶助] 서로 돕는 일. 「~론(論)」そうごふじょ mutual aid

상혼[商魂] 이익을 추구하려는 상인의 심리나 의욕. しょうこん commercial spirit

상화[霜化·霜華] ① 꽃처럼 보이는 서릿발. しも(の)はな ② 꿀팥소를 넣고 빚어 시루에 쪄 내는 밀가루떡. 상화떡. ① frost columns like a flower

상환[相換] 서로 교환함. 맞바꿈. exchange

상환[償還] ① 빌린 것이나 손해를 입힌 것에 대하여 돌려줌. ② 공채(公債) 따위를 갚음. しょうかん ① redemption ② repayment

상황[狀況] 일이 되어가는 모양이나 형편. じょうきょう condition

상황[商況] 장사의 형편. 상업계의 경기(景氣). しょうきょう commercial condition

상:회[上廻] 어떤 기준을 웃돎. ↔하회(下廻). うわまわり exceeding

상회[商會] ① 상점·상사(商社)의 뜻으로 상호에 붙여 쓰는 말. ② 한 사람 또는 몇 사람이 모여 장사하려고 세운 기업체. しょうかい firm

상회[傷懷] 마음 속으로 애통하게 여김.

상훈[賞勳] 훈공을 기리어 상을 줌. しょうくん citation of merit

상흔[傷痕] 다친 자리에 남은 자국. 흉터. 흠. =상반(傷瘢). しょうこん scar

상힐[相詰] 서로 따지고 나무람. reproaching each other

새[塞]☆ ① 변방 새:변방. 「要塞(요새)·塞翁(새옹)」② 막을 색:막다. 「塞源(색원)·閉塞(폐색)」③ 막힐 색:막히다. 「梗塞(경색)·語塞(어색)」サイ·ソク ① ふさぐ

새[璽] 옥새 새:옥새. 임금의 도장. 「璽符(새부)·璽節(새절)·璽書(새서)·玉璽(옥새)」ジ·しるし

새[鰓] 아가미 새:물고기의 아가미. 「鰓骨(새골)·鰓孔(새공)·鰓蓋(새개)」サイ·えら

새골[鰓骨] 물고기의 아가미 안

쪽에 있는 활 모양의 뼈. 아감뼈. さいこつ

새너토리엄[sanatorium] 요양소(療養所). サナトリウム 療養所

새들[saddle] 안장(鞍裝). サドル 鞍裝

새시[sash] 금속제(金屬製)로 된 창틀. サッシュ 金屬製

새옹지마[塞翁之馬] 옛날 변방의 한 늙은이가 기르던 말이 달아났다가 오랑캐의 좋은 말을 데리고 돌아왔는데, 그의 아들이 그 말을 타다가 떨어져 절름발이가 되었으나 그 때문에 전쟁에 나가지 않게 되어 목숨을 구했다는 고사에서, 인생의 길흉화복은 변화가 많아 미리 짐작할 수가 없다는 말. 塞翁之馬

새타이어[satire] 풍자(諷刺). サタイア 諷刺

새턴[Saturn] 토성(土星). サターン 土星

새틴[satin] 수자직(繻子織)으로 된 광택이 있고 매끄러운 직물. 繻子織

새틴스티치[satin stitch] 프랑스 자수(刺繡)에서, 도안의 면을 전부 메우는 수법. 刺繡

색[色]* ① 빛 색 : 빛. 「色彩(색채)·靑色(청색)·色覺(색각)·色素(색소)·白色(백색)」② 낯 색 : 낯. 「顔色(안색)·氣色(기색)·喜色(희색)」③ 색정 색 : 색. 「色慾(색욕)·酒色(주색)·色魔(색마)」シキ·ショク ① いろ 色彩 色慾

색[索]☆ ① 찾을 색 : 찾다. 「索引(색인)·摸索(모색)·搜索(수색)」② 새끼 삭 : 새끼. 「索綯(삭도)·朽索(후삭)」③ 쓸쓸할 삭 : 쓸쓸하다. 「索莫(삭막)·索然(삭연)」サク ① もとめる 索引 索莫

② なわ

색[嗇] 인색할 색 : 인색하다. 「吝嗇(인색)」ショク·おしむ 吝嗇

색[穡] ① 거둘 색 : 거두다. ② 농사 색 : 농사. 「穡夫(색부)·穡人(색인)」ショク 穡夫

색[sack] 물건을 넣어 어깨에 메고 다닐 수 있게 만든 자루 모양의 것. サック

색각[色覺] 빛깔을 분별(分別)하는 감각. しきかく color sense 色覺

색감[色感] 색채에서 받는 느낌. 또는 색채에 대한 감각. しきかん impression of colors 色感

색계[色界] 불교에서, 삼계(三界)의 하나. 욕계(欲界)와 무색계(無色界)의 중간 세계. しきかい 色界

색골[色骨] 색을 몹시 좋아하는 사람. =호색가(好色家). sensualist 色骨

색광[色光] 불교에서, 부처나 보살의 몸에서 나오는 광명을 이르는 말. 色光

색광[色狂] 색정(色情)이 지나쳐서 성적(性的)으로 정상을 벗어난 행동을 하는 일. 또는 그런 사람. いろきちがい erotomania 色狂

색덕[色德] 여자의 고운 얼굴과 갸륵한 덕행. beauty and virtue 色德

색도[色度] 명도(明度)를 제외한 빛깔의 성질을 수치로 나타낸 것. しきど chromaticity 色度 明度

색동[色動] 놀라거나 성이 나서 얼굴빛이 달라짐. changing color 色動

색드레스[sack dress] 자루같이 생긴 부인용(婦人用)의 풍성한 드레스. サックドレス 婦人用

색료[色料] 그림 물감. =안료 色料

(顔料). pigment

색마[色魔] 색욕(色慾)을 만족시키기 위하여 여성들을 속여 농락하는 사나이. しきま　erotomania

색맹[色盲] 빛깔을 구별하지 못하는 상태. 또는 그러한 사람. しきもう　color blindness

색병[色餅] 멥쌀가루에 여러 가지 물을 들여 쪄서, 안반에 쳐서 만든 떡. 혼인·회갑 등 큰상을 차릴 때 쓰는 웃기떡임. 색떡.　colored rice-cake

색사[色事] 남녀가 육체적인 관계를 하는 일. =방사(房事). いろごと　sexual intercourse

색상[色相] ① 빛깔의 강약(強弱)·농담(濃淡) 따위의 정도. =색조(色調). ② 불교에서, 맨눈으로 볼 수 있는 형상을 이름. しきそう
① color tone ② state of things visible to naked eye

색선[色扇] 색 헝겊이나 색종이를 부챗살에 발라서 만든 부채.　color-papered fan

색소[色素] 물체가 빛깔을 띠게 하는 물질. しきそ　pigment

색소폰:[saxophone] 목관 악기의 한 가지. 경음악(輕音樂) 취주악에 많이 쓰임. サキソホン

색수차[色收差] 렌즈를 통하여 물체의 상(像)이 맺어질 때, 빛의 파장에 따른 굴절률의 차이로 상의 위치나 배율이 달라지는 현상. いろしゅうさ　chromatic aberration

색스혼:[saxhorn] 금관 악기의 한 가지. 취주악(吹奏樂)의 중심이 되는 악기로 음이 부드럽고 음량이 풍부함. サクスホルン

색슨[Saxon] 튜튼족의 한 종족(種族). サクソン

색신[色身] 불교에서 빛깔과 형상이 있는 몸이라는 뜻으로, 육체를 이르는 말. しきしん　body

색심[色心] ① 색욕(色慾)을 일으키는 마음. ② 불교에서 이르는, 유형의 물질과 무형의 정신. 「~불이(不二)」 しきしん　① lustful mind ② matter and mind

색안경[色眼鏡] 착색한 렌즈를 끼운 안경. いろめがね　colored spectacles

색약[色弱] 빛깔의 판별력(判別力)이 약한 현상. しきじゃく　color weakness

색욕[色慾] 성적(性的) 욕망. =성욕(性慾). しきよく　sexual desire

색원[塞源] 근원을 아주 막아 버림. 「발본(拔本)~」 そくげん　eradication

색인[索引] 책 속의 단어나 항목을 빠르고 쉽게 찾아볼 수 있도록 한곳에 모아 일정한 순서로 배열해 놓은 목록. さくいん　index

색적[索敵] 적군의 위치나 병력 등을 알아 냄. さくてき　searching the enemy

색정[色情] 색을 좋아하는 정욕(情慾). しきじょう　lust

색조[色調] ① 빛깔의 조화(調和). ② 빛깔의 강약(強弱)·농담(濃淡) 따위의 정도. =색상(色相). しきちょう　① color harmony ② color tone

색주가[色酒家] 젊은 여자를 두고 술과 몸을 팔게 하는 술집. 또는 그 여자. shady bar

색지[色紙] 색종이. いろがみ

색채[色彩] ① 빛깔. ② 어떤 사물에서 드러나는 경향이나 성질을 비유하여 이르는 말. しきさい　① color　色彩

색출[索出] 뒤져서 찾아냄. 「범인 ~」　searching out　索出

색칠[色漆] 색을 칠함. 또는 그 칠.　coloring　色漆

색탐[色貪] 여색(女色)을 지나치게 좋아함.　lewd desire　色貪

색태[色態] ① 여자의 곱고 아름다운 자태. ② 빛깔의 태.　① lovely behavior ② color　色態

색판[色版] 빛깔을 넣어서 하는 인쇄. 또는 그 인쇄물.　color publication　色版

색향[色鄕] ① 미인이 많이 나는 고장. ② 기생이 많기로 이름난 고장.　① home of belles　色鄕

샌드백[sandbag] 권투 연습용으로 쓰이는 모래 주머니. サンドバッグ　練習

샌드스키:[sand ski] 눈 대신에 모래 경사면(傾斜面)을 활주(滑走)하는 스키. サンドスキー　滑走

샌드위치[sandwich] 얇게 썬 두 조각의 빵 사이에 치즈 등을 끼워서 만든 음식(飮食). サンドイッチ　飮食

샌드위치맨[sandwich man] 광고판(廣告板)을 가슴과 등에 달고 다니며 광고를 하는 사람. サンドイッチマン　廣告板

샌드케이[sand cay] 해안선(海岸線)에 나란하게 있는 작은 모래섬.　海岸線

샌드페이퍼[sandpaper] 사포(砂布). サンドペーパー　砂布

샌들[sandal] 발등 부분이 드러나게 끈을 발등에 매어 신는 신. サンダル

샌퍼라이즈[sanforize] 면직물(綿織物) 등에 미리 수분을 주고 한 번 수축시켜서 줄어들지 않도록 하는 가공(加工) 방법. 또는 그렇게 가공한 직물. サンフォライズ　綿織物

샐러드[salad] 채소(菜蔬)·과일 등의 각종 재료에 드레싱을 끼얹은 서양 음식. サラダ　菜蔬

샐러리맨[salaried man] 월급(月給) 생활자. サラリーマン　生活

샐비어[salvia] 꿀풀과의 일년초(一年草) 또는 다년초(多年草). 우리 나라에 흔히 있는 것은 브라질 원산(原産)임. 키 60~90cm, 줄기는 곧고 5월에서 10월까지 밝은 붉은색 꽃이 핌. サルビア　多年草

샐비지[salvage] 해난 구조(海難救助). サルベージ　救助

샘플[sample] 견본(見本). 표본(標本). サンプル　見本

샘플링[sampling] 표본 추출(標本抽出). サンプリング　標本 抽出

생[生]* ① 날 생 : 나다. 낳다. 「出生(출생)·誕生(탄생)·牛排(생모)·生殖(생식)」 ② 살 생 : 살다. 「死生(사생)·生存(생존)·生命(생명)」 ③ 자랄 생 : 자라다. 「生育(생육)·生成(생성)」 ④ 날것 생 : 날것. 「生水(생수)·生絲(생사)·生果(생과)」 ⑤ 사람 생 : 사람. 「學生(학생)·小生(소생)·侍生(시생)·門生(문생)」 セイ·ショウ ① うまれる ② いきる　出生　死生　侍生

생[省] ① 줄일 생 : 줄이다. 덜다. 「省略(생략)」 ② 살필 성 : 살피다. 「省墓(성묘)·反省(반성)」 セイ·ショウ ① はぶく ② かえりみる　省略

생[牲] 희생 생 : 희생. 「犧牲(희생)·牲牢(생뢰)」 セイ·い　犧牲

けにえ

생[甥] 생질 생:생질. 「甥姪(생질)」セイ・おい

생가[生家] ① 태어난 집. ② 본생가(本生家)의 준말. せいか
① house of one's birth

생각[生角] ① 저절로 빠지기 전에 잘라낸 사슴의 뿔. ② 삶지 아니한 짐승의 뿔.
① antler cut off while soft

생강[生薑] ① 생강과의 다년초. 새앙. ② 생강의 뿌리. しょうが
① ginger ② race of ginger

생견[生絹] 생사(生絲)로 짠 깁. せいけん・きぎぬ raw silk

생견[生繭] 말리지 아니한 고치. 생고치. なままゆ・せいけん
raw cocoon

생경[生梗] 두 사람 사이에 불화(不和)가 생김. 「~지폐(之弊)」 unfamiliarity

생경[生硬] ① 세상 물정에 어둡고 완고함. ② 시문(詩文) 따위가 세련되지 않고 딱딱함. せいこう ① stubbornness ② unpolishedness

생계[生計] 살아갈 방도. =생도(生道)·생로(生路). 「~무책(無策)」 せいけい livelihood

생곡[生穀] ① 익히지 않은 곡식. ② 곡식을 생산함.
① raw grains ② production of grains

생과[生果] 아직 덜 익은 과실. =생과실(生果實). unripe fruit

생과부[生寡婦] 남편이 멀리 있거나 소박을 맞아 혼자 사는 여자. grass widow

생과자[生菓子] 수분이 약간 있게 무르게 만든 과자. 진과자. なまがし
fresh and moist sweets

생광[生光] ① 빛이 남. ② 낯이 남. =생색(生色). ③ 아쉬운 처지를 면하게 해 줌.
① brightness ② honor

생금[生擒] 산 채로 잡음. 사로잡음. =생포(生捕). せいきん・いけどり capturing alive

생기[生氣] 싱싱하고 힘찬 기운. せいき vitality

생남[生男] 아들을 낳음. =득남(得男). ↔생녀(生女).
delivery of a boy

생녀[生女] 딸을 낳음. =득녀(得女). ↔생남(生男).
delivery of a girl

생년[生年] 태어난 해. 「~월일(月日)」 year of birth

생도[生徒] ① 지난날, 중등 학교 이하의 학생을 이르던 말. ② 각군 사관 학교의 학생. せいと ① student ② cadet

생동[生動] ① 살아서 생기 있게 움직임. ② 살아서 움직이는 것같이 생생하게 보임. せいどう ② liveliness

생득[生得] 나면서부터 가짐. 타고남. しょうとく・せいとく
nature

생래[生來] 나면서부터 지금까지. せいらい・しょうらい
by nature

생략[省略] 빼거나 줄임. 「이하(以下) ~」 しょうりゃく
omission

생량[生涼] 가을이 되어 서늘한 기운이 생김. becoming cool

생령[生靈] ① 목숨. =생명(生命). ② 백성. =생민(生民). ③ 살아 있는 사람의 영혼. せいれい・いきりょう
① life ③ fetch

생로병사[生老病死] 불교에서 이르는, 중생이 겪는 네 가지 고통. 곧, 나고 늙고 병들고 죽고 하는 일.

생률[生栗] ① 익히거나 말리지 않은 밤. 날밤. なまぐり ② 껍질을 벗기고 보늬를 깎아서 나부죽하게 다듬은 날밤. 제사나 잔치에 씀.
① raw chestnut

생리[生利] 이익을 냄.
yielding profit

생리[生理] ① 생물의 생명 현상. 또는 그 원리. ② 생활의 습성. 또는 그 원리. せいり
① physiology

생리 작용[生理作用] 생물이 생활하는 모든 작용. 곧, 혈액 순환·호흡·소화·배설 등의 작용을 통틀어 이르는 말.
physiological function

생리 휴가[生理休暇] 여성 근로자에게 생리일에 주어지는 유급 휴가. せいりきゅうか
monthly physiological leave

생마[生馬] 길들이지 않은 말.
wild horse

생마[生麻] 삶지 않은 삼.
green hemp

생매[生埋] 산 채로 땅 속에 묻음. いきうめ buying alive

생맥주[生麥酒] 양조한 다음 가열(加熱)·살균(殺菌)하지 않은 맥주. なまビール
draft beer

생면[生面] ① 처음으로 대하는 얼굴. ↔숙면(熟面). 「~부지(不知)」 ② 낯을 냄. せいめん
① first meeting ② face-saving

생멸[生滅] ① 태어남과 죽음. ② 불교에서, 만물(萬物)의 생겨남과 없어짐. せいめつ·しょうめつ birth and death

생명[生命] ① 목숨. ② 사물의 유지되는 기간. ③ 사물의 핵심 또는 특성이 되는 것. せいめい life

생명선[生命線] ① 생명을 유지하는 데 꼭 필요한 방도. ② 최저 생활을 유지할 수 있는 한계선. せいめいせん
② lifeline

생모[生母] 자기를 낳은 어머니. 생어머니. ↔양모(養母). せいぼ one's real mother

생목[生木] ① 살아 있는 나무. ② 베어서 마르지 않은 나무. 생나무. ③ 잿물에 삶아 바래지 않은 무명. ① green wood ③ unbleached cotton

생몰[生沒] 태어남과 죽음. せいぼつ birth and death

생물[生物] 생명을 가지고 스스로 영양·생장·번식의 활동을 하는 물체. 동물·식물·미생물 등. せいぶつ
living thing

생방송[生放送] 미리 녹음하거나 녹화하지 않고 스튜디오나 현장에서 직접 하는 방송. なまほうそう live broadcasting

생별[生別] 부부나 부모 자식, 형제끼리 살아 있으면서 이별하는 일. =생이별(生離別). ↔사별(死別). せいべつ·いきわかれ separation (forced) by circumstances

생병[生病] 무리한 일을 해서 생긴 병.

생부[生父] 자기를 낳은 아버지. 생아버지. ↔양부(養父). せいふ one's real father

생불[生佛] ① 살아 있는 부처라는 뜻으로, 학덕(學德)이 높은 중을 칭송하여 이르는 말. =활불(活佛). ② 여러 끼를 굶은 사람을 속되게 이르는 말. いきぼとけ

① living Buddha

생불여사[生不如死] 삶이 죽음만 같지 못하다는 뜻으로, 몹시 괴롭고 어려운 처지에 있음을 이르는 말. living death

생사[生死] ① 삶과 죽음. 「~존망(存亡)」② 불교에서, 모든 생물이 과거의 업의 결과로 개체를 이루었다가 다시 해체되는 일을 이름. せいし・しょうし life and death

생사[生絲] 삶지 아니한 명주실. 날실. 생명주실. きいと raw silk

생산[生産] ① 사람이 생활에 필요한 물건을 만들어 내는 일. ↔소비(消費). ② 아이를 낳음. =출산(出産). せいさん
① production ② childbirth

생산 가격[生産價格] 생산비에 평균 이윤을 더한 가격. せいさんかかく production cost

생산 관리[生産管理] 생산 활동을 능률화하고 생산력을 최고로 높이기 위한, 생산 계획·작업 연구·공정 관리 등의 활동. せいさんかんり
production control

생산성[生産性] 생산의 효율. 노동·설비·원료 등의 투입량과 그 생산량과의 비로 표시됨. せいさんせい
productivity

생살[生殺] 살리고 죽이는 일. 「~여탈(與奪)」せいさつ
life and death

생삼[生蔘] 말리지 않은 인삼. =수삼(水蔘). undried ginseng

생색[生色] 남을 위하여 수고하거나 도움을 준 것으로 세워진, 남을 대할 만한 체면. 「~내다」 patronage

생생화육[生生化育] 자연이 끊임없이 만물을 만들어 기르고 우주를 만들어 나가는 일. せいせいかいく

생석회[生石灰] 석회석을 가열해서 만드는 흰 가루나 덩어리. 산화칼슘. =강회(剛灰)·생회(生灰). せいせっかい
quicklime

생선[生鮮] 말리거나 절이지 않은 잡은 그대로의 물고기. 「~회(膾)」せいせん fresh fish

생성[生成] ① 사물이 생겨남. ② 철학에서, 사물이 어떤 상태로부터 변하여 다른 상태로 됨을 이르는 말. せいせい
① generation ② formation

생소[生疎] ① 낯섦. ② 일에 익숙하지 못하고 서투름.
① unfamiliarity ② inexperience

생수[生水] 끓이거나 소독하지 않은 샘물. なまみず
spring water

생숙[生熟] ① 날것과 익은 것. ② 서투름과 익숙함. せいじゅく ① uncooked food and cooked food ② unfamiliarity and familiarity

생시[生時] ① 태어난 시각. せいじ ② 자지 않고 깨어 있을 때. ③ 살아 있는 동안.
① hour of birth ② waking hours ③ lifetime

생식[生食] 음식물을 익히지 않고 날로 먹음. ↔화식(火食). せいしょく eating raw

생식[生息] 사는 일. せいそく
subsistence

생식[生殖] 생물이 자기와 같은 새로운 개체를 만들어 그 종족을 유지하는 일. 「~기능(機能)」せいしょく
reproduction

생식기[生殖器] 생물이 유성생식(有性生殖)을 하는 기관. =성기(性器). せいしょくき　　genitalia

생신[生辰] 어른을 높이어 그의 생일(生日)을 이르는 말. せいしん　　birthday

생신[生新] ①싱싱하고 새로움. ②종기나 상처에서 새살이 돋아남. せいしん
① freshness

생심[生心] 무슨 일을 하려는 마음을 냄. 또는 그 마음. 「견물(見物)~」

생애[生涯] 살아 있는 동안. 일생 동안. しょうがい
all one's life

생약[生藥] 천연으로 산출되는 자연물을 그대로 쓰거나 간단히 가공 처리한 약재. しょうやく・せいやく　herbal medicine

생어[生魚] 죽지 않은 물고기. 또는 갓 잡은 생선. せいぎょ・なまうお・なまざかな
live fish

생업[生業] 생활하기 위한 직업. せいぎょう　　occupation

생욕[生辱] 공연히 당하는 욕.

생우유[生牛乳] 끓이지 않은 우유. なまぎゅうにゅう
raw milk

생원[生員] ①조선 시대, 소과(小科)의 종장(終場)에 합격한 사람. ②나이 많은 선비를 대접하여 성(姓) 뒤에 붙여 부르던 말.

생월[生月] 태어난 달. 「~생시(生時)」 せいげつ
month of birth

생육[生肉] 익히지 않은 고기. 날고기. せいにく・なまにく
raw meat

생육[生育] ①낳아서 기름. ② 생물이 나서 자람. 「~기간」 せいいく　　① birth and breeding ② growth

생의[生意] 무엇을 하려고 마음을 냄. 또는 그 마음. =생심(生心). せいい

생일[生日] 태어난 날. せいじつ
birthday

생자[生者] ①살아 있는 사람. ②불교에서, 생명이 있는 모든 것. ↔사자(死者). 「~필멸(必滅)」せいしゃ・しょうしゃ　② living things

생장[生長] 나서 자람. せいちょう　　growth

생장[生葬] 산 채로 묻음. = 생매장(生埋葬)・생매(生埋).
burying alive

생재[生財] 재물을 늘림.
accumulation of wealth

생전[生前] 살아 있는 동안. 죽기 전. ↔사후(死後). せいぜん　　lifetime

생존[生存] 살아 있음. ↔사멸(死滅). 「~경쟁(競爭)」 せいぞん・せいそん　existence

생존권[生存權] 국민이 인간다운 생활을 하기 위한 여러 가지 조건의 확보를 요구할 수 있는 권리. せいぞんけん・せいそんけん
right to live

생중[生中] 술에 취하지 아니하였을 때. ↔취중(醉中).
ordinary times

생지[生地] ①한 번도 일구지 않은 굳은 땅. 생땅. ②태어난 고장. せいち
① uncultivated land ② birthplace

생지옥[生地獄] 살아서 지옥을 겪는 것처럼 몹시 고통스럽고 처참한 곳. 또는 그런 상태. いきじごく　　hell on earth

생지주의[生地主義] 어떤 나라의 영토 내에서 태어난 사람은 그 나라의 국적을 가져야 한다는 주의. せいちしゅぎ　territorial principle

생질[甥姪] 누이의 아들. nephew

생질녀[甥姪女] 누이의 딸. niece

생질부[甥姪婦] 누이의 며느리. 생질의 아내. one's sister's daughter-in-law

생채[生彩] 생생한 빛이나 기운. せいさい　brilliance

생채[生菜] 날것이나 소금에 절인 채소를 무친 나물. 「오이 ~」 salad

생청[生淸] 벌집에서 떠내어 가공하지 않은 꿀. unrefined honey

생체[生體] 사람이나 동물의 살아 있는 몸. 「~ 실험(實驗)」 せいたい　living body

생초[生草] 살아 있거나 마르지 아니한 풀. 생풀. ↔건초(乾草). せいそう

생초상[生初喪] 제 명대로 살지 못하고 죽은 사람의 초상.

생취[生聚] 인구를 늘리고 물자를 모음. 곧, 국력을 충실히 기름. せいしゅう

생치[生致] 사로잡아 끌고 감. せいち　capturing alive

생칠[生漆] 정제하지 않은 옻나무의 진.

생탄[生誕] ⇨탄생(誕生). せいたん

생탈[生頉] 일부러 만들어 낸 탈. 억지를 쓰는 탈. 「~을 부리다」 false accident

생태[生太] 말리거나 얼리지 아니한, 잡은 그대로의 명태.

생태[生態] 생물의 생활 상태. 「~ 변화(變化)」 せいたい　mode of life

생태계[生態系] 생물 군집(群集)과 무기(無機) 환경이 서로 유기적 관계를 가지고 그 안에서 물질의 순환과 에너지의 흐름이 일어나는 하나의 조화된 체계. せいたいけい　ecosystem

생포[生捕] 사로잡음. =생금(生擒). いけどり　capturing alive

생피[生皮] 무두질하지 않은 동물의 가죽. なまかわ　rawhide

생필품[生必品] 생활 필수품(生活必需品)의 준말.

생혈[生血] 살아 있는 동물의 몸에서 갓 나온 피. せいけつ・いきち・なまち　lifeblood

생호령[生號令] 까닭 없이 하는 호령. 강호령. unreasonable scolding

생화[生花] 살아 있는 초목에서 꺾은 꽃. ↔조화(造花). せいか　natural flower

생화학[生化學] 생물체의 구성 물질이나 생물체 내에서의 화학 반응 등을 연구하는 학문. −생물 화학(生物化學). せいかがく　biochemistry

생환[生還] ①살아서 돌아옴. ②야구에서, 주자(走者)가 본루로 돌아와 득점(得點)하는 일. せいかん　① returning alive ② reaching the home base

생활[生活] ①살아서 활동함. ②생계를 유지하여 살아 나감. せいかつ　life

생활고[生活苦] 경제적으로 어려워서 생활해 나가는 데 겪는 괴로움. せいかつく　difficulty of living

생활급[生活給] 노동자의 최저 생활비를 보장하는 임금. せいかつきゅう subsistence wage

생활난[生活難] 물가의 등귀·빈곤·그 밖의 사회적 여건 등으로 생활하는 데 겪는 어려움. せいかつなん hard living

생활 필수품[生活必需品] 일상 생활에 꼭 필요한 물품. ㉰생필품(生必品). せいかつひつじゅひん necessaries of life

생황[笙簧·笙篁] 아악에 쓰이는 관악기의 한 가지.

〔생황〕

생회[生灰] ⇨생석회(生石灰).

생획[省畫] 글자의 획을 줄여서 씀. しょうかく

생후[生後] 태어난 뒤. 「~ 6 개월 된 아기」 せいご after one's birth

샤:머니즘[shamanism] 원시 종교의 하나. 특별한 주술사(呪術師) 샤먼이 정령(精靈)과 사람 사이를 중재한다고 함. 무술(巫術). シャマニズム

샤:먼[shaman] 샤머니즘의 주술사(呪術師). 무당·박수 따위. シャーマン

샤모테[독 Schamotte] 내화 벽돌의 재료. 내화 점토(耐火粘土)를 1300~1500℃로 가열한 후 가루로 만든 것. シャモット

샤스타데이지[Shasta daisy] 국화과(菊花科)의 다년초. 미국의 버뱅크가 개량한 것으로 프랑스 국화와 일본 국화와의 교배종(交配種)임. 키는 60~70cm, 5~7월경에 백색의 꽃이 핌. シャスタデージ

샤워[shower] 조로와 같은 잔구멍으로 더운물이나 찬물이 뿜기어 나오게 만든 장치. 또는 뿜기어 나오는 그 물. シャワー

샤:크스킨[sharkskin] 상어 가죽 비슷하게 짠 소모(梳毛) 직물. シャークスキン

샤:프[sharp] ① 날카로움. 신랄(辛辣)함. ② ⇨샤프펜슬. シャープ

샤프롱[프 chaperon] 사교계(社交界)에 처음으로 나가는 젊은 여성을 따라다니면서 시중을 드는 여성. シャペロン

샤프트[shaft] 굴대. 축(軸). シャフト

샤:프펜슬[sharp pencil] 연필의 심을 밀어 내어 쓰도록 만든 필기구(筆記具). シャープペンシル

샨세[독 Schanze] 스키의 도약대(跳躍臺). シャンツェ

샬레[독 Schale] 세균의 배양(培養) 등에 쓰이는, 운두가 낮은 원통형의 유리 그릇. シャーレ

샴페인[champagne] 프랑스 샹파뉴 지방에서 처음으로 만든, 이산화탄소가 들어 있어 거품이 많이 일어나는 포도주(葡萄酒). シャンパン

샴푸:[shampoo] 머리털을 감는 일. 또는 머리털을 감는 세제(洗劑). シャンプー

샹들리에[프 chandelier] 천장에 드리워 다는, 장식적인 가지가 달린 조명(照明) 기구. シャンデリア

샹송[프 chanson] 프랑스의 대중 가요(大衆歌謠). シャンソン 大衆歌謠

섀도:복싱[shadowboxing] 권투에서, 상대가 앞에 있다고 가상(假想)하고 하는 연습. シャドーボクシング 假想

섀도:캐비닛[shadow cabinet] 영국의 야당(野黨)이 정권을 잡을 경우를 대비하여 구성하는 내각(內閣). シャドーキャビネット 內閣

섀시[chassis] 자동차의 차대(車臺). シャーシー 車臺

서[西]* 서녘 서:서쪽. 「東西(동서)·西部(서부)·西風(서풍)·湖西(호서)·西歐(서구)·西洋(서양)·西經(서경)」 サイ·セイ·にし 西風 湖西

서:[序]* ① 차례 서:차례.「次序(차서)·序列(서열)·序齒(서치)」② 학교 서:학교.「庠序(상서)」 ③ 실마리 서:실마리.「序文(서문)·序論(서론)·序曲(서곡)」ジョ 序列 序論

서:[抒] 펼 서:펴다. 나타내다.「抒情(서정)·抒情詩(서정시)」ジョ·のべる 抒情

서:[胥] ① 서로 서:서로.「胥匡(서광)·胥失(서실)」② 구실아치 서:구실아치.「胥吏(서리)」ショ 胥失

서:[徐]* 천천할 서:천천하다.「徐行(서행)·徐步(서보)·徐緩(서완)」ジョ·おもむろ·しずか 徐行

서:[恕]* ① 용서할 서:용서하다.「恕諒(서량)·容恕(용서)·恕免(서면)」② 헤아려 동정할 서:동정하다.「忠恕(충서)」ジョ ① ゆるす 恕諒

서[書]* ① 글 서:글.「書童(서동)·書類(서류)·書狀(서장)·封書(봉서)·書簡文(서간문)·書籍(서적)·兵書(병서)·全書(전서)·唐書(당서)·洋書(양서)」② 쓸 서:쓰다.「書家(서가)·書藝(서예)·書法(서법)·精書(정서)·淸書(청서)」ショ ① ふみ ② かく 書狀 唐書

서:[庶]* ① 무리 서:무리. 여러.「庶政(서정)·庶官(서관)·庶類(서류)·庶民(서민)」② 서자 서:첩의 자식.「庶子(서자)·庶男(서남)·庶叔(서숙)」ショ ① もろもろ 庶政 庶民

서:[敍]* ① 펼 서:펴다. 서술하다.「敍事(서사)·敍說(서설)·敍情(서정)」② 쓸 서:관직을 주다.「敍用(서용)」ジョ ① のべる 敍事

서:[逝] 갈 서:가다. 죽다.「逝去(서거)·逝世(서세)·逝者(서자)」セイ·ゆく 逝去

서:[壻] 사위 서:사위. "婿"와 同字.「壻郞(서랑)·同壻(동서)·翁壻(옹서)」セイ·むこ 同壻 翁壻

서:[棲] 깃들일 서:깃들이다. "栖"와 同字.「棲息(서식)·棲宿(서숙)·棲隱(서은)·棲遲(서지)」セイ·すむ·すみか 棲宿

서[絮] 솜 서:솜.「絮縷(서루)·絮纊(서광)」ジョ·わた 絮縷

서[舒] ① 펼 서:펴다.「舒卷(서권)·舒情(서정)」② 천천할 서:천천히 하다.「舒慢(서만)·舒舒(서서)·舒緩(서완)」ショ ① のべる 舒情

서[黍] 기장 서:기장.「黍粟(서속)·黍禾(서화)」ショ·きび 黍粟

서:[暑]* 더위 서:더위.「炎暑(염서)·暑氣(서기)·暑熱(서열)·暑中(서중)·暑天(서천)·酷暑(혹서)·暑節(서절)·暑月(서월)」ショ·あつい 炎暑

서:[瑞] 상서 서:상서. 상서로

다.「瑞光(서광)·瑞氣(서기)·祥瑞(상서)·瑞世(서세)·瑞雲(서운)」ズイ·スイ·みず·めでたい 瑞光

서[筮] ① 점칠 서 : 점치다.「筮龜(서귀)·筮卜(서복)」② 점대 서 : 점대.「筮竹(서죽)」ゼイ ① うらなう 筮卜

서[鉏] ① 호미 서 : 호미.「鉏鉤(서구)·鉏鈒(서삽)」② 어긋날 서 : 어긋나다.「鉏鋙(서어)」ショ 鉏鉤

서:[鼠] ① 쥐 서 : 쥐.「鼠撲(서박)·鼠縮(서축)·鼠疫(서역)」② 좀도둑 서 : 좀도둑.「鼠賊(서적)·鼠盜(서도)」③ 근심할 서 : 근심하다.「鼠思(서사)」ソ ① ねずみ 鼠撲

서[墅] 농막 서 : 농막. 별장.「墅舍(서사)·墅扉(서비)」ショ 墅舍

서:[署]* ① 관청 서 : 관청.「本署(본서)·署員(서원)·官署(관서)」② 대신 일볼 서 : 대신 일보다.「署理(서리)」③ 쓸 서 : 쓰다.「署名(서명)·署記(서기)·自署(자서)·署押(서압)」ショ 官署

서:[誓] 맹세할 서 : 맹세하다.「誓約(서약)·誓詞(서사)·誓言(서언)·宣誓(선서)」セイ·ちかう 誓約

서:[緖]* ① 실마리 서 : 실마리.「端緖(단서)·由緖(유서)·緖業(서업)·緖言(서언)·緖論(서론)」② 나머지 서 : 나머지.「緖餘(서여)」ショ·チョ ① いとぐち 緖論

서[鋤] 호미 서 : 호미. 김매다.「鋤除(서제)·鋤禾(서화)·鋤犁(서려)」ジョ·すき 鋤除

서[噬] 씹을 서 : 씹다. 물다.「噬啖(서담)·反噬(반서)」ゼ 噬啖 イ·かむ

서[嶼] 섬 서 : 섬.「島嶼(도서)」ショ·しま 島嶼

서:[曙] 새벽 서 : 새벽. 밝다.「曙色(서색)·曙星(서성)·曙月(서월)·曙鐘(서종)·曙光(서광)」ショ·あけぼの 曙光

서[薯] 감자 서 : 감자. 마.「甘薯(감서)·薯蕷(서여)」ショ·いも 甘薯

서가[書架] 책을 얹어 두는 시렁. =서각(書閣). しょか bookshelf 書架

서가[書家] 글씨를 잘 쓰는 사람. しょか calligrapher 書家

서:가[庶家] 첩에게서 태어난 사람의 자손의 집. ↔적가(嫡家). しょけ family of a concubine 庶家

서각[書閣] ① ⇨ 서가(書架). ② ⇨ 서재(書齋). しょかく 書閣

서:각[犀角] 무소의 뿔. 한방에서, 약재로 쓰임. さいかく rhinoceros's horn 犀角

서간[書簡] 편지. =서한(書翰). 「∼문(文)」しょかん letter 書簡

서간전[書簡箋] 편지를 쓰는 종이. 편지지. しょかんせん letter paper 書簡箋

서:감[暑感] 여름에 드는 감기. summer cold 暑感

서:거[逝去] 사회에서 이름이 높던 사람의 죽음을 높이어 이르는 말. せいきょ death 逝去

서경[西經] 본초 자오선(本初子午線)을 0도로 하여 서쪽 180도까지에 이르는 경선(經線). ↔동경(東經). せいけい west longitude 西經 子午線

서:경[敍景] 풍경을 글로 표현함.「∼문(文)」じょけい description of scenery 敍景

서고[書庫] 많은 도서를 모아 書庫

정리하고 보관하여 둔 곳. =문고(文庫). しょこ   library

서:곡[序曲] ① 오페라·오라토리오·발레·모음곡 등의 처음에 연주되어 후속부로의 도입 역할을 하는 악곡. ② 어떤 일의 시초를 비유하여 이르는 말. じょきょく
① overture ② beginning

서과[西瓜] 수박. 「~홍저(紅菹)」 すいか   watermelon

서광[書狂] 취미로 책을 사서 모으는 데 열중하는 사람. =서적광(書籍狂). bibliomania

서:광[瑞光] ① 상서로운 빛. ② 좋은 일이 있을 징조. =상광(祥光). ずいこう
② good omen

서:광[曙光] ① 동이 틀 무렵에 동쪽 하늘에 비치기 시작하는 햇빛. =신광(晨光). ② 희망적인 조짐을 비유하여 이르는 말. しょこう
① dawn ② prospect

서교[西郊] ① 서쪽의 교외(郊外). せいこう·さいこう ② 지난날, 서울의 서대문 밖을 이르던 말. ① western suburb

서교[西教] 지난날, 서양의 종교라는 뜻으로 크리스트교를 이르던 말. せいきょう
Christianity

서구[西歐] ① 유럽의 서부 지역. ↔동구(東歐). ② 유럽과 미국을 통틀어 이르는 말. =서양(西洋). 「~ 문명(文明)」 せいおう   ① Western Europe ② the West

서권[書卷] 책. =서책(書冊)·서적(書籍). しょかん   books

서궤[書几] 책을 읽거나 글씨를 쓰는 데 받치고 쓰는 상. =책상(冊床). しょき   desk

서궤[書櫃] ① 책을 넣어 두는 궤짝. しょき ② 여러 부문에 걸쳐 아는 것이 많은 사람을 비유하여 이르는 말.
① bookcase ② sage

서기[西紀] 서력 기원(西曆紀元)의 준말. せいき

서기[書記] 회의 같은 데서 기록을 맡아보는 사람. しょき   clerk

서:기[暑氣] 더운 기운. 더위. ↔한기(寒氣). しょき   heat

서:기[瑞氣] 상서로운 기운. ずいき   auspicious sign

서:기지망[庶幾之望] 거의 될 듯한 희망.

서남[西南] ① 서쪽과 남쪽. ② 서쪽과 남쪽의 사이. =남서(南西). ↔동북(東北). 「~풍(風)」 せいなん   ① south and west ② southwest

서:남[庶男] 첩에게서 태어난 아들. =서자(庶子). ↔적남(嫡男). しょだん
son by a concubine

서:녀[庶女] 첩에게서 태어난 딸. ↔적녀(嫡女). しょじょ
illegitimate daughter

서단[西端] 서쪽 끝. ↔동단(東端).   western end

서당[書堂] 지난날, 사사로이 한문을 가르치던 곳. 글방. しょどう   village school for Chinese classics

서도[西道] 평안도와 황해도를 아울러 이르는 말.

서도[書道] 서예(書藝)를 정신 수양의 한 수단으로 이르는 말. =서예(書藝). しょどう
calligraphy

서도[書圖] 글씨와 그림. =서화(書畫).
pictures and writings

서:독[暑毒] 심한 더위의 독기(毒氣). 暑毒

서두[書頭] 글의 첫머리. 書頭 beginning

서:둔[鼠遁] 쥐처럼 달아나 숨음. 鼠遁 escaping stealthily like a mouse

서든데스[sudden death] 축구 등의 연장전(延長戰) 방식의 한 가지. 먼저 점수를 얻은 팀이 이김. サドンデス 延長戰

서등[書燈] 글을 읽을 때 켜 놓는 등불. 書燈 lamp for reading

서라벌[徐羅伐] ① 신라(新羅)의 옛 이름. ② 경주(慶州)의 옛 이름. 徐羅伐

서:랑[壻郞·婿郞] 남을 높이어 그의 사위를 이르는 말. 壻郞 your esteemed son-in-law

서:량[恕諒] 용서하고 양해함. 恕諒 pardon

서러브레드[thoroughbred] 경주용(競走用) 말의 한 품종. 영국 원산종과 아라비아 말을 교배하여 개량한 품종임. 競走用

서력[西曆] 서양의 책력. せいれき 西曆 Western Calendar

서력 기원[西曆紀元] 그리스도가 태어난 해를 원년(元年)으로 삼는 서력의 기원(紀元). ㉾서기(西紀). せいれききげん Christian Era 紀元

서:론[序論] 논문 등에서, 본론의 도입 부분으로서 본론 앞에 서술하는 개괄적인 논설. =서설(序說)·서론(緖論). じょろん introduction 序論

서:론[緖論] ⇨서론(序論). しょろん 緖論

서:료[庶僚] 모든 일반 관리. =백료(百僚). all the public officials 庶僚

서류[書類] 기록·사무 등에 관한 문서. しょるい documents 書類

서:류[庶流] 서자(庶子)의 계통. ↔적류(嫡流). しょりゅう 庶流

서:류[庶類] 보통의 종류. 여러 가지 흔한 종류. しょるい various common kinds 庶類

서:리[胥吏] 조선 시대, 각 관아에 딸려 있던 구실아치. =아전(衙前). しょり 胥吏

서:리[署理] 직무를 대리함. 또는 그 사람. proxy 署理

서:리지탄[黍離之嘆] 나라가 망하여 궁전이던 터에 기장이 무성함을 보고 세상의 영고성쇠(榮枯盛衰)가 덧없음을 탄식한다는 말. しょりのなげき 黍離之嘆

서림[書林] 책을 파는 가게. =서점(書店)·서관(書館)·서사(書肆)·책사(冊肆). しょりん bookstore 書林 書店

서:막[序幕] ① 연극 등에서 처음 여는 막. ② 어떤 일의 시작. じょまく ① first act ② beginning 序幕

서머리[summary] 요약(要約). 적요(摘要). サマリー 要約

서머스쿨:[summer school] 여름 학교. 하기 학교(夏期學校). サマースクール 夏期學校

서머울:[summer wool] 여름용의 얇은 모직물(毛織物). サマーウール 毛織物

서머타임[summer time] 여름철에, 긴 낮시간을 유효하게 쓰기 위하여 그 지방의 표준시(標準時)보다 한 시간 시계를 앞당겨 놓는 일. サマータイム 標準時

서멧[cermet] 분말 야금법(冶金法)으로 만들어진 금속과 세라믹스로 이루어진 내열(耐熱) 재료. サーメット 冶金法

서면[西面] ① 서쪽을 향함. ② 西面

서쪽에 있는 면. せいめん・さいめん ① facing west

서면[書面] ① 글씨를 쓴 지면. ② 일정한 내용을 적은 문서. 「~ 계약」 しょめん ② document

서명[書名] 책 이름. しょめい title of a book

서:명[署名] 문서에 자기의 성명(姓名)을 적음. 또는 그 성명. 「~ 날인(捺印)」 しょめい signature

서:모[庶母] 아버지의 첩. しょぼ one's father's concubine

서:모그래피[thermography] 생체나 물체 표면의 온도 분포를 측정하여 화상화(畫像化)하는 방법.

서:모스탯[thermostat] 온도를 자동적으로 일정하게 조절(調節)하는 장치. サーモスタット

서목[書目] 책의 목록. 도서(圖書)를 분류한 목록. しょもく catalog of books

서:몽[瑞夢] 상서로운 꿈. ずいむ auspicious dream

서:무[庶務] 관청이나 기관의 일반적인 여러 가지 사무. 또는 그 일을 맡아보는 사람. しょむ general affairs

서:문[序文] 책이나 문서의 첫머리에 쓴 글. 머리말. ↔발문(跋文). じょぶん preface

서:문[誓文] 서약(誓約)하는 글. 또는 그런 문건. =서서(誓書). せいもん written oath

서:물[庶物] 여러 가지 물건. 온갖 사물. =만물(萬物). しょぶつ all things

서:민[庶民] ① 일반 국민. =서인(庶人). ② 귀족이나 상류층이 아닌 보통 사람. しょみん common people

서반구[西半球] 대서양을 중심으로 둘로 나눈 지구의 서쪽 부분. ↔동반구(東半球). にしはんきゅう Western Hemisphere

서:발[序跋] 서문과 발문. じょばつ preface and postscript

서방[西方] ① 서쪽. ↔동방(東方). ② 서쪽 지방. せいほう ① west ② western districts

서방[書房] ① 남편을 속되게 이르는 말. ② 지난날, 벼슬이 없는 남자의 성 다음에 붙여 이르던 말. ③ 딸·누이동생·처제 등 손아래 친척 여자의 남편 성 다음에 붙여 이르는 말. 「박(朴)~」

서:배[鼠輩] 하잘것없는 무리. そはい

서:버[server] 테니스나 탁구(卓球)·배구 등에서, 서브하는 쪽. 또는 서브하는 사람. サーバー

서법[書法] 글씨를 쓰는 법. しょほう calligraphy

서:베이미:터[survey meter] 방사선(放射線)의 검출·측정에 사용되는 휴대용 계기. サーベイメーター

서벽[書癖] 독서(讀書)를 즐기는 버릇. しょへき

서:변[西邊] ① 서쪽 부근. ② 서쪽 변두리. ① western area ② around the west

서:보[徐步] 천천히 걸어감. 또는 그런 걸음. じょほ walking slowly

서부[西部] 어떤 지역의 서쪽 부분. せいぶ western part

서부극[西部劇] 개척 시대의 미국 서부 지방을 배경으로 한 활극. 서부 활극(西部活劇).

せいぶげき　　Western film

서북[西北] ① 서쪽과 북쪽. ② 西北
서쪽과 북쪽의 사이가 되는
방위. せいほく　① north and
west ② northwest

서·브[serve] 테니스·탁구·배 排球
구 등의 경기를 할 때, 공격
하는 쪽에서 먼저 공을 상대
편(相對便) 코트에 쳐 넣는 일. 相對便
또는 그 공. 서비스. サーブ

서브루·틴[subroutine] 컴퓨터
에서, 프로그램 중의 한 개
이상의 장소에서 필요할 때마
다 반복(反復)해서 사용할 수 反復
있는 부분적 프로그램. サブ
ルーチン

서브타이틀[subtitle] 부제(副 副題
題). サブタイトル

서·비스[service] ①봉사(奉仕). 接待
접대(接待). ②⇨서브. サー
ビス

서·비스라인[service line] 테
니스에서, 서비스박스의 네트
에 평행(平行)하는 선(線). 平行線
サービスライン

서·비스에어리어[service area]
① 라디오나 텔레비전 방송을
수신(受信)할 수 있는 범위의 受信
지역. ② 테니스·배구 따위에
서, 서브 구역. サービスエリア

서·사[序詞] 머리말. =서문(序 序詞
文). じょし　　preface 序文

서사[書士] 대서(代書)나 필사 書士
(筆寫)를 직업으로 삼는 사람.
scribe

서사[書司] 절에서 서기(書記) 書司
를 이르는 말. しょし

서사[書舍] 지난날, 선비들이 書舍
모여서 공부를 하던 집. しょ
しゃ

서사[書寫] 글씨를 베껴 씀. 書寫
しょしゃ　　copying

서·사[敍事] 사실을 있는 그대 敍事
로 서술함. じょじ　description

서·사[誓詞] 맹세하는 말. = 誓詞
서언(誓言). せいし　　oath

서·사시[敍事詩] 장중한 문체 敍事詩
로 주제를 객관적으로 다루는
장편의 이야기 시. 국가나 민
족 또는 인류의 운명과 관계
된 사건을 신이나 영웅을 중
심으로 하여 읊음. じょじし
epic

서·사체[敍事體] 사실을 있는 敍事體
그대로 객관적으로 서술하는
문체(文體). じょじたい
narrative style

서산[西山] 서쪽의 산.「~낙 西山
일(落日)」せいざん
western mountain

서산[書算] 지난날, 글을 읽은 書算
민수를 세는 데 쓰던 물
건. =수수(書數). しょさん

서상[書箱] 책을 넣는 상자. 書箱
しょそう　　bookcase

서·상[瑞相] 상서로운 조짐. = 瑞相
서조(瑞兆). ずいそう
auspicious sign

서상방[西上房] 남향 대청의 오 西上房
른쪽에 안방을 만든 집. ↔동
상방(東上房).

서생[書生] ① 남의 집에서 일 書生
을 거들면서 공부하는 사람.
② 유학(儒學)을 공부하는 사
람. しょせい　① student
dependent ② Confucianist

서·서[誓書] 서약하는 글. 또 誓書
는 그런 문건. =서문(誓文).
せいしょ　　written oath

서·설[序說] ⇨ 서론(序論). 序說
じょせつ

서·설[敍說] 차례를 따라 설명 敍說
함. じょせつ　description

서설[絮說] 쓸데없이 지루하게 絮說
오래 말함. 또는 그 이야기.

서·설[瑞雪] 상서로운 눈. 풍 瑞雪

서:성[書聖] 글씨를 뛰어나게 잘 쓰는 사람을 높이어 이르는 말. しょせい renowned calligrapher

서:성[瑞星] 태평성대에 나타난다고 하는 상서로운 별. ずいせい auspicious star

서:세[逝世] 세상을 떠난다는 뜻으로, 죽은 사람을 높이어 그의 죽음을 이르는 말. =별세(別世). death

서:세[暑歲] 가뭄이 매우 심한 해.

서:속[黍粟] 기장과 조. millet

서:수[序數] 사물의 차례를 나타내는 수. 첫째·둘째 따위. 「~사(詞)」 じょすう ordinal number

서수[書數] 지난날, 글을 읽은 번수를 세는 데 쓰던 물건. =서산(書算).

서:수사[序數詞] 사물의 차례를 나타내는 수사(數詞). じょすうし ordinal numerals

서:숙[棲宿] ⇨서식(棲息). せいしゅく

서:술[敍述] 차례를 좇아 말하거나 적음. じょじゅつ description

서스펜더[suspenders] 멜빵. 또는 양말대님. サスペンダー

서스펜디드게임[suspended game] 야구에서, 시간의 제한·갑작스러운 날씨 변동 등으로 경기를 계속할 수 없게 된 경우, 뒷날 나머지를 계속하기로 하고 일시(一時) 중단된 경기. サスペンデッドゲーム

서스펜스[suspense] 영화·소설 따위에서, 줄거리의 발전이 독자나 관객에게 주는 불안과 긴장감(緊張感). サスペンス

서:습[暑濕] 덥고 축축함. しょしつ

서:습지기[暑濕之氣] 더운 기운과 축축한 기운. humidity

서:시[序詩] 서문(序文) 대신으로 싣는 시. じょし

서시봉심[西施捧心] 가슴앓이로 찌푸린 서시(西施)의 얼굴이 아름다워 보여서 못난 여자가 그를 흉내내어 얼굴을 찌푸리고 다녔다는 고사에서, 같은 행동이라도 하는 사람의 됨됨이에 따라 차이가 있음을 비유한 말.

서식[書式] 서류를 작성하는 일정한 형식이나 방법. =서례(書例). しょしき form

서:식[棲息] 동물이 어떤 곳에 깃들여 삶. 「~지(地)」 せいそく inhabitation

서:신[書信] ⇨편지(便紙). しょしん

서:신[庶神] 온갖 귀신. all kinds of spirit

서:실[書室] ⇨서재(書齋). しょしつ

서안[西岸] 강·바다·호수의 서쪽 기슭. ↔동안(東岸). せいがん west coast

서:약[誓約] 맹세하고 약속함. 「~서(書)」 せいやく oath

서양[西洋] 유럽과 아메리카의 여러 나라. =서구(西歐)·구미(歐美). ↔동양(東洋). せいよう the West

서양식[西洋式] 서양의 양식 또는 격식. 준양식(洋式). western style

서:양자[壻養子·婿養子] 사위를 양자로 삼음. 또는 그

양자. むこようし adopting a son-in-law as one's son

서양종[西洋種] 원산지가 서양인 종자. =양종(洋種). せいようしゅ foreign seeds

서양풍[西洋風] 서양의 풍습이나 양식을 본뜬 모양. せいようふう Western style

서양화[西洋畫] 서양에서 발달한 그림. 준양화(洋畫). せいようが

서언[西諺] 서양 속담. せいげん Western proverb

서:언[序言·緒言] 머리말. =서문(序文). じょげん·しょげん·ちょげん foreword

서:얼[庶孼] 서자(庶子)와 그 자손. by-blow

서역[西域] ① 서쪽 시역. ② 지난날, 우리 나라와 중국에서 중국의 서쪽 지역을 이르던 말. 넓게는 중앙 아시아·서부 아시아·인도 등을 포함함. せいいき
① west districts ② countries to the west of China

서:열[序列] 순서를 따라 늘어섬. 또는 그 순서. じょれつ arrangement in order

서:열[暑熱] 한여름의 더위. =서기(暑氣). しょねつ summer heat

서:염[暑炎] 심한 더위. =염서(炎暑). しょえん intense heat

서예[書藝] 붓으로 글씨의 아름다움을 표현하는 예술. calligraphy

서:완[徐緩] 진행이 느림. slowness

서:용[敍用] 지난날, 죄가 있어 면직되었던 사람을 다시 임용하던 일. reappointment

서:우기한[暑雨祁寒] 여름의 큰 비와 겨울의 혹독한 추위. long spell of rain and intense cold

서:운[瑞雲] 상서로운 구름. =상운(祥雲)·경운(景雲). ずいうん auspicious clouds

서:운[瑞運] 상서로운 운수. ずいうん good fortune

서원[書院] 조선 시대 때, 학문을 연구하고 선현(先賢)을 제사하기 위하여 사림(士林)들이 세운 사설(私設) 교육 기관. しょいん

서:원[署員] '서(署)'자가 붙은 관청에 근무하는 사람. 경찰서원·세무서원 등. しょいん staff

서:인[誓願] 신불에게 맹세하고 소원이 이루어지도록 기원함. せいがん vow

서:월[曙月] 날이 샐 무렵의 달. 새벽달. =잔월(殘月). morning moon

서:위[暑威] 몹시 심한 더위. ↔한위(寒威). しょい extremely hot weather

서:유[恕宥] 잘못을 너그러이 용서함. generous pardon

서:은[棲隱] 속세를 떠나 숨어서 삶. せいいん retirement from the world

서음[書淫] 글 읽기를 지나치게 즐김. 또는 그러한 사람. しょいん bookworm

서의[書意] 책이나 편지 등에 적힌 글의 뜻. しょい purport of a writing

서일[西日] 서쪽으로 기운 해. =석양(夕陽). にしび setting sun

서:자[庶子] 첩에게서 난 아들. しょし child by a concubine

서장[書狀] 편지. =서간(書簡). 書狀
しょじょう letter

서:장[署長] '서(署)'자가 붙은 관청의 가장 직위가 높은 사람. 경찰서장·세무서장·소방서장 등. しょちょう 署長 head

서재[書齋] 책을 읽거나 연구·집필 등을 할 수 있게 마련된 방. =서각(書閣)·서실(書室). しょさい 書齋 書閣 study

서적[書籍] 책. =서책(書册). しょせき 書籍 books

서:적[鼠賊] 좀도둑. そぞく 鼠賊 sneak thief

서전[書傳] 글로 써서 전한 서적. 옛 사람이 쓴 책. しょでん 書傳

서:전[緒戰] ①시작한 지 얼마 안 된 무렵의 전쟁. ②경기 등의 초반. しょせん·ちょせん ① beginning of a war 緒戰

서:절구투[鼠竊狗偸] 쥐나 개처럼 물건을 훔친다는 뜻으로, 좀도둑을 비유하여 이르는 말. そせつくとう 鼠竊 狗偸

서점[西漸] 점점 서쪽으로 옮겨 감. ↔동점(東漸). せいぜん 西漸 westward advance

서점[書店] 책을 파는 가게. =서사(書肆)·서림(書林)·책방(册房). しょてん 書店 bookstore

서정[西征] 서쪽의 적을 정벌함. ↔동정(東征). 西征 western expedition

서:정[抒情·敍情] 자기의 감정을 글 등으로 나타내는 일. じょじょう 抒情 敍情 description of feelings

서:정[庶政] 온갖 정사(政事). 「~ 쇄신(刷新)」 しょせい 庶政 civil services

서:정시[抒情詩·敍情詩] 작자(作者)의 감정이나 정서를 주관적으로 표현한 시. じょじょうし 抒情詩 lyric poetry

서:제[庶弟] 서모(庶母)에게서 난 아우. しょてい 庶弟 illegitimate young brother

서:조[瑞兆] 상서로운 조짐. =서상(瑞相). ずいちょう 瑞兆 lucky omen

서:조[瑞鳥] 상서로운 새. 봉황새 따위. ずいちょう 瑞鳥 auspicious bird

서:족[庶族] 서자(庶子)의 자손으로 이루어진 집안. =서얼(庶孼)·서류(庶流). しょぞく 庶族 庶流 descendants from a concubine

서:종[曙鐘] 새벽에 울리는 종소리. 새벽종. =효종(曉鐘). 曙鐘 daybreak bell

서:주[序奏] 어떤 악곡의 주요 부분에 들어가기에 앞서 연주하는 부분. じょそう 序奏 introduction

서:죽[筮竹] 점칠 때 쓰이는 대오리. ぜいちく 筮竹

서:중[暑中] 여름의 한창 더울 때. しょちゅう 暑中

서증[書證] 문서로 된 증거. ↔인증(人證). しょしょう 書證 documentary evidence

서지[書誌] ①책. ②어떤 종목(種目)에 관한 책자나 문헌의 목록. しょし ① book ② bibliography 書誌

서지[serge] 소모사(梳毛絲)로써 능직(綾織)으로 짠 양복감. サージ 梳毛絲

서:직[黍稷] 찰기장과 메기장. しょしょく 黍稷

서진[西進] 서쪽으로 진출함. 서쪽으로 진격함. ↔동진(東進). 西進 westward advance

서진[書鎭] 책장(册張)이나 종 書鎭

이가 바람에 날아가지 않도록 눌러 놓는 물건. =문진(文鎭). paperweight

서질[書帙] ① 책. ② 책을 넣어 두기 위하여 천으로 만든 상자. しょちつ ① book 書帙

서:차[序次] ➪ 차례(次例). じょじ 序次

서찰[書札] 편지. =서신(書信). しょさつ letter 書札

서창[西窓] 서쪽으로 난 창문. ↔동창(東窓). west window 西窓

서:창[敍唱] 오페라나 오라토리오에서, 대사 내용에 중점을 두고 이야기하듯이 노래하는 것. じょしょう recitative 敍唱

서책[書冊] 책. =서적(書籍). しょさつ book 書冊

서:천[暑天] 더운 여름철의 날씨. =염천(炎天). しょてん hot weather 暑天

서철[西哲] ① 서양의 현철(賢哲). ② 서양의 철학. せいてつ ① Western philosopher ② Western philosophy 西哲

서첩[書帖] 이름난 이의 글씨를 모아 엮은 책. 書帖

서체[書體] 글씨의 체. =서풍(書風). しょたい style of penmanship 書體 書風

서:체[暑滯] 더위로 말미암아 일어나는 체증(滯症). 暑滯

서:축[鼠縮] 곡식을 쥐가 먹어서 나는 축. 鼠縮

서:출[庶出] 첩의 소생. =서생(庶生). ↔적출(嫡出). しょしゅつ child by a concubine 庶出

서:치라이트[searchlight] 탐조등(探照燈). サーチライト 探照燈

서:커스[circus] 곡예(曲藝). サーカス 曲藝

서:클[circle] ① 원(圓). ② 동아리. サークル

서:킷[circuit] ① 전기 회로. ② 순회(巡回) 경기. ③ 원형의 경기장. サーキット 巡回

서평[書評] 책의 내용을 평한 글. しょひょう book review 書評

서포[書舖] 책을 파는 가게. =책방(冊房)·서점(書店)·서사(書肆)·서림(書林). しょほ bookshop 書舖 書肆

서포:터[supporter] ① 지지자(支持者). 후원자(後援者). ② 운동 선수들이 하복부 등을 보호하기 위해서 착용하는 것. サポーター 後援者

서폭[書幅] 글씨를 써서 꾸민 족자. しょふく 書幅

서표[書標] 읽던 곳을 찾기 쉽도록, 책장 사이에 끼워 두는 종이 오리. bookmark 書標

서:품[敍品] 가톨릭에서, 특별한 의식으로 주교·사제·부제 등을 임명하는 절차. ordination 敍品

서풍[西風] 서쪽에서 불어 오는 바람. 갈바람. ↔동풍(東風). せいふう·にしかぜ west wind 西風 東風

서풍[書風] ① 글씨의 체. =서체(書體). ② 서예(書藝)의 경향 또는 특징. しょふう ① style of penmanship ② current of calligraphy 書風

서:핑[surfing] 파도(波濤)타기. サーフィン 波濤

서학[西學] ① 지난날, 서양의 학문이라는 뜻으로, 서양의 과학·문화·기독교 등을 통틀어 이르던 말. ② 조선 때 사학(四學)의 하나. せいがく Western learning 西學

서한[書翰] 편지. =서신(書信)·서간(書簡). 「~문(文)」しょかん letter 書翰

서함[書函] ① 편지. ② 책을 넣는 상자. しょかん
① letter ② bookcase

서해[西海] ① 서쪽에 있는 바다. ② 우리 나라의 황해(黃海)를 달리 이르는 말. ↔동해(東海). さいかい
① western sea

서행[西行] ① 서쪽으로 감. ② 불교에서, 서방정토(西方淨土)에 왕생(往生)하는 일.

서:행[徐行] 천천히 감. ↔급행(急行). 「제차(諸車) ~」 じょこう   going slowly

서향[西向] 서쪽을 향하고 있음. ↔동향(東向). 「~집」に しむき western exposure

서:형[庶兄] 서모(庶母)에게서 난 형. しょけい
illegitimate elder brother

서:혜부[鼠蹊部] 불두덩 옆의 오목하게 된 곳. 치골부(恥骨部)의 양쪽에 있는 삼각형 모양의 부분을 말함. 샅. そけいぶ inguinal region

서화[書畵] 글씨와 그림. 「~전(展)」 しょが
paintings and writings

서화[瑞花] 풍년의 조짐이 되는 꽃이라는 뜻으로, '눈'을 달리 이르는 말.

서:훈[敍勳] 훈공(勳功)에 따라 훈장을 줌. じょくん
decoration

석[夕]* 저녁 석 : 저녁. 저물다. 「朝夕(조석)・夕刊(석간)・夕飯(석반)・夕陽(석양)・夕日(석일)」セキ・ゆう・ゆうべ

석[石]* ① 돌 석 : 돌. 「石器(석기)・石工(석공)・金石(금석)・石質(석질)・盤石(반석)・鐵石(철석)」 ② 섬 석 : 섬. 용량의 단위. 「千石(천석)」セキ・コク・シャク ① いし

석[汐] 조수 석 : 조수. 「汐潮(석조)・汐水(석수)・汐曇(석담)」セキ・しお

석[昔]* ① 예 석 : 예. 옛날. 「昔日(석일)・古昔(고석)・今昔(금석)・往昔(왕석)」 ② 어제 석 : 어제. 「昔歲(석세)・昔年(석년)」セキ・シャク ① むかし

석[析]☆ 쪼갤 석 : 쪼개다. 「析骨(석골)・析薪(석신)・分析(분석)・析別(석별)・析出(석출)・解析(해석)」セキ・さく・わける

석[席]* 자리 석 : 자리. 「座席(좌석)・缺席(결석)・末席(말석)・首席(수석)・席順(석순)・筵席(연석)」セキ・むしろ・しく

석[惜]* 아낄 석 : 아끼다. 아깝다. 「惜春(석춘)・惜別(석별)・惜敗(석패)・愛惜(애석)・憫惜(민석)・惜悶(석민)・痛惜(통석)」セキ・シャク・おしむ

석[晳] 밝을 석 : 밝다. 「明晳(명석)」セキ・あきらか

석[蓆] 멍석 석 : 멍석. 「蓆藁(석고)・蓆門(석문)」セキ・むしろ

석[碩] 클 석 : 크다. 훌륭하다. 「碩人(석인)・碩學(석학)・碩師(석사)」セキ・おおきい・すぐれる

석[奭] 클 석 : 크다. 성하다. 「奭懌(석역)」セキ

석[潟] 개펄 석 : 개펄. 「潟口(석구)・潟流(석류)・干潟地(간석지)」セキ・かた

석[錫] ① 주석 석 : 주석. 「金錫(금석)・錫人(석인)・朱錫(주석)」 ② 줄 석 : 주다. 「錫賚(석뢰)」セキ・シャク ① すず

석[釋]☆ 풀 석 : 풀다. 「註釋(주석)・解釋(해석)・釋明(석명)・釋文(석문)・釋放(석방)・保釋(보석)」シャク・とく・はなつ・

すてる

석가[釋迦] ① 인도의 종족 이름의 하나. ② 석가모니(釋迦牟尼)의 준말. しゃか

석가모니[釋迦牟尼] 불교의 개조(開祖). 세계 사대 성인(四大聖人)의 한 사람. ⚖석가(釋迦). しゃかむに Buddha

석가모니여래[釋迦牟尼如來] 불교의 교조(教祖)인 석가모니의 높임말. しゃかむににょらい

석가세존[釋迦世尊] 석가모니의 높임말. ⚖세존(釋尊).

석각[夕刻] 저녁 무렵. ゆうこく evening

석각[石刻] 돌에 글씨나 그림 따위를 새김. 또는 그렇게 새긴 것. せっこく stone carving

석간[夕刊] 석간 신문(夕刊新聞)의 준말. ↔조간(朝刊). ゆうかん

석간[石澗] 돌이 많은 골짜기에 흐르는 시내. 「~수(水)」

석간 신문[夕刊新聞] 저녁 때 발행되는 일간 신문. ⚖석간(夕刊). ゆうかんしんぶん evening paper

석경[石徑・石逕] 돌이 많은 좁은 길. せっけい stony lane

석경[石經] 돌에다 새긴 유교나 불교의 경전(經典). せっけい・せっきょう

석경[石鏡] ① 유리로 만든 거울. ② 얼굴을 비추어 보는 작은 거울. =면경(面鏡). mirror

석계[石階] 섬돌. =석단(石段). せっかい stone steps

석고[石膏] 황산칼슘과 물로 이루어진 광물. 비료나 시멘트의 원료로 쓰임. せっこう plaster

석고대:죄[席藁待罪] 거적을 깔고 엎드려 벌이 내리기를 기다린다는 뜻으로, 저지른 죄에 대한 처벌을 기다림을 이름.

석고형[石膏型] 석고로 만든 거푸집. せっこうがた plaster cast

석곡[石穀] 섬곡식. 한 섬쯤 되는 곡식.

석공[石工] 돌을 다루어 물건을 만드는 일을 업으로 하는 사람. =석수(石手). せっこう・いしく mason

석곽[石槨] 돌로 만든 곽. せっかく

석관[石棺] 돌로 만든 관. せっかん stone coffin

석광[石鑛] 광석이 바위 속에 섞여 있는 광산. =석혈(石穴).

식쾅[錫鑛] 주석이 나는 광산. stannary

석괴[石塊] 돌덩이. せっかい・いしころ・いしくれ stone

석구[石臼] 돌로 만든 절구. 돌절구. いしうす stone mortar

석굴[石窟] 바위에 뚫린 굴. = 암굴(巖窟). せっくつ stone cave

석권[席卷] 자리를 말아 가듯이 굉장한 기세로 세력을 펼치거나 휩쑒. 「~지세(之勢)」 せっけん sweeping

석금[石金] 돌에 박혀 있는 금. gold ore

석기[石器] 돌로 만든 기구. せっき stone implement

석기 시대[石器時代] 인류가 쇠붙이를 이용하기 이전에, 돌로 기구를 만들어 쓰던 시대. せっきじだい the Stone Age

석녀[石女] 아이를 못 낳는 여자. 돌계집. せきじょ・うまずめ barren woman

석년[昔年] ① 옛날. =왕년(往年). ② 지난해. =작년(昨年). せきねん
① bygone years ② last year

석뇌유[石腦油] 석유·콜타르·혈암 따위를 증류할 때 생기는 경질유(輕質油). 석유 화학 공업의 중요한 원료임. せきのうゆ　naphtha

석단[石段] ⇨석계(石階). いしだん

석대[碩大] 몸피가 굵고 큼.

석덕[碩德] 높은 덕. 또는 덕이 높은 사람. せきとく　virtuous man

석도[石刀] 석기 시대에 쓰던 돌칼. せきとう　stone blade

석두[石頭] 둔한 머리. 돌대가리. いしあたま　stupid fellow

석등롱[石燈籠] 절이나 능묘(陵墓) 등에 세우는 돌로 만든 등. =장명등(長明燈). いしどうろう　stone lantern

석란[石欄] 돌로 만든 난간. せきらん　stone railing

석랍[石蠟] 석유에서 분리되는 납상(蠟狀)의 백색·반투명의 고체. せきろう　paraffin

석려[釋慮] 염려하던 마음을 놓음. =방심(放心). carelessness

석력[石礫] 자갈. せきれき　pebble

석력[淅瀝] ① 비나 눈이 내리는 소리. ② 바람이 나무를 스치는 소리. せきれき

석로[碩老] 학식과 덕이 높은 노인. せきろう

석로[釋老] 석가와 노자(老子)를 아울러 이르는 말.

석류[石榴] ① 석류나무의 열매. ② 석류나무 열매의 껍질을 약재로 이르는 말. 설사·복통·구제약(驅除藥) 등으로 쓰임. ざくろ·せきりゅう
① pomegranate

석말[席末] 맨 끝의 자리. =말석(末席). せきまつ　bottom

석망[碩望] 높은 명망(名望). high reputation

석면[石綿] 마그네슘이 많은 섬유상(纖維狀)의 함수(含水) 규산염 광물. 방화재(防火材)·내화재(耐火材)·보온재·단열재 등으로 쓰임. 돌솜. せきめん·いしわた　asbestos

석명[釋明] 경위를 설명하여 똑똑히 밝힘. しゃくめい　explanation

석문[石門] ① 돌로 만든 문. ② 바위나 돌 같은 것이 자연적으로 문처럼 생긴 곳. せきもん　① stone gate

석문[石紋] 돌의 자연적인 무늬. せきもん　pattern on a stone

석문[釋文] 불경을 풀이한 글이나 글귀. しゃくもん　annotation of sutras

석물[石物] 무덤 앞에 돌로 만들어 세운 형상. 석인(石人)·석수(石獸) 따위.

석반[夕飯] 저녁 시사. 저녁밥. ↔조반(朝飯). ゆうはん·ゆうめし　supper

석반[石盤] ⇨석판(石板). せきばん

석방[釋放] 형사 절차상 행하여진 신체의 구속을 해제하는 일. しゃくほう　release

석벽[石壁] ① 돌로 쌓은 벽. ② 언덕의 바위가 바람벽처럼 된 곳. せきへき　① stone wall

석별[惜別] 이별을 애틋하게 여김. 「~의 정(情)」 せきべつ　reluctant parting

석부[石斧] 석기 시대에 쓰던

돌로 만든 도끼. 돌도끼. せきふ　stone ax

석불[石佛] 돌로 만든 불상. 돌부처. せきぶつ・いしぼとけ　stone image of Buddha

석불가:**난**[席不暇暖] 앉은 자리가 따뜻해질 겨를이 없다는 뜻으로, 한 자리에 오래 있지 않고 자주 옮기거나 매우 바쁘게 돌아다님을 이르는 말.　moving frequently

석비[石碑] 돌로 만든 비. 돌비. せきひ　stone monument

석사[碩士] ① 지난날, 벼슬이 없는 선비를 높이어 이르던 말. ② 대학원을 마치고 학위 논문이 통과된 사람에게 주는 학위.　② Master

석산[石山] 돌산. いしやま　rocky mountain

석상[石床] ① 혼유석(魂遊石). ② 돌을 넓적하게 다듬어 걸터 앉을 수 있게 만든 것.　① gravestone

석상[石像] 돌로 만든 사람이나 동물의 형상. せきぞう　stone image

석상[席上] 여러 사람이 모인 자리. =좌상(座上)・좌중(座中). 「회의(會議) ~」 せきじょう

석상휘호[席上揮毫] 그림이나 글씨를 앉은자리에서 그리거나 씀.

석수[石手] 돌을 다루어 물건 만드는 일을 직업으로 삼는 사람. =석공(石工).　mason

석수[石數] 곡식 따위를 섬으로 센 수효. こくすう

석수[石獸] 무덤 앞에 세우는 돌로 만든 짐승의 상(像). せきじゅう

석수[汐水] 저녁때 밀려들어왔다가 나가는 바닷물. ↔조수(潮水).　evening tide

석순[石筍] 종유 동굴(鍾乳洞窟)에서, 석회수(石灰水)가 지면에 떨어질 때마다 물에 섞인 회분이 쌓이고 쌓여서 된 죽순(竹筍) 모양의 돌기물(突起物). せきじゅん　stalagmite

석순[席順] 좌석의 순서. =석차(席次). せきじゅん　seating order

석시[昔時] 옛적. せきじ　ancient times

석신명[惜身命] 몸조심하여 위험을 피함.

석실[石室] 내부의 벽을 돌로 쌓아 만든 분묘(墳墓)의 현실(玄室). せきしつ・いしむろ　stone chamber

석양[夕陽] 저녁 무렵 서쪽으로 기우는 해. =사일(斜日). せきよう　the setting sun

석연[夕煙] 저녁밥을 짓는 연기.

석연[釋然] 품었던 의심이 풀려 마음이 개운한 모양. しゃくぜん　satisfaction

석염[石鹽] 땅 속에서 천연으로 나는 소금. 돌소금. =암염(巖鹽). せきえん　rock salt

석엽[腊葉] 식물의 잎사귀나 꽃잎을 책갈피 따위에 넣어서 말린 표본(標本). せきよう・さくよう　dried leaves

석영[石英] 육방정계(六方晶系)에 딸린 광물의 한 가지. 이산화규소를 주성분으로 함. せきえい　quartz

석유[石油] 땅 속에서 천연으로 생산되는 탄화수소(炭化水素)의 혼합액. 정제하여 연료(燃料)로 씀. せきゆ　petroleum

석유[碩儒] 학문과 덕이 높은, 이름난 학자. =거유(巨儒). せきじゅ great Confucianist

석유갱[石油坑] 원유(原油)를 퍼 내는 샘. せきゆこう petroleum well

석유 기관[石油機關] 석유를 연료로 쓰는 내연 기관(內燃機關). せきゆきかん

석유 유제[石油乳劑] 석유에 비눗물을 섞은, 젖빛의 액제(液劑). 해충 제거·소독에 쓰임. せきゆにゅうざい petroleum emulsion

석유 화:학[石油化學] 석유 또는 천연 가스를 원료로 하는 유기 합성 화학. せきゆかがく petrochemistry

석유 화:학 공업[石油化學工業] 석유나 천연 가스를 원료로 하여 합성 섬유·합성 수지·합성 세제·도료(塗料) 등을 제조하는 공업. せきゆかがくこうぎょう petrochemical industry

석음[夕陰] 해 진 뒤의 어슴푸레할 무렵. せきいん evening

석음[惜陰] 시간을 아낌. せきいん

석의[釋義] 글의 뜻을 풀어 밝힘. しゃくぎ commentary

석이[石耳·石栮] 석이과의 버섯의 한 종류. 몸은 편평한 원반형이며, 표면은 황갈색 또는 갈색임. 식용(食用) 함. manna lichen

석인[石人] 돌로 만든 사람의 형상. 무덤 앞에 세움. せきじん

석일[昔日] 옛날. 옛적. =석시(昔時). せきじつ ancient times

석장[錫杖] 중이 짚고 다니는 지팡이. 머리 부분에 큰 고리가 있고 거기에 몇 개의 작은 고리가 달려 있어서 흔들면 소리가 남. しゃくじょう Buddhist priest's staff

석재[石材] 토목이나 건축, 그 밖의 여러 가지 물건을 만드는 재료로 쓰이는 돌. せきざい building stone

석재[碩才] 학문이 깊고 재주가 많음. 또는 그런 사람. せきさい great scholar

석전[夕奠] 염습(殮襲)한 뒤 장사가 끝날 때까지 날마다 저녁때에 신위(神位) 앞에 제물을 올리는 일.

석전[石田] 돌이 많은 밭. せきでん stony field

석전[石戰] 돌팔매질로 승부를 겨루는, 우리 나라 민속놀이의 한 가지. 돌싸움. fight with stone missiles

석조[石造] 돌로 건축하거나 만듦. 또는 그 물건.「~전(殿)」 せきぞう stone construction

석존[釋尊] 석가세존(釋迦世尊)의 준말. しゃくそん

석주[石柱] 돌로 된 기둥. 돌기둥. せきちゅう stone pillar

석질[石質] 돌의 본바탕. せきしつ nature of a stone

석차[席次] ①자리의 순서. =석순(席順). ②성적의 순위(順位). せきじ ① seating order ② class standing

석척[蜥蜴] 도마뱀. lizard

석청[石淸] 석벌이 산 속의 나무나 돌 사이에 모아 둔, 질이 좋은 꿀. =석밀(石蜜). honey of good quality

석촉[石鏃] 돌을 뾰족하게 갈아서 만든 화살촉. 돌촉. せきぞく stone arrowhead

석총[石塚] 돌무덤. cairn 石塚

석축[石築] 돌로 쌓아서 만든 옹벽(擁壁). 石築
reinforcing stone wall

석춘[惜春] 가는 봄을 아쉬워함. 세기しゅん 惜春

석출[析出] 액체상(液體相)에서 고체상(固體相)을 생성하는 일. 세기しゅつ eduction 析出

석탄[石炭] 땅 속에 묻힌 식물이 오랜 세월에 걸친 지압(地壓)과 지열(地熱)의 영향으로 변질하여 이루어진 가연성(可燃性) 퇴적암. 세기たん coal 石炭

석탄광[石炭鑛] 석탄을 캐내는 광산. 준탄광(炭鑛). coal mine 石炭鑛

석탄산[石炭酸] 페놀. 세기たんさん carbolic acid 石炭酸

석탑[石塔] 돌로 만든 탑. 돌탑. 세기とう stone pagoda 石塔

석판[石板] 점판암(粘板巖)을 얇게 쪼개어, 석필(石筆)로 글씨를 쓰거나 그림을 그릴 수 있게 만든 판. =석반(石盤). 세기ばん slate 石板

석판[石版] 석판 인쇄에서, 글씨를 쓰거나 그림을 그리는 인쇄판. 「~ 인쇄(印刷)」 세기ばん lithography 石版 印刷

석패[惜敗] 경기에서 아깝게 짐. 세기はい regrettable defeat 惜敗

석편[石片] 돌의 깨어진 조각. 세기へん 石片

석필[石筆] 납석(蠟石) 따위로 만든 필기구. 세기ひつ slate pencil 石筆

석학[碩學] 학식이 많고 학문이 깊은 사람. 세기がく great scholar 碩學

석현[昔賢] 옛 현인. =고현(古賢). ancient sages 昔賢

석화[石火] ① 돌이나 금속 따 石火
위가 세게 맞부딪혔을 때 일어나는 불. ② 몹시 빠르거나 짧은 것의 비유. 「전광(電光)~」 세기か
① flint fire ② flash

석화[石花] ① 굴조개. ② ⇨지의(地衣). 石花

석회[石灰] ① 생석회(生石灰)와 소석회(消石灰)의 총칭. ② 탄산칼슘. 세기かい·いしばい
① lime ② calcium carbonate 石灰 消石灰

석회석[石灰石] ⇨석회암(石灰巖). 세기かいせき 石灰石

석회암[石灰巖] 탄산칼슘을 주 성분으로 하는 퇴적암. 시멘트·제철(製鐵)·비료 등의 원료로 쓰임. =석회석(石灰石). 세기かいがん limestone 石灰巖

석회유[石灰乳] 소석회(消石灰)를 포화(飽和) 이상으로 물에 섞어서 만든 백색 유상(乳狀)의 액체. 세기かいにゅう milk of lime 石灰乳

석회질소[石灰窒素] 탄화칼슘을 질소 중에서 가열할 때 생기는 흑회색 가루. 비료 등으로 씀. 세기かいちっそ nitrolime 石灰窒素

석후[夕後] 저녁밥을 먹고 난 뒤. 「~ 산책(散策)」 after supper 夕後

선[仙]* 신선 선 : 신선. 「仙人(선인)·仙境(선경)·仙術(선술)·仙道(선도)·仙童(선동)·詩仙(시선)·畫仙(화선)·仙化(선화)·仙才(선재)」 センㆍやまびと 仙人 仙道

선[先]* ① 먼저 선 : 먼저. 「先着(선착)·先客(선객)·先金(선금)·先覺(선각)·先後(선후)」 ② 앞 선 : 앞. 「優先(우선)·先頭(선두)·機先(기선)」 セン ① 사키·사키다츠 先着

선[宣]☆ 베풀 선 : 베풀다. 널리 펴다. 「宣布(선포)·宣告(선고)·宣傳(선전)·宣敎(선교)·宣言(선언)·宣明(선명)·宣誓(선서)」 セン·のべる

선[扇] 부채 선 : 부채. 부치다. 「扇面(선면)·扇子(선자)·秋扇(추선)·扇風機(선풍기)」 セン·おうぎ

선[旋]☆ ① 돌이킬 선 : 돌이키다. 돌다. 「旋師(선사)·凱旋(개선)·旋回(선회)·旋轉(선전)·旋車(선차)」 ② 주선할 선 : 주선하다. 「周旋(주선)·幹旋(알선)」 セン ① めぐる

선[船]* 배 선 : 배. 「船舶(선박)·艦船(함선)·船遊(선유)·船頭(선두)·船商(선상)·造船(조선)」 セン·ふね

선:[善]* ① 착할 선 : 착하다. 「善惡(선악)·善人(선인)·善士(선사)·積善(적선)·勸善(권선)」 ② 좋을 선 : 좋다. 「善政(선정)·善處(선처)」 ③ 좋아할 선 : 좋아하다. 「善飮(선음)」 ④ 옳게 여길 선 : 옳게 여기다. ゼン ① よい

선[瑄] 도리옥 선 : 도리옥. 「瑄玉(선옥)」 セン

선:[羨] ① 부러워할 선 : 부러워하다. 「羨望(선망)·羨慕(선모)」 ② 넉넉할 선 : 넉넉하다. 「羨財(선재)·羨餘(선여)·羨溢(선일)」 ③ 광중 길 연 : 광중(壙中)의 길 「羨道(연도)」 セン ① うらやむ

선[腺] 샘 선 : 샘. 분비 작용을 하는 체내의 기관. 「腺腫(선종)·腺病(선병)·汗腺(한선)·腺毛(선모)」 セン·せん·すじ

선[煽] 부추길 선 : 부추기다. 「煽動(선동)·煽亂(선란)·煽揚(선양)」 セン·あおる·おだてる

선[銑] 윤이 나는 쇠 선 : 광택이 나는 금속. 「銑鐵(선철)·銑錢(선전)」 セン·ずく

선[嬋] 고울 선 : 곱다. 「嬋姸(선연)·嬋娟(선연)」 セン

선[璇] 옥 이름 선 : 옥 이름. 「璇閨(선규)·璇宮(선궁)」 セン

선[線]* 실 선 : 실. 줄. 끈. 「線形(선형)·白線(백선)·赤線(적선)·線路(선로)·幹線(간선)·針線(침선)·視線(시선)·光線(광선)」 セン·すじ·いと

선:[膳] ① 반찬 선 : 반찬. 음식. 「膳房(선방)」 ② 드릴 선 : 드리다. 「膳物(선물)·膳賜(선사)」 ゼン

선:[選]* 가릴 선 : 가리다. 뽑다. 「選良(선량)·選任(선임)·選者(선자)·選入(선입)·當選(당선)·選擧(선거)」 セン·えらぶ

선[禪]☆ ① 고요할 선 : 고요하다. 「禪房(선방)·禪庵(선암)·禪院(선원)」 ② 자리 전할 선 : 자리를 물려 주다. 「禪位(선위)·禪讓(선양)」 セン ② ゆずる

선[鮮]* ① 싱싱할 선 : 싱싱하다. 「生鮮(생선)·鮮魚(선어)·鮮血(선혈)」 ② 고울 선 : 곱다. 「鮮麗(선려)·鮮美(선미)·鮮色(선색)」 ③ 적을 선 : 적다. 「鮮少(선소)」 セン ① あたらしい ② あざやか

선:[璿] 아름다운 옥 선 : 아름다운 옥. 「璿珠(선주)」 セン

선:[繕] 깨맬 선 : 깨매다. 수선하다. 「修繕(수선)·繕補(선보)·營繕(영선)·繕造(선조)」 ゼン·つくろう

선[蟬] 매미 선 : 매미. 「蟬紋(선문)·蟬殼(선각)·蟬吟(선음)·蟬脫(선탈)·蟬聲(선성)」

セン・ゼン・せみ

선[鏇] 갈이틀 선: 갈이틀. 「鏇機(선기)」 セン

선[蘚] 이끼 선: 이끼. 「蘚斑(선반)·蘚書(선서)·蘚苔(선태)·蘚崖(선애)」 セン・こけ

선[癬] 마른옴 선: 마른옴. 버짐. 「乾癬(건선)·白癬(백선)」 セン

선가[船價] 배로 짐이나 사람을 실어다 준 값. 뱃삯. =선임(船賃). passage fare

선가[禪家] ① ⇨ 선종(禪宗). ② 선종의 절. ③ 선종의 중. =선객(禪客). ぜんけ

선각[先覺] ① 남보다 먼저 깨달음. ② 선각자(先覺者)의 준말. せんかく
① seeing in advance

선각자[先覺者] 남보다 먼저 깨달은 사람. 준선각(先覺). せんかくしゃ pioneer

선:감[善感] 우두(牛痘) 따위의 감염(感染)이 잘 됨. ぜんかん

선객[先客] 먼저 온 손님. せんきゃく preceding visitor

선객[船客] 배를 탄 손님. 배의 승객. せんきゃく passenger

선거[仙居] 신선이 사는 곳. 곧, 속세를 떠난 조용한 곳. せんきょ

선거[船車] 배와 수레. 또는 선박과 자동차. せんしゃ

선거[船渠] 선박의 건조(建造)나 수리를 하기 위한 설비. せんきょ dock

선:거[選擧] 어떤 조직이나 집단의 구성원이 그 대표자나 임원을 여럿 가운데서 골라 뽑음. せんきょ election

선:거권[選擧權] 선거에 참여하여 투표할 수 있는 권리. せんきょけん suffrage

선견[先見] 앞날의 일을 미리 헤아려 앎. 「~지명(之明)」 せんけん foresight

선견[先遣] 먼저 파견함. 「~대(隊)」 せんけん sending forward

선결[先決] 다른 문제보다 앞서 해결함. 「~문제(問題)」 せんけつ previous decision

선결[鮮潔] 새롭고 깨끗함. せんけつ innocence

선경[仙境] ① 신선이 산다는 곳. =선계(仙界)·선향(仙鄕). ② 속세(俗世)를 떠난 경치 좋고 그윽한 고장. ↔속계(俗界). せんきょう fairyland

선계[仙界] ⇨ 선경(仙境). せんかい

선고[先考] 세상을 떠난 아버지. =선친(先親). せんこう deceased father

선고[宣告] ① 널리 알림. ② 소송법상, 재판의 판결을 당사자 또는 피고인에게 알림. せんこく
① announcement ② sentence

선:고[選考] 사람을 여러 모로 시험하여 골라 뽑음. =전형(銓衡). せんこう selection

선고장[先考丈] 남의 돌아간 아버지를 높여 일컫는 말. =선장(先丈).
your deceased father

선:곡[選曲] 많은 곡 가운데서 어떤 노래나 곡조를 골라 뽑음. せんきょく
selection of music

선골[扇骨] 부챗살. せんこつ ribs of a fan

선공[先攻] 야구 등에서, 먼저 공격을 시작하는 일. せんこう batting first

선:공무덕[善供無德] 부처에게

공양을 해도 아무 공덕(功德)이 없다는 뜻으로, 남을 위해 힘을 썼으나 얻는 바가 없음의 비유.

선:과[善果] 불교에서, 착한 행동에 대한 좋은 과보(果報). ↔악과(惡果). 「선업(善業)~」 ぜんか 善果 good results

선:광[選鑛] 캐낸 광석에서 쓸 것과 못 쓸 것을 가려 내어 품질을 높이는 일. せんこう 選鑛 concentration of ore

선교[宣敎] 종교를 널리 폄. 특히, 기독교에 대하여 이르는 경우가 많음. せんきょう 宣敎 missionary work

선교[船橋] ① 배를 나란히 잇달아 띄우고, 그 위에 널을 깔아 만든 다리. 배다리. ② 배의 상갑판(上甲板)에 있는, 선장이 배의 운항에 대해 지휘하는 곳. =함교(艦橋). せんきょう・ふなばし 船橋 艦橋
① bateau bridge ② bridge

선:교[善巧] 불교에서, 부처가 중생을 가르치고 이끌어 가는 공교(工巧)한 방편(方便). 善巧

선교사[宣敎師] ① 종교의 가르침을 펴는 사람. ② 기독교에서, 외국에 파견되어 기독교의 전도에 종사하는 사람. せんきょうし missionary 宣敎師

선구[先驅] 남보다 앞서서 무슨 일을 함. 또는 그 사람. 「~자(者)」 せんく・さきがけ forerunner 先驅

선구[船具] 배에서 쓰는 모든 기구. せんぐ rigging 船具

선:국[選局] 라디오나 텔레비전의 수신기를 조절하여 방송국을 고르는 일. 選局

선군[先君] ① 세상을 떠난 임금. =선왕(先王). ② 세상을 떠 先君
난 아버지. =선고(先考). せんくん ① late lord ② deceased father

선:근[善根] 불교에서, 좋은 과보(果報)를 받을 만한 근원이 되는 행위. ぜんこん 善根 good deeds

선글라스[sunglasses] 눈부신 햇빛 또는 자외선(紫外線)이나 적외선으로부터 눈을 보호하기 위하여 쓰는 색안경. 선글라스 紫外線

선금[先金] 물건값이나 품삯 등의 일부 또는 전부를 미리 치르는 돈. =전금(前金). ↔후불(後拂). さきがね 先金 前金 payment in advance

선급[先給] 품삯이나 월급 또는 물건값을 미리 처러 줌. 先給 payment in advance

선기[先期] 정한 기한보다 앞섬. 先期

선:남선:녀[善男善女] ① 착한 남자와 착한 여자. ② 불법(佛法)에 귀의(歸依)한 신앙심이 두터운 남녀. ぜんなんぜんにょ ① good men and women ② pious men and women 善男 善女

선납[先納] 기한(期限)이 되기 전에 미리 냄. =예납(豫納)·전납(前納). payment in advance 先納

선내[船內] 배의 안. せんない in the ship 船內

선녀[仙女] 선경(仙境)에 산다는 여자 신선. =선아(仙娥). せんじょ・せんにょ fairy 仙女

선년[先年] 지나간 어느 해. せんねん ↔후년(後年). former years 先年

선단[船團] 같은 목적으로 구성된 선박의 집단. 수송 선단·원양 어업 선단 따위. 「수 船團

송(輸送)~」 せんだん　fleet

선대[先代] 조상의 세대. =선세(先世). せんだい　predecessor

선대[先貸] 대금(代金)이나 임금(賃金) 따위를, 약속한 날짜가 되기 전에 꾸어 주는 형식으로 지급(支給)함. さきがし　payment in advance

선대[船隊] 두 척 이상으로 구성된 함선(艦船) 또는 선박의 집단. せんたい　fleet

선대[船臺] 배를 만들 때 선체를 올려 놓는 시설물. せんだい

선:대[善待] 잘 대접함. =선우(善遇). warm reception

선대인[先大人] 세상을 떠난 남의 아버지를 높여 이르는 말.

선대칭[線對稱] 한 직선을 사이에 둔 두 도형이 같은 거리에서 서로 대칭하는 경우. せんたいしょう　line symmetry

선:덕[善德] 착한 덕행. ↔악덕(惡德).　virtue

선도[先到] 먼저 도착함. =선착(先着). first arrival

선도[先渡] 선물 거래(先物去來)에서, 계약 후 일정한 기간이 지난 뒤에 화물(貨物)을 인도하는 일. さきわたし　forward delivery

선도[先導] 앞장서서 이끎. 「~자(者)」 せんどう　guidance

선:도[善道] 바르고 착한 도리. ぜんどう　good morality

선:도[善導] 올바른 길로 이끎. 「청소년 ~」 ぜんどう　proper guidance

선도[鮮度] 채소나 생선 따위의 신선한 정도. せんど　freshness

선도[禪道] ① 좌선(坐禪)의 교법(教法). ② ⇨ 선종(禪宗). ぜんどう

선동[煽動] 사람의 감정을 부추기어 어떤 행동을 하도록 함. 「~ 정치가(政治家)」 せんどう　agitation

선두[先頭] 맨 앞. 첫머리. ↔후미(後尾). せんとう　the lead

선두[船頭] 뱃머리. 이물. =선수(船首). ↔선미(船尾)・선로(船艫). せんとう　bow

선둥[←先童] 쌍둥이 중에 먼저 난 아이. ↔후둥.　firstborn of twins

선등[先登] 먼저 오름. せんとう　climbing ahead

선란[煽亂] 소란(騷亂)을 피우도록 부추김.　agitation

선:량[善良] 착하고 어짊. せんりょう　goodness

선:량[選良] 많은 사람 가운데서 뽑힌 뛰어난 인물. 특히, 국회 의원을 이름. せんりょう　nation's choice

선려[鮮麗] 산뜻하고 아름다움. せんれい

선령[先靈] 조상과 선열(先烈)의 영혼.　spirit of the ancestors

선령[船齡] 배가 진수(進水)한 때로부터 경과한 햇수. せんれい　ship's age

선례[先例] 이전부터 있었던 사례(事例). =전례(前例). せんれい　precedent

선로[船路] 뱃길. せんろ　sea route

선로[船艫] 배의 뒤쪽. 고물. =선미(船尾). せんろ　stern

선로[線路] 기차・전동차 따위가 지나가는 궤도(軌道). せんろ　railroad track

선룸:[sunroom] 일광욕실(日光

光浴室). サンルーム

선류[蘚類] 선태식물(蘚苔植物) 중에서 잎과 줄기가 뚜렷이 구별되고 헛뿌리가 다세포로 되어 있는 종류의 총칭. 물이끼·솔이끼 따위. せんるい
moss

선리[先利] 빚을 얻을 때 빚돈에서 미리 떼는 변리(邊利). =선변(先邊). prepaid interest

선:린[善隣] 이웃 사람이나 이웃 나라와 사이좋게 지냄. 또는 그러한 이웃. 「~ 외교(外交)」ぜんりん
neighborly friendship

선망[先望] 한 달의 1일부터 15일까지의 사이. 선보름. ↔후망(後望).
early half of a month

선:망[羨望] 부러워하여 자기도 그렇게 되기를 바람. せんぼう envy

선망후:실[先忘後失] 자꾸 잊어버리기를 잘함. forgetfulness

선매[先賣] 미리 팖. =예매(豫賣). 「입도(立稻)~」さきうり advance sale

선면[扇面] 부채의, 종이나 헝겊을 바른 부분. 부채의 건면. せんめん

선명[宣明] 선언하여 명백히 함. せんめい announcement

선명[鮮明] ① 빛깔이나 모양이 산뜻하고 밝음. ② 입장이나 태도가 분명함. せんめい
clearness

선모[旋毛] 머리털이 소용돌이 모양으로 난 자리. 가마. せんもう·つむじ·つじ hair whirl

선모[腺毛] 식물과 곤충 따위의 표피 세포에 있는, 진액 따위 분비물의 샘이 되는 털.
tentacle

선:모[羨慕] 부러워하고 사모함. せんぼ adoration

선묘[鮮妙] 산뜻하고 아름다움.
exquisiteness

선무[先務] 먼저 해야 할 일. 「급(急)~」せんむ
urgent business

선무[宣撫] 국민이나 점령지 주민에게 정부 또는 본국의 방침 등을 이해시켜서 민심을 안정시키는 일. 「~ 공작(工作)」せんぶ pacification

선문[先文] 조선 시대에, 공무로 지방에 가는 관리의 도착 예정일을 미리 그 곳 관아에 알리던 공문. =노문(路文).

선문[先聞] 일이 생기기 전에 미리 알려진 소문. =선성(先聲). previous rumor

선문[禪門] ① ⇨ 선종(禪宗). ② ⇨ 불가(佛家). ③ 불문(佛門)에 들어간 남자. ぜんもん

선물[先物] 장래 일정한 시기에 현품(現品)을 주고받는다는 조건으로 매매 계약을 하는 거래 종목. 「~ 거래(去來)」さきもの futures

선:물[膳物] 남에게 물품을 선사함. 또는 그 물품. present

선미[船尾] 배의 후미(後尾). 고물. =선로(船艫). ↔선수(船首)·선두(船頭). せんび
stern

선:미[善美] 착하고 아름다움. ぜんび goodness and beauty

선미[鮮美] 산뜻하고 아름다움. =선려(鮮麗). せんび
brilliant beauty

선민[先民] ① 선대의 사람. =조상(祖上). ② 옛날의 현인. =선현(先賢). せんみん
① ancestors ② ancient sage

선:민[選民] 유대 민족이 스스

로를, 하늘의 선택을 받은 백성이라는 뜻으로 이르는 말. せんみん　chosen people

선박[船舶] 배. 주로, 규모가 큰 배를 이름. せんぱく　ship 船舶

선반[旋盤] 각종 금속 소재를 회전시켜서 깎거나 파내거나 도려내는 데 쓰는 금속 공작 기계. せんばん　lathe 旋盤

선발[先發] ①먼저 출발함. ↔후발(後發).「~대(隊)」②야구에서, 그 경기의 1회부터 출장(出場)함. 또는 그 선수. せんぱつ　starting in advance 先發

선:발[選拔] 많은 가운데서 추려 뽑음.「~시험(試驗)」せんばつ　selection 選拔

선발제인[先發制人] 남의 꾀를 미리 알아차리고 사전(事前)에 막음. forestalling 先發制人

선:방[善防] 잘 막아 냄. good defense 善防

선배[先輩] ①나이·학문·경험·지위 따위가 위인 사람. ②같은 직장이나 학교에 자기보다 먼저 들어간 사람. ↔후배(後輩). せんぱい　senior 先輩

선번[先番] 먼저 하여야 할 차례에 당함. 또는 그 차례. せんばん 先番

선법[旋法] 음계(音階)를 형성하는 일정한 음(音)의 조직. せんぽう　mode 旋法

선변[先邊] 빚을 얻을 때 빚돈에서 미리 떼는 변리(邊利). =선리(先利). prepaid interest 先邊

선:별[選別] 가려서 골라 내거나 추려 냄. せんべつ classifying 選別

선병자[先病者] 같은 병을 먼저 앓아 본 사람.「~의(醫)」previous patient 先病者

선병질[腺病質] 유아기(幼兒期)의 허약 체질. 체격이 가냘프고 신경질적이며 목의 림프샘이 잘 붓는 등의 특징이 있음. せんびょうしつ　scrofulous diathesis

선:보[繕補] 고치고 보완(補完)함. =보선(補繕). repair 繕補

선복[船腹] ①배의 몸통 부분. ②배의, 짐을 싣는 중간 부분. せんぷく bottom of a ship 船腹

선봉[先鋒] 맨 앞장.「~에 서다」せんぽう vanguard 先鋒

선부[先夫] 죽은 남편. =망부(亡夫). せんぷ one's former husband 先夫

선부[船夫] 뱃사공. せんぷ boatman 船夫

선부후:빈[先富後貧] 잘살던 사람이 나중에 가난하게 됨. ↔선빈후부(先貧後富). 先富後貧

선분[線分] 두 점으로 한정된 직선의 한 부분. =유한 직선(有限直線). せんぶん segment 線分

선불[先拂] ⇨선급(先給). ↔후불(後拂). さきばらい 先拂

선:불선[善不善] ①착함과 착하지 아니함. ②잘 됨과 잘 되지 못함. ぜんふぜん ① good and evil ② good and wrong 善不善

선비[先妣] 세상을 떠난 어머니. =선자(先慈). ↔선고(先考). せんぴ one's late mother 先妣

선비[船費] 배를 타거나 배에 짐을 실을 때 내는 돈. 뱃삯. =선임(船賃)·선가(船價). passage fare 船費

선빈후:부[先貧後富] 가난하던 사람이 나중에 부자가 됨. ↔선부후빈(先富後貧). 先貧後富

선사[先史] 역사 시대 이전. 또는 그 역사. =사전(史前).「~시대(時代)」せんし prehistory 先史

선사[先師] ①세상을 떠난 스 先師

승. ② 옛 현인(賢人). =선현(先賢). せんし ① one's late teacher ② ancient sage

선:사[善事] ① 착한 일. 좋은 일. ② 신이나 부처에게 공양함. ③ 윗사람을 잘 섬김. ぜんじ ① good work ② offering ③ attendance 善事 供養

선사[禪師] 선법(禪法)에 통달한 중. ぜんじ 禪師

선산[先山] 조상의 무덤. 또는 조상의 무덤이 있는 곳. =선영(先塋). ancestral graveyard 先山

선상[船上] ① 배 위. ② 항해 중인 배를 타고 있음의 뜻. 「～일기(日記)」 せんじょう on board 船上 日記

선상[船商] ① 배를 매매하는 상인. ② 배에 물건을 싣고 다니며 파는 상인. ① vessel dealer ② bumboatman 船商

선상[線上] ① 선(線)의 위. ② 사물의 분기점이 되는 어떤 상태. 「기아(饑餓)～」 せんじょう 線上

선상[線狀] 선(線)과 같이 길고 가느다란 모양. せんじょう threadlike shape 線狀

선상지[扇狀地] 하천(河川)이 산지(山地)에서 평지(平地)로 흐를 때, 물의 흐름이 갑자기 느려져서 골짜기 어귀에 자갈이나 모래가 쌓여 생긴 부채꼴의 지형. せんじょうち alluvial fan 扇狀地 地形

〔선상지〕

선생[先生] ① 교육에 종사하는 사람. ② 어떤 분야의 전문가, 또는 지도적 위치에 있는 사람. ③ 성명(姓名)이나 직명(職名) 아래에 쓰여, 그를 존칭하는 말. せんせい ① teacher ③ sir 先生 尊稱

선서[宣誓] 여러 사람 앞에서 맹세한다고 선언함. せんせい oath 宣誓

선성[先聖] 옛 성인(聖人). せんせい ancient saint 先聖

선성[先聲] ① 전부터 알려져 있는 명성. ② ⇨선문(先聞). ① well-known fame 先聲

선성[蟬聲] 매미가 우는 소리. せんせい shrill chirrup of a cicada 蟬聲

선성탈인[先聲奪人] 먼저 소문을 퍼뜨리거나 소리를 질러 상대의 기세를 꺾음. 先聲

선세[先世] 조상의 대(代). 또는 그 시대. =선대(先代). せんせ・せんぜ predecessor 先世

선세[先貰] 임대차(賃貸借) 계약에서, 채무(債務)를 담보할 목적으로 임차인(賃借人)이 임대인(賃貸人)에게 주는 보증금. prepaid rent 先貰 擔保

선소[尠少・鮮少] 매우 적음. せんしょう minimum 尠少

선속[船速] 배가 나아가는 속도. speed of a ship 船速

선수[先手] ① 남을 앞질러 하는 행동. ② 바둑이나 장기 따위에서, 먼저 두는 일. 또는 상대편보다 먼저 중요한 자리에 두는 일. せんて ① taking the initiative 先手

선수[船首] 배의 앞부분. 뱃머리. 이물. =선두(船頭). ↔선미(船尾). せんしゅ bow 船首 船頭

선:수[選手] 운동 실력이나 기술이 뛰어나 여럿 중에서 대표로 뽑힌 사람. せんしゅ representive player 選手

선술[仙術] 신선이 쓰는 술법. 仙術
せんじゅつ　　　magic arts

선승[先勝] 여러 번 하는 경기 先勝
에서 첫 판을 먼저 이김. せ
んしょう・せんかち
winning the first game

선시[宣示] 널리 선포하여 알 宣示
림. せんじ　proclamation

선실[船室] 배 안에 있는 여객 船室
실(旅客室). せんしつ　cabin

선:심[善心] ① 착하고 어진 善心
마음. ② 남에게 베푸는 후한
마음. 「~을 쓰다」ぜんしん
good heart

선:악[善惡] 착함과 악함. ぜん 善惡
あく・よしあし good and evil

선:악과[善惡果] 구약성서에서, 善惡果
먹으면 선악(善惡)을 알게 된
다는 선악과나무의 열매. 아
담과 이브가 여호와의 계명을
어기고 이를 따먹어 에덴 동
산에서 쫓겨났다고 함. ぜん
あくか
fruit of the tree of knowledge

선약[仙藥] ① 신선이 만든다는 仙藥
장생불사(長生不死)의 신약 仙丹
(靈藥). =선단(仙丹). ② 효험
이 썩 좋은 약. せんやく
② medicine of wonderful efficacy

선약[先約] 먼저 약속함. 또는 先約
먼저 맺은 약속. せんやく
previous appointment

선양[宣揚] 널리 떨침. 「국위 宣揚
(國威) ~」せんよう
enhancement

선양[煽揚] 사람의 마음을 부추 煽揚
기어 어떤 행동을 하도록 함.
せんよう　　agitation

선양[禪讓] 임금의 자리를 물려 禪讓
줌. =선위(禪位). ぜんじょ
う　　　　　　abdication

선어[鮮魚] ⇨생선(生鮮). せ 鮮魚
んぎょ

선언[宣言] 자신의 의견이나 태 宣言
도・방침(方針) 등을 널리 공
표(公表)함. 「~서(書)」せん
げん　　　　declaration

선엄[先嚴] 세상을 떠난 아버지. 先嚴
=선친(先親).
one's late father

선:업[善業] 불교에서 이르는, 善業
좋은 과보(果報)를 받을 만한
착한 행실. ↔악업(惡業). 「~
선과(善果)」ぜんごう
good deed

선:여인교[善與人交] 남을 공 善與
경하여 오래 잘 사귐. 人交
intimate association

선:연[善緣] 불도에 이르는 좋 善緣
은 인연. ↔악연(惡緣). ぜん
えん　　　good affinity

선연[嬋娟] 여성의 모습이 품 嬋娟
위 있고 아름다움.

선열[先烈] 정의(正義)를 위해 先烈
목숨을 바친 열사(烈士). 「순 烈士
국(殉國) ~」せんれつ
previous martyr

선열[禪悅] 선정(禪定)의 경지 禪悅
에 들어간 기쁨. ぜんえつ

선영[先塋] 조상의 무덤. 또는 先塋
조상의 무덤이 있는 곳. =선
산(先山). せんえい
ancestral graveyard

선와[旋渦] ① 소용돌이. ② 일 旋渦
이 몹시 뒤얽힘의 비유. せん
か　　　　　whirlpool

선왕[先王] ① 선대(先代)의 임 先王
금. ② 옛날의 성왕(聖王). = 聖王
선군(先君). せんのう・せんお
う　　　　① late king

선:외[選外] 선(選)에 들지 못 選外
함. 「~ 가작(佳作)」せんがい
being left out of selection

선외가[先外家] 윗대의 외가. 先外家

선용[先用] ① 선셈으로 미리 先用

꾸어 씀. ② 남에 앞서서 먼저 사용함.
① borrowing in advance ② using before others

선:용[善用] 알맞게 잘 씀. ↔악용(惡用).「여가(餘暇) ~」 ぜんよう　good use 善用

선:용[選用] 여럿 가운데서 골라서 씀. using by selection 選用

선:우[善友] 착하고 어진 친구. ↔악우(惡友). ぜんゆう good friend 善友

선우후:락[先憂後樂] 근심할 일은 남보다 먼저 근심하고, 즐길 일은 남보다 나중에 즐긴다는 뜻으로, 나라를 위한 충신의 마음가짐을 이름. せんゆうこうらく 先憂後樂

선운[船運] 배로 운반함. shipping 船運

선원[船員] 선박의 승무원. 뱃사람. せんいん crew 船員

선위[禪位] 임금이 자리를 다음 왕에게 물려 줌. =선양(禪讓). ぜんい abdication 禪位

선유[先儒] 선대(先代)의 유학자. せんじゅ
Confucianist of former days 先儒

선유[船遊] 배를 타고 노는 일. 뱃놀이. ふなあそび boating 船遊

선:유[善柔] 아첨을 잘할 뿐 마음에 성실성이 없음. ぜんじゅう 善柔

선율[旋律] 고른음의 높낮이의 변화가 리듬과 연결되어 음악적인 통합으로 형성되는 음의 흐름. 멜로디. せんりつ melody 旋律

선음[蟬吟] 매미의 울음소리. せんぎん
shrill chirrup of a cicada 蟬吟

선의[船醫] 항해 중인 선박에서, 승객이나 승무원의 건강과 질병을 돌보는 의사. せんい ship's doctor 船醫

선:의[善意] ① 착하고 어진 마음. ② 좋은 의미. ③ 남을 위하는 마음. =호의(好意). ↔악의(惡意). ぜんい good intention 善意 好意

선이자[先利子] 빚을 얻을 때 빚돈에서 미리 떼는 이자. =선리(先利)·선변(先邊). prepaid interest 先利子

선인[仙人] ⇨신선(神仙). せんにん 仙人 神仙

선인[先人] ① 세상을 떠난, 자기의 아버지. =선친(先親)·선고(先考). ② 전대(前代)의 사람. 옛날 사람. =석인(昔人). せんじん
① one's deceased father ② predecessor 先人 先考

선인[船人] 배에서 일하는 사람. 뱃사람. ふなびと sailor 船人

선:인[善人] 착한 사람. ↔악인(惡人). ぜんにん good man 善人

선:인선:과[善因善果] 불교에서, 착한 행동을 하면 좋은 결과를 얻게 됨을 이르는 말. ↔악인악과(惡因惡果). ぜんいんぜんか
As you sow, so shall you reap. 善因 善果

선인장[仙人掌] 선인장과의 다년초. 잎이 변해서 된 바늘 모양의 가시가 많이 나 있고 줄기는 즙이 많음. =백년초(百年草). せんにんしょう·サボテン cactus 仙人掌

선일[先日] 지난날. =전일(前日). せんじつ old days 先日

선임[先任] 어떤 직책이나 임무를 먼저 맡음. 또는 그 사람.「~ 하사(下士)」 せんにん
seniority 先任

선임[船賃] 배를 타거나 짐을 船賃

실은 삯. 뱃삯. =선비(船
費)·선가(船價). ふなちん·
せんちん passage fare
선:임[選任] 많은 사람 중에서
가려 뽑아 임무를 맡김. せん
にん nomination
선입감[先入感] ⇨선입관(先入
觀).
선입견[先入見] ⇨선입관(先入
觀). せんにゅうけん
선입관[先入觀] 사물을 직접
대하기 전에 미리 가졌던 고
정적인 관념이나 견해(見解).
=선입감(先入感)·선입견(先
入見). せんにゅうかん
  preconception
선자[仙姿] 속세(俗世)를 떠난
신선과 같은 모습.
  hermit's attitude
선자[先慈] 세상을 떠난 어머
니. =선비(先妣). ↔선엄(先
嚴)·선고(先考).
  one's late mother
선자[扇子] ① 부채. ② 서까래
를 부챗살 모양으로 댄 추녀.
「~추녀」 せんす ① fan
선:자[選者] 많은 작품 중에서
좋은 작품을 가려 내는 일을
맡은 사람. 「~평(評)」 せん
じゃ judge
선장[船匠] 배를 만들거나 수리
하는 사람. せんしょう
  ship carpenter
선장[船長] 선원의 우두머리.
せんちょう captain
선재[船材] 배를 만드는 데 쓰
는 자재(資材). せんざい
  timber for ship building
선재[船載] 배에 실음.
  loading on board
선저[船底] 배의 밑바닥. せん
てい·ふなぞこ
  bottom of a ship

선적[船積] 배에 짐을 싣는 일.
ふなづみ shipping
선적[船籍] 배가 등록되어 있
는 나라의 원부(原簿). せん
せき nationality of a ship
선전[宣傳] 어떤 일을 널리 알
려 많은 사람의 이해와 공명
(共鳴)을 구하는 일. せんで
ん propaganda
선전[宣戰] 상대국에 대하여
전쟁의 개시(開始)를 선언(宣
言)하는 일. 「~포고(布告)」
せんせん declaration of war
선전[旋轉] 빙빙 돌아감. せん
てん revolution
선:전[善戰] 잘 싸움. 최선을 다
해 싸움. 「결승전(決勝戰)에서
~하다」 ぜんせん good fight
선점[先占] ① 남보다 먼저 차
지함. ② 선점 취득(先占取得)
의 준말. せんせん
  ① prior occupation
선점 취:득[先占取得] 소유자
가 없는 사물을 남보다 먼저
차지함. 준선점(先占). せん
せんしゅとく
  acquisition by occupation
선:정[善政] 바르고 훌륭한 정
치. ↔횡정(橫政)·악정(惡政).
「애민(愛民) ~」 ぜんせい
  good government
선정[煽情] 어떤 감정이나 정
욕(情慾)을 자극하여 일으키는
일. 「~적(的)」 せんじょう
  lasciviousness
선:정[選定] 많은 것 중에서 골
라 정함. 「후보(候補) ~」 せ
んてい choice
선제[先制] 선수(先手)를 쳐서
상대편을 견제함. 기선(機先)
을 제압함. 「~공격(攻擊)」
せんせい taking the initiative
선제[先帝] 선대(先代)의 황제.

=선황제(先皇帝). せんてい 先代
　　　　　late emperor
선제[先除] 미리 빼거나 덜어 先除
　냄.　　deducting beforehand
선조[先祖] 한 집안의 시조(始 先祖
　祖). 또는 대대(代代)의 조
　상. せんぞ　　　ancestor
선조[先朝] ① 먼저 임금의 조 先朝
　정(朝廷). ② 이전의 왕조(王
　朝). せんちょう
　　　　former dynasty
선조[線條] 필라멘트. せん 線條
　じょう　　　　filament
선조[蟬噪] ① 매미가 시끄럽게 蟬噪
　울어 댐. ② 매우 시끄럽게 떠
　들어 댐의 비유. せんそう
선족[跣足] 버선이나 신을 신 跣足
　지 않은 발. 맨발. せんそく
　　　　　　　　bare foot
선종[旋踵] 발길을 돌림. せん 旋踵
　しょう　turning one's steps
선:종[善終] 가톨릭에서, 임종 善終
　(臨終) 때 성사(聖事)를 받아
　대죄(大罪) 없는 몸으로 죽는
　일을 이르는 말.
선종[禪宗] 참선(參禪)을 주로 禪宗
　하는 불교의 한 종파(宗派).
　ぜんしゅう　Zen Buddhism
선주[先主] ① 선대(先代)의 군 先主
　주(君主). ② 전번의 주인. せ
　んしゅ　　① former king
　② former master
선주[船主] 배의 임자. せんしゅ 船主
　・ふなぬし　　ship owner
선:지식[善知識] 사람을 불도 善知識
　(佛道)로 교화(教化)・선도(善
　導)하는 고승(高僧). ぜんちしき
　Buddhist priest of high virtue
선진[先陣] 본진(本陣) 앞에 배 先陣
　치(配置)되거나 적진을 향하 本陣
　여 앞장서 쳐들어가는 군대.
　せんじん　　　vanguard
선진[先進] ① 어떤 분야에서, 先進
나이・학예(學藝)・지위 등이
남보다 앞서 있음. 또는 그
사람. ② 발전의 정도가 다른
지역이나 나라보다 앞서 있음.
↔후진(後進). 「~국(國)」せ
んしん　being advanced
선:집[選集] 한 사람 또는 여 選集
　러 사람의 작품 중에서 대표
　적인 작품을 추려 모아 엮은
　책. せんしゅう　anthology
선차[先次] 전번. 먼젓번. = 先次
　전자(前者).　　last time
선착[先着] 먼저 도착함. 「~ 先着
　순(順)」せんちゃく
　　　　　　　first arrival
선착장[船着場] 배가 와서 닿 船着場
　는 곳.　　　　　port
선참[先站] ① 먼저 길을 떠남. 先站
　② 남보다 먼저 착수하거나 자
　리를 잡음.
　① department in advance ②
　setting about before others
선창[先唱] ① 맨 먼저 주창(主 先唱
　唱)함. ② 노래나 구호 따위를
　맨 먼저 부르거나 외침. せん
　しょう　　　　leading
선창[船窓] 배의 창문. せんそ 船窓
　う　　　　　porthole
선창[船艙] ① 물가에 다리처럼 船艙
　만들어 배를 댈 수 있게 해 놓
　은 시설. ② 배다리. せんそう
　① wharf ② pontoon bridge
선채[先債] 전에 꾸어 쓴 돈. = 先債
　전채(前債).　former debt
선채[先綵] 결혼 예식을 올리 先綵
　기 전에 신랑집에서 신붓집으
　로 보내는 채단(綵緞).
　　　　　engagement gifts
선:책[善策] 좋은 꾀나 방법. 善策
　　　　　　　good policy
선처[先妻] 재혼하기 전의 아내. 先妻
　=전처(前妻)・전취(前娶).
　せんさい　one's former wife

선:처[善處] 형편에 맞게 잘 처리함. ぜんしょ 善處
　　adequate management

선척[船隻] 배. =선박(船舶). 船隻
　　vessels

선천[先天] 어떤 성질이나 체질·재능 따위를 타고나는 일. ↔후천(後天). 「~성(性)」 せんてん 先天
　　innateness

선천성[先天性] 타고난 성질. 「~ 심장병(心臟病)」 せんてんせい 先天性
　　apriority

선철[先哲] 옛 현자(賢者). =선현(先賢). せんてつ 先哲
　　ancient sage

선철[銑鐵] 철에 1.7% 이상의 탄소가 들어 있는 합금. 강철보다 녹기 쉬워 주조에 적합하므로 솥, 화로 등을 만드는 재료로 쓰임. 무쇠. せんてつ 銑鐵
　　pig iron

선체[船體] 배의 몸체. せんたい 船體
　　hull

선추[扇錘] 부채 고리에 단 장식품. =선초(扇貂). 扇錘

선축[先蹴] 축구 경기 등을 시작할 때, 공을 먼저 차는 일. 先蹴
　　kickoff

선:출[選出] 여럿 가운데서 뽑아 냄. せんしゅつ 選出
　　election

선취[先取] 남보다 먼저 차지함. 「~ 득점(得點)」 せんしゅ·さきどり 先取　taking first

선친[先親] 세상을 떠난 아버지. =선고(先考). ↔선비(先妣). 先親
　　my late father

선탈[蟬脫] 매미가 허물을 벗는다는 뜻으로, 세속의 일에서 초연히 벗어남. せんだつ 蟬脫
　　shedding the skin

선태[蘚苔] 이끼. 「~식물(植物)」 せんたい 蘚苔
　　moss

선:택[選擇] 여럿 가운데서 골 選擇
라 뽑음. 「~ 과목(科目)」 せんたく
　　selection

선탠[suntan] 살갗을 햇빛에 쬐어 황갈색으로 태우는 일. 黃褐色
サンタン

선편[先鞭] 남보다 먼저 착수하거나 자리를 잡음. =선착편(先着鞭). せんべん 先鞭
　　anticipation

선편[船便] 배가 오고 가는 편. 배편. ふなびん·せんびん 船便
　　shipping service

선:평[選評] 여럿 가운데 골라서 비평함. せんぴょう 選評
　　selection and criticism

선포[宣布] 세상에 널리 알림. せんぷ 宣布
　　proclamation

선풍[仙風] 선인(仙人)과 같은 기상이나 풍채. せんぷう 仙風

선풍[旋風] ①회오리바람. ②세상을 뒤흔드는 갑작스런 사건이나 충격 따위의 비유. 「~적(的) 인기(人氣)」 せんぷう 旋風
　　①whirlwind ②sensation

선풍기[扇風機] 작은 전동기의 굴대에 날개를 달아, 그 회전으로 바람을 일으키는 기계. せんぷうき electric fan 扇風機

선하[船荷] 배에 실은 짐. 뱃짐. ふなに 船荷
　　ship's cargo

선학[仙鶴] 두루미. crane 仙鶴

선학[先學] 학문상의 선배. ↔후학(後學). senior 先學

선함[船艦] 여객선·상선·군함의 총칭. =함선(艦船). せんかん 船艦
　　vessels

선행[先行] ①먼저 감. ↔후행(後行). ②딴 일에 앞서서 행함. 「~조건(條件)」 せんこう 先行
　　①going first ②antecedence

선:행[善行] 착한 행실. ↔비행(非行)·악행(惡行). ぜんこう 善行
　　good conduct

선향[先鄕] 시조(始祖)의 고향. =관향(貫鄕)·본관(本貫). one's ancestral home

선향[線香] 길고 가늘게 만든 향. せんこう incense stick

선험적[先驗的] 인식의 능력이나 판단력 따위가 경험에 앞서 선천적으로 갖추어져 있는 것. せんけんてき transcendental

선험 철학[先驗哲學] 인간의 인식과 경험의 비판을 과제로 하는 철학. =비판 철학(批判哲學). せんけんてつがく metempirics

선현[先賢] 옛날의 현인(賢人). =선철(先哲). せんけん ancient sage

선혈[鮮血] 갓 흘러나온 붉은 피. 「~ 낭자(狼藉)」 せんけつ fresh blood

선형[扇形] ① 부채와 같은 모양. ② 한 원호(圓弧)와 그 두 끝을 잇는 반경(半徑)으로 둘러싸인 도형(圖形). 부채꼴. せんけい·おうぎがた·おうぎなり ① fan shape ② sector

선형[船型·船形] ① 배의 형상. ② 배의 겉모양을 나타낸 모형. せんけい ① type of a ship ② model of a ship

선형[線形] 선처럼 가늘고 긴 형상. せんけい line shape

선호[船號] 배의 이름. せんごう name of a chip

선:호[選好] 여럿 중에서 가려서 좋아함. 「남아(男兒) ~」 preference

선혹[煽惑] 부추기어 홀리게 함. せんわく instigation

선홍[鮮紅] 산뜻하고 밝은 다홍빛. せんこう scarlet

선화[船貨] 배에 실은 화물. cargo

선:화[善化] 좋은 쪽으로 이끌어 변화시킴. ↔악화(惡化). ぜんか change for the better

선화[線畫] 색을 칠하지 않고 선(線)만으로 그린 그림. せんが line drawing

선화[禪話] 불교의 선학(禪學)에 관한 이야기. ぜんわ talk on Zen philosophy

선화후:과[先花後果] 꽃이 먼저 피고, 뒤에 열매를 맺는다는 뜻으로, 먼저 딸을 낳고 다음에 아들을 낳음을 이르는 말.

선황[先皇] 선대의 황제. =선황제(先皇帝)·선제(先帝). せんのう late emperor

선회[旋回] 원을 그리듯이 돎. 「상공(上空)을 ~하다」 せんかい revolution

선후[先後] ① 앞뒤. =전후(前後). ② 먼저와 나중. 「~당착(撞着)」 せんご·せんこう ① front and rear ② order

선:후지책[善後之策] 뒷갈망을 잘 하기 위한 계책. =선후책(善後策). ぜんご(の)さく remedial measure

선후천[先後天] 선천과 후천. 본래부터 타고나는 것과 성장 과정(成長過程)에서 얻게 되는 것. inherence and acquirement

선:후평[選後評] 문예 작품을 고르고 나서 그 선정(選定) 과정과 함께, 작품에 대하여 하는 선자(選者)의 비평. comment after selection of prize works

선훈[船暈] 뱃멀미. せんうん seasickness

설[舌]☆ 혀 설:혀. 「舌根(설근)·舌禍(설화)·舌聲(설성)·

毒舌(독설)・長廣舌(장광설)・筆舌(필설)」ゼツ した

설[泄] ① 샐 설: 새다. 「泄精(설정)・泄露(설로)」 ② 설사 설: 설사하다. 「泄瀉(설사)・泄痢(설리)・泄症(설증)」③ 섞을 설: 섞다. 「泄用(설용)」 セツ ① もれる

설[洩] ① 샐 설: 새다. 발설하다. 「漏洩(누설)」② 즐거워하는 모양 예: 즐거워하는 모양. 「洩洩(예예)」エイ ① もれる

설[屑] ① 가루 설: 가루. 「屑塵(설진)・屑糖(설탕)・屑鐵(설철)」② 마음에 둘 설: 마음에 두다. 「不屑(불설)」③ 자질구레하고 많을 설: 자질구레하고 많다. 「屑屑(설설)」セツ

설[設]* ① 베풀 설: 베풀다. 「設立(설립)・設定(설정)・設宴(설연)・建設(건설)・假設(가설)・新設(신설)」② 가령 설: 가령. 「設令(설령)・設或(설혹)・設使(설사)」セツ ① もうける

설[雪]* ① 눈 설: 눈. 「白雪(백설)・雪山(설산)・雪上(설상)・雪色(설색)・積雪(적설)・風雪(풍설)」② 씻을 설: 씻다. 「雪辱(설욕)・雪冤(설원)・雪恥(설치)」セツ ① ゆき

설[渫] ① 쳐낼 설: 물 밑 등을 쳐내다. 「浚渫(준설)」② 흩어질 설: 흩어지다. 「渫雲(설운)・渫雨(설우)」セツ ① さらう

설[楔] ① 문설주 설: 문설주. ② 쐐기 설: 쐐기. 「楔形(설형)・楔子(설자)」セツ ② くさび

설[說]* ① 말씀 설: 말씀. 「說話(설화)・序說(서설)・風說(풍설)・演說(연설)・通說(통설)」② 달랠 세: 달래다. 「遊說(유세)・誘說(유세)・說客(세객)」 ③ 기쁠 열: 기쁘다. 「說樂(열락)」セツ・ゼイ・エツ ② とく

설[褻] ① 평복 설: 평상복. 「褻衣(설의)・褻服(설복)」② 무람없을 설: 무람없다. 버릇이 없다. 「褻慢(설만)・褻言(설언)・褻翫(설완)」セツ ① ふだんぎ

설경[舌耕] 강의・연설・변호 등, 말하는 것으로 벌이를 삼는 일. ぜっこう
living on one's fluent speech

설경[雪景] ① 눈이 내리는 경치. ② 눈이 쌓인 경치. せっけい snowscape

설경[說經] 경전(經典)에 있는 교의(敎義)를 풀어서 가르침. せっきょう

설계[設計] ① 계획을 세움. ② 건설・제작・공사 등에서, 비용・규모・구조・재료 등에 관한 계획을 도면 따위에 명시하는 일. 「〜도(圖)」 せっけい ① planning ② design

설계[雪溪] 한여름까지 눈이 녹지 않은, 높은 산의 계곡(溪谷). せっけい snowy ravine

설골[舌骨] 혀뿌리에 있는 말굽쇠 모양의 작은 뼈. ぜっこつ hyoid bone

설교[說敎] ① 종교의 가르침을 설명하는 일. ② 여러 말로 타일러 가르침. せっきょう preaching

설근[舌根] ① 혀의 뿌리. ② 불교에서, 미각(味覺)을 맡고 있는 '혀'를 이르는 말. ぜっこん ① root of the tongue ② tongue

설니[雪泥] 눈이 녹아 뒤범벅이 된 진 땅. せつでい

설니홍조[雪泥鴻爪] 눈 위에 난 기러기의 발자국이, 눈이

녹으면 자취도 없이 사라진다는 뜻으로, 인생의 자취가 덧없음의 비유. せつでい(の)こうそう　　　　transience

설단[舌端] 혀끝. ぜったん　舌端
　　tip of the tongue

설당[屑糖·雪糖] 설탕의 원말. 屑糖

설대[舌代] 말을 대신한다는 뜻으로, 간단한 편지 서두에 쓰는 말. ぜつだい　brief note 舌代

설도[舌刀] 칼날 같은 혀라는 뜻으로, 날카롭게 하는 말을 이름. 舌刀

설도[說道] 사람으로서 지켜야 할 바른 도리를 설명함. 說道

설두[舌頭] 혀끝. =설단(舌端). ぜっとう　tip of the tongue 舌頭

설두[設頭] 앞장서서 일을 주선함. 「~자(者)」 leading 設頭

설득[說得] 알아듣도록 여러 가지로 이야기하여 납득(納得)시킴. せっとく　persuasion 說得

설량[雪量] 눈이 내린 분량. せつりょう　amount of snowfall 雪量

설령[設令] 그렇다 치더라도. =설사(設使)·설혹(設或). 「~온다고 해도 싫다」　if 設令

설로[泄露] 누설되어 비밀이 탄로가 남.　divulgence 泄露

설로[雪路] 눈이 덮인 길. =설정(雪程). snow-covered road 雪路

설론[舌論] 말다툼. argument 舌論

설립[設立] 단체나 기관을 새로 세움. 「회사(會社) ~」 せつりつ　establishment 設立

설마[雪馬] 썰매의 원말. sled 雪馬

설마[褻慢] 하는 짓이 거만하고 버릇없음. insolence 褻慢

설맹[雪盲] 흰 눈의 반사(反射)광선, 특히 자외선(紫外線)의 자극으로 생기는 눈의 염증(炎症). せつもう　snow blindness 雪盲

설명[說明] 어떤 일의 내용·이 說明 유 등을 알기 쉽게 풀어서 이야기함. 「새로운 계획을 ~하다」 せつめい　explanation

설문[設問] 문제나 질문을 만들어 냄. 또는 그 문제나 질문. せつもん　question 設問

설미[雪眉] 흰 눈썹. 또는 흰 눈썹을 가진 노인. 雪眉

설백[雪白] 눈같이 흼. せっぱく　snow-whiteness 雪白

설법[說法] 불법(佛法)을 풀이하여 들려 줌. せっぽう　Buddhist sermon 說法

설병[說病] 병의 증세를 이야기함. talking about symptoms 說病

설복[說服·說伏] 알아듣도록 설명하여 자기 의견에 따르게 함. せっぷく　persuasion 說服·說伏

설봉[舌鋒] 날카롭고 매서운 말이나 변론. ぜっぽう　incisive tongue 舌鋒

설봉[雪峰] 눈으로 덮인 산봉우리. snow-capped peak 雪峰

설부[雪膚] 눈과 같이 흰 살갗. せっぷ　snow-white skin 雪膚

설부화용[雪膚花容] 눈같이 흰 살결과 꽃처럼 아름다운 얼굴. 雪膚花容

설분[雪憤] 분풀이. 화풀이. 「~신원(伸冤)」 venting one's anger 雪憤

설비[設備] 어떤 목적에 필요한 건물·기물(器物)·장치 등을 마련하여 갖춤. 또는 그 물건. せつび　equipment 設備

설빈[說貧] 살림의 구차한 형편을 남에게 이야기함. =설궁(說窮). talking about one's poverty 說貧

설사[泄瀉] 배탈이 났을 때에 자주 누는 묽은 똥. 또는 그런 똥을 눔.　diarrhea 泄瀉

설사[設使] ⇨설령(設令). 設使

설산[雪山] ①눈이 쌓인 산. 雪山

② 늘 눈이 녹지 않고 쌓여 있는 산. せつざん snow-covered mountain

설상[雪上] 눈 위. 「~가상(加霜)」せつじょう on the snow

설상[楔狀] 쐐기 같은 모양. =설형(楔形). 「~문자(文字)」けつじょう wedge-shapedness

설상가상[雪上加霜] 눈 위에 서리가 덮인 격으로, 불행한 일이 연거푸 일어남을 이름. to make matters worse

설상차[雪上車] 폭이 넓은 캐터필러를 장비하여 눈 위나 얼음 위를 자유로이 달릴 수 있게 만든 특수 자동차. せつじょうしゃ snowmobile

설색[雪色] ① 눈같이 흰 빛깔. ② ⇨설경(雪景). せっしょく ① snow-white color

설선[雪線] 높은 산이나 극지(極地)에서 일년 내내 눈이 녹지 않는 부분과 녹는 부분과의 경계선. せっせん snow line

설성[舌聲] ⇨설음(舌音).

설시[設施] ⇨시설(施設).

설시[說示] 설명하여 보임. せつじ instructions

설암[舌癌] 혀에 생기는 구강암(口腔癌)의 하나. ぜつがん cancer on the tongue

설야[雪夜] 눈 내리는 밤. ゆきよ snowy night

설약[設若] ⇨설령(設令).

설연[設宴] 잔치를 베풂. holding a banquet

설영[設營] ① 군대가 머무를 막사(幕舍)를 마련함. ② 등산 따위에서, 야영을 하기 위하여 텐트를 침. せつえい installation

설왕설래[說往說來] 무슨 일의 시비(是非)를 따지느라고 말로 옥신각신함. repeated questions and answers

설욕[雪辱] 전에 당한 수치스러움을 씻음. 욕된 일에서 벗어남. =설치(雪恥). 「~전(戰)」せつじょく vindication of one's honor

설원[雪原] ① 눈에 덮인 들판. ② 만년설(萬年雪)이 쌓인 곳. せつげん snow field

설원[雪冤] 원통함을 풂. せつえん exoneration

설월[雪月] ① 눈과 달. ② 눈 위에 비친 달빛. ① snow and the moon ② moonlight on the snow

설월화[雪月花] 눈과 달과 꽃이라는 뜻으로, 사계(四季)의 아름다운 경치를 이름. せつげっか sights of four seasons

설유[說諭] 말로 타이름. せつゆ admonition

설음[舌音] 혀끝이 윗잇몸에 닿아 소리 나는 자음. 곧, ㄴ·ㄷ·ㄸ·ㅌ 따위. 혓소리. =설성(舌聲). ぜつおん lingual sound

설의[雪意] 눈이 내릴 듯한 낌새. せつい foreboding of snow

설의법[設疑法] 누구나 다 아는 사실을 의문 형식으로 나타내어 독자가 스스로 결론을 내리도록 하는 수사법의 한 가지. せつぎほう

설쟁[舌爭] ⇨설전(舌戰).

설전[舌戰] 말다툼. =설쟁(舌爭). ぜっせん verbal battle

설전[雪戰] 눈을 뭉쳐서 상대편에게 던지는 놀이. 눈싸움. snowball fight

설정[設定] 마련하여 정해 놓

음. せってい　establishment

설제[設題] 문제나 제목을 설정(設定)함. 또는 그 문제나 제목. せつだい　setting a title

설채[設彩] 색칠을 함. ＝부채(賦彩).　coloring

설치[雪恥] ⇨설욕(雪辱).

설치[設置] 어떤 목적을 위하여 설비나 시설·기관(機關) 따위를 마련함. せっち establishment

설치류[齧齒類] 앞니가 발달하여 물건을 잘 갉아먹는 포유류의 한 목(目). 쥐·다람쥐 따위. げっしるい　rodents

설탕[←雪糖] 사탕수수·사탕무 등을 원료로 하여 만드는, 맛이 달고 물에 잘 녹는 무색의 결정. 사탕가루.　sugar

설태[舌苔] 혀의 표면에 생기는 이끼 모양의 물질. ぜつたい　fur on the tongue

설파[說破] ①사물의 내용을 밝혀 말함. ②상대편의 이론·주장을 깨뜨려 뒤엎음. せっぱ ① elucidation ② refutation

설폐구폐[說弊救弊] 무엇이 폐단인지를 말하고, 그 폐단을 바로잡음.　talking and then correcting the abuse

설하선[舌下腺] 혀의 밑에 있는 타액선(唾液腺). 침을 분비하여 구강(口腔)으로 보냄. 혀밑샘. ぜっかせん
　　　　sublingual gland

설한[雪寒] 눈이 내릴 때나 내린 뒤의 추위.
cold weather after snowfall

설해[雪害] 눈이 많이 내림으로써 입게 되는 피해. 「～ 대책(對策)」 せつがい
damage by snow

설형 문자[楔形文字] 고대(古代)의 바빌로니아와 아시리아 등지에서 쓰던 쐐기 모양의 글자. 쐐기 문자. せっけいもじ　　　cuneiform

설화[舌禍] 말 때문에 입게 되는 화(禍). ぜっか　unfortunate slip of the tongue

설화[雪花] ①눈송이. ②나뭇가지에 붙은 눈발. せっか·ゆき(の)はな　① snowflake ② snow on the branches

설화[說話] ①이야기. ②신화(神話)·전설(傳說) 따위의, 한 민족 사이에 전해 내려오는 옛 이야기. せつわ　tale

설후[雪後] 눈이 내린 뒤. 「～ 한풍(寒風)」 せつご
after snow falling

섬[閃] 번쩍일 섬: 번쩍거리다. 번득이다. 「閃光(섬광)·閃閃(섬섬)·閃電(섬전)·閃火(섬화)」 セン·ひらめく

섬[暹] 나라 이름 섬: 나라 이름. 태국(泰國)의 그전 이름. 「暹羅(섬라)」 セン·すすむ

섬[蟾] ①두꺼비 섬: 두꺼비. 「蟾蜍(섬서)」 ②달 섬: 달. 달빛. 「蟾光(섬광)·蟾魄(섬백)·蟾宮(섬궁)」 セン

섬[贍] ①도울 섬: 돕다. 「贍給(섬급)·贍賑(섬진)」 ②넉넉할 섬: 넉넉하다. 「贍富(섬부)·贍足(섬족)·贍麗(섬려)」 セン ② たりる

섬[殲] 멸할 섬: 멸(滅)하다. 「殲滅(섬멸)·殲撲(섬박)」 セン·つくす·みなごろし

섬[纖] ①가늘 섬: 가늘다. 「纖細(섬세)·纖巧(섬교)·纖眉(섬미)」 ②아낄 섬: 아끼다. 「纖嗇(섬색)」 セン ① はそい·こまかい

섬광[閃光] 순간적으로 번쩍하

는 빛. 「~ 전구(電球)」 せん こう   flash
섬광[蟾光] 달빛. =월광(月光).   moonlight
섬광분[閃光粉] 사진을 찍을 때 발화(發火)시켜 밝은 빛을 내게 하는 마그네슘 가루.   magnesium powder
섬교[纖巧] 섬세하고 공교(工巧)함. せんこう   delicacy
섬려[纖麗] 가냘프고 고움. せんれい   beauty figure
섬멸[殲滅] 모두 무찔러 없앰. 「~전(戰)」 せんめつ   annihilation
섬모[纖毛] ① 가느다란 털. ② 생물체 세포의 표면에 난, 가느다란 털 모양의 물질. せんもう   ① thin hair ② cilium
섬미[纖眉] 가는 눈썹이라는 뜻으로, 아름다운 여자의 비유. せんび   slender and beautiful eyebrow
섬사주[蟾蛇酒] 살무사가 두꺼비를 갓 삼켰을 때에 잡아 빚은 술.
섬섬[閃閃] 번쩍번쩍 빛나는 모양. せんせん   flashing
섬섬[纖纖] 가냘프고 여린 모양. 「~옥수(玉手)」 せんせん   slender
섬세[纖細] ① 곱고 가늚. ② 매우 찬찬하고 세밀함. ③ 감수성이 예민함. せんさい   delicacy
섬아연광[閃亞鉛鑛] 황화아연(黃化亞鉛)을 주성분으로 하는 광물. せんあえんこう blende
섬약[纖弱] 가냘프고 연약함. せんじゃく   delicacy
섬어[譫語] ① 헛소리. ② 잠꼬대. せんご   ① delirious utterances ② somniloquy

섬연[纖妍] 날씬하고 아름다움. せんけん   being slender and beautiful
섬영[閃影] 번득이는 그림자. せんえい   flashing shadow
섬요[纖腰] 가느다란 허리라는 뜻으로, 미인의 형용.   slender waist
섬월[纖月] 가늘게 보이는 달. 초승달이나 그믐달을 이름. せんげつ   crescent
섬유[纖維] 동식물의 세포나 원형질이 분화(分化)해서 된 가늘고 긴 물질. 의류·종이의 원료가 됨. 「~질(質)」 せんい   fiber
섬유소[纖維素] 식물의 세포벽(細胞壁)이나 섬유를 형성하고 있는 수요 성분. せんいそ   cellulose
섬전[閃電] 순간적으로 번쩍이는 번갯불 또는 전기의 불꽃. せんでん   lightning flashes
섬조[纖條] 금속 등의 가느란 선(線). せんじょう   line
섬진[纖塵] 미세한 티끌. せんじん   dust
섬화[閃火] 번쩍이는 불빛. せんか   spark
섭[涉]* ① 물 건널 섭 : 물을 건너다. 「涉水(섭수)·涉獵(섭렵)」 ② 관계할 섭 : 관계하다. 「干涉(간섭)·交涉(교섭)」 ショウ ① わたる ② かかわる
섭[燮] ① 불꽃 섭 : 불꽃. ② 화할 섭 : 화(和)하다. 「燮友(섭우)·燮和(섭화)·燮理(섭리)」 ショウ
섭[攝] ① 대리할 섭 : 대리하다. 대신하다. 「攝政(섭정)·攝行(섭행)·攝理(섭리)」 ② 거두어들일 섭 : 거두어들이다. 「攝食(섭식)·攝取(섭취)·攝斂

(섭렴)」 ③ 정돈할 섭: 정돈하다. 「攝衣(섭의)」 セツ ① たすける・かねる ② とる

섭[懾] 두려워할 섭: 두려워하다. 「懾服(섭복)·懾慴(섭습)·懾畏(섭외)·懾怖(섭포)」 ショウ   懾服

섭[躡] 밟을 섭: 밟다. 디디다. 「躡足(섭족)·躡蹤(섭종)·躡蹀(섭접)」 ジョウ・ふむ   躡足

섭금류[涉禽類] 부리와 다리가 가늘고 길며, 주로 얕은 물가를 걸어다니면서 먹이를 구하는 새. 두루미·황새 따위. しょうきんるい   涉禽類
　　wading birds

섭동[攝動] ① 태양계의 천체가 다른 행성의 인력 때문에 타원 궤도(楕圓軌道)에서 벗어나는 현상. ② 역학계(力學系)에서, 주요한 힘의 작용에 의한 운동이 부차적(副次的)인 힘의 영향으로 교란되어 일어나는 운동. せつどう   攝動 軌道
　　① perturbation

섭력[涉歷] 물을 건너고 산을 넘는다는 뜻으로, 여러 가지 일을 두루 겪음.   涉歷
　　versatile experience

섭렵[涉獵] ① 널리 여기서거기 다님. ② 여러 가지 책을 많이 읽음의 비유. しょうりょう   涉獵
　　① ranging over ② extensive reading

섭리[攝理] ① 병중의 몸을 잘 조리함. ② 일을 대신 처리함. ③ 자연계를 지배하고 있는 이법(理法). ④ 우주를 다스리는 신(神)의 뜻. せつり   攝理
　　① recuperation ② acting for others ④ providence

섭생[攝生] 병에 안 걸리도록 건강에 유의함. =양생(養生)·섭양(攝養). せっせい   攝生
　　care of health

섭세[涉世] 세상을 살아감.   涉世
　　living

섭수[涉水] 물을 건넘. しょうすい   涉水
　　wading

섭씨[攝氏] 물의 어는점을 0℃, 끓는점을 100℃로 한 섭씨 온도계(攝氏溫度計)의 눈금. 'C'를 기호로 함. せっし Celsius   攝氏

섭양[攝養] 병이 나지 않게 건강에 유의(留意)함. =섭생(攝生)·양생(養生). せつよう   攝養
　　care of health

섭외[涉外] 외부(外部)나 외국(外國)과의 연락 또는 교섭. 「~ 활동(活動)」 しょうがい   涉外
　　liaison

섭정[攝政] 임금이 나이가 어리거나 그 밖의 사정이 있을 때, 임금을 대신하여 나라를 다스림. 또는 그 사람. せっしょう   攝政
　　regency

섭취[攝取] ① 사물을 자기 것으로 받아들임. ② 영양분을 몸 안으로 받아들임. せっしゅ ① assimilation ② intake   攝取

섭험[涉險] 위험을 무릅씀. =섭위(涉危). adventure   涉險

십호선[攝護腺] ➡전립선(前立腺). せつごせん   攝護腺

성[成]* 이룰 성: 이루다. 「成功(성공)·成事(성사)·成果(성과)·成敗(성패)·成立(성립)·完成(완성)·達成(달성)·成就(성취)·成案(성안)·成文(성문)」 セイ・ジョウ・なる   成功

성:[姓]* ① 성씨 성: 성. 「姓名(성명)·姓氏(성씨)·姓銜(성함)·同姓(동성)·宗姓(종성)」 ② 겨레 성: 겨레. 씨족. 「百姓(백성)」 セイ・ショウ ① かばね   姓名

성:[性]* ① 성품 성: 성품. 바   性品

탕. 「性品(성품)·性格(성격)·性質(성질)·本性(본성)·性命(성명)·惡性(악성)·天性(천성)·磁性(자성)·酸性(산성)·性情(성정)·心性(심성)」② 색욕 성:색욕. 「性慾(성욕)·性感(성감)·性腺(성선)」③ 성별 성:성별(性別). 「異性(이성)」セイ・ショウ ① たち・さが 性慾

성[星]* ① 별 성:별. 「星群(성군)·星斗(성두)·星月(성월)·金星(금성)·恒星(항성)」② 흩어질 성:흩어지다. 산재(散在)하다. 「星羅(성라)·星列(성렬)·星布(성포)」③ 세월 성:세월. 「星霜(성상)」セイ・ショウ ① ほし 星群 星列

성[省]* ① 살필 성:살피다. 「省察(성찰)·內省(내성)·反省(반성)」② 덜 생:덜다. 「省略(생략)·省減(생감)·省禮(생례)·省約(생약)」セイ・ショウ ① かえりみる ② はぶく 省察

성[城]* 성 성:성. 「城壘(성구)·城郭(성곽)·城壁(성벽)·築城(축성)·城址(성지)」ジョウ・セイ・しろ 城壘

성[晟] 밝을 성:밝다. 「晟明(성명)」セイ・あきらか 晟明

성[惺] ① 깨달을 성:깨닫다. 「惺悟(성오)」② 똑똑할 성:똑똑하다. 「惺惺(성성)·惺憁(성총)」セイ 惺悟

성[猩] 성성이 성:성성이. 「猩猩(성성)」ショウ 猩猩

성:[盛]* ① 성할 성:성하다. 「旺盛(왕성)·盛暑(성서)·隆盛(융성)·盛大(성대)·盛設(성설)·盛宴(성연)·盛行(성행)」② 담을 성:담다. 「盛水不漏(성수불루)」セイ・ジョウ ① さかり ② もる 旺盛 盛宴

성:[聖]* ① 성인 성:성인(聖人). 「聖女(성녀)·聖賢(성현)·聖言(성언)」② 성스러울 성:성스럽다. 거룩하다. 「聖書(성서)·神聖(신성)·聖火(성화)·聖地(성지)」③ 임금 성:임금. 「聖世(성세)·聖代(성대)·聖恩(성은)」④ 뛰어날 성:뛰어나다. 잘하다. 「詩聖(시성)·樂聖(악성)·畵聖(화성)」セイ・ショウ ① ひじり ② きよい 聖人 聖代

성[誠] 정성 성:정성. 참되다. 「誠心(성심)·誠意(성의)·誠正(성정)·誠直(성직)·精誠(정성)·忠誠(충성)·孝誠(효성)·誠信(성신)」セイ・まこと 誠心

성[醒] 깰 성:깨다. 「覺醒(각성)·醒然(성연)·醒鐘(성종)·醒悟(성오)·醒酒(성주)」セイ・さめる 覺醒

성[聲]* ① 소리 성:소리. 음성. 「聲音(성음)·肉聲(육성)·發聲(발성)·無聲(무성)·奇聲(기성)」② 명예 성:명예. 「聲譽(성예)·聲績(성적)·名聲(명성)」セイ ① こえ 聲音

성가[成家] ① 따로 한 집안을 이룸. 「자수(自手)~」② 학문이나 기술로 한 체계를 이룩함. ① establishing a family ② establishing oneself as an expert 成家 自手

성:가[聖歌] ① 성스러운 노래. ② 기독교에서 부르는 종교 가곡의 총칭. 「~대(隊)」 せいか　　　　　hymn 聖歌

성가[聲價] 좋은 평판. =명성(名聲). せいか　　　fame 聲價

성:감[性感] 성교(性交)를 하거나 몸의 특정 부위를 사극할 때에 느끼는 성적 쾌감. せいかん　　sexual feeling 性感

성:감대[性感帶] 자극함으로써 성감이 유발되는 몸의 부분. せいかんたい　erotogenic zone

성:격[性格] 각자가 가지고 있는 특유한 성질. =품성(品性). せいかく　personality

성:결[聖潔] 거룩하고 깨끗함. せいけつ　sanctity and purity

성:경[聖經] 각 종교에서, 그 종교의 가르침의 중심이 되는 책. せいけい　Holy Writ

성경신[誠敬信] 천도교의 수도(修道)의 근본 신조(信條)인 정성·공경·믿음. sincerity, respect and faith

성:경현전[聖經賢傳] 성현들이 지은 글이나 책. 준경전(經傳). せいけいけんでん　works of the sages

성공[成功] ① 뜻한 바를 이룸. ↔실패(失敗). ② 입신 출세(立身出世)함. せいこう　success

성:공[聖功] 거룩한 공덕. 임금이나 성현의 공덕. せいこう　holy merit

성과[成果] 일이 이루어진 결과. 「～ 다대(多大)」 せいか　result

성곽[城郭] ① 성(城). 또는 성의 둘레. ② 내성(內城)과 외성(外城)의 총칭. じょうかく ② castle

선관[星光] 별빛. starlight

성:교[性交] 남녀가 육체적으로 관계하는 일. =방사(房事). せいこう　sexual intercourse

성:교[聖敎] ① 임금의 교명(敎命). ② 성현(聖賢)의 교훈. 특히, 공맹(孔孟)의 가르침. せいきょう　① imperial teachings ② sage's teachings

성구[成句] ① 둘 이상의 단어가 어우러진 복합어. ② 옛 사람의 시문(詩文)이나 관습적으로 쓰이는 말 중에서 널리 알려져 있는 글귀. せいく　① compound word ② idiomatic phrase

성:구[聖句] 성서(聖書)의 구절.　Biblical passage

성군[星群] ① 같은 방향에서 늘 함께 보이는 별의 무리. ② 같은 방향으로 공통되는 공간 운동을 하는 항성의 무리. せいぐん　asterism

성:군[聖君] 어질고 훌륭한 임금. せいくん　wise and virtuous king

성군작당[成群作黨] 떼를 짓고 패거리를 이룸. conspiracy

성궐[城闕] ① ⇨ 성문(城門). ② 도성(都城). 곧, 도시 전체를 이름. ③ ⇨ 궁궐(宮闕). じょうけつ

성규[成規] 문장으로 작성한 규칙. 성문화(成文化)한 규칙. せいき　written regulation

성:극[聖劇] 성서에 있는 사실을 소재로 한 연극. Biblical drama

성:근[誠勤] 착실하고 부지런함. せいきん　steadiness and diligence

성금[誠金] 보답을 생각하지 않고 정성으로 내는 돈. gift of money

성:급[性急] 성질이 몹시 급함. せいきゅう　impatience

성기[成器] ① 온전한 그릇을 만듦. 또는 그 그릇. ② 사람의 됨됨이나 재질이 온전하게 갖추어짐. ① well-made vessels ② being provided with perfect ability

성:기[性器] ⇨생식기(生殖器). 性器
せいき

성기[盛氣] 왕성한 기운이 버 盛氣
쩍 오름. 또는 그 왕성한 기
운. せいき

성:기[盛期] 왕성한 시기. 한 盛期
창때. せいき height

성기상통[聲氣相通] ①소식이 聲氣
서로 통함. ②마음과 뜻이 서 相通
로 통함. せいき

성내[城內] 성의 안. =성중(城 城內
中). ↔성외(城外). じょうな
い inside of a castle

성:녀[聖女] 가톨릭에서, 여자 聖女
성인(聖人)을 이르는 말.
female saint

성년[成年] 사람으로서 지능과 成年
신체가 충분히 발달했다고 보 發育
는 나이. 우리 나라에서는 만
20세를 말함. せいねん
majority

성:년[盛年] 원기가 왕성한 한 盛年
창때의 나이. 또는 그 나이의
사람. せいねん prime of life

성:년 대:사[聖年大赦] 25년 聖年
마다, 또는 큰 경사가 있을 大赦
때마다 교황(敎皇)이 전세계
의 가톨릭 신자에게 내리는
대사.

성노[盛怒] 크게 성냄. 몹시 화 盛怒
를 냄. great anger

성농[成膿] 상처 등이 곪아 고 成膿
름이 생김. =화농(化膿).
maturation

성:능[性能] 어떤 물건이 지닌 性能
성질과 일을 해 내는 능력.
せいのう capability

성단[星團] 많은 항성(恒星)이 星團
모인 집단. せいだん
star cluster

성당[成黨] 도당(徒黨)을 지음. 成黨
formation of a faction

성:당[聖堂] ①공자(孔子)를 聖堂
모신 사당(祠堂). =문묘(文
廟). ②가톨릭의 교회당. せ
いどう ① temple of
Confucius ② Catholic church

성:대[盛大] 매우 규모가 크고 盛大
성(盛)함. せいだい grandeur

성:대[聖代] 어진 임금이 다스 聖代
리는 시대. =성세(聖世). 「태
평(太平) ~」せいだい
glorious reign

성대[聲帶] 후두(喉頭)의 중앙 聲帶
부에 있는 발성 기관. 목청.
せいたい vocal cords

성대 모사[聲帶模寫] 남의 목 聲帶
소리나 동물의 울음소리 등을 模寫
흉내내는 일. せいたいもしゃ
vocal mimicry

성덕[成德] 덕을 이룸. 또는 이 成德
룬 그 덕. せいとく
perfecting virtue

성:덕[盛德] 크고 훌륭한 덕. 盛德
せいとく illustrious virtue

성:덕[聖德] ①거룩한 덕. 성 聖德
인(聖人)의 덕. ②임금의 덕.
せいとく
① holy virtue ② royal virtue

성도[成道] 도(道)를 닦아 진 成道
리를 터득함. じょうどう
attainment of perfection

성도[星圖] 천구(天球)의 별자 星圖
리를 지도처럼 평면 위에 나
타낸 그림. =항성도(恒星圖).
せいず celestial map

성:도[聖徒] ①가톨릭 신도 중 聖徒
에서 성인(聖人)의 자리에 오
른 사람. ②개신교에서, '신
도(信徒)'를 높여 일컫는 말.
せいと saint

성:도[聖都] 종교적으로 거룩 聖都
한 도시. =영도(靈都).
Holy City

성:도[聖道] ①성인(聖人)의 聖道
도. せいどう ②불교에서, 자

력문(自力門)으로 도를 깨우치는 교법. しょうどう
① sage's teachings

성도절[成道節] 석가여래가 성도(成道)한 날을 경축하는 날. 음력 12월 8일. 成道節

성:동[盛冬] 한겨울. ↔성하(盛夏). せいとう 盛冬
depth of winter

성동격서[聲東擊西] 동쪽을 친다고 말하고 실제로는 서쪽을 침. 전쟁 때의 용병술(用兵術)의 한 가지임. 聲東擊西

성두[星斗] ① 북두성(北斗星)과 남두성(南斗星). ② 별. =성신(星辰). せいと 星斗
① the Great Bear and the Little Bear ② star

성라기포[星羅碁布] 하늘의 별이나 바둑판 위의 바둑돌처럼, 물건이 많이 벌어 있는 모양. 星羅碁布

성량[聲量] 음성의 크기와 양(量). =음량(音量). せいりょう 聲量
volume of voice

성:려[聖慮] 임금의 심려(心慮). =진념(軫念). せいりょ 聖慮
imperial care

성:령[聖靈] 기독교에서 이르는, 삼위 일체(三位一體)의 제삼위(第三位). 사람에게 신(神)의 뜻을 전하고, 정신적 활동을 고취시키는 힘이 되는 것. =성신(聖神). せいれい 聖靈 聖神
Holy Spirit

성례[成禮] 혼인의 예식을 올림. 成禮
wedding ceremony

성:례[聖禮] ① 거룩한 예식. ② 개신교에서 세례식·성찬식 등을 이르는 말. せいれい 聖禮
holy ceremony

성루[城壘] ① 성 바깥 둘레의 토담. ② 산성(山城) 밖에 임 城壘

시로 만든 작은 요새. =성보(城堡). じょうるい rampart

성루[聲淚] 우는 소리와 눈물. 「~ 구하(俱下)」せいるい 聲淚
tearful voice

성류[星流] 항성(恒星)들이 천구 위에서 집단적으로 움직이는 고유(固有) 운동. せいりゅう 星流
star drift

성률[聲律] ① 음악의 율려(律呂). ② 한자(漢字)의 사성(四聲)의 규칙. せいりつ 聲律
① laws of sound

성:리[性理] ① 인성(人性)과 천리(天理). ② 인성(人性)의 원리. せいり 性理
① human nature and natural laws ② theory of human nature

성:리학[性理學] 송(宋)나라 때 일어난 유학(儒學)의 한 계통. =송학(宋學)·정주학(程朱學)·주자학(朱子學). せいりがく 性理學 儒學
study of human nature

성림[成林] 작은 나무들이 자라서 숲을 이룸. 成林
growing into a forest

성립[成立] 일이나 물건이 이루어짐. 「~ 조건」せいりつ 成立
completion

성:만[盛滿] ① 가득 참. ② 집안이 번성함. =영성(盈盛). 盛滿
① fullness ② prosperity

성:망[盛望] 높고 큰 덕망이나 인망(人望). high reputation 盛望

성망[聲望] 명성과 덕망. =명망(名望). せいぼう reputation 聲望

성명[姓名] 성과 이름. =성함(姓銜). せいめい (full) name 姓名

성:명[性命] ① 인성(人性)과 천명(天命). ② ⇨생명(生命). せいめい 性命
① human nature and life

성:명[盛名] 크게 알려진 명성. =고명(高名). せいめい fame

성명[聲名] 좋은 평판. =명성(名聲). せいめい reputation

성명[聲明] 어떤 일에 대한 견해나 의견·입장을 말이나 글로 여러 사람에게 공개하여 밝히는 일. 또는 그 의견이나 견해.「~서(書)」せいめい statement

성명학[星命學] 운명과 길흉을 헤아리는 학문.

성:모[聖母] ① 예수의 어머니인 마리아를 일컫는 말. ② 지난날, 백성이 국모(國母)를 일컫던 말. せいぼ
① Holy Mother ② queen

성모[聲貌] 음성과 용모. せいぼう voice and feature

성묘[省墓] 조상의 산소를 찾아 돌봄. =간산(看山).「추석(秋夕) ~」 visiting one's ancestral graves

성:묘[聖廟] 공자(孔子)를 모신 사당. =문묘(文廟). せいびょう Confucian shrine

성문[成文] 약속이나 규칙 등을 글로 나타냄. ↔불문(不文).「~법(法)」せいぶん codification

성문[省問] ① 부모의 안부를 물음. ② 조사하여 물음.
① inquiring after parents' health ② investigation

성문[城門] 성을 드나드는 문. じょうもん castle gate

성:문[聖門] ① 성인(聖人)의 도(道)에 들어가는 문. ② 공자의 문하(門下). せいもん
① introduction to sacred way

성문[聲門] 좌우의 성대(聲帶) 사이에 있는 좁은 틈. 곧, 숨이 통하는 구멍. 목청문. せいもん glottis

성문[聲聞] ① 부처의 설법을 듣고 사제(四諦)의 이치를 깨달아 아라한(阿羅漢)이 된 불제자로서, 연각(緣覺)·보살(菩薩)과 더불어 삼승(三乘)의 하나. ② ⇨명성(名聲). しょうもん

성문율[成文律] 문서(文書)의 형식으로 나타낸 법률. せいぶんりつ written law

성문화[成文化] 문장으로 써서 나타냄. せいぶんか codification

성:미[性味] 성질과 취미. disposition

성미[誠米] ① 신불(神佛)에게 바치는 쌀. ② 기독교 또는 천도교 신자들이 끼니마다 한 줌씩 모아 바치는 쌀. contribution rice

성:범[聖凡] ① 성인(聖人)과 범부(凡夫). ② 성스러운 것과 범속(凡俗)한 것.
② sanctity and commonness

성:법[聖法] 성인(聖人)이 정한 법도(法度). せいほう sage's law

성:벽[性癖] ① 성질과 버릇. ② 오랫동안 몸에 밴 버릇. =습성(習性). せいへき
① disposition ② habit

성벽[城壁] 성곽(城郭)의 벽. じょうへき castle wall

성:별[性別] 남녀 또는 암수의 구별.「~로 편을 짜다」せいべつ sex distinction

성병[成病] 근심·걱정이나 그 밖의 일로 병이 됨. becoming ill

성:병[性病] 성교에 의하여 생식기에 생기는 병의 총칭. 임질·매독 따위. =화류병(花

柳病). せいびょう
venereal disease

성복[成服] 초상 때 처음으로 상복을 입는 일. 成服
wearing mourning

성부[成否] 일의 이루어짐과 이루어지지 않음. 일의 됨과 되지 않음. =성불성(成不成). 成否
せいひ success or failure

성:부[聖父] 기독교에서, 삼위일체 가운데 제일위(第一位). 곧, 창조주로서의 하느님을 이르는 말. 聖父
Father

성부[聲部] 소리의 높낮이에 따라 구분한 음역(音域)의 각 부분. せいぶ 聲部
voice part

성:부동 형제[姓不同兄弟] 비록 성(姓)은 같지 않지만 형제처럼 가까이 지내는 사이. 姓不同兄弟
very intimate friends

성:부지명부지[姓不知名不知] 성도 이름도 모르는 아무 관계 없는 사람. 姓不知名不知
stranger

성분[成分] ① 화합물이나 혼합물을 이루고 있는 각 물질이나 원소(元素). ② 전체를 구성하고 있는 부분. ③ 사람의 사상적 성행(性行). せいぶん 成分
① ingredient ③ disposition

성불[成佛] 모든 번뇌에서 벗어나 불과(佛果)를 이룸. 곧, 부처가 됨. じょうぶつ 成佛
attaining Buddhahood

성불성[成不成] ⇨성부(成否). 成不成
せいふせい

성사[成事] 어떤 일을 이룸. 또는 어떤 일이 이루어짐. 「~재천(在天)」 せいじ 成事
success

성:사[盛事] 훌륭하고 규모가 큰 일. せいじ 盛事
splendid enterprise

성:사[聖史] 지난날, 가톨릭 신자들이 마태오·마르코·루가·요한의 네 복음서(福音書)를 이르던 말. せいし 聖史
gospel

성:사[聖事] ① 성스러운 일. ② 가톨릭에서 이르는 일곱 가지 성스러운 행사. 성세·견진·고백·성체·병자·신품·혼인의 일곱 가지 행사를 말함. 聖事
① divine service
② sacrament

성산[成算] 성공할 가능성. せいさん 成算
confidence of success

성산[星散] 새벽 하늘의 별과 같이, 사방으로 흩어지거나 뿔뿔이 헤어짐. せいさん 星散
dispersion

성:상[性狀] ① 사람의 성질과 행실. ② 사물의 성질과 상태. せいじょう 性狀
② property

성상[星霜] 일년(一年) 동안의 세월(歲月). 햇수를 세는 말. 「이십여 ~이 지났다」 せいそう 星霜
years

성:상[聖上] 현재 나라를 다스리고 있는 제 나라의 임금을 높여 이르는 말. =금상(今上). せいじょう 聖上
present king

성:상[聖像] ① 성인(聖人)이나 임금의 초상(肖像). ② 예수나 성모 마리아의 상. せいぞう 聖像
icon

성:상학[性相學] 인상(人相)·골상(骨相)·수상(手相) 등 사람의 몸에 나타나는 특성으로 운명을 판단하는 학문. せいそうがく 性相學
physiognomy

성새[城塞] 성(城)과 요새. = 성채(城砦). じょうさい 城塞
castle and fortress

성색[聲色] ① 음성과 안색. ② 음악과 여색(女色). せいしょく 聲色
① voice and countenance
② music and sensuality

성:생활[性生活] 인간 생활 중 性生活

에서, 성(性)에 관계되는 방면. せいせいかつ sexual life

성:서[盛暑] 한더위. 한창 심한 더위. せいしょ brutal heat

성:서[聖書] 기독교의 성전(聖典). =성경(聖經). せいしょ Bible

성:선[性腺] 난소(卵巢)와 정소(精巢). =생식선(生殖腺). せいせん gonad

성:선설[性善說] 인간의 본성(本性)은 선천적으로 착하나, 나쁜 환경이나 물욕(物慾)으로 악한 일을 저지르게 된다는 맹자(孟子)의 학설. ↔성악설(性惡說). せいぜんせつ doctrine of innate goodness

성:설[盛設] 잔치 따위를 성대하게 베풂. =성비(盛備). holding a splendid banquet

성:세[盛世] 나라가 융성하고 세상이 태평한 시대. 「태평(泰平)~」 せいせい prosperous age

성:세[聖世] 어진 임금이 다스리는 세상. 또는 그 시대. =성대(聖代). せいせい glorious reign

성세[聲勢] 명성(名聲)과 위세(威勢). fame and influence

성:세 성:사[聖洗聖事] 가톨릭에서 이르는 칠성사(七聖事)의 하나. 물로 씻는 예식으로 이루어지는 세례(洗禮)를 말함. 신자가 되는 관문임. =성세(聖洗)·영세(領洗). baptism

성:소[性巢] 생식 세포를 형성하는 기관. 정소(精巢)와 난소(卵巢) 따위. =생식소(生殖巢). せいそう gonad

성속[成俗] 풍속(風俗)을 이룸. 또는 풍속이 됨.

becoming a custom

성:쇠[盛衰] 융성함과 쇠퇴함. 「흥망(興亡) ~」 せいすい rise and decline

성수[成數] 일정한 수효를 이룸. forming a fixed number

성수[星宿] 모든 성좌(星座)의 별들. せいしゅく various constellations

성:수[聖水] 가톨릭에서, 성례(聖禮)에 쓰기 위해 사제(司祭)가 축성(祝聖)한 물. holy water

성:수[聖壽] 임금의 나이. 또는 수명(壽命). 「~ 무강(無疆)」 せいじゅ emperor's age

성:수불루[盛水不漏] 물을 가득 채워도 새지 않는다는 뜻으로, 주의(主意)가 골고루 미쳐 빈틈없음을 이르는 말. watertightness

성숙[成熟] ① 열매가 충분히 익음. ② 몸이나 마음이 완전히 자람. ③ 숙련됨. =숙달(熟達). ④ 사물이 적당한 시기에 이름. せいじゅく maturity

성숙아[成熟兒] 임신하여 달을 다 채워 낳은 아이. ↔조산아(早産兒). せいじゅくじ full-grown baby

성습[成習] 습관이 됨. 버릇이 됨. forming a habit

성시[成市] ① 장이 섬. 시장을 이룸. ② 흥청거리는 시장처럼 사람이 많이 모여듦. 「문전(門前) ~」 becoming a market

성:시[盛時] ① 혈기가 왕성한 때. 한창때. ② 세력이 한창인 시기(時期). せいじ ① prime of life ② prosperous age

성식[聲息] 소식. =음신(音信). せいそく

성신[星辰] 별. 「일월(日月)~」 세이신 star

성:신[聖神] ⇨성령(聖靈).

성신[誠信] ①성심(誠心)에서 우러난 신앙. ②정성스럽고 참된 마음. 세이신 faith

성실[成實] 다 자라서 열매를 맺음. bearing fruit

성실[誠實] 정성스럽고 참됨. 세이지쓰 sincerity

성심[誠心] 정성스러운 마음. 세이신 sincerity

성쌍[成雙] 혼인이 이루어짐. =성혼(成婚). marriage

성씨[姓氏] 성(姓)의 높임말. 세이시 family name

성:악[聖樂] ① 장엄하고 엄숙한 곡조와 가사로 된 종교적인 음악. ②교회에서 부르는 음악. =성가(聖歌). 세이가쿠 sacred music

성악[聲樂] 사람의 음성으로 하는 음악. ↔기악(器樂). 세이가쿠 vocal music

성안[成案] 어떤 안건(案件)을 작성함. 또는 작성된 그 안건. 세이안 definite plan

성:애[性愛] 남녀간의 애욕(愛欲). 세이아이 sexual love

성야[星夜] 별빛이 밝은 밤. 세이야 starlit night

성:야[聖夜] 거룩한 밤. 곧, 크리스마스의 전날 밤. 세이야 Christmas Eve

성약[成約] 계약이 이루어짐. 세이야쿠 making a contract

성어[成語] ①옛 사람의 시문(詩文) 등에서 후인(後人)들에게 흔히 인용되어 쓰이는 말. ②⇨숙어(熟語). 세이고 ① forming a phrase

성:어기[盛漁期] 물고기가 한창 많이 잡히는 시기. fishery season

성:언[聖言] ①성인(聖人)의 말. ②임금의 말. 세이겐 ① saint's saying

성언[聲言] ⇨성명(聲明). 세이겐

성업[成業] 사업이나 학업 등을 이룸. 세이교오 completion of work

성:업[盛業] 사업이나 장사가 썩 잘됨. 「현재 ~중(中)」 세이교오 thriving enterprise

성:역[聖域] 성스러운 지역. 신성한 곳. 세이이키 sacred precinct

성역[聲域] 사람이 낼 수 있는 최고음에서 최저음까지의 범위. 세이이키 register

성:연[盛宴] 성대한 잔치. 세이엔 grand banquet

성:염[盛炎] 성하염열(盛夏炎熱)의 준말.

성예[聲譽] 들날리는 평판과 명예. =명성(名聲). 세이요 reputation

성오[省悟] 자신의 잘못이나 허물을 깨달음. 세이고 awakening

성:왕[聖王] 덕이 높고 어진 임금. 「동명(東明) ~」 세이오오 wise and virtuous king

성외[城外] 성문의 바깥. ↔성내(城內). 조오가이 outside of a castle

성:욕[性慾] 성행위에 대한 욕망. =정욕(情慾). 세이요쿠 sexual desire

성용[聲容] 목소리와 용모. voice and countenance

성우[聲優] 라디오 방송극 따위에서 목소리만 출연하는 배우. 세이유우 radio actor

성운[星雲] 윤곽이 흐릿한 구름

모양의 천체. =성무(星霧). せいうん   nebula

성:운[盛運] 왕성(旺盛)한 운수. =융운(隆運). せいうん   prosperity

성:웅[聖雄] 지략(智略)이나 인격(人格)이 뛰어난 영웅. 「~ 이순신(李舜臣)」 せいゆう   hero saint

성원[成員] ① 단체를 구성(構成)하는 인원. ② 회의 성립(會議成立)에 필요한 수효의 인원. 「~ 미달(未達)」 せいいん   ① member ② quorum

성원[聲援] 격려하고 힘을 북돋아 줌. 「~을 보내다」 せいえん   encouragement

성:월[聖月] 가톨릭에서, 예수와 성모(聖母), 또는 어떤 성인(聖人)을 특별히 공경하도록 지정한 달. 「성모 ~」   sacred month

성위[星位] 항성(恒星)의 자리. 별의 위치. せいい   configuration

성위[聲威] 명성과 권위. 들날리는 위엄. せいい   authority

성:유[聖諭] 임금의 말. =칙유(勅諭). せいゆ   imperial edict

성육[成育] 크게 자라남. =성장(成長). せいいく   growth

성:은[聖恩] 임금의 은혜. =천은(天恩). 「~ 망극(罔極)」 せいおん   imperial favor

성음[聲音] 목소리. =음성(音聲). 「~학(學)」 せいおん   vocal sound

성의[盛儀] 성대한 의식. =성전(盛典). せいぎ   grand ceremony

성:의[聖意] ① 임금의 뜻. = 성지(聖旨). ② 하느님의 거룩한 뜻. せいい   ① king's will ② will of God

성의[誠意] 정성스러운 마음. せいい   sincerity

성인[成人] 성년(成年)이 된 사람. 어른. =성관(成冠). 「~병(病)」 せいじん   adult

성인[成因] 사물이 이루어지는 원인. せいいん   origin

성:인[聖人] 지혜와 덕이 뛰어나게 높아 길이 인류의 스승이 될 만한 사람. =성자(聖者). せいじん   sage

성인 교:육[成人教育] 일반 성인을 대상으로 하는 사회 교육. せいじんきょういく   adult education

성:자[聖子] 기독교에서 이르는, 삼위 일체(三位一體)의 제이위(第二位). 곧, 예수를 이르는 말.   Son

성:자[聖者] ① ⇨ 성인(聖人). ② 불교에서, 속세의 번뇌를 끊고 바른 이치를 깨달은 사람. ③ 기독교에서, 순교자나 거룩한 신도(信徒)를 높여 이르는 말. せいじゃ   ③ sainthood

성:자필쇠[盛者必衰] 한때 번성하던 것도 반드시 쇠퇴할 때가 온다는 말. じょうしゃひっすい

성장[成長] ① 생물이 자라남. ② 사물의 규모가 커짐. 「경제 ~」 せいちょう   growth

성:장[盛壯] 혈기가 왕성함. せいそう   being energetic

성:장[盛裝] 옷을 화려하게 차려 입음. 「~한 신부(新婦)」 せいそう   full dress

성적[成赤] 재래식 결혼에서 신부의 얼굴에 연지를 찍고 분을 바르는 일. 「~ 단장(丹粧)」

성적[成績] ① 일을 한 결과로 나타난 실적. ② 학습한 사항을 평가한 결과. せいせき ① result ② record

성적[性的] 성(性)에 관계되는 것. 「~매력(魅力)」 せいてき sexual

성:적[聖蹟] 성스러운 사적(史蹟)이나 고적. せいせき holy place

성:전[性典] 성(性)에 대한 지식을 적은 책. せいてん sex book

성:전[聖典] ① 종교의 경전(經典). ② 성인(聖人)이 쓴 책. 또는 성인의 언행을 기록한 책. せいてん sacred book

성:전[聖殿] ① 신성(神聖)한 전당(殿堂). ② 성당이나 예배당을 일컫는 말. せいでん sanctuary

성:전[聖戰] 거룩한 사명을 띤 전쟁. せいせん holy war

성:전환[性轉換] 남녀(男女) 또는 암수의 성(性)이 여러 가지 원인에 의하여, 그 반대의 성(性)의 특징을 나타내는 현상. 「~수술(手術)」 せいてんかん transformation of sex

성:정[性情] 타고난 성질과 마음씨. =성품(性稟). せいじょう nature

성조[成鳥] 성장하여 생식력을 가신 새.

성:조[性燥] 성질이 조급함. impatience

성조[腥臊] ① 비린내나 누린내 등 좋지 않은 냄새가 남. ② 상스럽고 추잡함. せいそう ① smelling fishy ② coarseness

성조[聲調] ① 목소리의 가락. ② 평(平)·상(上)·거(去)·입(入)의, 사성(四聲)의 높낮이와 장단(長短). せいちょう tone of voice

성:족[盛族] 세력이 있고 번성하는 집안. せいぞく influential family

성:졸[性拙] 성질이 몹시 옹졸함. intolerance

성종[成腫] 종기(腫氣)가 곪음. =성창(成瘡).

성좌[星座] 천구상의 항성(恒星)을 신화의 인물이나 동물·기물(器物) 따위의 모양에 비겨서 구분한 것. 별자리. せいざ asterism

성주[城主] ① 성의 우두머리. ② 조상의 산소가 있는 지방의 수령. ③ 봉건 시대에, 한 지방의 영주(領主). じょうしゅ ① lord of a castle

성주탕[醒酒湯] 술을 깨게 하는 국이라는 뜻으로, 해장국을 달리 이르는 말. broth to relieve the hangover

성중[城中] 성 안. =성내(城內). じょうちゅう inside of a castle

성:지[性智] 본디 타고난 지혜. inborn wisdom

성지[城址] 지난날, 성이 있던 자리. 성터. じょうし remains of a castle

성:지[聖旨] 임금의 뜻. =성의(聖意). せいし imperial will

성:지[聖地] ① 거룩한 지역. =성역(聖域). ② 종교상의 유적(遺蹟). 「~순례(巡禮)」 せいち sacred place

성:직[聖職] ① 신성(神聖)한 직무(職務). ② 기독교에서, 하느님에게 봉사하는 직무. 또는 그러한 직분. せいしょく

성직[聖職] sacred occupation
성직[誠直] 성실하고 정직함. 성직(誠直) sincerity
성:질[性質] ① 마음의 바탕을 이루고 있는 심리적·정신적 특성의 총체. ② 사물이 가지고 있는 고유(固有)의 특성(特性). せいしつ nature
성:징[性徵] 남녀·암수 등의 성별에 따라 신체상에 나타나는 성적인 특징. せいちょう sexual characteristics
성:찬[盛饌] 잘 차린 음식. 「진수(珍羞)~」 せいせん capital dinner
성:찬[聖餐] ① 부처 앞에 바쳤던 음식. ② 기독교에서, 성찬식 때 쓰는 포도주와 빵을 이르는 말. せいさん Holy Communion
성찰[省察] 마음 속으로 깊이 반성하여 살핌. せいさつ reflection
성채[城砦] 성과, 성에서 떨어진 곳에 쌓은 요새(要塞). =성새(城塞). じょうさい fortress
성:철[聖哲] 성인(聖人)과 철인(哲人). 지덕이 뛰어나고 사리에 밝은 사람. せいてつ sage
성체[成體] 다 자라서 생식 능력을 가지게 된 생물. せいたい adult
성:체[聖體] ① 임금의 몸. ② 가톨릭에서, 빵과 포도주로 상징되는 예수의 몸과 피를 이르는 말. 「~ 강복(降福)」 せいたい
① imperial body ② Eucharist
성:총[盛寵] 풍성한 은총(恩寵). great kindness
성:총[聖寵] ① 임금의 은총. ② 기독교에서, 하느님의 은총을 이르는 말. せいちょう
① imperial favor ② blessing
성충[成蟲] 곤충이 유충으로부터 성장하여 생식 능력이 있는 형태로 바뀐 것. ↔유충(幼蟲). せいちゅう imago
성충[誠忠] 진심에서 우러나온 충의(忠義). 특히, 나라 또는 임금을 위한 정성스러운 마음. =충성(忠誠). せいちゅう true loyalty
성취[成娶] 장가를 들어 아내를 맞음. marrying a woman
성취[成就] 목적한 바를 이룸. じょうじゅ accomplishment
성층[成層] 겹쳐서 층을 이룸. 또는 그 층. せいそう stratification
성층권[成層圏] 대류권(對流圏)과 중간권(中間圏) 사이에 있는 대기권(大氣圏). 지표에서 약 10~50km 높이에 있으며, 바람이 거의 없고 구름도 없음. せいそうけん stratosphere
성:칙[聖勅] 임금의 명령. せいちょく imperial order
성칭[聲稱] 세상에 널리 퍼져 평판이 높은 이름. =성명(聲名). fame
성:탄절[聖誕節] 기독교에서, 예수의 탄생을 기념하는 날. 크리스마스. せいたんせつ Christmas
성토[聲討] 여럿이 모여, 어떤 사람이나 단체의 잘못을 비판하고 규탄함. impeachment
성패[成敗] 성공과 실패. せいはい success and failure
성:품[性品] 성질과 됨됨이. =품성(品性). personality
성:품[性稟] ⇨성정(性情).

성:하[盛夏] 한창 무더운 여름. ↔성동(盛冬). 「~염열(炎熱)」 せいか midsummer

성:하염열[盛夏炎熱] 한여름의 아주 심한 더위. 한더위. 준성염(盛炎). fierce heat

성하지맹[城下之盟] 적군에게 항복하면서 맺는 굴욕적인 강화(講和)의 맹약. じょうかのめい capitulation

성:학[聖學] 성인(聖人)이 가르친 학문이라는 뜻으로, 유학(儒學)을 이르는 말. せいがく sage's teachings

성한[星漢] 은하수(銀河水)의 다른 이름. =은한(銀漢). せいかん Milky Way

성함[姓銜] 성명(姓名)의 높임말. =존함(尊銜). name

성:행[性行] 성질과 행실. せいこう character and conduct

성:행[盛行] 매우 성하게 행하여짐. せいこう great fashion

성:행위[性行爲] 성욕을 만족시키기 위한 행위. せいこうい sexual intercourse

성:향[性向] 성질상(性質上)의 경향. =기질(氣質). せいこう inclination

성향[姓鄕] 시조(始祖)가 태어난 고장. =관향(貫鄕)·본관(本貫). one's ancestral home

성:현[聖賢] 성인(聖人)과 현인(賢人). せいけん sage

성:혈[聖血] 기독교에서, 예수가 십자가에서 흘린 피. 또는 성찬식 때 예수의 피를 상징하는 포도주를 이르는 말. せいけつ blood of Christ

성형[成形] ①어떤 모양을 이룸. ②그릇의 본새를 만듦. ③몸의 어떤 부분의 형체(形體)를 고치거나 만듦. 「~외과(外科)」 せいけい ① formation ② molding ③ orthopedic operation

성홍열[猩紅熱] 어린아이에게 흔히 발생하는 급성 전염병의 한 가지. 몸의 열이 높고 전신에 빨간 발진이 생김. しょうこうねつ scarlet fever

성화[成火] ①뜻대로 되지 않아 몹시 애태움. ②몹시 귀찮게 구는 일. ① anxiety ② annoyance

성화[星火] ①별똥별. 또는 별똥별이 떨어지면서 내는 빛. =운성(隕星). ②대단히 급하게 굴거나 조르는 짓. 「~같은 독촉」 ① shooting star ② emergency

성:화[盛火] 세차게 타오르는 불. blaze

성:화[聖火] ①신에게 바치는 신성한 불. ②올림픽 대회 기간 중 대회장 성화대(聖火臺)에 태우는 제전(祭典)의 불. せいか ① sacred fire ② Olympic torch

성:화[聖化] ①임금의 덕화(德化). ②그리스도의 은총으로 신성한 인격을 완성하는 일. せいか ② sanctification

성:화[聖畫] 종교에 관계되는 그림. =종교화(宗敎畫). religious picture

성:황[盛況] 성대한 상황. 「~리에 폐회(閉會)하다」 せいきょう prosperity

성:회[盛會] 성대한 회합. せいかい successful meeting

성:회일[聖灰日] 사순절(四旬節)의 첫날. '재의 수요일'의 구용어. Ash Wednesday

성:훈[聖訓] 성인(聖人)이나 임금의 교훈. せいくん

sage's[king's] teaching

세:[世]* ① 인간 세: 세상. 인간. 「世上(세상)·世人(세인)·世間(세간)·世界(세계)·現世(현세)」 ② 대대 세: 대대. 「世代(세대)·世系(세계)」 ③ 백년 세: 백년. 세기. 「世紀(세기)」 ④ 일평생 세: 한평생. 「來世(내세)·前世(전세)」 セ·セイ ① よ 世上 世代

세:[洗]* 씻을 세: 씻다. 세수하다. 「洗濯(세탁)·洗筆(세필)·洗劑(세제)·洗手(세수)·洗面(세면)」 セン·あらう 洗濯

세:[細]* 가늘 세: 가늘다. 세밀하다. 작다. 잘다. 「細工(세공)·細密(세밀)·細毛(세모)·細大(세대)·仔細(자세)·詳細(상세)·細微(세미)·細小(세소)」 サイ·ほそい·こまかい 細工

세:[稅]* ① 세납 세: 세납. 세금. 「稅金(세금)·地稅(지세)·租稅(조세)·關稅(관세)」 ② 쉴 세: 쉬다. 「稅駕(세가)」 ③ 벗을 탈: 벗다. 「稅冠(탈관)·稅冕(탈면)」 ゼイ ① みつぎ 稅金

세:[貰] ① 세낼 세: 세내다. 빌리다. 「月貰(월세)·貰物(세물)·傳貰(전세)」 ② 용서할 사: 죄를 용서하다. 「貰赦(사사)」 セイ 傳貰

세:[勢]* ① 권세 세: 권세. 「權勢(권세)·勢力(세력)·勢利(세리)·勢家(세가)」 ② 형세 세: 형세. 「形勢(형세)·地勢(지세)·大勢(대세)·姿勢(자세)·攻勢(공세)·守勢(수세)」 セイ·ゼイ ② いきおい 權勢 攻勢

세:[歲]* ① 해 세: 해. 일 년. 「歲初(세초)·歲末(세말)·歲旦(세단)」 ② 나이 세: 나이. 「年歲(연세)」 ③ 세월 세: 세월. 「歲月(세월)·千秋萬歲(천추만세)·年久歲深(연구세심)」 サイ·セイ ① とし 歲初 萬歲

세:가[世家] 여러 대를 두고 나라의 중요한 자리에 있는 집안. せいか　　noble family 世家

세:가[貰家] 세를 내고 드는 집. 셋집.　　house to let 貰家

세:가[勢家] 권세가 있는 집안. =세문(勢門). 「권문(權門) ~」 せいか powerful family 勢家 權門

세:간[世間] 사람이 사는 사회. =세상(世上). せけん　world 世間

세:객[勢客] 세도가 있는 사람.　influential person 勢客

세:객[說客] 능란한 말솜씨로 유세(遊說)하며 다니는 사람. ぜいかく　campaign speaker 說客 遊說

세.계[世系] 소상으로부터 대대로 이어지는 혈통. せいけい　　lineage 世系

세:계[世界] ① 온 세상. 「~일주」 ② 동류의 한 무리. 「시인의 ~」 ③ 어떤 특정한 지역이나 영역. 「동물의 ~」 ④ 불교에서, 중생이 사는 시간과 공간 모두를 이르는 말. せかい　world 世界

세:계[歲計] 한 회계 연도에서의 세입과 세출의 총계. さいけい　yearly account 歲計

세:계 공:황[世界恐慌] 세계적 규모의 경제 공황. せかいきょうこう　world wide panic 世界 恐慌

세:계관[世界觀] 세계의 본질이나 가치에 관한 견해. せかいかん　view of the world 世界觀

세:계 국가[世界國家] 세계의 모든 국가를 한 조직으로 만들어, 세계의 평화를 유지하자는 이상(理想) 국가. せかいこっか　world state 世界 國家

세:계 기록[世界記錄] 경기 따 記錄

위에서 세계 최고의 기록. せかいきろく　world record

세ː계 대ː전[世界大戰] 세계적인 규모의 큰 전쟁. 제1차는 1914~1918년에, 제2차는 1939~1945년에 있었음. せかいたいせん　world war

세ː계력[世界曆] 세계 각국이 공통적으로 쓰자는 역법(曆法)의 한 가지. 날짜와 요일이 항상 고정되어 있음. せかいれき　world calendar

세ː계사[世界史] 세계의 여러 민족, 여러 나라, 여러 문명권의 변천을 종합적으로 다루는 역사. せかいし world history

세ː계시[世界時] 그리니치 평균시. 자오선(子午線)을 기준으로 하여 한밤중인 0시를 하루의 시작으로 함. 우리 나라의 표준시보다 9시간 늦음. せかいじ　Greenwich time

세ː계어[世界語] ① 세계가 공통으로 사용할 목적으로 만든 언어. 에스페란토 등. ② 세계적으로 널리 쓰이는 말. =국제어(國際語). せかいご international language

세ː계 열강[世界列強] 세계의 여러 강대한 나라. world powers

세ː계 은행[世界銀行] 제2차 세계 대전 후의 경제 부흥과 개발 도상국의 개발을 위해 세워진 은행. 정식 명칭은 국제 부흥 개발 은행. せかいぎんこう　World Bank

세ː계 인권 선언[世界人權宣言] 보호해야 할 인권을 구체적으로 규정하고 그의 촉진을 목적으로 하는, 1948년 12월 10일 제3차 국제 연합 총회에서 채택된 선언. せかいじんけんせんげん　Universal Declaration of Human Rights

세ː계적[世界的] ① 세계 전체의 범위나 규모의 것. 「~인 불황」 ② 세계에서 가장 뛰어난 수준에 이른 것. 「~인 과학자」 world-wide

세ː계주의[世界主義] 민족이나 국가를 초월하여 전세계를 하나의 공동체로 삼아 모든 인간이 평등하게 거기에 소속되는 것이라는 사상. せかいしゅぎ cosmopolitanism

세ː고[世故] 세상의 풍속·습관 등 여러 가지 자질구레한 일. せこ・せいこ　worldly affairs

세ː곡[稅穀] 조세로 바치는 곡식. ぜいこく cereals for tax payment

세ː공[細工] 잔손질이 많이 가는 세밀한 물건을 만드는 수공. 「보석 ~」 さいく workmanship

세ː공[歲貢] 지난날, 해마다 나라에 바치던 공물(貢物).歲貢

세ː관[細管] 가느다란 관(管). さいかん slender tube

세관[稅關] 외국과 거래하는 물건을 조사하고 세금을 징수하는 관청. ぜいかん customhouse

세ː광[洗鑛] 구덩이에서 파낸 광석의 겉에 붙은 흙과 잡물을 물로 씻어 내는 일. ore washing

세ː교[世交] 대대로 이어 온 교분. old family friendship

세ː구연심[歲久年深] 오랜 세월이 흘러감. =연구세심(年久歲深). long years

세ː궁[細窮] 몹시 가난함. 「~민(民)」 poverty

세:궁역진[勢窮力盡] '형세가 막히고 힘이 다함'의 뜻으로, 어려운 처지에 빠져 꼼짝할 수 없게 됨을 이르는 말. being driven to extremity

세:균[細菌] 미세한 단세포(單細胞) 생물. 다른 것에 기생하여 발효·부패시키거나 병원(病原)이 되거나 함. 「~ 검사(檢査)」 さいきん bacterium

세:균전[細菌戰] 전염병의 병원(病原)이 되는 바이러스·박테리아 등의 미생물을 무기로 이용하는 전쟁. =생물학전(生物學戰). さいきんせん bacteriological warfare

세:금[貰金] 남의 것을 빌려 쓴 값으로 치르는 돈. 셋돈. rent

세:금[稅金] 국가나 지방 자치 단체가 조세(租稅)로서 거두어들이는 돈. ぜいきん tax

세:기[世紀] ① 시대 또는 연대. ② 서력(西曆)에서 100년을 단위로 세는 시대 구분. 「21~」 せいき ① period ② century

세:기말[世紀末] ① 한 세기의 말기. ② 19세기 말, 유럽에서 회의적(懷疑的)·퇴폐적·병적인 경향이 휩쓸던 시기. せいきまつ ① end of the century ② decadence

세:기적[世紀的] 그 세기를 대표할 만한 것. せいきてき of the century

세:농[細農] 작은 규모로 짓는 농사. 또는 그런 농사를 짓는 집. さいのう small scale farming

세:뇌[洗腦] 물리적·사회적 압력을 가하여 개인의 사상이나 가치관을 급격히 바꾸어 놓는 일. せんのう brainwashing

세:단[歲旦] 정월 초하루 아침. =원단(元旦). さいたん New Year's Day

세단[sedan] 전후 좌우 2열의 좌석이 있고 문이 4개 달린 승용차. セダン

세:답[貰畓] 땅 임자에게 세를 내어 농사를 짓는 논. rice field on lease

세:답족백[洗踏足白] 상전의 빨래에 종의 발꿈치가 희어진다는 뜻으로, 남을 위하여 힘쓴 것이 자신에게도 보탬이 됨의 비유.

세:대[世代] ① 한 대(代). 대체로 30년. ② 같은 시대에 살면서 공통의 의식과 생활 양식을 가지는 비슷한 연령층의 사람들. 「~ 교체(交替)」 せいだい·せだい·せたい generation

세:대[世帶] 주거(住居) 및 생계(生計)를 같이하는 사람의 집단. 또는 독신으로서 주거를 가지고 단독 생활을 하는 사람. =가구(家口). 「~구(主)」 せたい household

세:대[細大] 자질구레한 일과 큰 일. 모든 일. さいだい all things

세:대 교번[世代交番] 한 종류의 생물에서 생식 방법이 다른 세대가 주기적 또는 불규칙적으로 번갈아 나타나는 현상. せだいこうばん heterogenesis

세:대 교체[世代交替] 나이 든 사람들을 젊은 사람들로 바꾸는 일. 또는 앞 세대와 교대하여 뒷세대가 어떤 일의 주역이 되는 일. せだいこうたい substituting the younger generation for the older

세:대주[世帶主] 한 세대(世代)의 주장이 되는 사람. =가구주(家口主). せたいぬし　householder

세:덕[世德] 대대로 쌓아 내려 온 미덕.　old virtues

세:도[世道] 인간 사회에서 지켜야 할 도리. 세상의 도의(道義). せどう　public morality

세:도[勢道] 정치상의 권세를 잡음.「～가(家)」　political influence

세:독[細讀] 자세히 읽음. さいどく　perusal

세라믹스[ceramics] 고온으로 열처리한 비금속의 무기질(無機質) 고체 재료. 일반적으로 도자기류를 말함. セラミックス

세레나데[독 serenade] 소야곡(小夜曲). セレナーデ

세:려[細慮] 꼼꼼하게 생각함. 또는 그런 생각.　meditation

세:력[勢力] ① 권세의 힘. ② 어떤 속성이나 힘을 가진 집단.「보수 ～」せいりょく　power

세:력가[勢力家] 세력이 있는 사람. せいりょくか　man of influence

세:력권[勢力圈] 어떤 세력이 미치는 범위. せいりょくけん　sphere of influence

세:련[洗練·洗鍊] ① 몸가짐이 서투르거나 어색한 데가 없이 능숙하고 품위 있음. ② 말이나 글이 군더더기가 없이 잘 다듬어져 있음.「～된 말투」③ 옷차림 따위가 촌스럽지 아니하고 멋이 있음. せんれん　① polishing ② elegance

세:렴[細簾] 가는 대(竹)로 촘촘히 엮은 발.

세:례[洗禮] ① 기독교에서, 신자가 될 때에 올리는 의식. ② 한꺼번에 몰아치는 공격이나 비난의 비유.「온몸에 물～를 받다」せんれい　baptism

세:론[世論] ⇨여론(輿論). せろん·せいろん

세:론[細論] 자세히 논의함. 또는 그 논의(論議). =상론(詳論). さいろん　detailed argument

세:롱[細聾] 가는귀가 먹음.　being hard of hearing

세:루[世累] 세상의 이런저런 걱정거리. せいるい　worldly troubles

세:류[細流] 가느다란 물줄기라는 뜻으로, 실개천을 이르는 말. さいりゅう　brooklet

세륨[cerium] 희토류 금속 원소의 하나. 전성(展性)과 연성(延性)이 있고, 발화 합금(發火合金)으로 쓰임. 원소 기호는 Ce. セリウム

세:리[稅吏] 세무 공무원. ぜいり　revenue official

세리신[sericin] 생사(生絲)의 표면에 붙은 아교 모양의 단백질. セリシン

세리오소[이 serioso] 악보에서, '비장(悲壯)하게'·'장중(莊重)하게'의 뜻.

세리프[serif] 로마자 활자의 시작이나 끝부분에 있는 가는 장식선(裝飾線).

세:린[細鱗] ① 물고기의 잔 비늘. ② 작은 물고기. さいりん　① tiny scale ② small fish

세:립[細粒] 자디잔 알갱이.　granule

세:마포[細麻布] 올이 가늘고 고운 삼베. =세포(細布).　fine hemp cloth

세:만[歲晚] 한 해가 저물어 가는 무렵. 섣달 그믐께. 세밑. =연말(年末)·세말(歲末). さいばん　歲晚　year-end

세:말[細末] 곱게 빻음. 또는 그렇게 빻은 가루. さいまつ　細末　fine powder

세:말[歲末] 한 해의 마지막 무렵. 섣달 그믐께. 세밑. =연말(年末)·세만(歲晚). さいまつ　歲末　year-end

세:망[勢望] 권세와 인망(人望). せいぼう　勢望人望　power and popularity

세:면[洗面] 얼굴을 씻음. =세수(洗手)·세안(洗顏).「~장(場)」せんめん　洗面　washing one's face

세·모[歲暮] 한 해가 저물어 가는 무렵. 섣달 그믐께. 세밑. =연말(年末)·세만(歲晚)·세말(歲末). せいぼ·さいぼ　歲暮　end of the year

세:목[細木] 올이 아주 가는 고운 무명. 細木　fine cotton cloth

세:목[細目] 세절목(細節目)의 준말. さいもく　細目

세:목[稅目] 조세(租稅)의 종목. ぜいもく　稅目　items of taxation

세:무[世務] 세상을 살아가는 데 해야 할 온갖 일. せいむ·せむ　世務　worldly affairs

세:무[細務] 자질구레한 사무. さいむ　細務　trifling affairs

세:무[稅務] 조세의 부과와 징수에 관한 사무. ぜいむ　稅務　taxation business

세:문[勢門] 권세가 있는 집안. =세가(勢家). せいもん　勢門　family of influence

세:문안[歲問安] 새해에 문안을 드림. 또는 그 문안. 歲問安　New Year's call

세:물[貰物] 세를 받고 빌려 주는 물건. 「~전(廛)」貰物　things for hire

세:미[細美] 가늘고 고움. 細美　fineness

세:미[細微] 가늘고 자질구레함. さいび　細微　tininess

세미나[seminar] ① 대학 등에서, 교수의 지도 아래 특정한 주제(主題)에 대하여 학생들이 공동으로 토론·연구하게 하는 교육 방법. ② 전문인 등이 특정한 과제(課題)에 관하여 여는 연수회나 강습회. 세미나－　主題　課題

세미다큐멘터리[semidocumentary] 기록적인 필름에 극적(劇的) 요소를 더하여 작품의 효과를 높이는 수법. 또는 그런 수법에 의해 만든 영화나 방송 프로그램. 세미다큐멘터리　劇的

세미콜론[semicolon] 가로쓰기 문장 부호(文章符號)의 하나인 ';'의 이름. 세미콜론　文章符號

세미클래식[semiclassic] 고전 음악적인 요소가 섞인 대중 가요(大衆歌謠). 세미클래식　大衆歌謠

세:민[細民] 가난한 사람. =빈민(貧民). さいみん　細民　the poor

세:밀[細密] 자세하고 꼼꼼함. さいみつ　細密　minuteness

세:발[洗髮] 머리를 감음. せんぱつ　洗髮　shampoo

세:배[歲拜] 섣달 그믐이나 정초에 하는 인사. 歲拜　New Year's greetings

세:배상[歲拜床] 세배하러 온 사람을 대접하는 음식상. 歲拜床　New Year's feast table

세:벌[世閥] 대대로 이어 오는 집안의 사회적 신분이나 지위. 世閥

지체.

세:법[稅法] 조세에 관한 법의 총칭. ぜいほう　tax law

세:변[世變] 세상의 변고·변란(變亂). せいへん　great accident

세:별[細別] 세세하게 구별함. 또는 구별한 그것. ↔대별(大別). さいべつ　subdivision

세:보[世譜] 계보(系譜)를 모아 엮은 책. せいふ　book on genealogy

세:보[細報] 자세히 보고함. 또는 그 보고. =상보(詳報). さいほう　full report

세:부[細部] 세세한 부분. さいぶ　details

세:부득이[勢不得已] 일의 형편상 어쩔 수 없어서. =사세부득이(事勢不得已). by force of circumstances

세:분[世紛] 세상의 어지러운 일. せいふん　troubles

세:분[細分] 잘게 가르거나 나눔. さいぶん　subdivision

세:불양립[勢不兩立] 비슷한 두 세력이 함께 설 수 없음. incompatibility

세:비[歲費] ① 국가 기관의 1년 동안의 경비. =세용(歲用). ② 국회 의원의 직무 활동과 품위 유지를 위해 지급하는 보수. さいひ
① annual expenditure ② annual allowance

세:사[世事] 세상의 일. =세상사(世上事). 「~난측(難測)」 せじ　worldly affairs

세:사[細沙] 가는모래. fine sand

세:사[細事] 자질구레한 일. 사소한 일. さいじ　trifle

세:사[細査] 자세히 조사함. close investigation

세:상[世上] 모든 사람이 살고 있는 곳. =사회(社會)·세간(世間)·천하(天下). せじょう　society, world

세:상[世相] 풍습 등에 나타나는 세상의 이러저러한 형편이나 상태. =세태(世態). せそう　social conditions

세:서[細書] 글씨를 잘게 씀. 또는 그렇게 쓴 글씨. さいしょ　small letters

세:설[細雪] 잘게 내리는 눈. 가랑눈. ささめゆき　fine snow

세:설[細說] ① 자세한 설명. ② 잔소리. 잔말. さいせつ
① minute explanation ② useless talk

세:세[世世] 대대로. 대를 이어. =대대(代代). 「~전승(傳承)」 よよ·せいせい·せぜ　successive generations

세:세[歲歲] 해 마다. =매년(每年). 「~연년(年年)」 さいさい　every year

세:세생생[世世生生] 전세(前世)에서 현세(現世)로, 현세에서 내세(來世)로 몇 번이고 다시 태어남. =생생세세(生生世世). せぜしょうじょう　reincarnation

세:세연년[歲歲年年] 해마다. 매년(每年). =연년세세(年年歲歲). さいさいねんねん　each year

세:소[細小] 가늘고 작음. さいしょう　fineness

세:소고연[勢所固然] 일의 형세가 그렇게 될 수밖에 없음.

세:속[世俗] ① 세상의 풍속. ② 범속한 세상. =속세(俗世). せぞく·せいぞく
① worldly custom

세:수[世守] 여러 대를 두고 지켜 내려옴. 世守
hereditary preservation

세:수[洗手] 낯을 씻음. =세면(洗面)·세안(洗顔). 洗手
washing one's face

세슘[cesium] 알칼리 금속 원소의 하나. 광전관(光電管)의 재료로 쓰임. 원소 기호는 Cs. セシウム 光電管

세:습[世習] 세상의 풍습. 世習
custom

세:습[世襲] 지위나 신분·재산 따위를 대대로 물려받음. 「권력(權力)~」 せしゅう·せいしゅう 世襲
heredity

세:시[歲時] ① 해와 시(時). ② 일 년 중의 그때 그때. 「~풍속」 さいじ ③ 새해. 설. 歲時
① year and time ② times and seasons ③ New Year

세:시기[歲時記] 한 해 중에 철따라 행해지는 행사 따위를 적은 책. さいじき almanac 歲時記

세:심[洗心] 마음을 깨끗하게 함. ―세간(洗肝). 洗心 洗肝
purification of mind

세:심[細心] 작은 일에도 꼼꼼하게 주의를 기울이는 마음. 「~한 주의(注意)」 さいしん 細心 注意
circumspection

세:안[洗眼] 눈을 씻음. 센간 洗眼
washing eyes

세:안[洗顔] 얼굴을 씻음. =세면(洗面)·세수(洗手). 센간 洗顔
washing a face

세:안[細案] 자세하고 빈틈이 없는 안건(案件). 細案
detailed matter

세:액[稅額] 세금의 액수. 세이가쿠 稅額
assessment

세:업[世業] 대대로 물려 내려오는 직업. =가업(家業). 세이 世業
ぎょう hereditary occupation

세:여[歲餘] 일 년 남짓한 동안. 일 년여. さいよ period of a little more than a year 歲餘

세오돌라이트[theodolite] 천문 관측이나 측량에 사용되는 소형 망원경. 경위의(經緯儀). セオドライト 經緯儀

세:요[細腰] ① 가는 허리. ② 허리가 가는 여자. 미인의 비유. さいよう·ほそごし 細腰
① slender waist

세:용[歲用] ⇒세비(歲費). さいよう 歲用

세:우[細雨] 가랑비. さいう 細雨
drizzle

세:운[世運] 세상의 운수. 세상의 돌아가는 시운(時運). せいうん·せうん 世運 時運
luck of the times

세:원[稅源] 세금을 부과할 재산이나 소득. ぜいげん 稅源
source of taxation

세:원[勢援] 기세를 북돋아 줌. せいえん encouragement 勢援

세:월[歲月] 흘러가는 시간. =광음(光陰)·연화(年華). さいげつ time 歲月

세:월여류[歲月如流] 세월이 물 흐르듯 함. 곧, 세월이 몹시 빨리 흐름을 이름. 歲月如流
Time flies swiftly.

세:위[勢威] 기세와 위엄. せいい power and dignity 勢威

세:육[歲肉] 정초(正初)에 쓰는 고기. 歲肉
meat for the New Year

세:율[稅率] 세액(稅額)을 결정하기 위하여 과세 표준에 곱하는 비율. 「~이 높다」 ぜいりつ tax rates 稅率

세:의[世醫] 대대로 이어 온 의업(醫業). 또는 그런 의원 世醫

(醫員). せいい patrimonial medical profession

세:의[歲儀] 세밑에 선사하는 물건. =세찬(歲饌).
year-end present

세:이[洗耳] ① 귀를 씻음. ② 더러운 말을 들은 귀를 씻어 깨끗이 함. ③ 경청(傾聽)할 자세를 가짐.
① washing the ears

세이브[save] ① 컴퓨터의 데이터나 프로그램을 기억 장치(記憶裝置)에 보관하는 일. ② 야구에서, 구원 투수가 팀의 리드를 끝까지 지키는 일. セーブ

세이프[safe] ① 야구에서, 주자(走者)가 아웃을 면하는 일. ② 테니스에서, 공이 경기장 규정선 내에 떨어지는 일. セーフ

세이프티번트[safety bunt] 야구에서, 타자(打者)가 일루(一壘)에 살아 나아가기 위하는 번트. セーフティーバント

세:인[世人] 세상 사람. せじん
people

세인트버나드[Saint Bernard] 개의 한 품종. 스위스 원산(原産)의 대형종으로, 가정견·구조견·관상견으로 기름. セントバーナード

세일[sale] 판매. 주로, 염가(廉價) 판매를 이르는 말. 「바겐~」セール

세일러칼라[sailor collar] 세일러복의 깃. 앞은 V자로 터져 있고 뒤쪽은 네모지고 넓은 깃이 드러워져 있음. セーラーカラー

세일즈[sales] 판매(販賣)를 위한 활동. セールス

세일즈맨[salesman] 주로 고객을 직접 방문하여 물건을 파는 판매원. 외판원(外販員). セールスマン

세:입[歲入] 국가나 지방 자치 단체의, 한 회계 연도의 총수입. ↔세출(歲出). さいにゅう
annual revenue

세:자[世子] 왕세자(王世子)의 준말. せいし

세:자[細字] 잘게 쓴 글자. さいじ
small letter

세:장[細長] 가늘고 긺. さいちょう
slenderness

세:재[世才] 세상 물정에 밝은 사람. 또는 그 재주. =속재(俗才). せさい
worldly wisdom

세:저[細苧] 올이 아주 가는 고운 모시. 세모시.
fine ramie cloth

세전[世傳] 여러 대를 전해 내려옴. せいでん・せでん
handing down from generation to generation

세:전[稅錢] ⇨세금(稅金).

세:전[貰錢] 남의 것을 빌려 쓴 삯. 셋돈. rent

세:전[歲前] 설을 맞기 전. 세아. 섣달 그믐께. ↔세후(歲後).
before the New Year

세:절목[細節目] 잘게 나눈 조목. 준세목(細目). details

세:정[世情] ① 세상의 형편. ② 세상의 인정(人情). 세상 인심. せじょう ① condition of the world ② public mind

세:정[洗淨] 깨끗하게 씻음. 「~제(劑)」せんじょう
washing

세:정[細情] ① 세세히 맺힌 정. ② 자세한 사정.
① minute affection ② details

세:정[稅政] 세무(稅務)에 관

한 행정. ぜいせい
　　　　　tax administration
세:제[洗劑] 몸이나 의류 따위에 묻은 더러운 물질을 씻어 내는 데 쓰는 물질. =세정제(洗淨劑). せんざい detergent
세:제[稅制] 조세(租稅)에 관한 제도(制度). ぜいせい
　　　　　system of taxation
세:족[世族] 대대로 나라의 중요한 자리에 있는 집안. せいぞく
세:족[洗足] 발을 씻음. =탁족(濯足). せんそく foot bath
세:족[勢族] 권세가 있는 겨레붙이. powerful family
세:존[世尊] 석가세존(釋迦世尊)의 준말. せそん
세·종[歲終] 세밑. =연말(年末). ↔세초(歲初). さいしゅう
　　　　　year-end
세:주[細註] ① 자세한 주석(註釋). ② 잔글씨로 단 주석. さいちゅう ① detailed notes ② notes in small type
세:주[歲酒] 설에 쓰는 술.
wine for the New Year's Day
세:지[世智] 세상을 살아가는 지혜. せち worldly wisdom
세:진[世塵] 세상의 먼지. 곧, 속세의 이러저러한 일들. せじん·せいじん earthly affairs
세:차[洗車] 자동차의 몸체·바퀴·기관 등에 묻은 먼지나 흙 따위를 씻어 내는 일. せんしゃ
　　　　　car washing
세:차[歲次] 간지(干支)에 따라 정한 해의 차례. 육십갑자(六十甲子)로 정해짐. さいじ
세:차[歲差] 춘분점(春分點)이 황도(黃道)를 따라 2만 5800년을 주기로 천천히 서쪽으로 이동하는 현상. さいさ

　　　　　precession
세:찬[歲饌] ① 세배하러 온 사람에게 대접하는 음식. ② 세밑에 선사하는 물건. =세의(歲儀). ① New Year's dish ② New Year's gift
세:찬계[歲饌契] 세찬(歲饌)을 마련하기 위한 계.
세:찰[細察] 자세히 살핌.
　　　　　minute observation
세:책[貰册] 세를 받고 빌려 주는 책. =대본(貸本).
　　　　　book for hire
세:척[洗滌] 깨끗이 씻음. 「~기(器)」せんじょう washing
세:첨[細尖] 끝이 가늘고 뾰족함. sharp point
세:출[歲出] 국가나 지방 자치 단체의 한 회계 연도의 총지출. ↔세입(歲入). さいしゅつ
　　　　　annual expenditure
세:칙[細則] 세세한 규칙. さいそく detailed rules
세:칙[稅則] 조세의 부과·징수에 관한 규칙. ぜいそく
　　　　　taxation rules
세:칭[世稱] 세상에서 흔히 이름. 「~ 만물 박사(萬物博士)」
　　　　　what is called
세컨드[second] 권투에서, 경기 중 선수에게 작전을 지시(指示)하고, 부상했을 때 돌보는 일을 하는 사람. セコンド
세쿼이아[sequoia] 낙우송과에 딸린 상록 교목(常綠喬木). 세계 최대의 나무로 유명함.
세크레틴[secretin] 십이지장(十二指腸)에서 분비되는 호르몬의 한 가지. 이자액의 분비를 촉진함.
세:탁[洗濯] 의복 따위를 빠는 일. 빨래. 「~기(機)」せんたく
　　　　　laundry

세탄[cetane] 메탄계의 포화 파라핀계 탄화수소. 디젤 기관용 연료의 발화성(發火性)을 판정하는 표준 연료로 사용됨. セタン

세:태[世態] 세상의 상태나 형편. =세상(世相). せたい・せいたい   social condition

세터[setter] ① 영국산의 조류(鳥類) 사냥개. ② 배구에서, 스파이커에게 토스하여 공격을 하게 하는 선수. セッター

세텐[cetene] 불포화(不飽和) 탄화수소의 하나. 고래 기름 속에 들어 있으며, 알코올・에테르에 녹음.

세트[set] ① 도구나 가구 따위의 한 벌. ② 영화 등의 촬영용(撮影用)으로 꾸며진 장치. ③ 배구・탁구・테니스 등의 경기에서 한 판의 승부. 또는 그 판. セット

세트[Set] 고대(古代) 이집트의 4대 신 중 하나. 하늘의 여신(女神) 누트(Nut)와 땅의 남신(男神) 게브(Geb) 사이의 아들. 형인 오시리스를 살해함.

세트스코어[set score] 테니스・배구 등에서, 쌍방의 이긴 세트 수. セットスコア

세트포인트[set point] 테니스나 탁구 등의 경기에서, 세트의 승부(勝負)를 결정짓는 마지막 한 점. セットポイント

세틀먼트[settlement] 복시낀(福祉面)에서 덮떨어진 지역에 지식층이 머무르면서 그 지역의 복지 향상을 꾀하는 사회 사업. 인보 사업(隣保事業).

세팅[setting] ① 가구 등을 배치(配置)하는 일. ② 녹음・영화 촬영 등의 장치를 배치하는 일. セッティング

세:파[世波] ① 세상의 풍파(風波). 살아가는 괴로움. 「〜에 시달리다」② 사회의 움직이는 형편. ① storms of life ② social conditions

세:파[細波] 잔물결. さざなみ   ripple

세퍼릿코:스[separate course] 육상 경기의 구분된 주로(走路). セパレートコース

세:평[世評] 세상의 평판(評判). せひょう   public opinion

세:평[細評] 자세히 비평함. 또는 그 비평. さいひょう   minute criticism

세:포[細胞] ① 생물체를 구성하는 최소 단위. ② 공산당 등에서, 조직의 최소 구성 단위. さいぼう   cell

세:풍[歲豐] 그 해에 농사가 잘 됨.   fruitful year

세피아[프 sepia] 암갈색의 수채화(水彩畫) 물감. セピア

세:필[細筆] 잔글씨를 쓰는 가는 붓. さいひつ・ほそふで   small brush

세:한[歲寒] 몹시 추운 한겨울의 추위. 겨울. さいかん   cold winter

세:한삼우[歲寒三友] 겨울철의 세 벗이라는 뜻으로, 소나무・대나무・매화나무를 이르는 말. さいかんさんゆう

세:항[世行] 대대로 교분(交分)이 있는 집안의 같은 나이 또래의 벗.

세:환[世患] 세상사로 인한 근심・걱정.

세:황[歲況] 설을 맞는 정황(情況)이나 형편.   festive mood of the New Year

세:후[歲後] 설을 쇤 뒤. ↔세전(歲前). after the New Year

섹션[section] ① 문장의 한 구분. ② 신문 등의 한 난(欄). 세크션 [區分]

섹슈얼[sexual] 성적 충동(性的衝動)을 느끼게 하는 모양. 세크슈얼 [性的衝動]

섹스[sex] ① 성(性). ② 성교(性交). 세크스 [性交]

섹스어필:[sex appeal] 성적(性的) 매력. 세크스어필 [性的魅力]

섹스턴트[sextant] 육분의(六分儀). [六分儀]

섹스텟[sextet] 음악에서, 육중주(六重奏) 또는 육중창(六重唱). [六重奏]

섹시[sexy] 성적 매력(魅力)이 있는 모양. [魅力]

섹터[sector] 자기 디스크(磁氣 disk)나 플로피 디스크 등의 표면에 구분하여 놓은 정보 기록 영역의 단위. 세크터 [單位]

센달로이[sendalloy] 탄화텅스텐을 주성분으로 하는 합금(合金). 센달로이 [合金]

센서[sensor] 감지기(感知器). 센서 [感知器]

센서스[census] ① 국세 조사(國勢調査). ② 전수 조사(全數調査). 센서스 [國勢調査]

센세이션[sensation] 많은 사람을 순식간에 흥분시키거나, 일시적인 인기·관심(關心)을 불러 일으키는 것. 센세이션 [關心]

센스[sense] 일에 대한 감각(感覺)이나 판단력(判斷力). 「〜없는 사람」 센스 [感覺]

센차템포[이 senza tempo] 악보에서, '자유로운 속도(速度)로'의 뜻. [速度]

센터[center] ① 중앙. ② 단체 구기(球技)에서, 중앙의 위치. 또는 그 위치에 선 선수. ③ 어떤 분야의 전문적·종합적 설비(設備)나 기능이 집중되어 있는 곳. 센터 [中央][設備]

센터라인[center line] 경기장을 중앙에서 이등분(二等分)하는 선. [二等分]

센터링[centering] 축구 등에서, 양쪽의 터치라인 근처에 있는 선수가 중앙(中央)에 있는 자기편 선수에게 볼을 패스하는 일. [中央]

센터서ː클[center circle] 농구 경기장(競技場) 중앙에 그려 놓은 원. [競技場]

센터포ː워드[center forward] 축구에서, 제일 앞쪽의 중견 공격수(攻擊手). 센터포워드 [攻擊手]

센터플라이[center fly] 야구에서, 중견수(中堅手) 쪽으로 높이 쳐 올린 공. 센터플라이 [中堅手]

센텐스[sentence] ① 문장. ② 주로 여덟 소절(小節)로 이루어진 하나의 완결된 악구(樂句). 센텐스 [文章]

센트[cent] 미국의 화폐(貨幣) 단위. 1달러의 100 분의 1. 센트 [美國]

센트럴히ː팅[central heating] 중앙 난방(中央煖房). 센트럴히팅 [中央煖房]

센티멘털[sentimental] 감정적. 감상적(感傷的). 센티멘털 [感傷的]

셀러리[celery] 미나릿과의 일년초(一年草) 또는 이년초(二年草). 잎과 줄기는 녹색이고 꽃은 흼. 독특한 향기(香氣)가 있어 서양 요리에 흔히 쓰임. 셀러리 [二年草]

셀레네[Selene] 그리스 신화

셀렌[독 selenium] 산소족(酸素族) 원소의 하나. 유리의 착색·정류기(整流器) 등에 쓰임. 원소 기호는 Se. セレン

셀로텍스[celotex] 사탕수수 찌끼를 압축(壓縮)하여 판자 모양으로 만든 건축 자재의 상품명. セロテックス

셀로판[cellophane] 비스코스로 만든, 투명하고 얇은 막질(膜質)의 물질. セロハン

셀룰라아제[cellulase] 섬유소의 가수 분해(加水分解) 반응을 촉매(觸媒)하는 효소.

셀룰러폰:[cellular phone] 컴퓨터로 제어(制御)되는 중계국을 통해 공중 전화 회선(回線)과 접촉하는 휴대용 무선 전화 시스템.

셀룰로오스[cellulose] 섬유소(纖維素). セルロース

셀룰로이드[celluloid] 완구(玩具)·필름 등에 쓰이는 일종의 플라스틱. セルロイド

셀프서비스[self-service] 자급식(自給式) 판매 방법. セルフサービス

셀프타이머[self-timer] 카메라의 셔터가 일정 시간 후에 자동적으로 눌러지도록 되어 있는 장치. セルフタイマ

셈프레[이 sempre] 악보에서, '항상(恒常)'·'늘'의 뜻.

셈플리체[이 semplice] 악보에서, '단순(單純)한'의 뜻.

셋방[貰房] 세를 내고 빌려 쓰는 방. 「~살이」
room for rent

셔링[shirring] 부드러운 천을 꿰매어 오그려서 모양을 만들거나 주름을 잡는 양재(洋裁) 기법의 한 가지. シャーリング

셔:벗[sherbet] 과즙(果汁)에 우유·크림·젤라틴 등을 섞어 얼린 얼음 과자. シャーベット

셔츠[shirts] 양복(洋服) 속에 받쳐입거나 겉옷으로 입기도 하는 서양식의 웃옷. シャツ

셔터[shutter] ① 폭이 좁은 철판을 가로 연결하여 감아 올리거나 내리도록 되어 있는 덧문. ② 광학 기기(光學器機)에서, 빛이 들어가는 통로를 여닫아 필름 등에 빛이 노출(露出)되는 시간을 조절하는 장치. シャッター

셔틀콕[shuttlecock] 배드민턴 경기(競技)에서 사용하는 깃털공. シャトコック

셰르파[Sherpa] 히말라야 산맥에 사는 티베트계의 고산족(高山族). シェルパ

셰어웨어[shareware] 공개(公開) 소프트웨어의 하나. 사용자가 제품의 질에 만족할 때만 비용을 지급함.

셰이크 핸드그립[shake hand grip] 탁구(卓球)에서, 악수를 하는 것처럼 라켓을 쥐는 방법. シェーク ハンドグリップ

셰이퍼[shaper] 작은 공작물의 평면이나 홈을 깎아 내는 공작(工作) 기계. シェーパー

셰퍼드[shepherd] 개의 한 품종. 늑대와 비슷하며 매우 영리하고 후각이 예민함. 군용견(軍用犬)·경찰견 등으로 쓰임. シェパード

셸[shell] 1인승의 가벼운 경조용(競漕用) 보트. シェル

셸락[shellac] 랙깍지벌레의 분비물(分泌物)을 정제한, 동물성 수지(樹脂)의 한 가지. シェ

ラック

소:[小]* ① 작을 소 : 작다. 「小形(소형)·小鳥(소조)·大小(대소)·狹小(협소)·短小(단소)·微小(미소)·小人(소인)·小兒(소아)」 ② 천할 소 : 천하다. 겸칭(謙稱). 「小官(소관)·小生(소생)·小人(소인)·小子(소자)」 ショウ ① こ·ちいさい·お

소:[少]* ① 적을 소 : 적다. 「少量(소량)·多少(다소)·少額(소액)·僅少(근소)·少數(소수)」 ② 젊을 소 : 젊다. 「老少(노소)·少年(소년)·少女(소녀)·幼少(유소)·年少(연소)」 ショウ ① すくない·すこし

소[召]☆ 부를 소 : 부르다. 「召集(소집)·召致(소치)·召還(소환)·應召(응소)」 ショウ·めす

소:[所]* ① 곳 소 : 곳. 「高所(고소)·住所(주소)·宿所(숙소)·居所(거소)·所在(소재) ② 가질 소 : 가지다. 「所有(소유)·所持(소지)」 ③ 바 소 : 바. 「所謂(소위)·所要(소요)·所欲(소욕)」 ④ 연고 소 : 연고. 「所以(소이)」 ショ·ソ·ところ

소[沼] 늪 소 : 늪. 못. 「沼畔(소반)·沼池(소지)·沼澤(소택)·沼上(소상)」 ショウ·ぬま

소[昭]☆ ① 밝을 소 : 밝다. 「昭詳(소상)·昭然(소연)·昭明(소명)」 ② 태평 세월 소 : 태평 세월. 「昭代(소대)」 ショウ ① あきらか

소[宵] ① 밤 소 : 밤. 「宵分(소분)·宵晨(소신)·宵征(소정)·宵行(소행)」 ② 작을 소 : 작다. 「宵民(소민)·宵人(소인)」 ③ 벌레 이름 소 : 벌레 이름. 「宵燭(소촉)」 ショウ ① よい

소[消]* 다할 소 : 다하다. 꺼지다. 「消盡(소진)·消耗(소모)·消防(소방)·消費(소비)·消燈(소등)·消失(소실)·解消(해소)」 ショウ·けす·きえる

소:[笑]* 웃음 소 : 웃다. 「大笑(대소)·笑聲(소성)·笑殺(소살)·笑談(소담)·苦笑(고소)·笑話(소화)·爆笑(폭소)」 ショウ·わらう

소[梳] 얼레빗 소 : 얼레빗. 「梳沐(소목)·梳髮(소발)·梳洗(소세)」 ソ·くしけずる

소:[素]* ① 흴 소 : 희다. 「素服(소복)·素轎(소교)·素雪(소설)」 ② 질박할 소 : 질박하다. 「素朴(소박)·簡素(간소)·儉素(검소)」 ③ 바탕 소 : 바탕. 원소. 「元素(원소)·水素(수소)·酸素(산소)·素因(소인)·素材(소재)·素地(소지)」 ソ·ス ③ もと

소[疏]☆ ① 통할 소 : 통하다. 「疏通(소통)」 ② 멀 소 : 친하지 않다. 「疏隔(소격)·疏遠(소원)」 ③ 소홀할 소 : 소홀하다. 「疏略(소략)」 ④ 상소할 소 : 상소하다. 「疏本(소본)·疏文(소문)·疏章(소장)」 ソ ① とおる ② うとい ③ おろそか

소[巢] ① 새집 소 : 새의 집. 「古巢(고소)·蜂巢(봉소)·燕巢(연소)·巢居(소거)」 ② 도둑굴 소 : 도둑의 굴. 「巢窟(소굴)·巢穴(소혈)·賊巢(적소)」 ソウ ① す

소:[掃]☆ 쓸 소 : 쓸다. 「淸掃(청소)·掃除(소제)·掃射(소사)·掃拭(소식)·一掃(일소)」 ソウ·はく

소[逍] 거닐 소 : 거닐다. 「逍遙(소요)·逍風(소풍)·逍遙遊(소요유)」 ショウ·さまよう

소[訴]* ① 하소연할 소: 하소연하다. 「呼訴(호소)·訴牒(소첩)·訴請(소청)」 ② 송사할 소: 송사하다. 「訴訟(소송)·訴狀(소장)·上訴(상소)·起訴(기소)」 ソ·うったえる

소:[塑] 흙 이겨 만들 소: 흙을 이겨 만들다. 「塑工(소공)·塑佛(소불)·塑像(소상)·塑人(소인)·塑土(소토)」 ソ

소[搔] ① 긁을 소: 긁다. 「搔頭(소두)·搔首(소수)·搔爬(소파)·搔攘(소양)」 ② 떠들 소: 떠들다. 「搔擾(소요)」 ソウ ① かく

소[遡] 거스를 소: 거슬러 올라가다. 「遡源(소원)·遡及(소급)·遡風(소풍)」 ソ·さかのぼる

소[嘯] ① 휘파람 소: 휘파람. 「嘯歎(소탄)」 ② 읊을 소: 읊다. 「嘯歌(소가)·嘯詠(소영)」 ショウ ② うそぶく

소[蔬]* 나물 소: 나물. 「蔬菜(소채)·蔬食(소식)·蔬飯(소반)·菜蔬(채소)」 ソ·あおもの

소[銷] ① 쇠 녹일 소: 쇠를 녹이다. 「銷金(소금)·銷鎔(소용)·銷鑠(소삭)」 ② 풀어질 소: 풀어지다. 「銷夏(소하)·銷失(소실)·銷暑(소서)」 ショウ ② とける·けす

소[霄] 하늘 소: 하늘. 「霄月(소월)·青霄(청소)」 ショウ·そら

소[燒]* 사를 소: 사르다. 태우다. 「燒失(소실)·延燒(연소)·燒死(소사)·燒夷(소이)·燒香(소향)·燒紙(소지)」 ショウ·やく

소[蕭] 쓸쓸할 소: 쓸쓸하다. 「蕭蕭(소소)·蕭然(소연)·蕭寂(소적)·蕭颯(소삽)」 ショウ·さびしい

소[簫] 통소 소: 통소. 「簫管(소관)·簫笛(소적)·簫鼓(소고)」 ショウ

소[蘇]* ① 깨어날 소: 깨어나다. 「蘇生(소생)·蘇醒(소성)·回蘇(회소)」 ② 차조기 소: 풀이름. 「紫蘇(자소)·蘇子(소자)」 ソ·よみがえる

소[騷]* 시끄러울 소: 시끄럽다. 「騷動(소동)·騷亂(소란)·騷音(소음)·騷說(소설)·騷然(소연)」 ソウ·さわぐ

소:가[小家] ① 규모가 작은 집. ② 첩(妾). 또는 첩의 집. しょうか ① small house ② concubine's house

소:가[小暇] 아주 짧은 겨를. =소한(小閑). しょうか short leisure

소각[消却] ① 지워 없앰. ② 부채를 갚아 버림. しょうきゃく ① erasure ② paying off a debt

소각[燒却] 태워 없앰. =소기(燒棄). しょうきゃく incineration

소:간[所幹] 볼일. =용무(用務). 「~사(事)」 business

소:감[所感] 마음에 느낀 바. 또는 느낀 바의 생각. しょかん impression

소:강[小康] 정세나 형편이 안정을 회복하여 잠잠함. 「~상태(狀態)」 しょうこう lull

소강[溯江] 강을 거슬러 올라감. そこう

소개[紹介] ① 양편의 중간에서 일이 이루어지도록 주선함. ② 모르는 사이를 서로 알고 지내도록 관계를 맺어 줌. 「인사(人事) ~」 ③ 아직 모르고 있는 것을 알게 설명함. しょ

うかい
① brokerage ② introduction
소개[疏開] 화재나 적의 공습(空襲)에 의한 피해를 적게 하기 위해, 밀집된 인구나 시설을 분산시킴. そかい 疏開
evacuation
소:개념[小槪念] 삼단 논법(三段論法)에서, 소전제(小前提)의 주개념(主槪念). しょうがいねん 小槪念
minor concept
소객[騷客] ⇨시인(詩人). そうかく 騷客
소거[消去] 사라져 없어짐. 또는 지워 버림. しょうきょ 消去
disappearance
소:게[小憩] 잠깐 쉼. しょうけい 小憩
brief rest
소격[疏隔] 사고 왕래가 없어져 사귀는 사이가 멀어짐. そかく 疏隔
estrangement
소:견[所見] 보고 헤아린 바. 보고 느낀 의견. 「~서(書)」 しょけん 所見書
view
소:경[小逕·小徑] 좁은 길. しょうけい 小逕
lane
소경[疏耕] 쟁기나 가축은 물론 비료도 이용하지 않았던, 유사(有史) 이전의 가장 원시적인 농경(農耕) 방법. 疏耕
소:경사[所經事] 겪어 온 일. 所經事
소:계[小計] 한 부분만의 합계. ↔총계(總計). しょうけい 小計
subtotal
소:고[小考] 체계를 세우지 않은 단편적인 고찰. 小考
소:고[小姑] 시누이. 남편의 누이. こじゅうとめ·こじゅうと·しょうこ 小姑
husband's sister
소:고[小鼓] 농악에 쓰이는 작은 북. こつづみ·しょうこ 小鼓
small hand drum
소고[溯考] 옛일을 거슬러 올라 溯考
가서 자세히 검토함.
retrospection
소고[簫鼓] 퉁소와 북. 簫鼓
소:곡[小曲] 소품곡(小品曲)의 준말. しょうきょく 小曲/小品曲
소과[蔬果] 채소와 과일. 蔬果
소:관[小官] 관리가 스스로를 낮추어 이르는 말. しょうかん 小官
소:관[所管] 맡아서 관리하는 바. 취급 사항. 「교육부(敎育部) ~」 しょかん jurisdiction 所管
소:관[所關] 관계되는 바. 「팔자(八字) ~」 所關
what is concerned
소:관목[小灌木] 키가 아주 작은 관목. しょうかんぼく 小灌木
small shrub
소:괄호[小括弧] 묶음표의 하나. ( )의 이름. 손톱묶음. しょうかっこ parentheses 小括弧
소광[疏狂] 지나치게 소탈함. そきょう brusqueness 疏狂
소:교[素交] 사귄 지 오래 됨. 또는 그런 교제. =구교(舊交). 素交
old acquaintance
소:구[小丘] 작은 언덕. 小丘
small hill
소구[遡求] 어음·수표 금액의 지급이 없거나 또는 지급이 어려운 상태가 된 경우, 어음·수표의 소지인이 어음·수표의 작성이나 유통(流通)에 관여한 자에게 그 금액이나 비용의 변상(辨償)을 청구하는 일. そきゅう 遡求
소:국[小局] ① 작은 판국. ↔대국(大局). ② 좁은 소견. ① small situation ② narrow-mindedness 小局
소:국[小國] 작은 나라. ↔대국(大國). しょうこく 小國
small country
소:군[小群] 작은 무리. ↔대 小群

군(大群). しょうぐん

소굴[巢窟] 나쁜 무리들이 근거지로 삼고 있는 곳. 「악(惡)의 ~」そうくつ den

소권[訴權] 법원에 소(訴)를 제기하여 심판을 요구할 수 있는 사권(私權). そけん

소극[消極] 나아가서 힘쓰지 않고, 피동적・수동적이거나 방임(放任)하는 태도를 가지는 일. ↔적극(積極). 「~적(的)인 태도」しょうきょく negativity

소:극[笑劇] 중세의 세속극에서 발생한, 희극의 가장 간단하고 비속(卑俗)한 형태. 과장된 표현, 엉터리 소동, 노골적인 농담 등이 그 특징임. しょうげき farce

소:극 침주[小隙沈舟] 조그만 틈으로 물이 스며들어 배가 가라앉는다는 말로, 작은 일이라도 소홀히 말라는 뜻.

소:금[小金] ① 대금(大金)보다 조금 작은, 국악기의 한 가지. ② 꽹과리.

소:급[遡及] 과거로 거슬러 올라가서 효력이나 영향을 미치게 함. 「~ 실시(實施)」そきゅう retroaction

소:기[小技] 하찮은 재주. こわざ trifling skill

소:기[小朞] 사람이 죽은 지 한 돌 만에 지내는 제사. =소상(小祥). first anniversary of sb's death

소:기[小器] ① 작은 그릇. ② 도량이나 기량이 작음. 또는 그런 사람. しょうき ② small-minded person

소:기[少妓] 어린 기생. しょうぎ

소:기[所期] 기대한 바. 「~의 목적(目的)을 달성하다」しょき expectation

소기[燒棄] 불살라 없애 버림. =소각(燒却). incineration

소나타[이 sonata] 기악을 위한 독주곡 또는 실내악. 규모가 큰 몇 개의 악장으로 이루어짐. 주명곡(奏鳴曲). ソナタ

소나티네[이 sonatine] 규모가 작은 소나타. 소주명곡(小奏鳴曲). ソナチネ

소:남풍[少男風] 비가 내리기 직전에 갑자기 불어 오는 바람. ↔소녀풍(少女風).

소:납[笑納] 선물을 보낼 때, 보잘것없는 물건이나마 웃으면서 받아 달라는 뜻으로 쓰는 말. しょうのう

소:녀[少女] 성년(成年)이 안 된 어린 여자. ↔소년(少年). しょうじょ girl

소:녀풍[少女風] 비가 내리기 직전에 솔솔 불어 오는 바람. ↔소남풍(少男風).

소:년[少年] 나이 어린 사내아이. ↔소녀(少女). しょうねん boy

소:년단[少年團] 집단 활동을 통하여 소년의 정신과 신체를 단련할 목적으로 조직된 단체. しょうねんだん the Boy Scouts

소:년원[少年院] 법원의 보호처분을 받은 소년들을 수용하여 교정 교육을 실시하는 시설. しょうねんいん reformatory

소:념[所念] 마음먹은 바. しょねん intention

소노라마[Sonorama] 소노시트를 보통의 인쇄된 페이지와 함께 제본(製本)한 잡지. ソノラマ

소노미터[sonometer] 소리의 높낮이를 측정(測定)하는 장치. ソノメーター

소노시:트[Sonosheet] 보통의 레코드보다 얇고 부드러운 비닐·플라스틱제 레코드. ソノシート 音盤

소ː농[小農] 가족끼리 작은 규모로 짓는 농사. 또는 그런 농사를 짓는 농민(農民). ↔대농(大農). しょうのう 小農 small farming

소ː뇌[小腦] 대뇌(大腦)의 아래쪽에 있는 뇌의 한 부분. 평형 감각과 근육 운동의 조절을 맡아보는 기관임. しょうのう 小腦 調節 cerebellum

소닉붐ː[sonic boom] 제트기가 음속(音速)을 돌파할 때 생기는 충격파 때문에 나는 폭음음. ソニックブーム 音速

소다[soda] 탄산나트륨. ソーダ 炭酸

소다크래커[soda cracker] 소다를 넣어 구운 짭짤한 비스킷의 한 가지. ソーダクラッカー 菓子

소달[疏達] 성질이 대범하고 활달함. そたつ 疏達 liberality

소ː담[小膽] 담력이 약함, 담기가 없음. ↔대담(大膽). しょうたん 小膽 timidity

소ː담[笑談] 우스운 이야기. =소화(笑話). しょうだん 笑談 funny story

소ː대[小隊] ①군대 편성의 단위. 중대의 아래로, 보통 4개 분대로 이루어짐. ②적은 인원의 한 무리. しょうたい 小隊 ① platoon

소대[疎待] 소홀한 대접. 푸대접. =홀대(忽待). 疎待 cold treatment

소ː덕[所德] 남의 덕을 봄. =소뢰(所賴)·뇌덕(賴德). 所德 所賴 indebtedness

소ː도[小刀] 작은 칼. こがた 小刀 な·しょうとう small knife

소ː도[小島] 작은 섬. こじま·おじま 小島 small island

소ː도구[小道具] 무대 장치를 만들고 배우의 분장을 돕는 데 쓰이는 도구류의 총칭. こどうぐ 小道具 properties

소독[消毒] 감염 예방을 위해 병균(病菌)을 빛이나 열(熱)·약품 따위로 죽이는 일. 「일광(日光)~」 しょうどく 消毒 病菌 disinfection

소ː독[素讀] 한문을 읽는 데, 내용은 이해하지 못하면서 글자만을 소리내어 읽는 일. そどく 素讀

소독면[消毒綿] 소독을 한 위생면(衛生綿). =탈지면(脫脂綿). しょうどくめん 消毒綿 脫脂綿 absorbent cotton

소ː동[小童] 나이가 어린 사내아이. =동자(童子). しょうどう 小童 child

소동[騷動] 여럿이 떠들썩하게 법석을 떠는 일. そうどう 騷動 disturbance

소ː두[小斗] 닷 되들이 말. 반 말이 드는 말. ↔대두(大斗). 「~서 말」 小斗

소ː두[小豆] 팥. あずき·しょうず 小豆 red bean

소ː득[所得] ①어떤 일의 결과로 얻는 이익. ②일정 기간의 근로나 자산(資産)의 운용 등으로 얻는 재화(財貨). しょとく 所得 income

소ː득세[所得稅] 개인의 종합적인 소득에 대하여 직접 부과하는 국세(國稅)의 한 가지. しょとくぜい 所得稅 income tax

소등[消燈] 등불을 끔. ↔점등(點燈). しょうとう 消燈 putting out the light

소란[騷亂] 시끄럽고 어수선함. そうらん disturbance

소:람[笑覽] 남에게 선물을 하거나 자기 것을 보아 달라고 할 때, 웃으면서 보아 달라는 뜻으로 이르는 말. しょうらん

소랭[蕭冷] 쓸쓸하고 싸늘함.

소략[疎略] 소홀하고 엉성함. そりゃく coarseness

소:량[小量] 좁은 도량. ↔대량(大量). しょうりょう narrow-mindedness

소:량[少量] 적은 분량. ↔다량(多量). しょうりょう small quantity

소:렴[小殮] 시체에 수의를 입히고 이불로 싸는 일. しょうれん

소렴[疎簾] 성기게 엮은 발. それん

소:령[少領] 국군의 영관(領官) 계급 중 최하급 무관. 중령의 아래, 대위의 위. しょうりょう major

소:로[小路] 좁은 길. ↔대로(大路). しょうろ・しょうじ・こうじ path

소:록[小錄] 요점만 간단히 적은 쪽지. excerpt

소:론[小論] 규모가 작은 논설이나 논문. しょうろん

소:론[少論] 조선 숙종 때 서인(西人)이 노·소 양당으로 분열되면서 윤증(尹拯)·조지겸(趙持謙) 등의 소장파기 형성한 당파.

소:론[所論] 논하는 바. view

소루[疎漏] 생각이나 하는 일이 꼼꼼하지 못하고 얼뜨고 거칢. そろう carelessness

소:류[小流] 폭이 좁은 개천. 실개천. しょうりゅう brook

소:류[遡流] 흐름을 거슬러 올라가거나 올라옴. そりゅう return flow

소르디노[이 sordino] 악기의 음량을 작게 하거나 음색을 변화시키거나 하는 기구. 바이올린이나 트럼펫 등에 쓰임. 약음기(弱音器).

소르비톨[sorbitol] 사과·배·자두 따위의 과즙에 함유되어 있는 단맛이 나는 무색 결정. 식품 첨가제·당뇨병 환자의 설탕 대용품·이뇨제(利尿劑) 등에 쓰임.

소:리[小利] 작은 이익. ↔대리(大利). しょうり small profit

소:리장도[笑裏藏刀] 웃음 뒤에 칼을 숨기고 있다는 뜻으로, 겉으로는 좋은 체하면서 내심(內心)으로는 적의(敵意)를 품고 있음의 비유.

소림[疎林] 나무가 드문드문 서 있는 숲. ↔밀림(密林). そりん sparse wood

소:립[小粒] 작은 알갱이. こつぶ・しょうりゅう small grain

소:립자[素粒子] 물질을 구성하는 가장 작은 입자(粒子). 전자(電子)·양성자(陽性子)·중성자(中性子) 따위. そりゅうし elementary particle

소마[消磨] 닳아서 없어짐. 또는 닳아서 없어지게 함. 「~세월(歲月)」 しょうま abrasion

소마토스타틴[somatostatin] 성장 호르몬의 분비(分泌)를 억제하는 호르몬.

소:만[掃萬] 모든 일을 제쳐놓음. 「~왕림(枉臨)」

소만[疎慢] 어설프고 굼뜸. そまん negligence

소:망[所望] 바라는 바. 바람. しょうもう desire

소:망[素望] 본디부터 바라던 일. そぼう 素望
long-cherished desire

소:매[小賣] 물건을 생산자나 도매상에게 사들여 직접 소비자에게 파는 일. =산매(散賣). ↔도매(都賣). 「~상(商)」 こうり 小賣
retail

소:매[笑罵] 비웃으며 꾸짖음. しょうば 笑罵
scorn

소:맥[小麥] 밀. 참밀. 「~분(粉)」 こむぎ 小麥
wheat

소:면[素面] 화장을 하지 않은 얼굴. =소안(素顔). 素面 素顔
unpainted face

소:면[素麪] 고기붙이를 넣지 않고 말거나 비빈 국수. そうめん 素麪
fine noodles

소멸[消滅] 사라져 없어짐. ↔생성(生成). しょうめつ 消滅
extinction

소:멸[掃滅] 싹 쓸어 없앰. そうめつ 掃滅
extermination

소멸[燒滅] 불에 타서 없어짐. 또는 태워 없앰. しょうめつ 燒滅
incineration

소명[召命] 신하를 부르는 임금의 명령. しょうめい 召命
royal summons

소명[疏明] ① 변명함. ② 재판에서, 당사자가 주장하는 사실에 대해서 법관이 확신을 갖게 하는 일. 또는 이를 위해 당사자가 증거를 제출하는 일. 「~ 자료(資料)」 そめい 疏明

소모[召募] 의병(義兵) 등을 모집함. しょうぼ 召募
levy

소모[消耗] 써서 없앰. 「~품(品)」 しょうもう 消耗 消耗品
consumption

소모[梳毛] 양모의 긴 섬유만 골라 가지런하게 다듬는 방적의 한 공정(工程). そもう 梳毛
carding

소모전[消耗戰] 상대편의 인적(人的)·물적(物的) 역량을 소모시킴으로써 승리를 거두는 전쟁. しょうもうせん 消耗戰 戰爭
war of attrition

소모품[消耗品] 쓰는 데 따라 닳거나 줄어 없어지는 물건. 종이·연필 따위. しょうもうひん 消耗品
articles of consumption

소:묘[素描] 채색을 하지 않고, 형태와 명암을 중심으로 그린 그림. そびょう 素描
dessin

소:문[小門] ① 작은 문. ↔대문(大門). こもん ② 여자의 음문(陰門)을 에둘러 이르는 말. ① small gate ② vulva 小門

소:문[所聞] 여러 사람의 입에 오르내리면서 전하여 오는 말. 떠도는 말. =풍문(風聞). 所聞
rumor

소:문자[小文字] 서양 문자의 작은 체의 글자. ↔대문자(大文字). こもじ 小文字
small letter

소:미[小米] 좁쌀. 小米

소밀[疏密] 성김과 빽빽함. そみつ 疏密
density

소밀[巢蜜] 벌집에 들어 있는 그대로의 꿀. 개꿀. 巢蜜

소:박[素朴] 꾸밈이나 거짓이 없이 수수함. 「~한 살림」 そぼく 素朴
simplicity

소박[疏薄] 남편이 아내를 박대하거나 내쫓음. 「~맞다」 そはく 疏薄
maltreatment

소:반[小盤] 음식을 놓고 먹는, 짧은 발이 달린 작은 상. 小盤
small dining table

소:반[素飯] 고기나 생선 따위의 반찬이 없는 밥. 소밥. =소식(素食). 素飯 素食
meatless meal

소반[蔬飯] ① 나물과 밥. ② 고기 반찬을 갖추지 못한 밥. 蔬飯

소방[消防] 화재를 예방하고 消防

진압하는 일. 「~서(署)」しょうぼう fire fighting

소방관[消防官] 소방서에 소속되어 화재를 예방하고 진압하는 공무원. しょうぼうかん fireman

소방기[消防器] 불을 끄는 데 쓰이는 기구. しょうぼうき fire fighting equipments

소:범[所犯] ① 범한 바. 범한 죄. ② 소범상한(所犯傷寒)의 준말. ① guilt

소:범상한[所犯傷寒] 한방에서, 방사(房事)의 피로로 일어난 상한증(傷寒症)을 이르는 말. 준 소범(所犯).

소:변[小便] 오줌. しょうべん urine

소:복[小腹] 아랫 배. =하복(下腹). しょうふく abdomen

소:복[素服] 흰 옷. ↔화복(華服). 「~ 담장(淡粧)」 ② ⇨상복(喪服). そふく ① white clothes

소복[蘇復] 앓고 난 뒤에 원기가 회복됨. recuperation

소:부[小富] 얼마간의 재산을 가진 작은 부자.

소:부[少婦] 젊은 아낙네. しょうふ

소:부[所負] 남에게 진 신세. debt of gratitude

소:불개의[少不介意] 조금도 개의치 않음. 조금도 마음에 두시 않음. indifference

수:비[所費] 무슨 일에 드는 비용. expenditure

소비[消費] ① 돈이나 물품·시간·노력 따위를 써서 없앰. ② 인간의 욕구를 충족시키기 위하여 재화를 소모함. ↔생산(生産). しょうひ
① spending ② consumption

소비 도시[消費都市] 생산에 직접 관여하지 않는 기능이나 시설이 대부분을 차지하고 있는 도시. ↔생산 도시(生産都市). しょうひとし consuming city

소비량[消費量] 물자를 소비하는 분량. しょうひりょう

소비세[消費稅] 소비에 대해서 부과되는 세금. 간접세의 대부분을 차지함. しょうひぜい consumption tax

소비자[消費者] 생산된 재화(財貨)를 소비하는 사람. ↔생산자(生産者). しょうひしゃ consumer

소비 조합[消費組合] 소비자가 조직하는 협동 조합의 한 형태. 도매상·생산자로부터 생필품을 직접 구입하여 회원에게 싸게 공급함. しょうひくみあい consumer's cooperative society

소:사[小史] 간략하게 기록한 역사. しょうし short history

소:사[小事] 자질구레한 일. ↔대사(大事). しょうじ trifle

소사[掃射] 기총 따위로 연달아 내쏨. 「기총(機銃) ~」そうしゃ machine-gunning

소사[疏食] 거친 음식.
소사[蔬食] 채소 반찬뿐인 음식.
소사[燒死] 불에 타 죽음. しょうし death by fire

소삭[疏數] 드묾과 잦음. frequency

소:산[所産] ① 생겨나는 바. ② 소산물(所産物)의 준말. しょさん ① fruits

소산[消散] 흩어져 사라짐. しょうさん dissipation

소산[蕭散] 조용하고 한가함. しょうさん

소산[燒散] ①불살라 흩어 버림. ②불교에서, 시체를 불사르는 장례. =화장(火葬). cremation

소:산물[所産物] 일정한 지역에서 나는 물건. 준소산(所産). product

소:살[笑殺] 웃어 버리고 문제시하지 않음. しょうさつ・しょうさい laughing away

소살[燒殺] 불에 태워 죽임. しょうきつ killing by fire

소삼[蕭森] ①나무가 빽빽이 들어선 모양. 또는 가지가 길게 뻗은 모양. ②쓸쓸한 모양. しょうしん ① thickness

소:상[小祥] 죽은 후 한 돌만에 지내는 제사. =소기(小朞). ↔대상(大祥). first anniversary of sb's death

소:상[小像] 조그만 상(像). statuette

소:상[昭詳] 분명하고 상세함. minuteness

소:상[素尙] ①검소하고 고상함. ②본디부터의 소망.

소:상[塑像] 찰흙 따위로 만든 상(像). そぞう plaster image

소:생[小生] 남자가 윗사람에게 자신(自身)을 낮추어 이르는 말. しょうせい myself

소:생[所生] 자기가 낳은 아들딸. 「본처(本妻) ~」しょせい one's children

소생[蘇生] 다시 살아남. =회생(回生)・소생(回蘇). そせい revival

소:서[小序] 시문(詩文)의 각 편 머리 따위에 쓰는 짧은 서문. しょうじょ short preface

소:서[小暑] 이십사 절기의 하나. 양력 7월 7일경. しょうしょ

소서[消暑] 더위를 가시게 함. しょうしょ keeping off the heat

소석고[燒石膏] 석고를 120~130°C로 가열하여 얻은 흰 가루. しょうせっこう・やきせっこう plaster of Paris

소석회[消石灰] 생석회에 물을 부을 때 생기는 흰 가루. 수산화(水酸化)칼슘. しょうせっかい calcium hydroxide

소:선[素扇] 흰 깁을 발라서 만든 부채.

소:선거구제[小選擧區制] 한 선거구에서 한 명의 당선자를 선출하는 제도. ↔대선거구제(大選擧區制). しょうせんきょくせい small electoral system

소:설[小雪] 이십사 절기의 하나. 양력 11월 22일경. しょうせつ

소:설[小說] 있을 법한 이야기를 작자의 상상으로 꾸며 낸, 산문 문학의 한 형태. 「~가(家)」しょうせつ novel

소:설[所說] ①설명하는 바. ②주장하는 바. しょせつ opinion

소설[昭雪] 억울한 누명을 밝히어 씻음. =소석(昭析).

소:설[素雪] 흰 눈. =백설(白雪). そせつ white snow

소설[騷說] 시끄러운 소문. noisy rumor

소:성[小成] 작은 성취. ↔대성(大成). しょうせい small success

소:성[小星] ①작은 별. ②작은집. 첩(妾). =소실(小室). しょうせい
① small star ② concubine

소:성[笑聲] 웃음소리. しょうせい laughter

소:성[塑性] 외력(外力)을 받아 형태가 바뀐 고체가 그 외력을 없애도 변형된 형태 그대로 있는 성질. =가소성(可塑性). そせい　plasticity

소성[蘇醒] 정신을 잃었다가 다시 깨어남. そせい　revival

소세[梳洗] 머리를 빗고 낯을 씻음.

소셜덤핑[social dumping] 저임금 등으로 생산비를 절감하여 만든 제품을 해외 시장에서 싸게 파는 일. ソーシャルダンピング

소:소[小小] 자질구레함. 「~한 일」 しょうしょう

소:소곡절[小小曲折] 자질구레한 여러 가지 까닭. trifling reasons

소소배[宵小輩] 간사하고 소견이 좁은 사람의 무리. mean fellow

소소응:감[昭昭應感] 분명히 마음에 응하여 느낌. evident sympathy

소:속[所屬] 어떤 부류나 조직체에 딸림. 「~ 단체(團體)」 しょぞく　belonging

소손[燒損] 불에 타서 못 쓰게 됨. しょうそん

소:솔[所率] 딸린 식구. belongings

소솔[疏率] 대범하여 작은 일에 구애되지 않음. そそつ broad-mindedness

소:송[訴訟] 법률상의 판결을 법원에 요구하는 일. 또는 그 절차. 「~ 사건(事件)」 そしょう　suit

소:쇄[掃灑] 비로 쓸고 물을 뿌림. そうさい

소쇄[瀟灑] 맑고 깨끗함. しょうしゃ　neatness

소:수[小數] 절댓값이 1보다 작은 실수. 0.1따위. しょうすう　decimal

소:수[少數] 적은 수효. ↔다수(多數). 「~당(黨)」 しょうすう　small number

소수[消愁] 시름을 풀어 없앰. dispelling one's gloom

소:수[素數] 1과 그 수 외의 정수로는 나눌 수 없는 정수(整數). 2·3·5·7 따위. そすう　prime number

소수성[疎水性] 물에 녹거나 물을 빨아들이지 않는 성질. ↔친수성(親水性). そすいせい hydrophobicity

소:수점[小數點] 소수(小數)가 포함된 수를 나타낼 때, 소수 부분과 정수 부분을 구별하기 위해 찍는 점. しょうすうてん decimal point

소:술[所述] 말하는 바.

소술[紹述] 선대(先代)의 일을 이어받아서 밝힘. しょうじゅつ

소:스[sauce] 서양 요리에 쓰이는 액체 조미료(調味料). ソース

소:스[source] 근원(根源). 출처(出處). ソース

소스테누토[이 sostenuto] 악보에서, '음을 유지(維持)하여'라는 뜻. ソステヌート

소:승[小乘] 대승(大乘)과 함께 불교의 2대 유파의 하나. 수행을 통한 개인의 해탈을 가르치는 교법(敎法). ↔대승(大乘). 「~ 불교(佛敎)」 しょうじょう　Hinayana

소:승[小僧] 중이 자신을 낮추어 이르는 말.

소:승[少僧] 젊은 중. ↔노승(老僧).　young priest

소:시[少時] 젊었을 때. しょ

소시[昭示] 똑똑하게 나타내어 보임. しょうじ youth

소:시민[小市民] 사회적 지위나 재산 따위가 자본가와 노동자의 중간층에 속하는 사람. 소상인·수공업자·봉급 생활자 등. しょうしみん petit bourgeois

소시오그램[sociogram] 집단(集團) 내의 인간 관계를 알아보기 쉽도록 만든 도표. ソシオグラム

소시지[sausage] 동물의 창자 따위에 양념하여 다진 고기를 넣어 만든 음식. 서양식 순대. ソーセージ

소:식[小食] 음식을 적게 먹음. ↔대식(大食). しょうしょく light eating

소식[消息] ① 어떤 사람의 안부에 대한 기별이나 편지. ② 어떤 상황이나 동정(動靜)에 대한 기별이나 보도. しょうそく ② news

수식[掃拭] 쓸고 닦음. =소제(掃除). cleaning

소식자[消息子] 체강(體腔)이나 장기 속에 삽입하여 상태를 조사하는 관 모양의 의료 기구. しょうそくし probe

소식통[消息通] ① 소식이 전해지는 일정한 계통. ② 새 소식에 밝은 사람. しょうそくつう ② well-informed person

소:신[所信] 믿는 바. 「~ 피력(披瀝)」 しょしん conviction

소:실[小室] 작은집. 첩(妾). =부실(副室). concubine

소:실[所失] ① 허물. ② 노름에서 잃은 돈의 액수. ① fault

소실[消失] 사라져 없어짐. 또는 사라져 잃어버림. しょうしつ vanishing

소실[燒失] 불에 타서 없어짐. 「문화재 ~」 しょうしつ destruction by fire

소:심[小心] 대담하지 못하고 조심성이 많음. 「~한 성격」 しょうしん timidity

소:심[素心] 평소의 마음. 본심(本心). =소지(素志). そしん usual mind

소:아[小我] ① 철학에서, 우주 전체의 유일하고도 전체적인 실체에 대하여, 인간으로서의 작은 자아를 이르는 말. ② 불교에서, 개인적인 욕망과 아집에 사로잡힌 나를 이르는 말. ↔대아(大我). しょうが ① ego

소:아[小兒] 어린아이. 「~과(科)」 しょうに infant

소:아마비[小兒痲痺] 뇌나 척수의 손상으로 발생하는 어린 아이의 손발 마비 증상. しょうにまひ polio

소아베[이 soave] 악보에서, '부드럽게'의 뜻.

소:안[小安] ① 잠시 편안함. ② 작은 이름에 만족하여 큰 뜻이 없음. しょうあん

소:안[笑顔] 웃는 얼굴. =소용(笑容). えがお smiling face

소:안[素顔] 화장하지 않은 얼굴. =소면(素面). すがお·そがん unpainted face

소:액[少額] 적은 액수. 적은 돈. ↔다액(多額). しょうがく small sum

소야[疏野] 예의가 없고 천박함. そや coarseness

소:야곡[小夜曲] ① 저녁 무렵에 연인의 집 창 밖에서 부르는 노래. ② 고전파 시대에 많이 쓰인 다악장의 기악 앙상

불. 준야곡(夜曲). さよきょく
　　　　　　　　　serenade
소:양[小恙] 대단하지 않은 병. 小恙
=미양(微恙). しょうよう　微恙
　　　　　　　　　light illness
소:양[素養] 평소에 닦아 쌓은 素養
교양. そよう　　　grounding
소양[搔痒·搔癢] 가려운 데를 搔痒
긁음. 「격화(隔靴)~」 そうよう
　　　　scratching an itchy spot
소양[霄壤] 하늘과 땅. =천양 霄壤
(天壤)·천지(天地). 「~지차
(之差)」「~지판(之判)」 しょ 之判
うじょう　heaven and earth
소양증[搔痒症] 피부가 가려 搔癢症
운 병증. そうようしょう
　　　　　　　　　　pruritus
소:어[笑語] ① 우스운 이야기. 笑語
=소화(笑話). ② 웃으면서 하
는 말. しょうご
　　　　　　　① funny story
소:연[小宴] 조그맣게 차린 잔 小宴
치. 작은 잔치. ↔대연(大
宴). しょうえん　small feast
소연[泝沿] 흐름을 거슬러서 올 泝沿
라감과 흐름을 따라 내려감.
소연[昭然] 사리가 밝고 뚜렷함. 昭然
しょうぜん　　　clearness
소연[騷然] 시끄럽고 어수선함. 騷然
「~한 세정(世情)」 そうぜん
　　　　　　　　　　　noise
소염제[消炎劑] 염증을 방지하 消炎劑
거나 치료하는 약. しょうえ
んざい　　　antiphlogistic
소:영사[所營事] 경영하는 일. 所營事
　　　　　　　　　　business
소오[疎傲] 거칠고 서만삼. 疎傲
소와[騷訛] 말이 잘못 전해져 일 騷訛
어난 소란.
소외[疎外] 꺼리며 따돌림. 「~ 疎外
감(感)」 そがい　estrangement
소:요[所要] 요구되거나 소용되 所要
는 것. 「~ 경비(經費)」 しょ
よう　　　what is needed
소요[逍遙] 한가롭게 이리저리 逍遙
걸어다님. 「~ 자적(自適)」 自適
しょうよう　　　　ramble
소요[騷擾] 여러 사람이 떼지어 騷擾
소란을 피우는 일. 「~죄(罪)」
そうじょう　　disturbance
소:욕[小慾] 욕심이 적음. 또는 小慾
작은 욕심. ↔대욕(大慾). しょ
うよく　　　　little greed
소:용[所用] 쓰일 데. 쓰이는 所用
바. しょよう　　　　use
소용[疎慵] 산만하고 게으름. 疎慵
　　　　　　　　　　sloth
소:우[小雨] 조금 내리는 비. 小雨
↔대우(大雨)·호우(豪雨). 豪雨
しょうう
소우[消憂] 근심을 없애 버림. 消憂
しょうう
　　　dispelling one's anxiety
소우[疎雨] 성기게 내리는 비. 疎雨
そう　　　　　　thin rain
소우[疎虞] 조심성이 없어 일 疎虞
을 그르침.　　　　mistake
소:우주[小宇宙] 우주의 한 부 小宇宙
분이면서, 하나의 우주와도
같은 상(相)을 나타내는 것.
특히, 인간 또는 인간의 정신
을 가리킴. ↔대우주(大宇宙). 人間
しょううちゅう　microcosm
소울[疎鬱] 답답한 마음을 풀어 疎鬱
버림. dispelling one's gloom
소:원[小圓] ① 작은 동그라미. 小圓
② 구(球)를, 그 중심을 지나
지 않는 평면(平面)으로 자를
때 자른 자리에 나타나는 원.
=소권(小圈). しょうえん　小圈
　　　　　　　① small circle
소:원[所願] 간절히 바라는 바. 所願
「평생(平生) ~」 しょがん
　　　　　　　　　　wish
소:원[素願] 본래부터 바라던 素願
바. =숙원(宿願). そがん

소:원[訴冤] 지난날, 백성이 원통한 일을 관아에 호소하던 일. petition to the authorities 訴冤

소원[疎遠·疏遠] 사귀는 사이가 탐탁하지 아니하고 멂. そえん estrangement 疎遠·疏遠

소원[訴願] 호소하여 바로잡아 주기를 바람. 「~장(狀)」 そがん petition 訴願

소원[溯源] 물의 근원을 찾아 거슬러 올라감. そげん 溯源

소:월[小月] 한 달의 날수가 적은 달. 작은달. ↔대월(大月). even month 小月

소:위[少尉] 국군의 위관(尉官) 계급 중 최하급 무관. 중위의 아래. しょうい second lieutenant 少尉

소:위[所爲] 한 일. 한 짓. =소행(所行). しょい·そい·せい act 所爲 所行

소:위[所謂] 흔히 말하는 바. 이른바. いわゆる what is called 所謂

소유[所有] 자기의 것으로 가짐. 또는 그런 물건. 「~자(者)」 しょゆう possession 所有

소:유권[所有權] 물건을 소유하고 자기의 뜻대로 이용하거나 처분할 수 있는 권리. しょゆうけん ownership 所有權

소:유욕[所有慾] 가지고 싶어 하는 욕망. しょゆうよく desire to possess 所有慾

소음[消音] 소리가 밖에서 들리지 않게 함. 「~장치(裝置)」 しょうおん 消音

소음[疎音] 오랫동안 소식을 전하지 않음. そいん 疎音

소음[騷音] 시끄러운 소리. そうおん noise 騷音

소:읍[小邑] 작은 고을. 「산간(山間)~」 しょうゆう small town 小邑

소응[昭應] 감응이 또렷이 나타남. しょうおう response 昭應

소:의[小義] 작은 의리(義理). ↔대의(大義). しょうぎ lack of righteousness 小義

소:의[素意] 평소에 품고 있던 생각. =소지(素志). そい original idea 素意

소의[疎意] 가까이하지 않으려는 생각. そい estrangement 疎意

소:이[小異] 조금 다름. 「대동(大同)~」 しょうい minor difference 小異

소:이[所以] 까닭. ゆえん reason 所以

소이탄[燒夷彈] 사람을 태워 죽이거나 밀림·건축물 따위를 불태우는 데 쓰는 탄환이나 폭탄. しょういだん incendiary shell 燒夷彈 爆彈

소:인[小人] ① 키나 몸집이 작은 사람. ↔거인(巨人). こびと ② 나이 어린 사람. ③ 소견이 좁고 간사한 사람. ↔대인(大人). 「~배(輩)」 ④ 귀한 사람이나 윗사람에 대한 자기의 겸칭. しょうにん·しょうじん ① dwarf ② child ③ mean person 小人 謙稱

소인[消印] ① 지워 버리는 뜻으로 도장을 찍음. 또는 그 도장. ② 우체국에서, 우표 따위에 찍는 일부인(日附印). けしいん ① cancellation stamp ② postmark 消印

소:인[素因] ① 근본적인 원인. ② 어떤 병에 걸리기 쉬운 소질(素質). そいん ① cause ② predisposition 素因 素質

소인[訴人] 소송을 제기한 사람. そにん suitor 訴人

소인[訴因] 형사 소송에서, 범죄 구성 요건에 맞추어 공소장에 적는 공소 사실. そいん count 訴因

소인수[素因數] 어떤 정수를 소수(素數)만의 곱으로 나타냈을 때의 각 인수. そいんすう prime factor 素因數

소일[消日] ① 하는 일이 없이 세월을 보냄. ② 어떤 일에 마음을 붙여 시간을 보냄. 「~거리」 しょうじつ ① idling away one's time 消日

소:임[所任] 맡은 바 임무(任務). duty 所任

소:자[小子] 부모에 대한 자기의 겸칭. しょうし 小子

소:자[小字] 작은 글자. しょうじ small letter 小字

소:자[小疵] ① 조그마한 흠. ② 대수롭지 않은 잘못. しょうし small defect 小疵

소:자[素子] ① 기본적인 요소. ② 전기·기계 회로 내에서 중요한 역할을 담당하는 단위 부품. 「반도체 ~」 そし element 素子

소:작[小作] 남의 땅을 빌려서 농사를 지음. ↔자작(自作). 「~농(農)」 こさく farm tenancy 小作

소:작[小斫] 잘게 팬 장작. ↔대작(大斫). slender firewood 小斫

소:작[所作] 어떤 사람의 제작. 또는 그 작품. しょさ work 所作

소:작인[小作人] 소작료를 주기로 하고 남의 땅을 빌려 농사짓는 사람. ↔자작인(自作人). 小作人

소잔[銷殘] 힘없이 사그라짐. waning 銷殘

소:장[小腸] 위와 대장 사이에 연결된 장(腸)의 일부. 작은 창자. しょうちょう small intestine 小腸

소:장[少壯] 젊고 의기가 왕성함. 「~파(派)」 しょうそう vigorous youth 少壯

소:장[少長] 젊은이와 늙은이. しょうちょう the young and the old 少長

소:장[少將] 국군의 계급의 하나. 준장의 위, 중장의 아래. しょうしょう major general 少將

소:장[所長] ① 소(所)라는 이름이 붙은 기관의 사무를 통할하는 책임자. 「관리(管理)~」 ② 자기가 지닌 장기(長技)나 장점(長點). しょちょう ① head of an office ② one's merit 所長 長點

소:장[所掌] 맡아보는 일. matters under one's management 所掌

소:장[所藏] 간직하여 둠. 또는 그런 물건. 「박물관 ~」 しょぞう possession 所藏

소장[消長] 쇠퇴함과 번성함. しょうちょう rise and fall 消長

소:장[素粧] 엷은 화장. そしょう simple appearance 素粧

소:장[訴狀] ① 소송을 제기하기 위하여 제1심 법원에 제출하는 서면. ② 청원할 것이 있을 때 관청에 내는 서면. そじょう petition 訴狀

소장지변[蕭墻之變] 내부에서 일어난 변란(變亂). しょうしょうのへん internal trouble 蕭墻之變

소장지우[蕭墻之憂] 내부에서 일어난 근심거리. しょうしょうのうれい internal trouble 之憂

소:재[小才] ① 조그만 재주. 또는 그런 재주를 가진 사람. ② 잔재주. しょうさい·こさい ② shallow talent 小才

소:재[所在] ① 있는 곳. 있는 바. 「책임(責任) ~」 ② 소재 所在

소:재[所在] 지(所在地)의 준말. しょざい 所在
① whereabouts

소:재[所載] 신문이나 잡지 따위에 실려 있음. しょさい 所載
being carried

소:재[素材] ① 가공하지 않은 재료. ② 작품(作品)이나 제품(製品)의 바탕이 되는 재료. そざい 素材
material

소재지[所在地] 어떤 건물이나 기관 등이 있는 곳. 준소재(所在). 「도청(道廳) ~」 しょざいち 所在地
site

소저[昭著] 분명하고 뚜렷함. 昭著
distinctness

소:적[小敵] 대수롭지 않은 적. 약한 적. ↔대적(大敵). しょうてき 小敵
small enemy

소적[消寂] 심심풀이로 어떤 일을 함. 消寂
doing something to kill the time

소적[蕭寂] 쓸쓸하고 적막함. = 소조(蕭條). 蕭寂
dreariness

소:전[小傳] 줄여서 간략하게 쓴 전기(傳記). しょうでん 小傳
biographical sketch

소:전[小篆] 팔체서(八體書)의 하나. 대전(大篆)을 간략하게 변형한 글씨체. しょうてん 小篆

[소전]

소:절[小節] ① 사소한 절의(節義). ↔대절(大節). ② 악보(樂譜)에서 세로줄로 구분된 마디. しょうせつ 小節 節義
① trifling etiquette ② bar

소절[紹絶] 끊어진 것을 이어서 일으킴. しょうぜつ rejoining 紹絶

소:정[小艇] 작은 배. しょうてい 小艇
small boat

소:정[所定] 정해진 바. 「~양식(樣式)」 しょてい 所定
prescribed thing

소:제[小弟] 약간 나이가 위인 사람에 대한 자칭(自稱). ↔대형(大兄). しょうてい 小弟

소제[掃除] 쓸고 닦아 깨끗이 함. = 청소(淸掃). そうじ 掃除
cleaning

소:제목[小題目] 큰 제목 아래에서 다시 몇 갈래로 나뉜 작은 제목. しょうだい 小題目
subtitle

소:조[小鳥] 작은 새. ことり 小鳥
little bird

소:조[小照] 작은 사진이나 화상(畫像). しょうしょう 小照 畫像
portrait of little size

소:조[所遭] 부끄러운 일이나 어려움을 당함. 所遭
encounter

소조[塑造] 진흙 따위를 덧붙여 가며 작품의 형상을 만드는 일. そぞう 塑造
molding

소조[蕭條] 분위기가 쓸쓸하고 조용함. = 소적(蕭寂). 蕭條
dreariness

소:존[所存] 아직 남아 있는 것. しょぞん 所存
remainder

소졸[疏拙] 거칠고 서투름. 疎拙
awkwardness

소:종래[所從來] 지내 온 내력. 所從來
history

소:주[小註] 큰 주석(註釋) 아래에 더 자세히 풀어 단 주석. 잔주. 小註
detailed notes

소주[燒酎·燒酒] 잡곡을 쪄서 누룩과 물을 섞고 이것을 발효(醱酵)시켜 증류(蒸溜)한 맑은 술의 한 가지. しょうちゅう 燒酎
distilled liquor

소:중[所重] 매우 귀중함. 所重
valuableness

소:중유검[笑中有劍] 겉으로는 笑中

소:증[素症] 푸성귀만 먹어서 고기가 먹고 싶어지는 증세. 有劍 素症
desire for meat

소:지[小指] ① 새끼손가락. ② 새끼발가락. こゆび 小指
① little finger ② little toe

소지[沼池] 늪과 못. しょうち 沼池
swamp and pond

소:지[所持] 지니고 있음. 「~품(品)」 しょじ 所持
possession

소:지[素地] 원인이 되는 바탕. そち·そじ 素地
nature

소:지[素志] 본래부터 품어 온 뜻. =소회(素懷). そし 素志 素懷
one's original intention

소지[燒紙] 신령 앞에서 비는 뜻으로 희고 얇은 종이를 불태워 공중으로 올리는 일. 또는 그 종이. 燒紙
burning sacrificial paper

소:지무여[掃地無餘] 물건이 쓸어 낸 듯이 아무것도 없음. 掃地無餘
nothing left

소:지자[所知者] 알고 있는 사람. 所知者
one who knows

소진[消盡] 다 사라져 없어짐. 다 써서 없어짐. しょうじん 消盡
total disappearance

소진[燒盡] 모두 타서 없어짐. しょうじん 燒盡
burning up

소:질[素質] 본래 타고난, 발전할 수 있는 재능의 바탕. そしつ 素質
nature

수집[召集] ① 불러 모음. ② 국가가 병역 의무자에 대하여 현역 복무 외의 일정한 군복무 의무를 부과하는 일. 「~령(令)」しょうしゅう 召集
① call ② levy

소:차[小差] 조그만 차이(差異). 小差
약간의 차. ↔대차(大差). しょうさ slight difference

소착[疏鑿] 개천·우물·도랑 등을 쳐서 물이 통하도록 함. 疏鑿
dredging

소:찬[素饌] 고기나 생선 없이 나물로만 된 반찬. =소선(素膳). 素饌
plain dinner

소창[消暢] 답답한 마음을 풀어 시원하게 함. 消暢
recreation

소채[蔬菜] 밭에 가꾸어 먹는 푸성귀. =채소(菜蔬). さい 蔬菜
vegetables

소채류[蔬菜類] 곡식 이외의, 뿌리·줄기·잎 또는 열매를 식용(食用)으로 하는 초본(草本)의 총칭. さいるい 蔬菜類

소책[小策] 보잘것없는 방책. しょうさく 小策
trifling artifice

소책자[小册子] 얄팍하고 작게 만든 책. しょうさっし 小册子
pamphlet

소:척[疏斥] 멀리하여 물리침. そせき 疏斥
estrangement

소:척[掃滌] 쓸어 내고 물로 씻어 깨끗하게 함. 掃滌
cleaning

소철[蘇鐵] 소철과의 상록 관목. 관상용(觀賞用)으로 심음. そてつ 蘇鐵
cycad

소:첩[小妾] 옛날에 여자가 자기를 낮추어서 쓰던 말. 小妾

소:첩[少妾] 젊은 첩. 少妾

소:청[所請] 청하는 바. 청하는 일. 所請
entreaty

소청[訴請] ① 하소연하여 청함. ② 지방 자치 단체의 조례(條例) 또는 그 장(長)의 명령이나 처분이 헌법·법률에 위배된다고 인정된 때에, 주민 100인 이상이 연서(連署)하여 이의 시정을 요구하는 청원. 訴請
petition

소체[消滯] 체증(滯症)을 내려 消滯

소:총[小銃] 군대의 개인 휴대용 총의 한 가지. しょうじゅう rifle

소추[訴追] ① 검사가 형사 사건에 대하여 공소(公訴)를 제기함. ② 탄핵(彈劾)의 발의(發議)로 파면을 요구함. そつい ① prosecution ② impeachment

소:춘[小春] 음력 10월의 다른 이름. 「~지절(之節)」 しょうしゅん・こはる

소:출[所出] 논밭에서 거둔 곡식의 양. 또는 곡식이 나는 형편. crops

소:충[小蟲] 작은 벌레. tiny insect

소치[召致] 불러서 오게 힘. しょうち summons

소:치[所致] 어떤 까닭으로 이루어진 바. 「무덕(無德) ~」 reason

소:친[所親] 친한 사이. 또는 그렇게 지내는 사람. familiar person

소침[銷沈・消沈] 기분 따위가 푹 가라앉음. 「의기(意氣) ~」 しょうちん despondency

소:칭[小秤] 작은 저울. small balance

소켓[socket] 전구(電球) 따위를 끼우게 되어 있는 전기 기구의 한 가지. ソケット

소크백신[Salk vaccine] 소아마비 예방 접종약(接種藥)의 하나.

소탈[疎脫] 까다로운 데가 없이 소박하고 수수함. 「~한 생활 태도」 informality

소:탐대:실[小貪大失] 작은 것을 탐내다가 큰 것을 잃음. suffering a heavy loss by pursuing a small profit

소:탕[素湯] 고기나 생선을 넣지 않고 끓인 국. plain soup

소탕[疏宕] 성격이 자질구레한 일에 구애되지 않고 호탕함. そとう broad-mindedness

소:탕[掃蕩] 쓸 듯이 모조리 없애 버림. そうとう sweeping

소:탕전[掃蕩戰] 패잔병을 소탕하는 전투. そうとうせん mopping-up operation

소:태[素胎] 잿물을 입히기 전의 흰 도자기(陶磁器).

소택[沼澤] 늪과 못. =소지(沼池). 「~지(地)」 しょうたく bog

소테[프 sauté] 고기나 야채(野菜)를 기름에 살짝 볶은 서양 요리. ソテー

소통[疎通] ① 막히지 않고 잘 통함. 「교통(交通) ~이 원활하다」 ② 의사(意思)가 상대에게 통함. 「의사(意思) ~이 잘 되다」 そつう ① communication ② mutual understanding

소팅[sorting] 컴퓨터에서, 데이터의 정렬(整列). ソーティング

소:파[小波] 잔물결. さざなみ・さざなみ・こなみ・しょうは ripple

소:파[小破] 조금 부서짐. ↔대파(大破). しょうは slight damage

소파[搔爬] 자궁(子宮)의 내막(內膜)을 긁어 냄. 「~ 수술(手術)」 そうは curettage

소파[sofa] 긴 안락 의자(安樂椅子). ソファー

소:편[小片] 작은 조각. しょうへん small piece

소:편[小篇] 짧은 문학 작품.

소:포[小包] 작게 포장한 물건. 「~ 우편(郵便)」 こづつみ parcel 小包 郵便

소:포[小圃] 채소 따위를 심는 조그만 밭. small garden 小圃

소포[蔬圃] 채소밭. vegetable field 蔬圃

소:품[小品] ① 소품문(小品文)의 준말. ② 소품물(小品物)의 준말. ③ 변변치 않은 물건. ④ 연극 등의 무대에서 쓰이는 자잘한 물건. しょうひん 小品

소품곡[小品曲] 작은 규모의 악곡. ⑥소곡(小曲). short piece of music 小品曲

소품문[小品文] 견문(見聞)이나 감상 따위의 짧은 글. ⑥소품(小品). しょうひんぶん literary sketch 小品文

소품물[小品物] 규모가 작은 예술 작품. ⑥소품(小品). small piece 小品物

소풍[消風·逍風] ① 바람을 쐬면서 이리저리 거닒. =산책(散策). ② 학교에서, 건강 단련이나 자연의 관찰을 목적으로 먼 길을 다녀오는 일. picnic 消風 逍風 散策

소프라노[이 soprano] 여성이나 어린이의 가장 높은 음역(音域). ソプラノ 女聲 高音

소프트드링크[soft drink] 알코올이 없는 음료(飮料). ソフトドリンク 飮料

소프트랜딩[soft landing] 연착륙(軟着陸). 軟着陸

소프트볼:[softball] 가죽으로 만든, 야구공보다 크고 부드러운 공. 또는 그 공을 가지고 하는 야구형(野球形) 스포츠. ソフトボール 野球形

소프트웨어[software] 컴퓨터 시스템에서 작업(作業)을 하기 위하여 사용되는 프로그램. ソフトウェア 作業

소프트크림:[soft cream] 특수한 기계로 공기(空氣)를 넣으면서 얼린, 부드러운 아이스크림. ソフトクリーム 空氣

소피스트[sophist] ① B.C. 5 세기경의 아테네의 궤변학파. ② 궤변가(詭辯家). ソフィスト 詭辯家

소:학[小學] ① 소학교(小學校)의 준말. ② 중국의 유자징(劉子澄)이 편찬한 책. 6권 5책임. しょうがく 小學 劉子澄

소학교[小學校] '초등 학교'를 예전에 이르던 말. ⑥소학(小學). しょうがっこう primary school 小學校

소:한[小寒] 이십사 절기의 스물셋째. 양력으로 1월 6일경. しょうかん 小寒

소한[小閑] 아주 짧은 여가(餘暇). =촌가(寸暇). しょうかん short leisure 小閑

소한[消閑] 한가한 시간을 메움. 심심풀이. しょうかん killing time 消閑

소:할[所轄] 관할(管轄)하는 바. 「~ 경찰서(警察署)」 しょかつ jurisdiction 所轄 管轄

소합원[蘇合元] 위장을 깨끗하게 하고 정신을 상쾌하게 하는 한방의 환약. =소합환(蘇合丸). 蘇合元

소항[溯航] 상류(上流)로 거슬러 항해함. そこう sailing up 溯航

소:해[掃海] 바다에 부설(敷設)된 수뢰(水雷) 따위를 제거하는 일. 「~정(艇)」 そうかい sweeping the sea 掃海

소해[疏解] ① 하나하나 들어서 상세하게 풀이함. ② 상세한 주해(註解). そかい 疏解 註解

소:행[所行] 행(行)한 일. 한 짓.「범인의 ~」しょぎょう　act　所行

소:행[素行] 평소의 행실. そこう　conduct　素行

소:향[所向] 향하여 가는 곳. one's destination　所向

소향[燒香] 신불(神佛)이나 영전(靈前)에 향을 피워 올림. =분향(焚香). しょうこう　incense burning　燒香

소:허[少許] ① 얼마 되지 않는 분량. ② 얼마 되지 않는 동안. しょうきょ ① small quantity ② short time　少許

소:형[小形] 작은 형체의 것. 또는 작은 형태. ↔대형(大形). こがた　small size　小形

소:형[小型] 같은 종류의 물건 중에서 모양이 작은 것. ↔대형(大型).「~차(車)」こがた　small shape　小型

소:호[小戶] ① 작은 집. しょうこ ② 식구가 적은 가구(家口). ① small house ② small family　小戶

소:호[小毫] ① 작은 터럭. ② 매우 적은 분량이나 매우 작은 정도. ① fine hair ② a bit　小毫

소혼[消魂] 너무 근심을 하여 넋이 나감.「~단장(斷腸)」しょうこん　being overwhelmed by grief　消魂

소홀[疎忽] 중요하게 여기지 않고 범연하게 대하는 태도가 있음. そこつ　carelessness　疎忽

소:화[小火] 작은 화재. ↔대화(大火). しょうか　small fire　小火

소:화[小話] 짤막한 이야기. しょうわ・こばなし　short tale　小話

소화[消化] ① 몸 안에 들어온 음식물을 삭여 내려가게 함. explanation 「~기(器)」② 배운 것을 충분히 이해하여 자기의 지식으로 삼음. しょうか ① digestion ② comprehension　消化器

소화[消火] 불을 끔. しょうか extinguishing　消火

소:화[笑話] 우스운 이야기. =소어(笑語). しょうわ・わらいばなし　funny story　笑話　笑語

소화[燒火] 불을 땜. 불을 피움. burning　燒火

소화기[消化器] 먹은 음식의 저장・소화・흡수를 맡아보는 기관(器官). 입・식도・위・장 등의 기관. しょうかき　digestive organs　消化器　飮食器官　食道

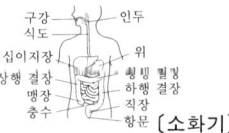
[소화기]

소화기[消火器] 불을 끄는 데 쓰는 기구. しょうかき　fire extinguisher　消火器

소:화물[小貨物] 철도편으로 보내는 작고 가벼운 짐. small baggage　小貨物

소화전[消火栓] 화재가 났을 때 불을 끄기 위하여 상수도의 급수관에 설치된, 소화 호스를 장치하기 위한 시설. しょうかせん　hydrant　消火栓

소환[召喚] 법원이 피고인・증인・변호인 등에 대하여 어느 시간에 어디로 오라고 명령하는 일.「~장(狀)」しょうかん　summons　召喚　召喚狀

소환[召還] 파견되어 있는 사람을 불러들임.「~조치(措置)」しょうかん　recall　召還　措置

소활[疏豁] 탁 트이어 넓음. broadness　疏豁

소활[疎闊] ① 오랫동안 만나지　疎闊

아니함. ② 간략함. そかつ
① unfamiliarity ② simplicity

소:회[所懷] 마음에 품고 있는 생각. =회포(懷抱). しょかい one's inmost thoughts

소:회[素懷] 평소에 품고 있던 생각. そかい cherished hope

속[束]☆ 묶을 속 : 묶다. 동이다. 「束縛(속박)・拘束(구속)・束手(속수)」 ソク・たば

속[俗]* ① 버릇 속 : 버릇. 「風俗(풍속)・習俗(습속)・世俗(세속)・民俗(민속)」 ② 평범할 속 : 평범하다. 「俗人(속인)・俗世(속세)・凡俗(범속)」 ゾク ① ならい

속[速]* 빠를 속 : 빠르다. 「迅速(신속)・速成(속성)・速力(속력)・速行(속행)・快速(쾌속)」 ソク・はやい

속[粟]☆ 조 속 : 조. 좁쌀. 「粟豆(속두)・粟米(속미)・粟散(속산)」 ゾク・あわ

속[屬]* ① 딸릴 속 : 딸리다. 「附屬(부속)・屬性(속성)・金屬(금속)・家屬(가속)・眷屬(권속)」 ② 부탁할 촉 : 부탁하다. 「屬託(촉탁)」 ゾク

속[續]* 이을 속 : 잇다. 이어지다. 「繼續(계속)・續行(속행)・續報(속보)・連續(연속)・持續(지속)」 ゾク・つづく・つぐ

속[贖] 속바칠 속 : 속바치다. 「贖罪(속죄)・贖錢(속전)・贖身(속신)・贖刑(속형)」 ショク・あかなう

속가[俗家] 불가(佛家)에서, ① 출가하지 않은 속인의 집을 이르는 말. ② 중의 생가(生家)를 이르는 말. ぞっか
① layman family

속가[俗歌] 속된 노래. =속요(俗謠). ↔악가(樂歌). ぞっか popular song

속간[俗間] 속인(俗人)의 세상. =속세(俗世). ぞっかん the world

속간[續刊] 간행을 중단했던 신문이나 잡지를 계속하여 간행함. ぞっかん continuation of publication

속개[續開] 일단 멈추었던 회의를 계속하여 엶. resumption

속객[俗客] ① 속세에서 온 손이라는 뜻으로 절간에 손으로 온, 중이 아닌 사람. ② 풍류를 모르는 사람을 홀하게 이르는 말. ぞっかく
① layman ② crass person

속견[俗見] 세속적인 생각. 속인(俗人)의 생각. ぞっけん popular opinion

속결[速決] 빨리 끝을 맺음. 신속히 결정함. 「속전(速戰)~」 そっけつ prompt decision

속계[俗界] 속인(俗人)의 세계. 곧, 현실 세계. =속세(俗世). ↔선계(仙界). ぞっかい earthly world

속고[續稿] 앞 원고에 계속되는 원고. ぞっこう remaining manuscript

속곡[俗曲] 저속한 곡조. ぞっきょく

속골[俗骨] 범속(凡俗)한 생김새. 또는 그런 생김새의 사람. ぞっこつ worldling

속공[速攻] 재빨리 공격함. ↔지공(遲攻). 「~법(法)」 そっこう swift attack

속구[速球] 야구에서, 투수가 던지는 빠른 공. そっきゅう speed ball

속국[屬國] 형식적으로는 독립되어 있으면서 정치적으로는 남의 나라의 지배를 받는 나

라. =속방(屬邦). ぞっこく
dependency

속기[俗忌] 세속(世俗)에서 꺼리는 일. taboo

속기[俗氣] 속된 기운. =속취(俗臭). ぞっけ・ぞくけ
vulgarity

속기[速記] ① 빨리 적음. ② 남의 말을 속기법으로 빨리 받아 적음. 「~사(士)」 そっき ① rapid writing ② stenograph

속기록[速記錄] 속기법으로 적은 글을 보통 글자로 옮겨 적은 기록. 또는 그 인쇄물. そっきろく
stenographic records

속기법[速記法] 간단한 부호로 남의 말을 빨리 받아서 쓰는 법. そっきほう
stenography

속념[俗念] 세속적인 일에 사로잡힌 마음. ぞくねん
worldly thoughts

속단[速斷] 깊이 생각하지 않고 내릴 판단. 또는 그런 판단을 내림. そくだん
hasty conclusion

속달[速達] ① 속히 배달함. ② 빨리 도달함. そくたつ
express delivery

속담[俗談] ① 예로부터 민간에 전해지는 교훈이나 풍자를 담은 짧은 말. =이언(俚諺). ② 속된 이야기. =속설(俗說). ぞくだん ① proverb
common saying

속답[速答] 재빨리 대답함. 또는 그 대답. そくとう
immediate answer

속대[束帶] ① 옷을 여미는 띠. ② 옷차림을 가다듬고 띠를 맴. 곧, 의관을 단정히 함. ③ 지난날, 관복(官服)을 이르던 말.

속도[速度] ① 빠른 정도. ② 움직이는 물체가 단위 시간에 이동한 거리. そくど velocity

속도[屬島] ① 육지나 큰 섬에 딸리어 있는 작은 섬. ② 어떤 나라에 딸리어 있는 섬. ぞくとう
subject island

속독[速讀] 빨리 읽음. 「~법(法)」 rapid reading

속등[續騰] 물가(物價)・주가(株價) 따위가 계속 오름. ↔속락(續落). continued rise

속락[續落] 시세가 계속 떨어짐. ↔속등(續騰). ぞくらく
continued fall

속력[速力] 탈것의 빠르기. 「전(全)~」 そくりょく speed

속령[屬領] 어떤 나라에 딸린 영토. ぞくりょう subject state

속례[俗例] 세상에 흔히 있는 관례(慣例). ぞくれい custom

속례[俗禮] 속세의 예절. 일반적인 예의. ぞくれい
customary manners

속론[俗論] 세속의 하찮은 논의(論議). ぞくろん
public opinion

속루[俗陋] 속되고 천함. ぞくろう vulgarity

속루[俗累] 세상살이에 관련되는 성가신 일들. =진루(塵累). ぞくるい worldly troubles

속류[俗流] 세상의 속된 무리. =속배(俗輩). ぞくりゅう
vulgar crowd

속리[屬吏] 하급 관리. ぞくり
petty official

속명[俗名] ① 본명・학명(學名)이 아닌, 통속적으로 부르는 이름. ② 불교에서, 중이 되기 전에 사회에서 부르던 이름. ↔법명(法名). ぞくめい・ぞく

みょう　　①common name ② secular name

속무[俗務] 세속적인 잡일. ぞくむ　俗務　worldly affair

속문[俗文] ①통속적인 글. ②하찮은 글. ぞくぶん　俗文　①vulgar writing

속물[俗物] 속세의 명리(名利)에만 사로잡힌 하찮은 인물. ぞくぶつ　俗物　vulgar person

속미[粟米] 좁쌀. 粟米

속박[束縛] ①얽어맴. ②자유롭지 못하게 얽어맴. そくばく　束縛　①binding ②restraint

속반[粟飯] 조밥. 좁쌀밥. 粟飯

속발[束髮] ①머리를 빗어 올려서 상투를 틂. ②머리털을 가지런히 하여 동여맴. そくはつ　束髮　hairdressing

속발[速發] ①빨리 떠남. ②효과가 빨리 나타남. 速發　②immediate effect

속발[續發] 사건이나 사고가 잇달아 일어남. ぞくはつ　續發　successive occurrence

속방[屬邦] 형식적으로는 독립국이나, 정치적으로는 남의 나라에 매인 나라. =속국(屬國). ぞくほう　屬邦　dependency

속배[俗輩] 속된 무리. =속류(俗流). ぞくはい　俗輩　worldling

속보[速步] 빨리 걷는 걸음. そくほ　速步　quick pace

속보[速報] 빨리 알림. 또는 그 보도(報道). 「~판(板)」 そくほう　速報　prompt report

속보[續報] 앞의 보도에 계속해서 알림. 또는 그 보도. ぞくほう　續報　continued report

속복[屬服] 예속되어 복종함. 屬服　subordination

속부[粟膚] 줍거나 무서워서 살갗이 좁쌀처럼 일어나는 현상 粟膚 (現象). 소름이 돋는 일. getting the gooseflesh

속사[俗士] ①속세의 평범한 사람. ②식견이 없는 사람. ぞくし　俗士　①mediocrity

속사[俗事] 세상살이의 이런저런 일. =세사(世事). ぞくじ　俗事　earthly affairs

속사[速射] 잇달아 빨리 쏨. 「~포(砲)」 そくしゃ　速射　quick firing

속사[速寫] ①글씨를 빨리 베껴 씀. ②사진을 빨리 찍음. そくしゃ　速寫　①quick copying ②quick photographing

속산[速算] 빨리 셈하는 일. 또는 그런 셈. そくさん　速算　rapid calculation

속상[俗尙] 시속(時俗)에서 좋아하고 숭상하는 일. ぞくしょう　俗尙

속서[俗書] ①저속한 책. ②불경(佛經)이 아닌 일반 서적. ③아취(雅趣)가 없는 글씨. ぞくしょ　俗書 雅趣　①cheap books ②worldly books

속설[俗說] 세간(世間)에 전하여 내려오는 설(說). ぞくせつ　俗說　common saying

속성[速成] 빨리 이루어짐. 또는 빨리 이룸. 「~과(科)」 そくせい　速成　rapid completion

속성[屬性] 어떤 사물의 본질을 이루는 성질. ぞくせい　屬性　attribute

속성속패[速成速敗] 빨리 이루어진 것은 빨리 결딴이 남. そくせいそくはい　速成速敗　Lightly come, lightly go

속세[俗世] 속세간(俗世間)의 준말. ぞくせい・ぞくせ　俗世

속세간[俗世間] 신앙(信仰)의 세계나 선경(仙境) 등에 대하여 속인(俗人)이 사는 이 세상을 이르는 말. ⓒ속세(俗世). 俗世間 信仰

속속[續續] 자꾸 잇달아서.「~입경(入京)」ぞくぞく 續續 successively

속수[束手] ① 손을 묶음. ② 속수무책(束手無策)의 준말. そくしゅ 束手 ① folded arms

속수무책[束手無策] 손이 묶인 듯이, 어찌할 도리가 없어 꼼짝 못함. 준속수(束手). 束手無策 being at one's wit's end

속습[俗習] 세속의 관습. ぞくしゅう 俗習 convention

속승[俗僧] 성질이나 행실이 좋지 못한 중. ぞくそう 俗僧 worldly priest

속심[俗心] 명예나 이익에 끌리는 속된 마음. ぞくしん 俗心 worldly mind

속악[俗惡] 천하고 악함. ぞくあく 俗惡 vulgarity

속악[俗樂] ① 민간에 전해 내려오는 판소리·잡가 등의 음악. ↔아악(雅樂). ② 통속적인 음악. 속된 악곡. ↔정악(正樂). ぞくがく 俗樂 popular music

속안[俗眼] 속인의 안목(眼目). 얕은 식견. ぞくがん 俗眼 common eye

속어[俗語] 세간에서 흔히 쓰이는 속된 말. ぞくご 俗語 slang

속언[俗言] ⇨속어(俗語). ぞくげん 俗言

속언[俗諺] ① 세간에 흔히 쓰이는 상말. ② ⇨속담(俗談). ぞくげん 俗諺 common saying

속연[俗緣] 속세에서의 연고(緣故). 곧 중이 출가하기 전의 혈연이나 인척 관계. ↔불연(佛緣). ぞくえん 俗緣 worldly connection

속연[續演] 연극 따위를 예정 기간보다 연장하여 상연함. ぞくえん 續演 continuation of a show

속영[續映] 영화를 예정 기간보다 연장하여 상영함. ぞくえい 續映 continual run

속요[俗謠] ① 통속적인 노래. 시속의 노래. =속가(俗歌). ② 잡가(雜歌)의 딴이름. ぞくよう 俗謠 ① popular song

속음[俗音] 한자(漢字)의 원음이 변하여 일반적으로 흔히 쓰이게 된 음(音). '가(個)→개', '자(左)→좌'로 된 따위. ぞくおん 俗音 popular phone of a Chinese character

속음[續音] 같은 상태로 오래 낼 수 있는 비음(鼻音)이나 마찰음 따위. =지속음(持續音). ぞくおん 續音 continuant sound

속이[俗耳] 속세 사람의 귀. ぞくじ 俗耳 vulgar ear

속인[俗人] ① 속된 사람. ② 중에 상대하여 평범한 일반 사람을 이르는 말. ぞくじん 俗人 ① worldling ② layman

속인주의[屬人主義] 범죄지(犯罪地)가 어디이든 자국민이 행한 범죄에 대하여는 자국의 형법을 적용하는 원칙. ↔속지주의(屬地主義). ぞくじんしゅぎ 屬人主義 personal principle

속자[俗字] 정자(正字)에 대하여, 관습적으로 자획(字畫)을 약간 달리하여 쓰는 한자(漢字). '嚴'을 '岩', '竝'을 '並'으로 쓰는 따위. ぞくじ 俗字 popular form of a Chinese character

속장[束裝] 길을 떠날 준비를 함. 束裝 preparations for a journey

속재[俗才] 세속의 일에 능한 재사(才士). ぞくさい 俗才 worldly wisdom

속재[續載] 글 따위를 계속하여 실음. =연재(連載). ぞくさい serial publication

속전[俗傳] 민간에 전해 내려오는 것. ぞくでん popular tradition

속전[贖錢] 죄를 면하는 값으로 내는 돈. =속금(贖金). ransom

속전속결[速戰速決] 싸움을 오래 끌지 않고 몰아쳐서 빨리 끝냄. そくせんそっけつ blitzkrieg

속정[俗情] ① 명예와 이익을 바라는 세속적인 생각. ② 세간의 인정. ぞくじょう ① worldly thoughts ② human nature

속조[俗調] 저속한 가락. ぞくちょう popular tone

속죄[贖罪] ① 재물을 내거나 공을 세워 죄를 면함. ② 기독교에서, 그리스도가 십자가에 못박혀 인류의 죄를 대신한 일을 이르는 말. しょくざい ① atonement ② Atonement

속중[俗衆] ① 중에 대하여 일반 사람을 이르는 말. ② 속된 사람들. ぞくしゅう layman

속지[屬地] 어느 나라에 속해 있는 땅. =속령(屬領)·속토(屬土). ぞくち territory

속지고각[束之高閣] 묶어서 높은 시렁에 올려놓는다는 뜻으로, 물건을 한쪽에 쌓아 두고 쓰지 않음의 비유. hoarding

속지주의[屬地主義] 범죄인의 국적에 관계 없이, 범죄가 일어난 국가의 형법을 적용하는 원칙. ↔속인주의(屬人主義). ぞくちしゅぎ territorial principle

속진[俗塵] 속세의 티끌. 곧 속세의 번거로운 일들. ぞくじん worldly affairs

속집[續集] 이미 발간한 문집·선집·전집 등에 이어 발간하는 책. ぞくしゅう sequel of an anthology

속출[續出] 잇달아 나옴. 계속 나타남. 「피해 ~」ぞくしゅつ successive appearance

속취[俗臭] 저속(低俗)한 기풍. =속기(俗氣). ぞくしゅう vulgarity

속취[俗趣] 저속한 취미. ぞくしゅ worldly taste

속칭[俗稱] 통속적으로 일컬음. 또는 그 명칭. ぞくしょう popular name

속태[俗態] 고상하지 못한 태도나 모양. ぞくたい vulgar appearance

속토[屬土] ⇨속지(屬地).

속투[俗套] 세속의 습관적인 격식. conventional style

속편[續編·續篇] 이미 만들어진 영화나 책의 본편에 뒷이야기로 만든 편. ぞくへん sequel

속필[速筆] ① 글씨를 빨리 씀. 또는 빨리 쓴 글씨. ② 글씨를 빨리 쓰는 사람. そくひつ ① quick writing

속학[俗學] 세속의 속된 학문. ぞくがく secular learning

속한[俗漢] 성품이나 인격이 저속한 사람. =속인(俗人). ぞっかん philistine

속해[俗解] 통속적인 풀이. ぞっかい popular interpretation

속행[速行] 빨리 감. そっこう going quickly

속행[續行] 계속해서 행함. ぞっこう continuation

속화[俗化] 속되게 되거나 속되

게 함. ぞっか popularization
속화[俗畫] 통속적인 그림. ぞくが　俗畫　cheap picture
속화[速禍] 재앙을 부름. 速禍 bringing a calamity
속회[續會] 회의를 다시 계속함. ぞっかい 續會 resumption of a meeting
속효[速効] 빨리 나타나는 효과나 효력. そっこう 速効 immediate effect
손[孫]* 손자 손: 손자. 후손. 「孫子(손자)·子孫(자손)·後孫(후손)·曾孫(증손)」ソン·まご 孫子
손[巽] 괘 이름 손: 괘의 이름. 「巽(손방)·巽卦(손괘)·巽坐(손좌)」ソン·たつみ 巽方
손[損]* 덜 손: 잃다. 손해보다. 밑나다. 「損害(손해)·損失(손실)·損敗(손패)·損益(손익)·減損(감손)·增損(증손)·損傷(손상)·汚損(오손)·毀損(훼손)」ソン·そこなう 損害 汚損
손[遜] ① 겸손할 손: 겸손하다. 「謙遜(겸손)·不遜(불손)·遜辭(손사)·遜志(손지)」② 뒤떨어질 손: 뒤떨어지다. 「遜色(손색)」ソン ① へりくだる 謙遜
손괴[損壞] 손상하거나 파괴함. そんかい destruction 損壞
손금[損金] 손해본 돈. 손금 pecuniary loss 損金
손녀[孫女] 아들의 딸. =여손(女孫). granddaughter 孫女
손도[損徒] 지난날, 오륜(五倫)에 어긋난 행동을 한 사람을 그 동네에서 쫓아 내던 일. 「~맞다」 banishment 損徒
손둔[遜遁] 물러나 피함. 遜遁
손득[損得] 손실과 이득. = 손익(損益). そんとく loss and gain 損得
손료[損料] 물건을 빌려 주고 損料

닳거나 해지는 값으로 받는 돈. そんりょう hire
손:**모**[損耗] 닳아서 없어짐. 損耗 そんもう·そんこう abrasion
손:**방**[巽方] ① 이십사 방위의 하나. 남동(南東)을 중심으로 한 15도 이내의 방향. ② 팔방의 하나. 남동(南東)을 중심으로 한 45도 이내의 방향. southeast 巽方
손:**복**[損福] 복을 잃음. 損福 loss of good fortune
손:**사**[遜辭] 겸양하는 말. = 겸사(謙辭). そんじ humble word 遜辭
손:**상**[損傷] ① 깨어지고 상함. ② 명예 따위가 깎이거나 더럽혀짐. 또는 그렇게 되게 함. そんしょう damage 損傷
손:**상익하**[損上益下] 윗사람에게 손해를 끼치고, 아랫사람에게는 이익을 줌. ↔익상손하(益上損下). 損上益下
손:**색**[遜色] 다른 것과 견주어 뒤떨어지는 점. そんしょく inferiority 遜色
손서[孫壻·孫婿] 손녀의 남편. 손자사위. grandson-in-law 孫壻
손석풍[孫石風] 매년 음력 10월 20일을 전후해서 부는 세찬 바람. 손돌바람. 孫石風
손세[孫世] ① 자손이 늘어가는 정도. ② 손자의 대(代). ② grandson's generation 孫世
손:**실**[損失] 축나거나 잃어버리거나 하여 손해를 봄. 또는 그 손해. ↔이득(利得). 손실 loss 損失
손:**양**[遜讓] 겸손히 사양함. 遜讓 そんじょう humility
손:**우**[損友] 해가 되는 벗. ↔ 익우(益友). そんゆう injurious friend 損友

손:익[損益] ① 손실과 이익. ② 경영의 결과로 생긴 자본 총액의 감소와 증가. =손득(損得). 「~계산서(計算書)」 そんえき loss and gain

손자[孫子] 아들의 아들. grandson

손:재수[損財數] 손해를 볼 운수. 또는 재물을 잃을 운수. forthcoming fate to lose one's possessions

손지[孫枝] 가지에서 다시 돋아 나온 곁가지. lateral branch

손:피[遜避] 사양하여 피함.

손항[孫行] 손자뻘 되는 항렬.

손:해[損害] 본디보다 밑지거나 해가 됨. ↔이익(利益)·이득(利得). 「주가(株價)가 내려 ~를 보다」 そんがい damage

손:해 배상[損害賠償] 법률의 규정에 따라서 남에게 끼친 손해를 물어 줌. そんがいばいしょう compensation for damages

솔[率] ① 거느릴 솔: 거느리다. 「率家(솔가)·率眷(솔권)·率兵(솔병)」 ② 비율 률: 비율. 「勝率(승률)·確率(확률)」 ソツ·リツ ① ひきいる

솔[蟀] 귀뚜라미 솔: 귀뚜라미. 「蟀子(솔자)·蟋蟀(실솔)」 シュツ

솔[이 sol] 장음계(長音階)의 다섯째 음. ソ

솔가[率家] 집안 식구를 모두 데려가거나 데려옴. =솔권(率眷). taking one's family away

솔거[率去] 사람들을 거느리고 감. taking away

솔권[率眷] ⇨솔가(率家).

솔라닌[solanine] 감자의 새 눈에 들어 있는 알칼로이드 배당체(配糖體)의 한 가지. 간혹 중독의 원인이 됨. ソラニン

솔래[率來] 거느리고 옴. bringing

솔로[이 solo] 독창(獨唱). 독주(獨奏). ソロ

솔리드스테이트[solid state] 고체의 전자 현상을 이용한 회로(回路)나 장치. ソリッドステート

솔리스트[프 soliste] 독창(獨唱)이나 독주(獨奏)를 전문으로 하는 사람. ソリスト

솔뮤직[soul music] 리듬 앤드 블루스에 재즈·고스펠·팝 요소를 가미한 흑인 음악(黑人音樂). ソールミュージック

솔반[率伴] 거느리고 함께 감. leading

솔병[率兵] 군사를 거느림. commanding soldiers

솔선[率先] 남보다 앞서서 함. 남의 앞장을 섬. 「~수범(垂範)」 そっせん taking the lead

솔이[率易] 언행이 까다롭지 않고 솔직함. そつい plainness

솔직[率直] 거짓이나 꾸밈이 없이 바르고 곧음. 「~ 담백(淡白)」 そっちょく frankness

솔토[率土] 솔토지빈(率土之濱)의 준말. そつど·そっと

솔토지빈[率土之濱] 육지의 끝인 바닷가. 국토의 한계. 또는 전국의 국토. ⦿솔빈(率濱)·솔토(率土). そっとのひん the whole country

솔페주[프 solfège] 음악에서, 계이름 부르기. ソルフェージュ

솔하[率下] 거느리고 있는 부하. subordinate

솜브레로[에 sombrero] 에스파냐·멕시코 등지에서 쓰는

챙이 썩 넓은 모자. ソンブレロ

송:[宋] 송나라 송 : 송나라. 「宋史(송사)・宋本(송본)・宋朝(송조)」ソウ 宋史

송[松]* 소나무 송 : 소나무. 「松花(송화)・松林(송림)・松津(송진)・老松(노송)・青松(청송)」ショウ・まつ 松花

송[悚] 두려울 송 : 두려워하다. 「悚然(송연)・悚慄(송률)・悚惕(송척)・悚懼(송구)・悚縮(송축)・悚惶(송황)」ショウ・おそれる 悚惕 悚懼

송:[送]* 보낼 송 : 보내다. 「送付(송부)・送致(송치)・送信(송신)・急送(급송)・還送(환송)・餞送(전송)・送別(송별)・送迎(송영)」ソウ・おくる 送信

송:[訟]* 송사할 송 : 송사하다. 시비하다. 「訟事(송사)・訴訟(소송)・訟辯(송변)」ショウ・うったえる 訟事

송:[竦] 삼갈 송 : 삼가다. 두려워하다. 「竦敬(송경)・竦然(송연)」ショウ 竦然

송:[頌]* 칭송할 송 : 칭송하다. 「讚頌(찬송)・頌德(송덕)・頌美(송미)」ショウ・ジュ 頌德

송:[誦]* 욀 송 : 외다. 소리내어 읽다. 「誦經(송경)・誦讀(송독)・誦詠(송영)・暗誦(암송)」ショウ・ジュ・となえる 誦經

송:가[頌歌] 공덕(功德)을 기리는 노래. 찬양하는 노래. しょうか   anthem 頌歌

송:객[送客] 손을 보냄. 손을 전송함. そうかく   seeing a guest off 送客

송:경[誦經] 경서(經書)를 읽음. 불경(佛經)을 읽음. しょうけい   recitation of a sutra 誦經

송:공[頌功] 공덕을 칭송함. 頌功

송:공[誦功] 공덕을 내세워 말함. 誦功

송:괴[悚愧] 황송하고 부끄러움.   shame 悚愧

송:구[送球] ① 구기(球技)의 하나. 공을 손으로 패스하여 상대편 골문에 던져 넣음. 핸드볼. ② 야구 등의 구기에서, 공을 보내는 일. そうきゅう ① handball ② passing a ball 送球 野球

송:구[送舊] 묵은 해를 보냄. ↔영신(迎新). 「영신(迎新)」 seeing the old year out 送舊 迎新

송:구[悚懼] 마음에 두렵고 어려움. しょうく 悚懼

송:구영신[送舊迎新] 묵은 해를 보내고 새해를 맞음. 준송영(送迎). seeing the old year out and the new year in 送舊迎新

송근유[松根油] 소나무 뿌리를 건류(乾溜)해서 만든 기름. 도료(塗料)의 용제(溶劑)로 씀. しょうこんゆ   turpentine oil 松根油

송:금[送金] 돈을 보냄. 「~ 수표(手票)」そうきん remittance 送金

송기[松肌] 소나무의 어린 가지의 속껍질. 멥쌀가루에 섞어 떡을 만들기도 함. 「~떡」   pine endodermis 松肌

송:년[送年] 한 해를 보냄. ↔영년(迎年). 「~회(會)」そうねん bidding the old year out 送年

송:달[送達] ① 우편이나 인편으로 보내 줌. ② 법원이 소송 관계의 서류를 관계인에게 보내 줌. そうたつ   delivery 送達

송:덕[頌德] 공덕을 칭송함. 「~비(碑)」しょうとく   eulogy 頌德

송:도[松濤] 파도 소리같이 들리는 솔바람 소리. しょうとう 松濤 松風

송:독[誦讀] 소리내어 읽음. =독송(讀誦). しょうどく 誦讀

송로[松露] ① 솔잎에 맺힌 이슬. ② 알버섯과의 식용 버섯. 흰 알 모양이며, 봄에 바닷가 솔숲의 모래땅에 남. しょうろ ① dew on pine needles ② truffle

송뢰[松籟] 소나무에 스치는 바람 소리. 솔바람의 소리. =송운(松韻). しょうらい wind passing through the pine trees

송:료[送料] 물건을 보내는 데 드는 요금. そうりょう postage

송린[松鱗] 물고기의 비늘같이 생긴 늙은 소나무의 겉껍질. しょうりん

송림[松林] 소나무 숲. 솔숲. しょうりん・まつばやし pine forest

송명[松明] ① 소나무에 송진이 많이 엉긴 부분. 관솔. ② 관솔불. しょうめい・たいまつ ① resinous pine knot ② fire set to pine knots

송백[松柏] ① 소나무와 잣나무. ② 껍질을 까서 솔잎에 꿴 잣. しょうはく ① pine and nut pine

송:변[訟辯] 재판정에서 변론(辯論)함. pleading in court

송:별[送別] 멀리 떠나는 이를 작별하여 보냄. ↔영접(迎接). 「~연(宴)」そうべつ farewell

송병[松餠] 멥쌀가루를 반죽하여 소를 넣고 주개 모양 또는 반달 모양으로 빚어 솔잎을 깔아 찐 떡. 송편.

송:병[送兵] 군대를 보냄. =파병(派兵). dispatch of troops

송:부[送付] 물건을 보냄. そうふ sending

송:사[訟事] 소송(訴訟)하는 일. suit

송:사[頌辭] 공덕을 기리는 말. しょうじ eulogy

송:상기[送像機] 영상(映像)을 전파로 보내는 장치. ↔수상기(受像機). transmitter

송:설[誦說] 경서(經書)를 읽고 해설(解說)함. しょうせつ reading and explaining

송:성[頌聲] 공덕을 찬양하는 소리. eulogy

송:수[送水] 물을 보냄. ↔단수(斷水). 「~관(管)」そうすい water supply

송순[松筍] 소나무의 새순. 「~주(酒)」 bud of a pine tree

송:시[頌詩] 공덕을 찬양하는 시(詩). =송덕 시(頌德詩). しょうし poem of praise

송:신[送信] 통신을 보내는 일. ↔수신(受信). そうしん transmission

송:신[送神] ① 제사가 끝난 다음 신을 보냄. ↔영신(迎神). ② 마마가 완치된 지 12일 만에 두신(痘神)을 강남으로 보냄. ① sending off the spirit

송액[松液] 솔뿌리를 자른 자리에서 나오는 진. pine resin

송:양지인[宋襄之仁] 중국 춘추 시대의 송나라 임금인 양공이 초나라와의 싸움에서, 군자의 도리를 내세워 적군의 전열(戰列)이 갖추어지기를 기다리다가 대패하였다는 고사(故事)에서, 쓸데없는 동정(同情)을 이르는 말.

송연[松烟・松煙] 소나무를 태울 때 나오는 그을음. 먹(墨)의 원료로 씀. しょうえん pine soot

송:연[送宴] 송별을 위하여 베

푸는 잔치. =송별연(送別宴). そうえん　farewell dinner

송:연[竦然・悚然] 두려워서 몸이 오싹해지는 모양.「모골(毛骨)이 ~하다」しょうぜん　being terrified

송엽[松葉] 소나무의 잎. 솔잎. まつば　pine needle

송:영[送迎] ① 가는 이를 배웅하고, 오는 이를 맞이함. ② 송구영신(送舊迎新)의 준말. そうげい・おくりむかえ　① welcome and send-off

송운[松韻] 솔바람의 소리. =송뢰(松籟). しょういん　wind among pine trees

송:유[宋儒] 중국 송나라 때의 유학자인 정호(程顥)・정이(程頤)・주희(朱熹) 등을 일컫는 말. そうじゅ

송유[松油] 솔가지를 잘라 불에 구워서 받은 기름. =송탄유(松炭油). turpentine

송:유관[送油管] 석유 따위를 먼 곳으로 보내기 위해 시설한 관. そうゆかん. oil pipeline

송이[松栮] 송이과의 식용 버섯. 소나무 뿌리에 기생하며, 향이 좋고 맛이 독특함. 송이버섯. まつたけ

송자[松子] ① 솔방울. しょうし ② 잣. ① pinecone ② big-cone pine nuts

송:장[送狀] ① 물건을 보내는 사람이 받을 사람에게 보내는 물품 명세서. =송증(送證). ② ⇨인보이스. おくりじょう invoice

송:적[送籍] 딸을 시집보내거나 아들을 양자로 보내거나 할 때, 호적을 그 집으로 옮김. そうせき　transfer of the family register

송:전[送傳] 보내어 전해 줌. そうでん　delivery

송:전[送電] 전기를 보냄.「~선(線)」そうでん transmission of electricity

송:정[送呈] 물건을 보내어 드림. そうてい　presentation

송:조[宋朝] ① 송나라의 왕조(王朝). 또는 그 조정. ② 송조체(宋朝體)의 준말. そうちょう

송:조체[宋朝體] 해서체(楷書體)로 된, 활자체의 한 가지. 준송조(宋朝).

송:종[送終] 장사(葬事)에 관한 여러 가지 일. 또는 그 일을 다 끝냄. finishing a funeral

송:주[誦呪] ① 주문(呪文)을 욈. ② 불교에서, 다라니경(陀羅尼經)을 욈. しょうじゅ ① chanting a spell

송죽[松竹] 소나무와 대나무.「~ 같은 절개(節槪)」しょうちく　pine and bamboo

송죽매[松竹梅] 소나무・대나무・매화나무의 세 가지. 예로부터 세한삼우(歲寒三友)라 하여 시제(詩題)나 화제(畫題)로 많이 삼았음. しょうちくばい

송:증[送證] 물품을 보내는 사람이 받을 사람에게 보내는 명세서. =송장(送狀). invoice

송지[松脂] 소나무의 줄기에서 분비하는 수지(樹脂). =송진(松津). まつやに・しょうし pine resin

송지유[松脂油] 송진을 증류하여 얻는 휘발성 정유(精油). 테레빈유. まつやにあぶら

송진[松津] ⇨송지(松脂).

송:채[送采・送綵] 혼인을 정

송:축[悚縮・悚蹙] 송구스러워 몸을 움츠림.

송:축[頌祝] 경사를 기리어 축하함. =송도(頌禱). blessing

송충[松蟲] 솔나방의 유충. 솔잎을 갉아먹는 해충(害蟲)임. 송충이. pine caterpillar

송:치[送致] ①보냄. ②관련 서류나 피의자를 사법 경찰에서 검찰청으로, 또는 어떤 검찰청에서 다른 검찰청으로 보내는 일. そうち sending

송판[松板] 소나무 널빤지. =판자(板子). pine board

송:품[送品] 물건을 보냄. そうひん sending goods

송:풍기[送風機] 바람을 일으켜 보내는 기계. そうふうき ventilator

송:학[宋學] 송나라 때의 유학(儒學). =정주학(程朱學)・성리학(性理學)・주자학(朱子學). そうがく

송화[松花] 소나무의 꽃. 또는 그 꽃가루. 「~다식(茶食)」 pine pollen

송:화기[送話機] 전화기 등에서 음성 신호를 전기 신호로 바꾸는 장치. ↔수화기(受話機). そうわき transmitter

송:환[送還] 돌려 보냄. そうかん sending back

송:황[悚惶] 송구스럽고 황송함. =황송(惶悚). awe

쇄:[刷]* ①문지를 쇄:문지르다. 인쇄하다. 「印刷(인쇄)・縮刷(축쇄)・色刷(색쇄)」 ②솔질할 쇄:솔질하다. 「刷子(쇄자)・刷馬(쇄마)・刷新(쇄신)」 サツ ①する ②はく

쇄:[洒] "灑"는 通字. ①닦을 쇄:닦다. 씻다. 「洒脫(쇄탈)・洒濯(쇄탁)」 ②물 뿌릴 쇄:물 뿌리다. 「洒掃(쇄소)」 シャ ①あらう・すすぐ

쇄:[晒] ⇨쇄(曬).

쇄:[殺] ⇨살(殺).

쇄:[碎] ①부술 쇄:부수다. 「粉碎(분쇄)・玉碎(옥쇄)・破碎(파쇄)・碎氷(쇄빙)・碎片(쇄편)」 ②잘 쇄:잘다. 「碎瑣(쇄쇄)・煩碎(번쇄)」 サイ ①くだく

쇄:[瑣] 자질구레할 쇄:자질구레하다. 「瑣末(쇄말)・瑣事(쇄사)・瑣碎(쇄쇄)・瑣小(쇄소)・瑣瑣(쇄쇄)」 サ

쇄:[鎖]* ①쇠사슬 쇄:쇠사슬. 「足鎖(족쇄)・項鎖(항쇄)」 ②가둘 쇄:가두다. 「鎖國(쇄국)・鎖直(쇄직)・鎖港(쇄항)」 サ ①くさり ②とざす

쇄:[灑] "洒"는 通字. 물 뿌릴 쇄:물을 뿌리다. 소제하다. 「灑落(쇄락)・灑掃(쇄소)・灑塵(쇄진)」 サイ・シャ・そそぐ

쇄:[曬] "晒"는 同字. 햇빛 쐴 쇄:햇빛을 쐬다. 「曬書(쇄서)・曬風(쇄풍)・曬燥(쇄조)」 サイ・さらす

쇄:골[鎖骨] 가슴 위 양쪽에 있는, S자 모양의 한 쌍의 뼈. 빗장뼈. さこつ collarbone

쇄:광[碎鑛] 광석을 부수어 유효 성분(有效成分)을 분리하는 일. さいこう crushing ore

쇄:국[鎖國] 외국과의 통상(通商)・교통을 금지함. 「~정책(政策)」 さこく national isolation

쇄:금[碎金] 금의 부스러기란 뜻으로, 아름다운 시문(詩文)의 자구(字句)를 비유하는 말. さいきん elegant lines

쇄:도[殺到] 한꺼번에 세차게 몰려듦. さっとう rush 殺到

쇄락[灑落] 기질이 담백하고 마음이 시원스러움. しゃらく refreshing 灑落

쇄빙[碎氷] 얼음을 깨뜨림. 또는 그 얼음. さいひょう breaking the ice 碎氷

쇄빙선[碎氷船] 강이나 바다의 얼음을 깨서 배가 다닐 수 있게 하는 배. さいひょうせん icebreaker 碎氷船

쇄사[瑣事] 쓸모 없는 사소한 일. さじ trifles 瑣事

쇄서[曝書·晒書] 책을 볕에 쬠. shining on books 曝書

쇄설[碎屑] 부스러진 가루. =쇄편(碎片). さいせつ 碎屑

쇄:소[刷掃] 쓸고 닦음. cleaning 刷掃

쇄:소[灑掃] 물을 뿌리고 비로 쓰는 일. sweeping 灑掃

쇄:신[刷新] 묵은 것을 버리고 새롭게 함. さっしん reform 刷新

쇄:신[碎身] 분골쇄신(粉骨碎身)의 준말. さいしん 碎身

쇄:탈[洒脫] 속됨이 없이 시원스러움. しゃだつ 洒脫

쇄:파[碎破] 부수어 망가뜨림. さいは crushing 碎破

쇄:편[碎片] 부서진 조각. =쇄설(碎屑). さいへん shattered pieces 碎片

쇄:풍[曝風·晒風] 의복 따위를 바람을 쐼. airing 曝風

쇄:항[鎖港] ① 외국 선박이 항구에 들어오지 못하게 막음. ↔개항(開港). ② 외국과의 통상(通商)을 끊음. さこう closing the ports 鎖港

쇠[衰]* ① 쇠잔할 쇠 : 쇠잔하다. 「衰弱(쇠약)·衰退(쇠퇴)·衰困(쇠곤)·衰耗(쇠모)」 ② 상복 최 : 상복. 「衰服(최복)·衰麻(최마)·衰裳(최상)」 スイ·サイ ① おとろえる 衰

쇠감[衰減] 쇠퇴하여 줄어듦. =쇠모(衰耗). exhaustion 衰減

쇠경[衰境] 늙바탕. =노경(老境). old age 衰境

쇠곤[衰困] 몸이 쇠약하고 피곤함. すいこん fatigue 衰困

쇠구[衰軀] 쇠약해진 몸. =쇠체(衰體). すいく emaciated body 衰軀

쇠년[衰年] 늙어서 쇠약해지는 나이. =쇠령(衰齡). すいねん decline of one's life 衰年

쇠락[衰落] 쇠하여 말라 떨어짐. 衰落

쇠령[衰齡] ⇨쇠년(衰年). すいれい 衰齡

쇠로[衰老] 늙어서 몸이 쇠약해짐. =노쇠(老衰). すいろう decrepitude 衰老

쇠망[衰亡] 쇠퇴하여 멸망함. =쇠멸(衰滅)·쇠진(衰盡). すいぼう decay 衰亡

쇠멸[衰滅] ⇨쇠망(衰亡). すいめつ 衰滅

쇠문[衰門] 쇠퇴해 가는 집안. declining family 衰門

쇠미[衰微] 쇠잔하여 미약함. 기운이 쇠퇴하여 미약함. すいび decline 衰微

쇠색[衰色] 쇠퇴한 기색. 쇠약해 가는 안색. すいしょく faded face 衰色

쇠세[衰勢] 세력이 약해져 감. 쇠퇴하는 세력. すいせい declining influence 衰勢

쇠약[衰弱] 쇠퇴하여 약함. 「신경(神經)~」 すいじゃく weakness 衰弱

쇠옹[衰翁] 늙은이. -노옹(老翁). old man 衰翁

쇠용[衰容] 쇠약해진 모습. 여원 얼굴. すいよう　thin face 衰容

쇠운[衰運] 기우는 운수. すいうん　declining fortune 衰運

쇠이[衰弛] 쇠약하여 마음이 해이해짐. すいし　relaxation 衰弛

쇠잔[衰殘] 쇠하여 몹시 약해짐. すいざん　decline 衰殘

쇠증[衰症] 노쇠(老衰)에서 오는 병증.　senile symptoms 衰症

쇠진[衰盡] 힘이 차차 줄어져 없어짐. 쇠퇴하여 망함. ＝쇠멸(衰滅)·쇠망(衰亡). decay 衰盡

쇠태[衰態] 쇠약한 모습. すいたい 衰態

쇠퇴[衰退] 쇠하여 점점 힘이 없어짐. すいたい decline 衰退

쇼:[show] ① 춤과 노래를 주로 한 오락 연극(娛樂演劇). ② 구경거리. 흥행(興行). ③ 전시회. ショー 興行

쇼:걸:[showgirl] 쇼에 나오는 여배우(女俳優). 女俳優

쇼:랜[shoran] 지상의 두 송신국에 항공기나 배에서 전파를 주고받아, 응답의 시각차(時刻差)로 자기 위치를 측정하는 라디오 비컨의 하나. 時刻差

쇼:맨십[showmanship] 구경꾼을 즐겁게 해야겠다는, 쇼맨으로서의 마음가짐. ショーマンシップ 觀客

쇼비니즘[chauvinism] 광신적(狂信的)이고 배타적(排他的)인 애국주의. 狂信的

쇼:윈도[show window] 진열창(陳列窓). ショーウインド 陳列窓

쇼:케이스[showcase] 진열장(陳列欌). ショーケース 陳列欌

쇼크[shock] 갑자기 받게 되는 신체적·정신적 타격. 심적(心的) 동요를 가리키는 경우가 많음. 충격(衝擊). ショック 衝擊

쇼킹[shocking] 놀랄 만함. ショッキング

쇼:트[short] ① 짧음. ② 야구에서, 유격수(遊擊手). 또는 그 위치. 쇼트스톱. ③ 단락(短絡). 쇼트 서킷. ショート 短絡

쇼:트닝[shortening] 라드 대용의 반고형(半固形) 유제품. ショートニング 半固形

쇼:트스톱[shortstop] 야구에서, 유격수(遊擊手). 또는 그 위치. 쇼트. ショートストップ 遊擊手

쇼:트케이크[shortcake] 카스텔라 따위의 위에 크림이나 과실 등을 얹은 양과자(洋菓子). ショートケーキ 洋菓子

쇼:트트랙[short track] 스피드스케이팅에서 짧은 트랙을 도는 경기(競技). ショートトラック 競技

쇼:트패스[short pass] 축구 등에서, 공을 짧게 주고받음. ショートパス 蹴球

쇼핑[shopping] 물건사기. ショッピング

쇼핑몰:[shopping mall] 보행자(步行者) 전용의 상점가. 차량을 들이지 않는 광장이나 가로(街路)를 중심으로 한 상점가. ショッピングモール 步行者 街路

쇼핑센터[shopping center] 상점이 한 곳에 집중되어 있는 곳. 상점가(商店街). ショッピングセンター 商店街

숄:[shawl] 여성용(女性用) 어깨걸이. ショール 女性用

숄:더백[shoulder bag] 어깨에 메는 가방. ショルダーバッグ 女子用

수[手]* ① 손 수: 손.「手足(수족)·擧手(거수)·手中(수중)·握手(악수)·手旗(수기)·手術(수술)」② 재주 수: 재주. 수단.「妙手(묘수)·手段(수단)· 手足 妙手

手腕(수완)·高手(고수)」シュ· ズ ①て·た

수[水]* ①물 수:물.「雨水(우수)·洪水(홍수)·水道(수도)·水氣(수기)·水畓(수답)·海水(해수)·天水(천수)·下水(하수)」 ②고를 수:고르다. 평평하다.「水平(수평)·水準(수준)」スイ ①みず

수[囚]* 가둘 수:가두다.「囚人(수인)·罪囚(죄수)·囚衣(수의)·囚徒(수도)」シュウ·とらえる

수[守]* ①지킬 수:지키다.「守門(수문)·看守(간수)·守勢(수세)·守護(수호)·死守(사수)」 ②사또 수:원. 사또.「太守(태수)·守令(수령)·郡守(군수)」シュ·ス ①まもる·もり

수[戍] 수자리 수:수자리.「戍役(수역)·戍兵(수병)·戍甲(수갑)·衛戍(위수)·戍樓(수루)」ジュ·まもる

수[收]* 거둘 수:거두다.「收益(수익)·收穫(수확)·收合(수합)·收取(수취)·秋收(추수)·收監(수감)·收金(수금)」シュウ·おさめる

수[秀]* 빼어날 수:빼어나다.「優秀(우수)·秀麗(수려)·秀才(수재)·秀偉(수위)·清秀(청수)·俊秀(준수)·閨秀(규수)·秀逸(수일)」シュウ·ひいでる

수[受]* 받을 수:받다.「受講(수강)·受益(수익)·受領(수령)·受授(수수)·受信(수신)·受任(수임)·傳受(전수)·受辱(수욕)·受侮(수모)」ジュ·うける

수[垂] ①드리울 수:드리우다.「垂線(수선)·垂簾(수렴)·垂示(수시)」 ②거의 수:거의.「垂成(수성)·垂死(수사)」スイ ①たれる

수[帥]* 거느릴 수:거느리다. 장수.「將帥(장수)·帥臣(수신)·元帥(원수)·總帥(총수)·統帥(통수)」スイ·ソツ·ソチ·ひきいる

수[洙] 강 이름 수:강의 이름.「洙水(수수)·洙泗(수사)」シュ

수[狩] ①사냥 수:사냥.「狩獵(수렵)·狩漁(수어)·狩田(수전)」 ②순행할 수:순행하다.「巡狩(순수)」シュ ①かる·かり

수[首]* ①머리 수:머리. 목. 고개.「首肯(수긍)·白首(백수)·斬首(참수)」 ②우두머리 수:우두머리.「首相(수상)·首領(수령)·魁首(괴수)·元首(원수)·黨首(당수)」シュ ①くび

수[修]* ①닦을 수:닦다.「修學(수학)·修身(수신)·修業(수업)·研修(연수)·修習(수습)」 ②꾸밀 수:꾸미다.「修辭(수사)·修飾(수식)」 ③엮을 수:엮다.「編修(편수)·修史(수사)·監修(감수)」 ④정리할 수:정리하다.「修理(수리)·修膳(수선)」シュウ·シュ ①おさめる

수[叟] 늙은이 수:늙은이. 어른.「釣叟(조수)」ソウ

수[殊]* ①다를 수:다르다.「殊邦(수방)·殊域(수역)·殊異(수이)·殊常(수상)」 ②벨 수:베다.「殊死(수사)」 ③뛰어날 수:뛰어나다.「殊勳(수훈)」シュ·ジュ ①③こと

수[袖] 소매 수:소매.「袖珍本(수진본)·領袖(영수)·袖手(수수)」シュウ·そで

수[脩] ①길 수:길다.「脩短

(수단)·脩路(수로)·脩竹(수죽)」② 닦을 수:닦다. シュウ

수[授]* 줄 수:주다. 「受授(수수)·授與(수여)·授業(수업)·授乳(수유)」ジュ・さずける

수[羞] ① 부끄러울 수:부끄럽다. 「羞恥(수치)·羞愧(수괴)·羞澁(수삽)」② 음식 수:음식. 「珍羞(진수)」シュウ ① はじる

수[隋] ① 나라 이름 수:수나라. 「隋唐(수당)·隋書(수서)」② 떨어질 타:떨어지다. "墮"와 同字. 「隋落(타락)」ズイ・ダ

수[須]* ① 모름지기 수:모름지기. 「須知(수지)」② 잠깐 수:잠깐. 「須臾(수유)」③ 요긴할 수:요긴하다. 「軍須(군수)·急須(급수)·必須(필수)」シュ・ス ① すべからく ③ もちいる

수[嫂] 형수 수:형수. 계수. 「兄嫂(형수)·嫂氏(수씨)·嫂妹(수매)·嫂叔(수숙)·季嫂(계수)」ソウ・あによめ

수[溲] 오줌 수:오줌. 「溲器(수기)·牛溲(우수)·溲便(수변)」シュウ

수[愁]* 근심 수:근심. 「愁心(수심)·愁困(수곤)·客愁(객수)·憂愁(우수)·愁然(수연)·愁愁(수수)」シュウ・うれえる・うれい

수[搜] 찾을 수:찾다. 「搜査(수사)·搜索(수색)·搜探(수담)·搜所聞(수소문)」ソウ・さがす

수[睡]☆ 졸 수:졸다. 자다. 「睡眠(수면)·睡氣(수기)·睡魔(수마)·睡味(수미)·午睡(오수)·熟睡(숙수)」スイ・ねむる

수[遂]☆ 다할 수:다하다. 「完遂(완수)·遂行(수행)·旣遂(기수)·未遂(미수)」スイ・とげる・ついに

수[酬] ① 갚을 수:갚다. 「報酬(보수)·酬答(수답)·酬勞(수로)」② 술 권할 수:술을 권하다. 「酬酌(수작)·酬酢(수작)」シュウ ① むくいる

수[嗽] ① 입 가실 수:입가심하다. 양치질하다. 「含嗽(함수)」② 기침할 수:기침하다. 「咳嗽(해수)·嗽血(수혈)」ソウ ① うがい

수[壽]* 목숨 수:목숨. 오래 살다. 「壽命(수명)·壽限(수한)·長壽(장수)·壽夭(수요)」ジュ・ことぶき

수[漱] 양치질할 수:양치질하다. 「漱滌(수척)·漱澣(수한)」ソウ・すすぐ

수[粹] 순수할 수:순수하다. 「純粹(순수)·國粹(국수)·粹美(수미)·精粹(정수)」スイ・いき

수[綬] 인끈 수:인끈. 「印綬(인수)」ジュ

수[蒐] 모을 수:모으다. 「蒐集(수집)·蒐輯(수집)·蒐書(수서)」シュウ・あつめる

수[需]☆ 구할 수:구하다. 찾다. 「需要(수요)·需求(수구)·需給(수급)·必需(필수)·內需(내수)·特需(특수)」ジュ・もとめる

수:[數]* ① 셀 수:수를 세나. 또는 수. 「算數(산수)·計數(계수)·數個(수개)·數爻(수효)·數年(수년)·小數(소수)」② 운수 수:운수. 「運數(운수)」③ 자주 삭:자주. 「數數(삭삭)·數尿症(삭뇨증)·數遞(삭체)」④ 빽빽할 촉:빽빽하다. 「數罟(촉고)」スウ・ス・数罟

サク ① かず・かぞえる

수[瘦] 파리할 수 : 파리하다. 「瘦瘠(수척)・瘦松(수송)・瘦面(수면)・瘦長(수장)・瘦果(수과)」ソウ・やせる 瘦瘠

수[誰]* ① 누구 수 : 누구. 「誰何(수하)・誰某(수모)」② 발어사 수 : 발어사(發語辭). 「誰昔(수석)」スイ ① だれ・たれ 誰何

수[豎] ① 더벅머리 수 : 더벅머리. 「豎童(수동)・豎子(수자)」② 세울 수 : 세우다. 「豎毛(수모)・豎立(수립)」③ 내시 수 : 내시. 「豎官(수관)・內豎(내수)」ジュ ② たてる 豎童

수[樹]* ① 나무 수 : 나무. 「樹木(수목)・果樹(과수)・樹枝(수지)・樹脂(수지)・花樹(화수)」② 세울 수 : 세우다. 「樹功(수공)・樹立(수립)」ジュ ① き 樹木 花樹

수[輸]* ① 나를 수 : 나르다. 「輸送(수송)・輸出(수출)・輸血(수혈)」② 질 수 : 지다. 패하다. 「輸贏(수영)」ユ・シュ 輸送 輸出

수[隧] 굴 수 : 굴. 터널. 「隧道(수노)・隧穴(수천)」スイ 隧道

수[隨]☆ 따를 수 : 따르다. 「隨行(수행)・隨時(수시)・隨想(수상)・隨筆(수필)・隨意(수의)」ズイ・したがう 隨筆

수[燧] ① 봉화 수 : 봉화. 「烽燧(봉수)」② 부시 수 : 부시. 부싯돌. 「燧石(수석)」スイ ② ひうち 燧石

수[穗] 이삭 수 : 이삭. 「落穗(낙수)・穗狀(수상)・花穗(화수)」スイ・ほ 落穗

수[雖]* 비록 수 : 비록. 「雖然(수연)」スイ・いえども 雖然

수:[繡] 수놓을 수 : 수놓다. 「錦繡(금수)・繡衣(수의)・刺繡(자수)・繡法(수법)」シュウ・ぬいとり 錦繡

수[襚] 주검옷 수 : 수의. 「襚衣(수의)」スイ 襚衣

수[邃] 깊숙할 수 : 깊숙하다. 「邃淵(수연)・邃宇(수우)・幽邃(유수)・邃密(수밀)」スイ・おくぶかい 邃淵

수[獸]☆ 짐승 수 : 짐승. 「禽獸(금수)・獸皮(수피)・獸面(수면)・野獸(야수)・獸肉(수육)・猛獸(맹수)」ジュウ・けもの・けだもの 禽獸

수[鬚] 턱수염 수 : 턱의 수염. 「鬚髥(수염)・鬚眉(수미)・鬚髮(수발)・白鬚(백수)」シュ・ひげ 鬚眉

수[讎] "讐"는 同字. 원수 수 : 원수. 「怨讎(원수)・讎仇(수구)・讎敵(수적)・恩讎(은수)・報讎(보수)・復讎(복수)」シュウ・あだ・かたき 怨讎

수[髓] ① 골수 수 : 골수. 「骨髓(골수)・腦髓(뇌수)・髓質(수질)」② 중요할 수 : 중요하다. 중심이 되는 부분. 「心髓(심수)・精髓(정수)」ズイ 骨髓 腦髓

수가[酬價] 보수로 주는 대가. 「의료 ~」 酬價

수각[水閣] 물가나 못 가운데 세운 정각(亭閣). =수정(水亭). すいかく arbor by the waterside 水閣

수:간[數間] 집의 두서너 칸. a few rooms 數間

수간[樹幹] 나무의 줄기. じゅかん trunk 樹幹

수감[收監] 감방에 수용함. 가둠. しゅうかん confinement 收監

수감[隨感] 마음에 느낀 그대로의 감상. =수상(隨想). ずいかん occasional thoughts 隨感 隨想

수갑[手匣] 죄인의 손목에 채우는 형구(刑具). 쇠고랑. handcuffs 手匣

수갑[水閘] 저수지나 수로에 水閘

설치하여 수량을 조절하는 문. 물문. =수문(水門). すいこう sluice

수강[受講] 강의나 강습을 받음. 「~생(生)」 じゅこう taking a lecture

수개[修改] 수리하여 고침. repair

수:개[數個] 몇 개. 두서너 개. すうこ several pieces

수갱[豎坑] 땅 속을 아래로 파 내려간 갱도. たてこう shaft

수거[收去] 거두어 감. 「쓰레기 ~」 collecting

수:건[手巾] 얼굴이나 손을 닦는 데 쓰이는 천. しゅきん towel

수걸[秀傑] 재주와 기상이 뛰어남. 또는 그런 사람. excellence

수검[受檢] 검사나 검열을 받음. じゅけん undergoing an inspection

수격[手格] 주먹으로 침. striking with one's fist

수결[手決] 지난날, 도장 대신으로 자기 이름 아래에 쓰던 일정한 표지. =수압(手押). signature

수경[水耕] 수경 재배(水耕栽培)의 준말. すいこう

수경 재:배[水耕栽培] 흙에 심지 않고, 성장에 필요한 양분을 녹인 물로 화초나 채소 따위를 가꾸는 일. 준수경(水耕). hydroponics

수계[水系] 하천(河川)의 본류(本流)와 그에 딸린 모든 지류(支流). すいけい water system

수계[水界] 물과 육지의 경계. 「~선(線)」 すいかい hydrosphere

수계[守誡] 기독교에서, 계명(誡命)을 지킴. observance of the Ten Commandments

수계[受戒] 불문(佛門)에 들어간 사람이 계율을 받음. ↔수계(授戒). じゅかい

수계[授戒] 불법을 닦는 사람에게 계율을 주어 지키게 함. ↔수계(受戒). じゅかい

수고[手鼓] 민속 악기의 한 가지. 자루가 달린 소형의 북.

수고[愁苦] 근심 걱정으로 괴로워함. しゅうく care

수고[壽考] 오래 삶. =장수(長壽). じゅこう longevity

수고[邃古] 아득히 먼 옛날. =태고(太古). すいこ remote ages

수공[手工] 손으로 하는 공예(工藝). 「~업(業)」 しゅこう manual work

수공[垂拱] 팔짱을 끼고 남이 하는 대로 내버려 둠. 곧, 나라가 잘 다스려져 있음을 이름. すいきょう looking on with folded arms

수공[殊功] 뛰어난 공훈. しゅこう distinguished services

수공[樹功] 공을 세움. rendering distinguished services

수공업[手工業] 간단한 공구와 손을 이용하여 하는 소규모의 공업. しゅこうぎょう handicraft

수과[瘦果] 폐과(閉果)의 하나. 메밀·민들레 따위의 열매. そうか achene

수관[水管] ①물을 통하게 하는 파이프. ②연체동물의 외투막(外套膜)의 한 부분. すいかん ① water pipe ② siphon

수관[樹冠] 나무의 줄기 윗부

분의. 가지와 잎이 우거져 있는 부분. じゅかん

수괴[首魁] 악당의 우두머리. =괴수(魁首). しゅかい　ringleader

수괴[殊怪] 수상하고 괴이함. suspiciousness

수괴[羞愧] 부끄럽고 창피함. しゅうき　humiliation

수교[手交] 손수 건네 줌. 직접 전해 줌. しゅこう handing

수교[垂敎] 가르쳐 보임. 가르침을 남김. =수시(垂示). すいきょう　instruction

수교[修交] 나라와 나라 사이에 교제를 함. しゅうこう　amity

수구[水口] ① 물이 흘러 나가는 구멍. ② 풍수지리에서, 득(得)이 흘러간 곳을 이름. みずぐち·みなくち ① outlet

수구[水球] 헤엄치면서 공을 상대편의 골문에 던져 넣는 수상 경기의 한 가지. すいきゅう　water polo

수구[守舊] 묵은 세도니 관습을 그대로 지킴. =보수(保守). ↔진보(進步). しゅきゅう conservatism

수구[首句] 시문(詩文)의 첫 구. =기구(起句).

수구[袖口] 소매의 부리. そでぐち　edge of a sleeve

수구[需求] 구함. 찾아서 구함. じゅきゅう　search

수구[壽具] 염(殮)할 때 쓰는 옷·베개·이불·버선 따위의 총칭. graveclothes

수구[瘦軀] 여윈 몸. 수척한 체구. そうく　lean figure

수구[讐仇] ⇨원수(怨讐).

수구여병[守口如瓶] 입을 병마개처럼 꼭 다물어 비밀이 새지 않게 함.

수구초심[首丘初心] 여우가 죽을 때, 제가 살던 굴 쪽으로 머리를 두고 죽는다는 데서, 고향을 그리워하는 마음의 비유.

수군[水軍] 옛날에 바다를 지키던 군대. 지금의 해군(海軍). すいぐん　navy

수군 절도사[水軍節度使] 조선 시대에 각 도에 두었던 수영(水營)의 우두머리 무관(武官). 준수사(水使).

수궁[水宮] 물 속에 있다고 하는 상상의 궁전. =용궁(龍宮).

수:궁[數窮] 운수가 사나움. =수기(數奇).　bad luck

수권[水圈] 지구 표면의 물이 차지하고 있는 부분. すいけん　hydrosphere

수권 행위[授權行爲] 대리권(代理權)을 발생시키는 법률 행위. じゅけんこうい

수근[水根] ① 물의 근원. =수원(水源). ② 수생 식물(水生植物)의 뿌리. ① spring ② water root

수근[樹根] 나무의 뿌리. じゅこん　root

수근[鬚根] 수염처럼 가늘게 많이 나는 뿌리. 벼의 뿌리 따위. 수염뿌리. しゅこん·ひげね fibrous roots

수금[水禽] 갈매기·기러기·오리 따위의 물새. =수조(水鳥). すいきん　waterfowl

수금[囚禁] 죄인을 가두어 둠. =구수(拘囚). しゅうきん confinement

수금[收金] 돈을 거두어들임. 「~ 사원(社員)」 しゅうきん collection of money

수금[竪琴] 현악기의 한 가지.

굽은 삼각형 틀에 현을 세로로 걸어 그것을 손으로 퉁기어 연주함. 하프. たてごと

수급[首級] 전장에서 벤 적군의 목. しゅきゅう 首級

수급[需給] 수요(需要)와 공급(供給). 「~ 관계」 じゅきゅう 需給 demand and supply

수긍[首肯] 고개를 끄덕임. 옳다고 긍정함. しゅこう 首肯 assent

수기[手技] 손으로 물건을 만들거나 다루거나 하는 기술. 손재주. しゅぎ 手技 manual dexterity

수기[水氣] ① 물기. =수분(水分). すいき・みずけ ② 한방에서, 신경(腎經)의 음기(陰氣)를 이르는 말. 水氣 水分 腎經 ① moisture

수기[手記] 신변의 일이나 체험 등을 손수 쓴 기록. しゅき 手記 note

수기[手旗] ① 손에 쥐는 작은 기. 손기. ② 신호에 쓰이는 붉은 기와 흰 기. てばた・しゅき 手旗 ② signal flag

수기[修己] 스스로 몸과 마음을 닦음. 자기 수양을 함. 修己 self-culture

수기[殊技] 뛰어난 기술. 殊技 excellent skill

수기[壽器] 살았을 때 미리 만들어 둔 관(棺). 壽器

수기량[隨其量] 양에 따라 알맞게 먹음. 춘수량(隨量). 隨其量

수기력[隨其力] 제 힘에 따라 알맞게 함. 춘수력(隨力). 隨其力

수난[水難] 물로 말미암은 재난. =수재(水災). すいなん 水難 disaster by water

수난[受難] ① 재난(災難)을 당함. 많은 어려움을 겪음. ② 기독교에서, 그리스도가 십자가에 못박힌 일. じゅなん 受難 罹災 sufferings

수납[收納] 받아서 넣음. 「세금(稅金) ~」 しゅうのう 收納 稅金 receipt

수납[受納] 받아 넣음. 받아들임. =납수(納受). じゅのう 受納 receipt

수납[輸納] 실어다가 바침. ゆのう 輸納 delivery

수낭[水囊] 폈다 접었다 할 수 있게 된 물주머니. すいのう 水囊 water bag

수:낭[繡囊] 수를 놓은 비단 주머니. 수주머니. 繡囊 embroidered silk pouch

수녀[修女] 가톨릭의 수녀원(修女院)에서 수도(修道)하는 여자. 독신녀로서 청빈(淸貧)·동정(童貞)·복종(服從)을 서약하여 지킴. ↔수사(修士). 「~원(院)」 しゅうじょ 修女 淸貧 服從 nun

수녀[須女] ① 포백(布帛)을 맡아본다는 별의 이름. ② 천한 여자. 須女 布帛 ② lowly girl

수:년래[數年來] 몇 해 전부터 지금까지. 두서너 해 이래(以來). すうねんらい 數年來 for several years

수뇌[首腦] 국가나 단체의 중심적인 인물. =주뇌(主腦). 「~회담(會談)」 しゅのう 首腦 主腦 head

수뇌[髓腦] ① 골수와 뇌. ② 척추동물의 원뇌포(原腦胞)의 맨 뒷부분. 나중에 연수(延髓)가 됨. ずいのう 髓腦 原腦胞 ① marrow and brain ② myelencephalon

수뇨관[輸尿管] 오줌을 신장에서 방광으로 보내는 관. 오줌관. =요관(尿管). ゆにょうかん 輸尿管 尿道 ureter

수니파[Sunni派] 회교(回敎)의 정통파. スンニーは 回敎

수:다[數多] 수효가 많음. す うた・あまた　great number

수단[手段] ①어떤 목적을 달성하기 위한 방법. ②일을 꾸미거나 처리하는 꾀나 솜씨. 「비상(非常)~」しゅだん　means

수단[壽短・脩短] 오래 삶과 빨리 죽음. 장수(長壽)와 단명(短命). =수요(壽夭). しゅうたん(脩短)　longevity and short life

수:단[繡緞] 수놓은 것같이 짠 비단.

수달[水獺・水撻] 족제빗과의 짐승. 몸 길이 60~70cm. 발가락 사이에 물갈퀴가 있어 수중 생활에 적합함.　otter

수달피[水獺皮] 수달의 털가죽.　otter skin

수답[酬答] 묻는 말에 대답함.　reply

수당[手當] 본봉(本俸) 외에 따로 주는 보수. 「가족(家族)~」てあて　allowance

수대[手帒] 손에 들고 다니는 조그만 자루나 전대.　pouch

수대[樹帶] 비슷한 높이의 나무가 산기슭을 둘러싸고 띠처럼 우거져 있는 곳. じゅたい

수대[獸帶] 천구(天球)의 황도(黃道)를 중심으로 남북 각각 8도씩의 너비를 가진 띠 모양의 부분. 주된 행성과 해나 달은 이 부분을 운행함. 이 구간의 12성좌 대부분이 짐승의 이름을 땄으므로, 이런 이름이 붙었음. =황도대(黃道帶). じゅうたい　zodiac

수도[水道] ①배가 다니는 길. =수로(水路). ②육지 사이에 끼인 좁은 바다. 「한려(閑麗)~」③강이나 호수의 물을 끌어들여 음료수를 공급하는 시설. =상수도(上水道). すいどう　① waterway ② channel ③ water supply

수도[水稻] 논에 물을 대어 심은 벼. ↔육도(陸稻). すいとう　paddy rice

수도[囚徒] 옥에 갇힌 죄수. しゅうと　prisoner

수도[受渡] 물건이나 돈 따위를 주고받는 일. うけわたし　receipt and delivery

수도[首都] 한 나라의 중앙 정부가 있는 도시. 서울. =수부(首府)・국도(國都). しゅと　capital

수도[修道] 도를 닦음. しゅうどう・しゅどう　asceticism

수도[隧道] 산이나 땅 밑을 뚫어서 만든 길. 굴길. 터널. すいどう　tunnel

수도거성[水到渠成] 물이 흐르면 자연히 도랑이 생김. 학문을 닦으면 자연히 도덕이 갖추어짐의 비유.

수도권[首都圈] 수도와 인접 지역을 포함한 밀집한 지역. 서울을 중심으로 한 대도시권. しゅとけん　metropolitan area

수도사[修道士] ⇨수사(修士). しゅうどうし

수도원[修道院] 가톨릭의 수사원(修士院)과 수녀원(修女院)의 총칭. しゅうどういん　cloister

수동[手動] 기계 따위를 동력을 쓰지 않고 손으로 움직임. 「~식(式)」しゅどう　manual operation

수동[受動] 남에게서 또는 다른 것으로부터 작용을 받음. =피동(被動). ↔능동(能動). じゅどう　passiveness

수동태[受動態] 문법에서, 주어가 어떤 동작의 대상이 되어 작용을 받게 되는 형태. ↔능동태(能動態). じゅどうたい passive voice

수두[水痘] 어린이에게 많은 전염성 피부병의 한 가지. 전신의 살갗에 붉고 둥근 발진이 생겼다가 얼마 뒤에 물집으로 변함. 작은마마. すいとう chicken pox

수두[首頭] 무슨 일에 앞장을 섬. 또는 그 사람. 「~자(者)」 leader

수두상기[垂頭喪氣] 근심으로 기가 죽음. 맥이 빠져 힘이 없음. being dejected

수드라[범 śūdra] 인도의 카스트 중에서 최하위(最下位)인 노예 계급. シュードラ

수득[收得] 소득(所得)으로 함. 거두어들이어 제것으로 함. しゅうとく gain

수득[修得] 배워서 몸에 지님. 「기술(技術)~」 しゅうとく acquirement

수득[搜得] 찾아서 얻음. searching out

수득수실[誰得誰失] 누가 이득을 보고, 누가 손실을 보았는지 뚜렷하지 않음.

수라[修羅] 아수라(阿修羅)의 준말. 「~장(場)」 しゅら

수라장[修羅場] ①불교에서, 아수라왕(阿修羅王)이 제석천(帝釋天)과 싸운다는 장소. ②야단법석이 벌어진 곳. しゅらじょう・しゅらば ② scene of violence

수락[←受諾] 응락하여 받아들임. じゅだく acceptance

수란[水卵] 달걀을 깨뜨려 수란짜에 담아 끓는 물에 반쯤 익힌 음식. poached egg

수란[秀卵] 숭어 알로 만든 어란.

수란[愁亂] 근심으로 마음이 뒤숭숭함. =수요(愁擾). distraction due to cares

수란관[輸卵管] 난소(卵巢)로부터 난자(卵子)를 자궁으로 보내는 관(管). =나팔관(喇叭管). ゆらんかん oviduct

수람[收攬] ①사람의 마음을 끌어 모음. 「민심(民心)~」 ②일을 수습함. しゅうらん

수랭식[水冷式] 물로 기계의 열을 식히는 방식. ↔공랭식(空冷式). すいれいしき water-cooled method

수량[水量] 물의 분량. 「~계(計)」 すいりょう volume of water

수ː량[數量] 물건의 수효와 분량. すうりょう quantity

수량[隨量] 수기량(隨其量)의 준말.

수려[秀麗] 뛰어나게 아름다움. 「~ 강산(江山)」 しゅうれい gracefulness

수력[水力] ①물의 힘. ②물이 가지고 있는 운동 에니지나 위치 에너지를 변환시켜서 얻는 동력. 「~ 발전(發電)」 すいりょく water power

수력[殊力] 뛰어난 힘. 뛰어난 활동. distinguished ability

수력[隨力] 수기력(隨其力)의 준말.

수력 선기[水力電氣] 수력을 이용하여 발전기를 돌려서 얻은 전기. ㉲수전(水電). すいりょくでんき hydroelectricity

수련[垂憐] 불쌍히 여겨 놀봄. 동정함. すいれん

수련[修鍊・修練] 심신(心身)

을 단련함. 「~ 대회(大會)」 修練
しゅうれん training

수련 수녀[修練修女] 가톨릭에 修練
서, 수녀가 되기를 서약하고 수 修女
련을 하고 있는 예비 수녀를
이르는 말.

수렴[收斂] ① 줄어 오그라듦. 收斂
② 금품을 거두어들임. ③ 세
금을 거두어들임. ④ 의견·주
장 따위를 하나로 모음. ⑤ 광
선(光線)이 한 곳으로 집중됨.
しゅうれん ① astringency
③ extortion of taxes ④ collecting ⑤ convergence

수렴[垂簾] ① 발을 늘어뜨림. 垂簾
발을 침. 또는 그 발. ② 수렴 聽政
청정(垂簾聽政)의 준말. すい
れん ① letting down a blind

수렴전[收斂錢] 추렴하여 보 收斂錢
아들인 돈.
collection of contribution

수렴청정[垂簾聽政] 왕대비(王 垂簾
大妃)나 대왕 대비가 어린 임 聽政
금을 도와 발을 친 뒤에서 정
사(政事)를 돌보던 일. ⓒ수
렴(垂簾)·염정(廉政).
regency by the queen mother
from behind the veil

수렵[狩獵] 새나 짐승을 사냥 狩獵
함. 사냥. 「~기(期)」 しゅ
りょう hunting

수렵 시대[狩獵時代] 인류가 狩獵
주로 사냥을 해서 먹고 살던 時代
원시 시대. しゅりょうじだい
hunting stage

수렵조[狩獵鳥] 사냥이 허가된 狩獵鳥
새. ↔보호조(保護鳥). しゅ
りょうちょう game bird

수령[守令] 지난날, 한 고을을 守令
다스리던 장관. 부윤(府尹)·
목사(牧使)·부사(府使)·군수
(郡守)·현령(縣令)·현감(縣
監)의 총칭. =원(員). しゅ
れい chief magistrate

수령[秀靈] 재주가 빼어나고 영 秀靈
묘함. genius

수령[受領] 금품 따위를 받음. 受領
「~증(證)」 じゅりょう
reception

수령[首領] 한 당파나 무리의 首領
우두머리. =두령(頭領). しゅ
りょう head

수령[壽齡] 오래 산 나이. =장 壽齡
수(長壽). じゅれい longevity

수령[樹齡] 나무의 나이. 「~ 樹齡
백년(百年)」 じゅれい 百年
age of a tree

수로[水路] ① 물이 흐르는 길. 水路
물길. ② 뱃길. =항로(航路). 航路
すいろ ① waterway ② lane

수로[手爐] 손을 쬐는 조그만 手爐
하루 しゅろ
firepot for warming hands

수로[囚虜] 갇혀 있는 포로. 囚虜
しゅうりょ prisoner

수로[垂老] 나이가 듦. 칠십 垂老
이상의 늙은이가 됨. すいろ
う septuagenarian

수로[酬勞] 수고나 공로에 보 酬勞
답함. 또는 그 보답. しゅうろ
う reward

수로기[修路機] 원통형의 롤 修路機
러가 달린, 길을 다지거나 포
장하거나 할 때 쓰이는 토목
건설 기계. 로드 롤러.
road roller

수록[手錄] 손수 기록함. 또는 手錄
그 기록. =수기(手記). しゅ
ろく notes

수록[收錄] 책 따위에 거두어 收錄
실음. 「작품을 ~하다」 しゅ
うろく

수뢰[水雷] 물 속에서 폭발시 水雷
켜 적의 배를 파괴하는 병기.
「~정(艇)」 すいらい torpedo

수뢰[收賂] 뇌물을 받음. ↔증 收賂

뢰(贈賂). bribery
수료[修了] 정해진 학업이나 과정(課程)을 다 마침.「~증(證)」しゅうりょう 修了課程
  completion of a course
수루[水樓] 물가에 세운 누각(樓閣). =수각(水閣). すいろう 水樓
수루[戍樓] 적의 동정을 살피기 위해 성채나 군영(軍營) 등에 세운 망대(望臺). 戍樓
  watchtower
수류[水流] 물의 흐름. すいりゅう 水流
  water current
수류[垂柳] 수양버들. すいりゅう 垂柳
  weeping willow
수류[獸類] 포유동물(哺乳動物)의 총칭. じゅうるい 獸類
  mammal
수류운공[水流雲空] 흐르는 물이나 하늘의 구름과 같다는 뜻으로, 지난 일이 자취도 없이 사라짐의 비유. 水流雲空
수류탄[手榴彈] 손으로 던지는 근접 전투용 소형 폭탄. しゅりゅうだん・てりゅうだん 手榴彈
  grenade
수륙[水陸] ①물과 뭍. 바다와 육지. ②수로와 육로.「~ 만리(萬里)」すいりく 水陸萬里
  land and water
수륙 병:진[水陸竝進] 해군과 육군이 동시에 진격함. すいりくへいしん 水陸竝進
  amphibious operation
수륜[水輪] 불교에서, 수미산(須彌山)을 받들고 있다는 삼륜(三輪)의 하나. すいりん 水輪
수리[水利] ①수로(水路)로 물건을 운반하는 편리. ②농사·식수 등에 물을 이용함.「~ 시설」すいり 水利
  ① water transport ② utiliza-
tion of water
수리[受理] 제출된 문서 따위를 받아서 처리함.「사표(辭表) ~」じゅり 受理
  acceptance
수리[修理] 헐거나 고장이 난 곳을 손보아 고침. =수선(修繕). しゅうり 修理修繕
  repair
수:리[數理] 수학의 이론. 계산의 이치. すうり 數理
  principle of mathematics
수리학[水理學] 주로 하천이나 운하 등의 수류(水流)에 대하여 역학적으로 연구하는 학문. すいりがく hydraulics 水理學
수림[愁霖] 우울한 긴 장마. 愁霖
수림[樹林] 나무가 우거진 숲. じゅりん forest 樹林
수립[竪立] 곧게 세움. じゅりつ 竪立
  erection
수립[樹立] 정부·제도·계획·공(功) 따위를 세움.「정부(政府) ~」じゅりつ 樹立
  establishment
수마[水魔] 수해(水害)를 악마에 비유하는 말.「~가 할퀴고 간 자리」すいま 水魔水害
  disastrous flood
수마[睡魔] 심한 졸음을 악마에 비유하는 말. すいま 睡魔
  somnolence
수마석[水磨石] 물결에 씻기고 닳아 서슬이 없어지고 반들반들해진 돌. 水磨石
수말[水沫] ①물거품. =수포(水泡). ②물방울. 물보라. =비말(飛沫). すいまつ 水沫水泡
  ① bubble ② droplet
수말[首末] 머리와 끝. 처음과 마지막. =수미(首尾). 首末首尾
  beginning and end
수매[收買] 정부나 공공 단체가 국민으로부터 물건을 사들임.「보리를 ~하다」「~ 가 收買

격(價格)」 purchase
수매화[水媒花] 물에 사는 현화식물(顯花植物)로, 물을 매개로 수분(受粉)하는 꽃. 나사마름・자라마름 따위. すいばいか water-fertilized flower
수맥[水脈] ① 지하수(地下水)의 물줄기. ② 배가 다니는 길. =수로(水路). すいみゃく ① water vein ② water route
수면[水面] 물의 표면. すいめん surface of water
수면[睡眠] 잠을 잠. 또는 잠. 「~제(劑)」 すいみん sleep
수면[獸面] 짐승의 얼굴. 또는 그 모양을 본뜬 탈. じゅうめん animal mask
수면계[水面計] 탱크나 증기 기관 안의 수면의 높이를 밖에서 알 수 있게 만든 계기. すいめんけい water gauge
수명[水明] 맑은 물이 햇빛에 비치어 환히 들여다보임. 「산자(山紫)~」 すいめい clear water
수명[受命] ① 명령을 받음. ② 수명어천(受命於天)의 준말. じゅめい ① receiving an order
수명[壽命] ① 살아 있는 동안의 길이. 「~이 다하다」 ② 물품이 사용에 견디는 기간. 「형광등의 ~」 じゅみょう life
수명[隨命] 타고난 운명에 따름. submitting to fate
수명어천[受命於天] 천명(天命)에 의해 임금의 자리에 오름. ⓟ수명(受命).
수모[手母] 재래식 결혼식에서 신부(新婦)에 딸려 모든 뒷바라지를 해 주는 여자. bridesmaid
수모[受侮] 모욕을 당함.

being insulted
수모[首謀] 나쁜 일이나 음모(陰謀)를 꾸미는 사람들의 우두머리. =주모(主謀). しゅぼう ringleader
수모시[壽母詩] 어머니 생신에 바치는, 장수(長壽)를 비는 시.
수목[樹木] ① 살아 있는 나무. ② 목본 식물(木本植物)의 총칭. じゅもく tree
수몰[水沒] 물 속에 잠김. 「~지역」 submergence
수몽[愁夢] 시름 끝에 꾸는 꿈. しゅうむ uneasy dream
수무족도[手舞足蹈] 몹시 기뻐 어쩔 줄 모르며 날뜀. dancing for joy
수묵[水墨] 빛이 엷은 먹물. 「~화(畫)」 すいぼく Indian ink
수문[水文・水紋] ① 물 위에 일어나는 파문(波紋). 물무늬. ② 물결처럼 어른거리는 무늬. すいもん ① water ring
수문[水門] 저수지나 수로에 설치하여 수량(水量)을 조절하는 문. 물문. =수갑(水閘). すいもん sluice
수문[手紋] 손바닥에 나타나는 금. 손금. しゅもん lines of the palm
수문[守門] 문을 지킴. 「~장(將)」 しゅもん guarding the gate
수문[壽門] 대대로 장수(長壽)하는 사람이 많은 집안. family with traditions of longevity
수:문[繡紋] 수놓은 모양. 자수(刺繡)의 무늬. embroidered pattern
수문수답[隨問隨答] 묻는 대로 막힘이 없이 대답함. answering readily
수미[秀眉] 아주 빼어나게 아

수미[首尾] 처음과 끝. =수말(首末). 「~ 상응(相應)」しゅび 首尾 beginning and end

수미[愁眉] 근심으로 찌푸린 눈썹. 근심스러운 기색. しゅうび 愁眉 worried look

수미[粹美] 티 없이 아름다움. すいび 粹美 pure beauty

수미[鬚眉] 수염과 눈썹. しゅび 鬚眉 whiskers and eyebrows

수미단[須彌壇] 절에서, 부처를 안치(安置)하는 단. =불단(佛壇). しゅみだん 須彌壇 佛壇 dais for a Buddhist image

수미산[須彌山] 불교에서, 세계의 한가운데에 높이 솟아 있다는 산. 꼭대기에 제석천(帝釋天)이 살고 있다고 함. しゅみせん 須彌山

수민[秀敏] 뛰어나게 똑똑함. しゅうびん 秀敏 intelligence

수민[愁悶] 근심으로 마음이 답답함. 수심에 싸여 괴로워함. しゅうもん 愁悶 agony

수밀도[水蜜桃] 중국 원산인 복숭아의 한 종류. 맛이 달고 수분이 많음. すいみっとう 水蜜桃 peach

수박[囚縛·收縛] 죄인을 붙잡아 묶음. しゅうばく 囚縛 收縛 binding

수반[水畔] 강가나 호숫가. 물가. すいはん 水畔 shore

수반[水盤] 꽃꽂이 따위에 쓰이는 넓고 운두가 낮은 그릇. すいばん 水盤 basin

수반[首班] ① 행정부의 우두머리. =수석(首席). ② 반열(班列)의 첫째. しゅはん 首班 首席 head

수반[隨伴] ① 붙좇아 따름. ② 무슨 일이 일어남에 따라서 힘께 나타나거나 일어남. ずいはん 隨伴 ① concomitance

수발[鬚髮] 수염과 머리털. 鬚髮 whiskers and hair

수방[水防] 수해(水害)를 방지함. 「~ 대책(對策)」すいぼう 水防 對策 defense against flood

수방[搜訪] 수소문하여 찾음. 搜訪 searching for

수:방석[繡方席] 수를 놓은 방석. 繡方席 embroidered cushion

수배[手配] ① 손을 나누어 어떤 일을 하게 함. ② 범인을 잡으려고 수사망을 침. てはい・てくばり 手配 ① arrangements ② search

수배[受配] 배급(配給)을 받음. じゅはい 受配 being distributed

수백[水伯] 물귀신. =수신(水神). すいはく 水伯 water demon

수벌[受罰] 벌을 받음. 受罰 being punished

수범[垂範] 몸소 시범(示範)함. 모범을 보임. 「솔선(率先)~」すいはん 垂範 示範 showing an example

수범[首犯] 범인 가운데의 우두머리. =주범(主犯). しゅはん 首犯 principal offender

수법[手法] ① 작품을 만드는 솜씨. ② 일을 꾀하는 방법이나 수단. しゅほう 手法 ① technique ② method

수법[受法] 불교에서, 스승에게서 불법(佛法)을 전승(傳承)받음. じゅほう 受法

수:법[數法] 셈을 하는 방법. =산법(算法). 數法 arithmetic

수:법[繡法] 수놓는 방법. =자수법(刺繡法). 繡法 embroidery method

수변[水邊] 물가. 물의 언저리. すいへん・みずべ 水邊 waterside

수병[水兵] 해군의 병사. すいへい 水兵 seaman

수병[手兵] 수하친병(手下親兵)의 준말. しゅへい 手兵

수병[戍兵] 국경을 지키는 병사. じゅへい guard 戍兵

수병[受病] 병을 얻음. 병에 걸림. =득병(得病). falling ill 受病

수:병[繡屏] 수놓은 병풍. embroidered folding screen 繡屏

수병복[水兵服] ① 수병의 복장. ② 수병의 복장처럼 만든 어린이의 양복. 세일러복. すいへいふく ① seaman's uniform ② middy blouse 水兵服

수보[修補] 허름한 곳을 손질하여 고침. =보수(補修). しゅうほ repair 修補

수보[酬報] 남의 호의(好意)나 은혜를 갚음. =보답(報答). recompense 酬報

수복[收復] 잃었던 땅을 도로 찾음. 「9·28 서울 ~」 しゅうふく recovery 收復

수복[修復] ① 파손된 곳을 고쳐 회복시킴. ② 편지의 답장을 함. しゅうふく・しゅふく ① restoration ② reply 修復

수복[壽福] 장수와 행복. 오래 살고 복을 누림. 「~강녕(康寧)」 じゅふく fortune of longevity 壽福康寧

수:본[繡本] 수를 놓도록 본을 만든 바탕. pattern of embroidery 繡本

수봉[秀峰] 빼어나게 아름다운 산봉우리. しゅうほう beautiful peak 秀峰

수부[水夫] ① 배에서 허드렛일을 하는 하급 선원. ② 뱃사람. すいふ sailor 水夫

수부[水府] ① 물을 다스린다는 신(神)의 궁궐. =수궁(水宮). ② 조선 시대 때의 공조(工曹)의 별칭. すいふ 水府 水宮 ① Sea God's Palace

수부[首府] 한 나라의 중앙 정부가 있는 도시. 서울. =수도(首都)·국도(國都). しゅふ capital 首府 國都

수분[水分] 물기. すいぶん moisture 水分

수분[守分] 분수를 지킴. fulfillment of one's duty 守分

수분[受粉] 수술의 꽃가루가 암술머리에 붙음으로써 열매를 맺게 되는 현상. 가루받이. じゅふん pollination 受粉

수비[水飛] 그릇 만들 흙을 물에 풀어 휘저으며 잡것을 없앰. 또는 그런 일을 하는 사람. selection by water 水飛

수비[守備] 지키어 막음. ↔공격(攻擊). 「~군(軍)」 しゅび defence 守備

수비토[이 subito] 악보에서, '바로 곧'·'즉시(卽時)'의 뜻. 卽時

수사[水使] 수군 절도사(水軍節度使)의 준말. 水使

수사[水師] 바다를 지키는 군대. =수군(水軍)·해군(海軍). すいし navy 水師 海軍

수사[手寫] 글을 손수 씀. 손으로 베껴 씀. しゅしゃ copying by hand 手寫

수사[秀士] 학문이 뛰어난 선비. =수재(秀才). excellent scholar 秀士

수사[修士] 가톨릭에서, 수도원(修道院)에서 수도하는 남자. =수도사(修道士). ↔수녀(修女). monk 修士 修道士

수사[修史] 역사를 엮음. しゅうし compilation of history 修史

수사[修辭] 말이나 글을 재치 있고 아름답게 꾸미는 일. 또는 그 기법(技法). 「~학(學)」 しゅうじ rhetorical 修辭

수사[殊死] ①뜻을 이루기 위하여 죽음을 각오하고 행동함. ②목을 베는 형벌. しゅし ① preparedness for death ② beheading

수사[遂事] 이미 그만둘 수 없는 일. 끝난 일. 저지른 일. すいじ fait accompli

수사[搜査] ① 찾아서 조사함. ② 경찰관이나 검사가 범인을 찾거나 범죄에 관한 증거를 모으거나 하는 일. そうさ search and investigation

수사[愁思] 근심스럽게 생각함. しゅうし worry

수사[壽詞] 오래 살기를 기리는 말이나 시가(詩歌) 또는 문장. じゅし・よごと poem for one's longevity

수:사[數詞] 사물의 수량이나 차례를 나타내는 품사(品詞). すうし numeral

수사법[修辭法] 글을 재치 있고 아름답게 표현하는 기법(技法). しゅうじほう rhetoric

수사학[洙泗學] 수수(洙水)와 사수(泗水)의 학문. 곧, 공자(孔子)의 학문. 수수와 사수 유역에서 공자(孔子)가 제자들을 가르쳤음.

수산[水産] 강이나 바다에서 나는 산물. 「~업(業)」 すいさん marine products

수산[授産] 실업자 등에게 일을 주어 생계(生計)를 돕는 일. じゅさん providing with work

수산[蓚酸] 독성(毒性)이 있는 유기산의 하나. 식물에 들어 있는 무색 주상(無色柱狀)의 결정. 표백제로 씀. しゅうさん oxalic acid

수산기[水酸基] 수소와 산소 각각 한 원자로 이루어지는 일가(一價)의 기(基). すいさんき hydroxyl

수산화물[水酸化物] 수산기(水酸基)를 지니고 있는 무기 화합물의 총칭. すいさんかぶつ hydroxide

수살[水殺] 시골 동네 어귀에 서 있는 돌이나 나무. 전염병 따위로부터 마을을 지켜 준다고 함.

수삼[水蔘] 말리지 않은 인삼. 무삼. =생삼(生蔘). ↔건삼(乾蔘). undried ginseng

수삽[羞澁] 부끄러워 머뭇거리는 모양. shyness

수상[水上] ①물의 위. ↔육상(陸上). 「~ 경기(競技)」 ② 흐르는 물의 상류(上流). 물위. すいじょう ① surface of the water ② upper stream

수상[手上] 손위. 손윗사람. ↔수하(手下). senior

수상[手相] 손금 또는 손금을 보고 운명을 판단하는 일. てそう palmistry

수상[受傷] 상처를 입음. suffering an injury

수상[受像] 방송된 텔레비전의 전파를 받아, 수신기가 영상(映像)을 비쳐 내는 일. 「~기(機)」 じゅぞう receiving television pictures

수상[受賞] 상을 받음. ↔수상(授賞). 「~자(者)」 じゅしょう receiving a prize

수상[首相] ①내각의 우두머리. =국무 총리(國務總理). ②조선 시대에 영의정(領議政)을 이르던 말. =영상(領相). しゅしょう ① prime minister

수상[殊常] 보통과 달라 이상함. 「~한 인물」 suspiciousness

수상[授賞] 상을 줌. ↔수상(受賞). じゅしょう
awarding a prize

수상[愁傷] 한탄하고 슬퍼함. しゅうしょう grief

수상[隨想] 그때 그때에 떠오르는 생각. 또는 그것을 적은 글. =수감(隨感). 「～록(錄)」 ずいそう occasional thoughts

수상 경ː기[水上競技] 수영·다이빙 등 물에서 하는 운동 경기의 총칭. すいじょうきょうぎ aquatic sports

수상 경ː찰[水上警察] 항만(港灣)이나 하천(河川)의 교통 정리 또는 치안을 담당하는 경찰. すいじょうけいさつ water police

수상관[受像管] 텔레비전의 전기 신호를 화상(畫像)으로 바꾸는 데 쓰이는 큰 음극선관(陰極線管). 브라운관. じゅぞうかん image-receiving tube

수상기[水上機] 수상 비행기(水上飛行機)의 준말. すいじょうき

수상기[受像機] 방송된 텔레비전의 전파를 받아서 화상(畫像)으로 바꾸는 장치. じゅぞうき television receiver

수상 비행기[水上飛行機] 물 위를 활주(滑走)하여 발착(發着)하는 비행기. ⓒ수상기(水上機). すいじょうひこうき water plane

수상수하간[手上手下間] 흔히, 조사 '에'와 함께 쓰이어 '손윗사람이나 손아랫사람을 막론하고 누구든지'의 뜻. everyone

수상 식물[樹上植物] 나무 위에 기생(寄生)하는 건생 식물(乾生植物). じゅじょうしょくぶつ epiphyte

수상 화서[穗狀花序] 하나의 긴 꽃대에 꽃자루가 없는 작은 꽃이 촘촘히 붙어 이삭 모양을 이루고 있는 화서. すいじょうかじょ spike

수색[水色] 물빛. 물의 경치. 「산용(山容)～」 すいしょく light blue

수색[秀色] 아름다운 빛깔. 아름다운 경치. しゅうしょく superb view

수색[殊色] 여자의 뛰어나게 아름다운 용모. しゅしょく beautiful face

수색[羞色] 수줍어하는 얼굴 빛. ashamed look

수색[愁色] 근심스러운 얼굴 빛. =수용(愁容). しゅうしょく worried look

수색[搜索] ① 더듬어서 찾음. 「실종자를 ～하다」 ② 압수하여야 할 물건이나, 체포 또는 구인해야 할 사람을 찾기 위해 신체나 가택 따위를 뒤지는 강제 처분. 「～ 작전(作戰)」 そうさく search

수생[水生] 물에서 생겨나거나 물에서 삶. =수서(水棲). 「～식물(植物)」 すいせい living in the water

수서[手書] ① 손수 씀. 또는 그 글씨. ② 자필(自筆)의 편지. しゅしょ
① one's own handwriting ② autographic letter

수ː서[水棲] ⇨수생(水生). すいせい

수서[手署] 손수 자기 이름을 씀. 또는 그 이름. =자서(自署). しゅしょ signature

수석[水石] ① 물과 돌. ② 물과 돌로 이루어진 경치. =천

석(泉石). ③ 물 속에 있는 돌. ④ ⇨수석(壽石). すいせき ② scenery

수석[壽石] 실내에 두고 감상하는 자연석(自然石). =수석(水石).

수석[首席] ① 맨 윗자리. ② 첫째 가는 석차(席次). ↔말석(末席). 「~ 장관(長官)」 しゅせき top seat

수석[燧石] 부시로 쳐서 불을 일으키는 데 쓰는 돌. 부싯돌. =화석(火石). すいせき flint

수선[水線] 선박이 물에 잠기는 경계선. =흘수선(吃水線). すいせん waterline

수선[垂線] 직선 또는 평면과 직각(直角)을 이루는 직선. すいせん perpendicular

수선[受禪] 임금의 자리를 물려받음. ↔선양(禪讓). じゅぜん succession to the throne

수선[修禪] 불교에서, 선정(禪定)을 닦음. しゅぜん

수선[修繕] 낡은 것을 고침. =수리(修理). 「바지 ~」 しゅうぜん repair

수선화[水仙花] 수선화과에 딸린 다년초. 지중해 연안 원산의 관상 식물. 이른봄에 긴 꽃대 끝에 흰색 또는 노란색의 꽃이 핌. すいせんか narcissus

수설[水泄] 좍좍 쏟는 설사. 물찌똥.

수설불통[水泄不通] 물도 새어 나가지 못할 만큼 경비가 엄중하고 비밀이 철저히 유지됨을 이르는 말. airtight defense

수성[水性] ① 물의 성질. ② 물에 녹는 성질. =수용성(水溶性). 「~ 페인트」 すいせい
① property of water ② water-solubleness

수성[水星] 행성 중 가장 작고 태양에 가장 가까이 있는 별. すいせい Mercury

수성[水聲] 물소리. すいせい sound of flowing water

수성[守成] 부조(父祖)가 이룩해 놓은 사업(事業)을 굳게 지켜 이어 나감. しゅせい preservation

수성[守城] 성(城)을 지킴. guarding a castle

수성[首星] 한 성좌(星座) 가운데서 가장 밝은 별. しゅせい primary star

수성[遂成] 어떤 일을 다 완성해 냄. =성수(成遂). completion

수성[遂誠] 정성을 다함. pouring out one's soul

수성[愁聲] ① 근심으로 탄식하는 소리. ② 구슬픈 소리. sorrowful crying

수성[壽星] ① ⇨ 남극성(南極星). じゅせい ② 음력 8월의 다른 이름.

수성[獸性] ① 짐승의 성질. ② 육체적인 욕망 등, 인간이 가지고 있는 동물적인 성질. じゅうせい
① animality ② brutality

수성론[水成論] 모든 암석은 바다 밑에 쌓여서 된 수성암(水成巖)이라고 주장하는 설. すいせいろん neptunism

수성암[水成巖] 모래나 진흙 따위가 물 밑에 쌓여서 된 암석. 화성암(火成巖). すいせいがん aqueous rock

수세[水洗] 물로 씻어 냄. 「~식(式) 변소」 すいせん washing

수세[水稅] ① 관개 용수(灌漑用水)를 이용하고서 내는 돈이나 곡식. 물세. ② ⇨보수세(洑水稅).

수세[水勢] 물이 흘러가는 기세. すいせい force of water

수세[收稅] 세금을 거두어들임. しゅうぜい collection of taxes

수세[守勢] 적의 공격에 대하여 지키는 태세(態勢). 또는 힘이 부쳐서 밀리는 형세. ↔공세(攻勢). 「~에 몰리다」 しゅせい defensive attitude

수세[守歲] 음력 섣달 그믐날 밤에 등촉을 밝히고 밤을 새우는 풍습.

수세[隨勢] 세상 형편에 따름. swimming with the current

수세지재[需世之才] 세상에 쓸 일 만한 인재.

수소[水素] 무색·무미·무취이며 가장 가벼운 원소. 산소와 화합하여 물이 됨. 「~폭탄(爆彈)」 すいそ hydrogen

수소[受訴] 소송을 수리(受理)함. 「~법원(法院)」 じゅそ acceptance of a suit

수소문[搜所聞] 떠도는 소문을 더듬어 찾음. 「동창생을 ~해서 찾다」 asking around

수소 폭탄[水素爆彈] 중수소(重水素)의 원자핵이 결합할 때의 에너지를 이용한 폭탄. 파괴력은 원자탄의 약 1,000배라고 함. ⓒ수폭(水爆). すいそばくだん hydrogen bomb

수속[手續] 어떤 일을 하는 데 필요한 순서. =절차(節次). てつづき procedure

수속[收束] 한데 모아 묶음. しゅうそく convergence

수송[輸送] 차·선박·비행기 따위로 짐이나 사람을 실어 보냄. 운반함. ゆそう transport

수송기[輸送機] 여객·화물 등을 수송하는 데 쓰이는 비행기. ゆそうき transport plane

수수[收受] 거두어서 받음. しゅうじゅ receipt

수수[袖手] 팔짱을 낌. 옆에서 보고 구경만 함. 「~방관(傍觀)」 しゅうしゅ folding one's arms

수수[授受] 주고받음. 「뇌물(賂物) ~」 じゅじゅ giving and receiving

수수료[手數料] 일을 처리해 준 데 대한 보수. 수속에 필요한 비용. てすうりょう commission

수수방관[袖手傍觀] 아무 일도 하지 않고, 팔짱을 끼고 보고만 있음. しゅうしゅぼうかん onlooking

수술[手術] 몸의 일부를 째거나 도려내거나 하여 병을 고치는 치료 방법. 「~실(室)」 しゅじゅつ surgical operation

수습[收拾] ①흩어진 것을 거두어 모음. ②어지러운 사태를 가라앉혀 바로잡음. 「시국(時局) ~」 しゅうしゅう ① gathering ② manipulating

수습[修習] 장차 맡아서 해야 할 일을 실제로 배우고 익힘. 「~기자(記者)」 しゅうしゅう apprenticeship

수승[殊勝] 특히 뛰어남. しゅしょう excellence

수시[垂示] ⇨수교(垂敎). すいじ

수시[隨時] ①그때그때. ②때로. ③언제나. ずいじ ① on occasion ② sometimes ③ any time

수식[水蝕] 흐르는 물이나 빗물 등의 작용으로 지표(地表)가 점차 깎여 들어가는 현상.

すいしょく　　　　　erosion
수식[修飾] ① 겉모양을 꾸밈. ② 체언이나 용언에 딸리어 그 뜻을 꾸미거나 한정하는 일. 「~어(語)」しゅうしょく ① ornamentation ② modification

수:식[數式] 수효나 분량을 나타내는 숫자나 문자를 계산 기호로 연결한 식. すうしき　numerical expression

수신[水神] 물을 다스리는 신. 물귀신. =수백(水伯). すいじん　water demon

수신[守身] 몸을 지켜 불의(不義)에 빠지지 않게 함. taking care of oneself

수신[受信] ① 편지·전보 따위를 받음. ② 전신·전화·방송 따위를 받음. ↔송신(送信)·발신(發信). じゅしん　receipt of a message

수신[修身] 마음가짐·몸가짐을 바르게 하도록 심신(心身)을 닦음. 「~제가(齊家)」しゅうしん　moral training

수신관[受信管] 수신기에 쓰이는 전자관(電子管). ↔송신관(送信管). じゅしんかん

수신기[受信機] 유선(有線)·무선(無線)의 전신기나 전화기의 소리를 받아서 듣는 장치. ↔송신기(送信機). 「라디오 ~」じゅしんき　telegraph receiver

수심[水心] 물의 한가운데. すいしん　center of water

수심[水深] 못·강·바다 따위의 물의 깊이. 「~을 재다」すいしん　depth of water

수심[垂心] 세모꼴의 각 정점(頂點)에서 대변(對邊)으로 그은 세 수선(垂線)이 만나는 점. すいしん　orthocenter

수심[愁心] 근심하는 마음. 걱정. worry

수심[獸心] 짐승과 같은 사납고 모진 마음. 「인면(人面)~」じゅうしん　brutal heart

수씨[嫂氏] 형제의 아내. 곧, 형수(兄嫂)나 계수(季嫂). sister-in-law

수안[愁顔] 근심스러운 얼굴. 수심에 싸인 얼굴. sorrowful face

수압[手押] ⇨수결(手決). 手押

수압[水壓] 물의 압력. 「~기(機)」すいあつ　water pressure

수애[水涯] 물가. =수변(水邊). すいがい　waterside

수액[水厄] 물로 인한 재액(災厄). disaster by water

수액[水液] 물. 액체(液體). fluid

수액[數厄] 운수에 관한 재액. disaster

수액[數額] 물건의 수효. amount

수액[樹液] ① 땅 속에서 빨아 올려 나무의 양분이 되는 액체. ② 나무의 껍질 따위에서 분비되는 액. 고무나무의 유액(乳液) 따위. じゅえき　② sap

수양[水楊] 갯버들. 땅버들. すいよう　pussy willow

수양[收養] 남의 자녀를 거두어서 기름. 「~딸」「~아들」adoption

수양[垂楊] 가느다란 가지를 축축 늘어뜨리는 버들. 수양버들. すいよう　weeping willow

수양[修養] 학덕을 닦아 품성(品性)을 높임. しゅうよう　mental training

수어지교[水魚之交] 물과 물

고기와 같은 관계. 서로 떨어질 수 없는 친밀한 관계를 이르는 말.

수업[修業] 학문이나 기술을 닦음. しゅうぎょう　study

수업[授業] 학교 등에서, 학문이나 기예를 가르침. 「~시간(時間)」じゅぎょう　teaching

수업료[授業料] 학문이나 기예를 가르쳐 주는 대가로 학생들이 내는 돈. じゅぎょうりょう　tuition

수여[授與] 상장·상품·훈장 따위를 줌. 「~식(式)」じゅよ　presentation

수역[水域] 수면(水面)의 구역. すいいき　waters

수역[囚役] 죄수에게 시키는 노역(勞役). しゅうえき　labor forced upon prisoners

수역[壽域] ①오래 살았다고 할 만한 나이. ②다른 곳에 비하여 장수하는 사람이 많이 사는 고장. ③살아 있을 때 미리 만들어 놓는 무덤. =수실(壽室). ①longeval age

수역[獸疫] 가축(家畜)의 돌림병. じゅうえき　epizootic

수연[水鉛] 은백색의 광택이 있는 단단한 금속 원소. 크롬과 비슷하며, 합금(合金) 재료 등으로 쓰임. 몰리브덴(molybdenum). すいえん

수연[水煙] 불탑(佛塔) 위에 얹힌 구륜(九輪)의 윗부분에 있는 불꽃 모양의 장식. すいえん

수연[垂涎] ①먹고 싶어 침을 흘림. 또는 그 침. ②몹시 탐을 냄. すいぜん　①slaver ②coveting

수연[愁然] 근심에 싸인 모양. しゅうぜん　sorrow

수연[壽宴·壽筵] 장수를 축하하는 잔치. 흔히 환갑 잔치를 이름. じゅえん　birthday feast for an old man

수연[粹然] 잡것이 없이 순수하고 맑은 모양. すいぜん　purity

수:열[數列] ①몇 개의 열. ②수학에서, 어떤 일정한 규칙에 따라 늘어놓은 수의 열. すうれつ　②sequence

수염[鬚髥] 어른이 된 남자의 입가나 뺨·턱에 나는 털. 나룻. しゅぜん　beard

수엽[樹葉] 나무의 잎. じゅよう　leaf

수영[水泳] 헤엄. 「~장(場)」すいえい　swimming

수영[秀英] 재직이 뛰어남, 또는 그런 사람. しゅうえい　superiority

수영[樹影] 나무의 그림자. じゅえい　shade of a tree

수예[手藝] 주로 손으로 하는 기예(技藝). 자수·뜨개질 따위. しゅげい　handicraft

수오[羞惡] 자기의 바르지 못함을 부끄러워하고, 남의 불선(不善)을 미워함. 「~지심(之心)」しゅうお

수온[水溫] 물의 온도. すいおん　water temperature

수완[手腕] 일을 꾸미거나 처리해 나가는 솜씨. 「~가(家)」しゅわん　skill

수왈불가[誰曰不可] 누가 안 된다고 할 것인가. 안 된다고 할 사람이 없음을 이름. No one will blame it.

수왕지절[水旺之節] 오행(五行)에서 수기(水氣)가 왕성한 계절. 곧, 겨울을 이름. winter

수요[須要] 꼭 소용이 됨. 반드

시 필요함. すよう・しゅよう necessity

수요[愁擾] 근심으로 마음이 어수선함. =수란(愁亂). distraction due to cares

수요[壽夭] 장수(長壽)와 단명(短命). 「~장단(長短)」じゅう longevity and premature death

수요[需要] ① 소용이 되어 구(求)함. ② 구매력이 있는 사람이 상품을 사려고 하는 욕구(欲求). 또는 그 사회적인 총량(總量). ↔공급(供給). 「~가 많다」じゅよう demand

수욕[受辱] 모욕을 당함. being insulted

수욕[羞辱] 수치스럽고 욕됨. humiliation

수욕[獸慾] 짐승과 같은 음란(淫亂)한 마음. =육욕(肉慾). じゅうよく animal desires

수용[收用] ① 거두어들여 씀. ② 공익(公益)을 위해 개인의 것을 강제로 징수함. 「토지(土地)~」しゅうよう ② expropriation

수용[收容] 일정한 장소에 사람이나 화물을 넣어 둠. 「난민(難民)~」しゅうよう accommodation

수용[受用] 받아서 씀. じゅよう receiving and using

수용[受容] 받아들임. 「의견을 ~하다」じゅよう reception

수용[需用] 필요한 물건을 구해서 씀. 물건을 사서 씀. じゅよう consumption

수용성[水溶性] 물에 녹는 성질. すいようせい water-solubleness

수용소[收容所] 많은 사람을 집단적으로 수용하는 곳. 「포로(捕虜)~」しゅうようじょ asylum

수운[水運] 뱃길을 이용하여 사람이나 물자를 나르는 일. ↔육운(陸運). すいうん water transport

수운[愁雲] 수심을 느끼게 하는 구름. 시름에 겨운 마음을 비유하는 말. しゅううん gloomy atmosphere

수운[輸運] 물건을 운반하는 일. =운수(運輸). transport

수원[水源] 물의 근원. 「~지(地)」すいげん source of a stream

수원[隨員] 따라가는 사람. = 수행원(隨行員). ずいいん suite

수원수구[誰怨誰咎] 누구를 원망하고 누구를 탓하랴. 남을 원망하거나 탓할 것이 없음을 이르는 말.

수월[水月] ① 물과 달. ② 물에 비친 달. すいげつ ① water and moon ② moon reflected in the water

수위[水位] 강·호수·바다 따위의 수면(水面)의 높이. すいい water level

수위[守衛] 관청이나 학교·회사 따위의 경비를 맡아봄. 또는 그 직원. しゅえい guard

수위[首位] 으뜸가는 자리. =수석(首席). しゅい head seat

수유[受遺] 유언에 따라 유산이나 유품을 받음. じゅい inheritance

수유[茱萸] 수유나무의 열매. 붉은빛이며, 기름을 짜서 머릿기름으로 씀. しゅゆ

수유[授乳] 어린애에게 젖을 먹임. じゅにゅう suckling

수유[須臾] 잠시. 잠시 동안. しゅゆ

수육[←熟肉] 삶아 익힌 쇠고기. boiled beef

수육[獸肉] 짐승의 고기. 가축(家畜)의 고기. じゅうにく meat

수은[水銀] 은백색의 금속 원소의 하나. 상온에서 액체 상태로 있는 유일한 금속임. すいぎん mercury

수은[受恩] 은혜를 받음. 「~망극(罔極)」 indebtedness

수은[殊恩] 특별한 은혜. しゅおん special favor

수은[酬恩] 은혜를 갚음. =보은(報恩). しゅうおん requital of a favor

수은등[水銀燈] 수은 증기(水銀蒸氣)를 이용한 전기등. すいぎんとう mercury lamp

수은주[水銀柱] 수은 온도계나 기압계 따위의, 가느다란 관을 채운 수은의 기둥. すいぎんちゅう column of mercury

수음[手淫] 자기의 생식기를 자극해서 성적 쾌감을 얻는 짓. 용두질. =자위(自慰)·자독(自瀆). しゅいん masturbation

수음[樹陰] 나무의 그늘. じゅいん shade of a tree

수응[酬應] 남의 요구에 응함. complying with

수의[囚衣] 죄수가 입는 옷. しゅうい prison uniform

수의[隨意] ① 마음대로. 뜻대로. ② 제한이 없는 모양. 「~계약」 ずいい voluntariness

수의[襚衣·壽衣] 염습할 때 시체에 입히는 옷. 「~감」 じゅい shroud

수:의[繡衣] ① 수놓은 의복. しゅうい ② 암행 어사(暗行御史)의 다른 이름.

① embroidered clothes

수의[獸醫] 가축의 병을 치료하는 의사. =수의사(獸醫師). じゅうい veterinarian

수의 계:약[隨意契約] 경쟁이나 입찰(入札)로 하지 않고, 일방적으로 상대를 골라서 체결하는 계약. ずいいけいやく private contract

수의과[隨意科] 수의 과목(隨意科目)의 준말. ずいいか

수의 과목[隨意科目] 필수 과목(必須科目)이 아닌, 자유로 선택할 수 있는 과목. 준수의과(隨意科). ずいいかもく elective subject

수의 사:무[隨意事務] 자유 재량에 의하여 결정 처리할 수 있는 사무. ずいいじむ

수:의야:행[繡衣夜行] 수놓은 비단옷을 입고 밤길을 감. 생색이 나지 않거나, 생색을 내지 않음을 비유하는 말. =금의야행(錦衣夜行). しゅういやこう

수이[殊異] 특별히 다름. 특이함. しゅい peculiarity

수익[收益] 이익을 거둠. 또는 이익으로서 거두어들이는 돈. 「~금(金)」 しゅうえき profit

수익[受益] 이익을 얻음. じゅえき receiving benefits

수익자[受益者] 이익을 얻는 사람. 「~ 부담(負擔)」 じゅえきしゃ beneficiary

수인[囚人] 감옥에 갇힌 사람. =죄수(罪囚). しゅうじん prisoner

수인성 전염병[水因性傳染病] 물·음식물에 들어 있는 세균에 의해 전염되는 질환. 이질·장티푸스·콜레라 따위. waterborne contagious diseases

수일[秀逸] 같은 종류 중에서 뛰어나게 훌륭함. しゅういつ superexcellence

수임[受任] 임무를 맡음. 위임을 받음. 「~ 사항(事項)」 じゅにん acceptance of a mandate

수입[收入] 벌어들이는 돈. ↔지출(支出). しゅうにゅう income

수입[輸入] ① 외국에서 물건 따위를 사들임. ② 외국의 제도나 유행 따위를 들여옴. ↔수출(輸出). ゆにゅう import

수입 관리[輸入管理] 경제를 안정시키기 위해 수입을 제한하고 감독하는 일. ゆにゅうかんり import control

수입 인지[收入印紙] 조세(租稅)나 수수료를 받을 때, 현금 대신으로 쓰는 우표와 비슷한 딱지. しゅうにゅういんし revenue stamp

수입 초과[輸入超過] 어떤 기간 수입한 총액이 수출 총액보다 많아진 상태. ↔수출 초과(輸出超過). 준입초(入超). excess of imports

수자폰:[sousaphone] 금관 악기(金管樂器)의 한 가지. 튜바를 개량하여 만든 낮은 음의 악기. 관을 둥글게 감아 어깨에 걸 수 있게 되어 있음. 스―ザホーン

수작[秀作] 뛰어난 작품. excellent work

수작[酬酌] ① 술잔을 서로 주거니 받거니 함. ② 말을 서로 주고받음. 또는 주고받는 그 말. ③ 엉큼한 속셈이나 술책을 이르는 말. 「엉뚱한 ~」 ① exchanging of wine cups ② exchanging of words

수장[手掌] 손바닥. しゅしょう palm

수장[水葬] 송장을 물 속에 넣어 장사지냄. 또는 그런 장사(葬事). すいそう burial at sea

수장[收藏] 물건을 입수하여 잘 간수함. しゅうぞう garnering

수재[手才] 손재주. deftness

수재[水災] 홍수(洪水)로 인한 재해. =수해(水害)・수화(水禍). すいさい flood disaster

수재[收載] 작품 따위를 거두어 책에 실음. =수록(收錄). しゅうさい recording

수재[秀才] 학문이나 재능이 뛰어남. 또는 그런 사람. しゅうさい genius

수재[殊才] 남달리 뛰어난 재주. 특이한 재주. しゅさい brilliant talent

수저[水底] 물밑. 물의 밑바닥. すいてい bottom of the water

수적[水滴] ① 물방울. ② ⇨연적(硯滴). すいてき ① drop of water

수:적[數的] 숫자상으로 본 것. 「~ 우세(優勢)」 すうてき numerical

수적[讐敵・讎敵] 자기・자기 집・자기 나라에 대해 해를 끼쳐 원한이 맺힌 사람. =원수(怨讎)・구적(仇敵). しゅうてき foe

수전[水電] 수력 전기(水力電氣)의 준말. すいでん

수전[水戰] 물 위에서 배를 타고 하는 싸움. =해전(海戰). ↔육전(陸戰). すいせん sea fight

수전[守戰] 쳐들어온 적을 막아 싸움. しゅせん defensive fight

수전노[守錢奴] 돈을 지나치게 아껴 모으기만 하고 쓸 줄 모르는 인색한 사람을 낮추어 이르는 말. しゅせんど miser

수전증[手顫症] 한방에서, 물건을 잡거나 할 때 손이 떨리는 증세를 이르는 말. tremor of the hand

수절[守節] ① 절의(節義)를 지킴. ② 정절(貞節)을 지킴. 「～과부(寡婦)」 しゅせつ ① remaining to one's principles ② defending one's chastity

수절[秀絶] 썩 뛰어나고 훌륭함. しゅうぜつ superexcellence

수절[殊絶] 남달리 뛰어나게 훌륭함. しゅぜつ brilliance

수접[酬接] 손을 맞아 접대함. reception

수정[水晶] 무색 투명한 석영(石英)의 한 가지. 육방정계(六方晶系)의 결정(結晶)으로, 광택이 있으며 도장·장신구·광학 기계 따위로 쓰임. =수옥(水玉). すいしょう crystal

수정[水精] ① 물 속에 사는 요정(妖精). ② 달을 달리 이르는 말. すいせい ① nymph

수정[受精] 난자(卵子)와 정자(精子)가 결합함. 정받이. じゅせい fertilization

수정[修正] 바로잡아 고침. 「예산안(豫算案) ～」 しゅうせい amendment

수정[修訂] 서적 따위의 내용에서 잘못된 곳을 고침. 「～간행(刊行)」 しゅうてい correction

수정[修整] ① 고쳐서 정돈함. ② 사진의 원판을 잘 고쳐 수정(修正)하는 일. しゅうせい ① adjustment ② retouching

수정과[水正果] 생강을 달인 물에 설탕이나 꿀을 탄 다음, 곶감·계피를 담그고 잣을 띄운 음료. cinnamon flavored ginger punch

수정관[輸精管] 정소(精巢)에서 만들어진 정자(精子)를 정낭(精囊)으로 보내는 관(管). =정관(精管). ゆせいかん deferent duct

수정체[水晶體] 안구(眼球)의 홍채(虹彩) 뒤쪽에 있는 볼록 렌즈 모양의 투명체. すいしょうたい crystalline lens

수제[手製] 손으로 만듦. 또는 그 물건. てせい article made by hand

수제[首題] 문서의 첫머리에 쓰는 제목. 「～의 건(件)」 しゅだい heading

수제자[首弟子] 여러 제자 중에서 가장 뛰어난 제자. one's best pupil

수조[手爪] 손톱. fingernail

수조[水鳥] 갈매기·기러기·오리 따위의 물새. =수금(水禽). すいちょう·みずどり waterfowl

수조[水槽] 물을 담아 두는 큰 통. すいそう water tank

수조[水藻] 물 속에서 자라는 마름. すいそう duckweed

수조[守操] 지조(志操)를 지킴. keeping one's principles

수족[手足] ① 손과 발. ② 손발처럼 요긴하게 부리는 사람. てあし ① hands and feet

수족[水族] 물 속에 사는 생물(生物). すいぞく aquatic animals

수족관[水族館] 물 속에 사는 생물을 모아서 일반에게 그 생태를 관람시키는 시설. すいぞくかん aquarium

수종[水腫] 몸의 조직 사이나 체강(體腔) 안에 림프액·장액(漿液)이 많이 괴어 몸이 붓는 병. すいしゅ　edema

수:종[數種] 몇 가지 종류. 두서너 가지. すうしゅ　several kinds

수종[隨從] ① 높은 사람을 따라다님. 또는 따라다니는 사람. ② 시중의 원말. ずいじゅう　① attendance, attendant

수종[樹種] 나무의 종류. kinds of trees

수죄[首罪] 여러 죄 가운데서 주된 죄. しゅざい　cardinal crime

수주[受注] 주문을 받음. ↔발주(發注). じゅちゅう　receiving an order

수:주[數珠] ⇨염주(念珠).

수준[水準] ① 사물의 일정한 표준. 또는 가치·능력 따위를 정할 때의 표준이 되는 정도. 「～ 이하(以下)」 ② 수준기(水準器)의 준말. すいじゅん　① standard

수준기[水準器] 어떤 면(面)이 수평인지 아닌지를 검사하는 기구. =수평기(水平器). 준수준(水準). すいじゅんき　level

수중[手中] ① 손안. ② 힘이 미치는 범위 안. 「적(敵)의 ～에 들다」 しゅちゅう　① in the hands

수중[水中] 물 속. 물 가운데. 「～ 남사」 すいちゅう　underwater

수중[睡中] 잠들어 있는 동안. =수면중(睡眠中). while sleeping

수중유행[睡中遊行] 몽유병(夢遊病) 환자가 자다가 별안간 일어나 이리저리 돌아다니는 일. すいちゅうゆうこう　somnambulism

수중익선[水中翼船] 선체 아래에 날개가 달린 배. 선체가 물 위에 떠서 고속으로 달림. すいちゅうよくせん　hydrofoil

수중축대[隨衆逐隊] 주견(主見)이 없이 여러 사람을 좇아 덩달아 행동하는 일. without one's own opinion

수즉다욕[壽則多辱] 오래 살수록 그만큼 욕되는 일이 많음.

수증[受贈] 선물을 받음. ↔기증(寄贈). 「～ 도서(圖書)」 じゅぞう　receipt of a gift

수증기[水蒸氣] 물이 증발하여 생긴 기체. =증기(蒸氣). すいじょうき　vapor

수지[手指] 손가락. しゅし　finger

수지[收支] 수입과 지출. 「～ 결산(決算)」 しゅうし　income and expenditure

수지[須知] 마땅히 알아야 할 일. 「～ 사항(事項)」 しゅち　what one ought to know

수지[樹枝] 나무의 가지. 나뭇가지. じゅし　branch

수지[樹脂] 나무에서 분비되는 진. 「～ 가공(加工)」 じゅし　resin

수지[獸脂] 짐승의 기름. 「～ 제품(製品)」 じゅうし　grease

수지오지자웅[誰知烏之雌雄] 누가 까마귀의 암수를 구별할 수 있는가. 곧, 옳고 그름을 가리기가 어려움을 이르는 말. No one knows which is right.

수직[手織] 손으로 천을 짬. 또는 그렇게 짠 천. 「～기(機)」 ており　handweaving

수직[垂直] ① 똑바로 드리워 있는 모양. ↔수평(水平). 「～

선(線)」② 하나의 직선 또는 평면이, 다른 하나의 직선 또는 평면과 서로 직각으로 만나는 일. すいちょく perpendicularity

수진[水盡] 물이 다 떨어짐. 또는 물의 흐름이 끊어짐. 水盡 exhaustion of water

수진[受診] 진찰을 받음. じゅしん 受診 consulting a doctor

수진본[袖珍本] 소매 속, 곧 주머니에 넣고 다닐 만한 작은 책. しゅうちんぼん 袖珍本 pocket book

수질[水質] 물의 품질 또는 성분(成分). 「~ 검사」 すいしつ 水質 quality of water

수집[收集] 거두어 모음. しゅうしゅう 收集 collection

수집[蒐集] 찾아서 모음. 「고전(古錢) ~」 しゅうしゅう 蒐集 collection

수집[粹集] 가장 중요한 부분만을 골라 모음. 粹集 selection

수차[水車] 물레방아. すいしゃ 水車 water mill

수차[收差] 렌즈나 반사경에 의한 상(像)이 흐려지거나 비뚤어지거나 하는 일. しゅうさ 收差 aberration

수:차[數次] 여러 차례. =누차(累次). すうじ frequently 數次

수찬[修撰] ① 책, 특히 사서(史書)를 편찬함. ② 조선 때, 사서를 편찬하던 홍문관(弘文館)의 정6품 벼슬. しゅうせん 修撰 ① compilation

수참[羞慚] 매우 부끄러움. 羞慚 great shame

수창[首唱] ① 앞장서서 주창함. ② 시회(詩會) 등에서, 맨 먼저 시를 지어 읊음. しゅしょう ① advocacy ② leading in singing 首唱

수창[首創] 맨 먼저 창설함. 首創 first establishment

수채[水彩] 물감을 물에 풀어 쓰는 일. 「~화(畫)」 すいさい 水彩 water colors

수채[受采] 신랑집에서 보낸 청·홍 비단을 신붓집에서 받음. ↔납채(納采). 受采

수:처[數處] 여러 곳. 두서너 곳. 數處 several places

수:척[數尺] 두서너 자. 여러 자. すうしゃく 數尺

수척[瘦瘠] 몸이 마름. 瘦瘠 emaciation

수천방불[水天彷彿] 바다 멀리 하늘과 물이 맞닿아 그 경계를 알 수 없음. すいてんほうふつ 水天彷彿

수첩[手帖] 몸에 지니고 다니며, 수시로 여러 가지 일을 적어 두는 작은 공책. =필첩(筆帖). てちょう notebook 手帖 筆帖

수첩[受牒] 통첩(通牒)을 받음. 受牒 being informed

수청[守廳] ① 지난날, 고관(高官) 밑에서 시중늘던 일. 「~들다」 ② 지난날, 대가집에서 잡일을 맡아보거나 시중 들던 일. 또는 그 사람. 청지기. ① attending on a high official ② servant 守廳

수청무대어[水清無大魚] 물이 너무 맑으면 큰 고기가 없듯이, 너무 엄격하고 청렴하기만 하면 사람들이 따르지 않음의 비유. 水清無大魚

수초[水草] 물 속이나 물가에서 자라는 풀. 물풀. すいそう·みずくさ·みくさ aquatic plant 水草

수촉[手燭] 들고 다니게 된 촛대. しゅしょく·てしょく 手燭

수축[收縮] 오그라듦. ↔팽창(膨脹). しゅうしゅく 収縮
candlestick / contraction

수축[修築] 건물·다리·둑 따위를 고쳐 짓거나 고쳐 쌓음. しゅうちく 修築
repair

수축[隨逐] 뒤를 쫓아 따라감. ずいちく 隨逐
following

수출[輸出] 국내의 산물 따위를 외국으로 팔아 내보냄. ↔수입(輸入). 「~ 진흥(振興)」 ゆしゅつ 輸出 振興
export

수출불[輸出弗] 수출에 대하여 그 대가(代價)로 받는 달러(弗). ゆしゅつドル 輸出弗 代價
export dollars

수출입[輸出入] 수출과 수입. ゆしゅつにゅう 輸出入
export and import

수출 초과[輸出超過] 어떤 기간에 수출한 총액이 수입한 총액보다 많은 일. ↔수입 초과(輸入超過). 준출초(出超). 超過
excess of exports

수취[收取] 거두어 손에 넣음. 收取
collection

수취[受取] 받음. =영수(領收). うけとり 受取
receipt

수치[羞恥] 부끄러움. 창피함. 「~심(心)」 しゅうち 羞恥
shame

수:치[數値] ① 대수(代數)에서 문자(文字)에 주어지는 수. ② 계산해서 얻은 수. すうち 數値
① numerical value

수칙[守則] 행동이나 절차에 관하여 지켜야 할 사항을 정한 규칙. 「안전(安全) ~」 守則
rule

수침[受鍼] 침을 맞음. 受鍼
be acupunctured

수:침[繡枕] 수놓은 베개. 繡枕
embroidered pillow

수크로오스[sucrose] 사탕수수를 원료로 하여 만든 사탕. 자당(蔗糖). 蔗糖

수탁[受託] 부탁을 받음. ↔위탁(委託). 「~ 화물(貨物)」 じゅたく 受託
trust

수탄[愁歎·愁嘆] 근심하고 한탄함. しゅうたん 愁歎
grief

수탈[收奪] 강제로 빼앗음. 「~ 정책(政策)」 しゅうだつ 收奪
deprivation

수탐[搜探] 남의 비밀 따위를 몰래 조사하여 알아 냄. 염알이. 搜探
search

수태[水苔] 습지나 물 속에 나는 이끼. =수면(水綿). みずごけ 水苔
bog moss

수태[受胎] 아이를 뱀. 임신함. じゅたい 受胎
conception

수택[水澤] 물이 고여 있는 늪. すいたく 水澤
swamp

수택[手澤] ① 오래 가지고 있는 동안에, 책이나 그릇 따위에 묻은 손때나 윤. ② 수택본(手澤本)의 준말. しゅたく 手澤
① polish

수택본[手澤本] 옛 사람이 두고두고 읽어 손때가 묻은 책. 준수택(手澤). 手澤本

수토[水土] ① 물과 흙. 물과 땅. ② 그 지방의 기후와 풍토. ③ 도자기의 원료로 쓰이는 흙의 한 가지. 水土
① water and earth

수통[水桶] 물을 긷는 통. 물을 담는 통. 물통. みずおけ 水桶
water pail

수통[水筒] 먹는 물을 넣어서 가지고 다니는 물병. 빨병. すいとう 水筒
canteen

수통[水筩] ① 물이 통하는 관(管). ② 상수도(上水道)에서 나오는 물을 따라 쓰게 만든 장치. =수도전(水道栓). 水筩

① water pipe ② hydrant

수통[羞痛] 부끄럽고 원통함. 羞痛 mortification

수파[水波] 물결. すいは wave 水波

수:판[數板] 한국·중국·일본 등에서 쓰이는 간단한 계산기. 가는 댓개비에 염주 같은 알이 많이 꿰어져 있음. =주판(籌板·珠板). 數板 abacus

수평[水平] ① 잔잔한 물 위처럼 평평한 상태. ② 지구의 중력(重力)의 방향과 직각으로 만나는 방향. 「~기(器)」 すいへい 水平 level

수평각[水平角] 각의 두 변(邊)이 다 수평면 위에 있는 각. 水平角 horizontal angle

수평면[水平面] 잔잔한 수면(水面)처럼 경사가 없는 평면. すいへいめん level surface 水平面

수평선[水平線] ① 수면(水面)과 평행되는 직선. ② 바다와 하늘이 맞닿아 보이는 선. ↔지평선(地平線). すいへいせん horizon 水平線 地平線

수포[水泡] ① 물거품. ② 공들인 일이 헛되이 되는 일을 비유하여 이르는 말. 「계획이 ~로 돌아가다」 すいほう ① foam ② naught 水泡

수포[水疱] 살갗이 부풀어 올라 생기는 물집. すいほう blister 水疱

수폭[水爆] 수소 폭탄(水素爆彈)의 준말. すいばく 水爆

수표[手票] 당좌 예금을 한 사람이 은행을 지급인으로 하여 발행하는 유가 증권. check 手票 當座 預金

수:표[數表] 대수표(對數表)나 함수표(函數表) 등과 같이, 여러 가지 수치를 이용하기 좋게 표로 만든 것. numeration table 數表 對數表

수:프[soup] 서양 요리에서, 맨 먼저 나오는 국물. スープ 料理

수피[樹皮] 나무의 껍질. じゅひ bark 樹皮

수피[獸皮] 짐승의 가죽. じゅうひ hide 獸皮

수필[手筆] 손수 씀. =자필(自筆). しゅひつ autograph 手筆

수필[水筆] 붓촉 전체를 먹물에 적셔서 쓰는 붓. すいひつ pens and brushes 水筆

수필[隨筆] 일정한 형식이 없이 체험이나 느낌을 생각나는 대로 자유롭게 쓴 글. 「~가(家)」 ずいひつ essay 隨筆 作品

수하[手下] 손아래. 손아랫사람. ↔수상(手上). one's inferior 手下

수하[誰何] 누구. 「~를 막론(莫論)하고」 すいか anyone 誰何

수하물[手荷物] ① 손님이 들고 다닐 만한 작은 보따리. ② 여객이 출발역에서 도착역까지 철도편으로 탁송(託送)하는 조그마한 짐. てにもつ luggage 手荷物

수하친병[手下親兵] ① 직접 거느리고 있는 부하 병졸. 준수병(手兵). ② 마음대로 부리는 사람. subordinate 手下親兵 手兵

수학[受學] 학문을 배움. 수업을 받음. taking lessons 受學

수학[修學] 학문을 닦음. しゅうがく study 修學

수:학[數學] 수량이나 도형 따위를 연구하는 학문. すうがく mathematics 數學

수학 여행[修學旅行] 학생들에게 실지로 견학시키기 위한 여행. しゅうがくりょこう school excursion 修學旅行

수한[水旱] 큰물과 가뭄. 수해(水害)와 한해(旱害). すいかん flood and drought 水旱 水害

수한충박상[水旱蟲雹霜] 큰물·가뭄·해충·우박·이른 서 水旱蟲雹霜

리 등 농작물에 끼치는 다섯 가지 재앙.

수함[獸檻] 짐승을 잡아 넣는 우리. cage

수합[收合] 거두어서 모음. 모아 합침. しゅうごう collection

수항[受降] 항복을 받음. acception of surrender

수해[水害] 홍수로 인한 재해. すいがい flood disaster

수해[受害] 해를 입음. 손해를 당함. suffering

수해[樹海] 광대하고 울창한 숲을 바다로 비유한 말. じゅかい sea of forests

수행[修行] ①행실을 바르게 닦음. ②불도(佛道)를 닦음. 「~자(者)」しゅぎょう ascetic exercises

수행[遂行] 일을 계획한 대로 해냄. 「공무(公務) ~」すいこう accomplishment

수행[隨行] 윗사람을 따라서 감. 「~원(員)」ずいこう following

수향[水鄕] 물가에 있는 마을. すいごう・すいきょう waterside village

수험[受驗] 입학 시험이나 입사(入社) 시험 따위를 치름. 「~생(生)」じゅけん undergoing an examination

수혈[輸血] 피가 필요한 환자의 혈관에 건강한 사람의 혈액을 넣음. ↔채혈(採血). ゆけつ blood transfusion

수혐[讐嫌] 원수같이 미워함. hatred

수형[水刑] 물을 억지로 먹이거나 머리를 물에 담그거나 하여 고문(拷問)하는 형벌. すいけい torture with water

수형[受刑] 형벌을 받음. 「~자(者)」じゅけい being under sentence

수혜[受惠] 혜택을 받음. 「~대상」 receiving favor

수호[守護] 지키고 보호함. 「~신(神)」しゅご protection

수호[修好] 나라끼리 사이좋게 지냄. 「~조약(條約)」しゅうこう friendship

수화[水火] 물과 불. すいか water and fire

수화[水化] 물질이 물과 화합하거나 결합함. 또는 그런 현상. すいか hydration

수화[手話] 농아자끼리 손짓으로 하는 말. しゅわ sign language

수화[水禍] 홍수로 인한 재화. =수재(水災). すいか flood disaster

수ː화[繡畫] 수를 놓아 만든 그림. embroidered picture

수화기[受話機] 전화기의, 귀에 대고 말을 듣는 장치. ↔송화기(送話機). じゅわき receiver

수화불통[水火不通] 생활에 없어서는 안 될 물과 불조차 서로 주고받지 않는다는 뜻으로, 이웃과 담을 쌓고 지냄을 이르는 말.

수화상극[水火相剋] 물과 불이 서로 용납하지 못함과 같이, 서로 원수 사이임을 비유하여 이르는 말. discord

수화인[受貨人] 화물, 곧 짐을 받을 사람. consignee

수화폐ː월[羞花閉月] 꽃이 부끄러워하고, 달도 숨을 정도의 아름다움. 곧, 몹시 아리따운 여인의 비유. しゅうかへいげつ flower of flowers

수확[收穫] ①농작물을 거두어

들임. 또는 그 소출. 「~량(量)」 ② 좋은 결과. 「이번 대회는 ~이 많다」 しゅうかく harvest

수환[水患] 수해로 말미암은 근심. fear due to flood

수환[獸患] 맹수(猛獸)로 말미암은 피해. 또는 그런 근심. damage by wild beasts

수황증[手荒症] 손버릇이 나쁜 병이라는 뜻으로, 남의 물건을 훔치는 버릇을 이르는 말. kleptomania

수회[收賄] 뇌물을 받음. =수뢰(收賂). ↔증회(贈賄). しゅうわい bribetaking

수회[愁懷] 근심과 회포. worried mind

수:회[數回] 여러 차례. 누서너 번. すうかい several times

수:효[數爻] 사물의 낱낱의 수. number

수훈[垂訓] 후세에 전하는 교훈. すいくん precept

수훈[殊勳] 특수한 공훈. 뛰어난 공로. しゅくん distinguished services

수희[隨喜] 불교에서, 남이 하는 선(善)을 보고 기쁜 마음을 일으킴을 이름. ずいき adoration

숙[夙] 이를 숙: 이르다. 일찍. 새벽. 「夙成(숙성)·夙志(숙지)·夙悟(숙오)·夙興(숙흥)·夙起(숙기)·夙夜(숙야)」 シク·つとに·はやい

숙[叔]* 아재비 숙: 아재비. 「叔父(숙부)·叔姪(숙질)·叔母(숙모)·叔伯(숙백)·外叔(외숙)」 シュク

숙[孰]* ① 누구 숙: 누구. 「孰若(숙약)·孰與(숙여)·孰能禦之(숙능어지)」 ② 살필 숙: 살피다. 「孰視(숙시)」 ③ 익을 숙: 익다. 「孰成(숙성)·孰食(숙식)」 ジュク ① いずれ

숙[宿]* ① 잘 숙: 자다. 묵다. 「宿泊(숙박)·宿食(숙식)·寄宿(기숙)·下宿(하숙)·宿所(숙소)」 ② 오래 될 숙: 오래 되다. 「宿患(숙환)·宿願(숙원)·宿志(숙지)」 ③ 별 수: 별. 별자리. 「星宿(성수)」 シュク ① やど·やどる

숙[淑]* ① 맑을 숙: 맑다. 「淑清(숙청)」 ② 얌전할 숙: 얌전하다. 「淑女(숙녀)·貞淑(정숙)·淑德(숙덕)」 ③ 사모할 숙: 사모하다. 「私淑(사숙)」 シュク

숙[肅]* ① 엄숙할 숙: 엄숙하다. 김기다. 「嚴肅(엄숙)·肅然(숙연)·肅愼(숙신)·整肅(정숙)」 ② 다스릴 숙: 다스리다. 「肅清(숙청)·肅正(숙정)」 シュク ① つつしむ

숙[塾] 글방 숙: 글방. 「私塾(사숙)·書塾(서숙)·家塾(가숙)·村塾(촌숙)」 ジュク

숙[熟]* ① 익을 숙: 익다. 숙달하다. 「熟卵(숙란)·半熟(반숙)·生熟(생숙)·熟達(숙달)·熟鍊(숙련)·熟路(숙로)」 ② 자세히 숙: 자세히. 찬찬히. 꼼꼼히. 「熟視(숙시)·熟察(숙찰)」 ジュク ① うれる ② つらつら

숙감[宿憾] 오래 된 원한이나 감정. old resentment

숙객[熟客] 잘 알고 있는 낯익은 손님. 단골 손님. じゅっかく client

숙경[肅敬] 삼가 공경함. しゅくけい reverence

숙계[叔季] 끝의 동생. 막내 아우. youngest brother

숙계[肅啓] '삼가 아룁니다'의 뜻으로, 편지 첫머리에 쓰는 말. しゅくけい　Dear Sir

숙고[熟考] 깊이 생각함. 「심사(深思)~」 じゅっこう　deliberation

숙공[宿工] 오래 익혀서 익숙해진 일. accustomed work

숙구[叔舅] ① ⇨ 외숙(外叔). ② 봉건 시대에 황제가 성이 다른 제후(諸侯)를 이르던 말.

숙군[肅軍] 군대 안의 부정이나 불상사에 관련된 군인을 인사 조치하여 기강을 바로잡는 일. しゅくぐん　purge in the army

숙근초[宿根草] 줄기는 말라 죽지만, 뿌리는 살아 남아 이듬해 봄에 다시 싹이 트는 초본. 민들레·백합 따위. しゅっこんそう　perennial plant

숙기[夙起] 아침에 일찍 일어남. 새벽에 일어남. =조기(早起). しゅっき　getting up early in the morning

숙기[淑氣] ① 좋은 기운. ② 봄날의 아늑하고 포근한 기운. しゅくき　② cosiness in spring

숙녀[淑女] 정숙하고 교양이 있는 여자. ↔신사(紳士). 「신사(紳士)~」 しゅくじょ　lady

숙능어:지[孰能禦之] 누가 이를 막을 수 있겠느냐는 뜻으로, 아무도 막을 사람이 없음을 강조하는 말.

숙달[熟達] 어떤 일에 익숙하여 통달함. じゅくたつ　skill

숙당[肅黨] 불순한 당원을 숙청하거나 하여 당내의 기강을 바로잡는 일. しゅくとう　purge in the party

숙덕[宿德] ① 오래도록 쌓은 덕. ② 전세(前世)에서 쌓은 복덕(福德). しゅくとく　① long polished virtue

숙덕[淑德] 여자의 정숙(貞淑)한 덕. しゅくとく　feminine virtue

숙독[熟讀] 글의 뜻을 자세히 음미하며 읽음. じゅくどく　perusal

숙란[熟爛] ⇨난숙(爛熟). じゅくらん

숙람[熟覽] 눈여겨 자세히 살펴봄. じゅくらん　careful inspection

숙랭[熟冷] ① 숭늉. ② 제사 때 올리는, 식힌 숭늉. ① scorched-rice tea

숙려[熟慮] 곰곰이 생각함. 깊이 생각함. じゅくりょ　meditation

숙련[熟練] 손에 익어서 능숙해짐. 「~공(工)」 じゅくれん　skill

숙마[熟馬] 길이 잘 든 말. well-drilled horse

숙망[宿望] 오래 전부터 품어 온 소망(所望). =숙원(宿願). しゅくぼう　cherished desire

숙맥[菽麥] ① 콩과 보리. ② 숙맥불변(菽麥不辨)의 준말. しゅくばく　① bean and barley

숙맥불변[菽麥不辨] 콩인지 보리인지 분간 못할 정도로 어리석고 못남. 또는 그런 사람. ㉣숙맥(菽麥).

숙면[熟面] 익히 잘 아는 얼굴. 낯익은 사람. =관면(慣面). ↔생면(生面). じゅくめん　well-acquainted person

숙면[熟眠] 잠이 깊이 듦. 또는 그런 잠. =숙수(熟睡). じゅくみん　sound sleep

숙명[宿命] 타고난 운명. しゅ

숙명론[宿命論] 모든 일은 미리 결정되어 있으며, 인간의 노력으로는 이를 변경할 수 없다는 설. =숙명설(宿命說)·운명론(運命論). しゅくめいろん　fatalism

숙모[叔母] 숙부의 아내. 작은 어머니. おば　aunt

숙박[宿泊] 여관 따위에 묵음. 「~료(料)」しゅくはく　lodging

숙박부[宿泊簿] 여관 따위에서 손님의 주소·성명 기타를 적는 장부. hotel register

숙배[肅拜] ①고개를 숙이고 손끝이 땅에 닿도록 공손히 하는 절. ②'삼가 절을 올립니다'의 뜻으로, 한문투의 편지 끝에 쓰는 말. しゅくはい ② Sincerely yours

숙백[叔伯] 아우와 형. 형제. しゅくはく　brothers

숙병[宿病] 오래 묵은 병. =숙아(宿痾)·숙질(宿疾)·고질(痼疾). しゅくびょう chronic disease

숙부[叔父] 아버지의 동생. 작은아버지. おじ　uncle

숙사[宿舍] 숙박하는 집. 머물러 있는 집. =여사(旅舍)·숙소(宿所). しゅくしゃ lodging house

숙사[肅謝] 입은 은혜에 대하여 정중하게 사례함. =숙은(肅恩). expressing one's thanks sincerely

숙사[塾師] 사숙(私塾)의 스승. teacher

숙사[熟思] 깊이 생각함. =숙고(熟考)·숙려(熟慮). しゅくし　deliberation

숙성[夙成] 어린 나이에 비하여 올되어 어른스러움. =조숙(早熟). しゅくせい　precocity

숙성[熟成] ①충분히 익어서 이루어짐. ②물질이 적당한 온도에서 화학 변화를 일으킴. じゅくせい ① maturity ② aging

숙세[宿世] 불교에서, 과거의 세상. 곧, 전세(前世). 또는 전세부터의 인연. すくせ·しゅくせ　one's previous life

숙소[宿所] 머물러 있는 곳. =숙사(宿舍)·여사(旅舍). しゅくしょ one's lodgings

숙수[菽水] 콩과 물. 곧, 변변하지 못한 음식을 이르는 말.

숙수[熟手] ①솜씨가 좋은 사람. ②잔치 등 큰일에 음식을 만드는 사람. 또는 음식 만드는 일을 업으로 삼는 사람. じゅくしゅ ② cook

숙수[熟睡] 잠이 깊이 듦. 또는 깊이 든 잠. =숙면(熟眠). じゅくすい　sound sleep

숙수지환[菽水之歡] 가난한 가운데서도 부모를 잘 봉양하여 그 마음을 기쁘게 함. しゅくすいのかん

숙습[熟習] ①몸에 익은 습관. ②익숙해지도록 잘 익힘. ① habit ② getting accustomed to

숙시[熟柿] 나무에 달린 채 무르익은 감. =연시(軟柿). 「~주의(主義)」じゅくし ripe persimmon

숙시[熟視] 자세히 눈여겨봄. じゅくし　gazing at

숙시숙비[孰是孰非] 누가 옳고 누가 그른지 가리기 어려움. indiscernibility

숙시주의[熟柿主義] 잘 익은 감이 저절로 떨어지기를 기다리듯이, 때가 오기를 느긋이

기다리는 주의나 태도.
waiting and seeing principle

숙식[宿食] 자고 먹음. 숙박과 식사. =침식(寢食)·면식(眠食). sleeping and eating

숙식[熟識] ① 잘 앎. ② 잘 아는 사람. じゅくしき
long acquaintance

숙실[熟悉] 어떤 사정 따위를 충분히 다 알고 있음.
knowing in detail

숙씨[叔氏] 남의 형제 중의 셋째 되는 이를 높이어 이르는 말.

숙아[宿痾] 오래 묵은 병. =숙병(宿病)·숙질(宿疾). しゅくあ chronic disease

숙악[宿惡] ① 이전에 저지른 죄악. =구악(舊惡). ② 불교에서, 전생(前生)에 지은 악업(惡業). しゅくあく
① past crime ② wrong committed in the past life

숙안[宿案] 미리부터 생각해 두었던 안(案). しゅくあん
meditated plan

숙야[夙夜] 이른 아침부터 늦은 밤까지. 늘. しゅくや

숙어[熟語] ① 둘 이상의 낱말이 합쳐서 된 말. ② 특별한 뜻을 가진 성구(成句). じゅくご
① compound word ② idiom

숙연[肅然] ① 삼가고 두려워하는 모양. ② 조용하고 엄숙한 모양. しゅくぜん solemnity

숙원[宿怨] 오래 묵은 원한. =숙한(宿恨). しゅくえん
deep-rooted enmity

숙원[宿願] 오래 전부터의 소원. =숙망(宿望). しゅくがん
cherished wish

숙은[肅恩] 은혜에 정중히 사례함. =숙사(肅謝). expressing one's thanks sincerely

숙의[宿意] 전부터 품고 있던 생각. しゅくい
cherished intention

숙의[熟議] 충분히 의논함. じゅくぎ deliberation

숙적[宿敵] 오래 전부터의 적. 「~ 격파(擊破)」 しゅくてき
old enemy

숙정[肅正] 엄하게 다스리어 바로잡음. 「강기(綱紀) ~」 しゅくせい regulation

숙정[肅整] 엄숙하고 흐트러짐이 없음. =정숙(整肅). しゅくせい correctness

숙정[肅靜] 조용하고 엄숙함. =정숙(靜肅). しゅくせい silence

숙제[宿題] ① 학생에게 미리 내어 주는 문제나 과제. ② 전부터 해결하고자 했던 문제. ③ 앞으로 해결해야 할 문제. しゅくだい ① homework ③ pending question

숙죄[宿罪] ① 불교에서, 전생(前生)에 지은 죄. ② 기독교에서, 아담과 이브가 저질렀다는 죄. =원죄(原罪). しゅくざい ① sins from an earlier life ② original sin

숙주[宿主] 기생(寄生) 생물이 붙어서 기생하고 있는 생물. =기주(寄主). しゅくしゅ host

숙지[宿志] 오래 전부터 품었던 뜻. 「~ 달성(達成)」 しゅくし cherished desire

숙지[熟知] 충분히 잘 앎. じゅくち full knowledge

숙직[宿直] 직장에서 밤에 시설이나 물건 등을 지킴. 또는 그 사람. night watch

숙질[叔姪] 아저씨와 조카. 「~간(間)」 しゅくてつ
uncle and nephew

숙찰[熟察] ① 자세히 살핌. ② 깊이 생각함. じゅくさつ ① steady observation 熟察

숙채[宿債] 오래 묵은 채무(債務). 묵은 빚. 「~ 청산(淸算)」しゅくさい old debts 宿債 淸算

숙청[肅淸] 권력자가 반대 세력을 내쫓거나 처형(處刑)하는 일. しゅくせい purge 肅淸

숙청[肅聽] 삼가 조용히 들음. =근청(謹聽). careful listening 肅聽 謹聽

숙체[宿滯] 오래 된 체증(滯症). chronic indigestion 宿滯

숙취[宿醉] 다음 날까지 깨지 않은 취기(醉氣). しゅくすい hangover 宿醉

숙친[熟親] 사귀며 지내는 사이가 아주 가까움. =친숙(親熟). intimacy 熟親

숙폐[宿弊] 오래 전부터의 폐단. しゅくへい deep-rooted evil 宿弊

숙한[宿恨] ⇨숙원(宿怨). しゅっこん 宿恨

숙항[叔行] 아저씨뻘이 되는 항렬. 叔行

숙행[淑行] 여자의 정숙한 행실. しゅっこう chastity 淑行

숙호충비[宿虎衝鼻] 잠든 호랑이의 코를 찌름. 곧, 화(禍)를 스스로 불러들임을 이르는 말. bringing disadvantage upon oneself 宿虎衝鼻

숙환[宿患] 오래 묵은 병환. =숙병(宿病). しゅっかん deep-rooted disease 宿患

숙황[熟荒] 풍년으로 쌀값이 내려, 농민이 도리어 곤궁해지는 현상. じゅっこう 熟荒

숙흥야매[夙興夜寐] 아침에는 일찍 일어나고, 밤에는 늦게 자며 부지런히 일함. working hard day and night 夙興夜寐

순[旬]* ① 열흘 순: 열흘. 「上旬(상순)・下旬(하순)・旬報(순보)」② 십 년 순: 십 년. 「旬年(순년)・六旬(육순)・七旬(칠순)」ジュン・シュン 上旬 旬年

순[巡]☆ 두루 돌 순: 두루 돌아다니다. 순행하다. 「巡行(순행)・巡察(순찰)・巡視(순시)・巡遊(순유)・巡禮(순례)・巡航(순항)」ジュン・めぐる 巡察 巡視

순[盾]☆ 방패 순: 방패. 「甲盾(갑순)・盾鼻(순비)・矛盾(모순)」ジュン・たて 甲盾

순[殉]☆ 따라 죽을 순: 따라서 죽다. 목숨을 바치다. 「殉國(순국)・殉職(순직)・殉死(순사)・殉敎(순교)・殉節(순절)・殉葬(순장)」ジュン 殉職 殉死

순[純]* 순수할 순: 순수하다. 「純粹(순수)・純金(순금)・純潔(순결)・純眞(순진)」ジュン 純粹 純金

순[淳] ① 순박할 순: 순박하다. 「淳朴(순박)・淳厚(순후)・淳良(순량)」② 맑을 순: 맑다. 「淳潔(순결)・淳白(순백)」ジュン 淳朴

순[脣]☆ 입술 순: 입술. 「脣吻(순문)・脣音(순음)・脣齒(순치)・脣聲(순성)・丹脣(단순)」シン・くちびる 脣齒

순[筍] 죽순 순: 죽순. 「竹筍(죽순)・筍席(순석)・筍蕨(순궐)」ジュン・たけのこ 筍席

순[舜] ① 순임금 순: 순임금. 「舜典(순전)・堯舜(요순)」② 무궁화 순: 무궁화. 「舜英(순영)」シュン 堯舜 舜英

순:[順]* ① 순할 순: 순하다. 화합하다. 「順延(순연)・溫順(온순)・順適(순적)・順調(순조)・順風(순풍)」② 차례 순: 차례. 「順序(순서)・柔順(유순)・順次(순차)・式順(식순)」ジュン ① したがう 順風 順序

순[循] ① 돌 순: 돌다. 「循行(순행)·循環(순환)」 ② 좇을 순: 좇다. 「因循(인순)·循守(순수)」 ジュン

순[楯] ① 방패 순: 방패. 「楯櫓(순로)·楯矛(순모)·楯形(순형)」 ② 난간 순: 난간. 「楯軒(순헌)」 ジュン ① たて

순[馴] 길들일 순: 길들이다. 「馴服(순복)·馴致(순치)·馴鹿(순록)·馴良(순량)」 ジュン· ならす·なれる

순[醇] ① 진국술 순: 진국술. 「醇醲(순농)·醇醴(순례)·醇酎(순주)」 ② 순수할 순: 순수하다. 「醇良(순량)·醇粹(순수)·醇乎(순호)·醇雅(순아)」 ジュン

순[瞬]☆ 눈 깜작일 순: 눈을 감작이다. 잠깐 동안. 「瞬間(순간)·瞬時(순시)·瞬息(순식)·瞬刻(순각)」 シュン·まばたく·またたく

순간[旬刊] 열흘에 한 번씩 발행함. 또는 그런 신문이나 잡지. 「~지(紙)」 じゅんかん journal issued every ten days

순간[瞬間] 잠깐 동안. 눈 깜짝일 사이. 「~적으로 일어난 사고」 しゅんかん moment

순강[巡講] 여러 곳으로 돌아다니면서 강의함. 또는 그 강의나 강습. じゅんこう lecturing tour

순검[巡檢] ① 순찰하여 점검함. ② 조선 때, 순청(巡廳)에서 맡은 구역 안을 놀며 통행을 감시하던 일. ③ 조선 말에 경무청에 딸렸던 경찰관. 지금의 순경을 이르던 말. ③ policeman

순견[純絹] 명주실로만 짠 명주. =본견(本絹). じゅんけん pure silk

순결[純潔] 마음이나 몸이 티없이 깨끗함. 「~ 무구(無垢)」 じゅんけつ purity

순결 교:육[純潔敎育] 성(性)에 대한 지식이나 도덕에 관한 교육. じゅんけつきょういく education in sexual morality

순경[巡警] ① 돌아다니며 경계함. じゅんけい ② 경찰관의 제일 아래 계급. ① security patrol ② constable

순:경[順境] 모든 것이 뜻대로 잘 되어 가는 경우나 환경. ↔역경(逆境). じゅんきょう favorable condition

순경음[脣輕音] 입술을 스쳐 나는 가벼운 소리. 한글의 옛 자모인 'ㅁ·ㅂ·ㅃ·ㅍ'을 이름.

순계[純系] 유전자(遺傳子)에 이질적(異質的)인 것이 섞이지 않은 동일한 형질의 계통. じゅんけい pure line

순교[殉敎] 자기가 믿는 종교를 위하여 목숨을 바침. 「~자(者)」 じゅんきょう martyrdom

순국[殉國] 나라를 위하여 목숨을 바침. 「~ 열사(烈士)」 じゅんこく dying for one's country

순:귀[順歸] 돌아옴. 또는 돌아감. return

순금[純金] 다른 물질이 섞이지 않은, 순수한 금. 「~ 반지」 じゅんきん pure gold

순:기[順氣] ① 풍작이 예상되는 순조로운 기후. ② 도리에 순응하는 올바른 기상(氣象). じゅんき ① favorable weather

순난[殉難] 국가·사회·종교 등의 위난(危難)에 목숨을 바침.

じゅんなん　martyrdom

순년[旬年] 십 년. じゅんねん 旬年
ten years

순:당[順當] 도리에 마땅함. 順當
순서가 올바름. 마땅히 그러
하여야 함. じゅんとう
reasonableness

순도[純度] 품질의 순수한 정 純度
도. じゅんど　purity

순동[純銅] 다른 물질이 섞이 純銅
지 않은 순수한 구리. じゅ
どう　pure copper

순라[巡邏] ① 순라군(巡邏軍) 巡邏
의 준말. ② 술래의 원말. じゅ
んら

순라군[巡邏軍] 지난날, 도둑이 巡邏軍
나 화재를 경계하기 위해, 밤
에 사람의 통행을 금하고 순
찰을 돌던 군졸. 준순라(巡邏).
patrol

순람[巡覽] 여러 곳으로 돌아 巡覽
다니며 봄. じゅんらん
sight-seeing

순량[純良] 순수하고 선량함. 純良
じゅんりょう
being pure and good

순량[淳良] 순박하고 선량함. 淳良
じゅんりょう
being simple and good

순:량[順良] 성질이 고분고분 順良
하고 착함. じゅんりょう
being mild and good

순량[馴良] 짐승이 길이 들어 馴良
순하고 말을 잘 들음. じゅん
りょう　tameness

순력[巡歷] 각처로 두루 돌아 巡歷
다님. じゅんれき　itinerancy 歷訪

순례[巡禮] 종교상의 성지(聖 巡禮
地)·영지(靈地)를 두루 찾아 聖地
다니며 참배함. 「성지(聖地)
~」 じゅんれい　pilgrimage

순:로[順路] ① 평탄한 길. ② 順路
순리에 맞는 길. じゅんろ
regular route

순록[馴鹿] 사슴과에 속하는 馴鹿
짐승. 시베리아 등지에 살며
암수 모두 뿔이 나 있음. 가
축으로 길들여진 것도 있음.
토나카이. じゅんろく　reindeer

순:류[順流] ① 물이 흐르는 쪽 順流
으로 따름. ② 물이 아래로 흐
름. ↔역류(逆流). じゅんりゅう
① drifting with the tide ②
flowing downward

순리[純利] 순이익(純利益)의 純利
준말. じゅんり

순리[純理] 순수한 이론. 순수 純理
한 학리(學理). じゅんり
scientific principles

순:리[順理] 도리에 순종함. 順理
또는 이치에 맞음.　reason

순·만[順娩] 애기를 순조롭게 順娩
함. =순산(順產).
easy delivery

순망[旬望] 음력 초열흘과 보 旬望
름.「~간(間)」

순망치한[脣亡齒寒] 입술이 없 脣亡
으면 이가 시리다는 뜻으로, 齒寒
서로 의지하는 관계에서 한쪽
이 망하면 다른 쪽도 같은 운
명에 처하게 됨을 비유하는
말.

순맥반[純麥飯] 보리로만 지은 純麥飯
밥. 꽁보리밥.
boiled barley meal

순면[純綿] 무명실로만 짠 직 純綿
물. じゅんめん　pure cotton

순모[純毛] 다른 섬유가 섞이 純毛
지 않은 순수한 모직물(毛織 毛織物
物) 또는 털실. じゅんもう
pure wool

순무[巡撫] 여러 곳으로 다니 巡撫
며 백성들을 위로하고 달램.
「~사(使)」じゅんぶ
tour of condolence

순문학[純文學] 대중 문학에 純文學

대하여 순수한 예술을 지향하는 문학. =순수 문학(純粹文學). じゅんぶんがく
pure literature

순미[純味] 다른 맛이 섞이지 않은 순수한 맛. pure taste

순미[純美·醇美] 섞인 것이 없는 순수한 아름다움. じゅんび
absolute beauty

순미[醇味] 다른 맛이 섞이지 않은 순수한 맛. じゅんみ
absolute taste

순:민심[順民心] 민심에 순응함. following the public opinion

순박[淳朴·淳樸·醇朴] 순량(順良)하고 꾸밈이 없음. じゅんぼく simplicity

순발력[瞬發力] 외부의 자극에 따라 순간적으로 몸을 움직여 힘을 쓸 수 있는 능력.

순방[巡訪] 차례로 돌며 방문함. =역방(歷訪). visit in order

순배[巡杯] 술잔을 차례로 돌림. 또는 그 술잔. =주순(酒巡). passing cups round

순백[純白] 다른 색이 섞이지 않은 흰 빛깔. 새하얀 빛깔. じゅんぱく pure white

순:번[順番] 무슨 일을 할 때의 차례. 「~을 기다리다」 じゅんばん turn

순보[旬報] 열흘에 한 번씩 내는 보고. 또는 그런 신문이나 잡지. -순간(旬刊). じゅんぽう

순:복[順服] 순순히 복종함. じゅんぷく obedience

순복[馴服] 길이 들어 잘 순종함. じゅんぷく tameness

순분[純分] 금화(金貨)·은화(銀貨) 또는 지금(地金)에 함유하는 순금(純金)이나 순은(純銀)의 분량. じゅんぶん
fineness

순사[巡査] 일제 때, 경찰관의 가장 낮은 계급. 지금의 순경에 해당함. じゅんさ
constable

순사[殉死] 지난날, 임금이 죽었을 때, 신하가 뒤따라 자살하는 일. じゅんし

순삭[旬朔] ①초열흘과 초하루. ②열흘 동안. じゅんさく
① first and tenth of a month
② for ten days

순:산[順産] 아무 탈 없이 아이를 낳음. =안산(安産)·순만(順娩). ↔난산(難産).
easy delivery

순:서[順序] 정해진 차례. じゅんじょ order

순설[脣舌] ①입술과 혀. ②수다스러움. 수다. ① lips and tongue ② loquacity

순성[純誠] 순수한 정성.

순성[脣聲] 두 입술 사이에서 내는 소리. 'ㅁ·ㅂ·ㅃ·ㅍ' 따위. 입술소리. =순음(脣音).
labial sound

순:성[順成] 일이 순조롭게 잘 이루어짐.
accomplishing smoothly

순성[馴性] ①사람을 잘 따르는 짐승의 성질. ②남이 시키는 대로 잘 따르는 성질.
tameness

순속[淳俗·醇俗] 순박한 풍속. =순풍(淳風·醇風). じゅんぞく simple manners

순손익[純損益] 일정 기간의 총이익액과 총손해액의 차액. 그 기간의 총괄적 업적을 나타냄.

순수[巡狩] 임금이 나라 안을 순행(巡行)하는 일. =순행(巡幸). 「~비(碑)」 じゅんしゅ

royal tour of inspection

순수[純粹] ① 다른 것이 조금도 섞이지 않음. ② 사념(邪念)이나 사욕(私慾)이 전혀 없음. じゅんすい　purity 純粹

순:순[順順] 성질이 고분고분하여 순한 모양. じゅんじゅん being gentle 順順

순순[諄諄] 찬찬하고 곡진하게 타이르는 모양. じゅんじゅん being kind and gentle 諄諄

순시[巡視] 돌아다니며 살펴봄. 또는 그 사람. じゅんし round of inspection 巡視

순시[瞬時] 아주 짧은 시간. しゅんじ moment 瞬時

순식간[瞬息間] 아주 짧은 동안. =삽시간(霎時間). in a twinkling 瞬息間 霎時間

순실[純實] 순수하고 참됨. じゅんじつ naivety 純實

순아[醇雅] 순후(醇厚)하고 고아(高雅)함. じゅんが warm-heartedness and elegance 醇雅

순애[純愛] 순수한 참된 사랑. じゅんあい pure love 純愛

순애[殉愛] 사랑을 위하여 목숨을 바침. 殉愛

순양[馴養] 동물을 길들여 기름. じゅんよう domestication 馴養

순양함[巡洋艦] 속력이 빠른 군함의 한 가지. 전함(戰艦)과 함께 주력함(主力艦)의 구실을 함. じゅんようかん cruiser 巡洋艦 戰艦 主力艦

순여[旬餘] 열흘 남짓한 동안. じゅんよ 旬餘

순:역[順逆] ① 도리에 맞음과 어긋남. 순리(順理)와 역리(逆理). ② 순종(順從)과 거역(拒逆). じゅんぎゃく ① right and wrong ② obedience and objection 順逆 順理

순:연[順延] 날짜를 차례로 늦춤. 「우천(雨天) ~」 じゅんえん postponement 順延

순열[巡閱] 돌아다니며 검열함. じゅんえつ tour of inspection 巡閱

순:위[順位] 차례에 따른 위치나 지위. 「우선(優先) ~」 じゅんい rank 順位

순유[巡遊] 여러 곳으로 돌아다니며 놂. じゅんゆう tour of play 巡遊

순은[純銀] 불순물이 섞이지 않은 순수한 은. じゅんぎん pure silver 純銀

순음[脣音] 두 입술 사이에서 내는 소리. 입술소리. =순성(脣聲). 脣音

순응[順應] ① 순순히 응함. ② 환경에 적응함. じゅんのう ① compliance ② adaptation 順應

순이익[純利益] 모든 경비를 빼고 남은 순수한 이익. 준순리(純利)·순익(純益). net profit 純利益 純利

순익[純益] 순이익(純利益)의 준말. じゅんえき 純益

순일[旬日] 음력 초열흘. 또는 열흘 동안. じゅんじつ tenth day of a lunar month 旬日

순일[純一] ① 섞인 것이 없이 순수함. ② 꾸밈이 없음. じゅんいつ purity 純一

순장[旬葬] 죽은 지 열흘 만에 지내는 장사. 旬葬

순장[殉葬] 옛날에 임금이나 귀족이 죽었을 때 신하나 종 등을 함께 묻어 장사하던 일. burial of the living with the dead 殉葬

순:적[順適] ① 거스르지 않고 따름. 마음에 들도록 함. ② 順適

꼭 맞음. じゅんてき
① compliance ② suitability

순전[純全] 순수하고 온전함. 純全
 purity

순절[殉節] 절의(節義)를 위해 殉節
 목숨을 바침. =순사(殉死). 節義
 dying for one's loyalty

순:접[順接] 두 문장이나 구 順接
 (句)가 모순 없이 순편하게
 이어지는 접속 관계. ↔역접
 (逆接). じゅんせつ

순정[純正] ① 순수하고 바름. 純正
 ② 이론을 주로 하고, 응용이
 나 실리(實利)는 생각하지 않
 는 일. 「~ 철학(哲學)」 purity

순정[純情] 순진한 마음. 때묻 純情
 지 않은 애정. じゅんじょう
 pure heart

순:조[順調] 탈이 없이 일이 잘 順調
 되어 나감. じゅんちょう
 favorableness

순종[純種] 다른 계통이 섞이지 純種
 않은 순수한 종(種). =순계 純系
 (純系). ↔잡종(雜種). 「~
 진돗개」 pure line

순:종[順從] 순순히 복종함. 順從
 obedience

순증가[純增加] 순수한 증가. 純增加
 실질적인 증가. 또는 그 부분.
 준순증(純增). net increase

순직[純直] 순진하고 곧음. 純直
 simplicity and uprightness

순직[殉職] 직무를 다하다가 殉職
 목숨을 잃음. 「~ 경관(警官)」 警官
 じゅんしょく
 dying at one's post of duty

순:직[順直] 온순하고 정직함. 順直
 じゅんちょく
 purity and honesty

순진[純眞] 마음이 꾸밈이 없 純眞
 고 참됨. じゅんしん naivety

순:차[順次] 돌아오는 차례. 順次
 차례대로. じゅんじ order

순:차무사[順且無事] 일이 순 順且
 조롭고 아무 탈이 없음. 無事

순찰[巡察] 돌아다니며 살핌. 巡察
 「~함(函)」じゅんさつ
 round of inspection

순:천명[順天命] 하늘의 뜻을 順天命
 따라 거스르지 않음. ↔역천
 명(逆天命). 준순천(順天).
 submitting to Heaven's will

순청색[純靑色] 순수한 청색. 純靑色
 준순청(純靑). pure blue

순초[巡哨] 돌아다니며 적의 巡哨
 동정을 살피는 일. patrol

순치[馴致] ① 짐승을 길들임. 馴致
 ② 점차 어떤 상태에 이르게
 함. じゅんち ① taming

순치보:거[脣齒輔車] 순망치 脣齒
 한(脣亡齒寒)과 보거상의(輔 輔車
 車相依)의 합친 말. 곧, 서로
 없어서는 안 될 깊은 관계를
 이르는 말. しんしほしゃ
 mutual dependence

순치지세[脣齒之勢] 입술과 이 脣齒
 의 관계처럼 서로 의지하는 형 之勢
 세. interdependent relation

순:탄[順坦] ① 성질이 까다롭 順坦
 지 않음. ② 길이 험하지 않고
 평탄함. ③ 탈이 없이 순조로
 움. ① meekness ② evenness

순:통[順通] 일이 순조롭게 잘 順通
 통함. favorableness

순:풍[順風] ① 순하게 부는 바 順風
 람. ② 배가 가는 쪽으로 부는
 바람. ↔역풍(逆風). 「~에 逆風
 돛을 올려」 じゅんぷう
 ① mild wind ② favorable wind

순항[巡航] 배를 타고 여러 곳 巡航
 을 돌아다님. じゅんこう
 cruising

순행[巡行] 여러 곳으로 돌아 巡行
 다님. じゅんこう wandering
 from place to place

순:행[順行] 차례에 따라 거스르지 않고 감. 또는 거스르지 않고 행함. ↔역행(逆行). 「시대의 흐름에 ~하다」 じゅんこう   going in order

순혈[純血] 순수한 혈통. ↔혼혈(混血). じゅんけつ   pure blood

순화[純化] 잡것을 없애어 순수하게 함. =순화(醇化). じゅんか   purification

순화[順和] 순탄하고 평화스러움.   peace

순화[醇化] ① 정성스레 가르치어 감화시킴. ② ⇨ 순화(純化). じゅんか

순화[馴化] 다른 환경으로 옮겨진 생물이 차차 그 환경에 적응하는 성질을 가지게 되는 일. じゅんか   acclimatization

순환[循環] 한 차례 돌아서 제자리로 돌아옴을 계속 되풀이하는 일. 「혈액(血液) ~」 じゅんかん   circulation

순환기[循環器] 혈액(血液)이나 림프 따위의 체액(體液)을 순환시키는 기관. 심장·혈관·림프관 따위. じゅんかんき   circulatory organ

순환 소:수[循環小數] 무한 소수의 한 가지. 같은 숫자가 규칙적으로 되풀이되어 한없이 계속되는 소수. 3.14141414… 따위. じゅんかんしょうすう   recurring decimals

순환지리[循環之理] 사물의 성쇠(盛衰)가 서로 바뀌어 도는 이치. じゅんかんのり

순회[巡廻] 여러 곳을 돌아다님. 「~ 강연(講演)」 じゅんかい   tour

순후[醇厚·淳厚] 순박하고 인정이 두터움. じゅんこう   warm-heartedness

술[戌]* 열한째 지지 술: 지지(地支)의 하나. 「庚戌(경술)·甲戌(갑술)·戌時(술시)」 ジュツ·いぬ

술[述]* ① 지을 술: 글을 짓다. 「著述(저술)·述作(술작)·記述(기술)」 ② 말할 술: 말하다. 밝히다. 「口述(구술)·述懷(술회)·陳述(진술)」 ジュツ ② のべる

술[術]* ① 재주 술: 재주. 술법. 방법. 「奇術(기술)·妖術(요술)·仁術(인술)·醫術(의술)·魔術(마술)·技術(기술)·藝術(예술)·話術(화술)」 ② 꾀 술: 꾀. 「術策(술책)·術數(술수)·術計(술계)」 ジュツ ① すべ

술계[術計] 일을 꾸미는 꾀. =술수(術數)·술책(術策). じゅっけい   trick

술래[←巡邏] 술래잡기에서 숨은 아이들을 찾아내는 아이.   tagger

술법[術法] 음양(陰陽)과 복술(卜術)에 관한 이치. 또는 그 기술. =술수(術數). wizardry

술사[術士] ① 술책(術策)을 잘 꾸미는 사람. =책사(策士). ② 술법에 능통한 사람. じゅつし   schemer

술서[術書] 술법에 관하여 쓴 책.   book on wizardry

술수[術數] ① ⇨ 술법(術法). ② ⇨ 술책(術策). 「권모(權謀) ~」 じゅっすう

술어[述語] 주어(主語)의 동작·상태·성질을 서술하는 말. =서술어(敍述語). じゅつご   predicate

술어[術語] 학문이나 기술 등에 관한 전문적인 용어. =학

술어(學術語). じゅつご technical term

술책[術策] 일을 도모하는 꾀. =술계(術計)・술수(術數). じゅっさく stratagem

술파구아니딘[sulfaguanidine] 적리(赤痢) 등 세균성 장질환의 치료약. サルファグアニジン

술파다이아진[sulfadiazine] 폐렴・임질・패혈증 및 화농성(化膿性) 질환의 치료약. サルファダイアジン

술폰산(酸)[sulfonic acid] 술폰산기를 함유하는 유기 화합물(有機化合物)의 총칭. スルホンさん

술회[述懷] 마음 속의 생각이나 느낌 따위를 말함. 또는 그 말. じゅっかい effusion of one's thoughts

숫자[數字] 수를 나타내는 글자. すうじ figure

숭[崇]* 높을 숭: 높이다. 공경하다. 「崇體(숭체)・崇位(숭위)・崇高(숭고)・崇敬(숭경)・崇拜(숭배)・崇尙(숭상)・崇奉(숭봉)」スウ・シュウ・あがめる

숭[嵩] 높을 숭: 높다. 「嵩峻(숭준)・嵩山(숭산)」 スウ・シュウ・かさ

숭경[崇敬] 숭배하고 존경함. すうけい reverence

숭고[崇古] 옛 문물(文物)을 숭상함. worship of ancient civilization

숭고[崇高] 존엄하고 거룩함. すうこう sublimity

숭고[崧高] 산이 높음.

숭령[崇嶺] 높은 산봉우리. 높은 재. high peak

숭모[崇慕] 숭배하여 사모함. すうぼ adoration

숭문[崇文] 글을 숭상함. すうぶん worship of literature

숭미[崇美] 숭고하고 아름다움. すうび・そうび being sublime and beautiful

숭배[崇拜] 우러러 공경함. すうはい worship

숭봉[崇奉] 숭배하여 받듦. すうほう esteem

숭불[崇佛] 불교를 숭상함. すうぶつ worship of Buddhism

숭상[崇尙] 높이어 소중히 여김. worship

숭신[崇神] 신을 숭상함. worship of God

숭앙[崇仰] 높여 우러러봄. esteem

숭엄[崇嚴] 숭고하고 존엄함. すうげん・そうごん dignity

숭위[崇位] 높은 지위. high rank

숭조[崇祖] 조상을 숭배함. respecting an ancestor

숭조[崇朝] 새벽부터 아침 식사 때까지의 사이. 이른 아침.

숭조상문[崇祖尙門] 조상을 숭배하고 문중을 소중히 여김.

쉬르리얼리즘[surrealism] 초현실주의(超現實主義).

슈미:즈[프 chemise] 여성의 양장용(洋裝用) 속옷의 하나. シュミーズ

슈붕[독 Schwung] 스키에서, 회전(回轉).

슈크림[프 chou à la crème] 얇게 구운 껍질 속에 크림을 넣어서 만든 서양 과자(西洋菓子)의 한 가지. シュークリーム

슈:트[shoot] 야구에서, 투수가 던지는 빠른 변화구(變化球)의 한 가지. シュート

슈:트[suit] 신사복(紳士服) 한

슈:트케이스[suitcase] 여행용(旅行用) 소형 가방. スーツケース 旅行用

슈:팅[shooting] 구기에서, 골이나 바스켓을 향하여 공을 차거나 던지는 일. 슛. シューティング 球技

슈:퍼마:켓[supermarket] 마음대로 물건을 골라, 출구에서 값을 치르게 되어 있는 대형 소매점(大型小賣店). スーパーマーケット 大型 小賣店

슈:퍼맨[superman] 초능력을 가진 사람. 초인(超人). スーパーマン 超人

슈:퍼바이저[supervisor] 감독자. 관리자(管理者). スーパーバイザー 管理者

슈:퍼소닉[supersonic] 초음속(超音速)의 뜻. スーパーソニック 超音速

슈:퍼스타:[superstar] 우상화(偶像化)되다시피 한 연예인. スーパースター 偶像化

슈:퍼컴퓨터[supercomputer] 과학 기술 계산에 쓰이는, 초고속·초대형(超大型) 컴퓨터. スーパーコンピューター 超大型

슈:퍼탱커[supertanker] 초대형 유조선(油槽船). スーパータンカー 油槽船

슐라프자크[독 Schlafsack] 침낭(寢囊). 슬리핑백. シュラーフザック 寢囊

슐룬트[독 Schlund] 등산에서, 설계(雪溪)와 암릉(巖稜)과의 사이의 벌어진 틈. シュルント 巖稜

슛[shoot] ⇨슈팅. シュート

스내치[snatch] 역도에서, 인상(引上). スナッチ 引上

스낵바:[snack bar] 간단히 먹고 마실 수 있는 간이 식당(簡易食堂). スナックバー 簡易食堂

스냅[snap] ① 스냅숏의 준말. ② 똑딱단추. ③ 야구에서, 손목의 힘을 이용하여 공을 빠르게 던지는 일. スナップ 野球

스냅숏[snapshot] ① 속사(速射). ② 속사(速寫). ③ 움직이는 대상을 재빨리 촬영하는 일. 특히 상대방이 모르도록 하여 자연스런 상태를 촬영함. 또는 그 사진. スナップショット 速寫 寫眞

스냅파스너[snap fastener] 똑딱단추. 스냅. スナップファスナー

스노비즘[snobbism] 속물 근성(俗物根性). スノビズム 俗物 根性

스노:클[snorkel] 물 속에서 숨을 쉴 수 있게 만든, 입에 무는 대롱. シュノーケル

스노:타이어[snow tire] 눈길에서 미끄러지지 않도록 만들어진 특수(特殊) 타이어. スノータイヤ 特殊

스니:키[sneaker] 컴퓨터의 정보(情報)를 훔쳐 내거나 파괴하는 행위를 일삼는 사람. 情報

스로:포워:드[throw forward] 럭비에서, 공을 앞쪽으로 던지는 일. スローフォワード

스리:런호:머[three run homer] 야구에서, 세 사람의 주자(走者)가 한꺼번에 득점하게 되는 홈런. スリーランホーマー 走者

스리:섬[threesome] 골프에서, 한 사람이 2인조와 대결(對決)하는 경기 방법. スリーサム 對決

스리:쿼:터[three quarter] 지프와 트럭의 중간형(中間型) 자동차. スリークォーター 中間型

스리:피:스[three piece] 재킷·조끼·바지 등 세 가지로 갖추어진 한 벌의 양복(洋服). スリーピース

스릴[thrill] 소설·연극·영화 등에서 느끼는, 오싹오싹해지는 무서움. 「~ 넘치는 공포 영화」スリル

스릴러[thriller] 스릴을 느끼게 하는 작품(作品). スリラー

스마일[smile] 미소(微笑). 웃음. スマイル

스마:트[smart] 모양이나 몸가짐이 경쾌(輕快)하고 말쑥함. スマート

스매시[smash] 테니스·탁구 따위에서, 높게 넘어오는 공을 네트 너머로 세게 내려침. スマッシュ

스모그[smog] 매연(煤煙)·배기 가스 따위가 공기 중에 차서 하늘에 끼는 연무(煙霧). スモッグ

스모르찬도[이 smorzando] 악보에서, '꺼지는 듯이 차차 약하게'의 뜻.

스모:크[smoke] ①연기. ②연기빛. 회색(灰色). スモーク

스모:킹룸:[smoking room] 흡연실(吸煙室). スモーキングルーム

스목[smock] ①옷 위에 덧입는 헐렁한 작업복. ②수예(手藝)에서, 천에 주름을 잡으면서 수를 놓는 기법. スモック

스무:드[smooth] 원활함. 유창(流暢)함. スムーズ

스와데시[힌 Swadeshi] 인도 독립 운동의 한 수단이였던 외래품(外來品) 배척 운동. スワデシ

스와라지[힌 Swaraj] 인도 독립 운동의 한 목표였던, 인도인 스스로가 인도를 통치하는 일. スワラジ

스와핑[swapping] 주기억 장치(主記憶裝置)의 정보를 보조 기억 장치로 옮기는 일. スワッピング

스왜거코:트[swagger coat] 품을 넉넉하게 만든 여성용 외투(外套). スワガーコート

스웨이드[suede] 무두질한 새끼양·송아지 따위의 가죽의 안쪽을 보풀린 것. 장갑·구두 따위에 쓰임. スエード

스웨터[sweater] 털실로 짠 상의(上衣). セーター

스위치[switch] ①전기 회로의 개폐기. ②철도의 전철기(轉轍機). スイッチ

스위치보:드[switchboard] ①배전반(配電盤). ②전화의 교환대. スイッチボード

스위치히터[switch-hitter] 야구에서, 좌우 어느 쪽의 타석(打席)에서도 칠 수 있는 선수. スイッチヒッター

스위:트피:[sweet pea] 콩과의 일년생 만초(蔓草). 지중해의 시칠리아섬 원산의 관상용 식물. 봄에 하양·분홍·자줏빛 등의 나비 모양의 꽃이 핌. スイートピー

스위:트하:트[sweetheart] 애인(愛人). スイートハート

스위:트홈:[sweet home] 즐거운 가정(家庭). 사랑의 보금자리. スイートホーム

스위:퍼[sweeper] ①축구에서, 최종 수비수(守備手). ②볼링에서, 핀을 옆에서 쓸어내듯 넘어뜨리는 볼. スイーパー

스윙[swing] ①권투에서, 팔을 길게 펴서 옆으로 휘둘러

치는 일. ② 야구에서, 배트를 휘두르는 일. スイング

스카라무슈[프 scaramouche] 이탈리아 즉흥 희극(卽興喜劇)의 허풍쟁이 익살꾼 역(役). スカラムーシュ

스카우트[scout] ① 보이 스카우트나 걸 스카우트의 단원. ② 유망한 신인(新人)을 찾아내는 일. 또는 그런 일을 하는 사람. スカウト

스카이다이빙[skydiving] 비행기에서 뛰어내려, 지상 가까이에서 낙하산을 펴고 목표 지점에 착지(着地)하는 스포츠. スカイダイビング

스카이라운지[sky lounge] 고층 빌딩의 맨 위층에 마련해 놓은 휴게실(休憩室). スカイラウンジ

스카이라인[skyline] ① 지평선(地平線). ② 산·건물 등이 하늘에 그은 윤곽. スカイライン

스카이서ː브[sky serve] 탁구에서, 공을 공중에 높이 던졌다가 탁구대에 떨어지기 직전(直前)에 쳐 넣는 서비스. スカイサーブ

스카이웨이[skyway] ① 산마루를 달리는 관광 도로(觀光道路). ② 항공로(航空路). スカイウェー

스카치테이프[Scotch tape] 접착용 셀로판 테이프의 상표명(商標名).

스카폴라이트[scapolite] 나트륨·칼슘·알루미늄을 함유하는 규산염 광물. 주석(柱石). スカポライト

스카ː프[scarf] 주로 여성이 쓰는 목도리의 한 가지. 네커치프. スカーフ

스칸듐[scandium] 희토류(稀土類) 금속 원소의 하나. 산(酸)에 녹고 3가의 염을 만듦. 원소 기호는 Sc. スカンジウム

스칼라[scalar] 수(數) 또는 수와 동등한 성질을 갖는 양(量). 벡터에 대하여 이름. スカラー

스칼러십[scholarship] ① 학문. 학식(學識). ② 장학금(奬學金). 장학생의 자격. スカラーシップ

스칼릿[scarlet] 진홍색(眞紅色). スカーレット

스캐너[scanner] ① 컴퓨터의 화상(畫像) 입력 장치. ② 텔레비전의 주사기(走査機). スキャナー

스캐브[scab] 파업(罷業)에 참가하지 않고 일을 하는 노동자. スキャップ

스캔들[scandal] ① 추문(醜聞). ② 부정한 사건. スキャンダル

스캣[scat] 재즈 따위에서, 가사 대신 뜻이 없는 말을 즉흥적(卽興的)으로 바꾸어 부르는 일. 또는 그 노래. スキャット

스커퍼[scupper] 배의 갑판 위 따위에 있는, 물을 흘려 보내는 배수구(排水口). スカッパー

스컬[scull] 좌우의 노를 한 사람이 젓는, 가벼운 경기용(競技用) 보트. スカル

스컹크[skunk] 족제빗과에 속하는 동물. 심한 악취를 풍겨 외적(外敵)을 막음. スカンク

스케르찬도[이 scherzando] 악보에서, '익살스럽게'의 뜻.

스케르초[이 scherzo] 빠른 3박자의 해학적이며 경쾌한 기

악곡. 해학곡(諧謔曲). スケ
ルツォ

스케이트[skate] 구두 바닥에 쇠날을 붙이고 얼음 위를 지치는 운동구(運動具). スケート

스케이트보:드[skateboard] 판자 밑에 2개의 롤러를 단 운동 기구. 또는 그것으로 활주(滑走)하는 스포츠. スケートボード

스케이팅[skating] 얼음지치기. スケーティング

스케일[scale] ① 사람의 됨됨이나 도량(度量). 「~이 큰 인물」② 저울눈. ③ 규모. ④ 음계(音階). スケール

스케일링[scaling] 치석(齒石)을 제거하는 일. スケーリング

스케줄:[schedule] 예정표(豫定表). 일정표. スケジュール

스케치[sketch] ① 사생(寫生). ② 소품(小品). 단편. ③ 소곡(小曲). ④ 약화(略畫). 겨냥도. スケッチ

스케치북[sketchbook] 사생첩(寫生帖). スケッチブック

스코어[score] ① 경기의 득점(得點). ② 보표(譜表). スコア

스코어보:드[scoreboard] 득점 게시판. スコアボード

스코치[Scotch] 스코틀랜드산 면양(緬羊)의 털실. スコッチ

스코폴라민[scopolamine] 많은 가짓과 식물에 들어 있는 알칼로이드의 하나. 동공(瞳孔) 확대·신경 마비 등의 작용이 있음. スコポラミン

스코:프[scope] 교육 과정(敎育課程) 편성의 기준이 되는 학습 활동의 범위. スコープ

스콜:[squall] 열대 지방(熱帶地方)의 소나기. スコール

스콥[네 schop] ① 삽. ② 꽃삽. スコップ

스쿠:너[schooner] 2~4개의 돛대를 가진, 세로돛을 장치한 서양식 범선(帆船). スクーナー

스쿠:버[scuba] 휴대용 수중(水中) 호흡 장치. スキューバ

스쿠:버다이빙[scuba diving] 스쿠버를 갖추고 하는 잠수(潛水). スキューバダイビング

스쿠:터[scooter] ① 아이들이 한쪽 발을 올려놓고 땅 위를 달리는, 바퀴가 둘 또는 셋 달린 스케이트. ② 바퀴가 작은 소형(小型) 오토바이의 한 가지. スクーター

스쿠:프[scoop] 기자(記者)가 남을 앞질러 특종 기사를 찾아 내는 일. 또는 그 기사. スクープ

스쿨:링[schooling] 통신 교육에서, 수강생(受講生)을 일정 기간 학교에 모아서 하는 면접 수업(面接授業). スクーリング

스쿨:버스[school bus] 통학(通學) 버스. スクールバス

스쿼시[squash] ① 과즙(果汁)을 소다수로 묽게 하고 설탕을 넣은 음료. ② 사방이 막힌 공간에서 공을 라켓으로 벽에 치면서 하는 실내 경기. スカッシュ

스퀘어[square] ① 정사각형. ② 네모긴 꽝꽝(廣場)이나 공원. スクエア

스퀘어댄스[square dance] 네 쌍의 남녀가 마주 서서 사각형을 이루면서 추는 춤. スクエアダンス

스퀴:즈플레이[squeeze play] 야구에서, 삼루의 주자를 타자의 번트로 득점하게 하는 공격

법(攻擊法). スクイズプレー *攻擊法*

스큐:기어[skew gear] 평행하지도 않고 교차(交叉)하지도 않는 두 축 사이에 회전력(回轉力)을 전달하는 톱니바퀴. スキューギア *回轉力*

스크래치[scratch] ① 골프 따위의 경기에서 핸디캡을 지우지 않는 일. ② 미술에서, 송곳·칼 등으로 긁어 바탕색이 나타나게 하는 일. スクラッチ *美術*

스크램블[scramble] ① 적의 항공기를 요격(邀擊)하기 위한 전투기의 긴급 출동. ② 버터·밀크 따위를 풀어 익힌 달걀. スクランブル *邀擊*

스크랩[scrap] 신문·잡지 등에서 기사(記事)나 사진 등을 오려 내는 일. 또는 오려 낸 조각. スクラップ *記事*

스크랩북[scrapbook] 신문·잡지(雜誌) 등에서 필요한 기사나 사진 등을 오려 붙인 책. スクラップブック *新聞*

스크럼[scrum] ① 럭비에서, 양편 신수가 어깨를 맞대고 그 사이로 굴러 들어온 공을 서로 자기 편에게로 차려고 하는 일. ② 여럿이 팔을 꽉 끼고 옆으로 줄을 짓는 일. スクラム *兩便 選手*

스크루:[screw] ① 나사(螺絲). ② 나선 추진기. スクリュー *螺絲*

스크루:드라이버[screwdriver] 나사 돌리개. スクリュードライバー

스크루:볼:[screw ball] 야구에서, 변화구(變化球)의 한 가지. スクリューボール *變化球*

스크루:프레스[screw press] 나사 장치로 물건을 압착(壓搾)하는 기구. *壓搾*

스크린:[screen] ① 영사막(映寫幕). ② 영화의 화면. 영화. スクリーン *映寫幕*

스크린:쿼:터[screen quota] 국산 영화를 보호·육성(育成)하기 위한, 영화의 상영 시간 할당제. スクリーンクォータ *育成*

스크린:플레이[screen play] 농구에서, 상대편의 방해(妨害)를 막기 위하여 자기 편 선수를 앞세워 슛하는 공격법. スクリーンプレー *妨害*

스크립터:[scripter] 영화·텔레비전 등에서, 촬영 및 연출(演出)의 진행 내용을 상세히 기록하는 사람. スクリプター *演出*

스크립트[script] 영화나 방송의 대본(臺本). スクリプト *臺本*

스키:[ski] 눈 위를 지치는 데 쓰는, 가늘고 긴 판지 모양의 기구(器具). 또는 그것을 사용하여 속도나 기술을 겨루는 눈 위의 경기. スキー *器具*

스키드[skid] 급브레이크를 밟았을 때 자동차가 옆으로 미끄러지는 일. スキッド *自動車*

스키:트[skeet] 클레이 사격(射擊)의 한 가지. 높고 낮은 두 곳에서 동시에 방출(放出)되는 표적(標的)을 명중시키는 경기. スキート *標的*

스킨[skin] 피부(皮膚). スキン *皮膚*

스킨다이빙[skin diving] 스쿠버 없이 간단한 잠수(潛水) 장비만 가지고 하는 잠수. スキンダイビング *潛水*

스킨로:션[skin lotion] 피부 보호에 쓰이는 중성(中性)의 화장수. スキンローション *中性*

스킨십[skin ship] 특히, 어버이와 자식 간의 관계에서 피부 접촉에 의한 애정(愛情) 교류. スキンシップ *愛情*

스킬[skill] 솜씨. 수완(手腕). *手腕*

또는 숙련된 솜씨. スキル

스킵[skip] 두 발을 교대로 가볍게 뛰면서 가는 일. スキップ 跳躍

스타:[star] ① 별. ② 인기(人氣) 있는 배우나 가수 또는 운동 선수. スター 俳優 人氣人

스타:덤[stardom] 인기 스타의 지위(地位). スターダム 地位

스타디움[라 stadium] 운동 경기장(運動競技場). スタジウム 大規模 運動 競技場

스타일리스트[stylist] ① 스타일을 중시하는 사람. ② 복식 스타일에 대하여 지도나 조언(助言)을 하는 전문가. スタイリスト 助言

스타카토[이 staccato] 음악에서, 한 음 한 음씩 끊어서 연주(演奏)하는 일. 또는 그 기호. 기호는 '‧'. スタッカート 音樂 演奏

스타카티시모[이 staccatissimo] 음악에서, 음을 아주 짧게 끊어서 하는 연주. 또는 그 기호. 기호는 '▲'. スタッカティッシモ 記號

스타:트라인[start line] 출발선(出發線). スタートライン 出發線

스타:팅[starting] 출발하기. スターティング 出發

스타:팅멤버[starting member] 단체 경기에서, 처음에 출장(出場)하는 선수. スターティングメンバ 出場

스타:플레이어[star player] 운동 경기에서, 팀의 중심이 되는 인기 선수(人氣選手). スタープレーヤー 人氣 選手

스태그플레이션[stagflation] 불황하(不況下)의 물가고(物價高). スタグフレーション 物價高

스태미나[stamina] 지구력. 인내력. 끈기. 정력(精力). スタミナ 精力

스태추[statue] 미술에서, 입상(立像). 조상(彫像). スタチュー 立像

스태프[staff] ① 부원(部員). ② 간부. ③ 연극·영화에서 배우 이외의 제작진. スタッフ 職員 部員 陣容

스택[stack] 맨 나중에 들어간 데이터를 맨 먼저 꺼내도록 한 컴퓨터의 일시 기억 장치(一時記憶裝置). スタック 記憶 裝置

스탠더:드[standard] 표준(標準). 모범. スタンダード 標準

스탠드[stand] ① 갓이 있는 전기 조명 장치. 전기 스탠드. ② 경기장의 관람석(觀覽席). スタンド 競技 觀覽席

스탠드바:[stand bar] 서서 마시는 서양식(西洋式) 선술집. スタンドバー 西洋式

스탠드칼라[stand collar] 학생복이나 중국식 옷의 칼라처럼, 목둘레를 따라 세워진 칼라의 한 가지. スタンドカラー 學生服

스탠드플레이[stand play] 관중을 의식한 과잉 연기(過剩演技). スタンドプレー 過剩 演技

스탠딩[standing] ① 신분(身分). 명성(名聲). ② 야구에서, 잔루(殘壘). スタンディング 殘壘

스탠딩스타:트[standing start] 중·장거리 달리기에서, 서서 출발하는 방식(方式). スタンディングスタート 方式

스탠바이[stand-by] ① 항해 또는 항공 용어로서 '준비'·'대기(待機)'의 뜻. ② 방송의 임시 프로그램. スタンバイ 待機

스탠스[stance] 야구·골프 따위에서, 공을 칠 때의 두 발의 위치나 벌린 폭. スタンス 野球

스탬프[stamp] ① 소인(消印). 消印

② 고무 도장. ③ 인지(印紙).
④ 우표. スタンプ

스터드[stud] 기계나 시설물 따위에 고정(固定)되어 박혀 있는 볼트. スタット

스턴트맨[stunt man] 위험한 장면에서, 주연(主演) 배우의 대역(代役)을 하는 사람. スタントマン

스털ː링[sterling] 영국 화폐의 통칭. 「∼블록」スターリング

스테고돈[라 stegodon] 장비류(長鼻類) 코끼릿과에 속하는 화석(化石) 코끼리. ステゴドン

스테레오[stereo] 2개 이상의 스피커를 사용하여 입체감을 나타낸 음향 재생 방식(音響再生方式). 또는 그 장치. ステレオ

스테레오카메라[stereocamera] 입체 사진(立體寫眞) 촬영용의 카메라. ステレオカメラ

스테레오타입[stereotype] ① 연판(鉛版). ② 틀에 박힌 방식. 상투적인 형식. ステレオタイプ

스테로이드[steroid] 스테롤과 그 유사(類似) 화합물의 총칭. 담즙산·성호르몬·부신 피질(副腎皮質) 호르몬 등이 있음. ステロイド

스테아린[stearin] 스테아린산의 글리세린 에스테르. 흰 가루이며, 지방(脂肪) 성분을 이룸. ステアリン

스테압신[steapsin] 췌장(膵臓)에 들어 있는 지방 분해 효소.

스테이션[station] ① 정거장(停車場). 역. ② 기지(基地). ステーション

스테이션브레이크[station break] 방송 프로그램과 프로그램 사이의 짧은 시간에, 방송국이 자국(自局)의 콜 사인이나 광고 방송(廣告放送) 등을 하는 일.

스테이션왜건[station wagon] 차체(車體)의 뒤쪽을 넓게 하여 짐을 실을 수 있게 된 승용차. ステーションワゴン

스테이지[stage] 무대(舞臺). ステージ

스테이지댄스[stage dance] 사교(社交) 댄스에 대해, 흥행적인 무대 위의 댄스. ステージダンス

스테이지쇼ː[stage show] 무대 위에서 관객(觀客)에게 보이는 쇼. ステージショー

스테이그[steak] 서양 요리의 한 가지인, 두껍게 썰어 구운 고기. ステーキ

스테이플러[stapler] 철사(鐵絲)를 써서 서류를 매는 기구. 호치키스. ステープラー

스테인드글라스[stained glass] 색유리를 쓰거나 색을 칠하여 무늬나 그림을 나타낸 판유리. ステンドグラス

스테인리스스틸ː[stainless steel] 크롬을 함유(含有)한 녹슬지 않는 강철(鋼鐵). ステンレススチール

스텐실[stencil] 그림 부분(部分)을 오려 낸 종이를 다른 종이나 헝겊 위에 대고, 롤러로 눌러서 그림을 만드는 일. ステンシル

스텔라이트[stellite] 코발트를 주성분으로 한, 경도(硬度)가 높은 특수 합금(特殊合金)의 상품명. ステライト

스텝[step] ① 걸음. ② 기차·버스 등의 승강구(乘降口)의

발판. ③ 댄스의 발걸음. ステップ

스텝[steppe] 시베리아 서남부 등지의 비가 적은 초원 지대(草原地帶). ステップ 草原地帶

스토:니[stony] 모조 대리석(模造大理石). ストーニー 模造大理石

스토아[stoa] 고대 그리스에서 시민이 모이는 곳에 세워진 열주랑(列柱廊). ストア 列柱廊

스토어[store] 가게. 상점(商店). ストア 商店

스토:커[stoker] ① 화부(火夫). ② 보일러 등의 급탄기(給炭機). ストーカー 給炭機

스토:퍼[stoper] 광산용 착암기(鑿巖機)의 일종. ストーパー 鑿巖機

스토퍼[stopper] 야구·축구 따위에서, 상대편의 공격을 막기 위하여 기용(起用)되는 선수. 특히, 야구에서 구원 투수(救援投手)를 이름. ストッパー 救援投手

스톡[stock] ① 재고품(在庫品). ② 주권. ストック 在庫品

스톡론:[stock loan] 대여주(貸與株). 貸與株

스톤서:클[stone circle] 환상(環狀)으로 늘어선 신석기 시대의 거석(巨石) 기념물. ストーンサークル 巨石

스톨:[stole] 털가죽·깃털·직물 따위로, 또는 뜨개질로 만드는 부인용(婦人用)의 긴 어깨걸이. ストール 婦人用

스톰:[storm] 폭풍우(暴風雨). ストーム 暴風雨

스톱밸브[stop valve] 수도(水道) 따위의 마개. ストップバルブ 水道

스톱워치[stop watch] 소요 시간(所要時間)을 초(秒) 이하까 所要時間

지 정확히 잴 수 있는 경기용 시계. ストップウォッチ

스투코[이 stucco] 석회·석고를 주된 재료로 한 내장용(內粧用) 회반죽. 內粧用

스툴:[stool] 등받이와 팔걸이가 없는 의자(椅子). スツール 圓型椅子

스튜:[stew] 육류에 감자·당근·양파 등을 넣고 버터나 향신료(香辛料)를 섞어 조린 서양 요리. シチュー 香辛料

스튜디오[studio] ① 사진사·화가 등의 작업실(作業室). ② 영화의 촬영소. ③ 방송국의 방송실. スタジオ 映画, 撮影

스튜어:드[steward] 여객기·여객선 따위의 남자 승무원(乘務員). スチュワード 旅客船

스튜어디스[stewardess] 여객기(旅客機) 안에서 승객에게 서비스하는 여자 승무원. スチュワーデス 旅客機, 案內員

스트라디바리우스[Stradivarius] 17~18세기에 이탈리아의 바이올린 제작자 스트라디바리 일가(一家)가 만든 바이올린. 명기(名器)로 유명함. ストラディバリウス 一家

스트라이드[stride] 경주에서, 큰 보폭(步幅)으로 달리는 일. 또는 그 보폭. ストライド 步幅

스트라이커[striker] 축구에서, 득점력이 뛰어난 공격수(攻擊手). ストライカー 攻擊手

스트라이크[strike] ① 동맹 파업(同盟罷業). 동맹 휴교. ② 야구에서, 투수가 던진 공이 스트라이크존을 통과하는 일. ストライク 同盟罷業

스트라이크존:[strike zone] 야구에서, 투수가 던진 공이 스트라이크로 판정(判定)되는 범위. 곧, 홈플레이트를 밑면 判定

스트라이프[stripe] 줄무늬. ストライプ

스트럭아웃[struck out] 야구에서, 삼진(三振)으로 아웃되는 일. ストラックアウト

스트레스[stress] 괴로움·두려움·불안 등 육체적 또는 정신적 자극에 대해 생체(生體)가 나타내는 반응. ストレス

스트레이트[straight] ①곧음. ②연속적임. 「~로 이기다」 ③야구에서, 직구(直球). ④권투에서, 일직선으로 팔을 뻗어 공격하는 일. ⑤물 따위를 타지 않고 그냥 마시는 양주. ストレート

스트레이트코:스[straight course] 직선으로 된 육상 경주로(競走路). ストレートコース

스트레치[stretch] ①직선(直線) 코스. ②보트에서, 노를 힘껏 빈 기어 나아가는 거리. ストレッチ

스트렙토마이신[streptomycin] 결핵(結核) 치료용 항생 물질의 한 가지. ストレプトマイシン

스트렙토바리신[streptovaricin] 결핵(結核) 치료용의 새 항생 물질. ストレプトバリシン

스트로:[straw] ①밀짚. ②빨대. ストロー

스트로마이어라이트[stromeyerite] 은 및 구리의 황화물로 되어 있는 사방정계(斜方晶系)의 광물.

스트로보[strobo] 크세논가스를 사용한, 광도(光度)가 높은 촬영용 플래시 장치. ストロボ

스트로:크[stroke] ①보트에서, 노를 한 번 젓는 일. ②골프에서, 공을 치는 일. ③테니스에서, 한 번 땅에 떨어진 공을 치는 일. ④수영(水泳)에서, 팔을 한 번 끌어당기는 동작. ストローク

스트로풀루스[라 strophulus] 첫여름에 많이 발생하는 어린아이 특유의 피부 질환(疾患). ストロフルス

스트론튬[strontium] 은백색(銀白色)의 금속 원소. 물과 격렬하게 반응하여 수소를 발생함. 불꽃의 재료로 쓰임. 원소 기호는 Sr. ストロンチウム

스트리크닌[strychnine] 마전(馬錢)의 씨에 함유되어 있는 알칼로이드. ストリキニン

스트리:킹[streaking] 옷을 벗고 대로(大路)를 달리는 짓. ストリーキング

스트리퍼[stripper] 스트립쇼에 출연(出演)하는 여자. ストリッパー

스트린젠도[이 stringendo] 악보에서, '음을 차츰 빠르게'의 뜻.

스트립쇼:[strip show] 여자가 음악에 맞추어 춤을 추면서 차례로 옷을 벗어 나가는 연예(演藝). ストリップショー

스트링[string] ①실. ②현악기(絃樂器). 또는 현악기의 줄. ③현악기 연주자. ストリング

스티렌[styrene] 방향족 탄화수소의 하나. 방향(芳香)이 있는 무색의 액체. 폴리스티렌·합성 고무의 원료로 쓰임. 스티롤. スチレン

스티로폼:[Styrofoam] 발포(發泡) 스티렌 수지(樹脂)의 상표명. 發泡樹脂

스티롤[styrol] ⇨ 스티렌(styrene). スチロール

스티치[stitch] 바느질·자수(刺繡) 따위의 바늘땀. 또는 그것을 내는 일. ステッチ 刺繡

스티커[sticker] 풀칠되어 있는 라벨. ステッカー

스틱[stick] ① 지팡이. 막대. ② 하키·아이스하키 경기에 쓰이는 나무 막대기. スティック 競技

스틱스[Styx] 그리스 신화(神話)에 나오는 저승에 흐르는 강. スティックス 神話

스틸:[steal] 야구에서, 도루(盜壘). スチール 盜壘

스틸:[steel] 강철(鋼鐵). スチール 鋼鐵

스틸:[still] 영화의 한 장면을 인화(印畫)한 선전용 사진. スチール 印畫

스틸기타:[steel guitar] 주로 하와이안 음악에 쓰이는 전기 기타. 금속(金屬)의 막대로 현을 누르면서 연주함. スチールギター 金屬

스틸브[stilb] 휘도(輝度)의 단위. 기호는 sb. スチルブ 輝度

스팀:[steam] ① 증기(蒸氣). ② 증기 난방(煖房). スチーム 蒸氣

스파게티[이 spaghetti] 가늘고 구멍이 없는 마카로니. スパケッティ 飮食

스파:**링**[sparring] 권투에서, 실제의 시합처럼 하는 연습 시합(鍊習試合). スパーリング 鍊習試合

스파이[spy] 간첩(間諜). スパイ 間諜

스파이스[spice] 향신료(香辛料). スパイス 香辛料

스파이커[spiker] 배구(排球)에서, 스파이크를 하는 사람. スパイカー 排球

스파이크[spike] ① 구두 밑창에 박는 뾰족한 징이나 못. ② 스파이크 슈즈의 준말. ③ 배구에서, 공을 상대편 쪽으로 강하게 내리치는 일. スパイク 競技用靴 相對便

스파이크 슈:**즈**[spiked shoes] 스파이크를 박은 운동화(運動靴). スパイクシューズ 運動靴

스파:**크**[spark] 전기 방전(電氣放電) 같은 때에 일어나는 불꽃. スパーク 放電

스판덱스[spandex] 잘 늘어나고 가볍고 질긴 합성 섬유(合成纖維). スパンデックス 纖維

스패너[spanner] 너트·볼트 등을 죄거나 푸는 공구(工具). スパナ 工具

스패니시[Spanish] ① 스페인 사람. 스페인어(語). ② 스페인풍(風). スパニッシュ

스패니얼[spaniel] 스페인 원산(原産)의 개의 한 품종. スパニエル 原産

스패츠[spats] 발목에 두르는 단화용(短靴用)의 짧은 각반(脚絆). スパッツ 脚絆

스팽글[spangle] 번쩍번쩍하는 얇은 금속 또는 플라스틱 따위의 작은 조각. 무대 의상(舞臺衣裳)이나 드레스 따위에 닮. スパンコール 舞臺衣裳

스퍼:**트**[spurt] 경주 따위에서 전속력(全速力)을 내는 일. 역주(力走). 역조(力漕). 역영(力泳). スパート 力走

스펀지[sponge] ① 해면(海綿). ② 해면 모양의 물질. スポンジ 海綿

스펀지케이크[sponge cake] 카스텔라 종류의 총칭. スポンジケーキ 總稱

스페르마틴[spermatin] 동물

의 불알이나 전립선(前立腺)으로부터 추출(抽出)되는 호르몬제. スペルマチン 抽出

스페셜[special] 특별한 것. スペシャル 特別

스페어[spare] 예비(豫備)로 갖추어 두는 것. 「~ 타이어」 スペア 豫備

스페어캔[spare can] 자동차에 예비로 달고 다니는 휘발유(揮發油) 통. 揮發油

스페이드[spade] 심장(心臟) 모양의 검은 나뭇잎을 그린 트럼프의 딱지. スペード 心臟

스페이스[space] ① 공간(空間). ② 신문·잡지 등의 지면(紙面). 또는 여백(餘白). ③ 우주 공간. スペース 空間 / 餘白

스페이스 셔틀[space shuttle] 우주 왕복선(往復船). スペース シャトル 往復船

스펙터클[spectacle] ① 웅장한 광경. 장관(壯觀). ② 영화 따위의 웅장하고 화려한 장면. スペクタクル 場面

스펙트럼[spectrum] 복사 선(輻射線) 따위를 분광기(分光器)로 분해했을 때 나타나는 빛깔의 띠. スペクトル 輻射線

스펙트로그래프[spectrograph] 분광 사진기(分光寫眞機). 分光寫眞機

스펙트로미터[spectrometer] 분광계(分光計). スペクトロメーター 分光計

스펙트로스코프[spectroscope] 분광기(分光器). スペクトロスコープ 分光器

스펠링[spelling] 유럽어의 철자(綴字). スペリング 綴字

스포르찬도[이 sforzando] 악보에서, '특히 그 음을 세게'의 뜻. スフォルツァンド

스포이트[네 spuit] 잉크·물약 등을 옮겨 넣을 때 쓰는, 고무 주머니가 달린 유리관. スポイト 琉璃管

스포:츠맨[sportsman] 운동가(運動家). スポーツマン 運動家

스포:츠맨십[sportsmanship] 운동 정신(運動精神). スポーツマンシップ 運動精神

스포:츠센터[sports center] 각종 스포츠를 할 수 있게 꾸민 대형 실내 체육관(室內體育館). スポーツセンター 室內體育館

스포:츠웨어[sportswear] 운동복(運動服). スポーツウェア 運動服

스포:츠카:[sports car] 운동을 즐기게 하기 위하여 만들어진 오락용·경주용(競走用) 승용차. スポーツカー 競走用

스포:큰타이틀[spoken title] 영화나 텔레비전의 화면 속의 대화를 나타낸 자막(字幕). スポークンタイトル 字幕

스포트라이트[spotlight] 무대의 한 인물이나 한 곳을 집중적으로 비추는 조명 장치(照明裝置). スポットライト 照明燈 / 舞臺

스포:티[sporty] 경쾌(輕快)한. 활동적임. 「~한 옷차림」 スポーティー 輕快

스폰서[sponsor] ① 보증인(保證人). 후원자(後援者). ② 광고주. スポンサー 保証人 / 後援者

스폿[spot] ① 점. 지점(地點). ② 얼룩. スポット 地點

스폿뉴:스[spot news] 방송에서, 프로그램과 프로그램 사이에 끼워 넣는 짤막한 뉴스. スポットニュース 放送

스폿애드[spot advertisement] 극장·영화관 등에서, 막간(幕間)을 이용해서 하는 짧은 광고. スポットアド 幕間

스푸마토[이 sfumato] 그림에서, 윤곽(輪廓)을 차차 어둡게 하여 흐릿하게 나타내는 일. スフマート

스푸트니크[러 Sputnik] 구(舊)소련에서 발사한 세계 최초의 인공 위성(人工衛星). スプートニク

스푼:[spoon] ① 주로 양식(洋食)에 쓰이는 숟가락. ② 대가리가 숟가락 모양으로 된 골프채. スプーン

스풀:[spool] ① 카메라의 필름이 감겨 있는 실패 모양의 것. ② 낚싯줄이 감기는 실패. スプール

스프레이[spray] 분무기(噴霧器). スプレー

스프린터[sprinter] 달리기·수영 등에서, 단거리(短距離) 선수. スプリンター

스프린트[sprint] 단거리의 경주 또는 경영(競泳). スプリント

스프링[spring] ① 봄. ② 도약(跳躍). ③ 용수철. スプリング

스프링보:드[springboard] 도약판(跳躍板). スプリングボード

스프링클러[sprinkler] ① 천장에 설비한 자동 소화(消火) 설비. ② 밭·잔디밭 같은 데 세워 놓은 자동 살수(撒水) 장치. スプリンクラー

스플래셔[splasher] 자동차·자전거 따위의 흙받기. スプラッシャー

스피넬[spinel] 알루미늄·마그네슘의 산화물로 이루어지는 광물. 등축정계(等軸晶系)·팔면체의 결정. スピネル

스피넷[spinet] 작은 하프시코드라고 할 수 있는 옛 건반 악기(鍵盤樂器). スピネット

스피닝[spinning] 길쌈. 방적(紡績). スピニング

스피:드[speed] 속력(速力). 속도. スピード

스피:드건[speed gun] 운동하는 물체의 속도를 측정(測定)하는 기계. スピードガン

스피:드스케이팅[speed skating] 일정 거리의 스케이트 활주 경기(滑走競技).

스피:드스프레이어[speed sprayer] 과수원 등에서 사용되는 약제 살포기(撒布機)의 한 가지. スピードスプレーヤー

스피:디[speedy] 움직임이나 진행(進行)이 빠름. スピーディー

스피로헤타[라 spirochaeta] 가늘고 긴 나선상(螺旋狀) 미생물군의 총칭. スピロヘーター

스피리토:소[이 spiritoso] 악보에서, '활기(活氣) 있게'의 뜻. スピリトーソ

스피릴룸[spirillum] 나선균(螺旋菌).

스피릿[spirit] 정신. 영혼(靈魂). スピリッツ

스피츠[spitz] 애완용(愛玩用) 개의 한 품종. スピッツ

스피:치[speech] ① 연설(演說). ② 화술(話術). スピーチ

스피카[Spica] 처녀자리의 수성(首星). スピカ

스피카토[이 spiccato] 현악기 연주에서, 활이 현 위를 튀듯 빠르게 켜는 주법(奏法). スピッカート

스피:커[speaker] ① 연사(演士). ② 확성기. スピーカー

스핀[spin] ① 팽이처럼 뱅글뱅글 도는 일. 회전(回轉). ②

탁구・테니스에서, 공에 회전을 주는 일. スピン

스핑크스[sphinx] 고대(古代) 이집트 등지에서, 왕궁・신전 따위의 어귀에 장식으로 세워 놓은, 사람의 머리와 사자의 몸을 가진 석상(石像). スフィンクス

슬[瑟] ①큰 거문고 슬:큰 거문고. 「瑟韻(슬운)」 ②바람 소리 슬:바람 소리. 쓸쓸한 모양. 「瑟瑟(슬슬)・蕭瑟(소슬)」 シツ

슬[蝨] ①이 슬:이. ②폐해 슬:폐해. 「蝨官(슬관)」 シツ しらみ

슬[膝] 무릎 슬:무릎. 「膝甲(슬갑)・膝下(슬하)・膝席(슬석)・膝骨(슬골)」 ンツ・ひざ

슬갑도적[膝甲盜賊] 남의 글을 베껴 자기가 쓴 것처럼 행세하는 사람. =문필도적(文筆盜賊). plagiarism

슬개골[膝蓋骨] 무릎의 관절 앞쪽에 있는 종지 모양의 뼈. 종지뼈. しつがいこつ kneepan

슬라브[Slav] 유럽의 동부(東部) 및 중부에 사는 아리안계 민족의 총칭. スラブ

슬라이더[slider] 야구에서, 타자 가까이에서 외각(外角)으로 빠지는 변화구의 일종. スライダー

슬라이드[slide] ①필름을 옆에서 밀어 넣는 환등기(幻燈機). 또는 그 필름. ②미끄러지는 일. スライド

슬라이드글라스[slide glass] 현미경에서, 관찰할 물체를 올려놓는 투명(透明)한 유리. スライドグラス

슬라이딩[sliding] ①활주(滑走). ②야구에서, 야수(野手)의 터치를 피하기 위하여 미끄러지면서 베이스로 들어가는 일. スライディング

슬라이딩태클[sliding tackle] 축구에서, 미끄러져 들어가며 상대의 공을 뺏는 동작(動作). スライディングタックル

슬라이스[slice] ①고기・빵・채소 따위를 얇게 써는 일. 또는 그 조각. ②테니스・탁구 등에서, 공을 커트보다 더욱 날카롭게 깎아 치는 일. スライス

슬래그[slag] 광물을 제련(製鍊)한 뒤의 비금속성(非金屬性) 찌꺼기. 광재(鑛滓). スラグ

슬래브[slab] ①등산에서, 평평한 큰 바위. ②건축에서, 철근 콘크리트로 만든 판판한 구조물(構造物).

슬랙스[slacks] 평상복의 느슨한 바지. スラックス

슬랩스틱[slapstick] 야단스럽고 과장된 동작으로 연기하는 희극(喜劇). スラプスティック

슬랭[slang] 비어(卑語). 속어(俗語). スラング

슬러[slur] 음악에서, 높이가 다른 둘 이상의 음을 부드럽게 연주하는 일. 또는 그 기호(記號). 이음줄. スラー

슬러거[slugger] 야구에서, 강타자(強打者). スラッガー

슬러리[slurry] 고체 입자와 액체의 걸쭉한 혼합물(混合物). スラリー

슬럼[slum] 빈민굴(貧民窟). 빈민가. スラム

슬럼프[slump] ①경제의 불황. 불경기. ②일시적으로 부진(不振) 상태에 빠지는 일. スランプ

슬레이브[slave] 노예(奴隷). 奴隷
スレーブ

슬레이트[slate] 주로 지붕을 덮는 데 쓰는 점판암(粘板巖)의 얇은 판(板). 인조 슬레이트는 석면(石綿)에 시멘트를 섞어서 만듦. スレート 粘板巖

슬레지[sledge] 화물용(貨物用) 썰매. 貨物用

슬렌탄도[이 slentando] 악보에서, '차차 느리게'의 뜻.

슬로:건[slogan] 표어(標語). スローガン 標語

슬로그[slog] 권투에서, 강하게 난타(亂打)하는 일. 亂打

슬로:다운[slowdown] ① 감속(減速). ② 일의 능률을 일부러 떨어뜨리는, 노동자의 쟁의(爭議) 전술. スローダウン 爭議

슬로:모:션[slow-motion] ① 느린 동작. ② 영화나 비디오에서, 고속도 촬영(高速度撮影)에 의하여 화면을 느린 동작으로 보여 주는 것. スローモーション 高速度 撮影

슬로:프[slope] 비탈. 사면(斜面). 경사(傾斜). スロープ 傾斜

슬롯[slot] 자동 판매기(自動販賣機) 따위의 동전(銅錢)을 넣는 구멍. スロット 銅錢

슬롯머신[slot machine] 동전 또는 그 대용품(代用品)을 쓰는 자동 도박기. スロットマシン 代用品

슬리:브리스[sleeveless] 소매가 없는 의복(衣服). スリーブレス 衣服

슬리:크[sleek] 미끄럽고 광택이 나는 면직물(綿織物)의 한 가지. 양복 안감 따위로 쓰임. スリーク 綿織物

슬리퍼[slipper] 발끝만 꿰게 되어 있고 뒤축이 없는 실내화(室內靴). スリッパ 室內靴

슬리핑[slipping] 권투에서, 얼굴이나 몸을 움직여 상대의 타격(打擊)을 피하는 일. スリッピング 打擊

슬리:핑백[sleeping bag] 침낭(寢囊). スリーピングバッグ 寢囊

슬립[slip] 어깨에 걸어서 드레스보다 짧게 입는 여성용(女性用) 속옷. スリップ 女性用

슬릿[slit] 옷단 따위에 튼 아귀. スリット

슬하[膝下] 무릎 아래. 곧, 어버이의 따뜻한 사랑 아래. 부모의 곁. 「양친(兩親)~」 parental roof 膝下 兩親

습[拾]* ① 주울 습: 줍다. 「拾得(습득)・拾遺(습유)・拾集(습집)・收拾(수습)」 ② 열 십: 열. 「拾萬(십만)」 シュウ ① ひろう 拾得 收拾

습[習]* ① 익힐 습: 익히다. 배우다. 익숙하다. 「學習(학습)・修習(수습)・見習(견습)・習字(습자)」 ② 버릇 습: 버릇. 습관. 「習慣(습관)・習性(습성)・習癖(습벽)」 シュウ ① ならう 習字 習慣

습[濕]☆ 젖을 습: 젖다. 「濕氣(습기)・濕度(습도)・濕冷(습랭)・濕痺(습비)・濕地(습지)」 シツ・しめる 濕氣 濕冷

습[襲]☆ ① 엄습할 습: 엄습하다. 덮치다. 「襲擊(습격)・奇襲(기습)・空襲(공습)・被襲(피습)」 ② 인할 습: 인(因)하다. 「襲用(습용)・襲繼(습계)・因襲(인습)・世襲(세습)」 ③ 염습할 습: 염습하다. 「襲殮(습렴)・襲衣(습의)」 シュウ ① おそう 襲擊 因襲 襲殮

습개[濕疥] 옴에 급성 습진이 함께 나는 피부병. 진옴. 濕疥

습격[襲擊] 갑자기 들이침. しゅうげき attack 襲擊

습곡[褶曲] 평평한 지층이 옆으로부터의 압력 때문에 주름이 져서 산이나 골짜기가 되는 일. しゅうきょく fold

습관[習慣] 여러 차례 되풀이하는 사이에 몸에 배어 굳어진 성질이나 행동. 버릇. しゅうかん habit

습급[拾級] 계단을 오름.

습기[濕氣] 축축한 기운. 습한 기운. しっき・しっけ damp

습답[襲踏] 예전부터 해 오던 대로 따라서 함. =답습(踏襲). following

습도[濕度] 대기 속에 수증기가 포함되어 있는 정도. 또는 그것을 나타내는 양. しつど humidity

습독[習讀] 글읽기를 익힘.

습득[拾得] 주위서 얻음. 주움. しゅうとく picking up

습득[習得] 배워 터득함. 익혀서 알게 됨. しゅうとく learning

습득 관념[習得觀念] 후천적(後天的)으로 경험해서 얻은 관념. ↔생득 관념(生得觀念). しゅうとくかんねん acquired idea

습래[襲來] 쳐들어옴. =내습(來襲).「적군(敵軍)~」しゅうらい invasion

습랭[濕冷] 습기로 인하여 허리 아래가 찬 병. =한습(寒濕).

습례[習禮] 예식이나 예법을 미리 익힘. accustoming to manners

습벽[習癖] 몸에 젖어 버린 버릇. しゅうへき usual habit

습보[襲步] 말이 최대의 속도로 달리는 일. しゅうほ gallop

습복[慴伏·慴服] 두려워서 엎드림. 위엄에 눌려 복종함. しょうふく submitting from fear

습봉[襲封] 제후(諸侯)가 죽은 뒤 그 아들이 영지(領地)를 물려받음. しゅうほう

습비[濕痺] 습기로 뼈마디가 쑤시고 아픈 병. 풍(風)·한(寒)·습(濕)의 삼기(三氣)가 침입함으로써 생김.

습사[習射] 활쏘기를 익힘. shooting practice

습생[濕生] ① 식물이 습윤한 곳에서 자람. しっせい ② 불교에서, 사생(四生)의 하나. 습한 곳에서 자연히 발생하는 일. 또는 그 생물. 모기 따위의 벌레. しっしょう

습석[襲席] 염습할 때 까는 돗자리.

습선거[濕船渠] 육지를 파서 풍파나 밀물·썰물에 관계없이 배가 드나들며 짐을 부릴 수 있게 만든 시설. =습독(濕dock). ↔건선거(乾船渠). しつせんきょ wet dock

습성[習性] 습관이 된 성질. 버릇. しゅうせい habit

습성[濕性] 잘 마르지 않고 젖어 있는 성질. ↔건성(乾性). しっせい wet

습속[習俗] 예로부터 내려오는 습관이 생활화한 풍속. =풍습(風習). しゅうぞく customs

습숙[習熟] 익히어 숙달함. 배워서 익숙해짐. しゅうじゅく being versed in

습습[習習] 바람이 부드럽게 부는 모양. しゅうしゅう breezing

습식[濕式] 물질의 제법(製法)이나 분석법 등에서, 용매(溶媒)·용제(溶劑)·물 따위의 액체를 사용하는 방식. ↔건식(乾

式). しっしき　wet process

습업[習業] 학업이나 기술을 배워 익힘. しゅうぎょう　practice

습여성성[習與性成] 습관이 오래 되면 마침내 천성이 됨.

습연[襲沿] 전인(前人)의 예(例)에 따라 그대로 답습함. =습인(襲因).　following

습용[襲用] 그대로 이어받아 씀. しゅうよう　using hereditarily

습유[拾遺] 빠진 글 따위를 모아 보충함. しゅうい　repairing omissions

습윤[濕潤] 습기가 많음. しつじゅん　dampness

습의[襲衣] 염습 때에 송장에게 입히는 옷. =수의(壽衣).　shroud

습자[習字] 글씨 쓰기를 익힘. しゅうじ　penmanship

습작[習作] 그림·조각·음악·문학 따위에서, 연습삼아 작품을 만듦. 또는 그 작품. しゅうさく　study

습작[襲爵] 작위(爵位)를 이어 받음. しゅうしゃく　succession to the peerage

습전지[濕電池] 전해액(電解液)을 사용한 전지. ↔건전지(乾電池). しつでんち　wet cell

습종[濕腫] 흔히 다리에 나는 부스럼의 한 가지. 별로 아프지도 않고 잘 낫지도 않음. =습창(濕瘡).　ulcers on the legs

습증[濕症] 습기로 생기는 병.　disease caused by dampness

습지[濕地] 습기가 많은 땅. しっち　damp ground

습진[濕疹] 겉이 헐고 진물이 흐르는 피부병. しっしん　eczema

습집[拾集] 주워서 모음. しゅうしゅう　gathering

습처[濕處] 습한 곳에서 삶.　living in the swampy land

습초[濕草] 습한 곳에 나는 풀.　marsh grass

습취[襲取] 습격하여 빼앗음. しゅうしゅう　plundering

습판[濕板] 유리판에 콜로디온을 바르고, 그것을 초산은 용액에 담갔다가 젖은 채로 쓰는 사진 원판. ↔건판(乾板). しつばん　wet plate

습포[濕布] 물이나 약액에 적신 헝겊을 환부에 대어 염증을 치료하는 일. 또는 그 헝겊. しっぷ　poultice

승[升]* ① 되 승:되. 「一升(일승)·斗升(두승)」 ② 오를 승:오르다. 「升降(승강)·升遐(승하)·升堂(승당)」 ③ 태평할 승:태평하다. 「升平(승평)」 ショウ ① ます ② のぼる

승[丞] ① 정승 승:정승. 「丞相(승상)·政丞(정승)」 ② 나아갈 증:나아가다. 「丞丞(증증)」 ジョウ

승[承]* ① 받들 승:받들다. 「承命(승명)·承奉(승봉)·承順(승순)·承受(승수)」 ② 이을 승:잇다. 「繼承(계승)·承繼(승계)·承句(승구)」 ショウ ① うけたまわる·うける

승[昇]* 오를 승:오르다. 「昇降(승강)·昇進(승진)·昇格(승격)·昇騰(승등)」 ショウ·のぼる

승[乘]* ① 탈 승:타다. 「乘馬(승마)·乘船(승선)·乘降(승강)·搭乘(탑승)·乘時(승시)」 ② 곱할 승:곱하다. 「自乘(자승)·乘法(승법)·乘除(승제)·乘數(승수)」 ③ 역사 승:역

사. 기록. 「家乘(가승)·野乘(야승)」ジョウ ①のる·のせる

승[陞] 오를 승: 오르다. 올리다. 「陞等(승등)·陞階(승계)·陞任(승임)·陞資(승자)」ショウ

승:[勝]* ①이길 승: 이기다. 「勝戰(승전)·勝敗(승패)·勝利(승리)·勝負(승부)」 ②나을 승: 낫다. 좋다. 「勝事(승사)·勝景(승경)·名勝(명승)」ショウ ①かつ ②まさる

승[僧]☆ 중 승: 중. 「僧侶(승려)·老僧(노승)·女僧(여승)·僧門(승문)·僧房(승방)」ソウ

승[繩] 노 승: 노. 노끈. 새끼. 「繩縛(승박)·結繩(결승)·捕繩(포승)·繩墨(승묵)·繩矩(승구)」ジョウ·なわ

승[蠅] 파리 승: 파리. 「蠅利(승리)·蠅頭(승두)·蠅營(승영)」ヨウ·はえ

승가[僧家] ①중이 사는 집. 절. ②중들의 사회. そうけ·そうか ① monk's house ② monk's society

승가람마[僧伽藍摩] 중이 살면서 불도를 닦는 집. 준가람(伽藍).

승강[昇降] 오르고 내림. 「~기(機)」しょうこう going up and down

승강[乘降] 차나 배 따위의 탈 것에 타고 내림. じょうこう getting on and off

승강기[昇降機] 고층 건물 같은 데서 사람이나 짐을 위아래로 운반하는 장치. 엘리베이터. しょうこうき elevator

승객[乘客] 교통 기관을 이용하는 사람. じょうきゃく·じょうかく passenger

승격[昇格] 격이나 지위가 오름. しょうかく promotion

승:**경**[勝景] 뛰어나게 좋은 경치. =가경(佳景). しょうけい fine view

승계[承繼] 뒤를 이어받음. =계승(繼承). しょうけい inheritance

승계[僧戒] 중이 지켜야 할 계율. そうかい Buddhist precept

승:**공**[勝共] 공산주의를 이겨냄. 「~ 통일」 victory against communism

승구[承句] 한시(漢詩)에서 절구(絕句)의 둘째 구. 또는 율시(律詩)의 셋째와 넷째 구. しょうく

승구[繩矩] ①먹줄과 곡척(曲尺). 목수가 집을 지을 때 쓰는 기구. ②규범(規範)이나 법도(法度)를 뜻하는 말. じょうく ② regulations

승:**군**[勝軍] ①싸움에 이긴 군대. ②경기에서 이긴 쪽. ↔패군(敗軍). しょうぐん ① victor troops

승군[僧軍] 중으로 조직된 군대. =승병(僧兵). そうぐん monk soldier

승극[乘隙] 틈을 탐.

승근[乘根] 어떤 수 a를 n번 곱하여 c가 될 때, c에 대한 a를 이르는 말. 거듭제곱근의 구용어. =멱근(冪根). じょうこん radical root

승급[昇給] 급료(給料)가 오름. しょうきゅう rise in salary

승급[陞級·昇級] 등급이 오름. しょうきゅう preferment

승기[乘機] 좋은 기회를 탐. =승시(乘時). having an opportunity

승기[繩伎] 줄타기. =승희(繩戲). rope dancing

승:기자[勝己者] 재주가 자기보다 나은 사람. superior person

승낙[承諾] 상대방의 부탁이나 요구를 들어 줌. =응낙(應諾). しょうだく consent

승단[昇段] 바둑이나 유도 따위의 단위(段位)가 오름. 「~대회(大會)」 しょうだん promotion

승당[僧堂] 중이 거처하는 집. そうどう

승도[僧徒] 불도를 닦고 있는 중들. そうと Buddhist priests

승등[昇騰·升騰·陞騰] 물건값이 뛰어오름. =등귀(騰貴). しょうとう rise

승려[僧侶] 중. そうりょ bonze

승:률[勝率] 시합 따위에서 이긴 비율. しょうりつ percentage of victories

승:리[勝利] 겨루어 이김. ↔패배(敗北). しょうり victory

승마[乘馬] 말을 탐. ↔하마(下馬). 「~복(服)」 じょうば riding

승멱[昇冪] 다항식(多項式)에서, 각 항의 차수(次數)를 낮은 것에서 높은 것의 차례로 배열하는 일. 오름차의 구용어. ↔강멱(降冪). じょうべき ascending power

승명[承命] 웃어른의 명령을 받듦. receiving an order

승명[僧名] 중이 되는 사람에게 종문(宗門)에서 지어 주는 이름. =법명(法名). ↔속명(俗名). Buddhist name

승:묘[勝妙] 뛰어나게 기묘함. しょうみょう

승무[僧舞] 고깔을 쓰고 장삼을 입고 때때로 법고(法鼓)를 치면서 풍류에 맞추어 추는 춤. Buddhist dance

승무원[乘務員] 기차·선박·항공기 따위에서, 승객 관리에 관한 업무를 맡는 사람. じょうむいん the crew

승묵[繩墨] 재목 따위에 줄을 치는 데 쓰이는 기구. 먹줄. じょうぼく

승문[承聞] 존경하는 사람에 대한 소식을 들음.

승문[僧門] 불교의 사회. =불문(佛門)·불가(佛家). そうもん Buddhism

승방[僧房] 여승(女僧)들만 거처하는 절. =여승방(女僧房). そうぼう priest's quarters

승법[乘法] 곱하는 계산법. 곱셈. =승산(乘算). ↔제법(除法). じょうほう multiplication

승:벽[勝癖] 호승지벽(好勝之癖)의 준말.

승병[僧兵] 중으로 조직된 군병. =승군(僧軍). そうへい monk soldier

승:보[勝報] 싸움이나 경기에 이겼다는 보고 또는 보도(報道). ↔패보(敗報). しょうほう news of victory

승복[承服] ①응낙하고 복종함. ②잘못을 스스로 인정함. しょうふく ① submission ② confession

승복[僧服] 승려가 입는 옷. =승의(僧衣)·법의(法衣). そうふく clerical robe

승:부[勝負] 이기고 지는 일. =승패(勝敗). しょうぶ victory or defeat

승사[承嗣] 대를 이음. 뒤를 이음. しょうし inheritance

승:사[勝事] 훌륭한 일. 좋은 일. しょうじ·しょうし

승삭[繩索] 새끼와 노끈. じょ

うさく straw rope and string

승산[乘算] 곱하는 계산. 곱셈. =승법(乘法). ↔제산(除算). じょうざん multiplication

승:산[勝算] 이길 가망(可望). 「~이 있는 경기(競技)」しょうさん prospects of victory

승상[丞相] 우리 나라의 정승에 해당하는 중국의 벼슬 이름. =정승(政丞). じょうしょう・しょうじょう

승상접하[承上接下] 윗사람을 받들고, 아랫사람을 잘 거느려 중간 역할을 함. conciliation

승선[乘船] 배를 탐. ↔하선(下船). じょうせん embarkation

승:세[勝勢] 이길 것 같은 형세. ↔패세(敗勢). しょうせい victorious spirit

승:소[勝訴] 소송에서 이김. ↔패소(敗訴). しょうそ winning a suit

승소[僧梳] 중의 빗이라는 뜻으로, 쓸모 없는 물건의 비유. useless article

승속[僧俗] ① 중과 속인(俗人). 중과 일반인. ② 승문(僧門)과 일반 사회. そうぞく

승수[乘數] 어떤 수에 곱하는 수. じょうすう multiplier

승순[承順] 윗사람의 명령에 따름. しょうじゅん submission

승승장구[乘勝長驅] 싸움에 이긴 기세를 몰아 계속 이겨 나감.

승시[乘時] 좋은 때를 탐. 좋은 시기를 이용함. seizing the moment

승안[承顔] ① 웃어른을 뵘. ② 돌아간 어른의 얼굴을 생전에 뵙던 일.

승야[乘夜] 밤의 어둠을 이용함. 밤을 탐. 「~도주(逃走)」

under cover of night

승용[乘用] 사람이 타고 다니는 데 쓰임. 「~차(車)」じょうよう

승운[乘運] 좋은 운수를 탐. 운이 좋은 때를 이용함. seizing a fortune

승:운[勝運] 이길 운수. しょううん luck

승은[承恩] ① 신하가 임금으로부터 특별한 은혜를 입음. ② 여자가 임금의 사랑을 받아 잠자리를 함께 함.

승인[承認] ① 동의(同意)함. 들어 줌. ② 옳다고 인정함. しょうにん recognition

승:인[勝因] 싸움이나 경기에 이긴 원인. ↔패인(敗因). しょういん cause of victory

승:사[勝者] 이긴 사람. 이긴 편. ↔패자(敗者). しょうしゃ victor

승적[乘積] 둘 이상의 수를 곱해서 얻은 수. 또는 그 식. じょうせき product

승적[僧籍] 중의 이름·득도(得道) 따위를 기록한 문서. 「~에 들다」そうせき priesthood

승전[承前] 앞의 것을 이음. しょうぜん continuation

승전[承傳] 이어받아 전함. しょうでん handing down

승:전[勝戰] 전쟁에 이김. =승첩(勝捷). ↔패전(敗戰). しょうせん victory

승:점[勝點] 경기 등에서 이겨서 얻은 점수.

승제[乘除] 곱하기와 나누기. 곱셈과 나눗셈. 「가감(加減) ~」じょうじょ multiplication and division

승종[承從] 명령에 따름. しょうじゅう submission

승준[繩準] 법도(法度). 규칙.

승ː지[勝地] 경치가 좋은 곳. =명승지(名勝地)·명승(名勝). じょうじゅん rule / しょうち　scenic spot 勝地

승진[昇進·陞進] 지위나 직위(職位)가 오름. しょうしん promotion 昇進 陞進

승차[乘車] 차를 탐. ↔하차(下車).「～권(券)」じょうしゃ taking a car 乘車

승척[繩尺] ① 측량에 쓰이는 줄자. ② 먹줄과 자. ③ 일정한 척도(尺度). 또는 규칙. じょうしゃく 繩尺 尺度

승천[昇天] ① 하늘로 오름.「욱일(旭日)～」② 예수가 부활한 후 하늘로 올라간 일. ↔강림(降臨). しょうてん ② the Ascension 昇天 降臨

승ː첩[勝捷] ⇨승전(勝戰). 勝捷

승취[乘醉] 술기운을 이용함. 술의 힘을 빌림. 乘醉

승ː치[勝致] 좋은 풍치(風致). しょうち　good scenery 勝致

승ː패[勝敗] 이기고 지는 일. =승부(勝負). しょうはい victory or defeat 勝敗

승평[升平·昇平·承平] 나라가 태평함.「～ 세계(世界)」しょうへい peace 升平 昇平

승표[乘標] 곱셈을 표시하는 기호. 곧, 'ｘ'표. 곱셈표. ↔제표(除標). multiplication sign 乘標

승풍파랑[乘風破浪] 바람을 타고 물결을 헤치며 나아간다는 뜻으로, 원대(遠大)한 뜻이 있음의 비유. ambition 乘風 破浪

승하[昇遐] 임금이 세상을 떠남. death of a king 昇遐

승합[乘合] 여럿이 함께 탐. =합승(合乘).「～차(車)」のりあい　riding together 乘合

승홍[昇汞] 소독제·방부제 따위로 쓰이는 염화제이수은(鹽化第二水銀)을 이르는 말.「～수(水)」しょうこう corrosive sublimate 昇汞

승화[昇華] ① 고체(固體)가 액체(液體) 상태를 거치지 않고 바로 기체(氣體)로 변하는 일. 또 반대로, 기체가 고체로 변하는 일. ② 보다 순수하고 높은 단계로 발전하는 일. しょうか　sublimation 昇華

승후[承候] 웃어른에게 문안을 드림. 承候

시ː[市]* 저자 시: 시장. 저자.「市場(시장)·夜市(야시)·市價(시가)·市勢(시세)」② 시가 시: 시가지.「市街(시가)·都市(도시)·市內(시내)·市長(시장)·市廳(시청)」シ ① いち 市場 市街

시ː[矢]☆ ① 화살 시: 화살.「矢石(시석)·弓矢(궁시)·流矢(유시)」② 맹세 시: 맹세하다.「矢心(시심)·矢言(시언)」シ ① や 矢石 流矢

시ː[示]* 보일 시: 보이다.「示範(시범)·表示(표시)」② 지시할 시: 지시하다.「示達(시달)·指示(지시)」シ・ジ ① しめす 示範

시ː[侍]☆ 모실 시: 모시다.「侍講(시강)·侍女(시녀)·侍童(시동)·侍從(시종)·近侍(근시)」ジ・シ・さむらい ① はべる 侍從

시ː[始]* 비로소 시: 처음. 비롯하다.「始動(시동)·始作(시작)·初始(초시)·開始(개시)」シ・はじめる 始作

시ː[屍] 주검 시: 주검. 송장.「屍體(시체)·屍身(시신)·屍臭(시취)·屍斑(시반)」シ・しかばね 屍身

시:[施]* 베풀 시:베풀다. 주다.「施工(시공)·施行(시행)·施設(시설)·實施(실시)·施惠(시혜)·施療(시료)·施賞(시상)」シ・セ・ほどこす 施工

시:[是]* ①이 시:이것.「是日(시일)·如是(여시)·亦是(역시)」②옳을 시:옳다.「是非(시비)·是認(시인)」ゼ ①これ 是非

시[柴] 섶나무 시:섶나무. 섶.「柴薪(시신)·柴油(시유)·柴草(시초)·柴炭(시탄)·柴扉(시비)」サイ・しば 柴炭

시:[枾] ⇨시(柿). 柿果

시:[柿]"柿"는 俗字. 감 시: 감. 감나무.「柿雪(시설)·柿葉(시엽)·紅柿(홍시)」シ・かき 柿葉

시[時]* 때 시:때. 시간.「時刻(시각)·時間(시간)·午時(오시)·時日(시일)·時速(시속)·隨時(수시)」ジ・とき 時刻

시[翅] 날개 시:날개.「翅股(시고)·翅翎(시령)·翅翼(시익)」シ・はね 翅翼

시:[匙] 숟가락 시:숟가락.「匙箸(시저)·匙楪(시접)」シ・さじ 匙箸

시[猜] 시기할 시:시기하다.「猜忌(시기)·猜謗(시방)·猜畏(시외)·猜妬(시투)·猜恨(시한)·猜疑(시의)」サイ 猜忌

시[媤] 시집 시:시집.「媤家(시가)·媤宅(시댁)·媤叔(시숙)·媤母(시모)」 媤家

시:[弑] 윗사람 죽일 시:윗사람을 죽이다.「弑殺(시살)·弑害(시해)·弑逆(시역)」シイ・シ 弑害

시:[視]* 볼 시:보다.「視線(시선)·視覺(시각)·視界(시계)·視力(시력)」シ・みる 視界

시[試] 시험할 시:시험하다.「試驗(시험)·試食(시식)·試用(시용)·試藥(시약)·考試(고시)·試才(시재)」シ・こころみる・ためす 試驗

시[詩]* 시 시:시. 운문(韻文).「詩歌(시가)·詩人(시인)·漢詩(한시)·古詩(고시)·作詩(작시)」シ 詩歌

시[嘶] 울 시:울다. 말이 울다.「嘶馬(시마)·嘶酸(시산)·嘶噪(시조)」セイ・いななく 嘶馬

시:[諡] ①시호 시:시호.「諡號(시호)·贈諡(증시)」②행장 시:행장(行狀).「諡狀(시장)·諡册(시책)」シ・おくりな 諡號 諡狀

시[이 si] 장음계(長音階)의 일곱째 음. 또는 단음계(短音階)의 둘째 음의 계이름. シ 長音階

시:가[市街] ①도시의 큰 거리. ②인가(人家)가 밀집해 있는 곳.「~지(地)」しがい street 市街

시:가[市價] 시상에서 내내끼는 가격. 시장 가격. しか market price 市價

시가[時價] 그때의 값. 어느 일정한 시기의 시세. =시세(時勢). じか current price 時價

시가[媤家] 여자가 시집와서 사는 집. 시집 husband's family 媤家

시가[詩歌] 시. 시와 노래. しいか・しか songs and poems 詩歌

시:가[cigar] 엽궐련(葉卷煙). シガー

시가렛[cigarette] 궐련(卷煙). シガレット 卷煙

시각[時刻] 시간의 흐름 속의 어느 한 순간. じこく time 時刻

시:각[視角] ①물체의 좌우 끝에서 눈에 이어지는 두 직선이 이루는 각. ②사물을 바라보는 관점. しかく ① visual angle ② viewpoint 視角

시:각[視覺] 눈으로 보는 감각. =시감(視感). しかく sight 視覺 視感

시간[時間] ①어느 일정한 때. 時間

=시각(時刻). ② 어떤 시각과 시각과의 사이. 「근무 ~」 ③ 과거·현재·미래가 무한히 이어지며, 공간과 더불어 물체계(物體界)를 성립시키는 기본 형식이라고 생각되는 것. ↔공간(空間). ④ 하루를 24등분한 그 하나하나의 길이. じかん ① time ② hour

시간급[時間給] 한 시간에 얼마씩 계산하여 주는 급료. 준시급(時給). じかんきゅう payment by the hour

시간표[時間表] ① 학습이나 작업의 예정을 시간별로 배당한 표. ② 기차·자동차·배 등의 발착 시간을 적어 놓은 표. じかんひょう ① schedule ② timetable

시감[時感] 돌림감기. 유행성 감기. influenza

시객[詩客] 시를 짓는 사람. =시인(詩人). しかく poet

시:거의[視距儀] 비교적 간단히 거리(距離)를 잴 수 있는 측량 기계. しきょぎ

시격[詩格] ① 시를 짓는 격식. ② 시의 품격(品格). しかく ① form of verse ② quality of a poem

시경[詩經] 삼경(三經) 또는 오경(五經)의 하나로, 중국에서 가장 오래 된 시집. 공자(孔子)가 엮었다고 함. しきょう

시경[詩境] ① 시의 경지(境地). ② 시정(詩情)이 넘쳐 흐르거나, 시흥(詩興)을 자아내게 하는 경지. しきょう poetical inspiration

시계[時計] 시간을 측정하여 나타내 보이는 기계. =시종(時鐘). とけい clock

시:계[視界] ① 눈에 비치는 외계(外界). =안계(眼界). ② 바라볼 수 있는 범위. =시야(視野). しかい visual field

시계추[時計錘] 벽시계 따위에 매달린 추. pendulum

시고모[媤姑母] 시아버지의 누이. 남편의 고모. husband's aunt

시:공[施工] 공사를 시행함. しこう execution

시공[時空] 시간과 공간. 「~을 초월하다」 じくう space-time

시과[翅果] 폐과(閉果)의 하나. 날개 같은 과피(果皮)가 자라서 날개 모양이 되어, 바람에 날려서 퍼지는 열매. =익과(翼果). samara

시:교[示敎] 보이어 가르침. 또는 가르쳐 보여 줌. しきょう·じきょう instruction

시교수축[豕交獸畜] 돼지처럼 대하고 짐승처럼 기른다는 뜻으로, 사람을 사람으로 여기지 않음을 이르는 말. cold treatment

시:구[市區] ① 도시의 구역. 시가의 구획. ② 시(市)의 구(區). しく ① municipal district

시:구[始球] 야구에서, 시합의 개시를 선언하는 의미로 내빈이 맨 먼저 포수에게 공을 던지는 일. 「~식(式)」 しきゅう opening of a ball game

시:구[屍軀] 사람의 죽은 몸뚱이. 송장. =시체(屍體). corpse

시구[詩句] 시의 구절. しく verse

시국[時局] 당면한 시대의 상황. 현재의 국면. 「~ 강연(講演)」 じきょく situation

시:굴[試掘] 광상(鑛床)이나

유전(油田)을 시험적으로 파봄.「~권(權)」しくつ   trial digging

시그널[signal] 신호(信號). 신호기(機). シグナル 信號

시그널뮤:직[signal music] 연속적·정기적(定期的)인 방송 프로그램에서, 그 방송의 직전·직후에 연주하는 음악. シグナルミュージック 定期的

시그마[sigma] 그리스어의 열여덟째 자모(字母)인 Σ 또는 σ의 이름. 수학에서는, 합계(合計)를 나타내는 기호로 쓰임. シグマ 字母

시극[詩劇] 시로 쓰여진 희곡. 또는 그 연극. しげき   verse drama 詩劇

시:금[市金] 시중의 물건값. =시가(市價).   current price 市金

시:금석[試金石] ① 귀금속의 순도를 알아보기 위해 쓰이는 검은 빛깔의 돌. ② 사물의 가치나 사람의 역량을 알아보기 위한 기준이 될 만한 것. 「이번 일은 자동차 진입 발진에 ~이 될 것이다」 しきんせき   ① touchstone 試金石 力量

시급[時急] 시간적으로 매우 급함. 「~한 대책(對策)」   urgency 時急

시급[時給] 시간급(時間給)의 준말. じきゅう 時給

시기[時期] 어느 때. 어느 기간. 「아직 ~가 이르다」じき   time 時期

시기[時機] 적당한 기회. 알맞은 때. じき   opportunity 時機

시기[猜忌] 시샘하여 미워함. さいき   jealousy 猜忌

시기상조[時機尙早] 아직 때가 이름. 좀더 기다려야 함. じきしょうそう   prematurity 時機 尙早

시나고:그[synagogue] 유대교의 예배당(禮拜堂). 禮拜堂

시나리오[scenario] 영화·방송극 따위의 각본(脚本). シナリオ 脚本

시:내[市內] 도시의 안. 시(市)의 구역 안. ↔시외(市外). しない   city 市內

시너[thinner] 도료(塗料)에 넣는 희석제(稀釋劑). シンナー 稀釋劑

시너지[synergy] 각 기능이 서로 작용하여 더 큰 효과(效果)를 올리는 일. 「~ 효과」 效果

시네라리아[cineraria] 엉거싯과의 일년 또는 이년초(二年草). 온몸이 흰 솜털로 덮이고, 초여름에서 초가을에 걸쳐 분홍·자주·남색·회색 등 각색 꽃이 핌. シネラリア 二年草

시네라마[Cinerama] 와이드 스크린 방식에 의한 영화. 입체 영화(立體映畫). シネラマ 立體 映畫

시네마[cinema] ① 영화. ② 영화관(映畫館). シネマ 映畫

시네마토그래프[cinematograph] ① 영사기(映寫機). 영화 촬영기. ② 영화. シネマトグラフ 映寫機

시네아스트[프 cinéaste] 영화 예술인(映畫藝術人). 영화인. シネアスト 藝術人

시:녀[侍女] 지난날, 귀인 가까이 있으면서 시중들던 여자. じじょ   waiting maid 侍女

시뇨[屎尿] 똥과 오줌. =분뇨(糞尿). しにょう   excretions 屎尿

시니시즘[cynicism] 사물을 냉소적으로 보는 태도. 냉소주의(冷笑主義). シニシズム

시니어[senior] ① 연장자(年長者). 선배. ② 상급 학생(上級學生). シニア 年長者

시니컬[cynical] 냉소적(冷笑 冷笑的

的). シニカル

시단[詩壇] 시인들의 사회. し 詩壇
だん　　　poetical circles

시:달[示達] 상부에서 하부로, 示達
문서로 지시하거나 알림. じ
たつ　　written instructions

시:담[示談] 민사상의 분쟁을 당 示談
사자끼리 해결하는 일. じだん
　　　　compromise

시대[時代] ① 그 당시. ② 역 時代
사적인 성격·특징에 따라 구
분한 어떤 기간. 「조선(朝鮮)
~」じだい　① times ② age

시대상[時代相] ① 그 시대의 時代相
사회의 형편. ② 어떤 시대의
사상적 경향(傾向). じだいそう 傾向
① phases of the times

시대색[時代色] 그 시대의 특 時代色
유한 경향이나 특징. じだい
しょく　　period flavor

시대 착오[時代錯誤] ① 시대 時代
를 잘못 알고 있음. ② 현실에 錯誤
뒤떨어진 생각이나 행동. じ
だいさくご　anachronism

시댁[媤宅] 남편의 집안. 시집 媤宅
·시가(媤家)의 높임말.
　　　　husband's family

시데로스탯[siderostat] 천체(天 天體
體)로부터 오는 광선을, 시계
장치로 움직이는 하나의 거울
로 받아 일정한 방향으로 반
사시키는 장치. シデロスタット

시:도[試圖] 시험삼아 계획하 試圖
거나 행동함. 「새로운 실험을
~하다」しと　　　try

시:독[屍毒] 동물의 시체가 썩 屍毒
을 때 생기는 유독물(有毒物) 有毒物
의 총칭. しどく

시독[柴毒] 한방에서, 나무의 柴毒
가시에 찔려 곪는 병을 이르
는 말.

시:동[始動] ① 처음으로 움직 始動
임. 또는 처음으로 움직이기

시작함. ② 발전기·내연 기관
등의 운전을 개시함. =기동
(起動). 「~기(機)」しどう
　　　　starting

시:동[侍童] 귀인(貴人) 밑에 侍童
서 심부름하는 아이. じどう
　　　　page

시동생[媤同生] 남편의 동생. 媤同生
husband's younger brother

시드[seed] ① 씨. 종자(種子). 種子
② 토너먼트식 경기에서, 강한
선수나 팀끼리 처음부터 맞붙
지 않게 대진표를 짜는 일.

시:랑[豺狼] ① 승냥이와 이리. 豺狼
② 잔인하고 탐욕스런 사람의 殘忍
비유. さいろう

시래운도[時來運到] 때가 되어 時來
좋은 운이 돌아옴. 運到
having a good fortune

시량[柴糧] 땔나무와 양식. 柴糧

시럽[syrup] 과즙에 설탕을 타
고 향료(香料)를 넣어 만든
음료. シロップ

시:력[視力] 눈으로 볼 수 있 視力
는 능력. 「~ 검사(檢査)」し
りょく　　eyesight

시:련[試鍊] ① 시험하고 단련 試鍊
함. 또는 견뎌 내기 어려운
단련이나 고난. ② 신앙이나
결심을 시험해 봄. しれん
　　　① trial ② test

시례지훈[詩禮之訓] 백어(伯魚) 詩禮
가 아버지인 공자(孔子)로부 之訓
터 시(詩)와 예(禮)를 배웠다
는 고사(故事)에서, 아들에게
주는 아버지의 교훈을 이름.

시론[時論] ① 그 당시의 여론. 時論
② 그때 그때 일어나는 시사
(時事)에 관한 평론. じろん
① public opinion ② comments upon current events

시론[詩論] 시에 대한 이론이 詩論
나 평론. しろん　poetics

시:론[試論] 시험삼아 해 본 평론이나 논설.「~ 제기(提起)」しろん

시:료[施療] 병을 치료함. 특히, 딱한 이들에 대하여 무료로 병을 치료함. せりょう
free medical treatment

시료[詩料] 시의 소재(素材). =시재(詩材). しりょう
material for poetry

시:료[試料] 시험이나 검사·분석 등에 쓰이는 물질이나 생물. しりょう
materials for experiment

시류[時流] 그 시대의 풍조나 경향. じりゅう
current of the times

시리ː즈[series] ① 소설·영화·텔레비전 프로그램 따위의 연속물(連續物). ② 야구 등에서, 일정 기간 계속되는 경기.「코리언 ~」시리즈

시:립[市立] 시에서 설치하고 관리·유지함.「~ 도서관(圖書館)」しりつ
municipal establishment

시:립[侍立] 웃어른을 모시고 옆에 섬. じりつ

시마[緦麻] 석달 동안 입는 복(服). 또는 그 상복(喪服). しま

시마[Sima] 지구 내부에서 시알(sial)의 아래층을 이루는 현무암질(玄武巖質)의 층. シマ

시말[始末] 처음과 끝. =시종(始終). しまつ
the beginning and the end

시:말서[始末書] 잘못을 사과하기 위하여 그 경위를 적어서 관계자에게 내는 문서. =전말서(顚末書). しまつしょ
written apology

시멘타이트[cementite] 탄화철(炭化鐵). セメンタイト

시멘테이션[cementation] 금속의 표면(表面)에 탄소 등의 원소를 침투시켜, 표면을 단단하게 하거나 녹슬지 않게 하는 일. セメンテーション

시멘트[cement] 토목·건축 재료로 쓰는, 석회를 주성분으로 한 접합제(接合劑). 콘크리트 따위의 원료로 쓰임. セメント

시모[媤母] 남편의 어머니. 시어머니. woman's mother-in-law

시모녀[媤母女] 시어머니와 며느리. =고부(姑婦).
a mother-in-law and a daughter-in-law

시목[柴木] 땔나무. =시신(柴薪). firewood

시·묘[侍墓] 부모의 상(喪)을 입는 3년 동안 무덤 옆에 초막을 짓고 지내는 일.

시:무[始務] ① 일을 맡아서 하기 시작함. ② 연초(年初)에 근무를 시작함.「~식(式)」
① beginning of one's duty

시무[時務] 그때 그때의 중요한 일. 또는 급한 일. じむ
urgent affairs

시:무[視務] 사무를 봄. =집무(執務). business

시문[時文] ① 그 시대에 쓰이는 글. ↔고문(古文). ② 중국의 현대문(現代文). じぶん
① contemporary writing

시문[詩文] 시가(詩歌)와 산문(散文). しぶん
prose and poetry

시:문[試問] 시험삼아 물음. 또는 그 질문.「구두(口頭) ~」しもん
question

시:물[施物] 불교에서, 시주(施主)로 내는 재물. せもつ·せぶつ
alms

시뮬레이션[simulation] 모의 실험(模擬實驗). シミュレーション 模擬實驗

시:민[市民] ①시(市)에 사는 사람. 도시의 주민. ②공민권(公民權)이 인정된 일반 국민. =공민(公民). しみん citizen 市民 公民

시:민 사:회[市民社會] 자유와 평등이 보장된 개인에 의하여 이루어진 근대 사회. しみんしゃかい civil society 社會

시밀레[이 simile] 악보에서, '먼저 부분과 같은 연주를 반복(反復)하라'는 뜻. シミリ 反復

시바[범 Siva] 힌두교의 삼대신(三大神)의 하나. 파괴의 신이기도 하고, 창조의 신이기도 함. 三大神

시:반[侍飯] 웃어른을 모시고 같이 밥을 먹음. =시식(侍食). 侍飯 侍食

시:반[屍斑] 죽은 지 10시간쯤 지난 사람의 피부에 생기는 자줏빛 반점(斑點). しはん death spot 屍斑

시반[詩伴] 함께 시를 짓는 벗. 詩伴

시:발[始發] ①그 날 처음으로 발차함. 또는 그 차. ②그 노선(路線)의 기점(起點). 「~역(驛)」しはつ first departure 始發

시방[時方] 이제. 지금. =금시(今時)·방금(方今). now 時方

시방[猜謗] 시기하여 비방함. 猜謗

시방 세:계[←十方世界] 불교에서, 온갖 곳에 수없이 존재하는 중생의 세계. 온 세계. じっぽうせかい universe 十方世界

시:배[時輩] ①그 당시의 사람들. ②시류(時流)를 타고 명리(名利)만 쫓는 무리. じはい 時輩

시백[詩伯] 시를 잘 짓는 사람. 또는 시인(詩人)에 대한 높임말. しはく 詩伯

시:범[示範] 모범을 보임. 「~경기(競技)」しはん showing an example 示範 競技

시벽[詩癖] ①시 짓기를 좋아하는 버릇. ②작시(作詩)에 나타나는 그 사람 특유의 버릇. しへき ②peculiarity in one's poetry 詩癖

시보[時報] ①시사(時事)에 관한 보도. ②정확한 시각을 방송 따위에서 널리 알리는 일. じほう ①current news ②time signal 時報 時事

시:보[試補] 관직(官職)에 정식으로 임명되기 전에, 그 일을 실제로 익히거나 보조하는 일. しほ probationer 試補

시부[媤父] 시아버지. 남편의 아버지. woman's father-in-law 媤父

시부[詩賦] 시와 부(賦). 곧, 중국의 운문(韻文). しふ 詩賦

시부모[媤父母] 시아버지와 시어머니. woman's parents-in-law 媤父母

시불가실[時不可失] 기회는 한 번밖에 없으니, 그 기회를 잃지 말라는 말. Lost chances never come back. 時不可失

시붕[詩朋] 시를 짓는 벗. =시우(詩友). poetic friend 詩朋

시:비[施肥] 농작물에 거름을 줌. せひ fertilizing 施肥

시:비[是非] ①잘잘못. ②옳으니 그르니 하는 말. 말다툼. =흑백(黑白)·곡직(曲直). 「~곡직(曲直)」ぜひ ①right or wrong ②dispute 是非 曲直

시비[柴扉] 나뭇가지를 엮어서 만든 문. 사립문. =시문(柴門). さいひ brushwood gate 柴扉

시비[詩碑] ①시를 새긴 비. ②이름 있는 시인의 문학적 업적을 기리어 세운 비. しひ 詩碑

① monument engraved with a poem

시ː비조[是非調] 트집을 잡고 싸움을 거는 듯한 말투. 是非調
 defiant manner

시ː사[示唆] 은근히 암시(暗示)를 줌. 넌지시 말을 비침. しさ 示唆
 suggestion

시ː사[侍史] ① 윗사람 옆에 있으면서 문서(文書)를 맡아 처리하는 사람. ② 편지 겉봉에, 공경하는 뜻으로 받는 이의 이름 뒤에 쓰는 말. じし 侍史 文書

시ː사[侍師] 스승을 모심. 侍師

시사[時祀] 해마다 음력 10월에 5대조 이상의 조상 산소에 가서 지내는 제사. ＝시향(時享)·시제(時祭). 時祀 時享

시사[時事] ① 그때 있었던 일. ② 요즘에 일어난 일. 지금의 사회 사상(事象). 「～평론(評論)」 じじ 時事
 ① events of the day

시사[詩史] 시에 관한 역사. しし 詩史
 history of poetry

시사[詩社] 시인들로 조직된 문학적 단체. ししゃ 詩社
 group of poets

시ː사[試射] 활이나 총 따위를 시험삼아 쏘아 봄. ししゃ 試射 試驗射
 test firing

시ː사[試寫] 영화를 일반에 공개하기 전에 특정의 사람들에게 상영해 보이는 일. 「～회(會)」 ししゃ 試寫 試寫會
 preview

시사물[時事物] 시사에 관한 기사(記事)·간행물·방송 프로그램 따위. じじもの 時事物
 articles on current events

시사성[時事性] 시사(時事)가 지니고 있는 시대적·사회적인 성격. じじせい 時事性 性格

시ː산[試算] ① 시험적으로 해 試算 보는 계산. ② 계산이나 답이 맞는지 안 맞는지 검산하는 일. しさん 檢算
 ① trial calculation
 ② verification of accounts

시ː산표[試算表] 복식 부기(簿記)에서, 분개장에서 원장(元帳)으로 옮겨 적은 것이 맞는지 안 맞는지를 알아보기 위해, 원장의 각 계정(計定) 합계액을 집계(集計)한 표. しさんひょう 試算表
 trial balance

시ː산혈해[屍山血海] 시체가 산같이 쌓이고 피가 바닷물같이 흐름. 곧, 전투 따위가 치열하여 사상자가 많음의 비유. 屍山血海

시ː살[弑殺] 임금이나 부모를 죽임. ＝시역(弑逆). 弑殺
 murder of one's lord[parent]

시ː상[施賞] 상품이나 상금을 줌. ししょう 施賞
 awarding a prize

시상[時狀] 그 때의 세상 형편. 時狀
 condition of the times

시상[詩想] ① 시를 지으려는 생각이나 시에 대한 구상. ② 시에 나타난 사상·감정. しそう 詩想 着想
 ① poetical idea
 ② poetical sentiment

시색[時色] 시대의 추세(趨勢). 時色
 tendency of the times

시ː생[侍生] 웃어른에 대한 자신의 낮춤말. 侍生

시ː생대[始生代] 지질 시대(地質時代) 중의 최초의 시대. 약 25억 년 전으로 추정됨. しせいだい 始生代 地質
 the Archaeozoic Era

시서[時序] 시절 또는 계절의 순서. じじょ 時序
 order of the seasons

시서[詩書] ① 시경(詩經)과 서경(書經). ② 시와 글씨. ししょ 詩書
 ② poetry and penmanship

시ː석[矢石] 옛날 전쟁에서 무 矢石

기로 쓰이던 화살과 돌. しせき

시ː선[視線] ①눈이 보는 방향. 눈길. ②눈의 중심점과 외계(外界)의 대상을 잇는 직선. しせん 視線

시선[詩仙] 세속을 초월한 천재 시인. 특히 중국의 시인인 이백(李白)을 일컫는 말. しせん 詩仙 great poet

시선[詩選] 시를 골라 뽑음. 또는 그것을 모은 책. しせん 詩選 anthology

시선[試選] 시험을 치러 골라 뽑음. しせん 試選 selection by an examination

시ː설[枾雪] 곶감 겉에 생기는 흰 가루. =시상(枾霜). 枾霜 bloom

시ː설[施設] 건물 따위의 설비를 함. 또는 그 설비. しせつ 施設 establishment

시성[詩聖] 역사상의 위대한 시인. 특히 중국의 시인인 두보(杜甫)를 일컫는 말. しせい 詩聖 great poet

시ː세[市勢] 시의 인구·재정·산업·시설 등에 대한 종합적인 형세. しせい 市勢 condition of a municipal life

시세[時世] 그 때의 세상. 그 시대. じせい 時世 times

시세[時勢] ①시대의 추세(趨勢). 시대의 변천. じせい ②⇨시가(時價). 時勢 趨勢 ① tendency of the times

시ː소ː[seesaw] 긴 널빤지의 중심(中心)을 괴어 그 양쪽 끝에 사람이 타고 서로 오르락내리락하는 놀이. 또는 그 놀이 기구. 시ː소. 中心

시ː소ː 게임[seesaw game] 운동 경기에서, 실력이 비슷한 두 팀의 엎치락뒤치락하는 접전(接戰). 시ː소ː 게임 接戰

시소ː러스[thesaurus] ①동의어·유의어 등의 낱말 분류 사전. ②컴퓨터 등의 정보 검색에 쓰이는 색인(索引). シソーラス 索引

시속[時俗] 그 시대의 풍속. 「〜에 따르다」じぞく 時俗 manners and customs of the age

시속[時速] 1시간에 가는 거리. 「〜 10 마일」じぞく 時速 speed per hour

시ː솔[侍率] 웃어른을 모시고, 아랫사람을 거느림. 侍率

시수[柴水] 땔나무와 먹을 물. 柴水

시숙[媤叔] 남편의 형제. 媤叔 husband's brother

시ː술[施術] ①수술(手術)을 함. ②술법을 행함. しじゅつ 施術 手術 ① surgical operation

시스템[system] 조직(組織). 체계(體系). システム 組織

시스템엔지니어[system engineer] 컴퓨터에 관한 현상을 분석하고 새로운 시스템을 설계·관리하는 정보 처리(情報處理) 기술자. システムエンジニア 情報處理

시습[時習] ①그 시대의 풍습. ②때때로 복습함. じしゅう 時習

시시각각[時時刻刻] 시각마다. 「〜으로 변하다」じじこっこく 時時刻刻 every moment

시ː시비비[是是非非] 옳은 것은 옳다고 하고, 그른 것은 그르다고 함. ぜぜひひ 是是非非 rendering an impartial decision

시시포스[Sisyphus] 그리스 신화에 나오는 코린트의 왕. 지옥(地獄)에서, 굴러내리는 바위를 산꼭대기로 밀어 올리는 地獄

시:식[侍食] 웃어른을 모시고 식사를 함. =시반(侍飯). じしょく

시:식[施食] 불가(佛家)에서, 음식을 보시(布施)함. せじき feeding the poor

시식[時食] 그 시절에 나는 재료로 특별히 만들어 먹는 음식. 철에 따라 나는 음식. seasonable food

시:식[試食] 음식의 맛이나 요리 솜씨를 보기 위해 시험삼아 먹어 봄.「~회(會)」 しょく foretaste

시:신[侍臣] 임금을 가까이 모시는 신하. じしん attendant

시:신[屍身] 죽은 몸뚱이. 송장. 주검. =시체(屍體). dead body

시신[柴薪] 땔나무. =신시(薪柴). さいしん firewood

시:신경[視神經] 시각(視覺)을 맡아보는 신경. 눈의 망막이 받은 자극을 대뇌로 전하는 신경. ししんけい optic nerve

시:신세[始新世] 지질 시대(地質時代)의 신생대(新生代) 제 삼기(第三紀)를 다섯으로 나눈 두 번째 시대. 에오세. しんせい the Eocene Epoch

시심[豕心] 돼지같이 부끄러움을 모르고 욕심만 내는 마음. avarice

시:심[始審] ⇨제일심(第一審). ししん

시심[詩心] 시를 이해하는 마음. 시로 나타내고자 하는 마음. ししん poetical feeling

시아파[Shiah派] 수니파와 함께 이슬람교의 2대 종파(宗派)의 하나. シーアは

시:안[試案] 시험적으로 만든 안(案). 임시로 만들어 본 계획. しあん tentative plan

시안[cyan] ① 군사용(軍事用) 독가스로 쓰이는 무색의 기체. 특유한 냄새가 나며 독성이 있음. 청소(青素). ② 맑은 청록색(青綠色). シアン

시알[Sial] 지각(地殼)의 최상층인, 주로 화강암질 암석으로 된 부분. シアル

시액[詩額] 시를 써서 거는 현판(懸板). frame for a poem

시:앵커[sea anchor] 풍파 따위로 항해가 어려울 때, 표류를 막기 위하여 뱃머리에서 바다에 던져 넣는 천으로 만든 기구. 바닷물의 기항을 받아 닻과 같은 구실을 함. 해묘(海錨). シーアンカー

시:야[視野] ① 시력이 미치는 범위. =안계(眼界). ② 생각이나 지식이 미치는 범위.「~가 넓은 사람」 しや ① visual field ② outlook

시:야비야[是也非也] 그렇다느니 아니라느니 함. 잘잘못을 따짐. =왈시왈비(曰是曰非)·왈가왈부(曰可曰否).

시:약[試藥] ① 시험적으로 쓰는 약. ② 화학 분석에서, 물질을 검출하는 데 쓰이는 약품. しやく reagent

시:약불견[視若不見] 보고도 못 본 체함.

시:약심상[視若尋常] 감정의 동요를 일으키지 않고, 예사로이 봄.

시:약청[侍藥廳] 임금이 병이 났을 때에 임시로 베풀어 약 쓰는 일을 맡던 관청. =의약청(醫藥廳). royal dispensary

시ː약초월[視若楚越] 초나라와 월나라처럼 서로 멀리하고 돌아보지 않음.

시ː어[市語] ① 시중에 유행하는 말. ② 상인들끼리 거래에 쓰는 은어(隱語). ① popular word ② slang of merchants

시어[詩語] 시에 쓰는 말. 시에 나온 말. しご poetic diction

시어다골[鰣魚多骨] 준치는 맛이 좋지만 가시가 많다는 데서, 좋은 일에는 탈이 많음의 비유. =호사다마(好事多魔). Lights are usually followed by shadows.

시ː언[矢言] 맹세하는 말. しげん

시ː업[始業] 업무나 수업(授業) 따위를 시작함. ↔종업(終業). 「~식(式)」しぎょう opening

시ː여[施與] 남에게 금품을 베풂. せよ

시ː역[始役] 공사(工事)를 시작함. starting work

시역[時疫] 철에 따라 생기는 질병. 돌림병. =유행병(流行病). じえき epidemic

시ː역[弑逆] ⇨시살(弑殺). しぎゃく・しいぎゃく

시ː연[試演] 연극 따위를 시험삼아 상연(上演)함. しえん trial performance

시ː영[市營] 시(市)에서 경영함. 「~아파트」しえい municipal management

시오니즘[Zionism] 세계 각지에 흩어져 있던 유대인이, 조상의 땅인 팔레스타인에 조국을 재건(再建)하려던 운동. 시온주의. 유대주의. シオニズム

시오리[←十五里] 십 리에 오리를 더한 거리.

시온[Zion] ① 예루살렘에 있는 언덕 이름. ② '예루살렘'의 별칭(別稱). シオン

시ː외[市外] 시(市)로 된 지역의 외곽 지대. =교외(郊外). ↔시내(市內). しがい the suburbs

시ː외[猜畏] 미워하고 두려워함. さいい hate and fear

시외편[媤外便] 남편의 외가 쪽. husband's maternal family

시ː용[施用] 베풀어 사용함. しよう use

시ː용[試用] 시험삼아 써 봄. しよう trial

시우[時雨] 철에 맞추어 오는 비. じう seasonable rain

시우[詩友] 시를 지으며 사귀는 벗. 시단(詩壇)의 벗. =시붕(詩朋). しゆう poetic friend

시운[時運] 때의 운수. 시대의 운수. じうん tide of the times

시운[詩韻] ① 시의 운율(韻律). ② 한시(漢詩)의 운자(韻字). しいん rhythm

시ː운전[試運轉] 탈것이나 기계 따위를 새로 만들었을 때, 사용하기에 앞서 시험적으로 운전해 보는 일. しうんてん trial run

시ː원[始原] 사물의 처음. =원시(原始). しげん

시ː원대[始原代] 지질(地質) 시대의 시생대(始生代)와 원생대(原生代)의 총칭. 선캄브리아대. =은생대(隱生代). しげんだい the Precambrian Eon

시ː원림[始原林] 태곳적부터 사람의 손이 미치지 않은 삼림(森林). =원시림(原始林). しげんりん virgin forest

시ː위[示威] 기세나 위력을 드

러내어 보임. 「~ 군중(群衆)」 じい・しい　demonstration

시:위[侍衛] 임금을 가까이 모시고 호위함. 또는 그 사람. 「~대(隊)」 じえい

시:위소찬[尸位素餐] 직책은 다하지 못하고 자리를 차지하여 녹(祿)만 받아 먹음. しいそさん

시유[柴油] 땔나무와 기름.

시:은[施恩] ① 남에게 은혜를 베풂. ② 불교에서, 시주(施主)로부터 받은 은혜.
① doing a favor

시:음[侍飮] 웃어른을 모시고 술을 마심.

시:음[試飮] 술이나 음료수를 맛보기 위해 마셔 보는 일. 「~장(場)」 しいん　sampling

시:의[侍醫] 궁중에서 임금의 진료를 맡은 의사. じい
court physician

시:의[施意] 약간의 금품을 내어 자기의 성의를 표시함.
showing a favor

시의[時宜] 시기에 알맞음. じぎ　opportuneness

시:의[猜疑] 남을 시기하고 의심함. さいぎ　suspicion

시:이불견[視而不見] 마음이 딴 곳에 있어, 보기는 하나 보이지 아니함. =시이불시(視而不視).

시:이불공[恃而不恐] 믿는 곳이 있어 두려워하지 아니함.

시:이즘[theism] ① 유신론(有神論). ② 일신교(一神教).

시:인[是認] 그러하다고 인정함. ↔부인(否認). ぜにん　approval

시인[詩人] 시를 잘 짓는 사람. =소객(騷客)・소인(騷人). しじん　poet

시일[時日] 때와 날. 날짜. じじつ　days

시:작[始作] ① 어떤 일이나 어떤 동작을 처음으로 함. ② 어떤 일이나 어떤 행동의 처음.
beginning

시작[詩作] 시를 지음. =작시(作詩). しさく
composition of poems

시:작[試作] 시험적으로 만들어 봄. 또는 그 작품. しさく
trial manufacture

시:장[市長] 시(市)의 행정을 맡아보는 책임자. しちょう
mayor

시:장[市場] 상품의 매매가 이루어지는 곳이나 지역. 또는 그 조직. 「청과물 ~」「금융(金融) ~」 しじょう・いちば
market

시장[柴場] ① 땔나무를 파는 시장. 나뭇장. ② 나무를 가꾸는 말림갓. 나뭇갓. ① firewood market ② woodshed

시:장[試場] 시험을 치르는 곳. =시험장(試驗場).
examination hall

시재[時在] ① 지금 가지고 있는 돈이나 곡식. ② ⇨현재(現在).
① money or grain on hand

시재[詩才] 시를 짓는 재주. しさい　poetic talent

시:재[試才] 재주가 있는지 없는지를 시험해 봄. =시예(試藝).
testing talent

시재[詩材] 시(詩)의 소재(素材). =시료(詩料). しざい
material for poetry

시재금[時在金] 현재 가지고 있는 돈. 시잿돈. =시재문(時在文).　money in hand

시:저[匙箸] 숟가락과 젓가락. 수저.　spoon and chopsticks

시저스 점프[scissors jump]

육상 경기에서, 가위뛰기.

시적[詩的] 시의 멋이나 시와 같은 아름다움을 가지는 것. 「~ 공상(空想)」してき　poetical 詩的

시전지[詩箋紙] 시나 편지 따위를 쓰는 종이. =화전지(花箋紙).　writing paper 詩箋紙

시절[時節] ① 철. =계절(季節). ② 사람의 일생을 몇 단계로 구분한 어느 한 시기. 「청년~」 じせつ　① season ② period 時節

시점[時點] 시간이 흘러가는 과정의 어느 한 점. 「현(現)~」 じてん　a point of time 時点

시:점[視點] ① 시선이 가 닿는 점. ② 사물을 보는 관점. ③ 회화(繪畫)의 원근법에서, 시선이 화면(畫面)과 직각으로 만나는 점. してん
① visual point 視點 視線

시:접[匙楪] 수저를 담는 놋그릇. 제사 때에 씀.　spoon plate 匙楪

시:정[市井] ① 인가(人家)가 많이 모인 곳. ② 시정의 장사꾼. 시정아치. 「~배(輩)」 しせい　① streets ② market tradesman 市井 巷間

시:정[市政] 시(市)의 행정. しせい　city administration 市政

시:정[是正] 그릇된 것을 바로잡음. 옳게 고침. ぜせい　correction 是正

시:정[施政] 정치를 함. 또는 그 정치. 「~ 연설(演說)」 しせい　administration 施政 演說

시정[時政] 그 당시의 정치. 그 때의 정사(政事). government of the time 時政 政事

시정[詩情] 시적(詩的)인 정취(情趣). 시를 짓고 싶은 심정. しじょう　poetical sentiment 詩情 情趣

시:정배[市井輩] 시정의 장사꾼. 시정아치.　tradesman 市井輩

시:제[市制] 시(市)의 구성·기관·권한 등에 관한 제도. しせい　municipalism 市制

시제[時制] 문법(文法)에서, 과거·현재·미래·완료 등 때에 관한 표현 방법. じせい　tense 時制

시제[時祭] ① 철마다 지내는 종묘의 제사. ② 음력 10월에 5대조 이상인 조상의 산소에 가서 지내는 제사. =시향(時享)·시사(時祀). 時祭 時享

시제[詩題] 시의 제목. しだい　poetical theme 詩題

시:조[始祖] ① 한 겨레의 맨 처음 조상. =선조(先祖)·원조(元祖). ② 어떤 학문이나 기술의 길을 처음으로 연 사람. =비조(鼻祖). しそ　founder 始祖 元祖

시:조[始釣] 새해가 되고서, 또는 얼음이 풀린 뒤 처음으로 하는 낚시. 始釣

시:조[施助] ⇨시주(施主). 施助

시조[時調] 고려 말부터 발달해 온 한국 고유의 정형시(定型詩). 평시조·엇시조·사설시조·연시조 등이 있음.　form of Korean verse 時調

시조[時潮] ① 그때의 풍조. ② 시대의 사상적(思想的) 경향. じちょう　② current thought 時潮

시:종[始終] ① 처음과 끝. =시말(始末). ② 처음부터 끝까지. 「~일관(一貫)」 しじゅう　① beginning and end ② always 始終 始末

시:종[侍從] 임금을 가까이에서 섬기는 사람. 또는 그 관직. じじゅう　chamberlain 侍從

시:주[施主] 절이나 중에게 금품을 베풂. 또는 그 사람. = 施主

화주(化主)·시조(施助). 세 施助
しゅ　　offering, offerer
시주[詩酒] ①시와 술. ②시 詩酒
를 지으며 술을 마심. ししゅ
　　　　①poetry and wine
시:준[視準] 망원경의 방향이 視準
나 초점(焦點)을 맞추는 일.
しじゅん　　collimation
시준가[時準價] 그 당시의 제 時準價
일 비싼 시세.
　　　highest market price
시:준선[視準線] 망원경의 대 視準線
물(對物) 렌즈와 대안(對眼) 렌
즈의 두 중심점을 통하는 직 直線
선. しじゅんせん
　　　　collimation line
시:중[市中] 도시의 안. =시내 市中
(市内). しちゅう in the town
시:중 은행[市中銀行] 큰 도 市中
시에 본점이 있고 전국에 지 銀行
점을 둔 일반 은행. ⓐ시은
(市銀). しちゅうぎんこう
　　　　city bank
시:즈닝[seasoning] 조미(調 調味
味). 또는 조미료(調味料).
시:슨[season] ①세실(季節). 季節
철. ②무슨 일이 한창 성하게
행하여지는 시기. 「스키 ~」
シーズン
시:즌오프[season off] 제철이
아님. 행사(行事) 따위가 열리 行事
지 않는 시기. シーズンオフ
시집[詩集] 시를 모아서 엮은 詩集
책. ししゅう
　　　collection of poems
시차[時差] ①진태양시(眞太陽 時差
時)와 평균 태양시와의 차. ②
지역에 따라 달라지는 표준시
의 차. じさ　time difference
시:차[視差] ①서로 다른 두 장 視差
소에서 동일한 물체를 보았을
때의 방향의 차이. ②관측자
의 위치에서 본 천체의 방향 天體

과 어떤 기준점에서 볼 때의
방향과의 차. 「~ 운동」しさ
　　　　parallax
시:찰[視察] 돌아다니며 실지 視察
사정을 살핌. 「~단(團)」し
さつ　　inspection
시:책[施策] 정책을 시행함. 또 施策
는 그 정책. 「경제 ~」しさ
く　　　measures
시처위[時處位] 때와 곳과 지 時處位
위. 곧, 그 사람이 처해 있는
형편을 이르는 말.
　　　status of person
시:청[市廳] 시(市)의 행정 사 市廳
무를 맡아보는 관청. しちょ
う　　city hall
시:청[視聽] 눈으로 보고 귀로 視聽
들음. 「텔레비전을 ~하다」
しちょう　seeing and hearing
시:청[試聽] 시험삼아 들어 봄. 試聽
시:청각[視聽覺] 시각과 청각. 視聽覺
「~ 교육(敎育)」しちょうかく
　senses of sight and hearing
시:체[屍體] 주검. 송장. =시 屍體
신(屍身). したい　corpse
시:초[始初] 맨 처음. 애초. 始初
　　　　beginning
시초[柴草] 땔감으로 쓰는 말린 柴草
풀.　dry grass used for fuel
시초[翅鞘] 갑충(甲蟲)의 겉날 翅鞘
개. 매우 단단하여 속날개와 甲蟲
배를 보호하는 구실을 함. 딱
지날개. ししょう　elytron
시초[詩抄] 시를 추려 내어 적 詩抄
음. 또는 적은 그 책. ししょ
う　　selection of poems
시:추[試錐] 지질 조사나 광상 試錐
(鑛床)의 탐사 등을 위해 땅 油田
속 깊이 구멍을 뚫음. しすい
　　　　drilling
시추에이션[situation] ①위
치(位置). 형편. ②상황. 형 位置
세. ③장면. ④영화에서, 극

적(劇的)인 상황. シチュエーション

시추에이션 드라마[situation drama] 무대와 등장 인물(登場人物)은 고정적이면서 매회 새로운 소재를 다루는 방송 드라마. シチュエーションドラマ

시:취[屍臭] 시체에서 풍기는 냄새. 송장 썩는 냄새. smell of a dead body

시:취[試取] 시험을 보여서 인재를 뽑음. employment through examination

시취[詩趣] 시정(詩情)을 느끼게 하는 흥취. ししゅ poetical interest

시:측[侍側] 곁에 있으면서 어른을 모심. attendance

시:친[屍親] 살해당한 사람의 친척. killed man's relative

시:침[施鍼] 몸에 침을 놓음. acupuncture

시침[時針] 시계의 바늘 중 시간을 가리키는 바늘. =단침(短針). じしん hour hand

시:컨트[secant] 삼각 함수의 하나. 코사인의 역수(逆數). セカント・シーカント

시:퀀스[sequence] ① 영화에서, 몇 개의 장면으로 구성되는 에피소드. ② 학습에서 단원(單元)이 전개되어 가는 순서. シーケンス・シークエンス

시크교[Sikh敎] 인도 북부 지방에서 일어난 힌두교의 개혁파(改革派)의 하나. シツきょう

시클라멘[cyclamen] 앵초과의 다년초. 관상용(觀賞用) 식물. 봄에 희거나 분홍빛 꽃이 아래를 향하여 핌. シクラメン

시클로바르비탈[cyclobarbital] 지속 기간이 짧은 수면제(睡眠劑)・진정제.

시탄[柴炭] 땔나무와 숯. =신탄(薪炭). firewood and charcoal

시:탕[侍湯] 부모의 병환에 약 시중을 듦.

시태[時態] 그 당시의 세태. じたい current situation

시:투[猜妬] 시기(猜忌)하고 질투(嫉妬)함. jealousy

시:트[seat] ① 자리. 좌석(座席). ② 야구에서, 선수의 수비 위치. シート

시:트[sheet] 침대(寢臺)나 의자 등에 까는 흰 천. シート

시:트 노크[seat knock] 야구에서, 각각의 수비 위치에 있는 야수(野手)들이 홈베이스에서 쳐 보내는 공을 처리하는 연습. シートノック

시트론[citron] 운향과(芸香科)의 상록 활엽 관목. 인도 원산. 열매는 방추형(方錘形)이며 신맛이 셈. 주스나 청량음료를 만듦. シトロン

시트르산(酸)[citric acid] 레몬 등의 과실 속에 들어 있는 염기성의 산. 구연산(枸櫞酸).

시:트커버[seat cover] 좌석(座席)의 등받이 덮개. シートカバー

시트콤[sitcom] 'situation comedy'의 합성어(合成語)로서, 라디오・텔레비전의 연속 코미디를 이르는 말.

시:트파일[sheet pile] 토목・건축 공사에서, 흙이 무너지지 않게 땅에 박는 강철판(鋼鐵板)으로 된 말뚝. シートパイル

시:판[市販] 시중(市中)에서 팖. 「~ 가격(價格)」 しはん marketing

시판[時版] 시계에서, 시간의 숫자가 적혀 있는 문자반(文字盤). 時版 dial

시편[詩篇] ① 시(詩). ② 시를 모은 책. ③ 구약 성서(舊約聖書) 중의 한 편(篇). 고대(古代) 헤브라이 인이 신을 찬양한 노래 150편을 모은 것. しへん 詩篇 舊約聖書 讚歌 ① poem ② collection of poems ③ Psalms

시평[時評] ① 그 시대의 비평이나 평판. ② 시사(時事)에 관한 평론. じひょう 時評 時事 ① criticism on current ② contemporary opinion

시평[詩評] 시에 대한 비평. しひょう 詩評 criticism of poems

시폐[時弊] 그 시대의 사회적 폐단. じへい abuses of the age 時弊

시폰[chiffon] 썩 얇은 평직(平織)의 견직물로서 누이지 않은 것. シフォン 平織

시풍[詩風] 시에 나타난 작가의 독특한 풍격(風格). しふう poetical style 詩風

시프트[shift] 규기(球技) 따위에서, 선수가 위치를 바꾸는 일. 야구에서, 타자에 따라 수비 위치를 바꾸는 따위. シフト 球技 守備

시프트드레스[shift dress] 여름철에 입는 헐렁한 원피스. シフトドレス

시:필[試筆] 시험삼아 붓글씨를 써 봄. 또는 새해에 처음으로 붓글씨를 씀. 또는 그 글씨. =시호(試毫). 「신춘(新春)~」 しひつ trial writing 試筆

시:하[侍下] 조부모나 부모를 모시고 있는 처지. 또는 그런 사람. 「조부(祖父)~」 person supporting one's parents(grandparents) 侍下

시하[時下] 지금・요즈음・목하(目下)의 뜻으로 편지에 쓰는 말. 「~ 양춘지절(陽春之節)에…」 じか nowadays 時下 目下

시:학[視學] 관내의 학사(學事)에 관한 감독을 맡아보던 직책. '장학사(獎學士)'의 구칭. しがく school inspector 視學 獎學士

시학[詩學] 시에 관한 학문. しがく poetics 詩學

시한[時限] 시간의 한계. 한정된 시각이나 시간. 「~ 폭탄(爆彈)」 じげん limit of time 時限

시한부[時限附] 시간의 한계를 붙임. 「~ 조건(條件)」 時限附

시한 폭탄[時限爆彈] 일정한 시간이 지나면 자동으로 폭발하도록 장치한 폭탄. じげんばくだん time bomb 時限爆彈

시:합[試合] 서로 힘이나 기술・능력을 겨루어 승부를 가림. しあい match 試合

시:항[試航] 시험삼아 항행(航行)함. 또는 그 항해. しこう trial navigation 試航

시:해[弑害] 임금이나 부모를 해침. =시살(弑殺). murdering a superior 弑害 弑殺

시:행[施行] 실지로 행함. 「~규칙(規則)」 しこう enforcement 施行 規則

시:행[試行] 시험삼아 행함. 「~ 착오(錯誤)」 しこう trial 試行

시향[時享] ① 해마다 음력 이월・오월・팔월・동짓달에 가묘(家廟)에 지내는 제사. ② 음력 시월에 지내는 5대조 이상인 조상의 제사. 산소에 가서 지냄. =시사(時祀)・시제(時祭). 時享 宗廟 時祭

시헌력[時憲曆] 중국 명(明)나라 때 독일인 선교사가 만든 역법(曆法)의 하나. 음력(陰曆) 時憲曆 陰曆

曆)에 양력(陽曆)의 원리를 부합시켰음. 陽曆

시:험[猜險] 시기심이 많고 음험함. さいけん 猜險
　　being jealous and malicious

시:험[試驗] ① 사물의 성질 따위를 알아보기 위해 실지로 검사해 봄. ② 문제를 내어서 해답하게 하거나 실기(實技)를 검사하여 지식이나 기능의 수준을 알아봄. 「입학(入學)～」しけん ① experiment ② examination 試驗

시:험관[試驗管] 화학 실험에 사용하는, 한쪽 끝이 막힌 원통형의 긴 유리관. しけんかん　test tube 試驗管

시:험지[試驗紙] ① 시험 문제가 적힌 종이. ② 시약(試藥)을 바른 종이. 리트머스 시험지 따위. しけんし
① exam sheet ② test paper 試驗紙

시:험 지옥[試驗地獄] 잦은 시험이나 지나친 경쟁 등으로 말미암은 응시자의 고통스러운 상태를 지옥에 비유한 말. しけんじごく 試驗地獄

시:현[示現] ① 신불(神佛)이 영검을 나타내 보임. ② 부처나 보살이 중생을 구하기 위해 여러 가지로 모습을 바꾸어 속세에 나타남. じげん　revelation 示現 神佛

시:혜[施惠] 은혜를 베풂. 또는 그 은혜. favor 施惠

시:호[試毫] ⇨시필(試筆). 試毫

시호[詩豪] 뛰어난 시인. しごう　great poet 詩豪

시:호[諡號] 훌륭한 신하의 생전(生前)의 공로를 기리어 죽은 후에 임금이 추증하는 호. しごう　posthumous name 諡號

시호시호[時乎時乎] 좋은 때 時乎

가 왔음을 기뻐하고 감탄하는 말. =시재시재(時哉時哉). 「～ 부재래(不再來)」 時乎

시화[柴火] 섶나무에 붙인 불. 　　fire of brushwood 柴火

시:화법[視話法] 농아 교육에서, 정상인이 말할 때의 입술 움직임을 보고 발음법을 터득하게 하는 방법.
　　　　sign language

시화[詩畫] ① 시와 그림. ② 시를 곁들인 그림. しが
① poem and picture ② illustrated poem 詩畫

시화[詩話] 시에 관한 이야기. しわ　　talk on poetry 詩話

시화연풍[時和年豐] 나라가 태평하고 풍년이 듦. =시화세풍(時和歲豐).
　　being peaceful and fruitful 時和年豐

시환[時患] 때에 따라 유행하는 상한(傷寒). =시기(時氣)·시질(時疾)·시병(時病).　epidemic 時患 時病

시:황[市況] 상품·주식 따위의 거래의 상황. 시장의 경기(景氣). しきょう
　　market condition 市況

시회[詩會] 시를 짓기 위한 모임. しかい　　poetry club 詩會

시:효[時效] 법률에서, 일정 기간이 지났기 때문에 문제삼을 수 없게 되는 일. 「입법(立法)～」「～가 성립되다」じこう
　　prescription 時效

시후[時候] 사철의 기후. 계절에 따른 기후. じこう 時候

시흥[詩興] 시를 짓고 싶은 마음. 시적인 감흥(感興). しきょう
　　poetical inspiration 詩興

식[式]* 법 식: 법. 제도. 방식. 「法式(법식)·公式(공식)·格式(격식)·儀式(의식)·式順 法式

식[拭] 닦을 식 : 닦다. 씻다. 문지르다. 「拭淸(식청)·拂拭(불식)·拭淨(식정)」 ショク・シキ・ふく・ぬぐう 拭拭

식[食]* 먹을 식 : 먹다. 「食事(식사)·食堂(식당)·晝食(주식)·食客(식객)·食福(식복)」 ② 밥 사 : 밥. 「簞食(단사)·疏食(소사)」 ショク・ジキ ① くう・くらう・たべる 食堂 疏食

식[息]☆ ① 쉴 식 : 쉬다. 그치다. 「休息(휴식)·安息(안식)·姑息(고식)·終息(종식)」 ② 숨쉴 식 : 숨쉬다. 「窒息(질식)·氣息(기식)·喘息(천식)」 ③ 자식 식 : 자식. 「子息(자식)·女息(여식)」 ソク ① やすむ ③ むすこ 休息 窒息

식[植]* 심을 식 : 심다. 「植木(식목)·植樹(식수)·植林(식림)·移植(이식)·誤植(오식)·植字(식자)·植物(식물)」 ショク・うえる 植本 移植

식[殖] 낳아서 식 : 불어지다. 번식하다. 「利殖(이식)·殖産(식산)·殖財(식재)·生殖(생식)·繁殖(번식)·養殖(양식)·增殖(증식)」 ショク・ふえる 殖産

식[飾]☆ 꾸밀 식 : 꾸미다. 「修飾(수식)·裝飾(장식)·飾言(식언)·粉飾(분식)」 ショク・かざる 修飾

식[熄] 불 꺼질 식 : 불이 꺼지다. 없어지다. 「終熄(종식)·熄滅(식멸)」 ソク 熄滅

식[蝕] ① 일식 식 : 일식. 월식. 「日蝕(일식)·月蝕(월식)·蝕甚(식심)」 ② 벌레 먹을 식 : 벌레 먹다. 개먹다. 「浸蝕(침식)·腐蝕(부식)」 ショク ② むしばむ 日蝕

식[識]* ① 알 식 : 알다. 「知識(지식)·識見(식견)·識者(식자)·認識(인식)」 ② 기록할 지 : 기록하다. 「標識(표지)」 シキ・ショク ② しるす 知識 標識

식가[食價] 음식의 값. =식대(食代). charge for food 食價

식간[食間] 끼니 때와 끼니 때의 사이. between meals 食間

식객[食客] 남의 집에서 먹고 자면서 신세를 지는 사람. しょっかく hanger-on 食客

식견[識見] 학식과 견문. =견식(見識). 「~이 높다」 しきけん discernment 識見

식경[食頃] 한 끼의 밥을 먹을 만한 시간이라는 뜻으로, 조금 긴 시간을 이르는 말. 「한~」 for a while 食頃

식곤증[食困症] 식후에 몸이 나른하고 졸음이 오는 증세. languor after a meal 食困症

식관[食管] 식도(食道)를 달리 이르는 말. しょっかん gullet 食管

식구[食口] 한 집에서 같이 살며 끼니를 함께 하는 사람. =식솔(食率). family 食口

식권[食券] 식당 등에서 음식과 바꿀 수 있는 표. しょっけん meal ticket 食券

식기[蝕旣] 일식이나 월식에서 해나 달이 완전히 보이지 않게 되는 일. しょっき total eclipse 蝕旣

식기[食器] 식사에 쓰이는 그릇. =식구(食具). しょっき tableware 食器

식기장[食器欌] 식기를 넣어 두는 장. pantry 食器欌

식단[食單] ① 식당에서 마련한 음식의 종류와 가격을 적은 표. 메뉴. ② 가정에서 한 주일 또는 한 달 등 일정한 기 食單

간에 먹을 음식의 종류를 배당한 표. 차림표. =식단표(食單表). しょくたん　menu

식달[識達] 식견이 있어서 사리(事理)에 통달함. conversance

식당[食堂] ① 식사를 하도록 설비된 방. ② 음식을 만들어 파는 가게. しょくどう
① dining room ② restaurant

식당차[食堂車] 식당의 설비를 갖춘 열차의 칸. しょくどうしゃ　dining car

식대[食代] 먹은 음식의 값. 밥값. =식가(食價)・식비(食費). しょくだい　charge for food

식도[食刀] 음식을 만드는 데 쓰는 칼. 식칼. kitchen knife

식도[食道] 소화기(消化器)의 한 부분. 목에서 위까지의 소화관. しょくどう　gullet

식도[識度] 견식과 도량(度量). =식량(識量). しきど　knowledge and magnanimity

식도락[食道樂] 맛있는 것이나 진귀한 것 등 여러 가지 음식을 먹어 보는 것을 즐거움으로 삼는 일. くいどうらく　epicurism

식량[食量] 음식을 먹는 분량. one's capacity for eating

식량[食糧] 먹을 양식. 주로 주식용(主食用)의 쌀과 보리・밀 따위를 이름. =양식(糧食). しょくりょう　provisions

식량[識量] ⇨식도(識度). しきりょう

식려[識慮] 식견(識見)과 사려(思慮). しきりょ　discernment and prudence

식례[式例] 이전부터 해 내려온 일의 전례(前例). しきれい　traditions

식록[食祿] 벼슬아치에게 주던 봉급. =녹봉(祿俸)・봉록(俸祿). しょくろく　stipend

식료[食料] 음식의 재료. =식물(食物). しょくりょう　foodstuffs

식료품[食料品] 음식의 재료가 되는 물품. 주로 주식(主食) 이외의 고기・야채・과일 등을 이름. 먹거리. =식품(食品)・식용품(食用品). しょくりょうひん　article of food

식리[殖利] 이익을 늘림. =이식(利殖)・흥리(興利). しょくり　moneymaking

식림[植林] 나무를 심어 숲을 만듦. しょくりん　afforestation

식멸[熄滅] ① 불이 꺼져 없어짐. ② 흔적도 없이 사라져 없어짐. そくめつ　dying out

식모[食母] 남의 집에 고용되어 부엌일을 맡아 하는 여자. kitchen maid

식목[拭目] 눈을 씻고 자세히 봄. having a good look

식목[植木] 나무를 심음. =식수(植樹). 「~일(日)」 tree planting

식물[食物] 식용(食用)이 되는 물건. 먹을 것. =식료(食料). しょくもつ　food

식물[植物] 나무・풀・조류(藻類)・균류(菌類) 등 동물이 아닌 생물의 총칭. ↔동물(動物). しょくぶつ　vegetation

식물질[植物質] 식물성의 물질. ↔동물질(動物質). しょくぶつしつ　vegetable matter

식미[食味] 먹는 맛. 입맛. しょくみ　taste

식민[植民・殖民] 본국과 정치적으로 종속적 관계에 있는 땅으로 국민을 이주시킴. 또

는 그 이주민.「~지(地)」しょ
くみん　　　　　colonization
식별[識別] 알아서 구별함. し
きべつ　　　　　discrimination
식보[食補] 원기를 돕기 위하여
영양분이 많은 음식을 먹음.
　　　　　taking nourishments
식복[式服] 의식(儀式) 때 입는
옷. =예복(禮服). しきふく
　　　　　ceremonial dress
식복[食福] 먹을 복.
식불[拭拂] 말끔히 털고 닦음.
=불식(拂拭).　　wiping out
식불언[食不言] 음식을 먹을
때는 쓸데없는 말을 않음.
　　　　doing not talk at table
식비[食費] 식사의 비용. 식생
활에 드는 비용. =식가(食價)
・식대(食代). しょくひ
　　　　　　food expenses
식사[式事] 의식(儀式)의 행사
(行事). しきじ　　ceremony
식사[式辭] 식장에서 하는 인
사말. しきじ　　　address
식사[食事] 끼니로 음식을 먹
음. 밥을 먹음. 또는 그 음
식. しょくじ　　　　meal
식사[飾辭] 꾸미어 듣기 좋게
하는 말.　　　　fair words
식산[殖産] ① 생산물을 늘림.
② 재산을 늘림. =식재(殖財).
しょくさん　　　① increase
of production ② enhancement
of one's fortune
식상[食床] 음식을 차려 놓은
상. 밥상.　　　dinner table
식상[食傷] ① 음식을 잘못 먹
거나 과식하여 일어나는 배
탈・토사 따위의 병. ② 음식
에 물림. 또는 같은 일이 되
풀이되어 싫증이 나는 일.
しょくしょう
　　　　① indigestion ② surfeit

식생[植生] 특정 구역에 모여 사
는 식물의 집단.
식생활[食生活] 먹고 사는 일.
의 식 주(衣食住)의 식(食)에
관한 부분. しょくせいかつ
　　　　　　　　food life
식서[飾緒] 피륙의 가장자리를
올이 풀리지 않도록 짠 부분.
=변폭(邊幅).　　　selvage
식성[食性] ① 음식에 대하여
좋아하고 싫어하는 성미. ②
동물의 먹이의 종류에 관한
습성. 초식성(草食性)・육식성
(肉食性)・잡식성(雜食性) 등
으로 구분함. しょくせい
　　　① taste ② food habit
식소사:번[食少事煩] 먹는 것
은 적은데, 하는 일은 많음.
식솔[食率] 집에 딸린 식구. =
식구(食口).　　　one's family
식수[食水] 먹을 물. =음료수
(飲料水).　　　drinking water
식수[植樹] 나무를 심음. =식
목(植木). しょくじゅ
　　　　　　　tree planting
식수대[植樹帶] 도로나 광장
따위에, 나무를 심으려고 하
는 구역. しょくじゅたい
　　　　　　　planting area
식순[式順] 의식을 진행하는 차
례. しきじゅん
　　　program of a ceremony
식심[蝕甚] 일식・월식에서 태
양이나 달이 가장 많이 이지
러진 때. しょくじん
　　　　　maximum eclipse
식언[食言] 약속한 말을 지키
지 않음. しょくげん
　　　　　breaking a promise
식언[飾言] 말을 꾸밈. 또는 꾸
며서 하는 말. しょくげん
　　　　　fabricated words
식업[識業] 견식과 학업.

knowledge and study

식열[食熱] 어린아이가 과식하여 나는 신열(身熱). fever due to overeating

식염[食鹽] 먹는 소금. 특히 깨끗하게 정제된 식탁용 소금. しょくえん table salt

식욕[食慾] 음식을 먹고 싶어 하는 욕구. =식사(食思). 「~이 왕성하다」 しょくよく appetite

식욕 부진[食慾不振] 식욕이 줄어듦. 또는 그러한 상태. しょくよくふしん loss of appetite

식용[食用] 음식으로 쓰임. 「~식물(植物)」 しょくよう edibility

식용 색소[食用色素] 음식물의 착색(着色)에 쓰이는 물감. しょくようしきそ food coloring

식위[飾僞] 거짓을 꾸밈. 꾸며서 속임. しょくぎ fallacy

식육[食肉] ① 식용으로 쓰이는 고기. ② 고기를 먹음. しょくにく ① meat ② eating flesh

식음[食飮] 먹고 마심. 음식을 먹음. 「~ 전폐(全廢)」 しょくいん eating and drinking

식이[食餌] 먹는 것. 먹이. 「~요법(療法)」 しょくじ food

식인종[食人種] 사람의 고기를 먹는 풍습이 있는 미개족(未開族). しょくじんしゅ cannibal race

식자[植字] 활판 인쇄에서, 문선(文選)한 활자로 원고에 따라 판을 짜는 일. 「~공(工)」 しょくじ typesetting

식자[識者] 학식·식견이 있는 사람. しきしゃ intelligent people

식자우환[識字憂患] 글자를 아는 것이 도리어 근심을 가져다 줌. Ignorance is bliss, 'tis folly to be wise.

식장[式場] 의식을 거행하는 장소. 「결혼 ~」 しきじょう ceremonial hall

식재[殖財] 재물을 늘림. =식산(殖産). しょくざい enhancement of one's fortune

식적[食積] 한방에서, 먹은 음식이 잘 삭지 않고 뭉치어 속이 거북한 증세. =체적(滯積). indigestion

식전[式典] ⇨의식(儀式). しきてん

식전[式前] 식(式)이 열리기 전. 「~ 행사(行事)」 before ceremony

식전[食前] ① 밥을 먹기 전. ↔식후(食後). ② 아침밥을 먹기 전. しょくぜん ① before meals ② before breakfast

식전참[食前站] 아침에 일어나서 아침밥을 먹기까지의 동안. early morning before breakfast

식정수[食精水] 밥이 끓을 때의 웃물. 밥물. water for boiling rice

식중독[食中毒] 상한 음식을 먹고 생기는 급성의 중독 증세. 발열·토사·복통·발진 등이 나타남. しょくちゅうどく food poisoning

식지[食指] 엄지손가락과 가운뎃손가락 사이의 손가락. 집게손가락. =인지(人指). しょくし forefinger

식지[食紙] 음식이나 밥상을 덮는 데 쓰는 기름 먹인 종이. oilpaper for covering food

식찬[食饌] 밥에 곁들여 먹는 여러 가지 음식. 건건이. =

부식(副食)·반찬(飯饌). しょくせん　　　side dishes

식채[食債] 외상으로 음식을 먹고 갚지 못한 빚. 食債
　　　　　debts for food

식체[食滯] 먹은 음식으로 인한 체증. しょくたい 食滯
　　　　　indigestion

식초[食醋] 초산(醋酸)이 조금 함유되어 있어, 시고 약간 단맛이 나는 조미료. 먹는 초. 食醋
　　　　　vinegar

식충 식물[食蟲植物] 잎이나 특수 기관으로 곤충 따위를 잡아, 그것을 소화 흡수하여 양분의 일부로 하는 식물. 벌레잡이 식물. しょくちゅうしょくぶつ 食蟲植物
　　　insectivorous plant

식충엽[食蟲葉] 식충 식물의, 벌레를 잡는 구실을 하는 잎. 벌레잡이잎. しょくちゅうよう 食蟲葉
　　　insectivorous leaf

식탁[食卓] 음식을 차려 놓고 먹는 탁자. しょくたく 食卓
　　　　　dining table

식탈[食頉] 음식을 잘못 먹어서 생긴 탈. 식체(食滯)·식중독(食中毒) 따위. 食頉 食滯
　　　disagreement of food

식탐[食貪] 음식을 욕심사납게 탐냄. greediness for food 食貪

식품[食品] ⇨식료품(食料品). しょくひん 食品

식피[植皮] 결손된 피부를 보완하기 위해, 다른 부분의 건강한 피부를 이식함. 「~술(術)」しょくひ skin grafting 植皮

식해[食醢] 생선을 토막쳐서 소금·조밥·고춧가루·무 등을 넣고 버무려 삭힌 음식. 생선젓. =어초(魚鮓). 食醢 魚鮓

식혜[食醯] 쌀밥에 엿기름 가루를 우린 물을 부어 삭힌 것 食醯

에, 생강과 설탕을 넣고 끓여 식힌 음료.　rice nectar

식후[食後] 밥을 먹은 뒤. ↔식전(食前). 「~복용(服用)」しょくご　after a meal 食後 服用

신[申]* ①아홉째 지지 신: 지지(地支)의 하나. 「申時(신시)·庚申(경신)」②말할 신: 말하다. 말씀드리다. 「具申(구신)·申請(신청)·上申(상신)·內申(내신)」シン ①さる ②もうす 申時 庚申 上申 內申

신[臣]* 신하 신: 신하. 「臣下(신하)·家臣(가신)·忠臣(충신)·臣民(신민)」シン·ジン·おみ 臣下

신[伸]☆ ①펼 신: 펴다. 「伸長(신장)·伸張(신장)·伸志(신시)」②기지개 켤 신: 기지개를 켜다. 「伸欠(신흠)」③말할 신: 말하다. 「追伸(추신)」シン ①のびる·のばす 伸長

신[身]* 몸 신: 몸. 「身體(신체)·心身(심신)·身邊(신변)·身長(신장)·短身(단신)·身役(신역)」シン·み 身體 心身

신[辛]* ①매울 신: 맵다. 「辛味(신미)·辛酸(신산)」②고생 신: 고생하다. 「辛苦(신고)·辛勞(신로)·辛楚(신초)」③여덟째 천간 신: 천간(天干)의 하나. 「辛方(신방)·辛未(신미)」シン ①からい ②つらい ③かのと 辛 辛方 辛未

신:[迅] 빠를 신: 빠르다. 「迅速(신속)·迅走(신주)·迅急(신급)·迅雨(신우)·迅風(신풍)」ジン 迅速

신[呻] 끙끙거릴 신: 끙끙거리다. 「呻吟(신음)·呻呼(신호)」シン·うめく 呻吟

신:[信]* ①믿을 신: 믿다. 「信念(신념)·信用(신용)·自信(자 信念 自信

신)·信任(신임)·信奉(신봉)·信義(신의)」 ②소식 신:소식. 편지.「信書(신서)·答信(답신)·音信(음신)·電信(전신)·通信(통신)」シン

신[娠] 아이 밸 신:아이를 배다.「姙娠(임신)·娠母(신모)」シン 姙娠

신[宸] 대궐 신:임금의 거처. 또는 임금에 관한 것.「宸居(신거)·宸筆(신필)·宸章(신장)」シン 宸居

신[神]* ①귀신 신:귀신. 신령.「神權(신권)·天神(천신)·神靈(신령)·惡神(악신)·神明(신명)·雜神(잡신)·地神(지신)」 ②정신 신:정신. 마음.「精神(정신)·神色(신색)·神經(신경)」シン·ジン ①かみ·かん 神明 精神

신:[訊] 물을 신:묻다.「訊問(신문)·訊檢(신검)·訊鞫(신국)」ジン·たずねる 訊問

신[晨]☆ 새벽 신:새벽.「晨光(신광)·晨旦(신단)·晨星(신성)·晨夜(신야)」シン 晨光

신[紳] ①점잖은 사람 신:점잖은 사람.「紳士(신사)·紳商(신상)」 ②큰 띠 신:큰 띠.「紳帶(신대)」シン 紳士

신:[腎] ①콩팥 신:콩팥.「腎臟(신장)·腎經(신경)·腎虛(신허)」 ②자지 신:자지.「腎氣(신기)·腎怯(신겁)·腎囊(신낭)」ジン 腎臟 腎氣

신:[愼]☆ 삼갈 신:삼가다.「愼戒(신계)·謹愼(근신)·愼言(신언)·愼厚(신후)·愼重(신중)·愼慮(신려)」シン·つつしむ 慎言

신[新]* 새 신:새롭다.「新式(신식)·新規(신규)·新鮮(신선)·新綠(신록)·革新(혁신)·更新(경신)·維新(유신)·刷新 新式 新鮮

(쇄신)」シン·あたらしい·あらた·にい

신[薪] 땔나무 신:땔나무.「薪炭(신탄)·薪木(신목)·薪採(신채)」シン·たきぎ·まき 薪炭

신:[燼] 깜부기불 신:꺼져 들어가는 불. 타고 남은 것.「餘燼(여신)·灰燼(회신)·燼滅(신멸)」ジン 燼滅

신:[scene] 연극이나 영화의 장면(場面). シーン 場面

신간[辛艱] 쓰라린 고난. =신고(辛苦). しんかん hardships 辛艱

신간[新刊] 책을 새로 간행함. 또는 그 책. しんかん new publication 新刊

신간[新墾] 땅을 새로 개간함. しんこん reclaiming newly 新墾

신개[新開] 황무지를 새로 개간함. 또는 그 토지.「~지(地)」しんかい newly-opened land 新開

신:객[信客] 신용이 있는 사람. man of his words 信客

신건[新件] ①새 물건. ②새로운 사건. 새로운 안건(案件). しんけん ①new article ②new case 新件

신검[神劍] 신묘한 검. しんけん magical sword 神劍

신격[神格] 신으로서의 자격.「~화(化)」しんかく divinity 神格

신경[神經] ①온몸에 분포하여, 몸의 각 부분으로부터의 자극을 뇌로 전달하고, 또 뇌의 명령을 몸의 각 부분으로 전달하는 실 모양의 신경 섬유. ②무엇을 느끼거나 생각하는 작용.「~이 둔하다」しんけい ①nerve ②sensibility 神経

신경 쇠약[神經衰弱] 과로나 지나친 긴장 따위로 일어나는 신경의 피로. しんけいすいじゃく 神経衰弱

신경 중추[神經中樞] 신경 세포가 집합하여 있는 곳. 말초 신경으로부터 자극을 받고 통제하며 명령하는 작용을 함. 준중추(中樞). しんけいちゅうすう nerve center

신경질[神經質] 사물에 대한 감각이 몹시 예민한 성질. 또는 지나치게 신경이 날카로워져 짜증을 잘 내는 병적 상태. しんけいしつ nervous temperament

신경통[神經痛] 감각 신경의 어느 부분에 심한 통증이 일어나는 병증. しんけいつう neuralgia

신경향[新傾向] 사상·풍속 등의 새로운 경향. しんけいこう new trend

신고[申告] 국민이 법률상의 의무로서 일정한 일을 관청에 보고하는 일. 「출생(出生)~」 しんこく report

신고[辛苦] 쓰라린 고생. 심한 괴로움. =신간(辛艱). 「간난(艱難)~」 しんく hardships

신고[新古] 새 것과 헌 것. 신품과 고물. しんこ the old and the new

신고 납세제[申告納稅制] 납세 의무자가 스스로 세액(稅額)을 산출해서 신고하고 납세하는 제도. しんこくのうぜい tax payment by self-assessment

신곡[新曲] 새로 지은 곡. 또는 그 노래. しんきょく new piece

신곡[新穀] 그 해에 나온 곡식. 햇곡. しんこく new grain

신:관[信管] 화약·포탄·폭탄 따위를 터뜨리기 위한 장치. しんかん fuse

신:관[腎管] 환형동물(環形動物) 등의 체절(體節)에 있는 배출(排出) 기관. =체절기(體節器). じんかん nephridium

신관[新官] 새로 임명되어 부임한 관리. ↔구관(舊官). 「~사또」 しんかん newly-appointed official

신관[新館] 본관(本館)에 딸린, 새로 지은 건물. しんかん new building

신광[晨光] 떠오르는 아침 햇빛. しんこう dawn

신:교[信敎] 종교를 믿음. 「~의 자유」 しんきょう religious belief

신교[新敎] 16세기 종교 개혁의 결과로 가톨릭에서 갈라져 나온 기독교의 여러 파를 통틀어 이르는 말. =개신교(改新敎). ↔구교(舊敎). しんきょう Protestant

신:구[愼口] 말을 삼감. 함부로 지껄이지 않음. =신언(愼言). しん prudence in speech

신구[新舊] 새 것과 헌 것. 새로운 일과 묵은 일. 「~세력」 しんきゅう the old and the new

신구약[新舊約] 신약 성서와 구약 성서. しんきゅうやく the Old and New Testaments

신구의[身口意] 불교에서, 행동과 언어와 정신. 곧, 일상 생활의 모든 행위.

신권[神權] ① 신의 권위. ② 왕권(王權)을 신이 부여했다고 하는 견해. 「제왕(帝王)~설(說)」 しんけん ① divine right

신규[新規] ① 새로 마련한 규칙. ② 새로 시작하는 일. 「~사업(事業)」 しんき ① new regulation ② new one

신극[新劇] 창극이나 신파극 등에 대하여, 외국의 영향을 받은 근대적인 의미의 연극. しんげき　new drama

신:금[信禽] 기러기의 다른 이름. 계절의 소식을 전한다고 하여 이르는 말.　wild goose

신금[宸襟] 임금의 마음. しんきん　king's heart

신:급[迅急] 몹시 급함. じんきゅう　emergency

신기[身氣] 몸의 기력. energy

신기[神技] 신묘한 기술. しんぎ　exquisite skill

신기[神奇] 신묘하고 기이함. 「～한 재주」しんき　marvelousness

신기[神氣] ①만물을 만들어 내는 원기. ②신비롭고 불가사의한 기운. ③심신의 기력. しんき　① spirit ③ energy

신기[神器] ①신에게 제사를 올릴 때 쓰는 그릇. =대기(大器). ②임금의 자리. =보위(寶位). じんぎ　① sacred vessel ② king's seat

신기[晨起] 아침에 일찍 일어남. しんき　early rising

신:기[腎氣] 음경(陰莖)의 힘. 정력.　virility

신기[新奇] 새롭고 기이함. ↔진부(陳腐). しんき　novelty

신:기[愼機] 기회를 소홀히 하지 않음.

신기 누:설[神機漏泄] 극비에 속하는 일을 외부에 누설함. leakage of confidential matter

신기록[新記錄] 종래의 최고 기록을 앞지르는 새로운 기록. しんきろく　new record

신:기루[蜃氣樓] 공기의 온도 차에 의한 광선의 이상 굴절 (異常屈折)로, 먼 하늘의 낮은 곳에 실제로는 없는 풍경이 있는 것처럼 보이는 일. 흔히 사막이나 해상(海上)에 나타남. しんきろう　mirage

신기원[新紀元] 획기적인 일로 인하여 전개되는 새로운 시대. しんきげん　new epoch

신기축[新機軸] 이제까지 있었던 것과는 전혀 다른 새로운 방법이나 체제. しんきじく　new departure

신:녀[信女] 불교를 믿는 세속(世俗)의 여자. =청신녀(淸信女)·선녀(善女). ↔신남(信男). しんにょ　female believer

신년[新年] 새해. =신춘(新春). しんねん　New Year

신:념[信念] 굳게 믿어 의심하지 않는 마음. しんねん　conviction

신노[神怒] 신명(神明)의 노여움.　anger of god

신농씨[神農氏] 백성에게 농사짓는 법을 처음으로 가르쳤다는, 중국 옛 전설에 나오는 삼황(三皇)의 한 사람. =염제(炎帝).

신단[神壇] 신령에게 제사를 올리는 단. しんだん　altar

신당[神堂] 신령을 모셔 놓은 집. しんどう　shrine

신당[新黨] 새로 조직한 정당. しんとう　new political party

신대륙[新大陸] 새로 발견된 대륙. 특히, 남북 아메리카와 오스트레일리아를 이름. しんたいりく　the New Continent

신덕[神德] 신의 공덕. しんとく　grace of God

신데렐라[Cinderella] ①유럽의 동화(童話) 속의 여주인공의 이름. ②무명의 존재(存在)

에서 하루 아침에 유명하게 된 여자를 비유하는 말. シンデレラ

신도[臣道] 신하로서 지켜야 할 도리. しんどう
way of a loyal subject

신:도[信徒] 종교를 믿는 사람. =교도(敎徒). しんと believer

신도[新都] 새로 정한 도읍. しんと new capital

신:독[愼獨] 홀로 있을 때에도 도리에 어긋남이 없도록 몸을 삼감. しんどく self-restraint

신동[神童] 재지(才智)가 특별히 뛰어난 아이. しんどう prodigy

신드롬[syndrome] 증후군(症候群). シンドローム

신등[神燈] 신명(神明)에게 켜는 등. しんとう holy lamp

신디케이트[syndicate] ① 생산 할당이나 공동 판매 기능을 담당하는 카르텔의 중앙 기관. ② 공사채(公社債)의 인수를 위해 은행 등이 조직하는 중간 인수단(引受團). シンジケート

신랄[辛辣] ① 맛이 몹시 쓰고 매움. ② 비평이나 질문 따위가 준엄하고 가차없음. 「~한 비판」 しんらつ
① bitterness ② sharpness

신랑[新郎] 곧 결혼할 남자나 갓 결혼한 남자. ↔신부(新婦). しんろう bridegroom

신량[新涼] 초가을의 서늘한 기운. しんりょう
coolness of early autumn

신:려[愼慮] 신중히 생각함. =신사(愼思). しんりょ meditation

신력[新曆] ① 새 책력. 새로운 역서(曆書). ② ⇨태양력(太陽曆). ↔구력(舊曆). しんれき
① new calendar

신령[神靈] ① 신통하고 영묘함. ② 민간 신앙의 대상이 되는 여러 신. しんれい
① divinity ② spirits

신로[辛勞] 몹시 힘들고 고생스러움. 또는 그 고생. しんろう hardships

신로심불로[身老心不老] 몸은 늙었으나 마음은 늙지 않았음. eternal youth

신록[新綠] 초여름의 새 잎이 띤 싱싱한 푸른빛. 「~의 계절(季節)」 しんりょく
fresh verdure

신:뢰[迅雷] 심한 천둥. 「질풍(疾風)~」 じんらい thunderclap

신:뢰[信賴] 믿고 의지함. しんらい reliance

신:뢰성[信賴性] 믿고 의지할 만한 성질. 믿음성. しんらいせい reliability

신:망[信望] 신용과 인망(人望). しんぼう
confidence and popularity

신:멸[燼滅] 남김없이 없애 버림. じんめつ eradication

신명[身命] 몸과 목숨. =구명(軀命). しんみょう·しんめい
one's life

신명[神明] 하늘과 땅의 신령. 「천지(天地)~」 しんめい deity

신모[神謀] 신묘한 꾀. しんぼう wonderful plan

신목[薪木] 땔나무. =시목(柴木). しんぼく firewood

신묘[神妙] 신통하고 영묘함. しんみょう marvelousness

신:묵[愼默] 삼가서 잠잠히 있음.
restraining of one's tongue

신:문[訊問] 법원 등이 어떤 사건에 대하여 증인·감정인·피고인 등에게 하는 질문. じんもん　questioning

신문[新聞] 새로운 소식이나 화제·여론 등을 보도·해설·비평하는 정기 간행물. 「~기자(記者)」しんぶん　newspaper

신문학[新聞學] 신문을 중심으로 한 매스커뮤니케이션을 대상으로 하는 사회 과학. しんぶんがく

신물[新物] 처음으로 나오는 물건. the first of the season

신미[辛味] 매운맛. しんみ·からみ　sharp taste

신미[新米] 햅쌀. ↔구미(舊米). しんまい　new rice

신미[新味] 새로운 맛. 새로운 풍미(風味). しんみ　fresh taste

신민[臣民] 군주국(君主國)에서, 벼슬아치와 일반 백성을 함께 이르는 말. しんみん　subject

신:밀[愼密] 신중하고 빈틈이 없음. しんみつ

신방[新房] 혼례식을 마친 신랑과 신부가 첫날밤을 지내도록 꾸민 방. bridal room

신법[新法] ①새로 제정한 법령. ↔구법(舊法). ②새로운 방법. しんぽう
①new law ②new method

신변[身邊] 몸. 또는 몸의 주변. しんぺん　one's person

신변[神變] 사람의 지혜로는 알 수 없는 신비로운 변화. しんぺん

신병[身柄] 인도(引渡)나 보호의 대상으로서의 본인의 몸. 「~ 인수(引受)」みがら

신병[身病] 몸에 생긴 병. =신양(身恙).　sickness

신병[神兵] 신(神)이 보낸 군사라는 뜻으로, 대적(對敵)할 수 없는 강한 군사의 비유. =신군(神軍). しんぺい
invincible army

신병[新兵] 새로 입대한 병사. ↔고병(古兵). 「~ 훈련(訓練)」しんぺい　recruit

신보[新報] 새로운 보도. 새 소식. しんぽう　news

신보[新譜] ①새로운 곡(曲)의 악보. ②새로 녹음한 음반. しんぷ

신복[臣服·臣伏] 신하가 되어 복종함. しんぷく
subordination

신:봉[信奉] 옳다고 믿고 받듦. しんぽう　belief

신부[神父] 가톨릭의 교직(敎職)의 하나. 사제 서품을 받은 성직자를 일컬음. =사제(司祭). しんぷ　Catholic priest

신부[新婦] 갓 결혼한 여자. 새색시. ↔신랑(新郞). しんぷ　bride

신분[身分] ①개인의 사회적인 지위나 서열. ②사람의 법률상 지위나 자격. 「~ 보장」みぶん　status

신불[神佛] 신령과 부처. しんぶつ　gods and Buddha

신비[神祕] 이론이나 인식을 초월한 이상하고 영묘한 일. 「~경(境)」しんぴ　mystery

신:빙[信憑] 믿어서 증거나 근거로 삼음. 「~성(性)」しんぴょう　reliability

신:사[信士] ①신 의(信義)가 있는 사람. ②불교에서, 출가하지 않고 부처의 제자가 된 남자를 이르는 말. =청신사(淸信士). しんじ

신사[神社] 일본에서, 고유 종교인 신도(神道)의 신령이나 국가에 공이 큰 사람을 신으로 모셔 놓고 제사를 지내는 곳. 「~참배(參拜)」じんじゃ ① man of faith

신:사[紳士] ① 예의가 바르고 교양이 있는 남자. ② 일반 남자를 대접하여 이르는 말. ↔숙녀(淑女). しんし gentleman

신:사[愼思] 신중하게 생각함. =신려(愼慮). しんし reflection

신:사 협정[紳士協定] 서로 상대편의 신의(信義)를 믿고 맺는 비공식(非公式) 협정. しんしきょうてい gentleman's agreement

신산[辛酸] ① 맵고 심. ② 세상살이의 고생스러움을 이르는 말. しんさん ① bitter and sour ② hardships

신상[身上] 한 사람의 신변에 관계된 형편. しんじょう・みのうえ one's condition

신상[神像] 신의 형상을 그린 그림이나 조각품. しんぞう image of a god

신:상필벌[信賞必罰] 공이 있는 사람에게는 반드시 상을 주고, 죄가 있는 사람에게는 반드시 벌을 줌. 곧, 상벌을 공평하고 정확하게 함을 이르는 말. 「~주의」 しんしょうひつばつ

신색[神色] 얼굴빛. =안색(顔色). しんしょく complexion

신생[新生] 새로 생기거나 태어남. 「~아(兒)」 しんせい new birth

신생대[新生代] 지질 시대의 구분에서 가장 새로운 시대. 약 6500만 년 전부터 현재까지의 시대를 말함. しんせいだい the Cenozoic Era

신생면[新生面] 새로운 방면이나 분야. 「~개척(開拓)」 しんせいめん new phase

신생아[新生兒] 갓 낳은 아이. 일반적으로 출생 후 1개월 미만의 영아(嬰兒)를 말함. 갓난아이. しんせいじ newborn baby

신:서[信書] 편지(便紙). しんしょ letter

신선[神仙] 선도(仙道)를 닦아 신통력을 얻은 사람. 선경(仙境)에 살며 불로불사(不老不死)한다고 함. =선인(仙人). しんせん hermit

신선[新選] 새로 가려 뽑음. しんせん new selection

신선[新鮮] ① 더러움이 없이 깨끗함. 「~한 공기」 ② 고기・채소 따위가 생기를 잃지 않고 싱싱함. 「~한 과일」 ③ 새롭고 싱그러움. 「~한 아이디어」 しんせん freshness

신설[新設] 새로 설립하거나 설비함. 「~기관(機關)」 しんせつ new establishment

신설[新雪] 새로이 내린 눈. しんせつ

신설[新說] 새로운 학설이나 의견. しんせつ new theory

신성[神聖] 거룩하고 성스러움. 「~불가침(不可侵)」 しんせい holiness

신성[晨星] 샛별. =효성(曉星). しんせい morning star

신성[晨省] 이른 아침에 부모의 침소에 가서 밤새의 안후(安候)를 살핌. 「혼정(昏定)~」 しんせい morning inquiry after one's parents' health

신성[新星] ① 갑자기 나타나

히 빛나다가 얼마 후에 희미해지는 별. 항성의 폭발 현상 때문임. ② 주로 연예계에서, 새로 인기를 모으며 등장한 사람. しんせい ① nova ② new film star

신세[身世] ① 사람의 처지나 형편. 흔히 가련하거나 외롭거나, 가난한 경우를 이름. 「~ 타령」 ② 남에게 도움을 받거나 괴로움을 끼치는 일. 「~를 지다」 ① one's lot

신소설[新小說] 갑오개혁(甲午改革) 이후 개화기(開化期)를 시대 배경으로 하여 창작된 소설. しんしょうせつ new-style fiction

신소재[新素材] 금속이나 플라스틱 등과 같은 종래의 재료와 다른 뛰어난 특성을 가진 소재(素材)의 총칭. 광섬유·뉴세라믹스·형상 기억 합금 따위. しんそざい

신ː속[迅速] 매우 빠름. 「~ 배달(配達)」 じんそく quickness

신속[神速] 신기할 만큼 아주 빠름. しんそく rapidity

신수[身手] ① 용모와 풍채. ② 사람의 얼굴빛에 나타나는 건강 상태. 「~가 훤하다」 ① looks ② complexion

신수[身數] 사람의 운수. 「~가 사나운 날」 one's luck

신수[神秀] 신령스럽고 빼어나게 아름다움. loftiness

신ː수[腎水] ① 한방에서, 신장(腎臟)의 수기(水氣)를 이르는 말. ② ⇨정액(精液). じんすい

신수[新修] 책 따위를 새로 편수(編修)함. しんしゅう new compilation

신수지로[薪水之勞] 땔나무를 하고 먹을 물을 긷는 수고라는 뜻으로, 몸소 생계를 이어가는 수고를 이르는 말. しんすいのろう

신술[神術] 신묘한 술법. しんじゅつ

신승[辛勝] 경기 따위에서 간신히 이김. ↔낙승(樂勝). しんしょう winning a game by a narrow margin

신시[新詩] ① 새로 지은 시. ② 옛 형식을 탈피한 새로운 형식의 시. ↔고시(古詩). しんし ① new poem ② new-style poem

신시사이저[synthesizer] 건반 악기 모양의 전자 악기(電子樂器)의 한 가지. シンセサイザー

신식[新式] 새로운 방식(方式)이나 양식(樣式). ↔구식(舊式). しんしき new style

신ː실[信實] 믿음성 있고 진실함. しんじつ sincerity

신ː심[信心] ① 종교를 믿는 마음. ② 옳다고 믿는 마음. 「~직행(直行)」 しんじん ① faith ② belief

신아[新芽] 새로 난 싹. しんめ sprout

신안[新案] 새로운 고안이나 제안. 「실용(實用) ~」 しんあん new idea

신안 특허[新案特許] 신안(新案)에 대한 권리의 특히. しんあんとっきょ new design patent

신ː앙[信仰] 신불(神佛) 등을 굳게 믿고 따르며 그 가르침을 받들어 지키는 일. 「~ 생활(生活)」 しんこう faith

신ː애[信愛] 믿고 사랑함. しんあい faith and love

신야[晨夜] 새벽과 밤. =숙야(夙夜). しんや
daybreak and night

신약[身弱] 몸이 허약함.
weak constitution

신ː약[信約] 믿음으로써 약속함. 또는 그 약속. しんやく
pledge

신약[新藥] ① 새로 제조하여 판매하는 약. ② ⇨양약(洋藥). しんやく ① new medicine

신약 성ː서[新約聖書] 예수의 생애와 그 제자들의 전도 기록 및 사도들의 편지 등을 모은 기독교의 성전(聖典). しんやくせいしょ
the New Testament

신어[新語] ① 새로 생긴 말. ② 새로 들어와 쓰이게 된 외래어(外來語).「~ 사전」しんご ① neologism ② adopted word

신언서판[身言書判] 지난날, 인물 평가의 기준으로 삼았던 네 가지 조건. 곧, 신수(身手)·언변(言辯)·문필(文筆)·판단력(判斷力). しんげんしょはん appearance, speech, writing and judgement

신ː여[燼餘] ① 타다 남은 불기운. ② 어떤 일이 끝난 뒤에도 부분적으로 남아 있는 것이나 그 영향의 비유. =여신(餘燼). じんよ

신역[身役] 몸으로 치르는 노역(勞役). compulsory labor

신역[新譯] 새로 번역함. 또는 그 번역. しんやく
new translation

신열[身熱] 병 때문에 나는 몸의 열. =열기(熱氣). fever

신예[新銳] 어떤 분야에 새로 나타나 만만찮은 실력이나 기세를 보임. 또는 그러한 것이나 사람.「~ 작가(作家)」しんえい
new and powerful person

신외무물[身外無物] 몸이 가장 소중하다는 말.

신ː용[信用] ① 약속을 지킬 것으로 믿음. ② 거래한 재화(財貨)의 대가를 앞으로 치를 수 있음을 보이는 능력. しんよう ① confidence ② credit

신ː용 보ː험[信用保險] 채무자(債務者)의 채무 불이행(不履行)으로 보게 되는 채권자(債權者)의 손해를 보상하는 보험. しんようほけん
credit insurance

신ː용장[信用狀] 은행이 특정한 서래처에 대하여 일정한 한도의 신용을 보증하기 위하여 발행하는 증서. しんようじょう letter of credit

신ː용 조합[信用組合] 상호 유대를 가진 개인이나 단체 간의 협동 조직을 기반으로 하여 자금의 조성과 이용 등을 꾀하는 비영리 금융 기관. しんようくみあい credit union

신운[身運] ⇨운수(運數).

신운[神韻] 신비스럽고 기품이 있는 운치. しんうん
mysterious refinement

신원[身元] 일신상(一身上)에 관련되는 모든 자료. 곧, 신분·직업·성행(性行)·본적·주소 등.「~ 보증(保證)」みもと identity

신원[伸冤] 가슴에 맺힌 원한을 풀어 버림.
redressing a grievance

신원[新元] 정월 초하룻날. 설날. しんげん New Year's Day

신월[新月] ① 초승달. ② 음력

초하룻날의 달. =삭월(朔月). しんげつ　　　　　　new moon

신음[呻吟] ① 심신(心身)의 병으로 앓는 소리를 냄. ② 괴로움이나 고통으로 허덕이며 고생함. しんぎん　　① groan

신:의[信義] 믿음과 의리. しんぎ　　　　　　　faith

신:의[信疑] 믿음과 의심. 「~반반(半半)」 しんぎ
belief or disbelief

신의[神醫] 신통하게 병을 잘 고치는 의사.　great doctor

신의[新醫] '양의(洋醫)'를 흔히 이르는 말.
Western medical doctor

신:의[贐儀] 먼 길을 떠나는 사람에게 주는 금품(金品) 따위.

신이[神異] 신비스럽고 기이함. しんい　　　　mystery

신이상주의[新理想主義] 자연주의·실증주의 또는 유물론적(唯物論的) 경향의 반동으로 일어난 이상주의적 경향. 신낭만주의·상징주의·신비주의·인도주의 등이 이에 포함됨. しんりそうしゅぎ
neoidealism

신인[神人] ① 신통력을 터득한 사람. ② 신(神)과 사람. 「~공노(共怒)」 しんじん　① man of god ② god and man

신인[新人] ① 지난날, 새로 맞은 아내나 첩을 이르던 말. ② 어떤 분야에 새로 등장한 사람. 「~ 배우(俳優)」 ③ 인산의 진화 과정에서, 현생(現生)의 사람과 같은 종(種)이라고 생각되는 화석 인류. しんじん　　② new figure

신인문주의[新人文主義] 18세기 후반에 계몽주의의 반동으로 일어난 문화·문예 사조(思潮). しんじんぶんしゅぎ
neohumanism

신인물[新人物] 새로 나타난 사람. しんじんぶつ
up-and-coming man

신:임[信任] ① 믿고 일을 맡김. ② 믿어 의심하지 않음. しんにん　　　　confidence

신임[新任] 새로 임명됨. 또는 그 사람. しんにん
new appointment

신:임장[信任狀] 특정한 사람을 외교 사절로 파견하는 취지와 그 사람의 신분을 접수국에 통고하는 문서. しんにんじょう　　　credentials

신:임 투표[信任投票] 국회가 행정부에 대한 신임 여부를 결정하기 위하여 하는 투표. しんにんとうひょう
vote of confidence

신입[新入] 어떤 단체나 모임에 새로 들어감. しんにゅう·しんいり

신입생[新入生] 새로 입학한 학생. しんにゅうせい
new student

신:자[信者] 어떤 종교를 믿는 사람. =신도(信徒). しんじゃ
believer

신자[新字] 새로 만든 글자. 흔히 한자(漢字)의 경우에 쓰이는 말. しんじ
new character

신작[新作] 새로 지어 만듦. 또는 그 작품. ↔구작(舊作). 「~ 소설(小說)」 しんさく
new work

신작로[新作路] 새로 낸 큰길.
new highway

신장[身長] 사람의 키. しんちょう　　　　stature

신장[伸長] 길게 늘임. 또는 길

신장[伸張] 세력이나 역량·규모 따위를 이전보다 늘리거나 넓힘. 「사업(事業) ~」 しんちょう　expansion 伸張

신장[神將] ① 귀신처럼 전술·전략에 능한 장수. ② 화엄 신장(華嚴神將)의 준말. 神將

신:장[腎臟] 척추동물의 비뇨기계 장기(臟器)의 하나. 몸 안에 생긴 불필요한 물질을 몸 밖으로 배출하고 체액(體液)의 조성이나 양을 일정하게 유지함. 콩팥. じんぞう　kidney 腎臟

〔신장〕

신장[新粧] 새로 단장함. 또는 그러한 단장. しんそう　new furnishing 新粧

신장[新裝] 외관이나 설비 따위를 새롭게 꾸밈. 또는 그 꾸밈새. 「~ 개업(開業)」 しんそう　redecoration 新裝

신저[新著] 새로 지은 책. ↔구저(舊著). しんちょ　new book 新著

신전[伸展] 늘이어 펼침. しんてん　expansion 伸展

신:전[信傳] 틀림없이 전함. delivering surely 信傳

신전[神前] 신령의 앞. しんぜん　before gods 神前

신전[神殿] 신령을 모신 전각(殿閣). しんでん　shrine 神殿

신접[新接] ① 새로 살림을 차리어 한 집안을 이루는 일. 「~살이」 ② 다른 지방에서 이사 와서 새로 자리잡고 사는 일. ① setting up a new home ② taking up one's abode 新接

신정[新正] ① 양력 정월. ② 양력 설. ↔구정(舊正). しんせい　New Year 新正

신정[新政] 새로운 정치. しんせい　new administration 新政

신정[新訂] 책 따위의 내용을 새로 고침. 「~판(版)」 しんてい　new revision 新訂

신정[新情] 새로 든 정. ↔구정(舊情). 「~지초(之初)」 newly-formed attachment 新情

신제[新制] 새로운 제도. ↔구제(舊制). しんせい　new system 新制

신제[新製] 새로 짓거나 만듦. 또는 그 물건. =신조(新造). しんせい　new construction 新製

신:조[信條] 굳게 믿어 지키고 있는 사항. 「생활(生活) ~」 しんじょう　belief 信條

신조[神助] 신의 도움. 「천우(天佑)~」 しんじょ　divine grace 神助

신조[新造] 새로 만듦. =신제(新製). 「~어(語)」 しんぞう　new construction 新造

신:종[信從] 믿고 따름. following 信從

신종[新種] ① 새로운 종류. 「~사기 수법」 ② 새로 발견되거나 새로이 인공적으로 만들어진 생물의 종류. しんしゅ　① new kind ② new species 新種

신종[晨鐘] 새벽에 치는 종. =효종(曉鐘). ↔만종(晩鐘). しんしょう·じんじょう 晨鐘

신주[神主] 죽은 사람의 위패(位牌). 대개 밤나무로 만들며 길이는 8치, 폭은 2치 가량임. =사판(祠版). しんしゅ　ancestral tablet 神主

신주[新株] 주식 회사에서 증자 新株

신주~신출귀몰 1015

(增資)하기 위해 새로 발행하는 주식(株式). ↔구주(舊株). しんかぶ　　new stocks

신주[新註·新注] 새로 붙인 주석(註釋). しんちゅう　新註 新注
new notes

신:중[愼重] 매우 조심스러움. しんちょう　慎重　prudence

신:증[信證] 믿을 만한 증거. しんしょう　信證　certain evidence

신지[神智] 신묘한 지혜. =영지(靈智). 神智　mysterious wits

신:지무의[信之無疑] 믿어 의심하지 않음. 信之無疑 confidence

신직[神職] 가톨릭에서, 교역(敎役)을 맡아보는 직분. しんしょく　神職

신진[新進] ① 어떤 분야에 새로 진출함. 또는 그러한 사람. 「~ 작가(作家)」② 새로 벼슬에 오름. 또는 그러한 사람. しんしん　新進 作家
rising member of a society

신진 대:사[新陳代謝] ① 묵은 것이 없어지고 새로운 것이 생김. ② 생물체가 생명을 유지하기 위하여 필요한 것을 섭취하고 불필요한 것을 배설하는 일. =물질 대사(物質代謝). しんらんたいしゃ　新陳代謝
① renewal ② metabolism

신:질[迅疾] 몹시 빠르고 날램. じんしつ　迅疾　swiftness

신차[新車] 새 차. しんしゃ　新車　new car

신찬[新撰] 새로 책을 펴냄. 또는 그 책. しんせん　新撰
new compilation

신참[新參] ① 새로 들어옴. 또는 그 사람. ↔고참(古參). 「~자(者)」② 새로 벼슬한 사람이 처음으로 관청에 들어감. しんさん　新參　newcomer

신철[伸鐵] 강철 부스러기를 녹이지 않고 그대로 달구어 압연(壓延)한 강철. しんてつ　伸鐵

신첩[臣妾] 지난날, 궁중 여인들이 임금에게 대하여 스스로를 일컫던 말. 臣妾

신청[申請] 단체나 기관에 대하여, 어떤 일을 해 주거나 어떤 물건을 내줄 것을 요청하는 일. しんせい　申請　application

신청주[新淸酒] 햇곡식으로 새로 빚은 맑은 술. しんせいしゅ　新淸酒
newly-brewed pure liquor

신체[身體] 사람의 몸. しんたい·からだ　身體　body

신체[新體] 새로운 체재(體裁)나 형식. 「~시(詩)」しんたい　新體　new style

신체제[新體制] 새로운 질서 및 편제(編制). ↔구체제(舊體制). しんたいせい　新體制
new structure

신추[新秋] ① 초가을. ② '음력 7월'을 달리 이르는 말. =초추(初秋)·맹추(孟秋). しんしゅう　新秋 孟秋
early autumn

신축[伸縮] 늘어남과 줄어듦. 늘이고 줄임. 「~성(性)」しんしゅく　伸縮
elasticity

신축[新築] 집 따위를 새로 지음. 「~ 사옥(社屋)」しんちく　新築
new building

신춘[新春] ① 초봄. =초춘(初春)·맹춘(孟春). ② 새해. =신년(新年). しんしゅん　新春
① early spring ② New Year

신출[新出] ① 새로 나옴. 또는 그 인물이나 물건. 「~내기」② 그 해에 맨 먼저 나온 과일이나 곡식·해산물 등을 이르는 말. ① novice ② the first of the season　新出

신출귀몰[神出鬼沒] 귀신같이　神出

자유자재로 나타났다 사라졌다 함. しんしゅつきぼつ 鬼没 elusiveness

신:탁[信託] ①믿고 남에게 맡김. ②일정한 목적에 따라 재산권이나 통치권을 남에게 맡김.「~증서(證書)」 しんたく 信託 trust

신:탁 은행[信託銀行] 신탁 업무와 일반 은행의 업무를 겸하고 있는 은행. しんたくぎんこう 信託銀行 trust bank

신:탁 통:치[信託統治] 국제 연합의 감독 아래 어느 특정 국가가 일정 지역에 대하여 실시하는 특수 통치 제도. しんたくとうち 信託統治 trusteeship

신탄[薪炭] 땔나무와 숯. =시탄(柴炭). しんたん 薪炭 firewood and charcoal

신통[神通] ①효과 따위가 놀라울 만큼 대단함.「~하게 잘 듣는 약」 ②대견하고 훌륭함. ③마음에 들 만큼 마땅함.「~한 의견이 없다」じんつう 神通 ① wonder ② conversance

신파[新派] ①새로운 유파(流派). ↔구파(舊派). ②신파 연극(新派演劇)의 준말. しんぱ 新派 演劇 ① new school

신파 연:극[新派演劇] 재래 창극(唱劇)의 형식과 전통을 깨뜨리고 현대의 일상 생활을 제재로 한 통속적인 연극. 준신파(新派). 新派演劇 new-school drama

신판[新版] ①전에 출판했던 책의 내용이나 체재를 새롭게 하여 출판한 책. ↔구판(舊版). ②과거의 어떤 사실·인물·작품 등과 비슷한 새로운 사물이나 인물의 비유.「~춘향전」しんぱん 新版 ① revised edition

신:편[信便] 믿을 만한 인편(人便). dependable messenger 信便

신편[新編] 새로운 편집. 또는 새로이 편집한 책. しんぺん 新編 new compilation

신:표[信標] 훗날에 근거로 삼기 위해 주고받는 물건. =신물(信物). tally 信標 信物

신품[神品] ①신성(神聖)한 품위(品位). ②매우 훌륭한 물건이나 작품(作品). しんぴん 神品 ② inspired work

신품[新品] 새로운 물품. ↔고품(古品). しんぴん 新品 new article

신:풍[迅風] 세게 몰아치는 바람. =질풍(疾風). gale 迅風

신필[神筆] 아주 뛰어나게 잘 쓴 글씨. 神筆 masterful calligraphy

신하[臣下] 임금을 섬겨 벼슬하는 사람. =신자(臣子)·신복(臣僕). しんか vassal 臣下 臣僕

신학[神學] 기독교의 교리와 신앙 문제를 연구하는 학문.「~교(校)」しんがく theology 神學

신행[新行] 혼인 때, 신랑이 신붓집으로 가거나 신부가 신랑집으로 가는 일. =혼행(婚行). 新行 婚行

신혈[新穴] 광물을 캐다가 새로 발견한 광맥(鑛脈). しんけつ new mineral vein 新穴 鑛脈

신형[新型] 이전 것과는 다른 새로운 모양새. ↔구형(舊型). しんがた new model 新型

신:호[信號] 미리 정해 놓은 일정한 소리·색깔·빛·몸짓 따위의 부호(符號)로 의사(意思)를 전하는 일. 또는 그 부호. しんごう signal 信號 符號

신:호기[信號機] 도로·철도 등에서, 교통의 안전을 위하여 진행·정지·방향·주의 등 信號機

신ː호수[信號手] 신호하는 일을 맡아보는 사람. flagman

신ː호탄[信號彈] 신호로서 쏘는 탄환. しんごうだん signal ball

신혼[晨昏] 날이 밝을 무렵과 땅거미가 질 무렵. =조석(朝夕). しんこん morning and evening

신혼[新婚] 갓 결혼함. 「~여행(旅行)」しんこん new marriage

신화[神話] ① 신이나 영웅의 사적(事績), 민족의 태곳적 역사 등 고대인의 사유(思惟)와 표상(表象)이 반영된 신성한 이야기. 「단군(檀君) ~」 ② 많은 사람이 절대적이고 획기적이라고 생각하는 업적의 비유. しんわ ① myth

신효[神效] 신통한 효험. 「~약(藥)」しんこう wonderful efficacy

신후[身後] 죽은 뒤. =사후(死後). 「~지계(之計)」しんご after one's death

신ː후[慎候] 병중(病中)에 있는 잇이른의 안부. 「~를 여쭙다」

신흥[新興] 새로 일어남. 「~재벌(財閥)」しんこう rising newly

신희[新禧] 새해의 복. 「공하(恭賀) ~」しんき Happy New Year

실[失]* ① 잃을 실: 잃다. 「실명(失命)·실물(失物)·분실(紛失)·소실(消失)·손실(損失)·실망(失望)·실덕(失德)」 ② 그르칠 실: 그르치다. 잘못하다. 「실수(失手)·실책(失策)·실계(失計)·과실(過失)·실행(失行)」シツ ① うしなう

실[室]* ① 방 실: 방. 집. 「객실(客室)·내실(內室)·응접실(應接室)·실내(室內)·실가(室家)·왕실(王室)·종실(宗室)」 ② 아내 실: 아내. 「정실(正室)·후실(後室)·실인(室人)」シツ ① へや

실[悉] 다 실: 다. 모두. 「지실(知悉)·실개(悉皆)·실심(悉心)」シツ·ことごとく·つくす

실[實]* ① 열매 실: 열매. 「과실(果實)·실과(實果)」 ② 실제 실: 사실. 「사실(事實)·허실(虛實)·사실(史實)·실재(實在)」 ③ 참될 실: 참되다. 「성실(誠實)·충실(充實)·충실(忠實)·진실(眞實)」ジツ ① み

실[蟋] 귀뚜라미 실: 귀뚜라미. 「실솔(蟋蟀)」シツ

실가[室家] ① 집. 또는 가정. ② 부부. 「~지락(之樂)」しっか ① home ② husband and wife

실가[實家] ① 자기가 출생한 집. ② 민법에서, 혼인을 하거나 양자(養子)가 된 사람의 친정이나 생가(生家)를 이르는 말. じっか one's parents' home

실가[實價] 실제의 가격. じっか real price

실각[失脚] ① 발을 헛디딤. ② 일이 잘못되어서 지위나 직책에서 물러남. しっきゃく ① losing one's footing ② loss of position

실감[實感] 실제로 경험하고 있는 것처럼 느낌. じっかん actual feeling

실격[失格] ① 격식에 맞지 아니함. ② 어떤 자격을 잃음. しっかく disqualification

실견[實見] 실제의 형편을 봄. 實見
じっけん actual observation

실경[實景] 실제의 경치나 광경. 實景
じっけい actual view

실계[失計] ⇨실책(失策). 失計

실공[實功] 실제의 공적. 實功
actual service

실과[實果] 먹을 수 있는 초목(草木)의 열매. 과일. =과실(果實). 實果
fruit

실과[實科] ① 실무(實務)에 관한 학과(學科). ② 일상 생활에 필요한 기초 지식과 기능을 실습하는 초등 학교 교과목의 하나. じっか 實科
practical course

실권[失權] 권리나 권력을 잃음. 失權
しっけん loss of one's right

실권[實權] 실제로 행사될 수 있는 권리나 권력. じっけん 實權
real power

실기[失期] 시기를 놓침. 失期
missing an appointed time

실기[失機] 기회를 놓침. 失機
missing an opportunity

실기[實技] 실제의 기술이나 기능. 「~시험(試驗)」じつぎ 實技
actual technics

실기[實記] 사실을 그대로 적은 기록. =실록(實錄). じっき 實記
true record

실내[室內] ① 건물이나 방의 안. 「~운동(運動)」しつない ② 남의 아내를 점잖게 이르는 말. ① interior of a room 室內 運動

실내악[室內樂] 작은 연주실이나 무대에서 적은 인원으로 연주하기에 알맞은 기악 합주곡. しつないがく 室內樂
Chamber music

실념[失念] 잊어버림. しつねん 失念
forgetting

실농[失農] ① 농사에 실패함. 失農
② 농사지을 시기를 놓침.
② missing the season for farming

실담[失談] 실수로 잘못한 말. 失談
しつだん improper words

실담[實談] ① 거짓이 없는 진실한 말. ② 실제로 있었던 이야기. =실화(實話). じつだん 實談
② true story

실당[失當] 이치와 도리에 맞지 않음. しっとう impropriety 失當

실덕[失德] ① 덕망을 잃음. ② 점잖은 이의 과실. しっとく 失德 過失
① losing one's reputation ② gentleman's fault

실러캔스[coelacanth] 데본기에서 백악기(白堊紀)까지 번성하였고, 현존하는 바닷물고기. シーラカンス 白堊紀

실력[實力] ① 실제로 갖추고 있는 힘이나 능력. 「~발휘」 ② 무력(武力) 따위의 힘. 「~행사(行使)」じつりょく 實力 行使
① real ability ② arms

실력[實歷] 실제로 겪은 이력(履歷). じつれき real career 實歷 經歷

실례[失禮] 말이나 행동이 예의에 벗어남. 또는 그런 말이나 행동. 「~를 범하다」しつれい discourtesy 失禮

실례[實例] 구체적인 실제의 예. じつれい example 實例

실로[失路] 길을 잃음. しつろ 失路
going astray

실로미터[ceilometer] 구름의 높이를 재는 전자(電子) 장치. 電子

실로스탯[coelostat] 천체 관측 장치의 한 가지. 일주(日周) 운동을 하고 있는 천체를 관측하기 위하여 천체로부터 오는 빛을 일정한 방향으로 유도하는 장치임. シーロスタット 日周

실로폰[xylophone] 대(臺) 위

에 조율(調律)한 나무토막을 벌여 놓고 두 개의 채로 쳐서 소리내는 타악기의 한 가지. シロホン

실록[實錄] ① 어떤 사실을 있는 그대로 적은 기록. =실기(實記). ② 한 임금의 재위 기간의 사적(事蹟)을 적은 기록. 「세종(世宗)~」 ③ 사실에 입각해서 각색한 문예 작품. 「~물(物)」 じつろく
true record

실루민[silumin] 주조용(鑄造用) 알루미늄 경합금의 한 가지. シルミン

실루엣[silhouette] ① 윤곽 안을 검게 칠한 그림. ② 복식(服飾)에서, 옷의 입체적인 윤곽. シルエット

실리[實利] 실제의 이득. =실익(實益). じつり　utility

실리카[silica] '이산화규소'의 통칭(通稱). シリカ

실리카겔[silica gel] 탈수·건조제로 쓰이는 무정형(無定形)의 규산(硅酸). 무색 또는 백색의 단단한 고체임. シリカゲル

실리콘[silicon] 규소(硅素). シリコン

실리콘:[silicone] 규소 유기 화합물의 중합체(重合體)의 총칭. 내열성·내습성 등이 뛰어나 절연체·방수제 등으로 쓰임.

실리콘 밸리[Silicon Valley] 미국 캘리포니아 주 샌프란시스코 만(灣)에 인접한 계곡 지대의 이름. 실리콘 반도체(半導體)를 다루는 생산 업체가 많이 진출하면서 붙여진 이름.

실린더[cylinder] 피스톤이 왕복 운동(往復運動)하는 원통형의 부분. シリンダー

실망[失望] 희망을 잃음. =실의(失意)·낙심(落心). しつぼう　disappointment

실명[失名] 이름을 알 수 없음. 「~씨(氏)」 しつめい
anonymousness

실명[失明] 시력(視力)을 잃음. 장님이 됨. しつめい
loss of eyesight

실명[實名] 진짜 이름. ↔가명(假名). じつめい·じつみょう
real name

실모[實母] 자기를 낳은 어머니. 친어머니. =생모(生母). ↔양모(養母). じつぼ
real mother

실무[實務] 실제의 업무. 「~자(者)」 じつむ
practical business

실물[失物] 물건을 잃어버림. 또는 그 물건. うせもの
loss of goods

실물[實物] ① 실제의 물체나 인물. ② 주식(株式)이나 상품 따위의 현품(現品). =현물(現物). じつぶつ　real thing

실물대[實物大] 실물과 똑같은 크기. じつぶつだい
actual size

실물수[失物數] 물건을 잃어 버릴 운수. うせものすう
the doom to come off a loser

실박[實朴·實樸] 꾸밈이 없이 자연스럽고 소박함. =질박(質樸·質朴).
unsophisticatedness

실백[實柏] 껍데기를 벗긴 알맹이 잣. 실백잣.
kernel of a pine nut

실범[實犯] 실제로 범죄 행위를 저지른 사람. =정범(正犯). じっぱん　real criminal

실부[實父] 자기를 낳은 아버

실부[實父] 지. 친아버지. =생부(生父). ↔양부(養父). じっぷ real father

실부[實否] ① 진실과 거짓. =허실(虛實). ② ⇨ 실불실(實不實). じっぴ・じつぴ ① truth or falsehood

실부모[實父母] 자기를 낳은 부모. =친부모(親父母)・생부모(生父母). ↔양부모(養父母). じつふぼ real parents

실불실[實不實] ① 착실함과 착실하지 못함. ② 살림살이가 넉넉함과 넉넉하지 못함. =실부(實否). じつふじつ ① honesty and dishonesty ② rich and poor

실비[實費] 실제로 드는 비용. 「~ 부담(負擔)」 じっぴ actual expense

실사[實査] 실제로 조사함. じっさ actual survey

실사[實寫] 실물(實物)이나 실경(實景)・실황(實況) 등을 그리거나 찍음. 또는 그 그림이나 사진. じっしゃ photograph taken from life

실사[實辭] 구체적인 대상이나 동작・상태 등과 같이 실질적인 뜻을 나타내는 형태소. ↔허사(虛辭). じつじ

실사회[實社會] 실제의 사회. =실세간(實世間). じっしゃかい real world

실상[實狀] 실제의 상황(狀況). じつじょう actual circumstances

실상[實相] ① 실제의 모양. ② 불교에서, 생멸 무상(生滅無常)의 상(相)을 떠난 만유(萬有)의 진상(眞相). =본체(本體)・진여(眞如). じっそう ① real aspect ② reality

실상[實像] 빛이 렌즈나 거울 따위를 통과하여 반사한 뒤 다시 한 점에 모여 맺는 상(像). じつぞう real image

실색[失色] 놀라서 얼굴빛이 변함. 「아연(啞然)~」 しっしょく losing one's color

실생[實生] 씨에서 싹터 자람. 또는 그 식물. seedling

실설[實說] 실제로 있었던 이야기. =실화(實話)・실담(實談). じっせつ true story

실성[失性] 정신에 이상이 생김. insanity

실세[失勢] 세력을 잃음. losing one's power

실세[實勢] ① 실제의 세력. ↔허세(虛勢). ② 실제의 시세. 「~율(率)」 じっせい ① real influence ② real tendency of the times

실소[失笑] 자기도 모르게 웃음. 또는 그 웃음. しっしょう sudden uncontrollable laughter

실수[失手] 부주의로 잘못을 저지름. 또는 그 잘못. 「~로 인한 대형 사고」 mistake

실수[實收] ① 비용을 뺀 실제의 수입. ② 실제의 수확량. じっしゅう ① net income ② actual yield

실수[實數] ① 실제의 계수(計數). ② 유리수(有理數)와 무리수(無理數). ↔허수(虛數). じっすう real number

실습[實習] 이미 배운 이론을 바탕으로 실지 기술을 해 보고 익힘. 「~ 시간(時間)」 じっしゅう practice

실시[實施] 실지로 시행함. 「민방공 훈련 ~」 じっし execution

실시 등:급[實視等級] 육안으로 보았을 때의 별의 광도(光度)를 등급으로 나타낸 것. =시등급(視等級). ↔절대 등급(絶對等級). じっしとうきゅう

실신[失信] 신용을 잃음. しっしん losing one's credit

실신[失神] 정신을 잃음. しっしん swoon

실심[失心] 근심·걱정으로 맥이 빠짐. =상심(喪心). しっしん dispiritedness

실액[實額] 실제의 돈의 액수. actual amount

실어[失語] ① ⇨실언(失言). ② 말을 잊어버리거나 바르게 말하지 못함. しつご

실어증[失語症] 뇌의 언어중추(言語中樞)에 이상이 생겨 언어 활동이 불완전해지는 병. しつごしょう aphasia

실언[失言] 실수로 잘못 말함. 또는 그 말. =실어(失語). しつげん slip of the tongue

실업[失業] 일할 의사와 능력을 가진 사람이 일자리를 잃거나 일할 기회를 가지지 못함. =실직(失職).「~자(者)」しつぎょう unemployment

실업[實業] 농업·수산업·공업·상업의 생산·제작·판매 따위에 관한 사업.「~가(家)」じつぎょう industry

실연[失戀] 연애에 실패함. 사랑을 이루지 못함. しつれん disappointed love

실연[實演] ①실지로 해 보임. ② 배우 등이 무대에서 실제로 공연함. じつえん
① demonstration ② stage performance

실외[室外] 방 밖. ↔실내(室內). しつがい the out doors

실용[實用] 실제로 유용하게 씀.「~ 가치(價値)」じつよう practical use

실용 신안[實用新案] 물품의 형태나 구조를 실용에 적합하도록 새로이 고안하는 일.「~ 특허(特許)」じつようしんあん utility model

실의[失意] 뜻이나 의욕을 잃음. =실망(失望).「~에 빠지다」しつい disappointment

실의[實意] ① 본마음. =본심(本心). ② 마음을 참되게 함. じつい ① one's true heart ② sincerity

실익[實益] 실제의 이익. =실득(實得)·실리(實利). ↔실해(實害). じつえき net profit

실인[室人] 자기의 아내를 일컫는 말. 집사람. my wife

실인[實印] ⇨인감(印鑑). じついん

실인심[失人心] 인심을 잃음. losing the hearts of the people

실자[實子] 자기가 낳은 아들. 친아들. ↔양자(養子). じっし one's real son

실재[實在] ① 실제로 존재함. ② 철학에서, 인간의 인식이나 경험과는 상관없이 독립해서 존재하는 것. じつざい
① real existence ② essence

실적[失跡] 종적을 감춤. 행방을 알 수 없게 됨. しっせき disappearance

실적[實跡] 실제의 확실한 자취. じっせき evident trace

실적[實績] 실제의 업적이나 공적.「판매(販賣) ~」じっせき actual results

실전[失傳] 묘지·고적의 내력

등 전해 오던 사실을 알 수 없게 됨. loss of the record

실전[實傳] 어떤 사람에 대한 정확한 전기(傳記). 實傳

실전[實戰] 실제의 싸움. 「~경험」 じっせん actual fighting 實戰

실절[失節] 절개를 굽힘. =실정(失貞). ↔수절(守節). loss of one's fidelity 失節

실점[失點] 경기·승부 등에서 점수를 잃음. 또는 그 점수. ↔득점(得點). しってん points given up 失點

실정[失貞] ① 동정(童貞)을 잃음. ↔수정(守貞). ② ⇨실절(失節). ① loss of one's chastity 失貞

실정[失政] 정치를 잘못함. 또는 잘못된 정치. ↔선정(善政). しっせい misgovernment 失政

실정[實情] 실제의 사정. =실상(實狀). 「~을 모르다」 じつじょう real state 實情

실제[實弟] 친아우. 친동생. ↔의제(義弟). じってい real younger brother 實弟

실제[實際] 현실의 경우나 형편. じっさい truth 實際

실조[失調] 조화(調和)를 잃음. 「영양(營養)~」 しっちょう malfunction 失調

실족[失足] ① 발을 잘못 디딤. ② 행동을 잘못함. ① false step ② misdeed 失足

실존[實存] 실제로 존재함. じつぞん existence 實存

실존주의[實存主義] 20세기 전반기에 실증주의·합리주의에 대한 반동으로 시작되어, 사물이나 인간에 관한 보편적·추상적인 본질을 부정하고 개별적·구체적 존재로서의 인간 존재를 자각하는 데 實存 뜻을 둔 철학 사조. じつぞんしゅぎ existentialism

실종[失踪] 종적을 잃어 소재(所在)나 행방, 생사 여부를 알 수 없게 됨. 「~선고(宣告)」 しっそう missing 失踪

실주[實株] 주식의 현물(現物). じつかぶ real stock 實株

실증[實證] ① 확실한 증거. ② 사실에 근거하여 증명함. 또는 그에 따른 증거. じっしょう real proof 實證

실지[失地] 잃어버린 영토. 「~회복(回復)」 しっち lost territory 失地

실지[實地] ① 실제의 땅이나 장소. ② 실제의 경우. 「~연습(演習)」 じっち ② actuality 實地

실지[失職] 직업을 잃음. =실업(失業). しっしょく unemployment 失職

실질[實質] 실제의 내용. 「~적(的)」 じっしつ substance 實質

실질 임:금[實質賃金] 실질적인 구매력으로 환산하여 나타낸 임금. ↔명목 임금(名目賃金). じっしつちんぎん real wages 貨金

실책[失策] ① 잘못된 계책. =실계(失計). ② ⇨실수(失手). しっさく ① wrong scheme 失策

실천[實踐] 실제로 몸소 실행함. 「~도덕(道德)」 じっせん practice 實踐

실체[失體] 체통(體統)을 잃음. しったい disgrace 失體

실체[實體] ① 사물의 본체(本體). ② 현상(現象)의 기초로서 존재하는 불변의 본질. じったい substance 實體

실추[失墜] 신용·권위 따위를 잃거나 떨어뜨림. 「~된 위엄(威嚴)」 しっつい loss 失墜

실측[實測] 실지로 측량함. じっそく actual measurement 實測

실크[silk] ① 명주실. ② 견직물(絹織物). シルク 絹織物

실크로:드[Silk Road] 아시아 내륙을 가로질러 중국과 서방 세계를 연결하던, 고대의 교역(交易) 교통로. 비단길. シルクロード 交易

실크해트[silk hat] 남자가 쓰는 예장용(禮裝用) 모자. シルクハット 禮裝用

실탄[實彈] 총이나 포(砲)에 재어서 쏘았을 때 실제의 효력이 있는 탄알. じつだん ball cartridge 實彈

실태[失態] 볼썽사나운 모양. しったい blunder 失態

실태[實態] 실제의 형편. ＝실정(實情). 「～ 조사(調査)」じったい actual state 實態 實情

실토[實吐] 사실을 거짓 없이 말함. telling the whole truth 實吐

실패[失敗] 뜻한 바를 이루지 못함. ↔성공(成功). しっぱい failure 失敗 成功

실학[實學] ① 이론보다 실제를 중시하고, 실생활에 소용이 되는 학문. ② 17~18세기 조선 시대에, 공리공론(空理空論)에 치중하는 성리학(性理學)의 반동으로 일어나 실사구시(實事求是)와 이용후생(利用厚生) 등을 구현하고자 한 학문. じつがく ① practical science 實學 性理學

실함[失陷] 적에게 공격을 받아 그 지역이 함락(陷落)됨. しっかん surrender 失陷

실해[實害] 실제로 입은 손해. ＝실손(實損). ↔실익(實益)・실리(實利). じつがい actual loss 實害 實利

실행[失行] 도의에 어그러지게 행동함. 또는 그러한 행실. しっこう misdeed 失行

실행[實行] 실제로 행동을 취함. 「무언(無言)～」じっこう practice 實行

실향[失鄕] 고향을 잃음. 「～민(民)」losing one's hometown 失鄕

실험[實驗] ① 어떤 이론이나 가정이 실제로 가능한지 알아보기 위하여, 일정한 조건이나 상황을 만들어 그 이론이나 가정을 적용해 보는 일. ② 예술에서, 새로운 형식이나 방법을 시도하는 일. じっけん ① experimentation ② trial 實驗 理論

실현[實現] 실제로 나타나거나 나타냄. 「이상(理想) ～」じつげん realization 實現 理想

실혈[失血] 출혈(出血)이 그치지 아니함. ＝탈혈(脫血). しっけつ loss of blood 失血 脫血

실형[實刑] 실제로 받는 형벌. じっけい actual punishment 實刑

실혼처[實婚處] 믿을 수 있는 혼처. reliable marriageable person 實婚處

실화[失火] 실수로 불을 냄. 또는 실수로 낸 불. しっか accidental fire 失火

실화[實話] 실지로 있었던 사실의 이야기. ＝실담(實談). じつわ true story 實話

실황[實況] 실제의 상황. 「～방송(放送)」じっきょう actual scene 實況 放送

실효[失效] 효력을 잃음. ↔발효(發效). しっこう invalidation 失效

실효[實效] 실제의 효과. 「～를 거두다」じっこう practical effect 實效

심[心]* ① 마음 심：마음. 「心中(심중)・心境(심경)・心理(심 心中

리)·心情(심정)·本心(본심)」 ② 염통 심: 염통. 심장. 「心臟(심장)·心肝(심간)」 ③ 가운데 심: 중심. 중앙. 「中心(중심)·求心(구심)·圓心(원심)」 シン ① こころ

심:[甚]* 심할 심: 심하다. 정도에 지나치다. 「極甚(극심)·甚大(심대)·甚急(심급)·甚難(심난)」 ジン · はなはだ

심[深]* 깊을 심: 깊다. 「深溪(심계)·深冬(심동)·水深(수심)·深耕(심경)·夜深(야심)·深谷(심곡)·深幽(심유)」 シン · ふかい

심[尋]* ① 찾을 심: 찾다. 「尋訪(심방)·尋究(심구)·尋人(심인)」 ② 여덟 자 심: 여덟 자. 길이의 단위. 「千尋(천심)·一尋(일심)」 ③ 보통 심: 보통. 평소. 「尋常(심상)」 ジン ① たずねる

심:[審]* 살필 심: 살피다. 「審美(심미)·審議(심의)·審定(심정)·審判(심판)·審査(심사)」 シン · つまびらか

심각[深刻] ① 깊이 새김. ② 매우 중대하고 절실함. 「~한 기아(飢餓) 문제」 しんこく ① deep engraving ② seriousness

심간[心肝] ① 심장(心臟)과 간장(肝臟). ② 마음 속. しんかん ① heart and liver ② bottom of one's heart

심갱[深坑] 깊은 구덩이. しんこう deep pit

심겁[心怯] 대단하지 않은 일에도 겁을 낼 만큼 마음이 약함. cowardice

심경[心境] 마음의 상태. 「~의 변화(變化)」 しんきょう mental state

심경[深更] 깊은 밤. =심야(深夜). しんこう midnight

심경[深耕] 땅을 깊이 갊. しんこう deep plowing

심계[心界] ① 마음의 세계. ↔ 물계(物界). ② 마음의 형편. しんかい ① mental world

심계[心計] 마음 속으로 하는 요량이나 판단. 속셈. =심산(心算). しんけい intention

심계[心契] 마음 속으로 굳게 약속함.

심계[心悸] 심장의 고동. 「~항진(亢進)」 しんき pulsation

심계[深計] 깊은 계략. secret plan

심곡[心曲] 간절하고 애틋한 마음 속. =정곡(情曲)·충곡(衷曲). しんきょく earnest mind

심곡[深谷] 깊은 골짜기. しんこく deep valley

심골[心骨] ① 정신과 육체. ② 깊은 마음 속. =심저(心底)·심근(心根). しんこつ ① spirit and body ② bottom of one's heart

심교[深交] 정분이 깊게 교제함. 또는 그러한 교제. しんこう intimacy

심구[深究] 깊이 연구함. しんきゅう deep study

심근[心根] 마음씨. 깊은 마음 속. =심골(心骨)·심저(心底). しんこん bottom of one's heart

심근[心筋] 심장의 벽을 구성하는 근육. 「~ 경색(梗塞)」 しんきん cardiac muscle

심금[心琴] 어떤 자극을 받아 움직이는 마음을 거문고에 비유하여 이르는 말. 「~을 울리다」 heartstrings

심:급[甚急] 몹시 급함. 甚急
　　　　　　　　　　urgency

심기[心氣] 사물을 대하였을 때 마음으로 느끼는 기분. しんき 心氣
　　　　　　　　　　feeling

심기[心機] 마음을 움직이는 실마리.「~일전(一轉)」しんき 心機一轉
　　　　　　mental attitude

심:난[甚難] 매우 어려움. 甚難
　　　　being very difficult

심낭[心囊] 심장의 표면을 둘러싸고 있는 주머니 모양의 얇은 막. 염통주머니. しんのう 心囊
　　　　　　　pericardium

심념[心念] 마음 속으로 생각함. 또는 그러한 마음. しんねん 心念
　　　　　　　intention

심념[深念] 깊은 생각. =심사(深思)·심려(深慮). しんねん 深念 深思 深慮
　　　　　　deep thought

심담[心膽] 심지(心地)와 담력. しんたん 心膽
　　　heart and courage

심:대[甚大] 대단히 큼.「~한 영향(影響)」じんだい 甚大
　　　　　　　very great

심덕[心德] 너그럽고 착한 마음의 덕(德). 心德
　　　　　　　　virtue

심도[深度] 깊은 정도. 깊이. しんど 深度
　　　　　　　　depth

심동[深冬] 추위가 한창인 겨울. 한겨울. 深冬
　　　　　severe winter

심란[心亂] 마음이 산란함. =심산(心散). 心亂
　　　　　　disturbance

심려[心慮] 마음 속으로 걱정함. 또는 그 걱정. しんりょ 心慮
　　　　　　　　care

심려[深慮] 깊이 생각함. 또는 깊은 생각. =심념(深念)·심사(深思). しんりょ 深慮
　　　　profound thought

심령[心靈] ① 마음의 작용을 일으키는 근원적인 존재. ② 육신과 대립되는 존재로 인식 心靈 心魂 되는 마음의 주체(主體). ③ 정신 과학으로는 설명할 수 없는 신비하고 불가사의한 심적 현상. しんれい ② soul 主體

심령학[心靈學] 심령의 현상(現象)을 연구하는 학문. しんれいがく psychics 心靈學 現象

심로[心勞] ① 걱정하는 일. 마음씀. ② 정신적인 피로. しんろう 心勞
　① worries ② mental fatigue

심록[深綠] 짙은 초록색. しんりょく 深綠
　　　　　deep green

심리[心理] 마음의 작용과 의식의 상태.「~ 상태(狀態)」しんり 心理 狀態
　　　　mental state

심리[心裏] 마음 속. =심중(心中). しんり 心裏
　　　　　　heart

심:리[審理] 소송 사건에 관하여 법관이 판결에 필요한 모든 일을 조사하고 심사하는 일. しんり 審理
　　　　　　　trial

심리 전:쟁[心理戰爭] 적군이나 상대국 국민에게 심리적인 자극과 압력을 주어 외교·군사 관계 등을 자기 나라에 유리하도록 이끄는 전쟁이나 경쟁. ㈜심리전(心理戰). しんりせんそう 心理戰爭
　psychological warfare

심리학[心理學] 인간이나 동물의 마음의 작용과 의식의 상태를 연구하는 학문. しんりがく psychology 心理學 知覺

심림[深林] 초목이 무성하게 우거진 깊은 숲. しんりん 深林
　　　　deep forest

심마진[蕁麻疹] 두드러기. じんましん 蕁麻疹
　　　　　nettle rash

심만의족[心滿意足] 마음에 흡족함. 心滿意足
　　　　　satisfaction

심모[深謀] 깊은 꾀.「~원려(遠慮)」しんぼう 深謀 遠慮

심무[深霧] 짙은 안개. thick fog

심:문[審問] ① 자세히 따져서 물음. ② 법원이 당사자 및 그 밖의 이해 관계가 있는 사람에게 서면(書面) 또는 구술(口述)로 진술의 기회를 주는 일. しんもん
① inquiry ② interrogation

심:미[審美] 미(美)와 추(醜)를 분별하여 가늠함. しんび appreciation of the beautiful

심방[心房] 정맥과 이어진 심장 내강(內腔)의 윗부분. しんぼう atrium

심방[尋訪] 방문하여 찾아봄. =심문(尋問). しんぼう call

심벌[symbol] ① 상징(象徵). ② 기호. シンボル

심벌즈[cymbals] 얇고 둥근 두 개의 놋쇠판을 마주 쳐서 소리내는 서양 타악기(打樂器)의 한 가지. シンバル

심법[心法] ① 마음을 닦는 법. ② 불교에서, 물질을 뜻하는 색법(色法)에 대하여, 의식 작용의 본체인 '마음'을 이르는 말. しんぼう・しんぽう
① mental exercise

심복[心服] 심열성복(心悅誠服)의 준말. しんぷく

심복[心腹] ① 가슴과 배. ② 심복지인(心腹之人)의 준말. しんぷく ① breast and belly

심복지인[心腹之人] 마음놓고 믿을 수 있는 부하. ⓒ심복(心腹). right-hand man

심사[心事] 마음 속으로 생각하는 일. しんじ mind

심사[心思] ① 마음. ② 심술궂거나 고약한 마음. しんし
① heart ② ill will

심사[深思] 깊이 생각함. 또는 그 생각. =심려(深慮)・심념(深念). 「~숙고(熟考)」 meditation

심사[深謝] 깊이 사례함. 또는 깊이 사죄함. しんしゃ expressing one's heartfelt gratitude(apology)

심:사[審査] 자세히 조사하여 심의・결정함. しんさ investigation

심산[心算] 마음 속으로 하는 요량이나 판단. 속셈. =심계(心計). しんさん intention

심산[深山] 깊은 산. 「~유곡(幽谷)」 しんざん deep mountain

심상[心狀] 마음의 상태. しんじょう mental state

심상[心象・心像] 기억이나 상상에 의해 직관적으로 마음에 떠오르는 형상. しんしょう(心象)・しんぞう(心像) image

심상[心想] 마음 속의 생각. しんそう thought

심상[尋常] 대수롭지 않음. 보통임. じんじょう ordinariness

심서[心緒] 마음 속에 느껴 품고 있는 생각. =심회(心懷). しんしょ・しんちょ mood

심선[心線] ① 절연 전선・케이블 등의 중심에 있는 선. ② 용접봉의 중심에 있는 금속선. core

심성[心性] ① 심성정(心性情)의 준말. ② 불교에서, 참된 본성(本性), 곧 '진심(眞心)'을 이르는 말. しんしょう・しんせい

심성[心聲] 마음에 있는 것을 소리로 표현한 것이라는 뜻으로, '언어(言語)'를 이름. sound of mind

심성[深省] 깊이 반성함. 또는 깊이 깨달음. しんせい deep reflection

심성암[深成巖] 화성암(火成巖)의 한 가지로 지하의 깊은 곳에서 서서히 이루어진 바위. 화강암(花崗巖)·섬록암(閃綠巖) 따위. しんせいがん plutonic rocks

심성정[心性情] 본디부터 타고난 마음씨. 준심성(心性). nature

심수[心受] 마음으로 깨달음. =납득(納得). しんじゅ comprehension

심수[心髓] ① 사물의 중심이 되는 가장 중요한 곳. =중추(中樞). ② 마음 속. しんずい ① pith ② heart

심수[深愁] 깊은 근심. =농수(濃愁). deep worry

심술[心術] ① 부당하게 고집을 부리는 마음. ② 짓궂게 남을 괴롭히거나 남이 잘못되는 것을 좋아하는 심보. 「~이 많다」 cross temper

심술거복[心術去福] 심술이 사나우면 오던 복도 달아난다는 뜻.

심신[心身] 마음과 몸. 정신과 육체. 「~ 피로(疲勞)」 しんしん mind and body

심신[心神] 마음. 정신. 「~ 상실(喪失)」 しんしん mind

심신[深信] 깊이 믿음. deep belief

심실[心室] 동맥과 이어져 있는 심장의 아랫부분. しんしつ ventricle of the heart

심심[深甚] 마음을 나타내는 정도가 매우 깊음. 「~한 사의(謝意)」 しんじん very deep

심심[深深] 깊고 깊음. 「~산천(山川)」 しんしん very deep

심심상인[心心相印] 말 없는 가운데 마음에서 마음으로 뜻을 전함. =이심전심(以心傳心). telepathy

심:악[甚惡] ① 몹시 악함. ② 가혹하고 야박함. heinousness

심안[心眼] 사물의 본질을 살펴 분별하는 마음의 힘이나 작용. ↔육안(肉眼). しんがん mind's eye

심애[深愛] 깊이 사랑함. deep love

심야[深夜] 깊은 밤. 한밤중. =심경(深更). しんや midnight

심약[心弱] 마음이 약함. weak mind

심역[尋繹] 찾아서 살피고 연구함. じんえき research

심연[深淵] ① 깊은 못. ② 좀처럼 헤어나기 어려운 깊은 구렁의 비유. しんえん ② abyss

심열[心熱] ① 이루어지기를 바라는 마음의 열망(熱望). ② 울화로 일어나는 몸의 열. ① ardent wish

심열성복[心悅誠服] 충심으로 기뻐하며 정성껏 복종함. 준심복(心服).

심오[深奧] 깊고 오묘함. 「~한 원리(原理)」 しんおう deepness

심외[心外] 생각 밖. 뜻밖. =의외(意外). しんがい unexpectedness

심우[深憂] 깊이 근심함. しんゆう deep worry

심원[心願] 마음 속으로부터 바라고 원함. しんがん one's heart's desire

심원[深怨] 깊이 원망(怨望)함. 또는 깊은 원망. しんえん deep rooted grudge

심원[深遠] 쉽게 헤아릴 수 없

을 만큼 깊음. ↔비근(卑近).
　しんえん　　　profundity
심의[深意] 깊은 뜻. しんい
　profound meaning
심:의[審議] 상세히 검토하고 의논함. 「~회(會)」しんぎ
　consideration
심이[心耳] ① 마음의 귀. 곧 마음으로 듣고 헤아리는 일. ② 심장의 좌우 심방의 일부가 귀처럼 앞쪽으로 튀어나온 부분. しんじ
　① hearing with one's heart
심인[尋人] 사람을 찾음. 또는 찾는 사람. 「~ 광고(廣告)」
　missing person
심입[深入] 깊이 들어감.
　going deeply into
심장[心臟] ① 순환기계(循環器系)의 중추 기관. 혈액 순환의 원동력이 되는 기관임. 「~ 마비(痲痺)」 ② 사물의 중심이 되는 곳의 비유. しんぞう
　heart

〔심장〕

심장[深長] 의미가 깊고도 함축성이 있음. 「의미(意味)~」しんちょう　profundity
심장[深藏] 깊이 감추어 간직함.
　hiding deeply
심재[心材] 나무 줄기의 중심 부인 단단한 부분. しんざい
　heartwood
심저[心底] 마음의 깊은 속. =심중(心中). しんてい・しんそこ
　real intention
심적[心的] 마음에 관한 것. 「~ 타격(打擊)」しんてき
　mental

심정[心情] 마음에 품고 있는 생각과 감정. しんじょう
　sentiment
심주[心柱] 마음의 줏대.
　settled conviction
심중[心中] 마음 속. =흉중(胸中). しんちゅう　heart
심중[深重] ① 생각이 깊고 침착함. ② 매우 중대하고 심각함. しんじゅう・しんちょう
　① prudence ② seriousness
심중인[心中人] 마음 속으로 생각하고 있는 사람. =의중인(意中人). man of one's heart
심증[心證] ① 마음에 느끼는 인상(印象). ② 법관이 소송 사건의 심리(審理)에서, 마음 속에 얻은 인식이나 확신. しんしょう
　① impression ② conviction
심지[心地] 마음의 본바탕. 「~가 바르다」しんち disposition
심지[心志] 마음에 품은 뜻. 「~가 깊다」しんし　will
심창[深窓] 집 안의 깊숙이 있는 방. 「~ 가인(佳人)」しんそう
　sequestered room
심선[深淺] 깊음과 얕음. しんせん　depth and shallowness
심청[深青] 짙은 청색.
　deep blue
심취[心醉] 어떤 것에 깊이 빠져 마음을 빼앗기는 일. しんすい　adoration
심취[深醉] 몹시 취함.
　dead drunkenness
심층[深層] 속의 깊은 층. 「~부(部)」しんそう　depths
심침[深沈] ① 매우 침착하고 흔들리지 않음. ② 밤이 조용히 깊어 감. しんちん
　① calmness ② silence
심토[心土] 표토(表土) 아래층의 토양. しんど　subsoil

심통[心痛] 마음이 아픔. 또는 마음의 고통. しんつう heartache

심:판[審判] ① 소송 사건을 심리하여 판결함. ② 경기에서, 승부나 순위를 판정함. 또는 그런 일을 하는 사람. しんぱん ① judgment ② refereeing

심:판대[審判臺] ① 운동 경기 등에서, 심판하는 사람이 있는 자리. ② 판단이나 결정이 내려지는 자리. 「~에 서다」 しんぱんだい ① judge's seat

심포니[symphony] 교향곡(交響曲). シンフォニー

심포니오케스트라[symphony orchestra] 교향악단(交響樂團). シンフォニーオーケストラ

심포지엄[symposium] 어떤 특정(特定)한 문제에 대하여 몇 사람이 서로 다른 각도에서 의견을 발표한 후, 참석자의 질문에 답변하는 형식의 토론회(討論會). シンポジウム

심학[心學] ① 마음을 닦는 학문. ② 양명학(陽明學)을 이르는 말. しんがく

심한[深閑] 한적하고 조용함. しんかん tranquility

심해[深海] 깊은 바다. 「~어(魚)」 しんかい deep sea

심허[心虛] 마음이 허한 병증.

심험[心險] 마음이 음흉함. wickedness

심현[深玄] 사물의 이치 따위가 매우 깊고 오묘함. profundity

심혈[心血] 온갖 정성과 정력. 「~을 기울이다」 しんけつ whole energy

심호흡[深呼吸] 폐 속으로 공기가 많이 들어가도록 숨을 크게 쉬는 일. しんこきゅう deep breath

심혼[心魂] 마음과 혼. 마음과 정신. =신혼(神魂). しんこん soul

심홍[深紅] 짙은 다홍색. しんこう crimson

심화[心火] 마음 속에서 일어나는 울화. しんか infuriation

심화[深化] 사물의 정도나 현상이 깊어지거나 심각하게 됨. しんか deepening

심황[深黃] 짙은 황색. saffron yellow

심회[心懷] 마음 속에 느껴 품고 있는 생각. =심서(心緖). feeling

심회[深懷] 깊이 생각함. 또는 그러한 생각. deliberation

심후[深厚] 마음씨 등이 깊고도 두터움. しんこう deepness

십[十]* 열 십:열. 「十戒(십계)·十中八九(십중팔구)·十年(십년)」 ジュウ·とお

십[什] ① 열 십:열. 「什佰(십백)·什吏(십리)」 ② 세간 집:세간. 「什器(집기)·什具(집구)」 ジュウ

십간[十干] 열 개의 천간(天干). 곧, 갑·을·병·정·무·기·경·신·임·계(甲·乙·丙·丁·戊·己·庚·辛·壬·癸). じっかん

십계[十戒] 불교에서, 사미승(沙彌僧)이 지켜야 할 열 가지 계율. 곧, 살생(殺生)·도둑질·간음·술과 고기·망령된 말·훼방·허물·거짓말·사견(邪見)을 하지 말 것. じっかい

십고일장[十瞽一杖] 열 명의 소경에게 한 개의 지팡이라는 뜻으로, 여러 곳에 긴요하게 쓰이는 물건의 비유. =십맹일장(十盲一杖).

십오야[十五夜] 음력 보름날 밤. 十五夜
じゅうごや　full moon night

십이지[十二支] 12개의 지지 十二支
(地支). 곧, 자·축·인·묘· 地支
진·사·오·미·신·유·술· 子丑
해(子·丑·寅·卯·辰·巳·午·
未·申·酉·戌·亥). じゅう
にし　twelve horary signs

십이지장[十二指腸] 소장(小 十二
腸)의 일부분으로, 위(胃)의 指腸
유문(幽門)에 이어지는 부분.
샘창자. じゅうにしちょう
　　　　　duodenum

십이지장충[十二指腸蟲] 사람 十二
에게 기생하는 기생충의 한 가 指腸蟲
지. 처음에는 십이지장에서 발 寄生虫
견되었으나, 보통은 소장(小
腸) 상부(上部)에 기생(寄生)
함. じゅうにしちょうちゅう
　　　　　hookworm

십자[十字] '十'자 모양을 한 十字
것. じゅうじ　　　　cross 形態

십자가[十字架] ① 고대 유럽 十字架
에서, 죄인을 사형할 때 쓰던
'十'자꼴의 형틀. ② 그리스도
의 수난을 기념하는 '十'자꼴 受難
의 표시. じゅうじか
① cross ② the Holy Cross

십자로[十字路] 네거리. =십 十字路
자가(十字街). じゅうじろ 十字街
　　　　　crossroads

십자매[十姉妹] 중국이 원산 十姉妹
지인 작은 새의 한 가지. 참
새와 비슷하며 관상용으로 기
름. じゅうしまい·じゅうしま
つ　　　　　society finch

십장생[十長生] 오래 살아 죽 十長生
지 않는다는 열 가지. 곧,
해·산·물·돌·구름·솔·불
로초·거북·학·사슴.

십전[十全] ① 완전함. ② 안전 十全
함. じゅうぜん　① perfectness

십진법[十進法] 10을 기본 단 十進法
위로 하여 수를 세는 방
법. =십승법(十乘法). じっ 十乘法
しんほう　decimal system

싱글[single] ① 한 개. 단일(單 單一
一). ② 남자 양복 저고리의
앞이 외줄 단추로 되고, 겹치
는 섶이 좁은 것. ③ 독신(獨
身) 또는 미혼자(未婚者)를
속되게 이르는 말. シングル

싱어[singer] 성악가(聲樂家). 聲樂家
가수(歌手). シンガー

싱커[sinker] 야구에서, 투수
가 던지는 변화구(變化球)의 變化球
일종. シンカー

싱크대[sink臺] 물을 흘려 보
내며 물건을 씻을 수 있는 시 施設
설이 된 대(臺). 부엌·실험
실 등에 설치됨.

싱크로나이즈 [synchronize]
① 동시 녹음(同時錄音). ② 사 同時
진을 찍을 때, 플래시와 셔터 錄音
가 동시에 작동하는 일. シン
クロナイズ

싱크로나이즈드스위밍[syn- 音樂中
chronized swimming] 수 水中
중(水中) 발레. シンクロナイ 競技
ズドスイミング 樣

싱크로사이클로트론[synchro-
cyclotron] 이온 가속(加速)
장치의 하나. 고주파(高周波) 高周波
가속 전압의 주파수를 점차
감소하여 사이클로트론의 가
속 한계를 증대하는 방식. シ 方式
ンクロサイクロトロン

싱크로트론[synchrotron] 입
자(粒子) 가속기(加速器)의 加速器
한 가지. シンクロトロン

싱크탱크[think tank] 여러
분야(分野)의 전문가들로 구
성된 연구(硏究) 조직. シン 硏究
クタンク

쌍[雙]☆ 둘 쌍 : 둘. 쌍. 짝.
「雙方(쌍방)·雙刀(쌍도)·雙童 雙方

쌍견[雙肩] 양쪽 어깨. 「~에 짊어지다」 そうけん shoulders 雙肩

쌍곡선[雙曲線] 한 평면 위에서 두 정점(定點)으로부터의 거리의 차가 일정한 점의 궤적(軌跡)으로 나타나는 곡선. そうきょくせん hyperbola 雙曲線

쌍녀[雙女] 쌍둥이로 태어난 딸. 쌍동딸. twin sisters 雙女

쌍동[雙童] 한 태(胎)에서 난 두 아이. 쌍둥이. twins 雙童

쌍루[雙淚] 두 눈에서 흐르는 눈물. 雙淚

쌍륙[雙六] 두 개의 주사위를 굴려 나오는 사위대로 말을 써서 먼저 궁에 들어가는 쪽이 이기게 되는 놀이. すごろく 雙六

쌍무[雙務] 계약 당사자 쌍방이 의무적으로 지켜야 할 일. 「~ 계약(契約)」 そうむ bilateralness 雙務

쌍발[雙發] ① 발동기가 둘임. 「~ 비행기(飛行機)」 ② 총알이 나오는 구멍이 둘임. 「~ 엽총(獵銃)」 そうはつ ① bimotored ② double-barreled 雙發

쌍방[雙方] 양쪽. =양방(兩方). そうほう both sides 雙方

쌍벌죄[雙罰罪] 어떤 행위에 관련된 양쪽 당사자를 함께 처벌하게 되어 있는 범죄. 간통죄·뇌물죄 따위. crime of dual punishment 雙罰罪

쌍벽[雙璧] 두 개의 구슬이라는 뜻으로, 여럿 가운데 우열(優劣)을 가릴 수 없을 만큼 특히 뛰어난 둘을 이르는 말. 「~을 이루다」 そうへき matchless twin stars 雙璧

쌍보[雙補] 부부가 함께 약을 먹어 보양(補陽) 보음(補陰)을 함. 雙補

쌍분[雙墳] 합장(合葬)하지 않고 나란히 쓴 부부의 무덤. 雙墳

쌍비[雙飛] 한 쌍의 새가 나란히 날아간다는 뜻으로, 부부가 화합함의 비유. 雙飛

쌍생아[雙生兒] 한 태(胎)에서 난 두 아이. 쌍둥이. そうせいじ twins 雙生兒

쌍수[雙手] 두 손. そうしゅ both hands 雙手

쌍안경[雙眼鏡] 두 개의 망원경을 나란히 붙여 두 눈으로 볼 수 있게 한 광학 기계. そうがんきょう binoculars 雙眼鏡

쌍안 사진기[雙眼寫眞機] 입체적(立體的) 영상(映像)을 촬영하는 사진기. そうがんしゃしんき binocular camera 雙眼寫眞機

쌍자엽[雙子葉] 한 개의 배(胚)에서 나오는 두 개의 떡잎. 쌍떡잎. そうしよう dual cotyledon 雙子葉

쌍전[雙全] 두 쪽 또는 두 가지 일이 모두 온전함. being perfect in both 雙全

쌍태[雙胎] 한 태(胎) 안에 두 태아를 배는 일. 또는 그 태아. 「~ 임신(姙娠)」 そうたい twin embryos 雙胎

쌍화탕[雙和湯] 피로 회복과 허한(虛汗)을 다스리기 위해 백작약·숙지황 등으로 조제한 탕약. 雙和湯

씨[氏]* 성 씨; 성. 「姓氏(성씨) ·氏族(씨족)」 シ·うじ 姓氏

씨명[氏名] ⇨성명(姓名). しめい 氏名

씨족[氏族] 같은 선조의 자손으로 이루어진 혈족 집단. しぞく clan 氏族

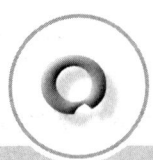

아[牙]☆ ① 어금니 아 : 어금니. 「齒牙(치아)・牙音(아음)・象牙(상아)」 ② 대장기 아 : 대장의 기. 「牙旗(아기)・牙門(아문)・牙城(아성)」 ガ・グ ① きば

아:[我]* 나 아 : 나. 우리. 「自我(자아)・無我(무아)・小我(소아)・彼我(피아)・我國(아국)・我等(아등)・我軍(아군)・我意(아의)」 ガ・われ

아:[亞]☆ ① 버금 아 : 버금가다. 「亞流(아류)・亞聖(아성)」 ② 아세아주의 준말 아 : 아세아주(亞細亞洲). 「亞阿(아아)・亞洲(아주)」 ア ① つぐ

아[兒]* 아이 아 : 아이. 「兒童(아동)・幼兒(유아)・小兒(소아)・迷兒(미아)・女兒(여아)」 ジ・ニ・こ

아[芽]☆ 싹 아 : 싹. 「發芽(발아)・芽生(아생)・麥芽(맥아)・新芽(신아)」 ガ・ゲ・め

아[阿]☆ ① 언덕 아 : 언덕. 「阿丘(아구)」 ② 아첨할 아 : 아첨하다. 「阿附(아부)・阿世(아세)・阿諂(아첨)」 ア ① おか ② おもねる

아[俄] 갑자기 아 : 갑자기. 「俄頃(아경)・俄然(아연)」 ガ・にわか

아[娥] 예쁠 아 : 예쁘다. 「娥姣(아교)・娥嫭(아모)・嫦娥(상아)」 ガ

아[啞] ① 벙어리 아 : 벙어리. 「聾啞(농아)・盲啞(맹아)・啞者(아자)」 ② 까마귀 소리 아 : 까마귀 우는 소리. 「啞啞(아아)」 ア ① おし

아[訝] ① 의심할 아 : 의심하다. 「疑訝(의아)・訝惑(아혹)・訝鬱(아울)」 ② 맞이할 아 : 맞이하다. 「訝賓(아빈)」 ガ ① いぶかる

아:[雅]☆ 바를 아 : 바르다. 고상하다. 「雅淡(아담)・雅正(아정)・雅量(아량)・高雅(고아)・優雅(우아)・清雅(청아)・雅樂(아악)」 ガ・みやびやか

아[蛾] 누에나방 아 : 누에나방. 「蛾眉(아미)・誘蛾(유아)」 ガ

아[衙] 마을 아 : 관청. 「官衙(관아)・衙兵(아병)・衙門(아문)・衙前(아전)」 ガ

아[鴉] 갈가마귀 아 : 갈가마귀. 「鴉陣(아진)」 ア

아:[餓]☆ 굶을 아 : 굶다. 「餓死(아사)・饑餓(기아)・餓狼(아랑)・餓殺(아살)」 ガ・うえる

아[鵝] 거위 아 : 거위. 「鵝毛(아모)・鵝鴨(아압)」 ガ・がちょう

아:가[雅歌] ① 우아하고 고상한 노래. ② 구약 성서 중의 한 편. がか ① elegant song ② Song of Solomon

아:가사창[我歌查唱] 내가 부를 노래를 사돈이 부른다는 뜻으로, 책망을 들어야 할 사람이 도리어 큰소리를 한다는 말.

아가페[그 agapē] 인간에 대한 신(神)의 무조건적인 사랑. アガペー

아간[俄間] ① 조금 전에. ② 조금 후에. =아경(俄頃). 俄頃
① before a while ② after a while

아:감[雅鑑·雅鋻] '보아 주십시오' 라는 뜻으로, 자기가 쓰거나 그린 서화(書畫)를 남에게 증정할 때에 쓰는 말. 雅鑑 雅鋻

아:강[亞綱] 생물 분류학상의 한 단위. 강(綱)과 목(目)의 사이에 필요에 따라 둠. あこう 亞綱 subclass

아:견[我見] ① 자기만의 편협한 견해. ② 불교에서, 본래 실체가 없는 자아(自我)를 실체로 보고 집착하는 일. =아집(我執). がけん ① self-opinion ② self-indulgence 我見

아:결[雅潔] 아담하고 깔끔함. 雅潔 loftiness

아경[俄頃] ① 아까. 조금 전. ② 조금 후. がけい ① before a while ② after a while 俄頃

아고라[그 agora] 고대 그리스의 도시 국가에 있던 중앙 광장(廣場). アゴラ 廣場

아관[俄館] 조선 시대 말에, 러시아 공사관을 이르던 말. 「~파천(播遷)」 Russian legation 俄館

아:관목[亞灌木] 관목(灌木)과 초본(草本)의 중간적인 성질을 나타내는 식물. 산앵두나무·싸리 따위. あかんぼく 亞灌木

아교[阿膠] 쇠가죽을 진하게 고아서 굳힌 접착제. 갖풀. 「~질(質)」 あきょう gluc 阿膠

아:교목[亞喬木] 교목(喬木)과 관목(灌木)의 중간쯤 되는 높이의 나무. あきょうぼく 亞喬木

아:구[亞歐] 아시아와 유럽. あおう Asia and Europe 亞歐

아구창[牙口瘡·鴉口瘡] 칸디다고 하는 진균(眞菌)의 감염으로 입 안의 혀나 볼의 점막에 흰 반점이 생기는 병. =아감창(牙疳瘡). がこうそう aphtha 牙疳瘡

아:국[我國] 우리 나라. =아방(我邦). わがくに our country 我國

아:군[我軍] 우리 편의 군대. ↔적군(敵軍). わがぐん our forces 我軍

아귀[餓鬼] ① 불교에서, 전생(前生)에 지은 죄로 아귀도(餓鬼道)에 떨어져 늘 굶주리고 있는 귀신. ② 염치 없이 먹을 것만 탐내는 사람의 비유. がき ① hungry devil ② greedy person 餓鬼 餓鬼道

아그레망[프 agrément] 어떤 사람을 외교 사절로 임명하기에 앞서, 파견되는 상대국이 주는 동의(同意)의 의사 표시. アグレマン 相對國

아:기[雅氣] ① 맑은 기운. ② 아담하고 고상한 기품. refinement 雅氣

아:나[娥娜] 아름답고 단아한 모양. あだ charming 娥娜

아나나스[에 ananas] 파인애플과 아나나스속의 식물을 통틀어 이르는 말. 특히 관엽 식물(觀葉植物)로서 재배하는 것을 이름. アナナス 觀葉植物

아나운서[announcer] ① 방송국의 방송원(放送員). ② 경기장 등에서 안내 방송을 하는 사람. アナウンサー 放送員

아나운스먼트[announcement] ① 발표. 성명(聲明). ② 안내 방송. アナウンスメント 聲明

아나콘다[anaconda] 뱀목 보아(Boa)과에 속하고 남아메리카 등지에 분포하는 세계에서 가장 큰 뱀. アナコンダ 分布

아나키스트[anarchist] 무정부주의자(無政府主義者). アナーキスト 無政府主義者

아나키즘[anarchism] 무정부주의(無政府主義). アナーキズム 無政府主義

아나톡신[anatoxin] 디프테리아의 예방(豫防) 주사약. アナトキシン 豫防

아나필락시스[anaphylaxis] 과민증(過敏症). アナフィラキシス 過敏症

아날로그[analogue] 어떤 수치(數値)를 연속된 물리량으로 나타내는 일. アナログ 數値

아네르기[독 Anergie] 생체에 항원(抗原)을 주사해도 반응을 일으키지 않는 상태. アネルギー 抗原

아네모네[anemone] 미나리아재빗과의 다년초. 지중해 연안 원산의 관상용(觀賞用) 식물. アネモネ 觀賞用

아녀[兒女] 아녀자(兒女子)의 준말. じじょ 兒女

아녀자[兒女子] ① 어린아이와 여자. ② 여자를 만만히 보고 이르는 말. ⓒ아녀(兒女). じじょし ① children and women 兒女子

아노님[anonym] 작자 미상(未詳)의 악곡. アノニム 未詳

아노락[anorak] 후드가 달린 방한(防寒)·방풍용(防風用)의 짧은 겉옷. アノラック 防寒

아노미[anomie] 사회적 규범(規範)이 무너짐으로써 생기는 혼란 상태. 또는 개인의 욕구나 행동에 대한 규제가 없어진 상태. アノミー 規範

아니마토[이 animato] 악보에서, '생기(生氣) 있게'·'활기(活氣) 있게'의 뜻. アニマート 生氣

아닐린[aniline] 방향족(芳香族) 아민의 하나. 니트로벤젠을 철과 염산으로 환원하여 만듦. アニリン 芳香族

아닐린블랙[aniline black] 아닐린을 산화(酸化)·축합(縮合)시켜 만드는 흑색 물감 酸化

아다지시모[이 adagissimo] 악보에서, '매우 느리고 고요하게'의 뜻.

아다지오[이 adagio] 악보에서, '매우 느리게'의 뜻. 또는 그 빠르기로 쓰여진 소나타나 교향곡(交響曲) 등의 악장. アダジオ 交響曲

아달린[독 Adalin] 최면제(催眠劑)·진정제(鎭靜劑)로 쓰이는 흰 결정성 분말. アダリン 催眠劑

아:담[雅談] 풍류(風流)스러운 이야기. がだん chat on unworldly topics 雅談

아:담[雅澹·雅淡] 조촐하고 깔끔함. refinement 雅澹 雅淡

아담[Adam] 구약 성서에 나오는 인류(人類) 최초의 인간인 남자. アダム 最初 男子

아:당[我黨] 우리 당. 우리 편. わがとう our party 我黨

아당[阿黨] 빌붙어 그 무리에 끼임. 또는 그 무리. あとう adulation 阿黨

아데노바이러스[adenovirus] 편도선(扁桃腺)의 세포에 흔히 기생하는 바이러스. 감기 비슷한 감염증이나 눈병 따위를 일으킴. アデノウイルス 扁桃腺

아데노이드[adenoid] 인두(咽頭)의 림프 조직의 이상 증식(異常增殖). アデノイド

아데닌[adenine] 핵산(核酸)을 가수 분해하여 얻는 염기성(鹽基性) 물질. 鹽基性

아데르민[adermin] 비타민 비

식스.

아동[兒童] 어린아이. じどう 兒童 child

아동극[兒童劇] 아동을 위한 연극. 또는 아동이 중심이 되어서 하는 연극. 준동극(童劇). じどうげき juvenile drama

아:동방[我東方·我東邦] 중국의 동쪽에 있는 나라라는 뜻으로, 지난날 우리 나라를 스스로 일컫던 말. our country

아드레날린[adrenalin] 부신 수질(副腎髓質)에서 분비되는 호르몬의 한 가지. アドレナリン

아드리비툼[라 ad libitum] 악보에서, '연주자(演奏者) 마음대로'의 뜻.

아디놀[adinole] 점토질(粘土質)의 암석과 마그마가 접촉하여 생긴 암석.

아디프산(酸)[adipic acid] 나일론 등의 합성 원료가 되는 유기산(有機酸)의 한 가지.

아라베스크[프 arabesque] ① 아라비아인이 만들어 낸 문자(文字) 무늬·덩굴 무늬·기하학적(幾何學的) 무늬 따위. ② 장식적·환상적 내용의 기악곡. ③ 고전 발레의 기본 자세의 한 가지. アラベスク

아라비안나이트[Arabian Nights] 아라비아 지방을 중심으로 한 민간 설화(民間說話)의 집대성. アラビアンナイト

아라카르트[프 à la carte] 식당 등에서, 자유로이 골라서 주문할 수 있는 일품 요리(一品料理). アラカルト

아라크네[Arachne] 그리스 신화에 나오는 베짜기의 명수(名手).

아라한[阿羅漢] 소승 불교(小乘佛敎)에서, 온갖 번뇌를 끊고 사제(四諦)의 이치를 밝히어 공덕을 갖춘 성자(聖者). 준나한(羅漢). あらかん Arhat

아랍[Arab] 이슬람교를 믿는 지역에서, 아랍어를 쓰며 이슬람 문화(文化)의 영향을 받으며 살고 있는 여러 민족을 통틀어 이르는 말. アラブ

아:량[雅量] 너그러운 마음씨. 「~을 베풀다」がりょう generosity

아레테[그 arete] 덕(德). 사물이 갖추고 있는 탁월한 성질.

아:려[雅麗] 우아하고 아름다움. elegance

아:령[啞鈴] 양쪽 끝에 공 모양의 쇠뭉치가 달린 운동 기구의 한 가지. あれい dumbbell

아:류[亞流] ① 어떤 학설·주의에 찬성하여 따르는 사람. ② 제일류(第一流)인 사람을 흉내내어 그대로 따라 할 뿐 독창성이 없는 것. 또는 그런 사람. ありゅう epigone

아:류주의[亞流主義] 독창성이 없이 남의 사상이나 주의를 모방하거나 따르려는 경향. ありゅうしゅぎ tendency to imitate others

아:르[프 are] 미터법에 의한 면적(面積)의 단위. 1아르는 100m². 기호는 a. アル

아르곤[argon] 무색·무취·무미의 비활성(非活性) 기체 원소. 원소 기호는 Ar. アルゴン

아르기닌[arginine] 염기성(鹽基性) 아미노산의 한 가지. アルギニン

아:르누보[프 art nouveau] 19세기 말에서 20세기 초에 걸

처 프랑스를 중심으로 유럽 각국에 유행한 예술 운동 또는 양식(樣式).

아르마딜로[armadillo] 아르마딜로과의 야행성(夜行性) 포유동물. アルマジロ

아르바이트[독 Arbeit] '일'·'노동'의 뜻으로, 학생이나 직업인이 학업·본업 외에 하는 부업(副業). アルバイト

아르보바이러스 [arbovirus] 절지동물(節肢動物)에 의하여 매개되는 바이러스.

아르보스[독 Arbos] 누른빛의 고체(固體). 물에 잘 녹아 소독제로 쓰임.

아르신[arsine] 비소(砒素)와 수소의 화합물로서 악취가 나는 유독한 액체.

아르케[그 arkhe] '처음'·'시초'의 뜻. 그리스 초기의 자연철학에서, 우주의 근본 원리 또는 원질(原質). アルケー

아르코[이 arco] 현악기(絃樂器)의 활.

아르콘[그 archon] 고대 그리스의 집정관(執政官).

아르크투루스[라 Arcturus] 목자(牧者) 자리의 일파성(α星). アルクトゥルス

아르테미스[Artemis] 그리스 신화에 나오는 올림포스 12신(十二神)의 하나로, 제우스의 딸. アルテミス

아르티장[프 artisan] 뛰어난 기교(技巧)를 가지면서도 예술성이 낮아 본격적인 예술가가 되지 못하는 사람. アルチザン

아르페지오[이 arpeggio] 음악에서, 화음(和音)의 각 음을 동시에 연주하는 것이 아니라 연속적으로 낮은 음에서 높은 음으로 차례로 연주하는 주법(奏法). アルペッジオ

아리아[이 aria] ①오페라 등에서, 선율적(旋律的)인 독창곡. ②서정적인 소곡(小曲). アリア

아리안[Aryan] 인도게르만 어족(語族)에 딸리며 중앙 아시아에 살다가 인도와 이란에 정주한 민족. アリアン

아리에타[이 arietta] 규모(規模)가 작은 아리아. アリエッタ

아리엘[Ariel] 천왕성(天王星)의 제 1 위성.

아리오소[이 arioso] 오페라 등에서, 반주(伴奏)가 붙은 서창(敍唱). 또는 그 기악곡.

아마[亞麻] 아마과의 일년초. 씨로는 아마인유(亞麻仁油)를 짜고 줄기로부터는 섬유를 얻음. あま flax

아마겟돈[Harmagedon] 요한계시록에서, 세계의 마지막 날에 일어나는 선과 악의 막판의 결전장(決戰場). アーマゲドン·アルマゲドン

아마릴리스[amaryllis] 수선화과의 다년초. 남아메리카 원산의 구근(球根) 식물로 관상용으로 재배함. アマリリス

아마빌레[이 amabile] 악보에서, '사랑스럽게'·'부드럽게'의 뜻.

아마인유[亞麻仁油] 아마의 씨를 짜서 얻는 누른빛의 건성유(乾性油). 도료(塗料)·잉크 등을 만드는 데 쓰임. =아마유(亞麻油). あまにゆ linseed oil

아마추어[amateur] 스포츠·예술 등을 직업으로서가 아닌 취미(趣味)로 즐기는 사람. アマチュア

아마추어리즘 [amateurism] 아마추어 정신(精神). アマチュアリズム

아말감 [amalgam] 백금·철·니켈·망간·코발트 등을 제외한 다른 금속과 수은(水銀)과의 합금. アマルガム

아메리슘 [americium] 초우라늄 원소(元素)의 하나. 원소 기호는 Am. アメリシウム

아메리칸인디언 [American Indian] 남북 아메리카 대륙의 원주민(原住民). アメリカンインディアン

아메리칸풋볼: [American football] 미식 축구(美式蹴球). アメリカンフットボール

아메:바 [amoeba] 아메바강(綱)의 원생동물(原生動物)의 한 무리. 단세포이며 분열에 의하여 불어남. アメーバ

아:멘 [헤 amen] 기독교에서, 기도(祈禱) 끝에 그 내용에 찬동한다는 뜻으로 쓰이는 말. アーメン

아명 [兒名] 아이 때의 이름. childhood name

아모레 [이 amore] 악보에서, '사랑스럽게·애정(愛情)이 풍부하게'의 뜻. アモーレ

아모르 [Amor] 로마 신화(神話)의 사랑의 신. 그리스의 에로스에 해당함.

아:몬드 [almond] 편도(扁桃). アーモンド

아:문 [亞門] 생물 분류학상의 한 단계. 문(門)과 강(綱)의 사이. あもん subphylum

아:문 [雅文] ①바른 문장이나 학문. ②우아한 문장. がぶん ① good writing ② elegant writing

아문 [衙門] 지난날, 관청을 통틀어 이르던 말. government offices

아미 [阿媚] 아첨함. 알랑거림. flattery

아미 [蛾眉] 나방의 더듬이와 같은 초승달 모양의 눈썹이라는 뜻으로, 미인(美人)의 눈썹. 또는 미인을 이르는 말. がび lovely eyebrows

아미노돈 [amynodon] 지질 시대에 있었던 무소의 한 가지.

아미노산(酸) [amino acid] 단백질의 가수 분해(加水分解)로 생기는 유기 화합물의 총칭. アミノさん

아미노피린 [aminopyrine] 해열·진통제로 쓰이는 피린계(系)의 약제(藥劑). アミノピリン

아미타 [阿彌陀] 서방 정토(西方淨土)에 있다는 부처의 이름. =아미타불(阿彌陀佛)·아미타여래(阿彌陀如來). 준미타(彌陀). あみだ

아밀 [amyl] 알킬기의 하나. 탄소 5원자와 수소 11원자로 이루어진 1가의 기(基). アミル

아밀라아제 [amylase] 녹말·글리코겐 따위를 가수 분해하는 효소(酵素). アミラーゼ

아밀로오스 [amylose] 녹말의 주성분(主成分)의 하나. アミロース

아밀로이드 [amyloid] 병적으로 뇌·이자 따위의 기관에서 만들어지는 당단백질(糖蛋白質)의 한 가지.

아밀로펙틴 [amylopectin] 녹말을 구성하는 다당류(多糖類)의 한 가지. アミロペクチン

아밀롭신 [amylopsin] 췌장(膵臟)에서 분비되는 아밀라아제의 한 가지. アミロプシン

아반도네[이 abbandone] 악보에서, '자유롭게'의 뜻. 自由

아방가르드[프 avant-garde] ① 제1차 세계 대전 후에 유럽에서 일어난 예술 운동. ② 이제까지의 관념이나 형식을 부정하고 혁신적인 표현을 지향하는 예술을 통틀어 이르는 말. 전위 예술(前衛藝術). アバンギャルド 前衛藝術

아방게ː르[프 avant-guerre] ① 제1차 세계 대전 이전의 예술 사조(思潮). ② 제2차 세계 대전 이전의 사상·생활 태도 등을 지니고 있는 사람들. 전전파(戰前派). アバンゲール 戰前派

아방궁[阿房宮] ① 중국 진시황(秦始皇)이 세웠던 큰 궁전. ② 매우 크고 화려한 집의 비유. あぼうきゅう grand mansion 阿房宮

아베날린[avenalin] 귀리의 낟알에서 빼낸 글로불린.

아베마리아[라 Ave Maria] ① 성모 마리아에게 바치는 기도(祈禱). ② 성모 마리아를 칭송하는 가곡(歌曲). アベマリア 聖母

아베스타[페 Avesta] 조로아스터교의 경전(經典). アベスタ 經典

아베크[프 avec] 한 쌍의 남녀, 특히 젊은 남녀의 동행(同行) 또는 동반(同伴). アベック 同行

아ː보[雅步] 고상하고 우아한 걸음걸이. gentle gait 雅步

아부[阿附] 남의 비위를 맞추려고 알랑거리며 붙좇음. あふ flattery 阿附

아브라함[Abraham] 구약 성서에 나오는, 이스라엘 민족의 시조(始祖). アブラハム 始祖

아비규환[阿鼻叫喚] 아비지옥(阿鼻地獄)과 규환지옥(叫喚地獄)을 함께 이르는 말로, 많은 사람이 비참한 상황에 빠져 살려 달라고 울부짖는 상태를 이르는 말. あびきょうかん pandemonium 阿鼻叫喚

아비산[亞砒酸] 삼산화비소(三酸化砒素)의 수용액에 들어 있는 약산(弱酸). あひさん arsenious acid 亞砒酸

아비지옥[阿鼻地獄] 불교에서 말하는 팔대 지옥의 하나로, 오역죄(五逆罪)를 지은 사람이 저승에 가서 끊임없는 고통을 받는다는 곳. =무간지옥(無間地獄). あびじごく 阿鼻地獄

아ː사[餓死] 굶어 죽음. =기사(饑死). がし·うえじに starvation 餓死

아사리[阿闍梨] 불교에서, 제자의 행위를 교정하며 그의 사범(師範)이 되어 지도하는 고승(高僧)을 이르는 말. あじゃり senior priest 阿闍梨

아사이[이 assai] 악보에서, '매우'의 뜻. アッサイ 樂譜

아ː사지경[餓死之境] 굶어 죽게 된 처지. =기아선상(饑餓線上). brink of starvation 餓死之境

아ː살[餓殺] 굶기어 죽임. がさつ starving to death 餓殺

아상블라주[프 assemblage] 폐품이나 일용품을 비롯한 여러 물체를 한데 모아 미술 작품을 제작하는 기법. 또는 그 작품. アッサンブラージュ 廢品

아생 생식[芽生生殖] 무성 생식의 한 가지. 모체에서 생긴 싹이 자라 새로운 개체로 떨어져 나가는 생식법. =아생법(芽生法). がせいせいしょく reproduction by budding 芽生生殖

아성[牙城] ① 주장(主將)이 있는 성(城). ② 어떤 조직이나 牙城

세력의 중심이 되는 곳을 비유하여 이르는 말. がじょう
① inner citadel ② stronghold

아:성[亞聖] ① 성인(聖人)에 버금가는 훌륭한 사람. =대현(大賢). ② 성인으로 일컬어지는 공자에 대하여, 맹자(孟子)를 이르는 말. あせい
① sage of second order

아:성층권[亞成層圈] 성층권의 아래인, 지표(地表)로부터 8000~12000m의 대기권. あせいそうけん substratosphere

아세[阿世] 세상 사람들에게 아첨함. 「곡학(曲學)~」 あせい

아세나프텐[acenaphthene] 방향족(芳香族) 탄화수소의 한 가지. 콜타르 속에 들어 있는 무색 결정.

아세테이트 레이온[acetate rayon] 아세틸셀룰로오스를 원료로 하는 반합성 섬유(半合成纖維). 감촉이 좋고 질기나 열에 약함. 아세테이트. アセテートレーヨン

아세톤[acetone] 대표적인 케톤으로 특유의 냄새가 있는 무색의 휘발성(揮發性) 액체. アセトン

아세트산(酸)[acctic acid] 포화 지방산의 한 가지. 자극성 냄새와 신맛을 지닌 무색의 액체. 초산(醋酸).

아세트아닐리드[acetanilide] 아닐린과 빙초산(氷醋酸)으로부터 합성되는 무색의 결정. アセトアニリド

아세틸렌[acetylene] 탄화칼슘에 물을 부어 만드는 무색의 가연성(可燃性) 기체. アセチレン

아세틸살리실산(酸)[acetyl-salicylic acid] 살리실산을 아세트산 무수물(無水物)로 아세틸화하여 얻는 백색의 결정. 해열·진통제로 쓰임.

아:속[雅俗] 우아한 것과 속된 것. がぞく
culture and vulgarism

아손[兒孫] 자기의 아들과 손자. 곧 자손(子孫). じそん
one's sons and grandsons

아수라[阿修羅] ① 고대 인도의, 싸우기를 좋아하는 귀신. ② 불교에서, 불법(佛法)을 지키는 팔부중(八部衆)의 하나. 준수라(修羅). 「~도(道)」 あしゅら

아:순[雅馴] 글이 품위 있고 세련되어 있음. がじゅん
refinement

아스베스토스[asbestos] 석면(石綿). アスベスト

아스코르브산(酸)[ascorbic acid] '비타민 C'의 별칭(別稱). アスコルビンさん

아스타틴[astatine] 방사성(放射性) 원소의 한 가지. 원소 기호는 At. アスタチン

아스트라칸[Astrakhan] 러시아의 아스트라한 지방에서 나는 새끼양의 모피(毛皮). 또는 그와 비슷하게 만든 직물. アストラカン

아스트롤라베[프 astrolabe] 천체(天體)의 고도(高度)를 측정하는 휴대용 기계. アストロラーベ

아스트린젠트[astringent] 수렴성(收斂性)이 있는 화장수. アストリンゼント

아스파라거스[asparagus] 백합과(百合科)의 다년초. 잎은 비늘 모양이며 어린 줄기는 먹을 수 있음. アスパラガス

아스파라긴[asparagine] 아미

노산의 한 가지로 아스파르트산의 유도체(誘導體). 아스파라거스에서 처음 발견됨. アスパラギン 誘導體

아스파르트산(酸) [aspartic acid] 아스파라긴을 가수 분해하여 얻는 산성(酸性) 아미노산의 한 가지. 酸性

아스팔트 [asphalt] 석유의 정제(精製) 과정에서 얻어지는 고체 또는 반고체의 탄화수소(炭化水素). アスファルト 精製

아스피레이터 [aspirator] 공기나 수증기(水蒸氣)를 빨아들이기 위한 장치. 水蒸氣

아스피린 [독 Aspirin] 아세틸살리실산의 상품명. 해열제(解熱劑)·진통제 등으로 쓰임. アスピリン 鎭痛劑

아스피테 [독 Aspite] 화산의 모양의 한 가지. 유동성이 큰 용암(熔巖)이 흘러 나와 이루어진 비탈이 완만한 화산. 순상 화산(楯狀火山). アスピーテ 楯狀火山

아시아 [Asia] 육대주(六大洲)의 하나. 세계 육지의 3분의 1, 세계 인구의 2분의 1 이상을 차지함. アジア 六大洲

아시안 게임 [Asian Games] 아시아 경기 연맹(聯盟)의 주최로, 4년마다 국제 올림픽 대회의 중간 해에 열리는 운동 경기 대회. 聯盟

아아 [亞阿] 아시아와 아프리카를 아울러 이르는 말. 「~회의(會議)」 ああ Asia and Africa 亞阿 會議

아아 [峨峨] ①산이 높고 험한 모양. ②위엄이 있고 엄숙한 모양. がが ① roughness ② dignity 峨峨 威嚴

아약 [兒弱] 아직 뼈가 굳지 않은 연약한 어린아이. 兒弱

weak child

아:어 [雅語] 바르고 고상한 말. =아언(雅言). がご polite expression 雅語

아:언 [雅言] ⇨아어(雅語). がげん 雅言

아역 [兒役] 영화나 연극 등에서 어린아이의 역. 또는 그 역을 맡은 어린아이. child player 兒役

아연 [亞鉛] 청백색의 무른 금속. 함석·양은·놋쇠 등의 합금 재료로 쓰임. 원소 기호는 Zn. 「~도금(鍍金)」 あえん zinc 亞鉛 鍍金

아연 [俄然] 갑작스러운 모양. 「~긴장(緊張)되다」 がぜん suddenly 俄然

아연 [啞然] 어이가 없거나 놀라 입을 벌리고 말을 못 하는 모양. 「~실색(失色)」 あぜん agape 啞然

아연실색 [啞然失色] 뜻밖의 일에 너무 놀라서 얼굴빛이 변함. turning pale with surprise 失色

아연화 [亞鉛華] 산화아연(酸化亞鉛). 의약품·안료 등의 원료로 쓰임. あえんか zinc oxide 亞鉛華 酸化

아:열대 [亞熱帶] 열대와 온대의 중간 기후대(氣候帶). 대체로 남북 위도 각각 25도에서 35도까지의 범위. あねったい subtropics 亞熱帶

아:열대 기후 [亞熱帶氣候] 아열대 지역 특유의 온난한 기후. あねったいきこう subtropical climate 亞熱帶氣候

아:욕 [我慾] 자기의 이익만을 생각하는 욕심. がよく selfish desire 我慾

아우라민 [auramine] 염기성 염료(染料)의 한 가지. 무명·레이온 등을 황색으로 염색함. 染料

オーラミン

아우토반:[독 Autobahn] 독일의 자동차 전용 고속 도로(高速道路). アウトバーン

아우트라인[outline] ①윤곽(輪廓). ②대체적인 내용. アウトライン

아울[訝鬱] 의아하여 답답함.

아울로스[그 aulos] 고대 그리스의 관악기(管樂器).

아웃[out] ①테니스·탁구 등에서 공이 규정선 밖으로 나가는 일. ②야구에서 타자(打者)나 주자(走者)가 공격할 자격을 잃는 일. アウト

아웃드롭[outdrop] 야구에서, 투수(投手)가 던진 공이 타자의 바깥쪽으로 휘면서 갑자기 떨어지는 일. 또는 그 공. アウトドロップ

아웃렛[outlet] 재고 상품이나 하자 상품 등을 염가 판매하는 상설 소매점(常設小賣店).

아웃복싱[outboxing] 권투에서, 상대 선수와 일정한 거리를 유지하면서 싸우는 일. アウトボクシング

아웃사이더[outsider] 국외자(局外者). 문외한(門外漢). アウトサイダー

아웃사이드[outside] ①바깥쪽. ②테니스·탁구 등에서, 공이 코트의 경계선 밖으로 떨어지는 일. アウトサイド

아웃사이드킥[outside kick] 축구(蹴球)에서, 발의 바깥쪽으로 공을 차는 일. アウトサイドキック

아웃소싱[outsourcing] 제품의 생산·유통·포장·용역 등을 하청 기업에 발주하거나 외주를 줌으로써 기업 밖에서 필요한 것을 조달하는 방식의 경영 전략.

아웃오브바운즈[out-of-bounds] ①배구에서 공이, 농구에서 공이나 공을 가진 선수가 코트 밖으로 나가는 일. ②골프에서, 홀마다 지정된 경기 구역(區域)의 바깥쪽. アウトオブバウンズ

아웃커:브[outcurve] 야구(野球)에서, 투수가 던진 공이 타자 가까이에서 바깥쪽으로 휘는 일. 또는 그 공. アウトカーブ

아웃코:너[out corner] 야구에서, 타자 쪽에서 보아 본루의 중앙으로부터 먼 쪽. 외각(外角). アウトコーナー

아웃코:스[out course] ①야구에서, 타자 쪽에서 보아 아웃코너를 지나는 공의 길. ②육상 경기에서, 트랙의 바깥쪽으로 도는 주로(走路). アウトコース

아웃풋[output] 출력(出力). アウトプット

아웃필:드[outfield] 외야(外野). アウトフィールド

아유[阿諛] 남의 비위를 맞춤. ―하다[阿諂]. あゆ flattery

아:유[雅儒] 바른 길을 행하는 유학자.

아음[牙音] 어금닛소리. 'ㄱ·ㄲ·ㅇ·ㅋ'을 이르는 말. がおん dental sound

아:의[雅意] 고상한 뜻. がい noble intention

아이누[Ainu] 일본 홋카이도와 사할린·쿠릴 열도에 사는 선주 민족(船住民族). アイヌ

아이들[idol] 우상(偶像). アイドル

아이들코스트[idle cost] 시설(施設)이나 노동력 등 공장의

생산 능력이 충분히 활용되지 않음으로써 생기는 손실. アイドルコスト

아이디어[idea] 독창적인 생각. 창안(創案). 발상(發想). アイディア

아이디어맨[idea man] 착상(着想)이 풍부한 사람. アイディアマン

아이디얼리즘[idealism] ① 관념론(觀念論). ② 이상주의(理想主義). アイディアリズム

아이라인[eye line] 눈을 크고 뚜렷하게 보이기 위하여 눈의 가장자리에 그리는 선. アイライン

아이러니[irony] 반어(反語). 역설(逆說). アイロニー

아이로니컬[ironical] 풍자적. 역설적(逆說的). アイロニカル

아이리스[iris] ① 붓꽃과 붓꽃속의 외떡잎 식물을 통틀어 이르는 말. ② 눈알의 홍채(虹彩). ③ 카메라의 조리개. アイリス

아이리스아웃[iris out] 영화나 텔레비전에서, 화면(畵面)의 한 점으로 둥글게 오므리면서 전체 화면을 지우는 기법. 아이오(I.O.). アイリスアウト

아이리스인[iris in] 영화나 텔레비전에서, 화면의 한 점으로부터 둥글게 펼쳐지면서 전체 화면을 나타내는 기법(技法). 아이아이(I.I.). アイリスイン

아이맥스[IMAX] 영화의 한 형태. 가로 25m, 세로 18m의 초대형 스크린과 입체감(立體感)이 나는 화면, 웅장한 음향이 특징임. アイマックス

아이모[Eyemo] 35mm 휴대용 영화 촬영기(撮影機). アイモ

아이보리[ivory] 상아(象牙). 또는 상앗빛. アイボリー

아이볼트[eyebolt] 한쪽 끝에 구멍이 있는 볼트. アイボルト

아이빔:[I beam] 단면(斷面)이 'I'자 모양인 구조용 강재(構造用鋼材)

아이섀도:[eye shadow] 눈꺼풀에 바르는 여러 가지 빛깔의 화장품(化粧品). アイシャドー

아이셰이드[eyeshade] 햇빛을 가리기 위한 챙과 테만으로 된 모자. アイシェード

아이스댄싱[ice dancing] 피겨스케이팅의 한 종목(種目). 음악에 맞추어 추는 남녀 한 쌍의 빙상(氷上) 댄스. アイスダンシング

아이스링크[ice rink] 스케이트장(場). アイスリンク

아이스박스[icebox] 얼음을 넣어 그 냉기로 음식물을 냉장(冷藏)하는 상자. アイスボックス

아이스쇼:[ice show] 얼음판에서 스케이트를 타고 곡예(曲藝)나 댄스 등을 펼쳐 보이는 구경거리. アイスショー

아이스요트[ice yacht] 풍력(風力)을 이용하여 얼음 위를 달리는 요트. アイスヨット

아이스캔디[ice candy] 과즙(果汁)이나 우유·향료·설탕 등을 넣은 물을 얼려서 만든 과자. アイスキャンデー

아이스커피[ice coffee] 얼음을 넣어서 차게 한 커피. アイスコーヒー

아이스크림:[ice cream] 우유(牛乳)·달걀·향료·설탕 등을 녹인 물을 크림 모양으로 얼린 과자. アイスクリーム

아이스하:켄[독 Eishaken]

빙벽(氷壁)을 오를 때 얼음에 박는, 머리 부분에 구멍이 뚫린 쇠못. アイスハーケン 氷壁

아이스하키[ice hockey] 빙상 경기(氷上競技)의 한 가지. 얼음판에서 여섯 명씩의 선수가 스케이트를 신고 얼음을 지치면서 하는 하키. アイスホッケー 氷上競技

아이언[iron] 머리 부분이 금속으로 된 골프채. アイアン 金屬

아이젠[독 Eisen] 등산할 때, 얼음 따위에 미끄러지지 않도록 등산화 밑바닥에 단단히 매는, 여러 개의 쇠못이 달린 기구. アイゼン 登山靴

아이징글라스[isinglass] 물고기의 부레로 만든 순백색(純白色)의 젤라틴. 純白色

아이코노스코:프[iconoscope] 최초의 실용적인 텔레비전 촬상관(撮像管). アイコノスコープ 撮像管

아이콘[icon] ① 예수·성모·순교자의 초상(肖像). ② 컴퓨터에서, 지시·명령을 기호화한 도형. アイコン 肖像

아이템[item] ① 항목(項目). 품목. ② 컴퓨터에서, 한 항목분의 데이터. アイテム 項目

아이피:스[eyepiece] 접안(接眼) 렌즈. 接眼

아인라이퉁[독 Einleitung] ① 서론. ② 서곡(序曲). 序曲

아인시타이늄[einsteinium] 열핵폭발(熱核爆發)을 실험하던 중에 발견된 인공 방사성 원소의 하나. 원소 기호는 Es. アインシュタイニウム 熱核爆發

아일릿워:크[eyelet work] 사뜨는 서양 자수(刺繡)의 한 가지. 刺繡

아자[啞者] 벙어리. あしゃ dumb person 啞者

아쟁[牙箏] 국악(國樂)에서 쓰는 현악기의 한 가지. 대쟁(大箏)보다 조금 작고 일곱 줄로 되어 있음. 牙箏

아전[衙前] 조선 시대에, 지방 관아에 딸렸던 하급 관원. =서리(胥吏)·하리(下吏). 衙前

아:전인수[我田引水] 자기 논에 물대기라는 뜻으로, 자기에게만 유리하도록 일을 함을 이르는 말. がでんいんすい drawing water to one's own mill 我田引水

아조[鵞鳥·鵝鳥] 거위. がちょう goose 鵞鳥 鵝鳥

아조[azo] 질소(窒素). アゾ

아지타토[이 agitato] 악보에서, '급속히'·'격정적(激情的)으로'의 뜻. アジタート 激情的

아지트[←agitation point] 비합법적(非合法的) 활동의 비밀 본부. 또는 범죄자의 은신처(隱身處). アジト 隱身處

아:집[我執] 자기 의견만을 고집함. がしゅう egoistic attachment 我執

아첨[阿諂] 남에게 환심을 사기 위하여 알랑거림. flattery 阿諂

아첼레란도[이 accelerando] 악보(樂譜)에서, '점점 빠르게'의 뜻.

아:취[雅趣] 고상한 취미. 풍류로운 취향. =아치(雅致). がしゅ tastefulness 雅趣

아:치[雅致] ⇨아취(雅趣). がち 雅致

아:치[arch] 반원 모양의 구조물. 건물의 입구나 문·창·다리·선전탑 등에 이용됨. 궁륭(穹隆). アーチ 穹隆

아카데미[academy] ① 서양에서, 학문이나 예술에 관한 지도자 또는 권위자의 단체(團

體). ② 대학·연구소 따위를 두루 이르는 말. アカデミー

아카데미즘[academism] ① 대학 따위에서, 이론을 중시하고 학문·예술의 순수성을 지키려는 생각. ② 학문이나 예술의 보수적(保守的)·형식주의적인 경향. アカデミズム

아카데믹[academic] 학구적(學究的). 이론적. アカデミック

아카시아[acacia] 콩과의 낙엽 교목. 북아메리카 원산으로, 꽃에는 꿀이 많아 가장 흔한 밀원(蜜源)임. アカシア

아카펠라[이 a capella] 반주(伴奏)가 없는 합창곡. アカペラ

아칸서스[acanthus] 쥐꼬리망촛과의 다년초. 또는 그 잎을 양식화(樣式化)한 무늬. アカンサス

아ː케이드[arcade] ① 아치를 연속적으로 기둥 위에 가설한 것. ② 길 위에 지붕을 덮은 상점가(商店街). アーケード

아코ː디언[accordion] 리드 악기의 한 가지. 주름 상자를 신축시키고 건반(鍵盤)을 눌러 연주함. 손풍금. アコーディオン

아코르[프 accord] 화음(和音). アコール

아쿠아로빅스[aquarobics] 물 속에서 하는 에어로빅.

아크로폴리스[그 akropolis] 고대 그리스에서, 도시 국가(都市國家)의 중심부가 되었던 언덕. アクロポリス

아크롤레인[acrolein] 대표적인 불포화(不飽和) 알데히드. 자극적인 냄새가 나는 무색의 액체. アクロレイン

아크릴[acryl] '아크릴섬유' 또는 '아크릴수지(樹脂)'의 준말. アクリル

아크릴산(酸)[acrylic acid] 아크롤레인의 산화(酸化) 등으로 얻는, 자극적인 냄새가 나는 무색의 액체. アクリルさん

아크릴섬유[acryl纖維] 합성 섬유의 한 가지. 양모와 비슷한 감촉이며 가볍고 따뜻함.

아크릴수지[acryl樹脂] 합성 수지의 한 가지. 투명도(透明度)가 높아 조명 기구(照明器具)·렌즈 등에 쓰임.

아킬레스건(腱)[Achilles' tendon] 발뒤꿈치 뼈 위에 붙어 있는 힘줄. 보행(步行)과 운동에 중요한 구실을 함. アキレスけん

아타카[이 attacca] 악보에서, 악장(樂章)이 바낄 내 십 없이 다음 악장의 연주를 계속하라는 말.

아ː탄(亞炭) 탄화(炭化)의 정도가 낮고 질이 나쁜 석탄. あたん lignite

아테[Ate] 그리스 신화에 나오는 유혹(誘惑)의 여신

아테나[Athena] 그리스 신화에 나오는 전쟁과 지성(知性)의 여신. アテナ

아테브린[독 Atebrin] 말라리아의 특효약(特效藥) 이름. アテブリン

아템포[이 a tempo] 악보에서, '본디의 빠르기로'의 뜻. アテンポ

아토니ː[독 Atonie] 근육 따위의 수축력(收縮力)이 약해지거나 없어지거나 하는 일. アトニー

아ː토타이프[artotype] 아교와 중(重)크롬산과의 혼합물의 감광성을 이용한 사진판(寫眞版)

아토피[atopy] 선천성 과민증(過敏症). アトピー

아톰[atom] 그리스어로 '더 이상 가를 수 없는 것'이란 뜻에서, 원자(原子)를 이름. アトム

아:트디렉터[art director] 미술 감독(美術監督). アートディレクター

아트로핀[atropine] 알칼로이드의 한 가지. 진경제(鎭痙劑)·산동제(散瞳劑) 등으로 쓰임. アトロピン

아:트만[범 ātman] 인도 철학의 근본 원리의 한 가지. '자아(自我)의 본질', '영혼'을 뜻함.

아:트지(紙)[art paper] 사진판 인쇄 등에 쓰이는 반들반들한 양지(洋紙).

아틀라스[Atlas] 그리스 신화에 나오는 거인(巨人). 하늘을 어깨로 떠받치고 있어야 하는 벌을 받음. アトラス

아틀란티스[Atlantis] 플라톤의 작품에 나오는 전설상의 이상향(理想鄕). アトランティス

아틀리에[프 atelier] ①화가·조각가의 작업실. 화실(畫室). ②스튜디오. アトリェ

아:티스트[artist] 미술가. 예술가(藝術家). アーティスト

아파시오나토[이 appassionato] 악보에서, '정열적(情熱的)으로'의 뜻. アパッショナート

아파치[Apache] 아메리카 인디언의 한 부족(部族). アパッチ

아파:트[←apartment] 한 채의 건물 안에 여러 세대가 살게 된 5층 이상의 공동 주택(共同住宅). アパート

아페르토[이 aperto] 악보에서, '피아노의 페달을 밟고'의 뜻.

아페리티프[프 apéritif] 식욕(食慾)을 돋우기 위하여 식전(食前)에 마시는 술. アペリティフ

아편[阿片] 덜 익은 양귀비 열매의 진액을 말린 흑갈색의 물질. 마취제·진통제 등으로 쓰이며 계속 사용하면 습관성 중독(中毒)을 일으킴. あへん opium

아포리아[그 aporia] 해결(解決)의 실마리를 찾을 수 없는 어려운 문제. アポリア

아포리즘[aphorism] 깊은 진리를 간결(簡潔)하고 날카롭게 나타낸 글.

아포스테리오리[라 a posteriori] ①후천적(後天的). ②귀납적(歸納的). アポステリオリ

아포코[이 a poco] 악보에서, '조금씩'의 뜻.

아포크리파[Apocrypha] 성경에 수록되지 않은 30여 편의 문헌. 경외 성서(經外聖書).

아포크린샘[apocrine gland] 피부(皮膚) 속에 있는 땀샘.

아폴론[Apollon] 그리스 신화에 나오는 광명·의술·음악·예언(豫言)의 신. アポロン

아프간[Afghan] 아프가니스탄 지역에 살고 있는 이란계 유목(遊牧) 민족. アフガン

아프레게:르[프 après-guerre] 전후파(戰後派). アプレゲール

아프로디테[Aphrodite] 그리스 신화에 나오는 미(美)와 사랑의 여신. 로마 신화의 비너스에 해당됨. アプロディテ

아프리칸:스[Afrikaans] 남아프리카 공화국의 공용어(公用語)

아플리케[프 appliqué] 서양 자수(刺繡)의 한 가지. 여러 가지 모양으로 오린 천을 바탕천에 꿰매거나 붙이거나 하는 기법. アップリケ 刺繡

아피아체레[이 a piacere] 악보에서, '자유(自由)롭게'의 뜻. 自由

아:한대[亞寒帶] 한대와 온대 사이의 기후대. あかんたい subarctic zone 亞寒帶

아해[兒孩] 아이. child 兒孩

아:형[雅兄] 남자 친구끼리 서로 상대편을 높이어 이르는 말. がけい 雅兄

아:호[雅號] 문인·화가·학자 등이 본명 외에 따로 지어 부르는 풍류스러운 이름. がごう pen name 雅號

아혹[訝惑] 괴이하고 의심쩍음. suspicion 訝惑

아환[兒患] ① 어린아이의 병. ② 자기 자식의 병.
① disease of child ② illness of one's own child 兒患

아황산[亞黃酸] 이산화황(二酸化黃)을 물에 녹였을 때 생기는 이염기산(二鹽基酸). sulfurous acid 亞黃酸

아:회[雅懷] 고상하고 품위 있는 생각. がかい aesthetic sentiment 雅懷

아희[兒戱] 어린아이들의 장난. じぎ child's play 兒戱

악[岳]☆ 큰 산 악 : 큰 산. 「岳丈(악장)·山岳(산악)」 ガク·たけ 山岳

악[堊] 흰 흙 악 : 흰 흙. 「堊塗(악도)·白堊(백악)·堊室(악실)」 ア·アク·しろつち 白堊

악[惡]* ① 모질 악 : 모질다. 악하다. 나쁘다. 「善惡(선악)· 善惡 惡行(악행)·惡人(악인)·惡感(악감)·醜惡(추악)·惡臭(악취)」 ② 미워할 오 : 미워하다. 「憎惡(증오)·好惡(호오)·羞惡(수오)」 アク·オ ① わるい

악[愕] 놀랄 악 : 놀라다. 「驚愕(경악)·愕立(악립)·愕視(악시)·愕然(악연)」 ガク·おどろく 驚愕

악[握] 잡을 악 : 잡다. 쥐다. 「把握(파악)·握卷(악권)·握力(악력)·握手(악수)·握腕(악완)」 アク·にぎる 握手

악[樂] 풍류 악 : 풍류. 음악. 「音樂(음악)·樂師(악사)」 ⇨ 락(樂)·요(樂). ガク 樂師

악[嶽] 큰 산 악 : 큰 산. 이름 난 산. 「山嶽(산악)·五嶽(오악)」 ガク·たけ 山嶽 五嶽

악[顎] 턱 악 : 위턱과 아래턱. 「顎骨(악골)·上顎(상악)·下顎(하악)」 ガク·あご 顎骨

악감[惡感] 악감정(惡感情)의 준말. ↔호감(好感). あっかん·あくかん 惡感 好感

악감정[惡感情] 남에게 대하여 가지는 불쾌한 감정. ↔호감정(好感情). 圕악감(惡感). あっかんじょう·あくかんじょう ill feeling 惡感情

악계[惡計] 나쁜 꾀. あっけい·あくけい sinister design 惡計

악계[樂界] 음악가들의 사회. ≒악단(樂壇). がっかい musical world 樂界

악곡[樂曲] 음악의 곡조. 성악곡·기악곡·관현악곡 등을 통틀어 이르는 말. がっきょく musical piece 樂曲

악골[顎骨] 턱뼈. がっこつ jawbone 顎骨

악과[惡果] 불교에서, 악한 행위에 대한 과보(果報). ≒악보 惡果

(惡報). ↔선과(善果).「악인(惡因)~」あっか fruit of evil deed 惡報

악구[惡口] ① 남을 헐뜯어 말함. =험구(險口)·험담(險談). あっこう·わるくち·わるぐち ② 불교에서, 십악(十惡)의 하나로 남에게 악한 말을 하는 짓. =악설(惡說·惡舌). abuse 惡口 險口

악구[樂句] 음악에서, 하나의 정리된 주제를 나타내는 두 소절에서 네 소절 정도까지의 선율이나 악곡의 도막. がっく musical phrase 樂句

악귀[惡鬼] 악한 귀신. 몹쓸 귀신. あっき demon 惡鬼

악극[樂劇] 음악을 극적 내용의 표현에 합치시킨 음악극. 뮤직드라마.「~단(團)」がくげき music drama 樂劇

악극단[樂劇團] 악극을 상연하기 위하여 조직된 단체. 준악단(樂團). がくげきだん musical troupe 樂劇團

악기[惡氣] ① 남을 해치려는 마음. =악심(惡心)·악의(惡意). ② 고약한 냄새. =악취(惡臭). わるぎ ① malice ② bad smell 惡氣 惡心 惡臭

악기[樂器] 음악을 연주하는 데 쓰이는 기구의 총칭. 관악기·현악기·타악기 등이 있음. がっき musical instrument 樂器 演奏

악녀[惡女] ① 악독한 여자. ↔선녀(善女). ② 용모가 주한 여자. あくじょ ① wicked woman ② ugly woman 惡女

악념[惡念] 나쁜 생각. =악상(惡想). あくねん bad intention 惡念 惡想

악단[樂團] ① 음악을 연주하는 단체. ② 악극단(樂劇團)의 준말. がくだん ① orchestra 樂團

악담[惡談] 악의(惡意)에 찬 마음으로 남을 헐뜯거나 저주함. ↔덕담(德談). curse 惡談

악당[惡黨] ① 나쁜 무리. =악도(惡徒). ② ⇨ 악한(惡漢). あくとう ① gang 惡黨

악대[樂隊] 서양 악기로 편성한 합주대(合奏隊). 주로 취주 악대(吹奏樂隊)를 이름. がくたい band 樂隊 吹奏

악덕[惡德] 도의에 어긋나는 나쁜 마음이나 나쁜 행위. ↔선덕(善德).「~ 상인(商人)」あくとく vice 惡德 商人

악도[惡道] ① 사람의 도리에 어그러지는 행위. ② 불교에서, 현세(現世)에서 악업(惡業)을 저지른 결과로 죽은 뒤에 가야 할 고통의 세계. 곧, 지옥도(地獄道)·아귀도(餓鬼道)·축생도(畜生道)·수라도(修羅道) 등. あくどう ① vice ② hell 惡道 地獄道 畜生道

악독[惡毒] 마음이나 행동이 모질고 독살스러움. atrocity 惡毒

악동[惡童] ① 행실이 나쁜 아이. ② 장난꾸러기. あくどう ① bad child ② practical joker 惡童

악랄[惡辣] 매섭고 표독스러움.「~한 보복(報復)」あくらつ viciousness 惡辣

악력[握力] 물건을 꽉 쥐는 손아귀의 힘.「~계(計)」あくりょく grasping power 握力

악력계[握力計] 손아귀로 쥐는 힘을 재는 계기. あくりょくけい hand dynamometer 握力計

악령[惡靈] 재앙을 내린다는 악한 영혼. あくりょう·あくれい·あくろう evil spirit 惡靈

악례[惡例] 나쁜 전례(前例). あくれい bad example 惡例

악마[惡魔] ① 불교에서, 불도 惡魔

(佛道)를 방해하는 악신(惡神). ↔천사(天使). ② 잔인하고 악독한 사람의 비유. あくま ① evil spirit

악매[惡罵] 심하게 욕하고 꾸짖음. 또는 그 말. あくば curse

악명[惡名] ① 나쁜 평판. ② 악독하기로 소문난 이름. あくみょう・あくめい ① bad reputation ② notorious name

악모[岳母] 아내의 친정 어머니. =장모(丈母). がくぼ mother of one's wife

악목[惡木] 질이 나빠 재목으로 쓸 수 없는 나무. timber of bad quality

악몽[惡夢] 불길한 꿈. 꿈자리가 사나운 꿈. あくむ nightmare

악문[惡文] 문맥(文脈)이 어지러워 이해하기 어려운 문장. あくぶん poor writing

악법[惡法] ① 사회에 해를 끼치는 좋지 않은 법률. ② 옳지 못한 방법. ↔양법(良法). あくほう ① bad law ② bad way

악병[惡病] 잘 낫지 않는 고약한 병. =악질(惡疾). あくびょう foul disease

악보[惡報] ① 좋지 않은 소식. ② ⇨악과(惡果). あくほう ① bad news

악보[樂譜] 음악의 곡조를 일정한 기호를 써서 나타낸 것. =음보(音譜). がくふ musical note

악부[岳父] 아내의 친정 아버지. =장인(丈人). がくふ man's father-in-law

악부[樂府] ① 한시(漢詩)의 한 형식. 인정과 풍속을 읊은 것으로 긴 구(句)와 짧은 구를 섞어 변화의 묘(妙)가 있음. ② ⇨악장(樂章).

악사[樂士] 음악을 연주하는 사람. がくし musician

악상[樂想] ① 음악에서 나타내려는 작곡자의 구상(構想). ② 악곡의 주제(主題). がくそう ① musical plot ② theme

악서[惡書] 읽어서 해로운 책. ↔양서(良書). bad book

악선전[惡宣傳] 남을 중상(中傷)하기 위한 악의 있는 선전. vile propaganda

악설[惡舌・惡說] ① 남을 욕하는 말. ② ⇨악구(惡口). あくぜつ(惡舌) ① abuse

악성[惡性] ① 모질고 악독한 성질. 「~루머(rumor)」② 질병의 성질이 나빠 치료가 어려움. ↔양성(良性). 「~종양(腫瘍)」あくせい malignancy

악성[樂聖] 뛰어난 음악가를 높이어 이르는 말. がくせい celebrated musician

악센트[accent] ① 낱낱의 말에 대하여 어떤 음절을 특별히 강하게 또는 높게 발음하는 일. ② 디자인이나 문장 따위에서, 강조(強調)하거나 역점(力點)을 두는 부분. アクセント

악수[握手] 인사나 축하・화해 등의 뜻을 나타내기 위하여 서로 손을 마주 잡음. あくしゅ shaking hands

악순환[惡循環] 어떤 일이 다른 나쁜 상태를 일으키고, 그것이 또 앞엣것에 나쁜 영향을 끼치는 관계가 되풀이되어 사태가 더욱더 나빠지는 일. あくじゅんかん vicious circle

악습[惡習] ① 나쁜 버릇. ② 나쁜 풍습. あくしゅう

① bad habit ② abuses

악식[惡食] 나쁜 음식. 또는 그런 음식을 먹음. ↔호식(好食)·미식(美食). あくじき plain food

악심[惡心] 악한 마음. 남을 해치려는 마음. ↔선심(善心). あくしん evil intention

악악[諤諤] 거리낌없이 바른 말을 하는 모양. がくがく outspoken

악어[鰐魚] 악어목(鰐魚目)에 속하는 파충류(爬蟲類)의 총칭. 생김새는 도마뱀과 비슷하나 훨씬 크며 온몸이 단단한 비늘판으로 싸여 있음. がくぎょ crocodile

악역[惡役] 영화·연극 따위에서 악인으로 나오는 배역(配役). =악인역(惡人役). あくやく villain's part

악연[愕然] 몹시 놀라 어안이 벙벙한 모양. がくぜん in amazement

악연[惡緣] 맺어서 좋지 않은 인연. 불행한 인연. あくえん evil connection

악용[惡用] 나쁜 방면에 이용하거나 나쁘게 씀. ↔선용(善用). あくよう abuse

악우[惡友] 나쁜 벗. ↔양우(良友). あくゆう bad campanion

악운[惡運] 사나운 운수. ↔호운(好運). あくうん bad fortune

악음[樂音] 진동(振動)이 일정한 주기(週期)를 가져 그 높이를 뚜렷이 구별할 수 있는 음. ↔소음(騷音)·조음(噪音). がくおん musical sound

악의[惡意] 남을 해치려는 악한 마음. =악심(惡心). ↔선의(善意)·호의(好意). あくい ill will

악의악식[惡衣惡食] 허름한 옷을 입고 맛없는 음식을 먹음. 또는 그런 옷과 음식. ↔호의호식(好衣好食). あくいあくしょく poor clothing and gross food

악인[惡人] 악한 사람. 나쁜 사람. ↔선인(善人). あくにん bad man

악인[惡因] 나쁜 결과를 가져오는 원인. ↔선인(善因). あくいん evil cause

악인[樂人] 악사(樂師)·악공(樂工)·악생(樂生) 등을 통틀어 이르는 말. がくじん musician

악인악과[惡因惡果] 불교에서, 나쁜 일을 하면 반드시 나쁜 결과가 생김을 이르는 말. ↔선인선과(善因善果). あくいんあっか An evil cause produces an evil effect

악장[樂匠] 뛰어난 음악가. がくしょう great musician

악장[樂長] 악대(樂隊)·악단(樂團)의 지휘자. がくちょう bandmaster

악장[樂章] 소나타나 교향곡 따위를 구성하는 몇 개의 완결된 악곡. がくしょう movement

악재[惡材] 악재료(惡材料)의 준말. ↔호재(好材).

악재료[惡材料] 시세를 하락시키는 요인. ↔호재료(好材料). 준악재(惡材). あくざいりょう unfavorable factors

악전[惡錢] ① 나쁜 짓을 해서 얻은 돈. ② 품질이 낮은 화폐. あくせん ① ill-gotten money ② crooked money

악전[惡戰] 불리(不利)한 싸움. 몹시 힘드는 싸움. 「~고투(苦

關)」 あくせん　hard fighting
악전[樂典] 악보를 쓰거나 읽기 위한 약속이나 규칙을 설명하는 이론. がくてん　musical grammar
악전고투[惡戰苦鬪] 불리한 조건에서 몹시 힘드는 싸움을 함. あくせんくとう　desperate struggle
악절[樂節] 하나의 악상(樂想)을 표현하는 여덟 마디 또는 네 마디로 된 단위. がくせつ　passage
악정[惡政] 국민을 괴롭히고 나라를 그르치는 나쁜 정치. ↔선정(善政). あくせい　misgovernment
악조[樂調] 음악의 가락. =악률(樂律). がくちょう　musical tone
악조건[惡條件] 나쁜 조건. ↔호조건(好條件). あくじょうけん　bad condition
악증[惡症] ① 고치기 어려운 나쁜 병. =악질(惡疾). ② 나쁜 짓. ① bad disease ② bad habit
악질[惡疾] 고치기 어려운 병. =악병(惡病). あくしつ　malignant disease
악질[惡質] 질이 나쁨. 또는 그러한 사람. 「~ 분자(分子)」 あくしつ　wicked fellow
악착[齷齪] ① 모질고 지독함. ② 자잘한 일에 아득바득하는 것이 몹시 이악스러움. あくさく・あくせく　toughness
악처[惡妻] 성질이 고약한 아내. ↔양처(良妻). あくさい　bad wife
악천후[惡天候] 몹시 나쁜 날씨. ↔호천후(好天候). あくてんこう　bad weather

악초[惡草] 질이 나쁜 담배. ↔양초(良草). あくそう
악충[惡蟲] 사람이나 농작물에 해를 끼치는 벌레. =해충(害蟲). ↔익충(益蟲). noxious insect
악취[惡臭] 고약한 냄새. 불쾌한 냄새. あくしゅう　nasty smell
악취[惡趣] 불교에서, 이승에서 나쁜 짓을 한 사람이 죽어서 간다는 고통의 세계. =악도(惡道). あくしゅ
악취미[惡趣味] 저속한 취미. 나쁜 취미. あくしゅみ　bad taste
악티늄[actinium] 방사성 원소의 하나. 은백색(銀白色)의 금속. 원소 기호는 Ac. アクチニウム
악판[顎板] 거머리 따위와 같이 인두(咽頭) 안에 있어, 다른 동물에 붙어 피를 빨아먹을 수 있도록 된 턱.
악평[惡評] 좋지 않은 평판이나 평가. ↔호평(好評). あくひょう　bad reputation
악평등[惡平等] 무엇이나 덮어놓고 평등하게 하는 일. 정당하지 못한 평능. あくびょうどう　mistaken equality
악폐[惡弊] 나쁜 폐단. あくへい　abuse
악풍[惡風] ① 나쁜 풍습. ↔미풍(美風)・양풍(良風). ② 모진 바람. あくふう　① bad custom ② severe wind
악필[惡筆] ① 서투른 글씨. 또는 글씨를 잘 쓰지 못하는 일. ↔달필(達筆). あくひつ ② 품질이 나쁜 붓. ① poor handwriting
악한[惡漢] 나쁜 짓을 일삼는 남

자. =악당(惡黨). あっかん rascal

악행[惡行] 악독한 행위. 나쁜 행실. ↔선행(善行). あくぎょう misconduct

악혈[惡血] ① 고름이 섞여 나오는 피. あくち ② 해산한 뒤에 나오는 궂은 피.
① impure blood

악화[惡化] 상태·관계 등이 나빠짐. ↔호전(好轉). 「정세(情勢)~」 あっか becoming worse

악화[惡貨] 질이 나쁜 화폐. 지금(地金)의 가격이 법정 가격보다 낮은 화폐 등. ↔양화(良貨). あっか bad money

악희[惡戲] 못된 장난. 못된 짓. あくぎ prank

안[安]* ① 편안할 안 : 편안하다. 「平安(평안)·安康(안강)·安心(안심)·安靜(안정)·安定(안정)·安置(안치)」 ② 어찌 안 : 어찌. 「安得不然(안득불연)」 アン ① やすらか

안:[岸]* 언덕 안 : 언덕. 「岸壁(안벽)·江岸(강안)·海岸(해안)·涯岸(애안)」 ガン・きし・がけ

안:[按] ① 어루만질 안 : 어루만지다. 「按撫(안무)·按摩(안마)」 ② 살필 안 : 살피다. 「按檢(안검)·按擦(안찰)」 アン ① なでさする ② しらべる

안:[晏] ① 편안할 안 : 편안하다. 「晏息(안식)·晏然(안연)·晏朝(안조)」 ② 늦을 안 : 늦다. 「晏起(안기)·晏眠(안면)」 アン

안:[案]* ① 책상 안 : 책상. 「案几(안궤)·案頭(안두)·案上(안상)」 ② 초안 안 : 글을 초잡다. 「起案(기안)·文案(문안)·草案(초안)」 ③ 안건 안 : 안건. 「考案(고안)·新案(신안)·妙案(묘안)」 アン ① つくえ

안:[眼]* 눈 안 : 눈. 「眼孔(안공)·眼科(안과)·眼疾(안질)·眼光(안광)·眼球(안구)·眼界(안계)」 ガン・め・まなこ

안:[雁]☆ 기러기 안 : 기러기. 「雁信(안신)·雁序(안서)·雁陣(안진)·雁行(안행)」 ガン・かり・かりがね

안:[鞍] 안장 안 : 안장. 「鞍具(안구)·鞍工(안공)·鞍馬(안마)·鞍傷(안상)」 アン・くら

안[顏]* 얼굴 안 : 얼굴. 「顏面(안면)·顏色(안색)·顏厚(안후)·醉顏(취안)·玉顏(옥안)」 ガン・かお

안:[贋] 가짜 안 : 가짜. 「贋物(안물)·贋本(안본)·贋造(안조)」 ガン・にせ

안강[安康] 편안하고 건강함. あんこう comfortable and good health

안강망[鮟鱇網] 물고기를 잡는 그물의 한 가지. 조류(潮流)의 힘으로 그물 안으로 밀려 들어가는 물고기를 잡게 되어 있는, 입구가 넓고 길이가 긴 자루 모양의 그물.

안거[安居] ① 편안히 지냄. あんきょ ② 불교에서, 중들이 일정한 기간 동안 외출하지 않고 한곳에 들어앉아 수행(修行)하는 일. 「하(夏)~」 あんご
① peaceful life

안거위사[安居危思] 편안하게 지낼 때일수록 어려움이 닥칠 경우를 생각하여 미리 대비함. =안불망위(安不忘危).

안:**건**[案件] 조사하거나 토의해야 할 사항. 준말(案). あんけん matter

안:**검**[按檢] 자세히 조사함. =안찰(按察). あんけん

안:검[眼瞼] 눈꺼풀.「~염(炎)」 眼瞼炎
がんけん　　　　close inspection
eyelid

안:검상시[按劍相視] 칼자루를 按劍相視
잡고 서로 노려본다는 뜻으로,
서로 원수같이 대함의 비유.

안:경[眼鏡] 눈을 보호하거나 眼鏡
시력을 조정하기 위해 쓰는
기구. がんきょう・めがね
spectacles

안:계[眼界] ① 눈에 보이는 범 眼界
위. =시계(視界). ② 생각이 視界
미치는 범위. がんかい
① sight ② prospect

안:고수비[眼高手卑] 눈은 높 眼高
으나 재주가 없어 그에 따르 手卑
지 못함을 이르는 말.

안:공[眼孔] 눈구멍. がんこう 眼孔
eye socket

안:공일세[眼空一世] 세상 사 眼空
람을 업신여기며 지나치게 교 一世
만을 부림.
making light of the world

안과[安過] 아무 탈 없이 편히 安過
지냄. peaceful living

안.과[眼科] 눈병의 치료나 예 眼科
방 따위를 연구하는 의학의 한
분과.「~의(醫)」がんか
ophthalmology

안:광[眼光] ① 눈의 정기. = 眼光
안채(眼彩). ② 사물을 꿰뚫어
보는 힘. がんこう ① bright-
ness of the eye ② insight

안:구[眼球] 빛을 느껴 대상을 眼球
볼 수 있는 공 모양의 감각기 網膜
(感覺器). 눈알. がんきゅう
eyeball

〔안구〕

안:구[鞍具] 말 안장에 딸린 여 鞍具
러 가지 기구. あんぐ
saddle gear

안:구근[眼球筋] 안구의 운동 眼球筋
을 맡은 근육을 통틀어 이르
는 말. 준안근(眼筋).

안:근[眼筋] 안구근(眼球筋)의 眼筋
준말. がんきん

안:내[案內] ① 어떤 곳에 데 案內
려다 주거나, 데리고 다니면
서 그 곳 사정을 가르쳐 줌.
「명승지를 ~하다」② 어떤 사물
의 내용이나 사정에 대하여 알
림.「출판(出版) ~」あんない
① guidance ② introduction

안:내서[案內書] 안내하는 내 案內書
용을 적은 글이나 책. あんな
いしょ　　　　guidebook

안녕[安寧] 탈없이 편안함. 특 安寧
히 세상이 평온하고 안정되어
있음. あんねい　　　peace

안단테[이 andante] ① 악보에
서,'느리게'의 뜻. ② 느리게
연주되는 곡이나 악장(樂章). 樂章
アンダンテ

안단테칸타빌레[이 andante
cantabile] 악보에서,'천천히
노래하듯이'의 뜻. アンダンテ
カンタビーレ

안단티노[이 andantino] 악보
에서,'안단테보다 좀 빠른 속
도(速度)로'의 뜻. アンダンティ 速度
ーノ

안달루시안[Andalusian] 에
스파냐 남부의 안달루시아 지
방 원산(原産)의 난용종(卵用 卵用種
種) 닭.

안:담[按擔] 남이 져야 할 책 按擔
임을 맡아서 짐. shouldering
another's responsibility

안:대[眼帶] 눈병이 났을 때 눈 眼帶
을 보호하기 위하여 눈을 가
리는 천 조각. がんたい
eye bandage

안도[安堵] ① 제 사는 곳에서 편안하게 지냄. ② 마음을 놓음.「~감(感)」あんど
① living peacefully ② relief

안동포[安東布] 경상 북도 안동에서 나는 올이 가늘고 빛이 누런 삼베.

안:두[案頭] 책상 위. あんとう top of a desk

안드로겐[androgen] 남성의 제2차 성징(性徵)을 조절하는 호르몬. アンドロゲン

안드로메다[Andromeda] ① 그리스 신화에 나오는 에티오피아의 왕녀(王女). ② 초겨울 저녁 때 천정(天頂)에 보이는 별자리. アンドロメダ

안락[安樂] 마음과 몸이 편안하고 즐거움.「~ 의자(椅子)」あんらく comfort

안락사[安樂死] 살아날 가망이 없는 병자의 고통을 덜어 주기 위하여 인위적(人爲的)으로 죽게 하는 일. あんらくし euthanasia

안락 의자[安樂椅子] 팔걸이가 있고 푹신푹신하여 편안히 기대 앉을 수 있게 만든 의자. あんらくいす armchair

안:력[眼力] 눈으로 보는 힘. =시력(視力)·안총(眼聰). がんりょく·がんりき sight

안료[顔料] ① 물이나 기름에 녹지 않는 착색용의 미세한 가루. ② 그림 물감이나 칠감. =도료(塗料). がんりょう ② paint

안:마[按摩] 손으로 몸의 근육을 주무르거나 문지르거나 하여 근육을 풀어 줌으로써 혈액 순환을 좋게 하고 피로가 풀리게 하는 일.「~사(士)」あんま massage

안:마[鞍馬] ① 안장을 얹은 말. =안구마(鞍具馬). ② 안장 같은 형태에 손잡이 두 개가 달린 체조 기구. 또는 그 체조 경기의 한 종목. あんば
① saddled horse ② pommel horse

안:마지로[鞍馬之勞] 먼 길을 달려가는 수고로움.

안:맹[眼盲] 눈이 멂. blindness

안면[安眠] 편안하게 잠을 잠.「~ 방해(妨害)」あんみん sound sleep

안:면[晏眠] 늦잠을 잠.

안면[顔面] ① 얼굴. 낯.「~ 신경(神經)」がんめん ② 서로 얼굴을 아는 친분.「~이 있다」 ① face ② acquaintance

안면박대[顔面薄待] 잘 아는 사람을 푸대접함.

안면부지[顔面不知] 얼굴을 모름. 또는 그 사람. utter stranger

안:명수쾌[眼明手快] 눈썰미가 있고 솜씨가 시원시원함.

안모[顔貌] 얼굴의 생김새. がんぼう feature

안:목[眼目] 사물을 보고 분별하는 식견. =면안(面顔). がんもく discernment

안:목소시[眼目所視] 사람들이 눈여겨보고 있는 터. =안목소견(眼目所見).

안:무[按舞] 음악에 따르는 무용 동작을 구상하고 창안함. choreography

안:무[按撫] 백성의 사정을 잘 살펴서 어루만져 위로함.「~사(使)」あんぶ placation

안:문[按問] 죄를 조사하여 신문(訊問)함. あんもん inquiry

안:문[案文] ① 초안(草案)으로 쓴 문서. ② 문장을 구상함.

あんぶん ① draft ② thinking about the sentence

안민[安民] 백성이 안심하고 편안히 살게 함. あんみん

안:배[按配·排排] 잘 정리하여 제자리에 알맞게 벌여놓음. 알맞게 배치함. あんばい arrangement

안:벽[岸壁] ① 물가의 낭떠러지. ② 큰 배를 대기 위해 항구나 강가에 만든 축대. がんぺき ① cliff

안:병[眼病] 눈병. =안질(眼疾). がんびょう·めやみ eye disease

안보[安保] 안전 보장(安全保障)의 준말. あんぽ

안보리[安保理] 국제 연합 안전 보장 이사회(國際聯合安全保障理事會)의 준말.

안:본[贋本] 위조한 책. ↔진본(眞本). counterfeit book

안부[安否] ① 편안함과 편안하지 아니함. 또는 그런 소식. ② 편히 잘 있는지를 물음. 또는 편이 잘 있음을 알림. 「～편지」 あんぴ
① sb's welfare ② regards

안:부[眼部] 눈이 있는 부위. がんぶ eyes

안분[安分] 편안한 마음으로 자기의 분수를 지킴. being contented with one's lot

안:분[按分] 일정한 비율로 나눔. 「～ 비례(比例)」 あんぶん dividing in proportion

안:분 비:례[按分比例] 어떤 수량을 주어진 비율로 나누는 셈법. あんぶんひれい proportional distribution

안불망위[安不忘危] 편안한 때라도 늘 위험한 경우를 생각하고 스스로 경계함. =안거위사(安居危思).

안:비막개[眼鼻莫開] 몹시 바빠 눈코 뜰 사이가 없음. being very busy

안빈[安貧] 가난하여도 불만을 갖지 않고 편안한 마음으로 지냄. 「～낙도(樂道)」 honest poverty

안산[安産] 아무 탈 없이 해산을 함. =순산(順産). ↔난산(難産). あんざん easy delivery

안산암[安山巖] 화산암(火山巖)의 한 가지. 사장석·각섬석·흑운모·휘석 등을 함유하며, 건축 용재로 쓰임. あんざんがん andesite

안:상[案上] 책상 위. あんじょう on the desk

안:상[鞍傷] 말을 타다가 안장에 스쳐서 생긴 상처. あんしょう scratch by a saddle

안색[顔色] 얼굴빛. がんしょく countenance

안:수[按手] 기독교에서, 성직자가 다른 사람의 머리 위에 손을 얹고 그 사람에게 성령(聖靈)의 힘이 내리도록 비는 일. あんしゅ imposition of hands

안식[安息] 편안하게 쉼. 「～일(日)」 あんそく rest

안:식[眼識] 사물의 좋고 나쁨이나 참과 거짓 따위를 분간하는 능력. がんしき discernment

안식일[安息日] 유대교·기독교에서, 일을 쉬고 예배를 보는 성스러운 날. 유대교에서는 토요일을, 기독교에서는 일요일을 가리킴. あんそくび·あんそくにち Sabbath day

안식향[安息香] ① 때죽나뭇과의 상록 교목. 동남 아시아

원산으로 잎은 길둥글며 끝이 뾰족함. ② 안식향의 수지(樹脂). 향료·방부제·소독제로 쓰임. あんそっこう benzoin

안신[安信] 편안하다는 소식. 安信

안:신[雁信] 먼 곳에서 소식을 전하는 편지. =안서(雁書)·음신(音信). 雁信 雁書 letter

안심[安心] ① 근심이 없고 마음이 편안함. 또는 마음을 놓음. =방념(放念). ② 불교에서, 아미타여래(阿彌陀如來)에 귀의(歸依)하여 극락(極樂)에 이를 것을 믿는 마음. あんしん 安心 放念 ① peace of mind

안심입명[安心立命] 불교에서, 모든 의혹과 번뇌를 버려 마음의 평화를 얻고 모든 것을 천명(天命)에 맡김. あんしんりつめい 安心立命 天命

안:약[眼藥] 눈병을 치료하는 데 쓰는 약. めぐすり eye wash 眼藥

안업[安業] 편안한 마음으로 업무에 종사함. peaceful living 安業

안:여[晏如] 마음이 편안하고 침착한 모양. =안연(晏然). あんじょ calmness 晏如

안여태산[安如泰山] 편안하기가 태산과 같음. 곧, 태산같이 마음이 든든하고 위태로움이 없음. =안어반석(安於盤石). 安如泰山

안온[安穩] 아무 탈 없이 조용하고 편안함. あんおん·あんのん quiet 安穩

안와[安臥] 편안히 누움. あんが comfortable lying 安臥

안위[安危] 편안함과 위험함. あんき safety or danger 安危

안위[安慰] 몸을 편안하게 하고 마음을 위로함. あんい consolation 安慰

안유[安遊] 편안하게 놀며 지냄. peaceful living 安遊

안유[安諭] 안심이 되도록 위로하고 타이름. reasoning into assurance 安諭

안이[安易] 쉬움. 어렵지 않음. あんい easiness 安易

안:인[贋印] 위조한 도장. 가짜 도장. forgery 贋印

안일[安逸] 편안하고 한가함. あんいつ indolence 安逸

안자일렌[독 Anseilen] 등산(登山)에서, 안전을 위하여 등산자가 서로의 몸을 등산 로프로 잡아매는 일. アンザイレン 登山

안:작[贋作] 어떤 물건이나 문서 따위의 가짜를 진짜처럼 만듦. =위조(僞造)·위작(僞作)·안조(贋造). がんさく forgery 贋作

안장[安葬] 편안하게 장사지냄. burial 安葬

안:장[鞍裝] ① 말의 등에 얹어 사람이 올라앉을 수 있도록 만든 제구. ② 자전거 따위에서, 사람이 앉는 자리. saddle 鞍裝

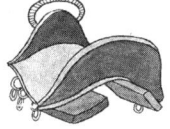

〔안장〕

안전[安全] 위험성이 없음. 또는 그러한 상태. 「~ 제일(第一)」 あんぜん safety 安全

안:전[眼前] 눈앞. がんぜん under one's very nose 眼前

안전기[安全器] 일정량 이상의 전류(電流)가 흐르면 자동적으로 회로를 절단하게 되어 있는 장치. =안전 개폐기(安全開閉器). あんぜんき safety bolt 安全器 電流

안전등[安全燈] 광산의 갱 안에서 광부들이 쓰는, 유리와 安全燈

안전 보:장[安全保障] 외국의 침략으로부터 나라의 독립과 안전을 보장하는 일. ⓒ안보(安保). あんぜんほしょう security

안전율[安全率] 기계나 구조물 또는 그 재료의 극한의 강도(强度)와 안정상 허용되는 응력(應力)과의 비. あんぜんりつ factor of safety

안전 지대[安全地帶] ①재난이나 위험이 미치지 않는 지대. ②도로를 횡단하거나 차를 타고 내리는 사람의 안전을 위해 위험이 없는 곳임을 표시한 도로 위의 부분. あんぜんちたい safety zone

안전판[安全瓣] ①증기관의 내부 압력을 조절하는 장치. ②다른 사물의 위험을 방지하는 작용을 하는 기구나 제도 등을 비유하여 이르는 말. あんぜんべん safety valve

안정[安定] 흔들림이 없이 안전하게 자리잡음. あんてい stability

안정[安靜] 심신이 편안하고 고요함. あんせい quiet

안:정[眼睛] 눈동자. がんせい pupil of the eye

안정세[安定勢] ①안정된 상태를 유지하는 시세. ②안정된 세력.

안젤루스[Angelus] ①삼종 기도(三鐘祈禱)의 라틴어. ②삼종 기도의 시각을 알리는 성당의 종. アンジェラス

안:조[贋造] 어떤 물건이나 문서 따위의 가짜를 진짜처럼 만듦. =위조(僞造)·위작(僞作)·안작(贋作). がんぞう counterfeit

안:족[雁足] 거문고나 가야금 등 현악기의 줄을 고르는 기구. 기러기발. =안주(雁柱)·금휘(琴徽). bridge

안존[安存] ①편안히 잘 있음. ②됨됨이가 조용하고 얌전함. ① peacefulness ② gentleness

안좌[安坐] ①편안히 앉음. ②불교에서, 부처를 법당에 봉안함. ③부처 앞에서 무릎을 꿇고 앉음. あんざ ① quiet sitting

안주[安住] ①자리를 잡고 편안히 삶. ②현재의 상태나 처지에 만족하고 있음. あんじゅう ① peaceful life

안주[按酒] 술을 마실 때 곁들여 먹는 음식. appetizes served with drinks

안:주[雁柱] ⇨안족(雁足).

안:중[眼中] ①눈 속. ②생각하거나 관심을 두고 있는 범위의 안. 「~에도 없는 일」 がんちゅう ① in the eye ② attention

안:중인[眼中人] ①항상 마음에 두고 만나 보기를 원하는 사람. ②전에 본 적이 있는 사람. ① dear person ② acquainted person

안:중정[眼中釘] 몹시 미워 늘 눈에 거슬리는 사람. 눈엣가시. eyesore

안:진[雁陣] ①줄지어 날아가는 기러기의 행렬. ②지난날, 진법(陣法)의 한 가지. 기러기 행렬같이 진을 치는 방법. ① formation of wild geese in their flight

안:질[眼疾] 눈병. =안병(眼病). がんしつ eye disease

안착[安着] 무사히 도착함. あ

안:찰[按察] 자세히 살펴 조사함. =안검(按檢). あんさつ close inspection

안:채[眼彩] 눈의 정기(精氣). =안광(眼光). brightness of the eye

안초비[anchovy] 지중해에서 나는 멸치류의 작은 물고기. 또는 이것을 절여서 발효(醱酵)시킨 젓갈. アンチョビー

안:총[眼聰] ⇨시력(視力).

안:출[案出] 생각해 냄. あんしゅつ contrivance

안치[安置] ① 안전하게 잘 둠. ② 신불(神佛)의 상(像) 등을 잘 모셔 놓음. ③ 옛날에 귀양간 죄인을 가두어 둠. 「위리(圍籬)~」 あんち ① placing ② enshrinement ③ enclosing in

안침[安枕·安寢] 편안히 잠을 잠. =안면(安眠). restful sleep

안타[安打] 야구에서, 타자가 안전하게 베이스에 나아갈 수 있도록 공을 치는 일. あんだ (safe) hit

안태[安泰] 편안하고 태평함. あんたい peace

안테나[antenna] 라디오·텔레비전 등의 전파를 송·수신하기 위해 공중에 세우는 도선(導線) 장치. アンテナ

안토시안[anthocyan] 식물의 꽃·과실·잎 따위의 세포액 속에 있는 수용성 색소. 화청소(花青素). アントシアン

안토중천[安土重遷] 고향에서 떠나 다른 고장으로 가기를 꺼려함.

안트라센[anthracene] 방향족 탄화수소의 하나. 콜타르를 건류(乾溜)하여 얻는 무색 결정. アントラセン

안티고네[Antigone] 그리스 신화(神話)에 나오는 오이디푸스의 딸. アンチゴネ

안티몬[독 Antimon] 은백색 광택의 금속(金屬) 원소. 원소 기호는 Sb. アンチモン

안티테:제[독 Antithese] 변증법(辨證法)에서, 정립에 모순되거나 반대되는 명제(命題). 반정립(反定立). アンチテーゼ

안티톡신[antitoxin] 항독소(抗毒素). アンチトキシン

안티피린[antipyrine] 해열(解熱)·진통제(鎭痛劑)로 쓰이는 가루약. アンチピリン

안:표[眼標] 나중에 보아 알 수 있도록 표를 함. 또는 그 표. sign

안:피[雁皮] ① 산닥나무. ② 산닥나무 껍질로 만든 종이. がんぴ

안:하[眼下] 눈 아래. 내려다 보이는 곳. がんか under the eyes

안:하무인[眼下無人] 사람됨이 방자하고 교만하여 모든 사람을 업신여김. overbearance

안한[安閑] 편안하고 한가로움. =완서(緩舒). あんかん peacefulness

안:항[雁行] 남의 형제를 높여 이르는 말.

안향[安享] 편안히 삶을 누림. 「~부귀(富貴)」 enjoyment of one's happiness

안:혼[眼昏] 시력(視力)이 흐림. amblyopia

안후[安候] 안신(安信)의 높임말.

안후[顏厚] 얼굴이 두껍다는 뜻으로, 뻔뻔스럽고 염치가 없

음. =후안(厚顔). impudence 厚顔

알[軋] 수레 삐걱거릴 알: 수레가 삐걱거리는 소리. 「軋轢(알력)·軋軋(알알)」アツ·きしる 軋轢

알[戛] "戛"은 俗字. ① 창 알: 창. ② 칠 알: 부딪다. 「戛戛(알알)」カツ·ほこ 戛戛

알[斡] 돌 알: 돌다. 돌리다. 「斡流(알류)·斡旋(알선)·斡運(알운)」アツ·めぐる 斡旋

알[謁]☆ 뵈올 알: 뵙다. 아뢰다. 「謁見(알현)·拜謁(배알)·謁告(알고)·謁者(알자)」エツ·まみえる 謁見

알[閼] 막을 알: 막다. 그치다. 「알색(閼塞)」アツ 閼塞

알긴산(酸)[alginic acid] 다당류(多糖類)의 한 가지. 바닷말 속에 많이 들어 있으며 점성(粘性)이 강함. アルギンさん 粘性

알데히드[aldehyde] 알데히드기(基)를 가진 화합물을 통틀어 이르는 말. 제일알코올을 산화(酸化)시켜 만듦. アルデヒド 酸化

알라[Allah] 이슬람교의 유일(唯一)·절대·전지전능의 신(神). アラー 唯一

알라닌[alanine] 아미노산의 하나. 생물학상 중요하며, 글루탐산의 생성(生成)에 관여함. 生成

알라르간도[이 allargando] 악보에서, '점점 느리고 폭 넓게'의 뜻.

알레고리[allegory] 비유법(譬喩法)의 한 가지. 추상적 관념을 구체적인 비유로써 표현하는 기법으로, 겉으로 드러나 있는 것 이상의 깊은 뜻이나 내용이 암시(暗示)되어 있는 비유. 풍유(諷諭). アレゴリー 譬喩法 諷諭

알레그라멘테[이 allegramente] 악보에서, '즐겁게·쾌활(快活)하게'의 뜻. 快活

알레그레토[이 allegretto] 악보에서, '알레그로보다 조금 느리게'의 뜻. アレグレット

알레그로[이 allegro] 악보에서, '빠르게'의 뜻. アレグロ 樂譜

알레그리시모[이 allegrissimo] 악보에서, '아주 빠르게'의 뜻.

알레르겐[독 Allergen] 알레르기성 질환(疾患)의 원인이 되는 항원(抗原). アレルゲン 疾患

알레르기[독 Allergie] 특정 물질의 섭취나 접촉에 대해 체질상 보통 사람과 다르게 과민반응(過敏反應)을 나타내는 일. アレルギー 過敏反應

알렉산드라이트[alexandrite] 금록옥(金綠玉)의 한 가지. 알렉산더보석. アレキサンドライト 金綠玉

알렐루야[라 alleluia] ⇨할렐루야. アレルヤ

알력[軋轢] 수레가 삐걱거린다는 뜻으로, 의견이 맞지 않아 서로 충돌하는 일. 「내부(內部) ~」あつれき discord 軋轢

알로에[라 aloe] 백합과 일곱에 속(屬)의 상록(常綠) 다년초를 통틀어 이르는 말. 남아프리카 원산의 다육(多肉) 식물. アロエ 常綠 多肉

알로타바[이 all'ottava] 악보에서, '한 옥타브 높게 또는 낮게'의 뜻.

알로하셔:츠[aloha shirts] 하와이에서 처음으로 유행(流行)한 반소매 셔츠. 무늬가 화려하며 옷자락을 바지 위로 내놓고 입음. アロハシャツ 流行

알로하오에[Aloha oe] 하와이의 민요. 民謠

알루마이트[Alumite] 알루미늄의 표면에 산화알루미늄의

막을 입혀서 내식성(耐蝕性)·내마모성(耐磨耗性)이 향상되도록 처리한 것의 상품명. アルマイト 耐磨耗性

알루멜[alumel] 니켈을 주성분으로 알루미늄과 규소(硅素)를 섞어 만든 합금. 硅素

알루미나[alumina] 산화알루미늄. アルミナ 酸化

알루미늄[aluminium] 금속(金屬) 원소의 한 가지. 은백색의 가볍고 연한 금속. 원소 기호는 Al. アルミニウム 銀白色 輕金屬

알루미늄 새시[aluminium-sash] 알루미늄으로 만든 창틀. アルミニウムサッシュ

알류[斡流] 물이 돌아 흐름. 또는 그렇게 흐르는 물. 斡流

알리바이[alibi] 현장 부재 증명(現場不在證明). アリバイ 不在 證明

알리신[allicin] 마늘에서 추출되는 항균성(抗菌性) 물질. 抗菌性

알리자린[alizarin] 염료(染料)의 한 가지. 고대로부터 사용되어 온 붉은 색소. アリザリン 色素

알부민[albumin] 단순 단백질의 한 가지. 글로불린과 함께 세포의 기초 물질을 구성하며, 동식물(動植物) 조직 속에 널리 존재함. アルブミン 動植物

알비노[albino] 피부·모발·눈 등에 색소(色素)가 생기지 않는 비정상적인 개체(個體). アルビノ 色素 個體

알선[斡旋] ① 남의 일을 주선하여 줌. ② 수수료를 받고 장물 매매를 주선해 주는 행위. あっせん ① good offices 斡旋 周旋

알성[謁聖] 조선 때, 임금이 성균관 문묘(文廟)의 공자 신위에 참배하던 일. 謁聖

알세뇨[이 al segno] 악보에서, '기호(記號)'가 있는 곳까지'의 뜻. 記號

알칸[alkane] 메탄계 탄화수소(炭化水素). 水素

알칼로이드[alkaloid] 질소를 함유하는 염기성 유기 화합물(有機化合物)을 통틀어 이르는 말. 식물계에 널리 분포함. アルカロイド 鹽基性 有機 化合物

알칼리[alkali] 물에 녹는 염기성(鹽基性) 물질을 통틀어 이르는 말. 物質

알켄[alkene] 분자 내에 한 개의 이중 결합(二重結合)을 가진 불포화 탄화수소를 통틀어 이르는 말. 二重 結合

알코올[alcohol] ① 탄화수소의 수소 원자를 수산기(水酸基)로 치환한 화합물을 통틀어 이르는 말. ② 에탄올을 흔히 이르는 말. アルコール 水酸基

알코올램프[alcohol lamp] 알코올을 연료로 하는 간단한 가열 기구(加熱器具). アルコールランプ 加熱 器具

알킨[alkyne] 아세틸렌계 탄화수소(炭化水素). 炭化 水素

알킬[alkyl] 메탄계 탄화수소에서 수소 원자 한 개를 뺀 나머지로 이루어지는 원자단(原子團)을 통틀어 이르는 말. アルキル 原子團

알토[이 alto] 여성(女聲)의 가장 낮은 음역. 또는 그 음역의 가수. アルト 女聲

알파[alpha] 그리스 사모(字母)의 첫째 글자인 'A(α)'이름. アルファ 字母

알파벳[alphabet] 로마자나 그리스 문자 등 구미(歐美) 언어의 표기에 쓰이는 문자의 기초적인 차례. アルファベット 歐美

알파카[alpaca] ① 낙타과의 포유동물. 털은 옷감으로 쓰이 駱駝

고, 고기는 식용(食用)함. ② 알파카의 털로 만든 실이나 옷감. アルパカ

알펜슈토크[독 Alpenstock] 갈고리가 달린 등산용(登山用) 지팡이. アルペンシュトック

알펜호른[독 Alpenhorn] 알프스 지방에 전해 내려오는 원시적(原始的)인 호른의 한 가지. アルペンホルン

알피네[이 al fine] 악보에서, '끝까지'의 뜻.

알피니스트[alpinist] 등산가(登山家). アルピニスト

알피니즘[alpinism] 산에 오르는 것만을 목적으로 하는, 스포츠로서의 등산(登山). 또는 등산에 대한 그러한 사고 방식. アルピニズム

알현[謁見] 지체가 높고 귀한 사람을 찾아뵘. =현알(見謁). えっけん　　　　audience

암[岩] "巖"의 俗字. ガン・いわお

암[庵] 암자 암: 암자. 초막. 「庵子(암자)・庵主(암주)・庵廬(암려)」アン・いおり

암:[暗]* ① 어두울 암: 어둡다. 「暗夜(암야)・暗室(암실)・暗黑(암흑)・暗中(암중)」② 몰래 할 암: 몰래 하다. 「暗葬(암장)・暗行(암행)・暗鬪(암투)」③ 침침할 암: 침침하다. 그윽하다. 「暗香(암향)」アン ① くらい

암:[諳] 욀 암: 외다. 「諳誦(암송)・諳記(암기)・諳寫(암사)」アン・そらんじる

암:[癌] 고약한 종기 암: 종기. 암. 「癌腫(암종)・乳癌(유암)・胃癌(위암)」ガン

암:[闇] ① 어두울 암: 어둡다. 「闇夜(암야)」② 숨을 암: 숨다. 숨어서 하다. 「闇賣(암매)・闇市場(암시장)・闇去來(암거래)」③ 어리석을 암: 어리석다. 「闇鈍(암둔)・闇弱(암약)」アン ① くらい

암[巖]* ① 바위 암: 바위. 「巖石(암석)・奇巖(기암)・巖窟(암굴)・巖泉(암천)」② 높을 암: 높다. 「巖巖(암암)」ガン・ゲン ① いわお

암:갈색[暗褐色] 어두운 갈색. あんかっしょく　　dark brown

암:거[暗渠] 땅 속이나 구조물 밑으로 낸 도랑. ↔개거(開渠). あんきょ　　　　culvert

암:거래[暗去來] 법으로 매매가 금지된 물건을 몰래 팔고 사는 행위.
　　　　black market dealings

암:계[暗計] 어떤 일을 몰래 꾀함. 또는 그 꾀. =암모(暗謀).　　　　　　plot

암괴[巖塊] 바위 덩어리. rock

암:군[暗君] 정사(政事)에 어둡고 어리석은 임금. =혼군(昏君). 암주(暗主). あんくん
　　　　　imbecile ruler

암굴[巖窟] 바위 속으로 뚫린 굴. =석굴(石窟). がんくつ
　　　　　　　　grotto

암:귀[暗鬼] ① 어둠 속의 귀신. ② 망상(妄想)에서 오는 공포. あんき

암:기[暗記・諳記] 외워서 기억함. あんき　memorizing

암:담[暗澹] 어두컴컴하고 선명하지 않다는 뜻으로, 앞날에 대한 희망이 없이 막막함. あんたん　　dismalness

암:독[暗毒] 성질이 음험하고 독살스러움. insiduousness

암두[巖頭] 바위의 위나 가. がんとう　　　　rock head

암:둔[閻鈍] 어리석고 둔함. 閻鈍 あんどん　stupidity

암:련[諳練·諳鍊] 사물에 정통(精通)함. 諳鍊　conversance

암:루[暗淚] 소리 없이 흘리는 눈물. 남 모르게 흘리는 눈물. あんるい　silent tears 暗淚

암:류[暗流] ① 표면으로 드러나지 아니하는 물의 흐름. ② 외부에 드러나지 않게 은근히 다투는 움직임. あんりゅう undercurrent 暗流

암류[巖流] 풍화 작용으로 생긴 바위 부스러기의 층이 비탈진 면을 따라 천천히 아래로 이동하는 현상. 巖流

암:막[暗幕] 방 안을 어둡게 하기 위하여 둘러치는 검은 막. あんまく　dark curtain 暗幕

암:매[暗昧·闇昧] 사리에 어둡고 어리석음. stupidity 暗昧 闇昧

암:매[暗買] 매매가 금지된 물건을 몰래 삼. ↔암매(暗賣). illicit purchase 暗買

암:매[暗賣] 매매가 금지된 물건을 몰래 팖. ↔암매(暗買). illicit sale 暗賣

암:매매[闇買賣] 매매가 금지된 물건을 몰래 팔고 삼. やみばいばい·あんばいばい black-marketing 闇買賣

암:면[暗面] ① 사물의 어두운 면. ② 인생이나 사회의 어둡고 추악한 면. =암흑면(暗黑面). あんめん ① dark side ② ugly part 暗面 暗黑面

암:모[暗謀] ⇨암계(暗計). 暗謀

암모나이트[ammonite] 두족류(頭足類)의 화석(化石) 조개. アンモナイト 化石

암모늄[ammonium] 질소 1원자와 수소 4원자로 이루어진 1가(一價)의 원자단(原子團). アンモニウム 一價

암모니아[ammonia] 질소와 수소의 화합물로, 자극적(刺戟的)이고 강한 냄새가 나는 무색의 기체. アンモニア 化合物 無色

암:묵[暗默] 자기 생각을 드러내지 않고 침묵함. あんもく taciturnity 暗默

암:문[暗門] 성벽을 뚫어 만든 비밀문. 暗門

암미:터[ammeter] 전류계(電流計). アンメーター 電流計

암:민[暗民] 무지(無知)한 백성. stupid people 暗民

암반[巖盤] 바위로 이루어진 지반(地盤). がんばん　rock bed 巖盤

암벽[巖壁] 벽처럼 깎아지른 듯이 험하게 솟은 바위. がんぺき　cliff 巖壁

암:사[暗射] 목표물을 정하거나 겨냥하지 않고 총을 마구 쏨. あんしゃ　blind firing 暗射

암:산[暗算] 머릿속으로 계산함. あんざん　mental arithmetic 暗算

암산[巖山] 바위가 많은 산. いわやま　rocky mountain 巖山

암:살[暗殺] 사람을 몰래 죽임. 「~범(犯)」 あんさつ assassination 暗殺

암:상[暗箱] 사진기의 렌즈와 감광판에 붙은 상자 모양으로 된 부분. 밖에서 빛이 새어 들어오지 못하게 함. 어둠상자. あんばこ　dark box 暗箱

암상[巖床] 마그마가 지층 사이로 들어가서 판자 모양으로 넓게 퍼져 굳어진 것. がんしょう　rock floor 巖床

암:색[暗色] 어두운 빛깔. ↔명색(明色). あんしょく dark color 暗色 明色

암:색[暗索] 암중모색(暗中摸索)의 준말. 暗索

암석[巖石] 바위. 바윗돌. がんせき rock

암:선[暗線] 연속 스펙트럼에 나타나는 어두운 선. あんせん dark line

암설[巖屑] 풍화 작용(風化作用)으로 생긴 바위 부스러기.

암:송[暗誦] 글을 보지 않고 소리내어 욈. あんしょう recitation

암:수[暗數] 속임수. trick

암:시[暗示] 넌지시 깨우쳐 줌. 「~법(法)」あんじ hint

암:실[暗室] 밖으로부터 빛이 들어오지 못하도록 꾸며 놓은 방. 사진 현상이나 화학 실험 등을 하는 데 쓰임. あんしつ dark room

암:암리[暗暗裡] 남이 모르는 사이. あんあんり secretly

암:야[暗夜·闇夜] 어두운 밤. あんや dark night

암:약[暗躍] 암중비약(暗中飛躍)의 준말. あんやく

암:약[闇弱] 어리석고 겁이 많음. =암산(闇屛). あんじゃく being ignorant and irresolute

암:어[暗語] 특정인만이 알 수 있도록 정해 놓은 암호의 말. あんご cipher

암:연[黯然] 슬프고 침울한 모양. あんぜん tearfulness

암염[巖鹽] 광물로서 산출되는 염화나트륨의 결정. 돌소금. =석염(石鹽). がんえん rock salt

암:영[暗影] ① 어두운 그림자. ② 불길한 예감이나 징조. あんえい ① dark shadow ② gloomy omen

암:우[暗愚·闇愚] 사리에 어둡고 어리석음. あんぐ imbecile

암:운[暗雲] ① 곧 비나 눈이 내릴 듯이 컴컴하게 낀 구름. ② 불길한 일이나 위험이 닥칠 것 같은 기미. 「~이 감돌다」あんうん ① dark cloud ② ill omen

암자[庵子] ① 큰 절에 딸린 작은 절. ② 중이 임시로 거처하며 도를 닦는 자그마한 집. hermitage

암:장[暗葬] 몰래 매장함. 남몰래 장사를 지냄. =투장(偸葬). secret burial

암장[巖漿] 땅 속 깊은 곳에서 지열(地熱)로 녹아서 용융(鎔融) 상태로 있는 물질. 마그마. がんしょう rock magma

암:전[暗轉] 연극에서, 무대의 막을 내리지 않고 조명을 어둡게 하여 무대 장치나 장면을 바꾸는 일. あんてん dark change

암:종[癌腫] 악성(惡性)의 종양. =암(癌). がんしゅ cancer

암주[庵主] 암자의 주인. 또는 암자에 거처하는 중. あんしゅ·あんじゅ

암:중모색[暗中摸索] 어두운 데서 물건을 더듬어 찾는다는 뜻으로, 어림으로 무엇을 알아내거나 찾아내려 함을 뜻함. 준암색(暗索). あんちゅうもさく groping in the dark

암:중비약[暗中飛躍] 비밀히 활동함. 준암약(暗躍). あんちゅうひやく secret maneuver

암:차[暗車] 지난날, 배의 추진기(推進機)를 이르던 말. あんしゃ screw

암천[巖泉] 바위 틈에서 솟아나는 샘. がんせん

암:체[暗體] 스스로 빛을 내지 못하는 물체. ↔발광체(發光體).

암:초[暗礁] 바다나 큰 호수의 수면 바로 아래에 보이지 않게 잠겨 있어 배와 충돌할 위험이 있는 바위나 산호. がんしょう　unknown reef 暗礁

암:투[暗鬪] 서로 적의(敵意)를 품고 드러나지 않게 다툼. 「~극(劇)」あんとう　secret strife 暗鬪

암페어[ampere] 전류(電流)의 세기를 나타내는 단위. 기호는 A. アンペア 電流

암하라[Amhara] 에티오피아의 공용어(公用語). 公用語

암:합[暗合] 사물이 우연히 일치함. あんごう　coincidence 暗合

암:해[暗害] 비밀히 해치거나 죽임. hurting or killing secretly 暗害

암:행[暗行] 어떤 목적을 위하여 자기의 신분을 숨기고 돌아다님. 「~ 어사(御史)」 traveling incognito 暗行

암:행 어:사[暗行御史] 조선 시대에, 지방 관원의 치적(治績)과 민생을 살피기 위해 왕명으로 비밀히 파견되던 특사. 준어사(御史). 暗行御史

암:향[暗香] 그윽하게 풍기는 향기. あんこう floating perfume 暗香

암혈[巖穴] 바위 굴. =석굴(石窟). がんけつ　grotto 巖穴

암:호[暗號] 비밀을 유지하기 위하여 당사자끼리만 통하도록 정해서 쓰는 신호나 부호. あんごう　cipher 暗號

암:흑[暗黑] 어둡고 캄캄함. 또는 캄캄한 어둠. あんこく darkness 暗黑

암:흑가[暗黑街] 범죄나 불법 행위가 자주 발생하여 치안이 제대로 유지되지 않는 거리. 暗黑街

あんこくがい　underworld

암:흑 시대[暗黑時代] ①도덕이나 문화가 쇠퇴하고 사회 질서가 문란한 어지러운 시기. =암흑기(暗黑期). ②유럽 역사에서, '중세'를 가리키는 말. あんこくじだい　dark age 暗黑時代 暗黑期

압[押] ①수결 둘 압 : 수결을 두다. 찍다. 「押署(압서)·押印(압인)」 ②관리할 압 : 관리하다. 「押送(압송)·押收(압수)」 オウ 押印 押送

압[狎] 친압할 압 : 친압하다. 친하다. 「狎近(압근)·狎客(압객)·狎邪(압사)·狎弄(압롱)」 コウ·なれる 狎客 狎弄

압[鴨] 집오리 압 : 집오리. 「家鴨(가압)·黃鴨(황압)·鴨頭(압두)」 オウ·かも 鴨頭

압[壓]☆ 누를 압 : 누르다. 「壓倒(압도)·壓迫(압박)·強壓(강압)·壓制(압제)·壓縮(압축)·壓搾(압착)」 アツ·おす·おさえる 壓倒 壓迫

압각[壓覺] 피부를 압박하거나 끌어당기거나 하는 자극을 가했을 때 느끼는 피부의 감각. あっかく　pressure sensation 壓覺

압객[狎客] 주인과 터놓고 허물없이 지내는 손. familiar guest 狎客

압경[壓驚] 놀란 마음을 진정시킴. 보통 술을 마시게 함. 「~주(酒)」 壓驚

압권[壓卷] ①책이나 공연물·예술 작품 등에서, 가장 뛰어난 부분. ②여럿 중에서 가장 뛰어난 것. あっかん　best part 壓卷

압근[狎近] 남에게 무람없이 가까이 다가붙음. =압핍(狎逼). こうきん 狎近

압기[壓氣] ①상대편의 기세를 누름. ②상대편의 기세에 눌 壓氣

림. あっき ① overwhelming
압날[押捺] 도장을 찍음. =날인(捺印). おうなつ stamping a seal
압도[壓度] 압력(壓力)의 정도. あつど pressure
압도[壓倒] 모든 점에서 월등히 우세하여 다른 사람이나 다른 것을 눌러 버림. 「분위기에 ~ 되다」あっとう
압도적[壓倒的] 월등하게 우세하여 다른 사람이나 다른 것을 눌러 버릴 만한 것. 「~인 승리(勝利)」あっとうてき overwhelming
압두[壓頭] 비교되는 상대를 누르고 첫째 자리를 차지함. dominating
압력[壓力] ① 어떤 물체가 나른 물체를 누르거나 미는 힘. ② 어떤 요구나 주장에 응하도록 심리적으로 압박을 가하는 힘. あつりょく ① pressure ② stress
압력계[壓力計] 액체나 기체의 압력을 새는 께기(計器). あつりょくけい manometer
압령[押領] 죄인이나 물건을 호송함. おうりょう escorting
압류[押留] 국가 권력으로 특정의 물건 또는 권리에 대하여 개인의 처분을 금지하는 행위. おうりゅう attachment
압맥[壓麥] 적당한 수분과 열을 가하여 기계로 납작하게 누른 보리. 납작보리. おしむぎ pressed barley
압박[壓迫] ① 힘을 주어 내리 누름. ② 기를 펴지 못하도록 세력으로 내리누름. 「~감(感)」あっぱく oppression
압복[壓伏・壓服] 힘으로 눌러 복종시킴. あっぷく overpoweringness
압사[壓死] 무거운 것에 눌러서 죽음. あっし death from pressure
압살[壓殺] ① 눌러서 죽임. ② 상대편의 의사나 행동 따위를 힘으로 눌러 막아 버림. あっさつ pressing to death
압생트[프 absinthe] 리큐어의 한 가지. 살구씨・회향(茴香)・아니스 등을 주된 향료로 써서 만드는 녹색의 양주(洋酒).
압서[押署] 도장을 찍고 서명을 함. =서명 날인(署名捺印). signature
압설[狎褻] 너무 친하여 예의가 없음. こうせつ
압송[押送] 죄인을 감시하면서 데려감. =호송(護送). おうそう escorting a criminal
압쇄기[壓碎機] 눌러서 부수는 기계의 총칭. あっさいき crushing roll
압수[押收] 국가 기관이 증거물 또는 몰수할 물건의 점유를 취득하는 상세 지분. おうしゅう seizure
압승[壓勝] 압도적으로 이김. あっしょう overwhelming victory
압시[壓視] 만만하게 넘봄. = 멸시(蔑視). contempt
압연[壓延] 롤러로 금속 재료를 눌러 펴서 판(板)・봉(棒)・관(管) 등의 모양으로 성형・가공하는 일. 「~ 작업(作業)」あつえん rolling
압운[押韻] 운(韻)을 닮. 시(詩)를 지을 때 일정한 곳에 동일한 운을 규칙적으로 다는 일. おういん rhyming
압인[押印] 도장을 찍음. =날

인(捺印). おういん
affixing a seal

압자일렌[독 Abseilen] 등산에서, 급사면(急斜面)을 자일을 써서 내려가는 일.

압점[壓點] 피부에 퍼져서 압각을 느끼게 하는 신경의 말단 기관. あってん
pressure point

압정[押釘] 손가락으로 눌러서 박는, 대가리가 크고 납작하며 촉이 짧은 쇠못. pushpin

압정[壓政] 국민을 권력이나 무력으로 억압하는 정치. = 강압 정치(强壓政治)·압제 정치(壓制政治). あっせい
despotic government

압제[壓制] 권력이나 무력으로 억압하고 강제함. 「~ 정치(政治)」あっせい oppression

압조[壓條] 휘묻이. =취목(取木). あつじょう layer

압지[押紙·壓紙] 먹물이나 잉크 등으로 쓴 것이 번지거나 묻어나지 않도록 눌러서 물기를 빨아들이는 종이. おしがみ(押紙) blotter

압착[壓搾] ① 눌러서 짜냄. ② 눌러서 오그라뜨림. 「~기(機)」あっさく pressure

압착 공기[壓搾空氣] 압력을 가하여 부피를 줄인 공기. = 압축 공기(壓縮空氣). あっさくくうき compressed air

압축[壓縮] ① 기체나 물체 따위에 압력을 가하여 부피를 줄임. 「~ 펌프」② 문장 등을 줄여 쌃게 함. あっしゅく compression

압출[壓出] 눌러서 밀어 냄. あっしゅつ pressing out

압흔[壓痕] 부종(浮腫)일 때, 피부를 손가락으로 누르면 눌린 자리가 한동안 우묵하게 그대로 있는 흔적. あつこん

앙[央]* ① 가운데 앙:가운데. 「中央(중앙)」 ② 넓을 앙:넓다. 「央央(앙앙)」オウ·ヨウ ① なかば

앙:[仰]* 우러러볼 앙:우러러보다. 「仰見(앙견)·仰慕(앙모)·俯仰(부앙)·信仰(신앙)·仰望(앙망)·仰願(앙원)」コウ·ギョウ·あおぐ·おおせ

앙[怏] 원망할 앙:원망하다. 「怏心(앙심)·怏怏(앙앙)·怏然(앙연)」オウ·うらむ

앙[昂] 높을 앙:높다. 오르다. 「昂騰(앙등)·昂貴(앙귀)·昂揚(앙양)·昂昂(앙앙)」コウ·あがる·たかまる

앙[殃]* 재앙 앙:재앙. 「殃慶(앙경)·殃咎(앙구)·殃災(앙재)·殃禍(앙화)」オウ

앙[盎] ① 동이 앙:동이. ② 넘칠 앙:넘치다. 「盎然(앙연)·盎盎(앙앙)」オウ

앙[秧] 모 앙:모. 「移秧(이앙)·秧歌(앙가)·秧稻(앙도)」オウ·なえ

앙[鴦] 원앙 앙:원앙새의 암컷. 「鴛鴦(원앙)」オウ·おしどり

앙가주망[프 engagement] 작가·문학 등의 사회 참여(參與). アンガージュマン

앙:각[仰角] 높은 곳에 있는 목표물을 올려다볼 때, 시선(視線)과 수평면이 이루는 각도. 올려본각의 구용어. ↔부각(俯角). ぎょうかく (angle of) elevation

앙:견[仰見] 우러러봄. =앙시(仰視). looking up

앙경[殃慶] 재앙과 경사. おうけい good or ill luck

앙:고[仰告] 우러러 아룀.

앙고라[Angora] ① 앙고라토끼. ② 앙고라토끼의 털로 짠 직물(織物). アンゴラ 織物

앙귀[昂貴] ⇨등귀(騰貴). 昂貴

앙기나[Angina] 인두(咽頭)나 편도선에 생기는 급성 염증. 구협염(口峽炎). アンギーナ 咽頭

앙등[昂騰] ⇨등귀(騰貴). こうとう 昂騰

앙:망[仰望] 우러러 바람. =앙원(仰願). ぎょうぼう looking up 仰望

앙:모[仰慕] 우러러 사모함. ぎょうぼ adoration 仰慕

앙묘[秧苗] 볏모. young rice plants 秧苗

앙분[怏忿] 앙심을 품음. having a grudge 怏忿

앙분[昂奮] 몹시 흥분함. こうふん excitement 昂奮

앙상블[프 ensemble] ① 중창(重唱)이나 중주(重奏). ② 함께 결합시켜 조화를 이루도록 디자인한 한 벌의 옷. ③ 연주·연주의 조화(調和) 또는 통일 상태. アンサンブル 調和

앙:선[仰羨] 우러러 부러워함. 仰羨

앙숙[怏宿] 원한을 품고 서로 미워하는 사이. 怏宿

앙:시[仰視] 우러러봄. =앙견(仰見). ぎょうし looking up 仰視

앙심[怏心] 원한을 품고 앙갚음하기를 벼르는 마음. grudge 怏心

앙앙[怏怏] 마음에 차지 않거나 야속하여 원망하는 모양. 「~불락(不樂)」 おうおう discontentedness 怏怏

앙양[昂揚] 정신·의욕·사기 등을 드높임. 「애국심(愛國心)~」 こうよう elevation 昂揚

앙:와[仰臥] 위를 보고 반듯이 누움. ぎょうが lying on back 仰臥

앙:원[仰願] 우러러 원함. =앙망(仰望). desire 仰願

앙:장[仰障] 종이 반자나 반자틀 따위를 통틀어 이르는 말. frame 仰障

앙장[鞅掌] 일이 매우 바쁘고 번거로움. おうしょう being busy and complicated 鞅掌

앙:천[仰天] 하늘을 우러러봄. 「~대소(大笑)」 looking up the sky 仰天 大笑

앙:천부지[仰天俯地] 하늘을 쳐다보고 땅을 굽어봄. 俯地

앙:청[仰請] 우러러 청함. request 仰請

앙:축[仰祝] 우러러 축하함. congratulation 仰祝

앙케트[프 enquête] 설문 조사(設問調査). アンケート 設問 調査

앙코:르[프 encore] '다시 한 번'의 뜻. 재청(再請). アンコール 再請

앙트레[프 entrée] 서양 요리의 정찬(正餐)에서, 생선 요리와 로스트(roast) 사이에 나오는 요리. アントレ 正餐

앙티로망[프 anti-roman] 전통적인 소설 형식을 부정하고 새로운 형식과 기교를 추구하려는 소설의 한 경향. 반소설(反小說). アンチロマン 反小說

앙화[殃禍] 죄의 갚음으로 받는 온갖 재앙. =앙얼(殃孼). calamity 殃禍

애[艾] ① 쑥 애: 쑥. 「艾蒿(애고)·艾餠(애병)·艾葉(애엽)」 ② 늙은이 애: 늙은이. 쉰 살 이상의 노인. 「艾老(애로)·艾年(애년)」 ③ 다스릴 예: 다스리다. 「艾安(예안)·艾康(예강)」 ガイ ① よもぎ·もぐさ 艾餠 艾年

애[哀]* 슬플 애: 슬프다. 불쌍하다. 「悲哀(비애)·哀悼(애도) 悲哀

・哀歡(애환)・哀話(애화)・哀憐(애련)・哀惜(애석)」アイ・あわれ

애[埃] 티끌 애 : 티끌. 「埃滅(애멸)・埃霧(애무)・埃塵(애진)」アイ・ほこり

애[崖] 낭떠러지 애 : 낭떠러지. 「崖畔(애반)・崖壁(애벽)・斷崖(단애)」ガイ・がけ

애[涯]☆ 물가 애 : 물가. 끝. 「涯岸(애안)・涯際(애제)・生涯(생애)」ガイ・みぎわ・きし

애:[愛]* 사랑 애 : 사랑. 좋아하다. 아끼다. 「愛讀(애독)・愛酒(애주)・愛煙(애연)・愛唱(애창)・愛情(애정)・愛人(애인)・愛撫(애무)・愛着(애착)・戀愛(연애)」アイ・いつくしむ・めでる・おしむ

애[睚] 눈흘길 애 : 눈흘기다. 눈가. 「睚眦(애자)」ガイ

애[隘] ① 좁을 애 : 좁다. 「隘路(애로)・隘陋(애루)・隘巷(애항)」② 막을 액 : 막다. 「隘守(액수)」アイ ① せまい

애[皚] 흴 애 : 희다. 눈이나 서리의 빛깔. 「皚皚(애애)」ガイ・しろい

애:[曖] 어두울 애 : 어둡다. 희미하다. 흐리다. 「曖昧(애매)・曖曖(애애)・曖然(애연)」アイ・くらい

애[礙] "碍"는 俗字. 거리낄 애 : 거리끼다. 막다. 「礙管(애관)・礙産(애산)・礙眼(애안)」ガイ・ゲ・さまたげる

애[靄] 이내 애 : 이내. 「靄然(애연)・靄靄(애애)」アイ・もや

애가[哀歌] ① 슬픈 노래. =비가(悲歌). ② 사람의 죽음을 슬퍼하는 노래. あいか elegy

애감[哀感] 슬픈 느낌. あいかん feeling of sorrow

애걸[哀乞] 애처롭게 사정하며 빎. 「~복걸(伏乞)」 supplication

애:견[愛犬] 개를 사랑함. 또는 사랑하는 그 개. あいけん pet dog

애:경[愛敬] 사랑하고 존경함. =경애(敬愛). あいけい reverence

애고[哀告] 애처로운 고백. sad confession

애고[哀苦] 슬픔과 괴로움. sorrow and agony

애:고[愛顧] 사랑하여 돌보아 줌. あいこ patronage

애곡[哀曲] 슬픈 곡조. elegy

애곡[哀哭] 슬프게 소리내어 욺. あいこく lamentation

애관[碍管・礙管] 전선을 벽이나 천장 등에 관통시킬 때 꿰어서 쓰는 절연용의 사기 대롱. がいかん insulator

애:교[愛校] 자기의 학교를 아끼고 사랑함. 「~심(心)」あいこう love of one's school

애:교[愛嬌] 남에게 귀엽게 보이려는 태도. あいきょう charm

애:국[愛國] 자기 나라를 사랑함. 「~가(歌)」あいこく patriotism

애긍[哀矜] 불쌍히 여김. =애련(哀憐). pity

애:기[愛妓] 특별히 사랑하는 기생. あいぎ

애:기[愛機] '자기의 비행기'를 아끼는 뜻으로 이르는 말. あいき one's favorite plane

애년[艾年] 나이 '쉰 살'을 달리 이르는 말. がいねん fifty years of age

애:념[愛念] 사랑하는 마음. love

애니메이션[animation] 동작

이나 모양이 조금씩 다른 그림이나 인형을 한 장면씩 촬영하여, 영사하였을 때 화상(畫像)이 움직이는 것처럼 보이게 한 것. 동화(動畫). アニメーション

애니미즘[animism] 종교의 원초적인 형태의 한 가지. 영혼의 존재를 인정하여 그것이 자연이나 인간에 붙어 다니며 영향력을 가진다는 신앙 또는 학설. 정령(精靈) 숭배. アニミズム

애:당[愛黨] 자기 당을 아끼고 사랑함. 「~심(心)」 あいとう love of one's party

애도[哀悼] 사람의 죽음을 슬퍼함. =애척(哀戚). 「~사(辭)」 あいとう condolence

애:독[愛讀] 즐거서 읽음. 「~자(者)」 あいどく reading pleasantly

애드리브[ad lib] 영화·연주 등에서, 각본이나 악보에 없는 즉흥적(卽興的)인 대사나 연주. アドリブ

애드맨[adman] 광고업(廣告業)에 종사하는 사람. アドマン

애드벌룬:[ad-balloon] 광고·선전용의 기구(氣球). アドバルーン

애락[哀樂] 슬픔과 즐거움. 「희로(喜怒)~」 あいらく grief and pleasure

애련[哀憐] 애처럽고 가엾게 여김. =애긍(哀矜). あいれん pity

애련[哀戀] 슬픈 사랑. 이루지 못하는 사랑. =비련(悲戀). disappointed love

애:련[愛戀] 사랑하고 그리워함. あいれん love

애로[隘路] ① 좁고 험한 길. ② 일을 진행해 나가는 데 장애가 되는 것. あいろ ① narrow path ② bottleneck

애:림[愛林] 나무나 숲을 사랑하고 아낌. 「~ 녹화(綠化)」 あいりん forest conservation

애:마[愛馬] 아끼고 사랑하는 말. =애기(愛騎). あいば one's favorite horse

애:매[曖昧] 희미하여 확실하지 않음. 「~모호(模糊)」 あいまい ambiguity

애모[哀慕] 죽은 이를 마음에 두고 몹시 그리워하며 슬퍼함. あいぼ cherishing one's memory

애:모[愛慕] 사랑하고 사모함. あいぼ affection

애:무[愛撫] 사랑스럽게 어루만짐. あいぶ caressing

애:물[愛物] 사랑하여 아끼는 물건. one's favorite thing

애민[哀愍] 불쌍하게 여김. 가련하게 여김. あいびん pity

애:민[愛民] 백성을 사랑함. 「~ 선정(善政)」 loving the people

애버리지[average] ① 야구에서, 타율(打率). ② 당구·볼링에서, 한 게임당 평균 득점. アベレージ

애별[哀別] 슬프게 이별함. あいべつ sad parting

애:별[愛別] 불교에서, 사랑하는 사람과 이별함. あいべつ parting from a beloved person

애:별리고[愛別離苦] 불교에서 이르는 팔고(八苦)의 하나. 부모·형제·처자·애인 등과 이별하는 고통. あいべつりく anguish of parting from one's loved person

애ː부[愛夫] 창부(娼婦)의 단골 손. 愛夫 paramour

애브노ː멀[abnormal] 정상적(正常的)인 상태가 아님. アブノーマル 正常的

애사[哀史] 슬픈 역사. 「망국(亡國)~」 あいし sad history 哀史

애사[哀詞] 사람의 죽음을 슬퍼하여 지은 글. =애도사(哀悼詞). あいし poem or letter of condolence

애산[礙産] 아기의 머리만 나오고 어깨가 걸려서 낳기가 몹시 힘드는 해산. あいさん 礙産

애상[哀喪] 상사(喪事)를 당하여 슬퍼함. あいそう sadness 哀喪

애상[哀想] 슬픈 생각. sadness 哀想

애상[哀傷] 슬퍼하고 가슴 아파함. あいしょう sorrow 哀傷

애ː서[愛書] 책을 좋아하고 아낌. 「~가(家)」 あいしょ love of books 愛書

애ː서[愛壻·愛婿] 아끼고 사랑하는 사위. one's beloved son-in-law 愛壻

애석[哀惜] 슬프고 아까움. あいせき condolence 哀惜

애ː석[愛惜] 사랑하고 아깝게 여김. あいせき·あいじゃく fondness 愛惜

애소[哀訴] 애절하게 하소연함. あいそ appeal 哀訴

애ː손[愛孫] 사랑하는 손자. あいそん beloved grandchild 愛孫

애ː송[愛誦] 시나 노래 따위를 즐겨 외거나 부름. 「~시(詩)」 あいしょう favorite reading 愛誦

애수[哀愁] 슬프고 시름겨운 느낌이나 마음. あいしゅう sorrow 哀愁

애ː식[愛息] 사랑하는 자식. 보통 남의 자식을 이를 때 씀. あいそく 愛息

애ː아[愛兒] 사랑하는 자식. あいじ beloved child 愛兒

애안[涯岸] 물가. =수변(水邊). がいがん coast 涯岸

애애[哀哀] 슬프디 슬픔. grief 哀哀

애애[皚皚] 서리나 눈 따위가 내려 희고 깨끗함. 「~한 백설(白雪)」がいがい being pure and white as snow 皚皚

애애[藹藹] ① 초목이 무성한 모양. ② 달빛이 흐릿한 모양. ③ 온화한 모양. あいあい ① dense ③ peaceful 藹藹

애ː연[愛煙] 담배를 즐겨 피움. 「~가(家)」 あいえん habitual smoking 愛煙

애ː연[愛緣] 불교에서, 은애(恩愛)로 맺어진 인연을 이르는 말. あいえん karma 愛緣

애ː연가[愛煙家] 담배를 즐겨 피우는 사람. あいえんか habitual smoker 愛煙家

애열[哀咽] 슬퍼서 목이 멤. sobbing 哀咽

애ː열[愛悅] 사랑하고 기뻐함. delight 愛悅

애ː염[愛染] ⇨애집(愛執). 愛染

애ː영[愛詠] 시가(詩歌)를 즐겨 읊음. =애음(愛吟). love of songs and poems 愛詠

애ː완[愛玩] 매우 사랑하여 가까이 두고 다루거나 보며 즐김. 「~ 동물(動物)」 あいがん love of one's pet 愛玩

애ː욕[愛慾] ① 불교에서, 애정과 욕심. ② 성애(性愛)의 욕망. あいよく ① love and lust ② passion 愛慾

애ː용[愛用] 어떤 물건을 즐겨 씀. 「국산품(國産品) ~」 あいよう habitual use 愛用

애원[哀怨] 몹시 애처롭고 슬프게 원망함. あいえん 哀怨

애원[哀願] 애처롭게 사정하며 간절히 원함. あいがん *tearful resentment* *supplication*

애:육[愛育] 귀여워하며 소중히 기름. あいいく *bring up with tender care*

애:음[愛吟] ⇨애영(愛詠). あいぎん

애:음[愛飮] 술이나 음료 등을 즐겨 마심. *habitual drinking*

애읍[哀泣] 슬프게 욺. あいきゅう *lamentation*

애이불비[哀而不悲] 속으로는 슬프지만 겉으로는 슬픔을 나타내지 않음.

애:인[愛人] 이성(異性) 사이의 사랑하는 사람. =연인(戀人). あいじん *lover*

애인이목[礙人耳目] 남의 이목을 꺼림.

애자[碍子·礙子] 송전선이나 전기 기기의 전선을 절연하고 지탱하기 위하여 사용되는 자기(磁器) 등으로 만든 기구. がいし *insulator*

애:자[愛子] 아들을 사랑함. 또는 그 아들. 「~지정(之情)」 あいし *beloved child*

애:장[愛藏] 소중히 간직함. 「~품(品)」 *treasuring*

애절[哀切] 몹시 애처롭고 슬픔. 「~한 소망(所望)」 あいせつ *plaintiveness*

애정[哀情] 가엾이 여기는 마음. あいじょう *pity*

애:정[愛情] ① 사랑하는 정이나 마음. ② 이성(異性)을 사랑하여 그리워하는 마음. =연정(戀情). あいじょう *affection*

애조[哀調] 슬픈 곡조. 애절한 가락. あいちょう *plaintive tone*

애:족[愛族] 겨레를 사랑함. 「애국(愛國)~」 あいぞく *fraternity*

애:주[愛酒] 술을 좋아함. 「~가(家)」 あいしゅ *habitual drinking*

애:증[愛憎] 사랑함과 미워함. =증애(憎愛). あいぞう *love and hate*

애:지중지[愛之重之] 매우 사랑하고 소중히 여김. 「손자를 ~하다」 *dotingness*

애:집[愛執] 불교에서, 자기 소견이나 소유를 지나치게 생각하는 일. =애염(愛染)·애착(愛着). あいしゅう *attachment*

애:착[愛着] ① 몹시 사랑하고 아껴서 단념할 수가 없음. 또는 그런 마음. 「~심(心)」 ② ⇨애염(愛染). あいちゃく·あいじゃく ① *attachment*

애:창[愛唱] 어떤 노래를 즐겨 부름. 「~ 가곡집(歌曲集)」 あいしょう *favorite song*

애:처[愛妻] 아내를 사랑함. 또는 사랑하는 아내. 「~가(家)」 あいさい *beloved wife*

애:첩[愛妾] 아끼고 사랑하는 첩. あいしょう *one's favorite mistress*

애:청[愛聽] 즐겨서 들음. 「~자(者)」

애추[崖錐] 벼랑이나 급경사진 산기슭에 풍화된 암석 조각이 무너져 내려 반원뿔 모양으로 쌓인 것. がいすい

애:칭[愛稱] 본이름 외에 정답게 부르는 이름. あいしょう *pet name*

애쿼렁[aqualung] 압축 공기가 든 수중(水中) 호흡 기구.

アクアラング
애:타[愛他] 남을 사랑함. ↔ 애기(愛己). 「~주의(主義)」 あいた altruism 愛他

애통[哀痛] 매우 슬퍼함. あいつう deep lamentation 哀痛

애티튜:드[attitude] 발레에서, 한 발로 전신(全身)을 지탱하고 다른 한 발을 뒤로 들어올린 자세. 全身

애프터버:너[afterburner] 터보제트 엔진의 재연소(再燃燒) 장치. アフターバーナー 再燃燒

애프터서:비스[after service] 상품을 판 뒤에도 업자가 그 상품에 대한 수리(修理)·점검 등의 편의를 보아 주는 일. アフターサービス 修理

애플파이[apple pie] 양과자(洋菓子)의 한 가지. 설탕을 넣고 조린 사과를 넣어 만든 파이. アップルパイ 洋菓子

애피타이저[appetizer] 식욕(食慾)을 돋우기 위해서 식전에 먹는 음식. アペタイザー 食慾

애:향[愛鄕] 자기 고향을 사랑함. 「~심(心)」あいきょう loving one's native place 愛鄕

애호[哀號] 슬피 울부짖음. あいごう mourning 哀號

애:호[愛好] 좋아하고 즐김. 「~가(家)」あいこう liking 愛好

애:호[愛護] 아끼어 소중히 다루며 보호함. 「동물(動物) ~」あいご protection 愛護

애화[哀話] 슬픈 이야기. 一비화(悲話). あいわ sad story 哀話

애환[哀歡] 슬픔과 기쁨. あいかん sorrow and pleasure 哀歡

애휼[哀恤] 불쌍히 여겨 은혜를 베풂. sympathy and relief 哀恤

애:희[愛姬] 총애하는 여자. beloved girl 愛姬

액[厄]☆ 재앙 액: 재앙. 「災厄(재액)·厄運(액운)·厄年(액년)」ヤク·わざわい·あやうい 災 厄

액[扼] 누를 액: 누르다. 움켜쥐다. 잡다. 「扼腕(액완)·扼喉(액후)·扼守(액수)」ヤク·おさえる·とりひしぐ 扼 腕

액[阨] 막힐 액: 막히다. 거리끼다. 「阨塞(액색)·阨困(액곤)·阨窮(액궁)」ヤク 阨 困 阨 窮

액[掖] ① 곁채 액: 곁채. 곁문. 후궁. 「掖門(액문)·掖庭(액정)·掖垣(액원)」 ② 낄 액: 끼다. 부축하다. 「扶掖(부액)」エキ 扶 掖

액[液] 즙 액: 즙(汁). 물. 「液體(액체)·液量(액량)·液化(액화)·溶液(용액)·液果(액과)·液汁(액즙)·粘液(점액)」エキ·しる 粘 液

액[腋] 겨드랑이 액: 겨드랑이. 「腋間(액간)·腋毛(액모)·腋臭(액취)·腋汗(액한)」エキ·わき 腋 間

액[搤] 움킬 액: 움켜쥐다. 잡다. 「搤咽(액인)·搤殺(액살)」アク 搤 咽

액[縊] 목맬 액: 목을 매다. 「縊死(액사)·縊殺(액살)」イ·くびれる 縊 死

액[額]☆ ① 이마 액: 이마. 「額手(액수)」 ② 수효 액: 수효. 수량. 「額面(액면)·金額(금액)·高額(고액)·稅額(세액)·少額(소액)·總額(총액)·額數(액수)」 ③ 현판 액: 현판. 「額字(액자)·題額(제액)」ガク·ひたい 額 面 額

액과[液果] 살과 즙이 많은 열매를 통틀어 이르는 말. 포도·귤·수박 등. えきか berry 液 果

액궁[阨窮] 운이 나빠 곤궁에 빠짐. 阨 窮

액기[厄氣] 액운(厄運)이 있을 厄 氣

듯한 기운. ill luck
액난[厄難] 뜻밖의 불행한 일. =재난(災難). やくなん calamity
액내[額內] ① 일정한 인원의 범위 안. ② 한집안 사람. ③ 한패에 들어 있는 사람. ↔액외(額外). ① within the fixed number ② member of a family
액년[厄年] 운수가 사나운 해. やくどし unlucky year
액란[液卵] 껍데기를 깨뜨려 쏟아 놓은 알.
액량[液量] 액체의 분량. えきりょう liquid measure
액면[額面] ① 유가 증권(有價證券)이나 화폐 등에서 금액 따위가 적혀 있는 앞면. 또는 그 금액. がくめん ② 말이나 글에서, 표현된 그대로의 사실을 비유하여 이르는 말. ① face value ② mere outlook
액모[腋毛] 겨드랑이에 난 털. わきげ hairs of the armpit
액문[掖門] 궁전의 정문 양쪽 옆에 있는 문. えきもん
액비[液肥] 액체 상태로 된 거름. 물거름. =수비(水肥). えきひ liquid manure
액사[縊死] 스스로 목을 매어 죽음. いし hanging oneself
액살[扼殺] 목을 졸라 죽임. やくさつ strangulation
액살[縊殺] 목을 매어 죽임. いさつ hanging
액상[液狀] 액체의 상태. =액체상(液體狀). えきじょう liquid state
액색[阨塞] 운수가 막히어 군색함. adversity
액세서리[accessory] 장신구(裝身具). アクセサリー

액세스[access] 컴퓨터의 기억 장치에 저장되어 있는 정보를 읽어 오는 작업. 접근(接近). アクセス
액셀러레이터[accelerator] 발로 밟게 된 자동차의 가속(加速) 장치. 가속 페달. アクセレレーター
액션[action] 동작(動作)·활동의 뜻으로, 배우의 연기(演技). アクション
액수[扼守·隘守] 요지(要地)를 굳게 지킴. guarding
액수[額數] 돈의 머릿수. =금액(金額). sum
액신[厄神] 재앙을 내린다는 악신(惡神). やくじん evil spirit
액아[腋芽] 잎겨드랑이에서 나오는 눈. 곁눈. えきが lateral bud
액와[腋窩] 겨드랑이. えきか·えきわ armpit
액완[扼腕] 분개하거나 억울해 하면서 자기의 팔을 꽉 잡음. 「절치(切齒)~」やくわん clenching one's fists with anger
액외[額外] ① 일정한 인원의 범위 밖. ② 한집안이 아닌 사람. ③ 한패에 들지 않은 사람. ↔액내(額內). ① supernumerary ② unrelated person ③ outsider
액우[液雨] 음력 시월경에 내리는 비. えきう
액운[厄運] 재난을 당할 운수. やくうん misfortune
액월[厄月] 운수가 사나운 달. 액달. unlucky month
액일[厄日] 운수가 사나운 날. やくび unlucky day
액자[額子] 사진이나 그림 따위를 끼워 넣는 틀. frame

액자[額字] 현판(懸板)에 쓴 글자. 額字懸板 framed caligraphy

액정[液晶] 액체와 고체의 중간 상태에 있는 유기 물질. 전자 계산기의 평면 표시 장치 등에 쓰임. =액상 결정(液狀結晶). 「~ 화면(畫面)」 液晶 liquid crystal

액제[液劑] 액체로 된 약. 물약. えきざい 液劑 liquid medicine

액즙[液汁] 물체에서 배어 나오거나 짜낸 액체. えきじゅう 液汁 juice

액체[液體] 물이나 기름과 같이 일정한 부피는 있으나 일정한 형태가 없이 유동하는 물질. ↔고체(固體)·기체(氣體). えきたい 液體 liquid

액체 공기[液體空氣] 공기를 압축·냉각하여 액화(液化)한 것. えきたいくうき 液體空氣 liquid air

액체 압력[液體壓力] 액체 안의 중력(重力)으로 생기는 압력. えきたいあつりょく 液體壓力 hydraulic pressure

액취[腋臭] 겨드랑이에서 나는 체질적인 고약한 냄새. 암내. えきしゅう·わきが 腋臭 axillary odor

액토미오신[actomyosin] 근육(筋肉)을 구성하는 복합 단백질. アクトミオシン 筋肉

액티브[active] 활동적(活動的). 능동적. アクティブ 能動的

액한[腋汗] 겨드랑이에서 나는 땀. 곁땀. 腋汗 sweat from the armpit

액화[厄禍] 운수가 사나워서 당하는 재앙. 厄禍 calamity

액화[液化] 기체나 고체 상태에 있는 물질이 액체로 변하는 현상. えきか 液化 liquefaction

앤솔러지[anthology] 여러 작가들의 시가(詩歌)나 문장(文章)을 모아 엮은 책. 사화집(詞華集). アンソロジー 詞華集

앤티노크[antiknock] 내폭제(耐爆劑). アンチノック 耐爆劑

앨리[alley] 볼링에서, 공을 굴리는 마루. 레인(lane). アレー

앨리데이드[alidade] 평판 측량(平板測量)에서 측선(測線)의 방향을 측정하는 데 쓰이는 기구. アリダード 測線

앨버트로스[albatross] ① 신천옹(信天翁). ② 골프에서, 파(par)보다 3타 적은 타수(打數). アルバトロス 信天翁

앨범[album] 사진첩(寫眞帖). アルバム 寫眞帖

앰버[amber] 연극 따위의 조명에서 석양 효과나 보조 광선으로 쓰이는 엷은 적갈색(赤褐色). 赤褐色

앰뷸런스[ambulance] ① 이동 야전 병원. ② 구급차(救急車). アンビュランス 救急車

앰풀:[ampoule] 1회분의 주사액(注射液)을 넣어 밀폐한 작은 유리 용기. アンプル 注射液

앰플리파이어[amplifier] 증폭기(增幅器). 앰프. アンプリファイア 增幅器

앵[櫻] ① 앵두나무 앵 : 앵두나무. 앵두. 「櫻桃(앵도)」 ② 벚나무 앵 : 벚나무. 「櫻花(앵화)」 オウ ② さくら 櫻 櫻桃

앵[鶯] 꾀꼬리 앵 : 꾀꼬리. 「鶯歌(앵가)·鶯舌(앵설)·鶯語(앵어)·鶯囀(앵전)·鶯啼(앵제)」 オウ·うぐいす 鶯 歌 舌 語

앵[鸚] 앵무새 앵 : 앵무새. 「鸚鵡(앵무)·鸚母(앵모)」 オウ·おうむ 鸚 鵡

앵가[鶯歌] 꾀꼬리가 지저귀는 소리. =앵어(鶯語). おうか 鶯歌 鶯語

song of a nightingale
앵글[angle] ① 각도(角度). ② 카메라앵글의 준말. アングル 角度

앵글로색슨[Anglo-Saxon] 게르만 민족의 한 갈래. 지금의 영국 국민의 중심을 이루는 북방계(北方系) 민족. アングロサクソン 民族

앵글숏[angle shot] 영화·텔레비전 등에서, 카메라의 위치를 바꾸어 같은 장면(場面)을 다른 각도에서 촬영하는 일. アングルショット 場面

앵도[櫻桃] 앵두의 원말. おうとう·ゆすらうめ·さくらんぼう 櫻桃

앵두[←櫻桃] 앵두나무의 열매. さくらんぼう cherry 櫻桃

앵무[鸚鵡] 앵무새. おうむ parrot 鸚鵡

앵속[罌粟] 양귀비. けし poppy 罌粟

앵커[anchor] ① 배의 닻. ② 태엽 시계의 속도를 조절하는 닻 모양의 장치. 앙그루. ③ 릴레이 경기의 마지막 주자(走者)나 영자(泳者). ④ ⇨앵커맨. アンカ 走者

앵커맨[anchorman] 라디오나 텔레비전 방송에서, 종합 뉴스 사회자(司會者). 앵커. アンカーマン 司會者

앵클부:츠[ankle boots] 목이 발목까지 올라오는 구두. アンクルブーツ

앵포르멜[프 informel] 제2차 세계 대전 후, 프랑스를 중심으로 일어난 추상 회화(抽象繪畫)의 한 경향. 비정형파(非定形派). アンフォルメル 抽象繪畫

앵화[櫻花] ① 앵두나무의 꽃. ② 벚꽃. おうか cherry blossom 櫻花

야:[也]* ① 어조사 야 : 어조사(語助辭)의 하나. 「斷也(단야)·去也(거야)·是也(시야)」② 또 야 : 또한. 「也有(야유)·也無耶(야무야)」ヤ·なり 也

야:[冶] ① 쇠 불릴 야 : 쇠를 불리다. 단련하다. 풀무질하다. 「冶工(야공)·冶匠(야장)·冶爐(야로)·冶金(야금)·冶具(야구)」② 단장할 야 : 단장하다. 「冶艷(야염)·冶遊(야유)·冶容(야용)」ヤ 冶工 冶金

야:[夜]* 밤 야 : 밤. 「夜間(야간)·夜半(야반)·晝夜(주야)·夜讀(야독)·夜行(야행)·深夜(심야)」ヤ·よ·よる 夜半

야:[耶]☆ 어조사 야 : 어조사(語助辭)의 하나. ヤ·か·や 耶

야:[倻] 가야 야 : 가야. 「伽倻(가야)」ヤ 倻

야·[野]* ① 들 야 : 들. 「山野(산야)·野景(야경)·野戰(야전)·野宿(야숙)」② 민간 야 : 민간. 「野人(야인)·野黨(야당)·在野(재야)·朝野(조야)」③ 길들지 않을 야 : 따르지 않다. 「野心(야심)·野慾(야욕)」④ 촌스러울 야 : 촌스럽다. 「野性(야성)·野趣(야취)·野蠻(야만)」ヤ·の 山野 野 在野 野心 野蠻

야:[揶] 희롱할 야 : 희롱하다. 「揶揄(야유)」ヤ·からかう 揶揄

야:[惹] ① 끌 야 : 끌다. 「惹起(야기)·惹出(야출)」② 어지러울 야 : 어지럽다. 「惹端(야단)·惹鬧(야료)」ジャク ① ひく 惹起 惹端

야:[椰] 야자나무 야 : 야자나무. 「椰樹(야수)·椰葉(야엽)·椰子(야자)」ヤ 椰樹

야:[爺] ① 아비 야 : 아비. 「爺孃(야양)」② 남자의 존칭 야 : 남자의 존칭. 「爺爺(야야)·老爺(노야)」ヤ ① ちち·じじ 老爺

야:**간**[夜間] 밤. 밤 사이. ↔주간(晝間).「〜 작업(作業)」 夜間 作業

야:객[夜客] 밤손님. 곧 도둑을 이르는 말. night thief

야:객[野客] 벼슬하지 않고 초야(草野)에 묻혀 사는 사람. =야인(野人). やかく gentleman keeping out of government office

야:견[野犬] 임자 없이 떠돌아 다니는 개. 들개. やけん stray dog

야:견[野繭] 산누에가 지은 고치. =작견(柞繭). 「~사(絲)」

야:경[夜景] 밤의 경치. =야색(夜色). やけい night view

야:경[夜警] 밤에 공공 건물·회사·동네 등을 돌며 화재나 범죄 따위를 경계하는 일. 또는 그 사람. 「~ 돌다」 やけい night watch

야:경[野徑] 들길. やけい field path

야:경[野景] 들의 경치. =야색(野色). やけい scenery of the field

야:계[野鷄] ① 들꿩과의 새. 닭의 원종(原種). 멧닭. ② 꿩. やけい ② pheasant

야:곡[夜曲] 소야곡(小夜曲)의 준말. やきょく

야:공[冶工] 대장장이. やこう blacksmith

야:공[夜攻] 어둠을 타서 적을 침. =야습(夜襲). よぜめ night attack

야:광[夜光] ① 밤 또는 어두운 곳에서 스스로 빛을 냄. 또는 그 빛. 「~ 도료(塗料)」 ② 달의 딴이름. やこう ① noctilucence ② moon

야:광주[夜光珠] 고대 중국에 있었다는, 밤이나 어두운 곳에서도 빛을 내는 구슬. やこうじゅ gem that emits light at night

야:광충[夜光蟲] 편모충류의 원생동물. 어두운 곳에서 자극을 받으면 빛을 냄. やこうちゅう noctiluca

야:구[冶具] 대장 일에 쓰이는 여러 가지 연장. やぐ metallurgical instruments

야:구[野球] 구기(球技)의 한 가지. 9명씩으로 이루어진 두 팀이 공격과 수비를 번갈아 가며 9회를 겨루어, 그 득점으로 승부를 가리는 경기. やきゅう baseball

야:국[野菊] 들국화. のぎく wild chrysanthemum

야:근[夜勤] 밤에 근무함. ↔일근(日勤). やきん night duty

야:금[冶金] 광석에서 순수한 금속 성분을 뽑아 내거나 합금을 만드는 일. やきん metallurgy

야:금[野禽] 산이나 들에서 사는 새. =야조(野鳥). やきん wild fowl

야:기[夜氣] 밤 공기의 차고 눅눅한 기운. やき night air

야:기[惹起] 어떤 일이나 사건 따위를 일어나게 함. 「분쟁(紛爭)을 ~하다」 じゃっき causing

야:기요단[惹起鬧端] 시비(是非)가 될 꼬투리를 잡아 일으킴. 준야료(惹鬧).

야:뇨증[夜尿症] 오줌을 가릴 나이가 지났는데도 밤에 자다가 무의식중에 오줌을 자주 싸는 병증. やにょうしょう nocturnal enuresis

야누스[Janus] 로마 신화에 나오는 신(神). 앞뒤로 두 개의 얼굴을 가짐. ヤヌス

야:단[惹端] ① 떠들썩 하거나 부산하게 굶. ② 소리를 높여 단단히 꾸짖음. ① clamor ② scolding

야:담[野談] 야사(野史)를 바탕으로 재미있게 꾸민 이야기. unofficial version of a historical tale

야:당[野黨] 정당 정치에서 현재 정권을 잡고 있지 않은 정당. ↔여당(與黨). やとう opposition party

야:도[夜盜] 밤에 도둑질을 함. 또는 그 사람. やとう burglar

야:독[夜讀] 밤에 글을 읽음. 「주경(晝耕)~」 やどく night reading

야드[yard] 야드파운드법의 길이의 단위. 1야드는 3피트로 91.44cm임. 마(碼). ヤード

야:로[野老] 시골에 사는 늙은이. やろう rustic old man

야:료[←惹鬧] ① 생트집을 잡고 함부로 떠들어대는 짓. ② 야기요단(惹起鬧端)의 준말. ① interruption

야:루[野陋] 속되고 천함. coarseness and squalidity

야:만[野蠻] ① 문화의 정도가 낮고 미개함. 또는 그러한 종족. 「~인(人)」 ② 도의심이 없고 난폭함. 또는 그러한 사람. ↔문명(文明). やばん savagery

야:만성[野蠻性] 야만스러운 성질. やばんせい barbarism

야:망[野望] ① 바라서는 안 될 그릇된 욕망. ② 분에 넘칠 만큼 큰 희망. 「~을 버리다」 やぼう ② ambition

야:맹증[夜盲症] 망막의 능력 감퇴로 어두워지면 물체가 잘 보이지 않는 병증. =야맹병 (夜盲病). やもうしょう night blindness

야:묘[野猫] 살쾡이. のねこ wildcat

야:무방[也無妨] 별로 해로울 것이 없음. 괜찮음.

야:무청초[野無青草] 몹시 가물어서 들에 푸른 풀이 없음. drought

야:밀[野蜜] 야생(野生)하는 꿀벌의 꿀.

야:박[夜泊] ① 밤에 배를 정박(碇泊)시킴. ② 배에서 밤을 지냄. やはく ① casting anchor at night

야:박[野薄] 야멸차고 박정함. 「~한 처사」 inhumanity

야:반[夜半] 한밤중. やはん midnight

야:반도주[夜半逃走] 밤중에 몰래 도망을 함. やはんとうそう flight by night

야:반무례[夜半無禮] 어두운 밤에는 예의를 제대로 갖출 수가 없음을 이르는 말.

야:번[夜番] 밤에 드는 번. 또는 그 사람. やばん night watch

야:부[野夫] 시골에서 농사짓는 사람. やふ rustic

야:불담귀[夜不談鬼] 밤에는 귀신 이야기를 하지 말라는 뜻.

야:불답백[夜不踏白] 어두운 밤길에 희게 보이는 것은 흔히 물이기 쉬우니 밟지 말라는 뜻.

야:불폐문[夜不閉門] 밤에 대문을 닫지 아니한다는 뜻으로, 인심이 순후하고 세상이 태평하다는 뜻.

야:비[野卑・野鄙] 성질이나 언행이 상스럽고 비열함. やひ vulgarity

야:사[夜事] 남녀간의 성교(性

야:사[野史] 민간에서 사사로이 지은 역사. =야승(野乘). ↔정사(正史). やし unofficial history

야:산[野山] 들 근처의 나지막한 산. のやま hillock

야:상곡[夜想曲] 낭만파 시대에 주로 피아노를 위하여 작곡된 소곡. やそうきょく nocturne

야:색[夜色] 밤의 경치. =야경(夜景). やしょく night view

야:생[野生] 동식물이 산이나 들에서 절로 나고 자람. 「~동물(動物)」 やせい wildness

야:생아[野生兒] 유아기에 인간 사회를 떠나 자라서 보통 인간과는 다른 습성을 지니게 된 아이. やせいじ

야:서[野鼠] 쥣과의 포유류. 집쥐에 대하여 경작지나 초원에 서식하는 쥐들을 통틀어 이르는 말. 들쥐. のねずみ field mouse

야:설[夜雪] 밤에 내리는 눈. 밤눈. やせつ night snowfall

야:성[野性] 자연 또는 본능 그대로의 성질. 「~미(美)」 やせい wild nature

야:소[耶蘇] 예수의 취음. 「~교(敎)」 ヤソ Jesus

야:속[野俗] ①인정이 없고 쌀쌀함. ②섭섭하고 한스러움. 「~한 심정(心情)」 ① cold-heartedness

야:수[夜嗽] 밤이면 나는 기침.

야:수[野手] 야구에서, 내야수(內野手)·외야수(外野手)를 통틀어 이르는 말. やしゅ fielder

야:수[野獸] 야생(野生)의 짐승. 「~성(性)」 やじゅう wild animal

야:수주의[野獸主義] 20세기 초 프랑스에서 일어난 주정적(主情的)인 경향의 미술 운동. やじゅうしゅぎ animalism

야:숙[野宿] 들 따위의 한데서 밤을 지냄. のじゅく camping out

야:습[夜襲] 밤에 습격함. =야공(夜攻). やしゅう night attack

야:승[野乘] 민간에서 사사로이 엮은 역사. =야사(野史). ↔정사(正史). やじょう unauthorized history

야:승[野僧] ①시골 중. ②중이 자신을 겸손하게 이르는 말. やそう ① rustic monk

야:시[夜市] 밤에 벌이는 시장. =야시장(夜市場). night fair

야:식[夜食] 밤에 음식을 먹음. 또는 그 음식. やしょく midnight meal

야:심[夜深] 밤이 깊음. よふけ late at night

야:심[野心] ①몰래 품은 큰 희망. 「~만만(滿滿)」 ②분수에 맞지 않는 그릇된 희망. やしん ambition

야:애[野靄] 들에 낀 이내. 野靄

야:어[野語] 시골말. =야언(野言). やご rustic slang

야:언[野諺] 시골 속담. rustic proverb

야:업[夜業] 밤에 일을 함. 또는 밤에 하는 일. 야간 작업. 밤일. やぎょう night work

야:연[夜宴] 밤에 베푸는 잔치. やえん evening party

야:염[冶艷] 매우 아리따움.

야:영[野營] ①군대가 야외에 진영을 치고 거기서 생활함.

또는 그 진영. =노영(露營).
② 휴양·훈련 등의 목적으로, 야외에서 천막을 치고 숙박함. やえい　　　camping

야:외[野外] ① 마을에서 조금 멀리 떨어져 있는 들. ② 한데. 노천(露天). 「~ 수업(授業)」 やがい
① outskirts ② open air

야:욕[野慾] ① 야심을 채우려는 욕심. ② 야수와 같은 정욕(情慾).
① ambition ② carnal desire

야:우[夜雨] 밤에 내리는 비. night rain

야:유[夜遊] 밤에 놀러 다님. 또는 그 놀이. 밤놀이. よあそび　　　night pleasure

야:유[野遊] 들에 나가서 놂. 또는 그 놀이. 들놀이. 「~회(會)」 のあそび·やゆう picnic

야:유[揶揄] 빈정거리고 놀림. 또는 그런 언행. やゆ banter

야:음[夜陰] 밤의 어둠. 「~을 틈타다」 やいん
darkness of night

야:음[夜飮] 밤에 술을 마심. evening drink

야:이계주[夜以繼晝] 어떤 일을 밤낮으로 쉬지 않고 함. =야이계일(夜以繼日).

야:인[野人] ① 시골 사람. 꾸밈이 없는 사람. ② 예절과 교양이 없는 사람. ③ 벼슬하지 않는 사람. =민간인(民間人). ④ 야만인이나 미개인. ⑤ 조선 시대에 압록강·두만강 이북에 살던 여진족(女眞族)을 이르던 말. やじん
① rustic ② uncouth person ③ private citizen ④ barbarian

야:자[椰子] ① 종려과(棕欄科)의 상록 교목. 열대와 아열대에 분포하며 길둥근 열매는 먹을 수 있음. ② 야자나무의 열매. やし　① palm ② coconut

야:전[夜戰] 밤에 하는 전투. やせん　　　night operations

야:전[野戰] 산이나 들에서 하는 전투. 「~ 병원(病院)」 やせん　　　field operations

야:정[野情] ① 소박한 마음. ② 전원의 정취. =야취(野趣). やじょう　　　rustic taste

야:조[野鳥] 들에서 사는 새. 들새. やちょう　　wild bird

야:중[夜中] 한밤중. =야반(夜半). よなか　　　midnight

야:차[夜叉] ① 사나운 귀신의 한 가지. 두억시니. ② 불교에서, 사람을 해치는 추악하고 사나운 귀신. やしゃ　demon

야:찬[夜餐] 밤에 먹는 군음식. 밤참.　　late night snack

야:채[野菜] 밭에 가꾸어 먹는 온갖 푸성귀. =채소(菜蔬). やさい　　　vegetables

야:초[野草] 들에 저절로 나는 풀. やそう·のぐさ wild grass

야:출[惹出] 어떤 일이나 사건을 끌어 냄. =야기(惹起).　　　causing

야:취[野趣] ① 자연에서 맛보는 흥취. =야치(野致). ② 소박한 취미. やしゅ
① rural air ② rustic taste

야:치[野致] 시골의 풍치(風致). =야취(野趣). やち
rural atmosphere

야쿠:트[Yakut] 동(東)시베리아의 타이가·툰드라 지대에 사는 종족(種族). ヤクート

야:크[yak] 솟과의 포유류. 소와 비슷하나 몸 아랫면에 긴 털이 나 있고 몸 빛깔은 흑갈색. 중앙 아시아의 고원에

서는 중요한 가축으로 사역(使役)·육용(肉用)·유용(乳用)으로 쓰임. ヤク

야:태[野態] 촌스러운 모양.

야:토[野兎] 야생의 토끼. 산토끼. のうさぎ　hare

야:포[野砲] 야전(野戰)에서 쓰는 대포. ＝야전포(野戰砲). やほう　field gun

야:풍[野風] 속되고 촌스러운 풍속.　boorish manner

야:학[夜學] ①밤에 공부함. ②밤에 수업하는 학교. 「～생(生)」やがく
① night study ② night class

야:한[夜寒] ①밤의 한기(寒氣). ②가을밤의 쌀쌀한 느낌. 또는 그 추위.　① night chill

야:합[野合] ①부부 아닌 남녀가 정을 통함. やごう ②옳지 못한 목적으로 한데 어울림. 「폭력배들과 ～하다」 ① illicit connection ② conspiracy

야:항[夜航] 밤에 방행함. やこう　night voyage

야:행[夜行] ①밤에 나다님. ↔주행(晝行). 「～성(性)」 ②밤에 감. 「～열차(列車)」 やこう　night traveling

야:화[夜話] ①밤에 모여 앉아서 하는 이야기. ②설화풍(說話風)의 줄거리를 주로 한 소품(小品). やわ・よばなし
① evening story ② anecdote

야:화[野火] 들에 난 불. 들불. やか・のび　field fire

야:화[野花] ①들에 피는 꽃. 들꽃. ＝야방(野芳). ②하층 사회나 화류계의 미녀의 비유. のばな　① wild flower

야:화[野話] 항간에 떠도는 이야기.　folk tale

야:회[夜會] 밤에 있는 모임. 주로 서양풍의 사교적인 모임. やかい　evening party

야:회복[夜會服] 야회에 참석할 때 입는 예복. やかいふく　evening dress

야:훼[히 Yahweh] ⇨여호와.

약[若]* ①같을 약: 같다. 「若此(약차)·若是(약시)」 ②만일 약: 만일. 「萬若(만약)·若或(약혹)」 ③너 약: 너. 「若父(약부)·若曹(약조)」ジャク・ニャク

약[約]* ①약속할 약: 약속하다. 기약하다. 맹세하다. 「盟約(맹약)·約束(약속)·約定(약정)·約婚(약혼)·條約(조약)」 ②간략하게 할 약: 줄이다. 「簡約(절약)·要約(요약)·約分(약분)」ヤク ①ちかう ②つづめる

약[弱]* ①약할 약: 약하다. 「弱小(약소)·微弱(미약)·柔弱(유약)·弱者(약자)·貧弱(빈약)」 ②어릴 약: 어리다. 「弱冠(약관)·弱年(약년)·弱主(약주)」ジャク ①よわい

약[葯] ①구리때 잎 약: 구리때의 잎. ②꽃밥 약: 꽃밥. 「葯胞(약포)」ヤク

약[藥]* 약 약: 약. 「藥草(약초)·醫藥(의약)·新藥(신약)·漢藥(한약)·洋藥(양약)·藥學(약학)」ヤク・くすり

약[躍] 뛸 약: 뛰다. 「躍動(약동)·飛躍(비약)·躍進(약진)·躍如(약여)·一躍(일약)」ヤク・おどる

약가[藥價] 약의 값. やっか　price of medicine

약간[若干] 얼마쯤 또는 조금. じゃっかん　some

약갑[藥匣] 약을 넣는 갑.

약골[弱骨] ①약한 골격. ②몸

이 약한 사람. =약질(弱質).「~이라 병치레가 잦다」① weak constitution ② weakling

약과[藥果] ① 유밀과의 한 가지. 밀가루를 꿀·기름·생강즙 따위로 반죽하여 둥글게 빚어 기름에 지진 것. ② 감당하기 어렵지 않은 일. 「그 정도는 ~다」 ① fried cake made of wheat flour ② easy task

약관[約款] 조약·규약·규정 따위에 정해진 낱낱의 조목. やっかん stipulation

약관[弱冠] 남자의 스무 살 안팎의 젊은 나이. =약년(弱年). じゃっかん twenty years of age

약국[弱國] 국력이 약한 나라. ↔강국(强國). じゃっこく weak nation

약국[藥局] 약사가 의약품을 조제·판매하는 곳. やっきょく pharmacy

약국방[藥局方] 국가가 중요한 의약품의 제조법·성상(性狀)·품질 등의 기준을 정한 법전. =약전(藥典). やっきょくほう pharmacopoeia

약기[略記] 간략하게 기록함. 또는 그 기록. りゃっき brief sketch

약기[藥器] 약그릇.

약기[躍起] 뛰어 일어남. やっき springing up

약낙[約諾] 약속하고 승낙함. やくだく agreement

약낭[藥囊] 약을 넣어서 차는 작은 주머니. やくのう drug bag

약년[弱年] 나이가 젊음. 또는 젊은 나이. =약관(弱冠). じゃくねん youth

약덕[藥德] 약을 써서 효력을 본 덕. virtue of a medicine

약도[略圖] 간략하게 그린 그림이나 지도. りゃくず rough sketch

약독[藥毒] 약의 독기. やくどく virulence of a medicine

약동[躍動] 생기 있게 움직임. やくどう moving lively

약량[藥量] 약의 분량. やくりょう dose of a medicine

약력[略歷] 간략하게 적은 이력(履歷). りゃくれき brief personal history

약력[藥力] 약의 효력. =약효(藥效). やくりき effect of a medicine

약령[藥令] 지난날, 봄·가을에 열려 약재를 팔고 사던 시장. =약령시(藥令市). やくれい drug market

약론[略論·約論] 간략하게 논함. 또는 그 글이나 논의. りゃくろん(略論)·やくろん(約論) brief discussion

약롱[藥籠] 약을 넣어 두는 채롱이나 궤. やくろう medical chest

약롱중물[藥籠中物] 약롱 속에 있는 약이라는 뜻으로, 반드시 있어야 할 사람의 비유. =약롱지물(藥籠之物). やくろうちゅう(の)もの indispensable man

약롱지물[藥籠之物] ⇨약롱중물(藥籠中物).

약리[藥理] 약품에 의하여 일어나는 생리적 변화. やくり

약리학[藥理學] 생물체에 대한 약물의 성질·작용 등을 연구하는 학문. やくりがく pharmacology

약마복중[弱馬卜重] 약한 말에 무거운 짐을 실었다는 뜻으로, 재주와 능력이 부족한 사람에게 힘에 겨운 일을 맡김을 비유하여 이르는 말.
약명[藥名] 약의 이름. やくめい 藥名 name of a medicine
약문[約文·略文] 간략하게 줄인 글. =약필(略筆). やくぶん(約文)·りゃくぶん(略文) 約文 summary
약물[約物] 인쇄에서, 글자 이외의 부호로 된 활자. 괄호·기호(記號)·무늬 따위. 約物
약물[藥物] 약재가 되는 물질. 「~ 중독(中毒)」やくぶつ 藥物 medicine
약방[藥房] 매약상(賣藥商)·약종상(藥種商)을 흔히 이르는 말. 藥房 pharmacy
약방문[藥方文] 한방에서, 약을 짓기 위해 약명과 분량을 적은 글이나 종이. =약화제(藥和劑). 藥方文 分量 藥和劑 prescription
약배[若輩] 너희들. 若輩
약병[藥瓶] 약을 담는 병. くすりびん 藥瓶 medicine bottle
약보[略譜] 악보의 본보(本譜)에 대하여 숫자 따위로 간략하게 적은 악보(樂譜). りゃくふ 略譜 abbreviation
약보[藥補] 약으로 몸을 보함. 藥補 strengthening the body with medicine
약보[藥褓] ①달인 탕약을 거르거나 짜는 데 쓰는 베 헝겊. 약수건. ②약을 많이 먹어서 여간한 약을 써서는 약효가 나지 않는 일. 藥褓 ①linen cloth for straining medicine
약분[約分] 분수(分數)의 분모와 분자를 공약수(公約數)로 나누어 간단하게 하는 일. やくぶん 約分 公約數 abbreviation
약사[略史] 간략하게 적은 역사. りゃくし 略史 historical sketch

약사[藥師] 주무 관청의 면허를 받아, 약의 생산·조제·공급·관리 등의 업무에 종사하는 사람. やくし 藥師 pharmaceutist
약사발[藥沙鉢] ①약을 담는 사발. ②사약(賜藥)을 내릴 때 그 약을 담는 사발. 藥沙鉢 賜藥 ①medicine bowl ②bowl of poison
약사여래[藥師如來] ⇨약사유리광여래(藥師瑠璃光如來). やくしにょらい 藥師如來
약사유리광여래[藥師瑠璃光如來] 불교에서, 중생의 질병을 구제하고 법약(法藥)을 준다는 부처. 동방정유리국(東方淨瑠璃國)의 교주(教主). =약사여래(藥師如來). やくしるりこうにょらい 藥師瑠璃光如來
약산[弱酸] 수용액 중에서 수소 이온의 농도가 작은 산. 탄산·질산 따위. ↔강산(强酸). じゃくさん 弱酸 weak acid
약상[藥商] 약을 파는 사람. 약 장수. やくしょう 藥商 medicinal herb dealer
약석[藥石] 약과 돌침이란 뜻으로, 온갖 약물과 치료를 이르는 말. やくせき 藥石 medicine and acupuncture
약석지언[藥石之言] 약과 침으로 병을 고치는 것처럼 남의 잘못을 훈계하는 말. やくせきのげん 藥石之言 admonition
약설[略說] 간략하게 설명함. りゃくせつ 略說 summary
약설[略設] 간략하게 마련함. りゃくせつ 略設 informal establishment
약세[弱勢] 세력이 약함. 약한 세력. ↔강세(强勢). じゃくせい 弱勢 weak influence
약소[弱小] 약하고 작음. ↔강 弱小

대(強大).「~민족(民族)」 じゃくしょう puniness

약소[略少] 적고 변변하지 못함.「~한 선물」 略少 trifle

약속[約束] 서로 어떻게 하기로 미리 정함. 또는 그 내용. やくそく 約束 promise

약수[約數] 어떤 수나 식을 나누어 떨어지게 할 수 있는 수 또는 식. ↔배수(倍數). やくすう 約數 divisor

약수[藥水] 마시면 병을 치료하는 효과가 있다는 샘물. 약물. 藥水 medicinal water

약술[略述] 간략하게 서술함. りゃくじゅつ 略述 summary

약시[若是] 이와 같이. 이것처럼. 이처럼. =약차(若此)·여시(如是)·여차(如此). 若是 like this

약시[弱視] 약한 시력(視力). 또는 그런 시력의 사람. じゃくし 弱視 weak eyesight

약식[略式] 정식의 절차를 생략한 간단한 방식. ↔정식(正式). りゃくしき 略式 informality

약식[藥食] 찹쌀에 밤·대추·꿀·잣 등을 섞어 쪄서 익힌 밥. 약밥. 藥食 sweet rice dish

약액[藥液] 약으로 쓰는 액체. やくえき 藥液 medicinal fluid

약어[略語] 둘 이상의 음절로 된 말이 줄어서 된 말. 준말. りゃくご 略語 abbreviated word

약언[約言] ①약속한 말. =언약(言約). ②⇨약음(約音). やくげん ①verbal promise 約言

약여[躍如] ①발랄하고 생기 있는 모양. ②눈앞에 생생하게 떠오르는 모양. やくじょ 躍如 ①animation

약연[←藥碾] 한방에서, 약재를 갈아 가루로 만드는 데 쓰이는 기구. 돌·나무 등에 홈을 藥碾 파서 만듦. druggist's mortar

약용[藥用] 약으로 씀.「~식물(植物)」 やくよう 藥用 medical use

약육강식[弱肉強食] 약한 것은 강한 것에게 먹힘. じゃくにくきょうしょく 弱肉強食 law of the jungle

약음[約音] 둘 이상의 음절이 이어질 때 한쪽의 모음 또는 음절이 탈락하면서 음이 줄어지는 현상. '소리개'가 '솔개', '보아'가 '봐'로 되는 따위. やくおん 約音 contraction

약음[弱音] 약한 음. じゃくおん 弱音 feeble sound

약이[藥餌] ①약이 되는 음식. ②약과 음식. やくじ 藥餌 ①medicinal food

약자[弱者] 힘이나 세력이 약한 사람. ↔강자(強者). じゃくしゃ 弱者 weak person

약자[略字] 글의 획수를 줄여 간략하게 쓰는 한자. '學'을 '学', '壓'을 '圧'으로 쓰는 따위. りゃくじ 略字 abbreviated form

약장[略裝] 약식(略式)으로 차려 입은 복장. ↔정장(正裝). りゃくそう 略裝 informal dress

약장[藥欌] 약품이나 약재를 넣어 두는 장. 藥欌 medicine chest

약재[藥材] 약의 재료. =약종(藥種). やくざい 藥材 medicinal stuffs

약적[弱敵] 약한 적. ↔강적(強敵). じゃくてき 弱敵 weak enemy

약전[弱電] ①전자 공학(電子工學) 부문을 뜻하는 통칭. ②통신 등에 쓰이는 약한 전류. ↔강전(強電). じゃくでん 弱電 ①electronics ②weak electric current

약전[略傳] 간략하게 쓴 전기(傳記). =소전(小傳). りゃくでん　biographical sketch

약전[藥典] 국가가 약품의 원료・제법(製法)・순도・성질 등을 적어 그 처방의 기준을 정한 책. =약국방(藥局方). pharmacopoeia

약전[藥箋] 처방을 쓴 종이. =처방전(處方箋). やくせん　prescription

약점[弱點] 부족하거나 떳떳하지 못한 점. ↔강점(強點). じゃくてん　weak point

약정[約定] 약속하여 정함. 「~서(書)」やくじょう　promise

약정[藥政] 약사(藥事)에 관한 행정.

약제[藥劑] 가공하여 약으로 쓸 수 있도록 만든 약재(藥材). やくざい　medicine

약조[約條] 조건을 붙여 약속함. 또는 그 조항. promise

약졸[弱卒] 약한 병졸. じゃくそつ　coward soldier

약종[藥種] ①약의 재료. =약재(藥材). 「~상(商)」②약의 종류. やくしゅ ① drug stuffs

약주[弱主] ①나이가 어린 임금. ②세력이 없는 임금. じゃくしゅ　① young king ② powerless king

약주[藥酒] ①맑은술. =청주(淸酒). ②약으로 쓰이는 술. 약술. ③남을 높이어, 그가 마시는 술을 이르는 말. やくしゅ　② medicinal wine

약지[藥指] 넷째 손가락. 약손가락. =무명지(無名指). くすりゆび　ring finger

약진[弱震] 창문이 덜그럭거리고 집이 흔들릴 정도의 지진. 진도 3의 지진. じゃくしん　weak shock

약진[藥疹] 약을 쓴 후 체질적인 특이성 때문에 생기는 피부의 이상(異常). やくしん　medical exanthema

약진[躍進] ①힘차게 나아감. ②매우 빠르게 발전함. 「~한국(韓國)」やくしん　① rush ② rapid progress

약질[弱質] 허약한 체질. 또는 그런 체질을 가진 사람. =약골(弱骨). じゃくしつ　weakling

약차[若此] 이와 같음. =여차(如此)・약시(若是)・여시(如是). like this

약차약차[若此若此] 이러이러함. =여차여차(如此如此). being this and that

약채[藥債] 약값으로 진 빚.

약체[弱體] ①약한 몸. =약골(弱骨)・약질(弱質). ②약한 조직체나 체제. 「~팀」じゃくたい　weak body

약초[藥草] 약재로 쓰이는 풀. 약풀. やくそう　medicinal herb

약취[略取] ①협박이나 폭력 등으로 남의 것을 빼앗는 일. ②협박이나 폭력 등으로 사람을 자기나 제삼자의 지배 아래 두는 일. りゃくしゅ　① plunder

약칭[略稱] 정식 명칭의 일부를 줄여서 간략하게 일컬음. 또는 그 이름. りゃくしょう　abbreviation

약칭[藥秤] 약을 다는 작은 저울. 약저울. =분칭(分秤). pharmacy scale

약탈[掠奪] 폭력을 써서 강제로 빼앗음. =겁략(劫掠). りゃくだつ　plunder

약탕[藥湯] ①약재를 넣어 달

약태[掠笞] 죄인을 매질하면서 죄상을 조사하는 일. りょうち torture

약포[藥包] ① 약을 싸는 종이. ② 화포(火砲)에 쓰이는 발사용 화약. やくほう ① chartula ② cartridge

약포[藥圃] 약초를 심어 가꾸는 밭. =약원(藥園). やくほ garden for medicinal herbs

약포[藥脯] 쇠고기를 얇게 저며 양념을 하여 말린 포. beef slices dried and prepared with spices

약포[藥舖] ⇨약방(藥房). やくほ

약품[藥品] ① 치료 목적에 따라 일정한 형태로 만들어 놓은 약. =의약품(醫藥品). ② 화학 변화를 일으키는 고체나 액체의 물질. やくひん ① drugs

약필[略筆] ① 중요한 점 이외는 생략하여 쓰는 일. 또는 그 문장. ② 글씨의 획을 줄여서 씀. りゃくひつ writing briefly

약학[藥學] 의약품의 성질·제조법·효과 등을 연구하는 학문. やくがく pharmacy

약해[略解] 간단하게 풀이함. 또는 그런 책. ↔상해(詳解)·정해(精解). りゃっかい·りゃくげ brief explanation

약해[藥害] 약을 잘못 써서 입는 해독. やくがい harm of a medicine

약행[弱行] 실행력이 약함. じゃっこう

약협[藥莢] 탄환(彈丸)에서 화약이 들어 있는, 놋쇠로 된 통. やっきょう cartridge case

약호[略號] 알기 쉽게 만든 간단한 기호(記號). りゃくごう code address

약혼[約婚] 결혼하기로 약속함. 또는 그 약속. =정혼(定婚)·혼약(婚約).「~자(者)」 engagement

약화[弱化] 힘이나 세력 따위가 약해짐. 또는 약하게 함. ↔강화(強化). じゃっか weakening

약화[略畫] 간략하게 그린 그림. sketch

약화제[藥和劑] ⇨약방문(藥方文). ≒화제(和劑).

약효[藥效] 약의 효력. =약력(藥力). やっこう effect of a medicine

얌[yam] 마과의 덩굴성 식물의 총칭. 고온 다습(高溫多濕)한 지역에서 재배함.

양[羊]* 양 양 : 양. 염소.「羊肉(양육)·緬羊(면양)·白羊(백양)·羊毛(양모)·山羊(산양)·羊腸(양장)」ヨウ·ひつじ

양[佯] 거짓 양 : 거짓. 속이다.「佯驚(양경)·佯醉(양취)·佯敗(양패)·佯狂(양광)」ヨウ·いつわる

양[洋]* ① 큰 바다 양 : 큰 바다.「大洋(대양)·海洋(해양)」② 서양 양 : 서양.「西洋(서양)·洋風(양풍)·洋式(양식)·洋物(양물)·洋屋(양옥)」③ 넓을 양 : 넓다.「洋洋(양양)·茫洋(망양)」ヨウ ③ ひろい

양[恙] ① 근심할 양 : 근심하다. 근심.「恙憂(양우)」② 병 양 : 병.「無恙(무양)·微恙(미양)」ヨウ ② つつが

양[痒] 가려울 양 : 가렵다. 옴.「痛痒(통양)·痒疹(양진)」ヨウ·かゆい

양[揚]* ① 들날릴 양: 들날리다. 「揚名(양명)・揚氣(양기)・揚力(양력)」 ② 드러낼 양: 드러내다. 「讚揚(찬양)」 ③ 오를 양: 오르다. 올리다. 「揚陸(양륙)・揚水(양수)」 ヨウ ③ あがる・あげる 揚名 揚水

양[陽]* 볕 양: 볕. 해. 「太陽(태양)・陽地(양지)・陰陽(음양)・夕陽(석양)・陽光(양광)・陽傘(양산)・陽春(양춘)」 ヨウ・ひ 太陽

양[楊]☆ 버들 양: 버들. 「白楊(백양)・垂楊(수양)・楊柳(양류)」 ヨウ・やなぎ 白楊

양[煬] ① 쬘 양: 쬐다. 「煬和(양화)」 ② 불 땔 양: 불을 때다. 「煬者(양자)・煬突(양돌)」 ヨウ ① あぶる 煬和

양[漾] 물 출렁거릴 양: 물이 출렁거리다. 「漾漾(양양)・漾水(양수)」 ヨウ 漾水

양[瘍] 종기 양: 종기. 「腫瘍(종양)・潰瘍(궤양)」 ヨウ・できもの・かさ 腫瘍

양[樣]☆ 모양 양: 모양. 양식. 「樣式(양식)・見樣(견양)・樣相(양상)・模樣(모양)・各樣(각양)・同樣(동양)」 ヨウ・さま 樣相

양:[養]* ① 기를 양: 기르다. 「養育(양육)・養殖(양식)・養鷄(양계)・養護(양호)・養畜(양축)・修養(수양)」 ② 봉양할 양: 봉양하다. 「養生(양생)・奉養(봉양)・養親(양친)・養父(양부)」 ヨウ ① やしなう 養育 奉養

양:[襄] 장사지낼 양: 장사지내다. 「襄禮(양례)・襄奉(양봉)」 ジョウ 襄禮

양[壤]☆ 흙 양: 흙. 「土壤(토양)・壤地(양지)」 ジョウ・つち 土壤

양:[攘] ① 물리칠 양: 물리치다. 「攘伐(양벌)・攘災(양재)・攘伐 攘斥(양척)・攘夷(양이)」 ② 훔칠 양: 훔치다. 「攘竊(양절)」 ジョウ ① はらう

양:[孃] ① 어머니 양: 어머니. 「爺孃(야양)」 ② 아가씨 양: 아가씨. 「令孃(영양)」 ジョウ ② むすめ 爺孃

양[穰] 벼 잘 여물 양: 벼가 잘 여물다. 「穰歲(양세)・穰田(양전)」 ジョウ・みのる・ゆたか 穰田

양:[讓]* 사양할 양: 사양하다. 「讓渡(양도)・讓步(양보)・辭讓(사양)・互讓(호양)・讓受(양수)」 ジョウ・ゆずる 讓步

양:[釀] 술 빚을 양: 술을 빚다. 「釀造(양조)・釀酒(양주)・釀成(양성)・釀具(양구)」 ジョウ・かもす 釀造

양가[良家] 지체가 있는 집안. りょうか・りょうけ good family 良家

양:가[兩家] 양쪽 집. りょうか both families 兩家

양:가[養家] 양자로 들어간 집. 양부모의 집. ↔생가(生家). ようか adoptive family 養家

양:각[兩脚] 양쪽 다리. りょうきゃく both legs 兩脚

양:각기[兩脚器] 제도용 기구의 한 가지. 양쪽 다리의 끝이 바늘로 되어 있어, 일정한 치수를 도면에 옮기거나 선분(線分)을 분할・등분하는 데 씀. 디바이더. =양각규(兩脚規). りょうきゃっき dīvider 兩脚器

양:간[兩間] ① 하늘과 땅 사이. ② 둘의 사이. 兩間

양감[量感] 화면(畵面)에 묘사된 대상에서 느껴지는 부피나 무게의 느낌. りょうかん massiveness 量感

양갱[羊羹] 삶아 거른 팥에 설탕을 섞은 다음, 한천을 끓인 量感

물을 부어 조려 굳힌 과자. ようかん sweet beans jelly

양:견[兩肩] 두 어깨. 양쪽 어깨. 兩肩
りょうけん both shoulders

양:견[養犬] 개를 기름. 또는 養犬
기른 그 개. dog-keeping

양결[量決] 사정을 잘 헤아려 量決
판결함. wise judgement

양경[陽莖] ⇨음경(陰莖). 陽莖

양:계[兩界] 고려 때의 지방 행 兩界
정 구역인 동계(東界)와 서계 東西
(西界). 동계는 지금의 함경 界
남북도, 서계는 지금의 평안
남북도에 해당함.

양:계[養鷄] 닭을 기름. 또는 養鷄
그 닭. 「~장(場)」ようけい
poultry farming

양곡[洋曲] 서양의 악곡. よう 洋曲
きょく Western music

양곡[糧穀] 양식으로 쓰이는 곡 糧穀
식. cereals

양골[陽骨] 소의 양지머리뼈. 陽骨

양공[良工] 솜씨가 좋은 장인(匠 良工
人). =양장(良匠). りょうこう 良匠
skilled artisan

양과자[洋菓子] 서양식으로 만 洋菓子
든 과자. ようがし
Western confectionery

양관[洋館] 서양식의 건물. よう 洋館
かん Western style building

양광[陽光] ①햇볕. ②진공 방 陽光
전 때 두 전극 사이에 나타나
는 빛. ようこう ①sunlight

양:국[兩國] 두 나라. りょう 兩國
こく both countries

양:군[兩軍] ①양편의 군사. 兩軍
②경기에서, 양쪽 팀. りょう
ぐん ①both armies ②both
teams

양궁[良弓] 좋은 활. good bow 良弓

양궁거:시[揚弓擧矢] 활과 화 揚弓
살을 높이 들어올림. 승리를 擧矢
비유하는 말.

양귀비[楊貴妃] 양귀비과의 이 楊貴妃
년초. 열매의 즙액으로 아편
을 만듦. =앵속(罌粟). poppy 罌粟

양:극[兩極] ①두 사물 사이에 兩極
매우 심하게 거리가 있음. =
양극단(兩極端). ②북극과 남
극. ③음극(陰極)과 양극(陽 陰極
極). りょうきょく
① both extremities ② south
and north poles ③ positive
and negative poles

양극[陽極] 두 전극 가운데 전 陽極
위가 높은 쪽의 극. ↔음극
(陰極). ようきょく anode

양극선[陽極線] 진공 방전(眞 陽極線
空放電) 때에 양극(陽極)에서 眞空
음극(陰極)으로 흐르는 양전 放電
기를 띤 방사선. ようきょく
せん anode ray

양금[洋琴] ①국악(國樂) 현악 洋琴
기(絃樂器)의 한 가지. ②피
아노를 이르는 말. ようきん
② piano

양금신족[量衾伸足] 이불의 길 量衾
이를 헤아리고 발을 뻗음. 곧, 伸足
주어진 조건을 생각하여 일을
함.

양기[良器] ①좋은 그릇. ② 良器
뛰어난 재능. 또는 그런 재능
을 가진 사람. りょうき
① good implement ② talent

양:기[兩岐] 두 갈래. 양 갈래. 兩岐
forking

양기[涼氣] 서늘한 기운. りょ 涼氣
うき coolness

양기[陽氣] ①만물이 발생·활 陽氣
동하려 하는 기운. ②한방에
서 이르는, 몸 안의 양(陽)의
기운. ③남자의 정력(精力).
↔음기(陰氣). ようき
① vitality

양기[揚棄] 사물에 관한 모습이 揚棄
나 대립을 부정하면서, 도리어

한층 높은 단계에서는 이것을 긍정하여 살려 가는 일. =지양(止揚). ようき sublation 止揚

양기[量器] 용량(容量)을 되는 그릇. 되·말 따위. りょうき measure 量器

양:난[兩難] 이러기도 어렵고 저러기도 어려움. 「진퇴(進退)~」 dilemma 兩難

양녀[洋女] 서양 여자. Western woman 洋女

양:녀[養女] 수양딸. ようじょ adopted daughter 養女

양:년[兩年] 두 해. 이태. りょうねん two years 兩年

양농[良農] 선량한 농부. りょうのう good farmer 良農

양능[良能] 타고난 재능. りょうのう endowments 良能

양:단[兩端] ① 양쪽 끝. ② 재래식 혼례 때 쓰는, 붉은 빛깔과 푸른 빛깔의 두 필의 비단 천. りょうたん ① both ends 兩端

양:단[兩斷] 하나를 두 토막으로 자름. 「일도(一刀)~」 りょうだん cutting in two 兩斷

양단[洋緞] 고급 비단의 한 가지. 여러 가지 무늬를 놓아 두껍게 짬. 「~ 이불」 brocade 洋緞

양:단간[兩端間] 이렇게 되든지 저렇게 되든지. 둘 중에. =좌우간(左右間). anyhow 兩端間 左右間

양답[良畓] 토질이 좋은 논. fertile rice field 良畓

양도[糧道] ① 군대의 양식을 운반하는 길. ② 양곡의 씀씀이. りょうどう ① supply of provisions 糧道

양:도[讓渡] 자기의 권리·재산·지위 등을 남에게 넘겨줌. ↔양수(讓受). じょうと transfer 讓渡

양도체[良導體] 열(熱)이나 전 良導體

기를 잘 전하는 물체. 은·동·알루미늄 등. ↔부도체(不導體). りょうどうたい conductor

양:돈[養豚] 돼지를 기름. 「~업(業)」 ようとん pig raising 養豚

양두구육[羊頭狗肉] 양의 머리를 내걸고 개고기를 판다는 뜻으로, 겉은 번지르르하나 속은 변변치 않음의 비유. ようとうくにく advertising wine, and selling vinegar 羊頭狗肉

양:득[兩得] 한꺼번에 두 가지 이득을 얻음. 「일거(一擧)~」 りょうとく double gain 兩得 一擧

양락[羊酪] 양의 젖의 지방질을 굳혀서 만든 식품. ようらく dairy products 羊酪

양란[洋亂] 서양 사람으로 말미암은 난리. =요요(洋擾). ようらん invasion of Korea by a Western power 洋亂

양력[揚力] 유체(流體) 속을 운동하는 물체에, 그 운동 방향과 수직인 방향으로 작용하는 힘. ようりょく lift force 揚力 垂直

양력[陽曆] 태양력(太陽曆)의 준말. ↔음력(陰曆). ようれき 陽曆

양:로[養老] 노인을 편안히 지낼 수 있도록 보살피는 일. 「~원(院)」 ようろう taking good care of the aged 養老

양:로 보험[養老保險] 일정한 나이에 이르면 계약한 금액을 지급하고, 그 기간 안에 사망해도 유족에게 보험금을 지급하는 생명 보험의 일종. ようろうほけん endowment insurance 養老保險

양:로원[養老院] 의지할 데가 없는 노인을 수용하여 돌보아 주는 시설. ようろういん old people's home 養老院

양:론[兩論] 대립되는 두 논설. 「찬부(贊否)~」 りょうろん 兩論 贊否

two opposite opinions
양륙[揚陸] ① 배에 실었던 짐을 육지에 부림. ② 물 속에 잠긴 것을 뭍으로 건져 올림. 「~작업(作業)」 ようりく ① landing ② taking up to land
양리[良吏] 선량한 관리. りょうり good public officer
양:립[兩立] ① 두 사물이나 현상이 동시에 따로 존재함. ② 두 세력이 맞서 있음. りょうりつ
양마[良馬] 좋은 말. りょうば fine horse
양마석[羊馬石] 무덤 옆에 세우는, 돌로 만든 양과 말. stone statues of a horse and a sheep
양막[羊膜] 포유동물의 자궁 안에 있는, 태아를 싸서 보호하는 얇은 막. ようまく amnion
양말[洋襪] 실로 짠 서양식 버선. socks
양말[糧秣] 군량(軍糧)과 말먹이 풀. りょうまつ provision and fodder
양:면[兩面] ① 물체의 양쪽 면. ② 두 방면. 「~작전(作戰)」 りょうめん both faces
양명[佯名] 이름을 속임.
양명[揚名] 이름을 떨침. 「입신(立身)~」 ようめい fame
양명학[陽明學] 중국 명나라 때의 왕양명이 주창한 유교 학설. 이론과 실천의 일치를 강조함. ようめいがく
양모[羊毛] 양의 털. ようもう wool
양모[良謀] 좋은 계략(計略). =양계(良計). good plot
양:모[養母] 양자로 들어간 집의 어머니. 양어머니. ↔생모(生母). ようぼ foster mother

양:모[釀母] 효모균(酵母菌). じょうぼ yeast
양묘[良苗] 좋은 묘목. good sapling
양문[陽文] 도장이나 명(銘) 따위에서, 돋을새김한 것. =양각문(陽刻文). ↔음문(陰文). ようぶん relief figure
양:미[兩眉] 두 눈썹. 「~간(間)」 both eyebrows
양미[糧米] 양식으로 쓰는 쌀. りょうまい provisions
양:미간[兩眉間] 두 눈썹 사이. 준미간(眉間).
양민[良民] ① 선량한 백성. ② 양반이나 천민(賤民)에 속하지 않는 일반 백성. =양인(良人). りょうみん ① good people
양:반[兩班] ① 주선 시대의 지배 계급인 사대부 계층을 이르던 말. ② 지난날, 동반(東班)과 서반(西班). 곧, 문반(文班)과 무반(武班)을 통틀어 이르던 말.
양:방[兩方] ① 이쪽과 저쪽. 두 방향. ② 맞선 두 편. =쌍방(雙方). りょうほう both sides
양:벌[攘伐] 쳐서 물리침. defeat
양법[良法] 좋은 법제나 법규. ↔악법(惡法). りょうほう good law
양:변[兩邊] ① 양쪽의 가장자리. ② 양쪽의 변. りょうへん both sides
양병[良兵] 훌륭한 병사. りょうへい good soldier
양병[佯病] 거짓으로 앓는 체함. 꾀병. ようびょう malingering
양:병[養兵] 군사를 양성(養成)함. ようへい building up an army
양:병[養病] ① 병을 잘 조리

양보[讓步] ① 길·자리·물건 따위를 남에게 내주고 물러남. ② 자기의 의견이나 주장을 굽히고, 남의 의견이나 주장을 받아들임. じょうほ concession

양복[洋服] ① 서양식 의복. ② 남성이 입는 서양식 정장(正裝). ようふく Western clothes

양:본위제[兩本位制] 금과 은 등 두 가지 이상의 금속을 본위 화폐로 하는 화폐 제도. りょうほんいせい both gold and silver standard

양:봉[養蜂] 꿀을 받기 위해 꿀벌을 치는 일. ようほう beekeeping

양부[良否] 좋음과 좋지 못함. りょうひ goodness or badness

양:부[養父] 양자로 들어간 집의 아버지. 양아버지. ↔생부(生父). ようふ foster father

양:부모[養父母] 양부와 양모. ↔생부모(生父母). ようふぼ adoptive parents

양:분[兩分] 둘로 나눔. 또는 둘로 나뉨. 「국토(國土) ~」 りょうぶん bisection

양:분[養分] 영양이 되는 성분. ようぶん nourishment

양산[量産] 대량으로 생산함. 「~ 체제(體制)」 りょうさん mass production

양산[陽傘] 햇빛을 가리기 위해 쓰는, 우산 모양의 물건. ようがさ parasol

양상[良相] 어진 재상. =현상(賢相). りょうしょう wise minister

양상[洋上] 바다 위. =해상(海上). ようじょう on the sea

양상[樣相] 사물·현상의 모습이나 상태. 「심각(深刻)한 ~」 ようそう aspect

양상군자[梁上君子] 들보 위의 군자라는 뜻으로, 도둑을 점잖게 이르는 말. りょうじょうのくんし thief

양:생[養生] ① 건강 관리를 잘함. ② 병을 잘 다스림. ③ 콘크리트를 굳힐 때, 가마니 따위로 덮고 물을 뿌려 쉽게 마르지 않도록 하는 일. ようじょう ① care of health ② recuperation

양서[良書] 내용이 유익한 책. ↔악서(惡書). りょうしょ good book

양:서[兩西] 서쪽 지방인 황해도와 평안도를 아울러 이르는 말.

양:서[兩棲] 물과 뭍의 양쪽에서 삶. 「~동물(動物)」 りょうせい amphibiousness

양서[洋書] 서양의 서적. ようしょ Western book

양서[諒恕] 사정을 참작하여 용서함. りょうじょ consideration

양:서류[兩棲類] 척추동물의 한 강(綱). 물과 뭍의 양쪽에서 살 수 있는 동물. 개구리·도롱뇽 등. りょうせいるい Amphibia

양:선[讓先] 남에게 길을 양보함. concession

양:설[兩舌] ① 말을 이랬다 저랬다 하는 일. ② 양쪽을 이간질하여 싸움을 붙이는 일. りょうぜつ double-tonguedness

양:성[兩性] ① 남성과 여성. ② 웅성(雄性)과 자성(雌性). ③ 서로 다른 두 성질. りょう

세이　　　① ② both sexes
양성[陽性] ① 활동적이고 적극적인 성질. ② 양성 반응(陽性反應)의 준말. ↔음성(陰性). ようせい　① positivity
양:성[養成] 가르쳐서 길러 냄. =육성(育成). ようせい
　　　　　　cultivation
양:성[釀成] ① 술·식초 따위를 빚음. ② 어떤 분위기나 기운(機運)을 자아냄. じょうせい　① brew ② bringing about
양성 모음[陽性母音] 모음 가운데서 음의 느낌이 밝고 산뜻한 음. 'ㅏ·ㅗ' 따위. ↔음성 모음(陰性母音). ようせいぼいん　clear vowel
양성 반:응[陽性反應] 병의 감염 여부를 진단하기 위한 검사 결과, 특정한 반응이 나타나는 일. ↔음성 반응(陰性反應). 준양성(陽性). ようせいはんのう　positive reaction
양:성 생식[兩性生殖] 유성 생식 중 자웅(雌雄) 생식 세포의 수정으로 이루어지는 생식. ↔단성 생식(單性生殖). りょうせいせいしょく　amphigony
양:성화[兩性花] 한 꽃 속에 수술과 암술을 함께 갖춘 꽃. ↔단성화(單性花). りょうせいか　bisexual flower
양:성 화합물[兩性化合物] 산성(酸性)의 용액(溶液)에 대하여는 염기의 작용을 하고, 염기성의 용액에 대하여는 산의 작용을 하는 화합물. 수산화 알루미늄·아미노산 따위. りょうせいかごうぶつ
　　　amphoteric compound
양속[良俗] 좋은 풍속. 「미풍(美風) ~」りょうぞく
　　　　　　good custom

양:손[養孫] 아들의 양자. = 양손자(養孫子).
　　　adopted grandchild
양수[羊水] 양막(羊膜) 속의 액체. 모래집물. ようすい
　　　　　amniotic fluid
양:수[兩手] ① 두 손. 양손. りょうて·りょうしゅ ② 장기나 바둑에서 두 군데에 한목걸리는 수. 「~ 겸장(兼將)」
　　　　　① both hands
양수[揚水] 물을 자아올림. 「~기(機)」ようすい
　　　　　pumping water
양:수[讓受] 권리·재산·법률상의 지위 따위를 남에게서 넘겨 받음. →양도(讓渡).
　　　　　taking over
양:수거지[兩手据地] ① 절을 한 뒤에 두 손으로 땅을 짚고 꿇어 엎드림. ② 두 손을 마주 잡고 서 있음.
양수계[量水計] 사용한 물의 양을 헤아리는 계기. =양수기(量水器)·수량계(水量計). りょうすいけい　water meter
양수사[量數詞] 사물의 수효를 나타내는 수사. 하나·둘·셋 따위. ↔서수사(序數詞). りょうすうし　cardinal numeral
양수표[量水標] 강·저수지 따위의 수위(水位)를 재기 위해 설치하는, 눈금이 있는 표지. 물자. りょうすいひょう
　　　　　water gauge
양순[良順] 착하고 온순함.
　　　　　docility
양습[良習] ① 좋은 습성. ② 좋은 풍습. ↔악습(惡習). りょうしゅう
　　① good habit ② good custom
양:시쌍비[兩是雙非] 양쪽에 다 일리가 있어 시비를 가리

양식[良識] 사물을 바르게 판단하는 능력. りょうしき 良識 good sense

양식[洋式] 서양식(西洋式)의 준말. ようしき 洋式

양식[洋食] 서양식의 음식. 서양 요리. ようしょく 洋食 Western dishes

양식[樣式] ① 역사적·사회적으로 형성된 공통의 형식이나 방식. ② 서류 따위의 일정한 형식. 「서류 ~」 ③ 예술 작품 따위에 나타나는 독특한 표현 형식. ようしき 樣式 form

양:식[養殖] 경제적으로 이로운 동식물 따위를 인공적으로 길러 번식시킴. 「~ 진주(眞珠)」ようしょく 養殖 culture

양식[糧食] 사는 데 필요한 먹거리. =식량(食糧). りょうしょく 糧食 provisions

양:실[兩失] ① 두 가지를 다 실패함. ② 양쪽이 다 이롭지 못하게 됨. ↔양득(兩得). りょうしつ 兩失 ① double failure ② disadvantage to both sides

양실[洋室] 서양식으로 꾸민 방. ようしつ 洋室 room furnished in Western style

양심[良心] 자기의 행위에 대하여 옳고 그름을 판단하고, 바른 행동을 하려 하는 마음. 「~의 가책(呵責)」りょうしん 良心 呵責 conscience

양:심[兩心] 두 가지 마음. =이심(二心). りょうしん 兩心 double mind

양악[洋樂] 서양의 음악. 「~기(器)」ようがく 洋樂 Western music

양안[良案] 좋은 생각. りょうあん 良案 good idea

양:안[兩岸] 강 따위의 양쪽 기슭. りょうがん·りょうぎし 兩岸 both banks

양:안[兩眼] 두 눈. 양쪽 눈. =쌍안(雙眼). りょうがん 兩眼 雙眼 both eyes

양:액[兩腋] 양쪽 겨드랑이. 兩腋 both armpits

양야[良夜] 아름다운 달밤. =양소(良宵). りょうや 良夜 moonlit night

양야[涼夜] 서늘한 밤. りょうや 涼夜 cool night

양약[良藥] 효험이 뛰어난 약. 「~고구(苦口)」りょうやく 良藥 good medicine

양약[洋藥] 서양 의술로 만든 약. ↔한약(漢藥). 洋藥 Western medicine

양약고구[良藥苦口] 효험이 좋은 약은 입에 쓰다는 뜻으로, 충고의 말이 귀에는 거슬리지만 행실에는 이로움. 「~ 이어병(利於病)」 良藥苦口 利於病 Good medicine tastes bitter.

양약부지[佯若不知] 알고도 모르는 체함. 佯若不知

양양[洋洋] ① 바다가 끝없이 넓은 모양. 「~ 대해(大海)」 ② 앞길이 밝은 모양. 「전도(前途)~」ようよう 洋洋 大海 ① boundless ② bright

양양[揚揚] 신이 나서 뽐내는 모양. 「의기(意氣)~」ようよう 揚揚 proudly

양양자득[揚揚自得] 뜻대로 되어 신이 나서 뽐냄. 揚揚自得

양:어[養魚] 물고기를 인공적으로 길러 번식시킴. 「~장(場)」ようぎょ 養魚 fish farming

양언[佯言] 거짓말. 거짓말을 함. 佯言 lie

양언[揚言] 공공연하게 말함. ようげん 揚言 declaration

양:여[讓與] 남에게 넘겨 줌. =양도(讓渡). ↔양수(讓受). じょうよ transfer

양연[良緣] ①좋은 인연. ②좋은 혼인의 연분. =가연(佳緣). りょうえん good match

양옥[洋屋] 서양식으로 지은 집. ↔한옥(韓屋). Western style house

양와[洋瓦] 시멘트에 모래·석면(石綿) 따위를 섞어서 굳힌 서양식 기와. 양기와. ↔한와(韓瓦). ようがわら tile

양요[洋擾] 서양 사람들로 말미암아 일어난 난리. 1866년에 프랑스가, 1871년에는 미국이 통상을 요구하고 강화도에 침입한 일 등을 가리킴. =양란(洋亂). 「신미(辛未)~」

양:용[兩用] 두 가지 일에 쓰임. 「수륙(水陸) ~ 탱크」 りょうよう double use

양우[良友] 좋은 벗. =양붕(良朋). ↔악우(惡友). りょうゆう good friend

양우[涼雨] 서늘한 비. りょうう cool drizzle

양:우[養牛] 소를 기름. 또는 그 소. cattle raising

양:웅[兩雄] 두 영웅. 「~ 불구립(不俱立)」 りょうゆう two great men

양:원[兩院] 이원제(二院制)의 회에서의 상원(上院)과 하원(下院). りょういん both Houses

양:위[兩位] ①부모나 존경하는 사람의 내외를 높여 이르는 말. ②불교에서, 죽은 남편과 아내. ① parents

양:위[讓位] 임금의 자리를 물려줌. =선양(禪讓)·선위(禪位). じょうい abdication

양유[羊乳] 양의 젖. 양젖. sheep's milk

양육[羊肉] 양의 고기. mutton

양:육[養育] 돌보아 기름. よういく bringing up

양은[洋銀] 구리·아연(亞鉛)·니켈의 합금. ようぎん nickel silver

양:응[養鷹] 매를 기름. 또는 그 매. falcon farming

양의[良醫] 의술이 뛰어난 의사. りょうい skillful physician

양:의[兩儀] 주역(周易)에서 말하는 두 가지 대립물. 곧 양(陽)과 음(陰), 또는 하늘과 땅. りょうぎ positive and negative

양의[洋醫] ①서양 의술을 펴는 의사. ↔한의(漢醫). ②서양 사람인 의사. ようい Western physician

양:이[攘夷] 외국 사람을 배척함. じょうい exclusion of foreigners

양:익[兩翼] ①양쪽의 날개. ②중군(中軍)의 좌우 양쪽에 있는 군대. りょうよく ① both wings

양인[良人] ①지난날, 양반이나 천민(賤民)에 속하지 않는 일반 백성. =양민(良民). ②착한 사람. りょうじん ② good-natured person

양:인[兩人] 두 사람. りょうにん two persons

양인[洋人] 서양 사람. ようじん Westerner

양:일[兩日] 두 날. 이틀. りょうじつ two days

양:자[兩者] 상대 관계의 두 사람. 또는 두 사물. 「~ 택일(擇一)」 りょうしゃ both

양자[陽子] 중성자(中性子)와

양자[量子] 함께 원자핵(原子核)을 구성하는 소립자(素粒子)의 하나. ようし proton

양자[量子] 어떤 물리량이 어떤 단위량의 정수배(整數倍)의 값으로 나타날 때, 그 단위량. りょうし quantum

양:자[養子] ①아들 없는 집에서 데려다 키우는 조카뻘의 사내아이. ②입양으로 아들이 된 사람. ようし adopted child

양자[樣姿] 모양. 모습.

양자[糧資] 식량과 비용. provisions or expenses

양:잠[養蠶] 누에를 침. ようさん sericulture

양장[羊腸] ①양의 창자. ②양의 창자처럼 꼬불꼬불한 길. 「구절(九折)~」ようちょう ① sheep's intestines ② winding road

양장[良將] 훌륭한 장수. りょうしょう able general

양장[洋裝] ①여자가 서양식 옷차림을 함. 또는 그 옷차림. ②책을 서양식으로 매어 꾸밈. ようそう ① foreign style of dress ② binding a book in Western style

양재[良才] 훌륭한 재주. 또는 그런 재주를 가진 사람. りょうさい good talent

양재[良材] ①좋은 재목이나 재료. ②훌륭한 인재. りょうざい ① good timber ② man of ability

양재[洋裁] 양복·양장의 재단과 재봉. ようさい foreign-style dressmaking

양재기[←洋磁器] 안팎에 법랑(琺瑯)을 올린 그릇. enamelware

양적[量的] 양(量)으로 본 것. ↔질적(質的).「~ 우세(優勢)」りょうてき quantitative

양전[良田] 기름진 밭. good field

양:전[兩全] 두 가지가 다 완전함. 또는 두 쪽이 다 완전함.「학덕(學德) ~」りょうぜん satisfaction of both sides

양전[陽轉] 투베르쿨린의 반응 검사 결과가 음성(陰性)에서 양성(陽性)으로 바뀌는 일. ↔음전(陰轉). ようてん change to positive

양전기[陽電氣] 명주로 유리 막대를 문지를 때 유리 막대 쪽에 생기는 전기. 또는 그와 같은 성질의 전기. + 부호로 나타냄. =정전기(正電氣). ↔음전기(陰電氣). ようでんき positive electricity

양전자[陽電子] 전자(電子)와 같은 질량(質量)과 전하량(電荷量)을 가진 양전하의 소립자(素粒子). ↔음전자(陰電子). ようでんし positron

양:절 연초[兩切煙草] 필터가 달리지 않은, 양쪽 끝을 자른 궐련. りょうぎりたばこ

양정[良政] 좋은 정치. =선정(善政). りょうせい good government

양정[糧政] 식량에 관한 정책이나 행정. りょうせい food policy

양제[良劑] 효력이 좋은 약제. =양약(良藥). りょうざい good medicine

양제[涼劑] 몸을 냉하게 하는 성질의 약제. ↔온제(溫劑).

양:제[攘除] 물리쳐 없앰. =양척(攘斥). じょうじょ exclusion

양:조[兩朝] ①앞뒤의 두 왕조(王朝). =이조(二朝). ②앞

뒤 두 임금의 시대. りょうちょう　both dynasties

양:조[釀造] 술·간장 따위를 담가 만듦. 「~장(場)」じょうぞう　brewing

양:조대변[兩造對辨] 두 사람의 말이 어긋날 때, 제삼자 앞에서 그 말을 되풀이함으로써 옳고 그름을 따지는 일. 무릎맞춤. りょうぞうたいべん　confrontation

양존[陽尊] 속으로는 해칠 마음을 품고도 겉으로는 존경함. pretending to respect

양종[良種] 좋은 종자. 좋은 품종. りょうしゅ　good seed

양종[洋種] 서양에서 들어온 종자. ようしゅ　foreign species

양:주[兩主] 바깥주인과 안주인이라는 뜻으로, 부부를 일컫는 말. couple

양주[洋酒] ① 서양에서 들어온 술. ② 서양식으로 빚은 술. ようしゅ　foreign liquor

양주[陽鑄] 주금(鑄金)에서 기물이나 동판(銅板) 표면에 무늬나 글씨 따위를 도드라지게 나타내는 일. ↔음주(陰鑄). ようちゅう　relievo

양:주[釀酒] 술을 빚음. じょうしゅ　brewing

양:즙[膁汁] 소의 양을 끓이거나 볶아서 짜낸 물. 영양·강장제로 쓰임. juice of beaf stomach

양증[陽症] ① 한방에서, 열성(熱性)으로 맥박이 빠르고 안색이 붉으며 목이 몹시 마른 병증의 하나. ② 상한 양증(傷寒陽症)의 준말. ↔음증(陰症).

양지[良知] ① 타고난 지혜. ② 양명학(陽明學)에서 말하는 지혜의 본체(本體). りょうち　① innate moral sence

양:지[兩地] 두 곳. 두 지방. りょうち　two regions

양지[洋紙] 서양식으로 만든 종이. ようし　foreign paper

양지[陽地] 볕이 잘 드는 땅. ↔음지(陰地). sunny place

양지[量地] 땅을 측량함. =측지(測地). りょうち　land surveying

양지[諒知] 헤아려서 앎. understanding

양직[亮直] 마음이 밝고 곧음. brightness and rightness

양:진[兩陣] 서로 상대하고 있는 두 진영. りょうじん　both camps

양:진[痒疹] 두드러기가 돋고 몹시 가려운 피부병의 한 가지. ようしん　prurigo

양질[良質] ① 좋은 바탕. ② 좋은 품질. ↔악질(惡質). 「~의 치즈」 りょうしつ　① good nature ② good quality

양질호피[羊質虎皮] 속은 양이고 거죽은 범이라는 뜻으로, 실속 없이 겉만 꾸미는 일을 이르는 말.

양:차[兩次] 두 번. 두 차례. りょうじ　twice

양찰[亮察] 아랫사람의 사정 따위를 밝게 살핌. りょうさつ

양찰[諒察] 아랫사람의 사정 따위를 헤아려 알아 줌. =양촉(諒燭). りょうさつ　sympathetic consideration

양책[良策] 좋은 계책. りょうさく　good policy

양:처[良妻] 착한 아내. ↔악처(惡妻). りょうさい　good wife

양:처[兩處] 두 곳. 두 군데. both piaces

양:척[攘斥] 물리쳐 쫓아냄. = 양제(攘除). じょうせき expulsion

양천[涼天] 서늘한 날씨. cool weather

양철[洋鐵] 안팎에 주석을 입힌 얇은 철판. 생철. 「~지붕」 tinned iron

양철통[洋鐵桶] 양철로 만든 통. 생철통. tin pail

양청[洋靑] 당청(唐靑)보다 짙은 푸른빛 물감. deep azure

양촉[諒燭] 아랫사람의 사정 따위를 헤아려 알아 줌. =양찰(諒察). consideration

양추[涼秋] ① 서늘한 가을. ② 음력 구월의 다른 이름. りょうしゅう ① cool autumn

양:축[養畜] 가축을 기름. ようちく stock farming

양춘[陽春] ① 따뜻한 봄철. ② 음력 정월의 다른 이름. ようしゅん ① spring

양:측[兩側] ① 두 편. =양편(兩便). ② 양쪽 측면. りょうがわ both sides

양:치[養齒] 소금이나 치약으로 이를 닦고, 물로 입 안을 가셔 내는 일. 양치질. brushing one's teeth

양:친[兩親] 아버지와 어머니. =부모(父母). りょうしん parents

양:친[養親] ① 부모를 봉양함. ② 양부와 양모. ようしん ① supporting parents

양키[Yankee] '미국인'의 속칭(俗稱). ヤンキー

양키본드[yankee bond] 미국 금융 시장에서 발행되는 달러 표시 채권(債券).

양:토[養兎] 토끼를 기름. rabbit farming

양토[壤土] ① 땅. =강토(疆土). ② 모래·진흙·유기 물질이 고루 섞인 흙. 작물 재배에 알맞은 흙. =토양(土壤). じょうど ① realm ② loam

양:통[痒痛] 가려움과 아픔. itch and pain

양:편[兩便] 양쪽. 두 편. both sides

양품[良品] 질이 좋은 물건. りょうひん fine article

양품[洋品] 서양식의 의류나 잡화. 「~점(店)」 ようひん foreign article

양풍[良風] 좋은 풍속. =양속(良俗). ↔악풍(惡風). りょうふう good custom

양풍[洋風] 서양의 양식(樣式)을 본뜬 모양. =서양풍(西洋風). ようふう foreign style

양풍[涼風] ① 서늘한 바람. ② 남서풍. りょうふう ① cool breeze

양피지[羊皮紙] 양의 가죽으로 만든 종이의 한 가지. ようひし parchment

양필[良弼] 임금의 정사(政事)를 잘 돕는 신하. りょうひつ good subject

양필[良筆] ① 좋은 붓. ② 뛰어난 글이나 글씨. 또는 그런 글이나 글씨를 쓰는 사람. りょうひつ ① fine brush ② fine penmanship

양항[良港] 좋은 항구. りょうこう good harbor

양해[諒解] 사정을 헤아려 이해함. りょうかい understanding

양행[洋行] 서양으로 감. ようこう going abroad

양허[亮許] 사정을 환히 알고 허용함. permission

양협[量狹] 도량이 좁음. =양

양호[良好] 좋거나 괜찮음. りょうこう goodness

양:호[兩虎] 두 마리의 호랑이라는 뜻으로, 실력이 비슷한 두 강자(强者)를 비유하는 말. 「~상투(相鬪)」りょうこ

양:호[養護] ① 기르고 보호함. ② 학교에서 학생의 위생·건강 상태를 돌보아 주는 일. 「~실(室)」ようご nursing

양:호유환[養虎遺患] 호랑이를 길러 우환을 남긴다는 뜻으로, 사정을 봐주다가는 도리어 자신이 당할 수도 있다는 말. nourishing a serpent in one's bosom

양홍[洋紅] 연지벌레의 암컷에서 채취·정제한 붉은빛 색소. ようこう carmine

양화[良貨] 품질이 좋은 화폐. 실제 가격과 법정 가격과의 차가 적은 화폐. ↔악화(惡貨). りょうか good money

양화[洋畫] ① 서양화(西洋畫)의 준말. ② 서양에서 들어온 영화. ようが ② foreign film

양화[洋靴] 구두. 「~점(店)」 shoes

양화[陽畫] 색상·명암(明暗)이 피사체와 같은 화상(畫像). ↔음화(陰畫). ようが positive picture

양:화[釀禍] 화근(禍根)을 만듦. causing trouble

양회[洋灰] 토목·건축 재료로 사용하는 인조 석분. 시멘트. ようかい cement

어[於]* 어조사 어: 어조사(語助辭). ~에, ~에서, ~보다. 「於是乎(어시호)·於焉(어언)·於斯之間(어사지간)·於心(어심)·於東方(어동방)」オ·おいて

어[圄] 옥 어: 옥. 감옥. 「囹圄(영어)·圄空(어공)·獄圄(옥어)」ゴ·ギョ

어:[御]☆ ① 거할 어: 거하다. 거느리다. 「制御(제어)·統御(통어)」 ② 임금에 대한 경칭. 「御駕(어가)·御命(어명)·御前(어전)·崩御(붕어)」ゴ·ギョ

어:[魚]* 물고기 어: 물고기. 「魚肉(어육)·魚群(어군)·魚卵(어란)·生魚(생어)·養魚(양어)」ギョ·うお·さかな

어:[馭] 말 부릴 어: 말을 부리다. 「馭者(어자)·馭馬(어마)·馭夫(어부)」ギョ·つかう

어:[瘀] 어혈질 어: 어혈지다. 「瘀傷(어상)·瘀血(어혈)」オ

어[漁]* 고기 잡을 어: 고기를 잡다. 「漁業(어업)·漁獲(어획)·漁村(어촌)·出漁(출어)·豐漁(풍어)·漁場(어장)」ギョ·リョウ·すなどる·あさる

어:[語]* 말씀 어: 말씀. 「言語(언어)·語彙(어휘)·語學(어학)·文語(문어)·國語(국어)·語文(어문)·語源(어원)」ゴ·かたる

어:[禦] 막을 어: 막다. 「防禦(방어)·禦寒(어한)·禦敵(어적)·禦戰(어전)」ギョ·ふせぐ

어:[齟] 어긋날 어: 이가 어긋나다. 「齟齬(저어)」ゴ

어:가[御駕] 임금의 수레. =대가(大駕). imperial carriage

어가[漁家] 고기잡이의 집. 어부의 집. ぎょか fisherman's house

어가[漁歌] 어부의 노래. ぎょか fisherman's song

어:간[語幹] 문법에서, 동사·형용사와 같은 용언이 활용할

때 변하지 않는 부분. ↔어미(語尾). ごかん　stem

어:감[語感] 말소리나 말투에서 느껴지는 독특한 느낌. ごかん　word feeling

어개[魚介] ① 물고기와 조개. ② 바다 속에 사는 동물의 총칭. ぎょかい　① fish and shellfish ② fishery products

어:거[馭車] ① 마차나 우차를 몲. ② 거느리어 바른 길로 나가도록 함.　① driving ② managing

어:계[語系] 말의 계통. 우랄알타이 어계·인도유럽 어계 등. ごけい　family of languages

어고[魚鼓] ⇨목어(木魚).

어곽[魚藿] 해산물의 총칭. marine products

어:구[語句] 말의 구절. =언구(言句). ごく　phrases

어구[漁具] 고기잡이에 쓰는 기구. ぎょぐ　fishing gear

어구[漁區] 어장(漁場)을 몇 개로 나눈 수역(水域). ぎょく　fishing ground

어군[魚群] 물고기 떼. 「~ 탐지기(探知機)」ぎょぐん　school of fish

어:군[語群] 언어학에서, 어느 어파(語派)에 밀린 언어군(言語群)을 이름. ごぐん

어:굴[語屈] 경우가 꿀리거나 논리가 맞지 않아서 말이 시원스럽지 못함.

어:궁[語窮] ⇨어굴(語屈).

어궤조산[魚潰鳥散] 물고기 떼나 새 떼처럼 흩어진다는 뜻으로, 싸움에서 패한 군대가 뿔뿔이 흩어짐의 비유.

어:근[語根] 단어의 실질적인 뜻을 나타내는 형태소. ごこん　root of a word

어:기[語氣] 말하는 투나 기세. =어세(語勢). ごき　tone

어기[漁期] 특정한 수역(水域)에서 특정한 고기가 한창 잡히는 시기. ぎょき　fishing season

어기[漁磯] 낚시터. ぎょしょう　fishing place

어도[魚道] ① 물고기 떼가 늘 지나는 일정한 길. ② 하천의 폭포나 방죽 때문에 물고기의 교통이 막혔을 때, 완만한 계단 따위를 만들어 위아래로 다닐 수 있게 해 놓은 장치. =어제(魚梯). ぎょどう

어동육서[魚東肉西] 제사상을 차릴 때 생선은 동쪽에, 고기는 서쪽에 놓는다는 말.

어:두[語頭] 말의 첫머리. ごとう　beginning of a word

어두귀면지졸[魚頭鬼面之卒] 머리는 물고기 같고 얼굴은 귀신 같은 졸개들이라는 뜻에서, 지지리 못난 사람들을 욕으로 이르는 말.

어두육미[魚頭肉尾] 물고기는 대가리 쪽이 맛이 있고, 짐승 고기는 꼬리 쪽이 맛이 있다는 말.

어드레스[address] 컴퓨터에서, 데이터가 저장되어 있는 곳에 붙여진 식별 번호. 번지(番地). アドレス

어드레스버스[address bus] 컴퓨터에서, 번지 자료(資料)를 전달하는 하드웨어 장치.

어드레싱[addressing] 컴퓨터에서, 번지를 지정(指定)하는 과정. 또는 그 일.

어드밴티지[advantage] 테니스·탁구(卓球)에서, 듀스가 된 다음에 이느 편이는지 먼저 한 점을 얻는 일. アドバ

ンテージ

어란[魚卵] ① 물고기의 알. ② 소금을 쳐서 말린 생선의 알. ① spawn ② salted roe

어람[魚籃] 물고기를 잡아서 담는 바구니. ぎょらん fish basket

어랍[魚蠟] 물고기 기름으로 만든, 밀랍 모양의 굳은 지방(脂肪). 질 낮은 초의 원료로 이용함.

어량[魚梁] 물이 한군데로만 흐르도록 막은 곳에 통발을 놓고 고기를 잡는 장치. weir

어렵[漁獵] ① 고기잡이. ② 고기잡이와 사냥. ぎょりょう ① fishing ② fishing and hunting

어로[漁撈] 물고기·조개 따위를 잡거나, 바닷말을 따는 일. 「～작업(作業)」ぎょろう fishing

어로불변[魚魯不辨] '魚'자와 '魯'자도 분별 못 할 만큼 무식함. ignorance

어:록[語錄] 위인이나 유명인의 말을 모은 기록. ごろく sayings

어롱[魚籠] 잡은 물고기를 담는 종다래끼. creel

어뢰[魚雷] 어형 수뢰(魚形水雷)의 준말. ぎょらい

어룡[魚龍] ① 물고기와 용. ② 물 속에 사는 동물의 총칭. ＝어별(魚鼈). ③ 중생대의 쥐라기부터 백악기에 걸쳐 살았던 파충류(爬蟲類). ぎょりゅう ① fish and dragon ③ ichthyosaur

어류[魚類] 척추동물의 한 강(綱)으로, 물고기의 총칭. ＝어속 (魚屬). ぎょるい finny tribe

어리[漁利] 속여서 이익을 얻는 일.

어린[魚鱗] 물고기의 비늘. ぎょりん scales

어:마[馭馬] 말을 부림. ぎょば

어망[魚網·漁網] 물고기를 잡는 그물. ぎょもう fishing net

어:맥[語脈] 말과 말의 유기적인 관련. ごみゃく context

어:명[御名] 임금의 이름. ＝어휘(御諱). ぎょめい king's name

어:명[御命] 임금의 명령. ＝왕명(王命). king's command

어:모[禦侮] ① 외부로부터의 모욕을 막음. ② 외침(外侵)을 막음.

어목[魚目] ① 물고기의 눈. ② 가짜 또는 가짜 보석의 비유. 「～연석(燕石)」ぎょもく ② counterfeit

어:무윤척[語無倫脊] 말에 차례와 줄거리가 없음.

어:문[語文] 말과 글. ごぶん words and sentences

어물[魚物] ① 물고기. ぎょぶつ ② 해산물을 가공해서 말린 것. 「～전(廛)」 ① fishes ② dried fishes

어미[魚味] 물고기의 맛. ぎょみ

어:미[語尾] 용언(用言) 또는 서술격 조사의 어간(語幹)에 붙어, 쓰임에 따라 여러 가지로 형태를 바꾸는 부분. '가다·가오·가면'의 '다·오·면' 따위. ↔어간(語幹). ごび ending of a word

어:미 변화[語尾變化] 용언 또는 서술격 조사의 어미가 문법적 기능의 변화에 따라 변화하는 일. ＝활용(活用). ごびへんか inflection

어민[漁民] 어업에 종사하는 사람. ぎょみん fishermen

어:법[語法] 말의 표현 방식에 관한 법칙. ごほう　diction 語法

어별[魚鼈] ① 물고기와 자라. ② 바다 동물의 총칭. ぎょべつ ① fish and snapping turtles ② sea creatures 魚鼈

어보[魚譜] 어류에 관하여 계통을 세워서 설명한 책. atlas of fish 魚譜

어:보[御寶] 임금의 도장인 옥새(玉璽)와 옥보(玉寶). 御寶

어복[魚腹] ① 물고기의 배. ② 종아리 뒤쪽의 살이 불룩한 부분. 장딴지. ぎょふく ① belly of fish ② calf 魚腹

어부[漁夫·漁父] 고기잡이를 업으로 삼는 사람. ぎょふ fisherman 漁夫 漁父

어부림[魚付林] 물고기가 모이도록 간만의 차가 적은 해안(海岸)에 나무를 심어 만든 숲. 魚付林

어부지리[漁父之利] 도요새와 조개가 싸우는 틈을 타 어부가 그 둘을 잡았다는 고사에서, 두 사람이 다투는 사이에 엉뚱한 제삼자가 이득을 봄을 이르는 말. =어인지공(漁人之功). ぎょふのり 漁夫之利

어분[魚粉] 물고기를 말려서 빻은 가루. 비료나 닭의 사료로 씀. ぎょふん　fish meal 魚粉

어:불성설[語不成說] 말이 사리에 맞지 않아서 말 같지 않음. unreasonable talk 語不成說

어비[魚肥] 물고기로 만든 비료. ぎょひ　fish manure 魚肥

어:사[御史] ① 조선 시대에, 왕명으로 특별한 임무를 띠고 지방으로 파견되던 관리. ② 암행 어사(暗行御史)의 준말. ぎょし 御史

어:사[語辭] 말. =언사(言辭). speech 語辭

어:삽[語澁] 말이 술술 나오지 않음. faltering 語澁

어상[魚商] 생선을 파는 장수. 생선 장수. ぎょしょう fish dealer 魚商

어상반[於相半] 힘이나 수준이 서로 비슷비슷함. 거의 맞먹음. being almost equal 於相半

어:새[御璽] 임금의 도장. =옥새(玉璽). ぎょじ　royal seal 御璽

어색[漁色] 여색(女色)을 탐함. ぎょしょく　philandering 漁色

어:색[語塞] 말이 막히어 답변할 수 없음. =어궁(語窮). being stuck for words 語塞

어선[漁船] 고기잡이 배. 고깃배. ぎょせん　fishing boat 漁船

어:성[語聲] 말소리. voice 語聲

어세[漁稅] 어업을 하는 사람에게 물리는 세금. ぎょぜい fishery tax 漁稅

어:세[語勢] 말하는 투나 기세. =어기(語氣). ごせい　stress 語勢 語氣

어셈블러[assembler] 기호 언어로 된 프로그램을 기계어로 번역(翻譯)하는 프로그램. アセンブラー 翻譯

어:소[御所] 임금이 계시는 곳. ごしょ 御所

어속[魚屬] ⇨어류(魚類). ぎょぞく 魚屬

어:순[語順] 말이나 글에서, 주어·술어·목적어 등이 놓인 순서. ごじゅん　word order 語順

어:스[earth] 접지(接地). アース 接地

어시스트[assist] 축구·농구 따위에서, 득점(得點)하기에 알맞은 위치에 있는 선수에게 공을 패스하는 일. アシスト 得點

어시장[魚市場] 생선 등의 어물(魚物)을 파는 시장. =생선장(生鮮場). 준어시(魚市). 魚市場

うおいちば　　　fish market
어안 사진[魚眼寫眞] 어안 렌즈로 찍은 사진. 상하 좌우로 180° 시야의 공간을 한 장에 넣을 수 있음. ぎょがんしゃしん

어안석[魚眼石] 유리처럼 광택이 나는, 정방 정계(正方晶系)에 딸린 무색 또는 백색의 광물. ぎょがんせき

어언간[於焉間] 알지 못하는 동안. 어느 사이. 어느덧. =어언지간(於焉之間). 준어언(於焉). before one knows

어:언박과[語言薄過] 그리 대단치 않은 말 실수.

어업[漁業] 수산물을 잡거나 양식하는 산업. ぎょぎょう fishery

어염시수[魚鹽柴水] 물고기와 소금과 멜나무와 물이라는 뜻으로, 생활에 필요한 일용품의 총칭.

어옹[漁翁] 고기잡이하는 노인. 늙은 어부. ぎょおう　old fisherman

어:용[御用] ① 임금이 씀. ② 관청에서 소용됨. 「~ 상인(商人)」 ③ 권력에 영합하여 그 이익을 위해서 주체성 없이 행동함. ごよう ① king's use ② government service

어:용 학자[御用學者] 집권자의 보호 밑에서 그의 정책을 정당화하는 학자. ごようがくしゃ government patronized scholar

어:원[語源] ① 어떤 말이 생겨난 근원. ② 단어의 원래의 뜻. ごげん　etymology

어유[魚油] 물고기에서 짜낸 기름. ぎょゆ　fish oil

어유부중[魚遊釜中] 솥 가운데서 노는 물고기란 뜻으로, 머지않아 죽을 운명의 비유. =부중지어(釜中之魚).

어육[魚肉] ① 생선의 살. ② 물고기와 짐승의 고기. ③ 짓밟고 으깨어 아주 결딴을 냄의 비유. ぎょにく ① fish (meat) ② fish and meat

어:음[語音] 말의 음조. ごおん sound of a word

어:의[御醫] 임금의 진료를 맡아보던 의사. royal physician

어:의[語意・語義] 말의 뜻. ごい　meaning a word

어:자[馭者] 말을 부리는 사람. ぎょしゃ　driver

어장[魚醬] 생선을 넣고 담근 장. ぎょしょう

어장[漁場] 고기잡이를 할 수 있는 수역(水域). 「황금(黃金)~」ぎょじょう fishing ground

어석[魚炙] 생선 살을 저미어 소금으로 간하여 구운 적.

어:적[禦敵] 적의 침공을 막음. defense

어:전[御前] 임금의 앞. 「~회의(會議)」ごぜん presence of the king

어ㅣ전[御殿] 임금이 있는 궁전. ごてん　palace

어:절[語節] 문장을 이루는 도막도막의 단위.

어제[魚梯] 하천에 폭포나 둑 등이 있어 물고기가 하류로 다닐 수 없을 때, 완만한 계단 따위를 만들어 물고기가 오르내릴 수 있게 한 통로. =어도(魚道). ぎょてい

〔어제〕

어:제[御製] 임금이 지은 글이나 시가(詩歌). 「세종 ~ 훈민

정음」ぎょせい king's work

어제일리어[azalea] 진달랫과의 상록 관목. 중국 원산의 철쭉 원예 품종을 개량(改良)한 것임. アザレア

어:조[語調] ①음색·발음의 세기와 길이 따위로 나타나는 말의 가락. ②말투나 목소리. ごちょう   tone

어:조사[語助辭] 뜻은 없이 다른 글자를 돕기만 하는 한문(漢文)의 조사. '焉·也·矣·於' 따위의 글자. 준조사(助辭).   particle

어족[魚族] 물고기의 일정한 갈래. =어류(魚類). ぎょぞく   fishes

어:족[語族] 같은 언어에서 파생되었다고 생각되는 언어의 일군(一群). 우랄알타이 어족·인도유럽 어족·햄셈 어족 등. ごぞく   family of languages

어:졸[語拙] 말주변이 없음. =언졸(言拙).

어종[魚種] 물고기의 종류.

어:주[御酒] 임금이 내린 술. 「~삼배(三杯)」

어주[漁舟] 낚시질하는 데 쓰는 작은 배. 낚싯거루. ぎょしゅう fishing boat

어중간[於中間] ①중간쯤 되는 곳. ②이러지도 저러지도 못하게 알맞지 않음.

어차[魚杈] 물고기를 찔러서 잡는 기구. 작살. fish spear

어차피[於此彼] ①이렇게 하든지 저렇게 하든지. ②어떻게 되든지. in any case

어찬[魚饌] 생선으로 만든 반찬.

어채[魚菜] 생선과 곤자소니·해삼·버섯 등을 잘게 썰어 녹말가루를 묻히고 끓는 물에 데친 것 위에 지단·고추 등을 채썰어 얹은 음식. boiled fish sticks and vegetables

어초[魚酢] 생선을 그대로, 또는 토막쳐서 소금에 절인 다음, 물기를 빼고 밥과 함께 담가 소금을 치고 돌로 눌러 삭힌 음식. 먹기 전, 무나 생강·고춧가루 따위를 넣어 버무림. 생선젓. =식해(食醢).

어촌[漁村] 어민들이 모여 사는 마을. ぎょそん fishing village

어:취[語趣] 말의 취지.   point of a speech

어큐뮬레이터[accumulator] ①축압기(蓄壓器). ②누산기(累算器). アキュムレーター

어탁[魚拓] 물고기의 형태를 종이 또는 천에 찍어 내는 일. 또는 그렇게 찍어 낸 것. ぎょたく fish print

어태치먼트[attachment] 기구·기계의 부속(附屬) 장치. アタッチメント

어:투[語套] 말투.   manner of speaking

어퍼컷[uppercut] 권투에서, 턱이나 명치 부근을 주먹으로 올려 치는 공격법(攻擊法). アッパーカット

어:폐[語弊] 적절하지 않은 단어나 표현을 씀으로써 일어나는 오해나 폐해(弊害). ごへい

어포[魚脯] 생선을 저며서 말린 포.

어프로:치[approach] ①학문에서, 대상에 접근(接近)하여 연구하는 방법. ②스키에서, 스타트에서 점프 지점까지의 사이. アプローチ

어피[魚皮] 물고기의 가죽. ぎょひ fish skin

어필:[appeal] ①호소. ②매

어:학[語學] ①언어를 연구하는 학문. ②외국어를 연구하거나 습득하기 위한 학문. ごがく 語学
① linguistics

어항[魚缸] ①관상용(觀賞用) 물고기를 기르는 데 쓰는 유리 항아리. ②물고기를 잡는 데 쓰는 유리 항아리 모양의 기구. 魚缸
① gold fish bowl

어항[漁港] 어선이 어업을 원활히 수행할 수 있도록 설비한 항구. ぎょこう 漁港
fishing port

어해[魚蟹] 물고기와 게. 魚蟹
fish and crab

어:혈[瘀血] 타박상 등으로 피부 속에 피가 몰려 있는 증상. 또는 그러한 피. =적혈(積血). extravasated blood 瘀血

어:형[語形] 단어가 문법적 기능에 따라 변하는 형태. ごけい 語形
word form

어형 수뢰[魚形水雷] 물고기처럼 생긴 공격 무기의 한 가지로, 물 속을 진행하여 목표물에 닿으면 폭발함. 준어뢰(魚雷). ぎょけいすいらい torpedo 魚形水雷

어화[漁火] 고기잡이 배에 켜는 등불이나 횃불. ぎょか 漁火
fishing fire

어황[漁況] 어떤 어장에서의 물고기가 잡히는 상황. ぎょきょう 漁況
condition of fishery

어회[魚膾] 싱싱한 생선의 살을 잘게 썰어서 초고추장이나 간장에 찍어 먹는 음식. =생선회(生鮮膾). ぎょかい 魚膾
slices of raw fish

어획[漁獲] 물고기를 잡거나 그 밖의 수산물을 채취하는 일. ぎょかく 漁獲
fishing

어:휘[語彙] 일정한 범위 안에서 쓰이는 낱말의 총체. ごい 語彙
vocabulary

억[抑]☆ 누를 억:누르다. 억누르다. 「抑壓(억압)·抑留(억류)·抑退(억퇴)·抑制(억제)」 ヨク·おさえる 抑壓

억[億]* 억 억:억. 많은 수효. 「億萬(억만)·億兆(억조)·億劫(억겁)·億千萬劫(억천만겁)」 オク 億兆

억[憶]* 생각할 억:생각하다. 기억하다. 「憶想(억상)·憶記(억기)·回憶(회억)·記憶(기억)」 オク·おもう 記憶

억[臆] 가슴 억:가슴. 생각. 「臆寒(억색)·胸臆(흉억)·臆說(억설)·臆度(억탁)·臆測(억측)」 オク·むね 臆寒

억겁[億劫] 불교에서, 무한히 오랜 세월을 이르는 말. おっくう 億劫
eternity

억견[臆見] 짐작에서 나온 의견. =억상(臆想). おっけん 臆見 臆想
conjecture

억결[臆決] 근거 없는 짐작으로 결정함. decision by conjecture 臆決

억념[憶念] 단단히 기억하여 잊지 않음. 또는 그 기억. おくねん 憶念

억단[臆斷] 억측으로 내리는 판단. =억판(臆判). おくだん 臆斷
conjecture

억료[臆料] 근거 없이 짐작으로 헤아림. =억측(臆測). presumption 臆料

억류[抑留] 억지로 머무르게 함. 「~자(者)」 よくりゅう 抑留
detention

억만[億萬] ①만(萬)의 만 곱절. =억(億). ②썩 많은 수. 「~장자(長者)」 おくまん ① one hundred million ② myriads 億萬 長者

억만년[億萬年] 한없이 오랜 세월. おくまんねん　eternity 億萬年

억산[臆算] 억측으로 하는 계산. 臆算
conjectural calculation

억색[臆塞] 몹시 원통하거나 슬퍼서 가슴이 막히는 느낌이 있음. 臆塞

억설[臆說] 근거도 없이 억지스레 하는 말. おくせつ　hypothesis 臆說

억압[抑壓] 뜻대로 하지 못하도록 억누름. 「~ 정책(政策)」よくあつ　suppression 抑壓政策

억양[抑揚] ① 혹은 억으르고, 혹은 찬양함. ② 소리의 높낮이와 강약(強弱). よくよう　② intonation 抑揚

억울[抑鬱] 부당한 일을 당하여 분하고 답답함. よくうつ　chagrin 抑鬱

억원[抑冤] 억울하고 원통함. chagrin 抑冤

억재[億載] 끝없는 햇수. 영원한 세월. eternity 億載

억정[抑情] 욕정(慾情)을 억누르거나 참음. よくじょう　restraining one's sexual desire 抑情

억제[抑制] 어떤 감정이나 행동·현상 등이 일어나지 못하도록 억누름. よくせい　suppression 抑制

억조[億兆] ① 억과 조(兆). ② 헤아릴 수 없이 많은 수나 양. =억만(億萬). 「~ 창생(蒼生)」おくちょう　② myriads 億兆

억조 창생[億兆蒼生] 수많은 백성 또는 온 세상 사람. おくちょうそうせい　myriads of people 蒼生

억측[臆測] 근거도 없이 제 마음대로 추측하는 일. =억료(臆料). おくそく　presumption 臆測

억탈[抑奪] 억지로 빼앗음. よ 抑奪
くだつ　extortion

억퇴[抑退] 억눌러 물러나게 함. よくたい 抑退

억하심정[抑何心情] 대체 무슨 생각으로 그러는지 그 마음을 모르겠다는 말. why in the world 抑何心情

언[言]* 말씀 언: 말씀. 말. 「言辭(언사)·言語(언어)·言句(언구)·言論(언론)」ゴン·ゲン·いう·こと 言語

언:[彦] 선비 언: 재덕이 뛰어난 선비. 「彥聖(언성)·彦士(언사)·彥俊(언준)」ゲン·ひこ 彥士

언[偃] ① 누울 언: 눕다. 자빠지다. 「偃息(언식)·偃仰(언앙)·偃植(언식)·偃仆(언부)」② 거만할 언: 거만하다. 「偃傲(언오)·偃蹇(언건)」エン 偃息 偃傲

언[焉]* ① 어찌 언: 어찌. 「焉敢(언감)」② 어조사 언: 어조사. 「於焉(어언)」エン　① いずくんぞ 焉敢

언:[堰] 방죽 언: 방죽. 둑. 「堰堤(언제)·堰埭(언태)」エン·せき 堰堤

언:[諺] 상말 언: 상말. 「俚諺(이언)·諺文(언문)·諺語(언어)·諺字(언자)·諺解(언해)」ゲン·ことわざ 諺文

언:간[諺簡] 언문 편지라는 뜻으로, 지난날, 한글로 쓴 편지를 얕잡아 이르던 말. 諺簡

언감생심[焉敢生心] '어찌 감히 그런 마음을 먹을 수 있으랴'의 뜻으로 쓰이는 말. 焉敢生心

언서언래[言去言來] ① 말이 가고 말이 온다는 뜻으로, 여러 말이 오고 감을 이르는 말. =설왕설래(說往說來)·언삼어사(言三語四). ② 말다툼. ② dispute 言去言來

언:건[偃蹇] ① 거만한 모양. ② 높이 솟은 모양. えんけん 偃蹇

① haughtiness ② towering
언경[言輕] 말이 경솔함. ↦언중(言重).
언과기실[言過其實] 말만 앞세우고 실행이 뒤따르지 못함.
언:교[諺敎] 언문(諺文)으로 쓴 왕비(王妃)의 교서(敎書).
언구[言句] 말의 구절. =어구(語句). げんく words
언근[言根] 소문이 나온 근원. 풍문의 출처. source of rumor
언근지원[言近旨遠] 말은 알아듣기 쉬우나 그 뜻은 깊고 오묘함.
언급[言及] 어떤 문제에 대하여 말함. げんきゅう reference
언:기식고[偃旗息鼓] 전쟁터에서 군기(軍旗)를 누이고 북을 쉰다는 뜻으로, 휴전(休戰)을 이르는 말. armistice
언단[言端] 말다툼을 일으키는 시초. 말꼬투리. slip of the tongue
언단[言壇] ① 여러 사람 앞에서 자기 생각을 발표하는 단. 또는 그 자리. ② ⇨언론계(言論界). ① platform
언더그라운드[underground] ① 비공식 또는 비합법적인 것. ② 상업성을 무시한 전위적(前衛的)·실험적 예술. アンダーグラウンド
언더스로[underhand throw] 야구에서, 팔을 어깨 아래에서 위로 올리면서 공을 던지는 방법(方法). アンダースロー
언더웨어[underwear] 속옷. アンダーウェア
언더파:[under par] 골프에서, 기준 타수인 파(par) 72 이하로 18홀을 일주(一周)하는 일. アンダーパー
언도[言渡] 선고(宣告)의 구용어. sentence
언동[言動] 말과 행동. =언행(言行). げんどう speech and conduct
언론[言論] 말이나 글로써 자기의 생각 따위를 발표하는 일. 또는 그 말이나 글. 「~자유(自由)」げんろん speech
언론계[言論界] 언론인들의 활동 분야. =언단(言壇). げんろんかい the press
언론인[言論人] 언론 활동을 하는 사람. journalist
언명[言明] 말로 의사나 태도를 분명히 밝힘. げんめい declaration
언모[言貌] 말씨와 용모. げんぼう voice and countenance
언문[言文] 말과 글. 「~일치(一致)」げんぶん the colloquial and the literary
언:문[諺文] 상말을 적는 글자라는 뜻으로, 지난날, 한문에 대하여 한글을 낮추어 이르던 말. おんもん・げんぶん Korean alphabet
언문 일치[言文一致] 실제로 쓰는 말과 글로 적은 말이 일치함. げんぶんいっち unity of speech and writing
언밸런스[unbalance] 불균형(不均衡). アンバランス
언변[言辯] 말솜씨. 말재주. =구변(口辯). oratorical skill
언비천리[言飛千里] 말이 천리를 난다는 뜻으로, 말이 빠르고도 멀리 퍼진다는 뜻. A word flies far and fast.
언사[言辭] 말. 말씨. げんじ words
언:사[彦士] 재덕이 뛰어난 선비.
언상약[言相約] 말로 맺은 약

속. 또는 말로 약속함. verbal promise

언:색호[堰塞湖] 화산 폭발·산사태 등으로 하천이 가로막혀 생긴 호수. =언지호(堰止湖)·폐색호(閉塞湖). えんそくこ dammed lake

언:서[諺書] 지난날, 한글로 쓴 책을 얕잡아 이르던 말.

언:석[偃席] 앉아서 몸을 기대는 방석. =안석(案席).

언설[言說] 말로 설명함. 또는 그 말. げんせつ statement

언성[言聲] 말소리. =어성(語聲). voice

언:식[偃息] 편안하게 누워서 쉼. えんそく comfortable repose

언:앙굴신[偃仰屈伸] 몸을 자유로이 움직임.

언약[言約] 말로 약속함. 또는 그 약속. 「사전(事前) ~」 verbal promise

언어[言語] 사람이 사상·감정·의지 등을 서로 전달하는 수단으로 쓰는 말이나 문자의 기호 체계. language

언어도단[言語道斷] 매우 심하거나 어이가 없거나 하여 말로써 나타낼 수가 없음.

언어 불통[言語不通] 말이 달라서 뜻이 서로 통하지 아니함. language difficulty

언어 지리학[言語地理學] 언어학의 한 분야. 언어의 지리적 분포를 조사하여 언어 지도를 만들어 언어의 변천·전파 등을 연구함. linguistic geography

언어학[言語學] 언어를 과학적으로 연구하는 학문. 문자(文字)·음운(音韻)·문법(文法)·어휘(語彙) 따위에 관하여 연구함. げんごがく linguistics

언:연[偃然] 거만스럽게 행동하는 모양. 「~한 자세(姿勢)」 impertinence

언왕설래[言往說來] 말이 오고 가고 한다는 뜻으로, 여러 말이 오고 감을 이르는 말. =설왕설래(說往說來)·언거언래(言去言來)

언외[言外] 말로 하지 않은 부분. 「~지의(之意)」 げんがい unexpressed

언:월[偃月] 반달. えんげつ half moon

언의[言議] 이러니 저러니 하는 논의나 소문. げんぎ

언재[言才] 말솜씨. 말재주. げんさい oratorical talent

언쟁[言爭] 말다툼. いいあらそい quarrel

언정이순[言正理順] 말하는 것이 정당하고 사리에 맞음.

언:제[堰堤] 물을 가두어 두거나 물길을 돌리거나 하기 위하여 하천이나 골짜기 따위에 쌓은 둑. =제언(堤堰). えんてい dam

언중[言中] 말 가운데. 「~유언(有言)」 in words

언중[言重] 말을 신중히 함. 입이 무거움. ↔언경(言輕).

언중[言衆] 같은 언어를 쓰는 뭇 사람.

언중유골[言中有骨] 말 속에 뼈가 있다는 뜻으로, 예사로운 말 같으나 남의 마음을 찌르는 데가 있음을 이르는 말. implications in a remark

언중유언[言中有言] 말 속에 말이 있다는 뜻으로, 예사로운 말 속에 어떤 암시나 풍자가 숨어 있음을 이르는 말.

언중지의[言中之意] 말에 담긴 뜻. implication

언질[言質] 나중에 증거가 될 말. 「~을 주다」げんち・げんしつ   pledge

언참[言讖] 닥쳐올 일을 맞추어 예언하는 말.

언책[言責] ① 지난날, 언관(言官)의 책임을 이르던 말. ② 말로 하는 책망. げんせき ① responsibility for one's words ② verbal reprimand

언컷[uncut] ① 제본에서, 도련(刀鍊)하지 않은 책. ② 검열 이전의 인쇄물 또는 영화 필름. アンカット

언파[言罷] 말을 마침.

언필칭[言必稱] 말할 때마다 이르기를. as one always says

언하[言下] 말이 끝나자마자. 말이 떨어진 그 즉시. げんか

언:해[諺解] 한문을 우리말로 풀이함. 또는 그 책. Korean annotation of Chinese classics

언행[言行] 말과 행실. =언동(言動). 「~일치(一致)」げんこう   words and deeds

인힐[言詰] 말로 따지고 비난함.   reproach

얼[孼] 첩의 자식 얼: 첩의 자식. 「孼子(얼자)・孼孫(얼손)」ゲツ

얼자[孼子] 첩에게서 난 자식. =서자(庶子).   by-blow

엄:[奄] 문득 엄: 문득. 갑자기. 「奄忽(엄홀)」エン

엄:[淹] ① 빠질 엄: 빠지다. 적시다. 젖다. 「淹沒(엄몰)」② 오래 머물 엄: 오래 머물다. 「淹久(엄구)・淹留(엄류)」③ 넓을 엄: 넓다. 「淹通(엄통)」エン

엄:[掩] ① 덮을 엄: 덮다. 「掩匿(엄닉)・掩蔽(엄폐)」② 막을 엄: 막다. 「掩耳(엄이)」③ 덮칠 엄: 덮치다. 「掩埋(엄매)・掩襲(엄습)」エン ① おおう

엄[嚴]* ① 엄할 엄: 엄하다. 엄숙하다. 「嚴格(엄격)・嚴罰(엄벌)・嚴戒(엄계)・嚴治(엄치)」② 매서울 엄: 매섭다. 「嚴寒(엄한)・嚴冬(엄동)」ゲン・ゴン ① おごそか ② きびしい

엄:[儼] 의젓할 엄: 의젓하다. 엄전하다. 「儼恪(엄각)・儼然(엄연)・儼雅(엄아)・儼乎(엄호)」ゲン・うやうやしい・おごそか

엄:개[掩蓋] 참호나 방공호(防空壕) 따위의 위를 덮는 물건. えんがい   cover

엄:격[掩擊] 갑자기 습격함. =엄습(掩襲). えんげき   sudden attack

엄격[嚴格] 태도・규율 따위가 엄숙하고 철저함. =엄준(嚴峻). 「~한 규율(規律)」げんかく   severity

엄견[嚴譴] 엄하게 꾸짖음. 또는 그 꾸중. =엄책(嚴責). げんけん   severe rebuke

엄계[嚴戒] 심중하게 경계함. 또는 그 경계. げんかい   strict watch

엄교[嚴敎] ① 엄격한 가르침. ② 남의 가르침에 대한 경칭. げんきょう ① strict teaching

엄군[嚴君] 자기의 아버지를 이르는 말. =엄친(嚴親). げんくん   my father

엄금[嚴禁] 엄하게 막아 못하게 함. =절금(切禁). 「출입(出入)~」げんきん   strict prohibition

엄:닉[掩匿] 덮어서 숨김. =엄폐(掩蔽).   covering

엄단[嚴斷] 엄중히 처단함.   severe punishment

엄달[嚴達] 엄중하게 시달(示達)함. げんたつ 嚴達
giving strict instructions

엄담[嚴談] 엄격히 담판함. 또는 그 담판. げんだん 嚴談
strict negotiation

엄독[嚴督] ① 엄중히 감독함. 또는 그 감독. ② 몹시 독촉함. 또는 그 독촉. ① strict supervision ② severe urging 嚴督

엄동[嚴冬] 몹시 추운 겨울. ↔ 성하(盛夏). げんとう 嚴冬
hard winter

엄령[嚴令] 엄하게 명령함. 또는 그 명령. =엄명(嚴命). げんれい 嚴令
strict order

엄:명[嚴明] 엄격하고 공명(公明)함. げんめい 嚴明

엄명[嚴命] 엄하게 명령함. 또는 그 명령. =엄령(嚴令). げんめい 嚴命
strict order

엄:몰[淹沒] 배 따위가 물 속에 가라앉음. =침몰(沈沒). 淹沒
sinking

엄밀[嚴密] 빈틈없이 엄하고 세밀함. げんみつ strictness 嚴密

엄버[umber] 천연(天然)의 갈색 안료. 도료나 그림 물감의 원료로 쓰임. アンバー 天然

엄벌[嚴罰] 엄하게 벌을 줌. 또는 그 벌. =엄단(嚴斷). げんばつ severe punishment 嚴罰

엄:법[罨法] 환부(患部)를 찜질하는 요법. あんぽう 罨法
fomentation

엄법[嚴法] 엄격한 법이나 규범. げんぽう strict law 嚴法

엄봉[嚴封] 단단히 봉함. げんぷう hermetic seal 嚴封

엄부[嚴父] 엄한 아버지. ↔자모(慈母). げんぷ strict father 嚴父

엄비[嚴祕] 엄중한 비밀. =극비(極祕). げんぴ strict secret 嚴祕

엄사[嚴師] 엄한 스승. 嚴師
strict teacher

엄:살[掩殺] 갑자기 들이쳐서 죽임. 掩殺

엄서[嚴暑] 몹시 심한 더위. =혹서(酷暑). ↔엄한(嚴寒). げんしょ severe heat 嚴暑

엄선[嚴選] 엄하게 가려 뽑음. げんせん careful selection 嚴選

엄수[嚴守] 어김없이 꼭 지킴. 「비밀(祕密)~」げんしゅ strict observance 嚴守

엄숙[嚴肅] ① 장엄하고 정숙함. 「~한 분위기」② 위엄이 있고 정중함. げんしゅく 嚴肅
① solemnity ② majesty

엄:습[掩襲] 갑자기 습격함. =엄격(掩擊). えんしゅう 掩襲
sudden attack

엄시하[嚴侍下] 부모 중 아버지만 살아 계시는 처지. 또는 그런 처지의 사람. ↔자시하(慈侍下). 嚴侍下

엄:아[淹雅] 학식이 넓고 인품이 고아(高雅)함. 淹雅

엄연[儼然] 어떤 사실 따위가 누구도 부인할 수 없게 매우 뚜렷함. げんぜん 儼然

엄:읍[掩泣] 얼굴을 가리고 욺. 掩泣

엄:이[掩耳] 귀를 막고 듣지 않으려고 함. 掩耳

엄전[嚴全] 태도가 근엄하고 점잖음. majesty 嚴全

엄정[嚴正] 엄격하고 정당함. 「~중립(中立)」げんせい 嚴正中立

엄:존[儼存] 엄연히 존재함. げんそん・げんぞん 儼存
real existence

엄준[嚴峻] 엄하고 철저함. =엄격(嚴格). げんしゅん 嚴峻
strictness

엄중[嚴重] 엄격하고 진중함. 몹시 엄함. 「~ 단속(團束)」嚴重團束

엄징[嚴懲] 엄하게 징벌함. げんじゅう severe punishment

엄책[嚴責] 엄하게 꾸짖음. 또는 그 꾸중. =엄견(嚴譴). げんせき severe rebuke

엄처시하[嚴妻侍下] 아내에게 쥐어 사는 남자를 조롱하는 말. henpecked husband

엄:체[掩滯] ①오래 지체함. ②재능을 가지고도 빛을 보지 못하고 묻혀 있음. えんたい

엄치[嚴治] ①엄하게 다스림. ②엄하게 처벌함. =중치(重治). ① strict administration ② severe punishment

엄친[嚴親] 자기의 아버지를 이르는 말. =엄군(嚴君). ↔자친(慈親). げんしん my father

엄탐[嚴探] 엄밀하게 탐색함. 샅샅이 찾아봄. げんたん strict search

엄:폐[掩蔽] ①안 보이게 가리거나 숨김. =엄닉(掩匿). 「~물(物)」 ②달이 항성·행성 등을 가리는 일. えんぺい ① covering

엄한[嚴寒] 몹시 심한 추위. =혹한(酷寒). ↔엄서(嚴暑). げんかん intense cold

엄형[嚴刑] 엄한 형벌을 내림. 또는 엄한 형벌. =중형(重刑). げんけい severe punishment

엄:호[掩護] ①덮거나 가리어 보호함. ②적의 공격으로부터 자기편을 보호하는 일. 「~사격(射擊)」 えんご ① covering ② protection

엄혹[嚴酷] 엄하고 혹독함. げんこく severity

엄훈[嚴訓] 엄중한 훈계. げんくん strict instruction

업[業]* 업 업: 업. 일하다. 「業務(업무)·業種(업종)·職業(직업)·工業(공업)·從業(종업)·業主(업주)·業報(업보)·創業(창업)·業冤(업원)」 ゴウ·ギョウ

업계[業界] 어떤 업종(業種)의 사람들이 활동하는 분야. ぎょうかい business world

업고[業苦] 불교에서, 전생에 악한 짓을 한 갚음으로 받는다는 고통.

업과[業果] 불교에서, 전생(前生)에서 한 일에 대한 갚음. =업보(業報). ごうか karma effects

업라이트피아노 [upright piano] 현(絃)을 세로로 친 직립형(直立形)의 피아노. アップライトピアノ

업무[業務] 직업이나 생업으로 하는 일. 「~ 방해(妨害)」 ぎょうむ business

업병[業病] 불교에서, 전생(前生)의 악업(惡業)으로 말미암아 앓는 병. ごうびょう

업보[業報] 불교에서, 전생에 착한 일이나 악한 짓을 한 데 대한 갚음. =업과(業果). ごうほう karma effects

업스타일 [up style] 머리카락을 위로 치켜올리어 마무르는, 여자의 머리 꾸밈새의 하나. アップスタイル

업원[業冤] 불교에서, 전생에서 지은 죄로 말미암아 이승에서 받는다는 고통. =업고(業苦).

업자[業者] 어떤 사업을 직접 경영하는 사람. ぎょうしゃ trader

업적[業績] 어떤 일을 하여 이루어 낸 결과. ぎょうせき results

업종[業種] 사업의 종류. 직업

의 구분. ぎょうしゅ category of business

업주[業主] 사업체의 경영주. = 영업주(營業主). きょうしゅ industrialist

업체[業體] 사업체(事業體)・기업체(企業體)의 준말. ぎょうたい

업태[業態] 영업이나 기업의 체제 또는 상태. ぎょうたい business condition

업화[業火] 불교에서, 이승에서 지은 악업(惡業)에 대한 갚음으로 괴로움을 받는다는, 지옥의 맹렬한 불. ごうか hellfire

에고이스트[egoist] 이기주의자. エゴイスト

에고이즘[egoism] 이기주의(利己主義). エゴイズム

에나멜[enamel] 법랑(琺瑯). エナメル

에너지[energy] ①물체가 물리적인 일을 할 수 있는 능력. ②일을 할 수 있는 기력. 정력(精力).

에네르지코[이 energico] 악보에서, '힘차게'의 뜻.

에덴[Eden] 기독교에서, 인류의 시조인 아담과 이브가 죄 짓기 전에 살았다는 낙원(樂園). エデン

에델바이스[독 Edelweiss] 국화과의 다년생 고산(高山) 식물. 높이 10~20cm이고, 전체가 흰 솜털로 덮여 있으며, 줄기 끝에 흰 꽃이 핌. エデルワイス

에러[error] ①실책. ②야구에서, 잡을 수 있는 타구(打球)나 송구(送球)를 잡지 못해 주자를 살게 하는 일. ③컴퓨터에서, 오류. エラー

에렙신[erepsin] 장액(腸液)에서 분비되는 단백질 분해(分解) 효소. 펩톤이나 폴리펩티드를 다시 아미노산으로 분해함. エレプシン

에로스[Eros] ①그리스 신화에서, 사랑의 신. ②철학에서, 이데아(idea)를 동경하는 사랑. ③성적(性的)인 사랑. ④화성과 목성 사이에 있는 소행성(小行星). エロス

에로티시즘[eroticism] 문학・미술 등의 예술에서, 성적(性的) 요소나 분위기를 강조하는 경향. エロチシズム

에로틱[erotic] 선정적(煽情的). 색정적(色情的). エロチック

에르고스테롤[ergosterol] 자외선(紫外線)을 쐬면 비타민 D_2로 변하는 물질.

에르그[erg] 일의 단위. 1에르그는 1다인(dyne)의 힘이 물체에 작용(作用)해, 그 힘의 방향으로 물체를 1cm 움직이는 일의 양. エルグ

에르븀[erbium] 희토류(稀土類) 원소의 한 가지. 회색 분말로 산(酸)에 녹음. 원소 기호는 Er. エルビウム

에르스텟[oersted] 자장(磁場)의 세기를 나타내는 단위. 기호는 Oe. エルステッド

에머리[emery] 강옥(鋼玉)의 한 가지. 자철광・적철광・석영 등이 섞여 있음. エメリー

에메랄드[emerald] 녹색의 광택이 있는 보석. 취옥(翠玉). エメラルド

에뮤[emu] 에뮤과의 새. 오스트레일리아 특산종(特産種)으로, 타조와 비슷함.

에뮬레이션[emulation] 다른 컴퓨터의 기계어(機械語) 명령대로 실행할 수 있는 기능·프로그램.

에보나이트[ebonite] 경화(硬化) 고무. エボナイト

에세이[essay] 수필(隨筆). エッセイ

에센스[essence] 본질(本質). 정수(精髓). エッセンス

에스카르고[프 escargot] 프랑스 요리에 쓰이는 식용(食用) 달팽이. エスカルゴ

에스컬레이터[escalator] 사람을 위 아래층으로 운반하는 계단(階段) 모양의 장치. 자동 계단. エスカレーター

에스코트[escort] 호위(護衛). 호송. エスコート

에스키모[Eskimo] 북극해 연안에 사는 어로(漁撈)·수렵 인종. エスキモー

에스테라아제[esterase] 에스테르(ester)를 산(酸)과 알코올로 분해하는 효소의 총칭. エステラーゼ

에스테르[ester] 알코올 또는 페놀이 산과 반응하여 탈수(脫水) 반응에 의해 생기는 화합물의 총칭. エステル

에스트로겐[estrogen] 발정(發情)을 촉진하는 여성 호르몬의 하나. エストロゲン

에스트론[Estron] 초산 섬유 계통의 인조 견사(人造絹絲)의 상표명. エストロン

에스트론[estrone] 에스트로겐의 한 가지. 임신부의 오줌에 많이 함유(含有)되어 있음. エストロン

에스페란토[Esperanto] 폴란드의 안과 의사 자멘호프가 창안한 국제 보조어(補助語). エスペラント

에스프레시보[이 espressivo] 악보에서, '표정(表情)을 풍부하게'의 뜻.

에스프리[프 esprit] ① 정신. ② 재기(才氣). 기지(機智). エスプリ

에스프리누보[프 esprit nouveau] '새로운 정신'의 뜻. 제1차 세계 대전 후 프랑스에서 일어난 예술 혁신 운동의 한 가지. エスプリヌボー

에어데일테리어[Airedale terrier] 영국 원산(原産)의 개의 한 품종. エアデールテリア

에어라인[airline] ① 항공 노선(航空路線). ② 항공 회사. エアライン

에어로그램[aerogram] 외국으로 보내는 항공 우편용 봉함 엽서(封緘葉書). エアログラム

에어로빅댄스[aerobic dance] 에어로빅스 건강법을 응용한 미용 체조(美容體操)의 한 가지.

에어로빅스[aerobics] 체내에 많은 양의 산소를 공급하여 심장과 폐의 활동을 자극하는 운동·건강법. 유산소(有酸素) 운동. エアロビクス

에어로졸[aerosol] ① 공기 중에 떠다니는 고체 또는 액체의 미립자(微粒子). ② 밀폐 용기에 액화 가스와 함께 넣어 가스의 압력으로 뿜어 내는 약품. エアゾール

에어메일[airmail] 항공 우편(航空郵便). エアメール

에어백[air bag] 자동차가 충돌(衝突)할 때, 순간적으로 부풀어서 탑승자를 보호하는 공기 주머니. エアバッグ

에어버스[airbus] 단·중거리용의 대량 수송용(大量輸送用) 제트 여객기. エアバス

에어브레이크[air brake] 압축 공기(壓縮空氣)를 이용한 브레이크. 공기 제동기(空氣制動機). エアブレーキ

에어커ː튼[air curtain] 냉난방 장치가 있는 건물의 출입구에 외기(外氣)나 먼지 등이 들어오는 것을 막기 위해 위에서 아래로 흘려 보내는 공기의 벽. エアカーテン

에어컨디셔너[air conditioner] 실내 공기의 온도나 습도를 필요한 상태로 조절(調節)하는 장치. 에어컨. エアコン

에어컴프레서[air compressor] 공기 압축기(空氣壓縮機). エアコンプレッサー

에어쿠션[air cushion] ① 공기를 넣어 푹신하게 만든 방석·베개 따위. ② 공기가 압축되었을 때의 탄력을 이용한 완충(緩衝) 장치. エアクッション

에어클리ː너[air cleaner] 공기 중의 먼지·세균 따위를 제거하는 장치. 공기 청정기(空氣淸淨機). エアクリーナー

에어포켓[air pocket] 비행 중에 항공기의 양력이 감소되는 하강 기류(下降氣流) 구역. エアポケット

에오세(世)[Eocene Epoch] 지질 시대 신생대(新生代) 제 3기를 다섯으로 나눈 둘째의 시기.

에오신[eosin] 세포질 염색에 쓰이는 선홍색의 산성 염료(染料). エオシン

에이스[ace] ① 일(一). 트럼프·주사위의 한 끗. ② 제일인자. 또는 최우수 선수. ③ 테니스에서, 서브로 얻은 한 점. ④ 야구에서, 팀의 주전(主戰) 투수. エース

에이전시[agency] ① 대리업(代理業). 대리점. ② 광고 대행업자. エージェンシー

에이전트[agent] 대리인. 지배인(支配人). エージェント

에이치봄[H-bomb] 수소 폭탄(水素爆彈).

에이치아워[H hour] 공격 등 특정한 작전(作戰)을 개시하려는 시각.

에이커[acre] 면적(面積)의 단위. 1에이커는 4,047m².

에이트[eight] ① 조정(漕艇) 경기에서, 8인조 경기용 보트. 또는 그 경기. ② 럭비에서, 포드 8명으로 스크럼을 짜는 일. エイト

에이프런[apron] 서양식 앞치마나 턱받이. エプロン

에인절피시[angelfish] 남아메리카 북부 원산의 열대어(熱帶魚)의 한 가지. エンゼルフィッシュ

에칭[etching] 동판 위에 밀랍을 칠하고 날카로운 도구로 긁어 그림을 그린 뒤 산에 넣어 부식시키는 인쇄술. 또는 그것으로 된 인쇄물. 부식 동판(腐蝕銅板). エッチング

에코ː[Echo] 그리스 신화에 나오는 숲의 요정(妖精). エコー

에코ː[echo] 메아리. エコー

에콜드파리[프 École de Paris] 제1차 세계 대전 후부터 제2차 세계 대전 전까지 파리로 이주(移住)하여 온 외국인 화가들을 이르는 말.

에타[eta, η] 그리스 자모(字母)의 일곱째 글자.

에탄[ethane] 메탄계 탄화수소의 한 가지. 천연 가스나 석탄 가스에 들어 있는 무색·

무취(無臭)의 기체. エタン

에탄올[ethanol] 술의 주성분인 무색 투명한 액체. 에틸알코올. エタノール

에:테르[ether] ①빛이나 전파를 전하는 매질(媒質)로서, 전 우주에 가득 차 있다고 생각되어 왔던 물질. ②2개의 탄화수소기(炭化水素基)가 산소 원자에 의하여 결합된 구조를 가진 유기 화합물의 총칭. ③에탄올에 진한 황산을 더하여 증류(蒸溜)해서 만든 무색의 액체. 에틸에테르. エーテル

에:토스[그 ethos] 민족적·사회적인, 인간의 지속적인 성격이나 관습. エトス

에튀드[프 étude] 기악 연습용으로 작곡한 악곡(樂曲). エチュード

에티켓[프 étiquette] 예의. 예법(禮法). エチケット

에틸렌[ethylene] 가장 간단한 구조를 가진 에틸렌계 탄화수소의 한 가지. 에탄올에 진한 황산(黃酸)을 넣어 가역하여 얻음. エチレン

에틸알코올[ethyl alcohol] ⇨ 에탄올. エチルアルコール

에페[프 épée] 펜싱 종목(種目)의 한 가지. 또는 그 경기에 쓰이는 검. エペ

에페드린[ephedrine] 마황(麻黃)에 함유된 알칼로이드. 감기·천식 등에 약재로 쓰임. エフェドリン

에피그램[epigram] 기지(機智)·풍자가 풍부한 짧은 글이나 시. 경구(警句). エピグラム

에피소:드[episode] ①이야기나 사건 등의 줄거리 사이에 끼인 짧은 이야기. 삽화(挿話). ②음악에서, 악곡의 2개의 주부(主部) 사이에 삽입된 부분. 삽입구(挿入句). エピソード

에필로그[epilogue] ①시나 소설 따위의 종결부. ②연극에서, 극의 끝머리에 덧붙이는 대사나 장면. ③음악에서, 곡의 끝에 종결(終結)로서 붙여지는 부분. エピローグ

엑스레이[X ray] 고속의 전자가 장벽에 부딪힐 때 생기는, 파장이 짧은 전자기파(電磁氣波). 독일의 뢴트겐이 발견함.

엑스커베이터[excavator] 굴착기(掘鑿機)의 한 가지.

엑스터시[ecstasy] 무아경(無我境). 황홀. エクスタシー

엑스트라[extra] 영화 촬영 때에 단역(端役)을 하는, 임시로 고용된 배우.

엔도르핀[endorphin] 뇌(腦)·뇌하수체 등에 들어 있는, 모르핀과 같은 진통(鎭痛) 효과를 갖는 물질의 총칭.

엔드라인[end line] 테니스·배구·농구 등에서, 코트의 짧은 구획선(區劃線). エンドライン

엔실리지[ensilage] 목초·옥수수 등을 사일로(silo)에 채워 젖산 발효시킨 사료(飼料). エンシレージ

엔지니어[engineer] 기계·전기·토목·건축(建築) 등의 기술자. エンジニア

엔지니어링[engineering] 공학(工學). エンジニアリング

엔진[engine] 기관. 원동기(原動機). エンジン

엔진브레이크[engine brake] 기관 제동(機關制動). エンジンブレーキ

엔타시스[entasis] 기둥의 중배가 약간 부르도록 한 건축양식(樣式). エンタシス 樣式

엔트리[entry] ①경기·경연 등의 참가 등록. 또는 참가자 명부(名簿). ②사전의 표제어. エントリー 競技 登錄

엘니뇨[에 El Niño] 크리스마스 무렵에 남아메리카 서해안을 따라 흐르는 차가운 페루해류에 갑자기 이상 난류(異常暖流)가 흘러드는 현상. エルニーニョ 異常 暖流

엘도라도[에 El Dorado] 16세기의 탐험가들이 남아메리카의 아마존강 상류에 있다고 상상했던 황금(黃金)의 땅. エルドラード 黃金

엘라스틴[elastin] 탄성(彈性) 섬유로 이루어진 단백질의 한가지. 동물의 결합 조직 따위에 들어 있음. エラスチン 彈性

엘레간테[이 elegante] 악보에서, '우아하게'의 뜻. 優雅

엘레지[elegy] 비가(悲歌). 만가(輓歌). 애가(哀歌). エレジー 悲歌

엘렉트라콤플렉스[Electra complex] 딸이 무의식적으로 아버지를 따르고 동성(同性)인 어머니에게 반감을 가지는 심리적 경향. 同性

엘리베이터[elevator] 승강기(昇降機). エレベーター 昇降機

엘리트[프 élite] 어떤 사회에서 우수한 능력이 있다고 인정된 사람. 또는 사회저으로 지도적인 위치에 있는 소수의 사람. 선량(選良). エリート 選良

엠바고[embargo] 국제법상, 자국(自國)의 항구에 들어와 있는 외국 선박을 억류하는 일. 선박 억류. エンバーゴ 自國

엠보싱[embossing] 종이나 피륙 따위의 표면에 열과 압력(壓力)을 주어 올록볼록한 모양을 만드는 일. 壓力

엠파이어클로스[empire cloth] 면포(綿布)에 절연 니스를 발라 말린 절연(絶緣) 유포(油布). 綿布

엡실론[epsilon, ε] 그리스 자모의 다섯째 글자. 字母

여[予]☆ ①나 여:나. 「予一人(여일인)·予小子(여소자)」 ②줄 여:주다. 「予告(여고)·予奪(여탈)」 ③"豫"의 略字로도 쓰임. ヨ ①われ 予告

여[如]* 같을 여:같다. 「如此(여차)·如斯(여사)·如一(여일)·如上(여상)·如前(여전)」 ジョ·ニョ·ごとし 如此

여:[汝]* 너 여:너. 「汝等(여등)·汝輩(여배)·汝曹(여조)」 ジョ·ニョ·なんじ 汝曹

여[余]* ①나 여:나. 「余等(여등)·余輩(여배)」②"餘"의 略字로도 쓰임. ヨ ①われ 余輩

여[與]* ①더불어 여:더불어. 「與野(여야)·與黨(여당)·與民(여민)·關與(관여)」②줄 여:주다. 「與奪(여탈)·授與(수여)·給與(급여)·貸與(대여)·賦與(부여)」ヨ 與民

여[餘]* 남을 여:나머지. 남다. 「餘地(여지)·餘力(여력)·餘分(여분)·餘德(여덕)·餘命(여명)」ヨ·あまる 餘力

여:[輿]☆ 수레 여:수레. 「輿輦(여련)·輿駕(여가)」ヨ·こし 輿輦

여가[閭家] 일반 백성의 살림집. 여염집. ordinary home 閭家

여가[餘暇] 겨를. 틈. 「~선용(善用)」よか leisure 餘暇

여간[如干] 보통으로. 어지간하게. normally 如干

여감[女監] 여자 죄수를 가두는 감방. =여감방(女監房). じょかん prison cell for females

여감[女鑑] 여자의 본보기가 될 만한 표준. じょかん

여객[旅客] 여행하는 사람. 「~선(船)」 りょかく・りょきゃく traveler

여객기[旅客機] 여객을 태워 나르는 비행기. りょかくき passenger plane

여:건[與件] 주어진 조건. よけん given condition

여걸[女傑] 성격이 활달하고 사회적인 활동이 왕성한 여자. =여장부(女丈夫). じょけつ heroine

여견심폐[如見心肺] 폐와 간을 들여다보는 것과 같다는 뜻으로, 남의 마음 속을 꿰뚫어 보듯이 훤히 앎을 이르는 말. =여견폐간(如見肺肝).

여경[女警] 여자 경찰관. policewoman

여경[餘慶] 남에게 좋은 일을 한 보람으로 그 자손이 받는 경사. ↔여앙(餘殃). 「필유(必有)~」よけい

여계[女系] ⇨모계(母系). ↔남계(男系). じょけい

여고[旅苦] 여행에서 겪는 괴로움.

여곡[餘穀] 양식으로 쓰고 남는 곡식. extra grains

여공[女工] ① 여자 직공. ↔남공(男工). ② 여자가 하는 일. 길쌈 따위. =여공(女功). じょこう ① factory girl

여공불급[如恐不及] 시키는 대로 되지 않을까 하여 염려하고 두려워함.

여과[濾過] 액체나 기체를 걸러 냄. 「~장치(裝置)」ろか filtration

여관[女官] 궁중에서 왕이나 왕비를 가까이 모시던 여자. =궁녀(宮女)·나인(內人). にょかん・にょうかん court lady

여관[旅館] 여객을 묵게 하는 일을 영업으로 하는 집. =여사(旅舍). りょかん hotel

여광[餘光] ① 해나 달이 진 뒤에 남는 은은한 빛. ② ⇨여덕(餘德). よこう ① afterglow

여광여취[如狂如醉] 미친 것 같기도 하고 취한 것 같기도 함. =여취여광(如醉如狂).

여:광판[濾光板] 빛을 파장에 따라 선택적으로 투과시키는 작용을 하는 유리. 필터. ろこうばん filter

여구[如舊] 전과 다름이 없음. 옛날과 같음. =여전(如前). being as before

여구[旅具] 여행할 때 쓰는 용구. kit

여:국[與國] 서로 돕는 관계에 있는 나라. =동맹국(同盟國). よこく allied nation

여군[女軍] ① 여자 군인. ② 여자로 이루어진 군대. じょぐん ① woman soldier

여권[女權] 여자의 사회적·법률적·정치적인 권리. 「~신장(伸張)」じょけん women's rights

여권[旅券] 국가가 외국에 여행하는 사람의 국적·신분을 증명하고, 상대국에게 편의나 보호를 의뢰하는 공문서. りょけん passport

여:귀[厲鬼] ① 제사를 못 받는 귀신. ② 못된 전염병으로 죽은 귀신. れいき

여:기[厲氣] 못된 돌림병을 일

으키는 기운. れいき miasma
여기[餘技] 전문으로 하는 일 餘技
외의 기술이나 재간. よぎ
       hobby
여난[女難] 여색(女色)으로 말 女難
미암은 환난(患難). =여화(女
禍). じょなん
    troubles with women
여년[餘年] 죽을 때까지의 나 餘年
머지 세월. =여생(餘生). よ
ねん one's remaining years
여념[餘念] 다른 생각. よねん 餘念
      distraction
여단[旅團] 군대 편성의 한 단 旅團
위. 보통 2개 연대로 편성됨.
りょだん   brigade
여단수족[如斷手足] 손발이 잘 如斷
린 것과 같다는 뜻으로, 요긴 手足
한 사람이나 물건이 없어져
몹시 아쉬움을 이르는 말.
   absolute lonesomeness
여담[餘談] 화제의 본줄기와 餘談
그리 관계가 없는 이야기. よ
だん   by-talk
여:당[與黨] 정당 정치에서, 정 與黨
권을 잡고 있는 정당. ↔야당
(野黨). よとう party in power
여당[餘黨] 패하거나 망하고 남 餘黨
은 무리. =잔당(殘黨)·여류 餘流
(餘流). よとう
  remnants of a defeated party
여대[女大] 여자 대학(女子大學) 女大
을 줄여 이르는 말.
여대[麗代] 고려 시대(高麗時代) 麗代
를 줄여 이르는 말.
여덕[女德] 여자로서 마땅히 갖 女德
추어야 할 도덕.
    woman's virtue
여덕[餘德] ① 뒷날까지 남아 있 餘德
는 은덕이나 덕택. ② 큰 은택
(恩澤). =여광(餘光). よとく
 ① influence of great virtues
여독[旅毒] 여행으로 말미암은 旅毒
피로. sickness from the
fatigue of travel
여독[餘毒] ① 채 가시지 않고 餘毒
남아 있는 독기. ② 뒤에까지
남은 해로운 요소. よどく ①
lingering poison ② lingering
fatigue
여득천금[如得千金] 천금을 얻 如得
은 것 같다는 뜻으로, 마음에 千金
흡족하게 여김을 뜻하는 말.
    great satisfaction
여:등[汝等] 너희들. 그대들. 汝等
=이등(爾等). なんじら you
여랑[女郎] 남자와 같은 재주 女郎
나 기질을 가진 여자.
    mannish woman
여랑[←女娘] 젊은 여자. 女娘
    young woman
여래[如來] 부처를 달리 이르 如來
는 말. 「석가모니(釋迦牟尼) 釋迦
~」「아미타(阿彌陀)~」にょ
らい   Buddha
여:력[膂力] ① ⇨완력(腕力). 膂力
② 근육의 힘. りょりょく
   ② physical strength
여력[餘力] 어떤 일을 하고도 餘力
남은 힘. 남은 정력(精力)이
나 남은 재력(財力). よりょく 財力
    remaining power
여로[旅路] 여행의 길. 나그네 旅路
길. =객로(客路). たびじ
      journey
여록[餘錄] 주된 기록 이외의 餘錄
기록. よろく additional record
여론[餘論] 중심이 되는 논의를 餘論
끝낸 뒤의 나머지 논의. よろん
 complementary discussion
여:론[輿論] 사회의 여러 사람 輿論
의 공통된 의견. =세론(世論) 世論
·공론(公論). よろん
    public opinion
여류[女流] 직업이나 기예 등 女流
을 나타내는 명사 앞에 쓰이

여류[餘流] ① 강이나 내의 원 줄기에서 갈라진 흐름. ② 주되는 사조 외의 사조(思潮). ↔주류(主流). よりゅう
secondary trend

여리박빙[如履薄氷] 살얼음을 밟는 것과 같다는 뜻으로, 몹시 위태로움을 이르는 말.
being extremely dangerous

여:막[廬幕] 궤연(几筵) 옆이나 무덤 가까이에 짓고 상제(喪制)가 거처하는 초막(草幕).

여말[麗末] 고려의 말기.

여망[餘望] ① 남은 희망. ② 앞날의 희망. よぼう
① remaining hope ② future hope

여:망[輿望] 여러 사람의 기대. =중망(衆望). よぼう
popularity

여맥[餘脈] ① 남아 있는 맥박. ② 넝맥인 남은 세력.

여명[黎明] ① 희미하게 밝아 오는 새벽. ② 새로운 일이 시작되려 하는 일. 또는 그러한 때를 비유하여 이르는 말. れいめい
① dawn

여명[餘命] 앞으로 남아 있는 목숨. よめい
remainder of one's life

여무[女舞] 여자가 추는 춤. ↔남무(男舞). woman's dance

여무가론[餘無可論] 이미 대강이 결정되어 나머지는 논의할 필요가 없음.

여무족관[餘無足觀] 나머지는 볼 만한 것이 없음.

여묵[餘墨] ① 글씨를 다 쓰고 남은 먹물. ② 글 따위를 다 쓰고 난 다음에 덧붙이는 글. =여적(餘滴).

여물[餘物] 나머지 물건. leftover

여:민동락[與民同樂] 임금이 백성과 즐거움을 같이함. =여민해락(與民偕樂).

여반장[如反掌] 손바닥을 뒤집는 것과 같다는 뜻으로, 매우 쉬운 일을 비유하여 이르는 말. being as easy as turning one's hand

여발통치[如拔痛齒] 앓던 이가 빠진 것 같다는 뜻으로, 근심 따위가 사라져 시원하다는 말.

여배우[女俳優] 여자 배우. ⓒ 여우(女優). actress

여백[餘白] 글씨나 그림이 있는 한 면에서 글씨나 그림이 없는 빈 부분. よはく
space

여법[如法] ① 법에 맞음. =합법(合法). ② 불교에서, 부처의 가르침에 맞음. にょほう
① legality

여병[餘病] 어떤 병을 앓는 중에 겹쳐 는 나쁜 병. 합병증(合併症). よびょう
complication

여복[女卜] 여자 판수. 점치는 소경 여자.

여복[女服] ① 여자의 옷. ② 남자가 여자처럼 꾸민 차림새. =여장(女裝). ↔남복(男服).
① lady's costume ② disguising as a woman

여복[女福] 여자가 잘 따르는 복. =염복(艶福). good fortune in love with woman

여:부[與否] 그러함과 그렇지 아니함. 「가능성(可能性)~」 yes or no

여분[餘分] 나머지. よぶん

여분[餘憤] 아직 덜 가라앉은 분기(憤氣). よふん surplus / smoldering anger

여불비례[餘不備禮] 나머지는 예를 갖추지 못한다는 뜻으로, 한문투의 편지 끝에 쓰는 말. =여불비(餘不備).

여비[旅費] 여행에 드는 비용. =노자(路資)·노비(路費). りょひ traveling expenses

여사[女史] ① 사회적으로 이름이 있는 여자를 높여서 이르는 말. ② 결혼한 여자의 존칭. じょし ① learned woman ② Mrs.

여사[如斯] 이와 같음. =여차(如此)·여시(如是). being like this

여사[旅舍] 나그네가 쉴 수 있도록 방을 빌려 주는 영업집. =여관(旅館). りょしゃ inn

여사[餘事] ① 그리 긴요하지 않은 일. ② 다른 일. =타사(他事). よじ ① extra things ② other things

여사[麗史] 고려의 역사.

여사[麗辭] 고운 말씨. れいじ gentle way of speaking

여상[女相] 여자 얼굴같이 생긴 남자의 얼굴. ↔남상(男相). にょそう womanish features of a man

여색[女色] ① 여자의 자색(姿色). ② 여자와의 육체 관계. ↔남색(男色). じょしょく ① woman's beauty ② carnal pleasure with a woman

여색[餘色] ⇨보색(補色). よしょく

여색[麗色] ① 아름다운 빛이나 경치. ② 아름다운 얼굴빛. れいしょく ① splendid scenery ② fine looking face

여생[餘生] 앞으로 남은 삶. 얼마 남지 않은 인생. よせい rest of one's life

여서[女婿·女壻] 딸의 남편. 사위. じょせい husband for one's daughter

여:석[礪石] 칼이나 연장 따위를 갈아서 날을 세우는 데 쓰는 돌. 숫돌. whetstone

여성[女性] 암 성(性)을 가진 사람. ↔남성(男性). じょせい woman

여성[女聲] 여자의 목소리. ↔남성(男聲). じょせい female voice

여세[餘勢] 남은 세력이나 기세. よせい superfluous energy

여:세추이[與世推移] 세상이 변하는 대로 따라감. =여세부침(與世浮沈). following the current

여손[女孫] 아들의 딸. =손녀(孫女). ↔남손(男孫). granddaughter

여송연[呂宋煙] 필리핀의 루손섬에서 나는 엽궐련. 일반적으로 엽궐련을 이르기도 함. cigar

여수[女囚] 여자 죄수. =여도(女徒). ↔남수(男囚). じょしゅう female prisoner

여수[旅愁] 객지에서 느끼는 쓸쓸한 심정. =객수(客愁). りょしゅう loneliness on a journey

여:수[與受] 주고받음. =수수(授受). giving and receiving

여수[餘數] 나머지 수효. 남은 수. よすう remainder

여:수동죄[與受同罪] 장물을 주는 일이나 받는 일이나 죄가 같음.

여수투수[如水投水] 물에 물을

탄 것 같다는 뜻으로, 흐리멍 덩하고 철저하지 못하다는 말. vagueness

여승[女僧] 여자 중. =이승(尼僧). ↔남승(男僧). にょそう Buddhist nun

여시[如是] 이와 같음. =여차(如此)·여사(如斯). にょぜ being like this

여식[女息] 딸자식. 딸. daughter

여신[女神] 여성(女性)인 신. じょしん·めがみ goddess

여:신[與信] 금융 기관에서 고객에게 돈을 빌려 주는 일. ↔수신(受信). 「~ 업무(業務)」 credit

여신[餘燼] ① 타고 남은 불 기운. ② 무슨 일이 끝난 뒤에도 남아 있는 것이나 영향. よじん ① embers

여실[如實] 사실과 꼭 같음. にょじつ reality

여심[女心] 여자의 마음. おんなごころ woman's mind

여아[女兒] ① 계집아이. ② 딸. =여식(女息). じょじ ① girl ② daughter

여아[麗雅] 아름답고 우아함. =아려(雅麗). れいが elegance

여액[餘厄] 남아 있는 재액. 「~ 미진(未盡)」 remaining disaster

여액[餘額] 쓰거나 치르고 남은 액수. amount left

여:야[與野] 여당(與黨)과 야당(野黨). 「~ 회담(會談)」よや Government party and Opposition party

여열[餘熱] ① 고열(高熱) 뒤에 남아 있는 몸의 열(熱). ② 심한 더위 뒤에 남은 더위. =잔서(殘暑). ③ 아직 다 식지 않고 남아 있는 열. よねつ remaining heat

여염[閭閻] 백성의 집이 모여 있는 곳. =여리(閭里)·여항(閭巷). 「~집」

여염[餘炎] ① 타다 남은 불꽃. ② 남은 더위. =노염(老炎)·잔서(殘暑). よえん ① lingering flame ② lingering summer heat

여염[麗艶] 곱고 예쁨. =염려(艶麗). れいえん beauty

여영[餘榮] 죽은 뒤에도 남는 영예. よえい posthumous honor

여예[餘裔] 혈통을 이은 후손. =말예(末裔). よえい descendant

여옥기인[如玉其人] 얼굴이나 성품이 옥과 같이 깨끗하고 흠이 없는 사람.

여왕[女王] ① 여자 임금. =여주(女主). ② 어떤 영역에서 중심적 위치에 있는 여자를 비유하여 이르는 말. じょおう·にょおう queen

여:외[慮外] 뜻밖. =의외(意外). りょがい unexpectation

여요[麗謠] 고려 가요(高麗歌謠)의 준말.

여용[餘勇] 어떤 일을 하고도 남은 용기. remaining courage

여용[麗容] 아름다운 용모. =미용(美容). れいよう beautiful appearance

여우[女優] 여배우(女俳優)의 준말. ↔남우(男優). じょゆう

여운[餘運] 남은 운수. よううん remaining luck

여운[餘韻] ① 어떤 일이 끝난 뒤까지 남은 느낌이나 정. ② ⇨여음(餘音). よいん aftertaste

여월[如月] 음력 2월의 다른 이름. じょげつ・きさらぎ 如月 February

여위[餘威] 남은 기세. よい 餘威

여유[餘裕] ① 넉넉하여 남음이 있는 상태. ② 느긋하고 너그러운 마음의 상태. 「~ 작작(綽綽)」よゆう ① surplus ② composure 餘裕

여음[餘音] 소리가 그친 뒤에도 은은히 들리는 울림. =여향(餘響). よいん resonance 餘音

여의[女醫] 여의사(女醫師)의 준말. じょい 女醫

여의[如意] ① 일이 뜻대로 됨. ② 독경(讀經)이나 설법(說法)을 할 때 강사(講師)인 중이 손에 드는 굿수(僧具). にょい ① turning out as one wishes 如意 僧具

여의[餘意] 말 끝에 담긴 속 뜻. よい implied meaning 餘意

여의사[女醫師] 여자 의사. ⓒ 여의(女醫). woman doctor 女醫師

여의주[如意珠] 용의 턱 밑에 달려 있다는 구슬. 이 구슬을 가지면, 모든 일을 뜻대로 할 수 있다고 함. =여의보주(如意寶珠). にょいほうしゅ 如意珠 如意寶珠

여인[女人] 성년의 여자. にょにん woman 女人

여인[旅人] 나그네. 길손. りょじん・たびびと・たびと traveler 旅人

여인[麗人] 얼굴이 고운 여자. れいじん beauty 麗人

여인숙[旅人宿] 나그네가 묵을 수 있도록 방을 빌려 주는 영업집. 소규모의 여관. inn 旅人宿

여일[如一] 한결같음. 「시종(始終) ~」 constancy 如一 始終

여일[餘日] ① 남아 있는 날. ② 다른 날. =타일(他日). よじつ ① remaining days ② 餘日 other day

여잉[餘剩] 쓰고 난 나머지. = 잉여(剩餘). よじょう surplus 餘剩

여자[女子] 여성(女性)인 사람. ↔남자(男子). じょし female 女子

여자[餘資] 어떤 일에 쓰고 남은 자본금. よし remaining fund 餘資

여자[麗姿] 아름다운 자태(姿態). =여용(麗容). れいし beautiful figure 麗姿

여장[女裝] 남자가 여자의 모습으로 차려 입음. =여복(女服). ↔남장(男裝). じょそう disguising as a woman 女裝 女服

여장[旅裝] 길을 떠날 차림새. 여행하는 몸차림. りょそう traveling outfit 旅裝

여장군[女將軍] ① 여자 장군. ② 체격이 좋고 씩씩한 여자를 농으로 이르는 말. じょしょうぐん ① woman general 女將軍

여장부[女丈夫] 담력이 크고 걸걸한 여자. =여걸(女傑). じょじょうふ brave woman 女丈夫 女傑

여재[餘財] 남은 재산. よざい remaining fortune 餘財

여적[餘滴] ① 글을 쓰거나 그림을 그리고 붓끝에 남은 먹물 방울. ② 쓰고 나서 덧붙이는, 다 못한 이야기. =여묵(餘墨). よてき 餘滴

여전[如前] 전과 다름이 없음. =여구(如舊). being as before 如前

여전[餘錢] 쓰고 남은 돈. よせん money left 餘錢

여정[旅情] 여행 때 우러나는 회포. =객회(客懷). りょじょう traveler's sentiment 旅情 客懷

여정[旅程] ① 여행의 일정(日程). ② 여행의 노정(路程). りょてい ① itinerary 旅程 路程

여정[餘情] 다 가시지 않고 마음 속에 남아 있는 정이나 생 餘情

각. よじょう lingering feelings

여정[餘酲] 술에서 덜 깬 상태. 덜 깬 취기(醉氣). remaining influence of liquor

여:정[勵精] 마음을 가다듬어 힘씀. =정려(精勵). れいせい diligence

여제[女弟] 여자 동생. 누이 동생. younger sister

여제[女帝] 여자 황제. =여황(女皇). じょてい empress

여조[麗朝] 고려 왕조(高麗王朝)를 줄여서 이르는 말.

여조[麗藻] 아름다운 시나 문장.

여존남비[女尊男卑] 여자를 존중하고 남자를 천하게 여김. ↔남존여비(男尊女卑). じょそんだんぴ putting women above men

여좌:침:석[如坐針席] 바늘방석에 앉은 것같이 마음이 불안함.

여죄[餘罪] 주(主)가 되는 죄 외의 다른 죄. 「~ 추궁(追窮)」. よざい other crimes

여중[旅中] 여행하는 동안. 여행 중. during one's journey

여중호걸[女中豪傑] 여자 가운데서 남달리 호걸다운 기상이 있는 여자. heroine

여지[餘地] ① 남아 있는 땅. ② 들어설 틈이나 자리. ③ 어떤 일을 하거나, 어떤 일이 일어날 가능성(可能性). よち ② room

여:지[輿地] ① 수레처럼 만물을 싣는 땅이라는 뜻에서, 지구(地球)를 말함. ② ⇨대지(大地). =방여(方輿). よち ① the earth

여지[礪紙] 금강사(金剛砂)나 유리 가루를 바른 종이. 재목이나 쇠붙이를 문지르거나 닦는 데 쓰임. =사포(砂布). sandpaper

여직공[女職工] 여자 직공. =여공(女工)·공녀(工女). woman worker

여진[餘塵] ① 옛 사람이 남긴 일의 자취. ② 지나간 뒤에 일어나는 먼지. よじん ① footprints of predecessors

여진[餘震] 큰 지진(地震)이 지나간 뒤에 잇달아 일어나는 작은 지진. よしん aftershock

여진여퇴[旅進旅退] 주견(主見)이 없이 남을 따라 행동함. following others blindly

여질[女姪] 조카딸. =질녀(姪女). じょてつ niece

여질[麗質] ① 아름다운 기질. ② 미인. れいしつ

여차[如此] 이와 같음. 이러함. =약시(若是)·여시(如是)·여사(如斯). being like this

여창[女唱] ① 국악의 가곡에서, 여자가 부르는 창(唱). ② 여류 명창(女流名唱).

여창[旅窓] 나그네가 객지에서 묵는 방. =객창(客窓). traveler's room

여창남수[女唱男隨] 여자가 앞장서서 이끌고, 남자는 따라함. =부창부수(婦唱夫隨). ↔남창여수(男唱女隨)·부창부수(夫唱婦隨).

여천[餘喘] ① 당장 끊어질 듯한 숨. ② 나머지 목숨. =여명(餘命). よぜん ① faint breath ② remainder of one's life

여체[女體] 여자의 몸. にょたい·じょたい woman's body

여체[旅體] 편지에서, '나그네의 몸'이라는 뜻으로, 남을 높

이어 그의 객지 생활의 안부를 물을 때 쓰는 말. =객체(客體).　traveler
여축[餘蓄] 쓰고 남은 것을 모아 둠. 또는 그 물건. savings
여출일구[如出一口] 여러 사람의 말이 한결같음. =이구동성(異口同聲).
　　　　unanimous voice
여침[旅寢] 객지에서의 잠자리.　traveler's bed
여타[餘他] 나머지의 다른 것.　the rest
여:탈[與奪] 주는 일과 빼앗는 일.「생사(生死)~」よだつ
　　　　giving and taking
여탕[女湯] 대중 목욕탕에서 여자만이 목욕하도록 되어 있는 곳. ↔남탕(男湯).
women's section of a public bath
여태[女態] 여자다운 태도나 자태.　womanly attitude
여택[餘澤] 선인(先人)이 끼친 은덕. =여덕(餘德). よたく
여파[餘波] ①파도가 이는 원인이 사라진 뒤에도 이는 물결. ②어떠한 일이 끝난 뒤에까지 미치는 영향. よは
　　　① trail ② aftereffect
여폐[餘弊] ①뒤에까지 미치는 폐단. ②무슨 일에 곁따라서 일어나는 폐해. よへい
　　　　surviving evil
여풍[餘風] 남아서 전해지는 풍습. よふう　surviving custom
여풍[麗風] 북서쪽에서 불어 오는 바람. =북서풍(北西風).
northwestern wind
여풍과이[如風過耳] 바람이 귀를 스치고 지나가는 듯이 여긴다는 뜻으로, 무슨 말을 귀담아듣지 않는 태도의 비유.

여피[yuppie] 고등 교육을 받고 도시 근교(近郊)에서 전문직에 종사하면서 높은 소득을 올리는 미국의 백인 젊은이들을 이르는 말. ヤッピー
여필[女筆] 여자의 글씨. 여자의 필적. にょひつ
　　　　feminine hand
여필종부[女必從夫] 아내는 반드시 남편의 뜻을 좇아야 함. Wives should follow their husbands.
여하[如何] 어떠한가. =약하(若何). 「귀의(貴意)~」いかが　　　　how
여하간[如何間] 어쨌든지. 어떻든 간에. =하여간(何如間).
　　　　anyway
여한[餘恨] 풀지 못하고 남은 원한.　smoldering grudge
여한[餘寒] 겨울이 지난 뒤에도 남아 있는 추위. よかん
　　　　lingering cold
여합부절[如合符節] 부절이 맞듯이 사물이 꼭 들어맞음.
여항[閭巷] ⇨여염(閭閻).
여항[餘項] 나머지 항목(項目).
　　　　other items
여행[旅行] 먼 길을 떠남.「~안내(案內)」りょこう　travel
여:행[勵行] 힘써서 행함. れいこう
여행사[旅行社] 관광 안내·교통 주선 등 여행하는 사람의 편의를 돌봐 주는 영업 기관. りょこうしゃ　travel agency
여향[餘香] 뒤에까지 남아 있는 향기. =여훈(餘薰). よこう
　　　　lingering odor
여향[餘響] 소리가 그친 뒤에도 이어지는 울림이나 메아리. =여음(餘音). よきょう
　　　　reverberation

여혈[餘血] 해산한 뒤에 음문(陰門)에서 나오는 나쁜 피.

여혐[餘嫌] 아직 남아 있는 혐의(嫌疑). remaining suspicion

여형[女兄] 손위의 누이. elder sister

여형약제[如兄若弟] 형 같고 아우 같다는 뜻으로, 남남이면서 친하기가 형제와 같다는 말. =여형여제(如兄如弟).

여호와[Jehovah] 이스라엘 민족 및 기독교인의 유일신(唯一神).

여혹[如或] '혹시·만일'의 뜻을 가진 접속 부사. =혹여(或如). if

여화[女禍] ①여색(女色)으로 말미암은 재앙. ②여색에 빠져 일을 그르치는 일. ≒녀난(女難). trouble with a woman

여황[女皇] 여자 황제. =여제(女帝). じょこう empress

여회[旅懷] 객지에서 일어나는 이러저러한 생각. =객회(客懷). りょかい weary heart of a traveler

여훈[餘薰] 뒤에까지 남아 있는 은은한 향기. =여향(餘香). よくん remaining odor

여흔[餘痕] 남아 있는 자국. 남은 흔적. remaining traces

여흥[餘興] ①남은 흥치(興致). ②어떤 연회나 모임 따위에서, 흥을 돋우기 위하여 곁들이는 연예나 장기 자랑 따위. よきょう ① unexhausted fun ② entertainment

역[亦]* 또 역: 또. 또한. 「亦是(역시)·亦然(역연)·亦如是(역여시)」 エキ·また

역[役]☆ 일 역: 일. 부리다. 「役事(역사)·役割(역할)·役員(역원)·勞役(노역)·重役(중역)·使役(사역)·用役(용역)·兵役(병역)」 ヤク·エキ·つかう

역[易]* ①바꿀 역: 바꾸다. 「交易(교역)·貿易(무역)·易姓(역성)」 ②쉬울 이: 쉽다. 「容易(용이)」 エキ·イ ① かえる ② やすい

역[疫]☆ 염병 역: 염병. 「疫病(역병)·疫痢(역리)·疫疾(역질)·疫神(역신)·防疫(방역)」 ヤク·エキ·えやみ

역[逆]* 거스를 역: 거스르다. 「逆行(역행)·逆流(역류)·逆說(역설)·逆風(역풍)·逆賊(역적)·逆謀(역모)·逆擊(역격)」 ゲキ·ギャク·さからう

역[域]☆ 지경 역: 지경(地境). 구역. 「區域(구역)·領域(영역)·地域(지역)·域內(역내)·域外(역외)·異域(이역)」 イキ·さかい·くに

역[繹] ①궁구할 역: 궁구하다. 풀다. 「演繹(연역)」 ②잇달 역: 잇달다. 「繹繹(역역)·繹如(역여)·繹騷(역소)」 エキ

역[譯]☆ 통변할 역: 통변하다. 번역하다. 「通譯(통역)·飜譯(번역)·譯文(역문)·對譯(대역)·意譯(의역)·完譯(완역)」 ヤク

역[驛]☆ ①역말 역: 역말. 「驛馬(역마)」 ② 역참 역: 역참. 「驛前(역전)·着驛(착역)·驛吏(역리)·驛站(역참)·驛夫(역부)·驛程(역정)·驛舍(역사)」 エキ ② うまや

역경[逆境] 일이 뜻대로 되지 않아 고생스러운 처지. ↔순경(順境). ぎゃっきょう adversity

역공[力攻] 힘을 다하여 공격함. strong attack

역관[歷官] 여러 관직을 역임

(歷任)함. れきかん successive service in various posts

역광선[逆光線] 대상(對象)의 배후에서 비치는 광선. ぎゃっこうせん　backlight

역구[力求] 힘써 구함. trying hard to get

역구[歷久] 오래 됨. 역사가 오램. very long

역군[役軍] ① 토목·건축 따위의 일터에서 품팔이하는 사람. 일꾼. =역부(役夫)·역정(役丁). ② 중요한 역할을 맡은 사람. 「산업(産業) ~」
① laborer ② pillar

역귀[疫鬼] 전염병을 퍼뜨린다는 귀신. えきき　evil spirit causing epidemic diseases

역기[力技] ⇨역도(力道).

역기[力器] 철봉 양 끝에 원반형의 쇳덩이를 매단 운동 기구. barbell

역내[域內] 구역 안. ↔역외(域外). いきない　precinct

역년[歷年] ① 여러 해를 지냄. 또는 지내온 여러 해. ② 한 왕조(王朝)가 유지된 햇수. れきねん
① lapse of many years ② length of the dynasty

역년[曆年] 책력에 나타나 있는 1년. 태양력으로는 평년 365일, 윤년 366일. れきねん　calendar year

역농[力農] 농사에 힘씀. =역전(力田). farming assiduously

역당[逆黨] 역적의 무리. 반역자의 무리. =역도(逆徒). ぎゃくとう　traitors

역대[歷代] 이어 온 여러 대(代). =누대(累代)·역세(歷世). 「~ 대통령(大統領)」れきだい　successive generations

역도[力道] 역기(力器)를 들어 올려 그 기록을 다투는 운동 경기. =역기(力技). weight lifting

역도[逆徒] 역적의 무리. 반역자의 무리. =역당(逆黨). ぎゃくと　traitors

역도[逆睹] 앞일을 내다봄. =예측(豫測). ぎゃくと　forecasting

역독[譯讀] 번역하며 읽음. やくどく　reading and translating

역두[驛頭] 역의 앞. =역전(驛前). えきとう　front of a station

역람[歷覽] ① 여러 곳을 다니면서 구경함. ② 하나하나 세밀히 살핌. れきらん
① tour ② careful inspection

역량[力量] 어떤 일을 해낼 수 있는 능력. 「~ 부족(不足)」 りきりょう　ability

역려건곤[逆旅乾坤] 잠시 머물렀다가 가는 여관과 같은 세상이라는 뜻으로, 허무한 세상을 비유하여 이르는 말.

역력[歷歷] 자취나 기색 등이 또렷함. れきれき　clearness

역류[逆流] 물이 거슬러 흐름. 또는 거슬러 흐르는 물. =역수(逆水). ↔순류(順流). ぎゃくりゅう　back current

역륜[逆倫] 인륜(人倫)에 어긋남. 또는 인륜을 어김. contrary to morality

역리[疫痢] 여름철에 소아(小兒)에게 많이 발생하는 급성 전염성 설사병의 한 가지. えきり　dysentery

역리[逆理] 도리나 사리에 어그러짐. =배리(背理). ぎゃくり　irrationality

역린[逆鱗] 용의 턱 밑에 거슬러 난 비늘을 건드리면 그 용

이 크게 노한다는 옛말에서, 임금의 노여움을 이르는 말. げきりん・ぎゃくりん imperial wrath

역마[櫪馬] 외양간에 매여 있는 말이라는 뜻으로, 얽매여 자유롭지 못한 사람의 비유. れきば

역마[驛馬] 지난날, 역참(驛站)에 갖추어 두고 관용(官用)으로 쓰던 말. 역말. えきま post horse

역마 직성[驛馬直星] 역참의 역마처럼 늘 분주하게 돌아다니는 사람을 이르는 말. busy person

역마차[驛馬車] 서양에서, 여객·화물·우편물을 정기적으로 수송하던 마차. えきばしゃ stagecoach

역명[逆命] 임금의 명령을 어김. ぎゃくめい disobedience

역모[逆謀] 반역할 것을 꾀함. 또는 그 모의. ぎゃくぼう treasonable conspiracy

역문[譯文] 번역해 놓은 글. やくぶん translation

역방[歷訪] 여러 곳을 차례차례 방문함. =순방(巡訪). れきほう making a round of calls

역법[曆法] 천체의 움직임을 관찰하여 시간을 구분하고 날짜를 정하는 방법. れきほう calendar

역본[譯本] 번역한 책. =역서(譯書). やくほん translation

역부[驛夫] 지난날, 역에 딸리어 잔심부름을 하는 사람을 이르던 말. えきふ station attendant

역부족[力不足] 힘이나 기량이 모자람. being beyond one's power

역불급[力不及] 힘이 미치지 못함. being beyond one's power

역비[逆比] 어떠한 비(比)의 전항과 후항을 바꾸어 놓은 비. =반비(反比). ↔정비(正比). ぎゃくひ inverse ratio

역사[力士] 뛰어나게 힘이 센 사람. =장사(壯士). りきし strong man

역사[役事] 건축·토목 따위의 공사. public works

역사[歷史] ①인간 사회의 변천과 발전의 발자취. 또는 그 기록. ②어떤 사물이나 인물의 오늘에 이르기까지의 변화의 자취. れきし history

역사[轢死] 차에 치여 죽음. れきし being run over and killed

역사가[歷史家] 역사를 전문으로 연구하는 사람. ⓟ사가(史家). れきしか historian

역사극[歷史劇] 역사적 사실을 소재로 한 극. ⓟ사극(史劇). れきしげき historical play

역사상[歷史上] 역사에 나타나 있는 바. ⓟ사상(史上). れきしじょう historically

역사학[歷史學] 역사를 연구 대상으로 하여 그 본질을 규명하는 학문. ⓟ사학(史學). れきしがく science of history

역산[逆産] ①아이를 거꾸로 낳음. =도산(倒産). ②역적(逆賊)의 재산. ぎゃくざん ① cross birth ② traitor's property

역산[逆算] 거슬러 하는 계산. ぎゃくさん counting backward

역살[轢殺] 차 바퀴로 깔아 죽임. れきさつ killing by running over

역상[曆象] ①달력에 따라 천체(天體)의 운행을 헤아리는 일. ②천체(天體)의 현상. れ

きしょう
역상[轢傷] 차에 치여 부상함. 轢傷
れきしょう injury by a vehicle

역상속[逆相續] 직계 비속(直系卑屬)이 하는 보통 상속과는 반대로 피상속인의 재산을 직계 존속(直系尊屬)이 상속하는 일. ぎゃくそうぞく 逆相續
reverse inheritance

역서[易書] 점(占)에 관하여 적은 책. えきしょ 易書
book of divination

역서[曆書] ① ⇨ 책 력(冊曆). ② 역학(曆學)에 관한 책. = 역본(曆本). れきしょ 曆書

역서[譯書] 번역한 책. =역본(譯本). やくしょ translation 譯書

역선전[逆宣傳] 상대편의 선전을 역으로 이용하여 상대편이 불리하도록 하는 선전. ぎゃくせんでん 逆宣傳
counterpropaganda

역설[力說] 의견 따위를 힘주어 말함. りきせつ emphasis 力說

역설[逆說] 표면적으로는 모순되나, 그 안에 진리를 담고 있는 표현. 패러독스. ぎゃくせつ 逆說
paradox

역성[易姓] 나라의 왕조(王朝)가 바뀜. 「~ 혁명(革命)」えきせい change of the dynasty 易姓

역세[歷世] 지나간 여러 세대. =역대(歷代). れきせい 歷世
successive generations

역소[繹騷] 끊임없이 소란스러움. えきそう 繹騷
continuous clamor

역수[易數] 점(占)을 쳐서 길흉을 내다보는 술법. 易數
art of divination

역수[逆水] 거슬러 흐르는 물. =역류(逆流). ぎゃくすい 逆水
back current

역수[逆豎] 반역자. traitor 逆豎

역수[逆數] 어떤 수로 1을 나눈 값을 그 수에 대하여 이르는 말. 곧 2의 역수는 2분의 1. =반수(反數). ぎゃくすう 逆數
reciprocal

역수[曆數] ① 해나 달의 운행(運行)을 계산하여 달력을 만드는 기술. 또는 그 달력. ② 자연히 돌아오는 운수. ③ 지나온 햇수나 시대. =연수(年數)·연대(年代). れきすう 曆數
① calendar ② fortune

역수[歷數] 차례로 셈. れきすう 歷數
numbering

역수입[逆輸入] 수출한 물건을 다시 수입하는 일. ↔역수출(逆輸出). ぎゃくゆにゅう 逆輸入
reimport

역수출[逆輸出] 수입한 것을 다시 수출하는 일. ↔역수입(逆輸入). ぎゃくゆしゅつ 逆輸出
reexport

역순[逆順] 거꾸로 된 차례. ぎゃくじゅん reverse order 逆順

역순[歷巡] 여러 곳을 차례차례 돌아다님. れきじゅん 歷巡
making a round

역술[譯述] 번역하여 기술(記述)함. やくじゅつ rendering 譯述

역습[逆襲] 공격을 받던 쪽이 거꾸로 공격에 나섬. ぎゃくしゅう counterattack 逆襲

역승[役僧] 절에서 일을 하는 중. やくそう 役僧

역시[亦是] ① 또한. ② 생각한 대로. ① also ② as expected 亦是

역시[譯詩] 시를 번역함. 또는 번역한 그 시. やくし 譯詩
translated poem

역신[疫神] ① 천연두를 앓게 한다는 귀신. =호구별성(戶口別星)·두신(痘神). ② ⇨천 疫神

역신[疫神] 천연두를 꾀한 신. えきじん・やくじん ① spirit of smallpox

역신[逆臣] 역적질을 꾀한 신하. ↔충신(忠臣). ぎゃくしん rebellious subject

역심[逆心] ① 상대편의 말이나 행동을 역겨워하는 마음. ② 반역을 꾀하는 마음. ぎゃくしん ① displeasure ② traitorous mind

역암[礫巖] 자갈에 모래·진흙·탄산칼슘 등이 섞여 굳어진 퇴적암(堆積巖). れきがん conglomerate

역어[譯語] 번역할 때에 쓰인 말. 번역된 말. ↔원어(原語). やくご terms used in a translation

역연[歷然] 기억이나 기색 등이 의심할 여지 없이 매우 또렷함. れきぜん obviousness

역영[力泳] 힘을 다해서 헤엄침. りきえい swimming with powerful strokes

역외[域外] 구역 밖. 경계(境界)의 밖. ↔역내(域内). いきがい outside of the area

역용[逆用] 반대로 이용함. =역이용(逆利用). ぎゃくよう reverse use

역우[役牛] 부리어 일을 시키는 소. えきぎゅう draft ox

역운[逆運] 순조롭지 못한 운명. 또는 역경에 처한 운명. =비운(悲運). ぎゃくうん misfortune

역원[役員] 조합이나 회사 따위의 조직체에서 일을 맡아 보는 간부(幹部). =임원(任員). やくいん staff

역원[驛員] 역에서 근무하는 직원. えきいん station employee

역유[歷遊] 여러 곳으로 돌아다니며 유람함. =순유(巡遊). れきゆう round tour

역이[逆耳] 귀에 거슬림. 듣기 싫음. 「～지언(之言)」 being harsh to the ear

역일[歷日] 날을 보냄. れきじつ

역임[歷任] 여러 직책을 두루 지냄. れきにん successive service in various posts

역자[易者] 점을 치는 일을 직업으로 삼는 사람. 점쟁이. えきしゃ fortune-teller

역자[譯者] 번역한 사람. =번역자(飜譯者). やくしゃ translator

역작[力作] 힘을 기울여 지음. 또는 그렇게 해서 지은 작품. =노작(勞作). りきさく labored work

역장[驛長] 역의 책임자. えきちょう stationmaster

역재[譯載] 번역해서 신문이나 잡지 따위에 실음. やくさい

역저[力著] 힘을 기울여 지은 저서. fine literary work

역적[逆賊] 사귀이기 꾀하는 자기 나라 임금에 반역하는 사람. ぎゃくぞく rebel

역전[力戰] 힘껏 싸움. =역투(力鬪). 「～ 고투(苦鬪)」 りきせん・りょくせん hard fight

역전[逆轉] ① 반대쪽으로 돎. ② 형세가 반대 방향으로 진행됨. 형세가 뒤집힘. 「～승(勝)」 ぎゃくてん reversal

역전[歷戰] 많은 전투를 겪음. 「～ 용장(勇將)」 れきせん long record of active service

역전[驛前] 역 앞. =역두(驛頭). えきまえ front of a station

역전 경:주[驛傳競走] 일정한 거리를 몇 개의 구간으로 나

누고 몇 사람이 한 편이 되어, 한 사람이 한 구간씩을 맡아 이어 달리는 경기. 역전마라톤. えきでんきょうそう long-distance relay road race

역전승[逆轉勝] 경기 따위에서, 처음에는 지고 있다가 형세가 뒤바뀌어서 나중에는 이김. 逆轉勝 come-from-behind victory

역전패[逆轉敗] 경기 따위에서, 처음에는 이기고 있다가 형세가 뒤바뀌어 나중에는 짐. 逆轉敗 suffering a come-from-behind defeat

역점[力點] 특히 힘을 기울이는 점. りきてん 力點 stress

역접[逆接] 두 문장 또는 구(句)의 접속 방법의 한 가지. 앞의 글에서 예측되는 사실이 뒤의 글에서 실현되지 않음을 나타냄. '그러나·하지만' 따위로 이어지는 관계. ↔순접(順接). ぎゃくせつ 逆接

역정[逆情] 몹시 언짢거나 못마땅하게 여기어 내는 성. =역증(逆症). 逆情 anger

역정[歷程] 지나온 과정. れきてい 歷程 course

역조[力漕] 경기용 주정(舟艇) 따위를 힘껏 저음. りきそう 力漕 spurt of row

역조[逆潮] ①바람의 방향과 반대 방향으로 흐르는 조류(潮流). ②배가 나아가는 방향과 반대 방향으로 흐르는 조류. ぎゃくちょう ①counter tide 逆潮 潮流

역조[逆調] 일의 진척이 나쁜 방향으로 향하는 상태. 「무역의 ~ 현상」 逆調 adverse condition

역조[歷朝] 역대의 왕조. 역대의 조정. れきちょう 歷朝 successive dynasties

역주[力走] 힘껏 달림. りきそう 力走 spurt running with all one's might

역주[譯註] ①번역과 그 주석(註釋). ②번역자가 붙인 주석. やくちゅう 譯註 ① translation and annotation

역증[逆症] ⇨역정(逆情). 逆症

역지개연[易地皆然] 사람은 처지에 따라 생각과 행동이 달라지므로, 처지를 바꾸어 놓으면 생각과 행동도 그와 같이 된다는 뜻. 易地皆然

역지사지[易地思之] 처지를 바꾸어 생각함. 易地思之

역진[力盡] 힘이 다 빠짐. 힘이 다함. 力盡 exhaustion

역차[逆次] 거꾸로 된 차례. =역순(逆順). 逆次 reverse order

역참[驛站] 고려·조선 때에, 역마(驛馬)를 바꾸어 타던 곳. 驛站 驛馬 post stage

역천[逆天] 천명(天命)을 거역함. =역천명(逆天命). ↔순천(順天). 逆天 天命

역청[瀝青] 천연산(天然産)의 탄화수소 화합물의 총칭. れきせい 瀝青 pitch

역촌[驛村] 역(驛)이 있는 마을. 역마을. 驛村 post town

역축[役畜] 부리기 위하여 기르는 가축. 말·소 따위. えきちく 役畜 cattle

역출[譯出] 번역함. 번역하여 펴냄. やくしゅつ translation 譯出

역토[礫土] 자갈이 많이 섞인 흙. れきど 礫土 gravel soil

역투[力投] 야구에서, 투수가 공을 힘껏 던지는 일. りきとう 力投 all-out pitching

역투[力鬪] 힘껏 싸움. =역전(力戰). りきとう 力鬪 hard fight

역풍[逆風] ①거슬러 부는 바람. 앞바람. ②바람을 안고 감. 逆風

↪순풍(順風). ぎゃくふう
① adverse wind

역학[力學] ① 물체에 작용하는 힘과 물체의 운동과의 관계를 연구하는 물리학의 한 부문. ② 학문에 힘씀. りきがく
① dynamics ② study

역학[易學] 주역(周易)을 연구하는 학문. えきがく
science of divination

역학[曆學] 역법(曆法)에 관한 학문. れきがく
science of calendar

역할[役割] 마땅히 해야 할, 맡은 바 일. やくわり part

역해[譯解] 번역하여 풀이함. やっかい translation with explanatory notes

역행[力行] 힘써 함. 노력하여 함. 「무실(務實)~」りっこう・りょっこう exertion

역행[逆行] ① 나아갈 방향에 거슬러 나아감. ② 차례나 흐름을 거슬러 나아가거나 행동함. ↔순행(順行). 「시대에 ~하는 행동」ぎゃっこう
retrogression

역형[役刑] 형이 확정된 죄수에게 노역을 시키는 형벌.
penal servitude

역혼[逆婚] 형제 자매 가운데서 동생이 먼저 결혼함. 또는 그 결혼. =도혼(倒婚).
marriage in reverse order

역환[疫患] ⇨천연두(天然痘).

역효과[逆效果] 얻고자 한 것 과는 반대되는 효과. ぎゃくこうか・ぎゃっこうか
counter effect

연[延]* ① 끌 연 : 끌다. 미루다. 「延期(연기)・延長(연장)・遲延(지연)・遷延(천연)」② 맞을 연 : 맞아들이다. 「延聞(연문)・延見(연견)・延接(연접)」エン

연:[沿]* 물 따라 내려갈 연 : 물줄기를 따라 내려가다. 「沿岸(연안)・沿海(연해)・沿道(연도)・沿河(연하)」エン・そう

연[妍] 고울 연 : 곱다. 아리땁다. 「妍麗(연려)・妍芳(연방)・妍粧(연장)」ケン・うつくしい

연:[衍] 넓을 연 : 넓다. 넓히다. 넘치다. 「衍繹(연역)・衍義(연의)・衍盈(연영)・衍溢(연일)」エン・あまり・はびこる

연:[娟] 어여쁠 연 : 어여쁘다. 「娟娟(연연)・娟容(연용)・娟秀(연수)」ケン

연:[宴]* ① 잔치 연 : 잔치. 「祝宴(축연)・宴席(연석)・宴會(연회)・饗宴(향연)」② 즐길 연 : 즐기다. 「宴安(연안)・宴樂(연락)」エン ① うたげ・さかもり

연:[捐] ① 버릴 연 : 버리다. 「捐館(연관)・捐軀(연구)・捐棄(연기)・捐世(연세)」② 기부 연 : 기부. 주다. 내놓다. 「義捐(의연)・捐補(연보)・捐金(연금)」エン・すてる

연:[涓] ① 가릴 연 : 선택하다. 「涓吉(연길)」② 물방울 떨어질 연 : 물방울이 떨어지다. 「涓涓(연연)・涓滴(연적)」ケン

연[淵] ① 못 연 : 못. 「淵水(연수)・淵泉(연천)・淵氷(연빙)・深淵(심연)」 ② 깊을 연 : 깊다. 「淵謀(연모)・淵塞(연색)・淵嶽(연악)」エン ① ふち

연:[硏]* 갈 연 : 갈다. 연구하다. 「硏磨(연마)・硏究(연구)・硏學(연학)・硏攻(연공)・硏修(연수)」ケン・ゲン・みがく・とぐ

연:[軟]* 부드러울 연 : 부드럽

연[然]* 그럴 연 : 그러하다. 「然否(연부)・然則(연즉)・然後(연후)・然諾(연낙)」 ネン・ゼン・しかり・しかし

연:[硯]* 벼루 연 : 벼루. 「硯水(연수)・硯匣(연갑)・硯滴(연적)・硯池(연지)」 ケン・すずり

연:[椽] 서까래 연 : 서까래. 「椽桷(연각)・椽材(연재)・椽木(연목)」 テン・たるき

연[煙]* "烟"은 同字. 연기 연 : 연기. 「煙氣(연기)・煙草(연초)・煙霧(연무)・吸煙(흡연)・喫煙(끽연)・禁煙(금연)」 エン・けむり

연[筵] 대자리 연 : 대자리. 자리. 「筵席(연석)・筵中(연중)・筵敎(연교)・筵議(연의)」 エン・むしろ

연[鉛]* 납 연 : 납. 「鉛管(연관)・鉛毒(연독)・鉛版(연판)・鉛筆(연필)・鉛白(연백)・鉛粉(연분)・鉛華(연화)・亞鉛(아연)」 エン・なまり

연:[演]* ① 익힐 연 : 익히다. 「演修(연수)・演習(연습)」 ② 펼 연 : 펴다. 「演技(연기)・演舞(연무)・演劇(연극)・演藝(연예)・演說(연설)」 エン ① お こなう

연[鳶] ① 솔개 연 : 솔개. 「鳶肩(연견)・鳶飛魚躍(연비어약)」 ② 연 연 : 연. 「鳶絲(연사)・紙鳶(지연)」 エン ① とび

연[撚] 비틀 연 : 비틀다. 꼬다. 「撚絲(연사)」 ネン・ひねる・よる

연[緣]* ① 가장자리 연 : 가장자리. 「緣邊(연변)・緣紅(연홍)」 ② 인연 연 : 인연. 「因緣(인연)・緣故(연고)・緣分(연분)・奇緣(기연)」 エン ① ふち ② ゆかり

연[燃]* 불사를 연 : 불사르다. 「燃燒(연소)・燃料(연료)・可燃(가연)・燃燈(연등)」 ネン・もえる

연:[燕]* ① 제비 연 : 제비. 「燕巢(연소)・燕雀(연작)」 ② 편안할 연 : 편안하다. 「燕居(연거)・燕私(연사)・燕娛(연오)」 エン ① つばめ

연[臙] 연지 연 : 연지. 「臙脂(연지)」 エン・べに

연가[連枷] 곡식의 이삭을 두드려서 알갱이를 떠는 데 쓰는 농기구의 한 가지. 도리깨. からざお flail

〔연가〕

연:가[戀歌] 연모(戀慕)의 정을 읊은 노래. =염곡(艶曲)・염가(艶歌). れんか love song

연간[年刊] 일 년에 한 번씩 간행함. 또는 그 책. ねんかん annual publication

연간[年間] ① 한 해 동안. 「〜수출액(輸出額)」 ② 어느 연대의 동안. 「광무(光武)〜」 ねんかん for a year

연감[年鑑] 어떤 분야에 관한 일 년 동안의 사건・통계 등을 실어 한 해에 한 번씩 내는 간행물. ねんかん yearbook

연:갑[硯匣] 벼루・먹・붓・연적 같은 것을 넣어 두는 상자. 벼룻집.

연:강[軟薑] 살이 연한 새양. soft ginger

연:거[燕居] 한가롭게 편안히 지냄. =한거(閒居). えんきょ
    quiet life

연건평[延建坪] 2층 이상 건물의 각 층의 바닥 면적을 합한 총평수(總坪數).
    total floor space

연견[延見] 맞아들여 만나 봄. =인견(引見)·영견(迎見). えんけん
    interview

연결[連結] 서로 이어서 맺음. =결련(結連). れんけつ
    connection

연결기[連結器] 철도 차량을 연결하는 장치. れんけつき
    coupler

연결 어미[連結語尾] 한 문장을 종결시키지 않고 다음 문장이나 용언에 이어 구실을 하는 어말 어미. 대등적·종속적·보조적 연결 어미가 있음. '~고·~며·~면' 등.

연결형[連結形] 용언의 활용형의 한 가지. 용언의 어미가 뒤따르는 문장이나 용언을 연결하는 형태로 된 것. '~고·~게' 등.

연경[煙景·烟景] 안개가 낀 아름다운 봄 경치. えんけい

연계[連繫] ① 서로 밀접한 관련을 가짐. 또는 그런 관계. ② 남의 죄에 관련되어 옥에 갇힘. れんけい
    ① connection ② implication

연고[年高] 나이가 많음. =연로(年老)·연만(年晩). old age

연:고[軟膏] 무르고 부드러운 반고체 상태의 외용약(外用藥). 외상(外傷)이나 피부 질환 등에 쓰임. →경고(硬膏). なんこう
    ointment

연고[然故] 그런 까닭. 그런 연유.
    therefore

연고[緣故] ① 일의 까닭. =사유(事由)·연유(緣由). ② 혈연(血緣)·지연(地緣) 따위로 맺어진 관계. 또는 그런 관계의 사람. 「~자(者)」えんこ
    ① reason ② relation

연:골[軟骨] 연골 조직과 연골막으로 이루어진, 탄력성이 있는 연한 뼈. 사람의 관절·코뼈·귓바퀴 뼈 등. なんこつ
    cartilage

연공[年功] ① 여러 해에 걸쳐 근무한 공로. ② 여러 해에 걸쳐서 익힌 기술. ねんこう
    ① long service ② long experience

연공[年貢] 해마다 나라에 바치는 물건. ねんぐ
    annual tribute

연공 가봉[年功加俸] 연공(年功)에 따라 본봉 외에 더 주는 봉급. ねんこうかほう

연공 서:열[年功序列] 근속 연수나 나이가 늘어감에 따라 지위·봉급이 올라가는 일. 또는 그 체계. ねんこうじょれつ
    seniority system

연관[連貫] 활을 쏠 때에, 잇달아 과녁의 복판을 맞힘.
    successively hitting the bull's eye

연관[鉛管] 납 또는 납의 합금으로 만든 관. えんかん
    lead pipe

연관[煙管] ① 담뱃대. キセル ② 연기가 통하는 관. えんかん
    smoke pipe

연관[聯關] 사물과 사물이 서로 관계되어 있음. =관련(關聯). 「~성(性)」れんかん
    connection

연광[鉛鑛] 납을 캐내는 광산.
    lead mine

연교차[年較差] 일 년 동안 측정한 기온·습도 등의 최대값과 최소값의 차. annual range

연구[年久] 지난 세월이 오래 됨. 여러 해가 지나감. =세구(歲久). many years

연:구[研究] 깊이 생각하고 사리를 따져 어떤 이치나 사실을 밝혀 내는 일. けんきゅう study

연:구[軟球] 연식 야구에 쓰이는 무른 공이나 연식 정구에 쓰이는 고무공. ↔경구(硬球). なんきゅう softball

연구[聯句] 한시(漢詩)의 대구(對句). れんく couplet

연:구개[軟口蓋] 입천장 뒤쪽의 연한 부분. ↔경구개(硬口蓋). なんこうがい soft palate

연:구개음[軟口蓋音] 자음을 발음할 때, 혀의 뒷부분과 연구개(軟口蓋) 사이에서 나는 소리. 'ㄱ·ㄲ·ㅋ·ㅇ' 등. なんこうがいおん velar

연:구생[研究生] 일정한 자격을 갖추고 연구 기관에서 전문적인 연구를 하는 학생. けんきゅうせい research student

연구세:심[年久歲深] 세월이 매우 오램. =세구연심(歲久年深). long years

연:궁[軟弓] ① 탄력이 약한 활. ② 활의 세기의 등급이 연상·연중·연하인 각궁(角弓)의 총칭. なんきゅう ① soft bow

연:극[演劇] ① 대본에 따라 배우가 무대 위에서 동작과 대사를 통하여 표현하는 종합 예술. ② 남을 속이기 위해 꾸며 낸 말이나 행동. えんげき play

연근[蓮根] 연의 뿌리. 구멍이 많이 나 있으며 식용함. れんこん lotus root

연금[年金] 종신(終身) 또는 일정 기간 동안 해마다 정기적으로 지급되는 일정한 액수의 돈. ねんきん pension

연:금[捐金] 의연금(義捐金)의 준말.

연:금[軟禁] 외부와의 연락이나 외출은 제한하나 일정한 장소 안에서는 신체의 자유를 속박하지 않는, 가벼운 정도의 감금. なんきん informal confinement

연:금술[鍊金術] 중세 유럽에서, 구리·납·주석 등의 비금속을 금·은과 같은 귀금속으로 변화시키는 일이나, 불로장수(不老長壽)의 영약(靈藥)을 만드는 일을 목적으로 했던 화학 기술. れんきんじゅつ alchemy

연급[年給] 1년을 단위로 정하여 주는 보수. =연봉(年俸). ねんきゅう annual salary

연기[年忌] 운수가 사나운 해. =액년(厄年).

연기[年紀] ① 나이. ② 자세하게 적은 연보(年譜). ねんき ① age

연기[年期] 정해진 기한. =연한(年限). ねんき term

연기[延期] 정해진 기간을 연장함. 기한을 물림. えんき postponement

연기[煙氣] 물건이 탈 때에 나는 검거나 희뿌연 기체. smoke

연:기[演技] 연극이나 영화에서, 배우가 맡은 배역의 성격이나 행동을 나타내는 일. 또는 그 재주. えんぎ performance

연기론[緣起論] 불교에서, 시간적으로 본 만물의 생성과

정 등 모든 것이 인연으로 이루어진다는 주장. =연기설(緣起說).

연기명[連記名] 둘 이상의 이름을 잇대어 적음. 또는 그 이름. ↔단기명(單記名). 「~투표(投票)」れんきめい writing one's name in series

연기 투표[連記投票] 한 선거구에서 여러 명의 의원을 뽑을 경우, 한 장의 투표지에 후보자의 이름을 연기명하는 투표제. =연기명 투표(連記名投票). れんきとうひょう

연ː길[涓吉] 혼인이나 그 밖의 경사 때 좋은 날을 택함. choosing an auspicious day

연낙[然諾] 쾌히 허락함. ぜんだく acceptance

연납[延納] ① 기한보다 늦게 납부함. ② 납입 기한을 연기함. えんのう ① delayed pay

연내[年內] 금년 안. ねんない within the year

연년[年年] 해마다. =매년(每年). ねんねん every year

연년[延年] 오래 삶. えんねん longevity

연년[連年] 여러 해를 계속함. れんねん consecutive years

연년생[年年生] 한 살 터울로 태어남. 또는 그런 형제. children born in consecutive years

연년세ː세[年年歲歲] 해를 거듭할 때마다. '매년(每年)'을 강조한 말. =세세연년(歲歲年年). ねんねんさいさい each year

연단[鉛丹] 납이나 산화연을 공기 중에서 400℃ 이상으로 가열하여 얻는 붉은색의 가루. 안료(顏料)·도료(塗料) 등으로 씀. =사삼산화연(四三酸化鉛). えんたん

연ː단[演壇] 연설이나 강연을 하는 사람이 올라설 수 있도록 청중석 앞에 마련한 조금 높은 단. =연대(演臺). えんだん platform

연ː단[鍊鍛] ① 쇠붙이를 불에 달구어 두드려서 단단하게 함. ② 몸과 마음을 닦아서 튼튼하게 함. ③ 배운 것을 익숙하게 익힘. =연마(鍊磨)·단련(鍛鍊). ① tempering ② polishing ③ studying

연달[練達] 익숙하게 통달함. 「~지사(之士)」れんたつ skill

연당[蓮塘] 연못. =연지(蓮池). lotus pond

연대[年代] 지나온 시대를 일정한 햇수의 단위로 나눈 것. ねんだい age

연대[連帶] 두 사람 이상이 함께 무슨 일을 하거나 책임을 짐. 「~보증(保證)」れんたい solidarity

연ː대[演臺] ⇨연단(演壇). えんたい

연대[聯隊] 군대 편성상의 한 단위. 사단(師團)·여단(旅團)의 아래, 대대(大隊)의 위로, 보통 3개 대대로 편성됨. れんたい regiment

연대기[年代記] 역사상의 사건을 연대(年代)의 순서에 따라 적은 기록. ねんだいき chronicle

연대 의식[連帶意識] 어떤 집단의 구성원들이, 자신들의 이해 관계나 목표가 서로 같으며, 모두가 밀접하게 연결되어 있다고 생각하는 일. れんたいいしき feeling of togetherness

연도[年度] 사무나 회계 따위에서 편의상 구분한 1년 동안의 기간. 「회계(會計) ~」ねんど　year

연도[沿道] 큰길의 좌우 근방. 큰길의 양쪽. =연로(沿路). えんどう　roadside

연독[煙毒] 연기 속에 함유된 독기(毒氣). えんどく

연독[鉛毒] 납에 함유된 독기(毒氣). えんどく　lead poisoning

연돌[煙突] 불을 땔 때 연기가 빠지도록 만든 장치. 굴뚝. えんとつ　chimney

연동[連動] 기계 장치 따위에서 일부를 움직이면 그에 연결된 다른 부분도 함께 움직이는 일. 「~ 장치(裝置)」れんどう　gearing

연동[鉛銅] 납과 구리. lead and copper

연동[蠕動] ① 벌레가 굼실거리며 움직임. ② 근육의 수축이 물결처럼 서서히 전파되어 가는 듯한 모양의 운동. 위벽(胃壁)이나 장벽(腸壁)에서 볼 수 있음. ぜんどう　vermiculation

연두[年頭] 해의 첫머리. =연초(年初)·연시(年始)·세초(歲初). 「대통령 ~ 기자 회견」ねんとう　beginning of the year

연두법[年頭法] 그 해의 천간(天干)으로 정월의 월건(月建)을 알아내는 법.

연두사[年頭辭] 연초에 새해 인사를 겸하여 희망과 계획 등을 공식적으로 발표하는 말이나 글. New Year's greetings

연:두색[軟豆色] 누른빛을 띤 연한 풀색. 연둣빛. light green

연두송[年頭頌] 정초(正初)에 새해를 예찬하여 짓는 글. eulogy of the New Year

연등절[燃燈節] 석가의 탄생일인 '사월 초파일'을 이르는 말.

연:락[宴樂] 잔치를 베풀고 즐김. えんらく　merrymaking

연락[連絡·聯絡] ① 서로 관련을 가짐. ② 어떤 사정이나 정보 따위를 서로 알림. れんらく　① connection ② liaison

연락망[連絡網] 서로 연락하기 위한 유선·무선의 통신망, 또는 인적 조직 체계. 「비상 ~」れんらくもう　network of communication

연락부절[連絡不絶] 왕래가 잦아 끊이지 않음.

연락선[連絡船] 호수나 해협 등에서, 양쪽 해안의 교통을 이어 주기 위하여 다니는 배. れんらくせん　ferryboat

연란[鰱卵] 연어의 알. 「~해(醢)」

연래[年來] 여러 해 전부터. 「~의 숙원(宿願)」ねんらい　for years (past)

연려[姸麗] 얼굴이 예쁘고 아름다움. けんれい　charming

연력[年力] 나이와 기력. 나이와 정력. age and energy

연력[年歷] 여러 해에 걸친 내력. 「~을 쌓다」ねんれき　one's career

연령[年齡] 나이. ねんれい　age

연례[年例] 해마다 하게 되어 있는 관례(慣例). 「~ 대회(大會)」ねんれい　yearly custom

연:례[宴禮] 나라에 경사가 있을 때 궁중에서 베풀던 잔치. 「~악(樂)」 court festivities

연로[年老] 나이가 많음. =연만(年晩)·연고(年高). ↔연소(年少). ねんろう　agedness

연로[沿路] ⇨연도(沿道). えんろ

연료[燃料] 열·빛·동력 등을 얻기 위하여 태우는 재료의 총칭. 땔나무·석탄·석유 따위. ねんりょう　fuel

연루[連累·緣累] 남이 저지른 행위에 관련되어 죄를 덮어쓰거나 피해를 입게 됨.「부동산 사기 사건에 ~되다」れんるい　complicity

연륙[連陸] 육지에 이어짐.「~교(橋)」

연륜[年輪] ① 나이테. ② 여러 해 동안 경험이나 노력에 의해 숙련된 정도. ねんりん　① annual ring

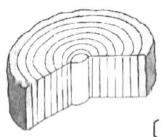
〔연륜①〕

연리[年利] 일 년을 단위로 계산하는 이율(利率). =연변(年邊). ねんり　annual interest

연리지[連理枝] ① 두 나뭇가지가 맞붙어서 나뭇결이 하나로 된 것. ② 화목한 부부나 남녀 사이의 비유. れんり(の)えだ

연립[聯立] 여럿이 어울러 성립함.「~ 주택(住宅)」れんりつ　coalition

연립 방정식[聯立方程式] 둘 이상의 미지수(未知數)를 포함하는 두 개 이상의 방정식이 있을 때, 그 미지수의 값이 주어진 방정식을 동시에 만족시키는 방정식. れんりつほうていしき　simultaneous equations

연마[連馬] 바둑에서, 서로 떨어져 있는 돌들을 이음.

연:마[練磨·鍊磨] 학문이나 기술을 배우고 닦음. れんま　study

연막[煙幕] ① 어떤 군사 행동이나 목표물을 적에게 보이지 않게 하려고 약품을 써서 피워 놓은 짙은 연기. ② 어떤 사실을 숨기기 위하여 그럴듯하게 부리는 수단의 비유. えんまく　① smoke screen

연만[年晚·年滿] 나이가 많음. =연고(年高).　old age

연말[年末] 한 해가 다 저물어 가는 마지막 때. 세밑. =세말(歲末). ねんまつ　year-end

연매[煙煤] ① 그을음. ② 연기에 섞여 나오는 검은 가루. 철매. えんばい　① soot

연:맥[燕麥] 볏과의 재배 식물. 열매는 알코올과 과자의 원료, 또는 가축의 사료로 쓰임. 귀리. =이맥(耳麥).　oats

연맹[聯盟] 둘 이상의 단체나 개인이 공동의 목적을 위하여 서로 돕고 함께 행동할 것을 맹약(盟約)하는 일. 또는 그 조직체. れんめい　league

연면[連綿] ① 끊이지 않고 길게 이어져 있음. ② 오래 계속되어 끊이지 않음. れんめん　continuity

연:면[硯面] 벼루의 먹을 가는 면. けんめん

연멸[煙滅] 연기처럼 흔적 없이 사라짐. =인멸(湮滅). えんめつ　extinction

연명[延命] 목숨을 겨우 이어 감. えんめい　prolongation of life

연:명[捐命] 산 목숨을 버림. えんめい　throwing away one's life

연명[連名·聯名] 두 사람 이상의 이름을 한 곳에 나란히 씀. =연서(連署). れんめい(連名)　joint signature

연몌[連袂] 행동을 같이함. =연공(聯笻). れんぺい　cooperation

연모[年暮] 한 해가 다 저물 무렵. 세밑. =세모(歲暮)·연말(年末).　year-end

연모[淵謀] 깊은 계략. =연도(淵圖). えんぼ

연:모[戀慕] 이성(異性)을 사랑하여 그리워함. れんぼ　love and yearning

연:목[軟木] 질이 무른 나무.　soft timber

연목[椽木] 서까래.　rafter

연목구어[緣木求魚] 나무에 올라가 물고기를 구한다는 뜻으로, 불가능한 일을 무리하게 하려고 함을 비유하여 이르는 말.　attempting the impossible

연무[煙霧·烟霧] 티끌 따위가 대기 중에 떠서 뿌옇게 흐려 보이는 현상. えんむ　mist

연:무[鍊武] 무예(武藝)를 단련함. れんぶ　military exercises

연:묵[硯墨] 벼루와 먹.

연:문[衍文] 글 가운데 쓸데없이 들어간 글귀. えんぶん　pleonasm

연:문[戀文] 연애 편지. =연서(戀書). こいぶみ　love letter

연:문학[軟文學] 남녀 간의 연애·정사(情事) 등을 주제로 한 흥미 중심의 문학. ↔경문학(硬文學). なんぶんがく　light literature

연:미[軟美] 부드럽고 아름나움. =유미(柔美). being mild and beautiful

연:미복[燕尾服] 검은 모직물로 지은 남자의 예복. 상의의 뒤쪽이 제비 꼬리같이 되어 있음. えんびふく　swallow-tailed coat

연미지액[燃眉之厄] 매우 절박하게 닥친 재액(災厄)의 비유.

연민[憐憫·憐愍] 불쌍하고 가련함. 「〜지정(之情)」 れんびん·れんみん　compassion

연발[延發] 예정보다 늦게 출발함. ↔연착(延着). えんぱつ　delayed departure

연발[連發] ①어떤 일이 잇달아 일어남. 「사고(事故) 〜」 ②총이나 화살 따위를 잇달아 쏨. =연방(連放). 「〜총(銃)」 れんぱつ. ② running fire

연발[碾鉢] 약연(藥碾)의 몸체.

연방[連放] ⇨연발(連發).

연방[聯邦] 여러 자치국이 공통의 정치 이념 아래 모여서 이루어진 국가. 「〜 공화국」 れんぽう　federation

연배[年輩] 서로 비슷한 나이. 또는 나이가 서로 비슷한 사람. =연갑(年甲). ねんぱい　similar age

연백[鉛白] 염기성 탄산납. 백색 안료(顔料)로 쓰임. えんぱく　white lead

연벽[聯璧·連璧] ①한 쌍의 옥(玉). ②재주가 뛰어난 두 사람의 친구나 형제. =쌍벽(雙璧). ② two greatest authorities

연변[年邊] 일 년을 단위로 계산하는 이율. =연리(年利). annual interest

연변[沿邊] 국경·강가·철도 등과 같이 길게 이어져 있는 것의 양쪽 지역. border district

연변[緣邊] 둘레 또는 테두리. えんぺん　surroundings

연별[年別] 해에 따라 구별함. ねんべつ

연:병[練兵] 병사를 훈련시킴. 「〜장(場)」 れんぺい　military drill

연보[年報] 어떤 사실이나 사업에 대하여 해마다 한 번씩 내는 보고서나 간행물. ねんぽう annual report

연보[年譜] 사람이 한평생 지낸 일을 연월(年月)의 차례로 적은 기록. ねんぷ chronological personal history

연:보[捐補] ① 재물을 내어서 다른 사람을 도와 줌. =연조(捐助). ② 기독교에서, '헌금(獻金)'을 이르는 말. 「~금(金)」 offering

연보[蓮步] 미인의 아리따운 걸음걸이를 이르는 말. れんぽ graceful steps

연봉[年俸] 1년을 단위로 하여 받는 봉급. =연급(年給). ねんぽう annual salary

연봉[連峰] 죽 이어져 있는 산봉우리. 「알프스 ~」 れんぽう mountain range

연부[年賦] 갚아야 할 돈을 해마다 얼마씩 나누어 내는 일. ねんぷ yearly installment

연부역강[年富力强] 나이가 젊고 혈기가 왕성함. being young and energetic

연분[連墳] 위아래로 잇달아 쓴 부부의 무덤. =상하분(上下墳). tomb of a couple

연분[鉛粉] 납을 원료로 하여 만든 백색 안료. 도료나 그림 물감으로 쓰임. =백분(白粉). えんぷん

연분[緣分] ① 서로 관련을 가지게 되는 인연. ② 부부가 될 인연. 「천생(天生) ~」 ① preordained tie ② fate to have conjugal relation

연:분홍[軟粉紅] 엷은 분홍색. light pink

연불[年拂] ⇨연부(年賦).

연불[延拂] 대금(代金) 지급을 일정 기간 뒤로 늦춤. のべばらい deferred payment

연비[連比] 세 개 이상의 수나 양을 비(比)로 나타낸 것. continued ratio

연비[燃比] 자동차가 1리터의 연료로 달릴 수 있는 거리를 나타낸 수치.

연비[聯臂] ① 사이에 사람을 넣어 소개함. ② 서로 이리저리 알게 됨. ① indirect introduction

연비례[連比例] 연달아 있는 여러 개의 비(比) 중에서 서로 이웃하는 임의의 세 개를 취할 때, 중앙의 것이 양 옆의 것의 비례 중항이 되는 경우의 관계. れんぴれい continued proportion

연사[連査] 사돈의 연줄로 사돈이 되는 관계.

연:사[演士] 연설하는 사람. speaker

연사[鳶絲] 연을 맨 실. 연실. kite string

연사[練絲] 생사(生絲)를 비누나 잿물에 삶은 후 빨아서 희고 부드럽게 만든 실. ねりいと glossed silk thread

연사기[撚絲機] 방직(紡織)에 쓰일 실을 꼬는 기계. ねんしき twisting machine

연산[年産] 1년 동안 생산한 총량. 「~액(額)」 ねんさん yearly output

연산[連山] 죽 잇달아 있는 산. 「~ 연봉(連峯)」 れんざん range of mountains

연:산[演算] 식(式)에 따라 계산하여 답을 구하는 일. =운산(運算). えんざん operation

연상[年上] 서로 비교하여 나이

가 많음. 또는 나이가 많은 그 사람. =수상(手上). ↔연하(年下). としうえ seniority in age

연상[連喪] 연달아 초상이 남. 또는 그 초상. having funeral services in succession 連喪

연:상[硯床] 문방구(文房具)를 올려놓는 작은 책상. desk 硯床

[연상]

연상[鉛商] 연광(鉛鑛)만을 허가하던 시대에, 금이나 은 따위를 캐내어 이를 몰래 팔던 사람. 鉛商

연상[聯想] 한 가지 관념이 다른 관념을 불러일으키는 심리 작용. 「~ 작용」れんそう association of ideas 聯想

연:색[硏索] 연구와 사색. study and meditation 研索

연서[連署] 한 문서에 두 사람 이상이 서명함. =연명(連名). れんしょ joint signature 連署

연서[憐恕] 불쌍히 여겨 용서함. れんじょ 憐恕

연:서[戀書] 연애 편지. =연문(戀文). love letter 戀書

연:석[宴席] 잔치가 베풀어진 자리. =연회석(宴會席). えんせき banquet 宴席

연석[連席] 여러 사람이 한 곳에 죽 늘어 앉음. 또는 그 자리. 「~ 회의(會議)」 sitting together 連席

연:석[硯石] 벼룻돌. すずりいし inkstone 硯石

연석[緣石] 차도(車道)와 보도(步道), 또는 차도와 가로수 사이의 경계가 되도록 늘어놓은 돌. curbstone 緣石

연석[憐惜] 딱하고 애석하게 여김. れんせき 憐惜

연선[沿線] 철도나 큰 도로를 따라 이어져 있는 지역. 「경인(京仁) ~」えんせん place along the railway line 沿線

연:설[演說] 청중(聽衆) 앞에서 자기의 주의·주장·의견 등을 말함. 또는 그 말. 「~문(文)」えんぜつ speech 演說

연:설조[演說調] 연설하는 것 같은 어조(語調). えんぜつちょう oratorical tone 演說調

연성[延性] 물체가 탄성 한계(彈性限界) 이상의 힘을 받아도 파괴되지 않고, 길게 늘어나는 성질. えんせい ductility 延性

연:성[軟性] 무르고 연한 성질. ↔경성(硬性). なんせい softness 軟性

연성[連星·聯星] 공통되는 중심(重心)의 둘레를 돌고 있는 두 개 또는 여러 개의 항성(恒星). れんせい binary star 連星·聯星

연성[緣成] 불교에서, 모든 사물은 인연에 의하여 이루어진다는 말. 緣成

연:성[鍊成] 몸과 마음을 단련하여 이룸. 「~회(會)」れんせい training 鍊成

연:성분[軟性分] 방사선이나 우주선에서, 물질을 통과하는 힘이 약한 부분. ↔경성분(硬性分). なんせいぶん softness 軟性分 宇宙線

연:성 헌:법[軟性憲法] 일반 법률과 같은 개정 절차로 개헌이 가능한 헌법. ↔경성 헌법(硬性憲法). なんせいけんぽう 軟性憲法

연세[年歲] 나이의 높임말. =연치(年齒). ねんさい age 年歲

연:세[捐世] 세상을 버린다는 捐世

뜻으로, 사망(死亡)의 높임말. death

연소[年少] 나이가 어림. ↔연로(年老). ねんしょう youth 年少

연소[延燒] 불길이 번져서 다른 곳까지 탐.「~ 화재(火災)」えんしょう spread of a fire 延燒

연:소[燕巢] ① 제비의 둥지. ② 바다제비의 일종인 금사연(金絲燕)의 둥지. 중국 요리에 쓰임. =연와(燕窩). えんず ① swallow's nest 燕巢 燕窩

연소[燃燒] 물건에 불이 붙어 탐.「~물(物)」ねんしょう combustion 燃燒

연속[連續] 끊이지 않고 죽 이어짐.「~극(劇)」れんぞく continuity 連續

연송[連誦] 책 한 권을 첫머리부터 끝까지 내리 읽음. recitation from the beginning to the end 連誦

연쇄[連鎖] ① 물건의 양편을 잇는 사슬. ② 사물·현상이 서로 연결되어 통일체를 이룬 것.「~ 상가(商街)」れんさ ① chain 連鎖 商街

연쇄극[連鎖劇] 한 편의 내용을 한 무대에서 연극과 영화로 섞어 공연하는 극. れんさげき combination play 連鎖劇

연쇄 반:응[連鎖反應] 한 가지 반응이 계기가 되어 차례차례 계속적으로 일어나는 반응. れんさはんのう chain reaction 連鎖反應

연쇄상 구균[連鎖狀球菌] 사슬 모양으로 된 구균. 화농·단독(丹毒)·편도선염·폐렴 등의 병원균. れんさじょうきゅうきん streptococcus 連鎖狀球菌 丹毒

연쇄점[連鎖店] 여러 군데의 소매 상점을 같은 체계로 조직하여, 같은 상품을 파는 상점. 連鎖店 商店

れんさてん chain store

연수[年收] 한 해 동안의 수입.「~ 천불(千弗)」ねんしゅう annual income 年收

연수[年首] 한 해의 첫머리. 설. =세수(歲首)·연두(年頭)·정초(正初). ねんしゅ the first ten days of January 年首

연수[年數] 햇수. ねんすう number of years 年數

연수[延壽] 수명(壽命)을 늘임. 오래 삶. えんじゅ longevity 延壽

연수[延髓] 척추동물의 뇌의 최하부(最下部)에서 척수(脊髓)의 위끝으로 이어지는 부분. 심장·폐·혈관 등의 운동을 지배하는 중추가 있음. えんずい medulla oblongata 延髓

연:수[娟秀] 용모가 뛰어나게 아름다움.「~ 광려(光麗)」けんしゅう 娟秀

연:수[宴需] 잔치에 소용되는 물건이나 비용.「회갑(回甲) ~」 outlay for a banquet 宴需 回甲

연:수[軟水] 칼슘이나 마그네슘 따위의 광물질이 거의 함유되지 않은 물. 세탁이나 공업 용수에 알맞음. ↔경수(硬水). なんすい soft water 軟水 硬水

연:수[研修] 학문이나 기술 등을 연구하고 닦음.「~생(生)」けんしゅう study and training 研修

연수[淵藪] 못에는 물고기가 모여들고 숲에는 새들이 모여드는 것과 같이, 여러 가지 사물이 모여드는 곳을 이르는 말. =연총(淵叢). えんそう 淵藪 淵叢

연:수[硯水] ① 먹을 갈 물. 벼룻물. ② ⇨연적(硯滴). けんすい 硯水

연수정[煙水晶] 연기가 낀 것 같은 흑갈색 수정. けむりずいしょう smoky quartz 煙水晶

연수표[延手票] 실제 발행일 이후의 날짜를 발행일로 적은 수표. 앞수표. postdated check

연ː숙[練熟] 몸에 익어서 사물에 썩 익숙함. =숙련(熟練). れんじゅく expertness

연ː습[演習] ① 실지로 하는 것처럼 함으로써 익히는 일. 「사격(射擊) ~」 ② 대학에서, 교수 지도 아래 하는 토의나 연구. ③ ⇨ 연습(練習). えんしゅう ① practice ② seminar

연ː습[練習・鍊習] 학문이나 기예 등을 자꾸 되풀이하여 익힘. =연습(演習). 「~ 문제(問題)」 れんしゅう exercise

연ː습기[練習機] 조종이나 폭격 등의 연습에 쓰이는 비행기. れんしゅうき training plane

연ː습선[練習船] 선박의 운항 기술과 해상 실무 등을 훈련하는 데 쓰이는 배. れんしゅうせん school ship

연승[連乘] 셋 이상의 수나 식을 차례로 곱함. れんじょう continued multiplications

연승[連勝] 계속해서 이김. =연첩(連捷). 「연전(連戰) ~」 れんしょう successive victories

연시[年始] 그 해의 첫머리. 설. =세수(歲首)・연두(年頭). ↔연말(年末). ねんし beginning of the year

연ː시[軟柿] 붉고 말랑말랑하게 무르익은 감. 연감. soft persimmon

연시[聯詩] 두 사람 이상이 지은 각각의 구절을 모아 만든 한 편의 한시(漢詩). れんし

연ː식[軟式] 정구・야구 따위에서, 연구(軟球)를 사용하는 경기 방식. ↔경식(硬式). 「~ 정구(庭球)」 なんしき soft type

연실[連失] 야구에서, 연이은 실책. れんしつ continuous errors

연실[鉛室] 안쪽에 두께 약 3 mm의 납을 입힌 거대한 탱크로, 황산 제조에 이용됨. えんしつ

연실[蓮實] 연꽃의 열매. 연밥. =연자(蓮子). lotus pip

연ː심[研尋] 깊이 연구함. =연찬(研鑽). けんじん study

연ː심[戀心] 사랑하여 그리는 마음. こいごころ love

연악[淵嶽] 깊은 못과 큰 산이라는 뜻으로, 침착하여 사소한 일에 흔들리지 않음의 비유.

연안[沿岸] ① 바다・강・호수 등과 접해 있는 육지 부분. ② 육지와 닿아 있는 강・바다・호수 등의 물가. 「서해 ~ 어업」 えんがん coast

연ː안[燕安・宴安] 한가하고 편안함. =연한(燕閒). えんあん peace

연안 어업[沿岸漁業] 해안에서 멀지 않은 바다에서 하는 어업. ↔원양 어업(遠洋漁業). えんがんぎょぎょう coastal fishery

연안해[沿岸海] 한 나라의 영토의 해안선에서 일정한 범위 안에 있는 바다 부분. =영해(領海). えんがんかい territorial seas

연ː애[涓埃] 물방울과 티끌이라는 뜻으로, 매우 하찮은 일이나 썩 작은 물건의 비유. けんあい particle

연ː애[憐愛] 불쌍히 여겨 사랑함. れんあい compassionate love

연ː애[戀愛] 남녀 사이에 서로 특별한 애정을 느껴 그리워하

는 일. 「~ 지상주의(至上主義)」 れんあい　love

연액[年額] 수입·지출·생산액 등의 1년 간의 총계. ねんがく　annual sum

연야[連夜] 매일 밤. 밤마다. ↔ 연일(連日). 「연일(連日) ~」 れんや　night after night

연：약[軟弱] 부드럽고 약함. = 연취(軟脆). なんじゃく　weakness

연：약과[軟藥果] 말랑말랑하게 만든 약과.

연어[鰱魚] 연어과의 바닷물고기. 가을에 강의 상류로 거슬러 올라와 모래 바닥에 알을 낳고 죽음. salmon

여：역[演繹] 일반적인 원리를 전제로 하여, 특수한 다는 사실을 이끌어 내는 것. ↔귀납(歸納). えんえき　deduction

연：연[涓涓] 작은 줄기의 물이 졸졸 흐르는 모양. けんけん　murmuring

연：연[娟娟] ①빛이 산뜻하고 고움. ②예쁘고 아름다움. けんけん　① light color ② beauty

연：연[戀戀] ①애틋하게 그리움. ②미련이 남아서 잊지 못함. れんれん　strong attachment

연염[煙焰] 연기와 불길. 또는 연기 속에서 타오르는 불길. えんえん　smoke and flame

연엽[蓮葉] 연의 잎. 연잎. 「~관(冠)」 はすは　lotus leaf

연：예[演藝] 대중적인 연극·노래·춤·희극 따위의 예능. 또는 관중 앞에서 그런 예능을 공연하는 일. 「~인(人)」 えんげい　entertainments

연：예[鍊銳] 훈련이 잘 된 군사.　crack troops

연：옥[軟玉] 각섬석(角閃石)이나 양기석(陽起石)으로 된 옥의 한 가지. なんぎょく　nephrite

연：옥[煉獄] 가톨릭에서 이르는, 세상에서 지은 소죄(小罪)로 천국에 바로 들지 못할 때 불에 의한 고통을 받음으로써 그 죄를 정화한다는 곳. れんごく　purgatory

연：옥색[軟玉色] 엷은 옥색.　light blue green

연：와[燕窩] 바다제비의 일종인 금사연(金絲燕)의 둥지. 중국 요리에 쓰임. =연소(燕巢). えんか　edible swallow's nest

연：용[娟容·妍容] 예쁜 얼굴. けんよう　beautiful face

연우[煙雨] 안개처럼 부옇게 내리는 이슬비. 는개. えんう　drizzle

연운[年運] 그 해의 운수.　one's lot of the year

연운[煙雲] ①연기와 구름. ②구름같이 피어오르는 연기. えんうん　① smoke and cloud

연원[淵源] 사물의 근원. =본원(本源). えんげん　origin

연：유[煉乳] 진하게 달인 우유. れんにゅう　condensed milk

연유[緣由] ①일의 까닭. ②무슨 일이 거기에서 비롯됨. えんゆ·えんゆう　① reason ② origin

연유[燃油] 연료로 쓰는 기름.　fuel oil

연음[延音] 음악에서, 한 음을 본디의 박자 이상으로 길게 늘이는 일. えんおん　prolonged sound

연음[連音] 앞 음절의 끝소리가 모음으로 시작하는 뒤 음절의 첫소리로 이어져 나는 소리.

「~법칙」れんおん

연:읍[戀泣] 그리워서 욺.

연:의[演義] ① 사실이나 이치를 늘어서 상세히 설명함. ② 중국에서, 역사적 사실을 재구성하여 쉬운 글로 재미있게 쓴 책.「삼국지(三國志)~」えんぎ ① amplification ② popular version

연:이[軟餌] 익혀서 부드럽게 한 모이. soft feed

연:익지모[燕翼之謀] 조상이 자손을 편안하게 도우려는 꾀.

연인[延引] 길게 잡아늘임. えんいん・えんにん elongation

연인[連引] 관계 있는 것을 죽 끌어 댐.

연:인[戀人] 연애의 상대자. =애인(愛人). こいびと lover

연일[連日] 날마다. =매일(每日). ↔연야(連夜). れんじつ day by day

연임[連任] 임기가 끝난 사람을 그 자리에 그대로 머물러 있게 함. れんにん reappointment

연:자[姸姿] 곱고 예쁜 자태. けんし beautiful figure

연:자마[硏子磨] 마소를 부려 곡식을 찧거나 빻는 큰 매. 연자매. 연자방아. large millstone worked by a horse or an ox

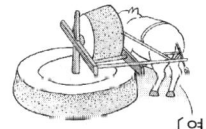

〔연자마〕

연:자주색[軟紫朱色] 연한 자줏빛. light purple

연작[連作] ① 한 땅에 같은 작물을 해마다 심음. ··윤직(輪作). ② 몇 사람의 작가가 한 작품을 나누어 맡아 씀. 또는 그 작품. ③ 문예·미술 등에서 한 사람의 작가가 같은 주제 아래 관련이 있는 몇 개의 작품을 짓는 일. 또는 그 작품. れんさく ① repeated cultivation ② ③ work written by several writers in collaboration

연:작[燕雀] ① 제비와 참새. ② 도량이 좁은 사람의 비유. えんじゃく ① swallow and sparrow ② narrow-minded person

연장[年長] 견주어 보아 나이가 많음. 또는 그 사람.「~자(者)」ねんちょう seniority

연장[延長] 일정 기준보다 길이 또는 시간을 늘임.「~전(戰)」えんちょう extension

연장[連將] 장기를 둘 때, 계속해서 장을 부르는 일. =연장군(連將軍).

연장[連牆] 담이 맞닿음. linking of walls

연장선[延長線] ① 구불구불한 것을 곧게 편 것으로 보는 선. ② 어떤 직선의 한쪽 끝에서 그 방향으로 길게 더 늘인 선. えんちょうせん ② extension line

연장전[延長戰] 운동 경기에서, 정해진 횟수나 시간 안에 승부가 나지 않을 때, 횟수나 시간을 연장해서 계속하는 경기. えんちょうせん extended game

연재[連載] 신문·잡지 등에서, 긴 원고를 몇 토막으로 나누어 계속 싣는 일.「~소설」れんさい serial publication

연:적[硯滴] 벼룻물을 담는 조그만 그릇. =수승(水丞)·수적(水滴)·연수(硯水). けんてき

container for ink slab water
연:적[戀敵] 자기가 사랑하는 사람을 사랑하고 있는, 경쟁적인 상대자. こいがたき
rival in love
연전[年前] 몇 해 전. 두서너 해 전. some years ago
연전[連戰] 계속해서 여러 번 싸움. 「～ 연승(連勝)」 れんせん
successive battles
연:전[硯田·研田] 글 쓰는 사람들이, 생계로 이용되는 벼루를 밭에 비유한 말. けんでん
연:전[揀箭] 활쏘기 연습을 할 때, 무겁에 떨어진 화살을 주워 오는 일. 「～동(童)」
arrow collecting
연접[連接] 맞닿음. れんせつ
connection
연:정[戀情] 이성(異性)을 그리는 마음. ＝염정(艶情). れんじょう
tender passion
연:제[演題] 연설이나 강연의 제목. えんだい subject
연조[年祚] ① 나라의 수명. ② 사람의 수명. ③ 임금의 재위연수(在位年數). ① tenure of country ② span of life ③ years of king's reign
연:조[捐助] 금품을 내어 남을 도와 줌. ＝연보(捐補). 「～금(金)」 えんじょ charity
연좌[連坐] ① 같은 자리에 나란히 앉음. 「～ 데모」 ② 남이 저지른 죄에 관련되어 처벌을 받음. れんざ ① sitting down in a row ② implication
연좌[緣坐] 역모(逆謀) 등의 중대한 범죄에서, 범죄자의 친척이나 인척까지 처벌하던 지난날의 형벌 제도. えんざ
implication
연주[連珠] 바둑의 오목(五目). れんじゅ
연:주[演奏] 악기를 다루어 곡(曲)을 나타내는 일. 「～회(會)」 えんそう performance
연:주법[演奏法] 연주하는 방법. 준주법(奏法).
연죽[煙竹] 담뱃대.
tobacco pipe
연중[年中] 한 해 동안. 「～ 행사(行事)」 ねんじゅう
all the year
연즉[然則] 그러면. 그러하니. if so
연증세:가[年增歲加] 해를 거듭할수록 점점 더하여 늘어남.
yearly increase
연지[連枝] 한 뿌리에서 나란히 뻗은 가지라는 뜻으로, 형제 자매를 일컬음. れんし
brothers and sisters
연:지[硯池] 벼루 한쪽에 오목하게 팬, 물을 붓는 부분. けんち
hollow part of an inkstone
연지[蓮池] 연을 심은 못. 연못. ＝연당(蓮塘). れんち
lotus pond
연지[撚紙] 책 따위를 매기 위해 손 끝으로 비벼 꼰 종이 끈.
연:지[臙脂] 잇꽃의 꽃잎에서 뽑아 만든 붉은 안료(顔料). 여자의 얼굴 화장에 쓰였음. えんじ
rouge
연직[鉛直] ① 중력(重力)의 방향. ② 어떤 직선이 다른 직선이나 평면에 대하여 수직인 방향. 「～선(線)」 えんちょく ② perpendicular
연:질[軟質] 부드럽고 연한 성질. 또는 그러한 물질. ↔경질(硬質). なんしつ soft quality
연차[年次] ① 나이의 차례. ② 햇수의 차례. 「～ 계획(計畫)」 ねんじ order by year

연차[連次] 여러 차례를 계속하여. 번번이. repeatedly

연차[聯借] 여러 사람이 공동 명의로 돈이나 물건을 빌림. れんしゃく solidarity debt

연차 대:회[年次大會] 해마다 정기적으로 여는 대회. ねんじたいかい annual meeting

연착[延着] 예정보다 늦게 도착함. ↔연발(延發). えんちゃく late arrival

연:찬[研鑽] 지식이나 학문을 깊이 연구함. =연심(研尋). けんさん study

연:채[軟彩] 도자기에 칠하는 연하고 고운 빛깔. ↔경채(硬彩).

연:철[軟鐵] 탄소 함유량이 적은 철. なんてつ soft iron

연철[鉛鐵] 납과 철분이 섞여 있는 광석. えんてつ

연철[鍊鐵] ① 잘 단련된 쇠. ② 탄소 함유량이 0.2% 이하인 연철(軟鐵). =단철(鍛鐵). れんてつ wrought iron

연첩[連捷] 계속해서 이김. =연승(連勝). れんしょう straight victories

연체[延滯] 기한이 지나도록 책임을 이행하지 않음. 「~이자(利子)」 えんたい delay

연:체동:물[軟體動物] 몸에 뼈가 없고 피부가 부드러우며 주로 물 속에서 아가미로 호흡하며 사는 동물. 조개·낙지·해삼 따위. なんたいどうぶつ Mollusca

연체료[延滯料] 세금 등을 연체했을 때 그 지난 기간에 따라 더 무는 돈. えんたいりょう arrears

연초[年初] 그 해의 첫머리. 새해 초. =정초(正初)·연두(年頭). ↔연말(年末). ねんしょ beginning of the year

연초[煙草] 담배. たばこ tobacco

연총[淵叢] ⇨연수(淵藪). えんそう

연축[攣縮] 자극을 받은 근육이 흥분되어 오그라들었다가 다시 펴져 본디의 상태로 되돌아가는 과정. れんしゅく

연:출[演出] 영화·연극·방송 등에서, 각본에 따라 배우나 출연자의 행동·무대 장치·조명·음향 효과 등을 지시하고 종합하여 하나의 작품으로 만드는 일. 「~가(家)」 えんしゅつ direction

연충[蠕蟲] 몸이 가늘고 길며, 꿈틀거려 기어다니는 벌레의 총칭. 지렁이·거머리 따위. ぜんちゅう worm

연치[年齒] 나이의 높임말. =연세(年歲). ねんし age

연타[連打] 연속해서 때리거나 침. れんだ beating repeatedly

연탄[連彈·聯彈] 한 대의 피아노를 두 사람이 동시에 연주함. れんだん four-hand playing

연:탄[煉炭] 분탄(粉炭)을 반죽해서 일정한 형태로 굳힌 연료. れんたん briquette

연통[煙筒] 양철 따위로 둥글게 만든 굴뚝. えんとう chimney

연투[連投] 야구에서, 한 투수가 두 게임 이상을 연속 등판(登板)하여 공을 던짐. pitching in successive games

연파[連破] 싸움이나 경기에서 상대를 잇달아 물리침. れんぱ successive victories

연파[煙波] ① 자욱히 끼어서 물결처럼 보이는 연기. ② 멀리 안개가 자욱하게 낀 수면

(水面). えんぱ ① volumes of smoke ② hazy sea

연판[連判] 하나의 문서에 두 사람 이상이 연명(連名)하고 도장을 찍음. 「~장(狀)」 련판·련반 joint signature

연판[鉛版] 활자 조판(組版)의 원판에서 뜬 지형(紙型)에 납·석·안티몬의 합금을 녹여 부어서 만든 인쇄판. えんぱん stereotype

연패[連敗] 싸울 때마다 연달아 짐. ↔연승(連勝). 「연전(連戰)~」 련패 successive defeats

연패[連覇] 운동 경기 등에서 잇달아 우승함. れんぱ successive victories

연평수[延坪數] 너비 홈으로 된 건물에서, 각층(各層)의 평수를 모두 합친 평수. のべつぼすう total floor space

연:포[練布] 누인 베. 빤 베. ↔생포(生布). ねりぬの

연포지목[連抱之木] 아름드리 나무.

연표[年表] 역사상의 사건을, 일어난 연대순(年代順)으로 벌여 적은 표. =연대표(年代表). ねんぴょう chronology

연풍[年豊] 풍년이 듦. ↔연흉(年凶). 「시화(時和)~」 good crop

연:풍[軟風] 솔솔 부는 바람. 솔솔바람. なんぷう gentle breeze

연풍[連豊] 여러 해를 계속해서 드는 풍년. ↔연흉(連凶). fruitful years in succession

연필[鉛筆] 필기 도구의 한 가지. 흑연(黑鉛)·점토(粘土)·백악(白堊) 등을 섞어 만든 심을 가는 나뭇대에 박은 것. えんぴつ pencil

연필목[鉛筆木] 북미(北美)에서 산출되는 향나뭇과의 상록교목. 연필재·정원수로 쓰임. 연필향나무. えんぴつ(の)き red cedar

연하[年下] 서로 비교하여 나이가 적음. =수하(手下). ↔연상(年上). としした juniority

연하[年賀] 신년을 축하함. 「~장(狀)」 ねんが New Year's greetings

연하[煙霞] ① 연기와 놀. ② 고요한 산수(山水)의 경치. えんか ① smoke and glow

연하[嚥下] 꿀떡 삼켜서 넘김. えんか·えんげ swallowing

연하고질[煙霞痼疾] 산수(山水)를 사랑하여 유람을 즐기는 성벽(性癖)을, 고치기 어려운 병에 비유하여 이르는 말. =연하지벽(煙霞之癖)·천석고황(泉石膏肓). えんか(の)こしつ

연하 우편[年賀郵便] 새해를 축하하기 위해 주고받는 우편. ねんがゆうびん New Year's mail

연:학[研學] 학문을 연구함. けんがく pursuing studies

연한[年限] 정해진 햇수. =연기(年期). 「복무(服務) ~」 ねんげん term

연합[聯合] 두 가지 이상의 사물이 합하여 하나의 조직체를 만듦. 또는 그 조직체. 「~회(會)」 れんごう union

연합국[聯合國] 어떤 목적을 위해 연합한 두 개 이상의 나라들. れんごうこく allies

연합 함:대[聯合艦隊] 두 개 이상의 함대, 또는 두 나라 이상의 함대를 연합해서 편성한

함대. れんごうかんたい
combined fleet

연해[沿海] ① 바다에 연(沿)해 있는 육지 부분. ② 육지에 연해 있는 바다 부분. 「~ 어업(漁業)」えんかい
① coast ② inshore

연해[煙害] 연기의 독(毒)으로 인한 공해(公害). 특히 공장의 굴뚝, 또는 화산에서 나오는 연기로 인한 것. えんがい
injury from smoke

연해[煙海] ① 안개가 낀 바다. ② 바다같이 퍼져 있는 안개.
① hazy sea

연해 상업[沿海商業] 한 나라의 해안선에 있는 여러 항구 사이를 왕래하면서 하는 무역. =연안 무역(沿岸貿易). えんかいしょうぎょう
coastal trade

연해안[沿海岸] 바닷가를 따라 이어져 있는 육지. =해안(海岸). えんかいがん coast

연행[連行] 데리고 함께 감. 특히 경찰이 범인이나 용의자(容疑者)를 경찰서로 데리고 가는 일. れんこう taking

연:향[宴享·醼享] 국빈(國賓)을 대접하는 잔치. feast given to a national guest

연:향[宴饗] 잔치를 베풀어 손을 접대함. banquet

연혁[沿革] 사물이 변천해 온 내력. 「회사(會社) ~」えんかく
history

여:혁[研革] 면도칼 따위를 가는 데 쓰는 가죽. とぎかわ
razor strap

연형동:물[蠕形動物] 편형(扁形)·윤형(輪形)·환형(環形)동물 등 몸이 가늘고 길며 연동운동을 하는 동물의 총칭. ぜ

んけいどうぶつ

연호[年號] 임금의 재위(在位) 연대에 붙이는 칭호. 광무(光武)·융희(隆熙) 따위. ねんごう name of an era

연호[連呼] 계속해서 부름. れんこ repeated call

연홍[緣紅] 전두리를 붉은으로 칠한 도자기.

연:홍지탄[燕鴻之歎] 여름새인 제비와 겨울새인 기러기가 만나지 못하듯이, 길이 어긋나서 서로 만나지 못함을 한탄하는 일.

연:화[軟化] 단단하던 것이 무른 상태로 변함. ↔경화(硬化). なんか softening

연화[煙火] 인가(人家)에서 나는 밥 짓는 연기. =인연(人煙). えんか

연화[蓮花] 연꽃. 「~등(燈)」
lotus flower

연:활[軟滑] 부드럽고 매끄러움.

연회[年會] 일 년에 한 번 여는 집회. ねんかい
an annual meeting

연:회[宴會] 여러 사람이 모여 베푸는 잔치. 「~석(席)」えんかい banquet

연후[然後] 그런 뒤. 그러고 나서. after that

연훈[煙薰] 연기로 말미암은 훈훈한 기운.

연휴[連休] 쉬는 날이 이틀 이상 이어짐, 또는 이어지는 휴일. 「황금(黃金) ~」れんきゅう
consecutive holidays

연휼[憐恤] 불쌍히 여겨 금품으로 도와 줌. れんじゅつ relief

연흉[連凶] 계속해서 드는 흉년. ↔연풍(連豐).
successive lean years

열[咽] 목멜 열: 목메다. 「오열 鳴咽

(嗚咽)」

열[悅]* 기쁠 열: 기쁘다. 「悅樂(열락)・大悅(대열)・喜悅(희열)・愉悅(유열)・悅服(열복)」 エツ・よろこぶ

열[熱]* ① 더울 열: 덥다. 뜨겁다. 「熱火(열화)・熱帶(열대)・熱氣(열기)・炎熱(염열)」 ② 열중할 열: 열중하다. 「熱誠(열성)・熱烈(열렬)・熱心(열심)・熱演(열연)・熱中(열중)」 ネツ ① あつい

열[閱] 볼 열: 보다. 살피다. 「校閱(교열)・檢閱(검열)・閱覽(열람)・査閱(사열)・閱兵(열병)」 エツ・けみする

열감[熱疳] 뺨이 붉어지고 입속이 타며, 변비증이 생기고 몸이 여위어 가는 어린아이의 심병(疳病).

열강[列強] 여러 강대한 나라들. 「~제국(諸國)」 れっきょう great powers

열개[裂開] 찢어서 벌림. 또는 찢어져 벌어짐. れっかい dehiscence

열거[列擧] 여러 가지를 하나씩 들어서 말함. れっきょ enumeration

열과[裂果] 익으면 껍질이 저절로 벌어져 씨가 떨어지는 과실. 밤・도토리 따위. dehiscent fruit

열광[烈光] 몹시 강한 빛. glare

열광[熱狂] 너무 좋거나 몹시 흥분하여 미친 듯이 날뜀. 「~적(的)인 환성(歡聲)」 ねっきょう enthusiasm

열구[噎嘔] ① 목이 메어서 토함. ② 웃으며 이야기하는 소리.

열구자탕[悅口子湯] 신선로에 어육(魚肉)과 채소를 넣고 그 위에 각종 과실 따위를 얹어 끓인 음식. =탕구자(湯口子)・준열구자(悅口子)・구자탕(口子湯).

열구지물[悅口之物] 입에 맞는 음식물. delicacies

열국[列國] 여러 나라. =열방(列邦). れっこく nations

열궁형[劣弓形] 반원(半圓)보다 작은 활꼴. ↔우궁형(優弓形).

열기[列記] 죽 잇달아 적음. 또는 그 기록. =열록(列錄). れっき enumeration

열기[熱氣] ① 더운 기운. 더위. =서기(暑氣). ↔냉기(冷氣). ② 높아진 체온(體溫). =신열(身熱). ③ 흥분된 분위기. ねっき ① hot air ② feverishness ③ heated atmosphere

열기관[熱機關] 열에너지를 기계적인 에너지로 바꾸는 원동기의 총칭. 내연(內燃) 기관과 외연(外燃) 기관으로 나뉨. ねっきかん heat engine

열기 요법[熱氣療法] 전도열(電導熱)을 이용한 온열요법(溫熱療法)의 하나. 환자에게 뜨거운 공기를 쐬게 하여 신경성・순환성 질병을 고치는 치료법임. =열기욕(熱氣浴). ねっきりょうほう hot-air treatment

열녀[烈女] 절개를 굳게 지킨 여자. =열부(烈婦). れつじょ virtuous woman

열녀비[烈女碑] 열녀를 기리기 위하여 그 행적(行蹟)을 적어서 세우는 비석. れつじょひ monument for a virtuous woman

열뇌[熱惱] 몹시 심한 고뇌(苦惱). severe distress

열뇨[熱鬧] 많은 사람이 모여 크게 떠들썩함. ねっとう

열대[列代] 거듭되는 여러 대.

=대 대(代代)·역 대(歷代). 「~의 임금」れつだい successive generations

열대[熱帶] 적도(赤道)를 중심으로 남회귀선과 북회귀선 사이에 있는 지대. 연평균 기온이 20℃ 이상으로 고온 다습함. ↔한대(寒帶). ねったい tropics

열대림[熱帶林] 열대 지방에 발달해 있는 삼림대(森林帶). ↔한대림(寒帶林). ねったいりん tropical forest

열대성[熱帶性] 열대 지방 특유의 성질. ねったいせい

열대 식물[熱帶植物] 열대 지방에서 자라는 모든 식물. 온대 식물보다 크고 잎·꽃이 아름답고 진기함. ねったいしょくぶつ tropical flora

열대어[熱帶魚] 열대 지방에서 서식하는 물고기. 진기한 형태와 아름다운 색채를 가진 것이 많아 관상용으로 기름. ねったいぎょ tropical fish

열도[列島] 줄지은 모양으로 이어 있는 여러 개의 섬들. れっとう archipelago

열도[熱度] ① 열의 도수(度數). ② 열심히 하거나 정열(情熱)을 쏟는 정도. ねつど
① degree of heat ② degree of enthusiasm

열독[閱讀] 책 따위를 죽 훑어 읽음. えつどく perusal

열등[劣等] 보통보다 떨어짐. 평균적인 수준인 것괴 비교해서 뒤떨어지고 있음. ↔우등(優等). れっとう inferiority

열등감[劣等感] 자기가 남보다 못하다는 생각. ↔우월감(優越感). れっとうかん inferiority complex

열등 의:식[劣等意識] 자기가 남보다 열등하다고 느끼는 의식. れっとういしき inferiority consciousness

열락[悅樂] 기쁘고 즐거워함. えつらく pleasure

열람[閱覽] 책이나 문서 등을 죽 훑어보거나 조사해 봄. 「신문(新聞) ~」 えつらん inspection

열량[熱量] 열을 에너지의 양으로 나타낸 것. 칼로리(calorie)를 단위로 함. 「~계(計)」ねつりょう heat value

열력[閱歷] 겪어 온 이력. =경력(經歷). えつれき career

열렬[熱烈] 어떤 것에 대한 애정이나 태도가 대단히 맹렬함. 「~한 환영(歡迎)」ねつれつ enthusiasm

열렬[熱裂] 열로 말미암아 광물(鑛物) 등이 갈라지는 현상. ねつれつ

열록[列錄] ⇨열기(列記). 列錄

열론[熱論] 열기를 띤 논의(論議). ねつろん fiery argument

열루[熱淚] 몹시 감격해서 흘리는 눈물. ねつるい hot tears

열립[列立] 여럿이 죽 늘어섬. れつりつ standing in a row

열망[熱望] 간절히 바람. =절망(切望). 「통일을 ~하다」ねつぼう ardent wish

열매[熱罵] 심하게 꾸짖음. ねつば scolding extremely

열명[列名] 여러 사람의 이름을 나란히 적음. listing of names

열목[悅目] 눈을 즐겁게 함. 또는 보고 즐김.

열문[熱門] 세도가 있어 많은 사람들이 드나드는 집. influential family

열박[劣薄] 못나고 경박함.

being stupid and frivolous

열반[涅槃] ①불교에서, 도를 완전히 이루어 일체의 고통과 번뇌(煩惱)에서 해탈(解脫)한 경지(境地). ②불교에서, 수도승의 죽음을 이르는 말. =입멸(入滅)·입적(入寂). ねはん ① Nirvana ② death of a Buddhist priest

열변[熱辯] 열렬한 웅변. 열띤 변론. ねつべん fervent speech

열병[閱兵] 군대를 사열함. えっぺい inspection of troops

열병[熱病] 몸에 열이 대단히 심한 병. 전염성인 것이 많음. ねつびょう fever

열복[悅服] 기쁜 마음으로 복종함. えっぷく willing submission

열복사[熱輻射] 물체 내부의 이온이나 전자의 열 운동에 의해 전자기파(電磁氣波)가 방사(放射)되는 현상. ねつふくしゃ heat radiation

열부[烈夫] 절개가 굳은 남자. れっぷ loyal man

열부[烈婦] 정조를 굳게 지킨 여자. =열녀(烈女). れっぷ chaste woman

열비[劣比] 전항(前項)의 값이 후항(後項)의 값보다 작은 비. ↔우비(優比). minor ratio

열사[烈士] 나라를 위하여 절의(節義)를 굳게 지키다가 죽은 사람. 「순국(殉國) ~」 れっし patriot

열사[熱砂] 햇볕을 받아 뜨거워진 모래. ねっさ·ねっしゃ hot sand

열상[裂傷] 피부가 찢어진 상처. =열창(裂創). れっしょう laceration

열서[熱暑] 날씨가 매우 더움. ねっしょ sultriness

열석[列席] 자리에 죽 벌여 앉음. =열좌(列坐). れっせき attendance

열선[熱線] ①파장이 가시광선보다 길며 극초단파보다 짧은 전자파. =적외선(赤外線). ②전류(電流)를 통하면 열이 발생하도록 되어 있는 도선(導線). ねっせん ① infrared rays ② hot wire

열성[劣性] 유전학에서, 유전하는 형질 중 한쪽 어버이로부터 받은 형질이 잡종 제1대에는 나타나지 않고 잠재하여 있다가 그 후대에 나타나는 형질. =잠성(潛性). ↔우성(優性). 「~ 형질(形質)」 れっせい inferiority

열성[列聖] ①역대(歷代)의 임금. 「~조(朝)」 ②여러 성인. れっせい ① successive king ② a number of saints

열성[熱誠] 열렬한 정성. 「~적(的)」 ねっせい earnestness

열세[列世] 지나온 여러 세대. =역대(歷代)·역세(歷世). れっせい successive generations

열세[劣勢] 힘이나 형세 따위가 상대편보다 약함. 또는 그런 상태. ↔우세(優勢). れっせい inferiority in strength

열수[熱水] ①뜨거운 물. ②마그마가 식어서 굳어질 때에 정출(晶出)되는 고온의 수용액(水溶液). ねっすい ① hot water

열습[熱濕] 뜨겁고 축축함. being hot and moist

열시[閱視] 자세히 살펴봄. inspection

열심[熱心] 어떤 일에 깊이 열정을 쏟음. ねっしん zeal

열씨 온도계[列氏溫度計] 빙점(氷點)을 0도, 비점(沸點)을 80도로 하는 온도계. れっしおんどけい
Reaumur thermometer

열악[劣惡] 품질·형편·성질 따위가 뒤떨어지고 나쁨. れつあく
poorness

열안[悅眼] 눈을 즐겁게 함. 또는 보고 즐김. =열목(悅目).
pleasing the eye

열애[熱愛] 열렬히 사랑함. ねつあい
ardent love

열약[劣弱] 열등하고 약함. れつじゃく
weakness

열연[熱演] 열렬하게 연기(演技)를 함. 또는 그 연기. ねつえん
ardent performance

열외[列外] ① 늘어선 줄의 바깥. ② 어떤 몫이나 축에 들지 못한 부분. れつがい
① outside of a row

열용량[熱容量] 어떤 물질의 온도를 1℃ 올리는 데 필요한 열량(熱量). ねつようりょう
heat capacity

열원[熱源] 열을 공급하는 근원. 열이 생기는 근원. ねつげん
heat source

열원[熱願] 널렬히 바람. =열망(熱望). ねつがん
ardent desire

열위[劣位] 남보다 못한 자리나 지위. ↔우위(優位). れつい
inferior position

열읍[列邑] 여러 고을. 여러 읍.
every town

열의[熱意] 열성을 다하는 마음. ねつい
zeal

열일[烈日] 뜨겁게 내리쬐는 해. れつじつ
scorching sun

열장부[烈丈夫] 절개가 굳은 남자. れつじょうふ
patriotic man

열재[劣才] 보잘것없는 재주. 또는 그런 사람. れっさい
inferior man

열전[列傳] 여러 사람의 전기를 차례로 벌여 적은 책. れつでん
series of biographies

열전[熱戰] ① 있는 힘을 다하여 격렬하게 싸우는 경기. ② 무력(武力)에 의한 실제적인 싸움을 '냉전(冷戰)'에 상대하여 이르는 말. ねっせん
① hot contest ② hot war

열전류[熱電流] 열전쌍(熱電雙)의 기전력에 의해 회로에 생기는 전류. ねつでんりゅう
thermoelectric current

열전쌍[熱電雙] 두 종류의 금속의 선을 고리 모양으로 연결하고 접점(接點) 사이에 온도차를 주어 전류를 일으키는 장치. 온도계에도 사용함. =열전대(熱電對)·열전지(熱電池).
thermocouple

열전자[熱電子] 높은 온도로 가열한 금속이나 반도체의 표면에서 방출되는 전자. ねつでんし
thermoelectron

열정[劣情] ① 비열한 생각. ② 추한 정욕(情慾). れつじょう
② low passions

열정[熱情] ① 열렬한 애정. ② 어떠한 일에 열중하는 마음. 「음악에 ～을 쏟다」ねつじょう
① ardent love ② ardor

열좌[列坐] 여러 사람이 자리에 죽 벌여 앉음. =열석(列席). れつざ
attendance

열중[熱中] 한 가지 일에만 정신을 쏟음. ねっちゅう
absorption

열진[烈震] 진도(震度) 6의 지진. 가옥이 30% 가량 무너지

열차[列次] 벌여 놓은 차례. れつじ　order

열차[列車] 여러 개의 차량을 연결시켜서 운행하는 기차나 전동차.「급행(急行)~」れっしゃ　train

열창[裂創] 피부가 찢어진 상처. =열상(裂傷). れっそう　laceration

열창[熱唱] 노래 따위를 열심히 부름. ardent singing

열천[冽泉] 맑고 찬 샘물. cold mineral spring

열철[熱鐵] 뜨겁게 달아오른 쇠. ねってつ　molten iron

열탕[熱湯] 끓는 국이나 끓는 물. ねっとう　boiling water[soup]

열패[劣敗] 남보다 열등하여 패함. ↔우승(優勝).「우승(優勝)~」れっぱい　defeat

열팽창[熱膨脹] 물체의 온도가 올라감에 따라 그 부피가 커지는 현상. ねつぼうちょう　thermal expansion

열품[劣品] 품질이 낮은 물건. ↔양품(良品). inferior article

열풍[烈風] 세차게 부는 바람. れっぷう　gale

열풍[熱風] 열기(熱氣)가 있는 뜨거운 바람. ↔냉풍(冷風). ねっぷう　hot wind

열학[熱學] 물질의 열 현상을 연구하는 물리학의 한 분야. ねつがく　thermotics

열한[烈寒] 몹시 심한 추위. =혹한(酷寒). ↔폭서(暴暑). biting cold

열혈[熱血] 끓는 피라는 뜻으로, 격렬한 열정을 지녔음의 비유.「~한(漢)」ねっけつ　fervent zeal

열화[烈火] 맹렬하게 타는 불. れっか　blazing fire

열화[熱火] ① 뜨거운 불길. ② 매우 급한 화증(火症). ① raging flames ② fiery rage

열후[列侯] ⇨제후(諸侯). れっこう

염[炎]* ① 불꽃 염 : 불꽃. 덥다.「火炎(화염)·炎上(염상)」② 더울 염 : 덥다. 뜨겁다.「炎暑(염서)·炎熱(염열)·暴炎(폭염)·炎方(염방)」エン ① ほのお

염:[染]* ① 물들일 염 : 물들이다. 염색하다.「染色(염색)·染料(염료)·染筆(염필)」② 옮을 염 : 옮다.「傳染(전염)·染病(염병)·染疫(염역)·染俗(염속)」セン·ゼン ① そめる

염[焰] 불꽃 염 : 불꽃.「氣焰(기염)·火焰(화염)·陽焰(양염)」エン·ほのお

염[塩] ⇨염(鹽).

염:[厭] 싫을 염 : 싫다. 물리다.「厭症(염증)·厭忌(염기)·厭飫(염어)·厭足(염족)·厭世(염세)·厭惡(염오)」エン·オン·いとう·あきる

염[髥] 구레나룻 염 : 구레나룻.「鬚髥(수염)」ゼン·ひげ

염[閻] ① 염라 염 : 염라 대왕.「閻羅國(염라국)·閻羅王(염라왕)」② 마을 염 : 마을.「閻閭(여염)」エン

염:[艶] 아름다울 염 : 곱다. 아름답다.「艶妓(염기)·艶美(염미)·艶書(염서)·艶語(염어)·豐艶(풍염)」エン·つや·なまめかしい

염[鹽]* "塩"은 俗字. 소금 염 : 소금.「鹽田(염전)·鹽氣(염

기)・鹽類(염류)・食鹽(식염)・鹽水(염수)・天日鹽(천일염)」エン・しお

염가[廉價] 싼값. れんか 廉價
   low price

염:가[艶歌] 연모(戀慕)의 정을 담은 노래. =연가(戀歌). えんか 艶歌
   love song

염강수[鹽薑水] 생강즙과 소금을 한데 넣고 끓인 물. 약용임. 鹽薑水

염개[廉介] ⇨염결(廉潔). 廉介

염객[廉客] 어떤 일의 사정이나 내막 등을 몰래 조사하는 사람. 염탐꾼. 염문꾼. 廉客
   spy

염검[廉儉] 청렴하고 검소함. 廉儉
   integrity and frugality

염결[廉潔] 청렴하고 결백함. =염개(廉介). 「~지사(之士)」れんけつ 廉潔
   integrity

염:경[念經] 가톨릭에서, 기도문을 욈. 念經

염:고[厭苦] 싫어하고 괴로워함. 厭苦
   detestation

염:구[殮具] 염습할 때에 쓰이는 모든 기구. 殮具

염구[簾鉤] 발을 걷어올려서 거는 갈고리. 簾鉤
   hook

염:금[斂襟] 삼가 옷깃을 바로 잡음. 斂襟
   adjusting oneself

염:기[厭忌] 싫어하고 꺼림. =염오(厭惡). 厭忌
   abhorrence

염:기[艶氣] 요염한 기색. 艶氣
   tempting beauty

염기[鹽氣] 소금기. 소금분이 섞인 축축한 기운. しおけ 鹽氣
   saltiness

염기[鹽基] 산(酸)과 반응하여 염을 만드는 수산화물. ↔산(酸). えんき 鹽基
   base

염기성[鹽基性] 산과 중화하여 염을 만드는 성질. 알칼리성. ↔산성(酸性). えんきせい 鹽基性

염:념[念念] ①항상 잊지 않고 念念 생각함. 「~불망(不忘)」②여러 가지 생각. ねんねん 不忘
   ① bearing in mind always ② many thoughts

염:념불망[念念不忘] 자꾸 생각이 나서 잊지 못함. 不忘

염담[恬淡・恬澹] 욕심이 없이 담박함. てんたん 恬淡 恬澹
   disinterestedness

염대구[鹽大口] 소금에 절여 말린 대구. 鹽大口
   salted codfish

염:독[念讀] 주의 깊게 생각하며 읽음. 念讀
   intensive reading

염:두[念頭] 마음 속. 생각. =심두(心頭). 「~에 두다」ねんとう 念頭
   mind

염라 대:왕[閻羅大王] 불교에서, 사람이 죽으면 그의 생전의 선악(善惡)을 심판한다는 염라국의 왕. =염마(閻魔). 閻羅大王
   King of Hell

염량[炎涼] ①더위와 추위. ②세태를 판단하고 선악을 분별하는 슬기. ③세력의 성함과 쇠함. 「~세태(世態)」えんりょう 炎涼
   ① heat and cold ③ rise and fall

염량주의[炎涼主義] 세력이 좋은 편으로 아첨하여 붙좇는 기회주의. えんりょうしゅぎ 炎涼主義
   opportunism

염:려[念慮] 마음을 놓지 못함. 걱정함. ねんりょ 念慮
   anxiety

염:려[艶麗] 모습이나 태도가 곱고 아름다움. えんれい 艶麗
   elegant beauty

염:력[念力] ①어떤 일에 온갖 정력을 쏟는 마음. ②정신을 집중하여 손을 대지 않고도 물건을 움직이는 초능력의 한 가지. ③불교에서 이르는 오력(五力)의 하나. 생각을 바로하여 못되고 악한 마음을 버 念力

리는 일. ねんりき
염:료[染料] 물건에 빛깔을 물들이는 색소가 되는 물질. 물감. せんりょう　dyes
염류[鹽類] 염분이 들어 있는 물질의 종류. えんるい　salts
염:리[厭離] 속세(俗世)가 싫어 떠남. 「～예토(穢土)」えんり　forsaking the world
염마[閻魔] ⇨염라 대왕(閻羅大王). えんま
염마장[閻魔帳] 염라 대왕이 죽은 사람의 생전의 죄상을 낱낱이 기록한 장부. えんまちょう
염:망[念望] 무엇이 이루어지기를 바람. =소망(所望)·소원(所願)·원망(願望). ねんもう　wish
염매[廉買] 싸게 삼. 헐값에 삼.
염매[廉賣] 싸게 팖. 헐값으로 물건을 팖. れんばい　bargain sale
염문[廉問] 사정이나 형편 따위를 남모르게 물어 봄.　secret inquiry
염:문[艶文] 연애 편지. =여문(戀文)·염서(艶書). えんぶん　love letter
염:문[艶聞] 남녀 간의 연애나 정사에 관한 소문. えんぶん　rumor of a love affair
염:미[艶美] 요염하게 예쁨. えんび　amorous beauty
염밀[恬謐] 고요하고 평안함.　calmness
염:박[厭薄] 싫고 미워서 쌀쌀하게 대함.　cold treatment
염반[鹽飯] 소금을 반찬으로 하는 밥이라는 뜻으로, 변변치 못하게 차린 밥상. 소금엣밥.　plain diet
염발[炎魃] ①가뭄. ②가뭄을 가져온다는 귀신. =한발(旱魃).

① drought
염:발[染髮] 머리를 염색함. 또는 그 머리. せんぱつ　hairdyeing
염:발[斂髮] 머리를 틀어 올리거나 쪽을 찜.
염방[炎方] 몹시 더운 곳이라는 뜻으로, 남방(南方)을 이르는 말.　hot southern region
염백[廉白] 청렴 결백함. 마음이 곧고 깨끗함.　uprightness
염:병[染病] ① 전염병(傳染病)의 준말. ② 장티푸스를 흔히 이르는 말.　② typhoid fever
염:복[艶福] 여자가 잘 따르는 복. 「～가(家)」えんぷく
염부[廉夫] 마음이 고결하고 재물 욕심이 없는 사람.　upright person
염부[鹽釜] 바닷물을 졸이어 소금을 만드는 큰 가마. しおがま　salt pan
염:분[染粉] 가루로 된 염료. そめこ
염분[鹽分] 물질에 함유된 소금기. えんぶん　salt
염:불[念佛] 부처의 모습과 공덕을 생각하면서 '나무아미타불'을 외거나 부처의 이름을 부르는 일. ねんぶつ　Buddhist invocation
염불[鹽拂] 장례(葬禮) 뒤에 부정(不淨)을 씻기 위하여 소금을 몸에 뿌리는 일.
염:불급타[念不及他] 바빠서 다른 일까지 생각할 겨를이 없음.　being very busy
염:불삼매[念佛三昧] 불교에서, 염불에 의하여 잡념을 없애고 영지(靈智)가 열리어 부처의 진리를 보게 되는 경지. ねんぶつざんまい
염:불위괴[恬不爲愧] 부정한 행

위를 하고도 부끄러워하거나 뉘우칠 줄을 모름.

염사[廉士] 청렴한 선비. れんし 廉士
righteous man

염:사[艶事] 남녀 간의 정사(情事)에 관한 일. つやごと 艶事
love affair

염산[鹽酸] 염화수소(鹽化水素)의 수용액. 화학 공업·섬유 공업 등에 널리 이용됨. えんさん 鹽酸
hydrochloric acid

염상[炎上] 불이 타오름. えんじょう 炎上
burning

염상[鹽商] 소금을 파는 장수. 소금장수. えんしょう 鹽商
salt dealer

염:색[染色] 물을 들임. =색염(色染). せんしょく 染色
dyeing

염:색[艶色] 곱고 아리따운 용모. =염용(艶容). えんしょく 艶色
tempting face

염색 반:응[焰色反應] 알칼리 금속이나 알칼리 토금속 등의 염(鹽)을 무색의 불꽃 속에 넣어 가열하면 그 원소 특유의 빛깔을 나타내는 반응. 불꽃 반응. えんしょくはんのう 焰色反應
flame reaction

염:색체[染色體] 생물의 세포가 분열(分裂)할 때 나타나는 실 모양의 물질. 생물의 유전 또는 성(性)의 결정과 밀접한 관계가 있음. せんしょくたい 染色體
chromosome

〔염색체〕

염서[炎暑] 몹시 심한 더위. =염열(炎熱). えんしょ 炎暑
intense heat

염:서[艶書] 이성(異性)에게 사 艶書

랑의 감정을 적어 보내는 편지. =연서(戀書)·연문(戀文)·염문(艶文). えんしょ
love letter

염:선[艶羨] 남의 장점을 부러워함. =염미(艶美). 艶羨 艶美
envy of another's elegance

염:세[厭世] 세상을 괴롭고 비관적인 것으로 생각하여 싫어함. ↔낙천(樂天). 「~ 철학(哲學)」 えんせい 厭世
pessimism

염소[鹽素] 자극적인 냄새가 나는 황록색의 기체. 표백제·소독제·산화제 등으로 쓰임. えんそ 鹽素
chlorine

염소수[鹽素水] 염소의 수용액(水溶液). えんそすい 鹽素水
chlorine water

염:속[染俗] 세속에 물듦. 染俗
sophistication

염:수[斂手] ①어떤 일에 함부로 끼어들지 않고 삼감. ②두 손을 공손히 모아 잡고 섬. 斂手
① discreetness

염수[鹽水] 소금을 녹인 물. 소금물. えんすい·しおみず 鹽水
salt water

염:슬단좌[斂膝端坐] 옷깃을 바르게 하고 무릎을 모아 단정히 앉음. 斂膝端坐

염:습[殮襲] 죽은 사람의 몸을 씻기고, 수의(壽衣)를 입혀서 염포(殮布)로 묶는 일. =습렴(襲殮). 준염(殮). 殮襲 殮布
washing and shrouding one's dead body

염:식[饜食] 배불리 먹음. 饜食
eating heartily

염심[焰心] 불꽃의 한가운데에 어두워 보이는 부분. 불꽃심. えんしん 焰心
center of a flame

염아[恬雅] 욕심이 없이 마음이 화평하고 단아(端雅)함. =염 恬雅

안(恬安). being peaceful and elegant

염:야[艷冶] 매우 곱고 아리따움. えんや beauty

염양[炎陽] 몹시 뜨겁게 내리쬐는 햇볕. 불볕. =폭양(暴陽). えんよう blazing sunlight

염어[鹽魚] 소금에 절인 생선. えんぎょ・しおざかな salted fish

염:어[艷語] 요염한 말. =염언(艷言). えんご beautiful words

염:언[艷言] ⇨염어(艷語).

염연[恬然] 잡념이나 욕심이 없어 마음이 편안함. 「~불치(不恥)」てんぜん peacefulness

염열[炎熱] 심한 더위. =염서(炎暑). えんねつ intense heat

염염[冉冉] ① 늘어질 듯이 힘이 없음. ② 움직이는 모양이 느릿함. ぜんぜん
 ① drooping ② slow-moving

염:오[厭惡] 싫어하고 미워함. =혐오(嫌惡). えんお detestation

염:외[念外] 생각 밖. 뜻밖. =의외(意外). ねんがい unexpectedness

염:용[艷容] 곱고 아리따운 용모. =염색(艷色). えんよう charming style

염우[廉隅] 품행이 바르고 절조가 굳음. integrity

염:원[念願] 항상 염두에 두고 간절히 바람. 「통일(統一)을 ~하다」ねんがん heart's desire

염위[炎威] 한여름 더위의 무서운 기세. えんい intense heat

염:의[厭意] 싫은 생각. =염증(厭症). aversion

염:인[厭人] 사람을 싫어함. 남과 대하기를 싫어함. 「~증(症)」えんじん misanthropy

염:자[艷姿] 곱고 아리따운 자

태. =염태(艷態). えんし charming figure

염:장[艷粧] 곱게 단장함. beautification

염장[鹽場] ⇨염전(鹽田).

염장[鹽醬] ① 소금과 간장. ② 음식의 간을 맞추는 양념의 총칭. ① salt and soy sauce

염:전[厭戰] 전쟁을 싫어함. 「~사상(思想)」えんせん opposition to war

염전[鹽田] 소금을 만들기 위하여 바닷가의 넓고 평평한 곳을 논이나 밭처럼 만들어 바닷물을 끌어들여 놓은 곳. 염밭. =염장(鹽場). えんでん salt field

염:절[艷絶] 비길 데 없이 곱고 아리따움. 「~용자(容姿)」 being very beautiful

염정[炎程] 더운 여름날에 걸어가는 길.

염정[廉正] 마음이 청렴하고 바름. れんせい uprightness

염정[簾政] 수렴청정(垂簾聽政)의 준말. れんせい

염제[炎帝] ① 여름을 맡은 신 (神). ② ⇨신농씨(神農氏). ③ 태양. えんてい

염:좌[捻挫] 관절을 삠. ねんざ sprain

염:주[念珠] 불교에서, 보리수 열매 따위를 실에 꿰어 둥글게 만든 것을 이르는 말. 염불할 때에 손 끝으로 한 알씩 넘기면서 그 횟수를 세거나 함. 「백팔(百八)~」ねんじゅ Buddhist rosary

염증[炎症] 세균 또는 그 밖의 원인으로 몸의 어느 한 부분에 충혈・부종(浮症)・통증 등의 증상을 일으키는 것. えんしょう inflammation

염증[炎蒸] 찌는 듯한 더위. sultriness

염:증[厭症] 싫어지는 일. 싫증. =염의(厭意). aversion

염:지[染指] 남의 것을 정당하지 못한 방법으로 몰래 가짐. embezzlement

염:직[染織] 피륙에 물을 들임. せんしょく dyeing and weaving

염직[廉直] 청렴하고 정직함. れんちょく uprightness

염:질[艶質] 곱고 아름다운 바탕. fine nature

염창[簾窓] 발을 친 창문.

염채[鹽菜] 소금에 절인 채소. salted vegetable

염:처[艶妻] 곱고 예쁜 아내. charming wife

염천[炎天] ① 몹시 무더운 날씨. ② 구천(九天)의 하나인 남쪽 하늘. えんてん
① broiling weather

염초[焰硝] ① 화약(火藥)이나 화약의 원료가 되는 초석(硝石)을 흔히 이르는 말. ② 박초(朴硝)로 만든 한약재. えんしょう

염:출[捻出] ① 어떤 방법 따위를 어렵게 생각해 냄. =안출(案出). ② 필요한 비용 따위를 어렵게 짜냄. ねんしゅつ
① contriving ② contriving to raise

염치[廉恥] 체면과 부끄러움을 아는 마음. ↔파렴치(破廉恥)·몰염치(沒廉恥). れんち sense of shame

염담[廉探] 어떤 정황이나 형편을 몰래 조사함. =염찰(廉察). 「~꾼」 spying

염:태[艶態] 곱고 아리따운 자태. =염자(艶姿). えんたい charming figure

염평[廉平] 청렴하고 공평함. integrity and fairness

염:포[殮布] 염습할 때 시체를 묶는 베.

염:피[厭避] 가까이하기 싫어서 피함. aversion

염:필[染筆] 붓에 먹이나 물감을 묻힘. 곧, 글씨를 쓰거나 그림을 그림. せんぴつ writing[painting]

염하[炎夏] 한여름. えんか hot summer

염한[炎旱] 한여름에 드는 가뭄. えんかん scorching dry weather

염해[鹽害] 바닷바람이나 바닷물이 논밭에 스며들어 농작물이 입는 피해. えんがい injury from salt

염호[鹽湖] 염분이 많아서 물맛이 짠 호수. =함수호(鹹水湖). えんこ salt lake

염화[鹽化] 염소(鹽素)가 다른 물질과 화합하는 현상. 「~수소(水素)」 えんか chloridation

염화수소[鹽化水素] 염소와 수소의 화합물. 물에 잘 녹아 염산(鹽酸)이 됨. えんかすいそ hydrogen chloride

엽[葉]* ① 잎 엽:잎. 잎사귀. 「落葉(낙엽)·葉茶(엽차)·單葉(단엽)」 ② 시대 엽:시대. 「初葉(초엽)·中葉(중엽)·末葉(말엽)」 ヨウ·ショウ ①は

엽[曄] 빛날 엽:빛나다. 「曄曄(엽엽)·曄煜(엽욱)」 ヨウ

엽[燁] 번쩍기릴 엽:번썩거리다. 「燁燁(엽엽)·燁然(엽연)」 ヨウ

엽견[獵犬] 사냥개. =엽구(獵狗). りょうけん hound

엽관[獵官] 온갖 방법을 동원하여 벼슬을 얻으려고 서로 다툼. 「~운동(運動)」 りょう

엽구[獵狗] 사냥개. =엽견(獵犬). りょうく   hound

엽구[獵具] 사냥에 쓰이는 도구. りょうぐ   hunting tool

엽구[獵區] 사냥이 허가되어 있는 구역. =엽역(獵域). りょうく   hunting area

엽기[獵奇] 기괴한 것이나 이상한 사물에 강한 흥미를 가지고 찾아다니는 일. 「~ 소설(小說)」りょうき   bizarrerie hunting

엽기[獵期] ① 사냥이 허가되는 시기. ② 사냥에 적당한 시기. りょうき   hunting season

엽렵[獵獵] ① 부는 바람이 가볍고 부드러운 모양. ② 매우 영리하고 날쌘 모양. ③ 분별이 있고 의젓한 모양.   ② nimbleness

엽록소[葉綠素] 식물의 엽록체 속에 들어 있는 녹색(綠色)의 색소. 빛에너지를 흡수하여 광합성이 일어나도록 하며 탄소 동화 작용을 행함. ようりょくそ   chlorophyll

엽맥[葉脈] 잎몸 안에 평행선이나 그물 모양으로 뻗어 있는 관다발. 잎의 형태를 유지하고 수분이나 양분의 통로가 됨. 잎맥. ようみゃく   vein

잎맥
턱잎   잎자루
그물맥 잎   나란히맥 잎【엽맥】

엽부[獵夫] 사냥하는 사람. 사냥꾼. =엽사(獵師)・엽인(獵人). りょうふ   hunter

엽비[葉肥] 녹비(綠肥)의 한 가지로, 나뭇잎을 썩혀서 만든 거름. ようひ   compost

엽사[獵師] 사냥꾼. =엽인(獵人)・엽부(獵夫). りょうし   hunter

엽산[葉酸] 비타민 B 복합체의 하나. 주로 녹색 야채나 동물의 간 등에 들어 있는 물질로서 빈혈에 유효함. ようさん   folic acid

엽상[葉狀] 나뭇잎처럼 생긴 형상. 「~체(體)」ようじょう   leaflike

엽서[葉序] 줄기와 가지에 붙은 잎의 배열(配列) 상태. 대생(對生)・호생(互生)・윤생(輪生) 따위가 있음. 잎차례. ようじょ   phyllotaxis

엽서[葉書] 우편 엽서(郵便葉書)의 준말. はがき

엽신[葉身] 잎의 몸을 이루는 넓은 부분. 잎몸. -협편(葉片). ようしん   leaf blade

엽아[葉芽] 자라서 잎이나 가지가 될 식물의 눈. 잎눈. ようが   leaf bud

엽액[葉腋] 식물의 가지나 줄기에 잎이 붙은 부분. 잎겨드랑이. ようえき   axil

엽연초[葉煙草] 썰지 않고 잎사귀 그대로 말린 담배. 잎담배. =엽초(葉草). はタバコ   leaf tabacco

엽우[獵友] 사냥을 함께 다니는 동호인(同好人)이나 친구. りょうゆう   hunting friend

엽월[葉月] 음력 8월의 다른 이름. はづき   August

엽인[獵人] 사냥꾼. =엽사(獵師)・엽부(獵夫). りょうじん   hunter

엽장[獵場] 사냥터. りょうば   hunting ground

엽전[葉錢] 놋쇠로 만든 옛날 돈.   old Korean brass coin

엽주[獵酒] 아는 사람을 찾아다 니면서 술을 우려 마심. 또는 그 술. =주렵(酒獵)

엽차[葉茶] 차나무의 어린 잎을 따서 말린 찻감. 또는 그것을 달인 차. はちゃ green tea

엽채류[葉菜類] 잎을 주로 먹는 채소붙이의 총칭. ようさいるい edible leafy plants

엽초[葉草] ⇨엽연초(葉煙草).

엽총[獵銃] 사냥에 쓰는 총. りょうじゅう hunting gun

엽편[葉片] 잎의 넓은 부분. 잎몸. =엽신(葉身). ようへん left blade

영:[永]* 길 영:오래다. 길다. 「永久(영구)・永存(영존)・永住(영주)・永續(영속)・永年(영년)・영영(永永)・永日(영일)・永遠(영원)」エイ・ながい

영:[泳]☆ 헤엄칠 영:헤엄치다. 「水泳(수영)・泳法(영법)・遠泳(원영)・競泳(경영)・游泳(유영)」エイ・およぐ

영[迎]* 맞을 영:맞이하다. 「歡迎(환영)・迎接(영접)・迎賓(영빈)・送迎(송영)・迎入(영입)・迎擊(영격)・迎戰(영전)」ゲイ・むかえる

영[映]☆ 비칠 영:비치다. 비추다. 「映寫(영사)・映畫(영화)・映像(영상)・映輝(영휘)・映雪(영설)」エイ・うつる

영[盈] 찰 영:가득 차다. 충분하다. 「盈滿(영만)・盈耗(영모)・盈月(영월)・盈盛(영성)・盈縮(영축)・盈盈(영영)」エイ・みちる

영[英]* ① 영웅 영:영웅. 뛰어난 사람. 「英雄(영웅)・英才(영재)・英士(영사)・英傑(영걸)・英名(영명)」 ② 꽃부리 영:꽃답다. 「群英(군영)・英華(영화)」エイ ② はなぶさ

영:[詠]☆ "咏"은 同字. 읊을 영:읊다. 「詠歌(영가)・詠詩(영시)・詠歎(영탄)・題詠(제영)」エイ・うたう

영[塋] 무덤 영:무덤. 묘. 「先塋(선영)・塋墓(영묘)・塋樹(영수)・塋域(영역)」エイ・はか

영[瑛] 옥빛 영:옥의 빛. 옥. 「瑛琚(영거)・瑛瑤(영요)」エイ

영[楹] 기둥 영:기둥. 「楹桷(영각)・楹棟(영동)・楹柱(영주)」エイ

영[榮]* ① 영화 영:영화. 영달. 「榮華(영화)・榮譽(영예)・榮光(영광)・榮枯(영고)・榮名(영명)」 ② 성할 영:성하다. 「繁榮(번영)・榮茂(영무)」エイ ② さかえる

영:[影]☆ ① 그림자 영:그림자. 「影寫(영사)・影子(영자)・月影(월영)・燈影(등영)」 ② 형상 영:형상. 모습. 「影幀(영정)・影像(영상)」エイ・ヨウ ① かげ

영[瑩] 밝을 영:밝다. 「瑩鏡(영경)・瑩徹(영철)」

영:[穎] ① 이삭 영:이삭. 「穎果(영과)」 ② 빼어날 영:빼어나다. 「穎才(영재)・穎哲(영철)・穎悟(영오)・穎敏(영민)」エイ

영[嬰] 갓난아이 영:갓난아이. 「嬰兒(영아)・嬰孺(영유)・嬰孩(영해)」エイ・あかご

영[營]☆ ① 경영할 영:경영하다. 짓다. 「經營(경영)・營農(영농)・營建(영건)・營業(영업)・公營(공영)」 ② 영문 영:영문. 「營門(영문)・入營(입영)・陣營(진영)」エイ ① いとなむ

영[瀛] 큰 바다 영:큰 바다. 「瀛海(영해)・瀛表(영표)」エイ

영[瓔] 옥돌 영 : 옥돌. 「瓔珞(영락)·瓔珠(영주)」 エイ

영[纓] 갓끈 영 : 갓끈. 「纓冠(영관)·纓紳(영신)·纓子(영자)」 エイ

영가[詠歌] 곡조에 맞추어 노래를 부름. 또는 그 노래. =창가(唱歌). 「~ 무도(舞蹈)」 えいか singing

영각[靈覺] 불교에서, 사람의 모든 정신적 활동의 본원(本源)이 되는 실체를 이르는 말. =영혼(靈魂). soul

영ː감[令監] ① 지난날, 종이품(從二品)과 정삼품(正三品)의 벼슬아치를 이르던 말. ② '나이 많은 남자'를 높이어 이르는 말. ③ 나이 든 사람의 아내가 그의 '남편'을 이르는 말. ① lord ② elderly man

영감[靈感] ① 신비할 만큼 묘하게 떠오르는 느낌이나 생각. ② 신불의 영검스러운 감응(感應). れいかん inspiration

영ː감하[永感下] 부모가 다 돌아가고 없는 처지.

영거[寧居] 편안하게 지냄. 마음놓고 삶. peaceful living

영거[靈車] 관(棺)을 실어 나르는 차. =영구차(靈柩車). れいしゃ hearse

영ː걸[英傑] ① 영특하고 기상이 뛰어남. 또는 그런 사람. ② 영웅과 호걸. えいけつ great man

영검[←靈驗] 사람의 기원(祈願)에 대한 신불(神佛)의 영묘한 감응(感應). れいげん miracle

영ː겁[永劫] 불교에서, 영원한 세월. えいごう eternity

영격[迎擊] 공격해 오는 적을 나아가 맞아 침. =요격(邀擊). げいげき interception

영견[迎見] 맞아들여 만나 봄. =연견(延見).

영ː결[永訣] 죽은 사람과 산 사람이 영원히 이별함. 「~식(式)」 えいけつ last parting

영경[靈境] ① 신령스러운 곳. =영지(靈地)·영장(靈場)·영역(靈域). ② 속세(俗世)를 떠난 경치 좋고 조용한 곳. れいきょう ① supernatural state ② solitary land

영계[靈界] ① 정신의 작용이 미치는 범위. 정신의 세계. ↔육계(肉界). ② 영혼의 세계. 죽은 뒤의 세계. れいかい ① spiritual world ② abode of spirits

영고[榮枯] 번영함과 쇠퇴함. =영락(榮落). 「~성쇠(盛衰)」 えいこ rise and fall

영공[領空] 한 나라의 영토(領土)와 영해(領海)의 상공. 그 나라의 주권이 미치는 범위임. 「~ 침입(侵入)」 りょうくう territorial air

영ː과[穎果] 과피(果皮)가 씨에 밀착해 있는 열매. 버·보리·밀 따위. えいか

영관[領官] 군(軍)에서, 대령·중령·소령의 총칭. りょうかん field officer

영관[榮冠] 영예로운 관이란 뜻으로, 빛나는 승리나 명예로운 지위, 훌륭한 성공 등의 비유. えいかん crown of glory

영광[榮光] 빛나는 명예. =영예(榮譽)·광영(光榮). えいこう glory

영괴[靈怪] 불가사의하고 괴이함. れいかい

영ː구[永久] 끝없이 오램. =영원(永遠). 「~보존(保存)」 えいきゅう eternity

영구[營救] 남의 무죄(無罪)함을 밝히어 구해 줌. 營救

영구[靈柩] 시체를 넣은 관(棺). 「~차(車)」れいきゅう coffin 靈柩

영구차[靈柩車] 영구(靈柩)를 운반하는 차. 준구차(柩車). れいきゅうしゃ hearse 靈柩車

영:구치[永久齒] 유치(乳齒)가 빠지고 난 뒤에 나는 이. えいきゅうし permanent teeth 永久齒

영군[領軍] 군대를 통솔함. commanding an army 領軍

영귀[靈鬼] 신령한 귀신. れいき 靈鬼

영규[令閨] 상대편을 높이어 그의 아내를 이르는 말. =영실(令室)·영부인(令夫人). れいけい 令閨

영기[英氣] ① 뛰어난 재기(才氣). 「~ 발랄(潑剌)」 ② 뛰어난 기상(氣像). えいき ① excellent talent 英氣

영기[靈氣] 영묘한 기운. れいき mystery 靈氣

영남[嶺南] 경상 남북도 지방을 이르는 말. 嶺南

영내[領內] 영토 또는 영지(領地)의 안. ↔영외(領外). りょうない within a territory 領內

영내[營內] 병영(兵營)의 안. ↔영외(營外). 「~ 거주(居住)」 えいない inside barracks 營內

영녀[令女] 상대편을 높이어 그의 딸을 이르는 말. =영애(令愛)·영양(令孃). ↔영랑(令郎)·영식(令息)·영윤(令胤). れいじょ 令女

영:년[永年] 긴 세월. 오랜 동안. えいねん long time 永年

영년[迎年] 새해를 맞이함. ↔송년(送年). greeting the New Year 迎年

영농[營農] 농사를 짓는 일. 「~ 자금(資金)」 えいのう farming 營農

영단[英斷] ① 과감하게 결단을 내림. ② 지혜롭고 용기 있는 판단. えいだん ① decisive judgement ② courageous decision 英斷

영단[營團] 공익 사업을 수행하기 위하여 설치하는 반관반민(半官半民)의 특수 재단. 「주택(住宅) ~」 えいだん corporation 營團

영달[令達] 명령을 전달함. 또는 명령으로 하는 통지(通知). 「예산(豫算) ~」 れいたつ instruction 令達

영달[英達] 뛰어나게 슬기롭고 총명함. =영명(英明). cleverness 英達

영달[榮達] 높은 지위에 오르고 귀하게 됨. =영귀(榮貴). 「부귀(富貴) ~」 えいたつ distinction 榮達

영당[令堂] 상대편의 어머니에 대한 높임말. =자당(慈堂). れいどう your esteemed mother 令堂

영:당[影堂] 개산조사(開山祖師)나 고승(高僧)의 화상(畫像)을 모신 사당. =영전(影殿). えいどう 影堂

영:대[永代] 영원한 세월. =영세(永世). えいだい permanence 永代

영덕[令德] 아름다운 덕. =미덕(美德). れいとく virtue 令德

영도[英圖] 뛰어난 계획이나 방책. -잉략(英略). えいと good plan 英圖

영도[零度] 도수(度數)를 셈하는 기점(起點)이 되는 자리. れいど zero degree 零度

영도[領導] 거느리고 이끌어 감. 앞장서서 지도함. 「~자(者)」 りょうどう leading 領導

영독[獰毒] 모질고 독살스러움. 獰毒 ferocity

영동[楹棟] 기둥과 마룻대라는 뜻으로, '중요한 인물'의 비유. =동량(棟樑). 「～지재(之材)」 楹棟 pillar

영락[零落] ①초목의 잎이 시들어 떨어짐. ②세력이나 살림이 아주 보잘것없이 됨. =낙탁(落魄). れいらく 零落 ruin

영락[瓔珞] 목이나 팔에 두르는, 주옥(珠玉)으로 만든 장식품. ようらく 瓔珞 trinket

영랑[令郞] 남을 높이어 그의 아들을 이르는 말. =영윤(令胤)·영식(令息). ↔영녀(令女)·영애(令愛)·영양(令孃). れいろう 令郞 令胤 your esteemed son

영략[英略] ⇨영도(英圖). えいりゃく 英略

영력[營力] 지구의 표면을 변화시키는 자연의 힘. えいりょく 營力 natural energy

영령[泠泠] 물·바람·악기 소리가, 듣기에 맑고 시원함. れい 泠泠

영령[英靈] 죽은 사람, 특히 전사자(戰死者)의 영혼을 높이어 이르는 말. えいれい 英靈 spirit of the departed

영령쇄:쇄[零零碎碎] 아주 잘게 부스러짐. ⑥영쇄(零碎). 零零碎碎

영록[榮祿] 영화로운 복록(福祿). 榮祿 prosperous fortune

영롱[玲瓏] ①광채가 찬란함. ②옥을 굴리는 것처럼 소리가 맑고 아름다움. れいろう 玲瓏 ① brilliance

영루[零淚] 눈물을 흘림. 또는 그 눈물. =낙루(落淚). 零淚 shedding tears

영:리[怜悧·伶俐] 슬기롭고 민첩함. れいり 怜悧·伶俐 cleverness

영리[營利] 경제적 이익을 추구하는 행위. 「～사업(事業)」 えい moneymaking 營利

영림[營林] 삼림(森林)을 보호하고 육성함. 삼림을 경영함. えいりん forestry 營林

영만[盈滿] 넘치도록 가득함. えいまん fullness 盈滿

영매[令妹] 상대편을 높이어 그의 누이동생을 이르는 말. れいまい your esteemed sister 令妹

영:매[永賣] 영영방매(永永放賣)의 준말. 永賣

영매[英邁] 재지(才智)가 영특하고 훌륭함. えいまい sagacity 英邁

영매[靈媒] 신령이나 망자(亡者)의 영혼과 의사가 통하여, 후령과 인간 사이를 매개하는 사람. れいばい spiritualistic medium 靈媒

영맹[獰猛] 모질고 사나움. =영악(獰惡). どうもう ferocity 獰猛

영:면[永眠] 영원히 잠듦. 곧, 죽음을 이르는 말. =영서(永逝). えいみん death 永眠

영명[令名] 좋은 평판. 또는 빛나는 명성. =영문(令聞)·영예(令譽)·영칭(令稱). れいめい honor 令名

영명[英名] 뛰어난 명예. 좋은 평판. えいめい fame 英名

영명[英明] 더없이 영민하고 총명함. =영달(英達). えいめい cleverness 英明

영:모[永慕] ①오래도록 사모함. ②자식이, 죽을 때까지 어버이의 사랑을 잊지 않음. ① longing ② longing for one's parents 永慕

영몽[靈夢] 신불(神佛)의 계시가 있는 신령한 꿈. れいむ inspired dream 靈夢

영묘[靈妙] 신령스럽고 기묘함. 靈妙
れいみょう　　miracle

영무[英武] 슬기롭고 용맹스러움. えいぶ 英武

영문[令聞] ⇨영명(令名). れいぶん 令聞

영문[英文] 영어로 된 글. えいぶん　English sentence 英文

영문[營門] ① 병영의 문. ② 조선 때, 각 도(道)의 감사가 직무를 보던 관아. =감영(監營). えいもん　① barrack gate 營門

영물[靈物] 신비스럽고 신령한 물건이나 짐승. れいもつ・えいぶつ　spiritual being 靈物

영민[英敏] 영리하고 민첩함. acuteness 英敏

영:민[穎敏] 재주와 행동이 뛰어나고 민첩함. cleverness 穎敏

영발[英發] 재주가 두드러지게 뛰어남. えいはつ 英發

영:발[暎發] 광채가 번쩍번쩍 남. えいはつ 暎發

영:별[永別] 영원히 이별함. =영이별(永離別). えいべつ　last parting 永別

영:본[影本] 쇠붙이나 돌에 새겨진 글씨나 그림을 그대로 박아 냄. 또는 박아 낸 종이. =탑본(搨本)·탁본(拓本). rubbing 影本 搨本

영봉[靈峯] 신령스러운 산봉우리. =영산(靈山). れいほう　sacred mountain 靈峯 靈山

영부인[令夫人] 남을 높이어 그의 아내를 이르는 말. =영실(令室)·영규(令閨). れいふじん　your esteemed wife 令夫人

영분[領分] ① 영지(領地)의 안. ② 세력이 미치는 범위. りょうぶん　① territory ② domain 領分

영빈[迎賓] 손님을 맞음. げいひん　reception 迎賓

영빙[迎聘] 맞아들여 모심. =영대(迎待). welcome 迎聘

영사[令嗣] 남을 높이어 그의 '대(代)를 이을 아들'을 이르는 말. れいし 令嗣

영:사[佞邪] 간사하고 마음이 바르지 못함. 또는 그런 사람.　flattery 佞邪

영사[映寫] 영화나 환등 따위의 필름의 상을 스크린에 비춤. 「~기(機)」えいしゃ projection 映寫

영사[領事] 국교(國交)가 있는 나라에 머물면서, 본국의 무역 통상의 이익을 도모하고 자국 국민의 보호를 담당하는 외교관. 「총(總)~」りょうじ　consul 領事

영:사[影寫] 얇은 종이 따위의 밑에 그림이나 글씨를 비치도록 받쳐 놓고 원본대로 덧그리거나 덧씀. 「~본(本)」えいしゃ　tracing 影寫

영사막[映寫幕] 영화 필름이나 슬라이드 따위를 비추는 막. えいしゃまく　screen 映寫幕

영산[靈山] 신령스러운 산. =영봉(靈峯). れいざん　holy mountain 靈山

영상[映像] 광선의 굴절이나 반사에 따라 비추어지는 물체의 모습. えいぞう　reflection 映像

영상[零上] 온도계 등의 도수(度數)를 나타낼 때, 섭씨 0℃ 이상임을 이르는 말. ↔영하(零下).　above zero 零上

영상[領相] 영의정(領議政)을 달리 이르는 말. 領相

영:상[影像] 화상(畫像)을 그린 족자. =영정(影幀). えいぞう　portrait scroll 影像

영상[嶺上] 고개 위. 영마루. summit 嶺上

영상[靈像] 신불(神佛)의 상(像). 靈像

れいぞう　　　sacred figure
영색[令色] 남에게 아첨하는 얼굴빛. 「교언(巧言)~」 れいしょく　　servile looks

영:생[永生] ① 영원한 삶. 또는 영원한 생명. ② 기독교에서, 예수를 믿고 그의 가르침을 행함으로써 천국에서 영원히 살게 됨을 이르는 말. えいせい　　① eternal life

영생[營生] 삶을 영위함. living

영:서[永逝] 영원히 간다는 뜻으로, 죽음을 이르는 말. = 영면(永眠). えいせい　death

영서[令壻·令婿] 남을 높이어 그의 사위를 이르는 말. れいせい　your esteemed son-in-law

영서[靈瑞] 신령스럽고 상서로운 징조. れいずい　good omen

영선[營繕] 건축물 따위를 짓거나 수리함. えいぜん　building and repairs

영성[英聖] 천성이 뛰어나서 사물의 이치에 밝음. 또는 그런 사람. えいせい

영성[鈴聲] 방울 소리. れいせい

영:세[永世] 한없이 긴 세월. =영대(永代). 「~ 중립국(中立國)」 えいせい　permanence

영세[零細] ① 규모가 아주 작거나 빈약함. 「~ 상인(商人)」 ② 수입이 적어 생활이 궁색함. 「~민(民)」 れいさい

영세[領洗] 가톨릭에서, 세례를 받는 일. 또는 그 세례. 가톨릭 신자가 되는 관문(關門)임. =성세(聖洗). baptism

영세농[零細農] 조그만 땅에 농사를 지어 몹시 가난하게 살아가는 농가(農家). 또는 그 농민. れいさいのう　petty farmer

영세민[零細民] 가난한 백성. れいさいみん　poor people

영:세불망[永世不忘] 영원히 잊지 아니함. 「~비(碑)」 everlasting remembrance

영:세 중립[永世中立] 국제법상 영원히 중립의 의무를 지키는 한편, 그 독립과 영토의 보전이 영구히 보장되는 일. 「~국(國)」 えいせいちゅうりつ　permanent neutrality

영소[領所] 절의 사무소. temple office

영소[營所] 군대가 주둔하여 있는 곳. =군영(軍營)·진영(陣營). えいしょ　military camp

영:속[永續] 오래 계속됨. 「~성(性)」 えいぞく　permanency

영속[領屬] 딸려 있음. belonging

영손[令孫] 남을 높이어 그의 손자를 이르는 말. れいそん　your esteemed grandchild

영솔[領率] 부하·제자·식솔 등을 거느림. commanding

영승[迎送] 맞이하는 일과 보내는 일. 마중과 배웅. =송영(送迎). meeting and farewell

영:송[詠誦] 시가(詩歌) 등을 소리내어 읊음. えいしょう　recitation

영쇄[零碎] 영령쇄쇄(零零碎碎)의 준말. れいさい

영수[英數] 영어와 수학. English and mathematics

영수[零數] ① 10·100·1000 등의 정수(整數)에 차지 못하거나 차고 남은 수. ② 하나도 없음을 나타내는 수. 제로. ② zero

영수[領收·領受] 금품을 받아 들임. 「~증(證)」 りょうしゅ

う・りょうじゅ　　receipt
영수[領袖] 어떤 조직의 우두머리. りょうしゅう　領袖　leader
영시[英詩] 영문(英文)으로 된 시. えいし　英詩　English poem
영시[零時] 오전이나 오후의 12시가 되는 시각. れいじ　零時　twelve o'clock
영식[令息] 남을 높이어 그의 아들을 이르는 말. =영랑(令郎)·영윤(令胤). ↔영녀(令女)·영애(令愛)·영양(令孃). れいそく　令息　your esteemed son
영식[寧息] 편히 쉼. =안식(安寧息). 寧息　rest
영신[迎新] ① 새것을 맞아들임. ② 새해를 맞음. =영춘(迎春). ↔송구(送舊). 「송구(送舊)~」 げいしん　迎新
② greeting the New Year
영신[靈神] ① 영검이 있는 신(神). ② 가톨릭에서, '영혼'을 이르는 말. れいじん　靈神　② spirit
영실[令室] 남을 높이어 그의 아내를 이르는 말. =영규(令閨)·영부인(令夫人). れいしつ　令室　令夫人　your esteemed wife
영아[嬰兒] 젖먹이. =유아(乳兒). えいじ　嬰兒　infant
영악[獰惡] 모질고 사나움. 영맹(獰猛). どうあく　獰惡　ferocity
영애[令愛] 남을 높이어 그의 딸을 이르는 말. =영녀(令女)·영원(令媛)·영양(令孃). ↔영랑(令郎)·영식(令息)·영윤(令胤). れいあい　令愛　令孃　your esteemed daughter
영약[靈藥] 신기한 효험이 있는 약. れいやく　靈藥　miraculous medicine
영양[令孃] ⇨영애(令愛). れいじょう　令孃
영양[羚羊] 솟과의 짐승. 염소羚羊

와 비슷하나 더 크고 살진 편임. 네 다리는 가늘고 길어 매우 빨리 달림. れいよう　antelope
영양[營養] 생물이 생명을 유지하고 몸을 성장시켜 나가기 위하여 필요한 물질과 양분. 「~부족(不足)」 えいよう　營養　nutrition
영양가[營養價] 식품에 들어 있는 영양의 가치. えいようか　營養價　nutritive value
영양소[營養素] 생물체(生物體)의 영양이 되는 주요 성분. 단백질·탄수화물·지방·비타민·무기질 따위. えいようそ　營養素　nutritive elements
영양식[營養食] 맛보다도 영양소의 배분(配分)을 중요시해서 만든 음식. えいようしょく　營養食　配分　nourishing meal
영양 실조[營養失調] 영양소의 조화가 이루어지지 않거나, 영양 부족 때문에 몸에 일어나는 장애. えいようしっちょう　營養　失調　malnutrition
영어[囹圄] 감옥, 또는 감옥에 갇혀 있는 상태를 이르는 말. れいぎょ・れいご　囹圄　prison
영어[英語] 영국을 비롯하여 미국·캐나다 등지에서 국어로 쓰이는 언어. えいご　英語　English
영업[營業] 영리를 목적으로 하는 사업. 「~ 정지(停止)」 えいぎょう　營業　business
영업 연도[營業年度] 사업의 업무와 수지(收支)·손익의 결산을 위해 편의상 설정한 기간. えいぎょうねんど　年度　business year
영역[英譯] 영어 아닌 다른 말로 된 글을 영어로 번역함. えいやく　英譯

translation into English
영역[領域] ①영향이나 세력이 미치는 범위. ②어떤 나라의 주권(主權)이 행사되는 지역. 「~ 침범(侵犯)」 ③학문이나 연구 따위에서 전문으로 하는 범위. 「순수 과학의 ~」りょういき ① district ② territory

영역[靈域] 사찰(寺刹)·교회 등이 있거나 하여 신성하게 여기는 지역. =성역(聖域). れいいき holy precincts

영:영[永永] 영원히. 「~방매(放賣)」えいえい forever

영영[營營] 명예·세력·이익 등을 얻기 위하여 분주히 왕래하거나 열심히 노력하는 모양. えいえい

영영급급[營營汲汲] 권세나 이익을 위해 분주하게 왔다갔다 함. =영영축축(營營逐逐).

영:영방매[永永放賣] 토지·가옥 등을 아주 팔아 버림. ⓒ 영매(永賣).

영예[英銳] 영민하고 날카로운 기백이 있음.

영예[榮譽] 빛나는 명예. えいよ honor

영오[領悟] 깨달아 앎. =영해(領解). enlightenment

영외[營外] 병영(兵營) 밖. ↔영내(營內). えいがい outside barracks

영요[榮耀] 영화(榮華)롭고 빛나는 명예. =영광(榮光). えいよう prosperity

영욕[榮辱] 영예와 치욕. えいじょく honor and disgrace

영용[英勇] 영특하고 용맹함. being wise and brave

영웅[英雄] 재주가 비범하고 용략(勇略)과 기개가 탁월한 사람. えいゆう hero

영웅담[英雄譚] 영웅의 행적을 쓴 전설.

영원[令媛] ⇨영애(令愛).

영:원[永遠] 끝이 없음. 또는 끝없는 세월. 「~무궁(無窮)」えいえん eternity

영월[令月] ①음력 2월의 다른 이름. ②상서로운 달. =길월(吉月). れいげつ ① February ② lucky month

영월[迎月] 달맞이. welcoming the first full moon

영월[盈月] 둥근 달. =만월(滿月). えいげつ full moon

영위[榮位] 영예로운 지위. えいい exalted position

영위[營爲] 어떤 일을 해 나감. えいい management

영위[靈位] 상가(喪家)에서 모시는 혼백이나 신위(神位). =위패(位牌). れいい memorial tablet

영:유[永有] 영원히 소유함. eternal possession

영유[領有] 점령하여 차지함. 「~지(地)」りょうゆう possession

영육[靈肉] 영혼과 육체. れいにく body and soul

영윤[令胤] ⇨영식(令息).

영윤[榮潤] 집안이 번영하고 재물이 넉넉함. prosperity

영의정[領議政] 조선 시대 때의 최고 관청인 의정부(議政府)의 으뜸 벼슬. 지금의 국무 총리에 해당함. =영상(領相)·수상(首相). premier of old Korea

영이[靈異] 신령스럽고 기이함. れいい miracle

영:이별[永離別] 다시 만나지 못하게 되는 이별. =영별(永別). last parting

영인[伶人] 악공(樂工)과 광대. れいじん　minstrel

영·인[佞人] 간사하고 아첨을 잘 하는 사람. ねいじん　flatterer

영:인[影印] 책이나 그림 따위를 사진으로 복사하여 인쇄함. 또는 그 서화(書畫). 「~본(本)」 えいいん　photostating

영일[令日] 좋은 날. 경사스러운 날. =길일(吉日). lucky day

영:일[永日] 온종일. えいじつ　all day

영일[盈溢] 가득 차 넘침.

영일[寧日] 별다른 일 없이 평온한 날. ねいじつ　peaceful day

영입[迎入] 맞아들임. welcome

영자[令姉] 남을 높이어 그의 손윗누이를 이르는 말. ↔영매(令妹). れいし　your esteemed elder sister

영자[英字] 영어의 글자. えいじ　English letter

영자[英姿] 재지(才智)가 썩 뛰어나고 늠름한 모습. えいし　gallant figure

영자[英資] 뛰어난 자질. えいし　high character

영:자 팔법[永字八法] 서예에서, '永'자를 쓰는 데 적용되는 여덟 가지 운필법(運筆法). 모든 한자에 다 적용되며 필법의 기초가 됨. えいじはっぽう

〔영자 팔법〕

영작[英作] 영작문(英作文)의 준말.

영작[營作] 토목·건축 등의 일을 함. =영조(營造). えいさく　building

영작문[英作文] 영어로 글을 짓는 일. 또는 그 글. 준영작(英作). えいさくぶん　English composition

영장[令狀] ① 명령의 뜻이 적혀 있는 문서. 「소집 ~」 ② 법원이 형사 사건에 관련되는 사람이나 물건에 대한 체포·구금·수색 따위의 강제 처분을 허락하는 문서. 「구속(拘束) ~」 れいじょう　warrant

영장[靈長] 영묘(靈妙)한 힘을 지닌 뛰어난 존재. 「만물(萬物)의 ~」 れいちょう　supreme creature

영재[英才] 뛰어난 재능이나 재주. 또는 그런 재능이나 재주를 가진 사람. 「~ 교육」 えいさい　talent

영적[靈的] 영혼·정신에 관계되는 것. ↔육적(肉的). 「~ 감응(感應)」 れいてき　spiritual

영전[令前] 명령이 내리기 전. 「~ 출타(出他)」 before giving an order

영전[榮典] ① 영광스러운 의식(儀式). ② 나라에서 훈공이나 공적이 있는 사람에게 직위나 훈장을 주는 특전. えいてん　① ceremony　② marks of honors

영전[榮轉] 전보다 좋은 지위로 전임(轉任)됨. ↔좌천(左遷). えいてん　promotion

영전[靈前] 신령이나 죽은 사람의 영혼을 모셔 놓은 자리의 앞. れいぜん　before the spirit of the departed

영전[靈殿] ⇨사당(祠堂). れいでん

영:절[永絶] 아주 끊어져 없어짐. 永絶 extinction

영점[零點] ① 경기·시험 따위에서 득점이나 점수가 없음. ② 어떤 일의 가치나 성과가 전혀 없음. ③ 온도계의 어는점. れいてん ① zero ② nothing ③ freezing point 零點

영접[迎接] 손님을 맞이들어 접대함. =연접(延接). げいせつ reception 迎接

영정[零丁] 영락(零落)하여 외롭고 의지할 데가 없음. れいてい forlornness 零丁

영:정[影幀] 화상(畫像)을 그린 족자. =영상(影像). portrait scroll 影幀

영정[營庭] 병영 안에 있는 마당. えいてい barrack square 營庭

영제[令弟] 남을 높이어 그의 아우를 이르는 말. れいてい your esteemed brother 令弟

영조[營造] 토목·건축 등의 일을 함. =영작(營作). 「~물(物)」 えいぞう building 營造

영:존[永存] 영구히 존재함. permanence 永存

영:주[永住] 한 곳에 자리잡아 오래 삶. 「~권(權)」えいじゅう permanent residence 永住

영주[英主] 재지(才智)가 뛰어나며 사리와 도리에 밝은 임금. ↔암주(暗主). えいしゅ wise ruler 英主

영주[領主] 봉건 제도하에서 영지(領地)나 장원(莊園)의 주인. りょうしゅ feudal lord 領主

영준[英俊] 재주와 지혜가 뭇사람 가운데에서 뛰어남. 또는 그러한 사람. =준영(俊英). えいしゅん genius 英俊

영지[令旨] 왕비·왕대비·왕세자의 명령을 적은 문서. りょうじ・れいし 令旨

영지[領地] ① 한 나라의 주권·통치권이 미치는 지역. =영토(領土)·국토(國土). ② 봉건 제도에서, 제후(諸侯)를 봉하여 내어 준 땅. =봉토(封土)·봉강(封疆). りょうち ① territory ② fief 領地 國土 封土

영지[靈地] 신령스러운 땅. 신불의 영검이 있는 땅. =영경(靈境). 「~ 순례(巡禮)」 れいち sacred place 靈地

영지[靈芝] 모균류(帽菌類)에 속하는 버섯. 활엽수의 뿌리에서 나며, 한방에서 약재로 씀. れいし 靈芝

영지[靈智] 영묘한 지혜. れいち mystic wisdom 靈智

영진[榮進] 벼슬이나 지위가 높아짐. えいしん promotion 榮進

영:찬[影讚] 어떤 이의 영정(影幀)에 부쳐 그를 기리는 내용을 쓴 글. 影讚

영:창[咏唱·詠唱] 가극(歌劇)에서, 서정적인 독창 가곡(獨唱歌曲). 아리아. えいしょう aria 咏唱

영창[映窓] 채광을 위하여 낸 두 쪽의 미닫이. 映窓

영:창[影窓] 유리를 끼운 창. 유리창. pane 影窓

영창[營倉] 군대에서, 법규를 어긴 군인을 가두어 두는 영내의 건물. 또는 그 곳에 가두는 형벌. えいそう guardhouse 營倉

영채[映彩] 환하게 빛나는 고운 빛깔. bright color 映彩

영천[靈泉] 신기한 약효가 있다는 샘. れいせん magical fountain 靈泉

영철[英哲·穎哲] 뛰어나게 총명하고 사리에 밝음. えいてつ 英哲

영축[盈縮] 남음과 모자람. great discernment

영춘[迎春] 새봄을 맞이함. げいしゅん greeting the spring

영치[領置] 형사 소송법상 법원이나 수사 기관이, 피고인이나 피의자가 임의로 제출하거나 남겨 둔 물건을 맡아 보관하는 처분. りょうち provisional holding

영:탄[詠嘆・詠歎] 소리를 길게 뽑아 깊은 정회를 노래하거나 외침. えいたん recitation

영토[領土] 한 나라의 주권·통치권이 미치는 지역. =국토(國土). りょうど territory

영특[英特] 뛰어나게 영명(英明)함. sagacity

영특[獰慝] 성질이 영악하고 간특함.

영패[零敗] 경기 등에서, 한 점도 얻지 못하고 패배함. れいはい whitewash

영:폐[永廢] 영영 폐지함. permanent abolition

영풍[英風] 뛰어난 풍채. 영웅다운 풍채. えいふう eminent qualities

영하[零下] 기온이 섭씨 0도 이하인 상태. ↔영상(零上). 「~20도」れいか below zero

영합[迎合] 남의 마음에 들도록 아첨하여 따름. げいごう flattery

영해[領海] 그 나라의 주권이 미치는 연해(沿海). りょうかい territorial seas

영해[嬰孩] 어린아이. えいがい baby

영해선[領海線] 주권이 미치는 영해의 한계선. りょうかいせん territorial water line

영향[影響] 어떤 사물의 작용이 다른 사물에 미치는 일. 「~력(力)」えいきょう influence

영허[盈虛] 가득 참과 이지러짐. =영휴(盈虧). えいきょ waxing and waning

영험[靈驗] 영검의 원말.

영현[英顯] 죽은 사람의 영혼을 높여 이르는 말. souls of the departed

영현[榮顯] 지위와 명망이 높음. distinction

영형[令兄] 남을 높이어 그의 형을 이르는 말. れいけい your esteemed elder brother

영혼[英魂] 죽은 사람의 혼령에 대한 높임말. =영령(英靈). えいこん departed spirit

영혼[靈魂] 죽은 사람의 넋. 육체를 떠나서도 존재할 수 있다고 보는 정신적 실체. =혼령(魂靈). れいこん soul

영화[英貨] 영국의 화폐. 파운드. えいか pound

영화[映畵] 연속 촬영한 필름을 영사막에 연속적으로 비추어 일련의 움직이는 영상을 나타내는 것. えいが movie

영화[榮華] 몸이 귀하게 되고, 이름이 세상에 빛남. 「부귀(富貴) ~」えいが glory

영화관[映畵館] 영화를 상영할 수 있도록 설비한 건물. えいがかん movie theater

영효[靈效] 영묘(靈妙)한 효험. marvelous efficacy

잉휴[盈虧] ⇨영허(盈虛).

예[刈] 풀 벨 예: 풀을 베다. 「刈刀(예도)・刈穫(예확)」ガイ・カイ・かる

예[曳] 끌 예: 끌다. 당기다. 「曳船(예선)・曳光(예광)・曳引(예인)・曳火(예화)」エイ・ひく

예[芮] 풀 뾰족뾰족 날 예: 풀

이 뾰족뾰족하게 나다. 「芮芮(예예)」ゼイ

예:[猊] ① 사자 예: 사자. 「狻猊(산예)」 ② 고승 자리 예: 고승(高僧)의 자리. 「猊下(예하)」 ゲイ

예[裔] ① 후손 예: 후손. 「後裔(후예)·裔孫(예손)」 ② 변방 예: 변방(邊方). 「裔土(예토)」 エイ ① すえ

예:[詣] 나아갈 예: 나아가다. 이르다. 「詣謁(예알)·詣闕(예궐)」 ケイ·いたる·もうでる

예:[預] ① 미리 예: 미리. 「預備(예비)·預想(예상)」 ② 참여할 예: 참여하다. 「參預(참예)·預事(예사)」 ③ 맡길 예: 맡기다. 「預金(예금)·預入(예입)·預置(예치)」 ヨ ③ あずける

예:[睿] ① 슬기 예: 슬기. 지혜. 「睿智(예지)·睿哲(예철)」 ② 임금 예: 임금. 「睿筆(예필)·睿覽(예람)·睿旨(예지)」 エイ

예:[銳]* ① 날카로울 예: 날카롭다. 「銳角(예각)·銳敏(예민)·銳智(예지)·銳利(예리)」 ② 날랠 예: 빠르고 기운차다. 「銳將(예장)·銳兵(예병)·銳士(예사)」 エイ ① するどい

예:[叡] ① 밝을 예: 밝다. 슬기롭다. 「叡智(예지)·叡哲(예철)」 ② 임금 예: 임금. 「叡覽(예람)·叡旨(예지)·叡算(예산)」 エイ ① あきらか·かしこい

예[濊] ① 물 흐릴 예: 물을 흐리다. 더럽다. 「汚濊(오예)」 ② 그물 치는 소리 활: 그물을 물에 던지는 소리. 「濊濊(활활)」 ワイ·けがれる

예[濊] 민족 이름 예: 민족 이름. 종족 이름. 「濊貊(예맥)」 ワイ

예:[豫]☆ ① 미리 예: 미리. 「豫告(예고)·豫賣(예매)·豫納(예납)·豫算(예산)·豫習(예습)」 ② 머뭇거릴 예: 머뭇거리다. 주저하다. 「猶豫(유예)」 ヨ ① あらかじめ·かねて

예:[霓] 무지개 예: 무지개. 「霓裳(예상)·虹霓(홍예)」 ゲイ·にじ

예:[翳] 가릴 예: 가리다. 덮다. 「翳桑(예상)·翳昧(예매)·翳翳(예예)」 エイ·かざす

예:[穢] ① 더러울 예: 더럽다. 「穢物(예물)·穢身(예신)·穢慝(예특)·穢惡(예오)」 ② 거칠 예: 거칠다. 「荒穢(황예)·蕪穢(무예)」 アイ·ワイ·エ ① けがれる

예:[藝]* 재주 예: 재주. 「藝能(예능)·藝術(예술)·技藝(기예)·手藝(수예)·學藝(학예)」 ゲイ·わざ

예:[蘂] 꽃술 예: 꽃술. 「蘂香(예향)」 ズイ·しべ

예:[譽] ① 기릴 예: 기리다. 칭찬하다. 「譽諛(예유)·譽歎(예탄)」 ② 명예 예: 영예. 명성. 「譽望(예망)·譽聲(예성)·譽聞(예문)·名譽(명예)·榮譽(영예)」 ヨ ② ほまれ

예:각[銳角] 직각보다 작은 각. ↔둔각(鈍角). えいかく acute angle

예:각[豫覺] ⇨예감(豫感). よかく

예:감[豫感] 앞으로 닥쳐올 일을 미리 느낌. =예각(豫覺). よかん premonition

예:거[例擧] 예를 듦. giving an example

예:견[豫見] 어떤 일이 있기 전에 미리 짐작함. =선견(先見). よけん foreknowledge

예:계[豫戒] 미리 경계함. 豫戒 precaution

예:고[豫告] 미리 알림. よこく 豫告 advance notice

예:고편[豫告篇] 영화·텔레비 豫告篇 전 등에서, 상영 또는 방영할 프로그램의 내용을 미리 알리기 위하여 그 일부를 뽑아 엮은 것. よこくへん trailer

예:과[豫科] 본과(本科)에 들어 豫科 가기 전에 거치는 예비 과정. よか preparatory course

예광탄[曳光彈] 탄도(彈道)를 曳光彈 알 수 있도록 꽁무니에 빛을 내며 날아가는 탄환. 목표를 가리키거나 신호하는 데 쓰임. えいこうだん light tracer

예:교[禮敎] 예의에 관한 가르 禮敎 침. teaching of etiquette

예:규[例規] 관례(慣例)가 되어 例規 있는 규칙. れいき established rule

예:금[預金] 은행 따위의 금융 預金 기관에 돈을 맡김. 또는 그 돈. 「~ 통장(通帳)」よきん 通帳 deposit

예:기[銳氣] 날카롭고 굳센 기 銳氣 백이나 기세. 「~를 꺾다」えいき mettle

예:기[豫期] 일이 어떻게 되리 豫期 라고 짐작하여 미리 기대하거나 예상함. よき expectation

예:기[禮記] 유교(儒敎) 오경(五 禮記 經)의 하나. 예(禮)에 관한 해설·이론을 서술한 것. らいき

예:기[藝妓] 기무(歌舞)·서화 藝妓 (書畵)·시문(詩文) 등의 예능을 익힌 기생. =현기(弦妓). げいぎ professional entertainer

예:납[例納] 전례에 따라 상납 例納 함.

예:납[豫納] 기한이 되기 전에 豫納 미리 냄. =전납(前納). よの う payment in advance

예:년[例年] 여느 해. 보통과 例年 다름없는 해. れいねん ordinary year

예:능[藝能] ① 재주와 기능(技 藝能 能). ② 영화·연극·음악·무 技能 용 등 예술에 관한 기예(技藝) 의 총칭. 「~인(人)」げいのう ① accomplishments ② art

예:단[豫斷] 미리 판단을 내림. 豫斷 「~ 불허(不許)」よだん prediction

예:단[禮單] 예물을 적은 단자 禮單 (單子).

예:단[禮緞] 예물로 보내는 비 禮緞 단. silk given as a present

예:대[禮待] 예를 갖추어 대접 禮待 함. =예우(禮遇). honorable treatment

예:도[禮度] 예의와 법도. = 禮度 예절(禮節). etiquette

예:둔[銳鈍] ① 날카로움과 무 銳鈍 딤. ② 영리함과 우둔함. ① sharpness and dullness

예:령[豫令] 구령(口令)을 내릴 豫令 때, 그 동작을 미리 준비할 수 있도록 하는 구령의 첫 부분. '앞으로 가'에서 '앞으로' 따위.

예:리[銳利] ① 연장 따위가 날 銳利 카로움. 「~한 칼」② 관찰력이나 판단력이 날카롭고 정확함. えいり sharpness

예:림[藝林] 예술가들의 사회. 藝林 =예원(藝苑). げいりん artistic circle

예망[曳網] 강이나 바다에 쳐 曳網 두었다가 양끝을 끌어당겨 물고기를 잡는 그물의 총칭. ひきあみ seine

예:망[譽望] 명예와 덕망. よほ 譽望 う honor and moral influence

예:매[豫買] 일정한 시기가 되 豫買

예:매[豫買] 일정한 시기가 되기 전에 미리 삼. ↔예매(豫賣). 豫買 advance purchase

예:매[豫賣] 일정한 시기가 되기 전에 미리 팖. ↔예매(豫買). 豫賣 advance sale

예:명[叡明] 임금이 매우 총명하고 사리에 밝음. =예민(叡敏). 叡明

예:명[藝名] 본명 외에 따로 지어 부르는 이름. げいめい 藝名 stage name

예:모[禮帽] 예복 차림을 할 때 갖추어 쓰는 모자. れいぼう 禮帽 ceremonial hat

예:모[禮貌] 예의 범절을 지키는 태도와 행동. れいぼう 禮貌 manners

예:문[例文] 예로 드는 문장. れいぶん 例文 Illustrative sentence

예:문[藝文] ① 학예와 문학. ② 기예와 문물. げいぶん 藝文 art and literature

예:문가[禮文家] 예법을 잘 알고 그것을 그대로 지키는 사람. 또는 그런 집안. =예가(禮家). 禮文家

예:물[禮物] ① 사례의 뜻이나 예의를 표하기 위하여 주는 물품. ② 혼인 때, 신랑·신부가 서로 주고받는 기념품이나 시집의 어른들이 신부의 첫인사를 받고 답례로 주는 물품. れいもつ・れいぶつ 禮物
① present ② wedding present for the bride

예:민[銳敏] 느낌이나 자극을 받는 것이 빠름. 「신경이 ~하다」 えいびん 銳敏 acuteness

예:방[豫防] 질병이나 재해 따위를 미리 대처하여 막음. 「~주사(注射)」 よぼう 豫防 prevention

예:방[禮訪] 인사차 방문함. 禮訪 courtesy call

예:배[禮拜] ① 신불(神佛) 앞에 경건한 마음으로 경배(敬拜)함. ② 개신교에서, 신자들이 모여 성경을 읽고 기도와 찬송을 하는 의식. らいはい·れいはい 禮拜 worship

예:번[禮煩] 예의가 너무 까다롭고 번거로움. 「~즉난(則亂)」 禮煩 ceremoniousness

예:법[禮法] 예로써 지켜야 할 규범이나 법식(法式). =법례(法禮). れいほう 禮法 manners

예:병[銳兵] ① 날쌔고 용감한 군사. ② 예리한 병기(兵器). えいへい 銳兵 ① picked troops ② sharp weapon

예:보[豫報] 앞으로 다가올 일을 예상해서 미리 알림. 「일기(日氣)~」 よほう 豫報 forecast

예:복[禮服] 의식(儀式) 때에 입는 옷. 예절을 특별히 차릴 때에 입는 옷. れいふく 禮服 ceremonial dress

예:봉[銳鋒] ① 날카로운 창이나 칼의 끝. ② 날카롭게 공격하는 기세. ③ 비판의 날카로운 논소(論調). えいほう 銳鋒 ① sharp point ② brunt

예:분[蘂粉] 꽃가루. =화분(花粉). 蘂粉 pollen

예:불[禮佛] 부처에게 예배함. 「~상(床)」 禮佛 worship of Buddha

예:비[豫備] 미리 갖추어 준비함. 또는 그 준비. 「~지식(知識)」 よび 豫備 preparation

예:비군[豫備軍] 예비역으로 편성된 군대. 「~훈련(訓練)」 豫備軍 reserve forces

예:비역[豫備役] 현역(現役)을 마친 사람으로서 비상시나 훈련 때 소집되어 군무에 복무하는 병역. ↔현역(現役). よびえき 豫備役

예:빙[禮聘] 예를 갖추어 초빙(招聘)함. れいへい courteous invitation service in the first reserve

예:사[例事] 예상사(例常事)의 준말. 例事

예:산[豫算] ① 어떤 일을 위하여 미리 필요한 비용을 어림잡음. 또는 그 비용. ② 국가나 공공 단체가 세입(歲入)과 세출(歲出)을 미리 계획하는 일. 「~안(案)」 よさん ① estimate ② budget

예:산안[豫算案] ① 수입과 지출을 미리 어림잡은 초안. ② 의회(議會)에 제출하여 승인을 받아야 할 세입과 세출의 원안. よさんあん budget bill

예:상[豫想] 어떤 일의 경과나 결과 등을 미리 생각함. 또는 그 생각. よそう expectation

예:상사[例常事] 흔히 있는 일. ㉾상사(常事)·예사(例事). ordinary affair

예:상외[豫想外] 미리 생각했던 것과는 딴판임. 뜻밖. = 의외(意外). よそうがい unexpectedness

예:서[隸書] 한자(漢字) 서체의 한 가지. 전서(篆書)보다 간략하며 해서(楷書)에 가까움. れいしょ

예:서[豫壻·豫婿] 처가(妻家)에서 데리고 사는 사위. 데릴사위.

예신[曳船] 배를 끎. 또는 다른 배를 끄는 배. =예인선(曳引船). えいせん tugboat

예:선[豫選] 본선(本選)에 나갈 사람이나 팀을 미리 뽑음. 「~통과(通過)」 よせん preliminary contest

예:속[隸屬] 남의 지배 아래 매임. =종속(從屬). れいぞく subordination

예손[裔孫] 여러 대(代)가 지난 후의 먼 자손. =예주(裔冑). descendant

예:수[豫受] 미리 받음. 「~금(金)」 receiving in advance

예:수[豫修] 불교에서, 죽은 뒤 극락 세계에 가기 위하여 생전에 미리 재(齋)를 올리는 일. よしゅう·よしゅ

예:수[Jesus] 기독교의 개조(開祖). イエス

예:수 그리스도[Jesus Christ] '구세주(救世主) 예수'의 뜻. イエス キリスト

예:술[藝術] 미(美)를 창조하고 표현하는 인간의 모든 활동. 또는 그 산물(産物). げいじゅつ art

예:술제[藝術祭] 음악·무용·연극 등을 공연하거나 발표하는 예술 행사. げいじゅつさい art festival

예:술 지상주의[藝術至上主義] 예술은 정치·경제·종교·과학 등 어떤 다른 것을 위하여 있는 것이 아니라, 예술 그 자체가 목적이며 가치라고 차는 주의. げいじゅつしじょうしゅぎ art for art's sake

예:습[豫習] 앞으로 배울 부분을 미리 연습하거나 학습하는 일. ↔복습(復習). よしゅう preparation of lessons

예:승즉리[禮勝則離] 지나치게 예의를 따지면 도리어 사이가 멀어짐.

예:시[例示] 예를 들어 보임. れいじ exemplification

예:시[豫示] 미리 보이거나 알림. よし·よじ foreshowing

예:식[例式] 정해져 있는 격식. 例式

예:식[禮式] 예법에 따라 행하는 의식. 「~장(場)」れいしき　ceremony

예:심[豫審] 본 심사(審査)에 앞서 예비적으로 하는 심사. よしん　preliminary trial

예:악[禮樂] 예법과 음악. れいがく　etiquette and music

예:약[豫約] ① 어떤 것을 확보하기 위하여 미리 약속함. 또는 그 약속. ② 앞으로 어떤 계약을 할 것을 미리 약속해 두는 계약. 「~금(金)」よやく　② precontract

예:약 전:화[豫約電話] 특정 구간을 일정한 시간에 한하여 전용(專用)하는 전화. 주로 신문사·통신사 따위에서 이용함.

예:약 출판[豫約出版] 책을 간행하기에 앞서 구독자를 모집하고, 예약 신청자만을 대상으로 서적을 출판하는 일. よやくしゅっぱん　publication by subscription

예:양[禮讓] 예의를 지켜 사양함. れいじょう　courtesy

예:언[例言] 책머리에 미리 일러 두는 말. れいげん　preface

예:언[豫言] 앞일을 미리 예측해서 말함. 또는 그 말. 「~자(者)」よげん　prediction

예:외[例外] 일반적인 원칙이나 규칙에서 벗어난 일. 「~규정(規定)」れいがい　exception

예:욕[穢慾] 더러운 욕심.

예:우[禮遇] 예를 갖추어 대우함. =예대(禮待). れいぐう　honorable treatment

예:원[藝苑] 예술가들의 사회. =예림(藝林). げいえん　artistic and literacy circles

예:의[銳意] 열심히 하려고 단단히 차린 마음. 「~주시(注視)」えいい

예:의[豫議] 미리 상의함. よぎ　consulting in advance

예:의[禮義] 예절과 의리. れいぎ　courtesy and justice

예:의[禮儀] 사회 생활이나 사람과의 관계에서 가져야 할, 공손한 말씨와 몸가짐. 「~범절(凡節)」れいぎ　courtesy

예:의[禮誼] 사람이 마땅히 지켜야 할 도리. rule of morals

예:의 범절[禮儀凡節] 일상 생활의 모든 예의와 절차. れいぎさほう　courtesy

예인선[曳引船] 줄을 매어 다른 배를 끌고 가는 배. =예선(曳船).　towboat

예:입[預入] 은행 따위에 돈을 맡겨 둠.　deposit

예:장[禮狀] ① ⇨ 혼서(婚書). ② 사례의 뜻으로 보내는 편지. れいじょう　② letter of thanks

예:장[禮裝] 예복을 입음. 또는 그 복장. れいそう　full dress

예:절[禮節] 예의에 관한 범절. =예도(禮道). れいせつ　etiquette

예:정[豫定] 미리 작정함. 또는 그 작정. 「~표(表)」よてい　prearrangement

예:정[豫程] 미리 정해 놓은 과정이나 일정. よてい

예:제[例祭] 해마다 일정한 시기에 지내는 제사. れいさい　regular memorial service

예:제[例題] 교과 내용의 이해를 돕거나 연습을 위하여, 보기로 내는 문제. れいだい　example

예:제[藝題] 상연(上演)하는 연예물의 제목. げいだい

예:종[隷從] 예속되어 복종함. 隷從
　れいじゅう　　　　slavery
예:주[醴酒] 단술. =감주(甘 醴酒
　酒)·감차(甘茶). れいしゅ 甘酒
　sweet drink prepared with
　rice and malt
예:증[例症] 늘 앓고 있는 병. 例症
　　　　　chronic disease
예:증[例證] 예를 들어 증명함. 例證
　또는 증거가 되는 전례(前例).
　れいしょう　　　　example
예:지[銳志] 날카로운 기상이 銳志
　나 의지.
예:지[銳智] 날카로운 지혜. 銳智
예:지[豫知] 미리 앎. よち 豫知
　　　　　foreknowledge
예:지[叡智] 사물의 본질을 꿰 叡智
　뚫어 보는 뛰어난 지혜. えい
　ち　　　　　　intelligence
예:진[銳進] 용감하게 나아감. 銳進
　　　　　dashing forwards
예:찬[禮讚] ①부처에게 예배 禮讚
　하고 그 공덕을 기림. ②존경
　하여 찬양함. らいさん ① wor-
　ship of Buddha ② adoration
예:참[禮參] 부처나 보살 앞에 禮參
　참배함. らいさん
　　　　　worship of Buddha
예:측[豫測] 앞으로의 일을 미 豫測
　리 짐작힘. 또는 그 심작. 「~ 不許
　불허(不許)」 よそく　estimate
예:치[預置] 맡겨 둠. 預置
예:탁[預託] 부탁하여 맡겨 둠. 預託
　よたく　　　　　depositing
예:탁[穢濁] 더럽고 탁함. 穢濁
　　　being dirty and muddy
예:탐[豫探] 미리 알아봄. 豫探
　　　preliminary detection
예:토[穢土] 불교에서, 더러운 穢土
　땅이라는 뜻으로 이승을 이르
　는 말. ↔정토(淨土). えど
　　　　　　　　　this world
예:편[豫編] 예비역(豫備役)으 豫編

로 편입함.
　placing on the reserve list
예:포[禮砲] 의식(儀式)에서, 환 禮砲
　영이나 존경 또는 축하의 뜻
　을 나타내기 위하여 쏘는 공
　포(空砲). れいほう　salute
예:풍[藝風] 기예(技藝)나 연 藝風
　예의 경향(傾向). げいふう 傾向
　　　　　　style of acting
예:하[猊下] 고승(高僧)에 대한 猊下
　경칭(敬稱). げいか
예:하[隷下] 수하(手下)에 딸림. 隷下
　또는 딸린 사람. =휘하(麾下). 麾下
　「~ 장병(將兵)」 れいか
　　　　　　　subordinates
예항[曳航] 다른 배를 끌고 항 曳航
　해함. えいこう　　towing
예:해[例解] 예를 들어서 풀이 例解
　함. 또는 그 풀이. れいかい
　　　　　　　　illustration
예:행[豫行] 의식이나 행사 따 豫行
　위를 정식으로 하기 전에 미
　리 해 봄. 「~ 연습(演習)」
　よこう　　　　　rehearsal
예:행[穢行] 더럽고 추한 행동. 穢行
　　　　　　　　ugly action
예:화[例話] 실례(實例)로 드 例話
　는 이야기. れいわ
예:회[例會] 일정한 기일을 정 例會
　하여 정기적으로 모이는 회합.
　れいかい　regular meeting
예:후[豫後] ①진찰한 후에 내 豫後
　리는 병에 대한 전망. ②병을
　앓고 난 뒤의 경과. 「~ 불량
　(不良)」 よご
　① prognosis ② convalescence
옐로:카:드[yellow card] ①
　축구 경기 등에서, 고의(故意) 故意
　로 반칙한 선수에게 주심이 경
　고의 뜻으로 보이는 노란색 카
　드. ②해외 여행 때, 방역상
　(防疫上) 필요한 예방 접종을
　모두 마쳤음을 증명하는 카드.

イエローカード

옐로：프레스[yellow press] 개인의 비밀이나 추문(醜聞) 등 저속하고 선정적인 기사를 다루는 저급한 신문. 황색 신문. イエロープレス

오：[五]* 다섯 오：다섯. 다섯 번째. 「五人(오인)・五角(오각)・五倫(오륜)・五輪(오륜)・五級(오급)・五等(오등)・五位(오위)」 ゴ・いつつ

오：[午]* ① 낮 오：낮. 「午睡(오수)・午砲(오포)・午後(오후)・正午(정오)・下午(하오)」 ② 일곱째 지지 오：일곱째 지지(地支). 「午時(오시)・午方(오방)・甲午(갑오)」 ゴ ① ひる ② うま

오：[伍] ① 대오 오：대오. 「落伍(낙오)」 ② 다섯 오：다섯. 「伍籍(오적)・伍長(오장)」 ゴ ② いつつ

오：[汚]* 더러울 오：더럽다. 「汚瀆(오독)・汚吏(오리)・汚點(오점)・汚染(오염)・汚損(오손)・汚池(오지)」 オ・トゴる・けがす

오[吳] 오나라 오：오나라. 「吳越同舟(오월동주)」 ゴ・くれ

오：[吾]* 나 오：나. 우리. 「吾人(오인)・吾等(오등)・吾黨(오당)・吾門(오문)」 ゴ・われ

오：[娛]☆ 즐거워할 오：즐거워하다. 즐기다. 기쁘다. 「娛樂(오락)・娛遊(오유)・娛嬉(오희)・娛適(오적)・歡娛(환오)」 ゴ・たのしい

오：[悟]* 깨달을 오：깨닫다. 「悟覺(오각)・悟性(오성)・悟悅(오열)・悟悔(오회)」 ゴ・さとる

오[烏]* ① 까마귀 오：까마귀. 「烏鵲(오작)」 ② 검을 오：검다. 「烏鴉(오아)・烏竹(오죽)・烏金(오금)」 オ・ウ ① からす

오[梧]☆ 오동나무 오：오동나무. 「梧桐(오동)・梧陰(오음)・梧檟(오가)」 ゴ・あおぎり

오[惡] ① 미워할 오：미워하다. 「憎惡(증오)・嫌惡(혐오)」 ② ⇨악(惡). オ ① にくむ

오：[傲]☆ 거만할 오：거만하다. 업신여기다. 「傲氣(오기)・傲慢(오만)・傲然(오연)・傲視(오시)」 ゴウ・おごる・あなどる

오[嗚]☆ 탄식할 오：탄식하다. 「嗚呼(오호)・嗚咽(오열)」 オ・嗚咽 ああ

오：[奧] 깊숙할 오：깊다. 속. 「奧祕(오비)・奧如(오여)・奧義(오의)・奧地(오지)」 オウ・オク

오：[寤] 잠 깰 오：잠이 깨다. 「寤寐(오매)・寤夢(오몽)」 ゴ・さめる

오：[誤]* 그르칠 오：그르치다. 잘못하다. 「誤解(오해)・誤認(오인)・誤記(오기)・錯誤(착오)・過誤(과오)」 ゴ・あやまる

오：[澳] ① 깊을 오：깊다. 「澳溟(오명)」 ② 벼랑 욱：벼랑. 「澳港(욱항)」 オウ ① ふかい

오：[懊] 한할 오：한하다. 괴로워하다. 「懊惱(오뇌)・懊嘆(오탄)・懊恨(오한)」 オウ・うらむ・なやむ

오：각[五角] 다섯 모. ごかく five angles

오：각형[五角形] 다섯 모가 진 평면 도형. ごかくけい pentagon

오：감[五感] 시각(視覺)・청각(聽覺)・후각(嗅覺)・미각(味覺)・촉각(觸覺)의 다섯 감각. ごかん five senses

오：거니즘[organism] ① 유기체(有機體). 생물체. ② 조직. 기구. オルガニズム

오:견[誤見] 옳지 못한 견해. ごけん wrong view

오:결[誤決] 잘못 결정하거나 결재함. 또는 그러한 결정이나 결재. wrong decision

오:경[五更] 하루의 밤을 다섯 경으로 나눈 다섯째 시각. ごこう

오:경[五經] 유교의 다섯 가지 경서(經書). 곧, 시경(詩經)·서경(書經)·역경(易經)·춘추(春秋)·예기(禮記). ごきょう·ごけい Five Classics of Confucianism

오:계[五戒] ① 불교에서, 일반 신도가 지켜야 할 다섯 가지 금계(禁戒). 곧, 살생(殺生)·투도(偸盜)·사음(邪淫)·망어(妄語)·음주(飮酒). ② 화랑(花郞)의 세속 오계(世俗五戒). 곧, 사친이효(事親以孝)·사군이충(事君以忠)·교우이신(交友以信)·임전무퇴(臨戰無退)·살생유택(殺生有擇). ごかい five commandments

오계[烏鷄] ① 털이 검은 닭. ② 오골계(烏骨鷄)의 준말.

오:계[誤計] 잘못된 계획이나 계책. =실책(失策). wrong plan

오:고[五苦] 불교에서, 인생의 다섯 가지 괴로움. 곧, 생(生)·노(老)·병(病)·사(死)·옥(獄)을 이름. ごく

오:곡[五穀] ① 다섯 가지 주요 곡식. 곧, 쌀·보리·조·콩·기장. ② 곡식의 총칭. ごこく ① five cereals ② grains

오:골계[烏骨鷄] 닭의 한 품종. 살·가죽·뼈가 모두 암자색(暗紫色)이며, 민간에서 풍증(風症)·습증(濕症)·허약증 등에 약으로 씀. 준오계(烏鷄).

오:관[五官] 눈·귀·코·혀·피부의 다섯 감각 기관. ごかん five sensory organs

오구[烏口] 제도(製圖) 용구의 한 가지. 끝을 까마귀 부리 모양으로 만들고, 먹물 등을 찍어 줄을 긋는 데 씀. 가막부리. =강필(鋼筆). からすぐち drawing pen

오:기[傲氣] ① 오만스러운 기색. ② 힘이나 능력은 모자라면서도 남에게 지기 싫어하는 태도나 마음. ① haughtiness ② competitive spirit

오:기[誤記] 글자나 글을 잘못 적음. 또는 그 글자나 글. =오록(誤錄). ごき error in writing

오나니[독 Onanie] 수음(手淫). オナニー

오:너[owner] 회사 따위의 소유자(所有者). オーナー

오:너드라이버[owner-driver] 자기의 자동차를 자기가 운전(運轉)하는 사람. オーナードライバー

오:너먼트[ornament] ① 예술품의 장식. ② 음악에서, 장식음(裝飾音). オーナメント

오:뇌[懊惱] 뉘우쳐 한탄하고 괴로워함. おうのう agony

오:니[汚泥] 더러운 진흙탕. おでい muddiness

오:대양[五大洋] 다섯 대양. 곧, 태평양·대서양·인도양·남빙양·북빙양. ごだいよう Five Oceans

오:대주[五大洲] 다섯 대륙. 곧, 아시아주·유럽주·아프리카주·아메리카주·오세아니아주. ごだいしゅう Five Continents

오:더[order] ① 순서(順序). ②

주문(注文). ③ 배팅오더의 준말. 오더

오:도[悟道] 불교에서, ① 번뇌를 벗어나 열반에 들 수 있는 길. ② 불도를 닦아 진리를 깨달음. ごどう 悟道 佛道
① way of enlightenment ② spiritual awakening

오:독[汚瀆] ① 더러운 도랑. =오거(汚渠). ② 작은 도랑. ③ 더러워짐. 더럽힘. おとく 汚瀆
① dirty ditch ② small ditch

오:독[誤讀] 글을 잘못 읽음. ごどく misreading 誤讀

오동[烏銅] 장식품에 쓰이는 검붉은 구리. oxidized copper 烏銅

오동[梧桐] 현삼과의 낙엽 활엽 교목. 봄에 흰색 또는 보라색 꽃이 핌. 재목은 가볍고 부드러워 악기나 고급 가구 따위를 만드는 데 쓰임. 오동나무. ごとう paulownia 梧桐

오:드[ode] ① 고대(古代) 그리스에서 음악에 맞추어 부르는, 신이나 영웅에 대한 찬가. 송가(頌歌). ② 근대 시양에서, 어떤 사람이나 물건을 기리어 지은 서정시. 오드 古代 頌歌

오:득[悟得] 깨달아 얻음. ごとく enlightenment 悟得

오등[吾等] 우리들. われら we 吾等

오:디션[audition] ① 새 방송 프로그램을 관계자들이 시험적으로 시청하는 일. ② 가수·배우 등의 채용 심사(採用審査). オーディション 採用 審査

오:디오[audio] ① 라디오·텔레비전 따위의 음성(音聲) 부분. ② 음악 감상용의 음향 장치. オーディオ 音聲

오:디오미:터[audiometer] ① 방송 시청률의 조사에 쓰이는 자동 기록 장치. ② 청력계(聽力計). オーディオメーター 聽力計

오라토리오[이 oratorio] 종교적인 소재를 극적(劇的)으로 표현한 큰 규모의 악곡. オラトリオ 劇的

오:락[娛樂] ① 피로나 긴장을 풀기 위하여 노래·춤·게임 따위로 즐겁게 노는 일. ② 사람의 마음을 즐겁게 하고 위안을 베푸는 것. 「~실(室)」. ごらく amusement 娛樂

오랑우탄[말 orangutan] 유인원과(類人猿科)의 짐승. 보르네오·수마트라 등지의 삼림에 살며 수상(樹上) 생활을 함. 성성(猩猩)이. オランウータン 類人猿科

오:레오마이신[Aureomycin] 세균성(細菌性) 질병을 치료하는 데 쓰이는 항생물질. '클로로테트라사이클린'의 상품명임. オーレオマイシン 細菌性

오렌지[orange] ① 감귤 종류의 한 가지. ② 오렌지색. 주황색(朱黃色). オレンジ 朱黃色

오렌지에이드[orangeade] 오렌지즙에 설탕·물을 섞은 음료수(飮料水). オレンジエード 飮料水

오렌지주:스[orange juice] 오렌지의 과즙(果汁). 또는 그것으로 가공한 음료. オレンジジュース 果汁

오:로라[aurora] 극광(極光). オーロラ 極光

오:록[誤錄] 잘못 기록함. 또는 잘못된 기록. error in recording 誤錄

오:류[誤謬] 잘못. =과오(過誤). ごびゅう mistake 誤謬

오:륙[五六] 다섯이나 여섯. 대여섯. 五六

오:륜[五倫] 유교에서, 다섯 가지 인륜. 곧, 부자(父子) 사이의 사랑, 군신(君臣) 사이의 五倫

의리, 부부(夫婦) 사이의 분별(分別), 장유(長幼) 사이의 차례, 붕우(朋友) 사이의 믿음을 이르는 말. =오상(五常). ごりん　five cardinal articles of morality

오:륜[五輪] ①불교에서, 지(地)・수(水)・화(火)・풍(風)・공(空)의 다섯 가지 요소. =오대(五大). ②오대주를 상징하여 다섯 개의 고리를 그린 올림픽 마크. ごりん　②five rings of the Olympic Symbol

오르가논[그 organon] 아리스토텔레스의 논리학의 여러 저작(著作)을 총괄하는 명칭. オルガノン

오르가슴[프 orgasme] 성교에서, 쾌감의 절정(絕頂). オルガスムス

오르간[organ] 풍금(風琴). オルガン

오르골[네 orgel] 태엽이 풀리면서 자동적으로 음악이 울리게 되어 있는 장치. 음악 상자(音樂箱子). 자명금(自鳴琴). オルゴール

오르도비스기(紀)[Ordovician Period] 지질 시대의 하나. 고생대(古生代)에서 캄브리아기의 다음 시대. オルドビス

오르되:브르[프 hors-d'oeuvre] 서양 요리에서, 수프가 나오기 전에 먹는 간단한 요리. 전채(前菜)

오르티콘[orthicon] 텔레비전 촬상관(撮像管)의 하나. オルシコン

오리[汚吏] 청렴하지 못한 관리. 「탐관(貪官) ~」 おり　corrupt official

오:리무중[五里霧中] 짙은 안개 속에서 길을 잃은 것같이,

어찌해야 할지 갈피를 잡지 못함을 이르는 말.

오리엔탈[Oriental] 동양적(東洋的). 동양식. オリエンタル

오리엔탈리즘[Orientalism] ①근대 유럽인의 동양 취미. ②동양학(東洋學). オリエンタリズム

오리엔테이션[orientation] 신입생・신입 사원 등에 대하여, 새로운 환경에 적응(適應)시키기 위한 지도와 안내. オリエンテーション

오리엔트[Orient] ①동양(東洋). 동방(東方). ②중근동(中近東). オリエント

오리엔티어링[orienteering] 산 속 같은 데서 지도와 자석에 의지하여 목적지를 짧은 시간 내에 찾아가는 야외(野外) 게임의 하나. オリエンテーリング

오리온[Orion] ①그리스 신화에 나오는 거인 사냥꾼의 이름. ②하늘의 적도(赤道) 양측에 걸쳐 있는 별자리. 오리온자리. オリオン

오리자닌[oryzanine] 쌀겨에서 추출되는 비타민 B_1 복합체(複合體)의 상표명. オリザニン

오리지낼리티[originality] 독창(獨創). 독창력. 창의성. オリジナリティー

오리지널[original] ①원형(原型). ②원작(原作). 원본(原本). ③창작(創作). オリジナル

오:만[傲慢] 잘난 체하며 방자함. ごうまん　haughtiness

오:망[迂妄] 괴상하고 요망스러움. 또는 그런 태도.

오:매[寤寐] 깨어 있음과 자고

있음. 자나깨나. ごび day and night

오:매불망[寤寐不忘] 자나깨나 못 잊음. 寤寐不忘
bearing in mind all the time

오메가[omega, Ω, ω] ① 그리스어 자모의 마지막 글자. ② 끝. 최종(最終). 「알파에서 ~까지」 オメガ 最終

오:면체[五面體] 다섯 평면으로 이루어진 입체(立體). ごめんたい pentahedron 五面體

오:명[汚名] 더럽혀진 이름. 좋지 않은 평판. ＝누명(陋名). おめい dishonor 汚名 陋名

오:몽[午夢] 낮잠을 자면서 꾸는 꿈. 午夢

오:묘[奧妙] 심오하고 미묘함. おうみょう profundity 奧妙

오:문[誤聞] 잘못 들음. ＝오청(誤聽). ごぶん mishearing 誤聞

오:물[汚物] ① 더러운 물건. ② 대소변 따위의 배설물. 「~처리(處理)」 おぶつ dirt 汚物

오믈렛[omelet] 고기・양파 따위를 곱게 썰어 볶은 것을 프라이팬에 지진 달걀로 싼 서양 요리(西洋料理). オムレツ 西洋料理

오:미[五味] 신맛・단맛・쓴맛・매운맛・짠맛의 다섯 가지 맛. ごみ five tastes 五味

오:발[誤發] ① 총을 잘못 만져 발사됨. 「~탄(彈)」 ② 실수로 말을 잘못함. 誤發
① accidental firing ② slip of the tongue

오:방[五方] ① 동・서・남・북의 사방(四方)과 중앙. ② 중국과 그 사방의 이민족의 나라. ごほう ① all directions 五方 中央

오:방[午方] 정남방을 중심으로 한 15도의 범위 안의 방위. 午方

오:배자[五倍子] 한방에서, 붉 五倍子

나무의 새싹이나 새 잎에 오배자벌레가 기생하여 생기는 벌레혹. 타닌산이 많이 들어 있어 잉크나 염료(染料)의 제조에 쓰임. ごばいし gall 染料

오:버[over] ① 한도를 초과(超過)함. ② 무선 통신에서, 상대방의 응답을 바라는 말. 「위치를 말하라 ~」 ③ 오버코트의 준말. オーバー

오:버네트[over net] 배구에서, 경기자의 손이 네트를 넘어서 상대편 코트에 있는 공에 닿았을 때의 반칙(反則). オーバーネット 排球 反則

오:버드라이브[overdrive] 엔진의 회전수보다 빠른 회전을 구동축(驅動軸)에 주는 고속 주행봉(高速走行用)의 기어 장치. オーバードライブ 驅動軸

오:버랩[overlap] 영화에서, 한 장면(場面)이 끝나기 전에 다음 장면이 겹쳐서 나오는 일. オーバーラップ 場面

오:버런[overrun] 야구에서, 주자(走者)가 베이스를 지나쳐 뛰어, 아웃이 될 우려가 있는 상태. オーバーラン 走者

오:버론:[overloan] 은행이 예금(預金)의 한도를 넘어서 대부(貸付)를 많이 하는 일. オーバーローン 貸付

오:버블라우스 [overblouse] 자락을 스커트 위로 내어서 입는 블라우스. オーバーブラウス

오:버센스[over sense] 너무 예민함. 지나친 생각. 신경 과민(神經過敏) 神經過敏

오:버슈:즈[overshoes] 방수용(防水用)으로 구두 위에 덧신는, 고무나 비닐로 만든 신. 防水用

오:버스로:[overthrow] ⇨오버핸드 스로. オーバースロー

오:버올:[overall] 아래위가 한데 붙은 작업복(作業服). 오버오올

오:버추어[overture] 서곡(序曲). 오버추어 序曲

오:버코:트[overcoat] 외투(外套). 준오버. 오버코오트 外套

오:버타임[overtime] ①규정(規定) 시간 이외의 노동 시간. ②구기(球技)에서, 규정 횟수 또는 규정 시간 이상 공을 만지는 반칙. 오버타임

오:버페이스[overpace] 제 능력(能力)에 지나치게 힘을 내는 일. 오버페이스 能力

오:버핸드 스로:[overhand throw] 야구에서, 팔을 위에서 아래로 휘두르며 던지는 투구법(投球法). 오버스로. 投球法

오:버행[overhang] 암벽 같은 것이 수직(垂直) 이상으로, 마치 처마처럼 쑥 나와 있는 부분. 오버행 垂直

오:버헤드킥[overhead kick] 축구에서, 몸을 뒤로 눕혀 공중에 뜨면서 공을 자기의 머리 너머 뒤쪽으로 차는 기술. 오버헤드킥 蹴球 技術

오:버홀[overhaul] 기계·자동차 따위를 분해해서 하는 수리 또는 점검(點檢). 오버호올

오:버히:트[overheat] 엔진 따위의 과열(過熱). 오버히이트 過熱

오:범[誤犯] 실수로 죄를 저지름. 또는 그 죄. 誤犯

오베론[Oberon] ①요정(妖精)의 왕. ②천왕성의 제4위성. ③베버 작곡의 가극. 오베론 妖精

오벨리스크[obelisk] 고대 이집트에서, 태양 숭배의 상징으로 세웠던 네모진 거대한 돌기둥. 방첨탑(方尖塔). 오벨리스크 古代 方尖塔

오:보[誤報] 잘못된 보도(報道). ごほう incorrect report 誤報 報道

오보에[이 oboe] 관현악에서, 고음(高音)을 내는 목관 악기. 섬세하고 감미로운 음색이 특징임. 오보에 木管

오:복[五福] 수(壽)·부(富)·강녕(康寧)·유호덕(攸好德)·고종명(考終命)의 다섯 가지 복. ごふく five blessings 五福 攸好德 考終命

오불관언[吾不關焉] 나는 그 일에 상관하지 않음. 또는 그런 태도. indifferent attitude 吾不關焉

오브제[프 objet] 전위 예술(前衛藝術)에서, 작품 속에 쓰이는 돌·나뭇조각·금속 등의 각가지 물건. 또는 그 작품. 오브제 前衛藝術

오븐[oven] 밀폐(密閉)된 공간에 재료를 넣고, 상하 좌우에서 열을 보내어 재료를 굽는 요리 기구. 오오븐 密閉

오블라:토[포 oblato] 녹말로 만든 얇은 막(膜) 모양의 물질. 쓴 가루약 따위를 싸서 먹는 데 씀. 오블라아토 澱粉

오블리가토[이 obbligato] 독창이나 독주에서, 반주 이외에 어떤 독주 악기에 의하여 선율적 반주를 곁들이는 일. 조주(助奏). オブリガート 獨唱 助奏

오비삼척[吾鼻三尺] 내 코가 석 자나 됨. 곧, 내 사정이 급하여 남을 돌볼 겨를이 없음. 吾鼻三尺

오비이락[烏飛梨落] 까마귀 날자 배 떨어진다는 뜻으로, 공교롭게도 어떤 일이 같은 때에 일어나 남에게 의심을 받게 됨의 비유. strange coincidence arousing 烏飛梨落

suspicion

오:사[誤死] 형벌이나 재앙 따위로 비명(非命)에 죽음. accidental death

오:사[誤寫] 잘못 베낌. ごしゃ miscopy

오:산[誤算] ① 계산이 잘못됨. 또는 그 계산. ② 예상이 빗나감. 또는 그 예상. ごさん ① miscalculation ② misjudgment

오:살[誤殺] 잘못하여 사람을 죽임. ごさつ accidental homicide

오:상[五常] ① 유교에서, 사람이 지켜야 할 다섯 가지 도리. 곧, 인(仁)·의(義)·예(禮)·지(智)·신(信). ② ⇨오륜(五倫). ③ ⇨오전(五典). ごじょう

오:상[誤想] 잘못 생각함. 또는 잘못된 생각. ごそう misconception

오:색[五色] 다섯 가지의 색. 곧, 파랑·노랑·하양·빨강·검정. −오채(五彩). ごしき five colors

오:색[傲色] 거만한 기색. haughty air

오:서[誤書] 글자를 잘못 씀. 또는 그 글씨. ごしょ incorrect writing

오:서독스[orthodox] 정통적(正統的).

오:선[五線] 악보(樂譜)에 쓰이는 다섯 줄의 평행선(平行線). 「∼지(紙)」 ごせん staffs

오:성[悟性] 사물을 논리적으로 사고하고 이해하는 능력. =지성(知性). ごせい intelligence

오세아니아[Oceania] 멜라네시아·폴리네시아·미크로네시아 및 오스트레일리아·뉴질랜드를 포함하는 섬들과 대륙(大陸)으로 이루어진 지역의 총칭. =대양주(大洋洲). オセアニア

오:손[汚損] 더럽히고 망가뜨림. おそん stain and damage

오:수[午睡] 낮잠. ごすい nap

오:수[汚水] 더러운 물. 구정물. おすい sewage

오수정[烏水晶] 빛깔이 검은 수정. black crystal

오스람[osram] 오스뮴과 텅스텐의 합금. オスラム

오스뮴[osmium] 백금족(白金族) 원소의 하나. 합금 재료나 촉매에 쓰임. 원소 기호는 Os. オスミウム

오스트랄로피테쿠스[Australopithecus] 최고(最古)의 화석 인류. 도구를 사용하였으며 직립 보행함. アウストラロピテクス

오:습[汚習] 더러운 습성. dirty habit

오:시[午時] 십이시(十二時)의 일곱째 시. 정오(正午)를 중심으로 한 2시간. 곧, 오전 11시에서 오후 1시까지의 사이. ごじ

오:시[忤視] 상대방의 위세(威勢)에 굽히지 않고 마주 쏘아봄.

오:식[誤植] 인쇄물에서 글자나 기호 등에 잘못이 있는 일. 미스프린트. ごしょく misprint

오:신[誤信] 잘못 믿음. ごしん misbelief

오실로그래프[oscillograph] 전류나 전압의 전기적 진동(振動)을 물결 모양의 곡선으로 표시하는 기계. オシログラフ

오실로스코:프[oscilloscope]

오심[惡心] 속이 느글거리고 토할 듯한 기분이 생기는 증상. 「～구토(嘔吐)」 おしん 惡心 nausea

오:심[誤審] 잘못 심판함. 또는 그 심판. ごしん 誤審 misjudgment

오:십보백보[五十步百步] 오십 보든 백 보든 싸움에서 도망친 것은 마찬가지라는 맹자의 말에서, 정도의 차이는 있지만 본질적으로는 같다는 뜻. 五十步百步

오아시스[oasis] ① 사막 가운데서 물이 솟고 수목이 자라는 곳. ② 인생의 위안(慰安)이 되는 것. 또는 그런 곳. オアシス 沙漠

오:악[五惡] 불교에서, 오계(五戒)를 어기는 다섯 가지 나쁜 일. 곧, 살생(殺生)·투도(偸盜)·사음(邪淫)·망어(妄語)·음주(飮酒). ごあく 五惡 five evils for a Buddhist

오:역[誤譯] 잘못 번역함. 틀린 번역. ごやく mistranslation 誤譯

오:연[傲然] 거만한 모양. 오만한 태도. ごうぜん haughtiness 傲然

오:열[悟悅] 깨달아 희열(喜悅)을 느낌. ＝법열(法悅). joy 悟悅

오열[嗚咽] 목이 메어 욺. 흐느껴 욺. おえつ sobbing 嗚咽

오:염[汚染] ① 더러워짐. ② 세균·유독 물질·방사성 물질 등에 의하여 더럽혀짐. 「환경～」 おせん pollution 汚染

오엽[梧葉] 오동나무의 잎. 「계전(階前)～」 ごよう leaves of paulownia 梧葉

오:엽송[五葉松] 잣나무. 잎이 한 눈에 다섯 잎씩 남. ごようまつ big-cone pine 五葉松

오:예[汚穢] 더러움. 더러운 것. おあい・おわい・おえ filth 汚穢

오:온[五蘊] 불교에서, 인간의 정신과 육체를 분류한 색(色·육체)·수(受·감각)·상(想·상상)·행(行·마음의 작용)·식(識·의식)의 다섯 가지. 五蘊

오:욕[汚辱] 더럽히고 욕되게 함. おじょく disgrace 汚辱

오:용[誤用] 잘못 사용함. ごよう misuse 誤用

오월동주[吳越同舟] 원수지간인 오나라 사람과 월나라 사람이 같은 배를 탔다는 고사에서, 사이가 나쁜 사람끼리 같은 곳이나 같은 처지에 놓이게 됨을 이르는 말. ごえつどうしゅう 吳越同舟

오유[烏有] '어찌 있으리요'의 뜻. 전혀 없음. 아무것도 없음. うゆう nothing 烏有

오:의[奧義] 깊은 속뜻. ＝오지(奧旨). おうぎ・おくぎ profound meaning 奧義

오이디푸스[Oedipus] 그리스 신화(神話)에서, 자기 아버지를 죽이고 어머니를 아내로 삼은 테베의 왕. オイディプス 神話

오이디푸스 콤플렉스[Oedipus complex] 정신 분석학에서, 사내아이가 아버지에게 반감을 가지고, 어머니를 사모(思慕)하는 경향을 이르는 말. エディプス コンプレックス 精神分析學

오인[吾人] 나. 우리. 우리들. ごじん we 吾人

오:인[誤認] 잘못 인식함. 잘못 봄. 「범인으로～하다」 ごにん misconception 誤認

오일[oil] 기름. 석유(石油). オイル 石油

イル

오일달러[oil dollar] 원유(原油) 거래로 산유국이 보유하는 달러 자금.

오일버:너[oil burner] 석유를 연소(燃燒)시키는 장치. オイルバーナー

오일샌드[oil sand] 원유를 함유하는 모래나 사암(砂巖). オイルサンド

오일셰일[oil shale] 석유를 함유하는 암석. 석유 혈암(頁巖). オイルシェール

오일쇼크[oil shock] 원유값의 폭등이나 폭락으로 국제 경제가 타격을 받는 일. 석유 파동(石油波動). オイルショック

오일스토:브[oilstove] 석유 난로(煖爐). オイルストーブ

오일클로스[oilcloth] 기름으로 방수(防水) 처리한 무명이나 명주. オイルクロース

오일펌프[oil pump] 기름을 보내는 데 쓰는 진공(眞空) 펌프의 하나. オイルポンプ

오일펜스[oil fence] 바다나 강에 유출(流出)된 기름이 번지지 않도록 둘러싸는 울타리. オイルフェンス

오:입[悟入] 불교에서, 진리를 깨닫고 실상(實相)의 세계로 들어섬. ごにゅう   perception of truth

오:입[誤入] 자기 아내 아닌 여자와 관계함. =외도(外道)・외입(外入).   whoring

오:자[誤字] 잘못 쓴 글자. 틀린 글자. ごじ   wrong word

오작교[烏鵲橋] 칠석날 견우와 직녀를 만나게 하기 위해, 까치와 까마귀가 은하(銀河)에 놓는다는 전설상의 다리. うじゃくきょう

오:장[五臟] 한방에서, 폐장・심장・비장・간장・신장의 다섯 가지 내장을 이르는 말. 「~육부(六腑)」ごぞう five viscera

오:장육부[五臟六腑] 한방에서, 내장(內臟)을 통틀어 이르는 말. 㑳장부(臟腑).

오:전[五典] 유교에서, 가족이 서로 지켜야 할 다섯 가지 도리. 아버지는 의리, 어머니는 자애(慈愛), 형은 우애, 아우는 공경, 자식은 효도. =오상(五常).

오:전[午前] 자정(子正)부터 정오(正午)까지의 시간. =상오(上午). ↔오후(午後). ごぜん   forenoon

오:전[誤傳] 사실이 잘못 전해짐. ごでん   misinformation

오:점[汚點] ① 더러운 점. 얼룩. ② 불명예스러운 결점이나 흠이 되는 일. おてん   stain

오:정[午正] 낮 열두 시. =정오(正午). ↔자정(子正).   noon

오존[ozone] 산소의 동소체(同素體)로 공기 중에서 방전(放電)하여 얻는 푸른빛을 띤 기체. 산성이 강하며 살균・소독・표백 따위에 사용함. オゾン

오존홀:[ozone hole] 남극 대륙(南極大陸) 상공에 구멍처럼 생긴, 오존 농도가 낮은 영역. オゾンホール

오:종 경:기[五種競技] 한 선수가 다섯 종목에 출전하여 총 득점으로 등수를 가리는 육상 경기. 남자는 멀리뛰기・창던지기・200미터 경주・원반던지기・1500미터 경주, 여자는 100미터 허들・포환던지기・높이뛰기・멀리뛰기・200미터 경주. ごしゅきょうぎ pentathlon

오:지[五指] 다섯 손가락. 五指
　　ごし　　　　five fingers

오:지[奧地] 해안이나 도시에서 멀리 떨어진 내륙 지방. 奧地
　おくち　　　　hinterland

오:지자웅[烏之雌雄] 까마귀의 암수. 까마귀는 암수를 가리기 어렵다는 데서, 사물의 시비곡직(是非曲直)을 분별하기 어려움의 비유. からすのしゆう 烏之雌雄

오:직[汚職] 직권이나 지위를 남용하여 뇌물을 받거나 하는 부정(不正) 행위. =독직(瀆職). おしょく　corruption 汚職

오:진[誤診] 의사가 진단을 잘못함. ごしん　erroneous diagnosis 誤診

오:차[誤差] 참값과 측정값 또는 근사값과의 차이. ごさ　error 誤差

오:착[誤捉] 잘못 알고 잡음. 잘못 포착함. wrong capture 誤捉

오:찬[午餐] 점심 식사. 점심. =주식(晝食)・주찬(晝餐). ごさん　luncheon 午餐

오:처:드 그래스[orchard grass] 볏과에 속하는 다년초. 높이 1m 가량으로 유럽과 서아시아 원산의 목초(牧草). 오리새. オーチャードグラス 牧草

오:청[誤聽] 잘못 들음. =오문(誤聞). mishearing 誤聽

오:체[五體] ① 사람의 전신(全身). ② 불교에서, 머리와 사지(四肢). ③ 한자의 다섯 가지 서체. 곧, 전서(篆書)・예서(隸書)・해서(楷書)・행서(行書)・초서(草書). ごたい
① body ② head and limbs 五體

오:축[五畜] 다섯 가지 가축. 곧, 소・양・돼지・개・닭. ごちく　five domestic animals 五畜

오:취[五臭] 다섯 가지 냄새. 곧, 노린내・비린내・향내・타는 내・썩는 내. ごしゅう
five kinds of smells 五臭

오:침[午寢] 낮잠. =오수(午睡). siesta 午寢

오:칭[誤稱] 잘못 일컬음. 잘못된 명칭. misnomer 誤稱

오카리나[ocarina] 찰흙・사기 따위로 만든 비둘기 모양의 서양식 피리. オカリナ 西洋式

오:케스트라[orchestra] ① 관현악(管絃樂). ② 관현악단. オーケストラ 管絃樂

오:케스트라박스 [orchestra box] 극장에서, 무대와 관객석(觀客席) 사이에 마련된 음악 연주석. オーケストラボックス 觀客席

오:크[oak] 참나무. 떡갈나무. 또는 그 재목. オーク 材木

오:탁[汚濁] 더럽고 흐림. =탁오(濁汚). おだく　impurity 汚濁

오:탄[懊嘆] 원통히 여겨 한탄함. 懊嘆

오:탈[誤脫] ① 오자(誤字)와 탈자(脫字). ② 오류(誤謬)와 탈루(脫漏). =탈오(脫誤). ごだつ　① miswritten letter and omitted word 誤脫

오토[烏兎] 금오(金烏)와 옥토(玉兎). 곧, 해와 달. =일월(日月). うと　sun and moon 烏兎 日月

오:토 단청[五土丹靑] 먹・분(粉)・연녹색・육색(肉色)・석간주(石間硃)로 무늬 선을 나타낸 단청. 五土丹靑

오:토레이스[auto race] 자동차・오토바이 따위의 경주(競走). オートレース 競走

오:토매틱[automatic] ① 자동(自動). ② 자동 권총. ③ 자동차의 자동 변속 장치. オー 自動

トマチック

오:토맷[automat] ① 자동 판매기(自動販賣機). ② 사진기 셔터 등의 자동 장치. オートマット

오:토메이션[automation] 생산·서비스·사무(事務) 따위의 자동화(自動化). オートメーション

오:토모빌[automobile] 자동차. オートモビル

오:토바이[motorcycle] 발동기(發動機)를 장치하여 달리게 만든 자전거. オートバイ

오:토클레이브[autoclave] 압력솥. オートクレーブ

오:토트랜스[autotransformer] 변압기(變壓器)의 일종. 1차 코일과 2차 코일의 어느 부분에서는 1차 전류(電流)와 2차 전류가 동시에 흐르게 됨. オートトランス

오:트밀[oatmeal] 귀리로 죽을 쑤어 설탕·우유 등을 넣은 서양 음식. オートミール

오:판[誤判] 그릇된 판단이니 판정·판결. ごはん misjudgment

오:판화[五瓣花] 꽃잎이 다섯인 꽃. 다섯잎꽃. five-petaled flower

오팔:[opal] 단백석(蛋白石). オパール

오퍼[offer] ① 신청. 제시(提示). ② 수출업자가 수입업자에게 품명·수량·품질·가격 등을 제시하고 판매를 신청하는 일. オファー

오퍼레이션[operation] ① 증권 매매에 의한 시장 조작. ② 수술. ③ 작전(作戰). オペレーション

오퍼레이터[operator] 직업으로서 통신 기기·컴퓨터 따위를 다루는 사람. オペレーター

오퍼레이팅시스템[operating system] 컴퓨터에서, 소프트웨어의 실행을 관리하는 기본적인 프로그램. オペレーティングシステム

오페라[opera] 음악·연극·무용·미술 등을 합친 종합 예술(綜合藝術). 가극(歌劇). オペラ

오페라하우스[opera house] 오페라를 공연(公演)하는 극장. オペラハウス

오페레타[이 operetta] 오락적인 요소가 강한, 경쾌한 내용의 가극. 경가극(輕歌劇). オペレッタ

오:평[誤評] 잘못 평함. 그릇된 평판이나 평론. wrong criticism

오:포[午砲] 옛날에 낮 12시를 알리기 위해 쏘던 대포. =오정포(午正砲). ごほう noon gun

오:풍십우[五風十雨] 닷새마다 바람이 불고 열흘마다 비가 내림. 기후가 농사에 적합함을 이르는 말. ごふうじゅうう

오프[off] 스위치나 기계(機械) 따위가 꺼진 상태이거나 멈추어 있는 상태. オフ

오:프너[opener] 병 따개. オープナー

오:프닝[opening] ① 개시. 개업(開業). ② 방송(放送) 프로그램 등의 시작. オープニング

오프더레코:드[off the record] 기록하거나 보도(報道)하지 않는다는 조건으로 기자에게 말하는 일. オフレコ

오프라인[off-line] 주컴퓨터와 단말기(端末機)가 연결되지 않은 상태. ↔온라인. オフラ

イン

오프리미츠[off limits] 출입 금지(出入禁止). オフリミット 出入禁止

오프사이드[offside] 축구·럭비·하키 따위에서 반칙(反則)의 하나. 경기해서는 안 되는 위치에서 플레이하는 일. → 온사이드. オフサイド 反則

오프셋[offset] 평판 인쇄(平版印刷) 방식의 하나. 오프셋 인쇄. オフセット 平版印刷

오ː픈게임[open game] ① 연습 경기(鍊習競技)나 비공식(非公式) 경기. ② 프로나 아마추어를 가리지 않고 누구나 참가할 수 있는 경기. オープンゲーム 鍊習競技

오ː픈블로ː[open blow] 권투에서, 글러브를 낀 주먹을 펴거나 손바닥 쪽으로 상대편을 치는 일. 拳鬪

오ː픈세트[open set] 촬영소 안에 마련한 옥외(屋外) 촬영용의 배경 장치(裝置). オープンセット 屋外

오ː픈숍[open shop] 노동 조합(勞動組合)에 가입하는 것을 본인의 자유 의사에 맡기는 사업장. オープンショップ 勞動組合

오ː픈카ː[open car] 지붕이 없는 자동차. 또는 포장으로 지붕을 만든 자동차. オープンカー 布帳

오ː픈코ː스[open course] 육상 경기 등에서, 자기 레인으로만 달리지 않고 자유로이 달릴 수 있게 된 주로(走路). オープンコース 走路

오ː픈테니스[open tennis] 아마추어와 프로의 구별(區別)이 없는 테니스 경기. オープンテニス 區別

오피스[office] 사무소. 관청 (官廳). オフィス 事務所

오피스텔[←office hotel] 간단한 주거 시설(住居施設)을 갖춘 사무실. 또는 그런 용도로 지은 빌딩. 住居

오한[惡寒] 몸에 열이 나면서 오슬오슬 추운 증세. 「~이 나다」おかん chill 惡寒

오합[烏合] 까마귀 떼처럼 규율도 통제도 없이 모이는 일. 「~지졸(之卒)」うごう 烏合之卒

오합지졸[烏合之卒] 까마귀 떼처럼 규율도 통제도 없이 몰려 있는 어중이떠중이. =오합지중(烏合之衆). undisciplined mob 烏合之卒

오ː해[誤解] ① 잘못된 해석. ② 남의 뜻을 잘못 앎. ごかい misunderstanding 誤解

오ː행[五行] 동양 철학에서, 만물을 구성한다는 다섯 가지 원소인 목(木)·화(火)·토(土)·금(金)·수(水)를 이르는 말. ごぎょう five elements 五行

오호[嗚呼] 한문투의 문장에서 슬픔을 나타내는 말. 아. 오. ああ Alas! 嗚呼

오ː활[←迂闊] ① 실제와는 관련이 멺. ② 사정에 어두움. ③ 주의가 모자람. うかつ ① unreality 迂闊

오ː회[悟悔] 잘못을 깨닫고 뉘우침. repentance 悟悔

오ː후[午後] 정오(正午)부터 자정(子正)까지의 사이. =하오(下午). ↔오전(午前). ごご afternoon 午後

옥[玉]* ① 구슬 옥: 구슬. 「玉匣(옥갑)·玉石(옥석)·寶玉(보옥)·金玉(금옥)·珠玉(주옥)」 ② 소중할 옥: 소중하다. 아름답다. 「玉童子(옥동자)·金科玉條(금과옥조)·玉稿(옥고)· 玉 珠玉

玉音(옥음)·옥체(玉體)」ギョク ① たま

옥[沃] ① 기름질 옥 : 기름지다. 윤택하다. 「沃土(옥토)·沃野(옥야)·沃壤(옥양)·肥沃(비옥)」 ② 물 부을 옥 : 물을 붓다. 손을 씻다. 「灌沃(관옥)·沃盥(옥관)」 ヨク

옥[屋]* 집 옥 : 집. 「屋內(옥내)·屋外(옥외)·屋舍(옥사)·屋上(옥상)·屋棟(옥동)·家屋(가옥)·社屋(사옥)」 オク·や

옥[獄]☆ 옥 옥 : 옥. 감옥. 「獄舍(옥사)·獄窓(옥창)·監獄(감옥)·地獄(지옥)·脫獄(탈옥)·疑獄(의옥)」 ゴク·ひとや

옥갑[玉匣] 옥을 다듬어서 만든 갑. 옥으로 된 갑. jade case

옥개[屋蓋] 지붕. roof

옥개석[屋蓋石] 석탑이나 석등(石燈)·비석(碑石) 등의 위를 덮는 돌.

옥경[玉磬] 옥으로 만든 경쇠.

옥고[玉稿] 남의 원고에 대한 높임말. ぎょっこう your manuscript

옥고[獄苦] 옥살이하는 고생. hardships of prison life

옥골[玉骨] 살결이 희고 풍채가 고결한 사람을 이르는 말. 「~선풍(仙風)」 ぎょっこつ high spirited person

옥관[玉冠] 옥으로 장식한 관. ぎょっかん jeweled crown

옥내[屋內] 집의 안. 건물의 내부. ↔옥외(屋外). おくない indoor

옥답[沃畓] 기름진 논. 「문전(門前) ~」 fertile paddy field

옥당목[玉唐木] 품질이 낮은 옥양목(玉洋木). calico of inferior quality

옥대[玉帶] 임금이나 높은 벼슬아치가 공복(公服)에 띠던, 옥으로 꾸며 만든 허리띠. ぎょくたい

옥도[沃度] 할로겐 원소의 한 가지. 어두운 자줏빛의 비늘 모양의 결정. 요오드팅크 등의 약품의 원료로 쓰임. 요오드. =옥소(沃素). 「~정기(丁幾)」 ヨード iodine

옥동[玉童] ⇨옥동자(玉童子).

옥동자[玉童子] 옥같이 귀여운 사내아이. 남의 어린 아들을 추어서 이르는 말. =옥동(玉童). precious son

옥로[玉露] 옥처럼 맑은 이슬. 이슬의 미칭(美稱). ぎょくろ pearly dew

옥리[獄吏] 감옥에 딸려 죄수를 감시하는 관리. ごくり jailor

옥문[玉文] 아름다운 문장(文章). ぎょくもん excellent style

옥문[玉門] ① 옥으로 장식한 화려한 문. ② ⇨음문(陰門).

옥문[獄門] 감옥의 문. ごくもん prison gate

옥배[玉杯] ① 옥으로 만든 술잔. ② 술잔의 미칭(美稱). ぎょくはい ① jade cup

옥빈홍안[玉鬢紅顔] 아름다운 귀밑머리와 불그레한 얼굴. 잘생긴 소년을 이르는 말.

옥사[獄死] 감옥에 갇혀 있는 동안에 죽음. =뇌사(牢死). ごくし death in prison

옥사[獄舍] 감옥으로 쓰이는 건물. =뇌옥(牢獄). ごくしゃ prison

옥사[獄事] 살인이나 반역 같은 중대한 범죄를 다스리는 일. 또는 그런 사건. the handling of major crimes

옥살산(酸)[oxalic acid] 수산(蓚酸).

옥상[屋上] 지붕 위. 특히 빌딩 등 서양식 건물의 평평한 지붕 위. 「~가옥(架屋)」 おくじょう　rooftop

옥새[玉璽] 임금의 도장. =국새(國璽)·보새(寶璽)·대보(大寶). ぎょくじ　imperial seal

옥색[玉色] 조금 파르스름한 빛깔. light blue

옥서[玉書] ① 남의 편지의 높임말. ぎょくしょ ② 도가(道家)에서, 신선(神仙)이 전하는 책을 이르는 말. ① your letter

옥석[玉石] ① 옥돌. ② 옥과 돌. 곧, 좋은 것과 하찮은 것. ぎょくせき ① precious stone ② wheat and tares

옥석구분[玉石俱焚] 옥과 돌이 함께 불탐. 곧, 착한 사람과 악한 사람이 다같이 화를 당함의 비유. =옥석동쇄(玉石同碎).

옥석동궤[玉石同匱] 옥과 돌이 한 상자에 들어 있음. 선(善)과 악(惡), 또는 귀한 것과 하찮은 것이 한데 섞여 있음. =옥석혼효(玉石混淆).

옥성[玉成] 옥처럼 곱게 갈고 닦음. 곧, 훌륭한 인물로 길러 내는 일. ぎょくせい

옥소[沃素] ⇨옥도(沃度). よう そ

옥쇄[玉碎] 옥처럼 아름답게 부서진다는 뜻으로, 명예나 충절(忠節)을 위해 깨끗이 목숨을 던짐. ↔와전(瓦全). ぎょくさい　death for honor

옥수[玉手] ① 임금의 손. =어수(御手). ② 옥처럼 아름다운 미인의 손. 「섬섬(纖纖)~」 ぎょくしゅ·たまて ① king's hand ② woman's beautiful hand

옥수[玉水] 썩 맑은 샘물. たまみず　clear water

옥수[玉髓] 석영(石英)의 결정이 서릿발 모양 또는 방사선 모양으로 모인 광물. 장식물·도장 등으로 쓰임. ぎょくずい　chalcedony

옥수[獄囚] 감옥에 갇힌 죄수. ごくしゅう　prisoner

옥순[玉脣] 옥같이 아름다운 입술. 미인의 입술. lips of a beauty

옥시다아제[Oxidase] 생물의 체내에 있는 산화 효소(酸化酵素). オキシダーゼ

옥시돌[oxydol] 과산화수소의 수용액(水溶液). 소독·살균·표백 따위에 쓰임. オキシドール

옥시테트라사이클린[oxytetracycline] ⇨테라마이신. オキシテトラサイクリン

옥시풀[Oxyful] '옥시돌'의 상품명(商品名). オキシフル

옥식[玉食] ① 맛있는 음식. =미식(美食). ぎょくしょく ② 흰 쌀밥. ① delicious meal

옥:신[auxin] 식물의 생장(生長) 호르몬의 한 가지. オーキシン

옥안[玉顔] ① 임금의 얼굴. 천안(天顔)·용안(龍顔). ② 옥같이 아름다운 미인의 얼굴. =옥용(玉容). ぎょくがん ① king's face ② beautiful face

옥야[沃野] 기름진 들. 「~천리(千里)」 よくや　fertile field

옥양[沃壤] 기름진 땅. =옥토(沃土). よくじょう　fertile land

옥양목[玉洋木] 생목보다 발이 곱고 흰 무명. calico

옥양사[玉洋紗] 발이 곱고 얇은 옥양목의 한 가지.

옥외[屋外] 집 밖. =옥내(屋內). 「~집회(集會)」 おくがい open air

옥용[玉容] 옥과 같이 아름다운 얼굴. 미인의 얼굴. =옥안(玉顔). ぎょくよう face as beautiful as a jewel

옥우[屋宇] 집. =가옥(家屋). おくう houses

옥운[玉韻] 남의 시가(詩歌)에 대한 높임말. =옥영(玉詠). ぎょくいん

옥윤[玉潤] ①옥같이 윤기가 흐르고 아름다움. ②사위의 미칭(美稱). ぎょくじゅん

옥음[玉音] ①임금의 말 또는 목소리 ②옥같이 맑은 소리 또는 목소리. ③남의 편지에 대한 높임말. ぎょくいん・ぎょくおん ① king's voice ② silver voice

옥의옥식[玉衣玉食] 좋은 옷과 맛있는 음식. good clothes and delicious meal

옥잠[玉簪] 옥으로 만든 비녀. 옥비녀. ぎょくしん jade rod-like hairpin

옥장[玉章] 남의 시문이나 편지에 대한 높임말. ぎょくしょう your letter

옥조[玉條] ①아름다운 나뭇가지. ②지켜야 할 소중한 규칙. 「금과(金科)~」 ぎょくじょう ① beautiful branch

옥졸[獄卒] 지난날, 감옥에서 죄수를 감시하는 일을 맡아보던 하급 관리. 옥사쟁이. ごくそつ jailer

옥좌[玉座] 임금이 앉는 자리. =어좌(御座)・보좌(寶座). ぎょくざ throne

옥중[獄中] 감옥의 안. ごくちゅう in prison

옥지[玉指] 옥같이 아름다운 여인의 손가락. beautiful finger

옥지[沃地] 비옥한 땅. =옥토(沃土)・옥양(沃壤). よくち fertile land

옥창[獄窓] 감옥의 창문. 또는 감옥. ごくそう window of a prison

옥천[玉泉] 맑은 샘. ぎょくせん clear spring

옥체[玉體] ①임금의 몸. ②남의 몸에 대한 높임말. ぎょくたい ① Royal person

옥칙[獄則] 감옥 안의 규칙. ごくそく prison regulation

옥타브[octave] 음계(音階)의 어떤 음에서 위나 아래로 8음 째가 되는 음. 또는 그 간격. オクターブ

옥탄가(價)[octane number] 가솔린의 내폭성(耐爆性)을 나타내는 지수. オクタンか

옥탄트[octant] 천구상(天球上)의 두 점의 각거리(角距離)를 측정하는 기계. 팔분의(八分儀). オクタント

옥텟[octet] 팔중주(八重奏). 팔중창. オクテット

옥토[玉兎] ①달 속에 있다는 전설상의 토끼. 옥토끼. ②달을 달리 이르는 말. ぎょくと ① imaginary rabbit in the moon

옥토[沃土] 기름진 땅. =옥지(沃地)・옥양(沃壤)・비토(肥土). よくど fertile land

옥편[玉篇] 한자(漢字)를 모아 일정한 차례로 늘어놓고, 그 음이나 뜻 따위를 나타낸 책. =자전(字典). ぎょくへん Chinese-character wordbook

옥필[玉筆] 남의 필적이나 시문

(詩文)에 대한 높임말. ぎょくひつ   your handwriting
옥하사담[屋下私談] 쓸데없는 개인의 잡담.   chat
옥함[玉函] 옥으로 만든, 뚜껑이 있는 작은 그릇.
  small jade vessel
옥호[屋號] 상점의 상호(商號). やごう   shop name
옥화[沃化] 옥소(沃素)와 다른 물질과의 화합물임을 나타내는 말. 요오드화.「~칼륨」ようか   iodation
옥화은[沃化銀] 질산은의 수용액에 요오드화수소 또는 요오드화칼륨의 용액을 넣어 만드는 누른빛의 바늘 모양의 결정. 사진의 유제(乳劑)로 쓰임. 요오드화은. ようかぎん
  silver iodide
옥황상제[玉皇上帝] 도가(道家)에서 하느님을 일컫는 말. =천제(天帝). 준상제(上帝)·옥제(玉帝).
온[溫]* ① 따뜻할 온: 따뜻하다.「溫暖(온난)·溫室(온실)·溫帶(온대)·溫涼(온량)·水溫(수온)·體溫(체온)」② 부드러울 온: 부드럽다.「溫順(온순)·溫和(온화)·溫良(온량)·溫柔(온유)」③ 익힐 온: 익히다.「溫習(온습)·溫故(온고)」オン ① あたたかい・あたためる
온:[醞] ① 술 빚을 온: 술을 빚다.「醞釀(온양)」② 온자할 온: 온사하다.「醞藉(온자)」ウン
온:[蘊] 쌓을 온: 쌓다. 쌓이다.「蘊蓄(온축)·蘊憤(온분)·蘊結(온결)」ウン
온:[穩] 편안할 온: 편안하다. 평온하다.「穩寢(온침)·安穩(안온)·平穩(평온)」オン・おだやか
온각[溫覺] 따뜻함을 느끼는 감각. 피부의 온점(溫點)에서 느낌. ↔냉각(冷覺). おんかく
  thermesthesia
온:건[穩健] 온당하고 건전함. ↔과격(過激).「~한 사상(思想)」おんけん   moderation
온고지신[溫故知新] 옛 것을 익히고 거기서 새로운 지식이나 도리를 찾아 냄.
온고지정[溫故之情] 옛 것을 살피고 생각하는 마음.
  longing for the old times
온공[溫恭] 온화하고 공손함. おんきょう   politeness
온구[溫灸] 한방에서, 원통형의 기구에 뜸쑥을 넣고 불을 붙여, 간접적으로 뜸 자리를 가열하는 방법. おんきゅう
  thermotherapy
온기[溫氣] 따뜻한 기운. ↔냉기(冷氣). おんき   warmth
온난[溫暖] 날씨가 따뜻함. おんだん   warmth
온난 전선[溫暖前線] 저기압 전면(前面)에 발생하여 비를 부르고, 기온을 높이는 불연속선(不連續線)의 한 가지. おんだんぜんせん   warm front
온:당[穩當] 온건하고 타당함. 사리에 어그러지지 않음. おんとう   propriety
온대[溫帶] 열대와 한대 사이의 지대. 남북 양반구(兩半球)의 위도 23.5 도에서 66.5 도까지의 따뜻한 지대. おんたい
  Temperate Zone
온더레코:드[on the record] 기자 회견(記者會見) 따위에서, 기록하거나 보도하는 것을 금하지 않는 일. オンレコ
온더마:크[on the mark] 달

**리기에서, 선수를 출발시킬 때 '제자리에'를 뜻하는 구령 (口令). オンザマーク

온도[溫度] 대기(大氣)나 물체의 덥고 찬 정도.「~계(計)」 おんど temperature

온돌[溫突] 아궁이에서 불을 때면 화기(火氣)가 방고래를 통하여 방을 덥게 하는 난방 장치. 구들.「~방(房)」 オンドル hypocaust

온라인[on-line] 주컴퓨터와 단말기(端末機)가 직접 연결된 상태. ↔오프라인. オンライン

온랭[溫冷] 따뜻함과 참. =냉온(冷溫). おんれい warmth and coldness

온량[溫良] 성품이 온화하고 착함. おんりょう gentleness

온량[溫涼] 따뜻함과 서늘함. warmth and coolness

온면[溫麵] 더운 장국에 만 국수. ↔냉면(冷麵). hot noodle soup

온반[溫飯] 따뜻한 밥. hot boiled rice

온백색[溫白色] 약간 밝은 기운이 있는 흰색. 조명(照明)에서 쓰는 말. light white

온사이드[onside] 축구·럭비·하키 등에서, 경기자가 경기를 할 수 있는 정규(正規)의 위치에 있는 일. ↔오프사이드. オンサイド

온상[溫床] ① 인공적으로 흙의 온도를 따뜻하게 해서 속성으로 재배하는 묘상(苗床).「~야채(野菜)」 ② 사물 또는 사상이 발생하기 쉬운 환경.「악(惡)의 ~」 おんしょう · おんどこ hotbed

온색[溫色] ① 온화한 안색(顔色). =온용(溫容)·온안(溫

顔). ② 따뜻한 느낌을 주는 빛깔. 황색·적색 계통의 빛깔. =난색(暖色). ↔한색(寒色). おんしょく
① gentle look ② warm color

온수[溫水] 따뜻한 물. ↔냉수(冷水).「~난방(暖房)」 おんすい warm water

온순[溫純] 온화하고 단순함. simpleness

온순[溫順] 성품이 온화하고 유순함. おんじゅん gentleness

온스[ounce] 야드파운드법의 중량(重量)의 단위. 16분의 1 파운드. オンス

온습[溫習] 되풀이해서 익힘. =복습(復習). おんしゅう review

온실[溫室] 식물 재배 등을 위하여 내부의 온도를 높일 수 있도록 설비한 건물. おんしつ greenhouse

온아[溫雅] 온화하고 우아함. おんが gracefulness

온안[溫顔] 온화한 안색. 부드러운 얼굴빛. =온용(溫容)·온색(溫色). おんがん gentle look

온ː양[醞釀] ① 술을 빚음. =양조(釀造). うんじょう ② 술을 빚듯이 사물을 알맞게 조화시킴. ① brewing

온언순사[溫言順辭] 따뜻하고 부드러운 말씨. warm and gentle words

온엄법[溫罨法] 환부를 따뜻하게 찜질해서 염증 따위를 치료하는 방법. おんあんぽう thermotherapy

온에어[←on the air] 방송 중(放送中). オンエア

온ː오[蘊奧] 학문이나 기예의 깊고 요긴한 사항. うんおう profundity

온욕[溫浴] 더운 욕탕이나 온천에서 목욕함. ↔냉욕(冷浴).「~요법(療法)」온요쿠 hot bath

온용[溫容] 부드럽고 온화한 얼굴. =온색(溫色)·온안(溫顔). 온요우 gentle look

온유[溫柔] 성품이 온화하고 유순함. 온쥬우 gentleness

온:의[慍意] 노여운 마음. anger

온자[溫慈] 부드럽고 인자함. gentleness

온장[溫藏] 음식을 따뜻한 곳에 넣어 보관함. ↔냉장(冷藏).「~고(庫)」온조우

온:장[蘊藏] 깊숙이 넣어 간직함.

온장고[溫藏庫] 따뜻한 음식 따위를 식지 않도록 넣어 두는 기구. ↔냉장고(冷藏庫). 온조우코

온:전[穩全] 흠이 없이 완전함. 고스란히 그대로임. perfection

온점[溫點] 체온 이상의 온도 자극을 느끼는 피부상의 감각점(感覺點). ↔냉점(冷點). 온텐 hot spot

온정[溫情] 따뜻한 인정. 온죠우 warm heart

온존[溫存] 소중하게 잘 보존함. 온존 preservation

온천[溫泉] 지열(地熱)로 말미암아 평균 기온 이상으로 데워져 솟아오르는 지하수(地下水). ↔냉천(冷泉). 온센 hot spring

온:축[蘊蓄] 오랜 연구로 많이 쌓인 지식이나 기예(技藝). 운치쿠 stock of knowledge

온탕[溫湯] ①더운물의 목욕탕. ↔냉탕(冷湯). ②온천에서 솟는 더운물. 온토우

① warm bath water ② water of hot spring

온파[溫波] ⇨난파(暖波).

온:편[穩便] 무슨 일을 처리하는 데 있어, 시끄럽지 않고 조용함. 모나지 않음. 온빈

온풍[溫風] 따뜻한 바람. warm breeze

온혈 동:물[溫血動物] 포유동물이나 조류(鳥類)처럼 외부의 기온과는 상관없이 일정한 체온을 유지하는 동물. =항온 동물(恒溫動物). ↔냉혈동물(冷血動物). 온케츠도우부츠 warm-blooded animal

온화[溫和] ①온순하고 상냥함. ②날씨가 따뜻하고 바람이 부드러움. 온와 moderation

온:화[穩和] 조용하고 부드러움. 온와

온후[溫厚] 성품이 온화하고 정이 두터움.「~하신 선생님」온코우 gentleness

올[兀] ①우뚝할 올: 우뚝하다.「兀立(올립)·兀山(올산)」②움직이지 않을 올: 움직이지 않다.「兀兀(올올)·兀坐(올좌)」③발뒤꿈치 벨 올: 발뒤꿈치를 베다.「兀者(올자)」코츠·고츠

올드미스[old miss] 노처녀(老處女). 오-루도미스

올드보:이[old boy] 재학생(在學生)에 대하여, 졸업생 또는 선배를 이르는 말. 오비(OB). 오-루도보-이

올:라운드[all-round] 스포츠 등에서, 여러 종류의 기능(技能)에 능숙함. 오-루라운도

올:라운드플레이어[all-round player] 공격·수비의 모든 기술이 뛰어난 운동 선수. 만능

선수(萬能選手). オールラウンドプレーヤー 選手

올레산(酸)[oleic acid] 대표적인 불포화(不飽和) 지방산. 비누의 원료나 방수제로 쓰임. 不飽和

올 : 론[Orlon] 나일론 비슷한 아크릴계 합성 섬유(合成纖維)의 상품명. 合成 纖維

올리고세(世)[Oligocene epoch] 신생대 제3기를 다섯으로 구분한 그 셋째인 지질 시대. 점신세(漸新世). 漸新世

올리브[olive] 물푸레나뭇과의 상록 교목. 높이 5~10m. 지중해(地中海) 연안이 원산이며, 따뜻한 지방에 잘 자람. 과실에서 올리브유를 짬. オリーブ 地中海

올림피아드[Olympiad] ①올림피아 제전(祭典)이 열리는 4년을 단위로 한 고대 그리스의 기년법(紀年法). ②⇨올림픽. オリンピアード 祭典 紀年法

올림픽[Olympic] 세계적인 종합 운동 경기 대회. 4년에 한 번씩 국제 올림픽 위원회가 선정한 도시에서 열림. 올림픽 경기. オリンピック 國際 競技

올 : 백[all back] 가르마를 타지 않고 모두 뒤로 빗어 넘기는 머리 모양. オールバック

올 : 스타 : 게임[all-star game] 프로 야구 등에서, 팬의 인기 투표(人氣投票)로 뽑힌 우수 선수들이 팀을 편성하여 펼치는 특별 경기. オールスターゲーム 人氣 投票

올 : 웨이브[all wave] 장파·중파·단파의 모든 방송을 수신할 수 있는 라디오 수신기. 전파 수신기(全波受信機). オールウエーブ 電波 受信機

올 : 코 : 트프레싱[all-court pressing] 농구에서, 코트 전체를 이용해서 선수 전원이 적극적으로 밀착 수비(密着守備)를 펼치는 대인(對人) 방어. 對人

옴[ohm] 전기 저항(電氣抵抗)의 실용 단위. 기호는 Ω. オーム 電氣 抵抗

옴니버스[omnibus] 영화 따위에서, 몇 개의 독립한 단편(短篇)을 모아서 만든 하나의 작품. オムニバス 短篇

옴부즈맨[ombudsman] 행정 활동을 조사하여 국민의 불만이나 고충을 처리하는 기관. 不滿

옵서 : 버[observer] ①관찰자. 관측자. ②참관인. 방청인(傍聽人). オブザーバー 傍聽人

옵션[option] 몇 가지 것 중에서 마음대로 고르는 일. 선택(選擇). 선택권. オプション 選擇

옵아트[op art] 착각적 효과를 노리는 추상 미술(抽象美術)의 한 양식. オップアート 抽象 美術

옵티마[optima] 가장 알맞은 조건. 최적(最適) 조건. 最適

옵티미즘[optimism] 낙천주의(樂天主義). 낙산곤. オプチミズム 樂觀論

옹[翁]* ①늙은이 옹 : 늙은이. 「翁媼(옹온)·村翁(촌옹)·老翁(노옹)」 ②아비 옹 : 아비. 시아버지. 장인. 「翁姑(옹고)·翁壻(옹서)」 オウ ①おきな 翁 媼 翁 姑

옹[雍] 화할 옹 : 화(和)하다. 「雍雍(옹옹)·雍和(옹화)·雍睦(옹목)·雍容(옹용)」 ヨウ 雍 和

옹[壅] 막을 옹 : 막다. 막히다. 「壅隔(옹격)·壅塞(옹색)·壅蔽(옹폐)·壅鬱(옹울)」 ヨウ 壅 塞

옹[擁] 안을 옹 : 안다. 품다. 옹위하다. 「擁護(옹호)·擁膝(옹슬)·擁立(옹립)·抱擁(포옹)」 ヨウ 擁 立

옹:[甕] 독 옹: 독. 옹기. 「甕器(옹기)・甕井(옹정)・甕算(옹산)」オウ・かめ

옹고[翁姑] 시아버지와 시어머니. =구고(舅姑). parents-in-law

옹·고집[甕固執] 성질이 빡빡하고 억지가 아주 심한 고집. stubbornness

옹구[翁嫗] 늙은 남자와 늙은 여자. 늙은 남녀. 할아비와 할미. =옹온(翁媼). old man and woman

옹·금[擁衾] 몸을 이불로 휩싸서 덮음.

옹·기[甕器] 질그릇과 오지그릇. 옹기그릇. 「~장(匠)」 pottery

옹·리혜계[甕裏醯鷄] 독 속에 든 초파리란 뜻으로, 세상 물정에 어두운 사람을 이르는 말.

옹·립[擁立] 임금이나 우두머리가 될 사람을 도와 그 자리에 앉게 함. ようりつ enthroning

옹·벽[擁壁] 흙이 무너지지 않도록 만든 벽. ようへき retaining wall

옹·산화병[甕算畫餠] 독장수의 셈과 그림의 떡. 실속이 없음을 이르는 말.

옹·색[壅塞] ①생활이 군색함. =빈궁(貧窮). ②막혀서 통하지 않음. ① poverty ② tightness

옹서[翁壻・翁婿] 장인과 사위. ↔고부(姑婦). 「~지간(之間)」 father-in-law and son-in-law

옹스트롬[angstrom] 길이의 단위. 1cm의 1억분의 1. 기호는 Å 또는 A. オングストローム

옹온[翁媼] 할아비와 할미. 늙은 남자와 늙은 여자. =옹구(翁嫗). grandfather and grandmother

옹:위[擁衛] 좌우로 호위하여 지킴. escort

옹:정[甕井] 밑바닥이 없는 독을 묻어서 만든 우물. 독우물.

옹:졸[甕拙] 성질이 너그럽지 못하고 생각이 좁음. narrow-mindedness

옹주[翁主] 임금의 후궁이 낳은 딸. 임금의 서녀(庶女). princess by a concubine

옹치[雍齒] 몹시 미워하고 싫어하는 사이. 또는 그런 사람. 옹추. detestable fellow

옹:폐[壅蔽] 막아서 가림. ようへい

옹:호[擁護] ①부축하여 보호함. ②편을 듦. 「인권(人權)~」ようご ① protection ② vindication

와:[瓦]* ①기와 와: 기와. 「瓦溝(와구)・瓦家(와가)・瓦石(와석)・瓦衣(와의)・瓦匠(와장)」 ②질그릇 와: 질그릇. 「瓦器(와기)・瓦甌(와구)」ガ ①かわら

와:[臥]* 누울 와: 눕다. 「臥見(와견)・臥龍(와룡)・臥牀(와상)・臥席(와석)」ガ・ふす

와:[訛] 그릇될 와: 그릇되다. 잘못되다. 「訛傳(와전)・訛脫(와탈)・訛音(와음)・訛言(와언)・訛語(와어)」カ・なまり

와[渦] 소용돌이 와: 소용돌이. 「渦形(와형)・渦紋(와문)・渦狀(와상)・渦中(와중)」カ・うず

와[蛙] 개구리 와: 개구리. 「蛙吠(와폐)・蛙聲(와성)・井底蛙(정저와)」ア・カ・かえる

와[窩] 움집 와: 움집. 굴. 움푹한 곳. 「窩窟(와굴)・窩中

(와중)·窩地(와지)·窩屋(와옥)·窩主(와주)」カ·ワ

와[蝸] 달팽이 와 : 달팽이. 「蝸角(와각)·蝸舍(와사)·蝸牛(와우)」カ

와:가[瓦家] 기와집.
tile-roofed house

와각[蝸角] ① 달팽이의 촉각(觸角). ② 아주 좁은 곳의 비유. かかく

와각지쟁[蝸角之爭] 달팽이 뿔 위에서 하는 싸움이라는 뜻으로, ① 하찮은 시비. ② 작은 나라끼리의 싸움을 이름. かかくのあらそい

와:간상[臥看牀] 누워서 책을 읽을 때에 책을 받치는 기구.
bookstand

와:공[瓦工] ① 기와를 굽는 사람. ② 기와를 이는 사람. 기와장이. =와장(瓦匠).
① tiler ② tile layer

와:구[臥具] 잘 때 쓰는 제구의 총칭. 요·이불·베개 따위. =침구(寢具). がぐ
bedclothes

와굴[窩窟] 나쁜 짓을 하는 무리들의 근거지. =소굴(巢窟).
den

와:기[瓦器] 잿물을 올리지 않고 진흙으로 구워 만든 그릇. 질그릇. =토기(土器). がき
earthenware

와:당[瓦當] 기와의 마구리. がとう   antefix

〔와당〕

와동[渦動] 소용돌이. 「~륜(輪)」 かどう   vortex

와디[wadi] 사막 지방에서, 비가 올 때만 물이 흐르고 이내 마르는 계곡·하천. ワジ

와:력[瓦礫] 와륵의 원말.

와:료[臥料] 일하지 않고 거저 받는 급료.
payment without working

와:룡[臥龍] ① 누워 있는 용. ② 초야(草野)에 묻혀 있는 큰 인물의 비유. がりょう·がりゅう   ① lying dragon

와류[渦流] 소용돌이치면서 흐르는 물. かりゅう   eddy

와:륵[←瓦礫] ① 깨진 기왓조각. ② 기와와 자갈. ③ 하찮은 물건의 비유. がれき
② tiles and pebbles ③ trash

와문[渦紋] ① 소용돌이치는 모양. ② 소용돌이 모양의 무늬. かもん   scroll

와:방[臥房] 한자는 방. =와실(臥室)·침실(寢室). がぼう
bedroom

와:병[臥病] 병으로 누워 있음. =병와(病臥). がびょう
lying on a bed of illness

와:부뇌명[瓦釜雷鳴] 질솥이 우레처럼 울림, 곧, 무식한 사람이 높은 지위에 올라 아는 체하고 떠들어 댐의 비유.

와:사[瓦斯] 가스(gas)의 한자 표기. 지난날, 일본식 취음(取音)을 우리 음으로 이르던 말. 「~등(燈)」 ガス

와사[蝸舍] 작고 좁은 집. 곧, 자기 집을 낮추어 이르는 말. =와옥(蝸屋)·와려(蝸廬). かしゃ   my dwelling

와:상[臥牀] 누워서 잘 수 있게 만든 평상(平牀). =침상(寢牀). がしょう   bed

와상[渦狀] 소용돌이치는 형상. =와형(渦形). かじょう   whirlpool

와:석[臥席] 자리에 누움. 또는 병석에 누움. lying in bed for illness

와:석종신[臥席終身] 자리에 누워서 목숨을 마친다는 뜻으로, 명(命)대로 살다가 편히 죽음.

와:설[訛說] 잘못 전해진 말. =와어(訛語)·와언(訛言). false story

와성[蛙聲] ① 개구리 우는 소리. ② 음란한 음악 소리. ③ 시끄러운 소리. あせい ③ noise

와셔[washer] ① 세탁기. 세광기(洗鑛機). ② 볼트를 죌 때 너트 밑에 끼우는 받침. 자릿쇠. ワッシャー

와:식[臥食] 하는 일 없이 놀고 먹음. =도식(徒食)·좌식(坐食). living in idleness

와:신상담[臥薪嘗膽] 섶나무 위에서 잠을 자고, 쓴 곰 쓸개를 핥으며 패전의 굴욕을 되새겼다는, 중국 춘추 시대의 오왕(吳王) 부차(夫差)와 월왕(越王) 구천(句踐)의 고사에서, '원수를 갚거나 어떤 목적을 이루기 위하여 괴로움을 참고 견딤'을 비유하여 이르는 말.

와:실[臥室] 잠자는 방. =와방(臥房)·침실(寢室). bedroom

와:어[訛語] ⇨와언(訛言). かご

와:언[訛言] ① 그릇되게 선해진 말. =와설(訛說). ② 사투리. =와어(訛語). かげん ① false story ② dialect

와:옥[瓦屋] 기와로 이은 집. 기와집. =와가(瓦家). かわらや tile-roofed house

와옥[蝸屋] ⇨와사(蝸舍).

와:요[瓦窯] 기와를 굽는 가마. 기왓가마. かわらがま kiln

와우[蝸牛] 달팽이. 「~각상(角上)」 かぎゅう snail

와우각상[蝸牛角上] 달팽이의 뿔 위라는 뜻으로, 아주 좁은 곳. 곧, 하찮은 것의 비유. 「~의 다툼」

와:유[臥遊] 집에 누워서 산수(山水)를 담은 화폭(畫幅)을 보며, 실지로 그곳을 유람하는 것처럼 즐김. 「~ 강산(江山)」 がゆう

와:음[訛音] 잘못 전해져 잘못 읽는 글자의 음(音). かおん·かいん corruption of sound

와:의[瓦衣] 기왓장 위에 끼는 이끼. moss on the tileroof

와이드스크린:[wide screen] 대형(大型)의 스크린. 또는 그것을 사용하는 대형 영화. ワイドスクリーン

와이셔:츠[←white shirts] 남자가 양복 바로 밑에 입는, 소맷부리가 달린 셔츠. ワイシャツ

와이어[wire] ① 철사(鐵絲). ② 전선(電線). ワイヤ

와이어 게이지[wire gauge] 철사의 굵기를 재는 기구. ワイヤゲージ

와이어 로:프[wire rope] 강삭(鋼索). 쇠줄. ワイヤロープ

와이퍼[wiper] 자동차의 앞유리에 들이치는 빗방울 따위를 자동적(自動的)으로 좌우로 움직여서 닦아 내는 장치. ワイパー

와이프[wife] 아내. 처. ワイフ

와이프[wipe] 영화나 텔레비전에서, 한쪽으로부터 화면을 닦아 내듯 지워 나가면서, 곧 다음 화면이 나타나게 하는 장

면 전환(場面轉換) 기법. ワイプ

와인[wine] ① 포도주. ② 술. 주류(酒類). ワイン

와인드업[windup] 야구에서, 투수가 투구(投球) 직전에 팔을 머리 위로 들어올리는 동작. ワインドアップ

와일드[wild] 거칠고 사나움. 난폭(亂暴)함. ワイルド

와ː장[瓦匠] 기와 이는 일을 업으로 하는 사람. 기와장이. =와공(瓦工). tile layer

와ː전[瓦全] 하찮은 기왓장처럼 온전함. 곧, 아무 일도 하지 않고 헛되이 몸의 안전을 유지함. ↔옥쇄(玉碎). がぜん life of ease and inactivity

와ː전[訛傳] 말이나 어떤 사실이 잘못 전해짐. =유전(謬傳). かでん false report

와중[渦中] ① 소용돌이치는 가운데. ② 복잡한 사건 가운데. 「사건의 ~에 휘말리다」 かちゅう maelstrom

와즙[瓦葺] 기와로 지붕을 임. かわらぶき tile-roofing

와지[窪地] 주위보다 낮게 푹 패인 땅. くぼち low ground

와ː창[臥瘡] 한방에서, 병석에 오래 누워 있어서 등이나 엉덩이 같은 데에 생기는 부스럼. bedsore

와ː치[臥治] 누워서 다스림. 곧, 쉽게 나라를 잘 다스림의 비유. 「~ 천하(天下)」

와ː치 천하[臥治天下] 누워서 나라를 다스림. 곧, 태평한 시대를 이르는 말. peaceful reign

와ː칭[訛稱] 잘못 일컫는 호칭(呼稱). かしょう wrong name

와ː탈[訛脫] 글이나 글자의 와전(訛傳)과 탈락(脫落). false report and omission

와트[watt] 전기 공률(工率)의 단위. 1볼트의 전압에서, 1암페어의 전류가 1초간에 일으키는 에너지. 기호는 W. ワット

와트만지[whatman 紙] 새하얗고 질이 좋은 두꺼운 도화지(圖畫紙). ワットマンし

와ː해[瓦解] 조직 따위가 무너져 흩어짐. がかい collapse

와형[渦形] 소용돌이처럼 빙빙 도는 형태. =와상(渦狀). whirlpool

왁스[wax] 밀. 밀랍(蜜蠟). 봉랍(封蠟). ワックス

왁찐[독 Vakzin] '백신(vaccine)'의 독일어명. ワクチン 獨逸語

완[完]* 완전할 완: 완전하다. 온전하다. 「완초(완전)·완료(完了)·완결(完結)·완성(完成)·완치(完治)·보완(補完)」 カン

완ː[宛] ① 굽을 완: 굽다. 「완구(宛丘)·완연(宛延)·완홍(宛虹)」 ② 완연할 완: 완연하다. 「완연(宛然)」 エン

완ː[玩] 놀 완: 가지고 놀다. 희롱하다. 즐기다. 「완구(玩具)·완물(玩物)·완롱(玩弄)·애완(愛玩)」 ガン もてあそぶ

완ː[浣] 씻을 완: 씻다. 빨다. 「완설(浣雪)·완염(浣染)·완의(浣衣)」 カン

완[盌] ⇨완(椀). 盌盛

완ː[婉] ① 예쁠 완: 예쁘다. 「완미(婉美)·완려(婉麗)·완미(婉媚)·완용(婉容)·완순(婉順)」 ② 은근할 완: 은근하다. 「완곡(婉曲)」 エン

완ː[莞] ① 빙그레 웃는 모양 완: 빙그레 웃다. 「완연(莞然)·완이(莞爾)」 ② 왕골 관: 왕

완[莞] 골. 「莞筵(완연)·莞草(완초)·莞簟(완점)」カン 莞草

완[椀] "盌"은 同字. 주발 완: 주발. 「椀器(완기)·玉椀(옥완)」ワン 椀器

완:[腕] ① 팔뚝 완: 팔뚝. 팔. 「腕力(완력)·腕骨(완골)·腕章(완장)」 ② 재주 완: 재주. 「敏腕(민완)·手腕(수완)」ワン·うで 腕力

완[頑] 완고할 완: 완고하다. 고집스럽다. 둔하다. 「頑固(완고)·頑迷(완미)·頑夫(완부)·頑愚(완우)·頑漢(완한)·頑敵(완적)」ガン·かたくな 頑固 頑敵

완:[緩] ☆ 느즈러질 완: 느즈러지다. 느슨하다. 너그럽다. 「緩慢(완만)·緩速(완속)·緩急(완급)·緩和(완화)·緩衝(완충)·弛緩(이완)」カン·ゆるい·ゆるやか 緩急

완:[翫] 가지고 놀 완: 가지고 놀다. 놀리다. 「翫弄(완롱)·翫讀(완독)·翫賞(완상)」ガン·もてあそぶ 翫弄

완강[頑強] 검질기고 굳셈. がんきょう　　obstinacy 頑強

완거[頑拒] 완강하게 거절하거나 버팀. flat rejection 頑拒

완결[完決] ➪ 완결(完結). かんけつ 完決

완결[完結] 완전히 끝을 맺음. =완결(完決). かんけつ completion 完結

완고[完固] 완전하고 튼튼함. かんこ being complete and solid 完固

완고[頑固] 성질이 검질기고 고집이 셈. 「～하신 할아버지」 がんこ　　obstinacy 頑固

완:곡[婉曲] 말이나 태도를 노골적이 아니고 에둘러 나타냄. 「～한 언사(言辭)」 えんきょく　　indirection 婉曲

완골[完骨] 귀 뒤에 도도록하게 나온 뼈. 完骨

완:골[腕骨] 손목의 뼈. 여덟 개로 이루어짐. 손목뼈. わんこつ　　carpus 腕骨

완공[完工] 공사를 끝마침. =준공(竣工). ↔착공(着工). かんこう　　completion 完工

완구[完久] 완전하여 오래 견딜 수 있음. 「～지계(之計)」 durability 完久

완:구[玩具] 장난감. 「～점(店)」 がんぐ　　toy 玩具

완국[完局] 완전하여 결점이 없는 판국. perfect situation 完局

완:급[緩急] ① 느림과 급함. 느즈러짐과 다급함. 「～을 조절하다」 ② 다급한 일. 위급한 경우. かんきゅう ① fast and slow motion ② emergency 緩急

완:급차[緩急車] 사고 등에 대비하여, 차량의 일부에 수동(手動)의 제동기(制動機)를 장치한 객차나 화차. 보통 열차의 끝에 연결함. かんきゅうしゃ　　brake van 緩急車 制動機

완납[完納] 남김없이 모두 납부함. =전납(全納). かんのう full payment 完納

완:독[玩讀] 글의 의미를 깊이 생각하면서 읽음. careful reading 玩讀

완:두[豌豆] 콩과의 이년생 덩굴풀. 봄에 나비 모양의 흰색이나 자주색 꽃이 핌. 열매는 식용하고, 줄기와 잎은 사료로 씀. 완두콩. えんどう pea 豌豆

완둔[頑鈍] 완고하고 우둔함. がんどん　　dullness 頑鈍

완:려[婉麗] 정숙하고 아름다움. えんれい beautifulness 婉麗

완:력[腕力] ① 팔의 힘. 팔심. ② 남의 멱살을 잡거나, 잡아 腕力

채거나, 주먹으로 치거나 하는 육체적인 힘. わんりょく ② physical strength

완:롱[玩弄] 놀림감으로 여기고 희롱함. がんろう toying

완료[完了] 완전히 끝마침. = 완제(完濟)·종료(終了). かんりょう completion

완루[頑陋] 완고하고 고루함. がんろう obstinacy and stupidity

완:류[緩流] 느리게 흐름. 또는 그 흐름. ↔급류(急流). かんりゅう slow stream

완:만[婉娩] 여자의 태도가 정숙하고 유순함. えんべん elegance

완만[頑慢] 성질이 모질고 거만함. being obstinate and haughty

완:만[緩慢] ①동작이나 속도 따위가 느림. ②비탈이 가파르지 않음. かんまん ① slowness

완매[頑昧] 완고하고 우매함. がんまい obduracy and stupidity

완명[頑冥] 완고하고 사리에 어두움. = 완몽(頑蒙). がんめい stupidity

완몽[頑蒙] ⇨완명(頑冥). がんもう

완:물상지[玩物喪志] 쓸데없는 것을 가지고 노는 데 정신이 팔려서 소중한 뜻을 잃음. がんぶつそうし

완:미[玩味] ①음식을 잘 씹어 맛을 즐김. ②글의 뜻을 잘 새기며 읽음. がんみ
① tasting ② appreciation

완:미[婉美] 나긋나긋하게 아름다움. えんび beauty

완미[頑迷] ⇨완명(頑冥). がんめい

완민[頑民] 완고하고 사리를 분별할 줄 모르는 백성. がんみん

완벽[完璧] ①흠이 없는 구슬. ②모자람이나 흠이 없이 완전함. かんぺき ② perfection

완보[完補] 완전하게 보충함. full supplement

완:보[緩步] 천천히 걸음. 또는 그 걸음걸이. ↔급보(急步)·질족(疾足). かんぽ slow walk

완본[完本] 전권(全卷)이 다 갖추어진 책. 결본(缺本)이 없는 전집(全集). かんぽん
complete set of works

완봉[完封] ①완전히 봉함. ②야구에서, 투수가 상대 팀에게 전혀 득점을 주지 않음. 「~승(勝)」 かんぷう ① complete blockade ② shutout

완부[完膚] ①상처가 조금도 없는 살가죽. ②조금도 흠이 없이 온전함의 비유. かんぷ
① flawless skin ② perfection

완부[頑夫] 완고한 사나이. がんぷ stubborn guy

완불[完拂] 완전히 지급함. full payment

완비[完備] 완전히 갖춤. 「냉방(冷房) ~」 かんび perfection

완:사[緩斜] 완만한 경사(傾斜). 가파르지 않은 비탈. かんしゃ gentle slope

완:상[玩賞] 미술품 따위를 보고 즐김. がんしょう enjoying

완:서[緩舒] ⇨안한(安閒). かんじょ

완선[頑癬] 백선균(白癬菌)의 기생에 의한 피부병의 한 가지. がんせん scabies

완성[完成] 완전히 다 이룸. かんせい completion

완:속 물질[緩速物質] ⇨감속재(減速材).

완:속체[緩速體] ⇨감속재(減速材).

완수[完遂] 완전히 목적을 이룸. かんすい accomplishment

완숙[完熟] 완전히 익음. 무르익음. 「～기(期)」かんじゅく full ripeness

완:숙[婉淑] 아름답고 정숙함. being beautiful and modest

완습[頑習] 완고한 습성. inveterate habit

완승[完勝] 완전히 승리함. ↔완패(完敗). かんしょう complete victory

완실[完實] 완전하고 확실함. certainty

완악[頑惡] 성질이 모질고 독함. wickedness

완:애[玩愛] 가지고 놀며 즐김. がんあい

완:약[婉弱] 성품이 유순하고 생김새가 아리잠직함. meekness

완역[完譯] 전문(全文)을 빠짐없이 완전히 번역함. ↔초역(抄譯). かんやく complete translation

완:연[宛然] ①아주 흡사한 모양. ②뚜렷하게 나타나는 모양. 「가을빛이 ～하다」えんぜん ① resemblance ② clearness

완:완[婉婉] ①맵시 있고 아름다운 모양. ②용이 하늘을 나는 모양. えんえん ① gracefulness

완:용[婉容] 여자의 정숙한 자태. えんよう

완우[頑愚] 완고하고 어리석음. がんぐ obstinacy and stupidity

완:월[玩月] 달을 구경하며 즐김. 「～ 장취(長醉)」 enjoying the moon

완:이[莞爾] 빙그레 웃는 모양. がんじ smile

완인[完人] ①신분이나 명예에 흠이 없는 사람. ②병이 완전히 나은 사람. ① perfect man

완:장[腕章] 팔에 두르는 표장(標章). わんしょう armband

완재[完載] 책이나 잡지 따위에 작품 전체를 마지막까지 완전히 실음.

완적[頑敵] 완강히 저항하는 적. がんてき

완전[完全] 결점이나 부족함이 없음. 「～ 무결(無缺)」 かんぜん perfection

완:전[宛轉] ①눈썹이 아름다운 곡선을 이루는 모양. ②문장 따위가 막힘없이 원활하게 이어지는 모양. えんてん

완전 고용[完全雇傭] 일을 하겠다는 사람이면 모두 취업할 수 있는 상태. 실업자가 없는 상태. かんぜんこよう full employment

완전 무결[完全無缺] 완전하고 조금도 흠이 없음. かんぜんむけつ absolute perfection

완제[完濟] ①빚을 완전히 갚음. ②완전히 끝을 맺음. =완료(完了). かんさい ① full payment ② completion

완제품[完製品] 일정한 조건에 맞추어 완전하게 만들어진 제품. end products

완주[完走] 마지막까지 완전히 달림. かんそう running the whole distance

완질[完帙] 빠진 책이 없이 완전히 한 질(帙)을 갖추고 있는 일. 또는 그 책. ↔낙질(落帙). 「～본(本)」

완:충[緩衝] 충격이나 충돌을 중간에서 완화시킴. 「~ 지대(地帶)」 かんしょう complete works / buffing

완:충 지대[緩衝地帶] 양쪽 나라의 충돌을 완화시키기 위해 중간 지역에 설정하는 중립 지대. かんしょうちたい neutral zone

완치[完治] 병이나 상처가 완전히 나음. =전치(全治). かんち・かんじ perfect cure

완쾌[完快] 병이 완전히 다 나음. complete recovery

완투[完投] 야구에서, 한 투수가 교대하지 않고 한 경기 동안 끝까지 던지는 일. かんとう pitching the whole game

완패[完敗] 완전히 짐. 빈틈의 여지가 없는 패배. ↔완승(完勝). かんぱい complete defeat

완피[頑皮] 질긴 가죽. 유들유들하고 말을 듣지 않는 사람의 별명. disobedient person

완:한[緩限] 기한을 늦춤. postponement

완:행[緩行] ① 천천히 감. =서행(徐行). ② 완행 열차(緩行列車)의 준말. ↔급행(急行). かんこう ① going slow

완:행 열차[緩行列車] 각 역마다 정거하는 빠르지 않은 열차. ↔급행 열차(急行列車). ㉿완행(緩行). slow train

완:화[緩和] 팽팽하거나 엄하거나 심하거나 한 상태를 풀어 느슨하게 함. 「규제 ~」 かんわ relaxation

왈[曰]* 가로 왈 : 말하다. 말씀하기를. 「孔子曰(공자왈)·曰可曰否(왈가왈부)」 エツ・いわく

왈가왈부[曰可曰否] 옳다느니 그르다느니 말이 많음.

pros and cons

왈츠[waltz] 4분의 3박자의 경쾌한 춤곡. 또는 그 춤. 원무곡(圓舞曲). ワルツ

왈패[曰牌] 언행이 거칠고 수선스러운 사람. 흔히 여자에게 씀. 왈짜. tomboy

왈형왈제[曰兄曰弟] 서로 가까이 지내면서 형이니 아우니 함. =호형호제(呼兄呼弟).

왕[王]* ① 임금 왕 : 임금. 「王家(왕가)·王室(왕실)·王朝(왕조)·王妃(왕비)·大王(대왕)·君王(군왕)」 ② 할아버지 왕 : 할아버지. 「王大人(왕대인)·王大夫人(왕대부인)·王姑母(왕고모)」 オウ

왕[汪] 깊고 넓을 왕 : 깊고 넓다. 물이 깊고 넓다. 「汪洋(왕양)·汪茫(왕망)·汪然(왕연)·汪浪(왕랑)·汪汪(왕왕)」 オウ

왕:[往]* ① 갈 왕 : 가다. 「往來(왕래)·往路(왕로)·往復(왕복)」 ② 지날 왕 : 지나다. 지난날. 「往時(왕시)·往古(왕고)·往年(왕년)·往昔(왕석)·既往(기왕)」 オウ ① ゆく

왕:[旺] 왕성할 왕 : 왕성하다. 「旺盛(왕성)·旺旺(왕왕)·旺興(왕흥)」 オウ

왕:[枉] 굽을 왕 : 굽다. 굽히다. 「枉屈(왕굴)·枉駕(왕가)·枉曲(왕곡)·枉臨(왕림)」 オウ・まげる

왕가[王家] 임금의 집안. =왕실(王室). おうけ・おうか royal family

왕:가[枉駕] ⇨왕림(枉臨). おうが

왕:견[往見] 가서 봄. going and seeing

왕:고[往古] 지난 옛날. 먼 옛

날. =왕석(往昔). おうこ
old time

왕고모[王姑母] 아버지의 고모. =대고모(大姑母). grandaunt

왕고장[王考丈] 남의 죽은 할아버지를 높이어 이르는 말.
your dead grandfather

왕공[王公] 왕과 공. 또는 신분이 고귀한 사람. 「~ 대인(大人)」おうこう the nobility

왕관[王冠] 임금이 머리에 쓰는 관. おうかん crown

왕국[王國] 임금이 다스리는 나라. =군주국(君主國). おうこく kingdom

왕궁[王宮] 임금이 사는 궁전. おうきゅう royal palace

왕권[王權] 임금의 권력. おうけん royal authority

왕:기[旺氣] ① 왕성한 기운. ② 행복해질 조짐.
① vigor ② happy omen

왕녀[王女] 임금의 딸. 공주(公主)나 옹주(翁主). ↔왕자(王子). おうじょ princess

왕:년[往年] 지나간 해. 옛날. =왕세(往歲). おうねん
years gone by

왕대부인[王大夫人] 남의 할머니를 높이어 이르는 말. ↔왕대인(王大人).
your esteemed grandmother

왕대비[王大妃] 생존해 있는, 선왕(先王)의 비.
Queen Dowager

왕대인[王大人] 남의 할아버지를 높이어 이르는 말. ↔왕대부인(王大夫人).
your esteemed grandfather

왕도[王都] 왕궁이 있는 도성(都城). =왕성(王城). おうと
royal capital

왕도[王道] ① 임금으로서 해야 할 도리. ② 덕(德)으로써 백성을 다스려야 한다는 정치 사상. ↔패도(霸道). おうどう
royal road

왕:래[往來] ① 오고 가고 함. ② 소식이나 편지가 오고 감. =내왕(來往). 「~가 끊기다」ゆきき・おうらい ① comings and goings ② correspondence

왕:로[往路] 가는 길. 갈 때에 거치는 길. ↔귀로(歸路). おうろ outward journey

왕릉[王陵] 임금의 무덤.
royal tomb

왕:림[枉臨] 남이 자기를 찾아옴을 높이어 이르는 말. =내림(來臨)·왕가(枉駕).
your visit

왕명[王命] 왕의 명령. =어명(御命). おうめい royal order

왕모[王母] 할머니. =조모(祖母). ↔왕부(王父). おうぼ
one's grandmother

왕:방[往訪] 가서 찾아봄. ↔내방(來訪). おうほう visit

왕:복[往復] 갔다가 돌아옴. 가는 길과 오는 길. 「~ 차비(車費)」おうふく
going and returning

왕:복 기관[往復機關] 피스톤의 왕복 운동을 회전 운동으로 바꾸는 원동기. 증기(蒸氣) 기관이나 내연(內燃) 기관 따위. おうふくきかん
reciprocating engine

왕봉[王蜂] 여왕벌. =여왕봉(女王蜂). queen bee

왕부[王父] 할아버지. =조부(祖父). ↔왕모(王母). おうふ one's grandfather

왕비[王妃] 임금의 아내. =왕후(王后). おうひ queen

왕사[王事] ① 임금의 사업. 곧,

나라를 다스리는 일. ②왕실에 관한 일. おうじ

왕사[王師] ①임금의 군대. =왕려(王旅). ②임금의 스승. おうし ① royal army ② king's teacher

왕:사[往事] 이미 지나간 일. 「～ 불문(不問)」 おうじ past events

왕:생[往生] 불교에서, 이 세상을 버리고 저 세상에서 다시 태어남. 특히 극락 정토에서 태어남. 「～ 극락(極樂)」 おうじょう going to Nirvana after death

왕:석[往昔] 지난 옛날. =왕대(往代)・왕고(往古). おうせき・おうじゃく old times

왕성[王城] ①왕소의 모입기. =왕도(王都). ②⇨궁성(宮城). おうじょう ① capital of a kingdom

왕:성[旺盛] 매우 기운참. 한창 성함. 「원기(元氣) ～」 おうせい prosperity

왕세손[王世孫] 왕세자의 아들로, 장차 임금의 자리에 오를 사람. eldest son of the Crown Prince

왕세자[王世子] 왕위(王位)를 이을 왕자. 준세자(世子). 「～비(妃)」 おうせいし Crown Prince

왕손[王孫] 왕의 손자. 또는 왕의 자손. おうそん grandson of a king

왕수[王水] 농염산(濃鹽酸) 3, 농질산(濃窒酸) 1의 비율로 혼합한 용액. 금・백금도 녹임. おうすい aqua regia

왕:시[往時] 지나간 때. 지난 날. =왕자(往者). おうじ old days

왕:신[往信] 보내는 통신. ↔반신(返信). おうしん letter sent to get a reply

왕실[王室] 임금의 집안. =왕가(王家). おうしつ royal family

왕:양[汪洋] 수량이 풍부하고 수면이 멀리 펼쳐져 있는 모양. おうよう

왕업[王業] 임금이 나라를 다스리는 대업(大業). おうぎょう kingcraft

왕:연[汪然] ①물이 넓고 깊은 모양. ②눈물이 줄줄 흐르는 모양. おうぜん ① deep and wide

왕:왕[汪汪] ①물이 끝없이 깊고 넓은 모양. 「～ 대해(大海)」 ②도량(度量)이 한없이 넓은 모양. ③눈물이 눈에 가득한 모양. おうおう ① deep and boundless ② generous

왕:왕[往往] 때때로. 이따금. 빈번히. おうおう sometimes

왕:운[旺運] 왕성한 운수. good fortune

왕위[王位] 왕의 지위. 왕의 자리. 「～ 계승(繼承)」 おうい throne

왕위[王威] 왕의 위엄 또는 위광(威光). おうい regal dignity

왕윤[王胤] 임금의 자손. 임금의 후손. おういん descendant of a king

왕:일[往日] 지나간 날. =과일(過日). おうじつ bygone days

왕자[王子] 왕의 아들. ↔왕녀(王女). おうじゃ prince

왕자[王者] ①임금. ②왕도(王道)로써 나라를 다스리는 군주. ↔패자(覇者). ③그 분야에서 으뜸 가는 사람. 「야구

왕자~왜면

(野球)의 ~」おうしゃ・おうじゃ ① king ② monarch ③ champion

왕:자[往者] 지난번. =왕시(往時). おうしゃ　former time

왕정[王政] 임금이 다스리는 정치. =군주 정치(君主政治). おうせい　royal rule

왕조[王祖] 임금의 조상. おうそ　king's ancestor

왕조[王朝] ① 왕이 다스리는 조정. ② 같은 왕가(王家)에 속하는 제왕(帝王)의 계열. 「조선(朝鮮) ~」おうちょう　② dynasty

왕족[王族] 임금의 일가. 임금의 집안. おうぞく　royal family

왕좌[王座] ① 임금이 앉는 자리. =옥좌(玉座). ② 그 방면에서 첫째 가는 지위. =수위(首位). 「밴텀급에서 ~에 오르다」おうざ　① throne ② first place

왕:진[往診] 의사가 환자의 집으로 가서 진찰함. ↔택진(宅診). おうしん　doctor's visit to a patient

왕토[王土] 왕이 다스리는 땅. 왕의 영토. おうど　royal domain

왕:항[往航] 목적지로 향하여 가는 항해(航海)나 항공(航空). ↔귀항(歸航). おうこう　outward voyage

왕후[王后] 임금의 아내. =왕비(王妃). おうこう　queen

왕후[王侯] 제왕과 제후(諸侯). おうこう　king and peers

왜[歪] 비뚤 왜・비뚤 외・비뚤의: 비뚤다. 기울다. 「歪斜(왜사)・歪曲(왜곡)」ワイ・ゆがむ・ひずむ

왜[倭] 나라 이름 왜: 나라 이름. 「倭國(왜국)・倭館(왜관)・倭寇(왜구)・倭船(왜선)・倭人(왜인)」ワ・やまと

왜[矮] 난쟁이 왜: 난쟁이. 작다. 「矮人(왜인)・矮者(왜자)・矮軀(왜구)・矮林(왜림)・矮縮(왜축)・矮小(왜소)」ワイ

왜건[wagon] ① 뒷자리에 짐을 실을 수 있게 되어 있는 승용차. ② 요리 따위를 나르는 실내용 손수레. ③ 바퀴 달린 상품 진열대. ワゴン

왜계[矮鷄] 꿩과에 속하는 애완용 닭. 몸집이 작고 긴 꽁지가 위로 뻗쳐 있음. 당닭. チャボ　bantam

왜곡[歪曲] 사실대로 말하지 않고 굽혀서 말하는 일. 「사실을 ~하다」わいきょく　distortion

왜구[倭寇] 옛날에 우리 나라와 중국의 연안에서 약탈을 일삼던 일본 해적. =왜적(倭賊). わこう　Japanese pirates

왜구[矮軀] 키가 작은 몸집. わいく　small stature

왜국[倭國] 옛날에 중국이나 우리 나라에서 일본을 이르던 말. わこく　Japan

왜군[倭軍] 왜국의 군사. 곧 일본 군대. =왜병(倭兵). わぐん　Japanese army

왜녀[倭女] 일본 여자를 얕잡아 이르던 말. Japanese woman

왜단[矮短] 키가 작음. =왜소(矮小). わいたん　dwarfishness

왜란[倭亂] ① 왜군(倭軍)의 침략으로 일어난 난리. ② 임진왜란(壬辰倭亂)의 준말.

왜림[矮林] 관목(灌木)으로 이루어진 숲. わいりん　bush of shrubs

왜면[倭麵] 밀가루나 메밀가루

로 만들어서 말린 국수.
왜병[倭兵] 외국의 군인. 곧 일본 군인. =왜군(倭軍). Japanese army
왜선[倭船] 일본 배를 얕잡아 이르던 말. Japanese vessel
왜소[矮小] 키나 몸집이 작음. =왜단(矮短). わいしょう dwarfishness
왜식[倭式] 일본식(日本式)을 얕잡아 이르던 말. =일식(日式). Japanese style
왜식[倭食] 일본 음식. 일본 요리. =화식(和食)·일식(日食). Japanese-style food
왜인[倭人] 일본 사람을 얕잡아 이르던 말. =일인(日人). わじん Japanese
왜인[矮人] 키가 몹시 작은 사람. 난쟁이. ↔거인(巨人). わいじん dwarf
왜적[倭敵] 적대(敵對) 관계에 있었던 때의 일본을 이르던 말. Japanese invaders
왜정[倭政] 일본이 우리 나라를 식민지로 하여 다스리던 정치. =일정(日政). 「~ 시대(時代)」 Japanese rule
외:[外]* ① 바깥 외 : 바깥. 겉. 「外部(외부)·外界(외계)·外出(외출)·外國(외국)·外交(외교)·內外(내외)」 ② 외가 외 : 외가. 「外家(외가)·外戚(외척)·外叔(외숙)·外從(외종)」 ガイ・ゲ ① そと·ほか·はずす
외:[畏]☆ 두려워할 외 : 두려워하다. 존경하다. 「畏敬(외경)·畏服(외복)·畏縮(외축)·畏避(외피)·畏忌(외기)·畏友(외우)」イ・おそれる・かしこまる
외:[猥] 외람될 외 : 외람되다. 추잡하다. 잡되다. 「猥說(외설)·猥褻(외설)·猥雜(외잡)·猥濫(외람)」ワイ・みだり・みだら
외:[隈] 모퉁이 외 : 모퉁이. 구석. 굽이. 「隈曲(외곡)·界隈(계외)·山隈(산외)」ワイ·くま
외:[嵬] 산 뾰족할 외 : 산이 뾰족하다. 험하다. 높다. 「嵬崛(외굴)·嵬岌(외급)·嵬峨(외아)·嵬巍(외외)」 カイ
외:가[外家] 어머니의 친정. がいけ mother's family
외:각[外角] ① 두 직선이 다른 한 직선과 만날 때, 두 직선의 바깥쪽에 생기는 각. ② 야구에서, 아웃사이드(outside). ↔내각(內角). がいかく ① exterior angle
외:각[外殼] 겉 껍데기. 겉껍질. がいかく shell
외:간[外間] ① 당사자 이외의 사람. ② 친척이 아닌 남. 「~ 남자(男子)」 がいかん ① unrelated people
외:간[外簡] ① 남편의 편지를 아내가 일컫는 말. ② 남자들 사이에 오가는 서신. ↔내간(內簡). ① husband's letter
외:감[外感] 한방에서, 감기(感氣) 또는 갑작스런 기후의 변화 등으로 일어나는 병을 이르는 말. cold
외:강내:유[外剛內柔] 겉으로 보기에는 강하나 속은 부드러움. ↔외유내강(外柔內剛).
외:객[外客] ① 외국에서 온 손. ② 외부에서 온 남자 손. 바깥손. がいかく·がいきゃく ① foreign visitor ② male guest
외:겁[畏怯] 두려워하고 겁을 냄. fear
외:견[外見] 겉으로 보는 모양. 겉모양. =외관(外觀). がいけん

외:경[畏敬] 두려워하며 공경함. =경외(敬畏). いけい reverence

외:계[外界] ① 바깥 세계. 주위의 세계. ② 자아(自我)를 둘러싸고 있는 모든 것. 객관적 세계. がいかい external world

외:공[外供] 의복의 겉감. ↔내공(內供).

외:과[外科] 의학의 한 분과. 몸의 외상(外傷)이나, 내장 여러 기관의 질병을 수술적 방법으로 치료함. ↔내과(內科). げか surgery

외:과피[外果皮] 과실의 맨 바깥쪽에 있는 껍질. 겉열매껍질. ↔내과피(內果皮). がいかひ exocarp

외:곽[外郭·外廓] ① 바깥 쪽에 둘러 쌓은 성. ② 바깥 테두리. 사물의 바깥 부분. 「~단체(團體)」がいかく ① outwall ② outer block

외:관[外觀] 겉으로 나타나는 볼품. 겉모양. =외견(外見). がいかん external appearance

외:교[外交] ① 외국과의 교제나 교섭(交涉). ② 외부와의 교섭. がいこう ① diplomacy ② canvassing

외:교가[外交家] ① 외교에 능숙한 사람. ② 외교를 직업으로 하는 사람. がいこうか diplomat

외:교관[外交官] 외국에 주재하여 외교 활동에 종사하는 관직. 또는 그 사람. がいこうかん diplomatic official

외:교술[外交術] ① 외국과 교섭하는 수단. ② 남과 잘 교제하는 수단. がいこうじゅつ ① art of diplomacy

외:교 특권[外交特權] 외교관으로 외국에 거주하는 사람이 누리는 국제법상의 특권. 불가침권(不可侵權)·치외 법권(治外法權) 따위. がいこうとっけん diplomatic privilege

외:구[外寇] 밖으로부터 쳐들어 오는 적(敵). =외적(外敵). がいこう foreign enemy

외:국[外局] 중앙 관청에 직속되면서, 독립적인 특수 업무를 담당하는 관청. 병무청·국세청 따위. がいきょく extra-ministerial bureau

외:국[外國] 자기 나라 이외의 다른 나라. =외방(外邦)·타국(他國). 「~인(人)」がいこく foreign country

외:국어[外國語] 다른 나라의 말. 외국의 언어. がいこくご foreign language

외:국제[外國製] 외국에서 만든 물건. 준외제(外製).

외:국채[外國債] 외국에서 모집하는 공채(公債)나 사채(社債). ↔내국채(內國債). 준외채(外債). がいこくさい foreign loan

외:국환[外國換] 외국과의 상거래에서, 현금에 의하지 않고 환어음으로 결제하는 일. 또는 그 환어음. =국제환(國際換). ↔내국환(內國換). 준외환(外換). foreign exchange

외:군[外軍] 외국의 군대. がいぐん foreign army

외:근[外勤] 직장 밖에서 하는 근무. ↔내근(內勤). がいきん outdoor service

외:기[外氣] 바깥 공기. 옥외의 대기(大氣). がいき open air

외:기[畏忌] 두려워하고 꺼림.

외:기권[外氣圈] 지상(地上) 약 500km에서 1000km 정도까지의 지구 대기(地球大氣)의 최고층. がいきけん exosphere

외:대[外待] 소홀하게 하는 대접. 푸대접. =홀대(忽待)·냉대(冷待). cold reception

외:도[外道] ① 정상적인 생활 규범에서 벗어난 바르지 못한 길. ↔정도(正道). ② 아내 이외의 여자와 정을 통하는 일. =오입(誤入). ③ 옛날에 경기도 이외의 도를 일컫던 말. ④ 불교에서, 불교 이외의 종교. げどう
① wrong way ② womanizing

외·등[外燈] 집 밖에 단 등. =옥외등(屋外燈). ↔내등(內燈). がいとう outdoor lamp

외:람[猥濫] 버릇없고 분수에 넘침. presumption

외:래[外來] ① 외부에서 옴. 「~환자(患者)」 ② 외국에서 들어옴. 「~ 문화(文化)」 がいらい ② coming from abroad

외:래어[外來語] 외국어이면서 우리말처럼 쓰이게 된 말. 버스·라디오·가스 따위. がいらいご loan word

외:력[外力] 어떤 물체에 대하여 외부에서 작용하는 힘. ↔내력(內力). がいりょく
external force

외:료[外療] 외과(外科)의 치료. ↔내료(內療). がいりょう
surgery cure

외:륜[外輪] ① 바깥쪽의 바퀴. ② 바퀴의 바깥쪽에 단 쇠나 강철제의 둥근 테. がいりん

외:륜산[外輪山] 복성 화산(複成火山)에서 중앙의 분화구를 둘러싼 산. がいりんざん

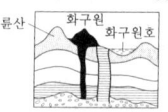
〔외륜산〕

외:맥[外麥] 외국산의 밀이나 보리.

외:면[外面] ① 바깥으로 드러난 면. =외양(外樣). がいめん ② 대면하기를 꺼려 얼굴을 돌림. ① appearance ② turning away one's face

외:모[外侮] 외부 또는 외국으로부터 받는 모욕. がいぶ
insult from foreign countries

외:모[外貌] ① 얼굴의 생김새. ② 겉모양. がいぼう
appearance

외:무[外務] ① 밖에 나다니면서 보는 업무. 「~사원」 ② 외국과 관계되는 사무 또는 정무(政務). ↔내무(內務). がいむ
① outdoor work ② foreign affairs

외:무 사원[外務社員] 상점이나 외사에서, 권유(勸誘)·교섭·주문·선전 등을 맡아보는 직원. 준외무원(外務員). がいむしゃいん canvasser

외:문[外門] 바깥 문. がいもん
outer door

외:문[外聞] 바깥 소문. =세평(世評). がいぶん reputation

외:물[外物] ① 외부의 물건. 외계의 사물. ② 철학에서, 의식(意識)으로부터 독립하여 존재하는 객관적 사물. がいぶつ
① external object ② object

외:미[外米] 외국에서 들어오는 쌀. がいまい foreign rice

외:박[外泊] 밖에서 잠. 자기 집이나 일정한 숙소 이외의 다

외:방[外方] ① 바깥쪽. =외부(外部). がいほう ② 지난날, 서울 이외의 지방을 이르던 말. ① outside

외:방[外邦] ⇨외국(外國). がいほう

외:방 출입[外房出入] 다른 여자를 보고 다님. 계집질을 하고 다님. visiting a brothel

외:배엽[外胚葉] 후생(後生) 동물의 발생 초기의 배(胚)에 생기는 세 배엽 중 맨 겉층을 이루는 세포층. がいはいよう ectoderm

외:벽[外壁] 바깥쪽의 벽. 밭벽. ↔내벽(內壁). がいへき outer wall

외:복[畏伏] 두려워서 엎드림. いふく prostration out of fear

외:복[畏服] 두려워서 복종함. いふく submission out of fear

외:봉[外封] 편지 따위를 이중(二重)으로 싼 겉봉. outer envelope

외:부[外部] 바깥 부분. 바깥 세상. ↔내부(內部). がいぶ outside

외:부내:빈[外富內貧] 겉으로는 부자 같으나 실상은 가난함. 난부자 든거지. ↔외빈내부(外貧內富). wealth in appearance

외:비[外備] 외환(外患)에 대한 군사적 방비. defense against foreign invasion

외:빈[外賓] 외국에서 온 귀한 손. がいひん foreign guest

외:사[外史] 정사(正史)가 아닌, 사사로이 쓴 역사. =야사(野史). ↔정사(正史). がいし unauthorized history

외:사[外事] ① 밖의 일. ② 외국과 관계되는 일. がいじ external affairs

외:삼촌[外三寸] 어머니의 남자 형제. =외숙(外叔). maternal uncle

외:상[外相] 우리 나라의 외교 통상부 장관에 해당하는, 외국의 외무 장관·외무 대신 등을 흔히 이르는 말. がいしょう Foreign Minister

외:상[外傷] 몸의 겉에 생긴 상처. がいしょう external wound

외:서[外書] 외국의 도서. がいしょ foreign book

외:서[猥書] 내용이 음탕하고 난잡한 책. わいしょ obscene book

외:선[外線] ① 바깥쪽에 있는 선. ② 옥외(屋外)에 설치한 전선. 「~ 공사(工事)」③ 외부로 통하는 전화선. ↔내선(內線). がいせん ①③ outside line ② outside wire

외:설[猥褻] ① 남녀 간의 성(性)에 관한 것을 남에게 불쾌감을 줄 정도로 음란하게 다루는 일. ② 색정(色情)을 자극하는 추잡한 행위. 『~ 서적(書籍)』わいせつ obscenity

외:성[外城] 성 밖에 겹으로 에워 쌓은 성. =나성(羅城). ↔내성(內城). がいじょう outwork

외:세[外勢] ① 밖의 정세. 바깥 형편. ② 외국의 세력. ① external condition ② outside power

외:속[外屬] 어머니의 친정 쪽 집안. 외가 쪽 집안. =외족(外族). mother's relative

외:손[外孫] 딸이 낳은 자식. がいそん·そとまご

grandchild by a daughter

외:숙[外叔] ⇨외삼촌(外三寸). 外叔 がいしゅく

외:숙[外宿] 자기 집 이외의 다른 곳에서 잠. =외박(外泊). 外宿 sleeping out

외:식[外食] 밖에서 음식을 사 먹음. 또는 그 음식. 外食 がいしょく dining out

외:식[外飾] 외면치레. 겉치레. 外飾 outward show

외:신[外臣] 외국의 사신이 주재국(駐在國)의 임금에 대해서 이르는 자칭(自稱). がいしん 外臣

외:신[外信] 외국에서 들어온 통신. 「~ 보도(報道)」 がいしん 外信 foreign news

외:신[畏愼] 두려워하여 언행을 삼감. discretion in awe 畏愼

외:실[外室] 남자가 거처하는 방. =사랑(舍廊). ↔내실(內室). man's quarters 外室

외:심[外心] ① 딴마음. 두 마음. ② 수학에서, 삼각형 또는 다각형(多角形)의 외접원(外接圓)의 중심. がいしん 外心 外接圓
① duplicity ② circumcenter

외:압[外壓] 외부로부터 가해지는 압력. ↔내압(內壓). がいあつ external pressure 外壓

외:야[外野] 야구에서, 내야 뒤쪽 파울 라인 안의 지역. ↔내야(內野). がいや outfield 外野

외:양[外洋] 육지에서 멀리 떨어진 넓은 바다. =외해(外海). ↔내해(內海). がいよう ocean 外洋

외:양[外樣] 겉의 모양. 겉모양. =외모(外貌)·외용(外容). outward aspect 外樣

외양간[喂養間] 마소를 먹여 기르는 곳. =우사(牛舍). stable 喂養間

외:역[外役] ① 죄수가 교도소 外役 밖에 나가서 하는 노역. ↔내역(內役). ② 외국으로 출병(出兵)하는 일. =외정(外征). がいえき ① outdoor labor ② foreign expedition

외:연[外延] 논리학에서, 어떤 개념이 적용되는 대상의 범위. ↔내포(內包). がいえん 外延 extension

외:연 기관[外燃機關] 기관 밖에서 연료(燃料)를 연소시키는 기관. 증기(蒸氣) 기관 따위. ↔내연 기관(內燃機關). がいねんきかん 外燃機關 external combustion engine

외:외가[外外家] 어머니의 외가. maternal grandmother's family 外外家

외:용[外用] 연고 등과 같이 약을 몸의 외부에 씀. 「~약(藥)」 がいよう external use 外用

외:원[外苑] 궁궐 등의 바깥에 있는 정원(庭園). ↔내원(內苑). がいえん outer garden 外苑

외:원[外援] ① 외부(外部)로부터의 도움. ② 외국의 원조(援助). がいえん ① outside support ② foreign aid 外援助

외:위[外圍] ① 겉둘레. 바깥쪽 둘레. 「~선(線)」 ② 생물체의 외부에 있는 모든 것. 「~ 적응(適應)」 がいい surroundings 外圍 適應

외:유[外柔] 성질이 겉으로 보기에 부드러움. ↔내강(內剛). 「~내강(內剛)」 がいじゅう gentle appearance 外柔 內剛

외:유[外遊] 외국에 여행함. がいゆう foreign tour 外遊

외:의[外衣] 겉에 입는 옷. 겉옷. ↔내의(內衣). がいい outer garment 外衣

외:이[外耳] 귓바퀴와 외이도 外耳

(外耳道)로 이루어진 귀의 바깥 쪽 부분. ↔내이(內耳). がいじ   concha

외:인[外人] ① 외국 사람. =외국인(外國人). ② 집안 식구나 관계자 이외의 사람. 외부 사람. 「~ 출입 금지」がいじん   ① foreigner ② outsider

외:인[外因] 외적(外的)인 원인(原因). ↔내인(內因). がいいん   external cause

외:입[外入] 아내 이외의 여자와 정을 통하는 일. =오입(誤入)·외도(外道). womanizing

외:자[外資] 외국의 자본. ↔내자(內資). 「~ 도입(導入)」がいし   foreign capital

외:잡[猥雜] 음탕하고 난잡함. わいざつ   dissoluteness and irregularity

외:장[外裝] ① 겉쪽의 장식(裝飾). ↔내장(內裝). 「~용재(用材)」② 겉의 포장(包裝). がいそう   ① facing ② wrappings

외:적[外的] 외부에 관계되는 것. ↔내적(內的). 「~ 조건(條件)」がいてき   external

외:적[外敵] 외부의 적. 외국으로부터 침입하는 적. =외구(外寇). がいてき   foreign enemy

외:전[外電] 외국에서 오는 전신. =외신(外信). がいでん   foreign news

외:전[外傳] 본전(本傳)에 빠진 부분을 따로 기록한 전기(傳記). がいじん   lateral biography

외:접[外接] 수학에서, 한 도형이 그 바깥쪽에 있는 다른 도형과 한 점만을 공유(共有)하는 일. がいせつ

외:정[外征] 외국으로 출정(出征)함. =외역(外役). がいせい   foreign expedition

외:정[外政] 외국에 관한 정치. ↔내정(內政). がいせい   diplomatic affairs

외:정[外情] 외국이나 외부의 사정. ↔내정(內情). がいじょう   outside situation

외:제[外製] 외국제(外國製)의 준말.

외:제[外題] 책의 표지에 적힌 제목. げだい   title

외:조모[外祖母] 외할머니. がいそぼ   maternal grandmother

외:조부[外祖父] 외할아버지. がいそふ   maternal grandfather

외:족[外族] 외가 쪽의 일가. =외속(外屬). がいぞく   maternal relatives

외:종[外從] 외종 사촌(外從四寸)의 준말. =표종(表從). ↔고종(姑從)·내종(內從).

외:종 사:촌[外從四寸] 외삼촌의 아들딸들. =외사촌(外四寸). 준외종(外從).   maternal cousin

외:주[外周] 바깥쪽의 둘레.   outer circumference

외:주[外注] 외부에 주문함. 또는 그 주문. がいちゅう   outside order

외:지[外地] ① 제 고장 이외의 땅. =타지(他地). 「~로 이사하다」② 나라 밖의 땅. =외국(外國). がいち   ① another countryside ② oversea land

외:지[外紙] 외국의 신문. 「~ 보도(報道)」がいし   foreign newspaper

외:지[外誌] 외국의 잡지. がいし   foreign magazine

외:직[外職] 지난날, 지방 관청의 관직을 이르던 말. =외임(外任). ↔내직(內職). 外職 外任
local government post

외:진[外診] 몸의 외부로부터 진찰함. 또는 그 진찰. ↔내진(內診). がいしん 外診
external examination

외:채[外債] ① 외국채(外國債)의 준말. ② 외국에 진 빚. がいさい 外債
② foreign debt

외:처[外處] 제 고장이 아닌 곳. 낯선 곳. 外處
strange place

외:척[外戚] 외가 쪽의 친척. がいせき 外戚
maternal relation

외:첨내:소[外諂內疎] 겉으로는 아첨하고 속으로는 해치려 함. 外諂內疎

외:초[外哨] 바깥에 서 있는 초병(哨兵). 外哨

외:축[畏縮] 두려워서 몸을 움츠림. いしゅく 畏縮
shrinking

외:출[外出] 볼일을 보러 밖으로 나감. =출타(出他). がいしゅつ 外出
going out

외:출혈[外出血] 피가 몸 밖으로 흘러 나옴. ↔내출혈(內出血). がいしゅっけつ 外出血
external hemorrhage

외:측[外側] 바깥쪽. ↔내측(內側). そとがわ・がいそく 外側
outside

외:치[外治] ① 외과적(外科的)으로 병을 치료함. ② 외교 등, 외국을 상대로 하는 정치. ↔내치(內治). がいち ① external treatment ② foreign policy 外治 外交

외:탄[畏憚] 두려워하고 꺼림. =외기(畏忌). いたん 畏憚
fear

외:투[外套] 방한(防寒) 등을 위하여 양복 위에 덧입는 옷. がいとう 外套
overcoat

외:투막[外套膜] 연체동물의 외 外套膜 피에서 형성되어 몸 전체 또는 일부를 싸고 있는 근육질의 막. がいとうまく mantle

외:판[外販] 판매 사원이 고객을 직접 찾아다니면서 상품을 판매하는 일. 「~원(員)」. がいはん 外販
traveling sale

외:포[畏怖] 몹시 두려워함. いふ 畏怖
fear

외:풍[外風] ① 밖에서 방 안으로 새어 들어오는 찬바람. ② 외국에서 들어온 풍속. 外風
① draft ② exotic fashion

외:피[外皮] 겉껍질. ↔내피(內皮). がいひ 外皮
skin

외:항[外航] 배가 외국으로 항행함. ↔내항(內航). 「~선(船)」. がいこう 外航 內航
foreign voyage

외:항[外項] 비례식(比例式)에서 양쪽 끝에 있는 두 항. 곧, a:b=c:d인 경우 a와 d. ↔내항(內項). がいこう 外項
extreme

외:항[外港] ① 내항(內港)으로 들어가기 전에 방파제(防波堤) 밖에서 잠시 머무르는 해역. ↔내항(內港). ② 대도시 근처에 있어, 그 도시와 밀접한 관계가 있는 항구. がいこう 外港 防波堤
① outer port

외:해[外海] 육지에서 멀리 떨어진 바다. 육지 바깥쪽의 바다. =외양(外洋). ↔내해(內海). がいかい・そとうみ 外海 外洋
open sea

외:향성[外向性] 마음의 작용이 외부로 향하기 쉬운 적극적·사교적인 성질. ↔내향성(內向性). がいこうせい 外向性
extroversion

외:형[外形] 겉에서 보는 형태. 겉으로 드러난 모양. =외용(外容). がいけい 外形 外容

external shape

외:형[畏兄] 편지글 등에서, 친구끼리 상대방을 대접하여 이르는 말. you

외:화[外貨] 외국의 화폐.「～획득(獲得)」がいか
foreign currency

외:화[外畫] 외국 영화. ↔방화(邦畫).
foreign film

외:환[外患] 외국과의 분쟁이나 충돌 따위로 겪게 되는 불안이나 고통. ↔내우(內憂).「내우(內憂)～」がいかん
foreign troubles

외:환[外換] 외국환(外國換)의 준말.

요:[夭] ① 젊을 요: 젊다. 어리다.「夭夭(요요)·夭姬(요희)」 ② 일찍 죽을 요: 일찍 죽다.「夭折(요절)·夭死(요사)·夭逝(요서)·夭傷(요상)·夭札(요찰)」 ヨウ

요[凹] 오목할 요: 오목하다.「凹面(요면)·凹鏡(요경)·凹凸(요철)」 オウ・くぼむ・へこむ

요[妖] ① 아리따울 요: 아리땁다.「妖妙(요묘)·妖姿(요자)」 ② 요사할 요: 요사하다.「妖魔(요마)·妖鬼(요귀)·妖精(요정)·妖怪(요괴)·妖氣(요기)」 ヨウ

요[拗] ① 비뚤 요: 비뚤다. 부러지다.「拗強(요강)」 ② 누를 요: 누르다.「拗怒(요노)」 ヨウ・オウ ① ねじける

요:[殀] 단명할 요: 단명하다.「殀亡(요망)·殀壽(요수)」 ヨウ

요[姚] 어여쁠 요: 어여쁘다.「姚姚(요요)·姚冶(요야)」 ヨウ

요[祅] 재앙 요: 재앙.「祅變(요변)·祅孼(요얼)」 ヨウ

요[要]* ① 종요로울 요: 종요롭다. 필요하다.「重要(중요)·要職(요직)·要人(요인)·切要(절요)」 ② 구할 요: 구하다.「要求(요구)·要請(요청)·強要(강요)」 ヨウ ① いる・かなめ

요:[窈] ① 고요할 요: 고요하다.「窈窈(요요)」 ② 얌전할 요: 얌전하다. 정숙하다.「窈糾(요교)·窈窕(요조)」 ヨウ

요[堯] ① 높을 요: 높다.「堯堯(요요)」 ② 요임금 요: 요임금.「堯舜(요순)·堯年(요년)」 ギョウ

요[搖]* 흔들 요: 흔들다. 움직이다.「搖籃(요람)·搖扇(요선)·搖動(요동)·搖曳(요예)」 ヨウ・ゆれる

요[腰]* 허리 요: 허리.「腰刀(요도)·腰圍(요위)·腰痛(요통)·腰折(요절)·細腰(세요)·柳腰(유요)」 ヨウ・こし

요[僥] 요행 요: 요행. 요행을 바라다.「僥倖(요행)·僥覦(요기)」 ギョウ

요[瑤] 아름다운 옥 요: 아름다운 옥.「瑤顔(요안)·瑤玉(요옥)·瑤緘(요함)」 ヨウ

요[遙]* ① 멀 요: 멀다.「遙遠(요원)·遙岑(요잠)·遙天(요천)·遙昔(요석)」 ② 노닐 요: 노닐다.「遙遙(요요)·逍遙(소요)」 ヨウ ① はるか

요[撓] 휠 요: 휘다. 굽히다.「不撓(불요)·撓屈(요굴)·撓法(요법)」 ドウ・たわむ

요[窯] 가마 요: 그릇 굽는 가마.「窯業(요업)·窯戶(요호)」 ヨウ・かま

요[邀] 맞을 요: 맞이하다.「邀擊(요격)·邀來(요래)·邀招(요초)」 ヨウ・むかえる

요[謠]* ① 노래 요: 노래.「歌謠(가요)·童謠(동요)·民謠(민요)」 ② 소문 요: 소문.「謠傳

(요전)」ヨウ ① うたう

요[擾] ① 어지러울 요: 어지럽다. 「擾亂(요란)·擾擾(요요)·騷擾(소요)」② 길들일 요: 길들이다. 「擾畜(요축)」③ 성가시게 굴 요: 성가시게 하다. 「擾民(요민)」ジョウ

요[曜] ① 요일 요: 요일. 「日曜(일요)·七曜(칠요)·火曜(화요)」② 빛날 요: 빛나다. 「曜曜(요요)」ヨウ

요[燿] 비칠 요: 비치다. 「燿燿(요요)·光燿(광요)」ヨウ

요[繞] 두를 요: 두르다. 감기다. 「繞帶(요대)·繞客(요객)·圍繞(위요)」ジョウ·ニョウ

요[蟯] 요충 요: 요충. 「蟯蟲(요충)·蟯瘕(요하)」ギョウ·ジョウ

요[耀] 빛날 요: 빛나다. 「耀耀(요요)·耀電(요전)·耀德(요덕)」ヨウ

요[饒] ① 넉넉할 요: 넉넉하다. 「豊饒(풍요)·饒給(요급)·饒富(요부)」② 너그러울 요: 너그럽다. 「饒貸(요대)」ジョウ

요가[범 yoga] 예로부터 인도에 전하는 심신 단련법의 하나. ヨガ

요간[腰間] 허리의 둘레. 허리 언저리. ようかん waist

요강[尿綱] 방에 두고 오줌을 누는 용기. =야호(夜壺). commode

요강[要綱] 중요한 부분을 간추린 줄거리나 골자. 근본이 되는 강령. ようこう outline

요거[搖車] 어린애를 태우고 미는 조그마한 수레. =유모차(乳母車). baby carriage

요거[饒居] 넉넉하게 삶. living in abundance

요건[要件] ① 필요한 조건. ② 중요한 용건(用件). ようけん
① necessary condition ② important business

요격[邀擊] 쳐들어오는 적을 도중에 기다렸다가 마주 나가 침. =영격(迎擊). ようげき ambush

요:결[了結] 일을 끝내어 마침. =요감(了勘). completion

요결[要訣] 중요한 비결. 요긴한 수단. ようけつ essential principle

요결[要結] 요긴한 결과. important result

요경[凹鏡] 반사면(反射面)의 가운데가 오목한 거울. 오목거울. ↔철경(凸鏡). concave mirror

요골[腰骨] 허리 부분의 뼈. 허리뼈. こしぼね hucklebone

요골[橈骨] 팔꿈치에서 손목 사이의 뼈 중 바깥쪽에 있는 삼각기둥 모양의 긴 뼈. とうこつ radius

요관[尿管] 신장에서 방광으로 오줌을 보내는 관. =수뇨관(輸尿管). にょうかん ureter

요괴[妖怪] 요사하고 괴상함. 또는 그런 귀신. ようかい monstrosity

요구[要求] 무엇을 달라거나, 또는 어떻게 해 달라고 청함. ようきゅう request

요구[要具] 꼭 필요한 도구. ようぐ necessary tool

요구르트[yogurt] 우유 따위를 젖산 발효(醱酵)시킨 영양식품. ヨーグルト

요귀[妖鬼] 요사스럽고 간사한 귀신. =요마(妖魔). ようき specter

요:금[料金] 무엇을 사용하거나 수고를 끼치거나 한 대가로 지

불하는 돈. りょうきん fee
요기[妖氣] 요사스런 기운. ようき weird air
요기[療飢] 음식을 조금 먹어 시장기를 면함. satisfying one's hunger
요긴[要緊] 꼭 필요함. 매우 중요함. =긴요(緊要). essential importance
요녀[妖女] 요사스러운 계집. =요희(妖姬)·요부(妖婦). ようじょ enchantress
요년[堯年] 요임금이 나라를 다스리던 시대. 곧, 태평 성대(太平聖代)를 이르는 말.
요다[饒多] 넉넉하고 많음. じょうた
요담[要談] 요긴한 말 또는 이야기. 「~을 나누다」ようだん important talk
요대[腰帶] 허리에 두르는 띠. 허리띠. ようたい belt
요대[饒貸] 너그럽게 용서함. forgiving
요도[尿道] 방광에 괸 오줌을 몸 밖으로 내보내는 관. 「~염(炎)」にょうどう urethra
요도[要圖] 필요한 사항만 간단히 그린 그림. ようず rough sketch
요독증[尿毒症] 콩팥의 기능 저하로, 오줌으로 배출되어야 할 성분이 피 속에 남아 있어 일어나는 중독 현상. にょうどくしょう uremia
요동[搖動] 흔들어 움직임. ようどう trembling
요두전:목[搖頭顛目] 머리를 흔들고 눈을 굴린다는 뜻으로, 몸가짐이 침착하지 못함을 이르는 말. fret
요:득[了得] ⇨요해(了解). りょうとく

요득[料得] 헤아려 앎. perceiving
요들[yodel] 스위스·오스트리아의 산악(山嶽) 지방에서 불리는 민요의 독특한 창법. 또는 그 노래. ヨーデル
요란[搖亂·擾亂] 시끄럽고 어지러움. =요양(擾攘). disturbance
요란[撩亂] 어지럽게 뒤섞임.
요람[要覽] 중요한 점만 간추려서 볼 수 있게 만든 책. ようらん survey
요람[搖籃] ① 젖먹이를 재우기 위하여 안에 눕혀서 흔드는 채롱. ② 사물이 발달하는 시초. 「~기(期)」ようらん
① cradle ② beginning
요래[邀來] 오는 사람을 맞음.
요략[要略] ① 중요한 것만 추리고, 필요하지 않은 것은 줄임. ② 대강 간추려 줄임. =개략(槪略)·요약(要約). ようりゃく ① epitome ② summary
요량[料量] 앞일을 잘 헤아림. guess
요령[要領] ① 요긴한 점. 「~부득(不得)」② 일을 재치 있게 치리하는 수단. 「~이 없다」ようりょう ① gist ② knack
요령[搖鈴·鐃鈴] 흔들어서 소리를 내는, 놋쇠로 만든 방울 모양의 기구. =솔발(錚鈸). handbell
요령부득[要領不得] 무슨 뜻인지 통 알 수가 없음. =부득요령(不得要領). ようりょうふとく pointlessness
요로[要路] ① 중요한 도로. ② 중요한 지위. 「관계(官界) ~」ようろ ① important road ② important position
요론[要論] 중요한 논설.

요리[要理] ① 요긴한 이치나 도리. ② 중요한 교리(敎理).

요리[料理] ① 음식을 만듦. 또는 그 음식.「～사(師)」② 일을 처리함. りょうり
① cooking ② management

요림경수[瑤林瓊樹] 선경(仙境)에 있다는 아름다운 꽃나무. 인품이 고결하여 세속적인 것을 초월함의 비유.

요마[妖魔] 요사스러운 마귀. ＝요귀(妖鬼). ようま specter

요망[妖妄] ① 요사스럽고 망령됨. ② 언행이 경솔함.
① wickedness ② levity

요망[要望] 그렇게 되기를 바람. 그렇게 해 주기를 바람.「～사항(事項)」ようぼう demand

요망[遙望] 먼 곳을 바라봄.

요맹[要盟] 힘으로써 강제로 맺은 약정(約定).

요면[凹面] 가운데가 오목하게 들어간 면(面). ↔철면(凸面). おうめん concave

요목[要目] 중요한 항목 또는 조목. ようもく principal items

요무[要務] 중요한 업무(業務) 또는 임무(任務). ようむ important business

요물[妖物] ① 요망스러운 물건. ② 간악한 사람. ① uncanny thing ② wicked person

요민[擾民] 백성을 성가시게 함.

요민[饒民] 살림이 넉넉한 백성. well-off people

요밀[要密] 빈틈없이 세밀하고 자상함. minuteness

요배[遙拜] 멀리 떨어진 곳에서 연고(緣故)가 있는 쪽을 향하여 절함. ＝망배(望拜). ようはい

요배[僚輩] ⇨요우(僚友). りょうはい

요법[療法] 병을 치료하는 방법. りょうほう remedy

요변[妖變] ① 요사스러운 행동.「～떨다」② 요사스러운 변고(變故). ようへん ① uncanny behavior ② mystery

요변덕[妖變德] 몹시 요사스러운 변덕. freakishness

요병[療病] 병을 치료함. りょうびょう recuperation

요부[妖婦] 요사스러운 계집. ＝요녀(妖女). ようふ enchantress

요부[要部] 가장 요긴한 부분. ようぶ principal part

요부[腰部] 허리 부분. ようぶ waist

요부[饒富] 생활이 넉넉함. ＝요실(饒實)・요족(饒足). じょうふ abundance

요:사[夭死] 젊어서 죽음. ＝요절(夭折)・요서(夭逝)・요찰(夭札). ようし premature death

요사[妖邪] 요망스럽고 간사함. ようじゃ wickedness

요사[要事] 긴요한 일. 중요한 일. ようじ essential matter

요산요수[樂山樂水] 산을 좋아하고 물을 좋아함. 곧, 산수를 좋아한다는 말.

요새[要塞] 군사상(軍事上)의 중요 지점에 마련해 놓은 방어 시설. ようさい fortress

요:서[夭逝] ⇨요사(夭死). ようせい

요서[僚壻] ⇨동서(同壻).

요석[尿石] 오줌의 성분인 염류(鹽類)가 신장이나 방광에 침전되어서 생긴 결석(結石). にょうせき urolith

요선[僚船] 같은 선단(船團)에 속한 선박. りょうせん comrade ship

요설[饒舌] 수다스러움. 말이 많음. じょうぜつ talkativeness

요성[妖星] 길(吉)하지 못한 징조를 나타낸다는 별. 살별 따위를 일렀음. ようせい ominous star

요소[尿素] 오줌에 함유된 유기화합물(有機化合物). 비료·의약품 등의 원료가 됨. にょうそ urea

요소[要所] 요긴한 부분이나 장소. ようしょ important point

요소[要素] 사물을 성립시키는 데 필요한 성질이나 성분. 중요한 조건. ようそ element

요속[僚屬] 계급이 낮은 관리. =속료(屬僚). りょうぞく subordinate

요수[潦水] ① 땅에 괸 빗물. ② 깊은 산중에 새로 우묵히 팬 땅에 괸 빗물. 한방에서 이 물로 약제를 달이면 좋다고 함. ① puddle

요술[妖術] 남의 눈을 속이는 기이한 술법. =마술(魔術). ようじゅつ witchcraft

요시찰인[要視察人] 경찰당국의 주의·감시가 필요하다고 인정하는 인물. ようしさつにん blacklisted person

요식[要式] 일정한 규정에 따를 것을 필요로 하는 양식. 또는 그 일. 「~ 행위(行爲)」 ようしき formalities

요식업[料食業] 음식을 파는 영업. restaurant business

요신[要信] 중요한 서신.

요실[饒實] ⇨부(饒富).

요실금[尿失禁] 자기도 모르는 사이에 오줌이 저절로 나오는 상태. にょうしっきん

요악[妖惡] 요망하고 간악함. wickedness

요안[瑤顔] 옥과 같은 얼굴. 곧, 몹시 아름다운 얼굴.

요약[要約] 문장 따위의 중요한 것만 추려서 간단히 줄임. =요략(要略). 「내용을 ~하다」 ようやく summary

요양[療養] 병을 치료하고 조섭함. りょうよう recuperation

요양[擾攘] 시끄럽고 어지러움. =요란(擾亂). disturbance

요언[妖言] 요사스러운 말. 괴이한 유언(流言). ようげん crafty remark

요언[要言] 요점(要點)만을 간추려서 정확하게 말함. ようげん summing-up

요업[窯業] 흙이나 모래 따위를 고열로 가공하는 공업. 도자기·유리·시멘트·벽돌 따위를 만드는 산업. ようぎょう ceramics

요여[腰輿] 시체를 묻은 다음에 신주를 모시고 돌아오는 작은 가마. =영여(靈輿). ようよ

요역지[要役地] 지역권(地役權)의 행사로 편익(便益)을 받는 땅. ↔승역지(承役地). ようえきち

요:연[瞭然] 분명하고 뚜렷한 모양. 「일목(一目)~」 りょうぜん evidence

요염[妖艷] 사람을 홀릴 만큼 몹시 아리따움. 「~한 자태(姿態)」 ようえん fascinating beauty

요오드[iodine] 할로겐에 속하는 원소의 하나. 금속 광택이 있는 암자색의 비늘 모양의 결정. 물감·소독약(消毒藥)·의약품에 널리 쓰임. ヨード

요오드포름[iodoform] 방부제(防腐劑)·살균제로 쓰이는, 특이한 냄새가 나는 황색의 결

정성 분말. ヨードホルム
요외[料外] 요량 밖. 생각 밖. unexpected
요:요[夭夭] ① 나이가 젊고 아름다움. ② 얼굴에 화색이 있음. ようよう
요요[姚姚] 예쁘고 아리따운 모양. 「~한 자태(姿態)」
요요[擾擾] 어수선하고 시끄러운 모양. 정신이 뒤숭숭한 모양. じょうじょう
요용[要用] 꼭 필요함. 요긴하게 씀. ようよう necessity
요우[僚友] 같은 직장에서 일하고 있는 동료(同僚). =요배(僚輩). りょうゆう co-worker
요운[妖雲] 불길한 징조로 보이는 구름. よううん ominous cloud
요원[要員] ① 필요한 인원. ② 중요한 지위에 있는 사람. よういん ① needed personnel
요원[遼遠] 아득하게 멂. 「전도(前途) ~」 りょうえん remoteness
요원[燎原] 들판을 태움. 늘판에 번져 나가는 불길처럼, 걷잡을 수 없이 퍼지는 맹렬한 기세를 비유하기도 함. 「~의 불길」 りょうげん
요위[腰圍] 허리통. girth
요율[料率] 요금(料金)의 비율(比率). りょうりつ
요의[要義] 중요한 뜻. ようぎ essential meaning
요의[僚誼] 동료 사이의 정의(情誼). fellowship
요인[要人] 중요한 지위에 있는 사람. ようじん key figure
요인[要因] 중요한 원인. 일의 성립에 필요한 원인. よういん factor
요일[曜日] 일(日)·월(月)·화(火)·수(水)·목(木)·금(金)·토(土)의 요(曜)의 이름으로 나타내는, 일 주간의 각 날의 갈래. ようび day of the week
요:절[夭折] ⇨요사(夭死). ようせつ
요절[要節] 글에서 가장 요긴한 대목. ようせつ essential phrase
요절[腰折] 몹시 우스워서 허리가 꺾일 지경임. 「~복통(腹痛)」
요절병[腰折病] 식물에서, 어린 모종의 지면에 가까운 줄기가 썩어서 부러지는 병.
요점[要點] 가장 중요한 점. ようてん essential point
요정[尿精] 한방에서, 정액(精液)이 오줌에 섞여 나오는 병증.
요정[妖精] 그리스 신화 등에 등장하는 자연물의 정령(精靈). 아름다운 여자의 모습으로 나타남. 님프. ようせい fairy
요정[料亭] 요릿집. りょうてい restaurant
요:조[窈窕] ① 여자의 행실이 얌전하고 용모가 아리따움. 「~ 숙녀(淑女)」 ② 산수나 건축이 깊은 맛이 있고 우아함. ようちょう
요족[饒足] ⇨요부(饒富).
요:지[了知] 깨달아 앎. りょうち understanding
요지[要旨] 요점이 되는 취지. 대체적인 내용. point
요지[要地] 중요한 지역 또는 지점. ようち important place
요지[窯地] 도자기를 굽는 가마가 있던 자리. 가마터.
요지경[瑤池鏡] 상자 속의 여러 가지 그림을 확대경을 통하여 들여다보게 되어 있는 장

난감. peep show
요지부동[搖之不動] 아무리 흔들어도 꼼짝도 아니함. steadfastness
요지호[凹地湖] 수면(水面)이 해면(海面)보다 낮은 호수.
요직[要職] 중요한 직책이나 직무. ようしょく responsible post
요처[要處] ①중요한 곳. ②중요한 점. ようしょ ① important place ② important point
요철[凹凸] 오목함과 볼록함. 울퉁불퉁한 것. =철요(凸凹). おうとつ·でこぼこ unevenness
요청[要請] 필요한 일을 해 달라고 청함. ようせい request
요체[要諦] ①가장 중요한 점. 간추린 요점. 「민주주의의 ~」 ②중요한 깨달음. ようたい·ようてい ① important point
요초[邀招] 불러서 맞아들임. invitation
요추[腰椎] 척추 가운데 가슴등뼈와 엉덩이뼈 사이의 부분. 허리등뼈. 「~ 마취(麻醉)」 ようつい lumbar
요충[要衝] 요충지(要衝地)의 준말. ようしょう
요충[蟯蟲] 기생충의 한 가지. 사람의 소장에 기생하는데, 실처럼 희고 가늚. ぎょうちゅう·じょうちゅう threadworm
요충지[要衝地] 교통·산업, 또는 군사상으로 중요한 지점. 준요충(要衝). important position
요치[療治] 병을 고침. =치료(治療). りょうじ treatment
요침윤[尿浸潤] 요도(尿道)의 벽이 헐어 오줌이 조직 속으로 늘어가서 생기는 염증.
요:크[yoke] 여성복·아동복을 재단(裁斷)할 때, 장식으로 어깨나 스커트의 위쪽에 딴 감을 바꿔 대는 일. 또는 그 천. ヨーク
요:크셔[Yorkshire] 돼지의 한 품종. 영국 요크셔 지방 원산(原産). 털빛이 희며, 일반적으로 몸이 튼튼하고 새끼를 많이 낳음. ヨークシャ
요탁[料度] 이리저리 헤아림. りょうたく surmise
요탁[遙度] 남의 심정 따위를 미루어 헤아림.
요태[妖態] 요사스러운 태도. wicked manners
요통[腰痛] 허리가 아픈 병. 허리앓이. ようつう lumbago
요트[yacht] 주로 레저나 스포츠용으로 쓰이는 서양식의 작은 범선(帆船). ヨット
요판[凹版] 잉크가 묻는 부분을 오목하게 부식시킨 인쇄판. おうはん intaglio
요피부득[要避不得] 피하고자 하지만 피할 도리가 없음. =회피부득(回避不得).
요함[凹陷] 오목하게 패어 들어감. caving in
요함[僚艦] 같은 임무를 수행하고 있는 자기 편의 군함. りょうかん comrade vessel
요항[要港] 중요한 항구. ようこう strategic port
요항[要項] 긴요·중요한 사항. ようこう essential points
요:해[了解] ①잘 이해함. ②이해하여 받아들임. =요득(了得). りょうかい ① understanding ② consent
요해[要害] 요해처(要害處)의 준말. ようがい
요해처[要害處] 공격하기는 어렵고 방어하기는 편리한 곳.

아군에게는 유리하고 적군에게는 불리한 곳. =요해지(要害地). 준요해(要害).
important position

요행[僥倖] 우연한 행운. 생각지도 않은 것이 이루어지는 일. ぎょうこう lucky chance

요혈[尿血] 오줌에 피가 섞여 나오는 병증. =혈뇨(血尿).
hematuria

요화[燎火] 화톳불. 모닥불. りょうか

요힘베[yohimbé] 서아프리카 원산의 꼭두서닛과 식물.

요힘빈[yohimbine] 요힘베의 껍질에 함유되어 있는 알칼로이드. 최음제(催淫劑). ヨヒンビン

욕[浴]* ① 목욕할 욕: 목욕하다. 「浴湯(욕탕)·浴室(욕실)·沐浴(목욕)·入浴(입욕)·溫浴(온욕)」 ② 입을 욕: 입다. 받다. 「浴化(욕화)·浴恩(욕은)」 ヨク ① あびる

욕[辱]☆ 욕될 욕: 욕되다. 더럽히다. 「辱知(욕지)·辱友(욕우)·辱說(욕설)·侮辱(모욕)·屈辱(굴욕)·恥辱(치욕)」 ジョク·はずかしめる

욕[欲]* 하고자 할 욕: 하고자 하다. 바라다. 「欲望(욕망)·欲界(욕계)·意欲(의욕)·食欲(식욕)·欲求(욕구)·欲速(욕속)」 ヨク·ほっする

욕[慾]☆ 욕심 욕: 욕심. 「慾情(욕정)·慾氣(욕기)·慾念(욕념)·慾心(욕심)」 ヨク

욕[褥] 요 욕: 요. 「褥席(욕석)·產褥(산욕)」 ジョク·しとね

욕객[浴客] 목욕하러 온 손님. よっかく·よっきゃく bather

욕계[欲界] 불교에서 말하는 삼계(三界)의 하나. 음욕(淫欲)·식욕(食欲)·수면욕(睡眠欲) 등 본능적인 욕망이 성한 세계. よくかい·よっかい
world of desires

욕곡봉타[欲哭逢打] 울고 싶던 차에 매를 맞음. 곧, 무엇을 하고 싶던 차에 핑계가 생김의 비유.

욕교[辱交] ⇨욕지(辱知). じょっこう

욕교반졸[欲巧反拙] 잘하고자 하다가 도리어 잘 못함. 너무 잘하려고 하면 도리어 잘 되지 않음.

욕구[欲求] 무엇을 가지고 싶어 하거나 무슨 일을 하고 싶어 함. 또는 그런 마음. 「~ 불만(不滿)」 よっきゅう desire

욕기[慾氣] ⇨욕심(慾心). よくけ

욕기지락[浴沂之樂] 기수(沂水)에서 목욕하는 즐거움. 곧, 명리(名利)를 잊고 유유자적(悠悠自適)하는 즐거움.

욕례[縟禮] 번거로운 예절. =번례(煩禮). 「번문(繁文)~」 じょくれい complicated manners

욕망[欲望] 하고자 하는 마음. 자기가 바라는 것을 충족(充足)시키고자 하는 마음. よくぼう desire

욕불[浴佛] 불교에서, 불상(佛像)에 향수를 뿌리는 일. 사월 초파일에 함. =관불(灌佛). よくぶつ

욕사무지[欲死無地] 죽으려고 해도 죽을 만한 곳이 없음. 매우 분하고 원통함의 비유.

욕서[溽暑] 장마 때의 찌는 듯한 무더위.

욕설[辱說] 남을 모욕하는 말. abuse

욕속부달[欲速不達] 일을 너

무 빨리 하려고 하면 도리어 목적을 이루지 못하게 됨. Haste makes waste.

욕실[浴室] 목욕실(沐浴室)의 준말. よくしつ

욕심[慾心] 무엇을 탐내거나 누리고 싶어하는 마음. =욕기(慾氣). よくしん desire

욕우[辱友] ⇨욕지(辱知). じょくゆう

욕은[浴恩] 은혜를 입음.

욕일[浴日] 햇빛에 목욕함. 곧, 찰랑이는 물결이 아침 햇살을 받아 반짝이는 모습을 이르는 말. sunbath

욕장[浴場] 목욕하는 곳. よくじょう bathroom

욕정[欲情・慾情] ① 욕심을 내는 마음. ② 성욕(性欲)을 채우려는 욕심. =색정(色情). よくじょう
① covetousness ② passion

욕조[浴槽] 목욕물을 담는 통. 또는 커다란 통 모양의 시설. よくそう bathtub

욕지[辱知] 자기와 교제하는 것이 상대편에게는 욕이 된다는 뜻으로, 그 사람과 아는 관계임을 겸손히 이르는 말. =욕우(辱友)・욕교(辱交). じょくち

욕창[褥瘡・蓐瘡] 병상(病床)에 오래 누워 요에 닿는 부분이 허는 병. =와창(臥瘡). じょくそう bedsore

욕탕[浴湯] 목욕탕(沐浴湯)의 준말. よくとう

욕화[浴化] 덕행의 감화(感化)를 입음. influence of virtue

욕화[慾火] 세찬 욕정(欲情)을 불에 비유하여 이르는 말. よっか

용:[用]* 쓸 용 : 쓰다. 쓰이다.
「用途(용도)・用水(용수)・用語(용어)・用處(용처)・費用(비용)・使用(사용)・通用(통용)・作用(작용)・活用(활용)」 ヨウ・もちいる

용[冗] "宂"은 同字. ① 쓸데없을 용 : 쓸데없다. 긴하지 않다. 「冗官(용관)・冗文(용문)・冗語(용어)・冗員(용원)」 ② 번거로울 용 : 번거롭다. 「冗雜(용잡)」 ジョウ

용:[勇]* 날랠 용 : 날래다. 용감하다. 「勇猛(용맹)・勇敢(용감)・勇氣(용기)・勇兵(용병)・武勇(무용)・忠勇(충용)」 ユウ・いさましい

용[俑] 허수아비 용 : 허수아비. 「俑人(용인)・土俑(토용)」 ヨウ

용[容]* ① 얼굴 용 : 얼굴. 「容貌(용모)・容姿(용자)・美容(미용)」 ② 들일 용 : 들이다. 담다. 받아들이다. 「容器(용기)・容認(용인)・容許(용허)・容納(용납)・許容(허용)」 ヨウ ① かたち ② いれる

용[茸] ① 녹용 용 : 녹용. 버섯. 「鹿茸(녹용)」 ② 무성할 용 : 무성하다. 「茸茸(용용)・茸茂(용무)」 ジョウ ① たけ ② しげる

용[庸]* ① 떳떳할 용 : 떳떳하다. 「庸言(용언)・庸行(용행)・中庸(중용)」 ② 어리석을 용 : 어리석다. 「庸夫(용부)・庸弱(용약)・庸劣(용렬)・庸愚(용우)」 ヨウ

용[舂] 찧을 용 : 방아를 찧다. 절구질하다. 「舂碓(용대)・舂杵(용저)・舂簸(용파)」 ショウ・うすづく

용:[湧] "涌"은 同字. 물 솟을 용 : 물이 솟아오르다. 「湧出(용출)・湧泉(용천)」 ユウ・

ヨウ・わく

용[傭] 품팔이할 용: 품팔이하다. 「傭人(용인)·傭女(용녀)·傭聘(용빙)·傭者(용자)·傭兵(용병)·雇傭(고용)」ヨウ・やとう

용[蛹] 번데기 용: 번데기. 「蛹臥(용와)」ヨウ・さなぎ

용[溶] 녹을 용: 녹다. 「溶媒(용매)·溶解(용해)·溶液(용액)·可溶(가용)」ヨウ・とける

용[慂] 권할 용: 권하다. 「慫慂(종용)」ヨウ

용[瑢] 패옥소리 용: 패옥소리. 「瑢瑢(용용)」ヨウ

용[蓉] 부용 용: 부용. 연꽃. 「芙蓉(부용)」ヨウ

용[踊] 뛸 용: 뛰다. 춤추다 「踊躍(용약)·舞踊(무용)」ヨウ・おどる

용:[聳] ①솟을 용: 솟다. 「聳空(용공)·聳立(용립)·聳身(용신)·聳出(용출)·聳觀(용관)」 ②두려워할 용: 두려워하다. 「聳動(용동)·聳然(용연)」ショウ ①そびえる

용[鎔] "熔"은 俗字. 녹일 용: 녹이다. 「鎔鑛(용광)·鎔爐(용로)·鎔接(용접)」ヨウ・とける

용[鏞] 큰 쇠북 용: 큰 쇠북. 「鏞鼓(용고)」ヨウ

용:감[勇敢] 씩씩하고 기운참. 용기가 있고 과감함. ゆうかん bravery

용:강[勇剛] 몸이 날래고 마음이 굳셈. intrepidity

용:건[用件] 볼일. =용무(用務). ようけん business

용:건[勇健] 용감하고 튼실함. ゆうけん

용:결[勇決] 용기 있게 결단함. =용단(勇斷). ゆうけつ courageous decision

용골[龍骨] ①고생대(古生代)에 살았었다는 거대한 동물의 뼈. 생약(生藥)으로 쓰임. ②배의 밑바닥 한가운데를 이물에서 고물까지 벋어 배를 버티는 튼튼한 부재(部材). りゅうこつ
① mastodon bones ② keel

용공[容共] 공산주의의 주장을 받아들이거나 그 운동에 동조함. ↔반공(反共). 「〜 분자(分子)」ようきょう

용:공[聳空] 하늘에 우뚝 솟음. soaring

용관[容觀] 모습과 몸차림. =용의(容儀). appearance

용광로[鎔鑛爐] 광석을 녹여 쇠·구리 등의 금속을 뽑아 내기 위한, 내화 벽돌로 쌓은 원통 모양의 큰 가마. ようこうろ smelting furnace

용:구[用具] 무엇을 하거나 만드는 데 필요한 기구. ようぐ tools

용:군[用軍] 군사를 부림. =용병(用兵). manipulation of troops

용군[庸君] 어리석어서 나라를 잘 다스리지 못하는 임금. =암군(暗君). ↔영주(英主). ようくん foolish king

용궁[龍宮] 바닷속의 용왕이 거처한다는 가상의 궁전. りゅうぐう Dragon King's Palace

용:기[用器] 기구를 사용함. 또는 사용하는 기구. 「사무(事務) 〜」ようき instrument

용:기[勇氣] 씩씩한 의기(意氣). 용감한 기개(氣槪). ゆうき courage

용기[容器] 물건을 담는 그릇. ようき container

용:기화[用器畵] 제도 기구(製

圖器具)를 써서 물체를 점이나 선에 의한 기하학적 도형으로 표현하는 기법. 또는 그 도면(圖面). ようきが
instrumental drawing

용납[容納] 남의 언행을 너그러운 마음으로 받아들임.
forgiveness

용녀[傭女] 고용살이하는 여자.
maidservant

용뇌[龍腦] 용뇌향과의 상록교목. 보르네오·수마트라 등지에 분포하며, 높이가 50m에 이름. 나무에서 향료인 용뇌향을 얻음.「~향(香)」りゅうのう

용다[冗多] 쓸데없이 많음. じょうた

용·단[勇斷] 과감하게 일을 결단함. 또는 그 결단. =용결(勇決). ゆうだん
courageous decision

용·달[用達] 상품이나 물품 등을 고객의 요구에 응하여 전문적으로 배달하는 일.「~차(車)」 delivery service

용·담[用談] 어떤 용건에 관한 이야기. ようだん business talk

용·도[用度] 필요한 비용. 씀씀이. ようど expenditure

용·도[用途] 쓰일 곳. 쓰이는 길. ようと use

용도[鎔度] 고체가 녹아서 액체가 되는 온도(溫度). 녹는 점. =용점(鎔點). ようど
melting point

용·동[聳動] 무섭거나 삼싹 놀라 움직임. 또는 놀래어 움직이게 함. しょうどう

용두[龍頭] ① 손목 시계의 태엽을 감고 바늘을 움직이기 위한 꼭지. ② 과거에서, 문과(文科)의 장원을 이르던 말. ③ 망새. りゅうず·たつがしら
① stem

용두사미[龍頭蛇尾] 머리는 용이나 꼬리는 뱀이라는 뜻으로, 시작은 거창하나 갈수록 흐지부지해짐을 비유하여 이르는 말.

용:략[勇略] 용기와 지략(智略). ゆうりゃく
courage and strategy

용:량[用量] 사용하거나 복용(服用)하는 일정한 분량. ようりょう dosage

용량[容量] 그릇에 담기는 분량. ようりょう capacity

용:력[用力] 힘을 씀. exertion

용:력[勇力] 용맹스러운 힘. ゆうりょく·ゆうりき
undaunted power

용렬[庸劣] 재주가 없고 어리석음. ようれつ mediocrity

용:례[用例] 낱말 따위의, 실제로 쓰이는 예(例). 사용한 실례(實例). ようれい example

용:립[聳立] 우뚝 솟음. しょうりつ rising aloft

용마[龍馬] ① 모양이 용같이 생겼다는 가상의 말. ② 썩 잘 달리는 좋은 말. -준마(駿馬). りゅうめ·りょうめ
② swift horse

용만[冗漫] 글이나 말이 쓸데없이 장황함. =용장(冗長). じょうまん prolixity

용:말[涌沫] 솟아오르는 물거품. froth

용매[溶媒] 용질(溶質)을 녹여 용액(溶液)으로 만드는 액체. =용해제(溶解劑). ようばい solvent

용:맹[勇猛] 용감하고 사나움. =맹용(猛勇). ゆうもう
dauntlessness

용:명[勇名] 씩씩하고 굳세다는 평판. ゆうめい
fame for one's bravery

용:명[勇明] 용감하고 명민(明敏)함.

용명[溶明] 영화의 화면이 어두운 상태에서 점차로 밝아지면서 다음 장면을 나타나게 하는 기법. 페이드인. ↔용암(溶暗). ようめい   fade-in

용모[容貌] 얼굴의 생김새. 사람의 얼굴 모양. ようぼう
features

용몽[龍夢] 꿈에 용을 봄. 용꿈. 좋은 일이 있을 징조라 함.
lucky dream

용무[冗務] 중요하지 않은 사무. 불필요한 사무. じょうむ
unimportant business

용:무[用務] 볼일. =용건(用件). ようむ   business

용미[龍尾] ① 용의 꼬리. ② 무덤의 봉분 뒤쪽을 꼬리처럼 만든 자리. りゅうび
① dragon's tail

봉미봉:탕[龍味鳳湯] 맛이 썩 좋은 음식을 가리키는 말.
delicious food

용반호:거[龍蟠虎踞] 용이 서리고 호랑이가 웅크리고 있음. 곧, 지세(地勢)가 험악한 군사적 요충지(要衝地)임을 이르는 말. りょうばんこきょ

용:발[聳拔] 우뚝 뛰어나게 솟아 있음. しょうばつ

용:법[用法] 쓰는 방법. 사용하는 법. ようほう   usage

용:변[用便] 대소변을 봄. ようべん   easing nature

용:병[用兵] 전쟁에서 군사를 부림. 「~술(術)」ようへい
tactics

용:병[勇兵] 용감한 군사. =용사(勇士). ゆうへい
brave soldier

용병[傭兵] 고용 계약에 의하여 봉급을 주고 병사로서 근무하게 하는 일. 또는 그 병사. 「~제(制)」ようへい
mercenary

용:부[勇夫] 용감한 남자. ゆうふ   brave man

용부[庸夫] 이렇다 할 특징이 없는 평범한 남자. =범부(凡夫). ようふ   mediocre man

용부[傭夫] 고용살이하는 남자. =용인(傭人). ようふ servant

용부[傭婦] 고용살이하는 부녀. ようふ   female servant

용:불용설[用不用說] 생물의 몸에서, 자주 사용하는 기관(器官)은 발달하고, 사용하지 않는 기관은 퇴화(退化)한다는 학설. ようふようせつ
theory of use and disuse

용:비[用費] 쓰이는 비용. 드는 비용.   expenses

용비봉:무[龍飛鳳舞] 용이 날고 봉황이 춤을 춤. 곧, 수려하고 신령한 산천(山川)의 형세를 이르는 말.

용빙[傭聘] 사람을 초청하여 고용함. ようへい   engagement

용:사[勇士] 용기가 있는 사람. 용감한 군사. ゆうし
brave soldier

용상[庸常] 대수롭지 않음. =범상(凡常).   ordinariness

용:상[聳上] 역도에서, 역기(力器)를 한 동작으로 가슴 위까지 올린 뒤, 그 반동으로 머리 위까지 추어올리는 종목.

용:색[用色] 남녀가 교합하여 색을 씀.   sexual intercourse

용색[容色] 용모와 안색. ようしょく   features

용서[容恕] 잘못에 대하여 벌하거나 꾸짖지 않고 너그럽게 처리함. pardon

용선[傭船] 세를 주고 배를 빌려 씀. 또는 그 배. ようせん chartered vessel

용설란[龍舌蘭] 용설란과의 상록 다년초. 멕시코가 원산이며, 관상용으로 가꿈. 10년 이상 묵은 포기에서 높이 4~8m의 거대한 꽃줄기가 나와 연노랑의 꽃을 피움. りゅうぜつらん agave

용속[庸俗] 평범하고 속되어 두드러진 점이 없음. mediocrity

용:수[用水] 음료나 공업·농업·소화(消火) 따위에 쓰기 위한 하천의 물이나 저수지의 물. 「공업(工業) ~」 ようすい

용수철[龍鬚鐵] 강철선을 나선 모양으로 사려서 탄력을 가지도록 만든 물건. 스프링. spring

용:심[用心] 마음을 씀. 주의(注意)함. ようじん attention

용안[容顏] 얼굴의 모습. =용모(容貌). ようがん features

용안[龍顏] 임금의 얼굴을 높여 이르는 말. =천안(天顏). りゅうがん·りょうがん imperial countenance

용암[溶暗] 영화의 화면이 점점 어두워지면서 사라지게 하는 기법. 페이드아웃. ↔용명(溶明). ようあん fade-out

용암[熔巖·鎔巖] 화산이 분화할 때 흘러 나오는 암장(巖漿). 또는 그것이 식어서 굳어진 바위. ようがん lava

용암층[鎔巖層] 용암이 분출되어서 생긴 지층(地層). ようがんそう lava bed

용액[溶液] 두 가지 이상의 물질이 섞인 액체 형태의 균일(均一)한 혼합물. 설탕물·소금물·탄산수 따위. ようえき solution

용:약[勇躍] 용감하게 뛰어 나아가는 모양. ゆうやく elation

용양호:박[龍攘虎搏] 용과 호랑이가 맹렬하게 싸움. 곧, 두 영웅이 격렬하게 싸우는 모양을 형용. =용호상박(龍虎相搏). りゅうじょうこはく well-matched contest

용:어[用語] 사용하는 언어. 어떤 분야에서 특별히 쓰이는 말. 「과학(科學) ~」 ようご term

용:언[用言] 단독으로 서술어가 될 수 있는 활용어(活用語). 동사·형용사가 이에 해당함. ようげん declinable word

용언[庸言] 평범한 말. commonplace word

용:여[用餘] 쓰고 남음. 또는 쓰고 남은 것. remainder

용:역[用役] 생산과 소비에 필요한 노력(勞力)을 제공하는 일. ようえき service

용:연[聳然] 높이 솟은 모양. しょうぜん towering

용:왕[勇往] 용감하게 나아감. 「~매진(邁進)」 ゆうおう

용왕[龍王] 바닷속 용궁에 있으면서 어족(魚族)을 지배한다는 상상의 임금. =용신(龍神). りゅうおう Dragon King

용용[溶溶] 강물이 넓고 조용히 흐르는 모양. full and gentle flow of water

용우[庸愚] 못나고 어리석음. ようぐ

용원[傭員] 관청에서 임시로 고용하는 노무자. よういん temporary employee

용융[熔融·鎔融] 고체가 열에 녹아 액체 상태로 됨. =융해(融解). ようゆう　fusion

용:의[用意] ①어떤 일을 할 듯. 「따라갈 ~가 있다」 ②마음의 준비. 「~ 주도(周到)」 ようい　preparedness

용의[容疑] 범죄의 혐의. 「~자(者)」 ようぎ　suspicion

용의[容儀] 예의에 맞는 몸가짐. =의용(儀容). ようぎ　manners

용이[容易] 쉬움. 어렵지 아니함. ↔곤란(困難). ようい　easiness

용:익[用益] 사용과 수익(收益). ようえき　use and profit

용:익 물권[用益物權] 남의 토지를 일정한 목적을 위해 사용하고 수익할 수 있는 권리. 지상권(地上權)·지역권(地役權) 따위. ようえきぶっけん　usufruct

용인[容認] 용납하여 인정함. 용서하여 받아들임. ようにん　admission

용인[庸人] 평범한 사람. =범인(凡人). mediocre person

용인[傭人] 고용된 사람. ようにん　employee

용:자[勇者] 용기가 있는 사람. =용사(勇士). ゆうしゃ　brave man

용:자[勇姿] 용감한 자태. 용감한 모습. ゆうし　gallant figure

용자[容姿] 용모와 자태(姿態). ようし　figure

용잠[龍簪] 용의 머리 모양을 새긴 비녀.

용장[冗長] 글이나 말이 쓸데없이 긺. =용만(冗漫). じょうちょう　prolixity

용:장[勇壯] 용감하고 씩씩함. ゆうそう　bravery

용:장[勇將] 용감한 장수. ゆうしょう　brave general

용장[庸將] 용렬한 장수.

용:재[用材] 일정한 용도에 쓰이는 재료나 재목. 「건축(建築) ~」 ようざい　material

용적[容積] ①용기에 담을 수 있는 분량. ②입체(立體)의 크기. =체적(體積). ようせき　① capacity ② cubic volume

용:전[用錢] 잡비로 쓸 돈. 용돈. 「~여수(如水)」 ようせん　pocket money

용:전[勇戰] 용감하게 싸움. =용투(勇鬪). 「~분투(奮鬪)」 ゆうせん　brave fighting

용점[熔點·鎔點] 고체가 녹아서 액체가 되기 시작하는 온도, 녹는점. =용도(鎔度). ようてん　melting point

용접[鎔接] 두 금속 재료를 녹여 붙이거나 이음. 「~기(機)」 ようせつ　welding

용제[溶劑] 다른 물질을 녹이는 데 쓰이는 액체. =용매제(溶媒劑). solvent

용졸[庸拙] 못나고 보잘것없음. mediocrity

용주[鎔鑄] 쇠붙이를 녹여 기물(器物)을 만들어 냄. casting

용:지[用地] 어떤 일에 쓰기 위한 땅. 「건축(建築) ~」 ようち　lot

용:지[用紙] 일정한 용도에 쓰는 종이. ようし　form

용:진[勇進] 씩씩하게 나아감. ゆうしん　dashing forward

용:처[用處] 쓸 곳. 쓸 데. =용도(用途). use

용:천[湧泉] 물이 솟아 나오는 샘. ゆうせん　fountain

용:출[湧出] 물이 솟아 나옴. ようしゅつ·ゆうしゅつ　gush

용:출[聳出] 우뚝 솟아남. towering

용타[慵惰] 게으름. =용라(慵懶). indolence

용태[容態] ① 얼굴 모양과 몸맵시. ② 병의 상태. ようだい ① figures ② condition

용:퇴[勇退] 관직 등에서 과감하게 물러남. ゆうたい voluntary retirement

용:투[勇鬪] 용감하게 싸움. =용전(勇戰). brave fighting

용:품[用品] 어떤 일에 쓰이는 물품. 「사무(事務)~」 ようひん article

용필[冗筆] 서화(書畫) 등에서의 쓸데없는 붓놀림. じょうひつ

용:필[用筆] 붓놀림. =운필(運筆). ようひつ use of the brush

용:한[勇悍] 날래고 사나움. ゆうかん quickness and fierceness

용합[溶合] 녹아서 합쳐짐. 또는 녹여서 합침. welding

용해[溶解] ① 녹거나 녹임. ② 물질이 액체 속에서 녹아 균일한 용액으로 되는 현상. 「~점(點)」 ようかい melting

용해[熔解·鎔解] 쇠붙이가 열에 녹아서 액체 상태로 됨. ようかい melting

용행[庸行] 평소의 행실. =소행(素行). behavior

용허[容許] 허락하고 용납함. =허용(許容). permission

용:협[勇俠] 용감하고 의협심이 있음. =호협(豪俠). ゆうきょう heroism

용화[熔化·鎔化] 열에 녹아 형태가 변화함. 또는 열에 녹여 형태를 변화시킴. ようか melting

우:[又]* 또 우:또. 다시. 「又重之(우중지)·又況(우황)·又賴(우뢰)」 ユウ・また

우[于]* 갈 우:가다. 「于歸(우귀)」 ② 어조사 우:어조사. 「至于千里(지우천리)」 ウ

우[友]* 벗 우:벗. 친구. 「友人(우인)·學友(학우)·友邦(우방)·友情(우정)·朋友(붕우)·友愛(우애)·友誼(우의)」 ユウ・とも

우[尤]* 더욱 우:더욱. 「尤極(우극)·尤甚(우심)·尤妙(우묘)」

우[牛]* ① 소 우:소. 「牛馬(우마)·牛車(우차)·牛耕(우경)·牛頭(우두)·農牛(농우)·乳牛(유우)」 ② 별 이름 우:별 이름. 「牛宿(우수)·牽牛(견우)」 キュウ ① うし

우:[右]* ① 오른쪽 우:오른쪽. 「右側(우측)·右派(우파)·右記(우기)·右方(우방)·左右(좌우)」 ② 높일 우:높이다. 숭상하다. 「右武(우무)·右文(우문)」 ウ・ユウ ① みぎ

우:[宇]* ① 집 우:집. 「堂宇(당우)·屋宇(옥우)」 ② 하늘 우:하늘. 「宇宙(우주)·宇內(우내)」 ウ ① いえ ② そら

우:[羽]* 깃 우:깃. 날개. 「羽狀(우상)·羽毛(우모)·羽衣(우의)·羽翼(우익)」 ウ・はね

우[佑] 도울 우:돕다. 「佑助(우조)·佑啓(우계)·佑命(우명)·天佑(천우)·保佑(보우)」 ユウ・たすける

우[迂] ① 굽을 우:굽다. 「迂回(우회)·迂曲(우곡)」 ② 멀 우:멀다. 「迂闊(우활)·迂遠(우원)」 ウ ① まがる ② とおい

우[盂] 바리 우:바리. 밥그릇. 「盂只(우지)·盂蘭盆(우란분)」 ウ

우:[雨]* 비 우:비.「雨期(우기)·雨量(우량)·晴雨(청우)·降雨(강우)·大雨(대우)·風雨(풍우)」ウ·あめ

우[禹] 우임금 우:하(夏)의 시조. 우왕(禹王).「禹步(우보)·禹域(우역)」ウ

우[祐] 도울 우:돕다.「祐助(우조)」ユウ·たすける

우:[偶]☆ ① 짝 우:짝.「偶對(우대)·偶語(우어)·偶數(우수)·偶日(우일)·配偶(배우)」 ② 허수아비 우:허수아비.「偶人(우인)·偶像(우상)·木偶(목우)·土偶(토우)」 ③ 뜻밖에 우:뜻밖.「偶然(우연)」グウ

우[郵]☆ 역참 우:역참. 역말.「郵便(우편)·郵送(우송)·郵票(우표)·郵遞(우체)」ユウ·しゅくば

우:[雩] 기우제 우:기우제.「雩祀(우사)」ウ

우:[寓] ① 붙어살 우:붙어살다.「寓居(우거)·寓生(우생)·寓舍(우사)·寄寓(기우)」 ② 우의할 우:우의(寓意)하다.「寓言(우언)·寓話(우화)·寓懷(우회)」グウ

우[隅] 모퉁이 우:모퉁이. 구석. 모.「隅角(우각)·隅曲(우곡)·隅坐(우좌)」グウ·すみ

우[愚]* ① 어리석을 우:어리석다.「愚問(우문)·愚昧(우매)·愚拙(우졸)·愚鈍(우둔)·賢愚(현우)」 ② 고지식할 우:고지식하다.「愚直(우직)」 ③ 업신여길 우:업신여기다.「愚弄(우롱)」グ ① おろか

우[虞] ① 염려할 우:염려하다.「虞犯(우범)」 ② 우제 지낼 우:우제 지내다.「虞殯(우빈)·三虞(삼우)」グ·おそれ

우:[遇]* ① 만날 우:우연히 만나다.「遇合(우합)·寄遇(기우)·不遇(불우)·遭遇(조우)」 ② 뜻밖에 우:뜻밖.「遇然(우연)·遇發(우발)」 ③ 대접할 우:대접하다.「待遇(대우)」グウ ① あう ③ もてなす

우[憂]* ① 근심 우:근심.「憂愁(우수)·憂患(우환)·憂悶(우민)」 ② 상제될 우:상제가 되다.「宅憂(택우)·丁憂(정우)」ユウ·ウ ① うれえる

우[優]☆ ① 넉넉할 우:넉넉하다. 후하다.「優遇(우우)·優待(우대)」 ② 나을 우:낫다.「優良(우량)·優秀(우수)·優勢(우세)」 ③ 광대 우:광대. 배우.「俳優(배우)·名優(명우)·聲優(성우)·男優(남우)」ユウ·ウ ② すぐれる

우각[牛角] 소의 뿔. 쇠뿔. cow's horn

우:각[雨脚] 빗줄기. 빗발. あめあし·うきゃく streaks of rain

우각[隅角] ① 모퉁이. 구석. ② ⇨입체각(立體角). ぐうかく ① corner

부각[優角] 열세식에서 큰 쪽의 각. 곧, 180°보다 큰 각. ↔열각(劣角). ゆうかく

우:감[偶感] 우연히 떠오르는 생각. ぐうかん

우:거[寓居] 남의 집이나 타향에서 임시로 삶. =우접(寓接)·가우(假寓). ぐうきょ temporary abode

우거[愚擧] 어리석은 행동. ぐきょ foolish act

우:격[羽檄] 군사상 급하게 전하는 격문. =우서(羽書). うげき urgent manifesto

우견[愚見] ① 어리석은 생각. ② 자기의 의견을 겸손하게 이르는 말. =우안(愚案)·우고

(愚考). ぐけん ① silly thought

우결[憂結] 근심이 되어 속이 답답함. 憂結

우경[牛耕] 소로 논밭을 갊. 牛耕

우:경[右傾] ① 오른쪽으로 기울어짐. ② 보수주의적·국수주의적인 사상으로 기울어짐. ↔좌경(左傾). うけい turning to the right 右傾

우:계[雨季] 1년 중 비가 계속해서 많이 내리는 계절. うき rainy season 雨季

우계[愚計] ① 어리석은 꾀. ② 자기의 계획을 겸손하게 이르는 말. ぐけい ① foolish plan ② my plan 愚計

우고[愚考] ① 어리석은 생각. ② 자기의 생각을 겸손하게 이르는 말. =우견(愚見)·우안(愚案). ぐこう ① stupid thought ② my opinion 愚考

우고[憂苦] 근심하고 괴로워함. ゆうく 憂苦

우곡[迂曲] ① 구불구불 굽음. ② 빙 돌아감. うきょく winding 迂曲

우골[牛骨] 소의 뼈. cow bones 牛骨

우공[牛公] 소를 의인화하여 이르는 말. cattle 牛公

우공이산[愚公移山] 옛날에 우공(愚公)이 자기 집 앞의 산을 옮기려고 노력하여 결국 이루었다는 고사에서, 어떤 일이든지 끊임없이 노력하면 마침내 성공함을 비유하여 이르는 말. 愚公移山

우구[憂懼] 근심하고 두려워함. ゆうく 憂懼

우국[憂國] 나라일을 염려함. 「~충정(衷情)」 ゆうこく patriotism 憂國衷情

우:군[友軍] 자기 편의 군대. ゆうぐん friendly troops 友軍

우극[尤極] 더욱. more 尤極

우금[于今] 지금까지. 지금에 이르도록. till now 于今

우:기[雨氣] 비가 내릴 듯한 기운. =우태(雨態)·우의(雨意). うき signs of rain 雨氣

우:기[雨期] 1년 중 비가 계속해서 많이 내리는 시기. うき rainy season 雨期

우:내[宇內] 온 세상. =천하(天下). うだい whole world 宇內

우뇌[憂惱] 근심하고 번민함. worry 憂惱

우:단[羽緞] 거죽에 고운 털이 돋게 짠 비단. =천아융(天鵝絨). velvet 羽緞

우담[牛膽] 소의 쓸개. cattle's gallbladder 牛膽

우답[愚答] 어리석은 대답. 「우문(愚問)~」 ぐとう silly answer 愚答

우:당[右黨] 우익(右翼) 정당. ↔좌당(左黨). 右黨

우대[優待] 특별히 잘 대우함. =우우(優遇). ゆうたい favorable treatment 優待

우도[牛刀] 소를 잡을 때 쓰는 칼. ぎゅうとう butcher's knife 牛刀

우:도[友道] 친구를 사귀는 도리. 友道

우두[牛痘] ① 소의 천연두. ② ⇨종두(種痘). ぎゅうとう vaccinia 牛痘

우두[牛頭] 소의 머리. 쇠머리. cow's head 牛頭

우둔[牛臀] 소의 볼기에 붙어 있는 살. 우둔살. 牛臀

우둔[愚鈍] 어리석고 둔함. =우로(愚魯). ぐどん silliness 愚鈍

우등[優等] 정도나 등급 따위가 남보다 특별히 뛰어난 상태. ↔열등(劣等). 「~생(生)」 ゆうとう excellence 優等

우라늄[uranium] 방사성(放射性) 원소의 하나. 철과 유사 元素

한 은백색의 광택이 있는 금속으로, 원자로(原子爐)의 연료 등으로 쓰임. 원소 기호는 U. ウラニウム

우락[牛酪] 우유의 지방을 분리하여 응고시킨 식품. 버터. ぎゅうらく butter

우란분[盂蘭盆 ←ullambana 범] 불교에서, 음력 7월 15일에 지내는 불사(佛事).

우람[愚濫] 어리석어 분수를 모름.

우랑[←牛囊] 소의 불알.

우:량[雨量] 비가 내린 분량. 「~계(計)」 うりょう rainfall

우량[優良] 뛰어나게 좋음. 「~아(兒)」 ゆうりょう superiority

우:량계[雨量計] 강수량을 측정하는 기구. うりょうけい pluviometer

〔우량계〕

우레아:제[urease] 요소(尿素)를 가수 분해하여 암모니아와 이산화탄소로 만드는 효소. ウレアーゼ

우레탄[urethane] 에틸우레탄을 주성분으로 하는 무색 무취의 결정. ウレタン

우려[憂慮] 근심이나 걱정. ゆうりょ anxiety

우:력[偶力] 한 물체에 작용하는, 크기가 같고 방향이 반대인 평행한 두 힘. 짝힘. ぐうりょく

우레[優禮] 예를 갖추어 특별히 잘 대우함.

우:로[雨露] 비와 이슬. うろ rain and dew

우로[愚老] 어리석은 늙은이란 뜻으로, 노인이 자신을 낮추어 이르는 말. ぐろう

우로[愚魯] ⇨우둔(愚鈍).

우론[愚論] ①어리석은 이론이나 견해. ②자기 의견을 겸손하게 이르는 말. ぐろん ① silly opinion ② my opinion

우롱[愚弄] 업신여겨 놀림. =조롱(嘲弄). ぐろう mockery

우루[愚陋] 어리석고 비루함. ぐろう

우류[愚謬] 어리석어 일을 그르침.

우:린[羽鱗] 새와 물고기. =조어(鳥魚).

우마[牛馬] 소와 말. 마소. ぎゅうば oxen and horses

우매[愚昧] 어리석고 사리에 어두움. =우미(愚迷)·우몽(愚蒙). ぐまい stupidity

우맹[愚氓] 어리석은 백성. =우민(愚民). ignorant people

우먼파워[womanpower] 여성이 결속하여 나타내는 활동력이나 세력(勢力). ウーマンパワー

우모[牛毛] 소의 털. 쇠털.

우:모[羽毛] ①새의 깃과 짐승의 털. ②새의 깃에 붙어 있는 털. うもう feathers

우목[疣目] 살가죽에 사마귀처럼 돋은 밥알만한 군살. 무사마귀. wart

우몽[愚蒙] 어리석고 사리에 어두움. =우매(愚昧). ぐもう stupidity

우묘[尤妙] 더욱 묘함. 매우 신통함.

우:무[雨霧] 비와 안개. rain and fog

우:문[右文] 글을 숭상함. 「~좌무(左武)」 ゆうぶん

우문우답[愚問愚答] 어리석은

질문에 어리석은 대답. 하찮은 문답. ぐもんぐとう
silly dialogue

우:문좌:무[右文左武] 문무(文武)를 다 갖추고 천하를 다스림. ゆうぶんさぶ

우물[尤物] ① 가장 좋은 물건. ② 얼굴이 잘생긴 여자. ≒미인(美人). ゆうぶつ ② beauty

우물[愚物] 아주 어리석은 사람. ≒우인(愚人). ぐぶつ
simpleton

우미[愚迷] ⇨우매(愚昧).

우미[優美] 뛰어나게 아름다움. ゆうび

우민[愚民] 어리석은 백성. ≒우맹(愚氓). ぐみん
ignorant people

우민[憂悶] 근심하고 번민함. ゆうもん

우민 정책[愚民政策] 지배층이 정치 체제의 안정을 유지하기 위하여 국민의 정치에 대한 관심이나 비판력을 없애려는 정책. ぐみんせいさく
obscurantist policy

우:박[雨雹] 주로 적란운에서 내리는 지름 5mm 정도의 얼음이나 얼음 덩어리. 누리. ≒백우(白雨). hail

우박[愚樸] 어리석고 순박함.
silliness and simplicity

우:발[偶發] 일이 우연히 발생함. 「~ 사건(事件)」ぐうはつ
accidental occurrence

우:방[友邦] 서로 우호적인 관계를 맺고 있는 나라. ≒우방국(友邦國). ゆうほう
friendly country

우방[牛蒡] 국화과의 이년초. 뿌리와 어린 잎은 먹으며, 열매는 악제로 씀. 우엉.

우:방[右方] 오른쪽. ↔좌방(左方). right side

우:배[友輩] 친구들. friends

우범[虞犯] 죄를 지을 우려가 있음. 「~ 지대(地帶)」ぐはん
liability to crime

우보[牛步] 소의 걸음. 느린 걸음. ぎゅうほ slow pace

우부[愚夫] 어리석은 남자. 「~ 우맹(愚氓)」ぐふ foolish man

우부[愚婦] 어리석은 여자. ぐふ foolish woman

우분[牛糞] 소의 똥. 쇠똥. ぎゅうふん cattle dung

우분[憂憤] 근심이 되어 화를 냄. ゆうふん indignation

우:비[雨備] 비를 맞지 않게 가리는 여러 가지 기구. 우산·삿갓·도롱이 따위. rain outfit

우비[優比] 수학에서, 전항(前項)의 값이 후항(後項)의 값보다 큰 비(比). ↔열비(劣比). ゆうひ

우사[牛舍] 마소를 기르는 곳. 외양간. ぎゅうしゃ stable

우:사[寓舍] 임시로 머무르고 있는 집. ぐうしゃ house

우:산[雨傘] 비가 내릴 때 펴서 들고 머리 위를 가리는 물건. あまがさ umbrella

우:상[偶像] ① 나무나 돌 따위로 만든, 사람 또는 신불의 형상. ② 숭배의 대상으로 삼는 사람이나 물건. 「~ 숭배(崇拜)」ぐうぞう ① image ② idol

우상[愚相] 어리석은 재상(宰相). stupid minister

우:상 복엽[羽狀複葉] 잎자루의 양쪽에 작은 잎이 새의 깃 모양으로 난 복엽. 깃꼴 겹잎. うじょうふくよう
pinnate compound leaf

우:상설[偶像說] 베이컨의 학설. 진정한 인식을 얻기 위해서는

편견이나 선입견을 타파해야 한다는 주장. ぐうぞうせつ

우색[憂色] 근심하는 기색. ゆうしょく melancholy air

우생[愚生] 편지글 등에서, 자신을 겸손하게 이르는 말. ぐせい

우생학[優生學] 인류의 유전적 소질의 개선을 목적으로 여러 가지 조건과 인자 등을 연구하는 학문. ゆうせいがく eugenics

우서[郵書] 우편으로 보내는 편지. ゆうしょ letter

우서[愚書] 자기의 편지를 겸손하게 이르는 말. ぐしょ

우선[于先] 어떤 일을 하기에 앞서서 먼저. =위선(爲先). first

우선[牛癬] 쇠머짐. -백신(白癬). ringworm of the scalp

우:선[右旋] 오른쪽으로 돎. ↔좌선(左旋). うせん turning right

우선[郵船] 우편선(郵便船)의 준말. ゆうせん

우선[優先] 다른 것보다 앞섬. 또는 남보다 먼저 함. 「～권(權)」 ゆうせん preference

우:설[雨雪] 비와 눈. 눈비. うせつ rain and snow

우설[愚說] ① 어리석은 설(說). ② 자기의 설을 겸손하게 이르는 말. ぐせつ ① foolish view ② my opinion

우:성[右姓] 세력이 있고 훌륭한 가문. ゆうせい distinguished family

우:성[雨聲] 빗소리. うせい sound of raining

우:성[偶成] 우연히 이루어짐. ぐうせい

우:성[偶性] 본질적(本質的)이 아닌 우연히 발생한 성질. ぐ

うせい accident

우성[優性] 생물의 유전에 있어서, 형질이 서로 다른 두 품종을 교배시켰을 때 잡종 제1대에 나타나는 형질. ↔열성(劣性). ゆうせい dominance

우세[郵稅] 지난날, 우편 요금을 이르던 말. ゆうぜい postage

우세[憂世] 세상 일을 걱정함. ゆうせい

우세[優勢] 세력이나 형세가 남보다 나음. 또는 그런 형세. ↔열세(劣勢). ゆうせい predominance

우소[迂疎] 세상 물정에 어둡고 민첩하지 못함.

우:소[寓所] 우거(寓居)하고 있는 곳. ぐうしょ house

우:속[羽屬] 날짐승. =우족(羽族)・조류(鳥類). birds

우송[郵送] 우편으로 보냄. 「～료(料)」 ゆうそう mailing

우수[牛髓] 소의 골수.

우:수[右手] 오른손. ↔좌수(左手). みぎて・めて right hand

우:수[雨水] ① 빗물. あまみず ② 이십사 절기의 하나. 입춘(立春)과 경칩(驚蟄) 사이로, 양력 2월 19일경임. うすい ① rainwater

우:수[偶數] 2로 나누어 나머지 없이 떨어지는 수. 짝수. ↔기수(奇數). ぐうすう even number

우수[憂愁] 근심과 시름. ゆうしゅう melancholy

우수[優秀] 여럿 가운데서 특별히 뛰어남. ゆうしゅう excellence

우수마:발[牛溲馬勃] 쇠오줌과 말똥이란 뜻으로, 가치 없는 말이나 글의 비유.

우스터소:스 [Worcester sauce] 양파·마늘·사과 등에 향신료(香辛料)와 조미료를 넣어 익힌 소스. ウースターソース

우스티드[worsted] 길고 품질이 좋은 양모를 꼬아서 짠 털실. 소모사(梳毛絲). ウーステッド

우슬[牛蝨] 진드깃과의 곤충. 소·말·개 등에 기생하여 피를 빪. 진드기. tick

우:습[雨濕] 비 때문에 생긴 습기. moisture caused by rain

우승[牛蠅] 쇠파릿과의 곤충. 소나 말의 살갗을 파고들어 피를 빨며, 유충은 그 피하에 기생함. 쇠파리. うしばえ warble fly

우승[愚僧] 어리석은 중이라는 뜻으로, 중이 자신을 겸손하게 이르는 말. =소승(小僧). ぐそう

우승[優勝] ① 가장 뛰어남. ② 경기 등에서 첫째로 이김. 「~기(旗)」 ゆうしょう
① predominance ② victory

우승배[優勝盃] 우승한 개인이나 단체에게 주는 상배(賞盃). ゆうしょうはい trophy

우승열패[優勝劣敗] 나은 자는 이기고 못한 자는 짐. ゆうしょうれっぱい
survival of the fittest

우시[憂時] 시국(時局)을 근심함.

우:식[寓食] 남의 집에서 밥을 얻어 먹으면서 지냄.

우식[愚息] 자기 자식을 겸손하게 이르는 말. =돈아(豚兒). ぐそく my son

우신[郵信] 우편으로 보내는 편지. =우서(郵書). ゆうしん letter

우심[尤甚] 더욱 심함. extremity

우심[憂心] 근심하는 마음. troubled mind

우심혈[牛心血] 소의 심장의 피. 강장제로 씀.

우아[優雅] 아름답고 기품이 있음. ゆうが elegance

우악[愚惡] 미련하고 포악함. ぐあく

우악[優渥] 은혜가 매우 두터움. ゆうあく graciousness

우:안[右岸] 오른쪽 기슭. ↔좌안(左岸). うがん right bank

우안[愚案] 자기의 의견을 겸손하게 이르는 말. =우견(愚見). ぐあん my opinion

우:애[友愛] ① 형제간의 애정. ② 벗 사이의 정분. =우의(友誼). ゆうあい
① fraternity ② friendship

우:야[雨夜] 비가 내리는 밤. あまよ rainy night

우:어[偶語] 두 사람이 마주 대하여 이야기함. ぐうご

우언[迂言] 세상 물정에 어두운 말. うげん

우:언[寓言] 어떤 뜻을 다른 사물에 빗대어 은근히 나타내는 말. ぐうげん fable

우여곡절[迂餘曲折] 이리저리 뒤얽힌 복잡한 사정. うよきょくせつ complications

우역[牛疫] 소의 전염병. ぎゅうえき cattle plague

우:연[偶然] 뜻하지 아니한 것이 저절로 됨. ↔필연(必然). 「~한 기회」ぐうぜん accident

우:연성[偶然性] 예기하지 않았던 일이 일어나는 성질. ↔필연성(必然性). ぐうぜんせい contingency

우:열[右列] 대열의 오른쪽 줄.

↔좌열(左列).

우열[愚劣] 어리석고 못남. ぐれつ stupidity

우열[優劣] 우수함과 열등함. 「~을 가리다」 ゆうれつ superiority or inferiority

우:영[偶詠] 우연히 떠오른 생각을 시가(詩歌)로 읊음. =우음(偶吟). ぐうえい

우:완[右腕] 오른팔. ↔좌완(左腕). みぎうで right arm

우완[愚頑] 어리석고 완고함. stupidity and obstinacy

우:왕좌:왕[右往左往] ①이리 저리 왔다갔다 함. ②갈피를 잡지 못하여 이리저리 헤매는 모양. =좌왕우왕(左往右往). うおうさおう running about in confusion

우우[憂虞] 근심하고 걱정함. care

우우[優遇] 후하게 대우함. 또는 그러한 대우. =우대(優待). ゆうぐう favorable treatment

우:운[雨雲] 비를 머금은 구름. あまぐも rain cloud

우울[憂鬱] 근심스럽고 답답함. 기분이 밝지 못함. 「~증(症)」 ゆううつ melancholy

우:월[雨月] 비가 많이 내리는 달이라는 뜻으로, 음력 5월의 딴이름. うげつ

우월[優越] 남보다 뛰어남. 「~감(感)」 ゆうえつ superiority

우위[優位] 다른 것과 비교하여 우월한 자리나 수준. ゆうい dominant position

우유[牛乳] 소의 젖. =타락(駝酪). ぎゅうにゅう milk

우유[牛油] 소의 기름. 쇠기름. =우지(牛脂). beef tallow

우유[優柔] 마음이 부드럽고 결단성이 없음. 「~부단(不斷)」 ゆうじゅう

우유[優遊・優游] 한가하게 편히 지냄. =우일(優逸). 「~자적(自適)」 ゆうゆう

우육[牛肉] 소의 고기. 쇠고기. ぎゅうにく beef

우은[優恩] 임금의 두터운 은혜.

우:음[偶吟] ⇨우영(偶詠).

우음마:식[牛飮馬食] 소처럼 마시고 말처럼 먹는다는 뜻으로, 많이 마시고 먹음의 비유. ぎゅういんばしょく heavy eating and drinking

우:의[友誼] 친구 사이의 정분. =우정(友情). ゆうぎ friendship

우의[牛醫] 소의 병을 치료하는 수의사. veterinarian

우:의[羽衣] 신선이나 도사(道士)가 입는다는, 새의 깃으로 만든 옷. はごろも robe of feathers

우:의[雨衣] 비옷. raincoat

우:의[寓意] 다른 사물에 빗대어 은근히 어떤 뜻을 드러냄. ぐうい allegory

우이[牛耳] ①소의 귀. 쇠귀. ②동아리의 우두머리를 비유하여 이르는 말. ぎゅうじ ① ears of an ox ② leader

우이독경[牛耳讀經] 쇠귀에 경 읽기. 아무리 일러도 알아듣지 못함의 비유. =우이송경(牛耳誦經). It's like preaching to deaf ears

우:이득중[偶爾得中] 어떤 일이 우연히 들어맞음.

우:익[右翼] ①오른쪽 날개. ②보수적(保守的)인 당파. ③야구에서, 외야의 오른쪽. ↔좌익(左翼). うよく ①② right wing ③ right field

우:익[羽翼] ①새의 날개. ②보좌하는 사람. 또는 그 일.

うよく ① wings

우:인[友人] 벗. =친구(親舊). 友人 ゆうじん friend

우:인[偶人] 흙이나 나무로 만든 인형(人形). ぐうじん 偶人

우인[愚人] 어리석은 사람. = 우자(愚者)・우물(愚物). ぐじん simpleton 愚人 愚物

우일[優逸] 근심 없이 편히 지냄. ゆういつ 優逸

우자[愚者] 어리석은 사람. = 우인(愚人)・우물(愚物). ぐしゃ simpleton 愚者

우자일득[愚者一得] 어리석은 사람이라도 여러 일을 하는 가운데 때로는 잘 하는 일도 있다는 말. ぐしゃいっとく 愚者一得

우:장[雨裝] 비를 맞지 않도록 차림. 또는 그 옷차림. 「~을 갖추다」 raincoat 雨裝

우:적[雨滴] 빗방울. うてき raindrop 雨滴

우전[郵電] 우편과 전보. mail and telegram 郵電

우:접[寓接] 남의 집이나 타향에서 임시로 삶. =우거(寓居). temporary abode 寓接

우:정[友情] 친구 사이의 정분. =우의(友誼). ゆうじょう friendship 友情

우정[郵政] 우편에 관한 행정. ゆうせい postal administration 郵政

우:제[雩祭] 가뭄에 비를 오게 해 달라고 지내는 제사. =기우제(祈雨祭). rainmaking rituals 雩祭

우제[愚弟] ①자기의 동생을 남에게 겸손하게 이르는 말. ②형으로 대접하는 사람에게 자기를 겸손하게 이르는 말. ぐてい 愚弟

우제[虞祭] 초우(初虞)・재우(再虞)・삼우(三虞)를 통틀어 이르는 말. sacrificial rite at the conclusion of a burial 虞祭

우:족[右足] 오른발. ↔좌족(左足). みぎあし right foot 右足

우:족[羽族] 날짐승. =우속(羽屬)・조류(鳥類). birds 羽族

우졸[愚拙] 어리석고 못남. ぐせつ stupidity 愚拙

우:주[宇宙] 천체(天體)와 그 밖의 만물을 포함하는 공간. うちゅう universe 宇宙

우:주 비행[宇宙飛行] 대기권(大氣圈) 밖의 공기 저항이 없는 우주 공간에서의 비행. うちゅうひこう space flight 宇宙飛行

우:주선[宇宙船] 우주 공간을 비행할 수 있도록 만든 물체. うちゅうせん spacecraft 宇宙船

우:주선[宇宙線] 우주에서 지구로 오는 높은 에너지의 미립자와 그 방사선을 통틀어 이르는 말. うちゅうせん cosmic rays 宇宙線

우:주 정거장[宇宙停車場] 인류가 다른 천체로 비행할 때의 중계 기지로 세우는 대형의 우주 구조물. 우주 스테이션. うちゅうていしゃじょう space station 宇宙停車場

우:주 통신[宇宙通信] 인공 위성이나 통신 위성 등을 이용한 무선 통신. うちゅうつうしん space communication 宇宙通信

우준[愚蠢] 어리석음. 미련함. dullness 愚蠢

우:중[雨中] 비가 내리는 가운데. 빗속. うちゅう the midst of rain 雨中

우:중지[又重之] 더욱이. in addition to 又重之

우지[牛脂] 소의 지방. 쇠기름. =우유(牛油). ぎゅうし beef tallow 牛脂

우직[愚直] 어리석고 고지식함. ぐちょく simple honesty

우차[牛車] 소가 끄는 수레. ぎゅうしゃ・ぎっしゃ・うしぐるま oxcart

우찰[愚察] 자기의 추찰(推察)을 겸손하게 이르는 말. ぐさつ

우처[愚妻] 자기의 아내를 겸손하게 이르는 말. =형처(荊妻). ぐさい my wife

우:천[雨天] 비가 내리는 날. 「~ 순연(順延)」 うてん rainy day

우천[優遷] 더 좋은 자리나 지위로 옮김. =영전(榮轉). promotion

우:청[雨晴] 비가 내림과 날이 갬. =청우(晴雨). 「~ 불구(不拘)」 うせい fair or rainy weather

우체[郵遞] ⇨우편(郵便).

우체부[郵遞夫] 이전에 우편 집배원(集配員)을 이르던 말. postman

우충[愚衷] 자기의 충심을 겸손히게 이르는 말. ぐちゅう

우:측[右側] 오른쪽. ↔좌측(左側). 「~ 차로(車路)」 うそく・みぎがわ right side

우치[愚癡] 못나고 어리석음. ぐち stupidity

우치[齲齒] 벌레 먹어 상한 이. =충치(蟲齒). うし decayed tooth

우쿨렐레[ukulele] 기타 비슷한 넉 줄의 발현 악기(撥弦樂器). ウクレレ

우:택[雨澤] 비의 혜택. =패택(沛澤). benefit of rain

우:파[右派] ①우익의 당파. ②어떤 단체나 정당(政黨) 안에서의 보수파. ↔좌파(左派). うは right wing

우파니샤드[범 Upanisad] 고대 인도의 철학서. 바라문교의 성전(聖典) 베다에 소속하며, 시기 및 철학적으로 그 마지막 부분을 이룸.

우편[郵便] 편지·소포 등을 일정한 조직에 의해 규칙적으로 송달하는 업무. =우체(郵遞). ゆうびん post

우편물[郵便物] 우편으로 보내는 편지나 소포 따위의 총칭. ゆうびんぶつ postal matter

우편 사서함[郵便私書函] 우체국에 따로 설치되어 있는 가입자 전용의 우편물함. 준사서함(私書函). post-office box

우편선[郵便船] 우편물의 운송과 우편 사무를 맡아 하는 배. 줄우선(郵船) ゆうびんせん mail steamer

우편 엽서[郵便葉書] 크기와 지질(紙質)을 한정하고, 요금의 증표(證票)를 인쇄한 통신용지. 준엽서(葉書). ゆうびんはがき postal card

우표[郵票] 우편 요금을 낸 표시로 우편물에 붙이는 정부 발행의 증표(證票). postage stamp

우피[牛皮] 소의 가죽. 쇠가죽. oxhide

우한[憂恨] 근심하고 원망함.

우:합[偶合] 우연히 들어맞음. =우중(偶中). accidental agreement

우:해[遇害] 해(害)를 만남. 살해를 당함. being murdered

우:현[右舷] 오른쪽의 뱃전. ↔좌현(左舷). うげん starboard

우:호[友好] 개인끼리나 나라끼리 서로 사이가 좋음. 「~ 관계(關係)」 ゆうこう amity

우혹[愚惑] 어리석어 미혹함.

우:화[羽化] ① 번데기가 날개가 돋쳐 성충(成蟲)이 됨. ② 몸에 날개가 돋아서 신선(神仙)이 됨. 「~등선(登仙)」 うか ① eclosion

우:화[寓話] 인격화한 동식물을 주인공으로 등장시켜, 인간 생활을 풍자하고 교훈을 나타내는 이야기. 「이솝 ~」 ぐうわ parable

우환[憂患] 집안에 병자가 있거나 하여 겪는 근심. 「~질고(疾苦)」 ゆうかん trouble

우활[迂闊] ⇨오활(迂闊).

우:황[又況] 하물며. 더군다나. =황차(況且). not to mention

우황[牛黃] 소의 쓸개에 병적으로 생겨 뭉친 물질. 한약재로 쓰임. ox bezoar

우회[迂廻] 빙 돌아서 감. うかい circuit

우:회전[右回轉] 차 따위가 오른쪽으로 돎. ↔좌회전(左回轉). 「~ 금지(禁止)」 right turn

우후[牛後] 소의 궁둥이라는 뜻으로, 권세 있는 사람 아래 빌붙어 있음을 비유하여 이르는 말. ↔계구(鷄口). ぎゅうご

우:후죽순[雨後竹筍] 비 온 뒤에 여기저기 돋는 숙순같이, 어떤 일이 일시에 많이 일어남을 비유하여 이르는 말.

욱[旭] 아침 해 욱:아침 해. 「旭日(욱일)·旭光(욱광)·旭暉(욱휘)」 キョク·あさひ·あきらか

욱[昱] 빛날 욱:빛나다. 「昱昱(욱욱)·昱耀(욱요)」 イク

욱[郁] 성할 욱:성하다. 향기롭다. 「郁烈(욱렬)·郁郁(욱욱)·郁靄(욱애)·郁文(욱문)」 イク·かおる

욱[煜] 빛날 욱:빛나다. 「煜煜(욱욱)·煜灼(욱작)·煜耀(욱요)」 イク

욱기[郁氣] 매우 향기로운 기운.

욱렬[郁烈] 매우 향기로움. fragrance

욱욱[郁郁] ① 문물(文物)이 번성한 모양. ② 무늬가 찬란한 모양. ③ 향기가 매우 나는 모양. 「~청청(青青)」 いくいく

욱일[旭日] 아침 해. 「~승천(昇天)」 きょくじつ morning sun

운[云]* 이를 운:이르다. 말하다. 「云云(운운)·云謂(운위)」 ウン·いう

운[芸] ① 향초 이름 운:향초 이름. 「芸香(운향)」 ② 성할 운:성하다. 「芸芸(운운)」 "예(藝)"의 와자(訛字). ウン·くさぎる

운[耘] 김맬 운:김매다. 「耘鋤(운서)·耕耘(경운)」 ウン·くさぎる

운[雲]* 구름 운:구름. 「雲脚(운각)·雲泥(운니)·雲濤(운도)·雲煙(운연)·雲霞(운하)·白雲(백운)」 ウン·くも

운:[運]* ① 부릴 운:부리다. 옮기다. 움직이다. 「運轉(운전)·運行(운행)·運搬(운반)·運賃(운임)·運動(운동)·運營(운영)」 ② 운수 운:운수. 「運數(운수)·運命(운명)」 ウン

운:[隕] 떨어질 운:떨어지다. 「隕石(운석)·隕星(운성)·隕命(운명)」 イン·おちる

운:[殞] 죽을 운:숙다. 운명하다. 「殞命(운명)·殞墮(운에)·殞斃(운폐)」 イン

운:[韻]* ① 운 운:운. 「韻文(운문)·韻字(운자)·韻目(운목)」 ② 운치 운:운치. 「韻致(운치)·韻音(운음)·餘韻(여운)·

風韻(풍운)」イン

운각[雲刻] 그릇의 가장자리 등에 새긴 구름 모양의 새김. cloud-shaped carved decorations

운:각[韻脚] 시부(詩賦)의 글귀 끝에 다는 글자(韻字). いんきゃく metrical foot

운간[雲間] 구름 사이. くもま break in the cloud

운:감[殞感] 제사 때에 차려 놓은 음식을 귀신이 맛봄. =흠향(歆饗).

운경[雲鏡] 거울을 사용하여 구름의 진행 방향·속도를 측정하는 기구. =운속계(雲速計). うんきょう nephoscope

운교[雲橋] 도로나 철도 등의 위에 가로질러 놓은 다리. 구름다리. =육교(陸橋). overbridge

운:구[運柩] 시체를 넣은 관(棺)을 운반함. carrying a coffin

운기[雲氣] ① 기상이 달라짐에 따라 구름이 움직이는 모양. ② 공중으로 떠오르는 기운. うんき

운:기[運氣] ① ⇨ 운명(運命). ② 전염하는 열병. うんき ② epidemic fever

운니[雲泥] 구름과 진흙이라는 뜻으로, 서로의 차이가 매우 큼을 비유하여 이르는 말. 「～지차(之差)」うんでい great difference

운:동[運動] ①물체의 위치가 시간의 경과에 따라 움직이는 일. ② 체력 단련·건강 등을 위하여 몸을 움직이는 일. ③ 어떤 목적을 이루기 위한 적극적인 활동. 「선거(選擧) ～」 うんどう ① movement ② exercise ③ campaign

운:동구[運動具] 운동하는 데 쓰이는 기구. うんどうぐ athletic goods

운:동량[運動量] ①운동하는 물체의 질량과 그 속도와의 곱으로 나타내는 양. ② 운동하는 데 들인 힘의 양. うんどうりょう ① momentum

운:동복[運動服] 운동할 때 입는 간편한 복장. うんどうふく sports clothes

운:동비[運動費] 어떤 목적을 이루기 위한 활동에 드는 비용. うんどうひ

운:동 선:수[運動選手] 어떤 운동 경기에 뛰어난 사람. うんどうせんしゅ athlete

운:동 신경[運動神經] 뇌척수 신경계에서 말초(末梢)에까지 자극을 전달하여 운동을 일으키는 신경. うんどうしんけい motor nerves

운:동원[運動員] 어떤 목적을 이루기 위해 적극적으로 활동할 임무를 띤 사람. 「선거(選擧) ～」うんどういん campaigner

운:동장[運動場] 운동 경기 따위를 하는 데 쓰이는 넓은 마당. うんどうじょう playground

운:동 중추[運動中樞] 고등 척추동물의 대뇌 피질 가운데 맘대로근인 골격근의 수축을 지배하는 부분. うんどうちゅうすう

운:동학[運動學] 물체의 운동에 대하여 기하학적 성질을 연구하는 학문. うんどうがく kinematics

운:동화[運動靴] 운동을 할 때 신기 편리하도록 만든 신. うんどうぐつ sports shoes

운:동회[運動會] 여러 사람이 운동 경기를 하는 모임. うん

운량[雲量] 구름이 하늘을 덮은 비율. 구름이 전혀 없을 때를 0, 온 하늘을 덮을 때를 10으로 함. うんりょう

운ː로[運路] 물건을 나르는 길. うんろ

운ː명[運命] 인간을 지배하는 필연적이고 초인간적인 힘. 또는 그 힘에 의하여 신상에 닥치는 길흉화복(吉凶禍福). うんめい fate

운ː명[殞命] 목숨이 끊어짐. いんめい death

운ː명론[運命論] 모든 사상(事象)은 미리 정해진 필연적 법칙에 따라 일어난다고 하는 이론. =숙명론(宿命論). うんめいろん fatalism

운모[雲母] 화강암·화성암 따위에 함유된 규산염 광물. 돌비늘. うんも・うんぼ mica

운무[雲霧] 구름과 안개. 「~소산(消散)」 うんむ cloud and mist

운ː문[韻文] 운율(韻律)을 갖춘 글. 시(詩)·부(賦) 따위. =율문(律文). ↔산문(散文). いんぶん verse

운ː반[運搬] 물건을 옮겨 나름. 「~차(車)」 うんぱん conveyance

운발[雲髮] 여자의 탐스러운 머리를 구름에 비유하여 이르는 말.

운ː봉[運逢] 좋은 운을 만남.

운ː비[運費] 운반하는 데 드는 비용. =운송비(運送費)·운임(運賃). freightage

운산[雲散] 구름처럼 흩어짐. 「~무소(霧消)」 うんさん dispersion

운ː산[運算] 수식에 따라 계산하여 필요한 답을 구함. =연산(演算). うんざん operation

운상[雲翔] ① 뿔뿔이 흩어짐. ② 구름이 일듯 여기저기에서 일어남. ① dispersion

운상기품[雲上氣稟] 속됨을 벗어난 고상한 기질과 품성.

운색[暈色] 훈색(暈色)의 원말.

운서[雲棲] 세속을 벗어나 숨어 삶. =은거(隱居). うんせい retirement

운ː석[隕石] 유성(流星)이 대기 중에서 완전히 소멸되지 않고 지상에 떨어진 것. 별똥돌. いんせき meteorite

운ː선[運船] 배를 띄워 나아감. sailing

운ː성[隕星] ⇨유성(流星).

운ː세[運勢] 사람이 타고난 운명이나 운수. うんせい fortune

운ː송[運送] 화물을 실어 보냄. 「~업(業)」 うんそう conveyance

운수[雲水] ① 구름과 물. ② 운수승(雲水僧)의 준말. うんす ① cloud and water

운ː수[運數] 인간의 힘으로는 어쩔 수 없는, 하늘이 정해 준 온갖 처지. ─운기(運氣). 「~불길(不吉)」 fortune

운ː수[運輸] 운반·운송보다 큰 규모로 여객이나 화물을 운반하는 일. 「~사업(事業)」 うんゆ traffic

운수승[雲水僧] 정처 없이 떠돌아다니면서 수행하는 중. =행각승(行脚僧). 준운수(雲水). itinerant monk

운수지회[雲樹之懷] 벗을 그리는 마음.

운ː신[運身] 몸을 움직임. movement

운심월성[雲心月性] 구름과 같

운양[雲壤] 하늘과 땅이라는 뜻으로, 서로간의 거리가 아득히 멂을 비유하여 이르는 말. 「~지차(之差)」うんじょう wide difference

운연[雲烟] ① 구름과 연기. ② 서화(書畫)의 필세(筆勢)가 힘차고 생기 있음을 이르는 말. うんえん ① cloud and smoke

운영[雲影] 구름의 그림자. うんえい

운:영[運營] 사업이나 조직 따위를 경영해 나감. うんえい management

운예[雲霓] 무지개. うんげい

운:용[運用] 부리어 씀. 움직여 씀. 「~의 묘(妙)」 うんよう use

운우지정[雲雨之情] 남녀 사이에 육체적으로 나누는 정. sexual love

운운[云云] 말이나 글을 인용하거나 중간에서 생략할 때, 이러이러하다고 말하는 뜻으로 쓰이는 말. うんぬん and so on

운위[云謂] 일러 말함. うんい

운유[雲遊] 구름이 떠돌듯이 널리 돌아다님. うんゆう wandering

운:율[韻律] 시문(詩文)의 음성적(音聲的)인 형식. 리듬. いんりつ rhythm

운:임[運賃] 운송에 소용되는 비용. 운반한 품삯. =운송료(運送料)·운비(運費). うんちん freightage

운작[雲雀] 종다리. ひばり lark

운:재[運材] 재목을 운반함. うんざい conveying timber

운:전[運轉] ① 기계나 자동차 따위를 다루어 부림. ② 자본 따위를 활용함. 「~ 자금(資金)」うんてん ① driving ② working

운:전사[運轉士] 자동차 따위를 운전하는 사람. うんてんし driver

운:전 자:본[運轉資本] 기업 자본 가운데 일상적인 기업 운영에 필요한 부분. うんてんしほん working capital

운:조[運漕] 선박을 이용하여 물건을 나르는 일. うんそう marine transportation

운종룡풍종호[雲從龍風從虎] 구름은 용을 따르고 바람은 범을 따른다는 뜻으로, 서로 뜻이 맞는 사람들 사이의 긴밀한 관계를 형용한 말.

운:주[運籌] 이리저리 꾀를 냄.

운:진[運盡] 운수가 다함. declining fortune

운집[雲集] 구름같이 많이 모여 듦. うんしゅう swarming

운:철[隕鐵] 주성분이 철(鐵)로 된 운석(隕石). いんてつ meteoric iron

운:치[韻致] 고아(高雅)한 품격을 갖춘 멋. =풍치(風致). いんち elegance

운판[雲版] 절에서 대중에게 끼니 때를 알리기 위하여 울리는, 구름 모양으로 만든 청동판. うんばん

운:필[運筆] 글씨를 쓰거나 그림을 그리기 위해 붓을 움직임. =용필(用筆)·행필(行筆). うんぴつ strokes of the brush

운하[雲霞] 구름과 노을. うんか cloud and haze

운:하[運河] 운수(運輸)·관개(灌漑)·배수(排水) 등의 용도

로, 육지를 파서 만든 수로(水路). うんが　canal

운:항[運航] 선박이나 항공기 등이 항로(航路)를 따라 왕래함. 「연해(沿海) ~」うんこう navigation

운해[雲海] 산꼭대기나 비행기 등에서 내려다본, 구름이 넓게 깔린 경치를 이르는 말. うんかい

운:행[運行] ① 운전하여 다님. ② 천체가 궤도를 따라 운동함. うんこう
① running ② revolution

운형[雲形] 구름의 모양. うんけい　cloud form

운:휴[運休] 운전이나 운항을 멈추고 쉼. 「금일(今日) ~」うんきゅう suspension of traffic

울[蔚] ① 답답할 울: 답답하다. 근심으로 번민하다. 「蔚結(울결)」② 무성할 위: 무성하다. 우거지다. 「蔚興(위흥)·蔚然(위연)」ウッ ② しげる

울[鬱] "欝"은 俗字. ① 답답할 울: 답답하다. 「鬱症(울증)·鬱屈(울굴)·鬱火(울화)·憂鬱(우울)」② 무성할 울: 우거지다. 「鬱蒼(울창)」ウッ ② しげる

울:[wool] ① 양모(羊毛). 털실. ② 짧은 양털로 짠 모직물. ウール

울결[鬱結] 가슴이 막혀 답답함. うっけつ　depression

울굴[鬱屈] ① 마음이 답답하고 기가 꺾임. ② 지세(地勢)가 구불구불한 모양. うっくつ
① melancholy

울금[鬱金] 생강과의 다년초. 뿌리줄기는 지혈제(止血劑)로 쓰임. 심황. うっこん turmeric

울금향[鬱金香] 백합과의 다년초. 잎은 넓고 갸름하며 종 모양의 꽃이 핌. 튤립. うっこんこう tulip

울기[鬱氣] 답답한 기분. うっき gloom

울도[鬱陶] ① 기분이 울적하고 답답함. ② 날씨가 무더움. うっとう ① gloom

울:마ー크[wool mark] 국제 품질 기준에 도달한 제품에 대하여 국제 양모 사무국이 붙여 주는 품질 표시(品質表示). ウールマーク

울밀[鬱密] 나무가 우거져 빽빽함. thickness

울분[鬱憤] 마음 속에 억누르고 있는 노여움이나 분한 생각. うっぷん resentment

울연[鬱然] ① 초목이 무성한 모양. ② 사물이 왕성한 모양. ③ 마음이 답답한 느낌. うつぜん ① dense ② prosperous ③ gloomy

울울[鬱鬱] ① 마음이 울적함. ② 나무 따위가 빽빽히 들어선 모양. うつうつ
① melancholy ② luxuriant

울울창창[鬱鬱蒼蒼] 나무가 빽빽하고 푸르게 우거진 모양. 준울창(鬱蒼). luxuriant

울적[鬱寂] 마음이 답답하고 쓸쓸함. うっせき melancholy

울적[鬱積] 근심과 불만이 마음에 쌓임. うっせき smolder

울창[鬱蒼] 울울창창(鬱鬱蒼蒼)의 준말. うっそう

울트라마린[ultramarine] 선명하고 짙은 남빛. 군청색(群青色). ウルトラマリン

울혈[鬱血] 혈관의 일부에 정맥성인 혈액이 이상(異常)하게 몰려 충혈되어 있는 상태.

「~증(症)」 うっけつ congestion

울화[鬱火] 속이 답답해서 나는 심화(心火). 「~증(症)」 pent-up resentment

울흥[蔚興] '위흥(蔚興)'의 잘못.

움라우트[독 Umlaut] 게르만어, 특히 독일어에서 변모음(變母音). ウムラウト

웅[雄]* ① 수컷 웅: 수컷. 「雄蜂(웅봉)·雄性(웅성)·雌雄(자웅)」 ② 웅장할 웅: 웅장하다. 「雄壯(웅장)·雄大(웅대)·雄烈(웅렬)」 ③ 영웅 웅: 영웅. 「英雄(영웅)·雄志(웅지)」 ユウ ① おす

웅[熊] ① 곰 웅: 곰. 「熊膽(웅담)·熊掌(웅장)」 ② 빛날 웅: 빛나다. 「熊熊(웅웅)」 ユウ ① くま

웅거[雄據] 어떤 지역을 차지하고 굳게 막아 지킴. holding one's own ground

웅건[雄健] 웅대하고 강건함. ゆうけん majesty and vigor

웅걸[雄傑] 재주와 용기가 뛰어난 인물. ゆうけつ great man

웅경[雄勁] 필세(筆勢) 따위가 힘참. 「낙필(落筆)~」 ゆうけい

웅계[雄鷄] 수탉. ↔빈계(牝鷄). おんどり cock

웅녀[熊女] 단군 신화에 나오는 단군의 어머니.

웅단[雄斷] 씩씩한 결단(決斷). =용단(勇斷). ゆうだん decisive measure

웅담[熊膽] 한방에서, 바람에 말린 곰의 쓸개를 약재로 이르는 말. くま(の)い bear's gall

웅대[雄大] 굉장히 큼. =광대(宏大). ゆうだい grandeur

웅도[雄途] 큰 뜻을 이루기 위하여 떠나는 길. =장도(壯途). ゆうと brave departure

웅도[雄圖] 웅대한 계획. =장도(壯圖). ゆうと grand plan

웅려[雄麗] 웅대하고 화려함. ゆうれい magnificence

웅맹[雄猛] 뛰어나게 용맹함. ゆうもう intrepidity

웅발[雄拔] 웅대하고 무리에서 빼어남. ゆうばつ

웅변[雄辯] 설득력이 있고 힘차게 거침없이 잘하는 말. ゆうべん eloquence

웅봉[雄蜂] 벌의 수컷. 수벌. おばち drone

웅비[雄飛] 힘차고 씩씩하게 뻗어 나아감. ↔자복(雌伏). ゆうひ

웅성[雄性] 생물의 수컷. 또는 수컷의 성질. ↔자성(雌性). ゆうせい male

웅시[雄視] 위세(威勢)를 부리며 남을 내려다봄. ゆうし lording over

웅심[雄心] 씩씩하고 장한 마음. ゆうしん bravery

웅심[雄深] 문장의 구성이 웅대하고 뜻이 깊음. ゆうしん profundity

웅예[雄蕊] 수술. ↔자예(雌蕊). ゆうずい stamen

웅위[雄偉] 웅장하고 위대함. ゆうい majesty

웅자[雄姿] 웅장한 모습. ゆうし brave figure

웅장[雄壯] 굉장히 크고 으리으리함. ゆうそう grandeur

웅장[熊掌] 곰의 발바닥. 팔진미(八珍味)의 하나로서, 풍한(風寒)을 물리친다고 함. ゆうしょう bear's soles

웅재[雄才] 뛰어난 재능. 또는 그런 재능을 가진 사람. =웅재(雄材). ゆうさい

웅재[雄材] ⇨웅재(雄才). ゆうざい great ability

웅지[雄志] 웅대한 뜻. ゆうし great ambition

웅창자화[雄唱雌和] 새의 암컷과 수컷이 서로 의좋게 지저귀듯이, 서로 뜻이 맞아 화목하게 지냄을 비유하여 이르는 말. working together

웅편[雄篇] 빼어나게 좋은 글이나 작품. ゆうへん masterpiece

웅필[雄筆] 뛰어나게 잘 쓴 글씨. 또는 그런 글씨를 쓰는 사람. ゆうひつ magnificent handwriting

웅혼[雄渾] ① 웅대하고 힘참. ② 시문(詩文) 등이 웅대하고 세련됨. ゆうこん ① grandeur

웅화[雄花] 수술만 있는 단성화(單性花). 수꽃. ↔자화(雌花). おばな male flower

워:드[word] 몇 개의 비트(bit)가 모인 데이터의 단위(單位). 컴퓨터 내에서 연산 명령, 수치의 기억, 정보 전달 등의 단위가 됨. ワード

워:드프로세서[word processor] 컴퓨터 시스템에 의한 문서 작성기(文書作成機). 또는 그 프로그램.

워:밍업[warming-up] 준비 운동(準備運動). ウォーミングアップ

워:크북[workbook] 연습장(鍊習帳). 학습장. ワークブック

워:크숍[workshop] 참가자들이 전문가의 조언을 받으며 문제를 해결해 나가는 연구 집회(研究集會). ワークショップ

워:크스테이션[workstation] 개인용 컴퓨터 정도의 규모에 미니컴퓨터의 성능을 집약시킨 고성능(高性能) 컴퓨터. ワークステーション

워:키토:키[walkie-talkie] 휴대용(携帶用)의 무선 송수신기. ウォーキートーキー

원[元]* 으뜸 원 : 으뜸. 근원. 우두머리. 「元素(원소)·元功(원공)·元首(원수)·元老(원로)·元帥(원수)」 ゲン·ガン·もと

원[垣] 낮은 담 원 : 담. 「垣牆(원장)」 エン·かき

원:[怨]* 원망할 원 : 원망하다. 미워하다. 원수. 「怨恨(원한)·怨忌(원기)·怨敵(원적)·怨讎(원수)」 エン·オン·うらむ

원[苑] 동산 원 : 동산. 「苑臺(원대)·苑囿(원유)·苑池(원지)·苑花(원화)·祕苑(비원)」 エン·オン·その

원[冤] "宛"은 俗字. 원통할 원 : 원통하다. 원한. 「冤罪(원죄)·冤淚(원루)·冤情(원정)·冤死(원사)·冤鬼(원귀)·冤魂(원혼)」 エン·うらみ

원[原]* ① 근원 원 : 근본. 「原本(원본)·原價(원가)·原名(원명)·原性(원성)·原因(원인)·病原(병원)」 ② 들 원 : 들. 「原野(원야)·平原(평원)·高原(고원)·草原(초원)」 ゲン ② はら

원[員]* ① 관원 원 : 관원. 「官員(관원)·役員(역원)」 ② 인원 원 : 인원. 사람. 「員數(원수)·人員(인원)·任員(임원)·職員(직원)」 イン

원[院]* 집 원 : 집. 「院長(원장)·病院(병원)·寺院(사원)·僧院(승원)·學院(학원)」 イン

원[媛] 아름나울 원 : 아름답다. 「媛女(원녀)·媛妃(원비)·才媛(재원)」 エン·うつくしい

원:[援]* ① 도울 원 : 돕다. 구원하다. 「援軍(원군)·援兵(원병)·援護(원호)·援助(원조)·救援(구원)」 ② 당길 원 : 당기다. 끌다. 「援例(원례)」 エン ① たすける ② ひく

원[園]* ① 동산 원 : 동산. 뜰. 「園頭(원두)·園林(원림)·園池(원지)·園藝(원예)·田園(전원)」 ② 능 원 : 능. 「園令(원령)·園陵(원릉)·園邑(원읍)」 エン ① その

원[圓]* ① 둥글 원 : 둥글다. 「圓柱(원주)·圓點(원점)·圓池(원지)·半圓(반원)」 ② 둘레 원 : 둘레. 「圓周(원주)·一圓(일원)」 ③ 원만할 원 : 원만하다. 「圓滿(원만)·圓熟(원숙)」 エン ① まるい

원[源]* 근원 원 : 근원. 「源流(원류)·源泉(원천)·電源(전원)·財源(재원)·根源(근원)·水源(수원)」 ゲン・みなもと

원[猿] 원숭이 원 : 원숭이. 「猿人(원인)·猿聲(원성)·猿猴(원후)·猿臂(원구)」 エン・さる

원:[遠]* 멀 원 : 멀다. 멀리하다. 심오하다. 「遠路(원로)·遠來(원래)·遠望(원망)·敬遠(경원)·疏遠(소원)·深遠(심원)」 エン・オン・とおい

원[鴛] 수원앙새 원 : 수원앙새. 「鴛鴦(원앙)」 エン・おしどり

원:[願]* 원할 원 : 원하다. 바라다. 「願人(원인)·志願(지원)·宿願(숙원)·祈願(기원)·念願(염원)」 ガン・ねがう

원가[原價] ① 본디 사들일 때의 값. ② 상품의 생산에 든 비용. げんか cost price

원간본[原刊本] 맨 처음에 간행한 책. =초간본(初刊本). first edition

원:객[遠客] 먼 곳에서 온 손. 遠客 visitor from a distant place

원:거리[遠距離] 먼 거리. ↔근거리(近距離). えんきょり long distance

원거인[原居人·元居人] 그 지방에 본디부터 살고 있는 사람. =원주민(原住民). native

원:격[遠隔] 멀리 떨어져 있음. 「~ 조종(操縱)」 えんかく remoteness

원:견[遠見] 먼 장래까지 내다 봄. えんけん

원경[圓徑] 원의 지름. えんけい diameter

원:경[遠景] 멀리 보이는 경치. ↔근경(近景). えんけい distant view

원:경[遠境] ① 멀리 밀어져 있는 지역. ② 중앙에서 멀리 떨어져 있는 국경. えんきょう ① remote area

원:계[遠計] 먼 앞날을 생각한 계획. =원모(遠謀). えんけい farsighted scheme

인고[原告] 법원에 재판을 청구한 당사자. ↔피고(被告). げんこく plaintiff

원고[原稿] 인쇄하거나 발표하기 위하여 쓴 글이나 그림 따위. 「~료(料)」 げんこう manuscript

원고료[原稿料] 원고를 써 준 데 대한 보수. 준고료(稿料). げんこうりょう contribution fee

원고지[原稿紙] 원고를 쓰는 규격 용지. 200자 원고지, 400자 원고지 따위. げんこうし manuscript paper

원:골[怨骨] 원한을 품고 죽은 사람. えんこつ

원관념[元觀念] 비유법에서, 표현하고자 하는 사물. ↔보조 관념(補助觀念).

원:광[怨曠] 원부(怨婦)와 광부(曠夫). 곧, 홀어미와 홀아비. widow and widower

원광[原鑛] 아직 제련(製鍊)하지 아니한, 파낸 그대로의 광석. げんこう ore

원광[圓光] 부처의 머리 주변에서 둥글게 내비치는 빛. =배광(背光)·후광(後光). えんこう halo

원:교[遠郊] 도시에서 멀리 떨어져 있는 마을이나 들. ↔근교(近郊). えんこう remote outskirts

원:교근:공[遠交近攻] 먼 나라와 우호 관계를 맺고, 이웃 나라를 공략하는 외교 정책. えんこうきんこう friendship with distant states and hostility with neighbors

원:구[怨仇] 원한이 맺힌 적. =원적(怨敵). えんきゅう sworn enemy

원:구[怨咎] 원망하고 꾸짖음. =원우(怨尤). えんきゅう sworn blame

원:국[遠國] 먼 나라. ↔근국(近國). えんごく remote country

원:군[援軍] 도와 주는 군대. えんぐん reinforcement

원굴[冤屈] 뜻을 굽힘. えんくつ

원권[原權] 어떤 권리가 침해되기 전의 본디의 권리. ↔구제권(救濟權). げんけん inherent right

원귀[冤鬼] 원통하게 죽은 사람의 귀신. えんき vengeful ghost

원:근[遠近] 멺과 가까움. 또는 먼 곳과 가까운 곳. えんきん far and near

원:근법[遠近法] 회화에서, 원근의 거리감을 나타내는 기법.

えんきんほう perspective

원금[元金] ①밑천으로 들인 돈. =본전(本錢). ②금전을 대차(貸借)할 때에 이자를 붙이지 아니한 원래의 금액. ↔이자(利子). もときん·がんきん ② principal

원기[元氣] ①본디 타고난 기운. ②만물을 생성하는 정기(精氣). ③심신의 정력. げんき ① spirit ② energy

원:납[願納] 자원(自願)하여 재물을 바침. 「～전(錢)」 presentation

원내[院內] 의회(議會)나 원(院) 자가 붙은 기관의 내부. ↔원외(院外). いんない inside the House

원내[員內] 일정한 인원(人員)의 범위 안. ↔원외(員外). いんない

원년[元年] ①임금이 즉위한 해. ②나라를 세운 해. ③연호(年號)가 바뀐 첫해. 「융희(隆熙)～」 がんねん ③ first year of a reign

원단[元旦] ①설날 아침. =원조(元朝). ②설날. =원일(元日). がんたん ② New Year's Day

원단[原緞] 가공하지 않은, 원료로서의 천.

원대[原隊] 본디 소속되었던 부대. げんたい original unit

원:대[遠大] 생각이나 계획 따위가 장래성이 있고 규모가 큼. 「～한 포부(抱負)」 えんだい great

원:대[遠代] ①먼 조상의 대. ②먼 시대. えんだい antiquity

원덕[元德] 모든 덕(德)의 근본이 되는 덕. =주덕(主德). cardinal virtue

원도[原圖] 모사(模寫)나 복제

원도[圓堵] 원기둥. えんとう 圓堵 cylinder

원:도[遠島] 육지에서 멀리 떨어져 있는 섬. えんとう 遠島 remote island

원:독[怨毒] 몹시 원망하고 미워함. 몹시 큰 원한. えんどく 怨毒 poisonous resentment

원동기[原動機] 자연적 에너지를 기계적 에너지로 바꾸는 장치의 총칭. 열기관(熱機關)·수력 기관·전동기(電動機) 따위. げんどうき 原動機 電動機 motor

원동력[原動力] ① 물체나 기계의 운동을 일으키는 힘. ② 사물의 운동을 일으키는 근본이 되는 힘. げんどうりょく 原動力 ① motive power ② motive

원두[園頭] 밭에 심은 참외나 수박 따위. 「~막(幕)」 園頭

원등[元等·原等] 본디의 등급. 元等 original rank

원래[元來] 본디. 처음부터. がんらい 元來 originally

원:래[遠來] 먼 곳에서 옴. 「~의 진객(珍客)」 えんらい 遠來 visiting from afar

원:략[遠略] ① 원대한 계략. ② 먼 나라를 칠 계략. えんりゃく 遠略 ① farsighted scheme

원:려[遠慮] 먼 앞일을 헤아려 생각함. 또는 그 생각. えんりょ 遠慮 forethought

원:령[怨靈] 원한을 품고 죽은 사람의 혼령. おんりょう 怨靈 vengeful ghost

원:례[援例] 전례(前例)를 끌어다 냄. えんれい 援例 taking an example

원로[元老] ① 관직이나 나이·덕망 등이 높고 나라에 공로가 큰 사람. 「~ 대신(大臣)」 ② 어떤 일에 오래 종사하여 나이·경험·공로가 많고 명망이 높은 사람. げんろう 元老 ① elder statesman ② veteran

원:로[遠路] 먼 길. =원정(遠程). えんろ 遠路 long distance

원:뢰[遠雷] 멀리서 울리는 우레. えんらい 遠雷 distant thunder

원료[原料] 물건을 만드는 데 바탕이 되는 재료. 밑감. げんりょう 原料 raw material

원루[冤淚] 원통해서 흘리는 눈물. 冤淚 tears of vexation

원류[源流] ① 물이 흐르는 근원. ② 사물이 나거나 생기는 근원. 「문명의 ~」 げんりゅう 源流 ① headstream ② origin

원리[元利] 원금과 이자. =본변(本邊). がんり 元利 principal and interest

원리[原理] ① 사물의 근본이 되는 이치. ② 판단이나 행위의 근거가 되는 진리. げんり 原理 principle

원만[圓滿] ① 성격이나 행동이 모나지 않고 너그러움. ② 일의 진행이 순조로움. ③ 서로 사이가 좋음. 「~한 부부(夫婦)」 えんまん 圓滿 ① peacefulness ② smoothness ③ harmony

원:망[怨望] 못마땅하게 여기어 탓하거나 불평을 품고 미워함. えんぼう 怨望 resentment

원:망[遠望] 먼 곳을 바라봄. えんぼう 遠望

원:망[願望] 원하고 바람. 또는 원하고 바라는 것. がんぼう 願望 desire

원:매[願賣] 팔고자 함. 「~자 (者)」 願賣

원맥[原麥] 밀가루의 원료가 되 原麥

는, 가공하지 않은 밀. げん
ばく　　　　　　　　wheat
원맨쇼:[one-man show] 한 사람이 등장(登場)하여 벌이는 쇼. ワンマンショー
원면[原綿] 면사 방적의 원료가 되는, 가공하지 않은 솜. げんめん　　　　　raw cotton
원명[原名] 본디의 이름. げんめい　　　　original name
원명[原命] 본디 타고난 목숨. destined life
원:모[怨慕] 원망하면서도 사모함.
원모[原毛] 모직물의 원료가 되는 짐승의 털. げんもう　　　　　　　raw wool
원:모[遠謀] 먼 장래를 위한 계책. =원략(遠略). えんぼう　　　　farsighted scheme
원목[原木] 제재(製材)하거나 가공하지 않은 재목. 「건축용 ~」 げんぼく　　　　　lumber
원무[圓舞] ① 여러 사람이 원형(圓形)을 이루며 추는 춤. ② 남녀 한 쌍이 원을 그리며 돌면서 추는 사교춤. 왈츠 따위. えんぶ
① round dance ② waltz
원무곡[圓舞曲] 4분의 3박자의 경쾌한 춤곡. えんぶきょく　　　　　　waltz
원문[原文] ① 고치거나 베끼거나 번역한 것에 대하여 본디의 글. ② ⇨본문(本文). げんぶん　　　　　① original
원반[圓盤] 원반던지기에 쓰이는 운동 기구. 나무 바탕에 금속판을 양면에 끼운 둥글넓적한 모양의 판. えんばん discus
원:방[遠方] 먼 곳. 먼 지방. =원지(遠地). えんぽう
distant place

원:방[遠邦] 먼 나라. =원국(遠國). えんぽう distant country
원:배[遠配] 먼 곳으로 귀양보냄. =원찬(遠竄)·원류(遠流).
exiling to a remote place
원법[原法] 본디의 법.
original law
원:별[遠別] 서로 멀리 떨어져 있음. えんべつ
separating far apart
원:병[援兵] 도와 주는 군사. えんぺい　reinforcement
원본[原本] ① 등본·초본·사본 따위의 근본이 되는 문서나 책. =정본(正本). ② 개정·번역 등을 하기 이전의 원간(原刊)으로 나온 책. げんぽん
① script ② first edition
원:부[怨府] 대중의 원한이 쏠리는 단체나 기관. えんぷ
원부[原簿] ① 베끼거나 고쳐 만들기 전의 본디의 장부. ② ⇨원장(元帳). げんぼ
① original register
원불교[圓佛敎] 박중빈(朴重彬)이 개창한 불교 교파의 하나. 불교의 현대화·대중화·생활화를 주장하며, 일원상(一圓相)의 진리를 신앙의 대상과 수행의 표본으로 삼음.
원:비[怨誹] 원망하고 비방함. えんぴ resentment and slander
원비[猿臂] 원숭이같이 팔이 길고 힘이 있음을 이르는 말 「~지세(之勢)」えんぴ
원:사[怨辭] 원망하는 말.
reproachful words
원사[冤死] 원통하게 죽음. 원한을 품고 죽음. えんし
death under false accusation
원사[原絲] 직물의 원료가 되는 실. げんし　　　　　yarn
원:사[遠射] 총이나 활을 멀리

원:사[遠寫] 사진 따위를 먼 거리에서 찍는 일. えんしゃ 遠寫
long shot

원삭[元朔] 정월 초하루. =원단(元旦). 元朔 New Year's Day

원산[原産] 어떤 곳에서 본디부터 생산됨. 또는 그 물건. 「~지(地)」げんさん 原産
primary product

원:산[遠山] ① 멀리 있는 산. えんざん·とおやま ② 안경테의 두 알을 잇는 부분. ③ 문짝이 더 들어가지 않게 하기 위하여 문지방 가운데에 박는 쇠. ④ 재래식 변기의 앞부분을 가리는 물건 ⑤ 해금의 공명통 위의 줄을 받치고 있는 나무쪽. 遠山 在来式
① distant mountain ② bridge

원삼[圓衫] 부녀자들이 입는 예복의 한 가지. 연둣빛 길에 자주 깃과 색동 소매를 달아 지음. 圓衫

원상[原狀] 본디의 상태나 형편. 「~복귀(復歸)」げんじょう 原狀 復歸
former condition

원상[原象] 본디의 모습. 原象
original figure

원:색[怨色] 원망하는 얼굴빛. えんしょく 怨色
reproachful look

원색[原色] ① 모든 빛깔의 바탕이 되는 색. 물감은 빨강·노랑·파랑, 빛은 빨강·초록·파랑의 세 가지 색. ② 본디의 빛깔. げんしょく 原色
① primary color

원색판[原色版] 자연 그대로의 빛깔을 나타내도록 만든 인쇄판. 또는 그 인쇄물. げんしょくばん 原色版 印刷
heliotype

원생[院生] 소년원·고아원·학원 등 원(院)자가 붙은 기관에 수용 또는 소속되어 있는 사람. 院生

원생대[原生代] 지질 시대 구분의 하나. 시생대(始生代)와 고생대(古生代)의 중간 시대. げんせいだい Proterozoic Era 原生代

원생동:물[原生動物] 동물 분류의 한 문(門). 단세포(單細胞)로 된 최하등의 아주 작은 동물. 아메바 따위. げんせいどうぶつ Protozoa 原生動物

원생림[原生林] 사람의 손이 가지 않은 삼림. =원시림(原始林). げんせいりん 原生林 原始林
virgin forest

원생생물[原生生物] 단세포 생물을 통틀어 이르는 말. げんせいせいぶつ Protist 原生生物

원생식물[原生植物] 단세포(單細胞)로 된 최하등의 식물. げんせいしょくぶつ protophyte 原生植物

원서[原書] 베끼거나 번역한 책에 대하여 그 원본이 되는 책. げんしょ original work 原書

원:서[願書] 청원하는 뜻을 적은 서류. 「입학(入學)~」がんしょ application 願書入學

원석[原石] ①⇨원광(原鑛). ② 가공하지 아니한 보석. げんせき ② raw ore 原石

원:성[怨聲] 원망하는 소리. えんせい complaint 怨聲

원소[元素] ① 화학에서, 한 종류만의 원자로 만들어진 물질. 또는 그 물질의 구성 요소. ② 수학에서, 집합을 이루고 있는 낱낱의 대상이나 요소. げんそ element 元素

원:소[怨訴] 원망스런 하소연. えんそ 怨訴

원소[冤訴] 억울함을 호소함. えんそ 冤訴

원소병[元宵餠] 음력 정월 보름날 밤에 먹는 떡. 찹쌀가루를 반죽하여 밤톨만하게 빚어서 익힌 것을 꿀에 잰 음식. 元宵餠

원ː손[遠孫] 세대(世代)가 먼 자손. =계손(系孫). えんそん remote descendant 遠孫

원숏카메라[one-shot camera] 한 번의 노출(露出)로 3색 분해 촬영을 할 수 있는 특수 천연색 사진기. 露出

원수[元首] 국제법상 외국에 대하여 그 나라를 대표하는 최고 기관. げんしゅ sovereign 元首

원수[元帥] 군인의 가장 높은 계급. 또는 그 군인. げんすい general 元帥

원ː수[怨讐·怨讎] 원한의 대상이 되는 상대. =원적(怨敵)·수적(讐敵). えんしゅう sworn enemy 怨讎

원수[員數] 사람의 수효. =인원수(人員數). いんずう number of men 員數

원수폭[原水爆] 원자 폭탄과 수소 폭탄. げんすいばく atomic and hydrogen bombs 原水爆

원숙[圓熟] ① 기술 등이 능숙함. ② 인격이나 학식 등이 깊은 경지에 이름. えんじゅく maturity 圓熟

원시[元是·原是] 본디. =본시(本是)·원래(元來). origin 元是

원시[原始·元始] ① 시작되는 처음. ② 자연 그대로인 것. 「~시대(時代)」げんし ① beginning 原始

원시[原詩] 개작(改作)하거나 번역되기 전의 본디의 시. げんし original poem 原詩

원ː시[遠視] 눈에 들어온 평행 광선이 망막 뒤쪽에 상(像)을 맺어, 먼 곳은 잘 보이나 가까운 곳은 잘 보이지 않는 눈. 또는 그런 눈을 가진 사람. ↔근시(近視). 「~안(眼)」えんし long sight 遠視

원시림[原始林] 사람의 손이 가지 않은 자연 그대로의 삼림. =시원림(始原林)·원생림(原生林)·처녀림(處女林). げんしりん virgin forest 原始林 處女林

원시 민족[原始民族] 개화되지 않고 원시적인 생활을 하고 있는 민족. げんしみんぞく primitive people 原始民族

원시 사ː회[原始社會] ① 문명 사회 이전의 원시적인 사회. ② 근대나 현대의 미개 민족의 사회. げんししゃかい primitive society 原始社會

원시 생활[原始生活] 원시 시대에, 나무 열매를 따먹거나 물고기 따위를 잡아먹으며 살던 생활. げんしせいかつ primitive life 原始生活

원시 시대[原始時代] 문명이 발달하지 아니하여 인간이 원시적인 생활을 하던 시대. げんしじだい primitive ages 原始時代

원ː시안[遠視眼] 먼 곳은 잘 보이나 가까운 곳은 잘 보이지 않는 눈. ↔근시안(近視眼). 준원안(遠眼). えんしがん long-sighted eye 遠視眼

원시인[原始人] ① 원시 시대의 사람. ② 미개인(未開人). げんしじん dawn man 原始人

원ː식[遠識] 먼 앞일까지 헤아려서 알 수 있는 식견. えんしき foresight 遠識

원식구[原食口] 본디의 식구. one's own family 原食口

원ː심[怨心] 원망하는 마음. えんしん grudge 怨心

원심[原審] 소송에서, 그 재판 原審

의 한 단계 앞에서 심리한 재판. 「~ 파기(破棄)」げんしん original judgment

원심[圓心] 원의 중심(中心). えんしん center of a circle

원:심[遠心] 중심에서 멀어짐. ↔구심(求心). 「~력(力)」えんしん centrifugal

원:심력[遠心力] 물체가 원운동을 할 때, 원의 중심에서 멀어지려는 방향으로 작용하는 힘. ↔구심력(求心力). えんしんりょく centrifugal force

원:심 분리기[遠心分離機] 원심력을 이용하여 액체와 고체, 또는 서로 용해하지 않는 비중이 다른 두 액체를 분리하는 기계. えんしんぶんりき centrifuge

원아[園兒] 유치원에 다니는 아이. えんじ kindergarten children

원안[原案] 회의에 부친 최초의 안. げんあん original plan

원:안[遠眼] 원시안(遠視眼)의 준말. えんがん

원앙[鴛鴦] ①오릿과의 물새. 수컷은 특히 아름답고, 암수가 늘 함께 지냄. 우리 나라·중국·일본 등지에 분포. ②다정한 부부의 비유. えんおう·おしどり ① mandarin duck

원앙금[鴛鴦衾] 원앙을 수놓은 이불. quilt embroidered with a pair of mandarin ducks

원액[元額·原額] 본디의 액수. original amount

원액[原液] 가공하거나 묽게 하지 않은 본디의 액체. げんえき undiluted solution

원야[原野] 인가가 없는 넓은 들판. げんや field

원:양[遠洋] 뭍에서 멀리 떨어진 바다. ↔근해(近海). 「~어업(漁業)」えんよう ocean

원:양 어업[遠洋漁業] 근거지로부터 며칠 또는 수십일 걸리는 원양에 나가서 하는 어업. ↔연해 어업(沿海漁業)·근해 어업(近海漁業). えんようぎょぎょう pelagic fishery

원어[原語] 번역하거나 고치거나 한 말의 본디의 말. ↔역어(譯語). げんご original word

원:언[怨言] 원망하는 말. えんげん complaint

원염[原鹽] 정제(精製)하지 않은 거친 소금. =본염(本鹽). unrefined salt

원엽체[原葉體] 양치식물의 포자(胞子)가 싹이 터서 된 배우체(配偶體). =전엽체(前葉體). げんようたい

원:영[遠泳] 먼 거리를 헤엄치는 일. えんえい long-distance swim

원예[園藝] 채소·화초·과수(果樹) 등을 재배하는 일. 「~사(師)」えんげい gardening

원:오[怨惡] 남을 원망하고 미워함. えんお detestation

원외[院外] 국회나 원(院)자가 붙은 기관의 외부. ↔원내(院內). いんがい outside the House

원외[員外] 일정한 인원 밖. ↔원내(員內). いんがい extra member

원:용[援用] 자기에게 유리하도록 어떤 사실이나 논거(論據) 따위를 끌어다 씀. えんよう invoking

원월[元月] 정월(正月)의 딴이름. 「~일(元日)」January

원위[原位] 본디의 위치나 지위. げんい　former post

원유[原由] 근본 이유. =원인(原因)・연유(緣由). げんゆう・げんゆ　cause

원유[原油] 정제(精製)하지 않은 천연 그대로의 석유. げんゆ　crude petroleum

원:유[遠由] 먼 원인. =원인(遠因). ↔근유(近由). remote cause

원유회[園遊會] 여러 사람을 초청하여 정원 등에서 음식을 대접하며 축하나 사교 등을 하는 모임. えんゆうかい　garden party

원융[圓融] ① 원만하여 막힘이 없음. ② 불교에서, 온갖 법(法)의 이치가 하나로 융화함을 이름. えんゆう　① accommodation

원음[原音] ① 글자의 본디의 음. ② 재생음에 대하여 본디의 음. ③ 물체가 진동하여 소리를 낼 때, 진동수가 가장 적은 소리. =기음(基音). ④ 음악에서, 건반 악기의 흰 건반에 해당하는 음. =간음(幹音). げんおん　① original sound

원의[原意・原義] 본디의 뜻. げんい(原意)・げんぎ(原義)　original meaning

원의[院議] 국회의 토의 또는 결의.「〜로 결정되다」いんぎ　parliamentary decision

원:의[願意] 바라는 생각. 원하는 뜻. がんい　desire

원인[原人] 원인(猿人)의 다음 단계의 화석 인류. げんじん　primitive man

원인[原因] 어떤 사물이 생겨나거나, 사태나 변화를 일으키거나 한 근본 까닭. 또는 그 일. =연유(原由). ↔결과(結果). げんいん　cause

원:인[援引] 끌어당김. えんいん

원인[猿人] 가장 원시적인 최고(最古)의 화석 인류. えんじん　ape-man

원:인[遠因] 먼 원인. 간접적인 원인. =원유(遠由). ↔근인(近因). えんいん　remote cause

원:인[願人] 청원하는 사람. がんにん　applicant

원인자[原因子] 소수(素數)로 된 인수(因數). =소인수(素因數). prime factor

원일[元日] 정월 초하룻날. =원단(元旦). がんじつ　New Year's Day

원:일점[遠日點] 태양계의 행성・혜성 등 태양의 둘레를 도는 천체가 궤도상에서 태양과 가장 멀어지는 점. ↔근일점(近日點). えんじつてん　aphelion

원:입골수[怨入骨髓] 원한이 골수에 사무침.

원자[元子] 지난날, 아직 왕세자에 책봉되지 않은 임금의 맏아들을 이르던 말. げんし

원자[原子] 화학 원소로서의 특성을 잃지 않는 범위에서 이를 수 있는 최소의 미립자. 이것이 모여서 분자(分子)가 됨. げんし　atom

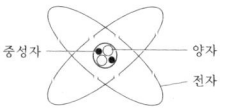
〔원자〕

원자력[原子力] 핵분열이나 핵융합 등 원자핵의 변환에 의해서 방출되는 에너지.「〜발전소」atomic energy

원자로[原子爐] 핵분열성 물질

의 연쇄 핵분열 반응을 인공적으로 제어하여, 열을 발생시키거나 방사성 동위 원소의 생산 등에 이용하는 장치. げんしろ atomic pile

원자병[原子病] 원자의 핵분열로 생기는 방사선을 쐬어서 생기는 병. げんしびょう atomic disease

원자운[原子雲] 핵 병기(兵器)가 공중에서 폭발했을 때 생기는 거대한 버섯 모양의 구름. げんしぐも atomic cloud

원자재[原資材] 공업 생산의 원료가 되는 자재. げんしざい materials

원자탄[原子彈] 원자 폭탄(原子爆彈)이 준말

원자포[原子砲] 핵탄두를 단 포탄을 발사할 수 있는 대포. げんしほう atomic gun

원자 폭탄[原子爆彈] 우라늄·플루토늄 따위의 원자핵 분열로 생기는 에너지를 이용한 폭탄. 준 원폭(原爆)·원자탄(原子彈). げんしばくだん atomic bomb

원자핵[原子核] 원자의 중심부에 있는 작은 입자(粒子). 양자(陽子)와 중성자(中性子)로 구성되어 있음. げんしかく atomic nucleus

원작[原作] 번역·개작·각색 등을 하기 전의 본디의 작품. げんさく original work

원잠[原蠶] 원잠종(原蠶種)을 받기 위하여 계통을 바르게 한 누에. げんさん

원잠종[原蠶種] 좋은 누에를 만들기 위해 계통을 바르게 한 누에씨. げんさんしゅ

원장[元帳] 거래(去來)를 계정별(計定別)로 기록·계산하는 장부. =원부(原簿). もとちょう ledger

원장[院長] 원(院)자가 붙은 기관의 책임자. 병원장·학원장 따위. いんちょう superintendent of an institution

원장[園長] 원(園)자가 붙은 시설의 책임자. 유치원장·동물원장 따위. えんちょう head

원재료[原材料] 어떤 물건을 만드는 데 바탕이 되는 재료. 원료(原料)와 재료. げんざいりょう materials

원저[原著] 번역·개작·각색 등을 한 책에 대하여 그 본디의 저서. げんちょ original work

원:적[怨敵] 원한이 있는 적. わんてき sworn enemy

원적[原籍] 새 호적을 만들기 전의 호적. げんせき original domicile

원전[原典] 인용하거나 번역한 것 등의 근거가 되는 본디의 기록이나 책. げんてん original text

원전[圓轉] ① 빙빙 돎. ② 일행이 원만함. ③ 글의 뜻이 잘 통함. えんてん ① revolution

원점[原點] ① 사물이 시작되는 지점(地點)이나 시점(時點). =기점(起點). ② 좌표(座標)의 기준이 되는 점. げんてん
① starting point ② origin

원점[圓點] 둥근 점. えんてん round point

원정[冤情] 억울하게 죄를 뒤집어쓰게 된 정상(情狀).

원정[園丁] ⇨정원사(庭園師). えんてい

원:정[遠征] ① 멀리 적을 치러 감. ② 경기 따위를 먼 곳으로 가서 함. 「~ 경기(競技)」え

원제[原題] 본디의 제목. =원제목(原題目). original title

원조[元祖] ① 첫 대의 조상. =시조(始祖). ② 어떤 일을 처음으로 시작한 사람. がんそ founder

원:조[援助] 도와 줌.「자금(資金)~」えんじょ help

원:조[遠祖] 고조(高祖) 이전의 먼 조상. えんそ remote ancestor

원:족[遠族] 혈통이 먼 일가. =소족(疎族).「~근린(近隣)」 distant relatives

원종[原種] 개량되거나 잡종(雜種)이 섞이지 않은 본래의 품종. げんしゅ

원:종[願從] 남을 따라가기를 원함. hoping to follow

원:죄[怨罪] 원한과 죄악. えんざい

원죄[原罪] ① 죄를 용서하여 형(刑)을 더하지 아니함. ② 기독교에서, 아담이 하느님의 금령을 어기고 죄를 저질렀다는 인류 최초의 죄. げんざい ② original sin

원죄[冤罪] 억울하게 뒤집어쓴 죄. えんざい false charge

원주[原主] 본디의 임자. original owner

원주[原住] ① 본디부터 살고 있음.「~민(民)」げんじゅう ② 원주소(原住所)의 준말.

원주[原註] 본디의 주석(註釋). げんちゅう original notes

원주[圓周] 원(圓)의 둘레. えんしゅう circumference

원주[圓柱] 둥근 기둥. えんちゅう column

원주민[原住民] 본디부터 살고 있던 사람들. げんじゅうみん native

원주소[原住所] 본디 살던 곳. 본디의 주소. 준원주(原住). げんじゅうしょ

원주율[圓周率] 원주의 길이와 그 지름과의 비의 값. えんしゅうりつ

원:증[怨憎] 원망하고 미워함. えんぞう hatred

원지[原紙] ① 닥나무 껍질로 만든 두껍고 질긴 종이. ② 등사판의 원판으로 쓰이는 종이. げんし ② stencil paper

원:지[遠地] 먼 곳. 먼 지방. =원방(遠方). えんち remote place

원:지점[遠地點] ① 지구 둘레를 도는 달이나 인공 위성이 그 궤도에서 지구와 가장 멀리 떨어지는 지점. ② 태양이 지구로부터 가장 멀어지는 점. ↔근지점(近地點). えんちてん ① apogee

원진[圓陣] 둥글게 친 진. えんじん circle

원진살[元嗔煞] 궁합(宮合)에서 서로 꺼리는 살. 부부 사이가 화목하지 못하고 서로 미워하게 된다고 함.

원질[原質] 본디 지니고 있는 성질이나 품질. げんしつ protyle

원:처[遠處] 먼 곳. =원방(遠方). ↔근처(近處). distant place

원:척[遠戚] 촌수가 먼 친척. えんせき distant relative

원천[源泉] ① 샘물이 솟아나는 근원. ② 사물의 근원. げんせん source

원천 과세[源泉課稅] 소득이나 수익에 대한 과세를 소득자에게 종합적으로 부과하지 않고, 소득·수익을 지급하는 곳에서

원:천우인[怨天尤人] 하늘을 원망하고 사람을 탓함. げんてんゆうじん taxation at the source

원체[圓體] 둥근 형체. globe

원:촌[遠寸] 먼 촌수. 촌수가 먼 일가. distant relative

원:촌[遠村] 멀리 있는 마을. ↔근촌(近村). distant village

원추[圓錐] 원을 포함하는 평면 밖의 한 점과 원주 위의 각 점을 연결하여 이루어지는 입체(立體). 원뿔. えんすい cone

원칙[原則] 널리 일반적으로 통용되는 기본 법칙. 「원리(原理) ~」 げんそく general rule

원:친[遠親] 촌수가 먼 친척. 먼 일가. distant relative

원:칭[遠稱] 말하는 이와 듣는 이로부터 멀리 떨어져 있는 대상을 가리키는 것. ↔근칭(近稱). えんしょう

원:칭 대:명사[遠稱代名詞] 멀리 떨어져 있는 것을 가리키는 대명사. 저것·저기 따위. ↔근칭 대명사(近稱代名詞). えんしょうだいめいし distant pointing pronoun

원탁[圓卓] 둥근 탁자. 「~ 회의(會議)」 えんたく round table

원탁 회:의[圓卓會議] 자리의 차례에 관계없이 원탁에 빙 둘러앉아서 하는 회의. えんたくかいぎ round-table conference

원통[冤痛] 분하고 억울함. 몹시 원망스러움. vexation

원통[圓筒] 둥근 통. 「~형(形)」 えんとう cylinder

원판[原版] ① 연판(鉛版)의 바탕이 되는 활자 조판. ② 복제(複製) 등의 바탕이 되는 판. げんぱん ② original plate

원판[原板] 사진에서, 밀착할 때나 확대할 때 쓰는 음화(陰畵). げんばん negative

원판결[原判決] 원재판의 판결. げんはんけつ original sentence

원포[園圃] 과실 나무나 채소 따위를 심는 밭. えんぽ

원폭[原爆] 원자 폭탄(原子爆彈)의 준말. げんばく

원품[原品] 본디의 물품. げんぴん original article

원피[原皮] 가공하지 않은 동물의 가죽. げんぴ raw hide

원피고[原被告] 소송의 원고와 피고. =원피(原被). げんひこく plaintiff and defendant

원피:스[one-piece] 원피스드레스의 준말. ワンピース

원피:스드레스[one-piece dress] 위아래가 붙어 하나로 된 여성용(女性用)의 옷. ワンピースドレス

원:한[怨恨] 원통하고 한스러움. 또는 원망스럽고 한이 되는 생각. えんこん grudge

원:해[遠海] 육지에서 멀리 떨어진 바다. =원양(遠洋). ↔근해(近海). えんかい open sea

원:행[遠行] 먼 곳에 감. 멀리 여행함. =원행(遠行). long journey

원향[原鄕] 그 지방에서 여러 대를 살아온 향족(鄕族). indigenous folk

원형[冤刑] 억울하게 받는 형벌. えんけい undeserved punishment

원형[原形] 본디의 모양. げんけい original form

원형[原型] 주물(鑄物)이나 각물 따위를 만들 때, 바탕이 되는 본이나 거푸집. げんけ

원형~월계 **1253**

い　　　　　　prototype
원형[圓形] 둥근 모양. えんけい　　　　　　round shape
원형 극장[圓形劇場] 중앙에 배치한 무대를 중심으로, 계단식 관람석이 둥글게 둘러싼 극장 형식. えんけいげきじょう　amphitheater
원형이정[元亨利貞] ① 주역(周易) 건괘(乾卦)의 네 가지 덕. 곧, 천도(天道)의 네 가지 원리를 이르는 말. '元'은 봄, '亨'은 여름, '利'는 가을, '貞'은 겨울을 뜻함. ② 사물의 근본 원리.　② fundamental principle
원형질[原形質] 동식물의 세포에서 생명 활동에 직접적으로 관계가 있는 물질. 세포질(細胞質)과 핵(核)으로 이루어짐. ↔후형질(後形質). げんけいしつ　protoplasm
원:호[援護] 도와 주며 보호함. えんご　support
원호[圓弧] 원주(圓周) 위의 두 점 사이의 부분. 큰 쪽을 우호(優弧), 작은 쪽을 열호(劣弧)라고 함. えんこ　circular arc
원혼[冤魂] 원통하게 죽은 사람의 영혼. えんこん　malignant spirit
원화[原畫] 복사·복제한 그림에 대한 본디의 그림. げんが　original picture
원:화[遠禍] 화(禍)를 물리침.
원:화소복[遠禍召福] 화(禍)를 물리치고 복(福)을 불러들임.
원활[圓滑] ① 일이 거침없이 순조로움. ② 모나지 않고 원만함. えんかつ　smoothness
원후[猿猴] 원숭이. えんこう　monkey
원훈[元勳] 나라에 이바지한 큰 공(功). 또는 공이 큰 사람. =원공(元功). げんくん　veteran statesman held first in merit
원흉[元兇] 악한 무리의 우두머리. げんきょう　ringleader
월[月]* ① 달 월 : 달. 「滿月(만월)·月下(월하)·月光(월광)·明月(명월)」 ② 달 월 : 한 해를 열둘로 나눈 것의 하나. 「月計(월계)·月給(월급)·月貰(월세)·閏月(윤월)·隔月(격월)」 ゲツ·ガツ ① つき
월[越]☆ 넘을 월 : 넘다. 뛰다. 건너다. 「越次(월차)·越海(월해)·越年(월년)·超越(초월)·優越(우월)·越等(월등)」 エツ·こえる
월[鉞] 도끼 월 : 도끼. 「鐵鉞(철월)·斧鉞(부월)」 エツ
월간[月刊] 다달이 한 번씩 간행(刊行)함. 또는 그 간행물. 「～잡지(雜誌)」 げっかん　monthly issue
월간[月間] ① 달과 달 사이. 또는 달의 중간. ② 한 달 동안. 「～생산량(生產量)」 げっかん ① between months ② full month
월강[越江] 강을 건넘. 「～도주(逃走)」 crossing the river
월건[月建] 다달이 정해진 간지(干支).
월경[月頃] 한 달쯤.　about a month
월경[月經] 성숙한 여자에게 다달이 생기는 생리적인 출혈(出血). =경수(經水)·월사(月事). げっけい　menstruation
월경[越境] 국경을 넘음. 경계선을 넘음. えっきょう　crossing the border
월계[月計] 한 달을 단위로 한

회계나 통계. げっけい monthly account

월계관[月桂冠] ① 고대 그리스에서 경기에 이긴 사람에게 씌워 주던, 월계수의 가지와 잎으로 만든 관. ② 우승의 명예나 영광을 비유하여 이르는 말. げっけいかん ① laurel crown

월계수[月桂樹] 녹나뭇과의 상록 교목. 지중해 연안 원산으로 잎은 향료로 쓰임. げっけいじゅ laurel

월과[月課] ① 다달이 보는 시험. ② 다달이 정해 놓고 하는 과업. げっか ① monthly examination ② monthly task

월광[月光] 달빛. =월화(月華)·섬광(蟾光). げっこう moonlight

월구[月球] 달. げっきゅう moon

월궁[月宮] 달 속에 있다는 전설의 궁전. =섬궁(蟾宮). げっきゅう palace in the moon

월권[越權] 자기의 권한을 넘음. 남의 권한을 침범함. 「~ 행위(行爲)」えっけん arrogation

월금[月琴] 국악기의 한 가지. 달 모양의 둥근 공명통에 가늘고 긴 목을 단, 넉 줄로 된 현악기. げっきん

월급[月給] 일한 삯으로 다달이 받는 일정한 돈. =월봉(月俸). げっきゅう monthly salary

월남[越南] ① 남쪽으로 경계선을 넘음. ↔월북(越北). ② 베트남. えつなん ① coming south over the border ② Vietnam

월내[月內] 그 달 안. げつない within a month

월년[越年] 해를 넘김. 「~ 자금(資金)」えつねん

월단[月旦] ① 매달 초하룻날. =월삭(月朔)·월초(月初). ↔월말(月末)·월종(月終). ② 월단평(月旦評)의 준말. げったん ① first day of a month

월단평[月旦評] 후한(後漢)의 허소(許劭)가 매달 초하루에 향당(鄕黨)의 인물을 품평(品評)하였다는 고사에서, 인물의 비평을 이르는 말. =월조평(月朝評). 준월단(月旦). げったんひょう

월당[月當] 달을 단위로 정한 액수. monthly allowance

월대[月臺] 궁궐 안의 섬돌.

월동[越冬] 겨울을 넘김. 겨울을 남. 「~ 준비(準備)」えっとう passing the winter

월:드와이드웹[World Wide Web] 인터넷 정보를 멀티미디어 환경으로 찾아볼 수 있게 해 주는 인터넷 정보 검색(檢索) 프로그램의 한 가지.

월등[越等] 정도의 차이가 대단함. 훨씬 나음. 「~한 실력(實力)」 superiority

월래[月來] ① 지난달 이래. ② 두어 달 동안. 달포. げつらい ② for a month or two

월력[月曆] 일 년 중의 달·날·이십사 절기·요일·행사일 등의 사항을 날짜를 따라 적어 놓은 것. 달력. calendar

월령[月令] 지난날, 한 해의 정례적인 의식이나 농가의 행사를 다달이 구별하여 기록한 표. げつれい

월령[月齡] ① 신월(新月) 때를 영(零)으로 따져서 세어 가는 날수. ② 한 살이 안 된 아이의, 달수로 세는 나이. げつれい ① age of the moon

월례[月例] 다달이 정해 놓고 하는 일. 「~회(會)」げつれい

월륜[月輪] 둥근 달을 달리 이르는 말. げつりん moon

월리[月利] 달로 계산하는 이자. 달변. =월변(月邊). げつり monthly interest

월말[月末] 그 달의 끝 또는 끝 무렵. 그믐께. ↔월초(月初). げつまつ・つきずえ end of the month

월면[月面] ①달의 표면. ②달처럼 환한 얼굴. げつめん ① surface of the moon

월명[月明] 달빛이 밝음. 밝은 달빛. げつめい moonlight

월반[越班] 학습 능력이 뛰어나 학년(學年)의 차례를 걸러서 진급함.

월방[越房] 건넌방. opposite room

월번[月番] 달마다 바뀌는 번차례. monthly duty

월변[月邊] 달변. =월리(月利). monthly interest

월변[越邊] 건너편. opposite side

월별[月別] 한 달을 단위로 하여 나눈 구분. 「~ 생산량(生産量)」つきべつ

월병[月餠] ①달처럼 둥글게 만든 흰떡. 달떡. ②중국 사람들이 추석에 만들어 먹는 과자. げっぺい

월보[月報] 다달이 내는 보고서(報告書)나 간행물. げっぽう monthly report

월복[越伏] 보통 10일 간격으로 드는 중복(中伏)과 말복(末伏)이 20일 만에 드는 일.

월봉[月俸] ⇨월급(月給). げつぼう

월부[月賦] 물건값이나 빚을 다달이 얼마씩 나누어 갚는 일. =월부불(月賦拂). げっぷ monthly installment

월북[越北] 북쪽으로 경계선을 넘어감. ↔월남(越南). going north over the border

월불[月拂] ⇨월부(月賦). つきばらい

월비[月費] 다달이 쓰는 비용. monthly expenses

월사금[月謝金] 지난날, 다달이 내는 수업료(授業料)를 이르던 말. げっしゃきん monthly tuition

월삭[月朔] 그 달의 초하룻날. =월초(月初)・월단(月旦). ↔월종(月終)・월말(月末). げっさく first day of a month

월삭[越朔] 예정된 산월(産月)을 넘김.

월산[月産] 한 달 동안에 생산하는 양(量). げっさん monthly production

월석[月夕] ①달이 떠 있는 저녁. ②음력 8월 보름날 밤. 「화조(花朝)~」げっせき ① moonlight night

월세[月貰] 다달이 내는 집세. 사글세. monthly rent

월세계[月世界] 달의 세계. 달나라. げっせかい lunar world

월수[月收] ①다달이 들어오는 돈. げっしゅう ②본전에 이자를 얹어서 다달이 갚아 가는 빚. ① monthly income

월식[月蝕] 지구가 태양과 달 사이에 들어가 지구의 그림자가 달을 가려 달의 일부나 전부가 보이지 않는 현상. げっしょく lunar eclipse

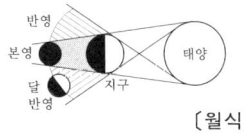

〔월식〕

월액[月額] 달을 단위로 정한 금액. げつがく monthly sum

월야[月夜] 달이 떠서 밝은 밤. 달밤. つきよ moonlight night

월여[月餘] 한 달 남짓. げつよ more than a month

월영[月影] 달빛. げつえい・つきかげ moonlight

월요일[月曜日] 칠요일(七曜日)의 둘째 날. げつようび Monday

월일[月日] ① 달과 해. ② 달과 날. つきひ ① moon and sun ② month and day

월장[越牆] 담을 넘음.

월장성구[月章星句] 달과 같은 문장과 별 같은 글귀라는 뜻으로, 문장이 아름답고 훌륭함을 칭찬하는 말. beautiful phrase

월전[月前] 한 달쯤 전. 달포 전. a month ago

월정[月定] 한 달을 단위로 정해 놓음. 「~ 구독료(購讀料)」 contracting by the month

월조[越俎] 자기의 직분을 넘어 남의 일을 민접함. えっそ

월조소남지[越鳥巢南枝] 남쪽 월나라에서 온 새는 남쪽 가지에 둥지를 튼다는 뜻으로, 고향을 잊지 못함의 비유. えっちょう(越鳥)なんし(南枝)にす(巣)くう

월종[月終] 그 달의 끝 또는 끝 무렵. =월말(月末). ↔월초(月初). end of the month

월차[月次] ① 하늘에서의 달의 위치. ② 매달. 「~ 휴가(休暇)」 げつじ ② monthly

월차[越次] 차례를 뛰어넘음. 순서를 건너뜀.

월척[越尺] 낚시로 낚은 물고기의 길이가 한 자 남짓함. 또는 그 물고기.

월천[越川] 내를 건넘. crossing the river

월초[月初] 그 달의 초승. =월삭(月朔)·월시(月始). ↔월종(月終)·월말(月末). つきはじめ beginning of the month

월출[月出] 달이 뜸. 「~ 동령(東嶺)」 moonrise

월패[月牌] 달 모양으로 만들었거나 달을 그린 패. moon-shaped medal

월편[越便] 건너편. 맞은편. opposite side

월평[月評] 다달이 하는 비평. 「시단(詩壇) ~」 げっぴょう monthly review

월표[月表] 다달이 일어나는 일을 보기 쉽게 적은 표. げっぴょう monthly table

월하[月下] 달빛 아래. 달빛이 비치는 곳. げっか in the moonlight

월하노:인[月下老人] 중국 당(唐)나라 때, 위고(韋固)라는 젊은이가 달빛 아래에서 만난 노인에게서 결혼할 상대의 이야기를 들었다는 고사에서, 부부의 인연을 맺어 주는 결혼 중매인을 이르는 말. go-between

월하빙인[月下氷人] 전설에서 부부의 인연을 맺어 준다는 사람으로, 중매인을 이르는 말. げっかひょうじん go-between

월형[月形] 달처럼 생긴 모양. つきがた moonlike shape

월회[月晦] 음력 그믐날.

월훈[月暈] 달 둘레를 둥글게 두른, 구름같이 희부옇게 보이는 테. 달무리. げつうん・つきがさ halo around the moon

웨딩드레스[wedding dress] 서양식 결혼식에서 입는 신부의

예복(禮服). ウェディングドレス

웨딩마ː치[wedding march] 결혼 행진곡(結婚行進曲). ウェディングマーチ 結婚行進曲

웨버[weber] 자기력선속(磁氣力線束)의 실용적 전자 단위. 기호는 Wb. ウェーバー 磁氣力線束

웨스턴그립[western grip] 배드민턴이나 테니스에서, 라켓을 쥐는 방식의 하나. 라켓의 면이 코트 면과 평행(平行)이 되게 쥠. ウェスタングリップ 平行

웨이스트니퍼[waist nipper] 여자 속옷의 한 가지. 허리 부분의 몸매를 아름답게 보이기 위하여 입음.

웨이터[waiter] 양식점(洋食店)이나 서양식 술집 등에서 손님의 시중을 드는 남자 종업원. ウエーター 從業員

웨이트리스[waitress] 양식점이나 서양식 술집 등에서 손님의 시중을 드는 여자 종업원(從業員). ウエートレス 洋食店

웨이퍼[wafer] ① 살짝 구운 얇은 양과자. ② 반도체 집적 회로의 기판(基板)으로 사용하는 실리콘 단결정(單結晶)의 얇은 판. 洋菓子

웹사이트[web site] 인터넷에서 검색할 수 있도록 특정한 정보를 제공하고 있는 홈페이지 주소(住所). 檢索

위[危]* ① 위태할 위ː위태하다. 「危殆(위태)·危險(위험)·危機(위기)·危篤(위독)」 ② 높을 위ː높다. 「危空(위공)·危樓(위루)」 キ ① あぶない·あやうい 危殆

위[位]* 위치 위ː위치. 자리. 「位置(위치)·一位(일위)·首位(수위)·在位(재위)·位階(위계)」イ·くらい 位置

위[委]☆ ① 맡길 위ː맡기다. 「委任(위임)·委託(위탁)·委囑(위촉)」 ② 자세할 위ː자세하다. 「委細(위세)·委詳(위상)·委曲(위곡)」イ ① まかせる·ゆだねる 委任

위[威]* 위엄 위ː위엄. 「威嚴(위엄)·威勢(위세)·威壓(위압)·威力(위력)·威服(위복)」イ·いかめしい 威勢

위[胃]☆ 밥통 위ː밥통. 「胃壁(위벽)·胃痙攣(위경련)·胃冷(위랭)·胃腸(위장)」イ 胃壁

위[韋] 다룸가죽 위ː다룸가죽. 「韋柔(위유)·韋帶(위대)·韋編(위편)」イ·なめしがわ 韋柔

위[偉]* 클 위ː크다. 위대하다. 훌륭하다. 「偉大(위대)·偉力(위력)·偉壯(위장)·偉才(위재)·偉績(위적)」イ·おおきい·えらい 偉大

위[尉] 벼슬 이름 위ː벼슬 이름. 「尉官(위관)·大尉(대위)·都尉(도위)」イ 尉官

위[喟] 한숨 쉴 위ː한숨을 쉬다. 「喟然歎息(위연탄식)」キ 喟然

위[圍]☆ 둘레 위ː둘레. 둘러싸다. 「周圍(주위)·範圍(범위)·包圍(포위)」イ·まわり·かこむ 周圍

위[爲]* ① 할 위ː하다. 되다. 「爲政(위정)·爲主(위주)·行爲(행위)」 ② 위할 위ː위하다. 「爲國(위국)·爲人(위인)·爲己(위기)」イ ① する ② ため 爲政 行爲

위[萎] 시들 위ː시들다. 변들다. 「萎絶(위절)·萎花(위화)·萎縮(위축)·萎約(위약)」イ·しおれる 萎絶

위[葦] 갈대 위ː갈대. 「葦席(위석)」イ·あし·よし 葦席

위[違]☆ 어길 위ː어기다. 다르다. 어긋나다. 「相違(상위)·違約(위약)·違背(위배)·違反 違約

(위반)·違憲(위헌)」イ·そむく

위[僞]☆ 거짓 위: 거짓. 속이다. 「僞造(위조)·僞作(위작)·僞證(위증)·虛僞(허위)」ギ·いつわる

위[慰]☆ 위로할 위: 위로하다. 「慰勞(위로)·慰安(위안)·慰撫(위무)·慰藉(위자)·安慰(안위)」イ·なぐさめる

위[緯]☆ 씨 위: 씨. 씨실. 「緯車(위거)·緯經(위경)·緯線(위선)·緯度(위도)」イ·ぬき·よこいと

위[衛]☆ 막을 위: 막다. 「防衛(방위)·衛兵(위병)·衛士(위사)·護衛(호위)」エイ·エ·まもる

위[謂]☆ 이를 위: 이르다. 말하다. 「云謂(운위)·所謂(소위)·可謂(가위)」イ·いう

위[魏] 우뚝할 위: 우뚝하다. 크다. 「魏闕(위궐)·魏魏(위위)·魏然(위연)」ギ

위각[違角] 정상적인 상태에서 어긋남. aberration

위거[委去] 버리고 감. 또는 내버림. desertion

위거[偉擧] 위대한 거사(擧事).

위경[危境] 위태로운 고비. 위험한 경지. crisis

위계[危計] 위험한 계획. dangerous plan

위계[位階] 벼슬의 등급. いかい rank

위계[僞計] 거짓 계략. ぎけい deceptive plan

위곡[委曲] ① 자세한 곡절(曲折). ② 자세하고 소상함. =위상(委詳). いきょく details

위골[違骨] 뼈마디가 어그러짐.

위공[偉功] 뛰어난 공로. =위훈(偉勳). いこう great merit

위관[尉官] 군의 장교 계급인 소위·중위·대위를 통틀어 이르는 말. いかん company officer

위관[偉觀] 훌륭한 경치. 굉장한 광경. =장관(壯觀). いかん grand sight

위광[威光] 감히 범할 수 없는 위엄. いこう authority

위괴[違乖] 어기고 배반함. betrayal

위구[危懼] 걱정하고 두려워함. 「~심(心)」きく fear

위구르[Uighur] 몽고·투르키스탄 지방에 살고 있던 터키계 민족(民族).

위국[危局] 위험한 국면(局面). 위태로운 판국. ききょく critical situation

위국[爲國] 나라를 위함. 「~충절(忠節)」

위권[威權] 위세와 권력. いけん authority

위궤양[胃潰瘍] 위벽(胃壁)에 생기는 궤양. いかいよう stomach ulcer

위그노[프 Huguenot] 16~18세기 프랑스의 칼뱅파 신교도(新敎徒). ユグノー

위극[危極] 아주 위태로움. crisis

위급[危急] 매우 위태롭고 급함. 「~존망지추(存亡之秋)」ききゅう emergency

위기[危機] 위험한 고비. 「~일발(一髮)」きき crisis

위기[委寄] 어떤 일을 맡김. 위탁함. =위임(委任). trust

위기[圍碁] 바둑. 또는 바둑을 둠. いご

위기[違期] 약속한 기한을 어김. failing to keep the time limit

위기일발[危機一髮] 한 오리의 머리카락으로 무거운 짐을 당기어 당장에라도 끊어질 지경

이라는 뜻으로, 매우 위급한 순간을 비유하여 이르는 말. = 위여일발(危如一髮). ききいっぱつ imminent danger

위난[危難] 위태롭고 어려움. 또는 위급한 재난. きなん danger

위남자[偉男子] 체격이나 인격이 아주 늠름한 남자. great man

위다안소[危多安少] 사태나 병세가 위험성이 많아 안심하기 어려움.

위답[位畓] 위토답(位土畓)의 준말.

위대[偉大] ① 몹시 큼. ② 대단히 뛰어남. 「~한 업적(業績)」 いだい greatness

위덕[威德] 위엄과 덕망. いとく virtue and dignity

위도[緯度] 지구 위의 위치를 나타내는 좌표의 하나. 적도(赤道)를 0도로 하여 남북으로 각각 평행하게 90도씩 나눔. ↔경도(經度). いど latitude

위독[危篤] 병세가 중하여 목숨이 위태로움. きとく critical condition of illness

위락[慰樂] 위안과 즐거움. 「~시설(施設)」 recreation

위력[威力] 남을 위압하여 복종하게 하는 힘. 또는 강대한 힘. いりょく power

위력[偉力] 위대한 힘. 뛰어난 역량. いりょく great power

위령[威令] 위엄이 있는 명령. =위명(威命). いれい authoritative order

위령[違令] 명령을 어김. いれい violation of an order

위령[慰靈] 죽은 사람의 영혼을 위로함. 「~제(祭)」 いれい consoling the souls of the dead

위례[違例] 상례(常例)를 벗어남. いれい abnormality

위로[慰勞] ① 수고에 대해 어루만져 치사함. 「~금(金)」 ② 몸이나 마음의 괴로움을 잊도록 달램. いろう
① recognition of sb's services
② consolation

위망[位望] 지위와 명망. いぼう position and fame

위망[威望] 위세(威勢)와 명망(名望). いぼう influence and reputation

위망[僞妄] 거짓됨과 망령됨. falseness and insanity

위맹[威猛] 위세가 있고 맹렬함. dignified fierceness

위명[威名] 위력을 떨치는 명성. いめい prestige

위명[威命] 위엄이 있는 명령. = 위령(威令). いめい dignified order

위명[偉名] 거룩한 이름. 위대한 이름. いめい great name

위명[僞名] 거짓 이름. =가명(假名)·양명(佯名). ↔본명(本名)·실명(實名). ぎめい false name

위무[威武] ① 위세와 무력. ② 위엄이 있고 씩씩함. 「~당당(堂堂)」 いぶ
① authority and force

위무[慰撫] 위로하고 어루만져 달래는 일. =위부(慰拊). いぶ pacification

위문[慰問] 불행한 사람이나 수고하는 사람들을 문안하고 위로함. 「~단(團)」 いもん consolation

위문대[慰問袋] 일선 장병이나 이재민 등을 위문하기 위하여 생활 필수품 따위를 넣어서 보내는 주머니. いもんぶくろ

위문품[慰問品] 위문하기 위해 보내는 물품. いもんひん comfort bag / comforts

위물[僞物] 가짜 물건. 가짜. ぎぶつ counterfeit

위미[萎靡] 시들어 힘이 없음. いび decay

위민[爲民] 백성을 위함. 「~정책(政策)」 for the people

위반[違反] 약속이나 법령을 어김. =위배(違背). 「계약(契約)~」 いはん violation

위배[違背] ⇨위반(違反). いはい

위법[違法] 법을 어김. ↔합법(合法). いほう illegality

위법자폐[爲法自弊] 자기가 정한 법을 스스로 범하여 벌을 받는다는 뜻으로, 자기가 한 일로 자기가 고난을 받음의 비유.

위벽[胃壁] 위(胃)를 형성하는 벽. 점막(粘膜)·근층(筋層)·장액막(漿液膜)으로 이루어짐. いへき walls of the stomach

위병[胃病] 위에 생기는 병의 총칭. いびょう stomach disorder

위병[衛兵] 호위·경비·단속을 위하여 일정한 곳에 배치되는 병사. えいへい guard

위부[胃腑] 식도(食道)와 연결된 주머니 모양의 소화 기관. 밥통. =위(胃). stomach

위비언고[位卑言高] 지위가 낮은 사람이 윗사람의 처사를 큰 소리로 비평함.

위:빙[weaving] 권투에서, 머리와 상체(上體)를 좌우로 흔들어 상대편의 공격을 피하면서 공격하는 일. ウィービング

위산[胃酸] 위액(胃液) 속에 들어 있는 산(酸). 「~과다(過多)」 いさん acid in the stomach

위산[違算] ①계산이 틀림. 또는 틀린 계산. ②계획이 어긋남. いさん ① miscalculation

위상[位相] ①주기적 현상에서, 어떤 시각 또는 위치에서의 변화의 국면. ②지역·직업·성별·연령, 또는 문어(文語)와 구어(口語) 등에 따라 나타나는 말씨의 차이. いそう ① phase

위상[委詳] 자세하고 세밀함. =위곡(委曲). minuteness

위생[衛生] 건강 증진을 꾀하고 질병의 예방이나 치료에 힘쓰는 일. 「~관리(管理)」 えいせい sanitation

위선[胃腺] 위액(胃液)이 분비되는 선(腺). いせん

위선[僞善] 겉으로만 착한 체함. 「~자(者)」 ぎぜん hypocrisy

위선[緯線] 적도(赤道)와 평행하게 남북으로 그린, 위도를 나타내는 가상의 선. 씨줄. 씨금. ↔경선(經線). いせん latitude line

위성[衛星] 행성의 둘레를 도는 작은 천체(天體). 달별. =배성(陪星). えいせい satellite

위성 국가[衛星國家] 강대국의 주변에 있어 그 지배나 영향을 받고 있는 나라. =위성국(衛星國). えいせいこっか satellite state

위성 도시[衛星都市] 대도시 주변에서 대도시와 밀접한 관계를 가지고 발달하여 대도시 기능의 일부를 분담하고 있는 중소 도시. えいせいとし satellite city

위세[委細] 세밀하고 자상함. =상세(詳細). いさい details

위세[威勢] ①남을 복종시키는 기세. ②위엄 있는 기세. い

위수[位數] 수(數)의 단위를 나타내는 자리. 일(一)·십(十)·백(百)·천(千)… 등.

위수[衛戍] 육군 부대가 일정 지역 안의 경비나 질서를 유지하기 위하여 오래 주둔하는 일. 「~사령부(司令部)」えいじゅ stationing

위스키[whiskey] 양주(洋酒)의 한 가지. 곡류를 당화·발효시킨 뒤 증류(蒸溜)하여 만듦. ウイスキー

위시[爲始] 비롯함. 시작함. 「대장을 ~한 많은 장병들」 beginning

위신[威信] 위엄과 신의(信義). 권위와 신망. いしん dignity

위실[違失] 부주의(不注意)로 생긴 잘못. =과실(過失)·실수(失手). いしつ blunder

위악[僞惡] 악한 체함. ↔위선(僞善). ぎあく pretended villain

위안[慰安] 위로하여 안심시킴. 「~처(處)」いあん consolation

위암[危巖] 절벽을 이룬 높은 바위.

위암[胃癌] 위에 생기는 악성(惡性) 종양(腫瘍). いがん stomach cancer

위압[威壓] 위력(威力)으로 억누름. いあつ coercion

위액[胃液] 위샘에서 분비되는 소화액(消化液). いえき gastric juice

위약[胃弱] 위의 기능이 쇠약해서 있는 상태. いじゃく dyspepsia

위약[違約] 약속이나 계약을 어김. 「~금(金)」いやく breach of a contract

위양[委讓] 권리나 권한 등을 다른 사람이나 어떤 기관에 넘겨 줌. 「권리(權利) ~」いじょう transfer

위언[違言] ① 자기가 한 말을 스스로 어김. ② 이치에 어긋나는 말. いげん
① breaking one's word

위언[僞言] 거짓말. =양언(佯言). ぎげん lie

위엄[威嚴] 의젓하고 엄숙함. 또는 그런 느낌. いげん dignity

위업[偉業] 위대한 사업이나 업적. いぎょう great work

위업[爲業] 생업(生業)으로 삼음. engaging oneself in

위여누:란[危如累卵] 위험하기가 달걀을 쌓아 둔 것과 같다는 뜻으로, 몹시 위태로운 상태를 이르는 말. imminent peril

위열[慰悅] 위로하여 기쁘게 함. delight

위염[胃炎] 위의 점막에 생기는 염증성 질환. 위카타르(胃catarrh). いえん gastritis

위요[圍繞] ① 둘레를 둘러쌈. ② 재래식 혼례에서, 가족으로 신랑이나 신부를 데리고 가는 사람. =상객(上客)·후행(後行)·후배(後陪)·요객(繞客). いじょう·いにょう ① enclosing

위용[威容] 위엄이 있는 모습. いよう dignified appearance

위용[偉容] 당당한 모양. 훌륭한 용모. いよう grand appearance

위원[委員] 단체에서 선정되어 특별한 임무를 맡아보는 사람. 「운영(運營) ~」いいん committeeman

위원회[委員會] 기관·단체 등에서 특정한 목적 아래 위원으로 구성된 합의체. いいんかい committee

위유[慰諭] 위로하고 타이름.

위의[危疑] ① 의심하고 두려워함. ② 위태롭고 불안함. きぎ ① doubt / admonition

위의[威儀] ① 위엄이 있는 거동(擧動). ② 불교에서, 규율에 맞는 행동. いぎ ① dignified mien

위인[偉人] 도량과 재지(才智)가 뛰어난 사람. 또는 위대한 일을 한 사람. 「～전(傳)」いじん great man

위인[爲人] 사람의 됨됨이. 또는 됨됨이로 본 그 사람. ひととなり character

위인[僞印] 위조한 도장. 가짜 도장. ぎいん false seal

위임[委任] 일 또는 사무의 처리를 남에게 맡김. 「～장(狀)」いにん mandate

위임 통:치[委任統治] 제1차 세계 대전 이후에 국제 연맹의 위임에 따라 전승국(戰勝國)이 패전국의 식민지 등을 맡아서 통치하던 일. 「～국(國)」いにんとうち mandatory administration

위자[慰藉] 위로하고 도와 줌. いしゃ consolation

위작[位爵] 위(位)와 작(爵). 지위와 벼슬. rank and peerage

위작[僞作] 진짜와 비슷하게 만듦. 또는 그 작품. ぎさく forgery

위장[胃腸] 위와 장. 「～병(病)」いちょう stomach and bowels

위장[僞裝] 남의 눈을 속이기 위해 거짓으로 꾸밈. ≒의장(擬裝). ぎそう camouflage

위장망[僞裝網] 포상(砲床)·군용 건물·장비 따위를 위장하는 데 쓰는 그물. ぎそうもう camouflage net

위장부[偉丈夫] 인품이나 용모가 뛰어난 남자. ≒위남자(偉男子). いじょうふ great man

위재[偉才] 뛰어난 재능. 또는 그런 재능이 있는 사람. いさい great talent

위재[偉材] 뛰어난 재능을 가진 사람. 뛰어난 인물. いざい gifted person

위전[位田] 위토전(位土田)의 준말.

위정[爲政] 정치를 함. 「～자(者)」いせい governing

위제[僞製] ⇨위조(僞造).

위조[僞造] 남을 속이기 위하여 가짜를 진짜처럼 만듦. ≒위제(僞製). ぎぞう forgery

위조 지폐[僞造紙幣] 위조한 지폐. 가짜 지폐. 준위폐(僞幣). ぎぞうしへい counterfeit note

위종[衛從] 곁에 따르며 호위함. えいじゅう escort

위주[爲主] 주되는 것으로 삼음. 주로 함. 「공업(工業) ～」 chief aim

위중[危重] 병세가 대단함. ≒위독(危篤). serious condition of illness

위중[威重] 위엄이 있고 태도에 무게가 있음. prudence

위증[危症] 위중한 병세(病勢). dangerous symptom

위증[僞證] ① 거짓 증거. ② 증인이 거짓 증언(證言)을 함. ぎしょう false evidence

위지[危地] 위험한 곳. 또는 위태로운 처지. ≒위경(危境). 「～ 탈출(脫出)」きち dangerous place

위지협지[威之脅之] 갖가지로 을러대고 호통을 침.

위집[蝟集] 고슴도치의 털처럼 한곳에 많이 모임. いしゅう

위차[位次] 지위나 계급의 차례. 位次 いじ thronging rank

위착[違錯] 말의 앞뒤가 맞지 않음. 違錯 contradiction

위촉[委囑] 남에게 맡겨 부탁함. 委囑 いしょく commission

위축[萎縮] ① 시들어서 오그라듦. ② 어떤 힘에 눌려서 기를 펴지 못함. いしゅく 萎縮 withering

위치[位置] ① 사회적으로 차지한 자리. 곧, 지위(地位)·신분(身分)·지보(地步) 등. ② ⇨처지(處地). ③ 사물이 있는 일정한 곳. いち 位置
① position ③ place

위칭[僞稱] 거짓으로 일컬음. 또는 그 호칭(呼稱). ぎしょう 僞稱 false name

위탁[委託] 남에게 부탁하여 책임을 맡김. 「~판매(販賣)」 いたく 委託 trust

위태[危殆] 마음을 놓을 수 없을 만큼 형편이 안전하지 못한 상태임. きたい 危殆 dangerousness

위토[位土] 소출을 제향(祭享)의 비용으로 쓰기 위하여 농사짓는 논밭. 위전(位田)·위답(位畓) 등. 位土

위토답[位土畓] 위토로 정한 논. 位土畓 ⇨위답(位畓).

위토전[位土田] 위토로 정한 밭. 位土田 ⇨위전(位田).

위통[胃痛] 위가 아픈 증세. い 胃痛 つう stomachache

위트[wit] 기지(機智). 재치. 익살. ウイット 機智

위판[僞版] 일정한 절차를 밟지 않고 몰래 한 출판. 또는 그 출판물. ぎはん 僞版 pirated edition

위패[位牌] 신주(神主)의 이름을 적은 나무 패. =목주(木主)·위판(位版). いはい 位牌 memorial tablet

위편삼절[韋編三絶] 공자(孔子)가 주역(周易)을 즐겨 읽어 책을 맨 가죽 끈이 세 번이나 끊어졌다는 고사에서, 독서에 힘씀을 이르는 말. 韋編三絶孔子

위폐[僞幣] 위조 지폐(僞造紙幣)의 준말. 僞幣

위품[位品] 벼슬의 품계(品階). 位品 rank

위풍[威風] 위엄이 있는 풍채. 威風 「~당당(堂堂)」 いふう
dignified air

위풍늠:름[威風凜凜] 풍채가 위엄이 있고 씩씩함. いふうりんりん 威風凜凜

위필[僞筆] 위조한 필적. ぎひつ 僞筆 forged handwriting

위하[威嚇] ⇨위협(威脅). 威嚇

위하수[胃下垂] 위가 정상 위치보다 아래로 처진 상태. いかすい 胃下垂 gastroptosis

위해[危害] 사람의 몸이나 목숨에 미치는 위험이나 손해. きがい 危害 harm

위허[胃虛] 위가 허약함. 胃虛 indigestion

위헌[違憲] 법률이 그 상위 법규인 헌법에 위배됨. いけん 違憲
unconstitutionality

위험[危險] 위태롭고 험하여 안전하지 못함. 「~성(性)」 きけん 危險 danger

위험 수위[危險水位] 강이나 호수 등의 물이 불어 홍수가 날 염려가 있는 수위. きけんすいい 危險水位
dangerous level

위험시[危險視] 위험하게 여김. 危險視 きけんし
regarding as dangerous

위협[威脅] 으르고 협박함. =협위(脅威)·위하(威嚇). threat 威脅

위화[違和] ① 몸의 상태가 좋지 違和

않음. ② 다른 사물과 조화되지 않는 일. いわ

위화감[違和感] 서로 잘 어울리지 않는 어설픈 느낌. いわかん sense of incompatibility

위확장[胃擴張] 위가 늘어나서 수축하지 않게 된 상태. いかくちょう dilatation of the stomach

위효[偉效] 뛰어난 효험(效驗). いこう great effect

위훈[偉勳] 위대한 공훈. =위공(偉功). いくん great service

위휼[慰恤] 위로하여 도와 줌.

위흥[蔚興] 성하게 일어남.

윈도:[Window] 미국 마이크로소프트사가 개발한 개인용 컴퓨터 운영 체제(運營體制)의 하나. 명령어늘 모드드리고 마우스로 아이콘을 선택함으로써 필요한 작업을 할 수 있음.

윈드서:핑[wind surfing] 수상(水上) 스포츠의 한 가지. 파도타기에 사용하는 판 위에 돛을 달고 바람을 받으며 파도 글 팀. ウインドサーフィン

윈치[winch] 무거운 물건을 밧줄이나 쇠줄에 매달고, 그 줄을 감았다 풀었다 함으로써 물건을 위아래로 옮기는 기계. 권양기(捲揚機). ウインチ

윌리윌리[willy-willy] 오스트레일리아 북부 주변 해상에서 발생하는 열대성 저기압(熱帶性低氣壓).

윙[wing] 축구 등에서, 전위(前衛) 가운데서 바깥쪽의 자리. 또는 그 자리를 맡은 선수. ウイング

윙크[wink] 한쪽 눈을 깜빡거리는 눈짓. ウインク

유[幼]* 어릴 유 : 어리다. 「幼稚(유치)·幼昧(유매)·幼孤(유고)·幼兒(유아)·幼子(유자)·幼主(유주)·長幼(장유)·老幼(노유)」ヨウ・おさない

유[由]* 말미암을 유 : 말미암다. 연유하다. 「緣由(연유)·由來(유래)·由緖(유서)」ユウ・ユ・よし

유:[有] ① 있을 유 : 있다. 가지다. 「有福(유복)·有事(유사)·有産(유산)·有效(유효)·有罪(유죄)·有性(유성)·保有(보유)·國有(국유)·公有(공유)·私有(사유)」② 또 유 : 또. 「十有五年(십유오년)」ユウ・ウ ① ある·もつ ② また

유[酉]* 열째 지지 유 : 지지(地支)의 하나. 닭. 「辛酉(신유)·酉年(유년)·酉方(유방)」ユウ・とり

유[乳]☆ 젖 유. 싯. 「牛乳(우유)·乳頭(유두)·乳液(유액)·粉乳(분유)·羊乳(양유)·授乳(수유)·乳母(유모)」ニュウ・ちち

유[油]* ① 기름 유 : 기름. 「油性(유성)·油脂(유지)·豆油(두유)·搾油(착유)·魚油(어유)」② 구름 피어 오를 유 : 구름 따위가 피어 오르다. 「油然(유연)」ユ・ユウ ① あぶら

유[臾] 잠깐 유 : 잠깐. 「須臾(수유)」ユ

유[兪] ① 그럴 유 : 그러하다. 승낙하다. 「兪允(유윤)」② 대답할 유 : 대답하다. 「兪音(유음)」ユ

유[囿] 동산 유 : 동산. 「囿苑(유원)·囿人(유인)」ユウ

유[宥] 용서할 유 : 용서하다. 「宥恕(유서)·宥免(유면)·宥罪(유죄)·宥和(유화)」ユウ・ゆるす·なだめる

유[幽]* ① 그윽할 유 : 그윽하다. 깊다. 「幽閨(유규)·幽景

(유경)·幽閑(유한)·幽棲(유서)·幽靈(유령)·幽言(유언)」② 가둘 유:가두다.「幽閉(유폐)·幽囚(유수)」 ユウ ① ふかい

유[柚] 유자 유:유자. 유자나무.「柚實(유실)·柚皮(유피)」 ユ・ゆず

유[柔]* 부드러울 유:부드럽다. 순하다. 연약하다.「柔弱(유약)·柔風(유풍)·柔軟(유연)·柔和(유화)·柔順(유순)·優柔(우유)」 ジュウ・ニュウ・やわらかい

유[唯]* ① 오직 유:오직.「唯一(유일)·唯心論(유심론)·唯物論(유물론)·唯我獨尊(유아독존)」② 대답할 유:대답하다. 공손히 대답하는 말.「唯唯諾諾(유유낙낙)」 ユイ ① ただ

유[悠]☆ ① 멀 유:멀다. 아득하다.「悠久(유구)」② 한가할 유:한가하다.「悠悠自適(유유자적)·悠然(유연)」 ユウ はるか

유[惟]☆ ① 생각할 유:생각하다.「思惟(사유)」② 오직 유:오직.「惟獨(유독)」 ユイ・イ ① おもう ② ただ

유[喩] ① 비유할 유:비유하다.「比喩(비유)·譬喩(비유)」② 깨우쳐 줄 유:깨우쳐 주다.「訓喩(훈유)」 ユ ② さとす

유[庾] 노적가리 유:노적가리.「庾積(유적)」 ユ

유[愉] 즐거울 유:즐거워하다.「愉悅(유열)·愉快(유쾌)·愉逸(유일)」 ユ・たのしい・よろこぶ

유[揄] ① 당길 유:당기다. 끌다.「揄揚(유양)」② 희롱할 유:희롱하다.「揶揄(야유)」 ユ

유[揉] ① 휠 유:휘다. 바로잡다.「揉木(유목)」② 부드럽게 할 유:부드럽게 하다.「揉紙(유지)」 ジュウ ② もむ

유[游] ① 헤엄칠 유:헤엄치다. 떠내려가다.「游泳(유영)·浮游(부유)」② 노닐 유:노닐다.「游覽(유람)·游歷(유력)·游觀(유관)·游放(유방)·游民(유민)」 ユウ・ユ ① およぐ ② あそぶ

유[猶]* ① 같을 유:같다.「猶女(유녀)·猶父(유부)·猶孫(유손)」② 오히려 유:오히려.「猶不足(유부족)」③ 머뭇거릴 유:머뭇거리다.「猶豫(유예)」 ユウ ① ごとし ② なお

유[裕]☆ 넉넉할 유:넉넉하다.「餘裕(여유)·富裕(부유)·裕福(유복)·裕寬(유관)」 ユウ・ゆたか

유[釉] 물건 빛날 유:물건이 빛나다.「釉藥(유약)·釉灰(유회)」 ユウ

유[愈]☆ ① 나을 유:낫다.「快愈(쾌유)」② 더욱 유:더욱.「愈往愈甚(유왕유심)·愈出愈怪(유출유괴)」 ユ ② いよいよ

유[瑜] 옥 유:옥.「瑜伽(유가)」 ユ

유[遊]* 놀 유:놀다. 떠돌다.「遊客(유객)·遊船(유선)·遊興(유흥)·遊覽(유람)·巡遊(순유)·遊星(유성)·交遊(교유)」 ユウ・ユ・あそぶ

유[維]☆ ① 맬 유:매다. 묶다. 잇다.「維持(유지)·維舟(유주)·纖維(섬유)」② 벼리 유:벼리.「維綱(유강)」 イ ① つなぐ

유[誘]☆ 꾈 유:꾀다. 당기다.「誘引(유인)·誘惑(유혹)·誘導(유도)·誘發(유발)·誘致(유치)」 ユウ・さそう

유[蝣] 하루살이 유:하루살이.

「蜉蝣(부유)」ユウ

유[儒]* ① 선비 유 : 선비. 유도. 「儒道(유도)·儒學(유학)·儒生(유생)·碩儒(석유)」② 난쟁이 유 : 난쟁이. 「侏儒(주유)」ジュ

유[諛] 아첨할 유 : 아첨하다. 「阿諛(아유)·諛辭(유사)·諛媚(유미)·諛言(유언)」ユ・へつらう

유[諭] ① 깨우칠 유 : 깨우치다. 「諭示(유시)·諭告(유고)·開諭(개유)·教諭(교유)」② 비유할 유 : 비유하다. 「直諭(직유)·隱諭(은유)」ユ・さとす

유[蹂] 밟을 유 : 밟다. 「蹂躪(유린)·蹂踐(유천)」ジュウ・ふむ

유[踰] 넘을 유 : 넘다. 「踰年(유년)·踰越(유월)·踰侈(유치)」ユ・こえる

유[遺]* ① 잃을 유 : 잃다. 「遺失(유실)」② 남길 유 : 남기다. 끼치다. 「遺言(유언)·遺腹(유복)·遺傳(유전)·遺物(유물)」イ・ユイ・のこる

유[孺] ① 젖먹이 유 : 젖먹이. 「孺子(유기)」② 사모할 유 : 사모하다. 「孺慕(유모)」③ 딸릴 유 : 딸리다. 「孺人(유인)」ジュ

유[濡] ① 적실 유 : 적시다. 「濡潤(유윤)·濡筆(유필)」② 막을 유 : 막다. 「濡滯(유체)」ジュ

유[鍮] 놋쇠 유 : 놋쇠. 「鍮器(유기)·鍮盤(유반)·鍮硯(유연)」チュウ

유[癒] 병 나을 유 : 병이 낫다. 「治癒(치유)·癒着(유착)·癒合(유합)·快癒(쾌유)」ユ・いえる

유가[油價] 석유의 가격.

유가[儒家] 공자의 학설을 신봉하는 학파(學派). じゅか Confucianist

유가족[遺家族] 죽은 사람의 뒤에 남겨진 가족. いかぞく bereaved family

유:가 증권[有價證券] 사법상 (私法上)의 재산권을 표시한 증권. 주권(株券)·어음·수표 따위. ゆうかしょうけん securities

유:각호[有脚湖] 물이 흘러 나가는 하천이 있는 호수. =유구호(有口湖). ↔무각호(無脚湖). ゆうきゃっこ

유:감[有感] 감상이나 느낌이 있음.

유감[遺憾] ① 불만스럽고 언짢음. ② 마음에 차지 않거나 기대에 어그러져 섭섭하고 한스러움. 「~천만(千萬)」いかん regret

유:개[有蓋] 지붕이나 뚜껑이 있음. ↔무개(無蓋). 「~화차(貨車)」ゆうがい

유객[幽客] 속세를 떠나 한가롭게 지내는 사람. hermit

유객[遊客] ① 놀고 지내는 사람. ② 유람하는 사람. ③ 주색(酒色)으로 소일하는 사람. ゆうかく ① idle fellow ② tourist ③ playboy

유객우[留客雨] 손님이 떠나지 못하도록 계속해서 내리는 비.

유거[幽居] 속세를 떠나 외딴 곳에 삶. 또는 그 집. ゆうきょ secluded life

유격[遊擊] 전열(戰列)을 떠나 그때 그때 형편에 따라서 적을 공격함. 「~대(隊)」ゆうげき hit-and-run attack

유격수[遊擊手] 야구에서, 이루(二壘)와 삼루(三壘) 사이를 지키는 내야수(內野手). ゆうげきしゅ shortstop

유견[謬見] 틀린 견해. 잘못된 생각. びゅうけん wrong view

유경[幽境] 그윽하고 조용한 곳. ゆうきょう　solitude

유경[留京] 시골 사람이 서울에서 묵음.　staying in capital

유경[鍮檠] 놋쇠로 만든 등잔 받침.　oil lamp stand

유계[幽界] 사람이 죽은 뒤에 혼령이 가서 산다는 세상. 저승. 저 세상. =황천(黃泉). ゆうかい　other world

유계[遺戒] 고인(故人)이 생전에 남긴 훈계(訓戒). =유훈(遺訓). ゆいかい·いかい teachings of the departed

유계[謬計] 잘못된 계획. びゅうけい　wrong plan

유:고[有故] 사고가 있음. ↔무고(無故). 「~ 결석(缺席)」 accident

유고[諭告] ① 타이름. ② 나라에서 결행할 일을 국민에게 알림. 또는 그 고시(告示). ゆこく　① admonition ② official announcement

유고[遺孤] 부모를 여읜 외로운 아이. いこ　orphan

유고[遺稿] 죽은 사람이 남긴 원고. いこう posthumous manuscripts

유곡[幽谷] 그윽하고 깊은 골짜기. 「심산(深山)~」 ゆうこく　deep valley

유골[遺骨] 죽은 사람의 뼈. =유해(遺骸). いこつ　ashes

유:공[有功] 공로가 있음. 「~훈장(勳章)」 ゆうこう meritoriousness

유과[油菓] 유밀과(油蜜菓)의 준말.

유:관[有關] 관계가 있음.

유관[裕寬] 너그러움. generosity

유관[遊觀] 돌아다니며 구경함. =유람(遊覽). ゆうかん sightseeing

유광[流光] ① 흐르는 물과 같이 빨리 가는 세월. =유수광음(流水光陰). ② 흐르는 물에 비치는 달빛. りゅうこう ① passing of time like a flowing stream

유:광지[有光紙] 광택이 나도록 가공한 종이. glossy paper

유괴[誘拐] 좋지 않은 목적으로 남을 꾀어 냄. =괴인(拐引). ゆうかい　kidnapping

유교[儒敎] 공자(孔子)의 사상에 바탕을 둔 정치나 도덕의 가르침. 「~사상(思想)」 じゅきょう　Confucianism

유교[遺敎] 임종 때에 남긴 가르침. =유명(遺命). いきょう last wish

유구[悠久] 끝없이 오래 이어짐. =유원(悠遠). 「~한 역사(歷史)」 ゆうきゅう　permanence

유:구[類句] 뜻이 비슷한 어구(語句). 유사한 구. るいく synonym

유:구무언[有口無言] 입은 있으나 할 말이 없다는 뜻으로, 변명이나 항변할 말이 없음을 이름.　having no word to say in excuse

유:구불언[有口不言] 할 말은 있으나 사정상 말을 하지 아니함.

유:구호[有口湖] 물이 흘러 나갈 하천이 있는 호수. =유각호(有脚湖). ↔무구호(無口湖). ゆうこうこ

유군[幼君] 나이 어린 군주(君主). =유주(幼主). ようくん young king

유군[遊軍] ① 유격대에 속한 군사. =유병(遊兵). ② 놀고 지

내는 사람. =유식자(遊食者). ゆうぐん ① ranger

유:권[有權] 권리가 있음. ゆうけん being entitled to

유:권자[有權者] 선거권(選擧權)이 있는 사람. ゆうけんしゃ voter

유:권 해:석[有權解釋] 국가 기관에 의한 구속력 있는 법의 해석. =공권적 해석(公權的解釋). ゆうけんかいしゃく authoritative interpretation

유:규[類規] 같은 종류의 법률이나 규칙. るいき similar regulations

유근[幼根] 종자 식물의 씨앗에서 싹이 트면서 자라기 시작하는 연한 뿌리. 어린뿌리. ようこん radicles

유글레나[euglena] 편모충류에 속하는 원생동물. 몸 속의 엽록소(葉綠素)로 햇빛을 받아 탄소 동화 작용을 하며, 동물과 식물의 특징을 모두 가지고 있음. 연두벌레. ユーグレナ

유금[游金] 쓰지 않고 놀리는 돈. ゆうきん・あそびがね

유금류[游禽類] 물 위를 헤엄쳐 다니는 새를 통틀어 이르는 말. 기러기·오리 따위. ゆうきんるい natatorial birds

유:급[有給] 급여(給與)의 지급이 있음. ↔무급(無給). 「~휴일(休日)」ゆうきゅう stipendiary

유급[留級] 진급하지 못하고 그대로 남음. 「~생(生)」 remaining in the same class

유:기[有期] 유기한(有期限)의 준말. ↔무기(無期). 「~형(刑)」ゆうき

유:기[有機] ①생명을 가지며 생활 기능을 갖추고 있음. ②전체를 이루고 있는 각 부분이 서로 밀접한 관련을 가짐. ③유기 화합물(有機化合物)의 준말. ↔무기(無機). ゆうき

유:기[柳器] 고리버들의 가지를 엮어서 만든 상자 모양의 물건. 고리짝.

유기[遺棄] ①내다 버림. ②도움이 필요한 사람을 내버려 두고 다시 돌보지 않음. いき abandonment

유기[鍮器] 놋쇠로 만든 그릇. 놋그릇. brassware

유:기 감:각[有機感覺] 신체 내부 기관의 상태에 따라 느끼는 막연한 감각. 시장기·갈증·추위 따위. =일반 감각(一般感覺). ゆうきかんかく organic sense

유:기 농법[有機農法] 화학 비료나 농약을 사용하지 않고 유기 비료로 농산물을 생산하는 농법. organic agriculture

유:기물[有機物] ①생물체를 이루거나, 생물체에서 만들어진 물질. ↔무기물(無機物). ②유기 화합물(有機化合物)의 준말. ゆうきぶつ organic substance

유:기 비:료[有機肥料] 동식물질(動植物質)의 비료. 인분(人糞)·어비(魚肥)·녹비(綠肥)·퇴비(堆肥)·깻묵 따위. ↔무기 비료(無機肥料). ゆうきひりょう organic fertilizer

유:기음[有氣音] 한글 자음(子音)의 소리내는 방법에 따른 갈래의 하나. 거세게 소리내는 자음으로, 파열음(破裂音)인 'ㅋ·ㅌ·ㅍ'과 파찰음(破擦音)인 'ㅊ'이 이에 딸림. 거센소리. =격음(激音). ↔무기음(無氣音). ゆうきおん aspirate

유:기적[有機的] 유기체처럼 전체를 이루는 부분과 부분이 서로 밀접한 관련을 가지고 있는 것. 「~ 관계(關係)」 ゆうきてき　organic

유:기체[有機體] ①유기물로 이루어진, 생활력이 있는 조직체. ②각각 다른 기능을 가진 부분이 일정한 목적 아래 통일·조직되어 있으며, 서로 떨어질 수 없는 연관 관계를 가지는 조직체. ゆうきたい　organism

유:기한[有期限] 기한이 정해져 있음. ↔무기한(無期限). 🔁유기(有期). terminableness

유:기 화학[有機化學] 유기 화합물을 연구하는 학문. ↔무기 화학(無機化學). ゆうきかがく　organic chemistry

유:기 화합물[有機化合物] 탄소(炭素)를 주성분으로 하는 화합물의 총칭. 🔁유기(有機)·유기물(有機物). ゆうきかごうぶつ　organic compound

유:나[柔懦] 마음이 약하고 겁이 많음. じゅうだ　effeminacy

유:난무난[有難無難] 있어도 곤란하고 없어도 곤란함.

유녀[幼女] 나이 어린 계집아이. ↔유남(幼男). ようじょ young girl

유년[幼年] 어린 나이. 또는 어린아이. ↔노년(老年). ようねん　childhood

유년기[幼年期] ①어린이의 성장·발달의 한 단계. 유아기와 소년기의 중간으로, 초등학교 저학년·유치원생에 해당하는 시기. ②법률에서, 형사 처벌 대상에서 제외되는 만 14세 미만의 어린 시기. ようねんき　childhood

유년 사:주[流年四柱] 일생의 운수를 해마다 해를 따라 풀어 놓은 사주. 🔁유년(流年).

유념[留念] 마음에 새기고 생각함. attention

유뇨증[遺尿症] 오줌을 가릴 나이가 지나서도 밤에 자면서 무의식적으로 오줌을 지리는 병. いにょうしょう　enuresis

유:능[有能] 재능 또는 능력이 있음. ↔무능(無能). 「~한 인사(人士)」 ゆうのう competence

유능제:강[柔能制剛] 부드러운 것이 능히 굳센 것을 이김.

유니버:시아드[Universiade] 국제(國際) 학생 경기 대회. 2년마다 열림. ユニバーシアード

유니버:시티[university] 종합 대학(綜合大學). ユニバーシティー

유니섹스[unisex] 옷·머리 모양 등에서 남녀의 구별이 없는 것. 또는 그런 풍조(風潮). ユニセックス

유니언[union] ①결합. 연합. 동맹. ②동업 조합(同業組合). ③노동 조합. ユニオン

유니언숍[union shop] 고용 관계에 들어간 근로자는 노동 조합에 가입해야 하며, 조합원 자격을 잃었을 때는 사용자가 그를 해고해야 한다는 노동 협약(勞動協約)상의 협정. ユニオンショップ

유니폼[uniform] ①제복(制服). ②운동복. ユニホーム

유:단자[有段者] 유도·태권도·바둑 따위에서 초단(初段) 이상인 사람. ゆうだんしゃ grade holder

유당[乳糖] 포유동물의 젖 속에 들어 있는 이당류(二糖類).

젖당. 락토오스. にゅうとう milk sugar

유대[紐帶] 둘 이상의 대상이 서로 연결 또는 결합되는 관계. 「~ 강화(強化)」ちゅうたい mutual relationship

유:덕[有德] 덕(德)이 있음. 또는 덕행(德行)이 있음. ↔무덕(無德). ゆうとく virtuousness

유덕[遺德] 죽은 사람이 끼친 은덕(恩德). いとく virtue of the departed

유:도[有道] 도덕을 지니고 있음. 또는 그런 사람. ゆうどう virtuousness

유도[乳道] ① 젖이 나오는 분비선(分泌腺). ② 젖이 나오는 분량. ① mammary gland

유도[柔道] 두 경기자가 맨손으로 맞잡고 서서 서로 상대편의 힘을 이용하여 넘어뜨리거나 메어치거나 조르거나 하여 승부를 겨루는 운동. じゅうどう judo

유도[誘導] 꾀어서 이끎. 「~ 작전(作戰)」ゆうどう inducement

유도[儒道] ① 유교(儒教)의 도. 공맹(孔孟)의 가르침. ② 유교(儒教)와 도교(道教). じゅどう ① Confucianism

유도 신:문[誘導訊問] 혐의자를 신문(訊問)할 때, 희망하는 답변을 암시하면서 하는 신문(訊問). ゆうどうじんもん leading question

유도체[誘導體] 어떤 화합물의 일부분이 화학적으로 변화해서 생기는 화합물. ゆうどうたい derivative

유도탄[誘導彈] 유도 장치에 의해 자동적으로 목표물로 날아가 목표물을 파괴하는 폭탄. ゆうどうだん guided missile

유:독[有毒] 독성이 있음. ↔무독(無毒). 「~ 가스」ゆうどく noxiousness

유독[惟獨・唯獨] ① 오직 홀로. 많은 가운데 홀로. ② 유달리. ① only

유동[流動] ① 액체 같은 것이 흘러 움직임. ② 이리저리 옮기어 다님. りゅうどう ① flowing

유동식[流動食] 소화되기 쉽게 요리된 유동체의 음식물. 우유・미음 따위. りゅうどうしょく liquid food

유동 원목[遊動圓木] 굵은 통나무의 양 끝을 쇠사슬로 V자형으로 매달아 앞뒤로 흔들어 타고 놀 수 있게 만든 기구. ゆうどうえんぼく swinging pole

유동 자:금[流動資金] 유동 자본에 투입(投入)된 자금. ↔고정 자금(固定資金). りゅうどうしきん floating fund

유동 자:본[流動資本] 원료나 보조 재료처럼 한 번 생산 과정을 거침으로써 그 가치의 전부가 생산물로 바뀌는 자본. ↔고정 자본(固定資本). りゅうどうしほん floating capital

유동체[流動體] 유동성을 가진 것. 기체와 액체를 아울러 이르는 말. =유체(流體). りゅうどうたい fluid

유두[乳頭] ① 젖꼭지. ② 동물의 혀나 피부에 있는 젖꼭지 모양의 작은 돌기. にゅうとう papilla

유두[油頭] 기름을 바른 머리. 「~분면(粉面)」 greased hair

유두[流頭] 우리 나라 고유 명절의 하나. 음력 유월 보름날을 이르는 말. 동쪽으로 흐르는 물에 머리를 감는 풍속이 있음.

유라시아[Eurasia] 유럽과 아시아를 하나로 묶어 부르는 이름. 亞細亞 ユーラシア

유락[乳酪] 우유를 원료로 해서 만든 식품. 버터·치즈 따위. 乳酪 にゅうらく dairy products

유락[流落] 고향을 떠나 타향으로 떠돌아다님. 流落 りゅうらく

유락[愉樂] 마음으로부터 즐기는 일. =열락(悅樂). 愉樂 ゆらく joy

유락[遊樂] 놀면서 즐김. 遊樂 ゆうらく amusement

유람[遊覽] 여러 곳을 구경하며 돌아다님. =유관(遊觀)·유력(遊歷). 遊覽 ゆうらん excursion

유랑[流浪] 정처 없이 떠돌아다님. 「~ 생활(生活)」 流浪 るろう wandering

유랑민[流浪民] 일정한 거처가 없이 떠돌아다니며 사는 사람들. 流浪民 るろうみん nomads

유래[由來] 사물의 내력. 由來 ゆらい history

유량[流量] 단위 시간에 흐르는 물의 양. 流量 りゅうりょう flow rate

유량[留糧] 길을 떠나면서 객지에서 먹으려고 마련하는 양식. 留糧 provisions for one's journey

유:러달러[Eurodollar] 유럽의 금융 시장에서, 주로 단기 차익을 노리고 운용되는 달러 자금(資金). 金融 ユーロダラー

유:럽[Europe] 육대주의 하나. 유라시아 내륙 북서부에 돌출한 거대한 반도 모양이 대륙과 이에 딸린 여러 섬으로 이루어짐. 六大洲 ヨーロッパ

유려[流麗] 글이나 말이 유창하고 아름다움. 「~한 문장(文章)」 流麗 りゅうれい fluency

유:력[有力] ① 힘이 있음. 세력이 있음. ② 가능성(可能性)이 있음. 「~한 후보(候補)」 有力 可能性 ゆうりょく being powerful

유력[遊歷] 여러 곳을 구경하며 돌아다님. =유람(遊覽). 遊歷 ゆうれき excursion

유렵[遊獵] 사냥을 하면서 즐기는 일. =유익(遊弋). 遊獵 遊弋 ゆうりょう hunting for pleasure

유령[幼齡] 어린 나이. 幼齡 childhood

유령[幽靈] ① 죽은 사람의 영혼. =망혼(亡魂). ② 죽은 사람의 혼령이 생전의 모습으로 나타난 형상. ③ 이름뿐이고 실제는 없는 것. 「~ 회사(會社)」 幽靈 亡魂 會社 ゆうれい ghost

유령주[幽靈株] 돈을 치르지 않고 거짓으로 꾸며서 발행한 주식. 幽靈株 ゆうれいかぶ bogus share

유:례[類例] 같은 종류의 실례(實例). 類例 るいれい similar example

유로[流露] 감정 따위가 드러남. 流露 りゅうろ manifestation

유:록화홍[柳綠花紅] 버들잎은 푸르고 꽃잎은 붉다는 뜻으로, 봄철의 경치를 이르는 말. 柳綠花紅

유론[謬論] 틀린 이론. 틀린 논설. 謬論 びゅうろん wrong theory

유:료[有料] 요금을 내게 되어 있음. ↔무료(無料). 「~ 공원(公園)」 有料 無料 公園 ゆうりょう charge

유루[遺漏] 있어야 할 것이 빠져 있음. =탈루(脫漏). 遺漏 脫漏 いろう omission

유류[遺留] ① 놓아 두고 있음. ② 후세에 남겨 둠. 또는 남아 있음. 遺留 いりゅう ② bequeathment

유:리[有利] 이로움. 이익이 있음. ↔불리(不利). 「~한 조건(條件)」 有利 不利 條件 ゆうり lucrativeness

유리[流離] 의지할 데가 없어 떠 流離

돌아다님.「~표박(漂泊)」りゅうり wandering

유리[琉璃] 석영·석회암·탄산소다 등을 녹여서 굳힌 물질. 단단하나 깨어지기 쉽고, 투명함. =초자(硝子). るり glass

유리[遊離] ① 다른 것과 떨어짐. 또는 떨어져 있음. ② 화학에서, 어떤 물질을 구성하고 있는 단체(單體)나 원자단(原子團)이 그 물질에서 떨어져 따로 존재함. ゆうり
① separation ② isolation

유리[瑠璃·琉璃] ① 검푸른 빛이 나는 보석의 한 가지. ② 황금빛 점이 군데군데 있고 검푸른 빛이 나는 광석의 한 가지. るり

유:리수[有理數] 정수(整數) 그는 분수(分數)의 형태로 나타낼 수 있는 수의 총칭. ↔무리수(無理數). ゆうりすう rational number

유:리식[有理式] 근호(根號) 안에 문자가 포함되어 있지 않은 대수식. ↔무리식(無理式). ゆうりしき rational expression

유리창[琉璃窓] 유리를 끼워 만든 창. glass window

유린[蹂躪] 힘으로 남의 권리나 인격 등을 짓밟음.「인권(人權)~」じゅうりん trampling down

유림[儒林] 유도(儒道)를 닦는 선비들. =사림(士林). じゅりん Confucianists

유막[帷幕] ① 총지휘관이 있는 진영(陣營). =본영(本營)·본진(本陣). ② 기밀(機密)을 의논하는 곳. =유악(帷幄). いばく ① headquarters ② secret chamber

유:만부동[類萬不同] ① 일만 가지가 있어도 서로 다르고 같지 않음. ② 정도에 넘음. 분수에 맞지 않음.

유:망[有望] 장차 잘 될 희망이나 전망이 있음.「전도(前途)~」ゆうぼう bright prospect

유망[遺忘] 잊음. 잊어버림. =건망(健忘)·망각(忘却). いばう oblivion

유:머[humour] 익살스런 농담. 해학(諧謔). ユーモア

유:머레스크[humoresque] 경쾌하고 유머러스한 기악곡(器樂曲)의 한 형식. ユーモレスク

유면[宥免] 죄를 용서하고 방면(放免)함. ゆうめん forgiveness

유:명[有名] 세상에 이름이 알려져 있음. 또는 그런 상태. ↔무명(無名).「~인사(人士)」ゆうめい famousness

유명[幽明] ① 어둠과 밝음. ② 죽은 뒤의 세상과 지금의 세상.「~을 달리하다」ゆうめい ① light and darkness ② this and the other world

유명[幽冥] ① 그윽하고 어두움. ② 저 세상. 서승. =황천(黃泉)·유계(幽界). ゆうめい ① darkness ② the other world

유:명무실[有名無實] 이름만 있고 실상이 없음. 이름뿐이고 내용이 거기 따르지 못함. ゆうめいむじつ

유모[乳母] 어머니 대신 젖을 먹여 길러 주는 여자. 젖어머니. うば wet nurse

유모차[乳母車] 젖먹이를 태워서 끌고 다니는 작은 수레. =동차(童車). うばぐるま baby carriage

유모 혈암[油母頁巖] 석유를 함유한 암석. 저온 건류(乾溜)

유목[幼木] 어린 나무. 아직 자라지 않은 작은 나무. 幼木 young tree

유목[流木] 산에서 베어 물에 떠내려 보내는 재목. 하류에서 건져 제재(製材)함. りゅうぼく 流木 driftwood

유목[遊牧] 풀밭과 물을 따라 이동하면서 가축을 기르는 일. 「~민(民)」 ゆうぼく 遊牧 nomadism

유몽[幼蒙] 나이가 어린 아이. ようもう 幼蒙 child

유:무[有無] 있음과 없음. 「~간(間)」 うむ 有無 existence and nonexistence

유:무죄간[有無罪間] 죄가 있거나 없거나 간에. guilty or not 有無罪間

유묵[遺墨] 죽은 뒤에 남겨진 글씨나 그림. いぼく 遺墨 autograph of departed person

유문[幽門] 위(胃)와 십이지장이 이어지는 부분. ゆうもん 幽門 pylorus

유문[遺文] 죽은 사람의 살아 있을 때 지은 글. いぶん 遺文 literary remains

유물[油物] 기름칠을 하여 결은 물건. 油物 oiled article

유물[遺物] ①죽은 뒤에 남겨진 물건. ②선대(先代)의 인류가 후세(後世)에 남긴 물건. 유적지나 옛 무덤에서 출토·발굴되는 물건. いぶつ 遺物 relics

유물론[唯物論] 우주의 본질은 물질이며 정신 활동도 물질적 조건에 의해서 결정된다고 보는 철학 이론. ↔유심론(唯心論). ゆいぶつろん 唯物論 materialism

유물 변:증법[唯物辨證法] 자연과 사회의 역사적 발전을 물질적 존재의 변증법적 발전으로 설명하는 이론. =변증법적 유물론(辨證法的唯物論). ゆいぶつべんしょうほう 唯物辨證法 dialectical materialism

유물 사:관[唯物史觀] 유물 변증법을 사회 발전의 역사에 적용한 마르크스의 역사관(歷史觀). =사적 유물론(史的唯物論). ↔유심 사관(唯心史觀). ゆいぶつしかん 唯物史觀 historical materialism

유미[乳麋] 장에서 흡수된 지방 방울이 많이 들어 있는 젖빛의 림프액. にゅうび 乳麋 chyle

유:미[柳眉] 버들잎 모양의 눈썹이라는 뜻으로, 미인의 눈썹을 형용. りゅうび 柳眉 crescent eyebrows

유미[柔媚] 가냘프고 아리따움. 柔媚

유미주의[唯美主義] 아름다움을 최고의 가치로서 추구하는 주의. 19세기 후반 유럽에서 일어났던 문예 사조의 한 가지. =탐미주의(耽美主義). ゆいびしゅぎ 唯美主義 aestheticism

유민[流民] 고향을 떠나 이곳 저곳으로 떠도는 백성. =유맹(流氓). りゅうみん 流民 drifting people

유민[遊民] 직업이 없이 놀며 지내는 사람. ゆうみん 遊民 idler

유민[遺民] 망하여 없어진 나라의 백성. いみん 遺民 people of a ruined nation

유밀과[油蜜菓] 쌀가루나 밀가루 반죽을 여러 모양으로 빚어 기름에 튀긴 다음 꿀이나 조청을 바른 과자. 준유과(油菓). 油蜜菓 oil-and-honey pastry

유박[油粕] 기름을 짜고 남은 참깨의 찌꺼기. 깻묵. あぶらかす 油粕 sesame dregs

유발[乳鉢] 약을 가는 데 쓰는 사기로 만든 그릇. にゅうばち mortar

유발[誘發] 어떤 일이 원인이 되어 다른 일이 일어남. 「내전(內戰)~」ゆうはつ induction

유발[遺髮] 죽은 사람의 유물로 남겨진 머리털. いはつ

유방[乳房] 포유동물의 가슴이나 배에 있는, 젖을 분비하는 기관. 젖. ちぶさ・にゅうぼう breast

유방[遺芳] 후세에 남긴 영예나 업적. いほう posthumous fame

유방백세[流芳百世] 꽃다운 이름이 후세에 길이 전해짐. ↔유취만년(遺臭萬年).

유방염[乳房炎] 유방에 생기는 염증. にゅうぼうえん mastitis

유:배[有配] 주식(株式) 등에 대하여 배당이 있음. ↔무배(無配). ゆうはい

유배[流配] 죄인을 귀양보냄. りゅうはい banishment

유법[遺法] ①옛 시대에 남긴 법. ②불교에서, 부처가 끼친 교법(敎法). いほう

유벽[幽僻] 한적하고 구석짐. remoteness

유:별[有別] 구별이 있음. 다름이 있음. 「남녀(男女)~」 difference

유:별[類別] 같은 종류끼리 갈라놓음. るいべつ classification

유:병[有病] 병이 있음. ↔무병(無病). having a disease

유병[誘兵] 전투에서 패하여 달아나는 체하고 적병을 꾀어 내는 군사.

유보[留保] ①미루어 둠. =보류(保留). ②권리·의무·주장 등을 뒷날로 미루어 두는 일. りゅうほ reservation

유보[遊步] 한가로운 마음으로 거닒. =산보(散步)·산책(散策). ゆうほ walk

유:보:트[U-boat] 제1·2차 세계 대전 중에 사용된 독일의 잠수함 이름. ユーボート

유:복[有福] 복이 있음. ゆうふく being blessed

유복[裕福] 살림이 넉넉함. ゆうふく affluence

유복자[遺腹子] 태어나기 전에 아버지를 여읜 자식. =유자(遺子). posthumous child

유:복지친[有服之親] 상복을 입는 가까운 친척. 준유복친(有服親). near relation

유봉[乳棒] 유발(乳鉢)에 약을 넣고 갈 때 쓰는 막자. にゅうぼう pestle

유:부[有夫] 남편이 있음. 「~녀(女)」ゆうふ having a husband

유:부[有婦] 아내가 있음. ゆうふ having a wife

유부[油腐] 물기를 빼고 기름에 튀긴 두부. fried bean curd

유부족[猶不足] 오히려 부족함.

유불선[儒佛仙] 유교(儒敎)·불교(佛敎)·선도(仙道)를 아울러 이르는 말.

유:불여무[有不如無] 있는 것이 오히려 없는 것만 못함.

유비[油肥] 동물성 기름으로 만든 거름.

유:비[類比] ①비교함. ②사물 상호간에 대응적으로 존재하는 동등성 또는 동일성. ③⇨유추(類推). るいひ ① comparison

유:사[有史] 역사가 시작됨. ↔선사(先史). 「~이래(以來)」ゆうし beginning of history

유:사[有司] 어떠한 단체의 사무를 맡아보는 직무. ゆうし manager

유:사[有事] 사변(事變) 따위가 있음. ↔무사(無事). 「~시(時)」ゆうじ having troubles

유사[幽思] 고요히 생각에 잠김. 또는 깊은 생각. =유념(幽念). ゆうし meditation

유:사[柳絲] 실같이 늘어진 버드나무의 가지. りゅうし

유사[遊絲] 맑은 봄날 공중에 아른거리는 공기 현상. 아지랑이. ゆうし heat haze

유사[遺事] ① 예로부터 전하여 오는 사적(事蹟). 「삼국(三國)~」② 죽은 사람이 생전에 해놓은 일의 자취. いじ
① unrecorded historical fact

유:사[類似] 비슷함. 「~품(品)」るいじ resemblance

유:사 분열[有絲分裂] 세포 분열의 한 형태. 염색체(染色體)가 나타나고 방추체(紡錘體)가 생기는 핵세포의 분열 방식. =간접 분열(間接分裂). ↔무사 분열(無絲分裂). ゆうしぶんれつ mitosis

유:사 종교[類似宗敎] 공인(公認)을 받지 못한 종교. るいじしゅうきょう pseudo-religion

유:사지추[有事之秋] 국가나 사회 또는 개인에게 비상(非常)한 일이 있는 때. emergency

유:산[有産] 재산이 많음. ↔무산(無産). 「~ 세급(階級)」ゆうさん prosperity

유산[乳酸] 썩은 우유에서 생기는 산(酸). 유당(乳糖)이나 포도당을 유산균으로 발효시켜서 만듦. 청량 음료의 산제(酸劑) 따위로 쓰임. 젖산. にゅうさん lactic acid

유산[流産] ① 태아(胎兒)가 달이 차기 전에 죽어서 나옴. =낙태(落胎). ② 계획한 일이 중지됨. りゅうざん
① abortion ② failure

유산[硫酸] 황산(黃酸)의 구용어. りゅうさん

유산[遊山] 산으로 놀러 나감. ゆさん picnic

유산[遺産] 죽은 사람이 남긴 재산. 「~ 상속(相續)」いさん inheritance

유:산 계급[有産階級] 자본가·지주 등 재산이 많은 사회 계급. ↔무산 계급(無産階級). ゆうさんかいきゅう bourgeoisie

유산균[乳酸菌] 당류(糖類)를 유산으로 바꾸는 기능을 가진 박테리아. 젖산균. にゅうさんきん lactic acid bacteria

유산탄[榴散彈] 폭발할 때, 작은 탄알들이 튀어나와 사방으로 흩어지는 포탄. shrapnel

유살[誘殺] 꾀어 내어서 죽임. ゆうさつ

유:상[有償] 어떤 일에 대해 보상(報償)이 있음. ↔무상(無償). 「~ 분배(分配)」ゆうしょう compensation

유상[油狀] 기름과 같은 상태. 「~ 액체(液體)」ゆじょう being oily

유상[遺像] ① 광채(光彩)의 자극으로 망막(網膜)에 얼마 동안 남아 있는 영상(映像). =잔상(殘像). ② 죽은 사람의 초상(肖像). ① afterimage

유:상무상[有象無象] ① 천지간에 있는 온갖 물체. ② 여러 방면에서 모인 보잘것없는 사람들. 어중이떠중이. うぞうむぞう
① all things in nature ② rabble

유:색[有色] 빛깔이 있음. ↔무색(無色).「~ 인종(人種)」ゆしょく

유색[愉色] 즐거워하는 안색. 유쾌한 안색.「~ 완용(婉容)」ゆしょく joyful countenance

유:색인[有色人] 유색 인종(有色人種)의 준말.

유:색 인종[有色人種] 피부 빛깔이 희지 않은 모든 인종. 황색(黃色)·흑색(黑色)·갈색(褐色) 인종 등의 총칭. 준유색인(有色人). ゆうしょくじんしゅ colored races

유:색체[有色體] 엽록소(葉綠素) 이외의 색소를 함유하는 색소체(色素體). 고추·당근 따위의 빛깔이 이에 속함. ゆうしょくたい chromatophore

유생[幼生] 후생동물의 개체 발생에서 성체(成體)가 되기 전 시기로, 성체와 다른 형태를 나타내는 것. 올챙이 따위. ようせい larva

유생[儒生] 유도(儒道)를 닦는 선비. =유가(儒家)·유자(儒者). じゅせい Confucian scholar

유:생물[有生物] 생명을 가진 것. 곧, 동물과 식물. ↔무생물(無生物). ゆうせいぶつ animate

유서[由緖] 전하여 오는 까닭이나 내력. 사물의 유래.「~ 깊은 고찰(古刹)」ゆいしょ history

유서[宥恕] 너그럽게 용서함. ゆうじょ forgiveness

유서[遺書] 유언을 쓴 글. いしょ written will

유:서[類書] ①내용이 비슷한 책. 또는 같은 종류의 책. ②내용을 항목별로 분류·편집한 책. るいしょ ①similar books

유석[鍮石] 놋쇠. brass

유석영[乳石英] 젖빛이 나는 반투명(半透明)의 석영. にゅうせきえい milky quartz

유:선[有線] 전선(電線)을 사용하는 통신 방식. ↔무선(無線).「~ 방송(放送)」ゆうせん cable

유선[乳腺] 포유동물의 유방(乳房)속에 있는, 젖을 분비하는 선(腺). 젖샘. にゅうせん mammary glands

유선[遊船] 뱃놀이를 할 때 타는 배. 놀잇배. ゆうせん pleasure boat

유선형[流線型] 공기 따위의 저항을 덜 받기 위해 앞 모서리를 둥글게 만든 형태. 기차·자동차 따위에 이용됨. りゅうせんけい streamline

유설[流說] 세상에 떠도는 풍설(風說). 근거 없는 소문(所聞). 뜬소문. りゅうせつ·るせつ rumor

유설[謬說] 이치에 맞지 않는 말이나 학설. びゅうせつ fallacy

유:성[有性] 같은 종류의 개체(個體)에 암수의 구별이 있음. ↔무성(無性).「~ 생식(生殖)」ゆうせい sexuality

유성[油性] 기름과 같은 성질.「~ 페인트」ゆせい oiliness

유성[流星] 우주진(宇宙塵)이 지구의 대기권에 들어와 떨어질 때 공기의 압축과 마찰로 말미암아 연소하여 빛을 발하는 것. 별똥. =유화(流火)·운성(隕星). りゅうせい meteor

유성[遊星] 태양의 둘레를 공전(公轉)하는 별. 떠돌이별. =행성(行星). ↔항성(恒星). ゆうせい planet

유성기[留聲機] 축음기(蓄音機)를 이전에 이르던 말.

유:성 생식[有性生殖] 암수의 생식 세포가 수정(受精)됨으로써 새로운 개체가 만들어지는 생식 방법. ↔무성 생식(無性生殖). ゆうせいせいしょく sexual reproduction

유:성음[有聲音] 성대(聲帶)의 진동을 수반하는 음성. 모든 모음과 'ㄴ·ㅁ·ㅇ·ㄹ' 따위의 소리. 울림소리. ↔무성음(無聲音). ゆうせいおん voiced sounds

유:세[有稅] 세금이 매겨짐. ↔무세(無稅). ゆうぜい

유:세[有勢] ①세력이 있음. ②자랑삼아 세도를 부림. 「~부리다」 ① being powerful

유세[遊說] 각처로 다니면서 자기의 의견이나 정견(政見)을 선전함. ゆうぜい canvassing

유세[誘說] 달콤한 말로 꾐. coaxing

유소[幼少] 나이가 어림. 또는 그런 사람. ようしょう infancy

유:소[類燒] 어떤 집에서 난 불이 다른 집으로 옮아붙어 탐. =유화(類火). るいしょう destruction by a spreading fire

유속[流俗] ①옛날부터 전하여 오는 풍속. ②세상에 널리 퍼져 있는 풍속. =유풍(流風). りゅうぞく convention

유속[流速] 물 따위가 흐르는 속도. りゅうぞく speed of a running fluid

유속[遺俗] 옛날부터 전해 내려오는 풍속. =유습(遺習)·유풍(遺風). いぞく hereditary customs

유송진류[油松津類] 소나무·잣나무의 진을 휘발유에 섞어서 만든 기름.

유:수[有數] 손꼽힐 만큼 두드러짐.「~한 업체(業體)」ゆうすう prominence

유수[幽囚] 잡아 가둠. ゆうしゅう confinement

유수[幽愁] 남모르는 깊은 시름. ゆうしゅう dolefulness

유수[幽邃] 그윽하고 깊숙함. =유심(幽深). ゆうすい

유수[流水] 흐르는 물.「~같은 세월(歲月)」りゅうすい running water

유숙[留宿] 남의 집에 머물러 묵음. lodging

유순[柔順] 성질이나 태도 등이 부드럽고 순함. じゅうじゅん docility

유술[柔術] ⇨유도(柔道). じゅうじゅつ

유스타키오관(管)[Eustachian tube] 중이(中耳)의 고실(鼓室)과 인두강(咽頭腔) 사이를 연결하는 편평한 관(管). 이관(耳管).

유:스호스텔[youth hostel] 여행하는 청소년을 위한 회원제의 비영리적(非營利的)인 숙박 시설. ユースホステル

유습[遺習] 옛날부터 전해 오는 습속(習俗). =유풍(遺風)·유속(遺俗). いしゅう hereditary customs

유시[幼時] 어릴 때. 어린 시절. ようじ childhood

유시[流矢] 빗나간 화살. =유전(流箭)·비시(飛矢). りゅうし stray arrow

유시[諭示] 관청에서 일반에게 말이나 문서로 타일러 가르침. 또는 그 문서. ゆし instruction

유:시무종[有始無終] 시작은 있

유:시유:종[有始有終] 시작도 있고 끝도 있다는 뜻으로, 시작한 일을 끝까지 마침을 이르는 말. ↔유시무종(有始無終). completeness

유:식[有識] 학식이 있음. 아는 것이 많음. ↔무식(無識). 「~자(者)」 ゆうしき intelligence

유식[侑食] 제례에서, 종헌(終獻)이 끝나고 첨작(添酌)한 다음 숟가락을 젯메 가운데에 꽂고 젓가락 끝이 동쪽으로 가도록 음식 접시 중앙에 놓는 일.

유식[遊食] 하는 일이 없이 놀고 먹음. living in idleness

유:신[有信] 믿음성이 있음. 신의가 있음. ↔무신(無信). faithfulness

유신[維新] 낡은 것을 새롭게 고침. いしん restoration

유신[遺臣] 왕조가 망한 뒤에 남아 있는, 그 왕조를 섬기던 옛 신하. 「고려(高麗) ~」 いしん surviving retainer

유:신론[有神論] 신(神)의 존재를 인정하는 학설. ↔무신론(無神論). ゆうしんろん theism

유실[流失] 물에 떠내려가 없어짐. 「~ 가옥(家屋)」 りゅうしつ losing to the flood

유실[遺失] 가진 물건이나 돈을 잃어버림. いしつ loss

유:실난봉[有實難捧] 채무자에게 재산은 있으나 빚을 받아 내기는 어려움.

유:심[有心] ① 주의를 기울임. 「~히 바라보다」 ② 뜻이 있음. ↔무심(無心). ① attention

유심[幽深] 깊숙하고 그윽함. =유수(幽邃). ゆうしん

유심론[唯心論] 현상(現象)의 본체는 정신 작용이며, 물질은 이의 소산(所産)이라고 보는 세계관. ↔유물론(唯物論). ゆいしんろん idealism

유아[幼兒] 어린아이. ようじ child

유아[乳兒] 젖먹이. にゅうじ baby

유아[遺兒] ① 부모가 죽고 남겨진 아이. ② 내버린 아이. いじ ① orphan ② foundling

유아독존[唯我獨尊] ① 천상천하 유아독존(天上天下唯我獨尊)의 준말. ② 이 세상에서 자기만이 잘났다고 뽐내는 일. ゆいがどくそん ② self-conceit

유아등[誘蛾燈] 밤에 해충이 날아 들어와 빠져 죽게 만든 등불. ゆうがとう luring lamp

유악[帷幄] 작전(作戰)을 계획하는 곳. =유막(帷幕). いあく headquarters

유안[留案] 안건(案件)의 처리를 잠시 보류함. suspension

유안[硫安] 황산 암모늄(黃酸amonium). りゅうあん ammonium sulfate

유암[乳癌] 유방에 생기는 암종(癌腫). にゅうがん breast cancer

유:암화명[柳暗花明] 버들은 우거져 그늘이 짙고, 꽃은 활짝 피어 환하다는 말로, 아름다운 봄 경치를 이르는 말. りゅうあんかめい lovely spring view

유압[油壓] 기름을 매체로 하여 전달하는 압력. 「~식(式) 펌프」 oil pressure

유액[乳液] ① 식물(植物)에서 분비되는 희고 뿌연 액체. ② 묽은 크림. 화장품의 한 가지.

にゅうえき
① latex ② milky lotion

유액[誘掖] 이끌어 도와 줌. ゆうえき　guidance

유야[幽夜] 그윽하고 쓸쓸한 밤. ゆうや　lonely night

유:야무야[有耶無耶] 있는 듯 없는 듯 뚜렷하지 못함. うやむや　vagueness

유약[幼弱] 어리고 약함. ようじゃく

유약[柔弱] 몸이나 마음이 부드럽고 약함. ↔강건(剛健). じゅうじゃく・にゅうじゃく　weakness

유약[釉藥] 도자기의 몸에 덧씌우는 유리질 용액. 잿물. ゆうやく　glaze

유어[幼魚] 어린 물고기. =치어(稚魚). ようぎょ　young fish

유어[游魚] 물 속에서 헤엄쳐 다니는 물고기. ゆうぎょ　fish swimming in the water

유:어[類語] 뜻이 비슷한 말. るいご　synonym

유어출청[游魚出聽] 거문고 소리가 기묘하여 물고기까지 뛰어나와 듣는다는 말로, 재주가 뛰어남의 비유.

유언[流言] 근거 없는 소문.「~비어(蜚語)」りゅうげん　groundless rumor

유언[遺言] 죽기 전에 자손이나 친지에게 일러 두는 말. ゆいごん・いごん・いげん　will

유언[諛言] 아첨하는 말. =유사(諛辭). ゆげん　flattery

유언비어[流言蜚語] 아무 근거 없이 널리 퍼진 소문. りゅうげんひご　groundless rumor

유업[遺業] 선대(先代)가 물려준 사업. =유서(遺緒).「부친의 ~을 계승(繼承)하다」いぎょう　business left by the ancestors

유:여[有餘] 남음이 있음. 여유가 있음.「십(十)~년(年)」ゆうよ　plentifulness

유역[流域] 강물이 흐르는 언저리의 지역.「한강(漢江)~」りゅういき　basin

유연[由緣] 사물의 유래(由來)=연유(緣由). ゆえん　reason

유연[油煙] 기름이나 관솔이 탈 때에 생기는 그을음. ゆえん　soot

유연[柔軟] 부드럽고 연함. じゅうなん　softness

유연[流涎] 탐이 나서 군침을 흘림. りゅうせん・りゅうえん

유연[悠然] 침착하고 여유가 있는 모양.「~한 자세」ゆうぜん　attitude of perfect composure

유연[遊宴] 놀이로 베푼 잔치. ゆうえん

유:연[類緣] 생물 상호간에 형상과 성질 등으로 비슷한 관계가 있어, 그 사이에 연고(緣故)가 있는 것. るいえん　relations

유:연탄[有煙炭] 탈 때에 연기가 나는 석탄. ↔무연탄(無煙炭). ゆうえんたん　soft coal

유열[愉悅] 즐겁고 기쁨. =열락(悅樂). ゆえつ　joy

유영[游泳] 헤엄침. ゆうえい　swimming

유예[猶豫] ① 주저함. 망설임. ② 시간이나 날짜를 미룸.「집행(執行) ~」ゆうよ　① hesitation ② delay

유:요[有要] 필요함. 요긴함. ゆうよう　necessity

유:용[有用] 쓸모가 있음. 이용할 데가 있음. ↔무용(無用). ゆうよう　usefulness

유용[流用] 남의 것이나 다른 데에 쓰기로 되어 있는 것을 돌려 씀. 「공금(公金) ~」りゅうよう　diversion

유:용 가격[有用價格] 수요자(需要者)의 많고 적음에 따라서 정한 물건값. ↔교환 가격(交換價格). ゆうようかかく　value in use

유우[乳牛] 젖을 얻기 위해서 기르는 소. 젖소. にゅうぎゅう　milk cow

유원[悠遠] 아득히 멂. =유구(悠久). ゆうえん　eternity

유원지[遊園地] 놀고 구경할 수 있도록 시설을 갖춘 곳. ゆうえんち　amusement park

유월[逾越] 한도를 넘김. 한도에 넘음.　excess

유:위[有爲] ①능력이 있음. ②불교에서, 인연으로 말미암아 일어나는 모든 현상을 이르는 말. ゆうい　① capability

유유[悠悠] ①아득히 멀고 오랜 모양. =유원(悠遠)·유구(悠久). ②태도나 마음이 태연하고 느긋한 모양. ③움직임이 느릿하고 한가한 모양. ゆうゆう　① eternity ② leisurely

유유낙낙[唯唯諾諾] 시키는 대로 공손히 따름. いいだくだく　being obedient

유유도일[悠悠度日] 하는 일 없이 한가로이 세월을 보냄.　living idly

유:유상종[類類相從] 같은 부류끼리 서로 사귀고 왕래함. Birds of a feather flock together

유유자적[悠悠自適] 속세를 떠나 조용하고 한가로이 하고 싶은 일을 하며 삶. ゆうゆうじてき　living in easy retirement

유음[溜飲] 음식이 소화가 안 되고 위 속에 머물러 있어 입으로 신물이 나오는 증세. りゅういん

유:의[有意] ①뜻이 있음. 마음이 있음. ②의미가 있음. ゆうい

유의[留意] 마음에 두고 잊지 않음. 늘 주의하거나 관심을 가짐. =유심(留心). りゅうい　attention

유:의막수[有意莫遂] 마음은 간절하지만 일이 뜻대로 되지 않음. =유의미수(有意未遂).

유:의어[類義語] 뜻이 비슷한 말. るいぎご　synonym

유:익[有益] 이로움. 이익이 있음. ↔무익(無益). ゆうえき　gainfulness

유익[遊弋] ①군함이 바다 위를 이리저리 돌아다니며 경계함. ②⇨유렵(遊獵). ゆうよく　① cruise

유:인[有人] 차·비행기·우주선 등에 그것을 다루는 사람이 타고 있음. ↔무인(無人). 「~우주선(宇宙船)」

유인[誘引] 남을 꾀어 냄. ゆういん　enticement

유인[誘因] 어떤 일을 이끌어 내는 원인. ゆういん　motive

유인물[油印物] 등사한 인쇄물. printed matter

유인성[柔靭性] 부드럽고도 질겨 잘 끊어지지 않는 성질. じゅうじんせい　elasticity

유:인원[類人猿] 성성이과 동물의 총칭. 원숭이류 가운데 가장 진화한 것으로, 꼬리가 없고 거의 곧게 서서 걸음. 고릴라(gorilla)·침팬지(chimpanzee) 따위. るいじんえん　anthropoid

유일[流溢] 흘러 넘침. りゅういつ　overflowing

유일[唯一] 단 하나임. 오직 하나. 「~무이(無二)」ゆいいつ・ゆいいち・ゆいつ　only one

유일부족[惟日不足] 분주하고 일이 많아서 날짜가 모자람.

유임[留任] 임기(任期)가 다 차거나 개편(改編)이 있을 때 그 자리에 계속 머물러 있음. りゅうにん　remaining in office

유입[流入] 흘러 듦. 「폐수(廢水) ~」 りゅうにゅう　inflow

유입[誘入] 남을 꾀어서 끌어들임.

유자[幼子] 어린 아들. 어린 자식. おさなご　child

유자[幼者] 어린이. 어린아이. =유아(幼兒). ようしゃ　infant

유자[柚子] 유자나무의 열매. ゆず　citron

유자[遊資] 생산에 이용되지 않고 놀리고 있는 자금. =유휴자금(遊休資金). ゆうし　idle capital

유자[遺子] ⇨유복자(遺腹子). いし

유자망[流刺網] 어망의 한 가지. 물의 흐름에 따라 떠다니다가 물고기가 그물코에 걸리거나 그물에 감싸이게 함.

유ː자생녀[有子生女] ①아들도 두고 딸도 낳음. ②아들딸을 많이 낳음.　②having both son and daughter

유작[遺作] 죽은 뒤에 남긴, 생전에 발표하지 않았던 작품. いさく　posthumous work

유장[悠長] ①길고 오램. ②서두르는 데가 없이 느긋한 모양. ゆうちょう　① long　② slowness

유재[遺財] 죽은 사람이 남긴 재산. =유산(遺産). いざい　inheritance

유저[遺著] 생전에 저술해서 남긴 저작. いちょ　posthumous work

유적[遺蹟·遺跡] ①옛 사람이 남긴 유형물(有形物)의 자취. ②역사적인 사건이 있었던 자리. =유지(遺址). いせき　ruins

유전[油田] 석유가 나는 곳. 또는 석유 광상(鑛床)이 있는 곳. 「~ 지대(地帶)」 ゆでん　oil field

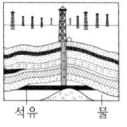
석유　물
〔유전〕

유전[流電] ①번갯불. =전광(電光). ②전기의 흐름. りゅうでん　① bolt

유전[流傳] 세상에 널리 알려져 퍼짐. るでん・りゅうでん　spread

유전[流轉] ①여기저기 떠돌아다님. ②불교에서, 생사(生死)·인과(因果)가 끊임없이 이어짐. 「윤회(輪廻) ~」 るてん・りゅうてん　① wandering ② transmigration

유전[遺傳] ①전해 내려옴. ②어버이의 체질이나 생김새, 성격 따위가 그 자손에게 전해지는 일. 「~ 인자(因子)」 いでん　heredity

유전[謬傳] 잘못 전해짐. =와전(訛傳). びゅうでん　false report

유ː전면ː목[有靦面目] 무안한 기색이 얼굴에 나타남. 또는 그 얼굴.

유ː전스[usance] 환어음의 만

기일까지의 기한(期限). 특히, 수입 어음의 지급 유예 기간. ユーザンス

유:전스빌[usance bill] 지급 유예(猶豫) 기한이 붙은 환어음. ユーザンスビル

유전유후[由前由後] 앞뒤가 같음.

유전 인자[遺傳因子] ⇨유전자(遺傳子).

유전자[遺傳子] 생식 세포(生殖細胞)를 통하여 어버이에게서 자손으로 전해지는 유전의 근원체. =유전 인자(遺傳因子). いでんし　gene

유전체[誘電體] 전장(電場) 안에 놓을 때, 편극(偏極)은 생기지만 직류 전류는 생기지 않는 물질. ゆうでんたい dielectrics

유절쾌절[愉絶快絶] 더할 나위 없이 유쾌함.

유:정[有情] ①정이 있음. ↔무정(無情). ②불교에서, 감정이 있는 생물이라는 뜻으로, '중생'을 이르는 말. ゆうじょう ① humaneness

유정[油井] 석유를 채취하기 위해 판 우물. ゆせい　oil well

유정[遺精] 성행위 없이 정액(精液)이 저절로 나오는 일. いせい　spermatorrhea

유제[油劑] 유상(油狀)이거나 기름기가 들어 있는 약제. ゆざい oily medicine

유제[乳劑] 간유·피마자유같이 물에 녹지 않는 물질에 젤라틴·아라비아 고무·난황(卵黃) 등을 넣어 물을 타고 개어서 만든 젖빛의 액체. にゅうざい emulsion

유:제[類題] ①같은 종류의 비슷한 문제. ②비슷한 제목. るい ① similar questions

유:제류[有蹄類] 포유류(哺乳類)의 한 목(目). 각질(角質)의 발굽이 있는 동물. ゆうているい　ungulates

유제품[乳製品] 우유를 가공하여 만든 치즈·버터 따위의 식품. にゅうせいひん dairy products

유:조[有助] 도움이 있음. 도와 주는 사람이 있음.

유조[油槽] 석유 따위를 넣는 큰 용기. 「~선(船)」 ゆそう oil tank

유조[留鳥] 계절이 바뀌어도 이동하지 않고 살던 곳에 머물러 사는 새. 텃새. ↔후조(候鳥). りゅうちょう resident birds

유족[裕足] 살림살이가 넉넉함. 넉넉하여 쓰고도 남음. affluence

유족[遺族] 죽은 사람 뒤에 남겨진 가족. =유가족(遺家族). いぞく　bereaved family

유:종[有終] 끝맺음이 있음. 「~의 미(美)」 ゆうしゅう consummation

유종[乳腫] 젖샘에 생기는 염증. mastitis

유:죄[有罪] ①죄가 있음. ②재판에서 범죄 사실이 인정됨. ↔무죄(無罪). 「~ 판결(判決)」 ゆうざい　guiltiness

유죄[宥罪] 죄를 너그럽게 용서함. forgiveness

유죄[流罪] 귀양을 보낼 만한 죄. るざい　banishment

유즙[乳汁] 유선(乳腺)에서 나오는 액체. 젖. にゅうじゅう milk

유증[遺贈] 유언으로 재산을 남에게 무상(無償)으로 줌. い

유:지[有志] 어떤 일에 관심을 가지고 관계하려는 의지가 있는 일. 또는 그 사람. ゆうし 有志
having intention

유지[乳脂] ① 우유의 지방분으로 만드는 식품. 크림. ② 젖이나 우유에 들어 있는 지방. =유지방(乳脂肪). にゅうし 乳脂
① cream

유지[油紙] 기름을 먹인 종이. ゆし・あぶらがみ 油紙
oilpaper

유지[油脂] 동식물에서 얻는 기름의 총칭. 「동물(動物) ~」 ゆし 油脂
oils and fats

유지[維持] 어떤 상태를 그대로 지켜 가거나 버티어 감. 「현상(現狀) ~」 いじ maintenance 維持

유지[諭旨] 임금이 신하에게 내리던 글. ゆし 諭旨
imperial message

유지[遺址] 옛날에 건물 등이 있던 터. いし ruins 遺址

유지[遺志] 죽은 사람이 생전에 이루지 못한 뜻. 「선열(先烈)의 ~」 いし 遺志
intention of the deceased

유지 사료[維持飼料] 가축의 생명만을 유지할 수 있는 정도의 적은 사료. いじしりょう 維持飼料

유:진무퇴[有進無退] 나아가기만 하고 물러서지 않음. 有進無退
advance without retreat

유질[流質] 채무자가 변제 기한 내에 채무 이행을 못 한 경우, 채권자가 질물(質物)의 소유권을 취득하거나 임의 매각하여 우선 변제에 충당하는 일. 「~물(物)」 りゅうしち 流質
foreclosure

유:질[類質] 비슷한 성질. 「~혼체(混體)」 るいしつ 類質
similar nature

유징[油徵] 석유가 지하에 있음을 나타내는 징후. 油徵

유착[癒着] ① 서로 떨어져 있어야 할 피부나 막(膜) 등이 염증으로 말미암아 들러붙는 일. ② 서로 떨어졌던 조직이 나아서 붙음. 상처 따위가 아픔. ③ 어떤 사물이 밀접한 관계로 결합되는 일. 「정경(政經) ~」 ゆちゃく adhesion 癒着 傷處

유찰[流札] 입찰(入札)을 한 결과 낙찰(落札)이 결정되지 않아 무효가 됨. ↔낙찰(落札). らくさつ 流札 入札

유창[流暢] 말을 하거나 글을 읽는 것이 흐르는 물처럼 거침없음. 「~한 영어(英語)」 りゅうちょう fluency 流暢

유채[油菜] 겨잣과의 이년초. 씨로 기름을 짬. 평지. =한채(寒菜). あぶらな rape 油菜

유:처취:처[有妻娶妻] 아내가 있으면서 또 아내를 얻음. bigamy 有妻娶妻

유철[柔鐵・鑢鐵] 무쇠를 불려서 만든 쇠붙이의 한 가지. 시우쇠. =숙철(熟鐵)・정철(正鐵). pig iron 柔鐵

유:체[有體] 형체가 있음. ゆうたい materiality 有體

유체[流滯] 흐름과 막힘. 流滯

유체[流體] 유동(流動)하는 물체. 곧, 기체와 액체를 아울러 이르는 말. りゅうたい fluid 流體

유체[遺體] ① 부모가 남겨 준 몸이라는 뜻으로, 자기 몸을 이르는 말. ② 죽은 사람의 몸뚱이. 송장. =시체(屍體). いたい ② corpse 遺體

유:추[類推] 어떤 사실을 근거로, 그와 같은 조건에 있는 다른 사실을 미루어 짐작하는 일. 「~ 해석(解釋)」 るいすい 類推

유:축[有畜] 가축을 침. 「~농가(農家)」ゆうちく

유:축 농업[有畜農業] 경작물의 일부를 사료로 가축을 길러, 그 가축의 노동력 및 가축의 기름으로써 생기는 비료를 다시 경작에 이용하는 농업 경영 방법. ゆうちくのうぎょう analogy

유출[流出] ① 액체가 흘러 나오거나 흘러 나감. ② 중요한 물건이나 화폐가 국외(國外)로 나감. りゅうしゅつ outflow

유출[溜出] 증류(蒸溜)할 때, 액체가 되어 나옴. りゅうしゅつ

유출[誘出] 꾀어냄. ゆうしゅつ

유출유괴[愈出愈怪] 갈수록 더 괴상하여짐.

유충[幼蟲] 알에서 깨어 아직 성충(成蟲)이 되지 않은 벌애벌레. =자충(仔蟲). ↔성충(成蟲). ようちゅう larva

유취[乳臭] 젖에서 나는 냄새. 젖내. にゅうしゅう smell of milk

유취[乳嘴] 젖꼭지를 달리 이르는 말. =유두(乳頭). にゅうし papilla

유취[柔脆] 무르고 약함. じゅうぜい

유취[幽趣] 그윽한 흥취. ゆうしゅ

유취[遺臭] 죽은 뒤에 남은 악평(惡評). ↔유방(遺芳).

유:취[類聚] 같은 종류의 것을 갈래에 따라 모음. =유집(類集). るいじゅ・るいじゅう classified collection

유취만년[遺臭萬年] 더러운 이름이 후세에 길이 전함. ↔유방백세(流芳百世).

유층[油層] 석유 따위가 괴어 있는 지층. ゆそう oil stratum

유치[幼稚] ① 나이가 어림. = 유소(幼少). 「~원(園)」 ② 수준이 낮거나 미숙함. ようち ① infancy ② crudeness

유치[乳齒] 젖니. 배냇니. ↔영구치(永久齒). にゅうし milk tooth

유치[留置] ① 맡아 보관해 둠. ② 구속의 집행 및 재판의 진행이나 그 결과의 집행을 위하여 일정한 곳에 사람을 가두어 놓는 일. 「~장(場)」りゅうち ① custody ② detention

유치[誘致] 꾀어서 끌어 옴. 「관광객(觀光客)~」ゆうち lure

유치원[幼稚園] 초등 학교에 들어가기 전의 어린이를 가르치는 교육 기관. ようちえん kindergarten

유쾌[愉快] 기분이 즐겁고 상쾌함. ↔불쾌(不快). ゆかい pleasure

유타[遊惰] 빈들빈들 놀기만 하고 게으름. ゆうだ indolence

유:탄[柳炭] 그림의 윤곽을 그리는 데 쓰는, 버드나무를 태워 만든 숯.

유탄[流彈] 빗나간 탄환. =유환(流丸). りゅうだん stray bullet

유탄[榴彈] 탄체(彈體) 안에 작약(炸藥)을 다져 넣어 목표물에 맞았을 때 터지게 만든 포탄. りゅうだん shell

유탄포[榴彈砲] 곡사포(曲射砲)의 한 가지. りゅうだんほう howitzer

유탈[遺脫] 책이나 활판(活版)에서 글자나 활자(活字) 따위가 빠짐. いだつ omission

유탕[遊蕩] 주색(酒色) 따위에 빠져 만판 놀기만 함. ゆうとう dissipation

유태[猶太] 기원전 10~6세기경,

지금의 팔레스타인 지방에 있었던 유태인의 왕국. 유대. ユダヤ Judea

유택[幽宅] 무덤의 딴이름. grave

유택[遺澤] 죽은 뒤에도 남아 있는 은덕. いたく favors left by a dead person

유:턴[U-turn] 자동차 따위가 U자형으로 돌아 방향(方向)을 바꾸는 일. ユーターン

유:토피아[Utopia] 이상향(理想鄕). ユートピア

유통[乳筒] 소·돼지 따위의 젖통이의 고기.

유통[流通] ① 막힘없이 흘러 통함. ② 상품이 생산자에게서 소비자·수요자에게 도달하기까지의 여러 단계에서 교환·분배되는 일. ③ 화폐 등이 세상에 널리 쓰임. 「~ 경제(經濟)」 りゅうつう ① circulation ② distribution ③ currency

유통 경제[流通經濟] 자연 경제에 대하여, 생산물이 상품화하여 시장을 매개로 생산과 소비가 이루어지는 경제를 이르는 말. りゅうつうけいざい

유통세[流通稅] 재화의 이전(移轉)이나 유통에 대하여 부과하는 세(稅). 인지세·등록세 따위. りゅうつうぜい

유통 자:본[流通資本] 상품 자본이나 화폐 자본으로 유통하는 자본. りゅうつうしほん circulating capital

유파[流派] 원줄기에서 갈라져 나온 파(派). りゅうは school

유평[流萍] 떠다니는 부평초(浮萍草)라는 뜻으로, 정처 없이 떠돌아다니는 인생의 비유.

유폐[幽閉] 나타나지 못하게 어디에 가두어 둠. ゆうへい confinement

유폐[流弊] ① 옛날부터 전해 오는 폐단. ② 말류지폐(末流之弊)의 준말. りゅうへい ① deep-rooted evil

유포[流布] 세상에 널리 퍼지거나 퍼뜨림. るふ circulation

유:포니[euphony] 활음조(滑音調).

유품[遺品] 죽은 사람이 남긴 물건. いひん articles left by the deceased

유품[遺風] ① 전부터 내려오는 풍습. =유속(遺俗). ② 선인(先人)이 남긴 가르침. いふう ① tradition

유피[鞣皮] 무두질하여 부드럽게 다룬 가죽. =유혁(鞣革). dressed skin

유학[留學] 외국에 가서 공부함. 「미국(美國) ~」 りゅうがく studying abroad

유학[遊學] 타향에 가서 공부함. ゆうがく studying away from home

유학[儒學] 공자(孔子)의 가르침을 근본으로 삼는 학문. じゅがく Confucianism

유학생[留學生] 외국에서 공부하는 학생. りゅうがくせい student studying abroad

유:한[有限] 수량이나 시간 따위에 일정한 한도나 한계가 있음. ↔무한(無限). ゆうげん limitedness

유:한[有閑] 생활이 넉넉하고 여가가 많음. 「~ 계급(階級)」 ゆうかん having leisure

유한[幽閑·幽閒] 그윽하고 한가함. ゆうかん

유한[流汗] 땀을 흘림. 또는 흐르는 땀. りゅうかん perspiration

유한[遺恨] 잊지 못할 원한. 또는 생전에 풀지 못하고 남은 원한. いこん　grudge

유한[踰限] 기한을 넘김.

유:한 계급[有閑階級] 재산이 많아 일하지 아니하고 한가로이 놀면서 지내는 계급. ゆうかんかいきゅう　leisure class

유:한 급수[有限級數] 수학에서, 항수(項數)에 한정이 있는 급수. ↔무한 급수(無限級數). ゆうげんきゅうすう　finite series

유:한 소:수[有限小數] 소수점 아래 어떤 자리에 이르러 그치는 소수. ↔무한 소수(無限小數). ゆうげんしょうすう　finite decimal

유:한 책임[有限責任] 채무자가 자기의 재산의 일부나 일정한 금액 안에서만 채무(債務)를 책임지는 제도. 「~ 회사(會社)」ゆうげんせきにん　limited liability

유:한 화서[有限花序] 꽃줄기 끝이 꽃부터 피고 차차 아래의 꽃이 피는 화서. 유한 꽃차례. ↔무한 화서(無限花序). ゆうげんかじょ　definite inflorescence

유:한 회:사[有限會社] 사원이 일정한 돈을 출자하여 유한 책임으로 구성하는 회사. ゆうげんがいしゃ　corporation

유합[癒合] 상처가 나아서 아물어 붙음. ゆごう　agglutination

유:해[有害] 해로움. 해가 있음. ↔무해(無害). 「~ 식품(食品)」ゆうがい　harmfulness

유해[遺骸] 죽은 사람의 뼈. =유골(遺骨). いがい　corpse

유행[流行] 일시적으로 세상에 널리 퍼짐. 「~가(歌)」りゅうこう　fashion

유행[遊行] ① 유람하기 위하여 각처로 돌아다님. ゆうこう ② 불교에서, 중이 각처로 돌아다니면서 수행하거나 포교(布敎)함. ゆぎょう　① traveling

유행가[流行歌] 어느 시기에 일반에 널리 불리는 노래. りゅうこうか・はやりうた　popular song

유행성[流行性] 유행하는 성질. 「~ 감기(感氣)」りゅうこうせい　epidemicity

유행어[流行語] 어느 시기에 사회에 널리 퍼져 많이 쓰이는 말. りゅうこうご　word in fashion

유혁[鞣革] 무두질한 가죽. =유피(鞣皮). なめしがわ　dressed skin

유현[幽玄] 사물의 이치나 아취(雅趣)가 알기 어려울 정도로 깊고 미묘함. ゆうげん　profundity

유현[遺賢] 등용하지 않고 버려둔 훌륭한 인재. いけん　able man left out of office

유혈[流血] 피를 흘림. 또는 흐르는 피. 「~ 사태(事態)」りゅうけつ　bloodshed

유혈극[流血劇] 피를 흘리는 싸움판. りゅうけつげき　scene of bloodshed

유협[誘脅] 유혹과 협박. 달래기도 하고 을러대기도 함. ゆうきょう

유:형[有形] 형체가 있음. ↔무형(無形). ゆうけい　materiality

유형[流刑] 죄인을 멀리 귀양보내는 형벌. りゅうけい・るけい　exile

유:형[類型] 공통의 성질이나 특징이 있는 것끼리 묶은 하나

의 틀. 또는 그 틀에 속하는 것.「문제(問題) ~」るいけい type

유:형무형[有形無形] ① 형체가 있는 것과 없는 것.「~의 재산(財産)」② 형체가 있는지 없는지 뚜렷하지 않음. ゆうけいむけい

유:형물[有形物] 형체가 있는 물건. ↔무형물(無形物). ゆうけいぶつ material being

유:형인[有形人] 무형인(無形人)인 법인(法人)에 상대하여 '자연인(自然人)'을 이르는 말.

유:형자:본[有形資本] 일정한 형태를 갖추고 있는 자본. 곧 화폐·토지·건물·상품·기계 따위. ↔무형 자본(無形資本). ゆうけいしほん corporeal capital

유:형적[類型的] 일정한 유형을 이루거나 일정한 유형에 속하는 것. るいけいてき stereotyped

유형제[乳兄弟] 유모(乳母)의 젖을 먹고 자라는 아이와 그 유모(乳母)가 낳은 자식과의 관계.

유:형체[有形體] 형체가 있는 물체. ゆうけいたい material body

유혹[猶或] 그렇다 하더라도. =설령(設令)·설혹(設或). even if

유혹[誘惑] ① 나쁜 길로 꾐. ② 남을 꾀어 정신을 어지럽게 함. ゆうわく temptation

유화[油畵] 기름에 갠 물감으로 그리는 그림. oil painting

유화[宥和] 너그럽게 대하여 사이좋게 지냄.「~ 정책(政策)」ゆうわ appeasement

유화[柔和] 성품이 부드럽고 온화함. にゅうわ gentleness

유화[流火] ⇨유성(流星). りゅうか

유화[硫化] 유황(硫黃)과 다른 물질이 화합함. りゅうか sulfuration

유환[宥還] 귀양살이하던 사람이 용서를 받고 돌아옴. coming back from exile

유활[柔滑] 부드럽고 매끄러움.

유황[硫黃] 황색의, 비금속(非金屬) 원소의 한 가지. 화약·성냥의 원료로 쓰임. =황(黃). いおう sulfur

유황천[硫黃泉] 1kg의 물에 2mg 이상의 황이 들어 있는 광천. いおうせん sulfur spring

유황화[硫黃華] 유황의 증기를 급히 냉각(冷却)하여 엉기게 한 황색의 가루. いおうか sublimed sulfur

유회[流會] 예정된 모임이 어떠한 사정으로 말미암아 이루어지지 못함. ↔성회(成會). りゅうかい adjournment of a meeting

유:효[有效] ① 효과(效果)나 효력이 있음. ↔무효(無效).「~ 기간(期間)」② 유도에서, 경기자가 건 기술이 부분적으로 성공하거나, 누르기 선언 후 20초 이상 25초 미만일 때 심판이 선언하는 판정 용어. ゆうこう ① effectiveness

유훈[遺訓] 죽은 사람이 생전에 남긴 훈계나 교훈. =유계(遺誡). いくん instructions of the departed

유휴[遊休] 생산 설비 따위가 가동되지 않고 쉬고 있음.「~ 시설(施設)」ゆうきゅう idleness

유흥[遊興] ① 흥겹게 놂. ② 술집 등에서 술을 마시며 즐겁

게 놂. 「~가(街)」ゆうきょう
① amusement

유희[遊戱] 놀며 장난하는 일. 遊戲
ゆうぎ　　　　　　　　play

육[肉]* ① 고기 육 : 고기. 살.
「肉食(육식)·肉汁(육즙)·肉類
(육류)」② 몸 육 : 몸. 「肉身 肉身
(육신)·肉眼(육안)·肉體(육
체)·肉感(육감)·肉聲(육성)」
ニク. しし

육[育]* 기를 육 : 기르다. 자라
다. 「育苗(육묘)·育兒(육아)·
愛育(애육)·育英(육영)·生育
(생육)·育成(육성)·發育(발 發育
육)」イク. そだてる

육각[六角] ① 여섯 모. 육모. 六角
「~정(亭)」ろっかく ② 북·
장구·해금·태평소(한 쌍)·
피리의 여섯 가지 악기.
① six angles

육각정[六角亭] 육면체로 지은 六角亭
정자. 육모정. hexagonal arbor

육간[肉間] 소·돼지 따위의 고 肉間
기를 파는 가게. 푸주. 푸주
간. 고깃간. butcher's shop

육감[六感] 세째감(第六感)의 준 六感
말. ろっかん

육감[肉感] 육체가 풍기는 느 肉感
낌. 특히 성적인 느낌. にく
かん·にっかん　sensuality

육감적[肉感的] 성적인 느낌을 肉感的
주는 것. 「~인 여자」にくか
んてき　　　　　　sensual

육계[肉界] 육신의 세계. ↔영 肉界
계(靈界). にくかい·にっかい
physical world

육계[肉桂] 한방에서, 계수나무 肉桂
의 두꺼운 껍질을 약재로 이르
는 말. 건위·강장제로 씀. 「~
분(粉)」にっけい　cinnamon

육괴[肉塊] ① 고깃덩어리. ② 肉塊
살진 사람을 농담으로 이르는
말. にくかい·にっかい

육교[肉交] 남녀간의 육체적인 肉交
교접(交接). =성교(性交)·교
합(交合). にくこう
sexual intercourse

육교[陸橋] 사람이 도로를 안전 陸橋
하게 횡단하도록 일정한 높이
로 도로 위를 가로질러 놓은
다리 모양의 구조물(構造物).
구름다리. りっきょう
footbridge

육군[陸軍] 육상(陸上)의 전투 陸軍
를 주요 임무로 하는 군대. りく
ぐん　　　　　　　　army

육근[六根] 불교에서, 육경(六 六根
境)을 인식하는 기관. 곧, 안
(眼)·이(耳)·비(鼻)·설(舌)·
신(身)의 오관(五官)과 의근(意
根). ろっこん.

육근 청정[六根淸淨] 불교에 六根
서, 진리를 깨달아 육근(六根) 淸淨
의 망집(妄執)을 끊고 심신을 妄執
깨끗이 함. ろっこんしょう
じょう purification of one's
self through detachment
from the senses

육기[肉氣] ① 몸의 살진 로잉. 肉氣
② 고기로 만든 음식. =육미(肉
味). ① fleshiness

육대반낭[肉帒飯囊] 고기 자루 肉帒
와 밥주머니라는 뜻으로, 아 飯囊
무 재주도 없이 먹기만 잘 하
는 사람을 조롱하는 말.

육대주[六大洲] 아시아·아프 六大洲
리카·유럽·오세아니아·남아
메리카·북아메리카의 여섯 대
륙. ろくだいしゅう
Six Continents

육덕[六德] 유교에서, 지(知)· 六德
인(仁)·성(聖)·의(義)·충
(忠)·화(和)의 여섯 가지 덕.
ろくとく

육도[六道] 불교에서, 중생이 六道

업인(業因)에 따라 필연적으로 이르게 된다는 여섯 세계. 곧, 지옥(地獄)·아귀(餓鬼)·축생(畜生)·아수라(阿修羅)·인도(人道)·천도(天道). =육계(六界). ろくどう

육도[陸稻] 밭에 심는 벼. 밭벼. りくとう・おかぼ
rice grown in a dry field

육두 문자[肉頭文字] 남녀의 육체적 관계와 관련된 상스러운 말.

육량[肉量] 고기를 먹는 양.
eatable quantity of meat

육려[六呂] 십이율(十二律)에서 음성(陰聲)에 딸린 대려(大呂)·협종(夾鐘)·중려(仲呂)·임종(林鐘)·남려(南呂)·응종(應鐘)의 여섯 가지 소리를 통틀어 이르는 말.

육로[陸路] 육지로 오거나 가는 길. =한로(旱路). りくろ
land route

육류[肉瘤] 살로만 된 혹. 육혹. にくりゅう sarcoma

육류[肉類] 식용으로 하는 짐승의 고기 종류. にくるい meat

육률[六律] 십이율(十二律)에서 양성(陽聲)에 딸린 황종(黃鐘)·대주(太簇)·고선(姑洗)·유빈(蕤賓)·이칙(夷則)·무역(無射)의 여섯 가지 소리를 통틀어 이르는 말.

육리[陸離] 눈부시게 빛나는 모양. 「광채(光彩) ~」 りくり
brilliant

육림[肉林] 고기가 숲이루는 뜻으로, 고기로 만든 술안주가 많음을 이르는 말. 「주지(酒池)~」 にくりん

육림[育林] 나무를 심거나 하여 계획적으로 숲을 가꾸는 일. 「~업(業)」

육면체[六面體] 여섯 면(面)으로 둘러싸인 입체(立體). ろくめんたい hexahedron

육모[六母] 적모(嫡母)·계모(繼母)·양모(養母)·자모(慈母)·서모(庶母)·유모(乳母)의 총칭.

육묘[育苗] 묘목이나 모를 기름. 「~원(園)」 いくびょう
raising seedlings

육미[六味] 쓰고, 달고, 짜고, 싱겁고, 시고, 매운 여섯 가지 맛. 곧 온갖 맛. ろくみ
six flavors

육미[肉味] ①고기로 만든 음식. =육기(肉氣). ②고기의 맛. にくみ ① meat dishes ② taste of meat

육박[肉迫·肉薄] ①적진에 몸으로 돌진함. ②바싹 붙음. にくはく

육반구[陸半球] 지구를 육지가 차지하는 비율이 최대가 되도록 나눈 반구. ↔수반구(水半球). りくはんきゅう
land hemisphere

육법[六法] ①여섯 가지의 기본이 되는 법률. 곧, 헌법·형법·민법·상법·민사 소송법·형사 소송법. 「~ 전서(全書)」 ②동양화에서 작풍(作風)과 감상의 규범이 되는 여섯 가지 요목(要目). 곧, 기운 생동(氣韻生動)·골법 용필(骨法用筆)·응물 상형(應物象形)·수류 부채(隨類賦彩)·경영 위치(經營位置)·전이 모사(傳移模寫). ろっぽう
① six codes of law

육보[肉補] 고기붙이를 먹고 몸을 보(補)함.
eating meat for one's health

육부[六腑] 대장(大腸)·소장(小腸)·위(胃)·담(膽)·방광(膀

胱)·삼초(三焦)의 여섯 가지 장기(臟器). 「오장(五臟)~」 ろっぷ　　　　six viscera

육분[肉粉] 짐승의 고기를 말려서 가루로 만든 것. 비료나 사료로 씀. にくふん
powder of meat

육분의[六分儀] 항해술(航海術)·측량술(測量術)에서, 임의의 두 점 사이의 각도(角度)나 해·달·별 등의 고도(高度)를 재는 계기. ろくぶんき
sextant

육산[陸産] 육지에서 산출됨. 또는 그 물건. ↔해산(海産). 「~물(物)」りくさん
land products

육산포림[肉山脯林] 고기가 산처럼 많고 건포(乾脯)가 숲을 이루었다는 뜻으로, 호화로운 연회의 비유. にくさんほりん
gorgeous banquet

육상[陸上] 육지의 위. 「~경기(競技)」りくじょう　land

육상 경:기[陸上競技] 육상에서 시 허는 운동 경기 중 주로 달리기·뛰어오르기·던지기의 기본 동작으로 이루어진 경기의 총칭. りくじょうきょうぎ
athletic sports

육색[肉色] ① 살빛. ② 사람의 살빛처럼 불그스름한 빛. にくいろ　　　① flesh color

육서[六書] ① 한자(漢字)의 구성과 응용에 관한 여섯 가지 법식. 곧, 상형(象形)·지사(指事)·회의(會意)·형성(形聲)·전주(轉注)·가차(假借). ② 한자(漢字)의 여섯 가지 서체(書體). 곧, 팔분(八分)·행서(行書)·초서(草書)·예서(隸書)·대전(大篆)·소전(小篆). =육체(六體). ろくしょ

육서[陸棲] 육지에서 삶. りくせい

육선[肉饍] 고기로 만든 반찬. =육찬(肉饌).　meat dish

육성[肉聲] 사람이 직접 입으로 내는 소리. 녹음기(錄音器)나 확성기를 통하지 않은 목소리. にくせい　　natural voice

육성[育成] 길러서 자라게 함. =양성(養成). いくせい
upbringing

육속[肉屬] 고기붙이. =육류(肉類).

육속[陸續] 끊이지 않고 잇닮. りくぞく　　　succession

육송[陸松] 소나무. =적송(赤松).　pine tree

육송[陸送] 육로(陸路)를 이용한 운송(運送). りくそう
land transportation

육수[肉水] 고기를 삶아 낸 물.　broth

육수[陸水] 해수(海水)를 제외한 육지의 표면 및 근처에 있는 물. 「~학(學)」りくすい

육순[六旬] ① 예순 날. 60일. ② 예순 살. 60세. ① sixty days ② sixty years of age

육시[戮屍] 죽은 사람에게 참형(斬刑)을 가함.

육식[肉食] ① 고기붙이를 먹음. ↔채식(菜食). ② 동물이 다른 동물의 고기를 먹이로 하는 일. ↔초식(草食). 「~동물(動物)」にくしょく　　meat-eating

육신[肉身] 사람의 몸뚱이. =육체(肉體). ↔영혼(靈魂). にくしん　　　　　body

육십 갑자[六十甲子] 천간(天干)과 지지(地支)를 순환 배합하여 예순 가지로 배열한 순서. 곧 갑자(甲子)·을축(乙丑)·병인(丙寅)·정묘(丁卯)…… 경

육아~육즙 **1291**

신(庚申)·신유(辛酉)·임술(壬戌)·계해(癸亥). 준육갑(六甲).

육아[肉芽] 肉芽 ①엽액(葉腋)에서 갓 나오는 육질(肉質)의 둥근 모양을 한 싹. ②⇨육아 조직(肉芽組織). にくが
　　① granulation

〔육아〕

육아[育兒] 育兒 어린아이를 기름. いくじ　① infant rearing

육아 조직[肉芽組織] 肉芽組織 상처나 염증이 생겼을 때, 그 파괴된 조직을 메꾸기 위해 밑에서부터 자라 나오는 선홍색·과립상의 결체(結締) 조직. にくがそしき　granulation tissue

육안[肉眼] 肉眼 ①안경이나 망원경·현미경 따위를 이용하지 않고 직접 보는 눈. ②눈으로 보는 표면적인 안식(眼識). にくがん　① naked eye

육양[陸揚] 陸揚 배에서 뭍으로 짐을 풀어 올림. =양륙(揚陸). りくあげ　unloading

육영[育英] 育英 인재(人才)를 길러 냄. 「~ 사업(事業)」いくえい　education

육예[六藝] 六藝 옛날 중국의 관리 채용의 필수 과목이었던 예(禮)·악(樂)·사(射)·어(御)·서(書)·수(數)의 여섯 가지 학예(學藝). りくげい

육욕[肉慾] 肉慾 육체상의 모든 욕망. 특히 성욕(性慾). =색욕(色慾)·육정(肉情). にくよく　carnal desire

육욕[戮辱] 戮辱 큰 치욕(恥辱). disgrace

육용[肉用] 肉用 기르는 가축 따위의 고기로 쓰기 위한 것. 「~ 가축(家畜)」にくよう

육우[肉牛] 肉牛 고기를 먹기 위해 기르는 소. にくぎゅう　beef cattle

육운[陸運] 陸運 육상에서의 모든 운송. りくうん　land carriage

육자[肉刺] 肉刺 발바닥이나 발가락에 생기는 무사마귀 비슷한 굳은살. 티눈.　corn

육자 염:불[六字念佛] 六字念佛 불교에서, 나무아미타불(南無阿彌陀佛)의 여섯 자를 외는 염불.

육장[六場] 六場 ①지난날, 한 달에 여섯 번 서던 장. ②늘. 항상. 줄곧.　① six market days of the month ② always

육장[肉醬] 肉醬 쇠고기를 청장에 조린 반찬.

육적[肉炙] 肉炙 제사나 잔치에 쓰는 고기 산적.

육전[陸戰] 陸戰 육지에서의 전투. りくせん　land combat

육정[六情] 六情 인간의 여섯 가지 감정. 곧, 희(喜)·노(怒)·애(哀)·락(樂)·애(愛)·오(惡). ろくじょう　six emotions

육정[肉情] 肉情 육체적인 정욕. =색정(色情)·육욕(肉慾). にくじょう　carnal desire

육종[肉腫] 肉腫 세포가 병적으로 불어나 생리적으로 아무 쓸모없는 덩어리를 이룬 것. にくしゅ　sarcoma

육종[育種] 育種 동식물을 육성하여 우수한 특성을 지닌 품종을 만드는 일. いくしゅ　breeding

육주[肉酒] 肉酒 고기와 술. =주육(酒肉).　meat and wine

육중[肉重] 肉重 덩치가 크고 무거움. 「~한 몸」　heaviness

육즙[肉汁] 肉汁 쇠고기를 다져서 삶아 짠 국물.　gravy

육지[陸地] 지구 표면에서 물로 덮이지 않은 부분. 뭍. りくち land

육지면[陸地棉] 면화의 한 품종. 북미(北美)가 원산지로 전 세계에서 재배하는 대표적인 품종임. りくちめん

육질[肉質] ① 살과 같은 성질을 띤 것. ② 고기의 품질. にくしつ ② quality of meat

육찬[肉饌] 고기로 만든 반찬. =육선(肉饍). meat dish

육체[肉滯] 고기를 먹어서 생긴 체증. indigestion due to eating meat

육체[肉體] 사람의 몸. =신체(身體)·육신(肉身). 「～노동(勞動)」にくたい body

육체미[肉體美] 신체의 균형이 주는 아름다움. にくたいび physical beauty

육촌[六寸] ① 여섯 치. ろくすん ② 당숙(堂叔)의 자녀와의 촌수. =재종(再從). ② second cousin

육추[育雛] 일세이 갠 병아리를 기름. 또는 그 병아리. いくすう raising chickens

육축[六畜] 소·말·돼지·양·닭·개의 여섯 가지 가축. りくちく six kinds of domestic animals

육친[六親] 부(父)·모(母)·형(兄)·제(弟)·처(妻)·자(子)의 여섯 친족. ろくしん·りくしん six family relations

육친[肉親] 부모와 자식, 형제 따위의 혈연 관계가 있는 사람. にくしん blood relatives

육탄[肉彈] 적진에 직접 뛰어들어 공격하는 일. 또는 그 몸. にくだん human bullet

육탕[肉湯] 고기를 넣고 끓인 국. 고깃국. meat soup

육포[肉脯] 쇠고기를 얇게 저미어서 말린 포. slice of dried meat

육풍[陸風] 육지에서 바다 쪽으로 부는 바람. =육연풍(陸軟風). ↔해풍(海風). りくふう land breeze

육필[肉筆] 본인이 직접 손으로 쓴 글씨. にくひつ autograph

육하 원칙[六何原則] 보도 기사 등을 쓸 때 지켜야 하는 기본 원칙. 곧, '누가·언제·어디서·무엇을·어떻게·왜'의 여섯 가지.

육합[六合] 동서남북과 천지(天地). 곧, 우주(宇宙) 전체를 가리키는 말. =육막(六幕). りくごう·ろくごう universe

육해공군[陸海空軍] 육군과 해군과 공군을 통틀어 이르는 말. army, navy and air forces

육행[陸行] 육로(陸路)로 가거나 옴. りっこう traveling by land

육혈포[六穴砲] 총알을 재는 구멍이 6개 있는 권총. six-chambered revolver

육회[肉膾] 쇠고기를 잘게 썰어서 양념을 한 회. dish of minced raw beef

윤:[允] 미쁠 윤: 미쁘다. 미덥다. 「允文(윤문)·允許(윤허)·允下(윤하)·允兪(윤유)」イン

윤[尹] 다스릴 윤: 다스리다. 「府尹(부윤)·京尹(경윤)」イン

윤:[胤] 맏아들 윤: 맏아들. 「胤嗣(윤사)·胤子(윤자)·胤玉(윤옥)·胤君(윤군)」イン

윤:[閏]☆ 윤달 윤: 윤달. 윤년. 「閏月(윤월)·閏年(윤년)·閏日(윤일)」ジュン·うるう

윤:[潤]☆ ① 불을 윤: 붇다. 불

리다. 「利潤(이윤)·潤益(윤익)」 潤益
② 윤택할 윤: 윤이 나다. 윤택하다. 「潤澤(윤택)·潤氣(윤기)」 ジュン·うるおう

윤:가[允可] 임금이 허가함. = 允可
윤허(允許). いんか
king's permission

윤간[輪姦] 한 여자를 여러 남 輪姦
자가 돌아가며 강간함. りんかん multiple rape

윤감[輪感] 유행성 감기. 돌림 輪感
감기. influenza

윤강[輪講] 여러 사람이 차례로 輪講
강의를 함. りんこう
lecturing in turn

윤곽[輪廓] ① 일이나 사건의 대 輪郭
체적인 줄거리. ② 대강의 테두리나 모습. りんかく outline

윤:군[胤君·允君] 남을 높여 胤君
그 아들을 이르는 말. =윤옥(胤玉).

윤기[倫紀] 윤리와 기강(紀綱). 倫紀
morals and discipline

윤:기[潤氣] 윤택한 기운. 반질 潤氣
반질한 광택. 준윤(潤). gloss

윤납[輪納] 돌아가면서 바침. 輪納
payment by rotation

윤:년[閏年] 윤달이나 윤일이 閏年
든 해. じゅんねん·うるうどし leap year

윤독[輪讀] 여러 사람이 돌려가 輪讀
면서 읽음. りんどく
reading by rotation

윤락[淪落] ① 영락(零落)하여 다 淪落
른 고장으로 떠돌아다님. ② (여지) 타락하여 몸을 팖. 「~여성(女性)」 りんらく ruin

윤리[倫理] ① 사람으로서 지켜 倫理
야 할 도리. =인륜(人倫). ② 윤리학(倫理學)의 준말. りんり
① morals

윤리학[倫理學] 사회에서 사람 倫理學
과 사람의 관계를 규정하는 규범·원리·규칙에 대한 학문. 준윤리(倫理). りんりがく
ethics

윤멸[淪滅] 가라앉아 없어짐. 淪滅
りんめつ extinction

윤몰[淪沒] ① 물에 가라앉음. 淪沒
② 쇠퇴하여 몰락함. りんぼつ
① sinking

윤무[輪舞] 여럿이 둥글게 둘러 輪舞
서서 돌며 추는 춤. りんぶ
round dance

윤:미[潤美] 윤기가 있어 아름 潤美
다움.

윤번[輪番] 차례로 번을 듦. 「~ 輪番
제(制)로 하다」 りんばん
rotation

윤벌[輪伐] 해마다 삼림(森林) 輪伐
의 일부를 차례로 벌채함. りんばつ

윤:삭[閏朔] ① (양력에서) 윤년 閏朔
인 해의 2월. ② (음력에서) 1년의 길이를 양력과 맞추기 위하여 열두 달 외에 더 넣는 한 달. =윤월(閏月).
leap month

윤상[倫常] 인류 관계에서 지켜 倫常
야 할 도리. りんじょう
human duties

윤상[輪狀] 바퀴 모양. りんじょう 輪狀
annularity

윤:색[潤色] ① 매만지거나 다 潤色
듬어서 더 윤이 나게 함. ② 사실을 과장하거나 미화(美化)함. じゅんしょく embellishment

윤생[輪生] 잎이 한 마디에 세 輪生
개 이상 윤형(輪形)으로 남. 돌려나기. りんせい
verticillation

윤선[輪船] 화륜선(火輪船)의 준 輪船
말.

윤:습[潤濕] 물에 젖음. 또는 물 潤濕
에 적심. wetness

윤시[輪示] 돌려 가며 보임. = 輪示

회람(回覽). circulation
윤:예[胤裔] 혈통을 잇는 자손. =후예(後裔). いんえい descendant
윤:월[閏月] 음력에서, 열두 달 외에 더 있는 달. 윤달. =윤삭(閏朔). うるうづき leap month
윤음[綸音] 임금이 명령하거나 지시하는 말. =윤지(綸旨). king's words
윤:일[閏日] 양력에서, 윤달의 하루 더 드는 날. 곧, 2월 29일. 윤날. うるうび leap day
윤:자[胤子] 맏아들. =장자(長子). eldest son
윤작[輪作] 같은 땅에 여러 가지 농작물을 돌려 가며 재배함. 돌려짓기. りんさく corp rotation
윤전[輪轉] 바퀴 모양으로 회전함. 둥글게 돎. りんてん rotation
윤전기[輪轉機] 인쇄기의 한 가지. 회전하는 롤러 사이에 종이글 붙이니 인쇄하는 고속도 인쇄기. りんてんき rotary press
윤직[輪直] 차례로 돌아가는 당직. rotation
윤창[輪唱] 같은 노래를 일정한 소절(小節)의 사이를 두고 뒤따르며 부르는 합창. 돌림노래. りんしょう troll
윤척[輪尺] 나무의 지름을 재는 자. りんじゃく calipers
윤:택[潤澤] ① 번지르르한 광택. ② 살림살이가 넉넉하여 여유가 있음. じゅんたく ① gloss ② abundance
윤:필[潤筆] 붓을 적신다는 뜻으로, 글씨를 쓰거나 그림을 그림. 「~료(料)」じゅんぴつ writing and painting

윤:허[允許] 임금이 허가함. =윤가(允可). いんきょ king's permission
윤형[輪形] 바퀴 모양. りんけい ring shape
윤화[輪禍] 자동차 따위로 말미암은 재난. 곧, 교통 사고. 「~사건(事件)」りんか traffic accident
윤환[輪奐] 건물이 웅장하고 아름다움. 「~지미(之美)」りんかん splendor
윤:활[潤滑] 기름기나 습기가 있어 뻑뻑하지 않고 매끄러움. じゅんかつ lubrication
윤:활유[潤滑油] 기계 접촉면의 마찰을 줄이기 위해 치는 기름. じゅんかつゆ lubricating oil
윤:활제[潤滑劑] 기계가 부드럽게 잘 돌아가도록 바르는 재료. 각종 윤활유·그리스·석필(石筆) 따위. =감마제(減磨劑). じゅんかつざい lubricant
윤회[輪廻] 불교에서, 사람이 자기가 행한 선악의 갚음으로, 죽고 다시 태어나고 하기를 끝없이 반복하는 일. 「~전생(轉生)」りんね metempsychosis
율격[律格] ① 격에 맞는 법식. =격식(格式). ② 한시(漢詩)의 구성법에서, 언어·음률을 가장 음악적으로 이용한 격식. 평측(平仄)·압운(押韻)·대구(對句) 등을 이름. りっかく ① rule
율동[律動] 규칙적으로 되풀이되는 움직임. 리듬. 「~체조(體操)」りつどう rhythmic movement

율려[律呂] ① 율(律)의 음과 여(呂)의 음. 곧, 음률과 악률의 의미로 음악을 이름. =음률(音律). ② 육률(六律)과 육려(六呂). りつりょ

율령[律令] 형률(刑律)과 법령(法令). 곧, 모든 법령의 총칭. りつりょう law

율례[律例] 형률(刑律)의 적용에 관한 범례(凡例). りつれい

율목[栗木] 밤나무. chestnut tree

율문[律文] ① 법률의 조문(條文). ② 운율(韻律)이 있는 글. =운문(韻文). りつぶん
① provisions ② verse

율법[律法] ① ⇨법률(法律). ② 기독교에서, 신이 인간에게 지키도록 내린 규범(規範). ③ 불교에서, 계율(戒律)을 달리 이르는 말. りっぽう
② commandment

율사[律師] 불교에서, 십법(十法)을 갖추고 계율(戒律)을 잘 지키는 고승(高僧). りっし

율서[律書] 법률에 관한 책. lawbook

율시[律詩] 한시(漢詩)의 한 형식. 여덟 구로 되어 있으며, 오언 율시(五言律詩)와 칠언 율시(七言律詩)가 있음. りっし

율어[律語] 운율(韻律)이 있는 글. =운문(韻文). りつご verse

율연[慄然] 두려워서 떠는 모양. りつぜん horrified

융[戎] ① 오랑캐 융 : 오랑캐. 「戎夷(융이)・戎越(융월)・西戎(서융)」 ② 싸움 융 : 싸움. 병기. 「戎車(융거)・戎馬(융마)・戎器(융기)・戎衣(융의)・戎行(융행)」 ジュウ ① えびす

융[絨] 융 융 : 두툼하고 고운 모직물. 「絨毛(융모)・絨緞(융단)」 ジュウ

융[融] 녹을 융 : 녹다. 화하다. 융통하다. 「融和(융화)・融合(융합)・融通(융통)・金融(금융)・融資(융자)」 ユウ

융기[戎器] 싸움에 쓰는 무기. =병기(兵器). じゅうき arms

융기[隆起] 볼록하게 도드라져 나옴. 「~ 해안(海岸)」 りゅうき upheaval

융단[絨緞] 두꺼운 모직물의 한 가지. 바닥의 깔개나 벽걸이로 쓰임. じゅうたん carpet

융동[隆冬] 추위가 아주 심한 겨울. =엄동(嚴冬).
rigorous winter

융랑[融朗] 투명하고 밝음. ゆうろう clarity

융마생교[戎馬生郊] 군마(軍馬)가 국경에서 태어난다는 뜻으로, 이웃 나라와 전쟁이 끊이지 아니함의 비유.

융모[絨毛] ① 창자, 특히 소장(小腸)에 많이 돋은 돌기(突起). 소화를 돕고 흡수를 용이하게 함. 융털. ② 식물의 꽃판이나 잎에 난 잔털. じゅうもう ① villus

융비술[隆鼻術] 납작한 코를 인공적으로 높이는 성형 수술. りゅうびじゅつ rhinoplasty

융사[戎事] 군무(軍務)에 관한 일. =군사(軍事). じゅうじ
military affairs

융석[融釋] ① 녹음. ② 오해가 풀림. 의심이 풀림. ① fusion

융성[隆盛] 힘차게 일어남. =융창(隆昌)・흥성(興盛). ↔쇠멸(衰滅). りゅうせい
prosperity

융숭[隆崇] 대접하는 태도가 매우 극진하고 정중함. 「~한 대접

융운[隆運] 힘차게 일어나는 운수. =성운(盛運). ↔쇠운(衰運). りゅううん prosperity

융자[融資] 자금을 융통함. 「~금(金)」 ゆうし financing

융점[融點] 융해점(融解點)의 준말. ゆてん

융제[融劑] 다른 물질을 녹이기 쉽게 하는 물질. =용제(溶劑). ゆうざい flux

융창[隆昌] 힘차게 일어남. =융성(隆盛). りゅうしょう prosperity

융통[融通] ①돈이나 물건 따위를 이리저리 돌려씀. 「자금(資金) ~」 ②그때 그때 적당히 일을 처리함. 「~성(性)」 ゆうずう ① accommodation ② flexibility

융통물[融通物] ①융통되는 물건. ②사법(私法)에서, 거래의 대상이 될 수 있는 물건. ゆうずうぶつ circulating thing

융통성[融通性] ①돈이나 물건 따위를 그때 그때 돌려쓸 수 있는 성질. ②형편에 맞추어 일을 잘 처리해 내는 성질. ゆうずうせい flexibility

융합[融合] ①녹아서 하나로 합쳐짐. ②섬모류 이하의 원생동물에서, 두 개체(個體)가 합쳐서 한 개체로 되는 현상. ゆうごう fusion

융해[融解] 고체가 열을 받아 액체가 됨. ゆうかい fusion

융해열[融解熱] 온도를 바꾸지 않고 1g의 고체(固體)를 융해시켜 액체로 바꾸는 데 필요한 열 에너지. ゆうかいねつ heat of fusion

융해점[融解點] 고체가 녹기 시작할 때의 일정(一定)한 온도. 녹는점. 준융점(融點). ゆうかいてん melting point

융화[融化] 열에 녹아서 다른 물질로 변함. ゆうか deliquescence

융화[融和] 서로 어울려 화목하게 됨. ゆうわ harmony

융흥[隆興] 형세가 기운차게 일어남. =융성(隆盛). りゅうこう prosperity

은[恩]* 은혜 은:은혜. 「恩惠(은혜)・恩功(은공)・恩光(은광)・師恩(사은)・背恩(배은)・恩寵(은총)・恩愛(은애)」 オン・めぐむ

은[殷] ①성할 은:성하다. 크다. 「殷盛(은성)・殷昌(은창)・殷雷(은뢰)・殷憂(은우)」 ②나라 은:나라 이름. 「殷墟(은허)」 イン ① さかん

은[慇] 은근할 은:은근하다. 「慇懃(은근)・慇慇(은은)」 イン・ねんごろ

은[銀]* ①은 은:은. 「金銀(금은)・銀紙(은지)・銀杯(은배)・銀板(은판)・銀世界(은세계)・銀貨(은화)」 ②돈 은:돈. 「勞銀(노은)・銀行(은행)」 ギン ① しろがね

은[隱]☆ ①숨을 은:숨다. 「隱密(은밀)・隱身(은신)・隱匿(은닉)・隱才(은재)・隱避(은피)」 ②불쌍히 여길 은:불쌍히 여기다. 「惻隱(측은)」 イン ① かくれる

은감[殷鑑] 은(殷)은 전 왕조인 하(夏)의 멸망을 거울삼아야 한다는 뜻으로, 거울삼아 경계해야 할 전례(前例)를 뜻함. いんかん

은갱[銀坑] 은을 캐내는 광산의 구덩이. ぎんこう silver mine

은거[隱居] 세상을 피하여 숨어

서 삶. いんきょ　retired life
은경[銀鏡] ① 은(銀)을 갈아서 만든 거울. ② 유리 표면에 은 막을 입혀서 만든 거울. ぎんきょう
은고[恩顧] 은혜로 돌보아 줌. おんこ　patronage
은공[恩功] 은혜와 공로. favor and service
은광[恩光] ① 하늘이 내리는 우로(雨露)의 은택. ② 임금의 은덕. おんこう　① favor
은광[銀鑛] 은을 캐내는 광산. =은산(銀山). ぎんこう silver mine
은괴[銀塊] 은덩어리. ぎんかい　silver ingot
은구[隱溝] 땅 속에 묻은 수채나 도랑.
은군자[隱君子] ① 부귀와 공명을 바라지 않고 조용히 숨어 사는 사람. ② 국화의 딴이름. =은일화(隱逸花). いんくんし　① hermit ② chrysanthemum
은권[恩眷] 특별히 총애하여 돌보아 줌. =은고(恩顧). おんけん　patronage
은근[慇懃] ① 겸손하고 정중함. ② 속으로 생각하는 정도가 깊음. ③ 드러나지 않음. いんぎん
　① politeness ② intimacy
은기[銀器] 은으로 만든 그릇. ぎんき　silverware
은니[銀泥] 은가루를 아교에 개 되직한 물. 글씨를 쓰거나 그림을 그리는 데 씀. ぎんでい silver paint
은닉[隱匿] 남의 물건이나 사람을 숨기어 둠. 「~죄(罪)」いんとく　concealment
은덕[恩德] 은혜로운 덕. おんとく　favor

은덕[隱德] 남이 모르게 베푸는 덕행. いんとく stealthy benefaction
은둔[隱遁] 세상을 피하여 숨음. =피세(避世). いんとん retirement
은령[銀嶺] 눈으로 새하얗게 덮여 은백색으로 보이는 산. ぎんれい mountain covered with snow
은로[銀露] 달빛을 받아 은빛으로 빛나는 밤 이슬. white dewdrop
은류[隱流] 보이지 않게 속으로 흐름.
은륜[銀輪] ① 은빛 바퀴. ② 자전거의 미칭(美稱). 「~경기(競技)」ぎんりん
　① silvered wheel ② bicycle
은린[銀鱗] ① 은빛 비늘. ② 물고기의 미칭(美稱). 「~옥척(玉尺)」ぎんりん
　① silver scale ② fish
은막[銀幕] ① 영사막(映寫幕). ② 영화계(映畫界)의 비유. 「~에 데뷔하다」ぎんまく
　① screen ② moviedom
은면[恩免] 임금의 등극(登極)이나 그 밖의 경사가 있을 때 죄인을 특별히 사면(赦免)함. おんめん　pardon
은멸[隱滅] 그늘에 가리어 보이지 않게 됨. いんめつ disappearance
은명[恩命] 벼슬을 주거나 죄를 용서하여 주는 것과 같은 임금의 명령. おんめい gracious command
은몰[隱沒] 자취도 없이 숨어 없어짐. いんぼつ　hiding
은미[隱微] 희미하여 눈에 잘 뜨이지 않음. いんび abstruseness

은밀[隱密] 어떤 일이나 행동을 숨겨서 남이 모르게 함.「~한 계획(計劃)」おんみつ privacy

은박[銀箔] 은 또는 은빛의 재료를 두드려서 종이처럼 얇게 만든 것. ぎんぱく silver leaf

은반[銀盤] ①은으로 만든 쟁반. ②맑은 밤하늘의 둥근 달. ③얼음판의 미칭(美稱).「~계(界)의 여왕(女王)」ぎんばん ①silver plate ②moon ③skating rink

은반위구[恩反爲仇] 은혜를 베푼 것이 도리어 원수가 됨.

은발[銀髮] 은백색의 머리털. 흰 머리털. =백발(白髮). ぎんぱつ silver hair

은방[銀房] 금이나 은으로 장식물 등을 만들어 파는 가게. silversmith's

은배[銀杯] 은으로 만든 잔. =은잔(銀盞). ぎんぱい silver cup

은백색[銀白色] 은빛과 같은 흰 빛살. ぎんはくしょく silver gray

은벽[隱僻] 궁벽하여 사람의 왕래가 거의 없음.

은병[銀瓶] ①은으로 만든 병. ②고려 때 쓰던, 은으로 만든 화폐. ①silver bottle

은복[隱伏] 숨음. 숨어 있음.

은본위제[銀本位制] 일정량(一定量)의 은을 본위 화폐(本位貨幣)로 하는 제도. ぎんほんいせい silver standard system

은부[殷富] 풍부하고 넉넉함. いんぷ abundance

은분[銀粉] 은가루. ぎんぷん powdered silver

은비[隱庇] 감추거나 덮어두어 보호함. covering

은비[隱祕] 감추어 비밀로 함. いんぴ

은사[恩師] 은혜를 입은 스승. 가르침을 받은 스승. おんし teacher

은사[恩赦] 나라에 경사가 있을 때 죄인을 용서해 주는 일. =은유(恩宥). おんしゃ amnesty

은사[恩賜] 임금이 물품을 내려 줌. 또는 그 물건.「~품(品)」 king's gift

은사[銀絲] 은을 입힌 실. 은실. ぎんし silver thread

은사[隱士] 벼슬살이를 하지 않고 숨어 사는 선비. いんし hermit

은사[隱事] 숨기고 드러내지 않는 일. いんじ secret

은산[銀山] ⇨은광(銀鑛).

은산덕해[恩山德海] 은혜가 태산 같고 덕이 바다와 같다는 뜻으로, 그지없이 큰 은덕(恩德)의 비유. immeasurable favors

은상[恩賞] 공을 기리어 임금이 상을 내림. 또는 그 상. おんしょう reward

은상[銀賞] 상의 등급을 금·은·동으로 나누었을 때의 2등상.

은색[銀色] 은과 같은 광택이 있는 회백색. 은빛. ぎんいろ silver color

은서[隱棲] 세상을 피해 숨어서 삶. =은거(隱居). いんせい living in seclusion

은설[銀屑] 은(銀)의 부스러기. 해열(解熱)·해독(解毒)에 약재로 씀. ぎんくず silver dust

은설[銀雪] 은빛으로 반짝이는 눈. ぎんせつ silvery snow

은성[殷盛] 번화하고 성함. い

んせい　　　　　prosperity
은세계[銀世界] 눈으로 하얗게 뒤덮인 풍경의 비유. ぎんせかい　　silver world
은세공[銀細工] 은으로 장식품 등을 만드는 일. silver work
은속[銀屬] 은으로 만든 물건들. 은붙이. silverware
은수[恩讎] 은혜와 원한. =은원(恩怨). おんしゅう　　love and hate
은수복[銀壽福] 그릇의 거죽에 은으로 새겨 장식한 수복(壽福)의 두 글자.
은신[隱身] 몸을 숨김. 「~처(處)」　hiding oneself
은애[恩愛] ① 은혜와 사랑. ② 부모 자식간 또는 부부간의 애정. おんあい　① favor and affection
은어[銀魚] ① 은어과의 민물고기. 치어 때는 바다에서 살다가 자라면 강으로 돌아와 알을 슬음. ② 도루묵. ぎんぎょ　① sweetfish ② sand fish
은어[隱語] 특정한 집단의 사람들이 남이 모르도록 자기네끼리만 쓰는 말. いんご　secret language
은연중[隱然中] 우연한 가운데. 남이 모르는 사이. 「~에 드러나다」 いんぜんちゅう tacitly
은예[隱藝] 숨은 재주나 기예(技藝). かくしげい parlor trick
은옥색[隱玉色] 은은하게 보이는 엷은 옥색.
은우[恩遇] 고마운 대접. =후우(厚遇). おんぐう　gracious treatment
은우[隱憂] 남에게 말하지 못하고 속으로만 하는 근심.
은원[恩怨] 은혜와 원한. =은수(恩讐). おんえん

love and hate
은위[銀位] 은 제품에 들어 있는 은의 순도(純度). ぎんい　grade of silver
은유[恩宥] 은혜를 베풀어 용서함. =은사(恩赦). おんゆう　amnesty
은유법[隱喩法] 비유법(譬喩法)의 한 가지. '같이, 처럼, 같은, 듯이' 등의 연결어 없이 원관념과 보조 관념을 결합시키는 방법. 곧, 'A(원관념)는 B(보조 관념)이다'와 같이 표현함. =암유법(暗喩法). いんゆほう　metaphor
은은[殷殷] 큰 소리가 멀리서 들리는 모양. 「~한 총소리」 いんいん　bellowing
은은[隱隱] ① 어렴풋하여 또렷하지 않은 모양. ② 소리가 멀리서 들릴 듯 말 듯 가늘게 울리는 모양. いんいん dim
은의[恩義] 갚아야 할 은혜. おんぎ　obligation
은익[銀翼] 비행기의 은빛 날개를 아름답게 이르는 말. ぎんよく　silvery wing
은인[恩人] 은혜를 베풀어 준 사람. 「생명(生命)의 ~」 おんじん　benefactor
은인[隱忍] 밖으로 드러내지 않고 참음. 「~자중(自重)」 いんにん　patience
은일[隱逸] 세상을 피하여 숨어 삶. 또는 그 사람. いんいつ　seclusion
은자[隱者] 세상을 등지고 숨어 사는 사람. いんじゃ hermit
은잔[銀盞] 은으로 만든 잔. =은배(銀杯).　silver cup
은장도[銀粧刀] ① 칼집과 칼자루를 은으로 만든 작은 칼. 노리개로 씀. ② 나라의 의식이나 행사에 쓰던 의장(儀仗)의 한 가지. 나무로 만들고 은칠을 하여 끈을 달았음. ① silver-decorated knife

은재[隱才] 숨은 재주. 또는 숨은 재주꾼. hidden talent

은전[恩典] 나라에서 내리는 특전(特典). おんてん grace

은전[銀錢] 은으로 만든 돈. 은돈. =은화(銀貨). ぎんせん silver coin

은정[恩情] 은혜를 베푸는 인정. 인정이 있는 마음. おんじょう gracious affection

은제[銀製] 은으로 만듦. 또는 그 제품. ぎんせい silverware

은주[銀硃] 수은(水銀)을 태워서 만든 주사(朱砂). 주묵(朱墨)이나 약재로 씀.

은지[銀紙] 은가루 또는 은박(銀箔)을 입힌 종이. 은종이. ぎんがみ silver paper

은진[殷賑] 매우 번성함. 흥성흥성함. いんしん prosperity

은창[殷昌] 번창함. いんしょう prosperity

은총[恩寵] ① 은혜로운 총애(寵愛). ② 기독교에서, 하느님이 인간에게 내리는 은혜. おんちょう ① favor ② grace of God

은침[銀鍼] 은으로 만든 침. ぎんしん silver needle

은택[恩澤] 은혜로운 덕택. おんたく benevolence

은퇴[隱退] 사회·정치적 활동을 하다가 물러나 조용히 삶. いんたい retirement

은파[銀波] 은빛으로 반짝이는 물결. =은도(銀濤). ぎんぱ silvery waves

은폐[隱閉] 숨어서 나오지 않음. hiding

은폐[隱蔽] 덮어서 가림. 가리어 숨김. =음폐(陰蔽). いんぺい concealment

은피[隱避] 피하여 숨음. いんぴ abscondence

은하[銀河] 맑은 날 밤하늘에 남북으로 길게 보이는, 흰 구름 모양의 별의 무리. =은한(銀漢)·하운(河雲). ぎんが Milky Way

은하계[銀河系] 태양계를 포함한 많은 항성을 주체로 하는 천체(天體) 집단. ぎんがけい Galaxy

은하수[銀河水] 은하(銀河)를 강에 비유하여 이르는 말.

은한[銀漢] ⇨은하(銀河).

은합[銀盒] 은으로 만든 합(盒).

은해[隱害] 몰래 사람을 해침.

은행[銀行] 저축자로부터 예금을 받고, 그 돈으로 대출(貸出)·어음 할인 및 증권의 인수 등을 업무로 하는 대표적인 금융 기관. ぎんこう bank

은행[銀杏] 은행나무의 열매. 식용·약용함. =백과(白果). ぎんなん ginkgo nut

은행원[銀行員] 은행 업무를 맡아보는 직원. 㽞행원(行員). bank clerk

은현[隱現·隱顯] 숨었다 나타났다 함. =은견(隱見). いんけん appearance and disappearance

은혈[隱穴] ① 겉에서 잘 보이지 않는 숨은 구멍. ② 비밀히 서로 통하는 길. ① invisible hole

은혜[恩惠] 베풀어 주는 혜택. おんけい favor

은혼식[銀婚式] 결혼 25주년을 기념하는 의식. ぎんこんしき silver wedding

은화[銀貨] 은으로 만든 화폐. 은돈. =은전(銀錢). ぎんか

은화식물[隱花植物] 꽃이 없이 포자(胞子)로 번식하는 식물. 민꽃식물. ↔현화식물(顯花植物). いんかしょくぶつ　cryptogam

은환[銀環] ① 은가락지. ② 은으로 만든 고리. ぎんかん　silver ring

은회색[銀灰色] 은색을 띤 회색. ぎんかいしょく　silver gray

은휼[恩恤] 불쌍히 여겨 구휼함. おんじゅつ　compassion

을[乙]* 둘째 천간 을: 둘째 천간. 「乙未(을미)·乙夜(을야)」 オツ·イツ·きのと·おと

을반[乙班] 십간의 순서로 매긴 번호에서 갑반(甲班) 다음의 반(班).

을종[乙種] 십간의 순서로 매긴 종류의 이름에서 둘째 종류. おつしゅ　second grade

음[吟]* ① 읊을 음: 읊다. 「詩吟(시음)·吟誦(음송)·吟咏(음영)」 ② 끙끙거릴 음: 끙끙거리다. 「呻吟(신음)」 ギン ① うたう ② うめく

음[音]* 소리 음: 소리. 음성. 음악. 「音聲(음성)·發音(발음)·騷音(소음)·音調(음조)·音樂(음악)·音譜(음보)·音符(음부)·音舌(음설)」 イン·オン·おと·ね

음[淫]☆ 음란할 음: 방탕하다. 음란하다. 음탕하다. 「淫溺(음닉)·淫亂(음란)·淫放(음방)·淫遊(음유)·淫縱(음종)·淫荒(음황)·姦淫(간음)·淫奔(음분)」 イン·みだら

음[陰]* ① 그늘 음: 그늘. 음기. 「陰地(음지)·綠陰(녹음)·陰樹(음수)·陰濕(음습)·陰陽(음양)」 ② 몰래 음: 몰래. 「陰密(음밀)·陰伏(음복)·陰事(음사)」 ③ 세월 음: 세월. 「光陰(광음)」 イン ① かげ

음:[飮]* 마실 음: 마시다. 「飮料(음료)·飮酒(음주)·飮食(음식)·飮用(음용)·過飮(과음)·暴飮(폭음)」 イン·のむ

음[蔭] 그늘 음: 그늘. 덮다. 「綠蔭(녹음)·蔭映(음영)·蔭鬱(음울)」 イン·かげ·おおう

음각[陰刻] 그림이나 글자를 옴폭하게 들어가도록 새김. 또는 그러한 조각. =요조(凹彫). ↔양각(陽刻). いんこく　intaglio

음감[音感] 음의 고저·음색 등을 들어서 분간하는 감각. おんかん　sense of sound

음객[吟客] 시(詩)를 짓는 사람. =시인(詩人). ぎんかく　poet

음건[陰乾] 그늘에서 말림. ↔양건(陽乾). かげぼし　drying in the shade

음경[陰莖] 남자의 외부 생식기. 자지. =양경(陽莖)·남근(男根)·양근(陽根)·옥경(玉莖)·옥근(玉根). ↔음문(陰門)·옥문(玉門). いんけい　penis

음계[音階] 악음(樂音)을 높낮이의 차례로 늘어놓은 깃. 동양 음악은 궁(宮)·상(商)·각(角)·치(徵)·우(羽)의 5음계, 서양 음악은 도·레·미·파·솔·라·시의 7음계를 기초로 함. おんかい　musical scale

유계[陰計] ⇨음모(陰謀).

음곡[吟曲] 음곡(音曲)을 읊음. ぎんきょく

음곡[音曲] ① 음악의 곡조. ② 음악. おんぎょく　① melody ② music

음공[陰功] ① 드러나지 않게 돕는 공(功). ② 남이 모르는 숨은 공덕(功德). 「~을 쌓다」

음극[陰極] 두 전극 사이에 전류가 흐를 때, 전위(電位)가 낮은 쪽의 전극(電極). =음전극(陰電極). ↔양극(陽極). いんきょく　negative pole

음극선[陰極線] 방전관(放電管)의 음극에서 나오는 고속도(高速度)의 전자(電子)의 흐름. 브라운관(Braun管) 따위에 응용함. ↔양극선(陽極線). いんきょくせん　cathode ray

음기[陰氣] ① 음침한 기운. ② 몸 안의 음(陰)의 기운. ↔양기(陽氣). いんき　① gloominess

음낭[陰囊] 불알을 싸고 있는 주머니처럼 생긴 부분. 불알. =신낭(腎囊). いんのう　scrotum

음녀[淫女] 음탕한 여자. 색욕이 센 여자. =음부(淫婦). いんじょ　lewd woman

음담[淫談] 색에 관한 음탕한 이야기. =육담(肉談). 「~패설(悖說)」filthy talk

음덕[陰德] 남이 모르는 숨은 덕행. 「~양보(陽報)」いんとく stealthy benefaction

음덕[蔭德] 조상의 덕. ancestor's virtue

음도[音度] 음(音)의 높낮이의 정도. (musical) interval

음도[陰道] ① 임금에 대한 신하, 어버이에 대한 자식, 남편에 대한 아내로서의 지켜야 할 도리. ② 응달진 산길. ③ 달의 궤도(軌道). ② shady mountain path

음독[音讀] ① 소리내어 읽음. ↔묵독(默讀). ② 한자(漢字)를 음(音)으로 읽음. ↔훈독(訓讀). おんどく　① reading aloud ② straight reading

음:독[飲毒] 독약을 마심. 「~자살(自殺)」taking poison

음락[淫樂] 음란하게 놀며 즐김. いんらく　sensual pleasure

음:락[飲樂] 술을 마시며 즐김. drinking

음란[淫亂] 음탕하고 난잡함. いんらん　lewdness

음랭[陰冷] 음산하고 참. dreariness

음량[音量] 악기(樂器)의 소리나 목소리의 크고 작은 정도. おんりょう　volume

음력[陰曆] 태음력(太陰曆)의 준말. ↔양력(陽曆). いんれき

음롱[音聾] 청각에 결함이 없으면서도 성악·기악(器樂)의 악음(樂音)의 이해나 식별이 안 되는 사람. =음치(音癡). おんろう　tone deafness

음:료[飲料] 갈증을 풀거나 맛을 즐기기 위한 마실 것. 청량 음료·차·물 따위. 「~수(水)」いんりょう　drink

음률[音律] ① 악음(樂音)의 가락. ② 음악에서 쓰는 음(音)의 높이를 음향학석으로 정리한 체계. おんりつ　① rhythm

음림[陰林] 그늘진 숲. 우거져 햇빛이 잘 안 드는 숲. forest in the shade

음림[霪霖] 여러 날을 계속해서 많이 오는 비. 장마. =음우(霪雨). いんりん　long continued rain

음모[陰毛] 남녀의 음부(陰部) 주위에 나는 털. 거웃. いんもう　pubes

음모[陰謀] 좋지 못한 일을 몰래 꾸밈. 또는 그 꾀. =음계(陰計). いんぼう　intrigue

음문[陰門] 여자 생식기. 보지. =옥문(玉門). ↔음경(陰莖).

음물[淫物] 음탕한 사람. 淫物 lewd fellow
いんもん　　　　　vulva

음미[吟味] ① 시가(詩歌)를 읊어 시취(詩趣)를 맛봄. ② 사물의 내용을 새기어 맛봄. ③ 음식이나 술 따위를 찬찬히 느끼며 맛봄. ぎんみ
① appreciation ② investigation 吟味

음미[淫靡] 음란하고 사치스러움. いんび obscenity 淫靡

음밀[陰密] 마음 속에 숨겨 겉으로 나타내지 않음. いんみつ secrecy 陰密

음반[音盤] 축음기에 걸어 소리를 들을 수 있게 만든 둥근 판. 소리판. 레코드. 디스크. おんばん phonograph record 音盤

음병[吟病] 병으로 신음함. suffering from illness 吟病

음보[音譜] 음악의 가락을 일정한 부호(符號)로 나타낸 것. = 악보(樂譜). おんぷ musical score 音譜

음복[陰伏] 몰래 숨음. 陰伏

음:복[飮福] 제사를 지내고 나서 제사에 썼던 술이나 다른 제물을 나누어 먹는 일. 飮福

음부[音符] 음악에서, 수리의 높낮이와 길이를 나타내는 부호(符號). おんぷ musical note 音符

음부[陰部] 남녀의 외부 생식기. 또는 그 생식기가 있는 부분. =국부(局部). いんぶ pubic region 陰部

음부[淫婦] 음탕한 여자. =음녀(淫女). いんぷ lewd woman 淫婦

음분[淫奔] 음탕한 행동. いんぽん wantonness 淫奔

음비[陰庇] 은근히 비호함. 陰庇

음비[陰祕] 성질이 음험(陰險)함. insidiousness 陰祕

음사[陰事] ① 숨기는 일. =비사(祕事). ② 남녀가 잠자리를 같이하는 일. いんじ
① secret affair ② sexual intercourse 陰事

음사[淫事] 음탕한 짓. 남녀의 음행(淫行). いんじ lewdness 淫事

음사[淫祠] 사신(邪神)을 모시어 놓은 사당. いんし shrine 淫祠

음산[陰散] ① 날씨가 흐리고 으스스한 기운이 돎.「~한 날씨」② 을씨년스럽고 썰렁함. dreariness 陰散

음삼[陰森] ① 나무가 우거져 어둠침침한 모양. ② 어둠침침하고 쓸쓸한 모양. 陰森

음색[音色] 음이 지닌 특유한 성질이나 느낌. おんしょく・ねいろ tone color 音色

음서[淫書] 음탕한 내용의 책. いんしょ obscene book 淫書

음:서[飮暑] 더위를 먹음. =복서(伏暑). 飮暑

음선[陰線] 제도(製圖)에서, 물체의 형태를 분명히 하거나 입체적으로 나타내거나 할 때 쓰는 선. 보통 사선을 촘촘히 그어 표현함. いんせん 陰線製圖

음설[音舌] 관악기(管樂器)를 부는 부분에 끼우는 혀같이 생긴 것. reed 音舌

음성[吟聲] 시(詩)나 노래를 읊는 소리. ぎんせい voice of recitation 吟聲

음성[音聲] 사람이 발음 기관에서 나오는 소리. 목소리. おんせい voice 音聲

음성[陰性] ① 숨기어 밖으로 드러나지 않는 성질.「~ 수입(收入)」② 병균(病菌)에의 감염 여부를 검사했을 때, 병독(病毒)의 반응이 없는 상태. ↔양성(陽性).「~ 반응(反應)」 陰性 收入 反應

いんせい ② dormancy

음성[淫聲] 음탕한 소리. いんせい lewd sound

음성 기호[音聲記號] 언어의 발음을 나타내는 기호. 국제 음성 기호 따위. =발음 기호(發音記號)·음표 문자(音標文字). おんせいきごう phonetic sign

음성 모:음[陰性母音] 한글의 ㅓ·ㅔ·ㅕ·ㅖ·ㅜ·ㅠ·ㅝ·ㅞ·ㅡ·ㅢ 따위의, 어감이 어둡고 큰 모음. ↔양성 모음(陽性母音). いんせいぼおん

음성학[音聲學] 음성 언어를 연구하는 언어학의 한 분야. =성음학(聲音學). おんせいがく phonetics

음소[音素] 그 이상 나눌 수 없는 음운의 최소 단위. おんそ phoneme

음소 문자[音素文字] 개개의 글자가 음소(音素)의 단위까지 분석되는 문자. 한글·로마자 따위.

음속[音速] 소리의 속도.「초(超)~」おんそく speed of sound

음송[吟誦] 시가(詩歌)를 읊조림. ぎんしょう recitation

음수[陰水] 성교할 때, 남성의 생식기에서 분비되는 액체. 정자(精子)가 들어 있음. =정액(精液)·음액(陰液)·정수(精水). いんすい semen

음수[陰數] 0보다 작은 수. ↔양수(陽數). negative number

음수[陰樹] 그늘에서도 잘 자라는 나무. 비자나무·전나무 따위. ↔양수(陽樹). いんじゅ shade tree

음수율[音數律] 시가(詩歌)에서, 음절의 수가 규칙적으로 반복됨으로써 이루어지는 리듬. 3·4조(調), 4·4조, 7·5조(調) 등. おんすうりつ

음순[陰脣] 여성의 외음부의 일부. 요도(尿道)와 질(膣)을 둘러싸고 있는 주름. 대음순(大陰脣)과 소음순(小陰脣)이 있음. いんしん labium

음습[陰濕] ①응달이 지고 축축함.「~한 굴속」 ②음산하고 눅눅함. いんしつ
① shadiness and dampness

음시[吟詩] 시를 읊음. recitation of a poem

음시[淫視] 곁눈질. 또는 곁눈으로 봄. いんし side glance

음:식[飲食] 사람이 먹고 마심. 또는 그 먹고 마실 것. いんしょく eating and drinking

음:식물[飲食物] 사람이 먹고 마실 것. いんしょくぶつ food and drink

음:식점[飲食店] 음식물을 만들어서 파는 집. いんしょくてん restaurant

음신[音信] 먼 데서 전하는 소식이나 편지. =신식(信息). おんしん·いんしん correspondence

음실[陰室] 볕이 들지 않는 음침한 방. unsunny room

음심[淫心] 음탕한 마음. lustful desire

음악[音樂] 소리를 조화 있게 엮어서 사상이나 감정을 나타내는 예술. 크게 기악(器樂)과 성악(聲樂)으로 나눔. おんがく music

음악단[音樂團] 음악 연주를 목적으로 조직된 단체.「경(輕)~」おんがくだん

음악인[音樂人] 음악에 종사하는 사람. musician

음악제[音樂祭] 기념일이나 축제일을 기념하여 여는 특별 음

악회나 일정한 시기에 여는 대규모의 음악회 행사. おんがくさい　music festival

음암[陰暗] 음침하고 어두움. gloominess

음약[陰約] 몰래 약속함. 또는 그 약속. =밀약(密約). secret promise

음약[淫藥] 성욕(性慾)을 자극하는 약. =미약(媚藥). いんやく　aphrodisiac

음:약자처[飮藥自處] 독약을 먹고 자결함. =음독 자살(飮毒自殺).

음양[陰陽] 역학(易學)에서, 천지 만물의 상대되는 성질의 두 가지 기운으로서의 음과 양. 달과 해, 땅과 하늘, 여성과 남성 따위. いんよう　the positive and negative

음양가[陰陽家] 천문(天文)·역수(曆數)·풍수 지리(風水地理) 등에 바탕을 두고 인간의 길흉화복(吉凶禍福)을 점치는 사람. いんようか・おんようけ　fortune-teller

음양 상박[陰陽相薄] 음과 양이 서로 맞지 않음.

음양설[陰陽說] 우주나 인간의 모든 현상을 음과 양의 두 가지로 설명하는 학설. いんようせつ

음양 쌍보[陰陽雙補] 몸의 음기와 양기인 기혈(氣血)을 함께 보함.

음양 오:행설[陰陽五行說] 만물은 음과 양의 두 가지 기운으로 이루어지며, 금(金)·목(木)·수(水)·화(火)·토(土)의 변전(變轉)에 따라 쇠하고 성하게 된다는 설. 음양설(陰陽說)과 오행설(五行說). いんようごぎょうせつ

음역[音域] 사람의 목소리나 악기가 낼 수 있는 최고음에서 최저음까지의 범위. おんいき　compass

음역[音譯] 한자(漢字)의 음을 빌려 외국어를 표기하는 방법. '파리(Paris)'를 '巴里'로 쓰는 따위. おんやく　transliteration

음염[淫艷] 음탕하고 요염함. voluptuousness

음엽[陰葉] 그늘에서 자란 잎. 엷고 큼. ↔양엽(陽葉). いんよう　shade leaf

음영[吟詠] 시가(詩歌)를 읊음. ぎんえい　recital

음영[陰影] ① 그림자. ② 그늘. いんえい　shade

음외[淫猥] 음란한 짓. =외설(猥褻). いんわい　obscenity

음욕[淫慾] 음탕한 욕심. 남녀의 정욕(情慾). いんよく　carnal desire

음용[音容] 음성과 용모. おんよう　voice and appearance

음:용[飮用] 마실 것으로 씀. 「~수(水)」 いんよう　drinking

음우[陰雨] 몹시 흐린 가운데 음산하게 내리는 비. いんう

음우[霪雨] 오래 내리는 장마비. =음림(霪霖). long continued rain

음우지비[陰雨之備] 날이 흐리고 비가 내리는 데 대한 대책이라는 뜻으로, 곤란이나 위험을 미리 방비함의 비유.

음운[音韻] ① 한자(漢字)의 음(音)과 운(韻). ② 말의 뜻을 구별해 주는 소리의 단위. おんいん　② phonological structure of a word

음운[陰雲] 하늘을 뒤덮은 검은 구름. いんうん

음울[陰鬱] 음침하고 쓸쓸함. い

음위[陰痿] 질병이나 정신 장애 등으로 음경(陰莖)이 발기하지 않아 성교가 되지 않는 상태. いんい impotence

음유[吟遊] 여러 곳을 떠돌아다니며 시를 읊음. 「~ 시인(詩人)」

음음[陰陰] ① 날이 흐리고 어두운 모양. ② 수목이 울창하여 컴컴한 모양. いんいん ① gloomy ② thick

음의[音義] 글자의 음과 뜻. おんぎ sound and meaning of a character

음전기[陰電氣] 전기의 두 종류 중 한 가지. 수지(樹脂)를 모피(毛皮) 따위에 마찰할 때, 수지에 생기는 전기 따위. ↔양전기(陽電氣). いんでんき negative electricity

음절[音節] 하나 또는 그 이상의 말소리로 이루어져 독자적으로 발음되는 가장 작은 단위. 소리마디. おんせつ syllable

음절 문자[音節文字] 한 음절이 한 글자를 나타내는 문자. 일본의 가나(かな) 따위. おんせつもじ syllabic

음정[音程] 두 소리의 진동수(振動數)의 비(比). 두 음의 높낮이의 차(差). おんてい musical interval

음조[音調] ① 음의 높낮이와 강약 및 빠르기의 정도. ② 음악이나 시가의 가락. おんちょう ① tune ② melody

음조[陰助] 겉으로 드러나지 않게 몰래 도와 줌. secret assistance

음종[淫縱] 색에 대해 지나치게 방종함. いんじゅう

음:주[飮酒] 술을 마심. いんしゅ drinking

음중[陰中] ① 가을. ② 은근히 남을 모함하여 해침. いんちゅう ① autumn

음증[陰症] 한방에서, 병을 음양의 속성으로 갈라놓은 병증의 한 가지. 이증(裏證)·한증(寒症)·허증(虛症)이 이에 딸림. ↔양증(陽症).

음지[陰地] 그늘이 지는 곳. 응달. ↔양지(陽地). shady place

음질[陰疾] 임균(淋菌)의 감염으로 일어나는 성병. =임질(淋疾). gonorrhea

음차[音叉] 발음체(發音體)의 진동수를 재는 U 자형의 기구. 소리굽쇠. おんさ tuning fork

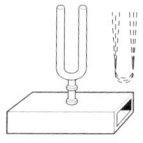

〔음차〕

음창[陰瘡] 한방에서, 부녀의 음부에 나는 부스럼을 이르는 말. ulcer on the vulva

음청[陰晴] 날씨의 흐림과 갬. =청음(晴陰). いんせい fine and cloudy weather

음치[音癡] 음에 대한 감각이 무디어 가락이나 높낮이 등을 분별하지 못하는 상태. 또는 그런 사람. おんち tone deafness

음침[陰沈] ① 성질이 그늘지고 침울한 모양. ② 날씨가 흐리고 침침한 모양. ③ 어두컴컴하고 우중충한 모양. gloomy

음탕[淫蕩] 음란하고 방탕함. いんとう debauchery

음통[陰通] 남녀가 처음으로 색정(色情)을 알게 됨.

음특[陰慝] 음흉하고 간사함. wickedness

음파[音波] 소리의 파동. 발음

음편[音便] 어떤 음이 발음하기 좋은 다른 음으로 바뀌어 발음되는 현상. おんびん　euphonic change

음폐[陰蔽] 덮어서 숨김. ＝은폐(隱蔽). いんぺい　concealment

음표[音標] 악보에서, 음의 장단·고저를 나타내는 기호. ＝음부(音符).　note

음표 문자[音標文字] ①⇨표음 문자(表音文字). ②⇨음성 기호(音聲記號).

음풍[淫風] 음란한 풍속. いんぷう　corrupt morals

음풍농:월[吟風弄月] ⇨음풍영월(吟風詠月).

음풍영:월[吟風詠月] 맑은 바람과 밝은 달을 대하여 시를 짓고 즐겁게 놂. ＝음풍농월(吟風弄月).

음학[淫虐] 음탕하고 잔학(殘虐)함. いんぎゃく　lewdness and cruelty

음해[陰害] 넌지시 남을 해침.

음핵[陰核] 여자의 외음부에 있는 작은 돌기(突起). 공알. いんかく　clitoris

음행[淫行] 음란한 행실. いんこう　obscene act

음향[音響] 소리와 그 울림. おんきょう　sound

음향 효:과[音響效果] 연극이나 영화·라디오·텔레비전에 시 실감이 나도록 어떤 소리를 삽입하는 일. おんきょうこうか　sound effects

음허[陰虛] ① 한방에서, 날마다 오후면 춥고 떨리는 병증. ② 과도한 성행위(性行爲)로 정력이 허한 상태. いんきょ

음험[陰險] 음흉하고 우악함. いんけん　guilefulness

음화[陰火] 도깨비불. いんか　phosphorous light

음화[陰畫] 사진에서, 현상한 필름에 나타난 화상(畫像). 좌우·흑백이 실제와 정반대로 나타남. ↔양화(陽畫). いんが　negative (picture)

음황[淫荒] 주색(酒色)에 빠져 몸과 마음이 건강하지 못한 상태에 있음.

음훈[音訓] 한자(漢字)의 음과 뜻. おんくん

음흉[陰凶] 마음이 음침하고 흉악함.　wickedness

읍[邑]* 고을 읍: 고을. 마을. 「邑內(읍내)·邑人(읍인)·都邑(도읍)·邑民(읍민)」ユウ・むら・おおざと

읍[泣]* 울 읍: 울다. 「泣哭(읍곡)·泣顔(읍안)·泣請(읍청)·號泣(호읍)·感泣(감읍)·泣涕(읍체)」キュウ・なく

읍[揖] ① 읍할 읍: 읍하다. 「揖禮(읍례)·揖進(읍진)·揖遜(읍손)」② 모일 집: 모이다. 「揖揖(집집)」ユウ・シュウ　①えしゃく

읍간[泣諫] 울면서 간함.

읍곡[泣哭] 소리내어 통곡(痛哭)함. きゅうこく　wailing

읍내[邑內] ① 읍의 구역 안. ② 지난날, 고을의 원이 일을 보던 관아가 있는 마을. ＝읍중(邑中).　town

읍리[邑里] ① 읍(邑)과 이(里). ② 읍에 딸린 이.

읍무[邑務] 읍에 속한 모든 사무.

읍민[邑民] 읍에 사는 주민.　townspeople

읍소[泣訴] 울면서 호소함. きゅうそ appealing in tears

읍속[邑俗] 읍의 풍속. 그 고을의 풍속.

읍안[泣顔] 우는 얼굴. なきがお tearful face

읍양[揖讓] ① 예(禮)를 갖추어 사양함. ② 태도를 겸손히 함. ゆうじょう ① declining politely ② courtesy

읍인[邑人] 읍내에 사는 사람. =읍민(邑民).

읍장[邑長] 읍의 행정 사무를 통할하는 책임자. town headman

읍참마:속[泣斬馬謖] 촉(蜀)나라의 제갈 양(諸葛亮)이 눈물을 흘리면서 군령을 어긴 마속이 목을 베었다는 고사에서, 큰 목적을 위하여 사사로운 정을 단호히 끊음을 비유하는 말.

읍청[泣請] 울면서 청함.

읍촌[邑村] ① 읍과 촌락(村落). ② 읍에 딸린 마을. town and village

응[凝] 엉길 응. 잉기다. 「凝固(응고)·凝結(응결)·凝集(응집)·凝視(응시)」ギョウ·こる

응:[應]* ① 응할 응: 응하다. 대답하다. 「相應(상응)·應答(응답)·應役(응역)·反應(반응)·呼應(호응)·應諾(응낙)·順應(순응)」 ② 응당 응: 응당. 「應當(응당)」 オウ ① こたえる

응[膺] ① 받을 응: 받다. 「膺受(응수)」 ② 칠 응: 치다. 정벌하다. 「膺懲(응징)」 ヨウ

응[鷹] 매 응: 매. 「鷹犬(응견)·鷹爪(응조)·鷹隼(응준)」 ヨウ·オウ·たか

응:감[應感] 마음이 움직여 감동함. sympathy

응견[鷹犬] ① 사냥하는 데 쓰려고 길들인 매와 개. ② 남의 앞잡이 노릇을 하는 사람. =주구(走狗). たかいぬ ① hound and hawk

응결[凝結] ① 엉기어 맺힘. ② 액체 또는 기체 중에 분산되어 있는 미립자(微粒子)가 모여 큰 입자가 되어 침전하는 현상. ぎょうけつ ① coagulation ② congelation

응결력[凝結力] 한 물질 중인접한 부분이 서로 끌어당기어 엉기는 힘. ぎょうけつりょく coagulant power

응고[凝固] ① 엉기어 굳어짐. ② 액체나 기체가 고체로 변하는 현상. 「～점(點)」ぎょう solidification

응고열[凝固熱] 액체 또는 기체가 응고할 때 발생하는 열. ぎょうこねつ heat of solidification

응고점[凝固點] 액체나 기체가 응고할 때의 온도. ぎょうこてん solidifying point

응괴[凝塊] 잉기어 굳은 덩어리 ぎょうかい clot

응:구[應口] 물음에 응하여 대답함. =응답(應答). 「～첩대(輒對)」 response

응:급[應急] 급한 대로 우선 처리함. 「～실(室)」おうきゅう makeshift

응:급 치료[應急治療] 급한 대로 우선 위급한 고비를 넘기기 위하여 하는 간단한 치료. おうきゅうちりょう first aid

응:낙[應諾] 응하여 허락함. =승낙(承諾). おうだく consent

응:능주의[應能主義] 과세(課稅)의 표준을 납세자의 조세 부담 능력에 두어야 한다는

주장.

응:답[應答] 물음이나 부름에 대답함.「질의(質疑)~」おうとう answer

응:당[應當] 마땅히. 당연히. 으레. necessarily

응:대[應待] 손을 맞이하여 접대함. =응접(應接). reception

응:대[應對] 상대가 되어 이야기를 나누거나 물음에 대답하거나 함. おうたい reply

응:력[應力] 물체가 외부의 하중(荷重)을 받았을 때, 물체 내부에 생기는 반작용의 힘. おうりょく stress

응립[凝立] 꼼짝도 하지 않고 그 자리에 서 있음. ぎょうりつ

응:망[凝望] 한 곳만을 뚫어지게 바라봄. =응시(凝視). ぎょうぼう stare

응:모[應募] 모집에 응함.「~자(者)」おうぼ application

응:모 가격[應募價格] 채권(債券)·사채(社債)·주식(株式) 등의 응모자가 실제로 내는 금액. =응모액(應募額). おうぼかかく subscription price

응:문[應問] 문을 지키고 손을 안내함. おうもん

응:변[應變] 임기응변(臨機應變)의 준말. おうへん

응:보[應報] 불교에서, 선악(善惡)의 행적에 따라 화복(禍福)의 갚음을 받음.「인과(因果)~」おうほう retribution

응:분[應分] 분수에 맞음. 형편에 맞음. おうぶん suitability

응:사[應射] 상대편의 사격에 대응하여 마주 사격함. おうしゃ return shot

응:세[應世] 세상 형편에 따름.

응:소[應召] 소집(召集)에 응함. おうしょう answering a call

응:소[應訴] 민사 소송에서, 원고의 소송에 대응함. おうそ acceptance of a legal suit

응수[膺受] ①선물 따위를 받음. ②책임을 짐.

응:수[應手] 바둑이나 장기에서, 상대편이 놓는 수에 응함. 또는 그 수. おうしゅ countermove

응:수[應酬] 상대편의 말에 응함. 또는 되받아 말하거나 맞서서 말을 주고받음. おうしゅう reply

응시[凝視] 눈길을 모아 자세히 봄. =주시(注視)·응망(凝望). ぎょうし stare

응:시[應時] 시세(時勢)에 따름. おうじ

응:시[應試] 시험에 응함.「~자(者)」applying for an examination

응연[凝然] 꼼짝하지 않는 모양. ぎょうぜん stillness

응:용[應用] 어떤 원리나 지식·기술 따위를 실제로 활용함. 실지에 적용함.「~문제(問題)」おうよう application

응:용 화학[應用化學] 실제 생활이나 산업에 활용되는 화학적인 기술을 연구하는 화학의 한 분야. おうようかがく applied chemistry

응:원[應援] ①힘을 보태어 도와 줌. ②운동 경기 따위에서 자기 편 선수를 격려함. おうえん ① aid ② cheering

응:익주의[應益主義] 과세(課稅)의 기준은 각 개인이 국가나 지방 공공 단체로부터 받는 이익에 두어야 한다는 주장.

응적[凝寂] 지극히 고요함.

응:전[應戰] 적의 공격에 맞서 싸움. おうせん response

응:접[應接] 손을 맞이하여 접대함. =응대(應待).「~실(室)」おうせつ　reception

응:접무가[應接無暇] 일이 매우 바빠서 응접할 겨를이 없음.

응:종[應從] 응하여 그대로 따름.　compliance

응:진[應診] 진찰의 의뢰를 받아들임.

응집[凝集] 흩어져 있던 것이 엉기어 모임. =응취(凝聚). ぎょうしゅう　cohesion

응집력[凝集力] 액체나 고체에서 그 물질을 구성하고 있는 원자 또는 분자 간에 작용하는 인력(引力). ぎょうしゅうりょく　cohesive force

응징[膺懲] 잘못을 뉘우치도록 징계함. ようちょう　chastisement

응착[凝着] 종류가 다른 물질이 접촉할 때, 서로 엉기어 붙는 현상. ぎょうちゃく　agglutination

응ː찰[應札] 입찰에 응함.

응:천순인[應天順人] 하늘의 뜻에 따르고 백성의 뜻에 순종함.

응체[凝滯] 막히어 걸림. ぎょうたい　stagnation

응체[凝體] 엉기어 굳어진 물체.

응축[凝縮] ① 엉기어 줄어듦. ② 기체가 액체로 변화하는 현상. ぎょうしゅく　① condensation

응취[凝聚] 엉기어 모임. =응집(凝集). ぎょうしゅう　cohesion

응혈[凝血] 피가 엉김. 또는 엉긴 피. ぎょうけつ　clot

응:화[應化] ① 불교에서, 불보살이 중생을 구제하기 위해 여러 가지 형태로 이 세상에 나타나는 일. =응현(應現). ② 환경의 변화에 따라 달라짐. =적응(適應). おうか
② adaptation

응회암[凝灰巖] 화산회(火山灰)가 쌓여 굳어진 바위. =응회석(凝灰石). ぎょうかいがん　tuff

의[衣]* 옷 의:옷.「衣服(의복)·衣類(의류)·上衣(상의)·衣冠(의관)·着衣(착의)·衣食(의식)」イ·ころも

의[矣]* 어조사 의:어조사.「萬事休矣(만사휴의)」イ

의[依]* 의지할 의:의지하다. 따르다.「依支(의지)·依賴(의뢰)·依屬(의속)·依舊(의구)」イ·エ·よる

의[宜]☆ 마땅할 의:마땅하다. 옳다.「宜當(의당)·適宜(적의)」ギ·よろしい

의[倚] 기댈 의:기대다.「倚几(의궤)·倚仗(의장)·倚託(의탁)」イ·キ·よる

이[椅] 교의 의:교의. 의자.「椅子(의자)·交椅(교의)」イ·いす

의ː[意]* 뜻 의:뜻. 뜻하다. 생각.「意義(의의)·意味(의미)·自意(자의)·他意(타의)·意思(의사)·意中(의중)·如意(여의)」イ·こころ·おもう

의ː[義]* ① 옳을 의:옳다. 의리.「義務(의무)·義諦(의체)·正義(정의)·義理(의리)·道義(도의)」② 뜻 의:뜻.「意義(의의)·敎義(교의)·字義(자의)·解義(해의)」ギ ① ただしい ② わけ

의[疑]☆ 의심할 의:의심하다.「疑惑(의혹)·被疑(피의)·疑念(의념)·疑懼(의구)」ギ·うたがう

의[儀] ① 거동 의: 거동. 「威儀(위의)·儀容(의용)」 ② 예의 의: 예의. 「儀式(의식)·儀仗(의장)·禮儀(예의)」 ③ 본보기 의: 본보기. 법도. 「儀表(의표)·儀品(의품)·儀軌(의궤)」 ギ ③ のり

의[毅] 굳셀 의: 굳세다. 「毅勇(의용)·剛毅(강의)」 キ·つよい

의[誼] ① 옳을 의: 옳다. 「誼士(의사)·誼理(의리)·誼方(의방)·誼臣(의신)」 ② 교분 의: 교분. 정분. 「交誼(교의)·友誼(우의)·情誼(정의)」 ギ ② よしみ

의[擬] 본뜰 의: 본뜨다. 흉내내다. 모방하다. 「擬聲(의성)·擬態(의태)·擬音(의음)·擬革(의혁)·擬作(의작)」 ギ·なぞらえる

의[醫]* 의원 의: 의원. 의사. 「醫員(의원)·醫師(의사)·醫藥(의약)·醫生(의생)·醫院(의원)·醫科(의과)」 イ·いやす

의[蟻] 개미 의: 개미. 「蟻孔(의공)·蟻螻(의루)·蟻集(의집)·蟻酸(의산)」 ギ·あり

의[議]* 의논할 의: 의논하다. 「議論(의논)·議政(의정)·相議(상의)·會議(회의)·謀議(모의)」 ギ·はかる

의가[衣架] 옷을 걸어 두는 제구. 옷걸이. 횃대. いか coat hanger

의가[醫家] 의술가(醫術家)의 준말. いか

의가사 제대[依家事除隊] 군내에서, 현역으로 복무하고 있는 사람이 가정 사정으로 말미암아 제대하는 일.

의가지락[宜家之樂] 부부 사이의 화락(和樂). =실가지락(室家之樂).

의거[依據] ① 어떤 사실에 근거함. ② 어떤 곳에 자리잡고 머무름. ③ 남의 힘을 빌려 의지함. いきょ ①③ dependence

의:거[義擧] 정의를 위해 일어섬. 또는 그런 거사(擧事). ぎきょ noble undertaking

의건[議件] 의논할 안건(案件). agenda

의:견[義犬] 주인에게 충성을 다한 개. =의구(義狗). faithful dog

의:견[意見] 어떤 사물에 대한 생각. いけん opinion

의결[議決] 의논하여 결정함. ぎけつ decision

의결 기관[議決機關] 국회·지방 의회·주주 총회 따위와 같이 공공 단체나 회사 등의 의사를 결정하는 합의제 기관. ↔집행 기관(執行機關). ぎけつきかん legislative organ

의계[醫界] 의학·의술의 분야에 종사하는 사람들의 사회. =의학계(醫學界). いかい medical world

의고[擬古] ① 옛 것을 본뜸. ② 시가·문장 따위를 옛 형식에 맞추어 지음. 「~문(文)」 ぎこ ① imitation of ancient style

의과[醫科] ① 의학을 연구하는 학과. 「~ 대학(大學)」 ② 지난날, 의관(醫官)을 뽑기 위해 보았던 과거. いか ① medical department

의과 대학[醫科大學] 의학을 배우고 연구하는 단과 대학. 준 의대(醫大). いかだいがく medical college

의관[衣冠] ① 옷과 갓. ② 옷차림. 「~ 정제(整齊)」 ③ 문물(文物)이 열리고, 예의가 바른 풍속. いかん

①② dress and hat

의관 문물[衣冠文物] 사람들의 차림새와 문물 제도라는 뜻으로, 일정한 나라나 지방의 문화와 풍습을 이르는 말.

의관장세[倚官仗勢] 관리가 직권을 믿고 세도를 부림.

의구[依舊] 옛 모양과 같음. 옛 모습 그대로 변함이 없음. 「~한 산천(山川)」 being unchanged

의구[疑懼] 의심하고 두려워함. 「~심(心)」 ぎく apprehension

의:군[義軍] 나라를 위하여 일어난 군대. =의려(義旅)·의병(義兵). ぎぐん righteous army

의:금부[義禁府] 조선 시대에 왕명(王命)을 받들어 죄인을 신문하던 관청.

의:기[意氣] ①의지와 기개. 「~충천(衝天)」 ②사람의 타고난 기개나 마음씨. =기상(氣象). 「~상합(相合)」 いき ① spirit ② heart

의:기[義氣] 정의로운 마음에서 일어나는 기개(氣槪). ぎき chivalrous spirit

의기[疑忌] 남을 의심하고 꺼림. suspicion and abhorrence

의:기상투[意氣相投] 서로 마음이 맞음. =의기투합(意氣投合). mutual understanding

의:기양양[意氣揚揚] 일이 뜻대로 되어 우쭐한 상태에 있음. ↔의기저상(意氣沮喪). いきようよう elation

의:기저상[意氣沮喪] 의기와 기개가 꺾이어 풀이 죽음. =의기소침(意氣銷沈). ↔의기양양(意氣揚揚). いきそうそう depression of spirits

의:녀[義女] 개가해 온 아내가 데리고 들어온 딸. 의붓딸. stepdaughter

의념[疑念] 의심스러운 생각. ぎねん suspicion

의논[←議論] 어떤 일에 대하여 서로 의견을 주고 받음. ぎろん discussion

의당[宜當] 마땅히. 당연히. 으레. naturally

의당당[宜當當] '의당(宜當)'을 더욱 강조한 말.

의대[衣帶] 옷과 띠. いたい clothes and belts

의대[衣襨] ①무당이 굿할 때 입는 옷. ②임금의 옷. =어의대(御衣襨). ② king's garment

의대[醫大] 의과 대학(醫科大學)의 준말. いだい

의:도[義徒] 정의를 위하여 일어선 사람들. =의중(義衆). きと righteous men

의:도[意圖] ①꾀하고 있는 일. 의중(意中)의 계획. 「상대방의 ~를 짐작하다」 ②목적하는 바. いと ① intention ② aim

의량[衣糧] 옷과 양식. いりょう

의려[疑慮] 의심스러워 괴로와함. apprehension

의례[依例] 전례(前例)에 따름. following precedent

의례[儀禮] 격식(格式)을 갖춘 예의. ぎれい ceremony

의례 준:칙[儀禮準則] 관혼상제(冠婚喪祭)의 의식을 행할 때 따라야 할 규정.

의롱[衣籠] 옷을 넣어 두는 농. wardrobe

의뢰[依賴] ①남에게 의지함. 「~심(心)」 ②남에게 부탁함. 「감정(鑑定) ~」 いらい ① dependence ② request

의료[衣料] 옷감이나 입을거리의 총칭. いりょう clothing

의:료[意料] 생각하여 헤아림. =사료(思料). consideration

의료[醫療] 의술로 병을 고치는 일. 「～기관(機關)」 いりょう medical treatment

의료[議了] 회의·의사(議事)가 끝남. ぎりょう

의류[衣類] 옷의 총칭. いるい clothing

의:리[義理] ① 사람으로서 지켜야 할 도리. ② 특별히 가깝게 지내는 사람들 사이의 서로 사귀는 도리. 「～없는 친구」 ぎり ① justice

의:마심원[意馬心猿] 불교에서, 번뇌(煩惱)와 욕정(欲情)·망념(妄念)이 불길같이 일어나 억제하기 어려움을 이르는 말. いばしんえん

의마지재[倚馬之才] 말에 잠깐 기대어 있는 동안에 많은 글을 지었다는 고사(故事)에서, 글을 빨리 잘 짓는 재주.

의:망[意望] 마음 속으로 바람. =소망(所望). wish

의:매[義妹] 의로써 맺은 누이동생. ぎまい sworn sister

의명[依命] 상사(上司)의 명령에 의함. いめい

의:모[義母] ① 의붓어머니. ② 의로 맺은 어머니. ③ 수양어머니. ぎぼ ① stepmother ② sworn mother ③ foster mother

의:무[義務] ① 사람으로서 해야 할 임무. ② 법률상으로 지워진 임무. ぎむ ① duty ② obligation

의무[醫務] 의료(醫療)에 관한 사무. 의사로서의 업무. 「～실(室)」 いむ medical affairs

의:무 교:육[義務教育] 국민의 의무로서 받아야 하는 초등 교육. ぎむきょういく compulsory education

의문[疑問] 의심스러움. 의심스러운 일. 「～점(點)」 ぎもん question

의문부[疑問符] 문장에서, 의문이나 물음을 나타내는 말 끝에 붙이는 부호. 곧 '?'표. 물음표. =의문표(疑問標). ぎもんふ question mark

의:미[意味] ① 글자나 말의 뜻. ② 표현이나 행위의 의도(意圖)나 이유. 「～있는 행동」 ③ 값어치. 「그런 일에는 ～가 없다」 いみ ① meaning ② import ③ significance

의발[衣鉢] ① 불교에서, 불법을 이어받은 증거로서 스승이 제자에게 물려주는 가사(袈裟)와 바리때. ② 스승이 전하는 불교의 깊은 뜻을 이르는 말. いはつ·えはつ ① monk's mantle and bowl

의방[疑謗] 의심하고 비방함.

의범[儀範] 모범이 될 만한 의용(儀容). ぎはん

의법[依法] 법에 의함. 법령에 근거를 둠. 「～처단(處斷)」 accordance with law

의:병[義兵] 나라를 위하여 스스로 나선 군사. =의군(義軍). ぎへい loyal army

의병[疑兵] 적의 눈을 속이려고 거짓으로 꾸민 군병. dummy troops

의복[衣服] 옷. =피복(被服). いふく clothes

의복풍[醫卜風] 의술과 점복(占卜)과 풍수(風水).

의:부[義父] ① 의붓아버지. ② 수양아버지. ③ 의로 맺은 아버지. ぎふ ① stepfather ② foster father ③ sworn father

의:부[義婦] 의로운 여자. 義婦
righteous woman

의:분[義憤] 의롭지 않은 일을 보고 일어나는 분노(憤怒).「~을 금치 못하다」ぎふん 義憤
righteous indignation

의:불합[意不合] 서로 의견이 맞지 않음. 意不合
discord

의빙[疑氷] 꽁꽁 언 얼음처럼, 풀리지 않는 의심. =의단(疑團). ぎひょう 疑氷

의:사[義士] ① 의리를 굳게 지키는 사람. =의인(義人). ② 국가와 민족을 위한 의로운 일로 목숨을 바친 사람. ぎし 義士
righteous person

의:사[義死] 의를 위하여 목숨을 던짐. 義死

의:사[意思] 마음에 먹은 생각. 무엇을 하려는 마음. =의향(意向). いし 意思
intention

의사[擬似] 꼭 닮거나 비슷함. 「~ 뇌염(腦炎)」ぎじ 疑似
suspected

의사[擬死] 어떤 동물이 다른 동물의 습격을 받았을 때, 일부러 죽은 체하는 일. ぎし 擬死
feigning death

의사[醫師] 의술(醫術)로 병을 치료하는 일을 직업으로 삼는 사람. いし 醫師
doctor

의사[議事] 회의에서 어떤 일을 토의함. 또는 그 토의.「~일정(日程)」ぎじ 議事
discussion

의사당[議事堂] 의원(議員)들이 모여서 회의를 하는 건물.「국회(國會) ~」ぎじどう 議事堂
assembly hall

의사록[議事錄] 회의에서 의사(議事)의 내용과 경과 및 그 결과를 적은 기록. ぎじろく 議事錄
minute book

의:사주의[意思主義] 의사 표 意思主義
시의 효력에 있어서, 객관적인 표시 행위보다도 그 사람의 내심(內心)의 진정한 의사를 존중하자는 법률론. ↔표시주의(表示主義). いししゅぎ
voluntarism

의사증[擬似症] 진성(眞性)의 전염병과 비슷한 병증. ぎじしょう 疑似症
suspected case

의:사 표시[意思表示] 자기의 의사를 말이나 행동으로 나타냄. いしひょうじ 意思表示
declaration of intention

의산[蟻酸] 개미나 벌 따위의 체내에 있는 자극성이 강한 산. 개미산. 포름산. ぎさん 蟻酸
formic acid

의상[衣裳] ① 저고리와 치마. 여자의 옷. ② 옷. いしょう 衣裳
① clothes ② costume

의:상[意想] 마음. 생각. いそう 意想
idea

의생[醫生] 한방 의술로 병을 고치는 일을 업으로 삼는 사람. いせい 醫生
herb doctor

의서[醫書] 의학에 관한 책. いしょ 醫書
medical book

의석[議席] 회의장에 있는 의원의 자리. ぎせき 議席
a parliamentary seat

의성[擬聲] 소리를 흉내냄. 또는 그 소리. ぎせい 擬聲
onomatopoeia

의성법[擬聲法] 사물의 소리를 흉내내어 나타내는 수사법(修辭法)의 한 가지. ぎせいほう 擬聲法
onomatopoeia

의성어[擬聲語] 사물의 소리를 흉내낸 말. 까악까악·삐걱삐걱 따위. ぎせいご 擬聲語
onomatopoeic word

의세[倚勢] 세력을 믿고 으스댐. 倚勢

의속[依屬] ① 기댐. 의지함. ② 依屬

논리학에서, 어느 사물의 존재·성질·상태·가치 따위가 다른 사물에 의해 규정되고 제약되는 관계. =의존 관계(依存關係). いぞく dependence

의:수[義手] 손이 없는 사람이 고무·나무·금속 따위로 만들어서 다는 인공의 손. ぎしゅ artificial arm

의수당연[依數當然] 거짓인 줄 알면서도 그대로 묵인함을 이르는 말.

의:숙[義塾] 공익(公益)을 위하여 의연금(義捐金)으로 설립한 사립 학교. ぎじゅく private school

의술[醫術] 병을 고치는 기술. いじゅつ medicine

의술가[醫術家] 의술을 가진 사람. 의술을 연구하는 사람. 준의가(醫家). medical practitioner

의시[疑視] 의심해서 봄.

의시[蟻視] 개미를 보듯 우습게 봄. =무시(無視)·멸시(蔑視). ignorance

의식[衣食] 의복과 음식. 입을 것과 먹을 것. 「~주(住)」 いしょく food and clothing

의:식[意識] ① 깨어 있을 때의 지각하고 판단하는 마음의 작용. 「~ 불명(不明)」 ② 마음에 둠. 관심을 가짐. 「정치 ~」 いしき ① consciousness

의식[儀式] 사람들이 모여 일정한 격식에 따라 베푸는 엄숙한 행사. 결혼식·졸업식·기념식 따위. =식전(式典)·의전(儀典)·전의(典儀). ぎしき rite

의:식 장애[意識障礙] 의식이 손상된 상태. 혼수(昏睡)·혼미(昏迷)·섬망(譫妄) 등이 나타남. いしきしょうがい consciousness obstacle

의:식적[意識的] 의식하고 있으면서 일부러 하는 것. 「~인 회피(回避)」 いしきてき intentional

의식주[衣食住] 의복과 음식과 집. 곧, 인간이 살아가는 데 기본적으로 필요한 것. いしょくじゅう food, clothing and shelter

의식지우[衣食之憂] 먹고 입을 걱정. 살아갈 걱정.

의신간[疑信間] 반은 의심하고 반은 믿는 어정쩡한 처지. 반신반의(半信半疑)하는 처지. =의사간(疑似間).

의:심[義心] 의로운 마음. =의협심(義俠心). ぎしん chivalry

의심[疑心] 잘 알지 못하거나 믿을 수 없어서 이상하게 여김. 또는 그러한 마음. ぎしん suspicion

의아[疑訝] 의심스러워 괴이쩍음. =의혹(疑惑). suspicion

의:안[義眼] 유리알 같은 것으로 만들어서 박은 인공의 눈알. ぎがん artificial eye

의안[議案] 회의에서 토의할 안건. 「~ 상정(上程)」 ぎあん bill

의약[依約] 약속한 대로 함. 「~ 폐기(廢棄)」 keeping one's promise

의약[醫藥] ① 의술과 약제. ② 의료용의 약. 「~품(品)」 いやく ① medical practice and dispensary ② medicine

의양[衣樣] 옷의 치수. 「~단자(單子)」 size

의업[醫業] 의술의 업(業). 양의(洋醫)나 의생(醫生)의 직업. いぎょう medical profession

의:역[意譯] 자구(字句)에 구애되지 않고 전체의 뜻을 살리는 데 중점을 둔 번역. ↔직역(直譯). いやく free translation

의연[依然] 전과 같은 모양. いぜん being as before

의:연[義捐] 자선(慈善)이나 공익(公益)을 위한 기부. 「~금(金)」ぎえん

의연[毅然] 굳세어 흔들리지 않는 모양. 의지가 굳고 과단(果斷)한 모양. きぜん dauntlessness

의:연금[義捐金] 자선이나 공익을 위하여 기부하는 돈. ㉘연금(捐金). ぎえんきん contribution

의:열[義烈] 정의(正義)를 위한 정신이 강함. 정의감이 열렬함. 「~단(團)」ぎれつ heroism

의옥[疑獄] 죄상이 복잡하여 의혹이 많으면서도 쉽게 판명되기 어려운 범죄 사건. 주로 고관(高官)이 관계된 금전상의 부정 사건. 「~ 사건(事件)」ぎごく bribery case

의:외[意外] 뜻밖. 생각 밖. =여외(慮外). 「~의 인사(人事)」いがい unexpected matter

의:욕[意欲·意慾] ① 가지거나 하고자 하는 마음. ② 적극적인 의지. いよく ① intention ② will

의:용[義勇] 정의(正義)를 위한 용기. 충의와 용기. 「~군(軍)」ぎゆう heroism

의용[儀容] 예의바른 몸가짐 또는 몸차림. =의표(儀表)·의형(儀形). ぎよう mien

의운[疑雲] 의심스러운 일을 구름에 비유하여 이르는 말. 「~에 싸이다」ぎうん doubtful event

의원[依願] 본인이 원하는 바에 따름. 「~ 면직(免職)」いがん accordance with one's request

의원[醫員] 의사와 의생(醫生)의 총칭. いいん medical staff

의원[醫院] 의사가 개인적으로 경영하는, 병원보다 규모가 작은 진료소. いいん doctor's office

의원[議員] 의회(議會)의 구성원. 「국회(國會) ~」ぎいん assemblyman

의원[議院] 국정을 심의하는 곳. =국회(國會). ぎいん national assembly

의:육[意育] 의지(意志)의 단련을 목적으로 하는 교육.

의률[擬律] 법인이 법규를 구체적인 사건에 적용하는 일. =조율(照律). 「~의 착오(錯誤)」ぎりつ application of law

의음[擬音] 실제의 음을 흉내낸 인공적인 음. 영화·방송·연극 따위에 쓰임. ぎおん imitation sound

의의[猗猗] ① 아름답고 왕성한 모양. ② 바람 소리 따위가 부드러운 모양. ③ 새가 노니는 모양. いい

의:의[意義] ① 사물의 뜻. =의미(意味). ② 사물의 중요성이나 가치(價値). 「~ 있는 일」いぎ ① meaning ② value

의의[疑義] 글의 뜻 가운데 의심이 나는 점. ぎぎ doubtful point

의이[薏苡] 포아풀과의 일년생 재배 식물. 열매는 먹기도 하고, 한방에서 약으로도 쓰임. 율무. よくい adlay

의:인[義人] 의로운 사람. ぎじん righteous man

의인[擬人] 사람이 아닌 것을 사람인 양 나타내는 일. 「~법(法)」 ぎじん　personification

의자[椅子] 몸을 뒤로 기댈 수 있도록 만든 걸상. =교의(交椅). いす　chair

의:자[義子] 개가해 온 아내가 데리고 들어온, 전 남편의 아들. 의붓아들. ↔실자(實子). ぎし　stepson

의자궐지[疑者闕之] 의심스러운 일을 구태여 자세히 캘 필요가 없다는 뜻.

의작[擬作] 남의 것을 본떠서 비슷하게 만듦. 또는 그 작품. ぎさく　imitation

의장[衣裝] 차려 입은 꾸밈새. いしょう　dress

의장[衣欌] 옷을 넣는 장. wardrobe

의:장[意匠] 공예품이나 상품 따위의 외관상의 미감을 위해, 모양·색채 등에 가하는 장식적인 고안(考案). 「~등록(登錄)」 いしょう　design

의장[儀仗] 의식에 쓰이는 칼·활 따위의 무기나 일산(日傘) 따위의 물건. 「~기(旗)」 ぎじょう

의장[艤裝] 선체(船體)가 완성된 후 항해(航海)에 필요한 일체의 장비를 갖추는 공사. 또는 그 장비. ぎそう　rigging

의장[議長] 회의를 주재하는 사람. 「국회(國會) ~」 ぎちょう　chairman

의장[議場] 회의를 하는 장소. ぎじょう　assembly hall

의장대[儀仗隊] 의식(儀式) 때 참렬하는, 의장을 갖춘 군대. ぎじょうたい　guard of honor

의:장 등록[意匠登錄] 새로 연구한 장식적(裝飾的) 고안을 특허청에 등록하여 그 지적(知的) 소유권을 확보하는 일. いしょうとうろく　registration of designs

의:적[義賊] 악독한 방법으로 부자가 된 사람의 재산을 훔쳐 가난한 사람에게 나누어 주는 의협심이 많은 도둑. ぎぞく　chivalrous robber

의:전[義戰] 정의(正義)를 위해 싸우는 전쟁. ぎせん　righteous war

의전[儀典] ⇨의식(儀式). ぎてん

의:절[義絶] 군신(君臣)·친구·친척·육친(肉親) 사이의 인연을 끊음. ぎぜつ　break of relations

의절[儀節] 예의 범절. =예절(禮節). courtesy

의점[疑點] 의심나는 점. ぎてん　doubtful point

의정[議定] 의논하여 결정함. 「~서(書)」 ぎてい·ぎじょう　agreement by conference

의정[議政] ①정치를 의논함. ②조선 때, 영의정·좌의정·우의정을 통틀어 일컫던 말. ③의회 정치(議會政治)의 준말. ぎせい

의:제[義弟] 의로 맺은 동생. ぎてい　sworn younger brother

의제[擬制] 성질이 다른 것을 법률상 같이 취급하는 일. ぎせい　legal fiction

의제[擬製] 어떤 물건을 본떠서 비슷하게 만듦. 또는 그 물건. ぎせい　forgery

의제[議題] 회의에 상정할 문제. 회의의 제목. ぎだい　topic for discussion

의제 자:본[擬制資本] 공사채(公社債)·주권·지가(地價) 등

현실의 자본은 아니나, 그것으로부터 이자·배당·지대(地代) 등의 수익을 얻을 수 있음으로써 자본으로 간주되는 것. ぎせいしほん watered capital

의:족[義足] 절단된 다리에 나무나 금속 따위로 만들어 끼우는 인공의 다리. ぎそく artificial leg

의존[依存] 의지하여 있음. ↔자립(自立)·자존(自存). いそん reliance

의존 관계[依存關係] ⇨의속(依屬).

의존 명사[依存名詞] 독립하여 쓰이지 못하고 다른 말 뒤에 기대어 쓰이는 명사. '뿐·따름·바' 따위. =형식 명사(形式名詞). ↔자립 명사(自立名詞).

의주[艤舟] 배가 출범(出帆)할 준비를 함. 또는 그 배. ぎしゅう rigging

의준[依遵] 전례(前例)에 따라 시행함. いじゅん following a precedence

의중[意中] 마음 속. =심중(心中). 「～지인(之人)」いちゅう mind

의중[義衆] ⇨의도(義徒).

의중지인[意中之人] 마음 속으로 생각하고 있는 사람. 준의중인(意中人). いちゅうのひと

의증[疑症] 의심이 많은 성질. 또는 그런 증세.

의지[依支] ①몸을 기댐. ②남을 믿고 도움을 받음. ① leaning ② reliance

의:지[意志] ①마음먹은 것을 해내려는 적극적인 생각. ②생각해서 선택하고 결정하는 정신 작용. いし will

의:지[義肢] 의수(義手)와 의족(義足). ぎし artificial limbs

의지식지[衣之食之] 옷을 입고 음식을 먹음.

의질[疑疾] 전염될 우려가 있는 병. infectious disease

의집[蟻集] 개미 떼처럼 많이 모임. =의취(蟻聚). ぎしゅう thronging

의처증[疑妻症] 아내가 부정(不貞)한 행동을 할 것이라고 공연히 의심하는 병적인 성격. morbid suspicion about one's wife's chastity

의촉[依囑] 부탁함. 의지함. =의뢰(依賴). いしょく request

의:총[義塚] ①불교에서, 연고가 없는 시체를 묻은 무덤. ②의롭게 죽은 이의 무덤.

의총[疑塚] 님이 크낼 엄겨기 있는 무덤을 보호하기 위해, 그와 똑같이 만들어 놓은 여러 개의 가짜 무덤.

의:충[意衷] 마음 속에 깊이 간직한 뜻. =진의(眞意). real intention

이·취[意趣] 마음이 향하는 데. =의향(意向). いしゅ inclination

의취[蟻聚] 개미 떼처럼 많이 모임. =의집(蟻集). ぎしゅう thronging

의:치[義齒] 이가 빠진 자리에 인공으로 해 넣은 이. =가치(假齒). ぎし artificial tooth

의칙[儀則] 표준이 될 관례로 되어 있는 규칙. ぎそく

의타[依他] 남에게 의지함. 「～심(心)」

의탁[依託] 남에게 의뢰하고 부탁함. いたく reliance

의:태[意態] 마음의 상태. state of mind

의태[疑殆] 의심하고 두려워함.

의태[擬態] ① 짓이나 꼴을 흉내내어 그와 비슷하게 꾸미는 일. ② 어떤 동물의 빛깔·모양이 주위 환경이나 다른 생물체를 닮음으로써 제 몸을 지키는 일. ぎたい ② mimicry

의태법[擬態法] 의태를 써서 사물의 모양·빛깔·움직임 등을 구체적으로 표현하는 수사법(修辭法)의 하나. ぎたいほう

의태어[擬態語] 사물의 모양이나 짓을 흉내낸 말. 대굴대굴·딸랑딸랑·흔들흔들 따위. ぎたいご mimesis

의:표[意表] 생각 밖. 뜻밖. 예상 밖. 「~를 찌르다」 いひょう surprise

의표[儀表] ⇨ 의용(儀容).

의피[擬皮] 가죽 비슷하게 만든 인조 가죽. = 의혁(擬革). leatherette

의학[醫學] 질병의 치료·예방 등에 관하여 연구하는 학문. いがく medical science

의합[宜合] 알맞음. = 적합(適合). suitability

의:합[意合] ① 의가 좋음. ② 서로 뜻과 마음이 맞음. harmony

의:해[義解] 뜻을 풀이함. 또는 그 풀이. ぎかい·ぎげ exposition

의:행[義行] 의로운 행위. righteous act

의향[衣香] 좀먹지 않도록 옷 갈피에 넣어 두는 향료(香料). いこう mothproof perfume

의:향[意向] 마음이 가는 데. = 의취(意趣). 「~을 묻다」 いこう inclination

의혁지[擬革紙] 종이를 가공하여 가죽과 비슷하게 만든 것. ぎかくし leather paper

의현[疑眩] 의심으로 마음이 갈팡질팡함.

의:혈[義血] 정의(正義)를 위해 흘린 피.

의:협[義俠] 정의의 편에 서서 약자(弱者)를 도움. 「~심(心)」 ぎきょう chivalry

의:형[義兄] ① 의리로 맺은 형. ② 아버지나 어머니가 서로 다른 형. ぎけい ① sworn elder brother ② stepbrother

의:형제[義兄弟] 남남끼리 의리로 맺은 형제. ぎきょうだい sworn brothers

의혹[疑惑] 의심하여 갈피를 잡지 못함. 또는 그런 의심. ぎわく suspicion

의혼[議婚] 혼사를 의논함. discussion on marriage

의화학[醫化學] 생화학(生化學)의 한 분야로, 의학에 응용되는 화학. いかがく medical chemistry

의회[議會] 공선(公選)된 의원에 의해서 조직된 합의제(合議制)의 기관. 국회·지방 의회 따위. ぎかい assembly

의회 정치[議會政治] 국가의 최고 정책을 의회에서 결정해 나가는 정치 방식. 준의정(議政). ぎかいせいじ parliamentarism

이:[二]* 두 이; 둘. 둘째. 「二二個(이개)·十二(십이)·二部(이부)·二次(이차)·二等(이등)·二流(이류)·二分(이분)」 二·ふ·ふう·ふた·ふたつ

이:[已]* 이미 이; 이미. 「已往(이왕)·已事(이사)·已發之矢(이발지시)·旣已(기이)·不得已(부득이)」 イ·すでに

이:[以]* ① 써 이; ~로써. ~을

가지고. ~부터. ~에서. 「以心傳心(이심전심)·以小易大(이소역대)·以南(이남)·以前(이전)」 ② 까닭 이 : 까닭. 「所以(소이)·所以然(소이연)」 イ ① もって

이[伊] 저 이 : 저. 저것. 이. 이것. 「伊人(이인)·伊時(이시)」 イ

이[夷]☆ ① 오랑캐 이 : 오랑캐. 「以夷制夷(이이제이)·東夷(동이)·夷狄(이적)」 ② 평평할 이 : 평평하다. 조용하다. 「夷坦(이탄)·夷蕩(이탕)·夷險(이험)」 イ ① えびす

이[弛] 늦출 이 : 늦추다. 느슨하다. 「弛緩(이완)·弛然(이연)·弛張(이장)·解弛(해이)·弛惰(이타)」 シ・ゆるむ

이[而]* 말 이을 이 : 또. 그리고. 「而已(이이)·然而(연이)·而後(이후)」 ジ・しかして・しかも・しこうして

이:[耳]* ① 귀 이 : 귀. 「中耳(중이)·耳門(이문)·耳鼻科(이비과)·耳朶(이타)·耳珠(이주)」 ② 어조사 이 : ~뿐. ~만. 「仰望耳(앙망이)」 ジ ① みみ

이[怡] 기쁠 이 : 기쁘다. 즐겁다. 「怡聲(이성)·怡悅(이열)·怡易(이이)·怡和(이화)·怡怡(이이)」 イ

이[易] ① 쉬울 이 : 쉽다. 「容易(용이)·平易(평이)·難易(난이)·簡易(간이)·安易(안이)·便易(편이)」 ② 바꿀 역 : 바꾸다. 「變易(변역)·易心(역심)·易俗(역속)·貿易(무역)·交易(교역)」 イ・エキ ① やすい

이[姨] 이모 이 : 이모. 「姨母(이모)·姨從(이종)·姨姪(이질)」 イ

이:[珥] 귀고리 이 : 귀고리. 「珥璫(이당)·珥笄(이계)」 ジ

이[痍] 상처 이 : 상처. 다치다. 「傷痍(상이)」 イ・きず

이[移]* 옮길 이 : 옮기다. 「移轉(이전)·移徙(이사)·移民(이민)·移住(이주)·移秧(이앙)·移作(이작)·推移(추이)·變移(변이)」 イ・うつる・うつす

이:[異]* 다를 이 : 다르다. 「相異(상이)·異質(이질)·異常(이상)·異國(이국)·驚異(경이)·異口同聲(이구동성)·怪異(괴이)·異聞(이문)·奇異(기이)·異彩(이채)」 イ・ことなる

이:[貳]* ① 두 이 : 둘. 둘째. "二"의 갖은자. 「貳萬(이만)」 ② 배반할 이 : 배반하다. 「貳心(이심)」 ニ・ジ

이[飴] 엿 이 : 엿. 「米飴(미이)·飴糖(이당)」 イ・あめ

이[餌] 먹이 이 : 먹이. 미끼. 「餌食(이식)·食餌(식이)·餌料(이료)」 ジ・え・えさ

이:[爾] ① 너 이 : 너. 「爾汝(이여)·爾曹(이조)」 ② 그러할 이 : 그러하다. 그. 「爾時(이시)·爾來(이래)·爾今(이금)」 ジ・ニ ① なんじ

이[頤] ① 턱 이 : 턱. 「頤使(이사)·頤指(이지)」 ② 기를 이 : 기르다. 「頤養(이양)·頤賢(이현)」 イ ① あご・おとがい

이각[離角] 천구상(天球上)에서, 한 천체(天體)나 한 정점(定點)에서 어떤 천체까지의 각거리(角距離). りかく

이간[離間] 두 사람 사이를 벌어지게 함. 「~질」 りかん alienation

이감[移監] 수감자(收監者)를 다른 교도소로 옮김. 「~호송(護送)」 いかん transfer of a prisoner

이:강[以降] 일정한 때로부터 그 뒤. =이후(以後). いこう after

이:강 웅예[二强雄蕊] 수꽃술 넷 가운데서 둘은 길고 둘은 짧은 것. 차조기의 꽃 따위. にきょうゆうずい

이객[異客] 타향 손님. 타향살이하는 사람. いかく·いきゃく

이거[移去] 옮기어 감. removal

이거[移居] 다른 곳으로 옮기어 삶. =이주(移住). removal

이거[離居] 따로 헤어져 삶. =별거(別居). りきょ separation

이건[移建] 탑이나 집 따위를 옮겨 세우거나 지음. いけん

이:검[利劍] 날카롭고 썩 잘 드는 검. りけん sharp sword

이격[移檄] 격문을 급히 돌림. 또는 그 격문. =비격(飛檄)

이격[離隔] 사이가 멀어짐. 사이를 떼어 놓음. =격리(隔離). りかく isolation

이:견[異見] 서로 다른 의견. 색다른 견해. いけん different view

이:결[已決] 이미 결정됨. =기결(既決).

이:경[二更] 하룻밤을 오경(五更)으로 나눈 두 번째 시각. 하오 9시부터 11시까지의 동안. =을야(乙夜). にこう

이:경[耳鏡] 귓속을 들여다보는 데 쓰이는 의료용 거울. じきょう otoscope

이:경[異境] 다른 나라. 낯선 땅. =이역(異域)·타국(他國). いきょう foreign country

이경[離京] 서울을 떠남. ↔귀경(歸京). りきょう departure from the capital

이:계[異系] 계통이 다름. 다른 계통. 「~교배(交配)」いけい

이고[離苦] ① 불교에서, 고뇌(苦惱)를 벗어남. ② 이별의 괴로움. りく ② agony of separation

이:곡[理曲] 이치에 어긋남. unreasonableness

이:공[理工] 이학(理學)과 공학(工學). 「~계(系)」りこう science and engineering

이:공보:공[以空補空] 제 것으로 제 것을 매움. 곧, 세상에는 공것이 없음을 이르는 말.

이:과[理科] 자연 과학의 이론과 현상(現象)을 연구하는 학과. りか science

이:관[耳管] 중이(中耳)에서 구강(口腔)으로 통하는 관. 유스타키오관. じかん Eustachian tube

이관[移管] 관리하는 사무를 다른 부서로 옮김. いかん transfer of control

이:관[異觀] 색다른 좋은 경치. いかん

이:교[利交] 이익을 위한 교제. りこう

이:교[異教] ① 이단(異端)의 가르침. ② 자기가 믿는 종교 이외의 종교. いきょう

이:교도[異教徒] 자기가 믿는 종교 이외의 종교를 믿는 사람. いきょうと heretic

이:구[耳垢] 귓구멍 속에 엉겨 붙은 때. 귀지. みみあか earwax

이구[泥溝] 더러운 물이 흐르는 도랑.

이:구동성[異口同聲] 여러 사람이 모두 같은 말을 함. =이구동음(異口同音). unanimous voice

이:구동음[異口同音] ⇨이구동성(異口同聲). いくどうおん

이:국[理國] 나라를 다스림. =

이:국[異國] 다른 나라. 인정·풍속이 전혀 다른 나라. =외국(外國)·이방(異邦). いこく foreign country

이:국 정서[異國情緖] 다른 나라의 색다른 풍물(風物)이나 인정. =이국 정조(異國情調). いこくじょうしょ・いこくじょうちょ exoticism

이:국 정조[異國情調] ⇨이국 정서(異國情緖). いこくじょうちょう

이:국편민[利國便民] 나라를 이롭게 하고, 국민을 편하게 함.

이군삭거[離群索居] 무리와 떨어져 홀로 쓸쓸히 지냄.

이:권[利權] 이익을 얻는 권리. 이익을 취할 수 있는 권리. りけん

이:극구당[履屐俱當] 맑은 날에는 짚신으로 쓰고, 궂은 날에는 나막신으로 씀. 곧, 못할 일이 없을 만큼 여러 가지 재주를 지니음을 이르는 말

이:극 진공관[二極眞空管] 음극에 해당하는 필라멘트와, 양극에 해당하는 금속판을 봉입(封入)한 진공관. にきょくしんくうかん diode

이:근[耳根] 귀가 뺨에 붙어 있는 부분. 귀뿌리. root of the ear

이글루:[igloo] 얼음과 눈덩이리로 만든, 에스키모 사람들의 집. イグルー

이금[弛禁] 금령(禁令)을 조금 풀어 놓음. relaxing a ban

이:금[利金] ① 변리돈. 길미. =이자(利子). ② 이익으로 남은 돈. りきん interest

이:기[利己] 자기만의 이익을 꾀함. ↔이타(利他). 「~주의(主義)」 りこ selfishness

이:기[利器] ① 날카로운 날붙이나 병기(兵器). ② 편리한 기구. 「문명(文明)의 ~」 りき ① sharp instrument ② convenience

이:기[理氣] 성리학(性理學)에서, 우주가 생성되는 근본 이치. 곧, 태극(太極)과 음양의 기(氣). りき

이:기설[利己說] 자기의 이익(利益)과 쾌락(快樂)을 취하는 것이 최고의 선(善)이라고 주장하는 학설. りこせつ egoism

이:기설[理氣說] 중국 송(宋)의 정이(程頤)에서 비롯하여 주자(朱子)에 의해 계승 발전된 이기 이원(理氣二元)의 형이상학설.

이:남[以南] 어떤 지점에서부터 남쪽. ↔이북(以北). 「삼팔선(三八線) ~」 いなん south of

이:내[以內] 어떤 한계나 범위의 안. ↔이외(以外). 「만명(萬名) ~」 いない within

이너[Inner] 축구에서, 센터 포워드와 양쪽 윙 중간에 위치하는 공격수(攻擊手). インナー

이:년생 초본[二年生草本] 싹이 터서 다음 해에 꽃이 피고 열매를 맺은 뒤에 말라 죽는 초본. 무·보리 따위. 두해살이풀. =이년초(二年草)·월년초(越年草)·월년생 초본(越年生草本). にねんせいそうほん biennial herb

이:념[理念] ① 철학에서, 이성(理性)의 판단에 의하여 얻어지는 최고의 개념. ② 어떤 것을 최상의 것으로 여기는가에 대한 근본 생각이나 견해. 「~의 차이(差異)」 りねん idea

이녕[泥濘] 땅이 질어서 곤죽이 된 곳. 진창. でいねい mud 泥濘

이노베이션[innovation] 새 상품의 개발, 새로운 시장·자원의 개척, 새로운 경영 조직의 실시 등을 통한 기술 혁신(技術革新). イノベーション 技術革新

이노신산(酸)[inosinic acid] 가다랭이포나 그 밖의 물고기, 짐승의 고기 등이 지니는 맛의 주성분. 화학 조미료의 원료. イノシンさん 調味料

이농[離農] 농사를 그만두고 농촌을 떠남. ↔귀농(歸農). rural exodus 離農

이:뇨[利尿] 오줌을 잘 나오게 함. 「～제(劑)」りにょう diuresis 利尿

이눌린[inulin] 주로 과당(果糖)으로 이루어지는 다당류(多糖類)의 하나. 우엉·달리아 등의 뿌리에 저장 물질로 많이 들어 있음. イヌリン 多糖類

이니셔티브[initiative] ① 앞장 서서 일을 이끌어 나가는 힘. 주도권(主導權). ② 발의권(發議權). イニシアチブ 主導權

이니셜[initial] 유럽어(語)에서, 글의 첫머리나 고유 명사(固有名詞)의 처음에 쓰는 대문자. 머리글자. イニシアル 固有名詞

이닝[inning] 야구에서, 양팀이 한 번의 공격과 수비를 하는 시합의 한 구분. 한 회(回). イニング 試合

이:단[異端] 정통(正統)이 아닌 학설이나 종교 또는 사상. 「～지(者)」いたん heresy 異端

이:단자[異端者] ① 이단을 믿는 사람. ② 전통(傳統)이나 권위를 저버리는 사람. いたんしゃ heretic 異端者

이:당[耳璫] 귀고리에 달린 구슬. =이주(耳珠). じとう 耳璫

이당[飴糖·飴餹] 엿. taffy 飴餹

이당[離黨] 소속되었던 정당을 떠남. =탈당(脫黨). りとう leaving a party 離黨

이:덕보:원[以德報怨] 덕으로써 원한을 갚음. 곧, 원한이 있는 사람에게 덕을 베풂. 以德報怨

이데아[그 idea] 이념(理念). 관념(觀念). イデア 觀念

이데올로기[독 ideology] 정치 사상, 사회 사상 등 인간의 행동을 좌우하는 사고(思考) 방식의 체계. イデオロギー 思考方式

이:도[吏道] ① 관리의 도리. 공무원으로서 지켜야 할 도리. りどう ② ⇨이두(吏讀). ① duty of an official 吏道

이:도[利刀] 잘 드는 칼. 날카로운 칼. りとう sharp sword 利刀

이도[泥塗] ① 진흙. 진흙탕. 흙탕길. ② 미천한 지위나 환경의 비유. 「～에서 발버둥치다」でいと ① mud 泥塗

이:도[異道] ① 서로 다른 길 또는 방법. ② 다른 주장이나 학설. ② different theory 異道主張

이:동[以東] 어떤 지점을 기준으로 하여 그 동쪽. ↔이서(以西). いとう east of 以東

이:동[異同] ① 다른 것과 같은 것. =동이(同異). ② 서로 같지 않음. いどう ② difference 異同

이:동[異動] 지위(地位)나 직책(職責) 따위의 변동. 「인사(人事)～」いどう change 異動

이동[移動] 위치를 옮김. 옮겨 다님. 「～ 도서관(圖書館)」いどう move 移動

이동 경:찰[移動警察] 기차나 기선 안의 범죄나 사고에 관계되는 일을 맡아보기 위하여 기차나 기선을 타고 다니는 移動警察

경찰. いどうけいさつ
　　　　　　mobile police

이동 대:사[移動大使] 일정한 임지(任地)가 없이 각국을 돌아다니는 대사. =순회 대사(巡回大使). いどうたいし
　　　　roving ambassador

이동식[移動式] 필요에 따라 이동할 수 있게 된 방식. ↔고정식(固定式). いどうしき
　　　　　　　　rambling

이동차[移動車] 영화·텔레비전의 이동 촬영에 쓰이는 촬영대. 돌리.　　　dolly

이동 촬영[移動撮影] 카메라를 촬영대에 고정시켜, 전체를 이동시키면서 촬영하는 영화·텔레비전의 촬영법. いどうさつえい
　　　　　moving shot

이:두[吏讀] 한글이 생기기 전에 한자(漢字)의 뜻과 음을 따서 우리말을 표기하던 방식. 또는 그 글자. '하잇거나(하였거나)'를 '爲有去乃'로 쓰는 따위. =이도(吏道).

이:두 정치[二頭政治] 두 사람의 지배자가 함께 다스리는 정치. =양두 정치(兩頭政治).　　　　dyarchy

이:두창지[以頭搶地] 머리를 땅에 대고 비빔. 곧, 땅에 엎드려 애걸(哀乞)함.

이:둔[利鈍] ① 날카로움과 무딤. ② 영리함과 어리석음. =현우(賢愚). ③ 행운과 불운(不運). りどん
① sharpness and bluntness ② cleverness and dullness

이드[id] 정신 분석학 용어. 정신의 밑바닥에 있는 본능적 에너지의 원천(源泉). イド

이:득[利得] 이익을 얻음. 또는 그 이익. =이윤(利潤). ↔손실(損失). りとく　　profits

이:등[異等] 남달리 재능이 뛰어남.

이디엄[idiom] 관용구(慣用句). 관용어. イディオム

이:락[里落] 시골 마을. =부락(部落)·촌락(村落)·촌리(村里).

이:락 가격[利落價格] 이자나 이익 배당금이 지불되어 값이 떨어진 때의 공채(公債)나 유가 증권의 가격. ↔이부 가격(利附價格). 준이락(利落).

이:락격석[以卵擊石] 달걀로 돌을 친다는 뜻으로, 터무니없는 어리석은 짓을 함의 비유.

이:래[以來] 그로부터. 그 이후. =이후(以後)·이강(以降). 「유사(有史) ~」 いらい
　　　　　　　　since

이래[爾來] ① 그 후부터. 그때 이래(以來). ② 요즈음. =근년(近年). じらい ② these days

이:력[耳力] 소리를 듣는 귀의 능력. =청력(聽力). hearing

이:력[履歷] 학업·직업 등의 내력. =경력(經歷). りれき
　　　　personal history

이:력서[履歷書] 개인의 이력을 적은 문서. りれきしょ
　　　　　　　　resume

이:령[二齡] 누에가 첫잠을 잔 후 두 잠을 잘 때까지의 동안.

이:례[異例] 전례(前例)가 없음. 상례를 벗어남. ↔상례(常例). 「~적(的)인 면담(面談)」 いれい　　exception

이:로[理路] 이론의 조리. 논리(論理)의 맥락(脈絡). 「~ 정연(整然)」 りろ　reasoning

이록[移錄] 옮기어 적음.
　　　　　transcription

이:론[異論] 다른 의견. =이

의(異議). 「~ 제기(提起)」 いろん objection

이:론[理論] 어떤 사물에 관한, 원리와 원칙을 근거로 한 체계적인 생각. りろん theory

이:론가[理論家] 이론적으로 생각하는 사람. 이론만을 따지는 사람. ↔실천가(實踐家). りろんか theorist

이:론 경제학[理論經濟學] 경제 현상·경제 조직에 지배적인 공통성 및 상대적인 법칙성을 이론적으로 설명하는 경제학. りろんけいざいがく theoretical economics

이:론 과학[理論科學] 실제적인 응용 방면보다는 순수한 지식의 원리를 중시하여 연구하는 과학. りろんかがく theoretical science

이:론 물리학[理論物理學] 주로 수리(數理)에 의하여 이론적으로 연구하는 물리학의 한 부분. ↔실험 물리학(實驗物理學). りろんぶつりがく theoretical physics

이:론적[理論的] ① 이론에 근거하는 것. ② 이론으로만 그치는 것. ↔실천적(實踐的). りろんてき theorctical

이:론 천문학[理論天文學] 이론적인 연구를 주로 하는 천문학. りろんてんもんがく theoretical astronomy

이:론 철학[理論哲學] 이론적인 문제를 대상으로 하는 철학. ↔실천 철학(實踐哲學). りろんてつがく theoretical philosophy

이:론 화학[理論化學] 화학 변화를 물리학적 방법으로 연구하는 화학의 한 분야. =물리화학(物理化學). りろんかがく theoretical chemistry

이:롱[耳聾] 귀가 먹어 듣지를 못함. 귀머거리. じろう deafness

이:루[耳漏] 귓구멍에서 고름이 나오는 병. じろう·みみだれ otorrhea

이루[離淚] 이별의 눈물.

이:루타[二壘打] 야구에서, 이루까지 갈 수 있게 친 안타(安打). にるいだ two-base hit

이:류[二流] 일류에 들지 못하는, 그에 버금가는 지위나 정도. にりゅう second class

이:류[異流] 같은 무리 속에 섞일 수 없는 이단적인 유파(流派). いりゅう different school

이:류[異類] 다른 종류. いるい different kind

이륙[離陸] 비행기 따위가 육지에서 하늘로 떠오름. ↔착륙(着陸). りりく takeoff

이:륜[耳輪] 귓바퀴. auricle

이륜[彛倫] 사람으로서 지켜야 할 도리. =인륜(人倫). いりん humanity

이리듐[iridium] 백금족에 딸린 은백색의 금속 원소. 내산성이 강하며 잘 녹지 않음. 경도(硬度)가 높으며 백금과 합금하여 만년필촉이나 이화학 기구를 만드는 데 쓰임. 원소 기호는 Ir. イリジウム

이매[移買] 가진 땅을 팔고 다른 땅을 사는 일.

이매[魑魅] 사람을 잘 홀린다는 산도깨비. 인면수신(人面獸身)의 괴물이라고 함. 「~망량(魍魎)」 ちみ monster

이매지네이션[imagination] 상상. 상상력. 구상(構想). イマジネーション

이:면[二面] ① 두 가지 면. ②

신문의 제2면. にめん ① two faces ② the second page

이:면[裏面] ① 속. 안. ② 표면에 드러나지 않은 속 내용. 「~공작(工作)」りめん inside

이:면 경계[裏面境界] 일의 내용의 옳고 그름.

이:면부지[裏面不知] 내용도 모르고 공연히 덤빔. 또는 그런 사람. behaving indiscreetly

이:면불한당[裏面不汗黨] 사리를 뻔히 알면서 나쁜 짓을 하는 사람.

이:명[耳鳴] 청신경에 이상이 생기거나 정신 흥분 등으로 어떤 소리가 잇달아 울리는 것처럼 느껴지는 일. 귀울음. 「~증(症)」みみなり tinnitus

이:명[異名] 본명 이외의 다른 이름. =별명(別名). いみょう・いめい nickname

이:명주[耳明酒] 음력 정월 보름날 새벽에 귀가 밝아지라고 마시는 술. 귀밝이술.

이모[姨母] 어머니의 자매(姉妹). maternal aunt

이:모[異母] 배가 다름. 어머니가 각각임. ↔동모(同母). 「~형제(兄弟)」いぼ different mother

이모부[姨母夫] 이모의 남편. husband of a maternal aunt

이:모작[二毛作] 같은 땅에 한 해에 두 차례 다른 농작물을 심어 거두는 일. 그루갈이. にもうさく double-cropping

이:목[耳目] ① 귀와 눈. ② 보는 일과 듣는 일. =시청(視聽). ③ 남들의 귀와 눈. 곧, 주의와 주목. 「~이 두렵다」じもく
① eye and ear ② looking and listening ③ attention

이:목[移牧] 여름에는 가축을 산이나 들에 놓아기르고, 가을에는 평지로 내려와 마른풀로 기르는 목축. nomadism

이:목구비[耳目口鼻] ① 귀·눈·입·코의 네 가지. ② 귀·눈·입·코를 중심으로 한 얼굴의 생김새. 「~가 뚜렷하다」 ② features

이:목지욕[耳目之慾] 귀로 듣고 눈으로 봄으로써 생기는 온갖 욕심. じもくのよく

이:문[利文] 이익으로 들어오는 돈. =이전(利錢). profits

이:문[里門] 동네 어귀에 세운 문. =여문(閭門). gate at the entrance of a village

이:문[異聞] 신기한 이야기. 처음 듣는 기이한 소문. いぶん strange report

이:문목견[耳聞目見] 귀로 듣고 눈으로 봄. 곧, 실지로 겪음. experience

이:물[異物] ① 보통과 다른 물건. ② 괴이한 짓을 하여 속을 알 수 없는 사람. いぶつ ① alien substance

이:미[異味] 이상한 맛. 특이한 맛. いみ peculiar taste

이:미[履尾] 범의 꼬리를 밟는다는 말로, 극히 위험한 일을 비유하여 이르는 말.

이미지[image] ① 영상(映像). ② 심상(心象). イメージ

이미지 오:르티콘[image orthicon] 텔레비전의 촬상관(撮像管)의 하나. 1960년대까지 방송용으로 널리 쓰였음. イメージオルシコン

이미지즘[imagism] 1910년대에, 영미(英美)에서 전개된 자유시의 운동. 종래의 운율론에 얽매이지 않고 명확·간결

한 형식의 확립을 지향하였음. イマジズム

이미테이션[imitation] ① 흉내. 모방. ② 모조품(模造品). イミテーション

이:민[里民] 동네 사람. 마을 사람. りみん　villagers

이민[移民] 외국으로 이사를 가서 삶. 또는 그 사람. 「~정책(政策)」いみん　emigration

이:민족[異民族] 언어·풍습 등이 다른 민족. いみんぞく foreign nation

이반[離反·離叛] 사이가 벌어져 떠나거나 배반함. =이배(離背). りはん　alienation

이:발[理髮] 머리털을 다듬고 깎음. =조발(調髮). りはつ haircut

이:발관[理髮館] 이발을 업으로 하는 집. =이발소(理髮所). りはつかん　barber's

이:발사[理髮師] 남의 머리털을 깎고 다듬어 주는 것을 직업으로 하는 사람. りはつし barber

이:발지시[已發之矢] 이미 쏜 화살이란 뜻으로, 이미 시작한 일이라 도중에서 그만둘 수가 없는 처지를 이르는 말.

이:방[異邦] 다른 나라. =외국(外國)·타국(他國)·이국(異國). ↔본국(本國). 「~인(人)」 いほう　foreign country

이:방성[異方性] 물체의 물리적 성질이 방향에 따라 달라지는 일. ↔등방성(等方性). いほうせい　anisotropy

이:방체[異方體] 이방성(異方性)을 갖는 물체. ↔등방체(等方體). いほうたい anisotropic body

이배[離背] ⇨이반(離反). り

이:번 저:당[二番抵當] 이미 저당되어 있는 물건(物件)을 다른 저당으로 설정하는 일. =이중 저당(二重抵當). にばんていとう　double mortgage

이벤트[event] ① 사건. ② 경기 따위의 종목. 시합. ③ 행사(行事). イベント

이:변[異變] 괴이한 변고. 「~속출(續出)」いへん　accident

이별[離別] 서로 헤어짐. =별리(別離). りべつ　parting

이병[罹病] 병에 걸림. =이환(罹患). りびょう contraction of a disease

이:복[異腹] 아버지는 같고 어머니가 다름. ↔동복(同腹). 「~형제(兄弟)」いふく having a different mother

이:본[異本] ① 같은 책이면서 글자나 어구(語句) 등 내용이 조금 다른 책. ② 진귀한 책. =진본(珍本). いほん ① alternative version ② rare book

이:부 가격[利附價格] 이자나 배당금이 지불되기 전의, 값이 가장 높을 때의 채권이나 증권의 가격. ↔이락 가격(利落價格). りつきかがく

이:부 수업[二部授業] 학교의 수업을 주간과 야간 또는 오전과 오후의 두 부로 나누어 하는 일. にぶじゅぎょう double-shift school (system)

이:부 합창[二部合唱] 두 성부(聲部)로 나누어 각각 다른 선율로 부르는 합창. にぶがっしょう　duet

이:북[以北] 어떤 지점을 기준으로 한 북쪽. ↔이남(以南). いほく　north of

이:분[二分] ① 둘로 나눔. ② 춘분(春分)과 추분(秋分). にぶん ① division into two parts

이:분모[異分母] 둘 이상의 분수(分數)에서 분모가 서로 다른 것. ↔동분모(同分母). different denominators

이:분자[異分子] 한 단체 안에 있으면서 주의(主義)나 주장(主張)을 달리하는 사람. いぶんし foreign element

이:불리간[利不利間] 이가 되든 해가 되든. 이롭든지 해롭든지 간에.

이:브[Eve] 구약 성서(舊約聖書)에 나오는, 하느님이 창조한 인류 최초의 여자. 아담의 아내. 하와. イブ

이:브닝드레스[evening dress] 여성의 야회복(夜會服). イブニングドレス

이:브닝코:트[evening coat] ① 남자용 야회복. 연미복(燕尾服). ② 이브닝드레스 위에 입는 코트. イブニングコート

이:비[耳鼻] 귀와 코. 「~후과(咽喉科)」 じび nose and ears

이:비[理非] 도리에 맞는 것과 어긋나는 것. 옳음과 그름. =시비(是非). りひ right and wrong

이:비인후과[耳鼻咽喉科] 귀・코・목구멍・기관(氣管)・식도(食道)의 질병을 전문적으로 치료하는 의학의 한 분과. じびいんこうか otorhinolaryngology

이:빙[履氷] 얇은 얼음을 밟듯이 몹시 위태로움. =여리박빙(如履薄氷). being extremely dangerous

이:사[異事] 이상한 일. 특이한 일. 별다른 일. いじ strange thing

이:사[理事] 법인(法人) 기관의 사무를 처리하며, 대표로서 권리를 행사하는 기관. 또는 그 직명(職名). りじ director

이사[移徙] 사는 곳을 옮김. house-moving

이:사관[理事官] 행정직 국가 공무원 직급의 하나. 2급 공무원. りじかん

이:사국[理事國] 국제 기관의 이사회의 일원인 나라. りじこく member of the council of the United Nations

이산[離山] ① 홀로 떨어져서 있는 산. =고산(孤山). ② 불교에서, 중이 절을 떠나는 일. りざん

이산[離散] 뿔뿔이 흩어짐. ↔집합(集合). 「~가족(家族)」 りさん scattering

이:산 염기[二酸鹽基] 한 분자 속에 수산기를 두 개 가지는 염기. 수산화칼슘・수산화마그네슘 따위. diacid base

이:산화탄소[二酸化炭素] 산소와 탄소의 화합물. 목재나 석탄 따위가 연소할 때 생기는 무색・무취의 기체. 소화제・탄산소다의 제조에 쓰임. 탄산가스. =무수탄산(無水炭酸). にさんかたんそ carbon dioxide

이:상[以上] ① 수량・정도 따위가 어느 기준에서부터 그 위임. ↔이하(以下). ② 이뿐임. 이것으로 끝임. 「~으로 끝냅니다」 いじょう ① above ② end

이상[泥狀] 진흙과 같은 모양. being muddy

이:상[異狀] 보통과는 다른 상태. 「~ 없음」 いじょう strangeness

이:상[異常] ①정상(正常)이 아닌 상태. ②보통과 다름. ↔정상(正常). 「~ 사태(事態)」 いじょう   uncommonness

이:상[理想] 가장 바람직하다고 생각되는 상태. 「~향(鄉)」 りそう   ideal

이:상 심리학[異常心理學] 성격 이상자·정신병자 등의 심리 상태를 연구하는 심리학의 한 분과. =변태 심리학(變態心理學). いじょうしんりがく   abnormal psychology

이:상주의[理想主義] ①이상을 중요시하는 견해. ②인생의 의의나 목적을 이상 실현에 두는 인생관·세계관. ↔현실주의(現實主義). りそうしゅぎ   idealism

이:상 체질[異常體質] 어떤 식품이나 약품 등에 대하여 과민하게 반응하고, 또 병변(病變)을 일으키기 쉬운 체질. =특이 체질(特異體質). いじょうたいしつ   diathesis

이:상향[理想鄉] 인류가 지향하고 염원하는 이상적인 고장이나 세계. りそうきょう Utopia

이:색[異色] ①다른 빛깔. ↔동색(同色). ②색다른 것. 「~적(的)인 풍경」 いしょく   ① different color ② novelty

이생지[泥生地] 흔히 물가에 있는 모래가 섞인 개흙 땅.   sludge

이:서[以西] 어떤 지점을 기준으로 한 서쪽. ↔이동(以東). いせい   west of

이:서[異書] 그리 흔하지 않은 책. 색다르고 귀한 책. いしょ   rare book

이:서[裏書] 수표·어음 따위를 양도하거나 지급을 받거나 할 때, 그 뒷면에 서명하는 일. 뒷보증. =배서(背書). うらがき   endorsement

이:설[異說] 보통과는 다른 견해. いせつ   different opinion

이:성[異性] ①성질이 다름. ②남녀와 암수의 서로 다른 성(性). 특히, 남성이 여성을, 여성이 남성을 이르는 말. 「~ 교제(交際)」 いせい   ① different nature ② opposite sex

이:성[異姓] 다른 성(姓). =타성(他姓). ↔동성(同姓). いせい   different family name

이:성[理性] 본능이나 감정에 좌우되지 않고, 사물을 논리적으로 생각하여 올바르게 판단하는 능력. 「~을 잃다」 りせい   reason

이:성론[理性論] 참된 인식(認識)은 경험에 의한 것이 아니라, 선험적(先驗的)인 이성적 인식이라고 하는 이론. りせいいろん   rationalism

이:성지합[二姓之合] 성이 다른 사람끼리 합침. 곧, 결혼을 함.   union by marriage

이:성체[異性體] 분자식(分子式)은 같으나 성질이 다른 화합물. 포도당과 과당 따위. =동분 이성체(同分異性體)·이성질체(異性質體). いせいたい   isomer

이:세[二世] ①불교에서, 이 세상과 저승. 현세(現世)와 내세(來世). にせ ②다음 세대. ③이민 간 사람의 자녀로서, 그 나라의 시민권을 가진 사람. 「재미(在美) 동포 ~」 にせい   ① this and the next world ② second generation

이:소[貽笑] 남에게 비웃음을

당함.

이:소당연[理所當然] 이치가 마땅히 그러함. =이소고연(理所固然).

이소류신[isoleucine] 필수 아미노산의 한 가지. 조혈(造血) 작용이 강함. イソロイシン

이소옥탄[isooctane] 옥탄의 이성체(異性體). 탄화수소의 일종. 옥탄가 측정의 표준 연료임. イソオクタン

이소프렌[isoprene] 천연 고무를 열분해(熱分解)할 때 생기는 무색·휘발성의 액체. 합성 고무의 원료로 쓰임. イソプレン

이:속[異俗] 색다른 풍속. =이풍(異風). ↔정속(正俗). いぞく strange custom

이속[離俗] 속세를 떠남. 속사(俗事)를 벗어남. reclusion

이송[移送] ① 다른 곳으로 옮겨 보냄. ② 사건의 처리를 다른 법률 기관으로 옮김. いそう transfer

이:수[里數] ①이(里)의 단위로 헤아린 거리(距離). ② 행정 단위인 이(里)의 수효. りすう
① mileage ② number of villages

이수[泥水] 진흙이 많이 섞인 물. 흙탕물. どろみず·でいすい muddy water

이:수[異數] ①특별한 대우. ② 등급이 다름. いすう

이:수[履修] 차례를 밟아 학과의 과정을 닦음. りしゅう completion

이수[離水] 수상 비행기 따위가 수면을 떠나 하늘로 오름. ↔착수(着水). りすい

이수[離愁] 이별의 슬픔. りしゅう parting sorrow

이:순[二筍] 담배 따위의 처음 난 잎을 따낸 자리에 돋은 잎. 둘쨋순.

이:순[耳順] 공자(孔子)가 60세가 되어서 만물의 이치에 통달하여 말을 듣는 대로 모두 이해가 되었다는 데서, 예순 살의 나이를 달리 이르는 말. じじゅん
sixty years of age

이:술[異術] 요술이나 마술 따위의 이상한 술법. いじゅつ
strange magic

이슈[issue] 논점(論點). 논쟁점(論爭點).

이:스턴그립[eastern grip] 테니스에서, 라켓을 쥐는 방법의 하나. 라켓의 면을 지면과 수직으로 세워서 악수를 하듯이 쥐는 방법. 라켓의 양편으로 공을 침. イースタングリップ

이:스트[yeast] 효모(酵母). 효모균. イースト

이슬람[Islam] ① 마호메트를 교조(教祖)로 한 세계 3대 종교의 하나. 이슬람교. ② 이슬람교의 세계. 또는 이슬람 교도 전체. イスラム

이:승[二乘] 같은 수를 곱함. 제곱. =자승(自乘). にじょう
square

이승[尼僧] 불교에서, 여자 중. =비구니(比丘尼). にそう
Buddhist nun

이:승[理勝] 모두 이치에 맞음.

이승[離昇] 비행기가 공중으로 떠오르기 시작함. りしょう
taking-off

이:승양석[以升量石] 되로 섬 곡식을 됨. 곧, 어리석은 사람이 현명한 사람의 마음을 헤아리지 못함의 비유.

이:시[異時] 다른 때. 다른 시일(時日). いじ other time

이:식[二食] 두 끼. 하루에 두 끼를 먹음. にじき

이:식[耳食] 귀로 듣기만 했을 뿐, 먹어 보지도 않고 음식의 맛을 판단함. 곧, 남의 말을, 옳고 그름을 판단하지도 않고 그대로 믿음. じしょく

이식[利息] 길미. =변리(邊利)·이자(利子). ↔원금(元金). りそく　interest

이:식[利殖] 이자나 이익을 얻어 재산을 불림. りしょく　moneymaking

이식[移植] ① 농작물이나 나무를 다른 곳으로 옮겨 심음. =이종(移種). ② 생체(生體)의 일부 조직을 다른 생체나 다른 부위로 옮겨 심어 병을 치료하는 일. 「신장(腎臟) ~ 수술(手術)」 いしょく
① transplantation ② grafting

이:식위천[以食爲天] 사람은 먹는 것을 가장 중하게 여김. epicureanism

이:신론[理神論] 신(神)의 존재는 인정하지만, 기적(奇蹟)이나 계시(啓示)란 있을 수 없다는 이론. =이성 종교론(理性宗敎論). りしんろん deism

이:실고:지[以實告之] ⇨이실직고(以實直告).

이:실직고[以實直告] 숨기거나 거짓말을 하지 않고 바른 대로 말함. =이실고지(以實告之). telling the truth

이:심[二心] ① 두 가지 마음. ② 배반하려는 마음. 딴마음. =이심(異心). にしん
① two minds ② treachery

이:심[二審] 제이심(第二審)의 준말. にしん

이:심[已甚] 지나치게 심함. 정도가 지나침. excessiveness

이:심[異心] 다른 마음. 딴마음. =이심(二心). いしん duplicity

이심[移審] 상소(上訴) 제기의 효력에 의하여 사건이 어떤 법원으로부터 상급 법원으로 옮겨지는 일. いしん
transfer of a case

이심[離心] 배반하려는 마음. =반심(反心). disloyalty

이:심전심[以心傳心] 글이나 말에 의하지 않고 마음에서 마음으로 전함. 「~으로 통하다」 telepathy

이:십사금[二十四金] 순금(純金)을 이르는 말. にじゅうよんきん　pure gold

이:십사 절기[二十四節氣] 황도(黃道) 위의 태양의 위치에 따라, 일 년을 스물넷으로 나눈 절기의 구분. 대체로 보름 간격으로 듦. =이십사 절후(二十四節候)·이십사기(二十四氣). にじゅうしせっき
twenty-four seasons of a year

이:십 세:기[二十世紀] 서기(西紀) 1901년부터 2000년까지의 100년간. にじっせいき
twentieth century

이:십팔수[二十八宿] 옛날 인도·페르시아·중국에서, 황도(黃道)를 따라 천구(天球)를 스물여덟 구역으로 나누어 별자리의 위치를 나타낸 것. にじゅうはっしゅく
twenty-eight solar stages along the zodiac

이안[怡顔] 안색을 부드럽게 가짐.

이암[泥巖] 퇴적암의 하나. 진흙이 굳어서 된 암석의 총칭. でいがん　mud stone

이앙[移秧] 모내기. transplantation of rice seedlings

이약[餌藥] 요양(療養)을 위해서 먹는 약. 또는 약과 음식. =약이(藥餌).

이양[移讓] 어떤 권리 따위를 남에게 넘겨 줌. 「정권(政權) ~」 いじょう transfer

이:양선[異樣船] 이상한 모양의 배. 지난날, 외국의 배를 이르던 말.

이:어[耳語] 귀에 대고 속삭이는 말. 귀엣말. =사어(私語). じご whisper

이:어[鯉魚] 잉어. りぎょ carp

이어링[earring] 귀고리. イヤリング

이어폰:[earphone] 귀에 꽂거나 씌우거나 해서 라디오 따위의 소리를 듣는 기구(器具). イヤホーン

이:언[二言] 한번 한 말을 바꾸어서 다른 말을 함. 「일구(一口) ~」 にごん double-dealing

이언[俚言] 항간에 떠돌며 쓰이는 속된 말. 상말. =이어(俚語). ·이언(雅言). りげん slang

이언[俚諺] ⇨ 속담(俗談). りげん

이:여[爾餘] 그 밖의 나머지. =기여(其餘). じよ the others

이:역[二役] ① 두 가지 역할. ② 한 배우가 두 사람의 역(役)으로 출연함. =양역(兩役). 「일인(一人) ~」 にやく double part

이역[移易] ① 바꿈. 바뀜. ② 지난날, 관물(官物)과 사물(私物)을 바꿈질하던 일. 「~부득(不得)」

이:역[異域] 남의 땅. 다른 나라. =이방(異邦)·이국(異國). 「~ 만리(萬里)」 いいき foreign land

이연[怡然] 기뻐하는 모양. =이이(怡怡). いぜん gladness

이연[離緣] 부부 또는 양자(養子)·양친(養親) 관계를 끊어 버림. =이혼(離婚)·파양(罷養). りえん divorce. dissolution of adoption

이:연지사[已然之事] 이미 그렇게 된 일. =이왕지사(已往之事). bygones

이열[怡悅] 즐겁고 기쁨. =이유(怡愉). いえつ delight

이:열치열[以熱治熱] 열로써 열을 다스림. 곧, 같은 것으로 맞서 대항함의 비유. 힘은 힘으로 다스린다는 따위. Like cures like.

이온[ion] 양전기 또는 유전기를 띤 원자 또는 원자단. 전해질(電解質)이 물에 녹거나 하였을 때 생김. イオン

이완[弛緩] 느즈러져 풀림. 긴장이 풀림. ↔긴장(緊張). しかん·ちかん relaxation

이:왕[已往] ① 지나간 때. =이전(以前). 「~에 끝난 일」 ② 이미 그렇게 된 바에. 이왕에. いおう already

이:왕지사[已往之事] 이미 지나간 일. 돌이킬 수 없는 과거의 일. =기왕지사(旣往之事)·이연지사(已然之事). bygones

이:외[以外] 일정한 범위의 밖. 이 밖. 그 밖. ↔이내(以內). いがい besides

이:외[理外] 이치나 도리(道理)에서 벗어나 있는 일. りがい out of all reason

이:욕[利慾] 자기의 이익을 꾀하는 욕심. 「~에 눈이 멀다」 りよく greed

이:용[利用] ① 유용(有用)하게

씀. ② 방편(方便)으로 씀. りよう   utilization

이ː용[理容] 이발(理髮)과 미용(美容). 「~사(師)」りよう   hairdressing

이ː용물[利用物] ① 편리하게 쓸 수 있는 물건. ② 이용당하는 물건이나 사람. りようぶつ   ① useful things

이우[移寓] 옮겨 가서 삶. 거처를 옮김.   removal of one's house

이ː원[利源] 이익이 생기는 근원. りげん   source of interests

이원[梨園] ① 배나무를 심은 정원. ② 당(唐)나라 때, 현종(玄宗)이 배나무 정원에서 몸소 음악을 가르쳤다는 고사(故事)에서, 연예인(演藝人)들의 사회. 곧, 연예계(演藝界)를 이르는 말. りえん   ① pear orchard ② entertainment world

이ː원론[二元論] 철학에서, 서로 대립되는 두 근본 원리를 세워서 우주의 모든 것을 설명하려는 생각. ↔일원론(一元論). にげんろん   dualism

이ː원제[二院制] 국회가 상원(上院)과 하원(下院) 등 독립된 두 합의(合議) 기관으로 이루어지는 제도. =양원제(兩院制). ↔일원제(一院制)·단원제(單院制). にいんせい   bicameral system

이월[移越] 한 기(期)의 손익금(損益金)이나 잔금(殘金)을 다음 기로 넘기는 일. 「~금(金)」   carrying forward

이ː유[理由] 까닭. =사유(事由). りゆう   reason

이유[離乳] 젖먹이의 젖을 뗌. 「~식(食)」りにゅう weaning

이ː윤[利潤] ① 장사하고 남은 돈. =이익(利益). ② 기업의 총수익에서 모든 비용을 뺀 순이익. りじゅん   profit

이ː율[利率] 원금(元金)에 대한 이자의 비율. 연리(年利)·월리(月利)·일변(日邊) 등으로 나뉨. りりつ   rate of interest

이ː율 배ː반[二律背反] 서로 모순·대립되는 두 가지 명제(命題)가 동등한 타당성을 가지고 주장되는 일. にりつはいはん   antinomy

이ː융 합금[易融合金] 납이나 주석 따위의 금속을 적당한 비율로 섞은, 녹는점이 낮은 합금. 땜납·퓨즈 따위에 쓰임. =가융 합금(可融合金). いゆうごうきん

이ː의[二儀] 하늘과 땅. 또는 음(陰)과 양(陽). =양의(兩儀). にぎ   heaven and earth

이ː의[異意] ① 다른 의견. ② 모반(謀反)하려는 마음.   ① different opinion

이ː의[異義] 의미가 다름. 다른 뜻. ↔동의(同義). いぎ   different meaning

이ː의[異議] ① 남과 다른 주장. ② 법률에서, 어떤 시행에 대한 불복(不服)·반대(反對)하는 의사(意思). いぎ   objection

이ː의 신청[異議申請] 법률상 인정되어 있는 절차에 따라, 결정이나 판결 따위에 이의(異議)를 제기하는 일. exception

이ː익[耳翼] 외이(外耳)의 드러난 부분. 귓바퀴. じよく   concha

이ː익[利益] ① 장사 따위로 남는 돈. =이윤(利潤)·이득(利得). ② 이롭고 도움이 되는 일. りえき   ① profits ② benefit

이ː익 사ː회[利益社會] 사회

유형의 하나. 인간이 어떤 이익을 추구하기 위하여 작위적(作爲的)으로 형성한 집단. 도시·국가·회사·조합 등. ↔공동 사회(共同社會). りえき しゃかい gesellschaft

이:인[異人] ① 재주가 뛰어난 특이한 사람. ② 다른 사람. 「동명(同名)~」いじん ① extraordinary man ② different person

이:인위경[以人爲鏡] 훌륭한 사람을 거울로 삼음.

이:일[異日] ① 과거의 어느 날. ② 다가오는 어느 날. ③ 딴 날. =타일(他日). いじつ ① one day ② some day ③ another day

이:일경백[以一警百] 한 사람을 징계하여 여러 사람의 경계가 되게 함. =일벌백계(一罰百戒).

이:일학[二日瘧] 이틀씩 걸려서 앓는 학질. 이틀거리.

이임[移任] 다른 직책이나 다른 임지(任地)로 옮김. =선임(轉任). change of one's post

이임[離任] 맡은 임지나 임무에서 떠남. ↔취임(就任). りにん leaving one's post

이입[移入] ① 옮겨 들임. ② 어떤 지역에 다른 지역으로부터 화물을 옮겨 들이는 일. ↔이출(移出). いにゅう bringing in

이:자[利子] 남에게 돈을 꾸어 쓴 사람이, 꾸어 쓴 원금(元金)에 대하여 상대방에게 치르는 일정한 비율의 돈. 길미. =변리(邊利)·금리(金利). りし interest

이작[移作] 소작인(小作人)을 바꿈. changing tenant farmer

이:작[裏作] 벼 따위의 주요 작물을 수확한 다음에 보리나 감자 따위를 심는 일. 뒷갈이. うらさく

이장[弛張] ① 이완(弛緩)과 긴장(緊張). ② 느즈러짐과 엄격함. しちょう laxity and tension

이:장[里長] 행정 구역인 이(里)의 사무를 맡아보는 사람. りちょう

이장[移葬] 무덤을 다른 곳으로 옮김. =개장(改葬). reburial

이:재[吏才] 관리로서 일을 처리해 나가는 솜씨. ability of an official

이:재[異才] 남다른 뛰어난 재주. いさい special talent

이:재[理財] 재산을 유리하게 운용(運用)하는 일. 「~에 밝다」りざい financial management

이재[罹災] 재해를 입음. 「~민(民)」りさい suffering

이재민[罹災民] 재해를 입은 주민. 준재민(災民). sufferers

이:재발신[理財發身] 재물의 힘으로 출세함.

이적[夷狄] 오랑캐. いてき barbarian

이:적[利敵] 적을 이롭게 함. 「~행위(行爲)」りてき benefiting the enemy

이:적[異蹟] ① 기이한 행적. ② 사람의 힘이라고는 생각하기 어려운 불가사의한 일. =기적(奇蹟). miracle

이적[移籍] ① 호적 따위를 다른 곳으로 옮김. =전적(轉籍). ② 운동 선수가 소속 팀에서 다른 팀으로 옮겨 감. いせき ① transfer of domicile

이적[離籍] 가족의 어떤 사람을 호적에서 뺌. りせき removing one's name from

the family register
이:전[以前] ①기준이 되는 어떤 때를 포함하여, 그보다 앞서. 그 전. ↔이후(以後). ②오래 전. 지난날의 어느 때. =이왕(已往). いぜん
① before ② former times
이:전[利錢] 이익으로 남은 돈. 길미. =이문(利文). りせん gains
이전[移轉] ①주소나 장소를 다른 데로 옮김. =이사(移徙). ②명의나 권리를 다른 사람에게 넘김. 「~등기(登記)」 いてん ① moving ② transfer
이:점[利點] 이로운 점. りてん advantage
이:정[里程] 길의 이수(里數). 「~표(表)」 りてい mileage
이정[移定] 옮겨서 정함. removal
이:정표[里程標] 길가 같은 데 세운, 이정을 적은 표지. りていひょう table of distances
이:제[裏題] 책의 속표지에 적힌 그 책의 제목. title
이젝션 시:트[ejection seat] 비행기가 추락할 때, 탑승원(搭乘員)이 앉은 채 좌석과 함께 밖으로 튀어나오면서 낙하산이 펴지게 된 장치.
이:젤[easel] 그림을 그릴 때 화판을 받치는 삼각틀. 화가(畫架). イーゼル
이:족[異族] ①다른 혈족(血族). ②다른 겨레. 나른 민족(民族). いぞく ① different clan ② different race
이:졸[吏卒] 옛날의 하급 관리. =아전(衙前). りそつ
이종[姨從] 이종 사촌(姨從四寸)의 준말.
이:종[異種] 다른 종류. =별종 (別種). いしゅ different kind
이종[移種] 모종을 옮겨 심음. =이식(移植).
이종 사:촌[姨從四寸] 이모의 자녀. 준이종(姨從). cousin by a maternal aunt
이주[移住] 다른 곳으로 이사를 가서 삶. いじゅう removal
이주[移駐] 군대 등이 다른 지역으로 이동하여 주둔함. いちゅう transfer
이:중[二重] ①두 겹. 겹침. ②⇨중복(重複). にじゅう duplication
이:중 결합[二重結合] 두 개의 원자(原子)가 두 원자가(原子價)에 의해서 결합되는 일. 에틸렌(ethylen)에서의 두 탄소(炭素) 원자의 결합 따위. にじゅうけつごう double bond
이:중 과:세[二重過歲] 음력과 양력으로 설을 두 번 쇠는 일. double celebration of the New Year
이:중 과세[二重課稅] 동일한 과세 물건에 대하여 같은 성격의 조세를 이중으로 부과하는 일. double taxation
이:중 국적[二重國籍] 한 사람이 두 나라 이상의 국적을 아울러 가지는 일. にじゅうこくせき double nationality
이:중 모:음[二重母音] 국어에서, 반모음(半母音)과 단모음(單母音)이 결합된 모음. 'ㅑ·ㅕ·ㅛ·ㅠ·ㅒ·ㅖ·ㅘ·ㅙ·ㅝ·ㅞ·ㅟ·ㅢ'의 열두 소리. 거듭홀소리. =중모음(重母音)·복모음(複母音). にじゅうぼいん diphthong
이:중 번역[二重飜譯] 다른 언어로 번역된 것을 원문(原文)으로 하여 또 다른 언어로 번

역하는 일. 춘중역(重譯). にじゅうほんやく retranslation

이:중 인격[二重人格] 한 개인이 전혀 다른 두 가지 성품(性品)을 가지는 일. にじゅうじんかく dual personality

이:중주[二重奏] 두 개의 악기로 합주(合奏)하는 연주. にじゅうそう duet

이:중창[二重唱] 두 사람에 의한 중창. にじゅうしょう duet

이:중 회로[二重回路] 한 회로(回路)로 송신(送信)과 수신(受信)을 동시에 할 수 있는 통신 회로. にじゅうかいろ double circuit

이즈베스티야[러 Izvestia] 러시아의 대표적인 신문(新聞) 이름. イズベスチヤ

이즘[ism] 주의(主義). 설(說). イズム

이:지[理智] ①이성(理性)과 지혜. ②감정에 좌우되지 않고 사물을 옳게 분간하는 능력. 「~적(的)」りち ① reason and wisdom ② intellect

이지기사[頤指氣使] 말로 하지 않고 턱으로 가리켜 시키고, 기색(氣色)으로 남을 부림. 곧, 거만하게 사람을 부림을 형용. =이사(頤使).

이:직[理直] 이치가 곧고 바름. rightness

이직[離職] 직업이나 직장에서 떠남. りしょく separation from one's position

이질[姨姪] ①자매간의 자녀. ②아내의 자매(姉妹)가 낳은 자녀. nephew[niece]

이:질[異質] 성질이 다름. 「~문명(文明)」いしつ heterogeneity

이:질[痢疾] 대변에 곱이 섞이고 때로는 혈변(血便)을 누는 설사병. =이증(痢症). dysentery

이:차[二次] ①두 번째. ②부수적(附隨的)인 것. にじ ① second ② secondary

이:차피[以此彼] 이러거나 저러거나. 어떻게 되든지. =어차피(於此彼)·어차어피(於此於彼). in any case

이:차회[二次會] 회합이나 연회가 끝나고서 자리를 바꾸어 다시 가지는 모임. にじかい afterfeast

이착륙[離着陸] 항공기의 이륙과 착륙. りちゃくりく taking off and landing

이:채[異彩] ①색다른 빛깔. 「~를 띠다」 ②남다름. 뛰어남. いさい ① conspicuous color

이천역일[移天易日] 무력이나 간계로 정권(政權)을 도둑질함. =이천사일(移天徙日).

이첩[移牒] 받은 통첩을 다른 관청으로 다시 알림. 또는 그 통첩. いちょう notification

이:체[異體] ①달라진 모양이나 체재(體裁). =변체(變體). ②서로 다른 몸. いたい ① different style

이:체 동심[異體同心] 몸은 각각이지만 마음은 하나임. いたいどうしん perfect harmony

이축[移築] 건물을 다른 곳에 옮겨 세움. dismantle

이출[移出] ①옮겨 냄. ②한 나라 안의 어떤 곳에서 다른 곳으로 화물을 옮기는 일. ↔이입(移入). いしゅつ ① removal ② export

이취[泥醉] 정신을 못 차릴 만큼 술에 몹시 취함. でいすい being dead drunk

이:취[異臭] 이상한 냄새. 좋지

않은 냄새. いしゅう nasty smell

이:층[二層] ① 두 층으로 지은 집채. 「~집」 ② 여러 층으로 된 건물의 아래에서 두 번째 층. ① two-storied house ② second floor

이:치[理致] 사물의 올바른 도리나 취지(趣旨). りち reason

이:칭[異稱] 달리 부르는 이름. いしょう another name

이코노마이저[economizer] ① 경제성을 높이기 위한 장치. ② 폐열(廢熱)을 이용한 급수(給水) 가열 장치. エコノマイザー

이코노미스트[economist] 경제학자(經濟學者). 경제인. エコノミスト

이코노미 클래스[economy class] 여객기·여객선 등의 2등석. 곧, 보통 요금의 좌석. エコノミークラス

이퀄[equal] ① 같음. ② 수학에서, 등호(等號)로 쓰는 '='의 이름. 같음표. イコール

이:타[耳朶] 귓바퀴의 아래로 늘어진 부분. 귓불. じだ·みみたぶ earlobe

이타[弛惰] 마음이 느슨하고 게으름. indolence

이:타[利他] 남에게 이익을 줌. 남을 이롭게 함. ↔이기(利己). りた altruism

이:타주의[利他主義] 남을 이롭게 하는 것을 행위의 목적으로 삼는 주의. =애타주의(愛他主義). ↔이기주의(利己主義). りたしゅぎ altruism

이탄[泥炭] 탄화(炭化)가 아직 불충분한 석탄. =토탄(土炭). でいたん peat

이탈[離脫] 떨어져 나감. 관계를 끊고 떠남. 「궤도(軌道) ~」 りだつ secession

이:태[異態] 보통과 다른 모양. 이상한 형태나 상태. =이상(異狀). いたい abnormality

이탤리언 클로:스[Italian cloth] 이탈리아 수자직(繻子織). 씨는 무명실을, 날은 소모사(梳毛絲)를 사용함.

이탤릭[italic] 서양 활자체(活字體)의 하나. 약간 오른쪽으로 기운 글자체. イタリック

이테르븀[ytterbium] 희토류 금속 원소의 하나. 회색의 금속으로, 수소와 반응하여 수소화물(水素化物)이 됨. 원소 기호는 Yb. イッテルビウム

이토[泥土] 진흙. 진흙탕. でいど mud

이:통[耳痛] 귀앓이. 귓병. じつう earache

이트륨[yttrium] 희토류(稀土類) 금속 원소의 하나. 가돌린석(石)의 주성분이며 모나자이트·제노타임 등에 많이 들어 있는 회흑색 금속. 원소 기호는 Y. イットリウム

이판화[離瓣花] 하나의 꽃에 있는 모든 꽃잎이 서로 떨어져 있는 꽃. 매화·뽕나무꽃·벚꽃 따위. 갈래꽃. ↔합판화(合瓣花). りべんか eleutheropetalous flowers

이:팔월[二八月] 2월에 눈이나 비가 많이 오면, 그 해 8월에도 비가 많이 온다 하여 2월과 8월이 서로 맞선다는 말. 「~ 장마」

이:팔청춘[二八青春] 16세 전후의 젊은 때. 또는 그런 나이의 젊은이.

이펙트[effect] 효과(效果). 특히, 방송·영화에서의 음향 효과. エフェクト

이:포역포[以暴易暴] 횡포한 사람으로써 횡포한 사람을 바꿈. 먼저 있던 사람이나 나중에 온 사람이나 난폭하기는 같다는 말.

이:풍[異風] ① 색다른 기풍. ② 색다른 풍속. =이속(異俗). いふう ② strange custom

이:필[異筆] 필적(筆跡)이 다름. 한 사람이 쓴 글씨가 아님. 「~지다」 different handwriting

이:하[以下] 이로부터 아래. ↔이상(以上). 「~ 생략(省略)」 いか less than

이:하부정관[李下不整冠] 오얏나무 아래에서는 갓을 고쳐 쓰지 말라는 뜻으로, 공연한 의심을 받지 않으려면 애시에 의심을 살 만한 일을 하지 말라는 말.

이:하선[耳下腺] 침을 분비하는 세 침샘 중 가장 큰 침샘. 귀밑샘. じかせん parotid gland

이·학[耳學] 귀동냥으로 배운 학문(學問). じがく learning by ear

이:학[理學] ① 물리학·화학·생물학·지질학·천문학 따위의 자연 과학. 특히 물리학을 이르는 경우가 많음. ② ⇨성리학(性理學). りがく ① physical science

이한[離恨] 이별의 슬픔. =이수(離愁). りこん sorrow of parting

이한[離韓] 한국을 떠남. leaving Korea

이합[離合] 헤어짐과 만남. 떨어짐과 합침. 「~집산(集散)」 りごう meeting and parting

이:합사[二合絲] 두 겹으로 꼰 실. 이겹실. two-ply thread

이:항[里巷] ① 마을. =촌리(村里). ② 마을의 골목길. りこう ① village

이항[移項] ① 항목을 옮김. ② 등식 또는 부등식에서 한쪽 변의 항을 그 부호를 바꾸어 다른 변으로 옮김. いこう transposition

이:해[利害] 이익과 손해. 「~득실(得失)」 りがい advantages and disadvantages

이:해[理解] ① 남의 사정을 헤아려 앎. ② 이치를 깨달아 알게 됨. 내용이나 뜻을 깨쳐 앎. りかい understanding

이행[移行] 어떤 상태에서 다른 상태로 옮기어 감. いこう translation

이:행[履行] 실제로 함. 실행함. 「의무(義務) ~」 りこう performance

이:향[異鄕] 낯선 고장. =타향(他鄕). ↔고향(故鄕). いきょう strange land

이향[離鄕] 고향을 떠남. ↔귀향(歸鄕). りきょう leaving one's home town

이:현령비:현령[耳懸鈴鼻懸鈴] 귀에 걸면 귀고리, 코에 걸면 코고리. 곧, 이렇게도 될 수 있고 저렇게도 될 수 있다는 말.

이:형[異形] 보통과 다른 이상한 모양. いぎょう·いけい unnatural form

이:형질[異形質] 생물의 세포에서 원형질의 일부가 변화하여 특별한 기능이나 형태를 가지게 된 것. いけいしつ hypermetamorphosis

이혼[離婚] 부부의 인연을 끊고

헤어짐. りこん　divorce

이:화[李花] 자두꽃. りか

이:화[梨花] 배꽃. りか

이화[罹禍] 재화(災禍)를 당함.
　　　　　　　　suffering

이:화명충[二化螟蟲] 한 해에 두 번 우화(羽化)하는 명충. 벼 따위 식물의 줄기를 갉아먹는 해충. 명충나방. にかめいちゅう　rice borer

이:화 수분[異花受粉] 어떤 식물의 꽃가루가 다른 그루의 꽃의 암술머리에 붙는 수분. 딴꽃가루받이. =타화 수분(他花受粉). いかじゅふん
　　　　　cross-fertilization

이:환[耳環] 귀고리. じかん・みみわ　earring

이환[罹患] 병에 걸림. =이병(罹病). りかん　affection

이:회[里會] 마을의 일을 의논하는 모임. block association

이:회[理會] 도리를 깨달아 이해함. りかい　understanding

이:후[以後] ① 그로부터. 그 뒤. ② 이로부터. 앞으로. =이후(而後)・이후(爾後)・이강(以降). ↔이전(以前). いご
　　① after ② from now on

이후[而後] 지금부터. =이후(爾後)・이후(以後).
　　　　　　from now on

이:후[爾後] ⇨이후(而後). じご

이히티올[독 Ichthyol] 황갈색의 기름 모양의 액체. 고대의 해중(海中) 생물의 화석 성분에서 뽑음. 방부(防腐)・소염(消炎)・진통제로 쓰임. イヒチオール

익[弋] 주살 익: 주살. 「弋羅(익라)・弋者(익자)・弋繒(익증)・弋射(익사)」ヨク・いぐるみ

익[益]* ① 더할 익: 더하다. 더욱. 「益甚(익심)・愈益(유익)・益壽(익수)」② 유익할 익: 유익하다. 이익. 「益鳥(익조)・利益(이익)・有益(유익)・公益(공익)」エキ・ヤク・ます・ますす

익[翊] 도울 익: 돕다. 「翊成(익성)・翊贊(익찬)・翊戴(익대)」ヨク

익[翌] 다음 날 익: 다음 날. 다음. 「翌日(익일)・翌月(익월)・翌年(익년)・翌朝(익조)」ヨク・あくるひ

익[翼]* ① 날개 익: 날개. 「鳳翼(봉익)・兩翼(양익)・右翼(우익)・左翼(좌익)」② 도울 익: 돕다. 「翼亮(익량)・翼善(익선)」ヨク・つばさ

익금[益金] 벌어들인 돈. 이문. =이익금(利益金). ↔손금(損金). えききん　profit

익년[匿年] 나이를 속임.
　　　　　deceiving one's age

익년[翌年] 다음 해. 이듬해. よくねん・よくとし　next year

익대[翊戴・翼戴] 성심으로 추대(推戴)함. veneration

익랑[翼廊] 대문 양쪽에 잇대어 지은 행랑. よくろう

익렵[弋獵] 새와 짐승을 잡으러 곧, 사냥을 함. 또는 그 사냥.

익명[匿名] 이름을 숨김. 「~투서(投書)」とくめい
　　　　　　　anonymity

익명 조합[匿名組合] 출자(出資)한 사람을 익명으로 해서 조직하는 상법상의 조합. とくめいくみあい
　　dormant partnership

익몰[溺沒] ① 물에 빠져 죽음. ② 물 속에 가라앉음. できぼつ
　　① drowning ② sinking

익보[翼輔] 도움. =보좌(輔佐).

익사[溺死] 물에 빠져 죽음. で きし assistance / drowning

익석[翌夕] 다음 날 저녁. よくせき next evening

익성[翊成・翼成] 도와 주어 이루게 함. よくせい

익수[益壽] 오래 삶. =장수(長壽).「연년(延年)~」 longevity

익스팬더[expander] 고무나 용수철을 나란히 매어 놓은 운동 기구의 하나. 손이나 발로 잡아당겨 근육을 단련함. エキスパンダー

익스플로:러[Explorer] ① 미국에서 1958년 1월 31일부터 쏘아 올린 일련의 과학 관측 위성(衛星). ② 마이크로 소프트사에서 개발한 인터넷 정보 탐색 프로그램의 하나. エクスプローラー

익심[益甚] 갈수록 더욱 심함.「거거(去去)~」 more and more

익애[溺愛] ① 몹시 사랑함. 사랑에 빠짐. ② 맹목적으로 귀여워함. できあい dotage

익야[翌夜] 이튿날 밤. よくや following night

익우[益友] 사귀어 유익한 친구. ↔손우(損友). えきゆう good friend

익월[翌月] 다음 달. =후월(後月). よくげつ next month

익일[翌日] 이튿날. よくじつ next day

익조[益鳥] 해충을 잡아먹는 유익한 새. 제비・찌르레기・딱따구리・까치 따위. えきちょう useful bird

익조[翌朝] 이튿날 아침. よくちょう・よくあさ next morning

익주[翌週] 다음 주. よくしゅう next week

익직[溺職] 맡은 직책을 감당하지 못함.

익찬[翼贊] 임금을 잘 보좌함. よくさん

익추[翌秋] 다음 해 가을. よくしゅう autumn of the following year

익춘[翌春] 다음 해 봄. よくしゅん spring of the following year

익충[益蟲] 사람에게 이로운 벌레. 누에・꿀벌・잠자리 따위. ↔해충(害蟲). えきちゅう useful insect

익폐[翼蔽] 새가 날개로 새끼를 감싸듯, 감싸고 도와 줌.

익하[翼下] ① 날개 밑. 날개 아래. ② 어떤 세력의 보호(保護) 아래. よっか ① under the wings

익혹[溺惑] 어떤 일에 빠져들어 정신이 현혹됨. できわく indulgence

익효[翌曉] 이튿날 새벽. よくぎょう following dawn

인[人]* 사람 인 : 사람.「人間(인간)・人權(인권)・人心(인심)・成人(성인)・小人(소인)・聖人(성인)・他人(타인)・人望(인망)・人口(인구)・爲人(위인)・人格(인격)・人品(인품)」ジン・ニン・ひと

인[刃]☆ "双"은 俗字. ① 칼날 인 : 칼날.「白刃(백인)・凶刃(흉인)・刃傷(인상)」② 벨 인 : 베다. 죽이다.「自刃(자인)」ジン・ニン ① は・やいば

인[仁]* ① 어질 인 : 어질다. 인자하다.「仁術(인술)・仁義(인의)・仁德(인덕)・仁道(인도)」② 씨 인 : 열매의 씨.「杏仁(행인)・桃仁(도인)」ジン・

인[引]* 끌 인 : 끌다. 「牽引(견인)·引用(인용)·引力(인력)·誘引(유인)·引火(인화)·引導(인도)·引率(인솔)·引致(인치)」 イン·ひく 引 導

인[仞] 길 인 : 길. 주대(周代)의 일곱 자.「千仞(천인)」 ジン 千 仞

인[印]* ①도장 인 : 도장. 「印鑑(인감)·印面(인면)·社印(사인)·官印(관인)·拇印(무인)」 ②찍을 인 : 찍다. 「印刷(인쇄)·印行(인행)·印畫(인화)」 イン ①しるし 印 鑑 / 印 刷

인[因]* 인할 인 : 인하다. 말미암다. 「原因(원인)·基因(기인)·素因(소인)·敗因(패인)·因果(인과)·因緣(인연)·因習(인습)·因子(인자)·因襲(인습)」 イン·よる 原 因

인[忍]* 참을 인 : 참다. 「忍耐(인내)·忍苦(인고)·忍勉(인면)·不忍(불인)·忍從(인종)」 ニン·しのぶ 忍 耐

인[咽] ①목구멍 인 : 목구멍. 「咽喉(인후)·咽頭(인두)」 ②목멜 열 : 목이 메다. 「嗚咽(오열)」 イン·エン·エツ ①のど ②むせぶ 咽 喉

인[姻]* 혼인할 인 : 혼인하다. 「婚姻(혼인)·姻戚(인척)·姻親(인친)·結姻(결인)」 イン 婚 姻

인[寅]* ①셋째 지지 인 : 셋째 지지(地支). 동방.「甲寅(갑인)·丙寅(병인)·寅年(인년)」 ②삼갈 인 : 삼가다. 「寅念(인념)·寅虔(인건)·寅畏(인외)」 イン ①とら 甲 寅

인[湮] 잠길 인 : 잠기다. 묻히다. 없어지다. 「湮滅(인멸)·湮沒(인몰)·湮沈(인침)」 イン·エン 湮 沒

인[靭] 가슴걸이 인 : 가슴걸이.「發靭(발인)」 イン 發 靭

인[認]* 인정할 인 : 인정하다. 허락하다. 알다. 「認知(인지)·認識(인식)·認可(인가)·認許(인허)·承認(승인)」 ニン·みとめる 認 許

인가[人家] 사람이 사는 집. = 人戶(인호). じんか house 人 家

인가[認可] 인정하여 허가함. にんか approval 認 可

인가[鄰家] 이웃집. りんか neighboring house 鄰 家

인각[印刻] 나무나 돌·쇠붙이 따위에 그림이나 글자를 새김. いんこく engraving 印 刻

인간[人間] ①사람. 인류(人類). ②사람으로서의 됨됨이. =인물(人物). ③사람이 사는 세상. =세간(世間). にんげん ① human being ② character 人 間 / 人 物

인간[印刊] 인쇄하여 책을 발간함. publication 印 刊

인간 공학[人間工學] 기계나 작업 환경을 인간의 심리와 생리적인 조건에 맞도록 설계·제작·배치·조정하는 일을 연구하는 과학. にんげんこうがく human engineering 人 間 工 學

인간 대:사[人間大事] 사람이 일생에서 겪게 되는 중요한 큰 일. 관혼상제(冠婚喪祭) 따위. =인륜 대사(人倫大事). 人 間 大 事 / 人 倫

인간 문화재[人間文化財] 중요 무형 문화재 기능 보유자를 흔히 이르는 말. human cultural assets 人 間 文化財

인간미[人間味] 사람다운 따스한 느낌. にんげんみ humanity 人 間 味

인간성[人間性] 인간으로서의 본성(本性). にんげんせい human nature 人 間 性 / 本 性

인간적[人間的] ①인간에 관계되는 것. ②사람다운 것. にん 人 間 的

인감[印鑑] 본인의 도장임을 증명할 수 있도록 행정 기관에 미리 신고해 둔 도장.「~증명(證明)」いんかん
registered seal

인감질[人疳疾] 아주 요긴한 때 일손이 모자라서 애가 타는 일.

인갑[鱗甲] ① 비늘과 등딱지. ② 비늘 모양의 딱딱한 등딱지. ③ 어류(魚類)와 갑각류(甲殼類). りんこう
① scale and shell

인개[鱗介] 물고기 종류와 조개 종류. 곧, 어류와 패류(貝類). =어개(魚介). りんかい
fish and shellfish

인객[引客] 여관이나 유흥가(遊興街)에서 손님을 끄는 일. =호객(呼客). touting

인거[引據] 인용하여 근거로 삼음. 또는 그 근거. いんきょ
source

인거[引鋸] 큰 톱을 둘이서 마주 잡고 톱질을 함.「~장(匠)」

인건비[人件費] 임금(賃金) 등 사람을 쓰는 데 드는 비용. ↔물건비(物件費). じんけんひ
personnel expenditures

인걸[人傑] 뛰어난 인물. =인호(人豪). じんけつ
remarkable man

인격[人格] ① 사람의 품격. ② 도덕적 행위의 주체로서의 개인. ③ 권리·의무 등 법률상의 행위를 할 수 있는 자격. じんかく
① personality

인격 통ː일[人格統一] 과거와 현재를 통하여 자기를 잃지 않고 통일성을 유지하는 정신 상태. じんかくとういつ

인격화[人格化] 인간이 아닌 것을 인격을 가진 인간으로 간주하는 일. =의인화(擬人化). じんかくか
impersonation

인견[人絹] 인조 견사로 짠 직물. =인조견(人造絹). じんけん
rayon

인견[引見] 윗사람이 아랫사람을 불러들여서 만나 봄. いんけん
interview

인경[鱗莖] 식물의 땅속줄기의 하나. 양파·나리·수선화의 알뿌리 따위. 비늘줄기. りんけい
scaly bulb

인계[引繼] 어떤 일이나 물건을 남에게 넘겨 줌. ↔인수(引受).
take-over

인고[忍苦] 괴로움을 참고 견딤. 「~ 단련(鍛鍊)」にんく
endurance

인곤마ː핍[人困馬乏] 사람과 말이 모두 지치고 힘이 빠짐.

인골[人骨] 사람의 뼈. じんこつ
human bones

인골ː[in-goal] 럭비 경기장에서, 양쪽 골 라인 밖의 직사각형의 지역. インゴール

인공[人工] 사람의 힘으로 만들어 냄. =인조(人造). ↔천연(天然).「~ 조림(造林)」じんこう
human work

인공 강ː우[人工降雨] 구름에 드라이아이스(dry ice)나 옥화은(沃化銀)을 뿌려서 인공적으로 비가 내리게 하는 일. じんこうこうう rainmaking

인공 두뇌[人工頭腦] 전자관과 전기 회로를 응용하여 인간의 두뇌와 같은 작용을 하게 하는 기계. 곧, 컴퓨터를 달리 이르는 말. =전자 두뇌(電子頭腦). じんこうずのう
mechanical brain

인공 부화[人工孵化] 일정한 온도를 이용하여 동물의 알을

인공적으로 깨는 일. じんこうふか artificial incubation

인공 수분[人工受粉] 수꽃술의 꽃가루를 인공적으로 암꽃술에 묻혀서 열매를 맺게 함. 인공 가루받이. じんこうじゅふん artificial pollination

인공 수정[人工受精] 동물의 수컷의 정액을 인공적으로 암컷에 수정시킴. 인공 정받이. じゅこうじゅせい artificial fertilization

인공 영양[人工營養] ①인공적으로 영양분을 체내에 주입하는 일. ② 젖먹이에게 모유(母乳) 대신 우유·양유(羊乳)·암죽 등을 먹여 기르는 일. じんこうえいよう ① artificial nourishment ② artificial feeding

인공 위성[人工衛星] 기상 관측·통신·과학 연구 등의 목적으로, 로켓으로 지구의 대기권 밖으로 쏘아 올려 지구의 둘레를 돌게 하는 인공의 천체. じんこうえいせい artificial satellite

인공 지능[人工知能] 인간의 사고(思考) 과정이나 지적 활동의 일부를 기계화한 컴퓨터 시스템. じんこうちのう artificial intelligence

인공 호흡[人工呼吸] 가사(假死) 상태에 있는 사람의 입에 공기를 불어넣거나 흉곽을 확장·수축시켜 인공적으로 숨을 쉬게 하는 일. じんこうこきゅう artificial respiration

인과[因果] ① 원인과 결과. ② 불교에서, 선악(善惡)의 행위와 그에 대한 갚음. 「--응보(應報)」 いんが ① cause and effect

인과 관계[因果關係] 원인과 그에 의하여 일어나는 결과와의 관계. いんがかんけい causal relation

인과율[因果律] 철학에서, 모든 것은 원인이 있어서 일어나며, 원인이 없으면 아무것도 일어나지 않는다는 법칙. =인과 법칙(因果法則). いんがりつ law of causality

인과응:보[因果應報] 불교에서, 행위의 선악에 따라서 반드시 그 갚음이 온다는 말. いんがおうほう retribution

인광[燐光] 황린(黃燐)을 공기 속에서 방치할 때 저절로 생기는 푸른빛. りんこう phosphorescence

인광[燐鑛] 인산(燐酸)칼슘을 많이 포함한 광물의 총칭. りんこう mineral phosphate

인광 현:상[燐光現象] 어떤 물질에 빛을 주면, 그 빛을 제거한 뒤에도 얼마 동안 빛이 남아 있는 현상. りんこうげんしょう

인교[鄰交] 이웃 또는 이웃 나라와의 교제. りんこう

인구[人口] ① 일정한 지역 안에 사는 사람의 수효. =인총(人總). ② 세상 사람들의 입. 세상의 소문. じんこう ① population

인구론[人口論] 인간 생존의 사회적 조건과 인구 문제에 관한 맬서스의 학설. じんこうろん

인구 밀도[人口密度] 어떤 지역의 단위 면적에 대한 인구의 비율. 보통 1km² 안에 살고 있는 인구로 나타냄. じんこうみつど population density

인구 어:족[印歐語族] 인도게

르만 어족(語族). いんおうごぞく

인국[鄰國] 이웃 나라. =인방(鄰邦). りんこく neighboring country

인권[人權] 인간이 태어나면서부터 당연히 가지는 자유·평등의 권리. 「~ 유린(蹂躙)」 じんけん human rights

인권 선언[人權宣言] 1789년에 프랑스의 국민 의회에서 발표한 자유·평등 등 인권에 관한 선언. じんけんせんげん the Declaration of Human Rights

인귀[人鬼] ① 사람과 귀신. ② 몹시 잔인한 사람을 이르는 말.

인근[鄰近] 이웃. 가까운 곳. = 근처(近處)·근린(近鄰). neighborhood

인급 계:생[人急計生] 사람은 급한 지경에 이르면 살 꾀가 생김.

인기[人氣] 세상 사람들의 좋은 평판. 「~ 배우(俳優)」 にんき popularity

인기[人器] 사람으로서의 국량. 사람의 됨됨이. capacity

인낙[認諾] ① 인정하여 승낙함. ② 민사 소송법에서, 원고의 청구가 정당하다고 하는 피고의 진술. にんだく recognition

인내[忍耐] 참고 견딤. 「~력(力)」 にんたい patience

인내천[人乃天] 천도교에서, '사람이 곧 한울'이라는 종지(宗旨).

인당[印堂] 양쪽 눈썹 사이. between eyebrows

인대[靭帶] ① 관절에 있는 탄력이 강한 근육 조직. ②조개의 양쪽 껍데기를 잇는 질긴 심줄. じんたい ligament

인더스트리얼 디자인[industrial design] 산업(産業) 디자인. インダストリアルデザイン

인덕[人德] 사람을 잘 사귀고 사귄 사람에게서 도움을 받는 덕. =인복(人福). 「~이 없다」 じんとく blessedness with friendly people

인덕[仁德] 인간의 어진 덕. じんとく·にんとく benevolence

인덕턴스[inductance] 회로(回路)를 흐르고 있는 전류가 변화했을 때 생기는 역기전력(逆起電力)과 전류 변화량과의 비. 유도 계수(誘導係數). インダクタンス

인덱세이션[indexation] 임금·금리·연금 따위를 일성한 방식에 따라 물가의 변동에 알맞게 조절하는 정책. 물가 연동제(物價連動制). インデクセーション

인덱스[index] ① 색인(索引). ② 지수(指數). インデックス

인도[人道] ① 인간으로서 마땅히 지켜야 할 도덕. ② 사람이 다니도록 구분된 도로. じんどう ① humanity ② sidewalk

인도[引渡] 물건·권리 따위를 남에게 넘겨 줌. ひきわたし transfer

인도[引導] ①불교에서, 사람을 불도(佛道)로 이끌어 들임. 또는 죽은 이의 넋을 극락으로 이끎. ② 가르쳐 이끎. いんどう ② guidance

인도교[人道橋] 철도교(鐵道橋)에 대하여, 사람이나 자동차 등이 다닐 수 있는 다리. じんどうきょう footbridge

인도주의[人道主義] 인류 전체의 행복을 꾀하는 것을 이상

으로 하는 주의. じんどう しゅぎ humanism

인동[忍冬] 인동과의 상록 덩굴성 관목. 그늘에서 말린 줄기와 잎은 한약재로 쓰임. 겨우살이덩굴. 인동덩굴. にんどう honeysuckle

인동[鄰洞] 이웃 동네. =인촌(鄰村). neighboring village

인두[人頭] ① 사람의 머리. ② 사람의 수효. 「~세(稅)」じんとう・にんとう
① head ② number of persons

인두[咽頭] 입에서 목으로 이어지는 깔때기 모양의 부분. いんとう pharynx

인두세[人頭稅] 사람의 수에 따라 세금을 부과시키던 원시적 조세 형태의 한 가지. じんとうぜい・にんとうぜい poll tax

인듐[indium] 금속 원소의 하나. 은백색(銀白色)의 금속으로 납보다 무르며, 가열하면 푸른 불꽃을 내며 탐. 원소 기호는 In. インジウム

인디고[indigo] 남색(藍色) 물감. 쪽빛. インジゴ

인디아페이퍼[India paper] 얇고도 불투명하며 질긴 서양 종이. 사서(辭書)・성서(聖書) 등에 쓰임. インディアペーパー

인디언[Indian] ① 인도 사람. ② 남북 아메리카에 사는 원주민(原住民). 아메리칸 인디언

인디오[에 Indio] 아메리칸 인디언의 딴이름. 좁은 뜻으로는 라틴아메리카의 원주민을 일컬음. インディオ

인레이[inlay] 충치(蟲齒) 등 상한 이에 봉을 박는 일. 또는 그것에 쓰이는 재료. インレー

인력[人力] ① 사람의 힘. じんりょく・じんりき ② 인적 자원이나 인간의 노동력. human power

인력[引力] 떨어져 있는 물체가 서로 끌어당기는 힘. ↔척력(斥力). 「지구(地球)의 ~」 いんりょく attraction

인력거[人力車] 사람을 태우고 사람이 끌던, 두 개의 큰 바퀴가 달린 수레. じんりきしゃ rickshaw

인례[引例] ① 예를 듦. ② 증거로 인용(引用)한 예. いんれい quotation

인류[人類] ① 사람을 동물과 구별해서 이르는 말. ② 세계의 모든 사람. じんるい mankind

인류애[人類愛] 인류에 대한 사랑. 인류 전체를 사랑하는 일. じんるいあい love for humanity

인류학[人類學] 인류의 기원(起源)・특징・문화・사회 등에 대하여 연구하는 학문. じんるいがく anthropology

인륜[人倫] ① 사람으로서 지켜야 할 떳떳한 도리. ② 사람과 사람과의 관계. 군신・부부・부자 따위의 질서. じんりん ① humanity

인리[鄰里] 이웃 동리. 이웃 마을. =인동(鄰洞). neighboring village

인린[燐燐] 도깨비불이나 반딧불 따위가 반득이는 모양.

인마[人馬] 사람과 말. じんば men and horses

인망[人望] 세상 사람이 따르고 우러러보는 더망. じんぼう popularity

인망가폐[人亡家廢] 사람은 죽

고 집은 황폐함. =패가망신 家 廢
(敗家亡身).

인맥[人脈] 정계·재계·학계 등 人 脈
집단이나 조직에서, 같은 계
통이나 계열에 속하는 사람들
의 유대 관계.

인면[人面] 사람의 얼굴. 사람 人 面
의 탈. 「~수심(獸心)」 じん
めん　　　　　　human face

인면[印面] 글자를 새긴 도장의 印 面
면. いんめん

인멸[湮滅·堙滅] 흔적도 없이 湮 滅
없어짐. 또는 없앰. =인몰 堙 滅
(湮沒)·인침(湮沈)·인륜(湮淪).
「증거(證據) ~」 いんめつ
　　　　　　　　　extinction

인명[人名] 사람의 이름. 「~ 人 名
록(錄)」 じんめい
　　　　　　　person's name

인명[人命] 사람의 목숨. 「~ 人 命
재천(在天)」 じんめい
　　　　　　　　　human life

인명부[人名簿] 여러 사람의 주 人名簿
소와 성명, 전화 번호 따위를
적은 책. じんめいぼ　　roll

인모난측[人謀難測] 사람 마 人 謀
음의 간사함은 헤아리기가 어 難 測
려움.

인목[人目] ① 사람의 눈. ② 남 人 目
의 눈. 남의 눈길. ひとめ
　　　　　　　　　② attention

인목[隣睦] 가까이 하여 서로 친 鄰 睦
하게 지냄. りんぼく

인몰[湮沒] ⇨인멸(湮滅). いん 湮 沒
ぼつ

인문[人文] ① 인류의 문화. ② 人 文
인물과 문물. 「~ 지리(地理)」 地 理
じんぶん·じんもん ① culture

인문[印文] 도장에 새겨진 글자. 印 文
いんぶん　　　letter of seal

인문[鱗文] 물고기의 비늘 모양 鱗 文
이 나란히 줄지어 있는 무늬.

인문 과학[人文科學] 정치·경 人 文
제·사회·역사·문예 등 인류 科 学
문화에 관한 학문의 총칭. ↔
자연 과학(自然科學). じんぶん
かがく　　　cultural sciences

인문주의[人文主義] 인간성을 人 文
중시하고 인간적 문화를 존중 主 義
하자는 사상. 휴머니즘. じん
ぶんしゅぎ　　　humanism

인문 지리학[人文地理學] 인 人 文
간의 분포, 문화 현상과 자연 地理学
환경과의 관계를 연구하는 지 研 究
리학의 한 부문. じんぶんち
りがく　　　human geography

인물[人物] ① 사람의 됨됨이. 人 物
=인품(人品). ② 뛰어난 사
람. 쓸모 있는 사람. =인재 人 材
(人材). ③ 사람과 물건. ④ 사
람의 얼굴 모양. =용모(容貌).
じんぶつ　　　① personality
② able man ④ features

인물 추심[人物推尋] ①도망한 人 物
사람의 자취를 더듬어 찾음. 推 尋
② 옛날에, 도망간 노비나 그
자식을 찾던 일.

인민[人民] 사회를 구성하는 사 人 民
람. =백성(百姓). じんみん
　　　　　　　　　　　people

인바[Invar] 철과 니켈의 합금 合 金
(合金). 선팽창 계수가 철의
10분의 1 정도이고 녹이 슬지
않음.

인방[引枋] 기둥과 기둥 사이에 引 枋
건너지르는 나무.

인방[鄰邦] 이웃 나라. =인국 隣 邦
(鄰國). りんぼう
　　　　　neighboring country

인버네스[inverness] 소매가 男 子
없는 남자용 외투(外套)의 한 外 套
가지. インバネス

인버터[inverter] 직류 전력 交 流
을 교류(交流) 전력으로 전환
하는 장치. インバーター

인베르타아제[invertase] 설

탕을 분해하여 전화당(轉化糖)으로 만드는 효소. インベルターゼ

인보[印譜] 여러 가지 도장의 인발을 모아서 엮은 책. いんぷ

인보[鄰保] ① 이웃집. 또는 이웃 사람들. ② 이웃끼리 서로 돕고 지냄. 또는 그런 조직. 「~ 조직(組織)」りんぽ ① neighborhood

인보·드엔진[inboard engine] 모터보트 등의 엔진이 내부(內部)에 있는 것. インボードエンジン

인보이스[invoice] 무역에서, 상품을 발송할 때 송하인(送荷人)이 수하인(受荷人)에게 보내는 그 상품의 명세서. 송장(送狀). インボイス

인복[人福] ⇨인덕(人德).

인본[印本] 인쇄한 책. =간본(刊本). いんぽん printed book

인본 교육[人本敎育] 개성(個性)을 존중하여 독창력을 기르는 인간 본위의 교육. じんぽんきょういく humanistic education

인봉[印封] 봉한 자리에 도장을 찍음. =봉인(封印). sealing

인부[人夫] 품팔이하는 사람. 막벌이꾼. にんぷ laborer

인부[認否] 인정(認定)함과 인정하지 않음. 「~간(間)」にんぴ approval or disapproval

인부정[人不淨] 꺼려야 할 사람을 금(禁)하지 않아서 생긴 부정. 부정한 사람으로 연유한 탈.

인분[人糞] 사람의 똥. じんぷん human excrement

인비인[人非人] 사람이 아닌 사람. 인도(人道)에 벗어난 사람. にんぴにん

인사[人士] 교양이 있고 사회적 지위가 있는 사람. 「저명(著名)~」じんし man of good breeding

인사[人事] ① 개인의 신상(身上)에 관한 일. 「~ 이동(異動)」じんじ ② 안부를 묻거나 공경하는 뜻을 표시하는 말이나 절. ③ 안면이 없는 사람끼리 통성명(通姓名)을 함. 「첫~를 나누다」 ① personal affairs

인사란[人事欄] 신문·잡지 등에서 사람의 거취·소식·인사 발령 등을 알리는 난. じんじらん personal column

인사불성[人事不省] ① 정신을 잃어 의식이 없음. じんじふせい ② 지켜야 할 예절을 차릴 줄 모름. ① unconsciousness

인사성[人事性] 손윗사람을 알아보고 인사를 잘 하는 예의 바른 습성. courteousness

인사이드[inside] ① 내부. 안쪽. ② 구기에서, 공이 일정한 경계선(境界線) 안에 떨어짐. インサイド

인사이드킥[inside kick] 축구에서, 발의 안쪽으로 공을 차는 일. インサイドキック

인산 비료[燐酸肥料] 인산이 많이 섞인 비료. 구아노·과인산석회·닭의 똥 따위. りんさんひりょう phosphatic manure

인산인해[人山人海] 사람의 많음이 산과 같고 바다와 같음. 곧, 사람이 헤아릴 수 없이 많이 모인 상태. 「~를 이루다」 great crowd

인삼[人蔘] 두릅나뭇과의 다년초. 한방에서 강장제(強壯劑)로 널리 쓰임. にんじん ginseng

인삼당[人蔘糖] 인삼을 설탕물에 졸여서 말린 약제.

인상[人相] ① 사람 얼굴의 생김새. ② 얼굴의 생김새로 그 사람의 성격이나 길흉화복을 판단하는 일. にんそう ① looks ② physiognomy

인상[刃傷] 칼로 사람을 다치게 함. にんじょう bloodshed

인상[引上] ① 끌어 올림. ② 물가(物價)·요금·봉급 따위를 올림. ↔인하(引下). ひきあげ ① pulling up ② raising

인상[印象] ① 외계의 사물이 사람의 마음에 주는 직접적인 영향. ② 보거나 듣거나 하였을 때, 마음에 깊이 느껴져 잊혀지지 않는 일. 「~이 깊다」 いんしょう impression

인상[鱗狀] 비늘과 같은 모양. りんじょう scaliness

인상적[印象的] 특히 강한 인상을 주는 성질이 있는 것. 「~인 미모(美貌)」 いんしょうてき impressive

인상주의[印象主義] 대상(對象)에게서 받은 직접적인 인상을 그대로 표현하려고 하는 예술상의 주의. いんしょうしゅぎ impressionism

인상파[印象派] 자연의 순간적인 인상을 표현하려는, 회화(繪畵)를 중심으로 한 예술 운동의 한 파. 19세기 후반에 프랑스에서 일어났음. いんしょうは impressionists

인새[印璽] 임금의 도장. =옥새(玉璽). いんじ imperial seal

인색[吝嗇] 재물을 다루올 정도로 지나치게 아낌. 「~한 사람」 りんしょく stinginess

인생[人生] ① 사람의 일생. ② 사람이 이 세상에서 살아가는 일. 「~관(觀)」 じんせい human life

인생관[人生觀] 사람이 살아가는 의의·가치 등에 대한 견해. じんせいかん view of life

인생칠십고래희[人生七十古來稀] 사람이 일흔 살까지 산다는 것은 예로부터 드문 일임. 당나라 시인 두보(杜甫)의 시의 한 구절. じんせいしちじゅうこらいまれ

인생파[人生派] '인생을 위한 예술'을 주장하는 문학의 한 파. じんせいは

인서ː트[insert] ① 삽입(挿入). ② 영화·텔레비전에서, 편지·전보·신문 등에 쓰여 있는 글씨를 화면으로 삽입하는 일. インサート

인석[吝惜] 재물을 몹시 아낌. りんせき·りんじゃく stinginess

인선[人選] 적당한 사람을 가려 뽑음. じんせん·にんせん choice of a suitable person

인선[仁善] 성질이 어질고 착함. benevolence

인성[人性] 사람의 성품. =인간성(人間性). じんせい human nature

인성[人聲] 사람의 음성. じんせい·ひとごえ human voice

인성[靭性] 질긴 성질. 재료가 외력(外力)에 의하여 파괴되기 어려운 성질. じんせい

인성학[人性學] 사람의 정신 발달과 성질을 연구하는 인류학의 한 분과. じんせいがく ethology

인세[人稅] 개인이나 법인(法人)의 거주(居住) 또는 근로 소득 등 물건을 기준으로 하지 않는 소득에 과하는 조세. 소득세·법인세·상속세 등. ↔

물세(物稅). じんぜい poll tax

인세[印稅] 저자(著者)나 저작권 소유자가 책의 판매 액수에 따라 발행인으로부터 받는 돈. いんぜい royalty

인센티브[incentive] ① 의욕을 일으킬 만한 자극. ② 장려금. 보상물(補償物). インセンティブ

인소불감[人所不堪] 사람의 힘으로 감당할 바가 아님.

인솔[引率] 여러 사람을 이끌고 감. 「~자(者)」 いんそつ leading

인쇄[印刷] 글씨나 그림을 종이 따위에 찍어 냄. 「~기(機)」 いんさつ printing

인쇄물[印刷物] 인쇄해 내는 신문·서적·광고 따위. いんさつぶつ printed matter

인쇄술[印刷術] 인쇄에 관한 기술. いんさつじゅつ printing

인쇄판[印刷版] 인쇄하는 판(版). 재료에 따라 목판(木版)·석판(石版)·아연판(亞鉛版)·동판(銅版) 등이 있고, 양식에 따라 평판(平版)·요판(凹版)·철판(凸版) 등이 있음. 준인판(印版). いんさつばん printing plate

인수[人數] 사람의 수. =인원수(人員數). にんずう·にんず number of persons

인수[引水] 물을 끌어댐. 「아전(我田)~」 いんすい conducting water

인수[引受] ① 물선이나 권리를 남에게서 넘겨 받음. ↔인계(引繼). ② 환어음의 지급인이, 지급을 책임지기로 하고 서명(署名)함. ひきうけ ① taking over ② acceptance

인수[因數] 하나의 수 또는 식이 몇 개의 수 또는 식의 곱에 의하여 이루어졌을 때, 그 하나하나의 수나 식을 이르는 말. いんすう factor

인수 분해[因數分解] 정수(整數)나 다항식(多項式)을 인수의 곱으로 바꾸어 나타내는 일. いんすうぶんかい factorization

인수인[引受人] ① 물건이나 권리를 인수하는 사람. ② 환어음을 인수한 지급인. ひきうけにん ② acceptor

인순[因循] ① 결단력이 없어 머뭇거림. ② 낡은 인습을 고집하고 고치지 못함. いんじゅん ① irresolution ② conservatism

인술[仁術] ① 인(仁)을 베푸는 방법. ② 사람을 살리는 어진 기술. 곧, 의술(醫術)을 이름. じんじゅつ ② healing art

인슐린[insulin] 췌장에서 분비되는 호르몬. 당뇨병(糖尿病)의 치료에 쓰임. インシュリン

인스턴트[instant] 즉석(卽席). 「~ 식품(食品)」 インスタント

인스텝킥[instep kick] 축구에서, 공을 발등으로 차는 일. インステップキック

인스피레이션[inspiration] 영감(靈感). インスピレーション

인습[因習] 예로부터 전해 내려오는 관습. 시대에 맞지 않는 것에 대하여, 부정적으로 쓰이는 경우가 많음. いんしゅう convention

인습[因襲] 예전의 습관이나 풍속 등을 그대로 따르는 일. いんしゅう convention

인습 도덕[因襲道德] ① 예로부터 지켜 내려오는 도덕. ② 현대 생활에 맞지 않는 형식

적인 옛 도덕. いんしゅうどうとく conventional morality

인습주의[因襲主義] 새로운 것을 받아들이지 않고 인습을 고집하는 주의. いんしゅうしゅぎ conventionalism

인시제의[因時制宜] 시대가 변함에 따라 그 시대에 맞게 함.

인식[認識] 사물을 확실히 알고 그 의의(意義)를 바르게 이해하는 일. 또는 그 결과 얻어진 지식. にんしき recognition

인식론[認識論] 인식의 기원(起源)·본질·한계를 연구하는 철학의 한 부문. にんしきろん epistemology

인식표[認識票] 군인의 군번(軍番)·성명·혈액형 따위가 새겨져 있으며, 늘 몸에 지니게 되어 있는 얇은 금속판. identification tag

인신[人臣] ⇨신하(臣下). じんしん

인신[人身] ①인간의 몸. 「~매매(賣買)」②개인의 신분(身分). 「~공격(攻擊)」じんしん ① human body

인심[人心] 사람의 마음. 세상 사람들의 마음. 또는 인정(人情). 「~이 후(厚)하다」じんしん human feeling

인심[仁心] 인자한 마음. じんしん humanity

인심 난측[人心難測] 사람의 마음은 헤아리기 어려움.

인심여면[人心如面] 사람마다 생각이 다른 것은 얼굴이 모두 다른 것과 같음.

인아[人我] ①남과 나. 「~일체(一體)」じんが ②불교에서, 인간에게 있는 늘 변하지 않는 실체인 나를 이르는 말.

にんが

인애[仁愛] 어진 마음으로 남을 사랑함. 또는 그 사랑. じんあい charity

인양[引揚] 끌어올림. 「선체(船體) ~」ひきあげ pulling up

인어[人魚] 상반신은 사람의 몸이고 하반신은 물고기의 몸이라는 상상의 동물. にんぎょ mermaid

인어[人語] 사람의 언어. じんご human speech

인언이박[仁言利博] 덕이 있는 어진 말은 널리 세인에게 이익을 줌.

인연[人煙] ①인가(人家)에서 불을 땔 때 나는 연기. ②⇨인가(人家). じんえん

인연[因緣] ①운명적인 연분(緣分). ②사물의 내력. =유래(由來). ③불교에서, 사물을 발생시키거나 성립시키거나 하는 근본 원인. いんねん·いんえん ① affinity ② history ③ karma

인영[人影] 사람의 그림자. じんえい·ひとかげ

인영[印影] 도장을 찍은 자국. 인발. いんえい

인요물괴[人妖物怪] 요사스럽고 간악한 사람.

인욕[人慾] 인간의 욕심. じんよく human desire

인욕[忍辱] ①욕되는 일을 참고 견딤. にんじょく ②불교에서, 온갖 모욕이나 박해(迫害)를 감수하고 원망하지 않음. にんにく forbearance

인용[引用] 다른 글귀나 사례(事例)를 끌어다 씀. 「속담을 ~하다」いんよう quotation

인용[仁勇] 어진 덕과 용기. じんゆう

인용[認容] 인정하여 용납(容納)함. =용인(容認). にんよう admission

인용법[引用法] 남의 글이나 격언·속담 등을 인용하는 수사법의 하나. =인유법(引喩法). いんようほう

인우[鄰友] 이웃에 사는 벗. neighboring friend

인울[堙鬱] 마음이 무겁고 속이 답답함. depression

인원[人員] ① 사람의 수효. 「~점검(點檢)」 ② 한 무리를 이룬 여러 사람. じんいん ① number of persons ② staff

인위[人爲] 인간의 힘으로 되는 일. =인공(人工). ↔자연(自然). じんい artificiality

인위 선:택[人爲選擇] 생물의 개체를 여러 대(代)에 걸쳐 선택·육성·교배하여 점차 새로운 품종으로 변화시키는 일. =인위 도태(人爲淘汰). ↔자연 선택(自然選擇). じんいせんたく artificial selection

인유[人乳] 사람의 젖. じんにゅう human milk

인유[引喩] 유명한 글이나 고사(故事)를 인용하여 표현함. いんゆ

인육[人肉] ① 사람의 고기. ② 매춘부의 몸을 비유하여 이르는 말. 「~ 시장(市場)」 ① human flesh

인육[印肉] ⇨인주(印朱). いんにく

인음증[引飮症] 술을 마시기 시작하면 자꾸 마시려고 하는 버릇.

인의[人意] 사람의 마음. 사람의 의지. =민심(民心). じんい man's mind

인의[人義] 사람으로서 지켜야 할 온갖 도리. humanity

인의[仁義] 어질고 의로움. じんぎ benevolence and justice

인의[鄰誼] 이웃간의 정의(情誼). neighborhood

인의예지[仁義禮智] 인간이 갖추어야 할 네 가지 마음가짐. 곧 어질고, 의롭고, 예의바르고, 지혜로움. じんぎれいち

인인[人人] 사람마다. 모든 사람. =각기(各其)·각자(各自). ひとびと every man

인인[鄰人] 이웃에 사는 사람. 이웃 사람. りんじん neighbor

인인성사[因人成事] 남의 힘으로 일을 이룸.

인입[引入] 끌어들임. 끌어 넣음. ひきいれ pulling in

인자[仁者] 어진 사람. =인인(仁人). じんしゃ benevolent person

인자[仁慈] 어질고 자애로움. 「~한 모습」 じんじ charity

인자[印字] 타자기·전신 수신기(電信受信機)·텔레타이프(teletype) 등으로 부호나 글자를 찍음. いんじ

인자[因子] ① ⇨인수(因數). ② 어떤 현상(現象)을 낳게 하는 원인이 되는 요소(要素). 「유전(遺傳) ~」 いんし

인자기[印字機] 타자기·전신 수신기·수신용 텔레타이프 따위와 같이 글자를 찍어 내는 기계를 통틀어 이르는 말. いんじき typewriter

인자무적[仁者無敵] 어진 사람은 모든 사람을 사랑하기 때문에 적이 없음. じんしゃはてきなし

인장[印章] ① ⇨도장(圖章). ② 찍어 놓은 도장의 형적. 인발. いんしょう

인재[人才] ⇨인재(人材). じんさい

인재[人材] 학식과 능력이 뛰어난 사람. =인재(人才). じんざい　man of ability

인재[人災] 인간의 부주의·태만 등으로 일어나는 재해. ↔천재(天災).「~에 의한 사고(事故)」じんさい　man-made disaster

인재[印材] 도장을 만드는 재료. 도장감. 돌·나무·고무·상아·금속 따위. いんざい　material for seal

인재명호재피[人在名虎在皮] 사람은 죽어서 이름을 남기고, 범은 죽어서 가죽을 남김. 후세에 이름을 남길 만한 일을 하라는 뜻. =인사유명호사유피(人死留名虎死留皮).

인적[人的] 사람에 관한 것. ↔물적(物的).「~ 조건(條件)」じんてき　human

인적[人跡·人迹] 사람의 발자취.「~이 드물다」じんせき　human traces

인적 담보[人的擔保] 어떤 사람의 총재산이 남의 채무의 담보가 되어 있는 법률 관계. ↔물적 담보(物的擔保). じんてきたんぽ　personal security

인적부도[人迹不到] 사람의 발자취가 한 번도 미치지 않음. =인적미답(人迹未踏).「~의 심산(深山)」

인적 증거[人的證據] 증인·감정인(鑑定人) 또는 당사자인 본인의 진술을 증거로 삼는 일. ㉰인증(人證). じんてきしょうこ

인전[印篆] 도장에 새긴 전자(篆字).

인접[引接] 들어오게 하여 만남. =인견(引見). いんせつ　interview

인접[鄰接] 이웃하고 있음. りんせつ　adjacency

인정[人情] ①인간이 본디부터 가지고 있는 애정. ②남을 도와 주는 갸륵한 마음.「~미(味)」にんじょう　humanity

인정[仁政] 어진 정사(政事). ↔혹정(酷政). じんせい

인정[認定] ①옳다고 판단함. 괜찮다고 함. ②높이 평가함.「감독이 ~하는 배우」③사실이나 자격의 유무 등을 공적인 기관이 심사·판단하여 결정함. にんてい　① recognition

인정미[人情味] 인정이 깃든 따뜻한 맛. にんじょうみ　human touch

인정 신:문[人定訊問] 법정에서 피고인에게 본인이 확실한지를 확인하기 위하여 묻는 절차상의 심문. じんていじんもん　identity questioning

인제[姻弟] 같은 연배인 인척(姻戚) 사이에서 자신을 낮추어 이르는 말. ↔인형(姻兄).

인젝션[injection] ①분유(噴油). ②주사(注射). インジェクション

인조[人造] 인공적(人工的)으로 천연물과 비슷하게 만듦. 또는 그 물건.「~견(絹)」じんぞう　artificiality

인조견[人造絹] 인조 견사로 짠 비단. =인견(人絹). じんぞうけん　rayon

인조 견사[人造絹絲] 목재·펄프 따위의 식물성 섬유를 화학적으로 처리하여 명주실과 비슷하게 만든 것. じんぞうけんし　artificial silk

인조미[人造米] 전분(澱粉)과 쌀

가루를 섞어 쌀알 크기로 굳힌 대용미(代用米). じんぞうまい　imitation rice

인조 비:료[人造肥料] 질소·인산·칼리의 3요소를 화학적으로 합성하여 만든 비료. 황산암모늄 따위. =화학 비료(化學肥料). じんぞうひりょう　chemical manure

인조빙[人造氷] 압축한 액체(液體) 암모니아의 증발열을 이용해서 물을 얼린 얼음. =식빙(食氷). ↔천연빙(天然氷). じんぞうこおり　artificial ice

인조석[人造石] 시멘트에 모래·화강암 등을 섞어 천연석과 비슷하게 만든 석재(石材). ↔자연석(自然石)·천연석(天然石). じんぞうせき　imitation stone

인조 석유[人造石油] 석탄이나 코크스를 화학적으로 처리해서 만든 액체 연료. =합성 석유(合成石油). じんぞうせきゆ synthetic oil

인조 섬유[人造纖維] 양털·면화·생사 등 천연 섬유에 대하여, 인공적으로 만든 섬유의 총칭. 나일론·비닐론 따위. =화학 섬유(化學纖維). じんぞうせんい　staple fiber

인조 인간[人造人間] 기계에 의하여 손발이나 몸의 각 부분이 움직이는 자동 인형. 로봇. じんぞうにんげん　robot

인족[姻族] ⇨인척(姻戚). いんぞく

인종[人種] 피부의 빛깔 따위로 구분한 인류의 종류. 황색 인종·백색 인종·흑색 인종·갈색 인종 따위. じんしゅ　race

인종[忍從] 참고 복종함. にんじゅう　submission

인주[印朱] 도장 찍는 데 쓰이는 붉은 빛깔의 재료. =인육(印肉)·인니(印泥).　cinnabar seal-ink

인준[認准] 법률에 규정된 공무원의 임명(任命)에 대한 국회의 승인.

인중[人中] 코와 윗입술 사이에 오목하게 골이 진 부분. にんじゅう·にんちゅう

인중지말[人中之末] 여러 사람 가운데서 가장 못난 사람. 욕으로 쓰이는 말.

인증[人證] 인적 증거(人的證據)의 준말. ↔물증(物證). じんしょう·にんしょう

인증[引證] 다른 사항을 끌어다가 증거로 삼음. いんしょう　quotation

인증[認證] 문서나 행위가 정당한 절차로 이루어졌다는 것을 공적(公的)인 기관이 증명하는 일. にんしょう　authentication

인지[人指] 둘째손가락. 집게손가락. =식지(食指).　forefinger

인지[人智] 사람의 지식이나 슬기. じんち　human intelligence

인지[印紙] 수수료 따위를 냈다는 증명으로 붙이는 정부 발행의 증표(證票). =수입 인지(收入印紙). いんし　stamp

인지[認知] ①어떠한 사실을 인정하여 앎. ②법률에서, 혼인 관계에 있지 않은 생부(生父) 또는 생모(生母)가 그 사생아를 자기의 자식이라고 인정하는 의사 표시. にんち
① recognition ② filiation

인지상정[人之常情] 사람이면 누구나 당연히 가지는 마음이나 생각.　human nature

인질[人質] 사람을 볼모로 잡아 두는 일. 또는 그 볼모. ひとじち hostage

인질[姻姪] 고모부(姑母夫)에 대하여 자기를 이르는 말.

인차[鱗次] 비늘처럼 나란히 잇닿아 있음. =인비(鱗比). りんじ

인책[引責] 잘못된 일에 대한 책임을 스스로 짐.「~ 사직(辭職)」いんせき assuming the responsibility

인척[姻戚] 혼인 관계로 맺어진 친척. =인족(姻族). いんせき relative by marriage

인체[人體] 사람의 몸. =신체(身體).「~ 모형(模型)」じんたい human body

인존[鄰村] 이웃 마을. りんそん・となりむら neighboring village

인총[人總] 일정한 지역 안에 사는 인구의 총수. =인구(人口). population

인축[人畜] 사람과 가축(家畜). じんちく men and livestock

인출[引出] 예금을 찾음.「~ 금액」ひきだし withdrawal

인출[印出] 인쇄하여 냄. publishing

인충[鱗蟲] 몸에 비늘이 있는 동물의 총칭. 뱀이나 물고기 따위. りんちゅう

인치[引致] 피고인이나 용의자·증인 등을 강제로 법원 등에 출두시키는 일. いんち

인치[inch] 영국식 도량형(度量衡)의 길이의 단위. 1피트 12분의 1. 약 2.54cm. インチ

인침[湮沈] 가라앉아 없어짐. =인몰(湮沒)·인멸(湮滅).

인칭[人稱] 인칭 대명사(人稱代名詞)의 종별의 일컬음. 제1인칭·제2인칭·제3인칭 따위. にんしょう person

인칭 대:명사[人稱代名詞] 사람의 이름 대신 가리키는 대명사. '나·너·당신·저·이·우리' 따위. にんしょうだいめいし personal pronoun

인코:너[inside corner] 야구에서, 타자에 가까운 홈 플레이트의 끝. インコーナー

인코넬[Inconel] 니켈을 주성분으로 만든 합금(合金)의 하나. 진공관의 필라멘트 등에 쓰임. インコネル

인코:스[incourse] ① 야구에서, 투수의 투구가 홈 플레이트의 중심으로부터 타자 가까운 쪽을 지나는 일. 또는 그 공의 길. ② 육상에서, 안쪽의 주로(走路). インコース

인큐베이터[incubator] 미숙아 보육기(保育器). インキュベーター

인터내셔널[international] 국제적. インターナショナル

인터내셔널리즘[internationalism] 국제주의(國際主義). インターナショナリズム

인터넷[Internet] 컴퓨터의 네트워크를 연결하는 세계적 규모의 컴퓨터 통신망(通信網). インターネット

인터벌[interval] ① 간격. 사이. ② 극장 따위의 휴게 시간. 막간(幕間). ③ 야구에서, 투구와 투구 사이의 간격. インターバル

인터뷰:[interview] ① 면접. 회견(會見). ② 기자가 취재(取材)를 위하여 사람을 만나 이야기를 듣는 일. インタビュー

인터셉트[intercept] 구기(球技)에서, 상대편의 패스를 중

인터체인지[interchange] 입체 교차(立體交叉)식으로 된, 고속 도로 등의 출입구로 쓰이는 도로. インターチェンジ 立體 交叉

인터컷[intercut] 스포츠 실황 방송 등에서, 관객석의 정경(情景) 등을 짧게 삽입하는 일. インターカット 情景

인터타이프[Intertype] ⇨ 라이노타이프. インタータイプ

인터페론[interferon] 바이러스의 증식(增殖)을 억제하는 물질. B형 간염·암의 예방과 치료에 이용됨. インターフェロン 增殖

인터페이스[interface] ① 경계면. 공유 영역(共有領域). ② 컴퓨터에서, CPU와 단말 장치를 연결하는 부분을 이루는 회로. インターフェース 共有 領域

인터폰:[interphone] 내부 연락용으로 쓰이는 유선(有線) 통화 장치. インターホン 有線

인터폴[Interpol] 국제 형사 경찰 기구(國際刑事警察機構)의 통칭. インターポール 警察 機構

인터피어[interfere] 운동 경기에서, 상대방의 경기를 고의로 방해하는 일. インターフェア 妨害

인턴:[intern] 의사 면허를 받은 후, 일정 기간 임상 실습을 받는 수련의(修鍊醫). インターン 修鍊醫

인테르[inter] 활판을 짤 때, 행간(行間)을 띄우기 위해 행과 행 사이에 끼워 넣는, 나무나 납 따위의 얇은 판. インテル 行間

인테르메조[이 intermezzo] ① 막간극(幕間劇). ② 간주곡(間奏曲). インテルメッツォ 幕間劇

인테리어[interior] 실내 장식. 裝飾 インテリア

인텔리겐치아[러 intelligentsia] 지식인(知識人). 지식층. 인텔리. インテリゲンチャ 知識人

인텔리전트빌딩[intelligent building] 고도(高度)의 정보 통신 시스템과 빌딩 관리 시스템을 갖추고 중앙 컴퓨터로 이를 제어하는 건물. インテリジェントビル 情報 通信

인텔리전트터:미널[intelligent terminal] 컴퓨터에서, 데이터 처리 효율이 높은 단말기(端末機). 端末機

인토네이션[intonation] 억양(抑揚). イントネーション 抑揚

인퇴[引退] 직무를 그만두고 물러남. =은퇴(隱退). いんたい resignation 引退

인파[人波] 사람의 물결이라는 뜻으로, 많은 사람의 움직임을 파도에 비유하여 이르는 말. ひとなみ crowd 人波

인파이팅[infighting] 권투에서, 상대방에게 파고들며 공격하는 전법. インファイト 拳鬪

인판[印版] 인쇄판(印刷版)의 준말. 印版

인편[人便] 오가는 사람의 편. 「~으로 보내다」 by someone 人便

인포:멀[informal] ① 공식(公式)이 아님. ② 격식(格式)을 차리지 않음. インフォーマル 非公式

인품[人品] 사람이 갖춘 품위. じんぴん personality 人品

인풋[input] 컴퓨터에 정보를 넣는 일. 입력(入力). インプット 入力

인프라[infra] 인프라스트럭처(infrastructure)의 준말. インフラ

인프라스트럭처[infrastructure] 경제 활동의 기반이 되는 기간(基幹) 시설. 곧, 도로 基幹

·항만·철도·댐 등의 사회 자본을 이르는 말. インフラストラクチャー

인플레이션[inflation] 사회의 통화(通貨) 수요량에 대해 통화량이 상대적으로 팽창(膨脹)하여 물가가 오르는 현상. インフレーション

인플레이어[in player] 테니스에서, 서브하는 편의 선수. インプレーヤー

인플루엔자[influenza] 유행성 감기(流行性感氣). インフルエンザ

인피[靭皮] 식물의 겉껍질 아래 있는 부드러운 속껍질. 「~ 섬유(纖維)」 じんぴ bast

인필:드[infield] 야구에서, 내야(內野). インフィールド

인필:드 플라이[infield fly] 야구에서, 내야수(內野手)가 쉽게 잡을 수 있게 뜬 플라이. インフィールドフライ

인하[引下] ① 끌어내림. ② 가격 따위를 내림. ↔인상(引上). 「희반유 가격 ~」 ひきさげ
① pulling down ② reduction

인해[人海] 많이 모인 사람의 무리를 바다에 비유한 말. 「인산(人山)~」 じんかい

인해 전:술[人海戰術] 많은 수효의 군대를 투입하여 그 수(數)의 힘으로 적을 압도하여 무너뜨리는 전술. じんかいせんじゅつ human sea tactics

인행[印行] 책을 인쇄하여 발행함. =간행(刊行). いんこう publication

인허[認許] 인정(認定)하여 허가(許可)함. =인가(認可). にんきょ approval

인형[人形] 사람의 형상처럼 만든 장난감. にんぎょう doll

인형[仁兄] 편지글에서, 친구끼리 서로 높여서 이르는 말. =귀형(貴兄). じんけい Dear Friend

인형[印形] 찍어 놓은 도장의 자국. 인발. いんぎょう imprint of a seal

인형[姻兄] 같은 연배인 인척(姻戚) 사이에서 상대를 높여서 이르는 말. ↔인제(姻弟).

인혜[仁惠] 따스한 은혜. じんけい graciousness

인호[人豪] 도량이 넓고 호기가 있는 사람. =인걸(人傑). じんごう remarkable man

인호[鄰好] 이웃끼리 사이좋게 지냄. りんこう

인화[人和] 여러 사람이 서로 화 집힘. 「~ 단결(團結)」 harmony among men

인화[引火] 불이 옮아 붙음. いんか ignition

인화[印畵] 음화(陰畵)를 감광지(感光紙)에 옮겨 사진을 만듦. 또는 그 사진. いんが printing

인화[燐火] ① 인(燐)이 공기 속에서 자연히 발하는 푸른빛. ② 도깨비불. =음화(陰火). りんか phosphorous light

인화성[引火性] 불이 잘 옮아 붙는 성질. 「~ 물질(物質)」 いんかせい ignitability

인화점[引火點] 탈 수 있는 액체나 고체가 연소하기 시작하는 최저 온도. いんかてん ignition point

인화지[印畵紙] 사진을 필름에서 옮기는 데 쓰이는 감광지(感光紙). いんがし photographic paper

인환증[引換證] 물품과 바꿀 수 있게 약속된 증서. =상환증

인후[人後] ① 양자로 들어가는 일. ② 남의 뒤. 남보다 뒤지는 일. じんご

인후[仁厚] 마음이 어질고 무던함. じんこう benevolence

인후[咽喉] ① 인두(咽頭)와 후두(喉頭). 목구멍. 「~염(炎)」 ② 매우 요긴한 급소(急所)의 비유. 「~지지(之地)」 いんこう
① throat ② emergency

일[一]* ① 한 일 : 하나. 「非一(비일)·一件(일건)·一日(일일)·一計(일계)·統一(통일)·一丸(일환)·一一(일일)·一擧一動(일거일동)」 ② 첫째 일 : 첫째. 「一等(일등)·第一(제일)·一級(일급)」 イチ·イツ·ひと·ひとつ

일[日]* ① 해 일 : 해. 「日光(일광)·月日(월일)·朝日(조일)」 ② 날 일 : 날. 하루. 「一日(일일)·日給(일급)·日當(일당)·日傭(일용)·終日(종일)」 ジツ·ニチ·ひ·か

일[佚] ① 편할 일 : 편하다. 「佚身(일신)·佚道(일도)·佚樂(일락)」 ② 숨을 일 : 숨다. 「佚老(일로)·佚民(일민)」 ③ 들뜰 질 : 들뜨다. 방탕하다. 「佚蕩(질탕)·佚宕(질탕)」 イツ·テツ

일[壹]* ① 갖은한 일 : 하나. "一"의 갖은자. 「壹拾萬(일십만)」 ② 오로지 일 : 오직. 한결같다. 「壹是(일시)·壹意(일의)」 ③ 막힐 일 : 막히다. 「壹鬱(일울)」 イチ·イツ

일[逸]* ① 달아날 일 : 달아나다. 없어지다. 「散逸(산일)·逸失(일실)」 ② 편안할 일 : 편안하다. 「安逸(안일)·逸居(일거)·逸樂(일락)」 ③ 잃을 일 : 잃다. 「逸德(일덕)」 ④ 뛰어날 일 : 뛰어나다. 「逸材(일재)·逸才(일재)·逸志(일지)」 イツ

일[溢] 넘칠 일 : 넘치다. 치런치런하다. 「溢流(일류)·海溢(해일)」 イツ·あふれる·あぶれる

일[馹] 역말 일 : 역말. 「乘馹(승일)」 ジツ

일가[一家] ① 한 가족. 한 집안. ② 겨레붙이. 동성 동본(同姓同本)의 친족. ③ 학문이나 기예 등의 독자적인 한 유파(流派). いっか·いっけ
① family ② kin ③ school

일가견[一家見] 그 사람의 독자적인 주장이나 의견. 「시가(詩歌)에 대한 ~」
one's own opinion

일가 단란[一家團欒] 한 가족이 모여 오붓하고 즐겁게 지냄. いっかだんらん

일가 문중[一家門中] 멀고 가까운 모든 일가. kinsfolk

일가월증[日加月增] 날로 더하고 달로 더함. 날이 갈수록 늘어남. more and more

일각[一角] 한 귀퉁이. 한 서리. いっかく corner

일각[一刻] ① 한 시(時)의 첫째 각(刻). 곧 15분. ② 매우 짧은 시간. 「~이 여삼추(如三秋)라」 いっこく ② moment

일각대:문[一角大門] 기둥 둘을 세우고 문짝을 단 대문. 일각문.

일각여삼추[一刻如三秋] 일각이 삼 년처럼 길게 느껴짐. 곧, 기다리는 마음이나 사모하는 마음이 몹시 간절함을 이르는 말.

일간[日刊] 날마다 간행함. 또

는 그 간행물. 「~ 신문(新聞)」にっかん daily issue

일간[日間] ① 하루 동안. ② 요 며칠 사이. 머지않아. 「~에 찾아뵙겠습니다」
② one of these days

일간두옥[一間斗屋] 규모가 한 칸밖에 안 되는 작은 오두막집.

일간 신문[日刊新聞] 매일 발행하는 신문. 조간(朝刊) 또는 석간(夕刊)이 있음. ⑤일간(日刊). にっかんしんぶん daily newspaper

일갈[一喝] 큰소리로 한 번 호통을 침. 「대성(大聲) ~」いっかつ scolding

일개[一介] ① 하나 또는 한 사람. ② 하찮은 것. 낱낱. 「~ 서생(書生)」いっかい

일개[一個・一箇] 한 개. 한 낱. いっこ one

일개인[一個人] ① 단체 중의 한 사람 한 사람. ② 사인(私人)으로서의 한 사람. いっこじん ① individual ② private person

일거[一擧] ① 한 번의 동작. 또는 한 차례의 행동. 「~일동(一動)」 ② 일을 단번에 해치우는 모양. 「~에 완성시키다」 いっきょ one effort

일거[逸居] 하는 일 없이 마음 편히 지냄. いっきょ idle life

일거무소식[一去無消息] 한 번 떠난 후 통 소식이 없음.

일거수일투족[一擧手一投足] 한 번 손을 들고 한 번 발을 움직임. 곧, 사소한 하나하나의 동작. 또는 약간의 수고. 「그의 ~에 시선이 집중되다」 いっきょしゅいっとうそく every action

일거양득[一擧兩得] 한 번의 행동으로 두 가지 이익을 얻음. =일전쌍조(一箭雙鵰)・일석이조(一石二鳥). いっきょりょうとく killing two birds with one stone

일거월저[日居月諸] 해와 달이라는 뜻으로, 쉬지 않고 흐르는 세월을 이름.

일거일동[一擧一動] 하나하나의 동작. =일거수일투족(一擧手一投足). いっきょいちどう every action

일거일래[一去一來] 갔다 왔다 함. いっきょいちらい going and coming

일건[一件] ① 한 가지. ② 한 벌. 「~ 서류(書類)」いっけん
① a matter ② one set

일격[一擊] 한 번 세게 침. 「~을 가하다」いちげき blow

일견[一見] ① 한 번 봄. 「백문불여(百聞不如)~」 ② 언뜻 봄. いっけん glance

일결[一決] ① 단번에 결정이 남. 「주의(衆議)~」 ② 제방 따위가 한번에 무너짐. いっけつ

일계[一計] 한 가지 꾀. いっけい a plan

일고[一考] 한 번 생각해 봄. いっこう consideration

일고[一顧] 한 번 돌아봄. 「~의 가치(價値)도 없다」いっこ notice

일고[日雇] 하루를 단위로 하는 고용. 날품팔이. =일용(日傭). ひやとい day labor

일곡[一曲] ① 한 굴곡. ② 음악 한 곡(曲). いっきょく
② a piece of music

일공[日工] ① 하루 얼마로 정하는 품삯. ② 날삯을 받고 하는 일. 또는 그런 사람. 날품팔이.

① daily wages ② day labor

일과[一過] 한 차례 지나감.「태풍(颱風)~」 いっか passing away

일과[日課] 날마다 일정하게 하는 일. にっか daily work

일곽[一廓·一郭] 하나의 담으로 둘러 막은 지역. いっかく block

일관[一貫] 어떤 방법이나 태도 등을 처음부터 끝까지 한결같이 함.「초지(初志)~」 いっかん consistency

일관 작업[一貫作業] 원료로부터 제품이 나올 때까지의 모든 공정(工程)을 한 공장 안에서 연속적으로 하는 작업. いっかんさぎょう integrated work

일괄[一括] 낱낱의 것을 한데 뭉뚱그림.「~ 표결(表決)」 いっかつ bundle

일광[日光] 햇빛.「~욕(浴)」 にっこう sunshine

일교차[日較差] 기온이나 습도 등이 하루 동안에 변하는 폭. daily range

일구[逸口] 지나친 말. 또는 실수로 한 말. =실언(失言). slip of the tongue

일구난설[一口難說] 한 마디로 설명하기가 어려움. being difficult to say in a word

일구월심[日久月深] 날이 오래고 달이 깊어간다는 뜻으로, 세월이 갈수록 바라는 마음이 더 간절해짐을 이름.

일구이언[一口二言] 한 입으로 두 가지 말을 한다는 뜻으로, 말을 이랬다저랬다 함을 이름. =일구양설(一口兩舌). double-dealing

일국[一局] 바둑이나 장기의 한 판. いっきょく

일국[一國] 한 나라.「~의 수상(首相)」 いっこく one country

일국루[一掬淚] 한 움큼의 눈물이라는 뜻으로, 눈물을 많이 흘림을 이르는 말. いっきく(の)なみだ a scoop of tears

일군[一軍] 온 군대. 군대의 전부.「~의 장수(將帥)」 いちぐん whole army

일군[一群] 한 떼. 또는 한 무리. いちぐん group

일군[逸群] 여러 사람 가운데서 뛰어남. =발군(拔群). いつぐん eminence

일규[一揆] ① 같은 경우나 경로. ② 한결같은 법칙. いっき ① same condition ② unchangeable law

일근[日勤] ① 날마다 출근하여 일함. ② 낮 동안의 근무. にっきん ① daily service

일금[一金] 모두 합친 금액이라는 뜻으로, 금액을 쓸 때 그 액수 앞에 쓰는 말.「~ 오십만(五拾萬)원정」 sum of money

일급[一級] ① 한 계급. ② 첫째 등급.「~ 비밀(祕密)」 ③ 어떤 분야에서 최고 수준에 이른 것을 뜻하는 말. ④ 바둑이나 유도의 초단(初段) 바로 아래 등급. いっきゅう ② first class

일급[日給] 하루에 얼마리고 정하여 주는 급료. にっきゅう daily wages

일기[一己] 자기 한 몸. いっこ oneself

일기[一技] 한 가지 재주.「일인(一人)~」 an art

일기[一基] 분묘(墳墓) 따위의 하나. いっき one tombstone

일기[一期] ①태어나서 죽을 때까지. =일생(一生). いちご ②어떤 기간을 몇 개로 나눈 중의 한 시기. いっき ① whole life

일기[日記] ①그날 그날 겪은 일이나 감상을 적은 개인의 기록. ②폐위(廢位)된 임금의 재위 동안의 사적(事績)을 적은 기록. にっき ① diary

일기[日氣] 날씨. 「~예보(豫報)」 weather

일기[逸機] 기회를 놓침. =실기(失期). いっき
missing of a chance

일기가:성[一氣呵成] ①어떤 일을 단숨에 해냄. ②단숨에 문장을 지어냄. いっきかせい

일기당천[一騎當千] 발단 군사 한 명이 천 명의 적을 당해낸다는 뜻으로, 무예나 능력이 썩 뛰어남의 비유. いっきとうせん

일낙[一諾] 한 번 승낙함. 「~천금(千金)」 いちだく consent

일난풍화[日暖風和] 날씨가 따뜻하고 바람결이 부드러움.

일년근[一年根] 한 해가 지나지 않은 뿌리. annual root

일년생[一年生] ①일 학년인 학생. ②식물이 한 해 동안에 싹트고 꽃이 피고 열매 맺고 시드는 것을 이르는 말. 한해살이. いちねんせい ① first-year student ② annual

일년초[一年草] 한 해 동안에 싹트고 꽃이 피고 열매 맺고 시드는 초본. 한해살이풀. いちねんそう annual plant

일념[一念] ①한결같은 마음. 또는 오직 한 가지의 생각. ②불교에서, 온 정신을 기울여 염불하는 일. いちねん
concentrated mind

일념왕:생[一念往生] 불교에서, ①일념으로 아미타불을 생각하고 부르면 극락에 간다는 뜻. ②일념으로 극락에 가는 업을 이룬 까닭으로 그 뒤에는 염불이 소용 없음. いちねんおうじょう

일념통천[一念通天] 한결같은 마음으로 열심히 노력하면 하늘이 감동하여 일을 이루게 해 줌.

일단[一旦] ①우선 먼저. ②우선 잠깐. いったん
① first ② for the moment

일단[一段] ①계단의 한 층계. ②문장·이야기 따위의 한 토막. ③신문 따위 인쇄물의 한 단. ④바둑·검도·유도 등의 초단(初段) 또는 한 단. ⑤한 단보(段步). 곧 300평. いちだん ① a step

일단[一端] ①한 끝. ②사물의 일부분. 「소신(所信)의 ~」 いったん ① one end ② part

일단[一團] ①한 뭉치. 한 덩어리. ②한 무리. 「~의 군중(群衆)」 いちだん ② group

일단락[一段落] 일정한 정도에서 일이 마무리되는 일. いちだんらく pause

일당[一堂] 한 건물. 한 자리. 「~에 모이다」 いちどう a hall

일당[一黨] ①목적과 행동을 같이하는 무리. ②한 정당. いっとう a party

일당[日當] 하루에 얼마씩 정하여 주는 품삯. =일급(日給). にっとう daily wages

일당백[一當百] 혼자 백 명을 당해낸다는 뜻으로, 매우 용감하거나 능력이 많음을 이르는 말. match for a hundred

일대[一大] 명사 앞에 놓여, '큰'·'굉장한'의 뜻을 나타내는 말.「~ 결전(決戰)」 great

일대[一代] ① 사람의 일생. ② 한 임금의 시대. ③ 한 세대. ④어떤 한 시대. =일세(一世). いちだい one generation

일대[一帶] 어떤 지역의 전부. =일원(一圓).「강변(江邊) ~」 いったい whole region

일대[一隊] ① 한 떼. ② 한 부대(部隊). いったい ② a company

일대기[一代記] 한 사람의 일생 동안의 일을 적은 기록. いちだいき life history

일대 잡종[一代雜種] 순수한 두 품종을 교배시켜서 얻은 최초의 것. いちだいざっしゅ

일덕[逸德] 덕망을 잃음. =실덕(失德).

일도[一刀] ① 한 자루의 칼. ② 칼로 한 번 내리침.「~양단(兩斷)」 いっとう·ひとかたな ① a sword

일도[一到] 한 번 다다름. いっとう

일도[一途] 한 가지 길이나 방도(方途). いっと·いちず

일도[一道] ① 한 가지 도리. ② 한 길. いちどう

일독[一讀] 한 번 읽음.「~의 가치(價値)」 いちどく a perusal

일동[一同] 어떤 자리에 모였거나 한 단체에 속한 사람의 전원(全員).「친우(親友) ~」 いちどう all the persons present

일동일정[一動一靜] 모든 행동이나 동정. 모든 동작. =일거수일투족(一擧手一投足). every action

일득일실[一得一失] 한 가지 이득이 있으면 한 가지 손실이 있다는 말. =일리일해(一利一害). いっとくいっしつ

일등[一等] 등급의 첫째. 첫째 등급. いっとう the first class

일락[逸樂·佚樂] 편히 놀며 즐김. いつらく pleasure

일락서산[日落西山] 해가 서쪽 산으로 짐. sunset on the western hills

일란성[一卵性] 한 개의 난자(卵子)가 수정(受精)한 뒤에 둘로 분열해서 발육하는 일. いちらんせい monozygous

일람[一覽] ① 한 번 죽 훑어봄. ② 모든 내용을 한눈에 볼 수 있도록 간명하게 적은 작은 책이나 표. いちらん ① a look ② catalog

일러스트레이션[illustration] 내용을 시각적(視覺的)으로 전달하는 데 사용하는 삽화(揷畵)·사진·도안(圖案) 등의 총칭. イラストレーション

일러스트레이터[illustrator] 삽화가(揷畵家). イラストレーター

일렉트로그래프[electrograph] 여러 개의 전등(電燈)으로 어떤 글자나 선을 나타내고 그것을 차례로 이동시켜 하나의 뜻을 나타내는 장치.

일렉트로미터[electrometer] 전위차(電位差)를 재는 계기. エレクトロメーター

일렉트론[electron] 전자(電子). エレクトロン

일력[日曆] 날마다 한 장씩 떼거나 젖혀 가며 그 날의 날짜·요일 등을 보게 만든 책력(冊曆). daily pad calendar

일련[一連] ① 관계가 있는 하나의 연속.「~의 사건(事件)」 ② 양지(洋紙)의 전지(全紙) 500

장을 일컬음. いちれん
① a series of

일련[一聯] ① 관계가 있는 하나의 연속. ② 율시(律詩)의 대구(對句). いちれん ② couplet

일련탁생[一蓮托生] ① 불교에서, 죽은 뒤에 함께 왕생 극락(往生極樂)하여, 같은 연대(蓮臺)에 몸을 의탁함을 이르는 말. ② 다른 사람의 행동이나 운명을 같이하는 일. いちれんたくしょう ① rebirth together on lotus flower ② sharing the fate with others

일렬[一列] ① 한 줄. ② 첫째 줄. いちれつ
① a row ② first line

일례[一例] 한 가지 예. 「~를 들면」 いちれい an example

일로[一路] ① 곧장 뻗은 길. ② 외곬으로 나아가는 길. 「~ 매진(邁進)」 いちろ straight road

일로영일[一勞永逸] 한 때의 수고로움으로 오랫동안 안락하게 지냄.

일로평안[一路平安] 먼 길이나 여행이 내내 평안함. いちろへいあん

일루[一縷] 한 가닥의 실이라는 뜻으로, 극히 가늘고 미약하여 겨우 유지되는 정도의 상태를 비유하는 말. 「~의 희망(希望)」 いちる

일루[一壘] 야구에서, 주자(走者)가 맨 처음 밟는 누(壘). いちるい first base

일류[一流] ① 하나의 같은 유파(流派)나 계통. ② 어떤 분야에서 첫째가는 지위나 부류. 「~ 대학」 いちりゅう
① school ② the first class

일류[溢流] 넘쳐 흐름. いつりゅう overflow

일류:미네이션[illumination] 여러 가지 빛깔의 조명 기구를 이용한 옥외(屋外) 장식(裝飾). イルミネーション

일륜[一輪] ① 외바퀴. ② 꽃 따위의 한 송이. 「~화(花)」 ③ 둥근 달을 이르는 말. いちりん
② a flower

일륜[日輪] 불교에서, 태양을 이르는 말. にちりん the sun

일륜명월[一輪明月] 둥글고 밝은 달. いちりんめいげつ full moon

일률[一律] 한결같음. 「~ 취급(取扱)」 いちりつ equality

일리[一利] 한 가지 이익. いちり one advantage

일리[一理] 어떤 면에서 나름성이 있는 이치. 「네 말도 ~가 있다」 いちり some reason

일리미네이터[eliminator] 교류 전원(電源)에서 직류를 얻는 장치. エリミネーター

일리일해[一利一害] ⇨일득일실(一得一失). いちりいちがい

일말[一抹] 얼마간. =약간(若干)・다소(多少). 「~의 미련(未練)」 いちまつ a little

일망[一望] 한눈에 죽 바라봄. 「~ 천리(千里)」 いちぼう

일망타:진[一網打盡] 그물을 한 번 쳐서 모조리 잡는다는 뜻으로, 한꺼번에 어떤 무리를 빠짐없이 다 잡는다는 말. roundup

일맥[一脈] 하나로 이어진 것. 한줄기. 「~상통(相通)」 いちみゃく

일면[一面] ① 물체의 한 면. ② 사물의 한쪽 면. いちめん
① one side

일면식[一面識] 한 번 만나 본

일면여구[一面如舊] 처음 만났으나 오래 사귄 사람처럼 친밀함.

일명[一名] 사물의 본이름 외에 달리 일컫는 이름. いちめい・いちみょう another name

일명[一命] 한 사람의 생명. 한 목숨. 「~을 던지다」 いちめい life

일명경인[一鳴驚人] 사람들을 놀라게 할 만한 일을 함.

일모[日暮] 날이 저묾. 또는 날이 저물 무렵. にちぼ・ひぐれ nightfall

일모도원[日暮途遠] 날은 저물었는데 아직도 갈 길은 멀다는 뜻으로, 할 일은 많은데 늙고 쇠약하여 앞날이 오래지 아니함의 비유. =일모도궁(日暮途窮). senescence

일모작[一毛作] 한 땅에서 한 해에 한 번 농사를 지음. いちもうさく single-crop farming

일목요연[一目瞭然] 한 번만 보아도 환하게 알 수 있을 만큼 분명함. いちもくりょうぜん obviousness

일목장군[一目將軍] 애꾸눈이를 조롱하여 이르는 말. one-eyed person

일몰[日沒] 해가 짐. ↔일출(日出). 「~시(時)」 にちぼつ sunset

일무[一無] 하나도 없음. 「~소취(所取)」 nothing

일문[一門] ①한 집안. ②불교에서, 같은 종파의 사람들을 이르는 말. ③같은 스승 밑에서 배운 동문을 이르는 말. いちもん ① clan ② the whole sect

일문[逸文] ①세상에 알려지지 않은 글. ②뛰어난 글. いつぶん ② exellent writing

일문[逸聞] 세상에 알려지지 않은 좋은 소문. =일화(逸話). いつぶん anecdote

일물[逸物] 썩 뛰어난 물건. いちもつ・いつぶつ superb article

일미[一味] ①첫째 가는 좋은 맛. 「천하(天下)~」 ②불교에서, 부처의 가르침은 여러 가지인 듯하나 그 본래의 뜻은 하나라는 말. ① superb flavor

일미동심[一味同心] 마음을 같이하여 한편이 됨. いちみどうしん

일박[一泊] 하룻밤을 묵음. 「~이일(二日)」 いっぱく a night's lodging

일반[一般] ①어떤 공통되는 요소가 전체에 두루 해당되는 것. ②특정인이 아닌 보통의 사람들. ③다를 것이 없는 마찬가지의 상태. 「어느 방법이나 어렵기는 ~이다」 いっぱん ① generality ③ sameness

일반적[一般的] 어떤 특정 분야에만 한정되지 않고 전체에 두루 해당되는 것. =보편적(普遍的). ↔국부적(局部的). 「~인 생각」 いっぱんてき general

일반직[一般職] 국가 공무원 중에서, 별정직(別定職)이 아닌 모든 직. いっぱんしょく regular government service

일반 회계[一般會計] 국가나 지방 자치 단체의 일반적인 세입(稅入)과 세출(稅出)을 경리하는 회계. ↔특별 회계(特別會計). いっぱんかいけい

일발[一發] 총포나 활을 한 번 쏨. 또는 하나의 총탄이나 포탄. いっぱつ general account / one shot

일방[一方] 한 쪽. 한편. いっぽう one side

일배[一杯] 한 잔. いっぱい a cup

일변[一變] 아주 달라짐. 「태도(態度)~」いっぺん complete change

일변[日邊] 하루하루 셈치는 변리. daily interest

일변도[一邊倒] 한쪽으로만 치우침. 「대미(對美)~」いっぺんとう complete devotion to one side

일별[一別] 한 번 헤어짐. 「~이래(以來)」いちべつ parting

일별[一瞥] 한 번 흘낏 봄. いちべつ a glance

일보[一步] 한 걸음. 한 발. 「~전진(前進)」いっぽ a step

일보[日報] ①매일의 보도나 보고. ②하루에 한 번 나오는 신문. にっぽう ①daily report ②daily newspaper

일본 뇌염[日本腦炎] 일본 뇌염 바이러스로 전염되는 뇌염. 법정 전염병의 한 가지임. にほんのうえん Japanese encephalitis

일봉[一封] 상금이나 사례·위로의 뜻으로 얼마의 돈을 넣어 주는 봉투. 「금(金)~」いっぷう

일부[一夫] ①한 사내. 한 남편. 「~일부제(一婦制)」②한 사람의 보통 남자. いっぷ ①one husband ②one man

일부[一部] ①전체의 한 부분. ②신문 따위의 한 벌. いちぶ ①a part ②a complete set

일부[日賦] 갚아야 할 돈을 날마다 얼마씩 갚아 가는 일. daily installment

일부다처[一夫多妻] 한 남편에게 동시에 여러 아내가 있는 혼인 형태. いっぷたさい polygamy

일부 변:경선[日附變更線] 지구 위를 동서로 진행할 때 날짜를 변경하여야 되는 경계선. 180도의 경선(經線)을 중심으로 설정하였음. 날짜 변경선. ひづけへんこうせん international date line

일부분[一部分] 전체 중의 어느 한 부분. ↔대부분(大部分). いちぶぶん a part

일부일부[一夫一婦] 한 남편에게 한 아내가 있는 혼인 형태. =일부일처(一夫一妻). いっぷいっぷ monogamy

일부종신[一夫終身] 아내가, 남편이 죽은 뒤에도 개가하지 않고 혼자서 일생을 마침.

일분 일초[一分一秒] 매우 짧은 시간. いっぷんいちびょう

일비[日費] 날마다 드는 비용. daily expenses

일비지력[一臂之力] 한 팔의 힘이라는 뜻으로, 아주 조그마한 힘. いっぴのちから a bit of strength

일빈일소[一嚬一笑] 한 번 얼굴을 찡그리고 한 번 웃는다는 뜻으로, 대수롭지 않은 표정의 변화를 이르는 말. いっぴんいっしょう

일사[一事] 한 사건. 한 가지 일. いちじ one thing

일사[一絲] 한 가닥의 실. 「~불란(不亂)」いっし a thread

일사[逸史] 정사(正史)에 빠져 있어 전하지 않는 사실을 적

은 역사. いっし unofficial history

일사[逸事] 세상에 알려지지 않은 일. いつじ anecdote

일사병[日射病] 여름철에 강한 햇볕을 오래 쬠으로써 일어나는 병. 두통·현기증 등을 일으킴. にっしゃびょう sunstroke

일사부재리[一事不再理] 형사 소송법상 한번 확정 판결된 사건은 다시 심리(審理)하지 않는다는 원칙. 「~의 원칙(原則)」いちじふさいり not subjecting someone to double jeopardy

일사불란[一絲不亂] 질서가 바로잡혀 조금도 흐트러지거나 어지러운 데가 없음. being in perfect order

일사천리[一瀉千里] ① 어떤 일이 거침없이 빠르게 진행됨. ② 말이나 글이 호방하고 거침없음을 이름. いっしゃせんり ① dashing flow of torrents

일삭[一朔] 한 달. 1개월. a month

일산[日産] 하루의 생산량(生産量). にっさん daily output

일산[日傘] ① 지난날, 왕·왕후·왕세자 등이 거둥할 때 받던 의장(儀仗). 자루가 길고 큰 양산(陽傘)으로, 신분에 따라 색이 달랐음. ② 지난날, 감사(監司)나 수령(守令) 등이 부임할 때 받던 의장. ひがさ ① parasol

일산화탄소[一酸化炭素] 탄소나 탄소의 화합물이 산소가 모자란 채로 타거나, 이산화탄소가 높은 온도에서 탄소에 의해 환원될 때 생기는 유독성 기체. いっさんかたんそ carbon monoxide

일상[日常] 늘. 날마다. =항상(恒常)·평소(平素). にちじょう always

일색[一色] ① 한 가지 빛깔. いっしょく·いっしき·ひといろ ② 뛰어난 미인. 「천하(天下) ~」 ③ 같은 종류나 같은 경향이 지배하고 있는 모양. 「정원이 온통 장미(薔薇) ~이다」 ① one color ② beautiful woman

일생[一生] 살아 있는 동안. 한평생. =종생(終生). いっしょう whole life

일생일사[一生一死] 한 번 나고 한 번 죽는 일.

일서[逸書] 세상에 알려지지 아니한 책. 또는 없어져 전하지 아니하는 책. いっしょ

일석[一夕] 하루 저녁. いっせき one evening

일석[日夕] ① 낮과 밤. ② 저녁. にっせき

일석이:조[一石二鳥] 한 개의 돌을 던져 두 마리의 새를 잡는다는 뜻으로, 곧, 한 가지 행동으로 두 가지 이익을 얻음의 비유. =일거양득(一擧兩得). いっせきにちょう killing two birds with one stone

일선[一線] 제일선(第一線)의 준말. 「~ 장병(將兵)」いっせん

일설[一說] 어떠한 주장이나 학설. 「~에 의하면……」いっせつ an opinion

일세[一世] ① 사람의 일생. ② 한 임금이 다스리는 동안. =일대(一代). ③ 그 시대. =당대(當代). 「~를 풍미(風靡)하다」 ④ 삼십 년을 기준으로 한 세대. ⑤ 같은 혈통의 원조(元祖) 또는 같은 이름의 황제나

법왕 중 첫 대(代)의 사람. =초대(初代). ⑥이주민(移住民) 등의 첫 대(代)의 사람. いっせい ① a lifetime ③ the time ⑤ the first

일세기[一世紀] 백 년 동안. いっせいき　a century

일세일대[一世一代] 한평생. いっせいいちだい　lifetime

일세지웅[一世之雄] 그 시대에 달리 맞설 만한 사람이 없을 정도로 뛰어난 사람. いっせいのゆう

일소[一笑] ①한 번 웃음. ②어떤 일을 무시하거나 대수롭지 않게 여겨 웃어 넘김. 「~에 붙이다」 いっしょう ① a laugh

일소[一掃] 남김없이 쓸어 없앰. 「부패(腐敗) ~」 いっそう　sweeping

일수[一手] ①⇨상수(上手). ②바둑·장기 등에서 한 번 둔 수. 「~불퇴(不退)」 いって ② a move

일수[日收] ①하루의 수입. にっしゅう ②본전과 이자를 일정한 날짜로 나누어서 날마다 거두어들이는 일. 또는 그 빚. ① daily income

일수[日數] ①날의 수(數). にっすう·ひかず ②그 날의 운수. ① number of days ② luck for the day

일수판매[一手販賣] 어떤 상품을 도거리로 도맡아 팖. =총판매(總販賣). いってはんばい·ひとてはんばい exclusive sale

일숙[一宿] 하룻밤을 묵음. =일박(一泊). いっしゅく a night's lodging

일순[一巡] 한 바퀴 돎. 「관내(管內) ~」 いちじゅん　a round

일순[一瞬] 눈 깜짝할 사이. =一瞬間(瞬間). いっしゅん　a moment

일습[一襲] 옷·그릇 따위의 한 벌. 「한복(韓服) ~」 a suit

일시[一時] ①어느 때. 한때. 어느 한때. ②같은 때. =동시(同時). いちじ·いっとき

일시[日時] 날짜와 시간. にちじ　date and hour

일시급[一時給] 치러야 할 돈을 한꺼번에 다 치르는 일. ↔분할급(分割給). lump-sum allowance

일시동인[一視同仁] 모든 사람을 차별하지 않고 똑같이 사랑함. いっしどうじん impartiality

일시적[一時的] 한때·한동안만 관계가 있는 것. ↔영구적(永久的)·항구적(恒久的). 「~인 현상(現象)」 いちじてき temporary

일식[日式] 일본에서 하는 방식. =일본식(日本式). 「~요리(料理)」 Japanese style

일식[日蝕] 달이 태양과 지구 사이에 끼어, 태양의 일부나 전부가 보이지 않는 현상. にっしょく solar eclipse

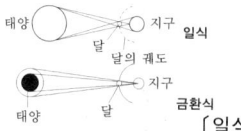

〔일식〕

일식경[一食頃] 밥을 한 차례 먹을 정도의 시간.

일신[一身] ①자기 한 몸. 「~상(上)의 문제」 ②몸 전체. 온몸. いっしん ① oneself

일신[一新] 아주 새롭게 함. 또는 아주 새로워짐. 「면목(面

日)~」いっしん　renewal

일신교[一神敎] 예수교·유대교·이슬람교와 같이 오직 하나의 신(神)을 믿는 종교. ↔다신교(多神敎). いっしんきょう　monotheism

일신양:역[一身兩役] 한 사람이 두 가지 일을 동시에 맡음. =일인이역(一人二役). double role

일실[一室] ① 하나의 방. ② 한 집안에서 사는 식구. いっしつ　① a room

일실[逸失] 잃어버림. loss

일심[一心] ① 한 마음. 한 뜻. ② 한 가지 일에만 마음을 씀. 또는 그 마음. いっしん　① one mind ② whole-heartedness

일심[一審] 제일심(第一審)의 준말. いっしん

일심[日甚] 날로 심하여 감.「거익(去益)~」

일심동체[一心同體] 여러 사람이 한 마음으로 뜻을 합하여 굳게 결합함.「부부(夫婦)는 ~」いっしんどうたい　being one in body and spirit

일심불란[一心不亂] 마음이 흐트러지지 않고 한 가지 일에만 집중함. いっしんふらん　whole heart

일야[一夜] 하룻밤. いちや·ひとよ　one night

일야[日夜] 밤낮. 늘. 언제나. にちや　day and night

일약[一躍] 지위나 등급 따위가 별안간 높이 뛰어오르는 모양.「~ 영웅이 되다」いちやく　at a bound

일양[一樣] 한결같은 모양. いちよう　similarity

일양내복[一陽來復] ① 음(陰)이 끝나고 양(陽)이 돌아온다는 뜻으로, 음력 11월 또는 동지(冬至)를 이름. ② 겨울이 가고 봄이 돌아옴. ③ 궂은 일이 지나고 좋은 일이 돌아옴. いちようらいふく

일언[一言] 한 마디의 말. ひとこと·いちげん·いちごん　one word

일언반:구[一言半句] 극히 짧은 말. いちごんはんく　a word

일언일행[一言一行] 하나하나의 말과 행동. 사소한 말과 행동. いちげんいっこう

일언지하[一言之下] 한 마디로 딱 잘라 말함. flatly

일엽편주[一葉片舟] 한 척의 작은 배. a small boat

일영일락[一榮一落] ① 한 번 성(盛)하면 한 번 쇠(衰)함. ② 성하는 때도 있고 쇠하는 때도 있음. =일성일쇠(一盛一衰). いちえいいちらく　vicissitudes

일요일[日曜日] 칠요일 중의 첫째 날. =공일(空日). にちようび　Sunday

일용[日用] 날마다 씀. 또는 날마다의 씀씀이.「~품(品)」にちよう　everyday use

일용[日傭] 날품팔이.「~ 노동자(勞動者)」ひよう·ひやとい　daily employment

일우[一隅] 한 구석. いちぐう　a corner

일원[一元] ① 사물이나 현상을 이루는 요소가 하나인 것. ② 대수 방정식에서, 미지수(未知數)가 하나인 것. ↔다원(多元). いちげん

일원[一員] 어떤 사회나 단체를 이루는 구성원 중의 한 사람.「낭(黨)의 ~」いちいん　a member

일원[一圓] ⇨ 일대(一帶). いちえん

일원론[一元論] 만물의 근원은 오직 하나라는 학설. ↔다원론(多元論). いちげんろん monism

일원제[一院制] 의회를 단일한 합의체로 구성하는 제도. =단원제(單院制). ↔양원제(兩院制). いちいんせい unicameral system

일원화[一元化] 여러 갈래로 된 것을 한 계통으로 통합시킴. いちげんか unification

일월[日月] ①해와 달. ②날과 달. 곧, 세월을 이름. じつげつ ① the sun and the moon ② time

일위[一位] ①첫째 자리. =수위(首位). ②한 분. 한 사람. いちい ① the first place

일의대수[一衣帶水] 한 가닥의 띠와 같은 강물이라는 뜻으로, 강이나 해협의 간격이 매우 좁음을 이르는 말.

일이관지[一以貫之] 하나의 이치로 모든 일을 꿰뚫음.

일익[一翼] ①한쪽 부분. ②한 가지의 구실. 「~을 담당(擔當)하다」 いちよく

일익[日益] 나날이 더욱. 「~융성(隆盛)」 day by day

일인[一因] 한 가지 원인. いちいん a cause

일인자[一人者] 그 방면에서 가장 뛰어난 사람. 「화학계(化學界)의 ~」 いちにんしゃ leading person

일인칭[一人稱] ①자기 또는 자기의 동아리를 가리키는 인칭 대명사. ②창작의 주인공으로 묘사되는 '나'. いちにんしょう ① first person

일일[一日] ①하루. =일주야(一晝夜). ②그 달의 첫째 날. 초하루. いちにち・いちじつ ① a day ② first day

일일[日日] 날마다. =매일(每日). ひび・にちにち everyday

일일지장[一日之長] ①하루 먼저 태어나서. 나이가 조금 많음. ②조금 나음. いちじつのちょう

일일천추[一日千秋] 하루가 천년 같다는 뜻으로, 매우 지루하거나 몹시 애태우며 기다림의 비유. いちにちせんしゅう・いちじつせんしゅう

일임[一任] 모두 맡김. いちにん entrusting

일자[日字] 날짜. date

일자무식[一字無識] 글자를 한 자도 모를 밀도로 아주 무식함. =일자불식(一字不識). illiteracy

일자이:후[一自以後] 그로부터 지금까지.

일자포:수[一字砲手] 한 방에 맞히는 명포수. =일방포수(一放砲手).

일장[一場] 한바탕. 「~춘몽(春夢)」 いちじょう

일장월취[日將月就] ⇨일취월장(日就月將). ㉰장취(將就).

일장일단[一長一短] 좋은 점도 있고 나쁜 점도 있음. いっちょういったん merits and demerits

일장춘몽[一場春夢] 한바탕의 봄꿈이라는 뜻으로, 헛된 영화(榮華)나 덧없는 일의 비유. empty dream

일재[逸才] 뛰어난 재능. 또는 그러한 재능을 가진 사람. いっさい

일적[一滴] 물・기름 따위의 한

방울. いってき a drop

일전[一戰] 한바탕의 싸움. 「~불사(不辭)」 いっせん a battle

일전[一轉] ① 한 번 돎. ② 온통 바뀌어 변함. =일변(一變). いってん
① a turn ② complete change

일전[日前] 며칠 전. 수일 전. the other day

일절[一切] 전혀. 절대로. 「~반입 금지(搬入禁止)」 いっさい・いっせつ absolutely

일정[一定] ① 한 번 결정함. ② 정해진 모양이나 범위. 「~한 거리(距離)」 いってい

일정[日政] 일본이 우리 나라를 강점(强占)하여 다스리던 정치. =왜정(倭政). 「~시대(時代)」 Japanese rule

일정[日程] ① 그 날에 할 일. 또는 그 분량이나 순서. ② 그 날 하루에 가야 할 길. ③ 의회(議會) 등에서, 그 날 심의할 의사(議事)나 그 순서. にってい a day's schedule

일제[一齊] '여럿이 한꺼번에'의 뜻을 나타내는 말. 「~히 외치다」 いっせい altogether

일조[一助] 약간의 도움. いちじょ light help

일조[一朝] ① 만약의 경우. 「~유사시(有事時)」 ② 일조일석(一朝一夕)의 준말. いっちょう

일조[日照] 햇볕이 내리쬠. 「~시간(時間)」 ひでり・にっしょう sunshine

일조일석[一朝一夕] 하루 아침이나 하루 저녁. 곧, 짧은 시간을 이름. 준일조(一朝). いっちょういっせき in a short time

일조지분[一朝之忿] 일시적인 노여움. temporary anger

일조지환[一朝之患] 일시적인 근심거리.

일족[一族] 한 겨레붙이. 한 혈통. =동족(同族). いちぞく kinsmen

일족[逸足] 걸음이 빠르고 잘 달림. 또는 그런 사람. いっそく

일종[一種] ① 한 가지. 한 종류. ② 어떤 종류. いっしゅ
① a kind (of)

일주[一周] 한 바퀴를 돎. =일주(一週). 「세계(世界) ~」 いっしゅう one round

일주[一週] ① 일주일(一週日)의 준말. ② ⇨일주(一周). いっしゅう

일주[逸走] 딴 데로 달아남. いっそう running away

일주일[一週日] 한 주일. 칠일(七日) 동안. 준일주(一週). a week

일증월가[日增月加] 날로 더하고 달로 늘어감. 날이 갈수록 증가함. rapid progress

일지[日誌] 그날 그날의 일에 대한 기록. 「당직(當直) ~」 にっし diary

일지[逸志] 세속을 벗어난 고결한 뜻.

일직[日直] ① 그날 그날의 당직. ② 낮 또는 공휴일의 당직. にっちょく ① day duty

일직선[一直線] 한 방향으로 쪽 곧은 선. いっちょくせん straight line

일진[一陣] ① '한바탕 일어남'의 뜻. 「~광풍(狂風)」 ② 한 떼의 군사의 진. ③ 맨 앞에 있는 진. =선진(先陣). いちじん ① gust ② military camp ③ vanguard

일진[日辰] 날의 간지(干支).

일진월보[日進月步] 날로 달로 끊임없이 진보함. =일취월장(日就月將). にっしんげっぽ
rapid progress

일진일퇴[一進一退] 한 번 나아갔다 한 번 물러섰다 함. いっしんいったい
advance and retreat

일차[一次] ① 한 차례. 한 번. ② 첫 번. 「~ 대전(大戰)」 いちじ ① once ② the first

일착[一着] 맨 먼저 도착함. 또는 그 사람. いっちゃく
the first arrival

일척[一擲] 모두 내어 던짐. 「~ 백만금(百萬金)」 いってき
abandonment

일천[日淺] 어떤 일을 시작한 지 얼마 되지 않음.
being a few days old

일철[一轍] 이전의 다른 경우와 똑같은 길을 밟음.
same course

일체[一切] 전부. 모두. 모든 것. 「여비 ~를 부담하다」 いっさい everything

일체[一體] ① 한 몸. ② 전체. いったい ① one body ② all

일촉즉발[一觸卽發] 조금 건드리기만 하여도 일이 크게 터질 것 같은, 몹시 위험한 상태. 「~의 위기(危機)」 いっしょくそくはつ

일축[一蹴] 단번에 걷어차거나 물리침. いっしゅう
flat rejection

일출[日出] 해가 돋음. 또는 해돋이. ↔일입(日入)·일몰(日沒). ひので・にっしゅつ
sunrise

일출[逸出] ① 피하여 빠져 나감. ② 보통보다 뛰어남. いっしゅつ ① escape

일취월장[日就月將] 나날이 진보함. =일진월보(日進月步)·일장월취(日將月就).
rapid progress

일취지몽[一炊之夢] 노생(盧生)이 한단에서 여옹(呂翁)의 베개를 베고 잠이 들어 평생을 부귀 영화를 누리는 꿈을 꾸다가 깨어 보니, 잠들기 전에 짓기 시작했던 밥이 아직 다 되지 않은 짧은 동안의 꿈이었다는 고사에서 나온 말로, 인생의 부귀 영화가 덧없음의 비유. =황량지몽(黃粱之夢)·한단지몽(邯鄲之夢). いのゆめ

일층[一層] ① 더욱. 한층 더. いっそう ② 여러 층으로 된 것의 맨 아래층. 첫째 층.
① more ② the first floor

일치[一致] ① 의견·주장 등이 모두 같음. 「만장(滿場)~」 ② 서로 꼭 맞음. 「언행(言行)~」 いっち ① agreement ② correspondence

일침[一針·一鍼] 침 한 대라는 뜻으로, 따끔한 충고의 비유. 「~을 가하다」

일탄[逸彈] 빗나간 총알.
missed shot

일탈[逸脫] 어떤 목적이나 규범, 정해진 범위에서 벗어남. 「본론(本論)에서 ~되다」 いつだつ
deviation

일통[一統] 하나로 뭉침. いっとう
unification

일파[一派] ① 한 갈래. ② 같은 동아리. いっぱ ① school

일패도지[一敗塗地] 여지없이 패하여 다시 일어설 수 없게 됨.

일편[一片] 한 조각. いっぺん·ひとひら
one piece

일편[一便] 한편. 一便
on the other hand

일편단심[一片丹心] 한 조각의 붉은 마음이라는 뜻으로, 참된 충성이나 정성을 이름. 「임 향한 ~」 sincere heart

일평생[一平生] 살아 있는 한 평생. =일생(一生)·평생(平生). whole life

일폭[一幅] 한 폭. 한 장. 「서화(書畫) ~」 いっぷく a scroll

일품[一品] ① 한 가지 물건. ② 가장 훌륭한 품질. 또는 그러한 물건. =일품(逸品). 「천하(天下) ~」 いっぴん ① an article ② excellent article

일품[逸品] 썩 훌륭한 물건. =절품(絕品). 「~ 중(中)의 ~」 いっぴん excellent thing

일필[一筆] ① 붓에 먹을 다시 먹이지 않고 한번에 글씨를 내리 씀. 「~휘지(揮之)」 ② 짧은 한 문장. 「~난기(難記)」 いっぴつ ① one stroke

일필난기[一筆難記] 내용이 길거나 복잡하여 간단히 적기가 어려움.

일필휘지[一筆揮之] 글씨를 단숨에 휘둘러 씀.

일한[日限] 일정한 날의 기한. にちげん term

일행[一行] 함께 길을 가는 사람 전체. いっこう a party

일행[日行] 하루 걷는 걸음.

일허일실[一虛一實] 없는가 하면 있고, 있는가 하면 없는 등 변화가 무쌍하여 본체를 잡기 어려움. =일허일영(一虛一盈). いっきょいちじつ

일현금[一弦琴] 길이가 석 자 여섯 치 되는 나무에 한 가닥의 줄을 친 금(琴). =판금(板琴). いちげんきん monochord

일혈[溢血] 몸의 조직 사이에 일어나는 내출혈(內出血). 「뇌(腦)~」 いっけつ extravasation

일호[一毫] 한 가닥 가는 털이라는 뜻으로, 아주 작은 정도의 비유. =추호(秋毫). いちごう trifle

일호반·점[一毫半點] '일호(一毫)'를 강조하여 이르는 말. smallest fraction

일호지액[一狐之腋] 여우 겨드랑이 밑의 희고 고운 털이라는 뜻으로, 몹시 진귀한 물건의 비유.

일화[逸話] 어떤 사람이나 사건에 관련된, 세상에 별로 알려지지 아니한 흥미 있는 이야기. いつわ anecdote

일화성[一化性] 한 해에 한 세대(世代)를 마치는 성질. 누에·마디충 따위에서 볼 수 있음.

일확천금[一攫千金] 힘들이지 않고 단번에 많은 재물을 얻음. いっかくせんきん making a fortune at a stroke

일환[一環] ① 이어져 있는 많은 고리 중의 하나. ② 밀접한 관계에 있는 사물의 한 부분. 「교육 사업의 ~」 いっかん ① a link in a chain ② a part

일회[一回] 한 번. いっかい once

일후[日後] 뒷날. 나중. =후일(後日). ↔일전(日前). another day

일훈[日暈] 햇무리. ひがさ·にちうん halo of the sun

일희일우[一喜一憂] ① 한편으로는 기쁘고 한편으로는 슬픔. ② 기쁜 일과 슬픈 일이 번갈아 일어남. いっきいちゆう

alternation of joy and sorrow

임:[壬]* ① 아홉째 천간 임: 십간(十干)의 아홉째. 「壬子(임자)·壬辰(임진)·壬方(임방)·壬坐(임좌)」 ② 간사할 임: 간사하다. 「壬人(임인)」 ジン·みずのえ

임:[任]☆ 맡길 임: 맡기다. 주다. 「一任(일임)·委任(위임)·選任(선임)·任職(임직)·任務(임무)·辭任(사임)·任意(임의)·放任(방임)·責任(책임)」 ニン·まかせる

임:[妊] "姙"은 同字. 아이 밸 임: 아이를 배다. 「妊婦(임부)·妊産(임산)·不妊(불임)·避妊(피임)」 ニン·はらむ

임:[荏] ① 부드러울 임: 부드럽다. 「荏弱(임약)·荏染(임염)」 ② 들깨 임: 들깨. 「荏子(임자)」 ジン

임:[稔] ① 곡식 여물 임: 곡식이 여물다. 「稔熟(임숙)·稔泰(임태)」 ② 오래 쌓일 임: 오래 쌓이다. 「稔惡(임악)」 ネン·みのる

임:[賃]☆ ① 품팔이할 임: 품팔이. 더부살이. 품삯. 「賃金(임금)·工賃(공임)」 ② 세낼 임: 세내다. 빌리다. 「家賃(가임)·運賃(운임)·賃借(임차)·賃貸(임대)」 チン

임간[林間] 숲 속. 수풀 사이. りんかん   interior of a forest

임간 학교[林間學校] 여름철에 학생들의 심신 단련·자연 학습을 위하여, 숲 속 등에 설치한 학교. りんかんがっこう   open-air school

임갈굴정[臨渴掘井] 목이 마르고서야 우물을 판다는 뜻으로, 아무 준비 없이 일을 당하여 허둥지둥하는 모양.

임검[臨檢] 일이 일어난 현장에 가서 검사함. りんけん   official inspection

임계[臨界] 경계선에 다다름. 또는 그 경계(境界). りんかい   criticality

임계각[臨界角] 빛의 전반사(全反射)가 일어나는 한계의 입사각. =한계각(限界角). りんかいかく   critical angle

임계 상태[臨界狀態] 임계 온도·임계 압력하에 있는 물질의 상태. りんかいじょうたい   critical state

임계 압력[臨界壓力] 일정한 온도에서 기체를 액화(液化)시키는 데 필요한 최소한의 압력. りんかいあつりょく   critical pressure

임계 온도[臨界溫度] 일정한 압력에서 기체를 액화(液化)시키는 데 필요한 최고 온도. 기체는 이 온도 이하에서 가압(加壓)에 의하여 액화됨. りんかいおんど   critical temperature

임:관[任官] ① 관직에 임명됨. =면관(免官). ② 사관 후보생이나 사관 생도가 장교로 임명됨. にんかん   ① appointment to an office ② commission

임균[淋菌·痳菌] 임질을 일으키는 병원균. りんきん   gonococcus

임:금[賃金] 노동의 대가로 받는 돈. 품삯. ちんぎん·ちんきん   wages

임:금 노동[賃金勞動] 자기의 노동력을 자본가에게 제공하고 그 대가로 임금을 받는 노동 형태. ちんぎんろうどう   wageworking

임:금 지수[賃金指數] 임금 수

준의 시간적·공간적 변동을 나타내기 위해 사용되는 지수. ちんぎんしすう wage index

임:금 철칙[賃金鐵則] 임금은 노동자와 그 가족의 생존을 위한 최저선에서 결정되어야 한다는 설(說). ちんぎんてっそく iron law of wages

임:기[任期] 직무에 종사하는 일정한 기한. 「~ 만료(滿了)」 にんき term of office

임기[臨機] 어떤 기회나 고비에 이름. りんき

임기응:변[臨機應變] 그때 그때의 사정과 형편에 따라 알맞게 일을 처리함. =임시응변(臨時應變). ㉰응변(應變). りんきおうへん adaptation to circumstances

임:대[賃貸] 삯을 받고 물건이나 시설을 빌려 줌. ↔임차(賃借). ちんたい·ちんがし lease

임:대 가격[賃貸價格] 대주(貸主)가 임대물의 공과(公課) 및 유지·수리에 필요한 경비를 부담하는 조건으로 임대물을 빌려 주고 받는 값. ちんたいかかく rental value

임:대차[賃貸借] 당사자의 한 쪽이 상대편에게 일정한 물품이나 부동산을 쓰게 하고, 상대편이 그 대가로 임대료를 지급할 것을 내용으로 하는 계약. ちんたいしゃく letting and hiring

임독[淋毒·痳毒] 임질의 독. りんどく gonorrhea

임:린[壬亂] 임진왜란(壬辰倭亂)의 준말.

임리[淋漓] 피·땀·물 따위가 뚝뚝 떨어지거나 흥건한 모양. りんり dripping

임립[林立] 숲의 나무들처럼 죽 늘어섬. 「~한 빌딩」 りんりつ bristling

임마누엘[헤 Immanuel] 하느님이 우리와 함께 있다는 뜻으로, 구약 성서에 예언된 내림(來臨)할 사람의 이름.

임:면[任免] 임명과 해면(解免). 「~권(權)」 にんめん appointment and dismissal

임:명[任命] 직무를 맡김. ↔면직(免職). 「~장(狀)」 にんめい appointment

임:무[任務] 맡은 일. =소임(所任)·직무(職務). にんむ duty

임박[臨迫] 때가 가까이 닥쳐 옴. 「시험(試驗)이 ~하다」 approaching

임병[痳病] ⇨임질(淋疾).

임:부[姙婦·妊婦] 아이를 밴 여자. =잉부(孕婦). にんぷ pregnant woman

임사[淋絲] 만성 임질에 걸린 사람의 오줌 속에 떠다니는 실 같은 물질. りんし

임사[臨死] 죽게 될 때에 이름. 죽음이 임박함. =임종(臨終). dying moment

임삭[臨朔] 아이를 낳을 달이 됨. =당삭(當朔)·임월(臨月). parturiency

임:산[姙産] 아이를 배거나 낳음. 「~부(婦)」 にんさん pregnancy and delivery

임산[林産] 산림(山林)에서 남. 또는 그 산물. 「~물(物)」 りんさん forest products

임:산부[姙産婦·姙産婦] 임부와 산부. 아이를 배거나 낳은 여자. にんさんぷ expectant and nursing mother

임상[臨床] 환자를 직접 상대하여 병의 치료와 함께 그 예방의 실천 방법 등을 연구하는

일. 「~ 실험(實驗)」 りんしょう
임상 강:의[臨床講義] 환자의 병상 곁에서 진단·치료 방법 등을 강의함. りんしょうこうぎ
clinical lecture
임상 의학[臨床醫學] 환자를 직접 대하면서 관찰·연구하여 치료하는 학문. りんしょういがく clinical medicine
임석[臨席] 그 자리에 참석함. =임장(臨場). 「~ 경관(警官)」 りんせき attendance
임:소[任所] 지방 관리가 근무하는 곳. にんしょ
office of local government
임습[霖濕] 장마철의 심한 습기. humidity in the rainy season
임시[臨時] ① 일정한 때가 아님. 「~ 총회(總會)」 ② 임시적으로 얼마 동안. 우선 급한 대로 쓰는 일. 「~ 직원(職員)」 りんじ
임시 국회[臨時國會] 긴급을 요할 때 임시로 소집되는 국회. りんじこっかい
extraordinary session of the National Assembly
임시 변:통[臨時變通] 갑자기 생긴 일을 우선 임시로 둘러맞춰서 처리함. makeshift
임시비[臨時費] 뜻밖의 지출에 대비하여 미리 책정해 둔 돈. りんじひ
emergency expenses
임시 정부[臨時政府] ① 국내적으로나 국제적으로 적법한 절차가 없어서 그 정당성을 인정받지 못한 사실상의 정부. ② 1919년 4월 10일, 중국 상해에서 조직되었던 대한 민국의 임시 정부. 준임정(臨政).
provisional government
임시졸판[臨時猝辦] 갑자기 당한 일을 급하게 둘러대어 처리함.
임:신[妊娠·姙娠] 아이를 뱀. =잉태(孕胎). にんしん
pregnancy
임심조서[林深鳥棲] 숲이 깊어야 새가 깃든다는 뜻으로, 인의(仁義)를 쌓으면 만물이 귀의(歸依)함의 비유.
임야[林野] ① 숲이 있거나 개간되지 않은 땅. ② 재산으로 말할 때의 산지(山地). りんや
① forests and fields
임업[林業] 나무를 심고 가꾸는 사업. 「~ 시험장(試驗場)」 りんぎょう forestry
임:용[任用] 직무를 맡겨서 등용함. にんよう appointment
임우[霖雨] 장마. りんう
rain in the wet season
임:원[任員] 어떤 단체의 일을 맡아 처리하는 사람. =역원(役員). board
임월[臨月] 아이 낳을 달이 됨. =임삭(臨朔). りんげつ
parturiency
임:은[賃銀] 노동자가 받는 보수. 품삯. =임금(賃金). ちんぎん wages
임:의[任意] 마음대로 함. 상대방 뜻에 맡김. 「~ 출두(出頭)」 にんい voluntariness
임:의 경:매[任意競賣] 물건의 임자가 집행관에게 신청하여 하는 경매. ↔강제 경매(强制競賣). にんいきょうばい
임장[臨場] 현장에 나옴. =임석(臨席). りんじょう presence
임전[臨戰] 전쟁에 임함. 또는 전장(戰場)에 나감. 「~ 태세(態勢)」 りんせん
presence at a battle
임정[林政] 임업(林業)에 관한

행정. りんせい forestry administration

임정[臨政] 임시 정부(臨時政府)의 준말.

임종[臨終] ① 죽게 될 때에 이름. =임사(臨死). りんじゅう ② 부모가 돌아갈 때 모시고 있음. =종신(終身). ① dying moment ② attendance at one's parent's deathbed

임:지[任地] 관원이 부임하는 곳. にんち   place of one's appointment

임지[林地] 나무가 많이 자라고 있는 토지. りんち forestland

임지[臨池] 글씨 쓰기를 익힘. =습자(習字). りんち   penmanship

임:직[任職] 직무를 맡김. appointment

임:진왜란[壬辰倭亂] 1592년에 일본이 우리 나라에 침입하여 일으킨 난리. 준임란(壬亂)·왜란(倭亂).

임질[痲疾·淋疾] 임균의 감염으로 일어나는 성병. =임병(淋病). りんしつ gonorrhea

임:차[賃借] 삯을 주고 남의 물건을 빌림. ↔임대(賃貸). ちんしゃく·ちんがり   hire

임천[林泉] 수풀과 샘이라는 뜻으로, 은사(隱士)가 사는 곳을 이름. りんせん   spring and forest

임:치[任置] 남에게 돈이나 물건을 맡겨 둠.   deposit

임팩트론:[impact loan] 용도(用途)에 규제가 없는 외화 차관(借款). インパクトローン

임펄스[impulse] 충격. 추진력(推進力). インパルス

임포텐츠[독 Impotenz] 음위(陰痿). インポテンツ

임피던스[impedance] 전기 회로에 교류(交流)가 흘렀을 때의 전압과 전류와의 비. インピーダンス

임하[林下] ① 수풀 밑. ② 벼슬을 그만두고 은퇴한 곳.

임학[林學] 임업(林業)의 이론·방법을 연구하는 학문. りんがく   forestry

임항[臨港] 항구에 가까이 있음. 항구를 끼고 있음. 「~ 철도(鐵道)」りんこう

임해[臨海] 바다에 가까이 있음. 바다를 끼고 있음. 「~ 공업 단지(工業團地)」りんかい   seaside

임해 학교[臨海學校] 여름 방학 때, 학생들의 건강 증진을 위해 해변가에서 교육을 시키는 시설. りんかいがっこう   seaside school

임행[臨幸] 임금이 그 곳에 거동함. りんこう

임:협[任俠] ① 약자를 돕고 강자와 맞섬. ② 체면을 소중히 여기고 신의를 지킴. にんきょう   ① chivalry

입[入]* 들 입: 들다. 들어오다. 「入團(입단)·出入(출입)·門門(입문)·入口(입구)·編入(편입)·入社(입사)·收入(수입)·入金(입금)」ニュウ·いる·はいる

입[卄] 스물 입: 스물. 「卄個(입개)·卄番(입번)」ジュウ·にじゅう

입각[入閣] 내각(內閣) 조직에 성원으로 들어감. にゅうかく   entry into the Cabinet

입각[立脚] 근거로 삼아 그 처지에 섬. 「사실(事實)에 ~하다」りっきゃく   footing

입감[入監] 감방이나 감옥에 갇힘. =입옥(入獄). ↔출감(出監). にゅうかん imprisonment

입갱[入坑] 갱도(坑道) 속으로 들어감. ↔출갱(出坑). にゅうこう entering an adit

입거[入渠] 배를 독(dock)에 넣음. にゅうきょ docking

입건[立件] 혐의 사실을 인정하여 사건(事件)으로 성립시킴. booking on charge

입경[入京] 서울로 들어옴. ↔출경(出京)·이경(離京)·퇴경(退京). にゅうきょう entering the capital

입고[入庫] 물건을 창고에 넣음. ↔출고(出庫). にゅうこ warehousing

입공[入貢] 지난날, 조공을 바치던 일. にゅうこう paying tribute

입관[入棺] 시체를 관 속에 넣음. にゅうかん placing the corpse in the coffin

입교[入校] 학교에 들어가 학생이 됨. =입학(入學). にゅうこう entrance into a school

입교[入教] ①종교를 믿기 시작함. ②기독교에서, 세례를 받고 정식으로 신자가 됨. にゅうきょう ① conversion

입구[入口] 들어가는 곳. ↔출구(出口). いりぐち entrance

입국[入國] 어떤 나라로 들어감. ↔출국(出國). にゅうこく entry into a country

입국[立國] ①나라를 세움. =건국(建國). ②국력을 길러 번영하게 함. 「공업(工業)~」 りっこく ① founding of a nation

입궁[入宮] ①궁궐로 들어감. ②장기에서, 말이 상대편의 궁밭으로 들어감. ① entry into the palace

입궐[入闕] 대궐로 들어감. =예궐(詣闕). entry into the palace

입금[入金] ①돈이 들어옴. ↔출금(出金). ②예금을 하거나 빚을 갚기 위하여 은행 등에 돈을 들여놓음. にゅうきん ① receipt of money

입금 전표[入金傳票] 경리에서, 입금 상황을 적는 전표. ↔출금 전표(出金傳票). にゅうきんでんぴょう deposit slip

입납[入納] '삼가 편지를 드린다'는 뜻으로 봉투에 쓰는 말. 「본제(本第)~」 addressed to

입단[入團] 어떤 단체에 가입함. にゅうだん joining

입담[立談] 서서 이야기함. 또는 서서 하는 이야기. りつだん

입당[入黨] 당(黨)에 들어가 당원이 됨. ↔탈당(脫黨). にゅうとう joining a political party

입대[入隊] 군대에 들어가 군인이 됨. =입영(入營). ↔제대(除隊). にゅうたい enlistment

입도 선매[立稻先賣] 벼를 베기 전에 논에 있는 채로 미리 팖. selling rice before the harvest

입도 압류[立稻押留] 빚을 갚지 못할 때, 논에 있는 벼를 강제 집행으로 압류함.

입동[立冬] 이십사 절기의 하나. 양력으로 11월 8일경. りっとう beginning of winter

입락[入落] 합격과 낙제. success or failure

입력[入力] ①기계 장치 등을 정상적으로 움직이게 하기 위해 필요한 동력이나 신호를 보내는 일. ②컴퓨터에서, 정보나 데이터를 주기억 장치 속

입례~입산기호

에 기억시키는 일. ↔출력(出力). にゅうりょく　input

입례[立禮] 선 채로 인사함. 또는 그런 인사. りつれい
stand-up salute

입론[立論] 이론의 체계를 세움. りつろん　argument

입립신고[粒粒辛苦] 곡식 한 알 한 알에 농부의 고생이 스며 있다는 뜻. りゅうりゅうしんく

입면[立面] 정면(正面)이나 측면(側面)에서 수평(水平)으로 본 형태. りつめん

입멸[入滅] 불교에서, 중이 세상을 떠남. =입적(入寂). にゅうめつ
death of a Buddhist saint

입명[立命] 천명(天命)을 좇아 마음의 평안을 얻음. 「안심(安心)~」 りつめい

입목[立木] 땅에 뿌리를 박고 서 있는 나무. たちき
standing tree

입몰[入沒] 어떤 일에 빠짐. = 몰입(沒入). immersion

입묵[入墨] 살에 먹물로 글자나 그림을 떠 넣음. いれずみ
tattooing

입문[入門] ①어떤 학문이나 기술을 배우기 위하여 처음으로 발을 들여 놓음. ②지난날, 과거 보는 유생이 과장(科場)에 들어가던 일. にゅうもん
① primer

입방[立方] 같은 수를 세 곱한 것. 용적(容積)을 나타내는 방식. 세제곱의 구용어. 「~미터」 りっぽう　cube

입방근[立方根] 어떤 수 a를 세제곱한 값이 b일 때 a를 b에 대하여 일컫는 말. 세제곱근의 구용어. りっぽうこん
cube root

입방체[立方體] 가로·세로·높이의 길이가 똑같은 입체. = 정육면체(正六面體). りっぽうたい　cube

입법[立法] 법을 제정함. 또는 그 행위. 「~기관(機關)」 りっぽう　legislation

입법권[立法權] ①법을 제정하는 국가의 작용. ②법률을 제정하는 의회의 권한. りっぽうけん　② legislative power

입법부[立法府] 입법하는 기관. 곧 국회를 이르는 말. りっぽうふ　legislature

입북[入北] 북쪽 지역으로 들어감. ↔출북(出北).
going to the north

입비[入費] 어떤 일에 드는 비용(費用). にゅうひ　expenses

입비[立碑] 비석을 세움.
erection of a monument

입사[入舍] 기숙사·관사 등으로 입주(入住)함. にゅうしゃ
entering a dormitory

입사[入社] 회사에 취직이 되어 들어감. ↔퇴사(退社). にゅうしゃ　joining a company

입사[入射] 빛이나 파동 따위가 어떤 매질(媒質)을 지나 다른 매질과의 경계면에 도달하는 일. =투사(投射). ↔반사(反射). 「~광선(光線)」 にゅうしゃ　incidence

입사[入絲] 쇠그릇이나 놋그릇 따위에 은실을 장식으로 박아 넣음.
damascening

입산[入山] ①산에 들어감. 「~금지(禁止)」 ②불교에서, 출가하여 중이 됨. にゅうざん
① entering a mountain ② becoming a monk

입산기호[入山忌虎] 산에 들어

가 호랑이를 꺼린다는 뜻으로, 일은 시작하고서 정작 목적한 바를 당하면 꽁무니를 뺀다는 말.

입상[入賞] 상을 탈 수 있는 등수에 듦. にゅうしょう winning a prize

입상[立像] 서 있는 형상. りつぞう standing figure

입상[粒狀] 낱알 모양. 「～반(斑)」 りゅうじょう granulation

입석[立石] ① 비석이나 이정표(里程表) 따위의 돌을 세움. 또는 그 돌. ② 선사 시대(先史時代)의 거석 유물(巨石遺物). 기둥 모양의 돌을 세워서 만든, 일종의 원시 신앙의 숭배물, 선돌. ② menhir

입석[立席] 서서 구경하거나 타는 자리. ↔좌석(座席). 「～표(票)」 standing room

입선[入船] 배가 항구에 들어옴. ＝입항(入港). にゅうせん・いりふね arrival of a vessel

입선[入選] 응모・출품한 작품이 심사에 합격함. ―당선(當選). ↔낙선(落選). 「～작(作)」 にゅうせん being accepted

입성[入城] 성 안으로 들어감. 「～ 진군(進軍)」にゅうじょう entry into a castle

입성[入聲] 사성(四聲)의 하나. 짧고 빨리 거두어들이는 소리. にっせい・にっしょう

입소[入所] 훈련소・연구소 등에 훈련・연구 등을 하기 위하여 들어감. にゅうしょ entrance

입수[入水] 물 속에 들어감. にゅうすい

입수[入手] 자기 손에 넣음. 수중에 들어옴. にゅうしゅ receipt

입시[入侍] 지난날, 대궐로 들어가 임금을 알현(謁見)하던 일. audience

입시[入試] 입학 시험(入學試驗)의 준말. にゅうし

입식[立式] 서서 행동하도록 된 방식. 「～ 부엌」

입식[立食] 서서 먹음. りっしょく

입식[粒食] 낟알로 음식을 지어 먹음. ↔분식(粉食). りゅうしょく

입신[入神] 지혜나 기술이 신기(神技)라고 할 정도에 이름. にゅうしん diviness

입신[立身] 사회적으로 기반을 닦고 출세함. 「～ 양명(揚名)」 りっしん success in life

입실[入室] ① 방 안으로 들어감. ② 불교에서, 학인(學人)이 수행하는 데 대한 지도를 받기 위하여 스님의 방에 들어가는 일. にゅうしつ ① entering a room

입안[立案] 안(案)을 마련함. りつあん planning

입양[入養] 남의 집에 양자(養子)로 들어감. 또는 양자를 들임. adoption

입언[立言] ① 후세에 교훈이 될 만한 말을 함. ② 의견을 말함. りつげん ② proposition

입영[入營] 군인이 되어 병영에 들어감. ＝입대(入隊). ↔제대(除隊). にゅうえい enlistment

입옥[入獄] 옥에 갇힘. ↔출옥(出獄). にゅうごく imprisonment

입욕[入浴] 목욕하러 탕(湯)에 들어감. ＝입탕(入湯). にゅうよく bathing

입원[入院] 병을 치료하기 위하여 일정한 기간 동안 병원에 들어감. ↔퇴원(退院). にゅういん hospitalization

입자[粒子] 물질을 구성하는 미세한 알갱이. りゅうし particle

입장[入場] 식장·회장(會場)·극장 등의 장내로 들어감.「~권(券)」にゅうじょう entrance

입장[立場] ⇨ 처지(處地). たちば

입장권[入場券] 입장을 허락하는 표. にゅうじょうけん admission ticket

입적[入寂] 불교에서, 중이 세상을 떠남. =입멸(入滅). にゅうじゃく entering Nirvana

입적[入籍] ① 호적에 올림. ② 명부(名簿) 등에 올림. ↔제적(除籍). にゅうせき ① entry in the family register

입전[入電] 전보·전신 따위가 도착함. =내전(來電). ↔타전(打電). にゅうでん telegram received

입정[入廷] 재판을 하거나 받기 위하여 법정으로 들어감. ↔퇴정(退廷). にゅうてい entrance into the courtroom

입정미[入鼎米] 아주 정하게 쓿은 쌀. 그대로 밥을 지을 수 있는 쌀. 아주먹이.

입조[入朝] 벼슬에 오름. にゅうちょう

입주[入住] 새로 개척한 땅이나 새로 지은 집으로 들어가서 삶. moving into

입주[立柱] 집을 짓기 위하여 기둥을 세움.「~ 상량(上樑)」setting up a pillar

입증[立證] 증거나 증인을 내세워 증명함. りっしょう proof

입지[立地] ① 생태학(生態學) 등에서, 동식물이 자라는 특정 지역의 환경. ② 인간이 경제 활동을 하기 위하여 선택하는 장소.「~ 조건(條件)」りっち location

입지[立志] 어떤 목적을 위해 뜻을 세움.「~전(傳)」りっし determination to make a success in life

입직[入直] 일직이나 숙직에 번을 듦. =입번(入番).

입찰[入札] 도급(都給)이나 매매에서, 희망자들에게 각자의 예정 가격을 써 내게 하는 일. にゅうさつ bid

입창[立唱] 민속 음악에서, 여러 소리꾼이 흥겹게 춤을 섞어 가면서 서서 부르는 방식. 또는 그런 방식으로 부르는 잡가. 선소리. ↔좌창(坐唱).

입체[立體] 공간적(空間的)인 자리를 차지하고, 길이·넓이·두께를 가지는 것. ↔평면(平面). りったい solid body

입체각[立體角] 공간의 한 점을 정점(頂點)으로 하는 사선이, 정점을 중심으로 회전하여 처음의 위치로 되돌아왔을 때 그려진 도형에 생긴 각. りったいかく solid angle

입체 낭:독[立體朗讀] 소설 같은 것을 낭독할 때, 등장 인물별로 나누고 효과·음악 등을 넣어 실감이 나게 읽는 낭독법. りったいろうどく stereophonic reading

입체 방:송[立體放送] 주파수(周波數)가 다른 둘 이상의 회로(回路)를 이용하는 방송. りったいほうそう stereophonic broadcast

입체 사진[立體寫眞] 시차(視差)를 달리하여 찍은 두 장 이상의 사진을 실체경으로 들여다볼 때 입체적으로 보이는 사진. りったいしゃしん stereophotograph

입체 영화[立體映畫] 여러 개의 렌즈로 촬영되어 화면이 입

체감을 주는 영화. 시네라마 따위. りったいえいが
three-dimensional film

입체적[立體的] 입체를 보는 것과 같은 느낌을 주는 것. ↔평면적(平面的). りったいてき
three-dimensional

입체파[立體派] 물체의 모양을 분석하여 기하학적인 점과 선으로 표현하려고 한 미술 운동의 한 파. りったいは cubism

입초[入超] 수입 초과(輸入超過)의 준말. ↔출초(出超). にゅうちょう

입초[立哨] 보초(步哨)를 섬. 또는 그 사람. ↔동초(動哨).
watch

입추[立秋] 이십사 절기의 하나. 양력으로 8월 8일경. りっしゅう first day of fall

입추[立錐] 송곳을 세움. 「~의 여지가 없다」 りっすい

입춘[立春] 이십사 절기의 하나. 양력으로 2월 4일경. りっしゅん first day of spring

입출[入出] 수입과 지출. =수지(收支).
income and expenditure

입품[入品] 물품을 들여옴. 또는 그 물건.

입하[入荷] 하물(荷物)이 들어옴. ↔출하(出荷). にゅうか
receipt of goods

입하[立夏] 이십사 절기의 하나. 양력으로 5월 6일경. りっか first day of summer

입학[入學] 학교에 들어가 학생이 됨. =입교(入校). ↔졸업(卒業). にゅうがく
entrance into a school

입학 시:험[入學試驗] 입학하기 위하여 치르는 시험. ㊟입시(入試). にゅうがくしけん

entrance examination

입항[入港] 선박이 항구로 들어옴. ↔출항(出港). にゅうこう
entry into port

입헌[立憲] 헌법을 제정함. =제헌(制憲). りっけん establishment of a constitution

입헌 정치[立憲政治] 헌법을 제정하고, 그 법에 의해서 다스리는 정치. ㊟헌정(憲政). りっけんせいじ
constitutional government

입회[入會] 어떤 회에 가입하여 회원이 됨. ↔탈회(脫會). にゅうかい entrance

입회[立會] 검증・참고를 위해 현장에 가서 지켜 봄. たちあい presence

입후보[立候補] 후보자로 나섬. 「국회 의원(國會議員) ~」 りっこうほ candidacy

잉:[仍] 인할 잉: 인하다. 그대로 따르다. 「仍用(잉용)・仍存(잉존)・仍任(잉임)」 ジョウ・よる

잉:[孕] 아이 밸 잉: 아이를 배다. 「孕胎(잉태)・孕婦(잉부)・孕重(잉중)」 ヨウ・はらむ

잉:[剩] 남을 잉: 남다. 「剩餘(잉여)・剩數(잉수)・剩額(잉액)・過剩(과잉)・剩員(잉원)」 ジョウ・あまる

잉글리시 호른[English horn] 목관 악기(木管樂器)의 하나. 오보에보다 낮은 음을 내며, 대편성 관현악에 쓰임. イングリッシュ ホルン

잉:부[孕婦] 아이를 밴 여자. =임부(姙婦)・잉모(孕母).
pregnant woman

잉:액[剩額] 남은 액수.

잉:여[剩餘] 쓰고 난 나머지. じょうよ surplus

잉ː여 가치[剩餘價値] 노동자가 생산하는 생산물의 가치와 노동자에게 지급되는 임금과의 차액. じょうよかち surplus value

잉ː여금[剩餘金] 기업체에서 순자산액(純資産額)을 초과하는 금액(金額). じょうよきん surplus

잉ː여법[剩餘法] J. S. 밀이 제시한 귀납적 방법의 한 가지. 歸納

잉ː원[剩員] 남아 돌아가는 인원(人員). 나머지의 인원. じょういん supernumerary

잉크[ink] 필기(筆記)·인쇄에 사용하는 유색(有色) 액체. インク

잉크스탠드[inkstand] 책상 위에 놓고 쓰게 되어 있는, 잉크 담는 그릇. インクスタンド

자[子] ① 아들 자: 아들. 「父子(부자)·子息(자식)·子女(자녀)」 ② 종자 자: 종자. 「種子(종자)·卵子(난자)」 ③ 경칭 자: 경칭. 「孔子(공자)·孟子(맹자)·老子(노자)」 ④ 첫째 지지 자: 첫째 지지. 「甲子(갑자)·子方(자방)·子時(자시)」 ⑤ 사람 자: 사람. 「男子(남자)·女子(여자)」 ⑥ 접미사 자: 접미사. 「箱子(상자)·册子(책자)」 シ・ス ① こ ② ね

자[仔] ① 자세할 자: 자세하다. 「仔細(자세)·仔詳(자상)」 ② 맡길 자: 맡기다. 「仔肩(자견)」 ③ 새끼 자: 새끼. 「仔蟲(자충)」 シ ③ こ

자[字]* ① 글자 자: 글자. 「文字(문자)·字數(자수)·字畵(자획)·字解(자해)·字意(자의)」 ② 사랑할 자: 사랑하다. 「字小(자소)·字恤(자휼)·字養(자양)」 ジ

자[自]* ① 스스로 자: 스스로. 저절로. 「自筆(자필)·自決(자결)·自殺(자살)·自給(자급)·獨自(독자)·自成(자성)·自然(자연)·自若(자약)」 ② 부터 자: 부터. 「自古(자고)·自此(자차)」 シ・ジ ① みずから ② より

자:[刺]☆ ① 찌를 자: 찌르다. 가시. 「刺殺(자살)·刺客(자객)·刺創(자창)·刺戟(자극)·刺繡(자수)」 ② 자자할 자: 자자하다. 「刺字(자자)」 ③ 찌를 척: 찌르다. 「刺殺(척살)」 シ ①③ さす

자[姉]* "姉"는 俗字. 맏누이 자: 맏누이. 「姉兄(자형)·姉妹(자매)·長姉(장자)」 シ・あね

자[姊] "姊"의 俗字.

자[咨] ① 물을 자: 묻다. 「咨詢(자순)·咨問(자문)」 ② 탄식할 자: 탄식하다. 「咨歎(자탄)·咨嗟(자차)」 シ

자[姿]☆ ① 맵시 자: 맵시. 「姿勢(자세)·姿望(자망)·姿色(자색)·容姿(용자)」 ② 성품 자: 성품. 「姿質(자질)·姿宇(자우)」 シ・すがた

자[者]* 놈 자: 것. 사람. 「前者(전자)·後者(후자)·王者(왕자)·患者(환자)·學者(학자)」 シャ・もの

자[恣]ᴴ 방사할 사: 방사하다. 「恣意(자의)·恣縱(자종)·恣行(자행)·恣樂(자락)」 シ・ほしいまま

자[疵] 흠 자: 흠. 허물. 「疵病(자병)·瑕疵(하자)」 シ・きず

자[玆]☆ 이 자: 이. 이것. 「玆者(자이)」 シ・ジ・この

자[瓷] 사기그릇 자: 사기그릇. 「瓷器(자기)·瓷佛(자불)·瓷塔(자탑)·瓷土(자토)」 シ・ジ

자:[紫]☆ 자줏빛 자: 자줏빛. 「紫色(자색)·紫石(자석)·紫煙(자연)·紫朱(자주)」 シ・むらさき

자[滋] ① 맛 자: 맛. 「滋味(자미)·滋養(자양)」 ② 번성할

자 : 번성하다. 「滋殖(자식)」
③ 더욱 자 : 더욱. 「滋甚(자심)」 ジ・シ ② ます・しげる

자:[煮] 삶을 자 : 삶다. 익다. 「煮鹽(자염)・煮炊(자취)」 シャ・にる

자[資]☆ ① 재물 자 : 재물. 「資産(자산)・資金(자금)・資力(자력)・投資(투자)」 ② 성품 자 : 성품. 「資格(자격)・資質(자질)」 シ ① もとで ② たち

자[雌]☆ 암컷 자 : 암컷. 「雌雄(자웅)・雌性(자성)・雌花(자화)・雌伏(자복)」 シ・め・めす

자[慈]* 사랑 자 : 사랑. 어질다. 「慈愛(자애)・慈悲(자비)・慈母(자모)・慈父(자부)・慈善(자선)・仁慈(인자)・慈旨(자지)」 ジ・いつくしむ

자[磁] ① 자석 자 : 자석. 「磁石(자석)・磁針(자침)・電磁(전자)・磁氣(자기)」 ② 옹기 자 : 옹기. 「磁器(자기)・磁土(자토)」 ジ

자[蔗] 사탕풀 자 : 사탕풀. 사탕수수. 「蔗糖(자당)・蔗霜(자상)・甘蔗(감자)」 シャ・ショ さとうきび

자:[諮] 물을 자 : 묻다. 「諮問(자문)・諮詢(자순)・諮議(자의)・諮諏(자취)」 シ

자:[藉] ① 깔개 자 : 깔개. 바닥에 깔다. 「藉藁(자고)」 ② 빌릴 자 : 핑계 대다. 구실삼다. 「藉託(자탁)・藉名(자명)・憑藉(빙자)」 ③ 위로할 자 : 위로하다. 「慰藉料(위자료)」 シャ・セキ ① しく ② かりる

자가[自家] ① 자기 집. =자택(自宅). ↔타가(他家). 「～발전(發電)」 ② 자기 자신. 「～본위(本位)」 じか
　① one's own house ② self

자가 결실[自家結實] 동일한 꽃이나 그루의 꽃가루가 암술에 수정(受精)해서 열매를 맺음.

자가당착[自家撞着] 한 사람의 말이나 행동이 서로 모순됨. =모순당착(矛盾撞着). じかどうちゃく self-contradiction

자가 수분[自家受粉] 양성화(兩性花)에서 같은 꽃의 수술・암술 사이에 수분 작용(受粉作用)이 이루어지는 일. じかじゅふん self-pollination

자가 수정[自家受精] ① 암수 한몸인 동물에서 이루어지는 수정. ② 식물에서 같은 그루의 암술과 수술 사이에 수분을 하여 수정이 이루어지는 일. じかじゅせい autogamy

자가용[自家用] 자기 집에서 전용하는 물건. ↔영업용(營業用). じかよう private use

자가제[自家製] 자기 집에서 만든 것. じかせい home-made

자가 중독[自家中毒] 자기 몸속에서 생기는 독기로 일어나는 중독. 요독(尿毒)・산독(酸毒) 등. じかちゅうどく
　　　　　autointoxication

자각[自覺] ① 스스로 느끼고 깨달음. 「～증상(症狀)」 ② 불교에서, 미망에서 벗어나 스스로 진리를 깨닫는 일. じかく ① self-consciousness

자간[子癇] 임신한 여자가 전신에 경련을 일으키는 병. しかん eclampsia

자간[字間] 글자와 글자 사이. じかん

자:갈색[紫褐色・赭褐色] 검누른 바탕에 붉은색이 섞인 빛깔. purplish brown

자강[自強・自彊] 스스로 마음

자객[刺客] 사람을 몰래 찔러 죽이는 사람. しかく・せっかく assassin

자겁[自怯] 제풀에 공연히 겁을 냄.

자격[資格] 어떤 신분을 가지거나 일을 하는 데 필요한 조건(條件). 「~ 심사(審査)」しかく qualification

자격지심[自激之心] 자기 자신이나 자신의 행동에 스스로 불만(不滿)을 느끼거나 비관하는 마음. self-reproach

자결[自決] ① 스스로 목숨을 끊음. =자재(自裁)·자처(自處). ② 자기의 일을 스스로 설정함. 「민족(民族) ~」じけつ ① suicide ② self-determination

자겸[自謙] 스스로 자기를 겸양함.

자경[自警] 스스로 주변을 경계하고 주의함. 「~단(團)」じけい

자계[自戒] 스스로 경계하고 조심함. じかい self-discipline

자계[磁界] 자력(磁力)이 작용하는 범위. =자장(磁場). じかい magnetic field

자고이:래[自古以來] 옛날부터. 준자래(自來)·고래(古來).

자곡[自曲] 스스로 고깝게 여김. 「~지심(之心)」

자공[自供] 스스로 진술(陳述)함. じきょう confession

자과부지[自過不知] 자기의 허물은 자기가 모름.

자괴[自壞] 내부에서 저절로 무너짐. じかい

자괴지심[自愧之心] 자기 스스로 부끄러워하는 마음. sense of shame

자구[字句] 글자와 어구(語句). 「~ 수정(修正)」じく words and phrases

자구[磁區] 강자성체(强磁性體)를 구성하고 있는 여러 개의 작은 영역(領域). 각기 강력한 자성을 가지고 있음. じく magnetic domain

자:구[藉口] 핑계를 댐. =빙자(憑藉). しゃこう pretense

자구 행위[自救行爲] 권리의 침해를 받고 법률의 보호를 채 받지 못하고 있는 동안에 피해자가 스스로 권리 보전을 위하여 실력 행사를 하는 행위. じきゅうこうい self-help

자국[自國] 자기 나라. ↔타국(他國). じこく one's own country

자굴[自屈] 의기·기개 등을 스스로 굽힘. self-humiliation

자궁[子宮] 여성 생식기의 일부. 수정란이 착상하여 자라는 곳. 「~암(癌)」しきゅう womb

자궤[自潰] 저절로 무너짐. natural collapse

자:극[刺戟] ① 감각 기관(感覺器官)에 작용하여 어떤 반응을 일으키게 하는 일. ② 흥분시키는 일. 「~제(劑)」しげき stimulation

자극[磁極] 자석(磁石)의 양끝. 자력이 가장 강함. じきょく magnetic pole

자:극 비:료[刺戟肥料] 직접적인 효과는 없으나, 농작물의 생리적 기능을 촉진함으로써 성장이 왕성해지는 비료. 철(鐵)·망간·동(銅)·취소(臭素)·옥소(沃素) 따위. しげきひりょう stimulant fertilizer

자:극성[刺戟性] 신경이나 감각 등을 자극하는 성질. しげ

자금[自今] 이제부터. 앞으로. =향후(向後). じこん after this

자금[資金] 장사나 사업에 필요한 밑천. 「~ 조달(調達)」しきん funds

자금이후[自今以後] 이제부터 그 뒤. じこんいご henceforth

자급[自給] 필요한 것을 스스로 마련하여 씀. 「~력(力)」じきゅう self-supply

자급자족[自給自足] 자체에서 필요한 것을 스스로 마련하여 씀. 「~ 경제(經濟)」じきゅうじそく self-sufficiency

자긍[自矜] 스스로 긍지를 지님. じきょう self-conceit

자기[自己] 제 몸. =자신(自身). 「~ 본위(本位)」じこ self

자기[自記] ① 스스로 기록함. ② 기계가 자동(自動)으로 기록하는 일. 「~ 장치(裝置)」じき ① writing by oneself ② self-register

자기[自棄] 실망하거나 하여 스스로 제 몸을 버리고 아끼지 않음. 「자포(自暴)~」じき self-abandonment

자기[自欺] 자기 자신을 속임. じき

자기[自期] 스스로 마음 속에 기약함. inward determination

자기[磁氣] 자철광(磁鐵鑛)·자석 따위가 철을 끌어당기는 성질. 「~ 감응(感應)」じき magnetism

자기[磁器] 백토(白土) 등으로 빚어 구워 만든 그릇. じき porcelain

자기 기만[自己欺瞞] 자기가 자기 양심을 속이는 일. じこぎまん self-deception

자기 녹화 장치[磁氣錄畫裝置] 음성(音聲)과 화상(畫像) 녹화를 자기(磁氣) 테이프에 기록하는 장치. じきろくがそうち

자기류[自己流] 객관적인 사실에 의거하지 아니하고 자기 생각대로 하는 방식. じこりゅう one's own style

자기 만족[自己滿足] 자기 자신 또는 자기 행위에 스스로 만족하는 일. じこまんぞく self-satisfaction

자기 실현[自己實現] 자기의 잠재적인 자질이나 능력을 개발하여 발휘하는 일. じこじつげん self-realization

자기 암:시[自己暗示] 자신이 머리 속에서 생각하고 있는 일이 실제로 일어날 수 있다는 생각을 되풀이하여 암시함으로써, 그 관념이나 대상의 현실성을 믿게 되는 심리 작용. じこあんじ autosuggestion

자기 염:오[自己厭惡] ⇨자기 혐오(自己嫌惡).

자기장[磁氣場] 자석이나 전류의 주위에 발생하는 자기력이 작용하는 공간.

자기 폭풍[磁氣暴風] 지구의 자장(磁場) 전체에 불규칙한 변화가 급격히 일어나는 현상. じきぼうふう magnetic storm

자기 혐오[自己嫌惡] 자기 자신이 싫어지는 일. じこけんお self-hatred

자낭[子囊] 식물의 포자(胞子)를 싸고 있는 주머니. 씨주머니. しのう ascus

자녀[子女] 아들과 딸. しじょ son and daughter

자농[自農] 자작농(自作農)의 준말.

자단[自斷] 스스로 결단을 내림. self-determination

자담[自擔] 스스로 떠맡거나 맡아 함. =자당(自當).
taking charge by oneself

자답[自答] 스스로 제기한 물음에 대해 스스로 대답함. 「자문(自問)~」じとう
answering for oneself

자당[自黨] 자기가 속해 있는 정당 또는 당파(黨派). じとう
one's own party

자당[慈堂] 상대편의 어머니를 높이어 이르는 말. =훤당(萱堂). ↔춘당(春堂).
your mother

자당[蔗糖] 사탕수수로 만든 설탕. 과당(果糖)·포도당과 구별할 때 쓰는 말. しょとう
cane sugar

자대[自大] 자기 스스로 잘난 체함. 「~심(心)」じだい

자도[子道] 아들로서 지켜야 할 도리. じどう son's duty

자독[自瀆] ①스스로 자신을 모독함. ②스스로 자기의 성기를 자극하여 성적 쾌감을 얻는 짓. 용두질. =자위(自慰)·수음(手淫). じとく
② masturbation

자동[自動] 기계나 장치 등이 스스로의 힘으로 움직임. 「~장치(裝置)」じどう
automatic movement

자동사[自動詞] 동작이나 작용이 그 자신에 그치고 다른 대상에 미치지 않는, 목적어가 불필요한 동사. '되다·가다·서다' 따위. ↔타동사(他動詞). じどうし intransitive verb

자동식[自動式] 기계 장치를 하여 저절로 움직이게 된 방식. ↔수동식(手動式). 「~판매기(販賣機)」じどうしき

자동차[自動車] 내연 기관(內燃機關)의 동력으로 움직이는 차. じどうしゃ car

자동 판매기[自動販賣機] 동전이나 화폐 또는 카드를 넣고 지정된 단추를 누르면, 원하는 물건이나 차표 따위가 자동적으로 나오게 만든 기계. じどうはんばいき
vending machine

자두지족[自頭至足] 머리 끝에서 발 끝까지. 곧 온몸.

자득[自得] ①스스로 깨달아 알게 됨. 「~지묘(之妙)」②스스로 만족하게 여김. ③스스로 한 일에 대해 갚음을 받는 일. 「자업(自業)~」じとく
① apprehension ② self-satisfaction

자락[恣樂] 마음대로 즐김. しらく pleasure

자래[自來] 자고이래(自古以來)의 준말. じらい

자량[自量] 스스로 헤아림. 자기 혼자의 요량.
one's own discretion

자량처지[自量處之] 스스로 알아서 처리함. disposing at one's own discretion

자력[自力] ①자기 자신의 힘. ②자기 자신이 수행(修行)해서 얻은 힘. じりき·じりょく
① one's own strength

자력[資力] ①자본의 실력. 재산의 능력. =재력(財力). ②근본이 되는 힘. =원동력(原動力). しりょく ① means

자력[資歷] 자격과 경력.
qualification and career

자력[磁力] 자기(磁氣)가 작용하는 힘. じりょく
magnetic force

자련[慈憐] 사랑하며 가엾게 여김. =자민(慈憫). じれん

자료[資料] 일의 바탕이 될 재료(材料). =자재(資材). しりょう materials

자루[慈淚] 가엾게 여겨 흘리는 눈물. じるい

자류[自流] ① 자기의 방식. =자아류(自我流). ② 자기의 유파. じりゅう ① one's own style

자류[磁流] 자로(磁路)로 통하는 자기(磁氣)의 흐름. magnetic flux

자리[自利] ① 자기 자신에게 돌아오는 이익. ② 불교에서, 자기가 쌓은 공덕을 남에게 돌리지 않고 혼자서 차지하는 일. 즉, 자기를 위해 닦는 불도. ↔이타(利他). じり ① one's own interests

자립[自立] ① 남의 도움이 없이 자기 힘으로 독립함. ② 자주적인 지위(地位)를 구축함. じりつ independence

자막[字幕] ① 영화나 텔레비전 등에서 제목·배역 따위를 글자로 나타낸 화면. ② 외국 영화를 상영할 때, 회화의 번역을 화면에 나타낸 것. じまく caption

자만[自滿] 스스로 만족하게 여김. self-satisfaction

자만[自慢] 스스로 자랑하고 오만하게 행동함. 「~심(心)」 じまん self-conceit

자만[滋蔓] 차차 늘어서 퍼져 나감.

자매[姉妹] ① 손윗누이와 손아랫누이. 여자끼리의 언니와 동생. ② 같은 계통의 조직이나, 그와 같이 관계가 깊은 사이. 「~ 결연(結緣)」 しまい ① sisters

자매편[姉妹篇] 소설·희곡·영화 따위의 서로 관련이 있고 내용과 성격이 비슷한 작품. しまいへん companion volume

자멘[독 Samen] 정액(精液). ザーメン

자멸[自滅] ① 자연히 멸망함. ② 자기가 한 일이 원인이 되어 자기가 멸망함. 「~ 초래(招來)」 じめつ ① natural collapse ② self-ruin

자멸[自蔑] 스스로 자신을 업신여김. self-contempt

자명[自明] 증명하지 않아도 뚜렷이 알 수 있을 만큼 명백함. じめい self-evidence

자명[自鳴] ① 저절로 소리가 남. ② 제풀에 울거나 울림. ringing automatically

자명고[自鳴鼓] 낙랑(樂浪) 시대에 적이 침입하면 저절로 울렸다는 전설상의 북.

자명악[自鳴樂] 태엽을 이용하여 저절로 소리가 나도록 만든 악기. 오르골.

자명종[自鳴鐘] 맞추어 놓은 시간이 되면 저절로 소리를 내어 시간을 알려 주는 시계. じめいしょう alarm clock

자모[字母] ① 활자(活字)를 만드는 원형(原型). ② 한글이 모음과 자음으로 나눈 낱낱의 글자. ③ 표음 문자인 로마자의 알파벳. じぼ ① matrix ② alphabet

자모[慈母] 사랑이 많은 어머니. ↔엄부(嚴父). じぼ loving mother

사보순[字母順] 자모의 배열 순서. 가나다순이나 abc 순. じぼじゅん

자모음[子母音] 자음과 모음. しぼいん consonants and vowels

자문[自問] 스스로 자신에게 물

자:문[諮問] 남의 의견을 참고로 물음.「~ 기관(機關)」しもん consultation

자문자답[自問自答] 스스로 묻고 스스로 대답함. じもんじとう soliloquy

자미[滋味] ①영양이 많고 맛이 좋은 음식. ②아기자기하게 즐거운 맛. 재미. じみ ① nourishment ② fun

자박[自縛] ①스스로 자기를 옭아 묶음. ②자기가 주장한 말에 자기 자신이 구속됨.「자승(自繩)~」じばく binding oneself

자반[自反] 스스로를 돌이켜 봄. self-reflection

자:반[←佐飯] 생선을 소금에 절인 반찬. salted fish

자:반[紫瘢] 상처가 아문 뒤에 남는 불그레한 자국. しはん purple spot

자발[自發] ①어떤 작용을 받음이 없이 저절로 일어남. ②자기 스스로 하는 일.「~적(的)인 행동」じはつ spontaneity

자방[子房] 속씨식물에서, 암꽃술 밑에 있는 볼록한 부분. 밑씨가 들어 있음. 씨방. しぼう ovary

자백[自白] 감춘 사실이나 허물을 털어놓고 이야기함. じはく confession

자법[子法] 다른 나라의 법률을 이어받거나 본떠서 구체화시킨 법률. ↔모법(母法). しほう adopted law

자변[自辨] 자기가 비용을 지출함. =자담(自擔). じべん paying for oneself

자별[自別] ①친분이 남달리 특별함. ②저절로 서로 다름.

자복[子福] ①자식을 많이 둔 복. こぶく ②자식의 효도로 누리는 복.

자복[自服] 친고죄(親告罪)에서, 고소권을 가진 피해자에게 자발적으로 자기의 범죄 사실을 고백하는 일.

자복[雌伏] ①새의 암컷이 수컷에게 복종하여 엎드린다는 뜻에서, 남에게 복종하여 굴복함을 이르는 말. ②실력을 기르면서 활약할 기회를 가만히 기다리는 일. ↔웅비(雄飛). しふく

자본[資本] 사업을 하는 데 필요한 기금. 밑천. しほん capital

자본가[資本家] 사업에 자금을 대거나, 기업을 경영하여 노동자를 고용하는 사업가. 화폐 자본가와 기능 자본가로 나눔. しほんか capitalist

자본 도피[資本逃避] 자국의 화폐 가치가 떨어질 우려가 있을 때, 불이익을 피하기 위해 자국 통화를 통화 가치가 안정되어 있는 외국 통화로 바꾸는 일. しほんとうひ flight of capital

자본주의[資本主義] 자본이 경제상의 중심 세력이 되어 자유 경제가 행하여지는 사회 제도. しほんしゅぎ capitalism

자봉침[自縫針] 재봉틀의 비표준어.

자부[子婦] 아들의 아내. 곧 며느리. しふ daughter-in-law

자부[自負] 자기의 재능이나 지식·업적 등에 자신을 가지며 자랑으로 생각하는 일.「~심(心)」じふ self-conceit

자부[姉夫] 손윗누이의 남편. =자형(姉兄).

자비[自卑] 스스로를 낮춤. humility

자비[自費] 자기가 비용을 부담함. ↔급비(給費).「~출판(出版)」じひ one's own expense

자비[慈悲] ① 사랑하여 가엾게 여기는 일. ② 불교에서, 부처나 보살이 중생에게 복을 내리는 일. じひ mercy

자비생[自費生] 자기의 비용으로 공부하는 학생. ↔급비생(給費生). じひせい self-paying student

자산[資産] 개인 또는 법인이 소유한 토지・건물・기계・기구・금전의 총칭.「~평가(評價)」しさん property

자살[自殺] 자기 목숨을 자기가 끊어서 죽음. =자결(自決)・자해(自害). ↔타살(他殺). じさつ suicide

자:살[刺殺] 칼 같은 것으로 찔러 죽임. =척살(刺殺). しさつ stabbing to death

자상[仔詳] 자세하고 찬찬함. =상세(詳細)・세밀(細密)・자세(仔細). ↔미상(未詳). minuteness

자상[自傷] 스스로 자기 몸에 상처를 냄.「~행위(行爲)」じしょう self-inflicted injury

자:상[刺傷] 칼 따위에 찔린 상처. ししょう stab

사상날하[自上達下] 위로부터 아래까지 미침. ⋯자하달상(自下達上).

자색[姿色] ① 여자의 예쁜 얼굴. ② 얼굴 모양과 모습. しょく beautiful face

자:색[紫色] 자줏빛. むらさきいろ・ししょく purple

자:색[赭色] 붉은 흙과 같은 검붉은 빛깔.

자생[自生] 저절로 남. 저절로 생김.「~식물(植物)」じせい spontaneous generation

자서[自序] 자기가 지은 책에 자기가 서문을 쓰는 일. 또는 그 서문. じじょ author's preface

자서[自書] 자기가 직접 글씨를 씀. 또는 그 글씨. =자필(自筆). ↔대서(代書). じしょ one's own writing

자서[字書] 글자를 모아 풀이한 책. =자전(字典). じしょ dictionary

자서[自敍] 자기에 관한 일을 자기가 말함. じじょ writing one's own story

자서[自署] 자기 이름을 손수 씀. =수서(手署). ↔대서(代署). じしょ signature

자서전[自敍傳] 자신에 관한 이야기를 자신이 쓴 전기(傳記). ⊚자전(自傳). じじょでん autobiography

자서제:질[子壻弟姪] 아들과 사위와 아우와 조카.

자석[字釋] 글자의 뜻을 풀이함. =자해(字解). じしゃく glossary

자석[磁石] ① 쇠를 끌어당기는 성질이 있는 물체. ② ⇨자침(磁針). ③ 자침으로 재는 방위 측정기(方位測定器). じしゃく ① magnet ③ compass

자:석영[紫石英] 자색의 수정. =자수정(紫水晶). しせきえい amethyst

자선[自選] 자기의 작품을 자기가 골라서 뽑음. じせん self-selection

자선[慈善] 가난한 사람들을 물

질적으로 도와 주는 일.「~냄비」じぜん　charity

자설[自說] 자기의 의견을 주장하는 논설. 자기가 주장하는 학설. じせつ
one's own opinion

자성[自省] 자기의 언행을 스스로 반성함. じせい
self-examination

자성[雌性] ① 생물의 암컷. ② 생물의 암컷에서 공통되는 성질. ↔웅성(雄性). しせい
female

자성[磁性] 자기(磁氣)를 띤 물건이 쇠붙이를 끌어당기는 성질. じせい　magnetism

자성일가[自成一家] 스스로의 힘으로 일가(一家)를 이룸.
developing a style of one's own

자세[仔細] 자상하고 세밀함. =자상(仔詳)·상세(詳細). しさい　minuteness

자세[姿勢] ① 몸을 가지는 모양이나 태도. ② 사물을 대할 때 가지는 마음가짐이나 태도. しせい　posture

자:세[藉勢] 남의 세력을 믿고 의지함.
relying upon one's influence

자소이:래[自少以來] 어릴 때부터 지금까지. 준자소(自少).
since one's childhood

자손[子孫] ① 아들과 손자. ② 대대로 이어지는 후손(後孫). しそん　posterity

자수[自手] 자기의 수단. 자신 혼자의 노력.「~ 성가(成家)」
one's own efforts

자수[自守] 언행을 스스로 조심하고 지킴. じしゅ being careful one's words and deeds

자수[自首] 범인이 죄를 자진해서 고백하고 신고함. じしゅ
self-surrender

자수[自修] 자기 혼자서 닦고 배움. じしゅう　self-teaching

자수[字數] 글자의 수. じすう
number of words

자:수[刺繡] 천에다 바늘로 수를 놓음. =수문(繡文)·수자(繡刺). ししゅう embroidery

자수[髭鬚] 코밑수염과 턱수염.
mustache and beard

자수 삭발[自手削髮] ① 자기 머리를 자기가 깎음. ② 혼자서 어려운 일을 감당함.
① shaving one's own hair

자수 성가[自手成家] 물려받은 재산 없이 제 힘으로 재산을 모아 한 살림을 이룩함.
making one's own fortune

자:수정[紫水晶] 자색의 수정. =자석영(紫石英). むらさきすいしょう　amethyst

자숙[自肅] 스스로 자신의 언행을 삼감.「~자계(自戒)」 じしゅく　self-discipline

자순[諮詢] 윗사람이 아랫사람에게 의견을 물어 봄. =하순(下詢). しじゅん

자슬[慈膝] 자애로운 무릎이라는 뜻으로, 부모의 슬하를 이르는 말.　parental roof

자습[自習] 혼자서 배워 익힘.「~서(書)」 じしゅう
self-teaching

자승[自乘] 같은 수를 곱함. 제곱의 구용어. =이승(二乘). じじょう

자승[自勝] ① 자기가 남보다 뛰어나다고 생각함. ② 욕망을 스스로 억누름.
① self-conceit ② self-denial

자승자박[自繩自縛] 자신의 언행 때문에 자신이 얽매이게 됨

을 이르는 말. じじょうじばく falling into one's own trap

자승지벽[自勝之癖] 자기가 남보다 낫다고 여기는 버릇. habit of self-conceit

자시지벽[自是之癖] ① 자기 생각이 옳다고 믿는 버릇. ② 편벽된 소견을 고집하는 버릇.

자시하[慈侍下] 아버지는 돌아가시고 어머니만 모시고 있는 처지. =편모시하(偏母侍下). ↔엄시하(嚴侍下). having one's widowed mother to support

자식[子息] ① 아들과 딸. =자녀(子女). しそく ② 남자를 욕할 때 지칭하는 말. ① children

자신[自身] 제 몸. =자기(自己). 「자기(自己)~」 じしん oneself

자신[自信] ① 자기가 자기의 능력이나 가치를 믿는 일. ② 자기의 생각이나 행동이 올바르다고 믿는 일. =자부(自負)·자시(自恃). 「~감(感)」 じしん self-confidence

자신만:만[自信滿滿] 매우 자신이 있음. じしんまんまん being full of confidence

자신지책[資身之策] 한 몸의 생활을 도모하는 꾀.

자실[自失] 얼이 빠진 듯이 멍함. 「망연(茫然)~」 じしつ abstraction

자심[滋甚] 더욱 심함. 「고생이 ~하다」 getting worse

자씨[姉氏] 남을 높여 그 손윗누이를 이르는 말. ↔매씨(妹氏). your sister

자아[自我] 다른 대상과 구별해서 의식하는 자신(自身). =자기(自己). 「~ 의식(意識)」 じが ego

자아 실현[自我實現] 자아의 본질을 완성하고 실현하는 일. じがじつげん self-realization

자안[慈眼] ① 자비스러운 눈. ② 불교에서, 중생을 자비스럽게 보는 관음보살의 눈. じがん·じげん merciful eyes

자안[慈顔] 자애로운 얼굴. じがん merciful face

자애[自愛] 스스로 자기 몸을 아끼고 사랑함. ↔타애(他愛). じあい self-love

자애[慈愛] 아랫사람에게 베푸는 사랑. じあい affection

자약[自若] 큰일을 당하여도 마음이나 태도에 흐트러짐이 없이 침착함. 「태연(泰然)~」 じじゃく imperturbability

자양[滋養] 몸에 영양이 됨. 또는 그러한 음식. =영양(營養). じよう nourishment

자양 관:장[滋養灌腸] 자양액(滋養液)을 항문(肛門)으로 넣어 직장이나 대장벽(大腸壁)에서 흡수시키는 일. じようかんちょう injection of nourishment by the rectum

자양당[滋養糖] 맥아당과 덱스트린을 섞어 만든 당제(糖劑). じようとう

자양물[滋養物] 자양분이 많은 음식물. じようぶつ nutrient

자양분[滋養分] 자양이 되는 성분. 「~ 섭취(攝取)」 じようぶん nutritious element

자언[自言] 자기가 자기 이야기를 함. talking of oneself

자업자득[自業自得] 자기가 저지른 일의 과보(果報)를 자기가 받음. じごうじとく natural consequence of one's deed

자연[自然] ① 산이나 강, 풀·나무 등 인간을 제외한 이 세상 모든 것. ② 사람의 손길이 닿지 않은, 본디대로의 상태. =천연(天然). ③ 인식의 대상이 되는 외계의 모든 현상. しぜん nature

자:연[紫煙] ① 보랏빛 연기. ② 담배 연기를 달리 이르는 말. しえん ② tobacco smoke

자연계[自然界] ① 천지 만물이 존재하는 범위. ② 인간계(人間界) 이외의 세계. しぜんかい ① natural world

자연 과학[自然科學] 자연의 모든 현상을 연구 대상으로 삼는 학문. しぜんかがく natural science

자연 도태[自然淘汰] 자연계에서 살아 남는 데 유리한 형질을 가진 개체가 살아 남는 일. ↔인위 도태(人爲淘汰). しぜんとうた natural selection

자연미[自然美] 인위적이 아닌, 자연 그대로의 아름다움. しぜんび natural beauty

자연법[自然法] 인간의 본성에 바탕을 둔, 시대와 공간을 초월한 보편 타당한 법률. しぜんほう natural law

자연사[自然死] 외상(外傷)이나 병 때문이 아니고, 노쇠하여 자연히 죽는 일. しぜんし natural death

자연수[自然數] 양(陽)의 정수(整數)의 총칭. 1·2·3… 따위. しぜんすう natural number

자연 숭배[自然崇拜] 자연물이나 자연 현상의 신비로운 힘을 인정하고 그것을 숭배하는 일. nature worship

자연주의[自然主義] ① 철학에서, 자연을 오직 하나의 실재(實在)로 보고, 모든 현상을 자연 과학의 방법으로 설명하려는 주의. ② 문학에서, 인생의 현실을 이상화(理想化)하지 않고, 있는 그대로 묘사하려는 주의. ③ 아동의 천성을 자연 그대로 발달시키자는 교육설(敎育說). しぜんしゅぎ naturalism

자엽[子葉] 씨앗에서 싹이 터서 처음으로 나오는 잎. 떡잎. しよう seed leaf

자영[自營] 독립하여 자기 자신이 경영함. じえい self-management

자예[雌蕊] 암꽃술. ↔웅예(雄蕊). めしべ·しずい pistillate flower

자오선[子午線] ① 천구(天球)의 남북단과 천정(天頂)을 지나는 상상의 선. ② ⇨경선(經線). しごせん ① meridian

자:외선[紫外線] 태양 광선을 스펙트럼으로 분석했을 때 보라색 바깥쪽에 있는, 눈에 보이지 않는 복사선. しがいせん ultraviolet rays

자용[姿容] 모습이나 모양. =용자(容姿)·자태(姿態). しよう appearance

자우[慈雨] 생물에게 혜택을 주는, 알맞게 내리는 비. =택우(澤雨). じう beneficial rain

자웅[雌雄] ① 암컷과 수컷. ② 강약(強弱)·우열(優劣)의 비유. 「～을 겨루다」 しゆう ① male and female ② victory and defeat

자원[字源] 문자가 구성된 근원. 특히, 한자(漢字)의 구성 원리. じげん

자원[自願] 스스로 하고자 지원함. 「～ 입대(入隊)」

volunteering

자원[資源] 생산의 근원이 되는 자연 물자. しげん resources

자위[自慰] ① 자기 마음을 스스로 위로함. ② ⇨ 자독(自瀆). じい ① self-consolation

자위[自衛] 자기 자신을 스스로 지킴. 「～권(權)」 じえい self-defense

자유[自由] 남에게 얽매이지 않고 자기의 의사·의지대로 행동할 수 있는 일. 또는 그 상태. じゆう freedom

자유 결혼[自由結婚] 남녀가 부모의 동의 없이 당사자간의 자유 의사로써 하는 결혼. じゆうけっこん free marriage

자유권[自由權] 개인의 자유가 국가 권력에 의해서도 침해(侵害)당하지 않는 권리. じゆうけん civil liberties

자유 노동자[自由勞動者] 일정한 직장을 가지지 않은 사람. 날품팔이하는 노동자. じゆうろうどうしゃ free laborer

자유 무:역[自由貿易] 국가의 규제나 보호 없이 수출입을 자유로이 할 수 있는 무역. ↔보호 무역(保護貿易). じゆうぼうえき free trade

자유민[自由民] 정당한 행위에 대하여 자유권을 가진 국민.

자유 방:임[自由放任] 각자의 자유에 맡기어 간섭하지 않음. じゆうほうにん noninterference

자유시[自由市] 중세 유럽에서, 국가의 주권으로부터 독립해 있던 도시. じゆうし

자유시[自由詩] 일정한 형식을 가지지 않은 산문(散文) 형식의 시. ↔정형시(定型詩). じゆうし free verse

자유 의:지[自由意志] 외부의 구속이나 제약 없이 자기 스스로 결정하고 행동하는 의지. じゆういし free will

자유자재[自由自在] 구속이나 제한을 받지 않고 제 마음대로 할 수 있음. じゆうじざい perfect freedom

자유 재량[自由裁量] 자기 스스로가 옳다고 믿는 바에 따라서 일을 결단함. じゆうさいりょう discretion

자유주의[自由主義] 사회적·정치적 속박을 배격하고 개인의 자발적인 활동을 존중하자는 주의. じゆうしゅぎ liberalism

자유항[自由港] 수출입품에 관세가 부과되지 않고 외국 선박이 자유롭게 출입할 수 있는 항구. じゆうこう free port

자유형[自由刑] 신체의 자유를 속박하는 형벌. 징역·금고·구류 따위. じゆうけい imprisonment

자유형[自由型] ① 수영에서, 수영법의 형(型)에 제한을 받지 않는 경기 방식. ② 레슬링에서, 몸 전체를 자유롭게 이용하여 공격하거나 방어할 수 있는 경기 방식. じゆうがた ① freestyle ② catch-as-catch-can

자육[慈育] 은혜를 베풀어 기름. じいく

자율[自律] 남의 지배나 제약을 받지 아니하고 스스로 세운 규범에 따라 행동하는 일. ↔타율(他律). じりつ self-control

자율 신경계[自律神經系] 내장의 운동이나 내분비 등의 작용을 조절하는 신경 계통. じりつしんけいけい autonomic nervous system

자음[子音] 모음(母音) 이외의 모든 음. 닿소리. ↔모음(母音). しいん・しおん consonant

자음[字音] ① 글자의 음. ② 한자(漢字)의 음. じおん ① sound of a word ② pronunciation of a Chinese character

자의[字義] 한자(漢字)의 뜻. じぎ

자의[自意] 자기 스스로의 생각. 제 뜻. ↔타의(他意). one's own will

자의[恣意] 제멋대로의 생각. しい arbitrariness

자:의[赭衣] 불그레한 빛깔의 옷.

자:의[諮議] 자문(諮問)하여 논함. しぎ consultation

자의식[自意識] 자기 자신에 대한 의식. =자아 의식(自我意識). 「~이 강하다」 じいしき self-consciousness

자이로스코:프[gyroscope] 회전체(回轉體)의 역학적(力學的)인 운동 성질을 관찰하는 실험 기구. 기지로. ジャイロスコープ

자이로컴퍼스[gyrocompass] 선박·항공기 등에 쓰이는 회전 나침반(羅針盤). ジャイロコンパス

자이로파일럿[gyropilot] 자이로스코프를 응용한 자동 조정 장치. ジャイロパイロット

자이로호라이즌[gyro horizon] 선박·비행기 등에서, 인공적으로 수평면(水平面)을 만드는 장치. ジャイロホライズン

자이빙[gybing] 레이스에서, 돛의 방향을 바꾸는 일.

자이언트[giant] ① 거인(巨人). ② 위대한 인물. ジャイアント

자익[自益] ① 자기의 이익. ② 개인의 이익. ↔공익(公益). じえき ① one's own profit

자인[自刃] 칼로 자살함. じじん suicide by the sword

자인[自印] 자기의 도장. じいん one's own seal

자인[自認] 스스로 인정함. 자신이 시인(是認)함. じにん self-acknowledgment

자일[독 Seil] 등산용(登山用)의 밧줄. 로프. ザイル

자임[自任] ① 자기의 임무. 자신의 임무로서 맡음. ② 스스로 자기의 인품·능력 등을 훌륭하다고 여김. じにん ② pretension

자:자[刺字] ① 글씨를 새김. ② 옛날 중국에서, 얼굴이나 팔뚝에 죄명을 새겨 넣던 형벌.

자:자[藉藉] 여러 사람의 입에 오르내려 소문이 파다한 모양. 「소문(所聞)이 ~하다」 being widely spread

자자손손[子子孫孫] 끝없이 이어져 가는 자손. =자손대대(子孫代代). じしそんそん generation after generation

자자주옥[字字珠玉] 글자마다 모두 구슬이라는 말로, 필법이 신묘함을 이르는 말.

자작[自作] ① 스스로 만들거나 지음. 또는 그 작품. =자제(自製). ② 자기의 땅에 손수 농사를 지음. ↔소작(小作). 「~농(農)」 じさく ① one's own work ② cultivating one's own farm

자작[自酌] 자기가 손수 술을 따라서 마심. 「~자음(自飮)」 じしゃく drinking by oneself

자작농[自作農] 자기의 땅에 자기가 손수 짓는 농사. 또는 그러한 농민. ↔소작농(小作農).

㉜자농(自農). じさくのう
independent farmer

자작자급[自作自給] 자신이 손수 만들어 자신의 수요(需要)를 채움. じさくじきゅう
self-sufficiency

자장[磁場] 자기(磁氣)의 작용이 미치는 범위. じじょう・じば
magnetic field

자장격지[自將擊之] ① 스스로 장수가 되어 군사를 거느리고 나가 싸움. ② 무슨 일을 남에게 시키지 않고 손수 처리함을 이르는 말. ① fight under one's own command

자장면[←酢醬麵] 중국식 국수 요리의 일종. 조리한 중국된장을 얹은 국수.

자재[自在] ① 자기 스스로 존재함. ② 속박이나 장애가 없이 마음대로 할 수 있음. 「자유(自由)~」じざい
② unrestrictedness

자재[資材] 무엇을 만드는 데 재료로 쓰이는 물자. =자료(資料). 「~ 구입(購入)」しざい
material

자재[資財] ① ⇨재산(財産). ② 자본으로 쓰이는 재산. しざい
② property

자재난[資材難] 자재를 구하기가 어려움. しざいなん
shortage of materials

자재화[自在畫] 다른 연모를 쓰지 않고 붓으로만 그린 그림. ↔용기화(用器畫). じざいが

자적[自適] 마음이 내키는 대로 유유히 살아감. 「유유(悠悠)~」じてき self-satisfaction

자전[字典] 한자(漢字)를 모아 뜻을 풀이한 책. =자서(字書)・자휘(字彙). じてん dictionary

자전[自傳] 자서전(自敍傳)의 준말. じでん

자전[自轉] ① 저절로 돌아감. ② 천체가 그 자체의 축을 중심으로 하여 스스로 회전하는 운동. ↔공전(公轉). じてん
rotation

자:전[紫電] ① 자줏빛을 띤 전광. ② 일이 썩 급함을 가리키는 말. しでん ② imminence

자전거[自轉車] 두 발로 양쪽 페달을 교대로 밟아 바퀴를 돌려서 앞으로 나아가게 만든 수레. じてんしゃ bicycle

자전거포[自轉車鋪] 자전거를 팔거나 수리하는 가게.
bicycle shop

자전관[磁電管] 극초단파(極超短波)를 발진(發振)시키기 위한 특수 진공관의 한 가지. じでんかん magnetron

자전지계[自全之計] 자기의 안전을 꾀하는 계책.

자정[子正] 자시(子時)의 한가운데. 밤중의 영시(零時)를 이르는 말. =자야(子夜). ↔정오(正午). midnight

자정 작용[自淨作用] 물・토양 등이 저절로 깨끗하게 되는 작용. natural purification

자제[子弟] ① 남을 높이어 그의 아들을 이르는 말. =자사(子舍). ② 남의 집안의 젊은 이를 이르는 말. してい
① your son

자제[自制] 자기의 감정이나 욕망을 스스로 억누름. 「~심(心)」しせい self-control

자조[自助] 남에게 의존하지 않고 자신의 힘으로 자신을 도움. じじょ self-help

자조[自照] 자신을 스스로 관찰・반성함. 「~ 문학(文學)」じしょう self-reflection

자조[自嘲] 자기가 스스로를 비웃음. じちょう self-scorn

자족[自足] ① 자기가 놓인 처지에 만족함. ② 필요한 것을 자기가 마련하여 씀. 「자급(自給)~」じそく ① self-satisfaction ② self-sufficiency

자존[自存] ① 자기의 존재. ② 자력(自力)으로 생존함. じそん ② self-existence

자존[自尊] ① 스스로 자기를 높임. ② 스스로 자기 품위를 지킴. じそん self-importance

자존심[自尊心] 남에게 굽히지 않고서 제 몸을 스스로 높이는 마음. じそんしん pride

자종[自從] 스스로 따름. 스스로 복종함.

자주[自主] 남의 보호나 간섭을 받지 않고 자신의 일을 스스로 처리하는 일. 「~독립(獨立)」じしゅ independence

자주[自註] 자기가 쓴 글에다 손수 단 주석. じちゅう writer's notes

자·주[紫朱] 자줏빛. =자지(紫地). purple

자주권[自主權] ① 국가의 존립이나 발달이라는 목적을 이루는 데에 자주적으로 주장하고 처리하는 권리. ② 단체가 그 단체의 법규를 스스로 제정하고 처리할 수 있는 권리. じしゅけん autonomy

자중[自重] ① 언행을 삼가 경망하지 않도록 처신함. ② 자기 몸을 스스로 중하게 여김. じちょう
① prudence ② self-respect

자중지란[自中之亂] 같은 패거리의 내부에서 생긴 다툼질. internal trouble

자지[自知] 자기의 역량(力量)을 자기가 알고 있음.
self-knowledge

자진[自進] 자기의 의사에 따라 나섬. =자발(自發). 「~출두(出頭)」 willingness

자진[自盡] ① 저절로 다하여 없어짐. ② 있는 정성을 다함. ③ ⇨자살(自殺). じしん

자질[子姪] 아들과 조카. =자여질(子與姪). son and nephew

자질[資質] 타고난 성품과 바탕. =소질(素質)·천성(天性). しつ nature

자찬[自撰] 책 따위를 손수 편찬함. じせん

자찬[自讚] 자기가 한 일을 자기가 칭찬함. 「자화(自畫)~」じさん self-praise

자;창[刺創] 바늘·송곳·칼·창 등의 뾰족하고 날카로운 물건에 찔린 상처. しそう
punctured wound

자책[自責] 자기 자신을 책망함. じせき self-reproach

자처[自處] ① 제 스스로 어떠한 사람인 체함. 「신사(紳士)로 ~하다」② ⇨자설(自決). じしょ ① pretension

자천[自薦] 자기가 자기를 추천함. ↔타천(他薦). じせん
self-recommendation

자천배타[自賤拜他] 자기 것을 천하게 여기고, 남의 것을 좋게 생각함.

자철광[磁鐵鑛] 자성(磁性)이 강한 철광석. じてっこう
magnetite

자청[自請] 어떤 일을 자기가 하겠다고 자진해서 청함.
volunteering

자;청[刺青] 살에 먹물 따위로 그림이나 글씨를 새김. 또는 그 글씨. =문신(文身). しせ

자체[字體] 글자의 체. 글씨의 형태. =자양(字樣)·자형(字形). じたい　form of a character

자체[自體] ① 자기 몸. =자신(自身). ② 사물의 본체(本體). じたい　① one's body ② itself

자체[姿體] 몸의 모양. 몸매. =자태(姿態). したい　figure

자초[自初] 처음부터. 「~지종(至終)」from the beginning

자초[自招] 스스로 어떤 결과를 가져옴.

자초지종[自初至終] 처음부터 끝까지. 또는 그 동안이나 과정. =종두지미(從頭至尾). all the details

자축[自祝] 자기 일을 스스로 축하함. celebration by oneself

자취[自炊] 손수 밥을 지어 먹음. 「~생활(生活)」じすい　cooking food for oneself

자취지화[自取之禍] 자기 스스로 만든 재앙. self-incurred calamity

자치[自治] ① 자기 일을 스스로 처리함. ② 지방 자치 단체가 일정한 범위 안에서 행정이나 사무를 자주적으로 처리함. じち ① governing oneself ② self-government

자치체[自治體] 자치권(自治權)이 있는 공공 단체(公共團體). =자치 단체(自治團體). じちたい　self-governing community

자친[慈親] 남에게 자기 어머니를 이르는 말. =자모(慈母)·엄친(嚴親). my mother

자침[自沈] 자기가 타고 있는 배를 제 손으로 가라앉게 함. じちん　scuttling one's own boat

자침[瓷枕] 자기로 만든 베개. 혈압을 낮추는 데 효과가 있다고 함.

자침[磁針] 수평을 유지하면서 자유로이 회전할 수 있도록 중앙부를 괴어 놓은, 바늘같이 생긴 자석. =지남침(指南針). じしん　magnetic needle

자칭[自稱] 남에게 대하여 스스로 자기를 일컬음. じしょう

자칭천자[自稱天子] 자기 스스로 임금이라 일컫는다는 뜻으로, 자기 스스로 잘났다고 하는 사람을 비웃는 말. =자칭군자(自稱君子). self-appointed king

자키[jockey] ① 경마(競馬)의 기수(騎手). ジョッキー ② 디스크자키의 준말.

자타[自他] 자기와 남. 「~공인(共認)」じた　oneself and others

자:탁[藉託·藉托] 다른 일을 빙자하여 핑계함. =자칭(藉稱). pretending

자탄[自歎·自嘆] 스스로 한탄함. 또는 스스로 하는 한탄. complaining of oneself

자탄[咨歎] 애석하게 여기어 탄식함. deploring

자태[姿態] 모습과 몸매. =자체(姿體)·자용(姿容). したい　figure

자택[自宅] 자기의 집. =자가(自家). じたく　one's own house

자통[自通] ① 혼자 익혀서 알게 됨. ② 저절로 통함. 자연히 통함. ① coming to understand for oneself

자:통[刺痛] 찌르는 듯한 아픔. sting

자퇴[自退] 어떤 일이나 직위에서 스스로 물러남. じたい leaving voluntarily

자파[自派] 자기 쪽의 계파(系

派). 또는 자기가 속해 있는 계파(系派). one's own party

자파[自罷] 스스로 일을 그만둠. 自罷 quitting of one's own accord

자판[自判] ① 저절로 판명됨. 自判 ② 상급 법원에서, 원심을 파기하고 독자적으로 새로운 판결을 내림. じはん
① becoming clear of itself

자판[字板] 타이프라이터・컴퓨터 등에서, 글쇠를 배열해 놓은 글자판을 손가락으로 두드려 문자를 찍거나 입력시키는 장치. 字板 keyboard

자판[自辦] ① 자기가 비용을 부담함. ② 자기 일을 자기가 다 스림. じべん 自辦 ① paying for oneself ② self-disposal

자폐증[自閉症] 정신병의 한 가지. 주위에 관심이 없어지고 말을 하지 않으며 자기 세계에만 틀어박히는 병. 自閉症 autism

자포자기[自暴自棄] 불만을 느끼어 될 대로 되라고 행동을 마구 하고 자신을 돌보지 아니 함. ⇨포기(暴棄). じぼうじき 自暴自棄 desperation

자폭[自爆] ① 자기가 타고 있는 군함이나 비행기를 스스로 폭파함. ② 스스로 폭사(爆死)함. じばく 自爆 爆死 ① suicidal explosion

자품[資稟] 사람된 바탕과 타고난 성품. しひん 資稟 nature

자필[自筆] 자기가 손수 쓴 글씨. =수필(手筆). ↔대필(代筆). 「~ 각서(覺書)」じひつ 自筆 autograph

자하거:행[自下擧行] 전례(前例)에 따라 아랫사람이 스스로 일을 처리해 나감. 自下擧行

자학[自虐] 자신을 학대함. ↔자애(自愛). じぎゃく 自虐 self-torment

자학[自學] 남에게 의지하지 않고 스스로의 힘으로 배움. 「~자습(自習)」じがく 自學自習 self-teaching

자해[自害] ① 스스로 목숨을 끊음. =자살(自殺)・자결(自決). ② 스스로 자기 몸을 해침. じがい 自害 ① suicide ② self-wrong

자해[自解] ① 자기 스스로 풀이함. ② 자기 스스로 해결함. 自解決 ① solving for oneself

자해[字解] 한자(漢字)의 풀이. じかい 字解 glossary

자행[自行] 스스로 행함. 스스로 수행(遂行)함. じぎょう 自行 self-performance

자행[恣行] 제멋대로 행함. 방자하게 함부로 행동함. しこう 恣行 waywardness

자행자지[自行自止] 제멋대로 하고 싶으면 하고, 말고 싶으면 맒. 自行自止 willfulness

자형[字形] 글자의 모양. =자체(字體). じけい 字形 form of a character

자형[姉兄] 손윗누이의 남편. =매형(妹兄)・자부(姉夫). 姉兄 elder sister's husband

자혜[慈惠] 인자하게 베푸는 은혜. じけい 慈惠 benevolence

자홀[自惚] 스스로 도취함. 스스로 자신이 뛰어나다고 생각함. 自惚 self-intoxication

자:홍색[紫紅色] 자줏빛이 도는 붉은 빛깔. 紫紅色 purplish red

자화[自火] 자기 집에 난 불. じか 自火

자화상[自畵像] 자기가 그린 자신의 초상화. じがぞう 自畵像 self-portrait

자화 수정[自花受精] ⇨자가수정(自家受精). 自花受精

자화자찬[自畵自讚] ① 자기가 自畵

그린 그림을 스스로 찬탄함. 自讚
② 자기가 한 일을 스스로 칭
찬함. じがじさん self-praise
자활[自活] 자기 스스로의 힘으 自活
로 생활함. 「장애인 ~ 교육」
じかつ self-support
자획[字畫] 글자의 획. じかく 字劃
strokes in a character
자훈[字訓] 한자(漢字)의 우리 字訓
말 새김. じくん 漢字
translation of a character
자훈[慈訓] 어머니의 훈육(訓 慈訓
育). =모훈(母訓).
mother's instruction
자휘[字彙] ⇨자전(字典). 字彙
작[勺] ① 구기 작 : 구기. 잔.
잔질하다. ② 조금 작 : 조금.
「勺水不入(작수불입)・勺飲(작 勺水
음)」 ③ 작 작 : 부피의 단위. 不入
홉(合)의 10분의 1. 「五勺(오
작)」シャク
작[作]* ① 지을 작 : 짓다. 만
들다. 「作詞(작사)・作曲(작
곡)・作文(작문)・作者(작자)・ 作文
創作(창작)」 ② 일으킬 작 : 일 振作
으키다. 「作興(작흥)・振作(진
작)・作用(작용)」 ③ 일할 작 :
일하다. 「作業(작업)・操作(조
작)・作動(작동)」サ・サク ①
つくる
작[灼] ① 구울 작 : 굽다. 지지
다. 「灼爛(작란)・灼熱(작열)」 灼爛
② 밝을 작 : 밝다. 「灼然(작연)
・灼灼(작작)」シャク ①やく 灼灼
작[芍] 함박꽃 작 : 함박꽃. 「芍 芍藥
藥(작약)」シャク
작[怍] 부끄러울 작 : 부끄럽다.
「怍色(작색)・怍意(작의)」サ 怍色
ク・はじる
작[斫] 쪼갤 작 : 쪼개다. 찍다.
「長斫(장작)・斫破(작파)・斫木 長斫
(작목)・斫伐(작벌)」シャク・
きる

작[昨]* 어제 작 : 어제. 「昨日
(작일)・昨夜(작야)・昨年(작 昨年
년)・昨今(작금)」サク・きのう
작[炸] 불 터질 작 : 불이 터지
다. 「炸裂(작렬)・炸藥(작약)・ 炸裂
炸彈(작탄)・炸發(작발)」サク
작[酌]* ① 짐작할 작 : 짐작하
다. 「參酌(참작)・斟酌(짐작)・ 參酌
酌定(작정)」 ② 잔질할 작 : 잔
질하다. 「獨酌(독작)・酌酒(작
주)・酌飮(작음)」シャク・くむ
작[雀] ① 참새 작 : 참새. 「雀躍 雀躍
(작약)・雀肉(작육)」 ② 공작
작 : 공작. 「孔雀(공작)」 ① す
ずめ
작[醋] ⇨초(醋). 醋酸
작[爵]* 벼슬 작 : 벼슬. 작위.
「爵位(작위)・公爵(공작)・封爵 爵位
(봉작)」シャク・くらい
작[鵲] 까치 작 : 까치. 「鵲語
(작어)・鵲喜(작희)」シャク・ 鵲喜
ジャク・かささぎ
작[嚼] 씹을 작 : 씹다. 맛보다.
「咀嚼(저작)・嚼復嚼(작부작)」 咀嚼
シャク・かむ
작가[作家] 문학이나 예술 작품 作家
을 창작하는 사람. 특히 소설
가. さっか writer
작고[作故] 죽은 이를 높이어 그 作故
의 '죽음'을 이르는 말. 「~한
화가(畫家)」 demise
작곡[作曲] 악곡(樂曲)을 지음. 作曲
さっきょく composition
작교[酌交] 술을 따라 서로 권 酌交
함. exchanging wine cups
작국[作局] ① 체격이나 짜임새 作局
따위가 제대로 갖추어져 있음.
② 골상(骨相)・묏자리 따위의 骨相
생김새. ① being well-framed
작근[作斤] 무게가 한 근씩 되 作斤
게 함.
작금[昨今] ① 어제와 오늘. ② 昨今
요즈음. 「~의 형편」さっこん

① yesterday and today ② these days

작금양:년[昨今兩年] 지난해와 올해의 두 해 동안. both last and this year

작년[昨年] 지난해. =거년(去年). さくねん last year

작농[作農] 농사를 지음. farming

작답[作畓] 땅을 일구어 논을 만듦. =기답(起畓). turning wasteland into paddy

작당[作黨] 무리를 이룸. 「～난동(亂動)」 forming a group

작대[作隊] 대오(隊伍)를 지음. forming ranks

작도[作圖] ① 도면(圖面)을 만듦. ② 기하학(幾何學)에서, 어떤 조선에 맞는 도형(圖形)을 만듦. さくず ① drawing ② construction

작도법[作圖法] 작도하는 여러 가지 법칙이나 방법. 준도법(圖法). draftsmanship

작동[作動] 기계가 그 기능대로 움직임, 또는 기계를 움직이게 함. さどう operation

작동[昨冬] 지난 겨울. =거동(去冬). さくとう last winter

작두[←斫刀] 풀이나 짚 따위의 사료를 써는 자루 달린 칼. straw cutter

작두[鵲豆] 콩과의 일년초. 열매는 가늘고 긴 깍지 속에 들어 있음. 식용함. 까치콩. =도두(刀豆)·협검두(挾劍豆).

작라[雀羅] 새를 잡는 그물. 새그물. じゃくら fowler's net

작란[作亂] 난리를 일으킴. さくらん rising in revolt

작란[雀卵] 참새의 알. 양기를 돕거나 여자의 대하증·기침·거담(祛痰)에 씀. sparrow egg

작량[酌量] 짐작하여 헤아림. しゃくりょう consideration

작려[作侶] ⇨작반(作伴).

작렬[炸裂] 포탄이나 폭탄 따위 터져서 퍼짐. さくれつ explosion

작례[作例] 시문(詩文) 등을 짓는 데에 본보기가 되는 예문. さくれい model for composition

작로[作路] 가는 곳의 길을 미리 정함.

작록[爵祿] 벼슬과 봉록. しゃくろく court rank and stipend

작료[作僚] 동료가 됨. association

작린[作鄰] 이웃이 되어 삶. becoming neighbors

작말[作末] 빻거나 갈아서 가루로 만듦. pulverization

작명[作名] 사람이나 사물의 이름을 지음. naming

작명[綽名] 남들이 지어 불러 주는 별명(別名). =작호(綽號). あだな nickname

작목[雀目] 어두워지면 물건을 잘 보지 못하는 눈. =야맹증(夜盲症). nyctalopia

작몽[昨夢] 어젯밤의 꿈. さくむ dream of last night

작문[作文] 글을 지음. 글짓기. さくぶん composition

작문 정치[作文政治] 시정 방침(施政方針)만 늘어놓고 시행하지 못하는 정치를 비꼬아 이르는 말. さくぶんせいじ

작물[作物] 농작물(農作物)의 준말. さくもつ

작미[作米] 벼를 찧어 쌀로 만듦. rice polishing by pounding

작반[作伴] ① 길동무가 됨. ② 동반자로 삼음. =작려(作侶). going together

작발[炸發] 화약이 폭발함. さ

くはつ　explosion

작배[作配] 남녀가 서로 짝이 됨. 배필(配匹)로 정함. matching

작배[作輩] 무리를 이룸. forming a gang

작벌[斫伐] 나무를 베어 냄. = 참벌(斬伐). felling

작법[作法] ① 글 따위를 짓는 법. ② 법칙을 만들어 정함. ① how to compose ② legislation

작별[作別] ① 서로 헤어짐. = 이별(離別). ② 이별의 인사를 나눔. parting

작병[作病] 거짓으로 병든 체함. 꾀병. さくびょう feigned illness

작보[昨報] 어제의 보도. さくほう yesterday's report

작봉[作封] 무더기로 있는 것을 한 봉지씩 나누어 만듦.

작부[酌婦] 술집에서 손님을 접대하고 술을 따라 주는 여자. しゃくふ

작비[昨非] 이전의 잘못. = 전비(前非). さくひ past error

작비금시[昨非今是] 어제의 잘못이 오늘은 옳은 일로 여겨짐. さくひこんぜ

작사[作事] 일을 만듦. さくじ

작사[作査] 사돈 관계를 맺음. becoming relations by marriage

작사[作詞] 노래말을 지음. 「~가(家)」さくし writing songs

작석[作石] 곡식을 섬에 넣어서 한 섬씩 만듦.

작석[昨夕] 어제 저녁. さくゆう yesterday evening

작설차[雀舌茶] 갓 나온 차나무의 어린 싹을 따서 만든 차.

작성[作成] 만들어 이룸. 「서류 (書類) ~」さくせい drawing up

작소[昨宵] 어젯밤. = 작야(昨夜). さくしょう yesterday night

작송[繳送] 서류나 물건 따위를 돌려 보냄. = 작환(繳還)·작교(繳交). returning

작수성례[酌水成禮] 물만 떠 놓고 혼례를 올린다는 뜻으로, 가난한 사람의 혼례를 이르는 말. humble wedding

작시[作詩] 시를 지음. = 시작(詩作). さくし versification

작심[作心] 마음을 단단히 먹음. 마음 속으로 작정함. 「~삼일(三日)」determination

작야[昨夜] 어젯밤. = 작소(昨宵). さくや last night

작약[芍藥] 미나리아재빗과의 백(白)작약·산(山)작약·호(胡)작약·적(赤)작약 등의 총칭. しゃくやく peony

작약[炸藥] 폭탄·포탄·어뢰 등에 장전(裝塡)하여 그것을 작렬시키기 위한 폭약. さくやく explosive

작약[雀躍] 날뛰며 좋아함. 기뻐 날뜀. じゃくやく dancing for joy

작약[綽約] 몸이 가냘프고 아리따움. しゃくやく delicate beauty

작약화[芍藥花] 작약의 꽃. 함박꽃. peony flower

작업[作業] 일을 함. 또는 그 일. 「~장(場)」さぎょう work

작연[灼然] ① 빛나는 모양. ② 명백한 모양. しゃくぜん

작연[綽然] 여유가 있는 모양. しゃくぜん leisurely

작열[灼熱] 불에 달이 뜨거워짐. 뜨겁게 닮. しゃくねつ incandescence

작용[作用] ①다른 사물에 힘이 미침. 영향을 줌. ②움직여 가동함. さよう
① effect ② action

작용점[作用點] 물체에 대하여 힘이 작용하는 점. さようてん
point of application

작월[昨月] 지난달. =거월(去月). ↔내월(來月). last month

작위[作爲] 의식적으로 어떤 행동을 함. ↔부작위(不作爲). さくい
commission

작위[爵位] ①벼슬과 지위. ②작(爵)의 등급. =작호(爵號). しゃくい
② peerage

작위범[作爲犯] 고의로 저지른 범죄. ↔부작위범(不作爲犯). さくいはん
crime of commission

작육[雀肉] 참새고기.
sparrow meat

작의[作意] 예술 작품을 창작한 의도. さくい
intention of composition

작인[作人] 소작인(小作人)의 준말. さくにん

작일[昨日] 어제. 어저께. ↔내일(來日). さくじつ yesterday

작자[作者] ①저작자(著作者)의 준말. さくしゃ ②물건을 사려는 사람. 「~가 나서다」 ③남을 업신여겨 이르는 말.
② buyer ③ guy

작작[灼灼] ①눈부시게 빛나는 모양. ②꽃이 찬란하게 핀 모양. しゃくしゃく ② flowery

작작[綽綽] 여유가 있는 모양. 「여유(餘裕)~」しゃくしゃく
leisurely

작잠[柞蠶] 떡갈나무·참나무 등의 잎을 먹고 자라는 누에. 산누에. =산잠(山蠶). さくさん
tussah

작전[作戰] ①전쟁이나 시합의 책략(策略). ②일정 기간에 걸친 군(軍)의 대적 행동(對敵行動). 「~계획(計劃)」さくせん
tactics

작정[作定] 어떤 일을 하기로 결정함. decision

작조[昨朝] 어제 아침. ↔명조(明朝). さくちょう
yesterday morning

작죄[作罪] 죄를 지음.
commitment

작주[昨週] 지난주. ↔내주(來週). さくしゅう last week

작중 인물[作中人物] 작품 속에 나오는 인물. =등장 인물(登場人物). さくちゅうじんぶつ
characters

작지[昨紙] 어제 날짜의 신문. さくし yesterday's paper

작추[昨秋] 작년 가을. 지난 가을. ↔내추(來秋). さくしゅう
last autumn

작춘[昨春] 작년 봄. 지난 봄. ↔내춘(來春). さくしゅん
last spring

작취미성[昨醉未醒] 어제 마신 술이 아직 깨지 않음.

작쾌[作快] ①쾌를 지음. 북어 20마리씩을 꼬챙이에 꿰어 만듦. ②구멍 뚫린 엽전을 끈에 꿰어 뭉치로 만듦.

작탄[炸彈] 작약(炸藥)을 잰 탄환.

작태[作態] ①아양을 부림. ②행동하는 짓. ② conduct

작파[作破] 하던 일이나 계획을 그만둠.
giving up

작파[斫破] 쪼개어 가름. split

작편[作片] 인삼을 같은 크기의 것끼리 한 근이 되게 달아서 구분함. =작근(作斤).

작폐[作弊] 폐를 끼침. 폐단이

작품[作品] ① 만든 물건. =제작품(製作品). ② 문학·미술품 등의 창작물(創作物). さくひん work

작풍[作風] 작품에 나타난 경향(傾向)이나 특징. さくふう style

작하[昨夏] 작년 여름. 지난 여름. さくか last summer

작호[綽號] ⇨ 작명(綽名).

작황[作況] 농작(農作)의 잘되고 못된 상황. さっきょう crop

작흥[作興] 어떤 기운이나 정신이 떨쳐 일어나게 함. さっこう encouragement

작희[作戱] 남의 일을 방해함. 훼방을 놓음. interference

잔[棧] ① 잔교 잔: 잔교. 「棧道(잔도)·棧橋(잔교)」 ② 마판 잔: 마판. 우리. 「棧羊(잔양)」 ③ 수레 이름 잔: 대로 만든 수레. 「棧車(잔거)」 サン ① かけはし

잔[殘]* ① 남을 잔: 나머지. 「殘餘(잔여)·殘額(잔액)·殘務(잔무)·殘期(잔기)」 ② 쇠할 잔: 쇠잔하다. 「衰殘(쇠잔)·殘亡(잔망)·殘廢(잔폐)」 ③ 잔인할 잔: 잔인하다. 「殘忍(잔인)·殘酷(잔혹)·殘惡(잔악)」 ザン ① のこる

잔[盞] 술잔 잔: 술잔. 「盞臺(잔대)·玉盞(옥잔)」 サン·さかずき

잔[潺] 물 졸졸 흐를 잔: 물이 졸졸 흐르다. 「潺潺(잔잔)·潺湲(잔원)」 セン

잔결[殘缺] 일부분이 빠져 완전하지 못함. 또는 그런 것. ざんけつ imperfection

잔고[殘高] ⇨ 잔액(殘額). ざんだか

잔교[棧橋] ① 선창에 댄 배에 걸쳐 놓고 오르내리는 다리. ② 산골짜기에 가로지른 다리. さんばし ① pier

잔국[殘菊] 늦가을까지 남아 있는 국화. 또는 시들어 가는 국화. ざんぎく

잔금[殘金] ① 남은 돈. ② 앞으로 더 갚거나 치러야 할 돈. ざんきん balance

잔기[殘期] 앞으로 남은 기간. 나머지 기간. remaining term

잔년[殘年] 늙어서 죽기까지 얼마 남지 않은 나머지 세월. =여생(餘生). ざんねん remaining years

잔당[殘黨] 무찔러 없애고 남아 있는 무리. =잔도(殘徒). 「∼을 소탕(掃蕩)하다」 ざんとう remnants of a defeated party

잔대[盞臺] 술잔을 받쳐 놓는 그릇.

잔도[殘徒] ⇨ 잔당(殘黨).

잔도[殘盜] 잡히지 않고 남아 있는 도둑. ざんとう remaining thief

잔도[棧道] 산이나 낭떠러지 사이에 잔교를 걸쳐 놓은 통로(通路). さんどう

잔독[殘毒] 매몰스럽고 악독함. viciousness

잔동[殘冬] 얼마 남지 않은 겨울. 늦겨울. ↔잔하(殘夏). ざんとう near the end of winter

잔두지련[棧豆之戀] 말이 약간의 콩을 못 잊이 외양간을 떠나지 못함과 같이, 사소한 이익에 구애되어 난님하지 못하는 심정.

잔등[殘燈] 꺼지지 아니하고 남아 있는 등불. ざんとう remaining light

잔루[殘淚] 눈물을 흘린 자국. ざんるい traces of tears

잔루[殘壘] 야구에서, 공격과 수비가 바뀔 때 주자(走者)가 베이스에 남아 있는 일. ざんるい being left on base

잔류[殘留] 남아서 머물러 있음. ざんりゅう remaining

잔류[殘溜] 남아 있는 물. ざんりゅう

잔망[殘亡] 쇠잔하여 망함. =잔멸(殘滅). ざんぼう ruin

잔망[孱妄] ① 잔약하고 용렬함. =잔졸(孱拙)·잔열(孱劣). ② 체질이 약하고 행동이 경망함.

잔매[殘梅] ① 철이 지나도록 피어서 남아 있는 매화. ② 지고 남은 매화. ざんばい

잔멸[殘滅] 쇠잔하여 다 없어짐. =잔망(殘亡)·잔폐(殘廢). ざんめつ ruin

잔명[殘命] 얼마 남지 않은 나머지 목숨. ざんめい waning life

잔무[殘務] 다 처리하지 못하고 남은 일거리. 「~ 처리(處理)」 ざんむ unsettled affairs

잔민[殘民] 피폐한 백성. =잔맹(殘氓). impoverished people

잔반[殘飯] 먹고 남은 밥. ざんぱん left-over

잔병[殘兵] ① 나머지 군사. ② ⇨패잔병(敗殘兵). ざんぺい ① stragglers

잔비[殘匪] 쳐 없애고 남은 비적(匪賊). ざんぴ remnant bandits

잔사[殘渣] 남은 찌꺼기. =잔재(殘滓). leavings

잔산[殘山] ① 나지막한 산. 「~ 단록(短麓)」 ② 손상되고 남은 산. 전란 후에 남아 있는 산. ① low mountain

잔살[殘殺] 잔인하게 죽임. ざんさつ killing cruelly

잔상[殘像] 시각(視覺)에 주어진 외부의 자극이 사라진 뒤에도 아직 남아 있는 상(像). ざんぞう afterimage

잔생[殘生] 나머지 생애. =여생(餘生). ざんせい rest of one's life

잔서[殘暑] 여름이 거의 다 지난 때의 늦더위. =여염(餘炎). ざんしょ lingering summer heat

잔설[殘雪] 아직 덜 녹고 남아 있는 눈. ざんせつ lingering snow

잔악[殘惡] 잔인하고 악독함. brutality

잔액[殘額] 일정한 액수를 제한 나머지 액수. ざんがく balance

잔약[孱弱] 몸이 가늘고 약함. frailty

잔양[殘陽] 기울어져 가는 햇볕. =석양(夕陽)·잔일(殘日). ざんよう setting sun

잔업[殘業] ① 하다가 남은 일. ② 정한 시간을 넘어서 계속하는 작업. 「~ 수당(手當)」 ざんぎょう ② overtime work

잔여[殘餘] 처져 있는 나머지. ざんよ remainder

잔연[殘煙] 사라지고 남은 연기. ざんえん

잔열[孱劣] 잔약하고 옹졸함. =잔망(孱妄)·잔졸(孱拙).

잔염[殘炎] 늦더위. =잔서(殘暑)·잔열(殘熱). ざんえん lingering summer heat

잔월[殘月] 새벽녘에 떠 있는 달. 새벽달. ざんげつ morning moon

잔인[殘忍] 인정이 없고 몹시 모짊. ざんにん cruelty

잔재[殘在] 남아 있음. =잔존(殘存). ざんざい remaining

잔재[殘滓] ① 남은 찌꺼기. ② 묵은 풍습이나 제도. 「일제(日帝) 강점의 ~」 ざんし・ざんさい ① leavings

잔적[殘滴] 남은 물방울. ざんてき

잔적[殘敵] 쳐 없애고 남은 적군. ざんてき enemy remnants

잔정[殘政] 잔인하고 포악한 정치. cruelty

잔조[殘租] 기한 안에 다 거두어들이지 못하고 남은 조세. arrears of tax

잔조[殘照] 저녁놀. ざんしょう evening glow

잔존[殘存] 남아 있음. =잔재(殘在). 「~ 세력(勢力)」 ざんそん remaining

잔졸[孱拙] 잔약하고 용렬함. =잔망(孱妄)・잔열(孱劣). feebleness and clumsiness

잔질[殘疾] 병이 거의 나은 뒤에도 남아 있는 병증. ざんしつ lingering illness

잔채[殘菜] 여럿으로 버르거나 먹고 남은 반찬.

잔촉[殘燭] 다 타가는 촛불. ざんしょく remaining light

잔추[殘秋] 얼마 남지 않은 가을. 늦가을. =만추(晚秋). ざんしゅう late autumn

잔춘[殘春] 얼마 남지 않은 봄. 늦봄. =만춘(晚春). ざんしゅん lingering spring

잔치[殘置] 남겨 놓음. ざんち leaving behind

잔패[殘敗] 기세가 디히어 패함. 쇠잔하여 패배함. withering

잔편[殘片] 남은 조각. ざんぺん remaining piece

잔편단:간[殘編短簡] 조각조각 흩이지고 찢어져서 온전하지 못한 책.

잔포[殘暴] 잔인하고 포악함. =잔학(殘虐). ざんぼう cruelty

잔품[殘品] 남은 물건. 팔다가 남은 상품. 「~ 정리(整理)」 remnants

잔풍[孱風] 조금씩 부는 잔잔하고 고요한 바람. breeze

잔피[孱疲] 잔약하여 기력이 없음.

잔하[殘夏] 얼마 남지 않은 여름. 늦여름. ↔잔동(殘冬). late summer

잔학[殘虐] 잔인하고 포악함. =잔포(殘暴)・잔혹(殘酷). ざんぎゃく cruelty

잔한[殘寒] 봄까지 남아 있는 추위. 늦추위. ↔잔서(殘暑). ざんかん lingering winter

잔해[殘骸] ① 썩거나 타다가 남은 뼈대. ② 부서지거나 못 쓰게 되어 남아 있는 물체. ざんがい remains

잔향[殘響] 발음체의 진동이 멈춘 뒤에까지 남은 울림. =여음(餘音). ざんきょう reverberation

잔혈[孱子] 잔약하고 의지할 곳이 없음. weakness and helplessness

잔혹[殘酷] 잔인하고 가혹함. ざんこく cruelty

잔화[殘火] 타다 남은 불. 꺼져가는 불. ざんか remaining fire

잔하[殘花] 기의 다 시고 남은 꽃. ざんか flower left blooming

잔회[殘懷] 마음에 남은 회포. lingering thought

잔훼[殘毀] 깨뜨려 헐어 버림. ざんき destruction

잔흔[殘痕] 남은 흔적. ざんこん traces

잠[湛] ① 이슬이 많이 맺힌 모

양 잠 : 이슬이 흠치르르하다. 「湛湛(잠잠)·湛露(잠로)」 ② 맑을 잠 : 맑다. 「湛然(잠연)」 ③ 즐길 담 : 즐기다. 기뻐하다. 「湛宴(담연)」 ④ 깊이 침 : 깊이. 깊이 빠지다. 「湛湎(침면)·湛靜(침정)」タン·ダン

잠:[暫] ☆ 잠깐 잠 : 잠깐. 「暫時(잠시)·暫見(잠견)·暫逢(잠봉)」 ザン · しばらく

잠[潛] ☆ 잠길 잠 : 잠기다. 감추다. 숨다. 「潛水(잠수)·潛沒(잠몰)·潛行(잠행)·潛入(잠입)」 セン · ひそむ

잠[箴] ① 경계할 잠 : 경계하다. 훈계하다. 「箴諫(잠간)·箴戒(잠계)·箴規(잠규)」 ② 침 잠 : 침. 「箴石(잠석)」 シン ①いましめ ②はり

잠[簪] 비녀 잠 : 비녀. 「簪裾(잠거)·玉簪(옥잠)·簪笏(잠홀)」 シン · かんざし

잠[蠶] ☆ 누에 잠 : 누에. 「養蠶(양잠)·蠶絲(잠사)·蠶業(잠업)」 サン · かいこ

잠가[蠶架] 누에의 채반을 올려 놓는 시렁. 누에시렁. さんか silkworm shelf

잠거[潛居] 몰래 숨어 삶. 숨어 있음. せんきょ seclusion

잠:견[暫見] 잠깐 봄. glance

잠공[潛攻] 숨어 있다가 적을 공격함.

잠구[蠶具] 누에를 치는 데 쓰이는 모든 기구. sericultural outfit

잠군[潛軍] 몰래 숨어서 쳐들어 오는 군사.

잠:깐[←暫間] 매우 짧은 동안. 오래지 않은 사이. just a moment

잠농[蠶農] 누에농사. sericulture

잠닉[潛匿] 행방을 감추어 몰래 숨음. せんとく hiding

잠두마:제[蠶頭馬蹄] 한자(漢字) 붓글씨의 필법(筆法)의 한 가지. 가로 긋는 획의 왼쪽 시작 부분은 말굽 모양으로 하고, 오른쪽 끝은 누에의 머리 모양으로 하는 필법.

잠란[蠶卵] 누에의 알. 「～지(紙)」 さんらん silkworm egg

잠란지[蠶卵紙] 누에나방이 알을 슬어 놓은 종이. さんらんし silkworm-egg card

잠령[蠶齡] 누에의 나이. 알에서 부화된 것을 제일령(第一齡), 다음은 허물을 벗을 때마다 하나씩 보태어 따짐. さんれい age of a silkworm

잠룡[潛龍] 하늘에 오를 때를 기다리며 물 속에 숨어 있는 용이라는 뜻으로, 얼마 동안 왕위에 오르지 아니하고 이를 피하고 있는 사람이나 때를 기다리고 있는 영웅의 비유. せんりゅう

잠:류[暫留] 잠시 머물러 있음. staying for a while

잠망경[潛望鏡] 잠수함 등에서 해상·지상의 목표물을 보는 데 쓰는 반사식 망원경. せんぼうきょう periscope

잠몰[潛沒] 물 속에 잠김. せんぼつ sinking

잠박[蠶箔] 누에를 담아서 기르는 채반. さんぱく silkworm feeding basket

잠복[潛伏] ① 숨어 있음. ② 몸 속에 침입한 병균이 아직 병을 일으키지 않고 있는 상태. 「～기(期)」 せんぷく ① concealment ② incubation

잠부[蠶婦] 누에를 치는 여자.

silk-raising woman

잠:불리측[暫不離側] 잠시도 곁을 떠나지 않음.

잠사[潛思] 마음을 가라앉히어 생각에 잠김. =잠고(潛考). せんし　meditation

잠사[蠶絲] 누에고치에서 켠 실. さんし　silk yarn

잠상[潛像] 감광(感光)한 필름이나 인화지에 생겨 있는, 눈에 보이지 않는 화상(畫像). せんぞう　latent image

잠상[蠶桑] 누에와 뽕. さんそう　silkworms and mulberry leaves

잠섭[潛涉] 몰래 건너감.

잠세[潛勢] 잠세력(潛勢力)의 준말. せんせい

잠세력[潛勢力] 내부에 숨어 있어 겉으로 드러나지 않는 세력. 준잠세(潛勢). せんせいりょく　latent force

잠수[潛水] 물 속으로 들어감. 물 속에 잠김. 「~부(夫)」せんすい　diving

잠수 모:함[潛水母艦] 잠수함에 연료·식량 등을 대 주며, 잠수 함대의 기함(旗艦)이 되어 그 지휘 임무를 맡은 군함. せんすいぼかん　submarine tender

잠수병[潛水病] 잠수부가 고압의 물 속에 있다가 갑자기 저압의 환경에 놓였을 때 현기증·마비 등의 증세가 나타나는 병통. せんすいびょう　caisson disease

잠수복[潛水服] 잠수부가 물 속으로 들어갈 때 입는 특수한 옷. =잠수의(潛水衣). せんすいふく　diving suit

잠수부[潛水夫] 물 속에 들어가서 작업을 하는 사람. せんすいふ　diver

잠수함[潛水艦] 물 속으로 항행하며 정찰과 어뢰(魚雷) 공격 등을 하는 군함. 준잠함(潛艦). せんすいかん　submarine

잠:시[暫時] 잠깐 동안. =잠시간(暫時間)·편시(片時). ざんじ　for a while

잠식[蠶食] 누에가 뽕잎을 먹듯이, 남의 영역을 조금씩 침범해 들어가는 일. さんしょく

잠실[蠶室] 누에를 치는 방. さんしつ　silkworm rearing room

잠심[潛心] 마음을 가라앉힘. せんしん　calming down one's mind

잠아[蠶蛾] 누에고치에서 나온 나방. 누에나방. さんが　silkworm moth

잠언[箴言] 교훈이 되는 유익한 말. しんげん　aphorism

잠업[蠶業] 누에를 치고 잠사(蠶絲)를 켜는 사업. 「~계(界)」さんぎょう　sericulture

잠열[潛熱] ①내부에 잠기어 외부에 나타나지 않는 열. ②물질이 증발(蒸發)하거나 융해될 때 소비되는 열. 융해열(融解熱)·기화열(氣化熱) 따위. せんねつ　① dormant temperature ② latent heat

잠용[蠶蛹] 누에의 번데기. さんよう

잠입[潛入] 몰래 들어감. 「적진(敵陣) ~」せんにゅう　infiltration

잠장[潛藏] 몰래 숨음. 몰래 숨김. せんぞう　concealment

잠재[潛在] 겉으로는 드러나지 않고 속에 숨겨져 있음. 「~의식(意識)」せんざい　potentiality

잠재 세:력[潛在勢力] 내부에

숨겨져 표면에 드러나지 않은 세력. せんざいせいりょく   勢力
potential power

잠재 의:식[潛在意識] 자각되지는 않으나, 행동이나 생각 등에 영향을 미치는 의식. =잠재 정신(潛在精神). せんざいいしき   潛在意識
subconsciousness

잠적[潛跡] 잠종비적(潛蹤祕跡)의 준말.   潛跡祕跡

잠:정[暫定] 어떤 일을 임시로 정함. 「~적(的) 조치(措置)」 ざんてい   暫定
provisionality

잠족[蠶簇] 누에를 올려 고치를 만들게 하는 기구. 섶.   蠶簇
cocoon holder

잠종[蠶種] 누에의 씨. 곧 누에의 알. さんしゅ   蠶種
silkworm species

잠종비적[潛蹤祕跡] 종적을 아주 감춤. 준잠적(潛跡).   潛蹤祕跡
concealment

잠찬[潛竄] 몰래 숨어서 도망침.   潛竄

잠청[潛聽] ① 정신을 집중시켜 잘 들음. ② 몰래 엿들음.   潛聽集中
① hearing with attention ② eavesdroping

잠함[潛函] 땅 속 깊은 곳, 또는 수면 아래에서 토목 공사를 할 때 설치하는 작업실. せんかん   潛函土工事
caisson

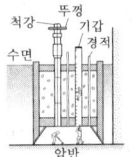
〔잠함〕

잠함[潛艦] 잠수함(潛水艦)의 준말.   潛艦

잠항[潛航] ① 물 속으로 잠기어서 항행함. ② 몰래 항해함. せんこう   潛航海
① submarine voyage

잠행[潛行] ① 몰래 다니거나 어떤 행동을 함. ② 물 속에 잠기어서 다님. せんこう
① traveling in disguise

잡[雜]☆ ① 섞을 잡 : 섞다. 섞이다. 「雜物(잡물)·雜居(잡거)·雜務(잡무)」 ② 번거로울 잡 : 번거롭다. 「煩雜(번잡)」 ザツ·ゾウ ① まじる   雜物

잡가[雜歌] ① 속된 노래. ② 민요화(民謠化)한 옛 노래.   雜歌
① vulgar song

잡감[雜感] 여러 가지 느낌. 온갖 감상. ざっかん   雜感
miscellaneous impressions

잡객[雜客] 대수롭지 않은 손.   雜客
unimportant guest

잡거[雜居] 온갖 사람들이 마구 섞여 삶. =잡처(雜處)·혼거(混居). ざっきょ   雜居混居
mixed residence

잡건[雜件] 대수롭지 않은 여러 가지 일들. ざっけん   雜件
miscellaneous matters

잡계정[雜計定] 뚜렷한 항목을 설정하기 곤란한 수지(收支)를 기록하는 계정.   雜計定收支
sundry accounts

잡고[雜考] 여러 가지 고찰(考察)이나 고증(考證). ざっこう   雜考
miscellaneous thoughts

잡곡[雜曲] 잡스러운 악곡. ざっきょく   雜曲
vulgar song

잡곡[雜穀] 찹쌀이나 멥쌀 이외의 여러 가지 곡식. 「~밥」 ざっこく   雜穀
minor cereals

잡과[雜科] 고려·조선 시대의 과거 제도의 한 가지로, 역과(譯科)·율과(律科)·의과(醫科) 따위의 기술관 시험을 이름.   雜科

잡교[雜交] 다른 종류나 다른 품종 사이에 이루어지는 수정(受精). =교잡(交雜). ざっこう   雜交受精
crossing

잡교[雜敎] 종교답지 못한 온갖   雜敎

종교. miscellaneous religions

잡귀[雜鬼] 온갖 못된 귀신. = 잡신(雜神).　minor demons

잡급[雜給] 일정한 급료 이외에 잡다한 명목으로 지급되는 돈.　miscellaneous allowances

잡기[雜技] ① 하찮은 여러 가지 기예(技藝). ざっぎ ② 투전·골패 따위의 잡스러운 모든 노름. 「주색(酒色)~」 ① miscellaneous games ② gambling

잡기[雜記] 여러 가지를 적음. 또는 그 기록. = 잡록(雜錄)·잡필(雜筆). 「~장(帳)」 ざっき　miscellaneous notes

잡념[雜念] 쓸데없는 여러 가지 생각. ざつねん　worldly thoughts

잡다[雜多] 여러 가지가 많이 뒤섞여 있음. ざった

잡담[雜談] 공연히 지껄이는 말. ざつだん　idle talk

잡답[雜沓] 사람들이 많이 몰려 붐빔. = 분답(紛沓). ざっとう　bustle

잡록[雜錄] 여러 가지를 적음. 또는 그 기록. = 잡기(雜記). ざつろく　miscellaneous notes

잡류[雜類] 점잖지 못한 사람들. 잡것들. = 잡배(雜輩). rogues

잡림[雜林] 여러 가지 나무가 뒤섞인 수풀. = 잡목림(雜木林).　coppice

잡목[雜木] ① 여러 가지 나무. ② 재목으로 쓸 수 없는 잡된 나무. ぞうき·ざつぼく ① miscellaneous wood ② scrub trees

잡무[雜務] 온갖 자질구레한 일. ざつむ miscellaneous business

잡문[雜文] 내용이나 형식이 일정한 문장 형식에 속하지 아니하고 닥치는 대로 쓰는 글. 「~문사(文士)」 ざつぶん　literary miscellany

잡물[雜物] ① 대수롭지 않은 여러 가지 물건. ② 어떤 물질 속에 섞여 있는 불필요한 물질. ぞうもつ·ざつぶつ ① miscellaneous things ② impurities

잡미[雜味] 다른 맛이 섞인 군맛. 잡맛.　impure taste

잡박[雜駁] 뒤섞여 통일성이 없음. 「~한 지식(知識)」 ざっぱく　confusion

잡방[雜方] 의서(醫書)에 없는 혼합식 약방문(藥方文).

잡배[雜輩] 점잖지 못한 사람들. 잡것들. = 잡류(雜類).　vulgar people

잡병[雜病] 병명(病名)을 붙이기도 곤란한 여러 가지 잡된 병. 돌림병 따위.　various diseases

잡보[雜報] 여러 가지 사실에 대한 보도. ざっぽう general news

잡부[雜夫] 광산이나 공장에서 허드렛일을 하는 사람. = 잡역부(雜役夫).　odd man

잡부금[雜賦金] 여러 가지 명목을 붙여서 부과하는 돈.　miscellaneous fees

잡비[雜肥] 두엄·재 등 여러 가지가 섞인 비료. ぞうひ miscellaneous manure

잡비[雜費] 지질구레하게 쓰이는 여러 가지 비용. = 잡용(雜用). ざっぴ sundry expenses

잡사[雜史] 체재를 갖추지 못한, 민간에 전하는 역사책. miscellaneous history book

잡사[雜事] 지질구레한 여러 가지 일. ざつじ miscellaneous business

잡상[雜常] ① 조촐하지 못하고 음탕함.「~스런 짓」② 난잡하고 상스러움. lewdness

잡상[雜像] 궁궐이나 문루의 추녀마루에 얹어 놓은, 손오공이라 부르는 원숭이 모양의 상(像).

잡상인[雜商人] 일정한 가게 없이 옮겨 다니면서 여러 가지 물건을 파는 사람. miscellaneous traders

잡색[雜色] ① 여러 가지 빛이 뒤섞인 빛깔. ざっしょく ② 온갖 종류의 사람들이 마구 뒤섞임을 이르는 말.「~이 다 모였다」① various colors ② all kinds of people

잡서[雜書] ① 여러 가지를 뒤섞어서 쓴 책. ② 일정한 부류로 분류(分類)하기 어려운 서적. ③ 함부로 찍어 낸 가치 없는 책. ざっしょ ① book on miscellaneous subjects

잡석[雜石] 토목·건축에 쓰는 크고 작은 돌. 막돌. rubble

잡설[雜說] ① 너더기 까진 선. ② 잡소리. ざっせつ・ぞうせつ ① all kinds of opinions ② idle talk

잡세[雜稅] 자질구레한 명목의 여러 가지 세금. ざっぜい miscellaneous taxes

잡수입[雜收入] 일정한 수입 이외의 잡다한 수입. ざっしゅうにゅう miscellaneous income

잡술[雜術] 남을 속이는 요사스런 술법. wicked magics

잡식[雜食] ① 갖가지를 섞어 먹음. ② 동물성 먹이나 식물성 먹이를 두루 먹음.「~성(性)」ざっしょく mixed diet

잡식[雜植] 줄을 맞추지 않고 모를 되는 대로 마구 심음. planting at random

잡심[雜心] 온갖 잡된 마음. earthly thoughts

잡언[雜言] 잡스러운 말. 저속한 말. ぞうごん abusive language

잡업[雜業] 일정하지 않은 가지가지의 일. 또는 닥치는 대로 아무것이나 하는 직업. ざつぎょう miscellaneous business

잡역[雜役] 온갖 허드렛일. 막일. ざつえき odd jobs

잡연[雜然] 난잡하게 마구 흩어져 있는 모양. ざつぜん disorderly

잡용[雜用] 자질구레한 온갖 쓰임. =잡비(雜費). ざつよう miscellaneous expenses

잡음[雜音] ① 온갖 시끄러운 소리. ② 라디오·통신 따위에서 들리는, 청취에 방해가 되는 온갖 잡된 소리. ③ 주위에서 이러쿵저러쿵하는 의견이나 비판.「~이 많아서 계획을 취소하다」ざつおん noise

잡인[雜人] 그 일이나 그 곳에 관계없는 사람.「~ 출입 금(出入嚴禁)」outsider

잡제[雜題] ① 여러 가지가 어수선하게 뒤엉킨 문제. ② 갈피를 잡을 수 없는 제목. ③ 일정한 제목이 없이 이것저것 마구 쓴 한시(漢詩). ざつだい ① miscellaneous questions

잡종[雜種] ① 품종 등 계통이 다른 암수의 교배(交配)로 생긴 생물. ② 잡다한 종류. ざっしゅ ① hybrid

잡지[雜誌] 여러 집필자나 기자의 작품·기사·사진 등을 실어서 정기적으로 간행하는, 책으로 된 출판물. ざっし magazine

잡채[雜菜] 당면에 고기와 채소를 섞어서 무치거나 볶은 음식. mixed dish of vegetables and sliced meat

잡철[雜鐵] 여러 가지 용도에 쓰였던 헌 쇠붙이.

잡초[雜草] 저절로 나서 자라는 여러 가지 풀. 잡풀. ざっそう weeds

잡칙[雜則] 본칙 이외의 여러 가지 자질구레한 규칙. ざっそく miscellaneous rules

잡탕[雜湯] ① 고기·채소·해산물 따위를 섞어서 끓인 국. ② 순수하지 않고 난잡스러운 사물의 비유. ① mixed soup

잡필[雜筆] 잡다한 여러 가지 일을 적은 것. =잡기(雜記). ざっぴつ miscellaneous notes

잡학[雜學] 여러 분야에 걸친 잡다한 지식이나 학문. 또는 학문과는 관계 없는 잡다한 지식. ざつがく knowledge on a wide variety of subjects

잡혼[雜婚] 원시 사회에서, 일정한 부부 관계 없이 동물적인 방법으로 함부로 행하여진 성적 결합. =난혼(亂婚). ざっこん mixed marriage

잡화[雜貨] 일상 생활에 필요한 자질구레한 물건. 「~상(商)」 ざっか general merchandise

잡희[雜戱] 여러 가지 놀이나 장난. miscellaneous plays

장:[丈]* ① 어른 장:어른. 「丈夫(장부)·尊丈(존장)」 ② 길 장;한 길. 「丈六(장륙)·丈尺(장척)」 ジョウ

장[仗] ① 의장 장:의장. 「儀仗(의장)·仗馬(장마)」 ② 기댈 장:기대다. 의지하다. 「仗勢(장세)」 ジョウ ② よる

장[匠] 장인 장:장인. 만들다. 「匠人(장인)·名匠(명장)·工匠(공장)·意匠(의장)」 ショウ·たくみ

장[庄] ① 농막 장:농막. ② 전장 장:전장. 「庄土(장토)·田庄(전장)」 ショウ·ソウ

장:[壯]* ① 장할 장:장하다. 「壯大(장대)·壯觀(장관)」 ② 굳셀 장:굳세다. 씩씩하다. 「壯士(장사)·壯骨(장골)·壯年(장년)·壯夫(장부)」 ソウ·ショウ

장:[杖] ① 지팡이 장:지팡이. 의지하다. 「短杖(단장)」 ② 몽둥이 장:몽둥이. 「杖刑(장형)·杖殺(장살)·杖流(장류)」 ジョウ ① つえ

장:[狀] ① 문서 장:문서. 「令狀(영장)·狀啓(장계)·賞狀(상장)·書狀(서장)」 ② 모양 상:모양. 「狀態(상태)·狀況(상황)·狀貌(상모)」 ジョウ

장[長]* ① 긴 장:길다. 「長短(장단)·長劍(장검)·長驅(장구)·長指(장지)」 ② 오랠 장:오래다. 「長久(장구)·長期(장기)·長年(장년)」 ③ 맏 장:맏이. 「長男(장남)·長女(장녀)·長孫(장손)」 ④ 자랄 장:자라다. 「成長(성장)」 ⑤ 좋을 장:좋다. 「長點(장점)·長處(장처)·長技(장기)」 ⑥ 어른 장:어른. 「長官(장관)·老長(노장)·尊長(존장)·校長(교장)」 チョウ ① ながい

장:[將]* ① 장수 장:장수. 「將帥(장수)·將星(장성)·大將(대장)」 ② 장차 장:장차. 「將次(장차)·將來(장래)」 ショウ

장:[帳]* ① 장막 장:장막. 「帳幕(장막)·帳幅(장폭)·布帳(포장)」 ② 치부책 장:치부책. 「帳簿(장부)·元帳(원장)·臺帳

(대장)·通帳(통장)」チョウ 通帳
① とばり
장[張]☆ ①베풀 장:베풀다. 벌
이다.「擴張(확장)·伸張(신장)
·誇張(과장)」②장 장:장.
수효를 세는 말.「百張(백장)
·千張(천장)」チョウ
장[章]* ①글 장:글.「文章(문
장)·章句(장구)·回章(회장)」
②밝을 장:밝다.「章章(장
장)·章理(장리)」③표할 장:
표하다. 인장.「徽章(휘장)·
勳章(훈장)·印章(인장)·圖章
(도장)」ショウ
장[莊]☆ ①장중할 장:장중하
다.「莊潔(장결)·莊敬(장경)·
莊嚴(장엄)·莊言(장언)」②별
장 :별장.「別莊(별장)·
山莊(산장)」ショウ·ソウ ①
おごそか ②ひかえやしき
장[場]* 마당 장:마당.「場內
(장내)·會場(회장)·場所(장
소)·市場(시장)·議場(의장)·
戰場(전장)」ジョウ·ば
쟝·[掌]☆ 손바닥 장:손바닥.
「掌內(장내)·掌骨(장골)·掌紋
(장문)·掌狀(장상)·管掌(관
장)·掌握(장악)」ショウ·た
なごころ
장[粧]☆ 단장할 장:단장하다.
「丹粧(단장)·化粧(화장)·粧刀
(장도)·粧飾(장식)·美粧(미
장)·盛粧(성장)」ショウ·ソ
ウ·よそおう
장[腸]☆ 창자 장:창자.「胃腸
(위장)·盲腸(맹장)·脫腸(탈장)
·羊腸(양장)」チョウ·はらわた
장:[葬]☆ 장사 장:장사지내다.
「葬儀(장의)·葬地(장지)·火葬
(화장)·水葬(수장)·葬具(장구)
·葬費(장비)」ソウ·ほうむる
장[裝]☆ ①꾸밀 장:꾸미다. 치
장하다.「裝具(장구)·裝飾(장

식)·裝幀(장정)」②차릴 장:
옷을 차려 입다.「新裝(신장)
·女裝(여장)」③꾸릴 장:짐
을 꾸리다.「包裝(포장)」ショ
ウ·よそおう
장[獐] 노루 장:노루.「獐角
(장각)·獐腋(장액)·獐足(장
족)·獐皮(장피)·獐血(장혈)」
ショウ
장[障]☆ 막힐 장:막히다.「支
障(지장)·故障(고장)·障壁(장
벽)」ショウ·さわる
장:[奬] 권할 장:권하다. 장
려하다.「勸奬(권장)·奬勵(장
려)·奬順(장순)·奬學(장학)」
ショウ·すすめる
장[樟] 녹나무 장:녹나무.「樟
木(장목)·樟腦(장뇌)」ショウ
·くす
장[漿] 미음 장:미음. 즙. 액
체.「漿水(장수)·漿果(장과)」
ショウ
장[璋] 반쪽 홀 장:반쪽 홀.
「弄璋之慶(농장지경)」ショウ
장[蔣] 과장풀 장:과장풀.「蔣
芧(자서)」ショウ
장[墻]☆ "牆"과 同字.
장[牆] "墻"과 同字. 담 장:담.
「牆內(장내)·牆壁(장벽)·牆外
(장외)·牆垣(장원)·牆屋(장옥)」
ショウ·かき
장[檣] 돛대 장:돛대.「檣竿(장
간)·檣頭(장두)·檣樓(장루)」
ショウ·ほばしら
장[薔] 장미 장:장미.「薔薇(장
미)」ショウ·ソウ·ばら
장[藏]☆ ①감출 장:감추다. 간
직하다.「藏拙(장졸)·藏閉(장
폐)」②곳집 장:곳집.「藏府
(장부)·藏中(장중)」ゾウ·ソ
ウ ①かくす ②くら
장:[醬] 간장 장:간장.「醬油
(장유)·醬間(장간)」ショウ·

ひしお
장:[醬] 장 장: 의장. 「衣欌(의 장)·欌籠(장롱)·欌門(장문)·欌廛(장전)」

장[贓] 장물 잡힐 장: 장물. 「贓物(장물)·贓罪(장죄)·贓品(장품)」 ゾウ

장[臟] 오장 장: 오장. 「五臟(오장)·臟器(장기)·心臟(심장)·內臟(내장)」 ゾウ・はらわた

장가[長歌] ① 장편으로 된 노래. 곡조가 긴 노래. =장곡(長曲). ② 형식이 짧은 시조에 비해, 길이의 제한이 없는 가사(歌辭) 따위의 긴 노래. ↔단가(短歌). ちょうか long poem

장각[長角] 긴 뿔.
장각[獐角] 노루의 뿔.
장간[長竿] 대나 나무로 된 긴 막대기. bamboo pole
장:간[醬間] 장독을 두는 곳. 장독간. place to keep jars of soy sauce
장간죽[長簡竹] 긴 담배 설대.
장:갑[掌匣] 손을 보호하기 위해 끼는 물건. gloves
장갑[裝甲] 배나 차에 철갑을 둘러쌈. 「~차(車)」 そうこう armoring
장강[長江] ① 물줄기가 긴 강. ② 양자강(揚子江)을 달리 이르는 말. ちょうこう ① long river
장강[長杠] 길고 굵은 멜대. =장강목(長杠木).
장:거[壯擧] 장한 계획이나 거사(擧事). =장도(壯圖). そうきょ great undertaking
장거리[長距離] 멀고 긴 거리. ↔단거리(短距離). ちょうきょり long distance
장:건[壯健] 씩씩하고 건강함. そうけん healthiness

장검[長劍] 허리에 차는 긴 검. ↔단검(短劍). ちょうけん long sword

장경성[長庚星] 저녁에 서쪽 하늘에 보이는 큰 별. 개밥바라기. =태백성(太白星)·금성(金星). ちょうこうせい Venus

장:계[狀啓] 지난날, 감사나 지방의 관원이 왕에게 글로 써서 보내던 보고.

장:계취계[將計就計] 상대편의 계략을 미리 알아차리고 이를 역이용하는 계략.

장고[長考] 긴 시간에 걸쳐 생각함. long meditation

장곡[長谷] 깊고 긴 산골짜기. deep and long valley

장:골[壯骨] 기운이 세고 큼직하게 생긴 골격. 또는 그러한 골격의 사람. robust man

장골[長骨] 척추동물의 사지(四肢)를 이루는 굵고 긴 뼈. =관상골(管狀骨). ちょうこつ

장:골[掌骨] 손바닥을 이루는 뼈. 손바닥뼈. しょうこつ

장골[腸骨] 허리 부분을 이루는 뼈의 하나. 관골(髖骨)의 뒤쪽 위에 있는 큰 뼈. ちょうこつ ilium

장과[漿果] 살이 많고 물기가 많은 과일. 감·포도 따위. しょうか berry

장:관[壯觀] 굉장하고 볼 만한 광경. =웅관(雄觀). そうかん grand sight

장:관[長官] 행정부의 각부(各部) 책임자가 되는 직위. 「국방(國防) ~」 ちょうかん minister

장:관[將官] 육·해·공군의 준장(准將) 이상의 장교를 통틀어 이르는 말. しょうかん

장:관[掌管] 맡아서 관리함. = 관장(管掌). しょうかん　management

장관[腸管] 음식물을 소화하고 양분을 섭취하는 장계(腸系)를 이르는 말. 창자. ちょうかん　intestines

장광[長廣] 길이와 넓이. width and length

장광설[長廣舌] ①오랜 시간 줄기차게 잘 하는 말솜씨. ②쓸 데없이 오래 지껄이는 말. = 다변(多辯). ちょうこうぜつ　① eloquence ② lengthy speech

장:교[將校] 군대의 소위(少尉) 이상의 무관. しょうこう　officer

장구[長久] 길고 오램. 「～한 세월(歲月)」ちょうきゅう　permanence

장구[←長鼓・杖鼓] 우리 나라 고유의 타악기의 한 가지.

장구[長軀] 키가 큰 몸집. = 장신(長身). ちょうく　tall stature

장구[長驅] ①말을 타고 멀리 달림. ②단숨에 먼 거리를 달려감. ちょうく

장구[章句] 글의 장(章)과 구(句). 또는 문장의 단락. しょうく　chapter and phrase

장:구[葬具] 장례에 쓰이는 온갖 기구. = 상구(喪具). そうぐ　funeral equipment

장군[將軍] ①군(軍)을 통솔・지휘하는 무관. ②장관(將官) 자리에 있는 사람. しょうぐん ③장기에서 상대편의 장을 치려고 두는 수. ① general

장군석[將軍石] 무덤 앞에 세우는, 무관(武官)의 형상으로 만든 돌. = 무관석(武官石)・무석인(武石人).

장:권[獎勸] 장려하여 권함. = 권장(勸獎). encouragement

장:기[壯氣] 왕성한 기운. そうき　energy

장기[長技] 가장 잘 하는 기능(技能). = 특기(特技). ちょうぎ　strong point

장기[長期] 오랜 기간. ↔단기(短期). 「～ 거래(去來)」ちょうき　long term

장:기[帳記・掌記] 물건이나 전답의 매매 등의 물목(物目)을 적은 글발. bookkeeping

장:기[將棋] 32짝의 말을 둘이 나누어 가지고 서로 공격하고 막아 가며 승부를 겨루는 놀이. しょうぎ

장기[臟器] 내장의 여러 기관. ぞうき　viscera

장:남[長男] 맏아들. 큰아들. ちょうなん　eldest son

장내[場內] 어떤 장소의 안. 회장(會場)의 내부. じょうない　inside of a place

장내[牆內] 담의 안쪽. ↔장외(牆外). inside of the wall

장:녀[長女] 맏딸. 큰딸. ちょうじょ　eldest daughter

장:년[壯年] 혈기가 왕성한 한창 때. = 장령(壯齡). そうねん　prime of manhood

장년[長年] ①오랫동안. ②나이가 많음. ちょうねん ① for a long time ② old age

장뇌[樟腦] 녹나무를 증류해서 만든 백색 결정체. 공업・의료용으로 쓰임. しょうのう　camphor

장뇌유[樟腦油] 녹나무를 증류하여 장뇌를 제조할 때 유출되는 정유(精油). 방부제・의료용 등으로 쓰임. しょうのうゆ　camphor oil

장닉[藏匿] 감추어 숨김. ぞうとく 藏匿 concealment

장단[長短] ① 길고 짧음. ② 장점과 단점. ③ 곡조의 빠르고 느린 박자. ちょうたん 長短
① length ② merits and demerits ③ time

장:담[壯談] 확신을 가지고 자신 있게 말함. 또는 그러한 말. =대담(大談)·장어(壯語). 壯談 assertion

장:담[壯膽] 씩씩한 담력(膽力). 壯膽 courage

장담[長談] 오랜 시간을 두고 이야기함. 또는 그 이야기. ちょうだん 長談 long talk

장:대[壯大] 씩씩하고 큼. 크고 훌륭함. =웅대(雄大). そうだい 壯大 grandeur

장대[長大] 길고 큼. ↔단소(短小). ちょうだい 長大 magnificence

장:대[掌大] 손바닥만한 크기라는 뜻으로, 매우 작은 물건이나 비좁은 곳의 비유. しょうだい 掌大

장대석[長臺石] 길게 다듬은 돌. 섬돌·디딤돌 따위에 쓰임. 준장대(長臺). 長臺石 long footstone

장:도[壯途] 중대한 사명이나 장한 뜻을 품고 떠나는 길. 「~에 오르다」 そうと 壯途 important departure

장:도[壯圖] 큰 계획이나 포부. そうと 壯圖

장도[長途] 먼 길. 긴 여정(旅程). 「~여행(旅行)」 ちょうと 長途 long way

장도[粧刀] 칼집이 있는 작은 칼. 주머니 속에 넣거나 옷고름에 차기도 함. 粧刀 encased ornamental sword

장:도[獎導] 장려하여 인도해 나감. しょうどう 獎導

장:독[杖毒] 곤장 따위로 매를 심하게 맞아 생긴 상처의 독. 杖毒

장동[章動] 달이나 태양의 인력(引力) 때문에, 약 19년을 주기로 지구의 자전축(自轉軸)이 조금씩 흔들리면서 움직이는 일. しょうどう 章動

장두[檣頭] 돛대의 맨 꼭대기. しょうとう 檣頭 masthead

장두상련[腸肚相連] 창자가 서로 잇닿아 있다는 뜻으로, 서로 배짱이 잘 맞음의 비유. 腸肚相連

장두은미[藏頭隱尾] 머리와 꼬리를 숨긴다는 뜻으로, 일의 전말(顚末)을 똑똑히 밝히지 아니함의 비유. 藏頭隱尾

장등[長燈] ① 밤이 새도록 등불을 켜 둠. 또는 그런 등불. ② 부처 앞에 불을 켬. 「~시주(施主)」 長燈 施主

장래[將來] ① 앞으로 닥쳐올 때. 앞날. =미래(未來). ② 앞으로의 전망이나 전도(前途). しょうらい 將來 前途 future

장:략[將略] 장수다운 지략. しょうりゃく 將略

장:려[壯麗] 장엄하고 화려함. そうれい 壯麗 grandeur

장:려[獎勵] 권하여 힘쓰게 함. しょうれい 獎勵 encouragement

장려[瘴癘] 기후나 풍토가 나빠서 생기는 전염성 열병의 한 가지. しょうれい 瘴癘 contagious fever

장력[張力] 물체 내의 임의의 면을 경계로 하여 양쪽 부분이 서로 끌어당기는 힘. ちょうりょく 張力 tension

장:렬[壯烈] 의기(意氣)가 씩씩하고 열렬함. そうれつ 壯烈 heroism

장:렬[葬列] 장의(葬儀)의 행렬. そうれつ 葬列 funeral procession

장:령[壯齡] 원기가 왕성한 한창 때의 나이. =장년(壯年). そうれい prime of manhood

장:령[將令] 장수의 명령. command of a general

장:례[葬禮] 장사를 지내는 의식. =장의(葬儀). 「~식(式)」そうれい funeral

장:로[長老] ① 나이가 많고 덕이 높은 사람. ② 불교에서, 덕이 높고 법랍이 많은 중을 높여 이르는 말. ③ 개신교에서, 선교 및 교회의 운영에 참가하는 성직(聖職)의 한 가지. ちょうろう
① senior ③ presbyter

장:롱[欌籠] 옷을 넣어 두는 상자 모양의 가구. =농장(籠欌). wardrobe

장루[檣樓] 큰 배의 맨 꼭대기에 마련해 놓은 대(臺). 전망대나 포좌(砲座)로 씀. しょうろう top

장르[프 genre] ① 유(類). 부류(部類). ② 예술, 특히 문학에서 형태상의 유형이나 양식. ジャンル

장리[長利] ① 지난날, 봄에 곡식을 꾸어 주고 가을에 그 절반을 이자로 쳐서 받던 변리. ② 물건의 길이나 양에서, 본디의 것에 그 절반을 더한 길이나 양을 이르는 말.

장:리[掌理] 일을 맡아서 처리함. しょうり management

장:막[帳幕] 둘러치는 막. 「철(鐵)의 ~」 tent

장:막[將幕] 장수와 그의 막료(幕僚). general and his staffs

장면[場面] ① 어떤 장소의 양상(樣相)이나 광경. ② 연극·영화 등에서의 한 정경(情景). ばめん scene

장:명[長命] 명(命)이 긺. 또는 긴 수명. ↔단명(短命). ちょうめい longevity

장:모[丈母] 아내의 친정 어머니. =빙모(聘母)·악모(岳母)·처모(妻母). wife's mother

장목[長木] 물건을 받치거나 버티는 데 쓰는 굵고 긴 재목. timber

장문[長文] 긴 문장. ↔단문(短文). 「~의 편지(便紙)」 ちょうぶん long article

장:문[掌紋] 손바닥의 무늬. 곧 손금. しょうもん

장물[長物] ① 긴 물건. ② 필요가 없는 물건. 「무용지(無用之)~」 ちょうぶつ
② useless thing

장물[贓物] 범죄 행위로 부당하게 얻은 남의 물건. 「~ 취득죄(取得罪)」 ぞうぶつ·ぞうもつ stolen articles

장:미[壯美] 장엄하고 아름다움. そうび sublime

장미[薔薇] 장미과의 낙엽 관목. ばら·しょうび rose

장미계[長尾鷄] 닭의 한 품종. 날개와 꽁지는 엷은 청색이고, 꽁지가 길고 아름다워서 주로 완상용(玩賞用)으로 기름. 긴꼬리닭. ながおどり·ちょうびけい long-tailed cock

장미색[薔薇色] ① 장미의 빛깔. ② 담홍색. 장밋빛. ばらいろ·しょうびしょく rose color

장반경[長半徑] 타원(楕圓)의 중심에서 그 둘레에 이르는 가장 긴 거리. 긴반지름. ちょうはんけい

장발[長髮] 길게 기른 머리털. ↔단발(短髮). ちょうはつ long hair

장방[裝防] 장갑(裝甲)을 갖추

장방형[長方形] 가로와 세로의 길이가 같지 않고, 네 각이 모두 직각인 사각형. 직사각형. ちょうほうけい　rectangle

장:벌[杖罰] 벌로 매를 치는 일. じょうばつ

장법[章法] 문장을 구성하는 방법. しょうほう　composition

장:법[葬法] 장사지내는 예법. そうほう　burial rite

장벽[長壁] 길게 쌓은 성벽. ちょうへき　long wall

장벽[腸壁] 창자의 내부의 벽. 소화(消化)·흡수(吸收) 작용을 함. ちょうへき　intestinal wall

장벽[障壁] ① 가리어 막은 벽. ② 둘 사이의 관계를 순조롭지 못하게 하는 장애물. ③ 무엇을 하는 데 방해가 되는 것.「언어 ~」 しょうへき
　　① partition ② barrier

장벽[牆壁] 담과 벽. しょうへき fence and wall

장변[場邊] 다음 장날까지를 기한으로 하는 이율이 비싼 변돈. 또는 그 이율(利率). market interest

장병[長病] 오래도록 앓는 병. =장질(長疾). ちょうびょう·ながやみ　long illness

장:병[將兵] 장교와 사병. しょうへい　officers and men

장복[長服] 같은 약이나 음식을 오래도록 계속해서 먹음. constant use

장본[張本] 어떤 일의 발단(發端)이 되는 근원. ちょうほん　origin

장본[藏本] 간직하고 있는 서적. =장서(藏書). ぞうほん collection of books

장본인[張本人] 어떤 일을 꾸미거나 저지른 당사자. ちょうほんにん　ringleader

장:부[丈夫] ① 장성한 남자. ② 대장부(大丈夫)의 준말.「~ 일언 중천금(一言重千金)」 じょうふ　① full-grown man

장:부[壯夫] 혈기 왕성한 남자. 장년(壯年)의 남자. そうふ heroic man

장부[帳簿] 돈이나 물건의 수입·지출을 기록하는 책.「경리(經理) ~」 ちょうぼ account book

장부[臟腑] 오장육부(五臟六腑)의 준말. ぞうふ

장비[裝備] 어떤 장치와 설비 등을 갖추어 차림. 또는 그 장치와 설비. そうび　equipment

장:비[葬費] 장사지내는 데 드는 비용. =장수(葬需). funeral expenses

장:사[壯士] ① 기개와 체질이 매우 굳센 사람. ② 뛰어나게 기운이 센 사람. =역사(力士). ③ 씨름에서, 선수를 이르는 말. そうし　① strong man

장사[長蛇] ① 긴 뱀. ② 열차나 긴 행렬의 비유. ちょうだ
　　① long snake ② long line

장:사[將士] 장수(將帥)와 병졸. =장졸(將卒). しょうし officers and men

장사[將事] 제사지내는 일을 맡아 함.

장:사[葬事] 시체를 묻거나 화장하는 일. funeral

장사진[長蛇陣] ① 많은 사람들이 줄을 지어 늘어선 모양.「~을 이루다」 ② 지난날, 한 줄로 길게 늘어서던 포진(布陣)의 한 가지. ちょうだ(の)じん long line

장:살[杖殺] 매로 쳐서 죽이는

형벌.

장살[戕殺] 참혹하게 죽임. = 戕殺
장해(戕害).

장삼[長衫] 길이가 길고 품과 長衫
소매를 넓게 지은, 중의 웃옷.
Buddhist monks' robe

장삼이:사[張三李四] 성명이나 張三
신분이 뚜렷하지 않은 보통 사 李四
람을 이르는 말. =갑남을녀(甲
男乙女). ちょうさんりし

장:상[長上] 지위가 높거나 나 長上
이가 많은 어른. ちょうじょう
senior

장:상[將相] 장수(將帥)와 재상 將相
(宰相). しょうしょう
general and premier

장:상[掌上] 손바닥 위. 掌上
on the palm

장:상[掌狀] 손가락을 나 편 손 掌狀
바닥 모양. 손꼴. 「~ 복엽(複
葉)」 しょうじょう palmation

장생[長生] 오래 삶. 「~불사 長生
(不死)」 ちょうせい・ながいき
longevity

장서[長書] ① 긴 글. ② 사연 長書
을 실에 쓴 편지.
① long writing ② long letter

장서[長逝] 아주 가고 돌아오지 長逝
않음. 곧 죽음을 이르는 말.
=사거(死去). ちょうせい
death

장서[藏書] 간직하고 있는 책. 藏書
=장본(藏本). ぞうしょ
collection of books

장석[長石] 화성암(火成巖)의 주 長石
요 성분을 이루는 광물. ちょ 火成巖
うせき feldspar

장석[長席] 짚을 결어 길게 만 長席
든 자리.

장선[長線] 마루 밑에 길게 가 長線
로 내어 마루청을 받치는 나무.

장선[腸線] 고양이나 염소 따위 腸線
의 창자로 만든 노끈. 외과 수

술용 봉합사, 또는 현악기의
줄이나 라켓의 그물에 쓰임.
ちょうせん gut

장:설[丈雪] 한 길이나 되게 많 丈雪
이 내린 눈. heavy snow

장설[長舌] 말이 많고 수다스러 長舌
움. ちょうぜつ loquacity

장:설[帳設] 잔치나 놀이로 많 帳設
은 사람들이 모인 자리에 내어
가는 음식.

장:성[壯盛] 젊고 원기가 왕성 壯盛
함. そうせい vigorousness

장성[長成] 자라서 어른이 됨. 長成
growth

장성[長城] 길게 둘러쌓은 성. 長城
「만리(萬里)~」 ちょうじょう
long wall

장:성[將星] ① 장군(將軍)의 딴 將星
이름. しょうせい ② 민속에서,
누구에게든지 하나씩 인연을
맺고 있다는 오행의 별.

장세[場稅] 시장에서, 상인들로 場稅
부터 시장 사용료로 받아들이
는 자릿값. =장수세(場收稅). 場收稅
market tax

장소[長所] 좋은 점. =장처(長 長所
處)・상점(長點). ちょうしょ
merit

장소[場所] 있는 데. 곳. ばしょ 場所
place

장속[裝束] 차림새를 갖춤. しょ 裝束
うぞく dressing up

장:손[長孫] 장자(長子)가 낳은 長孫
맏아들. 맏손자.
the eldest grandson

장:손녀[長孫女] 장자(長子)가 長孫女
낳은 맏딸. 맏손녀.
the eldest granddaughter

장송[長松] ① 훤칠하게 자란 큰 長松
소나무. ② 너비 25 cm, 두께
4 cm, 길이 250 cm 가량의 널.
① tall pine tree ② long pine
board

장:송[葬送] 시신을 장지(葬地)로 보냄. =송장(送葬). そうそう

장수[長壽] 오래 삶. =장생(長生)·장명(長命). ちょうじゅ longevity

장:수[將帥] 군사를 지휘·통솔하는 우두머리. =장령(將領). しょうすい general

장수[張數] 종이나 종이처럼 얇고 넓적한 물건의 수효. =매수(枚數). number of sheets

장:수[葬需] 장사(葬事)에 소용되는 금품. =장비(葬費). funeral expenses

장수선:무[長袖善舞] 소매가 길면 춤추기가 수월하다는 뜻으로, 밑천이 넉넉하면 일을 하기 쉽다는 말.

장승[←長栍] ① 기다란 통나무나 돌 따위에 사람의 얼굴 모양을 익살스럽게 새겨 세운 것. 절 입구에 세워 호법상(護法像)의 구실을 하는 것과 큰길가에 세워져 이정표 구실을 하는 것이 있음. ② 키가 멋없이 큰 사람이나 멍하니 서 있는 사람을 비유하는 말. ① road idol

장시[長詩] 많은 구절로 된 긴 시. ↔단시(短詩). long poem

장시간[長時間] 오랜 시간. ↔단시간(短時間). ちょうじかん for a long time

장식[裝飾] 치장하여 꾸밈. 또는 그 꾸밈새. そうしょく decoration

장신[長身] 키가 큰 몸. 또는 그런 몸을 가진 사람. =장구(長軀). ↔단신(短身). ちょうしん tall figure

장신구[裝身具] 몸치장에 쓰이는 물건들. 반지·귀고리·브로치 따위. そうしんぐ personal ornaments

장:심[掌心] 손바닥이나 발바닥의 한가운데.

장:악[掌握] 손에 쥠. 또는 손아귀에 넣음. 「권력(權力)을 ~하다」 しょうあく grasp

장안[長安] 수도(首都)라는 뜻으로 서울을 일컫는 말. =경조(京兆). capital

장암[腸癌] 창자에 생기는 암종(癌腫). ちょうがん intestinal cancer

장애[障碍·障礙] 거치적거리어 지장을 줌. 「~물(物)」 しょうがい obstruction

장액[腸液] 창자의 점막에 분포하는 선(腺)과 조직에서 분비되는 소화액. ちょうえき intestinal juice

장액[漿液] ① 점액성 물질이 들어 있지 않은 분비액. ↔점액(粘液). ② 장액막(漿液膜)에서 분비되는 투명한 액체. しょうえき ② serous fluid

장액막[漿液膜] 척추동물의 내장의 겉면을 덮고 있는 막. 늑막·복막·장막 따위. しょうえきまく

장야[長夜] 가을이나 겨울의 기나긴 밤. ↔단야(短夜). ちょうや·ながよ long night

장약[裝藥] 총포의 탄환을 발사하기 위해 약실에 화약을 재는 일. 또는 잰 그 화약. そうやく charge

장:어[壯語] ⇨장언(壯言).

장이[長魚] 뱀장어의 준말.

장:언[壯言] 확신을 가지고 자신 있게 말함. =장담(壯談)·장어(壯語). そうげん assurance

장엄[莊嚴] 엄숙하고 위엄이 있음. 「~한 의식(儀式)」 そうごん magnificence

장:여[丈餘] 한 길 남짓. 열 자가 넘음. じょうよ

장예[奬譽] 장려하고 칭찬함. しょうよ encouragement and praising

장외[場外] 일정한 공간이나 회장(會場)의 바깥. ↔장내(場內). 「~ 거래(去來)」じょうがい outside of a place

장외[墻外] 담 바깥. ↔장내(墻內). outside of a fence

장:원[壯元] ① 글짓기 대회 등에서, 가장 우수한 성적으로 뽑힘. 또는 뽑힌 그 사람. ② 지난날, 과거 시험에서 수석으로 급제하는 일. 「~ 급제(及第)」

장원[長遠] 끝없이 길고 멂. 「~지계(之計)」ちょうえん very distant

장원[莊園] 중세 봉건 시대에 귀족이나 사원(寺院)에 딸렸던 넓은 토지. しょうえん manor

장위[腸胃] 창자와 위. ちょうい intestines and stomach

장:유[長幼] 어른과 어린이. 「~유서(有序)」ちょうよう young and old

장:유[奬誘] 장려하고 권유함. しょうゆう encouragement

장:유[醬油] ① 간장. ② 간장과 식용유(食用油). しょうゆ ① soy sauce

장:육[醬肉] 쇠고기를 간장으로 조린 반찬. 장조림. meat boiled in soy sauce

장음[長音] 길게 발음하는 소리. ↔단음(短音). ちょうおん prolonged sound

장음계[長音階] 서양 음계에서, 제3음(第三音)과 제4음, 제7음과 제8음 사이가 반음(半音)이고, 기타 각 음의 사이는 온음정으로 이루어진 음계. ちょうおんかい major scale

장음부[長音符] 긴소리임을 나타내는 부호. 긴소리표. ちょうおんぷ macron

장의[匠意] 무엇을 만들고자 하는 착상(着想). しょうい

장:의[葬儀] 장사지내는 의식. =장례(葬禮). 「~사(社)」そうぎ funeral

장:인[丈人] 아내의 친정 아버지. =빙부(聘父)・악부(岳夫). wife's father

장인[匠人] 손으로 물건을 만드는 일을 업으로 하는 사람. artisan

장일[長日] ① 낮이 긴 날. 또는 여름날. ② 오랜 시일. =장시일(長時日). ③ 하루 종일.

장:일[葬日] 장사를 시내는 날. funeral day

장:자[長子] 맏아들. 큰아들. =장남(長男). ちょうし the eldest son

장:자[長者] ① 나이・지위・항렬 등이 자기보다 위인 사람. ② 넉넉이 있고 노성(老成)한 사람. ③ 재물이 많은 사람. 거부(巨富). 「백만~」ちょうじゃ ② elder of virtue ③ millionaire

장작[長斫] 굵은 나무를 쪼갠 땔나무. firewood

장장추야[長長秋夜] 길고 긴 가을밤. long nights of autumn

장장하:일[長長夏日] 길고 긴 여름날. long days of summer

장:재[將材] 장수(將帥)가 될 만한 인재(人材).

장:재[掌財] 금전의 출납을 맡아보는 사람. accountant

장재[裝載] 짐을 꾸려 차나 배

에 실음. loading
장전[章典] ⇨전장(典章). 章典
장:전[葬前] 장사지내기 전. ↔ 葬前
장후(葬後). before the funeral
장전[裝塡] ① 속에 무엇을 넣 裝塡
어 채움. ② 총포의 약실에 화
약을 잼. そうてん charge
장:전[欌廛] 장롱·찬장·뒤주 欌廛
등의 세간을 파는 가게.
furniture store
장:절[壯絶] 매우 장함. そうぜ 壯絶
つ prominence
장점[長點] 나은 점. 좋은 점. 長點
=장처(長處). ↔단점(短點). 短點
merit
장점막[腸粘膜] 장벽(腸壁)의 腸粘膜
내층(內層)을 이루고 있는 점
막. ちょうねんまく
장:정[壯丁] 성년(成年)이 된 혈 壯丁
기 왕성한 남자. そうてい adult
장정[長程] 매우 먼 길. =장로 長程
(長路). 「~에 오르다」 ちょ
うてい long way
장정[章程] ① 여러 가지 조목으 章程
로 나누어 정한 규정. ② 사무
집행의 세칙(細則). しょうてい 細則
provisions
장정[裝幀] 표지·케이스·제본 裝幀
양식 등 책의 외형을 아름답
게 꾸미는 기술. 또는 그 꾸
밈새. そうてい binding
장:제[葬祭] 장례와 제사. そう 葬祭
さい
장조[長調] 장음계(長音階)로 된 長調
곡조. ↔단조(短調). ちょうちょ
う major
장족[長足] 빠른 걸음이라는 뜻 長足
으로, 발선·진보(進步)의 속
도가 빠름의 비유. 「~의 진보
(進步)」ちょうそく great stride
장:졸[將卒] 장수와 병졸. = 將卒
장사(將士). しょうそつ
officers and men

장졸[藏拙] 자기의 변변치 못한 藏拙
점을 가려서 감춤.
concealing one's fault
장죄[贓罪] ① 관리가 뇌물을 받 贓罪
은 죄. ② 장물의 취득·매매·
알선 등의 행위를 한 죄. 장
물죄. ① bribery
장주[長酒] 오랜 시간 술을 마 長酒
심. ちょうしゅ·ながざけ
drinking for a long time
장:죽[杖竹] 지팡이로 쓰는 대 杖竹
나무. bamboo stick
장죽[長竹] 긴 담뱃대. ↔단죽 長竹
(短竹). long pipe
장중[莊重] 장엄하고 무게가 있 莊重
음. そうちょう solemnity
장:중[掌中] ① 손바닥 안. ② 掌中
자기의 권한이나 힘이 미치는
범위 안. 「~에 넣다」しょう
ちゅう
장중득실[場中得失] 과장(科 場中
場)에서, 평소에 실력이 있는 得失
사람이 낙방(落榜)할 수도 있
고 실력이 없는 사람이 급제
(及第)할 수도 있듯이, 일이
생각하는 바대로 잘 이루어지
지 않음을 이르는 말.
장:중보:옥[掌中寶玉] 손 안에 掌中
든 보배로운 옥이라는 뜻으 寶玉
로, 매우 소중한 물건을 이르
는 말. =장중주(掌中珠).
장:중주[掌中珠] ⇨장중보옥(掌 掌中珠
中寶玉). しょうちゅう(の)たま
장:지[壯志] 장하고 큰 뜻. そ 壯志
うし ambition
장:지[壯紙] 두껍고 질긴 한지 壯紙
(韓紙)의 한 가지.
장지[長指] 가운뎃손가락. = 長指
장지(將指). ちょうし
middle finger
장:지[將指] ① 가운뎃손가락. = 將指
장지(長指). ② 엄지발가락. 長指
② big toe

장:지[葬地] 시체를 묻을 땅. 매장할 땅. =매장지(埋葬地). burial ground

장:질[長姪] 맏형의 맏아들. 장조카. 큰조카. the eldest son of one's eldest brother

장질부사[腸窒扶斯] 티푸스균(typhus菌)이 장에 들어감으로써 생기는 급성 전염병. 고열·두통·설사 등을 일으킴. 장티푸스. =열병(熱病). ちょうチフス typhoid

장:차[將次] 앞으로. 이 다음에. in the future

장착[裝着] 의복·기구·장비 등에 일정한 장치를 붙임. 「미사일 ~」そうちゃく

장찰[長札] 사연이 긴 편지. =장서(長書). long letter

장창[長槍] ①긴 창. ②십팔기(十八技)의 한 가지. ① long spear

장책[長策] ①원대한 계책. ②이길 가망성. =승산(勝算). ③가장 좋은 계책이나 대책. ① great plan ② chance of success

장처[長處] 좋은 점. =장점(長點)·장소(長所). ↔단처(短處). merit

장:척[丈尺] 열 자 길이의 장대로 만든 자. じょうしゃく

장척[長尺] 베·무명 따위를 마흔 자가 넘게 짠 길이.

장천[長天] 끝없이 잇닿은 하늘. 「구만리(九萬里) ~」 boundless sky

장첩[粧帖] 아담하게 꾸며서 만든 서화첩(書畫帖). well-designed album

장총[長銃] 총신(銃身)이 긴 소총(小銃). rifle

장취[長醉] 늘 술에 취해 있음.「연일(連日) ~」 constant drunkenness

장:취[將就] 일장월취(日將月就)의 준말.

장치[裝置] 기계나 설비 따위를 설치함. 또는 설치한 그 물건.「기계(機械) ~」そうち installation

장치[藏置] 간직해 둠. ぞうち storage

장침[長枕] 모로 기대앉아 팔꿈치를 괴는 데 쓰는 베개.

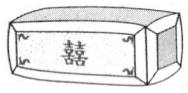
〔장침〕

장:쾌[壯快] 장하고 통쾌함. そうかい

장타[長打] 야구에서, 이루타(二壘打) 이상의 안타(安打)를 이르는 말. ちょうだ long hit

장타령[場打令] 동냥하는 사람이 장(場)이나 거리를 돌아다니며 부르는 속된 잡가(雜歌)의 한 가지.

장탄[長嘆·長歎] 장탄식(長嘆息)의 준말. ちょうたん

장탄[裝彈] 총포에 총알을 잼. そうだん charging

장탄식[長嘆息·長歎息] 긴 한숨을 쉬며 탄식함. 준장탄(長嘆). heavy sigh

장:태[醬太] 장을 담그는 데 쓰는 누런 콩. 메주콩.

장태평[長太平] 항상 아무 걱정 없이 태평함. constant peace

장토[庄土] 소유하고 있는 논과 밭. =전장(田庄). field

장파[長波] 파장이 3,000미터 이상인 전자파(電磁波). ちょうは long wave

장:판[壯版] ①새벽질한 위에

기름먹인 종이로 바른 방바닥. ② 장판지(壯版紙)의 준말. ① papered floor

장판[藏版] 어떤 곳에 보관해 둔 책판(册版). ぞうはん

장:판지[壯版紙] 방바닥을 바르는 데 쓰는 기름먹인 두꺼운 종이. 춘장판(壯版). oiled floor paper

장편[長編・長篇] 편장(篇章)이 긴 시가(詩歌)・영화・소설 등의 작품. ↔단편(短篇). 「~소설(小說)」ちょうへん long piece

장:편[掌篇] ① 길이가 매우 짧은 문예 작품. ② 콩트. しょうへん ① short work ② conte

장폐[障蔽] 덮거나 막아서 가림. しょうへい concealment

장포[場圃] 집 근처에 있는 채소밭. vegetable garden

장:포[醬脯] 쇠고기를 얇게 저며 간장을 발라서 말린 포. 醬脯

장품[贓品] 범죄 행위로 부당하게 얻은 남의 물건. =장물(贓物). ぞうひん stolen goods

장:풍[掌風] 몸 안의 기(氣)를 손바닥으로 내어 바람을 일으키는 중국 무술의 한 가지.

장피[獐皮] 노루의 가죽.

장하[墻下] 담장 밑. しょうか

장하주[章下註] 한 장(章)이 끝날 때 총괄해서 풀이한 주석.

장:학[獎學] 학문을 장려함. 「~사(士)」しょうがく encouragement of learning

장:학금[獎學金] ① 학술 연구를 장려하고 원조하기 위해 학자나 단체 등에 주는 돈. ② 성적이 우수하거나 가정 형편이 어려운 학생에게 주는 학자 보조금. しょうがくきん scholarship

장:한[壯漢] 허우대가 크고 힘이 센 남자. stout man

장한[長旱] 오랜 가뭄. =대한(大旱). long drought

장한[長恨] 오래도록 잊지 못하는 원한. ちょうこん long-cherished grudge

장해[戕害] 참혹하게 죽임. =장살(戕殺). しょうがい

장해[障害] 무슨 일을 하는 데 거치적거리고 해가 됨. 「~물(物)」しょうがい obstacle

장:해[醬蟹] 게젓. 게장.

장:행[壯行] 장한 뜻을 품고 먼 길을 떠남. 「~회(會)」そうこう

장:형[杖刑] 지난날, 곤장으로 볼기를 치던 형벌. じょうけい flogging

장:형[長兄] 맏형. 큰형. ちょうけい the eldest brother

장화[長靴] 목이 무릎까지 올라오는 긴 구두. ↔단화(短靴). ながぐつ boots

장활[長闊] 끝없이 멀고 광활함. vastness

장황[張皇] 번거롭고 긺. 「~한 설명」diffuseness

장:후[葬後] 장사를 지낸 뒤. ↔장전(葬前). そうご after the burial

재[才]* 재주 재: 재주. 재간. 「才能(재능)・才幹(재간)・才氣(재기)・才色(재색)・才致(재치)・才士(재사)・天才(천재)・文才(문재)・詩才(시재)・秀才(수재)」サイ・ザイ・はたらき

재:[再]* 두 번 재: 두 번. 거듭. 다시. 「再次(재차)・再建(재건)・再起(재기)・再三(재삼)」サ・サイ・ふたたび

재:[在]* 있을 재: 있다. 「所在(소재)・在庫(재고)・在中(재중)・駐在(주재)・健在(건재)・

재[在]『在日(재일)・在美(재미)・在任(재임)』ザイ・ある

재[材]* 재목 재: 재목. 재료. 『材木(재목)・木材(목재)・器材(기재)・材料(재료)・資材(자재)・良材(양재)』ザイ・サイ・き

재[災]☆ 재앙 재: 재앙. 『災禍(재화)・災難(재난)・火災(화재)・水災(수재)・震災(진재)・災厄(재액)』サイ・わざわい

재[哉]* ① 비로소 재: 비로소. 『哉生明(재생명)・哉生魄(재생백)』 ② 어조사 재: 어조사의 하나. 『快哉(쾌재)・可然哉(가연재)』サイ

재:[宰] ① 주관할 재: 주관하다. 『主宰(주재)・宰制(재제)』 ② 재상 재: 재상. 『宰相(재상)・宰臣(재신)・宰執(재집)』サイ ① つかさどる

재:[栽]* 심을 재: 심다. 『栽培(재배)・栽植(재식)・盆栽(분재)』サイ・ザイ・うえる

재[財]* 재물 재: 재물. 『財物(재물)・家財(가재)・財産(재산)・蓄財(축재)・散財(산재)・財政(재정)』サイ・ザイ・たから

재[梓] 본음(本音)은 "자". ① 가래나무 재: 가래나무. 『梓木(재목)・梓材(재재)』 ② 목수 재: 목수. 『梓人(재인)』 ③ 고향 재: 고향. 『梓里(재리)・桑梓(상재)』シ ① あずさ

재[裁]☆ ① 마를 재: 마름질하다. 『裁斷(재단)・裁成(재성)』 ② 옷을 지을 재: 옷을 짓다. 『裁縫(재봉)』 ③ 헤아릴 재: 헤아리다. 『裁量(재량)・裁可(재가)・裁定(재정)・裁判(재판)』サイ ① たつ

재:[滓] 앙금 재: 앙금. 찌꺼기. 『滓炭(재탄)・殘滓(잔재)』サイ・かす

재:[載]☆ ① 실을 재: 싣다. 『載送(재송)・積載(적재)・記載(기재)・所載(소재)・掲載(게재)・轉載(전재)』 ② 해 재: 해. 『千載(천재)』サイ ① のせる

재[齋] ① 재계할 재: 재계하다. 『齋戒(재계)・齋潔(재결)』 ② 집 재: 집. 방. 『山齋(산재)・書齋(서재)』サイ

재[齎] ① 가져올 재: 가져오다. 가져가다. 『齎來(재래)・齎送(재송)』 ② 탄식할 자: 탄식하다. 『齎咨(자자)』セイ・ザイ ① もたらす

재:가[在家] 집에 있음. ざいけ staying at home

재:가[再嫁] 남편과 이혼하거나 사별(死別)한 여자가 다시 시집을 감. =재초(再醮)・재혼(再婚)・개가(改嫁). さいか remarriage

재가[裁可] 결재하여 허가함. さいか sanction

재가[齋家] ① 불공을 드리는 사람의 집안. ② '상가(喪家)'를 중이나 무당들이 이르는 말. ② family in mourning

재:가무일[在家無日] 바쁘게 돌아다니느라 집에 있는 날이 드물거나 없음.

재각[才覺] 재주와 지각(知覺). さいかく

재간[才幹] 재능이나 솜씨. さいかん ability

재:간[再刊] 다시 간행함. さいかん republication

재:감[在監] 감옥에 갇혀 있음. =재소(在所). being in prison

재감[災減] 재해를 입은 논밭의 세금을 감해 줌.

재:개[再改] 한 번 고친 것을 다시 고침. さいかい renewal

재:개[再開] 한동안 중단했던

회의나 활동 등을 다시 엶. 「회담(會談) ~」 さいかい　reopening

재:개발[再開發] 새로이 계획하여 다시 개발함. 「~ 도시(都市)」 さいかいはつ

재:개의[再改議] 회의에서 동의(動議)에 대해 개의(改議)가 나온 것을 다시 개의함.

재:거[再擧] 두 번째로 일을 일으킴. さいきょ　second attempt

재:건[再建] 없어지거나 무너진 것을 다시 일으켜 세움. さいけん　reconstruction

재결[裁決] ① 시비(是非)를 판단하여 결정함. ② 행정 관청이 이의(異議) 신청이나 소원(訴願)에 대하여 내리는 판정. さいけつ　judgment

재:결정법[再結晶法] 결정성(結晶性) 물질을 용매에 녹여 불순물을 제거하고 다시 결정으로 석출시키는 방법. さいけつしょうほう　recrystallization

재:경[在京] 서울에 있음. ざいきょう　staying in Seoul

재:경[再耕] 논밭의 두벌갈이. second plowing

재계[財界] 실업가(實業家)나 금융업자(金融業者)의 사회. =경제계(經濟界). ざいかい　economic world

재계[齋戒] 몸과 마음을 깨끗이 하고 부정한 일을 멀리하는 일. 「목욕(沐浴) ~」 さいかい　purification

재:고[再考] 한번 정한 일을 다시 생각함. 「~의 여지가 없다」 さいこう　reconsideration

재:고[在庫] 미처 출고를 못 했거나 팔다가 남아서 창고 등에 들어 있는 물품. 「~ 정리(整理)」 ざいこ　stock

재골[才骨] 재주가 있어 보이는 골상(骨相). 또는 그런 골상을 가진 사람. talented man

재:관[在官] 관직(官職)에 있음. ざいかん　being in office

재:교[再校] 두 번째 보는 교정(校正). さいこう　second proof

재:교[在校] 학교에 적(籍)을 두고 있음. ざいこう

재구[災咎] 재앙과 허물. calamity and fault

재국[才局] 재주와 도량(度量). =재기(才器).

재:귀[再歸] 다시 돌아옴. さいき　return

재:귀열[再歸熱] 높은 열이 주기적으로 나는 급성 전염병의 한 가지. =회귀열(回歸熱). さいきねつ　recurrent fever

재:귀화[再歸化] 혼인・귀화・이탈 등의 이유로 국적을 잃었던 사람이 다시 본디의 국적을 회복하는 일. さいきか　renaturalization

재규어[jaguar] 고양잇과의 맹수(猛獸). 표범과 비슷하나 얼룩무늬가 다르며 머리가 크고 꼬리가 짧음. ジャガー

재:근[在勤] 어느 직장에 근무하고 있음. =재직(在職). ざいきん　tenure of office

재기[才氣] 드러나 보이는 재주의 기운. さいき　talent

재기[才器] 재주와 도량(度量). =재국(才局). さいき

재:기[再起] 다시 일어남. さいき　recovery

재기[齋祈] 부정을 멀리하고 기도함. =재도(齋禱).

재난[災難] 뜻밖에 일어난 불행한 일. =재화(災禍)・재해(災害)・액화(厄禍). さいなん　disaster

재녀[才女] 재주가 있는 여자. =재원(才媛). さいじょ 才女
talented woman

재능[才能] 재주와 능력. さいのう 才能
talent

재단[財團] ①일정한 목적을 위해 결합된 재산의 집합. ②재단 법인(財團法人)의 준말. ざいだん 財團
① foundation

재단[裁斷] ①옷감이나 재목 따위를 치수에 맞추어 베고 자르는 일. 마름질. ②시비곡직(是非曲直)을 가려서 판정함. =재결(裁決). さいだん 裁斷 裁決
① cutting ② judgment

재단 법인[財團法人] 일정한 목적을 위해 제공된 재산을 운영하기 위하여 설립된 공익 법인(公益法人). 준재단(財團). ざいだんほうじん 財團法人
juridical foundation

재단사[裁斷師] 의복의 마름질을 전문으로 하는 사람. さいだんし 裁斷師
cutter

재담[才談] 재치 있게 하는 재미있는 이야기. 「~가(家)」 才談
witty remark

재:당숙[再堂叔] 아버지의 육촌 형제(六寸兄弟). =재종숙(再從叔). 再堂叔
male second cousin of one's father

재:당질[再堂姪] 육촌 형제(六寸兄弟)의 아들. =재종질(再從姪). 再堂姪
son of one's male second cousin

재덕[才德] 재주와 덕행(德行). 「~ 겸비(兼備)」 さいとく 才德兼備
virtue and talent

재:도[再度] 두 번째. 거듭. =재차(再次). さいど 再度
second time

재:독[再讀] 다시 읽음. 두 번째 읽음. 「~을 권하다」 さいどく 再讀
reading again

재동[才童] 재주가 있는 아이. 才童

재:래[再來] 두 번째 옴. さいらい 再來
second coming

재:래[在來] 이전부터 있어 내려온 것. 「~식(式)」 ざいらい 在來

재래[齎來] 어떤 현상(現象)이나 결과를 가져옴. 齎來
bringing about

재:래종[在來種] 한정된 지역에서 오랜 세월 동안 다른 품종과 교배되지 않고 재배되거나 길러 오던 품종. =토종(土種). ざいらいしゅ 在來種
native kind

재략[才略] ①재치가 있는 꾀. ②재간과 책략. さいりゃく 才略
① tactful plan

재량[才量] 재주와 도량(度量). さいりょう 才量度量

재량[裁量] 자기의 생각대로 판단하여 처리함. さいりょう 裁量
discretion

재력[才力] 재주와 능력. さいりょく 才力

재력[財力] 재정상(財政上)의 능력. ざいりょく financial power 財力

재:록[再錄] 다시 기록하거나 수록(收錄)함. さいろく 再錄
recording again

재:록[載錄] 책이나 기록 따위에 올려서 실음. さいろく 載錄
recording

재록신[財祿神] 사람의 재물을 맡아본다는 신. 준재신(財神). 財祿神

재:론[再論] 다시 논의하거나 거론함. さいろん rediscussion 再論

재롱[才弄] 어린아이의 슬기로운 말이나 귀여운 짓. 「~을 떨다」 cute tricks 才弄

재료[材料] ①물건을 만들 때 그 바탕으로 사용하는 것. ②어떤 일을 하기 위한 거리. ざいりょう material 材料

재:류[在留] 어떤 곳에 한동안 머물러 있음. 「~ 동포(同胞)」 ざいりゅう residence

재리[財利] 재물과 이익. 재산상의 이익.

재리[梓里] 태어난 고장. =고향(故鄕)·상재(桑梓).

재:림[再臨] ① 다시 옴. ② 기독교에서, 세상이 끝나는 날 예수가 최후의 심판을 하기 위하여 이 세상에 다시 온다고 하는 일. さいりん
① second coming ② Second Advent of Christ

재망[才望] 재주와 명망(名望). =재명(才名). さいぼう talent and fame

재:매[再賣] 한 번 판 물건을 다른 곳에 또 팖. resale

재명[才名] ⇨재망(才望).

재모[才貌] 재주와 용모(容貌). talent and countenance

재목[材木] ① 건축이나 가구(家具) 따위의 재료로 쓰는 나무. ざいもく ② 장차 큰일을 할 만한 능력이나 전망이 있는 사람의 비유.
① wood ② competent man

재무[財務] 재정(財政)에 관한 사무. 「~ 관리(官吏)」 ざいむ financial affairs

재문[才門] 대대로 재주 있는 사람들이 많이 나오는 집안.

재물[才物] 재주가 있는 사람. さいぶつ man of talent

재물[財物] 돈과 값나가는 물건. =재화(財貨). ざいぶつ·ざいもつ property

재미[齋米] 중에게 시주하는 쌀.

재민[災民] 이재민(罹災民)의 준말. さいみん

재:발[再發] 다시 생김. 「병이 ~하다」 さいはつ relapse

재:배[再拜] ① 두 번 절함. 또는 그 절. ② 웃어른에게 편지할 때 자기 이름 다음에 쓰는 말. さいはい ① bowing twice

재:배[栽培] 식물을 심어 가꿈. 「묘목(苗木) ~」 さいばい cultivation

재벌[財閥] 재계(財界)에서 큰 세력을 가진 자본가·기업가의 무리. 또는 일가나 친척으로 구성된 대자본가의 집단. ざいばつ financial clique

재:범[再犯] 한 번 죄를 범한 사람이 다시 죄를 범함. さいはん repetition of an offense

재:벽[再壁] 초벌 바른 벽 위에 다시 바르는 일. refacing

재변[才辯] 재치 있게 잘하는 말. さいべん witty talk

재변[災變] ① 재앙으로 생기는 변고. ② 자연계의 이변(異變). さいへん natural calamity

재:보[再報] 두 번째 알림. reporting again

재보[財寶] ① 보배로운 재물. ② 재화와 보물. ざいほう treasures

재:보험[再保險] 보험자가 피보험자에 대하여 보험 계약의 책임의 전부 또는 일부를 다시 다른 보험자에게 분담시키는 책임 보험. さいほけん reinsurance

재봉[裁縫] 옷감 따위를 말라서 바느질함. 또는 그 일. 「~기(機)」 さいほう sewing

재분[才分] 타고난 재주의 정도. さいぶん ability

재블린[javelin] ① 끝에 날카로운 쇠붙이가 달린, 나무로 만든 투척용(投擲用)의 창. ② 창던지기. 투창(投槍). ジャベリン

재사[才士] 재주가 뛰어난 남자. ↔재녀(才女). man of talent

재:사[再思] 다시 생각함.「~삼고(三考)」reconsideration

재산[財產] 개인·가정·단체가 가지고 있는, 유형·무형의 경제적 가치가 있는 것의 총체. ざいさん property

재산형[財產刑] 국가가 범죄자의 재산상의 이익을 빼앗는 형벌. 벌금(罰金)·과료(過料)·몰수(沒收) 따위. ↔신체형(身體刑). ざいさんけい pecuniary punishment

재:삼[再三] 두세 번. 거듭.「~재사(再四)」さいさん again and again

재:삼[在喪] 어버이의 상중(喪中)에 있음.

재상[災祥] 재앙과 상서로운 일. さいしょう

재상[災傷] 자연 재해로 말미암아 농작물이 입는 해.

재:상[宰相] 임금을 보필하며 모든 관원을 지휘·감독하는 자리에 있는 이품(二品) 이상의 벼슬아치를 이르는 말. さいしょう prime minister

재색[才色] 여성의 뛰어난 재주와 아름다운 용모.「~ 겸비(兼備)」さいしょく wit and beauty

재:생[再生] ① 죽어 가던 목숨이 다시 살아남. ② 신앙(信仰)을 가져 새로운 생활을 시작함. ③ 잊어버렸던 일을 다시 기억해 냄. =재현(再現). ④ 버리게 된 물건을 고쳐서 다시 쓰게 만듦. ⑤ 본디의 음(音)이나 영상 등을 다시 들려 주거나 보여 줌. ⑥ 생물체의 손상된 일부가 다시 생김. さいせい ① revival ④⑥ regeneration ⑤ playback

재:생모[再生毛] 털을 원료로 한 제품의 넝마나 못 쓰는 조각을 풀어서 손질하여 원모(原毛)처럼 만든 털. さいせいもう

재:생지은[再生之恩] 죽게 된 목숨을 다시 살게 해 준 은혜. さいせいのおん

재:석[在席] 자리에 앉아 있음.「~수(數)」ざいせき presence

재:선[再選] ① 다시 하는 선거. 선거의 일부나 전부가 무효 판결을 받았을 때, 당선인이 임기 개시 전에 사망하거나 사퇴할 때 등의 경우에 실시함. ② 다시 뽑힘. 두 번째 당선됨.「~ 의원(議員)」さいせん ① second election ② reelection

재:설[再說] 되풀이해서 말함. 다시 설명함. さいせつ explaining again

재:세[在世] 세상에 살아 있음. 또는 그 동안.「~시(時)」ざいせ·ざいせい in life

재:소[再訴] 한 번 취하했거나 기각당한 소송을 다시 제기함. さいそ

재:송[再送] 다시 보냄. さいそう resending

재:송[載送] 수레나 배 따위에 물건을 실어 보냄. shipment

재수[財數] ① 재물에 관한 운수. ② 좋은 일이 생길 운수. luck

재:수입[再輸入] 수출했던 물건을 다시 수입함. ↔재수출(再輸出). さいゆにゅう reimport

재:수출[再輸出] 수입했던 물건을 다시 수출함. ↔재수입(再輸入). さいゆしゅつ reexport

재스민[jasmine] ① 물푸레나뭇과의 목본(木本) 식물. 열대·아열대에 자라며, 특유한 향의 꽃이 핌. ② 재스민의 꽃에서 얻는 향유(香油). ジャスミン

재승덕박[才勝德薄] 재주는 있으나 덕이 적음. 才勝德薄

재:시험[再試驗] 다시 치르는 시험. さいしけん reexamination 再試驗

재식[才識] 재주와 식견(識見). さいしき talent and knowledge 才識

재신[財神] 재록신(財祿神)의 준말. 財神

재:실[在室] 방 안에 있음. ざしつ being in the room 在室

재:실[再室] ① 다시 얻은 아내. 재취한 아내. ② 낡은 집을 헐어서 그 재목으로 지은 집. ① second wife 再室

재:심[再審] ① 다시 심사(審査)함. ② 확정된 판결에 대해, 정당한 사유가 있을 때 당사자나 청구권자가 다시 심리(審理)할 것을 요구하는 일. 또는 그 절차. ③ 삼심(三審) 제도에서 '제이심(第二審)'을 이르는 말. さいしん ① reexamination ② retrial 再審

재앙[災殃] 천재지변(天災地變) 따위로 인한 불행한 변고. =앙재(殃災). さいおう calamity 災殃

재액[災厄] 재앙으로 입은 화(禍). さいやく disaster 災厄

재:야[在野] 공직에 있지 않고 민간에 있음. ↔재정(在廷)·재조(在朝). 「~ 인사(人士)」 ざいや out of office 在野

재:양[載陽] ① 절기가 비로소 따뜻해짐. ② 명주나 모시에 풀을 먹여 반반하게 펴서 말리는 일. 載陽

재언[才彦] 재능이 뛰어난 사람. 才彦 prominent man

재:언[再言] 다시 말함. saying again 再言

재역[災疫] 천재(天災)와 전염병. disaster and epidemic 災疫

재:연[再演] ① 다시 상연(上演)함. ② 한 번 했던 일을 다시 되풀이함. さいえん ① rerun 再演

재:연[再燃] ① 꺼졌던 불이 다시 타오름. ② 한동안 잠잠하던 일이 다시 문제가 되어 일어남. さいねん ② recurrence 再燃

재:염[再鹽] 천일염(天日鹽)을 물에 풀었다가 다시 고아 만든 소금. =재제염(再製鹽). refined salt 再鹽

재:영[在營] 병역으로 군영(軍營)에 들어가 있음. 在營

재예[才藝] 재능과 기예(技藝). さいげい talent and accomplishments 才藝

재:옥[在獄] 감옥에 갇혀 있음. being in prison 在獄

재완[才腕] 뛰어난 재능과 수완(手腕). さいわん great ability 才腕

재:외[在外] 외국에 있음. 「~ 공관(公館)」 ざいがい abroad 在外

재:외 공관[在外公館] 외국에 설치한, 외무부의 파견 기관. 대사관이나 영사관 따위. ざいがいこうかん diplomatic establishments abroad 在外公館

재:외 자산[在外資産] 정부나 개인이 가진, 외국에 있는 자산. ざいがいしさん external assets 在外資産

재요[災妖] 재앙과 요괴(妖怪). さいよう calamity and specter 災妖

재욕[財慾] 재물에 대한 욕심. ざいよく desire for wealth 財慾

재용[財用] 재물의 용도(用途). ざいよう 財用

재:우[再虞] 장사를 지낸 뒤에 再虞

두 번째로 지내는 제사.

재운[財運] 재물을 모을 운수. 財運

재원[才媛] 재주가 있는 젊은 여자. ↔재자(才子). さいえん　talented girl

재원[財源] 돈이나 재물이 나오는 근원. 자금의 출처. =재본(財本). ざいげん　source of revenue

재:위[在位] 임금이 왕위에 있음. 또는 그 동안. =어극(御極). 「~ 20년」 ざいい　being on the throne

재:의[再議] ① 두 번째로 의논함. 또는 그 의논. ② 이미 의결된 사항을 같은 기관이 다시 심의하거나 의결하는 것. さいぎ　① reconsideration

재이[災異] ① 천재(天災)와 지이(地異). ② 재앙이 되는 괴이한 일. さいい　① disaster

재인[才人] ① 지난날, 온갖 재주를 부리거나 악기로 풍악을 치던 광대를 이르던 말. ② 재주 또는 시문(詩文)에 뛰어난 사람. さいじん　① performer ② man of talent

재:인[再認] 재인식(再認識)의 준말. さいにん

재:인식[再認識] 본래의 인식을 고쳐, 다시금 그 가치를 새롭게 인식하는 일. 준재인(再認). さいにんしき　new understanding

재:임[再任] 본래의 직책에 다시 임명됨. さいにん　reappointment

재:임[在任] 어떤 임무를 수행하고 있거나 임지(任地)에 있음. 또는 그 기간. ↔퇴임(退任). 「~ 기간(期間)」 ざいにん　being in office

재자[才子] 재주가 있는 젊은 남자. ↔재원(才媛). 「~ 가인(佳人)」 さいし　man of talent

재작[裁酌] 자기의 생각대로 판단하여 처리함. =재량(裁量). discretion

재:작년[再昨年] 지난해의 전해. 그러께. 「~에 입사했다」 the year before last

재:작일[再昨日] 어제의 전날. 그저께. the day before yesterday

재:적[在籍] ① 호적에 이름이 올라 있음. ② 의회·단체·학교 따위에 그 이름이 있음. 「~의원(議員)」 ざいせき　② enrollment

재적[材積] 목재(木材) 또는 석재(石材)의 부피. ざいせき　volume of a piece of lumber

재:적[載積] 실어 쌓음. さいせき　loading

재:전[在前] 일찍이 지나간 그때. =이전(以前)·증왕(曾往). former times

재:전[再煎] ① 한 번 고고 난 찌꺼기를 다시 곰. ② 약 나위를 달여 먹은 물을 붓고 끓임. =재탕(再湯). second decoction

재:정[在廷] ① 조정(朝廷)에 나가 일하고 있음. ② 법정(法廷)에 출두하여 있음. ざいてい

재:정[再訂] 다시 정정(訂正)함. さいてい　second revision

재정[財政] ① 국가나 지방 공공 단체의 존립·유지에 필요한 경비를 조달·관리·운용하는 일체의 경제적 행위. ② 개인·가정·회사의 돈이 돌아가는 형편. ざいせい　finances

재정[裁定] 옳고 그름을 판단하여 결정함. さいてい　decision

재정권[財政權] 국가의 재정상 수입을 위해서 행사하는 국가

권력. ざいせいけん financial right

재:제[再製] 한 번 만든 것이나 못 쓰게 된 물건을 다시 가공해서 제품을 만듦. さいせい remanufacture

재:조[在朝] 조정(朝廷)에서 벼슬을 하고 있음. ↔재야(在野). ざいちょう

재:종간[再從間] 육촌 형제(六寸兄弟)인 사이. second-cousinship

재:종조[再從祖] 할아버지의 사촌 형제. cousin of one's grandfather

재:주[在住] 그 곳에 머물러 삶. ざいじゅう residence

재:주[再鑄] 주화(鑄貨)나 주자(鑄字)를 다시 주조함. recasting

재주[齋主] 불공을 드리는 주인공. さいしゅ

재준[才俊] 재주가 뛰어난 사람. さいしゅん man of talent

재:중[在中] '속에 들어 있음'의 뜻으로, 봉투 겉에 쓰는 말. 「사진(寫眞) ~」 ざいちゅう

재즈[jazz] 미국에서 흑인 민속 음악을 바탕으로 하여 발달힌, 경쾌하고 활기가 넘치는 리듬의 대중(大衆) 음악. ジャズ

재지[才智] 재주와 지혜. さいち talent and wisdom

재지[災地] 재해가 발생한 곳. さいち

재:직[在職] 어떤 직장에 근무하거나 어떤 직무를 맡고 있음. ざいしょく tenure of office

재질[才質] 재주와 기질. さいしつ natural gifts

재질[材質] ① 재료의 성질이나 바탕. ② 목재의 성질. ざいしつ ① quality of the material ② quality of the lumber

재:차[再次] 두 번째. 거듭. =재도(再度). second time

재:창[再唱] 다시 노래 부름.

재:천[在天] ① 하늘에 있음. ざいてん 「~ 영령(英靈)」 ② 하늘에 달렸음. 「인명(人命)~」 ① existing in Heaven

재:청[再請] ① 다시 청함. ② 회의에서 동의(動議)나 개의(改議)가 나왔을 때, 찬성하는 뜻으로 거듭 청함. ① second request ② seconding

재:초[再醮] 다시 시집감. =개가(改嫁)·재가(再嫁). remarriage

재:축[再築] 무너진 축조물(築造物)을 다시 쌓거나 세움. さいちく rebuilding

재:취[再娶] 한 번 장가갔던 남자가 다시 장가드는 일. 또는 그 때 맞은 아내. =계취(繼娶)·후취(後娶). remarriage

재치[才致] 어떤 일에 처하여 눈치 빠르고 재빠르게 응하는 재주. wit

재:침[再侵] 다시 침범함. 재차 침략함. さいしん reinvasion

재칼[jackal] 갯과에 딸린 짐승. 승냥이와 비슷하나 좀 작고 꼬리가 짧으며 털이 더부룩하게 났음. ジャッカル

재킷[jacket] ① 앞이 터지고 소매가 달린, 양복의 짧은 상의(上衣). ② 레코드의 커버. ジャケット

재탁[裁度] 사리의 생대도 판단하여 처리함. =재량(裁量). discretion

재:탕[再湯] ① 한 번 달여서 먹은 약 따위의 찌꺼기를 다시 한 번 달임. 또는 그 달인 물. =재전(再煎). ② 이미 써 먹은

재:택 근무[在宅勤務] 사무실에 출근하지 않고 통신 기술 등을 이용하여 자기 집에서 회사 업무를 보는 일. telecommuting

재:판[再版] ① 같은 출판물을 두 번째 간행하는 일. 또는 그 출판물. ② 과거에 있었던 일이 또다시 되풀이되는 것. さいはん ② repetition

재판[裁判] ① 소송 사건을 법률에 따라 심리하여 판결을 내림. ② 시비(是非)를 가림. さいばん judgment

재판소[裁判所] ① 여러 가지 분쟁에 대하여 재판하는 권한을 가진 기관. ② 사법권을 행사하는 국가 기관. =법원(法院). さいばんしょ court

재:편[再編] 재편성(再編成)의 준말. さいへん

재:편성[再編成] 다시 편성(編成)함. 준재편(再編). reorganization

재필[才筆] 재치 있게 쓴 글씨나 문장. 또는 글씨나 문장을 재치 있게 쓰는 사람. さいひつ brilliant writing

재:하도리[在下道理] 어른을 섬기는 아랫사람으로서의 도리.

재:하자[在下者] 손아랫사람. subordinate

재학[才學] 재주와 학식. 「~ 겸유(兼有)」 さいがく talent and learning

재:학[在學] 학교에 적(籍)을 두고 있음. 「~생(生)」 ざいがく being in school

재:학생[在學生] 현재 학교에 적(籍)을 두고 공부하고 있는 학생. ざいがくせい student

재:할인[再割引] 금융 기관이 한 번 할인해서 받은 어음을 중앙 은행이나 다른 금융 기관이 다시 할인하는 일. さいわりびき rediscount

재:항[在港] 배가 항구에 머물러 있음. 「~ 선박(船舶)」

재해[災害] 재앙으로 입은 피해. さいがい calamity

재:행[再行] 혼인한 후에 신랑이 처음으로 처가(妻家)에 가는 일.

재:향[在鄕] 고향에 있음. 「~ 군인(軍人)」 ざいごう

재:향 군인[在鄕軍人] 현역에서 물러나 생업에 종사하고 있는 군인. 준향군(鄕軍). ざいごうぐんじん ex-soldier

재허[裁許] 재결(裁決)하여 허가함. さいきょ permission

재현[才賢] 재주가 뛰어나고 현명함. さいけん

재:현[再現] ① 다시 나타남. 또는 나타나게 함. ②⇨재생(再生). さいげん ① reappearance

재:혼[再婚] 두 번째로 혼인함. 또는 그 혼인. さいこん second marriage

재화[才華] 뛰어난 재능. さいか

재화[災禍] 재액(災厄)과 화난(禍難). さいか calamity

재화[財貨] ①⇨재물(財物). ② 사람의 욕망을 만족시키는 물질. ざいか property

재환[災患] 재앙과 환난(患難). さいかん

재:활[再活] ① 다시 활용함. ② 다시 활동함.

재:활용[再活用] 다 쓰거나 못 쓰게 된 물건 등을 다시 활용하여 쓰거나 그런 상태로 재생함. recycling

재:회[再會] 다시 만나거나 두 번째 만남. 「~를 기약하다」 さいかい　meeting again

재:흥[再興] 다시 일어남. 또는 다시 일으킴. さいこう revival

잭[jack] ① 기어·나사·유압(油壓) 등을 이용해서 무거운 것을 수직으로 들어올리는 기중기(起重機)의 한 가지. ② 플러그를 꽂아 전기를 접속시키는 구멍. ジャッキ

잭나이프[jackknife] ① 접었다 폈다 할 수 있는 주머니칼. ② 수영에서, 다이빙 방법의 한 가지. 도약판(跳躍板)에서 뛰어내리는 순간 몸을 새우처럼 구부렸다가 물 속으로 들어가기 직전에 몸을 쭉 폄. ジャックナイフ

잼[jam] 과실(果實)을 삶아 설탕을 넣고 조려 만든 식품. 「딸기 ~」ジャム

잼버리[jamboree] 보이스카우트나 걸스카우트의 대회. 흔히 캠핑·작업·경기(競技) 등을 함. ジャンボリー

잽[jab] 권투에서, 계속적으로 팔을 뻗어 가볍게 상대편을 치는 공격법(攻擊法). ジャブ

쟁[爭]* ① 다툴 쟁 : 나두다. 「競爭(경쟁)·鬪爭(투쟁)·爭議(쟁의)·戰爭(전쟁)·爭點(쟁점)·爭辯(쟁변)」② 간할 쟁 : 간하다. 「爭臣(쟁신)」ソウ ① あらそう

쟁[錚] 오소리 쟁 : 옥소리. 「錚錚(쟁쟁)·錚瑽(쟁종)」ソウ

쟁[諍] 간할 쟁 : 간하다. 「諍臣(쟁신)·諍友(쟁우)」ソウ

쟁[錚] ① 징 쟁 : 징. 「錚盤(쟁반)」 ② 쇳소리 쟁 : 쇠가 울리는 소리. 「錚然(쟁연)·錚錚(쟁쟁)」ソウ

쟁괴[爭魁] 으뜸이 되려고 서로 다툼.

쟁권[爭權] 권세나 권력을 잡으려고 다툼. struggle for power

쟁단[爭端] 다투게 된 단서. 싸움의 실마리. そうたん beginning of a quarrel

쟁두[爭頭] ① 어떤 일을 할 때, 서로 먼저 하기를 다툼. ② 내기에서 끗수가 같을 때, 다른 방법으로 승부를 결정함.

쟁란[爭亂] 서로 다투어 어지러움. =소란(騷亂). そうらん disturbance

쟁론[爭論] ① 서로 다투어 토론함. ② 서로 다투는 이론(理論). そうろん ① dispute

쟁반[錚盤] 운두가 얕고 바닥이 넓적한 그릇. tray

쟁선[爭先] 서로 앞서기를 다툼.

쟁소[爭訴] ⇨쟁송(爭訟).

쟁송[爭訟] 서로 송사(訟事)를 하고 다툼. =쟁소(爭訴). そうしょう

쟁심[爭心] 남과 다투거나 겨루려는 마음. そうしん quarrelsomeness

쟁연[錚然] 쇠붙이가 부딪쳐 울리는 것처럼 소리가 날카로움. そうぜん

쟁우[諍友] 친구의 잘못을 충고하는 벗. そうゆう remonstrant friend

쟁의[爭議] 서로 자기의 의견을 내세우고 다툼. 또는 그 분쟁이나 의론. 「노동(勞動) ~」そうぎ dispute

쟁자[諍子·爭子] 어버이의 잘못을 바른말로 간(諫)하는 아들. そうし remonstrant son

쟁쟁[錚錚] ① 옥이나 구슬의 울리는 소리가 매우 맑고 아름다움. ② 이전에 들은 소리가 잊히지 않고 남아 귀에 들리는 듯함.

쟁쟁[錚錚] ① 울림이 좋은 쇠붙이가 맞부딪쳐 내는 소리. ② 여럿 가운데서 매우 뛰어남. 「~한 실력(實力)」そうそう ② prominence

쟁점[爭點] 논쟁이나 쟁송(爭訟)의 중심이 되고 있는 점. そうてん point at issue

쟁진[爭進] 서로 다투어 앞으로 나아감.

쟁취[爭取] 투쟁을 통하여 얻어 냄. 「독립(獨立)~」 winning

쟁탈[爭奪] 다투어 빼앗음. 「~전(戰)」そうだつ scramble

쟁투[爭鬪] 서로 다투어 싸움. =투쟁(鬪爭). そうとう fight

쟁패[爭霸] 패권(覇權)을 치기하려고 다툼. そうは struggle for supremacy

쟁힐[爭詰] 서로 다투어 힐난함. mutual rebuke

저[佇] 우두커니 저 : 우두커니. 오랫동안 멈추어 선 모양. 「佇見(저견)·佇立(저립)·佇念(저념)·佇想(저상)」チョ·ド·たたずむ

저:[低]* ① 낮을 저 : 낮다. 값이 싸다. 「低級(저급)·低俗(저속)·低聲(저성)·低價(저가)·低廉(저렴)·低減(저감)」 ② 숙일 저 : 숙이다. 「低頭(저두)·低首(저수)」テイ ① ひくい

저:[咀] 씹을 저 : 씹다. 「咀嚼(저작)」ソ·かむ

저[杵] 공이 저 : 공이. 방망이. 「杵臼(저구)·杵聲(저성)」ショ·きね

저[姐] 누이 저 : 손윗누이. 여자의 통칭. 「小姐(소저)」ソ·あね·あねご

저:[底]* 밑 저 : 밑. 바닥. 「底邊(저변)·底流(저류)·底面(저면)·底力(저력)·徹底(철저)」テイ·そこ

저:[抵]* ① 밀쳐 낼 저 : 배척하다. 거부하다. 막다. 거스르다. 「抵抗(저항)·抵當(저당)·抵觸(저촉)」 ② 대저 저 : 대저. 무릇. 「大抵(대저)」テイ

저:[沮] 막을 저 : 막다. 방해하다. 「沮止(저지)·沮害(저해)·沮格(저격)·沮喪(저상)」ソ·はばむ

저:[狙] ① 엿볼 저 : 엿보다. 「狙擊(저격)·狙伺(저사)·狙害(저해)」 ② 원숭이 저 : 원숭이. 「狙公(저공)·狙猴(저후)」ソ ① ねらう

저:[邸] 집 저 : 집. 저택. 「邸宅(저택)·邸第(저제)·官邸(관저)·私邸(사저)·別邸(별저)」テイ·やしき

저:[苧] 모시 저 : 모시. 「苧蒲(저포)·苧麻(저마)·苧布(저포)」チョ

저[疽] 등창 저 : 등창. 「疽腫(저종)」ソ·かさ

저[紵] 모시 서. 모시. 「紵麻(저마)·紵衣(저의)·紵布(저포)」チョ

저:[這] 이 저 : 이것. 「這間(저간)·這般(저반)·這番(저번)」シャ·この

저:[貯]* 쌓을 저 : 쌓다. 저축하다. 「貯蓄(저축)·貯金(저금)·貯炭(저탄)·貯藏(저장)·貯置(저치)」チョ·たくわえる

저[楮] ① 닥나무 저 : 닥나무. 「楮白皮(저백피)·楮田(저전)·楮實(저실)」 ② 종이 저 : 종이. 「楮墨(저묵)·楮册(저책)」 ③ 지폐 저 : 종이돈. 「楮錢(저전)·楮幣(저폐)」チョ

저:[著]* ① 나타날 저 : 나타나

저~저널리즘

다. 뚜렷하게 드러나다. 「著名(저명)·著明(저명)·著聞(저문)」② 글 지을 저: 글을 짓다. 「著書(저서)·著作(저작)·著撰(저찬)·著述(저술)」③ 입을 착: 입다. 「著衣(착의)·著帽(착모)·著用(착용)」チョ ② あらわす

저[樗] 가죽나무 저: 가죽나무. 「樗根(저근)·樗木(저목)」チョ·ぬるで

저[箸] 젓가락 저: 젓가락. 「箸臺(저대)·箸箱(저상)·箸筒(저통)·匙箸(시저)」チョ·はし

저[豬] "猪"는 同字. 돼지 저: 돼지. 「山豬(산저)·豬肉(저육)·豬突(저돌)·豬膏(저고)·豬毛(저모)·豬胎(저태)」チョ·い·いのしし

저[儲] ① 쌓을 저: 쌓다. 「儲穀(저곡)·儲米(저미)·儲積(저적)」 ② 버금 저: 버금. 보좌역. 태자. 「儲位(저위)·儲雨(저량)·儲君(저군)」チョ

저[藷] 사탕수수 저: 사탕수수. 「藷蔗(저자)」ショ

저[躇] ① 머뭇거릴 저: 머뭇거리다. 「躊躇(주저)·躇跱(저치)」② 건너뛸 착: 건너뛰다. 「躇階(착게)」チョ ① ためらう

저[齟] ① 이 어긋날 저: 이가 어긋나다. 「齟齬(저어)」② 씹을 저: 씹다. 「齟齰(저작)」ソ

저:가[低價] 헐한 값. 싼 값. =염가(廉價). ↔고가(高價). ていか   low price

저:각[底角] 밑각의 구용어. ていかく   base angle

저:간[這間] 그 동안. 요즈음. recently

저:감[低減] 낮추어 줄임. ていげん   reduction

저:격[狙擊] 일정한 대상을 겨냥하여 쏨. 「~대(隊)」そげき   sniping

저:곡[貯穀] 곡식을 저축해 둠. 또는 그 곡식. storage of cereals

저:공[低空] 고도(高度)가 낮은 공중. ↔고공(高空). 「~비행(飛行)」ていくう low sky

저구[杵臼] 절굿공이와 절구통. mortar and pestle

저구지교[杵臼之交] 신분의 귀천을 가리지 않고 사귀는 일.

저글[juggle] 야구(野球)에서, 공을 꼭 잡지 못하여 글러브 안에서 튀기는 일.

저:금[貯金] ① 돈을 모아 둠. 또는 그 돈. ② 돈을 금융 기관에 맡겨 저축함. 또는 그 돈. 「~통장(通帳)」ちょきん ① savings ② deposit

저:급[低級] 등급·정도·취미 따위가 낮거나 천박함. ↔고급(高級). ていきゅう low grade

저:기[沮氣] 두렵거나 무서워서 기가 죽음. =축기(縮氣).

저:기압[低氣壓] ① 기압이 다른 지역보다 낮음. ↔고기압(高氣壓). ② 좋지 못한 조짐으로 가라앉은 분위기. 또는 기분이 몹시 언짢은 상태의 비유. ていきあつ
① cyclone ② bad temper

저:널[journal] 정기적(定期的)으로 발행되는 잡지나 신문. ジャーナル

저:널리스트[journalist] 저널리즘에 종사하는 사람. 신문·잡지·방송의 기자나 편집자·기고가(寄稿家) 등을 이름. ジャーナリスト

저:널리즘[journalism] 신문·잡지·방송 등 활자나 전파를 매체(媒體)로 대중에게 시사

적인 정보와 의견을 제공하는 활동. ジャーナリズム

저:능[低能] 지능이 보통 수준보다 낮음. 「~아(兒)」ていのう low intelligence

저:단[低短] 낮고 짧음. lowness and shortness

저:달[抵達] 도달함. 도착함. arrival

저:당[抵當] ①동산이나 부동산 따위를 채무의 담보로 삼음. 「아파트를 ~하다」ていとう ②서로 맞서서 겨룸. =저적(抵敵). ① mortgage

저:당권[抵當權] 채권자가 채무의 담보로 저당한 재산에 대하여 우선적으로 채권의 변상을 받을 수 있는 권리. ていとうけん mortgage

저:대[著大] 뚜렷하게 큼. ちょだい hugeness

저:도[低度] 정도(程度)가 낮음. ↔고도(高度). ていど low degree

저돌[猪突・猪突] 멧돼지처럼 앞뒤를 살피지 않고 마구 돌진함. 「~ 맹진(猛進)」ちょとつ recklessness

저:두[低頭] 머리를 숙임. 「~평신(平身)」ていとう bowing low

저:락[低落] 물가・등급・가치 따위가 낮게 떨어짐. 「곡가(穀價) ~」ていらく fall

저:력[底力] 밑바닥에 간직한 끈기 있는 힘. そこぢから latent energy

저력지재[樗櫟之材] 가죽나무와 떡갈나무의 재목이라는 뜻으로, 아무 쓸모가 없는 사람의 비유. ちょれき

저:렴[低廉] 물건값이 쌈. 「~한 가격(價格)」ていれん

cheapness

저:류[底流] ①바다나 강의 밑 바다의 흐름. ②표면에 나타나지 않고 사물의 깊은 곳에서 일고 있는 움직임. ていりゅう undercurrent

저:리[低利] 싼 이자. ↔고리(高利). ていり low interest

저:리채[低利債] 이자가 싼 빚. ↔고리채(高利債).

저:립[佇立] 우두커니 서 있음. ちょりつ standing stolidly

저:마[苧麻] 모시풀. 줄기의 껍질에서 섬유를 뽑아 모시를 짬. ちょま ramie

저:면[底面] ①밑바닥. ②다면체(多面體)의 밑면. ていめん base

저:명[著名] 이름이 세상에 널리 알려짐. 「~ 인사(人士)」ちょめい prominence

저:명[著明] 두드러지게 뚜렷함. 「~한 사실(事實)」ちょめい clearness

저모[猪毛・豬毛] 돼지의 털. 솔 따위를 만드는 데 쓰임.

저묵[楮墨] ①종이와 먹. =시묵(紙墨). ②시(詩)와 문장. =시문(詩文). ① paper and Indian ink stick

저:문[著聞] 세상에 널리 알려져 소문이 자자함. ちょぶん famousness

저:미[低眉] ①아래로 처진 눈썹. ②눈을 내리뜸.

저:미[低迷] ①구름・안개 따위가 낮게 끼어 어두컴컴함. ②어떤 상태가 험악해지거나 혼미해짐. 「암운(暗雲) ~」ていめい

저:번[這番] 요전의 그 때. =거번(去番). last time

저:변[低邊] 싼 이자. =저리

저:변[底邊] ① 밑변의 구용어. ② 사물 또는 어떤 분야나 사회의 밑바탕을 이루고 있는 부분.「~ 확대(擴大)」ていへん ② base

저:본[底本] ① 글의 초안(草案). =초고(草稿). ② 등사(謄寫)・초록(抄錄)・개정・번역 등을 하기 전의 본디의 책. =원본(原本). ていほん ① manuscript ② original text

저:부[底部] 바닥이나 밑을 이루는 부분. base

저:사[抵死] 저사위한(抵死爲限)의 준말.

저:사[邸舍] ① 규모가 큰 집. =저택(邸宅). ② 가겟방. =점방(店房). ③ 여객(旅客)을 치는 집. =여사(旅舍)・여관(旅館). ② store ③ inn

저:사위한[抵死爲限] 죽기를 각오하고 굳세게 버팀. 준저사(抵死). desperate resistance

저:상[沮喪] 기력이 꺾여 기운을 잃음.「의기(意氣)~」そう depression

저:색[沮色] 꺼리는 안색. 싫어하는 기색. disapproval

저:서[著書] 지은 책. ちょしょ work

저:선[底線] 밑줄. underline

저:성[低聲] 낮은 목소리. ↔고성(高聲). ていせい low voice

저:성[著姓] ① 이름 있는 집안. 널리 알려진 명족(名族). ② 집안이 매 번성힌 성(姓).

저:속[低俗] 품격이 낮고 속됨. ↔고상(高尙). ていぞく vulgarity

저:수[低首] 고개를 숙임. hanging down one's head

저:수[貯水] 물을 저장하여 둠. 또는 그 물. ↔배수(排水).「~지(池)」ちょすい storage of water

저:수지[貯水池] 인공으로 둑을 쌓아 하천이나 골짜기의 물을 모아 두는 큰 못. ちょすいち reservoir

저:술[著述] 논문이나 책 따위를 씀. 또는 그 논문이나 책. 「~가(家)」ちょじゅつ writing

저:술업[著述業] 저술에 종사하는 직업. ちょじゅつぎょう literary profession

저:습[低濕] 땅이 낮고 습기가 많음.「~지(地)」ていしつ lowness and dampness

저안[渚岸] 물가. =저애(渚崖). shore

저:압[低壓] ① 낮은 압력. ② 낮은 전압. ↔고압(高壓). ていあつ ① low pressure ② low voltage

저:앙[低昂] ① 낮아졌다 높아졌다 함. ② 낮추었다 높였다 함. ていこう

저:액[低額] 적은 액수. 적은 금액. ↔고액(高額). ていがく small amount

저어[齟齬] 이가 맞지 않는다는 뜻으로, 일이나 사물이 잘 맞지 않고 어긋남의 비유. そご discrepancy

저:억[沮抑] 억지로 누름. =억지(抑止). restraint

저:역[著譯] 저술도 하고 번역도 함.

저:열[低劣] 질이 낮고 수준이 뒤떨어짐.「~한 생각」ていれつ inferiority

저:열[低熱] 온도가 낮은 열. ↔고열(高熱). ていねつ low temperature

저오[抵牾] ① 서로 어긋남. ②

서로 모순됨. てぃご discrepancy

저:온[低溫] 저온도(低溫度)의 준말. ↔고온(高溫). てぃおん 低溫

저:온도[低溫度] 낮은 온도. ↔고온도(高溫度). 준저온(低溫). low temperature 低溫度

저:온 살균[低溫殺菌] 식품류를 60~70℃의 비교적 낮은 온도에서 살균하는 방법. 열에 약한 우유 따위에 이용됨. てぃおんさっきん pasteurization 低溫殺菌

저욕[詆辱] 비방(誹謗)하여 욕되게 함. 詆辱

저용[猪勇·豬勇] 앞뒤를 헤아리지 아니하고 함부로 날뛰는 무모한 용기. ちょゆう foolhardiness 猪勇

저:원[低原] 지대가 낮은 벌판. ↔고원(高原). low plain 低原

저:위[低位] 낮은 지위나 낮은 위치. ↔고위(高位). てぃい low position 低位

저육[猪肉·豬肉] 제육의 원말. 猪肉

저:율[低率] 어떠한 표준보다 낮은 비율. ↔고율(高率). てぃりつ low rate 低率

저:음[低吟] 시(詩) 따위를 낮은 목소리로 읊음. てぃぎん reciting in a low voice 低吟

저:음[低音] ① 낮은 음. ↔고음(高音). ② 합창이나 합주에서 가장 낮은 음역(音域). てぃおん ① low tone ② bass 低音

저:음부 기호[低音部記號] 음악에서, 낮은 음역(音域)을 적은 보표임을 나타내는 기호. 낮은음자리표. ↔고음부 기호(高音部記號). てぃおんぷきごう bass clef 低音部記號

저:의[底意] 마음 속에 품고 있는 뜻. =본심(本心)·내심(內心). そこい true intention 底意

저:의[苧衣] 모시로 지은 옷. 모시옷. ちょい ramie clothes 苧衣

저:인망[底引網] 바다의 밑바닥으로 끌고 다니며, 해저(海底)에 사는 물고기를 잡는 데 쓰는 그물. そこひきあみ dragnet 底引網

저:자[著者] 저작자(著作者)의 준말. ちょしゃ 著者

저:자세[低姿勢] 상대편에게 굽실거리는 비굴한 태도. ↔고자세(高姿勢). てぃせい low posture 低姿勢

저:작[咀嚼·齟齬] 음식을 씹음. そしゃく chewing 咀嚼

저:작[著作] 논문이나 책 따위를 씀. 또는 그 논문이나 책. =저술(著述). ちょさく writing 著作

저:작권[著作權] 저작자가 자신의 저작물을 독점적으로 이용하거나 이를 남에게 허락할 수 있는 권리. ちょさくけん copyright 著作權

저:작자[著作者] 책을 쓴 사람. 준저자(著者)·작자(作者). ちょさくしゃ writer 著作者

저:장[貯藏] 물건을 모아서 간수해 둠. 갈무리. ちょぞう storage 貯藏

저:장근[貯藏根] 양분을 저장하여 두는 식물의 뿌리. 우엉·고구마·당근 따위. 저장뿌리. ちょぞうこん 貯藏根

저:장 물질[貯藏物質] 생물의 체내에 저장되어 있는 영양 물질. ちょぞうぶっしつ reserve substance 貯藏物質

저:장 전:분[貯藏澱粉] 식물의 뿌리·지하경(地下莖)·종자 따위에 저장되어 있는 전분. ちょぞうでんぷん reserve starch 貯藏澱粉

저:적[抵敵] ① 적에게 대항함. 抵敵

=대적(對敵). ②맞서서 겨룸. =저당(抵當).

저:제[邸第] 규모가 큰 집. =저택(邸宅). ていだい mansion 邸第

저:조[低調] ①낮은 가락. ②능률이 떨어지거나 성적이 낮음. ③활기가 없이 침체함. ↔고조(高調). ていちょう ① low tone ③ dullness 低調 能率

저:조[低潮] ①썰물로 해면의 높이가 가장 낮아진 상태. =간조(干潮). ②사물이나 기세가 까라진 상태. ↔고조(高潮). ていちょう ① low tide ② depression 低潮 干潮

저:주[詛呪·咀呪] 남에게 불행이나 재앙이 닥치기를 빌고 바람. =주저(呪詛). curse 咀呪

저:주파[低周波] 주파수가 낮은 파동이나 전파. ていしゅうは low frequency 低周波 周波數

저:지[低地] 지대가 낮은 곳. ↔고지(高地). ていち low ground 低地

저:지[沮止] 막아서 못 하게 함. そし hindrance 沮止

저지[豬脂·猪脂] 돼지기름. =돈지(豚脂). lard 猪脂

저:지[jersey] ①모사(毛絲)·무명사·합성 혼방사 등으로 짠, 두꺼운 메리야스 직물. 가볍고 신축성이 좋음. ②젖소의 한 품종. ジャージー 織物

저지페이퍼[judge paper] 권투·레슬링에서, 심판이 경기자의 득점(得點)을 채점하여 기입하는 용지(用紙). ジャッジペーパー 得點

저:질[低質] 질이 낮음. 「~ 문화(文化)」 low quality 低質

저:창[低唱] 낮은 소리로 노래 부름. ていしょう 低唱

저:촉[抵觸] ①서로 부딪침. 抵觸

또는 서로 모순됨. ②법률·규칙 등에 위배되거나 걸리게 됨. 「법(法)에 ~되다」 ていしょく conflict

저:축[貯蓄] ①절약하여 모아 둠. 「식량(食糧) ~」 ②소득의 일부를 금융 기관에 맡겨 둠. ちょちく saving 貯蓄 節約

저:치[貯置] 저축하여 둠. storing up 貯置

저:탄[貯炭] 석탄이나 무연탄 따위를 많이 모아 둠. 「~장(場)」ちょたん stock of coal 貯炭

저택[沮澤] 지대가 낮고 습기가 많은 땅. marsh 沮澤

저:택[邸宅] 규모가 큰 집. =저제(邸第). ていたく mansion 邸宅

저통[箸筒] 수저를 꽂아 두는 통. 箸筒

저:판[底板] 밑바닥에 댄 널빤지. 밑널. そこいた board at the bottom 底板

저:포[紵布·苧布] 모시. 「~전(廛)」 ramie cloth 苧布

저:하[低下] 사기·수준·품질 따위가 낮아짐. ていか deterioration 低下

저:학년[低學年] 하급의 학년. 주로 초등 학교에서 1·2·3학년을 이름. ↔고학년(高學年). ていがくねん lower grades 低學年

저:함[低陷] 밑바닥이 가라앉아 낮고 우묵함. 低陷

저:항[抵抗] ①어떤 힘이나 권위 따위에 맞서서 버팀. ②힘의 작용에 대하여 그 반대 방향으로 움직이는 힘. ていこう resistance 抵抗

저:항기[抵抗器] 전기 회로에 필요한 전기 저항을 얻기 위한 기구나 부품. 고정 저항기와 가변 저항기가 있음. ていこうき resistor 抵抗器 必要

저ː항선[抵抗線] ① 공격하여 오는 적군을 막아 버티는 방어선(防禦線). ② 전기 에너지를 열(熱)에너지로 바꾸기 위하여 전류를 통하게 한 고유 저항(固有抵抗)의 쇠줄. ていこうせん

저ː해[沮害] 막아서 못 하도록 해를 해침.「~ 요인(要因)」そがい　　　interference

저ː회[低徊] 머리를 숙이고 생각에 잠겨 왔다갔다 함. ていかい　　　loitering

적[狄] 북방 오랑캐 적: 북방의 오랑캐.「狄人(적인)·北狄(북적)」テキ·えびす

적[赤]* ① 붉을 적: 붉다.「赤色(적색)·赤豆(적두)·赤痢(적리)」② 없을 적: 아무것도 없다.「赤貧(적빈)·赤手(적수)·赤地(적지)」セキ·シャク ① あか

적[炙] ① 구운 고기 적: 구운 고기.「散炙(산적)·炙膾(적회)·炙鐵(적철)」② 구운 고기 자: 구운 고기.「膾炙(회자)」セキ·シャ

적[的]* ① 적실할 적: 적실하다.「的實(적실)·的確(적확)·的例(적례)·的證(적증)」② 과녁 적: 과녁.「的中(적중)·射的(사적)·目的(목적)」③ 접미사 적: 접미사.「社會的(사회적)·公的(공적)·私的(사적)·理智的(이지적)」テキ ② まと

적[迪] ① 나아갈 적: 전진하다. 이끌다.「啓迪(계적)」② 쓸 적: 쓰다. 임용하다.「迪簡(적간)」③ 밟아 행할 적: 실천하다.「迪知(적지)·迪哲(직철)」テキ ① すすむ

적[迹] 발자국 적: 발자국. 자취.「足迹(족적)·蹤迹(종적)」セキ·あと

적[寂]* 고요할 적: 고요하다. 적적하다.「寂然(적연)·寂念(적념)·閑寂(한적)·靜寂(정적)·寂寞(적막)」セキ·ジャク·さびしい

적[賊]* 도적 적: 도적.「盜賊(도적)·賊窟(적굴)·賊徒(적도)·賊黨(적당)·賊心(적심)·賊害(적해)」ゾク·そこなう

적[跡]* 자취 적: 자취.「古跡(고적)·人跡(인적)·戰跡(전적)·筆跡(필적)」セキ·あと

적[嫡] 정실 적: 정실(正室). 본처(本妻).「嫡子(적자)·嫡女(적녀)·嫡孫(적손)·嫡長(적장)」テキ·チャク·よつぎ

적[摘]ᴬ ① 딸 식: 따다.「摘錄(적록)·摘茶(적다)·摘心(적심)」② 들추어 낼 적: 들추어 내다.「摘發(적발)·摘要(적요)」テキ ① つむ

적[滴]* 물방울 적: 물방울.「水滴(수적)·滴水(적수)·滴滴(적적)」テキ·しずく·したたる

적[敵]* ① 원수 적: 원수.「敵軍(적군)·仇敵(구적)·敵船(적선)·敵將(적장)·宿敵(숙적)」② 짝 적: 짝.「匹敵(필적)·敵手(적수)」テキ ① かたき·あだ

적[適]* ① 알맞을 적: 알맞다. 적당하다.「適當(적당)·好適(호적)·適材(적재)·適所(적소)·適任(적임)·適正(적정)」② 따를 적: 따르다. 의지하다.「適從(적종)·適歸(적귀)」テキ ① かなう

적[積]* ① 쌓을 적: 쌓다.「積立(적립)·積載(적재)·積善(적선)·山積(산적)·累積(누적)」② 넓이 적: 넓이.「容積(용적)

·體積(체적)·面積(면적)」セキ ①つむ

적[績]☆ ① 길쌈 적 : 길쌈. 「紡績(방적)·績女(적녀)」 ② 공적 : 공(功). 「功績(공적)·實績(실적)·業績(업적)·治績(치적)·成績(성적)」 セキ ①つむぐ

적[謫] 귀양 갈 적 : 귀양 가다. 「謫所(적소)·謫客(적객)·謫中(적중)·謫仙(적선)」 タク·せめる

적[蹟]☆ 자취 적 : 자취. 「行蹟(행적)·奇蹟(기적)·事蹟(사적)·聖蹟(성적)·古蹟(고적)」 セキ·あと

적[籍]☆ ① 호적 적 : 호적. 「戶籍(호적)·國籍(국적)·學籍(학적)·兵籍(병적)」 ② 서적 적 : 서적. 책. 「書籍(서적)」 セキ

적가[嫡家] 서가(庶家)에서 '적자손(嫡子孫)의 집'을 가리키는 말. ↔서가(庶家). ちゃっけ·ちゃくか　main family

적간[摘奸] 부정(不正)이 있는지 없는지를 캐어 살핌. =척간(擲奸).　examination

적갈색[赤褐色] 붉은빛을 띤 갈색. 고동색. せっかっしょく　reddish brown

적개[敵愾] 적에 대한 의분(義憤). 「~심(心)」 てきがい　hostility

적개심[敵愾心] 적에 대하여 분개하고 증오하는 마음. てきがいしん　hostile feeling

적객[謫客] 귀양살이하고 있는 사람.

적격[適格] 어떤 일에 알맞은 자격을 지님. 또는 그 자격. ↔결격(缺格). 「~자(者)」 てっかく　proper qualification

적견[的見] 아주 정확하게 봄. exact view

적경[赤經] 천구상(天球上)의 천체(天體)의 위치를 나타내는 좌표의 하나. 천체를 통하는 경선(經線)과 춘분점을 통하는 경선이 이루는 각을 말함. ↔적위(赤緯). せっけい　right ascension

적경[敵境] 적과의 경계. 또는 적국(敵國)과의 국경. てっきょう

적경[積慶] 거듭하여 생기는 경사(慶事).

적고병간[積苦兵間] 여러 해를 두고 전쟁터에서 온갖 괴로움을 다 겪음.

적곡[積穀] 곡식을 쌓아 놓음. 또는 그 곡식.　heaping up cereals

적공[積功] ① 공을 쌓음. ② 많은 공을 들임.

적과[摘果] 품질을 좋게 하기 위해, 열린 과일을 솎아 냄. てきか　thinning out

적괴[賊魁] 도둑의 괴수. ぞっかい

적교[弔橋] 조교(弔橋)의 잘못된 표기.

적구[積久] 썩 오래 걸림.　taking a long time

적구독설[赤口毒舌] 남을 몹시 저주하는 일.　curse

적구지병[適口之餠] 입에 맞는 떡이란 뜻으로, 마음에 꼭 드는 사물의 비유.　favorable thing

적국[敵國] 적대 관계에 있는 나라. 「~인(人)」 てきこく　enemy country

적군[賊軍] 지난날, 조정(朝廷)에 맞서서 군사를 일으킨 무리를 이르던 말. ↔관군(官軍). ぞくぐん　rebel army

적군[敵軍] 적의 군대. てきぐん

적군[敵群] 적의 무리. enemy troops

적굴[賊窟] 도둑의 소굴. =적소(賊巢)·적혈(賊穴). den of robbers

적귀[適歸] 좇아 가거나 향하여 감. てきき·てっき following

적극[積極] 긍정적·능동적이며 활동적인 성향이나 상태를 이름. ↔소극(消極).「~노력(努力)하다」せっきょく positiveness

적극성[積極性] 적극적인 성질. ↔소극성(消極性).「~을 띠다」 せっきょくせい positiveness

적금[赤金] ① 붉은빛을 띤, 금(金)의 합금. ② 구리. あかきん ② copper

적금[積金] ① 돈을 모아 둠. 또는 모아 둔 그 돈. ② 목돈을 만들기 위하여 일정한 기간 동안 일정 금액을 모으는 저금. つみきん installment savings

적기[赤旗] ① 붉은 기. ② 위험을 알리는 신호의 기. ③ 공산당을 상징하는 기. せっき·あかはた ① red flag

적기[摘記] 요점(要點)만을 뽑아서 기록함. 또는 그 기록. てっき summarization

적기[適期] 적당한 시기. てっき suitable time

적기[敵機] 적의 비행기. てっき enemy plane

적기[積氣] 묵은 체증으로 뱃속에 덩어리가 생기는 병. =적취(積聚).

적나라[赤裸裸] 아무것도 몸에 걸치지 않고 발가벗은 상태라는 뜻으로, 본디의 모습을 있는 그대로 드러내어 숨김이 없음. せきらら nakedness

적남[嫡男] ⇨적자(嫡子). ちゃくなん

적녀[嫡女] 정실(正室)의 몸에 서 난 딸. ↔서녀(庶女). ちゃくじょ legitimate daughter

적년[積年] 여러 해. =적세(積歲).「~의 원한(怨恨)」せきねん many years

적념[寂念] 속념(俗念)을 떠난 고요한 마음. じゃくねん calm mind

적담[赤痰] 피가 섞여 붉은빛을 띤 가래.

적당[的當] 딱 들어맞음. fitness

적당[賊黨] 도둑의 무리. =적도(賊徒). ぞくとう gang of robbers

적당[適當] ① 정도나 이치에 꼭 알맞음 ② 눈가림으로 대충 얼버무림.「~주의(主義)」てきとう ① suitableness ② vagueness

적대[敵對] 서로 적으로 대함.「~세력(勢力)」てきたい hostility

적대시[敵對視] 적(敵)으로 여기거나 적으로 내림. =적시(敵視). てきたいし hostility

적덕[積德] 덕을 쌓음. 또는 쌓은 덕행.「~누인(累仁)」せきとく

적도[赤道] 지구의 양극(兩極)에서 똑같은 거리에 상정(想定)한, 지축에 직작인 평면과 지표가 교차되는 선. 위도(緯度)의 영도(零度)가 되는 선임. せきどう equator

적도[賊徒] 도둑의 무리. =적당(賊黨). ぞくと gang of robbers

적도[賊盜] 남의 것을 훔치는 사람. 도둑. =도적(盜賊). thief

적도[適度] 알맞은 정도. 적당

한 정도. てきど　moderation

적도류[赤道流] 적도 해류(赤道海流)의 준말.

적도의[赤道儀] 천체의 일주 운동(日周運動)에 따라 극축(極軸)의 주위를 자동적으로 회전할 수 있게 만든 천체 망원경의 한 가지. せきどうぎ　equatorial telescope

적도 해:류[赤道海流] 무역풍(貿易風) 때문에 적도의 남북 양쪽을 동쪽에서 서쪽으로 흐르는 두 해류. 준적도류(赤道流). せきどうかいりゅう　equatorial currents

적동[赤銅] ① 적동광(赤銅鑛)에서 나는 구리. =자동(紫銅)·홍동(紅銅). ② 구리에 3~8%의 금을 더한 합금. しゃくどう　② alloy of copper and gold

적두[赤豆] 붉은팥. 「~반(飯)」 red bean

적락[謫落] 관직을 빼앗기고 유배당함. たくらく

적란운[積亂雲] 수직으로 발달한 구름의 한 가지. 위는 산 모양으로 솟고, 아래는 비를 머금음. 쌘비구름. せきらんうん　cumulonimbus

적량[適量] 알맞은 분량. てきりょう　proper quantity

적량[積量] 선박이나 자동차 따위에 실은 화물의 총량. =적재량(積載量). せきりょう　loadings

적력[滴瀝] 물방울이 똑똑 떨어짐. 또는 그 소리.

적령[適齡] 적당한 나이. 알맞은 나이. 「~기(期)」 てきれい　suitable age

적례[適例] 꼭 알맞은 예. 적절한 보기. てきれい　good example

적록[摘錄] 요점(要點)만을 적음. 또는 그 기록. てきろく　summary

적루[敵壘] 적군(敵軍)의 보루(堡壘). てきるい　enemy fortress

적루[積累] 쌓이고 쌓임. 포개져 쌓임. =누적(累積). せきるい　accumulation

적류[嫡流] ① 적가(嫡家)의 혈통. ② 정통의 유파(流派). ちゃくりゅう

적리[赤痢] 급성 전염병인 이질의 한 가지. 적리균(赤痢菌)이 대장에 발생하여 고열이 나고 심한 설사를 일으킴. =혈리(血痢). せきり　dysentery

적린[赤燐] 암적색(暗赤色)의 가루로 된 인(燐). 인광(燐光)을 발하지 않고 독이 없음. 성냥 제조에 쓰임. せきりん　red phosphorus

적립[積立] 돈을 모아 둠. 「자금(資金) ~」 つみたて saving

적립금[積立金] ① 적립해 두는 돈. ② 은행이나 회사 등에서 특정 목적에 쓰기 위하여 이익금의 일부를 유보해 두는 경우의 축적 자본. つみたてきん　reserve fund

적막[寂寞] 고요하고 쓸쓸함. =적요(寂寥). せきばく　loneliness

적면[赤面] 부끄럽거나 화가 나서 얼굴을 붉힘. 또는 그 얼굴. せきめん　blush

적멸[寂滅] 불교에서, ① 온갖 번뇌(煩惱)를 벗어난 해탈의 경지. ② 죽음. 특히 석가나 고승(高僧)의 입직(入寂)을 이르는 말. =열반(涅槃). じゃくめつ　Nirvana

적몰[籍沒] 지난날, 중죄인의 가산(家産)을 몰수하고 가족까지도 처벌하던 일. せきぼつ

적묵[寂默] 고요히 명상에 잠겨 말이 없음. じゃくもく contemplation

적미[赤米] 쌀 속에 섞여 있는 붉은 빛깔의, 질이 나쁜 쌀. 앵미. せきまい poor rice

적반하장[賊反荷杖] 도둑이 도리어 매를 들고 주인을 때리려 한다는 뜻으로, 잘못한 사람이 도리어 잘한 사람을 나무라는 경우를 이르는 말. false charge

적발[摘發] 숨겨진 것을 들추어 냄. 「비위(非違)~」 てきはつ exposure

적법[適法] ①법규에 들어맞음. ②어떤 사안에 관한, 알맞은 법률이나 법규. =합법(合法). ↔위법(違法). てきほう ① legality

적법성[適法性] 법에 어긋남이 없이 맞는 것. =합법성(合法性). てきほうせい legality

적병[賊兵] 도둑의 병졸. ぞくへい

적병[敵兵] 적군의 병사. てきへい enemy soldier

적부[的否] 꼭 그러함과 그러하지 아니함.

적부[適否] 알맞음과 알맞지 아니함. =적부적(適不適). てきひ suitability

적부 심:사[適否審査] 영장(令狀)의 집행이 적법한가 아니한가를 법원이 심사하는 일. てきひしんさ review of the legality

적분[積分] 함수(函數)를 나타내는 곡선과 좌표축 위의 일정한 구간으로 싸인 면적을 어떤 극한값으로 구하는 일. せきぶん integral

적분[積忿·積憤] 오랫동안 쌓이고 쌓인 분한 마음. せきふん pent-up rancor

적비심력[積費心力] 마음과 힘을 많이 써서 허비함.

적빈[赤貧] 아무것도 없을 정도로 몹시 가난함. 「~무의(無依)」 せきひん extreme poverty

적산[敵産] 자기 나라 점령지 안에 있는, 적국(敵國) 또는 적국인(敵國人)의 재산. 「~가옥(家屋)」 enemy property

적산[積算] 어떤 수치를 계속 더하여 계산함. せきさん addition

적색[赤色] ①붉은빛. あかいろ ②공산주의를 상징하는 말. 「~데모」 せきしょく ① red color ② communism

적서[嫡庶] 적자(嫡子)와 서자(庶子). 또는 적파(嫡派)와 서파(庶派). ちゃくしょ legitimate and illegitimate children

적석총[積石塚] 일정한 구역의 지면에 구덩이를 파거나 구덩이 없이 시체를 놓고, 그 위에 돌을 쌓아 묘역을 만든 고분(古墳)의 한 형식. 돌무지무덤.

적선[賊船] 해적의 배. ぞくせん pirate ship

적선[敵船] 적국의 배. てきせん enemy ship

적선[積善] 착한 일을 많이 함. ↔적악(積惡). せきぜん accumulation of virtuous deeds

적선[謫仙] ①하늘에서 지상으로 쫓겨 내려온 신선이라는 뜻

에서, 속세를 벗어난 도가(道家) 등의 미칭(美稱). ② 대시인(大詩人)을 이르는 말. たくせん　② great poet

적설[積雪] 쌓인 눈.「~량(量)」 せきせつ　snow on the ground

적성[赤誠] 참된 정성. =단성(丹誠). せきせい　true heart

적성[笛聲] ① 피리 소리. ② 기차나 기선의 기적 소리.

적성[適性] 어떤 사물에 알맞은 성질.「~ 검사(檢査)」てきせい　aptitude

적성[敵性] 서로 맞서 해를 끼칠 성질이나 요소.「~ 국가(國家)」てきせい inimical character

적성[積誠] 오랫동안 정성을 다함. constant sincerity

적성 검:사[適性檢査] 특정 활동·직업 따위에 대한 적성을 알아보기 위하여 하는 검사. てきせいけんさ　aptitude test

적세[敵勢] 적의 세력이나 형세. てきぜい・てきせい strength of the enemy

적소[適所] 알맞은 자리. 또는 알맞은 지위.「적재(適材)~」てきしょ　right place

적소[謫所] 지난날, 죄인이 귀양살이하던 곳. =배소(配所). たくしょ

적소성대[積小成大] 작은 것도 쌓이면 크게 됨. =적진성산(積塵成山).

적손[嫡孫] 적자(嫡子)의 정실(正室)이 낳은 아들. ちゃくそん legitimate grandson

적송[赤松] 소나무를 '백송(白松)'이나 '흑송(黑松)'에 상대하여 이르는 말. =육송(陸松). あかまつ

적수[赤手] 아무것도 가진 것이 없는 손. 맨손.「~공권(空拳)」 せきしゅ　bare hand

적수[敵手] ① 재주나 힘이 서로 어금지금한 경쟁 상대.「호(好)~」② 적의 손아귀. てきしゅ　① rival

적수성연[積水成淵] 한 방울의 물도 모이고 모이면 못을 이룬다는 뜻으로, 작은 것도 모이면 큰 것을 이룬다는 말.

적습[賊習] 도둑질하는 버릇. =도벽(盜癖). thievish habit

적습[敵襲] 적군의 습격. てきしゅう　enemy's raid

적습[積習] 오랜 세월에 걸쳐 굳어진 버릇. せきしゅう long habit

적시[適時] 알맞은 때. 제때. 「~적지(適地)」てきじ right time

적시[敵視] 적대시(敵對視)의 준말. てきし

적신지탄[積薪之嘆] 오래도록 남의 밑에 눌려서 제대로 빛을 보지 못한 한탄.

적신호[赤信號] ① 교통 신호에서, 정지(停止)하라는 신호. ② 위험하다는 신호. ↔청신호(靑信號). あかしんごう ① red signal ② danger signal

적실[的實] 틀림이 없음. exactness

적실[嫡室] 정식으로 예를 갖추어 맞은 아내. 큰마누라. =정실(正室)·본실(本室)·본처(本妻)·정처(正妻). ↔소실(小室). ちゃくしつ・てきしつ legal wife

적실인심[積失人心] 남에게 여러 가지로 인심을 많이 잃음.

적심[赤心] 거짓 없는 마음. 참된 마음. =단심(丹心). せきしん　true heart

적심[摘心] 초목의 성장과 결실을 조절하기 위하여 꼭지눈을 따내는 일. =적순(摘筍)·적아(摘芽). てきしん picking the buds

적십자[赤十字] ① 흰 바탕에 붉은색으로 '十'자를 그린 휘장. ② 적십자사(赤十字社)의 준말. せきじゅうじ ① red cross on a white ground

적십자사[赤十字社] 박애의 정신으로써 사회 사업을 하는 국제적 구호 단체. 준적십자(赤十字). せきじゅうじしゃ the Red Cross(Society)

적아[摘芽] ⇨적심(摘心). てきが

적악[積惡] 악한 짓을 많이 함. ↔적선(積善). 「~여앙(餘殃)」 せきあく

적약[適藥] 그 병에 알맞은 약. てきやく specific medicine

적약[敵藥] ① 배합(配合)의 정도에 따라서는 독이 되는 약. ② 함께 먹으면 독이 되는 약. てきやく

적업[適業] 재능이나 성격에 알맞은 직업. てきぎょう suitable occupation

적여구산[積如丘山] 산더미같이 많이 쌓임.

적역[適役] 재능이나 성격에 알맞은 역할(役割)이나 배역(配役). てきやく fit post[role]

적연[的然] 분명함. 확실함. てきぜん exactness

적연[寂然] ① 아무 기척도 없이 괴괴함. ② 조용하고 쓸쓸함. せきぜん·じゃくねん ① silence ② loneliness

적영[敵影] 적의 모습. てきえい signs of the enemy

적영[敵營] 적의 군영(軍營). てきえい enemy's camp

적외선[赤外線] 스펙트럼에서 가시광선의 적색부(赤色部) 바깥쪽에 나타나는 광선. 파장은 가시광선보다 길고 극초단파보다 짧으며 눈으로는 볼 수 없음. 의료·통신·사진 등에 이용됨. せきがいせん infrared rays

적요[寂寥] 쓸쓸하고 고요함. =요적(寥寂). せきりょう loneliness

적요[摘要] 요점을 간추려서 적음. 또는 그 기록. 「~란(欄)」 てきよう summary

적용[適用] 알맞게 이용하거나 응용함. 맞추어 씀. 「부칙(附則) ~」 てきよう application

적우[積雨] 오랫동안 계속하여 내리는 비. 장마. せきう

적우[積憂] 오랫동안 쌓인 근심. せきゆう accumulated worry

적운[積雲] 수직으로 발달한 구름의 한 가지. 윤곽이 확실한 구름 덩이가 뭉게뭉게 피어오른 모양이며, 보통 비는 내리지 않음. 뭉게구름. せきうん cumulus

적울[積鬱] ① 우울한 마음이 풀리지 않고 오랫동안 쌓여 있음. =울적(鬱積). ② 쌓이고 쌓인 울분(鬱憤). せきうつ ① smolder

적원[積怨] 오래 두고 쌓인 원한. 「~심노(深怒)」 せきえん pent-up rancor

적위[赤緯] 천구상(天球上)의 별의 위치를 나타내기 위하여 적도(赤道)로부터 북쪽이나 남쪽으로 재어 가는 각거리(角距離). ↔적경(赤經). せきい declination

적응[適應] ① 어떠한 상황이나

조건에 맞추어 잘 어울림. 「학교 생활에 ~하다」 ② 생물이 주위 환경이나 그 변화에 따라 자신의 형태・습성을 변화시킴. てきおう adaptation

적응성[適應性] 생물의 형태나 습성이 주위 환경과 그 변화에 알맞게 변화하는 능력이나 성질. てきおうせい adaptability

적의[適宜] 어떤 것을 하기에 알맞고 마땅함. てきぎ suitableness

적의[敵意] ① 적 대시(敵對視)하는 마음. ② 해치려는 마음. 「~를 품다」 てきい hostility

적인[敵人] ⇨ 원수(怨讎). てきにん

적일[積日] 여러 날. =누일(累日). せきじつ

적임[適任] ① 적당한 임무. ② 어떠한 임무를 맡기에 알맞음. =적역(適役). 「~자(者)」 てきにん fitness

적자[赤子] ① 갓난아이. あかご ② 부모가 갓난아기를 보살피듯이 백성을 보살펴 보호한다는 뜻으로, 지난날 임금이 백성을 이르던 말. せきし ① baby

적자[赤字] ① 교정에서, 오식(誤植) 등을 바로잡기 위해 적은 붉은색 글자. ② 수입보다 지출이 많아 수지가 맞지 않는 것. ↔흑자(黑字). 「~ 예산(豫算)」 あかじ ① red figures ② deficit

적자[嫡子] 정실(正室)의 몸에서 난 아들. =적남(嫡男). ↔서자(庶子). ちゃくし legitimate child

적자[適者] 어떤 일이나 환경 등에 잘 적응하는 것. 「~ 생존(生存)」 てきしゃ fit person

적자 공채[赤字公債] 국가가 세입(歲入)이 부족해서 생긴 적자를 메우기 위해 발행하는 공채. あかじこうさい deficit bond

적자 생존[適者生存] 생존 경쟁의 결과, 환경에 적응하는 생물은 살아남고 그렇지 못한 것은 도태되는 일. =우승열패(優勝劣敗). てきしゃせいぞん survival of the fittest

적자 융자[赤字融資] 기업체의 적자를 메우도록 금융 기관이 운영 자금을 융통해 주는 일. あかじゆうし

적장[賊臟] 도둑질해서 얻은 물건. stolen goods

적장[敵將] 적군의 장수. てきしょう enemy's general

적재[適材] 어떤 일에 적당한 재목. 또는 그와 같은 인재(人材). 「~적소(適所)」 てきざい right man

적재[積載] 배나 차 따위에 물건을 실음. 「~량(量)」 せきさい loading

적재량[積載量] 배나 차 따위에 물건을 실은 분량이나 중량. 또는 실을 수 있는 최대량(最大量). せきさいりょう loadings

적저[積貯・積儲] 여투어 모음. accumulation

적적[寂寂] ① 괴괴하고 조용함. ② 외롭고 쓸쓸함. 「~한 심정(心情)」 じゃくじゃく ② loneliness

적전[敵前] 적진(敵陣)의 전면(前面). 「~ 상륙(上陸)」 てきぜん front of the enemy

적절[適切] 꼭 들어맞아 어울림. 「~한 답변(答辯)」 てきせつ

appropriateness
적정[寂靜] ① 매우 괴괴하고 고요함. せきせい ② 불교에서, 번뇌를 벗어난 해탈의 경지. ① loneliness

적정[適正] 적당하고 바름.「~가격(價格)」てきせい propriety

적정[敵情] 적의 형편. てきじょう movements of the enemy

적제[摘除] 잘라서 없앰. picking off

적제[滴劑] 매우 적은 용량으로 효과를 거둘 수 있기 때문에 사용량을 방울 수로 정한 극성(劇性) 물약. てきざい

적조[赤潮] 플랑크톤의 이상 번식으로 바닷물이 붉게 보이는 현상. あかしお red tide

적조[積阻] 오래동안 소식이 끊어짐. long silence

적중[的中] 목표나 예측 따위에 정확히 들어맞음. てきちゅう hit

적중[適中] 지나침이나 모자람이 없이 꼭 알맞음. てきちゅう fitness

적지[敵地] 적국의 땅. 또는 적군이 점령하고 있는 땅. てきち enemy's land

적진[敵陣] 적군의 진지. =적영(敵營). てきじん enemy's camp

적채[積債] 오래동안 쌓인 빚.「~ 정리(整理)」 accumulated debts

적첩[嫡妾] 적실(嫡室)과 첩실(妾室). =처첩(妻妾). wife and concubine

적첩[積疊] 첩첩이 쌓임. せきじょう accumulation

적체[積滯] 쌓여서 막힘.「~ 현상(現狀)」 backlog

적출[摘出] ① 수술 따위로 몸 속에 들어 있는 것을 끄집어 내거나 몸의 일부를 도려 냄. ② 결점이나 부정 따위를 들추어 냄. 폭로함. てきしゅつ ① extraction ② exposure

적출[嫡出] 정실의 몸에서 낳은 소생. ↔서출(庶出).「~자(子)」ちゃくしゅつ legitimate child

적취[積聚] ① 쌓여서 모임. せきしゅう ② 한방에서, 묵은 체증으로 말미암아 생긴 병을 이름. ① accumulation

적측[敵側] 적의 편. 적의 쪽. てきがわ enemy's side

적치[敵治] 적이 점령하여 다스리는 정치.

적치[積置] 쌓아 둠. piling up

적침[赤沈] 적혈구 침강 속도(赤血球沈降速度)의 준말. = 혈침(血沈). せきちん

적침[敵侵] 적의 침입. てきしん enemy's invasion

적탄[敵彈] 적이 쏜 탄알. てきだん enemy's bullets

적파[摘播] 일정한 간격을 두고, 한군데에 몇 알씩의 씨앗을 뿌림. てきは

적평[適評] 적절한 비평. 타당한 비평. てきひょう just criticism

적폐[積弊] 오래 된 폐단. せきへい long-standing evils

적함[敵艦] 적군의 군함. てきかん enemy ship

적합[適合] 꼭 들어맞음. 아주 알맞음. てきごう fitness

적행낭[赤行囊] 우체국에서, 등기 우편 따위의 중요한 서신을 담아 나르는 데 쓰는 붉은 자루. あかこうのう

적혈[赤血] 붉은 피. せっけつ red blood

적혈[積血] 한방에서, 타박상 등으로 말미암아 살 속에 피가 퍼렇게 맺혀 있는 상태. 또는 그 피. =어혈(瘀血). extravasated blood

적혈구[赤血球] 혈액의 주성분으로 혈구(血球)의 하나. 골수(骨髓)에서 만들어지며, 산소를 운반하는 헤모글로빈으로 채워져 있음. せっけっきゅう red corpuscle

적혈구 침강 속도[赤血球沈降速度] 응고를 방지한 혈액을 시험관에 넣어 세워 두었을 때, 적혈구가 시험관 바닥으로 가라앉아 내려가는 속도. 질병의 감별이나 건강 상태를 진단할 때 이용됨. 준혈침(血沈)·적침(赤沈). せっけっきゅうちんこうそくど erythrocyte sedimentation rate

적호[適好] 알맞아 좋음. suitableness

적화[赤化] ①붉게 됨. ②공산주의화함. 「~ 야욕(野慾)」 せっか

적화[赤禍] 공산주의로 말미암아 입는 재화(災禍). せっか

적화[積貨] 차나 배에 짐을 실음. 또는 실은 짐. つみに loading

적확[的確] 확실함. 틀림없음. てきかく·てっかく exactness

적회[積懷] 쌓인 회포. pent-up emotion

적흉[赤凶] 매우 심한 흉년.

전[田]* 밭 전:밭. 「田地(전지)·田畓(전답)·火田(화전)·田園(전원)·田穀(전곡)·田獵(전렵)」 デン·た

전[全]* ①모두 전:모두. 「全國(전국)·全校(전교)·全體(전체)」 ②온전할 전:온전하다. 「完全(완전)·保全(보전)·萬全(만전)·健全(건전)·全盛(전성)·全音(전음)·純全(순전)」 ゼン ①まったく

전[甸] 경기 전:경기(京畿). 왕성(王城) 둘레 5백 리 이내의 땅. 「畿甸(기전)·甸服(전복)」 デン

전:[典]* ①법 전:법. 「法典(법전)·典範(전범)·典憲(전헌)」 ②책 전:책. 「古典(고전)·佛典(불전)·經典(경전)」 ③전당잡힐 전:전당잡히다. 「典當(전당)」 ④맡을 전:맡다. 「典醫(전의)」 ⑤의식 전:예. 의식. 「大典(대전)·式典(식전)·儀典(의전)」 テン ①のり

전[前]* 앞 전:앞. 「前後(전후)·前官(전관)·前金(전금)·前賣(전매)·事前(사전)·前代(전대)·前人(전인)·以前(이전)·前生(전생)·前進(전진)」 ゼン·まえ

전:[展]* ①펼 전:펴다. 「親展(친전)·展覽(전람)·展讀(전독)·展開(전개)」 ②늘일 전:늘이다. 기한을 미루다. 「展期(전기)·展限(전한)」 テン ①ひらく

전[悛] 회개할 전:잘못을 뉘우치고 고치다. 「改悛(개전)·悛心(전심)·悛容(전용)」 シュン·あらためる

전[栓] 나무못 전:나무못. 말뚝. 「水道栓(수도전)」 セン

전[栴] 향나무 전:향나무. 「栴檀(전단)」 セン

전:[剪] ①가위 전:가위. 「剪刀(전도)」 ②깎을 전:자르다. 베다. 「剪枝(전지)·剪取(전취)·剪除(전제)」 セン ②

전[專]＊ 오로지 전 : 오로지. 「專力(전력)・專屬(전속)・專擔(전담)・專一(전일)・專門(전문)・專賣(전매)・專攻(전공)」 セン ・もっぱら

전:[奠] ①정할 전 : 정하다. 「奠居(전거)・奠都(전도)」 ②제사 지낼 전 : 제사지내다. 제사를 위해 차린 음식. 「奠物(전물)・奠儀(전의)・奠祭(전제)」 テン ① さだめる

전[牋] 장계 전 : 장계(狀啓). 「牋啓(전계)・牋翰(전한)・牋奏(전주)」 セン

전[傳]＊ ①전할 전 : 전하다. 「傳授(전수)・傳承(전승)・驛傳(역전)・傳來(전래)・傳道(전도)・傳播(전파)・宣傳(선전)・傳言(전언)・傳令(전령)・傳單(전단)」 ②전기 전 : 전기. 「傳記(전기)」 ③옛책 전 : 예로부터 전해 오는 기록. 「經傳(경전)」 テン ① つたえる

전[塡] ①메울 전 : 메우다. 「充塡(충전)・塡補(전보)・塡字(전자)」 ②북소리 전 : 북소리. 「塡塡(전전)・塡然(전연)」 テン ① うずめる

전:[殿] ①대궐 전 : 대궐. 「宮殿(궁전)・殿堂(전당)・殿閣(전각)・殿中(전중)」 ②후군 전 : 후군(後軍). 「殿軍(전군)・殿後(전후)」 テン・デン ① との

전:[煎] 달일 전 : 달이다. 지지다. 「煎茶(전다)・煎油(전유)・煎藥(전약)・煎鐵(전철)」 セン ・にる

전:[詮] 설명할 전 : 자세히 설명하다. 평론하다. 「詮議(전의)・詮衡(전형)・詮釋(전석)」 セン ・えらぶ

전[鈿] ①비녀 전 : 비녀. 「金鈿(금전)・鈿針(전침)」 ②자개 박을 전 : 자개 박다. 「鈿合(전합)・螺鈿(나전)」 テン

전:[電]＊ ①번개 전 : 번개. 「電光(전광)・電雷(전뢰)・電影(전영)」 ②전기 전 : 전기. 「電氣(전기)・電燈(전등)・電話(전화)・電信(전신)・電文(전문)」 デン ① いなずま

전:[箋] ①주석 전 : 주석(註釋). 주해(註解). 「箋注(전주)・箋釋(전석)・箋註(전주)」 ②편지 전 : 편지. 「箋惠(전혜)・箋紙(전지)」 セン

전:[銓] ①사람 가릴 전 : 사람을 가리다. 「銓衡(전형)・銓注(전주)・銓補(전보)」 ②저울질할 전 : 저울질하다. 「銓度(전탁)・銓別(전별)」 セン

전:[廛] ①전방 전 : 전방. 가게. 「布木廛(포목전)・鍮器廛(유기전)・廛房(전방)・廛舖(전포)」 ②터전 전 : 터전. 「廛宅(전택)」 テン

전:[箭] 화살 전 : 화살. 「箭羽(전우)・箭鏃(전촉)・箭筒(전통)」 セン・や

전:[篆] 서체 이름 전 : 전자. 「篆字(전자)・篆書(전서)・篆隷(전례)」 テン

전:[翦] "剪"의 本字.

전:[戰]＊ 싸움 전 : 전쟁. 싸움. 「戰爭(전쟁)・戰場(전장)・戰利品(전리품)・勝戰(승전)・戰力(전력)・出戰(출전)・爭奪戰(쟁탈전)」 セン・いくさ・たたかう

전:[澱] 찌꺼기 전 : 찌꺼기. 앙금. 「沈澱(침전)・澱物(전물)・澱粉(전분)」 デン・よどむ・どろ

전:[錢]＊ 돈 전 : 돈. 「金錢(금전)・錢主(전주)・錢財(전재)・紙錢(지전)・銅錢(동전)」 セン

ン・ぜに

전:[氈] 모전 전:모전(毛氈). 짐승의 털로 짠 깔개.「氈案(전안)·氈帽(전모)」セン

전:[輾] 돌아누울 전:돌아눕다.「輾轉(전전)」テン

전:[轉]☆ 구를 전:구르다. 굴리다. 옮기다.「回轉(회전)·輾轉(전전)·反轉(반전)·公轉(공전)·變轉(변전)·轉換(전환)·運轉(운전)·輪轉(윤전)·轉任(전임)·轉出(전출)·轉移(전이)」テン・ころぶ・めぐる

전:[顚] ① 꼭대기 전:꼭대기. 정수리.「顚毛(전모)」② 뒤집을 전:뒤집다. 거꾸로 하다.「顚覆(전복)·顚錯(전착)」③ 넘어질 전:넘어지다.「顚仆(전부)·顚跌(전질)」テン ① いただき

전:[纏] 묶을 전:묶다.「纏足(전족)·纏綿(전면)」テン・まとう

전[囀] 새 지저귈 전:새가 지저귀다.「囀喉(전후)」テン・さえずる

전:[顫] 사지 떨릴 전:사지가 떨리다.「顫動(전동)·顫聲(전성)·手顫(수전)」セン・ふるえる

전가[全家] 한 집안의 전부. 온 집안. =합가(合家). ぜんか
　whole family

전가[傳家] ① 윗대에서 아랫대로 집안 살림이나 재산을 물려줌. ② 그 집안에서 대대로 전해 내려옴.「~의 보도(寶刀)」でんか

전:가[轉嫁] ① 자기의 책임이나 허물을 남에게 덮어씌움.「책임(責任)~」② 다른 데로 다시 시집감. -개가(改嫁). てんか

① imputation ② remarriage

전각[全角] 조판(組版)에서, 활자의 나비와 똑같은 크기의 공간이나 간격. em

전각[前脚] 네발 가진 짐승의 앞쪽에 있는 두 다리. 앞다리. ↔후각(後脚). まえあし・ぜんきゃく foreleg

전:각[篆刻] 나무나 금석(金石) 따위에 글씨를 새김. 또는 그 글자. 흔히 전자(篆字)로 새기기 때문에 생긴 말임. てんこく seal engraving

전간[傳簡] 사람을 시켜서 편지를 전함.

전간[癲癇] 지랄병. =간질(癎疾). てんかん epilepsy

전갈[全蠍] 전갈과의 절지동물. 몸 빛깔이 누르고 꼬리 끝에 독침이 있음. 한방에서는 중풍·소아경풍 등에 약으로 씀. ぜんけつ·さそり(蠍) scorpion

전갈[傳喝] 사람을 시켜 안부를 묻거나 말을 전함. 또는 그 안부나 말.「~을 보내다」
　verbal message

전감[前鑑] 이전 일에 비추어 봄.

전감소연[前鑑昭然] 거울을 보듯이 앞일을 환히 알 수 있다는 말.

전개[悛改] 지나간 잘못을 뉘우치고 마음을 바르게 고침. =개전(改悛). しゅんかい
　repentance

전:개[展開] ① 논리나 사건, 이야기의 내용 따위를 진전시켜 펼침. ② 눈앞에 넓게 펼쳐짐.「창 밖에 ~되는 풍경」③ 수학에서, 어떤 함수나 식을 급수의 형태로 고침. ④ 입체의 표면을 적당히 잘라 한 평면 위에 펼침. てんかい
① development ③ expansion

전:거[典據] 말이나 문장 따위의 근거로 삼는 문헌상의 출처. てんきょ authority

전:거[奠居] 머물러 살 만한 곳을 정함. =전접(奠接).

전:거[轉居] 살던 곳을 옮김. =전주(轉住). てんきょ removal

전건[前件] ① 앞에 적은 조항이나 사건. ② 가언적 판단(假言的判斷)에 있어서, 그 조건을 나타내는 부분. ↔후건(後件). ぜんけん

전:건[電鍵] 전류(電流)를 접속 또는 단절하는 장치. 전신이나 전화용은 키, 전기용은 스위치라 함. でんけん key

전게[前揭] 앞에 게재(揭載)함. ぜんけい

전:격[電擊] ① 강한 전기에 닿아 전되었을 때의 충격. ② 번개와 같이 갑작스럽게 들이침. 「~ 작전(作戰)」でんげき ① electric shock ② lightning attack

전:결[轉結] 한시(漢詩)의 전구(轉句)의 결구(結句). 「기승(起承)~」てんけつ turn and conclusion

전경[全景] 전체의 경치. 「금강산(金剛山) ~」ぜんけい complete view

전경[前景] 눈앞에 펼쳐져 있는 경치. ↔후경(後景). ぜんけい foreground

전:계[電界] 전기를 띠는 물체의 전기 작용이 미치는 범위. =전장(電場). でんかい electric field

전:고[典故] ① 전례(典例)와 고사(故事). ② 전거(典據)가 될 만한 옛일. =고실(故實). てんこ authentic precedent

전고[前古] 지나간 옛날. 「~ 미증유(未曾有)」ぜんこ old days

전고[傳告] 어떤 사실을 전하여 알림.

전:고[銓考] 사람의 됨됨이와 능력을 여러 모로 따져 보고 고름. selection

전곡[田穀] 밭에서 나는 곡식. 밭곡식. dry-field crop

전:곡[錢穀] 돈과 곡식. =전량(錢糧)·금곡(金穀). せんこく money and grain

전골[全骨] 염소·노루·소 따위의 동물에서 살을 발라내고 난 온몸의 뼈. =전신골(全身骨).

전공[前功] ① 이전에 쌓은 공로나 공적. ② 앞 사람의 공로나 공적. ぜんこう ① former merit

전공[專攻] 특정 분야를 전문적으로 연구함. 「~ 과목(科目)」せんこう major

전:공[電工] 전기에 관한 일을 하는 기술공(技術工). =전기공(電氣工). でんこう electrical engineer

전:공[戰功] 전쟁에서 세운 공로. =무훈(武勳). せんこう military merit

전과[全科] 모든 교과. 모든 학과. ぜんか whole course

전과[全課] ① 그 과(課) 전체. ② 모든 과(課). ぜんか whole subject

전과[前科] 전에 형벌을 받은 사실. 「~ 삼범(三犯)」ぜんか previous conviction

전과[前過] 이전에 저지른 허물. =전실(前失).

전과[專科] 전문으로 연구하는 학과. せんか special course

전:과[戰果] 전투나 운동 경기

(競技)에서 거둔 성과(成果). 成 果
せんか　　　　war results

전:과[轉科] 학과(學科)나 병과(兵科)를 옮김. 轉 科
　　change of one's course

전관[前官] 앞서 부임해 있던 관리. 전임(前任) 관리. ぜんかん 前 官
　　former official

전관[專管] ①그 일만을 전적으로 책임지고 맡아서 관리함. ②전체가 그 관할에 속함. 「～수역(水域)」せんかん 專 管
　　① exclusive jurisdiction

전:광[電光] ①번갯불. ②전력으로 일으킨 빛. 「～장치(裝置)」でんこう 電光裝置
　　① lightning ② electric light

전광[癲狂] ①한방에서, 정신이상으로 실없이 잘 웃는 미친 병. ②전간(癲癇)과 광기(狂氣). てんきょう 癲 狂

전:광석화[電光石火] 번개가 치거나 부싯돌이 부딪칠 때의 번쩍이는 빛이라는 뜻으로, 매우 짧은 시간이나 몹시 빠른 동작의 비유. でんこうせっか 電光石火
　　lightning speed

전괴[全壞] 모두 파괴됨. ぜんかい 全 壞
　　complete destruction

전교[全校] 한 학교의 전체. 「～생(生)」ぜんこう whole school 全 校

전:교[轉交] ①서류 따위를, 다른 사람의 손을 거쳐 교부함. ②다른 사람의 손을 거쳐 받게 한다는 뜻으로, 편지 겉봉에 쓰는 말. 轉交支付
　　sending in care of someone

전구[全軀] 온몸. =전신(全身)·편신(遍身)·만신(滿身). 全 軀
　　whole body

전구[前驅] 행렬(行列)이나 기마(騎馬)에서 맨 앞에 가는 사람. =선구(先驅). ぜんく 前 驅
　　vanguard

전:구[電球] 전기의 힘으로 빛을 내는 광원(光源)의 총칭. でんきゅう electric bulb 電 球

전국[全局] 전체의 판국이나 국면. ぜんきょく whole situation 全 局

전국[全國] 온 나라. 한 나라의 전체. =거국(擧國). ぜんこく whole country 全 國

전:국[戰局] 전쟁의 상황. せんきょく aspect of war 戰 局

전:국[戰國] 영웅이 각처에 할거하여 서로 싸우는 어지러운 세상. せんごく age of wars 戰 國

전국구[全國區] 전국을 한 단위로 하는 선거구. ぜんこくく national constituency 全國區

전군[全軍] 한 나라 한정된 지역의 모든 군대. =총군(總軍). ぜんぐん whole army 全 軍

전군[前軍] 전방의 군대. =선진(先陣). ↔후군(後軍). ぜんぐん advance guard 前軍先陣

전권[全卷] ①한 권의 책 전체. ②여러 권으로 된 책의 모든 권. ぜんかん ① whole book ② whole set of books 全 卷

전권[全權] 모든 권한. 일체의 권리. 「～대사(大使)」ぜんけん full power 全 權大使

전권[專權] 권력을 독차지하고 마음대로 휘두름. せんけん 專 權

전권 공사[全權公使] 외교관의 명칭의 하나. 제2등급의 외교 사절로, 특명 전권 대사와 같은 직무를 수행함. ぜんけんこうし minister plenipotentiary 全權公使

전권 대:사[全權大使] 외교관의 명칭의 하나. 제1등급의 외교 사절로, 주재국에서 국가를 대표하여 외교 교섭을 하며 자국민에 대한 보호 감독의 임무를 수행함. ぜんけんたいし 全權大使代表

ambassador plenipotentiary

전권 위원[全權委員] 국가로부터 국제 조약의 체결, 국제 회의, 외교 교섭 등에 관하여 국가를 대표할 권한을 위임받은 외교 사절. ぜんけんいいん plenipotentiary

전규[前規] 옛 사람이 이루어 놓은, 본보기가 될 만한 행동이나 사실. =전구(前矩).

전:극[電極] 전지(電池)나 발전기 등에서, 전류가 드나드는 양극(兩極)의 단자(端子). 양극(陽極)과 음극(陰極)이 있음. でんきょく electrode

전:근[轉筋] 장딴지 따위에 발생하는 근육의 경련. 쥐. てんきん cramp

전:근[轉勤] 근무처를 옮김. てんきん transference

전:긍[戰兢] 전전긍긍(戰戰兢兢)의 준말. せんきょう

전기[全期] ① 어떤 기간(期間)의 전체. ② 모든 기간. ぜんき ① whole period ② every period

전기[前記] 앞에 기록함. 또는 앞에 적은 기록. ↔후기(後記). ぜんき

전기[前期] ① 지나간 시기나 기간. ② 전후로 나눈 두 시기에서, 앞의 시기. ↔후기(後期). ぜんき ① previous term

전기[傳奇] ① 기이한 사실을 내용으로 한 소설이나 희곡. 「~ 문학(文學)」 ② 기이한 일을 세상에 전함. でんき ① romance

전기[傳記] 개인의 일생을 적은 기록. 「위인(偉人) ~」 でんき biography

전:기[電氣] 물질 안에 있는 전자의 이동으로 생기는 에너지의 한 형태. でんき electricity

전:기[電機] 전기의 힘으로 움직이는 기계. 「~ 공업(工業)」 でんき electrical machinery

전:기[戰記] 전쟁이나 전투에 관한 기록. =군기(軍記). せんき record of war

전:기[戰機] ① 전쟁이 일어나려는 기미. ② 싸워서 이길 수 있는 기회. せんき ① time for opening hostilities

전:기[轉記] 어떤 기재 사항을 다른 장부에 옮겨서 적음. 또는 옮겨 적은 그 기록. てんき posting

전:기[轉機] 전환점을 이루는 기회나 시기. てんき turning point

전:기 냉:장고[電氣冷藏庫] 전동기를 이용해서 냉동 장치를 작동시키는 냉장고. でんきれいぞうこ electric refrigerator

전:기 도:금[電氣鍍金] 전기 분해의 원리를 이용하여 금속의 표면에 다른 금속을 얇게 입히는 방법. 준전도(電鍍). でんきときん electroplating

전:기동[電氣銅] 전기로 정련(精鍊)하여 만든 구리. でんきどう

전:기력[電氣力] 대전체(帶電體) 사이에 작용하는 전기의 힘. electric power

전:기로[電氣爐] 전력으로 높은 열을 내게 하는 노(爐). 제철(製鐵)·제강(製鋼) 등에 쓰임. でんきろ electric furnace

전:기 분해[電氣分解] 전해질의 용액 또는 용융체에 전류를 통과시켜 음극과 양극에 그 성분을 석출시키는 일. 준전해(電解). でんきぶんかい

전:기 세:탁기[電氣洗濯機] 전동기의 힘으로 빨래를 하는 기계. でんきせんたくき electric washer

전기 소:설[傳奇小說] 공상(空想)·환상(幻想)·괴기(怪奇) 등의 초현실적인 사건을 내용으로 하는 소설. でんきしょうせつ romance

전:기어[電氣魚] 생체(生體)에 발전 기관(發電器官)을 갖추고 있어서, 전기를 발생하는 물고기. 전기 뱀장어·전기 가오리 따위. =발전어(發電魚). でんきうお

전:기욕[電氣浴] 약한 전류가 흐르는 목욕물에 환자의 몸을 담그게 하는 물리 치료의 한 방법. でんきよく electric bath

전:기 자석[電氣磁石] 연철심(軟鐵心)에 절연된 코일을 감은 것. 전류가 흐르면 자기화(磁氣化)되고, 전류를 끊으면 원상태로 돌아감. =전자석(電磁石). でんきじしゃく electromagnet

전:기장[電氣場] 대전체(帶電體) 주위에 전기적인 힘이 미치는 공간. =전장(電場). electric field

전:기 저:항[電氣抵抗] 도체(導體)에 전류가 흐르는 것을 방해하는 작용. 전압을 전류로 나눈 값으로 나타냄. 단위는 옴(Ω). でんきていこう electric resistance

전:기 철도[電氣鐵道] 전기를 동력으로 이용하는 철도. 준전철(電鐵). でんきてつどう electric railway

전:기 축음기[電氣蓄音機] 레코드에 녹음된 진동을 진동 전류로 바꾸고, 이것을 증폭하여 확성기를 통해 원음(原音)을 재생하는 축음기. 준전축(電蓄). でんきちくおんき electric phonograph

전:기 회로[電氣回路] 전기가 어떤 점을 떠나 도체(導體)를 돌아서 다시 그 자리까지 오는 길. 준전로(電路). でんきかいろ electric circuit

전:냥[錢兩] 많지 않은 얼마간의 돈. 돈냥. 「~이나 좀 있는 모양이다」 small sum of money

전년[前年] ①지나간 해. ②지난해. =작년(昨年). ぜんねん ② last year

전념[專念] 오로지 한 가지 일에만 마음을 씀. =전심(專心). 「에이즈 연구에 ~하다」 せんねん concentration of mind

전능[全能] 어떤 일이든지 다 할 수 있는 능력. 「전지(全知) ~」 ぜんのう omnipotence

전:닉[轉匿] 감추었던 곳을 바꾸어 옮겨서 발견되지 않도록 함. てんとく

전단[全段] ①한 단 전부. ②모든 단(段). ぜんだん ② whole page

전단[前段] 앞의 단(段). ↔후단(後段). ぜんだん above paragraph

전단[栴檀] 자단(紫檀)·백단(白檀) 등의 향나무를 두루 이르는 말. =단향목(檀香木). せんだん

전단[專斷] 제 마음대로 일을 결정해서 처리함. せんだん arbitrariness

전단[傳單] 광고나 선전 등을 위하여 사람들에게 돌리거나 잘 보이는 곳에 붙이거나 하는 종

이. 삐라. でんたん leaflet
전:단[戰端] 전쟁을 하게 된 실마리. せんたん cause of war 戰端
전달[傳達] 전하여 이르게 함. 「명령(命令)~」でんたつ transmission 傳達
전담[全擔] 어떤 일을 전부 부담(負擔)하거나 담당(擔當)함. =전당(全當). ぜんたん full responsibility 專擔 全當
전담[專擔] 어떤 일을 혼자서 담당함. =전당(專當). exclusive responsibility 專擔 專當
전답[田畓] 논과 밭. 논밭. =전지(田地). fields 田畓
전당[全黨] 한 정당의 전체. 「~대회(大會)」 全黨
전:당[典當] 물건을 담보로 하여 돈을 꾸어 주거니 꾸어 씀. 「~포(鋪)」 典當
전:당[殿堂] ①신불(神佛)을 모시는 집. ②크고 화려한 집. ③특정 분야에서 중심이 되는 기관이나 건물. 「예술(藝術)의~」でんどう ② palace 殿堂
전대[前代] 지나간 시대. =전세(前世). ↔후대(後代). 「~미문(未聞)」ぜんだい former ages 前代 未聞
전:대[轉貸] 빌린 것을 다른 사람에게 다시 빌려 줌. てんたい sublease 轉貸
전:대[纏帶] 돈이나 물건을 넣어 허리에 차거나 어깨에 걸쳐 둘러멜 수 있게 만든, 폭이 좁고 긴 자루. 중간은 막고 양 끝은 터놓았음. =견대(肩帶). money belt 纏帶 肩帶
전:대차[轉貸作] 소작인(小作人)이 자기가 소작하던 토지를 다시 다른 사람에게 빌려 주고 농사짓게 하는 일. sublease 轉貸作
전:대차[轉貸借] 임대차 계약 轉貸借

에 따라서 빌려 쓰는 집이나 물건을 다시 제삼자에게 빌려 주는 일. てんたいしゃく subletting
전도[全島] 온 섬. 섬 전체. whole island 全島
전도[全都] 도시 전체. ぜんと whole city 全都
전도[全圖] 전체를 그린 그림이나 지도. complete map 全圖
전도[前途] ①앞으로 나아갈 길. 「~요원(遙遠)」②⇨장래(將來). =전정(前程). ぜんと ① future 前途
전도[前導] 앞장서서 이끎. =선도(先導). ぜんどう guidance 前導
전:도[剪刀] 옷감이나 종이 따위를 자르는 기구. 가위. せんとう scissors 剪刀
전:도[奠都] 도읍을 정함. てんと founding a capital 奠都
전도[傳道] ①도리(道理)를 세상에 널리 전함. ②기독교에서, 교지(教旨)를 널리 전하여 믿지 않는 사람에게 신앙을 가지도록 인도함. 「~사(師)」でんどう ② mission 傳道
전도[傳導] 열(熱)이나 전기가 물체의 한 부분에서 다른 부분으로 옮아감. 또는 그 현상. 「~체(體)」でんどう conduction 傳導
전:도[電鍍] 전기 도금(電氣鍍金)의 준말. でんと 電鍍
전:도[顚倒] ①엎어져 넘어짐. ②위치나 순서가 뒤바뀌어 거꾸로 됨. 「주객(主客)~」てんとう ① fall ② inversion 顚倒 主客
전동[傳動] 기계 장치에서, 기계의 동력(動力)을 다른 부분 또는 다른 기계로 전달하는 일. でんどう transmission 傳動
전:동기[電動機] 전기 에너지 電動機

로부터 기계적인 동력을 얻는 회전기. でんどうき
electromotor

전:동음[顫動音] 혀·목젖·입술을 진동시켜 내는 자음. せんどうおん　trill

전득[傳得] 재산 따위를 상속이나 유증(遺贈)에 의하여 얻음.

전등[前燈] 자동차 따위의 전면(前面)에, 앞쪽을 비추기 위해 단 등.　headlight

전:등[電燈] 전구에 전력을 공급하여 빛을 내는 등. =전기등(電氣燈). でんとう　electric light

전라[全裸] 아무것도 입지 않은 알몸. ぜんら　total nudity

전:락[轉落] ①굴러 떨어짐. ②나쁜 상태나 처지에 빠짐. てんらく　① fall ② degradation

전:란[戰亂] 전쟁으로 말미암은 난리. せんらん
disturbances of war

전:람[展覽] ①펴서 봄. ②여러 가지 물품을 한군데 모아 진열해 놓고 보임. 「~회(會)」 てんらん　② exhibition

전:람[電纜] 여러 가닥의 전선을 절연물로 견고하게 싼 줄. 땅 속이나 물 속으로 송전(送電)·배전(配電)할 때 쓰임. でんらん　cable

전래[傳來] ①예전부터 전해 내려옴. ②외국으로부터 전해 들어옴. でんらい　transmission

전략[前略] 앞 부분을 생략함. ぜんりゃく
omission of the preface

전:략[戰略] ①전쟁 수행의 방법이나 책략. ②정치·사회 운동을 전개하는 책략(策略). ③운동 경기에서, 이기기 위한 전반적 또는 세부적 방책. せんりゃく　① strategy

전량[全量] 전체의 분량이나 수량. ぜんりょう whole quantity

전:량[錢糧] 돈과 곡식. =전곡(錢穀). money and provisions

전:려[典麗] 격식에 들어맞고 아름다움. てんれい

전력[全力] 지니고 있는 모든 역량(力量). 「~투구(投球)」 ぜんりょく　all one's power

전력[前歷] 과거의 경력. ぜんれき　past record

전력[專力] 오로지 한 가지 일에만 힘씀.　devotion

전:력[電力] 전류가 단위 시간에 하는 일. 또는 단위 시간에 사용되는 전기 에너지의 양. 「~계(計)」 でんりょく
electric power

전:력[戰力] 전쟁이나 경기 등을 수행할 수 있는 능력. せんりょく　war potential

전:력[戰歷] 전쟁에 참가한 경력. せんれき war experience

전령[傳令] ①전하여 보내는 훈령(訓令) 또는 고시(告示). ②명령을 전달함. 또는 그 사람. でんれい　② messenger

전:령[電鈴] 전류(電流)를 이용해서 소리를 내게 하는 장치. =전기종(電氣鐘). でんれい　electric bell

전:례[典例] 전거(典據)가 되는 선례(先例). てんれい
precedent

전:례[典禮] ①왕실 또는 나라의 의식(儀式). ②일정한 의식. ③가톨릭에서, 신자들의 공동체인 교회가 하느님과 성인들에게 드리는 공식적인 경배 행위. てんれい　ceremony

전례[前例] 전에 있었던 사례(事例). =선례(先例). ぜんれい

전:례[篆隷] 한자의 글씨체에서, 전자(篆字)와 예자(隷字)의 두 가지 체(體). てんれい previous instance

전로[前路] 앞길. ぜんろ future

전:로[電路] 전기 회로(電氣回路)의 준말. でんろ

전:류[電流] 전하(電荷)가 이동하는 현상. 도체(導體) 내부의 전위가 높은 곳에서 낮은 곳으로 흐르며 양(陽)전기가 흐르는 방향을 전류의 방향으로 함. 「~계(計)」でんりゅう electric current

전륜[前輪] 자동차나 자전거의 앞바퀴. ↔후륜(後輪). front wheel

전:리[電離] ①중성의 원자 또는 분자가 전기를 띤 원자나 원자단으로 되는 일. ②용액 속의 분자의 일부분이 이온으로 분해되는 일. でんり ① electrolytic dissociation

전:리[戰利] 전쟁으로 얻은 이익. 「~품(品)」 spoils of war

전:리층[電離層] 대기 상층부에 뚜렷하게 전리되어 있는 공기의 층. 전파를 반사하므로 장거리 무선 전신에 이용됨. でんりそう ionosphere

전립선[前立腺] 남자 생식기의 일부로, 요도(尿道)를 바퀴 모양으로 둘러싸고 있는 밤톨만한 선(腺). =섭호선(攝護腺). ぜんりつせん prostate gland

전:말[顚末] 어떤 일이 처음부터 끝까지 진행되어 온 경위. 「~서(書)」てんまつ whole course of events

전:망[展望] ①멀리 바라봄. 또는 멀리 바라보이는 경치. 「~이 좋다」②앞날을 미리 내다봄. 또는 앞날에 대한 예측. 「~이 밝다」てんぼう ① view ② prospect

전:망[戰亡] 전쟁터에서 싸우다가 죽음. =전몰(戰歿)·전사(戰死). 「~ 장졸(將卒)」 death in battle

전:망차[展望車] 철도 여행객이 연변(沿邊)의 풍경을 바라보기 좋도록 설비한 객차. てんぼうしゃ observation car

전매[專賣] ①어떤 물건을 독점하여 팖. 또는 그 일. ②국가가 특별한 목적을 가지고, 특정 재화를 독점으로 생산·판매하는 것. 「~ 사업(事業)」せんばい monopoly

전:매[轉賣] 샀던 물건을 다시 팖. てんばい resale

전:매질[電媒質] 전장(電場) 안에 놓았을 때, 양쪽 표면에 전하(電荷)가 나타나는 물질. =유전체(誘電體). でんばいしつ dielectric

전매 특허[專賣特許] 발명품을 독점해서 제작·판매할 수 있는 권리를 주는 특별한 인가. せんばいとっきょ patent

전면[全面] 어떤 범위의 전체. 「~ 광고(廣告)」ぜんめん whole surface

전면[前面] ①앞쪽. 앞면. ②불교에서, 절의 큰방의 정면(正面). ↔후면(後面). ぜんめん ① front

전:면[纏綿] ①뒤얽힘. ②남녀 사이의 애정이 깊이 얽힘. てんめん ① entanglement

전면적[全面的] 어떤 범위의 전체에 걸치는 것. 「~인 재검토(再檢討)」ぜんめんてき overall

전멸[全滅] 모조리 패하거나 죽

거나 멸망함. ぜんめつ
　　　　　　total destruction
전모[全貌] 전체의 모습. =전용(全容). ぜんぼう
　　　　　　whole aspect
전모[前母] 후처의 자녀가 아버지의 전처(前妻)를 이르는 말. 전어머니.
전:모[剪毛] 짐승의 털을 깎음. せんもう　　shearing
전:몰[戰歿] 전쟁터에서 싸우다가 죽음. =전사(戰死).「~장병(將兵)」 せんぼつ
　　　　　　death in battle
전:묘[展墓] 조상의 묘를 찾아 살피어 봄. =성묘(省墓). てんぼ
　visiting one's ancestral grave
전무[全無] 전혀 없음. 아주 없음.「~한 상태(狀態)」
　　　　　　total lack
전무[專務] ① 전문적으로 맡아보는 사무. ② 전무 이사(專務理事)의 준말. せんむ
　　　① principal business
전무 이:사[專務理事] 사장을 보좌하여 회사 업무를 통할하는 직책. 또는 그 사람. 준전무(專務). せんむりじ
　　　　managing director
전무후:무[前無後無] 과거에도 없고 앞으로도 없을 것임. =공전절후(空前絶後).「~한 사실(事實)」　unheard-of
전문[全文] 글의 전체. ぜんぶん　full text
전문[前文] ① 앞에 쓴 글. ↔후문(後文). ② 머리말. =서문(序文). ぜんぶん
　① above sentence ② preface
전문[前門] 앞쪽으로 난 문. 앞문. ↔후문(後門). ぜんもん
　　　　　　front gate
전문[專門] 어떤 한 가지 일만

을 연구하거나 담당함. 또는 그 분야.「~ 지식(知識)」 せんもん　　speciality
전:문[電文] 전보의 내용이 되는 글. でんぶん
　　wording of a telegram
전문[傳聞] 전하여 들음. 간접적으로 들음. でんぶん hearsay
전:문[轉聞] 다른 사람을 통하여 간접적으로 들음. hearsay
전문의[專門醫] 의학의 특정 분과를 전공하여 그 분야만을 전문적으로 맡아보는 의사. せんもんい　medical specialist
전:물[澱物] 가라앉아서 앙금이 된 물질.　　　deposit
전미[全美] 흠이 없이 온전한 아름다움.　perfect beauty
전박[前膊] 팔꿈치에서 손목까지의 부분. =전완(前腕). ぜんばく　　　forearm
전반[全般] 통틀어 모두.「~적(的)」 ぜんぱん　whole
전반[前半] 전체를 둘로 나누었을 때, 앞 부분이 되는 절반. ↔후반(後半). ぜんはん
　　　　　first half
전방[前方] ① 앞쪽. ② 적을 바로 마주하고 있는 지역. 또는 그 쪽. ↔후방(後方). ぜんぽう
　　　　　① front
전:방[廛房] 가게. =상점(商店)・전포(廛鋪)・점포(店鋪).
　　　　　shop
전배[前杯] 다른 술자리에서 이미 마신 술. =전작(前酌).
　drinks one has taken previously
전:배[餞杯] 석별의 정을 나누며 술을 마심. 또는 그 술이나 술잔.　parting cup
전번[前番] 지난번. last time
전:범[典範] ① 본보기가 될 만

전:범[戰犯] 전쟁 범죄(戰爭犯罪)·전쟁 범죄자(戰爭犯罪者)의 준말. せんぱん 戰犯

전:법[典法] 여러 사람이 다 같이 지키기로 결정한 규칙이나 규범. 典法 rule

전:법[戰法] 전쟁이나 운동 경기 등에서, 싸우는 방법. せんぽう 戰法 tactics

전벽[全壁] 문이나 창이 전혀 없는 벽. 全壁 blind wall

전:변[轉變] 형세나 국면 따위가 종전과는 다르게 바뀌고 변함.「유위(有爲)~」 てんぺん 轉變 mutation

전:별[餞別] 떠나는 사람을 위하여 잔치를 베풀어 작별함.「~연(宴)」 せんべつ 餞別 send-off

전:병[煎餅] 곡식의 가루를 반죽하여 번철에 지진 넓적한 떡. 부꾸미. 煎餅 fried rice cake

전보[塡補] 모자라는 것을 메워서 채움. =보전(補塡). てんぽ 塡補 making up

전:보[電報] 전신으로 단시간에 보내는 통신. でんぽう 電報 telegram

전:보[銓補] 인물을 전형하여 공무원으로 임명함. 銓補 selection and appointment

전:보[轉補] 재직 공무원에 대하여, 동일한 직급과 직렬(職列) 내에서 보직을 변경하는 일.「~ 발령(發令)」 てんぽ 轉補 transference

전복[全鰒] 전복과의 바닷조개. 살은 식용, 껍데기는 자개의 재료로 쓰거나 약용함. =전포(全鮑). 全鰒 ear shell

전:복[顚覆] 뒤집혀 엎어짐. てんぷく 顚覆 overturn

전부[全部] 온통. 모두. ぜんぶ 全部 all

전부[前夫] 전남편(前男便). ↔후부(後夫). ぜんぷ 前夫 former husband

전부[前部] 앞의 부분. ↔후부(後部). ぜんぶ 前部 front part

전:부[顚仆] 엎어져 넘어짐. =전도(顚倒). 顚仆 fall

전:분[澱粉] 녹색 식물의 엽록체 안에서 광합성으로 만들어져 뿌리·줄기·씨에 저장되는 탄수화물. 녹말. 녹말가루. でんぷん 澱粉 starch

전:분당[澱粉糖] 전분을 산(酸)으로 가수 분해하여 얻어지는 당류. でんぷんとう 澱粉糖 dextrose

전불습호[傳不習乎] 전수(傳受)받은 것을 익히지 아니했는가의 뜻으로, 스승에게 배운 것을 체득하지 못하고 말만 가지고 남에게 전수한 일은 없는가 하는 의미임. 傳不習乎

전비[前非] 이전에 저지른 잘못. ぜんぴ 前非 past error

전:비[戰備] 전쟁에 대한 준비. 또는 그 장비. せんび 戰備 war preparations

전:비[戰費] 전쟁에 드는 비용. せんぴ 戰費 war expenses

전사[田舍] 농부의 집. =전가(田家). でんしゃ 田舍 country house

전사[前史] ①역사 이전. =선사(先史). ②한 역사의 성인(成因)이 되는 그 이전의 역사. ぜんし 前史 ① prehistory

전사[前事] 지나간 일. 또는 이전에 있었던 일. ぜんじ 前事 past affair

전사[傳寫] 서로 돌려 가며 베껴 씀. でんしゃ 傳寫 transcription

전:사[電寫] 전송 사진(電送寫眞)의 준말. 電寫 電送

전:사[戰士] 전쟁하는 병사(兵士). 싸우는 군사. せんし fighter

전:사[戰史] 전쟁의 역사. せんし history of wars

전:사[戰死] 전쟁터에서 싸우다가 죽음. =전몰(戰沒)·전망(戰亡). せんし death in battle

전:사[轉寫] 글씨나 그림 따위를 옮겨 베끼거나 촬영하거나 복사함. てんしゃ transcription

전삭[前朔] 지난달. =전월(前月)·거월(去月). last month

전:산기[電算機] 전자 계산기(電子計算機)의 준말. でんさんき

전:상[戰傷] 전쟁터에서 부상함. 또는 그 상처. 「~병(兵)」 せんしょう war wound

전:색[填塞] 메어서 막힘. 또는 메워서 막음. てんそく obturation

전생[前生] 불교에서 말하는 삼생(三生)의 하나. 이 세상에 태어나기 전에 있었던 세상. =전세(前世). 「~ 연분(緣分)」 ぜんしょう former life

전서[全書] ①어떤 한 사람의 저작물을 모두 모아 한 질(帙)로 만든 책. ②어떤 종류나 부문의 것을 전부 모아서 체계화한 책. 「육법(六法) ~」 ぜんしょ complete book

전서[前書] 지난번의 편지. 이전에 보낸 편지. ぜんしょ previous letter

전:서[篆書] ①한자(漢字) 서체(書體)의 한 가지. =전자(篆字). ②전자체(篆字體)로 쓴 글씨. てんしょ seal character

전서구[傳書鳩] 통신에 이용하기 위하여 훈련시킨 비둘기. でんしょばと carrier pigeon

전석[全石] 곡식 따위의 마되가 모자라지 않고 완전히 차는 온섬. full bale

전선[全線] ①철도의 모든 선로(線路). 「~ 개통(開通)」 ②모든 전선(戰線). ぜんせん ① all lines ② entire battle line

전선[前線] ①전장(戰場)에서, 적과 맞서는 맨 앞 지대. ②기온이 다른 두 기단의 경계면이 만나는 선. 「한랭(寒冷)~」 ③직접 뛰어든 일정한 활동 분야. 「생활(生活) ~」 ぜんせん front

전:선[電線] 전류가 통하도록 만든 도체(導體)의 금속선. 전깃줄. でんせん electric wire

전:선[銓選] 인물을 전형하여 뽑음. selection

전:선[戰線] ①직접 전투나 작전이 전개되는 지역. ②정치나 사회 운동 등에서, 투쟁의 방면이나 형태를 이름. せんせん front

전설[前說] ①이전에 한 말. =전언(前言). ②이전 사람이 남겨 놓은 말. ③앞서 내놓은 주장이나 학설. ぜんせつ ① previous remarks ③ former opinion

전설[傳說] ①예부터 민간에서 구전(口傳)되어 오는 이야기. 구체적인 배경과 특정한 증거물이 있는 인물의 기행담(奇行談)이나 자연물의 유래 등이 주된 내용임. ②⇨전언(傳言). でんせつ ① legend

전:설음[顚舌音] 혀끝을 굴리듯이 하여 내는 소리. 곧 첫소리의 'ㄹ' 소리 따위. 굴림

소리. =설전음(舌顫音). trill

전성[全城] 한 성곽의 전체. ぜんじょう whole castle

전성[全盛] 한창 왕성함. =최성(最盛).「~시대(時代)」ぜんせい height of prosperity

전ː성[展性] 쇠붙이를 두드리거나 압착할 때, 얇게 늘어나는 성질. てんせい malleability

전ː성[轉成] 바뀌어 다른 것이 됨.「~어(語)」てんせい

전ː성어[轉成語] ① 어떤 말에 접사가 붙거나 형태가 바뀌어 다른 품사로 바뀐 말. ② 외국어가 국어화한 말. てんせいご

전세[前世] ① 불교에서, 현세에 태어나기 전의 세상. =전생(前生). ぜんせ ② 지나간 시대. =전대(前代). ぜんせい ① former life ② former time

전세[傳貰] 일정한 액수의 돈을 보증금으로 맡기고 남의 부동산이나 소유물을 사용하는 일. lease

전ː세[戰勢] 싸움의 형세. war situation

전소[全燒] 모조리 불타 버림. ぜんしょう total destruction by fire

전소[前宵] 전날 밤. 어젯밤. =전야(前夜). ぜんしょう last night

전속[全速] 전속력(全速力)의 준말. ぜんそく

전속[專屬] 오로지 어느 한 곳에만 딸림.「~배우(俳優)」せんぞく exclusive belongingness

전ː속[轉屬] ① 원적(原籍)을 다른 데로 옮김. ② 소속(所屬)을 바꿈. てんぞく transfer

전속력[全速力] 낼 수 있는 최대한의 속력. ⓒ전속(全速). ぜんそくりょく full speed

전송[傳送] 전하여 보냄. でんそう delivery

전ː송[電送] 글자·그림·사진 등을 전류나 전파(電波)를 이용하여 먼 곳에 보냄. でんそう electrical transmission

전송[傳誦] 여러 사람의 입으로 전해가며 외어 읊음. でんしょう

전ː송[餞送] 전별(餞別)하여 보냄. seeing off

전ː송[轉送] 어떤 물건이나 편지 따위를 전해 달라고 남에게 주어 보냄. てんそう forwarding

전ː송 사진[電送寫眞] 전류나 전파를 통해 먼 곳으로 보내는 사진. ⓒ전사(電寫). でんそうしゃしん telephotograph

전수[全數] 전체의 수효나 분량. ぜんすう total

전수[專修] 특정한 기술이나 지식 따위를 전문적으로 배우고 익힘.「부기(簿記) ~」せんしゅう specialization

전수[傳受] 전하여 받음. でんじゅ receiving

전수[傳授] 전해 줌. でんじゅ instruction

전ː숙[轉宿] 숙소를 다른 곳으로 옮김. てんしゅく change of one's lodging

전술[前述] 이미 앞에서 서술(敍述)함. ↔후술(後述). ぜんじゅつ

전ː술[戰術] ① 전투에서 적용되는 여러 가지 전법과 술법. ② 정치·사회 운동 따위를 전개하는 방법. ③ 운동 경기에서, 이기기 위한 기술적 수단. せんじゅつ tactics

전습[前習] 이전의 습관. former habit

전습[傳習] 기술이나 지식 따위를 물려받아 익힘. でんしゅう

전습[傳襲] 전해 내려오는 그대

전승~전야

로 따름. でんしゅう inheritance
전승[全勝] 전쟁이나 운동 경기 등에서, 한 번도 지지 않고 전부 이김. ↔전패(全敗). ぜんしょう　complete victory
전승[傳承] 이전 것을 전해 받아 이어 나감. でんしょう　transmission
전:승[戰勝] 전쟁에서 이김. =전첩(戰捷). 「~국(國)」 せんしょう　victory
전:시[展示] 여러 가지 물품을 벌여 놓고 일반에게 보임. てんじ　exhibition
전:시[展翅] 표본(標本)으로 만들기 위하여 곤충의 날개나 다리를 폄. てんし
전:시[戰時] 전쟁을 하고 있는 때. 「~ 금제(禁制)」 せんじ　wartime
전:시 체제[戰時體制] 전시 상황에 맞게 편성한 국내 체제. せんじたいせい　wartime structure
전:식[電飾] 전등이나 조명에 의한 장식. でんしょく　illumination
전신[全身] 온몸. 몸 전체. 「~ 마비(痲痺)」 ぜんしん　whole body
전신[前身] ①불교에서, 전생(前生)의 몸. ②현재의 상황을 가지기 이전의 본체. ↔후신(後身). ぜんしん　② predecessor
전:신[電信] 전화·전보 등과 같이 전류나 전파를 이용한 통신. 「~기(機)」 でんしん　telegraphic communication
전:신기[電信機] 전류 또는 전파에 의하여 통신하는 기계. でんしんき telegraphic instrument
전:신주[電信柱] 전봇대. =전

주(電柱). でんしんばしら　telegraph pole
전:신환[電信換] 지급(至急) 송금이 필요한 발송인의 청구로, 그 발행국이 전신으로 지불국에 통지하면 지불국에서 현금 또는 전신환 증서를 수취인에게 보내 주는 환(換). =전보환(電報換).　telegraphic transfer
전실[前室] 남을 높여 그의 전처(前妻)를 이르는 말. 「~소생(所生)」 former wife
전심[專心] 오로지 한 일에만 마음을 씀. 「~치지(致志)」 せんしん undivided attention
전심[傳心] 마음에서 마음으로 전하여 자연히 뜻을 깨쳐 아는 일. 「이심(以心)~」　tacit understanding
전아[全我] 철학에서, 자아(自我)의 전체.　whole self
전:아[典雅] 단정하고 품위가 있음. てんが　elegance
전악[前惡] ①이전에 저지른 죄악. ②불교에서, 전생(前生)에 지은 죄업(罪業). ぜんあく　previous sin
전:압[電壓] 전기장이나 도체(導體) 내에 있는 전위(電位)의 차. 단위는 볼트(Volt)임. でんあつ　voltage
전액[全額] 전체 액수. 또는 액수의 전체. ぜんがく　total
전야[田野] 논밭을 이룬 들. でんや　field
전야[全夜] 온 밤. whole night
전야[前夜] ①전날 밤. =전소(前宵). ②특별한 사건이나 행사(行事)가 있기 바로 전 시기나 단계. 「~제(祭)」 ぜんや　① last night ② eve
전:야[戰野] 싸움터. 전쟁터. =

전장(戰場). せんや battlefield

전약[前約] 전에 한 약속. 이전에 맺은 약속. =선약(先約). ぜんやく previous engagement

전:약[煎藥] ① 동짓날에 먹던 음식의 한 가지. ②약을 달임. 또는 달인 약. せんやく ② medical decoction

전언[前言] 이전에 한 말. 「~취소(取消)」 ぜんげん previous remarks

전언[傳言] 말을 전함. 또는 그 말. =전설(傳說). 「~판(板)」 でんげん・でんごん message

전업[專業] 전문적으로 하는 직업이나 사업. 「~농가(農家)」 せんぎょう principal occupation

전:업[轉業] 직업이나 직종을 바꿈. =전직(轉職). てんぎょう change of occupation

전역[全域] 전체의 지역. 구역의 전체. 「호남(湖南) ~」 ぜんいき entire area

전역[全譯] 전문(全文)을 다 번역함. 또는 그 번역. ぜんやく complete translation

전:역[戰役] ⇨전쟁(戰爭).

전:역[轉役] ①맡은 역할(役割)이 바뀜. ②군대에서, 현재까지 복무하던 역종(役種)에서 다른 역종으로 편입됨. ② transfer

전연[全然] 전혀. 아주. 도무지. 「~아는 바가 없다」 ぜんぜん entirely

전:연[餞筵・餞宴] 송별(送別) 잔치. 송별의 주연(酒宴). せんえん farewell party

전열[前列] 앞줄. 앞의 대열. ↔후열(後列). ぜんれつ front rank

전:열[電熱] 전류(電流)가 흐를 때 전기 저항에 의해서 발생하는 열. 「~기(器)」 でんねつ electric heat

전:열[戰列] 전쟁에 참가하는 부대의 대열(隊列). 「~정비(整備)」 せんれつ line of battle

전염[傳染] 병독이나 나쁜 습성이 옮음. 「~병(病)」 でんせん infection

전염병[傳染病] 전염성이 있는 병. 콜레라・장티푸스 따위. ㊤염병(染病). でんせんびょう infectious disease

전염성[傳染性] 병독 따위가 전염하는 성질. 「~질환(疾患)」 でんせんせい contagiousness

전:와[戰渦] 전쟁의 소용돌이. 전쟁으로 말미암은 혼란. せんか maelstrom of war

전:와[轉訛] 어떤 낱말의 본래 뜻이 잘못 전해져 굳어짐. =와전(訛傳). てんか corruption of a word

전왕[前王] 전대(前代)의 임금. =선왕(先王). former king

전요[專要] 아주 중요함. 썩 긴요함. せんよう

전:요[纏繞] ①덩굴 따위가 다른 나무에 친친 휘감김. 「~경(莖)」 ②자유를 구속함의 비유. てんじょう ① coiling ② restraint

전용[全容] 전체의 모습. =전모(全貌). ぜんよう whole aspect

전용[專用] ①혼자서만 씀. 또는 한 가지 목적으로만 씀. 「~비행기」 ②오로지 어떤 한 가지만을 씀. 「한글 ~」 せんよう exclusive use

전:용[轉用] 쓰기로 되어 있는 곳에 쓰지 않고 다른 데로 돌려서 씀. てんよう diversion

전용권[專用權] 특정한 사람만이 특정한 물건·장소를 쓸 수 있는 권리. 특허권(特許權)·저작권(著作權) 등. 센요우켄 exclusive privileges

전용기[專用機] 특정한 사람만이 이용하는 비행기. 센요우키 plane for one's personal use

전용전[專用栓] 집 안에 가설하여 그 집에서만 쓰게 된 수도전(水道栓). ↔공용전(公用栓). 센요우센 private hydrant

전:우[殿宇] 신령이나 부처를 모시어 놓은 집. 덴우 shrine

전:우[戰友] 전쟁에서 생사를 함께하는 벗이라는 뜻으로, 군대 생활을 함께하는 동료를 이르는 말. 「~애(愛)」 센유우 war comrade

전:운[戰雲] 전쟁이 일어날 듯한 분위기. 「~이 감돌다」 센운 war cloud

전:운[轉運] 실어서 운반함. 텐운 conveyance

전원[田園] ① 논밭과 동산. ② 시골이나 교외(郊外). 「~ 풍경(風景)」 덴엔 ① fields and gardens ② the country

전원[全員] 전체 인원. 집단(集團) 안에 있는 모든 사람. 젠인 all the members

전원[全院] ① 원(院)자가 붙은 기관의 전체. ② 의원(議院) 전체. 「~ 위원회(委員會)」 젠인 whole House

전:원[電源] ① 전력을 공급하는 원천. ② 전기 에너지를 발생시키기 위하여 이용하는 자원. 「~ 개발(開發)」 덴겐 ① source of electricity

전원 도시[田園都市] 교외의 전원 지대(田園地帶)에 건설한 도시. 덴엔토시 garden city

전원 시인[田園詩人] 전원의 생활이나 자연미를 노래한 시를 주로 쓰는 시인. 덴엔시진 pastoral poet

전월[前月] 지난달. =전삭(前朔)·거월(去月). ↔내월(來月). 젠게쓰 last month

전위[前衛] ① 앞쪽의 호위(護衛)나 방위. ② 부대가 전진할 때, 적의 엄습을 경계하려고 본대의 앞에 서서 나가는 부대. ③ 테니스·배구·축구 등에서, 자기 진영의 앞쪽에 위치한 선수. ↔후위(後衛). ④ 예술 운동에서, 가장 선구적인 구실을 하는 사람이나 집단. 젠에이 ①② advance guard ③ forward ④ avant-garde

전:위[電位] 한 단위의 전기량을 옮기는 데 필요한 두 점 사이의 전압의 차. 「~계(計)」 덴이 electric potential

전:위[轉位] ① 위치가 바뀜. ② 유기 화합물의 한 분자 안에서 두 개의 원자나 원자단이 서로 위치를 바꾸는 일. ③ 염색체의 일부나 유전자가 동일 염색체의 다른 부분으로 옮아감. ④ 심리학에서, 어떤 대상에서 향했던 태도나 감정이 다른 대상으로 옮겨지는 일. 텐이 ①③ transposition ② dislocation

전:위차[電位差] 전장(電場) 또는 도체(導體) 내에서 두 점 사이의 전위의 차. 덴이사 potential difference

전유[全乳] 지방을 빼지 않은 본디 그대로의 우유. ↔탈지유(脫脂乳). 젠뉴우 whole milk

전유[全癒] 병이 완전히 나음.

= 전쾌(全快). ぜんゆ
complete recovery

전유[專有] 독차지함. =독점(獨占). ↔공유(共有). 「~물(物)」せんゆう
exclusive possession

전:율[戰慄] 심한 두려움이나 분노로 몸을 떪. =능긍(凌兢). せんりつ
shivering

전음[全音] 반음 두 개에 해당하는 음정. 장2도의 음정임. 온음. 「~ 음계(音階)」ぜんおん
whole tone

전:음[轉音] 본디의 음(音)이 바뀌어 달리 소리 나는 음. てんおん

전:음[顫音] 악곡 연주에서 꾸밈음의 한 가지. 어떤 음과 그 음보다 2도 높은 음을 빌듯이 빠르게 교체 반복하며 연주하는 일. 트릴. てんおん   trill

전:의[典醫] 대한 제국 때, 궁내부의 태의원(太醫院)에 딸렸던 주임(奏任) 벼슬.

전:의[前議] 앞서 한 의논. ぜんぎ

전:의[詮議] ① 사리를 따져 논의함. ② 죄를 저지른 사람이나 죄의 형적(形迹)을 따져 밝힘. せんぎ
① discussion ② inquiry

전:의[戰意] 싸우고자 하는 의욕. せんい   fighting spirit

전:의[轉義] 본디의 뜻이 바뀜. 또는 바뀐 뜻. てんぎ
figurative meaning

전:이[轉移] ① 자리나 위치를 옮김. ② 물질이 한 상태에서 다른 상태로 변화함. ③ 몸의 어떤 부분에 생긴 암이나 종양 따위가 다른 부분으로 옮아가 번식함. てんい
① transition

전인[全人] 지(智)·정(情)·의(意)가 조화를 이룬 원만한 인격자. 「~ 교육(敎育)」ぜんじん
whole man

전인[前人] 이전의 사람. 옛사람. =선인(先人). ↔후인(後人). ぜんじん   predecessor

전인[專人] 어떤 일을 위해 특별히 사람을 보냄. 또는 그 사람. =전족(專足)·전팽(專伻). 「~ 급보(急報)」
special messenger

전일[全日] 하루 종일. 온종일. ぜんじつ   whole day

전일[前日] 지난날. 전날. ↔후일(後日). ぜんじつ
previous day

전일[專一] 마음과 힘을 오로지 한군데에만 쏟음. せんいち·せんいつ   devotion

전일제[全日制] 원칙적으로 매일, 평일의 주간(晝間)에 수업을 실시하는 제도. 「~ 수업(授業)」ぜんじつせい
full-time schooling system

전임[前任] 앞서 맡아보던 직무나 임무. 또는 어떤 식무나 임무를 앞서 맡아보던 사람. ↔후임(後任). 「~자(者)」ぜんにん
former assignment

전임[專任] 오로지 그 일만을 맡기거나 맡거나 함. 또는 그 사람. 「~ 강사(講師)」せんにん
full service

전:임[轉任] 관직이나 직무, 또는 임지(任地)를 옮김. =천임(遷任)·이임(移任). てんにん
change of post

전:입[轉入] 다른 학교나 거주지로 옮겨 들어감. ↔전출(轉出). てんにゅう   moving in

전자[前者] ① 두 가지의 사물을 들어 말할 때 앞의 것. ↔후자

후자(後者). ② 지난번. 저번.
ぜんしゃ　① the former
전자[專恣] 제멋대로 거리낌없이 행동함. せんし arbitrariness
전:자[電子] 원자(原子)를 구성하는 소립자(素粒子)의 한 가지. 음전기(陰電氣)를 띠고 원자핵의 둘레를 돌고 있음. 「~계산기(計算機)」 でんし　electron
전:자[電磁] 전기와 자기(磁氣)의 상호 작용. 「~력(力)」 でんじ　electromagnetic
전:자[篆字] 한자 서체(書體)의 한 가지. =전서(篆書). てんじ　seal character
전:자 감:응[電磁感應] ⇨ 전자기 유도(電磁氣誘導). でんじかんのう
전:자계[電磁界] ① 전기장(電氣場)과 자기장(磁氣場)의 총칭. ② 전기장과 자기장이 연관되어 함께 나타날 때를 이르는 말. =전자기장(電磁氣場). でんじかい　electromagnetic field
전:자 계:산기[電子計算機] ① 전자관(電子管) 회로를 이용한 소형 디지털 계산기. 준전산기(電算機). ② 컴퓨터. でんしけいさんき　electronic computer
전:자 공학[電子工學] 전자의 운동에 의한 현상이나 그 응용 기술을 연구하는 공학의 한 분야. でんしこうがく　electronics
전:자기[電磁氣] ① 전기와 자기. ② 전류로 인해서 생기는 자기. でんじき　electromagnetism
전:자기 유도[電磁氣誘導] 회로를 관통하는 자력선이 변화

하면, 그 회로에 전류를 흐르게 하려는 기전력이 생기는 현상. =전자 감응(電磁感應). でんじきゆうどう　electromagnetic induction
전:자기파[電磁氣波] 전기장과 자기장의 주기적 변화가 서로 영향을 미쳐 공간을 전파해 가는 파동. =전자파(電磁波). でんじは　electromagnetic waves
전:자 단위[電磁單位] 전류를 자기 작용의 기본으로 하여 정한, 전자기량(電磁氣量) 단위의 하나. でんじたんい
전:자력[電磁力] 자기장 내에 있는 도체(導體)에 전기가 흐를 때에 그 도체가 자기장으로부터 받는 힘. でんじりょく　electromagnetic power
전:자 사진[電子寫眞] 현상액(現像液)이나 정착액(定着液) 따위를 쓰지 않고 광전도(光電導) 효과와 정전기(靜電氣)의 흡착력을 이용한 사진술. でんししゃしん
전:자석[電磁石] 코일을 감은 연철(軟鐵)에 전류를 통하여 자기화시켜 만든 일시적인 자석. 초인종·전신기 등에 씀. =전기 자석(電氣磁石). でんじしゃく　electromagnet
전:자선[電子線] 전자총에서 나오는, 빠르기가 거의 고른 전자의 연속적 흐름. 전자 빔. でんしせん　electron beam
전:자 시계[電子時計] 전자 장치와 수정 발진자(水晶發振子) 및 액정(液晶)에 의한 숫자 표시 장치로 이루어진 시계. でんしどけい　electron watch
전:자 음악[電子音樂] 전자적으로 발진(發振)되는 음향을 음

소재(音素材)로 하여 만들어지는 음악. でんしおんがく electronic music

전:자 현:미경[電子顯微鏡] 전자 빔과 전자 렌즈를 사용하여 시료(試料)를 확대·관찰하는 현미경. でんしけんびきょう electron microscope

전작[田作] 밭농사. 또는 밭에서 나는 곡식. dry-field farming

전작[前酌] 다른 술자리에서 이미 마신 술. =전주(前酒)·전배(前杯). drinks one has taken previously

전장[田庄·田莊] 개인 소유의 논밭. =장토(庄土). でんそう(田莊) one's own fields

전장[全長] 전체의 길이. ぜんちょう full length

전:장[典章] ① 한 나라의 제도와 문물. ② 법칙(法則) 또는 규칙(規則). =장전(章典). てんしょう ① culture and institutions ② regulations

전장[前場] 증권 거래소에서 오전에 행하는 입회(立會). ↔후장(後場). ぜんば morning session

전:장[電場] 전기력(電氣力)의 작용이 미치는 범위. =전기장(電氣場)·전계(電界). でんじょう·でんば electric field

전:장[戰場] 전쟁이 벌어진 곳. 싸움터. =전야(戰野). せんじょう battlefield

전재[全載] 소설·논문 따위를 실어서 펴낼 때, 한꺼번에 다 싣는 일. printing the article at a time

전:재[戰災] 전쟁으로 말미암아 입은 재해. 「~민(民)」 せんさい war damage

전:재[錢財] 돈. =전화(錢貨). せんざい money

전:재[轉載] 한 출판물에 발표했던 글을 다른 출판물에 그대로 옮겨 실음. てんさい reprinting

전:쟁[戰爭] 나라와 나라, 또는 교전 단체가 서로 무력(武力)을 써서 하는 싸움. =전역(戰役). せんそう war

전:쟁 문학[戰爭文學] 전쟁을 소재로 한 문학. せんそうぶんがく war literature

전:쟁 범:죄[戰爭犯罪] 전쟁에 관한 국제 법규 위반, 비인도적인 행위, 불법한 전쟁 도발 등의 행위를 함으로써 이루어지는 범죄. ⓒ전범(戰犯). せんそうはんざい war crimes

전:쟁 범:죄자[戰爭犯罪者] 전쟁 범죄를 저지른 사람. ⓒ 전범(戰犯). せんそうはんざいにん war criminal

전적[全的] 전체에 걸친 것. 「~으로 그의 책임이다」 ぜんてき whole

전:적[典籍] 책. =서식(書籍). てんせき book

전적[前績] 이전에 이룩한 실적(實績)이나 치적(治績). ぜんせき previous results

전:적[戰跡·戰蹟] 전쟁의 자취. せんせき old battlefield

전:적[戰績] 대전(對戰)하여 올린 실적(實績). せんせき war record

전:적[轉籍] 호적·병적·학적 등을 다른 곳으로 옮김. てんせき transfer of one's permanent domicile

전전[前前] ①매우 오래 전. 「~에 말한 적이 있다」 ②저지난. まえまえ former times

전:전[戰前] 전쟁이 일어나기 전. ↔전후(戰後). ぜんぜん prewar days

전:전[輾轉] 누워서 이리저리 뒤척거림. 「~불매(不寐)」 てんてん tossing about in bed

전:전[轉傳] 여러 손을 거쳐서 전달함.

전:전[轉戰] 이리저리 옮아 다니면서 싸우는 일. てんせん fight in one place after another

전:전[轉轉] 이리저리 떠돌아 다님. 「~걸식(乞食)」てんてん wandering from place to place

전:전긍긍[戰戰兢兢] 몹시 두려워서 몸을 떨며 조심함. ⓒ 전긍(戰兢). ぜんせんきょうきょう being terribly afraid

전전년[前前年] 지난해의 전해. 지지난해. 그러께. =재작년(再昨年). ぜんぜんねん year before last

전:전반:측[輾轉反側] 이리저리 뒤척거리기만 하고 잠을 이루지 못함. =전전불매(輾轉不寐). てんてんはんそく

전전월[前前月] 지난달의 전달. 전전달. 지지난달. ぜんぜんげつ month before last

전:전파[戰前派] 제2차 세계 대전 전의 사상, 생활 태도, 가치관 등을 가진 사람. 아방게르. ↔전후파(戰後派). ぜんせんは

전점[專占] 혼자 다 차지함. せんせん monopoly

전:접[奠接] 머물러 살 만한 곳을 정함. =전거(奠居).

전정[前情] 옛정. =구정(舊情).

전정[前程] 앞길. =전도(前途). ぜんてい future

전:정[剪定] 과수나 정원수·가로수 따위의 모양을 고르고 웃자람을 막으며 생육과 결실을 촉진하기 위해 가지의 일부를 자르고 다듬는 일. 가지치기. せんてい pruning

전정[專政] 전제 정치(專制政治)의 준말. せんせい

전제[前提] ①어떤 일을 이루기 위하여 먼저 내세우는 것. 「~조건(條件)」 ② 추리(推理)에서, 결론을 이끌어 내는 기초가 되는 명제(命題). ぜんてい ① assumption ② premise

전제[專制] 독단적으로 일을 처리함. 정사(政事)를 마음대로 함. 「~ 군주(君主)」せんせい despotism

전:제[剪除・翦除] 잘라 버림. せんじょ trimming off

전제 정치[專制政治] 지배자가 국가의 모든 권력을 장악하여 아무런 제한이나 구속 없이 마음대로 그 권력을 운용하는 정치 체제. ⓒ전정(專政). せんせいせいじ

전제주의[專制主義] 주권의 운용을 한 사람이 마음대로 행사하는 주의. ↔민주주의(民主主義). せんせいしゅぎ despotism

전조[前兆] 미리 나타나는 조짐. ぜんちょう omen

전조[前條] 앞의 조항(條項). ぜんじょう preceding article

전조[前朝] 전대(前代)의 왕조. ぜんちょう former dynasty

전조등[前照燈] 자동차 따위의 진행 방향을 비추기 위해 앞쪽에 단 등. ぜんしょうとう headlight

전:족[纏足] 천으로 발을 옥죄어 감아 발육을 억제하던 중

발. てんそく　foot-binding

전죄[前罪] 전에 지은 죄. ぜんざい　previous conviction 前罪

전주[田主] 논밭의 임자. 田主
owner of field

전주[前奏] 성악곡이나 독주 기악곡 등의 반주부(伴奏部)로서 곡의 도입 부분. ぜんそう　prelude 前奏

전:주[電柱] 전선이나 통신선을 늘여 매기 위하여 세운 기둥. 전봇대. =전신주(電信柱). でんちゅう　telegraph pole 電柱

전:주[錢主] ① 밑천을 대어 주는 사람. ② 빚을 준 사람. 錢主
① financier ② creditor

전:주[轉住] 살던 곳을 떠나 다른 곳으로 옮김. =전거(轉居). てんじゅう　removal 轉住

전지[田地] 논과 밭. でんち　farmland 田地

전지[全紙] 제지 공장에서 나온 그대로의 크기로 된 온 장의 종이. ぜんし　whole sheet of paper 全紙

선지[前知] 일이 일어나기 전에 미리 앎. =예지(豫知). ぜんち　foresight 前知 豫知

전지[前肢] 앞다리. ↔후지(後肢). ぜんし　foreleg 前肢

전:지[剪枝] 가지치기. せんし　pruning 剪枝

전:지[電池] 화학적·물리적 반응을 이용하여 전기 에너지를 얻는 직류 전원. でんち　battery 電池

전:지[戰地] 싸움터. =전장(戰場). せんち　battlefront 戰地

전:지[轉地] 요양이나 훈련 등을 위하여 거처를 얼마 동안 다른 곳으로 옮김. 「~ 요양(療養)」 てん　change of air 轉地 療養

전지전능[全知全能] 모든 것을 알고 모든 것에 능함. 「~하 全知全能

신 하느님」ぜんちぜんのう　omniscience

전지전지[傳之傳之] 전하고 전하여. 「~해서 알게 되다」 傳之傳之

전직[前職] 전에 가졌던 직업이나 직위. ぜんしょく　former occupation 前職

전:직[轉職] 직업이나 직무를 바꾸어 옮김. てんしょく　change of occupation 轉職

전진[前陣] 앞쪽에 친 진. ↔후진(後陣). front position 前陣

전진[前進] 앞으로 나아감. ↔후퇴(後退). ぜんしん　advance 前進

전:진[戰陣] ① 진을 치고 싸우는 곳. ② 싸우기 위해 벌이어 친 진영. せんじん 戰陣
① battlefield ② camp

진:진[戰塵] ① 싸움터의 티끌과 먼지. ② 싸움터의 소란. せんじん 戰塵
① dust of the battlefield ② tumult of war

전:진[轉進] 이리저리 방향을 바꾸며 나아감. てんしん　change of one's course 轉進

전질[全帙] 여러 권이 한 질로 된 책의 전부. 全帙
complete set of volumes

전:질[顚跌] ① 굴러 넘어짐. ② 일이 어긋나서 실패함. てんてつ 顚跌

전집[全集] 한 사람, 또는 같은 시대나 같은 종류의 저작을 모아서 한 질로 펴낸 책. 「문학(文學) ~」 ぜんしゅう 全集
complete works

전차[前借] 앞으로 받을 돈에서 공제하기로 하고 미리 빚으로 당겨 씀. 「~금(金)」 ぜんしゃく　advance 前借 控除

전:차[電車] 전력으로 궤도 위를 달리는 철도 차량. でんしゃ 電車

전:차[戰車] 장갑(裝甲)·무장(武裝)한 차체에 무한 궤도를 갖춘 공격용 병기. 탱크. せんしゃ　train, tank

전:차[轉借] 남이 빌린 것을 다시 빌려 씀. てんしゃく　subtenancy

전:착[顚錯] 앞뒤를 뒤바꾸어 어그러뜨림.

전:착[纏着] 덩굴 따위가 감기어 붙음. てんちゃく

전채[前菜] 요리에서, 정식 식단에 따른 음식이 나오기 전에 내놓는 간단한 요리. ぜんさい

전채[前債] 전에 진 빚. ぜんさい　previous debt

전처[前妻] 재혼하기 전의 아내. =전취(前娶). ↔후처(後妻). ぜんさい　former wife

전천후[全天候] 어떠한 기상 상태에서도 활동할 수 있음. 「~정찰기(偵察機)」 ぜんてんこう　all-weather

전철[前哲] 전대(前代)의 철인(哲人). 옛 현인(賢人). =선철(先哲)·선현(先賢). ぜんてつ　ancient sages

전철[前轍] 앞에 지나간 수레의 바퀴 자국이라는 뜻으로, 이전 사람들의 잘못이나 실패를 비유하여 이르는 말. 「~을 밟다」 ぜんてつ　ruts of a preceding wheel

전:철[煎鐵] 지짐질에 쓰는, 손뚜껑을 젖혀 놓은 모양의 무쇠 그릇. =번철(燔鐵).

전:철[電鐵] 전기 철도(電氣鐵道)의 준말. でんてつ

전:철기[轉轍機] 철도에서, 차량을 다른 선로로 이동시키기 위하여 두 선로가 만나는 곳에 설치한 기계 장치. てんてつき　switch

전첨후:고[前瞻後顧] 결단을 내리지 못하고 앞뒤를 재며 어물거림. =첨전고후(瞻前顧後). hesitation

전:첩[戰捷] 전쟁에 이김. =전승(戰勝). せんしょう　victory

전:청[電請] 전보나 전화로 청함. でんせい

전:청[轉請] 사이에 사람을 넣어 간접적으로 청함. =전탁(轉託). making a request through a person

전체[全體] 온통. 모두. 전부. =총체(總體). ↔부분(部分). ぜんたい　whole

전체[傳遞] 차례로 전하여 보냄. =체전(遞傳). でんてい

전체주의[全體主義] 전체의 이익을 위해서는 개인의 이익은 희생되어야 한다는 주의. ↔개인주의(個人主義). ぜんたいしゅぎ　totalitarianism

전초[前哨] 본대(本隊)의 맨 앞에 배치되는 경계 부대(警戒部隊). 또는 그런 초소. ぜんしょう　outpost

전초전[前哨戰] ① 전초 부대 사이에 벌어진 소규모의 전투. ② 본격적인 전투나 활동에 들어가기 전의 준비 단계의 행동. ぜんしょうせん　② skirmish

전촌[全村] 온 마을. 마을 전체. ぜんそん　whole village

전총[專寵] 살뜰한 사랑을 혼자서 다 받음. winning one's exclusive favor

전:축[電蓄] 전기 축음기(電氣蓄音機)의 준말. でんちく

전:춘[餞春] 봄을 보냄. せんしゅん　seeing the spring season out

전:출[轉出] ① 거주지를 다른

곳으로 옮겨 감. ↔전입(轉入). ② 근무지를 다른 곳으로 옮겨 감. てんしゅつ ① moving out

전:충[填充] 빈 곳을 채움. =충전(充塡).「~성(性)」てんじゅう filling up

전취[前娶] 재혼(再婚)하기 전의 아내. =전처(前妻). ↔후취(後娶). former wife

전:취[戰取] 싸워서 차지함. =쟁취(爭取). gaining by fighting

전치[全治] 상처나 병을 완전히 고침. =완치(完治). ぜんち・ぜんじ complete cure

전치[前齒] 앞니. ぜんし・まえば foretooth

전:치[轉置] 다른 곳으로 옮겨 놓음. てんち transposition

전칭[全稱] 논리학에서, 주사(主辭)가 가리키는 범위 전체에 관계되는 말.「~판단(判斷)」ぜんしょう universal

전쾌[全快] 병이 완전히 나음. =완쾌(完快). ぜんかい complete recovery

전택[田宅] 논밭과 집.

전토[田土] 논과 밭. 논밭. =전답(田畓). fields

전토[全土] 국토(國土)의 전부. ぜんど whole land

전통[全通] 전선이나 선로·도로 따위가 완전히 다 통함. ぜんつう

전통[傳統] 어떤 집단이나 공동체에 예로부터 계통을 이루어 전하여 내려오는 문화·관습·양식 따위.「~주의(主義)」でんとう tradition

전:투[戰鬪] 두 편이 맞붙어 병기를 써서 싸움.「~부대(部隊)」せんとう battle

전:투기[戰鬪機] 군용기의 한 가지. 적기(敵機)를 공격하고, 아군의 폭격기·수송기 등을 엄호함. せんとうき fighter

전:투모[戰鬪帽] 전투할 때 군인들이 쓰는 간편한 모자. せんとうぼう service cap

전:투함[戰鬪艦] 군함 가운데서 가장 뛰어난 공격력과 방어력(防禦力)을 가진 군함. ㉰ 전함(戰艦). せんとうかん battleship

전파[全波] 모든 파장(波長)의 전파(電波).「~ 수신기(受信機)」ぜんぱ

전파[全破] 전부 파괴됨. 전부 파괴함. complete destruction

전:파[電波] 전자파(電磁波) 중 적외선(赤外線) 이상의 파장(波長)을 가지는 것. 주로 무선 통신에 쓰임. でんぱ electric wave

전파[傳播] ① 널리 전하여 퍼뜨림. =전포(傳布). ② 파동(波動)이 미침. でんぱ spread

전:파 망:원경[電波望遠鏡] 천체(天體)로부터 복사(輻射)되는 전파를 측정하는 장치. でんぱぼうえんきょう radio telescope

전파 수신기[全波受信機] 장파·중파·단파의 모든 방송을 들을 수 있는 라디오 수신기. all-wave receiver

전:파 탐지기[電波探知機] 전파를 발사하여 그 반사파를 이용하여 목표물의 존재와 거리를 탐지하는 무선 감시 장치. 레이더. でんぱたんちき radar

전패[全敗] 모조리 패함. 싸움마다 짐. ↔전승(全勝). ぜんぱい complete defeat

전:패[戰敗] 전쟁에서 짐. ↔전승(戰勝)·전첩(戰捷). せん

ぱい　　　defeat in a war
전:패[顚沛] 엎어지고 자빠짐. てんぱい　stumbling down

전편[全篇] 시문(詩文)이나 희곡(戲曲)·영화 따위의 한 편의 전체. ぜんぺん　whole book

전편[前便] 먼젓번의 인편. ぜんびん

전편[前篇] 두세 편으로 나누어져 있는 책이나 영화 따위의 앞의 편. ↔후편(後篇). ぜんぺん　first part

전편[專便] 어떤 일을 특별히 부탁하여 보내는 인편. transmitter

전폐[全廢] 아주 그만두거나 없앰. ぜんぱい　total abolition

전폐[前弊] 전부터 내려오는 폐단. old abuses

전폭[全幅] ① 한 폭의 전부. 온 폭. ② 정한 범위의 전체. 「~적(的)인 지지(支持)」 ぜんぷく　① full width

전표[傳票] 은행·회사·상점 등에서, 출납이나 거래 내용을 간단히 적은 종이 쪽지. 「입금(入金) ~」 でんぴょう　chit

전:표[錢票] 공사장 등에서, 현금 대신 지급하는 쪽지. 이것을 가지고 오는 사람에게 적혀 있는 액수대로 돈을 주도록 되어 있음.　check

전:하[殿下] 왕이나 왕비 등 왕족의 존칭. でんか

전:하[電荷] 물체가 지니고 있는 정전기(靜電氣)의 양. =하전(荷電). でんか
electric charge

전:하[轉荷] ① 짐을 다른 곳으로 옮김. ② 책임이나 죄를 남에게 떠넘김.　② imputation

전:학[轉學] 다른 학교로 학적을 옮김. =전교(轉校). てんがく　change of schools

전:함[戰艦] ① 전쟁에 쓰이는 함선의 총칭. ② 전투함(戰鬪艦)의 준말. せんかん
① battleship

전항[前項] ① 앞에 적힌 사항 또는 항목. ② 수학에서, 둘 이상의 항 가운데 앞의 항. ↔후항(後項). ぜんこう
① preceding clause

전항동·물[前肛動物] 동물 분류의 한 문(門). 해저(海底)의 암초(暗礁)에 붙어 살거나 진흙 속에 묻혀 사는 무척추동물로, 항문(肛門)이 촉수관 외측에 있는 입 뒤쪽에 있음. ぜんこうどうぶつ

전:해[電解] 전기 분해(電氣分解)의 준말. でんかい

전:해질[電解質] 물 등의 용매(溶媒)에 녹아서 전기 전도를 일으키는 산·염기 따위의 물질. =전해물(電解物). でんかいしつ　electrolyte

전행[專行] 멋대로 결단하여 행함. せんこう　arbitrary conduct

전:향[轉向] ① 방향을 바꿈. ② 이제까지의 사상(思想)을 다른 것으로 바꿈. 「~ 작가(作家)」 てんこう
① turnover ② conversion

전:향차[轉向車] 차체(車體)를 자유롭게 회전할 수 있도록 만든 차량. 보기차(bogie車). てんこうしゃ　bogie

전현[前賢] 예전의 현인(賢人). =선현(先賢). ぜんけん
ancient sages

전:형[全形] ① 전체의 모습. ② 완전한 형태. ぜんけい
whole form

전:형[典型] 같은 종류의 사물 가운데서 그것의 특징을 가장

잘 드러내는, 본보기가 될 만한 것. 「~적(的)인 경우」 てんけい　model

전:형[銓衡] 됨됨이나 능력 등을 심사하여 가려 뽑음. 「~위원(委員)」 せんこう　selection

전호[前號] 신문이나 잡지 따위의 이번 호의 앞의 것. ぜんごう　preceding number

전:호[電弧] 기체 방전(放電)의 한 가지로, 전극 재료의 일부가 증발하여 기체가 된 상태. 「~용접(鎔接)」 でんこ　electric arc

전:화[電火] 번개의 불빛. 번갯불. =전광(電光). でんか　lightning

전:화[電化] 열·빛·동력 따위를 얻기 위하여 전력(電力)을 이용하는 일. 「~사업(事業)」 でんか　electrification

전:화[電話] ① 전기 통신의 한 가지. 전자적 방식으로 서로 다른 곳에서 음성을 전송하거나 수신하는 장치 또는 체계. ② 선화기로 말을 주고받는 일. ③ 전화기(電話機)의 준말. でんわ　telephone

전:화[錢貨] 돈. せんか　money

전:화[戰火] ① 전쟁으로 말미암아 일어나는 화재. =병화(兵火). ② ⇨전쟁(戰爭). せんか　① war fire

전:화[戰禍] 전쟁으로 말미암아 입는 재화(災禍). =전재(戰災)·병화(兵禍). せんか　war damage

전:화[轉化] 변화하여 다른 상태로 바뀜. てんか　change

전:화국[電話局] 전화 업무와 전신 업무를 맡아보는 기관. でんわきょく　telephone office

전:화기[電話機] 음성을 전기 신호로 바꾸어 전송하고 수신된 전기 신호를 음성으로 바꾸어 통화할 수 있게 하는 장치. =전화통(電話筒). 준전화(電話). でんわき　telephone

전:화당[轉化糖] 수크로오스를 가수 분해하여 얻은 포도당과 과당(果糖)의 등량(等量) 혼합물. てんかとう　invert sugar

전:화선[電話線] 유선 전화기에 전류를 보내어 통화가 되게 하는 전선(電線). でんわせん　telephone wire

전:화위복[轉禍爲福] 화(禍)가 바뀌어 오히려 복(福)이 됨.

전:환[轉換] 다른 상태로 바꾸거나 바뀜. 「~기(期)」 てんかん　conversion

전:환기[轉換期] 변하여 바뀌는 시기. てんかんき　turning point

전:환기[轉換器] 전기 회로나 자기(磁氣) 회로의 전류의 방향을 바꾸는 장치. =전환자(轉換子). てんかんき　commutator

전:환 무:대[轉換舞臺] 연극에서, 뼈대가 되는 고정된 장치를 중심으로 배경이나 소도구(小道具) 등을 바꾸게 한 무대. てんかんぶたい

전:황[戰況] 전쟁의 상황. 전투의 형세. せんきょう　war situation

전:황[錢荒] 조선 후기 때, 동전의 유통량이 부족해서 돈이 매우 귀했던 현상.

전회[前回] 먼젓번. 전번. ぜんかい　last time

전:회[轉回] 빙빙 돌아서 바뀜. =회전(回轉). てんかい　rotation

전횡[專橫] 권세를 독차지하여

제 마음대로 함. せんおう
despotism

전후[前後] ① 앞과 뒤. 「~ 좌우(左右)」 ② 먼저와 나중. ③ 수나 수량이 대강 그 정도임. 안팎. 「100년(年) ~」 ぜんご
before and after

전:후[殿後] 지난날, 퇴각하는 군대의 맨 뒤에 남아서 적의 공격을 경계하던 군대. =전군(殿軍). でんご rear guard

전:후[戰後] 전쟁이 끝난 뒤. ↔전전(戰前). せんご
postwar period

전:후파[戰後派] ① 제1차 세계 대전 직후에 프랑스를 중심으로 일어난 예술상의 새 경향. ② 전후(戰後), 특히 제2차 세계 대전 후에, 종래의 사고 방식이나 습관에 얽매이지 않고 행동하는 사람들이나 그 경향. ↔전전파(戰前派). せんごは

전:훈[電訓] 전보로 내리는 훈령(訓令).
telegraphic instructions

전휴[全休] 온 하루를 다 쉼.
taking a full-day leave

절[切]☆ ① 끊을 절: 끊다. 베다. 자르다. 「切斷(절단)・切肉(절육)・切膚(절부)」② 간절할 절: 간절하다. 「懇切(간절)・切感(절감)・親切(친절)・切願(절원)」③ 급할 절: 급하다. 「急切(급절)・切促(절촉)・切迫(절박)」④ 온통 체: 온통. 「一切(일체)」セツ・サイ ① きる

절[折]☆ ① 꺾을 절: 꺾다. 부러지다. 굽다. 「折骨(절골)・折半(절반)・折傷(절상)・折節(절절)・挫折(좌절)」② 일찍 죽을 절: 일찍 죽다. 「夭折(요절)」セツ ① おる

절[絶]☆ ① 끊을 절: 끊다. 그치다. 「絶斷(절단)・絶交(절교)・絶穀(절곡)・中絶(중절)・義絶(의절)・根絶(근절)・絶滅(절멸)・杜絶(두절)・氣絶(기절)」② 뛰어날 절: 뛰어나다. 「絶妙(절묘)・奇絶(기절)・絶世(절세)・絶景(절경)・絶唱(절창)・超絶(초절)」ゼツ ① たやす

절[截] 끊을 절: 끊다. 「截斷(절단)・截頭(절두)・截然(절연)・截取(절취)」セツ・きる・たつ

절[節]☆ ① 절개 절: 절개. 「貞節(정절)・忠節(충절)・變節(변절)」② 절제할 절: 절제하다. 「節約(절약)・節儉(절검)・節制(절제)・節酒(절주)・節減(절감)」③ 때 절: 때. 「季節(계절)・名節(명절)・節氣(절기)・冬節(동절)」④ 마디 절: 마디. 토막. 「竹節(죽절)・節目(절목)・句節(구절)」⑤ 예절 절: 예절. 「節度(절도)・禮節(예절)」セツ ④ ふし

절[竊] 훔칠 절: 훔치다. 도둑질하다. 「竊盜(절도)・竊取(절취)・竊賊(절적)・竊聽(절청)」セツ・ぬすむ・ひそか

절가[折價] ① 값을 결정함. =결가(決價). ② 값을 깎음. せっか ① fixing the price

절가[絶佳] 뛰어나게 아름다움. 아주 훌륭함. ぜっか

절가[絶家] 혈통이 끊이저 상속할 사람이 없게 됨. 또는 그런 집안. ぜっけ heirless family

절각[折脚] 다리가 부러짐.
fracture of a leg

절간[切諫] 간절하게 간함. 강력하게 간함. せっかん entreaty

절감[切感] 절실하게 느낌.

절감[節減] 아껴서 줄임.「경비(經費)~」 せつげん　keen realization / reduction

절개·절개[切開·截開] 째어서 가름.「~ 수술(手術)」 せっかい　incision

절개[節概] 절의(節義)와 기개(氣概). 옳은 일을 분간하여 뜻을 굽히지 않는 굳건한 태도. principle

절검[節儉] 절약하고 생활을 검소하게 함. せっけん　economy

절경[絶景] 더할 나위 없이 훌륭한 경치. =절승(絶勝). ぜっけい　superb view

절경[絶境] 멀리 떨어져 있는 지역. =절역(絶域). ぜっきょう　remote land

절곡[絶哭] 몹시 슬프게 곡함. 또는 그러한 곡. wailing

절곡[絶穀] 곡기를 끊음. 곧, 음식을 먹지 않음. =단식(斷食). fast

절골[折骨] 뼈가 부러짐. =골절(骨折). fracture of a bone

절교[切巧·絶巧] 더할 수 없이 공교함.

절교[絶交] 교제를 끊음. =단교(斷交). ぜっこう　breach of friendship

절구[絶句] 기승전결의 사구(四句)로 된 한시체(漢詩體). ぜっく　Chinese quatrain

절군[絶群] 무리 가운데서 특히 뛰어남. =발군(拔群). ぜつぐん　distinction

절규[絶叫] 힘을 다하여 부르짖음. ぜっきょう　crying out

절금[切禁] 절대로 못하게 함. 엄하게 금지함. =엄금(嚴禁). strict prohibition

절급[切急] 몹시 급함. =지급(至急). せつきゅう

utmost urgency

절기[絶技] 아주 뛰어난 기예(技藝). ぜつぎ　excellent craft

절기[絶奇] ① 매우 기묘함. =절묘(絶妙). ぜっき ② 아주 기특함. ① exquisiteness

절기[節氣] 음력에서 일 년을 스물넷으로 나누어 계절을 구분한 것. =시령(時令)·절후(節候). せっき　seasonal subdivision

절긴[切緊] 몹시 긴요함. =긴절(緊切).

절념[絶念] 품었던 생각을 끊어 버림. =단념(斷念). ぜつねん　abandonment

절념[竊念] 남 모르게 혼자 여러 모로 생각함. =절유(竊惟). pondering

절단[切斷·截斷] 잘라 냄. 끊어 버림. せつだん　cutting

절단[絶斷] 관계를 끊음. =단절(斷絶). severance

절대[絶大] 더할 나위 없이 큼. ぜつだい　hugeness

절대[絶代] ① 당대에 견줄 만한 것이 없음. =절세(絶世).「~가인(佳人)」 ② 아득하게 먼 옛 시대. ぜつだい ① peerlessness

절대[絶對] ① 비교되거나 대립될 것이 없음. ↔상대(相對). ② 아무런 조건이나 제약(制約)도 받지 않음.「~ 반대(反對)」 ぜったい ① absoluteness

절대 온도[絶對溫度] 섭씨 영하 273.15도를 영도(零度)로 하여 측정하는 온도. ぜったい おんど　absolute temperature

절대 의:무[絶對義務] 대응하는 권리가 없는 의무. 납세의 의무·병역의 의무 따위. ↔상대 의무(相對義務). ぜったいぎむ　absolute duty

절대자[絶對者] 아무것에도 의존하지 않고 스스로 존재하며, 그 어떤 힘에 의해서도 제약되지 않는 무조건적이고 순수·완전한 존재. 신(神)·절대 정신·절대적 자아 의지 등. ぜったいしゃ the Absolute

절대주의[絶對主義] ①진리(眞理)나 가치(價値)의 절대성을 주장하는 주의. ② 군주(君主)가 절대적 권력을 가진 정치 형태. ぜったいしゅぎ absolutism

절대치[絶對値] 어떤 실수(實數)에서 음양의 부호를 떼어 버린 값. 절대값의 구용어. ぜったいち absolute value

절도[絶島] 뭍에서 멀리 떨어져 있는 외딴 섬. =낙도(落島)·고도(孤島). ぜっとう lonely island

절도[節度] 언행이나 일의 처리를 법도에 맞게 맺고 끊는 정도. 「～있는 생활(生活)」 せつど moderation

절도[竊盜] 남의 물건을 몰래 훔침. 또는 그 사람. 「～죄(罪)」 せっとう theft

절두[截頭] 머리 부분을 자름. せっとう truncation

절락[絶落] 끊어져 떨어짐.

절량[絶糧] 양식이 다 떨어짐. 「～농가(農家)」 ぜつりょう exhaustion of provisions

절련[絶戀] 연애 관계를 끊음. rupture of love

절록[節錄] 적당히 줄여서 적음. せつろく summarization

절류[折柳] 중국 한대(漢代)에 장안을 떠나는 사람에게 버들가지를 꺾어 주며 송별하였다는 데서 연유하여, 떠나는 이를 송별함을 이르는 말. せつりゅう

절륜[絶倫] 아주 뛰어남. =절등(絶等). ぜつりん peerlessness

절리[節理] ① 갈라진 틈새. ② 암석에 생긴 줄이나 결. せつり ① crack ② joint

절마[切磨] 절차탁마(切磋琢磨)의 준말. せつま

절망[切望] 간절히 바람. せつぼう earnest desire

절망[絶望] 모든 희망이 끊어짐. 희망을 다 버림. 「～적(的)인 상태(狀態)」 ぜつぼう despair

절맥[切脈] 맥을 짚어 진찰함. =진맥(診脈). せつみゃく examining the pulse

절맥[絶脈] ①맥이 끊어짐. 곧, 죽음. ② 산의 혈맥(血脈)이 끊어짐.

절멸[絶滅] 아주 멸망하여 없어짐. ぜつめつ extinction

절명[絶命] 목숨이 끊어짐. 죽음. =절식(絶息). ぜつめい death

절명사[絶命辭] 임종(臨終)할 때 남기는 말. 또는 그 때 지어서 남기는 시문(詩文). ぜつめいじ

절묘[絶妙] 매우 기묘함. 몹시 훌륭함. =절기(絶奇). ぜつみょう exquisiteness

절무[絶無] 전혀 없음. ぜつむ nothing

절문[切問] 간절히 물음. せつもん earnest questioning

절물[節物] 철을 따라 나는 물건. せつぶつ seasonable goods

절미[折米] 부스러진 쌀. 싸라기. broken rice

절미[絶美] 더할 수 없이 아름다움. ぜつび superb beauty

절미[絶微] ①매우 작음. ②더할 수 없이 미묘함.

절미[節米] 쌀을 절약함. 「~운동(運動)」 せつまい rice saving

절박[切迫] 일이나 형세가 매우 급하고 여유가 없음. せっぱく urgency

절박[節拍] ① 아악(雅樂)의 곡조에 한 곡마다 박자를 쳐서 음조(音調)의 마디를 지음. ② 끝을 막음. ② closing

절반[折半] 똑같이 둘로 나눔. 또는 둘로 나눈 반. せっぱん halving

절벽[絶壁] ① 험한 낭떠러지. ぜっぺき ② 아주 귀가 먹었거나 사리에 어두운 사람을 비유하여 이르는 말. ① cliff

절벽강산[絶壁江山] 귀가 아주 안 들리거나 사리에 몹시 어두운 사람을 비유하여 이르는 말.

절병[切餠] 떡살로 문양을 찍어 내어 썰거나, 둥글게 빚어 동그란 떡살로 찍어서 기름을 바른 흰떡. 절편.

절봉[絶峰] 아주 험한 산봉우리. peak

절부[切膚] 살을 에이는 듯이 사무침.

절부[節婦] 절개가 굳은 부인. せっぷ virtuous woman

절부지의[竊鈇之疑] 도끼를 잃은 사람이 이웃 사람에게 혐의를 두고 그 사람을 살피니 틀림없이 도끼를 훔친 것처럼 보였는데 도끼를 찾고 난 후에는 달리 보였다는 고사에서, 의심하는 눈으로 보면 무슨 행위인지 의심스럽게 보임을 이르는 말. =절부의(竊鈇疑).

절분[切忿] 몹시 원통하고 분함. resentment

절사[節士] 절개를 지키는 사람. せっし man of principles

절사[節死] 절개를 지켜서 죽음. death for one's principle

절삭[切削] 쇠붙이 따위를 자르거나 깎음. せっさく cutting

절산[折算] 셈을 쳐서 따져 봄. =타산(打算). せっさん calculation

절상[切上] ① 화폐의 대외 가치를 높임. 「평가(平價) ~」② 어림수를 구할 때, 어떤 자리의 수에 1을 더하고 그 미만이 되는 자리의 수는 버리는 일. 올림의 구용어. ↔절하(切下). きりあげ ① revaluation

절상[折傷] 뼈가 부러지게 다침. せっしょう fracture of a bone

절새[絶塞] 멀리 멀어진 국경의 땅.

절색[絶色] 빼어난 미인. 「천하(天下)~」 ぜっしょく rare beauty

절생[節省] ⇨절감(節減). せっせい

절서[節序] 계절의 바뀌는 차례. せつじょ

절선[折線] 여러 가지 길이와 방향을 가진 선분을 차례로 이은 선. 꺾은선의 구용어. せっせん・おれせん

절세[絶世] 세상에 견줄 것이 없을 만큼 뛰어남. =절대(絶代). 「~미인(美人)」 ぜっせい peerlessness

절소[絶所] 매우 험악한 곳. ぜっしょ precipice

절소[絶笑] 자지러지게 웃음. 또는 그런 웃음. convulsions of laughter

절속[絶俗] ① 속세(俗世)와 인연을 끊음. ② 세속(世俗) 사람보다 매우 뛰어남. ぜつぞく

① retirement
절손[絶孫] 대(代)를 이을 자손이 끊어짐.
　　extermination of offspring
절수[節水] 물을 아껴 씀. せっすい　water saving
절승[絶勝] 경치가 아주 뛰어남. 또는 그런 경치. =절경(絶景).「세계(世界)의 ~」ぜっしょう　superb view
절식[絶食] 음식을 먹지 아니함. =단식(斷食). ぜっしょく　fast
절식[絶息] 목숨이 끊어짐. 죽음. ぜっそく　death
절식[節食] ① 명절이나 절기(節氣)에 맞추어 만들어 먹는 음식. ② 음식을 절약해 먹음. ③ 건강이나 미용을 위해 음식의 양을 알맞게 줄임.「~ 복약(服藥)」せっしょく　② temperance in eating ③ being on a diet
절실[切實] ① 매우 절박하거나 긴요함. ② 적절하여 실정에 꼭 들어맞음. せつじつ
절애[切愛] 몹시 사랑함. せつあい　ardent love
절약[節約] 아껴서 씀. =검약(儉約)・설용(節用). せつやく　economy
절억[節抑] 참고 억제함. abstinence
절언[切言] 간절한 말. 절실한 말. せつげん　ardent word
절역[絶域] 멀리 떨어져 있는 땅. =절경(絶境). ぜついき　remote country
절연[絶緣] ① 인연을 아주 끊음. ② 전기나 열(熱)이 통하지 않게 함.「~체(體)」ぜつえん
　① separation ② insulation
절연[截然] 자른 듯이 구별이 분명함. せつぜん
절연[節煙] 담배를 피우는 양을 줄임. せつえん
　　temperance in smoking
절연선[絶緣線] 고무・면사(綿絲) 따위 절연 재료로 싸서 전기가 새어 나가지 않게 한 전선. =피복선(被覆線). ぜつえんせん　insulated wire
절연체[絶緣體] 열이나 전기가 거의 통하지 않는 물체. =부도체(不導體). ぜつえんたい　insulator
절염[絶艶] 비할 데 없이 예쁨. ぜつえん　rare beauty
절영[絶影] 그림자도 보이지 않게 됨.
　　being entirely out of sight
절요[切要・絶要] 매우 긴요함. せつよう　urgency
절욕[節慾] ① 욕심을 절제함. ② 색욕(色慾)을 절제함.
　① moderation
절용[切茸] 썰어 놓은 녹용(鹿茸).
절용[節用] 아껴서 씀. =절약(節約). せつよう　economy
절운[切韻] 반절(反切)에 의하여 한자(漢字)의 운(韻)을 나누는 것. せついん
절원[切願] 간절히 소원함. せつがん　entreaty
절원[絶遠] 아주 멀리 떨어져 있음. =격원(隔遠). ぜつえん
절육[切肉] 얄팍얄팍하게 썰어 양념장에 재어서 익힌 고기.
절음[絶飮] 술을 끊음.
　　giving up drinking
절음[節飮] 술을 절제하여 마심. =절주(節酒).
　　temperance in drinking
절음 법칙[絶音法則] 받침 아래에 모음으로 시작되는 실사

(實辭)가 오면, 그 모음이 받침 소리의 영향을 받지 않고 받침이 대표음으로 끊어져 발음되는 음운 현상. '웃어른'이 '욷어른'이 되는 따위.

절의[節義] 절개와 의리. =의절(義節). せつぎ faithfulness to one's principles

절이[絶異] 아주 뛰어나게 다름. ぜつい peerlessness

절인[絶人] 남보다 훨씬 뛰어남. 또는 그런 사람. 「~지용(之勇)」 ぜつじん superexcellence

절인지력[絶人之力] 남보다 훨씬 뛰어난 힘. Herculean strength

절일[節日] 명절날. =명일(名日), せちにち・せつじつ annual festival

절장보단[絶長補短] 긴 것을 잘라 짧은 것에 보탠다는 뜻으로, 알맞게 함. 또는 장점으로 단점이나 부족한 점을 보충함.

절재[絶才] 아주 뛰어난 재주. 또는 그런 재주를 지닌 사람. matchless talent

절전[節電] 전기를 아껴서 씀. せつでん power saving

절절[切切] 몹시 간절한 모양. せつせつ earnest

절절[節節] 말이나 노래 따위의 마디마디. 「구구(句句)~」 every word

절정[切釘] 대가리를 잘라 없앤 쇠못. きりくぎ

절정[絶頂] ① 산의 맨 꼭대기. =정상(頂上). ② 사물의 진행이나 상태가 극도(極度)나 최고에 이른 때. 또는 그러한 경시. =정점(頂點). ぜっちょう ① summit ② zenith

절제[切除] 잘라 없앰. 도려냄. 「~ 수술(手術)」 せつじょ cutting off

절제[節制] 지나치지 않도록 알맞게 조절함. せっせい temperance

절조[節操] 절개와 지조. せっそう constancy

절족동:물[節足動物] ⇒ 절지동물(節肢動物). せっそくどうぶつ

절종[絶種] 생물의 씨가 끊어져 없어짐. extinction

절주[節奏] 음의 장단과 강약이 일정한 규칙에 따라 되풀이되는 것. せっそう rhythm

절주[節酒] 술의 양을 줄여 알맞게 마심. =절음(節飮). せっしゅ temperance in drinking

절중[節中] 알맞게 적제하여 치우침이 없는 상태가 됨. せっちゅう moderation

절지[折枝] ① 나무의 가지를 꺾음. おりえだ ② 동양화에서, 그림으로 그린 꽃가지나 나뭇가지. ① breaking off a branch

절지동:물[節肢動物] 동물 분류의 한 문(門). 몸은 좌우대칭이고 체절적 구조를 가짐. 대개 머리·가슴·배의 세 부분으로 나뉘며, 몸의 거죽은 외골격으로 이루어져 있음. 곤충류·거미류 따위. 마디발동물. arthropod

절직[切直] 매우 정직함.

절차[節次] 일을 해 가는 데 거쳐야 하는 차례와 방법. 「~를 밟다」 procedure

절차탁마[切磋琢磨] 옥이나 돌을 갈고 닦아 빛을 낸다는 뜻으로, 학문과 덕행을 힘써 닦음을 이르는 말.

절찬[絶讚] 더할 나위 없이 칭

찬함. 또는 그런 칭찬. ぜっさん　acclamation

절창[絕唱] ① 뛰어나게 잘 지은 시가(詩歌). ② 뛰어나게 잘 부르는 노래. ぜっしょう　② superb song

절처봉생[絕處逢生] 아주 막다른 판에 이르면 살 길이 생김.　finding a way out of a fatal situation

절청[竊聽] 몰래 엿들음. =도청(盜聽).　eavesdropping

절체절명[絕體絕命] 몸도 목숨도 다 된 것이라는 뜻으로, 어찌할 수 없이 위태롭거나 급박한 지경을 이르는 말. 「~의 위기(危機)」ぜったいぜつめい　desperate situation

절초[切草] 썬 담배. 살담배.　cut(pipe) tobacco

절초[折草] 풀이나 잎나무를 벰.　mowing

절충[折衷] 어느 한쪽에 치우치지 않고 양쪽을 조화시켜 알맞은 것을 택함. せっちゅう　compromise

절충[折衝] 적의 창 끝을 꺾는다는 뜻으로, 국제간의 외교적 교섭이나 담판(談判)을 이르는 말. せっしょう　negotiation

절취[截取] 잘라 냄. せっしゅ

절취[竊取] 훔쳐서 가짐. =투취(偸取). せっしゅ　stealing

절치[切齒] 분하여 이를 갊. 「~액완(扼腕)」せっし　gnashing

절치부심[切齒腐心] 몹시 분하여 이를 갈고 속을 썩임.

절친[切親] 썩 친함. 사이가 아주 가까움.　intimacy

절토[切土] 평지나 경사면을 만들기 위하여 흙을 깎아 냄.　leveling the ground

절통[切痛] 몹시 원통함.

great indignation

절특[絕特] 몹시 뛰어남. ぜっとく　extraordinariness

절판[絕版] ① 출판된 책이 다 팔리고 없음. ② 출판한 책의 간행을 그만둠. ぜっぱん　② going out of print

절패[絕悖] 몹시 모질고 흉악함. utmost ferocity

절품[切品] 물건이 다 팔리고 없음. =품절(品切).　absence of stock

절품[絕品] 뛰어나게 좋은 물품. ぜっぴん　nonpareil

절필[絕筆] ① 죽기 전에 쓴 마지막 글이나 글씨. ② 글을 쓰기를 그만둠. ぜっぴつ　① last writing ② giving up writing

절핍[絕乏] 물건이 없어져 모자람. ぜっぽう =핍절(乏絕).

절하[切下] 화폐의 대외 가치를 낮춤. ↔절상(切上). きりさげ　devaluation

절학[絕壑] 깎아 세운 듯한 골짜기. ぜつがく　precipice

절한[節限] 알맞게 제한함. せつげん　moderate limit

절해[絕海] 뭍에서 멀리 떨어진 바다. 「~ 고도(孤島)」ぜっかい　far-off sea

절험[絕險] 몹시 험함. ぜっけん　precipice

절협[絕峽] 깊고 험한 두메.　remote and deep valley

절호[絕好] 더할 나위 없이 좋음. 「~의 기회(機會)」ぜっこう　best

절화[折花] 꽃을 가지째 꺾음. 또는 그렇게 꺾은 꽃.　picking a flower

절효[節孝] ① 절조와 효심이 있음. ② 청상과부가 수절하며 시

부모를 섬기는 일. ① integrity and filial piety

절후[絕後] ① 앞으로 그런 일이 다시는 없음. 「공전(空前)~」ぜつご ② 후손이 없어 대가 끊어짐.

절후[節候] ⇨절기(節氣). せっこう

점[占]☆ ① 점칠 점: 점치다. 「占星(점성)・占卦(점괘)・占夢(점몽)・占卜(점복)」 ② 차지할 점: 차지하다. 점령하다. 「占據(점거)・占領(점령)・獨占(독점)・買占(매점)」 セン ① うらなう ② しめる

점:[店]* 가게 점: 가게. 「店頭(점두)・店員(점원)・店主(점주)・開店(개점)・商店(상점)・支店(지점)」 テン・みせ・たな

점[粘] "黏"은 同字. 차질 점: 끈끈하다. 붙다. 「粘着(점착)・粘土(점토)・粘力(점력)・粘液(점액)」 ネン・ねばる

점:[漸]☆ ① 점점 점: 점점. 「漸漸(점점)・漸次(점차)・漸入佳境(점입가경)・漸移(점이)・漸染(점염)」 ② 나아갈 점: 나아가다. 「漸進(점진)・東漸(동점)」 ゼン ② すすむ

점[霑] 젖을 점: 젖다. 「霑濕(점습)・霑潤(점윤)・霑漬(점지)」 テン・うるおう

점[點]☆ ① 점 점: 점. 점찍다. 「點線(점선)・要點(요점)・弱點(약점)・強點(강점)・汚點(오점)・中心點(중심점)・黑點(흑점)」 ② 상고할 점: 상고하다. 「點數(점수)・採點(채점)・滿點(만점)・總點(총점)・點檢(점검)」 テン

점:**가**[漸加] 점점 더함. 점점 더하여 감. ↔점감(漸減). gradual increase

점:**감**[漸減] 점점 줄어듦. 점점 줄임. ↔점가(漸加). ぜんげん gradual decrease

점:**강법**[漸降法] 수사법의 한 가지. 높고 강한 어조를 차차 끌어내려 표현함으로써 강조의 효과를 얻으려는 표현 방법. ↔점층법(漸層法).

점거[占居] 어느 곳을 차지하여 삶. せんきょ occupation

점거[占據] ① 일정한 곳을 차지하여 자리잡음. ② ⇨점령(占領). せんきょ occupation

점검[點檢] 하나하나 자세히 검사함. てんけん inspection

점결탄[粘結炭] 석탄이 건류(乾溜)・연소할 때, 그 입자가 녹아서 서로 엉기어 뭉치는 성질이 있는 석탄. ねんけつたん coking coal

점경[點景] 산수화(山水畵) 등에 정취를 더하기 위해 그려 넣는 사람이나 동물. てんけい

점:**고**[漸高] 점점 높아짐. gradual rise

점고[點考] 명부를 일일이 확인해 가며 사람의 수효를 조사함. roll call

점괘[占卦] 점을 쳐서 나온 괘(卦). divination sign

점균[粘菌] 균류(菌類)의 한 가지. 분화가 매우 낮은 식물로 엽록소를 포함하지 않는 점액상의 원형질 덩어리임. =변형균(變形菌). ねんきん

점:**근**[漸近] 점점 가까워짐. ぜんきん gradual approach

점:**급**[漸及] 점점 이름. 차차 미침. reaching gradually

점도[粘度・黏度] 차지고 끈끈한 정도. ねんど viscosity

점:**두**[店頭] 가게의 앞쪽. 「~진열(陳列)」 てんとう

점두[點頭] 승낙하거나 옳다는 뜻으로 고개를 약간 끄덕임. てんとう shop front / nodding

점득[占得] 자기의 것으로 차지함. せんとく capture

점:등[漸騰] 시세가 점점 오름. ↔점락(漸落). ぜんとう gradual rise

점등[點燈] 등에 불을 켬. ↔소등(消燈). てんとう lighting

점:락[漸落] 시세가 점점 떨어짐. ↔점등(漸騰). ぜんらく gradual fall

점력[粘力·黏力] 끈끈한 기운. 끈기. ねんりょく viscosity

점령[占領] ① 일정한 곳이나 대상을 차지하여 자기 것으로 함. ② 다른 나라의 영토를 무력으로 자기 나라의 지배 아래 두는 일. 「~군(軍)」せんりょう occupation

점:막[店幕] 지난날, 음식을 팔고 나그네를 묵게 하던 집. =주막(酒幕). tavern

점막[粘膜] 상피 조직 중 점액선을 가진 것으로, 소화관·기도(氣道) 등의 내벽을 덮고 있는 부드러운 막. =점액막(粘液膜). ねんまく mucous membrane

점:멸[漸滅] 차차 망하여 감. 차차 없어짐. ぜんめつ gradual decline

점멸[點滅] 등불이 켜졌다 꺼졌다 함. 또는 등불을 켰다 껐다 함. 「~기(器)」てんめつ turning on and off

점:명[店名] 점포나 상점의 이름. てんめい name of a shop

점명[點名] 일일이 이름을 부르며 확인함. roll call

점몽[占夢] 꿈의 길흉을 점침.

せんむ interpretation of a dream

점묘[點描] ① 사물 전체를 그리지 않고 어느 부분만을 따로 떼어서 그림. ② 점을 찍어서 그림을 그림. 또는 그러한 화법(畫法). てんびょう ① sketch ② pointillism

점미[粘米·黏米] 찹쌀. glutinous rice

점:방[店房] 가게. =상점(商店)·전방(廛房). store

점병[粘餅·黏餅] 찹쌀 따위 차진 곡식으로 만든 떡을 두루 이르는 말.

점보[jumbo] ① 초대형(超大型) 또는 초대형의 물건. ② 초대형 제트 여객기. ジャンボ

점사[占辭] 점괘를 풀이한 말.

점서[占書] 점에 관한 것을 적은 책. book on divination

점선[點線] 잇달아 찍은 점으로 이루어진 선. 점줄. 점금. てんせん dotted line

점성[占星] 별의 빛이나 위치, 모양·따위를 보고 나라나 개인의 길흉을 점치는 일. 「~가(家)」 horoscope

점성[粘性] 끈끈하고 차진 성질. ねんせい viscosity

점성술[占星術] 별의 빛이나 위치 따위를 보고 국가의 치란(治亂), 개인의 길흉, 천지의 재변 등을 점치는 술법. せんせいじゅつ astrology

점수[點數] ① 득점한 수효. 성적을 나타내는 숫자. ② 끗수. ③ 물건의 가짓수. てんすう ① mark ③ items

점술[占術] 점치는 술법. せんじゅつ·うらないじゅつ art of divination

점:신세[漸新世] 지질 시대의

시대 구분의 하나. 신생대(新生代) 제3기를 다섯으로 나눈 세 번째. 올리고세. ぜんしんせい　Oligocene

점심[點心] 낮에 끼니로 먹는 음식. てんしん　lunch

점안[點眼] ①눈에 안약을 떨어 뜨려 넣음. 「~수(水)」てんがん ②불상(佛像)을 그리고 나서 주문을 읽고 불상의 눈에 동자를 그려 넣는 일. =점정(點睛). ① dropping eyewater in the eyes

점액[粘液·黏液] 끈끈한 액체. 「~질(質)」ねんえき　mucus

점액질[粘液質] 기질(氣質)의 유형의 한 가지. 감수성이 둔하고 활기가 적으나 의지와 인내력이 있음. ねんえきしつ　phlegmatic temperament

점약[點藥] 눈에 약물을 넣음. 또는 그 약. =점안(點眼). てんやく　dropping eyewater in the eyes

점역[點譯] 말이나 보통의 글자를 점자(點字)로 고침. てんやく　translation into braille

점:염[漸染] 차차 번져서 물듦. 점점 전염됨. being gradually imbued

점염[點染] 조금씩 물듦. being imbued little by little

점:오[漸悟] 불교에서, 수행(修行) 과정에 따라 점점 깊이 깨달음. ぜんご　gradual enlightenment

점용[占用] 차지하여 씀. せんよう

점:원[店員] 상점에 고용되어 물건을 팔거나 그 밖의 일을 맡아서 하는 사람. てんいん　clerk

점유[占有] 자기의 소유로 함. 「~권(權)」せんゆう　occupation

점:유[漸癒] 병이 차차 나아감. gradual recovery

점유물[占有物] 점유하고 있는 물건. thing possessed

점윤[霑潤] 비나 이슬에 흠뻑 젖음. being wet thoroughly

점음표[點音標] 음표의 머리 오른쪽에 작은 점을 찍은 음표. 본디 음표 길이의 반을 더함을 나타냄. =부점 음부(附點音符). dotted note

점:이[漸移] 차차 옮아감. 「~지대(地帶)」gradual movement

점:입가경[漸入佳境] 점점 아름다운 경지로 들어감의 뜻으로, 상황이 점점 좋아지거나 흥미가 점점 더해짐을 이르는 말. approaching a climax

점자[點字] 시각(視覺) 장애인이 손가락으로 더듬어 읽을 수 있게 한 특수한 부호 글자. てんじ　braille type

점재[點在] 여기저기 점점이 흩어져 있음. てんざい　scattering

점적[點滴] 물방울을 한 방울씩 떨어뜨림. 또는 그 물방울. てんてき　dropping water

점:점[漸漸] 조금씩 더하거나 덜하여지는 모양. =점차(漸次). ぜんぜん　gradually

점점[點點] 여기저기 하나씩 흩어져 있는 모양. てんてん　here and there

점점홍[點點紅] ①점점이 붉음. ②여기저기 울긋불긋하게 꽃이 핀 모양. ② being dotted with flowers

점정[點睛] ①사람이나 동물을 그리고 마지막에 눈동자를 그려 넣음. ②⇒화룡점정(畵龍點

睛). てんせい

점조[占兆] 점패에 나타난 길흉의 조짐. 占兆 good or evil omen

점조[粘稠・黏稠] 차지고 빽빽함. 粘稠 ねんちゅう

점:주[店主] 가게의 주인. 店主 てんしゅ shopkeeper

점:증[漸增] 점점 늘어 감. 漸增 ぜんぞう gradual increase

점:지[漸漬] 점점 물이 스며들어 젖음. 漸漬

점:진[漸進] 순서를 밟아 점점 나아감. 漸進 ぜんしん gradual progress

점질[粘質・黏質] 차지고 끈끈한 성질. 또는 그런 물질. 粘質 黏質 ねんしつ viscosity

점:차[漸次] 차례를 따라 조금씩. 차차로. =점점(漸漸). 漸次 ぜんじ gradually

점착[粘着・黏着] 착 달라붙음.「~력(力)」 ねんちゃく 粘着 adhesion

점철[點綴] 여기저기 흩어져 있는 것들이 서로 이어지거나 이음. てんてつ・てんてい 點綴

점체[粘體・黏體] 고체와 액체의 중간 상태에 있는 끈끈한 물질. 꿀・물엿 따위. ねんたい 粘體 黏體 viscous body

점:층법[漸層法] 수사법의 한 가지. 문장의 뜻을 점점 강하고 크게 표현하여 그 느낌을 절정으로 이끌어 가는 표현 방법. ↔점강법(漸降法). ぜんそうほう 漸層法 漸降法 climax

점탈[占奪] 남의 것을 빼앗아 차지함. せんだつ 占奪 plunder

점토[粘土・黏土.] 암석이 풍화하여 분해된 미세한 흙 입자. 물과 섞이면 점성을 띰. ねんど 粘土 黏土 clay

점토질[粘土質・黏土質] 점토 粘土質 가 많이 섞인 지질(地質). ねんどしつ

점:퇴[漸退] ① 차차 뒤로 물러남. ② 차차 쇠퇴하여 감. 漸退 ① gradual retreat ② gradual decline

점파[點播] 파종법(播種法)의 한가지. 씨앗을 한 곳에 한 개 또는 몇 개씩 일정한 간격을 두고 심는 일. 점뿌림. てんぱ 點播 sowing seeds with spaces between

점파기[點播機] 점파에 쓰이는 농기구의 한 가지. てんぱき 點播機

점판암[粘板岩・黏板巖] 점토 粘板巖 黏板巖 가 굳어져 된 검은빛의 수성암(水成巖). 얇게 잘 갈라지는 성질이 있으며, 비석・벼룻돌 등을 만드는 데 쓰임. ねんばんがん slate

점퍼[jumper] 품이 넉넉하고 활동적(活動的)인 웃옷. 잠퍼 活動的

점:포[店鋪] 가겟집. 가게를 벌인 집. =상점(商店). てんぽ 店鋪 shop

점풍기[占風旗] 바람의 방향을 占風旗 알기 위하여 돛대 머리에 다는 기.

점프[jump] ① 뛰어오름. ② 육상 경기나 스키의 도약(跳躍) 종목. 잠프 跳躍

점프볼[jump ball] 농구에서, 심판(審判)이 던져 올린 공을 審判 양쪽 팀의 두 선수가 점프하여 서로 빼앗는 일. 잠프볼

점한[霑汗] 땀이 뱀. 霑汗
점호[點呼] 일일이 이름을 불러 點呼 인원을 점검함. てんこ roll call
점화[點火] 불을 붙임. 불을 킴. 點火 ↔소화(消火). てんか ignition
점화구[點火口] 가스등 따위의 點火口

불을 붙이는 구멍. てんかぐち

점화전[點火栓] 내연 기관에서, 압축된 기체에 불을 붙이기 위하여 고압 전류를 흘려서 불꽃 방전을 일으키는 점화용 부분품. =발화전(發火栓). spark plug

점획[點畫] 글자의 점과 획. てんかく dots and strokes

접[接]* 이을 접 : 잇다. 대다. 사귀다. 「接續(접속)・接境(접경)・接線(접선)・接膝(접슬)・接合(접합)・接觸(접촉)・應接(응접)・近接(근접)」セツ・つぐ

접[椄] 나무 접붙일 접 : 나무를 접붙이다. 「椄木(접목)・椄本(접본)・椄枝(접지)」セツ

접[摺] ① 접을 접 : 접다. 「摺紙(접지)・摺册(접책)・摺綴(섭철)」 ② 부러뜨릴 접 : 부러뜨리다. 「摺齒(접치)」 ショウ ① たたむ

접[蝶]☆ 나비 접 : 나비. 「蜂蝶(봉접)・蝴蝶(호접)・蝶兒(접아)・蝶簪(접잠)」チョウ

접각[接角] 평면 위에서 꼭지점과 한 변을 공유하는 두 각이 있을 때, 그 한쪽의 각을 다른 쪽의 각에 대하여 이르는 말. =인접각(鄰接角). せっかく adjacent angle

접객[接客] 손을 맞음. 손을 접대함. =접빈(接賓). せっきゃく entertaining guests

접객업[接客業] 손을 접대하는 직업 또는 영업. 곧 여관・음식점 따위. せっきゃくぎょう service trade

접거[接居] 남의 집에 한동안 머물러 삶.

접견[接見] 신분이나 지위가 높은 사람이 공식적으로 손님을 맞아들이어 만나 봄. =인견(引見). せっけん interview

접경[接境] 경계(境界)가 서로 맞닿음. =접계(接界)・연경(連境). boundary

접계[接界] ⇨ 접경(接境).

접골[接骨] 부러지거나 어긋난 뼈를 이어 맞추는 일. 「~병원(病院)」せっこつ bonesetting

접구[接口] 음식을 많이 먹지 않고 입에 대는 정도로 그침. =근구(近口). light eating

접군[接軍] 지난날, 과거를 보는 사람과 그에 딸린 여러 사람을 이르던 말. =접솔(接率)・접졸(接卒).

접근[接近] 가까이 다가감. せっきん approach

접대[接待] ① 손을 맞아 응대함. ② 손에게 음식을 대접함. せったい reception

접대부[接待婦] 술집・요리집 등에서 손을 접대하는 여자. =접객부(接客婦). waitress

접두사[接頭辭] 어떤 단어의 앞에 붙어 뜻을 강조하거나 다른 뜻을 덧붙이는 말. '맨손'・'덧신'의 '맨・덧' 따위. 앞가지. =접두어(接頭語). ↔접미사(接尾辭). せっとうじ prefix

접두어[接頭語] ⇨접두사(接頭辭). せっとうご

접린[接鄰] 서로 이웃하여 맞닿음. 또는 그러한 이웃. vicinity

접마[接魔] 잡귀신이 붙음. being possessed by a devil

접면[接面] 맞아들이어 대면함.

접목[接目] 잠을 자려고 눈을 감음. =교첩(交睫). closing one's eyes to sleep

접목[椄木] 나무를 접붙임. 또는 접붙인 나무. grafted tree

접문[接吻] 입맞춤. 키스. せっ

ぶん　　　　　　　　　kiss
접미사[接尾辭] 어떤 단어의 뒤에 붙어 그 뜻을 돕거나 품사를 바꾸는 말. '선생님'·'구역질'의 '님·질' 따위. 뒷가지. =접미어(接尾語). ↔접두사(接頭辭). せつびじ　suffix
접미어[接尾語] ⇨접미사(接尾辭). せつびご
접반[接伴] 귀한 손을 접대함. 또는 그 일을 맡아보는 사람. せっぱん
접본[椄本] 나무를 접붙일 때 바탕이 되는 나무. =대목(臺木). stool
접본[摺本] 책장을 매지 않고 병풍처럼 접게 만든 책. =접책(摺册). しょうほん
접빈[接賓] 손을 맞아 대접함. =접객(接客).　reception
접사[接寫] 렌즈를 피사체에 가까이 대고 사진을 찍는 일. せっしゃ
접사[接辭] 단어 또는 어근(語根)의 앞이나 뒤에 붙어서 그 뜻을 더하거나 품사를 바꾸어 새로운 단어를 만드는 형태소. 접두사와 접미사가 있음. 씨가지. せつじ　affix
접석[接席] 자리를 사이에 대어 앉음.　close sitting
접선[接線] ①곡선(曲線)이나 곡면(曲面)의 한 점에 닿는 직선(直線). ②비밀 조직의 연락선(連絡線)과 닿음. せっせん ① tangent ② contact
접선[摺扇] 접었다 폈다 할 수 있는 부채. 쥘부채. folding fan
접속[接續] 맞대어 이음. 또는 이어짐. せつぞく　connection
접속곡[接續曲] 여러 악곡의 일부씩을 접속하여 한 곡으로 만든 곡. せつぞくきょく　medley
접속범[接續犯] 시간적·공간적으로 매우 가까운 기회에 몇 가지의 같은 범죄를 저지르는 일. 또는 그 범인. せつぞくはん
접속사[接續詞] 문장 가운데의 두 성분 또는 문장과 문장을 이어 주는 말. '또'·'그리고'·'와(과)' 따위. 이음씨. せつぞくし　conjunction
접수[接收] ①받아서 거둠. ②권력 기관이 필요에 따라 국민의 소유물을 일방적으로 거두어 관리하는 일. 「건물(建物)을 ~하다」 せっしゅう ① receipt ② requisition
접수[接受] 문서 따위를 처리하기 위해 받아들임. 「~계(係)」 せつじゅ　receipt
접순[接脣] 음식을 입에 대는 정도로만 조금 먹음. =접구(接口)·근구(近口).
접슬[接膝] 무릎을 맞대고 가까이 앉음.　sitting closely
접신[接神] 신령이 사람의 몸에 내려 지핌.　being possessed by a demon
접안[接岸] 배를 해안(海岸)에 댐. せつがん anchoring alongside the pier
접안경[接眼鏡] 현미경이나 망원경 따위의, 눈에 대는 쪽의 렌즈. 접안 렌즈(接眼 lens). ↔대물경(對物鏡). せつがんきょう　eyepiece
접어[接語] 말을 서로 주고받음.　conversation
접어[鰈魚] 가자미. flatfish
접영[蝶泳] 수영 방법의 한 가지. 두 팔을 뒤에서 앞으로 뻗쳐 물을 끌어당기면서 헤엄쳐 나아감. 버터플라이. butterfly
접이[接耳] 남의 귀에 입을 대고 소곤거림.　whisper

접장[接狀] 서류를 접수함. acceptance of documents

접적[接敵] 적과 맞부딪침. 적진에 가까이 다가감. せってき confronting the enemy

접전[接戰] ① 맞붙어 싸움. ② 서로 힘이 비슷하여 쉽게 승부가 나지 않는 싸움. せっせん ① close fighting ② seesaw game

접점[接點] 접선(接線)이나 접평면이 곡선 또는 곡면과 닿는 점. せってん point of contact

접족[接足] 발을 들여 놓음. 발을 붙임. entering

접종[接種] 병의 예방・치료 등을 위하여 병원균(病原菌)이나 독소(毒素) 등을 몸에 주입힘. 「예방(豫防)~」 せっしゅ inoculation

접종[接踵] 뒷사람의 발끝이 앞사람의 발꿈치에 닿는다는 뜻으로, 사람들이 계속하여 왕래함. 또는 일이 잇달아 일어남. =종접(踵接). せっしょう occurring in succession

접지[接地] 전기 기기의 일부를 도선(導線)으로 땅에 연결하는 일. 「~선(線)」 せっち earthing

접지[椄枝] 접붙일 때 대목(臺木)에 붙이는 나뭇가지. slip

접지[摺紙] 책을 매기 위해 인쇄물을 면의 차례로 접음. folding of printed sheets

접착[接着] 달라붙음. 「~제(劑)」 せっちゃく adhesion

접책[摺册] 병풍처럼 접었다 폈다 할 수 있게 만든 책. =접본(摺本). folding book

접철[摺綴] 접어서 한데 맴. binding

접첩[摺帖] 접을 수 있도록 꾸민 서화첩(書畫帖). folding album

접촉[接觸] ① 서로 맞닿음. 「~사고(事故)」 ② 다른 사람과 교섭함. せっしょく ① touch ② contact

접촉 반:응[接觸反應] 불균일계(不均一系)의 계면(界面)에서 진행되는 촉매 반응. せっしょくはんのう catalysis

접촉 변:성암[接觸變成巖] 암석의 틈으로 들어간 마그마의 열로 말미암아 성분이나 결정 구조가 변한 암석. せっしょくへんせいがん

접촉 운:동[接觸運動] 채송화 따위의 수꽃술을 건드리면 건드린 쪽으로 수꽃술들이 몰리는 것과 같이, 외부의 접촉으로 말미암아 일어나는 식물의 운동. contact movement

접촉 전:기[接觸電氣] 종류가 다른 두 물질을 접촉시킬 때 생기는 전기. せっしょくでんき contact electricity

접침[摺枕] ① 심솔의 필을 두껍게 두고 드문드문 누벼서 병풍짝처럼 여러 조각을 포개어 만든 베개. ② 다리를 접었다 폈다 할 수 있는 목침. ② folding wooden pillow

접합[接合] ① 맞대어 붙임. ② 유성 생식(有性生殖)에서 암수의 구별이 없는 두 개의 세포가 서로 맞붙는 현상. せつごう ① joining ② zygosis

접합부[接合符] 부호 '-'의 이름. 사전・논문 등에서 합성어를 나타낼 때, 접사나 어미임을 나타낼 때에 씀. 또는 외래어와 고유나 한자어가 결합되는 경우를 보일 때에 씀.

붙임표. せつごうふ

접합자[接合子] 두 개의 배우자(配偶子)가 접합하여 생긴 세포. せつごうし zygote

정[丁]* ① 넷째 천간 정: 넷째 천간. 「丁卯(정묘)·丁亥(정해)」 ② 장정 정: 장정. 「壯丁(장정)·丁年(정년)·園丁(원정)·兵丁(병정)·使丁(사정)·廷丁(정정)」 ③ 고무래 정: 고무래. 「丁字形(정자형)」 テイ·チョウ ① ひのと

정:[井]* ① 우물 정: 우물. 「井水(정수)·井底蛙(정저와)·油井(유정)」 ② 마을 정: 마을. 「市井(시정)」 ③ 조리 정: 단정하다. 「井井(정정)·井間(정간)·井然(정연)」 ショウ·セイ ① いど

정[叮] ① 정성스러울 정: 정성스럽다. 「叮嚀(정녕)」 ② 단단히 부탁할 정: 단단히 부탁하다. 「叮囑(정촉)」 テイ

정:[正]* ① 바를 정: 바르다. 「正大(정대)·公正(공정)·正道(정도)·正方(정방)·正當(정당)·正史(정사)·正僞(정위)·正刻(정각)」 ② 정월 정: 정월. 「正月(정월)·新正(신정)·舊正(구정)·正初(정초)」 ③ 어른 정: 어른. 우두머리. 「正使(정사)·正副(정부)」 セイ·ショウ ① ただしい

정[汀] 물가 정: 물가. 「汀沙(정사)·汀岸(정안)·汀蘭(정란)」 テイ·みぎわ

정[呈] ① 드러낼 정: 드러내다. 「露呈(노정)·呈示(정시)」 ② 드릴 정: 드리다. 「進呈(진정)·贈呈(증정)·拜呈(배정)·呈送(정송)」 テイ ① あらわす

정[廷]* ① 조정 정: 조정. 「朝廷(조정)·廷議(정의)·廷爭(정쟁)·宮廷(궁정)」 ② 법정 정: 법정. 「法廷(법정)·廷吏(정리)」 テイ

정[町] 밭두둑 정: 밭두둑. 「町步(정보)·町畦(정휴)」 チョウ

정[疔] 헌데 정: 헌데. 부스럼. 「疔毒(정독)·疔腫(정종)」 チョウ

정:[定]* 정할 정: 정하다. 정해지다. 「決定(결정)·定價(정가)·定時(정시)·定論(정론)·定員(정원)·定理(정리)·定算(정산)·安定(안정)·平定(평정)」 テイ·ジョウ·さだめる

정[征]* ① 칠 정: 치다. 「征服(정복)·征伐(정벌)·征討(정토)」 ② 갈 정: 가다. 여행하다. 「征路(정로)·征衣(정의)·征人(정인)·遠征(원정)」 セイ ① うつ ② ゆく

정[政]* 정사 정: 정사. 「政事(정사)·政治(정치)·政府(정부)·政變(정변)·參政(참정)·王政(왕정)·民政(민정)·憲政(헌정)·稅政(세정)」 セイ·ショウ·まつりごと

정[亭]* ① 정자 정: 정자. 「亭子(정자)·江亭(강정)」 ② 곧을 정: 곧다. 「亭亭(정정)」 テイ

정[穽] 구덩이 정: 구덩이. 「穽井(정정)·陷穽(함정)」 セイ

정:[訂]* 바로잡을 정: 바로잡다. 「訂正(정정)·訂訛(정와)·訂定(정정)·改訂(개정)·增訂(증정)」 テイ·ただす

정[貞]* 곧을 정: 곧다. 「貞淑(정숙)·貞直(정직)·貞確(정확)·貞女(정녀)·貞婦(정부)·貞志(정지)·忠貞(충정)」 テイ·ただしい

정[酊] 술 취할 정: 술에 취해 비틀거리다. 「酒酊(주정)·酩酊(명정)」 テイ·よう

정[庭]* 뜰 정:마당. 뜰. 「庭園(정원)·庭階(정계)·庭柯(정가)」テイ·にわ

정[挺] ① 빼어날 정:빼어나다. 「挺傑(정걸)·挺立(정립)·挺秀(정수)」② 나아갈 정:앞장서 나아가다. 「挺身(정신)·挺戰(정전)」テイ ① すぐれる

정[釘] 못 정:못. 못질하다. 「釘頭(정두)」テイ·くぎ

정[停]* 머무를 정:머무르다. 「停止(정지)·停刊(정간)·停電(정전)·停留(정류)·停泊(정박)·停船(정선)·停車(정차)·停滯(정체)·停頓(정돈)」テイ·とどまる

정[偵] 엿볼 정:엿보다. 정탐하다. 「偵察(정찰)·探偵(탐정)·偵客(정객)·偵諜(정첩)」テイ·うかがう

정[情]* ① 뜻 정:뜻. 정. 「人情(인정)·情理(정리)·情意(정의)·情人(정인)·心情(심정)·情弟(정제)·情懷(정회)」② 실상 정:실상. 「情狀(정상)·情況(정황)·情勢(정세)·實情(실정)·下情(하정)」ジョウ ① なさけ

정[旌] ① 기 정:기. 「旌旄(정모)·旌旗(정기)」② 표할 정:표시하다. 표창하다. 「旌表(정표)·旌節(정절)·旌賞(정상)」セイ

정[頂]* ① 꼭대기 정:꼭대기. 「山頂(산정)·頂上(정상)·頂芽(정아)·絶頂(절정)」② 정수리 정:정수리. 「頂光(정광)·頂拜(정배)·頂門(정문)」チョウ ① いただき

정[淨]* 깨끗할 정:깨끗하다. 맑다. 「淨化(정화)·淨妙(정묘)·淨寫(정사)·淨洗(정세)·淨水(정수)·淨慧(정혜)」ジョウ·きよい

정[幀] ① 책 꾸밀 정:책을 꾸미다. 「裝幀(장정)」② 그림 족자 탱:그림 족자. 「幀畵(탱화)」テイ

정[晶] ① 밝을 정:밝다. 맑다. 「晶光(정광)·晶晶(정정)·結晶(결정)」② 수정 정:수정. 「水晶(수정)·玉晶(옥정)」ショウ ① あきらか

정[程]* ① 길 정:길. 「旅程(여정)·道程(도정)·程里(정리)·行程(행정)·課程(과정)」② 한정 정:한정. 정도. 「程度(정도)」テイ ② ほど

정[楨] 쥐똥나무 정:쥐똥나무. 「楨幹(정간)」テイ

정[睛] 눈동자 정:눈동자. 「點睛(점정)」セイ

정[碇] 배 멈출 정:배를 멈추다. 「碇泊(정박)」テイ·いかり

정[艇] 거룻배 정:거룻배. 「舟艇(주정)·小艇(소정)·短艇(단정)」テイ

정[鉦] 징 정:징. 「鉦鼓(정고)·鉦鐸(정탁)」ショウ·かね

정[靖] 다스릴 정:다스려 편안하게 하다. 평정하다. 「靖難(정난)·靖國(정국)」セイ·やすんずる

정:[鼎] ① 솥 정:솥. 「鼎足(정족)」② 세 갈래 정:세 갈래. 「鼎立(정립)·鼎談(정담)·鼎坐(정좌)」テイ ① かなえ

정[禎] 상서 정:상서. 「禎祥(정상)·禎瑞(정서)·禎祺(정기)」テイ·さいわい

정[精]* ① 찧을 정:쌀을 곱게 찧다. 「精米(정미)」② 정교할 정:정교하다. 「精巧(정교)·精密(정밀)·精緊(정긴)」③ 성실할 정:성실하다. 「精進(정진)·精誠(정성)·至精(지정)」

④혼 정:혼. 혼백. 정령. 「精神(정신)·精靈(정령)·精魄(정백)」 ⑤정액 정:정액. 「精蟲(정충)·精液(정액)·受精(수정)」 セイ・ショウ ①しらげる ②くわしい ④たましい

정:[鄭] ①나라 이름 정:나라 이름. ②성 정:사람의 성. ③정중할 정:정중하다. 「鄭重(정중)」 テイ

정:[整]* 가지런할 정:가지런하다. 「整理(정리)·整頓(정돈)·整然(정연)·整列(정렬)·整地(정지)」 セイ·ととのえる

정[錠] 덩이 정:덩이. 「錠劑(정제)」 ジョウ

정[靜]* 고요할 정:고요하다. 편안하다. 조용하다. 「靜肅(정숙)·靜境(정경)·靜夜(정야)·靜閑(정한)·安靜(안정)·平靜(평정)·靜止(정지)·靜態(정태)·靜脈(정맥)·靜聽(정청)」 ジョウ·セイ·しずか

정:가[正價] 정당한 값. せいか　net price

정:가[定價] 값을 정함. 또는 정해 놓은 값. ていか　fixed price

정가[情歌] 남녀간의 연정(戀情)을 읊은 노래. =연가(戀歌). じょうか　love song

정:가극[正歌劇] 신화나 고대의 영웅담을 제재로 한 엄숙하고 비극적(悲劇的)인 이탈리아 오페라. 오페라세리아. せいかげき　opera seria

정:각[正刻] 틀림없이 바로 그 시각. 「~12시」 exact time

정:각[定刻] 작정한 시각. 규정한 그 시간. ていこく　appointed hour

정각[政閣] ⇨정당(政堂).

정각[亭閣] 경치나 전망이 좋은 곳에 놀거나 쉬기 위하여 지은 집. 벽이 없이 기둥과 지붕만 있게 지음. =정자(亭子). pavilion

정각[頂角] 이등변삼각형에서 두 등변 사이의 각. 꼭지각의 구용어. ちょうかく　vertical angle

정간[井間] 바둑판처럼 가로세로 여러 줄을 그어 정자(井字) 모양으로 된 각각의 칸살. =사란(絲欄).

정:간[正諫] 임금이나 윗사람에게 바른 말로 충고함. 또는 그 말. せいかん

정간[停刊] 신문·잡지 따위 정기 간행물의 간행을 감독 관청의 명령으로 한때 중지함. 「~처분(處分)」 ていかん　suspension of publication

정간[楨幹] 담을 쌓을 때 양쪽에 세우는 기둥이라는 뜻으로, 사물의 근본을 이르는 말. foundation

정간[精簡] 세밀하게 골라 뽑음. =정선(精選). せいかん careful selection

정간보[井間譜] 조선 세종 때 창안된, '井'자 모양의 칸살을 쳐서 율(律)의 이름을 적어 넣은 악보.

정간지[井間紙] 정간을 친 종이. 글씨를 쓸 때 간격을 고르게 하려고 종이 밑에 받치고 씀. graphpaper

정감[情感] 희로애락(喜怒哀樂)의 정을 일으키는 느낌. 정조(情調)와 감흥(感興). じょうかん　emotion

정:감록[鄭鑑錄] 조선 중기 이후 민간에 성행하였던, 국가의 운명과 백성의 앞날에 대한 예언서.

정강[政綱] ①정치의 강령(綱

정강[精強] 정력이 있고 강함. 精強
せいきょう　　　　　　　vigor

정:객[正客] 주된 손. =정빈(正賓). しょうきゃく
guest of honor

정객[政客] 정계(政界)에서 활동하는 사람. せいかく politician

정거[停車] 차가 멈춤. 또는 차를 멈춤. =정차(停車).「~장(場)」ていしゃ　　stop

정:거[靜居] 세상일에 관여하지 않고 조용히 지냄. retirement

정거장[停車場] 열차가 일정하게 머물러 사람이 타고 내리거나 화물을 싣고 부릴 수 있도록 설비를 갖춘 곳. ていしゃじょう　　station

정:격[正格] 바른 격식. 정당한 규격. ↔변격(變格). せいかく
regularity

정:격[定格] 전기 기기(電氣機器)에 대하여 제조자가 규정한 사용 조건과 그 성능의 범위.「~ 전류(電流)」rating

정격[霆擊] 벼락이 치듯이 세차게 단숨에 침. ていげき

정:견[正見] 불교에서, 팔정도(八正道)의 하나로 제법(諸法)의 진상을 바르게 판단하는 지혜. ↔사견(邪見). しょうけん

정:견[定見] 일정한 주견(主見). ていけん　　fixed opinion

정견[政見] 정치에 관한 견해.「~ 발표회(發表會)」せいけん
political view

정결[貞潔] 여자의 정조가 굳고 행실이 깨끗함. ていけつ
purity

정결[淨潔] 맑고 깨끗함. じょうけつ　　cleanliness

정결[精潔] 순수하고 깨끗함. せいけつ　　cleanliness

정:경[正經] ① 행하여야 할 바른 길. ② 유교(儒敎)에서 올바른 경서(經書). ③ 기독교에서, 신구약(新舊約)의 총칭. せいけい

정경[政經] 정치와 경제.「~ 분리(分離)」せいけい
politics and economics

정경[情景] ① 감흥과 경치. ② 가엾은 처지에 놓여 있는 딱한 형편이나 모습. じょうけい
① sight

정경 부인[貞敬夫人] 조선 시대, 외명부의 한 품계. 정일품·종일품 문무관의 아내에게 주던 칭호.

정:계[正系] 바른 계통. 바른 혈통. =정통(正統). せいけい
legitimate line

정:계[定界] 일정한 경계나 한계를 정함. 또는 그 경계나 한계.

정계[政界] 정치에 관계되는 사회적 분야.「~의 거물(巨物)」せいかい　　political world

정계[淨界] ① 절이나 영지(靈地)와 같은 깨끗하고 성스러운 지역. ② 불교에서, 번뇌를 벗어난 깨끗한 경지. =정토(淨土). じょうかい
① holy confines

정계[精系] 고환(睾丸)에서 복벽(腹壁)으로 이어져 있는 새끼손가락만한 크기의 줄. 그 속에 수정관·신경·혈관 따위가 들어 있음. せいけい

정:계비[定界碑] 조선 숙종 때, 청(淸)나라와의 국경을 정하기 위하여 백두산에 세운 비. 백두산 정계비.

정:계항[定繫港] 선박을 머무

르게 하는 일정한 항구. ていけいこう　port of registry

정고[艇庫] 보트를 넣어 두는 창고. ていこ

정·곡[正鵠] ① 과녁의 한복판. ② 사물의 요점이나 핵심의 비유. 「~을 찌르다」せいこく·せいこう　① bull's-eye ② point

정곡[情曲] 간곡한 정회(情懷). inmost feelings

정·골[整骨] 부러지거나 틍겨진 뼈를 바로잡음. せいこつ　bonesetting

정·공[正攻] ① 정면으로 하는 공격. ② 기계(奇計)를 쓰지 않고 정정당당하게 하는 공격. せいこう　② regular attack

정·과[正果] 여러 가지 과일이나 생강·인삼·연근 따위를 꿀이나 설탕에 조려 만든 음식. =전과(煎果).

정·과[正課] 학교 등에서 반드시 배워야 할 정규(正規)의 과업. せいか　regular course

정·관[定款] 주식 회사나 사단 법인 등의 조직과 업무 집행 따위에 관해서 규정한 근본 규칙. 또는 이를 적은 문서. ていかん　articles of association

정관[精管] 정자(精子)를 정낭(精囊)으로 보내는 관. =수정관(輸精管). せいかん　spermatic duct

정관[靜觀] 조용히 사물을 관찰함. せいかん　contemplation

정·교[正敎] ① 바른 종교. ↔사교(邪敎). ② 동로마 제국 때, 콘스탄티노플을 중심으로 발전하기 시작하여 그리스·러시아 등지로 전파된 기독교의 한 갈래. 그리스 정교. —동방교회(東方敎會). せいきょう　① orthodoxy ② Orthodox Church

정교[政敎] ① 정치와 종교. ② 정치와 교육. せいきょう　① politics and religion ② politics and education

정교[情交] ① 친밀한 교제. ② 남녀간의 육체 관계. じょうこう　① intimacy ② sexual intimacy

정교[精巧] 정밀하고 교묘함. せいこう　elaborateness

정:교사[正敎師] 정교사 자격증을 가지고 정식 교사로 근무하는 교사. regular teacher

정구[庭球] 코트 가운데에 네트를 치고 두 사람 또는 두 팀이 양쪽에 마주서서 라켓으로 공을 쳐서 상대편 코트에 넣는 경기. 테니스. ていきゅう　tennis

정구[停柩] 행상(行喪) 때 상여가 길에 머무르는 일.

정구[精究] 세밀하게 연구함. =정연(精硏). せいきゅう

정국[政局] 정계(政界)의 정세. 정치의 국면. 「중대한 ~」せいきょく　political situation

정국[靖國] 어지럽던 나라를 안정시킴. 「~ 공신(功臣)」せいこく　governing the country in peace

정·군[正軍] 조선 때, 장정으로 군역(軍役)에 복무하던 사람. =정병(正兵).　soldier

정:궁[正宮] 왕비(王妃)·황후(皇后)를 추궁(後宮)에 상대하여 일컫던 말. ↔후궁(後宮)

정:권[正權] 정당한 권리. legal right

정권[政權] 정치를 하는 권력. 통치 기관을 움직일 수 있는 권력. 「~ 쟁탈(爭奪)」せいけん　political power

정:궤[淨几] 깨끗하게 정리된

책상.「명창(明窓)~」じょうき
　　　　　　　　　　clean desk
정:규[正規] 정식의 규정. せいき　　　regularity
정:규[定規] ① 정해진 규칙. ② 제도(製圖) 용구의 한 가지. じょうぎ　① established rule
② measure
정:규군[正規軍] 국가 권력에 의해서 편성·유지되며 정식의 훈련 과정을 거친 군대. せいきぐん　　　　regular army
정:극[正劇] 가면극·인형극·창극 등에 상대하여 보통의 연극을 이르는 말. せいげき
　　　　　　　traditional drama
정극[靜劇] 동작과 대사를 극도로 제한하면서 무대 위의 분위기를 중심으로 내면적 갈등을 표현하는 극의 한 형식. せいげき　　　static drama
정:근[定根] ① 식물의 배(胚)의 유근(幼根)이 자라서 된 뿌리. ② 일체의 공덕을 낳게 한다는 뜻에서, 선정(禪定)을 뿌리에 비유하여 이르는 말.
정근[情近] 정분이 매우 가까움.「~한 사이」intimacy
정근[精勤] 정성을 다하여 부지런히 힘씀.「~상(賞)」せいきん
　　　　　　　　　　diligence
정글[jungle] 밀림(密林). ジャングル
정글짐[jungle gym] 둥근 나무나 철봉(鐵棒)을 가로세로 짜 맞추어서 오르내리거나 건너뛰거나 하게 만든 아동용 놀이 기구. ジャングルジム
정:금[正金] ① 순수한 금. = 순금(純金). ② 지폐에 대하여, 금화·은화 등의 정화(正貨). しょうきん
　　　① pure gold ② specie

정:금[整襟] 옷깃을 여미어 모양을 바로잡음.
　　　　adjusting one's dress
정금미옥[精金美玉] 정련된 금속과 아름다운 옥이라는 뜻으로, 인품이 순수하고 온화함을 비유하여 이르는 말. =정금양옥(精金良玉).
정:기[正氣] ① 만물의 근원이 되는 기운. ② 공명 정대(公明正大)한 힘. 바른 의기(意氣). ↔사기(邪氣).「민족(民族) ~」せいき ② spirits of righteousness
정:기[定期] 일정한 기간이나 기한.「~ 휴업(休業)」ていき　　　fixed period
정기[精氣] ① 만물이 생성하는 원기. ② 정신과 기력. ③ 생명의 원천이 되는 기운. =정력(精力). ④ 맑고 밝은 순수한 기운. せいき
　　　　② spirit and energy
정기[精記] 깨끗하고 정밀하게 기록함. 또는 그 기록.
　　　　　detailed record
정기[精機] 정밀 기계(精密機械)의 준말. せいき
정기[精騎] 날래고 용맹한 기병(騎兵).　　　　dragoon
정:기 간행물[定期刊行物] 정해진 시기마다 발행되는 출판물. 신문·잡지 따위. ていきかんこうぶつ　periodicals
정:기권[定期券] 정기 승차권(定期乘車券)의 준말. ていきけん
정:기 승차권[定期乘車券] 일정한 기간 동안 일정 구간을 왕복할 수 있는 기차·지하철 등의 승차권. 준정기권(定期券). ていきじょうしゃけん
　　　commutation ticket
정:기 총:회[定期總會] 정기적

정:기 휴업[定期休業] 정기적으로 영업을 쉬는 일. 준정휴(定休). 休業 regular holiday

정긴[精緊] 정묘하고 긴요함. =정요(精要). 精緊 exquisiteness and vital importance

정난[靖難] 나라의 위난(危難)을 평정함. 「~ 공신(功臣)」 靖難

정:남[正南] 정남방(正南方)의 준말. 正南

정남[貞男] 동정(童貞)인 남자. =동정남(童貞男). ↔정녀(貞女). 貞男 male virgin

정:남방[正南方] 똑바른 남쪽. 또는 그 방향. 준정남(正南). 正南方 due south

정납[呈納] 물건을 보내어 올림. =정상(呈上)·정송(呈送). 呈納 presentation

정낭[精囊] 남자 생식기의 일부. 수정관에 이어지는 가늘고 긴 주머니 모양의 한 쌍의 기관. 정액의 일부를 이루는 액체를 분비함. せいのう 精囊

정녀[丁女] 한창때의 여자. ↔정남(丁男). ていじょ 丁女 full-grown woman

정녀[貞女] 동정(童貞)인 여자. =동정녀(童貞女). ↔정남(貞男). ていじょ 貞女 virgin

정년[丁年] ① 장정이 된 나이. ていねん ② 태세의 천간(天干)이 정(丁)으로 된 해. ① full age 丁年

정년[停年] 규정에 따라 퇴직(退職)하게 된 나이. ていねん 停年 age limit

정:년[整年] 온 한 해. full year 整年

정:념[正念] 불교에서, 팔정도(八正道)의 하나로 사념(邪念) 正念 을 버리고 항상 수행하기에 정신을 집중하는 일.

정념[情念] 감정에서 일어나는 온갖 생각. じょうねん 情念

정녕[丁寧·叮嚀] 틀림없이, 꼭. 정말로. 「~ 그 말이 사실이니?」 surely 丁寧 叮嚀

정:다각형[正多角形] 변의 길이와 각의 크기가 모두 같은 다각형. =등변 다각형(等邊多角形)·정다변형(正多邊形). せいたかくけい regular polygon 正多角形

정:다면체[正多面體] 모든 면이 다 같은 정다각형이고, 모든 입체각이 다 같은 다면체. せいためんたい regular polyhedron 正多面體

정담[政談] 정치에 관한 담론. せいだん discourse of politics 政談

정담[情談] ① 다정한 이야기. ② 남녀간의 애정어린 이야기. =정화(情話). ① amorous talk 情談

정:담[鼎談] 세 사람이 둘러앉아 이야기함. 또는 그 이야기. ていだん three-man talks 鼎談

정:답[正答] 옳은 답. ↔오답(誤答). せいとう right answer 正答

정:당[正堂] 몸채의 대청. 안당. main room 正堂

정:당[正當] 도리에 맞음. 바르고 마땅함. 「~ 방위(防衛)」 せいとう rightfulness 正當

정당[政堂] 옛날 시골의 관아(官衙). =정각(政閣). local government office 政堂 官衙

정당[政黨] 같은 정견(政見)을 가진 사람들끼리 조직한 정치 단체. 「~ 정치(政治)」 せいとう political party 政黨 政治

정당[精糖] 정제(精製)하여 잡물이 섞이지 않은 설탕. せいとう sugar refining 精糖

정당 내:각[政黨內閣] 의회에 政黨

정:당 방어[正當防禦] ⇨정당 방위(正當防衛).

정:당 방위[正當防衛] 급박하고 부정(不正)한 침해에 대하여, 자기 또는 남의 생명이나 권리를 지키기 위해 부득이하게 행하는 가해 행위. 법적으로 무죄가 됨. =긴급 방위(緊急防衛)·정당 방어(正當防禦). せいとうぼうえい　legal defense

정:대[正大] 바르고 당당함. 「공명(公明) ~」 せいだい　fairness

정:도[正道] 올바른 길. 정당한 도리. ↔사도(邪道). せいどう　right way

정도[征途] ① 전쟁하러 나가는 길. ② 여행을 떠나는 길. ③ 경기에 참가하려고 가는 길. せいと　① way to the front ② journey

정:도[定都] 도읍을 정함. =건도(建都). establishment of capital

정:도[定道] 저절로 정해진 도리. 변경할 수 없는 도리. 「~론(論)」 ていどう　principle

정:도[定賭] 풍흉(豊凶)에 관계 없이 해마다 일정하게 정한 도조(賭租). =정조(定租).

정도[政道] 정치의 방침. 시정(施政)의 방침. せいどう administration

정도[程度] ① 적당한 한도. 「~문제(問題)」 ② 얼마 가량의 분량. 「1시간(時間) ~」 ていど　① proper limit

정도[精到] 아주 정묘한 경지에 이름. せいとう being minutely careful

정도[精度] 정밀한 정도. =정밀도(精密度). せいど　precision

정독[精讀] 여러 모로 살피어 자세히 읽음. せいどく　persual

정돈[停頓] 막혀 나아가지 않음. 침체(沈滯)됨. 「~ 상태(狀態)」 ていとん　deadlock

정:돈[整頓] 가지런히 정리함. 「정리(整理) ~」 せいとん arrangement

정:동[正東] 정동방(正東方)의 준말.

정동[情動] 희비노공(喜悲怒恐)과 같이 갑자기 일어나는 일시적인 감정. じょうどう

정동[精銅] 조동(粗銅)을 정련하여 만든 순수한 구리. せいどう　refined copper

정:동방[正東方] 똑바른 동쪽. 또는 그 방향. 준정동(正東). due east

정:란[靖亂] 나라의 난리를 평정함. 「~ 공신(功臣)」 repression

정랑[情郞] 남편 외에 정을 두고 지내는 남자. lover

정략[政略] ① 정치상의 책략(策略). ② 어떤 일을 이루기 위한 방법과 계략. =방략(方略). せいりゃく　① political tactics ② artifice

정략 결혼[政略結婚] 당사자의 의사를 무시하고 주혼자(主婚者)의 이익만을 위하여 강제로 시키는 결혼. =정략혼(政略婚). せいりゃくけっこん marriage of convenience

정:량[正量] 물건의 외피(外皮)나 용기(容器) 따위의 무게를 뺀 실질적인 무게.

정:량[定量] 일정한 분량. ていりょう　fixed quantity

정량[精良] 매우 정묘하고 훌륭

함. せいりょう　　　　fineness
정:량 분석[定量分析] 화학 분석의 한 방법. 물질을 구성하고 있는 각 성분의 양적 관계를 측정하여 분석함. ていりょうぶんせき quantitative analysis
정려[旌閭] 충신·효자·열녀 등을, 그 마을에 정문(旌門)을 세워 표창하던 일.
정려[精慮] 매우 세밀히 생각함. 또는 그러한 생각. せいりょ thinking in detail
정려[精勵] 부지런히 힘씀. せいれい　diligence
정:려[靜慮] 조용히 생각함. = 정사(靜思). せいりょ meditation
정:력[定力] 불교에서, 오력(五力)의 하나로 선정(禪定)에 의하여 마음을 한 곳에만 쏟게 하는 일. じょうりき
정력[精力] 정신이나 육체의 활동력. 「~ 왕성(旺盛)」 せいりょく·せいりき　energy
정력주의[精力主義] 도덕의 목표인 지선(至善)을 실현하기 위하여 개인의 능력을 충분히 발달시키고자 하는 주의. せいりょくしゅぎ　energism
정련[精練] ① 길 연습함. ② 천연 섬유에 들어 있는 잡물을 없애고 표백이나 염색을 안전하게 하기 위한 준비 공정. せいれん
① good training ② scouring
전련[精鍊] ① 잘 단련함. ② 광석에서 금속을 뽑아 내어 정제(精製)하는 일. せいれん
① training ② refining
정렬[貞烈] 여자의 정조가 굳고 행실이 바름. ていれつ chastity
정:렬[整列] 가지런히 벌려 섬. せいれつ　standing in a row

정렬부인[貞烈夫人] ① 정조가 있는 부인. ていれつふじん ② 지난날, 정렬(貞烈)한 부인에게 내리던 가자(加資).
① highly virtuous woman
정령[政令] 정치상의 명령이나 법령. せいれい
government ordinance
정령[精靈] ① 죽은 사람의 넋. ② 원시 종교에서, 동식물이나 그 밖의 모든 사물에 깃들여 있다고 믿던 혼령. ③ 만물의 근원이 된다고 하는 신령스러운 기운. せいれい·しょうりょう
① spirit of a dead person
정:례[定例] ① 일정한 규례(規例). ② 정해진 사례 또는 관례(慣例). 「~ 기자 회견」 ていれい·じょうれい　usage
정례[頂禮] 가장 공경하는 뜻으로, 엎드려 이마가 땅에 닿도록 하는 절.　deep bow
정례[情禮] 정리(情理)와 예의.
reason and courtesy
정:로[正路] 바른 길. =정도(正道). せいろ　right path
정:론[正論] 바른 언론. 이치에 맞는 이론이나 주장. せいろん
sound argument
정:론[定論] ① 일반적으로 통용되는 고정된 언론. ② 확정된 학문상의 이론. ていろん
① fixed opinion ② established theory
정론[政論] 정치에 관한 언론. せいろん political argument
정류[停留] 탈것 따위가 어떤 곳에 머무름. 「~장(場)」 ていりゅう　stoppage
정류[精溜] 액체를 분류(分溜)하여 그 속에 섞인 잡물을 없애는 일. rectification
정:류[整流] ① 전류의 교류(交

流)를 직류(直流)로 바꿈. 直流
「~관(管)」② 물이나 공기 같
은 유체의 흐름을 고르게 함.
せいりゅう　① rectification
정:류관[整流管] 정류기로 쓰 整流管
이는 전자관. 방전관과 진공 真空管
관이 있음. せいりゅうかん
　　　　　rectifying tube
정:류기[整流器] 교류(交流)를 整流器
직류(直流)로 바꾸는 장치. 交流
せいりゅうき　rectifier
정류소[停留所] ⇨정류장(停留 停留所
場). ていりゅうじょ
정:류자[整流子] 직류의 발전 整流子
기나 전동기 등에서, 정류 작
용을 하는 부분. 「~ 전동기(電 電動機
動機)」 せいりゅうし
　　　　　　　commutator
정:류자 전:동기[整流子電動 整流子電動
機] 정류자를 가지는 전동기. 動機
せいりゅうしでんどうき
　　　　commutator motor
정:류 작용[整流作用] 교류를 整流
직류로 바꾸는 작용. 作用
　　　　　rectifying action
정류장[停留場] 기동차나 전차 停留場
따위가 사람을 태우고 내리게
하기 위해서 잠시 멈추는 일
정한 곳. =정류소(停留所).
　　　　　　　　station
정:률[定律] 정해진 규칙이나 定律
법칙. ていりつ　fixed law
정:률[定率] 일정한 비율(比率). 定率
ていりつ　fixed rate
정:리[正理] 올바른 도리. せいり 正理
　　　　　　　　reason
정리[廷吏] 법원에서, 법정 내 廷吏
의 각종 사무나 소송 서류의
송달 등을 맡아 하는 직원.
ていり　court clerk
정:리[定理] 공리(公理)나 정의 定理
(定義)를 바탕으로 하여 진리
임이 증명된 명제. 「피타고라

스의 ~」 ていり
　　　established theory
정리[情理] 인정과 도리. じょ 情理
うり　humanness
정:리[整理] ① 어수선한 상태 整理
를 질서 있게 바로잡음. ② 불
필요한 것을 없앰. せいり
　　　　　① arrangement
정:립[定立] 어떤 판단이나 명 定立
제(命題)를 설정함. =조정(措
定). ていりつ　thesis
정:립[鼎立] 셋이 벌여 섬. = 鼎立
정치(鼎峙). ていりつ
　　　triangular position
정마[征馬] ① 먼 길을 가는 말. 征馬
② 전장에 나가는 말. せいば
　　　　① traveller's horse
정마[停馬] 가는 말을 멈추게 함. 停馬
　　　　　stopping a horse
정맥[精麥] 보리를 찧어서 대낌. 精麥
또는 깨끗하게 쓿은 보리쌀.
せいばく　cleaning barley
정맥[靜脈] 몸의 각 부분에서 피 靜脈
를 모아 심장으로 보내는 혈관.
↔동맥(動脈). じょうみゃく 動脈
　　　　　　　　vein
정맥류[靜脈瘤] 정맥에 피가 잘 靜脈瘤
돌지 않아서 부분적으로 혹처
럼 이상 확장된 것. じょうみゃ
くりゅう　varix
정맥혈[靜脈血] 정맥을 통하여 靜脈血
심장으로 보내지고 다시 폐동
맥을 거쳐 폐로 운반되는 노 老廢
폐(老廢)한 피. じょうみゃく
けつ　venous blood
정:면[正面] ① 앞쪽 면. ② 바 正面
로 마주 보이는 쪽의 면. しょ
うめん　① front
정:면도[正面圖] 물체의 정면 正面圖
을 그린 그림. しょうめんず
　　　　　　　front view
정:명[正明] 성내(正大)하고 공 正明
명(公明)함.　fairness

정:명[正命] ①불교에서, 팔정도(八正道)의 하나로 정법을 따르는 바른 생활. しょうみょう ②타고난 수명.

정:명[定命] ①태어날 때부터 정해진 운명. ②불교에서, 전생(前生)의 정업(定業)으로 타고난 목숨. ていめい・じょうみょう

정명[精明] 깨끗하고 밝음. 「~한 빛깔」 clearness and brightness

정:모[正帽] 정복(正服)을 입을 때 갖추어 쓰는 모자. full-dress hat

정모[情貌] 심정(心情)과 용모. feeling and appearance

정묘[淨妙] 깨끗하고 절묘함. じょうみょう neatness and exquisiteness

정묘[精妙] 정교하고 묘함. 「~한 필치(筆致)」 せいみょう subtlety

정묘호란[丁卯胡亂] 조선 인조 5년에 후금(後金)이 침입한 난리.

정무[政務] 정치에 관한 사무. せいむ government business

정무[停務] 사무를 멈추고 쉼. resting from one's duty

정무관[政務官] 내각 책임제에서, 장관을 도와 오직 정책에만 관여하며 국회와의 연락·교섭을 맡아 하는 관리. せいむかん parliamentary official

정묵[靜默] 말이 없이 조용함. せいもく silence

정:문[正文] 주석이나 부록 따위에 대하여 본문(本文). せいぶん text

정:문[正門] 정면에 있는 문. せいもん front gate

정문[旌門] 지난날, 충신·효자·열녀 등을 표창하기 위하여 그의 집 앞이나 마을 앞에 세우던 붉은 문. =홍문(紅門).

정문금추[頂門金椎] 정수리를 쇠망치로 두드린다는 뜻으로, 정신을 바짝 차리도록 깨우침의 비유.

정문일침[頂門一鍼] 정수리에 침을 놓는다는 뜻으로, 따끔한 충고의 비유. ちょうもんいっしん piercing reproach

정물[靜物] ①움직이지 않는 물체. ②정물화(靜物畵)의 준말. せいぶつ ① inanimate thing

정물화[靜物畵] 꽃·과일·기물 따위의 정물을 소재로 하여 그린 그림. 준정물(靜物). せいぶつが picture of still life

정미[情味] 따뜻한 인정의 맛. =인정미(人情味). じょうみ humanity

정미[精米] ①기계로 벼를 찧어 쌀을 만드는 일. 「~소(所)」 ②정백미(精白米)의 준말. せいまい ① rice polishing

정미[精美] 정교하고 아름다움. 「~한 장식(裝飾)」 せいび supreme beauty

정미[精微] 정밀(精密)하고 미세함. 「~한 실험(實驗)」 せいび minuteness

정미소[精米所] 곡식을 찧거나 빻는 곳. 방앗간. rice mill

정미업[精米業] 정미하는 영업. せいまいぎょう rice-cleaning industry

정민[貞敏] 마음이 곧고 영민함. honesty and smartness

정민[精敏] 정밀하고 민첩함. せいびん minuteness and nimbleness

정밀[精密] 아주 정교하고 세밀함. 「~기기(機器)」 せいみつ

정밀[靜謐] 고요하고 편안함. 精謐
「~한 분위기」せいひつ
precision / peacefulness

정밀 기계[精密機械] 공차(公 精密機械
差)가 아주 작고 정밀하게 만
들어진 기계. 준정기(精機).
せいみつきかい
precision instrument

정박[碇泊] 배가 닻을 내리고 머 碇泊
묾. ていはく anchorage

정:반대[正反對] 완전히 반대 正反對
되는 일. せいはんたい
direct opposite

정:반사[正反射] 투사된 광선 正反射
이 반사 법칙에 따라 일정한
방향으로 되비치는 현상. せ
いはんしゃ

정:반응[正反應] 가역 반응(可 正反應
逆反應)에서, 화학 변화가 본
디의 물질로부터 생성 물질의
방향으로 나아가는 반응. ↔역
반응(逆反應). せいはんのう
forward reaction

정:반합[正反合] 헤겔에 의하여 正反合
정식화(定式化)된, 변증법의 定式化
논리 전개의 세 단계. 곧, 정
립(定立)·반립(反立)·종합(綜
合)을 이름. せいはんごう
thesis-antithesis-synthesis

정:방[正方] ①똑바른 사각(四 正方
角). ②똑바로 보이는 정면
(正面). せいほう ① square

정방[淨房] 뒷간. 변소. toilet 淨房

정:방형[正方形] ⇨정사각형(正 正方形
四角形). せいほうけい

정:배[正配] 혼례식을 치르고 正配
맞은 아내. =적처(嫡妻). せ
いはい

정:배[正褙] 초배(初褙)를 한 正褙
뒤에 정작으로 하는 도배.
final facing

정:배[定配] 지난날, 귀양보낼 定配
곳을 정하고 죄인을 귀양보내
던 일. =찬배(竄配). exile

정배[頂拜] 머리를 숙여 절함. 頂拜
bowing

정백[精白] ①아주 힘. 또는 아 精白
주 깨끗하게 흰 빛. =순백(純
白). ②쌀이나 보리를 쓿어 희
게 만듦. 「~미(米)」せいはく
① pure white ② polishing

정백미[精白米] 깨끗하게 쓿은 精白米
흰쌀. 아주먹이. 준정미(精米).
せいはくまい polished rice

정벌[征伐] 무력으로 적이나 죄 征伐
있는 무리를 침. =정토(征討).
せいばつ subjugation

정:범[正犯] 형법상 범죄의 구 正犯
성 요건에 해당하는 행위, 즉
실행 행위를 한 자. =주범(主
犯). ↔종범(從犯). せいはん
principal offender

정:법[正法] ①올바른 법칙. ② 正法
불교에서, 바른 교법(敎法). せ
いほう orthodox law

정법[政法] ①정치의 법도. ② 政法
정치와 법률. せいほう
② government and law

정:법[定法] 정해진 법칙. てい 定法
ほう fixed law

정변[政變] 내각의 돌연한 교체 政變
나 쿠데타 등 정치상의 큰 변동.
せいへん political change

정:병[正兵] ①⇨정군(正軍). 正兵
②정정당당하게 정면으로 공격
하는 군사. せいへい

정병[精兵] 우수하고 강한 군사. 精兵
せいへい picked troops

정보[町步] 땅의 넓이가 정(町) 町步
으로 끝이 나고 끝수가 없을 때
의 단위. ちょうぶ acreage

정보[情報] ①어떤 사물에 관한 情報
구체적인 소식. 또는 그 내용
이나 자료. 「산업(産業) ~」
②적에 관한 상황. 또는 그 보

고. じょうほう　information

정:복[正服] ① 의식 때에 입는 정식의 옷. ② ⇨제복(制服). せいふく　① formal attire

정복[征服] ① 정벌하여 복종시킴. ② 어려운 일을 이겨 내어 뜻한 바를 이룸. ③ 자연 현상 따위를 이용할 수 있도록 그 내용이나 법칙을 밝혀 냄. せいふく　① conquest

정:본[正本] 문서의 원본(原本). ↔부본(副本). しょうほん・せいほん　original

정:본[定本] 이본(異本)이 많은 고전 등에서 오류·오식을 검토·정정한 가장 표준이 될 만한 책. ていほん authentic book

정:부[正否] 옳고 그름. せいひ　right and wrong

정:부[正副] 으뜸과 버금. 「~의장(議長)」 せいふく　principal and vice

정부[征夫] ① 출정(出征)하는 군사. ② 먼 길을 가는 사람. せいふ

정부[政府] ① 국가의 통치권을 행사하는 입법(立法)·행정(行政)·사법(司法)의 세 기관을 통틀어 이르는 말. ② 내각 또는 행정부(行政府) 및 그에 부속된 행정 기구. せいふ government

정부[貞婦] 정조가 굳은 여자. =정녀(貞女). ていふ　chaste woman

정부[情夫] 남편 이외에 정을 통하고 있는 남자. じょうふ lover

정부[情婦] 아내 이외에 정을 통하고 있는 여자. じょうふ　mistress

정:북[正北] 정북방(正北方)의 준말. ↔정남(正南).

정:북방[正北方] 똑바른 북쪽. 또는 그 방향. 준정북(正北). due north

정분[情分] 사귀어 정이 든 정도. 정이 넘치는 따뜻한 마음. friendly feelings

정:비[正比] 반비(反比)에 대하여, 보통의 비. ↔반비(反比)·역비(逆比). せいひ direct ratio

정:비[整備] 정돈하여 바로 갖춤. 「~공(工)」 せいび complete equipment

정:비례[正比例] 두 양이 같은 비율로 증가하거나 감소하는 일. ↔반비례(反比例)·역비례(逆比例). せいひれい direct proportion

정:비례[定比例] 일정한 비율(比率). ていひれい constant proportion

정:비례율[定比例律] 모든 화합물은 그 성분 원소의 질량의 비가 일정하다는 법칙. =정비례 법칙(定比例法則). law of definite proportions

정:빈[正賓] 주되는 손. =정객(正客). せいひん guest of honor

정:사[正史] ① 정확한 사실을 바탕으로 하여 편찬한 역사. ② 기전체(紀傳體)로 된 중국 역대의 역사. せいし　① authentic history

정:사[正邪] ① 올바른 일과 사악한 일. ② 정기(正氣)와 사기(邪氣). せいじゃ　① right and wrong

정:사[正使] 사신(使臣)의 우두머리. せいし chief delegate

정:사[正寫] ① 글씨를 흘려 쓰지 않고 또박또박 박아서 씀. ② 초잡은 글을 정식으로 베껴 씀. =정서(正書).

정사[政事] 나라를 다스리는 일. 또는 정치에 관한 일. せいじ

political affairs
정사[情史] 남녀간의 애정에 관한 기록 또는 소설. じょうし　romance

정사[情死] 사랑하는 남녀가 사랑을 이루지 못하여 함께 자살함. じょうし　love suicide

정사[情事] 남녀의 사랑에 관한 일. じょうじ　love affair

정사[情思] ① 감정과 생각. ② 남녀가 서로 사랑하는 마음. じょうし　① feeling and thinking ② love

정사[淨寫] 깨끗하게 옮겨 베낌. =정서(淨書). じょうしゃ　fair copy

정사[精舍] ① 학문을 가르치려고 세운 집. ② 정신을 수양하는 곳. ③ 불도를 닦는 곳. しょうじゃ　① private school

정사[精査] 상세하게 조사함. せいさ　careful examination

정사[靜思] 조용히 생각함. せいし　meditation

정:사각형[正四角形] 네 각의 크기와 네 변의 길이가 모두 같은 사각형. =평방형(平方形)·정방형(正方形). regular square

정:사영[正射影] 한 점에서 한 직선 또는 한 평면 위에 그은 수선의 발. せいしゃえい　orthogonal projection

정:사원[正社員] 일정한 자격을 갖춘 정식의 사원. せいしゃいん　regular member

정:삭[正朔] ① 정월 초하루. ② 책력(册曆). せいさく　① New Year's Day ② calendar

정:산[正産] 정상적으로 해산함. normal delivery

정산[精算] 세밀하게 계산함. せいさん　accurate calculation

정:삼각형[正三角形] 세 변의 길이와 세 각의 크기가 다 같은 삼각형. =등각 삼각형(等角三角形)·등변 삼각형(等邊三角形). せいさんかっけい　regular triangle

정:상[正常] 바른 상태. 제대로 인 상태. せいじょう　normalcy

정:상[呈上] 물건을 바침. =정납(呈納). ていじょう　presentation

정:상[定常] 일정하여 변하지 않음. ていじょう　regularity

정상[政商] 정치가와 결탁하고 있는 상인. 「～배(輩)」せいしょう　businessman with political affiliation

정상[頂上] ① 산의 꼭대기. ② 그 이상 더 없는 최고의 것. =최상(最上). ③ 국가의 수뇌. 「～회담(會談)」ちょうじょう　① top ② climax ③ summit

정상[情狀] ① 실제의 사정과 형편. じょうじょう　② 가엾은 형편. ① circumstance

정상[精詳] 정밀하고 상세함. =정세(精細). 「～한 보고문(報告文)」 minuteness

정상배[政商輩] 정치 권력을 이용하여 사사로운 이익을 꾀하는 무리. せいしょうはい　businessmen with political affiliation

정:상아[正常兒] 심신(心身) 상태에 아무런 이상이 없는 어린이. ↔이상아(異常兒). せいじょうじ　normal child

정상 작량[情狀酌量] 범죄의 정상(情狀)에 참작할 만한 사유가 있을 때, 법관이 이를 헤아려 형을 경감하는 일. =작량 감경(酌量減輕)·정상 참작(情狀參酌). じょうじょうしゃく

りょう　making allowance for circumstances

정:상파[定常波] 서로 역방향으로 진행하는 두 파동이 겹쳐서 생기는 진행하지 않는 파동. =정립파(定立波). ていじょうは　stationary wave

정:상화[正常化] 비정상적인 것이 정상대로 됨. 또는 그렇게 되게 함.　normalization

정상 회:담[頂上會談] 각국의 최고 수뇌끼리의 회담. 「~이 열리다」ちょうじょうかいだん　summit meeting

정:색[正色] ① 안색을 바로 하고 진지한 태도를 가짐. =정안(正顏). ② 얼굴에 나타난 엄정(嚴正)한 기색. ③ 다른 빛깔이 섞이지 않은 순수한 빛깔. 곧 적·청·황·백·흑. ↔간색(間色). せいしょく ① serious look ③ primary colors

정색[呈色] 빛깔을 나타냄. 「~반응(反應)」ていしょく

정:색 건판[整色乾板] 보통 건판보다 녹색(綠色)에 강한 감광성을 보이는 사진 건판. せいしょくかんぱん　orthochromatic plate

정색 반:응[呈色反應] 발색(發色)이나 변색(變色)의 현상이 따르는 화학 반응. ていしょくはんのう　color reaction

정:서[正西] 정서방(正西方)의 준말. ↔정동(正東).

정:서[正書] ① 글씨를 또박또박 박아서 씀. せいしょ ② 초 잡은 글을 정식으로 베껴서 씀. =정사(正寫). ① writing in square style ② fair copy

정서[淨書] 글씨를 깨끗하게 씀. =청서(淸書)·정사(淨寫). じょうしょ　clear copy

정서[情緖] ① 어떤 사물에 접했을 때 일어나는 여러 가지 감정. ② 희로애락(喜怒哀樂) 따위의 감정. 또는 그러한 감정의 표현. じょうしょ·じょうちょ　emotion

정서[精書] 정신을 가다듬어 글씨를 정하게 씀.　neat writing

정:서방[正西方] 똑바른 서쪽. 또는 그 방향. 준정서(正西).　due west

정:석[定石] ① 바둑에서, 공격과 수비에 가장 좋은 수로 알려져 있는 방식으로 돌을 놓음. 또는 그 방식. ② 일을 처리하는 일정한 방식. じょうせき　② formula

정:석[鼎席] 조선 때, 정승(政丞)의 지위를 이르던 말.

정:선[正善] 마음이 바르고 착함.　honesty

정선[汀線] 해면(海面) 또는 호면(湖面)과 육지와의 경계선(境界線). ていせん　beach line

정선[停船] 가던 배가 멈춤. 또는 가던 배를 멈추게 함. 「~명령(命令)」ていせん stopping of a ship

정선[精選] 정밀하게 골라 뽑음. せいせん　careful selection

정:설[定說] 확정된 학설. 또는 일반적으로 인정되고 있는 설. ていせつ　established theory

정성[情性] 인정과 성질. =성정(性情). じょうせい　nature

정성[精誠] 거짓이 없는 성실한 마음. せいせい　sincerity

정:성 분석[定性分析] 조사하려는 물질이 어떠한 성분으로 이루어졌는가를 알아내기 위하여 실시하는 화학 분석. ていせいぶんせき　qualitative analysis

정세[情勢] 일이 되어 가는 사정과 형세.「~ 관망(觀望)」じょうせい　situation

정세[精細] 정밀하고 상세함. =정상(精詳). せいさい　minuteness

정세포[精細胞] 정자(精子) 형성에서, 정모 세포(精母細胞)가 분열하여 생긴 네 개의 세포. ↔난세포(卵細胞). せいさいほう　sperm cell

정소[呈訴] 소장(訴狀)을 냄. =정장(呈狀). sending in a complaint

정소[淨掃] 깨끗하게 함. cleaning

정소[情疎] 친하던 정분이 버성김. じょうそ　estrangement

정소[精巢] 정자(精子)를 형성하는 기관. 정집. ↔난소(卵巢). せいそう　testis

정:속[正俗] 도리에 맞고 올바른 풍속. ↔이속(異俗). regular manners

정쇄[精灑] 맑고 깨끗함. 精灑 clearness

정수[井水] 우물물. せいすい　well water

정:수[正手] 장기나 바둑 따위에서, 속임수나 암수가 아닌 정당한 수.　right method

정:수[正數] 영(零)보다 큰 수. 양수(陽數)의 구용어. ↔부수(負數). せいすう　positive number

정:수[定數] ① 정해진 운수. ② 일정한 수효. ③ 상수(常數)의 구용어. ↔변수(變數). ていすう　① fate ② fixed number

정수[淨水] 깨끗한 물. じょうすい　clean water

정수[精水] ⇨정액(精液).

정수[精修] 정세(精細)하게 학문을 닦음. making a detailed study

정수[精粹] 가장 순수하고 깨끗한 것. せいすい　purity

정수[精髓] 사물의 가장 긴요한 부분. せいずい　essence

정수[靜水] 흐르지 않고 괴어 있는 물.「~압(壓)」せいすい　still water

정수[靜修] 마음을 고요히 하여 학덕(學德)을 닦음. せいしゅう　studying with a quiet mind

정:수[整數] 자연수 전체와 이에 대응하는 음수 및 0을 통틀어 이르는 말. せいすう　integer

정:수 비:례[定數比例] 어떤 화합물이 조성될 때에 각 물질 사이의 일정 불변한 비례. =상수 비례(常數比例). constant proportion

정수 식물[挺水植物] 수생 식물(水生植物)의 한 가지. 뿌리는 물 밑의 땅에 내리고 잎이나 줄기 따위는 물위에 나와 있는 식물. 연꽃·갈대 따위. ていすいしょくぶつ　emerged plant

정수지[淨水池] 상수도에서, 여과지(濾過池)에서 거른 맑은 물을 모아 두는 못. じょうすいち　clear well

정숙[貞淑] 여자의 품행이 바르고 마음씨가 고움. ていしゅく　chastity

정숙[情熟] 정분이 두터워서 친숙함.　intimacy

정숙[精熟] 사물에 정통하고 능숙함. せいじゅく　conversance

정숙[靜淑] 태도가 조용하고 얌전함. せいしゅく　gentleness

정숙[靜肅] 고요하고 엄숙함.「~한 장내(場內)」せいしゅく

정ː숙[整肅] 의용(儀容)이 단정하고 엄숙함. せいしゅく modesty quietness

정순[貞順] 정숙하고 마음씨가 온순함. ていじゅん gentleness

정승[政丞] 조선 때, 의정부의 영의정·좌의정·우의정을 이르던 말. minister of State

정시[丁時] 이십사시(二十四時)의 열넷째 시. 곧, 상오 1시를 중심으로 한 앞뒤 각 30분 동안.

정ː시[正視] ①똑바로 봄. ②정시안(正視眼)의 준말. せいし ① looking straight

정시[呈示] 내어 보임. =제시(提示). ていじ presentation

정ː시[定時] ①정한 시간. ②일정한 시기. ていじ ① fixed time

정ː시안[正視眼] 바른 시력(視力)의 눈. 준정시(正視). せいしがん emmetropia

정ː식[正式] 규정에 따른 올바른 방식. ↔약식(略式). せいしき formality

정ː식[定式] 일정한 방식. 정해져 있는 의식(儀式). ていしき established rule

정ː식[定食] 식당 등에서, 일정한 요리 종류를 정해 놓고 한 끼분의 끼니가 되게 차려 내는 음식. ていしょく regular meal

정ː식[定植] 묘상(苗床)에서 기른 모종을 심을 자리에 정식으로 옮겨 심는 일. ↔가식(假植). ていしょく bedding out young plants

정식[淨食] 불교에서, 채식(菜食)으로 된 식사를 이름. vegetable diet

정ː식[整式] 다항식(多項式)의 구용어. せいしき

정식[靜息] 조용히 멈춤. 고요히 쉼. せいそく taking a rest

정ː식 재판[正式裁判] 약식 명령이나 즉결 심판에 불복 신청을 하였을 때에 행하여지는 통상의 공판 절차. せいしきさいばん formal trial

정신[挺身] 남보다 앞장서서 나아감. ていしん volunteering

정신[艇身] 보트의 길이. ていしん boat's length

정신[精神] ①마음이나 생각. ↔육체(肉體). ②사물을 대하는 마음의 자세(姿勢). ③물질적인 것을 초월한 영적(靈的)인 존재. ↔물질(物質). ④사물의 근본이 되는 의의나 목적. 「민주주의(民主主義) ~」 せいしん ① mind ③ soul

정신 감정[精神鑑定] 재판에서, 피고인의 정신 상태가 어떠한지 정신 의학적인 판단을 내리는 일. せいしんかんてい psychiatric test

정신계[精神界] 정신이 작용하는 분야. ↔물질계(物質界). せいしんかい mental world

정신 과학[精神科學] 인간의 정신 활동으로 인한 여러 문화 현상을 연구하는 학문. せいしんかがく mental science

정신 교ː육[精神敎育] 의지의 단련이나 덕성의 함양 따위를 목적으로 하는 교육. せいしんきょういく moral education

정신 노동[精神勞動] 주로 두뇌(頭腦)를 쓰는 노동. ↔근육 노동(筋肉勞動)·육체 노동(肉體勞動). せいしんろうどう brain work

정신론[精神論] 정신이 경험으로부터 독립된 이성(理性)의 실체임을 주장하는 견해. せい

정신 문명[精神文明] 인간의 정신 활동의 물질적·기술적 소산(所産)을 통틀어 이르는 말. ↔물질 문명(物質文明). せいしんぶんめい moral civilization / しんろん idealism

정신 문화[精神文化] 인간의 정신 활동의 가치적 소산(所産)을 통틀어 이르는 말. 곧 사상·학술·예술·종교 따위. せいしんぶんか spiritual culture

정신 물리학[精神物理學] 실험 심리학의 한 부문. 정신과 육체의 관계를 규명하기 위하여, 의식 변화를 자극 변화의 함수로 하여 측정 연구함. せいしんぶつりがく psychophysics

정신 박약아[精神薄弱兒] 선천적·후천적인 중추 신경계의 장애로 인해 지능 발달이 항구적으로 저지되어 있는 아이. せいしんはくじゃくじ mentally deficient child

정신병[精神病] 정신의 이상으로 말미암은 병적 상태. せいしんびょう mental disease

정신 분석[精神分析] 인간의 심층 심리를 연구하는 한 방법. 자유 연상법·꿈의 분석·감정 전이(感情轉移) 등을 이용함. せいしんぶんせき psychoanalysis

정신 분열증[精神分裂症] 청년기에 많은 정신병의 한 가지. 사고 과정에 논리적 연결성이 없어지고 감정 표현이 조화가 안 되며, 자폐적 증세나 비정상적인 사고와 행동 등의 증세를 나타냄. せいしんぶんれつしょう schizophrenia

정신 생활[精神生活] ①생활의 의의를 주로 정신적인 것에 두는 상태. ②인간의 생활 활동 가운데 정신적인 면. せいしんせいかつ spiritual life

정신 연령[精神年齡] 지능의 발달 정도를 나이로 나타낸 것. せいしんねんれい mental age

정신 작용[精神作用] 정신이 활동하여 어떤 기능을 발휘하는 일. せいしんさよう mental action

정신 착란[精神錯亂] 중증(重症)의 의식 장애. 지각·기억·주의·사고 따위의 지적(知的) 능력이 일시적으로 상실되는 상태. せいしんさくらん delirium

정:실[正室] 첩에 대하여, 정식으로 혼인하여 맞은 아내를 이르는 말. 큰마누라. =적실(嫡室)·본처(本妻). せいしつ lawful wife

정:실[正實] 바르고 참됨. せいじつ righteousness

정실[貞實] 여자가 마음이 곧고 성실함. ていじつ fidelity

정실[情實] ①실제의 사정. ②사사로운 인정에 끌리는 일. 「~인사(人事)」じょうじつ ② personal considerations

정:심[正心] 바른 마음. 또는 마음을 가다듬어 바르게 함. せいしん bracing oneself

정:아[定芽] 줄기나 가지의 맨 끝 또는 겨드랑이 등 정해진 자리에서 나는 싹. ↔부정아(不定芽). ていが

정:악[正樂] ①국악에서, 넓은 의미의 아악(雅樂)을 이르는 말. ②속되지 않은 음악. ↔속악(俗樂). せいがく ① court music

정:안[正顔] ⇨정색(正色).

정:압[定壓] 일정한 압력(壓力). =상압(常壓). 「~기체 온도계

(氣體溫度計)」ていあつ constant pressure

정압력[靜壓力] 비압축성 유체에서 흐름과 평행한 면에 수직으로 작용하는 힘. ↔동압력(動壓力). static pressure

정:압 비:열[定壓比熱] 일정한 압력 아래서, 물체 1g의 온도를 1℃ 올리는 데 필요한 열량. ていあつひねつ

정애[情愛] 사귀어 두터워진 정. 따뜻한 사랑. じょうあい affection

정:액[定額] 일정한 액수. 정해진 금액. 「～초과(超過)」ていがく fixed amount

정액[精液] ① 남성 생식기에서 분비되는 정자(精子)가 섞여 있는 액체. =정수(精水)·음수(陰水). ② 물건의 순수한 정기를 뽑은 액체. せいえき ① semen ② extract

정:액등[定額燈] 일정한 전기의 촉대수 등의 수에 따라 요금을 내는 전등. ていがくとう fixed-rate lamp

정야[丁夜] 하룻밤을 다섯으로 나눈 넷째 시각. 새벽 1시부터 3시까지. =사경(四更). ていや

정야[靜夜] 고요한 밤. silent night

정:약[定約] 약속을 정함. 또는 그 약속. agreement

정:양[正陽] ① 한낮. ② 음력 정월. ① midday ② January

정양[靜養] 몸과 마음을 안정(安靜)하여 피로를 풀고 병을 치료함. せいよう rest

정양원[靜養院] 정양을 필요로 하는 사람들을 집단적으로 수용·가료하기 위하여 시설을 갖추어 놓은 곳. せいよういん sanitarium

정:언[定言] 아무런 가정 조건(假定條件)을 달지 않고 확정하여 말하는 것. 또는 그 말. 「～적(的)」ていげん affirmation

정:업[正業] ① 정당한 직업. ② 불교에서, 팔정도의 하나로 몸의 행동이 정견(正見)·정사유(正思惟)에 따라서 활동하는 일. せいぎょう

정:업[定業] ① 일정한 직업이나 업무. ② 불교에서, 과거에 지은 업에 따라 현세에서 받게 되는 과보. ていぎょう ① fixed occupation ② fixed fate

정업[停業] 영업 따위를 정지하는 것. ていぎょう suspention of business

정역[停役] 하던 일을 중지하고 쉼. =정공(停工). cessation of a work for rest

정연[井然] 질서나 조리가 있는 모양. せいぜん orderliness

정연[亭然] 우뚝 솟은 모양. towering

정연[精姸] 정묘하고 아름다움. exquisiteness

정연[精研] 정밀하게 연구함. =정구(精究).

정:연[整然] 가지런하고 질서가 잘 잡힌 모양. 「질서(秩序)～」せいぜん orderliness

정열[情熱] 세차게 일어나는 열띤 감정. じょうねつ passion

정염[井鹽] 염분(鹽分)이 섞여 있는 지하수(地下水)를 퍼올려서 얻은 소금.

정:염[正鹽] 산의 수소와 염기의 수산기가 과부족 없이 반응하여 생긴 염. =중성염(中性鹽). せいえん neutral salts

정염[情炎] 불같이 타오르는 욕

정. じょうえん passion
정예[淨穢] 깨끗함과 더러움. 淨穢
  じょうえ clearness and dirtiness
정예[精詣] 학술 등에 대한 지식이나 이해가 깊은 경지에 나아가 있음. 또는 그런 정도. 精詣
정예[精銳] ① 잘 훈련되어 매우 날래고 용맹스러움. 또는 그러한 군사. 「~ 부대(部隊)」 ② 여럿 가운데서 골라 뽑은 우수한 인재. せいえい 精銳
  ① picked troops ② elite
정예 부대[精銳部隊] 잘 훈련되어 매우 날래고 용맹스러운 군사들로 조직된 부대. せいえいぶたい 精銳部隊
  elite troop
정:오[正午] 낮 열두 시. =오정(午正)·정오(亭午). しょうご 正午
  noon
정:오[正誤] 잘못을 바로잡음. 「~표(表)」 せいご rectification 正誤
정:온[定溫] 일정한 온도. 「~동물(動物)」 ていおん 定溫
  fixed temperature
정온[靜穩] 고요하고 평온함. せいおん peacefulness 靜穩
정:온기[定溫器] 자동적으로 일정한 온도를 유지하도록 되어 있는 장치. =항온기(恒溫器). thermostat 定溫器 恒溫器
정:온 동:물[定溫動物] 외부 온도에 관계없이 일정한 체온을 유지하는 동물. =등온 동물(等溫動物). ていおんどうぶつ homoiothermal animal 定溫動物
정와[井蛙] ⇨ 정저와(井底蛙). せいあ 井蛙
정완[貞婉] 정숙하고 온순함. modesty 貞婉
정외[情外] 인정에 벗어나는 일. 「~지언(之言)」 情外之言
정요[精要] 정묘하고 썩 긴요함. =정긴(精緊). exquisiteness 精要

and vital importance
정욕[情慾·情欲] 색정(色情)에 대한 욕망. じょうよく lust 情慾 情欲
정:용[整容] 모양새를 매만져 바로잡음. 「~법(法)」 せいよう dressing 整容
정:용 비:열[定容比熱] 부피를 일정하게 유지하면서 어떤 물질 1g의 온도를 1℃ 높이는 데 소요되는 열량. =정적 비열(定積比熱). ていようひねつ 定容比熱
정용체[晶溶體] 두 가지 이상의 결정물이 섞이어 녹아서 다시 결정된 물체. 晶溶體物體
정우[政友] 정계(政界)의 벗. 또는 정견(政見)이 같은 사람. せいゆう political friend 政友
정:원[正員] 정당한 자격을 가진 구성원. せいいん 正員
  regular member
정:원[正圓] 완전하게 둥근 원(圓). perfect circle 正圓
정:원[定員] 정해진 인원. 「~초과(超過)」 ていいん 定員
  fixed number
정원[庭園] 꽃·나무·돌 등으로 가꾸어 놓은 규모가 큰 뜰. =원정(園庭). ていえん garden 庭園
정원[淨院] ① 절간처럼 깨끗하고 조용한 집. ② 절. 불사(佛舍). quiet and clean house 淨院
정원[情願] 진정으로 바람. じょうがん true desire 情願
정원사[庭園師] 정원의 화초나 나무를 가꾸는 일 따위를 업으로 하는 사람. =원정(園丁). gardener 庭園師
정원수[庭園樹] 정원에 심어 가꾸는 나무. garden tree 庭園樹
정월[正月] 한 해의 첫째 달. =일월(一月). しょうがつ 正月
  January
정:위[正僞] 바른 것과 거짓된 正僞

것. せいぎ righteousness and falsehood

정:위[定位] 생물체가 몸의 위치나 자세를 능동적으로 정하는 일. 또는 그 위치나 자세. ていい

정위[情僞] 진정(眞情)과 거짓. じょうぎ trueness and falseness

정유[情由] 일의 까닭. =연유(緣由)·사유(事由). reason

정유[精油] ① 식물의 꽃·줄기·잎·뿌리 등에서 얻는 향기를 내는 휘발성 기름. ② 석유를 정제(精製)하는 일. 또는 정제한 석유. せいゆ ① essential oil ② refined oil

정:육[正肉] 쇠고기의 살코기.

정육[精肉] 지방(脂肪)과 뼈를 발라 낸 살코기. 「~점(店)」 せいにく meat

정:윤[正閏] ① 평년(平年)과 윤년. ② 정위(正位)와 윤위(閏位). せいじゅん

정:은[正銀] 불순물이 섞이지 않은 순수한 은. =순은(純銀). solid silver

정:음[正音] ① 글자의 바른 음. せいおん ② 훈민정음(訓民正音)의 준말. ① correct pronunciation of a letter

정:의[正義] 인간으로서 지켜야 할 올바른 도리. せいぎ justice

정:의[定義] 어떤 개념을 명확하게 규정하는 일. 또는 그 개념. ていぎ definition

정의[情義] 인정과 의리. じょうぎ humanity and duty

정의[情意] ① 감정과 의지(意志). ② 생각. 마음. じょうい ① emotion and will

정의[情誼] 사귀어 친해진 정. じょうぎ friendship

정의[精義] 자세한 뜻. せいぎ exact meaning

정:의관[整衣冠] 의관을 단정하게 바로잡음. tidying oneself

정의투합[情意投合] 정과 뜻이 서로 잘 맞음. じょういとうごう mutual understanding

정:인[正人] 마음씨가 올바른 사람. honest man

정인[情人] ① 남몰래 정을 통하는 남녀 사이에서 서로 일컫는 말. ② 사랑하는 사람. =연인(戀人). じょうじん·じょうにん sweetheart

정:일[定日] 날짜를 정함. 또는 그 날짜. 「~ 시장(市場)」 ていじつ fixed day

정일[精一] 아주 정세(精細)하고 한결같음.

정:자[正字] ① 자체(字體)를 바르게 쓴 글자. ② 속자(俗字)나 약자(略字)가 아닌 본래의 한자(漢字). せいじ correct characters

정자[亭子] 경치가 좋은 곳에 놀기 위하여 벽이 없이 기둥과 지붕만 있게 지은 집. =정각(亭閣). arbor

정자[精子] 동물의 웅성(雄性) 생식 세포. =정충(精蟲). せいし spermatozoon

정자형[丁字形] '丁'자 모양으로 생긴 형태. ていじけい T-shape

정:장[正裝] 정식 복장을 차려 입음. 또는 그 복장. ↔약장(略裝). せいそう full dress

정:장식[正長石] 단사정계(單斜晶系)에 속하는 광물. 나트륨·칼륨 등을 함유하며, 굵거나 편평한 주상 결정을 이룸. せいちょうせき orthoclase

정:장제[整腸劑] 장(腸)의 기능을 바로잡는 약제. せいちょ

うざい
정재[淨財] 깨끗한 재물이라는 뜻으로, 신불(神佛)을 섬기거나 자선(慈善)을 위하여 쓰는 재물을 이르는 말. じょうざい money for votive offerings

정쟁[廷爭] 조정(朝廷)에서 임금의 잘못을 간(諫)하여 다툼. ていそう

정쟁[政爭] 정치상의 싸움. =정전(政戰). せいそう political strife

정저와[井底蛙] 우물 안의 개구리라는 뜻으로, 세상 물정에 어두운 사람을 이르는 말. =정와(井蛙). poorly informed person

정:적[正嫡] ① ⇒본처(本妻). ② 본처가 낳은 아들. =픽지(嫡子). ⇒종가(宗家). ② lawful child

정:적[定積] ① 곱하여 얻은 일정한 값. ② 일정한 넓이나 부피. ていせき ② fixed area or volume

정적[政敵] 정치상으로 서로 적대하고 있는 상대. せいてき political opponent

정적[靜的] 고요히 정지하고 있는 것. ↔동적(動的). せいてき static

정적[靜寂] 고요하고 괴괴함. せいじゃく silence

정:적 도법[正積圖法] 각 부분의 넓이가 어디에서나 같은 비율이 되게 그리는 지도 작도법.

정:적분[定積分] 일정 구간 안의 적분. ↔부정 적분(不定積分). ていせきぶん definite integral

정:적 비:열[定積比熱] ⇒정용 비열(定容比熱). ていせきひ

ねつ
정:적토[定積土] 암석의 풍화한 분해물이 다른 곳으로 운반되지 아니하고 본래의 암석 위에 그대로 퇴적되어 된 흙. =원적토(原積土). ↔운적토(運積土).

정:전[正殿] 임금이 조회(朝會)를 하던 궁전. =정아(正衙). せいでん royal audience chamber

정전[停電] 송전이 한때 끊어짐. ていでん power failure

정전[停戰] 교전 중이던 쌍방이 합의에 따라 전투 행위를 중단함. 「~ 협정(協定)」ていせん cease-fire

정전 감:응[靜電感應] 대전체에 도체 또는 유전체(誘電體)를 접근시킬 때, 그 대전체의 가까운 쪽에는 그것과 반대되는 전하가, 먼 쪽에는 같은 종류의 전하가 나타나는 현상. =정전기 유도(靜電氣誘導). せいでんかんのう electrostatic induction

정:전기[正電氣] ⇒양전기(陽電氣). せいでんき

정전기[靜電氣] 시간적인 변화가 없는 전하(電荷). 또는 그와 같은 전하 분포에 따르는 전기적인 현상. ↔동전기(動電氣). せいでんき static electricity

정절[貞節] 여자의 곧은 절개. 「춘향의 ~」ていせつ chastity

정:점[定點] 정해져 있는 점. ていてん fixed point

정점[頂點] ① 맨 꼭대기가 되는 점. ② 각(角)을 이루는 두 직선의 교차점. 꼭지점의 구용어. ③ 더할 수 없는 정도. =극도(極度)・극한(極限). 「감격(感激)의 ~」ちょうてん

① top ② apex ③ climax

정:점 관측[定點觀測] 해상의 정점(定點)에 관측선을 머물게 하고, 해상 기상·해상 고층 기상·해양 등에 대하여 관측하는 일. ていてんかんそく
observation at fixed point

정정[訂正] 잘못을 고쳐 바로잡음. 「~판(版)」ていせい
correction

정정[訂定] 잘잘못을 의논하여 결정함. revision

정정[亭亭] ① 우뚝 솟아 있는 모양. ていてい ② 노인의 몸이 건강한 모양. 「아직도 ~하다」 ① lofty ② vigorous

정정[政情] 정치의 정황. 정계의 움직임. せいじょう
political condition

정정[貞靜] 몸가짐이 바르고 얌전함. chastity

정:정당당[正正堂堂] 태도가 정당하고 떳떳함. せいせいどうどう fairness

정:정방방[正正方方] 바르고 조리가 있어 어지럽지 않음. cogency

정제[井祭] 우물에 지내는 제사.

정제[情弟] 정다운 아우라는 뜻으로, 다정한 벗 사이에 자기를 가리켜 이르는 말.

정제[精製] ① 정성껏 잘 만듦. ② 불순물을 제거하여 더 순수한 것으로 만들어 냄. せいせい
① careful making ② refining

정:제[整除] 어떤 정수(整數)를 다른 정수로 나눌 때, 그 몫이 정수가 되어 나머지가 없는 경우. 나누어떨어짐의 구용어. せいじょ divisivility

정:제[整齊] 바로잡아 가지런히 함. 「의관(衣冠) ~」せいせい
regularity

정제[錠劑] 가루약을 뭉쳐 일정한 모양으로 만든 알약. tablet

정제품[精製品] 정제한 물품. せいせいひん refined article

정:제화[整齊花] 같은 크기, 같은 모양의 꽃받침과 꽃잎이 방사 상칭(放射相稱)의 배열을 한 꽃. せいせいか
symmetrical flower

정:조[正租] ① 벼. ② 정규의 조세(租稅).
① unhulled rice ② tax

정:조[正條] 법에 규정된 조례(條例). せいじょう
express provision

정:조[正朝] 정월 초하루. = 원단(元旦). New Year's Day

정:조[正調] 바른 곡조. せいちょう orthodox tone

정조[貞操] ① 여자의 곧고 깨끗한 절개. ② 성적 순결. 「~관념(觀念)」ていそう chastity

정조[情調] ① 감각에 수반되는 좋고 나쁜 느낌. ② 대상이나 환경의 변화에 따라 나타나는 분위기나 기분. じょうちょう
sentiment

정조[情操] 정서(情緒)가 더욱 발전한, 고차원적이고 복잡한 감정(感情). じょうそう
sentiment

정조대[貞操帶] 지난날 유럽에서, 여자의 정조를 지키게 하기 위하여 쓰였다는, 국부를 가리고 자물쇠로 채워 두던 쇠띠. ていそうたい chastity belt

정:조식[正條植] 농작물을 옮겨 심을 때, 줄을 맞추고 간격을 고르게 심는 일. せいじょうえ planting in a row

정:족수[定足數] 의결(議決)에 필요한 구성원의 출석수. ていそくすう quorum

정:족지세[鼎足之勢] 솥발처럼 세 세력이 맞선 형세. 鼎足之勢
  triangular position

정:종[正宗] ① 일본 술의 상품명. まさむね ② 일본식 청주를 흔히 이르는 말. 正宗
  ② refined rice wine

정좌[丁坐] 묏자리 또는 집터 따위가 정방(丁方)을 등진 좌향. 丁坐方

정:좌[正坐] 몸을 바르게 하고 앉음. せいざ 正坐
  sitting up straight

정:좌[鼎坐] 세 사람이 솥발 모양으로 벌여 앉음. ていざ 鼎坐
  sitting in a triangle

정좌[靜坐] 마음을 가라앉히고 단정히 앉음. せいざ 靜坐
  sitting quietly

정죄[情罪] 사정과 죄상(罪狀). 情罪
  circumstances and crimes

정주[汀洲] 강·바다·호수·못 등에서, 물이 얕아 흙이나 모래가 드러나 보이는 곳. てい しゅう 汀洲湖水
  shoal

정:주[定住] 일정한 곳에 자리를 잡고 삶. 「~자(者)」ていじゅう 定住
  settlement

정:주간[鼎廚間] 부엌과 안방 사이에 벽이 없이 부뚜막과 방바닥이 한데 잇닿은 곳. 준정주(鼎廚). 鼎廚間

정주학[程朱學] 중국 송(宋)나라 때의 정호(程顥)·정이(程頤)·주희(朱熹) 들이 주창한 성리학(性理學). 주자학(朱子學). ていしゅがく 程朱學 程頤 性理學

정:중[正中] 한가운데. せいちゅう 正中
  middle

정:중[鄭重] 점잖고 무게가 있음. ていちょう politeness 鄭重

정중지와[井中之蛙] 우물 안의 개구리라는 뜻으로, 세상 물정 井中之蛙에 어두운 사람을 이르는 말.

정지[貞志] 바르고 곧은 뜻. 貞志

정지[停止] 중도에서 멈추거나 그침. 「영업(營業)~」ていし 停止
  stoppage

정지[淨地] ① 맑고 깨끗한 곳. ② 사원 따위가 있는 곳. じょうち 淨地寺院
  ① clean place

정지[情地] ① 정든 땅. ② 딱하고 가엾은 처지. 情地

정지[靜止] 물체가 운동하지 않고 조용히 멈춰 있음. 「~상태(狀態)」せいし stillness 靜止

정:지[整地] 땅을 고르게 만듦. 「~작업(作業)」せいち 整地
  leveling of ground

정:지[整枝] 과실나무나 정원수(庭園樹)의 가지를 잘라 가지런히 다듬는 일. せいし 整枝庭園樹
  trimming

정지각[靜止角] 평면 위에서 물체를 끌어당길 때 면의 마찰과 압력의 합력(合力)과, 압력의 방향이 이루는 각 가운데 가장 큰 각. 靜止角

정지핵[靜止核] 세포 분열을 하시 않는 시기의 핵. せいしかく 靜止核分裂
  resting nucleus

정:직[正直] 거짓이 없이 마음이 바르고 곧음. しょうじき 正直
  honesty

정:직[定職] 일정한 직업. ていしょく regular occupation 定職

정직[停職] 공무원의 징계 처분의 한 가지. 공무원의 신분은 그대로 두되, 일정한 기간 동안 직무에 종사하지 못하게 하고 보수의 3분의 2를 감하는 일. 「~처분(處分)」ていしょく 停職處分
  suspension from office

정:진[正眞] 바르고 참됨. 「~한 인품(人品)」しょうしん 正眞
  trueness

정진[挺進] 여럿 가운데서 앞장서 나아감. 「~대(隊)」ていしん going ahead of others

정진[精進] ① 정력(精力)을 다하여 나아감. 아주 열심히 노력함. ② 몸을 깨끗이 하고 마음을 가다듬음. ③ 불도를 닦기 위하여 수행에 힘쓰는 보살 수도의 한 가지. ④ 속세와의 인연을 끊고 불도에 몸을 바치는 일. しょうじん ① assiduity ② close application

정질[晶質] 결정을 이루는 성질. 또는 그런 성질의 물질. crystalloid

정차[停車] 차가 멈춤. 또는 차를 멈춤. =정거(停車). ていしゃ stop

정:착[定着] ① 어떤 곳에 달라붙어 떨어지지 아니함. ② 일정한 곳에 자리잡고 삶. ③ 사진술에서, 현상한 건판(乾板)이나 인화지(印畫紙) 따위가 빛을 받아도 변하지 않도록 약품 처리를 하는 일. ていちゃく ① fixation ② settlement ③ fixing

정:착물[定着物] 토지에 붙박여 있어 쉽사리 옮길 수 없는 물건. ていちゃくぶつ fixture

정:찬[正餐] 정식 식단에 따라 차린 음식. 또는 그러한 음식으로 하는 식사. 양식의 만찬 따위. せいさん dinner

정:찰[正察] 바르게 살핌. 정확하게 관찰함. right investigation

성찰[情札] 따뜻한 정이 어린 편지. kind letter

정찰[淨刹] 번뇌의 속박을 벗어난 아주 깨끗한 곳. =정토(淨土). Buddhist Elysium

정찰[偵察] 작전상 필요한 자료를 얻기 위하여 척후를 보내어 적의 정세나 지형을 살펴 알아내는 일. 「~대(隊)」ていさつ scouting

정찰[精察] 자세히 살핌. せいさつ minute observation

정찰기[偵察機] 정찰하는 임무를 띤 군용 비행기. ていさつき reconnaissance plane

정찰대[偵察隊] 적군의 동향을 정찰하기 위하여 파견되는 부대. ていさつたい reconnoitering party

정찰선[偵察船] 적군의 사정을 정찰하기 위하여 파견되는 선박. ていさつせん reconnaissance ship

정찰정[偵察艇] 적군의 사정을 정찰하는 임무를 띤 작은 함정. ていさつてい reconnaissance vessel

정채[精彩] ① 정묘한 광채. ② 활기가 있는 기상. せいさい ② liveliness

정책[政策] 정부나 정치 단체의, 정치에 관한 방침과 그것을 이루기 위한 방법. 「경제(經濟)~」せいさく policy

정:서[正妻] 정식으로 혼인하여 맞은 아내. 본 아내. =정실(正室)·본처(本妻). ↔소실(小室). せいさい lawful wife

정:처[定處] 정한 곳. 일정한 곳. 「~ 없이 떠나다」 fixed place

정철[精鐵] 정련(精鍊)된 시우쇠. せいてつ refined iron

정:철[正鐵] ① 시우쇠. ② 잡된 것이 섞이지 않은 무진동(銅).

정청[政廳] 정무(政務)를 보는 관청. せいちょう government office

정:청[靜聽] 조용히 들음. せいちょう listening quietly

정:체[正體] 본디의 모습. 「~불명(不明)」 しょうたい true character

정체[政體] ①국가의 정치 조직 형태. 민주 정체 따위. ②국가 주권을 운용하는 형식. 「입헌(立憲)~」 せいたい form of government

정체[停滯] 사물이 한 곳에 머물러 움직이지 않음. 「교통(交通)~」 ていたい stagnation

정:초[正初] 정월 초승. =연초(年初)·세초(歲初). first ten days of January

정:초[正草] ①정서(正書)로 잡은 기초(起草). ②옛날 과거에 쓰이던 종이. =시지(試紙).

정:초[定礎] ①건물의 주춧돌을 놓음. ②사물의 기초(基礎)를 잡아 정함.

정:총[定總] 정기 총회(定期總會)의 준말.

정출[挺出] 무리 가운데서 두드러지게 빼어남. ていしゅつ eminence

정충[貞忠] 절개가 곧고 충성스러움. loyalty

정충[精忠] 사심(私心)을 품지 않은 순수한 충성. せいちゅう true loyalty

정충[精蟲] 성숙한 웅성(雄性)의 생식 세포. 난자(卵子)와 결합하여 새로운 개체를 생성함. =정자(精子). せいちゅう spermatozoon

정충증[怔忡症] 한방에서, 까닭 없이 가슴이 울렁거리고 불안한 증세를 이름.

정취[情趣] 정조(情調)와 흥취(興趣). =정미(情味). じょうしゅ sentiment

정:치[定置] 일정한 곳에 놓아 둠. 「~망(網) 어업(漁業)」 ていち fixing

정치[政治] ①국가의 주권자가 그 땅과 국민을 다스리는 일. ②권력의 획득·유지·행사 및 그에 관계되는 활동에 관한 현상. =정사(政事). せいじ government

정치[情致] 좋은 감정을 불러일으키는 흥치(興致). =풍치(風致). じょうち taste

정치[情痴] 색정(色情)에 빠져 제 정신을 잃음. じょうち foolish love

정치[精緻] 매우 정교하고 치밀함. =정밀(精密). せいち minuteness

정치가[政治家] ①정치를 맡아 보는 사람. ②정치에 정통한 사람. せいじか statesman

정치 교:육[政治敎育] 일반 국민의 정치 지식의 진보와 정치 도덕의 향상을 꾀하는 교육. せいじきょういく political education

정치면[政治面] ①국내외의 정치에 관한 기사를 게재한 신문의 한 면(面). ②정치적인 방면(方面). せいじめん ① political page

정치범[政治犯] ①정치적 질서를 침해하는 범죄. 정치적 동기에서 저지른 범죄. 또는 그 범인. =정사범(政事犯). ②국가의 권력이나 행정·사법·군사 등을 침해하는 범죄. =국사범(國事犯). せいじはん political offense[offender]

정치 소:설[政治小說] 정치계의 사건·인물을 소재(素材)로 한 소설. 또는 정치 사상(政治思想)의 선전(宣傳)을 목적

정치 의:식[政治意識] 정치 세계의 일반 또는 특정한 정치 문제(問題)에 대하여 사람들이 품는 관심·태도·신념·사상. 또는 그에 유래하는 반응이나 행동 양식의 총칭. 세이지 이시키 political consciousness

정치 자금[政治資金] 정치 활동에 필요한 자금. 세이지시킨 political funds

정치 차:관[政治借款] 정치상의 비용에 쓸 목적으로 들여오는 차관. 세이지샤칸 political loan

정치 투쟁[政治鬪爭] ①정치적 방법에 의한 투쟁. ②정치적 자유의 획득 및 정치적 권리의 확장을 위한 투쟁. 세이지토우소우 political struggle

정치학[政治學] 정치 및 정치 현상을 연구하는 사회 과학. 세이지가쿠 politics

정:칙[正則] 올바른 규칙. =정규(正規). ↔변칙(變則). 세이소쿠 regular rule

정:칙[定則] 일정한 법칙. 정해진 규칙. 테이소쿠 established rule

정친[情親] 매우 성답고 친함. 정분이 썩 가까움. intimacy

정:칠월[正七月] 음력 정월과 7월을 아울러 이르는 말. 음력 7월의 강우량(降雨量)은 그 해 정월의 강설량(降雪量)에 비례하다고 히여 이르는 말. January and July

정크[junk] 중국의 전통적인 목조 범선(帆船). 바닷가나 강에서 쓰임. 쟝쿠

정크본드[Junk Bond] 수익률은 매우 높지만 신용도가 낮아 발행자의 채무 불이행의 위험이 높은 채권(債權). 쟝쿠본도

정탐[偵探] 몰래 남의 형편을 알아봄. =탐정(探偵).「~꾼」 spying

정태[情態] ①아첨하는 사람의 마음씨와 그 태도. ②어떤 일의 됨됨이. 죠우타이 ① flattering ② situation

정:태[靜態] 조용히 있는 모양. 정지(靜止)하고 있는 상태. ↔동태(動態). 세이타이 stationariness

정택[精擇] 지극히 정밀(精密)하게 선택함. =극택(極擇). careful selection

정토[征討] 적을 토벌(討伐)함. =정벌(征伐). 세이토우 subjugation

정토[淨土] 불교에서, 번뇌의 속박을 벗어난 깨끗한 국토(國土). 부처와 보살이 사는 청정 세계(淸淨世界). =정찰(淨刹). ↔예토(穢土). 죠우도 Pure Land

정토[精討] 정밀하게 검토함. 세이토우

정:통[正統] 바른 계통. 직계의 혈통(血統). 세이토우 legitimacy

정통[精通] 세밀한 데까지 깊고 상세하게 알고 있음. 세이츠우 being well versed

정:통파[正統派] 종교나 학파 능에서, 교의(敎義)나 학설을 가장 바르게 계승한 파. 세이토우는 orthodox school

정퇴[停退] 기한을 뒤로 물림. adjournment

정파[政派] 정당 내부에 생기는 정치상의 파벌. 세이는 faction

정판[精版] 평판 인쇄의 하나.

오프셋(offset). 오프셋 인쇄.
정패[征覇] 정복하여 패권을 잡음. 「세계(世界) ~」 domination
정:평[正平] 되질이나 저울질을 정확하게 함. せいへい
정:평[正評] 꼭 바른 비평. 공정한 비평. right criticism
정:평[定評] 일반이 다 그렇다고 인정하는 평판. ていひょう established reputation
정폐[停廢] 하던 일을 중간에 그만둠. =정침(停寢).
정폐[情弊] 정실(情實)로 인하여 생기는 폐해. evil effects of favoritism
정:포[正布] 품질이 좋은 베.
정표[情表] 물건을 보내어 정을 나타냄. 또는 그 물건. presentation
정표[旌表] 남의 착한 행실을 칭찬하여 세상에 널리 알림. せいひょう commendation
정품[精品] 정제(精製)한 물품. ↔조품(粗品). せいひん choice goods
정필[停筆] 글씨를 쓰다가 그만두고 붓을 멈춤. stopping writing
정학[停學] 학교에서 학생에게 일정한 기간을 학교에 못 나오게 하는 처벌 방법. 「~ 처분(處分)」ていがく suspension from school
정:한[定限] ① 일정한 기한(期限). ② 일정한 한도 또는 제한. ていげん
정한[情恨] 정과 한. love and regret
정한[精悍] 거동이 날래고 사나움. 민첩하고 용감함. 「~ 무쌍(無雙)」せいかん intrepidity
정한[靜閑] 조용하고 한가함. =한정(閑靜). せいかん quietness
정:할[正割] 삼각 함수의 한 가지. 직각 삼각형의 빗변과 한 예각을 낀 밑변과의 비를 그 각에 대하여 이르는 말. '시컨트(secant)'의 구용어. ↔여현(餘弦). せいかつ
정:합[整合] 어긋나지 않고 잘 들어맞음. 가지런하게 맞추어감. せいごう adjustment
정:해[正解] ① 바른 해답. ② 바른 해석. せいかい ① correct answer ② correct interpretation
정해[精解] 자세한 해석. ↔약해(略解). せいかい minute interpretation
정핵[精覈] 자세히 조사하여 밝힘. せいかく
정:행[正行] ① 불교에서, 극락 세계에 갈 마음을 닦는 바른 행업(行業). ② 맑고 깨끗한 행실. 또는 그러한 사람. せいこう righteous conduct
정향[丁香] 정향나무의 꽃봉오리를 말린 약재. 한방에서, 심복통(心腹痛)·구토(嘔吐) 등에 약재로 씀. dried clove buds
정:현[正弦] 삼각 함수의 하나. 직각 삼각형의 한 예각의 대변과 빗변과의 비를 그 각에 대하여 일컫는 말. '사인(sine)'의 구용어. ↔여할(餘割). せいげん
정혈[精血] 신선한 피. lifeblood
정:형[定形] 일정한 형태. ↔ 부정형(不定形). ていけい fixed form
정:형[定型] 일정한 틀. 정해진 틀. ていけい definite form
정형[情兄] 편지에서, 친한 친구끼리 상대편을 일컫는 말.

↔정제(情弟).

정형[情形] 일의 상황 또는 상태. 「~을 살피다」

정:형[整形] 모양을 가지런히 함. 또는 바로잡음. 「~ 외과(外科)」 せいけい

정:형 수술[整形手術] 뼈·관절·근육 등의 기형(畸形)이나 운동 기능의 장애를 바로잡는 정형 외과의 수술. せいけいしゅじゅつ orthopedic operation

정:형시[定型詩] 글자의 수나 배열 순서 따위가 일정하게 정해진 시. ↔자유시(自由詩)·산문시(散文詩). ていけいし rhymed verse

정:형 외:과[整形外科] 뼈·관절·근육·신경 등 운동기 계통의 기능 장애 및 형상 이상(異狀)을 연구·예방·치료하는 의학의 한 분과. せいけいげか plastic surgery

정호[情好] 서로 정의(情誼)가 좋은 사이. じょうこう intimacy

정:혼[定婚] 혼인하기로 약정함. =약혼(約婚). betrothal

정혼[精魂] ⇨정신(精神). せいこん

정:화[正貨] 금·은으로 만든 본위 화폐(本位貨幣). せいか specie

정화[淨化] 깨끗하고 맑게 함. 「언어(言語) ~」 じょうか purification

정화[情火] 불꽃처럼 타오르는 정욕(情慾). じょうか passion

정화[情話] ①인정이 담긴 따뜻한 말. ②님녀 간에 사랑을 속삭이는 말. じょうわ ① sweet words of friendship

정화[精華] ①깨끗하고 순수한 부분. ②뛰어나게 우수함. せいか ① essence ② excellence

정화수[井華水] 이른 새벽에 길은 깨끗한 우물물. water drawn from the well at daybreak

정:화 수송[正貨輸送] 국제 대차 결제를 위하여 정화를 해외로 수송하는 일. せいかゆそう specie shipment

정:화 수송점[正貨輸送點] 수송비(輸送費)를 지급하고 정화를 수송하는 편이 외국환 어음에 의존하는 것보다 유리하게 되는 환시세의 한계점. せいかゆそうてん specie point

정화조[淨化槽] 오수(汚水)를 정화하여 하수도로 흐르게 하기 위해 땅 속에 설비한 수조(水槽). じょうかそう septic tank

정:화 준:비[正貨準備] 중앙 은행이 발행하는 태환권(兌換券)에 대하여 교환할 수 있는 금은화(金銀貨)나 지금(地金)을 준비하는 일. せいかじゅんび specie reserve

정:확[正確] 바르고 확실함. せいかく correctness

정확[精確] 자세하고 확실함. せいかく accuracy

정황[政況] 정치계의 상황. political situation

정황[情況] 바뀌어 가는 일의 그 때 그때의 상태. じょうきょう conditions

정회[停會] ①회의를 잠시 중지함. ②일정한 기간 의회의 활동을 정지함. ていかい suspension of a meeting

정회[情懷] 마음에 품은 정이나 생각. じょうかい reminiscence

정훈[政訓] 군대에서 군인의 교양과 보도(報道) 및 선전 능을 맡아보는 일. 「~ 교육(教育)」 troops information and education

정훈[庭訓] 가정의 교훈(敎訓). ていきん　home precepts

정:휴[定休] 정기 휴업(定期休業)의 준말. ていきゅう

제:[弟]* ①아우 제:아우.「兄弟(형제)·弟氏(제씨)·從弟(종제)·義弟(의제)·令弟(영제)·賢弟(현제)」②제자 제:제자.「弟子(제자)·師弟(사제)·高弟(고제)」テイ·ダイ ①おとうと

제:[制]* ①정할 제:제정하다. 마련하다.「制定(제정)·制服(제복)·制度(제도)」②누를 제:억제하다. 제어하다.「節制(절제)·統制(통제)·制限(제한)·制裁(제재)·制禦(제어)·抑制(억제)·制壓(제압)」セイ

제:[帝]* 임금 제:임금.「皇帝(황제)·帝國(제국)·帝王(제왕)·帝位(제위)·先帝(선제)·帝君(제군)·上帝(상제)·帝釋(제석)」テイ

제:[娣] 누이 동생 제:손아랫누이. 손아래 동기.「娣姒(제사)」テイ

제[悌] 공손할 제:공손하다.「孝悌(효제)·悌友(제우)」テイ

제[除]* ①제법 제:제법.「除法(제법)·乘除(승제)·除算(제산)」②덜 제:덜다. 버리다.「除去(제거)·除外(제외)·除名(제명)·削除(삭제)·除夜(제야)」③벼슬 줄 제:벼슬을 내리다.「除授(제수)」ジョ ②のぞく

제[梯] 사다리 제:사다리. 층계.「梯階(제계)·梯索(제삭)·梯形(제형)·梯子(제자)·梯田(제전)」テイ·はしご

제:[祭] 제사 제:제사.「祝祭(축제)·忌祭(기제)·祭酒(제주)·祭文(제문)·時祭(시제)」サイ·まつる

제:[第]* ①차례 제:차례.「第三種(제삼종)·第五列(제오열)·第一線(제일선)」②과거 제:과거.「登第(등제)·落第(낙제)·及第(급제)」③집 제:집.「第宅(제택)」ダイ

제[啼] 울 제:울다.「啼泣(제읍)·啼血(제혈)·啼哭(제곡)」テイ·なく

제[堤]☆ 방죽 제:방죽. 제방.「堤防(제방)·堤塘(제당)·堤堰(제언)」テイ·つつみ

제[提]☆ 들 제:들다.「提携(제휴)·提出(제출)·提案(제안)·前提(전제)·提起(제기)·提燈(제등)·提高(제고)」テイ·さげる

제:[製]* 지을 제:짓다. 만들다.「製作(제작)·製造(제조)·製鍊(제련)·製法(제법)·私製(사제)·特製(특제)」セイ·つくる

제:[際]☆ ①가 제:가. 변두리.「際涯(제애)·際限(제한)」②만날 제:만나다.「際會(제회)·際遇(제우)」③사귈 제:사귀다.「交際(교제)」サイ ①きわ

제[齊]☆ 가지런할 제:가지런하다.「一齊(일제)·齊均(제균)·齊列(제열)·齊正(제정)·齊肅(제숙)·齊如(제여)」セイ·サイ·ひとしい·ととのう

제[儕] 함께 제:함께하다. 짝하다.「儕居(제거)·儕類(제류)·儕輩(제배)」セイ

제[劑] 배합할 제:약을 섞어 조제하다. 또는 조제한 약.「藥劑(약제)·製劑(제제)」ザイ

제:[諸]* 모두 제:모두. 여러.「諸位(제위)·諸人(제인)·諸兄(제형)·諸君(제군)」ショ·も

ろもろ・これ

제[蹄] 굽 제：굽. 발굽.「蹄鐵(제철)・蹄形(제형)・蹄涔(제잠)」テイ・ひずめ

제：[濟]* ① 건널 제：건너다.「濟度(제도)・濟涉(제섭)」② 건질 제：구제하다.「救濟(구제)・濟世(제세)・濟衆(제중)」サイ ② わたる

제[臍] 배꼽 제：배꼽.「臍帶(제대)・臍腫(제종)・臍瘡(제창)」セイ・へそ

제[題]* ① 제목 제：제목.「題號(제호)・題目(제목)・題字(제자)・主題(주제)」② 이마 제：이마. 머리.「題辭(제사)・題言(제언)」ダイ

제：[霽] 갤 제：개다.「霽天(제천)・霽月(제월)」セイ・はれる

제가[齊家] 집안을 바로 다스림.「修身(수신) ~」せいか household management

제가[諸家] ① 여러 집안. 많은 집. ② 제자백가(諸子百家)의 준말. しょか ① various families

제각[除却] ⇨제거(除去).

제각[題刻] 글자나 그림을 새김. carving

제감[除減] 수효를 덜어 내어 줄임. reduction

제：강[製鋼] 시우쇠를 불려 강철을 만듦.「~소(所)」せいこう steel manufacture

제거[除去] 덜어서 없애 버림. 빼 버림. =제각(除却). じょきょ removal

제경[諸經] 여러 경전(經典). しょきょう

제：고[制誥] 임금이 내리는 사령(辭令). imperial speech

제고[提高] 쳐들어 높임. elevation

제곡[啼哭] 큰 소리로 욺.

wailing

제：공[祭供] 제사에 이바지하는 일. offering for sacrifice

제공[提供] 가져다 바침. 대어 줌.「특가(特價) ~」ていきょう offer

제공[諸公] '여러분'을 점잖게 이르는 말. しょこう ladies and gentlemen

제：공권[制空權] 전시(戰時)에 공군(空軍)의 힘으로 일정한 범위의 공중을 지배하는 권력. ↔제해권(制海權). せいくうけん command of the air

제：과[製菓] 과자를 만듦.「~점(店)」せいか confectionery

제：관[祭官] ① 지난날, 제사를 맡던 관원. =향관(享官). さいかん ② 제사에 참례하는 사람. ① priest ② celebrants at rites

제：구[制球] 야구에서, 투수가 공을 마음먹은 대로 던지는 일.「~력(力)」せいきゅう control

제：구[祭具] 제사에 쓰는 모든 기구. さいぐ outfit for religious service

제구[諸具] 여러 가지 기구. various kinds of instruments

제：구[製具] 물건을 만드는 연장.

제：구 예：술[第九藝術] 무성 영화를 제팔(第八) 예술이라 하는 데 대해, 발성 영화를 이르는 말. だいくげいじゅつ

제：국[帝國] 황제가 다스리는 나라. ていこく empire

제국[諸國] 여러 나라. 모든 나라. =제방(諸邦). しょこく various countries

제：국주의[帝國主義] 군사적・경제적으로 남의 나라를 정복하여 국토와 세력을 넓히려는 침략주의. ていこくしゅぎ

제군[諸君] '여러분'이라는 뜻으로, 손아랫사람에게 쓰는 말. 「학생 ~」 しょくん imperialism

제:규[制規] 제도나 규정(規定). せいき rules

제균[齊均] 한결같이 가지런함. 한결같이 정돈됨. evenness

제금[提琴] 현악기의 한 가지. 바이올린. ていきん violin

제급[齊給] 일정하게 고루 나누어 줌. せいきゅう

제:기[祭器] 제사에 쓰는 그릇. =예기(禮器). さいき ritual vessels

제기[提起] ① 의견을 붙여 의논할 거리를 내어 놓음. =제출(提出). ② 드러내어 문제를 일으킴. ていき
① presentation ② institution

제너럴스트라이크[general strike] 총동맹 파업(總同盟罷業).

제:다[製茶] 차를 만듦. せいちゃ making tea

제:단[祭壇] 제사를 지내는 단. さいだん altar

제:답[祭畓] 소출을 제사의 비용으로 쓰려고 마련한 논.

제:당[製糖] 설탕을 제조함. せいとう sugar manufacture

제대[除隊] 군인이 현역(現役)에서 해제됨. 「~ 군인(軍人)」 じょたい discharge from military service

제대[臍帶] 태아(胎兒)와 태반을 잇는 줄. 탯줄. さいたい・せいたい umbilical cord

제:도[制度] 제정된 법규. 또는 그 법규에 의하여 이룩된 국가적·사회적 구조의 형태나 체계. せいど system

제:도[帝都] 제국의 수도. 제왕이 있는 도시. =황성(皇城). ていと capital

제:도[帝道] 제왕이 행하는, 인의(仁義)에 따른 공명정대(公明正大)한 정도(政道). imperial way

제:도[製陶] 질그릇을 만듦. せいとう pottery manufacture

제:도[製圖] 도면(圖面)을 만듦. せいず drawing

제:도[濟度] 보살이 중생을 고해(苦海)에서 건져 극락으로 보내 줌. さいど salvation

제:도판[製圖板] 제도할 때 종이 밑에 받치는 널빤지. せいずばん drawing board

제:독[制毒] 미리 해독을 막음. protection against poison

제독[除毒] 독기를 없애 버림. getting rid of poison

제독[提督] 함대(艦隊)의 사령관. ていとく admiral

제:동기[制動機] 기계나 기관 따위의 운동을 정지시키거나 속도를 낮추기 위한 장치. せいどうき brake

제I동 반·사[制動放射] 고속의 하전입자(荷電粒子)가 전장(電場)을 통과할 때, 가속도를 받아 전자파를 방출하는 일. 또는 그 전자파. せいどうふくしゃ Bremsstrahlung

제등[提燈] ① 자루를 달아서 들고 다닐 수 있게 만든 등. ② 불교에서, 등불을 들고 부처의 탄생을 축하하는 일. ちょうちん ① lantern

제등 행렬[提燈行列] 부처의 탄생을 축하하는 뜻으로 등을 들고 돌아다니는 행렬. ちょうちんぎょうれつ lantern parade

제라늄[geranium] 아욱과의 다년초(多年草). 남아프리카

원산으로, 관상용으로 재배함. 양아욱. ゼラニウム

제:련[製鍊] 광석에서 금속을 분리하여 정제(精製)하는 일. 「~소(所)」せいれん　refining

제례[制禮] 예법(禮法)을 제정함.

제례[除例] 갖추어야 할 식례(式例)를 덜어 버림.　omitting formalities

제례[除禮] 갖추어야 할 예의(禮儀)를 덜어 버림. 흔히 편지 첫머리에 씀. =제번(除煩).

제:례[祭禮] 제사의 예절. さいれい　religious ceremonies

제로[zero] 영(零). ゼロ

제로게임[zero game] 전패(全敗) 시합. 영패(零敗) 시합. ゼロゲーム

제로섬 게임[zero-sum game] 득실의 합계가 항상 영이 되는 게임. ゼロサムゲーム

제록스[Xerox] 문서를 자동으로 복사함. 또는 그 기계. 전자 복사기(複寫器)의 상표명임. ゼロックス

제론[提論] 어떤 의논거리를 내놓음. =제의(提議). ていろん　proposal

제:마[製麻] 삼으로 실이나 베를 만듦. せいま　hemp dressing

제막식[除幕式] 동상(銅像)이나 기념비(紀念碑) 같은 것이 완성되어, 덮어 씌웠던 막을 걷어 내리는 의식. じょまくしき　unveiling ceremony

제만사[除萬事] 모든 일을 다 제쳐 놓음. =제백사(除百事).　putting aside everything

제:매[弟妹] 남동생과 여동생. ていまい　younger brothers and sisters

제면[除免] ⇨면제(免除). じょめん

제:면[製綿] 목화로 솜을 만듦. せいめん　cotton carding

제:면[製麵] 국수를 만듦. 「~기(機)」せいめん　noodle-making

제:명[帝命] 황제의 명령. =어명(御命).　imperial order

제명[除名] ①명부에서 이름을 뺌. ②조직이나 단체에서 그 구성원의 자격을 박탈함. じょめい　expulsion

제명[題名] 영화·소설·논문 따위의 표제(表題)의 이름. だいめい　title

제명[題銘] 서적의 제자(題字)와 기물에 새기는 글.

제:명 처:분[除名處分] 단체의 체면을 더럽힌 사람의 자격을 박탈하는 처분. じょめいしょぶん

제:모[制帽] 규정에 의해서 쓰도록 제정된 모자. せいぼう　regulation cap

제목[題目] ①책의 겉장에 쓴 책의 이름. =표제(表題). ②글의 이름. =문제(文題). だいもく　title

제:문[祭文] 죽은 사람을 조상하는 글. 흔히 제물을 올리고 축문(祝文)처럼 읽음. さいもん·さいぶん　funeral message

제:물[祭物] 제사에 쓰이는 음식. =제수(祭需)·제품(祭品). さいもつ　offering

제민[齊民] 일반 백성. =서민(庶民). せいみん　people

제:민[濟民] 도탄에 빠진 백성을 구제함. 「구국(救國) ~」さいみん·せいみん　saving the distressed masses

제반[諸般] 여러 가지. 모든 것. =만반(萬般). 「~ 준비(準備)」

제반사[諸般事] 모든 일. 여러 가지 일. しょはん various / various matters

제발[題跋] 서화(書畫)나 책 따위에 쓰는 제사(題辭)와 발문(跋文). だいばつ introduction and postscript

제방[堤防] 홍수를 막기 위하여 쌓은 둑. ていぼう bank

제백사[除百事] 모든 일을 다 제쳐 놓음. =제만사(除萬事).

제번[除番] 번차례를 면함.

제번[除煩] 번거로운 인사를 생략하여 할 말만 적는다는 뜻으로, 편지 서두에 쓰는 말. =제례(除禮).

제벌[除伐] 불필요한 나무나 나뭇가지를 베어 버림. じょばつ

제법[除法] 나눗셈의 기법어. =제산(除算). ↔승법(乘法). じょほう division

제:법[製法] 제조법(製造法)의 준말. せいほう

제법[諸法] ① 불교에서, 우주에 존재하는 유형 무형(有形無形)의 온갖 사물. ② 여러 가지 법. しょほう

제보[提報] 정보를 제공함. 「~자(者)」

제:복[制服] 일정하게 제정된 복장. 「~ 제모(制帽)」 せいふく uniform

제복[除服] 상기(喪期)가 다 지나가 상복(喪服)을 벗음. =탈복(脫服). じょぶく going out of mourning

제복[祭服] 제사 때 입는 옷. さいふく garment worn in religious service

제:본[製本] 인쇄한 것을 접어서 책으로 만듦. =제책(製册). 「~소(所)」 せいほん bookbinding

제:부[弟夫] 여동생의 남편. =제랑(弟郎). ↔형부(兄夫).

제:분[製粉] 곡식·약재를 빻아 가루를 만듦. 「~기(機)」 せいふん milling

제브러[zebra] 얼룩말. ゼブラ

제:빈[濟貧] 가난한 사람을 구제함. relief of the poor

제:빙[製氷] 물을 얼리어 얼음을 만듦. 「~ 공장(工場)」 せいひょう ice manufacture

제:사[祭司] ① 유대교에서, 예루살렘의 신전(神殿)의 의식을 맡아보는 교직자. ② 미개한 민족에서, 신(神)에 대한 일을 맡아보는 사람. さいし ① priest

제:사[祭祀] 신령이나 조상의 신위 앞에 음식을 차려 놓고 정성을 느리던 의식. =향사(享祀)·제향(祭享). さいし religious service

제:사[製絲] 솜이나 고치로 실을 켜 냄. せいし reeling

제사[題詞] 책 머리에 그 책에 관계되는 글이나 시를 적은 글. だいし foreword

제사[題辭] ① 예전에 관부에서 백성의 소장(訴狀) 또는 원서(願書)에 대하여 적절한 처리를 내리던 글발. =제지(題旨). ② 책 머리 또는 빗돌 위에 쓰는 말. だいじ

제:사 계급[第四階級] ① 칼라일(Carlyle)의 계급 분류에서, 네 번째 계급. 곧, 무산 계급(無產階級). ② 신문 기자(新聞記者)들. 언론인(言論人)들. だいしかいきゅう ① proletariat ② fourth estate

제:사기[第四紀] 지질 시대의 한 구분. 신생대(新生代)의 후반(後半)에서 현세까지 이르는

시대. だいしき　Quaternary period

제ː사병[第四病] 발진성(發疹性) 급성 전염병의 한 가지. 성홍열·마진·풍진 다음의 질병이란 뜻. だいしびょう

제ː사종 우편물[第四種郵便物] 서적·인쇄물·업무용 서류 따위의 우편물. だいよんしゅゆうびんぶつ　fourth-class matter

제ː산[制酸] 위액(胃液) 속의 염산을 중화하는 일. 「~제(劑)」

제산[除算] 나눗셈의 구어. =제법(除法). ↔승산(乘算). じょさん　division

제ː산제[制酸劑] 위액 속의 염산을 중화하는 약. 위산 과다·위궤양 등에 쓰임. antacid

제ː삼 계급[第三階級] 칼라일(Carlyle)의 계급 분류에서, 세 번째 계급. 곧, 특권 계급에 대하여 노동자·농민 등의 평민 계급. だいさんかいきゅう　third estate

제ː삼국[第三國] 직접 관계되는 당사국 이외의 나라. ↔당사국(當事國). だいさんごく　third power

제ː삼당[第三黨] 두 개의 큰 정당 다음 가는 정당으로, 큰 두 정당의 세력이 맞설 때 어느 쪽에든 가담하면 법안의 가부를 결정할 수 있는 정당. だいさんとう third political party

제ː삼 독회[第三讀會] 국회에서 의안(議案)에 대한 제삼차의 독회. だいさんどっかい　third reading

제ː삼 세ː력[第三勢力] ① 대립하는 두 세력 이외의 중간적 세력. =중간파(中間派)·중립파(中立派). ② 좌익과 우익의 어디에도 속하지 않는 정치 세력. だいさんせいりょく　third force

제ː삼심[第三審] 소송에서 제 3 차로 받는 심판. 보통은 상고심(上告審)이나 재항고심(再抗告審)임. だいさんしん　third trial

제ː삼인칭[第三人稱] 대화자 이외의 사람의 이름을 대신하여 쓰는 대명사. '그이·저이' 등. だいさんにんしょう　third person

제삼자[第三者] 당사자 이외의 사람. 「~가 나설 일이 아니다」 だいさんしゃ　third person

제ː삼 제ː국[第三帝國] 나치스 정권 때의 독일을 이르는 말. だいさんていこく　Third Reich

제ː삼종 소ː득[第三種所得] 제일종·제이종 이외의 개인의 소득. third-class income

제ː삼종 우편물[第三種郵便物] 한 달에 한 번 이상 간행되는 정기 간행물의 우편물. だいさんしゅゆうびんぶつ　third-class matter

제ː상[祭床] 제물을 차려 놓는 상. sacrificial table

제ː생[濟生] ① 생명을 구제함. ② 불교에서, 중생(衆生)을 구제함. さいせい　① saving ② salvation of the people

제서[題書] 책이나 서화(書畫) 따위의 표제 글자. =제기(題字). title letters

제ː석[帝釋] 제석천(帝釋天)의 준말. たいしゃく

제석[除夕] 섣달 그믐날 밤. =제야(除夜). じょせき　New Year's Eve

제ː석[祭席] 제사 때 까는 돗자리. 젯돗. sacrificial mat

제:석천[帝釋天] 범왕(梵王)과 함께 불법을 수호한다는 신. 준제석(帝釋). たいしょくてん

제설[除雪] 쌓인 눈을 치움. 「~차(車)」 じょせつ snow removing

제설[諸說] 여러 가지 설. 온갖 학설. しょせつ various views

제성[提醒] 잊었던 것을 깨우침.

제:세[濟世] 세상을 구제함. =구세(救世). 「~안민(安民)」 せいせい・さいせい salvation of the world

제소[提訴] 소송을 제기함. ていそ instituting a lawsuit

제:수[弟嫂] 동생의 아내. =계수(季嫂). younger brother's wife

제수[除數] 나눗셈에서, 어떤 수를 나누는 수. '6÷3'의 3 따위. 나눗수. ↔피제수(被除數). じょすう divisor

제:수[祭需] 제사에 쓰일 여러 가지 음식이나 재료. =제물(祭物). things used in religious services

제수이트[Jesuit] 예수회의 신도(信徒). ゼスイット

제:술[製述] 시나 글을 지음.

제스처[gesture] ① 몸짓. 손짓. ② 속마음과 달리 남에게 보이기 위한 행동. ジェスチャー

제습[除濕] 습기를 없앰. dehumidification

제:승[制勝] ① 왕세자(王世子)가 섭정(攝政)할 때, 군무(軍務) 문서에 찍는 나무 도장. ② 승리함. 이김. せいしょう ② winning a victory

제:승[濟勝] 명승지(名勝地)를 돌아다니며 구경함. 「~지구(之具)」

제시[提示] 들어 보임. 나타내어 보임. ていじ presentation

제시[題詩] ① 어떤 제목에 따라 시를 지음. ② 책의 권두(卷頭)에 싣는 시. だいし ① composition of poems

제신[諸臣] 모든 신하. 여러 신하. しょしん all subjects

제:실[帝室] 황제의 집안. =황실(皇室). ていしつ imperial family

제:씨[弟氏] 남을 높이어 그 아우를 이르는 말. =계씨(季氏). your younger brother

제씨[諸氏] 여러분. しょし ladies and gentlemen

제악[諸惡] 모든 악. 온갖 죄악. 모든 악행(惡行)이나 악사(惡事). しょあく all vices

제아[提案] ① 의안(議案)을 제출함. 또는 그 의안. ② 어떤 의견을 제시함. 또는 그 의견. ていあん proposal

제:압[制壓] 위력으로 상대편을 제어누름. せいあつ suppression

제:애[際涯] 끝이 닿는 곳. 땅끝의 한계. さいがい

제액[題額] 현액(扁額)에 하시 등을 쓰는 일. 또는 그 편액. だいがく

제야[除夜] 섣달 그믐날 밤. =제석(除夕). じょや New Year's Eve

제:약[制約] 어떤 조건을 붙여 자유로운 활동을 제한하는 일. せいやく restriction

제:약[製藥] 약을 제조함. 또는 그 약. 「~회사(會社)」せいやく medicine manufacturing

제:어[制御·制馭] ① 상대편을 억눌러 자기의 뜻대로 다루는 일. ② 기계 등을 목적하는 상태로 되게 하려고 알맞게 다루어 조정하는 일. せいぎょ

제:어봉[制御棒] 원자로(原子爐)의 출력(出力)을 조종하는 데 사용되는 막대기. せいぎょぼう control rod

제언[提言] 의견을 냄. 또는 그 의견. =제의(提議). ていげん proposal

제언[堤堰] 물을 가두기 위해 쌓은 둑. =언제(堰堤). dam

제언[諸彦] ⇨제현(諸賢). しょげん

제언[題言] 책이나 서화(書畫)의 첫머리에 적는 말. =제사(題辭). だいげん preface

제역[除役] ① 병원균이 체내에 침입하여도 발병되지 않도록 그 병에 대해 저항력을 갖는 일. =면역(免役). ② 병역(兵役)의 전부 또는 일부를 면제함. じょえき ② exemption from military service

제연[諸緣] ① 여러 가지 연장. ② 모든 인연(因緣) しょえん ① various tools

제:염[製鹽] 소금을 만듦. せいえん salt manufacture

제영[題詠] 미리 정해진 시제(詩題)에 따라 시를 짓는 일. 또는 그 시. だいえい

제:오열[第五列] 적과 내통하는 사람. =제오 부대(第五部隊). だいごれつ the fifth column

제:오종 우편물[第五種郵便物] 농산물의 종자 및 누에의 씨를 우송하는 우편물. だいごしゅゆうびんぶつ fifth-class matter

제:왕[帝王] 황제(皇帝)와 국왕(國王). ていおう sovereign

제:왕 절개 수술[帝王切開手術] 자연 분만이 어려울 때, 배와 자궁의 벽을 갈라 태아를 꺼내는 수술. 준제왕 절개술(帝王切開術)·제왕 수술(帝王手術). ていおうせっかいしゅじゅつ Caesarean operation

제외[除外] 범위 밖으로 빼내어서 제쳐 놓음. じょがい exclusion

제요[提要] 요령만을 추려 제시함. 또는 그 기록.「생물학(生物學)~」ていよう summary

제:욕[制慾] 욕심을 억누름. 특히 정욕(情慾)을 억누름. せいよく control of passions

제우[諸友] 여러 친구. 모든 벗. しょゆう friends

제우스[Zeus] 그리스 신화 중의 최고 신. ゼウス

제원[諸員] 모든 인원. 여러 사람. しょいん members

제월[除月] ① 음력 12월의 다른 이름. ② 음력 4월의 다른 이름.

제:월[霽月] ① 갠 날의 맑은 달. ② 마음이 거든하고 기분이 명랑함의 비유.「~광풍(光風)」せいげつ ① moon after rain

제:월광풍[霽月光風] 비가 갠 뒤의 밝은 달과 맑은 바람이라는 뜻으로, 도량이 넓고 맑고 밝은 인품을 비유하여 이르는 말. =광풍제월(光風霽月).

제:위[帝位] 황제의 자리. =제조(帝祚).「~에 오르다」てい imperial throne

제:위[祭位] 제사를 받는 신위(神位). enshrined deity

제위[諸位] 여러분. =제현(諸賢). ladies and gentlemen

제:위답[祭位畓] 추수한 것을 제사의 비용으로 쓰는 논. =위토답(位土畓)·제수답(祭需畓).

제:위전[祭位田] 추수한 것을 제사의 비용으로 쓰는 밭. =위토전(位土田)·제수전(祭需田).

제:유[製油] 동식물체(動植物體)에서 기름을 짜냄. 「~소(所)」 せいゆ oil manufacture

제유[諸儒] 여러 선비. 모든 유생(儒生). Confucian scholars

제육[←豬肉] 돼지고기. pork

제:육감[第六感] 경험을 토대로 직감방으로 느끼는 영감(靈感). 준육감(六感). だいろっかん sixth sense

제:융[製絨] 모직물(毛織物)을 만듦. せいじゅう wool weaving

제읍[諸邑] 여러 고을. 각지의 고을. =제군(諸郡). various towns

제의[提議] 의견이나 의안 또는 의논할 거리를 내놓음. =제안(提案). ていぎ proposal

제의[題意] ①문제의 의미. ②주제(主題)의 의미. だいい ① meaning of a question

제:이 계급[第二階級] 카라일(Carlyle)의 계급 분류에서 둘째 계급. 봉건 사회에서 귀족·승려(僧侶) 따위의 특권 계급. だいにかいきゅう second estate

제:이 독회[第二讀會] 국회에서 두 번째로 의안을 토의하는 독회. だいにどっかい second reading

제:이 성:질[第二性質] 외적 감각을 거쳐 알려지는 빛·소리·맛 따위의 성질. だいにせいしつ secondary qualities

제:이심[第二審] 제일심에서 판결된 사건을 상급 법원에서 다시 심리하는 일. =재심(再審). 준이심(二審). だいにしん

second trial

제:이의[第二義] 근본적인 중요한 뜻 외의 부수적인 다른 뜻. だいにぎ secondary meaning

제:이인칭[第二人稱] 자기와 대화하는 상대방의 이름 대신에 쓰는 인칭. '너·당신' 따위. だいににんしょう second person

제:이종 우편물[第二種郵便物] 엽서(葉書) 따위의 우편물. だいにしゅゆうびんぶつ second-class matter

제:이차 산:업[第二次産業] 광업·제조업·건설업 등 주로 원재료의 정제·가공을 담당하는 산업. だいにじさんぎょう secondary industry

제:이차 세:계 대:전[第二次世界大戰] 1939~1945년에 일본·이탈리아·독일의 동맹국과 영국·미국·프랑스·소련 등 연합국과의 사이에 일어난 세계 대전. 연합군이 승리하였음. だいにじせかいたいせん World War Ⅱ

제:이차 집단[第二次集團] 관청·회사·학교 따위의 거대하고 형식적인 근대적 조직으로서의 사회 집단. ↔제일차 집단(第一次集團). だいにじしゅうだん secondary group

제일[除日] 섣달 그믐날. じょじつ last day of the lunar year

제:일[第一] ①첫째. ②가장. だいいち ① first ② most

제:일[祭日] 제삿날. さいじつ day of religious service

제일[齊一] 똑같이 가지런함. evenness

제:일 강산[第一江山] 경치가 매우 뛰어난 산수(山水).

제:일 계급[第一階級] 칼라일(Carlyle)의 계급 분류에서 첫째 계급. 봉건 사회에 있어서 국왕·제후의 계급. だいいちかいきゅう first estate

제:일 독회[第一讀會] 국회에서 의안에 대해 맨 처음으로 낭독하고 대체 토론(大體討論)을 하는 독회. だいいちどっかい first reading

제:일류[第一流] 가장 높은 등급. 으뜸 가는 부류. 준일류(一流). だいいちりゅう first class

제:일미[第一美] 정신미(精神美)·자연미의 원천을 이룬 절대미(絶對美).

제:일보[第一步] 첫걸음. 처음 시작하는 걸음. だいいっぽ first step

제:일선[第一線] ① 전장의 최전선(最前線). ② 활동하는 분야의 맨 앞장. 준일선(一線). だいいっせん forefront

제:일 성:질[第一性質] 물건의 연장(延長)·운동·정지(靜止)·모양·수 따위와 같이 사물 그 자체에 갖추어져 있는 객관적인 성질. だいいちせいしつ primary qualities

제:일심[第一審] 소송에서, 맨 처음으로 하는 심리(審理) 재판. =초심(初審). 준일심(一審). だいいっしん first trial

제:일의[第一義] 가장 근본이 되는 궁극의 진리. だいいちぎ primary

제:일 인상[第一印象] 사람이나 사물을 처음 대했을 때에 느끼는 인상. 첫인상. だいいちいんしょう first impression

제:일인자[第一人者] 그 방면에서 으뜸 가는 사람. だい

fine scenery

ちにんしゃ first man

제:일인칭[第一人稱] 인칭 대명사(人稱代名詞)에서 자기 자신을 가리키는 말. '나·저·우리' 따위. だいいちにんしょう first person

제:일종 소:득[第一種所得] 민법상의 법인(法人)인 영리 회사의 소득. だいいっしゅしょとく first-class income

제:일종 우편물[第一種郵便物] 봉투에 넣고 봉한 보통 우편물. だいいっしゅゆうびんぶつ first-class matter

제:일 주제[第一主題] 소나타 형식의 악곡에서 제시부(提示部) 중의 중요 악절.

제:일차 산:업[第一次産業] 농업·목축업·어업 등 주로 천연 자원을 채취하는 산업. だいいちじさんぎょう primary industry

제:일차 세:계 대:전[第一次世界大戰] 1914년에서 1918년 사이에 영국·프랑스·러시아의 삼국 협상과 독일·오스트리아·이탈리아의 삼국 동맹과의 대립을 배경으로 하여 일어난 세계적 규모의 전쟁. だいいちじせかいたいせん World War I

제:일 철학[第一哲學] 아리스토텔레스의 철학 체계의 존재 일반을 연구하는 부문. だいいちてつがく primary philosophy

제:자[弟子] 스승에게서 학문이나 기술의 지도를 받는 사람. =문인(門人)·문제(門弟). で pupil

제자[梯子] 사다리. ていし·はしご ladder

제자[諸子] ① 아들·조카 들을 통틀어 이르는 말. ② ⇨제군(諸

君). ③중국 춘추·전국 시대에 일가(一家)의 학파를 형성했던 사람들. 「~백가(百家)」しょし

제자[題字] 책의 표지나 족자 따위에 쓴 글자. =제서(題書). だいじ

제자백가[諸子百家] 중국 춘추·전국 시대의 여러 학파. 유가(儒家)의 공자(孔子)·맹자(孟子) 등, 도가(道家)의 노자(老子)·장자(莊子) 등, 법가(法家)의 관자(管子)·한비자(韓非子) 등, 병가(兵家)의 오자(吳子)·손자(孫子) 등, 묵가(墨家)의 묵자(墨子) 등등을 이르는 말. 준제가(諸家). しょしひゃっか

제:작[制作] 예술 작품 등을 만드는 일. 「자화상(自畫像)을 ~하다」 product

제:작[製作] ① 도구나 기계 등을 이용하여 물건을 만듦. =제조(製造). ② 영화 등을 만드는 일. ③ 시문(詩文)이나 미술 작품 등을 만드는 일. せいさく ① manufacture ② production ③ composition

제작[題作] 정해진 제목에 따라 시가나 문장을 짓는 일. だいさく composition on a given subject

제장[諸將] ① 여러 장수. 많은 장군(將軍). しょしょう ② 싸움터에 나갔다가 죽은 신령(神靈). ① all generals

제:재[制裁] ① 법을 어긴 자에게 주는 형벌. 자유를 구속하거나 제한 조치를 가함. ② 도덕이나 관습, 또는 집단의 규정을 어긴 사람에게 가하는 심리적·물리적인 압력. せいさい ① restraint ② sanction

제:재[製材] 나무를 잘라 널빤지나 각재(角材)를 만듦. 「~소(所)」せいざい lumbering

제재[題材] 연구나 예술 작품 등의 주제(主題)가 되는 재료. だいざい theme

제적[除籍] 호적·학적·동적(洞籍) 따위에서 이름을 지워 버림. じょせき removal from the register

제:전[祭典] ① 제사를 지내는 의식. ② 성대하게 열리는 사회적 행사. 체육 제전·예술 제전 따위. 「민족 문화의 ~」さいてん festival

제:전[祭奠] 의식을 갖춘 제사와 의식을 갖추지 아니한 제사의 통칭. さいてん

제절[諸節] 남을 높이어, 그의 집안 식구들의 지내는 형편을 이르는 말. 「댁내(宅內) ~」whole family's condition

제:정[制定] 어떤 제도나 규정(規定)을 정함. 「헌법(憲法) ~」せいてい enactment

제:정[帝政] ① 황제가 다스리는 정치. 「~ 러시아」② 세국주의의 정치. ていせい ① imperial government

제:정[祭政] 제사와 정치. 「~일치(一致)」さいせい church and state

제:제[製劑] 약제(藥劑)를 만듦. 약을 지음. せいざい pharmacy

제:제[濟濟] ① 많고 왕성한 모양. 「~다사(多士)」② 엄숙하고 신중함. せいせい ① galaxy

제:제다사[濟濟多士] 수많은 훌륭한 인재. a galaxy of intellects

제:조[製造] 원료를 가공하여 물건을 만듦. =제작(製作).

「~원(元)」「~품(品)」 せいぞう manufacture

제:조법[製造法] 만드는 방법. 製造法 ⓒ제법(製法). せいぞうほう
method of manufacture

제족[諸族] 한 가문의 여러 친족.
whole family

제종[諸宗] 한 가문의 본종(本宗)과 지파(支派).
various denominations

제:주[祭主] 제사에서 주인, 또는 주장이 되는 지위에 있는 사람. さいしゅ
master of religious rites

제:주[祭酒] 제사에 쓰는 술. さいしゅ sacrificial rice wine

제:중[濟衆] 많은 사람들을 구제함. 중생(衆生)을 구제함. せいしゅう・さいしゅう
salvation of the people

제:지[制止] 남에게 말이나 행동을 하지 못하게 함. せいし
restraint

제:지[製紙] 종이를 만듦.「~공업(工業)」せいし
paper manufacture

제:직[製織] 실로 피륙을 짬. =직조(織造). せいしょく
weaving

제창[提唱] ①어떤 학설이나 주장(主張)을 내세우고 외침. ② 불교에서, 법사(法師)가 법상(法床)에 앉아 대중을 위해 설법하는 일. ていしょう
① advocacy

제창[齊唱] 여러 사람이 일제히 부르짖거나 노래를 함.「애국가(愛國歌) ~」せいしょう
singing in unison

제:책[製册] ⇨제본(製本).

제척[除斥] ①물리쳐 없앰. ② 소송 사건에서, 개인적인 이해관계가 있는 법관을 그 직무에 관여하지 못하게 함. じょせき
① exclusion ② rejection

제:천[祭天] 하늘에 제사지내는 일.「~의식(儀式)」さいてん
religious service to Heaven

제:철[製鐵] 철광석을 제련하여 무쇠를 만드는 일. せいてつ
steel making

제청[提請] 사람을 추천하여 임명(任命)을 청함.

제초[除草] 잡초를 없앰. 김매기.「~작업(作業)」じょそう
weedkilling

제초기[除草器] 잡초를 없애는 데 쓰는 기계. じょそうき
weeder

제출[提出] 의견이나 서류 따위를 내놓음.「원서(願書) ~」ていしゅつ presentation

제충[除蟲] 해충(害蟲)을 없앰. extermination of insects

제충국[除蟲菊] 국화과의 다년초. 줄기와 꽃은 말려서 제충제(除蟲劑)로 씀. じょちゅうぎく
pyrethrum

제취[除臭] 냄새를 없앰. じょしゅう taking off the smell

제:퇴선[祭退膳] 제사를 지내고 제상에서 물린 음식.

제트[jet] 노즐이나 파이프 등에서 유체(流體)가 연속적으로 분출하는 형태. ジェット

제트스트림[jet stream] 대류권(對流圈)의 상부나 성층권에서 수평축에 따라 동쪽으로 흐르는 공기의 세찬 흐름. 제트 기류. ジェットストリーム

제트엔진[jet engine] 고온도의 가스를 분출시켜 그 반동으로 추진력을 얻는 열기관(熱機關). ジェットエンジン

제:판[製版] 인쇄할 원판(原版)을 만듦. =조판(組版). せい

제ː팔 예ː술[第八藝術] 영화, 특히 무성 영화를 이르는 말. 발성 영화(發聲映畫)는 제구 예술이라고 함. だいはちげいじゅつ plate making

제ː패[制霸] ① 경쟁 상대를 눌러 주도권을 잡음. ② 경기 따위에서 우승함. 「전국(全國)~」 せいは
① domination ② conquest

제폐[除弊] 폐단을 없앰. getting rid of abuses

제표[除標] 나눗셈의 부호. '÷'를 이르는 말. 나누기표.

제ː품[製品] 원료를 가공해서 만든 물건. せいひん product

제하[除荷] 배가 조난당했을 때 선체(船體)를 가볍게 하기 위해 짐을 바다에 버리는 일. 또는 그 짐. jettison

제하[題下] 제목 아래.

제학[提學] ① 조선 때, 규장각(奎章閣) 종일품·종이품 벼슬. 또는 예문관(藝文館)·홍문관(弘文館)의 종이품 벼슬. ② 고려 때, 예문 춘추관(藝文春秋館)의 한 벼슬. 대제학(大提學)의 다음.

제ː한[制限] ① 일정한 한도를 정함. ② 어느 한도를 넘지 못하게 함. せいげん limitation

제ː한[際限] 가장자리의 끝이 되는 부분. 끝. =한도(限度). さいげん limit

제ː한 전ː쟁[制限戰爭] 전쟁 목적이나 공격 목표 또는 전투 수단 등에 제한을 두고 벌이는 전쟁. ↔전면 전쟁(全面戰爭). せいげんせんそう limited war

제해[除害] 해독(害毒)을 없앰. じょがい getting rid of evils

제ː해권[制海權] 해군력으로 일정한 범위의 해역을 지배하는 권력. =해상권(海上權). 「~장악(掌握)」 せいかいけん command of the sea

제행[諸行] ① 온갖 수행(修行). ② 불교에서, 우주간에 존재하는 만물. =만유(萬有). しょぎょう ② all earthly things

제행무상[諸行無常] 불교에서, 만물(萬物)은 항상 유전 생멸(流轉生滅)을 계속하여 그치는 일이 없음을 이르는 말. しょぎょうむじょう

제ː향[祭享] ① 나라에서 지내는 제사. ② 제사(祭祀)의 높임말.

제ː헌[制憲] 헌법을 제정함. 「~절(節)」 せいけん establishment of a constitution

제ː헌 국회[制憲國會] 헌법을 제정한 국회. 우리 나라의 초대 국회를 이르는 말. せいけんこっかい

제ː헌절[制憲節] 우리 나라 헌법의 공포를 기념하는 국경일. 7월 17일. Constitution Day

제ː혁[製革] 날가죽을 무두질하여 제품을 만들 수 있는 가죽으로 만듦. =제피(製皮). せいかく tanning

제현[諸賢] 여러 어른들. 여러 사람에게 대한 존칭. =제언(諸彦). しょけん gentlemen

제형[梯形] 두 변(邊)만이 평행인 사변형(四邊形). 사다리꼴. ていけい trapezoid

제형[諸兄] ① 한 집안의 여러 형들. ② 같은 또래의 여러 사람을 높여서 이르는 말. しょけい

제형[蹄形] 말굽처럼 생긴 모양. =마제형(馬蹄形). ていけい

제:호[帝號] 제왕의 칭호. ていごう　U-shape / imperial name

제호[題號] 책 따위의 제목이 되는 이름. =표제(表題). だいごう　title

제화[除禍] 재앙을 없앰. じょか

제:화[製靴] 구두를 만듦. 「~공(工)」 せいか　shoemaking

제:화[濟化] 착한 길로 인도하는 일. せいか　guiding to good

제:회[際會] ① 서로 부딪쳐 만남. ② 임금과 신하가 서로 뜻이 맞게 잘 만남. =제우(際遇). さいかい　① meeting

제후[諸侯] 봉건 시대에, 군주한테서 일정한 봉토(封土)를 받아 그 영내의 백성을 다스리던 사람. =열후(列侯). 「~국(國)」 しょこう　feudal lords

제휴[提携] 서로 도우며 이끌어 나감. 「경제(經濟) ~」 ていけい　cooperation

젠틀맨[gentleman] 신사(紳士). ジェントルマン

젤라틴[gelatin] 동물의 가죽·뼈·힘줄 등에서 얻는 단순(單純) 단백질의 한 가지. ゼラチン

젤리[jelly] ① 어육류(魚肉類)나 과실에서 채취한 맑은 즙. ② 과일즙에 설탕을 넣고 끓인 뒤 젤라틴을 가하여 식혀 만든 반고체의 과자. ゼリー

조:[弔]☆ "吊"는 俗字. ① 조상할 조: 조의를 표하다. 슬퍼하다. 「弔喪(조상)·弔慰(조위)·弔客(조객)·弔文(조문)·弔詞(조사)·弔恤(조휼)」 ② 매달 조: 매달다. 「弔鐘(조종)·弔樓(조루)·弔橋(조교)」 チョウ ① とむらう

조[爪] 손톱 조: 손톱. 발톱. 할퀴다. 「爪甲(조갑)·爪牙(조아)·爪痕(조흔)·爪傷(조상)·爪毒(조독)」 ソウ・つめ

조:[吊] "弔"의 俗字.

조:[兆]* ① 조짐 조: 조짐. 「吉兆(길조)·徵兆(징조)·兆朕(조짐)」 ② 많을 조: 많다. 억(億)의 만 배. 「一兆(일조)·億兆(억조)·兆民(조민)」 ③ 무덤 조: 묏자리. 「兆域(조역)」 チョウ ① きざし

조:[早]* 이를 조: 이르다. 「早朝(조조)·早速(조속)·早晩(조만)·早死(조사)·早達(조달)」 ソウ・サ・はやい

조:[助]* 도울 조: 돕다. 「助力(조력)·相助(상조)·扶助(부조)·內助(내조)·自助(자조)」 ジョ・たすける

조:[阻] ① 막힐 조: 막히다. 「阻隔(조격)·阻止(조지)·阻害(조해)·阻絶(조절)」 ② 험할 조: 험하다. 「阻艱(조간)·阻深(조심)·阻險(조험)」 ソ ② けわしい

조[俎] 도마 조: 도마. 「俎豆(조두)·俎刀(조도)·俎尊(조준)」 ソ・まないた

조[凋] 시들 조: 시들다. 「凋枯(조고)·凋萎(조위)·凋歇(조헐)·凋落(조락)」 チョウ・しぼむ

조[祖]* 할아버지 조: 할아비. 조상. 「祖父(조부)·高祖(고조)·祖妣(조비)·祖母(조모)·始祖(시조)·開祖(개조)·祖神(조신)」 ソ・じじ・はじめ

조[祚] ① 복조 조: 복조. 복. 「福祚(복조)·祚命(조명)·天祚(천조)」 ② 자리 조: 자리. 「皇祚(황조)·登祚(등조)」 ソ

조:[租]☆ ① 구실 조: 구실. 세금. 「租稅(조세)·租課(조과)·

租徭(조요)」②벼 조:벼.「正租(정조)」ソ ①みつぎ

조[彫] 새길 조:새기다.「彫刻(조각)·彫像(조상)·彫琢(조탁)·浮彫(부조)·木彫(목조)」チョウ·ほる

조[措] ①둘 조:두다.「措足(조족)·擧措(거조)」 ②베풀 조:베풀다. 처리하다.「措處(조처)·措置(조치)·措辭(조사)·措定(조정)」ソ ①おく

조[曹] "曺"는 俗字. ①무리 조:무리.「我曹(아조)·汝曹(여조)」②관청 조:마을. 관청.「六曹(육조)·法曹(법조)」ソウ·ゾウ ①ともがら

조[條]* ①조리 조:조리. 조목.「條理(조리)·條件(조건)·條目(조목)·條項(조항)·第一條(제일조)」 ②가지 조:가지.「枝條(지조)·鐵條(철조)」ジョウ ①すじ ②えだ

조:[眺] 바라볼 조:바라보다.「眺望(조망)·眺臨(조림)·眺覽(조람)」チョウ·ながめる

조[窕] 얌존한 조:야죤하다. 얌전하다.「窈窕(요조)·窕窕(조조)」チョウ

조[組]* ①짤 조:짜다.「組織(조직)·組立(조립)·組成(조성)·組閣(조각)·組合(조합)」②끈 조:끈.「組繫(조계)」ソ ①くむ

조[粗] 거칠 조:거칠다.「粗雜(조잡)·粗惡(조악)·粗野(조야)·粗暴(조포)·粗放(조방)」ソ·あらい

조:[造]* ①지을 조:짓다. 만들다.「造語(조어)·造幣(조폐)·造餅(조병)·製造(제조)·改造(개조)·創造(창조)」②이를 조:이르다.「造詣(조예)」ゾウ ①つくる

조:[釣] 낚시 조:낚시. 낚다.「釣竿(조간)·釣磯(조기)·釣徒(조도)·釣船(조선)」チョウ·つり·つる

조[鳥]* 새 조:새.「鳥類(조류)·鳥獸(조수)·白鳥(백조)·水鳥(수조)·害鳥(해조)·益鳥(익조)·候鳥(후조)」チョウ·とり

조[朝]* ①아침 조:아침.「朝夕(조석)·朝飯(조반)·朝會(조회)·早朝(조조)」②조정 조:조정.「朝廷(조정)·朝野(조야)·王朝(왕조)·北朝(북조)」チョウ ①あさ

조[棗] 대추 조:대추.「棗脩(조수)·棗栗(조율)」ソウ·なつめ

조:[詔] 조서 조:조서.「詔書(조서)·詔令(조령)·詔旨(조지)·詔勅(조칙)」ショウ·みことのり

조:[照]* ①비출 조:비추다. 비치다.「照明(조명)·照射(조사)·夕照(석조)·落照(낙조)」②비교할 조:비교하다.「對照(대조)·照合(조합)·照査(조사)·御照(어조)」ショウ ①てる·てらす

조[漕] 배 저을 조:배를 젓다. 배로 실어서 나르다.「漕渠(조거)·漕溝(조구)·漕船(조선)·漕運(조운)」ソウ·こぐ

조:[肇] 비롯할 조:비롯하다. 시작하다.「肇國(조국)·肇基(조기)·肇始(조시)·肇業(조업)」チョウ·はじめる

조[趙] ①나라 이름 조:나라 이름. ②성 조:사람의 성. チョウ

조[嘲] 조롱할 조:조롱하다. 비웃다.「嘲弄(조롱)·嘲名(조명)·嘲謔(조학)·嘲笑(조소)·嘲罵(조매)」チョウ·あざける

조[槽] 구유 조: 말구유. 통. 「槽櫪(조력)·水槽(수조)」 ソウ·おけ

조[潮]☆ 조수 조: 조수. 풍조. 「潮水(조수)·滿潮(만조)·干潮(간조)·潮汐(조석)·潮流(조류)·思潮(사조)·風潮(풍조)」 チョウ·しお

조[調]* ① 고를 조: 고르다. 「調和(조화)·調整(조정)·調味(조미)·順調(순조)」 ② 곡조 조: 곡조. 「曲調(곡조)·調律(조율)·長調(장조)·短調(단조)」 ③ 가릴 조: 가리다. 「調用(조용)·調整(조정)」 チョウ·ととのえる

조:[遭] 만날 조: 만나다. 「遭遇(조우)·遭禍(조화)·遭逢(조봉)·遭難(조난)·遭故(조고)」 ソウ·あう

조[噪] 떠들 조: 떠들다. 「噪音(조음)」 ソウ·さわぐ

조:[操]☆ ① 지조 조: 지조. 「志操(지조)·貞操(정조)·節操(절조)」 ② 조종할 조: 조종하다. 「操縱(조종)·操作(조작)·操業(조업)」 ソウ ① みさお

조[燥]☆ 마를 조: 마르다. 「乾燥(건조)·燥渴(조갈)·燥濕(조습)·高燥(고조)」 ソウ·かわく

조[糟] 지게미 조: 지게미. 「槽糠(조강)·槽粕(조박)·槽丘(조구)」 ソウ·かす

조[藻] ① 말 조: 물 속에서 자라는 민꽃식물의 총칭. 「海藻(해조)·藻類(조류)」 ② 글 조: 글 「藻思(조사)·藻雅(조아)」 ソウ·も

조[躁] 조급할 조: 조급하다. 「躁動(조동)·躁進(조진)·躁然(조연)·躁躁(조조)·焦躁(초조)·急躁(급조)·躁症(조증)」 ソウ·さわぐ

조[譟] "噪"와 同字.

조[竈] 부뚜막 조: 부뚜막. 부엌 귀신. 「竈君(조군)·竈突(조돌)·竈王(조왕)」 ソウ·かまど

조[糶] 쌀 팔 조: 쌀을 팔다. 「糶米(조미)·糶買(조매)」 チョウ

조:가[弔歌] 죽음을 슬퍼하는 노래. ちょうか dirge

조각[彫刻] 글씨나 그림을 돌·나무 등에 새김. ちょうこく sculpture

조각[組閣] 내각(內閣)을 조직함. そかく organization of a cabinet

조각가[彫刻家] 조각을 전문으로 하는 예술가. ちょうこくか sculptor

조각장[彫刻匠] 조각을 전문으로 하는 공장(工匠).

조:간[釣竿] 낚싯대. ちょうかん·つりざお fishing rod

조간[朝刊] 조간 신문(朝刊新聞)의 준말. ↔석간(夕刊). ちょうかん

조:간[遭艱] 부모의 상사를 당함. =조고(遭故)·당고(當故). losing one's parents

조간 신문[朝刊新聞] 일간 신문 중에서, 아침에 발행하는 신문. 준조간(朝刊). ちょうかんしんぶん morning paper

조갈[燥渴] 목이 타는 듯이 마름. 「~증(症)」 thirst

조:감[照鑑] ① 대조하여 봄. ② 신불(神佛)이 보살핌. しょうかん ① reference

조감도[鳥瞰圖] 높은 곳에서 땅 위를 내려다본 것과 같이 그린 그림. =부감도(俯瞰圖). ちょうかんず bird's-eye view

조갑[爪甲] 손톱이니 발톱. =지갑(指甲). nails

조강[燥强] 땅에 습기가 없고

메말라서 단단함.
조강[糟糠] 지게미와 쌀겨. そうこう wine lees and rice bran
조강지처[糟糠之妻] 지게미와 쌀겨를 먹으면서 살아 온 아내라는 뜻으로, 구차한 생활을 견디며 고생을 함께 하던 아내. そうこうのつま
  one's wife married in poverty
조개모:변[朝改暮變] 아침에 고치고 저녁에 또 바꾼다는 뜻으로, 무슨 일을 자주 변경함을 이르는 말. =조변석개(朝變夕改). ちょうかいぼへん
  inconstant policy
조:객[弔客] 조상하러 온 손. ちょうかく·ちょうきゃく
  visitor for condolence
조거[漕渠] 배를 대어 짐을 싣거나 부릴 수 있도록 파서 만든 깊은 개울. =조구(漕溝).
조건[條件] ① 사물을 규정하거나 제한하는 사항. ② 어떤 일이 성립되는 데 필요한 사항. 「계약 ~」 じょうけん
  ① term ② condition
조건 반:사[條件反射] 반사 운동(反射運動)을 일으키는 자극과 함께 관계가 없는 다른 자극을 동시에 되풀이하면, 마침내 관계가 없는 자극만으로도 반사를 일으키는 현상. じょうけんはんしゃ
  conditioned reflex
조건부[條件附] 어떤 사물에 일정한 제한을 붙임. ↔무조건(無條件). 「~ 승낙(承諾)」 じょうけんつき conditional
조:격[阻隔] 막혀서 통하지 못함. そかく
조:경[造景] 경치를 아름답게 꾸미는 일.
  landscape architecture

조경[潮境] 성질이 다른 해류가 맞닿아 불연속선(不連續線)을 이루는 수렴선(收斂線).
조경[躁競] 조급하게 남과 세력을 다툼. そうきょう
조계종[曹溪宗] 우리 나라 불교의 한 종파로, 고려 때에 이루어져서 현재 전통 불교의 주류를 이룸.
조고[祖考] 세상을 떠난 할아버지. =왕고(王考). そこう
  deceased grandfather
조고[凋枯] 시들어 마름. ちょうこ withering
조:고[照考] 대조하여 깊이 생각하고 참고함. しょうこう
  collation
조:고[遭故] 부모의 상사(喪事)를 당함. -주갑(遭艱)·담고(當故). losing one's parents
조고[操觚] 시문(詩文)을 지음. 문필(文筆)에 종사함. 「~계(界)」 そうこ
조고계[操觚界] 문필가(文筆家)들의 사회. そうこかい
주:고여생[早孤餘生] 어려서 부모를 여읜 사람.
조:곡[弔哭] 조상하며 우는 울음.
  wailing in mourning
조곡[組曲] 여러 개의 악곡을 조합하여 만든 한 곡의 기악곡. 모음곡. くみきょく suite
조곡[朝哭] 상제가 소상(小喪)까지 날마다 아침에 곡하는 일.
조공[彫工] 조각을 업으로 하는 사람. =조각사(彫刻師). ちょうこう engraver
조공[朝貢] ① 옛날에, 종주국(宗主國)에게 속국(屬國)이 때맞추어 예물로 물건을 바치던 일. ② 옛날에, 제후(諸侯)가 천자(天子)에게 물건을 바치던 일. ちょうこう tribute

조:공등[照空燈] 야간에 비행 중인 항공기를 찾는 조명 장치. =탐조등(探照燈). しょうくうとう　searchlight

조:과[早課] 가톨릭에서, 아침에 드리는 기도. morning prayer

조:과[造果·造菓] ① 유밀과(油蜜菓)나 과자 따위. ② 과자류를 만드는 일. ① sweetmeats ② confectionery

조관[條款] 벌여 놓은 조목(條目). stipulation

조관[朝官] 조정에서 벼슬살이 하는 신하. =조신(朝臣)·조사(朝士). courtier

조광[粗鑛] 캐내어 아직 선광하지 않은 광석. そこう

조광[躁狂] 미쳐서 날뜀. =광조(狂躁). そうきょう delirium

조:교[弔橋] 강이나 해협의 양쪽에서 쇠줄을 건너질러 놓고 거기에 건너다니는 발판을 매달아 놓은 다리. =현수교(懸垂橋).

조:교[助敎] ① 대학에서, 교수의 지시에 따라 연구나 사무를 돕는 직위. 또는 그 사람. ② 군대에서 교관(敎官)을 돕는 하사관. じょきょう assistant teacher

조:교[照校] 문장 등을 대조하여 틀린 곳을 바로잡음. しょうこう collation

조교[調敎] 동물을 훈련하는 일. ちょうきょう training

조:교수[助敎授] 대학의 부교수(副敎授) 아래의 직위. じょきょうじゅ assistant professor

조:구[釣鉤] 낚시. 낚싯바늘. ちょうこう fishhook

조구[漕溝] ⇨조거(漕渠).

조국[祖國] 조상 때부터 살아 온 자기 나라. =모국(母國). そこく homeland

조:국[肇國] 나라를 처음으로 세움. =건국(建國). ちょうこく founding of a nation

조:궁장[造弓匠] 활을 만드는 일을 전문으로 하는 사람. =궁인(弓人). bowyer

조:귀[早歸] 일찍 돌아옴. そうき returning early

조규[條規] 조문(條文)의 규정. じょうき stipulation

조균[朝菌] 아침에 났다가 저녁 때 시드는 버섯이란 뜻으로, 생명이 극히 짧음의 비유. ちょうきん

조근[朝覲] 신하가 아침에 입궐하여 임금을 뵈던 일. =조현(朝見). ちょうきん

조:금[造金] 인조(人造)로 된 황금. artificial gold

조금[彫金] 쇠붙이에 그림·글씨·무늬 따위를 새김. ちょうきん metal carving

조:급[早急] 몹시 서두름. そうきゅう·さっきゅう quickness

조급[躁急] 참을성이 없이 매우 급함. 「~하게 굴다」そうきゅう impatience

조:기[弔旗] ① 조의를 나타내기 위해 검은 선을 두른 기. 남의 행상(行喪)에 흔히 들고 감. ② 조의를 나타내기 위하여 다는 국기. 깃대 끝에서 기폭만큼 내려서 닮. =반기(半旗). ちょうき ① flag draped in black ② flag at half-mast

조:기[早起] 아침에 일찍 일어남. 「~ 운동(運動)」そうき·はやおき early rising

조:기[早期] 이른 시기. 「~ 달성(達成)」そうき early stage

조깅[jogging] 건강 증진을 위해 천천히 달리는 일. ジョギング

조:난[遭難] 재난을 당함. 「~선(船)」そうなん 遭難 disaster

조:년[早年] 젊을 때. 젊은 나이. ↔노년(老年). そうねん 早年 youth

조단[操短] 조업 단축(操業短縮)의 준말. そうたん 操短 操業

조:달[早達] ① 젊은 나이에 높은 지위에 오름. ② 나이에 비해 성숙하고 어른같이 보임. =조숙(早熟). 早達 早熟
① rapid rise ② precocity

조달[調達] 자금(資金)이나 물자를 마련하여 대어 줌. ちょうたつ 調達 supply

조당[粗糖] 정제하지 않은 설탕. 막설탕. ↔정당(精糖). 粗糖 raw sugar

조:도[弔悼] 상주를 위로하고 고인을 추도(追悼)함. ちょうとう 弔悼 call of condolence

조:도[早到] 일찍 다다름. 早到 early arrival

조:도[早稻] 일찍 여무는 벼. 올벼. わせ 早稻 early-ripening rice plant

조:도[照度] 빛이 어떤 면(面)을 비출 때, 그 면의 단위 면적이 단위 시간에 받는 빛의 양(量). 단위는 럭스(lux)로 표시함. しょうど 照度 intensity of illumination

조도[調度] ① 정도에 알맞게 사물을 처리함. ② 경비를 씀. ③ 정도에 맞게 살아가는 계교. 調度 經費
① proper management

조독[爪毒] 손톱으로 긁어서 생기는 염증. 爪毒 infection from scratching

조:동[早冬] 이른 겨울. ↔만동(晚冬). 早冬 early winter

조동[粗銅] 구리의 원광(原鑛)을 처리한 후 아직 정제하지 않은 동. そどう 粗銅 blister copper

조동[躁動] 조급하게 움직임. 躁動 rash behavior

조동모:서[朝東暮西] 아침에는 동쪽, 저녁에는 서쪽이라는 뜻으로, 일정한 거처가 없이 떠돌아다님을 이름. 朝東暮西 vagrancy

조동율서[棗東栗西] 제물을 차려 놓을 때 대추는 동쪽, 밤은 서쪽에 놓는다는 말. 棗東栗西

조득모:실[朝得暮失] 아침에 얻은 것을 저녁에 잃는다는 뜻으로, 얻은 후 얼마 안 되어 잃어버린다는 말. 朝得暮失

조락[凋落] ① 시들어 떨어짐. ② 쇠퇴하여 몰락함. =조령(凋零). ちょうらく 凋落
① withering ② decline

조란[鳥卵] 새의 알. egg 鳥卵

조:람[照覽] ① 자세히 살펴봄. ② 신불(神佛)이 굽어살핌. しょうらん 照覽
① inspection

조랑[潮浪] 조수의 물결. 조석(潮汐) 현상에 따라 매일 두 번씩 일어나는 해수의 파동. tide 潮浪

조략[粗略] 내용이 간략하여 보잘것없음. そりゃく coarseness 粗略

조:력[助力] 힘을 써 도와 줌. =조세(助勢). じょりょく help 助力

조력[潮力] 조수(潮水)의 힘. 潮力

조력 발전[潮力發電] 조수 간만의 차를 이용한 수력 발전. ちょうりょくはつでん tidal electric power generation 發電

조련[調練] 병사를 통솔하여 훈련함. =연병(練兵). ちょうれん military drill 調練 練兵

조령[凋零] ① 시들어 떨어짐. ② 쇠퇴하여 몰락함. =조락(凋落). ちょうれい 凋零
① withering ② decay

조령[朝令] 조정에서 내린 명령. 朝令 order of the court

조령모:개[朝令暮改] 아침에 영을 내리고 저녁에 다시 고친다는 뜻으로, 명령이 자주 바뀌어 안정되지 못함의 비유. =조령석개(朝令夕改). ちょうれいぼかい lack of principle

조령석개[朝令夕改] ⇨조령모개(朝令暮改).

조:례[弔禮] 남의 상사(喪事)에 대해 슬픈 뜻을 나타내는 인사. condolatory manners

조례[條例] ①지방 자치 단체가 행정 사무를 처리하기 위해 내는 명령. ②조목조목 규정해 놓은 규칙이나 법령. じょうれい ② rules

조례[朝禮] 학교나 직장에서 아침에 구성원에게 인사나 지시 따위를 하는 일. =조회(朝會). ちょうれい morning meeting

조:례[照例] 전례(前例)를 참조함. しょうれい referring to a precedent

조:로[早老] 나이에 비해 일찍 늙음. 겉늙음. そうろう premature decay

조로[朝露] ①아침 이슬. ②인생의 덧없음의 비유. あさつゆ・ちょうろ ① morning dew

조:로[포 jorro] 화초 등에 물을 주는 데 쓰는 물뿌리개. ジョーロ

조롱[鳥籠] 새를 가두어 놓고 기르는 장. 새장. とりかご birdcage

조롱[嘲弄] 깔보고 비웃으면서 놀림. =우롱(愚弄). ちょうろう mockery

조:루[早漏] 성교(性交) 때 정액(精液)이 병적으로 빨리 나오는 증세. 「~증(症)」 そうろう premature ejaculation

조루[粗漏] 일이 거칠고 실수가 많음. =조잡(粗雜). そろう coarseness and carelessness

조류[鳥類] 척추동물의 한 가지. 날개가 있고 몸은 깃털로 덮였으며 온혈(溫血)・난생(卵生)임. 날짐승. ちょうるい birds

조류[潮流] ①조수의 간만(干滿)으로 인한 바닷물의 흐름. ②시대의 경향. ちょうりゅう ① tide ② current

조류[藻類] 은화(隱花)식물인 수초(水草)의 총칭. そうるい seaweeds

조:륙 운:동[造陸運動] 지반(地盤)이 밀려 올라오거나 내려앉는 지각(地殻) 변동. ぞうりくうんどう epeirogenic movement

조:리[笊籬] 쌀 따위를 이는 기구. 가는 대오리나 철사를 결어 만듦. strainer

〔조리〕

조리[條理] 앞뒤가 맞고 체계가 서는 일의 가닥. じょうり logical sequence

조리[調理] ①사리를 따져서 잘 처리함. ②음식을 만듦. =요리(料理). ③절제 있는 생활로 건강을 관리함. =조섭(調攝). ちょうり ① appropriate disposal ② cooking ③ care of health

조:림[造林] 나무를 심고 가꾸어 숲을 이루게 함. 「~사업(事業)」 ぞうりん afforestation

조:림[照臨] ①해나 달이 위에서 내려 비춤. ②신이 세상을 굽어살핌. しょうりん ① shining

조립[組立] 기계 따위의 부속품

을 끼워 맞추어 만듦. くみた
て　　　　　　　constructing
조마[調馬] 말을 훈련시키고 길
들임. ちょうば　horse training
조:마경[照魔鏡] ① 악마의 본
성을 비추어 낸다는 거울. ②
사회의 숨겨진 본체를 비추어
내는 것. しょうまきょう
조:만[早晩] 이름과 늦음. 「~
간(間)」 そうばん
　　　earliness and lateness
조:만간[早晩間] 이르든지 늦
든지. 머지않아. 「~ 개관(開
館)한다」　sooner or later
조:망[眺望] 먼 곳을 바라봄.
또는 바라보이는 그 경치. ちょ
うぼう　　　　　　　view
조망[鳥網] 새를 잡는 그물. 새
그물. とりあみ　fowler's net
조매[嘲罵] 조롱하고 욕을 함.
ちょうば　　　　　　taunt
조매화[鳥媒花] 새들에 의해서
꽃가루가 매개되는 꽃. 동백
나무 따위. ちょうばいか
　　　ornithophilous flower
조:면[早眠] 저녁에 이른 시각
에 잠자리에 듦. =조침(早寢).
　　　going to bed early
조면[阻面] ① 오랫동안 서로 만
나지 못함. ② 서로 교제를 끊
고 상종하지 아니함. =절교(絕
交).
조면[繰綿] 목화의 씨를 앗아
틀어 놓은 솜. くりわた
　　　　　　　ginned cotton
조:명[助命] 죽을 목숨을 건져
줌. =구명(救命). 「~ 운동
(運動)」 じょめい　lifesaving
조:명[釣名] 거짓을 꾸며 명예
를 얻으려 애씀. ちょうめい
조:명[詔命] 임금의 말을 국민
에게 알릴 목적으로 적은 글.
=조서(詔書)·조칙(詔勅). しょ

うめい　　　　royal edict
조:명[照明] ①불을 켜 밝게
비춤. ② 무대나 촬영 효과를
높이기 위해 빛을 비추는 일.
しょうめい
　　① illumination ② lighting
조명[嘲名] 남을 조롱하는 뜻으
로 부르는 이름.
조:명탄[照明彈] 화포(火砲)로
쏘거나 항공기에서 떨어뜨리
는 조명용의 탄환. 공중에서
터져 강력한 빛을 냄. しょ
うめいだん　　　flare bomb
조모[祖母] 할머니. そぼ
　　　　　　　grandmother
조모[朝暮] 아침과 저녁. =조
석(朝夕). ちょうぼ
　　　morning and evening
조목[條目] 낱낱이 들어서 적은
문서나 법령. =조항(條項).
じょうもく　　stipulations
조:문[弔文] 조상(弔喪)하는 뜻
을 적은 글. =조사(弔詞). ちょ
うぶん　　funeral address
조:문[弔問] 남의 죽음을 슬퍼
하고 상주가 된 사람을 위문함.
=문상(問喪). ちょうもん
　　　　　call of condolence
조문[條文] 조목조목 나누어서
적은 글. じょうぶん provisions
조문석사[朝聞夕死] 아침에
참된 이치를 들어 깨달은 바
가 있으면, 저녁에 죽어도 한
이 없다는 공자(孔子)의 말로
진리를 간절히 추구함을 형용.
조:물[造物] 조물주가 만든 천
지의 모든 물건. ぞうぶつ
　　　　　　　　　creation
조:물주[造物主] 천지의 만물
을 만들었다는 신. =조화주(造
化主)·조화옹(造化翁). ぞう
ぶつしゅ　　　　　Creator
조:미[助味] 음식의 맛을 좋게

조:미[造米·糙米] 벼를 찧어서 흰 쌀을 만듦. 매갈이. 「~상(商)」　hulling rice

조미[調味] 음식 맛을 알맞게 맞춤. =조합(調合). ちょうみ　seasoning

조미료[調味料] 음식의 맛을 조절하는 재료. 양념. ちょうみりょう　spice

조민[兆民] 수많은 백성. 일반 백성. ちょうみん　the people

조밀[稠密] 몹시 촘촘함. 몹시 빽빽함. ↔희박(稀薄). ちょうみつ·ちゅうみつ　density

조박[糟粕] ① 술지게미. 재강. ② 학문·서화·음악 등에서 옛사람이 다 말하여 밝힌 찌꺼기의 비유. そうはく　① lees

조:반[早飯] 아침밥 먹기 전에 조금 먹는 음식.　early meal before breakfast

조반[朝飯] 아침밥. =조식(朝食). あさめし·あさはん　breakfast

조반석죽[朝飯夕粥] 아침에는 밥을 먹고 저녁에는 죽을 먹는다는 뜻으로, 매우 가난한 살림살이를 이르는 말.

조:발[早發] ① 이른 아침에 출발함. ② 예정한 시각이 되기 전에 떠남. ③ 꽃이 다른 꽃보다 일찍 핌.　① early departure ③ early blooming

조발[調髮] ① 머리를 땋음 ② 머리를 깎고 다듬음. =이발(理髮). ちょうはつ　① plaiting hair ② haircut

조발모:지[朝發暮至] ⇨조발석지(朝發夕至).

조발석지[朝發夕至] 아침에 출발하여 저녁에 다다름. =조발모지(朝發暮至).

조:발성 치매[早發性癡呆] 청년기에 흔히 발생하는 정신 분열증의 한 가지. そうはつせいちほう　schizophrenia

조방[粗放] 거칠고 소홀함. そほう　roughness and carelessness

조방 농업[粗放農業] 씨만 뿌리고 가꾸지 않는 원시적인 농업법. ↔집약 농업(集約農業). そほうのうぎょう　extensive agriculture

조:백[早白] 머리가 일찍 셈. 흔히 마흔 살 안팎에 세는 것을 이름.　premature growth of gray hair

조백[早白] ① 검은 것과 흰 것. ② 옳고 그름. =흑백(黑白). ① black and white ② right and wrong

조:법[助法] 국법(國法)을 실행하는 방법과 그 절차를 규정한 법률. 소송법 따위. ↔주법(主法). じょほう　supplementary law

조변석개[朝變夕改] ⇨조개모변(朝改暮變).

조:병[造兵] 병기를 제조함. 「~창(廠)」　ぞうへい　manufacture of arms

조병[操兵] 군사를 훈련시키는 일. そうへい　military drill

조:병창[造兵廠] 병기(兵器)를 만드는 곳. ぞうへいしょう　arsenal

조복[粗服] 거칠고 값싼 옷. そふく　plain dress

조복[朝服] 지난날, 관원이 조하(朝賀) 때 입던 예복. 「금관(金冠)~」 ちょうふく　court dress

조복[調伏] 불교에서, ① 불력(佛力)으로 원적(怨敵)과 악마의 항복을 받는 일. ② 마음과 몸을 바르게 하여 온갖 악행

조복[調服] 약을 조합하여 먹음. 調服 taking compounded medicines

조:부[弔賻] 조문(弔文)과 부의(賻儀). 弔賻 funeral address and a condolence money

조부[祖父] 할아버지. 조부 祖父 grandfather

조부모[祖父母] 할아버지와 할머니. 조부모 祖父母 grandparents

조분석[鳥糞石] 바다 물새들의 똥이 해안의 암석 위에 쌓여 변성(變成)된 돌. 구아노. 조우분세기 鳥糞石 guano

조:불[造佛] 부처의 소상(塑像)이나 화상(畫像)을 만듦. 「~공양(供養)」 조부쓰 造佛 molding a Buddhist image

조불려석[朝不慮夕] 형세가 급하여 아침에 저녁때의 일을 헤아리지 못한다는 뜻으로, 앞일을 헤아릴 겨를이 없음을 이르는 말. 朝不慮夕 emergent situation

조비[祖妣] 세상을 떠난 할머니. 소히 祖妣 deceased grandmother

조:사[弔詞] 죽은 사람을 추모하고 애도하는 뜻을 나타낸 말이나 글. =조사(弔詞). 조시 弔詞 message of condolence

조:사[弔辭] ⇨조사(弔詞). 조우지 弔辭

조:사[早死] 젊은 나이에 죽음. =요사(夭死). 하야지니 早死 premature death

조:사[助詞] 문장에서, 체언에 붙어 다른 말과의 문법적 관계를 나타내는 말. '가·이·을·를' 따위. 토씨. 조시 助詞 particle

조:사[助辭] 어조사(語助辭)의 준말. 조조 助辭

조사[祖師] 어떤 학문이나 종파(宗派)를 처음으로 세운 사람. =개조(開祖). 소시 祖師 founder of a religious sect[a school]

조사[措辭] 시문(詩文)을 지을 때 말이나 자구(字句)를 적절하게 쓰는 일. 또는 그 용법. 소지 措辭 phraseology

조사[朝仕] 지난날, 하급 벼슬아치가 아침마다 상관을 찾아 뵈던 일. 朝仕

조사[朝使] 조정의 사신(使臣). 朝使 조우시 messenger of the royal court

조:사[詔使] 중국에서 오는 사신을 이르던 말. 詔使

조:사[照査] 대조하여 조사함. 조우시 照査

조:사[照射] 일광이나 적외선(赤外線) 따위를 쏘아 비춤. 조우샤 照射 irradiation

조사[調査] 내용을 자세히 살펴 알아봄. 「~ 보고(報告)」 조우시 調査報告 inquiry

조사[藻思] 시문(詩文)을 잘 짓는 재능. 소우시 藻思 literary ability

조삭[雕削] 새기고 깎음. 조우사쿠 雕削 carving

조:산[早産] 달이 차기 전에 아이를 낳음. ↔만산(晚産). 「~아(兒)」 소우잔 早産晚産 premature birth

조산[祖山] 풍수 지리에서, 혈(穴)에서 가장 멀리 자리잡고 있는 용(龍)의 봉우리를 이르는 말. 祖山

조:산[造山] 인공적으로 산을 만듦. 또는 그 산. 造山 artificial mound

조:산사[助産師] 해산을 도와 주고 산모를 구호하는 일을 하는 직업인. 助産師 midwife

조삼모:사[朝三暮四] ① 눈앞의 차이만을 보고 그 결과가 같은 것을 모름의 비유. ② 간 朝三暮四

사한 잔꾀로 남을 속여 희롱함을 이르는 말.

조:상[弔喪] 남의 죽음에 대하여 애도의 뜻을 나타냄. condolence

조상[爪傷] 손톱에 할퀸 상처. nail scratch

조:상[早霜] 철보다 이르게 내리는 서리. early frost

조상[祖上] 같은 혈통의 윗대의 어른들. =선조(先祖)·조선(祖先). ancestor

조상[凋傷] 시들어 상함. withering

조상[彫像] 나무나 쇠붙이 따위를 새겨서 만든 형상. ちょうぞう carved statue

조:상부모[早喪父母] ⇨조실부모(早失父母).

조:상육[俎上肉] 도마에 오른 고기라는 뜻으로, 운명이 경각에 다다른 위험한 처지에 있음을 비유하여 이르는 말. no way to pull through

조색[調色] ① 그림물감을 조합(調合)하여 필요한 색을 만듦. ② 사진이나 영화의 필름을 착색(着色)하여 다른 빛깔을 냄. ちょうしょく ① mixing colors

조색판[調色板] 그림을 그릴 때에 여러 가지 채색을 조합하는 데 쓰는 철판이나 널빤지. ちょうしょくばん palette

조:생[早生] ① 보통보다 일찍 낳음. =조산(早産).「~아(兒)」 ② 식물의 열매 등이 제철보다 일찍 열림.「~종(種)」 そうせい·わせ ① premature birth

조:생종[早生種] 같은 작물 중에서 특히 일찍 개화(開花)·결실(結實)·성숙(成熟)하는 종류. ↔만생종(晩生種). 준조종(早種). precocious species

조:서[弔書] 조문(弔問)의 뜻을 적은 편지. ちょうしょ letter of condolence

조:서[早逝] 젊은 나이에 죽음. =요사(夭死). premature death

조:서[詔書] 임금의 뜻을 백성에게 알리기 위하여 적은 문서. =조칙(詔勅). しょうしょ Royal edict

조서[調書] 조사한 내용을 적은 문서. ちょうしょ protocol

조석[朝夕] ① 아침과 저녁. =흔석(昕夕). ② 아침밥과 저녁밥. ちょうせき·あさゆう ① morning and evening ② breakfast and dinner

조석[潮汐] 조석수(潮汐水)의 준말. ちょうせき

조석수[潮汐水] ① 밀물과 썰물. ちょうせきすい ② 조수(潮水)와 석수(汐水). 준조석(潮汐). ① ebb and flow ② tide

조:선[造船] 배를 만듦.「~소(所)」ぞうせん shipbuilding

조선[漕船] 물건을 실어 나르는 배. cargo boat

조섭[調攝] 음식·거처·동작 등을 알맞게 하여 몸을 보살피고 병을 다스림. =조리(調理). care of health

조:성[早成] ① 곡식이나 과일 따위가 보통보다 일찍 익음. ② 나이에 비하여 심신의 발달이 빠름. =조숙(早熟). そうせい early maturity

조:성[助成] 도와서 이루게 함. じょせい turtherance

조:성[造成] ① 토지 따위를 쓸모 있게 만듦.「택지(宅地) ~」 ② 분위기 따위를 만들어 냄. ぞうせい ① development

조성[組成] 두 가지 이상의 요소·성분으로 짜 맞춤. そせい

조:성[照星] 총의 가늠을 보기 위해 총구(銃口) 가까이에 붙인 삼각형의 작은 쇳조각. 가늠쇠. しょうせい composition / bead

조성[調聲] 소리를 낼 때에 소리의 고저 장단(高低長短)을 고름. tuning

조:성품[助成品] 생산물의 원료가 아니면서 생산물을 이루도록 돕는 물품. 거름·약품 따위. じょせいひん contributory article

조세[早世] 일찍 죽음. 젊은 나이에 죽음. =조사(早死)·조서(早逝)·요사(夭死). そうせい premature death

조:세[助勢] 힘을 보탬. =조력(助力). じょせい help

조세[租稅] 국가나 지방 자치 단체가 경비로 쓰기 위하여 국민에게서 강제적으로 거두어들이는 돈. =세금(稅金). ぜい taxes

조:세[肇歲] 한 해의 첫머리. =세초(歲初)·연초(年初). beginning of the year

조소[彫塑] 조각과 소조(塑造). ちょうそ carving and modeling

조소[嘲笑] 비웃음. ちょうしょう derision

조:속[早速] 매우 이르거나 빠름.「~한 처리(處理)」さっそく promptness

조속[粗俗] 거칠고 상스러운 풍속. そぞく vulgar customs

조속기[調速機] 기관의 회전 속도를 일정하게 유지하는 데 사용되는 제어 장치. ちょうそくき governor

조손[祖孫] 할아버지와 손자. そそん grandfather and grandson

조:쇠[早衰] 나이에 비해 일찍 노쇠함. early decrepitude

조:수[助手] 일을 보조하는 사람. じょしゅ assistant

조:수[釣叟] 낚시질하는 노인. =조옹(釣翁). old angler

조수[鳥獸] 날짐승과 길짐승. =금수(禽獸). ちょうじゅう birds and beasts

조수[潮水] ① 해와 달, 특히 달의 인력(引力)에 따라 주기적으로 많아졌다 줄었다 하는 바닷물. =조석수(潮汐水). ② 아침에 밀려왔다가 나가는 바닷물. →석수(汐水). ちょうすい ① tide

조수불급[措手不及] 일이 워낙 급하여 손을 쓸 틈이 없음.

조수족[措手足] 손발을 움직인다는 뜻으로, 자기 힘으로 겨우 생활해 감을 이르는 말.

조:숙[早熟] ① 곡식이나 과일 따위가 일찍 익음. ② 나이에 비해 심신의 발달이 빠름. 올됨. =조성(早成). そうじゅく early maturity

조술[祖述] 선인(先人)의 도(道)를 근본으로 삼아 그 뜻을 펴서 서술함. そじゅつ

조습[調習] 사람이나 짐승 따위를 길들임. 조련함. ちょうしゅう learning

조습[燥濕] 마른 것과 젖은 것. そうしつ dryness and dampness

조:시[弔詩] 죽은 사람에 대한 애도의 뜻을 나타낸 시. ちょうし elegy

조시[朝市] ① 아침에 서는 장. あさいち ② 조정(朝廷)과 시장(市場). 사람이 모이는 곳. ちょうし ① morning fair

조:시[肇始] 무엇이 처음으로 시작됨. 또는 무엇을 처음으로

시작함. ちょうし　outset

조:식[早食] 아침밥을 일찍 먹음. 早食

조식[粗食] 거친 음식. 또는 그런 음식을 먹는 일. ↔미식(美食). そしょく　coarse fare 粗食

조식[朝食] 아침밥. =조반(朝飯). ちょうしょく　breakfast 朝食

조:신[早晨] 이른 새벽. 첫새벽. =조조(早朝)·조천(早天). そうしん　early morning 早晨

조신[朝臣] 조정의 신하(臣下). =정신(廷臣)·조관(朝官). ちょうしん　courtier 朝臣

조:신[操身] ①몸가짐을 조심함. ②몸가짐이 얌전함. careful behavior 操身

조:실부모[早失父母] 어려서 부모를 여읨. =조상부모(早喪父母). losing parents early in life 早失父母

조:심[操心] 삼가고 주의함. caution 操心

조심누골[彫心鏤骨] 마음에 새기고 뼈에 아로새긴다는 뜻으로, 몹시 고심함의 비유. ちょうしんるこつ arduous elaboration 彫心鏤骨

조:심성[操心性] 무슨 일에나 조심히는 성질이나 태도. carefulness 操心性

조아[爪牙] ①짐승의 발톱과 어금니라는 뜻에서, 남을 상하게 하거나 위협하는 것을 이름. ②지난날, 임금이나 나라를 지키는 신하나, 임금의 손발처럼 일하는 신하를 이르던 말. 「~지사(之士)」そうが ① claws and tusks 爪牙

조아[藻雅] 시문(詩文)이 풍치가 있고 우아함. 藻雅

조아지사[爪牙之士] 왕실을 보위하는 무신(武臣). 爪牙之士

조악[粗惡] 물건이 거칠고 나쁨. そあく　crudeness 粗惡

조안[粗安] 별다른 탈이 없이 편안함. =조녕(粗寧). peace 粗安

조:암 광:물[造巖鑛物] 암석을 구성하는 광물. 석영·장석·운모·각섬석·휘석·감람석 따위. ぞうがんこうぶつ rock-forming minerals 造巖鑛物

조:앙[早秧] 볏모를 일찍 냄. 또는 일찍 낸 볏모. =조이(早移). early-planted rice sprouts 早秧

조:애[助哀] 남의 슬픈 일에 같이 슬퍼하거나 욺. 助哀

조애[阻隘] 험하고 좁음. 阻隘

조애[阻礙·阻碍] 가로막아 방해함. そがい interference 阻礙

조야[粗野] 거칠고 막됨. そや boorishness 粗野

조야[朝野] 정부와 민간. ちょうや government and people 朝野

조약[條約] 문서에 의한 국가간의 합의. じょうやく treaty 條約

조약[調藥] 여러 가지 약제를 한데 섞어 약을 지음. =조제(調劑). ちょうやく preparation 調藥

조:양[早穰] 여느 벼보다 일찍 여무는 벼. 올벼. early-ripening rice plant 早穰

조:양[助陽] 남자의 양기(陽氣)를 돋움. 助陽

조양[朝陽] ①아침 햇살. ↔석양(夕陽). ちょうよう ②아침에 동하는 남자의 양기(陽氣). ① rising sun 朝陽

조양[調養] 음식·거처·동작 등을 알맞게 하여 몸을 보살피고 병을 다스림. =조리(調理)·조섭(調攝). care of health 調養

조어[祖語] 동계(同系)의 모든 언어의 근본이 되는 언어. そご parent language 祖語

조:어[釣魚] 물고기를 낚음. ちょ 釣魚

うぎょ　　　　　　　fishing
조ː어[造語] 새로 말을 만들어 냄. 또는 새로 만든 말. ぞうご
　　　　　　　coined word
조어[鳥語] 새의 지저귀는 소리.
　　　　　　　bird's cry
조ː언[助言] 도움이 되게 거들거나 깨우쳐 주는 말. じょげん
　　　　　　　advice
조ː언[造言] 꾸며 낸 말. 지어 낸 말. 「~ 비어(飛語)」 ぞうげん
　　　　　　　fabrication
조업[祖業] 선조 때부터 내려오는 가업(家業). そぎょう
　　　　　ancestral occupation
조ː업[肇業] 어떤 사업을 처음으로 시작함.
　　inauguration of an enterprise
조업[操業] 공장 같은 데서 기계를 돌리거나 하여 작업을 함. 「~ 단축(短縮)」 そうぎょう
　　　　　　　operation
조업 단ː축[操業短縮] 상품의 생산 과잉으로 인한 상품 가치의 하락을 막기 위해 기업가가 삭업 시킨들 단축하거나 하여 생산을 제한하는 일. ⓒ조단(操短). そうぎょうたんしゅく
　　　curtailment of operation
조역[兆域] 무덤이 있는 지역. =묘역(墓域). ちょういき
　　　boundaries of a grave
조ː역[肇域] 나라의 영역을 정함.
조ː연[助演] 연극이나 영화 등에서 주연(主演)과 단역의 중간 정도의 중요성을 가지는 역(役). 또는 그러한 역을 맡은 배우. じょえん
　　　supporting performance
조연[朝煙] ①아침 하늘에 끼는 연기. ②아침밥을 짓는 연기.
　　① smoke in the morning

조열[潮熱] 정기적으로 일어나는 신열(身熱).
조열[燥熱] ①공기가 마르고 더움. ②속이 답답하고 몸에 열이 남.
조ː영[造營] 절이나 궁궐 등 규모가 큰 건축물을 지음. ぞうえい
　　　　　　　building
조ː영[照映] ① 밝게 비침. ② 비치어 반짝임. しょうえい
조ː예[造詣] 어떤 분야에 대한 깊은 지식. 또는 그 지식의 정도. 「미술에 ~가 깊다」 ぞうけい
　　　　　　　attainments
조왕[竈王] 민간에서, 부엌을 맡고 있다는 신(神). =조신(竈神).
조ː요[照耀] 밝게 비침. 비치어서 빛남. しょうよう
　　　　　shining brightly
조용품[粗用品] 아무렇게나 마구 쓰는 물건. 막잡이.
　　rough article for careful use
조우[朝雨] 아침에 내리는 비. あさあめ　　　morning rain
조ː우[遭遇] ①신하가 자기를 잘 알아 주는 임금을 만남. ②우연히 만남. 뜻밖에 서로 만남. =조봉(遭逢). そうぐう
　① winning royal confidence
　② encounter
조ː우전[遭遇戰] 적대 관계에 있는 양쪽의 군사가 우연히 만나서 벌이는 전투. そうぐうせん　　encounter action
조운[漕運] 배로 물건을 운반함. =조전(漕轉). そううん shipping
조울병[躁鬱病] 기분의 상쾌하고 흥분된 상태와 우울하고 억제된 상태가 번갈아 나타나는 정신병의 일종. そううつびょう
　　manic-depressive psychosis
조ː원[造園] 정원(庭園)이나 공

원 등을 만듦. ぞうえん
　　　　landscape gardening
조:위[弔慰] 죽은 사람에 대하여 애도의 뜻을 표시하고 그 유가족을 위로함. 「~금(金)」ちょうい　condolence
조위[凋萎] 식물 따위가 시들고 마름. ちょうい　withering
조위[潮位] 조수의 간만(干滿)으로 변화하는 해면(海面)의 높이. ちょうい　tidal level
조:율[照律] 법원이 법규를 구체적인 사건에 적용하는 것. =의율(擬律).
조율[調律] 악기의 소리를 표준음에 맞추어 고름. 「~사(師)」ちょうりつ　tuning
조율사[調律師] 악기의 조율을 업으로 하는 사람. ちょうりつし　tuner
조율이시[棗栗梨柿] 제사에 쓰이는 대추·밤·배·감을 아울러 이르는 말.
조:은[造銀] 인공으로 만든 가짜 은.　artificial silver
조은[朝恩] 조정의 은혜. 임금의 은혜. ちょうおん　royal favor
조음[潮音] 바닷물의 물결 소리. =해조음(海潮音). ちょうおん
　　　　sound of waves
조음[調音] ① 소리를 고름. 음률을 고름. ② 음성 기관(音聲器官)이 어떤 음을 내는 데 필요한 위치를 잡고 움직이는 일. ちょうおん
　① tuning ② articulation
조음[噪音] 시끄러운 소리. ↔악음(樂音). そうおん　noise
조:응[照應] ① 두 사물이 서로 걸맞아 어울림. ② 말이나 문장의 앞뒤가 서로 어울림. ③ 원인에 따라 결과가 생김. しょうおう　① correspondence

조:의[弔意] 남의 죽음을 슬퍼하는 마음. 「~를 표하다」ちょうい　condolence
조의[粗衣] 너절한 옷. =조복(粗服). そい　coarse clothing
조의[朝衣] 벼슬아치의 옷. 관원(官員)의 제복(制服). =공복(公服). ちょうい
　　　　official uniform
조의[朝議] 조정의 의론.
　argument of the royal court
조:이[早移] ⇨조앙(早秧).
조이[←雕螭] 금·은·동(銅) 따위의 쇠붙이에 무늬를 새겨 넣음.
조인[鳥人] 비행사(飛行士)나 스키의 점프 선수 등을 비유하여 이르는 말. ちょうじん
　　　　aviator
조인[調印] 약정한 문서에 도장을 찍음. 「~식(式)」ちょういん　signature
조인트[joint] ① 기계나 기재 따위의 이음매. ② 접합(接合). ジョイント
조일[朝日] 아침에 떠오르는 해. ↔석양(夕陽). あさひ
　　　　morning sun
조:작[造作] 좋지 못한 목적으로 무슨 일을 꾸며 냄. 「사건을 ~하다」ぞうさ　fabrication
조작[操作] 기계나 기구 등을 만져서 움직이게 함. 「기계 ~법(法)」そうさ　operation
조잔[凋殘] 풀이나 나뭇잎 따위가 시들어 있음. 또는 그 모양. ちょうざん　withering
조잡[粗雜] 거칠고 엉성함. そざつ　coarseness
조잡[稠雜] 빽빽하고 복잡함.
　　　　density
조:장[弔狀] 조상(弔喪)하는 편지. =조서(弔書).

조:장[弔狀] 어떤 일이 더 심하여지도록 북돋움. じょちょう letter of condolence / promotion

조장[彫匠] 지난날, 새김질을 전문으로 하는 사람을 이르던 말. ちょうしょう

조장[組長] 조(組)의 책임자. くみちょう head of a team

조장[鳥葬] 시체를 산야에 내다 놓아서 새들이 파먹게 하는 장사. ちょうそう

조적[鳥迹·鳥跡] ①새의 발자국. ②한자(漢字)의 별칭(別稱). ちょうせき ① bird's tracks ② Chinese character

조:전[弔電] 조상(弔喪)의 뜻을 알리는 전보. ちょうでん condolatory telegram

조전[漕轉] 배로 물건을 운반함. =조운(漕運). てんそう(轉漕) shipping

조:절[阻絶] 막히어 교통이 끊어짐.

조절[調節] 조화가 이루어지도록 비고침. ちょうせつ regulation

조정[措定] 추론의 전제로서, 증명되어야 할 명제. =정립(定立). そてい

조정[朝廷] 군주(君主)가 나라의 정치를 의논·집행하던 곳. =조당(朝堂). ちょうてい royal court

조정[漕艇] 보트를 저음. 「~경기(競技)」そうてい rowing

조정[調定] 조사하여 결정함. ちょうてい settlement

조정[調停] 분쟁 따위를 화해시켜 그치게 함. ちょうてい mediation

조정[調整] 실정에 맞게 조절하여 바로잡음. ちょうせい

조:제[弔祭] 조상(弔喪)하여 제사지냄. 또는 그 제사. memorial service

조제[粗製] 물건을 아무렇게나 만들어 냄. ↔정제(精製). そせい crude manufacture

조제[調製] ①주문에 따라 만듦. ②조절하여 만듦. ちょうせい ① execution

조제[調劑] 여러 가지 약제를 섞어서 약을 지음. =조약(調藥). ちょうざい compounding of medicine

조제품[粗製品] 거칠게 만들어 품질이 낮은 물건. 막치. ↔정제품(精製品). そせいひん crude article

조:젯[Georgette] 여름철 여자 옷에 많이 쓰는 얇고 신축성(伸縮性)이 있는 비단. ジョーゼット

조:조[早朝] 이른 아침. そうちょう early morning

조조[條條] 조목(條目)마다. 조목조목. じょうじょう every article

조:조[肇造] 처음으로 만들어 냄. ちょうぞう creation

조조[躁躁] 성질이 몹시 급한 모양. impatientness

조조모:모[朝朝暮暮] 매일 아침과 매일 저녁. every morning and evening

조족지혈[鳥足之血] 새발의 피라는 뜻으로, 아주 적은 분량이나 하찮은 정도임을 나타내는 말.

조:졸[早卒] 일찍 죽음. 젊은 나이에 죽음. =조사(早死)·요사(夭死). premature death

조:종[弔鐘] ①죽은 사람을 애도하는 뜻으로 치는 종. ②어떤

조:종[早種] 조생종(早生種)의 준말. 早種

조종[祖宗] 왕조(王朝)의 태조(太祖)와 중흥(中興)의 조(祖)라는 뜻으로, 당대 이전의 임금을 통틀어 이르는 말. 祖宗 中興

조:종[釣鐘] 절의 종루(鐘樓)에 매달아 놓은 종. =범종(梵鐘). つりがね Buddhist temple bell 釣鐘

조종[操縱] ① 비행기 따위를 자기의 뜻대로 움직이도록 다룸. 「비행기(飛行機)~」 ② 뒤에서 사람을 자기의 뜻대로 부림. そうじゅう piloting 操縱

조종간[操縱桿] 비행기의 승강타 및 보조 날개를 조작하는 조종 장치. 또는 그런 손잡이. そうじゅうかん control stick 操縱桿

조종사[操縱士] 비행기・우주선 따위의 자동 장치가 된 비행 물체를 조종하는 사람. そうじゅうし pilot 操縱士

조:주[助走] 높이뛰기・멀리뛰기 따위에서 뛰어오르는 힘을 높이기 위하여 도약판(跳躍板)까지 달려가는 동작. 도움닫기. じょそう approach run 助走

조:주[助奏] 반주가 있는 독창곡에 독주적 성질을 가진 다른 악기를 곁들여 연주하는 일. じょそう obbligato 助奏

조:주[釣舟] 낚시질하는 데 쓰는 작은 배. 낚싯배. つりぶね fishing boat 釣舟

조:주[造酒] 술을 빚음. =주조(酒造). ぞうしゅ brewing 造酒

조:준[照準] 총포를 쏘기 위하여 목표물을 겨누는 일. しょうじゅん aim 照準

조:준기[照準器] 총포탄・어뢰・폭탄 등이 목표물에 명중하도록 겨냥하는 장치. しょうじゅんき sight 照準器

조증[燥症] 한방에서, 마음이 늘 초조하고 불안한 증세. anxiety 燥症

조증[躁症] 조급하게 행동하는 성질. hasty temper 躁症

조직[組織] ① 얽어서 만듦. ② 단체 또는 사회를 구성하는 각 요소가 결합하여 질서가 잡힌 하나의 집단을 이룸. 또는 그 집단. 「~체(體)」 ③ 생물체에서 같은 기능과 구조를 가진 세포의 집단. 「~ 검사(檢査)」 そしき ① formation ② organization ③ tissue 組織 檢查

조직 근로자[組織勤勞者] 노동 조합(組合)에 가입한 근로자. organized labor 勤勞者

조직망[組織網] 그물처럼 치밀하게 짜인 조직체의 갈래. そしきもう network of system 組織網

조직 배:양[組織培養] 생물체로부터 조직이나 세포군을 떼어 내어 배양・증식시키는 일. そしきばいよう tissue culture 組織 培養

조직체[組織體] 조직적으로 이루어진 체제나 단체. そしきたい organism 組織體

조직학[組織學] 생물체의 조직의 발생・구성・분화・기능 등을 연구하는 학문. そしきがく histology 組織學 分化

조진[凋盡] 시들어 없어짐. 시들어 버림. ちょうじん withering 凋盡

조진[躁進] ① 서둘러 나아감. ② 높은 벼슬이나 지위에 오르려고 조급해함. そうしん 躁進

조진모:초[朝秦暮楚] 아침에는 북쪽의 진(秦)나라에서 지내고 저녁에는 남쪽의 초(楚)나라에 朝秦

서 지낸다는 뜻으로, 일정한 거처가 없이 유랑함의 비유. 또는 여기에 붙었다 저기에 붙었다 함의 비유.

조짐[兆朕] 앞으로 어떤 일이 일어나거나 변화가 생길 징조. =전조(前兆)·조후(兆候).
symptoms

조차[租借] ①집이나 토지를 빌려 씀. ②한 나라가 다른 나라의 영토를 일정 기간 통치하는 일. 「~지(地)」そしゃく
lease

조차[操車] 열차의 발착·운행을 조정하고 차량 수를 편성하며 선로를 지정·조작하는 일. 「~장(場)」そうしゃ marshaling

조:차간[造次間] ①오래지 않은 동안. ②갑작스러운 때. ⇨조차(造次). ① for a while

조차장[操車場] 철도에서, 열차를 연결하거나 떼어 내거나 하며 조절하는 곳. そうしゃじょう marshaling yard

조:착[早着] 열차 따위가 정한 시간보다 일찍 도착함. ↔연착(延着). そうちゃく
earlier arrival

조찬[粗餐] ①검소하게 차린 식사. ②식사를 대접할 때의 겸사말. そさん ① plain dinner

조찬[朝餐] 아침 식사. ↔만찬(晚餐). 「~회(會)」ちょうさん
breakfast

조:찰[照察] 분명히 꿰뚫어 봄. しょうさつ

조참[朝參] 한 달에 네 번 백관이 정전(正殿)에 모여 임금에게 문안하고 정사(政事)를 아뢰던 일.

조처[措處] 어떤 사태를 맞아 필요한 처리를 함. 또는 그 처리. =조치(措置).
measure

조:척[照尺] 소총의 총신에 달린 조준기(照準器). 가늠자. しょうしゃく sight

조:천[早天] ①이른 아침. =조조(朝朝). ②날이 밝을 무렵의 하늘. そうてん
① early morning ② dawn

조철[條鐵] 가늘고 긴 철재(鐵材).

조:청[造淸] 묽게 고아서 굳어지지 아니한 엿. starch syrup

조체모:개[朝遞暮改] 아침에 갈았는데 저녁에 다시 고친다는 뜻으로, 관원(官員)의 교체가 매우 잦음을 이르는 말.
frequent change of officials

조:촉[弔燭] 장례에 쓰이는 초. funeral candle

조·총[弔銃] 장례식·위령제·추념식(追念式)에서 조상하기 위하여 쏘는 예총(禮銃). ちょうじゅう volley of rifles at a funeral service

조총[鳥銃] ①새를 잡을 때 쓰는 총. 새총. ②화승총(火繩銃)의 옛말. ちょうじゅう
① fowling piece ② matchlock

조:추[早秋] 이른 가을. そうしゅう early autumn

조:추[肇秋] 초가을.
beginning of autumn

조:춘[早春] 이른 봄. =조춘(肇春)·초춘(初春). そうしゅん
early spring

조:춘[肇春] ⇨조춘(早春).

조:출[早出] ①정한 시각보다 일찍 나감. ②아침 일찍 나감. はやで·そうしゅつ
① early attendance

조출모:귀[朝出暮歸] ①아침 일찍 나갔다가 저녁 늦게 돌아온다는 뜻으로, 집에 있는 시간이 거의 없음을 이르는 말.

② 사물이 들고 나고 하면서 끊임없이 바뀜. =조출모입(朝出暮入).

조충[←條蟲] 촌충(寸蟲)의 딴 이름. =촌백충(寸白蟲). じょうちゅう

조충소:기[彫蟲小技] 벌레나 새기는 보잘것없는 재주라는 뜻으로, 남의 글귀들을 따다가 자기 글을 꾸미려는 서투른 글재주를 비웃어 이르는 말.

조취[臊臭] 누린내.

조취모:산[朝聚暮散] 아침에 모였다가 저녁에 흩어진다는 뜻으로, 모이고 헤어짐이 덧없다는 말.

조치[措置] ⇨조처(措處). そち

조:칙[詔勅] ⇨조서(詔書). しょうちょく

조:침[釣針] 낚시. つりばり fishhook

조:커[joker] ① 익살꾼. ② 트럼프에서, 으뜸 패이면서 다른 패 대신으로 쓸 수 있는, 어떤 패에도 속하지 않는 특별한 패. ジョーカー

조:크[joke] 농담(弄談). 우스갯소리. ジョーク

조타[操舵] 배의 키를 조종함. 「~수(手)」 そうだ steerage

조탁[彫琢] ① 보석 같은 것을 새기고 쪼는 일. ② 시문(詩文) 따위를 아름답게 다듬음을 비유하여 이르는 말. ちょうたく ① carving and polishing

조닥성[烏啄聲] 근거 없는 말을 듣고 잘못 옮기는 헛소문. 새 까먹은 소리. ちょうたくせい

조탄[粗炭] 품질이 나쁜 석탄. low-grade coal

조탕[潮湯] ① 바닷물을 데운 목욕물. ② 염분(鹽分)이 있는 온천(溫泉). しおゆ ① hot saltwater bath

조:태[釣太] 주낙으로 잡은 명태.

조:퇴[早退] 직장이나 학교 같은 데서 끝날 시간이 되기 전에 일찍 돌아감. そうたい leaving earlier than usual

조퇴[潮退] 밀려왔던 조수(潮水)가 물러감. ebb

조파[條播] 밭에 고랑을 내어 줄이 지게 씨를 뿌림. じょうは sowing in rows

조판[組版] 활판 인쇄에서, 원고대로 활자를 뽑아 판을 짬. 또는 그 판. くみはん composition

조판[彫版] 인쇄할 글자를 판목(版木)에 새김. 또는 그 판목. 「~본(本)」

조:폐[造幣] 화폐를 만듦. 「~권(權)」 ぞうへい coinage

조:포[弔砲] 장의(葬儀) 때 조의를 표하기 위해 쏘는 예포(禮砲). ちょうほう salute of minute guns

조포[租包] 벼를 담는 멱서리.

조포[粗布] 거칠게 짠 베. そふ low-grade cloth

조포[粗暴] 성질이나 행동이 거칠고 사나움. =난폭(亂暴). そほう violence

조:포[造布] 나비가 좁고 두꺼우며 촘촘하게 짠, 함경 북도에서 나는 베.

조표[調標] 음자리표 오른쪽에 붙어 악곡의 조를 나타내는 기호. 샤프(#)나 플랫(♭) 따위.

조품[粗品] ① 만듦새가 변변치 않은 물건. ② 남에게 보내는 선물을 겸손하게 이르는 말. そひん・そしな ② small gift

조풍[條風] 북동쪽에서 불어 오는 바람. =북동풍(北東風).

조풍[潮風] 바닷바람. =해풍(海風). しおかぜ　northeaster　sea wind

조필[粗筆] ① 거친 붓. ⇨졸필(拙筆). そひつ

조:하[早夏] 이른 여름. 초여름. =조하(肇夏)·초하(初夏).　early summer

조하[朝賀] 조정에 나아가서 임금에게 하례함. ちょうが

조:하[肇夏] ⇨조하(早夏).

조학[嘲謔] 비웃으며 놀림. ちょうぎゃく　mockery

조학[燥涸] 호수·연못 따위의 물이 바짝 마름.

조한[藻翰] ① 아름다운 깃털. ② 아름다운 글의 비유. そうかん　② elegant letter

조합[組合] ① 여럿을 모아 한 덩어리가 되게 함. ② 민법상, 두 사람 이상이 출자하여 공동 사업을 경영하기로 약정한 단체. ③ 특별법상, 공동 목적을 수행하기 위해 일정한 자격이 있는 사람들로 조직된 단체. 「노동(勞動)～」 ④ 수학에서, 몇 개의 수에서 정한 수를 뽑아 모은 수. くみあい　② association

조:합[照合] 서로 맞추어 봄. 대조(對照)함. しょうごう　collation

조합[調合] ① 약재(藥材)·원료 따위를 일정한 비율로 섞음. ② 음식의 맛을 알맞게 맞춤. ちょうごう　① compounding ② seasoning

조항[祖行] 할아버지뻘이 되는 항렬. =대부항(大父行).　relation of grandfather

조항[條項] 낱낱의 항목. =조목(條目). 「금지(禁止)～」 じょうこう　articles

조해[潮害] 간석지 등에 만든 논에 조수가 밀려들어 입는 피해.　damages by tidal waters

조해[潮解] 고체(固體)가 대기 중의 습기를 흡수하여 용해하는 일. ちょうかい　deliquescence

조:행[早行] 아침 일찍 길을 떠남. そうこう　early start

조행[操行] 평소의 품성과 행실. 몸가짐. =품행(品行). そうこう　behavior

조헌[朝憲] ① 조정의 법규. ② 나라의 근본 법규. =국헌(國憲). ちょうけん　② national constitution

조:험[阻險] 길이 막히고 험난함. =험조(險阻). steepness

조현[朝見] 신하가 입궐하여 임금을 뵙는 일. =조근(朝覲). ちょうけん　levee

조:혈[造血] 몸 안에서 혈액을 만들어 냄. 「～제(劑)」 ぞうけつ　blood making

조:혈제[造血劑] 조혈 작용을 증가시켜 빈혈의 치료에 쓰이는 약제. ぞうけつざい　blood-making medicine

조:형[造形] 형태를 이루게 함. 「～미술(美術)」 ぞうけい　molding

조:형 미술[造形美術] 물질적인 재료를 가지고 유형적인 미를 표현하여 시각에 호소하는 미술. 곧 회화(繪畫)·조각(彫刻)·공예(工藝)·건축(建築) 따위의 총칭. ぞうけいびじゅつ　formative arts

조:혼[早婚] 어린 나이에 결혼함. 또는 그 결혼. ↔만혼(晩婚). そうこん　early marriage

조홀[粗忽] 거칠고 경솔함. そこつ　rashness

조:홍[早紅] 다른 감보다 일찍 익고 빛깔이 썩 붉은, 감의 한

조홍[朝虹] 아침에 서쪽에 서는 무지개. あさにじ morning rainbow

조홍[潮紅] 부끄러워서 얼굴이 붉어짐. ちょうこう flush in the face

조:화[弔花] 조상(弔喪)하는 뜻으로 상가에 보내는 화환(花環). funeral flowers

조:화[造化] ① 만물을 창조하고 기르는 천지 자연의 이치. ② 사람의 힘으로는 어찌된 일인지 알 수 없을 만큼 야릇하거나 신통한 일. ぞうか ① creation

조:화[造花] 종이나 헝겊 따위를 재료로 하여 만든 꽃. ↔생화(生花). ぞうか artificial flower

조화[彫花] 도자기에 꽃무늬를 새겨 넣음. ちょうか

조화[調和] 서로 모순됨이 없이 잘 어울림. =조균(調均). ちょうわ harmony

조:화[遭禍] 화를 만남. 재앙을 당함.

조:황[釣況] 낚시질의 상황(狀況).

조회[朝會] ① 지난날, 모든 관원(官員)이 정전(正殿)에 모여 임금을 뵙던 일. ② 학교나 직장에서, 아침에 구성원이 모여 인사·지시 따위를 하는 모임. =조례(朝禮). ちょうかい ② morning gathering

조:회[照會] 조식이나 기관에서 어떤 내용에 대하여, 관계되는 대상에게 공식적으로 알아보는 것. 「신원(身元)~」 しょうかい inquiry

조후[兆候] 조짐(兆朕). ちょうこう symptoms

조후[潮候] 조수(潮水)가 드나드는 때. ちょうこう tidal period

조후차[潮候差] 달이 자오선(子午線)을 통과하고 나서 만조(滿潮)가 되기까지의 평균 시간(平均時間). =평균 고조 간극(平均高潮間隙). ちょうこうさ tidal difference

조훈[祖訓] 조상의 훈계. ancestral precepts

조:휼[弔恤] 조상(弔喪)하며 남은 이를 불쌍히 여김. 「~지은(之恩)」 ちょうじゅつ pity

조흔[爪痕] 손톱으로 할퀸 자국. 손톱 자국. そうこん scratch

조흔[條痕] ① 줄로 그은 자국. ② 애벌 구운 자기에 광물을 문지를 때 나는 줄 모양의 자국. 광물의 감정에 쓰임. 「~색(色)」 じょうこん ② streak

조:흥[助興] 흥취를 돋움. addition to the amusement

조희[嘲戱] 빈정거리며 희롱함. mockery

족[足]* ① 발 족: 발. 「手足(수족)·足掌(족장)·足指(족지)·足骨(족골)」 ② 넉넉할 족: 넉넉하다. 「滿足(만족)·充足(충족)·裕足(유족)」 ③ 지나칠 주: 지나치다. 「足恭(주공)」 ソク ① あし ② たりる

족[族]* ① 일가 족: 일가. 「親族(친족)·王族(왕족)·近族(근족)」 ② 거레 족: 거레. 「民族(민족)·種族(종족)」 ③ 동류 족: 동류. 「魚族(어족)」 ゾク·やから

족[簇] 모일 족: 모이다. 「簇生(족생)·簇出(족출)」 ゾク·むらがる

족가[足枷] 죄인의 발목을 넣고 자물쇠로 채우게 되어 있는 형

구(刑具). 차꼬. あしかせ
shackle

족골[足骨] 족부(足部)를 구성 足 骨
하고 있는 뼈의 총칭. 발뼈.
そっこつ

족과평생[足過平生] 한평생을 足過平
넉넉히 지낼 만함. wealth 生

족당[族黨] 같은 종족의 겨레붙 族黨
이. =족류(族類)·족속(族屬).
ぞくとう kinsmen

족대[足臺] 장롱 따위의 발 밑 足臺
에 건너 대는 널. foot

족도[足蹈] 춤을 출 때처럼 발 足蹈
로 뜀.「수무(手舞)~」あし
ぶみ stepping

족류[族類] 같은 종족의 일가붙 族類
이. =족당(族黨)·족속(族屬).
ぞくるい kinsmen

족멸[族滅] 일족(一族)을 남김 族滅
없이 다 죽여 없앰. ぞくめつ
extermination of a family

족반거상[足反居上] 발이 위에 足反
있다는 뜻으로, 사물이 거꾸 居上
로 됨을 이르는 말.

족벌[族閥] 큰 세력을 가진 가 族閥
문의 일족(一族). clique

족보[族譜] 한 가문의 세계(世 族譜
系)를 적은 책. 일족의 계보
(系譜). =가보(家譜). ぞくふ
genealogy

족부[足部] 발에서 발목까지의 足部
부분. そくぶ foot

족불리지[足不履地] 발이 땅 足不
에 닿지 않는다는 뜻으로, 몹 履地
시 빨리 달림을 이르는 말.

족산[族山] 한 집안의 뫼를 함 族山
께 쓴 산. family graveyard

족생[簇生] 초목 따위가 무더기 簇生
로 남. =총생(叢生). ぞくせ
い gregarious growth

족속[族屬] 같은 종족의 겨레붙 族屬
이. =족류(族類)·족당(族黨).
kinsmen

족손[族孫] 동성(同姓)의 유복 族孫
친(有服親) 이외의 손자 항렬 有服親
이 되는 사람.
grandsons in relation

족쇄[足鎖] 죄인의 발목에 채우 足鎖
는 쇠사슬. fetters

족숙[族叔] 동성(同姓)의 유복 族叔
친(有服親) 이외의 아저씨 항
렬이 되는 사람.
uncles in relation

족인[族人] 동성(同姓)의 유복 族人
친(有服親) 이외의 겨레붙이.
relative

족자[簇子] 붓글씨나 그림 따위 簇子
를 표구하여, 벽·기둥에 걸거
나 말아서 보관하도록 만든 물
건. hanging scroll

족장[足掌] 발 아래쪽의 평평한 足掌
부분. 발바닥. sole

족장[族丈] 같은 종족(宗族)의 族丈
유복친(有服親) 이외의 윗항렬
이 되는 사람.

족장[族長] ① 일족(一族)의 어 族長
른이 되는 사람. ② 씨족(氏族) 氏族
·부족(部族) 사회의 우두머리.
ぞくちょう
① head of clan ② tribal head

족적[足迹·足跡] ① 발로 밟은 足迹
흔적. 발자국. ② 지내 온 일
의 자취. 발자취. そくせき
① footprint ② course

족제[族弟] 동성(同姓)의 유복 族弟
친(有服親) 이외의 아우뻘이 되
는 남자. brothers in relation

족제[族制] 가족이나 씨족 따위 族制
의 혈연으로 결합한 집단의 제
도. ぞくせい relational system

족족[簇簇] 빽빽하게 들어선 모 簇簇
양. ぞくぞく denseness

족족유여[足足有餘] 매우 넉 有餘
넉하여 남음이 있음. abundance

족주[族誅] 한 사람의 죄로 일 族誅
족 또는 삼족을 죽임. =족살

(族殺).

족지[足指] 발가락. あしゆび 足指 toe

족지[足趾] 발뒤꿈치. あしあと 足趾 heel

족지족[族之族] 친척이 되는 관계. 族之族

족질[族姪] 동성(同姓)의 유복친(有服親) 이외의 조카의 항렬이 되는 남자. 族姪 nephews in relation

족채[足債] ① 먼 곳에 심부름을 보내는 사람에게 주는 품삯. ② 죄인이 차사(差使)에게 뇌물로 주는 돈. 足債 ① tip for errand

족척[族戚] 일가붙이와 척속(戚屬). ぞくせき 族戚 kindreds

족출[簇出] 떼를 지어 연달아 나오거나 생겨남. ぞくしゅつ 簇出

족친[族親] 유복친(有服親)이 아닌 동성의 겨레붙이. 族親 kinsmen

족하[足下] 비슷한 연배 사이에서, 편지 받을 사람의 이름 밑에 써서 상대방을 높이는 말. そっか 足下 Sir

족형[族兄] 동성(同姓)의 유복친(有服親) 이외의 형뻘이 되는 남자. 族兄 elder brother in relation

존[存]* 있을 존 : 있다. 「存在(존재)・存立(존립)・生存(생존)・存否(존부)・保存(보존)」 存 ソン・ゾン・ある

존[尊]* ① 높을 존 : 높다. 「尊敬(존경)・尊重(존중)・尊顔(존안)・尊位(존위)・尊公(존공)・尊衛(존함)・尊長(존장)」 ② 술통 준 : 술통. 「尊俎(준조)」 尊重 ソン ① たっとい

존:[zone] 지대(地帶). 구역(區域). ゾーン 地帶

존객[尊客] 높고 귀한 손님. 尊客 distinguished guest

존견[尊見] 남을 높이어 그의 의견을 이르는 말. =존의(尊意). そんけん 尊見 your esteemed opinion

존경[尊敬] 받들어 공경함. そんけい 尊敬 respect

존공[尊公] ① 상대편을 높이어 일컫는 말. ② 손윗사람의 아버지를 높이어 일컫는 말. そんこう 尊公 ① you ② your esteemed father

존귀[尊貴] 지위가 높고 귀함. そんき 尊貴 nobility

존념[存念] 늘 마음에 두고 생각함. ぞんねん 存念

존당[尊堂] 남을 높이어 그의 모친을 이르는 말. 尊堂 your esteemed mother

존대[尊待] 받들어 대접하거나 대함. ↔하대(下待). 尊待 treatment with respect

존데[독 sonde] ① 요도・식도 등에 넣어 내부를 조사하는 관 모양의 의료 기구(醫療器具). ② 기상 관측용 기구. ゾンデ 尿道 食道

존·디펜스[zone defence] 농구・핸드볼 등에서, 지역 방어 (地域防禦). 地域

존·라인[zone line] 아이스하키에서, 링크를 세 구역(區域)으로 나누는 두 개의 선. 區域

존령[尊靈] 혼령의 높임말. そんりょう・そんれい 尊靈

존류[存留] 남아 있음. 또는 남겨 둠. そんりゅう 存留 remaining

존립[存立] 국가나 단체・제도・학설 따위가 그 위치를 지키며 존재함. そんりつ 存立 existence

손망[存亡] 존재하여 남아 있음과 망하여 없어짐. 또는 살아 있음과 죽어 없어짐. 존속과 멸망. =존몰(存沒). 「~지추(之秋)」 そんぼう 存亡 存沒 life or death

존멸[存滅] 존속과 멸망. そんめつ 存滅

존명[存命] 살아 있음. 목숨이 붙어 있음. ぞんめい living

존명[尊名] 남을 높이어 그의 이름을 이르는 말. =존함(尊銜). そんめい your name

존몰[存沒] ⇨존망(存亡).

존문[尊門] ① 남을 높이어 그의 집을 이르는 말. ② 남을 높이어 그의 가문을 이르는 말.

존봉[尊奉] 존경하여 받듦. そんぽう respectful observance

존부[存否] 있음과 없음. 또는 생존함과 그렇지 않음. そんぴ existence and inexistence

존부[尊父] 남을 높이어 그의 부친을 이르는 말. そんぷ your father

존비[尊卑] 신분이나 지위의 높고 낮음. =귀천(貴賤). そんぴ high and low

존상[尊像] 존귀한 상(像). そんぞう

존성[尊姓] 상대편을 높이어 그의 성(姓)을 이르는 말. そんせい your surname

존속[存續] 그대로 계속해서 존재함. そんぞく continuance

존속[尊屬] 부모 및 그와 같은 항렬 이상의 친족 관계. ↔비속(卑屬). そんぞく ascendant

존속친[尊屬親] 존속인 친족. ↔비속친(卑屬親). そんぞくしん lineal consanguinity

존숭[尊崇] 존경하고 숭배함. そんすう reverence

존시[尊侍] 존장(尊長)과 시생(侍生). 웃어른과 나이 어린 사람. 「~간(間)」

존심[存心] 마음에 두고 잊지 않음. =처심(處心)·택심(宅心). ぞんしん bearing in mind

존안[尊顔] 상대편을 높이어 그의 얼굴을 이르는 말. そんがん your face

존앙[尊仰] 존경하여 우러름. respect

존엄[尊嚴] 함부로 범할 수 없이 존귀하고 위엄이 있음. 「~성(性)」 そんげん dignity

존영[尊影] 남을 높이어 그의 사진이나 화상을 이르는 말. =존조(尊照). そんえい portrait

존용[尊容] 남을 높이어 그의 모습을 이르는 말. そんよう your figure

존위[尊位] ① 존귀한 지위. ② 임금의 자리. そんい ③ 지난날, 면(面) 또는 동리(洞里)의 어른이 되는 이를 일컫던 말.

존의[尊意] 남을 높이어 그의 의견을 이르는 말. =존견(尊見). そんい your esteemed opinion

존자[尊者] 불교에서, 학문과 덕행이 뛰어난 부처의 제자에 대한 경칭. 「목련(目連) ~」 そんじゃ Buddhist saint

존장[尊丈] ① 자기보다 지위가 높은 사람을 높이어 이르는 말. ② 자기 아버지와 같은 연배의 사람을 높여서 이르는 말. ① one's superior

존장[尊長] 존대해야 할 나이 많은 웃어른. そんちょう one's elders

존재[存在] ① 사물이 현실적으로 있음. 「~론(論)」 ② 실재하는 대상. 특히, 인간을 이르는 말. そんざい ① existence ② being

존전[尊前] ① 존경하는 사람의 앞. ② 임금의 앞. そんぜん ② in the royal presence

존중[尊重] 높이고 소중하게 여김. そんちょう respect

존찰[尊札] 상대편을 높이어 그의 편지를 이르는 말. =존한

(尊翰)・존서(尊書). そんさつ
your esteemed letter

존체[尊體] 상대편을 높이어 그 의 몸을 이르는 말.「~ 만왕(萬旺)」そんたい
your esteemed self

존치[存置] 제도나 설비 따위를 없애지 않고 그대로 남겨 둠. そんち   maintenance

존칭[尊稱] 존경하여 부름. 또는 그 호칭. ↔비칭(卑稱). そんしょう   title of honor

존칭어[尊稱語] 상대편을 높이는 뜻을 나타내어 하는 말. =경어(敬語).   honorific

존택[尊宅] 상대편을 높이어 그 의 집을 이르는 말. そんたく
your house

존폐[存廢] 보존과 폐지. 남겨두는 것과 버리는 것. そんぱい maintenance or abolition

존필[尊筆] 상대편을 높이어 그 의 필적(筆蹟)을 이르는 말. そんぴつ your esteemed writing

존한[尊翰] 상대편을 높이어 그 의 편지를 이르는 말. =존서(尊書)・존찰(尊札). そんかん
your esteemed letter

존함[尊啣・尊銜] 상대편을 높이어 그의 이름을 이르는 말.
your esteemed name

존항[尊行] 아저씨뻘 이상의 항렬. ↔비항(卑行).

존형[尊兄] 같은 또래 사이에서, 상대편을 높이어 이르는 말. そんけい

존호[尊號] 지난날, 왕이니 욍비의 덕을 칭송하여 올리던 칭호. そんごう
posthumous name of a king

존후[尊候] 상대편을 높이어 그 의 건강 상태를 이르는 말.

졸[卒]* ①군사 졸: 군사. 「軍卒(군졸)・兵卒(병졸)・士卒(사졸)」 ②별안간 졸: 갑자기. 「倉卒間(창졸간)・卒卒(졸졸)・卒暴(졸포)」 ③마칠 졸: 마치다. 「卒業(졸업)・卒歲(졸세)・卒篇(졸편)」 ④죽을 졸: 죽다. 「卒逝(졸서)・卒年(졸년)」ソツ

졸[拙]☆ 못날 졸: 못나다. 서투르다. 「拙計(졸계)・拙速(졸속)・愚拙(우졸)・拙工(졸공)・拙訥(졸눌)・拙者(졸자)・拙稿(졸고)・拙文(졸문)」セツ・つたない

졸[猝] 갑자기 졸: 갑자기. 별안간. 「猝富(졸부)・猝死(졸사)・猝然(졸연)」ソツ・にわか

졸[sol] 콜로이드 입자(粒子)가 액체 속에 분산하여 유동성을 지니고 있는 상태. ゾル

졸가[拙家] 자기의 집을 낮추어 이르는 말. せっか my house

졸경[卒更] ①밤새껏 자지 못하여 괴로움을 겪음. 또는 그 괴로움. ②지난날, 밤에 자지 않고 순찰하며 경계하던 일.
② night watch

졸계[拙計] 졸렬한 계책. =졸책(拙策).   poor policy

졸고[拙稿] 서투른 원고라는 뜻으로, 자기의 원고를 겸손하게 이르는 말. せっこう my work

졸곡[卒哭] 삼 우제(三虞祭)를 지낸 뒤에 지내는 제사. 사람이 죽은 지 석 달 되는 첫 정일(丁日)이나 해일(亥日)에 지냄.

졸기[拙技] ①보잘것없는 기예(技藝). ②자기의 기예를 겸손하게 이르는 말. せつぎ

졸난변통[猝難變通] 졸지에 어려운 일을 당하여 어찌할 도리가 없음.

졸년[卒年] 죽은 해. =몰년(沒年). year of a person's death

졸눌[拙訥] 재주가 모자라고 말은 서투름. clumsiness and stammering

졸도[卒倒] 별안간 정신을 잃고 쓰러짐. そっとう swoon

졸렬[拙劣] 옹졸하고 비열함. せつれつ clumsiness

졸로[拙老] 하찮은 늙은이라는 뜻으로, 늙은이가 자기를 겸손하게 이르는 말. =우로(愚老).

졸론[拙論] ① 변변치 못한 이론이나 언론. ② 자기의 언론을 낮추어 이르는 말. せつろん ① poor view

졸루[拙陋] 용렬하고 비루함. せつろう foolishness and meanness

졸망[拙妄] 좀스럽고 잔망스러움. clumsiness

졸문[拙文] ① 서투른 문장. ② 자기의 글을 겸손하게 이르는 말. せつぶん ① poor writing

졸병[卒兵] 직위가 낮은 군사를 낮잡아 이르는 말. private

졸보[拙甫] 재주가 없는 데다 옹졸하고 잔망스러운 사람.

졸부[拙夫] ① 옹졸한 사나이. ② 편지에서, 남편이 아내에게 자신을 이르는 말. せっぷ

졸부[猝富] 갑자기 된 부자. 벼락부자. sudden riches

졸사[猝死] 별안간 죽음. =급사(急死). sudden death

졸서[卒逝] 죽음. =졸거(卒去). dying

졸세[卒歲] 한 해를 마침. close of a year

졸속[拙速] 하는 일이 제대로가 아니면서 빠르기만 함. せっそく rough and ready

졸악[拙惡] 서투르고 거칢. せつあく clumsiness and coarseness

졸업[卒業] ① 학생이 규정된 학업을 다 마침. 「~생(生)」 ② 어떤 일에 통달함. そつぎょう ① graduation

졸연[猝然] 갑작스러운 모양. そつぜん abruptness

졸오[卒伍] 병졸들의 대오(隊伍). ranks

졸우[拙愚] 용렬하고 어리석음. foolishness

졸음[拙吟] ① 잘 짓지 못한 시(詩). ② 자기가 지은 시를 겸손하게 이르는 말. せつぎん ① poor poem

졸의[拙意] 자기의 의사나 의견을 겸손하게 이르는 말. せつい

졸자[拙者] ① 옹졸한 사람. ② 자신을 겸손하게 이르는 말. せっしゃ ① petty fellow

졸작[拙作] ① 보잘것없는 작품. ② 자기 작품을 겸손하게 이르는 말. せっさく ① poor work

졸장부[拙丈夫] 도량이 좁고 옹졸한 사내. ↔대장부(大丈夫). small-minded man

졸저[拙著] ① 보잘것없는 저서. ② 자기의 저작을 겸손하게 이르는 말. せっちょ

졸전[拙戰] 졸렬한 싸움이나 시합.

졸중[卒中] 졸중풍(卒中風)의 준말.

졸중풍[卒中風] 한방에서, 뇌혈관(腦血管)의 장애로 갑자기 의식을 잃는 증세. ⓒ졸중(卒中). そっちゅうふう apoplexy

졸지[猝地] 갑작스러운 판국. 「~에 당한 사고」 sudden

졸지풍파[猝地風波] 별안간 일어나는 풍파. unexpected trouble

졸직[拙直] 옹졸하고 고지식함. tactlessness

졸책[拙策] 졸렬한 계책. =졸계(拙計). せっさく poor plan

졸처[拙妻] ① 남에게 자기의 아내를 겸손하게 이르는 말. =졸형(拙荊). ② 아내가 남편에게 자신을 겸손하게 이르는 말. せっさい

졸편[卒篇] 시문(詩文)의 전편을 다 짓거나 욈. =종편(終篇).

졸품[拙品] 보잘것없는 작품이나 물품. poor article

졸필[拙筆] ① 잘 쓰지 못한 글씨. 서투른 글씨. ② 자기가 쓴 글씨를 겸손하게 이르는 말. せっぴつ ① poor writing

졸한[猝寒] 갑자기 닥치는 추위. sudden cold

종[宗]* ① 마루 종 : 마루. 으뜸. 근본. 「宗家(종가)·宗敎(종교)·宗門(종문)·宗嗣(종사)·宗派(종파)·宗廟(종묘)」 ② 일가 종 : 일가. 「宗氏(종씨)·宗親(종친)」 シュウ·ソウ ① むね

종:[從]* ① 따를 종 : 따르다. 「從軍(종군)·侍從(시종)·從順(종순)·從臣(종신)·從者(종자)·從人(종인)·隨從(수종)」 ② 부터 종 : 부터. 「從此(종차)·從今(종금)」 ③ 친척 종 : 친척. 「從兄(종형)·外從(외종)·從祖(종조)」 ショウ·ジュウ·ジ ① したがう

종[終]* 마지막 종 : 마지막. 끝내다. 「終末(종말)·始終(시종)·終結(종결)·終了(종료)·終杯(종배)·臨終(임종)·終身(종신)·終生(종생)·終乃(종내)」 シュウ·おわる

종[淙] 물소리 종 : 물소리. 「淙淙(종종)·淙然(종연)」 ソウ

종[椶] "棕"은 俗字. 종려나무 종 : 종려나무. 「椶櫚(종려)·椶樹(종수)」 ソウ

종:[腫] 종기 종 : 종기. 「腫氣(종기)·腫毒(종독)·腫瘍(종양)」 シュ·はれる

종:[種]* ① 씨 종 : 씨. 「別種(별종)·純種(순종)·在來種(재래종)·種子(종자)·種犬(종견)·種鷄(종계)·種牛(종우)」 ② 종류 종 : 종류. 「種目(종목)·種別(종별)·品種(품종)」 ③ 심을 종 : 심다. 「種植(종식)·種樹(종수)·種痘(종두)」 シュ ① たね

종[綜] ① 모을 종 : 모으다. 「綜合(종합)·綜括(종괄)」 ② 잉아 종 : 베틀에서, 북이 통과할 길을 여는 부품. 「綜絲(종사)」 ソウ

종[慫] 권할 종 : 권하다. 「慫慂(종용)」 ショウ·すすめる

종[踵] 발꿈치 종 : 발꿈치. 잇다. 「足踵(족종)·踵接(종접)·踵至(종지)」 ショウ·きびす·つぐ

종[縱]* ① 세로 종 : 세로. 「縱橫(종횡)·縱組(종조)·縱隊(종대)·縱線(종선)」 ② 내놓을 종 : 내놓다. 「放縱(방종)·縱囚(종수)·縱逸(종일)」 ジュウ ① たて

종[鍾] ① 술병 종 : 술을 담는 그릇. 「鍾鉢(종발)」 ② 모을 종 : 모으다. 모이다. 「鍾情(종정)」 ショウ ① さかずき ② あつめる

종[踪] 자취 종 : 자취. 「踪跡(종적)」 ショウ·あと

종[鐘]* 쇠북 종 : 종. 「梵鐘(범종)·鐘樓(종루)·打鐘(타종)·鐘聲(종성)·晚鐘(만종)」 ショウ·かね

종가[宗家] 한 문중에서 맏이로만 이어 오는 집. 큰집. そう

head family
종가[終價] 거래소의 입회(立會)에서, 그 날의 최종 시세. closing price

종가세[從價稅] 물품의 가격을 기준으로 해서 부과하는 조세. ↔종량세(從量稅). じゅうかぜい ad valorem duty

종각[鐘閣] 큰 종을 매달아 놓은 누각(樓閣). bell pavilion

종간[終刊] 마지막으로 간행(刊行)함. 간행을 끝냄. ↔창간(創刊). しゅうかん cessation of publication

종강[終講] 강의를 끝마침. 또는 그 강의. ↔개강(開講). closing the lectures

종:개념[種概念] 한 개념과 다른 개념이 상위(上位)와 하위(下位)의 관계를 가질 때의 하위를 이르는 말. ↔유개념(類概念). しゅがいねん specific concept

종견[種犬] 씨를 받는 개. たねいぬ breeding dog

종결[終結] 일을 끝내거나 끝나침. しゅうけつ conclusion

종결 어:미[終結語尾] 용언의 어간에 붙어 문장을 끝맺게 하는 어미. しゅうけつごび

종경[終境] 땅의 경계가 끝나는 곳. bounds

종계[宗系] 종가(宗家)의 계통.

종계[種鷄] 씨를 받는 닭. 씨닭. breeding cock

종고[鐘鼓] 종과 북. しょうこ bell and drum

종곡[終曲] ①소나타나 소나타 계열의 교향곡 따위에서의 마지막 악장(樂章). ②가극에서 각 막(幕)을 맺는 곡. しゅうきょく finale

종곡[種穀] 씨를 받을 곡식. 씨곡.

종곡[縱谷] 산맥의 방향과 같은 방향으로 나 있는 골짜기. じゅうこく longitudinal valley

종곡[種麴] 누룩.

종:과득과[種瓜得瓜] 오이씨를 심으면 오이가 난다는 뜻으로, 원인이 있으면 반드시 그에 따르는 결과가 있음을 이르는 말.

종관[縱貫] 위아래로 꿰뚫음. じゅうかん traversing

종교[宗敎] 초인간적인 절대자를 믿음으로써 마음의 평안을 얻고 삶의 궁극적 의미를 찾으려는 신앙의 총체적인 체계. 「~ 문학(文學)」 しゅうきょう religion

종국[終局] 마지막 판국. 끝판. しゅうきょく end

종군[從軍] 군대를 따라 싸움터로 나감. 「~ 기자(記者)」 じゅうぐん service in a war

종귀일철[終歸一轍] 마지막에 가서는 서로 같아짐.

종극[終極] 끝. 마지막. しゅうきょく finality

종금[從今] 이제부터. 「~이후(以後)」 from now on

종금이:후[從今以後] 지금으로부터 그 뒤. =종자이후(從玆以後). from now on

종기[終期] ①일이나 기한이 끝나는 시기. =말기(末期). ②법률 행위의 효력이 소멸하는 기한. ③유사 분열에서, 염색체가 두 극에서 휴지핵(休止核)으로 돌아가는 시기. しゅうき ① end

종:기[腫氣] 살갗의 한 부분이 딴딴하게 부풀어올라 곪는 것. =종물(腫物). しゅき boil

종내[終乃] 끝내. 「~ 오지 않

다」 to the last
종년[終年] ⇨종세(終歲). しゅうねん 終年
종다수[從多數] 다수의 의견(意見)을 따름.「~결(結)」 從多數 意見
following the majority
종단[終端] 맨 끝. 마지막. last 終端
종단[縱斷] ① 세로로 끊음. ② 남북 방향으로 건너가거나 건너옴. ↔횡단(橫斷).「~ 여행(旅行)」じゅうだん 縱斷 旅行
① vertical section
종단면[縱斷面] 물체를 세로로 자른 면. ↔횡단면(橫斷面). じゅうだんめん longitudinal section 縱斷面 物體
종:담[縱談] 생각나는 대로 마구 지껄임. しょうだん 縱談
종답[宗畓] 종중(宗中)이 소유하는 논. =종중답(宗中畓). 宗畓
종당[從當] 끝내. in the end 從當
종대[縱隊] 세로로 늘어선 대열(隊列). ↔횡대(橫隊). じゅうたい column 縱隊
종도[宗徒] 종교를 믿는 사람. =신도(信徒). しゅうと believer 宗徒 信徒
종돈[種豚] 씨를 받는 돼지. 씨돼지. たねぶた breeding pig 種豚
종두[種痘] 우두(牛痘)를 접종함. しゅとう vaccination for smallpox 種痘
종란[種卵] 새끼를 까는 데 쓰는 알. 씨알. しゅらん・たねたまご hatching egg 種卵
종:람[縱覽] 시설이나 전시품 따위를 마음대로 구경함. じゅうらん inspection 縱覽
종래[從來] 이전부터 지금까지 내려온 그대로. じゅうらい hitherto 從來
종량등[從量燈] 계량기(計量器)를 설치해서 전력의 소모량에 따라 요금을 받는 전등. じゅうりょうとう 從量燈 計量器

종량세[從量稅] 과세 물건의 수량에 따라서 세율을 매기는 조세. じゅうりょうぜい 從量稅
specific duty
종량제[從量制] 물건의 수량에 따라 요금을 매기는 제도.「쓰레기 ~」 從量制
종려[椶櫚・棕櫚] 야자나무과의 상록 교목. 줄기 끝에 손바닥 모양으로 깊게 갈라진 잎이 붙어 있고, 초여름에 노란 꽃이 핌. 관상수로 재배함. 종려나무. しゅろ hemp palm 棕櫚 喬木
종렬[縱列] 세로로 줄을 지음. 또는 그 줄. ↔횡렬(橫列). じゅうれつ column 縱列
종렬[縱裂] ① 세로로 갈라짐. 세로로 틈이 감. ② 식물의 꽃밥이 세로로 터져 꽃가루가 날리는 것. ↔횡렬(橫裂). 縱裂
① vertical split
종례[終禮] 학교에서 일과를 마치고 모이는 회합. ↔조례(朝禮). しゅうれい 終禮
closing meeting
종론[宗論] ① 서로 다른 종교 사이에서 우열(優劣)과 진위(眞僞)를 들어서 따지고 다투는 언론. ② 종중(宗中)의 여론. しゅうろん 宗論
① religious discussion
종료[終了] 일을 끝냄. 마침. しゅうりょう end 終了
종루[鐘漏] 때를 알리는 종과 누각(漏刻). 또는 그 설비가 있는 궁궐 안을 이르는 말. 鐘漏
종루[鐘樓] 종을 달아 두는 누각. =종각(鐘閣). しょうろう belfry 鐘樓 鐘閣
종:류[種類] 일정한 특징에 따라 나눈 사물의 갈래.「~별(別)」しゅるい kind 種類
종마[種馬] 씨를 받는 말. 씨말. 種馬

종막[終幕] ①연극의 마지막 막. ②일의 끝맺음. しゅうまく ① curtainfall ② end

종말[終末] 계속되어 온 일의 끝판. 「~을 고하다」 しゅうまつ end

종말론[終末論] 세계와 인류가 최후에는 종말을 맞이한다고 하는 종교상의 사상. しゅうまつろん eschatology

종:매[從妹] 친사촌 누이동생. じゅうまい younger female cousin

종명[鐘銘] 종에 새겨져 있는 글귀. しょうめい

종명누:진[鐘鳴漏盡] 늦은 시각을 알리는 종이 울리고 물시계의 물이 다했다는 뜻으로, ① 깊은 밤. ②목숨이 얼마 남지 않은 늘그막의 비유.

종명정:식[鐘鳴鼎食] 옛날 부귀한 집에서 종을 울려 집안 사람들을 모으고 솥을 벌여 놓고 밥을 먹었다는 데서, 부귀한 집을 이르는 말 준종정(鐘鼎). rich family

종:목[種目] 종류별로 나눈 항목. しゅもく item

종:목[種牧] 식물을 심어 가꾸는 일과 가축을 치는 일. farming and pasturage

종목[樅木] 전나무. もみ(の)き fir tree

종묘[宗廟] 역대의 임금과 왕비의 신주(神主)를 모신 왕실의 사당. そうびょう ancestral temple of the royal family

종:묘[種苗] 싹이나 씨를 심어 모를 가꿈. 또는 그렇게 가꾼 모. しゅびょう seedling

종:묘장[種苗場] 식물의 싹을 심어서 묘목을 길러 내는 곳. たねうま stallion しゅびょうじょう field for seedling

종무[宗務] 종교에 관한 사무. しゅうむ religious affairs

종무[終務] ①맡아보던 일을 끝냄. ②관공서·회사 등에서 그 해의 업무를 끝내는 일. ↔시무(始務). 「~식(式)」 ② closing of offices for the year

종무소식[終無消息] 끝내 아무런 소식이 없음. hearing nothing from

종문[宗門] ①종가의 문중(門中). ②불교에서, 그 주장하는 교리에 따라 나뉜 갈래. =종파(宗派). しゅうもん ① head family

종미[終尾] 마지막. 끝. =종말(終末). しゅうび end

종반[宗班] 임금의 본종(本宗)이 되는 집안. =종성(宗姓). royal clan

종반[終盤] ①바둑이나 장기, 운동 경기에서 승부가 끝판에 이른 무렵. 「~전(戰)」 ②어떤 일의 끝판에 가까운 단계. しゅうばん ① end game ② last stage

종반[縱斑] 세로로 난 얼룩 무늬. ↔횡반(橫斑). vertical patterns

종발[終發] 마지막으로 발차함. 또는 그 열차·버스 따위. ↔시발(始發). しゅうはつ

종발[鍾鉢] 작은 밥그릇의 한 가지. 중발보다 작고 종지보다 좀 너부죽함. small bowl

종배[終杯] 술자리의 마지막 잔. =필배(畢杯).

종범[從犯] 주범(主犯)을 도와 준 범죄. 또는 그 범인. ↔정범(正犯). じゅうはん accessory

종법[宗法] ①종중(宗中)에서

종법[宗法] 정한 내규(內規). ②종파의 규칙. =종규(宗規). しゅうほう ① family rules

종법[從法] 주법(主法)을 실행할 방법을 규정한 법률. 곧 절차법(節次法) 따위. subordinate law

종:별[種別] 종류에 따라 나눔. 또는 그 구별(區別). =유별(類別). しゅべつ classification

종복[從僕] 남자 종. ↔종비(從婢). じゅうぼく servant

종부[宗婦] 종가(宗家)의 맏며느리.

종비[從婢] 여자 종. ↔종복(從僕). じゅうひ maid servant

종비[種肥] 종자를 뿌린 뒤 주는 비료. しゅひ・たねごえ fertilizer for seedling

종사[宗社] 종묘(宗廟)와 사직(社稷). 곧, 왕실과 나라를 이르는 말. そうしゃ

종사[宗師] ①모든 사람에게 숭앙을 받으며 사표(師表)가 되는 사람. そうし ②불교에서 법맥(法脈)을 받아 건당(建幢)한 고승(高僧). ③대종교(大倧教)에서 성도(成道)한 사람. ① respectful master

종사[宗嗣] 종가(宗家) 계롱의 후손. heir of the head family

종사[從死] 망인(亡人)을 따라서 죽음.

종사[從祀] 문묘(文廟)나 서원(書院) 등에 학덕이 있는 사람의 신주를 모시는 일. =송향(從享).

종사[從事] ①어떤 일을 일삼아서 함. ②어떤 사람을 따르고 섬김. じゅうじ pursuit

종사[綜絲] 베틀의 날실을 한 칸씩 걸러서 끌어올리노록 맨 굵은 실. 잉아.

종사[螽斯] ①메뚜기·베짱이·여치 따위의 총칭. ②여치가 한 번에 알을 많이 깐다 하여, 부부가 화합하여 자손이 많음의 비유. ① locust

종삭[終朔] 한 해의 마지막 달. 곧 섣달. December

종산[宗山] 종중산(宗中山)의 준말.

종삼[種蔘] 종자로 쓰는 인삼. seed ginseng

종삼포[種蔘圃] 삼의 종자를 가꾸는 밭. nursery garden of ginseng

종상[終喪] 삼년상을 마침. =해상(解喪)·탈상(脫喪). leaving off mourning

종:상[種桑] 뽕나무를 심음.

종상 화관[鐘狀花冠] 꽃잎이 없거나 꽃잎의 아래쪽이 한데 어울려 종같이 생긴 화관(花冠). 초롱꽃·도라지꽃 따위. しょうじょうかかん

종생[終生] 목숨이 끊어질 때까지의 동안. しゅうせい lifetime

종서[縱書] 글을 위에서 아래로 내리씀. 세로쓰기. ↔횡서(橫書). たてがき vertical writing

종선[從船] 큰 배에 딸린 작은 배.

종선[縱線] 세로로 그은 줄. ↔횡선(橫線). じゅうせん vertical line

종성[終聲] 한글에서, 한 음절의 끝소리가 되는 자음. 받침. 끝소리. =종자음(終子音). final consonant

종성[鐘聲] 종소리. しょうせい sound of a bell

종세[終歲] 한 해를 다 보냄. =종년(終年).

종소원[從所願] 원하는 바를 들어 줌. =종자원(從自願).

종속[從俗] 종시속(從時俗)의 준말.

종속[從屬] 어떤 것에 딸리거나 매임. じゅうぞく subordination

종손[宗孫] 종가(宗家)의 맏손자. 또는 종가의 대를 이을 자손. eldest grandson of the head family

종·손[從孫] ① 형이나 아우의 손자. ② 남편의 형이나 아우의 손자. じゅうそん
grandson of one's brother

종·손녀[從孫女] ① 형이나 아우의 손녀. ② 남편의 형이나 아우의 손녀. granddaughter of one's brother

종·손부[從孫婦] 종손의 아내.

종·수[從嫂] 사촌 형이나 아우의 아내. wife of one's cousin

종·수[種樹] ① 나무를 심어 가꿈. ② ⇨식목(植木).
① planting

종수일별[終須一別] 끝내 한 번은 이별해야만 한다는 뜻으로, 헤어지기 섭섭하나 피할 수 없는 일이라는 말

종·숙[從叔] 아버지의 사촌 형제. =당숙(堂叔).
male cousin of one's father

종·숙모[從叔母] 아버지의 사촌 형제의 아내. =당숙모(堂叔母).
wife of one's father's cousin

종시[終始] ① 맨 나중과 처음. ② 처음부터 끝까지. しゅうし
① beginning and end ② from first to last

종시[終是] 나중까지. 끝내.
to the last

종시가[從時價] 물건 등을 사고 팔 때 그 때의 물가를 따름. =종시세(從時勢).

종시세[從時勢] ⇨종시가(從時價).

종시속[從時俗] 세상 풍속을 따름. 준종속(從俗).
following the world

종식[終熄] 한때 매우 성하던 것이 끝나서 가라앉음. しゅうそく end

종식지간[終食之間] 식사를 하는 동안이라는 뜻으로, 얼마 되지 않는 짧은 동안을 이르는 말.

종신[宗臣] ① 나라에 큰 공을 세운 신하. ② 왕족으로서 벼슬자리에 있던 사람.
① veteran statesman ② minister from the royal family

종신[從臣] 임금을 늘 따라다니는 신하. じゅうしん retainer

종신[終身] ① 한평생, 죽을 때까지. 「~ 회원(會員)」 ② 일생을 마침. ③ 부모가 돌아갈 때 그 자리에 함께 있음. =임종(臨終). しゅうしん
① whole life ② end of life

종신지계[終身之計] 한평생을 지낼 계획. しゅうしんのけい
life plan

종신 징역[終身懲役] ⇨무기 징역(無期懲役). しゅうしんちょうえき

종실[宗室] 왕의 친족(親族). =종친(宗親). そうしつ
royal family

종심[從心] 일흔 살의 별칭.
seventy years of age

종심[終審] 심급(審級) 제도에 있어서 최종의 심급. しゅうしん
final trial

종심소욕[從心所欲] 마음에 하고 싶은 대로 함.
doing at one's discretion

종씨[宗氏] 본관과 성이 같으나 촌수를 따지기 어려운 사람들

사이에서 서로 부르는 말.
clansman

종:씨[從氏] ①남에게 자기의 사촌 형을 높여서 이르는 말. ②남을 높이어 그의 사촌 형제를 이르는 말. ①my cousin

종야[終夜] ①하룻밤 동안. =종소(終宵). ②밤새도록. しゅうや ①all night

종:양[腫瘍] 세포가 병적으로 불어나 덩어리를 이루는 병증. しゅよう tumor

종언[終焉] ①없어지거나 죽어 존재가 사라짐. ②하던 일이 끝장남. しゅうえん end

종업[從業] 어떤 업무에 종사함. 「~원(員)」じゅうぎょう work in service

종업[終業] ①하루의 일을 끝마침. ②학교에서 한 학기 또는 한 학년의 학업을 끝마침. ↔시업(始業). 「~식(式)」しゅうぎょう ②close of school

종연[終演] 연극 따위의 상연(上演)이 끝남. 또는 상연을 끝냄. ↔개연(開演). しゅうえん end of a performance

종영[終映] 영화 따위의 상영(上映)이 끝남. 또는 상영을 끝냄. end of screening

종용[慫慂] 구슬러 부추기거나 권함. しょうよう suggestion

종우[種牛] 씨를 받을 소. 씨받이소. 씨소. たねうし seed bull

종유[種油] 평지씨 따위의 종자에서 짜낸 기름. たねあぶら seed oil

종유동[鍾乳洞] 석회암지(石灰巖地)에 지하수의 용식(溶蝕) 작용으로 생긴 동굴. =석회동(石灰洞). しょうにゅうどう stalactite grotto

종유석[鍾乳石] 종유동의 천장에 고드름같이 달려 있는 석회석. 돌고드름. しょうにゅうせき stalactite

종인[宗人] 같은 문중에서 촌수가 먼 사람. distant relatives

종인[從人] 남에게 딸리어 시중을 들며 따라다니는 사람. =종자(從者). follower

종일[終日] 아침부터 저녁까지의 사이. しゅうじつ all day long

종:일[縱逸] 거리낌없이 제 마음대로 행동함. じゅういつ rudeness

종자[宗子] 종가(宗家)의 맏아들. そうし eldest son of the head family

종:자[從子] 형제 자매의 아들과 딸. 조카. nephew

종:자[從姉] 손위의 사촌 누이. じゅうし elder female cousin

종자[從者] ⇨종인(從人). じゅうしゃ・ずさ

종자[種子] ①식물의 씨. 씨앗. ②동식물의 품종. ③사람의 혈통이나 자손. ④어떤 일의 원인. しゅし ①seed

종자[鍾子] 종지의 원말.

종:자[縱恣] 제멋대로 행동함. じゅうし

종자이:후[從自以後] 지금부터 이후. =종금이후(從今以後). from now on

종장[宗匠] 학문과 기예가 뛰어나 스승으로 추앙받는 사람. literary master

종상[終章] ①풍류・노래 등의 마지막 장. ②초중종(初中終) 삼장(三章)으로 된 시조의 마지막 장. しゅうしょう last part of a song

종장[終場] 지난날, 이틀 이상 보는 과거의 마지막 날의 시

종적[蹤迹] ① 떠나거나 없어진 뒤에 남는 흔적. ②발자취. しょうせき　traces
종전[宗田] 종중 소유의 밭.
종전[從前] 지금 이전. じゅうぜん　previousness
종전[終戰] 전쟁이 끝남. 또는 전쟁을 끝냄. ↔개전(開戰). しゅうせん　end of the war
종점[終點] 버스 따위의 노선에서, 마지막으로 도착하는 지점. ↔기점(起點). しゅうてん　terminal
종접[踵接] 뒷사람의 발끝이 앞사람의 발꿈치에 닿는다는 뜻으로, ① 사람들의 왕래가 끊이지 않음의 비유. ② 어떤 일이 잇달아 일어남의 비유. = 접종(接踵). ② occurring in succession
종정[宗正] 불교에서, 우리 나라 불교의 최고 통할자. 또는 각 종단의 통할자. head of a Buddhist sect
송정[鐘鼎] ①종과 솥. ②종명정식(鐘鳴鼎食)의 준말.
종:제[從弟] 사촌 아우. じゅうてい　younger cousin
종:조[從祖] 종조부(從祖父)의 준말.
종:조모[從祖母] 종조부의 아내. じゅうそぼ　grandaunt
종:조부[從祖父] 할아버지의 형이나 아우. 준종조(從祖). じゅうそふ　granduncle
종족[宗族] 동종(同宗)의 겨레붙이. そうぞく　clansmen
종족[種族] ①같은 부류에 딸리는 생물의 집단. ②같은 언어, 같은 문화를 가지는 비교적 작은 민족 집단. しゅぞく　① family ② tribe

종졸[從卒] 따라다니며 심부름을 하는 병졸. じゅうそつ　soldier servant
종:종[種種] 가끔. 때때로. しゅじゅ　sometimes
종:종색색[種種色色] 가지각색. various kinds
종주[宗主] ①본가(本家)의 적장자(嫡長子). 「～국(國)」②중국 봉건 시대에서, 제후(諸侯) 가운데 패권을 잡은 맹주(盟主). そうしゅ　① suzerain
종주[縱走] 등산에서, 길게 이어지는 등선을 따라 걸어 많은 산봉우리들을 넘는 것. じゅうそう　traverse
종:주[縱酒] 몸을 가누지 못할 정도로 술을 마심. heavy drinking
종중[宗中] 한 겨레붙이의 문중(門中). clan
종중[從衆] 여러 사람의 의사를 좇거나 그들을 따라 행동함. following the majority
종중론[從重論] 두 가지 이상의 죄가 한꺼번에 드러난 경우, 가장 무거운 죄에 따라 처벌하자는 주장. 준종중(從重). ↔종경론(從輕論).
종중산[宗中山] 한 문중의 조상을 모신 산. 또는 종중(宗中)이 공동으로 소유하는 산. 준종산(宗山). clan graveyard
종지[宗支] 한 종중(宗中)의 종파(宗派)와 지파(支派).
종지[宗旨] ①불교에서, 종문(宗門)의 중심되는 가르침. ②근본이 되는 중요한 뜻. しゅうし　main purport
종지[終止] ①마지막. 끝. ②음악에서, 악곡이 끝나는 부분. 「～부(符)」しゅうし　① end
종지[←鍾子] 간장이나 고추장

등을 담아 상에 놓는 작은 그릇. small bowl

종지부[終止符] 문장의 끝맺음을 나타내는 부호. 온점·고리점·물음표·느낌표 따위. 마침표. しゅうしふ period

종진[縱陣] 각 군함이 세로로 일직선이 되도록 늘어선 진형(陣形). ↔횡진(橫陣). じゅうじん column

종ː질[從姪] ① 사촌 형제의 아들. ② 남편의 사촌 형제의 아들. 오촌 조카. =당질(堂姪). son of a male cousin

종차[從此] 이로부터. =차후(此後). after this

종차[從次] 이 다음. 이 뒤. after this

종ː차[種差] 어떤 종(種)개념을 동일 유(類)개념에 속하는 다른 모든 종개념과 구별하는 표준이 되는 특성. 동물에 속하는 인간을 다른 동물들과 구별할 때 인간의 종차는 '이성적' 또는 '언어를 가진다' 따위가 됨. specific difference

종착[終着] 기차·전차·버스 따위가 어느 곳에 맨 마지막으로 도착함. 종점에 닿음. 「~역(驛)」 しゅうちゃく

종ː창[腫脹] 염증 따위로 말미암아 몸의 한 부분이나 조직이 부어오르는 일. しゅちょう swelling

종ː처[腫處] 부스럼이 난 자리.

종천지통[終天之痛] 이 세상이 다하도록 영원히 잊을 수 없는 슬픔이나 고통. immeasurable grief

종축[種畜] 씨를 받을 우량 품종의 가축. 씨짐승. しゅちく breeding stock

종축[縱軸] 직교 좌표(直交座標)에 있어서 세로로 잡은 좌표축. 세로축의 구용어. ↔횡축(橫軸). axis of ordinates

종축장[種畜場] 가축의 개량을 위하여 우수한 종축을 기르는 목장. =종축 목장(種畜牧場). しゅちくじょう breeding stock farm

종친[宗親] ① 임금의 친족. =종실(宗室). ② 동성 동본으로 유복친(有服親) 안에 들지 않는 일가붙이. 「~회(會)」 ① royal family ② clansmen

종통[宗統] 종가의 맏아들로 대를 이어오는 혈통. lineage of the eldest son

종파[宗派] ① 불교에서, 저마다 주장하는 교리에 따라 세운 갈래. ② 지파(支派)에 대한 종가(宗家)의 계통. ③ ⇨교파(敎派). しゅうは ② lineage of the head family

종파[種播] 논밭에 곡식의 씨앗을 뿌림. =낙종(落種)·파종(播種)·하종(下種). たねまき sowing

종파[縱波] ① 배가 가는 방향과 같은 방향으로 이는 파도. じゅうは ② 진행 방향이 매질(媒質)의 진동(振動) 방향에 평행인 파동. 음파 따위. ↔횡파(橫波). たてなみ longitudinal wave

종편[終篇] ① 시문(詩文)의 전편(全篇)을 짓거나 읽. =졸편(卒篇). ② 여러 편으로 된 책의 마지막 편.

종풍이미[從風而靡] 바람을 좇는다는 뜻으로, 대세에 휩쓸려 좇음의 비유. following the current

종피[種皮] 식물의 씨의 껍질. しゅひ testa

종하생[宗下生] 문중의 웃어른에게 자기를 낮추어 일컫는 말.

종합[綜合] 낱낱의 것을 한데 모아 합침. 「~ 병원(病院)」そうごう synthesis

종합 개발[綜合開發] 국가에서 종합적·계획적으로 실시하는 국토와 자원의 개발. そうごうかいはつ overall development

종합 경제[綜合經濟] 여러 경제 단위가 분업(分業)과 교환 따위의 관계를 맺으면서 일체가 되어 활동하는 전체로서의 경제 조직. そうごうけいざい

종합 과세[綜合課稅] 법인 또는 개인 납세자의 모든 소득을 종합하여 세금을 부과하는 방법. そうごうかぜい general taxation

종합 대학[綜合大學] 셋 이상의 단과 대학과 대학원으로 이루어진 대학. そうごうだいがく university

종합 비:평[綜合批評] 문예 작품에서 낱낱의 유수를 분석 대상으로 하지 않고 그 전체의 가치를 논하는 비평. そうごうひひょう synthetic criticism

종합 소:득세[綜合所得稅] 납세자의 각종 소득을 종합하여 매기는 조세. そうごうしょとくぜい composite income tax

종합 예:술[綜合藝術] 여러 가지 예술 요소를 종합하여 이루어지는 예술. 연극·영화 따위. そうごうげいじゅつ composite art

종합 잡지[綜合雜誌] 정치·경제·사회·예술 등 문화 전반을 대상으로 편집한 잡지. そうごうざっし general magazine

종합 주가 지수[綜合株價指數] 증권 시장에 상장된 전 종목의 주가 변동을 날마다 종합한 지표. そうごうかぶかしすう

종핵[種核] 씨앗의 알맹이. 다음 대의 식물이 될 배(胚)가 들어 있음.

종행[縱行] 세로로 된 행(行). ↔횡행(橫行). vertical line

종헌[終獻] 제사 때 세 번째, 곧 마지막으로 술잔을 올리는 일.

종:형[從兄] 사촌 형. じゅうけい elder cousin

종형[鐘形] 종처럼 생긴 형상. しょうけい

종:형제[從兄弟] 사촌 형제. じゅうきょうだい cousins

종환[從宦] 벼슬살이를 함. joining the government service

종회[宗會] 종중(宗中)의 일을 의논하기 위한, 일가붙이들의 모임. clan meeting

종횡[縱橫] ① 세로와 가로. ② 이리저리 거침없이 다님. 「~으로 활약하다」じゅうおう ① length and breadth

종횡 무애[縱橫無礙] ⇨종횡 무진(縱橫無盡).

종횡 무진[縱橫無盡] 아무런 거치적거림 없이 마음대로 움직임. =종횡 무애(縱橫無礙). じゅうおうむじん

종후[從厚] 어떤 일을 후한 쪽을 따라서 함.

좌:[左]* ① 왼 좌: 왼쪽. 「左手(좌수)·左右(좌우)·左向(좌향)·左道(좌도)·左記(좌기)·左翼(좌익)」 ② 낮출 좌: 낮추다. 내치다. 「左遷(좌천)」 ③ 증거 좌: 증거. 「證左(증좌)」 サ ① ひだり

좌:[佐]* 도울 좌: 돕다. 「補佐(보좌)·佐車(좌거)·佐命(좌명)·佐丞(좌승)」サ・たすける

좌:[坐]* 앉을 좌: 앉다. 「坐高(좌고)·坐立(좌립)·坐視(좌시)·坐席(좌석)·坐臥(좌와)·坐定(좌정)」ザ・すわる

좌:[座]* 자리 좌: 자리. 지위. 「座客(좌객)·座談(좌담)·座上(좌상)·座中(좌중)·座首(좌수)」ザ・すわる・とこ

좌:[挫] 꺾을 좌: 꺾다. 「挫折(좌절)·挫傷(좌상)·挫頓(좌돈)」ザ・くじく

좌-각[坐脚] 마음대로 쓰지 못하는 다리.

좌-객[坐客] 앉기는 하여도 서지 못하는 불구자. 앉은뱅이. cripple

좌:객[座客] 자리에 앉은 손. seated guest

좌:견천리[坐見千里] 앉아서 천리를 내다본다는 뜻으로, 먼 앞일이나 먼 데서 일어난 일을 잘 헤아림을 이르는 말.

좌:경[左傾] 좌익(左翼)의 경향을 띰. 또는 그 경향. ↔우경(右傾). さけい inclination to the left

좌:고[左顧] 왼편을 돌아봄. 「~우면(右眄)」さこ looking to the left

좌:고[坐高] 의자에 앉아 허리를 곧게 폈을 때, 엉덩이가 닿는 면에서 머리 끝까지의 길이. 앉은키. ざこう sitting height

좌:고[坐賈] 한곳에 자리를 잡고 하는 장사. 앉은장사. =좌상(坐商). ↔행고(行賈)·행상(行商)

좌:고[座鼓] 국악 타악기의 한 가지. 틀에 걸어 놓고 채로 치는 북. ↔건고(建鼓)

[좌고]

좌:고우:면[左顧右眄] 이쪽저쪽을 돌아본다는 뜻으로, 앞뒤를 재고 망설임을 이르는 말. =좌우고면(左右顧眄)·좌고우시(左顧右視). さこうべん irresolution

좌:골[坐骨] 골반을 이루는 좌우 한 쌍의 뼈. 궁둥이뼈의 아래 부위를 차지함. 「~ 신경통(神經痛)」ざこつ hucklebone

좌:골[挫骨] 뼈가 부러짐. 또는 부러진 뼈. ざこつ broken bone

좌:골 신경[坐骨神經] 다리의 운동과 감각을 맡은, 인체의 신경 중 가장 길고 굵은 신경. ざこつしんけい sciatic nerve

좌:군[左軍] 좌익군(左翼軍)의 준말. ↔우군(右軍)

좌:굴[坐屈] 스스로 찾아가야 할 것을 찾아가지 않고, 남이 찾아오게 함.

좌:금[座金] 볼트를 죌 때, 너트 밑에 끼우는 둥글고 얇은 금속판. 자릿쇠. =좌철(座鐵). ざがね washer

좌:기[左記] 세로쓰기에서, 본문의 왼쪽에 따로 적은 글귀. 「~와 같이…」さき following

좌:기[挫氣] 기세가 꺾임. 또는 기세를 꺾음. discouragement

좌:담[座談] 몇 사람이 모여 앉아 어떤 문제에 대하여 이야기를 나누는 일. 「~회(會)」ざだん conversation

좌:당[左黨] 좌익의 정당. ↔우당(右黨). さとう left wing

좌:도[左道] ① ⇨사도(邪道). さどう ② 조선 때, 경기·충

청·경상·전라·황해의 각도를 둘로 나눈 한쪽을 이르던 말. ↔우도(右道). 「충청(忠淸)~」

좌:돈[挫頓] 어떤 시도나 기세, 의지 따위가 꺾임. =좌절(挫折). frustration

좌:론[座論] ① 좌중(座中)의 의논. ざろん ② 탁상공론(卓上空論). desk argument

좌:립[坐立] 앉음과 섬. sitting and standing

좌:면지[座面紙] 제사지낼 때 제상(祭床)에 까는 유지(油紙).

좌:목[座目] 자리의 차례를 적은 목록. list of the order of seats

좌:무[左舞] 왼쪽에서 춤추는 사람. ↔우무(右舞).

좌:변[左邊] ① 왼편짝. ② 왼쪽의 가장자리. ③ 등식·부등식에서, 등호 또는 부등호의 왼쪽에 적은 수나 식. ↔우변(右邊). left side

좌:불안석[坐不安席] 불안하거나 걱정스러워 한 군데 오래 앉아 있지 못함. being unable to sit comfortably

좌:사우:고[左思右顧] 이리 생각하고 저리 헤아려 본다는 뜻으로, 이리저리 따져 보며 깊이 생각함을 이르는 말. =좌사우량(左思右量)·좌우사량(左右思量).

좌:상[左相] 좌의정(左議政)을 달리 부르는 말.

좌:상[坐商] 일정한 곳에 자리를 잡고 하는 장사. 앉은장사. =좌고(坐賈). ↔행상(行商)·행고(行賈). storekeeping

좌:상[坐像] 앉아 있는 모양의 그림이나 조각. ざぞう sedentary image

좌:상[座上] ① 여러 사람이 모여 앉은 자리. =좌중(座中)·석상(席上). ② 한자리에 모인 여러 사람 가운데서 가장 어른이 되는 사람. ざじょう ① the company ② elder in a company

좌:상[挫傷] ① 기운이 꺾이고 마음이 상함. ② 외부 상처가 없이 내부 조직이나 장기가 손상을 받은 상태. =좌창(挫創). ざしょう ① discouragement

좌:서[左書] ① 예서(隷書)를 달리 이르는 말. ② 왼손으로 글씨를 씀. ② lefthand writing

좌:석[座席] ① 앉는 자리. ② 여러 사람이 모인 자리. ざせき seat

좌:석미:난[座席未煖] 자리가 따뜻해질 사이가 없다는 뜻으로, 한 곳에 오래 살지 못하고 자주 옮겨다닌다는 말. frequent removals

좌:선[左旋] 왼쪽으로 돎. ↔우선(右旋). ざせん rotation to the left

좌:선[坐禪] 불교에서, 소송히 앉아서 하는 참선(參禪)의 수행. =연좌(宴坐). 준선(禪). ざぜん Zen meditation

좌:수[左手] 왼쪽 손. 왼손. ↔우수(右手). ひだりて lefthand

좌:수[坐收] 가만히 앉아서 이익을 거둠.

좌:수[坐睡] 앉아서 졺. ざすい

좌:수[座首] 조선 시대, 향청(鄕廳)의 우두머리. =아관(亞官).

좌:수사[左水使] 조선 시대, 좌수영(左水營)의 수군 절도사(水軍節度使).

좌:수 어인지공[坐收漁人之功] 도요새와 조개가 다투는 사이에 어부가 힘들이지 않고

좌:수영[左水營] 조선 시대, 경상도와 전라도에 두었던 수군 절도사의 영문(營門). 左水營

좌:수우:봉[左授右捧] 왼손으로 주고 오른손으로 받는다는 뜻으로, 당장에 그 자리에서 주고받음을 이르는 말. 左授右捧
exchanging on the spot

좌:수우:응[左酬右應] 이쪽 저쪽의 요구에 바쁘게 응함. 左酬右應

좌:시[坐市] 한 군데에 가게를 차려 놓고 물건을 파는 곳. 坐市
market

좌:시[坐視] 가만히 보고만 있음. =좌관(坐觀). ざし 坐視
looking on unconcernedly

좌:식[坐食] 일하지 않고 놀고 먹음. =와식(臥食). ざしょく 坐食
living idly

좌:식산공[坐食山空] 아무리 산같이 많은 재산이라도 놀고 먹으면 끝내는 아무것도 없게 된다는 말. 坐食山空

좌:심방[左心房] 폐정맥의 피를 받아 좌심실로 보내는 구실을 하는 심장의 한 부분. 심장의 왼쪽 윗부분에 있음. 左心房
left atrium

좌:심실[左心室] 좌심방에서 오는 피를 깨끗이 만들어 대동맥으로 보내는, 심장 안의 왼쪽 아랫부분. left ventricle 左心室

좌:안[左岸] 하류(下流)를 향하여 하천(河川)의 왼쪽 물가. ↔우안(右岸). さがん left bank 左岸

좌:약[坐藥] 질(膣)·항문(肛門)에 밀어 넣어 체온으로 녹인 후 작용하게 만든 약. ざやく 坐藥
suppository

좌:업[坐業] 앉아서 하는 일. 또는 그런 직업. =좌직(坐職). ざぎょう sedentary work 坐業/坐職

좌:열[左列] 왼편의 대열. ↔우열(右列). されつ left row 左列

좌:와[坐臥] 앉음과 누움. 곧, 기거(起居). 일상 생활. 「행주(行住)~」ざが sitting and lying 坐臥

좌:완[左腕] 왼쪽 팔. 왼팔. ↔우완(右腕). さわん・ひだりうで left arm 左腕

좌:왕우:왕[左往右往] 방향을 잡지 못하고 이리저리 왔다갔다 함. 갈팡질팡함. =우왕좌왕(右往左往). さおううおう running about in confusion 左往右往

좌:욕[坐褥] 깔고 앉는 네모난 작은 자리. =방석(方席). 坐褥
cushion

좌:욕[挫辱] 남에게 꺾이어 업신여김을 당함. =굴욕(屈辱). 挫辱
humiliation

좌:우[左右] ① 왼쪽과 오른쪽. ② 곁. 또는 곁에서 섬기는 사람. 「~를 물리치다」 ③ 좌지우지(左之右之)의 준말. 「학급 전체를 ~하다」 ④ 좌익과 우익, 좌파와 우파. さゆう ① right and left ② attendants ④ right and left wings 左右/左之右之

좌:우[座右] 좌석의 오른쪽. 곧, 곁. 「~명(銘)」ざゆう right side 座右

좌:우간[左右間] 어떻든 간에. 이렇든저렇든 간에. 어느 쪽이든. =양단간(兩端間). anyway 左右間

좌:우고면[左右顧眄] 이쪽 저쪽을 돌아다봄. 곧, 앞뒤를 재며 망설임. =좌고우면(左顧右眄). さゆうこべん 左右顧眄

좌:우기거[左右起居] 일상 생활의 일체의 동작. さゆうききょ daily behavior 左右起居

좌:우명[座右銘] 늘 곁에 적어 두고 일상의 경계로 삼는 격언(格言). ざゆう(の)めい motto

좌:우 상칭[左右相稱] 좌우의 각 부분이 서로 대칭을 이루는 일. 시머트리. さゆうそうしょう symmetry

좌:우익[左右翼] ①군진(軍陣)의 좌우에 벌여 있는 군대. ②좌익과 우익. 급진파(急進派)와 보수파(保守派). さゆうよく ① left and right wings of an army ② left and right wings

좌:우청촉[左右請囑] 수단을 다하여 여러 곳에 청탁함. =좌청우촉(左請右囑).

좌:우충돌[左右衝突] 이리저리 마구 치고 받고 함. =좌충우돌(左衝右突).

좌:우협공[左右挾攻] 적을 좌우 양쪽에서 죄어 들어가며 침.

좌:의자[坐椅子] 앉아서 기대는, 다리가 없는 의자. ざいす legless chair

좌:의정[左議政] 조선 시대 때, 의정부의 정일품 벼슬로, 영의정의 아래이며 우의정의 위인 자리.

좌:이대:사[坐而待死] 앉아서 죽음을 기다림. 곧, 이미 어찌 할 수 없는, 운명에 맡길 수밖에 없는 상황을 이르는 말. desperate condition

좌:익[左翼] ①왼쪽 날개. ②대열의 왼쪽. ③급진적인 정치 사상. 또는 그런 사상을 지닌 사람.「~세력(勢力)」 ④야구에서, 외야(外野)의 왼쪽. 레프트 필드. ↔우익(右翼). さよく ① left wing ② left ③ left-winger ④ left field

좌:익군[左翼軍] 중군의 왼쪽에 배치되어 있는 군사. ↔우익군(右翼軍). 준좌군(左軍).

좌:익수[左翼手] 야구에서, 좌익을 맡아서 지키는 선수. 레프트 필더. ↔우익수(右翼手). さよくしゅ left fielder

좌:장[坐杖] 노인이 앉아서 몸을 의지하는 'T'자 모양의 짧은 지팡이. short T-form stick

좌:장[坐贓] 관원이 백성에게서 턱없이 재물을 거두어들이던 일.

좌:장[座長] 여럿이 모인 자리에서 제일 어른이 되는 사람. =좌상(座上)·석장(席長). ざちょう president

좌:재[坐齋] 제사의 전날부터 재계(齋戒)하는 일.

좌:전[左前] 야구에서, 좌익수의 앞.「~안타」

좌:전[座前] 편지글의 끝이나 겉봉의 상대방 이름 뒤에 써서 경의(敬意)를 나타내는 말. =좌하(座下). ざぜん

좌:절[挫折] ①의지나 기운이 꺾임. 의기가 꺾임. ②계획 따위가 도중에 실패로 돌아감. =좌돈(挫頓). ざせつ ① discouragement ② breakdown

좌:정[坐定] '앉음'의 공대말. sitting

좌:정관천[坐井觀天] 우물 속에 앉아서 하늘을 봄. 곧, 견문(見聞)이 좁음을 이르는 말. =정중관천(井中觀天).

좌:종[坐鐘] 책상 따위에 올려 놓는 자명종(自鳴鐘). ↔괘종(掛鐘). table clock

좌:죄[坐罪] 죄(罪)를 받음. suffering punishment

좌:주[左註·左注] 본문 왼쪽에 단 주석(註釋). さちゅう

좌:중[座中] 여러 사람이 모인 자리. =좌상(座上)·석상(席

좌:중간[左中間] 야구에서, 좌익수와 중견수 사이.

좌:지[坐地・座地] ① 높은 지위. ② 나라를 통치하는 자리. ③ 자리잡고 사는 곳.

좌:지불천[坐之不遷] 한 곳에 눌러 앉아 옮기지 않음. sedentariness

좌:지우:지[左之右之] 무슨 일을 제 마음대로 하거나 남을 제 마음대로 다룸. 좌락펴락함. 준좌우(左右)・좌우지(左右之). taking the lead

좌:직[坐職] 앉아서 하는 일. =좌업(坐業). ざしょく sedentary work

좌:창[坐唱] 앉아서 부르는 창(唱). 앉은소리. sedentary singing

좌:창[挫創] ⇨좌상(挫傷).

좌:처[坐處] ① 앉은 자리. 앉을 자리. ② 거처를 정하고 사는 자리.

좌:천[左遷] 지금보다 낮은 자리로 전근(轉勤)이 됨. ↔영전(榮轉). させん demotion

좌:철[座鐵] 볼트를 죌 때, 너트 아래 끼우는 둥글고 얇은 쇠. 지릿쇠. 와셔.

좌:청우:촉[左請右囑] ⇨좌우청촉(左右請囑).

좌:초[坐礁] 배가 암초(暗礁)에 얹힘. ざしょう stranding

좌:충우:돌[左衝右突] ⇨좌우충돌(左右衝突).

좌:측[左側] 왼쪽. ↔우측(右側). 「~통행(通行)」 さそく・ひだりがわ left side

좌:파[左派] ① 좌익의 당파. ② 한 정당 안의 급진파. ↔우파(右派). さは
① left wing ② left faction

좌:판[坐板] 땅에 깔아 놓고 그 위에 앉는 널빤지.

좌:편[左便] 왼쪽. 왼쪽 편. ↔우편(右便). left side

좌:표[座標] 평면이나 공간 속의 어떤 점의 위치를 나타내기 위한 수치. 서로 직각으로 만나는 직선을 기준으로 하여 나타냄. ざひょう coordinates

좌:표축[座標軸] 좌표를 정할 때, 그 기준이 되는 직선. ざひょうじく axis of coordinates

좌:하[座下] 편지를 받을 사람의 이름 뒤에 써서 경의(敬意)를 나타내는 말. =좌전(座前). ざか

좌:향[坐向] 묏자리나 집터 따위의 앉은 방향. lay of a site

좌:현[左舷] 고물에서 이물을 향해 왼쪽의 뱃전. ↔우현(右舷). さげん port

좌:회전[左回轉] 왼쪽으로 돎. ↔우회전(右回轉). turning left

좌:흥[座興] 술자리 따위에서 흥을 돋우기 위한, 노래 따위의 간단한 연예(演藝). ざきょう amusement

죄:[罪]* 허물 죄: 허물. 죄. 「罪人(죄인)・罪責(죄책)・罪惡(죄악)・罪囚(죄수)・功罪(공죄)・原罪(원죄)・重罪(중죄)」 ザイ・つみ

죄:과[罪科] ① 죄. 죄악. ② 죄를 저지른 데 대하여 과해지는 형벌(刑罰). ざいか
② punishment

죄:과[罪過] 법률・도덕에 위반되는 행위. =죄고(罪辜)・죄구(罪咎). ざいか offense

죄:괴[罪魁] 범죄의 장본인(張本人). 범죄자의 우두머리. ざいかい ringleader

죄:근[罪根] ① 죄를 짓게 된 원

인. 죄악의 근원. ②불교에서, 모든 죄악을 심는 근본으로, 무명 번뇌(無明煩惱)라고도 함. ざいこん ① motive of a crime

죄:루[罪累] ①죄를 거듭 짓는 일. ②죄를 지어 몸을 더럽힘. ざいるい　罪累

죄:만[罪萬] 죄송만만(罪悚萬萬)의 준말.　罪萬

죄:명[罪名] 죄의 이름. =죄목(罪目). ざいめい　罪名
name of a crime

죄:목[罪目] ⇨죄명(罪名).　罪目

죄:민[罪悶] 죄스럽고 민망함.　罪悶
being very sorry

죄:벌[罪罰] 죄에 대한 형벌. =죄책(罪責). ざいばつ　罪罰
punishment of crime

죄:범[罪犯] 죄(罪). 또는 범인(犯人). ざいはん　罪犯
crime

죄:보[罪報] 죄업(罪業)에 대한 응보(應報). ざいほう　罪報
retribution

죄:상[罪狀] 범죄의 구체적인 사실. ざいじょう　罪狀
crime

죄:송[罪悚] 죄스럽고 황송함. 「~만만(萬萬)」　罪悚

죄:송만:만[罪悚萬萬] 말할 수 없이 죄송함. ⓒ죄만(罪萬).　罪悚萬萬

죄:수[罪囚] 교도소에 갇힌 죄인. =수인(囚人). ざいしゅう　罪囚
prisoner

죄:악[罪惡] ①죄(罪)가 될 만한 나쁜 행위. ②도덕이나 종교의 가르침을 어기는 행위. ざいあく　罪惡
① crime ② sin

죄:악시[罪惡視] 죄악으로 여김. being regarded as crime　罪惡視

죄:안[罪案] 범죄 사실의 기록. ざいあん　罪案
criminal record

죄:업[罪業] 불교에서, 나쁜 결과를 가져오는 행위. 신(身)·구(口)·의(意)의 삼업(三業)　罪業
으로 짓는 죄. ざいごう　sin

죄:역[罪逆] 상리(常理)를 어긴 큰 죄. ざいぎゃく treason　罪逆

죄:옥[罪獄] 범죄를 다스려 형벌을 주는 일. ざいごく　罪獄

죄:인[罪人] 죄를 지은 사람. 유죄가 확정된 사람. ざいにん·つみびと criminal　罪人

죄:적[罪跡·罪迹] 범죄의 증거가 되는 흔적. 「~을 감추다」 ざいせき　罪跡
evidence of a crime

죄:적[罪籍] 죄인의 이름이나 죄명을 기록한 장부(帳簿). ざいせき　罪籍

죄:제[罪弟] 부모의 상중(喪中)인 사람이 그 벗에게 보내는 편지에 쓰는 자칭(自稱).　罪弟

죄.종[罪宗] 가톨릭에서, 모든 죄악의 근원을 이르는 말.　罪宗
origin of sin

죄:중벌경[罪重罰輕] 죄는 무거운 데 비해 벌은 가벼움.　罪重罰輕

죄:질[罪質] 범죄의 성질. ざいしつ　罪質
nature of crime

죄:책[罪責] 범죄의 책임. ざいせき　罪責
liability for a crime

죄:칩[罪蟄] 부모의 상중(喪中)에 있음. being in mourning for one's parents　罪蟄

죄:형[罪刑] 범죄와 형벌. ざいけい　罪刑
crime and punishment

죄:화[罪禍] 죄. 잘못. ざいか　罪禍

주[主]* ①주인 주: 주인. 주체. 「主人(주인)·主客(주객)·家主(가주)·船主(선주)·車主(차주)·主動(주동)·主觀(주관)·主導(주도)·主掌(주장)」 ②임금 주: 임금. 「主君(주군)·主命(주명)·君主(군주)」 シュ·ス·おも ①ぬし·あるじ　主人 船主

주[州]☆ 고을 주: 고을. 마을. 섬. 「州里(주리)·州郡(주군)·　州郡

주[朱]* 붉을 주：붉다.「朱口(주구)·朱丹(주단)·朱裳(주상)·朱書(주서)·朱色(주색)」シュ

주[舟]☆ 배 주：배.「舟師(주사)·舟橋(주교)·舟筏(주벌)·舟戰(주전)·漁舟(어주)」シュウ·ふね

주:[住]* 살 주：살다. 머무르다.「居住(거주)·住所(주소)·住民(주민)·常住(상주)·永住(영주)·移住(이주)·安住(안주)」ジュウ·すむ

주[肘] 팔꿈치 주：팔꿈치.「肘臂(주비)·肘腋(주액)·掣肘(철주)」チュウ·ひじ

주:[走]* 달릴 주：달리다.「走力(주력)·競走(경주)·走行(주행)·走馬看山(주마간산)·走馬燈(주마등)」ソウ·はしる

주[侏] ①난쟁이 주：난쟁이. 광대.「侏儒(주유)」②무도할 주：인도에 어긋나다. 어리석다.「侏張(주장)」シュ

주[周]☆ ①두루 주：두루. 널리.「周知(주지)·周遊(주유)」②둘레 주：둘레.「周邊(주변)·周全(주전)·周圍(주위)·一周(일주)·圓周(원주)」シュウ ②まわり

주:[呪] 저주할 주：저주하다. 방자하다.「咀呪(저주)·呪誦(주송)·呪術(주술)·呪文(주문)」ジュ·のろう·まじなう

주[宙]* 집 주：집. 하늘.「宇宙(우주)·宙合(주합)」チュウ

주:[注]* ①물 댈 주：물을 대다.「注水(주수)·注油(주유)」②풀이할 주：풀이하다.「脚注(각주)·注解(주해)」③뜻 둘 주：뜻을 두다.「注力(주력)·注意(주의)·傾注(경주)」チュウ ①③そそぐ

주[冑] 투구 주：투구.「甲冑(갑주)」チュウ·かぶと

주:[奏] ①아뢸 주：아뢰다.「奏書(주서)·奏聞(주문)·上奏(상주)·奏薦(주천)」②풍류 주：풍류. 연주하다.「演奏(연주)·奏樂(주악)·獨奏(독주)·前奏(전주)」ソウ ②かなでる

주[柱]☆ 기둥 주：기둥.「柱石(주석)·柱礎(주초)·圓柱(원주)·電柱(전주)·石柱(석주)·支柱(지주)」チュウ·はしら

주[洲]☆ ①섬 주：섬. 물가.「三角洲(삼각주)·砂洲(사주)·洲島(주도)·洲嶼(주서)」②대륙 주：대륙.「歐洲(구주)·大洋洲(대양주)·美洲(미주)」ス·シュウ

주[紂] 주 임금 주：은나라의 마지막 임금.「桀紂(걸주)」チュウ

주[株]☆ ①그루 주：그루.「根株(근주)·守株(수주)」②주식 주：주식.「株券(주권)·株價(주가)·株式(주식)」シュ·かぶ

주[珠] ①구슬 주：구슬.「珠玉(주옥)·珠瓔(주영)」②진주 주：진주.「眞珠(진주)·珠貝(주패)」シュ·ジュ ①たま

주[酎] 진한 술 주：진한 술.「燒酎(소주)」チュウ

주[酒]* 술 주：술.「淸酒(청주)·藥酒(약주)·酒客(주객)·酒精(주정)·酒肴(주효)」シュ·さけ

주:[做] 지을 주：짓다.「做工(주공)·做作(주작)·做出(주출)·做事(주사)·看做(간주)」サ

주[晝]* 낮 주：낮.「晝夜(주야)·晝間(주간)·白晝(백주)」

書食(주식)」チュウ・ひる

주[紬] 명주 주: 명주. 「紬緞(주단)·紬亢羅(주항라)·紬績(주적)」チュウ・つむぎ

주[蛛] 거미 주: 거미. 「蛛網(주망)·蛛絲(주사)·蜘蛛(지주)」チュ・シュ

주:[註] 풀이할 주: 풀이하다. 「註解(주해)·註釋(주석)·註脚(주각)·註明(주명)」チュウ

주[週] 일주 주: 일주일. 「一週(일주)·週間(주간)·週刊(주간)·週給(주급)·今週(금주)·隔週(격주)」② 두를 주: 두르다. 돌다. 「週期(주기)·週年(주년)」シュウ

주:[誅] ① 벨 주: 베다. 자르다 「誅滅(주멸)·誅殺(주살)」② 꾸짖을 주: 꾸짖다. 「誅責(주책)·誅罰(주벌)·筆誅(필주)」チュウ

주:[嗾] 부추길 주: 부추기다. 「使嗾(사주)·嗾囑(주촉)」ソウ・けしかける

주:[綢] ① 얽을 주: 얽다. 동이다. 「綢繆(주무)」② 빽빽할 주: 빽빽하다. 촘촘하다. 「綢密(주밀)」③ 비단 주: 비단. 「綢緞(주단)」チュウ

주[廚] 부엌 주: 부엌. 「廚房(주방)·廚間(주간)·廚人(주인)·廚傳(주전)」チュウ・くりや

주:[駐] 머무를 주: 머무르다. 「駐在(주재)·駐車(주차)·駐留(주류)·駐屯(주둔)」チュウ

주[輳] 모일 주: 모이다. 바퀴살이 바퀴통으로 모이다. 「輻輳(폭주)」ソウ

주[疇] ① 밭두둑 주: 밭두둑. 밭. 「疇壟(주롱)·田疇(전주)」② 무리 주: 무리. 「疇輩(주배)·範疇(범주)」③ 지난번 주:

지난번. 접때. 「疇日(주일)」チュウ

주:[籌] ① 산가지 주: 산가지. 「箭籌(전주)」② 헤아릴 주: 헤아리다. 「籌板(주판)·籌算(주산)」③ 계획 주: 계획하다. 계책. 「籌略(주략)·籌策(주책)·籌備(주비)」チュウ

주[躊] 머뭇거릴 주: 머뭇거리다. 「躊躇(주저)」チュウ

주:[鑄] 주조할 주: 주조하다. 「鑄金(주금)·鑄工(주공)·鑄物(주물)·鑄造(주조)」チュウ・いる

주가[酒家] 술을 파는 집. 술집. =주점(酒店). しゅか wineshop

주가[酒價] 술의 가격. 술값. drink charge

주가[株價] 주식(株式)의 가격. かぶか price of a stock

주:각[註脚·注脚] 본문(本文) 사이에 두 행으로 끼워 넣은 주석(註釋). 주로 한문에서 쓰임. ちゅうきゃく footnote

주간[主幹] 어떤 일을 주장하여 처리함. 또는 그 사람. しゅかん chief manager

주간[晝間] 낮 동안. 낮. ↔야간(夜間). ちゅうかん・ひるま daytime

주간[週刊] 한 주일에 한 번씩 정기적으로 발행하는 출판물. 「~지(誌)」しゅうかん weekly publication

주간[週間] ① 한 주일 동안. ② 어떤 행사를 위해 정한 7일간. 「불조심 강조(强調) ~」しゅうかん ① a week

주갈[酒渴] 한방에서, 술의 중독으로 말미암아 언제나 갈증을 느끼는 병.

주갑[周甲] 나이 예순 살을 가리키는 말. =환갑(還甲)·회

주강[晝講] 조선 시대 때, 오시(午時)에 행하던 법강(法講)의 하나.

주:강[鑄鋼] 평로(平爐) 따위에서 녹여 거푸집에 부어서 주조하는 강철. ちゅうこう cast steel

주개[廚芥] 부엌에서 나오는 쓰레기. ちゅうかい garbage

주객[主客] ① 주인과 손님. ② 주체(主體)와 객체(客體). 「~전도(顚倒)」 しゅかく・しゅきゃく ① host and guest

주객[酒客] ① 술집에서 술을 마시고 있는 사람. ② 술을 좋아하는 사람. 술꾼. しゅかく ① drinker ② thirsty soul

주객전:도[主客顚倒] 사물의 중하고 가벼움과, 먼저 할 것과 뒤에 할 것, 급한 것과 그렇지 않은 것의 순서가 뒤바뀜. しゅかくてんとう putting the cart before the horse

주:거[住居] 사람이 사는 집. 「~침입(侵入)」 じゅうきょ・すまい dwelling

주격[主格] 문법에서 주어(主語)를 나타내는 격(格). しゅかく nominative case

주견[主見] 자주적(自主的)인 의견. one's own opinion

주:경[駐京] 지방의 공무원 등이 임무를 띠고 서울에 와서 머물러 있음.

주경야:독[晝耕夜讀] 낮에는 밭을 갈고 밤에는 책을 읽는다는 뜻으로, 바쁜 틈을 타서 어렵게 공부함을 이름. farming by day and studying by night

주계[酒戒] 음주의 경계(警戒). 술을 마실 때 조심할 일. しゅかい

주고야:비[晝高夜卑] 화투나 골패 따위에서 선(先)을 결정할 때, 각각 패를 떼어서 낮에는 끗수가 높은 사람이, 밤에는 끗수가 낮은 사람이 선을 하는 일.

주곡[主穀] 주식(主食)으로 쓰이는 곡식. 쌀·보리·밀 따위. しゅこく staple cereals

주곡식[主穀式] 주곡의 생산을 목적으로 하는 영농(營農)의 방식. =곡물식(穀物式). しゅこくしき

주공[主公] ① 임금. ② 주인(主人)을 높이어 이르는 말. しゅこう ② master

주:공[奏功] 공(功)을 이룸. 일이 이루어짐. そうこう fruition

주:공[做工] 공부나 일을 힘써 함. working hard

주:공[鑄工] 쇠를 녹여서 철물을 만드는 직공. =주물공(鑄物工). caster

주과[酒果] 주과포혜(酒果脯醯)의 준말.

주과포[酒果脯] 주과포혜(酒果脯醯)의 준말.

주과포혜[酒果脯醯] 술·과일·포·식혜로 간단하게 차린 제물(祭物). 춘주과(酒果)·주포(酒脯).

주관[主管] 주장이 되어 일을 맡아봄. しゅかん supervision

주관[主觀] ① 외계(外界)에 대하여 지각(知覺)하고 의식하는 주체. 또는 그 의식의 내용. ② 자기 중심의 생각. ↔객관(客觀). 「~의 차이(差異)」 しゅかん subject

주관적[主觀的] ① 주관에 의한 가치를 으뜸으로 여기는 것.

② 자기 중심의 생각에 치우치는 것. ↔객관적(客觀的). しゅかんてき　subjective

주광[酒狂] 술주정이 심함. 또는 그 사람. =주란(酒亂)·주망(酒妄). しゅきょう·さかぐるい　drunken madness

주:광성[走光性] 빛이 자극이 되어 일어나는 생물의 주성(走性). =추광성(趨光性). そうこうせい　phototaxis

주교[主敎] 가톨릭에서, 그 교구(敎區)를 관할하는 교직. しゅきょう　bishop

주교[舟橋] 배를 잇대어 띄워 놓고 그 위에 널판지를 걸쳐 놓은 다리. 배다리. =선교(船橋). しゅうきょう·ふなばし　pontoon bridge

주구[主構] ① 주가 되는 귀틀. ② 다리의 구조에서 가장 중요한 구실을 하는 귀틀.　main framework

주:구[走狗] ① 사냥할 때 부리는 개. ② 남의 앞잡이 노릇을 하는 사람을 낮보아 이르는 말. そうく　① hound ② cat's-paw

주구[酒具] 술 마시는 데 쓰는 여러 가지 그릇. =주기(酒器).　vessel for drinking wine

주:구[誅求] 권력자가 백성에게서 재물을 강제로 빼앗음. 「가렴(苛斂)~」ちゅうきゅう　extortion

주군[主君] 임금. =군주(君主). しゅくん　lord

주군[州郡] 주(州)와 군(郡).

주:군[駐軍] 군대가 주둔(駐屯)함. 또는 주둔하여 있는 군대. =주병(駐兵).　stationary troops

주궁패:궐[珠宮貝闕] 금은 보배로 아름답게 꾸민 궁궐.

주권[主權] 국가를 통치하는 최고·독립·절대의 권력. 「~재민(在民)」しゅけん　sovereignty

주권[株券] 주주(株主)가 자본금을 출자(出資)했음을 증명하는 유가 증권(有價證券). =주식(株式). かぶけん　stock certificate

주권국[主權國] 주권을 완전히 행사할 수 있는 독립국. しゅけんこく　sovereign nation

주권재:민[主權在民] 나라의 주권이 국민에게 있음. しゅけんざいみん　sovereignty rests with the people

주극성[週極星] 양극(兩極) 가까이 있는 별로서 지평선 아래로 내려가는 일이 없는 별. しゅうきょくせい(周極星)　circumpolar star

주근[主根] 식물의 배(胚)의 유근(幼根)이 자라서, 땅 속으로 곧게 뻗어 주축이 된 뿌리. 원뿌리. =정근(定根). しゅこん　main root

주근[主筋] 철근 콘크리트 축조물의 기둥·들보 따위에 실이의 방향으로 넣는 철근(鐵筋).　main bars

주근[柱根] ① 건물에서, 기둥의 밑부분. 기둥뿌리. ② 식물의 줄기에서 나와 땅 속으로 뻗어 들어가, 원줄기를 버티는 부정근(不定根). =지주근(支柱根). ちゅうこん　① base of a column

주근[晝勤] 낮에 근무함. =일근(日勤). ↔야근(夜勤).

주:금[走禽] 주금류에 딸린 새. 타조(駝鳥) 따위. そうきん

주금[株金] 주식(株式)에 대한 출자금(出資金). capital stock

주금[酒禁] 술을 빚거나 팔지 못하게 법으로 금함. liquor prohibition

주:금[鑄金] 쇠를 녹여 거푸집에 부어 기물을 만듦. ちゅうきん・しゅうきん casting

주:금류[走禽類] 조류의 한 분류. 몸은 크나 날개가 불완전하여 날지 못하고, 그 대신에 다리가 발달하여 달리는 데 적합함. そうきんるい cursorial birds

주급[週給] 한 주일을 단위로 해서 치러 주는 급료. しゅうきゅう weekly pay

주:기[走技] 달리는 경기. 달리기.

주기[周忌・週忌] 사람이 죽은 후에 해마다 돌아오는 그 죽은 날. しゅうき memorial day of sb's death

주기[周期] 한 바퀴 도는 기간. しゅうき cycle

주기[酒氣] 술을 마셔서 취한 기운. 술기운. =취기(醉氣). しゅき smell of wine

주기[酒器] 술을 마시는 데 쓰이는 온갖 그릇. =주구(酒具). しゅき

주기[週期] ①한 바퀴 도는 시기. ②똑같은 현상이 일정한 시간마다 똑같이 되풀이될 때, 이 일정한 시간을 이르는 말. しゅうき cycle

주기도문[主祈禱文] 예수가 모범으로서 그 제자들에게 가르친 기도문. Lord's Prayer

주:기성[走氣性] 산소(酸素)에 대한 생물의 주성(走性). =추기성(趣氣性). そうきせい aerotaxis

주기율[週期律] 원소의 성질은 그 원자량의 크기에 따라 주기적으로 변한다는 법칙. 원소 주기율(元素週期律). しゅうきりつ law of periodicity

주낭반대[酒囊飯袋] 술 주머니와 밥 주머니. 곧, 술이나 밥을 많이 먹을 뿐, 헛되이 세월을 보내는 사람을 비웃는 말. =주대반낭(酒袋飯囊). しゅのうはんたい

주년[周年・週年] 1년을 단위로 하여 해마다 돌아오는 돌. 「삼(三)~」しゅうねん anniversary

주년작[週年作] 같은 땅에 같은 작물을 1년에 몇 번씩 심어서 수확하는 농사법. しゅうねんさく

주뇌[主腦] 주요(主要)한 부분. しゅのう head

주니어[junior] ①연소자(年少者). ②하급생. ジュニア

주단[朱丹] 곱고 붉은 색. vermilion

주단[柱單] 사주 단자(四柱單子)의 준말.

주단[紬緞] 명주(明紬)와 비단(緋緞). silks and satins

주:단[綢緞] 품질이 썩 좋은 비단.

주단야:상[晝短夜長] 낮은 짧고 밤은 긺. 동지(冬至) 무렵을 이르는 말. ↔주장야단(晝長夜短).

주:달[奏達] 임금에게 아룀. =주품(奏稟)・주어(奏御)・주문(奏聞). reporting to the throne

주담[酒談] 술김에 지껄이는 객쩍은 말.

주당[周堂] 혼인 때 꺼리는 귀신.

주당[酒黨] 술을 좋아하고 많이 마시는 무리. 술꾼. =주도(酒徒). drinker

주대[主隊] 주력(主力)이 되는 부대. 또는 주력이 되는 함대. main body

주대반낭[酒袋飯囊] ⇨주낭반대(酒囊飯袋).

주덕[主德] 여러 가지 덕(德) 가운데 가장 으뜸이 되는 덕. =원덕(元德). しゅとく cardinal virtue

주덕[酒德] ① 술의 공덕(功德). ② 술에 취하고서도 정신을 바르게 가지는 버릇. ① virtue of wine ② drinking manner

주도[主都] 중심 도시. 대도시. しゅと principal city

주도[主導] 주장이 되어 이끌어 감. 「~권(權)」 しゅどう leading

주도[周到] 주의(注意)가 두루 미쳐 빈틈이 없음. 「용의(用意)~」 しゅうとう carefulness

주도[酒徒] ⇨주당(酒黨).

주도[酒道] 술을 마시는 자리에서 지켜야 할 도리. drinking manner

주:독[走讀] 책을 빨리 건성으로 읽음. ↔정독(精讀).

주독[酒毒] 술의 중독으로 얼굴에 붉은 반점이 생기는 증세. しゅどく alcoholic poisoning

주동[主動] 어떤 일에서 주장이 되어 행동함. 또는 그 사람. 「~자(者)」 しゅどう leadership

주두[柱頭] ① 기둥의 윗부분. ② 암꽃술 끝의 꽃가루가 묻는 끈적끈적한 부분. 암술머리. ちゅうとう ② stigma

주:둔[駐屯] 군대가 어떤 지역에 머물러 있음. 「~군(軍)」 ちゅうとん stationing

주:둔군[駐屯軍] 어느 지역에 주둔하고 있는 군대. ちゅうとんぐん stationary troops

주등[酒燈] 지난날, 술집 문간에 달던 지등롱(紙燈籠).

주라[朱螺] 붉은 칠을 한 소라 껍데기로 만든 대각(大角).

주란[朱欄] 붉은 칠을 한 난간. 「~화각(畫閣)」 しゅらん

주란[酒亂] ⇨주광(酒狂).

주란화:각[朱欄畫閣] 단청을 곱게 하여 아름답게 꾸민 누각. =주루화각(朱樓畫閣). しゅらんがかく

주람[周覽] 두루 다니며 관람함. しゅうらん tour of inspection

주랑[柱廊] 지붕을 받치는 기둥만 나란히 서 있고 벽이 없는 복도. ちゅうろう colonnade

주량[酒量] 술을 마시고 견디어 낼 만한 정도의 분량. =수호(酒戶). しゅりょう drinking capacity

주력[主力] 중심이 되는 세력. 「~부대(部隊)」 しゅりょく main body

주:력[走力] 닫는 힘. 달리는 힘.

주:력[注力] 힘을 기울임. 힘씀. exertion

주:력[呪力] 미개인 사회에서 주술(呪術) 및 원시 종교의 기초를 이루는 초자연적이며 비인격적인 힘의 관념. 주술(呪術)의 힘. じゅりょく magical power

주력[周歷] 두루 돌아다님. しゅうれき

주력[酒力] ① 술김에 내는 힘. ② 사람을 취하게 하는 술의 힘. ① Dutch courage

주력함[主力艦] 군함 중에서 가장 큰 위력을 가진 전함. しゅりょくかん capital ship

주련[柱聯] 기둥이나 벽에 써 붙이는 시(詩)의 연구(聯句) 따위.

=영련(楹聯). ちゅうれん

주련[株連] 죄인과 관련됨. implication

주련경[柱聯鏡] 기둥에 거는 좁고 긴 거울. narrow mirror hung on a pillar

주렴[珠簾] 주옥(珠玉)으로 장식한 발. =주박(珠箔)·옥렴(玉簾). しゅれん·たますだれ bead curtain

주령[主領] 우두머리가 되는 사람. =수령(首領). しゅりょう leader

주령[主嶺] 잇달아 있는 고개 중에서 가장 높은 고개.

주령[酒令] 여럿이 술을 마실 때, 그 마시는 방식을 약속한 규칙. rule of drink

주례[主禮] 예식을 주장하여 진행하는 사람. 「~사(辭)」 officiator

주로[舟路] 배로 통하는 길. =선로(船路). しゅうろ sea route

주:로[走路] ①도망치는 길. ②경주할 때 달리게 된 일정한 코스. そうろ ②track

주로[酒壚] 선술집에서 잔을 벌여 놓는 좁고 긴 상. =목로(木壚). bar

주루[酒樓] 술집. 요릿집. =주사(酒肆). しゅろう bar

주루화:각[朱樓畫閣] ⇒주란화각(朱欄畫閣).

주류[主流] ①하천의 원줄기. =본류(本流). ↔지류(支流). ②사상 따위의 지배적인 경향. ③조직·단체 안의 중심이 되는 파. 「~파(派)」 しゅりゅう mainstream

주류[周流] ①둘러 흐름. ②두루 돌아다님. =편력(遍歷). しゅうりゅう ②pilgrimage

주류[酒類] 술의 종류. 「~판매업(販賣業)」 しゅるい liquors 販賣業

주:류[駐留] 군대가 어떤 곳에 머물러 있음. 「~군(軍)」 ちゅうりゅう stationing

주:륙[誅戮] 죄인이나 악인(惡人)을 죽임. ちゅうりく death punishment

주:마[走馬] 말을 타고 달림. 또는 달리는 말. 「~가편(加鞭)」 running horse

주:마가편[走馬加鞭] 닫는 말에 채찍질을 함. 곧, 부지런히 노력하는 사람을 더욱 격려한다는 말. encouragement

주:마간산[走馬看山] 닫는 말 위에서 산천을 구경함. 곧, 대강대강 보고 지나침을 이르는 말. giving a hurried glance

주:마등[走馬燈] ①이중으로 된 등롱의 안쪽 틀이 돌아감에 따라, 바깥쪽 틀에 비치는 그림이 돌아가는 것처럼 보이게 만든 등롱. ②사물이 빨리 변함의 비유. そうまとう ①revolving lantern

주막[酒幕] 시골의 길가에서 술과 밥을 팔고 손님을 재우기도 하는 집. tavern

주말[週末] 한 주일의 끝. 곧, 토요일. 또는 토요일에서 일요일까지를 이름. ↔주초(週初). 「~여행(旅行)」 しゅうまつ weekend

주망[蛛網] 거미집. 거미줄. spider's web

주매[酒媒] 밀을 갈아 반죽해서 띄운, 술을 빚을 때 넣는 재료. 누룩. malt

주맥[主脈] ①산맥이나 광맥(鑛脈)의 주가 되는 맥. ②잎의 한가운데로 뻗은 제일 굵은 엽맥(葉脈). しゅみゃく ①main range ②costa

주맹[晝盲] 밝은 곳에서보다 좀 어두운 곳에서 더 잘 보이는 눈. 또는 그런 눈을 가진 사람. ↔야맹(夜盲).

주:면[奏免] 임금에게 상주(上奏)하여 벼슬을 뗌.

주면[柱面] 결정축(結晶軸) 가운데의 하나에 평행(平行)하고, 다른 두 축의 한쪽이나 양쪽과 만나는 결정면(結晶面). ちゅうめん

주:멸[誅滅] 죄가 있는 사람을 죽여 없애 버림. ちゅうめつ extermination as a penalty

주명[主命] ①임금의 명령. =군명(君命)·왕명(王命). ②주인의 분부. ③가톨릭에서, 천주(天主)의 명령. しゅめい ① king's order ② master's command

주:명곡[奏鳴曲] 기악곡의 한 형식. 보통 네 악장(樂章)으로 이루어짐. 소나타. そうめいきょく sonata

주무[主母] 집안의 살림을 도맡아 처리하는 부인. =주부(主婦). しゅぼ housewife

주모[主謀] 주장하여 일을 꾸미거나 계교를 부림. 「~자(者)」 しゅぼう heading a conspiracy

주모[酒母] ①누룩을 섞어 버무린 지에밥. 술밑. しゅぼ ②술청에서 술을 파는 여자. ① admixture of malt and steamed rice ② hostess of an inn

주:목[注目] 눈여겨 자세히 살펴 봄. ちゅうもく attention

주목적[主目的] 주가 되는 목적. しゅもくてき main purpose

주무[主務] 주장이 되어 그 일을 맡음. 또는 그 사람. 「~장관(長官)」 しゅむ chief control of an affair

주:무[綢繆] ①단단히 얽어맴. ②심오(深奧)함. ちゅうびゅう

주무자[主務者] 어떠한 사무를 주관하는 책임자. supervisor

주묵[朱墨] 주서(朱書)할 때 쓰는 붉은 빛깔의 먹. しゅずみ

주문[主文] ①문장에서 주요한 부분. ②판결문의 판결 내용을 적은 부분. しゅぶん ① main clause ② text of a judgment

주문[朱門] ①붉은 칠을 한 대문. ②지위가 높은 벼슬아치의 집. しゅもん

주:문[呪文] 음양가(陰陽家)나 술가(術家)가 술법을 행할 때 외는 글귀. じゅもん spell

주:문[注文] 물건을 만들거나 보내 달라고 청구함. ちゅうもん order

주:문[奏聞] 임금에게 아룀. =주달(奏達)·주품(奏稟). そうもん reporting to the throne

주물[主物] 독립해서 효용이 있으며 종물(從物)이 딸려 있는 물체. 문짝에 대한 집 따위. ↔종물(從物). しゅぶつ principal thing

주:물[呪物] 미개인 사이에서 주술적(呪術的)인 효험이 있는 것으로 여기는 물건. 「~숭배(崇拜)」 じゅぶつ fetish

주:물[鑄物] 쇠붙이를 녹여 일정한 거푸집에 부어서 만든 물건. いもの casting

주물상[晝物床] 귀한 손님을 대접할 때에 먼저 내오는 다담상(茶啖床).

주:미[駐美] 미국에 주재함. 「~대사(大使)」 ちゅうべい(駐米) residing in America

주:미[麈尾] 말총 같은 것으로 만든 먼지털이. 총채. =불자

(拂子).　　dusting brush

주:민[住民] 일정한 지역 안에 거주하고 있는 사람.「～등록(登錄)」じゅうみん　inhabitants

주:민등록[住民登錄] 시·읍·면·동의 사무소에 주민의 거주 관계를 등록하는 제도. じゅうみんとうろく　resident registration

주밀[周密] 빈틈이 없이 매우 찬찬함. しゅうみつ cautiousness

주박[酒粕] 술을 거르고 남은 찌꺼기. 지게미. さけかす·さかかす　lees

주반[酒飯] ①술과 밥. =주식(酒食) しゅはん ②술을 담그는 지에밥. 술밥.
① wine and rice ② steamed rice for brewing rice wine

주반[酒盤] 술과 안주를 차려 내는 데 쓰는 소반이나 예반.

주발[周鉢] 놋쇠로 만든, 위가 약간 벌어지고 뚜껑이 있는 밥그릇.　　brass bowl

〔주발〕

주방[廚房] 음식을 만드는 방. 부엌. ちゅうぼう　kitchen

주배[酒杯] 술을 따라 마시는 잔. 술잔. しゅはい wine glass

주:배[做坏] 도자기의 몸을 만드는 일. =성배(成坏)

주번[主番] 공무도 관할하는 곳을 돌아보는 일 또는 그 사람. person on duty

주번[週番] 한 주일씩 바꿔 가며 보는 당번. しゅうばん weekly duty

주:벌[誅伐] 죄가 있는 자를 무찌름. ちゅうばつ
punitive expedition

주:벌[誅罰] 죄인을 꾸짖어 벌을 줌. ちゅうばつ punishment

주범[主犯] 범죄에서 주동이 된 인물. =정범(正犯). ↔종범(從犯). しゅはん
principal offender

주:법[走法] 육상 경기에서, 달리는 방법. そうほう
form of running

주:법[奏法] 연주법(演奏法)의 준말.

주벽[主壁] ①방문에서 정면으로 보이는 벽. ②여러 사람이 양쪽으로 벌여 앉은 한가운데의 자리. 또는 그 자리에 앉은 사람. ③사당의 여러 위패 중 으뜸이 되는 위패(位牌).
① front wall of a room

주벽[酒癖] 술을 마신 뒤에 나타나는 버릇. =주성(酒性). さけぐせ·さけぐせ·しゅへき
drinking habits

주변[周邊] 어떤 물건이나 지역의 언저리. =주위(周圍). しゅうへん　circumference

주변 세:포[周邊細胞] ⇨공변세포(孔邊細胞). しゅうへんさいぼう

주병[州兵] 미국에서 연방 정부(聯邦政府)의 보조에 의하여 각 주가 유지하는 민병대(民兵隊).
National Guard

주:병[駐兵] 군대를 주둔시킴. 또는 주둔하고 있는 군대. =주군(駐軍). ちゅうへい
stationing troop

주보[酒甫] 술에 결은 사람. 술을 안 마시고는 못 배기는 사람. 술보.　　drunkard

주보[酒保] 군대의 영내(營內)에서 일용품과 주류를 파는 매

점을 예전에 일컫던 말. しゅほ canteen

주보[週報] 한 주일에 한 번씩 발행하는 신문 또는 잡지. しゅうほう weekly

주복[主僕] 주인과 종. 상전과 하인. しゅぼく master and servant

주복야행[晝伏夜行] 낮에는 숨어 지내다가 밤이면 길을 감. traveling by night and hiding by day

주봉[主峯·主峰] ① 그 산줄기에서 가장 높은 봉우리. =최고봉(最高峯). しゅほう ② 주인봉(主人峯)의 준말. ① highest peak

주부[主部] ① 주요한 부분. ② 문장 구성에서 주어와 그 수식어로 된 부분. =주어부(主語部). ↔술부(述部). しゅぶ ① main part ② subject

주부[主婦] 한 가정의 주인의 아내이며, 집안의 살림을 맡아보는 부인. 안주인. しゅふ housewife

주부[酒婦] 술을 파는 여자. =주모(酒母).

주부[廚夫] 주방에서 일하는 남자. =주인(廚人). male cook

주불[主佛] ① 법당 주벽(主壁)에 있는 주되는 불상. =본존(本尊)·주세불(主世佛). ② 염주 위아래에 꿴 큰 구슬. ① principal image of Buddha

주:불[駐佛] 프랑스에 주재함. 「~ 특파원(特派員)」 residing in France

주불쌍배[酒不雙杯] 술자리에서 마시는 잔의 수효가 짝수가 되는 것을 피함.

주붕[酒朋] 술로 사귄 벗. 술벗. 술친구. =주우(酒友).

drinking companion

주:비[籌備] 계획하고 준비함. 「~ 위원회(委員會)」 preparation

주빈[主賓] ① 주인과 손님. =주객(主客). ② 손님 가운데서 제일 중요한 손님. =정객(正客). しゅひん ① host and guest ② guest of honor

주사[主祀] 조상의 제사를 받듦. =봉사(奉祀).

주사[主事] ① 일을 주장하여 처리하는 사람. しゅじ ② 공무원 직급의 하나. 사무관의 아래. 주사보의 위. ③ 남자의 성(姓) 아래 붙여, 그를 대접하여 이르는 말. 「김(金) ~」 ① director ② junior official

주사[主辭] 논리학에서, 판단(判斷)의 주체가 되는 개념(概念). ↔객사(客辭)·빈사(賓辭). しゅじ subject

주사[朱砂] 진홍색의 광택이 있는 육방정계(六方晶系)의 광물. 수은(水銀)과 황(黃)의 화합물. =단사(丹砂)·진사(辰砂). しゅしゃ cinnabar

주사[舟師] ⇨수군(水軍). しゅうし

주:사[走査] 사진 전송이나 텔레비전 따위에서, 화상을 점의 집합으로 분해하고 그 명암을 전기의 강약으로 바꾸어 송신하는 일. 또 전기의 강약을 점의 집합으로 바꾸어 원래의 화상으로 재현하는 일. 「~선(線)」 そうさ scanning

주:사[注射] 약물을 주사기로 피하·근육·혈관 안으로 주입하는 일. ちゅうしゃ injection

주:사[呪辭] 술가(術家)가 술법을 행할 때 외는 말. spell

주:사[奏事] 공적(公的)인 일을

임금에게 아룀. そうじ

주사[酒邪] 술을 마시면 나오는 酒邪
나쁜 버릇. drinking frenzy

주사[酒肆] ⇨주루(酒樓). しゅ 酒肆
し

주사[紬絲] 누에고치에서 뽑은 紬絲
실. 명주실. つむぎいと
silk thread

주사[蛛絲] 거미가 뽑아 내는 蛛絲
가는 줄. 거미줄. cobweb

주:사선[走查線] 텔레비전의 화 走查線
면을 구성하는, 선 모양으로 달
리는 전기 신호의 선. そうさ
せん scanning line

주사야:몽[晝思夜夢] ⇨주사야 晝思
탁(晝思夜度). 夜夢

주사야:탁[晝思夜度] 밤낮으로 晝思
생각함. =주사야몽(晝思夜夢). 夜度
thinking day and night

주산[主山] 풍수설(風水說)에서, 主山
도읍(都邑)이나 무덤·집터의 都邑
뒤쪽에 있는 산을 이르는 말.
=주룡(主龍).
guardian mountain

주산[珠算·籌算] 주판으로 하 珠算
는 계산. 수판셈. しゅざん·
たまざん
calculation on the abacus

주산물[主産物] 그 고장의 주 主産物
가 되는 산물. しゅさんぶつ
principal products

주상[主喪] 죽은 이의 장사(葬 主喪
事)를 주장하는 사람.
chief mourner

주상[柱狀] 기둥 모양. ちゅう 柱狀
じょう

주상[酒傷] 술을 많이 마셔서 생 酒傷
긴 위장의 탈. gastric
disorder from drinking

주색[主色] 적(赤)·황(黃)·청 主色
(靑)·녹(綠)의 네 가지 빛깔. 赤黃靑
しゅしょく

주색[朱色] 붉은색에 누런빛이 朱色
약간 섞인 빛깔. しゅしょく·
しゅいろ vermilion

주색[酒色] 술과 여자. 음주와 酒色
여색(女色).「~잡기(雜技)」 女色
しゅしょく wine and women

주색잡기[酒色雜技] 술과 여 酒色
색과 여러 가지 노름. 雜技
wine, sex, and gambling

주서[朱書] 빨간 빛깔로 글씨를 朱書
씀. 또는 그 글씨. しゅしょ
rubrication

주:서[juicer] 과실이나 푸성귀
를 갈아서 액즙을 짜내는 기 液汁
구. ジューサー

주석[主席] ①주인의 자리. ② 主席
회의나 위원회 따위를 대표하
는 사람. しゅせき top seat

주석[朱錫] 은백색의 광택이 있 朱錫
는 금속 원소의 한 가지. 전성
(展性)과 연성(延性)이 좋음.
함석·청동(靑銅)·땜납 따위에
쓰임. tin

주석[柱石] ①기둥과 주추. ② 柱石
한 나라의 지주(支柱)가 되는 支柱
중요한 인물.「~지신(之臣)」
ちゅうせき ① pillar and
cornerstone ② pillar

주석[珠石] 진주(眞珠)와 보석 珠石
(寶石). 썩 귀한 보석붙이.
pearl and treasure

주석[酒石] 주석산(酒石酸)과 그 酒石
화합물을 만드는 원료가 되는
물질. しゅせき crude tartar

주석[酒席] 술을 마시는 자리. 酒席
술자리. しゅせき banquet

주:석[註釋·注釋] 문장·단어 註釋
·문자 등의 뜻을 풀이함. 또
는 그 풀이. =주해(註解). ちゅ
うしゃく annotation

주석산[酒石酸] 포도 등 여러 酒石酸
가지 과일에 함유된 유기산(有
機酸). 주석(酒石)으로부터 만
듦. 무색이며 주상(柱狀)을 이

룬 결정체. 청량 음료·의약품 따위에 쓰임. しゅせきさん
tartaric acid

주석영[酒石英] 주석을 재결정하여 얻는 신맛의 백색 결정체. 물에 녹음. 염료 및 약용으로 쓰임. 주석산칼륨. しゅせきえい
cream of tartar

주선[主膳] 천자(天子)에게 올리는 식사(食事)를 맡은 관리. しゅぜん

주선[周旋] 사이에 들어 일이 잘 되도록 두루 힘씀. しゅうせん
mediation

주선[酒仙] ① 세속을 초월하여 술을 즐기는 사람. ② 술을 많이 마시는 사람. =주호(酒豪). しゅせん
drunkard

주성[主星] 연성(連星) 가운데서 가장 밝은 별. ↔반성(伴星). しゅせい

주:성[走性] 생물이 외계의 자극에 대하여 일정 방향으로 이동 또는 운동하는 성질. 주광성(走光性)·주기성(走氣性) 따위. =추성(趨性). そうせい
taxis

주성[周星] 목성(木星)이 하늘을 한 바퀴 도는 데 걸리는 시간. 곧, 열두 해를 이름.

주성[酒性] ⇨주벽(酒癖).

주성분[主成分] ① 어떤 물질을 형성하고 있는 주된 성분. ↔부성분(副成分). ② 문장을 이루는 데 필수적인 성분. 주어·목적어·서술어·보어 따위. しゅせいぶん chief ingredient

주세[酒稅] 술에 부과하는 세금. しゅぜい
liquor tax

주:소[住所] 생활의 근거가 되는 곳. 살고 있는 곳. じゅうしょ
address

주소[晝宵] 낮과 밤. =주야(晝夜). ちゅうしょう
day and night

주:소록[住所錄] 여러 사람의 주소를 적은 장부. じゅうしょろく
address book

주속[紬屬] 명주실로 짠 피륙. 명주붙이.

주:송[呪誦] ① 주문(呪文)을 욈. ② 불교에서, 다라니(陀羅尼)를 욈. =송주(誦呪).

주:수[走獸] 길짐승의 총칭. そうじゅう
beasts

주순[朱脣] 붉은 입술. 곧 미인의 입술. =단순(丹脣). 「~호치(皓齒)」 しゅしん
lips of beauty

주순[酒巡] 술잔을 돌리는 일. =순배(巡杯).
passing cups round

주:술[呪術] 초자연적인 것이나 신비한 힘의 작용으로, 여러 가지 소망을 이루려고 하는 행위. 또는 그런 술법. じゅじゅつ
sorcery

주:술사[呪術師] 주술을 부려 사람들의 소망을 이루게 하여 주다는 사람. じゅじゅつし
sorcerer

주:스[juice] 과실에서 짜낸 액즙(液汁). ジュース

주승[主僧] 한 절을 대표하는 중. =주지(住持).
chief Buddhist priest

주:승[住僧] 절에서 살고 있는 중. じゅうそう

주:시[注視] 시력을 집중하여 봄. ちゅうし
steady gaze

주:시점[注視點] 시력이 집중되는 점. =시점(視點).
visual point

주:시행육[走尸行肉] 달리는 송장과 걸어다니는 고기. 곧, 아무짝에도 쓸모 없는 사람

주식[主食] 주식물(主食物)의 준말. ↔부식(副食). しゅしょく

주식[株式] ① 주식 회사의 자본의 구성 단위(構成單位). ② ⇨주권(株券). かぶしき stocks

주식[酒食] 술과 밥. =주반(酒飯). しゅしょく・しゅし wine and food

주식[晝食] 낮에 먹는 밥. 점심밥. ちゅうしょく・ちゅうじき lunch

주식물[主食物] ① 밥・빵 등 일상의 끼니에서 중심이 되는 음식. ② 쌀・보리・밀 등과 같이 식생활의 주가 되는 식량. ↔부식물(副食物). 준주식(主食). しゅしょくもつ principal food

주식 합자 회:사[株式合資會社] 무한 책임 사원과 주주(株主)로써 조직한 회사. 주식 회사와 합자 회사를 절충한 것. かぶしきごうしがいしゃ joint-stock limited partnership

주식 회:사[株式會社] 주주(株主)로 조직된 유한 책임(有限責任) 회사. かぶしきがいしゃ company

주신[酒神] 술의 신. 곧, 그리스 신화에 나오는 디오니소스(Dionysos)를 일컬음. 로마 신화에서는 바쿠스. しゅしん Dionysus

주심[主心] 줏대가 되는 마음. fixed opinion

주심[主審] 경기 심판원 중의 우두머리. ↔부심(副審). しゅしん chief umpire

주아[主我] 남의 이해(利害)는 생각하지 않고 자기의 이해만을 생각하는 일. 이기적인 자아(自我). =이기(利己). しゅが ego

주아[珠芽] 참마나 참나리 따위의 잎겨드랑이에 생기는 둥근 겉눈. 땅에 떨어지면 뿌리가 나와 새로운 개체가 됨. しゅが・たまめ bulbil

주:악[奏樂] 음악을 연주함. 또는 그 음악. そうがく musical performance

주안[主眼] 주가 되는 목표. 중요한 점. 「~점(點)」しゅがん prime object

주안상[酒案床] 술과 안주를 차린 상. 술상. liquor table

주액[肘腋] ① 팔꿈치와 겨드랑이. ② 사물이 자기 몸 가까이에 있음을 비유하는 말. ① elbow and armpit

주야[晝夜] 낮과 밤. 밤낮. 「~겸행(兼行)」ちゅうや day and night

주야겸행[晝夜兼行] ① 밤낮을 가리지 않고 계속함. ② 밤낮을 가리지 않고 길을 감. ちゅうやけんこう ① doing day and night

주야불식[晝夜不息] 밤낮으로 쉬지 아니함.

주야장천[晝夜長川] 밤낮으로 쉬지 않고 잇달아서. 언제나. 늘. unceasingly

주어[主語] 한 문장에서 주체가 되는 말. 임자말. ↔술어(述語). しゅご subject

주:어[奏御] 임금에게 아뢰임. =주문(奏聞)・주품(奏稟)・주달(奏達). reporting to the throne

주업[主業] 주로 하는 사업이나 영업. ↔부업(副業). しゅぎょう principal occupation

주역[主役] 연극 따위에서 주인공이 되는 역할. 또는 그 배

우. =주연(主演). ↔단역(端役). しゅやく　leading part

주역[周易] 삼경(三經) 또는 오경(五經)의 하나. 처음에는 점복서(占卜書)였으나 십익(十翼)이 갖추어짐으로써 경전의 하나가 됨. 중국 주(周)나라 초에 지어짐. =역경(易經). しゅうえき

주연[主演] 연극이나 영화에서 주인공으로 연기하는 일. 또는 그 배우. =주역(主役). ↔조연(助演). しゅえん　playing the leading part

주연[酒宴] 술을 마시면서 즐기는 잔치. 술잔치. しゅえん　banquet

주연[酒筵] 술을 마시면서 노는 자리. 술자리.「~을 베풀다」しゅえん　banquet

주:영[駐英] 영국에 주재함.「~대사(大使)」ちゅうえい　residing in England

주옥[珠玉] ① 구슬과 옥. ② 귀하고 아름다운 것을 비유하여 이르는 말. しゅぎょく
① pearl and gem

주옥편[珠玉篇] 주옥같이 아름다운 문예 작품. しゅぎょくへん　masterpiece

주요[主要] 주되고 중요함. しゅよう　importance

주위[主位] 중요한 지위나 위치. しゅい　head position

주위[周圍] ① 둘레. =사방(四方)·사위(四圍). ② 어떤 사람을 둘러싸고 있는 가까운 곳. しゅうい
① circumference ② environs

주:위상:책[走爲上策] 화를 면하려면 도망치는 것이 가장 좋은 수임.

주유[舟遊] 배를 타고 즐기는 놀이. 뱃놀이. =선유(船遊). しゅうゆう　boating

주:유[注油] 자동차 따위에 기름을 넣음.「~소(所)」ちゅうゆ　oiling

주유[周遊] 두루 돌아다니며 놂. =주행(周行). しゅうゆう　touring round

주유[侏儒] ① 기형적(畸型的)으로 아주 키가 작은 사람. 난쟁이. 따라지. ② 지난날, 궁중의 배우. しゅじゅ　① dwarf

주:유소[注油所] 자동차 따위에 기름을 공급하는 곳. =급유소(給油所). gas station

주육[朱肉] 도장 찍을 때 쓰는 붉은빛의 재료. =인주(印朱). しゅにく　vermilion seal-ink

주육[酒肉] 술과 고기. 술과 안주. しゅにく　wine and flesh

주은[主恩] ① 임금의 은혜. =군은(君恩). ② 주인의 은혜. ③ 기독교에서, 주의 은혜. しゅおん　① royal benevolence ③ grace of God

주음[主音] 음계(音階)의 중심이 되는 첫째 음. 가조(調)에서는 '가'의 음. 으뜸음. しゅおん　keynote

주의[主意] ① 주되는 취지. =주지(主旨). ② 임금의 뜻. しゅい　① main meaning

주의[主義] ① 굳게 지켜 나가는 일정한 주장이나 방침. ② 체계화된 이론이나 학설.「민주(民主)~」しゅぎ　principle

주의[周衣] 두루마기. Korean coat

주:의[注意] ① 마음에 두고 조심함. ② 충고(忠告)하는 뜻으로 일깨워 줌. 또는 그런 말.「~를 주다」ちゅうい
① attention ② advice

주의[紬衣] 명주로 지은 옷. 명주옷. silk clothes

주의설[主意說] ⇨주의주의(主意主義).

주:의 인물[注意人物] 불량하거나 위험성이 있다고 하여 경찰에서 행동을 경계하는 인물. ちゅういじんぶつ blacklisted person

주의자[主義者] 사상적인 어떤 주의를 믿고 그것을 주장하는 사람. しゅぎしゃ persons who have principles

주의주의[主意主義] 지성(知性)이나 이성(理性)이 아니고 의지(意志)를 중시하는 주의. =주의설(主意說). ↔주지주의(主知主義). しゅいしゅぎ voluntarism

주익[主翼] 비행기의 동체 좌우에 있는 큰 날개. しゅよく main wings

주인[主人] ① 한 집안의 중심이 되는 사람. =가장(家長). ② 물건의 임자. ③ 자기를 고용하고 있는 사람. =고용주(雇用主). ④ 나그네가 묵고 있는 집의 임자. しゅじん ① householder ② owner ③ employer

주인[主因] 가장 주된 원인. しゅいん principal cause

주인공[主人公] 어떤 사건이나 소설·영화·연극 따위에서 중심이 되는 인물. しゅじんこう hero[heroin]

주인봉[主人峯] 풍수설에서, 묏자리나 집터·도읍(都邑)터 따위의 근처에서 가장 높은 산봉우리를 이르는 말. 준주봉(主峯).

주인옹[主人翁] 늙은 주인. 주인 늙은이. old master

주인장[主人丈] 주인을 높여서 이르는 말.

주일[主日] 기독교에서 이르는 일요일. 주(主)의 날. Sunday

주일[週日] ① 7일 동안. 일요일부터 토요일까지의 이레 동안. ② 이레를 한 단위로 하여 나타내는 말. a week

주:일[駐日] 일본에 주재함. 「~대사(大使)」ちゅうにち residing in Japan

주임[主任] 어떤 일을 담당한 책임자. 「서무(庶務) ~」しゅにん head

주:입[注入] ① 액체를 흘려 넣음. ② 지식을 기계적으로 기억하게 하는 일. 「~식(式) 교육(敎育)」ちゅうにゅう ① pouring in ② cramming

주:입[鑄入] 녹인 쇳물을 거푸집에 부어 넣음. casting

주:입 교:육[注入敎育] 피교육자의 능력 개발보다 교사가 지닌 지식과 기술의 주입으로 얻는 학생의 기억에 중점을 두는 교육. ↔개발 교육(開發敎育). ちゅうにゅうきょういく cramming education

주:입식[注入式] ① 주입하는 방식. ② 주입 교육에 따른 교육 방식. ちゅうにゅうしき cramming method

주:자[走者] ① 달리는 사람. ② 야구에서, 베이스에 나가 있는 선수. 러너. そうしゃ runner

주:자[鑄字] 쇠붙이를 녹여 부어 활자(活字)를 만듦. 또는 그렇게 만든 활자. typefounding

주자학[朱子學] 송(宋)나라 때, 주자(朱子)에 이르러 대성한 유학(儒學)이 새로운 체계(體系). =성리학(性理學). しゅしがく

주작[朱雀] 사신(四神)의 하나. 남방(南方)을 지키는 신. しゅじゃく

주:작[做作] 없는 사실을 꾸며서 지어 냄. =주출(做出). fabrication

주장[主張] ① 자기의 설(說)이나 의견을 굳이 내세움. 또는 그 설이나 의견. しゅちょう ② 어떤 일을 중심이 되어 맡아서 함. 또는 그 사람. =주재(主宰). ① insistence

주장[主將] ① 여러 장수 중 으뜸 가는 장수. ② 운동 경기에서 팀을 대표하는 선수. しゅしょう ① commander-in-chief ② captain

주장[主掌] 목대잡아서 관장(管掌)함. 또는 그 사람. charge

주:장[拄杖] 몸을 의지하는 지팡이. ちゅうじょう・しゅじょう staff

주장[珠帳] 주옥(珠玉)으로 장식한 아름다운 장막. しゅちょう bead curtain

주장[幬帳] 모기를 막기 위해 망사로 만들어 치는 장막. 모기장. =문주(蚊幬). mosquito net

주:장[鑄匠] ① 놋그릇을 만드는 사람. 놋갓장이. ② 조선 때, 주자소(鑄字所)에서 주자(鑄字) 일을 하던 장인(匠人). caster

주:장낙토[走獐落兔] 노루를 쫓다가 토끼가 걸림. 곧, 뜻밖의 이익을 얻음의 비유.

주장야:단[晝長夜短] 낮은 길고 밤은 짧음. 곧, 하지(夏至) 전후를 이르는 말. ↔주단야장(晝短夜長).

주재[主宰] 주장하여 맡아봄. 또는 그 사람. 「~자(者)」 しゅさい superintendence

주:재[駐在] 일정한 곳에 머물러 있음. 「~원(員)」 ちゅうざい residence

주:재국[駐在國] 대사·공사 등 외교관이 머물러 있는 나라. ちゅうざいこく country of residence

주:재소[駐在所] ① 주재원이 나가 있는 사무소. ② 일제(日帝) 때, 경찰 지서(支署)를 이르던 말. ちゅうざいしょ ① contingent ② police box

주:저[呪詛] ⇨저주(詛呪). じゅそ

주저[躊躇] 머뭇거림. 망설임. ちゅうちょ hesitation

주적[酒積] 한방에서, 술을 지나치게 마셔서 생기는 병의 한 가지. 소화가 안 되고 가슴이 뭉클하고 얼굴색이 검누렇게 됨.

주전[主戰] ① 싸우기를 주장함. 「~론(論)」 ② 주력이 되어 싸움. 「~ 선수」 しゅせん ① advocating of war

주:전[鑄錢] 쇠를 녹여 돈을 만듦. 또는 그 돈. ちゅうせん minting

주:전소[鑄錢所] 조선 때, 쇠를 녹여서 돈을 만들던 임시 관청. mint

주전자[酒煎子] 술이나 물을 담기도 하고 데우기도 하는 그릇. kettle

주절[主節] 문장에서 종속절(從屬節)이 있을 경우에, 주가 되는 문절(文節). main clause

주점[朱點] 주묵(朱墨)으로 찍은 점. 붉은 점. しゅてん red spot

주점[酒店] 술을 파는 집. 술집. =주가(酒家). しゅてん liquor store

주:접[住接] 한때 머물러 삶. = 거접(居接).

주정[舟艇] 소형(小型)의 배. しゅうてい　boat

주정[酒酊] 술에 취하여 정신 없이 마구 하는 말이나 짓. 「~꾼」　drunken frenzy

주정[酒精] 에틸알코올(ethyl alcohol). しゅせい

주정계[酒精計] 알코올 수용액 가운데 들어 있는 알코올의 함량을 측정하는 비중계. しゅせいけい　alcoholometer

주정도[酒精度] 백분비로 나타낸 알코올 함유량. しゅせいど

주정설[主情說] ⇨주정주의(主情主義). しゅじょうせつ

주정주의[主情主義] 정신 작용(精神作用) 가운데서 감정이 중요한 역할을 한다고 주장하는 주의. =주정설(主情說). ↔주지주의(主知主義). しゅじょうしゅぎ　emotionalism

주제[主題] ① 주되는 제목. ② 작품의 중심을 이룬 사상. ③ 악곡의 중심이 되는 선율(旋律). しゅだい
　① main subject ② theme

주제가[主題歌] 영화 따위의 주제를 골자로 하여 지은 노래. しゅだいか　theme song

주제 소:설[主題小說] 어떤 일관된 사상이나 주의를 강조하는 데에 중점을 둔 소설. 테마 소설. しゅだいしょうせつ　theme novel

주조[主調] 악곡의 기초가 되는 주요한 가락. =주조음(主調音)·기조(基調). しゅちょう　keynote

주조[主潮] ① 주되는 조류(潮流). ② 그 시대의 지배적인 사상이나 문화의 경향. しゅちょう

main current

주조[酒造] 술을 빚음. =양조(釀造). しゅぞう
　making alcoholic beverages

주조[酒糟] 술을 거르고 난 지게미. 재강. さけかす　lees

주:조[鑄造] 쇠붙이를 녹여서 거푸집에 부어 필요한 모양의 물건을 만듦. 「~기(機)」ちゅうぞう　casting

주조음[主調音] ⇨주조(主調). しゅちょうおん

주조장[酒造場] 술을 양조하는 집. 술도가. =양조장(釀造場).
　brewery

주:졸[走卒] 이리저리 뛰어다니며 심부름하는 사람. そうそつ　messenger

주종[主從] ① 주장이 되는 사물과 이에 딸린 사물. ② 주인과 종. しゅじゅう
　① principal and auxiliary ② master and servant

주:종[鑄鐘] 금속을 녹여 부어서 종을 만듦. casting a bell

주주[株主] 주식 회사의 주식을 가진 사람. 「~ 총회(總會)」かぶぬし　stockholder

주주 총:회[株主總會] 주주로써 구성되는, 주식 회사 또는 주식 합자 회사의 최고 의결 기관(議決機關). かぶぬしそうかい　general meeting of stockholders

주준[酒樽] 술을 담는 나무통. 술통. さかだる　wine barrel

주중[週中] ① 한 주일의 가운데. ② 그 주의 안.

주:중[駐中] 중국에 주재함. ちゅうちゅう　residing in China

주중적국[舟中敵國] 자기 편 가운데도 적이 있음. しゅうちゅうてきこく

주즙[舟楫] 배와 삿대. 또는 배. しゅうしゅう ship

주지[主旨] 주되는 뜻. 근본이 되는 취지. =주의(主意). しゅし main point

주지[主知] 감성보다 지성(知性)·이성(理性) 따위를 중심으로 하는 것. ↔주정(主情). 「~주의(主義)」 しゅち

주지[主枝] 나무의 원줄기에 붙은 굵은 가지. 원가지. main branch

주:지[住持] 불교에서, 한 절을 주관하고 있는 중. じゅうじ chief Buddhist priest

주지[周知] 여러 사람이 두루 앎. 널리 알려짐. 「~의 사실」 しゅうち common knowledge

주지[周紙] 두루마리. roll of paper

주지설[主知說] ⇨주지주의(主知主義). しゅちせつ

주지시[主知詩] 주지주의적인 예술 의식이나 시작(詩作) 태도로 씌어신 시. intellectual poetry

주지육림[酒池肉林] 술은 못을 이루고 고기는 숲을 이룬다는 뜻으로, 호화롭게 차린 술잔치를 이르는 말. しゅちにくりん sumptuous banquet

주지적 문학[主知的文學] 감정보다 지성을 중시하는 문학. =지성 문학(知性文學). ↔주정적 문학(主情文學). しゅちてきぶんがく intellectual literature

주지주의[主知主義] 경험적·감정적인 것보다도 지성적·합리적·이론적인 것을 중요시하는 주의. ↔주정주의(主情主義). しゅちしゅぎ intellectualism

주:차[駐車] 자동차 따위를 세워 둠. 「~장(場)」 ちゅうしゃ parking

주:차[駐箚] 관리가 직무상 임무를 띠고 외국에 머물러 있음. =주찰(駐札·駐紮). ちゅうさつ residence

주착[主着] 주책의 비표준어.

주:착[做錯] 잘못인 줄 알고 저지른 실수.

주찬[酒饌] 술과 안주. =주효(酒肴). しゅせん food and wine

주찬[晝餐] 점심 식사. =오찬(午餐). ちゅうさん lunch

주찰[周察] 두루 자세히 살핌. looking about

주창[主唱] 앞장서서 부르짖음. 주장이 되어 창도(唱導)함. しゅしょう advocacy

주채[酒債] 술값으로 진 빚. 술빚. debt of drinking

주책[←主着] 일정한 주견이나 주의. 「~없다」 fixed view

주:책[誅責] 엄하게 꾸짖음. ちゅうせき reprimand

수:책[籌策] 헤아려 꾸밈. 또는 그 책략. =계략(計略). ちゅうさく trick

주천[周天] 일월성신(日月星辰)이 천구의 제 궤도를 한 바퀴 도는 일. しゅうてん

주:천[奏薦] 임금께 관원을 천거함. そうせん recommending to the emperor

주:철[鑄鐵] 주물(鑄物)에 쓰이는 쇠. 무쇠. ちゅうてつ cast iron

주:청[奏請] 임금께 아뢰어 청함. =계청(啓請). そうせい petitioning the emperor

주체[主體] ① 스스로의 의지와 결단으로 행동하여 남에게 작

용하거나 영향을 미치는 것. ↔객체(客體). ②중심이 되는 것. 주된 부분. 「민간인을 ~로 한 위원회(委員會)」 しゅたい　　subject

주체[柱體] ⇨각주(角柱). ちゅうたい

주체[酒滯] 술을 마셔서 생긴 체증(滯症). dyspepsia caused by drinking

주체성[主體性] 스스로의 의지와 결단에 의하여 행동하려는 성질. 「~의 확립(確立)」 しゅたいせい　individuality

주초[酒草] 술과 담배. wine and tobacco

주초[週初] 한 주일(週日)이 시작되는 첫머리. ↔주말(週末). beginning of a week

주:축[嗾囑] 남을 꾀어 부추겨서 어떤 행동을 하게 함. instigation

주최[主催] 주장이 되어 어떤 모임이나 행사(行事)를 엶. 「~자(者)」 しゅさい　auspices

주축[主軸] ①중심이 되는 축 (軸). ②원동기에서 직접 동력을 받아서 전하는 축. しゅじく　①principal axis

주:축일반[走逐一般] 다 같이 옳지 못한 일을 한 바에는 책망하는 사람이나 책망을 듣는 사람이나 모두가 옳지 않기는 마찬가지임.

주:춘증[注春症] 한방에서, 봄을 몹시 타는 증세. 봄이면 입맛이 없고 기운이 쇠약해짐.

주출망량[晝出魍魎] 낮에 나온 도깨비. 곧, 옷차림이 괴상망측함의 비유.

주충[酒蟲] 술 벌레. 곧, 술에 미치다시피 된 사람을 놀리는 말. tippler

주치의[主治醫] 어떤 환자의 병을 주로 맡아서 보는 의사. しゅじい　one's (family) doctor

주침[酒浸] 한방에서, 약재를 술에 담가 두는 일.

주침[晝寢] 낮에 자는 잠. 낮잠. ひるね　nap

주:크박스[jukebox] 동전을 넣고 원하는 음악의 단추를 누르면 자동적으로 그 음악이 나오는 장치. ジュークボックス

주탕[酒湯] 술집에서 안주로 내놓는 국. 술국.

주태[珠胎] 진주(眞珠)가 조개 속에 듦. 곧, 임신함의 비유.

주:택[住宅] 사람이 사는 집. 「~가(街)」 じゅうたく　house

주:택난[住宅難] 집이 모자라거나 비싸거나 하여 주택을 구하기가 힘든 현상. じゅうたくなん　housing shortage

주:택지[住宅地] ①주택을 짓기에 적당한 땅. ②주택이 주로 들어서 있는 지역. じゅうたくち　residential section

주토[朱土] ①붉은 흙. =적토 (赤土). ②붉은 산화철이 많이 포함된 빛이 붉은 흙. =석간주(石間硃). ③기둥이나 마루에 칠하는 붉은 흙. =황토(黃土). red clay

주:트[jute] 황마(黃麻). 또는 그 줄기에서 얻어지는 섬유. 거칠게 짜서 곡식 담는 부대 따위를 만듦. ジュート

주:파[走破] 도중에서 그만두지 않고 끝까지 달림. そうは　running the whole distance

주파[周波] 주기적으로 되풀이되는 파동(波動)의 한 차례. しゅうは　cycle

주파[酒婆] 주막에서 술을 파는 노파. old woman who sells

liquor in the inn

주파수[周波數] 교류(交流)의 전파(電波)・전류 따위가 1초 동안에 방향을 바꾸는 횟수. 단위는 사이클(cycle) 또는 헤르츠(Hertz). しゅうはすう frequency

주파수 변:조[周波數變調] 전파의 주파수를 신호에 따라 변화시키는 통신 방식. 에프엠(FM). しゅうはすうへんちょう frequency modulation

주:판[珠板・籌板] 가감승제(加減乘除)의 계산을 하는 데 쓰이는 간편한 기구. =수판(數板). abacus

주:판지세[走坂之勢] 가파른 내리막을 달리는 것 같은 형세. 곧, 어찌할 도리가 없어 되어 가는 대로 내버려 둘 수밖에 없는 형세의 비유.

주편[主便] 자기에게 편리한 대로 주장함. selfish assertion

주포[主砲] 군함에 장비한 대포 가운데서 구경(口徑)이 제일 큰 대포. しゅほう main gun

주표[晝標] 주간(晝間)의 항로 표지(標識). 부표(浮標) 따위. ちゅうひょう

주:품[奏稟] ⇨주달(奏達).

주풍[酒風] 한방에서, 술을 과도하게 마셔 늘 열이 있고, 온몸에 땀이 나며 목이 마르고 느른해지는 병. =누풍증(漏風症)

주피터[Jupiter] 로마 신화의 최고신(最高神). 그리스 신화의 제우스에 해당함. ジュピター

주필[主筆] 신문사나 잡지사에서, 수석(首席) 기자로서 중요한 기사나 논설 따위를 담당하는 사람. しゅひつ chief editor

주필[朱筆] ①주묵(朱墨)을 찍어서 쓰는 붓. ②붉은 글씨. しゅひつ ① red-writing brush ② writing in red

주:필[走筆] 글씨를 흘려서 빨리 씀. 또는 그 글씨. そうひつ

주학[朱學] ⇨주자학(朱子學). しゅがく

주학[晝學] 낮에 공부함. ↔야학(夜學). studying in the daytime

주:한[駐韓] 한국에 주재함. 「～미군(美軍)」ちゅうかん residing in Korea

주항[周航] 여러 곳을 두루 거쳐 항해함. しゅうこう circumnavigation

주항[酒缸] 술을 담는 항아리. wine pot

주항라[紬亢羅] 명주실로 짠 항라. sheer silk

주:해[註解・注解] 본문의 뜻을 알기 쉽게 풀이함. 또는 그 풀이. =주석(註釋). ちゅうかい annotation

주행[舟行] ①배를 타고 감. ②배가 물에 떠서 다님. しゅうこう sailing

주:행[走行] 자동차 따위가 달림. 「～거리(距離)」そうこう running

주행[周行] 두루 다니면서 구경함. =주유(周遊). traveling

주행[晝行] 낮에 활동함. ↔야행(夜行).

주:향[走向] 기울어진 지층면(地層面)과 수평면이 만나서 이루어지는 직선의 방향. 곧, 지층이 이어지는 방향. そうこう

주향[炷香] 향을 피움. burning incense

주향[酒香] 술에서 나는 좋은 냄새. 술의 향기. scent of wine

주형[主刑] 부가형(附加刑)에 대하여, 독립해서 과할 수 있는 형(刑). 곧 사형·징역·금고·자격 상실·자격 정지·벌금·구류·과료 등. ↔부가형(附加刑). しゅけい principal penalty

주:형[鑄型] 주물(鑄物)을 만들기 위하여, 금속을 녹여서 부어 넣는 틀. 거푸집. いがた mold

주호[酒壺] 술을 담는 병. 술병. さかつぼ wine bottle

주호[酒豪] 술을 잘 마시는 사람. =대주가(大酒家). しゅごう heavy drinker

주혼[主婚] 혼사(婚事)를 주관함. 또는 그 사람. management of marriage ceremony

주홍[朱紅] ① 홍색과 주황빛의 중간색. ② 황화수은으로 만든 붉은빛의 안료. しゅこう ① scarlet

주화[主和] 화의(和議)·평화(平和)를 주장함. ↔주전(主戰). 「~론(論)」 しゅわ advocacy of peace

주:화[鑄貨] 쇠붙이를 녹여 화폐를 만듦. 또는 그 화폐. ちゅうか coin

주화론[主和論] 화의(和議)를 하자는 주장. しゅわろん advocacy of peace

주황[朱黃] 빨강과 노랑의 중간색. 「~색(色)」 reddish yellow

주:효[奏效] 효력이 나타남. 효과가 있음. そうこう efficacy

주효[酒肴] 술과 안주. =주찬(酒饌). しゅこう wine and food

주훈[週訓] 그 주일(週日)의 생활 목표로 내세운 표어 형식의 교훈.

주흥[酒興] 술을 마신 뒤의 흥겨운 기분. しゅきょう conviviality

죽[竹]* 대 죽: 대. 대나무. 「松竹(송죽)·竹葉(죽엽)·竹筍(죽순)·竹針(죽침)」 チク·たけ

죽[粥] 미음 죽: 미음. 죽. 「粥藥(죽약)·粥筒(죽통)」 シュク·イク·かゆ

죽간[竹竿] 대나무로 만든 장대. たけざお bamboo pole

죽견[竹筧] 대로 만든 홈통. 물을 흘러 보내는 데 씀. bamboo pipe

죽기[竹器] 대로 만든 그릇. 대그릇. bamboo vessel

죽도[竹刀] ① 대로 만든 칼. 대칼. たけがたな ② 검도(劍道)에 쓰는 대로 만든 제구. ちくとう·しない bamboo sword

죽렴[竹簾] 대로 만든 발. ちくれん·たけすだれ bamboo blinds

죽롱[竹籠] 대오리로 엮어 만든 고리. bamboo basket

죽리[竹籬] 대나무로 둘러친 울타리. =죽책(竹柵). ちくり bamboo fence

죽림[竹林] 대나무 숲. 대숲. ちくりん·たけばやし bamboo thicket

죽림 칠현[竹林七賢] 중국 서진(西晉) 때, 세속을 피하여 죽림에 놀면서 청담(淸談)을 일삼고 지내던 일곱 선비. 유령(劉伶)·완적(阮籍)·혜강(嵇康)·산도(山濤)·상수(向秀)·완함(阮咸)·왕융(王戎). ちくりん(の)しちけん

죽마[竹馬] 아이들이 걸터타고 끌고 다니는 대막대기. 대말. たけうま bamboo horse

죽마고:우[竹馬故友] 죽마를 타고 놀던 친구. 곧, 아주 어

릴 때부터 같이 지내며 자란 친구. =죽마지우(竹馬之友). friend from childhood

죽마지우[竹馬之友] ⇨죽마고우(竹馬故友). ちくばのとも

죽백[竹帛] 책. 특히 역사를 기록한 책. 옛날 종이가 발명되기 전에 대쪽이나 명주에 글을 적은 데서 유래함. =죽소(竹素). ちくはく annals

죽부인[竹夫人] 더위를 식히기 위하여 여름 밤에 끼고 자는 기구. 대오리로 길고 둥글게 걸어 만든 것. Dutch wife

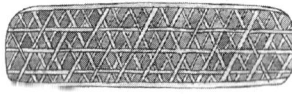

〔죽부인〕

죽비[竹扉] 대를 엮어 만든 사립문. bamboo door

죽석[竹席] 대를 결어서 만든 자리. 대자리. ちくせき

죽세공[竹細工] 대로 여러 가지 기구를 만드는 세공. たけざいく bamboo work

죽소[竹梳] 대빗.

죽순[竹筍] 대의 땅속줄기에서 돋는 어리고 연한 순. 껍질에 싸여 있음. 식용함. =죽태(竹胎). bamboo shoot

죽식[粥食] 죽과 밥. porridge and rice

죽식간[粥食間] 죽이든 밥이든 아무것이나. 죽이든 밥이든 간에. either porridge or rice

죽엽[竹葉] 대나무의 잎. 한방에서 해열제(解熱劑)로 쓰임. ちくよう bamboo blade

죽영[竹纓] 가는 대오리를 꿰어 만든 갓끈. 대갓끈.

죽음[粥飮] 묽게 끓여 물같이 마실 수 있게 만든 죽. =미음(米飮). thin rice gruel

죽장[竹杖] 대로 만든 지팡이. たけつえ bamboo cane

죽장망혜[竹杖芒鞋] 대지팡이와 짚신. 곧, 먼 길을 떠날 때의 간편한 차림을 이르는 말.

죽절[竹節] 대의 마디. bamboo joint

죽정[竹釘] 대를 깎아 만든 못. 대못. たけくぎ bamboo peg

죽지[竹紙] 어린 대의 섬유를 원료로 하여 만든, 중국에서 나는 종이. ちくし

죽창[竹窓] 살을 대로 만든 창문. ちくそう bamboo window

죽창[竹槍] 긴 대의 한쪽 끝을 비스듬히 깎아서 만든 창. たけやり・ちくそう bamboo spear

죽책[竹册] 조선 때, 세자비(世子妃)의 책봉문(册封文)을 새긴 간책(簡册). ちくさく bamboo book

죽책[竹柵] 대로 둘러막은 울타리. =죽리(竹籬). bamboo palisade

죽척[竹尺] 대나무로 만든 자. 대자. bamboo measure

죽총[竹叢] 작은 대숲. たかむら・ちくそう bamboo grove

죽침[竹枕] 대로 만든 베개. bamboo pillow

죽침[竹針] 대로 만든 바늘. 대바늘. たけばり bamboo needle

죽통[竹筒] 굵은 대로 만들어 술・간장・기름 따위를 담는 긴 통. たけづつ bamboo tube

죽통[粥筒] 마소의 죽을 담는 통. 구유. feeding trough

죽피[竹皮] 죽순(竹筍)을 싸고 있는 껍질. たけかわ bamboo sheath

준:[俊]✻ 준걸할 준: 준걸하다. 뛰어나다. 「俊傑(준걸)・俊拔

준:[俊] 「(준발)・俊秀(준수)・英俊(영준)・才俊(재준)」シュン 英俊

준:[准] ① 비준할 준:허락하다. 승인하다. 「批准(비준)・認准(인준)」② 준거할 준:준거하다. 「准比(준비)」シュン ② なぞらえる 批准

준:[峻] ① 높을 준:높고 험하다. 「峻嶺(준령)・峻山(준산)・險峻(험준)・峻烈(준열)・峻路(준로)」② 엄할 준:엄하다. 「峻嚴(준엄)・峻命(준명)・峻酷(준혹)」シュン ① けわしい 峻嶺 峻命

준:[浚] ① 칠 준:치다. 파내다. 「浚井(준정)・浚渫(준설)・浚湖(준호)」② 깊을 준:깊다. 「浚渠(준거)」③ 빠를 준:빠르다. 「浚急(준급)」シュン ① さらう 浚井

준:[畯] 농민 준:농민. 「田畯(전준)」シュン 田畯

준:[竣] 일 마칠 준:일을 마치다. 「竣工(준공)・竣功(준공)・竣事(준사)・竣役(준역)」シュン 竣工

준:[準]☆ ① 법도 준:법도. 「準例(준례)・準人(준인)・準則(준칙)」② 평평할 준:평평하다. 「平準(평준)」③ 의거할 준:근거로 삼다. 「準用(준용)・準據(준거)」ジュン ② みずもり ③ なぞらえる 準例

준[樽] 술통 준:술단지. 술통. 「酒樽(주준)・樽酒(준주)」ソン・たる 酒樽

준:[遵]☆ 좇을 준:좇다. 「遵路(준로)・遵法(준법)・遵由(준유)・遵用(준용)・遵守(준수)・遵奉(준봉)」ジュン 遵法

준:[濬] 깊을 준:깊다. 「濬潭(준담)・濬池(준지)」シュン 濬潭

준:[駿] ① 준마 준:준마. 「駿馬(준마)・駿骨(준골)・駿足(준 駿骨

족)」② 뛰어날 준:뛰어나다. 좋다. 「駿良(준량)・駿才(준재)」③ 빠를 준:빠르다. 「駿敏(준민)・駿逸(준일)」シュン

준[蠢] 꿈실거릴 준:꿈실거리다. 「蠢動(준동)・蠢然(준연)・蠢蠢(준준)」シュン・うごめく 蠢動 蠢蠢

준[鱒] 송어 준:송어. 「鱒魚(준어)」ソン・ます 鱒魚

준:거[峻拒] 딱 잘라 거절함. しゅんきょ flat refusal 峻拒

준:거[準據] ① 표준으로 삼아 따름. ② 일정한 규범이 되는 준칙. じゅんきょ ① being based on ② authority cited 準據

준거[遵據] 전례(前例)나 명령 등에 따름. conformity 遵據

준거[蹲踞] 쪼그리고 앉음. そんきょ crouch 蹲踞

준:거법[準據法] 국제 사법에 의하여 어떤 법률 관계에 적용되도록 지정되어 있는 법. じゅんきょほう law of authority 準據法

준:걸[俊傑] 재주와 슬기가 뛰어난 사람. =준사(俊士)・준언(俊彦)・준영(俊英). しゅんけつ great man 俊傑

준:결승[準決勝] 결승전에 나아갈 자격을 결정하는 경기. じゅんけっしょう semifinal 準決勝

준:골[俊骨] 준수(俊秀)하게 생긴 골격. eminent physique 俊骨

준:공[竣工] 공사(工事)를 끝냄. =완공(完工)・준역(竣役). ↔기공(起工). 「~식(式)」しゅんこう completion 竣工

준:교사[準敎師] 교육부 장관이 발급하는 준교사 자격증을 가진 교사. じゅんきょうし assistant teacher 準敎師

준:규[準規] 표준이 되는 규칙. =준칙(準則). じゅんき standing rule 準規

준:금치산[準禁治産] 한정 치산(限定治産)의 옛 민법(民法) 용어. じゅんきんじさん

준:급[準急] 준급행 열차(準急行列車)의 준말. じゅんきゅう

준:급[峻急] 높고 가파르고 험함. steepness

준:급행[準急行] 준급행 열차(準急行列車)의 준말. じゅんきゅうこう

준:급행 열차[準急行列車] 급행 열차에 준하는 여객 열차. ⓒ준급행(準急行)·준급(準急). local express train

준:덕[峻德] 높고 큰 덕. =대덕(大德). しゅんとく eminent virtue

준:동[準同] 어떤 일정한 표준과 같음. conformity

준동[蠢動] ① 벌레 따위가 꿈틀거림. ② 하잘것없는 무리가 소란을 책동(策動)함. しゅんどう ① wriggle

준:두[準頭] 코의 끝. 코끝. tip of one's nose

준:령[峻嶺] 높고 힘진 고개. 「태산(泰山) ~」 しゅんれい high and steep peak

준:례[準例] 표준이 될 만한 전례(前例) 또는 관례(慣例). じゅんれい model example

준:로[峻路] 험준한 길. =험로(險路). しゅんろ steep road

준:론[峻論] 엄정하고 날카로운 언론. 「고담(高談) ~」 sharp discourse

준:마[駿馬] 잘 닫는 좋은 말. =준족(駿足). しゅんめ·しゅんば swift horse

준:명[峻命] ① 준엄한 명령. ② 임금의 명령. =군명(君命). しゅんめい ①strict order ②king's order

준:민[俊敏] 머리가 좋고 행동이 빠름. しゅんびん cleverness

준:발[俊拔] 준수(俊秀)하게 빼어남. しゅんばつ eminence

준:법[峻法] 엄격한 법률. stringent law

준법[遵法] 법률을 지키고 따름. じゅんぽう obeying the law

준법 정신[遵法精神] 법률을 지키고 따르는 정신. じゅんぽうせいしん law-abiding spirit

준:봉[峻峰] 높고 험준한 산봉우리. しゅんぽう steep peak

준봉[遵奉] 법률·주의(主義)·교훈 따위를 좇아 굳게 지킴. じゅんぽう observance

준:비[準備] 미리 필요한 것을 갖추어 둠. じゅんび preparation

준:비금[準備金] 쓰일 때를 위해 미리 준비해 두는 돈. じゅんびきん reserve fund

준:비 서면[準備書面] 민사 소송에서, 당사자가 구두 변론에서 진술하려는 내용을 미리 적어서 법원에 내는 문서. じゅんびしょめん preparatory document

준:사[俊士] 재주와 슬기가 뛰어난 사람. =준걸(俊傑)·준언(俊彦). しゅんし great man

준:사[竣事] 사업을 마침. 하던 일을 마침. finishing

준:산[峻山] 높고 험준한 산. steep mountain

준:설[浚渫] 항만이나 하천의 바닥에 쌓인 토사(土砂) 따위를 쳐내어 바닥을 깊게 하는 일. しゅんせつ dredging

준:설기[浚渫機] 준설하는 기계. しゅんせつき dredge

준:설선[浚渫船] 준설기를 장치하여 항만이나 하천의 준설

에 쓰는 배. しゅんせつせん dredger

〔준설선〕

준:수[俊秀] 재주나 슬기, 풍채가 뛰어남. しゅんしゅう genius

준수[遵守] 법률이나 규칙 또는 명령을 지킴.「법령(法令) ~」 じゅんしゅ observance

준순[逡巡] 머뭇거리고 우물쭈물함. しゅんじゅん hesitation

준:승[準繩] ① 수준기(水準器)와 먹줄. ② 일정한 규칙(規則) 또는 방식. じゅんじょう ① plumb line ② fixed rule

준시[遵施] 그대로 좇아 시행함. operation according

준시[蹲柹] 꼬챙이에 꿰지 않고 납작하게 말린 곶감. dried persimmon

준:엄[峻嚴] 매우 엄함. =엄준(嚴峻). しゅんげん strictness

준연[蠢然] 굼뜨게 꿈실거리는 모양. wriggling

준:열[峻烈] 준엄하고 격렬함. 매섭고 세참. しゅんれつ severity

준:영[俊英] ⇨준걸(俊傑). しゅんえい

준:용[準用] 무엇에 준거하여 적용함. じゅんよう applying

준용[遵用] 그대로 좇아 씀. じゅんよう observance

준:위[准尉] 우리 나라의 군인 계급의 하나. 원사(元士)의 위, 소위(少尉)의 아래 계급. じゅんい warrant officer

준:일[俊逸] 재능이 뛰어남. 또는 그런 사람. しゅんいつ brilliant talent

준:장[准將] 군인 계급의 하나. 대령의 위, 소장의 아래. じゅんしょう brigadier general

준:재[俊才] 아주 뛰어난 재주. 또는 그런 재주를 가진 사람. しゅんさい man of talent

준:절[峻截・峻切] ① 산이 깎아 세운 듯이 험하고 높음. ② 매우 위엄이 있고 단호함. ① steepness ② dignity

준조[樽俎・尊俎] ① 술통과 고기를 차린 상. ② 공식(公式)의 잔치. そんそ

준:족[駿足] ① 잘 달리는 좋은 말. =준마(駿馬). ② 발이 몹시 빠름. 또는 발이 빠른 사람. しゅんそく ① swift horse ② fast runner

준좌[蹲坐] ① 섰던 자리에서 그대로 주저앉음. ② 일을 하다가 중간에 그만둠. =준지(蹲止).

준주[樽酒・尊酒] 술통에 담은 술. 통술. そんしゅ wine in a keg

준:준결승[準準決勝] 준결승에 나아갈 자격을 결정하는 경기. じゅんじゅんけっしょう quarterfinal

준준무식[蠢蠢無識] 굼뜨고 어리석어 아무것도 모름.

준:직[峻直] 엄하고 곧음.

준:책[峻責] 준엄하게 꾸짖음. severe rebuke

준철[濬哲] 지혜가 깊고 현명함. 또는 그런 사람. しゅんてつ

준:초[峻峭] 높고 깎아지른 듯함. steepness

준축[蹲縮] 지면(地面)이 꺼져 우므러짐. hollowness

준:칙[準則] 따라야 할 기준으로 삼을 규칙. ↔반칙(反則).

준:평원[準平原] 오랜 침식(浸蝕)으로 산이 깎여 거의 평지가 되다시피 한 들판. じゅんへいげん peneplain

준:행[準行] 일정한 기준에 준하여 행함. じゅんこう conformity

준행[遵行] 그대로 따라서 행함. じゅんこう observance

준:험[峻險] 산 따위가 높고 험함. しゅんけん steepness

준:혈족[準血族] 실제로 혈족 관계가 있는 것은 아니나, 법률상 혈족 관계에 있는 사람. 양자와 양부모 및 그 혈족과의 관계를 이름. =법정 혈족(法定血族) じゅんけつぞく legal relation

준:형[峻刑] 혹독한 형벌. heavy penalty

준:혹[峻酷] 매우 혹독함. =준각(峻刻). しゅんこく severity

줄:[joule] 에너지 및 일의 계산 단위(單位). 약 1천만 에르그(erg). 기호는 J. ジュール

줌:렌즈[zoom lens] 초점 거리나 화상(畫像)의 크기를 연속적으로 바꿀 수 있는 렌즈. ズームレンズ

중[中]* ① 가운데 중:가운데. 안. 속. 중간. 「中間(중간)・中繼(중계)・中央(중앙)・中核(중핵)・中庸(중용)・中立(중립)・手中(수중)・心中(심중)・胸中(흉중)」 ② 맞힐 중:맞히다. 「的中(적중)・命中(명중)」 チュウ ① なか ② あたる

중[仲]* ① 버금 중:버금. 둘째. 「仲兄(중형)・仲氏(중씨)・仲父(중부)・仲秋(중추)」 ② 중개 중:중개. 「仲介(중개)・仲媒(중매)・仲裁(중재)」 チュウ

중:[重]* ① 무거울 중:무겁다. 중하다. 무게. 「荷重(하중)・重量(중량)・輕重(경중)・愼重(신중)・自重(자중)・重視(중시)・重用(중용)・重位(중위)・尊重(존중)・貴重(귀중)」 ② 거듭 중:거듭. 「重疊(중첩)・二重(이중)・重修(중수)・重任(중임)」 ジュウ・チョウ ① おもい ② かさねる

중:[衆]* 무리 중:무리. 많다. 「大衆(대중)・民衆(민중)・衆意(중의)・衆人(중인)」 シュ・シュウ

중각[重刻] ⇨중간(重刊). じゅうこく

중간[中間] 두 사물의 사이. 가운데. 「~ 역할(役割)」 ちゅうかん middle

중간[重刊] 이미 간행한 책을 거듭 간행함. =중각(重刻). republication

중간 경기[中間景氣] 불경기가 계속되는 가운데 일시적・부분적으로 나타나는 호경기(好景氣). =중간 시세(中間時勢). ちゅうかんけいき passing boom

중간 계급[中間階級] 사회의 지배 계급과 피지배 계급의 사이, 또는 자본가 계급과 노동자 계급의 중간에 위치한 계층. =중간층(中間層). ちゅうかんかいきゅう middle class

중간 노선[中間路線] ① 어느 쪽으로 치우치지 않는 주장이나 의견. ② 정치에서, 보수적(保守的)이거나 급진적이 아닌 온건한 노선. ちゅうかんろせん neutrality

중간 도매[中間都賣] 생산자와 소규모의 도매상 사이에서 상품을 공급 매매하는 일. intermediate wholesale

중간 무:역[中間貿易] ⇨중계 무역(中繼貿易).

중간 상인[中間商人] 도매상과 소매상, 또는 생산자와 도매상 사이에서 상품의 매매를 주선하여 이익을 꾀하는 상인. middleman

중간색[中間色] 순색(純色)에 회색 따위의 색을 섞은 색. ちゅうかんしょく neutral tint

중간 선:거[中間選擧] 미국에서, 대통령 선거가 4년마다 실시되는 데 대하여, 그 중간 시기에 행해지는 의회 선거를 이름. ちゅうかんせんきょ off-year election

중간 세:포[中間細胞] 조직 중에서, 그 조직의 세포군(細胞群)과는 다른 기능을 하는 세포. 정소(精巢) 속에서 남성 호르몬을 분비하는 세포 따위. =간세포(間細胞). ちゅうかんさいぼう intermediate cell

중간 소:설[中間小說] 순문학의 예술성과 통속 문학의 오락성을 함께 지닌 중간적인 내용의 소설. ちゅうかんしょうせつ quasi-novel

중간자[中間子] 양자(陽子)와 전자(電子)아이 중간 실냥(質量)을 가지는 소립자(素粒子)의 한 가지. ちゅうかんし meson

중간파[中間派] 좌익과 우익 사이에서 중간적인 노선을 밟는 파. -회색파(灰色派)・제 삼 세력(第三勢力). ちゅうかんは neutrals

중간 판결[中間判決] 민사 소송에서, 종국 판결(終局判決)의 준비로서, 그 사건의 진행 중 어떤 쟁점(爭點)에 대하여서만 하는 판결. ちゅうかんはんけつ

중개[仲介] 제삼자로서 두 당사자 사이에 들어 일을 주선해 주는 역할. 「~인(人)」 ちゅうかい intermediation

중개 무:역[仲介貿易] 두 나라 사이의 거래를 제삼국이 중개하는 무역. 상품은 두 나라 사이에서 이동하고, 대금 결제는 제삼국이 함. ちゅうかいぼうえき intermediary trade

중개업[仲介業] 중간에서 상품을 주선해 주거나 흥정을 붙여 주고 수수료를 받는 영업. ちゅうかいぎょう brokerage

중거리[中距離] ① 짧지도 길지도 않은 중간 정도의 길이. ② 육상・수영 경기에서 장거리와 단거리의 중간 거리. ちゅうきょり ② middle-distance race

중건[重建] 건물, 특히 절・왕궁 따위를 보수 개축하는 일. repairs

중견[中堅] ① 어떤 단체나 사회에서 중심이 되는 사람. 「~사원(社員)」 ② 야구에서, 외야의 중앙부. ちゅうけん ① nucleus ② center field

중견수[中堅手] 야구에서, 이루(二壘) 뒤쪽 우익수와 좌익수의 중간을 지키는 외야수. ちゅうけんしゅ center fielder

중경[中耕] 농작물이 자라는 도중에 뿌리 근처의 겉흙을 얕게 갈아, 볕이나 공기가 잘 통하게 해 주는 일. 사이갈이. 골갈이. ちゅうこう

중:경상[重輕傷] 중상과 경상. serious or slight injury

중계[中繼] 중간에서 이어 줌. 「~무역(貿易)」 ちゅうけい relay

중계국[中繼局] 발신국(發信局)

과 수신국(受信局) 사이에서 중계하는 전신국(電信局). ちゅうけいきょく　relay station

중계 무:역[中繼貿易] 수입한 물자를 원형 그대로, 또는 보세(保稅) 지역에서 가공·제조하여 재수출하는 형식의 무역. =중간 무역(中間貿易). なかつぎぼうえき·ちゅうけいぼうえき　transit trade

중계 방:송[中繼放送] 강연·연주·운동 경기 따위를 현지에서 방송국이 중계해서 방송하는 일. ちゅうけいほうそう　relay broadcasting

중계항[中繼港] 생산지와 소비지의 사이에서 그 화물 운반의 중계를 하는 상항(商港). ちゅうけいこう　transit port

중고[中古] ① 역사상의 시대 구분에서, 상고(上古) 시대와 근고(近古) 시대의 중간 시대. ちゅうこ ② 중고품(中古品)의 준말. ちゅうこひん·ちゅうぶる　① the Middle Ages

중:고[衆苦] 많은 고통. 여러 사람의 고통. しゅうく·しゅく

중고음[中高音] ① 중간 높이의 음성. ② 소프라노 다음 가는 높이의 여성(女聲)의 성역(聲域). =중음(中音). ちゅうこうおん

중고품[中古品] 꽤 오래 쓴 좀 낡은 물건. ㊀중고(中古). ちゅうこひん　secondhand goods

중공[中空] ① 중간 정도의 높이의 하늘. =중천(中天)·반공(半空). ② 속이 비어 있음. 「~의 인견사(人絹絲)」 ちゅうくう ① midair ② hollowness

중:공업[重工業] 부피에 비하여 무게가 비교적 무거운 물건을 만드는 공업. 철강(鐵鋼)·선박(船舶)·차량(車輛)의 제조 따위. ↔경공업(輕工業). じゅうこうぎょう　heavy industries

중:과[衆寡] 인원수(人員數)의 많음과 적음. 「~부적(不敵)」 しゅうか

중:과부적[衆寡不敵] 적은 수의 인원으로는 많은 수와 대적하여 싸울 수 없음.

중과피[中果皮] 과실의 속껍질. 곧, 외과피(外果皮)와 내과피(內果皮) 사이에 있는 두꺼운 육질(肉質). ちゅうかひ　mesocarp

중괄호[中括弧] '{ }' 모양의 괄호. 활짱묶음. ちゅうかっこ　brace

중괴탄[中塊炭] 덩이가 자질구레한 석탄.

중구[重九] 명절의 하나인 음력 9월 9일을 일컬음. =중양(重陽)·구일(九日).

중:구[衆口] 여러 사람의 말. 뭇입. しゅうこう·しゅこう　public rumor

중:구난방[衆口難防] 여러 사람의 말은 이루 다 막을 수가 없음.

중군[中軍] 좌우 또는 전후에 부대가 있을 때에 가운데 있는 부대. ちゅうぐん　main body

중궁전[中宮殿] 왕후(王后)를 높여 이르는 말. =곤전(坤殿). ㊀중전(中殿).　queen

중권[中卷] 상·중·하의 세 권으로 된 책의 가운데 권. ちゅうかん　middle volume

중:권[重圈] ⇨지심(地心). じゅうけん

중:금속[重金屬] 비중(比重)이 4~5 이상인 쇠붙이의 총칭. 금·백금·은·동·수은·납·

철 등. ↔경금속(輕金屬). じゅうきんぞく heavy metal

중:금주의[重金主義] 금은(金銀)을 유일한 국부(國富)로 보고, 이의 국외 유출을 금하고 국내 유입을 꾀하는 경제학상의 한 주장. =중금 사상(重金思想). じゅうきんしゅぎ mercantile system

중급[中級] 중간 정도의 등급. ちゅうきゅう intermediate grade

중기[中氣] ①사람의 속 기운. ② ➪기색(氣塞). ③ ➪중풍(中風). ちゅうき

중기[中期] 중간의 시기.「조선(朝鮮) ~」 ちゅうき middle period

중:기[重機] ①중공업에 쓰이는 기계. ②중기관총(重機關銃)의 준말. じゅうき

중:기관총[重機關銃] 무게가 비교적 무겁고 큰 기관총. 䀾 중기(重機). じゅうきかんじゅう heavy machine gun

중:난[重難] 몹시 어려움. =난중(難重).

중년[中年] 청년과 노인 사이의 나이. 40세 전후의 나이. =장년(壯年).「~ 부인(婦人)」 ちゅうねん middle age

중:노난범[衆怒難犯] 대중의 분노는 당해 내기 어려움.

중:노동[重勞動] 육체적으로 몹시 힘드는 고된 노동. ↔경노동(輕勞動). じゅうろうどう hard labor

중노인[中老人] 그다지 늙지 않은 50세 후반쯤의 노인. 중늙은이. elderly man

중농[中農] 중간 정도의 규모로 농사를 짓는 사람. ちゅうのう middle-class farmer

중:농 정책[重農政策] 농사를 중히 여기는 정책.
agriculture-first policy

중:농주의[重農主義] 농업을 왕성하게 하여 국가를 부흥하게 하자는 주장. ↔중상주의(重商主義). じゅうのうしゅぎ physiocracy

중:농 학파[重農學派] 중농주의를 신봉하는 학파. じゅうのうがくは physiocratic school

중뇌[中腦] 간뇌(間腦)와 소뇌(小腦)의 위쪽에 있는 뇌의 일부분. 안구(眼球)의 운동, 동공(瞳孔)의 조절, 자세 반사(姿勢反射) 등을 맡아보는 신경 중추(神經中樞)가 있음. ちゅうのう midbrain

중:다[衆多] 수효가 많음. =수다(數多). しゅうた multitude

중단[中段] ①가운데의 단. 단의 중앙. ②한 편의 글에서 가운데 대문. ちゅうだん
① middle of the stairs ② middle part of a writing

중단[中單] 남자의 상복(喪服) 속에 받쳐입는 소매가 넓은 두루마기.

중단[中斷] ①도중에 멎거나 끊어짐. ②하던 일을 중도에서 그만둠. ちゅうだん interruption

중당[中堂] 옛날 중국에서 재상이 정사(政事)를 하던 곳. 또는 재상의 딴이름. ちゅうどう

중대[中隊] 부대 편성의 한 단위. 보통 4개 소내로 편성됨. ちゅうたい company

중:대[重大] 대단히 중요함.「~한 사건(事件)」 じゅうだい seriousness

중대문[中大門] 대문 안에 또 있는, 안채로 드나드는 문. = 중문(中門). inner gate

중:대성[重大性] 사물의 중대한 성질. じゅうだいせい 重大性
gravity

중:대시[重大視] 중대하게 봄. 중하게 여김. ⓒ중시(重視). じゅうだいし 重大視
taking a serious view

중도[中途] ①일이 되어 가는 동안. 하던 일의 중간.「~퇴학(退學)」②가는 길의 중간. =중로(中路). ちゅうと halfway 中途 退學

중도[中道] ①길의 한복판. ②두 극단의 어느 쪽에도 치우치지 않는 중정(中正)의 처지. ③불교에서, 유(有)나 공(空)에 치우치지 않는 도리. 고락(苦樂)의 ·양편을 떠난 올바른 해법(行法). ちゅうどう 中道 行法
① middle of a road ② golden mean

중도이폐[中途而廢] 어떤 일을 중도에서 그만둠. =반도이폐(半途而廢). 中途而廢

중독[中毒] 음식물이나 약품 또는 술·담배 따위의 독성에 의하여, 생체의 소식이나 시능이 장애를 일으키는 일.「마약~」ちゅうどく poisoning 中毒

중독량[中毒量] 중독 증상을 일으키는 약물의 최소량. ちゅうどくりょう 中毒量

중독진[中毒疹] 중독으로 인해서 생기는 몸 안팎의 발진(發疹). ちゅうどくしん 中毒疹

중동[中東] 근동(近東)과 극동(極東)의 중간 지대. 곧, 아라비아 반도·이란·이라크·아프가니스탄 일대. ちゅうとう the Middle East 中東

중동[仲冬] ①한겨울. ②동짓달의 딴이름. ちゅうとう midwinter 仲冬

중등[中等] 가운데 등급. 곧, 中等 상등(上等)과 하등(下等), 고등(高等)과 초등(初等)의 중간. ちゅうとう middle class

중등 교:육[中等敎育] 초등 교육을 마친 이에게 베푸는 중등 정도의 교육. 곧, 중학교와 고등 학교에서 실시하는 교육. ちゅうとうきょういく secondary education 中等敎育

중래[重來] ①같은 벼슬을 두 번 거듭하는 일. =중임(重任). ②갔다가 다시 옴.「권토(捲土)~」ちょうらい·じゅうらい ① reappointment 重來

중략[中略] 긴 문장에서 중간의 일부를 생략함. ↔상략(上略)·하략(下略). ちゅうりゃく omission 中略

중:량[重量] ①무게. ②무게가 무거움. 무거운 무게. じゅうりょう weight 重量

중:량급[重量級] 체급(體級)에 따라 하는 권투나 레슬링 따위에서의 무거운 체급. 주로 헤비급(heavy級)을 이름. じゅうりょうきゅう heavy weight division 重量級

중:량물[重量物] 부피에 비하여 무게가 큰 물건. じゅうりょうもの heavy goods 重量物

중:량품[重量品] 용적(容積)에 비해 중량이 커서, 중량에 따라서 운임을 계산하는 물건. ↔경량품(輕量品). じゅうりょうひん weight cargo 重量品

중:력[重力] 지표(地表) 부근에 있는 물체를 지구의 중심 방향으로 끌어당기는 힘. じゅうりょく gravity 重力

중:력[衆力] 여러 사람의 힘. しゅうりょく 衆力

중령[中領] 군대 계급의 하나. 中領 대령의 아래, 소령의 위.

lieutenant colonel

중로[中路] ① 가는 길의 중간. ② 일이 되어 가는 도중. =중도(中途). halfway

중:록[重祿] 많고 후한 녹봉(祿俸). じゅうろく

중:론[衆論] 많은 사람들의 논의. =중의(衆議). しゅうろん general opinion

중류[中流] ① 하천(河川)의 상류와 하류의 중간 부분. ② 중간 정도의 생활을 하는 사람들의 계층. =중층(中層). ↔상류(上流)・하류(下流). ちゅうりゅう ① midstream ② middle classes

중:리[重利] ① 큰 이익. ② 일정한 기간의 이자를 원금에 합치고, 그 합계액을 다음 기간의 원금으로 하여 계산하는 방식의 이자. =복리(複利). じゅうり・ちょうり ② compound interest

중립[中立] 어느 쪽에도 편들지 않고 중간 입장을 취하는 일. 「~국(國)」ちゅうりつ neutrality

중립국[中立國] 중립주의를 외교 방침으로 하는 국가. 국외(局外) 중립국 또는 영세(永世) 중립국. ちゅうりつこく neutral state

중립 지대[中立地帶] ① 전쟁 행위가 금지된 지대. ② 평시(平時)에, 요새의 구축이나 군대의 주둔이 금지된 지대. ちゅうりつちたい neutral zone

중:만[衆巒] 많은 산봉우리.

중:망[重望] 매우 두터운 명망. high reputation

중:망[衆望] 많은 사람에게서 받은 신망. しゅうぼう popular expectation

중매[中媒・仲媒] 남자와 여자 사이에 들어 혼인이 이루어지도록 소개함. 또는 그 사람. ちゅうばい matchmaking

중:명[重名] 명예를 소중히 여김. 또는 소중한 명예.

중모음[中母音] 단모음(單母音)의 한 갈래. 입을 보통 정도로 벌리고 혀의 위치를 중간으로 하여 발음하는 모음. 'ㅔ・ㅚ・ㅓ・ㅗ' 따위.

중:모음[重母音] 소리를 내는 동안에 입술 모양이나 혀의 위치가 달라지는 모음. ㅑ・ㅕ・ㅛ・ㅠ・ㅒ・ㅖ・ㅙ・ㅝ・ㅞ・ㅟ・ㅢ. =이중 모음(二重母音)・복모음(複母音). ↔단모음(單母音). じゅうぼいん

중:목[衆目] 많은 사람들의 눈. 「~소시(所視)」しゅうもく all eyes

중:목소:시[衆目所視] 뭇사람이 보고 있는 바. =중인소시(衆人所視).

중무소:주[中無所主] 어떤 일에 대한 주관(主觀)이 없음. 줏대가 없음.

중문[中門] 대문 안에 또 세운 문. =중대문(中大門)・중문(重門). inner gate

중문[重文] 둘 이상의 절(節)이 대등하게 이어진 문장. '봄이 오니, 꽃이 핀다' 따위. ↔단문(單文). じゅうぶん compound sentence

중문[重門] ⇨중문(中門).

중미[中米] 품질이 중간쯤 되는 쌀. ↔상미(上米)・하미(下米). ちゅうまい rice of medium quality

중반[中飯] 낮에 먹는 식사. 점심. =중식(中食). ちゅうはん lunch

중반[中盤] 바둑·장기·운동 경기 등에서,' 초반(初盤)에 이어지는 본격적인 대전 단계. 「~전(戰)」ちゅうばん

중발[中鉢] 놋쇠로 만든 자그마한 밥주발. small bowl

중방[中枋] 중인방(中引枋)의 준말.

중:벌[重罰] 무거운 형벌(刑罰). ↔경벌(輕罰). じゅうばつ heavy punishment

중:범[重犯] ① 중대한 범죄. ② 죄를 거듭 저지름. 또는 그 사람. じゅうはん·ちょうはん ① serious crime ② repetition of crimes

중:병[重病] 아주 중한 병. 상태가 심한 병. じゅうびょう serious illness

중:보[重寶] 귀중한 보배. じゅうほう·ちょうほう

중복[中伏] 삼복(三伏)의 하나. 초복(初伏) 다음 열흘째 되는 날로, 하지(夏至) 후 넷째 경일(庚日). ちゅうふく

중복[中腹] ① 산의 중턱. ② 물체의 가운데가 불룩한 부분. 중배. ちゅうふく ① mountain's breast

중복[重複] 겹치거나 거듭됨. ちょうふく·じゅうふく overlapping

중부[中部] 어떤 지역의 가운데가 되는 곳. 「~ 지방(地方)」ちゅうぶ central part

중부[仲父] 아버지의 형제 중, 백부 이외의 아버지의 형을 이르는 말.

중부중[中不中] 맞힘과 못 맞힘. 적중(的中)과 빗나감.

중분[中分] ① 하나를 똑같이 둘로 나눔. ちゅうぶん ② 중년(中年)의 분복(分福)이나 운수.

① bisection

중:분[衆忿] 뭇사람의 분노.

중사[中士] 군대의 하사관(下士官) 계급의 하나. 상사(上士)의 아래, 하사(下士)의 위. sergeant first class

중산 계급[中産階級] 유산 계급과 무산 계급 사이의 중간에 위치하는 사회층. ちゅうさんかいきゅう middle classes

중산 모자[中山帽子] 예복을 입을 때 쓰는, 가운데가 불룩하고 둥근 남자용 모자. derby hat

중살[重殺] 야구에서, 두 사람 이상의 주자(走者)를 아웃시키는 일. 더블 플레이. =병살(倂殺). じゅうさつ double play

중삼[重三] 음력 삼월 초사흗날. 삼짇날.

중상[中商] 물건을 중개(仲介)하기도 하고, 사서 되팔기도 하는 상인. =중매인(仲買人). broker

중상[中傷] 사실이 아닌 말로 남의 명예를 더럽히는 일. 「~모략(謀略)」ちゅうしょう slander

중상[中殤] 삼상(三殤)의 하나. 12살부터 15살 사이에 죽음. 또는 그 사람.

중상[重喪] 탈상하기 전에 부모상을 거듭 당함.

중:상[重傷] 심한 부상(負傷). ↔경상(輕傷). じゅうしょう serious wound

중:상[重賞] ① 상을 후하게 줌. ② 고액의 상금. じゅうしょう

중:상주의[重商主義] 16~17세기에 국가의 보호·간섭에 의한 무역을 중심으로 나라를 부강하게 하려던 유럽 여러 나라의 경제 정책. ↔중농주의(重

農主義). じゅうしょうしゅぎ mercantilism

중생[重生] 기독교에서, 영적(靈的)으로 다시 태어남을 이르는 말. 거듭남. rebirth

중:생[衆生] 불교에서, 부처의 구제(救濟)의 대상이 되는 일체의 생물(生物). しゅじょう all creatures

중:생계[衆生界] 불교에서, 중생이 사는 이 세상. =인간계(人間界)·미계(迷界). じょうかい this world

중생대[中生代] 지질 시대의 한 구분으로, 고생대(古生代)와 신생대(新生代) 사이의 시대. ちゅうせいだい the Mesozoic era

중서[中暑] 더위를 먹어 병이 남. =중열(中熱). ちゅうしょ sunstroke

중:서[衆庶] 여러 사람. 많은 사람. 뭇사람. しゅうしょ

중:석[重石] 텅스텐. じゅうせき tungsten

중선[中線] 삼각형의 각 꼭지점으로부터 대변(對邊)의 중앙으로 그은 선분(線分). ちゅうせん median

중:선[重船] 큰 고기잡이 배.

중설[重說] 한 말을 되풀이함. 또는 그 말. =중언(重言). じゅうせつ repetition

중:설[衆說] 여러 사람의 의견. =중론(衆論)·중의(衆議). しゅうせつ general opinion

중성[中性] ① 서로 상대되는 두 성질의 중간적인 성질. ② 산성(酸性)도 알칼리성도 아닌 성질. ③ 남성 또는 여성의 특징이 뚜렷하지 않은 상태. ④ 유럽어 문법에서, 남성에도 여성에도 속하지 않는 문법상의 범주. ちゅうせい
② neutrality ③ sexlessness

중성[中聲] 음절(音節)의 중간에 오는 모음(母音). '경'의 'ㅕ' 따위. 가운뎃소리. medial vowel of a Korean orthographic syllable

중성자[中性子] 전기적(電氣的)으로 중성인 소립자(素粒子)의 한 가지. 양자(陽子)와 함께 원자핵을 구성함. 원자핵 파괴에 이용됨. ちゅうせいし neutron

중세[中世] 고대(古代)와 근세(近世)의 중간 시대. ちゅうせい middle ages

중:세[重稅] 세율이 아주 높은 조세. じゅうぜい heavy tax

중소[中小] 중치 및 그 이하인 규모의 것. 「~ 기업(企業)」 ちゅうしょう medium and small

중소 기업[中小企業] 자본금·시설·종업원 수 등에서 대체로 중소 규모인 기업. ちゅうしょうきぎょう small-and-medium businesses

중수[中壽] ① 보통 수명의 중간 정도. ② 중간 정도의 장수(長壽). 나이 80세 또는 100세를 이름.

중:수[重水] 중수소(重水素)와 산소로 이루어진 물. 또는 산소의 무거운 동위 원소를 포함하는 물. 원자로의 감속재 등으로 쓰임. じゅうすい heavy water

중:수[重囚] 중죄를 범한 죄수. 죄가 무거운 죄수. felon

중수[重修] 낡고 헌 것을 다시 손대어 고침. repairing

중:수[重數] 무게의 단위로 나타낸 수효.

중:수소[重水素] 수소의 동위

원소(同位元素)로서, 질량수가 2 및 3인 것. 특히, 질량수가 2인 동위체(同位體) 2H를 일컬음. じゅうすいそ heavy hydrogen

중순[中旬] 그 달의 11일부터 20일까지의 열흘 동안. =중완(中浣)·중한(中澣). ちゅうじゅん middle ten days of a month

중:시[重視] ① 중요시(重要視)의 준말. ② 중대시(重大視)의 준말. ↔경시(輕視). じゅうし

중시조[中始祖] 쇠퇴하거나 이름이 없던 집안을 다시 일으켜 세운 조상.

중시하[重侍下] 부모와 조부모를 모시고 있는 처지. serving both parents and grandparents

중식[中食] 점심. =주식(晝食). ちゅうしょく lunch

중:신[重臣] 중요한 지위에 있는 신하. 정이품(正二品) 이상의 신하를 이르던 말. ↔미신(微臣). じゅうしん

중신[重新] 거듭 새롭게 함. renewal

중:신[衆臣] 뭇신하. 여러 신하.

중심[中心] ① 한가운데가 되는 곳. 복판. ② 가장 중요한 부분. ③ 줏대. ちゅうしん ① center

중:심[重心] 물체 각부에 작용하는 중력(重力)의 합력(合力)이 모이는 점. 무게중심. じゅうしん center of gravity

중심각[中心角] 원의 두 개의 반경이 이루는 각. ちゅうしんかく central angle

중심력[中心力] 질점(質點)에 작용하는 힘의 방향이 항상 한 정점(定點)을 통과할 때의 힘.

태양·행성 사이의 만유 인력(萬有引力) 따위. ちゅうしんりょく central force

중심선[中心線] 두 원 또는 두 구의 중심을 이은 직선. ちゅうしんせん central line

중심 운:동[中心運動] 한 정점(定點)으로 향하는 힘만이 작용하는 경우의 물체의 평면 운동. ちゅうしんうんどう

중심 인물[中心人物] 무슨 일을 할 때의 중심적인 역할을 하는 중요한 사람. ちゅうしんじんぶつ central figure

중심점[中心點] 사물의 중심이 되는 점. ちゅうしんてん central point

중씨[仲氏] 남의 둘째 형에 대한 존칭. your second elder brother

중:압[重壓] ① 무겁게 내리누름. ② 강한 압력. じゅうあつ pressure

중앙[中央] ① 한가운데가 되는 곳. ② 사물의 중심이 되는 중요한 곳. ③ 지방에 대하여 수도를 이름. 「~관서(官署)」 ちゅうおう ① center ③ metropolis

중앙 관청[中央官廳] 전국을 관할하는 행정 관청. ↔지방 관청(地方官廳). ちゅうおうかんちょう Central Office

중앙 난:방[中央煖房] 중심되는 한 곳에서 건물의 각 부분으로 증기나 온수(溫水)를 보내는 난방 방식. 집중 난방(集中煖房). central heating

중앙 은행[中央銀行] 한 나라의 금융 조직의 중심이 되는 은행. 은행권을 발행하고 자금의 공급원(供給源)이 되며, 금융을 통제하는 등 특수의 권

중앙 정부[中央政府] 국가 행정의 중앙 기관. 좁은 뜻으로는 내각(內閣)을 가리킴. ちゅうおうせいふ   central government

중앙 집권[中央集權] 통치의 모든 권력이 중앙 정부에 집중되어 있는 일. ↔지방 분권(地方分權). ちゅうおうしゅうけん   centralization of government

중앙치[中央値] 통계 자료의 대표치의 한 가지. 자료를 그 크기의 순서로 늘어놓았을 때 한 가운데에 오는 값. 중앙값. 메디안. =중위수(中位數). ちゅうおうち   median

중앙 표준시[中央標準時] 한 나라 또는 한 지방의 표준이 되는 시간. 우리 나라는 동경 135도의 경선(經線)을 표준 경도로 함. ちゅうおうひょうじゅんじ   central standard time

중야[中夜] 해시(亥時)부터 축시(丑時)까지. 곧, 밤 9시에서 새벽 3시까지의 동안. 한밤중. =중소(中宵).   midnight

중양절[重陽節] 명절의 하나인, 음력 9월 9일. =중구(重九).

중언[重言] 같은 말을 되풀이함. =중설(重說). 「~부언(復言)」 じゅうげん   repetition

중:역[重役] ①주식 회사의 이사(理事)나 감사(監事) 따위의 임원(任員). ②책임이 무거운 역할. じゅうやく   ① director

중:역[重疫] 몹시 심하게 앓는 병. =중병(重病).   serious illness

중역[重譯] 이중 번역(二重飜譯)의 준말. じゅうやく

중연[重緣] 혼인 관계가 있는 집 안끼리 다시 혼인을 맺는 일. じゅうえん   cross marriage

중엽[中葉] 어떤 시대의 중간쯤 되는 시기. ↔초엽(初葉)·말엽(末葉). 「19세기 ~」 ちゅうよう   middle part of a period

중오절[重五節] ⇨단오(端午).

중완[中脘] ⇨중순(中旬).

중외[中外] ①안과 밖. ②국내(國內)와 국외(國外). ちゅうがい   inside and outside

중요[中夭] ①인생의 도중에서 죽음. 젊어서 죽음. =요절(夭折). ②뜻밖의 재난. ちゅうよう   ① dying young

중:요[重要] 소중하고 종요로움. 「~한 안건(案件)」 じゅうよう   importance

중:요시[重要視] 매우 중요하게 여김. 준중시(重視). じゅうようし   attaching importance to

중:욕[衆辱] 뭇사람 앞에서 당하는 모욕.   insult before the public

중용[中庸] ①어느 쪽으로도 치우치지 않고 늘 변함이 없는 일. 또는 그런 모양. ②공자의 손자인 자사(子思)가 지었다는 유교의 경전. 사서(四書)의 하나. ちゅうよう   ① moderation

중:용[重用] ①중요한 지위에 임용(任用)함. ②거듭 사용함. じゅうよう   ① promotion to a responsible post

중:우[衆愚] 수많은 어리석은 사람들. 「~ 정치(政治)」 しゅうぐ   vulgar crowd

중원[中元] 삼원(三元)의 하나. 음력 7월 보름날. =백중(百中). ちゅうげん

중원[中原] ①넓은 들의 한복

판. ② 중국 문화의 발상지인 황하(黃河) 중류의 남북 지역. ③ 변방에 대하여 천하의 중앙을 이르는 말. ④ 정권(政權)을 다투는 장(場). 경쟁의 장. ちゅうげん ① center of a field

중:원[衆怨] 뭇사람의 원망. しゅうえん

중월[仲月] 음력 2월·5월·8월·11월을 이르는 말. 곧, 중춘(仲春)·중하(仲夏)·중추(仲秋)·중동(仲冬)의 각 달. =중삭(仲朔).

중위[中尉] 군대의 계급의 하나. 대위의 아래, 소위의 위. ちゅうい first lieutenant

중위[中衛] 9인제 배구에서, 전위와 후위 사이의 중간에 위치하여 활약하는 선수. ちゅうえい middle guard

중:위[重位] 중요한 직위. 책임이 중한 자리. じゅうい important post

중위[重圍] 여러 겹으로 포위(包圍)함. 또는 그 포위. 「적(敵)의 ~를 뚫다」 じゅうい

중:유[重油] 원유를 증류할 때, 휘발유·등유 등을 뽑아 낸 다음에 남는 걸쭉한 기름. 디젤 기관이나 보일러의 연료 따위로 쓰임. じゅうゆ heavy oil

중:유 기관[重油機關] 중유를 연료로 쓰는 원동기. 디젤 엔진. じゅうゆきかん heavy oil engine

중:은[重恩] 크고 두터운 은혜. じゅうおん great favor

중음[中音] ① 높지도 낮지도 않은 목소리. ② 음악에서, 여성(女聲)의 소프라노 다음으로 높은 성역(聲域). ちゅうおん

중의[中衣] 남자의 여름 홑바지. =고의(袴衣).

중:의[衆意] 뭇사람의 의견. しゅうい majority opinion

중:의[衆議] 여러 사람의 논의. =중론(衆論). しゅうぎ public discussion

중이[中耳] 청각 기관의 일부. 고막(鼓膜)과 내이(內耳)의 중간 부분. 「~염(炎)」 ちゅうじ middle ear

중이염[中耳炎] 병원균의 감염으로 중이에 생기는 염증. ちゅうじえん tympanitis

중인[中人] 조선 때, 양반과 상인(常人)의 중간 계급을 이르던 말.

중:인[重因] 중요한 원인. major cause

중:인[衆人] 뭇사람. 여러 사람. 「~환시(環視)」 しゅうじん the public

중인방[中引枋] 기둥과 기둥 사이의, 벽 한가운데에 가로지르는 인방. 준중방(中枋). horizontal strut in a wall

중:인소:시[衆人所視] 여러 사람이 보고 있는 가운데. =중목소시(衆目所視). 중인환시(衆人環視).

중일[中日] 중국과 일본. 「~전쟁(戰爭)」 China and Japan

중:임[重任] ① 중대한 임무. ② 이전 직책에 거듭 임명함. じゅうにん ①important duty ② reappointment

중:자[衆子] 맏아들 외의 다른 아들들. 「~부(婦)」

중자음[重子音] ⇨복자음(複子音).

중장[中章] 삼장(三章)으로 된 시조(時調)의 가운데 장. middle line of a poem

중장[中將] 군대 계급의 하나. 대장의 아래, 소장의 위.

중장~중지 **1609**

중장[中腸] 무척추동물의 창자의 가운데 부분. 위(胃)라고도 하며, 주로 먹이를 흡수하는 구실을 함. ちゅうちょう lieutenant general

중재[仲裁] 제삼자가 분쟁 당사자 사이에 들어 화해(和解)를 붙이는 일. ちゅうさい arbitration

중재 재판[仲裁裁判] 국제간의 분쟁을, 분쟁 당사국이 합의에 의하여 선임한 제삼국의 판단에 따라 해결하는 제도. ちゅうさいさいばん arbitration

중전[中殿] 중궁전(中宮殿)의 준말.

중절[中絶] 중도에서 끊거나 그만둠. 「임신(姙娠)~」 ちゅうぜつ interruption

중절 모자[中折帽子] 꼭대기의 가운데가 접혀 들어가고 둥근 챙이 달린 모자. なかおれぼうし soft hat

중점[中點] ① 문장에서 같은 계열의 단어를 나열할 때, 그 사이의 한가운데에 찍는 점. 가운뎃점. なかてん ② 하나의 선분(線分) 또는 호(弧)를 이등분하는 점. ちゅうてん ② middle point

중:점[重點] 중요한 점. 중시해야 할 점. じゅうてん important point

중정[中正] 치우치지 않고 올바름. ちゅうせい fairness

중정[中情] 마음 속에 품은 생각. 마음 속. ちゅうじょう mind

중정[重訂] 서적 따위의 잘못된 곳을 거듭 정정(訂正)하는 일. じゅうてい second revision

중:정[衆情] 여러 사람들의 심정. しゅうじょう mob psychology

중:제[重劑] 한방에서, 진정시키는 성질을 가진 광물성(鑛物性)의 약제를 이르는 말. =금석지제(金石之劑).

중조[重曹] 약(弱)알칼리성의 흰색의 결정성 분말. 청량 음료·의약품·빵 제조 따위에 쓰임. 중탄산소다. 곧, 탄산수소나트륨의 통칭. じゅうそう bicarbonate of soda

중졸[中卒] 중학교를 졸업함. ちゅうそつ middle school graduation

중:죄[重罪] 무거운 죄. 중대한 죄과(罪科). じゅうざい felony

중주[重奏] 둘 이상의 성부를 각 악기가 하나씩 맡아서, 동시에 합주하는 일. ↔독주(獨奏). じゅうそう

중:중[衆中] 많은 사람 가운데. しゅうちゅう

중중첩첩[重重疊疊] 여러 겹으로 포개진 모양.

중:증[重症] 매우 위중한 증세. ↔경증(輕症). じゅうしょう serious illness

중지[中止] 중도에서 그만둠. ↔계속(繼續). ちゅうし suspension

중지[中指] 가운뎃손가락. =장지(長指). なかゆび middle finger

중지[中智] 특별히 뛰어나지 못한 보통의 슬기. average intelligence

중:지[重地] 매우 중요한 곳. important place

중:지[衆知] 많은 사람이 앎. しゅうち popular knowledge

중:지[衆智] 뭇사람의 지혜. 「~를 모으다」 しゅうち wisdom of many

중지 미:수[中止未遂] 미수의 한 가지. 범인이 실행에 착수한 행위를 자의로 중지하거나, 그 행위로 말미암은 결과의 발생을 방지한 경우의 범죄. =중지범(中止犯). ちゅうしみすい

중지범[中止犯] ⇨중지 미수(中止未遂).

중지부[中止符] 쉼표의 하나. 가로쓰기 글에서 쓰는 문장 부호 ':'의 이름. =쌍점(雙點). colon

중지상[中之上] 중길 가운데서의 상등(上等). B plus

중지중[中之中] 중길 가운데에서 중간 정도가 되는 것. B grade

중지하[中之下] 중길 가운데에서의 하등(下等). B minus

중:직[重職] 중요한 책임이 있는 직무나 직위. じゅうしょく important position

중:진[重鎭] 어떤 분야에서, 무게 있는 중요한 인물. じゅうちん prominent figure

중질[中秩] 중간 등급이 되는 것. 중길. middlings

중참[中站] 일을 하다가 중간에 잠시 쉬는 시간. 또는 그 때 먹는 간단한 음식.

중창[重刱] 낡은 건물을 고쳐서 그 면모를 새롭게 함. repair

중창[重唱] 둘 이상의 성부(聲部)를 한 사람이 하나씩 맡아서 동시에 노래하는 일. 「이(二)~」じゅうしょう part-singing

중:책[重責] 중요한 책임. じゅうせき heavy responsibility

중천[中天] 하늘의 한복판. =중공(中空)·반천(半天). ちゅうてん midair

중:천금[重千金] 천금의 무게와 같음. 가치가 매우 큼. 매우 중요함. =치천금(値千金). 「남아일언(男兒一言) ~」

중첩[重疊] 겹쳐지고 포개어짐. ちょうじょう

중초[中草] 품질이 중길인 담배. tobacco of medium quality

중초[中焦] 한방의 삼초(三焦)의 하나. 심장과 배꼽의 중간에 위치하여 음식의 소화를 맡음.

중추[中樞] ①사물의 중심이 되는 중요한 부분이나 자리. ②신경 중추(神經中樞)의 준말. ちゅうすう ①center

중추[仲秋] 가을의 한중간. 곧 음력 8월의 딴이름. =중상(仲商). 「~가절(佳節)」ちゅうしゅう midautumn

중추절[仲秋節] 음력 8월 보름의 명절. 한가위. 가위. =추석(秋夕). Harvest Moon Day

중축[中軸] ①중심이 되는 축. ②사물의 중심이 되는 것. 또는 중심이 되는 사람. ちゅうじく ①axis ②central figure

중춘[仲春] 봄의 중간 무렵. 곧 음력 2월의 딴이름. =중양(仲陽). ちゅうしゅん midspring

중출[重出] 같은 사물이 거듭 나옴. =첩출(疊出). じゅうしゅつ

중층[中層] ①건물의 가운데 층. ②⇨중류(中流). ①middle story

중:치[重治] 엄중하게 다스림. =엄치(嚴治). severe government

중침[中針] 그리 굵지도 가늘지도 않은 중간치의 바늘. medium-sized needle

중칭[中秤] 중간치의 저울. 보통 서른 근 정도까지 달 수 있음. medium-sized balance

중칭 대:명사[中稱代名詞] 그리 멀지 않은 곳에 있는 사람이나 사물을 가리키는 대명사. 그·그이·그것 따위. ちゅうしょうだいめいし

중:탁[重濁] 탕약·국물 따위가 걸쭉하고 진함. thickness

중탕[中湯] 온도가 상탕(上湯)과 하탕(下湯)의 중간 정도인 온천의 탕. ↔상탕(上湯)·하탕(下湯). hot spring of moderate temperature

중탕[重湯] 음식물을 넣은 그릇을 끓는 물에 넣어서 익히거나 데우는 일. heating (food) in boiling water

중:태[重態] 병이 몹시 위중한 상태. じゅうたい serious condition

중:토[重土] ① 질산바륨을 가열하여 얻는 흰 가루. 산화바륨(酸化 barium)의 통칭. ② 너무 차져서 농사에 부적당한 흙이나 땅. じゅうど

중:토수[重土水] 산화바륨을 물에 녹인 액체. じゅうどすい baryta water

중:통[重痛] 심하게 아픔. 몹시 앓음. severe pain

중퇴[中退] 중도에서 되학함. 「대학(大學)~」ちゅうたい leaving school in mid-course

중파[中波] 주파수 300 ~3000 킬로헤르츠, 파장 100 ~1000 미터인 전파(電波). 라디오 방송 따위에 쓰임. ↔단파(短波)·장파(長波) ちゅうは medium wave

중판[重版] 같은 책을 거듭 출판함. 또는 그 책. じゅうはん reprint

중판화[重瓣花] 수술이 꽃잎으로 변하여, 꽃잎이 여러 겹으로 겹쳐 피는 꽃. 겹꽃. ↔단판화(單瓣花). じゅうべんか

중편[中篇] ① 셋으로 나눈 책이나 글의 가운데 편. ② 장편과 단편 사이에 드는 중간 길이의 소설. =중편 소설(中篇小說). ちゅうへん
① second volume ② medium-length story

중:평[衆評] 많은 사람의 비평. しゅうひょう public opinion

중:포[重砲] 위력이 큰 포탄을 발사할 수 있는, 구경(口徑)이 큰 대포. じゅうほう heavy gun

중:포화[重砲火] ① 중포의 화력(火力). ② 격심한 포화. 맹렬한 포격. じゅうほうか ② heavy bombardment

중:폭[重爆] 중폭격기(重爆擊機)의 준말. ↔경폭(輕爆). じゅうばく

중:폭격기[重爆擊機] 기체(機體)가 크고 폭탄의 적재량이 많으며, 행동 반경(行動半徑)이 2,500 마일 이상의 폭격기. ↔경폭격기(輕爆擊機). 준중폭(重爆). じゅうばくげきき heavy bomber

중품[中品] 품질이 중길인 물건. article of medium quality

중풍[中風] 뇌일혈(腦溢血)로 반신 불수가 되거나, 팔 또는 다리가 마비되는 병. =중기(中氣). ちゅうぶう·ちゅうぶ·ちゅうふう palsy

중풍질[中風質] 중풍에 걸리기 쉬운 체질.

중하[仲夏] 여름의 중간 무렵. 곧, 음력 5월의 딴이름. ちゅうか midsummer

중:하[重荷] 무거운 짐. 무거운 부담. じゅうか·おもに heavy burden

중학교[中學校] 초등 학교를 졸업하고 진학하는 3년제의 학교. ちゅうがっこう middle school

중한[中澣] ⇨중순(中旬).

중합[重合] ① 포개어 합함. ② 동일한 화합물의 분자가 두 개 이상 결합하여 큰 분자량의 화합물이 되는 반응.「~체(體)」じゅうごう ② polymerization

중합체[重合體] 분자의 중합에 의하여 생긴 화합물. 염화비닐 등. じゅうごうたい polymer

중핵[中核] 사물의 중심. 중요한 부분. =핵심(核心). ちゅうかく core

중형[中型] 중치의 크기. ちゅうがた medium size

중형[仲兄] 사시의 둘째 형. ちゅうけい second elder brother

중:형[重刑] 무거운 형벌. じゅうけい severe punishment

중혼[重婚] 아내나 남편이 있는 사람이 이중으로 결혼함. 또는 그러한 결혼. じゅうこん bigamy

중화[中火] 길을 가는 도중에 점심을 먹음. 또는 그러한 점심.

중화[中和] ① 치우침이 없이 알맞게 조화를 이룬 상태. ② 산(酸)과 염기가 반응하여 본디의 성질을 잃는 일. ちゅうわ ② neutralization

중화[中華] 중국인이 자기 나라를 이르는 말.「~ 요리(料理)」ちゅうか China

중:화기[重火器] 보병의 화기 중 비교적 화력이 센 중기관총·자동포·박격포·무반동포·보병포 따위의 총칭. ↔경화기(輕火器). じゅうかき heavy weapons

중:화상[重火傷] 심하게 입은 화상.

중화열[中和熱] 산과 염기가 1그램 당량(當量)씩 중화할 때에 발생하는 열량. ちゅうわねつ heat of neutralization

중화점[中和點] 산(酸)과 염기가 남거나 모자람 없이 일치하여 반응을 마친 점. ちゅうわてん neutral point

중화지기[中和之氣] 화평한 기상(氣象).

중환[中丸] 총탄에 맞음.「~사(致死)」 being shot

중:환[重患] 위중한 병. =중병(重病).「~자(者)」じゅうかん serious illness

중:회[衆會] 많은 사람의 모임.

중:후[重厚] 태도가 점잖고 무게가 있음. じゅうこう gravity and generosity

중흥[中興] 쇠하던 것이 중간에 다시 일어남.「민족(民族) ~」ちゅうこう restoration

중흥지주[中興之主] 쇠망하여 가던 나라를 다시 일으킨 군주.

쥐라기[Jura紀] 지질 시대의 중생대를 이루는 세 기(紀)의 둘째 기. 파충류(爬蟲類)·암모나이트 등이 번식하였음. ジュラき(紀)

즈크[네 doek] 베실이나 무명실로 두껍게 짠 직물(織物). 천막·신·캔버스 등에 씀.

즉[即]* ① 곧 즉 : 곧.「即時(즉시)·即刻(즉각)·即行(즉행)·即決(즉결)」② 나아갈 즉 : 나아가다.「即位(즉위)」ソク ① すなわち

즉각[即刻] 당장에 곧. =즉시(即時). そっこく at once

즉결[即決] 바로 그 자리에서 결정함. =직결(直決).「~처분(處分)」そっけつ

즉금[即今] 지금 곧. 곧 이제. 即今. そっこん at once

즉낙[即諾] 그 자리에서 승낙함. 即諾. そくだく ready consent

즉납[即納] 금품(金品)을 그 자리에서 냄. 即納金品. そくのう immediate payment

즉단[即斷] 즉시 단정함. 即斷. そくだん immediate conclusion

즉답[即答] 당장 그 자리에서 대답함. =직답(直答). 即答. そくとう prompt answer

즉매[即賣] 그 자리에서 바로 팖. 即賣. 「전시장(展示場) ~」 そくばい spot sale

즉발[即發] ①곧 출발함. ②그 자리에서 바로 폭발함. 即發. そくはつ

즉사[即死] 그 자리에서 바로 죽음. 即死. そくし instantaneous death

즉살[即殺] 그 자리에서 바로 죽임. 即殺. killing instantly

즉석[即席] 어떤 일이 일어나거나 이루어지는 바로 그 자리. =즉좌(即座). 即席. 「~ 요리(料理)」料理 そくせき

즉성[即成] 그 자리에서 곧 이루어지거나 이룸. 即成. そくせい extemporizing

즉시[即時] 바로 그 자리에서. 곧. =즉각(即刻). 即時. そくじ at once

즉시급[即時給] 지불 청구가 있는 그 자리에서 바로 지급함. 即時給. spot payment

즉시범[即時犯] 위법 사실의 실현과 동시에 완성되는 범죄. 방화죄·절도죄 등. 即時犯. そくじはん

즉심시:불[即心是佛] 불교에서, 사람은 번뇌로 인해 마음이 더러워지나 본심은 불성(佛性)으로서, 중생의 마음이 곧 부처의 마음이라는 뜻. 即心是佛性. =시심시불(是心是佛)·즉심즉불(即心即佛).

즉위[即位] 왕위(王位)에 오름. 即位. =즉조(即祚)·등극(登極). ↔퇴위(退位). そくい accession to the throne

즉응[即應] 그 자리에서 바로 응함. 即應. そくおう conformity

즉일[即日] 바로 그 날. =당일(當日). 即日. 「~ 시행(施行)」そくじつ same day

즉전[即前] 일이 있기 바로 전. 即前. =직전(直前). ↔즉후(即後). immediately before

즉전[即傳] 곧 전하여 보냄. 即傳. immediate transmission

즉제[即製] 그 자리에서 바로 만들어 냄. 即製. そくせい extemporization

즉조[即祚] ⇨즉위(即位). 即祚.

즉좌[即座] ⇨즉석(即席). 即座. そくざ

즉출급[即出給] 물건이나 돈을 그 자리에서 바로 내어 줌. 即出給.

즉통[喞筒] 물을 자아올리는 기계. 무자위. 喞筒機械. そくとう pump

즉행[即行] ①곧 감. ②곧 시행함. 即行. そっこう ①going at once ②doing at once

즉효[即效] 즉시 효력이 나타남. 또는 그 효력. 即效. そっこう impromptu effect

즉흥[即興] 그 자리에서 바로 일어나는 흥취. 即興趣. 「~시(詩)」そっきょう impromptu amusement

즉흥곡[即興曲] 즉흥적으로 지은 악곡. 即興曲樂曲. そっきょうきょく impromptu

즉흥시[即興詩] 그때 그때의 흥취를 그 자리에서 읊은 시. 即興詩. そっきょうし impromptu poem

즐[櫛] ①빗 즐: 빗. 빗질하다. 櫛. 「櫛沐(즐목)·櫛梳(즐소)·櫛齒 櫛沐

즐변[櫛繁] 여럿이 가지런히 늘어놓여 있음.

즐비[櫛比] 빗살처럼 가지런하고 빈틈없이 늘어서 있음. 「~한 상점(商店)」 しっぴ standing in a continuous row

즐치[櫛齒] 빗살. teeth of a comb

즐치상[櫛齒狀] 빗살과 같은 형상. pectination

즐풍목우[櫛風沐雨] 바람으로 머리를 빗고 빗물로 목욕을 한다는 뜻으로, 객지에서 많은 고생을 함의 비유. しっぷうもくう

즙[汁] 진액. 국물. 「果汁(과즙)・液汁(액즙)・肉汁(육즙)」 ジュウ・しる

즙[楫] "檝"은 同字. 노 즙: 노. 「楫師(즙사)・舟楫(주즙)」 シュウ・かじ

즙장[汁醬] 찐 밀기울과 콩을 메주처럼 띄워 만든 가루에 누룩 가루・소금・물을 넣고 버무린 다음, 항아리에 담고 꼭 봉하여 익힌 장. 집장.

즙재[汁滓] 즙을 짜 내고 남은 찌꺼기. lees

즙청[汁淸] 과줄이나 주악 따위에 꿀을 바르고 계핏가루를 뿌려서 재워 두는 일.

증[烝] ①무리 증: 무리. 「烝徒(증도)・烝民(증민)」 ②찔 증: 찌다. 찌는 듯이 덥다. 「烝烝(증증)」 ジョウ

증[症]☆ 증세 증: 증세. 증상. 「病症(병증)・炎症(염증)・痛症(통증)・重症(중증)・症狀(증상)」 ショウ・やまい

증[曾]* ①일찍이 증: 일찍이. 이전에. 「未曾有(미증유)・曾往(증왕)・曾前(증전)」 ②거듭할 증: 거듭하다. 「曾祖(증조)・曾孫(증손)」 ソウ ①かつて

증[蒸]☆ "烝"과 通字. ①찔 증: 찌다. 「蒸氣(증기)・蒸餠(증병)・蒸烹(증팽)・蒸溜(증류)・蒸發(증발)」 ②무리 증: 무리. 「蒸民(증민)・蒸庶(증서)」 ジョウ ①むす

증[增]* 더할 증: 더하다. 「增加(증가)・增築(증축)・增刊(증간)・增減(증감)・加增(가증)」 ゾウ・ます

증[憎]☆ 미워할 증: 미워하다. 「愛憎(애증)・憎惡(증오)・憎斥(증척)・可憎(가증)」 ゾウ・にくむ

증[繒] 비단 증: 비단. 「繒纊(증광)・繒絮(증서)」 ソウ

증[贈]☆ 줄 증: 주다. 「贈與(증여)・贈呈(증정)・贈賄(증회)」 ゾウ・おくる

증[證]* 증거 증: 증거. 증명하다. 「證據(증거)・證明(증명)・證憑(증빙)・僞證(위증)・確證(확증)」 ショウ・あかす

증가[增加] 늘어서 많아짐. 불어나 많아짐. ↔감소(減少). ぞうか increase

증가[增價] ①값이 오름. 또는 값을 올림. ②시가에 따라 재산 평가를 높임. ↔감가(減價). ぞうか

증간[增刊] 잡지 따위의 정기 간행물을 정해진 시기 이외에 임시로 더 발행함. 「~호(號)」 ぞうかん extra number

증감[增減] 늘어남과 줄어듦. 증가와 감소. =증손(增損). ぞうげん increase and decrease

증강[增強] 더 늘려 강하게 함.

「병력(兵力) ~」 ぞうきょう reinforcement

증거[證據] ① 어떤 사실을 증명할 근거나 표적. ② 소송법상, 법원이 판결의 기초가 되는 사실을 인정하기 위한 자료. 「~품(品)」 しょうこ evidence

증결[增結] 열차 편성에 있어 객차나 화차의 열차에 임시로 차량을 더 연결함. ぞうけつ adding cars of a train

증군[增軍] 군사력을 늘림. ↔감군(減軍). ぞうぐん reinforcement

증권[證券] ① 증거가 되는 문권(文券). ② 재산상의 권리·의무에 관한 사항을 기재한 문권. 「~ 회사(會社)」 しょうけん ① bill ② security

증권 거:래소[證券去來所] 증권을 매매하기 위하여 개설된 상설의 유통 시장. stock exchange

증급[增給] 급료를 올려 줌. =증봉(增俸). ぞうきゅう increase in pay

증기[蒸氣] 액체나 고체가 증발 또는 승화(昇華)해서 생긴 기체. じょうき steam

증기관[蒸氣管] 증기가 통하는 긴 관(管). 증기 파이프. じょうきかん steam pipe

증기관[蒸氣罐] 밀폐된 용기 안에서 물을 끓여 고압의 증기를 발생시키는 장치. 보일러. =기관(汽罐). じょうきがま steam boiler

증기 기관[蒸氣機關] 증기의 압력으로 피스톤의 왕복 운동을 일으켜 동력(動力)을 얻는 기관. じょうききかん steam engine

증기선[蒸氣船] 증기의 힘으로 달리는 배. =기선(汽船). じょうきせん steamship

증답[贈答] 선물을 서로 주고받음. ぞうとう exchange of presents

증대[增大] 수량이나 정도 따위가 늘거나 커짐. ぞうだい increase

증량[增量] 수량이 늚. 또는 수량을 늘림. ぞうりょう increase in quantity

증뢰[贈賂] 뇌물을 줌. ↔수뢰(收賂). bribery

증류[蒸溜] 액체를 가열해서 증기를 내고, 이를 냉각시켜서 다시 액체로 만드는 일. 액체의 성분을 분리(分離)하거나 정제(精製)하는 데 쓰임. じょうりゅう distillation

〔증류〕

증류수[蒸溜水] 천연수를 증류해서 불순물을 제거한 물. じょうりゅうすい distilled water

증류주[蒸溜酒] 곡식이나 과실로 만든 술을 증류해서 주정(酒精)의 강도를 높인 술. 소주·위스키 따위. じょうりゅうしゅ distilled liquor

증명[證明] ① 어떤 사실이 틀림없다는 것을 증거로 밝히는 일. 「~서(書)」 ② 수학이나 논리학에서, 어떤 명제의 진위(眞僞)를 근본 원리로부터 이끌어 내는 일. ③ 법률 당사자가 재판의 기초가 되는 사실을 법관에게 확인시키는 일. しょうめい proof

증모[增募] 수효를 늘려서 더

모집함. increased recruitment 募集
증민[烝民・蒸民] 모든 백성. =만민(萬民). じょうみん
　　　　　all the people
증발[蒸發] ① 액체가 그 표면에서부터 기체로 변하는 현상. ② 사람이나 물건이 갑자기 사라져 행방을 알 수 없게 됨을 속되게 이르는 말. じょうはつ
　① evaporation
증발[增發] ① 열차 따위의 운행 횟수를 늘림. ② 화폐 따위의 발행을 늘림. ぞうはつ
　① operation of an extra train
　② increased issue
증배[增配] 주식. 배당(配當)이나 배급되는 양을 늘림. ぞうはい　increased dividend
증병[增兵] 군사의 수를 늘림. ぞうへい
증보[增補] 서적 등의 빠지거나 모자라는 데를 보충해서 늘림. 「~판(版)」 ぞうほ
　　　　　enlargement
증봉[增俸] ⇨증급(增給). ぞうほう
증빙[證憑] 증거로 삼음. 또는 그러한 근거. 「~ 서류(書類)」 しょうひょう　evidence
증삭[增削] ⇨증산(增刪).
증산[蒸散] 증발하여 흩어짐. じょうさん　evaporation
증산[增刪] 시문(詩文) 따위를 다듬기 위하여 필요한 부분을 보태거나 필요없는 부분을 뺌. =증삭(增削)・첨삭(添削).
　　　　　correction
증산[增産] 생산하는 양을 늘림. ↔감산(減産). ぞうさん
　　　　increase in production
증상[症狀] ⇨증세(症勢). しょうじょう
증서[證書] 사실임을 증명하는 문서. =증문(證文). 「졸업(卒業) ~」 しょうしょ　certificate
증설[增設] 늘려서 설치함. 설비를 늘림. ぞうせつ
　　　increase of establishment
증세[症勢] 병으로 말미암아 나타나는 현상. 또는 그 상태. =증후(症候)・증상(症狀).
　　　　　symptoms
증세[增稅] 세액(稅額)을 늘리거나 세율(稅率)을 올림. ↔감세(減稅). ぞうぜい
　　　increase of taxation
증속[增速] 속도를 늘림. ↔감속(減速). increase of speed
증손[曾孫] 손자의 아들. 아들의 손자. そうそん・ひまご・ひいまご　great-grandson
증손[增損] ⇨증감(增減). ぞうそん
증손녀[曾孫女] 손자의 딸. 아들의 손녀. great-granddaughter
증손부[曾孫婦] 손자의 며느리. wife of a great-grandson
증손서[曾孫壻] 증손녀의 남편. husband of a great-granddaughter
증쇄[增刷] 더 추가해서 인쇄함. ぞうさつ　additional printing
증수[增水] 강 따위의 물이 불어서 늚. 또는 그 물. ↔감수(減水). ぞうすい　rise of a river
증수[增收] 수입이나 수확이 늚. 또는 수입이나 수확을 늘림. ↔감수(減收). ぞうしゅう
　　　increase of income
증수[增修] ① 책 따위를 증보 수정(增補修正)함. ② 건축물을 늘려 짓거나 고침.
　　revision and enlargement
증습[蒸濕] 날씨가 찌는 듯이 무덥고 눅눅함. sultriness
증식[增殖] ① 늘어나서 많아짐.

증액[增額] 액수를 늘림. 또는 그 액수. ↔감액(減額). ぞうかく　increased amount

증언[證言] ① 사실을 증명하는 말. ② 증인(證人)이 하는 진술. しょうげん　testimony

증여[贈與] ①물품을 선물로 줌. ② 재산을 무상(無償)으로 타인에게 양도(讓渡)하여 주는 행위. =증유(贈遺)·기증(寄贈). 「~세(稅)」 ぞうよ　presentation

증열[蒸熱] 찌는 듯한 무더위. =증염(蒸炎). じょうねつ　sultriness

증염[蒸炎] ⇨증열(蒸熱).

증오[憎惡] 몹시 미워함. ぞうお　hatred

증왕[曾往] 일찍이 지나간 그때. =증전(曾前). begone days

증울[蒸鬱] 찌는 듯이 무겁고 답답함. sultriness

증원[增員] 사람을 늘림. ↔감원(減員). ぞういん　increase in personnel

증원[增援] 인원 등을 늘려서 도와 줌. ぞうえん　reinforcement

증익[增益] 더하여 늘게 함. ぞうえき　increase of profit

증인[證人] ①증명하는 사람. =증거인(證據人). ②보증을 서는 사람. =보증인(保證人). ③법정에서 증언을 하는 사람. しょうにん　① witness ② surety ③ deponent

증인[證印] 증명이 되게 찍는 도장. しょういん　evidential seal

증자[增資] 자본금을 늘림. ↔감자(減資). ぞうし　capital increase

증장[增長] ①더 자람. ②더 심하여짐. ぞうちょう　① further growth

증적[證跡] 증거가 되는 자취. しょうせき　evidence

증전[曾前] ⇨증왕(曾往).

증정[增訂] 책 따위의 모자라는 것을 보태고 잘못된 곳을 바로잡음. 「~판(版)」 ぞうてい　revision and enlargement

증정[贈呈] 남에게 물건을 선사함. ぞうてい　presentation

증조[曾祖] ①조부모의 부모. ②증조부(曾祖父)의 준말. そうそ

증조부[曾祖父] 할아버지의 아버지. 아버지의 할아버지. 준 증조(曾祖). そうそふ　great-grandfather

증좌[證左] 참고가 될 만한 증거. =증참(證參). しょうさ　evidence

증지[證紙] 일정한 사항을 증명하기 위하여 행정 기관 같은 데서 발행하는 표. しょうし　certificate stamp

증진[增進] 점점 더 늘거나 나아짐. 또는 점점 더 늘거나 나아지게 함. ↔감퇴(減退). 「체력(體力)~」 ぞうしん　promotion

증징[增徵] 조세(租稅) 따위를 종전보다 더 많이 징수함. ぞうちょう　additional levy

증차[增車] 차량의 수를 늘림.

증축[增築] 건물 등을 더 늘려서 지음. ぞうちく　enlargement of a building

증파[增派] 인원을 더 늘려서 파견함. =증견(增遣). ぞうは　reinforcement

증편[增便] 배·항공기·자동차 增便
등 정기편의 횟수를 늘림.

증폭[增幅] ①전기 신호 등의 진 增幅
폭(振幅)을 늘려 감도(感度)를
높이는 일. ②사물의 정도나
범위를 크게 함. ぞうふく
　　　　　amplification

증표[證標] 증거가 될 만한 표. 證標
しょうひょう　　　voucher

증험[證驗] ①실제로 사실을 경 證驗
험함. 또는 증거가 될 만한 경
험. ②증거가 될 만한 표시.
　　　　　① trial

증회[贈賄] 뇌물을 줌. =증뢰 贈賄
(贈賂). ↔수회(收賄). ぞうわ
い　　　　bribery

증후[症候] ⇨증세(症勢). しょ 症候
うこう

증후군[症候群] 몇 가지 증후가 症候群
함께 나타나지만 그 원인이
불명이거나 단일(單一)이 아닐
때 병명(病名)에 따라 붙이는
명칭. しょうこうぐん
　　　　　syndrome

지[之]* ①갈 지 : 가다. 「之東 之東
之西(지동지서)」②이 지·이 之西
이것. 「知之(지지)」③의 지 :
~의. 소유격(所有格). 「上之
上(상지상)」 シ ①ゆく ②こ
れ ③の

지[支]* ①버틸 지 : 버티다. 「支 支柱
柱(지주)·支撑(지탱)·支存(지 支撑
존)」②흩어질 지 : 흩어지다.
나누어지다. 「支離滅裂(지리
멸렬)」③가지 지 : 가지. 「支 支店
店(지점)·支流(지류)·支局(지
국)」④줄 지 : 지급하다. 급
여. 「支給(지급)·支拂(지불)」
シ ①ささえる

지[止]* ①그칠 지 : 그치다. 「中 中止
止(중지)·止痛(지통)·止血(지 止血
혈)」②머무를 지 : 묵다. 「止
宿(지숙)·止舍(지사)」 ③살

지 : 거주하다. 「止接(지접)」
シ ①やめる

지[只]* 다만 지 : 다만. 「只管 只管
(지관)·但只(단지)」 シ・ただ

지[地]* 땅 지 : 땅. 곳. 「地面 地面
(지면)·地名(지명)·地番(지
번)·地上(지상)·地質(지질)·
天地(천지)·土地(토지)」チ·
ジ·つち

지[旨] 뜻 지 : 뜻. 「趣旨(취지) 趣旨
·內旨(내지)·大旨(대지)·本旨
(본지)·旨義(지의)」 シ・むね

지[至]* ①이를 지 : 이르다. 「必 必至
至(필지)」②지극할 지 : 지극
하다. 「至極(지극)·至誠(지성)
·至妙(지묘)·至善(지선)」③
까지 지 : ~까지. 「至수(지금)」
シ ①いたる

지[池]ⁿ 못 지 : 못. 「池閣(지각) 池閣
·池塘(지당)·蓮池(연지)」チ·
いけ

지[址] 터 지 : 터. 자리. 「城址 城址
(성지)·寺址(사지)·遺址(유
지)·址臺(지대)」 シ・もとい

지[志]* ①뜻 지 : 의지. 바람.
감점, 본심. 「志節(지절)·志 志節
行(지행)·意志(의지)·大志(대 大志
지)·初志(초지)·宿志(숙지)·
志願(지원)·志望(지망)」②기
록할 지 : 적다. 「志史(지사)·
志乘(지승)」 シ ①こころざし

지[枝]* ①가지 지 : 가지. 「枝 枝莖
莖(지경)·枝葉(지엽)·竹枝(죽
지)·枝節(지절)·枝栽(지재)·
枝道(지도)」②육손이 기 : 육 枝道
손이. 「枝指(기지)」 シ ①えだ

지[知]* ①알 지 : 알다. 깨닫
다. 「知恩(지은)·知得(지득)· 知恩
知識(지식)·知見(지견)·知悉
(지실)·知行(지행)·知覺(지
각)·知止(지지)·不知(부지)」 不知
②주장할 지 : 주장하다. 「知
事(지사)·知府(지부)」チ ①

지[肢] 사지 지: 팔다리. 가지. 「肢幹(지간)·肢體(지체)·肢骨(지골)·四肢(사지)」シ・てあし

지[芝] ① 버섯 지: 버섯. 「芝菌(지균)」 ② 지초 지: 지초. 「芝蘭(지란)·芝草(지초)」シ② しば

지[咫] 짧을 지: 짧다. 가깝다. 「咫尺(지척)」シ

지[持]* 가질 지: 가지다. 잡다. 지니다. 「所持(소지)·持參(지참)·受持(수지)·保持(보지)·護持(호지)·支持(지지)·固持(고지)」ジ・もつ

지[指]* ① 손가락 지·발가락 지: 손가락. 발가락. 「指紋(지문)·指甲(지갑)·指環(지환)·指爪(지조)·五指(오지)·中指(중지)」 ② 가리킬 지: 가리키다. 「指示(지시)·指呼(지호)·指南(지남)·指針(지침)」シ ① ゆび ② さす

지[祉] 복 지: 복. 「福祉(복지)·祉祿(지록)」シ・さいわい

지[砥] ① 숫돌 지: 숫돌. 「砥石(지석)·砥矢(지시)·砥平(지평)」 ② 갈 지: 갈다. 「砥鍊(지련)·砥磨(지마)」シ・テイ ① といし ② とぐ

지[祇] 공경할 지: 공경하다. 삼가다. 「祇敬(지경)·祇莊(지장)·祇服(지복)·祇畏(지외)·祇仰(지앙)」シ

지[紙]* 종이 지: 종이. 「紙袋(시내)·紙價(지가)·紙類(지류)·紙面(지면)·休紙(휴지)·破紙(파지)·白紙(백지)」シ・かみ

지[脂] ① 기름 지: 기름. 「樹脂(수지)·油脂(유지)·脂肪(지방)」 ② 연지 지: 연지. 「脂粉(지분)·臙脂(연지)」シ ① あ

ぶら

지[舐] 핥을 지: 핥다. 「舐糠(지강)·舐犢之愛(지독지애)」シ・なめる

지[趾] "址"와 同字. ① 발가락 지: 발가락. 「趾骨(지골)」 ② 터 지: 터. 자리. 「遺趾(유지)」シ ① あしゆび

지[智]* 슬기 지: 슬기. 지혜. 「智巧(지교)·智見(지견)·智能(지능)·智略(지략)·智謀(지모)·銳智(예지)·無智(무지)」チ・ちえ・さとい

지[漬] 적실 지: 적시다. 물에 담그다. 「漬浸(지침)·漬染(지염)」シ・つける

지[蜘] 거미 지: 거미. 「蜘蛛(지주)」チ・くも

지[誌]* 기록할 지: 기록하다. 「誌石(지석)·誌面(지면)·雜誌(잡지)·日誌(일지)」シ・しるす

지[摯] ① 지극할 지: 지극하다. 「眞摯(진지)」 ② 잡을 지: 잡다. 「摯狗(지구)」 ③ 사나울 지: 사납다. 「摯獸(지수)」シ ① まこと

지[遲]* ① 더딜 지: 더디다. 「遲鈍(지둔)·遲慢(지만)·遲久(지구)」 ② 기다릴 지: 기다리다. 「遲明(지명)」チ ① おくれる

지가[地價] 토지의 가격. 땅값. 「~ 증권(證券)」ちか price of land

지가[紙價] 종이의 가격. 종이값. しか price of paper

지각[地殼] 지구(地球)의 가장 바깥쪽을 둘러싼 부분. =지피(地皮). ちかく earth's crust

지각[知覺] ① 감각 기관으로 외부의 사물을 인식하는 작용. 「~ 신경(神經)」 ② 사물의 이치를 분별하는 능력. ③ 알아서 깨달음. ちかく perception

지각[遲刻] 정한 시각보다 늦는 일. ちこく lateness

지각 운:동[地殼運動] 지구 내부의 힘으로 말미암은 지구 표면의 움직임. =지각 변동(地殼變動). ちかくうんどう crustal activity

지간[枝幹] ① 가지와 원줄기. ② ⇨지간(肢幹). しかん ① trunk and branches

지간[肢幹] 팔다리와 몸. 사지(四肢)와 몸뚱이. =지간(枝幹). body and limbs

지갈[止渴] 목마름이 그침. 또는 목마름을 그치게 함.

지갑[紙匣] ① 종이로 만든 갑. ② 가죽이나 천으로 만든, 돈 따위를 넣는 물건. ② purse

지강급미[枳糠及米] 처음에는 겨를 핥다가 나중에는 쌀을 먹어 치운다는 뜻으로, ① 외부의 침범이 내부에까지 미침의 비유. ② 못된 버릇이 점점 더해짐의 비유.

지개[志槪] 어떤 일을 이루려는 의지의 기개. =기기(志氣). spirit

지검[地檢] 지방 검찰청(地方檢察廳)의 준말. ちけん

지격[至隔] 정한 날짜가 바싹 닥쳐 옴. being pressed for time

지격[志格] 고상한 뜻과 높은 인격. loftiness

지견[知見] 학식과 견문(見聞). =식견(識見). ちけん

지견[智見] 지혜(知慧)와 식견(識見). ちけん wisdom and knowledge

지결[至潔] 매우 깨끗함.

지경[地境] ① 땅과 땅의 경계(境界). =지계(地界). ちきょう・じさかい ② 어떤 처지나 형편. ① boundary ② situation

지경[枝莖] 가지와 줄기. しけい stem and branches

지계[地界] ① 땅과 땅의 경계. =지경(地境). ② 불교에서 말하는 천계(天界)·지계(地界)·인계(人界)의 삼계(三界)의 하나. ちかい ① border

지계[地階] ① 여러 층으로 된 건물의 지하(地下)에 있는 층. ② 여러 층으로 된 건물의 평지(平地)에 면한 층. 1층. ちかい basement

지계[持戒] 불교에서, 계행(戒行)을 지킴. ↔파계(破戒). じかい observance of the commandment

지고[至高] 지극히 높음. 더할 나위 없이 높음. しこう supremacy

지고선[至高善] ⇨최고선(最高善). しこうぜん

지곡[止哭] 곡(哭)을 그침.

지골[肢骨] 팔다리의 뼈. しこつ bones of the extremities

지골[指骨] 열네 개의 작은 뼈로 된 손가락의 줏추를 이루는 뼈. しこつ phalanx

지골[趾骨] 발가락을 이루는 열네 개의 뼈. しこつ

지공[至公] 지극히 공평함. 공평하기 이를 데가 없음.「~무사(無私)」しこう supreme fairness

지공[至恭] 지극히 공손함. supreme courtesy

지공[遲攻] 축구·농구 따위의 경기에서, 시간을 끌어 느릿느릿 공격하는 일. ↔속공(速攻).

지공지평[至公至平] 지극히 공평하여 치우침이 없음. しこうしへい supreme fairness

지곽[地廓] 위아래의 눈시울. edge of an eyelid

지관[支管] 본관(本管)에서 갈라져 나온 관.

지관[止觀] 불교에서, 산란한 온갖 망념(妄念)을 버리고 고요하고 맑은 지(智)로 만법(萬法)을 비추어 보는 일.

지관[地官] 지술(地術)을 연구하여 집터·묏자리 따위를 잘 잡는 사람. =풍수(風水)·지사(地師). geomancer

지광인희[地廣人稀] 땅은 넓고 사람은 드묾. =토광인희(土廣人稀).

지괴[地塊] ① 땅덩어리. ② 사방이 단층(斷層)으로 갈라진 지각(地殼)의 일부. ちかい ①clod

지교[至巧] 더할 나위 없이 정교(精巧)함. しこう dexterity

지교[至交] 더할 나위 없이 친한 교의(交誼). しこう close friendship

지교[智巧] 슬기롭고 교묘함. wisdom and ability

지구[地球] 인류가 사는 천체. 태양계(太陽系)의 행성(行星) 가운데 하나로, 자전(自轉)하면서 태양계의 세 번째 궤도를 공전함. 달을 위성으로 가짐. ちきゅう earth

지구[地區] 땅이나 지대를 일정한 특징이나 기준에 따라 나눈 구역. ちく district

지구[地溝] 지반이 꺼져서 생기는, 거의 평행한 두 단층(斷層) 사이의 낮고 기름한 골짜기.「~대(帶)」ちこう graben

지구[知舊] 오래 전부터 알아 온 친구. =구우(舊友). old acquaintance

지구[持久] 오랫동안 버티고 견딤.「~력(力)」じきゅう endurance

지구 과학[地球科學] 지구 및 지구를 형성하는 물질 등을 대상으로 하는 자연 과학. 광물학·지질학·해양학·기상학 따위. 준지학(地學). ちきゅうかがく earth science

지구광[地球光] 지구에 비치는 햇빛이 반사되어 초승달의 이지러져 보이는 부분에 엷게 비치는 현상. =지구 회조광(地球回照光). ちきゅうこう earthlight

지구당[地區黨] 중앙당에 대하여, 각 지구에 설치한 당. district party chapter

지구대[地溝帶] 지구(地溝)로 된 띠 모양의 낮은 땅. ちこうたい graben

지구의[地球儀] 지구의 모형. ちきゅうぎ globe

지국[支局] 본사(本社)나 본국(本局)에서 갈라져 나와 담당 지역의 사무를 맡아보는 곳. しきょく branch office

지궁[至窮] 몹시 곤궁함.「~차궁(且窮)」しきゅう being in a utmost difficulty

지그재그[zigzag] Z자형. 갈지자형. ジグザグ

지극[至極] 어떠한 정도나 상태 따위가 극도에 이르러 더할 나위 없음. しごく utmost

지근[支根] 원뿌리에서 갈라져 나간 뿌리. 곁뿌리. しこん rootlet

지근[至近] 아주 가까움.「~한 예(例)」しきん

시근지지[至近之地] 아주 가까운 곳. =지근지처(至近之處). nearest place

지근지처[至近之處] ⇨지근지(至近之地).

지금[只今] ① 바로 이 시각. =시방(時方). ② 현재를 포함한

오늘날. ③이제 막. 이제 곧. ただいま　now
지금[至今] 지우금(至于今)의 준말.
지금[地金] 제품으로 만들지 않은 덩어리로 된 금. じがね・じきん　ingot gold
지급[支給] 주게 되어 있는 물건이나 돈을 내어 줌. しきゅう　provision
지급[至急] 매우 급함. =절급(切急). しきゅう　urgency
지급 보:증[支給保證] 수표가 기간 안에 제시될 때, 수표의 지급인이 수표에 기재된 내용대로 지급할 것을 약속하는 일. ⓒ지보(支保). certification of payment
지급 전:보[至急電報] 보통 전보보다 빨리 보내는 전보. しきゅうでんぽう　express telegram
지급 정지[支給停止] 채무의 변제(辨濟)를 일반적으로 할 수 없다는 뜻을 외부에 나타내는 채무자의 태도. suspension of payment
지급 준:비금[支給準備金] 은행이 예금의 지급을 위하여 예금의 일정 비율을 중앙 은행에 예탁함으로써 준비해 두는 자금. reserve fund for payment
지급지[支給地] 어음 또는 수표의 금액을 지급해야 할 곳. paying-teller's window
지기[地氣] ①대지(大地)의 정기(精氣). ②땅에서 올라오는 수증기. ちき　②vapor in the earth
지기[志氣] 어떤 일을 이루려는 의지(意志)와 기개(氣槪). しき　spirit
지기[知己] 지기지우(知己之友)의 준말. ちき

지기[知機] 미리 낌새를 알아차림. 눈치를 챔.
지기[紙器] 종이로 만든 기구(器具). 「~공업(工業)」しき　paper ware
지기상합[志氣相合] 두 사람의 지기(志氣)가 서로 맞음. =지기투합(志氣投合). congeniality
지기지우[知己之友] 자기를 잘 알아 주는 벗. ⓒ지기(知己). bosom friend
지기투합[志氣投合] ⇨지기상합(志氣相合).
지긴지요[至緊至要] 더할 나위 없이 긴요함.
지난[至難] 지극히 어려움. =극난(極難). しなん　extreme difficulty
지난[持難] 할 일을 머뭇머뭇 미루기만 하고 얼른 하지 않음. idleness
지남[指南] ①남쪽을 가리킴. 「~철(鐵)」②가르쳐 이끌어 줌. しなん　①pointing to the south ②instruction
지남석[指南石] ⇨지남철(指南鐵).
지남철[指南鐵] ①철을 끌어당기는 힘을 가진 물체. =지남석(指南石)·자석(磁石). ②⇨지남침(指南針). ①magnet
지남침[指南針] 자침이 늘 남북을 가리키도록 만든 기구. =지남철(指南鐵)·나침(羅針)·자침(磁針). magnetic needle
지낭[智囊] 지혜 주머니라는 뜻으로, 지혜가 많은 사람. ちのう
지능[知能·智能] ①지식과 재능. ②두뇌의 작용. 사물이나 현상을 이해하고 그에 기초하여 생각하는 지적(知的) 활동

능력.「~범(犯)」ちのう
　　　　　　　　intelligence
지능 검:사[知能檢査] 지식이나 이해력·판단력·기억력·주의력 따위의 지능 발달 정도를 알아보는 검사. ちのうけんさ　intelligence test
지능범[知能犯] 지능적 수단을 써서 저지르는 죄. 또는 그런 죄를 저지르는 사람. ちのうはん　intellectual offense
지능 지수[知能指數] 지능의 정도를 숫자로 나타낸 것. 아이큐(IQ). ちのうしすう
　　　　　　intelligence quotient
지당[至當] 이치에 아주 꼭 맞음. 지극히 당연함. しとう
　　　　　　　　propriety
지당[池塘] 못. ちとう　pond
지대[支隊·枝隊] 본대(本隊)에서 갈라져 나가 독립적인 행동을 하는 작은 부대. ↔본대(本隊). したい　detached force
지대[至大] 더할 나위 없이 큼. 지극히 큼. ↔지소(至小).「~한 관심(關心)」しだい
　　　　　　　　immensity
지대[地代] 땅을 빌려서 사용한 값. =차지료(借地料)·지료(地料). ちだい·じだい
　　　　　　　　land rent
지대[地帶] 어떤 공통적인 특징으로 구획된 지역.「공업(工業)~」ちたい　zone
지대[址臺] 담이나 집채 밑의 터에 돌이나 벽돌로 쌓은 부분. =토대(土臺). foundation
지대[紙袋] 종이 따위로 만든 자루. =봉지(封紙). かみぶくろ　paper bag
지대공[地對空] 지상에서 공중을 향함.「~ 미사일」
　　　　　　　　ground-to-air

지덕[至德] 더할 수 없이 높은 덕행. しとく　high virtue
지덕[地德] ①운이 틔고 복이 오게 하는 집터의 기운. ②땅이 주는 혜택. ちとく
　　　auspicious effect of a site
지덕[知德] 지식과 도덕. ちとく
　　　knowledge and virtue
지덕체[智德體] 지육(智育)과 덕육(德育)과 체육(體育)을 아울러 이르는 말.
intellectual, moral and physical education
지도[地圖] 지구 표면의 상태를 일정한 축척(縮尺)에 따라서 평면 위에 나타낸 그림. ちず
　　　　　　　　map
지도[指導] 어떤 목적이나 방향으로 가르치어 이끎.「~자(者)」しどう　guidance
지독[至毒] 몹시 독하고 심함.「~한 감기」utmost severity
지독지정[舐犢之情] 어미소가 송아지를 핥아 주는 정이라는 뜻으로, 부모가 자식을 사랑하는 정이 지극함의 비유. =지독지애(舐犢之愛).
　　　　　　　parent's love
지동[地動] ①⇨지진(地震). ②지구의 공전과 자전. ちどう
　　②revolution and rotation
지동설[地動說] 지구가 태양의 둘레를 돈다고 하는 학설. ちどうせつ　heliocentric theory
지동지서[之東之西] 동으로 가다 서로 가다 한다는 뜻으로, 어떤 일에 주견이 없이 갈팡질팡함을 이르는 말.
　　moving about in confusion
지동지서[指東指西] 동쪽을 가리키기도 하고 서쪽을 가리키기도 한다는 뜻으로, 근본은 제쳐놓고 공연히 엉뚱한 것을

지두[枝頭] 나뭇가지의 끝. しとう point of a branch

지두[指頭] 손가락 끝. 「~서(書)」 しとう

지두서[指頭書] 손가락 끝으로 쓴 글씨.

지둔[至鈍] 몹시 둔함. great stupidity

지둔[遲鈍] 굼뜨고 둔함. ちどん dullness

지득[知得] 뜻이나 내용을 알게 됨. ちとく comprehension

지등[紙燈] 겉을 종이로 바른 등. 「~롱(籠)」 しとう paper lantern

지락[至樂] 더할 나위 없는 즐거움. しらく greatest pleasure

지란[芝蘭] 지초(芝草)와 난초. しらん

지란지교[芝蘭之交] 지초(芝草)와 난초 같은 향기로운 사귐이라는 뜻으로, 서로 좋은 감화(感化)를 주는 훌륭한 교제를 이르는 말. sweet and noble friendship

지란지실[芝蘭之室] 향기가 풍기는 그윽한 방이라는 뜻으로, 선인(善人)의 비유.

지랭[至冷] 몹시 참. 지독하게 추움.

지략[智略] 슬기로운 계략. ちりゃく resources

지략[誌略] 간단히 적은 기록. しりゃく note

지려[智慮] 슬기로운 생각. しりょ prudence

지력[地力] 땅의 생산력. 「~체감(遞減)」 ちりょく fertility of soil

지력[地歷] 지리(地理)와 역사. ちれき geography and history

지력[知力] 지식의 힘. ちりょく power of knowledge

지력[智力] 슬기의 힘. 사물을 헤아리는 능력. ちりょく intellect

지력선[指力線] 자장(磁場) 또는 전장(電場)의 모양. 곧 자기 작용이나 전기 작용의 방향·강도를 나타내는 곡선. 자기 지력선과 전기 지력선이 있음. line of force

지력 체감[地力遞減] 매년 비료를 주지 않고 동일한 토양(土壤)에 작물을 재배하면, 그 양분이 점차 흡수되어 갈수록 지력이 약해지는 일. decreasing fertility

지령[指令] 관청이나 상급 기관에서 내리는 지시나 명령. しれい order

지령[紙齡] 신문의 나이. 신문이 발행된 호수(號數). number of issue of the paper

지령[誌齡] 잡지의 나이. 곧, 잡지가 발행된 횟수. 「~20호(號)」 number of issue of the magazine

지로[支路] 큰길에서 갈린 작은 길. しろ branch way

지로[指路] 길을 가리켜 인도함. guidance

지로승[指路僧] ① 산 속에서 길을 인도해 주는 중. ② 산길 등을 인도해 주는 사람. 지로꾼. ① monk guide

지로제[giro制] 돈을 보내는 사람이 받는 사람이나 단체의 은행 계좌에 입금시키는 결제 방법.

지록위마[指鹿爲馬] 중국 진(秦)나라 때, 간신 조고(趙高)가 이세(二世) 황제에게 사슴을 바치며 말이라고 했다는 고사에서, 위압적으로 억지를 쓰

지론[至論] 누구나 수긍할 극히 당연한 이론이나 언론. しろん
most reasonable opinion

지론[持論] 항상 주장하는 의견이나 이론. =지설(持說). じろん
pet theory

지뢰[地雷] 땅 속에 파묻어, 밟으면 터지게 장치한 폭약. じらい
mine

지뢰[地籟] 땅이 울리는 갖가지 소리. ちらい
sounds of the earth

지료[知了] 이미 다 알고 있음. ちりょう

지룡[地龍] 지렁이. earthworm

지루[地壘] 양편이 단층(斷層)으로 경계지어진 고지. ちるい

지루[脂漏] 피지의 분비가 과도한 상태. =피지루(皮脂漏). しろう
sebum

지류[支流] ① 강물의 원줄기로 흘러 들거나, 원줄기에서 갈라져 나온 물줄기. ↔본류(本流). ② ⇨분파(分派). しりゅう
① branch

지류[紙類] 종이 종류. しるい
kind of paper

지르박[←jitterbug] 4분의 4 박자의 빠른 사교(社交)춤. ジルバ

지르코늄[zirconium] 지르콘광(鑛)에서 산출되는, 은백색 금속 원소의 한 가지. 원소 기호는 Zr. ジルコニウム

지르콘[zircon] 지르코늄의 가장 중요한 원료가 되는 광물로, 정방정계(正方晶系)에 속함. ジルコン

지리[支離] 서로 뿔뿔이 흩어짐. 「~멸렬(滅裂)」

지리[地利] ① 지세(地勢)로 인한 이로움. ② 땅에서 얻는 이익. ちり
① geographical advantages

지리[地理] ① 일정한 곳의 지형이나 길 따위의 형편. ② 지구상의 지형 및 기후·생물·인구·도시·교통·산업 따위의 상태. ちり
① geographical features

지리멸렬[支離滅裂] 이리저리 흩어져 갈피를 잡을 수 없음. しりめつれつ   disruption

지리학[地理學] 지구상의 자연 및 인류 생활과의 관계를 구명하는 학문. ちりがく geography

지마[芝麻·脂麻] 참깨·검은깨의 총칭. =유마(油麻)·호마(胡麻). 「~유(油)」 sesame

지만[遲慢] 더디고 느림. =지완(遲緩). ちまん   slowness

지만의득[志滿意得] 뜻대로 되어 아주 만족함. satisfaction

지망[志望] 일정한 곳에 뜻을 두고 이루어지기를 바람. 또는 그 뜻. =지원(志願). 「~학과(學科)」 しぼう   desire

지망[蜘網] 거미가 뿜어 내는 줄. 또는 그 줄로 친 그물. 거미줄. ちもう   cobweb

지망년[至亡年] 운수가 몹시 사나워서 아주 결판이 나는 해. very unlucky year

지매[地莓] 장미과의 다년초. 봄에 노란 꽃이 피고 열매는 붉게 익음. 뱀딸기.

지맥[支脈] 본맥에서 갈라져 나온 줄기. 산맥·광맥·엽맥(葉脈) 따위의 분기(分岐). しみゃく   offset

지맥[地脈] ① 지층(地層)의 이어진 맥락. =토맥(土脈). ② 풍수설에서, 정기가 순환한다

는 땅 속의 줄. ちみゃく
contiguous line of a stratum

지맥[遲脈] 보통보다 느리게 뛰는 맥. 동맥 경화증 등에서 볼 수 있음.

지면[地面] 땅의 표면. 땅바닥. じめん　　　　　ground

지면[知面] ① 처음으로 만나서 서로 알게 됨. ② 보아서 알 만한 얼굴. 또는 보아서 알 만한 사이. 「~객(客)」
acquaintance

지면[紙面] ① 종이의 표면. ② 신문 등의, 기사가 실린 면. = 지상(紙上). しめん　　space

지면[誌面] 잡지의 내용이 실린 종이의 면. =지상(誌上). しめん　　space of a magazine

지명[地名] 일정한 행정 구역이나 지방의 마을·거리·산·강 등에 대한 이름. ちめい
place name

지명[知名] 이름이 널리 알려져 있음. 「~ 인사(人士)」 ちめい
prominence

지명[知命] ① 천명(天命)을 앎. ② 논어(論語)의 「五十而知天命」에서 나온 말로, 나이 50세를 이르는 말. ちめい
① knowing one's own destiny

지명[指名] 여러 사람 가운데서 이름을 지정함. 「~ 수배(手配)」 しめい　　nomination

지명[指命] 지정(指定)하여 명령함. しめい　　direction

지명 입찰[指名入札] 지명한 사람에 한해서 시키는 입찰. しめいにゅうさつ
tender by specified bidders

지명전[指名戰] 선거 따위에서 정당의 지명을 얻기 위해 벌이는 경쟁. しめいせん　strife for nomination by the party

지명지사[知名之士] 이름이 세상에 알려진 사람.
notable person

지명 투표[指名投票] 먼저 후보자를 결정하기 위하여 하는 투표. しめいとうひょう
roll-call vote

지모[地貌] 땅의 고저(高低)·기복(起伏)·사면(斜面) 등의 상태. ちぼう
physical features of the earth

지모[知母] 지모과의 다년초. 굵은 뿌리줄기는 가로 벋고, 초여름에 연한 자주색 꽃이 이삭 모양으로 핌. 뿌리줄기는 한약재로 씀.

지모[智謀] 지혜로운 꾀. 「~ 웅략(雄略)」 ちぼう　　resource

지목[地目] 도시의 주된 용도에 따른 구분. 전답(田畓)·대지(垈地)·산림(山林) 따위의 구별. ちもく
classification of lands

지목[指目] 여럿 가운데서 하나를 짚어서 가리켜 정함. しもく
pointing out

지묘[至妙] 지극히 묘함. しみょう
exquisiteness

지묵[紙墨] 종이와 먹. 글을 쓰는 도구. paper and ink stick

지문[至文] 아주 빼어난 글. 지극히 훌륭한 문장. masterpiece

지문[地文] ① 대지(大地)의 온갖 모양. ② 지문학(地文學)의 준말. ③ 희곡에서, 등장 인물의 동작·표정·말투 등을 지시한 글. ちもん·ちぶん

지문[地紋] 직물에 두 개의 대비되는 무늬가 있을 때, 아래쪽의 무늬. 곧 바탕의 무늬. じもん　　　　　pattern

지문[指紋] 손가락 끝의 안쪽에 이루어진 살갗의 무늬. 사람마

다 다름. しもん　fingerprint

지문[誌文] 죽은 사람의 이름과 나고 죽은 날, 행적 및 무덤이 있는 곳 등에 관해서 적은 글.

지문학[地文學] 지구와 지표의 온갖 상태와 자연 현상을 연구하는 학문. ⓒ지문(地文). ちもんがく　physiography

지물[地物] ① 땅 위에 있는 모든 물체. ちぶつ ② 적군과 교전할 때 몸을 가리기에 알맞은 물체. ① objects on the ground

지물[紙物] 종이의 총칭.

지물포[紙物舖] 갖가지 종이를 파는 점포. =지전(紙廛). paper goods shop

지미[地味] 흙의 기름지고 메마른 성질. 또는 어느 식물에 맞고 안 맞는 땅의 성질. =토리(土理). ちみ　quality of soil

지미[至美] 지극히 아름다움. superb beauty

지미[至微] 지극히 세미(細微)함. しび　minuteness

지밀[至密] ① 임금이 항시 거처하던 곳. ② 대궐 안의 각 궁의 침실. 「~ 나인(內人)」

지반[池畔] 못의 가장자리. =지변(池邊). ちはん　pond side

지반[地盤] ① 땅의 표면. =지각(地殼). ② 기초로 받쳐 주는 땅. ③ 어떤 일의 기초나 토대가 될 만한 바탕. 「선거 ~」 じばん・ちばん　① crust of the earth ② foundation

지방[地方] ① 어떤 방면의 땅. ② 수도(首都) 이외의 지역. ちほう　provinces

지방[脂肪] 생물 속에 함유된, 휘발성(揮發性)이 아닌 기름. =지고(脂膏). しぼう　fat

지방[紙榜] 종이로 만든 신주. ancestral paper tablet

지방 검:찰청[地方檢察廳] 각 지방에 설치된 하급 검찰청. ⓒ지검(地檢). ちほうけんさつちょう　district public prosecutor's office

지방관[地方官] 지난날, 주(州)・부(府)・군(郡)・현(縣)의 으뜸 벼슬. ちほうかん

지방 법원[地方法院] 제일심(第一審)을 맡아보는 하급 법원. ⓒ지법(地法). ちほうほういん　district court

지방 분권[地方分權] 지방 공공 단체가 어느 정도의 통치 권능을 가지며, 중앙 기관으로부터 독립하여 활동할 수 있도록 하는 제도. ↔중앙 집권(中央集權). ちほうぶんけん　decentralization of power

지방비[地方費] 지방 공공 단체에서 쓰는 경비. ちほうひ　local expenses

지방산[脂肪酸] 탄소 원자(炭素原子)가 고리 모양으로 연결된 일가(一價) 카르복시산(carboxylic acid)의 총칭. しぼうさん　fatty acid

지방색[地方色] ① 그 지방의 자연・풍속・습관 따위의 특색. =향토색(鄕土色). ② 같은 지역 출신자끼리 동아리를 지어 타지방 사람들을 배척・비난하는 파벌적인 색채. ちほうしょく　local color

지방선[脂肪腺] 지방을 분비하여 피부를 윤택하게 하는 선(腺). 기름샘. =지선(脂腺)・피지선(皮脂腺). sebaceous gland

지방성[地方性] 기후・풍토 등의 환경(環境)의 영향으로, 그 지방에만 있거나 그 지방 사람에게만 공통적으로 나타나는

특유의 성질. ちほうせい provincialism

지방세[地方稅] 지방 세법에 따라 지방 자치 단체가 그 주민에게 부과하는 조세(租稅). 보통세와 목적세로 나뉨. ちほうぜい local taxes

지방시[地方時] 지구상의 어떤 지방에 있어서, 그 지방의 특정 지점을 지나는 자오선을 기준으로 하여 정한 시간. =국소시(局所時). ちほうじ local time

지방 은행[地方銀行] 지방에 소재하고 그 지방을 주요한 영업 기반으로 하는 일반 은행. ちほうぎんこう local bank

지방 자치 단체[地方自治團體] 국가 통치권 아래서 그 나라의 영토의 일부를 단위 구역으로 하여, 그 안에서는 법이 인정하는 범위에서 지배권을 가지는 단체. ㉿지자체(地自體). ちほうじちだんたい local autonomous entity

지방 자치 제:도[地方自治制度] 지역 주민의 의사를 기초로 하여 그 지역의 지방 자치 단체가 자율적으로 행정 사무를 처리하는 제도. ㉿지자제(地自制). ちほうじちせいど

지방질[脂肪質] ①성분이 지방인 물질. ②지방이 많은 체질. しぼうしつ ① fat

지방채[地方債] 지방 자치 단체가 발행하는 공채(公債). ちほうさい local bond

지방판[地方版] 중앙에 있는 신문사가 지방 독자를 위하여 그 지방에 관한 기사를 싣는 신문. ちほうばん provincial edition

지방 행정[地方行政] 지방 행정 기관이 행하는 행정. ちほうぎょうせい local administration

지배[支配] ①거느리어 부림. 아랫사람을 거느리고 모든 일을 처리함. 「~인(人)」 ②어떤 사람의 의사가 상대자의 행위를 규제하여 속박을 함. ③다스림. 통치함. 「~ 계급(階級)」 しはい control

지배[紙背] ①종이의 뒤쪽. ②문자로 표현된 이외의 속뜻. しはい ② unexpressed meaning

지배[遲配] 늦게 배달하거나 배급함. ちはい delay in mail delivery

지배 계급[支配階級] 정치·경제·사회적으로 다른 계급의 사람들을 지배하는 계급. しはいかいきゅう ruling classes

지배권[支配權] 목적물을 직접 지배할 수 있는 권리. しはいけん

지번[地番] 토지를 구획하여 매긴 번호. ちばん lot number

지벌[地閥] 지체와 문벌(門閥). position and family

지법[地法] 지방 법원(地方法院)의 준말.

지벽[地僻] 지역이 몹시 후미지고 으슥함. remoteness

지변[支辨] 빚을 갚기 위하여 돈이나 물건을 내어 줌. しべん payment

지변[地變] 땅 위에서 일어나는 여러 가지 이변(異變). 화산의 분화나 지진, 땅의 침몰이나 융기 따위. 「천재(天災)~」 ちへん geographical change

지병[持病] 오래 계속되고 있는 병. 늘 앓으면서 고통을 당하는 병. =숙아(宿痾)·고질(痼疾). じびょう chronic disease

지보[支保] ①지탱하여 보존함. =지존(支存). ②지급 보증(支給保證)의 준말.
① sustainment

지보[地步] 자기가 처해 있는 지위(地位)나 처지(處地). ちほ situation

지보[至寶] 아주 귀중한 보배. しほう most valuable treasure

지본[紙本] 서화에 쓰려고 마련한 종이. 또는 종이에 쓰거나 그린 서화. しほん
paper pattern

지부[支部] 본부(本部)에서 갈라져 나가 일정 지역의 사무를 맡아보는 곳. しぶ branch

지분[知分] 자기의 분수를 앎. しぶん

지분[脂粉] 연지(臙脂)와 백분(白粉). しふん
rouge and powder

지불[支拂] 지급(支給)의 구용어. しはらい

지불[遲拂] 늦게 지불함.

지불 정지[支拂停止] 지급정지(支給停止)의 구용어. しはらいていし

지브[jib] ① 기중기(起重機)의 앞으로 내뻗친 팔뚝 모양의 긴 장치. ② 요트에서, 돛대 앞에 뻗친 삼각 돛. ジブ

지빈[至貧] 몹시 가난함.
extreme poverty

지빈무의[至貧無依] 매우 구차하여 의지할 곳조차 없음.
helplessness

지사[支社] 본사에서 갈라져 나가 일정 지역의 업무를 맡아보는 곳. ↔본사(本社). ししゃ branch office

지사[地史] 지구의 생성·발달·변천에 관한 역사. ちし
geological history

지사[地師] ⇨지관(地官).

지사[志士] ① 고매(高邁)한 뜻을 품은 사람. ② 국가나 사회를 위해서 몸을 바쳐 봉사하려는 뜻을 가진 사람. 「애국(愛國)~」しし ② patriot

지사[知事] 도지사(道知事)의 준말. ちじ

지사[指使] 시키어 부림. しし
employment

지사[指事] ① 사물을 가리켜 보임. ② 한자(漢字)의 구성 원리인 육서(六書)의 하나로, 글자의 모양이 사물의 추상적인 개념을 나타냄. '一·二·三·上·下' 따위. しじ

지사불굴[至死不屈] 죽음에 이르러서도 뜻을 굽히지 아니함.
constancy till death

지사제[止瀉劑] 설사를 멎게 하는 약.

지사학[地史學] 지구의 생성·발달·변천의 역사를 연구하는 지질학의 한 분과. ちしがく

지살[地煞] 지리가 좋지 않은 땅에 붙어 있다는 살(煞).

지상[至上] 더없이 높은 위. 「~명령(命令)」しじょう
supremacy

지상[地上] ① 땅의 위. ↔지하(地下). 「~권(權)」 ② 이 세상. ちじょう ① on the ground

지상[地相] ① 땅의 형상. =지형(地形). ② 집을 지을 때에 토지의 형세로 길흉을 판단하는 일. ちそう
① geographical features

지상[至想] 가장 뛰어난 생각.
excellent idea

지상[紙上] 신문의 지면(紙面). しじょう on paper

지상[誌上] 잡지의 지면(紙面). =지면(誌面). in a magazine

지상 공문[紙上空文] 실행하지 않거나 실행할 수 없는 헛된 조문(條文).

지상군[地上軍] 지상에서 싸우는 군대. 해군·공군(空軍)에 대하여 육군을 이르는 말. ちじょうぐん ground forces

지상권[地上權] 남의 땅에 건물이나 수목(樹木)을 가진 사람이 그 토지를 사용할 수 있는 권리. ちじょうけん surface rights

지상 마:력[地上馬力] 항공기의 발동기가 지상에서 낼 수 있는 마력. ちじょうばりき

지상신[至上神] 영원·무한의 신령(神靈) 또는 여러 신(神) 가운데 가장 높은 존재. 곧 인도의 범(梵), 그리스의 제우스, 기독교의 여호와 따위. =최고신(最高神). しじょうしん highest god

지상 천국[地上天國] ① 이 세상에서 이룩되는 다시없이 자유롭고 풍족하며 행복한 사회. ② 천도교 등에서, 극락 세계를 천상에서 구하지 않고 사람이 사는 이 땅 위에 세워야 한다는 영육 쌍전(靈肉雙全)의 이상적 세계. ちじょうてんごく paradise on earth

지서[支署] 본서에서 갈라져 나가 담당 지역의 업무를 맡아보는 곳. ししょ branch office

지석[支石] ① 물건의 밑을 괴는 돌. 굄돌. ② 선사 시대(先史時代)의 유물로서 넓은 돌을 양편에 세우고 편편한 돌 한 장을 얹어 놓은 간단한 거석 분묘(巨石墳墓). 고인돌. ① stone prop ② dolmen

지석[砥石] 연장을 갈아서 날을 세우는 데 쓰는 돌. 숫돌. =여석(礪石). といし whetstone

지석[誌石] 죽은 사람의 이름·생년월일·사망일·행적·무덤의 위치 등을 새겨서 무덤 앞에 묻는 돌. memorial stone

지선[支線] ① 철도·수로 따위의 본선에서 갈려 나간 선. ② 전선의 장력(張力)이나 전선에 닿는 풍압(風壓) 따위에 전봇대가 넘어가는 것을 막기 위하여 땅 위로 비스듬히 친 줄. しせん ① branch line

지선[至善] 더할 나위 없이 착함. しぜん highest good

지선[脂腺] ⇨지방선(脂肪腺). しせん

지설[持說] 항상 주장하는 의견이나 이론. =지론(持論). じせつ pet opinion

지설[紙屑] 종이 부스러기. かみくず waste paper

지성[至聖] 지더(知德)이 더없이 뛰어난 성인(聖人). しせい great sage

지성[至誠] 지극한 정성. 「~감천(感天)」しせい perfect sincerity

지성[知性] 지각(知覺) 작용을 포함한 인간의 인식 능력. 「~인(人)」ちせい intellect

지성감:천[至誠感天] 지극한 정성에 하늘이 감동한다는 뜻으로, 정성을 다하면 아무리 어려운 일이라도 잘 풀린다는 말.

지성인[知性人] 지성(知性)을 갖춘 사람. ちせいじん intellectual

지세[地稅] 토지에 부과되는 세금. ちぜい land tax

지세[地貰] 남의 땅을 빌려 쓰고 내는 돈. ground rent

지세[地勢] 땅의 형세. =지형(地形). ちせい geographical features

지소[支所] 본소의 관리 아래에 있으면서, 본소에서 갈라져 나

가 담당 지역의 업무를 맡아 보는 곳. ししょ branch office

지소[至小] 지극히 작음. ↔지대(至大). ししょう 至小

지속[持續] 일정한 상태를 유지하여 계속함. じぞく continuance 持續

지속[遲速] 느림과 빠름. ちそく 遲速

지속성[持續性] 지속해 가는 성질. じぞくせい continuity 持續性

지속침[遲速針] 시계의 더디고 빠름을 바로잡는 바늘대. =교정침(校正針). ちそくしん speed regulator 遲速針

지손[支孫] 지파(支派)의 자손. ↔종손(宗孫). 支孫

지쇠[地衰] 지덕(地德)이 다 되어 혜택을 받지 못하게 됨. 地衰

지수[止水] 흐르지 않고 괴어 있는 물. 「명경(明鏡)~」しすい still water 止水

지수[指數] ① 어떤 수나 문자의 오른쪽 위에 덧붙여 그 거듭제곱을 나타내는 숫자나 문자. '5³'의 3 따위. ② 물가나 임금 따위의 변동을 표준수에 대한 비율로 나타내는 수. 「물가(物價)~」しすう ① exponent ② index number 指數 比率

지순[至純] 더할 나위 없이 순결함. 지극히 순결함. しじゅん purity 至純

지순[至順] 지극히 순함. 아주 고분고분함. 至順

지술[地術] 풍수설(風水說)에 따라 지리(地理)를 보아 묏자리나 집터의 길흉을 판단하는 술법. geomancy 地術 風水

지술[知術·智術] 슬기로운 계책. =지모(智謀). ちじゅつ resources 知術

지승[紙繩] 종이로 꼰 끈. 종이 노끈. 지노. paper string 紙繩

지시[指示] ① 가리켜 보임. ② 어떤 일을 일러서 시킴. しじ ① pointing ② direction 指示

지식[知識] ① 경험하거나 배워서 알게 된 명확한 인식이나 이해. 「~인(人)」② 알고 있는 내용. 또는 알고 있는 사물. ちしき knowledge 知識

지식[智識] ① 안다는 의식의 작용. ② ⇨선지식(善知識). 智識

지식욕[知識慾] 지식을 추구하는 욕망. ちしきよく desire to learn 知識慾望

지식인[知識人] 높은 지식이나 교양을 지닌 사람. ちしきじん intellectual 智識人

지식층[知識層] 고등 교육을 받아 지적 노동에 종사하는 사회 계층. ちしきそう educated class 知識層 知的

지신[地神] 땅을 맡아 다스린다는 신. ちしん god of the earth 地神

지실[知悉] 모든 것을 자세히 앎. ちしつ complete knowledge 知悉

지심[地心] 지구의 중심. =지핵(地核). ちしん center of the earth 地心

지심[知心] 마음이 서로 통하여 앎. mutual understanding 知心

지악[至惡] ① 이루 말할 수 없이 악함. ② 악착같고 극성스러움. ① heinousness 至惡

지압[指壓] 손바닥이나 손가락으로 사람의 몸을 누르거나 두드리거나 하는 일. 「~ 요법(療法)」しあつ 指壓

지압법[指壓法] 손가락으로 혈관을 강하게 눌러 지혈(止血)하는 방법. しあつほう finger-pressure therapy 指壓法

지애[至愛] 더할 나위 없는 깊은 사랑. しあい deep love 至愛

지약[持藥] 늘 몸에 지니고 다 持藥

니며 복용하는 약. じやく
medicine for habitual use

지양[止揚] 변증법(辨證法)에서, 한 개념과 이와 모순되는 다른 개념이 한층 높은 개념으로 통일되는 일. しよう sublation

지어농조[池魚籠鳥] 못 안에 있는 물고기와 새장에 있는 새라는 뜻으로, 자유롭지 못한 신세의 비유. caged life

지어지앙[池魚之殃] 불을 끄기 위해 못의 물을 말리니 물고기가 죽었다는 뜻으로, 상관 없는 사람이 재앙을 입음의 비유. ちぎょのわざわい
unexpected calamity

지언[至言] 지극히 도리에 맞는 말. しげん
very reasonable words

지언[知言] ①도리에 맞는 합당한 말. ちげん ②남의 말을 듣고 그 옳고 그름을 똑똑히 앎. ①wise saying

지엄[至嚴] 매우 엄함. 「~한 명령(命令)」 strictness

지업[紙業] 종이를 만들거나 판매하는 사업. paper industry

지여부지간[知與不知間] 알고 모르고 간에.

지역[地域] 땅의 일정한 구역. 「~별(別)」 ちいき area

지역 대:표제[地域代表制] 지역을 단위로 한 선거구에서 의원을 뽑아 의회에 내보내는 제도. ちいきだいひょうせい
territorial representation system

지역 방어[地域防禦] 농구·축구 따위의 경기에서, 지역을 미리 분담하여 책임을 지고 수비하는 방어법. zone defense

지역 사회[地域社會] 일정한 지역에서 성립되어 있는 공동체(共同體). ちいきしゃかい
community

지연[地緣] 같은 지역에 삶으로써 생기는 인간 관계. ちえん
regional relation

지연[紙鳶] 종이로 만든 연. =연(鳶). しえん kite

지연[遲延] 더디게 끌거나 늦어지게 함. 질질 끎. 「~ 전술(戰術)」ちえん delay

지열[止熱] 병으로 말미암아 생긴 열기가 내림. 또는 내리게 함. abatement of temperature

지열[地熱] 지구 내부에 있는 고유한 열(熱). ちねつ·じねつ
subterranean heat

지엽[枝葉] ①가지와 잎. ②중요하지 않은 부분. 「~적인 문제(問題)」しよう·えだは
①branches and leaves ②minor details

지오[枝梧·支吾] ①서로 어긋남. ②맞서서 겨우 버티어 감.

지오이드[geoid] 평균 해수면(平均海水面)을 이용하여 지구의 모양을 나타낸 것. ジオイド

지오콘도[이 giocondo] 음악에서, '즐겁고 쾌활(快活)하게'의 뜻.

지옥[地獄] ①불교에서, 현세에서 죄를 지은 사람이 죽은 뒤에 고통과 벌을 받는다는 곳. =나락(奈落). ↔극락(極樂). ②기독교에서, 구원을 받지 못한 영혼이 영원히 벌을 받는다는 곳. ↔천국(天國)·천당(天堂). ③몹시 괴로운 환경을 비유한 말. 「시험(試驗) ~」じごく hell

지온[地溫] 땅의 표면이나 땅 속의 온도. ちおん
ground temperature

지완[遲緩] 더디고 느림. =지

만(遲慢). ちかん　slowness
지요[至要] 지극히 중요함.　至要
지용[智勇] 지혜와 용기. 「~겸비(兼備)」 ちゆう　wisdom and valor　智勇
지용성[脂溶性] 기름에 용해되는 성질. ↔수용성(水溶性).　脂溶性
지우[至愚] 지극히 어리석음. ↔지현(至賢). しぐう　perfect stupidity　至愚
지우[知友] 서로 마음이 통하는 벗. ちゆう　bosom friend　知友
지우[知遇] 남이 자기의 재능을 알고 잘 대우함. ちぐう favor　知遇
지우[智愚] 지혜로움과 어리석음. ちぐう wisdom and folly　智愚
지우산[紙雨傘] 대로 만든 살에 기름을 먹인 종이를 발라 만든 우산. oiled paper umbrella　紙雨傘
지우지감[知遇之感] 남이 자기의 재능을 알아 잘 대접해 주는 데 대해 고마워하는 마음. gratitude for one's favor　知遇之感
지운[地運] 땅으로 말미암은 운수. ちうん　地運
지원[支院] 지방 법원이나 가정 법원에 분설(分設)된 하부 기관.　支院
지원[支援] 지지하여 도와 줌. 「~부대(部隊)」 しえん support　支援
지원[至冤] 지극히 원통함. 몹시 원통함. 「~극통(極痛)」　至冤
지원[至願] 지극한 바람. 또는 지극히 바람. しがん strong desire　至願
지원[志願] 어떤 일에 뜻이 있어서 원함. 뜻하여 바람. =지망(志望). 「~병(兵)」 しがん application　志願 志望
지원병[志願兵] 자원하여 복무하는 군인. しがんへい military volunteer　志願兵 軍人
지원서[志願書] 지원의 뜻을 적　志願書

은 서류. しがんしょ written application
지월[至月] 동짓달의 딴이름. November　至月
지위[地位] ①어떤 사물 현상이 차지하는 위치(位置). ② 사회적 신분(身分)에 따른 어떤 자리나 계급. ちい ① position ② rank　地位
지위[知委] 명령을 내려 알려 줌.　知委
지유[地油] 석유(石油)를 달리 이르는 말.　地油
지육[知育] 지능을 계발하고 지식을 함양하기 위한 교육. ちいく intellectual training　知育
지육[脂肉] 기름기와 살코기. fat and lean meat　脂肉
지은[至恩] 지극한 은혜. しおん great favor　至恩
지은[地銀] 순도(純度)가 90% 정도인 은. =구성은(九成銀).　地銀 九成銀
지은[知恩] ①은혜를 앎. ②불교에서, 불(佛)·법(法)·승(僧) 삼보(三寶)의 은혜를 앎. 「~보은(報恩)」 ちおん gratitude　知恩 報
지음[知音] ①음악의 곡조를 잘 앎. ②새나 짐승의 소리를 가려 잘 알아들음. ③마음이 서로 통하는 벗의 비유. ちいん　知音
시의[地衣] ①지의류(地衣類) 식물을 통틀어 이르는 말. ちい ②가장자리를 천으로 꾸미고 여럿을 이어서 만든 큰 돗자리. 제사 같은 때 씀. ① lichen　地衣
지의[遲疑] 의심하여 주저함. ちぎ hesitation　遲疑
지의대[地衣帶] 식물대(植物帶)의 한 가지. 고산대(高山帶)의 가장 높은 부분. ちいたい lichenous zone　地衣帶
지의류[地衣類] 균류(菌類)와 조류(藻類)의 공생체(共生體).　地衣類

지이[地異] 땅 위에 일어나는 여러 가지의 이변(異變). 지진(地震)·홍수(洪水) 따위. =지변(地變). ↔천변(天變). ちい extraordinary phenomena on earth

지이부지[知而不知] 알면서 모르는 체함. affecting ignorance

지인[至人] 덕이 높은 사람. しじん man of moral perfection

지인[至仁] 더할 나위 없이 인자함. しじん deep benevolence

지인[知人] ① 아는 사람. ちじん ② 사람의 됨됨이를 알아봄. ① acquaintance

지인용[智仁勇] 슬기와 어짊과 용기를 아울러 이르는 말. ちじんゆう wisdom, benevolence and valor

지인지감[知人之鑑] 사람을 알아보는 능력. discerning eye

지인지자[至仁至慈] 더할 나위 없이 인자함. しじんしじ deep benevolence

지일[至日] 동지(冬至) 또는 하지(夏至). しじつ solstices

지자[支子] 맏아들 이외의 아들.

지자[知者] 지식이 많고 사리에 밝은 사람. ちしゃ man of intellect

지자[智者] 슬기로운 사람. 지혜가 있는 사람. ちしゃ wise man

지자기[地磁氣] 지구 자체가 가지고 있는 자기. 또는 그로 말미암아 생기는 자기장. =지구 자기(地球磁氣). ちじき terrestrial magnetism

지자일실[智者一失] 슬기로운 사람에게도 간혹 실수가 있음.

지장[支障] 일을 진행하는 데에 방해가 되는 것. ししょう hindrance

지장[指章] 도장 대신으로 엄지손가락의 지문을 찍는 일. 손도장. =지인(指印). 「~을 찍다」 thumbprint

지장[指掌] 손가락으로 손바닥을 가리킨다는 뜻으로, 몹시 쉽고 명백함의 비유. ししょう clearness

지장[智將] 지략이 뛰어난 장수. ちしょう resourceful general

지장보살[地藏菩薩] 불교에서, 석가모니불(釋迦牟尼佛)의 부탁을 받고, 석가모니불이 입멸(入滅)한 뒤부터 미륵불(彌勒佛)이 출세할 때까지 불(佛)이 없는 세상에서 육도 중생(六道衆生)을 제도(濟度)한다는 보살.

지재지삼[至再至三] 두 번 세 번. 곧 여러 차례. 「~ 당부하다」 several times

지적[地積] 땅의 면적. 땅의 평수(坪數). ちせき acreage

지적[地籍] 토지에 관한 여러 가지 사항을 기재한 기록. 「~대장(臺帳)」 ちせき land register

지적[知的] 지식이 있는 것. 또는 지식에 관한 것. 「~판단(判斷)」 ちてき intellectual

지적[指摘] ① 꼭 집어서 가리킴. ② 허물 따위를 들추어 말함. 「결점(缺點)을 ~하다」 してき indication

지적도[地籍圖] 토지의 소재, 지번(地番)과 면적 따위를 상세하게 적어 넣은 지도. ちせきず cadastral map

지전[紙廛] ① 지류(紙類)를 파는 가게. =지물포(紙物舖). ② 조선 때, 종이와 그 가공품을 팔던 육주비전(六注比廛)의

하나. ① paper goods shop
지전[紙錢] ① 종이에 인쇄하여 만든 화폐. =지폐(紙幣). ② 돈 모양으로 오린 종이. 죽은 사람이 저승 가는 길에 돈으로 쓰라고 관(棺)에 넣어 주는, 종이로 만든 가짜 돈.
① paper money
지절[支節·肢節] 팔다리의 마디뼈. joint
지절[至切] ① 썩 간절함. ② 아주 필요함. ① eagerness
지절[志節] 지조와 절개. しせつ constancy and fidelity
지절[枝節] ① 나뭇가지와 마디. ② 곡절이 많은 사단(事端)의 비유. しせつ ① branch and knar ② complication
지점[支店] 본점의 지휘를 받으면서도 부분적으로는 독립된 기능을 가지는 영업소. ↔본점(本店). してん branch shop
지점[支點] ① 지레 따위에서 힘의 중심이 되는 지점. 지렛목. ↔역점(力點). ② 구조물을 받치고 있는 부분. 받침점. してん ① fulcrum ② bearing
지점[至點] 하지점(夏至點)과 동지점(冬至點). してん solstice
지점[地點] 정해진 지역 안의 구체적인 어떤 곳. ちてん spot
지점[指點] 손가락으로 가리켜 보임. pointing
지점[趾點] 수선(垂線) 또는 사선(斜線)의 밑점.
지정[地釘] 집터 따위를 다질 때에 주추 대신 땅 속에 박는 통나무나 콘크리트 기둥.
지정[至情] ① 아주 가까운 정분. ② 더없이 지극한 충정(衷情). ③ 아주 가까운 친척. しじょう ① close intimacy ② sincerity ③ close relative

지정[至精] 잡것이 전혀 섞이지 않고 깨끗함. しせい purity
지정[知情] ① 남의 사정을 앎. ② 지성과 감정. ちじょう
지정[指定] 일정한 곳이나 대상을 가리켜 정함. 「~한 곳」してい appointment
지정학[地政學] 정치(政治) 현상과 지리 조건과의 관계를 연구하는 학문. ちせいがく geopolitics
지제[地祭] 지신(地神)에게 지내는 제사.
service for the earthly deities
지제[紙製] 종이로 만듦. 또는 그 물건.
지조[地租] 토지에 딸린 모든 소득을 세원(稅源)으로 하여 매기는 세금. ちそ land tax
지조[志操] 변하지 않는 굳은 의지. 「~ 견고(堅固)」しそう constancy
지족[支族] 갈라져 나온 혈족. しぞく branch family
지족[知足] 제 분수를 지키어 만족할 줄을 앎. contentment
지족불욕[知足不辱] 자기 분수를 지키어 만족할 줄을 알면 욕될 것이 없음.
지존[支存] 지탱하여 보존함. =지보(支保). preservation
지존[至尊] ① 더할 나위 없이 존귀함. 또는 그런 사람. ② 임금을 가리키는 말. しそん
지종[地種] ① 화초를 화분에 심지 않고 땅에 심음. ② 수유자에 따라 구별한 토지의 종목. ちしゅ
① planting on the ground
지죄[知罪] 자기가 지은 죄를 앎. realizing one's own sin
지주[支柱] ① 쓰러지지 않도록 받쳐 주는 기둥. ② 의지할 대

지주[支柱] 상을 비유하여 이르는 말. しちゅう　prop

지주[地主] ① 토지의 소유자. ② 자기 땅을 남에게 빌려 주고 지대(地代)를 받는 사람. じぬし　landowner

지주[蜘蛛] 거미목의 절족동물(節足動物)의 총칭. 거미. くも　spider

지주망[蜘蛛網] 거미줄. =지망(蜘網). cobweb

지주 회:사[持株會社] 다른 회사의 주식을 많이 가지고 있어 지배력을 행사하는 회사. きちかぶがいしゃ　holding company

지중[地中] ① 땅 속. ② 시체를 묻는 구덩이. ちちゅう　① underground

지중[至重] 더할 나위 없이 귀중함. 지극히 소중함. しちょう　preciousness

지중[持重] 몸가짐을 정중히 함. じちょう　prudence

지중선[地中線] 땅 속에 묻은 전선. =지하선(地下線). ちちゅうせん　underground cable

지지[支持] ① 붙들어서 버팀. ② 찬동하여 뒷받침해 줌. 또는 그 뒷받침. しじ　support

지지[地支] 육십갑자(六十甲子)의 아랫단위를 이루는 요소. 자(子)·축(丑)·인(寅)·묘(卯)·진(辰)·사(巳)·오(午)·미(未)·신(申)·유(酉)·술(戌)·해(亥)의 열둘. ちし

지지[地誌] 어떤 지역의 지리적인 현상을 조사·연구하여 적은 책. ちし　topography

지지[遲遲] 몹시 느리고 더딤. 「~부진(不進)」ちち slowness

지진[地震] 지각(地殼)의 급격한 변동으로 일어나는 땅의 진동. じしん　earthquake

지진계[地震計] 지면의 진동을 탐지하여 기록하는 기계. じしんけい　seismograph

지진아[遲進兒] 학습이나 지능의 발달이 늦은 아동. ちしんじ　retarded child

지진제[地鎭祭] 토목 공사를 하기에 앞서 지신(地神)에게 안전을 비는 고사. じちんさい

지진파[地震波] 지진으로 말미암아 진원지(震源地)로부터 사방으로 퍼져 나가는 역학적 파동. じしんは　seismic wave

지질[地質] 지각(地殼)을 구성하는 암석·지층의 성질이나 상태. ちしつ　geology

지질[紙質] 종이의 품질. しし　quality of paper

지질도[地質圖] 일정한 지역의 지질의 구조나 분포 따위를 나타낸 지도. ちしつず　geological map

지질 시대[地質時代] 지구 표면에 지각이 생긴 이래로 오늘날까지 이르는 시대. 선캄브리아대·고생대(古生代)·중생대(中生代)·신생대(新生代)로 나눔. ちしつじだい　geological age

지질 조사[地質調査] 어떤 지역의 암석의 분포나 지층의 상태 따위의 지질 구조를 조사하는 일. ちしつちょうさ　geological survey

지차[之次] 버금. 다음. しじ

지참[持參] 무엇을 가지고 참석함. 「수험표 ~」じさん　bringing

지참[遲參] 정한 시각보다 늦게 참석함. ↔조참(早參). ちさん　late attendance

지참금[持參金] ① 현재 가지고

지창[紙窓] 종이로 바른 창문. しそう   paper window

지척[咫尺] 아주 가까운 거리. 「~이 천리(千里)」 しせき   very short distance

지척[指斥] 웃어른의 언행을 지적하여 탓함. しせき

지척 불변[咫尺不辨] 몹시 어둡거나 안개·눈 따위가 심하여 눈앞의 것도 분간할 수 없음.   dead darkness

지척지지[咫尺之地] 아주 가까운 곳.   very near place

지천[至賤] ①아주 천함. ②흔해빠져 귀할 것이 없음.   ② superabundance

지청[支廳] 본청에서 갈라져 나와 담당 지역의 사무를 보는 곳. ↔본청(本廳). しちょう   branch office

지체[肢體] 팔다리와 몸. したい   body and limbs

지체[遲滯] 때를 늦추거나 질질 끎. ちたい   delay

지초[紙草] 상가(喪家)에 부의(賻儀)로 보내는 종이와 담배를 이르던 말.   paper and tobacco

지촉[紙燭] 상가(喪家)에 부의(賻儀)로 보내는 종이와 초를 이르던 말.   paper and candles

지총[紙銃] 화약을 종이로 싸서 부딪치면 터지게 민든 장난감 총. 딱총.   popgun

지축[地軸] 지구 자전의 회전축(回轉軸). ちじく   earth's axis

지출[支出] 어떤 일을 하는 데 돈이나 물건이 나감. 또는 돈이나 물건을 씀. ↔수입(收入). ししゅつ   expenditure

지취[旨趣] ①무슨 일에 대한 깊은 맛. 또는 그 일에 깃들어 있는 묘한 뜻. ②근본이 되는 종요로운 뜻. =취지(趣旨). ししゅ   ② purport

지취[地嘴] 새의 부리 모양으로 뾰족하게 바다로 뻗어 나온 땅. =갑(岬)·곶(串). ちし cape

지취[志趣] 의지와 취향(趣向). =의취(意趣).   inclination

지층[地層] 바다·강의 밑바닥이나 지표면에 암석·토사(土砂) 따위가 퇴적하여 이루는 층. ちそう   stratum

지치[至治] 나라가 평안하게 잘 다스려짐. 또는 그런 정치. しち   excellent administration

지치[智齒] 성년기(成年期)에 입속 맨 구석에 나는 작은 어금니. 사랑니. ちし wisdom tooth

지친[至親] 더할 나위 없이 가까운 육친이라는 뜻으로, 아버지와 아들, 형과 아우 사이 따위. ししん   close relatives

지침[指針] ①지시(指示) 장치에 붙어 있는 계량기·시계 따위의 바늘. ②행동이나 생활 등의 방향과 방법 따위를 지도하고 인도하는 요인(要因). 「~서(書)」 ししん   ① compass needle ② guide

지칭[指稱] 가리켜 일컬음.   designation

지탄[指彈] 잘못을 지적하여 규탄하고 비난함. しだん censure

지탱[支撐] 오래 버티거나 견디어 냄.   maintenance

지통[止痛] 아픔이 그침. しつう   allaying pain

지통[至痛] 몹시 아프거나 고통스러움. 또는 몹시 심한 아픔이나 고통. =극통(極痛). しつう   severe pain

지통[紙筒] 종이를 뜰 때, 그 원료를 물에 풀어 담는 큰 나무통. tub

지파[支派] 종파(宗派)에서 갈라져 나간 파. しは branch

지판[地板] ① 관(棺)의 밑바닥 널. ② 접지(接地)할 때 땅 속에 묻는 금속판.
① bottom piece of a coffin

지퍼[zipper] 서로 이가 엇물리는 금속・플라스틱 등의 조각을 헝겊 테이프에 나란히 두 줄로 박아서 그 두 줄을 고리로 밀고 당겨 여닫을 수 있도록 만든 물건. ジッパー

지편[至便] 아주 편리함. しべん convenience

지편[紙片] 종이 조각. しへん piece of paper

지평[地平] ① 대지(大地)의 평면. ② 지평선(地平線)의 준말. ちへい ① ground level

지평면[地平面] 지구 위의 어느 지점에서 연직선(鉛直線)에 수직인 평면. ちへいめん horizontal plane

지평선[地平線] ① 평평한 지표면 또는 수면과 하늘이 맞닿아 보이는 선. ② 지평면이 천구(天球)와 교차할 때 생기는 선. ちへいせん horizon

지폐[紙幣] 종이에 인쇄하여 만든 화폐. 종이돈. =지전(紙錢)・지화(紙貨). しへい paper money

지폭[紙幅] 종이의 너비. かみはば・しふく width of paper

지표[地表] 지구의 표면. 땅의 겉면. ちひょう surface of the earth

지표[指標] ① 가리켜 보이는 표지(標識). ② 상용 로그(常用log)의 정수(整數) 부분. しひょう ① index ② characteristic

지표수[地表水] 지구 표면에 있는 물. 곧, 강・늪・호수 따위의 물. ↔지하수(地下水). ちひょうすい surface water

지:프[jeep] 소형 사륜(四輪) 자동차. 본디는 미국이 군용으로 개발한 차의 상표명임. 지프차. ジープ

지피[地皮] 지구의 외피를 이루는 부분. 땅거죽. =지각(地殼). ちひ crust of the earth

지피지기[知彼知己] 남과 나를 자세히 앎. 적의 속 사정과 나의 형편을 자세히 앎.

지필[紙筆] 종이와 붓. =필지(筆紙). しひつ
paper and writing brush

지필묵[紙筆墨] 종이와 붓과 먹. 곧, 글을 쓰는 도구. paper, writing brush and ink stick

지필연:묵[紙筆硯墨] 종이・붓・벼루・먹을 아울러 이르는 말. 문방사우(文房四友).

지하[地下] ① 땅 속. ↔지상(地上). ② 저승을 비유하여 이르는 말. ③ 정치・사회 운동이 비합법적(非合法的)인 면을 비유하여 이르는 말. 「~ 조직(組織)」ちか
① underground ② Hades

지하 결실[地下結實] 식물이 지상에서 수정(受精)하여 지하에서 열매를 맺는 일. 땅콩 따위. ちかけつじつ

지하경[地下莖] 땅 속에 묻혀 있는 식물의 줄기. 양파・토란・튤립 따위. 땅속줄기. ちかけい subterranean stem

지하 경제[地下經濟] 사채놀이・도박・매춘 등 불법적인 경제 활동 및 세무 관서에서 그 실태를 파악할 수 없는 돈의 움직임이나 암거래 따위.

지하도[地下道] 땅 밑으로 만든 통로(通路). ちかどう
underpass

지하 상가[地下商街] 지하도(地下道)나 지하철 역 따위에 마련된, 가게가 늘어서 있는 곳.
underground market

지하선[地下線] ① 땅 속에 묻는 전선(電線). =지중선(地中線). ② 지하 철도(地下鐵道)의 선로. ちかせん
① underground cable

지하수[地下水] 땅 속의 토사·암석 등의 빈 틈을 채우고 있는 물. ↔지표수(地表水). ちかすい
underground water

지하실[地下室] ① 집이나 건물에서 지면보다 낮은 곳에 만든 방. ② 뜰이나 집채 아래에 땅을 파서 만든 광. ちかしつ
basement

지하 운:동[地下運動] 법망(法網)을 피하여 몰래 하는 사회 운동이나 정치 운동. ちかうんどう
underground movement

지하 자:원[地下資源] 땅 속에 묻혀 있는 자원. 광물·석유 따위. ちかしげん
underground resources

지하철[地下鐵] 지하 철도(地下鐵道)의 준말. ちかてつ

지하 철도[地下鐵道] 대도시의 교통 혼잡을 완화하기 위해 땅 속으로 운행하도록 부설한 철도. 준지하철(地下鐵). ちかてつどう
subway

지학[地學] 지구 과학(地球科學)의 준말. ちがく

지한[至恨] 지극히 한스러움.
grudge

지한[脂汗] 지방분이 많이 섞인 땀. あぶらあせ

지함[地陷] 땅이 움푹하게 꺼짐.
depression

지함[紙函] 두꺼운 종이로 만든 상자. かみばこ
carton

지핵[地核] 지구의 중심. =지심(地心). ちかく centrosphere

지행[至幸] 지극히 다행스러움. =만행(萬幸). しこう good luck

지행[志行] 지조와 행실.
constancy and behavior

지행[知行] 아는 것과 실행하는 것. 「~합일(合一)」 ちこう
knowledge and action

지행 합일설[知行合一說] 주자(朱子)의 선지 후행설(先知後行說)에 대하여, 참다운 지식(知識)은 반드시 실행(實行)이 따라야 한다는 왕양명(王陽明)의 학설. ↔선지 후행설(先知後行說). ちこうごういつせつ
unity of knowledge and action

지향[志向] 뜻이 쏠리어 향함. 또는 그 방향으로 쏠리는 마음. しこう
intention

지향[指向] 목표를 정하고 그 쪽으로 향하여 나아감. 또는 나아가는 그 쪽. しこう

지현[至賢] 매우 어질고 슬기로움.

지혈[止血] 출혈(出血)을 그치게 함. 「~제(劑)」 しけつ
stanching

지혈제[止血劑] 출혈을 그치게 하는 약제. しけつざい
hemostatic

지협[地峽] 두 대륙을 잇는 좁고 잘록한 육지. ちきょう
isthmus

지형[地形] 땅의 생긴 모양이나 형세. -지상(地相)·지세(地勢). ちけい
geographical features

지형[紙型] 활판 인쇄에서, 연판(鉛版)을 뜨기 위하여 식자(植字)한 활판 위에 특수 용지를 올려놓고 무거운 물건으로 눌러서 그 종이에 활자(活字)의 자국이 나게 한 판. しけい   paper mold

지형도[地形圖] 육지의 형상·수계(水系)·취락 및 도로의 배치 등을 자세히 나타낸 지도. ちけいず   topographical map

지혜[知慧·智慧] ① 사리를 밝히고 분별하는 능력. 슬기. ② 불교에서, 미혹(迷惑)을 끊고 정각(正覺)을 얻는 힘. =반야(般若). ちえ   wisdom

지호[指呼] 손짓하여 부름. 「~지간(之間)」 しこ   beckoning

지호간[指呼間] 지호지간(指呼之間)의 준말.

지호지간[指呼之間] 손짓을 하여 부를 만한 가까운 거리. 준 지호간(指呼間). しこのかん   within hail

지화법[指話法] 농아 교육에 시, 손짓으로 의사를 표시하는 방법. =수화법(手話法). しわほう   dactylology

지환[指環] 가락지. ゆびわ   ring

지황[地黃] 현삼과(玄蔘科)의 다년초. 뿌리는 보혈제(補血劑)로 씀. =지수(地髓).

지회[遲徊] ① 목적 없이 거닒. =배회(徘徊). ② 선뜻 결단을 못 내리고 머뭇거림. ① saunter ② hesitation

지효[至孝] 지극히 효성스러움. 또는 지극한 효도. しこう   utmost filial piety

지효[知曉] 알아서 깨달음. 또는 환하게 깨달아서 앎. ちぎょう   conversance

지효[遲效] 더디게 나타나는 효력. ↔속효(速效).   slow effect

지후[至厚] 인정 따위가 더할 나위 없이 두터움. しこう   warm-heartedness

지후[祗候] 어른을 시중들며 섬기고 받듦.   attendance

지휘[指揮] ① 일정한 성원이 유기적으로 움직이도록 지도하거나 지시하는 일. ② 2인 이상이 연주하는 음악을 일정한 해석 아래 예술적으로 연주하도록 지도하는 일. 「~자(者)」 しき   command

지휘관[指揮官] 군대를 지휘 통솔하는 장교. しきかん   commander

지휘봉[指揮棒] 지휘관·지휘자가 쓰는 가는 막대기. しきぼう   baton

지휘소[指揮所] 부대를 지휘하기 위하여 마련된 지역. 시피(C.P.)   command post

직[直]* ① 곧을 직 : 곧다. 바르다. 「正直(정직)·直立(직립)·曲直(곡직)·忠直(충직)·率直(솔직)」 ② 번들 직 : 번들다. 「當直(당직)·宿直(숙직)·日直(일직)」 ③ 값 치 : 값. "値"와 通字. 「直千金(치천금)」 チョク·ジキ

직[稙] 올벼 직 : 일찍 익는 곡식. 「稙禾(직화)」 チョク

직[稷] ① 기장 직 : 기장. 「黍稷(서직)」 ② 곡신 직 : 오곡의 신. 「社稷(사직)·稷神(직신)」 ショク

직[織]☆ 짤 직 : 피륙을 짜다. 안을 구상하다. 조직체를 만들다. 「織物(직물)·毛織(모직)·絹織(견직)·織女(직녀)·交織(교직)·組織(조직)·織成(직성)」 ショク·シキ·おる

직[職]☆ 직분 직 : 직분. 직책.

「職分(직분)・職責(직책)・職名(직명)・本職(본직)・官職(관직)・職權(직권)」ショク

직각[直角] 서로 수직(垂直)인 두 직선이 이루는 각. 곧 90도의 각. ちょっかく right angle

직각[直覺] 보거나 듣는 즉시 깨달음. ちょっかく intuition

직각주[直角柱] 옆모서리가 밑면에 수직인 각주. 직각기둥. ちょっかくちゅう right prism

직간[直諫] 직접 간함. ちょっかん direct admonition

직감[直感] 사물을 접하였을 때, 그 자리에서 곧 느껴지는 것. ちょっかん intuition

직결[直決] 그 자리에서 결정하거나 해결함. =즉결(卽決). prompt decision

직결[直結] 직접 연결되거나 연결함. ちょっけつ direct connection

직경[直徑] 원(圓)이나 구(球)의 중심을 지나서 그 둘레 위의 두 점을 직선으로 이은 선분. 지름. ちょっけい diameter

직계[直系] ① 핏줄이 친자 관계에 따라 곧게 이어 내린 갈래. 「~ 가족(家族)」 ② 사제(師弟) 등의 관계에서, 직접 연결되는 계통. ちょっけい direct line

직계[職階] 직장에서의 계급. 「~제(制)」 しょっかい class of one's position

직계 비:속[直系卑屬] 자기로부터 아래로 이어 내려가는 혈족. 아들・딸, 손자・손녀 등. ちょっけいひぞく lineal descendant

직계 존속[直系尊屬] 자기로부터 위로 이어 올라가는 혈족. 부모・조부모 등. ちょっけいそんぞく lineal ascendant

직계친[直系親] 혈통이 조부모・부모・자(子)・손(孫)과 같이 위에서 아래로 곧게 연결되는 친족의 통칭. ちょっけいしん lineal descendant

직계 혈족[直系血族] 부모・조부모・자녀・손자 등의 혈족. 직계 존속(尊屬)과 직계 비속(卑屬)의 총칭. ちょっけいけつぞく lineal relation

직고[直告] 바른 대로 고함. informing truthfully

직공[職工] 공장에서 일하는 노동자. =공원(工員). しょっこう workman

직관[直觀] 추리・경험에 의하지 않고 직접적으로 파악함. ちょっかん intuition

직관[職官] 직위와 관등(官等). しょっかん office and rank

직교[直交] ① 두 직선 또는 두 평면이 직각을 이루며 만남. ② 교점(交點)을 지나는 두 접선(接線)이 직각을 이룰 때의 두 곡선의 교차. ちょっこう orthogonal

직구[直球] 야구에서, 투수가 곧게 던지는 공. ちょっきゅう straight ball

직권[職權] 직무상의 권한. 「~ 남용(濫用)」 しょっけん official authority

직급[職級] 직위를 직무의 종류・책임 등에 따라 분류한 최소의 단위.

직기[織機] 피륙을 짜는 기계. しょっき weaving machine

직녀[織女] ① 피륙을 짜는 여자. =직부(織婦). ② 직녀성(織女星)의 준말. しょくじょ ① weaving girl

직녀성[織女星] 거문고자리의

알파성(a星). 음력 7월 7일 밤에 은하수를 건너 견우성(牽牛星)과 만난다는 전설이 있음. =천녀손(天女孫). ↔견우성(牽牛星). 쥰직녀(織女). しょくじょせい Vega

직능[職能] ① 직무를 수행하는 능력. ② 직업·직무에 따른 기능이나 역할. しょくのう ① vocational ability

직능 대:표제[職能代表制] 의회에 있어서의 대표자를 직능별 단체에서 선출하여 각각의 직업의 이해(利害)를 의회에 반영하려는 제도. ↔지역 대표제(地域代表制). しょくのうだいひょうせい vocational representation system

직담[直談] 직접 본인을 만나서 담판함. じきだん personal consultation

직답[直答] ① 그 자리에서 곧 답변함. =즉답(卽答). ② 다른 사람을 거치지 않고 직접 답변함. ちょくとう ① prompt answer ② direct answer

직도[直道] ① 곧장 뻗은 길. =직로(直路). ② 사람이 행하여야 할 바른 도리. ちょくどう ① straight way

직량[直良] 올바르고 성실함.

직력[職歷] 직업상의 경력. しょくれき business experience

직렬[直列] 전기 회로에서, 발전기·전지·축전지·저항기 등을 도선으로 차례차례 일렬로 연결하는 일. ↔병렬(並列). 「~ 연결(連結)」ちょくれつ series

직로[直路] 곧장 뻗은 길. =직도(直道). ちょくろ straight road

직류[直流] ① 곧게 흐르는 물 줄기. ② 항상 일정한 방향과 일정한 크기로 흐르는 전류(電流). ↔교류(交流). ちょくりゅう ② direct current

직립[直立] ① 똑바로 섬. ② 높이 솟아오름. 또는 그 높이. ちょくりつ standing erect

직립경[直立莖] 땅 위로 곧게 자라는 식물의 줄기. 곧은줄기. ちょくりつけい

직립선[直立線] 수평면에 수직(垂直)인 직선. ちょくりつせん perpendicular line

직매[直賣] 생산자가 중간 상인을 거치지 않고 소비자에게 직접 판매함. 「~회(會)」ちょくばい direct sales

직맥[直脈] 잎의 줄기가 세로 모 니리킨 잎매.

직면[直面] 어떠한 상황에 맞닥뜨림. 「위기(危機)~」ちょくめん facing

직명[職名] 직업·직위·직무 등의 이름. しょくめい official title

직무[職務] 직업상 맡은 사무. しょくむ duty

직물[織物] 씨와 날을 직기(織機)에 걸어 짠 물건의 총칭. 「견(絹)~」おりもの textile

직배[直配] ① 직접 배달함. ② 배급권(配給券)에 따라 물품을 생산자가 소비자에게 직접 배급하거나 배달함. ちょくはい direct delivery

직봉[職俸] ① 직무와 봉급. ② 직책에 대해서 주는 봉록(俸祿). ① occupation and salary

직봉[織縫] 베짜기와 바느질. weaving and needling

직분[職分] ① 직무(職務)로서 마땅히 하여야 할 일. ② 자기가 마땅히 하여야 할 본분. しょ

くぶん　　　　　　　duty
직사[直死] 금방 그 자리에서 죽음. =즉사(卽死).
　　　　　death on the spot
직사[直射] ① 광선이 바로 곧게 비침. 「~광선(光線)」 ② 탄도(彈道)를 낮추고 직선에 가깝게 탄알을 쏨. 「~포(砲)」 ちょくしゃ
　① direct rays　② direct fire
직사각형[直四角形] 가로와 세로의 길이가 같지 않고 내각(內角)이 모두 직각인 사각형. 긴네모꼴. =직각 사각형(直角四角形). ちょくしかくけい
　　　　　　　　　rectangle
직사포[直射砲] 쏜 탄환이 곧게 나가는 대포. ちょくしゃほう
　　　　　direct-firing gun
직삼[直蔘] 곧게 말린 백삼(白蔘).
직삼각형[直三角形] 한 각이 직각인 삼각형. =직각 삼각형(直角三角形). ちょくさんかっけい　　right-angled triangle
직상[直上] ① 바로 그 위. ② 곧게 올라감. ちょくじょう
　　　　　　① right above
직서[直敍] 상상이나 감상(感想)을 덧붙이지 않고 있는 그대로 서술함. ちょくじょ
　　　　　　plain statement
직석[直席] 바로 그 자리. =즉석(卽席).
직선[直線] ① 곧은 줄. 곧게 그은 선. ② 두 섬 사이를 가장 짧은 거리로 연결한 선. ↔곡선(曲線). ちょくせん
　　　　　　① straight line
직선[直選] 직접 선거(直接選擧)의 준말. ↔간선(間選).
직선미[直線美] 회화·선축·소각 따위에서, 직선적인 구성에 의해 이루어지는 미. ↔곡선미(曲線美). ちょくせんび
　　　　　　lineal beauty
직설[直說] 곧이곧대로 말함. 또는 그러한 말. straight talk
직설법[直說法] 영문법 등에서, 사실을 사실 그대로 말하며 말하는 이의 주관을 곁들이지 않는 형식의 표현법. ちょくせつほう　　indicative mood
직성[直星] 음양도(陰陽道)에서, 사람의 나이에 따라 그 운수를 맡아본다는 아홉 별.
직세[直稅] 직접세(直接稅)의 준말. ↔간세(間稅).
직소[直所] 번을 드는 곳. 당직을 하는 곳. night duty post
직소[直訴] 규정된 절차를 밟지 않고 윗사람이나 상급 관청에 직접 호소함. じきそ
　　　　　　direct appeal
직속[直屬] 직접 딸림. 「~기관(機關)」 ちょくぞく
　　being under direct control
직손[直孫] 직계의 자손.
　　　　　lineal descendant
직송[直送] ① 곧바로 보냄. ② 상대편에게 직접 보냄. 「산지(産地) ~」 ちょくそう
　　　　　direct delivery
직수입[直輸入] 생산국에서 직접 물건을 수입함. ↔직수출(直輸出). ちょくゆにゅう
　　　　　direct import
직수출[直輸出] 수요국(需要國)에 직접 상품을 수출함. ↔직수입(直輸入). ちょくゆしゅつ
　　　　　direct export
직시[直視] ① 똑바로 앞을 봄. 시선을 한 곳으로 모음. ② 사물의 진실을 바로 봄. 「현실(現實) ~」 ちょくし
　　　① looking in the face

직신[直臣] 강직한 신하. 바른 말을 하고 정직하게 행동하는 신하. upright retainer

직신[稷神] 오곡(五穀)을 맡아 보살핀다는 신(神). god of cereals

직심[直心] ① 참되고 곧은 마음. ② 불교에서, 진여(眞如)를 바로 헤아려 생각하는 마음. ① honesty

직언[直言] 거리낌이 없이 하는 바른 말. ちょくげん straight speaking

직업[職業] 인간이 생계를 유지하기 위해 하는 사회 생활. しょくぎょう occupation

직업 교:육[職業敎育] 직업 생활에 필요한 지식과 기능을 가르치는 교육. しょくぎょうきょういく vocational education

직업병[職業病] 직업상의 특수한 작업 조건이나 환경이 원인이 되어 생기는 병. 활자공의 납중독이나 광부의 규폐(硅肺) 따위. しょくぎょうびょう occupational disease

직업 여성[職業女性] 일정한 직업에 종사하는 여성. しょくぎょうじょせい working woman

직업 의:식[職業意識] 자신이 종사하는 직업에 대한 의식이나 태도. 또는 어떤 직업에 종사하는 사람 특유의 의식이나 기질. しょくぎょういしき occupational consciousness

직업 전:선[職業戰線] 경쟁이 심한 직업 사회를 전쟁터에 비유하여 이르는 말. しょくぎょうせんせん struggle for jobs

직역[直譯] 외국어를 주로 그 자구(字句)나 어법(語法)에 따라 충실하게 번역하는 일. ↔의역(意譯). ちょくやく literal translation

직역[職域] 직업의 영역(領域). 각 직업의 범위. しょくいき

직영[直營] 본인·본사 등이 직접 경영함. 「~ 식당(食堂)」 ちょくえい direct management

직원[職員] 직장에서 직무를 맡아보는 사람. 「~ 회의(會議)」 しょくいん the staff

직원주[直圓柱] 축(軸)과 밑면이 직각으로 교차되는 원주. 직원기둥. ちょくえんちゅう right cylinder

직원추[直圓錐] 축이 밑변에 수직이 되는 원뿔. 또는 직각 삼각형이 그 직각의 변을 중심으로 한 바퀴 돌 때에 생기는 입체. 직원뿔. ちょくえんすい right circular cone

직위[職位] 관청이나 회사에 근무하는 사람의 직무상의 위치. しょくい position

직유법[直喩法] 비유법의 한 가지. 두 가지 사물을 직접적으로 비교하는 표현 방법. '백설같이 흰 살갗'과 같이 '같이·처럼·듯이·양' 등의 말을 연결하여 나타냄. ↔은유법(隱喩法). ちょくゆほう simile

직육면체[直六面體] 각 면이 모두 직사각형이고 상대되는 세 쌍의 면이 평행한 육면체. =직방체(直方體). ちょくろくめんたい

직인[職人] 손재주로 물건을 만드는 것을 직업으로 하는 사람. =직공(職工). しょくにん craftsman

직인[職印] 직원이 직무상으로 쓰는 도장. ↔사인(私印). しょくいん official seal

직임[職任] 직무상 맡은 임무. =직책(職責). duty

직장[直腸] 대장(大腸)의 맨 끝 부분. 곧은창자. ちょくちょう
rectum

직장[職長] 작업장에서 노동자를 지휘 감독하는 책임자. しょくちょう
foreman

직장[職場] 직업으로서 일을 하는 곳. 일터. 일자리. しょくば
place of work

직재[直裁] ① 즉시 결재(決裁)함. ② 직접 결재함. ちょくさい・じきさい ① prompt decision ② personal decision

직전[直前] 일이 생기기 바로 전. ↔직후(直後). ちょくぜん
just before

직전[直傳] ① 스승에게서 직접 전수(傳受)함. ② 직접 전함. じきでん direct transmission

직전[直錢] 즉시 치르는 품삯이나 물건값. 맞돈. じきせん cash

직절[直節] 곧은 절개.

직절구[直截口] ⇨직절면(直截面).

직절면[直截面] 원기둥 또는 각기둥 따위의 도형을 수직으로 자른 면. =수직 단면(垂直斷面)・직절구(直截口).
vertical section

직접[直接] 중간에 다른 것을 두지 않고 바로 관계거나 작용하는 일. ↔간접(間接). 「~대면(對面)」 ちょくせつ
directness

직접비[直接費] 특정한 제품의 제조나 판매를 위해 직접 소비된 것으로 볼 수 있는 비용. ちょくせつひ direct expenses

직접 비:료[直接肥料] 직접으로 작물 자체의 양분이 되는 비료. 황산암모니아・과인산석회(過燐酸石灰)・인분(人糞) 따위. ちょくせつひりょう
direct manures

직접 선:거[直接選擧] 선거인이 피선거인을 직접 뽑는 선거. ↔간접 선거(間接選擧). ⓒ직선(直選). ちょくせつせんきょ
direct election

직접세[直接稅] 납세자가 직접 부담하고 납부하는 세금. 지세(地稅)・가옥세 따위. ↔간접세(間接稅). ⓒ직세(直稅). ちょくせつぜい
direct tax

직접 정:범[直接正犯] 본인 자신의 의사 결정에 따라 실행하고 남과는 아무런 관련이 없는 범죄. ちょくせつせいはん
direct offense

직접 행동[直接行動] 언론 따위의 간접 수단을 쓰지 않고 직접으로 하는 행동. ちょくせつこうどう direct action

직접 화법[直接話法] 언어 표현에서 다른 사람의 말을 그대로 옮길 경우, 직접 그 사람의 말을 그대로 되풀이하는 방법. ↔간접 화법(間接話法). ちょくせつわほう direct narration

직접환[直接換] 환거래에서 지급국(支給國)과 수취국(受取國)이 직접 환취결(換就結)을 하는 일. ↔간접환(間接換).
direct exchange

직접 효:용[直接效用] 직접으로 사람의 욕망을 충족시켜 주는 재화(財貨)의 효용. ↔간접 효용(間接效用). ちょくせつこうよう direct utility

직정[直情] 꾸밈이 없는 감정. 있는 그대로의 감정. ちょくじょう
frank disposition

직정경행[直情徑行] 감정을 감추지 않고 생각나는 대로 행동함. ちょくじょうけいこう
impulsiveness

직제[職制] ① ⇨관제(官制). ② 직무 분담에 관한 제도. 「~개편」しょくせい
② organization of an office

직조[織造] 피륙 같은 것을 짜는 일. weaving

직종[職種] 직업의 종류. しょくしゅ types of occupation

직주체[直柱體] ⇨직각주(直角柱).

직증[直證] 확실한 증거. 자명(自明)한 이치. =명증(明證). ちょくしょう

직진[直進] 곧장 나아감. 머뭇거리지 않고 똑바로 나아감. ちょくしん going straight on

직차[職次] 직책(職責)의 차례. order of official rank

직책[職責] 직무상의 책임. =직무(務). しょくせき official duty

직척[直斥] 그 자리에서 나무라고 물리침. direct rejection

직출[直出] 지체하지 않고 곧 나아감. immediate departure

직토[直吐] 실정을 바로 말함. telling the truth

직통[直通] 중계(中繼)하지 않고 직접 통함. 「~전화(電話)」ちょくつう direct communication

직파[直派] 한 계통에서 곧장 내려온 겨레붙이의 갈래. direct line

직파[直播] 모를 옮기지 않고 직접 논밭에 파종함. じきまき・ちょくはん direct sowing

직판[直販] 중간 유통 기구를 거치지 않고 생산자가 소비자에게 직접 판매함. 「~장(場)」ちょくはん

직포[織布] 피륙을 짬. 또는 그 피륙. woven cloth

직피[直披] 자신이 직접 개봉(開封)함. 편지 겉봉에 쓰는 말. =친전(親展). じきひ・ちょくひ confidential

직필[直筆] ① 사실을 숨김없이 적음. ② 자신이 직접 씀. じきひつ ① uncolored writing ② autograph

직핍[直逼] 바싹 다가옴. approach

직하[直下] ① 똑바로 내려감. ② 바로 아래. 바로 밑.「적도(赤道)~」ちょっか
① falling perpendicularly

직할[直轄] 주무 관청이 직접으로 관할(管轄)함.「~구역(區域)」ちょっかつ direct control

직할 식민지[直轄植民地] 책임 자치 정부를 가지지 못한, 식민국(植民國)이 직접 관할하는 식민지. ちょっかつしょくみんち crown colony

직함[職銜] ① 벼슬의 이름. =관함(官銜). ② 공직(公職)의 지위. official title

직항[直航] ① 배가 다른 항구에 기항(寄港)하지 않고 직접 목적지로 항해(航海)함. ② 비행기가 다른 공항(空港)에 들르지 않고 바로 목적지로 비행함.「~로(路)」ちょっこう direct voyage

직해[直解] 문구(文句)대로 풀이함.

직행[直行] 목적지로 곧장 감. ちょっこう going straight

직활강[直滑降] 스키에서 비탈을 곧장 내려가는 일. ちょっかっこう

직후[直後] 바로 그 뒤. 그 뒤 금방. ↔직전(直前). ちょくご immediately after

진[辰]* ① 지지 진: 다섯째 지지.「甲辰(갑진)・辰時(진시)」

② 별 신:별.「星辰(성신)・星辰宿(신수)」③ 날 신:날.「佳辰(가신)・嘉辰(가신)・吉辰(길신)・生辰(생신)」シン・ジン ① たつ

진:[殄] 다할 진:없어지다. 다하다.「殄滅(진멸)・殄殲(진섬)・殄瘁(진췌)・殄破(진파)」テン・つきる

진[津] ① 나루 진:나루.「津口(진구)・津頭(진두)・津梁(진량)・津船(진선)・津河(진하)」② 침 진:침.「津唾(진타)・津液(진액)」③ 넘칠 진:넘치다.「興味津津(흥미진진)」シン ① つ

진[珍]☆ 보배 진:보배. 보배롭다. 진기하다.「珍貨(진화)・珍器(진기)・珍寶(진보)・珍羞盛饌(진수성찬)・珍味(진미)・珍甘(진감)・珍貴(진귀)・珍書(진서)・珍巧(진교)・珍異(진이)」チン・めずらしい

진:[振]☆ ① 떨칠 진:떨치다.「振作(진작)・振興(진흥)・不振(부진)」② 진동할 진:진동하다.「振動(진동)・振子(진자)・振幅(진폭)」③ 떨 진:몸을 떨다.「振慄(진율)・振怖(진포)」④ 구빈할 진:구원하다.「振窮(진궁)・振施(진시)・振恤(진휼)」シン ② ふる

진:[晉] ① 나아갈 진:나아가다.「晉接(진접)」② 오를 진:승진하다.「晉秩(진질)」③ 나라 이름 진:나라 이름.「晉國(진국)」シン ① すすむ

진[疹] 홍역 진:홍역. 역질.「紅疹(홍진)・疹疾(진질)・疹恙(진양)」シン

진[眞]* ① 참 진:참되다. 참모습.「眞實(진실)・眞正(진정)・眞心(진심)・正眞(정진)・眞影(진영)・純眞(순진)・眞情(진정)・眞言(진언)・眞品(진품)・眞善美(진선미)・眞實(진실)」② 화상 진:초상.「寫眞(사진)」シン ① ま・まこと

진[秦] ① 진버 진:버 이름. ② 진나라 진:진나라. シン

진[陣]☆ 진칠 진:진을 치다.「陣頭(진두)・陣營(진영)・陣容(진용)・陣中(진중)」ジン

진:[陳]☆ ① 벌일 진:벌이다.「陳列(진열)・陳設(진설)」② 말할 진:말하여 밝히다.「陳告(진고)・陳述(진술)・陳情(진정)」③ 묵을 진:묵다.「陳腐(진부)・陳迹(진적)」チン ① つらねる ② のべる ③ ふるい

진:[診] 진찰할 진:진찰하다. 진맥하다. 증험하다.「診脈(진맥)・診察(진찰)・診療(진료)・誤診(오진)・休診(휴진)」シン・みる

진:[軫] ① 구를 진:구르다. ② 슬퍼할 진:마음 아파하다.「軫念(진념)・軫悼(진도)」シン

진:[進]* 나아갈 진:나아가다.「進步(진보)・進出(진출)・進退(진퇴)・進行(진행)・昇進(승진)・進級(진급)・榮進(영진)・進御(진어)」シン・すすむ

진[塡] ⇨ 전(塡).

진[嗔] 성낼 진:성내다.「嗔怒(진노)・嗔言(진언)・嗔責(진책)・嗔訴(진구)」シン・いかる

지[塵] 티끌 진:티끌. 더럽디.「塵芥(진개)・塵煙(진연)・塵緣(진연)・塵事(진사)・塵世(진세)」ジン・ちり

진:[盡]* ① 다할 진:다하다.「盡年(진년)・盡終(진종)・盡力(진력)・盡瘁(진췌)」② 극진할 진:극진하다.「盡忠(진충)・盡誠(진성)」ジン ① つくす

진:[賑] ① 기민 먹일 진 : 기민(飢民)을 먹여 주다. 「賑恤(진휼)·賑救(진구)·賑貸(진대)」 ② 넉넉할 진 : 넉넉하다. 「殷賑(은진)」 シン ② にぎわう

진:[震] ① 진동할 진 : 진동하다. 「震動(진동)·地震(지진)·震幅(진폭)·餘震(여진)」 ② 떨 진 : 두려워 떨다. 「震恐(진공)·震驚(진경)」 シン ① ふるえる

진[瞋] ① 눈 부릅뜰 진 : 눈을 부릅뜨다. 「瞋目(진목)」 ② 성낼 진 : 화를 내다. 「瞋怒(진노)·瞋恚(진에)」 シン

진:[縉] 홀 꽂을 진 : 홀을 꽂다. 「縉紳(진신)」 シン

진:[鎭]☆ 진압할 진 : 진압하다. 「鎭定(진정)·鎭靜(신성)·鎭安(진안)·鎭壓(진압)·鎭戍(진수)·鎭守(진수)」 チン · しずめる

진[gin] 옥수수·보리·호밀을 원료로 하고 노간주나무 열매로 향미를 돋운 양주(洋酒). ジン

진[jean] 올이 가늘고 질긴 능직(綾織) 무명이 한 가지 ジーン

진가[眞假] 진짜와 가짜. 참과 거짓. =진위(眞僞). しんか truth or falsehood

진가[眞價] 참다운 가치. しんか real worth

진:감[震撼] 울리어서 흔들림. 울리게 흔듦. しんかん shock

진:갑[進甲] 환갑 이듬해에 맞는 생일. 61st anniversary of one's birth

진:강[進講] 임금 앞에 나아가 글을 강론(講論)함. しんこう

진개[塵芥] 티끌과 쓰레기. 「~장(場)」 じんかい dust

진객[珍客] 진귀한 손님. 귀한 손님. ちんかく·ちんきゃく welcome guest

진겁[塵劫] 과거·미래의 티끌처럼 많은 시간. じんこう

진:격[進擊] 앞으로 나아가서 적을 침. =진공(進攻). しんげき attack

진경[珍景] 진귀한 경치나 광경. wonderful scenery

진경[眞景] ① 실제의 경치. =실경(實景). ② 실경을 그대로 그린 그림. 「~ 산수(山水)」 しんけい ① real scenery

진:경[進境] 진보한 경지. しんきょう improvement

진경[塵境] 티끌 같은 세상. 더러운 세상. =진세(塵世)·진계(塵界)·속세(俗世). じんきょう dusty world

진:경[震驚] 놀라서 떪. しんきょう

진:경제[鎭痙劑] 경련을 진정시키는 약. 몰핀·코데인 따위. ちんけいざい antispasmodic

진:계[陳啓] 임금에게 사리를 가려서 아룀. reporting to the throne

진계[塵界] 티끌 같은 세상. =진세(塵世)·진경(塵境). じんかい

진:고[陳告] 사실을 털어놓고 말함. reporting

진:곡[陳穀] 묵은 곡식. 오래 된 곡식. ↔신곡(新穀). old grain

진골[眞骨] 신라 때, 골품(骨品)의 한 가지. 부모의 가계(家系) 중 어느 한쪽이 한 대(代)라도 왕족이 아닌 혈통이 섞인 자손.

진공[眞空] 공기 따위가 전혀 없는 공간(空間). しんくう vacuum

진:공[陳供] 범죄자가 죄상을 사실대로 말함. confession

진:공[進攻] 나아가서 침. =진

진격(進擊). しんこう attack

진:공[進供] 조선 시대에, 지방에서 나는 특산물을 진상하던 일. =진상(進上)·공상(供上).

진:공[進貢] 공물(貢物)을 바침. offering a tribute

진:공[震恐] 무서워서 떪. =진구(震懼). しんきょう

진공계[眞空計] 공기의 희박도(稀薄度)를 측정하여 진공도(眞空度)를 알아 내는 계기(計器). =저압계(低壓計). しんくうけい vacuum gauge

진공관[眞空管] 라디오나 전자 기기(電子機器)의 정류(整流)·증폭(增幅)·발진(發振) 따위에 쓰는 진공으로 된 유리관. しんくうかん vacuum tube

진공 청소기[眞空淸掃器] 전력으로 용기의 공기를 없애어, 먼지를 빨아들이게 한 청소기. vacuum cleaner

진과[珍果] 진기한 과실. ちんか rare fruit

진과[珍菓] 귀한 과자. ちんか rare sweets

진과[眞果] 수정(受精)한 뒤 씨방자의 발육에 따라서 자방(子房)이 커져서 된 과실. 복숭아 따위. ↔가과(假果). しんか

진괴[珍怪] 진귀하고 괴상야릇함. mystery

진교[珍巧] 진기하고 교묘함. ちんこう deftness

진구[塵垢] ①먼지와 때. ②속세의 번뇌. しんこう ①dirt

진:구[賑救] 가난한 사람에게 금품을 주어 구제함. =진휼(賑恤). relief

진:구[震懼] 떨면서 두려워함. 몹시 무서워함. =진공(震恐). しんく

진:군[進軍] 군대가 나아감. しんぐん march

진:권[進勸] 천거하여 권장함. 소개하여 천거함. recommendation

진귀[珍貴] 보배롭고 소중함. 신기하고 귀중함. ちんき valuableness

진금[珍禽] 진귀한 새. =희조(稀鳥). ちんきん rare bird

진:급[進級] 학급·등급·지위 따위가 오름. しんきゅう promotion

진기[珍奇] 매우 드물고 기이함. ちんき novelty

진:기[津氣] ①진액의 끈적거리는 기운. ②우러나오는 속 기운. ①viscousness

진기[珍器] 진귀한 그릇. ちんき

진:기[振起] 떨치어 일으킴. 떨치어 일어남. =진작(振作). しんき stimulation

진:납[進納] 나아가 바침. しんのう presentation

진:년[盡年] 수명이 다함. じんねん

진:념[軫念] ①윗사람이나 귀한 사람이 아랫사람의 형편을 헤아려 줌. ②임금의 심려(心慮). しんねん ①consideration

진념[塵念] 속세의 명리(名利)를 생각하는 마음. じんねん

진노[瞋怒·嗔怒] 성내어 노여워함. しんど wrath

진:노[震怒] 높은 어른이 몹시 화를 냄. 「임금이 ~하다」 しんど rage

진:단[診斷] 의사가 환자를 진찰하여 병을 판단함. 「~서(書)」 しんだん diagnosis

진:단[震檀·震壇] 우리 나라의 예스러운 호칭. old name of Korea

진ː달[進達] ① 하급 관청이 상급 관청에 서류를 보냄. ② 말이나 편지 따위를 받아서 올림. しんたつ　transmission

진담[珍談] 진기한 이야기.「~기담(奇談)」ちんだん　strange story

진ː담[眞談] 진정에서 나오는 말. 참말. =진설(眞說). ↔농담(弄談). serious talk

진ː담누ː설[陳談陋說] 진부한 말과 너저분한 이야기.

진ː담누ː설[陳談屢說] 쓸데없이 되풀이하는 말.

진ː담패ː설[陳談悖說] 이치에 맞지 않는 쓸데없는 말.

진ː답[陳畓] 묵어서 거칠어진 논. 묵은 논.

진ː대[賑貸] 고구려 때, 융년에 관청에서 곡식을 백성에게 꾸어 주던 일. しんたい

진도[津渡] 강가나 바다 목에서 나룻배가 닿고 떠나고 하는 일정한 곳. 나루. =진두(津頭). しんと　ferry

신ː도[進度] 일이 되어 가는 정도. しんど　progress

진ː도[震度] 지진의 세기의 정도. しんど　seismic intensity

진도견[珍島犬] 우리 나라의 진도 특산 품종의 개. 천연 기념물로 지정됨. 진돗개.

진ː동[振動] 흔들리어 움직임. 흔들어 움직이게 함.「~계(計)」しんどう　swinging

진ː동[震動] 몹시 울려 흔들림.「천지(天地) ~」しんどう　vibration

진ː동 전ː류[振動電流] 진동 회로에 의하여 발생하는 주파수가 큰 교류(交流) 전류. しんどうでんりゅう　oscillating electric current

진ː동판[振動板] 송화기나 수화기의, 진동되는 음파를 내는 얇은 철판. しんどうばん　diaphragm

진두[津頭] ⇨진도(津渡). しんとう

진두[陣頭] ① 진의 맨 앞. 부대의 선두. ② 일의 선두(先頭).「~지휘(指揮)」じんとう　front

진ː략[進略] 쳐들어가서 땅을 빼앗음. =공략(攻略). invasion

진ː력[盡力] 힘을 다함. じんりょく　endeavor

진ː로[進路] 나아가는 길. 나아갈 길. ↔퇴로(退路). しんろ　course

진ː료[診療] 병을 진찰하여 치료함.「~소(所)」しんりょう　medical examination and treatment

진루[陣壘] 진(陣)을 친 곳. position

진ː루[進壘] 야구에서, 주자가 다음 누(壘)로 나아감. しんるい

진ː륙[殄戮] 다 죽여 없앰. てんりく　extermination

진리[眞理] ① 진실한 노리. 참된 이치. ② 누구나 인정하는 보편 타당한 법칙이나 사실. しんり　truth

진망[陣亡] 싸움터에서 죽음. =전사(戰死)·진몰(陣沒). じんぼう　death in battle

진맥[眞麥] 참밀. =소맥(小麥). まむぎ　wheat

진ː맥[診脈] 병자의 맥을 짚어 병세를 판단함. しんみゃく　examination of pulse

진면목[眞面目] 본래의 모습. 있는 그대로의 모습. しんめんもく　true character

진ː멸[殄滅] 무찔러 모조리 없애 버림. 또는 죽어서 멸망시

진명[盡命] 목숨을 다함. 목숨을 바침.

진목[眞木] 참나무를 재목으로 이르는 말. oak

진몰[陣沒] 싸움터에서 죽음. =전사(戰死)·진망(陣亡). じんぼつ

진묘[珍妙] 진귀하고 교묘함. ちんみょう queerness

진:무[鎭撫] 반란을 평정하여 민심을 안정시킴. ちんぶ pacification

진묵[眞墨] ① 품질이 좋은 먹. 참먹. ② 틀림없는 그 사람의 필적. =진필(眞筆). ① ink-stick of superior quality

진문[珍聞] 진기하고 희한한 소문. ちんぶん rare news

진문[陣門] 진중으로 드나드는 문. gate of a camp

진물[珍物] 진귀한 물건. ちんぶつ rare article

진미[珍味] 음식의 썩 좋은 맛. 또는 그런 음식. 「산해(山海)~」ちんみ delicacy

진미[眞味] 그것이 가진 제 맛. 참된 맛. しんみ true taste

신미[陳米] 묵은 쌀. long stored rice

진:발[進發] 부대(部隊) 따위가 있던 자리에서 떠나 나아감. しんぱつ march

진발[鬢髮] 검고 아름다운 머리털.

진:배[進拜] 웃어른을 찾아가 뵘. audience to one's elders

진:배[進排] 물품을 진상(進上)함. presentation

진범[眞犯] 진범인(眞犯人)의 준말.

진범인[眞犯人] 어떤 범죄의 실제 범인. 진짜 범인. 준진범(眞犯). real criminal

진법[陣法] 싸움터에서 진을 치는 법. じんぽう disposition of troops

진법[眞法] 불교에서, 진여(眞如)의 정법(正法). しんぽう true law

진:변[陳辯] 사정을 말하여 변명함. ちんべん explanation

진보[珍寶] 진귀한 보배. ちんぽう treasure

진:보[進步] 사물이 점점 발달해 감. ↔퇴보(退步). しんぽ advance

진:보적[進步的] ① 진보하고 있는 상태. ② 사회를 혁신하려는 진보한 사상을 가진 것. ↔보수적(保守的). しんぽてき progressive

진:복[震服] 무서워서 떨며 복종함.

진본[珍本] 흔히 볼 수 없는 진귀한 책. =진적(珍籍)·진서(珍書). ちんぽん rare book

진본[眞本] 진짜 책이나 글씨 또는 그림. ↔가본(假本). original copy

진부[眞否] 참말과 거짓말. 진실(眞實)과 그렇지 않은 것. しんぴ truth or falsehood

진부[陳腐] 낡아서 케케묵음. 묵어서 썩음. ↔참신(斬新). 「~한 원론(原論)」ちんぶ banality

진분수[眞分數] 분자가 분모보다 작은 분수. ↔가분수(假分數). しんぶんすう proper fraction

진분홍[津粉紅] 짙은 분홍빛. 썩 진한 분홍 빛깔. deep pink

진사[辰砂] 수은(水銀)과 황(黃)

진사[珍事] 진사건(珍事件)의 준말. ちんじ 珍事

진사[眞絲] 누에고치에서 뽑은 실. 명주실. =명사(明絲)·주사(紬絲). 眞絲

진:사[陳謝] 잘못을 사과함. ちんしゃ　apology 陳謝

진:사[進士] 조선 시대에, 과거에서 소과(小科) 초장(初場)에 합격한 사람을 일컫던 말. =상사(上舍). 進士

진사[塵事] 속세의 더럽고 속된 일. =진무(塵務). じんじ　worldly affairs 塵事 塵務

진:사[震死] 벼락을 맞아 죽음. しんし　death by lightning 震死

진사건[珍事件] 진기한 사건. 보기 드문 사건. ⇨진사(珍事). ちんじけん　mysterious case 珍事件

진:산[鎭山] 도읍이나 각 고을 뒤쪽에 있는 큰 산. mountain to the rear of the city 鎭山

진상[眞相] 사물의 참된 모습이나 상황. 사실 그대로의 형편. しんそう　truth 眞相

진:상[進上] 지방의 특산물을 임금이나 고관에게 바침. =진정(進呈). しんじょう　presentation 進上 進呈

진서[珍書] 진귀한 책. =진적(珍籍)·진본(珍本). ちんしょ　rare book 珍書

진서[眞書] ① 정자(正字)로 쓴 글씨. =해서(楷書). ② 한자(漢字)나 한문(漢文)을 높여 이르던 말. しんしょ　② Chinese characters 眞書 漢文

진:서[振舒] 떨쳐 폄. stormy manifestation 振舒

진선[津船] 나루와 나루 사이를 오가면서 사람이나 짐을 건네 주는 배. 나룻배. =도선(渡船). ferryboat

진선미[眞善美] 인식상(認識上)의 진, 윤리상(倫理上)의 선, 심미상(審美上)의 미. 인간이 희구하는 최고의 이상(理想)을 이름. しんぜんび　truth, good and beauty 眞善美 審美上

진:선진:미[盡善盡美] 더 할 수 없이 착하고 아름다움. perfection 盡善 盡美

진설[珍說] 진기하고 희한한 이야기. =진담(珍談). ちんせつ　strange anecdote 珍說

진:설[陳設] 제사나 잔치에서 음식을 차려 놓음. =배설(排設). setting the table 陳設 排設

진:섬[殄殲] ⇨ 진멸(殄滅). 殄殲

진성[眞性] ① 본디 그대로의 성질. ② 유사(類似)·의사(擬似)가 아닌 진짜의 증세. 「~콜레라(cholera)」 しんせい　① inborn nature ② genuineness 眞性 類似

진성[眞誠] 거짓이 없는 참된 정성. しんせい　sincerity 眞誠

진:성[盡誠] 마음과 정성을 다함. devotion 盡誠

진성대[眞聲帶] 목청을 가성대(假聲帶)에 상대하여 이르는 말. ↔가성대(假聲帶). true vocal chords 眞聲帶

진세[陣勢] 군진(軍陣)의 형세. position of troops 陣勢

진세[塵世] 티끌 같은 이 세상. 티끌 세상. =속세(俗世). じんせい　dusty world 塵世

진:소[陳疏] 사정을 말하고 호소함. =상소(上疏). ちんそ　appeal 陳疏

진:소[鎭所] 군대가 주둔하며 그 땅을 진압하고 지키는 곳. 鎭所

ちんしょ　　　　　　　fort
진속[眞俗] ① 진제(眞諦)와 속제(俗諦). ② 불법(佛法)과 세법(世法). ③ 승려와 속인. ④ 진실 평등의 이치와 세속 차별의 이치. しんぞく
② Buddhism and worldliness

진속[塵俗] 티끌이 많은 속된 이 세상. =속세간(俗世間). じんぞく　　　　　this world

진솔[眞率] 진실하고 솔직함. =진지(眞摯). しんそつ honesty

진수[珍羞] 썩 맛이 좋은 귀한 음식. =진선(珍膳). 「~성찬(盛饌)」ちんしゅう rare dainties

진수[眞數] 어떤 물건들의 바른 개수(個數) 또는 수치(數値).
real number

진수[眞髓] 사물의 본질. 학문이나 기예(技藝) 등의 깊은 뜻. しんずい　　　　　　　essence

진:수[進水] 새로 만든 배를 처음으로 물에 띄움. 「~식(式)」しんすい　　　　　launching

진:수[鎭戍] 국경을 지킴.
guarding the border

진:수[鎭守] 군사상의 요지에 군대를 주둔시켜 지킴. ちんじゅ
guard of strategic position

진:숙[振肅] ① 두려워서 떨며 삼감. ② 해이한 기풍(氣風) 등을 진작(振作)시키고 다잡음. しんしゅく　　　　　① awe

진:술[陳述] 자세히 말함. =구술(口述). 「~서(書)」ちんじゅつ　　　　　statement

진시[眞是] 참으로. 긴경으로. 진실로.　　　　　　indeed

진:시[趁時] 진작. 좀더 일찍.

진:신[搢紳·縉紳] ① 벼슬아치의 총칭. ② 언행이 점잖고 지위가 높은 사람. しんしん
① official

진실[眞實] 거짓이 없고 참됨. ↔허위(虛僞). しんじつ truth

진실무위[眞實無僞] 성정이 바르고 참되어 거짓이 없음.
sincerity

진심[眞心] 참된 마음. 거짓이 없는 본 마음. =실심(實心). ↔망심(妄心). まごころ·しんしん　　　　　true heart

진심[塵心] 속세의 일에 더럽혀진 마음. じんしん

진:심[盡心] ① 본연의 덕성(德性)을 다하여 천명(闡明)함. ② 마음과 정성을 다함. じんしん
devotion

진심[瞋心] 성을 왈칵 내는 마음.　　　　　　quick temper

진안[眞贗] 진짜와 가짜. =진위(眞僞). 「~막변(莫辨)」しんがん truth or falsehood

진:알[進謁] 높은 사람에게 나아가 뵘.　　　audience

진:압[鎭壓] 억눌러 조용하게 함. 억눌러 진정시킴. ちんあつ　　　　　suppression

진:앙[震央] 지진의 진원(震源)의 바로 위의 지점. しんおう
seismic epicenter

진애[塵埃] 티끌. 먼지. =진개(塵芥). じんあい　　　　dust

진:액[津液] ① 생물체에서 겉으로 뿜어 나오는 즙액(汁液). ② 생물의 내부에서 나오는 액체. 침·눈물 따위. しんえき
① resin ② mucus

진약[珍藥] 구하기 어려운 진귀한 약.　　　rare medicine

진:양[振揚] 떨쳐 일으킴.
encourage

진언[眞言] ① 참된 말. 거짓 없는 말. =진담(眞談). ② 불교에서, 불타(佛陀)의 말. 법신(法身)의 말. ③ 술법을 행할

때 외는 글귀. =주문(呪文). しんごん ① truth

진:언[進言] 윗사람에게 의견을 말함. しんげん advice

진언[嗔言] 화를 내어 꾸짖는 말.

진:언[盡言] 생각한 바를 기탄없이 모두 말함. じんげん

진:역[震域] ① 지진 때 일정한 진도(震度)를 느끼는 지역. しんいき ② 동쪽의 나라라는 뜻으로, 우리 나라를 달리 이르는 말. ① seismic area

진:연[進宴] 지난날, 나라의 경사 때에 궁중에서 베풀던 잔치. court banquet

진연[塵煙] 연기처럼 일어나는 티끌. cloud of dust

진연[塵緣] 진세(塵世)의 인연. 이 세상의 인연. じんえん worldly connections

진:열[陳列] 물건을 죽 벌여 놓음.「~창(窓)」ちんれつ exhibition

진:열장[陳列欌] 가게에서 상품을 진열하는 데에 쓰는 장. showcase

진:열창[陳列窓] 상품의 표본을 벌여 놓고, 바깥에서 사람들이 볼 수 있도록 유리를 끼워 댄 창. ちんれつまど show window

진영[眞影] 얼굴을 그린 화상(畫像)이나 사진. しんえい portrait

진영[陣營] ① 전쟁터에서 군대가 주둔하고 있는 일정한 지역. =진(陣). ② 대립하고 있는 세력의 어느 한쪽.「자유(自由)~」じんえい camp

진:예[進詣] 대궐에 나아가 뵘. audience

진오[陣伍] 군대의 대열. 군대의 열. じんご ranks

진완[珍玩] ① 진귀한 노리개. 진귀한 장난감. ② 진귀하게 여겨서 가지고 놂. ちんがん

진외가[陳外家] 아버지의 외가.

진용[陣容] ① 진세(陣勢)의 형편이나 상태. ② 단체나 조직 등의 구성원의 짜임새.「편집(編輯)~」じんよう ① battle array

진운[陣雲] 전쟁터에 뜬 구름. clouds over the battlefield

진:운[進運] 앞으로 진보해 갈 기운(機運). しんうん sign of progress

진:운[盡運] 운이 다함. 다된 운명.

진:원[震源] 진원지(震源地)의 준말. しんげん

진:원지[震源地] 지각(地殼) 내부에서 일어나는 지진 발생의 기점(起點). 준진원(震源). しんげんち seismic center

진위[眞僞] 진짜와 가짜. 진실과 허위. =진부(眞否). しんぎ truth and falsehood

진:위[鎭慰] 진정시켜 위로함.

진유[眞油] 참기름.

진유[眞儒] 조예가 깊고 참되게 유도(儒道)를 체득한 유학자. 참된 선비. しんじゅ genuine scholar

진유[眞鍮] 구리와 아연과의 합금(合金). 놋쇠. しんちゅう brass

진:육[珍肉] 죽은 짐승의 고기. 궂은고기. carrion

진:율[震慄] 무서워서 몹시 떪. =진공(震恐). しんりつ

진의[眞意] 참뜻. 거짓이 없는 속마음. しんい real intention

진의[眞義] 참된 의의. 진실한 의의. しんぎ true meaning

진인[津人] 나루터의 뱃사공.

しんじん　boatman at a ferry

진인[眞人] 도교(道敎)에서, 깊은 도리를 깨달은 사람. しんじん　genuine Taoist

진인[眞因] ①불교에서, 불과 보리(佛果菩提)의 경지에 도달하는 진실의 정인(正因). ②참된 원인. しんいん　true cause

진·인사대:천명[盡人事待天命] 사람으로서 할 수 있는 일을 다하고서 천명을 기다림.

진:입[進入] 안으로 향하여 들어감. しんにゅう　entry

진:자[振子] 일정한 점이나 축(軸)을 중심으로 하여 일정한 주기(周期)로 좌우 진동을 계속하는 물체. 흔들이. ふりこ・しんし　pendulum

진:작[振作] 떨치어 일어남. 떨치어 일어나게 함. =진기(振起). 「사기(士氣)~」 しんさく　enhancement

진:작[進爵] ①진연(進宴) 때 임금에게 술잔을 올림. ②가톨릭에서, 미사 때 사제(司祭)가 포도주 잔을 받들어 높이 올리는 일. ③제사 때 술잔을 올리는 일. =헌작(獻爵).

진장[珍藏] 진귀하게 여겨 잘 간직함. ちんぞう　treasuring

진:장[振張] ①떨쳐 일어남을 폄. 크게 늘림. =확장(擴張). ②일이 번성하게 함. しんちょう　extension

진장[陳藏] 겨울에 먹기 위해 한꺼번에 김치를 많이 담가 두는 일. 또는 그 김치. 김장.

진장[陳醬] 오래 묵어서 진하게 된 간장. 진간장. old soy sauce

진재[陳材] 오래 묵은 약재(藥材).

진:재[震災] 지진의 재앙. しんさい　earthquake disaster

진저에일[ginger ale] 생강맛을 곁들인 탄산 청량 음료의 한 가지. ジンジャーエール

진적[珍籍] 진귀한 책. =진서(珍書)・진본(珍本). ちんせき　rare book

진적[眞蹟] ①실제의 유적. ②그 사람의 참된 필적. =진필(眞筆). しんせき　②autograph

진:전[進展] 진보하여 발전함. しんてん　advancement

진:점[鎭占] 일정한 지역을 진압하여 점령함. occupation

진정[眞正] 참되고 올바름. 거짓이 없음. しんせい　genuineness

진정[眞情] ①진실한 정이나 애틋한 마음. ②진실한 사정. しんじょう　①true heart

진:정[陳情] 사정을 진술함. 「~서(書)」 ちんじょう　appeal

진:정[進呈] 물건을 자진하여 드림. =진상(進上). しんてい

진:정[鎭定] 진압하여 평정함. 「내란(內亂)을 ~하다」 ちんてい　suppression

진:정[鎭靜] ①요란하고 시끄러운 것을 조용하게 함. ②통증 따위를 가라앉힘. ちんせい　①calm ②appeasement

진:정제[鎭靜劑] 신경의 들뜬 작용을 가라앉히는 약제. ちんせいざい　sedative

진제[眞諦] ①불교에서, 절대 불변의 진리. ↔속제(俗諦). ②사물이나 사상의 바탕을 이루는 것. しんてい

진종[珍種] 진귀하고 드문 종류. rare kinds

진:종일[盡終日] 온종일. 하루 종일. all day long

진:좌[鎭座] 신령이 그 자리에 와서 자리잡음. ちんざ

진주[眞珠] ①진주조개 속에 생기는 구슬. ②매우 보배로운 물건. しんじゅ ① pearl

진:주[進駐] 군대가 남의 나라 영토에 진군(進軍)하여 주둔함. 「~군(軍)」 しんちゅう occupying and staying

진중[珍重] ①진귀하게 여겨 소중히 함. ②자중자애(自重自愛)함. ちんちょう

진중[陣中] ①진영의 안. ②전쟁터. 「~일기(日記)」 じんちゅう ① in camp ② battlefield

진:중[鎭重] 점잖고 무게가 있음. 「~한 행동」 prudence

진:즉[趁卽] 진작. earlier

진지[陣地] 군대가 공격이나 방위를 위해 병력이나 화기 등을 배치해 둔 곳. 「방호(防護)~」 じんち encampment

진지[眞智] 불교에서, 도리를 깨달은 지혜(智慧). 개오(開悟)한 지혜. ↔속지(俗智). しんち wisdom

진지[眞摯] 참되고 성실함. 「~한 태도」 しんし sincerity

진진[津津] ①넘쳐 흐를 만큼 많음. 「흥미(興味)~」 ②매우 재미있음. ③입에 착 달라붙게 맛이 좋음. しんしん

진진지의[秦晉之誼] 진(秦)과 진(晉)의 두 나라가 대대로 혼인 관계를 유지했다는 데서, 혼인한 두 집의 사이가 좋음을 이르는 말. =진진지호(秦晉之好).

진:찰[診察] 의사가 환자를 살펴 병의 유무나 병의 종류 또는 환자의 상태 등을 살펴보는 일. =진후(診候). 「~실(室)」 しんさつ medical examination

진:참[進參] 제사·성묘·잔치 따위에 참여함. attendance

진채[眞彩] 빛이 진한 불투명한 채색. deep color

진책[嗔責] 성내어 꾸짖음. 꾸짖어 나무람. blame

진:척[進陟] ①일이 진행되어 감. ②벼슬이 올라감. しんちょく ① progress ② promotion

진:천동:지[震天動地] 큰 소리나 위엄이 천지를 뒤흔듦. しんてんどうち world shaking

진:천뢰[震天雷] 옛날 대포의 한 가지.

진:청[陳請] 사정을 말하여 간청함. earnest request

진:출[進出] ①앞으로 나아감. ②어떤 방면으로 활동 범위나 세력을 넓혀 나아감. 「정계(政界)~」 しんしゅつ advance

진:충[盡忠] 충성을 다함. 「~보국(報國)」 じんちゅう loyalty

진:췌[盡悴·盡瘁] 몸이 야위도록 마음과 힘을 다하여 노력함. じんすい devotion

진:취[進取] 적극적으로 나아가 일을 이룸. ↔퇴영(退嬰). 「~의 기상(氣象)」 しんしゅ

진:취[進就] 일을 차차 이루어 감. gradual development

진:탕[震盪·振盪] 몹시 흔들려 울림. 「뇌(腦)~」 しんとう concussion

진토[塵土] 먼지와 흙. じんど dust and dirt

진통[陣痛] ①해산할 때 자궁의 수축으로 말미암아 주기적으로 되풀이되는 복통. ②사물이 이루어질 무렵에 겪는 어려움의 비유. じんつう travail

진:통[鎭痛] 아픔을 진정시킴. 「~제(劑)」 ちんつう alleviation of pain

진:통제[鎭痛劑] 중추 신경에 작용하여 아픔을 진정시키는 약제. 모르핀·안티피린 따위. ち

んつうざい　anodyne

진:퇴[進退] ① 나아감과 물러섬.「~양난(兩難)」② 직무상(職務上)의 거취(去就). しんたい　① advance and retreat ② resigning or remaining in office

진:퇴양:난[進退兩難] 이러지도 저러지도 못함. =진퇴유곡(進退維谷). しんたいりょうなん　being driven to a corner

진:퇴유곡[進退維谷] ⇨진퇴양난(進退兩難).

진폐[塵肺] 먼지나 그 밖의 유해한 가루가 폐로 들어가 호흡 기능에 장애를 일으키는 병. じんぱい

진:폭[振幅] 진동하는 물체가 정지 위치에서 좌우 극점(極點)에 이르는 변위(變位)의 최대값. しんぷく　amplitude

진:폭[震幅] 지진계(地震計)에 기록되는 진동의 폭. しんぷく　seismic amplitude

진품[珍品] 진귀한 물품. ちんぴん　rare article

진품[眞品] 진짜 물건.　genuine thing

진피[眞皮] 척추동물의 피부 중에 표피와 피하 조직 사이의 부분. 땀샘·모낭(毛囊)·지선(脂腺) 등이 있음. しんぴ　inner skin

진피[陳皮] 오래 묵은 귤 껍질. 한약재로 쓰임. ちんぴ　orange peels

진필[眞筆] 본인이 직접 쓴 글씨. =진적(眞蹟)·친필(親筆). しんぴつ　autograph

진:하[進賀] 나라에 경사(慶事)가 있을 때, 백관(百官)이 임금에게 조하(朝賀)하던 일.

진:학[進學] ①상급 학교로 감. ② 학문의 길로 나아가 배움. しんがく　① entrance into a school of higher grade

진합태산[塵合泰山] 티끌도 모이면 태산이 된다는 뜻으로, 작은 것도 많이 모이면 큰 것이 된다는 말. 티끌 모아 태산. =토적성산(土積成山). Many a little makes a mickle.

진:항[進航] 선박이 목적지로 나아감. しんこう　sailing

진:해[震駭] 벌벌 떨며 놀람. しんがい　terror

진:해[鎭咳] 기침을 그치게 함.「~제(劑)」ちんがい

진:해제[鎭咳劑] 기침을 그치게 하는 약제. ちんがいざい　cough remedy

진:행[進行] ① 앞으로 나아감. ② 일을 추진해 감. しんこう　advance

진:헌[進獻] 임금에게 예물을 드림.　presentation of gifts to the king

진:현[進見] 임금 앞에 나아가 뵘.　having a royal audience

진:호[鎭護] 난리를 진압하거나 난리가 나지 못하도록 지킴. ちんご　security and protection

진:혼[鎭魂] 죽은 사람의 넋을 위로하여 진정시킴.「~제(祭)」ちんこん　repose of souls

진홍[眞紅] 진홍색(眞紅色)의 준말. しんく

진홍색[眞紅色] 진한 붉은빛. 준진홍(眞紅). crimson

진:화[進化] ① 생물의 조식이나 기능 따위가 오랜 동안에 걸쳐 조금씩 변화하여 더욱 복잡하고 고등한 것으로 되어가는 일. ② 사물이 진보·발전된 상태로 됨. ↔퇴화(退化). しんか　development

진:화[鎭火] 불이 난 것을 끔. 화재를 진압함. ちんか putting out fire

진:화론[進化論] 모든 생물은 원시적인 형태에서 진화 발달 하여 오늘날과 같은 모습을 가지게 되었다는 학설. しんか ろん theory of evolution

진황지[陳荒地] 돌보지 않고 버려 두어서 거칠어진 땅. =진황처(陳荒處).

진:후[診候] ⇨진찰(診察).

진:휼[賑恤] ⇨진구(賑救).

진흥[振興] 성하게 일어남. 또는 성하게 일어나게 함. 「산업(産業)~」 しんこう promotion

질[叱] 꾸짖을 질: 꾸짖다. 나무라다. 「叱責(질책)·叱正(질정)·叱辱(질욕)」 シツ・しかる

질[佚] ① 벗어날 질: 구속받지 아니하다. 「佚蕩(질탕)」 ② 편안할 일: 편하고 즐겁다. 「佚樂(일락)」 ③ 방탕할 일: 음란하고 절제가 없다. 「佚遊(일유)」 テツ・イツ ② たのしむ

질[姪]* 조카 질: 조카. 「甥姪(생질)·姪女(질녀)·姪婦(질부)·姪子(질자)·妻姪(처질)」 テツ・チツ

질[迭] 갈마들 질: 번갈아 들다. 교대로 바꾸다. 「更迭(경질)·迭起(질기)」 テツ・かわる

질[桎] 차꼬 질: 족쇄. 「桎梏(질곡)·桎檻(질함)」 シツ

질[疾]* ① 병 질: 병. 「疾病(질병)·淋疾(임질)·眼疾(안질)·痼疾(고질)」 ② 미워할 질: 미워하다. 「疾視(질시)·疾怨(질원)」 ③ 빠를 질: 빠르다. 「疾走(질주)·疾風(질풍)」 シツ ① やまい ② にくむ ③ はやい

질[秩]* ① 차례 질: 차례. 「秩序(질서)·秩敍(질서)」 ② 벼슬 질: 관직. 품계. 녹봉. 「秩高(질고)·秩祿(질록)·秩米(질미)」 チツ

질[窒] ① 막을 질: 막다. 막히다. 「窒息(질식)·窒死(질사)·窒礙(질애)」 ② 원소 이름 질: 질소. 「窒素(질소)·窒酸(질산)」 チツ ① ふさぐ

질[蛭] 거머리 질: 거머리. 「蛭蝚(질인)」 シツ・ひる

질[跌] 넘어질 질: 넘어지다. 「跌倒(질도)·跌失(질실)」 テツ

질[嫉] ① 미워할 질: 미워하다. 「嫉惡(질오)·嫉視(질시)」 ② 시기할 질: 시기하다. 시새움하다. 「嫉妬(질투)·嫉逐(질축)」 シツ ② ねたむ

질[質]* ① 바탕 질: 바탕. 「性質(성질)·品質(품질)·質量(실량)」 ② 순박할 질: 질박하다. 「質朴(질박)·質樸(질박)」 ③ 바를 질: 바르다. 「質正(질정)」 ④ 물을 질: 묻다. 「質問(질문)·質責(질책)」 ⑤ 볼모 질: 볼모. 인질. 「人質(인질)」 シツ・シチ ① もと ④ ただす

질감[質感] 재질(材質)에서 느껴지는 독특한 느낌.

질고[疾苦] 병으로 인한 괴로움. =병고(病苦). しっく pain of sickness

질고[疾故] 병에 걸린 사고. =병고(病故).

질곡[桎梏] 차꼬와 수갑이라는 뜻으로, 몹시 속박하여 자유를 가질 수 없게 함의 비유. しっこく fetters

질권[質權] 채권의 담보로 목적물을 맡아 두었다가, 갚지 않을 때 우선적으로 변상을 받을 수 있는 권리. 「~ 설정(設定)」 しちけん right of pledge

질급[窒急] 몹시 놀라거나 겁이 나서 숨이 막힘. suffocation

질기[疾忌] 미워하고 꺼림. hatred

질기[窒氣] ⇨질색(窒塞).

질녀[姪女] 형이나 아우의 딸. 조카딸. niece

질둔[質鈍] ① 투미하고 둔탁함. ② 몸이 뚱뚱하여 행동이 굼뜸. dullness

질량[質量] 물체를 이루는 물질의 양. しつりょう mass

질량수[質量數] 원자핵(原子核)을 구성하는 양자(陽子) 수와 중성자(中性子) 수의 합. しつりょうすう mass number

질레[프 gilet] 여자의 양장(洋裝)에서, 블라우스를 받쳐 입은 것처럼 보이도록 웃옷 아래에 입는 소매 없는 옷. ジレー

질료[質料] 어떤 실체의 바탕을 이루는 재료. 가옥의 재목 따위. しつりょう matter

질문[質問] 모르거나 의심나는 것 따위를 물음. 「~서(書)」 しつもん question

질물[質物] 채무의 담보로 제공된 물품. しちもつ pawn

질박[質朴·質樸] 꾸밈새가 없고 수수함. しつばく unsophisticatedness

질변[質辨] 무릎맞춤을 하여 일의 잘못을 가림. confrontation

질병[疾病] 몸의 기능에 이상이 생긴 상태. =질양(疾恙)·질환(疾患). 「~ 보험(保險)」 しっぺい disease

질부[姪婦] 형이나 아우의 며느리. 조카며느리. nephew's wife

질사[窒死] 숨이 막혀 죽음. =질식사(窒息死). ちっし death from suffocation

질산[窒酸] 강산(强酸)의 한 가지. 흡습성이 강하고 연기를 내며 냄새가 심한 무색의 액체. =초산(硝酸). nitric acid

질산염[窒酸鹽] 금속 또는 그 산화물이나 탄산염을 질산에 용해하여 만든 화합물의 총칭. =초산염(硝酸鹽). nitrate

질색[窒塞] ① 숨이 통하지 않아 기운이 막힘. =질기(窒氣). ② 몹시 싫어하거나 놀라거나 꺼림. ② disgust

질서[姪壻] 형이나 아우의 사위. 조카사위. niece's husband

질서[秩序] 사물이나 사회가 올바르게 유지될 수 있도록 일정한 체계와 규범에 따라 정해 놓은 차례나 절차. 「안녕(安寧) ~」 ちつじょ order

질서범[秩序犯] 특정의 행정 질서를 어지럽힌 사람. ちつじょはん

질소[窒素] 공기 부피의 약 5분의 4를 차지하는 무색·무미·무취의 기체 원소의 한 가지. 암모니아·석회·질산 등 질소 화합물의 원료가 되며, 특히 동식물체를 구성하는 단백질에 꼭 필요한 성분임. ちっそ nitrogen

질소[質素] 꾸밈이 없고 수수함. 질박하고 검소(儉素)함. しっそ plainness

질소 공업[窒素工業] 공기 중의 질소를 화합물로 고정시키는 공업. 암모니아·질산·석회 질소를 제조하여 비료·폭발물·염료·약재 등의 원료로 씀. ちっそこうぎょう nitrogen industry

질소 비:료[窒素肥料] 식물의 3대 영양소의 하나인 질소를 주성분으로 하는 비료. ちっそひりょう nitrogenous fertilizer

질소 폭탄[窒素爆彈] 핵폭탄의 한 가지. 수소 폭탄을 질소로 싼 것. 폭발에 의하여 방출된 중성자가 질소에 작용하여 방사성의 중탄소를 만들고, 이 물질에 인체가 노출되면 심한 원자병을 일으킴. ちっそばくだん nitrogen bomb

질손[姪孫] 형이나 아우의 손자. 조카의 아들딸. =종손(從孫).

질수[疾首] 골치를 앓음. 근심하여 속을 썩임. 「~축알(蹙頞)」

질시[嫉視] 시기하여 봄. しっし regarding with jealousy

질식[窒息] 숨이 막힘. 또는 그것으로 말미암은 상태나 장애. ちっそく suffocation

질식사[窒息死] 질식으로 인하여 죽음. =질사(窒死). ちっそくし death from suffocation

질실[質實] 꾸밈새가 없고 진실함. 「~강건(剛健)」 しつじつ simplicity

질아[姪兒] 형이나 아우의 아들. 조카. 조카아이. =질자(姪子). nephew

질양[疾恙] ⇨질병(疾病).

질언[疾言] 말을 급하게 함. 또는 그런 말투. しつげん

질언[質言] ① 꾸밈이 없는 말. ② 나중에 증거가 될 말로 다짐을 둠. しつげん

질역[疾疫] 한동안 널리 옮아 퍼지는 병. 돌림병. =유행병(流行病). しつえき

질오[嫉惡] 시새워 몹시 미워함. jealous hatred

질욕[叱辱] 꾸짖으며 욕함. reproach

질우[疾雨] 세차게 내리는 비. pouring rain

질원[疾怨] 미워하고 원망함.

질의[質疑] 의심나는 점을 물어서 밝힘. 「~응답(應答)」 しつぎ question

질의[質議] 사리의 옳고 그름을 물어서 의논함. discussion

질자[姪子] 형이나 아우의 아들. 조카. =질아(姪兒). nephew

질적[質的] 사물의 근본이 되는 성질에 관계되는 것. ↔양적(量的). 「~향상(向上)」 しつてき qualitative

질점[質點] 역학(力學)에서, 물체의 크기를 무시하고 질량이 모여 있다고 보는 점. 물체의 위치와 운동을 설명할 때 쓰이는 개념임. してん

질정[叱正] 꾸짖어 바로잡음. しっせい correction

질정[質正] 시비를 가려 바로잡음. reformation

질정[質定] 갈피를 잡고 헤아려 작정함. reasonable decision

질주[疾走] 빨리 달림. しっそう scamper

질책[叱責] 꾸짖어 나무람. しっせき scolding

질책[帙冊] 여러 권으로 된 한 벌의 책. set of books

질축[嫉逐] 시새워 내쫓음.

질타[叱咤] 성내어 크게 꾸짖음. した scolding

질탕[佚宕·佚蕩] 성품이 구속 받지 않고 초탈함. indulgence

질통[疾痛] 병으로 말미암은 아픔. しっつう suffering from disease

질투[嫉妬·嫉妒] ① 이성 사이에서, 상대자가 자기 아닌 다른 이성을 사랑하는 데 대한 강한 샘. 강샘. ② 시기하여 미워함. しっと jealousy

질품[質稟] 자기가 할 일에 대하여 상관에게 여쭈어 봄. 「~서(書)」

consulting with a superior

질풍[疾風] 몹시 빠르고 세차게 부는 바람.「~ 노도(怒濤)」 しっぷう gale

질풍경초[疾風勁草] 모진 바람에도 꺾이지 않는 억센 풀이라는 뜻으로, 어떤 어려움에도 마음이 흔들리지 않는 사람의 비유. しっぷうけいそう

질풍신뢰[疾風迅雷] 모진 바람과 빠른 번개라는 뜻으로, 몹시 빠르고 세찬 기세의 비유. しっぷうじんらい

질항[姪行] 조카의 항렬. 조카뻘. relation of nephew

질환[疾患] ⇨질병(疾病). しっかん

짐[朕] ① 나 짐 : 나. 임금의 자칭(自稱). ② 조짐 짐 : 조짐. 징조.「兆朕(조짐)」チン ① われ

짐[斟] 짐작할 짐 : 짐작하다. 헤아리다.「斟酌(짐작)」シン

짐작[斟酌] 어림잡아 헤아림. = 짐량(斟量). しんしゃく conjecture

집[什] ① 세간 집 : 세간.「什器(집기)・什物(집물)」 ② 열 사람 십 : 열 명.「什長(십장)」 ジュウ

집[執]* ① 잡을 집 : 잡다.「執筆(집필)・執刀(집도)・執手(집수)・執柄(집병)」 ② 고집할 집 : 고집하다.「執迷(집미)・執意(집의)」シツ・シュウ ① とる

집[集]* 모일 집 : 모이다. 모아 합치다.「募集(모집)・集結(집결)・集計(집계)・集合(집합)・集配(집배)・蒐集(수집)・召集(소집)・集成(집성)・文集(문집)・詩集(시집)」 シュウ・あつめる

집[緝] ① 길쌈할 집 : 실을 잣다.「緝績(집적)」② 모을 집 : 모으다.「緝綴(집철)・緝合(집합)」シュウ

집[輯] ① 모을 집 : 모으다.「編輯(편집)・輯敍(집서)・輯錄(집록)」② 화목할 집 : 화목하다.「輯睦(집목)・輯安(집안)」シュウ ① あつめる

집결[集結] 한 곳으로 모음. 또는 한 곳으로 모임. しゅうけつ concentration

집계[集計] 이미 되어 있는 여러 계산들을 한데 모아서 계산함. 또는 그 계산. しゅうけい total

집광[集光] 빛을 한 곳으로 모음. しゅうこう gathering the rays of light

집광경[集光鏡] 반사경을 이용하여 빛을 한 곳으로 모으는 장치. しゅうこうきょう condenser

집괴[集塊] 덩어리. 뭉치. mass

집구[什具] ⇨집기(什器).

집구[集句] 옛 사람의 글귀를 모아서 한 구의 시를 만듦. 또는 그렇게 해서 만든 시. collection of poems

집권[執權] 정권을 잡음. 권력을 잡음.「~당(黨)」しっけん coming into power

집권[集權] 권력을 한 군데로 모음. ↔분권(分權).「중앙(中央) ~」しゅうけん

집금[集金] 회비・요금 등의 돈을 거두어 모음. =수금(收金). しゅうきん collection of money

집기[什器] 살림살이나 영업에 쓰는 온갖 기구(器具). =집구(什具)・집물(什物). じゅうき utensils

집념[執念] 한 가지 사물에만 끈질기게 들러붙어 마음을 쏟음.

또는 그 마음이나 생각. しゅうねん deep attachment

집단[集團] 모여서 무리를 이룬 상태. 「~ 이주(移住)」 しゅうだん group

집단 농장[集團農場] 여러 사람이 공동으로 경작하고 경영하는 농장. しゅうだんじょう collective farm

집단 본능[集團本能] 고립을 싫어하고 여럿이 함께 모여서 집단 생활을 하려는 본능. しゅうだんほんのう group instinct

집단 심리학[集團心理學] 집단이 갖는 정신, 곧 사회 의식이 개인의 행동에 미치는 영향과 사회적 집단의 행동에 대해 연구하는 학문. しゅうだんしんりがく group psychology

집단 안전 보:장[集團安全保障] 여러 나라가 협력하여 특정 국가의 무력 행사를 막는 체제를 만듦으로써 각 나라의 안전을 보장하려는 것. しゅうだんあんぜんほしょう collective security

집달[執達] 결정된 사항을 편계자에게 알림. しったつ notification

집달관[執達官] 지방 법원 등에 배치되어 재판 결과의 집행 및 서류 송달 등에 관한 일을 맡아보는 공무원. しったつり (執達吏) bailiff

집대성[集大成] 여럿을 모아 하나의 정리된 것으로 완성함. 또는 그 완성한 것. しゅうたいせい compiling into one book

집도[執刀] ① 칼을 잡음. ② 수술이나 해부를 위해 메스를 잡음. しっとう ② performance of an operation

집록[輯錄] 여러 가지 서적에서 모아 기록함. 또는 그 기록. compilation of records

집무[執務] 사무를 봄. 「~ 시간(時間)」 しつむ office work

집물[什物] ⇨집기(什器).

집배[執杯] 술잔을 듦. 술을 마심. drinking

집배[集配] 편지나 소포 따위를 모아서 배달함. 「~원(員)」 しゅうはい collection and delivery

집사[執事] ① 고용되어 그 집안 일을 맡아보는 사람. ② 개신교에서, 교회의 일을 맡아 하는 신자의 직분의 한 가지. ③ 높은 사람에게 보내는 편지 겉봉의 택호(宅號) 아래에, '시하인(侍下人)'의 뜻으로 쓰는 말. しつじ ① steward ② deacon

집산[集散] 모여듦과 흩어짐. 「곡물(穀物) ~」 しゅうさん collection and distribution

집산지[集散地] 산물이 여러 곳에서 모여들었다가 다시 여러 지역으로 흩어져 나가는 곳. しゅうさんち collecting and distributing center

집상[執喪] 부모의 거상(居喪) 중에 예절을 지킴.

집성[集成] 여럿을 모아 체계 있는 것으로 완성함. しゅうせい collection

집소성대[集小成大] 작은 것들을 모아 큰 것을 이룸. =진합태산(塵合泰山). Many drops make a shower.

집속[執束] 타작하기 전에, 곡식의 묶은 단수를 세어 적음.

집시[Gipsy, Gypsy] ① 유럽 각지에서 방랑 생활을 하는, 코카서스 인종의 유랑(流浪) 민족. ② 방랑 생활을 하는 사람의 비유. ジプシー

집심[執心] 한 곳으로 단단하게

먹은 마음. しゅうしん devotion

집약[集約] 한데 모아 요약함. 集約 しゅうやく

집어등[集魚燈] 밤에 고기잡이 할 때, 물고기를 꾀어 모이도록 하기 위해 켜는 등불. しゅうぎょとう fish-luring light

집요[執拗] 고집스럽게 끈질김. 執拗 固執 しつよう obstinacy

집요[輯要] 요점(要點)만을 모음.

집유[集乳] 목장의 원유(原乳)를 모음.「~차(車)」 しゅうにゅう

집음기[集音機] 약한 음이나 작은 소리 등을 녹음하거나 방송할 때, 소리를 모아 크게 해 주는 장치.

집의[執意] 자기 의견을 고집함. 執意 しつい obstinacy

집의[集議] 모여서 의논함. しゅうぎ

집재[輯載] 편집하여 실음. 輯載 compilation and publication

집적[集積] 모아서 쌓음. 또는 모여서 쌓임. しゅうせき accumulation

집적 회로[集積回路] 여러 개의 회로 소자(回路素子)가 하나의 기판 안에 결합되어 있는, 초소형 전자 회로. 아이시(IC). しゅうせきかいろ integrated circuit

집전[執典] 의식이나 전례 따위를 맡아서 집행함.

집정[執政] 정무(政務)를 맡음. 또는 그 관직이나 그 관직에 있는 사람. しっせい administration

집주[集注] 마음이나 힘 따위를 한 곳으로 모으거나 한 가지 일에 쏟음. しゅうちゅう concentration

집주[集註·集注] 어떤 책에 대한 여러 사람의 주석을 한데 모은 책.

집중[執中] 어느 쪽에도 치우침이 없이 정당한 도리를 취함. maintaining a just medium

집중[集中] 한 곳으로 모음. 또는 한 곳으로 모임. しゅうちゅう concentration

집증[執症·執證] 병의 증세를 진찰하여 알아 냄.

집진[執塵] 쓰레기나 먼지를 한 곳에 모음.「~기(機)」

집착[執着] 어떤 것에 마음이 늘 쏠려서 떨치지 못하고 매달리는 일. しゅうちゃく·しゅうじゃく deep attachment

집촌[集村] 집들이 한 곳에 밀집(密集)된 형태를 이룬 마을. ↔산촌(散村). しゅうそん

집탈[執頉] 남의 허물을 들추어 트집을 잡음. faultfinding

집표[集票] 철도역 등에서, 내리는 승객의 승차권을 거두어 모으는 일. しゅうひょう collection of tickets

집필[執筆] 붓을 들어 글을 씀. しっぴつ writing

집하[集荷] 여러 가지 산물이 각지로부터 한군데로 모임. 또는 한군데로 모음. しゅうか collection of goods

집합[集合] ① 한군데로 모임. 또는 한군데로 모음. ② 수학에서, 범위가 확정된 요소의 모임을 이름. しゅうごう ① gathering ② set

집합과[集合果] 두 개 이상의 심피(心皮)에서 생긴 과실이 모여 하나의 과실처럼 보이는 것의 총칭. 오디·딸기 따위의 열매. しゅうごうか

집합적 범:죄[集合的犯罪] 내

란죄·소요죄와 같이, 많은 사람들이 협력해야만 이루어지는 범죄. しゅうごうてきはんざい 犯罪

집행[執行] ① 일을 실제로 시행함. ② 법률·명령·재판·처분 등의 내용을 실행함.「공무(公務)~」しっこう execution 執行 公務

집행권[執行權] 법률을 집행하는 권한으로서의 행정권(行政權). しっこうけん executive power 執行權 行政權

집행 유예[執行猶豫] 유죄 판결을 받은 사람에 대하여, 정상(情狀)에 따라 일정 기간 형의 집행을 유예하는 제도. 그 기간을 무사히 경과한 때는 형의 선고가 없었던 것으로 하여 실형(實刑)을 과하지 않음. しっこうゆうよ probation 執行猶豫

집행 처:분[執行處分] 강제 집행 중에 행하여지는 개별적인 행정 행위. =강제 처분(強制處分). しっこうしょぶん disposition by legal force 執行處分

집형[執刑] 형(刑)을 집행함. execution of a sentence 執刑

집회[集會] 여러 사람이 공동 목적을 위해 일시적으로 모임. 또는 그 회합. ↔산회(散會).「~장(場)」しゅうかい assembly 集會

징[徵]☆ ① 부를 징: 부르다.「徵用(징용)·徵兵(징병)·徵召(징소)」② 거둘 징: 거두다.「徵稅(징세)·徵收(징수)」③ 효험 징: 효험.「徵驗(징험)·徵效(징효)」④ 조짐 징: 조짐. 전조.「徵兆(징조)·徵候(징후)」チョウ·チ ① めす ④ きざし 徵用 徵收

징[澄] 맑을 징: 맑다.「澄潭(징담)·澄明(징명)·澄碧(징벽)」チョウ·すむ 澄明

징[懲]☆ 징계할 징: 징계하다.「懲戒(징계)·懲罰(징벌)·懲役 懲戒

(징역)·懲丁(징정)」チョウ·こらす

징계[懲戒] ① 허물을 뉘우치도록 벌을 주어 경계함. ② 법률에서, 공직(公職)에 있는 사람이 의무를 위반했을 때 국가와 공공 기관이 내리는 일정한 제재(制裁).「~ 처분(處分)」ちょうかい ② official reprimand 懲戒 處分

징계 처:분[懲戒處分] 공무원의 의무 위반에 대하여 징계로서 과하는 행정 처분. 면직·정직·감봉·견책(譴責) 따위. ちょうかいしょぶん disciplinary action 懲戒處分

징권[懲勸] 악(惡)을 징계하고 선(善)을 권함. =권선징악(勸善懲惡). promoting virtue and reproving vice 懲勸

징납[徵納] 지난날, 수령(守令)이 세금을 거두어서 나라에 바치던 일. 徵納

징명[澄明] 물·공기 등이 맑고 깨끗함. ちょうめい serenity 澄明

징모[徵募] 불러서 모음. ちょうぼ enlistment 徵募

징발[徵發] ① 남의 물건을 강제적으로 거두어들임. 특히 전시(戰時)에 군(軍)이 민간으로부터 물자·토지·시설 등을 거두어들이는 일. ② 어떤 일을 시키기 위하여 사람을 강제적으로 불러 내는 일. 주로 정부에서 긴급한 일에 노역을 동원하거나 군인으로 쓰기 위하여 함. ちょうはつ requisition 徵發 強制的

징벌[懲罰] 잘못에 대해 벌을 줌. ちょうばつ punishment 懲罰

징병[徵兵] 국가가 법률에 따라 일정한 나이에 이른 국민을 징집하여 일정 기간 강제적으로 병역에 복무시키는 일. =징소 徵兵

(徵召). 「~ 검사(檢査)」ちょうへい　　檢査　conscription

징비[懲毖] 지난날의 실패를 교훈삼아 잘못을 되풀이하지 않도록 조심함.　懲毖　repentance

징빙[徵憑] ① 증명하는 재료. ② 범죄에 관한 사실을 간접적으로 증명하는 재료가 되는 사실. 「~ 서류(書類)」ちょうひょう　徵憑

징색[徵色] 얼굴에 나타냄.　徵色　expression

징서[徵瑞] 상서로운 징조.　徵瑞　good omen

징세[徵稅] 세금을 거두어들임. ちょうぜい　徵稅　tax collection

징소[徵召] ⇨징병(徵兵). ちょうしょう　徵召

징수[徵收] 조세(租稅)·돈·곡식·물품 등을 거두어들임.＝징봉(徵捧). ちょうしゅう　徵收　collection

징습[懲習] 나쁜 습성(習性)을 징계함.　懲習　chastisement of bad habit

징악[懲惡] 악한 일을 징계함. 「권선(勸善)~」ちょうあく　懲惡勸善　chastisement of evil doing

징역[懲役] 자유형(自由刑)의 한 가지. 죄인을 교도소에 가두어 노역을 치르게 하는 일. ちょうえき　懲役　imprisonment

징역수[懲役囚] 징역살이하는 죄수. 징역꾼.　懲役囚　convict

징용[徵用] ① 징수 또는 징발하여 씀. ② 전시(戰時) 등에, 국가가 그 권력으로 국민을 강제적으로 불러 내어 일정한 노역에 종사시키는 일. ちょうよう　徵用　drafting

징일여:백[懲一勵百] 한 사람을 징계함으로써 여러 사람을 격려함.　懲一勵百

징조[徵兆] 어떤 일이 일어나려는 조짐.＝전조(前兆). ちょうちょう　徵兆　omen

징집[徵集] ① 국가나 기관이 강제적으로 물건을 거두어 모음. ② 국가가 병역 의무자를 강제적으로 소집함. 「장정(壯丁)~」ちょうしゅう　徵集　recruiting

징청[澄淸] 물 따위가 매우 맑고 깨끗함.　澄淸　clearness

징치[懲治] 징계하여 다스림.　懲治　correction

징크스[jinx] ① 재수 없는 일. 불길(不吉)한 일. ② 으레 그렇게 되리라고 일반적으로 믿고 있는 일. ジンクス　不吉

징표[徵表] 어떤 사물을 다른 사물과 구별하는 지표가 되는 성질. ちょうひょう　徵表

징험[徵驗] ① 어떤 징조를 경험함. ② 경험에 비추어 앎.　徵驗

징후[徵候] 겉으로 나타나는 조짐. 「폐렴(肺炎)의 ~가 보인다」ちょうこう　徵候　symptom

차[叉] ① 엇걸릴 차 : 엇걸리다. 교차시키다. 「交叉(교차)·叉路(차로)·叉手(차수)」 ② 귀신 이름 차 : 귀신의 이름. 「夜叉(야차)」 サ·シャ

차:[且]* ① 또 차 : 또. 또한. 「重且大(중차대)·且信且疑(차신차의)·且驚且喜(차경차희)」 ② 우선 차 : 우선. 「且置勿論(차치물론)·有且置(유차치)」 ショ·ソ ① かつ

차[次]¹ ① 버금 차 : 버금. 「次官(차관)·次代(차대)·次位(차위)·次男(차남)」 ② 차례 차 : 차례. 「次例(차례)·席次(석차)·順次(순차)」 シ·ジ ① つぐ·つぎ

차[此]* 이 차 : 이. 이것. 「此回(차회)·此際(차제)·此便(차편)·此月(차월)·此日彼日(차일피일)」 シ·これ·この

차[車]* ① 수레 차 : 수레. 「自動車(자동차)·汽車(기차)·列車(열차)·車夫(차부)·車費(차비)」 ② 수레 거 : 수레. 「車馬(거마)·車駕(거가)·車塵(거진)·自轉車(자전거)」 シャ·くるま

차:[借]* 빌릴 차 : 빌리다. 「貸借(대차)·借用(차용)·借居(차거)·借家(차가)·借入(차입)」 シャク·シャ·かりる

차[差]* ① 어긋날 차 : 어긋나다. 「差別(차별)·差等(차등)·差錯(차착)·差異(차이)·差違(차위)」 ② 가지런하지 않을 치 : 같지 아니하다. 「參差(참치)」 サ·シ

차[嗟] 탄식할 차 : 탄식하다. 「嗟懼(차구)·嗟惜(차석)·嗟歎(차탄)」 サ·なげく

차[嵯] 산 높을 차 : 산이 높다. 「嵯峨(차아)」 サ

차[箚] ① 찌를 차 : 찌르다. 「箚刺(차자)」 ② 적을 차 : 적다. 기록하다. 「箚起(차기)」 ③ 차자 차 : 차자. 「箚子(차자)」 サツ

차[遮] 가릴 차 : 가리다. 막다. 「遮陽(차양)·遮光(차광)·遮面(차면)·遮斷(차단)·遮止(차지)」 シャ·さえぎる

차[蹉] 넘어질 차 : 넘어지다. 「蹉跌(차질)·蹉跎(차타)」 サ·つまずく

차:**가**[借家] 집을 빌려 듦. 또는 빌려 든 집. かりや·しゃくや·しゃっか rented house

차감[差減] 비교하여 덜어 냄. deduction

차:**거**[借去] 빌려 감. borrowing

차:**거**[借居] 남의 집을 빌려서 삶. living in a rented house

차:**견**[借見] 남의 서화(書畫)를 빌려서 봄. =차람(借覽).

차견[差遣] 사람을 보냄. =차송(差送). さけん dispatch

차고[車庫] 자동차를 넣어 두는 곳집. しゃこ garage

차관[次官] 정부 각부의 장관을 보좌하고 그를 대리할 수 있

차:관[借款] 국제간의 자금의 대차(貸借). しゃっかん　loan

차관[茶罐] 찻물을 달이는 그릇. =다관(茶罐).　teapot

차광[遮光] 빛을 가리어 막음. しゃこう　shading the light

차광기[遮光器] 야간에 화기(火器)를 발사할 때 나타나는 화광(火光)을 차단하기 위하여 포구(砲口)에 붙이는 장치. しゃこうき

차:금[借金] 남에게서 돈을 꾸어 옴. 또는 그 돈. 빚. =차재(借財). しゃっきん　debt

차:급[借給] 물건을 빌려 줌. =차여(借與).　lending

차기[此期] 이 시기. this time

차기[次期] 다음 시기. じき　next term

차남[次男] 둘째 아들. =차자(次子). じなん　second son

차내[車內] 열차・자동차 등의 안. =차중(車中). しゃない　inside of a car

차녀[次女] 둘째 딸. じじょ　second daughter

차단[遮斷] 막거나 끊어서 서로 통하지 못하게 함. 「~기(機)」 しゃだん　interception

차단기[遮斷機] 철도 선로의 건널목에 설치하여, 사람과 차량의 내왕을 통제하는 기구. しゃだんき　crossing gate

차단기[遮斷器] 전기 회로를 개폐(開閉)하는 장치. しゃだんき　circuit breaker

차대[次代] ① 다음 세대. ② 다음 시대. じだい　① next generation

차대[車對] 장기에서, 양쪽 편의 차(車)가 맞서 버팀.

차대[車臺] 기차 따위의, 차체(車體)를 받치며 바퀴에 연결되어 있는 부분. しゃだい　chassis

차:대[借貸] 빌려 주는 일과 빌려 오는 일. =대차(貸借). しゃくたい・かりかし　lending and borrowing

차도[車道] 자동차 따위가 다니게 된 길. ↔인도(人道). しゃどう　carriageway

차도[差度] 병이 조금씩 나아가는 일.　convalescence

차도르[chador] 인도・이란 등지의 이슬람교도 여성이, 외출할 때 얼굴을 가리기 위하여 머리에서 어깨로 뒤집어쓰는 네모난 천.

차등[次等] 다음가는 등급. 버금가는 등급.　next grade

차등[差等] 차이가 나는 등급. 또는 등급의 차이. さとう　difference

차등[遮燈] 불빛이 밖으로 새어 나가지 않도록 등을 가림.　shading a lamp

차:람[借覽] ⇨차견(借見). しゃくらん

차량[車輛] ① 여러 가지 차(車)의 총칭. 「~ 단속(團束)」 ② 열차의 한 칸. しゃりょう　① vehicle ② car

차:력[借力] 약의 힘이나 신령의 힘을 빌려 몸과 기운을 굳세게 힘. 또는 그리하여 얻는 괴력(怪力). 「~술(術)」

차례[次例] 순서 있게 벌여 나가는 관계나 그 관계에서 본 위치. =순서(順序)・차서(次序)・차제(次第).　order

차례[茶禮] 음력 매달 초하루, 보름이나 명절, 조상의 생일 등에 지내는 간단한 낮 제사. = 다례(茶禮)·차사(茶祀).
ancestor-memorial service

차로[叉路] 두 갈래로 나뉘인 길. crossroads

차로[車路] ⇨차도(車道).

차로[遮路] 길을 막음. =차도(遮道). しゃろ
blocking the road

차륜[車輪] 수레의 바퀴. 수레바퀴. しゃりん wheel

차마[車馬] 차량과 말. =거마(車馬). しゃば
horses and vehicles

차면[遮面] ① 얼굴을 가림. 또는 그 가리는 물건. ② 안이 들여다보이지 않도록 담장·휘장 등으로 가림. 또는 가린 그 물건이나 장치.
① veiling one's face

차:명[借名] 남의 이름을 빌려 씀. borrowing a name

차:문[借文] 남을 시켜 글을 대신 짓게 함. 또는 그 글.

차:문[借問] ① 남에게 물어 봄. ② 시험삼아 한 번 물어 봄. しゃもん asking

차:문차:답[且問且答] 한편으로 물으면서 한편으로 대답함.
questioning and answering

차:밍[charming] 매력적(魅力的). 매혹적. チャーミング

차반[茶盤] 찻그릇을 올려놓는 쟁반. =다반(茶盤). ちゃばん
tea tray

차배[差配] 각각 구별하여 다룸. さはい

차:변[借邊] 복식 부기에서, 계정 계좌의 왼쪽 부분. 자산의 증가, 부채나 자본의 감소, 손실의 발생 따위를 기록함. ↔대변(貸邊). debit side

차별[差別] 차등을 두어 구별함.

「~ 대우(待遇)」 さべつ discrimination

차부[車夫] 소나 말이 끄는 수레를 부리는 사람. しゃふ carter

차분[差分] 차등을 두어 나눔.
distribution according to the grade

차비[車費] 차를 탈 때 내는 삯. 찻삯. =차임(車貸). car fare

차사[差使] 지난날, ① 특별한 임무를 맡겨 파견하던 임시 벼슬. 「함흥(咸興)~」 ② 원(員)이 죄인을 잡으려고 보내던 관원. ① emissary

차상[嗟賞] ⇨차칭(嗟稱). さしょう

차상차하[差上差下] 조금 낫기도 하고 조금 못하기도 함.
nothing better and nothing worse

차생[此生] 불교에서 말하는, 이 세상. 이승. =금생(今生)·금세(今世).

차서[次序] ⇨차례(次例).

차석[次席] 수석(首席)의 다음 자리. 또는 그 사니의 서김. =차위(次位). じせき next seat

차석[嗟惜] 아까워서 애닮아 여김. lamentation

차선[次善] 최선(最善)에 버금가는 좋은 방도. 「~책(策)」 じぜん second best

차선[車線] ① 포장된 자동차 도로에서, 차량이 원활하고 질서 있게 주행하기 위하여 주행 방향을 따라 일정한 너비로 그어 놓은 선. ② 주행선의 수를 헤아리는 단위. 「이(二)~」 しゃせん lane

차선차후[差先差後] 앞서거니 뒤서거니 함. 앞섰다 뒤섰다 함. neck and neck

차송[差送] ⇨ 차견(差遣).

차: 송[借送] 빌려서 보냄. 꾸어 보냄.

차수[叉手] 두 손을 어긋매껴 마주잡음. さしゅ

차: 수[借手] 남의 손을 빌려서 일을 함. borrowing a hand

차수[差數] 차가 생긴 수. 차이가 난 수효. difference

차: 신차: 의[且信且疑] 한편으로는 믿음직스러우면서도 한편으로는 의심스러움. half in doubt

차아[次兒] 부모가 자기의 둘째 아들을 이르는 말. second son

차아[嵯峨] 산이 높고 험함. さが steepness

차안[此岸] 불교에서, 생사(生死)의 세계. 이 세상. ↔피안(彼岸). しがん

차액[差額] 공제(控除)하고 남은 금액. さがく balance

차양[次養] 차양자(次養子)의 준말.

차양[遮陽] ①볕을 가리거나 비를 막기 위하여 처마 끝에 덧대는 시설. ②학생모・운동모 따위의 앞쪽에 햇빛을 가리기 위해 댄 조각. ①penthouse ②visor

차양자[次養子] 후손 없이 죽은 맏아들의 양자가 될 만한 사람이 없을 때, 조카뻘 되는 사람이 아들을 낳아 죽은 맏아들의 대를 이어 줄 때까지 그 조카뻘 되는 사람을 양자로 삼는 일. 준사양(仕養).

차역[差役] 노역(勞役)을 시킴. employment

차완[茶碗] 찻종의 하나. 조금 크고 뚜껑이 있음. ちゃわん

차완[差緩] 다른 것에 비하여 조금 느슨하거나 늦음. becoming loose

차: 용[借用] 물건이나 돈을 빌려서 씀.「~ 증서(證書)」しゃくよう borrowing

차운[次韻] 한시(漢詩)에서, 남이 지은 시의 운자(韻字)를 따서 시를 지음. じいん

차원[次元] ①공간(空間)의 확장 상태를 나타내는 개념.「삼(三)~」②사고 방식이나 행위 등의 수준. 또는 그 정도.「~이 다르다」じげん ①dimension ②level

차: 월[借越] 예금액을 초과해서 대부(貸付)를 받는 일. かりこし overdraft

차월피: 월[此月彼月] 기일을 자꾸 미룸. 또는 미루는 모양.「~ 공사를 미루다」putting off from month to month

차위[次位] 다음가는 지위나 등위. 또는 그 지위나 등위에 있는 사람. じい second rank

차윤취: 형[車胤聚螢] 중국 동진(東晉)의 차윤이라는 사람이 개똥벌레를 모아 그 반딧불 빛으로 글을 읽었다는 고사에서, 고학(苦學)을 비유하는 말.

차이[差異] 서로 다름. さい difference

차이나타운[Chinatown] 화교(華僑)들이 외국 도시의 한 부분에 집단으로 거주하여 중국식 시가지를 만든 곳. チャイナタウン

차이점[差異點] 차이가 나는 점. ↔공통점(共通點). さいてん point of difference

차익[差益] ①비용을 빼고 남은 이익. ②시세의 변동 따위로 생기는 이익. ↔차손(差損).「환(換)~」さえき marginal profits

차인[差人] ① 남의 가게에서 장사하는 일을 돕는 고용인. ② 임시로 쓰는 하인. employee

차일[遮日] 햇볕을 가리기 위해 치는 포장(布帳). sunshade

차일피일[此日彼日] 약속이나 기한 따위를 미루는 모양. putting off from day to day

차:임[借賃] 물건을 빌려 쓰고 주는 삯. かりちん hire

차임[chime] ① 시각을 알리거나 호출용으로 쓰이는 종(鐘). ② 18개의 금속관을 매달아 놓고 해머로 쳐서 연주하는 타악기(打樂器)의 하나. チャイム

차입[差入] 유치장이나 교도소에 갇혀 있는 사람에게 의복이나 음식 따위를 들여보내 주는 일. さしいれ sending in to a prisoner

차:입[借入] 돈 따위를 꾸어 들임. ↔대출(貸出). かりいれ borrowing

차자[次子] 둘째 아들. =차남(次男). じし second son

차:사[借字] ① 사기 나라 말을 적는 데 남의 나라의 글자를 빌려서 씀. 또는 그 글자. ② 한자(漢字)의 음이나 훈(訓)을 빌려 우리말을 적은 글자. 향찰(鄕札)·이두(吏讀) 따위. かりじ ① loanword

차:작[借作] ① 글을 대신 지음. 또는 그 글. ② 남의 손을 빌려 물건을 만듦. 또는 그러한 물건. ① ghostwriting ② vicarious work

차장[次長] 어떤 기관이나 조직에서, 장(長)의 다음 자리나 지위. 또는 그 지위에 있는 사람. じちょう vice-chief

차재[借財] ⇨차금(借金). しゃくざい

차전[車戰] 음력 정월 보름날에 하던 민속 놀이의 한 가지.

차전자[車前子] 한방에서, '질경이의 씨'를 약재로 이르는 말. 이뇨제 등으로 쓰임.

차점[次點] 최고점 다음가는 점수. じてん second largest number

차제[次第] ⇨차례(次例). じだい

차제[此際] 이 때. 이 기회. このさい this occasion

차종[次宗] 대종가(大宗家)에서 갈려 나온 종파(宗派). branch family

차종[車種] 자동차의 종류.

차종가[次宗家] 대종가(大宗家)에서 갈려 나온 종가(宗家). branch family

차종손[次宗孫] 대종가(大宗家)에서 갈려 나온 종손(宗孫). eldest grandson of the branch family

차주[車主] 차의 임자. 자동차의 소유주. owner of a car

차:주[借主] 돈이나 물건을 빌려 쓴 사람. ↔대주(貸主). かりぬし borrower

차중[車中] ① 차의 안. =차내(車內). ② 차를 타고 있는 동안. しゃちゅう ① inside of a car

차:지[借地] 남의 땅을 빌림. 또는 빌린 그 땅. しゃくち leased land

차지[遮止] 막아서 못 하게 함. blockade

차:지[charge] 호텔 등에서, 요금(料金)을 청구함. 또는 그 요금. チャージ

차직[次職] 어떤 직위에 버금가는 자리. second position

차질[蹉跌·蹉躓] 발을 헛디디어 넘어진다는 뜻으로, 하던

차:징[charging] 축구·농구에서, 공을 몰고 가는 상대편 선수를 몸으로 부딪치는 일. チャージング

차차[次次] ① 어떠한 상태나 정도가 조금씩 진행하는 모양. 차츰. =점차(漸次). ② 서두르지 않고 천천히. ① gradually

차:착[借着] 남의 의관(衣冠)을 빌려서 착용함. かりぎ

차착[差錯] 순서가 틀리고 앞뒤가 서로 맞지 않음. mistake

차창[車窓] 차에 달린 창문. しゃそう car window

차처[此處] 이곳. 여기. ここ this place

차:청입실[借廳入室] 대청 빌려 안방까지 든다는 뜻으로, 남에게 의지하고 있던 사람이 나중에는 그의 권리까지 침범함의 비유.

차체[車體] 차의 몸체. 차의 승객이나 화물을 싣는 부분. しゃたい car body

차총[叉銃] 세 자루의 총을, 총위 부분의 총걸이에 엇걸어 삼각뿔 모양으로 세워 놓는 일. さじゅう stack of arms

차축[車軸] 차바퀴의 굴대. しゃじく axle

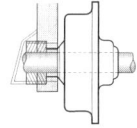
〔차축〕

차출[差出] ① 지난날, 관원을 임명하기 위해 사람을 뽑던 일. ② 어떤 일을 시키기 위해 사람을 뽑아 냄. 「인원(人員) ~」

차:치[且置] 차치물론(且置勿論)의 준말.

차:치물론[且置勿論] 내버려 두고 문제삼지 않음. 준차치(且置). letting alone

차칭[嗟稱] 깊이 감동하여 칭찬함. =차상(嗟賞). admiration

차타[蹉跎] ① 미끄러져 넘어짐. ② 시기를 놓침. ③ 이루어 놓은 일 없이 나이만 먹음. さだ ① slip

차탁[茶托] 찻종을 받치는 쟁반. tea tray

차탁[茶卓] 찻그릇을 놓는 작은 응접용 탁자.

차탄[嗟嘆] 탄식하고 한탄함. さたん lamentation

차탈피:탈[此頉彼頉] 이러저러 핑계를 댐. 이 핑계 저 핑계를 함. all sorts of excuses

차:트[chart] ① 지도·해도(海圖) 따위의 도면. ② 내용을 알기 쉽게 정리한 일람표. チャート

차편[此便] 이 편. 이쪽 편.

차편[車便] 차가 내왕하는 편. 또는 그 기회. by car

차폐[遮蔽] 가리어 막아 덮음. しゃへい cover

차표[車票] 차를 탈 수 있음을 증명하는 표. =승차권(乘車券). ticket

차:필[借筆] 글씨를 남에게 대신 쓰게 함. 또는 그 글씨. making someone write for oneself

차하[次下] 시문(詩文)을 끊을 때의 열두 등급 중 맨 아래 등급. 차중(次中)의 아래.

차한[此限] 이 한계(限界). 「~에 부재(不在)」 this limitation

차형손설[車螢孫雪] 중국 진(晉)나라 때, 차윤(車胤)은 반딧불로, 손강(孫康)은 창 밖에 쌓인 눈빛으로 책을 읽었다는

고사(故事)에서, 가난한 가운데서도 꾸준히 학문을 닦음을 이르는 말. 故事
차호[次號] ①다음 번호. ②정기 간행물의 다음 호. じごう ① next number ② next issue 次號
차환[差換] 갈아 바꿈. =체환(替換). change 差換
차회[次回] 다음 번. =하회(下回). ↔전회(前回). じかい next time 次回
차회[此回] 이번. 금번. =금회(今回). this time 此回
차회[次會] 다음 회합. 다음 회의. じかい next meeting 次會
차후[此後] 이 뒤. 이 다음. こののち after this 此後
착[捉]☆ 잡을 착: 잡다. 「捕捉(포착)·提來(착래)·提去(착거)」ソク·とらえる 捉來
착[窄] 좁을 착: 좁다. 「窄迫(착박)·窄小(착소)·窄衫(착삼)」サク·せまい 窄迫
착[着]* "着"은 本字. 붙을 착: 붙다. 입다. 당하다. 「着想(착상)·着衣(착의)·到着(도착)」 着
착[搾] 짤 착: 짜다. 「搾乳(착유)·搾取(착취)」サク·しぼる
착[錯]☆ ①섞일 착: 섞이다. 「錯亂(착란)·錯列(착렬)·錯雜(착잡)·交錯(교착)」 ②그르칠 착: 그르치다. 잘못하다. 「錯誤(착오)·錯覺(착각)·失錯(실착)」 ③둘 조: 두다. 「錯辭(조사)」サク·ソ ①まじる ②あやまる 錯亂 錯誤
착[齪] 악착할 착: 악착. 「齷齪(악착)」サク 齷齪
착[鑿] ①뚫을 착: 뚫다. 「鑿掘(착굴)·鑿空(착공)·鑿巖機(착암기)」 ②구멍 조: 구멍. 「柄鑿不相容(예조불상용)」サク ①うがつ 鑿掘

착가[着枷] 지난날, 죄인의 목에 칼을 씌우던 일. wearing a cangue 着枷
착각[錯覺] 사물을 그 실상과는 다르게 그릇 느끼거나 깨달음. さっかく illusion 錯覺
착간[錯簡] 차례가 뒤바뀐 책장(冊張) 또는 장(章)이나 편(篇). さっかん wrong pagination 錯簡
착거[捉去] 사람을 잡아감. arresting 捉去
착공[着工] 공사를 시작함. ちゃっこう starting work 着工
착공[鑿孔] 구멍을 뚫음. さっくう (鑿空) drilling 鑿孔
착과[着果] 과일 나무에 열매가 열림. bearing fruit 着果
착관[着冠] 갓이나 관을 머리에 씀. wearing a hat 着冠
착굴[鑿掘] 굴이나 구멍을 파 들어감. =굴착(掘鑿). excavation 鑿掘
착근[着近] 친근하게 착 달라붙음. 친근하게 굶. 着近
착근[着根] ①옮겨 심은 식물이 뿌리를 내림. ②사는 곳을 딴 데로 옮겨 자리잡음. ① taking root 着根
착급[着急] 매우 급함. urgency 着急
착념[着念] 어떤 것을 마음에 두고 생각함. bearing in mind 着念
착란[錯亂] 감정이나 생각 따위가 뒤섞여 어지러움. 「정신(精神)~」さくらん distraction 錯亂
착력[着力] 어떤 일에 힘을 들임. 着力
착류[錯謬] 잘못되어 어긋남. =착오(錯誤). さくびゅう error 錯謬
착륙[着陸] 항공기가 공중에서 땅에 내려앉음. ↔이륙(離陸). ちゃくりく landing 着陸
착모[着帽] 모자를 씀. ちゃくぼう putting on a cap 着帽

착목[着目] ⇨착안(着眼). ちゃくもく

착미[着味] 맛을 붙임. 어떤 일에 재미를 붙임. getting a taste for

착박[窄迫] 답답할 정도로 몹시 좁음. narrowness

착발[着發] ① 도착과 출발. ② 폭발물 따위가 날아가서 땅이나 물체에 부딪쳐 폭발함. ちゃくはつ ① arrival and departure ② percussion

착발 신:관[着發信管] 탄환이 목표에 부딪는 순간에 폭발하도록 만든 장치. ちゃくはつしんかん percussion fuse

착복[着服] ① 옷을 입음. =착의(着衣). ↔탈의(脫衣). ② 남의 돈이나 물건을 부당하게 자기 것으로 함. 「공금(公金)~」ちゃくふく ① putting on clothes ② embezzlement

착빙[着氷] 공기 중의 냉각된 물방울들이 물체에 부딪치면서 얼음이 되어 달라붙는 현상. ちゃくひょう icing

착산통도[鑿山通道] 산을 뚫어서 길을 냄.

착상[着床] 수정한 난자가 자궁벽에 정착하여 모체의 영양을 흡수할 수 있는 상태가 됨. implantation

착상[着想] 고안이나 창작의 실마리가 되는 생각. ちゃくそう conception

착색[着色] 색을 칠하여 빛깔이 나도록 함. ちゃくしょく coloring

착생[着生] 어떤 생물이 다른 생물에 붙어서 삶. 「~식물(植物)」ちゃくせい parasitism

착석[着席] 자리에 앉음. ―착좌(着座). ちゃくせき taking a seat

착선[着船] 배가 항구에 닿음. ↔발선(發船). ちゃくせん arrival of a ship

착소[窄小] 몹시 좁고 작음. =협소(狹小). narrowness

착송[捉送] 사람을 붙잡아 보냄.

착수[捉囚] 죄인을 잡아서 가둠. confinement

착수[着水] 수상 비행기(水上飛行機) 등이 물 위에 내려앉음. ↔이수(離水). ちゃくすい landing on the water

착수[着手] 어떤 일에 손을 대어 시작함. 「도로 확장 공사에 ~하다」ちゃくしゅ start

착수금[着手金] 어떤 일을 시작할 때, 치러야 할 돈의 일부를 미리 주는 돈. ちゃくしゅきん deposit

착수 미:수[着手未遂] 범인이 범죄의 실행에 착수는 했으나 실행을 종료함에 이르지 못한 경우. 「~범(犯)」

착수 활주[着水滑走] 수상 비행기가 물 위에 내려앉을 때, 밑바닥을 수면에 대고 미끄러져 달리는 동작. ↔이수 활주(離水滑走). ちゃくすいかっそう

착시[錯視] 착각으로 무엇을 잘못 봄. さくし optical illusion

착신[着信] 편지나 전신(電信) 따위의 통신이 도착함. 또는 그 통신. ↔발신(發信). 「~지(地)」ちゃくしん arrival of the post

착실[着實] 침착하고 성실함. ちゃくじつ steadiness

착심[着心] 어떤 일에 마음을 붙임. ちゃくしん

착악[錯愕] 뜻밖의 일로 놀람. さくがく alarm

착안[着岸] 배가 기슭에 닿음.

착안[着眼] 어떤 점에 주의하여 눈을 돌림. =착목(着目). 「거리가 가까운 점에 ～하다」ちゃくがん　着眼　aim

착안점[着眼點] 주의를 기울일 점. 눈여겨볼 점. ちゃくがんてん　着眼點　point aimed at

착암기[鑿巖機] 바위에 구멍을 뚫는 기계. さくがんき　鑿巖機　rock drill

착압[着押] 수결(手決)을 두는 일. 着押　signing

착역[着驛] 열차 등이 역에 도착함. 또는 그 역. ちゃくえき　着驛　destination station

착염[錯鹽] 몇 개의 원자나 원자단이 결합하여 한 무리의 안정된 이온을 구성하는 화합물. さくえん　錯鹽　complex salt

착오[錯誤] ① 인식과 사실이 어긋나는 일. ② 착각에 의한 잘못. =착류(錯謬). さくご　錯誤　error

착용[着用] ① 옷을 입음. ② 물건을 몸에 붙이거나 닮. ちゃくよう　着用　wearing

착유[搾油] 기름을 짬. さくゆ　搾油　oil expression

착유[搾乳] 소 따위의 젖을 짬. さくにゅう　搾乳　milking

착의[着衣] 옷을 입음. =착복(着服). ↔탈의(脫衣). ちゃくい　着衣　putting on clothes

착의[着意] ① 떠오른 생각. ② 마음에 두어 조심함. ちゃくい　着意

착임[着任] 임지(任地)에 도착함. ↔이임(離任). ちゃくにん　着任　arrival at one's post

착잡[錯雜] 갈피를 잡을 수 없게 뒤섞여 어수선함. さくざつ　錯雜　complication

착절[錯節] ① 뒤엉킨 나무의 마디. ② 복잡하게 뒤얽힌 일의 비유. さくせつ　錯節　① entangled knots

착정[鑿井] 우물을 팜. さくせい　鑿井　well drilling

착제어[着題語] 이야기의 내용에 가장 알맞은 말. 着題語

착족[着足] ① 발을 땅에 붙이고 섬. ② 어떤 곳에 자리잡음. 「～무처(無處)」 着足　① standing on one's feet

착종[錯綜] 여러 가지 사물이나 현상이 뒤섞여 복잡하게 됨. さくそう　錯綜　complication entangling

착좌[着座] ⇨착석(着席). ちゃくざ　着座

착지[着地] ① 항공기 따위가 땅 위에 내림. 또는 내리는 곳. ② 멀리뛰기 경기 따위에서, 뛴 다음에 발이 땅에 닿는 일. ③ 체조 경기에서, 선수가 체조 동작을 마치고 마루에 내려서는 일. ちゃくち　着地　landing

착지[錯紙] ① 책 따위를 맬 때, 잘못하여 차례가 바뀐 책장(冊張). ② 종이 묶음에 섞인 파지(破紙). ① wrong pagination　錯紙　破紙

착진[着陣] 진지(陣地)에 도착함. ちゃくじん　着陣　arrival at the battlefront

착착[鑿鑿] ① 선명하고 또렷함. ② 말이나 일이 조리에 맞아 분명함. 鑿鑿　② reasonableness

착처[着處] 도착하는 곳. 着處　destination

착취[搾取] ① 젖이나 기름 따위를 비틀어 짬. ② 자본가나 지주가 노동자나 농민에 대해 그 가치만큼의 보수를 주지 않고 이익의 대부분을 차지하는 일. さくしゅ　搾取　① expression ② exploitation

착칠[着漆] 옻칠을 함. 着漆　lacquering

착탄[着彈] 발사한 탄환이 목표물에 가서 맞음. 또는 그 탄환. ちゃくだん　impact

착하[着荷] 화물이 도착함. 또는 도착한 화물. ちゃくに・ちゃっか　received goods

착함[着銜] 문서에 서명함. signing

착항[着港] 항구에 배가 도착함. 또는 도착한 항구. =입항(入港). ↔출항(出港). ちゃっこう　arrival in port

착화[着火] 불이 붙음. =발화(發火). 「~점(點)」ちゃっか　ignition

찬:[粲] ① 또렷할 찬: 선명하다. 「粲如(찬여)·粲然(찬연)」 ② 정한 쌀밥 찬: 정한 쌀밥. 「粲粲玉食(찬옥식)」サン

찬:[撰] ① 글 지을 찬: 글을 짓다. 저술하다. 편집하다. 「撰文(찬문)·撰述(찬술)·撰錄(찬록)·撰集(찬집)」 ② 가릴 선: 가리다. 선택하다. 「精撰(정선)」セン・サン ② えらぶ

찬:[篡] "簒"은 俗字. 빼앗을 찬: 힘으로 빼앗다. 「簒奪(찬탈)·簒逆(찬역)」サン・うばう

찬:[餐] "飡"과 同字. 먹을 찬: 먹다. 「晩餐(만찬)·午餐(오찬)·餐食(찬식)」サン・のむ　くらう

찬:[燦] 빛날 찬: 빛나다. 「燦爛(찬란)·燦然(찬연)·燦燦(찬차)·燦閃(찬섬)」サン・あきらか

찬:[竄] ① 숨을 찬: 숨다. 도망치다. 「竄逃(찬도)·竄伏(찬복)」 ② 귀양보낼 찬: 귀양보내다. 「竄配(찬배)·竄流(찬류)」ザン

찬:[贊] ☆ "賛"은 俗字. ① 도울 찬: 돕다. 「贊佑(찬우)·贊助(찬조)·贊佐(찬좌)」 ② 찬성할 찬: 찬성하다. 「贊同(찬동)·贊成(찬성)」 ③ 기릴 찬: 기리다. 칭찬하다. 「贊頌(찬송)·賞贊(상찬)」サン ① たすける ③ ほめる

찬:[纂] 모을 찬: 모으다. 책을 편찬하다. 「編纂(편찬)·纂輯(찬집)·纂集(찬집)·纂次(찬차)」サン・あつめる

찬:[饌] 음식 찬: 음식. 반찬. 「饌價(찬가)·饌間(찬간)·饌母(찬모)·饌用(찬용)·飯饌(반찬)·素饌(소찬)」セン

찬:[瓚] 옥잔 찬: 옥잔. 「玉瓚(옥찬)」サン

찬:[讚] ☆ "讃"은 略字. 기릴 찬: 기리다. 칭찬하다. 「稱讚(칭찬)·禮讚(예찬)·自讚(자찬)」サン・ほめる

찬-가[饌價] 반찬 값.

찬-가[讚歌] 찬미의 뜻을 나타내는 노래. 예찬하는 노래. さんか　song in praise

찬-간[饌間] 반찬을 만드는 곳. 반빗간. kitchen

찬-결[贊決] 일을 도와서 결정함.

찬-동[贊同] 찬성하여 동의(同意)함. さんどう　approval

찬-란[燦爛·粲爛] ① 빛이 눈부시게 아름다움. 「~한 태양」 ② 사물이 두드러지게 훌륭하고 빛남. 「~한 문화를 꽃피우다」さんらん　brilliancy

찬-록[撰錄] 찬술(撰述)하여 기록함. せんろく　writing

찬-록[纂錄] 모아서 기록함. さんろく　compilation

찬-립[篡立] 신하가 임금의 자리를 빼앗고 스스로 그 자리에 오름. さんりつ　usurpation of a throne

찬:모[饌母] 남의 집에서 반찬 만드는 일을 맡아 하는 여자. female kitchen helper
찬:문[撰文] 글을 지음. せんぶん composition
찬:물[饌物] ⇨찬수(饌需).
찬:미[讚美] 아름다운 덕을 기림. 「~가(歌)」 さんび praise
찬:반[贊反] 찬성과 반대. 「~투표(投票)」
찬:부[贊否] 찬성과 불찬성. 「~ 양론(兩論)」 さんぴ approval or disapproval
찬:불[讚佛] 부처의 공덕을 기림. さんぶつ praising the grace of Buddha
찬:사[讚辭] 칭찬하는 말이나 글. さんじ eulogy
찬:상[讚賞] 훌륭하게 여기어 칭찬함. =상찬(賞讚). さんしょう praise
찬:선[饌膳] 음식물(飮食物).
찬:성[贊成] 남의 의견이나 제안 등을 옳다고 여겨 동의함. さんせい approval
찬:송[贊頌] 친송하여 칭송함. praise
찬:송[讚頌] 어떤 대상의 은혜나 덕을 찬미하여 기림. 「~가(歌)」 glorification
찬:송가[讚頌歌] 개신교에서, 하느님을 기리는 뜻으로 부르는 노래. hymn
찬:수[纂修] 글을 모아서 정리하여 책으로 만듦. さんしゅう compilation
찬:수[饌需] 반찬거리. 또는 반찬. =찬물(饌物)·찬품(饌品). materials for making side dishes
찬:술[撰述] 글을 지음. =저술(著述). せんじゅつ writing
찬:술[纂述] 글 지을 자료를 모아서 저술함. さんじゅつ compilation
찬:스[chance] 기회. 호기(好機). チャンス
찬:시[簒弑] 임금을 죽이고 그 자리를 빼앗음. 「~지변(之變)」 さんしい usurpation
찬:시지변[簒弑之變] 임금을 죽이고 그 자리를 빼앗는 괴변(怪變).
찬:앙[讚仰] 공덕을 칭송하면서 우러러 사모함. さんぎょう·さんごう respect
찬:양[讚揚] 훌륭함을 기리어 높이 칭찬함. praise
찬:연[粲然] ①말쑥하고 산뜻함. ②고운 이를 드러내고 웃는 모양이 산뜻함. さんぜん
찬:연[燦然] 눈부시게 빛나고 있음. 「~한 업적(業績)」 さんぜん brilliancy
찬:연[鑽硏] 학문 따위를 깊이 연구함. =연찬(硏鑽). study
찬:용[饌用] ①반찬거리. ②반찬거리를 사는 데 드는 돈. 찬값.
찬:위[簒位] 임금의 자리를 빼앗음. =찬탈(簒奪). さんい usurpation
찬:유[贊釉] 도자기에 잿물을 올리는 일. glazing
찬:육[饌肉] 반찬거리로 쓰이는 쇠고기. beef
찬:의[贊意] 찬성하는 뜻. 「~표명(表明)」 さんい approval
찬:익[贊翼] 곁에서 힘을 보태어 도와 줌. assistance
찬:입[竄入] ①도망쳐서 숨어 들어감. ②잘못되어 섞여 들어감. ざんにゅう
찬:자[贊者] 지난날, 제향(祭享) 때에 홀기(笏記)를 맡아보던 임시직(臨時職).

찬:장[饌欌] 반찬이나 식기 따위를 넣어 두는 장. cupboard
찬:정[撰定] 시문(詩文)을 지어서 선정함. せんてい compilation
찬조[贊助] 뜻을 같이하여 도와 줌. =찬좌(贊佐). 「~금(金)」さんじょ support
찬조금[贊助金] 찬조하는 뜻으로 내는 돈. さんじょきん contribution
찬:진[撰進] 임금에게 글을 지어 올림. せんしん
찬:집[撰集] 시가·문장 등을 모아서 책을 만듦. 또는 그 책. せんしゅう compilation
찬:집[纂集] 글을 모아 책으로 엮음. さんしゅう compilation
찬:집[纂輯] 자료를 모아 책으로 엮음. さんしゅう compilation
찬:차[纂次] 자료를 모아서 차례를 정함.
찬:찬[燦燦] 밝게 빛나고 아름다움. さんさん brilliancy
찬:찬옥식[粲粲玉食] 잘 쓿은 쌀로 지은 흰밥. cooked rice well polished
찬:찬의복[燦燦衣服] 번쩍번쩍 빛나고 아름다운 비단의 의복. gorgeous dress
찬:척[竄斥] 내쫓음. 물리침. expelling
찬:축[竄逐] 죄인을 먼 곳으로 귀양보내 쫓음. exile
찬:출[竄黜] 죄인을 벼슬에서 내쫓고 귀양보냄. exile
찬:칭[讚稱] ⇨칭찬(稱讚). さんしょう
찬:탄[讚嘆] 칭찬하며 감탄함. さんたん admiration
찬:탈[纂奪] 임금의 자리를 빼앗음. さんだつ usurpation
찬:폄[竄貶] 벼슬을 뺏고 귀양

보냄. ざんぺん banishment
찬:평[讚評] 칭찬하여 높이 평가함. 또는 그 평가. さんぴょう favorable review
찬:품[饌品] ⇨찬수(饌需).
찬:합[饌盒] 반찬이나 술안주 따위를 담는 여러 층으로 된 그릇. nest of boxes
찰[札] ①편지 찰: 편지. 「書札(서찰)·簡札(간찰)」 ②죽을 찰: 죽다. 「札喪(찰상)」 ③패 찰: 패. 「名札(명찰)·開札(개찰)·落札(낙찰)·入札(입찰)·改札(개찰)」 サツ ③ふだ
찰[刹] 절 찰: 절. 「寺刹(사찰)·刹竿(찰간)」 セツ・サツ・てら
찰[察]* 살필 찰: 자세히 살피다. 조사하다. 「視察(시찰)·監察(감찰)·警察(경찰)·巡察(순찰)·明察(명찰)·推察(추찰)·究察(구찰)·察知(찰지)」 サツ・みる
찰[擦] 비빌 찰: 비비다. 문지르다. 「摩擦(마찰)·擦傷(찰상)」 サツ・する
찰간[刹竿] 큰 절 앞에 세우는 깃대 모양의 물건. 덕이 높은 중이 있음을 널리 알리기 위한 것임.
찰과상[擦過傷] 무엇에 쓸리거나 긁혀서 생긴 상처. =찰상(擦傷). さっかしょう abrasion
찰기[札記] 간략하게 기록함. 또는 그 기록. note
찰나[刹那] 극히 짧은 시간. =순간(瞬間). ↔영겁(永劫). せつな moment
찰상[擦傷] ⇨찰과상(擦過傷). すりきず
찰색[察色] ①안색을 살핌. ②한방에서, 환자의 혈색을 보고 진단함.
① studying one's expression

찰제[擦劑] 피부에 문질러서 스며들게 하는 약. さつざい liniment

찰조[察照] 문서나 편지 따위를 자세히 살펴봄.

찰지[察知] 살펴서 앎. さっち inference

찰찰[察察] 매우 꼼꼼하고 자세함. さつさつ minuteness

찰핍[扎逼] 바싹 가까이 다가붙음. drawing near

찰한[札翰] ⇨편지(片紙·便紙)

참:[站] ① 역마을 참: 역마을. 「驛站(역참)·站兵(참병)·站路(참로)」 ② 꼿꼿이 설 참: 꼿꼿이 서다. 쉬다. 「站數(참수)·站立(참립)」 タン

참[參]* ① 참여할 참: 참가하다. 「參與(참여)·參加(참가)·新參(신참)·古參(고참)」 ② 뵐 참: 뵙다. 「參謁(참알)·參詣(참예)·參拜(참배)」 ③ 별 이름 삼: 별 이름. 「參宿(삼수)·參辰(삼신)」 ④ 석 삼: 셋. "三"의 갖은자. 「參萬(삼만)·拾參(십삼)」 サン・シン ② まいる

참:[斬] ① 벨 참: 베다. 「斬首(참수)·斬殺(참살)·斬死(참사)」 ② 상복 이름 참: 옆 부분과 아랫단을 꿰매지 않은 상복. 「斬衰(참최)」 ザン ① きる

참:[僭] "僣"은 俗字. 참람할 참: 분수에 넘치다. 신분을 범하다. 「僭妄(참망)·僭亂(참란)·僭濫(참람)·僭主(참주)」 セン・おごる

참[塹] 구덩이 참: 구덩이. 해자. 구덩이를 파다. 「塹壕(참호)·塹壘(참루)」 ザン

참[巉] 산 높을 참: 산이 높다. 「巉巖(참암)·巉絶(참절)·巉崒(참줄)」 ザン

참[慘]✩ 참혹할 참: 참혹하다. 잔인하다. 「慘酷(참혹)·慘刑(참형)·慘狀(참상)·慘禍(참화)·慘然(참연)」 サン·ザン·むごい

참[慙] "慚"은 同字. 부끄러워할 참: 부끄러워하다. 「慙慨(참개)·慙德(참덕)·慙色(참색)·慙悔(참회)·慙恨(참한)」 ザン·サン·はじる

참[懺] 뉘우칠 참: 뉘우치다. 「懺悔(참회)」 ザン·くいる

참[讒] 참소할 참: 남을 헐뜯어 모함하다. 「讒口(참구)·讒夫(참부)·讒說(참설)·讒譏(참기)·讒言(참언)」 ザン·そしる

참:[讖] 참서 참: 참서(讖書). 비결(祕訣). 「讖言(참언)·讖緯(참위)·讖記(참기)」 シン·しるし

참가[參加] 어떤 모임이나 일에 관여하여 참석하거나 가입함. 「~인(人)」 さんか participation

참·간[斬奸] 간악한 사람을 베어 죽임. ざんかん

참간[參看] ⇨참관(參觀)·참견(參見).

참개[慙慨] 몹시 부끄러워서 탄식함. deploring out of shame

참견[參見] ① 남의 일에 끼어들어 아는 체하거나 간섭함. ② 어떤 곳에 나아가서 봄. ＝ 참관(參觀)·참간(參看). ① interference

참경[慘景] 비참한 정경. 참혹한 광경. disastrous scene

참고[參考] 살펴서 도움이 될 만한 자료로 삼음. 또는 그러한 자료. 「~ 자료(資料)」 さんこう reference

참고[慘苦] 참혹한 고통. さん

참고서~참배

く horrible pain

참고서[參考書] 수험·교수·연구 등에 참고하기 위해 보는 책. さんこうしょ　reference book

참관[參觀] 어떤 모임이나 행사 등에 가서 봄. =참간(參看)·참견(參見).「~인(人)」さんかん　inspection

참괴[慙愧] 몹시 부끄럽게 여김. =참뉴(慙忸)·참수(慙羞)·참작(慙作). ざんき　shame

참구[參究] ① 불교에서, 참선(參禪)하여 진리를 구명함. ② 참고하여 연구함. さんきゅう
② research by reference

참구[讒口] 남을 헐뜯어서 없는 죄를 있는 듯이 꾸며 말하는 못된 입. ざんこう

참극[慘劇] ① 비참한 내용의 연극. ② 참혹하고 끔찍한 사건. さんげき　tragedy

참기[讒譏] 참소하고 헐뜯음. slander

참내[參內] 대궐에 들어감. =예궐(詣闕)·입궐(入闕). さんだい

참녕[讒佞] 아첨하여 남을 참소함. ざんねい　calumny

참뉴[慙忸] ⇨참괴(慙愧).

참담[慘憺] ① 몹시 비참함.「~한 패배(敗北)」② 참혹하고 암담함. ③ 속을 썩이도록 괴로움.「고심(苦心)~」さんたん
② misery

참덕[慙德] 덕화(德化)가 널리 미치지 못함을 부끄럽게 여김. ざんとく

참독[慘毒] 몹시 참혹하고 악독함. =참학(慘虐). さんどく
extreme misery

참:두[斬頭] ⇨참수(斬首).

참락[慘落] 물건값이 참혹할 징도로 떨어짐. =폭락(暴落). さんらく　slump

참:람[僭濫] 분수에 넘쳐 지나친 데가 있음. =참월(僭越). presumption

참량[參量] ⇨참작(參酌).

참렬[參列] ① 반열(班列)에 참여함. ② 대열이나 행렬에 끼임. さんれつ　① attendance

참렬[慘烈] 몹시 비참하고 끔찍함. さんれつ　extreme misery

참례[參禮] 예식에 참여함. attendance

참:망[僭妄] 분수에 넘치고 망령됨. presumption

참모[參謀] ① 모의에 참여함. 또는 그 사람. ② 군대에서, 고급 지휘관을 보좌하고 작전·정보·군수 등의 계획과 지도를 맡은 장교. さんぼう
② staff officer

참모장[參謀長] 사단급 이상의 부대 편제상의 지위. 참모 운영에 관한 방침을 수립하고 각 참모의 업무를 지휘 감독하며 통합 조정하여 지휘관을 보좌하는 선임 참모. さんぼうちょう　chief of staff

참모 총:장[參謀總長] 육·해·공군의 최고 사령관. 군 작건에 관련되는 제반 사항에 대하여 예하 장병을 지휘 통솔함. さんぼうそうちょう
Chief of the General Staff

참묘[參墓] 조상의 산소를 찾아 가서 살피어 돌봄. =성묘(省墓). visit to one's ancestral grave

참무[讒誣] 참소(讒訴)와 무고(誣告). ざんぶ

참문[慘聞] 참혹한 소문. さんぶん　gruesome rumor

참방[讒謗] 남을 헐뜯고 비방함. ざんぼう　slander

참배[參拜] ① 신불(神佛)을 찾

아 배례함. ② 무덤이나 기념비 등의 앞에서 절하고 기림. さんぱい ① worship

참:벌[斬伐] ①나무 따위를 벰. =작벌(斫伐). ②죄인을 참형에 처함. ざんばつ
① felling ② beheading

참변[慘變] 끔찍한 변고. 참혹한 변고. tragic accident

참부[讒夫] 근거 없는 말로 남을 헐뜯는 사람.

참불인견[慘不忍見] 너무도 참혹하여 차마 눈뜨고 볼 수가 없음. being unbearable to see

참:사[斬死] 칼로 베어 죽임.

참사[參事] 어떤 사무에 참여함. 또는 그 직위. さんじ participation

참사[參祀] 제사에 참례함. attending a religious service

참사[慘史] 비참한 역사. tragic history

참사[慘死] 처참하게 죽음. さんし tragic death

참사[慘事] 비참한 사건. 참혹한 사건. さんじ disaster

참사[慙死] 치욕스러워 죽으려 하거나 죽을 지경에 이름. ざんし

참:살[斬殺] 목을 베어 죽임. ざんさつ beheading

참살[慘殺] 참혹하게 죽임. ざんさつ butchery

참상[慘狀] 참혹한 정상(情狀). さんじょう disastrous scene

참상[慘喪] 젊어서 죽은 이의 상사(喪事). ↔호상(好喪). untimely death

참색[慙色] 얼굴에 나타나는 부끄러워하는 기색. ざんしょく ashamed look

참:서[讖書] 참언(讖言)을 모아 적은 책. しんしょ prophetic book

참석[參席] 어떤 자리에 참여함. attendance

참선[參禪] 불교에서, 선도(禪道)를 닦는 일. 좌선(坐禪)하여 선(禪)을 닦음. さんぜん practices of Zen meditation

참설[讒舌] ⇨참언(讒言). ざんぜつ

참설[讒說] ⇨참언(讒言). ざんせつ

참섭[參涉] 남의 일에 공연히 끼여들어 간섭함. =참견(參見). interference

참세[懺洗] 죄를 뉘우치고 마음을 깨끗이 가짐. penitence

참소[讒訴·譖訴] 간사한 말로 남을 헐뜯고 없는 죄를 꾸며서 윗사람에게 일러바침. さんそ false charge

참:수[斬首] 목을 베어 죽임. = 참두(斬頭). ざんしゅ decapitation

참수[慙羞] 부끄럽게 여김. 부끄러워서 얼굴을 붉힘. =참뉵(慙恧)·참작(慙怍)·참기(慙愧). shame

참:신[斬新] 취향이 매우 새로움. ↔진부(陳腐). 「~한 아이디어」 ざんしん novelty

참신[讒臣] 육사(六邪)의 한 가지. 참소를 일삼는 신하. ざんしん slandering retainer

참악[慘愕] 참혹한 광경에 몹시 놀람. being surprised at a tragic scene

참악[慘惡] 참혹하고 흉악함. atrocity

참:언[讖言] 앞일의 길흉을 예언하는 말. =참어(讖語). prophecy

참언[讒言] 참소(讒訴)하는 말.

=참구(讒口)·참설(讒舌)·참설(讒說). ざんげん false charge 讒說

참여[參與] 어떤 일에 참가하여 관계를 가짐. =참예(參預). さんよ participation 參與

참연[慘然] 참혹한 모양. 근심스럽고 비통한 모양. さんぜん miserable 慘然

참연[嶄然] ① 산이 높이 솟은 모양. ② 여럿 가운데서 두드러지게 뛰어난 모양. ざんぜん ② outstanding 嶄然

참예[參詣] 사당이나 절을 찾아 신불(神佛)에게 절함. =참배(參拜). さんけい visit to a temple 參詣

참예[參預] ⇨참여(參與). 參預

참:용[僭用] 분수에 넘치게 씀. せんよう lavishment 僭用

참:위[僭位] 분수를 넘어 임금의 자리에 앉는 일. 또는 그 자리. せんい usurping the throne 僭位

참의원[參議院] 제2 공화국 때의 양원제(兩院制) 국회 중의 한 원(院). 미국 등의 상원(上院)에 해당되던 것. ↔민의원(民議院).「~의원(議員)」さんぎいん Upper House 參議院 民議院

참작[參酌] 참고하여 알맞게 헤아림. =참량(參量). さんしゃく reference 參酌

참적[慘迹] 참혹한 자취. traces of a tragedy 慘迹

참전[參戰] 전쟁에 참가함.「~국(國)」さんせん participation in a war 參戰

참절[慘絕] 참혹하기 짝이 없음. 몹시 참혹함. さんぜつ extreme misery 慘絕

참정[參政] ① 정치(政治)에 참여함. ② 구한국 때 의정부(議政府)의 한 벼슬인 참정 대신(參政大臣)을 줄여 이르던 말. さんせい ① participation in government 參政 議政府

참정권[參政權] 국민이 정치에 직접·간접으로 참여할 수 있는 권리. 선거권·피선거권 따위. さんせいけん suffrage 參政權 選擧權

참조[參照] 참고로 대조하여 봄. さんしょう reference 參照

참:죄[斬罪] 참형(斬刑)을 당할 죄. ざんざい 斬罪

참:주[僭主] 무력으로 임금의 자리를 빼앗아, 스스로 임금 행세를 하는 사람. せんしゅ 僭主

참증[參證] 참고가 될 만한 증거. evidence for reference 參證

참질[讒嫉] 질투하여 참소(讒訴)함. slander 讒嫉

참집[參集] 어떤 자리에 참여하기 위하여 모임. さんしゅう gathering 參集

참차[參差] 참치(參差)의 잘못된 말. 參差

참:참[站站] ① 이따금. 그때그때. ② 옛날의, 각 역참(驛站). 站站

참청[參聽] 참석하여 들음. 參聽

참:초제근[斬草除根] 풀을 베고 뿌리를 없앰. 곧, 걱정이나 재앙이 될 만한 일은 아주 뿌리를 뽑아 없애야 한다는 말. 斬草除根

참:최[斬衰] 외간상(外艱喪)에 입는 오복(五服)의 한 가지. 거친 베로 짓고 옆 부분과 아랫단을 꿰매지 않은 상복(喪服). 斬衰 五服

참치[參差] 참치부제(參差不齊)의 준말. 參差

참치부제[參差不齊] 길고 짧거나 들쭉날쭉하여 가지런하지 않음. 준참치(參差). 參差不齊

참:칭[僭稱] 멋대로 임금 등 고귀한 사람의 칭호를 자칭함. 또는 그 칭호. せんしょう assumption of a title 僭稱 自稱

참:파토[斬破土] 무덤을 만들려고 풀을 베고 흙을 파냄. 준 파토(破土). digging a grave

참판[參判] 조선 때, 육조(六曹)의 종이품(從二品) 벼슬. 판서(判書)의 다음. =아당(亞堂).

참패[慘敗] 참혹하게 패함. 또는 그 패배. さんぱい crushing defeat

참학[慘虐] ⇨ 참독(慘毒).

참한[慙汗] 몹시 부끄러워서 흘리는 땀. ざんかん

참함[讒陷] 거짓 꾸며서 남을 헐뜯어 죄에 빠뜨림. ざんかん slander

참해[慘害] ① 비참한 피해. ② 참혹하게 해침. さんがい ① heavy damage

참:형[斬刑] 목을 베어 죽이는 형벌. ざんけい decapitation

참형[慘刑] 끔찍한 형벌. さんけい cruel punishment

참:호[僭號] 분수에 넘친 칭호(稱號)를 제멋대로 일컬음. 또는 그 칭호. せんごう self-assumed title

참호[塹壕] ① 옛날에 적의 습격을 막기 위해 성(城) 둘레에 파 놓은 해자(垓字). ② 야전(野戰)에서, 적의 공격으로부터 몸을 가리는 방어 시설. 구덩이를 파고 그 흙을 앞에 쌓아올림. =호참(壕塹). ざんごう trench

참호전[塹壕戰] 쌍방이 접근하여 서로 참호에 의지하여 벌이는 전투. ざんごうせん trench warfare

참혹[慘酷] 비참하고 끔찍함. さんこく misery

참화[慘禍] 참혹한 재화(災禍). さんか calamity

참회[參會] 모임에 참여함. さんかい attendance

참회[慙悔] 부끄럽게 여기고 뉘우침. ざんかい repentance

참회[懺悔] 죄를 크게 뉘우쳐 이를 신(神)이나 부처에게 고백하는 일. 「~록(錄)」 ざんげ confession

참획[參畫] 정책이나 사업의 계획에 참여함. さんかく participation in planning

참훼[讒毀] 남을 헐뜯어 명예를 훼손시킴. ざんき slander

참흉[慘凶] 참혹한 흉년. 비참한 흉년.

창[昌]* ① 창성할 창: 흥성하다. 번성하다. 「昌盛(창성)・昌運(창운)・繁昌(번창)・隆昌(융창)」 ② 착할 창: 선량하다. 좋다. 「昌言(창언)」ショウ

창[倉]" ① 곳집 창・곳집. 「倉庫(창고)・倉穀(창곡)・穀倉(곡창)・米倉(미창)」 ② 갑자기 창: 갑자기. 「倉卒(창졸)・倉皇(창황)」 ソウ ① くら

창[倡] ① 광대 창: 광대. 「倡夫(창부)・倡優(창우)」 ② 기생 창: 기생. "娼"과 通字 「倡家(창가)・倡樓(창루)・倡婦(창부)」 ③ 외칠 창: 창도하다. "唱"과 通字. 「倡和(창화)・倡義(창의)」ショウ

창[唱]* ① 노래할 창: 노래하다. 「唱歌(창가)・唱劇(창극)・唱名(창명)・名唱(명창)・先唱(선창)・齊唱(제창)」 ② 주창할 창: 주창하다. 창도하다. 부르다. 「主唱(주창)・唱導(창도)」ショウ ② となえる

창[娼] 창녀 창: 창녀. 「娼家(창가)・娼女(창녀)・娼婦(창부)・娼妓(창기)」ショウ

창[悵] ① 섭섭할 창: 섭섭하다. 「悵缺(창결)・悵惘(창망)・

창:[悵] 然(창연)」② 슬플 창:슬퍼하다. 탄식하다.「悵恨(창한)·悵望(창망)·悵惋(창완)」チョウ

창[猖] 미쳐 날뛸 창:미쳐 날뛰다. 크게 성해지다.「猖獗(창궐)·猖狂(창광)」ショウ

창[窓]* 창 창:창.「窓口(창구)·窓門(창문)·窓戶(창호)·東窓(동창)·同窓(동창)·學窓(학창)」ソウ·まど

창:[創]* ① 비롯할 창:비롯하다.「創刊(창간)·創始(창시)·創造(창조)·開創(개창)·初創(초창)」② 날에 다칠 창:칼날에 다치다. 상처를 입다.「創痍(창이)·創傷(창상)」ソウ ① はじめる

창:[敞] 탁트일 창:땅이 높고 평평하다.「敞麗(창려)·敞豁(창활)·敞然(창연)」ショウ

창:[脹] 부을 창:몸이 붓다. 팽창하다.「脹症(창증)·脹滿(창만)·膨脹(팽창)」チョウ·はれる·ふくれる

창[菖] 창포 창:창포.「菖蒲(창포)」ショウ

창[愴] 슬플 창:슬프다.「愴恨(창한)·愴冥(창명)·愴然(창연)·悲愴(비창)」ソウ

창:[搶] ① 채어 갈 창:채어 가다. 빼앗다.「搶奪(창탈)」② 막을 창:거스르다.「搶風(창풍)」③ 어수선할 청:어수선하다.「搶攘(청녕)」ソウ

창[滄]* ① 큰 바다 창:큰 바다.「滄海(창해)·滄茫(창망)」② 푸를 창:푸르다.「滄波(창파)·滄浪(창랑)」③ 찰 창:차다.「滄熱(창열)」ソウ

창:[彰] ① 밝을 창:밝다. 선명하다.「彰明(창명)·彰著(창저)·彰示(창시)」② 나타날 창:나타나다.「彰顯(창현)」ショウ

창:[暢]☆ ① 통할 창:통하다.「暢懷(창회)·流暢(유창)」② 뻗을 창:뻗다. 왕성하다.「暢茂(창무)」チョウ

창:[槍] 창 창:창.「槍法(창법)·槍劍(창검)·槍旗(창기)·槍軍(창군)」ソウ·やり

창:[漲] 넘칠 창:넘치다.「漲水(창수)·漲滿(창만)·漲濤(창도)·漲溢(창일)」チョウ·みなぎる

창:[蒼]☆ ① 푸를 창:푸르다.「蒼空(창공)·蒼天(창천)」② 창황할 창:매우 급하다. 갑자기.「蒼黃(창황)·蒼卒(창졸)」③ 백성 창:백성.「蒼生(창생)」ソウ ① あおい

창:[廠] ① 헛간 창:헛간. 창고.「廠舍(창사)·基地廠(기지창)」② 공장 창:공장.「製造廠(제조창)·兵器廠(병기창)」ショウ

창:[瘡] ① 부스럼 창:부스럼.「瘡瘍(창양)·瘡毒(창독)·瘡口(창구)·腫瘡(종창)」② 상할 창:상하다.「瘡傷(창상)」ソウ ① かさ

창:[艙] 선실 창:선실. 선창.「船艙(선창)·艙底(창저)·艙間(창간)」ソウ

창:[蹌] 추창할 창:추창하다. 비틀거리다.「蹌跟(창랑)」ソウ·ショウ

창가[娼家] 창기(娼妓)의 집. 창부의 집. ＝창루(娼樓). しょうか brothel

창:가[唱歌] ① 노래를 부름. 또는 그 노래. ② 개화기에 잠시 유행하였던 노래의 한 형식. 대개 7·5조 등의 정형(定型) 가사에 서양 악곡을 붙여 불렀음. しょうか ① singing

창:간[創刊] 신문이나 잡지 따위의 정기 간행물을 처음으로 간행함.「~호(號)」そうかん 創刊 first edition

창:건[創建] 건물 따위를 처음으로 세움. そうけん 創建 foundation

창검[槍劍] 창(槍)과 검(劍).「~술(術)」 槍劍 spear and sword

창:견[創見] 독창적인 의견. 새로운 착안(着眼). そうけん 創見 original view

창경[窓鏡] 창문에 댄 유리. 窓鏡 window glass

창고[倉庫] 물건을 넣어 두는 곳집. =부고(府庫). そうこ 倉庫 warehouse

창고[蒼古] ① 아득히 먼 옛날. ② 고색(古色)을 띠어 예스러움. そうこ 蒼古 antiquity

창고업[倉庫業] 창고를 빌려 주거나, 남의 물건을 보관해 주고 세를 받는 영업. そうこぎょう 倉庫業 warehousing

창고 증권[倉庫證券] 창고 업자가 기탁자의 청구에 따라 발행하는 유가 증권(有價證券). そうこしょうけん 倉庫證券 warehouse bond

창곡[倉穀] 창고에 쌓아 둔 곡식. 倉穀 grains in a storehouse

창공[蒼空] 푸른 하늘. =창궁(蒼穹)·창천(蒼天). そうくう 蒼空 blue sky

창광[猖狂] 미친 것같이 사납게 날뜀. しょうきょう 猖狂 insanity

창구[窓口] ① 조그맣게 낸 창. 창구멍. ② 창을 통하여 손님을 응대하거나 금전·문서 따위를 출납(出納)하는 사무를 보는 곳. ③ 외부와의 직접적인 절충(折衝)을 하는 부서. まどぐち 窓口 window

창구[創口] 칼날 같은 것에 다 創口 친 상처. cut

창구[瘡口] 부스럼이 곪아서 터진 구멍. 瘡口

창:군[創軍] 군대를 창설함. そうぐん 創軍

창군[槍軍] 창을 쓰는 군사. =창수(槍手). 槍軍 槍手

창궁[蒼穹] ⇒창공(蒼空). そうきゅう 蒼穹

창궐[猖獗] ① 몹쓸 세력이나 좋지 못한 풍조가 마구 퍼져 극성을 부림. ② 전염병이 걷잡을 수 없이 퍼짐. しょうけつ 猖獗 傳染病 rampancy

창:극[唱劇] 판소리와 창을 중심으로 엮어 나가는 연극. 唱劇 Korean classical opera

창:극조[唱劇調] 판소리를 달리 이르는 말. 唱劇調

창기[娼妓] 몸을 파는 기생. しょうぎ 娼妓 prostitute

창:기[脹氣] ⇒창증(脹症). 脹氣

창녀[娼女] 몸을 파는 것을 업으로 하는 여자. =창부(娼婦). しょうじょ 娼女婦 prostitute

창:달[暢達] 막힘없이 자유로이 자라나거나 뻗어 나감.「언론(言論)의 ~」ちょうたつ 暢達 言論 fluency

창:당[創黨] 정당을 새로이 만듦.「~ 대회(大會)」 創黨 formation of a political party

창:덕[彰德] 덕행(德行)을 빛내어 드러냄. しょうとく 彰德 德行

창:도[唱道] ⇒창도(唱導). しょうどう 唱道

창:도[唱導] 앞장서서 외치고 인도함. =창도(唱道). しょうどう 唱導 advocacy

창독[瘡毒] 부스럼의 독기. 瘡毒 virus of a boil

창랑[滄浪] 맑고 푸른 물결. =창파(滄波). そうろう 滄浪 billow

창랑[蹌踉] 발이 휘청거려 넘어질 듯한 모양. そうろう　tottering

창랑자취[滄浪自取] 좋은 말이나 나쁜 말이나, 다 자기의 행동으로 말미암아서 듣게 됨.

창로[蒼鷺] 해오라기. =백로(白鷺).　snowy heron

창룡[蒼龍] ① 푸른 용. =청룡(靑龍). ② 늙은 용. そうりょう

창루[娼樓] 창기(娼妓)의 집. =청루(靑樓).　brothel

창:립[創立] 처음으로 설립함. =창설(創設).「회사(會社)~」そうりつ　establishment

창:만[脹滿] 뱃속에 물이나 가스가 차서 배가 불룩해지는 증상. ちょうまん　abdominal dropsy

창:만[漲滿] ⇨창일(漲溢).

창:망[悵望] 슬프게 바라봄. looking at in dejection

창망[悵惘] 근심 걱정으로 인하여 경황이 없음.

창망[蒼茫·滄茫] 바다가 끝없이 넓고 푸른 모양. そうぼう　boundless expanse

창맹[蒼氓] ⇨창생(蒼生). そうぼう

창명[滄溟] 넓고 푸른 바다. =창해(滄海). そうめい　vast blue sea

창:명[彰明] 드러내어 밝힘. 분명히 드러남. making public

창:무[暢茂] 초목이 잘 자라서 무성함. ちょうも exubcrance

창문[窓門] 채광(採光)·통풍(通風)을 위해서 벽에 만들어 놓은 작은 문. 준창(窓). window

창반[瘡瘢] 부스럼 자국. =창흔(瘡痕). そうはん　scar

창백[蒼白] 얼굴이 핼쑥함.「~한 얼굴」そうはく　paleness

창:법[唱法] ① 노래하는 방법. ② 창(唱)을 하는 방법. 소리 하는 방법.

창법[槍法] 창을 쓰는 법. =창술(槍術). そうほう　art of using a spear

창병[瘡病] 한방에서, 매독(梅毒)을 이르는 말. =당창(唐瘡)·양매창(楊梅瘡)·창질(瘡疾).　syphilis

창:부[倡夫] ① 사내 광대. ② 무당 굿거리의 하나.「~타령(打令)」① actor

창부[娼婦] ⇨창녀(娼女). しょうふ

창:부타:령[倡夫打令] 경기 민요의 하나. 무당이 굿을 할 때에 부르는 노래가 대중화한 것.

창상[創傷] 날붙이 따위에 다친 상처. =창이(創痍). そうしょう　wound

창상[滄桑] 뽕밭이 푸른 바다로 변한다는 뜻으로, 세상의 변화가 덧없음의 비유. =상전벽해(桑田碧海).「~세계(世界)」そうそう

창상지변[滄桑之變] 창해(滄海)가 상전(桑田)이 되는 것과 같은 큰 변화를 이름. そうそうのへん　cataclysm

창생[蒼生] 많은 백성들. =창맹(蒼氓).「억조(億兆)~」そうせい　people

창:서[暢敍] 마음을 부드럽고 따뜻하게 풀어 놓음. serenity

창:선[彰善] 남의 착한 행실을 드러냄. ↔창악(彰惡). making good deeds public

창:설[創設] 처음으로 설치함. =창립(創立). そうせつ　foundation

창성[昌盛] 번성하여 잘 되어 감.「자손(子孫)~」しょう

창:세[創世] 세계를 처음으로 만듦. 「~기(記)」 そうせい creation of the world

창송[蒼松] 푸른 솔. =청송(靑松).

창수[槍手] ⇨창군(槍軍).

창술[槍術] 창을 쓰는 무술. =창법(槍法). そうじゅつ spear practice

창:시[創始] 처음으로 어떤 일을 시작함. =창개(創開). 「~자(者)」 そうし origination

창:악[彰惡] 남의 나쁜 행실을 드러냄. ↔창선(彰善).

창:안[創案] 이제까지 없었던 것을 처음으로 고안해 냄. 또는 그 고안. そうあん original idea

창안[蒼顔] 늙어서 해쓱해진 얼굴. 노인의 얼굴. 「~백발(白髮)」

창약[瘡藥] 부스럼에 바르는 약. そうやく ointment for boils

창양[瘡瘍] ⇨창종(瘡腫).

창언[昌言] 도리에 맞는 훌륭한 말. 「~ 정론(正論)」 しょうげん

창:업[創業] 어떤 사업을 처음으로 일으켜 세움. そうぎょう initiation

창:연[悵然] 서운하고 섭섭한 모양. ちょうぜん

창연[愴然] 애통해하는 모양. そうぜん deploring

창연[蒼然] ① 빛이 푸른 모양. ② 날이 저물어 어둑어둑한 모양. ③ 오래 되어 낡은 모양. 「고색(古色)~」 そうぜん
① verdant ② shady ③ antiquated

창연[蒼鉛] 불그레한 회백색의 금속 원소. 전기·열을 잘 전하지 않으며, 녹는점이 매우 낮음. 의약품·안료(顔料) 등으로 쓰임. 비스무트. そうえん bismuth

창:우[倡優] 예전에 노래·춤·줄타기 등 연예에 종사하던 사람. 광대. しょうゆう acrobat

창우백출[瘡疣百出] 부스럼이나 사마귀 따위가 수없이 생긴다는 뜻으로, 언행(言行)에 실수가 잦음을 일컬음.

창운[昌運] 번창할 좋은 운수. =성운(盛運). ↔쇠운(衰運). しょううん good fortune

창울[蒼鬱] 나무가 빽빽하게 들어서 푸르고 울창함. =울창(鬱蒼). denseness

창원[蒼遠] 아주 아득하고 멂. remoteness

창:월[暢月] 농짓달의 딴이름. ちょうげつ November by the lunar calendar

창:의[倡義] 국란(國亂)을 당하여 의병(義兵)을 일으킴. raising a loyal army

창:의[唱衣] 불교에서, 죽은 사람 입에 그가 입던 옷을 가져다 놓고 생전의 집착심(執着心)을 떼어 버리는 일.

창:의[創意] 새로운 착상(着想). 독창적인 생각. 「~력(力)」 そうい originality

창:의[氅衣] 소매가 넓고 뒷솔기가 갈라진 웃옷. 지난날, 관원(官員)이 평상복으로 입었음.

창이[創痍] ⇨창상(創傷). そうい

창:일[漲溢] 물이 넘쳐 흐름. =창만(漲滿)·창수(漲水). ちょういつ inundation

창:작[創作] ① 처음으로 만들어 냄. ② 예술 작품을 독창적으로 지어 냄. 「~ 활동(活

動)」そうさく   creation
창:작물[創作物] ① 창작한 문예 작품(文藝作品). ② 사람의 정신적 노력에 의한 산물의 총칭. 저작물·발명·실용 신안·의장(意匠)·상표(商標) 따위. そうさくぶつ creative work
창:작집[創作集] 창작한 문예 작품을 모아 엮은 책. そうさくしゅう
collection of creative works
창:작품[創作品] 창작한 물품이나 문예 작품. そうさくひん
creative work
창:저[彰著] 밝혀서 드러냄.
making public
창:정[創定] 법·제도 따위를 처음으로 마련하여 정함. そうてい
창:제[創製] 처음으로 만들거나 제정함. =창조(創造). そうせい   creation
창:조[創造] ① 새로운 것을 만듦. =창제(創製). ② 조물주(造物主)가 우주를 처음 만듦. 「천지(天地) ~」そうぞう
creation
창:조[漲潮] 간조(干潮)에서 만조(滿潮)에 이르는 상태. ↔낙조(落潮).   flooding
창:조 교:육[創造教育] 창조성의 함양을 중심으로 하는 교육. そうぞうきょういく
creative education
창졸[倉卒] 급작스러운 모양. 『~간(間)』そうそつ
suddenness
창졸간[倉卒間] ⇨창졸지간(倉卒之間).
창졸지간[倉卒之間] 갑작스러운 일을 당하여 허둥지둥하는 동안. =창졸간(倉卒間).
in the midst of great hurry

창종[瘡腫] 부스럼. =창양(瘡瘍). そうしょう   boil
창:준[唱準] 원고를 읽어 주는 소리를 들으면서 하는 교정.
proofreading
창:증[脹症] 뱃속에 물이나 가스가 차서 배가 부어 오르는 증상. =창기(脹氣).
abdominal dropsy
창질[瘡疾] ⇨창병(瘡病).
창창[悵悵] 방향을 잃고 헤매는 모양. 갈팡질팡하는 모양.
being at a loss
창창[蒼蒼] ① 초목이 우거진 모양. ② 앞길이 멀고 아득한 모양. そうそう   ② vast
창창[蹌蹌] 비틀거리는 모양. そうそう   tottering
창창소:년[蒼蒼少年] 나이가 어려서 앞길이 먼 젊은이. 장래성이 많은 소년. green youth
창천[蒼天] 푸른 하늘. =창공(蒼空)·창궁(蒼穹). そうてん
blue sky
창:출[創出] 무엇을 새로이 만들어 냄. 「고용(雇用) ~」そうしゅつ   creation
창취[蒼翠] 나무 따위가 싱싱하게 푸름. そうすい   green
창:쾌[暢快] 마음에 거리낌이 없어서 시원하고 유쾌함.
pleasure
창파[滄波] 푸른 물결. =창랑(滄浪). 「만경(萬頃) ~」
billows
창평[昌平] 나라가 창성(昌盛)하고 세상이 태평함. しょうへい   prosperity and peace
창포[菖蒲] 천남성과의 다년초. 못가와 같은 습지에 자람. 긴 칼 모양의 잎은 뿌리줄기에서 무더기로 나는데, 좋은 향기가 있음. 초여름에 황록색의

꽃이 핌. しょうぶ calamus
창피[猖披] 모양새가 사납거나 모욕 따위를 당하여 부끄러움. shame
창해[蒼海·滄海] 넓고 푸른 바다. =대해(大海). そうかい vast blue sea
창:현[彰顯] 널리 알려서 드러냄. しょうげん making public
창호[窓戶] 창과 문. 「~지(紙)」 windows and doors
창호지[窓戶紙] 창이나 문을 바르는 한지(韓紙)의 한 가지. window[door] paper
창:화[唱和] 한쪽에서 부르고 한쪽에서 화답(和答)함. しょうわ
창황[倉皇·蒼黃] 매우 급함. 「~망조(罔措)」 そうこう precipitation
창:회[暢懷] 마음 속에 품고 있던 것을 시원하게 풀어 놓음.
창흔[瘡痕] ⇨창반(瘡瘢).
채:[采] ① 캘 채: 캐다. 채취하다. 「采芹(채근)」 ② 풍채 채: 풍채. 「風采(풍채)」 ③ 빛깔 채: 채색. "彩"와 通字. 「采色(채색)」 ④ 많을 채: 많다. 「多采(다채)」 サイ
채:[砦] 성채 채: 성채. 울타리. 「城砦(성채)·砦柵(채책)·山砦(산채)·鹿砦(녹채)」 サイ
채:[彩]* ① 빛날 채: 빛나다. 「彩雲(채운)·光彩(광채)」 ② 채색 채: 채색. 「彩色(채색)·彩料(채료)·彩畵(채화)·彩墨(채묵)·映彩(영채)」 ③ 무늬 채: 무늬. 「彩衣(채의)」 サイ ② いろどる
채:[採]* ① 캘 채: 캐다. 「採鑛(채광)·採掘(채굴)·採根(채근)」 ② 취할 채: 취하다. 선택하다. 「採取(채취)·採點(채점)·採擇(채택)·採集(채집)·收採(수채)」 サイ・とる
채:[菜]* 나물 채: 나물. 「山菜(산채)·野菜(야채)·菜蔬(채소)·菜油(채유)·菜食(채식)」 サイ・な
채:[債]☆ 빚 채: 빚. 빌리다. 「債權(채권)·債券(채권)·債務(채무)·債鬼(채귀)·負債(부채)」 サイ
채:[綵] 비단 채: 비단. 무늬. 「綵縑(채겸)·綵綺(채기)·綵絲(채사)·綵緞(채단)」 サイ
채:결[採決] 의장이 의원들에게 물어 의안(議案)의 채택 여부를 결정하는 일. さいけつ ballot taking
채:공[採工] 광물 등을 채취하는 사람. =광부(鑛夫). さいこう miner
채:과[菜果] 채소와 과실.
채:광[採光] 실내에 광선을 들임. 「~창(窓)」 さいこう lighting
채:광[採鑛] 광산에서 광물을 캐냄. さいこう mining
채:광창[採光窓] 건축물에 햇빛을 받아들이기 위하여 낸 창문. skylight
채:광탄[彩光彈] 백색·적색·녹색 따위의 빛을 내는 채광제(彩光劑)를 잰 신호탄. さいこうだん signal flare
채:굴[採掘] 땅을 파서 광물 따위를 캐냄. さいくつ mining
채:권[債券] 국채(國債)·지방채(地方債)·사채(社債) 등의 채무를 증명하는 유가 증권(有價證券). さいけん bond
채:권[債權] 재산권의 하나. 어떤 당사자 사이에서, 한쪽이 다른 한쪽에게 재산상의 급부(給付)를 청구할 수 있는 권리. ↔

채무(債務). さいけん　credit

채:권자[債權者] 어떤 특정인에 대하여 채권을 가진 사람. さいけんしゃ　creditor

채:귀[債鬼] 심하게 재촉하는 빚쟁이를 악귀(惡鬼)에 비유한 말. さいき　dun

채:근[採根] ① 초목의 뿌리를 캠. ② 일의 근원을 캐어 밝힘. ③ 어떤 일을 따지어 독촉함. 「기한까지 끝내도록 ~하다」 ① digging out roots ② tracing to its origin

채:금[採金] 금을 캐는 일. gold mining

채:금[債金] 빚으로 얻어 쓴 돈. 빚. =차금(借金). debt

채:금선[採金船] 주로 물 밑의, 금을 함유하고 있는 사력층(砂礫層)을 채굴하는 데 쓰이는 배. gold mining boat

채:급[債給] 남에게 빚으로 돈을 꾸어 줌. lending

채:기[彩器] 그림 물감을 개는 그릇. palette

채:납[採納] ① 의견·요구 따위를 가려서 받아들임. ② 사람을 가려서 들임. さいのう ① adoption

채널[channel] ① 라디오·텔레비전 방송에서, 적당한 간격을 두고 늘어놓인 각 사용 주파수에 차례로 번호를 붙여 놓은 것. ② 대화나 교섭 따위를 위한 통로(通路). 「비공식(非公式) ~」チャンネル

채:농[菜農] 채소를 가꾸는 농사. cultivation of vegetables

채:단[采緞] 혼인 때, 신랑집에서 신붓집으로 미리 보내는 청색·홍색의 두 가지 비단. 치마·저고리 감으로 씀.

채:단[綵緞] 비단의 총칭. silks

채:달[菜疸] 채독(菜毒)으로 생기는 황달병.

채:담[彩毯] 여러 가지 빛깔의 털로 무늬를 놓아서 짠 담요. figured blanket

채:도[菜刀] 무·당근·오이 같은 것을 채치는 데 쓰는 칼. 채칼. vegetable grater

채:도[彩度] 색상·명도와 함께 빛깔의 세 가지 속성의 하나. 빛깔의 선명한 정도. さいど chroma

채:독[菜毒] ① 채소의 중독으로 생기는 위장의 병증. ② 십이지장충(十二指腸蟲)으로 인한 병의 속칭. ① vegetable-borne disease ② hookworm disease

채:득[採得] 어떤 사실을 탐지하여 찾아 냄. finding out

채:득[債得] 남에게서 빚을 얻음. loan

채:란[採卵] 알을 낳게 해서 거둠. さいらん gaining eggs

채:련[採鍊] 광물을 채굴하여 정련(精鍊)함. mining and refining

채:록[採錄] 채택하여 기록함. さいろく recording in a book

채:료[彩料] 그림을 그리는 데 쓰이는 물감. colors

채:마[菜麻] 재배하는 채소. 남새. =채소(菜蔬)·야채(野菜)·소채(蔬菜). vegetables

채:무[債務] 남에게 돈을 갚아야 할 의무. ↔채권(債權). さいむ debt

채:무자[債務者] 채무를 진 사람. 빚을 쓰고 갚아야 할 의무가 있는 사람. ↔채권자(債權者). さいむしゃ debtor

채:묵[彩墨] 채화(彩畫)와 묵화(墨畫). 그림. さいぼく

채:문[彩文·彩紋] 채색의 무늬. さいもん design
채:문[探問] 무엇을 알아 내기 위하여 찾아다니며 물음. =탐문(探問). indirect inquiry
채:방[探訪] 모르는 곳을 물어 가며 찾는 일. =채탐(採探). indirect inquiry
채:벌[採伐] 나무를 벰. =벌채(伐採). さいばつ felling
채:변[採便] 검사용으로 변(便)을 받음.
채:병[彩屛] 채색 그림을 그린 병풍. folding screen with colored pictures
채:부[採否] 채용 또는 채택의 여부(與否). 「~ 결정(決定)」 さいひ adoption or rejection
채:빙[採氷] 강·호수 등에서 얼음을 떠냄. さいひょう
채:산[採算] 수입과 지출을 계산해 보는 일. さいさん profit
채:삼[採蔘] 인삼을 캠. 「~꾼」 digging out ginsengs
채:색[采色] 풍채와 안색(顏色). さいしょく appearance and complexion
채:색[彩色] ① 여러 가지 고운 빛깔. ② 색을 칠함. 「~화(畵)」 さいしき ② coloring
채:색[菜色] ① 푸성귀의 빛깔. ② 부황(浮黃)이 난, 누르스름한 얼굴빛. ① green color ② starved look
채:석[採石] 석재(石材)를 떠냄. =부석(浮石). 「~장(場)」 さいせき quarrying
채:소[菜蔬] 밭에 가꾸는 온갖 푸성귀. 남새. =야채(野菜)·소채(蔬菜). さいそ vegetables
채:수기[採水器] 물의 온도·수질 따위를 조사하기 위해 필요한 곳의 물을 채취하는 기구. さいすいき water extractor
채:식[菜食] 고기 따위를 먹지 않고, 곡물(穀物)과 야채류만 먹는 일. ↔육식(肉食). 「~가(家)」 さいしょく vegetable diet
채:약[採藥] 산이나 들에서 약초를 캐는 일. さいやく digging medicinal plants
채:용[採用] ① 채택(採擇)하여 씀. ② 사람을 골라 뽑아 씀. さいよう ① adoption ② employment
채:용[債用] 물건을 빌리거나 돈을 꾸어서 씀. =차용(借用). borrowing
채:운[彩雲] 곱게 물든 구름. さいうん glowing clouds
채:원[菜園] 채소를 가꾸는 밭. 남새밭. 채마밭. =채전(菜田)·채포(菜圃). さいえん kitchen garden
채:유[採油] ① 유전(油田)에서 석유를 채굴함. ② 식물의 씨앗 따위에서 기름을 짬. さいゆ oil extraction
채:유[菜油] 채소의 씨앗을 짜서 얻는 기름. =채종유(菜種油). さいゆ colza oil
채:의[彩衣] 빛깔이 울긋불긋한 옷. 무늬가 있는 옷. さいい
채:자[採字] 인쇄소에서 원고에 따라 활자를 골라 뽑음. =문선(文選). さいじ type picking
채:전[菜田] ⇨채원(菜園).
채:전[債錢] 빚으로 얻어 쓴 돈. 빚진 돈. debt
채:점[採點] 시험한 성적을 끌아 점수를 매김. さいてん marking
채:점표[採點表] 채점 결과를 적은 표. さいてんひょう
채:종[採種] 식물의 씨앗을 받

음.「~답(畓)」さいしゅ seed-gathering
채:종[菜種] 푸성귀의 씨앗. さいしゅ 菜種 seeds of vegetables
채:주[債主] 빚을 준 사람. さいしゅ 債主 creditor
채:집[採集] 캐거나 잡아서 모음.「곤충(昆蟲) ~」さいしゅう 採集 collection
채:초[採草] 가축을 먹이기 위하여 풀을 벰. さいそう 採草 mowing
채:초[採樵] 땔나무를 해 오는 일. 採樵
채:취[採取] 어떤 목적에 필요한 것을 골라서 취함.「지문(指紋) ~」さいしゅ 採取 picking
채:층[彩層] 태양 광구(光球)의 바로 바깥쪽이며, 코로나와의 사이인 부분. 붉은빛을 띰. =색구(色球)·채구(彩球). さいそう 彩層 光球 色球
채:탄[採炭] 석탄을 캐냄. さいたん 採炭 coal mining
채:탐[採探] ⇨채방(採訪). 採探
채:택[採擇] 골라서 씀. 가려서 뽑음. さいたく 採擇 adoption
채:포[採捕] 채취하고 포획함. 해산물 따위를 잡거나 뜯음. 採捕 gathering and catching
채:포[菜圃] ⇨채원(菜園). さいほ 菜圃
채플[chapel] 기독교의 예배당(禮拜堂). 특히, 학교·병원 등에 부속된 예배당을 이름. チャペル 禮拜堂
채:필[彩筆] 채색하는 데에 쓰이는 붓. =화필(畫筆). 彩筆 paintbrush
채:혈[採血] 수혈(輸血)을 하거나 진단(診斷)하기 위해 피를 뽑음. さいけつ blood-gathering 採血
채:홍[彩虹] 무지개. rainbow 彩虹
채:화[採火] 렌즈 따위로 태양 採火

광선을 모아서 불을 얻음.
채:화[彩畵] 채색으로 그린 그림. 채색화. colored picture 彩畵
채:화[綵華] 비단 조각으로 만든 조화(造花). artificial flowers made of silk 綵華
채:화기[彩畵器] 채색으로 여러 가지 무늬나 그림을 그린 사기그릇. =색채 토기(色彩土器). ceramics with colored figures 彩畵器 土器
채:화석[彩畵席] 채색으로 무늬를 놓아서 짠 돗자리. mat with colored figures 彩畵席
책[册]* ① 책 책: 책.「册子(책자)·册庫(책고)·册房(책방)·書册(서책)」② 세울 책: 세우다.「册立(책립)·册封(책봉)」サツ 册子 册封
책[柵] 우리 책: 우리. 울타리.「柵門(책문)·木柵(목책)·鐵柵(철책)」サク·しがらみ 柵門
책[責]* ① 꾸짖을 책: 꾸짖다.「責言(책언)·責望(책망)·自責(자책)·呵責(가책)·譴責(견책)·叱責(질책)·問責(문책)」② 맡을 책: 맡다.「責任(책임)·責務(책무)·職責(직책)」セキ ① せめる 責言 叱責
책[策]☆ ① 꾀 책: 꾀. 꾀하다.「策謀(책모)·對策(대책)·奇策(기책)·方策(방책)·政策(정책)」② 채찍 책: 채찍.「策勵(책려)」サク ② むち 策謀
책[簀] 살평상 책: 살평상. 대자리.「簀牀(책상)·簀子(책자)」リク· 簀牀
책가[册價] 책의 가격. 책의 값. 책값. price of a book 册價
책갑[册甲] 책을 덧입히는 종이·비닐 따위. =책가의(册加衣)·책의(册衣). jacket 册甲
책갑[册匣] 책을 넣어 두거나, 겉으로 싸는 갑. bookcase 册匣

책고[冊庫] 책을 간직하여 두는 곳집. =서고(書庫). library

책권[冊卷] ① 서책의 권(卷)과 질(帙). ② 얼마간의 책. volume

책궤[冊櫃] 책을 넣어 두는 궤짝. book box

책동[策動] 은밀히 계략을 꾸며 활동함. さくどう maneuvering

책략[策略] 어떤 일을 이루기 위한 계략(計略). =책모(策謀). さくりゃく stratagem

책려[策勵] 채찍질하듯 격려함. さくれい encouragement

책력[冊曆] 천체를 측정하여 해와 달의 움직임과 절기(節氣)를 적은 책. =역서(曆書). almanac

책례[冊禮] 지난날, 글방에서 하동이 책 한 권을 다 떼고 나서, 훈장과 여러 학동에게 한 턱내던 일. 책씻이. end-of-term party

책롱[冊籠] 책을 넣어 두는 농짝. bookshelf

책립[冊立] 임금의 명령에 따라 황후나 황태자의 자리에 오르게 함. さくりつ・さくりゅう installation

책망[責望] 허물을 들어 꾸짖음. blame

책명[冊名] 책의 이름. =서명(書名). title of a book

책모[策謀] ⇨책략(策略). さくぼう

책무[責務] 책임과 임무. せきむ duty

책문[責問] 꾸짖어 물음. =힐문(詰問). せきもん cross-question

책방[冊房] 책을 파는 가게. =서점(書店)・책사(冊肆). bookstore

책벌[責罰] 죄를 책망하고 벌(罰)함. せきばつ punishment

책보[冊褓] 책을 싸는 보자기. 또는 그것으로 싼 책의 보퉁이. 책보자기. book wrapper

책봉[冊封] 왕세자・세손(世孫)・후(后)・비(妃)・빈(嬪) 등에 봉작(封爵)함. さくほう installation

책사[冊肆] ⇨책방(冊房).

책사[策士] 계책을 잘 꾸며 내는 사람. さくし tactician

책살[磔殺] ① 사지(四肢)를 찢어 죽이는 형벌. ② 기둥에 묶어 놓고 찔러 죽이는 형벌. たくさつ crucifixion

책상[冊床] 글을 읽거나 글씨를 쓰는 데 사용하는 상. =궤안(几案). desk

책상 조직[柵狀組織] 식물의 잎의 위쪽 표피(表皮) 바로 아래에 있는 조직. 가늘고 긴 세포가 밀접하여, 거의 간격이 없이 늘어서 있음. 울타리 조직. さくじょうそしき palisade parenchyma

책상퇴:물[冊床退物] 글만 읽고 있다가 갓 사회에 나와 세상 물정에 어두운 사람을 이르는 말. 책상물림. naive academic

책선[責善] 친구끼리 서로 착한 일을 하도록 권함. せきぜん promotion of virtue

책세[冊貰] ① 책을 빌려 보는 값으로 내는 돈. ② 책을 세주는 일. ① rent for a hired book

책언[責言] 책망하는 말. reprimand

책원지[策源地] ① 전선(前線)의 전투 부대에 물자를 공급하는 후방 기지. ② 책략이 꾸며지는 곳. =책원(策源). さくげんち ② base of operations

책응[策應] 책략에 따라 양쪽에서 서로 호응(呼應)함. さくおう collusion

책의[册衣] ① 책의 겉장. ② 책 겉장을 싼 종이나 비닐 따위. =책갑(册甲). ① cover

책인즉명[責人則明] 남을 나무라는 데는 밝음. 곧, 자기의 허물은 덮어두고 남의 잘못만을 책망함.

책임[責任] 맡겨진 임무나 의무. 「~자(者)」 せきにん duty

책임감[責任感] 책임을 중히 여기는 마음. せきにんかん sense of responsibility

책임 내:각[責任內閣] 의회의 신임을 얻지 못하면 물러나야 하는 내각. せきにんないかく responsible cabinet

책자[册子] 책. =서적(書籍). さっし booklet

책장[册張] 책의 한 장 한 장. 책의 낱장. leaf of a book

책장[册欌] 책을 넣어 두는 장. bookcase

책정[策定] 이리저리 생각하여 정함. さくてい appropriation

책책[嘖嘖] ① 시끄럽게 떠드는 모양. ② 새가 조잘거리는 소리. さくさく prattle

챌린저[challenger] 선수권자에게 도전할 자격을 얻은 사람. 도전자(挑戰者). チャレンジャー

챔피언[champion] 우승자. 선수권 보유자. 패자(覇者). チャンピオン

챔피언십[championship] 선수권(選手權). チャンピオンシップ

처[妻]* 아내 처:아내. 「妻家(처가)·妻弟(처제)·妻族(처족)·前妻(전처)·夫妻(부처)·賢妻(현처)」 サイ・つま

처[凄] "凄"는 同字. ① 찰 처: 차갑고 싸늘하다. 「凄風(처풍)」 ② 쓸쓸할 처: 쓸쓸하다. 처량하다. 「凄涼(처량)」 ③ 심할 처: 심하다. 「凄慘(처참)·凄切(처절)」 セイ ③ すごい·すさまじい

처[悽]☆ 슬플 처: 슬프다. 애처롭다. 「悽慘(처참)·悽苦(처고)·悽愴(처창)·悽絶(처절)·悽然(처연)·悽如(처여)」 セイ

처[處]* ① 곳 처: 곳. 「此處(차처)·近處(근처)·處處(처처)」 ② 처치할 처: 처치하다. 대처하다. 「處置(처치)·處斷(처단)·處理(처리)·處分(처분)」 ③ 처자 처: 처자. 「處女(처녀)·處子(처자)」 ④ 살 처: 살다. 「處世(처세)·處地(처지)·處所(처소)」 ショ ① ところ

처가[妻家] 아내의 친정. wife's home

처가속[妻家屬] 처가의 집안 식구. relatives of one's wife

처:결[處決] 결정하여 처리하거나 조치함. しょけつ settlement

처남[妻男] 아내의 남자 형제. wife's brother

처:녀[處女] ① 아직 시집가지 않은 성숙한 여성. =처자(處子). ② 남자와 성교(性交)한 적이 없는 여자. ③ 최초(最初) 또는 미개척(未開拓)의 뜻. 「~림(林)」 しょじょ virgin

처:녀림[處女林] 아직 한 번도 사람이 들어가거나 나무를 베어 내지 않은 원시림(原始林). しょじょりん virgin forest

처:녀막[處女膜] 처녀의 음문(陰門) 속에 있는 얇은 막. =음막(陰膜). しょじょまく

처:녀 비행[處女飛行] 새로 만든 비행기나, 또는 새로 훈련을 받은 비행사가 처음으로 하는 비행. しょじょひこう maidenhead / maiden flight

처:녀 생식[處女生殖] 난자포가 수정하지 않은 상태에서 발생을 개시하여 새 개체를 이루는 현상. 암컷과 수컷의 교배 없이 행하여지는 생식. = 단성 생식(單性生殖)·단위 생식(單爲生殖). しょじょせいしょく parthenogenesis

처:녀왕[處女王] 아직 교미(交尾)하기 전의 여왕벌.

처:녀작[處女作] 처음으로 발표하는 작품. しょじょさく maiden work

처:녀지[處女地] ① 사람이 한 번도 이용한 일이 없거나 사람의 발길이 닿지 않은 땅. ② 아직 연구·조사가 이루어지지 않은 분야. しょじょち ① virgin soil

처:녀 출판[處女出版] 처음으로 책을 펴내는 일. しょじょしゅっぱん maiden publication

처:녀 항:해[處女航海] 새로 만든 배나, 새로 항해사가 된 사람이 처음으로 하는 항해. しょじょこうかい maiden voyage

처:단[處斷] 결단을 내려 처분하거나 처리함. しょだん disposition

처당[妻黨] ⇨처족(妻族).

처덕[妻德] ① 아내로 말미암아 입은 혜택. =처복(妻福). ② 아내의 덕행(德行). ② virtue of one's wife

처량[凄凉] 쓸쓸하고 구슬픔. せいりょう desolation

처:리[處理] ① 일을 정리하여 결말을 지음. ② 재료에 가공을 하여 성질을 바꿈. 「열(熱)~」 しょり ① handling

처모[妻母] 아내의 어머니. =장모(丈母). wife's mother

처:무[處務] 사무를 처리함. 또는 처리해야 할 사무. しょむ

처:방[處方] ① 의사가 환자의 병에 따라 약을 짓는 일. 또는 그 방법. ② 일을 처리하는 방법. しょほう ① prescription

처:방전[處方箋] 의사가 약을 조제하는 방법과 분량을 지시한 문서. =약전(藥箋). しょほうせん prescription

처:벌[處罰] 벌을 줌. 형벌에 처함. しょばつ punishment

처:변[處變] ① 상황에 따라 융통성 있게 잘 대처함. ② 갑작스러운 변을 잘 수습함. ① dealing deftly according to circumstances ② coping with an accident

처복[妻福] 아내로 인한 여러 가지 복. =처덕(妻德). virtue of one's wife

처:분[處分] ① 어떤 기준에 따라 처리함. ② 행정·사법 관청이 법규를 적용하는 일. 「행정(行政)~」③ 필요 없는 것을 팔거나 버리거나 함. 「매각(賣却)~」④ 벌을 줌. 「퇴학(退學)~」 しょぶん ① management ③ disposition

처:분권주의[處分權主義] ① 민사 소송법상 당사자가 스스로 소송을 처분하고 소송의 해결을 도모하는 주의. 청구(請求)의 포기, 재판상의 화해(和解) 등. 처분주의. ② 형사 소송법상 소송 관계가 성립한 뒤에도 당사자로 하여금 임의로 소송 상태를 지배하게 하는 주의.

처:분 명:령[處分命令] 국가가 국민 또는 공공 기관에 대하여 어떤 행위를 하게 하거나 금지하는 명령. しょぶんめいれい order of disposition

처:사[處士] 초야(草野)에 묻혀 벼슬길에 나아가지 않는 선비. 「~ 일민(逸民)」しょし hermit

처:사[處事] 일을 처리함. 또는 그 처리. management

처산[妻山] 아내의 무덤. 또는 아내의 무덤이 있는 곳. =처장(妻葬). grave of one's wife

처상[妻喪] 아내가 죽음. 아내의 상고(喪故). death of one's wife

처상[悽傷] 몹시 구슬프고 애달픔. =처창(悽愴). desolation

처:서[處暑] 이십사 절기의 하나. 입추(立秋)와 백로(白露) 사이로, 이 때가 되면 더위가 물러간다고 함. 양력 8월 23일경. しょしょ

처성자옥[妻城子獄] 아내는 성, 자녀는 감옥. 곧, 처자가 있는 사람은 집안일에 얽매어 딴 생각할 겨를이 없음을 이르는 말.

처:세[處世] 세상에서 남과 어울려 살아가는 일. しょせい conduct of life

처:세술[處世術] 세상을 원만히 살아가기 위한 수단과 방법. しょせいじゅつ art of living

처:세훈[處世訓] 세상을 살아가기 위해 도움이 되는 교훈. しょせいくん motto for one's life

처:소[處所] ①사람이 거처하는 곳. ②⇨장소(場所). ① living place

처시하[妻侍下] 아내에게 눌려 지내는 처지. 또는 그 사람. =공처가(恐妻家). henpecked husband

처:신[處身] 세상을 살아가거나 대인 관계에 있어서 가져야 할 몸가짐. =행신(行身). conduct

처실[妻室] 아내. wife

처연[凄然] 처량하고 슬픈 모양. せいぜん sadness

처우[凄雨] 쓸쓸하게 내리는 비. dreary rainfall

처:우[處遇] 사람을 알맞게 대우(待遇)함. 또는 그 대우. 「~ 개선(改善)」しょぐう treatment

처자[妻子] 아내와 자식. 「부모(父母) ~」 wife and children

처:자[處子] ⇨처녀(處女). しょし

처:장[處長] 처(處)라는 명칭이 붙은 부서의 우두머리. 「법제(法制) ~」 director

처재[妻財] 아내가 친정에서 가지고 온 재산. dowry

처절[凄切] 몹시 처량함. せいせつ extreme desolation

처절[凄絶] 더할 수 없이 애처로움. せいぜつ extreme sadness

처제[妻弟] 아내의 여동생. wife's younger sister

처족[妻族] 아내의 겨레붙이. =처당(妻黨)·처편(妻便). relatives of one's wife

처:지[處地] ①당하고 있거나 놓여 있는 형편. ②서로 사귀고 지내는 관계. 「농담하고 지내는 ~」③지위 또는 신분. ① situation ② relations ③ station in life

처질[妻姪] 아내의 친정 조카. =처조카. one's wife's nephew

처:참[處斬] 목을 베는 형벌에 처함. execution by beheading

처참[悽慘] 슬프고 참혹함. せいさん ghastliness

처창[悽愴] 몹시 구슬프고 애달픔. =처상(悽傷). せいそう dreariness

처:처[處處] 이곳 저곳. 여기 저기. 곳곳. =도처(到處). しょしょ・ところどころ here and there

처처[悽悽] 마음이 몹시 구슬픈 모양. せいせい sadness

처처[萋萋] 풀이나 나무가 우거진 모양. luxuriance

처첩[妻妾] 아내와 첩. 본처와 첩. 정실(正室)과 소실(小室). =적첩(嫡妾). さいしょう wife and concubine

처초[凄楚] 마음 아파함. 슬퍼함. せいそ

처:치[處置] ① 상황에 따라 판단하여 일을 처리함. ② 상처 따위를 치료함. 「응급(應急)~」 しょち ① disposal

처편[妻便] ⇨처족(妻族).

처풍고우[凄風苦雨] 쓸쓸하게 부는 바람과 시름에 내리는 궂은비라는 뜻으로, 몹시 처량한 처지의 비유. せいふうくう

처형[妻兄] 아내의 언니. wife's elder sister

처:형[處刑] 형벌에 처함. 특히, 사형(死刑)에 처하는 일. しょけい punishment

척[尺]* ① 자 척 : 자. 길이의 단위. 촌(寸)의 10배. 「尺度(척도)・尺雪(척설)・尺寸(척촌)・曲尺(곡척)」 ② 편지 척 : 편지. 「尺牘(척독)・尺簡(척간)」 ③ 가까울 척 : 가깝다. 짧다. 「咫尺(지척)」 シャク・セキ

척[斥]* ① 물리칠 척 : 물리치다. 「斥拒(척거)・斥逐(척축)・斥退(척퇴)・斥和(척화)・排斥(배척)」 ② 망볼 척 : 망보다. 정찰하다. 「斥候(척후)」 セキ ① しりぞける

척[拓]* ① 열 척 : 열다. 넓히다. 일구다. 「拓地(척지)・拓土(척토)・拓殖(척식)・開拓(개척)」 ② 불우할 탁 : 불우한 환경에 빠지다. 「拓落(탁락)」 ③ 박을 탁 : 박다. 「拓本(탁본)」 タク

척[刺] ① 칼로 찌를 척 : 칼로 찌르다. 「刺殺(척살)」 ② ⇨자(刺). シ ① さす

척[剔] ① 깎을 척 : 깎다. 「剔翦(척전)・剔去(척거)」 ② 뼈 바를 척 : 뼈를 발라 내다. 도려내다. 「剔抉(척결)・剔出(척출)」 テキ えぐる

척[脊] 등마루 척 : 등마루. 척추뼈 「脊骨(척곤)・脊柱(척주)・脊髓(척수)・脊椎(척추)」 セキ・せ・せい

척[陟] 오를 척 : 오르다. 「陟降(척강)・陟位(척위)」 チョク

척[隻] ① 배를 세는 단위 척 : 척. 「隻數(척수)・二隻(이척)」 ② 외짝 척 : 외짝. 한 사람. 하나. 「隻身(척신)・隻騎(척기)・隻眼(척안)・隻手(척수)」 セキ

척[戚]* 겨레 척 : 겨레. 「戚臣(척신)・戚黨(척당)・姻戚(인척)・親戚(친척)・外戚(외척)」 セキ

척[慽] "慼"은 同字. 근심할 척 : 근심하다. 「慘慽(참척)」 セキ

척[滌] 씻을 척 : 씻다. 「滌暑(척서)・滌蕩(척탕)・洗滌(세척)」 テキ・ジョウ すすぐ

척[瘠] 파리할 척 : 파리하다. 여위다. 「瘠骨(척골)・瘠馬(척마)・瘦瘠(수척)」 セキ・やせる

척[擲] 던질 척 : 던지다. 「擲柶(척사)・擲彈(척탄)・投擲(투척)」 テキ・チャク なげうつ

척[躑] ① 철쭉꽃 척 : 철쭉꽃. 「躑躅(척촉)」② 머뭇거릴 척 : 서성거리다. 「躑躅(척국)」テキ

척[chuck] 공작물(工作物)을 끼워 고정시키는 일종의 회전 바이스. チャック

척각[隻脚] 외짝다리. =편각(片脚). せっきゃく one leg

척간[尺簡] 편지. =서간(書簡). letter

척강[脊強] 한방에서, 등골뼈가 뻣뻣하고 곧아서 몸을 뒤로 돌리지 못하는 병.

척거[斥拒] 배척함. 물리침. rejection

척결[剔抉] ① 살을 도려내고 뼈를 발라 냄. ② 부정(不正)·모순·결함 따위를 들추어 냄. 「부정(不正)을 ~하다」てっけつ ② exposure

척골[尺骨] 팔뚝에 있는 두 긴 뼈 가운데 안쪽의 뼈. 자뼈. しゃこつ ulna

척골[脊骨] 등뼈. =척주(脊柱). せぼね spine

척골[瘠骨] 훼척 골립(毀瘠骨立)의 준말.

척골[蹠骨] 발목뼈와 발가락뼈 사이에 있는, 발바닥을 이루는 다섯 개의 뼈. しょこつ metatarsal

척관법[尺貫法] 길이를 척(尺)으로, 부피는 승(升), 무게를 관(貫)으로 표시하는 재래식 도량형법(度量衡法). しゃっかんほう

척구[隻句] 글의 한 구절. 짧은 말. せっ·せきく phrase

척구[惕懼] 경계하여 두려워함. awe

척기[隻騎] 홀로 말을 타고 감. 또는 그 사람. =단기(單騎).

척념[惕念] 경계하여 두려워하는 마음. awe

척당[倜儻] ① 재기(才氣)가 출중(出衆)함. ② 남의 구속을 받지 않음. てきとう

척당[戚黨] 인척 관계가 되는 겨레붙이. =척속(戚屬).

척도[尺度] ① 길이를 재는 기구. 자. ② 사물을 평가하는 기준. ③ 길이. 치수. しゃくど ② measure ③ length

척독[尺牘] 편지. =척서(尺書)·척소(尺素)·척저(尺楮). せきとく letter

척동[尺童] 열 살 안팎의 어린 아이.

척량[尺量] 자로 잼. measurement

척량[脊梁] 등뼈. 등마루. 「~산맥(山脈)」せきりょう ridge of the spine

척량골[脊梁骨] 등골뼈. =척골(脊骨). せきりょうこつ spine

척량 산맥[脊梁山脈] 원줄기가 되는 큰 산맥. main mountain range

척량척수[尺量尺數] 물건을 재고 수를 헤아림. measure

척력[斥力] 두 물체 사이에서 작용하는 서로 물리치려는 힘. 같은 종류의 자기(磁氣) 상호간에 작용하는 힘 따위. ↔인력(引力). せきりょく repulsion

척로[斥鹵] 염분(鹽分)이 많아 경작이 잘 안 되는 땅. =염토(鹽土). せきろ

적매[斥賣] 헐값으로 마구 파는 일. sale at a bargain

척박[瘠薄] 땅이 몹시 메마름. 흙이 기름지지 못함. 「~한 황무지」 barrenness

척보[隻步] 한 걸음. 「~도 못 움직이다」

척분[戚分] 성(姓)이 다른 겨레붙이로서의 관계. 이종·고종·외종·내종 등의 관계. relationship

척사[斥邪] 사기(邪氣)나 사교(邪敎)를 물리침. rejection of evil

척사[擲柶] 윷을 던져 잦혀지는 모양에 따라 승부를 가리는 놀이. 윷놀이.

척산척수[尺山尺水] 높은 곳에 올라 멀리 내려다볼 때에 그 작게 보이는 산과 물을 이르는 말.

척살[刺殺] 칼 같은 것으로 찔러서 죽임. =자살(刺殺). しさつ stabbing to death

척살[擲殺] 몸을 메어쳐 죽임.

척색동:물[脊索動物] 유생(幼生) 때, 또는 평생 척색을 가지고 있는 동물의 총칭. 척추(脊椎)동물과 원색(原索)동물이 있음. せきさくどうぶつ chordate

척서[尺書] ⇨척독(尺牘).

척서[滌暑] 더위를 씻어 버림.

척설[尺雪] 많이 내린 눈. 한 자 정도로 쌓인 눈. 잣눈.

척수[隻手] 한쪽 손. 매우 외로움을 이르는 말. せきしゅ one hand

척수[脊髓] 뇌에 연결되는 긴 관 속에 들어 있는 신경 중추. 「~ 신경(神經)」 せきずい spinal cord

척숙[戚叔] 척분(戚分)이 되는 겨레붙이 가운데 아저씨뻘이 되는 사람.

척식[拓植·拓殖] 척지(拓地)와 식민(植民). 황무지에 이주(移住)하여 개척하는 일. たくしょく colonization

척신[隻身] 형제나 배우자가 없는 사람. 홀몸. =독신(獨身). singleness

척신[戚臣] 임금과 척분(戚分)이 있는 신하.

척안[隻眼] ① 애꾸눈이. 외눈박이. ② 사물을 꿰뚫어보는 독특한 안식(眼識). せきがん ① one eye

척애[隻愛] 자기에게 마음이 없는 이성(異性)을 혼자 사랑하는 일. 짝사랑. unanswered love

척언[斥言] 남을 배척하는 말. rejecting word

척연[戚然] 근심하고 슬퍼하는 모양. せきぜん

척연[惕然] 근심스럽고 두려운 모양. てきぜん fear

척의[戚誼] 인척간의 정의(情誼), intimacy among relatives

척저[尺楮] ⇨척독(尺牘).

척전[擲錢] 동전을 던져 드러나는 앞뒤를 보고 길흉을 점치는 일.

척제[戚弟] 아우뻘이 되는 척분(戚分)의 겨레붙이. ↔척형(戚兄).

척주[脊柱] 척추동물의 등에 있는 뼈. 등골뼈. =척추(脊椎). せきちゅう spine

척지[尺地] ① 썩 가까운 곳. ② 얼마 안 되는 작은 땅. せきち ① place at a stone's throw ② foot of land

척지[拓地] 땅을 개척(開拓)함. 또는 그 땅. =척토(拓土). たくち reclamation

척지[瘠地] 메마른 땅. =척토(瘠土). せきち barren land

척질[戚姪] 조카뻘이 되는 인척(姻戚)의 겨레붙이.

척촉[躑躅] 철쭉. 철쭉나무. てきちょく rhododendron

척촌[尺寸] 한 자와 한 치. 곧, 얼마 되지 않음. =촌척(寸尺). せきすん. しゃくすん bit

척추[脊椎] 척주(脊柱)를 형성하는 뼈. 등골뼈. 「~동물(動物)」 せきつい vertebra

척추동:물[脊椎動物] 척주(脊柱)를 중심으로 몸을 지탱하는 동물. 포유동물·파충류·조류·어류 따위. せきついどうぶつ vertebrate

척축[斥逐] 물리쳐 쫓아 버림. 쫓아냄. 몰아냄. expulsion

척출[斥黜] 벼슬을 떼고 내쫓음. dismissal

척탄[擲彈] 손으로 던져서 터뜨리는 폭탄. 수류탄 따위. てきだん grenade

척탕[滌蕩] 더러운 것이나 부정한 것을 씻어 없앰. てきとう

척토[尺土] 얼마 안 되는 땅. =촌토(寸土)·촌지(寸地). しゃくど foot of land

척토[拓土] ⇨척지(拓地).

척토[瘠土] 메마른 땅. =척지(瘠地). せきど barren land

척퇴[斥退] 배척함. 물리침. rejection

척한[尺翰] 편지. =척독(尺牘). しゃっかん letter

척형[戚兄] 형뻘이 되는 척분(戚分)의 겨레붙이. ↔척제(戚弟).

척화[斥和] 화의(和議)를 물리침. 「~비(碑)」 rejection of reconciliation

척화비[斥和碑] 조선 말에, 대원군(大院君)이 양이(洋夷)를 굳게 막을 결의(決意)를 드높이려고 여러 곳에 세운 비.

척확지굴[尺蠖之屈] 자벌레가 앞으로 나아가기 위하여 몸을 크게 굽힌다는 뜻으로, 다른 날의 성공을 위하여 일시적으로 몸을 굽힘을 이름.

척후[斥候] 적의 형편이나 지형(地形) 따위를 정찰함. 또는 그 병사. =척후병(斥候兵). 「~대(隊)」 せっこう scout

척후병[斥候兵] ⇨척후(斥候).

천[千]* ① 일천 천: 천. 「千萬(천만)·千金(천금)·千人(천인)·千里(천리)」 ② 많을 천: 많다. 「千辛萬苦(천신만고)·千層萬層(천층만층)·千秋萬代(천추만대)·千軍萬馬(천군만마)」 セン ① ち

천[川]* 내 천: 내. 「川魚(천어)·川流(천류)·川邊(천변)·山川(산천)·大川(대천)·河川(하천)」 セン·かわ

천[天]* ① 하늘 천: 하늘. 「天地(천지)·中天(중천)·天體(천체)·天命(천명)·天運(천운)·天帝(천제)·天理(천리)·天道(천도)」 ② 임금 천: 임금. 또는 임금의 존칭. 「天子(천자)·天意(천의)·天恩(천은)」 ③ 타고날 천: 타고나다. 「天性(천성)·天才(천재)·天職(천직)」 テン ① あめ·あま

천[仟] ① 일천 천: 천. 천(千)의 갖은자. 「壹仟五百(일천오백)」 ② 우거질 천: 무성하다. 「仟仟(천천)」 セン

천:[舛] 어그러질 천: 어그러지다. 「舛逆(천역)·舛差(천차)·舛誤(천오)·舛錯(천착)」 セン

천[泉]* ① 샘 천: 샘. 「泉脈(천맥)·泉水(천수)·泉聲(천성)·甘泉(감천)·冷泉(냉천)·溫泉(온천)」 ② 돈 천: 돈. 「泉貨(천화)·泉布(천포)」 セン ① いずみ

천:[穿] 뚫을 천: 구멍을 뚫다. 구멍. 「穿決(천결)·穿孔(천공)·穿鑿(천착)·掘穿(굴천)」

천:[淺]* 얕을 천：얕다. 「淺狹(천협)·淺露(천로)·淺才(천재)·淺見(천견)·淺識(천식)·淺聞(천문)」セン・あさい

천:[喘] 헐떡거릴 천：헐떡거리다. 「喘喘(천천)·喘息(천식)·喘氣(천기)」ゼン・あえぐ

천:[賤]☆ 천할 천：천하다. 「賤視(천시)·賤待(천대)·賤民(천민)·賤妾(천첩)·貴賤(귀천)·卑賤(비천)」セン・いやしい

천:[踐]☆ 밟을 천：밟다. 「踐踏(천답)·踐履(천리)·踐歷(천역)·實踐(실천)」セン・ふむ

천:[擅] 오로지할 천：제 마음대로 하다. 오로지하다. 「擅行(천행)·擅恣(천자)·擅斷(천단)·擅橫(천횡)·擅有(천유)」セン・ほしいまま

천:[遷]☆ 옮길 천：옮기다. 바뀌다. 「遷都(천도)·變遷(변천)·遷移(천이)·遷化(천화)·遷職(천직)」セン・うつす

천:[薦]☆ ① 천거할 천：천거하다. 「薦擧(천거)·薦引(천인)·推薦(추천)」② 드릴 천：바치다. 올리다. 「薦新(천신)·薦奉(천봉)」セン

천:[闡] 밝힐 천：밝히다. 드러내다. 「闡明(천명)·闡氣(천기)·闡幽(천유)·闡發(천발)」セン

천[韆] 그네 천：그네. 「鞦韆(추천)」セン

천:가[賤家] 천한 사람의 집. 천한 집안. せんか
family of low class

천:가[賤價] 아주 싼 값. 헐값. せんか
low price

천간[天干] 육십 갑자(六十甲子)의 윗부분인 갑(甲)·을(乙)·병(丙)·정(丁)·무(戊)·기(己)·경(庚)·신(辛)·임(壬)·계(癸)의 총칭. =십간(十干). ↔지지(地支).

천개[天蓋] ① 관(棺)을 덮는 뚜껑. =천판(天板). ② 대궐의 용상 위나 법당의 불상 위에 꾸며 놓은 집 모양의 장식. 닫집. てんがい ① lid of a coffin

천:개[遷改] 달라짐. 또는 달라지게 함. =천역(遷易).

천:객[遷客] 귀양살이하는 사람. =천인(遷人). せんかく person in exile

천객만:래[千客萬來] 손님이 번갈아 수없이 찾아듦. せんきゃくばんらい

천거[川渠] 내와 도랑. 「~창일(漲溢)」せんきょ

천:거[遷居] 주거(住居)를 옮김. せんきょ house-moving

천:거[薦擧] 사람을 어떤 자리에 기용하도록 추천함. せんきょ recommendation

천:격[賤格] ① 천하게 생긴 사람. =천골(賤骨). ② 낮고 천한 품격. ① man of mean character ② mean character

천:견[淺見] ① 얕은 생각. 천박한 의견. ② 자기의 의견을 겸손하게 이르는 말. せんけん ① shallow view

천계[天戒] 하늘의 경계(警戒). 신명(神明)의 가르침. divine commandment

천계[天界] 천상계(天上界)의 준말. てんかい

천계[天啓] 하늘의 인도(引導). 신의 계시(啓示). てんけい divine revelation

천고[千古] ① 오랜 옛날. =태고(太古). ② 오랜 세월. =영원(永遠). 「~의 진리(眞理)」せんこ ① remote antiquity ② eternity

천고[天鼓] 하늘의 북. 곧, 우레를 이르는 말. てんこ thunder

천고마:비[天高馬肥] 하늘은 높고 말은 살찐다는 뜻으로, 가을의 호시절(好時節)을 이르는 말.

천고만:난[千苦萬難] 온갖 고난. =천난만고(千難萬苦). せんくばんなん all sorts of difficulties

천곡[川谷] 내와 골짜기. 하천(河川)과 계곡(溪谷). river and valley

천골[天骨] ① 타고난 풍골(風骨). ② 타고난 성품. =천성(天性). ③ 타고난 재능. てんこつ ① natural feature ② nature

천:골[賤骨] 천하게 생긴 풍골(風骨). =천격(賤格). ↔귀골(貴骨). mean physiognomy

천:골[薦骨] 척추의 아랫부분에 있으며 골반(骨盤)의 뒷벽을 이루는 이등변 삼각형 모양의 뼈. 엉치등뼈. せんこつ sacrum

천공[天功] 자연의 조화(造化). てんこう Nature's work

천공[天空] 무한히 너른 하늘. てんくう sky

천:공[穿孔] ① 구멍을 뚫음. 구멍이 생김. 또는 그 구멍. ② 궤양(潰瘍)으로 위벽이나 복막에 뚫린 구멍. せんこう ① boring ② rupture

천:공[賤工] 천한 일을 하는 장이(匠人). humble artisan

천:공기[穿孔機] 공작물에 구멍을 뚫는 기계. せんこうき boring machine

천곽[天廓] 눈의 흰자위.

천광[天光] 맑게 갠 하늘 빛. =천색(天色). てんこう

천구[天球] 지구상의 관측자(觀測者)의 처지에서, 하늘을 공 모양으로 보고 이르는 말. てんきゅう celestial sphere

천:구[賤軀] 천한 몸이라는 뜻으로, 자기 몸을 낮추어 이르는 말.

천구의[天球儀] 지구의와 같은 모양의 구면(球面) 위에 항성·별자리 따위의 위치를 나타낸 모형. てんきゅうぎ celestial globe

천국[天國] 하늘에 있다고 하는 이상적인 행복의 세계. =천당(天堂). ↔지옥(地獄). てんごく kingdom of Heaven

천군만:마[千軍萬馬] 썩 많은 군사와 말. =천병만마(千兵萬馬). せんぐんばんば thousands of troops and horses

천궁[川芎] ① 미나릿과의 다년초. 중국 원산의 약용 식물로 뿌리줄기는 굵고 향기가 있음. 8월에 흰 꽃이 핌. ② 한방에서, 천궁과 궁궁이의 뿌리를 이르는 말. 강장제(強壯劑) 등으로 쓰임. せんきゅう

천궁[天弓] 하늘에 걸린 활. 곧, 무지개를 이르는 말. =제궁(帝弓)·홍예(虹霓). rainbow

천:권[擅權] 권력을 마음대로 휘두름. せんけん abusing one's authority

천극[天極] ① 지축(地軸)의 연장선과 천구(天球)가 만나는 점. ② ⇨북극성(北極星). てんきょく ① celestial poles

천:극[踐極] 임금의 자리를 이어받음. =천조(踐祚). accession to the throne

천근[千斤] 한 근의 천 배. 곧, 매우 무거움을 이르는 말. =천균(千鈞). せんきん

heavy weight

천근[天根] 하늘의 맨 끝. 天根
　　　　　　　　zenith
천:근[淺近] 깊숙한 맛이 없고 淺近
얕음. =천박(淺薄). ↔심원(深
遠). せんきん　shallowness
천금[千金] 썩 많은 돈. 또는 千金
큰 가치. せんきん
　　　　　　a lot of money
천금[天金] 양장식(洋裝式) 제 天金
본에서 위쪽 재단면에 금박을
올린 것. てんきん　gilt top
천금[天衾] 송장을 관에 넣을 天衾
때 덮는 이불.　shroud
천기[天氣] ① 천자(天子)의 기 天氣
색(氣色). =천후(天候). ② 대
기(大氣)의 기상 상태. =일기
(日氣). てんき　② weather
천기[天機] ① 자연의 기밀. 조 天機
화의 신비. ② 중대한 기밀. ③
선천적으로 타고난 기지(機智).
てんき　① profound secret
of Heaven ② top secret
천:기[喘氣] 과히 심하지 않은 喘氣
천식(喘息).
　　　　light case of asthma
천:기[賤技] ① 천한 재주. ② 賤技
자기의 재주를 낮추어 이르는
말. せんぎ
천:기[賤妓] ① 천한 기생. ② 賤妓
기생이 자신을 낮추어 이르는
말. せんぎ
천기도[天氣圖] 일정 시각에 있 天氣圖
어서 각지의 기상 상태를 지
도 위에 기호로 나타낸 것.
てんきず　weather chart
천냥[千兩] 한 냥의 천 배. 많 千兩
은 돈의 비유. せんりょう
　　　　　　　　much money
천녀[天女] ① 하늘에 산다는 天女
선녀(仙女). ② 직녀성(織女 織女星
星)의 별칭. てんにょ
　　　　　　① celestial nymph

천:녀[賤女] 신분이 낮은 여자. 賤女
せんじょ　woman of low birth
천년[千年] 1년의 천 배. 오랜 千年
세월의 비유. =천재(千載).
せんねん　thousand years
천념[千念] 불교에서, 1800개 千念
의 구슬을 꿴 기다란 염주.
천노[天怒] 하늘의 노여움. 또 天怒
는 천자(天子)의 노여움.
　　　　　wrath of Heaven
천:노[賤奴] 비천한 종. せん 賤奴
ど　　　humble servant
천:단[淺短] 지혜나 지식 따위 淺短
가 얕고 짧음. せんたん
　　　　　　　　shallowness
천:단[擅斷] 자기만의 의견으 擅斷
로 마구 일을 처리함.
　　　　　arbitrary decision
천:답[踐踏] 마구 짓밟음. 　踐踏
　　　　　　　　trample
천당[天堂] ① 하늘에 있다는 天堂
신의 나라. 하늘나라. ② 기독
교에서, 착한 사람이 죽어서 간
다는 낙원. =천국(天國). ③불
교에서, 극락 세계를 이르는
말. ↔지옥(地獄). てんどう 地獄
　　　　　　　　　　Heaven
천:대[賤待] 푸대접함. 업신여 賤待
겨 함부로 취급함. ↔우대(優
待).　　　cold treatment
천덕[天德] ① 하늘의 은덕. ② 天德
길(吉)한 날과 길한 방위.
　　　① goodness of Heaven
천도[天桃] 선가(仙家)에서, 하 天桃
늘 나라에 있다고 하는 복숭
아.　　　heavenly peach
천도[天道] ① 천지 자연의 도 天道
(道). ② 불교에서 이르는, 욕
계(欲界)·색계(色界)·무색계 欲界
(無色界)의 총칭. ③ 천체가 운
행하는 길. てんどう
① Providence ③ orbits of
heavenly bodies

천:도[遷都] 수도(首都)를 옮김. 천도 せんと transfer of the capital

천:도[薦度] 불교에서, 죽은 이의 넋을 극락 세계로 인도하는 일.

천도교[天道敎] 최제우(崔濟愚)를 교조(敎祖)로 하는 동학(東學)을 제3대 교주인 손병희(孫秉熙)가 개칭한 종교. 인내천(人乃天), 곧 사람이 하늘이라 하여 천인 합일(天人合一)의 경지에 이름을 그 종지(宗旨)로 함.

천동[天動] 천둥의 원말.

천:동[遷動] 자리를 옮김. = 천이(遷移)・천사(遷徙). movement

천동설[天動說] 지구가 우주의 중심이며 해와 달과 별 따위가 지구 둘레를 돌고 있다는 학설. ↔지동설(地動說). てんどうせつ Ptolemaic theory

천둥[←天動] 뇌성(雷聲)과 번개를 동반하는 대기 중의 방전 현상. 우레. thunder

천람[天覽] 임금이 봄. =상람(上覽)・어람(御覽). てんらん royal inspection

천래[天來] 하늘에서 내려옴. 곧, 하늘이 베풀어 줌을 이르는 말. 「~의 복음(福音)」 てんらい heavenliness

천량[←錢糧] ① 살림살이에 필요한 돈과 양식. ② 재물. 재산. せんりょう ① money and food

천려[千慮] 여러 가지로 생각하고 마음을 씀. せんりょ worry

천:려[淺慮] 얕은 생각. せんりょ indiscretion

천려일득[千慮一得] 어리석은 사람이라도 많은 생각 가운데 어쩌다가 쓸 만한 의견을 낼 수 있다는 말. ↔천려일실(千慮一失). せんりょ(の)いっとく

천려일실[千慮一失] 지혜로운 사람이 충분히 생각한 일에도 뜻밖의 실패가 있을 수 있다는 말. ↔천려일득(千慮一得). せんりょ(の)いっしつ

천:력[踐歷] ① 여러 곳을 돌아다님. ② 여러 가지 일을 거침.

천렵[川獵] 냇물에서 고기를 잡는 일. fishing in a river

천:령[薦靈] 불교에서, 죽은 이의 넋을 건지려고 불공이나 재를 올리는 일.

천례[天禮] 하늘에 제사지내는 예식. religious ceremony offered to the Heaven

천로[天路] ① 천자(天子)의 정사(政事). ② 하늘의 법칙. ③ 천상(天上)의 길. 아득히 먼 길.

천:로[淺露] 얕아서 속이 드러남.

천록[天祿] 하늘이 주는 복록. fortune given by the Heaven

천뢰[天籟] 나무를 스쳐 가는 바람 소리 등의 자연의 소리. ↔지뢰(地籟). てんらい sound of winds

천:루[淺陋] 천박하고 비루함. meanness

천:루[賤陋] 인품이 낮고 더러움. せんろう meanness

천류[川流] 내의 흐름. stream

천륜[天倫] 부자(父子)・형제 사이에 마땅히 지켜야 할 도리. てんりん moral law

천리[千里] ① 십 리의 백 배. ② 썩 먼 거리. せんり ② long distance

천리[天理] 천지 자연의 이치. 하늘의 바른 도리. てんり natural laws

천:리[踐履] 몸소 실천함. せ

んり　　　　　　practice
천리경[千里鏡] ⇨망원경(望遠鏡). せんりきょう
천리구[千里駒] ① ⇨천리마(千里馬). ② 남의 자제가 뛰어나게 잘남을 칭찬하는 말. せんり(の)こま
천리동풍[千里同風] 천리까지 같은 바람이 분다는 뜻으로, 세상이 태평함의 비유. せんりどうふう
천리마[千里馬] 하루에 천리를 달리는 썩 좋은 말. =천리구(千里駒). せんり(の)うま
　　　　　　swift horse
천리수[千里水] 쉼 없이 늘 흘러가는 물. =장류수(長流水).
　　　　　　everflowing water
천리안[千里眼] 천리 밖을 보는 눈. 곧, 먼 곳이나 훗날의 일을 꿰뚫어보는 통찰력을 이르는 말. clairvoyance
천마[天馬] ① 상제(上帝)가 타고 하늘을 달린다는 말. ② 아라비아산(産)의 좋은 말. てんば
천마[天魔] 불교에서, 사람의 마음을 현혹시켜 불도(佛道)를 해하는, 제육천(第六天)의 마왕을 이르는 말. てんま　Satan
천막[天幕] 비·이슬·볕·바람을 막기 위해 한데에 둘러치는 서양식 장막. 텐트. てんまく　tent
천만[千萬] ①만의 천 배(千倍). 무수히 많음의 비유. せんまん ②아주. 매우. 「~ 다행이다」 せんばん
　　① ten million ② exceedingly
천만고[千萬古] 아주 먼 옛날.
　　　　　　remote antiquity
천만부당[千萬不當] 천부당만부당(千不當萬不當)의 준말.
천만불가[千萬不可] 전혀 옳지 않음. =만만불가(萬萬不可).
　　being absolutely wrong
천만사[千萬事] 온갖 일.
　　　　　　all things
천만세[千萬世] 썩 멀고 오랜 세대. =천만대(千萬代).
　　　　　　all ages
천만세[千萬歲] 헤아릴 수 없는 오랜 세월. =천만년(千萬年). myriad years
천만인[千萬人] 헤아릴 수 없을 만큼 많은 사람.
　　ten millions of people
천:망[薦望] 벼슬아치를 윗자리로 추천함. recommendation
천맥[阡陌] ①밭 사이로 난 길. ② 산기슭. 밭두둑.
　　① path between fields
천맥[泉脈] 땅 속에 있는 샘 줄기. water vein
천명[天命] ① 타고난 수명. =천수(天壽). ② 타고난 운명. =천수(天數). ③ 하늘의 명령. てんめい　① life ② destiny ③ Heaven's order
천명[天明] 동틀 무렵. てんめい　dawn
천:명[賤名] ①천한 이름. 자기 이름을 겸손하게 이르는 말. ② 오래 살기를 바라면서, 어린아이들에게 따로 지어 주는 천한 이름. 개똥이 따위.
　　　① mean name
천:명[擅名] 이름을 널리 드날림.
천:명[闡明] 겉으로 드러내어 분명히 밝힘. せんめい
　　　　　　clarification
천:모[淺謀] 얕은 계략. 하찮은 꾀.　trifling trick
천:묘[遷墓] 무덤을 다른 곳으로 옮김. =천장(遷葬)·이장(移葬)·면례(緬禮).

천무이:일[天無二日] 하늘에 해가 둘이 없다는 뜻으로, 나라를 다스리는 임금이 둘이 있을 수 없음의 비유. transfer of a grave

천문[天文] 천체(天體)의 모든 현상. 「~학(學)」 てんもん astronomical phenomena

천문[天門] ① 천국(天國)으로 들어간다는 문. てんもん ② 대궐 문에 대한 경칭. ① entrance to the Heaven

천:문[淺聞] 얕은 견문. =천견(淺見). せんぶん shallow view

천:문[薦聞] 인물을 천거하여 임금에게 아룀. recommendation

천문대[天文臺] 천문학상의 관측과 연구를 하는 곳. てんもんだい astronomical observatory

천문도[天文圖] 별자리를 나타낸 그림. てんもんず astronomical chart

천:미[賤微] 신분이나 지위가 낮음. =미천(微賤). せんび obscurity

천:민[賤民] 지체가 낮은 백성. せんみん lowly people

천:박[淺薄] 지식·생각 따위가 얕음. せんぱく shallowness

천:발[薦拔] 인재를 뽑아 천거함. selection of talent

천방[川防] 냇가에 쌓은 둑. 냇둑. bank

천방백계[千方百計] 가지가지의 방법과 계책.

천방지방[天方地方] ⇨천방지축(天方地軸).

천방지축[天方地軸] ① 앞뒤를 가리지 않고 함부로 날뛰는 모양. ② 종작없이 덤벙거리는 모양. =천방지방(天方地方). rashness

천벌[天伐] 벼락을 맞아 죽는 일.

천벌[天罰] 하늘이 내리는 벌. =천주(天誅)·천형(天刑). てんばつ Heaven's vengeance

천변[川邊] 개울가. 냇가. かわべ riverside

천변[天邊] 하늘의 가. =천제(天際)·천말(天末). てんぺん horizon

천변[天變] 하늘에서 일어나는 큰 이변(異變). てんぺん natural disaster

천변만:화[千變萬化] 변화가 한이 없음. 가지각색으로 변화함. せんぺんばんか innumerable changes

천변지이[天變地異] 천지간의 자연의 이변(異變). てんぺんちい convulsion of nature

천병만:마[千兵萬馬] 매우 많은 군사와 말. =천군만마(千軍萬馬). multitude of troops and horses

천보[天寶] 하늘이 내린 보물. 자연의 보물.

천복[天福] 하늘이 내려 준 복. てんぷく heavenly blessing

천부[天父] 기독교에서, 하느님 아버지 또는 하느님을 이르는 말. てんぷ the Father

천부[天賦] ① 하늘이 줌. 「~인권(人權)」 ② 태어날 때부터 지님. 선천적으로 타고남. 「~적인 재질(才質)」 てんぷ ② nature

천:부[賤夫] 지체가 낮은 남자. ↔천부(賤婦). せんぷ man of lowly birth

천:부[賤婦] 신분이 낮은 여자. ↔천부(賤夫). せんぷ

woman of lowly birth
천부당만:부당[千不當萬不當] 천 번 만 번 부당함. 곧, 아주 부당함. 준천만부당(千萬不當).
absolute unjust
천부인[天符印] 제 위(帝位)의 표지로서 환인(桓因)이 환웅(桓雄)에게 내렸다는 세 개의 보인(寶印).
천부 인권[天賦人權] 하늘이 사람에게 평등하게 부여한 권리. てんぷじんけん
natural rights of man
천부 인권설[天賦人權說] 인간은 태어나면서부터 자유와 평등을 누릴 권리가 있다는, 18세기 계몽 사상가들의 학설. てんぷじんけんせつ
천분[天分] 타고난 재질(才質)이나 분복(分福). てんぶん
natural gifts
천붕지탁[天崩地坼] 하늘이 무너지고 땅이 터져 갈라진다는 뜻으로, 큰 변동을 이르는 말.
천붕지통[天崩之痛] 하늘이 무너지는 듯한 슬픔이라는 뜻으로, 임금이나 아버지의 상사(喪事)를 당한 슬픔을 이르는 말.
천:빈[賤貧] 천하고 가난함. = 빈천(貧賤).
lowliness and poorness
천사[天使] ① 신(神)의 명령을 받고 인간 세계에 내려온다는 사자(使者). ↔악마(惡魔). ② 천자(天子)의 사신을 제후의 나라에서 일컫던 말. てんし
① angel
천:사[賤事] 천한 일.
humble thing
천사만:고[千思萬考] 여러 가지로 깊이 생각함. せんしばんこう
deep meditation
천사만:량[千思萬量] 여러 가지로 생각하여 헤아림.
careful deliberation
천사만:려[千思萬慮] 여러 가지로 생각하고 걱정함.
various thoughts and worries
천산[天山] 대종교에서 백두산을 달리 이르는 말.
천산[天産] ① 천연적(天然的)으로 산출됨. ② 천산물(天産物)의 준말. てんさん
① natural production
천:산갑[穿山甲] 천산갑과의 포유동물. 동남 아시아와 아프리카에 분포함. 온몸에 암갈색의 비늘이 있음. 이는 없고 긴 혀로 개미 따위를 잡아먹음. せんざんこう pangolin
천산만:락[千山萬落] 수많은 산과 촌락. numerous mountains and village
천산만:수[千山萬水] 수많은 산과 내. せんざんばんすい
numerous mountains and rivers
천산물[天産物] 천연(天然)으로 나는 것. 광물·임산물·해산물 따위. 준천산(天産). てんさんぶつ natural products
천:살[擅殺] 사람을 함부로 죽임.
천상[天上] 하늘 위.「~천하(天下)」てんじょう heavens
천상[天象] ① 천체의 현상. 곧 해·달·별이 나타내는 현상. ② 하늘의 기상. 날씨. てんしょう ① astronomical phenomenon ② weather
천상계[天上界] 하늘 위의 세계. 준천계(天界)·상계(上界). てんじょうかい heaven
천상만:태[千狀萬態] 가지가지의 온갖 모양. = 천태만상(千態萬象). せんじょうばんたい

천상수[天上水] 하늘에서 내리는 물. 곧, 빗물. 준천수(天水). てんじょうすい rainwater infinite variety

천상천하[天上天下] 하늘 위와 하늘 아래. 곧, 온 세상. 온 우주. てんじょうてんげ throughout heaven and earth

천상천하 유아독존[天上天下 唯我獨尊] 불교에서, 우주 만물 가운데서 오직 자기만이 높고 귀하다는 뜻. 석가가 태어나자마자 일곱 걸음을 걸은 뒤, 한손으로 하늘을, 한손으로 땅을 가리키면서 했다는 말. てんじょうてんげゆいがどくそん

천색[天色] ① 하늘 빛. ② 날씨. てんしょく ① sky blue ② weather

천생[天生] ① 선천적으로 타고 남. ② 자연적으로 이루어짐. 「~연분(緣分)」てんせい nature

천생배:필[天生配匹] 하늘이 미리 마련하여 준 배필. =천정배필(天定配匹). match made in Heaven

천생연분[天生緣分] 하늘이 마련하여 준 연분. =천생인연(天生因緣)·천정연분(天定緣分). predestined relation

천생인연[天生因緣] ⇨천생연분(天生緣分).

천서만:단[千緖萬端] 일이 가려낼 수 없을 만큼 많은 일의 살피.

천석[泉石] 물과 돌. 곧, 산수의 경치. =수석(水石). せんせき landscape

천석고황[泉石膏肓] 자연을 사랑함이 마치 고칠 수 없는 병처럼 되었음을 이르는 말. =연하고질(煙霞痼疾). passionate love about nature

천선[天仙] 하늘에 산다고 하는 신선. てんせん

천:선[遷善] 나쁜 행동을 고쳐 착하게 됨. 「개과(改過)~」せんぜん

천선지전[天旋地轉] 천지가 빙글빙글 돎. 곧, 세월이 흐르고 세상이 크게 바뀜. =천지선전(天地旋轉). てんせんちてん mutation

천성[天成] 저절로 이루어짐. てんせい product of nature

천성[天性] 타고난 성품. てんせい nature

천성[泉聲] 샘물이 흐르는 소리. =천운(泉韻). せんせい

천세[千歲] ① 천 년(千年). ② 썩 오랜 세월. =천재(千載). せんざい·ちとせ ① a thousand years ② eternity

천세력[千歲曆] 앞으로 100년 동안의 일월성신의 운행과 절후 등을 기록한 책력(册曆). 백중력(百中曆)과 만세력(萬歲曆)을 두루 이르는 말. perpetual calendar

천:속[賤俗] ① 천하고 속됨. ② 비천한 풍속. せんぞく ① vulgarity ② humble custom

천:솔[賤率] ① 남에게 자기의 첩(妾)을 이르는 말. ② 남에게 자기의 가족을 겸손하게 이르는 말.

천수[天水] 천상수(天上水)의 준말. 「~답(畓)」てんすい

천수[天授] 하늘이 내려 줌. てんじゅ natural gifts

천수[天壽] 타고난 수명(壽命). =천명(天命). てんじゅ natural span of life

천수[泉水] 샘에서 솟아나오는

물. 샘물. せんすい fountain

천:수[踐修] 닦으며 행함. =수행(修行). ascetic practice

천수답[天水畓] 비가 와야만 물을 댈 수 있는 논. 천둥지기. rain-dependant farmland

천승지국[千乘之國] 옛날, 중국에서 큰 제후국(諸侯國)을 일컫던 말.

천시[天時] ① 끊임없이 변천하는 자연의 현상. 한서(寒暑)나 주야(晝夜) 따위. ② 하늘의 도움이 있는 좋은 때. てんじ ① times and seasons ② heaven-appointed time

천:시[賤視] 업신여김. 천하게 봄. せんし contempt

천:식[淺識] 얕은 지식이나 식견. せんしき shallow view

천:식[喘息] 발작적으로 호흡이 곤란하게 되는 병. ぜんそく asthma

천:식[賤息] 남에게 자기 자식을 낮추어 이르는 말. せんそく

천신[天神] ① 하늘의 신령. てんしん ② 가톨릭에서, 천사(天使)를 이르던 말. ① heavenly gods

천:신[賤臣] 임금에게 신하가 스스로를 낮추어 이르는 말. せんしん

천:신[薦新] ① 그 해에 새로 나온 과일이나 농산물을 먼저 신에게 올리는 일. ② 민속에서, 가을이나 봄에 신을 위하여 하는 굿. ① offering the first harvest of the season to gods

천신만:고[千辛萬苦] 온갖 고생을 다 겪으며 애를 씀. せんしんばんく indescribable hardships

천심[千尋] 천 길이라는 뜻으로, 아주 높거나 깊은 것을 이르는 말. 「~ 절벽(絶壁)」 せんじん bottomlessness

천심[天心] ① 하늘의 뜻. =천의(天意). ② 하늘의 한복판. てんしん ① will of Heaven ② zenith

천:심[淺深] 얕음과 깊음. 얕은 것과 깊은 것. せんしん shallowness and depth

천암만:학[千巖萬壑] 수없이 많은 바위와 골짜기라는 뜻으로, 깊은 산 속의 경치를 이르는 말.

천앙[天殃] 하늘이 벌로 내리는 앙화(殃禍). Heaven's punishment

천애[天涯] ① 하늘의 끝. ② 아득히 멀리 떨어진 곳. てんがい ③ 살아 있는 부모나 혈육이 아무도 없음을 이르는 말. 「~ 고독(孤獨)」 ① horizon ② far-off country

천애지각[天涯地角] 하늘의 끝과 땅의 한 귀퉁이라는 뜻으로, 아득히 멀리 떨어져 있는 곳의 비유. てんがいちかく

천야만:야[千耶萬耶] 아득하게 높거나 깊어서 천 길이나 만 길이 되는 듯한 모양. 「~한 낭떠러지」 bottomlessness

천:약[踐約] 약속대로 실천함. keeping a promise

천양[天壤] 하늘과 땅. =천지(天地). てんじょう heaven and earth

천:양[闡揚] 드러내어 밝혀서 널리 퍼지게 함.

천양무궁[天壤無窮] 하늘과 땅처럼 끝이 없이 영원함. てんじょうむきゅう being eternal as heaven and earth

천양지차[天壤之差] 하늘과 땅

의 차이라는 뜻으로, 엄청나게 큰 차이를 이르는 말. =소양지판(霄壤之判)·천양지판(天壤之判).   great difference

천양지판[天壤之判] ⇨천양지차(天壤之差).

천어[川魚] 냇물에서 사는 고기. 민물고기. かわうお   freshwater fish

천어[天語] 임금의 말을 높이어 이르는 말.   king's word

천:언[踐言] 말한 대로 이행함. せんげん   keeping one's word

천언만:어[千言萬語] 수없이 많이 하는 말. せんげんばんご   countless words

천:업[賤業] 천한 직업이나 영업. せんぎょう   mean occupation

천여[天與] 하늘이 내려 줌. てんよ   gift of Heaven

천:역[賤役] 천한 일. 비천한 직무. せんえき   mean task

천연[天然] 사람의 힘을 가하지 않은, 자연 그대로의 상태. 「~가스(gas)」てんねん   nature

천:연[遷延] 미루어 감. 오래 끎. せんえん   delay

천연 견사[天然絹絲] 인조 견사에 대하여, 명주실을 이르는 말. てんねんけんし

천연 경신[天然更新] 천연적으로 자란 어린 나무를 보호·육성하여 산림을 만드는 방법. =천연 조림(天然造林). ↔인공 조림(人工造林). てんねんこうしん   natural forestation

천연 기념물[天然紀念物] 귀하거나 학술상 가치가 높아, 법률로써 보호하고 보존하기로 정한 동식물·광물·지질 따위의 천연물을 통틀어 이르는 말. てんねんきねんぶつ   natural monument

천연두[天然痘] 법정 전염병의 한 가지. 천연두 바이러스에 의여 일어나며, 열이 나고 온몸에 발진(發疹)이 생김. 마마. =두창(痘瘡). てんねんとう   smallpox

천연림[天然林] 자연적으로 이루어진 삼림(森林). ↔인공림(人工林). てんねんりん   natural forest

천연물[天然物] 자연 그대로의 물건. てんねんぶつ   natural substance

천연미[天然美] 자연 그대로의 아름다움. =자연미(自然美). ↔인공미(人工美).   natural beauty

천연 비:료[天然肥料] 화학적 처리를 하지 않은 비료. 퇴비(堆肥) 또는 사람이나 가축의 똥·오줌 따위. ↔화학 비료(化學肥料)·인조 비료(人造肥料). てんねんひりょう   natural manure

천연빙[天然氷] 저절로 얼어서 된 얼음. =자연빙(自然氷). ↔인조빙(人造氷). てんねんひょう   natural ice

천연색[天然色] 물체가 가지고 있는 자연 그대로의 빛깔. てんねんしょく   natural color

천연 섬유[天然纖維] 천연물에서 얻을 수 있는 섬유. 면·마·비단·양모 따위. ↔인조 섬유(人造纖維). てんねんせんい   natural fiber

천연 숭배[天然崇拜] 자연물이나 자연의 현상을 신격화하여 숭배하는 일. =자연 숭배(自然崇拜). てんねんすうはい   nature worship

천연 염:료[天然染料] 천연의 동물·식물·광물로부터 얻어

지는 염료. ↔인조 염료(人造染料). てんねんせんりょう natural dyes

천연 영양[天然營養] 천연물을 그대로 섭취하는 영양. てんねんえいよう natural nutrition

천연 자:원[天然資源] 천연적으로 존재하는 자원. 인간의 생활이나 생산 활동에 이용할 수 있는 자연물이나 자연력을 통틀어 이르는 말. てんねんしげん natural resources

천연 조:림[天然造林] ⇨천연 경신(天然更新). てんねんぞうりん

천:열[賤劣] 천하고 용렬함. せんれつ meanness

친엽[千葉] 여러 겹으로 된 꽃잎. compound leaf

천왕[天王] ① 불교에서, 욕계(欲界)·색계(色界)에 있다는 임금. てんのう ② 무당의 굿의 한 가지. ① heavenly king

천왕성[天王星] 태양계에서 일곱 번째의 행성(行星). てんおうせい·てんのうせい Uranus

천외[天外] 하늘의 바깥이란 뜻으로, 매우 먼 곳이나 높은 곳. てんがい farthest region

천요만:악[千妖萬惡] 온갖 요사함과 간악함.

천우[千憂] 온갖 근심. 많은 걱정. all kinds of worries

천우[天牛] 하늘솟과에 딸린 갑충(甲蟲)의 총칭. 하늘소. てんぎゅう long-horned beetle

천우[天宇] 하늘의 전체. universe

천우[天佑·天祐] 하늘의 도움. 「~신조(神助)」てんゆう special providence

천우신조[天佑神助] 하늘과 신령의 도움. てんゆうしんじょ grace of Heaven

천운[天運] 하늘이 정한 운수. =천수(天數). てんうん fate

천원[泉源] 샘물의 근원. せんげん source of a fountain

천원지방[天圓地方] 고대의 우주관으로, 하늘은 둥글고 땅은 네모지다고 주장하던 말.

천위[天威] 제왕(帝王)의 위엄(威嚴). てんい royal authority

천위[天爲] 하늘이 하는 일. 자연의 작용. ↔인위(人爲). てんい providence

천:유[擅有] 마음대로 자기 것으로 만듦. arrogation

천은[天恩] ① 하늘의 은혜. ② 임금의 은혜. =성은(聖恩). てんおん ① heavenly blessing ② king's blessing

천의[天意] ① 하늘의 뜻. ② 임금의 마음. =천심(天心). てんい ① providence ② will of Heaven

천의무봉[天衣無縫] 하늘 나라 사람이 입은 옷은 솔기가 없다는 뜻으로, 시가나 문장이 기교의 흔적이 없이 자연스럽게 잘 되어 있음을 이르는 말. 또는 사물이 완전 무결함을 이르는 말.

천:이[賤易] 천하게 보고 업신여김. 경멸함. disdain

천:이[遷移] ① 옮김. 옮기어 바뀜. ② 생태학에서, 일정한 지역에서 시간의 흐름에 따라 진행되는 식물 군락의 변화를 이르는 말. せんい ① change ② succession

천인[千仞] 천 길이라는 뜻으로, 아주 높거나 깊은 것을 이르는 말. 「~단애(斷崖)」せんじん bottomlessness

천인[天人] ① 하늘과 사람.「~공노(共怒)」てんじん ② 재주나 용모가 비상하게 뛰어난 사람. ③ 불교에서, 상계(上界)에 살며 하늘을 날아다닌다는 선인(仙人). =천녀(天女)・비천(飛天). てんにん・あまびと ① God and man ② prodigious man

천:인[賤人] 신분이 낮고 천한 사람. せんじん man of humble origin

천:인[遷人] 귀양살이하는 사람. =천객(遷客). person in exile

천일[天日] ① 하늘과 해. ② 하늘에 떠 있는 해. 또는 햇볕. ① sky and sun ② sunlight

천일염[天日鹽] 바닷물을 끌어들여 햇볕과 바람으로 수분을 증발시켜 만든 소금. てんじつえん・てんぴじお bay salt

천일홍[千日紅] 비름과의 일년초. 열대 아메리카 원산의 관상용 식물로, 7~10월에 꽃잎이 없는 둥근 꽃이 핌. =천일초(千日草). せんにちこう globe amaranth

천:임[遷任] ⇨전임(轉任).

천자[天子] 하늘을 대신해서 백성을 다스리는 하늘의 아들이라는 뜻으로, 옛날에 중국에서 황제를 일컫던 말. てんし emperor

천자[天資] 타고난 자질. =천품(天稟). てんし nature

천:자[擅恣] 제멋대로 행동하여 거리낌이 없음. せんし arbitrariness

천자만:태[千姿萬態] 여러 가지 맵시와 모양. 온갖 자태. せんばんたい endless variety of forms

천자만:홍[千紫萬紅] 여러 가지 꽃의 울긋불긋한 빛깔. 온갖 꽃이 만발함의 비유. =만자천홍(萬紫千紅). せんしばんこう dazzling variety of beautiful flowers

천작[天作] 사람의 힘을 가하지 않고 저절로 이루어짐. 또는 그 사물. ↔인작(人作). natural production

천작[天爵] 하늘이 준 벼슬이라는 뜻으로, 타고난 덕행이나 미덕을 이르는 말. ↔인작(人爵). てんしゃく

천:작[淺酌] 조용히 가볍게 술을 마심. せんしゃく drinking lightly

천잠[天蠶] 참나무산누에나방의 애벌레. =풍잠(楓蠶). てんさん wild silkworm

천장[天障] ① 지붕의 안쪽. 보꾹. ② 반자의 겉면. ceiling

천:장[擅場] 그 자리에 대적(對敵)할 사람이 없는 제일인자. chief

천:장[遷葬] ⇨천묘(遷墓).

천:장부[賤丈夫] 행실이 비루한 남자. せんじょうふ lowly man

천장지구[天長地久] 하늘과 땅은 영원히 변하지 않음. てんちょうちきゅう eternal unchangeability

천재[千載] ⇨천세(千歲).

천재[天才] 날 때부터 갖추고 있는 뛰어난 재주. 또는 그런 재주를 가진 사람. てんさい genius

천재[天災] 자연 현상으로 일어나는 재난. 지진・홍수 따위.「~지변(地變)」てんさい natural calamity

천:재[淺才] 얕은 재주나 꾀.

せんさい poor talent

천재일우[千載一遇] 천 년에 한 번 만난다는 뜻으로, 좀처럼 만나기 어려운 기회. せんざいいちぐう golden opportunity

천재지변[天災地變] 천재와 지변. 자연 현상으로 일어나는 재앙이나 이변(異變). てんさいちへん natural calamity

천적[天敵] 다른 생물을 포식(捕食)하거나 거기에 기생(寄生)하여 그것을 먹이로 생활하는 생물. 먹이 연쇄에서, 피식자(被食者)에 대하여 포식자(捕食者)를 이르는 말. てんてき natural enemy

천점[天占] 하늘에 나타난 길흉의 징조.

천정[天井] 천장(天障)의 비표준어. てんじょう

천정[天定] 하늘이 정해 줌. 하늘의 뜻으로 정하여짐. 「~배필(配匹)」Heaven-decidedness

천정[天庭] 상서(相書)에서, 양 미간(兩眉間) 또는 이마를 이르는 말. てんてい forehead

천정[天頂] ①지구상의 관측점에서 연직선(鉛直線)을 위쪽으로 연장시켜 천구(天球)와 만나는 점. =천정점(天頂點)·천문 천정(天文天頂). ②관측자가 있는 지점과 지구의 중심을 잇는 직선이 천구(天球)와 교차하는 점. =지심 천정(地心天頂). てんちょう zenith

천정 거:리[天頂距離] 천정에서 어떤 천체까지의 각거리(角距離). zenith distance

천정배:필[天定配匹] ⇨천생배필(天生配匹).

천정부지[天井不知] 물건값 따위가 자꾸 오르기만함을 이르는 말. skyrocketing

천정연분[天定緣分] ⇨천생연분(天生緣分).

천정천[天井川] 흙이나 모래의 퇴적으로 강바닥이 주위의 평지보다 높아진 하천. てんじょうがわ

천제[天帝] 하느님. =상제(上帝). てんてい Lord of Heaven

천제[天祭] 천신에게 지내는 제사. festival for Heaven

천제[天際] 하늘의 끝. =천말(天末). てんさい horizon

천조[天助] 하늘의 도움. てんじょ Heaven's help

천조[天造] 하늘의 조화(造化)라는 뜻으로, 사물이 저절로 잘 되어 있음을 이르는 말. てんぞう creation

천:조[踐阼] 임금의 자리를 이음. =천극(踐極). せんそ accession to the throne

천:족[賤族] 천한 집안. lowly family

천종록[千鍾祿] 많은 녹봉(祿俸). high stipend

천종만:물[千種萬物] 온갖 물건. all things

천주[天主] ①불교에서, 대천 세계(大千世界)의 주(主)인 대자재천(大自在天)의 별칭. ②가톨릭에서, 하느님. てんしゅ ① Lord of Heaven ② God

천주[天誅] 하늘이 내리는 벌. =천벌(天罰). てんちゅう Heaven's punishment

천:주[薦主] 어떤 이를 추천해 준 사람. recommender

천주교[天主敎] 로마 교황(敎皇)을 수장(首長)으로 하는 그리스도교의 교파. 가톨릭교. てんしゅきょう Catholicism

천주 삼위[天主三位] 가톨릭에서, 성부(聖父)·성자(聖子)

· 성령(聖靈)의 삼위.
　　　　　the Trinity
천주학[天主學] 지난날, 천주교(天主敎)를 이르던 말.
천중[天中] ① 관측자를 중심으로 한, 하늘의 한가운데. ② 상서(相書)에서, 이마의 위쪽을 이르는 말. ① navel of Heaven
천중가절[天中佳節] 좋은 명절이라는 뜻으로, 단오(端午)를 이르는 말.
천중절[天中節] ⇨단오(端午).
천지[天地] ① 하늘과 땅. ② 우주. 세상. てんち ① heaven and earth ② universe
천지각[天地角] 하나는 위로, 하나는 아래로 뻗은 짐승의 뿔.
천지간[天地間] 하늘과 땅 사이. =천양지간(天壤之間).
　　between heaven and earth
천지개벽[天地開闢] 하늘과 땅이 처음으로 생겨남. てんちかいびゃく
　　beginning of the world
천지만엽[千枝萬葉] ① 무성한 나무의 가지와 잎. ② 일이 복잡하게 얽히어 어수선함을 비유하는 말.
① thick branches and leaves
천지분격[天地分格] 서로 몹시 다름.
천지신명[天地神明] 우주의 조화(造化)를 맡은 신. 천지의 여러 신. てんちしんめい
　　gods of heaven and earth
천지판[天地板] 관(棺)의 뚜껑과 바닥에 대는 널조각.
　　lid and bottom of a coffin
천직[天職] ① 하늘이 준 직무. 마땅히 하여야 할 직분. ② 그 사람의 천성에 알맞은 직업. てんしょく　　mission
천:직[賤職] 비천한 직업.

　　　　mean occupation
천:직[遷職] 직업을 옮김. =전직(轉職)·이직(移職).
　　change of occupation
천진[天眞] ① 세파(世波)에 젖지 않고, 자연 그대로 조금도 꾸밈이 없음. 「~난만(爛漫)」 てんしん ② 불교에서, 불생불멸(不生不滅)의 참된 마음.
　　　　① naivety
천:진[薦進] 사람을 천거하여 쓰이게 함. =천인(薦引).
　　　recommendation
천진난:만[天眞爛漫] 꾸밈이 없이 아주 순진하고 참됨. 「~한 어린이」 てんしんらんまん
　　　　　naivety
천진무구[天眞無垢] 아무 흠이 없고 천진함. innocence
천진협사[天眞挾詐] 어리석게 보이는 가운데에 더러 거짓이 섞임.
천질[天疾] 선천적으로 타고난 병. congenital disease
천질[天質] 타고난 성질. =천성(天性). てんしつ　　nature
천:질[賤質] 남에게 자기의 자질을 겸손하게 이르는 말. =천품(賤稟).
친차만:별[千差萬別] 여러 가지 사물이 다 각각 차이와 구별이 있음. せんさばんべつ
　　　infinite variety
천:착[穿鑿] ① 구멍을 뚫음. ② 학문을 깊이 파고 들어감. せんさく ③ 억지로 이치에 닿지 않는 말을 함.
　　① excavation ② search
천참[天塹] 천연적으로 이루어진 요충지(要衝地).
　　　natural moat
전창[天窓] 채광이나 환기를 위해서 지붕에 낸 창. てんそう·

てんまど　　　　skylight
천:첩[賤妾] ① 기생이나 종으로서 남의 첩이 된 여자. ② 지난날, 부인이 자신을 낮추어 이르던 말.
① concubine of low birth

천첩옥산[千疊玉山] 수없이 겹치어 있는 아름다운 산.

천청만:촉[千請萬囑] 여러 번 거듭하여 청하고 부탁함.

천체[天體] 우주를 형성하고 있는 태양·행성·위성·항성 따위를 통틀어 이르는 말. てんたい　celestial sphere

천체 망:원경[天體望遠鏡] 천체를 관측하는 데 쓰이는 망원경. てんたいぼうえんきょう　astronomical telescope

천초[川椒] ① 운향과의 낙엽 활엽 관목. 열매는 향신료로 쓰임. 조피나무. ② 한방에서, 조피나무 열매의 껍질을 약재로 이르는 말. 성질은 온하고 위한(胃寒)·심복통·설사 등에 쓰임. =파초(芭椒).

천:촉[喘促] 힘없는 기침이 자꾸 나고 숨이 찬 병증. asthma

천총[天寵] 임금의 총애. てんちょう　royal favor

천추[千秋] 썩 오랜 세월. 먼 미래. 「일일(一日)~」 せんしゅう　many years

천:추[遷推] 미적미적 미루어 감. delaying lazily

천추만:세[千秋萬歲] ① 천만년(千萬年). ② 장수(長壽)하기를 비는 말. せんしゅうばんぜい

천축[天竺] 지난날, 중국에서 인도(印度)를 이르던 말. てんじく　India

천축계[天竺桂] 코카나뭇과의 상록 관목. 잎에서 코카인을 얻음. 코카(coca).

천:춘[淺春] 이른 봄. =조춘(早春). せんしゅん　early spring

천:출[賤出] 천첩에게서 난 자손. =천생(賤生). illegitimate child

천층만:층[千層萬層] ① 수없이 많이 포갠 켜. ② 수없이 많은 층등(層等). innumerable layers

천치[天癡] 정신 박약 중 가장 심한 상태. =백치(白癡). idiot

천칙[天則] 우주 자연의 법칙. てんそく　natural law

천칭[天秤] 천평칭(天平秤)의 준말. てんびん

천:칭[賤稱] 천하게 일컬음. 또는 천한 호칭. せんしょう　calling scornfully

천태만:상[千態萬象] 온갖 사물이 저마다 다른 모습을 하고 있음을 뜻하는 말. =천상만태(千狀萬態). せんたいばんしょう　infinite variety

천태종[天台宗] 불교의 한 종파. 중국 수(隋)나라의 지의(智顗)를 개조로 하며, 법화경을 기본 경전으로 삼음. 우리나라에서는 고려 때 성하였음.

천택[川澤] 내와 못. stream and pond

천통[天統] ① 천도(天道)의 강기(綱紀). ② 천자(天子)의 혈통. てんとう
① providence ② imperial line

천파만:파[千波萬波] ① 헤아릴 수 없이 많은 물결. ② 어떤 일이 걷잡을 수 없이 크게 번지거나 갖가지 사태를 잇달아 유발하는 현상의 비유. ⓒ 천만파(千萬波). せんぱばんぱ

천판[天板] 관(棺)의 뚜껑. =천개(天蓋). lid of a coffin

천편일률[千篇一律] 여러 시

문(詩文)의 글귀가 거의 비슷하다는 뜻으로, 여러 사물이 판에 박은 듯이 똑같아 변화가 없음을 이르는 말. せんぺんいちりつ monotony

천평칭[天平秤] 저울의 한 가지. 지렛대를 응용한 것으로, 지렛대의 중앙을 받침점으로 하고 양쪽의 같은 위치에 접시가 달려 있음. ⦗준⦘천칭(天秤). balance

〔천평칭〕

천품[天稟] 타고난 성품. =천성(天性)·천자(天資). てんぴん natural disposition

천:품[賤品] ⇨천질(賤質).

천풍[天風] 하늘 높이 부는 센 바람. wind blowing high up in the sky

천하[天下] ①하늘 아래의 온 세상. ②한 나라 전체. 또는 그 정권. 「삼일(三日)~」 てんか ① world ② whole country

천하[天河] 맑은 날 밤에 남북으로 길게 보이는 엷은 빛의 성군(星群). =은하(銀河)·천한(天漢)·은한(銀漢). てんが Milky Way

천하만:사[天下萬事] 세상의 온갖 일. ⦗준⦘천하사(天下事).

천하사[天下事] ①천하만사(天下萬事)의 준말. ②제왕(帝王)이 되려고 하는 사업.

천하일색[天下一色] 세상에 다시 없을 뛰어난 미인. =천하절색(天下絶色). 「~ 양귀비」 てんかいっしょく woman of matchless beauty

천하태평[天下泰平] ①온 나라 또는 온 세상이 편안함. ②성질이 눅어서 좀체로 마음이 동요하지 않고 낙천적임. 또는 그러한 사람. てんかたいへい
① peacefulness ② optimism

천:학[淺學] 학식이 부족함. 또는 그러한 사람. 「~비재(菲才)」 せんがく
superficial learning

천한[天旱] 오래도록 비가 내리지 않는 날씨. 가뭄. =한발(旱魃). drought

천한[天漢] ⇨천하(天河). てんかん

천:한[賤寒] 지체가 낮고 살림이 가난함. meanness

천:한[賤漢] 신분이 낮은 남자. lowly man

천:해[淺海] 얕은 바다. せんかい shallow sea

천행[天幸] 하늘이 준 은혜나 다행(多幸). てんこう blessing of Heaven

천:행[踐行] 실지로 이행함. せんこう practice

천:행[擅行] 제 마음대로 결단하여 행함. =전행(專行)·전천(專擅). arbitrary decision

천향국색[天香國色] 천하에서 제일가는 향기와 빛깔을 가졌다는 뜻으로, 모란꽃을 이르는 말. 나라에서 가장 아름다운 여자의 비유. てんこうこくしょく
woman of matchless beauty

천험[天險] 땅이 천연적으로 험난함. 「~의 요지(要地)」 てんけん natural stronghold

천:협[淺狹] ①얕고 좁음. ②도량이 좁고 옹졸함. せんきょう ② narrow-mindedness

천형[天刑] 하늘이 내리는 형벌. =천벌(天罰)·천주(天誅). て

んけい   divine punishment
천형병[天刑病] 문둥병을 달리 이르는 말. てんけいびょう   leprosy
천혜[天惠] 하늘이 베풀어 준은혜. 또는 자연에게서 입은 혜택. てんけい   Heaven's blessing
천화[天火] 낙뢰(落雷) 따위로 말미암은 자연 화재. 저절로 난 화재. てんか   natural fire
천화[天禍] 하늘이 내린 재화(災禍).   Heaven's vengeance
천화[泉華] 온천에서 생기는 석회나 규산질 따위의 침전물. せんか
천:화[遷化] ①변하여 바뀜. せんか ②불교에서, 고승(高僧)의 죽음을 이르는 말. せんげ   ①change ②death of a high Buddhist priest
천화분[天花粉] 한방에서, 하눌타리의 뿌리로 만든 가루를 약재로 이르는 말. 기침·소갈 따위에 쓰임. てんかふん
천환[天宦] 날 때부터 생식기가 없거나 불완전한 남자.
천황[天皇] ①옥황상제(玉皇上帝). ②일본에서, 임금을 나라의 상징으로 이르는 말. てんのう   ②emperor
천:황색[淺黃色] 옅은 황색. =천황(淺黃).   light yellow
천:횡[擅橫] 거리낌없이 제멋대로 행동함.   arbitrariness
천후[天候] 대기의 기상 상태. 날씨. =기후(氣候). てんこう   weather
천:흑색[淺黑色] 옅은 검은 빛깔. =천흑(淺黑).   light dark
철[凸] 볼록할 철 : 볼록하다. 도도록하다. 「凸起(철기)·凹凸(요철)·凸字(철자)·凸版(철판)」トツ・でこ

철[哲]☆ 슬기로울 철 : 슬기롭다. 사리에 밝다. 「哲理(철리)·哲學(철학)·哲婦(철부)·哲命(철명)·哲人(철인)·明哲(명철)」テツ・あきらか
철[啜] ①훌쩍거릴 철 : 훌쩍거리며 우는 모양. 「啜泣(철읍)」 ②마실 철 : 마시다. 먹다. 「啜汁(철즙)·啜菽(철숙)」テツ ①すする
철[綴] 철할 철 : 철하다. 꿰매다. 잇다다. 「綴字(철자)·綴文(철문)·綴音(철음)·綴綴(철철)·點綴(점철)」テイ・セツ・テツ・つづる
철[徹]☆ 통할 철 : 통하다. 「徹夜(철야)·徹頭徹尾(철두철미)·徹曉(철효)·通徹(통철)·洞徹(통철)·透徹(투철)」テツ・とおる
철[撤] 걷을 철 : 걷어치우다. 「撤收(철수)·撤市(철시)·撤退(철퇴)·撤兵(철병)·撤回(철회)」テツ・すてる・とりのける
철[澈] 물 맑을 철 : 물이 맑다. 「澄澈(징철)」テツ・きよい
철[轍] 바퀴자국 철 : 수레바퀴의 자국. 「轍迹(철적)·轍亂旗靡(철란기미)·前轍(전철)」テツ・わだち
철[鐵]* ①쇠 철 : 쇠. 「鐵工(철공)·鐵鋼(철강)·鐵甲(철갑)·製鐵(제철)·鑄鐵(주철)」 ②단단할 철 : 단단하다. 「鐵漢(철한)·鐵則(철칙)·鐵腸石心(철장석심)」テツ ①くろがね
철가[撤家] 다른 곳으로 옮기려고 온 집안 식구를 데리고 살림을 뭉뚱그려 떠남. 「~도주(逃走)」
철각[鐵脚] ①무쇠같이 튼튼한 다리. ②교량·탑 등을 받치는 쇠로 만든 다리. てっきゃ

철갑[鐵甲] ① 쇠로 만든 갑옷. 「~선(船)」② 어떤 물건의 겉에 다른 물질을 흠뻑 칠하여 이룬 겉더께. =칠갑(漆甲). てっこう ① iron armor ② coating

철갑선[鐵甲船] 쇠로 겉을 싸서 만든 병선(兵船). ironclad ship

철강[鐵鋼] 0.035~1.7%의 탄소를 함유하고 있는 철. =강철(鋼鐵). てっこう steel

철갱[鐵坑] 철광석을 파내는 광산의 굴. てっこう iron mine

철거[撤去] 건물·시설 따위를 걷어치워 버림. てっきょ removal

철경고[鐵硬膏] 쇳가루를 섞어서 만든 고약.

철골[徹骨] 뼈에 사무침. piercing into the marrow

철골[鐵骨] ① 건조물의 뼈대가 되는 철재(鐵材). てっこつ ② 굳센 골격. ① steel frame ② strongly-built physique

철골 구조[鐵骨構造] 건축물의 축부(軸部)를 철재(鐵材)로 하는 구조(構造). てっこつこうぞう steel structure

철골태[鐵骨胎] 쇳가루가 섞인 유약을 올려 구운 도자기의 몸.

철공[鐵工] ① 쇠를 다루어 제품을 만드는 일. 「~소(所)」② 철공 일을 하는 직공. てっこう ① ironwork ② ironworker

철관[鐵管] 쇠로 만든 관(管). てっかん iron pipe

철광[鐵鑛] 철을 함유한 광석. 또는 그것이 나는 광산. てっこう iron ore

철교[鐵橋] ① 철도 선로를 깔아 놓은 다리. =철도교(鐵道橋). ② 철재로 가설한 다리. てっきょう ① railway bridge ② iron bridge

① iron legs

철군[撤軍] 주둔하던 군대가 철수함. =철병(撤兵). withdrawal of troops

철권[鐵拳] 쇠같이 단단한 주먹. てっけん fist

철궤[鐵軌] 철도의 궤조(軌條). 레일. てっき rail

철궤[鐵櫃] 철판(鐵板)으로 만든 궤. =금궤(金櫃). iron chest

철귀[撤歸] 거두어 가지고 돌아감. =권귀(捲歸)·철환(撤還). withdrawal

철근[鐵筋] 콘크리트 건조물의 뼈대로 넣는 철재(鐵材). てっきん reinforcing rod

철금[鐵琴] 건반 악기의 한 가지. 강철로 만든 음판을 실로폰처럼 늘어놓아 두들겨서 소리를 냄. てっきん glockenspiel

철기[鐵器] 쇠로 만든 기구. 「~시대(時代)」 てっき ironware

철기[鐵騎] ① 용맹한 기병(騎兵). ② 철갑으로 무장한 기병. てっき ① brave cavalry

철농[撤農] 농사일을 걷어치움. quitting farming

철다각형[凸多角形] 모든 내각(內角)이 180°보다 작은 각으로 된 다각형. 볼록다각형의 구용어. ↔요다각형(凹多角形). とつたかっけい convex polygon

철도[鐵道] ① 선로를 깔고 그 위로 열차를 달리게 하여 여객과 화물을 실어 나르는 육상 교통 기관. ② 철길. =철로(鐵路)·궤조(軌條). てつどう railway

철독[鐵毒] 쇠붙이에 다쳐서 생긴 쇠의 독기. 쇳독. metallic poison

철두철미[徹頭徹尾] 처음부터 끝까지 철저함. てっとうてつ

철락[鐵落] 쇠를 불에 달구어 불릴 때에 떨어지는 부스러기. 쇠똥. iron slag

철로[鐵路] ⇨철도(鐵道). てつろ

철륜[鐵輪] ① 쇠로 만든 바퀴. ② 기차(汽車)의 별칭. てつりん ① iron wheel ② train

철리[哲理] 철학상의 이치. 현묘(玄妙)한 이치. てつり philosophy

철마[鐵馬] 쇠로 만든 말이라는 뜻으로, 기차를 달리 이르는 말. train

철망[鐵網] 철사로 그물처럼 얽은 물건. てつもう wire netting

철면[凸面] 가운데가 불룩 나온 면. ↔요면(凹面). とつめん convex

철면[鐵面] ① 검붉은 얼굴. ② 쇠로 만든 탈. てつめん ① dark-red face ② iron mask

철면경[凸面鏡] 반사면이 볼록한 거울. 볼록거울. とつめんきょう convex mirror

철면피[鐵面皮] 쇠로 된 낯가죽이라는 뜻으로, 뻔뻔스럽고 염치없는 사람을 이르는 말. てつめんぴ brazenness

철모[鐵帽] 전투할 때 머리 부분을 보호하기 위하여 쓰는 쇠로 만든 모자. steel helmet

철문[綴文] 글을 지음. 또는 지은 글. =작문(作文). てつぶん composition

철문[鐵門] 쇠로 만든 문. てつもん iron gate

철물[鐵物] 쇠붙이로 만든 여러 가지 물건. 「～상(商)」 ironware

철물점[鐵物店] 쇠붙이로 만든 여러 가지 물건을 파는 가게. hardware house

철반[鐵盤] 쇠붙이로 만든 쟁반. iron tray

철발[鐵鉢] 쇠붙이로 만든 바리때. てっぱつ mendicant priest's iron bowl

철벽[鐵壁] ① 쇠로 된 벽이라는 뜻으로, 아주 견고한 성벽을 이름. 「금성(金城)～」 ② 매우 튼튼한 방비. 「～ 수비(守備)」 てっぺき ① iron wall ② impregnable fortress

철병[撤兵] ⇨철군(撤軍). てっぺい

철병[鐵瓶] 쇠로 만든 병. てつびん iron bottle

철봉[鐵棒] ① 쇠로 만든 막대기 모양의 물건을 두루 이르는 말. ② 체조 기구의 한 가지. 두 기둥 사이에 쇠막대기를 걸쳐 고정시킨 것. てつぼう ① iron bar ② horizontal bar

철부[哲夫] 어질고 현명한 사람. 또는 그런 남편. てっぷ wise husband

철부[哲婦] 어질고 현명한 부인. =현부(賢婦). てっぷ wise woman

철부지급[轍鮒之急] 수레바퀴 자국에 괸 물에 있는 붕어의 위급함이라는 뜻으로, 곤경이 눈앞에 닥쳤음을 비유하여 이르는 말. てっぷのきゅう emergency

철분[鐵分] 어떤 물질 속에 함유된 철의 성분. てつぶん iron content

철비[鐵扉] 쇠로 만든 문짝. てっぴ iron door

철사[哲士] 어질고 현명한 선비. wise scholar

철사[撤祀] 제사를 마침.

철사[鐵絲] 쇠로 만든 가는 줄.

철삭[鐵索] 여러 가닥의 철사를 꼬아서 만든 줄. 鐵索 てっさく cable

철산[鐵山] 철광석이 나는 광산. =철광(鐵鑛). 鐵山 てつざん iron mine

철상[撤床] 음식상이나 제사상을 치움. 撤床 clearing the table

철상철하[徹上徹下] 위에서 아래까지 사리를 뚫어지게 깨달아 환함. 徹上徹下

철색[鐵色] 검푸르고 약간 흰 빛이 도는 빛깔. 鐵色 てついろ steel blue

철석[鐵石] 쇠와 돌이라는 뜻으로, 의지가 굳고 단단함의 비유. 「~간장(肝腸)」 鐵石 てっせき adamant

철석간:장[鐵石肝腸] 매우 굳고 단단한 의지를 비유하여 이르는 말. =철심석장(鐵心石腸). 肝臟 iron will

철선[鐵船] 단철(鍛鐵)로 만든 배. =철주(鐵舟). 鐵船 てっせん iron vessel

철선[鐵線] ⇨철사(鐵絲). 鐵線 てっせん

철설[鐵屑] 쇠의 부스러기나 가루. てつくず 鐵屑 scrap iron

철성[鐵聲] ①쇠붙이를 두드리거나 서로 부딪쳐서 나는 소리. ②높고 강한 목소리. 鐵聲 ① metallic sound

철소[徹宵] ⇨철야(徹夜). てっしょう 徹宵

철쇄[鐵鎖] ①쇠사슬. てっさ ②서로 만든 자물쇠. 鐵鎖 ① iron chain ② iron lock

철수[撤收] ①거두어들이거나 걷어치움. ②군대가 있던 곳에서 장비나 시설을 거두어 가지고 물러남. てっしゅう 撤收 withdrawal

철수[鐵銹] 쇠붙이에 생기는 붉은 녹. =철의(鐵衣). てっしゅう 鐵銹 iron rust

철습[撤拾] 주워 모음. 綴拾 gathering

철시[撤市] 시장·점포의 문을 닫고 장사를 하지 않음. =철전(撤廛). 撤市 closing up shops

철심[鐵心] ①쇠처럼 굳은 마음. ②어떤 물건의 속에 넣은 쇠로 된 심. てっしん 鐵心 ① adamantine will ② iron core

철심석장[鐵心石腸] ⇨철석간장(鐵石肝腸). 鐵心石腸

철안[鐵案] 변하지 않는 단안(斷案). てつあん 鐵案 immutable conclusion

철야[徹夜] 밤을 새움. =통야(通夜)·철소(徹宵). 「~ 작업(作業)」 てつや 徹夜 all-night vigil

철엽[鐵葉] 대문짝에 장식으로 붙여 박는 얇은 쇳조각. 鐵葉

철옹성[鐵甕城] ①중국 강소성(江蘇省)에 있는 성 이름으로 지형이 항아리처럼 생긴 천연 요새인 데서 붙여진 이름. ②매우 튼튼하게 둘러싼 것. 또는 그런 상태를 비유하는 말. =철옹산성(鐵甕山城). 鐵甕城 ② impregnable fortress

철요[凸凹] 볼록함과 오목함. =요철(凹凸). でこぼこ 凸凹 unevenness

철음[綴音] 모음과 자음이 어울려서 된 소리. てつおん·ていおん 綴音 sound of a syllable

철인[哲人] ①도리에 밝고 지덕(智德)이 뛰어난 사람. ②철학을 전문으로 연구하는 사람. =철학자(哲學者). てつじん 哲人 哲學者 ① wise man ② philosopher

철자[綴字] 자음과 모음 글자를 맞추어 한 글자를 만듦. 綴字

또는 그 글자. 'ㅈ'과 'ㅏ'를 맞추어 '자'를 만드는 따위. てい じ spelling

철자법[綴字法] 말을 글자로 적을 때의 일정한 규칙. 맞춤법. ていじほう rules of spelling

철장[鐵杖] 쇠로 만든 지팡이. =철정(鐵梃). てつじょう iron stick

철장[鐵漿] 한방에서, 무쇠를 물에 담가 우려낸 물을 약재로 이르는 말. 수렴제(收斂劑)로 씀. =철액수(鐵液水). てっしょう

철재[鐵材] 쇠로 된 재료. てつざい iron material

철저[徹底] ① 하는 일에 모자람이나 빈틈이 없이 완전함. ② 일을 끝까지 관철하는 태도가 있음. 「~한 단속(團束)」 てってい thoroughness

철적[轍迹] 수레바퀴가 지나간 자국이라는 뜻으로, 사물의 지나간 흔적을 비유하여 이르는 말. てっせき track

철저[鐵笛] ①㉠태평수(太平簫) ②쇠붙이로 만든 저. てってき ② iron flute

철전[鐵箭] 쇠로 만든 화살. iron arrow

철전[鐵錢] 쇠붙이로 만든 돈. てっせん iron coin

철점[鐵店] 조선 시대 때, 광석을 캐어서 쇠를 불리던 곳. refinery

철정[鐵釘] 쇠로 만든 못. 쇠못. iron nail

철정[鐵鼎] 쇠로 만든 솥. 무쇠솥. iron pot

철제[鐵製] 쇠를 재료로 해서 만듦. 또는 그 물건. 「~의 자(椅子)」 てっせい

철제[鐵劑] 철분을 주성분으로 하는 약제. 강장 조혈제로 쓰임. てつざい ferric medicine

철제[鐵蹄] ① 말굽에 대어 붙이는 쇳조각. 편자. ② 잘 달리는 튼튼한 말을 이르는 말. ててい ① horseshoe ② swift horse

철조[凸彫] 글자나 무늬를 도드라지게 새김. 돋을새김. =양각(陽刻). ↔요조(凹彫). relief

철조[鐵條] 굵은 철사. 「~망(網)」 てつじょう

철조망[鐵條網] 가시철사를 늘여 얼기설기 쳐 놓은 울타리. てつじょうもう barbed wire entanglements

철주[掣肘] 남의 일에 간섭하여 못하게 만듦. せいちゅう restraint

철중쟁쟁[鐵中錚錚] 같은 쇠 붙이 가운데서 부딪는 소리가 유난히 맑게 난다는 뜻으로, 같은 또래 가운데서 유난히 뛰어남의 비유. てっちゅうそうそう outstanding person

철창[鐵窓] ① 쇠창살을 댄 창문. ② 감옥을 달리 이르는 말. 「~ 생활(生活)」 てっそう ① steel-barred window ② prison

철책[鐵柵] 쇠로 만든 울짱. てっさく iron railing

철척[鐵尺] 쇠로 만든 자. 철자. てつじゃく metal ruler

철천[鐵泉] 탄산철(炭酸鐵)·황산철(黃酸鐵)이 함유된 온천. てっせん chalybeate spring

철천지원[徹天之冤] ⇨철천지한(徹天之恨).

철천지한[徹天之恨] 하늘에 사무치는 원한. =철천지원(徹天之冤). lasting regret

철추[鐵鎚·鐵椎] ⇨철퇴(鐵槌). てっつい

철칙[鐵則] 변경하거나 어길 수 없는 엄한 규칙. てっそく iron rule

철탄[鐵彈] 엽총 따위에 재어서 쓰는, 잘게 만든 탄알. 처란. pellet

철탑[鐵塔] ① 철골이나 철주를 써서 만든 탑. ② 무거운 전선(電線)을 받치기 위해 세운 쇠기둥. てっとう ① steel tower ② pylon

철탑[鐵搭] 쇠로 서너 개의 발을 만들고 자루를 박은 갈퀴 모양의 농구(農具). 쇠스랑. rake

철통[鐵通] 담뱃대의 마디를 뚫는 데 쓰는 송곳. =통철(通鐵). gimlet

철통[鐵桶] ① 쇠로 만든 통. ② 몹시 견고함의 비유. 「~같은 경비(警備)」 てっとう ① steel tub ② adamant

철퇴[撤退] 진지(陣地) 따위를 거두어 물러감. =철수(撤收). てったい evacuation

철퇴[鐵槌] ① 쇠몽둥이. ② 옛 병장기(兵仗器)의 한 가지. 끝이 둥글고 울퉁불퉁한 쇠몽둥이. =철추(鐵椎). てっつい·かなづち ① iron hammer

철파[撤罷] ⇨철폐(撤廢).

철판[凸版] 판면(版面)에 도도록하게 도드라진 부분에 잉크를 묻혀서 인쇄하는 인쇄판. 목판(木版)·활판(活版) 따위. ↔요판(凹版). とっぱん·てついた relief printing

철판[鐵板] 쇠로 된 넓은 널. てっぱん·てついた iron plate

철편[鐵片] 쇠붙이의 조각. 쇳조각. てっぺん piece of iron

철편[鐵鞭] ① 쇠로 된 채찍. ② 지난날, 포교(捕校)가 쓰던, 고들개가 달린 형구. ① iron whip

철폐[撤廢] 어떤 제도나 법규 따위를 걷어치워서 없앰. =철파(撤罷). てっぱい abolition

철폐[鐵肺] ① 소아마비 따위로 호흡이 곤란한 사람에게 인공적으로 호흡을 시키는 기계. ② 철분이 들어가서 쌓인 폐. 철공(鐵工)들에게 흔히 나타남. てっぱい ① iron lung

철포[撤捕] 체포령(逮捕令)을 거두어들임. withdrawal of a warrant of arrest

철포[鐵砲] 대포·소총 따위의 총칭. てっぽう gun

철필[鐵筆] ① 쇠붙이로 만든 필기구. 펜. ② 등사판의 원지를 긁는 송곳 모양의 쇠붓. てっぴつ ① pen ② stylus

철필화[鐵筆畫] 철필로 그린 그림.

철학[哲學] 세계·인생의 근본 원리를 탐구하는 학문. てつがく philosophy

철한[鐵漢] 뜻이 굳은 남자.

철혈[鐵血] 쇠와 피라는 뜻으로, 군비(軍備)와 병력(兵力)을 뜻하는 말. てっけつ blood and iron

철혈 정략[鐵血政略] 군비를 확장함으로써 국권을 신장(伸張)하려 하는 정략. てっけつせいりゃく blood and iron policy

철혈 정치[鐵血政治] 군비를 확장하여 무력으로 다스리는 정치. てっけつせいじ

철형[凸形] 가운데가 볼록한 모양. ↔요형(凹形). とつがた convexity

철화[鐵火] ① 시뻘겋게 단 쇠. 鉄火 ② 총을 쏠 때, 총부리에서 번쩍이는 불빛. =총화(銃火). 銃火 ③ 칼과 총을 달리 이르는 말. てっか ① red-hot iron ② gunfire ③ swords and guns

철환[撤還] 거두어 가지고 돌아 撤還 감. =철귀(撤歸). withdrawal

철환[轍環] 수레를 타고 돌아 轍還 다님. wandering by a cart

철회[撤回] 일단 제출했던 것이 撤回 나 주장했던 것을 거두어들이거나 취소함. てっかい withdrawal

철효[徹曉] 새벽까지 자지 않고 徹曉 밤을 새움. all-night sitting

첨[尖]☆ 뾰족할 첨: 뾰족하다. 날카롭다. 「尖端(첨단)·尖頭(첨두)·尖形(첨형)·尖銳(첨예)·尖叉(첨차)·尖塔(첨탑)」 尖銳 セン·とがる

첨[添]☆ 더할 첨: 더하다. 보태다. 「添加(첨가)·添病(첨병)·添加 添設(첨설)·添罪(첨죄)·添酌 添酌 (첨작)」 テン·そえる

첨[僉] 여러 첨·여럿. 모두 다 「僉位(첨위)·僉員(첨원)·僉議 僉位 (첨의)·僉意(첨의)」 セン·みな

첨[:諂] 아첨할 첨: 아첨하다. 아양떨다. 「諂佞(첨녕)·諂笑 諂佞 (첨소)·阿諂(아첨)」 テン·へつらう

첨[檐] "簷"은 同字. ① 추녀 첨: 추녀. 처마. 「檐端(첨단)·檐 檐端 鈴(첨령)·檐雨(첨우)·檐下(첨 檐下 하)」② 멜 담: 짊어지다. 「檐 竿(담간)」 エン ① のき

첨[瞻] 쳐다볼 첨: 쳐다보다. 「瞻望(첨망)·瞻拜(첨배)·瞻仰 瞻仰 (첨앙)·瞻戴(첨대)·瞻眺(첨조)」 セン

첨[簷] "檐"과 同字. 처마 첨: 처마. 추녀.「簷端(첨단)」 簷端

첨[簽] 서명할 첨: 이름을 써 넣다. 표시하다.「簽名(첨명) 簽名 ·簽記(첨기)·簽書(첨서)」 セン

첨[籤] ① 점대 첨: 점대. 「籤 辭(첨사)·籤筒(첨통)·抽籤(추 抽籤 첨)」② 써붙일 첨: 써서 붙이다. 표시하다.「籤紙(첨지)」 セン ① くじ

첨가[添加] 덧붙임. 보태어 넣 添加 음. てんか addition

첨단[尖端] ① 물건의 뾰족한 尖端 끝. ② 시대 사조나 유행 따위의 맨 앞장.「流行(유행)의 ～」 せんたん
① pointed end ② vanguard

첨단[檐端] 처마끝. 檐端 end of the eaves

첨단 거:대증[尖端巨大症] 尖端 뼈끝·손가락 끝·아래턱·코· 巨大症 입술 따위가 정상 이상으로 커지는 질병. =첨단 비대증(尖端肥大症). acromegaly

첨단 비:대증[尖端肥大症] 尖端 ⇨첨단 거대증(尖端巨大症). 肥大症

첨례[瞻禮] 가톨릭에서, '축일 瞻禮 (祝日)'의 구용어.

첨리[尖利] 뾰족하고 날카로 尖利 움. =첨예(尖銳). sharpness

첨망[瞻望] 멀리 바라보거나 우 瞻望 러러봄. せんぼう looking up

첨미[尖尾] 뾰족한 물건의 맨 尖尾 끝. pointed end

첨배[添杯] 술이 들어 있는 잔 添杯 에 술을 더 따름. =첨잔(添盞). 添盞

첨배[瞻拜] 선조·선현(先賢)의 瞻拜 묘소나 사우(祠宇)에 배례함.

첨병[尖兵] 행군할 때, 부대의 尖兵 맨 앞에서 적정(敵情)을 살피 敵情 며 경계하는 병사. 또는 그 부대. せんぺい scout

첨병[添病] 어떤 병에 다른 병 添病 이 겹침. =첨증(添症). complication

첨보[添補] 더하여 보충함. supplement

첨봉[尖峰] 매우 뾰족한 산봉우리. 센뽀우 peak

첨부[添附] 서류 따위에 더 보태거나 덧붙임. 텐뿌 appending

첨사[僉使] 첨절제사(僉節制使)의 준말.

첨삭[添削] 시문(詩文) 따위를 자구(字句)를 더하거나 빼거나 하여 고침. =증산(增刪). 텐사쿠 correction

첨산[添算] 정한 것 외에 더 보태어 셈을 함. addition

첨서[添書] 원본(原本)에 글을 더 써서 넣음. 소에쇼 · 텐쇼 additional note

첨성대[瞻星臺] 신라 선덕 여왕 때 축조한, 동양에서 가장 오래 된 천문 관측대. 국보 제31호.

첨시[瞻視] 바라봄. 센시 looking

첨앙[瞻仰] 우러러봄. 우러러 사모함. 센교우 looking up

첨예[尖銳] ① 뾰족하고 날카로움. =첨리(尖利). ② 사상이나 행동이 급진적이고 과격함. 센에이
① sharpness ② being radical

첨예 분자[尖銳分子] 어떤 집단 안에서 급진적이거나 과격한 태도를 가진 구성원. 센에이분시 radical

첨예화[尖銳化] ① 날카로워짐. ② 사상이나 행동 따위가 급진적으로 됨. 센에이카
① becoming acute

첨원[尖圓] 끝이 뾰족하고 둥긂. spire

첨위[僉位] 여러분. =첨원(僉員) · 제위(諸位). ladies and gentlemen

첨:유[諂諛] 알랑거리며 아첨함. 텐유 flattery

첨의[僉意] 여러 사람의 의향. majority opinion

첨의[僉議] 여러 사람의 의논. 센기 general consultation

첨의순동[僉議詢同] 여러 사람의 의논이 다 같음. unanimity

첨입[添入] 더 들어감. 더 보태어 넣음. addition

첨작[添酌] 제사 때, 종헌(終獻)으로 올린 술잔에 술을 더 따라 붓는 일.

첨잔[添盞] ⇨첨배(添杯).

첨절제사[僉節制使] 조선 때, 각 진영(鎭營)에 속했던 종삼품의 무관 벼슬. 준첨사(僉使).

첨정[添丁] 장정을 더한다는 뜻으로, 아들을 낳음을 이름. =생남(生男). birth of a son

첨죄[添罪] 죄가 있는 사람이 또 죄를 저지름. recommittal

첨증[添症] ⇨첨병(添病).

첨증[添增] 더 늘거나 더하여 늘림. increment

첨지[僉知] ① 첨지중추부사(僉知中樞府事)의 준말. ② 성 다음에 붙이어, 나이 많은 남자를 홀하게 이르는 말.

첨지[籤紙] 책 따위에 무엇을 표하기 위하여 붙이는 쪽지. paper bookmark

첨지중추부사[僉知中樞府事] 조선 때, 중추부의 정삼품 당상관(堂上官) 벼슬. 준첨지(僉知).

첨채[甜菜] 명아주과의 이년초. 뿌리의 즙을 고아 사탕을 만듦. 사탕무. sugar beet

첨치[添齒] 나이가 한 살 더 많아짐.

첨탑[尖塔] 뾰족한 탑. 센토

첨하[檐下] 처마의 밑. 처마 아래. under the eaves

첨한[添翰] 무엇을 보낼 때 첨부하는 편지.

첨형[尖形] 끝이 뾰족한 형태. せんけい pointed form

첩[妾] ① 첩 첩: 첩. 「妾婦(첩부)·妾室(첩실)·妾御(첩어)·妾子(첩자)·賤妾(천첩)」② 저 첩: 나. 부녀자가 스스로를 낮추어 이르는 대명사. 「賤妾(천첩)·小妾(소첩)」 ショウ ① めかけ ② わらわ

첩[帖] ① 문서 첩: 문서. 장부. 「帖子(첩자)·手帖(수첩)·法帖(법첩)·畫帖(화첩)」② 편안할 첩: 평온하고 무사하다. 「安帖(타첩)」 ジョウ·チョウ

첩[捷] ① 이길 첩: 이기다. 승리하다. 「捷報(첩보)·捷聞(첩문)·戰捷(전첩)」② 빠를 첩: 빠르다. 「捷速(첩속)·捷徑(첩경)·敏捷(민첩)」 ショウ ① かつ ② はやい

첩[貼] 붙일 첩: 붙이다. 「貼付(첩부)·貼用(첩용)·貼藥(첩약)」 チョウ·はる

첩[牒] 문서 첩: 문서. 장부. 편지. 「牒紙(첩지)·牒報(첩보)·通牒(통첩)·移牒(이첩)·請牒(청첩)」 チョウ·ふだ

첩[睫] 속눈썹 첩: 속눈썹. 「睫毛(첩모)」 ショウ·まつげ

첩[諜] 염탐할 첩: 염탐하다. 「諜者(첩자)·諜報(첩보)·間諜(간첩)·防諜(방첩)」 チョウ·まわしもの

첩[疊] 거듭 첩: 거듭. 「疊疊(첩첩)·疊書(첩서)·重疊(중첩)」 ジョウ·たたむ·たたみ

첩경[捷徑] ① 질러서 빨리 가는 길. 지름길. =첩로(捷路).

② 쉽고 빠른 방법. しょうけい ① shortcut ② shorter way

첩로[捷路] 지름길. =첩경(捷徑). しょうろ shortcut

첩리[捷利] 매우 재빠르고 날램. alacrity

첩모[睫毛] 눈시울에 난 털. 속눈썹. まつげ eyelashes

첩보[捷報] 싸움에 이겼다는 보고나 소식. =승보(勝報). しょうほう news of a victory

첩보[牒報] 조선 시대 때, 상관에게 서면으로 보고하던 일. 또는 그 보고. written report to one's superior

첩보[諜報] 적의 형편을 염탐하여 알려 줌. 또는 그 보고. ちょうほう. secret information

첩부[貼付] 착 널따랗게 붙임. ちょうふ pasting on

첩서[捷書] 싸움에 이겼음을 보고하는 글. 첩보(捷報)의 글. しょうしょ

첩서[疊書] 글을 쓸 때, 잘못하여 같은 글귀나 글자를 거듭 씀 double writing

첩속[捷速] 민첩하고 빠름. しょうそく swiftness

첩수로[捷水路] 내나 강의 물줄기를 바로잡기 위해 굽은 곳을 막고 새로 곧게 뚫은 물길.

첩실[妾室] 남의 첩을 점잖게 이르는 말. =소실(小室). concubine

첩약[貼藥] 여러 가지 약재를 약방문에 따라 섞어 지어서 약봉지에 싼 한약. pack of prepared herb medicine

첩어[疊語] 같거나 비슷한 음의 단어를 반복적으로 결합한 단어. '이리저리·철썩철썩' 따위. じょうご

첩운[疊韻] ① 한시에서, 같은

운자(韻字)를 거듭 쓰는 일. ② 한자 어휘에서, 두 자 또는 몇 자가 모두 운이 같은 것. じょういん

첩자[妾子] 첩이 낳은 아들. =얼자(孼子)·서자(庶子). by-blow

첩자[諜者] 적국의 내정(內情)을 염탐하는 사람. 스파이. =간첩(間諜)·간자(間者). ちょうじゃ spy

첩재[疊載] 같은 사실을 거듭 기재함. 중복(重複)하여 기재함. double record

첩지[諜知] 적국의 내정(內情)을 염탐하여 비밀을 알아냄. ちょうち spying

첩첩[疊疊] 겹겹이 쌓이거나 겹쳐진 모양. 「~산중(山中)」じょうじょう in heaps

첩첩이구[喋喋利口] 거침없이 잘하는 말솜씨.

첩출[疊出] 같은 사물이 거듭 나옴. =중출(重出).

첩쾌[捷快] 민첩하고 약삭빠름. しょうかい quickness

첩화[貼花] 도자기를 굽는 데, 그 몸과 같은 감으로 여러 모양을 만들어 붙인 무늬.

청[靑]* ① 푸를 청: 푸르다. 「靑瞳(청동)·靑蓮(청련)·靑絲(청사)·靑鳥(청조)·靑竹(청죽)」② 젊을 청: 나이가 젊다. 「靑年(청년)·靑春(청춘)」セイ·ショウ ① あお

청[淸]* ① 맑을 청: 맑다. 「淸朗(청랑)·淸水(청수)·淸秋(청추)·淸楚(청초)·淸潔(청결)·淸掃(청소)·淸新(청신)」② 청렴할 청: 청렴하다. 「淸廉(청렴)·淸貧(청빈)·淸心(청심)」セイ ① きよい

청[晴]* 갤 청: 날이 개다. 「晴天(청천)·晴雨(청우)·晴曇(청담)」セイ·はれる

청[蜻] ① 귀뚜라미 청: 귀뚜라미. 「蜻蚓(청렬)」② 잠자리 청: 잠자리. 「蜻蛉(청령)·蜻蜓(청정)」セイ

청[請]* 청할 청: 청하다. 요구하다. 「請求(청구)·請願(청원)·請暇(청가)」セイ·シン·こう

청:[聽]* 들을 청: 듣다. 「聽聞(청문)·聽覺(청각)·聽取(청취)·聽診(청진)·聽衆(청중)·視聽(시청)」チョウ·きく

청:[廳]☆ ① 관청 청: 관청. 「廳舍(청사)·官廳(관청)·市廳(시청)」② 대청 청: 큰 마루. 「大廳(대청)」チョウ

청가[請暇] 말미를 청함. =청유(請由). せいか application for leave

청각[靑角] 청각채(靑角菜)의 준말.

청:각[聽覺] 소리를 느끼는 감각. =청감(聽感). ちょうかく auditory sense

청:각기[聽覺器] 청각 작용을 맡은 기관. =청관(聽官). ちょうかくき auditory organ

청각채[靑角菜] 청각과의 바닷말. 몸은 너더댓 번 가랑이져서 사슴뿔 모양과 비슷하며 짙은 녹색을 띰. 김치의 고명으로 쓰임. =녹각채(鹿角菜). ㉰청각(靑角). glue plant

청:감[聽感] ⇨청각(聽覺). ちょうかん

청:강[聽講] 강의를 들음. 「~생(生)」ちょうこう attendance at a lecture

청:강생[聽講生] 대학에서, 그 학교의 정규 학생이 아니면서 청강만을 허락받은 학생. ちょ

うこうせい irregular student

청강석[靑剛石] 푸른 바탕에 검푸른 무늬가 있는, 단단한 옥돌.

청강수[靑剛水] 염화수소의 수용액. =염산(鹽酸). hydrochloric acid

청객[請客] 손을 청함. 또는 그 손. invitation

청검[淸儉] 청렴하고 검소함. integrity

청결[淸潔] 맑고 깨끗함. 세이 켓 cleanliness

청:결[聽決] 송사(訟事)를 듣고서 판결을 내림.

청경[靑莖] 말린 무청. 시래기. dried radish leaves

청경우:독[晴耕雨讀] 갠 날은 논밭을 갈고, 비가 내리는 날은 글을 읽는다는 뜻에서, 부지런히 일하면서 틈나는 대로 공부함을 이르는 말. せいこううどく

청계[淸溪] 맑은 시내. =청간(淸澗). clear stream

청고[淸高] 사람됨이 맑고 고상함. purity and loftiness

청공[靑空] 푸른 하늘. =청천(靑天). あおぞら blue sky

청공[晴空] 갠 하늘. =청천(晴天). せいくう clear sky

청과[靑瓜] 빛깔이 푸른 참외. 청참외. green melon

청과[靑果] ① 신선한 채소와 과일의 총칭. 「~물(物)」せいか ② 감람(橄欖)나무의 열매. ① vegetables and fruits

청과맥[靑顆麥] 보리의 한 종류로 까끄라기가 짧고 껍질이 잘 벗겨짐. 쌀보리.

청:관[聽官] ⇨청각기(聽覺器). ちょうかん

청광[淸光] 맑은 빛. 깨끗하고 밝은 빛. せいこう light ray

청교도[淸敎徒] 16세기 후반에, 영국 교회에 항거하여 일어난 프로테스탄트(Protestant)의 종단(宗團). せいきょうと Puritan

청구[靑丘·靑邱] 지난날, 중국에서 우리 나라를 이르던 말.

청구[請求] 달라고 요구함. 「~권(權)」せいきゅう demand

청국장[淸麴醬] 푹 삶은 콩을 띄워서 만든 된장의 한 가지. fermented soybeans

청군[靑軍] 운동 경기 따위에서, 편을 나눌 때 푸른 빛깔의 상징물을 이용하는 쪽의 편.

청규[淸閨] 부녀가 거처하는 깨끗하고 조촐한 방.

청규[聽規] 관청의 내규(內規). ちょうき

청귤[靑橘] 익지 않은 푸른 귤. unripe orange

청근[菁根] 무. 「~ 생채(生菜)」 radish

청기[靑氣] 푸른 기운.

청기[靑旗] 푸른 빛깔의 기. blue flag

청기[請期] 육례(六禮)의 하나. 납폐한 뒤에 신랑집에서 혼인할 날을 잡아 그 가부를 묻는 편지를 신부집으로 보내는 일.

청납[淸納] 세금을 깨끗이 다 냄. full payment

청:납[聽納] 남의 말을 잘 들어서 받아들임. ちょうのう

청년[靑年] 20세에서 30세 가량의 젊은이. 「~단(團)」せいねん youth

청단[淸旦] 맑게 갠 아침.

청:단[聽斷] 송사(訟事)를 들어서 판단함. ちょうだん judgment

청담[靑潭] 맑고 깊은 못. 세

청담[淸淡] ① 마음이 깨끗하고 담박함. ② 빛깔이 맑고 깨끗함. ③ 맛이 느끼하지 않고 산뜻함. ① probity ②③ lightness

청담[淸談] 속되지 않고 고상한 이야기. =청화(淸話). せいだん

청담[晴曇] 날씨의 맑음과 흐림. せいどん clearness and cloudiness

청대[請待] 손을 청하여 대접함. reception

청덕[淸德] 청렴 결백한 덕행.

청동[靑桐] ⇨벽오동(碧梧桐). あおぎり

청동[靑銅] 구리와 주석의 합금. 「~기(器)」 せいどう bronze

청동[靑瞳] 푸른 눈동자. blue eyes

청동기 시대[靑銅器時代] 인류의 발전 과정에서 신석기(新石器) 시대 다음에 온 시대. 청동으로 만든 연모를 사용했음. せいどうきじだい the Bronze Age

청득[請得] 청탁하여 허락을 얻음.

청람[靑藍] 쪽 잎에 들어 있는 천연 색소. 물과 알칼리에 잘 녹지 않는 푸른 가루로, 감색의 물감으로 쓰임. せいらん indigo

청람[淸覽] 편지 따위를 남에게 보일 때, 님을 높이어 그가 보아 줌을 이르는 말. せいらん

청람[晴嵐] 화창한 날에 아른거리는 아지랑이. せいらん shimmering of heated air

청랑[晴朗] 날씨가 맑고 화창함. せいろう clear and fine

청랭[淸冷] 맑고 시원함. せいれい

청량[淸亮] 소리가 맑고 깨끗함. せいりょう

청량[淸涼] 맑고 서늘함. せいりょう being clear and cool

청량 음:료[淸涼飮料] 탄산가스가 들어 있어 맛이 상쾌하고 시원한 음료수. せいりょういんりょう refreshing drink

청량제[淸涼劑] 기분을 상쾌하게 하는 약제. せいりょうざい refrigerant

청:력[聽力] 소리를 듣는 능력. ちょうりょく audition

청련[淸漣] 물이 맑고 잔잔함. せいれん clearness and calmness

청렬[淸洌] 물 따위가 맑고 참. せいれつ clearness and coolness

청렴[淸廉] 마음이 맑고 깨끗하여 욕심이 없음. 「~ 결백(潔白)」 せいれん integrity

청령[蜻蛉] 잠자리. せいれい dragonfly

청록[靑鹿] 사슴과의 짐승. 사슴과 비슷하게 생겼으나 사슴보다 조금 작고, 암수 모두 뿔이 없음. 고라니. あおじかし

청록[靑綠] 녹색과 파랑의 중간색. =청록색(靑綠色). あおみどり bluish green

청뢰[淸籟] 맑은 바람 소리.

청룡[靑龍] ① 푸른빛을 띤 용. ② 민속에서, 동쪽 방위의 목(木) 기운을 맡은 태세신(太歲神)을 상징하는 짐승. 용의 형상을 하고 무덤과 관의 왼쪽에 그렸음. ③ 묏자리에서, 주산(主山)에서 갈리어 나간 왼쪽 산줄기. =좌청룡(左靑龍). せいりょう

청룡도[靑龍刀] 청룡 언월도(靑龍偃月刀)의 준말. せいりゅ

うとう

청룡 언:월도[靑龍偃月刀] 옛날 중국 무기의 한 가지. 청룡이 그려져 있는 초승달 모양의 칼. 줄청룡도(靑龍刀).
　　　　　Chinese broadsword

청루[靑樓] 창기의 집. =기루(妓樓). せいろう　brothel

청루주사[靑樓酒肆] 술집・기생집 따위를 통틀어 이르는 말. せいろうしゅし

청류[淸流] 맑게 흐르는 물. ↔탁류(濁流). せいりゅう
　　　　　clear stream

청리[靑梨] 배의 한 품종. 껍질 빛이 푸르며 물기가 많음. 청술레.

청리[淸吏] 청렴한 관리. =염리(廉吏). ↔오리(汚吏). せいり
　　　　　honest official

청매[靑梅] 매화나무의 푸른 열매. あおうめ

청매[請賣] 물건을 받아서 팖.

청맹[靑盲] 겉으로 보기에는 멀쩡하나 앞을 보지 못하는 눈. 또는 그런 사람. 청맹과니. せいもう　amaurosis

청명[淸明] ①날씨가 맑고 깨끗함. ②이십사 절기의 하나. 양력으로 4월 5일경. せいめい　① fineness

청:문[聽聞] ①설교나 강의 따위를 들음. ②의견을 묻고 듣고 함. 「~회(會)」ちょうもん ③들리는 소문. ① audition

청:문회[聽聞會・聽問會] 국회나 행정 기관이 국정에 관한 중요한 안건의 심사에 필요한 경우, 증인・감정인・참고인으로부터 증언・진술을 들을 수 있도록 한 제도. ちょうもんかい　hearing

청미[靑米] 현미에 섞인, 덜 익어 푸른 빛깔을 띤 쌀. 청치.

청민[淸敏] 마음이 깨끗하고 총명함.

청밀[淸蜜] 꿀. 벌꿀. honey

청반[靑礬] 황산제일철(黃酸第一鐵)의 속칭. =녹반(綠礬).

청백[淸白] 청렴하고 결백함. 「~리(吏)」せいはく
　　　　　uprightness

청백리[淸白吏] 청렴한 관리.
　　　　　upright official

청백미[淸白米] 희고 깨끗이 쓿은 쌀. polished rice

청병[請兵] 원병(援兵)을 청함.
　　　　　requesting troops

청복[淸福] 청한(淸閑)한 복. 좋은 복. せいふく

청부[請負] ⇨도급(都給). うけおい

청부[廳夫] 관청의 인부.
　　　　　office laborer

청빈[淸貧] 청백하여 가난함. せいひん　honest poverty

청빈[請賓] 잔치 따위에 손을 청함. =청객(請客). invitation

청사[靑史] 역사. 역사(史書). 「~에 빛나다」せいし　history

청사[廳舍] 관청의 건물. ちょうしゃ
　　　　　government office building

청사등롱[靑紗燈籠] 푸른 운문사(雲紋紗)로 꾸민 등롱.
　　　　　red-and-blue gauze lantern

청사진[靑寫眞] ①청색 사진(靑色寫眞)의 준말. ②미래에 대한 계획이나 구상을 이르는 말. あおじゃしん ② blueprint

청산[靑山] 초목이 무성하여 푸른 산. せいざん
　　　　　green mountains

청산[靑酸] 독성이 있는 무색(無色)의 휘발성 액체. 살충제・유기물의 합성 등에 쓰임. 시

안화수소. せいさん　cyanic acid

청산[淸算] ① 상호간의 채권·채무 관계를 셈하여 깨끗이 처리함. せいさん ② 지나간 생활 태도를 탈피하여 새로운 자세를 가짐. ① clearing

청산가리[靑酸加里] 조해성(潮解性)이 강한 무색의 결정. 맹독성으로 야금(冶金)·분석 시약·농약 제조 등에 쓰임. 시안화칼륨. せいさんカリ　potassium cyanide

청산염[靑酸鹽] 시안(cyan)과 금속의 화합물. 금은의 야금(冶金)·전기 도금 따위에 이용됨. 시안화나트륨. せいさんえん　prussiate

청산유수[靑山流水] 말을 유창하게 잘함의 비유. eloquence

청산인[淸算人] 법인(法人) 또는 기타의 단체가 해산하여 청산을 하는 경우에, 그 청산 사무를 집행하는 사람. せいさんにん　liquidator

청상[淸爽] 맑고 시원함. せいそう　refreshingness

청상[廳上] 대청의 위.

청상 과:부[靑孀寡婦] 아주 젊어서 홀로 된 부인(婦人). 준 청상(靑孀). young widow

청색[靑色] 푸른 빛깔. あおいろ·せいしょく　blue

청색병[靑色病] 선천성 심장 질환으로 피부나 가시 점막(可視粘膜)이 정자색(靑紫色)을 띠는 병의 총칭. あおいろびょう

청색 사진[靑色寫眞] 설계도 따위를 복사하는 데 쓰이는 사진의 한 가지. 푸른 바탕에 그림이나 글씨가 희게 나타남. 준 청사진(靑寫眞).

청서[靑書] 영국 의회의 보고서. 그 표지가 푸른 데서 붙여진 이름임. せいしょ　blue book

청서[淸書] ⇨정서(淨書). せいしょ

청석[靑石] 푸른빛을 띤 응회암(凝灰巖). 실내 장식 따위에 쓰임. あおいし

청설[淸雪] 분하거나 치욕스러웠던 것을 깨끗이 씻어 버림. 설욕(雪辱)함.

청세[淸世] 잘 다스려진 세상. 태평한 세상. せいせい　peaceful world

청소[靑素] 금·은·수은 따위의 시안화물의 열분해로 얻는 무색의 기체. 특이한 냄새와 독성이 있음. 시안(cyan). せいそ

청소[淸宵] 맑게 갠 날의 밤. =청야(淸夜). せいしょう　clear night

청소[淸掃] 깨끗이 쓸고 닦음. =쇄소(灑掃). せいそう　cleaning

청송[靑松] 푸른 솔. =취송(翠松). せいしょう　green pine

청:송[聽訟] 송사를 심리(審理)함. hearing a lawsuit

청수[淸水] 맑고 깨끗한 물. ↔탁수(濁水). せいすい·しみず　clear water

청수[淸秀] 얼굴이 깨끗하고 빼어남. せいしゅう　handsomeness

청순[淸純] 깨끗하고 순수함. せいじゅん　purity

청신[淸晨] 맑은 첫새벽. せいしん

청신[淸新] 깨끗하고 산뜻함. せいしん　freshness

청:신경[聽神經] 내이(內耳)에 분포되어 있는, 청각(聽覺)과 평형 감각을 뇌에 전하는 감각 신경. =제팔 뇌신경(第八

청신호[靑信號] ① 교통 신호의 한 가지. 통행해도 좋음을 나타냄. ② 앞일에 대한 순조로운 징조의 비유. ↔적신호(赤信號). あおしんごう ① green light

청심[淸心] ① 마음을 깨끗하게 가짐. ② 한방에서, 심경(心經)의 열을 풀어 버림을 이르는 말. 「~환(丸)」せいしん ① pure heart

청심제[淸心劑] 심경(心經)의 열을 푸는 데 쓰는 약제(藥劑).

청아[靑蛾] ① 푸르고 아름다운 눈썹. ② 미인의 비유. せいが

청아[淸雅] 맑고 우아(優雅)함. せいが elegance

청안[靑眼] 친밀한 감정으로 반갑게 대하는 눈. ↔백안(白眼). 「~시(視)」せいがん

청알[請謁] 직접 만나 뵙기를 청함. せいえつ begging for audience

청야[淸夜] ⇨청소(淸宵). せいや

청:야[聽野] 소리를 들을 수 있는 범위. field of hearing

청약[請約] 계약을 신청하는 일. subscription

청양[淸陽] 화창하고 따뜻하다는 뜻으로, 봄을 이르는 말. spring

청어[靑魚] 청어과의 바닷물고기. 비웃. herring

청어[鯖魚] 고등어과의 바닷물고기. 고등어. さば mackerel

청연[淸鉛] 구리와 아연이 섞인 황산염(黃酸鹽)의 광물.

청염[靑鹽] 염소와 암모니아의 화합물. =강염(羌鹽)·호염(胡鹽).

청옥[靑玉] 푸른빛이 나는 옥과 비슷한 돌. せいぎょく sapphire

청와[靑瓦] 푸른 빛깔의 기와. 청기와. blue tile

청와[靑蛙] 청개구리. 또는 참개구리. あおがえる hyla

청완[淸婉] 깨끗하고 예쁨. せいえん purity and beauty

청요[請邀] 남을 청하여 맞아들임. invitation

청우[晴雨] 날이 갬과 비가 내림. 청천(晴天)과 우천(雨天). =우양(雨暘)·우청(雨晴). せいう fine or rainy weather

청우계[晴雨計] 기압의 높낮이로 청우(晴雨)를 판정하는 계기. =풍우계(風雨計). せいうけい barometer

청운[靑雲] ① 푸른 구름 ② 세상에 이름을 떨치는 명예나 벼슬. 「~의 뜻을 품다」せいうん ② high offices

청원[請援] 도와주기를 요청함. asking help

청원[請願] 무슨 일이 이루어지도록 청하고 원함. 「~서(書)」せいがん petition

청유[淸遊] 풍치 있고 고상한 놀이. せいゆう pleasure excursion

청유[請由] 말미를 청함. =청가(請暇).

청유문[請誘文] 말하는 이가 듣는 이에게 같이 행동할 것을 청하는 내용의 문장. 용언의 청유형 종결 어미로 끝맺는 형식임.

청유형[請誘形] 무엇을 같이 하자고 권하는 형식의 종결 어미의 꼴. '~자·~세·~ㅂ시다' 따위.

청음[淸音] ① 맑고 깨끗한 소리. ② 성대를 진동시키지 않

고 내는 소리. 안울림소리. = 무성음(無聲音). ↔탁음(濁音). せいおん ① clear voice ② voiceless sound

청음[淸陰] 소나무나 대나무 따위의 그늘. せいいん shade of a bamboo[pine tree]

청:음[聽音] 음악의 기초 훈련의 하나. 리듬·곡조·하모니 따위를 듣고 악보에 받아쓰는 일. ちょうおん

청:음기[聽音機] 비행기나 잠수함 등이 내는 소리를 듣고, 그 방향이나 위치를 탐지하는 기계. ちょうおんき sound detector

청의[請議] 다수의 의견으로 결정하기를 청함.

청:이불문[聽而不聞] 듣고도 못 들은 체함. =청약불문(聽若不聞). turning deaf ears

청일[淸逸] 맑고 속되지 아니함. せいいつ purity

청자[靑瓷] 푸른 빛깔의 자기(磁器). せいじ·あおじ celadon

청:자[聽者] 듣는 사람. ↔화자(話者).

청장[淸帳] 지난날, 조세나 빚 따위를 깨끗이 청산함을 이르던 말. clearing off an account

청장[淸醬] 맑은 장. 진하지 않은 간장.

청장[請狀] 청첩장(請牒狀)의 준말.

청:장[廳長] 청(廳)자가 붙은 기관의 책임자. ちょうちょう

청장년[靑壯年] 청년과 장년. せいそうねん

청절[淸絶] 더할 수 없이 맑기나 깨끗함. せいぜつ integrity

청절[淸節] 깨끗한 정조. 결백한 절조(節操). せいせつ integrity

청정[淸淨] ① 맑고 깨끗함. ② 불교에서, 죄가 없어 깨끗함. せいじょう·しょうじょう ① purity ② innocence

청:정[聽政] 지난날, 임금이 신하들이 제기하는 정사(政事)를 듣고 처리하던 일. 「수렴(垂簾)~」 ちょうせい

청정미[靑精米] 이삭에 털이 있고 알이 잘며, 빛이 푸른 차조의 한 가지. 생동쌀. =청량미(靑粱米). 「~엿」

청정수[淸淨水] 불교에서, 다기에 담아 부처 앞에 올리는 물을 이르는 말. せいじょうすい

청조[靑鳥] ① 참샛과의 새로, 참새보다 조금 크며 애완용으로 기름. 고지새. ② 푸른 빛깔의 새. ③ 반가운 편지를 이르는 말. せいちょう

청조[淸操] 깨끗한 정조. 결백한 지조. せいそう pure chastity

청:종[聽從] 이르는 대로 잘 들어 좇음. ちょうじゅう obeying

청주[淸酒] ① 맑은술. ↔탁주(濁酒). ② 일본식으로 빚은 맑은 술. せいしゅ refined rice wine

청죽[靑竹] ① 푸른 대나무. =취죽(翠竹). ② 베어서 아직 마르지 않은 대나무. あおだけ ① green bamboo

청:중[聽衆] 강연이나 연설 등을 듣는 군중. ちょうしゅう audience

정직[淸直] 청렴하고 정직함. uprightness

청:진[聽診] 환자의 몸 안에서 나는 심장·호흡·흉막·동맥 등의 소리를 듣고 병증을 진단함. 「~기(器)」 ちょうしん auscultation

청ː진기[聽診器] 환자의 몸 안에서 나는 소리를 듣고 병증을 진단하는 데 쓰는 의료 기구. ちょうしんき stethoscope

청징[淸澄] 맑고 깨끗함. せいちょう lucidity

청채[靑菜] ① 푿나물. ② 배추의 푸르고 연한 잎을 데쳐서 무친 나물. あおな ① greens

청채[淸債] 빚을 다 갚음. clearing off the debts

청천[靑天] 푸른 하늘. =창공(蒼空)·창천(蒼天)·청공(靑空). せいてん blue sky

청천[淸泉] 맑고 깨끗한 샘. せいせん clear spring

청천[晴天] 맑게 갠 하늘. せいてん clear sky

청천백일[靑天白日] ① 맑게 갠 날. ② 환하게 밝은 대낮. せいてんはくじつ ① clear day

청천벽력[靑天霹靂] 맑게 갠 하늘에서 내리치는 벼락이란 뜻으로, 뜻밖에 일어나는 큰 번이나 타격의 비유. せいてんのきれき

청첩[請牒] 청첩 장(請牒狀)의 준말.

청첩장[請牒狀] 경사스러운 일이 있을 때, 남을 청하는 글장. 준 청장(請狀)·청첩(請牒). invitation card

청청[靑靑] 푸른 빛깔이 썩 곱고도 싱싱함. せいせい verdant

청청[淸淸] 목소리가 맑고 명랑한 모양. 「~한 음성(音聲)」 せいせい

청청백백[淸淸白白] 매우 청렴 결백함.

청초[靑草] ① 싱싱하게 푸른 풀. あおくさ·せいそう ② 퍼런 잎을 썰어 당장에 말린 담배. 풋담배. ① green grass

② green tobacco

청초[淸楚] 깨끗하고 고움. せいそ neatness

청촉[請囑] 청을 들어 주기를 부탁함. =간촉(干囑). 준청(請). entreaty

청총[靑葱] 가을에 돋은 것을 겨울에 덮어 두었다가 이른 봄에 캔 파. 청파. あおねぎ green scallion

청추[淸秋] ① 맑게 갠 가을. ② 음력 8월의 별칭. せいしゅう ① fine autumn

청춘[靑春] 만물이 푸른 봄이라는 뜻에서, 젊은 나이 또는 젊어 한창인 시절을 이르는 말. せいしゅん youth

청춘기[靑春期] 나이가 젊은 한창때. せいしゅんき adolescence

청출어람[靑出於藍] 쪽에서 나온 푸른색이 쪽보다 더 푸르다는 뜻으로, 제자나 후학이 선생이나 선배보다 더 뛰어남을 이르는 말. disciple outstanding one's master

청ː취[聽取] 방송·진술·보고 따위를 자세히 들음. ちょうしゅ listening

청ː취서[聽取書] 조사한 사실을 적은 문서. 조서(調書)의 구용어. ちょうしゅしょ

청탁[淸濁] ① 맑음과 흐림. ② 옳은 것과 옳지 않은 것. ③ 청음과 탁음. せいだく ① purity and impurity ② right and wrong

청탁[請託] 청을 넣어 부탁함. 또는 그 부탁. 「~서(書)」 せいたく request

청태[靑太] 청대콩. 또는 푸르대콩. green beans

청태[靑苔] ① 푸른 이끼. せい

たい・あおごけ ② 녹조식물 파래과의 해조(海藻). 갈파래.
① green moss

청포[青布] 푸른 베. あおぬの bluish hemp cloth

청포[青袍] 푸른빛 도포.

청포[清泡] 녹말로 쑨 묵. 녹말묵. green gram curd

청풍[清風] 맑고 시원한 바람. せいふう refreshing breeze

청한[清閑] 속되지 않고 맑고 조용함. せいかん

청향[清香] 깨끗하고 맑은 향기. せいこう fragrance

청허[清虛] 마음이 맑고 깨끗하며 욕심이 없음. せいきょ pureness

청:허[聽許] 듣고 허락해 줌. ちょうきょ permission

청혈[清血] 맑은 피. 산 피. clean blood

청혼[請婚] 결혼하기를 청함. proposal of marriage

청혼[請魂] 죽은 사람의 넋을 부르는 일. =초혼(招魂).

청홍[青紅] 청 홍 색(青紅色)의 준말. 「~사(絲)」

청홍색[青紅色] 푸른 빛깔과 붉은 빛깔. 준청홍(青紅). blue and red

청화[清話] ⇨청담(清談).

청화[晴和] 날씨가 개고 화창함. せいわ

청화 자기[青華瓷器] 흰 바탕에 푸른 빛깔로 그림을 그린 자기. =청화 백자(青華白瓷).

청훈[請訓] 외국에 주재하고 있는 대사·공사·사절 등이 본국 정부에 훈령을 청함. せいくん request for instructions

청흥[清興] 맑고 깨끗한 흥취 (興趣). せいきょう elegant amusement

체[剃] 털 깎을 체 : 머리를 깎다. 「剃刀(체도)·剃頭(체두)·剃髮(체발)」テイ・そる

체[涕] 눈물 체 : 눈물. 울다. 「涕泣(체읍)·涕淚(체루)·涕洟(체이)·涕泗(체사)」テイ・なみだ・なく

체[替]☆ ① 갈아들일 체 : 갈아들이다. 바꾸다. 「替當(체당)·替送(체송)·替代(체대)·替換(체환)」② 쇠할 체 : 쇠퇴하다. 쇠미해지다. 「替廢(체폐)·替衰(체쇠)」タイ ① かえる

체[逮] 잡아가둘 체 : 잡아가두다. 「逮捕(체포)·逮繋(체계)·逮鞠(체국)·被逮(피체)」テイ・タイ・および

체[滯] 머무를 체 : 머무르다. 엉기다. 막히다. 「滯在(체재)·滯留(체류)·滯礙(체애)·滯症(체증)·滯積(체적)·滯物(체물)」タイ・とどこおる

체[遞] ① 갈마들 체 : 갈마들다. 교체하다. 「遞信(체신)·遞送(체송)·遞傳(체전)·遞代(체대)·遞遷(체천)」② 차례로 체 : 순서에 따라. 「遞加(체가)·遞減(체감)」テイ ① かわる

체[締] 맺을 체 : 관계를 맺다. 계약을 맺다. 「締結(체결)·締盟(체맹)·締約(체약)」テイ・しめる

체[諦] 살필 체 : 자세히 살피다. 「諦觀(체관)·諦念(체념)·諦視(체시)·諦思(체사)·要諦(요체)」テイ・タイ・あきらめる

체[體]* ① 몸 체 : 몸. 「體格(체격)·體位(체위)·本體(본체)·身體(신체)」② 모양 체 : 모양. 「形體(형체)·固體(고체)·液體(액체)」テイ・タイ ① からだ

체가[遞加] 등수를 따라서 차례

로 더하여 감. =체증(遞增).
↔체감(遞減). ていか
  gradual increase
체간[體幹] 척추동물의 몸에서 중추(中樞)를 이루는 부분.
  trunk
체감[遞減] 등수를 따라서 차례로 덞. ↔체가(遞加). ていげん
  gradual diminution
체감[體感] 몸에 느끼는 감각. 「~ 온도(溫度)」たいかん
  bodily sensation
체강[體腔] 동물의 체벽(體壁)과 내장과의 사이에 있는, 중배엽(中胚葉)으로 둘러싸인 빈 곳. 강장(腔腸)·흉강(胸腔)·복강(腹腔) 따위. たいこう
  coelom
체개[遞改] 어떤 지위에 있는 사람을 갈아내고 다른 사람으로 바꿈. =체역(遞易)·경질(更迭). change
체거[遞去] 벼슬을 내놓고 물러감.
체격[體格] ①몸의 골격. ②근육·골격·영양 상태로 나타나는 몸의 겉모양. =형격(形格). たいかく
  physique
체결[締結] ①얽어서 맴. ②조약이나 계약 따위를 맺음. 「조약(條約) ~」ていけつ
  ② conclusion
체경[滯京] 서울에 머물러 있음. たいきょう
체경[體鏡] 온몸을 비추어 볼 수 있는 큰 거울.
  full-length mirror
체계[逮繫] 체포하여 옥에 가둠.
체계[體系] 낱낱이 다른 것을 계통을 세워 통일한 조직. 「~적인 논문(論文)」たいけい
  system
체고[滯固] 한 군데로 몰려 응통되지 못함.
체고[體高] 선 몸의 높이. 키. =신장(身長).
  height
체공[滯空] 비행기 따위가 공중에 머물러 있음. 「~ 시간(時間)」たいくう
  staying in the air
체관[諦觀] ①충분히 봄. 샅샅이 살펴봄. ②단념함. =체시(諦視). ていかん
  ① clear vision ② resignation
체교[締交] 서로 사귐을 가짐. 교제를 시작함.
  keeping company
체구[體軀] 몸뚱이. 몸집. たいく
  body
체국[逮鞫] 체포하여 문초함.
체귀[遞歸] 벼슬을 내놓고 돌아옴. =체귀(遞來).
체급[體級] 권투·레슬링·역기 따위에서, 경기자의 체중에 따라 매긴 등급. たいきゅう
  weight
체기[滯氣] 한방에서, 체증(滯症)이 있는 듯한 기미.
  touch of indigestion
체납[滯納] 세금 따위를 기한 안에 내지 못하고 밀림. たいのう
  arrearage
체내[體內] 몸의 안. ↔체외(體外). たいない
  interior of the body
체념[滯念] 풀지 못하고 오랫동안 쌓인 생각.
체념[諦念] ①도리를 깨닫는 마음. ②품었던 생각을 아주 끊어 버림. =단념(斷念). ていねん
  ② resignation
체능[體能] 어떤 일을 감당할 만한 몸의 능력. 「~ 검사(檢査)」
  physical aptitude
체대[替代] 서로 바꾸어 가며 대신함. =교체(交替)·체대

체대[遞代] ⇨ 체대(替代).
체도[剃刀] ① 머리털을 깎는 데 쓰는 칼. ② 면도하는 데 쓰는 칼. ていとう
체도[剃度] 머리를 깎고 중이 됨. =체발(剃髮). ていど
체도[體度] ① 몸가짐과 태도. ② 남의 안부를 물을 때, 그를 높이어 그의 건강 상태나 기거(起居)를 이르는 말. =체절(體節)·체후(體候).「~가 여일(如一)하신지…」
체도[體道] 몸소 도를 실천함.
체득[體得] ① 경험하여 알아 냄. ② 충분히 이해하여 자기의 것으로 만듦. たいとく ① experience ② realization
체량[體量] 몸의 무게. =체중(體重). weight
체력[體力] 몸의 힘이나 작업 능력. 또는 건강 장애에 대한 몸의 저항 능력.「~ 검사(檢査)」たいりょく physical strength
체련[體鍊] 신체를 단련함. たいれん
체루[涕淚] 슬피 울어서 흐르는 눈물. ているい
체류[滯留] 객지에 머물러 있음. =체재(滯在). たいりゅう stay
체르노젬[러 chernozem] 냉온대의 스텝에 발달하는 토양형(土壤型). 비옥한 흑색의 토양. チェルノゼム
체리[滯痢] 한방에서, 체증으로 생기는 이질을 이르는 말.
체맹[締盟] 맹약(盟約)을 맺음. 동맹(同盟)을 맺음. =결맹(結盟). ていめい conclusion of a treaty
체면[體面] 남을 대하는 낯. =체모(體貌). たいめん face
체모[體毛] 머리털 외의 몸에 난 털. たいもう hair
체모[體貌] ⇨ 체면(體面).
체목[體木] ① 나무의 가지와 뿌리를 베어 낸 등걸. ② 건축에서 뼈대가 되는 재목. 기둥·도리 따위.
체물[滯物] 체한 음식물.
체발[剃髮] ① 머리털을 바싹 깎음. =낙발(落髮)·삭발(削髮). ② ⇨ 체도(剃度). ていはつ ① shaving one's hair
체번[替番] 번(番)을 차례로 교대함. =교번(交番)·체직(替直). alternation
체벌[體罰] 몸에 직접 고통을 주는 벌. たいばつ corporal punishment
체벽[體壁] 몸의 체강(體腔)을 이루는 벽.
체병[滯病] 먹은 것이 체해서 일어나는 병. =체증(滯症). indigestion
체불[滯拂] 지급이 늦어짐. 또는 지급을 늦춤. delay in payment
체사[涕泗] 울어서 흐르는 눈물이나 콧물. ていし
체설[滯泄] 먹은 것이 체해서 일어나는 설사.
체세포[體細胞] 생물체를 이루고 있는 세포 가운데 생식(生殖) 세포를 제외한 모든 세포. たいさいぼう somatic cell
체소[體小] 몸집이 작음. ↔체대(體大). small statue
체송[替送] 다른 것을 대신 보냄. =대송(代送). sending a substitute
체송[遞送] 차례로 여러 곳을 거쳐서 전하여 보냄. =체전(遞傳). ていそう conveyance

체수[滯囚] 죄가 결정되지 않아 오래 갇혀 있음. 또는 그런 죄수.

체순환[體循環] 심장의 좌심실(左心室)에서 대동맥을 거쳐 나온 혈액이 온몸을 한 바퀴 돌고, 대정맥을 통하여 우심방으로 돌아오는 순환 경로. =대순환(大循環). たいじゅんかん

체스[chess] 서양의 장기(將棋). チェス

체습[體習] 남의 행동을 그대로 배우거나 익힘. imitation

체시[諦視] ① 살살이 살펴봄. ② 단념함. =체관(諦觀). てい し ② resignation

체식[體式] 체제와 방식. たいしき form

체신[遞信] 차례로 여러 곳을 거쳐서 소식을 전해 줌. ていしん communications

체액[體液] 체내의 혈관이나 조직 사이를 채우고 있는 혈액·림프액 따위의 액체. たいえき body fluids

체약[締約] 조약(條約)·계약(契約) 따위를 맺음. 또는 그 약. 「~국(國)」ていやく conclusion of a treaty

체양[體樣] 몸의 생김새. =체용(體容)·체형(體形). たいよう figure

체어리프트[chair lift] 가공삭도(架空索道)의 한 가지. 로프에 의자가 여러 개 매달려 있어 사람을 나르는 장치. 스키장 같은 데서 쓰임. チェアリフト

체어맨[chairman] 의장(議長). 회장(會長). 위원장. 사회자. チェアマン

체언[體言] 문장에서, 조사의 도움을 받아 주체(主體)가 될 수 있는 명사·대명사·수사 따위. たいげん substantives

체역[遞易] ⇨체개(遞改).

체온[體溫] 생물체가 가지고 있는 온도. 「~계(計)」たいおん temperature

체외[體外] 몸의 외부. ↔체내(體內). たいがい exterior of the body

체용[體容] ⇨체양(體樣).

체우[滯雨] 비에 갇혀 머무르게 됨. confinement in the rain

체위[體位] ① 몸의 자세. ② 체격·건강·운동 능력 따위의 정도. たいい ① posture ② physical standard

체육[體育] 건전한 몸과 온전한 운동 능력을 기르는 것을 목적으로 하는 교육. たいいく physical culture

체육관[體育館] 실내에서 운동 경기 또는 운동 학습을 할 수 있도록 설비된 건물. たいいくかん gymnasium

체육회[體育會] ① ⇨운동회(運動會). ② 체육이 발전 향상을 위하여 조직된 단체. たいいくかい ② athletic association

체읍[涕泣] 눈물을 흘리며 욺. =읍체(泣涕). ていきゅう weeping and wailing

체이증[滯頤症] 어린아이가 침을 많이 흘리는 병.

체인[體認] 마음 속으로 깊이 인정함. たいにん realization

체인[chain] ① 쇠사슬. ② 경영·자본 등이 동일한 상점 따위의 계열(系列). チェーン

체인블록[chain block] 도르래·쇠사슬 등을 조합(組合)하여 무거운 물건을 달아 올리는 기계. チェーンブロック

체인스토어[chain store] 연

쇄점(連鎖店). チェーンストア 連鎖店
체임[遞任] 벼슬을 갈아냄. =체직(遞職). 遞任
체장[體長] 동물의 몸의 길이. たいちょう length of an animal 體長
체재[滯在] 객지에 머물러 있음. =체류(滯留). たいざい stay 滯在
체재[體裁] ① 사물을 곁에서 본 모습이나 됨됨이. ② 시문(詩文)의 격식이나 표현 양식. =체제(體制). ていさい ① appearance 體裁
체적[滯積] 한방에서, 먹은 음식이 잘 소화되지 않고 속에 뭉쳐 생기는 병. =식적(食積). indigestion 滯積 食積
체적[體積] 입체가 공간 속에서 차지하는 크기. 부피. たいせき cubic volume 體積
체적 팽창[體積膨脹] 물체의 부피가 온도의 변화에 따라 늘어나는 현상. 부피 팽창. =체팽창(體膨脹). たいせきぼうちょう volume expansion 膨脹
체전[遞傳] 차례로 여러 곳을 거쳐서 전하여 보냄. 「~부(夫)」ていでん transmittance 遞傳
체전[體典] 체육 대회(體育大會)를 이르는 말. 「전국(全國) ~」たいてん athletic meeting 體典
체절[體節] ①⇨체후(體候). ② 환형동물 등의 몸을 이루고 있는 낱낱의 마디. 體節
체제[體制] ①⇨체재(體裁). ② 통일적인 계통을 이루고 있는 제도나 조직의 양식. 「공산주의(共産主義) ~」③ 생물체 구조의 기본 형식. たいせい ② system ③ organization 體制
체조[體操] 신체의 성장・발달을 조장하고 건강과 체력을 증진하기 위한 전신 운동. たいそう gymnastics 體操
체중[體重] ① 몸의 무게. 몸무게. =체량(體量). ② 높은 지위에 있으며 점잖음. たいじゅう ① weight 體重
체증[滯症] 체해서 먹은 것이 소화가 잘 되지 않는 증세. indigestion 滯症
체증[遞增] 차례로 더하여 감. =체가(遞加). ↔체감(遞減). ていぞう gradual increase 遞增
체지[體肢] 몸과 팔다리. body and limbs 體肢
체질[體質] 몸의 성질. 몸의 형태나 상태. たいしつ constitution 體質
체질 개:선[體質改善] ① 몸의 성질과 생긴 바탕을 고치어 좋게 함. ② 낡은 사고 방식・인식 등을 고쳐 새롭게 함. たいしつかいぜん ① improvement of one's constitution 體質改善
체천[遞遷] 봉사손(奉祀孫)의 대수(代數)가 다한 신주를 4대 이내의 자손들 가운데서 제일 항렬이 높은 사람의 집으로 옮기는 일. 遞遷
체청[諦聽] 주의하여 자세히 들음. ていちょう listening attentively 諦聽
체체[tsetse] 집파릿과의 흡혈성 파리. 아프리카에 분포하며 수면병(睡眠病) 병원체의 중간 숙주임. ツェツェ 睡眠病
체취[體臭] 몸에서 나는 냄새. たいしゅう body smell 體臭
체크[check] ① 검사(檢査)・대조(對照) 또는 그 표적으로 찍는 표. ② 바둑판 무늬. 또는 그런 무늬가 있는 직물. チェック 檢査
체크리스트[checklist] 대조표(對照表). チェックリスト 對照表
체크아웃[checkout] 호텔 등

에서, 숙박료를 정산(精算)하고 방을 비워 주는 일. チェックアウト 精算

체크인[checkin] ① 호텔 등에서, 성명 등을 기장(記帳)하고 투숙하는 일. ② 공항에서, 탑승 절차를 밟는 일. チェックイン 記帳

체통[體統] 처지에 합당한 체면. 점잖은 체면. dignity 體統

체팽창[體膨脹] ⇨체적 팽창(體積膨脹). 體膨脹

체포[逮捕] 범인이나 용의자를 붙잡음. 「~영장(令狀)」 たいほ arrest 逮捕 令狀

체향[滯鄕] 고향에 머물러 있음. たいきょう staying in the native place 滯鄕

체험[體驗] 자기가 실제로 경험함. 또는 그 경험. 「~담(談)」 たいけん experience 體驗

체읍[涕泣] 눈물이 계속 흘러내림. 눈물이 줄줄 흐름. 涕泣

체현[體現] 구체적으로 실현함. 구현(具現). たいげん embodiment 體現

체형[體刑] ① 신체에 가하는 형벌. ② 신체의 자유를 속박하는 형벌. 금고·징역 따위. たいけい ① corporal punishment ② penal servitude 體刑

체형[體形] 몸의 생김새. ＝체용(體容)·체상(體相)·체양(體樣). たいけい feature 體形

체형[體型] 체격의 형태. 비만형(肥滿型) 따위. たいけい figure 體型

체화[滯貨] 수송이 되지 않거나 팔리지 않아 쌓여 있는 화물(貨物). たいか accumulation of freights 滯貨

체환[替換] 대신하여 갈아서 바꿈. ＝차환(差換). change 替換

체후[體候] 남에게 안부를 물을 때, 그를 높이어 그의 건강 상태를 이르는 말. ＝체도(體度)·체절(體節). 體候

첼레스타[이 celesta] 피아노와 모양이 비슷한 건반(鍵盤) 악기. 두드려서 소리를 냄. チェレスタ 鍵盤

첼로[이 cello] 바이올린계의 대형(大型)의 저음(低音) 현악기. 현이 넷임. チェロ 低音

첼리스트[cellist] 첼로 연주가(演奏家). チェリスト 演奏家

쳄발로[이 cembalo] '하프시코드'의 이탈리아 명칭(名稱). チェンバロ 名稱

초[初]* 처음 초: 처음. 「初級(초급)·初期(초기)·初旬(초순)·初面(초면)·最初(최초)·太初(태초)」 ショ·うい·はじめ 初面 太初

초[抄]☆ 베낄 초: 베끼다. 가려서 베끼다. 「抄本(초본)·抄錄(초록)·抄書(초서)·抄譯(초역)」 ショウ·うつす·ぬきがき 抄本

초[肖]☆ 닮을 초: 닮다. 비슷하다. 「肖像(초상)·肖似(초사)·不肖(불초)」 ショウ·にる 肖像

초[招]* 불러 올 초: 불러 오다. 손짓하여 부르다. 「招待(초대)·招募(초모)·招人(초인)·招請(초청)」 ショウ·まねく 招待 招人

초[炒] 볶을 초: 볶다. 「炒麵(초면)·炒黃(초황)·炒黑(초흑)」 ソウ·ショウ·いためる 炒麵

초[秒] ① 초침 초: 초침. 「秒針(초침)·秒速(초속)·分秒(분초)」 ② 까끄라기 묘: 까끄라기. 세미하다. 잘다. 「秒忽(묘홀)」 ビョウ·ミョウ 秒針 分秒

초[哨] 망볼 초: 망보다. 보초 서다. 「哨所(초소)·哨戒(초계)·哨兵(초병)·哨船(초선)· 哨岳

步哨(보초)」ショウ・ものみ

초[峭] 가파를 초:가파르다. 급하다.「峭厲(초려)・峭壁(초벽)・峭峻(초준)・峭急(초급)・峭乎(초호)」ショウ・けわしい

초[草]* ① 풀 초:풀.「草芥(초개)・草木(초목)・草頭(초두)・草芽(초아)」② 초서 초:초서.「草書(초서)・草筆(초필)」③ 시작할 초:시작하다. 초잡다.「草稿(초고)・草案(초안)・起草(기초)」ソウ ① くさ

초[悄] 근심할 초:근심하다. 처량한 모양.「悄悄(초초)・悄愴(초창)・悄兮(초혜)・悄然(초연)」ショウ・うれえる

초[椒] ① 후추 초:후추.「胡椒(호초)」② 산초나무 초:산초나무.「山椒(산초)・椒酒(초주)」ショウ ② さんしょう

초[焦] ① 그으를 초:그으르다. 타다.「焦土(초토)」② 속태울 초:속태우다.「焦燥(초조)・焦灼(초작)」ショウ ① こげる ② あせる

초[硝] 초석 초:초석.「硝石(초석)・硝酸(초산)・硝煙(초연)」ショウ

초[稍] ① 점점 초:점점. 차차.「稍稍(초초)」② 작을 초:작다.「稍良(초량)・稍事(초사)・稍勝(초승)」③ 녹 초:녹. 봉록. 봉급.「稍給(초급)・稍食(초식)」ショウ

초[超]☆ 뛰어넘을 초:뛰어넘다.「超距(초거)・超等(초등)・超越(초월)・超然(초연)・超人(초인)・出超(출초)」チョウ・こす

초[酢] "醋"와 通字. 초 초:초. 식초.「食酢(식초)・酢敗(초패)」サク・す

초[愀] 근심할 초:수심에 잠긴 모양. 안색이 달라지다.「愀愀然(초연)・愀慘(초참)・愀愴(초창)」シュウ

초[楚] ① 고울 초:곱다.「清楚(청초)」② 초나라 초:초나라. ソ

초[噍] 높을 초:산이 높다.「噍嶢(초요)」ショウ

초[憔] 파리할 초:파리하다.「憔悴(초췌)・憔慮(초려)」ショウ・やつれる

초[醋] "酢"와 通字. 초 초:초. 식초.「醋酸(초산)・醋炒(초초)」サク・す

초[樵] 나무할 초:나무를 하다. 땔나무.「樵夫(초부)・樵童(초동)・樵奴(초노)」ショウ・きこり・たきぎ

초[蕉] ① 파초 초:파초.「蕉葉(초엽)・芭蕉(파초)」② 파리할 초:파리하다.「蕉萃(초췌)」ショウ ① ばしょう

초[礁] 암초 초:암초. 물 속의 돌.「礁石(초석)・坐礁(좌초)・暗礁(암초)」ショウ・かくれいわ

초[礎]☆ 주춧돌 초:주춧돌.「礎石(초석)・礎磐(초반)・定礎(정초)・柱礎(주초)・基礎(기초)」ソ・いしずえ

초[醮] ① 초례제 초:초례.「醮禮(초례)」② 제사 초:제사지내다.「醮祭(초제)」ショウ

초가[草家] 볏짚이나 억새 따위로 지붕을 인 집. =초려(草廬)・초옥(草屋). straw-thatched house

초가[樵歌] 나무꾼이 부르는 노래. しょうか woodcutter's song

초각[初刻] 한 시간의 맨 처음 시각. しょこく

초각[峭刻] ① 성질이 무섭고 까다로움. ② 돋을새김. =양각(陽刻)

刻). ① particularity ② relief

초간[初刊] 맨 처음으로 하는 간행. =원간(原刊). しょかん first publication

초간본[初刊本] 초간(初刊)으로 나온 책. 맨 처음 간행한 책. =원간본(原刊本). ↔중간본(重刊本).

초개[草芥] 잡초와 티끌이라는 뜻으로, 쓸모 없는 것을 비유하여 이르는 말. そうかい bits of straw

초견[初見] 처음으로 봄. =시도(始睹). しょけん

초경[初更] 오경(五更)의 하나. 하룻밤을 5등분한 첫째 시간. 초저녁. =초야(初夜). しょこう

초경[初耕] 논밭의 애벌갈이. しょこう first plowing

초계[哨戒] 적의 습격에 대비하는 경계. しょうかい patrolling

초계정[哨戒艇] 초계용의 함정. patrol boat

초고[草稿·草藁] 시문의 초벌 원고. そうこう draft

초과[超過] 일정한 한도를 넘음. 또는 예정한 것보다 지나침. 「예산(豫算) ~」 ちょうか excess

초교[初校] 조판(組版)한 인쇄물의 맨 처음 교정(校正). 또는 그 교정지. =초준(初準). しょこう first proof

초군[超群] 여럿 가운데서 뛰어남. ちょうぐん preeminence

초극[超克] 어려움을 이겨냄. ちょうこく overcoming

초근[草根] 풀의 뿌리. 「~목피(木皮)」 そうこん root of a plant

초근목피[草根木皮] ① 풀뿌리와 나무의 껍질. ② 험한 음식. 악식(惡食)을 이르는 말. ③ 한약의 재료가 되는 물건. そうこんぼくひ ② coarse and miserable food

초금[草琴] 풀잎으로 만든 피리. 풀잎피리. =초적(草笛). reed pipe

초급[初級] 등급을 초(初)·중(中)·고(高)로 나누었을 때, 맨 처음의 등급. 가장 낮은 급수. =초등(初等). ↔고급(高級). しょきゅう beginner's class

초급[初給] 처음으로 받는 급료. しょきゅう initial salary

초급[峭急] 성미가 까다롭고 급함.

초기[初忌] 첫 기제사(忌祭祀). first anniversary of sb's death

초기[抄記] 요점만 추려서 적음. 또는 그 기록. =초록(抄錄). しょうき excerpt

초기[初期] 사물이 맨 처음으로 비롯되는 시기. ↔말기(末期). しょき beginning

초기[礎器] 도자기를 구울 때, 그것을 올려 받치는 굽 높은 기구.

초기 미동[初期微動] 지진(地震)이 시작될 때에 생기는 약한 진동(震動). しょきびどう

초남태[初男胎] ① 첫아들의 태. ② 어리석은 사람을 조롱하여 이르는 말.

초년[初年] ① 일생의 초기(初期). ② 첫해. 또는 첫 시기. しょねん ① younger days ② first year

초념[初念] 처음에 먹은 마음. =초지(初志). しょねん initial intention

초능력[超能力] 현대 과학으로는 설명하기 어려운, 인간의 염력(念力)·투시(透視)·예지(豫知) 등의 능력. ちょうのう

りょく　supernatural power
초단[初段] 태권도·유도·바둑 따위의 첫번째 단. しょだん　first grade
초단파[超短波] 파장(波長)이 1~10m, 주파수 30~300 메가헤르츠인 전파(電波). ちょうたんぱ　ultrashort waves
초당[草堂] 원채에서 따로 떨어진 곳에 지은, 볏짚이나 억새 따위로 지붕을 인 조그만 집채.　straw hut
초당파[超黨派] 당파의 이해 타산을 떠나서 관계자 모두가 협력하는 일. 「~적(的)」ちょうとうは　bipartisanism
초대[初代] ① 어떤 계통의 첫번째 대. 또는 그 사람. 「~국회(國會)」② 그 직무에 처음으로 취임한 사람. 「~회장(會長)」しょだい　① first generation
초대[招待] 남을 청하여 대접함. 「~권(券)」しょうたい　invitation
초대면[初對面] 처음으로 만나 봄. しょたいめん　first meeting
초대연[招待宴] 남을 초대해서 베푸는 잔치. しょうたいえん　invitation party
초대장[招待狀] 어떤 모임에 오기를 청하는 서장(書狀). しょうたいじょう　invitation card
초도[初度] 처음으로 하는 차례. 첫번. 「~순시(巡視)」しょど　first time
초도 순시[初度巡視] 한 기관의 책임자가 새로 부임한 직후나, 새해 초두에 관내를 순시하는 일. =초순(初巡). しょどじゅんし　first round of inspection

초동[初冬] 첫 겨울. =맹동(孟冬). ↔만동(晚冬). しょとう　early winter
초동[初動] ① 최초의 동작이나 행동. 「~수사(搜査)」② 진원(震源)에서 처음으로 도착한 지진파로 인한 땅의 움직임.
초동[樵童] 땔나무를 하는 아이. しょうどう　young woodcutter
초동급부[樵童汲婦] 땔나무를 하는 아이와 물 긷는 아낙네. 곧, 평범한 일반 백성을 이르는 말.
초동목수[樵童牧豎] 땔나무를 하는 아이와 짐승을 치는 아이. 준초목(樵牧).
초두[初頭] 일의 첫머리. =시초(始初). しょとう　beginning
초두난:액[焦頭爛額] 불에 머리를 태우고 이마를 덴다는 뜻으로, 어려운 일을 당하여 몹시 애씀을 이르는 말. しょうとうらんがく
초등[初等] 맨 처음의 등급. =초급(初級). ↔고등(高等). 「~학교(學校)」しょとう　primary grade
초등[超等] 등급을 뛰어넘음. 등급을 초월함.
초등 교:육[初等教育] 가장 기초적인 기본 교육. 초등 학교의 교육. ↔고등 교육(高等教育). しょとうきょういく　elementary education
초래[招來] ① 불러서 오게 함. ② 어떤 결과가 일어나게 함. しょうらい　② bringing about
초략[抄略·抄掠] 노략질하여 빼앗음. しょうりゃく　pillage
초략[草略] 너무 간략하여 엉성함.　crudeness
초량[初涼] 첫가을. =초추(初秋). early autumn

초려[草廬] ①볏짚이나 억새 등으로 지붕을 인 작은 집. =초가(草家). ②남 앞에서 자기의 집을 겸손하게 이르는 말. そうろ ① straw-thatched house

초려[焦慮] 애태우며 걱정을 함. =초사(焦思). しょうりょ worry

초련[初鍊] ①재목을 초벌로 대강만 다듬음. 애벌다듬이. ②무슨 일을 초벌로 대강 손질함.

초례[醮禮] 혼인하는 예식(禮式). 「~상(床)」 wedding ceremony

초로[初老] 늙기 시작하는 시기. 40세 남짓한 나이. =초로기(初老期). しょろう middle age

초로[草露] 풀잎에 맺힌 이슬이라는 뜻으로, 사물의 덧없음을 비유. 「~ 같은 인생(人生)」 そうろ dew on the grass

초록[抄錄] 필요한 부분만 뽑아서 적음. 또는 그 기록. =초기(抄記)·초사(抄寫). しょうろく excerpt

초록[草綠] 청색(靑色)과 황색(黃色)의 중간색. =초록색(草綠色). green

초립[草笠] 지난날, 어린 나이로 장가든 사람이 쓰던, 누른 풀줄기로 결은 갓. 「~동(童)」 straw hat

〔초립〕

초립동[草笠童] 초립을 쓴, 나이 어린 사람. youngster wearing a straw hat

초막[草幕] ①볏짚이나 억새 따위로 지붕을 인 조그만 집. ②절 근처에 있는 중의 집. ① straw-thatched hut

초망[草莽] ①풀의 떨기. 풀숲. ②촌스럽고 세상일에 어두움. ③⇒초야(草野). 「~지신(之臣)」 そうもう

초망지신[草莽之臣] 벼슬하지 않고 시골에서 살아가는 사람.

초망착호[草網捉虎] 풀로 엮은 그물로 호랑이를 잡으려고 한다는 뜻으로, 어설픈 준비로 큰일을 하려고 하는 어리석음의 비유.

초매[草昧] 세상이 깨지 못하여 질서가 잡혀 있지 아니함. そうまい primitiveness

초매[超邁] 보통보다 뛰어남. ちょうまい extraordinariness

초면[初面] ①처음으로 만나봄. ②처음으로 대하는 사람. ① first meeting

초면[炒麵] 기름에 볶은 밀국수. Chinese fried noodles

초면[草綿] 솜을 채취하는 무궁화과의 일년초. =목화(木花). cotton

초면 강산[初面江山] 처음으로 보는 객지의 강산. =타향(他鄕). strange land

초목[草木] 풀과 나무. 식물(植物)의 총칭. そうもく·くさき trees and grass

초목[樵牧] 초동목수(初童牧豎)의 준말.

초목동부[草木同腐] 초목과 함께 썩어 없어진다는 뜻으로, 해야 할 일을 못 하거나 이름 없이 세상을 떠남을 이름. =초목구후(草木俱朽).

초무[哨務] 초계(哨戒)하는 임무. 초계의 근무. しょうむ patrolling

초문[初聞] 처음으로 들음. 「금

시(今時) ~」

초물전[草物廛] 돗자리·초방석 따위를 파는 가게.

초미[焦眉] 눈썹이 그을릴 만큼 불길이 가까이 다가와 있다는 뜻에서, 매우 위급한 상황임을 뜻하는 말.「~지사(之事)」しょうび　emergency

초민[焦悶] ① 속이 타도록 고민함. ② 몹시 민망해함.

초반[初盤] 바둑이나 장기 또는 운동 경기 등에서, 승부의 첫 단계.「~전(戰)」 opening part

초반[礎盤] 주춧돌. =초석(礎石). そばん　cornerstone

초배[初配] 세상을 떠났거나 이별한 첫 아내. =원배(元配)·전배(前配). ↔후배(後配). former wife

초배[初褙] 초벌로 하는 도배. 초벌 도배. lining

초번[初番] 순번의 맨 처음. 첫 차례. しょばん　first in turn

초범[初犯] 처음으로 저지른 범죄. 또는 그 사람. ↔재범(再犯)·누범(累犯). しょはん first offense

초범[超凡] 보통의 것보다 뛰어남. =초륜(超倫). ちょうぼん extraordinariness

초벽[初壁] 애벌로 흙이나 종이를 벽에 바름. 또는 그 벽. rough coating

초벽[峭壁] 몹시 가파른 낭떠러지. しょうへき　precipice

초병[哨兵] 일정한 구역을 경계하는 병사. =초계병(哨戒兵). しょうへい　sentry

초보[初步] ① 첫걸음. ② 학문·기술 등에서 처음으로 시작하는 단계나 수준. しょほ ① first step ② beginner's course

초복[初伏] 삼복(三伏)의 첫번째 복날. 하지(夏至) 뒤 셋째 경일(庚日). しょふく

초본[抄本] 필요한 부분만 뽑아서 베낀 문서. ↔등본(謄本).「호적(戶籍) ~」しょうほん abstract

초본[草本] ① 시문(詩文)의 초안. =초고(草稿). ② 땅위줄기나 잎이 연하고 물기가 많으며, 목질(木質)로 되지 않는 식물. ↔목본(木本). そうほん　① draft ② herbage

초본대[草本帶] 고산(高山)의 높은 곳이나 한지(寒地) 등과 같이 목본(木本)이 자라지 못하고 초본만 자라는 곳. =초원대(草原帶). そうほんたい herbaceous plant zone

초봉[初俸] 첫 봉급. =초급(初給). initial salary

초부[樵夫] 나무하는 사내. 나무꾼. しょうふ　woodcutter

초부득삼[初不得三] 처음에는 실패해도 꾸준히 노력하면 세 번째는 이룰 수 있다는 말.

초분[初分] 초년의 운수. fortune in early days

초비[草肥] 풀이나 나뭇잎으로 만든 비료. 풋거름. =녹비(綠肥). くさごえ　green manure

초비상[超非常] 비상 사태를 초월한 상태. 몹시 위급한 사태.「~ 사태(事態)」ちょうひじょう

초빙[初氷] 겨울에 처음으로 언 얼음. 첫얼음. はつごおり

초빙[招聘] 예를 갖추어 청하여 맞아들임. =빙초(聘招). しょうへい　invitation

초사[焦思] 애태우며 걱정함. =초려(焦慮).「노심(勞心) ~」

초산[初産] 처음으로 아이를 낳음. 첫해산. しょさん・ういざん 初產 first childbirth

초산[硝酸] ⇨질산(窒酸). しょうさん 硝酸

초산[醋酸] 자극적인 냄새가 나는 무색의 액체. 식초의 주성분(主成分)임. 아세트산.「빙(氷)~」 さくさん 醋酸 主成分 acetic acid

초산염[硝酸鹽] ⇨질산염(窒酸鹽). しょうさんえん 硝酸鹽

초상[初喪] 사람이 죽어 장사를 지내기까지의 일. しょうし 初喪 worry period of mourning

초상[肖像] 사람의 모습과 똑같이 그린 화상이나 조각(彫刻).「~화(畵)」 しょうぞう 肖像 彫刻 portrait

초상[初霜] 가을에 처음으로 내린 서리. 첫서리. はつしも 初霜 first frost of the year

초상화[肖像畵] 사람의 모습을 그대로 그린 그림. しょうぞうが 肖像畵 portrait

초색[草色] ①풀빛. ②곡식을 못 먹고 채식만 해서 영양 부족으로 파리한 얼굴빛. くさいろ・そうしょく 草色 ① green ② pale complexion

초생[初生] 갓 태어남. 갓 생겨남.「~아(兒)」 しょせい 初生 new birth

초생아[初生兒] 생후 한두 주일 되는 아이. しょせいじ 初生兒 newborn baby

초생지[草生地] 물가의 풀이 난 땅. 草生地

초서[抄書] 책의 내용을 뽑아 내어 씀. 또는 뽑아 내어 쓴 책. しょうしょ 抄書 excerpt

초서[招壻・招婿] ①사위를 맞음. ②딸을 시집 보내지 않 招壻 招婿 고, 대신 사위를 데려옴. 데릴사위. =예서(預壻・預婿). son-in-law taken into the family

초서[草書] 흘려서 쓰는 한자체(漢字體). ↔해서(楷書). そうしょ 草書 cursive style

초석[硝石] 질산(窒酸)의 화학 성분을 가지는 무색의 결정체. 화약이나 비료로 쓰임. =염초(焰硝). しょうせき niter 硝石 焰硝

초석[礎石] 주추. 주춧돌. そせき foundation stone 礎石

초선[初選] 처음으로 선출됨.「~ 의원(議員)」 初選

초선[哨船] 초병(哨兵)이 타고 순찰하는 배. しょうせん 哨船 patrol boat

초설[初雪] 그 해 겨울에 처음 내린 눈. 첫눈. はつゆき 初雪 first snow

초성[初聲] 한 음절에서 처음 나는 소리. '남'에서 'ㄴ' 따위. 첫소리. initial sound 初聲

초세[初世] ①애초. =시초(始初). ②나라의 첫 시대. ① beginning 初世 始初

초세[超世] ①세속적인 것에 초연함. =초속(超俗). ②세상에서 뛰어남. ちょうせ・ちょうせい ① unworldliness 超世 超俗

초소[哨所] 보초가 서 있는 곳. guard post 哨所

초속[秒速] 움직이는 물체의 속도를 1초 동안에 나아가는 거리로 나타낸 것. びょうそく velocity per second 秒速

초속[超俗] ⇨초세(超世). 超俗

초속도 윤전기[超速度輪轉機] 한 시간에 30만 장 이상 인쇄되는 윤전기. =고속도 윤전기(高速度輪轉機). ちょうそくどりんてんき 超速度輪轉機

superhigh speed rotary press

초수[初手] 첫 솜씨. 初手
first performance

초순[初旬] 매달 초하루부터 열흘까지의 동안. =상순(上旬). 初旬 上旬 しょじゅん
first ten days of a month

초순[初巡] ①첫번째 순시. ②활을 쏠 때의 첫번째 순. 初巡
① first inspection

초순[焦脣] 입술을 태운다는 뜻으로, 몹시 애태움의 비유. 焦脣
agony

초시[初試] 조선 때, 복시(覆試)에 응시할 사람이 식년(式年)의 전해에 경향(京鄕)에서 치르던 과거. 또는 그 과거에 급제한 사람. 初試

초식[草食] 풀이나 식물질의 것을 먹음. 또는 그것을 먹이로 함. ↔육식(肉食). 「~ 동물(動物)」 そうしょく 草食
living on grass

초식류[草食類] 풀이나 식물질의 것을 먹이로 하는 포유동물(哺乳動物). 소·말·양 따위. =초식 동물(草食動物). 草食類
Herbivora

초실[初室] ①첫 번 혼인으로 맞이한 아내. =초취(初聚). ②새 재목으로 새로 지은 집. 初室 初聚
① first wife ② newly built house

초심[初心] ①처음에 먹은 마음. =초지(初志). ②처음으로 어떤 공부나 기술을 배움. 또는 그 사람. 「~자(者)」 しょしん 初心 初志
① original intention ② novice

초심[初審] 소송 사건(訴訟事件)의 첫 번 심리. =제일심(第一審). しょしん 初審 訴訟事件 第一審
first trial

초심[焦心] 마음을 졸임. 몹시 焦心

애를 태움. 「~고려(苦慮)」 しょうしん
impatience

초심자[初心者] ①처음 배우는 사람. =초심(初心). ②어떤 일에 익숙하지 않은 사람. しょしんしゃ 初心者
① beginner ② neophyte

초아[草芽] 풀의 싹. 풀싹. そうが 草芽

초안[草案] ①초를 잡은 글발. =초고(草稿). ②기초(起草)한 의안(議案). そうあん 草案 草稿 起草
draft

초암[草庵] 볏짚이나 억새 따위로 지붕을 인 암자. そうあん 草庵
hermitage

초애[峭崖] 가파른 낭떠러지. 峭崖
precipice

초야[初夜] ①초저녁. =초경(初更). ②신혼 부부로서 지내는 첫날밤. しょや 初夜 初更
① first half part of a night ② bridal night

초야[草野] 궁벽한 시골. 「~에 묻힌 지사(志士)」 草野
out-of-the-way place

초약[草藥] ①풀 종류로 된 약재. そうやく ②우리 나라에서 나는 한약재. =초재(草材). ↔당약(唐藥). 草藥

초역[抄譯] 필요한 부분만 추려서 번역함. 또는 그 번역. ↔전역(全譯)·완역(完譯). しょうやく 抄譯 完譯
abridged translation

초연[初緣] 처음으로 맺는 부부의 인연. =초혼(初婚). しょえん 初緣 初婚
first marriage

초연[初演] 처음으로 상연하기나 연주함. しょえん 初演
first performance

초연[招宴] 연회에 초대함. 또는 그 연회. しょうえん 招宴
invitation to a banquet

초연[悄然] 의기가 사라져 맥이 悄然

없는 모양. しょうぜん
dejection

초연[超然] 세상일에 구애됨이 없이 태연한 모양. 세속 일에 관여함이 없이 초월해 있는 모양. transcendence

초연[硝煙] 화약의 연기. 「~탄우(彈雨)」しょうえん powder smoke

초열[焦熱·燋熱] 타는 듯한 심한 더위. しょうねつ scorching heat

초열 지옥[焦熱地獄] 팔대 지옥(八大地獄)의 하나. 살(殺)·도(盜)·음(淫)·음주(飮酒)·망어(妄語)의 죄를 지은 사람이 가는 지옥. しょうねつじごく inferno

초엽[初葉] 어떤 시대의 초기. 「15세기(世紀) ~」 early days

초오[超悟] 뛰어나게 현명함. ちょうご excellent wisdom

초옥[草屋] ⇨ 초가(草家). くさや

초옹[樵翁] 늙은 나무꾼. 나무하는 늙은이. =초수(樵叟). しょうおう old woodcutter

초요[招搖] ① 이리저리 헤맴. 방황함. ② 자꾸 흔들림. しょうよう
① wandering ② vacillation

초요기[初療飢] 시장기를 면하려고 우선 조금 먹는 일. 초다짐.

초용[憔容] 초췌한 모습. 말라 빠진 모습. haggardness

초우[初虞] 장사지낸 뒤 첫번째로 지내는 제사. 「~제(祭)」

초원[初願] 맨 처음의 소원. しょがん

초원[草原] 풀이 난 벌판. 풀밭. =초평(草坪). そうげん·くさはら grassy plain

초월[初月] 초승에 돋는 달. 초승달. しょげつ new moon

초월[超越] 어떤 한도나 기준을 넘음. =초일(超逸)·초절(超絶). 「이해(利害)를 ~하다」ちょうえつ surpassing

초월[楚越] 적대 관계에 있었던 초나라와 월나라라는 뜻으로, 사이가 나쁜 관계의 비유. そえつ

초유[初有] 처음으로 있음. 「~의 대사건(大事件)」 first

초유[初乳] 해산 후 며칠 동안 산모의 유선(乳腺)에서 나오는 젖. しょにゅう colostrum

초음파[超音波] 진동수가 매초(每秒)에 2만 사이클 이상인 음파. 진동수가 너무 많아 사람의 귀로는 들을 수 없음. ちょうおんぱ ultrasonic waves

초의[初意] 처음에 품은 생각. =초지(初志). しょい
original intention

초인[超人] 보통 인간의 한계를 초월한, 뛰어난 능력을 가진 사람. 「~적(的)인 힘」ちょうじん superman

초인종[招人鐘] 사람을 부르는 데 쓰이는 종. bell

초일[初日] ① 첫날. 「개업(開業) ~」しょにち·しょじつ ② 정월 초하룻날의 아침 해. はつひ ① first day

초일[超逸] ⇨ 초월(超越).

초임[初任] 어떤 직책에 처음으로 임명됨. 「~지(地)」しょにん first appointment

초입[初入] ① 처음으로 들어감. ② 처음 들어가는 어귀. 「골목 ~」
① first entrance ② entrance

초자[硝子] ⇨ 유리(琉璃). ガラス

초자[樵子] 땔나무 하는 사람. 나무꾼. =초부(樵夫). woodcutter

초자연[超自然] 자연의 이법(理法)을 넘어서 존재하는 신비로운 존재나 힘. ちょうしぜん

초자연주의[超自然主義] 초자연적인 실재(實在)를 상정하고, 이를 특별한 인식 능력이나 신의 계시로 설명하려는 학설. ちょうぜんしゅぎ supernaturalism

초자체[硝子體] 안구(眼球)의 수정체(水晶體)와 망막(網膜)과의 사이를 채우고 있는 유리와 같은 교질체(膠質體). =유리체(琉璃體). しょうしたい

초잠식지[稍蠶食之] 누에가 뽕잎을 먹듯이 점차적으로 조금씩 침략하여 먹어 들어감. 준 잠식(蠶食). encroachment

초장[初章] ① 음악이나 가곡의 첫째 장. ② 초장·중장·종장의 삼장(三章)으로 되어 있는 시가의 첫째 장. ① first part ② first part of the three verses

초장[初場] ① 일의 첫머리가 되는 판. ② 장사를 시작한 처음의 동안. ③ 첫날의 시험장. ① beginning

초장[炒醬] 볶은장.

초장[醋醬] 간장에 초를 타고 양념을 한 조미료.

초재[草材] 우리 나라에서 나는 한약재. =초약(草藥). ↔당재(唐材). native medicinal herbs

초적[草笛] 풀잎으로 만든 피리. 풀잎 피리. 풀피리. 호드기. くさぶえ reed pipe

초전[初戰] 전쟁의 시초. 「~박살(撲殺)」 beginning of war

초절[超絶] 다른 것보다 매우 뛰어남. =탁월(卓越). ちょうぜつ transcendence

초점[焦點] ① 타원·쌍곡선·포물선 따위의 중심이 되는 점. ② 거울이나 렌즈에서 입사(入射) 광선이 집중되는 점. ③ 주의나 흥미의 중심. しょうてん focus

초점 거:리[焦點距離] 광학계(光學系)에서 초점과 주점의 거리. 렌즈에서는 그 중심으로부터, 구면경에서는 구심으로부터 그들의 초점까지의 거리. しょうてんきょり focal length

초정[草亭] 볏짚이나 억새 따위로 지붕을 인 정자. そうてい thatched pavilion

초조[初潮] 월경이 처음 나옴. 또는 그 월경. =초경(初經). しょちょう menarche

초조[焦燥] 애태우며 마음을 졸임. しょうそう impatience

초주[礎柱] 주춧돌과 기둥. cornerstone and pillar

초준[初準] ⇨초교(初校).

초지[初志] 처음에 품은 뜻. =초념(初念)·초의(初意). しょし original intention

초지[草地] 풀이 나 있는 땅. そうち·くさち grassland

초지[草紙] 글을 초잡는 데 쓸 종이. そうし

초지일관[初志一貫] 처음에 세운 뜻을 끝까지 관철함.

초직[初職] 처음 일하게 된 식징. first position

초진[初診] 첫 진찰. しょしん first medical examination

초질근[草質根] 무·보리의 뿌리와 같이 목질(木質)이 조금 들어 있는 몸이 연한 뿌리.

초집[抄集·抄輯] 어떤 글에서

줄거리만 간략하게 뽑아서 모음. 또는 그 글이나 그 글을 모아 엮은 책.
collection of excerpts

초집[招集] 불러서 모음. しょうしゅう call

초집[草葺] 지붕을 볏짚이나 억새 따위로 임. くさぶき thatching

초창[初創] ① ⇨ 초창(草創). ② 불교에서, 절을 처음 세움.

초창[草創] 처음으로 어떤 사업을 이룩함. =초창(初創). 「~기(期)」 そうそう beginning

초창[悄愴] 근심스럽고도 슬픔. しょうそう

초청[招請] 청하여 부름. 「~장(狀)」 しょうせい invitation

초체[草體] 흘림글씨의 체. 추서의 서체. そうたい cursive style

초초[悄悄] 근심이 되어 맥이 빠진 모양. しょうしょう dejected

초초[稍稍] 조금씩 더해 가거나 덜해지는 모양. =점차(漸次)·점점(漸漸). gradually

초추[初秋] 초가을. =맹추(孟秋)·초량(初涼). ↔계추(季秋)·만추(晩秋). しょしゅう·はつあき early autumn

초춘[初春] 초봄. =맹춘(孟春)·조춘(早春). ↔계춘(季春). しょしゅん·はつはる early spring

초출[抄出] 골라서 뽑아 냄. しょうしゅつ excerption

초출[初出] 처음으로 나옴. はつで first bearing

초출[招出] 불러 냄. calling up

초출[超出] 매우 뛰어남. excellence

초충[草蟲] ① 풀벌레. そうちゅう ② 풀과 벌레를 그린 그림.

초췌[憔悴] 고생이나 병으로 몸이 파리함. しょうすい emaciation

초취[初娶] 첫 번 혼인으로 맞이한 아내. =초실(初室). first wife

초치[招致] 불러서 오게 함. 불러들임. =초입(招入). しょうち invitation

초침[秒針] 시계의 초(秒)를 가리키는 바늘. びょうしん second hand

초콜릿[chocolate] 코코아 가루를 주원료(主原料)로 만든 과자. チョコレート

초:크[chalk] ① 분필(粉筆). ② 양재(洋裁)에서, 옷감의 재단을 표하는 데 쓰는 분필. チョク

초:크[choke] 엔진을 시동(始動)시킬 때, 공기 흡입을 적게 하는 일. チョーク

초탈[超脫] 세속에 얽매이지 않고 초월함. ちょうだつ transcendence

초토[焦土] ① 타서 까맣게 된 흙. ② 건물 따위가 모두 타서 없어진 자리. 또는 그 남은 재. 「~ 작전(作戰)」 しょうど ① scorched earth ② site of a fire

초토 전:술[焦土戰術] 전투에서 형세가 불리하여 후퇴할 때, 중요 시설을 불태우거나 파괴하여 적의 공격력을 막고, 또는 적이 이용하지 못하게 하는 전술. しょうどせんじゅつ scorched-land tactics

초판[初版] 처음 간행한 출판물. しょはん first edition

초평[草坪] 풀이 무성한 넓은 벌판. =초원(草原). grassy plain

초표[礁標] 바닷길에서 암초(暗礁)가 있는 곳임을 나타내는 표지.

초필[抄筆] 잔글씨를 쓰는 데 쓰는 가느다란 붓.

초하[初夏] 초여름. =맹하(孟夏). ↔만하(晩夏). しょか early summer

초학[初學] 처음으로 공부를 시작함. しょがく beginning of learning

초학자[初學者] ① 처음으로 공부를 시작한 사람. ② 학문이 얕은 사람. しょがくしゃ beginner

초한[初寒] 첫추위. しょかん first cold

초한[峭寒] 살을 에는 듯한 심한 추위. =혹한(酷寒). しょうかん severe cold

초항[初項] 첫 항목. ↔말항(末項). しょこう first item

초행[初行] 처음으로 가는 길. first trip

초행노숙[草行露宿] 산이나 들에서 자며 여행함.

초현[初弦] 음력 7∼8일경에 나타나는 달의 형태. =상현(上弦). しょげん

초호[初號] ① 정기 간행물의 첫 호. =창간호(創刊號). ② 신문 따위에서 쓰는 제일 큰 활자. 「∼ 활자(活字)」しょごう ① first edition ② No. 1 type

초혼[初昏] 해가 지고 처음으로 어두워질 때. 땅거미가 질 무렵. dusk

초혼[初婚] 처음으로 하는 결혼. =초연(初緣). ↔재혼(再婚). しょこん first marriage

초혼[招魂] 혼을 부름. 죽은 사람의 넋을 부르는 일.「∼제(祭)」しょうこん invocation of the spirits of the dead

초혼제[招魂祭] 전몰(戰歿)한 사람이나 순직한 사람의 혼령을 위로하는 제사. しょうこんさい memorial service

초화[招禍] 화를 불러들임. 재화(災禍)가 생기게 함.

초화[草花] 풀 종류의 꽃. 풀꽃. くさばな herbaceous flower

초환[招還] 불러서 되돌아오게 함. recall

초회[初回] 첫 번. 처음 회. しょかい first time

초회[初會] ① 처음으로 만남. 첫 회합. ② 불교에서, 보살이 성불(成佛)한 후에 처음으로 행하는 설법(說法). しょかい ① first meeting

촉[促]* ① 촉박할 촉 : 촉박하다.「促急(촉급)・促迫(촉박)」② 재촉할 촉 : 재촉하다. 독촉하다.「促進(촉진)・促成(촉성)・催促(최촉)・督促(독촉)」③ 빠를 촉 : 빠르다. 신속하다.「促步(촉보)」ソク・ショク ② うながす

촉[蜀] 나라 이름 촉 : 땅 이름. 나라 이름.「蜀國(촉국)・蜀魂(촉혼)・西蜀(서촉)」ショク

촉[燭]* ① 촛불 촉 : 촛불.「燭影(촉영)・燭臺(촉대)・燭心(촉심)」② 밝을 촉 : 밝다.「燭數(촉수)・燭光(촉광)」ショク・ソク ① ともしび

촉[鏃] 살촉 촉 : 살촉. 화살.「鏃矢(촉시)・鋒鏃(봉촉)」ソク・やじり

촉[觸]* ① 닿을 촉 : 닿다. 느끼다.「觸角(촉각)・觸感(촉감)・觸官(촉관)・觸手(촉수)・感觸(감촉)」② 범할 촉 : 범하다. 저촉되다.「觸犯(촉범)」ショク ① ふれる

촉[髑] 해골 촉: 해골. 「髑髏(촉루)」ドク

촉[囑] "嘱"은 同字. 부탁할 촉: 부탁하다. 맡기다. 「囑望(촉망)·囑託(촉탁)·委囑(위촉)·咐囑(부촉)」ショク·ゾク·たのむ·つける

촉[矗] 곧을 촉: 곧다. 우뚝 솟은 모양. 「矗立(촉립)·矗然(촉연)·矗矗(촉촉)」チク

촉각[觸角] 절지동물(節肢動物)의 머리에 나 있는 촉감 기관(觸感器官). 더듬이. しょっかく feeler

촉각[觸覺] 외계의 물체가 닿았을 때 느끼는 감각(感覺). =촉감(觸感). しょっかく tactual sense

촉감[觸感] ① 무엇에 닿았을 때의 느낌. =감촉(感觸). ② ⇨촉각(觸覺). しょっかん ③ 한방에서, 추운 기운이 몸에 닿아 병이 됨을 이르는 말. =촉상(觸傷). ① feel

촉견폐일[蜀犬吠日] 촉나라의 개가 해를 보고 짖는다는 뜻으로, 식견이 좁아서 보통의 사물을 보고도 공연히 놀라거나 현인(賢人)의 언행을 비난함의 비유.

촉고[數罟] 그물코가 촘촘한 그물.

촉관[觸官] 동물이 촉각(觸覺)을 느끼는 기관. 곧, 사람의 피부나 달팽이 따위의 촉각(觸角). しょっかん tactile organ

촉광[燭光] ① 촛불의 빛. ② 광도(光度)의 단위. =촉력(燭力). 준촉(燭). しょっこう
① candlelight ② candle power

촉구[促求] 재촉하여 요구함. 재촉함. urging

촉급[促急] ① 기한이 가까워서 몹시 급함. ② 성질이 급함. =촉박(促迫). ① urgency

촉기[←峭氣] 생기나 재치가 있는 기상.

촉노[觸怒] 웃어른의 비위를 건드려 화를 내게 함.

촉농[燭膿] 초가 녹아서 흘러 엉긴 것. 촛농. =촉루(燭淚). guttered candle

촉대[燭臺] 초를 꽂는 받침대. 촛대. しょくだい candlestick

촉랭[觸冷] 찬 기운이 몸에 닿음.

촉력[燭力] ⇨촉광(燭光).

촉료[燭燎] 촛불과 횃불.
candlelight and torchlight

촉루[燭淚] ⇨촉농(燭膿). しょくるい

촉루[髑髏] 죽은 사람의 몸이 썩고 남은 뼈. 또는 그 머리뼈. =해골(骸骨). どくろ skull

촉망[屬望·囑望] 잘 되기를 바라고 기대함. しょくぼう
expectation

촉매[觸媒] 화학 반응에서, 자신은 변화하지 않으면서 그 반응의 속도를 촉진 또는 지연시키는 물질. 또는 그렇게 하는 역할. 이산화망간(二酸化mangan) 따위. しょくばい
catalyst

촉목[囑目] 관심이나 기대를 가지고 눈여겨봄. 지켜봄. =주목(注目). しょくもく attention

촉박[促迫] ⇨촉급(促急). そくはく

촉발[促發] 재촉하여 떠나게 함. そくはつ

촉발[觸發] ① 일을 당하여 충동·감정 등이 일어남. ② 접촉하거나 충돌하면 폭발함. しょくはつ ① being excited ② contact detonation

촉비[觸鼻] 냄새가 코를 자극함. 觸鼻

촉상[觸傷] 한방에서, 추운 기운이 몸에 닿아 병이 됨을 이르는 말. =촉감(觸感). 觸傷

촉성[促成] 식물 등을 인공으로 빨리 자라게 하는 일. そくせい forcing 促成

촉성 재배[促成栽培] 식물을 온상(溫床)이나 온실에서 재배하여 빨리 자라게 하는 재배법. そくせいさいばい forcing culture 促成栽培

촉수[燭數] 전등의 촉광의 단위수. 燭數

촉수[觸手] ① 하등 무척추동물의 가늘고 긴 촉각 기관(觸覺官). 입 언저리에 있어서 촉각을 맡고 먹이를 잡는 구실을 함. ② 사물에 손을 댐. 「~ 엄금(嚴禁)」 しょくしゅ ① tentacle ② touching 觸手器官

촉수[觸鬚] ① 하등 동물의 촉각을 맡은 수염 모양의 기관. 귀뚜라미나 새우 따위의 수염. ② 어류(魚類)의 입 언저리에 있는 수염. ③ 털이 많은 환형 동물의 입 주위에 있는 돌출부(突出部). しょくしゅ ② barbel ③ palpus 觸鬚突出部

촉심[燭心] 초의 심지. wick 燭心

촉언[囑言] 뒷일을 남에게 맡겨 당부하여 두는 말. しょくげん words of entrusting with future affairs 囑言

촉접[觸接] ① 맞닿음. ―접촉(接觸). ② 적지(敵地) 가까이 가서 정황을 살핌. しょくせつ ① contact 觸接敵地

촉진[促進] 재촉하여 빨리 진행되도록 함. ↔억제(抑制). 「수출(輸出) ―」 そくしん promotion 促進抑制

촉탁[囑託] ① 일을 부탁하여 맡김. 또는 맡은 사람. ② 관청이나 회사의 직위의 하나. しょくたく ① commission 囑託

촉한[觸寒] 추운 기운이 몸에 닿음. 觸寒

촉화[燭火] 촛불. しょっか candlelight 燭火

촌:[寸]* ① 치 촌 : 치. 마디. 길이의 단위. 「尺寸(척촌)」 ② 조금 촌 : 조금. 「寸陰(촌음)・寸暇(촌가)・寸隙(촌극)・寸志(촌지)」 ③ 촌수 촌 : 촌수. 「寸數(촌수)・三寸(삼촌)・四寸(사촌)」 スン 寸 寸陰 寸

촌:[忖] 헤아릴 촌 : 헤아리다. 미루어 생각하다. 「忖度(촌탁)・忖思(촌사)」 ソン・はかる 忖度

촌:[村]* ① 마을 촌 : 마을. 「村落(촌락)・村名(촌명)・村長(촌장)」 ② 시골 촌 : 시골. 「村居(촌거)・村老(촌로)・村氣(촌기)・村婦(촌부)・村漢(촌한)」 ソン・むら 村落 村婦

촌:가[寸暇] 아주 짧은 겨를. =촌극(寸隙). すんか moment's leisure 寸暇

촌:가[村家] 시골집. =촌려(村廬). そんか village house 村家

촌:각[寸刻] 짧은 시간. =촌음(寸陰). すんこく moment 寸刻

촌:거[村居] 시골서 살고 있음. そんきょ country life 村居

촌:계관청[村鷄官廳] 촌닭을 관청에 잡아 온 셈이라는 말로, 어리둥절하고 정신을 못 차리는 사람을 비웃는 말. 村鷄官廳

촌:공[寸功] 보잘것없는 사소한 공. すんこう 寸功

촌:교[村郊] 시골. 시골의 들. そんこう 村郊

촌:극[寸隙] ⇨촌가(寸暇). すんげき 寸隙

촌:극[寸劇] ① 짧은 단막극(單幕劇). すんげき ② 사소한 우스꽝스러운 사건. 寸劇 單幕劇 ① skit

촌:내[寸內] 십촌(十寸) 이내의 겨레붙이. ↔촌외(寸外). 寸內 near relatives

촌:단[寸斷] 짤막짤막하게 여러 토막으로 끊어지거나 끊음. すんだん 寸斷 cutting in pieces

촌:동[村童] 촌에 사는 아이. そんどう 村童 country child

촌:락[村落] 시골의 취락(聚落). =촌리(村里). そんらく 村落 village

촌:로[村老] 시골 노인. 촌늙은이. =촌옹(村翁)·촌수(村叟). そんろう 村老 aged villager

촌:리[村里] ⇨촌락(村落). そんり 村里

촌:맹[村氓] 시골에 사는 사람. 시골 백성. =촌민(村民)·촌인(村人)·향맹(鄕氓)·향민(鄕民). 村氓 鄕民 village people

촌:민[村民] ⇨촌맹(村氓). そんみん 村民

촌:백성[村百姓] 시골 백성. =촌맹(村氓)·촌민(村民). 村百姓 村民 village people

촌:백충[寸白蟲] ⇨촌충(寸蟲). 寸白蟲

촌:보[寸步] 몇 걸음 안 되는 걸음. 「~도 못 걷다」すんぽ 寸步 few steps

촌:부[村婦] 시골 부녀자. そんぷ 村婦 village woman

촌:부자[村夫子] ⇨촌학구(村學究). そんぷうし 村夫子

촌:선척마[寸善尺魔] 세상에는 좋은 일은 얼마 안 되고 나쁜 일이 훨씬 많음. すんぜんしゃくま 寸善尺魔

촌:성[寸誠] 조그만 성의. =촌충(寸衷). 寸誠

촌:속[村俗] 시골의 풍속. そんぞく 村俗

촌:수[寸數] 친족 사이의 관계를 나타내는 수. 寸數 degree of kinship

촌:시[寸時] 짧은 시간. =촌각(寸刻)·촌음(寸陰). すんじ 寸時 moment

촌:심[寸心] 마음에 품은 자그마한 뜻이라는 말로, 자기의 뜻을 겸손하게 이르는 말. =촌충(寸衷)·촌지(寸志). すんしん 寸心 humble intention

촌:야[村野] 시골의 마을과 들. 村野

촌:열[寸裂] 갈기갈기 찢음. 또는 찢어짐. すんれつ 寸裂 tearing in pieces

촌:옹[村翁] ⇨촌로(村老). そんおう 村翁

촌:외[寸外] 촌수를 따지지 않는 먼 겨레붙이. ↔촌내(寸內). 寸外 distant relatives

촌:유[村儒] 시골 선비. そんじゅ 村儒 rustic scholar

촌:음[寸陰] 아주 짧은 시간. =촌각(寸刻)·촌가(寸暇). すんいん 寸陰 minute

촌:장[寸長] 대단치 않은 기능(技能). 조그만 명검(長點). 寸長 small merit

촌:장[村庄] 시골에 있는 별장. 시골에 따로 장만해 둔 집. 村庄 villa in the country

촌:장[村長] 마을의 일을 맡아보는 우두머리. そんちょう 村長 village headman

촌:전척토[寸田尺土] 얼마 되지 않은 논밭. 寸田尺土 small farm

촌:지[寸地] 아주 작은 농토(農土). =척지(尺地)·척토(尺土)·촌토(寸土). すんち 寸地 inch of land

촌:지[寸志] ① 마음에 품은 자그마한 뜻이라는 말로, 자기의 뜻을 겸손하게 이르는 말. 寸志

=촌심(寸心)·편지(片志). ② 자그마한 정성의 표시라는 뜻으로, 자기가 주는 선물을 겸손하게 이르는 말. すんし ② small present

촌:진척퇴[寸進尺退] 한 치를 나아가다가 한 자를 물러난 다는 뜻으로, 얻는 것은 적고 잃는 것이 많음을 뜻하는 말. すんしんしゃくたい 寸進尺退

촌:척[寸尺] ① 치와 자. ② 얼마 안 되는 길이. =척촌(尺寸). すんしゃく 寸尺

촌:철[寸鐵] ① 작은 날연장. ② 짤막한 경계의 말이나 글귀. 「~살인(殺人)」すんてつ 寸鐵 殺人
① small weapon ② epigram

촌:철살인[寸鐵殺人] 촌철로 사람을 죽인다는 뜻으로, 짤막한 경구(警句)로 사람의 마음을 감동시킴을 이르는 말. 寸鐵殺人

촌:초[寸秒] 극히 짧은 시간. =순간(瞬間). すんびょう moment 寸秒

촌:촌[村村] 마을마다. 이 마을 저 마을. =방방(坊坊). むらむら every village 村村 坊坊

촌:충[寸衷] ⇨촌성(寸誠). 寸衷

촌:충[寸蟲] 촌충류에 딸린 기생충의 총칭. 몸은 여러 마디로 되어 있고 동물의 창자에 기생하여 양분을 빨아먹음. =촌백충(寸白蟲). tapeworm 寸蟲

촌:탁[忖度] 남의 마음을 미루어 헤아림. =추찰(推察). そんたく conjecture 忖度 推察

촌:토[寸土] 피 좁은 땅. =척토(尺土). すんど inch of land 寸土

촌:평[寸評] 짤막한 비평. すんぴょう short review 寸評

촌:학구[村學究] ① 지난날, 시골의 '글방 선생'을 일컫던 말. =촌부자(村夫子). ② 아는 것 村學究 村夫子

이 별로 없고 고집이 세고 도량이 좁은 사람을 이르는 말. そんがっきゅう
② narrow-minded person

촌:한[村漢] 시골 사나이를 낮추어 이르는 말. 촌놈. rustic 村漢

촌:항[村巷] 시골 길. そんこう country lane 村巷

촌:호[寸毫] 아주 조금. =추호(秋毫). すんごう bit 寸毫

촙[chop] ① 소·돼지의 갈비. ② 구기(球技)에서, 공을 깎아 치는 일. チョップ 球技

총[忽] 바쁠 총:바쁘다. 총총하다. 「忽急(총급)·忽忙(총망)·忽擾(총요)·忽忽(총총)」ソウ·にわか 忽 忙 忽

총:[冢] "塚"은 俗字. ① 클 총:크다. 「冢君(총군)」② 맏총:맏이. 우두머리. 「冢子(총자)·冢婦(총부)」③ 무덤 총:무덤. 「冢墓(총묘)」チョウ 冢 子

총[蔥] ① 풀 더부룩할 총:풀이 더부룩하다. 「蔥蔥(총총)」② 파 총:파. 「蔥靑(총청)·蔥根(총근)·蔥蒜(총산)」ソウ 蔥 根
② ねぎ

총[塚] "冢"은 本字. 무덤 총:무덤. 「塚墓(총묘)·塚主(총주)·古塚(고총)·疑塚(의총)·貝塚(패총)」チョウ·つか 塚

총:[摠] "總"과 同字. 거느릴 총:거느리다. 「摠管(총관)·摠攬(총람)」ソウ 摠管

총[銃]☆ 총 총:총. 「銃砲(총포)·銃彈(총탄)·鳥銃(조총)·短銃(단총)·小銃(소총)·拳銃(권총)」ジュウ·つつ 鳥銃 拳銃

총:[總]☆ "摠"과 同字. ① 다 총:다. 모두. 「總決(총결)·總計(총계)·總力(총력)·總代(총대)·總集(총집)·總括(총괄)」② 거느릴 총:거느리다. 總計

「總督(총독)・總統(총통)・總理(총리)」ソウ ①すべて ②すべる

총[聰]* 귀 밝을 총: 귀가 밝다. 총명하다. 「聰明(총명)・聰察(총찰)・聰慧(총혜)・聰敏(총민)・聰辯(총변)」ソウ・さとい

총[叢] ① 떨기 총: 떨기. 「叢竹(총죽)・叢生(총생)」 ② 모을 총: 모으다. 「叢書(총서)・叢論(총론)」ソウ ①くさむら

총[寵] 사랑할 총: 사랑하다. 귀여워하다. 「寵愛(총애)・寵光(총광)・寵恩(총은)・寵兒(총아)・寵子(총자)」チョウ・めぐむ

총가[銃架] 총을 기대어 놓는 받침. じゅうか　rifle stand

총:각[總角] 아직 장가들지 않은 성년인 남자. ↔처녀(處女). そうかく　bachelor

총검[銃劍] ① 총과 검. ② 총 끝에 다는 칼. 또는 그 총칼. じゅうけん　① rifles and swords ② bayonet

총검술[銃劍術] 총검을 써서 자신을 막고 적을 치는 방법. じゅうけんじゅつ　bayonet fencing

총격[銃擊] 총을 쏘아 무찌름. じゅうげき　rifle-shooting

총:결산[總決算] 전체의 수지를 맞춰 보는 결산. 총체적인 결산. そうけっさん　settlement of the whole accounts

총:경[總警] 경찰관의 계급의 하나. 경무관(警務官)의 아래. Senior Superintendent

총:계[總計] 전체의 합계. そうけい　total

총:공격[總攻擊] 전 군대가 일제히 공격함. 또는 그 공격. そうこうげき　general attack

총:관[總管] 전체를 관리하고 다스림. 또는 그 사람. そうかん

총:관[總觀] 총체적으로 살펴봄. 「경제(經濟)~」そうかん　general survey

총:괄[總括] ① 개별적인 여러 가지를 한데 모아서 뭉침. =통괄(統括). ② 여러 개념을 통틀어서 외연(外延)이 큰 하나의 개념으로 포괄함. そうかつ　② generalization

총구[銃口] 탄알이 나오는 구멍. 총부리. じゅうこう　muzzle

총:국[總局] 신문사 같은 데서, 지국(支局) 위에 설치하여 그 구역 안의 지국을 통할하고 본사(本社)와 사무적・사업적 연락을 하는 곳.

총군[銃軍] 지난날, 소총으로 무장한 군사를 이르던 말. =포군(砲軍).

총극[悤劇] ⇨ 총급(悤急). そうげき

총급[悤急] 몹시 급하고 바쁨. =총망(悤忙)・총거(悤遽)・총극(悤劇). urgency

총기[銃器] 소총・권총 따위의 총칭. じゅうき　fire arms

총기[聰氣] ① 총명한 기운. ② 듣거나 보거나 한 것을 오래도록 잊지 않는 기억력. 지닐총. 「~가 좋다」 bright intelligence

총:기[總記] 전체를 총괄한 기록. そうき　general remarks

총대[銃隊] 소총을 주무기로 하여 편성된 군대. じゅうたい　rifle unit

총:대[總代] 전원(全員)의 대표. 「졸업생(卒業生)~」そうだい　representative

총:독[總督] 식민지의 정무(政務)·군무(軍務) 등을 통할하는 관직. 또는 그 관직에 있는 사람. そうとく governor-general

총:독부[總督府] 총독이 일을 보는 관청. そうとくふ government-general

총:동원[總動員] 모든 인력(人力)과 물력(物力)을 동원함. 「전교생이 ~되다」そうどういん general mobilization

총:람[總覽] 전체를 죽 훑어 봄. =통람(通覽). そうらん general survey

총:람[總攬] 전체를 맡아서 처리함. =총집(總執)·총할(總轄). そうらん superintendence

총:량[總量] 전체의 분량 또는 중량. =전량(全量). そうりょう total amount

총:력[總力] 가지고 있는 모든 힘. =전력(全力). 「~전(戰)」そうりょく whole strength

총:력전[總力戰] 나라가 모든 국력을 다하여 결행하는 싸움. そうりょくせん total war

총렵[銃獵] 총으로 하는 사냥. 총사냥. じゅうりょう hunting

총:령[總領] 모든 것을 선부 서느림. そうりょう superintendence

총:록[總錄] 모든 것을 모아 적은 기록. そうろく summary

총:론[總論] 전체를 총괄한 이론이나 논술(論述). そうろん general remarks

총론[叢論] 논문 따위를 모아서 엮은 책. そうろん collection of treatises

총:류[總類] 도서 분류에서, 특정한 성격을 갖지 않고 어느 분야나 두루 관계되는 것을 통틀어 묶은 종류. 십진 분류법에서는 0번호임.

총:리[總理] ① 전체를 거느리고 다스림. ② 내각의 행정 각부를 통할하는 관직. 내각의 수반(首班). 「국무(國務)~」そうり ① general control ② premier

총림[叢林] 잡목이 우거진 숲. そうりん dense wood

총망[悤忙] ⇨총급(悤急). そうぼう

총:명[總名] 전체를 몰아서 부르는 이름. =총칭(總稱). そうみょう general term

총명[聰明] 영리하고 기억력이 좋음. =영명(英明). そうめい sagacity

총명기[聰明記] ① 잊지 않으려고 적은 기록. =비망록(備忘錄). ② 남에게 보내는 물건의 명세서(明細書). ① memorandum ② list of articles

총:목[總目] 그 책의 총목록(總目錄). そうもく general catalog

총묘[塚墓] 무덤. grave

총:무[總務] 전체에 관계되는 사무. 또는 그것을 맡아보는 직위나 사람. 「~과(課)」そうむ manager

총민[聰敏] 총명하고 민첩함. =총오(聰悟). そうびん cleverness

총:변[總辨] 일을 도맡아 처리함. 또는 그 사람. そうべん

총:본사[總本司] 대종교(大倧教)에서, 모든 교무를 통할하는 기관.

총:사직[總辭職] 구성원 또는 관계자 모두가 한꺼번에 사직함. そうじしょく general resignation

총살[銃殺] 총으로 쏘아 죽임.

じゅうさつ shooting to death

총살형[銃殺刑] 사형(死刑)의 한 가지. 총으로 쏘아 죽이는 형벌. 준총형(銃刑). じゅうさつけい punishment of death by shooting

총상[銃傷] 총알을 맞은 상처. じゅうしょう bullet wound

총ː상 화서[總狀花序] 긴 화축(花軸)에 여러 개의 꽃이 술처럼 달린 화서. 장다리꽃·등나무꽃 따위. そうじょうかじょ raceme

총생[叢生] 초목이 무더기로 더부룩하게 남. そうせい gregarious growth

총서[叢書] 여러 책을 모아서 하나의 전집(全集)으로 간행한 책.「교양(教養)~」そうしょ collection of books

총ː선[總選] 총선거(總選擧)의 준말.

총ː선거[總選擧] 전국적으로 국회 의원 전원(全員)을 뽑는 선거. 준총선(總選). そうせんきょ general election

총ː설[總說] 전체의 요지를 요약한 설명. 또는 그 논설. そうせつ general remarks

총설[叢說] 모아 놓은 여러 학설. そうせつ collection of theories

총성[銃聲] 총소리. じゅうせい shot

총수[銃手] 총을 쏘는 사람. じゅうしゅ shooter

총ː수[總帥] ① 모든 군사를 거느리고 통솔하는 장수. ② 집단이나 조직의 우두머리.「재계(財界)의 ~」そうすい ① commander ② supreme leader

총ː수[總數] 전체의 수효. 모두 합한 수효. そうすう total

총신[銃身] 소총의 총탄이 통과하는 원통상(圓筒狀)의 부분. 총열. じゅうしん barrel of a gun

총ː신[寵臣] 임금의 사랑을 받는 신하. =행신(幸臣). ちょうしん favorite retainer

총ː아[寵兒] ① 특별한 사랑을 받는 사람이나 아이. ② 어떤 방면에서 인기를 독차지하는 사람.「연예계(演藝界)의 ~」ちょうじ favorite

총안[銃眼] 보루(堡壘)나 성벽(城壁)에 뚫어 놓은, 총을 내쏘는 구멍. じゅうがん loophole

총ː애[寵愛] 특별히 귀엽게 여겨 사랑함. =총행(寵幸). ちょうあい favor

총ː액[總額] 전체의 액수. =전액(全額). そうがく total amount

총ː영사[總領事] 최상급(最上級)의 영사. 주재국 영토 안의 자국민을 보호·감독하고, 통상·항해에 관한 사항을 본국에 보고하며, 수재국에 근무하는 자국의 영사 및 관원을 감독함. そうりょうじ consul general

총오[聰悟] 총명하고 영리함. =총민(聰敏). そうご cleverness and keenness

총ː우[寵遇] 총애하여 특별히 대우(待遇)함. ちょうぐう special favor

총ː원[總員] 전체의 인원. =전원(全員). そういん all the members

총ː은[寵恩] ① 총애의 은혜. 임금의 은덕. =성은(聖恩). ② 가톨릭에서, 성총(聖寵)과 은우(恩佑). ちょうおん

① favor ② grace of Heaven
총:의[總意] 전체의 의사. 전원(全員)의 의견. そうい general opinion
총이주[聰耳酒] 음력 정월 대보름날 아침에 귀가 밝아지라고 마시는 술. 귀밝이술.
총:장[總長] ① 전체를 관리하는 우두머리. 검찰 총장·참모 총장·사무 총장 등. ② 종합 대학의 대표자. そうちょう ② president
총:재[總裁] ① 모든 사무를 총괄하고 결재함. 또는 그 사람. ② 정당이나 단체 따위의 우두머리. 「당(黨) ~」 そうさい president
총:점[總點] 부분적인 점수의 총합계. 전체의 점수. 득점의 총수. そうてん total points
총주[塚主] 무덤의 임자. owner of a grave
총죽지교[葱竹之交] 파피리를 불며 대말을 타고 같이 놀던 사이라는 뜻으로, 어렸을 때 같이 놀며 자란 교분을 이르는 말. =죽마고우(竹馬故友). old playmate
총준[聰俊] 총명하고 준수(俊秀)함. 영민하고 뛰어남. genius
총중[叢中] 많은 사람 가운데. 「만록(萬綠) ~ 홍일점(紅一點)」 amidst a crowd
총중고골[塚中枯骨] 무덤 속의 앙상한 뼈라는 뜻으로, 핏기가 없고 몹시 여윈 사람을 두고 이르는 말. ちょうちゅう(の)ここつ skinny man
총지[聰智] 총명하고 지혜가 있음. そうち intelligence
총진[銃陣] 소총 부대(小銃部隊)로 편성한 군대의 진영. じゅうじん

총:집[總集] 몇 사람의 글을 모은 시문집(詩文集). ↔별집(別集). collection
총집[叢集] 떼를 지어 모임. 또는 모음. =총취(叢聚). crowding
총찰[聰察] ⇨명찰(明察). そうさつ
총:찰[總察] 모든 일의 진상을 몰아서 살피거나 보살핌. superintendency
총창[銃創] 총알에 맞은 상처. じゅうそう bullet wound
총창[銃槍] ① 총과 창. ② 끝에 대검을 꽂은 소총. =총검(銃劍). じゅうそう
총:책[總責] 총책임자(總責任者)의 준말.
총:책임자[總責任者] 총괄적인 책임을 진 사람. 壱총책(總責). superintendent
총:천연색[總天然色] 천연색임을 강조하는 말.
총:첩[寵妾] 극진히 사랑을 받는 첩. =애첩(愛妾). ちょうしょう favorite concubine
총:체[總體] 사물의 전체(全體). =전부(全部). そうたい whole
총총[忽忽] ① 몹시 급하고 바쁨. そうそう ② 간단한 편지 끝에 바삐 썼다는 뜻으로 쓰는 맺음말. ① in a hurry
총총[蔥蔥] 나무가 겹겹이 들어서서 숲이 무성한 모양. thick
총총[叢叢] 많은 것이 빽빽하게 늘어선 모양. thick
총:칙[總則] 전체에 공통되는 규칙. ↔각칙(各則). そうそく general rules
총:칭[總稱] 통틀어서 일컬음. 또는 그 명칭. =총명(總名). そうしょう general term

총탄[銃彈] 총알. 탄알. =총환(銃丸)·탄환(彈丸). じゅうだん　bullet

총:통[總統] 전체를 통괄하고 다스림.　presiding over

총:판[總販] 총판매(總販賣)의 준말.

총:판매[總販賣] 어떤 상품을 도거리로 팖. 준총판(總販).　exclusive sale

총:평[總評] 전체적으로 비평함. 또는 비평한 그 내용. そうひょう　general review

총포[銃砲] 소총과 대포. 모든 총기(銃器). じゅうほう　guns

총:할[總轄] 전체를 맡아서 처리함. =총람(總攬). そうかつ　general control

총:합[總合] 전부를 합침. 또는 합친 전부. そうごう　synthesis

총:행[寵幸] 특별한 은총. =총애(寵愛). ちょうこう　favor

총형[銃刑] 총살형(銃殺刑)의 준말. じゅうけい

총혜[聰慧] 총명하고 슬기로움. そうけい　sagacity

총예성:첩[聰慧警捷] 총명하고 슬기가 있으며 행동이 민첩함.

총화[銃火] 총을 쏠 때의 번쩍거리는 불빛. じゅうか　rifle fire

총:화[總和] 전체를 합계한 수. =총계(總計). そうわ　sum total

총화[叢話] 여러 이야기나 설화 등을 모은 것. 또는 그 책. 「용재(慵齋)~」 そうわ　collection of talks

총환[銃丸] 총알. 탄알. =총탄(銃彈)·탄환(彈丸). じゅうがん　bullet

총:회[總會] ① 어떤 단체의 관계자가 전부 모이는 회합. ② 사단 법인·조합 따위의 전체적인 의사를 결정하는 의결(議決) 기관. そうかい　general meeting

총:획[總畫] 한자의 한 글자의 모든 획수. そうかく

총:희[寵姬] 총애를 받는 여자. =애희(愛姬). ちょうき　favorite mistress

촬[撮] ① 비칠 촬: 비치다. 사진을 찍다. 「撮影(촬영)」 ② 자밤 촬: 자밤. 세 손가락으로 집을 만한 분량. 「撮土(촬토)」 ③ 집을 촬: 손가락 끝으로 집다. 요점을 집다. 「撮要(촬요)」 サツ ② うつす

촬영[撮影] 사진이나 영화를 찍음. さつえい　photographing

촬영기[撮影機] 영화를 찍는 기계. さつえいき　movie camera

촬영소[撮影所] 영화를 촬영·제작하는 데 필요한 설비를 갖춘 곳. 스튜디오. さつえいじょ　studio

촬요[撮要] 요점을 뽑아 적은 것. 「헌법(憲法)~」 さつよう　compendium

촬토[撮土] 한 줌의 흙이라는 뜻으로, 매우 적음의 비유.　a handful of soil

최[崔] 산 우뚝할 최: 산이 우뚝하다. 높다. 「崔巍(최외)·崔崔(최최)」 サイ

최:[最]* 가장 최: 가장. 제일. 「最高(최고)·最長(최장)·最上(최상)·最貴(최귀)·最小(최소)」 サイ·もっとも

최[催]☆ ① 개최할 최: 개최하다. 「開催(개최)·主催(주최)」 ② 재촉할 최: 재촉하다. 핍박하다. 「催促(최촉)·催告(최고)·催迫(최박)·催眠(최면)·催涙(최루)·催産(최산)」 サイ ① もよおす

최[摧] 꺾을 최: 꺾다. 누르다. 「摧抑(최억)·摧沮(최저)·摧殄(최진)·摧朽(최후)·摧破(최파)·摧衰(최쇠)」サイ·くだく

최:강[最強] 가장 강함. 가장 굳셈. さいきょう strongest

최:고[最古] 가장 오래 됨. ↔최신(最新). さいこ oldest

최:고[最高] 가장 높음. 가장 나음. ↔최저(最低). 「~득점자(得點者)」さいこう highest

최고[催告] 재촉하는 뜻을 통고함. 「~장(狀)」さいこく notification

최:고가[最高價] 가장 비싼 값. ↔최저가(最低價). さいこうか ceiling prices

최:고권[最高權] 주권(主權)이나 통치권(統治權)과 같은 가장 높은 권리. imperium

최:고급[最高級] 고급 중에서도 가장 높은 급. さいこうきゅう highest grade

최고납후[摧枯拉朽] 마르고 썩은 나무를 꺾듯이 쉽사리 상대편을 굴복시킴.

최:고봉[最高峰] 여러 산봉우리 중에서 가장 높은 봉우리. さいこうほう highest peak

최:고선[最高善] 인간 생활에서 선악을 판단하는 궁극의 표준으로서의 도덕적 이상. =지선(至善). さいこうぜん highest good

최:고 소:유권[最高所有權] 가장 높은 소유권. 곧, 영토권을 이름. さいこうしょゆうけん supreme ownership

최:고 온도계[最高溫度計] 일정한 시간 내의 최고 온도를 재는 온도계. ↔최저 온도계(最低溫度計). さいこうおんどけい maximum thermometer

최:고조[最高潮] 긴장·흥분 등이 최고의 한도에 이른 상태. 클라이맥스. さいこうちょう climax

최:고 최:저 온도계[最高最低溫度計] 일정한 시간 내의 최고 및 최저 온도를 나타내도록 장치한 온도계. さいこうさいていおんどけい maximum-minimum thermometer

최:고품[最高品] 가장 좋은 물품. =극상품(極上品)·최상품(最上品). ↔최하품(最下品). さいこうひん article of the highest quality

최:고 학부[最高學府] 가장 정도가 높은 교육 기관. 대학이나 대학원을 이르는 말. さいこうがくふ highest institution of learning

최:구[最久] 가장 오래 됨. oldest

최:귀[最貴] 가장 귀함. 가장 소중함. most valuable

최:근[最近] 얼마 안 되는 지난날. さいきん latest date

최:급[最急] 가장 급함. 몹시 급함. urgency

최:긴[最緊] 가장 중요하고 긴요함.

최:다[最多] 가장 많음. ↔최소(最少). さいた maximum

최:단[最短] 가장 짧음. ↔최장(最長). さいたん shortest

최:대[最大] 가장 큼. ↔최소(最小). さいだい greatest

최:대 공약수[最大公約數] 둘 이상인 공약수 가운데서 절대치(絕對値)가 가장 큰 수. ↔최소 공배수(最小公倍數). さいだいこうやくすう greatest common divisor

최:대한[最大限] ⇨최대 한도 最大限
(最大限度).

최:대 한:도[最大限度] 더 이 最 大
상 늘일 수 없는 가장 큰 한 限 度
도. =최대한(最大限). ↔최
소 한도(最小限度). さいだい
げんど　　　　　maximum

최:량[最良] 가장 좋음. さいりょ 最 良
う　　　　　　　　best

최루[催淚] 눈물을 자아냄.「~ 催 淚
탄(彈)」さいるい causing tears

최루탄[催淚彈] 최루 가스를 채 催淚彈
워 넣은 탄환. さいるいだん
　　　　　　　　tear shell

최:말[最末] 맨 끝. =최후(最 最 末
後). さいまつ　　　last

최면[催眠] ① 잠이 오게 함. ② 催 眠
암시(暗示)로써 인위적으로 유
도된 수면 비슷한 상태. さい
みん　　　　　② hypnosis

최면술[催眠術] 암시(暗示)로 催眠術
써 인위적으로 자기나 남을 최
면 상태로 이끄는 술법. さい
みんじゅつ　　　hypnotism

최면약[催眠藥] ⇨최면제(催眠 催眠藥,
劑).

최면 요법[催眠療法] 환자를 최 催眠
면 상태로 이끌어 병을 다스리 療法
는 일종의 정신 요법(精神療法).
さいみんりょうほう
　　　　　　hypnotic cure

최면제[催眠劑] 잠이 오게 하는 催眠劑
약제. =최면약(催眠藥). さい
みんざい　　　sleeping drug

최산[催産] 임부(姙婦)에게 약 催 産
을 쓰거나 주사를 놓아 해산
을 수월하고 빠르게 함. 또는
그 일.「~제(劑)」

최산제[催産劑] 최산하는 데 쓰 催産劑
는 약제.　　parturifacient

최:상[最上] 맨 위. 제일 윗길. 最 上
=지상(至上). ↔최하(最下).
さいじょう　　　　best

최:상급[最上級] 가장 위의 단 最上級
계나 등급. ↔최하급(最下級). 最下級
さいじょうきゅう highest grade

최:상위[最上位] 가장 높은 지 最上位
위. ↔최하위(最下位). さいじょ
う

최:선[最先] 맨 앞. 맨 먼저. ↔ 最 先
최후(最後).　　　first

최:선[最善] ① 가장 좋음. 가 最 善
장 훌륭함. ↔최악(最惡). ②
할 수 있는 한도의 것. =전
력(全力).「~을 다하다」さ 全 力
いぜん　　　　　　best

최:소[最小] 가장 작음. ↔최대 最 小
(最大). さいしょう smallest

최:소[最少] ① 가장 적음. ↔ 最 少
최다(最多). ② 가장 젊음. さ
いしょう ① fewest ② youngest

최:소 공배수[最小公倍數] 둘 最 小
이상의 자연수에 공통되는 배 公倍數
수 가운데서 0을 제외하고 가 最 通
장 작은 배수. ↔최대 공약수
(最大公約數). さいしょうこ
うばいすう
　　least common multiple

최:소 공분모[最小公分母] 둘 最 小
이상의 분수에서 그 분모(分 公分母
母)의 최소 공배수(最小公倍
數). さいしょうこうぶんぼ
　least common denominator

최:소한[最小限] ⇨최소 한도 最小限
(最小限度). さいしょうげん

최:소 한:도[最小限度] 더 이 最 小
상 줄일 수 없는 범위 내에서 限度
가장 작은 한도. =최소한(最
小限). ↔최대 한도(最大限度).
さいしょうげんど　minimum

최:신[最新] 가장 새로움. ↔최 最 新
고(最古).「~식(式)」さい
ん　　　　up-to-dateness

최:신형[最新型] 가장 새로운 最新型
모양. さいしんけい
　　　　　newly-made type

최ː심[最甚] 가장 심함. 아주 심함. most extreme

최ː악[最惡] 가장 나쁨. ↔최선(最善). さいあく worst

최외[崔嵬] 산이 높고 험함. さいかい steepness

최ː우수[最優秀] 가장 뛰어남. 가장 우수함. 「~상(賞)」 さいゆうしゅう the very best

최ː장[最長] 가장 긺. ↔최단(最短). さいちょう longest

최ː저[最低] 가장 낮음. ↔최고(最高). さいてい lowest

최ː저가[最低價] 가장 싼 값. ↔최고가(最高價). さいていか lowest price

최ː저 생활선[最低生活線] 겨우 최저 생활을 유지해 나가는 최소 한도의 한계선. =생명선(生命線). lifeline

최ː저 온도계[最低溫度計] 어떤 시간 안의 최저 온도를 재는 온도계. ↔최고 온도계(最高溫度計). さいていおんどけい minimum thermometer

최ː저 임ː금제[最低賃金制] 최저의 생활이 보장되도록 임금의 최저 기준을 결정한 제도. さいていちんぎんせい minimum wage system

최ː적[最適] 가장 적당하거나 적합함. さいてき optimum

최ː전방[最前方] 적(敵)과 대치하고 있는 맨 앞의 전선(戰線). =최전선(最前線). front line

최절[摧折] 뜻이나 기운이 꺾임. =좌절(挫折). discouragement

최ː종[最終] 맨 마지막. ↔최초(最初). 「~ 타협(妥協)」 さいしゅう last

최ː종점[最終點] 맨 끝의 지점. さいしゅうてん last point

최ː종 효ː용[最終效用] ⇨한계 효용(限界效用).

최ː중[最重] 매우 귀중함.

최ː초[最初] 맨 처음. ↔최종(最終)·최후(最後). さいしょ first

최촉[催促] 빨리 하도록 죄어침. 재촉. =독촉(督促). pressing

최ː친[最親] 가장 친하여 가까움. intimacy

최토제[催吐劑] 먹은 음식을 토하게 하는 약.

최판관[崔判官] 죽은 사람의 생전의 선악을 판단한다는 저승의 벼슬아치.

최ː하[最下] 가장 아래. 맨 아래. ↔최상(最上). さいか lowest

최ː하위[最下位] 가장 낮은 지위. ↔최상위(最上位). さいかい lowest position

최ː혜국[最惠國] 혜택을 가장 많이 받도록 조약이 맺어진 나라. さいけいこく most favored nation

최ː호[最好] 가장 좋음. =최량(最良).

최ː후[最後] ①맨 마지막. =최종(最終). ↔최초(最初). ②목숨이 다할 때. 「~를 지켜보다」 さいご ① last

최후[摧朽] 썩은 것을 꺾는다는 뜻으로, 부수기 쉬움의 비유. さいきゅう

최ː후 통첩[最後通牒] ①분쟁 당사국의 어느 한쪽이 평화적인 외교 교섭을 중단하고, 최종적인 요구를 상대국에 제시하여 그것이 받아들여지지 않을 경우에는 자유 행동을 하겠다는 뜻을 적은 외교 문서. ②교섭중인 상대편에게 일방

적으로 제시하는 마지막 요구. さいごつうちょう ultimatum

추[帚] "箒·菷"는 俗字. 비 추 : 비. 「帚掃(추소)·帚刷(추쇄)·帚痕(추흔)」ソウ·ほうき

추[抽]☆ 뽑을 추 : 뽑다. 빼다. 「抽讀(추독)·抽拔(추발)·抽身(추신)·抽象(추상)·抽籤(추첨)」チュウ·ぬく

추[秋]* ① 가을 추 : 가을. 「秋耕(추경)·秋收(추수)·秋穀(추곡)·秋空(추공)·涼秋(양추)·初秋(초추)」 ② 세월 추 : 세월. 때. 「千秋(천추)·春秋(춘추)·存亡之秋(존망지추)」シュウ ①あき

추[酋] 괴수 추 : 괴수. 두목. 「酋長(추장)·酋領(추령)·酋豪(추호)」シュウ·かしら

추[芻] 꼴 추 : 꼴. 마소의 먹이. 「芻糧(추량)·芻米(추미)·反芻(반추)」スウ·まぐさ

추[追]* ① 쫓을 추 : 쫓다. 「追擊(추격)·追窮(추궁)·追及(추급)·追放(추방)·追跡(추적)」 ② 따를 추 : 따르다, 좇다 「追加(추가)·追考(추고)·追憶(추억)·追從(추종)」ツイ ①おう

추[陬] ① 구석 추 : 구석진 곳. 「陬僻(추벽)·陬邑(추읍)」 ② 정월 추 : 정월. 「陬月(추월)」スウ ①すみ

추[推]* ① 밀 추(퇴) : 밀다. 미루어 헤아리다. 「推察(추찰)·推及(추급)·推理(추리)·推算(추산)·推測(추측)」② 천거할 추 : 천거하다. 「推戴(추대)·推擧(추거)·推薦(추천)」スイ ①おす ②すすめる

추[椎] ① 칠 추 : 치다. 몽치로 때리다. 「椎擊(추격)·椎破(추파)·椎埋(추매)」 ② 등뼈 추 : 등뼈. 「脊椎(척추)」スイ

추[鄒] 나라 이름 추 : 추나라. 「鄒魯(추로)」スウ

추[槌] ① 칠 추 : 치다. 「槌碎(추쇄)·槌杵(추저)」 ② 몽둥이 퇴 : 몽둥이. 「鐵槌(철퇴)」ツイ ①うつ ②つち

추[墜] 떨어질 추 : 떨어지다. 「墜落(추락)·墜體(추체)·墜穽(추정)·失墜(실추)」ツイ·おちる

추[樞] ① 긴요할 추 : 긴요하다. 「樞機(추기)·樞要(추요)·中樞(중추)」② 지도리 추 : 지도리. 「樞椳(추외)」スウ

추[皺] 주름 잡힐 추 : 주름이 지다. 「皺面(추면)·皺紋(추문)」シュウ·スウ·しわ

추[錐] 송곳 추 : 송곳. 「錐大(추시)·錐指(추지)·立錐(입추)」スイ·きり

추[錘] 저울 추 : 저울. 「稱錘(칭추)·錘鐘(추종)」スイ·おもり·つむ

추[趨] ① 빨리 걸을 추 : 종종걸음으로 걷다. 「趨走(추주)·趨進(추진)」② 향할 추 : 마음이 향하여 따르다. 「趨勢(추세)·趨時(추시)」 ③ 빠를 촉 : 빠르다. 「趨數(촉삭)·趨趨(촉촉)·趨織(촉직)」スウ ①はしる ②おもむく

추[醜]☆ 추할 추 : 추하다. 「醜交(추교)·醜女(추녀)·醜婦(추부)·醜美(추미)·醜辱(추욕)」シュウ·みにくい

추[鎚] 쇠망치 추 : 쇠망치. 「鎚鍛(추단)·鎚殺(추살)」ツイ

추[雛] ① 병아리 추 : 병아리. 날짐승의 새끼. 「雛鳳(추봉)·育雛(육추)」② 어린아이 추 : 어린아이. 「雛兒(추아)·雛孫(추손)」スウ ①ひな

추[鞦] ① 그네 추 : 그네. 「鞦韆(추천)」 ② 말고들개 추 : 말꼬리채. 「鞦頭(추두)」 シュウ・しりがい 鞦韆鞦頭

추[鰍] "鰌"와 同字. 미꾸라지 추 : 미꾸라지. 「鰍魚(추어)・鰍湯(추탕)」 シュウ・どじょう 鰍魚 鰍湯

추[鰌] "鰍"와 同字. 同字

추가[追加] 나중에 더 보태어 넣음. ついか addition 追加

추가 경정 예:산[追加更正豫算] 국가 회계의 본예산이 성립되거나 편성된 뒤에 그의 정액이 모자랄 경우, 또는 예정 밖에 신규 사업이 있을 때에 그를 채우기 위하여 의회에 제출하는 예산. 준추경 예산(追更豫算). ついかこうせいよさん revised supplementary budget 追加更正豫算 提出豫算

추가분[追加分] 추가한 부분. ついかぶん addition 追加分

추거[推擧] 남을 천거함. =추천(推薦). すいきょ recommendation 推擧 推薦

추격[追擊] 뒤쫓아 가면서 하는 공격. ついげき pursuit 追擊

추경[秋耕] 가을에 논밭을 가는 일. 가을갈이. しゅうこう autumn plowing 秋耕

추경[秋景] 가을의 경치. しゅうけい autumnal scenery 秋景

추경 예:산[追更豫算] 추가 경정 예산(追加更正豫算)의 준말. 追更豫算

추계[秋季] 가을철. =추기(秋期). しゅうき autumn 秋季

추계[追啓] 편지에서, 추가로 덧붙여 쓸 때의 그 글 머리에 쓰는 말. =추신(追伸)・추백(追白). ついけい postscript 追啓 追伸

추계[推計] 대강만 미루어 셈함. 추정(推定)하여 계산함. 「~인구(人口)」 すいけい 推計 人口

estimation

추고[追考] ① 지난 후에 다시 생각함. ② 앞서 잘못된 점을 보정(補正)함. 또는 생각함. ついこう ② supplement 追考 補正

추고[推考] 미루어 생각함. =추측(推測). すいこう inference 推考

추고[推敲] 퇴고(推敲)의 잘못. 推敲

추고마비[秋高馬肥] 가을 하늘이 높고 말이 살쪘다는 뜻으로, 가을이 썩 좋은 절기임을 이르는 말. =천고마비(天高馬肥). 秋高馬肥

추곡[秋穀] 가을에 거두는 곡식. 쌀・콩 따위. ↔하곡(夏穀). autumn grains 秋穀 夏穀

추골[椎骨] 척추동물의 등마루를 이루는 뼈. 등뼈. 등골뼈. =척추골(脊椎骨). ついこつ spine 椎骨 脊椎骨

추공[秋蛩] 귀뚜라미의 딴이름. しゅうきょう cricket 秋蛩

추과[秋果] 가을에 익는 과실. 밤・대추・배・감・사과 등. しゅうか autumnal fruits 秋果

추광[秋光] 가을철의 맑은 빛. 또는 그 경치. =추색(秋色). autumnal tints 秋光 秋色

추광성[趨光性] 빛의 자극을 받아 일어나는 생물의 이동 운동. =주광성(走光性). すうこうせい phototaxis 趨光性

추괴[醜怪] 생김새가 추하고도 괴상함. しゅうかい ugliness 醜怪

추교[醜交] 추잡한 교제. しゅうこう illicit connection 醜交

수구[追究] 끝까지 파고들이 연구함. ついきゅう thorough investigation 追究

추구[追求] 끈덕지게 뒤쫓아 구함. ついきゅう pursuit 追求

추구[追咎] 일이 지난 뒤에 그 잘못을 나무람. ついきゅう 追咎

추구[推究] 이치를 미루어 생각함. すいきゅう　inference

추국[秋菊] 가을에 피는 국화. autumnal chrysanthemum

추궁[追窮] 끝까지 캐고 따지어 밝힘.「책임(責任)~」 ついきゅう　pressing hard

추급[追及] 뒤쫓음. 또는 뒤쫓아서 미침. ついきゅう　overtaking

추급[追給] 나중에 추가하여 내어 줌. ついきゅう　supplementary payment

추급[推及] 미루어 생각이 미침. すいきゅう　inferring

추급[推給] 찾아서 내어 줌.

추기[秋氣] 가을철다운 느낌. しゅうき　autumnal air

추기[秋期] ⇨추계(秋季).

추기[追記] 본문에 덧붙여 씀. ついき　postscript

추기[樞機] ① 사물의 가장 중요한 부분. ② 매우 중요한 정무(政務). すうき　① center

추기경[樞機卿] 가톨릭에서, 로마 교황(教皇)의 최고 보좌관. 또는 최고 고문(顧問). 대주교(大主教)급에서 임명됨. すうきけい・すうききょう　cardinal

추기성[趨氣性] 산소(酸素)의 자극에 따라 일어나는 생물의 이동 운동. =주기성(走氣性). すうきせい　aerotaxis

추남[醜男] 얼굴이 못생긴 남자. =추한(醜漢). ↔미남(美男). bad-looking man

추납[追納] 부족한 것을 뒷날에 더 냄. ついのう

추납[推納] 찾아서 바침. finding out and offering

추녀[醜女] 얼굴이 못생긴 여자. =추부(醜婦). ↔미녀(美女). しゅうじょ・しこめ　ugly woman

추념[追念] ① 지난 일을 생각함. ② 죽은 사람을 애석하게 생각함. =추도(追悼)・추사(追思). ついねん　① recollection ② lamentation

추단[推斷] ① 죄상(罪狀)을 심문하여 처단함. ② 추측하여 판단함. すいだん　② deduction

추담[推談] 핑계로 하는 말. 핑계를 대어 하는 말. excuse

추담[醜談] 더럽고 추잡한 말. 음란한 이야기. =추설(醜說). indecent talk

추대[推戴] 윗사람으로 모시어 받듦.「회장(會長)~」 すいたい

추도[追悼] 죽은 사람을 추상하고 슬퍼함. =추념(追念)・추사(追思).「~회(會)」ついとう　lamentation

추도문[追悼文] 추도의 뜻을 나타낸 글. memorial writing

추도사[追悼辭] 추도의 뜻으로 하는 말. ついとうじ　memorial address

추도회[追悼會] 추도하는 뜻을 나타내는 모임. ついとうかい　memorial gathering

추돌[追突] 앞의 차를 뒷차가 가서 들이받음. ついとつ　rear-end collision

추락[墜落] ① 높은 데서 떨어짐.「~ 사고(事故)」② 할아버지나 아버지의 공덕을 따르지 못함. ③ 위신이나 가치 등이 떨어짐. =추하(墜下). ついらく　① fall

추랭[秋冷] 가을의 냉랭한 기운. =추량(秋涼). しゅうれい　chilly autumnal weather

추량[秋涼] ⇨추랭(秋冷). しゅうりょう

추량[推量] 미루어 헤아림. =

추측(推測). すいりょう conjecture

추력[推力] 미는 힘. =추진력(推進力). すいりょく thrust

추렴[←出斂] 무슨 모임의 비용으로 돈을 얼마씩 거두어 냄. joint contribution

추록[追錄] 나중에 추가해서 기록함. 또는 그 기록. =추기(追記). ついろく postscript

추론[追論] 지나간 일을 추구하여 논의함.

추론[推論] ① 사리를 미루어 논급(論及)함. ② 어떤 판단을 근거로 하여 다른 판단을 이끌어 냄. =추리(推理). すいろん reasoning

추루[醜陋] 얼굴이나 행실이 추악하고 지저분함. しゅうろう filthiness

추리[推理] ① 어떤 사실을 근거로 하여 아직 밝혀지지 않은 사실을 미루어 헤아림. ② ⇨추론(推論). すいり ① reasoning

추리 소:설[推理小說] 추리에 의해서 이야기의 줄거리를 끌고 나가는 형식의 소설. 탐정 소설(探偵小說) 따위. すいりしょうせつ detective story

추맥[秋麥] 가을에 씨를 뿌려 이듬해 여름에 거두는 보리. 가을보리. ↔춘맥(春麥). winter barley

추면[皺面] ① 주름살이 많이 잡힌 얼굴. ② 엉거싯과의 이년초. 열매는 회충 구제에 씀. 여우오줌풀. ① wrinkled face

추명[醜名] 좋지 않은 일로 더럽힌 이름. ↔방명(芳名)·미명(美名). しゅうめい ill name

추모[追慕] 죽은 사람을 그리워함. ついぼ cherishing sb's memory

추모[醜貌] 보기 흉한 용모. =추상(醜相). しゅうぼう ugliness

추문[推問] ① 캐어 따지며 물음. ② 죄를 신문함. すいもん inquiry

추문[皺紋] 주름살 같은 무늬. 주름잡힌 무늬.

추문[醜聞] 좋지 못한 소문. 추한 풍문. =추성(醜聲). ↔미문(美聞). しゅうぶん scandal

추물[醜物] ① 더러운 물건. ② 추하고 괴이하게 생긴 사람. ① ugly object ② ugly person

추미[追尾] 뒤를 쫓아감. =추적(追跡). ついび pursuit

추미[醜美] 추함과 아름다움. しゅうび beauty and ugliness

추밀[樞密] 군사(軍事)·정무(政務)에 관한 중요한 기밀. すうみつ

추방[追放] ① 어떤 지역 밖으로 쫓아 냄. 「국외(國外) ~」 ② 어떤 지위나 공직에서 내쫓음. ついほう banishment

추백[追白] 편지에서 추가로 덧붙여 쓸 때에, 그 머리에 쓰는 말. =추계(追啓)·추신(追伸). ついはく postscript

추보[推步] 천체(天體)의 운행을 관측함. すいほ

추복[追服] 상중(喪中)에 사정이 있어 입지 못한 상복을 나중에 입음.

추본[推本] 근본을 캐어 추구함.

추부[醜大] ⇨추남(醜男). しゅうふ

추부[趨附] 남을 붙좇아 따름. 「~ 의뢰(依賴)」 following

추부[醜婦] ⇨추녀(醜女). しゅうふ

추분[秋分] 이십사 절기(節氣)의 하나. 밤과 낮의 길이가 같으

며 양력 9월 23일경에 듦. しゅうぶん autumnal equinox
추비[追肥] 거름을 준 뒤에, 다시 추가로 중간에 주는 비료. 웃거름. ついひ・おいごえ topdressing
추사[秋思] 가을철에 느끼게 되는 여러 가지 쓸쓸하고 허전한 생각. しゅうし autumnal sentiment
추사[追思] ⇨추념(追念). ついし
추사[墜死] 높은 데서 떨어져 죽음. =추락사(墜落死). ついし death from a fall
추사[醜事] 보기 흉한 일. 추한 일. dirty affairs
추산[推算] 어림잡아 계산함. 또는 그 계산. すいさん. calculation
추삼삭[秋三朔] 음력 7·8·9월의 가을 석 달. =추삼기(秋三期).
추상[抽象] 개개의 사물이나 관념에서 공통적인 속성을 뽑아 일반적인 개념을 끌어 내는 일. ↔구상(具象). ちゅうしょう abstraction
추상[秋霜] ① 가을의 찬 서리. ② 서슬이 퍼런 위엄이나 엄한 형벌의 비유. 「~열일(烈日)」 しゅうそう ① autumn frost ② severity
추상[追想] 과거를 되새겨 생각함. =추억(追憶). ついそう recollection
추상[推想] 미루어서 생각함. guess
추상[醜相] 더럽고 지저분한 모양. ugliness
추상 개:념[抽象概念] 사물·사상(事象)의 구체적인 전체로부터 일반적인 성질을 가진 부분을 추상한 것을 나타내는 개념. ちゅうしょうがいねん abstract concept
추상 명사[抽象名詞] 형태를 눈으로 볼 수 없는 추상적인 개념을 나타내는 명사. 마음·사랑·평화 따위. ↔구체 명사(具體名詞)·물질 명사(物質名詞). ちゅうしょうめいし abstract noun
추상열일[秋霜烈日] 가을의 찬 서리와 여름의 뜨거운 태양. 곧, 형벌이나 권위 등이 몹시 엄함의 비유. しゅうそうれつじつ sternness
추상 예:술[抽象藝術] 자연적 형태에의 유사(類似) 또는 모방은 예술의 본질이 아니라고 하여 추상적인 선이나 빛깔·양감(量感) 등에서 독특한 미(美)를 추구하는 예술. ちゅうしょうげいじゅつ abstract art
추상적[抽象的] ①공통되는 속성(屬性)을 뽑아 내어, 그것을 일반화하여 생각하는 것. ②구체적이 아니고 관념적(觀念的)인 것. ↔구체적(具體的). 「~개념(槪念)」 ちゅうしょうてき abstract
추상화[抽象畵] 사물을 사실 그대로 표현하지 않고 순수한 점·선·면 또는 색채에 의한 표현을 목표로 한 그림. ↔구상화(具象畵). abstract picture
추색[秋色] ⇨추광(秋光). しゅうしょく
추서[追書] 지난 일을 나중에 씀. ついし
추서[追敍] 죽은 후에 생전의 공덕을 기리어 위계를 올리거나 훈장을 줌. ついじょ posthumous honors
추석[秋夕] 한가위. =중추가

절(仲秋佳節)·중추절(仲秋節)·가배(嘉俳). Korean Thanksgiving Day

추선[秋扇] 추풍선(秋風扇)의 준말. しゅうせん

추선[推選] 추천하여 뽑음. すいせん

추성[秋聲] 가을철의 바람 소리 등 가을을 느끼게 하는 소리. しゅうせい

추성[彗星] 혜성(彗星)의 딴이름. 살별. ほうきぼし comet

추성[趨性] ⇨주성(走性). すうせい

추세[趨勢] 대세의 흐름이나 경향. 세상일이 되어 가는 형편. すうせい trend

추소[追訴] 본소송에 추가해서 소(訴)를 제기함. 또는 그 소송. ついそ supplementary suit

추속[醜俗] 난잡하고 더러운 풍속. =추풍(醜風). indecent customs

추송[追送] ①추후에 보냄. ②떠나는 사람을 배웅함. ついそう ① sending a thing later

추송[追頌] 죽은 뒤에 생전의 공적이나 선행을 칭송함. ついしょう

주수[秋水] ①가을철의 맑은 물. ②맑은 눈·마음·기분 따위를 비유하여 이르는 말. しゅうすい

추수[秋收] 농작물을 가을에 거두어들이는 일. 가을걷이. =추확(秋穫). しゅうしゅう harvesting

추수[追水] 모내기가 끝난 뒤에 논에 대는 물. おいみず

추수[追隨] ①남이 하는 대로 뒤쫓아 따름. ついずい ②친한 벗 사이에 서로 왕래하며 사귐. =추축(追逐).
① following ② association

추수주의[追隨主義] 확고한 주견이 없이 남이 하는 대로 따르는 소극적인 생활 태도. ついずいしゅぎ blind following

추습[醜習] 더럽고 지저분한 풍습이나 습관. foul habit

추시[追施] 나중에 시행함. supplementary enforcement

추시[追諡] 죽은 후에 시호(諡號)를 추증(追贈)함. =추호(追號). ついし posthumous title

추시[趨時] 시속(時俗)을 따름. 시류(時流)에 편승함. すうじ following the spirit of the times

추신[追伸·追申] 추가하여 말한다는 뜻으로, 편지 등에서 글을 추가할 때 그 글 머리에 쓰는 말. =추백(追白)·추계(追啓). ついしん postscript

추심[推尋] ①찾아 내어 가지거나 받아 냄. ②은행이 수표나 어음을 소지한 사람의 의뢰를 받아 지급인에게 돈을 지급하게 하는 일. 「어음 ~」 collection

추악[醜惡] 더럽고 추함. しゅうあく ugliness

추앙[推仰] 높이 받들어 우러름. reverence

추야[秋夜] 가을밤. =추소(秋宵). 「~장(長)」 しゅうや autumn night

수양[秋陽] 가을철의 볕. 가을볕. しゅうよう autumn sunshine

추양[推讓] 남을 추천하고 자기는 사양함. すいじょう concession

추어[鰍魚·鰡魚] 미꾸라지. 「~탕(湯)」 loach

추어탕[鰍魚湯] 미꾸라지를 거

추어탕(鰍湯). loach soup

추억[追憶] 지난 일을 생각함. 또는 그 생각. =추상(追想). ついおく

추예[醜穢] 더럽고 지저분함. filthiness

추완[追完] 불완전한 법률 행위를 나중에 보완하여 확정적인 효력을 갖게 함. ついかん subsequent completion

추요[樞要] 가장 중요함. 또는 중요한 곳. すうよう importance

추요지설[芻蕘之說] 꼴 베는 사람과 나무하는 사람의 말이란 뜻으로, 고루하고 촌스러운 말의 비유. すうじょうのせつ rustic word

추욕[醜辱] 더럽고 잡된 욕설(辱說). curse

추용[秋容] 가을의 모습. 가을의 경치. =추색(秋色). しゅうよう autumnal scenery

추우[秋雨] 가을비. あきさめ·しゅうう autumn rain

추우강남[追友江南] 친구 따라 강남을 간다는 뜻으로, 별로 필요없는 일을 덩달아서 같이 하게 되는 경우를 이르는 말.

추운[秋雲] 가을 하늘의 구름. しゅううん autumn clouds

추원[追遠] ①지나간 일을 그리워함. ②조상의 덕을 추모하여 정성껏 제사지냄. ついえん ①recollection

추월[秋月] 가을달. しゅうげつ autumn moon

추월[追越] 뒤따라가서 앞지름. 앞지르기. おいこし outrunning

추위[皺胃] 소나 양 등 되새김질하는 동물의 위의 제사실(第四室). 주름위. abomasum

추이[推移] 시간의 흐름에 따라 일이나 형편이 변하여 가는 일. 「사태(事態)의 ~」すいい transition

추인[追認] 과거의 사실을 인정함. ついにん

추일[秋日] 가을날. しゅうじつ autumn day

추:잉검[chewing gum] 껌. チューインガム

추자[楸子] ①가래나무의 열매. 호두 비슷하게 생겼으나 먹지 못함. 가래. ②호두. ②walnut

추잠[秋蠶] 가을에 치는 누에. 가을누에. ↔춘잠(春蠶). しゅうさん·あきご autumn breed of silkworms

추잡[醜雜] 언행이 더럽고 난잡한. 「~한 행위」 filthiness

추장[抽獎] 여럿 가운데서 뽑아 올림. =추탁(抽擢). choice

추장[酋長] 미개한 부족(部族)의 우두머리. しゅうちょう chief

추장[推獎] 좋은 것이라고 칭찬하여 남에게 권함. すいしょう recommendation

추재[秋材] 늦여름부터 늦가을 사이에 형성(形成)되는 목부(木部). 재질(材質)이 치밀함. ↔춘재(春材). しゅうざい

추적[追跡] 뒤를 밟아 쫓음. =추미(追尾). ついせき pursuit

추적 망:상[追跡妄想] 자기가 늘 추적당하고 있거나 감시당하고 있는 것처럼 생각하는 망상. ついせきもうそう

추절[秋節] 가을철. 가을의 계절. ↔춘절(春節). autumn

추정[推定] ①추측하여 결정함. ②법률에서, 어떤 사실에 대한 반대의 증거가 없을 경우, 그것을 정당하다고 판단하는 일. すいてい

① inference ② presumption
추정[墜穽] 함정에 빠짐. 陸穽
being entrapped
추존[追尊] 왕위에 오르지 못하고 죽은 이에게 왕의 칭호를 올림. ついそん 追尊
추존[推尊] 높이 우러러 존경함. 推尊
すいそん reverence
추졸[醜拙] 지저분하고 졸렬함. 醜拙
다랍고 째째함. slovenliness
추종[追從] ① 남이 하는 대로 追從
따름. ついじゅう ② 남에게 아첨함. 「~자(者)」ついしょう
① following ② kotowing
추종[錘鐘] 추가 달린 괘종(掛鐘) 錘鐘
wall clock
추종[騶從] 상전을 따라다니는 騶從
하인. =추복(騶僕). すうじゅう 騶僕
body servant
추주[趨走] ① 뒤따라다니며 잔 趨走
심부름을 함. ② 어른 앞을 지나갈 때, 공경하는 뜻으로 허리를 굽혀 급한 걸음으로 감.
추중[推重] 높이 받들어 중히 여 推重
김. すいちょう reverence
추증[追贈] 나라에 공로 있는 벼 追贈
슬아치에게 죽은 뒤에 벼슬을 높여 줌. =추서(追敍). ついぞう posthumous conferment of honors
추지[推知] 짐작으로 앎. 미루 推知
어 앎. すいち inference
추진[推進] 어떤 일이 이루어지 推進
도록 밀고 나감. 「~력(力)」 すいしん propulsion
추진기[推進機] 비행기나 선박 推進機
을 앞으로 나가게 밀어 주는 장치. すいしんき propeller
추진력[推進力] ① 일을 적극 推進力
적으로 밀고 나가는 힘. ② 물체를 앞으로 미는 힘. すいしんりょく thrust
추징[追徵] 나중에 추가해서 징 追徵
수(徵收)함. 「세금(稅金) ~」 稅金
ついちょう additional collection
추차가지[推此可知] 이것으로 推此可知
미루어 보아 다른 일을 알 수 있음. inference
추찰[推察] 어떤 사정이나 남의 推察
마음을 미루어 헤아림. =추량(推量). すいさつ conjecture
추창[惆悵] 실망하여 슬퍼하고 惆悵
탄식함. ちゅうちょう sigh
추처낭중[錐處囊中] 주머니 속 錐處囊中
의 송곳. 곧, 주머니 속의 송곳은 주머니를 뚫고 끝을 보이듯이 재능이 있는 사람은 이내 겉으로 드러나게 됨을 이르는 말.
추천[秋天] 가을 하늘. =추공 秋天
(秋空). しゅうてん autumn sky
추천[追薦] 불교에서, 죽은 이 追薦
에게 공양을 올려 명복을 비는 일. =추선(追善). ついせん
memorial service
추천[推薦] ① 알맞은 사람을 천 推薦
거함. ② 좋은 물건 따위를 남에게 권함. 「~ 도서(圖書)」 圖書
すいせん recommendation
추천[鞦韆] 그네. 「~ 대회(大 鞦韆
會)」しゅうせん swing
추천 작가[推薦作家] 권위 있 推薦作家
는 기관을 동하여 기성 작가가 작품을 심사한 뒤, 그 천거를 받아 등단한 작가. すいせんさっか recommended writer
추천장[推薦狀] 추천의 말을 적 推薦狀
은 글. すいせんじょう
letter of recommendation
추천절[鞦韆節] 그네 뛰는 명 鞦韆節
절이라는 데서 단오를 이르는 말. =단오절(端午節). 端午節
추첨[抽籤] 제비를 뽑음. 제비. 抽籤
ちゅうせん lottery
추체[椎體] 등골뼈의 중앙에 있 椎體
는 원통 모양의 부분. ついたい

추체[錐體] 하나의 뿔면과 하나의 평면(平面)으로 둘러싸인 입체(立體). 뿔체의 구용어. すいたい

추초[秋草] 가을철의 풀.

추추[啾啾] ① 새나 벌레 따위가 찍찍거리는 소리. ② 우는 소리가 가늘고 구슬픈 모양. 또는 그 소리. しゅうしゅう ② sob

추축[追逐] 쫓아 냄. ついちく

추축[樞軸] ① 사물의 가장 요긴한 부분. ② 권력이나 정치의 중심. すうじく ① pith ② axis

추출[抽出] ① 빼냄. 뽑아 냄. ② 용매를 써서 고체나 액체로부터 어떤 물질을 뽑아 내는 일. ちゅうしゅつ ① abstraction ② extraction

수측[推測] 미루어 헤아림. =추량(推量). すいそく

추칭[追稱] 죽은 뒤에 공덕을 칭송함. posthumous praise

추탁[抽擢] ⇨추장(抽奬).

추탕[鰍湯·鰌湯] 추어탕(鰍魚湯)의 준말.

추태[醜態] 추접린 데도. 아름답지 못한 행실. しゅうたい shameful conduct

추토[追討] 뒤쫓아가서 토벌함. ついとう pursuing to subjugate

추파[秋波] ① 가을의 맑은 물결. ② 은근한 정을 표시하는 눈짓. 「～를 던지다」しゅうは ② amorous glance

추파[秋播] 가을에 씨를 뿌림. sowing in autumn

추포[追捕] ① 뒤쫓아가서 잡음. ② 빼앗음. 몰수(沒收)함. ついぶ・ついほ ① chase and arrest

추풍[秋風] 가을 바람. しゅうふう・あきかぜ autumn wind

추풍낙엽[秋風落葉] ① 가을 바람에 시들어 떨어지는 잎. ② 세력이나 형편이 여지없이 기울어짐의 비유. ① leaves blown off by the autumn wind

추풍선[秋風扇] 가을철의 부채. 곧, 시기가 지나 쓸모 없게 된 사물의 비유. ㊁추선(秋扇).

추피[楸皮] 가래나무의 껍질. 흔히 구충제(驅蟲劑)로 쓰임.

추하[墜下] 아래로 떨어짐. ついか

추한[追恨] 일이 지난 뒤에 뉘우치고 한탄함. ついこん repentance

추한[醜漢] ① 얼굴이 못생긴 남자. =추남(醜男). ② 행실이 지저분한 남자. しゅうかん ① ugly man

추해당[秋海棠] 추해당과(秋海棠科)의 다년초. 관상용으로 정원에 흔히 심으며 주로 9월경에 연분홍의 꽃이 핌. begonia

추행[醜行] 추잡한 행실. 이성(異性)에 대한 음란한 짓. しゅうこう disgraceful conduct

수형[追刑] 주방(追放)하는 형벌. banishment

추호[秋毫] 가을철에 새로 나는 짐승의 가는 털이란 뜻으로, 아주 작거나 적음의 비유. =소호(小毫). しゅうごう a bit

추호[追號] ⇨추시(追諡). ついごう

추호불범[秋毫不犯] 몹시 청렴하여, 남의 것은 조금도 범하지 않음.

추확[秋穫] ⇨추수(秋收).

추회[追悔] 일이 지난 뒤에 후회함. ついかい regret

추회[追懷] 옛 일이나 옛 사람을 생각하고 그리워함. ついかい reminiscence

추후[追後] 이 다음. 나중. later
추흥[秋興] 가을철의 흥취. 가을의 재미. しゅうきょう autumn fun
축[丑]* ① 둘째 지지 축: 둘째 지지(地支). 「乙丑(을축)·丑年(축년)·丑日(축일)」 ② 방위 축: 북북동의 방위(方位). 「丑方(축방)·丑坐(축좌)」 チュウ ① うし
축[竺] 천축 축: 나라 이름. 지금의 인도(印度). 「天竺(천축)·竺經(축경)·竺學(축학)」 チク
축[畜]☆ ① 가축 축: 가축. 「家畜(가축)·畜産(축산)·畜舍(축사)·畜生(축생)·畜牧(축목)·牧畜(목축)」 ② 기를 축: 기르다. 「畜民(축민)·畜愛(축애)」 チク ② やしなう·かう
축[祝]* ① 빌 축: 빌다. 「祝禱(축도)·祝手(축수)·祝願(축원)」 ② 축문 축: 축문. 「祝文(축문)·祝詞(축사)」 ③ 축하할 축: 축하하다. 「祝日(축일)·祝電(축전)·祝賀(축하)·祝意(축의)」 シュク·シュウ ③ いわう
축[逐]☆ 쫓을 축: 쫓다. 차례를 따르다. 「逐客(축객)·逐送(축송)·逐臣(축신)·逐斥(축척)·逐次(축차)·逐條(축조)」 チク·おう
축[軸] ① 중요할 축: 중요하다. 「抽軸(추축)」 ② 굴대 축: 굴대. 수바퀴. 「地軸(지축)·車軸(차축)」 ジク
축[蓄] 쌓을 축: 쌓다. 모으다. 「備蓄(비축)·貯蓄(저축)·蓄藏(축장)·蓄財(축재)·蓄電(축전)·蓄積(축적)」 チク·たくわえる
축[築]☆ 쌓을 축: 쌓다. 「築造(축조)·築臺(축대)·築城(축성)·建築(건축)·新築(신축)」 チク·きずく·つく
축[縮]☆ 오그라들 축: 오그라들다. 줄다. 「緊縮(긴축)·縮圖(축도)·縮小(축소)·縮寫(축사)」 シュク·ちぢむ
축[蹙] 찌푸릴 축: 찌푸리다. 찡그리다. 「蹙眉(축미)·嚬蹙(빈축)」 シュク
축[蹴] 찰 축: 차다. 밟다. 「蹴球(축구)·蹴鞠(축국)·一蹴(일축)」 シュウ·ける
축가[祝歌] 축하하는 뜻으로 부르는 노래. いわいうた song of celebration
축감[縮減] 축나서 줄어듦. 또는 줄임. =감축(減縮). しゅくげん reduction
축객[逐客] ① 손을 쫓아 버림. ② 쫓겨나 귀양간 신하. =축신(逐臣). ① driving a guest away
축견[畜犬] 가축으로 기르는 개. domestic dog
축관[祝官] 제사를 지낼 때 축문을 읽는 사람.
축구[築構] 쌓아서 만듦. =구축(構築)·축조(築造). construction
축구[蹴球] 11명씩 두 편으로 나뉘어 공을 발로 차서 상대편 골 안에 넣음으로써 승부를 겨루는 운동. しゅうきゅう soccer
축국[蹴鞠] ① 옛날에 장정들이 발로 차던, 꿩의 깃이 꽂힌 공. ② 옛닐에 공을 발로 치던 놀이. しゅうきく·けまり
축귀[逐鬼] 잡된 귀신을 쫓아 버림.
축년[逐年] 해마다. 또는 매해. ちくねん year by year
축농증[蓄膿症] 부비강(副鼻腔)

에 염증이 생겨 고름이 괴는 병. =부비강염(副鼻腔炎). ちく のうしょう　　　　　ozena

축답[蹴踏] 발로 차고 짓밟음.

축대[築臺] 높이 쌓아올린 대(臺) 나 터.　　　　　embankment

축도[祝禱] 축복 기도(祝福祈 禱)의 준말. しゅくとう

축도[縮圖] 원형(原形)을 일정 한 비율로 줄여서 그린 도면. =축소도(縮小圖). しゅくず reduced drawing

축도기[縮圖器] 축도(縮圖)를 그리는 데 쓰는 기구. しゅく ずき　　　　　pantograph

축도법[縮圖法] 축도(縮圖)를 그리는 방법. しゅくずほう pantography

축두[軸頭] 시축(詩軸) 따위의 첫머리에 쓰는 글이나 그림.

축량[逐涼] 여름에 더위를 식히 기 위해 서늘한 바람을 쐼. = 납량(納涼).

축력[畜力] 가축(家畜)의 노동 력. ちくりょく work of domestic animals

축로[舳艫] 배의 고물과 이물. 선수(船首)와 선미(船尾). じ くろ　　　　stem and stern

축록[逐鹿] 사냥꾼이 사슴을 쫓 는다는 뜻으로, 정권(政權)이 나 지위를 얻기 위해 서로 다 툼을 이르는 말. ちくろく running for a high position

축류[畜類] 가축의 종류. 온갖 가축. =축생(畜生). ちくるい livestock

축망[祝望] 뜻대로 잘 되기를 빌 고 바람. invoking for success

축문[祝文] 제사 때 신명(神明) 에게 고하는 글. しゅくぶん ・しゅくもん　written prayer

축미[蹙眉] 눈살을 찌푸림. しゅ くび　　knitting the brows

축박[蹙迫] ① 가까이 다가감. ② 일이 차츰 절박해 감. ② urgency

축발[蓄髮] 깎았던 머리털을 다 시 기름. ↔축발(祝髮)・삭발 (削髮)・체발(剃髮). letting one's short hair grow long

축배[祝杯] 축하하는 뜻으로 드 는 술잔. 「~를 들다」 しゅく はい　　　　　　　toast

축복[祝福] 앞날의 행복을 바라 거나 빎. しゅくふく blessing

축복 기도[祝福祈禱] 기독교 에서, 예배를 마칠 때 목사가 하느님의 은혜가 신도들에게 내 리기를 비는 기도. ⦿축도(祝 禱).　　　　　benediction

축본[縮本] 원형을 축소해서 만 든 서화(書畫)나 책. abridged edition

축사[畜舍] 가축을 가두어 기르 는 집. ちくしゃ　　barn

축사[祝詞] ⇨축사(祝辭). しゅ くし

축사[祝辭] ① 제사 때 축도(祝 禱)하는 말이나 글. ② 축하하 는 내용의 말이나 글. =축사 (祝詞). しゅくじ ② congratulatory address

축사[逐邪] 사기(邪氣) 또는 사 귀(邪鬼)를 물리침. purging evil

축사[縮寫] 축소해서 베끼거나 찍음. しゅくしゃ reduced copy

축삭[逐朔] 매월(每月). 다달 이. 달마다. =축월(逐月). every month

축산[畜産] 가축을 길러서 이용 하는 산업. 「~업(業)」 ちく さん　　livestock raising

축살[蹴殺] 발로 차서 죽임.

축생[畜生] 가축으로 기르는 온 갖 짐승. =축류(畜類). ちく

축성[祝聖] 가톨릭에서, 성례(聖禮)에 쓰이는 물건을, 성직자가 기도를 곁들여 성화(聖化)하는 일. しゅくせい beast

축성[築城] 성을 쌓음. ちくじょう construction of a castle

축소[縮小] 원래의 것보다 작게 줄임. ↔확대(擴大). しゅくしょう reduction

축소도[縮小圖] 일정한 비율로 줄여서 그린 그림. しゅくしょうず miniature

축소판[縮小版] 축본(縮本)으로 인쇄한 출판물(出版物). =축쇄판(縮刷版). reduced-size edition

축송[逐送] 쫓아 보냄. repelling

축쇄[縮刷] 서화·책·신문 따위를 축소해서 인쇄함.「~판(版)」しゅくさつ printing in reduced size

축쇄판[縮刷版] 축쇄한 출판물. =축소판(縮小版). しゅくさつばん reduced-size edition

축수[祝手] 두 손 모아 빎. invocation by prayer

축수[祝壽] 오래 살기를 빎. wishing a long life

축수[縮首] 두려워서 목을 움츠림. ducking one's head

축승[祝勝] 승리를 축하함. =축첩(祝捷). しゅくしょう celebration of a victory

축야[逐夜] 밤마다. 매일 밤. =매야(每夜). every night

축약[縮約] ① 규모를 축소하여 줄임. ② 연속되는 두 모음을 한 음절로 줄이거나, 그 사잇소리로 동화시키는 음운 현상.

축양[畜養] 가축을 먹여 기름. =양축(養畜). ちくよう breeding

축어역[逐語譯] 원문의 말 하나하나에 대해 그대로 충실하게 따라 하는 번역. =직역(直譯)·축자역(逐字譯). ↔의역(意譯). ちくごやく literal translation

축언[祝言] 축복하는 말. 축하하는 말. しゅうげん congratulatory address

축연[祝宴] 축하연(祝賀宴)의 준말. しゅくえん

축연[祝筵] 축하하는 자리. 축하하는 잔치. しゅくえん banquet

축우[畜牛] 집에서 기르는 소. 또는 소를 기름. cattle

축원[祝願] 부처나 신(神)에게 자기의 소원이 이루어지기를 빎. しゅくがん praying

축원[蓄怨] 원한이 쌓임. 또는 그 원한. accumulated grievances

축월[逐月] ⇨축삭(逐朔).

축음기[蓄音機] 레코드에 기록한 음파를 재생하여 소리가 나게 하는 기계. =유성기(留聲器). ちくおんき phonograph

축의[祝意] 축하하는 뜻. しゅくい congratulations

축의[祝儀] 축하하는 뜻으로 거행하는 의식. しゅうぎ·しゅくぎ celebration

축일[祝日] ① 기쁜 일을 축하하는 날. ② 가톨릭에서, 하느님·예수·성인에게 특별한 공경을 드리기 위해 정한 날. しゅくじつ festival

축일[逐日] 매일(每日). 나날이. 날로. 날마다. ちくじつ day by day

축장[蓄藏] 모아서 갈무리해 둠. ちくぞう storage

축장[築墻] 담을 쌓음.

축재[蓄財] 재물을 모음. 「부정(不正)~」ちくさい accumulation of wealth

축적[蓄積] 모아서 쌓아 둠. ちくせき accumulation

축전[祝典] 축하하는 의식(儀式)이나 식전(式典). =축의(祝儀). しゅくてん celebration

축전[祝電] 축하하는 뜻을 전하는 전보. しゅくでん congratulatory telegram

축전[蓄電] 전기를 축적하는 일. ちくでん storage of electricity

축전[蓄錢] 돈을 모음. 또는 그 돈. ちくせん accumulation of money

축전기[蓄電器] 전기의 도체에 많은 전기를 축적하는 장치. ちくでんき electric condenser

축전지[蓄電池] 전기 에너지를 화학 에너지의 형태로 변화시켜 두었다가 필요할 때 전기 에너지로 꺼내 쓰는 장치. ちくでんち storage battery

축제[祝祭] 축하하는 제전(祭典). しゅくさい festival

축제[築堤] 둑을 쌓음. ちくてい embankment

축제일[祝祭日] 축제가 있는 날. しゅくさいじつ festival

축조[逐條] 조목(條目)을 따라 쫓아감. 순서대로 함. 「~ 토의(討議)」ちくじょう article by article

축조[築造] 쌓아서 만듦. =조영(造營)·축구(築構). ちくぞう construction

축조 발명[逐條發明] 죄가 없음을 낱낱이 말하여 밝힘.

축주[祝酒] 축하하는 뜻의 술. いわいざけ celebratory drink

축지[縮地] 도술(道術)에 의하여 지맥(地脈)을 줄이어 먼 거리를 가깝게 하는 일. しゅくち building a wall

축지법[縮地法] 축지하는 술법.

축차[逐次] 차례대로 쫓아서 함. =순차(順次). ちくじ in order

축척[逐斥] 쫓아서 물리침. =척축(斥逐). ちくせき ousting

축척[縮尺] ① 지도 따위에서 실제의 크기보다 작게 그리는 일. ② 지도 따위의 선의 길이와 실제의 길이와의 비율. 「~1/50,000」しゅくしゃく reduced scale

축천[祝天] 하늘에게 빎. praying to Heaven

축첩[祝捷] 승리를 축하함. 또는 그 축하. =축승(祝勝). しゅくしょう celebration of a victory

축첩[蓄妾] 첩을 두는 일. ちくしょう keeping a concubine

축출[逐出] 쫓아 냄. 「회장(會場)에서 ~하다」 expulsion

축토[築土] 집터나 둑 따위를 만들기 위해 흙을 쌓아올림.

축판[築板] 흙담을 쌓을 때에 쓰는 닥툭

축포[祝砲] 축하하는 뜻으로 쏘는 공포(空砲). ↔조포(弔砲). しゅくほう salute of guns

축하[祝賀] 경사스런 일에 치하(致賀)함. 「~객(客)」しゅくが congratulations

축하연[祝賀宴] 축하하는 잔치. ⇒축연(祝宴). しゅくがえん banquet

축합[縮合] 둘 이상의 화합물이 결합하여, 물 등 간단한 화합물을 분리하고 새로운 화합물이 되는 일. しゅくごう condensation

축항[逐項] 항목을 쫓음. 항목마다.

축항[築港] 바닷가에 배가 정박

(停泊)할 수 있도록 항구를 구축함. 또는 그 항구. ちっこう　harbor construction

축호[逐戶] 집집마다. 한 집 한 집.　every house

축화[祝花] 축하하는 뜻을 나타내기 위한 꽃.　wreath

춘[春]* ① 봄 춘: 봄.「春景(춘경)·春期(춘기)·春夢(춘몽)·新春(신춘)·初春(초춘)」② 색정 춘: 색정(色情).「思春期(사춘기)·春心(춘심)·春情(춘정)」③ 해 춘: 해. 나이.「春秋(춘추)」シュン ① はる

춘[椿] ① 참죽나무 춘: 참죽나무.「椿樹(춘수)」② 아버지 춘: 아버지.「椿堂(춘당)·椿丈(춘장)」③ 갑작스러울 춘: 갑작스럽다.「椿事(춘사)」チン ① つばき

춘경[春耕] 봄에 논밭을 가는 일. 봄갈이. しゅんこう spring plowing

춘경[春景] 봄철의 경치. しゅんけい　spring scenery

춘계[春季] 봄의 계절. =춘기(春期)·춘절(春節). しゅんき spring

춘곤[春困] 봄철에 몸이 노곤해지는 일. lassitude of spring

춘광[春光] ① 봄날의 햇볕. =소광(韶光)·춘양(春陽). ② 봄철의 경치. =춘경(春景). しゅんこう ① spring sunshine ② spring scenery

춘교[春郊] 봄철의 교외(郊外). しゅんこう

춘궁기[春窮期] 봄철에, 묵은 곡식은 떨어지고 보리는 아직 수확이 되지 않아 궁핍한 때. spring lean season

춘기[春氣] 봄날의 화창한 기운. しゅんき　air of spring

춘기[春期] 봄철. =춘절(春節)·춘계(春季). しゅんき spring

춘기[春機] 이성(異性)을 그리워하는 마음. =춘정(春情). しゅんき sexual desire

춘기 발동기[春機發動期] 이성(異性)이 그리워지는 시기. =사춘기(思春期). しゅんきはつどうき puberty

춘난[春暖] 봄날의 따뜻한 기운. ↔추랭(秋冷). しゅんだん warm spring weather

춘당[春堂·椿堂] ⇨춘부장(椿府丈).

춘뢰[春雷] 봄날의 우레. しゅんらい spring thunder

춘만[春滿] 봄 기운이 가득함. 곧, 평화스러움을 이름. peacefulness

춘매[春梅] 봄에 피는 매화.

춘맥[春麥] 이른봄에 씨를 뿌리어 첫여름에 거두는 보리. 봄보리. ↔추맥(秋麥). spring barley

춘면[春眠] 봄철의 노곤한 졸음. しゅんみん drowsiness in spring

춘몽[春夢] 봄날의 짧은 낮잠에서 꾼 꿈. 인생의 덧없음을 이르는 말.「일장(一場)〜」 しゅんむ spring dreams

춘부장[春府丈·椿府丈] 남의 아버지에 대한 높임말. =춘당(椿堂)·춘부 대인(椿府大人). ⤴춘장(椿丈). your honored father

춘분[春分] 이십사 절기의 하나. 양력 3월 21일경이며, 밤과 낮의 길이가 같음. しゅんぶん vernal equinox

춘분점[春分點] 적도(赤道)와 황도(黃道)와의 교점 중, 태양이 남쪽으로부터 북쪽을 향하여 적도를 지나는 점. しゅん

ぶんてん
vernal equinoctial point

춘사[春思] ①봄철에 공연히 뒤숭숭해지는 마음. ②색정(色情)을 달리 이르는 말. =춘심(春心). しゅんし
① spring sentiment ② sexual desire

춘사[椿事] 뜻밖에 일어난 불행한 사건. ちんじ accident

춘산[春山] 봄철의 푸른빛을 더해 가는 산. はるやま
spring mountains

춘삼삭[春三朔] 봄철인 음력 1·2·3월의 석 달.

춘삼월[春三月] 음력 삼월. 봄 경치가 가장 좋은 철.
March of the lunar calendar

춘색[春色] 봄철의 아름다운 경치. =춘광(春光). しゅんしょく
spring scenery

춘설[春雪] 봄에 내리는 눈. 봄눈. しゅんせつ spring snow

춘소[春宵] ⇨춘야(春夜). しゅんしょう

춘소[春蔬] 봄철에 나는 채소. spring vegetables

춘수[春水] 봄철에 얼음이 녹아서 흐르는 물. しゅんすい
springtime water

춘수[春愁] 봄철에 일어나는 시름. しゅんしゅう
melancholy aroused in spring

춘신[春信] 봄 소식. 새싹이 돋고 꽃이 피는 자연 현상. しゅんしん signs of spring

춘심[春心] ⇨춘사(春思). しゅんしん

춘야[春夜] 봄철의 밤. =춘소(春宵). しゅんや spring night

춘약[春藥] 성욕(性慾)을 발동시키는 흥분제. aphrodisiac

춘양[春陽] ⇨춘광(春光). しゅんよう

춘우[春雨] 봄에 내리는 비. 봄비. しゅんう・はるさめ
spring rain

춘의[春意] 이른 봄에 만물이 피어나는 기운. しゅんい
spring sentiment

춘잠[春蠶] 봄에 치는 누에. しゅんさん・はるご
spring breed of silkworms

춘장[春丈・椿丈] 춘부장(椿府丈)의 준말.

춘절[春節] 봄의 계절. 봄철. =춘계(春季)・춘기(春期). spring

춘정[春情] ①봄의 경치. ②남녀 사이의 색정(色情). しゅんじょう

춘초[春初] 이른봄. 첫봄. =초춘(初春)・춘수(春首). しゅんしょ
early spring

춘초[春草] ①봄철에 새로 돋은 풀. はるくさ ②백미꽃을 달리 이르는 말.
① fresh grass in spring

춘추[春秋] ①봄과 가을. ②⇨세월(歲月). ③어른의 나이를 높여서 이르는 말. しゅんじゅう
① spring and autumn ③ age

춘추복[春秋服] 봄・가을에 입는 옷.
spring‐and‐autumn wear

춘치자명[春雉自鳴] 봄철의 꿩이 스스로 욺. 곧, 시키지 않아도 때가 되면 스스로 하게 됨을 이르는 말.

춘태[春太] 봄철에 잡은 명태.

춘파[春播] 봄에 씨를 뿌림. 또는 그 일. sowing in spring

춘풍[春風] 봄바람. しゅんぷう・はるかぜ spring wind

춘하[春霞] 봄철의 아지랑이. しゅんか

춘하추동[春夏秋冬] 봄・여름

·가을·겨울의 네 계절. 사철. =사계(四季). しゅんかしゅうとう four seasons

춘한[春旱] 봄철의 가뭄. 봄가뭄. drought in spring

춘한[春恨] 봄날의 정한(情恨). spring sadness

춘한[春寒] 봄의 추위. しゅんかん lingering cold in spring

춘한노:건[春寒老健] 봄철의 추위와 노인의 건강. 곧, 오래 가지 못함을 이르는 말. 「~불가망(不可望)」

춘화[春花] 봄에 피는 꽃. =춘화(春華). しゅんか spring flowers

춘화[春華] ① ⇨ 춘화(春花). ② 여자의 고운 얼굴을 비유하여 이르는 말. ③ 인생의 젊음. 또는 젊은 나이를 비유하여 이르는 말.

춘화도[春畫圖] 성교(性交)하는 장면을 나타낸 그림이나 사진. =춘의도(春意圖). 준춘화(春畫). obscene picture

춘화추월[春花秋月] 봄철의 꽃과 가을밤의 달. 곧, 자연(自然)의 아름다움을 이르는 말. しゅんかしゅうげつ

춘흥[春興] 봄철에 일어나는 흥취(興趣).

출[朮] 삽주 출: 엉거싯과의 다년초. 산계. 「蒼朮(창출)·白朮(백출)·朮酒(출주)」 ジュツ·おけら

출[出]* ① 날 출: 나가다. 「出他(출타)·出嫁(출가)·出京(출경)·出帆(출범)·出港(출항)·進出(진출)」 ② 낳을 출: 낳다. 「出生(출생)·出産(출산)」 シュツ·スイ ① だす·でる

출[黜] 내칠 출: 내치다. 물리치다. 「黜斥(출척)·黜放(출방)·黜遠(출원)」 チュツ

출가[出家] ① 불교에서, 속가(俗家)를 떠나서 중이 되는 일. しゅっけ ② 가톨릭에서, 세간(世間)을 떠나 수도원으로 들어가는 일. entering the priesthood

출가[出嫁] 처녀가 시집을 감. 「~ 외인(外人)」 woman's being married

출가[出稼] 일정한 기간 동안 타향에 가서 돈벌이를 함. でかせぎ

출간[出刊] 책을 찍어 발행함. =출판(出版). publication

출감[出監] 감옥에서 풀려 나옴. =출옥(出獄). ↔입감(入監)·입옥(入獄). しゅっかん release from prison

출강[出講] 나가서 강의함. しゅっこう lecturing

출거[出去] 나감. 떠나감. leaving

출격[出擊] 진지를 떠나 적을 치러 나감. しゅつげき sally

출결[出缺] 출근과 결근. 출석과 결석. しゅっけつ attendance and absence

출경[出京] ① 서울을 떠나 지방으로 감. ↔입경(入京). ② 시골에서 서울로 올라옴. =상경(上京)·상락(上洛). しゅっきょう ① leaving the capital

출경[出境] 그 지역의 경계를 넘어감. =월경(越境). crossing the border

출고[出庫] 물품을 창고에서 꺼내거나 내어 줌. ↔입고(入庫). しゅっこ delivery of goods from a warehouse

출관[出棺] 상여에 모시기 위하여 관을 밖으로 내어 감. =출구(出柩). しゅっかん taking a coffin out of the house

출교[黜敎] 기독교에서, 잘못을 저지른 교인(敎人)을 교적(敎籍)에서 빼어 내쫓음. excommunication

출구[出口] 나가는 곳. ↔입구(入口). でぐち exit

출구[出柩] ① ⇨출관(出棺). ② 이장(移葬)하기 위해 무덤에서 관을 꺼냄. ② carrying a coffin out

출구입이[出口入耳] 말하는 이의 입에서 나온 말이 곧바로 듣는 이의 귀로 들어감. 곧, 두 사람 이외에는 아무도 모름을 이르는 말.

출국[出國] 그 나라 밖으로 나감. ↔입국(入國). しゅっこく departure from a country

출군[出群] 여럿 가운데서 뛰어남. =발군(拔群)·출중(出衆)·출류(出類)·출륜(出倫). しゅつぐん preeminence

출궁[出宮] 임금이 대궐 밖으로 나감. ↔입궁(入宮).

출근[出勤] 근무하러 일터로 나감. ↔퇴근(退勤)·결근(缺勤). しゅっきん attendance

출근부[出勤簿] 출근했음을 기록하는 장부. しゅっきんぼ attendance book

출금[出金] 돈을 꺼냄. 또는 그 돈. ↔입금(入金).「~ 전표(傳票)」しゅっきん

출급[出給] 물건을 내줌.

출납[出納] 금전이나 물품을 내어 주거나 받아들임. 「~ 대장(臺帳)」すいとう receipts and disbursements

출납부[出納簿] 물품이나 금전의 출납을 적어 넣는 장부.「금전(金錢) ~」すいとうぼ account book

출당[黜黨] 잘못을 저지른 이를 정당에서 내쫓음.

출동[出動] 부대(部隊) 등과 같은 집단이 그 곳에 가서 활동하거나 행동함. しゅつどう marching

출두[出頭] 어떤 곳, 특히 관청 같은 데에 나감.「~ 명령(命令)」しゅっとう appearance

출람[出藍] 청출어람(靑出於藍)의 준말. しゅつらん

출래[出來] 안에서 밖으로 나옴. coming out

출력[出力] ①돈을 내어 사업을 도움. ②발동기 따위가 1초 동안에 내는 유효 에너지. ③컴퓨터에서, 프로그램에 의해 처리된 정보를 말이나 기호로 하여, 출력 장치로부터 끼내는 일. ↔입력(入力). しゅつりょく ② generating power ③ output

출령[出令] 명령을 내림. issuing orders

출로[出路] 나오는 길. 빠져 나갈 길. しゅつろ

출루[出壘] 야구에서, 타자가 일루에 진출함. getting to base

출류[出類] 같은 무리 가운데서 뛰어남. =발군(拔群)·출중(出衆)·출군(出群)·출륜(出倫). eminence

출리[出離] ①내행성(內行星)인 수성(水星)·금성(金星)이 지나간 뒤에 다시 태양이 보이는 일. =출상(出象). ②불교에서, 번뇌에서 벗어나 깨달음의 경지에 드는 일. 또는 불문(佛門)에 드는 일. しゅつり

출마[出馬] ①말을 타고 나감. ②선거에 입후보(立候補)함. しゅつば ② candidacy

출면[黜免] 관직을 그만두게 함.

출모[出母・黜母] 아버지에게 쫓겨난 어머니. しゅつぼ 出母 discharge

출몰[出沒] 나타났다 숨었다 함. 「적기(敵機) ~」 しゅつぼつ 出沒 appearance and disappearance

출몰귀:관[出沒鬼關] 저승 문을 드나듦. 곧, 죽었다 살았다 함. 또는 죽을 지경을 당함. 出沒鬼關

출문[出門] ①문 밖으로 나감. ↔입문(入門). しゅつもん ②나가는 문. 出門 入門 ① going out of a gate

출물[出物] 무슨 일을 하는 데 필요한 돈이나 물건을 내는 일. 또는 그 돈이나 물건. 出物

출발[出發] 길을 떠남. 발을 내어 디딤. ↔도착(到着). しゅっぱつ 出發 departure

출번[出番] 숙직을 마치고 돌아 감. ↔입번(入番). 出番

출범[出帆] ①배가 항구를 떠남. =해람(解纜). ↔귀범(歸帆). しゅっぱん ②정부나 단체 따위가 새로 조직되어 일을 시작함의 비유. ① setting sail 出帆

출병[出兵] 군대를 출동시킴. =출사(出師). ↔철병(撤兵). しゅっぺい dispatch of troops 出兵 出師

출분[出奔] 도망하여 자취를 감춤. しゅっぽん abscondence 出奔

출비[出費] 비용을 냄. 또는 그 비용. しゅっぴ expenses 出費

출사[出仕] 관직에 임명되어 출근함. しゅっし going into government service 出仕

출사[出師] ⇨출병(出兵). すいし 出師

출사표[出師表] ①출병할 때 그 뜻을 적어 임금에게 올리던 글. ②촉한(蜀漢)의 제갈량(諸葛亮)이 위(魏)를 치기 위하여 출 出師表
진할 때 임금 유선(劉禪)에게 올린 글. すいし(の)ひょう

출산[出山] ①산에서 나옴. ②산사(山寺)를 나옴. ↔입산(入山). しゅつざん 出山 入山

출산[出産] 아기를 낳음. しゅっさん delivery 出産

출상[出喪] 상가(喪家)에서 상여가 떠나 장지(葬地)로 감. carrying the coffin out of the house 出喪

출생[出生] 아기가 태어남. ↔사망(死亡). 「~ 신고(申告)」 しゅっせい・しゅっしょう birth 出生

출생지주의[出生地主義] 부모의 국적에 관계 없이, 출생한 그 나라의 국적을 갖게 하자는 주장. =생지주의(生地主義). しゅっしょうちしゅぎ territorial principle 出生地 主義

출석[出席] 수업이나 모임 따위에 나감. ↔결석(缺席). しゅっせき attendance 出席

출성[出城] 성 밖으로 나감. ↔입성(入城). しゅつじょう going out of a castle 出城

출세[出世] ①지위가 오르거나 유명해짐. ②불교에서, 속세를 버리고 불도(佛道)로 들어감. 또는 부처나 보살이 중생을 구하기 위하여 이 세상에 나타남. しゅっせ ① success in life 出世 佛道

출세작[出世作] 세상에 널리 알려질 계기가 되는 최초의 작품. しゅっせさく initial success-piece 出世作

출소[出所] 교도소에서 석방되어 나옴. =출감(出監)・출옥(出獄). しゅっしょ release from prison 出所 出監

출소[出訴] 소송을 일으킴. =제소(提訴). しゅっそ instituting a lawsuit 出訴

출신[出身] ①어느 지역·학교·직업 따위의 지역적·사회적 소속 관계. 「서울 ~」「대학(大學) ~」 ②과거에 급제하고 나서 아직 벼슬길에 나가지 않은 사람. しゅっしん ① origin

출아[出芽] ①식물의 싹이 틈. 또는 그 싹. ②무성 생식(無性生殖)의 한 가지. 모체(母體)에서 떨어져 나가 새로운 개체를 만들어 번식하는 일. しゅつが ① budding

출어[出漁] 고기를 잡으러 바다로 나감. しゅつりょう・しゅつぎょ going out fishing

출연[出捐] 남을 돕기 위하여 금품을 냄. 「~금(金)」 しゅつえん contribution

출연[出演] 어떤 연기·연주 등을 하기 위해 나감. しゅつえん performance

출영[出迎] 마중을 나감. 나가서 맞음. でむかえ meeting

출옥[出獄] 감옥에서 풀려 나옴. =출감(出監). ↔입옥(入獄). しゅつごく release from prison

출원[出願] 어떻게 해 주기를 바라는 원서(願書)를 냄. 「특허(特許) ~」 しゅつがん application

출입[出入] ①들어가고 나가고 함. 드나듦. 「~구(口)」 しゅつにゅう・でいり ②나들이. =외출(外出). ① entrance and exit

출입구[出入口] 드나드는 어귀나 문. でいりぐち entrance

출입증[出入證] 출입할 수 있는 증명.

출자[出資] 자금을 냄. 밑천을 댐. しゅっし investment

출장[出張] 업무 따위로 근무지를 떠나 어떤 곳에 감. 「~비(費)」 しゅっちょう business trip

출장[出場] ①어떤 자리에 나감. ②운동 경기 따위에 참가함. ↔퇴장(退場). 「~ 정지 처분」 しゅつじょう ① appearance ② participation

출전[出典] 고사(故事)·성어(成語)·인용 문구 따위의 출처(出處)가 되는 책. しゅってん source

출전[出戰] ①싸움터로 나감. ②운동 경기 따위에 나감. 「~ 경기(競技)」 ① going to war ② participation

출정[出廷] 재판을 받기 위해 법정(法廷)에 출석함. ↔퇴정(退廷). しゅってい appearance in court

출정[出征] 군에 입대하여 싸움터로 나감. 「~ 군인(軍人)」 しゅっせい departure for the front

출제[出題] 문제나 제목을 냄. しゅつだい setting a question

출주[出走] ①나가 버림. 도망침. =출분(出奔). ②경마 따위에서, 말이 달려나감. 또는 경주에 나감. しゅっそう ① abscondence

출중[出衆] 여럿 가운데서 뛰어남. =출군(出群)·출류(出類)·발군(拔群)·출륜(出倫). 「~한 인물(人物)」 preeminence

출진[出陣] 싸움터로 나아감. しゅつじん departure for the front

출책[黜責] 물리쳐 견책함.

출처[出妻·黜妻] 인연을 끊고 아내를 내쫓음. 또는 그 아내. divorce

출처[出處] ①사물이 나오거나 생긴 곳. 「소문의 ~」 しゅっ

출척[黜陟] 공이 없는 사람을 내치고 공이 있는 사람을 기용(起用)함. =출승(黜升). ちゅっちょく　system of merits

출천지효[出天之孝] 하늘이 낸 효자. 곧, 지극한 효성이나 지극한 효자. very filial piety

출초[出超] 수출 초과(輸出超過)의 준말. ↔입초(入超). しゅっちょう

출타[出他] ① 다른 지방에 나감. ② 볼일 보러 밖에 나감. =외출(外出). going out

출토[出土] 고대(古代)의 유물 따위가 땅 속에서 나옴. 「~품(品)」しゅつど excavation

출판[出版] 책이나 서화를 인쇄해서 세상에 펴냄. 「~업(業)」しゅっぱん publication

출판권[出版權] ① 출판자가 저작권자에 의한 설정을 받아, 저작물을 복제·발매(發賣)할 수 있는 권리. ② 저작자가 자기의 저작물을 복제·발행할 수 있는 권리. しゅっぱんけん right of publication

출판물[出版物] 판매·반포할 목적으로 찍어 낸 인쇄물. しゅっぱんぶつ publication

출패[出牌] 어느 고장의 불량배가 못된 짓을 계획할 때에, 외방(外方)에 나가서 일을 꾸미는 사람. ↔좌패(坐牌).

출폐[黜廢] 물리쳐 없앰. ちゅっぱい expulsion

출포[出浦] 산물(産物)을 선적(船積)하기 위해 포구(浦口)로 실어 냄.

출품[出品] 전시회·전람회 따위에 작품이나 물건을 내어 놓음. 또는 그 작품이나 물건. しゅっぴん exhibition

출하[出荷] ① 하물(荷物)을 실어 냄. ② 상품(商品)을 시장에 내놓음. ↔입하(入荷). しゅっか forwarding

출한[出汗] 땀이 남. 땀을 흘림. perspiration

출항[出航] ① 배가 항해(航海)를 떠남. ② 비행기가 출발함. しゅっこう　① sailing from ② taking off

출항[出港] 배가 항구를 떠남. ↔입항(入港). しゅっこう departure from a port

출행[出行] 나감. しゅっこう departure

출향[出鄕] 고향을 떠남. ↔귀향(歸鄕). しゅっきょう leaving one's native place

출현[出現] 나타남. しゅつげん appearance

출혈[出血] ① 피가 혈관 밖으로 흘러 나옴. 「내(內)~」② 손해. 희생(犧牲). 「~수출(輸出)」しゅっけつ ① bleeding

출혈 수주[出血受注] 장래를 생각하여 손해를 각오하고 물건의 주문을 받는 일. しゅっけつじゅちゅう accepting orders at a sacrifice

출혈 수출[出血輸出] 정책상 손해를 각오하고서 하는 수출. しゅっけつゆしゅつ below-cost export

출화[出火] 화재가 남. ↔소화(消化). しゅっか outbreak of fire

출회[出廻] 물건이 시장에 나돎. movement of commodities

충[充]* ① 가득 찰 충: 가득하다. 차다. 「充滿(충만)·充積(충적)·充實(충실)·充足(충

족)・充當(충당)・充分(충분)」
② 막을 충 : 채워서 막다. 「充
耳(충이)・充塞(충색)」ジュウ

충[沖] ① 화할 충 : 화하다. 「沖
氣(충기)・沖和(충화)」② 높이
오를 충 : 높이 오르다. 「沖天
(충천)」 ③ 어릴 충 : 어리다.
「沖年(충년)・沖人(충인)」 ④
흐를 충 : 흐르다. 이르다. 「沖
積(충적)・沖積層(충적층)」
チュウ

충[忠]* ① 충성 충 : 충성. 「忠
誠(충성)・忠孝(충효)・忠臣(충
신)・忠功(충공)・盡忠(진충)・
忠直(충직)・忠節(충절)」② 정
성스러울 충 : 정성스럽다. 「忠
告(충고)・忠言(충언)・忠實(충
실)」チュウ

충[衷] ① 정성 충 ; 정성 「衷
情(충정)・衷心(충심)・微衷(미
충)」 ② 알맞을 충 : 알맞다.
「折衷(절충)・和衷(화충)」
チュウ

충[衝]* ① 찌를 충 : 찌르다. 부
딪치다. 「衝擊(충격)・衝突(충
돌)・衝動(충동)・衝然(충연)・
衝天(충천)・相衝(상충)」② 대
로 충 : 통로. 요충. 「要衝(요
충)」ショウ ① つく

충[蟲]* 벌레 충 : 벌레. 「蟲聲
(충성)・蟲齒(충치)・幼蟲(유
충)・成蟲(성충)・害蟲(해충)」
チュウ・むし

충간[忠肝] 충성스런 마음. ちゅ
うかん   loyalty

충간[忠諫] 충성스럽게 간(諫)
함. 진심으로 윗사람의 잘못을
충고함. ちゅうかん
loyal remonstrance

충간[衷懇] 충심(衷心)으로 간
청함.   entreaty

충격[衝擊] ① 심하게 부딪칠
때 가해지는 힘. ② 심한 마음

의 동요. しょうげき   shock

충견[忠犬] 주인에게 충성스러
운 개. ちゅうけん

충계[忠計] 정성스레 꾸민 계획.
loyal plan

충고[忠告] 남의 잘못을 충심
으로 타이름. ちゅうこく advice

충군[忠君] 임금에게 충성을 다
함. 「~ 애국(愛國)」 ちゅう
くん   loyalty

충근[忠勤] 충성스레 근무함.
ちゅうきん   faithful service

충납[充納] 모자라는 것을 채
워서 납부함.

충년[沖年] 열 살 안팎의 어린
나이. =유년(幼年). infancy

충담[沖澹] 성미가 조촐하고 결
백함. ちゅうたん

충당[充當] 모자라는 것을 채
워서 메움. じゅうとう
appropriation

충돌[衝突] ① 부딪침. ② 의견
이 맞지 않아 다툼. しょうと
つ   ① collision ② conflict

충동[充棟] ① 집 안에 가득함.
② 장서(藏書)가 많음. 「한우
(汗牛)~」しゅうとう ① fullness

충동[衝動] 남의 마음을 들쑤셔
서 부추김. 또는 급격한 마음
의 동요. しょうどう instigation

충량[忠良] 충성스럽고 선량함.
ちゅうりょう
loyalty and honesty

충렬[忠烈] 충의심(忠義心)이
두텁고 강렬함. ちゅうれつ
unswerving loyalty

충령[忠靈] 나라를 위하여 목숨
을 바친 영령(英靈). ちゅう
れい

충류[蟲類] 벌레 종류. 모든 벌
레. ちゅうるい
insects and worms

충만[充滿] 가득 참. じゅうま

충매화[蟲媒花] 곤충의 매개로 수분(受粉)이 이루어지는 꽃. ちゅうばいか entomophilous flower

충모[忠謀] 정성을 다한 계략(計略). ちゅうぼう loyal plan

충모[衝冒] 무릅씀.

충복[充腹] 고픈 배를 채움. filling up one's stomach

충복[忠僕] 충성스런 종. ちゅうぼく faithful servant

충봉[衝鋒] 적진으로 치고 들어감.

충분[充分] 부족함이나 결점이 없이 넉넉함. じゅうぶん fullness

충분[忠憤] 충성스런 마음에서 우러나는 분기(憤氣). ちゅうふん indignation out of loyalty

충비[充備] 충분히 갖춤. =풍비(豊備). じゅうび completion

충사[忠死] 충의를 위하여 죽음. ちゅうし loyal death

충사[忠邪] 충직함과 간사함. 충의(忠義)와 사악(邪惡). ちゅうじゃ loyalty and wickedness

충색[充塞] 가득 채워서 막음. 가득 차서 막힘. じゅうそく being filled up

충서[忠恕] 마음이 정성스럽고 동정심이 많음. ちゅうじょ sincerity and sympathy

충성[忠誠] ①마음에서 우러나는 정성. ②임금 또는 나라를 위한 지극한 마음.「~심(心)」 ちゅうせい loyalty

충성[蟲聲] 벌레가 우는 소리. 벌레 소리. singing of insects

충손[蟲損] 해충(害蟲)으로 인하여 농작물이 입은 손해. =충해(蟲害). damage from insects

충수[充數] 모자라는 수효를 채워 넣음. 또는 그 수. making up the number

충수[蟲垂] 맹장(盲腸) 아래 끝에 붙어 있는 조그만 돌기(突起). =충양돌기(蟲樣突起).「~염(炎)」 ちゅうすい vermiform appendix

충신[忠臣] 충성스런 신하. ちゅうしん loyal retainer

충신[忠信] ①충성과 신의(信義). ②진실하고 거짓이 없음. ちゅうしん fidelity

충실[充實] ①몸이 실하고 튼튼함. ②속이 올차고 단단함. じゅうじつ fullness

충실[忠實] 충직하고 성실함. ちゅうじつ faithfulness

충심[忠心] 충성스런 마음. ちゅうしん loyalty

충심[衷心] 속에서 우러나는 참된 마음. ちゅうしん true heart

충액[充額] 일정한 액수를 채움. making up a deficit

충약[沖弱] 어림. =유충(幼沖). childishness

충양돌기[蟲樣突起] ⇨충수(蟲垂). ちゅうようとっき

충언[忠言] 충고하는 말. 바른 말. ちゅうげん advice

충역[忠逆] 충의(忠義)와 반역(叛逆). loyalty and treachery

충연[衝然] 높이 솟은 모양. loftiness

충영[蟲癭] 식물체에 곤충의 산란(産卵)·기생(寄生)으로 말미암아 이상 발육(異常發育)을 한 부분. 오배자(五倍子)·몰식자(沒食子) 따위와 같은 것. 벌레혹. ちゅうえい

충욕[充慾] 욕심을 채움. gratification of one's desire

충용[充用] 충당하여 씀. じゅ

충용[忠勇] 충성스럽고 용맹함. 忠勇
「~무쌍(無雙)」ちゅうゆう
loyalty and bravery

충원[充員] 부족한 인원을 채움. 充員
じゅういん
supplement of the personnel

충의[忠義] 임금이나 나라를 위 忠義
한 충성과 절의(節義). ちゅ
うぎ loyalty

충일[充溢] 가득 차서 넘침. じゅ 充溢
ういつ overflow

충입[衝入] 치고 들어감. 衝入
thrusting into

충재[蟲災] 해충으로 인한 농작 蟲災
물의 재해. =충해(蟲害).
damage from insects

충적[充積] 가득히 쌓이거나 쌓 充積
음. じゅうせき
piling up to the full

충적[沖寂] 고요함. serenity 沖寂

충적[沖積] 흙이나 모래가 흐르 沖積
는 물에 실려 와서 쌓임. 「~
평야(平野)」ちゅうせき

충적세[沖積世] 지질 시대의 시 沖積世
대 구분의 하나. 신생대(新生
代) 제4기의 후반기. =충적기
(沖積期). ちゅうせきせい 沖積期
alluvial epoch

충전[充電] 축전기(蓄電器)나 축 充電
전지(蓄電池) 따위에 전기를
채워 넣음. ↔방전(放電). じゅ
うでん charging

충전[充塡] 빈 곳을 메워 채움. 充塡
가득 채움. じゅうてん filling up

충절[忠節] 충성스러운 절의(節 忠節
義). ちゅうせつ loyalty

충정[忠正] 충성스럽고 올바름. 忠正
faithfulness

충정[忠貞] 충성스럽고 지조(志 忠貞
操)가 곧음. ちゅうてい
faithfulness

충정[衷情] 속에서 우러나오는 衷情
진정(眞情). 참된 마음. ちゅ
うじょう true heart

충족[充足] 넉넉히 채움. 양에 充足
차서 부족함이 없음. じゅうそ
く sufficiency

충직[忠直] 충성스럽고 정직함. 忠直
ちゅうちょく faithfulness

충천[沖天] 하늘 높이 솟음. 沖天
ちゅうてん
rising high into the sky

충천[衝天] 하늘을 찌름. 기세 衝天
가 대단함. 「의기(意氣)~」しょ
うてん going sky-high

충치[蟲齒] 벌레 먹은 이. =우 蟲齒
치(齲齒). むしば decayed tooth

충해[蟲害] 해충(害蟲)으로 인 蟲害
한 농작물의 피해. =충재(蟲
災)・충손(蟲損). ちゅうがい
damage from insects

충혈[充血] 피가 몸의 어떤 부 充血
분에 많이 모임. 「~된 눈」じゅ
うけつ congestion

충혼[忠魂] 충의를 위하여 죽은 忠魂
사람의 넋. 「~탑(塔)」ちゅ
うこん loyal soul

충회[衷懷] 마음. 생각. 진심(眞 衷懷
心). =충심(衷心). ちゅうかい
true heart

충효[忠孝] 충성과 효도(孝道). 忠孝
「~ 겸비(兼備)」ちゅうこう 兼備
loyalty and filial piety

충후[忠厚] 충성스럽고 인정이 忠厚
두터움. ちゅうこう loyalty
and warm-heartedness

췌:[悴] 파리할 췌: 파리하다. 悴顇
여위다. 고달프다. 「悴顔(췌
안)・悴容(췌용)・悴薄(췌박)・
憂悴(우췌)・憔悴(초췌)」スイ

췌:[萃] 모일 췌: 모이다. 모으 萃然
다. 「萃然(췌연)・萃如(췌여)・
萃聚(췌취)・拔萃(발췌)」スイ

췌:[贅] 군것 췌: 군것. 군더더 贅談
기. 「贅談(췌담)・贅言(췌언)・

贅肉(췌육)·贅行(췌행)·贅瘤(췌류)·贅居(췌거)」ゼイ

췌:거[贅居] 처가에 얹혀서 삶. 贅居 처가살이.
living in one's wife's home

췌:담[贅談] 쓸데없는 군더더기 말. =췌언(贅言). 贅談 redundant words

췌:론[贅論] 쓸데없는 이론. 제 贅論 いろん superfluous argument

췌:변[贅辯] 쓸데없는 군더더기 말. =췌사(贅辭)·췌언(贅言). ぜいべん redundant words 贅辯

췌:안[悴顔] 파리한 얼굴. 핼쑥한 얼굴. =췌용(悴容). すいがん pale face 悴顔

췌:액[膵液] 이자에서 분비되어 십이지장으로 보내지는 소화액(消化液). 이자액. すいえき pancreatic juice 膵液

췌:언[贅言] 쓸데없는 군말. =췌담(贅談)·췌사(贅辭)·췌변(贅辯). ぜいげん redundant words 贅言

췌:용[悴容] 초췌한 얼굴. 파리한 얼굴. =췌안(悴顔). すいよう pale face 悴容

췌:장[膵臟] 위(胃) 뒤쪽에 있는 소화 기관의 하나. 이자. すいぞう pancreas 膵臟

취:[吹]* ①불 취:불다. 「吹管(취관)·吹入(취입)·吹奏(취주)·吹打(취타)」 ②부추길 취:부추기다. 「鼓吹(고취)」スイ ①ふく 吹管

취:[取]* 취힐 취:취하나. 가지다, 거두다. 「取得(취득)·取去(취거)·取用(취용)·奪取(탈취)·取調(취조)·取擇(취택)·取材(취재)」シュ·とる 取得

취:[炊] 밥 지을 취:밥을 짓니. 불을 때다. 「炊飯(취반)·炊夫(취부)·炊事(취사)·炊煙 炊事

(취연)·自炊(자취)」スイ·たく

취:[脆] 무를 취:무르다. 연하다, 허약하다. 「脆弱(취약)·脆怯(취겁)·脆斷(취단)·脆薄(취박)·脆軟(취연)」ゼイ·もろい 脆弱

취:[臭]☆ 냄새 취:냄새. 「惡臭(악취)·臭素(취소)·乳臭(유취)·香臭(향취)·臭腐(취부)·臭敗(취패)」シュウ·におい·くさい 惡臭

취:[娶] 장가들 취:장가들다. 「娶禮(취례)·娶妻(취처)·娶嫁(취가)·後娶(후취)」シュ·めとる 娶妻

취:[就]* ①이룰 취:이루다. 「成就(성취)」②나아갈 취:나아가다. 「就職(취직)·就業(취업)·就任(취임)·就學(취학)」ジュ·シュウ ②つく 成就

취:[毳] 솜털 취:솜털. 가늘고 부드러운 털. 「毳毛(취모)·軟毳(연취)·細毳(세취)·毳幕(취막)」ゼイ 毳毛

취:[翠] ①비취 취:비취. 「翡翠(비취)」②푸를 취:푸르다. 비취빛. 「翠巒(취만)·翠樓(취루)·翠色(취색)·翠煙(취연)」③물총새 취:물총새. 「翠鳥(취조)·翠羽(취우)」スイ ②みどり 翠色

취:[聚] ①모을 취:모으다. 「聚土(취토)·聚斂(취렴)·聚集(취집)·聚積(취적)」②마을 취:동네. 「聚落(취락)」シュウ·ジュ 聚土

취:[嘴] 부리 취:부리. 새의 주둥이. 「嘴鼻(취비)·嘴尖(취첨)·嘴了(취자)」シ·くちばし 嘴尖

취:[趣]☆ ①뜻 취:뜻. 「趣旨(취지)·趣意(취의)·意趣(의취)·趣向(취향)·趣味(취미)·趣興(취흥)」②재촉할 촉:독촉하다. 「趣裝(촉장)·趣駕(촉가)」シュ ①おもむき 趣味

취:[醉] 취할 취 : 취하다. 「醉中(취중)·醉客(취객)·醉氣(취기)·醉人(취인)·滿醉(만취)·心醉(심취)·陶醉(도취)·麻醉(마취)」スイ・よう

취:[鷲] 수리 취 : 수리. 「鷲頭(취두)·鷲瓦(취와)」シュウ・ジュ・わし

취:[驟] ① 별안간 취 : 별안간. 갑자기. 「驟暑(취서)·驟雨(취우)·驟集(취집)」② 달릴 취 : 달리다. 「驟步(취보)·驟進(취진)」シュウ ① にわか

취:가[娶嫁] 장가들고 시집가는 일. =가취(嫁娶). marriage

취:객[醉客] 술에 취한 사람. =취인(醉人). すいかく·すいきゃく drunken fellow

취:거[取去] 가시고 감. 가지고 떠남. taking away

취:관[吹管] 가스 용접 따위에서, 가스를 뿜어내어 고온의 불꽃을 만드는 데 쓰이는 금속관. すいかん blowpipe

취:군[聚軍] 군사나 인부(人夫) 들을 불러 모음. muster

취:금찬:옥[炊金饌玉] 금으로 밥을 짓고 옥으로 반찬을 만든다는 말로, 좋은 음식을 이르는 말.

취:급[取扱] ① 사물을 다룸. ② 사람을 소홀히 대하거나 다룸. 「어린애 ~하다」とりあつかい ① handling ② treatment

취:기[臭氣] 좋지 못한 냄새. しゅうき stench

취:기[醉氣] 술에 취한 얼근한 기운. すいき effects of drink

취:기소:장[取其所長] 그 좋은 점을 취함. 남의 장점을 취하여 씀.

취:담[醉談] 취중에 이야기함. 또는 그 이야기. =취어(醉語).

· 취언(醉言). speech under the influence of liquor

취:대[翠黛] ① 눈썹을 그리는 검푸른 빛깔의 먹. 또는 그것으로 그린 아름다운 눈썹. ② 눈썹을 그린 것같이 보이는 먼 산의 경치. すいたい

취:득[取得] 자기 소유로 취하여 가짐. 「~세(稅)」しゅとく acquisition

취:락[聚落] 인가(人家)가 모여 사는 곳. 마을. =촌락(村落). しゅうらく village

취:람[翠嵐] 먼 산에 끼어 푸르스름하게 보이는 이내. すいらん

취:랑[吹浪] 물고기가 물 위에 떠서 입을 벌렸다 오므렸다 하며 숨은 쉼.

취:량[驟涼] 가을철에 갑자기 느껴지는 서늘한 기운.

취:렴[翠簾] 푸른 대오리로 엮어 만든 발. すいれん green bamboo blind

취:로[就勞] 노동일을 함. 「~사업(事業)」しゅうろう setting to work

취:록[翠綠] 녹색(綠色). すいりょく green

취:리[取利] 돈이나 곡식을 꾸어 주고, 그 이자를 받음. moneylending

취:만[翠巒] 푸른 산. すいらん verdant mountain

취:매[醉罵] 술김에 남을 욕하고 꾸짖음. すいば abusing in intoxication

취:면[就眠] 잠을 자기 시작함. 잠을 잠. =취침(就寢)·취상(就床). しゅうみん going to bed

취:면[醉眠] 술에 취해 잠. =취와(醉臥). すいみん

취:명[吹鳴] 사이렌 따위를 불어서 울림. 吹鳴

취:모[醉眸] 술에 취한 몽롱한 눈. =취안(醉眼). すいぼう 醉眸
　　　drunken eyes

취:목[取木] 나무의 가지를 휘어 한 끝을 땅에 묻고, 뿌리가 난 후에 원줄기를 잘라 독립시키는 번식법. 휘문이. とりき 取木
　　　　　　layer

취:몽[醉夢] 술에 취하여 자는 동안에 꾸는 꿈. すいむ 醉夢
　　dreaming in intoxication

취:묵[醉墨] 술에 취해서 쓴 글씨. =취필(醉筆). すいぼく 醉墨
　　writing in intoxication

취:미[翠微] ①먼 산에 엷게 낀 푸른 기운. ②엷은 녹색. 연두. ③산의 중허리. すいび 翠微

취:미[趣味] 직업이나 전문가로서가 아닌, 재미로 하는 일. 「～로 꽃을 가꾼다」 しゅみ 趣味
　　　　　　hobby

취:반[炊飯] 밥을 지음. すいはん 炊飯
　　　　cooking rice

취:발[翠髮] 검고 윤이 나는 탐스러운 머리털. 翠髮

취:병[翠屛] ①푸른 병풍. ②푸른 산, 또는 푸른 바위를 이르는 말. ③꽃나무의 가지를 틀어서 문 모양이나 병풍처럼 만든 물건. すいへい 翠屛
　　　③ quickset gate

취:보[醉步] 취해서 비틀거리는 걸음. すいほ staggering gait 醉步

취:부[炊婦] 부엌일을 하는 여자. すいふ kitchenmaid 炊婦

취:사[炊事] 음식을 만드는 온갖 일. 「～장(場)」 すいじ 炊事
　　　　　cooking

취:사[取捨] 취함과 버림. 필요한 것은 취하고 필요 없는 것은 버림. 「～선택(選擇)」 しゅしゃ 取捨
　　　　selection

취:산[聚散] 모임과 흩어짐. 모음과 흩음. =집산(集散). しゅうさん 聚散
　　gathering and dispersion

취:산 화서[聚繖花序] 유한 화서(有限花序)의 하나. 꽃이 꽃대 끝에 먼저 피고, 이어서 그 아랫가지에 피며, 이를 되풀이하면서 차례로 바깥쪽의 꽃이 피어 가는 것. 수국 따위. 취산꽃차례. しゅうさんかじょ 聚繖花序
　　centrifugal inflorescence

취:색[取色] 퇴색한 세간 따위를 손질하고 닦아서 윤을 냄. 取色
　　　　polishing

취:색[翠色] 청색(靑色)과 남색(藍色)의 중간색. すいしょく 翠色
　　　　　verdure

취:생몽:사[醉生夢死] 꿈인지 생시인지 모르도록 흐리멍덩하게 세월을 살아감. 하는 일 없이 헛되이 한평생을 마침. すいせいむし 醉生夢死
　　idling one's life away

취:소[取消] 말이나 글로 나타낸 것이나, 일단 결정된 것을 부정(否定)하여 없었던 것으로 함. 「예약(豫約)을 ～하다」 とりけし 取消
　　　　cancellation

취:소[臭素] 불쾌한 냄새가 나고 휘발성이 강한 적갈색의 액체 원소. 사진의 감광제나 살균제 등에 쓰임. 브롬. しゅうそ 臭素
　　　　bromine

취:소수[臭素水] 취소의 수용액(水溶液). 브롬수. しゅうすい 臭素水

취:송[翠松] 푸른 소나무. =청송(靑松). 翠松
　　　　green pine

취:수구[取水口] 강이나 저수지 따위에서 물을 끌어들이는 取水口

시설. しゅすいこう

취:식[取食] ① 밥을 먹음. ② 取食 남의 밥을 염치없이 먹는 일.

취:식객[取食客] 염치없이 남 取食客 의 음식을 먹는 사람. =포철객(哺啜客). hanger-on 哺啜客

취:식지계[取食之計] 근근히 取食之計 밥이나 얻어먹고 살아가려는 꾀.

취:신[取信] 남에게서 신용을 取信 얻음. winning the confidence of others

취:실[娶室] 장가를 듦. 아내 娶室 를 얻음. taking a wife

취:안[醉眼] 술에 취해 개개풀 醉眼 어진 눈. =취모(醉眸).「~몽롱(朦朧)」すいがん drunken eyes

취:안[醉顏] 술에 취한 얼굴. 醉顏 すいがん drunken face

취:약[脆弱] 무르고 약함.「~ 脆弱 지구(地區)」ぜいじゃく frailty

취:언[醉言] ⇨취담(醉談). 醉言

취:업[就業] ① 일자리에 나가 就業 일을 함. ②⇨취직(就職). しゅうぎょう ① working

취:역[就役] ① 맡은 일을 하기 就役 시작함. ② 새로 건조(建造)한 함선(艦船)이 취항(就航)함. しゅうえき getting a commission

취:연[炊煙] 밥을 짓는 연기. 炊煙 すいえん

취:연[翠煙] ① 푸른 연기. ② 翠煙 멀리 보이는 푸른 숲에 낀 이내. すいえん ① blue smoke

취:옥[翠玉] 녹색의 광택이 나 翠玉 는 보석. 에메랄드(emerald). すいぎょく

취:옹[醉翁] 술 취한 노인. 醉翁 drunken old man

취:우[驟雨] 갑자기 세차게 쏟 驟雨 아지다 곧 그치는 비. 소나기. しゅうう shower

취:음[取音] 글자의 뜻과는 관 取音 계 없이 한자(漢字)의 음(音) 만 따서 우리말이나 외국어를 표기하는 일. transliteration

취:음[翠陰] 푸른 잎이 우거진 翠陰 나무의 그늘. =녹음(綠陰). すいいん shade of trees

취:음[醉吟] 술에 취해서 시가 醉吟 (詩歌)를 읊음. すいぎん reciting poems in intoxication

취:의[趣意] 근본이 되는 뜻. = 趣意 취지(趣旨). しゅい meaning

취:인[取人] 인재를 골라 씀. 取人

취:임[就任] 직무를 위해 일자 就任 리에 처음 나아감. ↔이임(離任)・사임(辭任). しゅうにん inauguration

취:입[吹入] ① 입김을 불어 넣 吹入 음. ② 레코드나 테이프 따위에 소리를 녹음함. ① blowing in ② recording

취:재[取材] 어떤 일이나 사건 取材 따위에서 작품(作品)이나 기사(記事)가 될 재료를 얻는 일. 「~ 기자(記者)」しゅざい collecting materials

취:재원[取材源] 신문이니 잡 取材源 지에 실린 기사의 출처(出處). しゅざいげん news source

취:적[吹笛] 피리를 붊. すいて 吹笛 き playing the flute

취:적[就籍] 호적에 빠진 사람 就籍 이 신고(申告)하여 호적에 오르는 일. しゅうせき entering in the census register

취:조[取調] 범죄 사실을 알아 取調 내기 위하여, 묻거나 따지거나 하여 자세히 조사함. 또는 그 조사. とりしらべ inquiry

취:종[取種] 생물의 씨를 받음. 取種 gathering seeds

취:주[吹奏] 관악기(管樂器)를 吹奏 불어 연주함.「~악(樂)」すい

취:죽[翠竹] 푸른 대. =청죽(青竹). green bamboo

취:중[就中] 그 중에서. 그 중에서도 특히. なかんずく especially

취:중[醉中] 술에 취하여 있는 동안. in a drunken state

취:중진정발[醉中眞情發] 술에 취하면 평소에 품고 있던 바를 말이나 행동으로 나타내게 된다는 말.

취:지[趣旨] 근본이 되는 목적이나 의도. =취의(趣意). しゅし meaning

취:직[就職] 일자리를 얻음. 직장을 가지게 됨. しゅうしょく employment

취:집[聚集] 한데 모아들임. =수집(收集). しゅうしゅう collection

취:처[取妻] 아내를 얻음. 장가를 듦. =취실(取室). taking a wife

취:침[就寢] 잠자리에 듦. =취상(就床)·취면(就眠). しゅうしん going to bed

취:타[吹打] 군중(軍中)에서 나발·소라 따위를 불고 징·북을 치던 일. 또는 그런 음악. 「~수(手)」

취:태[翠苔] 푸른 이끼. =녹태(綠苔). すいたい green moss

취:태[醉態] 술에 취해 있는 모습. すいたい drunkenness

취:택[取擇] 많은 가운데에서 가려 뽑음. =선택(選擇). selection

취:패[臭敗] 냄새가 나도록 썩음. =부패(腐敗). decomposition

취:품[取稟] 웃어른에게 여쭈어 그 의견을 기다림. そう blowing

취:필[醉筆] 취중에 쓴 글씨나 그림. =취묵(醉墨). すいひつ consultation

취:하[取下] 신청하거나 제출했던 일을 도로 거두어들임. 「고소(告訴) ~」 とりさげ withdrawal

취:학[就學] 어린아이가 의무 교육을 받기 위하여 학교에 들어감. しゅうがく entering school

취:한[醉漢] 술 취한 사람. =취객(醉客). すいかん drunken fellow

취:항[就航] 배나 비행기가 항해(航海)나 비행에 나섬. しゅうこう entering service

취:향[趣向] 흥미나 관심이 쏠리는 방향. しゅこう taste

취:후[醉後] 술에 취한 뒤. =주후(酒後).

취:흥[醉興] 술에 취해 일어나는 흥취. conviviality

측[仄] ①기울 측:기울다. 「仄日(측일)·傾仄(경측)」 ②옆 측:옆. 곁. 「仄行(측행)」 ③측성 측:한자(漢字)의 운의 하나. 「仄韻(측운)·仄聲(측성)·平仄(평측)」 ④어렴풋할 측: 어렴풋하다. 희미하다. 「仄聞(측문)」 ソク ④ほのか

측[側]☆ ①곁 측:곁. 옆. 「側面(측면)·左側(좌측)·兩側(양측)·側近(측근)·側室(측실)」 ②기울일 측:기울이다. 「側注(측주)·側酌(측작)」 ソク ①かわ

측[厠] "廁"은 同字. ①뒷간 측:뒷간. 「厠間(측간)·厠鬼(측귀)·厠室(측실)」 ②섞일 측:섞이다. 「雜厠(잡측)」 シ ①かわや

측[惻] 슬퍼할 측:슬퍼하다.

불쌍히 여기다.「惻切(측절)·惻怛(측달)·惻隱(측은)·惻楚(측초)·惻憫(측민)」ソク

측[測]* ① 잴 측: 재다. 헤아리다.「測量(측량)·測度(측도)·測算(측산)·測定(측정)·測地(측지)」② 깊을 측: 깊다.「測恩(측은)」ソク ① はかる

측각기[測角器] 각도를 재는 기구의 총칭. =각도계(角度計). そっかくき goniometer

측간[廁間] 뒷간. =변소(便所)·측실(廁室). toilet room

측거기[測距器] 목표물까지의 거리를 재는 기구. =측원기(測遠器)·측거의(測距儀). range finder

측경기[測徑器] 기계 부품의 두께나 지름을 재는 기구. 캘리퍼스. calipers

측광[測光] 발광체(發光體)의 빛의 광도(光度)·휘도(輝度)·조도(照度) 따위를 잼. そっこう

측근[側近] 곁에 가까이 있음. 또는 그 사람.「~자(者)」そっきん aide

측근[側根] 원뿌리에서 갈라져 나온 뿌리. 곁뿌리. そっこん lateral root

측도[測度] ① 어떤 양(量)을 잴 때, 그와 같은 종류의 양을 단위로 하여 나타낸 수. ② 도수나 길이·양 따위를 잼. そくど ② measurement

측량[測量] 땅의 위치·면적·고저 따위를 잼. そくりょう survey

측량도[測量圖] 측량하여 만든 지도. そくりょうず survey map

측량선[測量船] 바다의 깊이, 조수의 흐름, 기상(氣象) 따위를 조사·관측하는 배. そくりょうせん surveying ship

측릉[側稜] 각기둥의 옆면과 옆면이 만나서 이루는 모서리. 옆모서리. そくりょう edge

측면[側面] ① 물체의 옆면. ② 정면(正面)이 아닌 방면.「~에서 돕는다」そくめん side

측면관[側面觀] 측면에서의 관찰. 객관적인 관찰. そくめんかん side view

측면도[側面圖] 옆쪽에서 본 형태를 그린 도면. そくめんず side view

측목[側目] ① 곁눈질을 함. ② 무서워서 바로 보지 못함. ① side glance ② averting one's eyes with fear

측목시:지[側目視之] 곁눈질을 하여 봄.

측문[仄聞] ① 어렴풋이 들음. ② 간접적으로나 소문으로 언뜻 얻어들음. そくぶん ② learning by hearsay

측문[側門] 측면에 낸 문. 옆문. ↔정문(正門). side gate

측문[側聞] 옆에서 얻어들음. そくぶん

측미계[測微計] 종이의 두께 등 미소(微小)한 길이를 재는 계기. 마이크로미터. =측미척(測微尺). そくびけい

측방[側防] 내습하는 적을 측면에서 방비함. flank defense

측방 침식[側方浸蝕] 하천이 양쪽 벽을 깎아 바닥을 넓히는 작용. lateral erosion

측벽[側壁] 구조물의 옆에 있는 벽. そくへき side wall

측보기[測步器] 걸음의 수를 자동적으로 세는 계기. =보수계(步數計). そくほき pedometer

측사[側射] 측면에서 사격함. そくしゃ flanking fire

측사기[測斜器] 지층의 경사도(傾斜度)를 재는 계기. 클리노미터. =경사계(傾斜計). そくしゃき clinometer

측산[測算] 헤아려서 계산함. そくさん calculation

측서[廁鼠] 뒷간의 쥐라는 뜻으로, 지위를 얻지 못한 사람을 놀리어 이르는 말.

측석[側席] 옆의 자리. 옆자리. そくせき side seat

측선[側線] ① 열차 운행에 사용하는 선로 외에 조차상(操車上) 필요한 예비적인 선로. ② 어류(魚類)·양서류(兩棲類)의 몸 양쪽에 나타나 있는 줄. 수류(水流)·수압(水壓) 등을 감지하는 기관임. 옆줄. そくせん ① sidetrack ② lateral line

측수[測水] 물의 깊이를 잼. sounding the depth

측시[側視] 옆으로 봄. 모로 봄. side glance

측신[廁神] 뒷간을 지킨다는 귀신. 뒷간 귀신. =측귀(廁鬼).

측실[側室] ⇨소실(小室). そくしつ

측심[惻心] 측은지심(惻隱之心)의 준말. そくしん

측심의[測深儀] 강이나 바다의 깊이를 재는 장치. =측심기(測深器). そくしんぎ depth sounder

측아[側芽] 식물의 줄기나 가지의 겨드랑이에서 나는 싹. 곁눈. =액아(腋芽). そくが axillary bud

측압[側壓] 액체가 그릇이나 물체의 측면에 작용하는 압력. そくあつ lateral pressure

측압기[側壓器] 측압을 재는 계기. そくあつき manometer

측언[側言] 한쪽으로 치우친 말. 공평하지 못한 말. partial remarks

측연[惻然] 가엾게 여기는 모양. そくぜん pitifully

측연[測鉛] 강이나 바다의 깊이를 재는 기구. 줄 끝에 납덩이로 된 추(錘)를 달았음. そくえん sounding lead

측우기[測雨器] 비가 온 분량을 재는 기구. rain gauge

측운[仄韻] 한자의 사성(四聲) 가운데 상성(上聲)·거성(去聲)·입성(入聲)의 운(韻). ↔평운(平韻). そくいん

측운기[測雲器] 구름의 높이·속도·방향을 재는 기구.

측원기[測遠器] ⇨측거기(測距器).

측은[惻隱] 불쌍하고 가엾음. そくいん pity

측은지심[惻隱之心] 사단(四端)의 하나. 가엾게 여기는 마음. 준측심(惻心). compassion

측이[側耳] 귀를 기울여서 잘 들음. そくじ attention

측일[仄日] 해가 기욺. =사양(斜陽). そくじつ setting sun

측자[仄字] 한자(漢字)의 상성(上聲)·거성(去聲)·입성(入聲)에 딸린 글자. 곧 측운(仄韻)의 한자. ↔평자(平字). そくじ

측점[測點] 측량의 기준이 되는 점. そくてん station

측정[測定] ① 헤아려서 정함. ② 길이나 무게 따위를 기구나 장치를 이용해서 잼. そくてい measurement

측지[測地] 토지를 측량함. 「~학(學)」 そくち land surveying

측천[測天] 천체를 관측함.

측판[測板] 측량기에 딸린 널조각. 조준의(照準儀)를 올려 놓

거나 도면을 붙이는 데 쓰임. surveying table

측해[測海] 바다의 깊이나 넓이 또는 해안선(海岸線)을 측량하는 일.

측행[仄行·側行] 모로 걸음. 옆으로 걸어감. sidling

측후[測候] 기상(氣象)을 관측함. 「~소(所)」 そっこう meteorological observation

측후소[測候所] 기상(氣象)을 관측하는 곳. そっこうじょ meteorological station

층[層]☆ 층 층: 층. 「層層(층층)·層重(층중)·二層(이층)·層階(층계)·地層(지층)·層等(층등)·高層(고층)」 ソウ

층격[層隔] 겹겹으로 가리어 막힘.

층계[層階] 층층으로 된 데를 오르내릴 수 있도록 여러 턱으로 비스듬히 만들어 놓은 통로. =계단(階段). stairs

층계참[層階站] 층계의 중간쯤에 마련해 놓은 조금 넓은 바닥. landing place

층대[層臺] 층층대(層層臺)의 준말.

층등[層等] 서로 같지 않은 등급. grade

층루[層樓] 두 층 이상으로 된 높은 누각. =층각(層閣). そうろう storied tower

층류[層流] 층상(層狀)을 이루며 흐르는, 각기 다른 유체(流體)의 규칙적인 흐름. ↔난류(亂流). そうりゅう laminar flow

층리[層理] 퇴적암(堆積巖)이나 지층(地層)의 겹쳐진 상태. そうり stratification

층리면[層理面] 층리의 면. 곧, 위아래로 포개지는 층의 포개진 면. =층면(層面). そうりめん stratification plane

층만[層巒] 겹겹이 잇닿은 산봉우리. そうらん

층면[層面] ①물건의 포개진 면. ②⇨층리면(層理面). そうめん ① surface of piled up things

층상[層狀] 여러 겹으로 포개진 모양. そうじょう stratiform

층생첩출[層生疊出] 무슨 일이 잇달아 자꾸만 발생함.

층석[層石] 금의 품위(品位)를 판정하는 데 쓰는 검은빛의 단단한 돌. 층새돌. 층돌. =시금석(試金石)·유석(鏐石). touchstone

층암 절벽[層巖絕壁] 바위가 겹겹이 쌓인 험한 낭떠러지. rocky cliff

층애[層崖·層厓] 바위가 여러 겹으로 쌓인 언덕. escarpment

층옥[層屋] 여러 층으로 된 집. 층집. house of more than one story

층운[層雲] 안개처럼 땅 가까이 낮게 뜬 구름. 하층운(下層雲)의 한 가지. そううん stratus

층적운[層積雲] 층을 이루어 하늘 가득히 퍼진 어두운 회색의 구름. 하층운(下層雲)의 한 가지. 두루마리구름. そうせきうん roll cumulus

층절[層折] ①층이 지고 꺾임. ②층진 데와 꺾인 곳.

층제[層梯] 여러 층으로 된 사닥다리. stairs

층중[層重] 여러 층으로 포개짐. =층첩(層疊).

층첩[層疊] ⇨층중(層重).

층층[層層] ①여러 층. 「~시하(侍下)」 ②하나하나의 층. そうそう

① all layers ② every layer

층층대[層層臺] ① 여러 층으로 된 대. 준층대(層臺). ② ⇨층계(層階). ② stairs

층층시:하[層層侍下] 조부모·부모 등 웃어른을 다 모시고 있는 처지.
serving both parents and grandparents alive

층탑[層塔] 여러 층으로 된 탑. そうとう pagoda

층하[層下] 다른 사람보다 낮잡아 홀대함. 또는 그런 차별 대우. 「손님을 ~하다」 discrimination

치[侈] 사치할 치 : 사치하다. 「侈風(치풍)·侈濫(치람)·侈心(치심)·奢侈(사치)」 シ

치[治]* 다스릴 치 : 다스리다. 「治國(치국)·治家(치가)·治安(치안)·政治(정치)·治療(치료)·治癒(치유)·全治(전치)·完治(완치)」 チ·ジ·おさめる·なおる

치[峙] ① 우뚝 솟을 치 : 우뚝 서다. 「峙立(치립)」 ② 쌓을 치 : 쌓다. 저축하다. 「峙積(치적)」 ジ ① そばだつ

치[値]* ① 값 치 : 값. 값어치. 「價値(가치)·數値(수치)·絶對値(절대치)」 ② 만날 치 : 만나다. 「値遇(치우)」 チ ① ね·あたい

치[恥]* 부끄러울 치 : 부끄럽다. 「恥事(치사)·恥心(치심)·羞恥(수치)·廉恥(염치)·恥辱(치욕)·國恥(국치)」 チ·はじる·はじ

치:[致]* 이를 치 : 이르다. 이루다. 「致富(치부)·致家(치가)·極致(극치)·一致(일치)·致死(치사)」 チ·いたす

치[梔] 치자 치 : 치자. 「梔子(치자)·梔色(치색)」 シ

치[痔] 치질 치 : 치질. 「痔疾(치질)·痔漏(치루)」 ジ

치[嗤] 비웃을 치 : 비웃다. 「嗤侮(치모)·嗤笑(치소)·嗤詆(치저)」 シ

치[稚]☆ 어릴 치 : 어리다. 늦되다. 「幼稚(유치)·稚兒(치아)·稚子(치자)·稚拙(치졸)」 "穉"는 고자(古字). チ

치:[置]☆ 둘 치 : 두다. 「置重(치중)·安置(안치)·配置(배치)·設置(설치)·裝置(장치)·放置(방치)·處置(처치)」 チ·おく

치[雉] 꿩 치 : 꿩. 「雉鷄(치계)·雉肉(치육)·春雉(춘치)」 チ·きじ

치[馳] 달릴 치 : 달리다. 「馳走(치주)·馳車(치차)·馳到(치도)」 チ·はせる

치[幟] 깃발 치 : 깃발. 기. 「旗幟(기치)·幟竿(치간)」 シ·のぼり

치[緻] 꼼꼼할 치 : 세밀하다. 「緻密(치밀)·精緻(정치)」 チ·こまかい

치[輜] 수레 치 : 포장 수레. 짐수레. 「輜車(치거)·輜重(치중)」 シ

치[齒]* ① 이 치 : 이. 치아. 「齒牙(치아)·齒根(치근)·齒槽(치조)·犬齒(견치)·門齒(문치)·蟲齒(충치)」 ② 나이 치 : 나이. 「年齒(연치)」 シ ① は

치[熾] 성할 치 : 불이 활활 붙다. 기세가 강성하다. 「熾烈(치열)·熾盛(치성)」 シ

치[癡] "痴"는 俗字. 어리석을 치 : 어리석다. 「癡聲(치성)·癡呆(치매)·癡愚(치우)」 チ

치가[治家] 집안을 다스림.
home management

치감[齒疳] 한방에서, 잇몸이 붓고 고름이 나는 병을 이르는 말. pyorrhea alveolaris

치강[齒腔] 이 속에 있는 작은 구멍. 그 속에 치수(齒髓)가 들어 있음. =치수강(齒髓腔). しこう dental cavity

치경[齒莖] 이의 뿌리를 싸고 있는 살. 잇몸. =치은(齒齦). はぐき gums

치계[雉鷄] ① 꿩과 닭. ② 털빛이 꿩 같은 닭. 꿩닭.
① pheasant and cock

치골[恥骨] 골반을 이루는 뼈의 하나. 궁둥이뼈의 앞쪽 아래에 있음. 불두덩뼈. ちこつ pubis

치골[齒骨] 이틀을 이루고 있는 뼈. しこつ dentary bone

치골[癡骨] 요량(料量) 없고 어리석은 사람을 비웃어 이르는 말. fool

치과[齒科] 이의 병을 치료하는 의학의 한 부문. 「~ 병원(病院)」しか dentistry

치관[齒冠] 잇몸 위에 내디어 있는 이의 법랑질(琺瑯質)의 부분. しかん crown of a tooth

치교[治敎] 정치와 교육. 세상을 다스리며 국민을 가르치는 도(道). politics and education

치교[緻巧] 치밀하고 교묘함. =교치(巧緻).

치구[馳驅] ① 말을 타고 달림. ② 바쁘게 뛰어다님. ちく
① running on horseback

치국[治國] 나라를 다스림. 「~평천하(平天下)」ちこく governing a country

치근[齒根] 이의 뿌리. 이촉. しこん root of a tooth

치기[穉氣·稚氣] 유치한 기분. 철없는 마음. 「~만만(滿滿)」ちき childishness

치덕[齒德] 나이와 덕행(德行). しとく age and virtue

치도[治道] ① 나라를 다스리는 길. ちどう ② 길을 닦고 고침.

치도곤[治盜棍] 조선 때, 도둑의 볼기를 치던 곤장(棍杖)의 한 가지.

치독[治毒] 독기를 다스려 없앰. 중독(中毒)을 고침. detoxification

치돌[馳突] 힘차게 달려듦. 돌진함. ちとつ rushing

치둔[癡鈍] 어리석고 행동이 둔함. ちどん stupidity

치란[治亂] ① 태평한 세상과 어지러운 세상. 「~흥폐(興廢)」ちらん ② 혼란에 빠진 세상을 다스림. ① peace and war ② pacification

치람[侈濫] 지나치게 사치하여 분수에 넘침. extravagance

치랍[梔蠟] 실상은 보잘것없으면서 외양만 번드르르하게 꾸밈.

치랭[治冷] 한방에서, 몸의 냉기(冷氣)를 다스리는 일.

치련[治鍊] 쇠·돌·나무 따위를 불리고 다듬음. forging

치롱[癡聾] 어리석고 귀먹은 사람. ちろう stupid and deaf person

치료[治療] 병이나 상처를 다스려 낫게 함. ちりょう treatment

치루[痔瘻·痔漏] 항문(肛門) 주위에 작은 구멍이 생기고 고름 따위가 나오는 치질의 일종. じろう anal fistula

치륜[齒輪] 톱니바퀴. =치차(齒車). しりん toothed wheel

치립[峙立] 우뚝하게 높이 솟음. じりつ standing aloft

치마[馳馬] 말을 타고 달림. 또

는 그 말. galloping a horse

치마아제[zymase] 당류(糖類) 분해·알코올 발효(醱酵)에 관여하는 효소의 총칭. チマーゼ

치매[嗤罵] 비웃으며 꾸짖음. scorn

치매[癡呆] 지능·의지·기억 따위의 정상적인 정신 능력이 대뇌 신경 세포의 손상 등으로 지속적·본질적으로 상실된 상태.「~증(症)」ちほう dementia

치명[治命] 죽을 무렵에 맑은 정신으로 하는 유언. ↔난명(亂命).

치:명[致命] ① 임금이나 나라를 위하여 목숨을 바침. ちめい ② 죽을 지경에 이름.「~상(傷)」 ② being fatal

치:명상[致命傷] ① 생명이 위험할 정도의 큰 상처. ② 회복이 불가능할 정도의 결정적인 타격. ちめいしょう ① fatal wound ② mortal blow

치목[治木] 재목을 다듬음. trimming timber

치목[穉木·稚木] 어린 나무. =치수(穉樹). sapling

치미[侈靡] 너무 지나치게 하는 치레. extravagance

치미[雉尾] 꿩의 꽁지 깃. 농기(農旗)의 장목으로 씀.

치민[治民] 백성을 다스림. ちみん government

치밀[緻密] ① 자상하고 꼼꼼함. ② 매우 곱고 흠흠함. ちみつ ① accuracy

치법[治法] ① 나라를 다스리는 방법. ② 병을 치료하는 방법. administration

치병[治病] 병을 다스려 낫게 함. =치료(治療). curing a disease

치보[馳報] 빨리 달려가서 알림. informing in a hurry

치:부[致富] 재물을 모아 부자가 됨. attaining wealth

치부[恥部] ① ⇨음부(陰部). ② 남에게 알리고 싶지 않은 부끄러운 부분.「도시(都市)의 ~」ちぶ

치:부[置簿] ① 금전이나 물품의 출납을 장부에 적음. 또는 그 장부. ② 마음 속에 잊지 않고 새겨 두거나 그렇다고 여김. ① bookkeeping

치불입[齒不入] 단단해서 이가 안 들어간다는 뜻으로, 남의 말을 잘 듣지 않음의 비유.

치:사[致仕] 나이가 많아 관직을 내어 놓고 물러남. ちし resignation

치:사[致死] 죽음에 이르게 함. =치폐(致斃).「~량(量)」ちし being mortal

치사[恥事] ① 말이나 행동이 쩨쩨하고 단작스러움. ② 떳떳하지 못하고 남부끄러움.「~스럽기 짝이 없다」② shame

치:사[致詞·致辭] ① 경사가 있을 때에 임금에게 올리는 송덕(頌德)의 글. ② 궁중 음악에서, 경사가 있을 때 악인(樂人)이 풍류에 맞추어 올리던 찬양의 말. ① commendation

치:사[致謝] 고맙다고 사례하는 뜻을 포함. extending thanks

치사[癡事] 바보 같은 일. 어리석은 짓. stupidity

치:사량[致死量] 생체를 죽음에 이르게 할 정도의 약물의 양. ちしりょう fatal dose

치산[治山] ① 산을 가꾸고 보호함.「~ 치수(治水)」② 산소를 손질하고 다듬음. ちさん

① forestry conservancy

치산[治産] ① 집안 살림살이를 보살펴 잘 다스림. ② 재산을 잘 관리함. ちさん ① management of one's livelihood ② management of one's property

치생[治生] 생활을 꾸려 나감. making a living

치서[齒序] 나이의 순서. =치차(齒次). しじょ order of age

치석[治石] 돌을 모양 있게 다듬는 일. stone dressing

치석[齒石] 이의 안팎이나 틈 사이에, 음식에 섞였거나 침에서 분비된 석회분(石灰分)이 붙어서 굳어진 것. 이동. =치구(齒垢). しせき tartar

치:성[致誠] ① 있는 정성을 나함. ちせい ② 부처나 신에게 기도하고 정성을 드림. 「～을 드리다」 devotion

치성[熾盛] 불길같이 왕성하게 일어남. しせい violence

치세[治世] ① 잘 다스려 태평한 세상. ↔난세(亂世). ② 세상을 잘 다스림. ③ 임금의 재위(在位) 연간(年間). ちせい ① peaceful times ② rule

치소[嗤笑] 빈정거리며 웃음. ししょう despising laugh

치소[癡笑] 바보 같은 웃음. laughing like an idiot

치송[治送] 행장을 차리어 길을 떠나 보냄. seeing off

치송[穉松·稚松] 어린 소나무. 잔솔. young pine tree

치수[治水] 물을 잘 다스려 그 피해를 막고 이용에 편리를 꾀함. 「치산(治山)～」ちすい river improvement

치수[齒髓] 치강(齒腔) 속을 채우고 있는 연한 조직물. 혈관과 신경이 분포되어 감각이 예민함. しずい dental pulp

치수[穉樹·稚樹] 어린 나무. =치목(穉木). young tree

치순[穉筍·稚筍] 어린 죽순(竹筍).

치술[治術] 나라를 다스리는 술책(術策). ちじゅつ statecraft

치:신[置身] 어디에다 몸을 둠. 「～무지(無地)」

치심[侈心] 사치를 좋아하는 마음. extravagant mind

치심[恥心] 부끄러움을 아는 마음. 부끄러워하는 마음. shameful mind

치심[穉心·稚心] ① 어릴 적의 마음. ② 어린아이 같은 마음. ② childish mind

치아[齒牙] 사람의 '이'를 점잖게 이르는 말. しが teeth

치아[穉兒·稚兒] 여남은 살 안팎의 어린아이. =치자(穉子). ちご child

치아노-제[독 Zyanose] 혈액 속에 산소가 감소하고 이산화 탄소가 증가하여 피부나 점막(粘膜) 등이 파랗게 보이는 증세. 청색증. チアノーゼ

치안[治安] ① 잘 다스려 편안하게 함. ② 국가·사회의 안녕 질서를 보전함. 「～유지(維持)」ちあん ② public peace

치약[齒藥] 이를 닦는 데 쓰는 약제. toothpaste

치어[穉魚·稚魚] 알에서 깬 지 얼마 안 되는 물고기. 유어(幼魚)보다 작은 것임. ↔성어(成魚). ちぎょ fry

치어리:더[cheerleader] 응원 단장(應援團長). チアリーダー

치언[癡言] 바보 같은 소리. 어리석은 말. folly

치열[治熱] 병의 열기(熱氣)를

다스림. 「이열(以熱)~」 checking fever

치열[齒列] 이가 죽 박힌 줄의 생김새. 잇바디. 「~ 교정(矯正)」 しれつ row of teeth

치열[熾烈] 세력 따위가 불길처럼 세참. 「~한 경쟁(競爭)」 しれつ fierce

치열[熾熱] 열이 매우 높음. 또는 그 열. intense heat

치와와[Chihuahua] 멕시코 원산(原産)인 개의 한 품종. チワワ

치외 법권[治外法權] 외국의 영토 안에서 그 나라의 법률 적용을 받지 않고 자기 나라의 주권을 행사할 수 있는 권리. ちがいほうけん extraterritoriality

치욕[恥辱] 수치와 모욕. ちじょく disgrace

치우[癡愚] 못생기고 어리석음. ちぐ stupidity

치유[治癒] 치료를 받고 병이 나음. ちゆ recovery

치유[穉幼・稚幼] ①나이가 어림. ②학문・기술 따위가 미숙함. ① young ② immaturity

치은[齒齦] 이뿌리를 싸고 있는 살. 잇몸. =치경(齒莖). しぎん gum

치음[齒音] 혀끝과 윗니 또는 잇몸 사이에서 조절되어 나오는 소리. 한글에서 'ㅅ・ㅈ・ㅊ' 등의 음. 잇소리. =치성(齒聲). しおん dental sound

지:의[致疑] 의심을 함. doubt

치인[治人] ⇨치자(治者). 治人

치인[癡人] 어리석고 못난 사람. =치자(癡者). 「~설몽(說夢)」 ちじん fool

치자[治者] ①한 나라를 다스리는 사람. ②권력을 가진 사람. =치인(治人). ちしゃ ruler

치자[梔子・梔子] ①여남은 살 안팎의 어린아이. =치아(穉兒). ②어린 아들. ちし child

치자[癡者] ⇨치인(癡人). しれもの

치장[治粧] 매만져 꾸미거나 모양을 냄. makeup

치장[治裝] 행장을 차림. =치행(治行). arrangement of traveling outfit

치적[治績] 나라나 고을을 잘 다스린 공적. ちせき results of an administration

치정[治定] 나라를 다스려 안정시킴. ちてい

치정[癡情] 남녀의 애욕에 얽힌 온갖 어지러운 정. ちじょう foolish passion

치조[齒槽] 치근(齒根)이 박힌 상하 턱뼈의 구멍. 「~ 농양(膿瘍)」 しそう alveolus

치졸[穉拙・稚拙] 유치하고 졸렬함. ちせつ childishness

치죄[治罪] 죄를 다스려 벌을 줌. ちざい punishment

치주[馳走] 달려감. 뛰어서 감. ちそう running

치:중[置中] 바둑을 둘 때, 바둑판의 한가운데나 에워싸인 중앙에 한 점을 놓는 것. placing at the center

치:중[置重] 어떤 곳에 중점을 둠. emphasis

치중[輜重] ①말이나 수레에 실은 짐. ②군내의 하물(何物). =군수품(軍需品). 「~병(兵)」 しちょう ① pack on a horse ② military supplies

치:즈[cheese] 우유 중의 카세인을 응고(凝固)・발효시킨 식품. チーズ

치지[差池] 고르지 않음. 가지런하지 않음. しち unevenness

치:지[致知] 사물의 이치를 깨달아 알게 됨. ちち understanding

치:지[置之] 그냥 내버려 둠. 「~망역(忘域)」 leaving alone

치:지도:외[置之度外] 내버려 두고 돌아보지 아니함. letting go

치진[緇塵] 지저분한 티끌. 세속(世俗)의 더러운 때. dust

치질[痔疾] 항문 안팎에 생기는 병의 총칭. じしつ piles

치차[齒次] 나이의 순서. =치서(齒序). order of age

치차[齒車] 톱니바퀴. =치륜(齒輪). はぐるま toothed wheel

치천하[治天下] 천하를 다스림. 곧, 온 세상을 통치함.

치축[馳逐] 달려가서 쫓음. hurrying to expel

치취[馳驟] 몹시 빠름.

치클[chicle] 중남미 원산의 고무 식물인 사포딜라에서 얻는, 껌의 원료(原料). ナツル

치킨[chicken] 닭고기. チキン

치:타[cheetah] 고양잇과의 포유동물. 포유류(哺乳類) 중에서 단거리(短距離)를 가장 빨리 달림. チーター

치탈[褫奪] 관직(官職) 따위를 빼앗음. ちだつ deprivation

치태[癡態] 몹시 어리석고 못생긴 모양이나 태도. ちたい foolery

치통[齒痛] 이가 아픈 증세. 이앓이. しつう・はいた toothache

치:패[致敗] 살림이 아주 결딴남.

치평[治平] 세상이 잘 다스려져 편안함. ちへい being peaceful by good government

치폐설존[齒敝舌存] 굳은 이는 빠져도 부드러운 혀는 오래도록 남아 있다는 뜻으로, 강한 자는 망해도 유(柔)한 자는 나중까지 남음의 비유.

치포[治圃] 채소밭을 가꿈. cultivation of a vegetable garden

치표[治表] 한방에서, 병의 근원을 다스리지 않고 겉으로 나타난 증세만을 그때그때 치료하는 것을 이름.

치풍[侈風] 사치스러운 풍속. luxurious custom

치하[治下] ①통치의 아래. 「일제(日帝) ~」 ②통치하거나 관할하는 구역 안. ちか under the rule

치:하[致賀] 칭찬하거나 축하하는 뜻을 나타냄. congratulation

치한[癡漢] ①못나고 어리석은 사람. =치인(癡人). ②치태(癡態)를 부리며 여자를 희롱하는 남자. ちかん ① fool ② molester of women

치핵[痔核] 직장(直腸)의 정맥(靜脈)이 늘어져서 항문 둘레에 혹같이 된 종기. じかく hemorrhoids

치행[癡行] 아주 못난 짓. folly

치혈[治血] 한방에서, 혈액에 관한 병을 다스리는 일.

치혈[痔血] 치질로 인하여 나오는 피. じけつ

치화[治化] 어진 정치로 백성을 다스려 이끎. enlightenment

치화[癡話] 남녀의 치정 관계를 내용으로 하는 이야기. ちわ

치:환[置換] 바꾸어 놓음. ちかん replacement

치희[稚戲・穉戲] ①아이들의 놀이. ②유치한 짓.

② childish conduct

칙[則]* ① 법칙 칙 : 법칙. 「則效(칙효)·則度(칙도)·法則(법칙)·規則(규칙)·校則(교칙)·鐵則(철칙)·原則(원칙)」 ② 곧 즉 : 곧. 「然則(연즉)」 ソク ① のり ② すなわち

칙[勅] ① 칙령 칙 : 칙령. 「勅令(칙령)·勅使(칙사)·勅書(칙서)·詔勅(조칙)」 ② 타이를 칙 : 타이르다. 경계하다. 「勅戒(칙계)·勅敎(칙교)」 チョク ① みことのり ② いましめる

칙[飭] ① 삼갈 칙 : 삼가다. 「飭正(칙정)」 ② 신칙할 칙 : 신칙(申飭)하다. 훈계하다. 「飭勵(칙려)」 チョク

칙교[勅敎] ⇨ 칙유(勅諭).

칙령[勅令] ⇨ 칙명(勅命). ちょくれい

칙명[勅命] 임금의 명령. =대명(大命)·칙령(勅令). ちょくめい imperial order

칙사[勅使] 임금의 명령을 받고 파견되는 사신(使臣). ちょくし imperial messenger

칙서[勅書] 임금이 어떤 특정인에게 훈계하거나 알릴 일을 적은 글 또는 문서. ちょくしょ imperial letter

칙선[勅選] 임금이 직접 뽑음. 또는 칙명(勅命)으로 뽑음. ちょくせん imperial nomination

칙액[勅額] 임금이 직접 쓴 편액(扁額). ちょくがく tablet written by a king

칙유[勅諭] 임금이 몸소 타이른 말. =칙교(勅敎). ちょくゆ royal instruction

칙임[勅任] 칙명으로 벼슬을 시킴. 또는 그 벼슬. ちょくにん imperial appointment

칙재[勅裁] 임금의 재결(裁決). ちょくさい imperial decision

칙찬[勅撰] ① 임금이 몸소 시가(詩歌)나 글을 지음. ② 임금의 명령에 의하여 편찬함. 또는 그 책. ちょくせん

칙필[勅筆] 임금이 직접 쓴 글씨. ちょくひつ imperial autograph

칙행[勅行] 칙사(勅使)의 행차.

칙허[勅許] 임금의 허가. ちょっきょ imperial sanction

친[親]* ① 친할 친 : 친하다. 「親密(친밀)·親熟(친숙)·切親(절친)」 ② 육친 친 : 육친. 「肉親(육친)·親母(친모)·親兄(친형)·父親(부친)·母親(모친)」 ③ 사랑할 친 : 사랑하다. 「親愛(친애)」 ④ 몸소 친 : 몸소. 「親展(친전)·親筆(친필)·親署(친서)」 シン ① したしい ② おや

친가[親家] ① 시집간 여자의 본집. =친정(親庭)·본가(本家). ② 출가(出家)한 중의 부모가 사는 속가(俗家). ① woman's native home

친견[親見] 친히 봄. 몸소 봄. しんけん personal inspection

친계[親系] 친족간의 계통. 직계(直系)·방계(傍系)·부세(父系)·모계(母系) 따위. しんけい

친고[親告] ① 몸소 고함. ② 피해자가 직접 제기하는 고소. 「~죄(罪)」 しんこく
① informing personally ② victim's complaint

친교[親交] 친밀한 사귐. 친밀하게 사귀는 교분. しんこう intimacy

친교[親敎] 부모의 가르침. parent's instruction

친구[親舊] ① 친하게 사귀는 벗. ② 나이가 비슷한 또래의

사람을 무간하게 부르는 말. ① intimate friend

친국[親鞫] 중한 죄인을 임금이 직접 신문(訊問)함.

친권[親眷] 아주 가까운 일가나 친척. しんけん close relatives

친권[親權] 부모가 미성년인 자식에 대하여 가지는 신분상·재산상의 여러 권리와 의무의 총칭. しんけん parental authority

친근[親近] 사귀어 지내는 사이가 매우 가까움. しんきん familiarity

친기[親忌] 부모의 제사. memorial service for one's parents

친등[親等] 친족 사이의 멀고 가까움을 나타내는 등급. =촌수(寸數). しんとう degree of relationship

친람[親覽] 몸소 봄. 친히 관람함. しんらん personal inspection

친막친[親莫親] 더할 나위 없이 아주 친함. perfection

친모[親母] 진어머니. ─실모(實母). しんぼ one's real mother

친목[親睦] 서로 친하여 뜻이 맞고 정다움. 「~회(會)」 しんぼく friendship

친문[親聞] 몸소 들음. hearing personally

친밀[親密] 사이가 깝갑고 몹시 친함. しんみつ intimacy

친병[親兵] 임금이 몸소 거느리는 군사. しんぺい imperial bodyguard

친부[親父] 친아버지. =실부(實父). しんぷ one's real father

친분[親分] 썩 가까운 정분.

친밀한 정분. =계분(契分). intimacy

친불친[親不親] 친함과 친하지 않음. =친소(親疎). 「~간(間)」 relative degree of friendship

친붕[親朋] 친한 벗. =친우(親友). しんぽう friend

친산[親山] 어버이의 산소. parents' graves

친상[親喪] 아버지나 어머니의 상사(喪事). mourning for one's parents

친서[親書] ① 손수 쓴 편지. =친찰(親札)·친신(親信). ② 손수 글씨를 씀. しんしょ ① autographed letter

친서[親署] 왕이나 귀인(貴人)이 몸소 서명을 함. 또는 그 서명. =자서(自署). しんしょ royal signature

친선[親善] 서로 친하고 사이가 좋음. 「~경기(競技)」 しんぜん amity

친소[親疎] 친함과 버성김. =친불친(親不親). しんそ relative degree of intimacy

친속[親屬] ⇨ 친족(親族).

친솔[親率] 한 집안의 권솔(眷率). member of family

친수[親受] 몸소 받음. 직접 받음. しんじゅ personal receipt

친수[親授] 몸소 줌. 직접 줌. しんじゅ personal investiture

친수성[親水性] 물에 녹거나 물과 화합하는 성질. ↔소수성(疎水性). hydrophile

친숙[親熟] 서로 친하여 흉허물이 없음. intimacy

친신[親信] ① 가깝게 여기어 믿음. ② 친히 써서 보낸 편지. =친서(親書)·친찰(親札). ① trust ② autographed letter

친심[親審] 몸소 살펴서 심사함.

친압[親狎] 버릇없을 정도로 지나치게 친함. personal investigation

친애[親愛] 친근한 마음을 가지고 존경하거나 사랑함. しんあい affection

친연[親緣] 친척의 인연. しんえん

친열[親閱] 임금이 친히 열병(閱兵)함. しんえつ personal inspection

친영[親迎] ① 친히 맞이함. ② 신랑이 신붓집에 가서 신부를 맞아들이는 예식. しんげい

친왕[親王] 황제의 아들이나 형제. しんのう prince

친우[親友] 친한 벗. =친구(親舊)・친붕(親朋). しんゆう intimate friend

친위[親衛] 임금이나 국가 원수(元首) 등의 신변을 안전하게 호위함. 「~대(隊)」しんえい elite guard

친의[親誼] 아주 가까운 정의. close friendship

친의[襯衣] 속옷. =내의(內衣). しんい underwear

친자[親子] ① 친아들. ② ⇨친자식(親子息). ① true son

친자[親炙] 스승이나 존경하는 분의 가까이에서 직접 가르침을 받음. しんしゃ close contract with one's teacher

친자식[親子息] 자기가 낳은 자식. =친자(親子). true child

친전[親展] 주로 편지 겉봉에 적어서, 편지 받는 사람이 직접 펴보아 주기를 바란다는 뜻으로 쓰는 말. しんてん Confidential

친전[親傳] 직접 전함. 또는 몸소 전함. delivering in person

친절[親切] 남을 대하는 태도가 정성스럽고 성의가 있음. 또는 그 태도. しんせつ kindness

친정[親庭] 시집간 여자의 본집. =본가(本家)・친가(親家). woman's parents' home

친제[親弟] 친아우. =실제(實弟). one's own younger brother

친족[親族] ① 촌수가 가까운 겨레붙이. ② 법률에서, 배우자・혈족・인척에 대한 총칭. =친속(親屬). しんぞく ① relative

친지[親知] 친근하게 서로 잘 알고 지내는 사람. 「~의 소개로 만나다」 acquaintance

친집[親執] 남에게 시키지 않고 몸소 행함. practicing in one's own person

친찰[親札] 손수 쓴 편지. =친서(親書)・친신(親信). autographed letter

친척[親戚] ① 친족과 외척. ② 성이 다른 가까운 척분(戚分). 고종・내종・외종・이종 따위. しんせき relation

친칠라[chinchilla] ① 친칠라과의 포유동물. 다람쥐와 비슷하나 눈과 귀가 매우 크며, 몸빛은 푸른빛을 띤 회색임. 털은 모피용(毛皮用)으로 쓰임. ② 친칠라 토끼. チンチラ

친필[親筆] 손수 쓴 글씨. =진필(眞筆). しんぴつ autograph

친행[親行] 일을 몸소 함. =궁행(躬行). conducting in person

친형[親兄] 같은 부모에게서 난 형. =실형(實兄). しんけい one's own elder brother

친화[親和] ① 서로 친하여 화합(和合)함. ② 화학에서, 종류가 서로 다른 물질이 화합하는 일. しんわ ① friendship

친화력[親和力] ① 남과 잘 사귀고 어울리는 성품. ② 화학 반응이 진행되어 어떤 화합물이 생길 때 각 원소 사이에 작용하는 힘. しんわりょく affinity

친환[親患] 부모의 병환. illness of one's parents

친후[親厚] 서로 친하고 정분이 두터움. しんこう close friendship

친후[親候] 어버이의 체후(體候). 부모의 안부(安否).

친흡[親洽] 서로 친하고 화목함. intimacy

칠[七]* 일곱 칠; 일곱. 「七去之惡(칠거지악)·七轉八起(칠전팔기)·三七日(삼칠일)」 シチ·ななつ

칠[漆]* ① 옻 칠; 옻. 옻나무. 「漆器(칠기)·漆毒(칠독)·漆色(칠색)·漆書(칠서)·漆板(칠판)·漆木(칠목)」 ② 검을 칠; 검다. 캄캄하다. 「漆黑(칠흑)·漆夜(칠야)」 シツ ① うるし

칠거지악[七去之惡] 지난날, 아내를 버릴 수 있는 이유가 되는 일곱 가지 경우를 이르던 말. 곧, 시부모를 거역하는 것, 자식을 못 낳는 것, 음탕한 것, 질투하는 것, 나쁜 병이 있는 것, 말이 많은 것, 도둑질하는 것.

칠교[七教] 사람으로서 지켜야 할 일곱 가지 가르침. 군신·부자·부부·형제·붕우·장유·빈객에 관한 도(道). しちきょう seven instruction

칠궁[七窮] 보리는 떨어지고 햇곡은 아직 나지 않아, 식량 사정이 매우 어려운 음력 7월을 이르는 말. 「~의 고비」

칠규[七竅] 사람의 얼굴에 있는 일곱 개의 구멍. 곧 두 귀, 두 눈, 두 콧구멍, 입의 일곱 구멍을 이르는 말. しちきょう seven holes of a human

칠기[漆器] ① 옻칠을 한 목기(木器). ② 옻칠같이 검은 잿물을 입힌 도자기. しっき ① wooden lacquer ware

칠난[七難] 불교에서 말하는, 일곱 가지의 재난. 곧, 수난(水難)·화난(火難)·나찰난(羅刹難)·왕난(王難)·귀난(鬼難)·가쇄난(枷鎖難)·원적난(怨賊難). しちなん

칠난팔고[七難八苦] 이 세상의 온갖 고난. many hardships

칠당[七堂] 절에 있는 온갖 당우(堂宇)의 총칭. 곧 불전(佛殿)·법전(法殿)·승당(僧堂) 등. しちどう

칠대양[七大洋] 남태평양·북태평양·남대서양·북대서양·북극해·남극해·인도양의 일곱 대양. しちだいよう Seven oceans

칠독[漆毒] 옻의 독기. poison by ivy

칠동[漆瞳] 까만 눈동자. しつどう black eyes

칠령팔락[七零八落] 영락(零落)함. =칠락팔락(七落八落). しちれいはちらく disorder

칠률[七律] 칠언 율시(七言律詩)의 준말. しちりつ

칠면조[七面鳥] ① 칠면조과의 새. 머리와 목에는 털이 없는데 이 부분의 색이 붉은색이나 푸른색으로 변함. 북아메리카와 멕시코 원산임. ② 변덕스러운 사람을 가리킴. しちめんちょう ① turkey ② capricious person

칠목[漆木] 옻나무.

칠목기[漆木器] 옻칠을 한 나무 그릇. =칠기(漆器).
wooden lacquer ware

칠물[漆物] 옻칠을 한 기물(器物)의 총칭. *lacquer ware*

칠보[七寶] ① 불교에서 말하는 일곱 가지 보배. 곧, 금·은·산호·유리·파리(玻璃)·마노(瑪瑙)·거거(硨磲). 또는 금·은·마노·유리·거거·진주·매괴(玫瑰). しちほう ② 금·은·구리 등의 바탕에 유리질의 유약을 발라 구워서 여러 가지 무늬를 나타내는 공예.
seven treasures

칠보 단장[七寶丹粧] 여러 가지 패물로 몸을 꾸밈. 또는 그 꾸밈새.

칠분도[七分搗] 현미를 찧어 겉껍질의 7할만 벗겨 내는 일. しちぶづき
seventy-percent hulling

칠색[七色] 일곱 가지 빛깔. 빨강·파랑·노랑·보라·초록·남·주황. しちしょく·なないろ
seven colors

칠색[漆色] 옻칠의 광택.
lacquer color

칠서[漆書] 대쪽에 글자를 새기고 그 위에 옻칠을 한 글자.

칠석[七夕] 음력 칠월 초이렛날의 밤. 이날 밤에 견우와 직녀가 오작교에서 만난다는 전설이 있음. たなばた
the seventh day of the seventh lunar month

칠선판[七星板] 관의 안 바닥에 까는 널. 준칠성(七星).

칠순[七旬] 일흔 살을 달리 이르는 말. 「~ 노인(老人)」
seventy years of age

칠실[漆室] 매우 어두운 방.
dark room

칠실지우[漆室之憂] 제 분수에 맞지 않는 쓸데없는 근심.

칠야[漆夜] 캄캄한 밤. 어두운 밤. =흑야(黑夜).
pitch-dark night

칠언[七言] 한 글귀가 일곱 자로 된 한시(漢詩). しちごん

칠언 율시[七言律詩] 율시(律詩)의 한 가지. 칠언팔구(七言八句)로 된 한시(漢詩). 준칠률(七律). しちごんりっし

칠요일[七曜日] 일·월·화·수·목·금·토요일의 일곱 날. ちょう *seven days of a week*

칠음[七音] ① 음계를 이루는 일곱 가지 음. 동양 음악의 궁(宮)·상(商)·각(角)·치(徵)·우(羽)와 변궁(變宮)·변치(變徵). 또는 서양 음악의 도·레·미·파·솔·라·시. ② 음운상(音韻上)의 일곱 가지 소리. 곧, 아(牙)·설(舌)·순(脣)·치(齒)·후(喉)와 반설(半舌)·반치(半齒)의 음. しちおん

칠자불화[漆者不畵] 칠장이는 그림을 그리지 않는다는 뜻으로, 두 가지 일을 잘 할 수는 없음의 비유.

칠장[漆匠] 칠하는 일을 업으로 하는 사람. 칠장이. しっしょう
lacquerer

칠전팔기[七轉八起] 일곱 번 넘어지고 여덟 번 일어난다는 뜻으로, 여러 번 실패하면서도 굽히지 않고 분투함의 비유. ななころびやおき. しちてんはっき
indomitability

칠전팔도[七顚八倒] 일곱 번 구르고 여덟 번 거꾸러진다는 뜻으로, 실패를 거듭하거나 몹시 고생함의 비유. しちてん

ばっとう writhing in agonies

칠정[七情] 사람의 일곱 가지 감정. 곧, 희(喜)·노(怒)·애(哀)·락(樂)·애(愛)·오(惡)·욕(欲). しちじょう
seven passions

칠창[漆瘡] 옻의 독으로 생기는 급성 피부병. うるしかぶれ·しっそう

칠판[漆板] 분필로 글씨를 쓸 수 있게 된, 흑색이나 녹색의 판. =흑판(黑板). blackboard

칠피[漆皮] 에나멜을 칠한 가죽. 「~ 구두」しっぴ

칠현금[七絃琴] 일곱 줄로 된 악기라는 뜻으로, '금(琴)'을 달리 이르는 말. しちげんきん heptachord

칠흑[漆黑] 옻칠과 같이 검음, 또는 그런 빛깔. しっこく coal-black

침[沈]☆ 잠길 침: 잠기다. 빠지다. 「沈沒(침몰)·沈澱(침전)·沈降(침강)·浮沈(부침)·自沈(자침)·沈水(침수)·沈愁(침수)·沈靜(침정)」チン·ジン·しずむ

침[枕]☆ 베개 침: 베개.「枕頭(침두)·枕上(침상)·枕席(침석)·枕木(침목)」チン·まくら

침[侵]☆ ①침노할 침: 침노하다. 「侵犯(침범)·侵略(침략)·侵占(침점)·不侵(불침)·侵攻(침공)·來侵(내침)」 ②점차 침: 점점. 조금씩. 「侵蝕(침식)·侵潤(침윤)」シン ① おかす

침[浸]☆ 적실 침: 적시다. 담그다. 잠기다.「浸入(침입)·浸潤(침윤)·浸濕(침습)·浸漬(침지)·浸染(침염)·浸淫(침음)·浸沈(침침)」シン·ひたす

침:[砧] 다듬잇돌 침: 다듬잇돌.「砧石(침석)·砧杵(침저)」テン·きぬた

침:[針]* ①바늘 침: 바늘.「針孔(침공)·短針(단침)·長針(장침)·秒針(초침)」 ②바느질할 침: 바느질하다.「針母(침모)·針工(침공)·針才(침재)·針房(침방)」シン ① はり

침[斟] 짐작할 침: 짐작하다. 「斟量(침량)·斟酌(짐작)」('짐'이 통용음이고 '침'은 본음임) シン

침:[寢]☆ 잘 침: 자다. 쉬다. 「寢室(침실)·寢具(침구)·寢臺(침대)·就寢(취침)·寢牀(침상)·寢食(침식)」シン·ねる

침[鍼] ①침 침: 침.「鍼灸(침구)·鍼孔(침공)·鍼術(침술)·鍼筒(침통)」 ②바늘 침: 바늘. シン ① はり

침강[沈降] 밑으로 가라앉음. =침하(沈下). ちんこう sedimentation

침강 해:안[沈降海岸] 육지가 해면에 대해 상대적으로 침강하여 생긴 해안. =침수 해안(沈水海岸). ちんこうかいがん plunging coast

침골[枕骨] 중이(中耳) 속의 세 청골(聽骨) 중 가운데의 뼈. 귓구멍으로 들어온 음파를 내이(內耳)로 전달함. suboccipital bone

침공[侵攻] 침범하여 공격함. しんこう invasion

침:공[針工] ①바느질하는 기술. ②바느질한 삯. ① needle craft ② pay for needlework

침공[針孔] ①바늘귀. ②바늘이 드나드는 구멍. はりあな ① needle's eye

침공[鍼孔] 침을 맞은 구멍. 침 구멍.

침관[浸灌] 물을 댐. しんかん

침구[侵寇] 침범하여 노략질을 함. しんこう invasion

침구[寢具] 잠자는 데 쓰는 물건. 이부자리와 베개 따위. しんぐ bedclothes

침구[鍼灸] 침술과 뜸질. しんきゅう acupuncture and moxibustion

침기[浸肌] 살갗에 스며듦.

침:낭[寢囊] 겹으로 된 천 사이에 솜·깃털 등을 넣고 자루 모양으로 만든 야영용 침구. 슬리핑백. sleeping bag

침:녀[針女] 바느질하는 여자. はりめ seamstress

침니[chimney] 등산(登山)에서, 세로로 깊이 갈라진 암벽 사이의 틈. チムニー

침닉[沈溺] ①⇨침몰(沈沒). ② 술·계집·노름 따위에 빠짐. ちんでき ② debauchery

침:담[寢啖] 침식(寢食)의 높임말.

침:대[寢臺] 서양식 침상(寢牀). しんだい bed

침:두[枕頭] 베개를 베고 누워 있는 머리맡. 베갯머리. =침변(枕邊). ちんとう bedside

침:두 병풍[枕頭屛風] 머리맡에 치는 작은 병풍. 머릿병풍.

침둔[沈鈍] 기력이 가라앉아 둔해짐. dullness

침략[侵掠] 남의 나라에 쳐들어가 약탈함. しんりゃく plunder

침략[侵略] 남의 나라를 침범하여 영토를 빼앗음. しんりゃく invasion

침량[斟量] 짐작. しんりょう guess

침려[沈慮] 정신을 가다듬어 조용히 생각함. =침사(沈思). meditation

침례[浸禮] 침례교에서 행하는 세례의 한 형식. 온몸을 물에 적시는 의식을 치름. しんれい baptism by immersion

침로[針路] 나침반의 바늘이 가리키는 길이라는 뜻으로, 배나 비행기가 나아가는 길. しんろ course

침륜[沈淪] ①⇨침몰(沈沒). ② 재산이나 권세가 없어져 떨치지 못함. =몰락(沒落). ちんりん ② ruin

침면[沈眠] 몸이 고단하여 잠이 깊이 듦. sound sleep

침면[沈湎] 술에 빠져서 헤어나지 못함. ちんめん indulgence

침:모[針母] 남의 집에 딸려서 바느질을 해 주는 여자. seamstress

침:목[枕木] ① 길고 큰 물건 밑을 괴는 나무토막. ② 철도의 선로 밑에 까는 목재나 콘크리트재(材). まくらぎ ② railroad tie

침몰[沈沒] 물 속에 가라앉음. =침륜(沈淪)·침닉(沈溺). ちんぼつ sinking

침묵[沈默] 아무 말도 하지 않고 잠잠히 있음. ちんもく silence

침민[沈敏] 침착하고 영민함. calmness and cleverness

침반[針盤] 나침반(羅針盤)의 준말. しんばん

침:방[寢房] 잠자는 방. =침실(寢室). しんぼう bedroom

침벌[侵伐] 남의 나라를 침노하여 침. しんばつ invasion

침범[侵犯] 남의 영토나 권리 등을 침노하여 범함. しんぱん infringement

침:변[枕邊] 베갯머리. =침두(枕頭). まくらべ

침:병[枕屛] 머릿병풍. 枕屛

침부[沈浮] ⇨부침(浮沈). 沈浮

침:불안 식불감[寢不安食不甘] 寢不安食不甘
누워도 편안하지 않고 음식을 먹어도 맛이 없다는 뜻으로, 자나깨나 걱정이라는 말. =침불안 식불안(寢不安食不安).

침사[沈思] 정신을 가다듬어 조용히 생각함. =침려(沈慮). 沈思
「~묵고(默考)」ちんし meditation

침삭[侵削] 침범하여 조금씩 깎 侵削
아 먹어 들어감. making gradual encroachment

침:상[枕上] ①베개의 위. ② 枕上
잠을 자거나 누워 있을 때. ちんじょう ②bedstead

침상[針狀] 바늘처럼 가늘고 針狀
뾰쪽한 모양. =침형(針形). acicula

침:상[寢牀] 누워 잘 수 있게 寢牀
만든 평상. =와상(臥牀). couch

침:석[枕席] ①베개와 자리. 枕席
②자는 자리. ちんせき
① pillow and bedding ② bed

침:석[砧石] 다듬이질할 때 밑 砧石
에 받쳐 놓는 돌. 다듬잇돌. block for beating cloth

침:석[寢席] ①잠자리. ②잠 寢席
자리에 까는 돗자리.

침석[鍼石] 침술에 쓰는, 돌로 鍼石
된 바늘.

침:선[針線] ①바늘과 실. ② 針線
바느질하는 일. しんせん
① needle and thread ② needlework

침:성[砧聲] 다듬이질하는 소 砧聲
리. sound of beating cloth

침:소[寢所] 사람이 잠을 잘 寢所
곳. ねどころ・しんしょ bedroom

침소봉:대[針小棒大] 바늘만한 針小棒大
것을 몽둥이만한 것으로 말한 다는 뜻으로, 조그만 일을 크게 떠벌리는 것을 이르는 말. しんしょうぼうだい exaggeration

침손[侵損] 침범하여 손해를 끼 侵損
침. =침해(侵害). infringement

침수[沈水] 물에 잠김. ちんす 沈水
い sinking

침수[沈愁] 수심(愁心)에 잠김. 沈愁
ちんしゅう deep anxiety

침수[浸水] 물에 잠김. 또는 물 浸水
에 젖음. しんすい inundation

침:수[寢睡] 수면(睡眠)의 높 寢睡
임말. sleeping

침수 식물[沈水植物] 식물체 沈水植物
전부가 물에 잠겨서 사는 식물. ちんすいしょくぶつ submerged plant

침술[鍼術] 침을 놓아 병을 다 鍼術
스리는 의술. しんじゅつ acupuncture

침습[浸濕] 물이 스며들어 젖음. 浸濕
getting moist

침시[沈枾] 소금물에 담가 떫은 沈枾
맛을 없앤 감. 침감. sweetened persimmon

침식[侵蝕] 조금씩 개먹어 들어 侵蝕
감. しんしょく

침식[浸蝕] 비・바람・강물・빙 浸蝕
하 따위가 땅이나 암석 등을 地表
조금씩 개먹어 들어감. しんしょく erosion

침:식[寢食] 자고 먹는 일. = 寢食
숙식(宿食)・면식(眠食). しんしょく sleep and food

침:식[寢息] 떠들썩하던 일이 寢息
멎거나 그침. =지식(止息). 止息
stopping to rest

침:실[寢室] 자는 방. =침 寢室
방(寢房). しんしつ bedroom

침심[沈深] 한 가지 생각에 파 沈深
묻혀 골똘함. profundity

침어낙안[沈魚落雁] 물고기는 沈魚

침어주색[沈於酒色] 술과 계집에 마음을 빼앗김. 주색에 빠짐.

침염[浸染] ① 물감을 푼 물에 염색 재료를 담가 전체를 같은 빛깔로 염색하는 일. ② 차차 감화(感化)됨. しんぜん ① dyeing gradually

침엽수[針葉樹] 잎이 바늘같이 생긴 나무의 총칭. 소나무·잣나무 따위. ↔활엽수(闊葉樹). しんようじゅ   conifer

침:와[寢臥] 드러누움. 또는 누워서 잠. しんが
lying on one's back

침요[侵擾] 침범하여 소요(騷擾)를 일으킴. しんじょう
invading to cause a disturbance

침용[沈勇] 침착하고 용맹스러움. ちんゆう   courage

침우[沈憂] 마음에 쌓여 있는 깊은 근심.

침:우기마[寢牛起馬] 소는 눕기를 좋아하고 말은 서 있기를 좋아한다는 뜻으로, 사람마다 제각기 취미가 다르다는 말.

침울[沈鬱] 근심 걱정에 잠겨 우울함. ちんうつ   gloomness

침월[侵越] 경계를 넘어 침범함.
invasion

침윤[浸潤] ① 차차 젖어 들어감. ② 사상이나 병균 따위가 차차 번져 나감. 「폐(肺)~」 しんじゅん   infiltration

침음[沈吟] ① 작은 소리로 중얼거림. ② 깊은 생각에 잠김. ちんぎん   ① humming

침음[浸淫] 어떤 풍습 따위에 점점 젖어 들어감.

침:의[寢衣] 잠잘 때 입는 옷. 잠옷. 자리옷. しんい
nightclothes

침의[鍼醫] 침을 놓아 병을 고치는 의사나 의원. はりい
acupuncturist

침입[侵入] 침범하여 들어가거나 들어옴. 「불법(不法) ~」 しんにゅう   invasion

침입[浸入] 스며서 젖어듦. しんにゅう   percolation

침잠[沈潛] ① 물 속으로 깊이 가라앉음. ② 마음을 가라앉혀 깊은 생각에 잠김. ちんせん
① sinking ② profundity

침재[沈滓] ⇨ 침전(沈澱).

침:재[針才] 바느질을 잘 하는 재주나 솜씨.
skill in needlework

침:저[砧杵] 다듬이질을 할 때 쓰는 두 개의 나무 방망이. 다듬잇방망이.   fulling clubs

침적[沈積] 가라앉아 물 밑에 쌓임. ちんせき   deposition

침적암[沈積巖] 조각이나 생물의 유해, 화학적 침전물 등이 물 속에 퇴적하여 된 암석. =퇴적암(堆積巖). ちんせきがん
sedimentary rock

침전[沈澱] 액체 속에 섞인, 녹지 않는 성분이 가라앉음. 또는 그 앙금. =침재(沈滓). ちんでん   precipitation

침:전[寢殿] 임금이나 왕비의 침방이 있는 건물. しんでん
king's bedroom

침점[侵占] 침범하여 점령함.
occupying by force

침종[浸種] 씨앗을 물에 담가서 불림. しんしゅ   steeping

침중[沈重] ① 성품이 침착하고 무게가 있음. ちんちょう ② 병세가 위중함.
① composure ② seriousness

침지[浸漬·沈漬] 물에 담가 적심. immersion

침착[沈着] 성질이나 행동이 신중하고 찬찬함. ちんちゃく composure

침채[沈菜] 김치.

침책[侵責] 간접적으로 관계된 사람에게 책임을 추궁함.

침:척[針尺] 바느질에 쓰이는 자. 바느질자. sewing measure

침체[沈滯] ① 일이 진척되지 않고 그 자리에 머뭄. ② 오래도록 낮은 지위에 머물러 있음. ちんたい ① stagnation

침취[沈醉] 술에 몹시 취함. = 이취(泥醉). ちんすい dead drunkenness

침:치[鍼治] 침으로 병을 치료함. treatment by acupuncture

침침[浸沈] 차츰 젖어서 스며들거나 번져 들어감. permeation

침탈[侵奪] 침노하여 빼앗음. - 침어(侵漁). しんだつ plunder

침통[沈痛] 슬픔이나 걱정 등으로 마음이 몹시 아프고 괴로움. ちんつう painfulness

침투[浸透] ① 액체가 속으로 스며 젖어 들어감. ② 어떤 현상이나 사상 따위가 깊이 스며들어 퍼짐. しんとう saturation

침파[鍼破] 한방에서, 종기를 침으로 째는 일. incising a tumor with a needle

침팬지[chimpanzee] 성성잇과의 원숭이. 키는 1.5m 가량이고, 온몸이 검정 또는 암갈색 털로 덮여 있음. 비교적 지능이 발달해 있으며, 열대 지방의 산림에 주로 삶. チンパンジー

침포[侵暴] ⇨ 침학(侵虐).

침하[沈下] 가라앉음. 내려앉음. = 침강(沈降). ちんか sinking

침학[侵虐] 침범하여 포학스럽게 행동함. = 침포(侵暴). invasion and violence

침해[侵害] 침범하여 해를 끼침. = 침손(侵損). しんがい infringement

침형[針形] ⇨ 침상(針狀).

침혹[沈惑] 무엇을 몹시 좋아하여 정신을 잃을 정도로 빠짐. addiction

침후[沈厚] 침착하고 중후(重厚)함. composure and sincerity

칩[蟄] ① 숨을 칩 : 숨다. 동면하다. 「蟄伏(칩복)·蟄蟲(칩충)·蟄居(칩거)」 ② 많은 모양 칩 「蟄蟄(칩칩)」 チツ ① かくれる

칩[chip] ① 노름판에서 판돈 대신에 쓰는, 상아나 뼈 따위로 만든 패. ② 잘게 썰어서 기름에 튀긴 요리. ③ 집적 회로(集積回路)를 부착한 반도체 소각. チップ

칩거[蟄居] 나가서 활동하지 않고 어느 한 곳에만 들어박혀 있음. ちっきょ seclusion

칩뢰[蟄雷] 그 해에 처음으로 울리는 천둥 소리. 이 소리에 땅 속의 벌레가 잠에서 깬다고 함.

칩룡[蟄龍] 숨어 있는 용이라는 뜻으로, 아직 때를 만나지 못하여 숨어 있는 영웅의 비유. ちつりょう hidden hero

칩복[蟄伏] ① 벌레 따위가 땅속에 동면(冬眠)하고 있음. ② 자기 처소에만 들어박혀 몸

을 숨김. ちっぷく
① hibernation ② seclusion
칩수[蟄獸] 겨울철에 동면하고 있는 짐승. 蟄獸
hibernating animal
칩장[蟄藏] 땅 속이나 굴 속에서 가만히 죽치고 있음. 蟄藏
hibernation
칭[秤] 저울 칭: 저울. 「秤板(칭판)·秤錘(칭추)·秤拐(칭괴)·秤竿(칭간)」 ショウ・はかり 秤板
칭[稱]* ① 일컬을 칭: 일컫다. 부르다. 말하다. 「稱號(칭호)·名稱(명칭)·呼稱(호칭)·假稱(가칭)·卑稱(비칭)·尊稱(존칭)」 ② 칭찬할 칭: 칭찬하다. 찬양하다. 「稱讚(칭찬)·稱頌(칭송)·稱歎(칭탄)」 ③ 맞을 칭: 맞다. 「稱情(칭정)·稱職(칭직)」 ショウ ① となえる ② たたえる 稱號
칭격[稱格] 인칭(人稱)이나 물칭(物稱). name 稱格
칭경[稱慶] 경사를 치름. 「~기념비(記念碑)」 稱慶
칭덕[稱德] 덕을 기리어 찬양함. しょうとく praise 稱德
칭량[秤量] 저울로 무게를 닮. しょうりょう weighing 秤量
칭량 화·폐[稱量貨幣] 주화(鑄貨)의 무게를 달아서 그 가치를 평가하고 사용하는 화폐. しょうりょうかへい 稱量貨幣
칭모[稱慕] 칭송하고 사모함. 稱慕
칭병[稱病] 병이 있다고 핑계함. =칭질(稱疾). malingering 稱病
칭선[稱善] 착하다고 칭찬함. 稱善
칭송[稱頌] 공덕을 일컬어 기림. しょうしょう praise 稱頌
칭예[稱譽] ⇨ 칭찬(稱讚). しょうよ 稱譽
칭원[稱冤] 억울함을 들어 하소연함. =칭굴(稱屈). saying spiteful things 稱冤
칭찬[稱讚] 잘한다고 추어주거나 좋은 점을 들어 기림. =칭예(稱譽)·칭양(稱揚). しょうさん praise 稱讚
칭추[秤錘] 무게를 달 때, 저울대 한쪽에 거는 일정한 무게의 쇳덩어리. 저울추. weight 秤錘
칭탁[稱託] 어떤 일에다 핑계를 댐. excuse 稱託
칭탄[稱歎] 칭찬하고 감탄함. しょうたん admiration 稱歎
칭탈[稱頉] 탈을 잡아 핑계함. pretexting 稱頉
칭판[秤板] 무게를 달 때, 물건을 올려놓는 접시 모양의 판. 저울판. scale 秤板
칭호[稱號] 어떤 뜻으로 일컫는 이름. =호칭(呼稱). しょうごう title 稱號

카나리아[canaria] 되새과의 새. 지저귀는 소리가 아름다움. カナリア

카나마이신[kanamycin] 세균성 질환에 쓰이는 항생 물질(抗生物質). カナマイシン

카나트[아 qanat] 건조 지대(乾燥地帶)의 지하 도수(導水) 터널. カナート

카나페[프 canapé] 구운 식빵 위에 달걀·생선·고기 따위를 얹은 요리. カナッペ

카:네이션[carnation] 석죽과(石竹科)의 다년초. 여름에 여러 가지 색의 겹꽃이 핌. カーネーション

카노푸스[Canopus] 용골자리의 수성(首星). 남극성(南極星). カノープス

카논[canon] ① 교회법(教會法). ② 규범(規範). ③ 음악에서, 둘 이상의 성부(聲部)를 잇달아 부르는 형식의 악곡. カノン

카누:[canoe] 나무껍질·가죽·갈대 등으로 만든 좁고 긴 작은 배. カヌー

카:니발[carnival] 사육제(謝肉祭). カーニバル

카덴차[이 cadenza] 음악에서, 악곡이 끝나기 전에 독주(獨奏)·독창자의 기교를 과시하기 위한 화려하고 장식적인 부분. カデンツァ

카:드[card] ① 조그마하게 자른 두꺼운 종이. ② 어떤 사항을 적어 두는 표. ③ 카드놀이에 쓰이는 패. ④ 컴퓨터에서, 정보나 명령을 운반하는 매체(媒體). カード

카드리유[프 quadrille] 네 사람이 한 패가 되어 마주 보고 추는 프랑스의 사교(社交)춤. カドリール

카드뮴[cadmium] 청백색 금속 원소의 하나. 원소 기호는 Cd. カドミウム

카:드섹션[card section] 여러 사람이 각자 손에 든 카드의 배합(配合)에 따라 통일된 글자나 무늬를 만들어 보이는 일. カードセクション

카:드시스템[card system] 어떤 사항을 기재한 카드를 순서대로 분류 보존하는 정보 정리법. カードシステム

카:디건[cardigan] 앞자락을 단추로 채우게 된 털스웨터. カーディガン

카라비너[독 Karabiner] 등산에서, 암벽에 하켄(쇠못)을 박고 하켄과 등산 밧줄을 연결하는 강철로 만든 고리. カラビネル

카레[←curry] ① 후추·생강·마늘 등을 섞어 만든 노랗고 매운 향신료(香辛料)의 하나. ② 카레라이스의 준말. カレー

카레라이스[←curried rice] 서양 요리의 한 가지. 고기와 채소 따위를 볶다가 물에 알맞게 푼 카레를 섞어 끓인 것

카로티노이드[carotinoid] 동식물계에 널리 분포하는 황(黃)·적(赤) 색소의 총칭. 특히 과실이나 황록색 채소에 많음. カロチノイド 色素

카로틴[carotin] 당근·고추 따위에 들어 있는 황적색의 색소. 체내에서 비타민 A로 바뀜. カロチン 體內

카:르[독 Kar] 빙하의 침식으로 솥의 밑바닥처럼 된 협곡(峽谷). カール 峽谷

카르스트[독 Karst] 석회암 대지에 빗물이나 지하수가 침식(浸蝕)하여 이루어진 특유한 지형. サルスト 浸蝕

카르텔[독 Kartell] 기업 연합(企業聯合). カルテル 企業聯合

카리스마[charisma] ①기적·예언을 행할 수 있는 초능력(超能力). ②대중이 믿고 따르게 하는 지도자의 비범한 능력·자질. 절대적인 권위(權威). カリスマ 資質

카리에스[라 caries] 뼈가 결손되고 고름이 나며 썩는 질환. 골양(骨瘍). カリエス 骨瘍

카리용[프 carillon] 많은 종을 음계(音階) 순으로 달아 놓고 치는 타악기. カリヨン 音階

카메라[camera] 사진기(寫眞機). カメラ 寫眞機

카메라맨[cameraman] ①영화의 촬영 기사. ②사진가(寫眞家). カメラマン 撮影技士

카메라앵글[camera angle] 피사체(被寫體)에 대한 카메라의 촬영 각도. カメラアングル 被寫體

카메라워:크[camera work] 영화나 텔레비전 등에서의 촬영 기술. カメラワーク 撮影

카메오[라 cameo] 돌을새김을 한 조가비 등의 작은 장신구(裝身具). カメオ 裝身具

카멜레온[라 chameleon] ①카멜레온과의 파충류(爬蟲類). ②남쪽 하늘의 별자리의 하나. 우리 나라에서는 안 보임. カメレオン 爬蟲類

카무플라주[프 camouflage] 위장(僞裝). カムフラージュ 僞裝

카:민[carmine] 연지벌레의 암컷에게서 뽑아낸 붉은 색소(色素). カルミン 色素

카밀레[네 kamille] 국화과의 일년초. 꽃은 진통제 등으로 쓰임. カミルレ 菊花科

카바레[프 cabaret] 무대·댄스 홀 등을 갖춘 서양식 술집. キャバレー 西洋式

카:바이드[carbide] ①탄화물(炭化物). ②탄화칼슘을 달리 이르는 말. カーバイド 炭化物

카:본[carbon] ①탄소(炭素). ②탄소봉(棒) 또는 탄소선(線). ③탄산지(炭酸紙). カーボン 炭酸紙

카:본블랙[carbon black] 먹·잉크·페인트 등의 원료인 흑색 안료(顔料). 顔料

카:뷰레터[carburetor] 내연기관(內燃機關)의 기화기(氣化器). キャブレター 氣化器

카세인[casein] 동물의 젖에 들어 있는 단백질. 건락소(乾酪素). カゼイン 乾酪素

카세트[cassette] ①필름·테이프 등을 담는 작은 상자(箱子). ②카세트테이프의 준말. ③카세트테이프리코더의 준말. カセット 箱子

카세트테이프[cassette tape] 카세트에 감겨 있는 자기(磁氣) 테이프. カセットテープ 磁氣

카세트테이프리코:더[cassette

카스테레오[car stereo~tape recorder] 카세트테이프에 녹음하거나 녹음된 것을 재생(再生)하는 장치.

카:스테레오[car stereo] 자동차에 달아 놓은 입체 음향(立體音響) 장치. カーステレオ

카스트[caste] 인도 사회에서, 역사적으로 형성된 네 계급의 세습적 신분 제도. カースト

카시오페이아[Cassiopeia] 북쪽 하늘의 한 별자리. 다섯 개의 별이 'W'형을 이룸. カシオペヤ

카약[kayak] 에스키모인이 사냥할 때 쓰는 가죽 배. カヤック

카오스[그 chaos] 그리스 신화에서, 우주 발생 이전의 혼돈 상태를 이르는 말. カオス

카올린[kaolin] 고령토(高嶺土). カオリン

카우보이[cowboy] ①목동(牧童). ②미국 서부 등지의 목장에서 말을 타고 일하는 남자. カウボーイ

카운슬러[counselor] 카운슬링을 하는 사람. 상담원(相談員). カウンセラー

카운슬링[counseling] 학업(學業)이나 생활, 또는 인간 관계 등의 괴로움을 해결해 주기 위해서 상담(相談)에 응하여 도움을 주는 일. カウンセリング

카운터[counter] ①계산자(計算者). ②계산기. ③은행·상점 등의 계산대. カウンター

카운터블로[counterblow] 권투에서, 상대편의 공격을 피하면서 이쪽에서 타격(打擊)을 가하는 일. カウンターブロー

카운트다운[countdown] 로켓이나 유도탄의 발사에서, 발사 순간을 0으로 하고 일(日)·시(時)·분(分)·초(秒)를 계획 개시시(時)부터 거꾸로 세는 일. 초(秒)읽기. カウントダウン

카이모그래프[kymograph] 맥박·혈압 따위의 파동(波動) 기록기. カイモグラフ

카인[라 Cain] 구약 성서의 창세기(創世記)에 적힌, 아담과 이브의 맏아들.

카지노[이 casino] 오락 설비가 있는 일종의 도박장(賭博場). カジノ

카카오[에 cacao] ①카카오나무. ②카카오나무의 열매. 말려서 가루로 만든 것이 코코아이며 초콜릿의 원료로 씀. カカオ

카타르[catarrh] 점막(粘膜)의 삼출성(滲出性) 염증(炎症). カタル

카타르시스[catharsis] ①정화(淨化). ②비극의 감상으로 평상시 마음 속에 억압되어 있던 감정을 해소하여 쾌감을 일으키게 하는 일. ③고뇌 따위를 외부에 표출함으로써 병증을 없애는 정신 요법의 한 가지. カタルシス

카타콤[catacomb] 초기 기독교 시대의 지하 묘지. カタコンベ

카탈로그[catalogue] ①목록(目錄). 상품 목록. ②도서 목록. カタログ

카:턴[carton] ①판지(板紙). ②판지로 만든 화판(畫板). ③두꺼운 종이 상자. カートン

카테고리[category] 철학에서, 그 이상 일반화할 수 없는 가장 보편적이고 기본적인 최고의 유개념(類概念). 범주(範疇). カテゴリー

카테드랄[cathedral] 가톨릭 교회에서, 주교좌(主敎座)가 마련되어 있는 성당. 대성당. カテドラル

카톨릭교[Catholic敎] ⇨가톨릭교. カトリック

카툰:[cartoon] 풍자 만화(諷刺漫畫). カートゥーン

카:트리지[cartridge] ①탄약통(筒). ②카메라용 롤필름통. カートリッジ

카페[프 café] ①커피. ②음료와 양주 및 간단한 음식을 파는 음식점(飮食店). カフェ

카:페리[car ferry] 승객과 함께 자동차까지 실어 나르는 연락선(連絡船). カーフェリー

카페오레[프 Café au lait] 커피에다 같은 양의 따끈한 우유를 탄 것. カフェオーレ

카페인[caffeine] 커피의 열매나 잎, 카카오 열매 등에 들어 있는 식물성 알칼로이드. 흥분·이뇨(利尿)·강심(强心) 작용이 있음. カフェイン

카페테리아[에 cafeteria] 고객 스스로 좋아하는 음식을 자기의 식탁에 날라다가 먹는 간이 식당. カフェテリア

카:펫[carpet] 양탄자. 융단(絨緞). カーペット

카:폰[car-phone] 자동차 안에 설치한 전화기. 電話機

카프로락탐[caprolactam] 나일론의 제조 원료가 되는 물질. 무색(無色)의 엽상 결정(葉狀結晶). カプロラクタム

카프리치오[이 capriccio] 광상곡(狂想曲) 기상곡(奇想曲). カプリッチョ

카프리치오소[이 capriccioso] 악보에서, '환상적(幻想的)으로'의 뜻. カプリッチョーソ

카피[copy] ①복제(複製). ②복사(複寫). ③광고의 문안(文案). コピー

카피라이터[copywriter] 광고(廣告) 따위의 문안 작성자. コピーライター

칵테일[cocktail] 몇 종류의 양주나 과즙(果汁) 등을 적당히 혼합한 술. カクテル

칵테일파:티[cocktail party] 칵테일을 주로 한 소규모의 연회(宴會). カクテルパーティー

칸나[canna] 칸나과의 다년초. 잎은 파초잎과 비슷한데, 여름·가을에 빨강·노랑 꽃이 핌. カンナ

칸델라[라 candela] 광도(光度)의 단위. 기호는 cd. カンデラ

칸초네[이 canzone] 이탈리아의 대중적(大衆的) 가곡. カンツォーネ

칸초네타[이 canzonetta] 경쾌·우아한 소가요곡(小歌謠曲). カンツォネッタ

칸타리스[cantharis] 피부 자극제·발포제(發泡劑) 등으로 쓰이는 악취와 톡 쏘는 맛이 있는 약품. カンタリス

칸타빌레[이 cantabile] 악보에서, '노래하듯이'의 뜻. カンタービレ

칸타타[이 cantata] 한 줄거리의 이야기를 몇 개의 악장으로 나누어 구성한 큰 규모의 성악곡(聲樂曲). カンタータ

칼데라[에 caldera] 화산(火山)의 중심에 생긴 원형의 우묵한 곳. カルデラ

칼라[collar] 양복이나 와이셔츠 등의 깃. カラー

칼럼[column] 신문·잡지 등에서 시사(時事)·사회·풍속 등을 촌평(寸評)한 기사. 또는 寸評

그 난(欄). コラム

칼럼니스트[columnist] 신문·잡지 등의 칼럼을 집필(執筆)하는 기자. カラムニスト

칼로리[calorie] ① 영양학(營養學) 등에서 쓰는 열량의 단위. 1칼로리는 순수한 물 1g의 온도를 1℃ 높이는 데 필요한 열량. 기호는 cal. ② 킬로칼로리를 줄여서 이르는 말. 기호는 Cal 또는 kcal. カロリー

칼로리미:터[calorimeter] 열량계(熱量計). カロリメーター

칼륨[kalium] 은백색의 연한 금속 원소. 원소 기호는 K. カリウム

칼리[라 kali] ① 칼륨. ② 칼륨류(鹽類)의 통칭. ③ 타닌 칼륨. カリ

칼리프[calif] 이슬람 국가 최고 권위자(最高權威者)의 칭호. カリフ

칼립소[에 calypso] 서인도 제도 트리니다드 섬의 흑인들 사이에서 시작된 민속 음악. カリプソ

칼모틴[Calmotin] 브롬발레릴요소의 상표명. 진정(鎭靜)·최면제로 쓰임. カルモチン

칼슘[calcium] 은백색의 무른 경금속(輕金屬) 원소. 동물 골격을 이루는 주성분임. 원소 기호는 Ca. カルシウム

캄보[combo] 보통 3명에서 7~8명으로 편성된 재즈 악단(樂團). コンボ

캅셀[독 Kapsel] ⇨ 캡슐(capsule). カプセル

캉캉[프 cancan] 19세기 중엽(中葉)부터 프랑스에 유행한 빠른 템포의 춤. 긴 치마를 들어올리고 다리를 들면서 춤을 춤. カンカン

캐디[caddie] 골프를 치는 사람의 클럽을 들고 따라다니는 사람. キャディー

캐러멜[caramel] 설탕·우유·엿 등을 고아서 굳힌 과자. キャラメル

캐러밴[caravan] 대상(隊商). キャラバン

캐럴[carol] 기독교에서, 성탄을 축하하는 노래. キャロル

캐럿[carat] ① 보석의 질량(質量) 단위. ② 금의 순도(純度)를 나타내는 단위. カラット

캐리커처[caricature] ① 희화(戱畫). 만화(漫畫). 풍자화(諷刺畫). ② 문장이나 연극에서의 풍자적 표현. カリカチュア

개릭터[character] ① 성격. 인격. ② 특성. 특질. ③ 작품의 등장 인물. ④ 연극의 등장 인물. キャラクター

캐비닛[cabinet] ① 서류·사무용품 등을 넣는 장. ② 진열용 선반. ③ 내각(內閣). ④ 라디오·텔레비전의 수신기의 겉 상자. キャビネット

캐비아[caviar] 철갑상어의 알 젓. キャビア

캐비지[cabbage] 양배추. キャベツ

캐빈[cabin] ① 오막살이집. ② 선실(船室). ③ 항공기(航空機)의 객실(客室). キャビン

캐슈:[cashew] 열대 아메리카산 옻나무와 비슷한 식물. 씨는 식용, 수지(樹脂)는 도료(塗料)로 쓰임. カシュー

캐스터[caster] ① 뉴스캐스터(news caster)의 준말. ② 가구(家具)나 피아노 등의 다리에 붙인 바퀴. ③ 소금·후추·소스 따위를 넣은 병들을 담

아 식탁(食卓)에 얹어 놓는 기구. キャスター

캐스터네츠[castanets] 두 짝으로 된 조가비 모양의 타악기(打樂器). カスタネット

캐스팅[casting] 연극이나 영화 등에서 배역(配役)을 정하는 일. キャスティング

캐스팅보ː트[casting vote] ① 의회(議會)에서, 가부(可否)가 동수인 경우에 의장이 가지는 의결권(議決權). ② 두 정당의 세력이 비슷할 때, 그 승패를 결정하는 소수파의 의결권. キャスティングボート

캐시미어[cashmere] 인도 북부 카슈미르 지방에서 나는 염소털로 짠 고급 모직물(毛織物). カシミア

캐시밀론[Cashmilon] 합성(合成) 섬유의 상표명. 가볍고 보온성이 좋음. カシミロン

캐시카ː드[cash card] 현금 인출 카드. キャッシュカート

캐시토미ː터[cathetometer] 두 점 사이의 높이의 차를 정밀하게 측정(測定)하는 기구. カセトメーター

캐주얼[casual] 간편(簡便)한 옷차림. カジュアル

캐처[catcher] 야구에서, 포수(捕手). キャッチャー

캐치[catch] ① 잡음. 쥠. 알아차림. ② 야구에서, 볼을 받는 일. キャッチ

캐치볼ː[catch ball] 야구에서, 공을 던지고 받고 하는 연습. キャッチボール

캐치프레이즈[catchphrase] 광고·선전에서, 주의나 주장을 표현한 기발한 문구(文句). キャッチフレーズ

캐터펄트[catapult] 함선(艦船) 위나 좁은 지면에서 비행기를 공중으로 사출(射出)하는 장치. カタパルト

캐터필러[caterpillar] 무한 궤도(無限軌道). キャタピラ

캐피털[capital] ① 자본. 자본금. ② 대문자(大文字). ③ 수도(首都). キャピタル

캐피털리즘[capitalism] 자본주의. キャピタリズム

캔[can] 음료수(飮料水)나 맥주 따위를 담는, 원통 모양의 금속 용기(容器). カン

캔들[candle] 양초. キャンドル

캔디[candy] 사탕 과자의 총칭. キャンデー

캔버스[canvas] 유화(油畫)를 그릴 때 쓰는 천. 화포(畫布). カンバス

캔슬[cancel] ① 취소. 삭제. ② 무역상(貿易上)의 계약 해제(契約解除). キャンセル

캔트[cant] 철도나 경주로(競走路) 곡선부(曲線部)의 바깥쪽 레일과 안쪽 레일과의 높이의 차. カント

캘리퍼스[callipers] 자로 재기 힘든 물건의 두께·폭 등을 재는, 컴퍼스 모양의 계측기(計測器). カリパス

캘린더[calendar] 달력. カレンダー

캠[cam] 회전 운동을 왕복(往復) 또는 요동(搖動) 운동으로 바꾸는 장치. カム

캠릿[camlet] 낙타의 털로 짠 모직물. キャムレット

캠퍼스[campus] ① 대학 등의 구내(構內)·교정(校庭). ② 대학. キャンパス

캠페인[campaign] 사회적·정치적 목적을 위해 조직적(組織的)으로 행해지는 운동. キャ

ンペーン

캠프[camp] ①야영(野營)을 하기 위한 임시 막사(幕舍). 또는 그 생활. ②군대의 진영(陣營). キャンプ

캠프파이어[campfire] 캠프에서 피우는 화톳불. キャンプファイア

캠핑[camping] 캠프에서 지내는 생활. 야영(野營). キャンピング

캡[cap] ① 모자(帽子). ②우두머리. キャップ

캡램프[caplamp] 갱내(坑內)에서 헬멧에 달아 앞을 밝히는 전등. キャップランプ

캡션[caption] ①신문·잡지의 사진 설명문. ②영화의 자막(字幕). キャプション

캡슐:[capsule] ①교갑(膠匣). ②우주 비행체의 기밀 용기(氣密容器). カプセル

캡스턴[capstan] 밧줄 또는 체인을 감으면서 무거운 물건을 올리거나 당기는 기계 장치. キャプスタン

캡틴[captain] ①조직의 통솔자(統率者). ②선장(船長). 기장(機長). キャプテン

캥거루[kangaroo] 캥거루과의 짐승. 오스트레일리아 특산종으로 앞다리는 짧고 뒷다리는 긺. 암컷은 배에 육아낭(育兒囊)이 있음. カンガルー

커:**드**[curd] 유즙(乳汁)이 효소(酵素)나 산(酸)의 작용으로 응고한 것. カード

커런덤[corundum] 강옥석(鋼玉石). コランダム

커런트[currant] 씨가 없는 건포도(乾葡萄).

커리어[career] 경력(經歷). キャリア

커리큘럼[curriculum] 교육과정(敎育課程). カリキュラム

커머:셜송[commercial song] 광고 선전용(宣傳用)의 노래. 시엠송. コマーシャルソング

커뮤:니케이션[communication] ①전달. 통신. 연락(連絡). ②사회 생활을 하는 인간 사이에 행해지는 사상의 교환이나 전달. コミュニケーション

커뮤:니티[community] ①지역 사회(地域社會). ②공동체(共同體). コミュニティー

커미셔너[commissioner] 프로 야구·프로 권투 등에서, 전권(全權)을 위탁받은 최고 책임자. コミッショナー

커미션[commission] ①수수료(手數料). 구전(口錢). ②뇌물. コミッション

커버[cover] ①뚜껑. 덮개. 표지(表紙). ②경기 중에 딴 선수의 행동·수비 동작을 엄호(掩護)하는 일. カバー

커버걸;[cover girl] 잡지 따위에서 표지 사진의 여성(女性) 모델. カバーガール

커:브[curve] ①곡선(曲線). 굴곡(屈曲). ②야구에서, 투수가 던진 공이 타자 가까이에 와서 휘는 일. 또는 그 공. カーブ

커:서[cursor] 컴퓨터 화면(畫面)에서 글자를 입력(入力)하거나 수정될 위치를 나타내는 표시(表示). カーソル

커스터:드[custard] 우유·달걀·설탕 따위로 크림 비슷하게 만든 과자. カスタード

커터[cutter] ① 재단용 칼. ②재단기(裁斷機). ③영화 필름의 편집자(編輯者). カッター

커트[cut] ① 구기에서, 공을 깎는 것처럼 치는 일. ② 머리를 짧게 깎음. ③ 절단(切斷). 깎음. 카트

커트라인[cutline] 합격권의 최저선(最低線).

커ː튼[curtain] ① 창이나 문 등에 치는 휘장(揮帳). ② 극장의 무대의 막. 카ー텐

커ː튼콜[curtain call] 음악회·연극 등에서 막이 내린 뒤에 관객(觀客)이 박수를 쳐서 퇴장했던 출연자(出演者)를 무대 위로 다시 불러 내는 일. 카ーテンコール

커틀릿[cutlet] 얇게 저민 고기에 밀가루·빵가루를 묻혀 기름에 튀긴 요리(料理). カツレツ

커프스[cuffs] 와이셔츠나 부인복 등의 소맷부리. カフス

커플[couple] ① 두 개. 한 쌍. ② 부부(夫婦)나 연인(戀人) 사이의 남녀 한 쌍. カップル

커ː피[coffee] 커피나무의 열매를 볶아서 만든 가루. 또는 그 가루를 끓는 물에 타서 만든 차. 기호 음료(嗜好飮料)의 하나. コーヒー

커ː피숍[coffee shop] 커피를 마시며 쉬는 곳. コーヒーショップ

커ː피포트[coffeepot] 커피를 끓이는 그릇. コーヒーポット

컨덕터[conductor] 지휘자(指揮者). 악장(樂長). コンダクター

컨디션[condition] ① 조건. ② 몸의 건강 상태. ③ 상황. 사정(事情). コンディション

컨버ː터[converter] 변환기(變換機). コンバーター

컨버ː터블[convertible] 차의 지붕을 접을 수 있게 된 승용차(乘用車). コンバーチブル

컨베이어[conveyor] 물건을 연속적(連續的)·자동적으로 이동시키는 장치. コンベヤー

컨설턴트[consultant] 기업 경영의 상담·진단(診斷)·조언(助言) 등을 직업으로 삼는 전문가. コンサルタント

컨설팅[consulting] 전문 지식을 가진 사람이 상담·자문(諮問)에 응하는 일. コンサルティング

컨소시엄[consortium] ① 국제 차관단(國際借款團). ② 협회(協會). 조합(組合). コンソーシアム

컨테이너[container] 화물 운송(運送)을 효율적으로 하기 위해 일정한 규격으로 만든 금속제의 상자. コンテナ

컨트롤[control] ① 조절(調節). 통제(統制). ② 야구에서, 투수의 투구(投球) 조절. コントロール

컨트리클럽[country club] 도시의 교외에 설치한 스포츠 및 휴양 시설(休養施設). カントリークラブ

컬ː[curl] 머리털을 곱슬곱슬하게 만드는 일. 또는 그 머리털. カール

컬러[color] ① 색(色). 색채(色彩). ② 개성(個性). 특징. 작품의 경향(傾向). カラー

컬러텔레비전[color television] 천연색(天然色) 영상을 그대로 전송(電送)·재현하는 텔레비전. カラーテレビ

컬러필름[color film] 천연색에 가까운 색채(色彩)를 나타내는 사진 필름. カラーフィルム

컬럼바이트[columbite] 방사능

컬렉션[collection] 미술품·골동품·우표 등을 취미삼아 모으는 일. 또는 그 수집품(蒐集品). コレクション

컴파일러[compiler] 컴퓨터에서, 프로그래밍 언어를 기계어로 변환(變換)하는 번역(翻譯) 번역기. コンパイラー

컴패니언[companion] ①친구. 동료. ②국제적 행사 등에서 내빈(來賓)의 접대를 맡은 여성. コンパニオン

컴퍼니[company] 회사(會社). 상사(商社). コンパニー

컴퍼스[compass] 양다리를 폈다 오므렸다 하여, 선의 길이를 재거나 원을 그리는 데 쓰는 제도 용구(製圖用具). コンパス

컴포넌트시스템[component system] 레코드 플레이어·앰프·튜너·카세트 덱·스피커로 분리(分離)되어 있는 오디오 시스템. コンポーネントシステム

컴퓨:터[computer] 전자 회로를 이용하여 계산을 고속·자동으로 하는 장치의 총칭. 전자 계산기(電子計算機). コンピューター

컴퓨:터그래픽스[computer graphics] 컴퓨터를 이용해서 도형(圖形)·화상(畫像) 등의 과정을 처리하는 기술 분야. コンピューターグラフィックス

컴퓨:터바이러스[computer virus] 전화선 등을 통해 컴퓨터에 침입해서 데이터나 소프트웨어를 파괴하는 프로그램. コンピューターウイルス

컴퓨:토피아[computopia] 컴퓨터의 발달로 말미암아 이루어질 것으로 기대하는 이상적인 미래 사회(未來社會). コンピュートピア

컷[cut] ①절단(切斷). ②작은 삽화(插畫). ③야구에서, 곡구(曲球)를 잡아 채듯이 치는 일. ④영화의 편집·검열에서, 필요에 따라 필름을 잘라내는 일. 또는 그 필름. ⑤영화 촬영에서, 카메라의 회전(回轉)을 멈추는 일. 또는 그 지시. カット

컷오프[cutoff] 방송 중(放送中)인 음악이나 이야기 따위를 급히 중단(中斷)하는 일. カットオフ

컷인[cut-in] 영화에서, 삽입자막(插入字幕). カットイン

케노트론[kenotron] 고전압·저전류(低電流)를 정류(整流)하는 데 쓰이는 진공관(眞空管). ケノトロン

케이블[cable] ①섬유나 철사를 꼬아 만든 굵은 줄. ②닻줄로 쓰이는 쇠사슬. ③전기 절연물(絶緣物)로 겉을 싼 전선(電線). ケーブル

케이블카:[cable car] 공중에 설치한 케이블에 차량(車輛)을 매달아 승객이나 화물을 나르는 장치. 또는 그 차량. ケーブルカー

케이블텔레비전[cable television] 공동 수상(共同受像) 안테나를 설치하고 안테나에서 각 가정에까지 케이블로 연결하는 시스템. 유선(有線) 텔레비전. ケーブルテレビ

케이스스터디[case study] 사례(事例) 연구법. ケーススタ

ディー

케이스워ː커[caseworker] 사회 복지(社會福祉) 지도원. 케ー스워ー커

케이싱[casing] ① 포장 재료(包裝材料). ② 겉상자. ③ 유정(油井) 등의 철관(鐵管). 케ー싱

케이지[cage] ① 새장. ② 새처럼 생긴 닭장. ③ 엘리베이터의 상자 모양의 칸. 케ー지

케이크[cake] 서양식(西洋式) 과자의 총칭. 케ー키

케이폭[kapok] 케이폭나무 열매의 껍질 안쪽에 있는 털. 구명대(救命帶)·방음 장치의 재료 등으로 쓰임. 카포크

케일[kale] 양배추의 원종(原種). 케일

케첩[ketchup] 토마토 따위로 만든 소스. 케차프

켄트지(紙)[kent paper] 새하얗고 치밀한 제도(製圖)·인쇄용 종이. 켄트시(紙)

켈프[kelp] 해조(海藻)를 낮은 온도로 태운 재. 요오드·칼리의 원료가 됨. 켈프

코ː나[kona] 하와이에서 겨울에 부는 남서풍. 폭풍(暴風)과 큰 비를 몰고 옴. 코나

코냑[프 cognac] 프랑스 코냑 지방 명산(名産)인 고급 브랜디. 코냐크

코ː너[corner] ① 모퉁이. 구석. 육상 경기장 등의 경주로(競走路)의 굽이진 부분. ② 야구에서, 인코너와 아웃코너를 이르는 말. ③ 백화점 등의 특설 매장(特設賣場). 코ー너

코ː너킥[corner kick] 축구에서, 수비측(守備側)이 공을 골라인 밖으로 내보냈을 때, 공격측(攻擊側)이 공을 수비측 코너에 놓고 필드 안으로 차는 일. 코ー너킥

코니ː데[독 Konide] 원뿔형의 화산(火山). 성층화산(成層火山). 코니ー데

코다[이 coda] 음악에서, 악장(樂章)·악곡(樂曲)의 끝에 종결부(終結部)로 붙이는 부분. 코ー다

코데인[codeine] 아편 알칼로이드의 일종인 마약(痲藥). 진정제(鎭靜劑)·기침약 등으로 쓰임. 코데인

코ː도반[cordovan] 말의 등·궁둥이 가죽을 다룬, 품질이 좋은 가죽. 구두나 허리띠 감으로 쓰임. 코ー도반

코ː드[chord] ① 악기의 현(絃). ② 화음(和音). 코ー드

코ː드[code] ① 법전(法典). 규정(規定). ② 전신 약호(略號). 암호(暗號). ③ 컴퓨터 등에서 정보를 기억시키기 위한 기호나 부호의 체계. 코ー드

코ː드[cord] ① 굵은 줄. ② 여러 개의 구리줄을 절연물(絶緣物)로 싸고 그 위를 무명실로 씌운 전깃줄. 코ー드

코ː란[Koran] 이슬람교(敎)의 성전(聖典). 코ー란

코랄ː[chorale] ① 성가(聖歌). ② 성가의 합창곡(合唱曲). 코ー랄

코ː러스[chorus] 합창. 합창단(合唱團). 코ー러스

코로나[corona] 태양 대기(大氣)의 가장 바깥 층에 있는 가스층. 개기 일식(皆旣日蝕) 때 태양 주위에 볼 수 있음. 코로나

코르덴[←corded velveteen] 골이 지게 짠 우단(羽緞) 비슷한 직물(織物).

코르셋[corset] ① 배와 허리 둘레의 몸매를 아름답게 가꾸기 위해 꼭 껴입는 여자용 속옷. ② 정형 외과용(整形外科用) 의료 기구. 척추나 환부의 고정·변형 교정에 쓰임. コルセット

코르크[cork] 코르크나무 표피(表皮) 밑의 조직. 탄력성(彈力性)이 있고, 액체·기체가 통하지 않음. 병마개·보온재 등 그 용도가 넓음. コルク

코르티손[cortisone] 부신(副腎)에서 나오는 호르몬의 일종. 류머티즘성 관절염 등에 약으로 쓰임. コルチゾン

코멘트[comment] 논평(論評). 설명(說明). 비평(批評). コメント

코뮈니케[프 communiqué] 외교상의 공문서. 공식 성명서(公式聲明書). コミュニケ

코뮤니스트[communist] 공산주의자(共産主義者). コミュニスト

코미디[comedy] 희극(喜劇). コメディー

코미디언[comedian] 희극 배우(喜劇俳優). コメディアン

코믹오페라[comic opera] 희가극(喜歌劇). コミックオペラ

코발트[cobalt] 붉은빛을 띤 은백색(銀白色) 금속 원소. 원소 기호는 Co. コバルト

코브라[cobra] 코브라과의 뱀을 통틀어 이르는 말. 강력(强力)한 독을 가지고 있으며, 위협할 때 몸의 앞쪽을 세워 목부분을 부채처럼 폄. コブラ

코사인[cosine] 직각 삼각형의 예각을 낀 밑변과 빗변과의 비율(比率)을 그 각에 대해 이르는 말. 기호는 cos. コサイン

코:스[course] ① 진로(進路). ② 육상·수영·경마 등에서, 경주로(競走路). ③ 과정(課程). 과정(過程). コース

코스모스[cosmos] 국화과의 일년초. 멕시코 원산(原産). コスモス

코스모스[그 kosmos] 그리스 신화에서, 질서(秩序)와 조화를 갖춘 우주(宇宙)의 뜻. コスモス

코:스터브레이크[coaster brake] 자전거의 제동기(制動機)의 일종. 페달을 반대로 밟아서 제동하는 것. コースターブレーキ

코스트[cost] ① 값. 비용(費用). ② 생산비(生産費). コスト

코:시컨트[cosecant] 직각 삼각형의 빗변과 어떤 내각의 대변(對邊)과의 비율을 이르는 말. 기호는 cosec. コセカント

코알라[koala] 오스트레일리아 특산의 유대목(有袋目)에 속하는 포유동물. 배에 주머니가 있으며 머리는 곰과 비슷함. コアラ

코어[core] 핵심(核心). 중심부(中心部). コア

코요:테[에 coyote] 북아메리카 서부 초원(草原)에 사는 이리 비슷한 동물. コヨーテ

코일[coil] 전기(電氣)의 도선(導線)을 나사 모양으로 여러 번 감은 것. コイル

코즈머폴리턴[cosmopolitan] 국적(國籍)이나 민족 등에 구애되지 아니하고, 세계적인 시야를 가지고 행동하는 사람. 세계인. 국제인(國際人). コスモポリタン

코즈메틱[cosmetic] ① 화장품(化粧品)·머리 화장품의 총칭.

② 머리에 바르는 기름의 한 가지. コスメチック

코:치[coach] 운동 경기의 기술(技術) 등에 대해서 지도하고 조언(助言)하는 일. 또는 그 사람. コーチ

코치닐[cochineal] 연지벌레의 암컷으로 만드는 선홍색(鮮紅色)의 색소(色素). 그림 물감이나 염료(染料) 등으로 쓰임. コチニール

코카[coca] 코카과의 관목(灌木). 잎에서 코카인을 뽑아 냄. コカ

코카인[cocaine] 코카나무의 잎에서 뽑아 낸 알칼로이드. 무색(無色)의 결정(結晶). 마취제(痲醉劑)로 쓰임. コカイン

코카콜라[Coca-Cola] 코카 잎과 콜라 열매의 추출액(抽出液)을 원료로 하여 만든 미국 청량 음료(淸凉飮料)의 상표명(商標名). コカコーラ

코코넛[coconut] 코코야자의 열매. ココナツ

코코아[cocoa] 카카오나무의 씨를 볶아서 가루로 만든 것. 또는 그 가루에 우유·설탕을 섞어 끓인 음료(飮料). ココア

코:크스[cokes] 석탄을 고온(高溫)으로 건류(乾溜)할 때 얻어지는 다공질(多孔質)의 고체. コークス

코:킹[caulking] 기밀(氣密)·수밀(水密)이 잘 되도록 틈을 메우는 일. コーキング

코단젠트[cotangent] 삼각 함수의 하나. 직각 삼각형이 한 예각(銳角)을 낀 밑변과 그 각의 대변(對邊)과의 비를 이름. コタンジェント

코터[cotter] 평형(平型)의 쐐기의 한 가지. コッター

코:트[coat] ① 양복의 겉옷.
② 외투(外套). コート

코트[court] 테니스·농구·배구 등의 경기장(競技場). コート

코튼[cotton] ① 면화(棉花). 목화(木花). ② 목면(木綿). 면포. 면사. コットン

코:팅[coating] 물체의 표면을 수지(樹脂) 따위의 얇은 막으로 씌우는 일. コーティング

코:펄[copal] 니스 등 도료(塗料)의 중요 원료가 되는 천연 수지의 총칭. コパル

코펠[←독 Kocher] 등산(登山)할 때 가지고 다니는 취사 도구(炊事道具).

코프라[copra] 말린 야자씨의 배젖. コプラ

코핀[coffin] 사방의 벽이 두꺼운 납으로 된, 방사성(放射性) 물질 수송용(輸送用) 상자.

콕[cock] 수도·가스 그 밖의 기체나 액체의 유량(流量)을 조절하는 꼭지. コック

콘:[cone] ① 원뿔. ② 아이스크림을 담는, 원뿔형의 과자. コーン

콘:[corn] 옥수수. コーン

콘덴서[condenser] ① 축전기(蓄電器). 응축기(凝縮機). ② 집광경(集光鏡). コンデンサー

콘도르[에 condor] 매목(目) 콘도르과의 큰 새. 아메리카에 분포함. コンドル

콘도미니엄[condominium] 객실(客室) 단위로 분양(分讓)하는 형식의 공동 주택(共同住宅). コンドミニアム

콘돔[condom] 피임 기구(避姙器具)의 한 가지. コンドーム

콘:드비:프[corned beef] 소금에 절인 쇠고기를 열기(熱氣)로 살균한 것. コーンビーフ

콘서:트[concert] ① 음악회(音

樂會). 연주회(演奏會). ②연주 단체. ③합주(合奏). コンサート

콘서ː트홀ː[concert hall] 연주회장. コンサートホール

콘센트[consent] 플러그를 꽂아 전기 배선(配線)과 코드를 접속하는 기구. コンセント

콘솔ː[console] ①텔레비전 따위의 캐비닛식 큰 상자. ②컴퓨터의 제어 탁자(制御卓子). ③계기반(計器盤). コンソール

콘스탄탄[constantan] 니켈과 구리의 합금(合金)의 한 가지. コンスタンタン

콘체르토[이 concerto] 협주곡(協奏曲). コンチェルト

콘체르토그로소[이 concerto grosso] 합주 협주곡(合奏協奏曲). コンチェルトグロッソ

콘체르티노[이 concertino] 소협주곡(小協奏曲). コンチェルティーノ

콘체른[독 Konzern] 기업 결합(企業結合)의 최고 형태.

콘크리ː트[concrete] 시멘트·자갈·모래·돌을 섞어 반죽하여 굳힌 것. コンクリート

콘키올린[conchiolin] 패각(貝殼)에 함유된 경단백질(硬蛋白質). コンキオリン

콘텍트렌즈[contact lens] 안경 대신에 눈의 각막(角膜)에 붙이는 작은 렌즈. コンタクトレンズ

콘테스트[contest] ①경쟁(競爭). 경연(競演). ②선발 대회(選拔大會). コンテスト

콘트라베이스[contrabass] 현악기(絃樂器) 가운데 가장 낮은 음을 내는 네 줄 악기. コントラバス

콘트라파고토[이 contrafa-gotto] 목관 악기(木管樂器)의 한 가지. 더블바순. コントラファゴット

콘트랄토[이 contralto] ⇨알토(alto). コントラルト

콘티뉴이티[continuity] 영화·텔레비전의 촬영 대본(撮影臺本). 연출 대본(演出臺本). コンティニュイティー

콘ː플레이크[cornflakes] 거칠게 빻은 옥수수를 증기(蒸氣)로 익히면서 조미(調味)하여 롤러로 얇게 눌러 만든 식품. コーンフレークス

콜[프 col] ①등산 용어로, 산등성이의 오목한 곳. ②기압(氣壓)골. コル

콜ː드게임[called game] 야구에서, 5회 이상의 공격과 수비를 마친 뒤, 점수차·일몰(日沒)·강우(降雨) 등의 사정으로, 심판에 의해 경기 중지가 선언된 시합. コールドゲーム

콜ː드체인[cold chain] 식품을 생산지에서 소비지까지 저온(低溫)의 설비 속에서 유농(流通)하는 기구. コールドチェーン

콜드크림ː[cold cream] 기초 화장품의 한 가지. 마사지·세안(洗顔)용 크림. コールドクリーム

콜라[cola] 벽오동과의 상록 교목(常綠喬木). 아프리카 원산으로 씨는 콜라 음료의 원료로 쓰임. コーラ

콜라겐[collagen] 결합 조직의 주성분으로 경단백질의 한 가지. 교원질(膠原質). コラーゲン

콜라주[프 collage] 현대 회화(繪畫)의 한 기법(技法). 화

콜라주 면(畫面)에 종이·인쇄물·사진 등을 오려 붙이는 추상적인 수법. コラージュ

콜레라[cholera] 콜레라균이 창자에 기생하여 일으키는 소화기(消化器) 계통의 급성 전염병. 열이 몹시 나며 토사를 함. コレラ

콜레스테롤[cholesterol] 동물의 체내에 있는 지방 비슷한 물질. 세포를 이루는 혈관 속에 괴면 동맥 경화증(動脈硬化症)을 일으킴. コレステロール

콜로네이드[colonnade] 주랑(柱廊). コロネード

콜로니[colony] ①식민지(植民地). ②군서(群棲). 군생(群生). コロニー

콜로이드[colloid] 교질(膠質). コロイド

콜로타이프[collotype] 사진을 이용한 제판(製版) 인쇄 방법의 한 가지. コロタイプ

콜론[colon] 문장 부호(文章符號)의 한 가지. ':'. 쌍점(雙點). コロン

콜리[collie] 개의 한 품종. 영국 스코틀랜드 원산의 목양견(牧羊犬). コリー

콜리플라워[cauliflower] 겨잣과에 속하는 이년초. 꽃양배추. カリフラワー

콜:사인[call sign] 방송국이나 무선국(無線局)의 전파 호출 부호. コールサイン

콜:타르[coal tar] 석탄을 건류(乾溜)할 때 생기는 기름 모양의 검은 액체(液體). コールタール

콜:택시[call taxi] 전화로 불러서 이용하는 택시.

콜히친[colchicine] 알칼로이드의 일종. 식물의 품종 개량(品種改良)에 쓰임.

콤마[comma] ①문장 부호의 한 가지. 쉼표. ②소수점(小數點). コンマ

콤바인[combine] 수확(收穫)과 탈곡(脫穀)·선별(選別)을 동시에 할 수 있는 농업 기계. コンバイン

콤비[←combination] ①일의 단짝. ②위아래가 다른 양복 한 벌. コンビ

콤비나:트[러 kombinat] 일정한 지역에 집중한 공장 집단(工場集團)의 한 형태. コンビナート

콤비네이션[combination] ①서로 맞춤. 결합(結合). ②공연(共演). ③수학에서, 조합(組合). ④아래위가 붙은 속옷. ⑤위아래가 다른 양복 한 벌. コンビネーション

콤팩트[compact] 거울이 붙은 휴대용 분갑(粉匣).

콤팩트디스크[compact disk] 레이저 광선을 조사(照射)하여 음성을 원음(原音)에 가깝게 재생(再生)하는 방식의 레코드. 시디(CD). コンパクトディスク

콤퍼지션[composition] ①구성(構成). ②작문. ③구도(構圖). ④작곡. コンポジション

콤플렉스[complex] ①정신 분석학 용어로 억압(抑壓)된 의식 속에 갇혀 있는 감정. ②열등감(劣等感). ③합성물. コンプレックス

콩가[에 conga] ①쿠바의 민속 음악에서 사용되는 타악기. ②쿠바의 민속 무곡(民俗舞曲)의 한 형식. コンガ

콩고레드[Congo red] 붉은색

의 직접 염료(直接染料). 지시약 등에 쓰임. コンゴーレッド 直接染料

콩소메[프 consommé] 고기나 조개 등을 삶아서 만든 맑은 수프. コンソメ

콩코:드[Concorde] 영국·프랑스 양국이 공동으로 개발(開發)한 초음속(超音速) 여객기. コンコルド 開發

콩쿠:르[프 concours] ① 경쟁(競爭). 경기(競技). ② 경연회(競演會). コンクール 競演會

콩테[프 conté] 크레용의 일종. 데생할 때 씀. コンテ

콩트[프 conte] ① 짧고 재치있게 쓴 단편(短篇). 장편소설(掌篇小說). ② 웃음을 자아내는 촌극(寸劇). コント 小說

콰르텟[quartette] ① 사중창(四重唱). 사중주(四重奏). ② 사중주곡. クワルテット 四重唱 四重奏

쾌[快]☆ 쾌할 쾌 : 쾌하다. 쾌활하다. 시원하다. 「快活(쾌활)·快氣(쾌기)·快傑(쾌걸)·快諾(쾌락)·快晴(쾌청)·快走(쾌주)·快捷(쾌첩)·快箭(쾌전)·爽快(상쾌)·愉快(유쾌)」カイ. こころよい 快晴 快捷

쾌감[快感] 상쾌하고 기분 좋은 느낌. かいかん pleasant feeling 快感

쾌거[快擧] 가슴이 후련할 만큼 장한 행위. =장거(壯擧). かいきょ remarkable deed 快擧

쾌기[快氣] ① 쾌활한 기상. ② 유쾌하고 상쾌한 기분. かいき cheerfulness 快氣

쾌남아[快男兒] 기상이 씩씩하고 도량이 큰 사나이. =쾌남자(快男子). かいだんじ manly man 快男兒

쾌도[快刀] 썩 잘 드는 칼. 「～난마(亂麻)」 かいとう sharp sword 快刀

쾌도난마[快刀亂麻] 잘 드는 칼로 엉클어진 삼 가닥을 자른다는 뜻으로, 어지럽게 뒤얽힌 일을 단번에 시원스레 처리함의 비유. かいとうらんま 亂麻

쾌락[快諾] 시원스레 허락함. かいだく ready consent 快諾

쾌락[快樂] ① 유쾌하고 즐거움. ② 관능적인 욕망의 만족으로 느껴지는 즐거움. かいらく pleasure 快樂

쾌락설[快樂說] 인생의 목적은 쾌락을 추구하는 데 있다는 주장. かいらくせつ hedonism 快樂說

쾌면[快眠] 잠을 기분 좋게 잘 잠. かいみん sweet sleep 快眠

쾌문[快聞] 시원하고 유쾌한 소문. かいぶん good news 快聞

쾌미[快味] 시원스럽고 상쾌한 맛. かいみ good feeling 快味

쾌미[快美] 시원스럽고 아름다움. かいび beauty 快美

쾌변[快辯] 거침없이 잘 하는 말. 또는 그런 변설. かいべん eloquence 快辯

쾌보[快報] 듣기에 유쾌한 소식. かいほう good news 快報

쾌복[快復] ⇨쾌유(快癒). かいふく 快復

쾌사[快事] 유쾌하고 기쁜 일. かいじ pleasant matter 快事

쾌설[快雪] 욕되고 부끄러운 일을 시원스럽게 씻어 버림. vindication of one's honor 快雪

쾌속[快速] 속도가 몹시 빠름. 「～열차(列車)」 かいそく high speed 快速

쾌속정[快速艇] 속도가 몹시 빠른 작은 배. かいそくてい fast vessel 快速艇

쾌승[快勝] 통쾌하게 이김. かいしょう decisive victory 快勝

쾌심[快心] 일이 뜻대로 되어 快心

만족스러운 마음. 「~의 역작(力作)」かいしん cheerfulness

쾌연[快然] 마음이 상쾌한 모양. 快然 かいぜん pleasant

쾌유[快癒] 병이 완전히 나음. 快癒 =쾌복(快復)・쾌차(快差). かいゆ complete recovery

쾌음[快飲] 술 따위를 시원스럽게 마심. 快飲 drinking pleasantly

쾌의[快意] 통쾌한 마음. 유쾌한 뜻. 快意 かいい

쾌인쾌사[快人快事] 시원시원한 사람의 시원스러운 행동. 快人快事

쾌자[快子] 조선 때, 전복(戰服)의 일종. 등솔을 길게 째고 소매가 없음. 근래에는 명절에 어린아이에게 복건(幞巾)과 함께 입힘. 快子

쾌작[快作] 만족스럽게 여기는 좋은 작품. =쾌심작(快心作). 快作 satisfying works

쾌재[快哉] '가슴이 후련하구나', '통쾌하구나'의 뜻을 나타내는 말. かいさい 快哉

쾌저[快著] 썩 잘된 저작. 快著 satisfactory work

쾌적[快適] 몸과 마음에 불편한 데가 없이 기분이 매우 상쾌함. 「~한 환경(環境)」かいてき comfortableness 快適

쾌조[快調] 일이 뜻대로 잘 진행됨. 상태가 매우 좋음. =호조(好調). かいちょう good condition 快調

쾌주[快走] 시원스럽게 빨리 달림. かいそう running fast 快走

쾌차[快差] ⇨쾌유(快癒). 快差

쾌척[快擲] 돈 따위를 요긴하게 쓸 자리에 시원스럽게 내놓음. making a generous contribution 快擲

쾌첩[快捷] 아주 민첩함. かいしょう quickness 快捷

쾌청[快晴] 하늘이 활짝 개어 맑음. 「~한 가을 하늘」かいせい fine weather 快晴

쾌투[快投] 야구에서, 투수가 공을 잘 던지는 일. clean pitch 快投

쾌한[快漢] 씩씩하고 시원스러운 사나이. =쾌남(快男). かいかん fine fellow 快漢

쾌활[快活] 명랑하고 활발함. かいかつ cheerfulness 快活

쾌활[快闊] ①시원스럽고 넓게 틔어 있음. ②마음이 넓고 시원스러움. かいかつ extensiveness 快闊

쿠데타[프 coup d'Etat] 비합법적(非合法的)인 무력 행사로 정권을 탈취하는 일. クーデター 政權

쿠르[독 Kur] 특정한 치료에 필요한 일정 기간. クール

쿠미스[koumiss] 몽고・동부 러시아에서 말・낙타의 젖으로 만드는 술. 東部

쿠션[cushion] ①단단한 물체끼리 직접 부딪치지 않도록 그 사이에 두는 탄력(彈力)이 있는 물건. ②당구대 안쪽의 공이 부딪치는 면(面). クッション 彈力

쿠키[cookie] 밀가루를 주재료(主材料)로 하여 구운 일종의 비스킷. クッキー 主材料

쿠킹[cooking] 요리(料理). 요리법. クッキング 料理

쿠:폰[coupon] 한 장씩 떼어서 쓰는 표. 버스 회수권(回數券) 따위. クーポン 回數券

쿨:러[cooler] 냉각기(冷却機). 냉방 장치. クーラー 冷房

쿨:롬[coulomb] 전기량(電氣量)의 실용 단위. クーロン 電氣量

쿨:롬미:터[coulomb-meter] 전량계(電量計). 電量計

쿼:츠[quartz] ①석영(石英).

수정(水晶). ②수정 시계(水晶時計). 쿼츠

쿼:터[quota] 배당(配當). 할당액(割當額). 수입(輸入) 할당제. 쿼타

쿼:터백[quarterback] 미식(美式) 축구에서, 포워드와 하프백의 중간에 있는 선수. 쿼터백

쿼:트[quart] 용량(容量)의 단위. 1갤런의 4분의 1. 쿼트

퀀셋[Quonset] 길쭉한 반원형의 간이 건물(簡易建物).

퀴닌[quinine] 기나수(樹)의 껍질에서 뽑아낸 알칼로이드. 말라리아의 특효약(特效藥)임. 키니네

퀴륨[curium] 방사성(放射性) 원소의 하나. 원소 기호는 Cm. 퀴륨

퀴리[curie] 방사성 물질의 질량(質量)을 나타내는 단위. 기호는 C. 퀴리

퀴리누스[Quirinus] 로마 신화 중의 군신(軍神). 퀴리누스

퀴즈[quiz] 어떤 질문(質問)에 대한 답을 알아맞히는 놀이 및 그 질문의 총칭. 퀴즈

퀵브레드[quick bread] 버터와 베이킹 파우더·소다를 섞어 부풀려 즉석(即席)에서 구운 비스킷이나 빵.

퀸:[queen] ①여왕(女王). 왕비. ②여왕이 그려진 카드의 패. 퀸

퀸텟[quintet] ①오중창(五重唱). 오중주(五重奏). ②오중주단. ③오중주곡. 퀸텟

퀸틀[quintal] 중량(重量)의 한 단위. 주로 곡물(穀物)에 쓰임. 퀸틀

퀼로트[프 culotte] 승마용(乘馬用)·운동용의 짧은 치마바지. 퀼로트

퀼팅[quilting] 수예(手藝) 기법의 한 가지. 누벼서 무늬를 만드는 방법. 퀼팅

큐:[cue] ①당구봉(撞球棒). ②방송에서, 개시(開始) 신호. 큐

큐비즘[cubism] 미술에서, 입체파(立體派). 큐비즘

큐티쿨라[cuticula] ①동물의 상피 세포나 식물의 표피 세포면을 덮은 굳은 막. ②각피(角皮). 큐티클

큐:틴[cutin] 식물의 표면을 보호하는 지방산과 그 화합물의 혼합물. 물에 녹지 않으며 산(酸)에도 견딤. 각피소(角皮素). 쿠틴

큐:폴라[cupola] ①주물 공장(鑄物工場)에서 무쇠를 녹이는 노(爐). 큐폴라 ②둥근 지붕. 돔.

큐:피드[Cupid] 로마 신화(神話)에 나오는 사랑의 신. 비너스의 아들. 큐피드

크라우칭스타:트[crouching start] 단거리 경주(短距離競走) 때, 몸을 구부린 자세에서 양다리로 땅을 차면서 뛰어나가는 스타트 방식. 크라우칭스타트

크라이오트론[cryotron] 초전도성(超傳導性) 컴퓨터 소자(素子). 크라이오트론

크래버넷[Cravenette] 특수한 방수(防水) 가공을 한 모직물의 상표명. 크레바네트

크래시[crash] 양모(羊毛)·솜·폴리에스테르 등으로 짠 올이 성긴 직물. 크래시

크래커[cracker] 가볍고 짭짤한 비스킷의 하나. 크래커

크래킹[cracking] 석유 따위의

탄화수소를 가열·가압 증류하여, 끓는점이 낮은 간단한 물질로 분해(分解)하는 방법. 분해 증류(分解蒸溜). クラッキング

크랭크[crank] ① 왕복 운동(往復運動)을 회전(回轉) 운동으로 바꾸거나 그 반대의 일을 하는 장치. ② 영화 촬영기의 핸들. 또는 그것을 돌려 촬영하는 일. クランク

크랭크업[crank up] 영화의 촬영(撮影)을 끝냄. クランクアップ

크랭크인[crank in] 영화의 촬영을 시작함. クランクイン

크러스트[crust] ① 쌓인 눈의 딱딱하게 언 겉층. 설각(雪殼). ② 빵의 겉껍질. クラスト

크러치[crutch] ① 보트의 노를 거는 쇠붙이. 노받이. ② 건축에서, 지주(支柱). クラッチ

크레디트[credit] ① 차관(借款). ② 신용 거래(信用去來). ③ 신용 판매(信用販賣). ④ 크레디트카드의 준말. クレジット

크레디트카ː드[credit card] 신용 카드. クレジットカード

크레바스[프 crevasse] 빙하(氷河)나 눈덮인 골짜기의 길라진 틈. クレバス

크레센도[이 crescendo] 악보에서, '점점 세게'의 뜻. クレセンド

크레아틴[creatine] 근육 조직(筋肉組織) 속에 있는 아미노산의 한 가지. 운동 에너지의 근원이 됨. クレアチン

크레오소ː트[creosote] 너도밤나무를 건류(乾溜)하여 만드는 유액(油液). 방부제·마취제·진통제로 씀. クレオソート

크레용[프 crayon] ① 막대기 모양의 화구(畫具). ② 그림용의 채색(彩色) 재료. クレヨン

크레이터[crater] 분화구(噴火口). クレーター

크레이프[crape, crepe] 강연사(强撚絲)를 씨실로 짠, 바탕이 오글쪼글한 직물(織物). クレープ

크레이프페이퍼[crape paper] 바탕이 오글쪼글한 종이. クレープペーパー

크레인[crane] ① 기중기(起重機). ② 영화의 이동 촬영에 쓰이는 기계. クレーン

크레졸[cresol] 콜타르에 함유된 방향족(芳香族) 화합물. 소독약·방부제(防腐劑)로 쓰임. クレゾール

크레파스[craypas] 크레용과 파스텔의 특색(特色)을 따서 만든 막대기 모양의 화구(畫具). クレパス

크로노그래프[chronograph] 극히 짧은 시간을 측정(測定)·기록하는 기계. クロノグラフ

크로노미터[chronometer] 온도·기압·습도 등의 영향을 거의 받지 않는 휴대용 정밀 시계(精密時計). クロノメーター

크로노스[Kronos] 그리스 신화에서, 농경(農耕)과 계절의 신. 제우스의 아버지.

크로노스코ː프[chronoscope] 1000분의 1초까지 잴 수 있는 시계. クロノスコープ

크로마[chroma] 채도(彩度). クロマ

크로마토그래피[chromatography] 색소(色素) 물질의 분별 흡착에 의한 분리법. 색층 분석(色層分析). クロマトグラフィー

크로스[cross] ① 십자가(十字

架). 십자형. ② 교차(交叉). 교차점. クロス

크로스바[crossbar] 축구(蹴球) 등의 골문이나 높이뛰기의 가로대. クロスバー

크로스스티치[cross-stitch] 십자수(十字繡). クロスステッチ

크로스워:드[crossword] 바둑판 모양의 칸 안에 힌트에 따라 가로 세로 말이 되도록 빈 칸을 메우는 놀이. 십자(十字) 말풀이. クロスワード

크로스컨트리[cross country] 언덕·숲 따위를 횡단(橫斷)하며 달리는 경기(競技). クロスカントリー

크로켓[프 croquette] 서양식 튀김 요리의 한 가지. クロケット

크로키[프 croquis] 인물의 움직임이나 양감(量感) 등을 재빨리 그린 소묘(素描). クロッキー

크롤:스트로:크[crawl stroke] 수영법의 한 가지. 몸을 거의 물에 잠그고 두 손으로 차례로 물을 끌어당기며 두 발은 상하로 움직이면서 나아감. 자유형(自由形). クロールストローク

크롬[chrome] 은백색의 단단한 금속 원소. 공기 속에서 녹이 슬지 않아 도금(鍍金)·합금에 널리 쓰임. 원소 기호는 Cr. クローム

크루:[crew] ① 선원. ② 승무원. ③ 조정(漕艇)에서, 한 팀. クルー

크루:저[cruiser] 순항(巡航)을 위한 요트. クルーザー

크루:즈미사일[Cruise missile] 순항(巡航) 미사일. クルーズミサイル

크리슈나[Krsna] 힌두교 신화의 영웅신(英雄神).

크리스마스[Christmas] 성탄(聖誕節)절(聖誕節). クリスマス

크리스마스실:[Christmas seal] 결핵(結核) 퇴치 기금을 모으기 위해 성탄절 전후에 발행되는 우표. クリスマスシール

크리스마스이:브[Christmas Eve] 성탄절 전야(前夜). クリスマスイブ

크리스마스캐럴[Christmas carol] 성탄절을 축하하는 찬송가(讚頌歌). クリスマスキャロル

크리스천[Christian] 기독교 신자(信者). クリスチャン

크리스털[crystal] 수정(水晶). クリスタル

크리스털글라스[crystal glass] 고급(高級) 유리. 수정(水晶) 유리. クリスタルガラス

크리켓[cricket] 영국의 국기(國技). 11명씩 두 팀이 번갈아 가면서 방망이로 공을 쳐서 위켓(wicket)을 쓰러뜨리는 경기. クリケット

크리:크[creek] 배수(排水)·교통(交通) 등의 목적으로 만든 작은 운하(運河). クリーク

크릴[krill] 남극해(南極海)에서 잡히는 작은 새우 비슷한 플랑크톤.

크림:[cream] ① 우유의 지방으로 만드는 식품. ② 여성의 기초 화장품(基礎化粧品)의 한 가지. クリーム

크림:수:프[cream soup] 크림을 넣어 걸쭉하게 만든 수프. クリームスープ

크산토필[독 Xanthophyll] 꽃·과실·종자 등의 황색소(黃色素). キサントフィル

크샤트리아[Kshatriya] 인도

사회의 네 계급 중 왕족(王族)과 무사(武士)의 둘째 계급. クシャトリヤ

크세니아[xenia] 중복 수정(重複受精)의 결과, 꽃가루 형질이 씨앗의 배젖에 나타나는 현상. キセニア

클라리넷[clarinet] 목관 악기(木管樂器)의 한 가지. クラリネット

클라리온[clarion] 명쾌한 음색(音色)을 갖는 나팔의 한 가지. クラリオン

클라미도모나스 [chlamydomonas] 식물성 편모충류(鞭毛蟲類)에 속하는 단세포 동물의 총칭. クラミドモナス

클라비코:드[clavichord] 18세기에 유럽에서 쓰인 건반 악기(鍵盤樂器). クラビコード

클라이맥스[climax] ①흥분·긴장의 최고조(最高潮) 상태. ②극·사건의 절정(絶頂). クライマックス

클라이스트론[klystron] 극초단파(極超短波)의 발진·증폭용 진공관의 한 가지. クライストロン

클래스[class] ①등급(等級). 계급(階級). ②학급(學級). クラス

클랙슨[Klaxon] 자동차 경적(警笛) 장치. クラクション

클램프[clamp] ①공작물(工作物)을 공작 기계의 탁자 위에 고정시키는 장치. ②바이스(vice)의 한 가지. 작은 물건을 고정시키는 데 씀. クランプ

클러치[clutch] 원동축(原動軸)에서 종동축(從動軸)으로 동력을 전달 또는 차단하는 장치. クラッチ

클러치페달[clutch pedal] 클러치의 작동을 멈추게 하는 발판. クラッチペダル

클럽[club] ①동호회(同好會). ②골프채. ③카드놀이에서, 클로버(clover) 잎이 그려져 있는 카드. クラブ

클레이[clay] 점토(粘土). 찰흙. クレー

클레임[claim] ①지급 청구(支給請求). ②상품 거래에서 위약(違約)이 있을 경우 손해 배상의 청구와 이의를 제기하는 일. 구상(求償). クレーム

클렌저[cleanser] 금속·유리 따위를 닦는 세제(洗劑). クレンザー

클로렐라[chlorella] 민물에 사는 단세포 녹조류(綠藻類). クロレラ

클로로마이세틴 [Chloromycetin] 티푸스·파라티푸스의 특효약(特效藥)인 무색 투명한 항생 물질(抗生物質). クロロマイセチン

클로로퀸[chloroquine] 말라리아 치료제의 한 가지. クロロキン

클로로포름[chloroform] 마취제 및 용제(溶劑)로 쓰이는 무색의 휘발성(揮發性) 액체. クロロフォルム

클로로피크린[chloropicrin] 토양(土壤)의 소독·살충제로 쓰이는 휘발성 액체. クロロピクリン

클로로필[chlorophyll] 엽록소(葉綠素). クロロフィル

클로:르칼크[독 Chlorkalk] 표백분(漂白粉). クロールカルキ

클로:버[clover] 토끼풀. クローバー

클로:즈업[close-up] ①사진이

나 영화에서 대상(對象)의 일부를 가까이 크게 찍는 일. ② 어떤 일을 크게 다룸. クローズアップ

클로:크룸:[cloakroom] 극장·호텔·클럽 등의 휴대품(携帶品) 보관소. クロークルーム

클론:[clone] 단일 개체에서 영양 생식(營養生殖)에 의해 분리 증식된 식물 집단. クローン

클리노미터[clinometer] 지층의 주향(走向)·경사각을 재는 기구. クリノメーター

클리어런스[clearance] ① 재고 정리(在庫整理). 어음 교환. ② 축구에서, 자기편 골 앞의 공을 멀리 차내는 일. クリアランス

클리:드[cleat] ① 전선(電線)을 부설(敷設)할 때 눌러서 고정시키는 장치. ② 로프를 감아 고정시키기 위해 쇠나 나무로 만든 물건. クリート

클린:빌[clean bill] 무담보(無擔保) 환어음. クリーンビル

클린:업[cleanup] 야구에서, 장타(長打)를 쳐 주자를 모두 홈인시키는 일. クリーンアップ

클린치[clinch] 권투에서, 상대편의 공격을 피하기 위해 껴안는 일. クリンチ

클린:히트[clean hit] 야구에서, 깨끗한 안타(安打). クリーンヒット

키:[key] ① 열쇠. ② 관건(關鍵). ③ 피아노의 건반(鍵盤). ④ 컴퓨터 등의 글쇠. キー

키네오라마[kineorama] 파노라마에 색광선(色光線)을 써서 경치를 변화시켜 보이는 장치. キネオラマ

키네토스코:프[Kinetoscope] 초기의 영화 영사기(映寫機)의 상표명. キネトスコープ

키노드라마[kino-drama] 연극(演劇)과 영화를 결합한 연쇄극(連鎖劇). キノドラマ

키니네[네 kinine] ⇨퀴닌(quinine). キニーネ

키드[kid] 어린 염소의 가죽. 구두·장갑 등의 재료로 쓰임. キッド

키마이라[Chimaera] 그리스 신화 중의 괴수(怪獸). 전반신(前半身)은 사자·산양, 후반신은 용사(龍蛇)의 모양임. キマイラ

키메라[chimera] '키마이라'의 영어명(英語名). キメラ

키:보:드[keyboard] ① 악기의 건반. ② 건반 악기의 총칭. ③ 글쇠판. 자판(字板). キーボード

키부츠[히 Kibbutz] 이스라엘의 농업 공동체(農業共同體) 집단 농장의 한 형태. キブツ

키:워:드[key word] 문제 해결의 열쇠가 되는 말. 핵심(核心) 말. キーワード

키위[kiwi] ① 기위과의 원시적인 새. 날개는 없고 부리가 김. ② 다랫과의 덩굴성 과수(果樹). 양다래. 참다래. キウイ

키킹[kicking] ① 축구에서, 고의(故意)로 상대편을 차는 반칙. ② 축구에서, 공 차는 방법. キッキング

키타라[그 kithara] 고대 그리스의 발현 악기(撥弦樂器). キタラ

키톤[그 kiton] 아래위가 잇달린 고대 그리스의 옷. キトン

키틴[chitin] 곤충(昆蟲)·갑각류(甲殼類)의 껍질의 주성분이 되는 물질. キチン

키:펀치[key punch] 컴퓨터의 카드 천공기(穿孔機). キーパンチ

パンチ

키:포인트[key point] 주안점(主眼點). 사물의 요점. キーポイント

키:홀:더[keyholder] 열쇠 고리.

킥복싱[kick boxing] 주먹 이외에 발・팔꿈치・무릎을 쓰기도 하는 타이 특유(特有)의 권투. キック ボクシング

킥앤드러시[kick and rush] 럭비・축구에서, 공을 찬 뒤에 동시에 여럿이 돌진(突進)하는 방법. キックアンドラッシュ

킥오프[kickoff] 축구에서, 공을 참으로써 경기를 시작・재개(再開)하는 일. キックオフ

킨키나[quinquina] 꼭두서닛과의 상록 교목(喬木) 또는 관목(灌木). 껍질로 키니네를 만듦.

킬로그램[kilogram] 미터법 질량(質量)의 단위. 1000 그램. kg. キログラム

킬로리터[kiloliter] 미터법 부피의 단위(單位). 1000 리터. kl. キロリットル

킬로미:터[kilometer] 미터법 길이의 단위. 1000 미터. km. キロメートル

킬로와트[kilowatt] 전력(電力)의 단위. 1000 와트. kW. キロワット

킬로칼로리[kilocalorie] 열량(熱量)의 단위. 1000 칼로리. kcal. キロカロリー

킬트[kilt] 스코틀랜드의 전통(傳統) 의상. 스커트 모양의 남자용 바지. キルト

킴벌:라이트[kimberlite] 남아프리카 킴벌리 지방에서 산출되는 다이아몬드의 모암(母巖).

킹[king] ① 왕. ② 카드 놀이에서, 왕이 그려진 카드의 패. ③ 서양 장기(西洋將棋)에서, 왕이 되는 말. キング

킹사이즈[king-size] 표준(標準)보다 큰 것. 특대(特大). キング サイズ

킹코브라[king cobra] 뱀과에서 가장 큰 인도산 독사(毒蛇).

킹펭귄[king penguin] 펭귄과의 새. 남극(南極) 부근의 섬에 삶. 황제 펭귄.

킹핀[kingpin] 볼링의 중앙 핀.

타[他]* ①다를 타: 다르다. 「他界(타계)・他道(타도)・他計(타계)・他事(타사)・他心(타심)・他念(타념)・他鄕(타향)・他國(타국)」②남 타: 남. 「他人(타인)・他家(타가)・他門(타문)・自他(자타)」タ ①ほか

타:[打]* ①칠 타: 치다. 두드리다. 「打擊(타격)・打球(타구)・打殺(타살)・毆打(구타)・亂打(난타)」②수효의 단위. 12개글 한 묶음으로 이르는 말. 「一打(일타)・十打(십타)」ダ・チョウ ①うつ

타[佗] 짊어질 타: 짊어지다. 메다. 「佗負(타부)」タ・わびる

타:[妥]☆ ①편안할 타: 편안하다. 평온하다. 「妥綏(타수)・妥安(타안)」②온당할 타: 타당하다. 「妥結(타결)・妥定(타정)・妥協(타협)」ダ ①おだやか

타[唾] 침 타: 침. 침뱉다. 「唾液(타액)・唾面(타면)・唾手(타수)」ダ・つば

타[舵] 키 타: 키. 「舵手(타수)・舵工(타공)・舵機(타기)」ダ・かじ

타[惰] 게으를 타: 게으르다. 「惰貧(타빈)・怠惰(태타)・懶惰(나타)・惰眠(타면)・惰性(타성)」ダ・おこたる

타[楕] "橢"는 同字. 길고 둥글 타: 둥글고 길쭉하다. 「楕圓(타원)・楕率(타율)」ダ

타:[墮]☆ 떨어질 타: 떨어지다. 「墮落(타락)・墮淚(타루)・墮胎(타태)」ダ・おちる

타[駝] ①낙타 타: 낙타. 「駱駝(낙타)」②곱사등이 타: 곱사등이. 「駝背(타배)」③타조 타: 타조. 「駝鳥(타조)」ダ

타가[他家] 남의 집. 또는 다른 집. たけ　　　another house

타가 수분[他家受粉] 수꽃술의 꽃가루가 다른 개체의 꽃의 암술머리에 붙는 일. 딴꽃가루받이. ↔자가 수분(自家受粉).　　　cross-pollination

타가 수정[他家受精] ①동물에서, 다른 개체간에 일어나는 수정. ②⇨타가 수분(他家受粉). ↔자가 수정(自家受精).

타:**개**[打開] 어렵게 얽힌 상황이나 문제를 해결할 길을 엶. 「~책(策)」だかい　　　breakthrough

타:**격**[打擊] ①때려 침. ②심한 충격이나 손실 등을 받거나 주는 일. ③야구에서, 투수가 던지는 공을 타자가 배트로 치는 일. 「~수(數)」だげき
① blow ② damage ③ batting

타견[他見] 남의 의견. other's opinion

타:**결**[妥結] 대립하던 양쪽이 합의(合意)하여 일을 매듭지음. だけつ　　　agreement

타계[他系] 다른 계통.

타계[他界] ①불교에서, 십계(十界) 중에서 인간 세계 이외의 세계. ②죽음의 경칭(敬稱). たかい　　　② death

타:계[他計] 다른 계책. 딴 꾀. 他計
たけい　　　　　other plan

타:고[打鼓] 북을 침. 打鼓
　　　　　beating drum

타:과[拖過] 기한을 끌어 나감. 拖過
=타거(拖去).　elongation

타관[他關] 다른 고장. =타향 他關
(他鄕).「~ 출행(出行)」
　　　　　strange land

타교[他校] 다른 학교. ↔본교 他校
(本校). たこう another school

타:구[打毬] 지난날, 공치기 운 打毬
동의 한 가지. 두 패로 갈라 각
각 말을 타고 경기장 가운데
놓인 두 공 가운데 자기 편 공
을 자기 편 구문(毬門)에 먼저
집어 넘기는 것으로 승부를 겨
룸. だきゅう

타:구[打球] 야구에서, 배트로 打球
공을 치는 일. 또는 그 공.
だきゅう　　　batting

타:구[唾具] 가래나 침을 뱉는 唾具
그릇. =타호(唾壺). spittoon

타국[他國] 남의 나라. 다른 나 他國
라. =외국(外國). たこく
　　　　　foreign country

타:기[打棄] 냉정히 끊어 버림. 打棄
　　　　　discard

타:기[唾棄] 아주 더럽게 생각 唾棄
하거나 업신여기어 침을 뱉듯
이 버리고 돌아보지 않음. だ
き　　　　abomination

타:기[惰氣] 게으른 마음. だき 惰氣
　　　　　indolence

타:기술중[墮其術中] 남의 간 墮其
사한 술책에 빠짐.

타:깃[target] ①과녁. ②일의 目標
목표. 또는 공격이나 비난의
대상. ターゲット

타닐빈[독 Tannalbin] 지사제 止瀉劑
(止瀉劑)의 한 가지. 알부민
과 타닌을 결합시킨 황색 가
루약. タンナルビン

타년[他年] 다른 해. たねん 他年
　　　　　some other years

타:농[惰農] 게으른 농사꾼. 惰農
↔정농(精農). だのう
　　　　　idle farmer

타닌[tannin] 나무 껍질이나 가 種子
지·뿌리·종자(種子) 등에 들
어 있는 떫은 성분을 뽑아 내
어 얻은 물질. 가죽의 무두질
따위에 쓰임. タンニン

타:당[妥當] 사리에 맞고 마땅 妥當
함.「~성(性)」だとう
　　　　　propriety

타:도[打倒] 어떤 대상을 쳐서 打倒
거꾸러뜨림. だとう overthrow

타동[他動] 동작이 다른 사물에 他動
미치어, 목적 또는 처분하는
대상을 필요로 하는 동작. ↔
자동(自動). たどう transitivity

타동사[他動詞] 동작이 다른 他動詞
사물에 영향을 미치거나, 동작
의 대상인 목적어가 있어야만
뜻을 이루는 동사. ↔자동사
(自動詞). たどうし　自動詞
　　　　　transitive verb

타락[酪酩] 우유의 딴이름. 酪酩

타:락[墮落] 올바른 정신을 잃 墮落
고 나쁜 길로 빠져듦. だらく
　　　　　degradation

타란텔라[이 tarantella] 3박 伊太利
자 또는 6박자계(系)의 아주
빠른 이탈리아 춤곡. タラン
テラ

타:력[打力] 야구에서, 타자가 打力
투수의 공을 치는 힘. だりょ
く　　　batting power

타력[他力] ①남의 힘. ↔자력 他力
(自力). ②불교에서 이르는,
부처나 보살의 능력. たりき
　　　　　① outside help

타:력[惰力] 타성(惰性)의 힘. 惰力
だりょく　　　inertia

타:령[打令] ①조선 시대에 발 打令

달한 음악 곡조의 이름. 또는 그 곡조로 된 악곡. ② 광대의 잡가나 판소리의 총칭. ③ 어떤 사물에 대하여 항상 뇌까리는 일.「만날 옷~이다」

타:루[墮淚] 눈물을 흘림. 또는 그 눈물. =낙루(落淚). だるい shedding tears

타:루[墮漏] ⇨누락(漏落).

타르[tar] 나무·석탄 등을 건류(乾溜)하여 얻는 갈색·흑색의 끈끈한 액체. 목(木)타르·콜타르 등. タール

타르타로스[Tartarus] 그리스 신화에서, 지하의 명계(冥界) 가장 밑에 있는 나락(奈落)의 세계.

타르타르산(酸)[tartaric acid] 청량 음료·약제·물감 등의 제조에 쓰이는 물질. 주석산(酒石酸).

타:망[打網] 물고기를 잡는 그물의 한 가지. 위쪽에 벼릿줄이 있고 아래에는 쇠나 납으로 된 추가 달려 있어, 벼리를 잡고 던지면 원뿔꼴로 퍼짐. 쟁이. =투망(投網). うちあみ casting net

타:매[唾罵] 침을 뱉으며 꾸짖는다는 뜻으로, 아주 더럽게 여기며 욕함을 이르는 말. insult

타:맥[打麥] 보릿단에서 낟알을 떠는 일. 보리 타작. thrashing of barley

타면[他面] ① 다른 방면. 딴 방면. ためん ② 다른 면. ① other side

타:면[打綿] 솜을 탐. =탄면(彈綿).「~기(機)」だめん cotton beating

타:면[唾面] 언행이 더러운 사람의 얼굴에 침을 뱉음. spitting in a person's face

타:면[惰眠] 태만하여 잠만 잔다는 뜻에서, 게으름만 피운다는 말. だみん indolence

타:면기[打綿機] 솜을 타는 기계. 솜틀. cotton gin

타문[他門] 남의 가문. たもん other families

타문[他聞] 남이 들음. 남의 귀에 들어감. たぶん publicity

타바스코[멕 Tabasco] 빨간 고추에 신맛을 첨가한 매운 소스의 상표명. タバスコ

타바코[포 tabacco] 담배. タバコ

타:박[打撲] 어느 부위를 맞거나 세게 부딪힘.「~상(傷)」だぼく blow

타:박상[打撲傷] 얻어맞거나 부딪혀서 난 상처. 준타상(打傷). だぼくしょう bruise

타방[他方] ① 다른 방면. ② 다른 고장. たほう other side

타방[他邦] 다른 나라. =이방(異邦)·타국(他國). たほう foreign country

타사[他社] 다른 회사. 또는 남의 회사. ↔자사(自社). たしゃ another company

타사[他事] 다른 일. 또는 남의 일. たじ other matters

타:산[打算] 셈을 따짐. 이익이 되나 해가 되나 따져 봄. =절산(折算).「~적(的)」ださん calculation

타산지석[他山之石] 다른 산의 하찮은 돌로도 옥을 다듬는 데 쓸 수가 있다는 뜻에서, 다른 사람의 하찮은 언행이나 행동도 자신의 덕을 갈고 닦는 데 도움이 된다는 말.

타살[他殺] 다른 사람이 죽임. 또는 그 죽음. ↔자살(自殺). たさつ murder

타:살[打殺] 때려서 죽임. =박살(撲殺). 打殺 beating a person to death

타:상[打傷] 타박상(打撲傷)의 준말. うちきず 打傷

타색[他色] ① 다른 색. たしょく ② 조선 때, 사색 당파(四色黨派) 중에서 자기가 속한 파가 아닌 다른 당파. 他色黨派 ① other color

타생[他生] 불교에서, ① 내세에 다시 태어나는 일. ② 금생(今生) 이외의 전세(前世)나 후세(後世)의 생. たしょう 他生今生 ② previous existence

타:석[打席] 야구에서, 타자(打者)가 투수의 공을 치기 위하여 서는 자리. だせき 打席 batter's box

타:선[打線] 야구에서, 타력(打力) 면에서 본 타자의 진용. だせん 打線 batting lineup

타:선[唾腺] 타액선(唾液腺)의 준말. だせん 唾腺

타성[他姓] 다른 성(姓). =이성(異姓). 「〜바지」 たせい 他姓 another surname

타:성[惰性] ① 오래 되어 굳어진 버릇. ② ⇨관성(慣性). だせい 惰性 ① inertia

타소[他所] 다른 곳. =타처(他處). たしょ・よそ another place 他所

타:수[打手] 야구에서, 공을 치는 사람. =타자(打者). batter 打手

타수[舵手] 배의 키를 조종하는 사람. 키잡이. =주타수(操舵手). だしゅ steersman 舵手

타:수[唾手] 손에 침을 바른다는 뜻으로, 기운을 내서 시작함을 이르는 말. だしゅ 唾手

타:순[打順] 야구에서, 타자(打者)로 나서는 순서. だじゅん 打順 batting order

타심[他心] 다른 마음. 딴생각. =이심(二心). たしん duplicity 他心

타아[他我] 자아(自我)에 대립되는 타인의 아(我). ↔자아(自我). たが 他我自我

타:악기[打樂器] 쳐서 소리를 내는 악기. 징·북 따위. だがっき percussion instrument 打樂器

타:안[安安] 편안하고 조용함. peacefulness 安安

타애[他愛] 남을 사랑함. 자기를 희생하여 남의 이익이나 행복을 꾀함. たあい altruism 他愛

타:액[唾液] 타선(唾腺)에서 분비되는 소화액. 침. だえき saliva 唾液

타:액선[唾液腺] 침을 분비하는 선(腺). 침샘. 준타선(唾腺). だえきせん salivary gland 唾液腺

타:약[惰弱] 의지가 약함. =나약(懦弱). だじゃく feebleness 惰弱

타언[他言] ① 필요 없는 다른 말. ② 남에게 하는 말. たげん・たごん ① irrelevant remark 他言

타용[他用] 다른 데 씀. たよう diversion 他用

타워[tower] 탑(塔). タワー

타:원[楕圓] ① 길쭉하게 둥근 원. ② 두 정점(定點)으로부터의 거리의 합이 일정한 점의 자취. =장원(長圓). 「〜형(形)」 だえん ellipse 楕圓

타월[towel] 무명실로 거죽이 보풀보풀하게 짠 천. 또는 그 천으로 만든 수건. タオル 手巾

타율[他律] 남의 의지에 따라 행동하는 일. ↔자율(自律). たりつ heteronomy 他律

타:율[打率] 야구에서, 타수(打數)에 대한 안타수(安打數)의 비율. だりつ batting average 打率

타의[他意] ① 다른 생각. 딴마음. ② 남의 생각. 남의 의지. 他意

↪자의(自意). 타이

① another intention

타:의[妥議] 타협적으로 의논함. =타상(妥商).

타이[tie] ①끈. 줄. ②넥타이의 준말. ③악보에서, 붙임줄. ④樂譜 타이스코어의 준말. タイ

타이가[러 taiga] 북유럽·시베리아 중부·북아메리카 등지의 침엽수림(針葉樹林) 지대. タイガ

타이곤[tigon] 범의 수컷과 사자의 암컷과의 교배 잡종(交配雜種). タイゴン

타이드론:[tied loan] 돈을 꾸어 주는 나라가 쓸 데를 지정하여 내주는 빚. タイドローン

타이머[timer] ①운동 경기 등에서, 시간을 재는 사람 ② ⇨타임스위치. タイマー

타이밍[timing] 일의 속도·시간을 조절하는 일. 또는 그에 의한 효과. タイミング

타이스코어[tie score] 운동 경기에서, 동점(同點). タイスコア

타이어[tire] 차바퀴의 바깥둘레에 끼는, 고무로 만든 테. タイヤ

타이츠[tights] 몸에 착 달라붙는 스타킹 모양의 긴 바지. タイツ

타이탄[Titan] ①그리스 신화의 거인족(巨人族). ②토성의 가장 큰 위성. タイタン

타이트[tight] ①옷 따위가 몸에 꼭 끼여 여유가 없는. ②일정 따위가 꽉 짜여 여유가 없는.

타이트스커:트[tight skirt] 주름이 없고, 몸에 꼭 맞게 만든 스커트. タイトスカート

타이틀[title] ①표제. 제목. ②직명(職名). ③선수권. ④영화나 텔레비전 드라마 따위에서, 제목·스태프 등을 소개하는 자막. タイトル

타이틀매치[title match] 선수권(選手權)을 걸고 하는 시합. タイトルマッチ

타이푼[typhoon] 태풍(颱風). タイフーン

타이프[type] 타이프라이터의 준말. タイプ

타이프라이터[typewriter] 타자기(打字機). タイプライター

타이피스트[typist] 타자기 치는 일을 전문으로 하는 사람. 타자수(打字手). タイピスト

타이핑[typing] 타이프라이터로 타자(打字)하는 일. 타자. タイピング

타인[他人] 남. 다른 사람. たにん stranger

타인소시[他人所視] 남이 보고 있는 바라는 뜻으로, 속일 수가 없다는 말.

타일[tile] 벽이나 바닥 따위에 붙이는, 점토(粘土)를 구워서 만든 작고 얇은 판. タイル

타임[time] ①때. 시간(時間). ②타임아웃(time-out)의 준말. タイム

타임머신:[time machine] 과거와 미래로 여행을 하게 한다는 공상상(空想上)의 기계. タイムマシン

타임스위치[time switch] 일정한 시간이 지나면 자동적(自動的)으로 전류(電流)가 흐르거나 끊어지게 하는 장치. 타이머. タイムスイッチ

타임아웃[time-out] 배구·농구 따위에서, 경기 중에 선수의 교체(交替)·반칙 처리·작전

협의 등을 위하여 갖는 짧은 휴식(休息) 시간. タイムアウト 休息
타임캡슐[time capsule] 후세에 전하기 위하여, 그 시대를 대표·기념하는 기록이나 물건을 넣어서 땅 속에 묻는 용기(容器). タイムカプセル 容器
타입[type] ① 양식. 유형(類型). ② 전형(典型). 대표물. タイプ 類型
타:자[打字] 타자기의 키(key)를 눌러서 글자를 종이에 찍음. 「~기(機)」 typing 打字
타:자[打者] 야구에서, 공을 치는 사람. =타수(打手). だしゃ batter 打者
타:작[打作] ① 곡식을 두드리거나 하여 그 낟알을 거두는 작업. 마당질. ② 지주(地主)와 소작인(小作人)이 추수한 곡식을 어떤 비율로 가르는 소작 제도. ① threshing 打作 地主
타:전[打電] 무전이나 전보를 침. =타보(打報). たてん telegraphing 打電
타점[他店] 다른 가게. たてん another store 他店
타:점[打點] ① 야구에서, 타자가 얻어 낸 득점(得點). ② 점을 찍음. ③ 마음 속으로 정하여 둠. だてん ① runs batted in ② dotting 打點
타:정[安定] 온당하게 정함. 타당하게 정함. proper settlement 安定
타:제[打製] 두드리거나 깨서 만듦. 「~ 석기(石器)」 だせい 打製
타조[駝鳥] 타조과의 새. 조류 중에서 제일 크며, 날지는 못하나 다리가 발달하여 빨리 뜀. だちょう ostrich 駝鳥
타:종[打鐘] 종을 침. striking a bell 打鐘

타죄[他罪] 다른 죄. たざい another crime 他罪
타:주[惰走] 타성(惰性)으로 계속 달리는 일. だそう coast 惰走
타지[他地] ① 다른 지방이나 지역. ② ⇨타향(他鄕). ① another province 他地
타지[他紙] 다른 신문. たし another newspaper 他紙
타지[他誌] ① 다른 잡지. ② 다른 사기(史記). たし ① another magazine 他誌 史記
타지방[他地方] 다른 지방. 딴 고장. たちほう another province 他地方
타:진[打診] ① 타진기나 손가락으로 가슴·등 따위를 두드려서 그 소리로 병을 진단함. ② 상대방의 의사(意思)를 넌지시 알아봄. だしん ① percussion ② sounding 打診
타:진[打盡] 모조리 잡음. 휘몰아 잡음. 「일망(一網)~」 だじん catching the whole herd 打盡
타책[他策] 다른 계책. 다른 방법. another means 他策
타처[他處] 다른 곳. =타소(他所). another place 他處
타:척[打擲] 후려침. ちょうちゃく thrashing 打擲
타천[他薦] 남이 추천해 줌. ↔자천(自薦). たせん recommendation 他薦
타초경사[打草驚蛇] 풀을 두드려 뱀을 놀라게 한다는 뜻으로, 한쪽을 징벌함으로써 다른 쪽을 경계함의 비유. 打草驚蛇
타:탄[tartan] 스코틀랜드의 격자(格子) 무늬 직물. タータン 格子
타:태[惰怠] 느리고 게으름. =태만(怠慢). idleness 惰怠
타:태[墮胎] ① 뱃속에 든 아기가 달이 차기 전에 죽음. ② 약 墮胎

이나 수술로 태아(胎兒)를 모체로부터 떼어 내는 일. =낙태(落胎). だたい. abortion 落胎

타:트[tart] 과일을 넣은 파이(pie). タルト

타:파[打破] 규율이나 관례(慣例) 따위를 깨뜨려 없앰. 「인습(因襲)~」だは breaking 打破

타향[他鄕] 자기 고향이 아닌 다른 고장. =타관(他關)·이향(異鄕). ↔고향(故鄕). たきょう strange land 他鄕

타:혈[唾血] ①침에 섞여 나오는 피. ②⇨토혈(吐血). 唾血

타:협[妥協] 양쪽에 좋도록 서로 양보하여 협의함. 「~안(案)」だきょう compromise 妥協

타:훼[打毁] 때려 부숨. smashing 打毁

탁[托]☆ ①받침 탁: 받침. 「托子(탁자)·托盤(탁반)·托葉(탁엽)」②밀 탁: 밀다. 「托出(탁출)·托鉢(탁발)」タク 托子

탁[卓] ①탁자 탁: 탁자. 「卓子(탁자)·卓上(탁상)·卓球(탁구)」②높을 탁: 높다. 「卓冠(탁관)·卓見(탁견)·卓越(탁월)·卓行(탁행)」タク ①つくえ ②たかい 卓子

탁[坼] ①터질 탁: 터지다. 갈라지다. 「坼剖(탁부)·坼裂(탁렬)·坼封(탁봉)」②싹틀 탁: 싹이 트다. 「坼甲(탁갑)」タク 坼剖

탁[度] ①헤아릴 탁: 헤아리다. 「度地(탁지)·度支(탁지)」②법도 도: 규범. 법. 「度矩(도거)·度外(도외)」タク ①はかる 度地

탁[託] ①부탁할 탁: 부탁하다. 맡기다. 「託寄(탁기)·託送(탁송)·付託(부탁)·請託(청탁)·委託(위탁)·託兒(탁아)·託孤(탁고)·託子(탁자)·囑託(촉탁)·信託(신탁)」②핑계할 탁: 핑계하다. 「託言(탁언)·託故(탁고)·託病(탁병)」タク ①たよる ②かこつける 託寄

탁[啄] 쫄 탁: 쪼다. 「啄木(탁목)·啄啄(탁탁)」タク·ついばむ 啄木

탁[琢]☆ 옥 다듬을 탁: 옥을 다듬다. 「琢句(탁구)·琢器(탁기)」タク·みがく 琢句

탁[濁]☆ 흐릴 탁: 흐리다. 「濁流(탁류)·濁浪(탁랑)·濁聲(탁성)」ダク·ジョク·にごる 濁流

탁[擢] 뽑을 탁: 뽑다. 「拔擢(발탁)·擢用(탁용)」テキ·ぬく·ぬきんでる 擢用

탁[濯]☆ 씻을 탁: 씻다. 빨다. 「洗濯(세탁)·濯足(탁족)·濯濯(탁탁)」タク·あらう·すすぐ 濯足

탁[鐸] 방울 탁: 방울. 「金鐸(금탁)·木鐸(목탁)」タク·すず 木鐸

탁갑[坼甲] 씨앗에서 싹이 나오느라고 껍질이 터짐. 坼甲

탁객[濁客] ①분수를 모르는 사람. ②막걸리를 좋아하는 사람. =탁보(濁甫). 濁客

탁견[卓見] 뛰어난 견식(見識). =탁식(卓識). たっけん farsightedness 卓見

탁구[卓球] 일정한 규격의 탁상의 중앙에 가로로 얕은 그물을 치고 셀룰로이드로 만든 공을 채로 쳐서 넘기어 승부를 겨루는 실내 운동의 한 가지. たっきゅう table tennis 室內運動

탁덕양력[度德量力] 자신의 덕망과 역량을 헤아림. 度德

탁등[擢登] 뛰어난 사람을 뽑아 관직에 앉힘. 擢登

탁란[濁亂] 정치나 사회가 몹시 흐리고 어지러움. だくらん confusion 濁亂

탁랑[濁浪] 흐린 물결. だくろう turbid waves 濁浪

탁렬[坼裂] 터져서 갈라짐. 坼裂

탁론[卓論] 뛰어난 이론(理論)이나 논의(論意). =탁설(卓說). たくろん excellent argument

탁류[濁流] 흘러가는 흐린 물. 또는 그 흐름. だくりゅう muddy stream

탁립[卓立] ① 여럿 가운데 유달리 우뚝 서 있음. ② 여럿 가운데서 특별히 뛰어남. たくりつ prominence

탁마[琢磨] ① 옥이나 돌을 쪼고 갊. ② 학문이나 기술 따위를 힘써 닦고 익힘. 「절차(切磋)~」 たくま
① polishing ② cultivation

탁목조[啄木鳥] 딱따구릿과에 속하는 새의 총칭. 딱따구리. ㉿탁목(啄木). きつつき woodpecker

탁발[托鉢] 중이 집집마다 다니며 동냥하는 일. 「~승(僧)」 たくはつ religious mendicancy

탁발[卓拔] 남보다 뛰어나게 우수함. =탁월(卓越). たくばつ prominence

탁발[擢拔] 여러 사람 가운데서 뽑아 씀. =발탁(拔擢). selection

탁방[坼榜] ① 지난날, 과거(科擧)에 급제한 사람의 이름을 써서 내걸던 일. ② 일의 결말이 남. ② settlement

탁본[拓本] 석비(石碑) · 기물(器物) 등에 새긴 글씨나 그림을 종이 등에 찍어 내는 일. 또는 그 찍어 낸 종이. =탑본(搨本). たくほん rubbed copy

탁봉[坼封] 편지 따위의 봉한 것을 뜯음. breaking a seal

탁상[卓上] 책상이나 탁자 따위의 위. たくじょう on the table

탁상공론[卓上空論] 실현성이 없는 허황한 이론. 「~으로 끝난 회의」 desk theory

탁상 시계[卓上時計] 탁자 따위에 올려놓게 된 시계. たくじょうどけい table clock

탁상 연설[卓上演說] 회의나 연회 따위에서 자기의 자리에 서 하는 간단한 연설. たくじょうえんぜつ table speach

탁생[托生 · 託生] 몸을 다른 것에 의탁하여 살아가는 일. たくしょう
living on another's help

탁설[卓說] 뛰어난 의견이나 이론. =탁론(卓論). たくせつ
excellent opinion

탁성[濁聲] 탁한 목소리. だくせい · だみごえ thick voice

탁세[濁世] ① 어지러운 세상. ② 불교에서, 이 세상을 이르는 말. だくせ · だくせい
① corrupt world ② this world

탁송[託送] 남이나 수송 기관에 부탁하여 물건을 보냄. たくそう consignment

탁송 전보[託送電報] 전화 가입자가 전화를 이용해서 보내는 전보. たくそうでんぽう

탁수[濁水] 흐린 물. ↔청수(淸水). だくすい muddy water

탁식[卓識] 뛰어난 식견. =탁견(卓見). たくしき
farsightedness

탁신[託身] 몸을 의탁함.

탁아소[託兒所] 부모가 직장에 나가 일하는 동안, 그 아이를 맡아서 돌봐 주는 사회적 시설. たくじしょ public nursery

탁언[託言] ① 핑계하는 말. ② 남에게 부탁하여 전하는 말. たくげん ① excuse ② message

탁연[卓然] 여럿 중에 특히 뛰어난 모양. =탁이(卓爾). た

탁엽[托葉] 잎자루 밑동에 나는 托葉
한 쌍의 작은 잎. 턱잎. たく
よう　　　　　　　　stipule
탁예[濁穢] 흐림과 더러움. 濁穢
탁오[濁汚] 흐리어 더러워짐. 濁汚
=오탁(汚濁). だくお　impurity
탁월[卓越] 남보다 훨씬 뛰어 卓越
남. =탁발(卓拔). たくえつ
　　　　　　　　　excellence
탁월풍[卓越風] 어떤 지역에서 卓越風
항상 일정한 방향으로 부는 바
람. =항풍(恒風). たくえつふ
う　　　　　prevailing wind
탁음[濁音] 울림소리. =유성 濁音
음(有聲音). ↔청음(淸音). だ
くおん　　　　　　　　sonant
탁의[託意] 속마음을 다른 것에 託意
비기어 나타냄.　　　 allegory
탁의[濁意] 깨끗하지 못한 듯. 濁意
더러운 마음.　　　　foul mind
탁이[卓異] 남보다 뛰어나게 다 卓異
름.　　　　　　　preeminence
탁자[卓子] 판판한 판(板)에 여 卓子
러 개의 다리가 달린, 물건을
올려놓는 가구의 총칭. たくし
　　　　　　　　　　　table
탁자[託子] 자식을 남에게 맡김. 託子
탁재[卓才] 뛰어난 재주. 또는 卓才
그런 재주를 가진 사람. たく
さい　　　　excellent talent
탁절[卓絶] 비길 데가 없을 만 卓絶
큼 뛰어남. =탁출(卓出). た
くぜつ　　　　　　excellence
탁족[濯足] ① 발을 씻음. =세 濯足
족(洗足). ② 탁족회(濯足會)
의 준말.　　　　① foot bath
탁족회[濯足會] 여름철에 산 濯足會
수(山水)가 좋은 곳을 찾아다
니며 즐기는 모임. 㽞탁족(濯
足).
탁주[濁酒] 막걸리. だくしゅ 濁酒
　　　　　　　　　rice wine
くぜん　　　　preeminence

탁지[度地] 토지를 측량함. =　度地
측지(測地).　land surveying
탁출[卓出] 크게 뛰어남. =탁　卓出
월(卓越). たくしゅつ
　　　　　　　　excellence
탄:[呑] 삼킬 탄: 삼키다. 「呑　呑
聲(탄성)·呑下(탄하)·倂呑(병
탄)·甘呑(감탄)」ドン·のむ
탄:[坦] ① 평평할 탄: 평평하　坦
다. 「平坦(평탄)·坦坦(탄탄)·
坦路(탄로)」 ② 너그러울 탄: 坦率
너그럽다. 「坦率(탄솔)·坦懷
(탄회)·坦然(탄연)·坦蕩(탄
탕)」タン ① たいらか
탄:[炭]☆ 숯 탄: 숯. 「木炭(목 炭
탄)·炭素(탄소)·炭質(탄질)·
石炭(석탄)·粉炭(분탄)·煉炭
(연탄)·炭鑛(탄광)·炭田(탄
전)」タン·すみ
탄:[綻] 터질 탄: 터지다. 옷이 綻
찢어지다. 「綻露(탄로)·綻裂
(탄열)·綻破(탄파)」タン·ほ
ころびる
탄:[歎] "嘆"과 通用字. ① 탄 歎
식할 탄: 탄식하다. 「歎息(탄
식)」 ② 칭찬할 탄: 칭찬하다.
찬탄하다. 「歎服(탄복)·歎聲(탄
성)·感歎(감탄)·驚歎(경탄)」
タン ① なげく ② たたえる
탄:[誕] ① 태어날 탄: 태어나 誕
다. 「誕生(탄생)·誕辰(탄신)·
誕降(탄강)·生誕(생탄)」 ② 헛
될 탄: 헛되다. 허탄하다. 「誕
妄(탄망)·誕言(탄언)·誕辭(탄
사)·虛誕(허탄)」タン ① う
まれる
탄:[彈]☆ ① 탄알 탄: 탄알. 「彈 彈
丸(탄환)·銃彈(총탄)·彈皮(탄
피)·砲彈(포탄)·爆彈(폭탄)」
② 튀길 탄: 튀기다. 「彈琴(탄
금)·彈力(탄력)·彈性(탄성)·
彈弓(탄궁)」 ③ 탄핵할 탄: 죄
상을 들어서 탄핵하다. 「彈章

(탄장)·彈劾(탄핵)」ダン ① 彈劾
たま ② はじく

탄:[憚] ①꺼릴 탄: 꺼리다. 「忌憚(기탄)」 ② 두려울 탄: 두려워하다. 「憚服(탄복)」タン ① はばかる

탄:[殫] 다할 탄: 다하다. 「殫竭(탄갈)·殫亡(탄망)·殫識(탄식)·殫殘(탄잔)·殫盡(탄진)」タン

탄[灘] 여울 탄: 여울. 「灘響(탄향)·灘聲(탄성)」タン·ダン·なだ

탄:가[炭價] 탄의 값. 석탄이나 연탄의 값. price of coal

탄:강[誕降] 임금이나 성인(聖人)이 이 세상에 태어남. nativity

탄:갱[炭坑] 석탄을 캐내기 위해 파 놓은 구덩이. たんこう coal mine shaft

탄:고[炭庫] 석탄 등을 쌓아 두는 창고. たんこ coal bunker

탄:광[炭鑛] 석탄을 캐내는 광산. たんこう coal mine

탄:금[彈琴] 거문고나 가야금 등의 현악기를 탐. だんきん

탄:대[彈帶] 탄알을 끼워서 몸에 두를 수 있게 만든 띠. 탄띠. だんたい cartridge belt

탄:도[坦道] 평탄한 길. =탄로(坦路). たんどう broad and level highway

탄:도[彈道] 발사된 탄알이 목적물에 이르기까지의 길. 또는 그 곡선. だんどう trajectory

탄:도 유도탄[彈道誘導彈] 로켓 엔진의 추진력으로 날아가다가 추진제가 연소되면 대포의 탄도를 그리며 원거리를 가는 유도탄(誘導彈). 준탄도탄(彈道彈). だんどうゆうどうだん guided ballistic missile

탄:도탄[彈道彈] 탄도 유도탄(彈道誘導彈)의 준말. だんどうだん

탄:두[彈頭] 포탄·미사일의 머리 부분. 「핵(核)~」 warhead

탄:력[彈力] 팽팽하게 버티는 힘. だんりょく elasticity

탄:력 섬유[彈力纖維] 척추동물의 진피(眞皮)·피하(皮下)·혈관(血管) 등을 구성하는 조직에 있는 탄력이 강한 섬유. だんりょくせんい

탄:력성[彈力性] 튀기는 힘이 있는 성질. だんりょくせい elasticity

탄:로[綻露] 비밀이 드러남. =현로(現露). 「밀약(密約)이 ~나다」 disclosure

탄:망[誕妄] 허탄하고 망령됨. たんもう falsehood

탄:면[彈綿] 솜을 탐. 솜을 틂. =타면(打綿). cotton beating

탄:묵[彈墨] ①목수가 재목에 먹줄을 침. ② ⇨탄문(彈文).

탄:문[彈文] 탄핵(彈劾)하는 글. =탄묵(彈墨).

탄:미[歎美·嘆美] 감탄하여 찬미함. たんび admiration

탄:복[歎服] 감탄하여 심복(心服)함. admiration

탄:사[彈射] 탄알을 쏨. =탄발(彈發). firing

탄:사[歎辭·嘆辭] ① 감탄하여 하는 말. ② 탄식하여 하는 말. たんじ ① admiration ② lamentation

탄:산[炭山] 석탄을 캐내는 광산. =석탄광(石炭鑛). たんざん coal mine

탄:산[炭酸] 이산화탄소가 물에 녹아서 생긴 약한 산(酸). たんさん carbonic acid

탄:산수[炭酸水] 이산화탄소의

탄:산수[炭酸水] 수용액. 청량 음료 등으로 쓰임. たんさんすい　soda

탄:산지[炭酸紙] 얇은 종이에 기름·납·안료 등의 혼합물을 칠한 것. =복사지(複寫紙)·묵지(墨紙). たんさんし　carbon paper

탄:상[炭床] 석탄이 있는 지층(地層). =탄층(炭層). たんしょう　coal bed

탄:상[歎賞·嘆賞] ① 감탄하여 칭찬함. ② 감탄하며 구경함. たんしょう　admiration

탄:생[誕生] ① 존귀한 사람의 태어남을 높이어 이르는 말. ② 어떤 조직·제도·사업체 등이 생겨남의 비유. たんじょう　birth

탄:석[歎惜] 탄식하며 애석해 함. たんせき

탄:성[彈性] 외부의 힘으로 부피나 모양이 변한 물체가 그 힘이 없어지면 다시 본디의 상태로 돌아가는 성질. だんせい　elasticity

탄:성[歎聲·嘆聲] ① 탄식하는 소리. ② 감탄하는 소리. 「～을 지르다」たんせい　① sigh ② sigh of admiration

탄성[灘聲] 여울물이 흐르는 소리.

탄:소[炭素] 탄소족 원소의 한 가지. 고온에서 연소하여 이산화탄소가 됨. 비결정성 탄소·흑연·다이아몬드의 세 가지 동소체(同素體)로 산출됨. 원소 기호 C. たんそ　carbon

탄:소강[炭素鋼] 탄소 함유량이 2% 이하인 철. たんそこう　carbon steel

탄:소봉[炭素棒] 탄소 막대기. 아크등(arc 燈) 따위에 쓰임. たんそぼう　carbon

탄:수[炭水] ① 석탄과 물. ② 탄소와 수소. たんすい　① coal and water ② carbon and hydrogen

탄:수화물[炭水化物] 탄소·수소와 산소의 화합물. 동물의 주요 영양소의 한 가지. =함수 탄소(含水炭素). たんすいかぶつ　carbohydrate

탄:식[歎息·嘆息] 한탄하며 한숨을 쉼. たんそく　sigh

탄:신[誕辰] 생일(生日)의 높임말. =탄일(誕日). たんしん　birthday

탄:압[彈壓] 권력·무력 등으로 억누름. だんあつ　oppression

탄:앙[歎仰·嘆仰] 감탄하여 우러러봄. admiration

탄:약[彈藥] 탄환과 화약. 「～고(庫)」だんやく　ammunition

탄:연[坦然] 마음에 걱정이 없이 평온한 모양. たんぜん　composure

탄:우[彈雨] 빗발처럼 퍼붓는 총탄. だんう　shower of bullets

탄:우지기[呑牛之氣] 소라도 집어삼킬 듯한 장대한 기상. どんぎゅうのき

탄:원[歎願·嘆願] 사정을 말하며 도와 주기를 간절히 바람. 「～서(書)」たんがん　plea

탄:육[誕育] 귀한 사람을 낳아서 기름.

탄:이[坦夷] 근심이 없이 마음이 편함. =탄평(坦平). たんい

탄:일[誕日] ⇨ 탄신(誕辰).

탄:자[彈子] 탄알. だんし　bullet

탄:장[彈章] 어떤 사람의 죄상(罪狀)을 밝혀 탄핵(彈劾)하는 상소(上疏). impeachment

탄:저[炭疽] ① 탄저균에 감염되어 일어나는 가축의 법정 전염병. ② 탄저병균에 감염되어

생기는 식물의 병해. 과실·줄기·잎 등에 갈색 또는 흑갈색의 병반(病斑)이 생김. =탄저병(炭疽病). たんそ anthrax

탄ː전[炭田] 석탄이 많이 묻혀 있는 지역. =매전(煤田). たんでん coalfield

탄젠트[tangent] 직각 삼각형에서, 예각(銳角)의 대변과 그 각을 낀 밑변의 비를 그 각에 대하여 이르는 말. タンジェント

탄ː주[彈奏] ① 현악기를 연주함. ② 관원의 죄상을 밝혀 상주(上奏)함. だんそう ① performance

탄ː주지어[呑舟之魚] 배를 삼킬 만한 큰 고기라는 뜻으로, 큰 인물의 비유. どんしゅうのうお great man

탄ː지[彈指] 손가락을 튀김. だんし fillip

탄ː지지간[彈指之間] 손가락을 튀길 사이라는 뜻으로, 극히 짧은 동안의 비유.

탄ː진[炭塵] 탄광 안에 떠다니는 먼지 모양의 석탄 가루. たんじん coal dust

탄ː질[炭質] 숯이나 석탄 따위의 품질. たんしつ quality of coal

탄ː차[炭車] 석탄을 운반하는 차. たんしゃ coal wagon

탄ː착 거ː리[彈着距離] 탄알이 발사되어 떨어지는 지점까지의 거리. だんちゃくきょり range

탄ː창[彈倉] 연발총(連發銃)에서 보충용 탄알을 재어 두는 곳. だんそう magazine

탄ː층[炭層] 지층 사이에 낀 석탄층. =탄상(炭床). たんそう coal bed

탄ː칭[歎稱] 감탄하여 칭찬함. =탄상(歎賞). たんしょう admiration

탄ː탄[坦坦] 평평하고 넓은 모양. 「~ 대로(大路)」たんたん evenness

탄ː탄 대ː로[坦坦大路] ① 평평하고 넓은 큰길. ② 장래가 순조롭고 유망함의 비유. たんたんだいろ ① broad and level highway ② royal road to success

탄탈[독 Tantal] 금속 원소의 한 가지. 전성(展性)·연성(延性)이 좋고, 산에 침식되지 아니함. 의료 기구 등으로 쓰임. 원소 기호는 Ta. タンタル

탄ː토[呑吐] 삼킴과 뱉음. どんと swallowing and spitting

탄ː통[歎痛] 몹시 한탄하고 마음 아파함. lamentation

탄ː평[坦平] ① 넓고 평평함. =탄이(坦夷). ② 마음이 편하고 한가로움. ① evenness ② peace

탄ː피[彈皮] 탄알을 쏜 뒤에 남는 껍질. empty cartridge

탄ː하[呑下] 알약이나 가루약 따위를 삼킴. swallowing

탄ː핵[彈劾] ① 죄상을 조사하여 탓함. ② 신분 보장이 되어 있는 고급 공무원이 직무상 중대한 비위(非違)를 범한 경우에, 국회의 소추(訴追)에 의해서 이를 처벌하거나 파면하는 일. だんがい impeachment

탄ː혈[彈穴] 포탄이나 폭탄이 터져서 생긴 지면의 구멍이. shot hole

탄ː화[炭火] ① 탄불. ② 숯불. すみび ① briquet fire ② charcoal fire

탄ː화[炭化] 유기물을 가열하여 탄소를 만드는 현상. たん

탄:화[彈火] 발사한 탄환에서 일어나는 불. 彈火 gunfire carbonization

탄:환[彈丸] ①탄알. ②총포에 재어 발사하면 그 힘으로 처라이나 탄알이 튀어나가게 된 물건. だんがん 彈丸 bullet

탄:회[坦懷] 아무런 거리낌도 없는 마음. 「허심(虛心)~」たんかい 坦懷 frankness

탄:흔[彈痕] 탄알을 맞은 자국. だんこん 彈痕 bullet mark

탈[脫]* ①벗을 탈: 벗다. 「脫衣(탈의)·脫却(탈각)·脫皮(탈피)·脫巾(탈건)」 ②뺄 탈: 빼다. 빠지다. 「脫毛(탈모)·脫色(탈색)·脫水(탈수)·脫落(탈락)」 ダツ ①ぬぐ 脫却

탈.[頉] 밀 탈: 말. 「頉免(탈면)·頉報(탈보)·無頉(무탈)」 頉 東

탈[奪]* 빼앗을 탈: 강제로 빼앗다. 박탈하다. 「奪取(탈취)·收奪(수탈)·侵略(탈략)·奪掠(탈략)」 ダツ・うばう 收奪

탈각[脫却] ①벗어남. ②벗어버림 だっきゃく breakaway 脫却

탈각[脫殼] ①병아리가 알에서 깨어 나오는 일. ②낟알 따위의 껍데기를 벗김. ③낡은 사상이나 습속(習俗)에서 벗어남. だっかく ①exuviation 脫殼

탈거[脫去] ①벗어 버리거나 벗겨 버림. ②몸을 빼쳐 도망함. =탈출(脫出). だっきょ extrication 脫去

탈겁[脫劫] 무섭거나 두려운 마음에서 벗어남. 脫劫

탈고[脫稿] 원고를 다 씀. ↔기고(起稿). だっこう completion of a manuscript 脫稿

탈곡[脫穀] 벼나 보리 따위의 낟알을 이삭에서 떨어 내는 일. だっこく threshing 脫穀

탈공[脫空] 뜬소문이나 억울한 죄명에서 벗어남. 脫空罪名

탈관[脫冠] 쓰고 있던 관을 벗음. taking off one's hat 脫冠

탈교[脫敎] 신앙하던 종교에서 이탈함. renouncing one's religion 脫敎

탈구[脫句] 빠진 글귀. だっく omitted phrase 脫句

탈구[脫臼] 뼈마디가 접질리어 어긋나는 일. だっきゅう dislocation 脫臼

탈:급[頉給] 사정을 참작하여 책임을 면제하여 줌. 頉給

탈기[奪氣] ①놀라거나 겁에 질려 기운이 빠짐. ②몹시 지쳐서 맥이 빠짐. ②exhaustion 奪氣

탈당[脫黨] 소속된 정당을 떠남. ↔입당(入黨). だっとう withdrawal from a party 脫黨

탈락[脫落] 어떤 데에 끼지 못하고 빠지거나 떨어짐. だつらく defection 脫落

탈략[脫略] ①소홀히 함. ②일을 덜어 간략히 함. だつりゃく 脫略

탈략[奪掠] 폭력 등을 써서 함부로 빼앗음. =약탈(掠奪). だつりゃく plunder 奪掠

탈로[脫路] 빠져 나가거나 도망칠 길. だつろ 脫路

탈루[脫漏] 있어야 할 것이 빠지거나, 안에 있던 것이 새어 나감. =누락(漏落). だつろう omission 脫漏

탈륨[thallium] 납과 비슷한 청백색의 금속 원소. 인공 보석(人工寶石)을 만드는 데 쓰임. 원소 기호는 Tl. タリウム 人工寶石

탈리[脫離] 벗어나 따로 떨어짐. =이탈(離脫). だつり secession 脫離

탈망[脫網] 망건을 벗음. 의관을 갖추지 않음의 비유로도 쓰 脫網

임.

탈:면[頉免] 특별한 사정으로 책임을 면제받음.
discharge from responsibility

탈모[脫毛] 털이 빠짐. 또는 빠진 그 털. だつもう・ぬけげ
fallen hair

탈모[脫帽] 모자를 벗음. ↔착모(着帽). だつぼう
taking off a hat

탈무드[히 Talmud] 유대인 율법 학자들이 사회의 모든 사상(事象)에 대하여 구전(口傳)된 것을 해설하여 집대성(集大成)한 책. タルムード

탈문[脫文] 글귀나 자구(字句)가 빠짐. 또는 그 글귀나 자구. だつぶん
missing passage

탈발[脫髮] 머리털이 빠짐. =탈모(脫毛). alopecia

탈법[脫法] 법의 규정을 교묘하게 빠져 나감. 「~ 행위(行爲)」 だっぽう evasion of the law

탈상[脫喪] 어버이의 삼년상을 마침. =해상(解喪).
leaving off mourning

탈색[脫色] 들어 있는 물색을 뺌. ↔염색(染色). 「~제(劑)」 だっしょく decolorization

탈선[脫線] ①기차·전차 따위가 선로에서 벗어남. ②정상적인 규범에서 벗어나 불미스러운 행동을 함. だっせん
① derailment ② deviation

탈세[脫稅] 세금의 일부나 전부를 속이고 내지 않음. だつぜい
tax evasion

탈속[脫俗] 속세(俗世)의 너저분한 일에서 벗어남. だつぞく
unworldliness

탈쇄[脫灑] 속기(俗氣)를 벗어나시 깨끗함.
being free from vulgarity

탈수[脫水] ①물질 속에 들어 있는 물기를 뺌. ②화학적으로 결합되어 있는 물을 제거함. だっすい
① desiccation ② dehydration

탈습[脫習] 낡은 습관에서 벗어남. =탈투(脫套). だっしゅう
being free from custom

탈신[脫身] 관계하던 일에서 몸을 뺌.

탈신도주[脫身逃走] 몸을 빼쳐 달아남. 준탈주(脫走).
abscondence

탈영[脫營] 군인이 병영(兵營)을 빠져 나가 달아남. 「~병(兵)」 だつえい
desertion from barracks

탈오[脫誤] 빠진 것과 잘못된 것. 탈자(脫字)와 오자(誤字). =오탈(誤脫). だつご
omission and error

탈옥[脫獄] 죄수가 감옥에서 달아남. =탈감(脫監). だつごく
jailbreak

탈의[脫衣] 옷을 벗음. ↔착의(着衣). 「~실(室)」 だつい
divestiture

탈자[脫字] 빠진 글자. だつじ
omitted word

탈장[脫腸] 체내의 장기가 본래의 위치에서 벗어난 상태. だっちょう hernia

탈저[脫疽] 몸의 조직 일부가 썩어서 문드러지는 병. 「~정(疔)」 だっそ gangrene

탈적[脫籍] 학적이나 병적·당적 따위의 적(籍)에서 빼서나 빠져 나감. だっせき
removal from a register

탈죄[脫罪] 죄에서 벗어남. だつざい evasion of punishment

탈주[脫走] 탈신도주(脫身逃走)의 준말. だっそう

탈지[脫脂] 지방분을 뺌. 「~유(乳)」 だっし removal of fat

탈지[奪志] 절개를 지키는 과부를 개가(改嫁)시킴.

탈지면[脫脂綿] 지방분과 불순물을 빼고 소독한 솜. 약솜. = 소독면(消毒綿). だっしめん absorbent cotton

탈진[脫盡] 기력(氣力)이 다 빠져 없어짐. 기운이 다 빠져 맥이 풀림. exhaustion

탈채[脫債] 빚을 다 갚음. 부채를 벗음. paying off

탈:처[頉處] ① 탈이 난 자리. ② 탈이 난 원인.

탈출[脫出] 빠져 나감. 몸을 빼어 달아남. =탈거(脫去). だっしゅつ escape

탈취[脫臭] 냄새를 빼어 없앰. だっしゅう deodorization

탈취[奪取] 남의 것을 빼앗아 가짐. だっしゅ seizure

탈태[奪胎] ① 옛날 사람의 시문(詩文)의 뜻을 따와 형식만 바꾸어 글을 지음. ② 면모를 일신하여 전혀 딴사람처럼 됨. =환골탈태(換骨奪胎).

탈토[脫兔] 빨리 달아나는 토끼라는 뜻으로, 몹시 빠르게 달아남의 비유. 「~지세(之勢)」 だっと

탈퇴[脫退] 정당·단체 따위에서 관계를 끊고 물러남. だったい secession

탈투[脫套] 구습에서 벗어남. being free from custom

탈피[脫皮] ① 뱀·곤충 따위가 성장함에 따라 낡은 허물을 벗음. ② 낡은 것을 버리고 새로운 태도를 가짐. だっぴ
① exuviation ② self-renewal

탈항[脫肛] 직장(直腸) 따위가 항문 밖으로 빠져 나옴. だっこう prolapse of the anus

탈화[脫化] ① 껍질이나 허물이 벗겨져 모양이 바뀜. ② 어떤 사물의 기본 특성은 살리면서 그 형식을 바꿈. だっか transformation

탈환[奪還] 빼앗겼던 것을 도로 빼앗아 찾음. =탈회(奪回). だっかん recapture

탈회[脫會] 어떤 모임에서 탈퇴(脫退)함. ↔입회(入會). だっかい withdrawal from membership

탈회[奪回] ⇨탈환(奪還). だっかい

탐[耽] 즐길 탐: 즐기다. 「耽溺(탐닉)·耽讀(탐독)·耽好(탐호)」 タン・ふける

탐[探]* 찾을 탐: 찾다, 염탐하다. 더듬어 찾다. 「探査(탐사)·探險(탐험)·搜探(수탐)·探偵(탐정)·探問(탐문)·密探(밀탐)·內探(내탐)·探究(탐구)·探賞(탐상)」 タン・さぐる

탐[貪]☆ 탐할 탐: 탐하다. 「貪慾(탐욕)·貪財(탐재)·貪食(탐식)·貪色(탐색)·貪汚(탐오)·貪心(탐심)」 ドン・タン・むさぼる

탐검[探檢] 탐색하고 두루 살핌. たんけん probe

탐관[貪官] 백성의 재물을 탐하는 관리. =탐리(貪吏). ↔염관(廉官). 「~오리(汚吏)」 corrupt official

탐광[探鑛] 광상(鑛床)·탄층(炭層)·유층(油層) 따위를 탐색함. たんこう prospecting for mines

탐구[貪求] 뇌물 따위를 탐내어 구함.

탐구[探求] 필요한 것을 조사하여 찾음. 찾아 구함. =탐색(探

索). たんきゅう　　　search
탐구[探究] 파고들어 깊이 연구함. 「진리(眞理) ～」 たんきゅう　investigation
탐권낙세[貪權樂勢] 권력을 탐내고 세도 부리기를 즐김.
탐기[耽嗜] 즐기고 좋아함. 아주 즐김.　enjoying
탐낭취:물[探囊取物] 주머니 속의 물건을 꺼낸다는 뜻으로, 손쉽게 얻음의 비유.
탐닉[耽溺] 어떤 일을 몹시 즐겨 헤어나지 못함. たんでき　indulgence
탐다무:득[貪多務得] 많은 것을 탐내고 가지려고 애쓴다는 뜻으로, 지나치게 욕심을 부림을 이르는 말. covetousness
탐독[耽讀] 책을 매우 열중하여 읽음. たんどく　avid reading
탐락[耽樂] 주색(酒色) 따위에 빠져 마음껏 즐김. たんらく indulgence in pleasure
탐련[耽戀] 연애에 온 정신이 빠짐.　indulgence in love
탐렴[貪廉] 탐욕(貪慾)과 청렴(淸廉). avarice and probity
탐리[貪吏] ⇒탐관(貪官).
탐리[貪利] 이익을 지나치게 탐냄. たんり　greed of gain
탐린[貪吝] 욕심이 많고 인색함. たんりん greed and miserliness
탐망[探望] ① 살피어 바라봄. ② 넌지시 바람. ① looking for
탐매[探梅] 매화가 핀 경치를 찾아 구경함. たんばい
탐문[探問] 더듬어 찾아가 물음. 「～ 수색(搜索)」 たんもん　indirect inquiry
탐문[探聞] 수소문하여 들음. たんぶん　obtaining information by inquiry
탐미[耽味] 깊이 음미하고 즐김. たんみ
탐미[耽美] 아름다움을 몹시 추구하여 거기에 온통 사로잡힘. たんび　love of beauty
탐미주의[耽美主義] 미(美)를 최고의 가치로서 추구하는, 예술상의 한 주의. たんびしゅぎ　estheticism
탐방[探訪] ① 수소문하거나 찾아봄. ② 어떤 사건의 자료를 얻거나 진상을 알아내기 위해 어떤 장소나 사람을 찾아가는 일. 「～기(記)」 たんぼう　inquiry
탐보[探報] 탐문하여 알림. report
탐사[探査] 알려지지 않은 사물을 실지로 찾아 조사함. たんさ　inquiry
탐상[探賞] 경치 좋은 곳을 찾아 구경함. たんしょう　sight-seeing
탐색[貪色・耽色] 여색(女色)을 좋아하고 즐김. ＝호색(好色). たんしょく　lechery
탐색[探索] 드러나지 않은 사물을 이리저리 살피어 찾음. 「～전(戰)」 たんさく　search
탐소실대[貪小失大] 작은 것을 탐내다가 큰 것을 잃음.
탐승[探勝] 경치가 좋은 곳을 찾아다님. たんしょう　sight-seeing
탐식[貪食] 음식을 탐함. 탐내어 먹음. たんしょく voracity
탐심[貪心] ① 탐내는 마음. ② 탐욕스러운 마음. たんしん　avarice
탐악[貪惡] 욕심이 많고 마음이 악함.　greed and evil
탐애[貪愛] 남의 것을 몹시 탐내고 제것은 아낌. たんあい greed and stinginess

탐오[貪汚] 욕심이 많고 행동이 더러움. たんお 貪汚

탐욕[貪慾] 지나치게 탐내고 욕심을 부림. どんよく 貪慾
coveteousness

탐음[貪淫] 지나치게 여색을 탐하고 즐김. たんいん 貪淫
sexual indulgence

탐장[貪贓] 관리가 옳지 못한 방법으로 재물을 탐함. 또는 그렇게 하여 얻은 재물. =범장(犯贓). 貪贓
bribe

탐재[貪財] 재물을 탐냄. 貪財
love of money

탐정[貪政] 욕심을 부리는 포악한 정치. 貪政
despotism

탐정[探情] 남의 의향(意向)을 넌지시 떠봄. 探情
sounding

탐정[探偵] 몰래 남의 사정을 살피고 탐문함. 또는 그런 일을 하는 사람. たんてい 探偵
detective service

탐정 소:설[探偵小說] 범죄 사건 따위를 추리(推理)하여 해결하는 과정에 중점을 둔 소설. たんていしょうせつ 探偵小說
detective story

탐조[探照] 멀리 살피기 위하여 불을 내비침. 「~등(燈)」たんしょう 探照
beaming a searchlight

탐지[探知] 형편을 탐색해서 알아냄. たんち 探知
detection

탐찰[探察] 샅샅이 찾아서 살핌. たんさつ 探察
search

탐춘[探春] 봄의 경치를 찾아 구경함. 「~객(客)」たんしゅん 探春
sight-seeing in spring

탐측[探測] 적(敵)의 형편 따위를 탐색하여 헤아림. たんそく 探測
probing

탐탐[tam-tam] 금속으로 된 타악기. 중국의 동라(銅鑼)가 관현악용으로 만들어진 것. タム 銅鑼

탐폰[프 tampon] 소독(消毒)한 솜이나 가제를 막대 모양으로 만든 것. 지혈(止血)이나 분비물의 흡수 등에 이용됨. タンポン 消毒

탐학[貪虐] 욕심이 많고 포악함. 貪虐
avarice and violence

탐험[探險] 위험을 무릅쓰고 실지로 답사함. 「~대(隊)」たんけん 探險
exploration

탐호[貪好] 몹시 즐기고 좋아함. 貪好
fanatic love

탐혹[耽惑] 어떤 사물에 마음이 빠져 정신이 흐려짐. 耽惑
addiction

탑[塔]☆ 탑 탑 : 탑. 「塔頭(탑두)·石塔(석탑)·鐵塔(철탑)·佛塔(불탑)」トウ 塔頭

탑[搨] 탑본할 탑 : 비문(碑文)을 박다. 「搨本(탑본)·搨影(탑영)」トウ 搨本

탑[搭] ① 태울 탑 : 태우다. 타다. 「搭乘(탑승)·搭客(탑객)·搭船(탑선)·搭載(탑재)」② 박을 탑 : 박다. 「模搭(모탑)」トウ ① のせる ② うつ 搭乘

탑[榻] 걸상 탑. 신 실상. 「榻床(탑상)·榻前(탑전)」トウ 榻床

탑객[搭客] 차나 배·비행기 따위에 탄 손. =승객(乘客). 搭客
passenger

탑본[搨本] 금석(金石)에 새긴 글씨나 그림을 그대로 박아 냄. 또는 그 종이나 책. とうほん 搨本
rubbed copy

탑비[塔碑] 탑과 비석. 塔碑
pagoda and monument

탑상[榻床] 의자·와상(臥床) 따위를 통틀어 이르는 말. とうしょう 榻床

탑선[搭船] 배를 탐. =승선(乘船). 搭船
boarding

탑승[搭乘] 배 또는 비행기를 搭乘

탑. 「~객(客)」とうじょう boarding

탑영[塔影] 탑의 그림자. shade of tower

탑영[搨影] 본디의 형상을 본떠서 그림. 또는 그 그림.

탑재[搭載] 비행기나 선박 따위에 물건을 실음. 「~량(量)」とうさい loading

탑재물[搭載物] 배나 비행기 따위에 실은 물건. とうさいぶつ load

탑첨[塔尖] 탑의 맨 꼭대기의 뾰족한 부분. steeple

탕:[宕] 방탕할 탕: 방탕하다. 「豪宕(호탕)」トウ

탕:[帑] ① 나라 곳집 탕: 나라의 곳집. 「內帑(내탕)·帑庫(탕고)·帑錢(탕전)」② 처자노: 아내와 자식. 자식. 「妻帑(처노)」トウ・ド・かねぐら

탕:[湯] ☆ 끓을 탕: 끓다. 「湯罐(탕관)·湯飯(탕반)·湯水(탕수)·湯藥(탕약)·湯池(탕지)」トウ・ゆ

탕:[蕩] ① 방탕할 탕: 방탕하다. 「放蕩(방탕)·蕩兒(탕아)·蕩心(탕심)·蕩産(탕산)」② 클 탕: 크다. 「蕩蕩(탕탕)·浩蕩(호탕)」③ 소탕할 탕: 소탕하다. 「掃蕩(소탕)·蕩竭(탕갈)」トウ ① ほしいまま ② ひろい

탕:[盪] ① 움직일 탕: 움직이다. 밀다. 「盪擊(탕격)·盪舟(탕주)」② 씻을 탕: 씻다. 「盪滌(탕척)」トウ

탕:**감**[蕩減] 빚이나 세금 따위를 온통 감해 줌. remission

탕:**건**[宕巾] 지난날, 벼슬아치가 갓 아래에 받쳐 쓰던 관(冠)의 한 가지. 말총으로 엮어 만드는데 앞쪽이 낮고 뒤쪽은 높아 턱이 졌음.

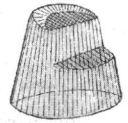
〔탕건〕

탕:**관**[湯罐] 국을 끓이거나 약을 달이는 그릇. 「약(藥)~」 pipkin

탕:**기**[湯器] 국이나 찌개 따위를 떠놓는 작은 그릇. soup bowl

탕:**면**[湯麵] 국에 만 국수. noodles in soup

탕:**반**[湯飯] 더운 장국에 만 밥. 장국밥. rice in soup

탕:**부**[蕩婦] 방탕한 여자. lewd woman

탕:**산**[蕩散] 망하여 뿔뿔이 흩어져 없어짐. =탕석(蕩析). とうさん

탕:**심**[蕩心] 방탕한 마음. とうしん lewd mind

탕:**아**[蕩兒] 방탕한 사내. =탕자(蕩子). とうじ prodigal

탕:**약**[湯藥] 달여서 먹는 한약. =탕제(湯劑). とうやく decoction

탕:**양**[蕩漾] 물결이 출렁거리는 모양. とうよう

탕:**일**[蕩逸] 방탕하여 절제함이 없음. dissipation

탕:**자**[蕩子] 방탕한 사나이. =탕아(蕩兒). prodigal

탕:**전**[帑錢] 임금의 사사로운 돈. =내탕금(內帑金). privy purse

탕:**정**[蕩定] 난리를 평정함. 소란을 진정시킴. =탕평(蕩平)

탕:**정**[蕩情] 방탕한 마음. lewdness

탕:**제**[湯劑] ⇨탕약(湯藥).

탕:**지**[蕩志] ① 크고 넓은 뜻. ② 방탕한 마음. ① ambition ② libertine

탕:진[蕩盡] 재물 따위를 다 써서 없앰. =탕패(蕩敗). とうじん　squandering

탕:척[蕩滌] 죄명을 깨끗이 씻어 줌.　discharge

탕:천[湯泉] 더운물이 솟아 나오는 샘. =온천(溫泉).　hot spring

탕:치[湯治] 온천에서 목욕하여 병을 고침. とうじ　hot-spring cure

탕:탕[蕩蕩] ① 크고 넓은 모양. ② 평탄하고 순조로운 모양. ③ 물살이 센 모양. ④ 마음이 안정되지 않는 모양. とうとう

탕평론[蕩平論] 조선 영조 때, 각 당파의 인물을 고루 기용하여 당쟁을 없애려던 논의.

탕:화[湯花] 유황이 많은 온천의 밑바닥에 가라앉아 생긴 유황화(硫黃華). ゆばな

태[太]* ① 클 태:크다. 「太平(태평)·太虛(태허)·太高(태고)」 ② 심할 태:심하다. 대단하다. 「太多(태다)·太甚(태심)」 ③ 콩 태:콩. 「豆太(두태)」 タイ·タ ① おおきい

태[台] ① 삼공 태:삼공(三公). 재상. 「台覽(태람)·台鑑(태감)·台座(태좌)·台閣(태각)·台宰(태재)」 ② 별 이름 태:별. 「台斗(태두)·三台星(삼태성)」 ダイ·タイ

태[兌] ① 바꿀 태:바꾸다. 「兌換(태환)」 ② 괘 이름 태:괘의 이름. 「兌方(태방)·兌卦(태괘)」 ダ

태[汰] ① 일 태:일다. 도태시키다. 「淘汰(도태)」 ② 사태 태:사태. 「沙汰(사태)」 ③ 씻을 태:씻다. 「淘汰(도태)」 タ

태[怠]* 게으를 태:게으르다. 나태하다. 「怠慢(태만)·怠惰(태타)·懈怠(해태)·怠傲(태오)」 タイ·おこたる

태[殆]* ① 위태할 태:위태롭다. 「殆哉(태재)·危殆(위태)」 ② 대개 태:대개. 거의. 「殆半(태반)」 タイ ① あやうい

태[胎] ① 아이밸 태:아이를 배다. 「胎中(태중)·胎兒(태아)·胎夢(태몽)·孕胎(잉태)」 ② 처음 태:시작. 「胎動(태동)·胚胎(배태)」 タイ ① はらむ

태[苔] 이끼 태:이끼. 「苔徑(태경)·苔石(태석)·苔泉(태천)·苔花(태화)·靑苔(청태)」 タイ·こけ

태[泰]* ① 클 태:크다. 「泰山(태산)·泰西(태서)」 ② 편안할 태:편안하다. 「泰平(태평)·泰然(태연)」 タイ ① ひろい ② やすらか

태[笞] 매질할 태:매로 때리다. 태형. 「笞掠(태략)·笞刑(태형)·笞擊(태격)」 チ·むち

태:[態]* 모양 태:모양. 태도. 「態度(태도)·態勢(태세)·事態(사태)·容態(용태)·世態(세태)·姿態(자태)」 タイ·すがた

태[颱] 태풍 태:태풍. 「颱風(태풍)」 タイ·あかしま

태가[駄價] 짐을 운반해 준 품삯. 짐삯.　cartage

태강즉절[太剛則折] 너무 세거나 빳빳하면 꺾어지기 쉬움.

태고[太古] 아주 먼 옛날. 「~시대(時代)」 たいこ　ancient times

태고[太鼓] 북. たいこ　drum

태고층[太古層] 지질 시대 중 가장 오랜 시대인 태고대의 지층(地層). たいこそう

태공[太空] 아득히 높고 먼 하늘.

태과[太過] 아주 지나침. 너무 심함. excessiveness

태교[胎敎] 태아(胎兒)에게 좋은 영향을 미치게 하기 위해 임부(妊婦)가 마음가짐을 바르게 하고 언행을 삼가는 일. たいきょう prenatal culture

태권도[跆拳道] 주로 맨손과 발로 방어하고 공격하는 우리 나라 고유의 호신 무술.

태그[tag] ① 상품의 재질(材質)·제조 회사·정가(定價) 따위를 적은 표. ② 야구에서, 수비측의 선수가 주자의 몸에 공을 대어 아웃시키는 일. 터치 아웃. ③ 프로 레슬링에서, 두 사람이 한 조가 된 선수. タグ

태그매치[tag match] 프로 레슬링에서, 두 사람이 한 조(組)가 되어 시합하는 경기 방식.

태극[太極] 역학(易學)에서, 우주 만물이 생겨나는 근원이라고 보는 본체. たいきょく

태극선[太極扇] 태극 모양을 그린 둥근 부채.

태금[汰金] 감흙 속에 섞인 사금(砂金)을 물에 일어 골라 냄. panning

태급[太急] 몹시 급함. =화급(火急). urgency

태기[胎氣] 아이를 밴 기미. signs of pregnancy

태납[怠納] 세금 내는 일을 게을리 하여 정해진 기한이 지나도록 내지 않음. たいのう

태낭[胎囊] 포유동물의 태아를 싸고 있는 주머니 모양의 것. embryonic sac

태내[胎內] 태(胎)의 안. たいない interior of the womb

태농[怠農] 농사일을 게을리 함. =나농(懶農).

태다수[太多數] 썩 많은 수. great number

태:도[態度] ① 몸의 자세. 몸가짐. ② 어떤 사물이나 상황에 대한 감정이나 생각 따위가 겉으로 나타난 모습. たいど attitude

태독[胎毒] 젖먹이의 머리나 얼굴에 생기는 피부병의 총칭. たいどく congenital boils

태동[胎動] ① 태 안에서 태아가 움직임. たいどう ② 어떤 일이 일어날 기운이 싹틈. ① quickening ② signs

태두[太豆] 소의 콩팥을 식용(食用)으로 할 때 이르는 말.

태두[泰斗] 태산북두(泰山北斗)의 준말. たいと

태란[胎卵] 태생(胎生)과 난생(卵生). viviparity and oviparity

태람[太濫] 너무 한도에 지나침. excess

태람[台覽] 지난날, 종이품 이상의 벼슬아치에게 글이나 그림 따위를 보낼 때 '살펴보라'는 뜻으로 겉봉에 쓰던 높임말. たいらん

태령[太嶺·泰嶺] 높고 험한 고개. steep and high pass

태류[苔類] 선태(蘚苔)식물의 한 가지. 우산이끼류·비늘이끼류 따위가 이에 딸림. たいるい liverworts

태마노[苔瑪瑙] 이끼와 같은 무늬가 있는 마노.

태막[胎膜] 태아를 싸서 보호하고 호흡·영양 따위에 관계되는 양막(羊膜)·장막(漿膜)·요막(尿膜) 따위를 통틀어 이르는 말. たいまく fetal membrane

태만[怠慢] 게으름. =태홀(怠

忽). たいまん neglect

태맥[胎脈] 아이를 밴 여자의 맥. pulse of a pregnant woman

태모[胎母] 아이를 밴 여자. =임부(妊婦)·잉부(孕婦). pregnant woman

태몽[胎夢] 아이를 밸 꿈. dream of conception

태무[殆無] 거의 없음.

태문[苔紋] 이끼의 모양으로 된 무늬. pattern of moss

태반[太半] 절반이 좀 넘음. 반수 이상. 「버스 충돌로 승객 ~이 중상을 입다」たいはん greater part

태반[殆半] 거의 절반. たいはん about the half

태반[胎盤] 포유류의 배(胚)의 양육 기관. 자궁 내벽과 태아의 사이에서 영양 공급 따위의 기능을 하는 조직. たいばん placenta

태발[胎髮] 태어나서 한 번도 깎지 않은 갓난아이의 머리털. 배냇머리. lanugo

태방[怠放] 태만하고 방종함. negligence

태백[太白] 금성(金星)을 달리 이르는 말. たいはく Venus

태벌[笞罰] 지난날, 태장(笞杖)으로 볼기를 치던 형벌. flogging

태변[胎便] 갓난아이가 태어난 뒤에 처음으로 누는 똥. 배내똥. たいべん first faecal discharges of a newborn baby

태보[胎褓] 태아를 싸고 있는 막(膜)과 태반(胎盤). 삼.

태부족[太不足] 많이 모자람. great want

태블릿[tablet] ① 패찰(牌札). ② 알약. 정제(錠劑). タブレット

태사[汰沙] 물에 일어서 좋고 나쁜 것을 갈라 놓음.

태산[泰山] 매우 높고 큰 산. 「~명동서일필(鳴動鼠一匹)」 たいざん high mountain

태산북두[泰山北斗] ① 태산과 북두성(北斗星). ② 세상 사람으로부터 존경을 받는 뛰어난 인물을 비유하여 이르는 말. 준태두(泰斗). たいざんほくと ② great authority

태상[太上] ① 가장 뛰어난 것. =극상(極上). ②⇨천자(天子). たいじょう

태상왕[太上王] 왕위를 물려 준, 생존하는 전 임금을 높이어 이르던 말. =태왕(太王). abdicated king

태생[胎生] ① 어미 뱃속에서 어느 정도 발육을 한 뒤에 태어나는 것. たいせい ② 어떤 지방에서 출생함. 「서울 ~」 ① viviparity ② origin

태생학[胎生學] 의학에서, 발생학(發生學)을 이르는 말. たいせいがく embryology

태서[泰西] ⇨서양(西洋). たいせい

태석[苔石] 이끼가 낀 돌. たいせい mossy stone

태선[苔蘚] 이끼. =선태(蘚苔). たいせん moss

태세[太歲] ① 그 해의 간지(干支). ② 목성(木星)을 달리 이르는 말.

태:세[態勢] 태도와 자세. 「결전(決戰) ~를 갖추다」たいせい posture

태수[太守] 지난날, 지방관(地方官)을 이르던 말. たいしゅ governor

태시[太始] ① 천지가 개벽할 무렵. ② 만물이 시작될 때. =

태초(太初). ③만물의 밑뿌리. =근본(根本). たいし ①② beginning of the world

태심[太甚] 몹시 심함. 너무 심함. =극심(極甚). extremity

태아[胎兒] 포유류의 모태 안에서 자라고 있는 아이 또는 새끼. たいじ embryo

태아[胎芽] 식물에서, 양분을 저장했다가 떨어져 나가 하나의 개체가 되는 싹. たいが propagule

태안[泰安] 태평하고 편안함. たいあん peacefulness

태양[太陽] 태양계의 중심을 이루며 지구와 가장 가까운 항성(恒星). 해. たいよう sun

태양계[太陽系] 태양을 중심으로 운행되고 있는 천체의 집단. たいようけい solar system

태양년[太陽年] 태양이 춘분점(春分點)을 통과하여 다시 그 자리로 돌아오기까지의 시간. 365일 5시간 48분 46초가 걸림. たいようねん solar year

태양등[太陽燈] 자외선을 인공적으로 발생시키는 전등. 보통 의료용으로 쓰이는 수은등을 이름. たいようとう sun lamp

태양력[太陽曆] 지구가 태양의 둘레를 한 바퀴 도는 동안을 1년으로 하는 역법. 준양력(陽曆). たいようれき solar calendar

태양열[太陽熱] 태양에서 방사되어 지구에 도달하는 열. たいようねつ solar heat

태양 전:지[太陽電池] 실리콘 따위의 반도체를 써서 태양의 광(光)에너지를 전기 에너지로 바꾸는 광전지(光電池). たいようでんち solar battery

태양 흑점[太陽黑點] 태양면에 나타나는 검은 반점. 준흑점(黑點). sunspot

태업[怠業] ①맡은 일을 게을리 함. ②표면적으로는 작업을 하면서 집단적으로 작업 능률을 떨어뜨려 사용자에게 손해를 끼치는 쟁의 행위. たいぎょう work stoppage

태연[泰然] 태도나 기색이 예사로움. 「~자약(自若)」たいぜん calmness

태열[胎熱] 태중(胎中)의 열로 말미암아 일어나는 갓난아이의 병증. congenital fever

태엽[胎葉] 얇은 띠 모양의 강철을 돌돌 감아서 풀리려고 하는 힘을 이용하는 부속품. 시계나 완구 따위의 동력(動力)으로 쓰임. spring

태오[怠傲] 거만하고 버릇이 없음. haughtiness

태음[太陰] 태양에 대하여 달을 이르는 말. たいいん the moon

태음년[太陰年] 태음력에 따른 1년. 태음월(太陰月)을 평년에는 12개월, 윤년에는 13개월로 잡은 기간. たいいんねん lunar year

태음력[太陰曆] 달이 지구를 한 바퀴 도는 시간을 기초로 하여 만든 역법. 준음력(陰曆). たいいんれき lunar calendar

태음월[太陰月] 달이 음력 초하루에서 다음 초하루까지, 또는 보름에서 다음 보름까지 걸리는 시간. たいいんげつ lunar month

태자[太子] 황태자(皇太子)의 준말. たいし

태전[苔田] 바닷가의 김을 양식하는 곳.

태점[胎占] 뱃속의 아이가 아들인지 딸인지 알기 위하여 치는 점(占).

태조[太祖] 한 왕조의 시조(始祖).「조선(朝鮮)~」たいそ founder

태중[胎中] 아이를 배고 있는 동안. たいちゅう in pregnancy

태초[太初] 천지가 개벽한 맨 처음. =태시(太始). たいしょ beginning of the world

태클[tackle] ① 럭비에서, 공을 가지고 달리는 상대편의 아랫도리를 잡아 쓰러뜨리는 일. ② 축구(蹴球)에서, 상대편의 공을 가로채는 일. タックル

태타[怠惰] 게으름. たいだ idleness

태탕[駘蕩] ① 봄빛이나 날씨가 화창한 모양. ② 넓고 큰 모양. たいとう

태평[太平·泰平] 세상이나 집 안이 잘 다스려져 평안함.「천하(天下)~」たいへい peace

태평소[太平簫] 국악기의 한 가지. 단단한 나무의 속을 파서 만든 관악기로, 8개의 구멍이 있음. 제례악·농악 등에 두루 쓰임. 날라리.

[태평소]

태풍[颱風] 북태평양 남서부에서 발생하여 아시아 동부로 불어오는, 폭풍우를 동반한 열대성 저기압. たいふう typhoon

태피스트리[tapestry] 색실로 무늬나 그림을 짜 넣은 직물(織物). 벽걸이 등 장식용으로 쓰임. タペストリー

태핏[tappet] 내연 기관(內燃機關)에서, 밸브를 밀어 올리는 역할을 하는 장치. タペット

태형[笞刑] 지난날, 태장(笞杖)으로 볼기를 치던 형벌. ちけい flogging

태환[兌換] ① 바꿈. =교환(交換). ② 지폐나 은행권을 정화(正貨)와 바꿈.「~권(券)」だかん ① exchange ② conversion

태황제[太皇帝] 황제의 자리를 물려 주고 생존하는 전 황제를 높이어 이르던 말. =태상황(太上皇). abdicated emperor

태후[太后] 황태후(皇太后)의 준말. たいこう

택[宅]* ① 집 택: 집.「宅地(택지)·家宅(가택)·自宅(자택)·住宅(주택)·幽宅(유택)」② 집안 댁: 집안.「宅內(댁내)·貴宅(귀댁)」タク ① いへ

택[擇]* 가릴 택: 가리다. 고르다.「選擇(선택)·採擇(채택)·擇言(택언)·擇良(택량)」タク・えらぶ

택[澤]* ① 못 택: 못.「澤畔(택반)·水澤(수택)·沼澤(소택)」② 윤기 택: 윤기.「潤澤(윤택)」③ 은혜 택: 은혜.「德澤(덕택)·惠澤(혜택)·厚澤(후택)」タク ① さわ

택거[宅居] 집에서 거처함. residence

택교[擇交] 친구를 가려서 사귐.

택길[擇吉] 좋은 날을 가려서 잡음. =택일(擇日). choice of an auspicious day

택량[擇良] 좋은 것을 골라 뽑음.

택반[澤畔] 못의 가장자리. 못가. たくはん

택서[擇壻] 사윗감을 고름. choice of one's son-in-law

택선[擇善] 선(善)을 택함.

택시[taxi] 택시미터를 장치하

여 요금을 받고 사람을 태워 주는 영업용(營業用) 승용차. 營業用 タクシー

택시미:터[taximeter] 택시에 장치한, 요금(料金) 자동 표시기(自動表示機). 料金 タクシーメーター

택일[擇一] 하나를 고름. 「양자(兩者)~」 擇一 たくいつ alternative

택일[擇日] 좋은 날을 고름. = 택길(擇吉). 擇日 choice of an auspicious day

택정[擇定] 골라서 정함. = 선정(選定). 擇定 selection

택지[宅地] 집을 지을 땅. 집터. 「~조성(造成)」 宅地 たくち building land

택지[擇地] 적당한 땅을 고름. 擇地 selecting land

택진[宅診] 의사가 자기 집에서 환자를 진찰함. ↔왕진(往診). 宅診 往診 たくしん office consultation

택출[擇出] 골라 냄. = 선출(選出). 擇出 たくしゅつ selection

택품[擇品] 좋은 물품을 고름. 擇品

택호[宅號] 성명 대신 남편의 벼슬 이름이나 주부의 친정 고장의 이름 따위를 붙여서 부르는 이름. 이 징관댁(李長官宅)·수원댁(水原宅) 하는 따위. 宅號 水原宅 title of the house

택혼[擇婚] 혼인할 상대자를 고름. 擇婚

탠덤[tandem] ①2인용의 자전거. ②두 필의 말이 앞뒤로 늘어서서 끄는 마차(馬車). 馬車 タンデム

탤런트[talent] ①재능(才能). ②인재. 재인(才人). ③텔레비전에 출연하는 연기자(演技者). 演技者 タレント

탬버린[tambourine] 나무 또는 금속으로 만든 둥근 테의 한쪽에 가죽을 대고 둘레에 작은 방울을 단 타악기(打樂器). 打樂器 タンバリン

탭[tap] ①수도(水道) 따위의 꼭지. ②암나사를 만드는 공구(工具). タップ 工具

탭댄스[tap dance] 밑창에 쇠붙이를 댄 구두를 신고, 구두의 앞끝과 뒤축으로 마룻바닥을 치며 추는 춤. タップダンス

탱[撐] 버틸 탱: 버티다. 떠받치다. 「撐拄(탱결)·撐柱(탱주)·支撐(지탱)」 トウ 撐拄 撐

탱고[tango] 4분의 2박자의 경쾌(輕快)한 춤곡. 또는 그에 맞추어 추는 춤. 輕快 タンゴ

탱주[撐柱] 넘어지지 않게 버티어 주는 기둥. 撐柱 prop

탱천[撐天] 높이 솟아 하늘을 찌름. = 충천(衝天). 撐天 rising high toward the sky

탱커[tanker] 유조선(油槽船). 油槽船 タンカー

탱크[tank] ①기체나 액체를 저장하는 큰 통. ②전차(戰車). 戰車 タンク

탱화[幀畵] 불교에서, 그림으로 그려서 벽에 거는 불상(佛像). 幀畵

터:[攄] ①펼 터: 펴다. 말하다. 「攄書(터서)·攄破(터파)·攄懷(터회)」 ②헤아릴 터: 상량하다. 「攄得(터득)」 チョ 攄破 攄得

터널[tunnel] ①산·바다·상 따위의 속을 통과하도록 만든 통로. 굴(窟). ②야구에서, 야수(野手)가 두 다리 사이로 공을 놓치는 일. トンネル 通路

터:닝슛[turning shoot] 농구·축구 등에서, 몸을 돌리면서 공을 던져 넣거나 차 넣는 일. 籠球

터:득[攄得] 스스로 생각하여 깨달아 앎. understanding 攄得

터릿[turret] 여러 공구(工具)를 작업 공정에 따라 장치하고 공구대를 회전시키면서 장치한 공구순으로 가공할 수 있게 만든 선반(旋盤). 터릿 선반. 타레트 工具 旋盤

터:미널[terminal] ① 버스·화물차 따위의 시발점 또는 종점(終點). ② 단말기(端末機). ③ 전기 회로 따위의 단자(端子). 터미널 終點 端末

터:번[turban] 인도인(印度人)이나 이슬람 교도가 머리에 감는 천. 터번 印度人

터보건[toboggan] 눈 위를 활강(滑降)하는 스포츠용 목재 썰매. 토보건 滑降

터:보제트엔진[turbojet engine] 터빈식 분사(噴射)로 추진력을 얻는 제트엔진의 한 가지. 터보제트엔진 噴射

터:보프롭엔진[turboprop engine] 제트엔진의 한 가지. 항공기용(航空機用) 기관으로, 터보제트에 프로펠러를 단 것. 터보프롭엔진 航空機用

터부:[taboo] 미신(迷信)이나 사회적인 관습에 의하여 어떤 행동이나 말을 금하는 일. 금기(禁忌). 타부 禁忌

터:빈[turbine] 물·가스·증기 따위의 힘으로 축을 회전시키는 원동기(原動機). 터빈 原動機

터치다운[touchdown] ① 럭비에서, 수비측의 선수가 자기편의 인골(in-goal) 안에서 공을 지면(地面)에 대는 일. ② 미식축구에서, 공을 가진 선수가 상대편(相對便)의 골라인을 넘어서는 일. 터치다운 地面

터치라인[touchline] 축구나 럭비 경기장의 좌우의 한계선(限界線). 터치라인 限界線

터:틀넥[turtleneck] 목 부분이 자라목처럼 된 셔츠나 스웨터. 터틀넥

턱시:도[tuxedo] 남자의 야회용(夜會用) 약식(略式) 예복(禮服). 턱시도 禮服

턱인블라우스[tuck-in blouse] 자락을 스커트 속으로 집어넣어 입는 블라우스. 언더블라우스. 턱인블라우스

턴:버클[turnbuckle] 밧줄·체인·철사(鐵絲) 따위를 당겨 죄는 기구. 鐵絲

턴:테이블[turntable] 레코드 플레이어에서 음반(音盤)을 올려놓는 회전반(回轉盤). 턴테이블 回轉盤

텀블러스위치[tumbler switch] 아래위로 잦히게 된 스위치의 한 가지.

텀블링[tumbling] 공중(空中)제비. 텀블링 空中

텅스텐[tungsten] 회백색의 굳고 단단한 금속 원소. 철망간중석·회중석(灰重石) 따위에 들어 있음. 원소 기호는 W. 텅스텐 金属

테너[tenor] 남성(男聲)의 가장 높은 음역(音域). 또는 그 음역의 가수. 테너 歌手

테니스[tennis] 중앙에 네트를 치고 양쪽에서 공을 라켓으로 서로 치고 받는 구기(球技). 테니스 球技

테니스코:트[tennis court] 테니스를 치거나 경기를 할 수 있게 시설을 마련해 놓은 운동장(運動場). 테니스코트 運動場

테라로사[이 terra rossa] 석회암의 풍화(風化)로 생기는 적갈색(赤褐色) 토양. 테라 風化

ロッサ

테라마이신[Terramycin] 항생 물질(抗生物質)의 한 가지. 티푸스 등의 세균 감염증에 효과가 있음. 본디는 상표명. テラマイシン 抗生物質

테라스[terrace] 실내(室內)에서 직접 밖으로 나갈 수 있도록 방의 앞면에 마련한, 길이나 정원(庭園)에 내민 부분. テラス 室內

테라초[이 terrazzo] 인조석(人造石)의 한 가지. 대리석·석회암의 부스러기를 시멘트와 혼합해서 굳힌 뒤에 표면을 갈아서 광택을 낸 것. テラゾー 人造石

테라코타[이 terra-cotta] 점토(粘土)를 구워서 만든 것의 총칭. テラコッタ 粘土

테러[terror] 폭력(暴力) 수단을 써서 남을 위협하거나 공포에 빠뜨리는 행위. テラー 恐怖

테러리스트[terrorist] 폭력주의자(暴力主義者). テロリスト 暴力

테르밋[독 Thermit] 알루미늄과 산화철(酸化鐵)을 같은 분량으로 섞은 혼합물. テルミット 酸化鐵

테르븀[terbium] 희토류(稀土類) 원소의 하나. 원소 기호는 Tb. テルビウム 稀土類

테르펜[terpene] 식물계에 널리 분포하는 탄화수소의 한 가지. 정유(精油)의 주성분을 이룸. テルペン 精油

테리어[terrier] 개의 한 품종. 영국 원산이 사냥개로 민첩하고 영리함. 애완용(愛玩用)으로도 기름. テリア 愛玩用

테:마[theme] ① 제목. 논제(論題). ② 주제(主題). 主題

테:마 뮤:직[theme music] 주제 음악(主題音樂). テーマミュージック 音樂

테스터[tester] 전기 기기의 전압이나 전류 등을 측정할 수 있도록 만든 장치. 회로계(回路計). テスター 回路計

테스토스테론[testosterone] 남성(男性) 호르몬의 한 가지. テストステロン 男性

테스트[test] 시험(試驗). 검사(檢査). テスト 試驗

테스트파일럿[test pilot] 시험 비행(飛行)을 하는 조종사. テストパイロット 飛行

테스트패턴[test pattern] 텔레비전 수상기(受像機)의 조정용으로 방송하는 특수한 화상(畫像). テストパターン 受像機

테이블매너[table manners] 양식(洋食)을 먹을 때의 예법. テーブルマナー 洋食

테이프[tape] ① 헝겊·종이 따위로 가늘고 길게 만든 오라기. ② 전선에 감아 절연(絕緣)하는 데 사용하는 고무를 입힌 좁은 오라기. ③ 소리나 부호를 기록하는 필름. ④ 접착(接着)하는 데 쓰는 물건. テープ 電線 接着

테이프덱[tape deck] 앰프와 스피커가 없는, 자기(磁氣) 테이프의 녹음·재생 장치. テープデッキ 再生

테이프리코:더[tape recorder] 자기(磁氣) 테이프에 소리를 기록하여 두었다가 다시 재생(再生)시키는 장치. テープレコーダー 磁氣 裝置

테이핑[taping] 운동 선수의 관절·근육·인대(靭帶) 등에 테이프를 감는 일. テーピング 靭帶

테일라이트[taillight] 열차(列車)나 자동차 따위의 뒤에 있는 등. 미등(尾燈). 尾燈

테:제[독 These] ① 정립(定

立). ② 강령(綱領). ③ 명제(命題). 테제

테크네튬[technetium] 인공(人工) 방사성 금속 원소의 한 가지. 원소 기호는 Tc. 테크네チウム

테크노크라시[technocracy] 기술 관료가 관리(管理)하는 사회·경제 체제(體制). 테크노크라시

테크노크라트[technocrat] 과학자나 기술자 출신의 관리. 기술 관료(技術官僚). 테크노크라트

테크놀러지[technology] ① 과학 기술. ② 공예학(工藝學). 응용 과학(應用科學). 테크놀로지

테크니컬파울[technical foul] 농구(籠球)에서, 퍼스널파울 이외의 파울. 테크니컬파울

테크닉[technique] 수법. 기교(技巧). 기술. 테크닉

테타니[tetany] 부갑상선의 기능 저하로 주로 팔다리에 일어나는 강직성(强直性) 경련증. 테타니

테트로도톡신[tetrodotoxin] 복어의 난소(卵巢) 따위에 들어 있는 맹독소(猛毒素). 테트로도톡신

테플론[Teflon] 플루오르를 함유한 플라스틱의 한 가지. 전기 절연성(絶緣性)이 뛰어남. 본디는 상표명. 테플론

텍스처[texture] ① 피륙 짜는 법. 또는 그 바탕. ② 재료 표면의 감촉(感觸). 텍스처

텍스트[text] ① 글의 본문. 원전(原典). ② 텍스트북(textbook)의 준말. 텍스트

텍스트북[textbook] 교과서(教科書). 교본(教本). 텍스트북

텍타이트[tektite] 흑요석(黑曜石) 비슷한 천연 유리질 물질. 텍타이트

텐더로인[tenderloin] 소·돼지의 허리 부분의 연한 살코기. 텐더로인

텐트[tent] 천막(天幕). 텐트

텔레마ː케팅[telemarketing] 전화를 이용한 통신(通信) 판매(販賣).

텔레미ː터[telemeter] 멀리 떨어진 곳의 상태를 자동적으로 측정(測定)하여, 그 정보를 전기 신호(電氣信號)로 바꾸어 송신하는 전기 계기와 송수신기. 텔레미터

텔레비전[television] 영상(映像)과 소리를 전파에 실어 보내어 수신 장치에 재현시키는 장치. 텔레비전

텔레타이프[Teletype] 텔레타이프라이터의 상품명. 텔레타이프

텔레타이프라이터[teletypewriter] 인쇄 전신기. 전신 인자기(電信印字機). 텔레타이프라이터

텔레파시[telepathy] 정신 감응(精神感應). 텔레파시

텔레팩스[telefax] 모사 전송(模寫電送). 텔레팩스

텔렉스[telex] 다이얼로 상대편을 불러 내어 텔레타이프로 통신하는 장치. 가입 전신(加入電信). 텔렉스

템페라[이 tempera] 안료(顔料)를 아교나 달걀의 노른자 따위로 녹여 만든 불투명한 그림 물감. 또는 그것으로 그린 그림. 템페라

템포[이 tempo] ① 음악에서,

빠르기 또는 박자(拍子). ② 줄거리나 내용의 진전 속도(進展速度). テンポ

토[土]* ① 흙 토: 흙. 땅. 「土質(토질)·黃土(황토)·腐土(부토)·土工(토공)·土役(토역)·寸土(촌토)·國土(국토)·邦土(방토)」 ② 지방 토: 지방. 「土民(토민)·土豪(토호)·土班(토반)·鄕土(향토)」 ト・ド ① つち

토:[吐]* 토할 토: 토하다. 말하다. 「吐瀉(토사)·吐器(토기)·呑吐(탄토)·嘔吐(구토)·吐露(토로)」 ト・はく

토[兎]* 토끼 토: 토끼. 「家兎(가토)·玉兎(옥토)·養兎(양토)」 ト・うさぎ

토[討]* ① 칠 토: 치다. 꾸짖다. 「討伐(토벌)·討匪(토비)·討平(토평)·聲討(성토)·討罪(토죄)·征討(정토)」 ② 따질 토: 따지다. 「討論(토론)·討究(토구)·討議(토의)·檢討(검토)」 トウ ① うつ

토각귀모[兎角龜毛] 토끼의 뿔과 거북의 털이란 뜻으로, 세상에 없는 것을 비유하여 이르는 말. とかくきもう

토감[土坎] ① 흙구덩이. ② 묏자리를 마련할 때까지 시체를 임시로 묻어 두는 일. ① hole in the ground

토건[土建] 토목과 건축. 「~업(業)」 どけん civil engineering and construction

토공[土工] ① 흙을 쌓거나 파는 따위의 흙을 다루는 공사. 또는 그 일에 종사하는 사람. ② 미장이. どこう ② plasterer

토관[土管] 흙으로 구워서 만든 관. 굴뚝이나 배수관 따위로 쓰임. どかん earthen pipe

토괴[土塊] 흙덩이. どかい・つち clod

토:구[吐具] ⇨토기(吐器).

토:구[討究] 사물의 이치를 따지며 연구함. とうきゅう study

토굴[土窟] ① 땅을 파서 굴처럼 만든 큰 구덩이. ② 땅 속으로 뚫린 굴. どくつ dugout

토기[土器] 흙으로 빚어서 잿물을 입히지 않고 구워 낸 그릇. =와기(瓦器). どき earthen vessel

토:기[吐氣] 토할 것 같은 기운. 욕지기. はきけ nausea

토:기[吐器] 씹어 삼키지 못할 음식을 뱉어 놓는 그릇. =토구(吐具).

토:납[吐納] 도가(道家)의 수련법에서, 묵은 기운을 토해 내고 새 기운을 받아들이는 법. 곧 심호흡(深呼吸)을 이름.

토낭[土囊] 설해(雪害)·방화(防火) 따위에 쓸 흙을 담은 주머니. どのう

토너[toner] 조색액(調色液). 전자 복사의 현상약(現像藥). トナー

토:너먼트[tournament] 경기 때마다 패자(敗者)를 제외(除外)하여 최후에 남은 두 팀이 우승을 결정하는 경기. 또는 그러한 경기 방식. トーナメント

토:네이도[tornado] 미국에서 일어나는 맹렬(猛烈)한 회오리바람의 하나. トルネード

토농[土農] 한곳에 자리잡고 살며 농사를 짓는 사람. native farmer

토닉[tonic] ① 강장제(强壯劑). ② 탄산 음료의 한 가지. トニック

토대[土臺] ① 흙을 높이 쌓은 대. ② 어떤 사물의 기초가 되

는 바탕. どだい
① plinth ② foundation

토:댄스[toe dance] 발레에서, 발끝으로 서서 추는 춤. トーダンス

토력[土力] 식물을 자라게 하는 땅의 힘. 땅심. fertility of soil

토:렴[←退染] 식은 밥이나 국수 같은 것에 더운 국물을 부었다 따랐다 하여 데우는 일.

토:로[吐露] 속마음을 다 드러내어 말함. =토파(吐破). とろ exposing one's mind

토:론[討論] 각기 자기 의견을 내놓고 논의함. とうろん discussion

토롱[土龍] 지렁이. earthworm

토륨[thorium] 방사성 금속 원소의 한 가지. 회색의 무거운 결정으로, 우라늄과 함께 원자력(原子力) 원료임. 원소 기호는 Th.

토르소[이 torso] 머리와 팔다리가 없이 몸통만으로 된 소상(塑像). トルソー

토마토[tomato] 가짓과의 실년초. 남아메리카 원산의 재배식물(栽培植物)로, 여름에 붉고 둥근 열매가 익음. トマト

토마토케첩[tomato ketchup] 토마토를 으깨어 향료(香料)·식초 따위로 맛을 낸 소스. トマトケチャップ

토막[土幕] 움막. 움집. 「~민(民)」 mud hut

토매[土昧] 문명이 깨지 못하고 지능이 낮음. 「~인(人)」

토멸[討滅] 쳐서 없애 버림. とうめつ extermination

토목[土木] 토목 공사(土木工事)의 준말. どぼく

토목 공사[土木工事] 목재·철재·토석 따위를 사용하여 도로·항만·다리·철도 따위를 건설하거나 그것을 유지하기 위한 공사를 통틀어 이르는 말. 준말 토목(土木). どぼくこうじ engineering works

토문[討問] 찾아가서 물음. inquiry

토민[土民] 대대로 그 지방에서 살고 있는 백성. =토착민(土着民). どみん natives

토반[土班] 여러 대를 두고 그 고장에서만 살고 있는 양반.

토방[土房] 마루를 놓을 수 있는, 처마 밑의 땅.

토번[土蕃] 토박이로 사는 미개한 백성. どばん

토벌[討伐] 거역하는 무리들을 무력으로써 침. =정벌(征伐). とうばつ subjugation

토벽[土壁] 종이를 바르지 않아 흙이 드러나 있는 벽. 흙벽. mud wall

토병[土兵] 토민 중에서 뽑은 군사. どへい local troops

토분[土墳] 흙을 모아 쌓아서 임시로 만든 분묘. どふん

토붕[土崩] 흙이 무너진다는 뜻으로, 어떤 일이 잘못되어 수습할 수 없음을 이르는 말. 「~와해(瓦解)」 どほう crumbling

토브랄코[tobralco] 평직(平織)의 무명. トブラルコ

토사[土砂] 흙과 모래. どしゃ earth and sand

토:사[吐瀉] 토하고 설사함. 「~곽란(癨亂)」 としゃ vomiting and diarrhea

토:사곽란[吐瀉癨亂] 위로는 토하고 밑으로는 설사하면서 배가 뒤틀리듯이 몹시 아픈 증세. vomiting and diarrhea

토사구팽[兎死狗烹] 토끼를 잡

으면 사냥개는 소용이 없어 삶아 먹는다는 뜻으로, 쓸모가 있을 때는 이용하고 필요가 없어지면 버리는 세정(世情)을 비유한 말. 狗烹

토산[土山] 돌은 없고 흙으로만 이루어진 산.

토산[土産] 그 지방에서 특유하게 나는 물건. 「~품(品)」 どさん local produce

토산종[土産種] 그 지방에서 특유하게 나는 종자나 종류. どさんしゅ

토색[土色] 흙빛. つちいろ

토색[討索] 금품을 억지로 달라고 함. 「~질」 extortion

토:설[吐說] 일의 경위를 사실대로 말함. =실토(實吐). telling the whole truth

토성[土性] 흙의 성질. =토질(土質). どせい soil quality

토성[土城] ① 흙으로 쌓은 성. ② 개자리 뒤에 흙을 쌓아 화살을 막는 둑. どじょう mud rampart

토성[土星] 태양계의 안쪽에서 여섯째 있는 행성. どせい Saturn

토속[土俗] 그 지방 특유의 풍속. 「~학(學)」 どぞく local customs

토순[兎脣] 토끼의 입술 같다는 뜻으로, 언청이를 달리 이르는 말. harelip

토:슈:즈[toe shoes] 발레에서, 토댄스를 출 때 신는 구두. トーシューズ

토스[toss] ① 공 따위를 가볍게 던져 올림. ② 배구에서, 자기 편 선수가 공격(攻擊)하기 쉽도록 공을 올려 주는 일. トス

토스배팅[toss batting] 야구에서, 가벼운 투구(投球)로 하는 타격(打擊) 연습. トスバッティング

토:스터[toaster] 토스트를 굽는 기계(機械). トースター

토:스트[toast] 얇게 썬 식빵을 살짝 구워서 버터나 잼 따위를 바른 것. トースト

토식[討食] 음식을 억지로 청하여 먹음.

토신[土神] 음양가에서, 흙을 맡아 다스린다는 신. どじん deity of the soil

토:실[吐實] 일의 경위를 사실대로 말함. =실토(實吐)・토설(吐說). telling the whole truth

토:심[吐心] 좋지 못한 기분으로 남을 대할 때, 상대편이 느끼는 불쾌하고 아니꼬운 마음. 「~스럽다」 displeasure

토:약[吐藥] 위(胃) 속의 것을 토하게 하는 약. emetic

토양[土壤] ① 흙. ② 식물이 생장할 수 있는 흙. 「~학(學)」 どじょう soil

토어[土語] ① 그 고장의 본토박이가 쓰는 말. ② 사투리. どご native language

토언제[土堰堤] 흙으로 쌓아 올린 둑. どえんてい earth bank

토역[土役] 흙을 다루는 일.

토:역[吐逆] 먹은 것을 토함. =구토(嘔吐). vomiting

토역[討逆] 역적을 쳐서 몰아냄. 역적을 토벌함. suppression of rebels

토연[土煙] 가는 흙가루가 날려 먼지처럼 일어나는 것. 흙먼지. つちけむり cloud of dust

토영삼굴[兎營三窟] 토끼는 위험을 피하기 위하여 세 개의 굴을 파 놓는다는 뜻으로, 자신의 안전을 위하여 미리 몇 가지의 계책을 짜 놓는다는 말.

토옥[土沃] 땅이 기름짐. ↔토척(土瘠). fertility

토옥[土屋] 재목을 거의 쓰지 않고 토담을 쌓아 그 위에 지붕을 이어 지은 집. 토담집. mud hut

토요일[土曜日] 칠요일의 하나. 일요일의 전날. どようび Saturday

토욕[土浴] ① 닭이 흙을 파서 헤치고 들어앉아 버르적거리는 일. ② 말이나 소가 땅바닥에 뒹굴면서 몸을 비비는 일.

토우[土偶] 흙으로 만든 인형. どぐう clay figure

토:유병[吐乳病] 한방에서, 젖 먹이가 젖을 토하는 병. とにゅうびょう

토음[土音] 사투리. dialect

토:의[討議] 각자의 의견을 내놓고 검토하고 협의하는 일.「~에 붙이다」 とうぎ discussion

토이[討夷] 오랑캐를 토벌함. とうい subjugation of savages

토장[土葬] 시체를 땅 속에 묻는 장사법. どそう interment

토장[土牆] 흙으로 쌓은 담. 토담. 흙담. earthen wall

토장[土醬] 된장. 「~국」

토적[討賊] 도적을 침. 역적을 토벌함.

토적성산[土積成山] 흙도 쌓이면 산을 이룬다는 뜻으로, 작은 것도 모이면 큰 것이 됨을 비유하여 이르는 말. =진합태산(塵合泰山).

토정[土鼎] 질로 구워 만든 솥. 질솥. earthen kettle

토:정[吐情] 속마음을 솔직하게 털어놓음. =토로(吐露). telling the whole truth

토정비결[土亭秘訣] 조선 명종 때, 토정(土亭) 이지함이 지었다는 책. 1년간의 신수(身數)를 보는 데 씀.

토:제[吐劑] 먹은 것을 토하게 하는 약제. =토약(吐藥). とざい emetic

토족[土族] 토반(土班)의 겨레.

토종[土種] ① 그 지방에서 특유하게 나는 품종. =토산종(土産種).「~꿀」② 본토박이.

토죄[討罪] 죄를 따져 다부지게 나무람. chastisement

토주[土柱] 빗물의 침식으로 생긴 흙의 기둥. どちゅう

토주[討酒] 술을 억지로 청하여 마심.

토지[土地] ① 땅. 흙. ② 논밭·집터 따위로 이용할 수 있는 지면(地面). ③ 소유하고 있는 땅. =영지(領地). とち ① soil ② site ③ feud

토지 개:혁[土地改革] 토지의 소유(所有) 형태를 새롭게 고치는 일. とちかいかく land reform

토지 수용[土地收用] 공공 이익을 위하여 필요한 토지를 국가가 강제로 수용하는 제도.「~법(法)」 とちしゅうよう expropriation of land

토질[土疾] 어느 지방의 수질(水質)이나 토질(土質)에 맞지 않아서 생기는 병의 총칭. =풍토병(風土病). endemic

토질[土質] 땅의 성질. 흙의 성질. どしつ soil quality

토착[土着] 대대로 그 지방에서 살고 있음.「~민(民)」 どちゃく aboriginality

토척[土瘠] 땅이 메마름. ↔토옥(土沃). sterility

토:출[吐出] ① 먹은 것을 토해 냄. ② 속에 품은 뜻을 털어놓음. ① vomit ② speaking one's mind

토:치카[러 totschka] 진지(陣地)의 중요한 부분을 콘크리트 따위로 견고히 쌓고 그 안에 강력한 화기(火器) 등을 갖춘 방어 진지.

토카타[이 toccata] 건반 악기를 위하여 써어진, 화려하고 빠른 전주곡(前奏曲).

토코페롤[tocopherol] 비타민 E의 본체(本體)가 되는 물질. トコフェロール

토크[toque] 테 없는 여성용 모자(帽子). トーク

토:크쇼:[talk show] 유명인이나 화제의 인물과의 대담(對談)·좌담(座談)으로 구성되는 방송 프로그램. トークショー

토:큰[token] 버스 요금이나 자동 판매기 등에 쓰기 위해 주조(鑄造)한 동전 모양의 물건.

토:키[talkie] 발성 영화(發聲映畫). トーキー

토:킥[toe kick] 축구(蹴球)에서, 발끝으로 공을 참.

토탄[土炭] 매몰된 햇수가 오래 되지 않아 탄화(炭化) 작용이 제대로 이루어지지 않은 석탄의 일종. =이탄(泥炭). peat

토:테미즘[totemism] 토템 신앙(信仰)에 의하여 형성되는 사회 체제 및 종교 형태. トーテミズム

토:템[totem] 미개(未開) 사회에서, 부족 또는 씨족과 특별한 혈연 관계에 있는 것이라고 하여 신성시(神聖視)하는 특정의 동식물이나 자연물. トーテム

토:파[吐破] 속마음을 다 털어놓고 이야기함. =토로(吐露). speaking one's mind

토파[討破] 남의 의견이나 설(說)을 공박함. refutation

토파즈[topaz] 황옥(黃玉). トパーズ

토퍼[topper] 가볍고 좀 헐렁한 여자용(女子用) 반(半)코트. トッパー

토평[討平] 무력(武力)으로 쳐서 평정(平定)함. suppression

토포[討捕] 토벌하여 잡음. capture

토품[土品] 논밭의 토질(土質). nature of soil

토풍[土風] 그 지방의 풍속. local customs

토플리스[topless] 여자 수영복(水泳服) 따위가, 젖가슴을 가리는 부분이 없는 상태인 것. トップレス

토피[兔皮] 토끼의 가죽. rabbit skin

토픽[topic] ① 제목. 논제(論題). ② 화제(話題). トピック

토:혈[吐血] 위·식도 등의 질환으로 피를 토함. =상혈(上血). とけつ spitting of blood

토호[土豪] ① 한 지방에서 오랫동안 살면서 양반을 떠세할 만큼 세력과 재산이 있는 사람. ② ⇨호족(豪族). どごう wealthy landowner

토화[土話] 그 지방 특유의 말. 사투리. dialect

톡소이드[toxoid] 병원체가 만드는 독소를 처리하여 독성(毒性)은 없애고 면역(免疫)을 만드는 성질만을 남긴 것. トキソイド

톡신[toxin] 독소(毒素). トキシン

톤:[tone] ①소리. 음조(音調). 音調 ②미술에서, 색조(色調). トーン

톤[ton] ①무게의 단위. 1톤은 1000kg임. ②용적(容積)의 단 容積 위. トン

톨:게이트[tollgate] 고속 도 로나 유료 도로(有料道路)에 有料 서 통행료를 받는 곳. トール게이트

톨로이데[독 Tholoide] 종상 鐘狀 화산(鐘狀火山). トロイデ 火山

톨루엔[toluene] 방향족(芳香族) 화합물의 한 가지. 벤젠의 수소 원자 하나를 메틸기로 치 환(置換)한 무색(無色)의 휘발 置換 성 액체. トルエン

톱[top] ①순서의 맨 처음. 또 는 정상(頂上)이나 선두(先頭). 頂上 ②신문 등의 지면에서 가장 눈 에 잘 띄는 자리. トップ

톱뉴:스[top news] 가장 중대 한 기사(記事)나 보도(報道). 記事 トップニュース

톱매니지먼트[top management] ①기업의 최고 간부 에 의한 경영(經營) 관리. ②최고 경영진. 사장·중역(重役) 重役 등. トップマネージメント

톱스타:[top star] 가장 인기 있는 연예인(演藝人). トップ 演藝人 スター

톱스핀[top spin] 테니스나 탁 구에서, 공의 윗부분을 빗겨 쳐서 공이 날아가는 방향으로 회전(回轉)하도록 하는 기법(技 回轉 法). トップスピン

톱코:트[topcoat] 봄·가을에 입는 얇은 외투(外套). トップ 外套 コート

통:[洞]* ①뚫을 통 : 통하다. 꿰뚫다. 「洞察(통찰)·洞見(통견) ·洞燭(통촉)·洞徹(통철)」② 빌 동 : 텅 비다. 동굴. 「洞窟 洞窟 (동굴)·同門(동문)」 ③마을 동 : 동네. 「洞里(동리)」ドウ ①つらぬく

통[桶] 통 통 : 통. 「桶匠(통장) ·鐵桶(철통)·斗桶(두통)」ト 鐵桶 ウ・おけ

통[通]* ①통할 통 : 통하다. 다니다. 「通關(통관)·通讀(통 독)·直通(직통)·開通(개통)· 通關 通行(통행)·通過(통과)·通勤 通行 (통근)」 ②모두 통 : 모두. 두 루. 「通稱(통칭)·通算(통산)」 ツウ ①とおる・かよう

통:[痛]* ①아플 통 : 아프다. 「痛症(통증)·苦痛(고통)·齒痛 苦痛 (치통)」 ②심할 통 : 심하다. 「痛駁(통박)·痛烈(통렬)·痛罵 (통매)」ツウ ①いたむ

통[筒] 대통 통 : 대통. 「水筒 (수통)·煙筒(연통)·竹筒(죽 竹筒 통)」トウ・つつ

통:[統]* ①거느릴 통 : 거느리 다. 「統率(통솔)·統監(통감)· 統率 統帥(통수)·統制(통제)·統禦 (통어)」 ②합칠 통 : 합치다. 「統一(통일)·統合(통합)」 ③ 統一 이을 통 : 잇다. 「系統(계통)· 傳統(전통)·血統(혈통)」トウ ①②すべる

통[筩] 대통 통 : 대통. 「竹筩 竹筩 (죽통)」トウ・たけづつ

통:[慟] 서러울 통 : 서럽다. 「慟 慟 哭(통곡)·慟泣(통읍)」ドウ・ 哭 なげく

통가[通家] ①선조 때부터 서 通家 로 친하게 지내 오는 집. つ うか ②통내외하고 지내는 집. 「~지의(之誼)」

통:각[痛覺] 피부 및 신체 내부 에서 아픔을 느끼는 감각(感 痛覺 覺). つうかく sense of pain

통간[通姦] ⇨간통(姦通). 通姦

통:감[統監] 정치나 군사를 통 統監

할하여 감독함. 또는 그 직책.
とうかん　　　　　supervision
통:감[痛感] 마음에 사무치게 느낌. つうかん　feeling acutely
통:개[洞開] 문짝 따위를 활짝 열어젖뜨림.
통:격[痛擊] 상대편을 맹렬히 공격함. 「~을 가하다」つうげき　severe attack
통:견[洞見] 앞일을 환히 내다 봄. どうけん　insight
통경[通經] ① 가톨릭에서, 두 사람 이상이 번갈아 가며 소리내어 기도문을 읽는 것. ② 처음으로 월경이 시작됨. ③ 막힌 월경을 통하게 함.
통계[通計] 전체를 통틀어서 계산함. =통산(通算). つうけい　total
통:계[統計] 어떤 자료나 정보를 분석·정리하여 그 내용을 특징짓는 횟수·빈도·비율 등의 수치를 산출해 낸 것. とうけい　statistics
통고[通告] 서면이나 구두로 어떤 내용을 통지함. つうこく　notice
통:고[痛苦] 몸이나 마음이 몹시 아프고 괴로움. =고통(苦痛). つうく　pain
통:곡[痛哭] 소리를 높여 슬피 욺. つうこく　wailing
통과[通過] ① 일정한 곳이나 때를 지나감. ② 관청에 낸 신청서나 의회에 제출한 의안(議案) 따위가 허가되거나 가결됨. つうか　passage
통:관[洞貫] 뚫어서 통하게 함. どうかん　piercing
통:관[洞觀] ① 꿰뚫어 봄. ② 추리(推理)·사고(思考) 따위에 의하지 않고 직관적으로 깨달음. どうかん　① penetration

② intuitive recognition
통관[通貫] 꿰뚫음. =관통(貫通).　penetration
통관[通款] 자기편의 내부 사정이나 형편을 상대편에게 몰래 알려 줌. つうかん　treachery
통관[通關] 법적 절차에 따라 세관(稅關)을 통과함. 「~ 절차(節次)」つうかん　clearance
통관[通觀] 전체를 통하여 전반적으로 훑어 봄. つうかん　general survey
통:관[統管] 여러 부문을 통일하여 관할함.　control
통:괄[統括] 개별적인 것을 한데 묶어 뭉뚱그려 잡음. とうかつ　generalization
통교[通交] 국가나 개인 사이에 우호적인 관계를 맺음. 「~조약(條約)」つうこう　diplomatic relations
통권[通卷] 잡지나 책 등의, 전체에 걸친 권수(卷數). 「~ 100 호」つうかん　consecutive number of volumes
통규[通規] 일반에게 공통적으로 적용되는 규칙. =통칙(通則). つうき　general rule
통:극[痛劇] 몹시 극렬함. つうげき　vehemence
통근[通勤] 집에서 직장에 근무하러 다님. 「~차(車)」つうきん　commutation
통금[通禁] 통행 금지(通行禁止)의 준말. 「~ 시간(時間)」
통기[通氣] 공기를 통하게 함. つうき　ventilation
통념[通念] 일반에 널리 통하는 개념. 「사회(社會)의 ~」つうねん　common idea
통뇨[通尿] 소변이 잘 통하여 나오게 함. つうにょう　drawing off the urine

통달[通達] ① 통지하여 알림. ② 어떤 부문의 일에 막힘이 없이 환히 앎. つうたつ ① notification ② mastery

통대자[通帶子] 전대 모양으로 속이 비게 겹으로 짠 띠. lined belt

통도[通道] ① 통하여 다닐 수 있도록 트인 길. =통로(通路). ② 사람이 마땅히 지켜야 할 도의(道義). ① passage ② common moral

통:도[痛悼] 마음이 몹시 아프고 슬픔. =상도(傷悼). つうとう mourning

통독[通讀] 책이나 문장 따위를 처음부터 끝까지 내리 읽음. つうどく reading through

통람[通覽] 책이나 글 등을 처음부터 끝까지 모두 봄. つうらん general survey

통래[通來] 오고 감. =내왕(來往). 「~가 끊어지다」 comings and goings

통력[通力] 만사에 다 통하는 신묘한 힘. =신통력(神通力). つうりき magic power

통:렬[痛烈] 몹시 매섭고 가차 없음. 「~한 비평(批評)」 つうれつ severity

통:령[統領] 전체를 통할하여 거느림. 또는 그런 사람. =통수(統帥)·통리(統理). とうりょう leading

통례[通例] 일반적으로 흔히 볼 수 있는 예. つうれい common practice

통로[通路] 사람이 다닐 수 있도록 트인 길. =통도(通道). つうろ way

통론[通論] ① 사리에 통달한 이론. ② 전체를 통한 일반적이고 공통된 이론. ③ 세상에 널리 통하는 이론. つうろん ① reasonable theory ② outline

통:론[痛論] 통렬하게 의견을 말함. 또는 그 의견. つうろん vehement argument

통률[通律] 일반에게 통용되는 규율. =통칙(通則). つうりつ general rule

통리[通理] ① 사리에 밝음. 사물의 이치에 통달함. ② 일반에 공통되는 도리. =투리(透理). つうり ① conversance ② common reason

통:리[統理] ① ⇨통령(統領). ② ⇨통치(統治). とうり

통:매[痛罵] 통렬히 꾸짖음. 또는 그런 꾸지람. つうば condemnation

통명[通名] 널리 알려져 일반에게 통하는 이름. つうめい popular name

통명[通明] 사리에 통달하여 막히는 데가 없이 환함. つうめい

통모[通謀] 남이 모르게 서로 통하여 공모(共謀)함. つうぼう collusion

통문[通文] 여러 사람이 돌려 보는 통지문(通知文). 「사발(沙鉢)~」 circulating notification

통:박[痛駁] 통렬하게 공박(攻駁)함. bitter confutation

통발 작용[通發作用] 식물체 안의 수분이 수증기가 되어 밖으로 배출되는 현상. =증산 작용(蒸散作用).

통방[通房] 교도소나 유치장 등에서, 이웃 감방(監房)의 수감자끼리 벽을 두드리거나 하여 암호로 연락을 주고받는 일. secret communication

통법[通法] ① 일반적으로 통하

는 법칙. =통칙(通則). ② 여러 가지로 나타낸 단위를 고쳐서 한 단위로 만드는 일. つうほう ① universal law ② reduction to a single unit 通則

통변[通辯] ⇨통역(通譯). つうべん 通辯

통보[通報] 통지하여 알림. つうほう notice 通報

통:봉[痛棒] ① 불교에서, 좌선(坐禪)할 때 정신 집중을 못하는 사람을 징벌하는 데 쓰는 막대기. つうぼう ② 뼈아픈 꾸지람. ② bitter criticism 痛棒

통부[通訃] 사망(死亡)을 알리는 통지. =고부(告訃)·부음(訃音)·부고(訃告). obituary 通訃

통분[通分] 분모(分母)가 다른 둘 이상의 분수나 분수식의 분모를 같게 만드는 일. つうぶん reduction to a common denominator 通分母

통:분[痛忿·痛憤] 원통하고 분함. つうふん indignation 痛忿

통비[通比] 전체를 통분(通分)한 비(比). common ratio 通比

통사[通史] 역사 기술의 한 양식. 전시대 또는 전지역에 걸쳐 개괄적으로 서술한 역사. つうし comprehensive history 通史

통사[通事] ⇨통역(通譯). つうじ 通事

통사정[通事情] ① 자기의 딱한 사정을 남에게 털어놓고 말함. ② 남의 사정을 잘 알아줌. 준통정(通情). ① unbosoming oneself ② being sympathetic 通事情

통산[通算] 통틀어서 계산함. =통계(通計). つうさん total 通算

통상[通商] 외국과 교통하며, 상업을 함. 「~ 조약(條約)」 つうしょう trade 通商

통상[通常] 특별하지 않고 예사임. つうじょう ordinariness 通常

통:상[痛傷] 몹시 애통하게 여김. つうしょう great sorrow 痛傷

통상 대:표부[通商代表部] 국교를 맺지 않은 나라에 상주(常駐)하여 통상에 관한 외교 업무를 전담하는 재외 공관(在外公館)의 하나. 通商代表部

통석[通釋] ⇨통해(通解). つうしゃく 通釋

통:석[痛惜] 몹시 애석함. つうせき deep regret 痛惜

통설[通說] 일반에 널리 알려지거나 인정되어 있는 학설. つうせつ popular view 通說

통섭[通涉] ① 사물에 널리 통함. ② 서로 사귀어 왕래함. ① conversance ② intercourse 通涉

통성[通性] 통유성(通有性)의 준말. つうせい 通性/通有性

통성[通姓] 통성명(通姓名)의 준말. 通姓名

통:성[痛聲] ① 병으로 앓는 신음 소리. ② 아픔을 못 견디어 지르는 소리. moan 痛聲

통성명[通姓名] 인사할 때 성명을 서로 일러줌. 준통성(通姓). exchanging names 通姓名

통소[通宵] 밤을 꼬박 새움. =통야(通夜)·철야(徹夜). つうしょう all-night sitting 通宵

통속[通俗] ① 세상에 널리 통하는 풍속. ② 일반 대중이 쉽게 알 수 있는 일. つうぞく ① common custom ② popularity 通俗

통:솔[統率] 어떤 조직체나 집단을 온통 몰아서 거느림. =통령(統領)·통수(統帥). 「~자(者)」 とうそつ leading 統率

통:수[統帥] ⇨통솔(統率). とうすい 統帥

통식[通式] 일반에 두루 통하는 방식. つうしき general form

통신[通信] ① 소식을 전함. 또는 그 소식. ② 우편·전신·전화 따위로 정보나 의사(意思)를 교환하는 일. つうしん ① correspondence ② communication

통신 교ː육[通信敎育] 우편·방송 등 통신의 방법으로 일정한 교육 과정을 이수하게 하는 교육 활동. つうしんきょういく correspondence education

통신 기관[通信機關] 우편·전신·전화 따위의 통신을 취급하는 기관. つうしんきかん organ of communication

통신망[通信網] 신문사·통신사 등에서, 각처에 통신원을 파견하여 본사와 연락하도록 짜 놓은 연락 체계. つうしんもう communications network

통신사[通信社] 신문사나 잡지사 등에 뉴스를 제공하는 기관. つうしんしゃ news agency

통신원[通信員] 신문사·방송국 등에 딸리어, 지방 또는 외국에 파견되거나 현지에 있는 사람으로서 그 곳의 뉴스를 취재하여 본사(本社)에 전하는 사람. つうしんいん correspondent

통신 위성[通信衛星] 원거리 사이의 전파 통신의 중계에 쓰이는 인공 위성. つうしんえいせい communication satellite

통신 판매[通信販賣] 소비자의 통신 주문에 따라 상품을 소포 등으로 보내 주는 판매 방법. つうしんはんばい mail-order sale

통ː심[痛心] 몹시 마음 아파함. 또는 몹시 아파하는 마음. =심통(心痛). つうしん heartache

통심정[通心情] 서로 마음을 주고받음. =통인정(通人情). 준통정(通情). rapport

통야[通夜] ⇨통소(通宵). つうや

통약[通約] ⇨약분(約分). つうやく

통ː양[痛痒] ① 아프고 가려움. ② 자신에게 직접 미치는 영향이나 이해 관계의 비유. つうよう ① pain and itch ② concern

통ː어[統御] 거느리어 제어(制御)함. とうぎょ control

통ː언[痛言] ① 심하게 말함. 또는 그 말. ② 듣기 괴로울 정도로 하는 바른 말. つうげん ② cutting advice

통ː업[統業] 나라를 다스리는 일. government

통역[通譯] 서로 통하지 않는 양쪽의 언어를 번역하여 그 뜻을 통하게 해 줌. 또는 그 사람. =통변(通辯)·통사(通事). 「~관(官)」つうやく interpretation

통용[通用] 세상 일반에 누루 쓰임.「~문(門)」つうよう popular use

통운[通運] ① 물건을 실어서 나름.「~ 회사(會社)」つうん ② 운수가 트임. 또는 트인 운수. ① transport ② good luck

통운[通韻] ① 음운(音韻)이 서로 통함. ② 한시(漢詩)에서, 운자(韻字)의 발음이 비슷하여 서로 통하여 쓸 수 있는 운. つういん

통ː운망극[痛隕罔極] 지극히 슬픔. 더할 나위 없이 슬픔. greatest grief

통유[通有] 일반적으로 다 같이 갖추고 있음. つうゆう
commonness

통유성[通有性] 일반적으로 다 같이 가지고 있는 성질. 준통성(通性). つうゆうせい
common trait

통융[通融] 필요한 물건이나 돈을 서로 돌려 씀. =융통(融通). accommodation

통:음[痛飮] 술을 매우 많이 마심. つういん carousal

통:읍[慟泣] 매우 슬퍼서 목놓아 욺. wail

통의[通義] 어느 때 어느 곳에서든 변하지 않고 통하는 의리. つうぎ general principle

통인[通人] 사물에 통달한 사람. つうじん

통:일[統一] ①나뉘어 있는 것들을 합쳐서 하나로 만듦. 「남북(南北) ~」 ②서로 다른 것들을 똑같이 되게 함. 「행동 ~」 ③다양한 여러 요소를 서로 관련지어 떨어질 수 없게 함. とういつ unification

통:일체[統一體] 서로 관련성을 가지고 하나로 합쳐진 단체나 형체. といつたい unity

통장[通帳] 금융 기관에서, 예금자에게 출납의 상태를 기록해 주는 장부. 「저금(貯金) ~」 つうちょう bank book

통:장[統長] 행정 구역인 통(統)에 관한 사무를 맡아보는 책임자.

통:절[痛切] 뼈에 사무치도록 간절함. つうせつ

통정[通情] ①통사정(通事情)의 준말. ②통심정(通心情)의 준말. ③남녀가 정을 통함.

통:제[統制] 일정한 방침에 따라 제한하거나 제약함. 「~구역(區域)」 とうせい control

통지[通知] 기별하여 알림. =통기(通寄). 「서면 ~」 つうち notification

통:징[痛懲] 엄중하게 징벌함. =엄징(嚴懲). severe punishment

통:찰[洞察] 전체를 환히 내다봄. 꿰뚫어 봄. =통시(洞視). どうさつ penetration

통창[通暢] 조리가 밝고 분명함. lucidity

통:책[痛責] 호되게 꾸짖음. 엄하게 꾸짖음. =엄책(嚴責). harsh reproof

통:철[洞徹] ①막힘이 없이 환하게 통함. ②환하게 다 깨달아 앎. どうてつ conversance

통철[通徹] 막힘이 없이 통함. つうてつ penetration

통첩[通牒] 서면으로 통지함. 또는 그 문서. つうちょう note

통:초[痛楚] 몹시 아프고 괴로움. つうそ pain

통:촉[洞燭] 사정이나 형편을 헤아려 살핌. =양찰(諒察). understanding

통치[通治] 한 가지 약이 여러 병에 두루 효험이 있음. 「만병(萬病) ~」
curing all of diseases

통:치[痛治] 엄격하게 다스림. =엄치(嚴治).

통:치[統治] ①도맡아 다스림. ②원수(元首) 또는 지배자가 권력을 행사하여 국토와 국민을 다스림. 「~권(權)」 とうち・とうじ reign

통칙[通則] 일반에게 공통적으로 적용되는 규칙. =통규(通規)·통률(通律)·통법(通法). つうそく general rule

통칭[通稱] ①공통으로 쓰이는

이름. ② 널리 일컫는 말이나 명칭. つうしょう
② popular name

통:쾌[痛快] 일이 뜻대로 이루어져 마음이 유쾌하고 시원함. つうかい　　keen pleasure

통:타[痛打] 통렬한 타격. 痛打

통:탄[痛嘆·痛歎] 몹시 슬퍼하며 탄식함. 또는 그 탄식. つうたん　deep lamentation

통투[通透] 사리를 깊이 꿰뚫어 환히 알게 됨.　penetration

통판[通版] 신문의 양면(兩面)을 한 텃줄 안에 몰아넣고 짠 판.

통폐[通弊] 일반에게 두루 있는 폐단. つうへい　common evil

통:폭[痛爆] 통렬한 폭격. つうばく　severe bombing

통표[通票] 단선(單線) 궤도에서, 한 구간에 한 열차만 통행할 수 있도록 발차역 역장이 기관사에게 주는 통행표. つうひょう

통풍[通風] 바람을 통하게 함. 「~ 장치(裝置)」 つうふう
airing

통:풍[痛風] 한방에서, 요산 대사(尿酸代謝)의 이상으로 생기는 관절염을 이름. つうふう
gout

통학[通學] 학생이 집이나 하숙에서 학교를 다님. つうがく
attending school

통:한[痛恨] 몹시 한탄함. つうこん　　deep regret

통:할[統轄] 모두 거느려서 관할함. とうかつ　governing

통:합[統合] 모두 합쳐서 하나로 모음. とうごう　unity

통해[通解] 전반에 걸쳐 막힘이 없이 환히 꿰뚫어 설명함. = 통석(通釋). つうかい
through explanation

통행[通行] 일정한 공간을 통하여 다님. 「~ 금지(禁止)」 つうこう　passage

통행 금:지[通行禁止] 특정한 지역이나 시간에 사람 및 차량의 통행을 일체 금하는 일. 준통금(通禁).
suspension of traffic

통혈[通穴] ① 갱도(坑道)와 갱도를 서로 통하도록 뚫음. 또는 그 구멍. ② 공기가 통하도록 구멍을 뚫음. 또는 그 구멍.　① air shaft　② ventilation opening

통호[通好] 서로 사귀어 우정을 맺음. つうこう　friendship

통혼[通婚] ① 두 집안이나 가문 사이에 혼인 관계를 맺음. ② 혼인하자는 의사를 선림.
① marriage　② making a proposal of marriage

통화[通貨] 한 나라 안에서 통용되는 화폐. 「~ 정책(政策)」 つうか　currency

통화[通話] 전화로 말을 서로 주고받음. 「~ 료(料)」 つうわ
telephone conversation

통화 개:혁[通貨改革] 주로 인플레이션을 막기 위해 인위적·통제적으로 화폐의 가치를 조절하는 통화 조치. =화폐 개혁(貨幣改革). つうかいかく
currency reform

통화 수축[通貨收縮] 통화의 양이 줄어 화폐 가치와 금리(金利)가 오르고 물가가 떨어지는 현상. ↔통화 팽창(通貨膨脹). つうかしゅうしゅく
deflation of currency

통화 팽창[通貨膨脹] 통화의 양이 늘어, 화폐 가치와 금리(金利)가 떨어지고 물가가 오

르는 현상. ↔통화 수축(通貨收縮). つうかぼうちょう
　　　inflation of currency

통환[通患] 여러 사람이 두루 가지고 있는 근심이나 병통. つうかん　universal trouble

통:회[痛悔] 크게 뉘우침. 몹시 후회함. つうかい　contrition

통효[通曉] 환하게 깨달아 앎. =효달(曉達). つうぎょう
　　　　　　　conversance

퇴:[退]* 물러날 퇴: 물러나다. 물리치다. 「退去(퇴거)·退社(퇴사)·退出(퇴출)·引退(인퇴)·擊退(격퇴)·退治(퇴치)·退婚(퇴혼)·退物(퇴물)·謙退(겸퇴)·辭退(사퇴)」タイ・しりぞく

퇴[堆] 쌓일 퇴: 쌓이다. 쌓다. 「堆積(퇴적)·堆肥(퇴비)·堆土(퇴토)」タイ・うずたかい

퇴[推] ① 밀 퇴: 밀어서 열다. 「推敲(퇴고)·推窓(퇴창)」 ② 옮을 추: 변천하다. 「推移(추이)」タイ・スイ　① おす

퇴[槌] ① 내던질 퇴: 내던지다. 「鐵槌(철퇴)」 ② 방망이 추: 몽둥이. 「槌杵(추저)」 ツイ

퇴:[腿] 넓적다리 퇴: 넓적다리. 「腿肉(퇴육)·腿骨(퇴골)·大腿(대퇴)」タイ・もも

퇴[褪] 빛 바랠 퇴: 빛이 바래다. 「褪色(퇴색)」タイ・あせる

퇴[頹] 쇠할 퇴: 쇠하다. 무너지다. 「衰頹(쇠퇴)·頹勢(퇴세)·頹運(퇴운)·頹落(퇴락)·頹雲(퇴운)·頹敗(퇴패)」タイ・くずれる

퇴:각[退却] ① 뒤로 물러감. ↔진격(進擊). ② 가져온 물건 따위를 받지 않고 물리침. たいきゃく　① retreat

퇴:거[退去] ① 물러감. ② 거주지에서 다른 곳으로 거주를 옮김. 「~ 명령(命令)」 たいきょ　　　leaving

퇴:경[退京] 서울에 있다가 시골로 내려감. ↔입경(入京). たいきょう　leaving the capital

퇴:경[退境] 어떤 경계 밖으로 물러감.

퇴고[推敲] 시문(詩文)을 지을 때, 자구(字句)를 여러 번 생각하여 첨삭하고 다듬음. すいこう　　　　polish

퇴:골[腿骨] 다리를 이루는 뼈. 넓적다리뼈와 정강이뼈로 나뉨. 다리뼈. たいこつ　leg bone

퇴:관[退官] 관직을 내놓고 물러남. たいかん
　　　retirement from office

퇴:교[退校] 학교를 그만둠. 또는 학교에서 쫓겨남. =퇴학(退學). 「~ 처분(處分)」 たいこう　leaving school

퇴:군[退軍] 전쟁터에서 군사를 뒤로 물림. ↔진군(進軍). たいぐん　　withdrawal

퇴:궐[退闕] 대궐에서 물러나옴. ↔입궐(入闕).
　　　leaving the court

퇴:근[退勤] 근무처에서 일을 끝마치고 나옴. ↔출근(出勤). たいきん　leaving one's office

퇴:기[退妓] 기적(妓籍)에서 물러난 기생. =기생퇴물(妓生退物).

퇴:기[退期] 정해 놓은 기한을 물림. =퇴한(退限)·연기(延期). 　　postponement

퇴:둔[退遁] 도망쳐 물러남. たいとん

퇴:락[退落] 무너지고 떨어짐. 　　　　　　　ruin

퇴:로[退路] 물러날 길. 후퇴할 길. ↔진로(進路). たいろ

path of retreat
퇴:물[退物] ① 퇴박맞은 물건. 퇴물림. ② 윗사람이 쓰다가 물려준 물건. ③ 일정한 직업에 종사하다가 물러앉은 사람을 얕잡아 이르는 말. 「기생(妓生)~」 ② hand-me-down ③ retired person

퇴:보[退步] ① 뒤로 물러섬. ② 본디보다 못하게 되거나 뒤떨어지게 됨. ↔진보(進步). 타이호   retrogression

퇴비[堆肥] 풀이나 짚 따위를 썩혀서 만든 거름. 타이히   compost

퇴:사[退社] ① 회사의 일을 끝내고 집으로 돌아감. ② 회사를 그만두고 물러남. ↔입사(入社). 타이샤
① leaving the office ② retirement from a company

퇴:산[退散] ① 모였던 것이 흩어져 감. ② 흩어져 도망침. 타이산   dispersal

퇴:상[退床] 음식상을 물림. finishing one's meal

퇴:색[退色·褪色] 빛이 바램. 타이쇼쿠   fading

퇴:서[退暑] 물러가는 더위.

퇴:석[退席] ① 앉았던 자리에서 물러남. =퇴좌(退座). ② 회의 장소 등에서, 회의를 마치기 전에 자리를 뜸. =퇴장(退場). 타이세키
leaving one's seat

퇴석[堆石] ① 돌을 높이 쌓음. 또는 그 돌. ② 빙하(氷河)에 의해 운반되어 쌓인 돌이나 흙. 타이세키
① pile of stones ② moraine

퇴설[頹雪] 산비탈 등에 쌓였다가 한꺼번에 세차게 무너져 내리는 눈. 눈사태. 타이세쓰

snowslide
퇴세[頹勢] 점점 기울어지는 세력. 쇠퇴하여 가는 형세. 「~만회(挽回)」 타이세이 decline

퇴:속[退俗] 불교에서, 중이 도로 속인(俗人)이 되는 것. =환속(還俗).
return to secular life

퇴속[頹俗] 쇠퇴하여 문란해진 풍속. =퇴풍(頹風).
corrupt customs

퇴:송[退送] 물품 따위를 물리쳐 도로 보냄. sending back

퇴:송[退訟] 소송을 받아들이지 않고 물리침.
dismissal of a case

퇴:수[退守] 싸우다가 후퇴하여 지키는 것. 타이슈

퇴:식[退息] 일에서 물러나 쉼. 타이소쿠   retirement

퇴:신[退身] 관계하던 일에서 물러남. 타이신   resigning

퇴:실[退室] 방에서 나감. leaving a room

퇴:양[退讓] 사양하고 물러남. 타이조   declination

퇴:역[退役] 현역(現役)에서 물러남. 「~ 군인(軍人)」 타이에키 retirement from service

퇴:열[退熱] 몸의 열이 내림. abating fever

퇴:염[退染] ① 토렴의 원말. ② 염색된 물건의 빛깔을 빼냄.

퇴:영[退嬰] 물러나서 움직이지 아니함. ↔진취(進取). 타이에이   conservatism

퇴옥[頹屋] 낡아서 허물어진 가옥. 타이오쿠 collapsed house

퇴운[頹運] 쇠퇴해 가는 운수. 기울어지는 운세. 타이운
declining fortune

퇴:원[退院] 입원했던 환자가 병원에서 나옴. ↔입원(入院).

퇴:위[退位] 임금의 자리에서 물러남. ↔즉위(卽位). たいいん　abdication

퇴:은[退隱] ⇨은퇴(隱退). たいいん

퇴이[頹弛] 흐트러지고 해이(解弛)해짐.　relaxation

퇴:일보[退一步] 한 발 뒤로 물러섬. ↔진일보(進一步). taking a step backward

퇴:임[退任] 직책이나 임무에서 물러남. たいにん　resignation

퇴:장[退場] ① 어떤 자리에서 물러남. ② 회의장 등에서, 회의를 다 마치기 전에 자리를 뜸. =퇴석(退席). ③ 경기 도중에 선수가 반칙 등으로 경기장에서 물러남. ↔입장(入場). たいじょう　leaving

퇴:장[退藏] ① 물러나서 자취를 감춤. ② 물건·화폐 등을 남몰래 감추어 놓고 지님. たいぞう　② hoarding

퇴적[堆積] 많이 덮쳐 쌓임.「～작용(作用)」たいせき　accumulation

퇴적암[堆積巖] 부스러진 암석의 작은 덩이나 생물의 유해 등이 수중·육상에서 침전하고 퇴적하여 만들어진 암석. たいせきがん　sedimentary rock

퇴:전[退轉] ① 불우한 처지에 떨어짐. ② 불교를 믿는 마음을 다른 데로 돌림.「불(不)～」たいてん

퇴:정[退廷] 조정(朝廷)이나 법정(法廷)에서 물러나옴. ↔입정(入廷). たいてい　leaving the court

퇴:조[退潮] ① 썰물. ② 기세 따위가 약화됨.「～기(期)」た

いちょう　① ebb tide

퇴:좌[退座] ⇨퇴석(退席).

퇴:직[退職] 직장을 그만둠. たいしょく　retirement

퇴:진[退陣] ① 진지(陣地)를 후퇴시킴. ② 어떤 일에서 손을 떼고 물러남. たいじん　① retreat ② retirement

퇴창[推窓] 창문을 밀어서 엶.

퇴:척[退斥] 주는 것이나 요구 등을 물리침.　repulsion

퇴:청[退廳] 관청에서 퇴근함. ↔등청(登廳). たいちょう　leaving the office

퇴:축[退逐] 보내온 물건이나 사람 등을 받지 않고 쫓거나 돌려 보냄.　return

퇴:출[退出] 물러서서 나감. たいしゅつ　leaving

퇴:치[退治] 물리쳐 없애 버림.「문맹(文盲)～」たいじ　subjugation

퇴:침[退枕] 서랍이 달린 목침(木枕).　box pillow

퇴:패[退敗] 싸움에 지고 물러감. =패퇴(敗退). たいはい　retreat

퇴폐[頹廢] ① 쇠퇴하여 무너짐. ② 도의(道義)나 미풍(美風) 등이 문란해짐. たいはい　① degradation ② decadence

퇴풍[頹風] 퇴폐한 풍속. =퇴속(頹俗). corrupted manners

퇴:피[退避] 벼슬이나 직책 등에서 물러나 피함. たいひ　taking refuge

퇴:학[退學] ① 학생이, 다니던 학교를 그만둠. ② 교칙을 어긴 학생에게 학교를 그만두게 함. たいがく　① leaving school ② expulsion from school

퇴:한[退限] 기한을 뒤로 물림.

= 퇴기(退期)・연기(延期).
postponement

퇴:행[退行] ① 뒤로 물러남. ② 다른 날로 미루어 행함. ③ ⇨ 퇴화(退化). ④ 정신적인 장애로 말미암아 현재의 발달 단계 이전의 미숙한 행동을 보이는 일. たいこう
① retrogression

퇴:혼[退婚] 정한 혼인을 어느 한쪽에서 물림. = 파혼(破婚).
breaking off a marriage engagement

퇴:화[退化] ① 진보하기 이전의 상태로 되돌아감. ② 생물체의 기관 등이 오랫동안 쓰이지 않음으로써 쇠퇴해 감. ↔진화(進化). たいか
① degeneration

퇴:환[退換] 환표(換票)의 지급을 거절함.
rejection of money order

퇴:회[退會] 회원이 그 회에서 탈퇴함. ↔입회(入會). たいかい
withdrawal from a party

툇:간[退間] 집채의 원래의 칸살 밖에 딴 기둥을 세워 만든 칸살.

투[投]* 던질 투:던지다. 보내다. 「投網(투망)・投錨(투묘)・投票(투표)・投擲(투척)・投稿(투고)・投資(투자)・投書(투서)」 トウ・なげる

투[妬] 투기할 투:투기하다. 질투하다. 「嫉妬(질투)・妬氣(투기)・妬忌(투기)・妬心(투심)」 ト・ねたむ

투[套] ① 버릇 투:버릇. 전례. 「常套(상투)・套習(투습)・套語(투어)」 ② 껍질 투:껍질. 「外套(외투)・封套(봉투)・筆套(필투)」 トウ ② おおい

투[偸] ① 훔칠 투:훔치다. 도둑질하다. 「偸食(투식)・偸長(투장)・偸眼(투안)・偸盜(투도)」 ② 구차할 투:구차하다. 「偸諛(투유)・偸生(투생)」 トウ ① ぬすむ

투[透]☆ 통할 투:통하다. 「透視(투시)・透映(투영)・明透(명투)・透光(투광)・浸透(침투)・透徹(투철)」 トウ・すく・とおる

투[鬪]☆ 싸울 투:싸우다. 「戰鬪(전투)・鬪爭(투쟁)・鬪士(투사)・鬪技(투기)・力鬪(역투)」 トウ・たたかう

투견[鬪犬] ① 개끼리 싸움을 붙임. ② 싸움을 붙이려고 길들인 개. =투구(鬪狗). とうけん
① dogfight ② fighting dog

투계[鬪鷄] ① 닭끼리 싸움을 붙임. ② 싸움닭. とうけい
① cockfighting ② fighting cock

투고[投稿] 신문사・잡지사 따위에 원고를 보냄. とうこう
contribution

투과[透過] 빛・방사선・액체 따위가 물체를 꿰뚫고 지나감. とうか
penetration

투광[投光] 빛을 쏘아 비춤.

투광[透光] 빛을 통과시킴. とうこう

투광기[投光器] 렌즈와 반사경(反射鏡)으로 빛을 모아서 비추는 장치. とうこうき
floodlight projector

투구[投球] 공을 던짐. とうきゅう
pitching

투구[鬪狗] ⇨투견(鬪犬).

투기[投棄] 내던져 버림. とうき
abandonment

투기[投機] ① 확신도 없이 큰 이익을 노리고 하는 일. ② 시가(市價)의 변동에 따른 차익을 얻기 위하여 행하는 매매 거래. とうき

투기[妬忌] 강샘. =질투(嫉妬). 妬忌
　　　　　　　　　　　　jealousy
① gambling ② speculation

투기[鬪技] ① 재주를 서로 겨룸. ② 유도·레슬링·권투 따위와 같이 맞붙어 싸우는 경기. とうぎ　　　① contest 鬪技

투기상[投機商] 시세를 이용하여 요행수로 큰 이득을 노리고 하는 장사. 또는 그런 장수. 듣보기장사. とうきしょう 投機商
　　　　　　　　　　speculator

투도[偸盜] 남의 물건을 훔침. 또는 그 사람. ちゅうとう·とうとう　　　stealing 偸盜

투득[透得] 환하게 깨달음. 透得
　　　thorough comprehension

투망[投網] ① 물고기를 잡으려고 그물을 물에 던짐. ② 좽이. とあみ　② casting net 投網

투매[投賣] 이익을 돌보지 않고 마구 싸게 팖. 덤핑. なげうり　　　　dumping 投賣

투매[偸賣] 남의 물건을 훔쳐다 팖. =도매(盜賣). 偸賣
　　　selling stolen thing

투명[投命] 목숨을 내던짐. 投命
　　　laying down one's life

투명[透明] ① 속까지 환히 트여 맑음. ② 빛이 잘 통하여, 속이 비쳐 보이도록 환함. とうめい　　transparency 透明

투묘[投錨] 닻을 내린다는 뜻으로, 배를 정박시킴. とうびょう　　anchoring 投錨

투베르쿨린[tuberculin] 결핵균을 배양하여 가열·살균한 주사액. 초기 결핵(結核)의 진단에 쓰임. ツベルクリン 結核菌 培養液

투병[鬪病] 신병(身病)을 고치려고 오랜 기간 요양에 힘씀. 「~생활(生活)」とうびょう 鬪病 生活
　　fight against a disease

투부[妬婦] 질투가 심한 여자. とふ　　　jealous woman 妬婦

투사[投射] ① 창·활·포탄 따위를 던지거나 쏨. ② 빛의 파동이 어떤 매질(媒質)을 지나 다른 매질과의 경계면에 도달함. =입사(入射). とうしゃ 投射
① projection ② incidence

투사[透寫] 그림·글씨 등을 얇은 종이 밑에 받쳐 놓고 그대로 베낌. とうしゃ　tracing 透寫

투사[鬪士] ① 싸움터에 나가 싸우는 사람. =전사(戰士). ② 어떤 주의·주장을 위해 앞장서서 활동하는 사람. とうし 鬪士
① fighter ② champion

투생[偸生] 마땅히 죽어야 할 때 죽지 못하고 욕되게 살기를 탐냄. 偸生

투서[投書] 어떤 사실의 내막이나 남의 비행(非行) 따위를 적어서 몰래 관계 기관 등에 보냄. とうしょ　anonymous note 投書

투석[投石] 돌을 던짐. 또는 그 돌. とうせき　stone-throwing 投石

투석[透析] 반투막(半透膜)을 사용하여 콜로이드 용액 속의 결정질(結晶質)을 제거하고 고분자 용액을 정제하는 일. とうせき　　　　dialysis 透析

투수[投手] 야구에서, 내야(內野)의 중앙에 서서 타자(打者)에게 공을 던지는 사람. とうしゅ　　　pitcher 投手

투수[透水] 물이 스며듦. とうすい　permeation of water 透水

투숙[投宿] 호텔이나 여관 등의 숙박 시설에 들어서 묵음. 「~객(客)」とうしゅく 投宿
　　　　　　　registering

투:스텝[two step] 오른발과 왼발을 교대해서 반 박과 한 박 반의 전진(前進) 스텝을 되 前進

풀이하는 두 박자의 사교춤. 또는 그 춤곡. ツーステップ

투습[套習] 본을 떠서 함. 套習

투시[透視] ①속의 것을 환히 꿰뚫어 봄. ②숨겨진 것을 감각 기관의 도움 없이 특수한 능력에 의하여 알아내는 일. ③엑스선을 이용하여 형광판 위에 투영된 인체의 내부를 검사·진단하는 방법. とうし 透視 透映
① seeing through ② clairvoyance ③ fluoroscopy

투시도[透視圖] 물체를 원근법에 따라 눈에 보이는 그대로 그린 그림. とうしず 透視圖
perspective drawing

투식[套式] 어떤 형식을 갖춘 법식. 套式

투신[投身] ①어떤 일에 몸을 던짐. 「교육계(敎育界)에 ~하다」②높은 곳에서 몸을 아래로 던짐.「~ 자살(自殺)」とうしん 投身 自投
① engaging in ② suicide drowning

투심[妬心] 미워하고 강샘하는 마음. としん jealousy 妬心

투심[偸心] 남의 물건을 훔치려는 마음. 偸心

투아[偸兒] 좀도둑. pilferer 偸兒

투안[偸安] 일시적인 안일(安逸)을 꾀함. 偸安
snatching a moment of ease

투안[偸眼] 몰래 봄. =도견(盜見). とうがん 偸眼

투약[投藥] 병에 알맞은 약을 지어 주거나 사용함.「~구(口)」とうやく medication 投藥

투어[套語] 틀에 박힌 말. =상투어(常套語). とうご 套語
hackneyed expression

투어[鬪魚] 등목어과의 민물고기. 몸길이 7~8cm, 몸 빛깔은 짙은 녹회색임. 주로 관상어(觀賞魚)로 기름. 버들붕어. とうぎょ fighting fish 鬪魚

투어[tour] 관광 여행(觀光旅行). ツアー 觀光

투여[投與] 환자에게 약을 줌. とうよ medication 投與

투영[投影] 물체의 그림자를 어떤 물체 위에 비춤. 또는 비친 그 그림자. とうえい 投影
cast shadow

투영[透映] ①광선을 통하여 비침. ②속까지 환히 비침. とうえい 透映

투옥[投獄] 감옥에 가둠. とうごく imprison 投獄

투우[鬪牛] ①소와 소를 싸움 붙이는 경기. 또는 그 소. ②투우사(鬪牛師)와 소가 서로 겨루어 싸우는 투기(鬪技)의 하나. とうぎゅう bullfighting 鬪牛 鬪牛師

투입[投入] ①던져 넣음. ②자본이나 노동력을 들여 넣음. とうにゅう 投入
① throwing in ② investment

투자[投資] 이익을 얻을 목적으로 사업의 자본을 댐. =출자(出資). とうし Investment 投資

투자[骰子] 주사위. die 骰子

투자 신:탁[投資信託] 증권 회사가 일반 투자가로부터 모은 자금으로 주식 따위를 사서 증권 투자를 하고, 이에 따른 이익을 투자가에게 분배해 주는 제도. とうししんたく investment trust 投資信託

투장[偸葬] ⇨암장(暗葬). 偸葬

투장[鬪將] ①전투를 이끄는 장수. ②싸울 때, 양편에서 각기 장수 한 사람씩을 내보내어 싸우게 하는 일. とうしょう ① heroic combatant 鬪將

투쟁[鬪爭] 이기거나 극복하기 위하여 어떤 대상과 싸우는 것. 鬪爭

とうそう　struggle
투전[投錢] 동전을 땅바닥에 던져서 맞히는 내기를 하는 놀이. 돈치기. とうせん　chuck-farthing
투전[鬪牋] 두꺼운 종이로 폭은 손가락 너비만하고 길이는 다섯 치쯤 되게 만들어, 그 위에 그림이나 문자 등으로 끗수를 표시한 노름 제구(諸具)의 한 가지.
투조[透彫] 면을 도려내어 일정한 형상을 나타내는 조각법의 한 가지. openwork
투족[投足] 어떤 일에 발을 들여 놓음. =투신(投身). engaging in
투지[鬪志] 싸우고자 하는 굳센 의기. 「~만만(滿滿)」 とうし fighting spirit
투찰[透察] 꿰뚫어 살핌. とうさつ
투창[投槍] 창을 던지는 육상 경기. 창던지기. javelin
투처[妬妻] 질투심이 많은 아내. jealous wife
투척[投擲] 내던짐. とうてき throwing
투철[透徹] 사리가 분명하고 철저함. とうてつ penetration
투취[偸取] 몰래 훔쳐서 가짐. =절취(竊取). stealing
투탁[投託] ①남의 세력에 기댐. ②이름 있는 남의 조상을 자기 조상이라고 함.
투탄[投炭] 기관(汽罐) 속 등에 석탄을 넣음. putting coal into a boiler
투탄[投彈] 수류탄·폭탄 등을 던지거나 떨어뜨림. dropping a bomb
투티[이 tutti] ①음악에서, 다 같이 부름. 또는 다 같이 합주함. ②관현악 등에서, 다 같이 협주(協奏)하는 부분. トゥッティ
투포환[投砲丸] 일정한 무게의 포환(砲丸)을 한 손으로 던져서 그 거리를 겨루는 경기. 포환던지기. shot put
투표[投票] 선거나 어떤 의결을 할 때, 찬부(贊否)를 나타내는 표를 일정한 곳에 넣는 일. とうひょう vote
투표율[投票率] 유권자 전체에 대한 투표자 수의 비율. とうひょうりつ
투-피:스[two-piece] 여성복(女性服)에서 윗도리와 스커트의 둘로 나뉘어 한 벌이 되는 옷. ツーピース
투-피크[tupik] 에스키모의 여름 집. 바다표범의 가죽으로 만든 천막(天幕)임.
투필[投筆] 붓을 내던진다는 뜻으로, 문필(文筆) 생활을 그만둔다는 말. giving up literature
투하[投下] 높은 곳에서 아래로 떨어뜨림. 「폭탄(爆彈) ~」 とうか dropping
투한[偸閑] 바쁜 가운데서 틈을 냄.
투함[投函] 편지·투서·투표지 따위를 우체통·투서함·투표함 등에 넣음. とうかん mailing
투합[投合] 뜻이나 성격 등이 서로 잘 맞음. 「의기(意氣) ~」 とうごう agreement
투항[投降] 적에게 항복함. とうこう surrender
투호[投壺] 화살같이 만든 청홍의 긴 막대기를 나누어 가지고 일정한 거리에 놓인 병 속에 던져 넣는 전통 놀이. とうこ
투혼[鬪魂] 끝까지 싸우려는 기

백. とうこん fighting spirit

툰드라[러 tundra] 사철 거의 얼음으로 덮여 있는 북극해 연안(沿岸)의 벌판. ツンドラ

툴:륨[thulium] 희토류(稀土類) 원소의 하나. 원소 기호는 Tm. ツリウム

퉁구스[Tungus] 동부 시베리아, 중국 동북부 등지에 사는 몽고계(蒙古系)의 한 종족(種族). ツングース

튀튀[프 tutu] 발레용 스커트. テュテュ

튈[프 tulle] 미세(微細)한 다각형의 그물 모양을 한 얇은 천. チュール

튜:너[tuner] 텔레비전이나 라디오 등에서, 특정한 주파수(周波數)의 전파(電波)를 선택하기 위한 장치. チューナー

튜:닉[tunic] 허리 밑까지 내려오는, 여성용의 블라우스 또는 코트. チュニック

튜:바[tuba] 장중한 저음(低音)을 내는 금관 악기. 관현악·기주악(吹奏樂) 등에 쓰임. チューバ

튜:브[tube] ①관(管)·통(筒). ②짜내어 쓰게 된 용기(容器). ③타이어의 고무 바퀴. ④비닐·고무로 된 공기 주머니. チューブ

튜:턴[Teuton] 게르만 민족(民族)의 하나. 주로 독일·스칸디나비아·네덜란드 및 영국 남부에서 살고 있음.

튤:립[tulip] 백합과(百合科)에 속하는 다년초. 땅 속에 비늘 줄기를 가지며 늦봄에 종 모양의 꽃이 핌. チューリップ

트라이[try] 럭비에서, 공격측(攻擊側) 선수가 상대편의 인 골 안에 공을 찍는 일. トライ

트라이아스기(紀)[Triassic period] 지질(地質) 시대의 중생대 중 맨 앞의 시대.

트라이앵글[triangle] 타악기(打樂器)의 하나. 강철봉을 정삼각형으로 구부려 한쪽 끝을 줄로 매달고 금속봉으로 두드려서 소리를 냄. トライアングル

트라코마[trachoma] 접촉에 의한 전염성 만성(慢性) 결막염(結膜炎). トラユーマ

트래버:스[traverse] 등산에서, 산허리나 암벽을 횡단(橫斷)하는 일. トラバース

트래블러스 체크[traveller's check] 여행자용 수표(手票). トラベラーズチェック

트래지디[tragedy] 비극(悲劇). トラジェディー

트랙[track] 육상 경기장·경마장의 경주로(競走路). トラック

트랙터[tractor] 트레일러나 농업 기계를 끄는 특수(特殊)한 자동차. トラクター

트랜스[trans] 변압기(變壓器).

트랜스미터[transmitter] 송신기·전화의 송화기·무선 전신(電信) 등의 총칭.

트랜스시버[transceiver] 휴대용 소형 무선(無線) 전화기. トランシーバー

트랜싯[transit] 수평각과 연직각(鉛直角)을 재는 측량 기계의 하나. 전경의(轉鏡儀). トランシット

트랜지스터[transistor] 반도체를 이용하여, 전기 신호를 증폭(增幅) 및 발진(發振)하는 전자 장치. トランジスター

트랜지스터라디오[transistor radio] 진공관(眞空管) 대신에 트랜지스터를 이용한 라디

오 수신기. トランジスターラジオ

트랩[trap] ① 하수구 등에서 역류(逆流)하는 부패 가스나 냄새를 막는 장치. ② 증기 배관의 물을 뽑게 만든 장치. ③ 선박이나 비행기를 오르내리는 데 쓰는 사닥다리. トラップ

트러블[trouble] 말썽거리. 불화(不和). 분쟁. トラブル

트러스[truss] 여러 개의 직선 부재(部材)를 삼각형·오각형으로 연결하여 지붕이나 교량(橋梁) 등에 도리로 쓰는 구조물. トラス

트러스트[trust] 같은 종류의 생산에 종사하는 기업이 시장 및 이윤의 독점(獨占)을 목적으로 합동하는 일. トラスト

트럼펫[trumpet] 금관(金管) 악기의 하나. 음색(音色)이 높고 날카로움. トランペット

트럼프[trump] 53장으로 되어 있는 서양식(西洋式) 놀이딱지. 또는 그 놀이. トランプ

트렁크[trunk] ① 여행용(旅行用)의 큰 가방. ② 자동차 뒤쪽의 짐 넣는 칸. トランク

트레몰로[이 tremolo] 음악에서, 한 음 또는 몇 개의 음을 될 수 있는 대로 빨리 반복하는 주법(奏法). トレモロ

트레오닌[threonine] 필수(必須) 아미노산의 하나. トレオニン

트레이너[trainer] ① 운동 선수를 훈련·지도(指導)하는 사람. ② 말·개 따위의 조련사. トレーナー

트레이닝[training] 훈련. 교련(敎練). トレーニング

트레이드[trade] ① 통상(通商). 무역(貿易). ② 프로 스포츠에서, 선수를 이적(移籍)·교환하는 일. トレード

트레이드마:크[trademark] ① 상표(商標). 등록 상표. ② 어떤 사람의 상징으로 인정되는 외견(外見). トレードマーク

트레이서[tracer] 물질이나 생체(生體) 내에서 특정한 물질의 이동, 또는 원소의 행동을 추적하기 위해 사용하는 물질. 추적자(追跡子). トレーサー

트레이스[trace] ① 등산에서, 발자국. 또는 발자국을 따라 가는 일. ② 원그림 위에 얇은 종이를 놓고 베끼는 일. 투사(透寫). トレース

트레이싱페이퍼[tracing paper] 투사지(透寫紙). トレーシングペーパー

트레일러[trailer] 견인차의 뒤에 붙이는 여객(旅客)·화물 운반용 차량. トレーラー

트로이카[러 troika] ① 말 세 필이 끄는 러시아 특유의 썰매나 마차. ② 한 기관에 세 명의 우두머리를 두어 서로 견제(牽制)하는 제도. 삼두제(三頭制). トロイカ

트로:키[troche] 입 안에 머금어 서서히 녹이면서 구강(口腔) 점막에 장시간 작용시키는 약제(藥劑). トローチ

트로포콜라겐[tropocollagen] 콜라겐 원섬유의 기본적 구성 단위(單位). トロポコラーゲン

트로피[trophy] 우승배(優勝盃). トロフィー

트로피컬[tropical] 얇은 바탕의 모직물(毛織物)로 된 여름 옷감. トロピカル

트롤[trawl] 저인망(底引網)의 한 가지. トロール

트롤리[trolley] 전차의 가공선

(架空線)에 접하여 전기를 통해 주는 작은 쇠바퀴. 트롤리 架空線

트롬보키나아제[thrombokinase] 혈액의 응고에 관여하는 인자(因子)의 하나. 트롬보키나아제 因子

트롬본[trombone] 두 개의 U자 모양의 관을 맞추어 소리를 내는 금관 악기의 하나. 트롬본 金管樂器

트롬빈[thrombin] 혈액이 응고(凝固)할 때, 피브리노겐을 피브린으로 변화시키는 단백질 분해 효소(酵素). 트롬빈 酵素

트리밍[trimming] ① 사진에서, 불필요한 부분을 제거하여 구도(構圖)를 조정하는 일. ② 옷이나 모자 따위에 선을 두르는 장식. 트리밍 構圖

트리엔날레[이 triennale] 3년마다 열리는 국제적 미술 전람회(展覽會). 트리엔나레 展覽會

트리오[trio] ① 삼중주(三重奏)·삼중창. ② 삼인조(三人組). 트리오 三重奏

트리오스[triose] 탄소 원자 세 개를 가진 단당류(單糖類). 트리오스 單糖類

트리코[프 tricot] 메리야스 직물(織物)의 한 가지. 신축성이 좋아 양말·속옷 등에 쓰임. 트리코트 織物

트리톤[triton] 수소의 동위(同位) 원소인 트리튬의 원자핵. 삼중 양성자(三重陽性子). 트리톤 三重陽性子

트리튬[tritium] 수소의 동위 원소의 한 가지. 원자핵이 두 개의 중성자와 한 개의 양성자로 되어 있는 특수한 중수소. 수소 폭탄 등에 이용됨. 삼중(三重) 수소. 트리튬 重水素

트리파노소마[라 trypanosoma] 편모충류의 한 종류. 척추동물의 혈액 속에 기생(寄生)함. 트리파노소마 寄生

트리플렛[triplet] 악보에서, 셋잇단음표. 트리플렛

트리플플레이[triple play] 야구에서, 세 명의 타자(打者)·주자(走者)를 한꺼번에 아웃시키는 일. 트리플플레이 打者

트리핑[tripping] 축구·농구 등에서, 상대 선수를 넘어지게 하는 반칙(反則). 트리핑 反則

트릭[trick] 속임수. 계교(計巧). 트릭 計巧

트릭워:크[trick work] 속임수를 써서, 실제로는 불가능한 일을 실지와 같이 화면(畫面)에 나타내는 영화 촬영의 특수 기교(技巧). 트릭워크 畫面

트릴[trill] 악보에서, 전음(顫音). 떤꾸밈음. 트릴 顫音

트림[trim] 선박의 이물과 고물의 흘수차(吃水差). 트림 吃水差

트림태브[trim tab] 보조익(補助翼)·방향타(方向舵) 등의 뒤 끝에 붙어 있는 작은 날개. 트림태브 方向舵

트립신[trypsin] 이자에서 나오는 일종의 소화 효소. 단백질을 분해(分解)함. 트립신 酵素

트위드[tweed] 옷감 스코치(scotch)의 총칭(總稱). 트위드 總稱

트위스트[twist] 허리를 중심으로 상체(上體)와 하체(下體)를 좌우로 비틀면서 추는 춤. 트위스트 下體

트윈[twin] 호텔 등에서, 1인용 침대를 두 개 갖춘 객실. 寢臺

특[特]* 특별할 특 : 특별하다. 「特出(특출)·特別(특별)·特等(특등)·特技(특기)·特異(특 特出

이)・特定(특정)・獨特(독특)」 トク・トッ

특[慝] 간사할 특: 간사하다. 「慝邪(특사)・慝惡(특악)・慝禮(특례)・姦慝(간특)」 トク

특가[特價] 특별히 싼 값. とっか   special price

특강[特講] 정례적(定例的)이 아닌 특별히 마련한 강의. とっこう   special lecture

특공[特功] 특별한 공로.   special merits

특공대[特攻隊] 적지를 기습하기 위해 특별히 훈련된 부대. とっこうたい   special attack unit

특과[特科] 군대에서, 전투 병과 이외의 병과를 흔히 이르는 말. とっか   special unit

특권[特權] 어떤 신분이나 자격이 있는 사람만이 가지는 특별한 권리나 권한. 「~층(層)」 とっけん   privilege

특근[特勤] 근무 시간 외에 특별히 더 하는 근무. 「~ 수당(手當)」 とっきん   overtime work

특급[特急] 열차 따위의 특별 급행. 「~ 열차(列車)」 とっきゅう   limited express

특급[特級] 특별한 등급이나 계급. 「~ 상품(商品)」 とっきゅう   special grade

특급[特給] 특별히 줌. とっきゅう   special distribution

특기[特技] 특수한 기능이나 기술. とくぎ   special ability

특기[特記] 특별히 기록함. 또는 그 기록. 「~할 만한 공로(功勞)」 とっき special mention

특대[特大] 특별히 큼. 또는 그런 물건. とくだい   extra big

특대[特待] 특별한 대우. =특우(特遇). 「~생(生)」 とくたい   special treatment

특등[特等] 특별히 높은 등급. とくとう   top grade

특례[特例] ①특별한 예. ②특수한 관례(慣例). とくれい   ① special case

특매[特賣] 물건을 특별히 싸게 팖. 「~장(場)」 とくばい   special sale

특면[特免] ①특별히 용서함. 특별히 죄를 사해 줌. ②특별히 면제해 줌. 「~품(品)」 とくめん   ① amnesty

특명[特命] ①특별히 명령함. 또는 그 명령. ②특별히 임명(任命)함. 또는 그 임명. 「~전권 대사(全權大使)」 とくめい   ① special order ② special appointment

특무[特務] 특별한 임무. 「~대(隊)」 とくむ   special duty

특배[特配] ①특별 배당(特別配當)의 준말. ②특별 배급(特別配給)의 준말. とくはい

특별[特別] 일반과 다름. 보통과 다름. とくべつ   particularity

특별 가중[特別加重] 특별한 범죄나 누범(累犯) 따위에 형벌을 더욱 무겁게 하는 일. 「~처벌법(處罰法)」 とくべつかじゅう

특별 배:급[特別配給] 기관이나 단체에서 어떤 대상자에게 특별히 주는 배급. 준특배(特配).   special supply

특별 배:당[特別配當] 회사가 일정 기간에 예상 이외로 많은 이익을 보았을 때, 남은 이익금을 일정 비례로 주주(株主)에게 나누어 주는 일. 준특배(特配). とくべつはいとう   extra dividend

특별 사:면[特別赦免] 형의 선고(宣告)를 받은 특정 범인에 대해서 국경일 등에 형의 집행을 면제하거나 유죄 선고의 효력을 상실시키는 조치. 준특사(特赦). amnesty

특별시[特別市] 지방 자치 단체의 한 가지. 도(道)와 같은 격으로 다루는 시(市). とくべつし special municipality

특별 회:계[特別會計] 국가의 특별한 사정이나 필요에 따라 일반 회계와는 별도로 책정되는 회계. とくべつかいけい special accounts

특보[特報] 특별히 보도(報道)함. 또는 그 보도. とくほう flash

특사[特使] 특별한 임무를 띠고 파견되는 외교 사절(使節). とくし special envoy

특사[特赦] 특별 사면(特別赦免)의 준말. とくしゃ

특산[特産] 어떤 지방의 특별한 산출(産出). 또는 그 산물. 「~물(物)」 とくさん special product

특상[特賞] 특별한 상. とくしょう special prize

특색[特色] 다른 것과 특히 두드러지게 구별되는 점. =특징(特徵). とくしょく special character

특선[特選] ①특별히 우수하다고 골라 뽑음. ②특히 우수하다고 인정된 작품. 「~작품(作品)」 とくせん ① special selection

특설[特設] 특별히 설치함. =별설(別設). とくせつ special establishment

특성[特性] 그것에만 있는 특별한 성질. =특질(特質). とくせい special quality

특수[特秀] 특별히 뛰어남. 특히 우수함. excellence

특수[特殊] 보통 것과는 두드러지게 다름. =특별(特別). ↔보편(普遍). 「~우편(郵便)」 とくしゅ speciality

특수[特需] 특별한 수요(需要). とくじゅ special demand

특수강[特殊鋼] 보통 강철에 니켈·망간·크롬 등을 섞어 만든 튼튼한 강철. とくしゅこう special steel

특악[慝惡] 간사하고 악함.

특애[特愛] 특별히 사랑함. 또는 그 사랑. とくあい special favor

특약[特約] ①특별한 조건을 붙인 계약. ②특별한 편의나 이익이 있는 계약. 「~점(店)」 とくやく special contract

특용[特用] 특별한 용도에 쓰거나 쓰임. 「~작물(作物)」 とくよう special use

특용 작물[特用作物] 담배·차·목화 따위와 같이 식용(食用) 이외의 특별한 용도를 위해 재배하는 작물. とくようさくもつ cash crop

특유[特有] 그것만이 특별히 지니고 있음. 「~의 기질(氣質)」 とくゆう characteristic

특은[特恩] 특별한 은혜. とくおん special favor

특이[特異] 다른 것과 두드러지게 다름. 「~성(性)」 とくい peculiarity

특이 아:동[特異兒童] 보통의 아동과 다른 아동. 심신 장애아·학업 부진아·천재아 등이 포함됨. とくいじどう

특작[特作] 특별히 우수한 작품. とくさく special production

특장[特長] 특별히 뛰어난 장점 (長點). とくちょう strong point

특전[特典] ① 특별히 베푸는 은전(恩典). 특별한 대우. ② 특별한 의식(儀式). とくてん ① special favor ② special ceremony

특전[特電] 주로 해외 특파원의 보도에 의한, 신문·통신 따위의 특수한 정보 통신. とくでん special telegram

특점[特點] 다른 것과 특별히 다른 점. とくてん characteristic

특정[特定] 특별히 지정함. 또는 그 지정. 「～ 인물(人物)」 とくてい specification

특제[特製] 특별히 잘 만듦. 또는 그 제품. 「～품(品)」 とくせい special make

특종[特種] ① 특종 기사(特種記事)의 준말. とくだね ② 특별한 종자나 종류. とくしゅ ② special kind

특종 기사[特種記事] 어느 한 신문사나 잡지사 등에서만 특별히 취재하여 보도하는 중요한 기사(記事). ⓒ특종(特種). とくだねきじ exclusive news

특주[特酒] 특별한 방법으로 빚은 좋은 술. specially brewed wine

특지[特旨] 왕의 특별한 명령. =특교(特敎). とくし special royal order

특지[特志] 좋은 일을 위한 특별한 뜻. とくし special intention

특진[特進] 공로 등으로 특별히 진급하는 일. とくしん special promotion of rank

특진[特診] 종합 병원에서, 환자의 요청에 따라 특정한 의사가 진찰·진료를 담당함.

특질[特質] 특수한 성질. 다른 것과 구별되는 성질. =특성(特性). とくしつ characteristic

특집[特輯] 신문·방송 등에서 특정 문제를 특별히 다루어 편집함. 또는 그 편집물. とくしゅう special edition

특징[特徵] 다른 것과 구별되는, 두드러진 표징. =특점(特點)·특색(特色). とくちょう peculiarity

특차[特次] 정상적인 차례에 앞서 시행하는 특별한 차례. 「～모집(募集)」

특차[特差] 임금이 특별히 사신(使臣)을 보냄. 또는 그 사신. king's special envoy

특채[特採] 특별히 채용함. special employment

특청[特請] 특별히 청함. 또는 그 청. special request

특출[特出] 특별히 뛰어남. とくしゅつ preeminence

특칭[特稱] ① 전체 중에서 특히 그것만을 가리켜서 이름. 또는 그 일컬음. ② 논리학에서, 주사(主辭)가 나타내는 사물의 일부분에 대해서만 관계됨을 나타내는 칭호. '어떤·이·그·한' 따위의 말이 쓰임. とくしょう giving a special name

특파[特派] 특별히 파견함. 「～원(員)」 とくは dispatch

특품[特品] 특별히 좋은 물품. article of special quality

특필[特筆] 특별히 두드러지게 적음. 또는 그 글. 「～할 만한 사건(事件)」 とくひつ special mention

특허[特許] ① 특별히 허가함. ② 어떤 사람의 공업적 발명품에 대하여 그 사람 또는 승계

자에게 독점할 권리를 주는 행정 행위. 「신안(新案) ~」とっきょ　① special permission ② patent

특허권[特許權] 공업 발명품에 대하여 그 권리를 전용(專用)·독점(獨占)할 수 있는 권리. とっきょけん　patent right

특혜[特惠] 특별히 베푸는 혜택. 「관세(關稅) ~」とっけい preference

특효[特效] 특별한 효력이나 효과. とっこう　special efficacy

티:[tea] 차(茶). 특히, 홍차(紅茶). ティー

티:[tee] 골프에서, 공을 치기 시작할 때 공을 올려 놓는 대(臺). ティー

티:**그라운드**[tee ground] 골프에서, 공을 치기 시작하는 구역. ティーグラウンド

티록신[thyroxine] 갑상선에서 분비되는, 신진 대사(新陳代謝)를 조절하는 호르몬. チロキシン

티몰[thymol] 페놀의 한 가지 특이(特異)한 향기가 있는 무색 결정(結晶). 살균제 및 방부제 등으로 쓰임.

티비온[독 Tibion] 결핵(結核) 치료제. 맛이 쓴 황색 결정으로 상표명임.

티:**샷**[tee shot] 골프에서, 티 그라운드에서 시작하는 제일 타(第一打). ティーショット

티:**셔츠**[T-shirts] 목 부분이 둥글게 팬, T자 모양의 셔츠. ティーシャツ

티슈[tissue] 화장지(化粧紙). ティシュー

티:**스푼**[teaspoon] 찻숟가락. ティースプーン

티아민[thiamine] 비타민 B₁의 화학명(化學名). チアミン

티:**오프**[tee off] 골프에서, 공을 치는 일. ティーオフ

티커[ticker] 증권 거래소의 주식 가격 표시기(株式價格標示器). チッカー

티케[Tyche] 그리스 신화에 나오는 행복과 운명의 여신. テュケー

티켓[ticket] 표(票). チケット

티:**크**[teak] 마편초과의 열대성의 낙엽 교목. 재목은 조선재(造船材)·가구재 등으로 쓰임. チーク

티탄[독 Titan] 은백색의 단단한 금속 원소. 암석(巖石)·흙속에 널리 분포함. 원소 기호는 Ti. チタン

티:**피**:**티**[tea party] 다과회(茶菓會). ティーパーティー

티푸스[typhus] 티푸스균에 감염되어 발병(發病)하는 질환의 총칭. チフス

틴:**에이저**[teenager] 청소년(青少年). 십대의 소년·소녀. ティーンエージャー

틴트[tint] 동판화·목판화의 농담(濃淡) 표현 기법의 한 가지.

팀:[team] ① 같은 일을 하는 일단(一團)의 사람. ② 운동 경기의 단체. チーム

팀:**워**:**크**[teamwork] 팀의 구성원 상호간에 협동하며 연대(連帶)하는 것. チームワーク

팀:**컬러**[team color] 그 팀이 갖고 있는 분위기나 특색(特色). チームカラー

팀파니[이 timpani] 타악기의 한 가지. 구리로 만들어 평면에 쇠가죽을 댄 반구형(半球型)의 북. チンパニー

팀:**파울**[team foul] 농구에서, 한 팀이 규정(規定)된 파울 7

개를 범한 경우에 선언(宣言)되는 파울. チームファウル

팀:플레이[team play] 스포츠 또는 기타 공동 작업에서, 여러 사람의 힘에 의해 승리하거나 일의 원활함을 도모하는 일. チームプレー

팁[tip] 호텔이나 레스토랑·택시 등에서, 손이 시중든 사람에게 감사의 뜻으로 요금(料金) 외에 따로 주는 돈. チップ

팅크[←tincture] 요오드팅크·캄퍼팅크와 같이 어떤 약품을 알코올이나 에테르에 담가 녹이거나 우린 액체. 정기(丁幾).

ㅍ

파[巴] ① 땅 이름 파 : 땅의 이름. 「巴蜀(파촉)」 ② 큰 뱀 파 : 뱀. 「巴蛇(파사)」 ハ

파[把] ① 잡을 파 : 잡다. 쥐다. 가지다. 「把握(파악)·把手(파수)·把盤(파반)」 ② 지킬 파 : 지키다. 「把守(파수)」 ハ ① とる·にぎる

파[芭] 파초 파 : 파초. 「芭蕉(파초)」 ハ·バ·ばしょう

파[爬] 긁을 파 : 긁다. 「爬痒(파양)」 ハ·かく

파[波]* ① 물결 파 : 물결. 「波動(파동)·波濤(파도)·波紋(파문)·波瀾(파란)·餘波(여파)·風波(풍파)·音波(음파)」 ② 눈빛 파 : 눈길. 눈짓. 「秋波(추파)」 ハ ① なみ

파[坡] 언덕 파 : 언덕. 고개. 「坡岸(파안)·坡陀(파타)」 ハ·さか

파[派]* ① 갈래 파 : 강의 지류. 갈라지다. 「派生(파생)·派閥(파벌)·分派(분파)·流派(유파)·學派(학파)」 ② 보낼 파 : 파견하다. 「派遣(파견)」 ハ ① わかれる

파[玻] 파리 파 : 파리. 인공 유리. 「玻璃(파리)」 ハ

파[笆] 파죽 파 : 대나무 이름. 「笆籬(파리)」 ハ·たけがき

파:[破]* ① 깨뜨릴 파 : 깨뜨리다. 깨지다. 「破壞(파괴)·破顔(파안)·打破(타파)·全破(전파)」 ② 쪼갤 파 : 나누다. 가르다. 「破竹(파죽)」 ③ 다할 파 : 다하다. 「走破(주파)·讀破(독파)」 ハ ① やぶれる

파[婆] 할미 파 : 할미. 늙은 여자. 「老婆(노파)」 バ·ばば

파:[跛] 절름발이 파 : 절름발이. 「跛蹇(파건)·跛行(파행)」 ハ·ちんば

파[琶] 비파 파 : 비파. 「琵琶(비파)」 ハ·びわ

파[頗]☆ ① 자못 파 : 자못. 「頗多(파다)」 ② 치우칠 파 : 치우치다. 「偏頗(편파)」 ハ ① すこぶる ② かたよる

파[播]☆ ① 씨 뿌릴 파 : 씨를 뿌리다. 「播種(파종)·直播(직파)」 ② 옮길 파 : 옮기다. 퍼지다. 「傳播(전파)·播遷(파천)」 ハ ① まく

파:[罷]☆ 파할 파 : 파하다. 마시나. 뿔나다. 「罷市(파시)·罷宴(파연)·罷場(파장)」 ヒ·やめる

파[皤] ① 흴 파 : 머리털이 희다. 「皤然(파연)·皤皤(파파)」 ② 배 불룩할 파 : 배가 불룩하다. 「皤腹(파복)」 ハ

파[擺] ① 헤칠 파 : 헤치다. 젖히다. 「擺脫(파탈)」 ② 털 파 : 흔들어 털다. 「擺撥(파발)」 ハイ

파[par] 골프에서, 각 홀의 기본 타수(打數). 파―

파:**가**[破家] ⇨파호(破戶).

파:**가**[罷家] 살림살이를 집어 치움. breaking up a home

파:**건**[破件] 파손되어 못 쓰게 된 물건. 파치.

파:겁[破怯] 익숙해져 부끄러움이나 두려움이 없음.

파:격[破格] 격식을 깨뜨림. 또는 깨뜨려진 격식. はかく exception

파견[派遣] 일정한 임무를 주어 사람을 보냄. =파송(派送). ↔소환(召還). 「~부대(部隊)」 はけん dispatch

파:경[破鏡] ① 깨어진 거울. ② 이지러진 달을 비유하는 말. ③ 부부의 금실이 좋지 않아 이별함의 비유. はきょう ① broken mirror ② waned moon ③ divorce

파계[派系] 동종(同宗)에서 갈라져 나온 계통. 준파(派).

파:계[破戒] 계율을 깨뜨리고 지키지 않음. ↔지계(持戒). 「~승(僧)」 はかい offense against the commandments

파고[波高] 물결의 높이. はこう wave height

파고다[pagoda] 불탑(佛塔). 탑(塔). パゴダ

파:골[破骨] 뼈를 으스러뜨리거나 부러뜨림. 또는 그리 된 뼈. breaking bone

파곳[fagotto] ⇨바순(bassoon).

파:공[罷工] 가톨릭에서, 주일(主日)과 대축일(大祝日)에 육체 노동을 금함.

파:과[破瓜] 파과지년(破瓜之年)의 준말. はか

파:과기[破瓜期] 여자가 월경을 처음 시작하는 15~16세 되는 시기. はかき time of puberty

파:과병[破瓜病] 사춘기의 여자에게 발생하기 쉬운 정신분열증의 한 가지. 환청(幻聽)·망상·독백 및 충동적 행위 따위의 증상이 나타나며 무위(無爲)의 생활을 보내고 진행함에 따라 정신이 황폐하여짐. =긴장병(緊張病). はかびょう catatonia

파:과지년[破瓜之年] '瓜'자를 파자(破字)하면 八八이 되는 데서, ① 여자 16세를 이르는 말. ② 남자의 64세를 이르는 말. 준파과(破瓜). ① puberty of a girl ② sixty-four years old

파광[波光] 물결이 번쩍이는 빛. はこう wave light

파:광[破壙] ① 무덤을 파 옮긴 옛 자리. ② 무덤을 옮기기 위하여 광중(壙中)을 파헤침.

파:괴[破壞] ① 어떤 대상물을 깨서 부숨. ② 어떤 집단이나 질서 따위를 무너뜨리거나 어지럽힘. はかい ① breaking ② destruction

파구[波丘] 물결의 가장 높은 위치. ↔파곡(波谷). crest of the wave

파:구분[破舊墳] 개장(改葬)하기 위하여 무덤을 파냄.

파:국[破局] 어떠한 판국이 결딴남. 또는 결딴나는 그 판국. はきょく catastrophe

파:군[罷軍] 군대의 진영을 풀어 헤침. =파진(罷陣). withdrawal of troops

파:군성[破軍星] 북두칠성의 일곱째 별인 요광성(搖光星)의 이름. 칼 모양을 하고 있다고 하며, 그 칼끝이 가리키는 방위에서 일을 하면 만사가 불길하다 함. はぐんせい

파급[波及] 영향이나 여파가 차차 전하여 먼 데까지 미침. はきゅう spreading

파:기[破棄] ① 깨뜨리거나 찢어서 없애 버림. ② 소송법상

파:기록[破記錄] 기록을 깨뜨림. breaking the record

파나마[panama] 파나마풀과의 다년초. 브라질·중앙 아메리카에 분포(分布)함. 잎을 말려서 파나마 모자를 만듦. パ帽子ナマ

파노라마[panorama] ① 전경(全景). ② 연속적으로 바뀌어 나타나는 일련(一連)의 풍경(風景). パノラマ

파니에[프 panier] 드레스나 스커트가 크게 부풀어 보이도록 속옷에 받치는 테. パニエ

파다[頗多] 자못 많음. 매우 많음. plenitude

파다[播多] 소문이 널리 퍼져 있음. wide spread

파:담[破談] 의논이나 약속, 혼담 따위가 깨짐. はだん breaking off

파당[派黨] 당의 파벌. =당파(黨派). faction

파도[波濤] 큰 물결. はとう billows

파:독[破毒] 독기를 없앰.

파동[波動] ① 물결의 움직임. ② 사회적으로 큰 영향을 미치는 움직임. 「정치(政治) ~」 ③ 물질의 한쪽을 진동시킬 때, 그 울림이 물질의 각 부분에 퍼지는 현상. 「~ 역학(力學)」 はどう wave

파라노이아[라 paranoia] 편집병(偏執病). パラノイア

파라다이스[paradise] 이상향(理想鄕). 낙원(樂園). パラダイス

파라미터[parameter] 몇 개의 변수 사이의 함수 관계를 간접으로 나타내기 위하여 쓰이는 변수. 매개 변수(媒介變數). パラメーター

파라볼라안테나[parabolic antenna] 극초단파(極超短波) 중계·수신용의 접시형 안테나. パラボラアンテナ

파라비오시스[parabiosis] 두 동물의 신체 일부가 서로 결합되어 있는 상태. 병체 결합(並體結合).

파라솔[프 parasol] 양산(陽傘). パラソル

파라쇼크[parashock] 손목 시계 따위를 떨어뜨리거나 부딪쳐도 고장이 나지 않게 하는 진동(振動) 방지 장치. パラショック

파라오[Pharaoh] 고대 이집트 왕의 칭호. ファラオ

파라척결[爬羅剔抉] ① 손톱으로 후벼 파냄. ② 숨은 인재를 찾아냄. ③ 남의 흠을 들추어 냄. ② looking for a hidden talent ③ finding fault with

파라티온[독 Parathion] 농약으로 쓰이는 살충제(殺蟲劑). パラチオン

파라티푸스[독 Paratyphus] 파라티푸스균에 감염되어 생기는 급성(急性) 소화기 전염병. パラチフス

파라핀[paraffin] 석유를 정제(精製)하는 과정에서 생기는 흰빛의 결정체. パラフィン

파라호르몬[parahormone] 특정한 분비선(分泌腺)은 없으나 혈관 운동 중추·호흡 중추 따위에 영향을 주고 전신의 기

능을 조절하는 대사물(代謝物). 代謝物 パラホルモン

파:락호[破落戶] 행세하는 집 破落戶 의 자손으로 난봉이 나서 집안 의 재산을 결딴낸 사람.
ruined person

파란[波瀾] ① 작은 물결과 큰 波瀾 물결. =파랑(波浪). ② 순조 波浪 롭지 못한 이러저러한 곤란이 나 시련의 비유. 「정계에 일 대 ~이 일다」 はらん
① waves ② disturbance

파란만장[波瀾萬丈] 일의 진 波瀾 행에 몹시 기복(起伏)과 변화 萬丈 가 심함. 「~한 일생」 はらん ばんじょう   stormy

파랄림픽[Paralympics] 국제 신체 장애인(障礙人) 올림픽 대 障礙人 회. パラリンピック

파랑[波浪] 물결.   波浪

파:렴치[破廉恥] 염치를 모름. 破廉恥 =몰염치(沒廉恥). はれんち
shamelessness

파:렴치한[破廉恥漢] 염치를 破廉 모르는 뻔뻔스러운 사람. 恥漢
shameless fellow

파로틴[parotin] 침샘 호르몬 의 본체(本體). パロチン 本體

파롤[프 parole] 특정한 개인 에 의한 구체적(具體的)인 언 具體的 어 행위. パロール

파:루[罷漏] 조선 때, 오경 삼 罷漏 점(五更三點)에 큰 쇠북을 서 른세 번 치던 일.

파:륜[破倫] ⇨ 패륜(悖倫). 破倫

파:륜자[破倫者] 인륜을 깨뜨 破倫者 리는 짓을 하는 사람.

파르티잔[러 partizan] 정규군 이 아닌, 민간인으로 조직된 유 격대(遊擊隊). 빨치산. パルチ 遊擊隊 ザン

파릉채[菠薐菜] 시금치. 菠薐菜
spinach

파리[玻璃] ① ⇨ 유리(琉璃·瑠 玻 璃 璃). ② ⇨ 수정(水晶). ③ 불 교에서, 칠보(七寶)의 하나. 晶

파리지앵[프 Parisien] 파리에 서 태어나 자란 남자(男子). 男 子 パリジャン

파리지엔[프 Parisienne] 파 리에서 태어나 자란 여자(女 女 子 子). パリジェンヌ

파:립[破笠] 해진 갓. =폐립(敝 破 笠 笠). はりゅう

파:마[← permanent waves] 전열기(電熱器)와 화학 약품을 電熱器 사용하여 머리에 모양을 내는 일. パーマ

파면[波面] 물결의 겉면. はめ 波 面 ん   wave surface

파:면[罷免] 공무원의 신분을 罷 免 박탈하는 일. ひめん dismissal

파문[波紋] ① 수면에 이는 물 波 紋 결의 무늬. ② 물결 모양의 무 늬. =파상문(波狀紋). ③ 주 波狀紋 위에 동요를 일으킬 만한 일 의 영향. 「사회에 큰 ~을 일 으키다」 はもん
① ripple ③ influence

파:문[破門] ① 신도의 자격을 破 門 박탈하고 종문(宗門)에서 추방 宗 門 함. =기절(棄絶). ② 스승이 사제(師弟)의 의리를 끊고 제 師 弟 자를 제척(除斥)함. はもん
① excommunication ② expulsion

파:물[破物] 파손된 물건. 破 物
defective article

파:민[罷民] ① 일정한 주소나 罷 民 생업이 없는 부랑민(浮浪民). 浮浪民 ② 민중을 피폐하게 함.

파발[擺撥] 조선 때, 공문을 급 擺 撥 히 보내기 위하여 설치하였던 역참(驛站). post station

파발마[擺撥馬] 조선 때, 공무 擺撥馬 로 급히 다른 지방으로 가는

사람이 타던 말. post horse

파:방[罷榜] 지난날, 과거에 급제한 사람의 발표를 취소하던 일.

파벌[派閥] ①이해 관계에 따라 따로따로 갈라진 사람들의 집단. ②한 파에서 갈린 가벌(家閥)이나 지벌(地閥). はばつ clique

파별[派別] 갈래를 나누어 가름. 또는 그 갈래. はべつ division

파병[派兵] 군대를 파견함. はへい dispatch of troops

파빌리온[pavilion] ①야유회·운동회 따위에 쓰는 큰 천막. ②임시 건물. パビリオン

파:사[破事] 깨어진 일. 실패한 일. failure

파사[婆娑] ①춤추는 사람의 옷소매가 날리는 모양. ②몸이 가냘픈 모양. ③초목의 잎이 떨어지고 가지가 앙상한 모양. ④거문고 따위의 소리가 꺾임이 많은 모양. ばさ
① fluttering ② slender

파사칼리아[이 passacaglia] 17~18세기에 이탈리아·에스파냐 등에서 유행(流行)하던 3박자의 느린 춤곡.

파:사현:정[破邪顯正] 그릇되고 사악한 것을 깨뜨려 물리치고 바른 것을 드러냄.

파:산[破産] ①가산을 전부 없애고 망함. ②진 빚을 자기의 재산으로 다 갚을 수가 없을 때, 법원의 판결로 그 재산을 각 채권자에게 공평하게 나누어 줄 것을 목적으로 하는 재판상의 절차. はさん
bankruptcy

파:산[破算] 주판에 계산된 셈을 헝클어 버림. はさん

파상[波狀] 물결과 같은 형상. はじょう wave

파:상[破傷] 깨어져 상함. injury

파상 공:격[波狀攻擊] 물결이 밀려들 듯이 일정한 시간을 두고 계속하는 공격. はじょうこうげき attack in waves

파상운[波狀雲] 권적운(卷積雲)·고적운(高積雲)·층적운(層積雲) 따위에 나타나는 파도 모양의 구름. はじょううん wavy clouds

파상 평원[波狀平原] ⇨준평원(準平原).

파:상풍[破傷風] 외상(外傷)으로 몸 안에 들어간 파상풍균(破傷風菌)의 독소가 일으키는 전염병. 전신 근육의 강직·경련·발열의 증상이 일어나며 사망률이 높음. はしょうふう tetanus

파:상풍균[破傷風菌] 파상풍의 원인이 되는 병원균. 그람양성(Gram陽性) 간균(桿菌)으로 혐기성(嫌氣性)임. はしょうふうきん tetanus bacillus

파:상 혈청[破傷風血淸] 파상풍균이 산출하는 독소를 말에 주사하여 면역(免疫)시켜서 만든 항독소 혈청. 파상풍의 치료·예방에 씀. antitetanic serum

파:색[破色] 원색에 백색이나 회색을 조금 섞은 색. はしょく

파생[派生] 근원에서 갈라져 나와 생김. 분파하여 발생함. はせい derivation

파생 사:회[派生社會] 사회의 분화 과정에서, 원형을 이루는 기초 사회에서 파생된 사회. はせいしゃかい derived society

파생 수요[派生需要] 어떤 물

건을 생산함으로써 생기는 간접적인 수요. はせいじゅよう derived demand

파생어[派生語] 어떤 단어에서 갈려져 나와 생긴 말. 어근에 접두사·접미사가 붙어 이루어짐. はせいご derivative

파선[波線] 물결처럼 구불구불한 모양의 선. 파상(波狀)으로 된 선. はせん wavy line

파:선[破船] 배가 풍파 또는 암초로 말미암아 부서짐. 또는 그 배. はせん shipwreck

파설[播說] 말을 퍼뜨림. 또는 그 퍼뜨리는 말. dissemination

파·섹[parsec] 천문학상의 거리를 나타내는 단위. 연주 시차(年周時差) 1초에 상당하는 거리. 기호는 pc. パーセク

파소도블레[에 paso doble] 에스파냐의 행진곡풍(行進曲風) 춤곡. パソドブレ

파·손[破損] 깨어지거나 망가져 못 쓰게 됨. はそん breakage

파송[派送] ⇨파견(派遣). 派送

파·쇄[破碎] 깨뜨려 부숨. はさい crush

파쇼[이 fascio] 파시즘적인 운동·경향·단체·지배 체제(體制)를 가리키는 말.

파수[把守] 경계하여 지킴. 또는 그 사람. watch

파수[派收] ①5일마다 팔고 산 물건값을 치르는 일. ②장날에서 장날까지의 사이. 「한~, 두~」

파·수[破水] ①분만 때, 양막이 터지며 양수가 흘러나오는 일. 또는 그 양수. ②마을 또는 묏자리에서 산 뒤로 보이는 물줄기의 파문(破門)으로 빠져 나가는 물.

파수막[把守幕] 파수를 보기 위해 만든 막. sentry box

파수병[把守兵] 파수를 보는 병정. =보초병(步哨兵). sentry

파스[farce] 소극(笑劇). ファース

파스너[fastener] ①분리되어 있는 것을 잠그는 데 쓰는 기구(器具)의 총칭. ②지퍼. ファスナー

파스타[이 pasta] 이탈리아식 국수의 총칭(總稱). パスタ

파스타[독 Pasta] 다량의 분말 제를 포함한 유성(油性) 연고제. パスタ

파스텔[pastel] 안료 가루를 점착제(粘着劑) 따위로 굳혀 막대 모양으로 만든 화구(畫具)의 한 가지. パステル

파스토랄[프 pastoral] ①목가적인 기악곡 또는 성악곡. ②전원시(田園詩). パストラル

파슬리[parsley] 미나릿과의 이년초. 줄기에는 세로줄이 있고 잎은 짙은 녹색임. 독특한 향기(香氣)가 있어 수프·샐러드·튀김 따위에 씀. パセリ

파시[波市] 고기가 한창 잡힐 때 바다 위에서 열리는 생선 시장. seasonal fish

파시스트[fascist] 파시즘을 신봉(信奉)·주장하는 사람. ファシスト

파시즘[fascism] 제1차 세계 대전 후 무솔리니 정권에서 비롯된 독재적(獨裁的)인 전체주의. ファシズム

파식[波蝕] 물결이 육지를 침식하는 일. はしょく

파식[播植] ⇨파종(播種). はしょく

파심[波心] 물결의 중심. はしん center of the wave

파악[把握] 꽉 잡아서 쥔다는 뜻으로, 어떤 일을 잘 이해하여 확실하게 앎. はあく understanding

파:안[破顔] 얼굴빛을 부드럽게 하여 크게 웃음. 「~대소(大笑)」 はがん broad smile

파:약[破約] 약속을 깨뜨림. 계약을 취소함. =해약(解約). はやく breach of promise

파:업[罷業] ① 하던 일을 그만함. ② 노동자가 노동 조건을 개선하기 위하여 단결하여 노동을 하지 않는 일. 「동맹(同盟)~」 ひぎょう ② strike

파에톤[Phaëthon] 그리스 신화(神話)에 나오는, 헬리오스의 아들.

파:연[罷宴] 연회(宴會)나 잔치를 마침. finishing the banquet

파:열[破裂] 깨어지거나 갈라져 터짐. =열파(裂破). はれつ explosion

파:열음[破裂音] 자음을 발음할 때에 후두 위 발음 기관의 어떤 곳을 막고 숨을 중지신 후 이것을 급히 열 때에 나는 소리. 한글의 ㅂ·ㅃ·ㅍ·ㄷ·ㄸ·ㅌ·ㄱ·ㄲ·ㅋ과 영어의 p·t·k 따위의 소리. はれつおん plosive

파:옥[破屋] 무너진 집. 허물어진 집. はおく demolished house

파:옥[破獄] 죄수가 달아나기 위해 감옥을 부숨. 「~도주(逃走)」 はごく jailbreak

파우더[powder] ① 가루. ② 화장용(化粧用)의 분(粉). パウダー

파운데이션[foundation] ① 기초(基礎). 토대(土臺). ② 기초 화장품의 한 가지. ③ 몸매를 고르게 하기 위한 여성의 속옷. ファウンデーション

파운드[pound] ① 야드파운드 법에서 질량(質量)의 단위. ② 영국의 화폐 단위. パウンド

파운드 케이크[pound cake] 달걀에 버터·우유(牛乳)·설탕·밀가루 등을 섞어서 반죽한 것에 건포도나 호두 등을 넣어 구운 케이크. パウンドケーキ

파울[foul] 규칙 위반. 반칙(反則). ファウル

파울라인[foul line] 야구에서, 본루와 일루 및 본루와 삼루를 연결한 직선과 그 연장선(延長線). ファウルライン

파울볼:[foul ball] 야구에서, 타자(打者)가 파울라인 밖으로 친 공. ファウルボール

파울플라이[foul fly] 야구에서, 파울라인 밖으로 쳐 올려진 타구(打球). ファウルフライ

파워[power] 힘. 권력(權力). パワー

파원[派員] 파견된 사람. 「특(特)~」 はいん delegate

파:이[罷意] 마음먹었던 생각을 버림. abandonment

파이[pie] 밀가루와 버터를 개어 과실·고기 등을 넣어서 구운 서양 과자(菓子)의 한 가지. パイ

파이널세트[final set] 배구·탁구 등에서, 승패를 가름하는 최종(最終) 세트. ファイナルセット

파이렉스[Pyrex] 내열(耐熱) 유리의 상표명.

파이버[fiber] ① 섬유(纖維). 섬유질. ファイバー ② 철모 밑에 받쳐 쓰는 모자.

파이버보:드[fiberboard] 섬유질 재료를 압축(壓縮) 성형한 널빤지의 총칭. ファイバ

—ボード

파이어니어[pioneer] 선구자. 개척자(開拓者). 파이오니아 先驅者

파이팅[fighting] 경기에서, '잘 싸우자'는 뜻으로 외치는 구호(口號). 口號

파이프[pipe] ① 물·가스 따위를 수송(輸送)하는 데 쓰는 관(管). ② 살담배를 피우는 서양식 담뱃대. 파이프 輸送

파이프라인[pipeline] 가스·석유 등을 먼 곳으로 수송하기 위해 설치한 관. 송유관(送油管). 파이프라인 送油管

파이프오르간[pipe organ] 여러 관(管)에 공기를 보내어 소리를 내게 만든 건반 악기(鍵盤樂器). 파이프오르간 鍵盤樂器

파인더[finder] ① 카메라의, 들여다보는 창(窓). ② 큰 망원경(望遠鏡)에 딸리어, 찾고자 하는 천체를 찾을 때 사용하는 작은 망원경. 파인더 望遠鏡

파인세라믹스[fine ceramics] 정밀 기계·반도체·의료 등의 분야에 이용되는, 내열성·절연성(絕緣性)이 뛰어난 세라믹스. 絕緣性

파인애플[pineapple] 파인애플과의 상록(常綠) 다년초. 또는 그 열매. 중앙 아메리카 및 남아메리카 북부 원산임. 파이내플 常綠

파인트[pint] 야드파운드법에 의한 액량(液量)의 단위. 1갤런의 1/8. 파인트 液量

파인플레이[fine play] 경기에서, 선수가 보인 뛰어난 기술. 묘기(妙技). 파인플레이 妙技

파일[←八日] 음력 사월 초여드렛날. 석가(釋迦)가 탄생한 날. 초파일. =연등절(燃燈節). Buddha's birthday 八日

파:일[破日] 음력으로 매월 초 破日 닷샛날·열나흗날·스무사흗날. 이 날에 일을 하면 불길하다고 함.

파일[file] ① 서류철(書類綴). ② 컴퓨터에서, 프로그램이나 데이터 따위의 정보의 집합. 파일 書類綴

파일[pile] ① 원자로(原子爐). ② 첨모(添毛)·유모(有毛) 직물. ③ 건축·토목의 기초 공사를 하는 데에 박는 말뚝. 파일 原子爐

파일럿[pilot] ① 항공기 조종사(操縱士). ② 수로(水路) 안내인. 파일럿 操縱士

파일북[file book] 자유로이 끼우고 뺄 수 있게 만든 노트·장부(帳簿)·서류. 파일북 帳簿

파:자[破字] ① 한자의 자획(字畫)을 따로따로 나누어 맞추는 놀이. '李'자를 분해하여 '木子'라 하는 따위. =해자(解字). ② 한자를 풀어서 길흉을 점치는 방법. 破字 解字

파자마[pajamas] 헐렁한 상의(上衣)와 바지로 된 잠옷. 파자마 上衣

파장[波長] 파동의 마루에서 다음 마루까지, 또는 파동의 골에서 다음 골까지의 거리. はちょう wavelength 波長

파:장[罷場] ① 과장(科場)이 파함. ② 장이 파함. ③ 모여서 하는 어떤 일이 거의 끝난 판이나 무렵. ① conclusion of state examination ② closing of a market 罷場

파:재[破齋·罷齋] 법회(法會)나 재회(齋會)를 모두 마침. 破齋

파쟁[派爭] 파벌 싸움. strife among groups 派爭

파:적[破寂] ① 적적함을 면함. 破寂

② 심심풀이.
① diversion for idle moments
② killing time

파:제[罷祭] 파제사(罷祭祀)의 준말.

파:제사[罷祭祀] 제사를 마침. 㽞파제(罷祭).

파종[播種] 논밭에 곡식의 씨앗을 뿌림. 「~기(期)」 sowing

파:죽지세[破竹之勢] 대나무를 쪼개는 기세와 같다는 뜻으로, 감히 막을 수 없는 맹렬한 기세를 비유하는 말.
irresistible force

파지[把持] ① 꼭 쥠. 쥐고 있음. ② 심리학에서, 기억 과정의 한 요소. 어떤 표상・감정・흥분・반응・경험 따위를 보존하는 일. はじ
① grasp ② retention

파:지[破紙] ① 찢어진 종이. ② 인쇄나 제본 과정에서 손상하여 못 쓰게 된 종이.
waste paper

파:직[罷職] 관직에서 물러나게 함. ひしょく discharge

파:진[罷陣] ⇨파군(罷軍).

파:찰음[破擦音] 파열(破裂)과 마찰이 함께 되어 나는 닿소리. ㅈ・ㅉ・ㅊ 따위. はさつおん affricate

파천[播遷] 임금이 서울을 떠나 난을 피함. =파월(播越). 「아관(俄館)~」はせん
royal flight from the palace

파:천황[破天荒] ① 전례가 없는 일을 처음으로 하여 냄. はてんこう ② 벽성(僻姓)이나 무반향(無班鄕)에서 훌륭한 인재가 나서 본디의 미천한 상태를 비로소 면하게 되는 일. =파벽(破僻).
① unprecedentedness

파:철[破鐵] 깨어져 못 쓰게 된 쇠붙이 조각. 파쇠. scrap iron

파초[芭蕉] 파초과의 다년초. 중국 원산으로 관상용임. ばしょう plantain

파출[派出] 사무를 배당하여 사람을 출장 보냄. 「~소(所)」 はしゅつ dispatch

파출부[派出婦] 임시로 출장하여 가사 따위를 돌봐 주는 시간제 가정부.
visiting housekeeper

파출소[派出所] ① 부원(部員)을 파견하여 둔 곳. ② 경찰관을 파견하여 경찰 업무를 보게 하는 곳. はしゅつじょ
① branch office ② police box

파충류[爬蟲類] 척추동물(脊椎動物)의 한 종류. 냉혈(冷血)이며 허파로 호흡함. 대개 난생(卵生)임. はちゅうるい
reptiles

파:카[parka] 쓰개가 달린, 약간 긴 셔츠 모양의 방한용(防寒用) 재킷. パーカ

파:커라이징[parkerizing] 인산망간이나 인산철로 철판 표면에 피막(被膜)을 만들어 철강의 녹스는 것을 막는 방법의 한 가지. パーカライジング

파:킹[parking] 주차(駐車). 주차장(駐車場). パーキング

파:탄[破綻] ① 찢어지고 터짐. ② 일이나 계획이 이루어지지 못하고 그릇됨. 「경제(經濟)~」 はたん
① breaking ② failure

파:토[破土] 참파토(斬破土)의 준말.

파:투[破鬪] 화투놀이 때에 장수(張數)가 모자라거나 차례가 어긋나서 그 판이 무효로 되는 일. no count

파:트[part] ① 부분(部分). ② 맡은 역할이나 부서. ③ 성부(聲部). パート 部分

파:트너[partner] ① 댄스 따위에서, 상대자. ② 배우자(配偶者). ③ 동료. パートナー 配偶者

파:트타임[part time] 아침 혹은 저녁 등으로 시간을 정해 일정한 짧은 시간만 근무(勤務)하는 일. パートタイム 勤務

파:티[party] ① 당파(黨派). 정당. ② 연회(宴會). 다과회(茶菓會). パーティー 宴會

파파노:인[皤皤老人] 백발이 된 늙은이. 皤皤老人
white-haired old man

파파야[papaya] 열대 아메리카 원산의 상록 교목(喬木). 열매는 식용·약용함. パパイア 熱帶原産

파파인[papain] 파파야의 과즙(果汁)에 들어 있는 단백질 분해 효소. パパイン 果汁

파:편[破片] 깨진 조각. はへん 破片
broken piece

파프리카[형 paprika] 고추의 일종. 또는 그것으로 만든 향신료(香辛料). パプリカ 香辛料

파피루스[papyrus] ① 방동사닛과의 다년초. 나일 강가에 자라며 관상용(觀賞用)임. ② 파피루스의 줄기로 만든 고대 이집트의 종이. パピルス 觀賞用

파필[把筆] 붓대를 잡음. 곧 글씨를 씀. 把筆

파:하[破夏] 불교에서, 하안거(夏安居)의 중도에서 물러나는 일. 破夏

파:한[破閑] 심심풀이. 破閑
killing time

파행[跛行] ① 절뚝거리며 걸어 감. ② 균형이 잡히지 않은 상태가 계속됨. 「~ 운영(運營)」 はこう ① limping ② imbalance 跛行

파:혈[破穴] 무덤을 파헤침. 破穴
excavating a grave

파:혈[破血] 체내에 뭉치어 있는 나쁜 피를 약을 써서 없어지게 함. 「~제(劑)」はけつ 破血

파:호[破戶] 바둑을 둘 때에 상대편의 집에 말 몇 점을 놓아 집을 못 내게 함. =파가(破家). 破戶 破家

파:혹[破惑] 의혹을 없앰. =해혹(解惑). disembarrassment 破惑

파:혼[破婚] 약혼을 깨뜨림. はこん breach of engagement 破婚

파:흥[破興] 흥을 깨뜨림. 또는 흥이 깨어짐. =패흥(敗興). spoilage of the fun 破興

판[判]* ① 판단할 판: 판단하다. 판결하다. 「判決(판결)·判斷(판단)·判別(판별)·裁判(재판)·談判(담판)·批判(비판)」② 분명할 판: 분명하다. 「判明(판명)·判異(판이)」ハン 判決 裁判

판[板]* ① 널 판: 널. 판자. 「板子(판자)·看板(간판)·鐵板(철판)」② 판목 판: 판목. 「板木(판목)·板刻(판각)·板本(판본)」ハン ① いた 板子 看板

판[版]* 판목 판: 판목. 인쇄. 「版本(판본)·版刻(판각)·出版(출판)·再版(재판)·原版(원판)·銅版(동판)」ハン 版本

판[販]* 팔 판: 팔다. 장사하다. 「販賣(판매)·販路(판로)·總販(총판)·街販(가판)·市販(시판)」ハン・あきなう 販賣

판[辦] ① 힘쓸 판: 힘쓰다. 다스리다. 「辦公(판공)·總辦(총판)」② 갖출 판: 갖추다. 「辦備(판비)」ベン 辦公 總辦

판[瓣] ① 오이씨 판: 오이씨. 과실의 속. 「瓜瓣(과판)」② 꽃잎 판: 꽃잎. 「花瓣(화판)」ベン ① さね ② はなびら 瓜瓣 辦

판[Pan] 그리스 신화에 나오는 숲·목축·수렵의 신(神). パン 狩獵

판가[販價] 판매하는 가격. 販價 sale price

판각[板刻] 서화를 나뭇조각에 새김. =각판(刻板). はんこく 板刻 engraving on woodblock

판각[板閣·版閣] 경판(經板)을 쌓아 두는 전각(殿閣). 板閣

판각본[板刻本] 목판으로 인쇄한 책. =목판본(木板本). 板刻本 xylographic book

판검사[判檢事] 판사(判事)와 검사(檢事). はんけんじ 判檢事 judges and public prosecutors

판게아[Pangaea] 현재의 대륙으로 분열(分裂)·이동하기 이전의 단일(單一) 대륙. パンゲア 單一

판결[判決] ① 시비 곡직(是非曲直)을 판단하여 결정함. ② 법원에서, 소송 사건에 대해 법률을 적용하여 판단을 내림. はんけつ 判決 ① judgement ② decision

판결례[判決例] 그 사건에 관한 판결의 실례(實例). 준판례(判例). はんけつれい 判決例 judicial precedent

판결문[判決文] 법원에서 판결을 내린 사실과 이유와 주문(主文) 등을 기록한 문서. はんけつぶん 判決文 主文 decision

판결사[判決事] 옳고 그름과 착함과 악함을 가리는 일. 判決事 judgement

판공[辦公] 공무(公務)에 종사함. 辦公 serving in the government

판공비[辦公費] 공무(公務) 처리에 필요한 비용. 또는 그러한 명목으로 주는 돈. 辦公費 expediency fund

판관[判官] ① 재판관. 심판관. 判官

② 조선 때, 종오품 벼슬. ③ 조선 때, 감영(監營)·유수영(留守營)이 있던 곳의 원.

판교[板橋] 널다리. 板橋 wooden bridge

판국[版局] ① 어느 사건이 벌어진 판. ② 집터 또는 산소 자리의 위치와 형국(形局). 版局 形局 ① state of affairs

판권[版權] 저작권을 가진 사람과 계약하여, 그 저작물에 관계되는 이익을 독점하는 권리. 저작권법(著作權法)에 딸린 한 재산권(財産權). はんけん 版權 財産權 copyright

판금[板金] 얄팍하고 넓게 조각낸 쇠붙이. ばんきん 板金 metal sheet

판금[販禁] 판매 금지(販賣禁止)의 준말. 販禁

판납[辦納] 금품을 이리저리 주선하여서 바침. 辦納

판다[panda] 히말라야에서 중국에 걸쳐 사는, 작은 곰과 비슷한 포유동물(哺乳動物). 몸빛은 희고 네 발과 눈언저리·귀·가슴은 검음. パンダ 哺乳動物

판단[判斷] 대상의 진위·선악·미추(美醜) 등을 생각하여 정하는 일. 또는 그렇게 정한 내용. はんだん 判斷 judgement

판단력[判斷力] 판단할 수 있는 능력. はんだんりょく 判斷力 judgement

판당고[에 fandango] 3박자의 야성적(野性的)인 에스파냐의 무용(舞踊). 또는 그 춤곡. 舞踊

판도[版圖] ① 어느 한 국가의 통치 아래에 있는 영토. ② 어떤 세력이 미치는 범위나 영역. はんと 版圖 territory

판도라[Pandora] 그리스 신화에 나오는 인류(人類) 최초의 神話

여성. パンドラ 女性

판도방[判道房] ① 경상도 일부 지역에서, 큰 스님이 혼자 거처하는 방. ② 경기도·강원도 지역에서, 부목이나 속객들이 함께 쓰는 방. ③ 중들이 공부하는 제일 넓은 방. 判道房

판독[判讀] 글귀나 암호·약호 등을 뜻을 헤아리며 읽음. はんどく decipherment 判讀

판득[辦得] 변통하여 얻음. obtainment 辦得

판례[判例] 판결례(判決例)의 준말. はんれい 判例

판례법[判例法] 판례가 누적(累積)되어 성립한 법의 체계. case law 判例法

판로[販路] 상품이 팔리는 방면이나 길. 「~ 개척(開拓)」 はんろ market for goods 販路

판로 협정[販路協定] 상품 판매자 사이의 경쟁을 피하기 위하여 판로를 협정하는 일. 販路協定

판리[辦理] 일을 판별하여 처리함. management 辦理

판막[瓣膜] 심장(心臟)·정맥(靜脈)·림프관 따위의 내부에 있어 혈액·림프액의 역류(逆流)를 막는 막. 날름막. べんまく valves of the heart 瓣膜

판매[販賣] 상품을 팖. はんばい sale 販賣

판매 금:지[販賣禁止] 어떤 상품에 대하여 법률상·경제상의 이유로 판매를 금지하는 일. ⇨판금(販禁). 販賣禁止

판매망[販賣網] 그물처럼 여기 저기 많이 깔려 있는 판매의 체계. sales network 販賣網

판매점[販賣店] 판매하는 상점. はんばいてん store 販賣店

판매 조합[販賣組合] 조합원의 생산품을 서로 협동하여 유리하게 파는 것을 목적으로 하는 일종의 산업 조합. はんばいくみあい sales guild 販賣組合

판매 회:사[販賣會社] 상품의 판매를 주된 목적으로 하여 설립된 회사. selling company 販賣會社

판명[判明] 분명하게 밝혀짐. はんめい becoming clear 判明

판목[板木] ① 두께가 6cm 이상, 폭이 두께의 3배 이상 되는 재목. ②⇨판목(版木). ①board 板木

판목[版木] 인쇄하기 위하여 글자나 그림을 새긴 나무. はんぎ printing block 版木

판무[辦務] 직무를 집행함. べんむ management 辦務

판무관[辦務官] 영국 등에 있어서, 식민지에 주재하여 정치·외교의 사무를 맡는 관리. べんむかん commissioner 辦務官

판무식[判無識] ⇨일자무식(一字無識). 判無識

판별[判別] 명확히 구별함. 분명히 가름. =식별(識別). はんべつ discrimination 判別

판본[板本] 판 각본(板刻本)의 준말. 板本

판사[判事] 법관의 관명(官名)의 하나. 고등 법원과 지방 법원의 재판관. はんじ judge 判事

판상[板狀] 널빤지같이 생긴 모양. boardlike shape 板狀

판상[辦償] ① 남에게 입힌 손해를 물어 줌. ② 빚을 갚음. = 판제(辦濟). ③ 재물을 내어 죄를 때움. =변상(辨償)·변제(辨濟). べんしょう compensation 辦償

판서[判書] 고려 말과 조선의 육조(六曹)의 우두머리 벼슬. 判書

판서[板書] 칠판에 분필로 글씨를 씀. 또는 그 글. ばんしょ blackboard demonstration 板書

판시[判示] 재판에서, 판결하여 보임. 判示 judgement

판연[判然] 아주 환하게 판명된 모양. はんぜん 判然 distinctness

판옥[板屋] 판잣집. いたや 板屋 barrack

판옥선[板屋船] 널빤지로 지붕을 만든, 옛날의 군선(軍船)의 하나. 板屋船

판유리[板琉璃] 널빤지 모양으로 된 평평한 유리. 板琉璃 plate glass

판윤[判尹] 조선 때, 한성부(漢城府)의 정이품(正二品) 으뜸 벼슬. 判尹

판이[判異] 아주 다름. 判異 being entirely different

판자[板子] ① 널빤지. ② ⇨ 송판(松板). 板子 ① wooden board

판장[板墻] 널빤지로 막은 울타리. 널판장. 板墻 wooden wall

판재[板材] ① 널빤지. ② 관(棺)을 짜는 널. =수판(壽板). 板材 ① plank ② boards for making coffins

판적[版籍] ① 영토와 호적. ② 토지와 인민. はんせき ③ ⇨ 서적(書籍). 版籍

판정[判定] 판별하여서 결정함. はんてい 判定 judgement

판정승[判定勝] 권투나 레슬링 등에서, 규정된 시간 내에 승부를 결정짓지 못할 때 심판의 판정에 의해 결정된 승리. はんていがち 判定勝 decision

판정패[判定敗] 권투나 레슬링 등에서 심판의 판정으로 짐. 判定敗 losing by a decision

판제[辦濟] ⇨판상(辦償). 辦濟

판지[板紙] 널판지처럼 단단하고 두껍게 만든 종이. 板紙 cardboard

판초[poncho] 남아메리카 원주민이 입는, 한 장의 천으로 된 외투. ポンチョ 外套

판타지[독 Phantasie] ① 공상(空想). 환상. ② 환상곡(幻想曲). ファンタジー 空想

판타지아[이 fantasia] 환상곡(幻想曲). ファンタジア 幻想曲

판탈롱[프 pantalon] 아랫부분이 나팔 모양으로 넓은 여성용의 긴 바지. パンタロン 女性用

판테온[Pantheon] ① 로마의 원형 신전(神殿). ② 파리에 있는 성당. パンテオン 神殿

판토텐산(酸)[pantothenic acid] 비타민 B 복합체의 하나. 탄수화물이나 지방의 대사(代謝)에 필요한 효소의 성분을 이룸. パントテンさん 代謝

판행[版行] 서적 같은 것을 인쇄하여 발행함. はんこう 版行 publication

판형[判型·版型] 인쇄물의 크기. 사륙 배판·국판·사륙판 등이 있음. はんがた·はんけい 判型 size of a book

판화[版畵] 판으로 찍어 낸 그림. 목판화(木版畵)·동판화(銅版畵)·석판화(石版畵) 등. はんが 版畵 print

팔[八]* 여덟 팔: 여덟. 「八景(팔경)·八角(팔각)·八字(팔자)·八方(팔방)·八災(팔재)·八切(팔절)」 ハチ·や·やつ·やっつ 八字

팔[叭] 나팔 팔: 나팔. 「喇叭(나팔)」 ハツ·ハ 叭

팔각[八角] 여덟 모. 팔모. はっかく 八角 eight angles

팔각추[八角錐] 밑이 팔모로 된 각뿔. 팔각뿔. はっかくすい 八角錐 octagonal pyramid

팔각형[八角形] 여덟 개의 직선으로 둘러싸인 다각형. はっかっけい 八角形 octagon

팔경[八景] 어떤 지역의 여덟 군데의 아름다운 경치. はっけい eight beauty spots

팔계[八戒] 불교에서, 재가(在家)의 신도가 육재일(六齋日)에 지키는 여덟 가지 금계(禁戒). はっかい eight Buddhist commandments

팔고[八苦] 불교에서, 이 세상에 태어나서 면하기 어려운 여덟 가지의 괴로움. 곧, 생로병사(生老病死)의 사고(四苦)에, 애별리고(愛別離苦)·원증회고(怨憎會苦)·구부득고(求不得苦)·오음성고(五陰盛苦)를 더한 것. はっく eight pains

팔관회[八關會] 고려 때, 해마다 중경(中京)·서경(西京)에서 토속신에게 제사를 지내던 규모가 큰 의식(儀式).

팔괘[八卦] 중국 고대에 복희씨(伏羲氏)가 지었다는 여덟 가지 괘. 곧 건(乾)·태(兌)·이(離)·진(震)·손(巽)·감(坎)·간(艮)·곤(坤). はっけ eight signs of divination

팔구체[八句體] 여덟 구(句)로 이루어진 시가의 형식.

팔난[八難] ① 여덟 가지의 재난. 곧 배고픔·추위·더위·불·물·병란(兵亂)·목마름·칼. ② 불교에서, 불법을 듣는 데 방해가 되는 여러 가지의 어려움. はちなん ① eight misfortunes ② many difficulties

팔년풍진[八年風塵] 여러 해 동안 고생함의 비유. 유방(劉邦)이 8년이나 걸려 항우(項羽)를 멸망시켰다는 데서 이르는 말.

팔달[八達] ① 길이 팔방으로 통하여 있음. ② 모든 일에 정통(精通)함. はったつ ① stretching in all directions ② conversance

팔대 명왕[八大明王] 불교에서, 팔방을 수호하는 부동명왕(不動明王)·항삼세존(降三世尊)·군다리명왕(軍茶利明王)·육족존(六足尊)·금강야차(金剛夜叉)·예적금강(穢跡金剛)·무능승(無能勝)·마두관음(馬頭觀音)의 여덟 명왕. はちだいみょうおう

팔대 야:차[八大夜叉] 불교에서, 불법을 지키는 보현(寶賢)·만현(滿賢)·산지(散支)·중덕(衆德)·응념(應念)·대만(大滿)·무비력(無比力)·밀엄(密嚴)의 여덟 야차신(夜叉神). はちだいやしゃ

팔대 용왕[八大龍王] 불교에서, 불법을 지키고, 또는 물을 다스린다는 여덟 용왕. 난타(難陀)·발난타(跋難陀)·사갈라(娑羯羅)·화수길(和修吉)·덕차가(德叉迦)·아나바달다(阿那婆達多)·마나산(摩那散)·우발라(優鉢羅). はちだいりゅうおう

팔대 유성[八大遊星] ⇨ 팔대 행성(八大行星).

팔대 지옥[八大地獄] ⇨ 팔열 지옥(八熱地獄). はちだいじごく

팔대 행성[八大行星] 수성·금성·지구·화성·목성·토성·해왕성·천왕성의 여덟 행성. = 팔대 유성(八大遊星). eight primary planets

팔덕[八德] 인(仁)·의(義)·예(禮)·지(智)·충(忠)·신(信)·효(孝)·제(悌)의 여덟 가지 덕(德). はっとく eight virtues

팔도[八道] 조선 때의 행정 구역. 경기도·충청도·전라도·

경상도·황해도·평안도·함경도·강원도의 여덟 도.
eight provinces of Korea

팔도 강산[八道江山] 우리 나라 여덟 도(道)의 산수(山水). 우리 나라의 강산.
land of Korea

팔도 명산[八道名山] 우리 나라 전국의 유명한 산. all the famous mountains of Korea

팔두신[八頭身] ⇨ 팔등신(八等身). はっとうしん

팔두작미[八斗作米] 벼 한 섬을 찧게 하여 여덟 말을 받고 그 나머지는 찧은 삯으로 주는 일.

팔등신[八等身] 키가 머리 길이의 8배쯤 되는 균형이 잡힌 몸집. 이상적인 몸매라고 함. =팔두신(八頭身).「~의 미인」はっとうしん
well-proportioned figure

팔라듐[palladium] 백금족(白金族) 원소의 하나. 값이 싸며 경도(硬度)가 높아서 치과 재료·장식품 따위에 쓰임. 원소 기호는 Pd. パラジウム

팔레트[프 palette] 그림 물감을 섞어 필요한 색을 만드는 데 쓰는 도구. 조색판(調色板). パレット

팔로[八路] ⇨ 팔도(八道).

팔만 나락[八萬奈落] ⇨ 팔만 지옥(八萬地獄).

팔만 대:장경[八萬大藏經] 팔만 사천 대장경(八萬四千大藏經)의 준말.

팔만 사:천 대:장경[八萬四千大藏經] 고려 대장경. 경판(經板) 8만 1천 장에 앞뒤로 새겨져 16만 장이 되며, 8만 4천 법문(法文)이 수록되어 있다는 뜻에서, 이 이름이 나옴.

㊜팔만 대장경(八萬大藏經).

팔만 지옥[八萬地獄] 불교에서, 중생이 번뇌 때문에 당하는 많은 괴로움을 지옥에 비유하여 이르는 말. はちまんじごく

팔면[八面] ① 여덟 가지 얼굴. ② 여러 방면. =팔방(八方). ③ 여덟 개의 평면. はちめん
① eight faces ② all sides ③ eight plain sides

팔면고[八面鼓] 여덟 모로 된 북. 틀에 매어 놓고 침.

팔면체[八面體] 여덟 개의 평면으로 둘러싸인 입체. はちめんたい octahedron

팔모[八母] 복제(服制)에서 실모(實母) 이외에 따로 구별하는 여덟 어머니. 곧 적모(嫡母)·계모(繼母)·양모(養母)·자모(慈母)·가모(嫁母)·출모(黜母)·서모(庶母)·유모(乳母).

팔미트산(酸)[palmitic acid] 일염기(一鹽基) 지방산의 일종. 상온에서 백색의 고체로, 비누·페인트 등의 원료로 쓰임. パルミチンさん

팔방[八方] ① 사방(四方)과 사우(四隅). はっぽう ② 건(乾)·감(坎)·간(艮)·진(震)·손(巽)·이(離)·곤(坤)·태(兌)의 여덟 방위.

팔방 미:인[八方美人] ① 어느 모로 보나 흠이 없이 아름다운 미인. ② 누구에게나 잘 보이도록 처세하는 사람. はっぽうびじん ③ 아무 일에나 능통한 사람. ④ 여러 방면에 조금씩 손대는 사람.
① beauty in every respect ③ know-all ④ jack of all trades

팔부중[八部衆] 불교에서, 불

법을 수호하는 여덟 신장(神將). 곧 천(天)·용(龍)·야차(夜叉)·건달바(乾闥婆)·아수라(阿修羅)·가루라(迦樓羅)·긴나라(緊那羅)·마후라가(摩睺羅迦). はちぶしゅう

팔분[八分] 한자(漢字)의 서체의 한 가지. 예서(隷書)의 일종이며, 가로획의 끝을 오른쪽으로 치켜올리는 것이 특징임. はっぷん

팔분 음표[八分音標] 온음표의 8분의 1의 길이를 가지는 음표. quaver

팔불용[八不用] 몹시 어리석은 사람을 이르는 말. =팔불출(八不出)·팔불취(八不取). good-for-nothing fellow

팔불출[八不出] ⇨팔불용(八不用).

팔불취[八不取] ⇨팔불용(八不用).

팔색조[八色鳥] 팔색조과(八色鳥科)의 새. 날개 길이는 11~12cm이며 몸은 여러 가지 빛깔의 깃털로 덮여 있어 매우 아름다움. 중국 남부에서 여름철에 제주도·일본 등지로 건너옴. pitta

팔서[八書] 팔체시(八體書)의 준말.

팔세보[八世譜] 조선 때, 문무관과 음관(蔭官)의 문벌을 알기 위한, 팔대조(八代祖)까지를 적은 보첩(譜牒).

팔식[八識] 법상종(法相宗)에서, 오관(五官)과 몸을 통하여 객관적인 사물을 인식할 수 있는 여덟 가지의 심적 작용. 곧 안식(眼識)·이식(耳識)·비식(鼻識)·설식(舌識)·신식(身識)·의식(意識)·말나식(末那識)·아뢰야식(阿賴耶識). はっ

しき

팔열 지옥[八熱地獄] 등활(等活)·흑승(黑繩)·중합(衆合)·규환(叫喚)·대규환(大叫喚)·초열(焦熱)·대초열(大焦熱)·무간(無間)의 여덟 가지 극열(極熱)의 지옥. はちねつじごく

팔월선[八月仙] 농사일을 끝낸 농부가 팔월에 한가하여 신선 같다는 뜻으로 이르는 말.

팔음[八音] 아악(雅樂)에 쓰는 금(金)·석(石)·사(絲)·죽(竹)·포(匏)·토(土)·혁(革)·목(木)의 여덟 가지 악기. 또는 그 소리.

팔자[八字] 태어난 년·월·일·시의 간지(干支)인 여덟 글자. 곧, 한평생의 운수. fate

팔장신[八將神] 음양가에서, 길흉의 방위를 맡았다는 태세(太歲)·대장군(大將軍)·태음(太陰)·세형(歲刑)·세파(歲破)·세살(歲煞)·황번(黃幡)·표미(豹尾)의 여덟 신.

팔재[八災] 불교에서, 선정(禪定) 수행을 방해한다는 여덟 가지의 장애. 곧 희(喜)·우(憂)·고(苦)·낙(樂)·심(尋)·사(伺)·출식(出息)·입식(入息). はっさい

팔절[八節] 이십사 절기 가운데서 계절이 바뀌는 시기인 여덟 절기. 입춘(立春)·춘분(春分)·입하(立夏)·하지(夏至)·입추(立秋)·추분(秋分)·입동(立冬)·동지(冬至). はっせつ

팔조지교[八條之教] 여덟 조목으로 된 고조선의 금법(禁法). =팔조지금법(八條之禁法).

팔조지금법[八條之禁法] ⇨팔조지교(八條之教).

팔주비전[八注比廛] 조선 때,

서울에 있던 백각전(百各廛) 가운데서 선전(縇廛)·면포전(綿布廛)·면주전(綿紬廛)·지전(紙廛)·저포전(苧布廛)·포전(布廛)·내어물전(內魚物廛)·외어물전(外魚物廛)의 여덟 시전(市廛)을 이르던 말. eight major stores of old Seoul

팔준마[八駿馬] 중국 주(周)나라의 목왕(穆王)이 아끼던 화(驊)·유이(騮駬)·적기(赤驥)·백의(白義)·요거(驍渠)·황유(黃騮)·도리(盜驪)·산자(山子)의 여덟 준마.

팔진[八鎭] 사방(四方)과 사우(四隅). =팔황(八荒).

팔척장신[八尺長身] 장대한 사람의 몸을 이르는 말. man of great stature

팔체[八體] 팔체서(八體書)의 준말.

팔체서[八體書] 중국 진(秦)나라 때에 쓰인 여덟 가지 글씨체. 곧 대전(大篆)·소전(小篆)·각부(刻符)·충서(蟲書)·모인(摹印)·서서(署書)·수서(殳書)·예서(隸書). 준팔서(八書)·팔체(八體).

팔초어[八稍魚] ⇨문어(文魚).

팔촌[八寸] ① 여덟 치. はっすん ② 삼종(三從)간의 촌수. ② third cousin

팔포 대:상[八包大商] ①조선 때, 중국에 가는 사신을 따라가 홍삼(紅蔘)을 파는 허가를 얻었던 의주(義州)의 상인. ② 생활에 걱정이 없는 사람.

팔표[八表] 팔방(八方)의 아주 먼 끝. 곧, 온 세계. はっぴょう

팔품[八品] 벼슬의 여덟째 품계. 정팔품(正八品)·종팔품(從八品)의 구별이 있음.

팔풍[八風] 팔방의 바람. 곧 염풍(炎風)·조풍(條風)·혜풍(惠風)·거풍(巨風)·양풍(涼風)·요풍(飂風)·여풍(麗風)·한풍(寒風). winds of eight directions

팔학사[八學士] 조선 때, 예문관(藝文館)의 봉교(奉敎)·대교(待敎) 각 두 사람과 검열(檢閱) 네 사람을 이르는 말.

팔한 지옥[八寒地獄] 불교에서, 여덟 가지 극한(極寒)의 지옥. 팔열(八熱) 지옥 곁에 있다고 함. はちかんじごく

팔황[八荒] 팔방(八方)의 멀고 넓은 범위라는 뜻으로, 온 세상을 이르는 말. =팔굉(八紘). はっこう

팜:볼:[palm ball] 야구에서, 엄지손가락과 새끼손가락으로 공을 누르면서 앞으로 밀어내듯이 던지는 투구법(投球法). 그리 회전하지 않고, 타자 가까이에서 불규칙하게 변화함. パームボール

팜파스[pampas] 남아메리카, 특히 아르헨티나에 발달한 온대 초원(草原). パンパス

팝뮤:직[pop music] 포퓰러뮤직의 준말. ポップミュージック

팝송[pop song] 포퓰러송의 준말. ポップソング

팝아:트[pop art] 미국에서 일어난 전위(前衛) 예술 운동 하나. ポップアート

팝콘:[popcorn] 튀긴 옥수수에 소금으로 간을 한 식품(食品). ポップコーン

팡파:르[프 fanfare] ① 북과 금관 악기를 사용한 짧고 화려한 악곡. ②축하 의식 등에 쓰이는, 삼화음(三和音)을 사용한 트럼펫의 신호. ファン

ファーレ

패:[貝]* ①조개 패:조개.「貝類(패류)·貝殼(패각)·貝石(패석)·貝塚(패총)」②재물 패:재물. 보배.「貝物(패물)·貝貨(패화)」バイ ①かい

패:[沛] ①늪 패:늪. 습지.「沛澤(패택)」②물 흐를 패:물이 흐르는 모양. 비 내리는 모양.「沛然(패연)」ハイ

패:[佩] "珮"는 同字. ①찰 패:차다.「佩用(패용)」②노리개 패:노리개. 옷에 하는 장식.「佩物(패물)·王佩(왕패)」ハイ

패:[珮] "佩"와 同字.

패:[悖] 거스를 패:거스르다. 어그러지다.「悖倫(패륜)·行悖(행패)」ハイ·もとる

패[唄] 범패 패:부처의 공덕을 기리는 노래.「梵唄(범패)」バイ·うた·うたう

패:[浿] 물 이름 패:강의 이름.「浿水(패수)·浿江(패강)」ハイ

패[狽] ①짐승 이름 패:이리. ②낭패 패:낭패.「狼狽(낭패)」バイ

패:[敗]* 패할 패:패하다. 지다. 무너지다.「敗北(패배)·敗家(패가)·敗戰(패전)·成敗(성패)·勝敗(승패)·慘敗(참패)」ハイ·やぶれる

패[牌] 패 패:패. 신표(信標)로 하는 물건,「門牌(문패)·金牌(금패)·賞牌(상패)·位牌(위패)·牌木(패목)」ハイ

패:[稗] ①피 패:피.「稗粟(패속)·稗飯(패반)」②작을 패:잘다. 작다.「稗史(패사)·稗官(패관)」ハイ ①ひえ

패:[覇] "霸"의 俗字.

패:[霸] "霸"는 俗字. 으뜸 패:으뜸.「霸權(패권)·霸者(패자)·霸氣(패기)·制霸(제패)·爭霸(쟁패)」ハ

패:검[佩劍] 칼을 참. 또는 차는 칼. =대검(帶劍)·대도(帶刀)·패도(佩刀). はいけん　wearing a sword

패:관[稗官] 임금이 민간의 풍속이나 정사를 살피기 위하여 가설 항담(街說巷談)을 모아 기록하게 하던 벼슬. はいかん

패:관 문학[稗官文學] 패관이 그가 채집한 가설 항담에 자기 나름의 창의를 보태어 새로운 형태로 발달시킨 일종의 설화 문학.　literature of folk stories

패:관 소:설[稗官小說] 민간에 유포되어 있는 가설 항담을 소재로 하여 지은 소설. ⓒ패설(稗說). はいかんしょうせつ　folk story

패:국[敗局] 패색(敗色)이 짙은 국면(局面).　declined situation

패:군[敗軍] 싸움에 진 군대. ↔승군(勝軍). はいぐん　defeated army

패:군지장[敗軍之將] 전쟁에서 진 장군. ⓒ패장(敗將).　defeated general

패:권[霸權] 패자(霸者)로서의 권력. 힘으로 행사(行使)하는 지배력. はけん　supremacy

패:기[霸氣] 패자(霸者)가 되려고 하는 강한 의지.「ㅡ만만(滿滿)」はき ambitious spirit

패널[panel] ①널빤지. ②화판(畵板). ③배심원. 패널.

패널디스커션[panel discussion] 좌담식 공개 토의(討議). パネルディスカッション

패널리스트[panelist] 패널디스커션의 토론자(討論者). パ

ネリスト

패닉[panic] 공황(恐慌). パニック

패:담[悖談] 사리에 어그러지는 말. =패설(悖說). unreasonable talk

패:덕[悖德] ① 도덕과 의리에 어그러짐. ② 정도(正道)에서 벗어난 행위. 「～자(者)」 はいとく ① immorality ② immoral conduct

패:덕[敗德] 도덕과 의리를 그르침. 정도(正道)와 등짐. immorality

패:도[佩刀] ⇨패검(佩劍). はいとう

패:도[悖道] 정도(正道)에 벗어남. 도리에 어그러짐. unreasonableness

패:도[霸道] 무력이나 권모(權謀)로써 나라를 다스리는 일. ↔왕도(王道). はどう military rule

패:독산[敗毒散] 감기·몸살을 다스리는 한약의 한 가지. はいどくさん

패:동[敗洞] 황폐해진 동네. ruined village

패:두[牌頭] ① 인부 열 사람의 우두머리. ② 조선 때, 형조에서 죄인에게 태장(笞杖)을 집행하던 사령. ① foreman

패드[pad] 양복 어깨에 넣는 심. パッド

패들[paddle] 카누를 저을 때 쓰는 국자 모양의 노(櫓). パドル

패러다임[paradigm] ① 어형(語形) 변화표. ② 어떤 한 시대의 지배적인 사고 방식이나 인식(認識) 또는 견해(見解). パラダイム

패러독스[paradox] ① 역설(逆說). ② 자가당착(自家撞着)의 逆說말. パラドクス

패러디[parody] 저명(著名)한 작가의 작품을 모방하여 풍자적으로 꾸민 익살스러운 시문. パロディ

패럿[farad] 전기 용량(電氣容量)의 실용 단위. 기호는 F. ファラド

패:려[悖戾] 성질이 순직하지 못하고 비꼬임. はいれい crabbedness

패:례[悖禮] 예의에 어긋남. 또는 그러한 예절. はいれい impoliteness

패:류[貝類] 조개의 종류. shellfish

패:륜[悖倫] 인륜에 어긋남. —파륜(破倫). immorality

패:리[悖理] 사리에 어긋남. はいり irrationality

패리티[parity] ① 타국(他國) 통화와의 비율. ② 가격의 평형(平衡). ③ 동등(同等). パリティー

패:만[悖慢] 언행이 도리에 어긋나고 오만함. indecency

패:망[敗亡] 패하여 망해 버림. =패상(敗喪). はいぼう defeat

패:멸[敗滅] 패망하여 아주 없어짐. はいめつ destruction

패:모[貝母] 백합과(百合科)의 다년초. 잎은 좁고 길며 몇 잎씩 돌려남. 5월경에 꽃줄기 끝 부분 잎겨드랑이에서 한 개씩의 꽃이 핌. 뿌리는 기침·담을 다스리는 한약재로 쓰임. 관상용·약용(藥用)으로 재배하기도 함.

패목[牌木] 패를 붙이거나 그 자체에 글을 써 놓은 나무. 팻말. notice board

패:물[貝物] 산호·호박·수정·

대모(玳瑁) 따위로 만든 물건. shell goods

패:물[佩物] ①몸에 차는 장식물. ②노리개. personal ornaments

패밀리사이즈[family size] 인구 통계(人口統計)에서, 한 쌍의 부부가 낳은 자녀의 수. ファミリーサイズ

패:배[敗北] 싸움에 짐. 또는 싸움에 져서 달아남. =패주(敗走). はいぼく defeat

패:병[敗兵] 싸움에 패한 병정. =패졸(敗卒). はいへい defeated soldier

패:병[霸柄] 권병(權柄)을 잡음. holding the sway

패:보[敗報] 싸움에 진 소식. ↔승보(勝報). はいほう news of defeat

패:부[佩符] 병부(兵符)를 참. 곧, 고을 원의 지위에 있음.

패부진[牌不進] 왕의 부름을 받고도 병(病)이나 그 밖의 사고로 나아가지 못하는 일.

패:사[敗死] 싸움에 지고 죽음. はいし

패:사[稗史] 사관(史官)이 아닌 사람이 이야기 형식으로 꾸며 쓴 역사 기록. 패관(稗官)이 소설 형식으로 꾸며 쓴 역사 이야기. はいし unofficial history

패:석[貝石] ①조개의 화석(化石). ②조가비가 닥지닥지 달라붙은 돌. ① fossil shell

패:설[悖說] ⇨패담(悖談).

패:설[稗說] ①패관 소설(稗官小說)의 준말. ②항간에 떠도는 설화. ② folktale

패:세[敗勢] 싸움이나 경기에서 패할 형세. ↔승세(勝勢). はいせい losing situation

패션[fashion] ①유행. ②양식(樣式). ファッション

패션모델[fashion model] 패션쇼 등에서, 새로 만든 옷이나 최신 유행(流行)의 옷을 입고 관객에게 선보이는 것을 업으로 하는 사람. 모델. ファッションモデル

패션쇼:[fashion show] 새로 만든 의상(衣裳) 따위를 선보이는 쇼. ファッションショー

패:소[敗訴] 소송에 짐. ↔승소(勝訴). はいそ lost case

패:속[敗俗] 쇠퇴하여 사라진 풍속. degenerated customs

패:쇠[敗衰] 패하여 쇠잔해짐. decline

패:수[敗數] ⇨패운(敗運).

패:수살[敗數煞] ⇨패운살(敗運煞)

패스[pass] ①통과(通過). 합격(合格). ②무료 입장권. 정기권. ③⇨패스포트(passport). ④축구·농구 따위에서, 공을 자기편에게 보내는 일. 송구(送球). パス

패스트푸:드[fast food] 주문하면 즉시(卽時) 먹을 수 있게 간단한 조리를 거쳐 제공되는 음식. ファストフード

패스포:트[passport] ①여권(旅券). ②통행증(通行證). パスポート

패:습[悖習] 좋지 않은 버릇. 못된 풍습. evil habit

패:악[悖惡] 도리에 어긋나며 흉악함. perverseness

패:업[敗業] 사업에 실패함. 실패한 사업. はいぎょう failing in business

패:업[霸業] 패자(霸者)의 사업. 곧, 무력으로 천하를 지배하는 일. はぎょう

패:역[悖逆·誖逆] 바른 도리를 거스름. はいぎゃく immorality

패:연[沛然] 비가 억수로 쏟아지는 모양. raining in torrents

패:영[貝纓] 밀화(蜜花)·산호(珊瑚)·수정(水晶) 같은 것으로 꾸민 갓끈.

패:옥[佩玉] 벼슬아치가 금관조복(金冠朝服)의 좌우에 늘어뜨리던 옥. はいぎょく

패:옥[敗屋] 허물어진 집. はいおく broken house

패:용[佩用] 명패·훈장 따위를 몸에 달거나 참. はいよう wearing

패:운[敗運] 기울어져 가는 운수. =패수(敗數). はいうん declining fortune

패:운살[敗運煞] 운수가 기울어질 살. =패수살(敗數煞).

패:은[佩恩] 은혜를 입음. receiving benefits

패:인[敗因] 싸움에 진 원인. はいいん cause of defeat

패:자[悖子] 인륜(人倫)을 거역한 자식. unfilial son

패:자[敗者] 싸움이나 경기에 진 사람. ↔승자(勝者). はいしゃ loser

패:자[霸者] ①제후(諸侯)의 우두머리. ②무력(武力)·권력으로 천하를 정복한 사람. ③어떤 분야에서, 경쟁자와 겨루어 제일인자가 된 사람.「육상계의 ~」はしゃ ② supreme ruler ③ champion

패:잔[敗殘] 전쟁에 지고 살아남음. はいざん survival after defeat

패:잔병[敗殘兵] 진 전쟁에서 살아남은 병사. ㉰잔병(殘兵).

はいざんぺい remnants

패:장[敗將] 패군지장(敗軍之將)의 준말. はいしょう

패장[牌將] ①지난날, 관청이나 일터의 인부를 거느리던 사람. ②지난날, 나라 잔치 때에 여령(女伶)을 거느리던 사람. ① foreman

패장[牌張] 투전패·화투패 따위의 낱장.

패:적[敗敵] 싸움에 패한 적. はいてき defeated enemy

패:적[敗績] 싸움에 져서 이제까지의 공적(功績)을 잃음. はいせき

패:전[敗戰] 싸움에 짐. ↔승전(勝戰).「~국(國)」はいせん defeat in war

패진트[pageant] ①야외극(野外劇). ②화려한 행렬. 가장(假裝) 행렬. ページェント

패:졸[敗卒] ⇨패병(敗兵).

패:주[敗走] 전쟁에 져서 달아남. =패배(敗北). flight

패:지[敗紙] 못 쓰는 종이. waste paper

패찰[牌札] 소속 부서나 자기 이름 따위를 써서 가슴에 달거나 목에 거는 조그만 딱지.

패:촌[敗村] 쇠퇴한 마을. declining village

패:총[貝塚] 석기 시대 사람들이 먹고 버린 조가비의 무더기. 조개더미. かいづか shell mound

패:출패:입[悖出悖入] 도리에 어그러진 일을 하면 자기도 그와 같은 일을 당함. One reaps what he has sown.

패치[patch] 기워 대기 위한 헝겊 조각. パッチ

패치워:크[patchwork] 가지각색의 헝겊 조각을 이어 붙여서 하나의 면을 만드는 수예

(手藝)의 기법. パッチワーク 技法

패치포켓[patch pocket] 다른 천으로 만들어 댄 호주머니. パッチポケット

패키지[package] ① 짐꾸리기. 포장(包裝). ② 포장용 용기. ③ 일괄하여 처리하는 일. パッケージ 包裝

패키지투어[package tour] 여행사 주관의 일정 코스의 단체 여행(團體旅行). パッケージツアー 團體旅行

패킹[packing] ① 포장. ② 파손되지 않게 포장 속에 넣는 충전물(充塡物). ③ 관(管)의 이음매 등에 끼우는 재료. パッキング 充電物

패턴[pattern] ① 양식(樣式). 유형(類型). ② 모범(模範). ③ 도안(圖案). 무늬. パターン 樣式

패:퇴[敗退] 싸움에 지고 물러감. はいたい defeat 敗退

패트롤카:[patrol car] 경관 등의 순찰차(巡察車). パトロールカー 巡察車

패:혈증[敗血症] 혈액 속으로 균이 들어가서 급성 염증을 일으키는 병. はいけつしょう septicemia 敗血症

패:화[貝貨] 미개 시대의 인류가 쓰던 조가비로 만든 돈. ばいか shell money 貝貨

패:환[珮環] 옥으로 만든 고리. gem ring 珮環

팩[pack] ① 비닐로 만든 작은 용기(容器) ② 피부 보호 및 노화(老化) 방지를 위해 얼굴에 바르는 미용법(美容法). パック 容器 美容法

팩스[fax] ⇨팩시밀리(facsimile). ファックス

팩시밀리[facsimile] 문서·도표·사진 따위를 전기 신호로 바꾸어 먼 거리에 전송(電送)하는 통신 방식. 팩스. ファクシミリ 電送

팩터링[factoring] 기업의 외상 매출 채권(債券)을 사서 자기 부담으로 그 채권의 관리와 대금 회수를 하는 사업. ファクタリング 賣出

팬[fan] ① 부채. 선풍기. ② 애호가(愛好家). ファン 愛好家

팬[pan] 자루가 달린 납작한 냄비. パン

팬레터[fan letter] 팬이 자기가 좋아하는 인기인(人氣人)에게 보내는 편지. ファンレター 片紙

팬지[pansy] 제비꽃과의 일년초 또는 이년초. 봄에 자색(紫色)·백색·황색의 꽃이 핌. パンジー 紫色

팬츠[pants] ① 바지. ② 육상 경기용(陸上競技用)의 짧은 바지. ③ 아랫도리에 입는 짧은 속옷. パンツ 陸上 競技用

팬케이크[pancake] 프라이팬에 구운, 빈대떡 모양의 과자. パンケーキ 菓子

팬크로매틱[panchromatic] 보통 필름보다 색색가 잘 감광(感光)하도록 만든 사진 필름. パンクロマチック 感光

팬터그래프[pantagraph] ① 전차 등의 지붕에 단 집전 장치(集電裝置). ② 축도기(縮圖器). パンタグラフ 縮圖器

팬터마임[pantomime] 무언극(無言劇). パントマイム 無言劇

팬티[panties] 짧은 바지 모양의 속옷. パンティー

팬파이프[panpipe] 고대 그리스에서 시작된 관악기(管樂器). 길이가 다른 여러 개의 관을 나란히 묶어 입으로 불어 연주(演奏)함. 管樂器

팸플릿[pamphlet] 몇 쪽 안 되는 작은 책자(冊子). パンプレット 冊子

팽[烹] 삶을 팽 : 삶다. 「烹茶(팽다)·烹卵(팽란)」ホウ 烹茶

팽[彭] ①성 팽 : 성씨(姓氏)의 하나. ②땅 이름 팽 : 지명(地名). ホウ

팽[澎] 물 소리 팽 : 물결이 부딪치는 기세. 「澎湃(팽배)」ホウ 澎湃

팽[膨] 불룩해질 팽 : 불룩해지다. 부풀다. 「膨大(팽대)·膨壓(팽압)·膨脹(팽창)」ボウ·ふくれる 膨脹

팽다[烹茶] 차를 달임. =전다(煎茶). boiling tea 烹茶

팽대[膨大] 부풀어서 커짐. ぼうだい swelling 膨大

팽배[澎湃] ①물결이 서로 부딪쳐 솟구침. ②기세나 사상 등이 맹렬한 기세로 일어남. ほうはい surging 澎湃

팽압[膨壓] 식물 세포를 세포액보다 삼투압이 낮은 용액이나 물 속에 넣었을 때, 막압(膜壓)과 평형을 유지하기 위하여 세포의 안으로부터 밖으로 작용하는 막압과 같은 크기의 압력. turgor pressure 膨壓

팽윤[膨潤] 용매(溶媒) 속에 넣은 고분자(高分子) 화합물이 용매를 흡수하여 점점 부피가 늘어나는 현상. 膨潤 溶媒

팽창[膨脹] ①땡땡하게 부품. ②물체가 열을 받아서 그 부피가 늘어남. ③발전하여 증대하거나 수량이 늚. ↔수축(收縮). 「인구(人口) ~」ぼうちょう ①swelling ②expansion ③growth 膨脹

팽창 계ː수[膨脹係數] ⇒팽창률(膨脹率). ぼうちょうけいすう 係數

팽창률[膨脹率] 물체가 온도 섭씨 1도 상승함에 따라 증가하는 길이 또는 부피와, 원래의 길이 또는 부피와의 비. =팽창 계수(膨脹係數). ほうちょうりつ rate of expansion 膨脹率

팽화[膨化] 탄성이 있는 겔(Gel)이 액체를 흡수하여 용적이 늘어나는 현상. 膨化

퍼ː걸러[pergola] 뜰이나 평평한 지붕 위에 나무 덩굴을 올리게 만든 시설(施設). パーゴラ 施設

퍼레이드[parade] ①관병식(觀兵式). 열병식(閱兵式). ②축하 행렬. 시위(示威) 행렬. パレード 閱兵式

퍼ː머넌트웨이브[permanent wave] 열(熱)이나 화학 약품으로 머리털을 곱슬곱슬하게 만드는 일. 또는 그 머리털. パーマネントウェーブ 化學 藥品

퍼ː머넌트프레스[permanent press] 옷의 주름이나 형태가 영구적(永久的)으로 변하지 않게 하는 가공(加工). 永久的

퍼ː멀로이[Permalloy] 니켈과 철의 합금의 상표명. 마멸도(磨滅度)가 적고 투기율(透磁率)이 큼. パーマロイ 磨滅度

퍼ː밀[per mill] 천분율(千分率)을 나타내는 단위. 기호는 ‰. パーミル 千分率

퍼블리시티[publicity] 신문 기사·프로그램 등을 통해서 자연스럽게 광고·선전(宣傳)하는 일. パブリシティ 宣傳

퍼센트[percent] 백분율(百分率)을 나타내는 단위. 100분의 1이 1퍼센트임. 기호는 %. パーセント 百分率

퍼센티지[percentage] 퍼센트로 나타낸 비율(比率). 백분율. パーセンテージ 比率

퍼ː스널 컴퓨ː터[personal

computer] 개인용(個人用) 컴퓨터. 피시(PC). パーソナルコンピューター

퍼:스널파울[personal foul] 농구에서, 상대편 선수와의 신체적 접촉으로 경기를 방해(妨害)하는 반칙.

퍼:스트레이디[first lady] 사회 각계(各界)의 최상급(最上級) 여성. 특히, 대통령 부인. ファーストレディー

퍼즐[puzzle] 수수께끼. 알아맞히기. パズル

퍼:컬레이터[percolator] 여과 장치(濾過裝置)를 한, 커피 끓이는 기구. パーコレーター

퍼터[putter] 골프에서, 그린 (green)에 있는 공을 홀에 넣을 때 사용하는 채. パター

퍼텐셜[potential] 물리학 이론(理論)에서 장(場)을 기술하는 데 중요한 구실을 하는 개념(槪念). ポテンシャル

퍼티[putty] 창유리의 정착(定着)이나 판자의 도장(塗裝) 등에 쓰이는 접합제. パテ

퍼팅[putting] 골프에서, 공을 구멍에 넣으려고 가볍게 치는 일. パッティング

피:펙드게임[perfect game] ① 야구에서, 한 투수(投手)가 한 사람의 주자(走者)도 베이스에 내보내지 않고 이긴 경기. ② 볼링에서, 전(全) 프레임을 스트라이크로 종료(終了)시킨 경기. パーフェクトゲーム

퍼:포레이션[perforation] 필름의 양쪽 가에 뚫린 구멍. パーフォレーション

퍼프[puff] 화장용 분첩(粉貼). パフ

픽[puck] 아이스하키에서 쓰는 납작한 원반(圓盤). パック

펀드매니저[fund manager] 금융 기관에서 금융 자산을 채권(債券)이나 증권(證券) 등에 투자하여 운용(運用)하는 사람.

펀처[puncher] 구멍을 뚫는 기구. 천공기(穿孔機). パンチャー

펀치[punch] ① 주먹으로 세게 치는 일. ② 구멍을 뚫는 기구. 천공기(穿孔機). ③ 과실즙에 설탕·양주 등을 섞은 음료(飮料). パンチ

펀치카:드[punch card] 컴퓨터로 자료를 자동 처리(自動處理)할 수 있도록 구멍을 뚫어 놓은 카드. パンチカード

펀칭[punching] 축구에서, 골키퍼가 골로 날아오는 공을 손으로 쳐내는 일.

펀칭백[punching bag] 권투에서, 치는 힘을 기르는 데 쓰는, 모래 따위를 넣어 만든 포대. パンチングバッグ

펀트킥[punt kick] 럭비에서, 공을 손에서 떨어뜨려 땅에 닿기 전에 차는 일. パントキック

펄스[pulse] ① 물리학에서, 어떤 양(量)이 매우 짧은 시간 동안 변화할 때 그 부분을 일컬음. ② 맥박. 동맥. パルス

펄프[pulp] 기계적·화학적 처리로 식물체에서 섬유소(纖維素)를 뽑아낸 것. 직물(織物)·종이 등을 만드는 데 쓰임. パルプ

펌:뱅킹[firm banking] 기업(企業)과 거래 은행을 연결하는 금융(金融) 처리 시스템.

펌블[fumble] 야구에서, 잡았던 공을 놓치는 일. ファンブル

펌:웨어[firmware] 하드웨어를 제어(制御)하고 관리하는 프로그램. 롬(ROM)에 저장되어 사용됨. ファームウェア

펌프[pump] 압력(壓力)을 이용하여 액체(液體)·기체를 빨아올리거나 이동시키는 기계. 폰프

펌프스[pumps] 끈이 없고 발등이 깊이 파인 여성화(女性靴). 판프스

펑키[funky] 1950년대의 흑인 모던재즈. 또는 흑인 음악의 감각(感覺)과 선율(旋律)을 지닌 리듬이나 연주. 판키

페가수스[Pegasus] ① 그리스 신화에 나오는 날개가 달린 천마(天馬). ② 북쪽 하늘의 별자리 이름. 페가서스

페그마타이트[pegmatite] 석영(石英)·장석(長石)·운모(雲母)의 거대한 결정으로 이루어진 광석. 거정(巨晶) 화강암. 페그마타이트

페나세틴[phenacetin] 해열(解熱)·진통제로 쓰이는 무색의 결정성 분말약. 페나세틴

페넌트[pennant] ① 좁고 긴 삼각기(三角旗). ② 야구의 우승기. 페넌트

페넌트레이스[pennant race] 야구 리그전 따위에서, 장기간(長期間)에 걸쳐 우승을 겨루는 경기. 페넌트 레이스

페널티[penalty] 경기자의 규칙 위반(違反) 행위에 대한 벌. 페널티

페널티에어리어[penalty area] 축구에서, 페널티킥이 허용되는 구역(區域). 페널티 에리어

페널티킥[penalty kick] 축구에서, 페널티에어리어 안에서 반칙(反則)했을 때, 상대편에게 허용하는 킥. 페널티킥

페노바르비탈[phenobarbital] 최면(催眠)·진정제로 쓰이는 무색 무취(無色無臭)의 흰 가루로 된 약제. 페노바르비탈

페놀[phenol] 석탄산(石炭酸). 페놀

페놀프탈레인[phenolphthalein] 산·알칼리성의 지시약 및 완하제(緩下劑)로 쓰이는 무색 또는 백색 결정. 페놀프탈레인

페니[penny] 영국의 화폐(貨幣) 단위. 페니

페니실린[penicillin] 푸른곰팡이를 배양(培養)하여 얻은 항생 물질(抗生物質)의 한 가지. 폐렴·임질·매독 등에 유효함. 페니실린

페니실린쇼크[penicillin shock] 페니실린 주사로 인한 이상 반응(異常反應). 이명(耳鳴)·발한·호흡 곤란 등의 증상이 계속되어 의식을 잃으며 죽기도 함. 페니실린 쇼크

페니실린알레르기[penicillin allergy] 페니실린에 대한 과민증(過敏症). 페니실린 알레르기

페니히[독 Pfennig] 독일의 화폐 단위(單位). 1마르크의 100분의 1. 페니히

페닐[phenyl] 벤젠 분자에서 수소 원자 한 개를 제거하여 얻는 원자단(原子團). 페닐

페닐알라닌[phenylalanine] 필수 아미노산의 한 가지. 물에 잘 녹지 않고 약간 쓴맛이 있음. 각종 단백질(蛋白質) 속에 2~5% 들어 있음.

페달[이 pedal] 악기(樂器)·재봉틀 등의 발판이나 자전거의 발걸이 따위. 페달

페던트[pedant] 현학자(衒學者). 페던트

페던트리[pedantry] 현학(衒學). 페던트리

페디큐어[pedicure] 발톱을 곱게 다듬는 화장법(化粧法). 페디큐어

페로몬[pheromone] 동물, 특히 곤충이 일정한 신호를 위하여 체외(體外)로 분비하는 물질. 페로몬

페로알로이[ferroalloy] 규소·망간·크롬·텅스텐 따위의 원소를 다량으로 함유한 철합금. 전기로·특수강의 제조에 쓰임. 합금철(合金鐵). 페로알로이

페로타이프[ferrotype] 사진에서, 주로 크롬을 도금한 철판에 콜로디온(collodion) 막(膜)을 붙여 광택 있는 양화(陽畫)를 만드는 법. 페로타이프

페르뮴[fermium] 악티늄 계열(系列)의 인공 방사성 원소의 한 가지. 원소 기호는 Fm. 페르뮴

페름기(紀)[Permian Period] 지질학상 고생대(古生代) 최후의 시대. 페름기

페리보:트[ferryboat] 여객·화물(貨物)·차량 따위를 실어 나르는 대형 연락선(連絡船). 페리보트

페미니스트[feminist] 여권 신장론자(女權伸張論者). 페미니스트

페미니즘[feminism] 여권주의(女權主義). 페미니즘

페서리[pessary] 자궁의 위치 이상을 바로잡거나 피임용(避妊用)으로 쓰는 고무제의 기구. 페서리

페소[에 peso] ① 옛날 에스파냐의 금은화(金銀貨). ② 아르헨티나·쿠바·멕시코·필리핀 등지의 화폐 단위. 페소

페스트[pest] 페스트균에 의한 급성 전염병. 흑사병(黑死病). 페스트

페스티벌[festival] 축제(祝祭). 제전(祭典). 페스티벌

페시미스트[pessimist] 염세주의자(厭世主義者). 비관론자. 페시미스트

페시미즘[pessimism] 염세주의. 비관론. 페시미즘

페어리[fairy] 요정(妖精). 페어리

페어스케이팅[pair skating] 남녀가 짝을 이루어 하는 피겨스케이팅. 페어스케이팅

페어플레이[fair play] 경기를 정정당당(正正堂堂)히 하는 일. 페어플레이

페이[pay] 봉급. 보수(報酬). 급료(給料). 페이

페이드아웃[fade-out] ① 영화나 텔레비전 따위에서, 화면이 차차 어두워지는 일. ② 라디오에서, 음악이나 효과음(效果音)이 차차 작아지는 일. 페이드아웃

페이드인[fade-in] ① 영화나 텔레비전 따위에서, 화면(畫面)이 차차 밝아지는 일. ② 라디오에서, 음악이나 효과음이 차차 커지는 일. 페이드인

페이브먼트[pavement] 포장 도로(鋪裝道路). 페이브먼트

페이소스[pathos] ① 애수(哀愁). 비애감(悲哀感). ② 정념(情念)·격정(激情)처럼 일시적이고 지속성 없는 상태. 페이소스

페이스[pace] ① 걸음걸이. 걷는 속도. ② 생활 리듬이나 일

의 진행 상황. ③야구에서, 투수의 구속(球速). 페이스

페이스밸류[face value] 증권·어음 등의 액면 가격(額面價格). 페스바류

페이퍼백[paperback] 표지를 종이 한 장으로 장정(裝幀)한 싸고 간편(簡便)한 책. 페이퍼백

페인트[feint] 운동 경기에서, 상대를 속이기 위한 견제(牽制) 동작. 페인트

페인트[paint] 안료(顔料)를 전색제(展色劑)와 혼합한 도료(塗料)를 통틀어 이르는 말. 페인트

페인팅나이프[painting knife] 유화(油畵)를 그릴 때 쓰는 쇠 끝. 페인팅나이프

페잔테[이 pesante] 악보에서, '중후(重厚)하게'의 뜻.

페치카[러 pechka] 벽에 붙여 만든 러시아식 난로. 벽난로(壁煖爐). 페치카·페치카

페:타[그 peta] 미터법에서 여러 단위의 10^{15}배, 곧 1000조(兆) 배의 크기를 나타내는 말. 기호는 P. 페타

페티코:트[petticoat] 스커트 밑에 받쳐입는 속치마의 한 가지. 페티코트

페팅[petting] 남녀간의 관능적(官能的)인 애무(愛撫). 페팅

페퍼[pepper] 후추. 페퍼

페퍼민트[peppermint] ① 박하주(薄荷酒). ② 박하. 페퍼민트

페퍼포그[Pepper Fog] '최루(催淚) 가스'의 상표명.

페:하[독 pH] 용액의 수소 이온 농도를 나타내는 지수(指數). 피에이치. 페하

펙틴[pectin] 과실 따위에 포함된 산성 다당류(多糖類). 잼·젤리 등을 만들 때 쓰임. 펙틴

펜[pen] 필기 도구의 한 가지. 철필(鐵筆). 펜

펜네임[pen name] 필명(筆名). 펜네임

펜더[fender] 자동차의 흙받기. 바퀴 윗부분에 둥글게 씌운 철판(鐵板). 펜더

펜던트[pendant] 장신구(裝身具)를 달아 가슴에 늘어뜨리게 된 목걸이. 펜던트

펜맨십[penmanship] 습자(習字). 서법(書法). 펜맨십

펜스[pence] 영국 화폐(貨幣)의 단위. 펜스

펜싱[fencing] 서양식의 검술(劍術) 경기로, 철망 마스크를 쓰고 긴 검으로 상대를 찌르거나 베어 승부를 겨룸. 펜싱

펜타곤[Pentagon] 미국의 국방부(國防部)를 흔히 이르는 말. 펜타곤

펜탄[pentane] 탄소 5개로 된 메탄계(系) 탄화수소(炭化水素). 펜탄

펜토오스[pentose] 탄소 원자 5개를 갖는 단당류(單糖類). 펜토오스

펜티엄[pentium] 미국의 인텔 사가 개발(開發)한 마이크로 프로세서의 이름.

펜팔[pen pal] 서신(書信)을 교환(交換)함으로써 우정을 맺고 있는 벗. 펜팔

펜홀:더그립[penholder grip] 탁구에서, 라켓을 펜을 쥘 때처럼 쥐는 방식(方式). 펜홀더그립

펠라그라[독 pellagra] 니코틴산의 결핍(缺乏)으로 생기는 질환. 피부에 붉은 반점(斑點)이 생기고 가려움. ペラグラ

펠리컨[pelican] 사다샛과의 큰 물새. 아래 주둥이에 턱주머니가 달려 있어 먹이를 넣어 둠. 사다새. 제호(鵜鶘). ペリカン

펠트[felt] 양모(羊毛)나 그 밖의 짐승의 털에 습기(濕氣)·열·압력을 가해 만든 두꺼운 천 모양의 물건. フェルト

펨토[femto] 미터법에서 여러 단위의 10^{-15}, 곧 1000조(兆)분의 1을 나타내는 말. 기호는 f.

펩시노겐[pepsinogen] 펩신의 효소원(酵素原). ペプシノゲン

펩신[pepsin] 위액(胃液) 속에 있는 단백질 분해 효소. ペプシン

펩톤[peptone] 단백질(蛋白質)이 펩신에 의하여 분해된 물질. ペプトン

펭귄[penguin] 펭귄과의 새. 남극(南極) 지방에 모여 사는데, 날개는 있으나 전혀 날지 못하고 발에는 물갈퀴가 있어 헤엄을 잘 침. ペンギン

편:[片]* ① 조각 편: 조각. 작은 것. 「片鱗(편린)·片影(편영)·片月(편월)·片舟(편주)·斷片(단편)·破片(파편)」 ② 쪽 편: 한쪽 편. 「片道(편도)」 ヘン ② かた

편[便]* ① 편할 편: 편하다. 편리하다. 「便利(편리)·簡便(간편)·不便(불편)·郵便(우편)」 ② 오줌똥 변: 오줌과 똥. 「大便(대변)·小便(소변)·便器(변기)·用便(용변)」 ベン·ビン

편[扁] ① 작을 편: 작다. 「扁舟(편주)」 ② 현판 편: 현판. 「扁額(편액)·扁題(편제)」 ③ 납작할 편: 낮고 평평하다. 「扁平(편평)」 ヘン

편[偏] 치우칠 편: 치우치다. 기울다. 편벽되다. 「偏見(편견)·偏重(편중)·偏食(편식)·偏僻(편벽)」 ヘン·かたよる

편:[遍]☆ 두루 편: 두루. 「遍在(편재)·遍踏(편답)·遍歷(편력)·遍散(편산)·普遍(보편)」 ヘン·あまねく

편[褊] 좁을 편: 좁다. 「褊狹(편협)」 ヘン

편[編]☆ ① 엮을 편: 엮다. 얽다. 짜다. 「編輯(편집)·編物(편물)·編成(편성)·編纂(편찬)·編隊(편대)·改編(개편)」 ② 편 편: 책의 편. "篇"과 통자. 「上編(상편)·前編(전편)·現代編(현대편)」 ③ 땋을 변: 땋다. 「編髮(변발)」 ヘン ① あむ

편[篇]* "編"과 通字. ① 책 편: 책. 「玉篇(옥편)」 ② 편 편: 책의 분류. 「長篇(장편)·前篇(전편)·上古篇(상고편)·第一篇(제일편)」 ヘン·まき

편[蝙] 박쥐 편: 박쥐. 「蝙蝠(편복)」 ヘン

편[翩] 펄럭일 편: 펄럭이다. 빨리 날다. 「翩翩(편편)」 ヘン

편[鞭] 채찍 편: 채찍. 채찍질하다. 「鞭撻(편달)·鞭笞(편태)」 ベン·むち

편[騙] ① 속일 편: 속이다. 「騙取(편취)」 ② 뛰어오를 편: 날에 뛰어올라 타다. 「騙馬(편마)」 ヘン ① だます·かたる

편:각[片刻] ⇨ 삽시간(霎時間).

편각[偏角] ① 자침(磁針)의 방향과 지구의 자오선(子午線) 사이의 각. =편차(偏差). ②

어떤 방향에 있어서, 그것이 일정한 기준 방향에서의 경사(傾斜)를 나타내는 각. 방향각 등. へんかく
① declination ② amplitude

편간[編刊] 책을 편찬하여 발간함. 編刊 compilation

편:갑[片甲] 갑옷 조각이라는 뜻으로, 싸움에 지고 난 군사를 이름. 片甲

편견[偏見] 공정하지 못하고 한 쪽으로 기울어진 견해. へんけん 偏見 prejudice

편경[編磬] 아악기의 한 가지. 두 층으로 된 걸이에 각 여덟 개씩의 경쇠가 매달려 있어 각퇴(角槌)로 쳐서 소리를 냄. 編磬

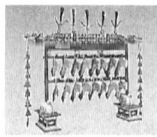
〔편경〕

편곡[偏曲] 성질이 편벽되고 사리가 바르지 아니함. へんきょく 偏曲 crankiness

편곡[編曲] 어떤 악기(樂器)나 음성(音聲)을 위하여 작곡된 곡을 다른 악기나 형식으로 바꾸어 꾸며서 연주 효과를 달리하는 일. 또는 그 곡. へんきょく 編曲 樂器 音聲 arrangement

편광[偏狂] 어떤 사물에 집착하여, 상식에 벗어난 일을 예사로 하는 사람. へんきょう 偏狂 monomaniac

편근[便近] 가깝고 편리함. 便近 being near and convenient

편년[編年] 연대에 따라서 역사를 편찬함.「~체(體)」へんねん 編年 chronologizing

편달[鞭撻] ① 채찍으로 때림. ② 경계하고 격려함. =편복(鞭扑).「지도(指導) ~」べん 鞭撻

つ ① whipping
② encouragement

편당[偏黨] 한 편의 당파. 한 당파에 쏠림. 偏黨 faction

편대[編隊] 대오(隊伍)를 편성함. 또는 편성된 대오.「~비행(飛行)」へんたい 編隊 formation

편도[片道] ① 오고 가는 길 중 어느 한쪽. 또는 그 길. かたみち ② 일방적으로 함. 片道
① one way

편도[便道] 다니기 편한 길. 지름길. =첩경(捷徑). 便道 shortcut

편도선[扁桃腺] 사람의 입 속 양쪽 구석에 하나씩 있는, 편평하고 타원형의 림프 세포군의 결절(結節).「~염(炎)」へんとうせん 扁桃腺 tonsils

편람[便覽] 보기에 편리하게 만든 책.「학습(學習) ~」べんらん 便覽 handbook

편:력[遍歷] ① 이곳 저곳을 돌아다님. ② 여러 가지 경험을 함. へんれき 遍歷 ① travels

편로[便路] 편리한 길. =편도(便道). べんろ 便路 convenient way

편론[偏論] 남에게 남이 당이 결점을 논란함. 偏論 unfair denunciation

편류[偏流] 비행기가 비행 도중에 기류(氣流)에 의해서 수평적으로 항로(航路)에서 벗어나 한쪽으로 치우치는 일. へんりゅう 偏流 drift

편리[便利] 편하고 쉬움. =편익(便益). ↔불편(不便). べんり 便利 convenience

편리공:생[片利共生] 한편은 이익을 받으나 그 상대편인 다른 편은 이익도 없고 해도 없는 공생의 한 양식. へんりきょうせい 片利共生

편:린[片鱗] ① 한 조각의 비늘. 片鱗

② 사물의 극히 작은 한 부분. へんりん ② part

편:만[遍滿] 널리 참. 꽉 참. へんまん pervasiveness

편면[片面] 한쪽 면. かためん・へんめん one side

편모[偏母] 아버지가 세상을 떠나고 혼자 지내는 어머니. widowed mother

편모[鞭毛] 원생동물에서, 운동 및 영양을 섭취하는 잔털 모양의 기관. べんもう flagellum

편모슬하[偏母膝下] ⇨편모시하(偏母侍下).

편모시:하[偏母侍下] 편모를 모시고 있는 처지. =자시하(慈侍下)・편모슬하(偏母膝下). having only one's mother to serve

편모 운·동[鞭毛運動] 편모를 파상(波狀) 또는 나선형으로 움직여 추진・회전하고 영양 섭취를 하는 운동. 편모류나 정충 등이 이 방법으로 활동함. べんもううんどう flagellar movement

편모충[鞭毛蟲] 물 속에서 편모 운동을 하며 사는 썩 작은 원생동물. べんもうちゅう flagellate

편무[片務・偏務] 한쪽에서만 지는 의무. 「～ 계약(契約)」 へんむ unilateral duty

편물[編物] 털실 따위로 엮어서 여러 가지 물건을 만듦. 또는 그 물건. 뜨개질. 뜨개깃. あみもの knitting

편발[編髮] ① 지난날, 관례를 하기 전에 머리를 땋아 늘이던 일. 또는 그 사람이나 그 머리. 「～ 아이」 ② ⇨변발(辮髮). ① plaiting the hair

편번[翻翻] 나부끼거나 펄럭이는 모양. へんぽん fluttering

편법[便法] 쉬운 방법. べんぽう handy method

편벽[偏僻] 한쪽으로 지나치게 치우침. 「～한 소견(所見)」 へんぺき eccentricity

편복[便服] 보통 때 입는 옷. =便服=편의(便衣). べんぷく ordinary attire

편복[蝙蝠] 박쥐. こうもり bat

편사[便私] 자기만이 편리하도록 꾀함. expedience

편사[便射] 두 편으로 갈라서 활쏘는 재주를 겨루던 일. shooting contest

편사[編絲] 수를 놓거나 여러 가지 무늬를 걷는 실. あみいと knitting yarn

편산[偏産] 태아(胎兒)가 이마부터 나옴.

편:산[遍散] 널리 흩어져 있음. へんさん

편서[便書] 인편에 부치는 편지. びんしょ

편서풍[偏西風] 남북 양반구의 중위도(中緯度) 지방에서, 일년 내내 서쪽에서 동쪽으로 부는 바람. prevailing westerlies

편선[便船] 가볍고도 사용하기에 편리한 배. びんせん handy ship

편성[偏性] 한쪽으로 치우친 성질. へんせい

편성[編成] ① 엮어서 만듦. ② 모아서 조직함. 「프로그램 ～」 へんせい ① formation ② organization

편수[篇首] 시문(詩文)이나 책(册)의 첫머리. へんしゅ opening page of a book

편수[編修] 책자를 편집하고 수정함. 「～국(局)」 へんしゅう

편수관[編修官] 교육부에서 주로 교육 과정 및 교과용 도서를 편찬·수정하는 일을 맡은 공무원. 編修官 editing editorial officer

편수 용상[片手聳上] 역도에서, 한 손으로 기구를 잡고 머리 위로 완전히 들어올리는 운동. 片手聳上

편술[編述] 엮어서 지어냄. 編述

편승[便乘] ① 남의 탈것이 가는 편(便)에 한 자리를 얻어 탐. びんじょう ② 자신의 이익을 위하여 세태나 남의 세력을 이용함. 便乘 ① getting a lift ② taking advantage of

편:시[片時] ⇨잠시(暫時). 片時

편식[偏食] 어떤 음식만을 가려서 골라 먹음. へんしょく 偏食 unbalanced diet

편:신[遍身] 온몸에 두루 퍼짐. へんしん 遍身 spreading all over the body

편:심[片心] 한 조각의 작은 마음. かたごころ 片心

편심[偏心] 한쪽으로 치우친 마음. 편벽된 마음. =편의(偏意). 偏心 eccentricity

편안[便安] ① 무사함. ② 몸과 마음이 편함. 便安 ① security ② peace

편:암[片巖] 석영·운모 등이 엷은 층을 이룬 엽편상(葉片狀)의 변성암의 하나. 片巖 schist

편애[偏愛] 어느 한 사람이나 한쪽만을 유달리 사랑함. へんあい 偏愛 partiality

편애[偏隘] 성질이 편벽되고 좁음. 偏隘 narrow-mindedness

편액[扁額] 그림 또는 글씨를 써서 방 안이나 문 위에 걸어 놓은 액자. =편제(扁題). へんがく 扁額 framed picture

편:언[片言] ① 짤막한 말. ② 한쪽 사람의 말. 「～물신(勿信)」かたこと 片言

편:언척자[片言隻字] 한 마디의 말과 몇 자의 글이라는 뜻으로, 짤막한 말과 글. 片言隻字

편:영[片影] 한 조각의 그림자. へんえい 片影 speck

편:운[片雲] 조각구름. へんうん 片雲 speck of cloud

편:월[片月] 조각달. へんげつ 片月 crescent moon

편:육[片肉] 얇게 썰어 놓은 수육. 片肉 slices of boiled beef

편의[便衣] ⇨편복(便服). べんい 便衣

편의[便宜] 생활하거나 활동하는 데에 편리하고 좋음. べんぎ 便宜 convenience

편의[偏倚] ① 한쪽으로 기울어져 있음. ② ⇨편차(偏差). 偏倚 ① declination

편의[偏意] ⇨편심(偏心). 偏意

편이[便易] 편리하고 쉬움. 便易 convenience

편익[便益] 편리하고 유익함. べんえき 便益 benefit

편입[編入] 한 동아리나 조직 등에 끼어 들어감. 「～생(生)」へんにゅう 編入 enrollment

편자[編者] 책을 엮은 사람. へんしゃ 編者 editor

편재[偏在] 어느 곳에만 치우쳐 있음. ↔편재(遍在). 「부(富)의 ～」へんざい 偏在 maldistribution

편:재[遍在] 두루 퍼져 있음. 널리 존재함. ↔편재(偏在). へんざい 遍在 omnipresence

편저[編著] 책 따위를 엮어 지음. 또는 그 책. へんちょ 編著 compilation

편전[便殿] 임금이 평상시에 거 便殿

처하던 궁전. king's private quarters

편제[扁題] ⇨편액(扁額). 扁題

편제[編制] 어떤 단체나 조직 따위를 일정한 체계에 맞게 짜서 만듦. 또는 그러한 체재나 기구. へんせい organization

편종[編鐘] 아악기의 한 가지. 두 층으로 된 걸이에 12율로 조율된 구리종을 한 단에 여덟 개씩 두 단으로 매달아 각퇴(角槌)로 두드려서 소리를 냄.

〔편종〕

편주[扁舟·片舟] 조각배. へんしゅう small boat

편중[偏重] 어느 한쪽으로 치우침. へんちょう preponderance

편증[偏憎] 편벽되게 유달리 미워함. partial hatred

편:지[片紙·便紙] 상대편에게 전하고 싶은 일을 적어 보내는 글. =서신(書信)·서장(書狀)·서찰(書札)·서한(書翰)·척독(尺牘)·신서(信書)·음신(音信)·찰한(札翰). letter

편:지지[片紙紙·便紙紙] 편지를 쓰는 종이. =편전지(便箋紙). letter paper

편집[偏執] 편견(偏見)을 고집하여 남의 의견을 받아들이지 않는 일. 「~병(病)」へんしゅう obstinacy

편집[編輯] 책·신문·영화 필름 따위를 펴내거나 만들기 위하여 일정한 기획 아래 정보를 수집·정리하고 구성함. 또는 그 작업. 「~자(者)」へんしゅう compilation

편집병[偏執病] 체계가 서 있는 망상을 계속 고집하여 남의 말을 용납하지 않는 정신병의 하나. へんしゅうびょう

편집인[編輯人] ① 편집의 책임자. ② 편집을 하는 사람. =편집자(編輯者). へんしゅうにん editor

편차[偏差] ① 수치·위치·방향 등이 일정한 기준에서 빗나간 정도나 크기. =편의(偏倚). ② ⇨편각(偏角). へんさ

편차[編次] 차례를 좇아 편찬함. 또는 그 차례. へんじ editing in order

편찬[編纂] 여러 종류의 자료를 모으고 정리하여 책을 만들어 냄. へんさん compilation

편책[鞭策] 말채찍. horsewhip

편:철[片鐵] ① 쇳조각. ② 건축에서, 꼬챙이·막대기·기둥 등에 끼우는 쇠테. 가락지. ① a piece of iron

편철[編綴] 엮어서 꿰맴. へんてつ binding

편충[鞭蟲] 선충류(線蟲類) 편충과의 선형동물의 하나. 사람의 창자에 기생하며 몸의 앞쪽이 실같이 가늚. べんちゅう whipworm

편취[騙取] 속이어 남의 물건을 빼앗음. へんしゅ swindle

편:층운[片層雲] 조각조각으로 층을 이룬 구름. へんそうん

편친[偏親] 홀로 된 어버이. one parent

편:토[片土] 작은 토지. 한 조각의 땅. a small piece of land

편파[偏頗] 한쪽으로 치우쳐 공평하지 못함. ↔공평(公平). へんぱ partiality

편:편[片片] 조각조각. へんぺ

ん in pieces
편편[翩翩] 나는 모양이 가볍고 빠름. へんぺん
편:편옥토[片片沃土] 어느 논밭이나 모두 기름진 땅임.
편평[扁平] 넓고 평평함. へんぺい evenness
편평골[扁平骨] 넓적뼈. flat bone
편평족[扁平足] 발바닥에 오목이 들어간 데가 없이 편평하게 된 발. へんぺいそく flatfoot
편:포[片脯] 난도질하여 반대기를 지어 말린 고기. dried slices of beef
편향[偏向] ① 한쪽으로 치우침. ② 대전 입자(帶電粒子)의 비행 방향을 전계(電界)나 자계(磁界)를 가하여 변화시킴. へんこう
① propensity ② deflection
편협[偏狹·褊狹] 생각이나 도량이 좁고 편벽됨. へんきょう narrow-mindedness
편형동·물[扁形動物] 동물 분류상(分類上)의 한 문(門). 몸이 편평(扁平)하고 환절(環節)이 없으며, 소화관의 발달이 불량하고 항문이 없음. 촌충 등이 이에 속함. へんけいどうぶつ platyhelminth
편혹[偏惑] 편벽되게 좋아하여 정신을 잃음. indulgence
폄:[貶] 깎아 내릴 폄: 깎아 내리다. 「貶降(폄강)·褒貶(포폄)」ヘン·おとす·けなす
폄:론[貶論] 남을 헐뜯고 깎아 내려서 말함. 또는 그 말. adverse criticism
폄:박[貶薄] 남을 헐뜯고 얕잡음. speaking ill of
폄:사[貶辭] 남을 헐뜯는 말.
words of censure
폄:훼[貶毀] 남을 깎아 내리고 헐뜯음. censure
평[平]* ① 평평할 평: 평평하다. 고르다. 「平面(평면)·平地(평지)·平均(평균)·水平(수평)」② 보통 평: 보통. 「平民(평민)·平凡(평범)·平人(평인)·平時(평시)·平服(평복)」 ヘイ·ビョウ ① たいら
평[坪] 땅 넓이 평: 땅의 넓이. 「坪當(평당)·建坪(건평)」 ヘイ·つぼ
평:[評]☆ 평할 평: 평하다. 평정하다. 「評價(평가)·評論(평론)·評議(평의)·評定(평정)·定評(정평)·批評(비평)」ヒョウ·しなさだめ
평기[平價] ① 비싸지도 비싸지도 않은 보통 가격. ② 한 나라의 화폐와 다른 나라의 화폐를 그 함유하는 금량(金量)에 의하여 비교 표시한 비교 가격. ③ 유가 증권의 시장 가격이 액면 금액과 같은 것. へいか
③ par
평:가[評價] ① 물건의 화폐 가치를 결정함. 「자산(資産) ~」 ② 사람 또는 사물의 수준이나 가치 따위를 판단함. ひょうか
① appraisal ② appreciation
평가 절상[平價切上] ① 본위 화폐 중 순금의 양을 늘리는 일. ② 한 나라의 통화의 대외 가치를 올리는 일. ↔평가 절하(平價切下). へいかきりあげ
② upvaluation
평가 절하[平價切下] ① 본위 화폐 가운데 포함된 순금분(純金分)을 적게 하는 일. ② 한 나라의 통화의 대외 가치를 떨어뜨리는 일. ↔평가 절상(平價切上). へいかきりさげ

평각[平角] 한 점에서 나간 두 반직선이 일직선을 이룰 때 그 두 반직선이 만드는 각. 180°와 같음. へいかく straight angle

평:결[評決] 평의(評議)하여서 결정함. ひょうけつ decision

평:고[評估] 재판할 때에 장물(贓物)의 값을 평정함.

평고대[平高臺] 재래식 건축에서, 처마 끝에 가로 놓은 오리목.

평과[苹果] ⇨사과(沙果).

평교[平交] 나이가 비슷한 벗. 「~간(間)」 friend of about same age

평교[平郊] 넓은 들이나 도시 밖에 있는 평평한 들. open suburb

평균[平均] ① 물건의 수나 양의 많고 적음을 고르게 하는 일. ② 여러 개의 수의 중간값을 구하는 일. 또는 그 값. 「~율(率)」 へいきん ① average ② mean

평균대[平均臺] 체조할 때 쓰는 기구의 한 가지. 길고 좁게 네모진 나무를 수평으로 높이 고 아래에 디리를 달아 만듦. へいきんだい balance beam

평균 분배[平均分配] 많고 적음이 없이 똑같은 비율로 나누는 일. 준평분(平分). equal division

평균수[平均數] 평균한 수치. =중수(中數). mean number

평균시[平均時] 평균 태양시(平均太陽時)의 준말. へいきんじ

평균점[平均點] 각 학과의 점수를 합게 한 후 이것을 과목수로 나누어서 얻은 점수. へ いきんてん average mark

평균 정오[平均正午] 평균시의 상오 12시. 곧, 평균 태양이 자오선(子午線)을 통과하는 시간. mean noon

평균치[平均値] 평균하여 얻어 지는 값. 평균값의 구용어. へいきんち

평균 태양[平均太陽] 1년을 주기로 하여 천구의 적도 위를 서쪽에서 동쪽으로 일정한 속도로 돈다고 가상한 태양. =평태양(平太陽). ↔진태양(眞太陽). へいきんたいよう mean sun

평균 태양시[平均太陽時] 평균 태양이 자오선을 통과하는 시각(時角)을 기초로 한 시간이나 시법(時法). 준평균시(平均時). へいきんたいようじ mean solar time

평균 태양일[平均太陽日] 평균 태양의 중심이 자오선(子午線)을 지나서 다시 그 자오선을 지날 때까지의 시간. =평태양일(平太陽日). へいきんたいようじつ mean solar day

평길[平吉] 별다른 재앙이나 복이 없이 편안함. ordinary luck

평년[平年] ① 윤년(閏年)이 아닌 해. ↔윤년(閏年). ② 농사가 보통 정도로 되는 해. へいねん ① common year

평년작[平年作] 풍작도 아니고 흉작도 아닌 보통 수화의 농사. 지난 5년 동안의 수화고 중 최고와 최저의 해를 뺀 나머지 3개년간의 평균 수화량. 준평작(平作). へいねんさく normal crop

평:단[評壇] 비평가의 사회. ひょうだん critic's circle

평당[坪當] 한 평(坪)에 대한 값이나 수량. 坪當

평등[平等] 차별 없이 동등(同等)함. びょうどう equality 平等

평로[平爐] 제강(製鋼)에 쓰이는 반사로(反射爐)의 한 가지. open hearth 平爐 反射爐

평:론[評論] ① 사물의 가치·질(質) 따위를 비평하여 논함. 또는 그 글. ② 작품의 가치·영향 따위를 비평하고 해설함. 또는 그 글. 「~가(家)」ひょうろん criticism 評論

평맥[平脈] 건강할 때의 정상 맥박. へいみゃく normal pulse 平脈

평면[平面] ① 평평한 표면. ② 한 표면 위에 있는 임의(任意)의 두 점을 잇는 직선이 늘 그 표면 위에 있게 되는 면. 「~삼각형(三角形)」へいめん ① level ② plane 平面

평명[平明] 해가 뜰 무렵. へいめい dawn 平明

평민[平民] 벼슬이 없는 보통 사람. =평인(平人). ↔귀족(貴族). へいみん common people 平民

평반[平盤] 다리가 달리지 않은 둥근 예반. tray 平盤

평방[平方] 같은 수를 두 번 곱함. 또는 그렇게 해서 얻은 수. 제곱의 구용어. へいほう square 平方

평범[平凡] 뛰어나거나 색다른 점이 없이 보통임. ↔비범(非凡). 「~한 인물(人物)」へいぼん commonness 平凡

평보[平步] 보통 걷는 걸음걸이. ordinary gait 平步

평복[平服] 평상시에 입는 옷. =평상복(平常服). へいふく ordinary dress 平服

평분[平分] 평균 분배(平均分配)의 준말. へいぶん 平分

평분시[平分時] 진 태양(眞太陽)의 남중(南中)을 기준 시각으로 하여 진태양일을 24등분하는 시법(時法). へいぶんじ 平分時

평사[平沙] 평평한 모래톱. へいさ sand beach 平沙

평사[平射] ① 평면(平面)에 투영(投影)함. ② 포(砲)의 앙각(仰角)을 작게 하여 낮은 탄도(彈道)를 그리도록 발사함. 또는 그러한 사격. へいしゃ ① projection on the plane ② low angle firing 平射 彈道

평상[平牀·平床] 나무로 만든 침상의 한 가지. wooden bedstead 平床

평상[平常] 평상시(平常時)의 준말. へいじょう 平常

평상시[平常時] 특별한 일이나 탈이 없는 보통 때. =평소(平素). ↔비상시(非常時). 준평상(平常)·평시(平時). ordinary times 平常時

평생[平生] ⇨일생(一生). 平生

평서[平書] ⇨평신(平信). 平書

평서문[平敍文] 말하는 이가 사물을 객관적이고 평범하게 서술하는 문장 형식의 한 가지. へいじょぶん declarative sentence 平敍文

평:석[評釋] 시문(詩文)을 비평하고 그 뜻을 알기 쉽게 풀이하여 적어 넣음. ひょうしゃく annotation 評釋

평성[平聲] ① 한문 글자의 사성(四聲)의 하나. 낮고 순평(順平)한 소리. ② 15세기 국어에서 사성(四聲)의 하나. 가장 낮은 소리로, 높낮이가 없고 처음과 끝이 고른 음임. ひょうしょう even tone 平聲

평소[平素] ⇨평상시(平常時). 平素

평수위[平水位] 평상시의 강물의 높이. ordinary water level

평순[平順] ① 성질이 온순함. ② 몸에 병이 없음.
① gentleness ② healthiness

평시[平時] 평상시(平常時)의 준말. へいじ

평시조[平時調] 시조의 한 가지. 초장이 3·4·3(4)·4, 중장이 3·4·4(3)·4, 종장이 3·5·4·3으로, 총 글자 수가 45자 내외로 된 가장 기본적이고 대표적인 형식의 시조.

평신[平身] 엎드려 절한 뒤에 몸을 본디대로 폄.

평신[平信] 특별한 용무나 사고를 알리는 것이 아닌, 보통의 편지. =평서(平書). へいしん ordinary letter

평신도[平信徒] 교직(敎職)을 가지지 않은 일반 신자. lay believer

평심[平心] 평심서기(平心舒氣)의 준말. へいしん

평심서:기[平心舒氣] 마음이 평온하고 순화로움. 또는 그런 마음. ⓒ평심(平心). serenity

평안[平安] 무사하여 마음에 걱정이 없음. へいあん peace

평애법[坪刈法] 농작물의 작황(作況)을 실지 검사할 때에, 평균작으로 된 곳의 한 평(坪) 내지 몇 평을 베어서 전체의 수확고(收穫高)를 추정(推定)하는 방법.

평야[平野] 넓게 펼쳐신 늘. へいや plain

평:어[評語] ①비평하는 말. =평언(評言). ひょうご ② 학과 성적을 표시하는 말. 수(秀)·우(優)·미(美)·양(良)·가(可) 따위.
① critical remark ② marks

평:언[評言] ⇨평어(評語). ひょうげん

평오량[平五樑] 도리 다섯 개를 걸어서 지은 집.

평온[平溫] ① 보통 때의 온도. ② 평균 온도. へいおん
① normal temperature ② average temperature

평온[平穩] 고요하고 안온함. 「~한 마음」 へいおん calmness

평요판[平凹版] 평판을 개량하여 획선(劃線) 부분을 약간 오목하게 한 인쇄판. へいおうはん deep-etch plate

평운[平韻] 한자의 사성(四聲) 중 평성에 따른 상하의 30운.

평원[平原] 넓고 평평한 들판. へいげん plain

평원[平遠] 땅이 평평하여 눈으로 볼 수 있는 범위가 아득히 멂. open field of vision

평유[平癒] 병이 나음. =평복(平復). へいゆ recovery

평음[平音] 된소리·거센소리가 아닌 보통 음. 곧 'ㄱ·ㄷ·ㅂ·ㅅ·ㅈ' 따위. 예사소리.

평:의[評議] 서로 의견을 교환하여 평가하거나 심의함. ひょうぎ conference

평:의원[評議員] 어떤 일을 평의하는 데 참여하는 사람. ひょうぎいん councilor

평:의회[評議會] 어떤 일을 평의하는 회합. ひょうぎかい council

평이[平易] 까다롭지 않고 쉬움. へいい easiness

평인[平人] ⇨평민(平民).

평일[平日] ① 보통 때. =평상시(平常時). ② 토요일과 일요일을 포함하여 나라에서 정해놓은 휴일이 아닌 보통의 날.

へいじつ
① ordinary times ② weekday

평:자[評者] 비평·논평하는 사람. ひょうしゃ critic

평작[平作] ① 평년작(平年作)의 준말. ② 고랑을 치지 않고 작물을 심어 가꾸는 방법. へいさく

평장[平葬] 평토장(平土葬)의 준말.

평정[平靜] 평안하고 고요함. へいせい tranquility

평:정[評定] 평가하여 판정함. ひょうじょう evaluation

평좌[平坐] 격식을 차리지 않고 편하게 앉음.
sitting at one's ease

평준[平準] ① 수준기(水準器)를 써서 수평이 되게 하는 일. ② ⇨수준기(水準器). ③ 사물을 균일하도록 조정하는 일. へいじゅん ① leveling

평지[平地] 평평한 땅. へいち level land

평지낙상[平地落傷] 평지에서 넘어져 다치는 것으로, 뜻밖에 당하는 불행의 비유.
sudden misfortune

평지풍파[平地風波] 뜻밖에 분쟁이 일어남의 비유.
unexpected trouble

평측[平仄] 한시(漢詩)에서, 음운의 높낮이.

평측식[平仄式] 한시(漢詩)의 평측에 관한 법식(法式).

평측자[平仄字] 한자의 사성(四聲)에 있어서의 평자(平字)와 측자(仄字). =고저자(高低字)·고하자(高下字).

평치[平治] 나라를 태평하게 다스림. governing peacefully

평탄[平坦] ① 땅바닥이 평평함. へいたん ② 마음이 안온함. ③ 일이 순조롭게 되어 나감. ↔험조(險阻). ① evenness ② tranquility ③ smoothness

평토[平土] 매장한 뒤에 흙을 쳐서 평평하게 함. leveling the ground after burial

평토장[平土葬] 봉분을 만들지 않고 평평하게 매장함. 또는 그러한 매장. 준평장(平葬).
burying without making a mound on the grave

평토제[平土祭] ⇨봉분제(封墳祭).

평판[平板] ① 평평한 널빤지. ② 씨를 뿌릴 때 땅을 고르는 농기구. ③ 시문(詩文)에 변화가 없고 아취가 적음을 이르는 말. ④ 바르게 위에서 본 땅의 모양을 종이 위에 직접 재어 그리는 측량 기계. へいばん ① flat board

평판[平版] 인쇄판 양식의 한 가지. 판면에 요철(凹凸)이 거의 없고 화학적 작용에 의하여 제판되어, 잉크의 지방(脂肪)과 물과의 반발성(反撥性)에 의하여 인쇄되는 인쇄판. へいばん lithograph

평:판[評判] ① 비평하여 옳고 그름을 판정함. ② ⇨세평(世評). ひょうばん ① criticizing

평판 측량[平板測量] 삼각가(三脚架) 위에 제도판을 얹어 수평을 유지하고 평판을 써서 평면 위에 그대로 지형도를 그리는 간이 측량. 또는 그 방법. へいばんそくりょう

평편[平便] 평평하고 편안함.
evenness and peacefulness

평평[平平] ① 바닥이 고르고 판판함. ② 예사롭고 평범함.
① evenness ② mediocrity

평행[平行] ① 두 개의 직선이

나 평면이 나란히 있어 아무리 연장(延長)하여도 서로 만나지 않음. ②글씨를 쓸 때, 각 줄의 머리글자를 똑같은 높이로 씀. へいこう ① parallel

평행봉[平行棒] 두 개의 평행한 가로대를 적당한 높이로 어깨 넓이만큼 벌려서 버티어 놓은 기계 체조 용구의 한 가지. へいこうぼう parallel bars

평행 사:변형[平行四邊形] 마주 대하는 두 쌍의 변이 서로 나란한 사변형. へいこうしへんけい parallelogram

평행 육면체[平行六面體] 마주 대하는 세 쌍의 면이 서로 나란한 육면체. へいこうろくめんたい parallelepiped

평허[平虛] 아무런 걱정이 없이 편안함. peacefulness

평형[平衡] ①물건을 달 때, 저울대가 수평을 이룸. ②어느 한편으로 기울어지거나 치우치지 않고 안정됨. ③어떤 물체에 두 힘이 동시에 작용하여 그 효과가 서로 상쇄되어 있는 상태. へいこう balance

평형 감:각[平衡感覺] 몸의 평형을 유지하는 데에 작용하는 감각. へいこうかんかく sense of equilibrium

평화[平和] ①평온하고 화목한 상태. ②전쟁이 없이 평안한 상태. 「인류(人類)~」へいわ ① harmony ② peace

평화 공:세[平和攻勢] 냉전 상태에서, 한쪽 진영이 갑작스럽게 평화에 관한 제안을 할 경우 다른 진영에서 그것을 세력 확장의 한 수단으로 규정하여 이르는 말. へいわこうせい peace offensive

평화 공:존[平和共存] 두 개 이상의 적대적인 세력이 평화롭게 공존할 수 있다는 이론과 정책 및 공존을 현실적으로 보장해 가는 운동. へいわきょうそん peaceful coexistence

평화 산:업[平和産業] 비군수적(非軍需的)인 상품의 생산을 목적으로 하는 산업. ↔군수 산업(軍需産業). へいわさんぎょう peacetime industry

평화 조약[平和條約] 교전국간에 전쟁을 종결하고 평화를 회복하기 위하여 맺는 조약. =강화 조약(講和條約). 〖화약(和約). へいわじょうやく peace treaty

평활[平滑] 평평하고 미끄러움. へいかつ smoothness

평활[平闊] 평평하고 넓음. へいかつ evenness and vastness

평활근[平滑筋] 내장벽(內臟壁)·혈관벽(血管壁)을 이루는 근육의 한 가지. 섬유에 가로 주름이 없고 불수의적(不隨意的) 운동을 함. 민무늬근. へいかつきん smooth muscle

폐:[吠] 짖을 폐: 짖다. 「吠聲(폐성)·狗吠(구폐)」ベイ·ほえる

폐:[肺]* 허파 폐: 부아. 허파. 「肺腑(폐부)·肺膜(폐막)·肺炎(폐렴)·肺患(폐환)·肺肝(폐간)」ハイ

폐:[陛] 대궐 섬돌 폐: 대궐의 섬돌. 「陛下(폐하)·陛坐(폐좌)·陛戟(폐극)·陛列(폐열)·陛見(폐현)·陛衛(폐위)」ヘイ·きざはし

폐:[閉]* 닫을 폐: 닫다. 막다. 마치다. 「閉門(폐문)·閉會(폐회)·閉店(폐점)·閉鎖(폐쇄)·密閉(밀폐)·幽閉(유폐)」ヘイ·とじる

폐:[敝] 해질 폐: 해지다. 닳아 떨어지다. 「敝履(폐리)·敝笠(폐립)·敝甲(폐갑)」 ヘイ·やぶれる

폐:[廢]☆ 폐할 폐: 폐하다. 버리다. 그치다. 못 쓰게 되다. 「廢物(폐물)·廢止(폐지)·廢棄(폐기)·廢校(폐교)·廢家(폐가)·荒廢(황폐)」 ハイ·すたれる

폐:[弊]☆ ① 나쁠 폐: 나쁘다. 「弊端(폐단)·弊害(폐해)·弊習(폐습)」 ② 곤할 폐: 곤하다. 「疲弊(피폐)」 ③ 자기 낮출 폐: 자기를 낮추는 말. 「弊邑(폐읍)·弊校(폐교)·弊邦(폐방)·弊社(폐사)」 ヘイ

폐:[幣]☆ ① 폐백 폐: 폐백. 예물. 「幣帛(폐백)·幣物(폐물)·納幣(납폐)」 ② 화폐 폐: 화폐. 돈. 「幣制(폐제)·貨幣(화폐)·紙幣(지폐)·造幣(조폐)」 ヘイ

폐:[嬖] 사랑할 폐: 사랑하다. 총애하다. 「嬖女(폐녀)·嬖姬(폐희)·嬖幸(폐행)·嬖臣(폐신)·嬖色(폐색)」 ヘイ·かわいがる

폐:[蔽]☆ 가릴 폐: 덮어 가리다. 숨기다. 「蔽塞(폐색)·蔽日(폐일)·蔽扞(폐한)·蔽匿(폐닉)·掩蔽(엄폐)·陰蔽(음폐)」 ヘイ·おおう

폐:[斃] 넘어질 폐: 넘어지다. 쓰러져 죽다. 「斃死(폐사)·斃踣(폐부)」 ヘイ·たおれる

폐:가[弊家] 자기 집을 겸손하게 이르는 말. ヘいか my house

폐:가[廢家] 살지 않고 내버려둔 집. はいか deserted house

폐:가제[閉架制] 도서관에서 열람자에게 서고(書庫)를 공개하지 않고 일정한 절차에 따라서 도서를 출납하는 제도. ↔개가제(開架制).

폐:간[肺肝] 허파와 간. はいかん lung and liver

폐:간[廢刊] 신문·잡지 등의 간행을 폐지함. ↔창간(創刊). はいかん discontinuance

폐:강[閉講] 하던 강의나 강좌를 없앰. ヘいこう

폐:갱[廢坑] 탄광이나 광산을 폐기함. 또는 폐기된 탄광이나 광산의 갱도. はいこう deserted mine

폐:거[閉居] 집에 들어박혀 밖에 나가지 않음. ヘいきょ keeping indoors

폐:결핵[肺結核] 결핵균에 의한 폐의 질환. =폐병(肺病)·노점(勞漸)·폐환(肺患)·허손(虛損). はいけっかく tuberculosis

폐:경기[閉經期] 월경(月經)이 없게 되는 갱년기(更年期). ヘいけいき menopause

폐:곡선[閉曲線] 한 곡선상에 시, 한 점이 한 방향으로만 움직일 때 출발점으로 되돌아오는 곡선. ヘいきょくせん closed curve

폐:과[廢科] 과거를 보러 다니던 일을 그만둠. はいか

폐:관[閉館] 시간이 되어 도서관·박물관 따위의 문을 닫음. ↔개관(開館). ヘいかん

폐:관[廢館] 도서관·박물관 따위를 폐쇄함. ↔개관(開館). はいかん closing

폐:광[廢鑛] 탄광이나 광산의 채굴을 폐지함. 또는 그런 탄광이나 광산. abandoned mine

폐:교[閉校] 학교에서 수업을 중지하고 문을 닫음. ヘいこう

폐ː교[弊校] 자기 학교를 겸손하게 이르는 말. ↔귀교(貴校). our school

폐ː교[廢校] 학교의 운영을 폐지함. 또는 그 학교. はいこう

폐ː구[閉口] 입을 다묾. へいこう closing one's mouth

폐ː국[弊局] 폐해가 많아 이 일이 거의 결딴나게 된 판국.

폐ː국[弊國] 자기 나라를 겸손하게 이르는 말. =폐방(弊邦). ↔귀국(貴國). へいこく

폐ː군[廢君] ⇨폐왕(廢王).

폐ː기[閉氣·肺氣] 딸꾹질. hiccough

폐ː기[廢棄] ① 못쓰게 되어 내버림. ② 조약·협정 등을 무효로 함. はいき ① discard ② abolition

폐ː농[廢農] 농사를 그만둠. giving up farming

폐ː단[弊端] 어떤 일이나 행동에서 나타나는 옳지 못한 경향이나 해로운 현상. evil

폐ː답[廢畓] 농사를 짓지 않고 내버려 둔 논. deserted rice field

폐ː동[廢洞] 동네가 결딴나서 없어짐. 또는 그 동네. closed village

폐ː동맥[肺動脈] 심장에서 폐로 정맥혈(靜脈血)을 보내는 혈관. ↔폐정맥(肺靜脈). はいどうみゃく pulmonary artery

폐ː려[弊廬] 자기 집을 겸손하게 이르는 말. =폐사(弊舍)·비제(鄙第). へいろ

폐ː렴[←肺炎] 폐의 염증. 폐렴균의 침입으로 일어남. はいえん pneumonia

폐ː로[閉路] 전기 회로에서, 전류가 계속 흐를 수 있는 회로. 닫힌회로. へいろ closed circuit

폐ː륜[廢倫] 혼인을 하지 않거나 못함. はいりん remaining single

폐ː리[敝履·弊履] 헌 신. used shoes

폐ː립[廢立] 임금을 폐하고 새로 다른 임금을 맞아 세움. はいりつ enthronement and dethronement

폐ː막[閉幕] ① 연극을 다 끝내고 막을 내림. ② 어떤 행사나 일이 끝남의 비유. ↔개막(開幕). へいまく curtainfall

폐ː막[弊瘼] ① 없애기 어려운 폐해. ② 몹시 나쁜 병통. へいまく ① deep-rooted evil ② fatal evil

폐ː망[敝網] ⇨파망(破網).

폐ː멸[廢滅] ⇨폐절(廢絶).

폐ː목[廢目] 시력이 몹시 나쁜 눈. =폐안(廢眼). disabled eye

폐ː무[廢務] 사무를 보지 않음. はいむ abandonment of one's duty

폐ː문[肺門] 폐의 안쪽 중앙부에 있는 폐의 출입구. 기관지(氣管支)·폐동맥(肺動脈)·폐정맥(肺靜脈)·림프관·신경 따위가 연결되어 있음. はいもん pulmonary hilum

폐ː문[閉門] 문을 닫음. =폐호(閉戶)·엄문(掩門). ↔개문(開門). へいもん closing the gate

폐ː물[幣物] 신사하는 물건. へいもつ present

폐ː물[廢物] 못 쓰게 된 물건. はいぶつ waste material

폐ː방[廢房] 방을 쓰지 않고 버려 둠. 또는 그 방. deserted room

폐:백[幣帛] ① 예를 갖추어 보내거나 가지고 가는 예물. へいはく ② 신부가 처음으로 시부모를 뵐 때에 올리는 대추나 포 따위. 「~ 대추」 ③ 혼인 전에 신랑이 신붓집에 보내는 채단(采緞). ② bride's presents to her parents-in-law

폐:백반[幣帛盤] 폐백 음식을 담는 예반.

폐:병[肺病] ① 폐장(肺臟)에 생긴 질병의 총칭. ② 폐결핵(肺結核)을 흔히 이르는 말. はいびょう ① lung disease ② tuberculosis

폐:병[廢兵] 전쟁 중에 부상하여 불구가 된 병사. はいへい disabled soldier

폐:부[肺腑] ① ▷폐장(肺臟). ② 마음의 깊은 속. はいふ ③ 일의 요점. ② depths of one's heart ③ key point

폐:부지친[肺腑之親] 왕실의 가까운 친족.

폐:비[廢妃] 왕비의 자리에서 물리내게 함. 또는 그 왕비. deposed queen

폐:사[廢寺] 폐지하여 중이 없는 절. はいじ ruined temple

폐:사[弊社] 자기 회사를 겸손하게 이르는 말. へいしゃ our company

폐:사[弊舍] ⇨ 폐려(弊廬). へいしゃ

폐:사[斃死] 쓰러져 죽음. 「집단(集團) ~」 へいし

폐:색[閉塞] ① 닫아 막음. ② 운수가 막힘. ① blockade ② coming to the end of one's luck

폐:선[廢船] ① 낡아서 못 쓰게 된 배. ② 선적(船籍)에서 없애 버린 배. はいせん ① scrapped vessel

폐:쇄[閉鎖] ① 출입을 못하도록 입구를 막음. ② 기관이나 단체 등을 없애거나 기능을 정지시킴. ③ 외부와의 교류를 끊음. ↔개방(開放). へいさ ① closing

폐:쇄기[閉鎖機] 탄약을 장전하기 위하여 포신(砲身)의 약실(藥室) 뒤쪽을 여닫는 장치. breechblock

폐:쇄성 결핵[閉鎖性結核] 객담(喀痰) 속에 결핵균이 섞여 나오지 않는 폐결핵. 전염성이 없음. ↔개방성 결핵(開放性結核).

폐:순환[肺循環] 심장에 모인 피가 우심방에서 우심실(右心室)로 가, 폐동맥(肺動脈)에 의하여 모세 혈관으로 흐른 뒤, 폐정맥(肺靜脈)을 따라 다시 좌심방(左心房)으로 돌아오는 혈액 순환 작용. =소순환(小循環). ↔체순환(體循環). はいじゅんかん

폐:습[弊習] 폐해가 되는 풍습. =폐풍(弊風). へいしゅう evil custom

폐:시[閉市] 시장의 가게를 닫음. ↔개시(開市). closing of a market

폐:식[閉式] 의식(儀式)이 끝남. ↔개식(開式). 「~사(辭)」 へいしき closing of a ceremony

폐:식[廢食] 음식을 먹지 않음. fast

폐:신[嬖臣] 아첨으로 임금의 신임을 받는 신하. へいしん minion

폐:안[廢案] 토의하지 않고 버려 둔 안건(案件). はいあん rejected bill

폐:안[廢眼] ⇨ 폐목(廢目). 廢眼

폐:암[肺癌] 폐에 생기는 암종. 혈담·기침·호흡 곤란·흉통 따위의 증상이 생김. =폐장암(肺臟癌). はいがん 肺癌呼吸困難
pulmonary carcinoma

폐:애[嬖愛] 남에게 아첨하여서 사랑을 받음. へいあい 嬖愛

폐:어[肺魚] 경골 어류 폐어목(肺魚目)에 속하는 담수어. 물 속에서는 아가미로 숨쉬고 물 밖에서는 부레로 숨을 쉼. はいぎょ   lungfish 肺魚

폐:어[廢語] 이전에는 쓰였으나 현재는 쓰이지 않는 말. =사어(死語). はいご 廢語
obsolete word

폐:업[廢業] 영업·직업을 그만 둠. ↔개업(開業). はいぎょう 廢業
quitting one's business

폐:열[肺熱] 허파의 열기. 肺熱
폐:염[肺炎] 폐렴의 원말. 肺炎
폐:엽[肺葉] 폐를 이루고 있는 각 부분. はいよう 肺葉
lobe of the lung

폐:옥[廢屋] 황폐한 집. はいおく 廢屋
house left in ruin

폐:왕[廢王] 폐위(廢位)된 왕(王). =폐군(廢君)·폐주(廢主). dethroned king 廢王

폐:원[閉院] ① 병원·학원 따위의 문을 닫음. ② 국회의 회기가 끝나 문을 닫음. ↔개원(開院). 「국회(國會) ~식(式)」へいいん ② closing of the National Assembly 閉院

폐:인[弊源] 폐해의 근원. 弊源
root of evils

폐:위[廢位] 왕위(王位)를 폐함. はいい   dethronement 廢位

폐:읍[弊邑] ① 폐습이 많은 고을. ② 자기 고을을 겸손하게 이르는 말. ② our town 弊邑

폐:의파:관[敝衣破冠] 해진 옷과 부서진 갓이라는 뜻으로, 너절하고 구차한 차림새의 비유. =폐포파립(敝袍破笠). 敝衣破冠

폐:인[廢人] 병이나 못된 버릇, 심리적 원인 등으로 몸과 마음을 망친 사람. はいじん 廢人
disabled person

폐:인[嬖人] 비위를 잘 맞추어 남에게 귀염을 받는 사람. へいじん   flatterer 嬖人

폐:일언[蔽一言] 이러니저러니 할 것 없이 한 마디로 말함. 蔽一言
in short

폐:장[肺臟] 육지에 사는 동물의 호흡기의 주요한 부분. 폐포를 통해 혈액 중의 이산화탄소와 들이마신 산소를 교환함. 사람에게는 흉강(胸腔)의 양쪽, 횡격막(橫膈膜)의 상부에 좌우 한 개씩 있음. 허파. 부아. =폐(肺). はいぞう lungs 肺臟 胸腔

폐:장[閉場] 극장이나 회장(會場)을 닫음. ↔개장(開場). へいじょう   closing of a place 閉場

폐:장[廢庄] 쓰지 않고 버려 둔 논밭.   deserted farm 廢庄

폐:장암[肺臟癌] ⇨폐암(肺癌). 肺臟癌

폐:적[廢嫡] 적자(嫡者)로서의 신분과 권리를 폐함. はいちゃく   disinheritance 廢嫡

폐:전[廢典] ① 의식(儀式)을 없앰. 또는 그 의식. はいてん ② 폐지된 법. ① abolition of a ceremony ② abolished law 廢典

폐:절[廢絕] 아주 허물어져 없어짐. =폐멸(廢滅). はいぜつ extinction 廢絕

폐:점[閉店] ① 가게 문을 닫음. ② 장사를 그만둠. ↔개점(開店). へいてん   closing a shop 閉店

폐:점[敝店·弊店] 자기 상점을 겸손하게 이르는 말. へい 弊店

폐ː정[閉廷] ①법정을 닫음. ②심리·재판 등을 마침. ↔개정(開廷). へいてい ① adjournment of the court

폐ː정[弊政] 폐해가 많은 정치. へいせい misgoverning

폐ː조[廢朝] ①임금이 조회(朝會)를 폐함. =철조(輟朝). はいちょう ②폐군(廢君)의 시대.

폐ː족[廢族] 지난날, 조상이 형(刑)을 받고 죽어서 그 자손이 벼슬을 할 수 없게 된 집안.

폐ː주[廢主] ⇨폐왕(廢王).

폐ː지[廢止] 실시해 오던 제도·풍습·법규 따위를 그만두거나 없앰. 「입시 제도의 ~」 はいし abolition

폐ː차[廢車] 못 쓰게 된 차를 부수거나 쭈그러뜨리고 차적(車籍)에서 없앰. 또는 그 차. 「~ 처분(處分)」 はいしゃ scrapped car

폐ː첨[肺尖] 폐(肺)의 위쪽에 동그스름하게 솟은 부분. はいせん apex of a lung

폐ː출[廢黜] 벼슬을 떼고 내쫓음. relegation

폐ː충[肺蟲] 폐에 기생하는 흡충(吸蟲). 폐디스토마 따위. pulmonary distoma

폐ː치[廢置] ①폐지함과 설치함. ②폐지한 채로 내버려 둠. はいち ① abolition and establishment

폐ː침[廢寢] 잠을 자지 않음.

폐ː침망찬[廢寢忘餐] 침식을 잊고 일에 골몰함.

폐ː칩[閉蟄] 벌레 따위가 땅 속으로 들어가 겨울잠을 잠. hibernation

폐ː퇴[廢頹] 기강·도덕 따위가 황폐하여 무너짐. はいたい

my store decay

폐ː포[肺胞] 기관지(氣管支)가 폐(肺)의 내부에 들어가서 나뭇가지 모양으로 갈라져 그 끝이 포도송이 모양으로 되어 있는 주머니. 허파꽈리. はいほう alveolus

폐ː포파ː립[敝袍破笠] ⇨폐의파관(敝衣破冠).

폐ː품[廢品] 못 쓰게 되거나 소용이 없게 된 물품. =폐물(廢物). はいひん junk

폐ː풍[弊風] ⇨폐습(弊習).

폐ː하[陛下] 황제나 황후 등을 높여 부르는 말. へいか

폐ː학[廢學] 학업을 중도에서 그만둠. はいがく giving up one's studies

폐ː해[弊害] 어떤 폐단으로 인하여 생기는 해악. へいがい evil

폐ː허[肺虛] ⇨노점(癆漸).

폐ː허[廢墟] 건물·성곽(城郭) 따위가 허물어져 황폐하게 된 터. はいきょ ruins

폐ː호[閉戶] ⇨폐문(閉門).

폐ː환[肺患] ⇨폐결핵(肺結核).

폐ː활량[肺活量] 폐가 공기를 출입시킬 수 있는 최대량. =폐기량(肺氣量). はいかつりょう lung capacity

폐ː회[閉會] 집회(集會)나 회의를 마침. ↔개회(開會). へいかい closing

폐ː회사[閉會辭] 폐회를 선언하는 인사의 말. ↔개회사(開會辭). closing address

폐ː후[廢后] 폐위된 왕후. deposed queen

포ː[布]* ①베 포ː. 베. 천. 피륙. 「布木(포목)·布衣(포의)·布帶(포대)」 ②베풀 포ː베풀다. 펴다. 「布告(포고)·布令

포(포령)·布教(포교)·分布(분포)·宣布(선포)·頒布(반포)」フ ①ぬの ②しく

포:[包]☆ 쌀 포:싸다. 꾸리다.「包含(포함)·包括(포괄)·包圍(포위)·包攝(포섭)·內包(내포)·小包(소포)」ホウ·つつむ

포:[佈] "布"와 通字. 펼 포:펴다.「佈告(포고)」フ·しく

포:[怖] 두려워할 포:두려워하다.「怖伏(포복)·怖懼(포구)·怖畏(포외)·怖慄(포율)·怖悸(포계)·恐怖(공포)」フ·おそれる

포[咆] 으르렁거릴 포:으르렁거리다.「咆哮(포효)·咆烋(포효)·咆虎(포호)」ホウ·ほえる

포[泡] 물거품 포:물거품.「泡沫(포말)·泡影(포영)·泡幻(포환)·泡花(포화)·水泡(수포)」ホウ·あわ

포:[抱]☆ 안을 포:안다. 품다. 가지다.「抱負(포부)·抱擁(포옹)·抱恨(포한)·抱腹(포복)·懷抱(회포)」ホウ·いだく

포:[抛] "拋"는 俗字. 던질 포:던지다. 버리다.「抛棄(포기)·抛物(포물)·抛置(포치)·抛球(포구)」ホウ·なげうつ

포[庖] ① 푸줏간 포:푸줏간. 고깃간.「庖肆(포사)·庖丁(포정)·庖漢(포한)·庖稅(포세)」 ② 부엌 포:부엌.「庖廚(포주)·庖人(포인)·庖正(포정)」ホウ ②くりや

포[炮] "炰"와 同字. 구울 포:굽다.「炮煮(포사)·炮煎(포전)·炮烙(포락)·炮熬(포오)」ホウ·あぶる

포:[胞]☆ ① 태보 포:태보(胎褓).「胞胎(포태)·胞宮(포궁)·胞子(포자)·細胞(세포)」 ② 동포 포:동포.「同胞(동포)·僑胞(교포)」ホウ ① えな

포[苞] ① 꾸러미 포:꾸러미.「苞裹(포과)·苞羅(포라)·苞苴(포저)·苞天(포천)」 ② 뿌리 포:뿌리. 근본.「苞桑(포상)·苞葉(포엽)」ホウ ①つと

포[匍] 길 포:기다.「匍匐(포복)·匍伏(포복)·匍球(포구)」ホ·はう

포[炰] "炮"와 同字.

포[砲] 대포 포:대포.「砲手(포수)·砲擊(포격)·砲兵(포병)·大砲(대포)·艦砲(함포)·祝砲(축포)」ホウ·つつ

포[袍] 도포 포:도포. 두루마기.「袍笏(포홀)·道袍(도포)」ホウ·わたいれ

포[圃] 채마밭 포:채마밭.「圃田(포전)·蔘圃(삼포)·治圃(치포)」ホ·はたけ

포:[哺] 먹일 포:먹이다. 먹다.「哺乳(포유)·反哺(반포)·含哺(함포)」ホ·はぐくむ

포[浦]☆ 물가 포:개. 물가.「浦口(포구)·浦邊(포변)·浦民(포민)」ホ·うら

포:[捕]☆ 잡을 포:잡다.「捕虜(포로)·捕縛(포박)·捕捉(포착)·捕獲(포획)·生捕(생포)·逮捕(체포)」ホ·とらえる

포[匏] 박 포:박.「匏樽(포준)·匏爵(포작)·匏瓜(포과)」ホウ·ひさご

포:[逋] 도망갈 포:도망가다.「逋逃(포도)·逋脫(포탈)」ホ·にげる

포:[飽]☆ ① 배부를 포:배부르다.「飽食(포식)·飽腹(포복)·飽滿(포만)·飽飫(포어)·飽和(포화)」 ② 만족할 포:물리다. 충분하다. 마음껏.「飽聞(포문)·飽看(포간)」ホウ ②あきる

포[脯] 말린 고기 포: 말린 고기. 「脯肉(포육)·脯燔(포번)·脯資(포자)·脯林(포림)·醬脯(장포)」ホ・ほしじし

포[葡] 포도 포: 포도. 「葡萄(포도)」ホ・ブ

포[蒲] ① 부들 포: 부들. 「蒲席(포석)·蒲扇(포선)·蒲團(포단)」② 창포 포: 창포. 「菖蒲(창포)」ホ・フ ② がま

포[鋪] "舖"는 俗字. ① 전방 포: 전방. 가게. 「店鋪(점포)」② 펼 포: 펴다. 깔다. 설비하다. 「鋪道(포도)·鋪設(포설)·鋪裝(포장)·鋪石(포석)」ホ ① みせ ② しく

포[舖] "鋪"의 俗字.

포[襃] 기릴 포: 기리다. 칭찬하다. 「襃賞(포상)·襃貶(포폄)·襃獎(포장)·襃章(포장)」ホウ・ほめる

포:[暴] ① 사나울 포: 사납다. 「暴惡(포악)」② ⇨폭(暴). ボウ ① あらい

포[瀑] ① 소나기 포: 소나기. 「瀑雨(포우)」② ⇨폭(瀑). バク

포[曝] 볕쬘 포: 볕쬐다. 「曝白(포백)·曝曬(포쇄)」バク・さらす

포가[砲架] 포(砲)를 올려놓는 받침. ほうか gun carriage

포강[砲腔] 포신(砲身) 속의 빈 부분. ほうこう

포건[布巾] 베로 만든 건.

포격[砲擊] 대포로 하는 사격(射擊). 「적진에 ~을 가하다」ほうげき bombardment

포:경[包莖] 우멍거지. ほうけい phimosis

포경[砲徑] 포(砲)의 구경(口徑). caliber of a gun

포:경[捕鯨] 고래를 잡음. 「~선(船)」ほげい whaling

포:고[布告·佈告] ① 일반 세간에 널리 알림. ② 국가의 결정적 의사를 공식적으로 선포하는 일. 「선전(宣戰) ~」ふこく announcement

포:과[包裹] 물건을 쌈. wrapping

포:괄[包括] 온통 하나로 휩싸서 묶음. ほうかつ inclusion

포:교[布敎] 종교(宗敎)를 널리 폄. =선교(宣敎). ふきょう propagation of religion

포구[砲口] ⇨포문(砲門).

포구[浦口] 개의 어귀. 작은 항구. inlet

포군[砲軍] ⇨총군(銃軍).

포권척[布卷尺] 길이 50cm 가량의, 나비가 좁은 헝겊으로 만든 줄자. tape measure

포:기[抛棄] ① 하던 일을 중도에서 그만두어 버림. ② 버리고 돌아보지 않음. ③ 자기의 자격이나 권리를 쓰지 않음. ほうき ② abandonment ③ renouncement

포기[泡起] 물거품처럼 부풀어 오름. swelling

포:기[暴棄] 자포자기(自暴自棄)의 준말.

포:끽[飽喫] ⇨포식(飽食).

포:낭[包囊] 박테리아·규조(硅藻)·녹조(綠藻) 등에서 볼 수 있는 무성 생식 세포. cyst

포단[蒲團] ① 부들로 만든 둥근 방석. ② 이불. ふとん ① bulrush seat ② bedding

포대[布袋] 베로 만든 자루. burlap bag

포:대[包袋] ⇨부대(負袋).

포대[砲臺] 화포(火砲) 및 포원(砲員)을 엄호(掩護)하고 사격을 편리하게 하기 위해 만든 축

조물. =포루(砲樓). ほうだい battery

포대경[砲臺鏡] 적군의 사정을 정찰하고 목표물을 찾아 내는 데 쓰는 광학 기계(光學機械).

포:덕[布德] 천도교에서, 한울 님의 덕을 세상에 펴는 일.

포:도[捕盜] 도둑을 잡음. 「~ 대장(大將)」 capture of a thief

포:도[逋逃] 죄를 짓고 도망감. escaping

포도[葡萄] 포도나무의 열매. ぶどう grape

포도[鋪道] 포장한 길. ほどう paved street

포도당[葡萄糖] 단당류의 한 가지. 백색의 결정으로 물에 잘 녹으며 환원성이 있음. 단 맛이 나는 과일 등 널리 식물 계에 분포함. ぶどうとう glucose

포:도 대:장[捕盜大將] 조선 때, 포도청의 우두머리. 준포 장(捕將).

포도석[葡萄石] 사방정계(斜方 晶系)의 광물. 판상(板狀)·주 상(柱狀)이며 반투명함. ぶど うせき

포:도청[捕盜廳] 조선 때, 도 둑이나 범죄자를 잡는 일을 맡 아보던 관청.

포드졸[러 podzol] 한대(寒帶) 의 침엽수림 지대에 널리 분 포하는 산성 토양(土壤). ポド ゾル

포락[炮烙] ① 불에 달구어 지 짐. ② 포락지형(炮烙之刑)의 준말. ほうらく

포락[浦落] 논밭이 강물이나 냇 물에 개먹어서 무너져 떨어짐. collapsing

포락지형[炮烙之刑] ① 불에 달군 쇠로 단근질하는 형벌.

② 은나라 주왕이 쓰던 형벌로, 불에 달군 쇠기둥을 걸쳐 놓 고 맨발로 건너게 하던 형벌. 준포락(炮烙).
① punishment by branding

포:란[抱卵] 알을 품음. ほう らん

포:럴[poral] 바탕에 기공(氣孔) 이 많은 모직물. 여름 옷감 으로 쓰임.

포:럼디스커션[forum discussion] 토의 방법의 한 가지. 사회자의 진행으로 한 사람 또 는 여러 사람이 연설(演說)을 하고, 이에 대하여 청중이 질 문하는 방식. フォーラムディ スカッション

포렴[布簾] 술집이나 복덕방 따 위의 문 앞에 늘인 베조각.

포:로[捕虜] 적에게 사로잡힌 군인. =부로(俘虜). ほりょ prisoner

포:로감[哺露疳] 두개(頭蓋)의 여러 뼈가 서로 잘 아물어 붙 지 않는, 선병질(腺病質)의 어 린아이의 병.

포:로병[捕虜兵] 포로로 잡힌 적병(敵兵). prisoner of war

포루[砲樓] ⇨포대(砲臺).

포:룸[라 forum] 로마 시대의 도시에 있던 광장(廣場). フォ ールム

포르노[porno] 포르노그래피의 준말. ポルノ

포르노그래피[pornography] 인간의 성적(性的) 행위를 주 로 묘사한 문학·회화(繪畫) ·사진·영화 따위를 통틀어 이 르는 말. ポルノグラフィー

포르말린[formalin] 포름알데 히드의 수용액(水溶液). 소독 제·방부제로 쓰임. ポルマリン

포르타멘토[이 portamento]

음악에서, 한 음에서 다른 음으로 옮아갈 때 미끄러지듯이 연주(演奏)하는 것. ポルタメント 演奏

포르테[이 forte] 악보에서, '강하게'의 뜻. フォルテ

포르테피아노[이 forte piano] 악보(樂譜)에서, '강하게 한 후 곧 약하게'의 뜻. フォルテピアノ 樂譜

포르티시모[이 fortissimo] 악보에서, '아주 강하게'의 뜻. フォルティシモ 最强

포름산(酸)[formic acid] 개미나 벌 등의 체내(體內)에 있는 지방산(脂肪酸)의 한 가지. 脂肪酸

포름알데히드[formaldehyde] 메틸알코올을 산화하여 만드는 자극성인 냄새가 나는 무색(無色)의 기체. フォルムアルデヒド 無色

포:리[捕吏] 포도청이나 지방 관아에 딸려 죄인을 잡아들이던 아전. policeman 捕吏

포:리[逋吏] 관청의 물품을 사사로이 써 버린 관원. corrupt official 逋吏

포립[布笠] 베·모시 따위로 싼 개를 한 갓. 布笠

포마드[pomade] 반고체(半固體)의 머릿기름. ポマード 半固體

포마이커[Formica] 가구나 널빤지에 칠하는 합성 수지 도료(合成樹脂塗料)의 상표명. 塗料

포마토[pomato] 감자와 토마토의 세포를 융합(融合)시켜 얻은 채소. ポマト 融合

포:만[飽滿] ①조금 거북할 정도로 뱃속이 그들먹함. ②일정한 용량에 넘치도록 가득함. ほうまん satiety 飽滿

포:만[暴慢] 난폭하고 거만함. =포횡(暴橫). ぼうまん 暴慢

insolence

포말[泡沫] 물거품. ほうまつ bubble 泡沫

포망[布網] 상제가 쓰는 베로 만든 망건. 布網

포:맷[format] ①양식(樣式). 체제(體制). ②컴퓨터에서, 새 디스크에 설정되는 일정한 형식. フォーマット 體制

포면[布面] 피륙의 표면. 布面

포:명[佈明] 널리 밝힘. 두루 밝힘. manifestation 佈明

포목[布木] 베와 무명. =목포(木布). drapery 布木

포목상[布木商] 포목을 파는 장사. 또는 그 장수. draper 布木商

포문[胞門] ⇨ 산문(産門). 胞門

포문[砲門] 대포의 탄알이 나가는 구멍. =포구(砲口). ほうもん muzzle of a gun 砲門

포:물면경[抛物面鏡] 회전 포물면의 내면을 반사면으로 하는 오목거울. 그 축에 평행하게 입사한 광선을 수차(收差) 없이 전부 초점에 모을 수 있음. ほうぶつめんきょう parabolic reflector 抛物面鏡

포:물선[抛物線] 원뿔 곡선의 한 가지. 평면 위의 한 정점(定點)과 한 정직선(定直線)에 이르는 각각의 거리가 같은 점의 자취. ほうぶつせん parabola 抛物線

포민[浦民] 갯가에 사는 백성. fisherman 浦民

포:박[捕縛] 잡아서 묶음. ほばく arrest 捕縛

포백[布帛] 베와 비단. ふはく linen and silk 布帛

포백[曝白] 베·무명 따위를 삶거나 빨아서 볕에 바램. bleaching in the sun 曝白

포백척[布帛尺] 바느질자. 布帛尺

포범[布帆] 베로 지은 돛. 布帆 hemp sail

포변[浦邊] 갯가. 浦邊 shore of an estuary

포:병[抱病] 몸에 언제나 병을 지님. 또는 그 병. 抱病 inveterate disease

포병[砲兵] 육군 병과(兵科)의 하나. 대포 종류로 무장한 군대나 군사. ほうへい 砲兵 artillery

포:병객[抱病客] 지닌 병이 있어서 늘 앓는 사람. =병객(病客). 抱病客 sick person

포:복[怖伏] 두려워서 엎드림. 怖伏 lying down in fear

포복[匍匐] 땅에 배를 대고 김. ほふく 匍匐 creeping

포복경[匍匐莖] 땅 위로 길게 벋어 마디에서 뿌리가 나는 줄기. 양딸기의 줄기 따위. 기는 줄기. 匍匐莖 creeping stem

포:복절도[抱腹絶倒] 배를 그러안고 넘어진다는 뜻으로, 몹시 웃음을 이르는 말. =봉복절도(捧腹絶倒). 준절도(絶倒). ほうふくぜっとう 抱腹絶倒 being convulsed with laughter

포:부[抱負] 품고 있는 미래에 대한 계획이나 희망. 「원대한 ~」 ほうふ 抱負 aspiration

포비즘[fauvism] 야수파(野獸派). フォービズム 野獸派

포사[布絲] 베실. 布絲

포사[庖肆] 고깃간. 푸주. 庖肆

포살[砲殺] 총포로 쏘아 죽임. 砲殺 shooting to death

포삼[包蔘] 포장한 홍삼(紅蔘). 包蔘 packed ginseng

포삼[圃蔘] 삼포에서 재배한 인삼. 圃蔘 cultivated ginseng

포상[褒賞] 칭찬하여 상을 줌. ほうしょう 褒賞 prize

포:석[布石] 바둑을 둘 때, 처음에 돌을 벌여 놓음. 布石

포석[蒲席] 부들자리. 蒲席

포선[布扇] 상제가 나들이할 때 얼굴을 가리기 위하여 가지고 다니는 베로 된 물건. 布扇

포설[鉋屑] 대팻밥. shavings 鉋屑

포설[鋪設] 펴서 베풂. 鋪設 provision

포:섭[包攝] ① 포용하여 끌어들임. 감싸 끌어넣음. ② 종개념이 유개념에 포괄되는 종속 관계. '사람은 동물에 포섭된다'는 따위. ほうせつ 包攝 ② subsumption

포성[砲聲] 대포를 쏘는 소리나 터지는 소리. =포향(砲響). ほうせい 砲聲 sound of firing

포세[浦稅] 지난날, 포구를 출입하는 화물에 물리던 세금. 浦稅

포:세[逋稅] 세금을 내지 않고 불법으로 면함. ほぜい 逋稅 illegal evasion of taxes

포세이돈[Poseidon] 그리스 신화에 나오는 해신(海神). ポセイドン 海神

포:손[抱孫] 손자를 봄. 손자가 생김. 抱孫 birth of one's grandson

포:손례[抱孫禮] 손자를 보았을 때 한턱내는 일. 抱孫禮

포쇄[曝曬] 바람을 쐬고 볕에 바램. 曝曬 airing and bleaching

포수[泡水] 종이나 헝겊에 어떤 액체를 바르는 일. 「풀~」 ほすい 泡水

포:수[砲手] ① 총으로 짐승을 잡는 사냥꾼. ② ⇨총군(銃軍). ほうしゅ 砲手 ① hunter

포:수[捕手] 야구에서, 본루(本壘)의 뒤에서 투수가 던지는 공을 받는 선수. ほしゅ 捕手 catcher

포:수막[砲手幕] 사냥꾼들이 쉬기 위하여 지은 산막. 砲手幕

포스겐[phosgene] 무색의 유독성(有毒性) 기체. 대표적인 질식성 독가스임. 有毒性

포:스아웃[force-out] 야구에서, 다음 베이스에 가야 할 주자가 미처 베이스에 닿기 전에 수비측에서 공을 베이스에 던져 아웃시키는 일. 봉살(封殺). フォースアウト 封殺

포스터[poster] 광고(廣告)·선전(宣傳) 따위를 위한 간략한 그림이나 표. ポスター 宣傳

포스터컬러[poster color] 포스터용 그림 물감. ポスターカラー

포스트[post] 지위(地位). 부서(部署). ポスト 地位

포스트모더니즘[postmodernism] 모더니슴에 대한 기부의 반작용(反作用)으로 일어난 문학·예술상의 한 경향. ポストモダニズム 反作用

포:승[捕繩] 죄인을 묶는 노끈. ほじょう·とりなわ 捕繩
rope to bind a criminal with

포:시[布施] 보시의 원말. 布施

포:식[捕食] 다른 동물을 잡아서 먹음. ほしょく predation 捕食

포:식[飽食] 배부르게 먹음. 「난의(煖衣)~」ほうしょく satiation 飽食

포:식난:의[飽食煖衣] 배불리 먹고 따뜻하게 입음. 의식이 넉넉하고 편안함의 형용. =난의포식(煖衣飽食). 준난(煖) living in luxury 飽食煖衣

포신[砲身] 대포의 원통형(圓筒形) 부분. ほうしん gun barrel 砲身

포:신구:화[抱薪救火] 땔나무를 안고 불을 끄려 한다는 뜻으로, 재난을 피하려다 더 큰 재난을 초래함을 비유하여 이르는 말. 抱薪救火

making matters worse

포:악[暴惡] 사납고 악독함. 「~무도(無道)」ぼうあく 暴惡
violence

포안[砲眼] 성벽(城壁)이나 군함·보루(堡壘) 따위에서, 밖으로 포를 쏠 수 있게 뚫어 놓은 구멍. ほうがん embrasure 砲眼

포양[襃揚] ⇨포장(襃獎). ほうよう 襃揚

포언[暴言] ⇨폭언(暴言). 暴言

포에틱스[poetics] 시론(詩論). 시학(詩學). ポエティックス 詩學

포역[暴逆] 횡포하여 도리에 어긋남. 또는 그런 사람. 暴逆

포연[砲煙] 대포를 쏠 때 나는 연기. 「~탄우(彈雨)」ほうえん 砲煙
cannon smoke

포연탄:우[砲煙彈雨] 총포를 쏜 연기가 자욱하고 탄알이 빗발치듯 한다는 뜻으로, 격렬한 전투를 이르는 말. ほうえんだんう 砲煙彈雨

포열[砲列] 발사를 할 수 있도록 배치한 대포의 대열(隊列). ほうれつ battery 砲列

포엽[苞葉] 싹이나 봉오리를 싸서 보호하는 작은 잎. ほうよう 苞葉

포영[泡影] 물거품과 그림자란 뜻으로, 사물의 덧없음을 비유. ほうえい transiency 泡影

포:옹[抱擁] 품에 껴안음. ほうよう embrace 抱擁

포:완[捕腕] 오징어 무리의 다섯 쌍의 발 가운데 가장 긴 한 쌍의 발. 捕腕

포:외[怖畏] 무섭고 두려움. 怖畏
awe

포:용[包容] 너그럽게 감싸고 받아들임. 「~력(力)」ほうよう tolerance 包容

포:워드[forward] 농구·축구 따위에서, 전위(前衛). フォワード

포:원[抱寃] 원망이나 원한을 품음. bearing a grudge

포:위[包圍] 둘레를 에워쌈. 「~작전(作戰)」ほうい siege

포:유[包有] 싸서 가지고 있음. ほゆう keeping

포:유[哺乳] 어미가 제 젖을 먹여 새끼를 기름. ほにゅう lactation

포:유동:물[哺乳動物] 젖을 먹여 새끼를 기르는 동물. 동물 가운데서 가장 지능이 높음. ほにゅうどうぶつ mammal

포:육[哺育] 동물이 새끼를 먹여 기름. ほいく lactation

포육[脯肉] 얇게 저며 양념하여 말린 고기.

포:율[怖慄] 두려워서 떪. shiver

포음[砲音] 대포를 쏠 때 나는 소리. =포성(砲聲). ほうおん sound of firing

포의[布衣] ① 베로 지은 옷. ② 벼슬이 없는 선비.「~한사(寒士)」ほい ① hempen clothes ② commoner

포의[胞衣] 태아(胎兒)를 싸고 있는 막(膜)과 태반(胎盤). =태의(胎衣)·혼돈피(混沌皮). ほうい placenta

포인세티아[poinsettia] 대극과(大戟科)의 상록 관목. 관상용이나 크리스마스 장식에 쓰임. ポインセチア

포인터[pointer] 개의 한 품종. 매우 영리하고 날쌔며 후각(嗅覺)이 예민하여 조류 사냥에 이용됨. ポインター

포인트[point] ① 득점(得點). ② 요점(要點). 강조점. ③ 포인트 활자의 크기의 단위. ポイント

포자[胞子] 포자식물의 무성적인 생식 세포. 단독으로 발아하여 새 개체가 됨. ほうし spore

포장[布帳] 베나 무명으로 만든 휘장(揮帳). linen screen

포장[包裝] 물건을 싸서 꾸림. 「~지(紙)」ほうそう packing

포장[包藏] 물건을 잘 싸서 간직함. ほうぞう

포장[圃場] 밭. 남새밭. =농포(農圃). ほじょう

포장[褒章] 나라와 사회에 공적이 있는 사람에게 나라에서 주는 휘장(徽章). ほうしょう medal

포장[鋪裝] 길바닥에 아스팔트나 시멘트 따위를 깔아 단단히 다지어 꾸밈.「~도로(道路)」ほそう pavement

포:장[褒獎] 칭찬하여 장려함. =포양(褒揚). ほうしょう commendation

포장화:심[包藏禍心] 남을 해치려는 마음을 품고 있음. bearing an evil

포:재[抱才] 품고 있는 재주. ability

포전[圃田] 남새밭. 채소밭. =채마전(菜麻田). kitchen garden

포전[砲戰] 대포로 교전하는 싸움. ほうせん artillery fight

포제[布製] 베로 만듦. 또는 그 물건.

포:족[飽足] 배부르고 만족함. satiety

포:졸[捕卒] 조선 때, 포도청(捕盜廳)의 군졸. =포도군사(捕盜軍士).

포좌[砲座] 대포를 올려 놓는

장치. ほうざ gun platform

포:주[抱主] ① 기둥서방. ② 창녀(娼女)를 거느리고 영업을 하는 사람. かかえぬし
② master of a brothel

포지션[position] ① 지위. 위치(位置). 부서(部署). ② 화음(和音)의 위치. ③ 축구·배구 따위에서, 선수들의 위치. ポジション

포지티브[positive] 사진의 양화(陽畫). 또는 양화용 필름. 포지. ポジティブ

포:진[布陣] 진(陣)을 침. ふじん lineup

포진장병[鋪陳障屛] 방석(方席)·요·휘장·병풍 따위의 깔고 치고 하는 물건을 통틀어 이르는 말.

포:진천물[暴殄天物] 물건을 아까운 줄을 모르고 함부로 다루어 못 쓰게 만들거나 써 버림. improvidence

포차[砲車] 화포를 끌고 다니는 차. ほうしゃ gun carriage

포:착[捕捉] ① 꼭 붙잡음. ② 요령(要領)이나 요점을 깨침. ほそく
① capture ② understanding

포창[疱瘡] ⇨천연두(天然痘). ほうそう

포척[布尺] 측량에 쓰는, 베로 만든 자. linen tape

포:철[抛撒] 이리저리 던져서 헤프림. scattering

포촌[浦村] 갯가에 있는 마을. waterside village

포총[襃寵] 칭찬하고 총애함. favor

포:충망[捕蟲網] 벌레를 잡을 때 쓰는, 자루가 달린 그물. ほちゅうあみ insectnet

포:충 식물[捕蟲植物] 벌레를 잡아먹는 식물. =식충 식물(食蟲植物). ほちゅうしょくぶつ insectivorous plant

포:치[布置] ⇨배치(排置). ふち

포:치[抛置] 내버려 둠. ほうち leaving alone

포:치[porch] 서양식 건물에서 현관(玄關) 바깥쪽에 만든, 차를 대는 곳. ポーチ

포칭[襃稱] 칭찬함. ほうしょう praising

포:커스[focus] 초점(焦點). フォーカス

포켓[pocket] 양복(洋服)에 달린 호주머니. ポケット

포켓볼:[pocket ball] 당구대에 설치된 6개의 구멍에 공을 넣어 승부를 가리는 당구(撞球) 경기.

포켓북[pocket book] 호주머니에 들어갈 만한 작은 책(冊). ポケットブック

포코아포코[이 poco a poco] 악보에서, '서서히'의 뜻. ポコアポコ

포:크[fork] 양식(洋食)에서, 고기·생선·과일 따위를 찍어 먹는 식탁 용구(用具). フォーク

포:크[pork] 돼지고기. 돈육(豚肉). ポーク

포:크댄스[folk dance] 민속 무용(民俗舞踊). フォークダンス

포:크리프트[forklift] 지게차(車). フォークリフト

포:크볼:[fork ball] 야구에서, 변화구(變化球)의 한 가지. 회전이 거의 없으며, 타자의 바로 앞에서 갑자기 공이 떨어짐. フォークボール

포:크송[folk song] 민요(民謠)

謠). フォークソング

포탄[砲彈] 대포의 탄알. ほうだん　cannonball

포ː탄희량[抱炭希涼] 숯불을 안고 있으면서 선선하기를 바란다는 뜻으로, 하는 일과 바라는 일이 서로 다름을 비유하여 이르는 말. doing one thing and wishing another

포ː탈[逋脫] ① 도망하여 면함. ② 세금을 속이고 안 냄.「세금(稅金)~」ほだつ　① escape ② evasion of taxes

포탑[砲塔] 군함이나 요새(要塞) 따위에서, 대포와 포원(砲員)을 보호하기 위해 강철로 둘러싼 시설. ほうとう　gun turret

포태[胞胎] 아이를 뱀. =임신 (姙娠). pregnancy

포ː터[porter] 호텔·역(驛) 따위에서 손의 짐을 날라 주는 사람. ポーター

포ː터블[portable] 들고 다닐 수 있을 정도의 크기와 중량(重量)임. 또는 그런 물건. ポータブル

포ː터블라디오[portable radio] 휴대용 라디오 수신기(受信機). ポータブルラジオ

포테이토칩[potato chip] 얇게 썬 감자를 기름에 튀긴 식품(食品). ポテトチップ

포토그램[photogram] 카메라를 쓰지 않고 감광 재료(感光材料) 위에 직접 물체를 놓고 빛을 비추어 만드는 실루엣 사진.

포토몽타ː주[프 photomontage] 몽타주 사진. 합성 사진(合成寫眞). フォトモンタージュ

포ː트와인[port wine] 포도주의 한 가지. 특히 포르투갈 원산의 암홍(暗紅)·암자색(暗紫色) 포도주를 이름. ポートワイン

포폄[褒貶] 칭찬함과 나무람.「훼예(毀譽)~」ほうへん　praise and censure

포ː풍착영[捕風捉影] 바람을 잡고 그림자를 붙든다는 뜻으로, 허망한 언행을 이르는 말.

포퓰러뮤ː직[popular music] 재즈·샹송·영화 음악 따위의 대중적(大衆的)인 음악. 팝뮤직. ポピュラーミュージック

포퓰러송[popular song] 통속적(通俗的)인 가요곡. 팝송. ポピュラーソング

포플러[poplar] 미루나무. ポプラ

포플린[poplin] 직물의 한 가지. 가는 날실과 굵은 씨실을 평직(平織)으로 짠, 부드럽고 광택이 있는 직물. ポプリン

포피[包皮] 겉을 싸고 있는 가죽. ほうひ　foreskin

포학[暴虐] 횡포하고 잔학함.「~무도(無道)」ぼうぎゃく　tyranny

포ː한[抱恨] 원한을 품음. bearing a grudge

포함[包含] 속에 함께 들어 있음. 또는 함께 넣음. ほうがん　inclusion

포함[砲艦] 군함의 한 가지. 경포(輕砲)를 갖추고 연안을 경비하는 소형의 함선. ほうかん　gunboat

포ː합어[抱合語] 언어의 형태적 분류의 한 가지. 문장을 구성하는 요소가 밀접하게 결합되어 전체 문장이 하나의 단어를 이루는 것처럼 보이는 구조의 언어. 아이누·아메리카

인디언의 말 따위. ほうごうご

포항[浦港] 포구(浦口)와 항구(港口). 浦港 port

포:핸드[forehand] 테니스·탁구 따위에서, 손바닥을 상대편(相對便) 쪽으로 향하게 하여 공을 치는 일. フォアハンド 相對便

포:향[飽享] 흡족하게 누림. 飽享 enjoyment

포호빙하[暴虎馮河] 범을 맨손으로 때려서 잡고 황하를 걸어서 건너려 한다는 뜻으로, 무모한 만용(蠻勇)을 이르는 말. ぼうこひょうが 暴虎馮河 reckless adventure

포화[砲火] 총포를 쏠 때 일어나는 불. ほうか 砲火 gunfire

포:화[飽和] 어떤 물질을 함유(含有)할 수 있는 극한(極限)의 상태. 「~ 상태에 이르다」 ほうわ 飽和極限 saturation

포환[砲丸] ① 대포의 탄알. ② 육상 경기에 쓰이는 둥근 쇳덩어리. 「~던지기」 ほうがん 砲丸 ① cannonball ② shot

포ㆍ회[抱懷] 심중(心中)에 품고 있음. ほうかい 抱懷

포:획[捕獲] 사로잡음. =생포(生捕). ほかく 捕獲 capture

포효[咆哮] 맹수가 울부짖음. ほうこう 咆哮 roaring

폭[幅]* ① 폭 폭 : 너비. 넓이. 「步幅(보폭)·幅廣(폭광)·廣幅(광폭)·半幅(반폭)·大幅(대폭)」 ② 복건 복 : 복건. 「幅巾(복건)」 フク ① はば 步幅 幅中

폭[暴]* ① 사나울 폭 : 사납다. 「暴行(폭행)·亂暴(난폭)·暴擧(폭거)·暴走(폭주)·暴力(폭력)」 ② 급히 일어날 폭 : 급히 일어나다. 「暴騰(폭등)·暴落(폭락)·暴雨(폭우)」 ③ 드러날 폭 : 드러나다. 「暴露(폭로)」 暴行 暴力 ④ 거칠 포 : 거칠다. 「暴橫(포횡)·暴虐(포학)·暴殄天物(포진천물)·橫暴(횡포)·自暴(자포)」 ⑤ 맨손으로 칠 포 : 맨손으로 치다. 「暴虎(포호)」 ボウ·バク ①④ あらい ③ さらす 自暴

폭[瀑] 폭포 폭 : 폭포. 「瀑布(폭포)」 バク·たき 瀑布

폭[曝] 햇볕에 쬘 폭 : 햇볕에 쬐다. 「曝書(폭서)·曝背(폭배)」 バク·さらす 曝書

폭[爆]☆ 폭발할 폭 : 폭발하다. 「爆發(폭발)·爆藥(폭약)·爆音(폭음)·爆死(폭사)·爆彈(폭탄)·原爆(원폭)·水爆(수폭)」 バク·はじける 爆死

폭객[暴客] 난폭한 짓을 하는 사람. =폭한(暴漢). ruffian 暴客

폭거[暴擧] 난폭한 행동. ぼうきょ reckless conduct 暴擧

폭격[爆擊] 비행기로 폭탄을 떨어뜨려 공격함. 「~기(機)」 ばくげき aerial bombing 爆擊

폭격기[爆擊機] 폭격의 임무를 수행하는 비행기. ばくげき bombing plane 爆擊機

폭군[暴君] 포악한 임금. ぼうくん tyrant 暴君

폭도[暴徒] 폭동을 일으킨 사람. 또는 그러한 무리. ぼうと mob 暴徒

폭동[暴動] 여러 사람이 폭력으로 난동을 벌이는 행동. ぼうどう disturbance 暴動

폭등[暴騰] 갑자기 물가가 크게 오름. ↔폭락(暴落). ぼうとう sudden rise 暴騰

폭락[暴落] 물가ㆍ주가 등이 갑자기 크게 떨어짐. ↔폭등(暴騰). sudden fall 暴落

폭력[暴力] 난폭한 힘. 폭행을 하는 완력(腕力). ぼうりょく violence 暴力

폭력단[暴力團] 폭력으로 목적을 이루려는 불법 단체. ぼうりょくだん　terrorists

폭력주의[暴力主義] 폭력으로 정치적 목적을 달성하려는 주의나 정책. ぼうりょくしゅぎ　terrorism

폭렬[爆裂] 폭발(爆發)하여 파열함. ばくれつ　explosion

폭로[暴露] ① 물건이 드러나 비바람에 바램. ② 음모나 비밀 따위가 드러남. 또는 들추어 냄. ばくろ　② disclosure

폭로 문학[暴露文學] 사회의 진상이나 죄악을 폭로하는 내용의 문학. ばくろぶんがく

폭론[暴論] 도리를 무시한 난폭한 언론. ぼうろん　violent speech

폭뢰[爆雷] 수중 폭탄의 한 가지. 잠수함 공격에 쓰임. ばくらい　depth bomb

폭리[暴吏] 도리에 어긋나는 짓을 하는 관리. ぼうり

폭리[暴利] 지나치게 많이 남기는 부당한 이득. ↔박리(薄利). ぼうり　excessive profits

폭만[暴慢] ⇨포만(暴慢).

폭명[爆鳴] 폭발할 때에 소리가 남. 또는 그 소리. ばくめい　detonation

폭민[暴民] 폭동을 일으킨 백성. ぼうみん　mob

폭발[暴發] 갑자기 터짐. ぼうはつ　bursting

폭발[爆發] 불이 일어나며 갑작스럽게 터짐. 「폭탄이 ~하다」 ばくはつ　explosion

폭발물[爆發物] 폭발성 물질을 통틀어 이르는 말. ばくはつぶつ　explosive

폭발약[爆發藥] 폭발을 일으키는 화약류를 통틀어 이르는 말. 준폭약(爆藥). explosive compound

폭배[暴杯・暴盃] 한 사람에게만 거듭 술을 따라 줌. 또는 그 술잔.

폭백[暴白] ① 성이 나서 분개하며 변명함. ② 사정의 내막을 밝힘. ② exposing a secret

폭부[暴富] 벼락부자. ぼうふ　new-rich

폭사[暴死] 별안간 참혹하게 죽음. =폭졸(暴卒). ぼうし　sudden death

폭사[爆死] 폭발물의 폭발로 말미암아 죽음. ばくし　death resulting from bombing

폭서[暴暑] 매우 심한 더위. =혹서(酷暑).　severe heat

폭서[曝書] 책을 볕에 쬐고 바람을 쐬는 일. ばくしょ　airing books

폭설[暴雪] 갑자기 많이 내리는 눈.　heavy snowfall

폭소[爆笑] 갑자기 터져 나오는 웃음. ばくしょう　burst of laughter

폭스테리어[fox terrier] 테리어종의 개. 영국 원산이며, 애완용(愛玩用)으로 기름.

폭스트롯[fox-trot] 사교(社交) 댄스의 한 가지. 2분의 2박자 또는 4분의 4박자의 음악에 맞추어 춤. フォックストロット

폭식[暴食] ① 음식을 한꺼번에 많이 먹음. ② 음식을 가리지 않고 마구 먹음. 「폭음(暴飮)~」 ばっしょく　gluttony

폭압[暴壓] 폭력으로 억압함. 또는 그 억압. ぼうあつ　violent oppression

폭약[爆藥] 폭발약(爆發藥)의 준말. ばくやく

폭양[暴陽・曝陽] 뜨겁게 내리

쬐는 햇볕. heat of the sun

폭언[暴言] 도리에 어긋나는 난폭한 말. ぼうげん violent language

폭염[暴炎] ⇨폭서(暴暑).

폭우[暴雨] 갑자기 세차게 쏟아지는 비. ぼうう heavy rain

폭원[幅員] 다리나 길, 함선(艦船) 따위의 너비. ふくいん width

폭위[暴威] 거칠고 사나운 위세(威勢). ぼうい abuse of power

폭음[暴淫] 방사(房事)를 지나치게 함. sexual excess

폭음[暴飮] ① 술을 한꺼번에 너무 많이 마심. ② 가리지 않고 마구 마심. ぼういん heavy drinking

폭음[爆音] 폭탄 따위가 터지는 소리. =폭발음(爆發音). ばくおん explosion

폭정[暴政] 포악(暴惡)한 정치. ぼうせい tyranny

폭졸[暴卒] ⇨폭사(暴死).

폭주[暴走] 제한을 무시하고 마구 달림. ぼうそう running recklessly

폭주[暴注] ① 비가 갑자기 세차게 쏟아짐. ② 갑자기 나는 심한 설사. =폭설(暴洩). ① downpour

폭주[暴酒] 도에 넘치도록 한꺼번에 술을 많이 마심. heavy drinking

폭주[輻輳] 한 곳으로 많이 몰려듦. 「차량(車輛) ~」ふくそう overcrowding

폭죽[爆竹] 가느다란 대통에 화약을 넣고 터뜨려서 소리를 내는 물건. 축제(祝祭) 따위에 씀. ばくちく firecracker

폭질[暴疾] 별안간 앓는 급한 병. sudden illness

폭취[暴醉] 술이 갑작스럽게 몹시 취함. dead drunkenness

폭침[爆沈] 폭발시켜 물 속에 가라앉힘. ばくちん sinking by an explosion

폭탄[爆彈] 폭발약을 장치하여 쏘거나 투하(投下)해서 폭발시키는 무기. =폭발탄(爆發彈). ばくだん bomb

폭탄 선언[爆彈宣言] 어떤 국면이나 상황에서 큰 작용이나 전기(轉機)·반향을 일으키는, 예상하지 않았던 선언. ばくだんせんげん

폭투[暴投] 야구에서, 투수가 공을 거칠게 던지는 일. ぼうとう wild pitching

폭파[爆破] 폭발시켜 파괴함. 「~력(力)」ばくは blasting

폭포[瀑布] 폭포수(瀑布水)의 준말. ばくふ

폭포수[瀑布水] 낭떠러지에서 곧장 쏟아져 내리는 물. 준폭포(瀑布). waterfall

폭풍[暴風] ① 세차게 부는 바람. 「~우(雨)」 ② 풍력 계급으로 11등급에 해당하는 바람. 왕바람. ぼうふう ① storm

폭풍[爆風] 폭발물이 터질 때 일어나는 강한 바람. ばくふう bomb blast

폭풍우[暴風雨] 폭풍이 불면서 세차게 쏟아지는 비. ぼうふうう rainstorm

폭한[暴寒] 갑자기 닥치는 심한 추위. severe cold

폭한[暴漢] 함부로 난폭한 행동을 하는 사람. ぼうかん ruffian

폭행[暴行] ① 난폭한 행동. ② 남에게 폭력으로 위해(危害)를 끼치는 행동. ぼうこう

폰:[phon] 소리의 크기를 나타내는 단위. ホン

폰:미터[phone meter] 전화의 통화 도수계(度數計).

폰트[font] 구문 활자(歐文活字)에서, 같은 형의 한 벌. フォント

폴:[fall] 레슬링에서, 선수(選手)의 양 어깨가 1초 동안 매트에 닿는 일. フォール

폴:[pole] ① 막대기. 장대. ② 전극(電極). ポール

폴:더[polder] 네덜란드의 연안 지역에 발달한 해면보다 낮은 간척지(干拓地). ボルダー

폴라로그래피[polarography] 전기 분해(電氣分解) 반응이 자동으로 기록되는 장치.

폴라로이드[Polaroid] 인조 편광판(人造偏光板)의 상표명. ポラロイド

폴라로이드랜드카메라[Polaroid Land Camera] 사진기 안에서 현상(現像)과 정착이 되어, 찍은 후 1분 안에 사진이 나오게 되어 있는 카메라. ポラロイドカメラ

폴라리스[라 Polaris] 북극성(北極星). 폴라리스성(星). ポラリス

폴:로[polo] 말을 타고 하는 경기의 한 가지. 스틱으로 공을 치며 승패는 골 득점(得點)과 반칙 감점(減點)의 합계차로 결정됨. 한 팀이 네 명임. ポロ

폴로네:즈[프 polonaise] 폴란드의 대표적인 민속 무용 및 기악곡(器樂曲). ポロネーズ

폴로늄[polonium] 강력한 방사성 원소의 한 가지. 우라늄 광석(鑛石)에 포함된 회백색의 금속으로, 물리 측정의 재료로 쓰임. 원소 기호는 Po. ポロニウム

폴리머[polymer] 중합체(重合體). ポリマー

폴리비닐알코올[polyvinyl alcohol] 도료(塗料)·접착제(接着劑)·비닐론 등의 원료가 되는 합성 수지(合成樹脂)의 한 가지.

폴리스[polis] 고대 그리스의 도시 국가(都市國家). ポリス

폴리스티렌[polystyrene] 스티렌의 중합체(重合體). 곧 스티롤 수지의 딴이름. ポリスチレン

폴리아미드[polyamide] 아미드의 축합(縮合)으로 된 고분자 화합물을 통틀어 이르는 말. ポリアミド

폴리에스테르[polyester] 가구·건축 자재 등에 이용되는 고분자(高分子) 화합물을 통틀어 이르는 말. 합성 섬유(合成纖維). ポリエステル

폴리에틸렌[polyethylene] 에틸렌을 중합(重合)시켜 얻는 열가소성 수지(樹脂). ポリエチレン

폴리엔[polyene] 이중 결합(二重結合)을 여러 개 가지고 있는 유기 화합물을 통틀어 이르는 말. ポリエン

폴리오[polio] 급성 회백수염(灰白髓炎). 척수성 소아마비. ポリオ

폴리펩티드[polypeptide] 아미노산이 펩티드 결합에 의해 결합된 화합물(化合物). ポリペプチド

폴리포니[polyphony] 다성부(多聲部) 음악. ポリフォニー

폴립[polyp] ① 강장동물(腔腸動物)의 기본적 체형. 고착 생

활을 함. ②피부나 점막의 겉면에 가는 줄기를 가지고 돌출한 조직. ポリプ 組織

폴:산(酸)[folic acid] 푸른 잎 채소나 동물의 간 따위에 함유되어 있는 비타민 B 복합체(複合體)의 하나. 複合體

폴카[polka] 보헤미아 지방에서 이루어진 4분의 2박자의 경쾌(輕快)한 춤곡. ポルカ 輕快

폴:트[fault] 테니스·탁구·배구 따위에서, 서브의 실패(失敗)를 이르는 말. フォールト 失敗

폼:[form] ① 형식. ② 자세(姿勢). フォーム 姿勢

폼포소[이 pomposo] 악보에서, '장려(壯麗)하게'의 뜻. 壯麗

푄:[독 Föhn] 산을 넘어 불어 내리는, 돌풍적(突風的)인 건조한 바람. フェーン 突風的

표[表]* ① 겉 표 : 겉. 「表面(표면)·表紙(표지)·表書(표서)·表記(표기)」 ② 밝힐 표 : 밝히다. 표시하다. 「表明(표명)·表示(표시)·表白(표백)·公表(공표)·發表(발표)」 ③ 글 표 : 글. 「表文(표문)·表題(표제)·賀表(하표)·辭表(사표)」 ④ 표 표 : 표. 도표. 「一覽表(일람표)·圖表(도표)·年表(연표)·時間表(시간표)」 ⑤ 표 꽂을 표 : 표를 꽂다. 「表石(표석)」 ヒョウ ① おもて ② あらわす 表面 表題 辭表

표[豹] 표범 표 : 표범. 「豹皮(표피)·豹尾(표미)·豹紋(표문)·豹變(표변)」 ヒョウ 豹皮

표[票]☆ 표 표 : 표. 「車票(차표)·記票(기표)·得票(득표)·投票(투표)·票決(표결)·福票(복표)·散票(산표)·傳票(전표)」 ヒョウ·てがた·ふだ 投票

표[彪] ① 범 표 : 범. 「彪炳(표병)」 ② 문채 표 : 문채. 「彪蔚(표위)」 ヒョウ 彪炳

표[剽] ① 표독할 표 : 표독하다. 「剽輕(표경)·剽狡(표교)·剽急(표급)」 ② 협박할 표 : 협박하다. 「剽掠(표략)·剽襲(표습)·剽竊(표절)」 ヒョウ 剽輕 剽襲

표[慓] 날랠 표 : 날래다. 용맹스럽다. 「慓毒(표독)·慓悍(표한)·慓疾(표질)」 ヒョウ 慓毒

표[漂]☆ ① 뜰 표 : 뜨다. 띄우다. 「漂流(표류)·漂浪(표랑)·漂浮(표부)·漂失(표실)」 ② 빨래할 표 : 빨래하다. 「漂白(표백)·漂母(표모)·漂女(표녀)」 ③ 높을 표 : 높고 먼 모양. 「漂然(표연)」 ヒョウ ① ただよう 漂流 漂白

표[標]☆ ① 표지 표 : 표. 표하다. 기록하다. 「標示(표시)·標記(표기)·標的(표적)·標識(표지)」 ② 나무끝 표 : 나뭇가지의 끝. 우듬지. 「標枝(표지)·標木(표목)」 ③ 나타낼 표 : 나타내다. 「標榜(표방)」 ヒョウ ① しるし 標識

표[瓢] 표주박 표 : 표주박. 조롱박. 「瓢簞(표단)·瓢飮(표음)·瓢勺(표작)·瓢壺(표호)」 ヒョウ·ひさご 瓢簞

표[飄] ① 나부낄 표 : 나부끼다. 「飄散(표산)·飄旋(표선)·飄搖(표요)」 ② 떨어질 표 : 떨어지다. ③ 회오리바람 표 : 회오리바람. 「飄風(표풍)」 ヒョウ ① ひるがえる 飄散

표결[表決] 일정한 의안(議案)에 대하여 가부 의사를 표시하여 결정하는 일. ひょうけつ vote 表決

표결[票決] 의안(議案)에 대한 찬성과 반대를 투표로써 결정함. ひょうけつ voting 票決

표고[標高] 해면(海面)을 기준 標高

으로 한 수직(垂直)의 높이. ひょうこう　altitude

표구[表具] 병풍·족자 따위를 꾸미는 일.「~사(師)」ひょうぐ　mounting

표기[表記] ① 겉에 표시하여 기록함. 또는 그 기록. ② 언어를 문자나 음성 기호 또는 부호로 표시하는 일. ひょうき
　① inscription on the face

표기[標記] 표가 되게 적은 기록이나 부호. ひょうき
　marking

표기[標旗] 목표로 알아볼 수 있게 세운 기. =기표(旗標). ひょうき　flag

표내[標內] 목표의 안.

표녀[漂女] 빨래하는 여자. washing woman

표단[瓢簞] 표주박과 대오리로 만든 도시락. ひょうたん

표도[剽盜] ⇨표략(剽掠). ひょうとう

표독[標毒] 사납고 독살스러움. fierceness

표등[標燈] 무슨 표적으로 내거는 등. ひょうとう
　signal lamp

표락[漂落] ① 흘러가다 가라앉음. ② 영락(零落)함. =표륜(漂淪). ひょうらく

표랑[漂浪] 정처 없이 떠돌아다님. =방랑(放浪). ひょうろう
　vagrancy

표략[剽掠] 협박하여 빼앗음. =표도(剽盜). ひょうりゃく
　blackmail

표령[飄零] ① 나뭇잎 따위가 바람에 날려 떨어짐. ② 신세가 기박하여 이리저리 떠돌아다님. ひょうれい
　① blowing ② wandering

표류[漂流] ① 물 위를 떠서 흘러감. ② 정처 없이 방랑함. ひょうりゅう
　① drifting ② wandering

표리[表裏] ① 겉과 속. 안과 밖. ② 겉으로 나타난 행동과 속마음.「~부동(不同)」ひょうり
　① inside and outside

표말[標抹] ⇨표목(標木).

표면[表面] 겉이나 겉면. ↔이면(裏面). ひょうめん　surface

표면 장력[表面張力] 액체나 고체의 표면이 스스로 수축(收縮)하여 되도록 작아지려는 힘. =계면 장력(界面張力). ひょうめんちょうりょく
　surface tension

표면화[表面化] 속에 숨겨져 있던 것이 겉으로 드러남.「사건이 ~되다」ひょうめんか
　coming up to the surface

표명[表明] 명백히 나타냄. ひょうめい　manifestation

표모[漂母] 빨래하는 노파. ひょうぼ　washing old woman

표목[標木] 표로 박아 세운 말뚝. =표말(標抹). signpost

표몰[漂沒] 물에 떠서 흔들리다가 가라앉음. ひょうぼつ

표문[豹紋] 표범의 털가죽에 있는 얼룩무늬. ひょうもん
　spots on a leopard's fur

표박[漂泊] ① 흘러 떠돎. ② 정처 없이 떠돌아다님. ひょうはく
　wandering

표방[標榜] ① 남의 선행(善行)을 내세워 찬양함. ② 주의·주장을 공공연히 내세움.「자유를 ~하다」ひょうぼう
　② professing

표백[表白] 말하여 드러냄. 겉으로 드러나게 표명함. ひょうはく
　expression

표백[漂白] ① 피륙을 빨아 볕

에 바램. 마전. ② 화학 약품을 써서 탈색하여 희게 함. ひょうはく　bleaching

표백제[漂白劑] 피륙 따위의 색소를 빼어 하얗게 하는 약품. ひょうはくざい　bleacher

표변[豹變] ① 허물을 고쳐서 언행이 전과 뚜렷이 달라짐. ② 마음이나 행동이 딴판으로 돌변함. ひょうへん　② sudden change

표본[標本] 본보기가 되는 물건. =표품(標品). ひょうほん　specimen

표사유피[豹死留皮] 표범이 죽어서 가죽을 남긴다는 뜻으로, 사람은 죽어서 이름이 남도록 행동해야 함을 비유하여 이르는 말. 「~ 인사유명(人死留名)」

표상[表象] ① 마음에 떠오르는 물형(物形). =심상(心象). ② ⇨상징(象徵). ひょうしょう　① image

표서[表書] 겉면에 글씨를 씀. 또는 그 글씨. ひょうしょ・おもてがき　writing on the surface

표석[表石] ⇨묘표(墓表).

표석[漂石] 빙하(氷河)에 의하여 운반되었다가 빙하가 녹은 뒤에 그대로 남아 있는 바윗돌. ひょうせき　erratic block

표석[標石] 표적으로 세운 돌. 푯돌. ひょうせき　stone marker

표선[漂船] 정처 없이 떠돌아다니는 배. ひょうせん　drifting ship

표수[票數] 표의 수효. ひょうすう　number of votes

표시[表示] 겉으로 드러내어 보임. 「의사(意思) ~」 ひょうじ　expression

표시[標示] 표가 되게 드러내어 보임. ひょうじ　mark

표실[漂失] 물에 떠내려가 잃어버림. ひょうしつ　washing out

표어[標語] 주의·주장 따위를 간결하게 나타낸 말. ひょうご　motto

표어 문자[表語文字] 글자 하나하나가 낱말의 뜻을 나타내는 문자. =표의 문자(表意文字). ひょうごもじ　ideogram

표연[飄然] ① 훌쩍 떠나는 모습이 홀가분하고 거침없음. 「~히 사라지다」 ② 나부껴 팔랑거리는 모양이 가벼움. ひょうぜん

표음[表音] 음을 나타냄. 말의 소리를 그대로 표시함. ひょうおん　phonetic representation

표음 문자[表音文字] 소리를 그대로 기호로 나타내는 글자. 한글·로마자 따위. 소리글자. ひょうおんもじ　phonogram

표의[表衣] 겉에 입는 옷. 웃옷. ひょうい　coat

표의[表意] 뜻을 글자로 나타냄. ひょうい　ideography

표의 문자[表意文字] 한 자 한 자가 뜻을 갖는 글자. 한자(漢字) 따위. 뜻글자. ひょういもじ　ideogram

표일[飄逸] 속사(俗事)에 구애받지 않고 마음내키는 대로 하는 모양. ひょういつ　unconventionality

표장[表裝] 책이나 서화(書畫)를 꾸며 장정(裝幀)함. ひょうそう　mounting

표장[標章] 표적으로 삼는 휘장(徽章)이나 기호(記號). ひょうしょう　ensign

표적[表迹] 겉에 드러난 자취. traces

표적[標的] 목표로 삼는 물건. ひょうてき　target

표절[剽竊] 남의 글·학설·노래 등 작품의 일부를 몰래 따다 씀. ひょうせつ　piracy

표정[表情] 마음 속의 감정이나 정서를 얼굴에 드러냄. 또는 그 나타난 상태. ひょうじょう　expression

표제[表題·標題] ① 책의 표지에 쓴 제목. ＝외제(外題). ② 연설·예술 작품·문서 따위의 제목. ひょうだい　① title ② subject

표조[漂鳥] 철새. ＝후조(候鳥). ひょうちょう　migratory bird

표주[標柱] 표적이 되는 기둥. ひょうちゅう　signpost

표준[標準] ① 여러 사물의 준거할 만한 기준. ② 다른 것의 규범이 되는 준칙. ＝규격(規格). ひょうじゅん　standard

표준시[標準時] 일정한 지역 안에서만 표준으로 삼아 통일하여 쓰는 시간. ひょうじゅんじ　standard time

표준어[標準語] 한 나라 안에서 표준으로 삼고 쓰는 말. 흔히 수도(首都)의 중류층의 말을 표준어로 정하고 있음. 표준말. ひょうじゅんご　standard language

표준화[標準化] ① 표준에 맞춤. ② 물품의 자재(資材)·규격·종류 등을 통일함. ひょうじゅんか　standardization

표증[表症] 한방에서, 겉으로 드러난 병의 증세를 이르는 말.

표지[表紙] 책이나 노트 따위의 겉장. ひょうし　cover

표지[標紙] 증거로 삼는 글을 쓴 종이. ひょうし

표지[標識] 다른 것과 구별하여 아는 데 필요한 표시나 특징. ひょうしき　mark

표징[表徵] ① 겉으로 드러나는 특징. ② ⇨상징(象徵). ひょうちょう　① sign

표착[漂着] 표류(漂流)하다가 어떤 곳에 닿음. ひょうちゃく　drifting ashore

표찰[標札] 표로 써 붙이는 종이나 나무패. ひょうさつ　label

표창[表彰] 착한 행동을 기리어 널리 알림. ひょうしょう　commendation

표출[表出] 겉으로 나타냄. ひょうしゅつ　expression

표탈[剽奪] ⇨표략(剽掠).

표토[表土] 땅의 맨 위층에 있는 흙. ひょうど　topsoil

표피[表皮] 맨 거죽에 있는 껍질이나 피부. 겉껍질. ひょうひ　epidermis

표피[豹皮] 표범의 가죽. skin of a leopard

표한[慓悍] 성질이 급하고 사나움. ひょうかん　fierceness

표현[表現] 의사나 감정 등을 나타내어 보임. 「애절한 심정을 ～하다」 ひょうげん　expression

표홀[飄忽] 홀연히 나타났다가 사라지는 모양이 빠름. ひょうこつ

표훈[表勳] ⇨훈장(勳章).

푸가[이 fuga] 모방 대위법(模倣對位法)에 의한 악곡 형식 및 그 작법. フーガ

푸ㆍ들[poodle] 애완용 개의 한 품종(品種). 털이 길고 양털 모양임. プードル

푸딩[pudding] 서양식의 연한 생과자(生菓子). 곡분(穀粉)에 달걀·우유·크림·설탕·향료 등을 섞고, 과실·야채 등을

가해 구움. プディング
푸리오소[이 furioso] 악보에서, '열렬(熱烈)하게'의 뜻. 熱烈
푸마르산(酸)[fumaric acid] 무색의 결정. 불포화산(不飽和酸)의 한 가지. 不飽和酸
푸시로드[pushrod] 내연 기관에서, 캠(cam)의 운동을 밸브에 전하는 중간체(中間體). 中間體
푸시풀[push-pull] 두 개의 증폭기(增幅器)의 출력이 반대가 되게 접속시킨 회로. プッシュプル 回路
푸싱[pushing] 축구·농구 따위에서, 상대편을 미는 반칙(反則) 행동. プッシング 反則
푸줄리나[fusulina] 유공충(有孔蟲)의 한 무리. 퓨주 화석(標準化石)으로서 중요함. 有孔蟲
푹신[fuchsine] 염기성(鹽基性) 합성 물감의 한 가지. 아닐린으로부터 합성됨. フクシン 鹽基性
푼·리[←分厘] 돈·저울·자 따위의 단위인 푼과 리. 分厘
풀[pool] ① 수영장(水泳場). ② 자동차 등이 모이는 곳. ③ 작은 못. ④ 둘 이상의 기업체가 공동 구입·공동 판매하고 이익을 공동 계산하는 일. プール 水泳場
풀리[pulley] 도르래. 활차(滑車). プーリー 滑車
풀백[fullback] 축구에서, 골키퍼 앞에서 수비(守備)를 맡는 두 선수. フルバック 守備
풀베이스[full base] 야구에서, 만루(滿壘). フルベース 滿壘
풀세트[full set] 테니스 따위에서, 승부(勝負)가 최종 세트까지 가는 일. フルセット 勝負
풀스위치[pull switch] 끈이나 손잡이를 당겨서 회로(回路)를 개폐하는 스위치. 回路

풀오:버[pullover] 머리로부터 입는 소매 달린 스웨터 따위. プルオーバー
품:[品]* ① 품격 품: 품수. 「品格(품격)·家品(가품)·品數(품수)·人品(인품)·品位(품위)」 ② 가지 품: 가지. 물건. 「商品(상품)·物品(물품)·賞品(상품)·品質(품질)」 ③ 뭇 품: 뭇 종류. 「品種(품종)·品詞(품사)」 ④ 평할 품: 평하다. 「品評(품평)」 ヒン ② しな 品格 賞品 品詞
품:[稟] "稟"의 俗字.
품:[稟] "稟"은 俗字. ① 받을 품: 내려주는 것을 받다. 「稟命(품명)·稟承(품승)·稟給(품급)·稟受(품수)」 ② 아뢸 품: 아뢰다, 「稟申(품신)·稟告(품고)·稟議(품의)」 ③ 성품 품: 성품. 「稟性(품성)」 リン·ヒン ② もうす 稟命 稟性
품:격[品格] 사람의 품성과 인격. 됨됨이. ひんかく dignity 品格
품:결[稟決] 품고(稟告)해서 처결함. 稟決
품:계[品階] 식품(職品)피 그 등급. =품질(品秩). grade 品階
품:고[稟告] 웃어른이나 상사에게 여쭘. =품달(稟達)·품신(稟申). ひんこく reporting to one's superior 稟告
품:귀[品貴] 물건이 귀함. 물건이 딸림. scarcity of goods 品貴
품:급[品級] 벼슬의 등급. rank 品級
품:달[稟達] ⇨품고(稟告). 稟達
품:등[品等] 품질과 등급. 품위의 등급. ひんとう grade 品等
품:렬[品劣] 품성이나 품질이 낮음. inferiority 品劣
품:류[品類] 물품의 종류. ひんるい kind 品類
품:명[品名] 물품의 이름. ひんめい name of an article 品名

품:목[品目] 물품의 종목. 물품의 이름을 쓴 목록. ひんもく list of articles

품:별[品別] 품질·품종에 따라 구별함. 또는 그러한 구별. kind of articles

품:사[品詞] 문법상의 직능(職能)에 따라 분류한 단어의 갈래. 명사(名詞)·형용사(形容詞)·동사(動詞) 따위. ひんし part of speech

품:성[品性] 품격과 성질. ひんせい character

품:성[稟性] 타고난 성품. ひんせい nature

품:위[品位] ① 남의 존경을 받을 만한 됨됨이. =품격(品格). 「~ 없는 사람」 ② 물건이 가지는 질적 수준. ひんい ① dignity ② grade

품:의[稟議] 웃어른이나 상사(上司)에게 여쭈어 의논함. 「~서(書)」 りんぎ·ひんぎ consultation with a superior

품:재[品才] 성품과 재질(才質). personality and ability

품:절[品切] ⇨ 절품(切品). しなぎれ

품:정[稟定] 웃어른이나 상사(上司)에게 여쭈어 의논해서 결정함. reporting and deciding

품:종[品種] ① 물품의 종류. 「~ 개량(改良)」 ② 같은 종류의 재배 식물이나 사육 동물에서, 형태나 성질 등이 유전적으로 갈리어 고정된 것. ③ 생물 분류에서, 종(種)의 아래 단위. ひんしゅ kind

품:질[品質] 품질의 질. ひんしつ quality

품:질[稟質] ⇨ 품성(稟性). ひんしつ

품:평[品評] 물품이나 작품 등의 가치나 우열에 대한 평정(評定). 「~회(會)」 ひんぴょう evaluation

품:행[品行] 품성과 행실. =품행 조행(操行). 「~ 방정(方正)」 ひんこう conduct

풋볼[football] ① 축구. フットボール ② 축구공.

풋워:크[footwork] 구기(球技)·권투 등에서, 발놀림 또는 발재간. フットワーク

풋폴:트[foot fault] 배구(排球) 등에서, 서브할 때 베이스 라인을 밟거나 그 안으로 들어가는 일.

풍[風]* ① 바람 풍: 바람. 「強風(강풍)·春風(춘풍)·颱風(태풍)·風浪(풍랑)·風速(풍속)」 ② 풍속 풍: 풍속. 습속. 「風俗(풍속)·風習(풍습)·風流(풍류)·良風(양풍)·美風(미풍)」 ③ 경치 풍: 경치. 「風景(풍경)·風光(풍광)·風致(풍치)」 ④ 모양 풍: 모양. 풍모. 「風貌(풍모)·風采(풍채)·風格(풍격)」 ⑤ 병 풍: 병. 「中風(중풍)·風病(풍병)·風症(풍증)」 フウ ① かぜ

풍[馮] ① 물귀신 이름 풍: 물귀신의 이름. 「馮夷(풍이)」 ② 성 풍: 성의 하나. ③ 탈 빙: 타다. 「馮空(빙공)」 ④ 걸어 건널 빙: 걸어서 건너다. 「馮河(빙하)」 ヒョウ

풍[楓]* 단풍나무 풍: 단풍나무. 「丹楓(단풍)·楓葉(풍엽)·楓嶽(풍악)」 フウ·かえで

풍[諷] ① 욀 풍: 외다. 「諷讀(풍독)·諷誦(풍송)·諷詠(풍영)」 ② 풍자할 풍: 넌지시 깨우치다. 「諷刺(풍자)·諷諭(풍유)」 フウ ① そらんずる ② ほのめかす

풍[豐]* "豊"은 俗字. ① 풍년 풍: 풍년.「豐年(풍년)・豐作(풍작)・大豐(대풍)・豐凶(풍흉)・豐漁(풍어)」② 넉넉할 풍: 넉넉하다.「豐富(풍부)・豐饒(풍요)・豐盛(풍성)・豐裕(풍유)・豐衍(풍연)」③ 클 풍: 크다.「豐功(풍공)」ホウ・ゆたか

풍간[諷諫] 넌지시 잘못을 고치도록 깨우쳐 말함. ふうかん　insinuative exhortation

풍감[風疳] 선병질(腺病質)의 아이에게 잘 걸리는 각막 질환(角膜疾患).

풍객[風客] 바람둥이. flirt

풍건[風乾] 바람에 쐬어 말림. exposure to the wind

풍걸[豐乞] 뭇사람이 다 풍성한 기운데 자기만이 풍성하지 못한 사람의 비유. 풍년거지.

풍격[風格] 풍채와 품격. ふうかく character

풍경[風景] 자연의 경치. =경관(景觀). ふうけい view

풍경[風磬] 처마 끝에 달아 바람에 흔들려 소리가 나게 한 경쇠. =풍령(風鈴). wind-bell

〔풍경〕

풍경화[風景畫] 자연의 경치를 그린 그림. ふうけいが landscape painting

풍골[風骨] 풍채와 골격. ふうこつ appearance and build

풍공[豐功] 매우 큰 공. =위훈(偉勳).「~후리(厚利)」great merit

풍광[風光] 자연의 경치. =경관(景觀).「~명미(明媚)」ふうこう scenery

풍교[風敎] 풍습을 교화하는 일. =풍화(風化). ふうきょう moral influences

풍구[風具] ① 곡식에 섞인 검불 따위를 날려 보내는 농기구. ② 풀무. ① winnower ② bellows

풍국[楓菊] 단풍과 국화. maple and chrysanthemum

풍금[風琴] 페달을 밟아서 리드를 진동시켜 소리를 내는 건반(鍵盤)악기. ふうきん organ

풍기[風紀] 풍속이나 사회 도덕에 관한 규율.「~문란(紊亂)」ふうき discipline

풍기[風氣] ① 바람. 또는 공기. ② ⇨풍속(風俗). ③ ⇨풍병(風病). ふうき ④ 풍도와 기상. ① air

풍년[豐年] 농사가 잘 된 해. =세풍(歲豐). ↔흉년(凶年). ほうねん fruitful year

풍년기근[豐年飢饉] 풍년은 들었어도 곡가가 폭락하여 농민이 어려움을 겪는 현상. ほうねんききん

풍도[風度] 사람의 모습과 태도.「대인의 ~」ふうど appearance and manners

풍도[風濤] 바람과 파도. =풍랑(風浪). ふうとう wind and waves

풍동[風洞] 항공기 따위의 공기의 저항 성능(抵抗性能)을 실험하는 데 쓰는, 인공적으로 센 기류를 일으키는 터널 모양의 장치. ふうどう wind tunnel

풍동[風動] 바람에 흔들리는 것처럼 사방에서 호응함의 비유. ふうどう

풍락목[風落木] 저절로 말라 죽거나 바람에 부러진 나무.

풍란[風蘭] 난초과의 상록 다년

초. 고목(枯木)의 줄기나 바위에 붙어 삶. ふうらん
풍력[風力] ① 바람의 세기. ふうりょく ② 사람의 위력. ① wind force
풍력계[風力計] 바람의 속도를 재는 장치. ふうりょくけい anemometer

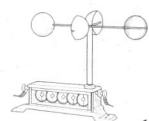
〔풍력계〕

풍렵[豐獵] 사냥의 수확이 많음. ほうりょう
풍령[風鈴] ⇨풍경(風磬). ふうりん
풍로[風爐] 숯을 피워 음식을 조리하는 화로의 한 가지. 흙이나 쇠붙이로 만듦. ふろ wind furnace
풍로[風露] 바람과 이슬. ふうろ wind and dew
풍뢰[風籟] 바람이 숲을 지날 때 내는 소리. ふうらい rustle in the wind
풍류[風流] ① 풍치가 있고 멋스럽게 노는 일. 「~인(人)」 ② 음악을 예스럽게 이르는 말. ふうりゅう ① elegance ② music
풍류 남아[風流男兒] 풍류를 좋아하는 멋스러운 남자. =풍류 남자(風流男子). ふうりゅうだんじ man of refined taste
풍류운산[風流雲散] 바람이 불어 구름을 흩어 버린다는 뜻으로, 자취도 없이 사라짐의 비유. disappearance
풍림[風霖] 바람과 비. =풍우(風雨). ふうりん wind and rain
풍림[楓林] 단풍이 든 숲. bush tinged with red

풍마우불상급[風馬牛不相及] 마소의 암수가 서로 짝을 찾아도, 미치지 못할 만큼 멀리 떨어져 있다는 뜻에서, 서로 아무 관계도 없음의 비유.
풍마우:세[風磨雨洗] 바람에 갈리고 비에 씻긴다는 뜻에서, 오랜 시련을 겪음의 비유. getting weather-beaten
풍만[豐滿] ① 넉넉하게 가득 참. ② 몸이 투실투실함. 「~한 육체」 ほうまん ① abundance ② plumpness
풍매화[風媒花] 수꽃술의 가루가 바람에 날려서 암꽃술로 옮아가 수분(受粉)이 이루어지는 종류의 꽃. ふうばいか anemophilous flower
풍모[風貌] 풍채와 용모. 의젓하고 아름다운 모습. ふうぼう mien
풍문[風聞] 떠도는 소문. =풍설(風說). ふうぶん rumor
풍물[風物] ① ⇨경치(景致). ② 우리 나라의 농악(農樂)에 쓰이는 악기. ふうぶつ
풍미[風味] ① 음식의 좋은 맛. ② 사람의 됨됨이에서 풍기는 멋스러운 느낌. =풍취(風趣). ふうみ ① flavor ② elegance
풍미[風靡] 초목이 바람에 쏠리듯이 뭇사람이 위세(威勢)에 절로 따르거나 붙좇게 됨. 「일세(一世)를 ~하다」 ふうび sweeping over
풍미[豐味] 푸시고 좋은 맛.
풍백[風伯] 바람을 다스린다는 신. =풍신(風神). ふうはく god of the wind
풍병[風病] ① 한방에서, 신경의 탈로 생기는 병의 총칭. =동기(風氣)·풍질(風疾). ふうびょう ② 문둥병. =나병(癩

병). ① palsy ② leprosy
풍부[豊富] 넉넉하게 많이 있음. 豊富 ほうふ affluence
풍비[豊備] 넉넉하게 갖춤. 豊備 complete preparation
풍비박산[風飛雹散] 사방으로 風飛雹散 날아 흩어짐. ㈜풍산(風散).
scattering in all directions
풍산[風散] 풍비박산(風飛雹散) 風散 의 준말.
풍산[豊産] 풍부하게 산출됨. 豊産 또는 그 산물.
abundant production
풍상[風霜] ① 바람과 서리. ② 風霜 온갖 고난(苦難)의 비유. 「온 苦難 갖 ～을 다 겪다」 ふうそう ① wind and frost ② hardships
풍석[風席] ① 돛을 만드는 데 風席 쓰는 돗자리. ② 무엇을 널어 말리는 데 쓰는 자리. 멍석· 맷방석·거적 따위.
풍선[風扇] 바람을 일으키는 기 風扇 구. fan
풍선[風船] ① ⇨기구(氣球). 風船 ② 공기나 수소를 넣어 공중에 떠오르게 만든 장난감의 한 가지. ふうせん ② balloon
풍선[風癬] 마른버짐. psoriasis 風癬
풍설[風雪] 바람과 눈. 눈보라. 風雪 ふうせつ snowstorm
풍설[風說] 떠돌아다니는 뜬소 風說 문. =풍문(風聞). ふうせつ rumor
풍성[風聲] ① 바람이 부는 소 風聲 리. 바람소리. ② 들려오는 소 문. ふうせい ① sound of wind
풍성[豊盛] 넉넉하고 많음. 「～ 豊盛 한 곡식」 abundance
풍성암[風成巖] 바람에 날려 와 風成巖 쌓인 흙과 모래가 굳어서 된 바위. =풍생암(風生巖). ふうせいがん aeolian rock

풍성층[風成層] 흙과 모래가 風成層 바람에 날려 와서 쌓이고 쌓 인 지층(地層). =풍생층(風生 層). ふうせいそう
aeolian rock deposit
풍성토[風成土] 바위의 부스러 風成土 기가 바람에 날려서 쌓인 흙. ふうせいど aeolian soil
풍성학려[風聲鶴唳] 바람 소 風聲鶴唳 리와 학이 우는 소리라는 뜻 으로, 어떤 일에 한번 혼이 난 뒤에는 그와 비슷한 사소한 일 에서도 놀란다는 뜻. ふうせ いかくれい oversensitiveness
풍세[風勢] 바람의 세기의 정 風勢 도. ふうせい wind force
풍속[風俗] 옛날부터 전해져 風俗 내려오는 사회적인 풍습. =풍 습(風習). ふうぞく customs
풍속[風速] 바람이 부는 속도. 風速 바람의 속도. ふうそく
wind velocity
풍속도[風俗圖] 그 시대의 세 風俗圖 상(世相)과 풍습을 그린 그림. 世相 =풍속화(風俗畵).
genre picture
풍수[風水] ① 음양 오행설에 기 風水 초하여 민속적으로 지켜 내려 오는 지술(地術). ふうすい ② ⇨지관(地官).
풍수[風嗽] 한방에서, 코가 막 風嗽 히고 목이 가려우며 목소리가 쉬고 기침이 자주 나는 병을 이 르는 말.
풍수[豊水] 수량(水量)이 풍부 豊水 함. ↔갈수(渴水). ほうすい
풍수지리[風水地理] 땅의 형세 風水地理 (形勢)를 인간의 길흉화복(吉 凶禍福)에 관련시킨 학설.
풍수지탄[風樹之嘆] 자식이 風樹之嘆 효도를 하고 싶다고 생각했을 때는, 이미 부모가 세상을 떠 난 뒤여서 어찌 할 수도 없다

풍수해~풍운아

는 한탄. =풍수지감(風樹之感). ふうじゅのたん

풍수해[風水害] 거센 바람과 홍수로 말미암은 피해. 풍해와 수해. ふうすいがい
    wind and flood damage

풍습[風習] 풍속과 습관. ふうしゅう practices

풍습[風濕] 한방에서, 습한 곳에서 기거(起居)하여 생긴, 뼈마디가 아프고 저린 병을 이르는 말.

풍식[風蝕] 바람에 의하여 암석이 점차 깎이는 작용. ふうしょく weathering

풍신[風神] ① 바람을 다스린다는 신. ② ⇨풍채(風采).
    ① god of the wind

풍신기[風信旗] 바람의 방향과 세기를 알려 주는 기. 깃발의 빛깔로 구별함. ふうしんき

풍신기[風信器] 바람의 방향을 측정하는 기기. =풍향계(風向計). ふうしんき anemoscope

풍아[風雅] ① 풍치가 있고 아담함. ② 시경(詩經)의 풍(風)과 아(雅). 또 시경의 국풍(國風)의 대아(大雅)·소아(小雅). ふうが ① elegance

풍악[風樂] 우리 나라의 고유 악기로 연주하는 음악.
    ancient Korea music

풍악산[楓嶽山] 가을의 금강산(金剛山)을 이르는 말.

풍안[風眼] ① 임균(淋菌)이 눈으로 들어가서 생기는 안질. =농루안(膿漏眼). ② 바람이나 티끌을 막기 위해 쓰는 안경. ふうがん

풍압[風壓] 바람이 물체에 미치는 압력. 풍속(風速)의 제곱에 비례해서 커짐. ふうあつ
    wind pressure

풍압계[風壓計] 풍압을 측정하는 장치. ふうあつけい
    pressure anemometer

〔풍압계〕

풍양[豐穰] 풍년이 들어 곡식이 잘 익음. ほうじょう
    good harvest

풍어[豐漁] 물고기가 많이 잡힘. =대어(大漁). ほうりょう
    heavy catch

풍연[風烟] 먼 산이나 공중에 보이는 안개 같은 흐릿한 기운.

풍염[豐艷] 살이 통통하게 찌고 아리따움. ほうえん
    voluptuousness

풍엽[楓葉] 단풍이 든 단풍나무의 잎. ふうよう maple leaves

풍옥[豐沃] 땅이 비옥하여 농사가 잘 됨. ほうよく fertility

풍요[豐饒] 수확이 많아 매우 넉넉하고 푸짐함. ほうじょう
    abundance

풍우[風雨] 바람과 비. 비바람. ふうう rainstorm

풍우장중[風雨場中] 한창 바쁜 판국.

풍운[風雲] ① 바람과 구름. ② 영웅 호걸들이 세상에 두각을 나타내는 좋은 기운(氣運). ③ 당장에라도 무슨 일이 크게 벌어질 듯한 험악한 형세. 「~이 심상치 않다」ふううん
    ① wind and cloud ③ threatening state

풍운[風韻] 풍류와 운치. ふういん refined taste

풍운아[風雲兒] 풍운을 타고 활약하는 영웅적인 인물. ふううんじ lucky adventurer

풍운지회[風雲之會] ① 영웅호걸이 시기를 타서 뜻을 이룰 좋은 기회. ② 어진 임금과 어진 신하를 만남. ふううんのかい ① hero's chance to come out in the world

풍월[風月] ① 청풍(清風)과 명월(明月). 곧 자연의 아름다운 경치. ② 자연을 소재로 하여 한시를 읊음. 또는 그 시. ふうげつ ② beauties of nature

풍위[風位] 바람이 불어 오는 방향. =풍향(風向). ふうい direction of the wind

풍유[諷諭] 넌지시 에둘러서 타이름. ふうゆ allegory

풍유[豐裕] ⇨풍요(豐饒).

풍유법[諷喻法] 본뜻은 숨기고 비유하는 말로 본래의 숨겨진 뜻을 암시하는 비유법의 한 가지. ふうゆほう

풍의[風儀] ⇨풍채(風采). ふうぎ

풍자[風姿] ⇨풍채(風采). ふうし

풍자[諷刺] 사회의 무슨이나 남의 결점 등을 빗대어 깨우치거나 비판함. 「세태(世態)~」 ふうし satire

풍작[豐作] 풍년이 든 농사. ↔흉작(凶作). ほうさく good harvest

풍장[風葬] 시체를 땅에 묻지 않고 한데다 두어 풍우에 썩게 하는 장사법. ふうそう funeral by exposure

풍재[風災] 바람으로 말미암은 농작물의 재해. =풍해(風害). ふうさい wind damage

풍전[風前] 바람이 불어 오는 앞. 바람받이. 「~등화(燈火)」 ふうぜん

풍전[瘋癲] 후천적인 정신병의 한 가지. 착란·의식 혼탁·감정 격발이 현저함. ふうてん lunacy

풍정[風情] ① 풍류가 있는 취향. ② 풍치가 있는 모습. ふぜい ② elegance

풍조[風鳥] 극락조(極樂鳥). ふうちょう bird of paradise

풍조[風潮] 시대의 추이에 따라 변해 가는 세상 형편이나 상태. =시류(時流)·시조(時潮). ふうちょう current

풍족[豐足] 부족함이 없이 넉넉함. abundance

풍증[風症] ⇨풍병(風病).

풍지[風紙] 문풍지(門風紙)의 준말.

풍진[風疹] 홍역 비슷한 발진성(發疹性)의 급성 피부 전염병. ふうしん rubella

풍진[風塵] ① 바람과 티끌. ② 세상에 일어나는 어지러운 일. 또는 그 세상. ふうじん ① dust ② worldly affairs

풍질[風疾] ⇨풍병(風病). ふうしつ

풍차[風車] ① 바람의 힘으로 기계의 동력을 얻는 원동기. ② 팔랑개비. ふうしゃ·かざぐるま ① windmill ② pinwheel

풍찬노:숙[風餐露宿] 바람과 이슬을 맞으며 한데서 잔다는 뜻으로, 객지에서 많은 고생을 겪음의 비유. ふうさんろしゅく

풍채[風采] 드러나 보이는 사람의 겉모습. =풍신(風神). ふうさい mien

풍취[風趣] 멋스러운 뜻이나 기미. ふうしゅ taste

풍치[風致] ① 좋은 경치. ② 격에 어울리는 멋. ふうち ① scenic beauty ② elegance

풍치[風齒] 한방에서, 풍증(風

풍치림[風致林] 산수의 정취를 더하기 위해 보호하는 숲. ふうちりん

풍토[風土] 어떤 지방의 기후와 토질의 상태. ふうど climate

풍토기[風土記] 어떤 지방의 풍토·문화 등에 관해서 쓴 글. ふどき topography

풍토병[風土病] 그 지방 특유의 자연 환경으로 말미암아 생기는 병. ふうどびょう endemic disease

풍파[風波] ① 바람과 파도. ② 소란스럽고 험한 분쟁이나 분란. ふうは
① wind and waves ② discord

풍편[風便] 바람결.

풍평[風評] 세상에 떠도는 소문. =풍설(風說). ふうひょう rumor

풍해[風害] 폭풍으로 말미암은 재해. =풍재(風災). ふうがい damage from the storm

풍향[風向] 바람이 부는 방향. かざむき·ふうこう wind direction

풍혈[風穴] ① 바람이 들어오는 구멍. ② 바람이 불어 빠져나가는 구멍. ふうけつ·かざあな wind hole

풍협[豊頰] 살이 오동통하게 찐 뺨. ほうきょう plump cheeks

풍화[風化] ① 풍습을 교화하는 일. ② 지표면의 암석이 온도·공기·물 등의 작용으로 부스러지는 현상. ふうか
① moral influences ② weathering

풍화[風和] 바람이 그치고 파도가 잔잔함. becoming calm

풍후[豊厚] ① 얼굴이 살져서 두툼함. ② 매우 풍족함.
① full face ② richness

풍흉[豊凶] 풍년과 흉년. ほうきょう rich or poor harvest

퓌레[프 purée] 서양 요리에서, 육류(肉類)나 채소 등을 삶거나 데쳐서 거른 진한 수프.

퓨리터니즘[Puritanism] 16세기 후반, 영국 교회에 반항하여 일어난 신교도(新敎徒) 일파(一派)의 운동. 또는 그 사상.

퓨리턴[Puritan] 청교도(淸敎徒).

퓨:마[puma] 고양잇과의 짐승. 표범과 비슷하고, 나무에 잘 오르며 작은 동물을 잡아서 먹음. ピューマ

퓨:젤유(油)[fusel oil] 알코올 발효(醱酵) 때에 생기는 물질. 휘발성·유독성(有毒性)이며 술 마신 뒤의 두통의 원인이 됨.

퓨:즈[fuse] 과부하(過負荷)가 걸리면 곧 녹아 전류를 끊는 도체(導體). ヒューズ

프라이[fry] 고기·생선·채소 따위를 기름에 튀기는 일. 또는 튀긴 그 음식. フライ

프라이드치킨[fried chicken] 기름에 튀긴 닭고기. 닭튀김. フライドチキン

프라이머[primer] 도화 선(導火線). 뇌관(雷管).

프라이밍[priming] 뇌관 닦기. 장약(裝藥). プライミング

프라이버시[privacy] 개인적(個人的)인 일을 남에게서 간섭받지 않을 자유. プライバシー

프라이오리티[priority] 우선(優先). 우선 순위. 우선권. プライオリティー

프락치[러 fraktsiya] 어떤 조직체(組織體)에서 특수한 임무를 띠고 일정한 부문에 파견된 사람. 組織體

프랑[프 franc] 프랑스·스위스·벨기에 등의 화폐 단위(貨幣單位). フラン 貨幣單位

프랑크[Frank] 게르만 민족의 한 부족(部族). 部族

프래그머티즘[pragmatism] 실용주의(實用主義). プラグマチズム 實用主義

프랜차이즈[franchise] ① 프로 야구단의 근거지(根據地). フランチャイズ ② 선거권. 공민권(公民權). 公民權

프러시안 블루:[Prussian blue] 청색의 안료(顏料). 감청(紺靑). 紺靑

프런트[front] ① 전면(前面). ②호텔 현관의 계산대(計算臺). ③전선(前線). フロント 計算臺

프런트코:트[front court] 농구 경기장(競技場)에서, 상대편의 코트. 競技場

프린디어[frontier] 국경 지방 변경(邊境). 미개척지(未開拓地). フロンティア 邊境

프레리[prairie] 북아메리카의 대초원(大草原). 대평원(大平原). 大草原

프레서[presser] 압착기(壓搾機). 壓搾機

프레스[press] ①인쇄(印刷). 출판(出版). 신문. ②누르는 힘을 이용하여 성형(成形)가공하는 기계. プレス 印刷

프레스센터[press center] ①신문사가 많이 모여 있는 지역. ②통신 시설(通信施設)을 잘 갖춘 기자(記者) 전용(專用)의 건물. プレスセンター 通信施設

프레스코[이 fresco] 채 마르기 전에 수채(水彩)로 그리는 화법(畫法). 또는 그 그림. プレスコ 水彩

프레싱[pressing] 의복(衣服)이나 옷감 위에 젖은 헝겊을 대고 다림질하여 주름살을 펴는 일. プレッシング 衣服

프레온[Freon] 탄화수소의 플루오르화 유도체(誘導體). 무색 무취의 기체 또는 끓는점이 낮은 액체로, 냉장고의 냉매(冷媒)·스프레이의 분무제(噴霧劑) 등으로 쓰임. フレオン 誘導體

프레올림픽[pre-Olympic] 올림픽이 개최되는 전년(前年)에, 그 개최 예정지에서 거행되는 비공식(非公式) 경기 대회. プレオリンピック 前年

프레이즈[fraise] 커터로 공작물(工作物)을 자르고 깎고 홈을 파는 데 쓰이는 기계. 밀링머신. 工作物

프레임[frame] ①틀. 테두리. 뼈대. ②묘상(苗床). フレーム 苗床

프레파라:트[독 Präparat] 현미경용의 생물 및 광물(鑛物)의 표본(標本). ノレハ ラート 標本

프렌치토:스트[French toast] 달걀·우유 등을 섞은 것에 식빵을 적셨다가 프라이팬에 지진 음식. フレンチトースト 飮食

프렐류:드[prelude] 전주곡(前奏曲). プレリュード 前奏曲

프로[← professional] 프로페셔널의 준말. プロ

프로게스테론[progesterone] 황체(黃體) 호르몬의 일종. 임신(姙娠) 중 자궁의 발육(發育) 성장을 지배함. プロゲステロン 黃體

프로그래머[programmer] ①프로그램을 작성(作成)하는 作成

사람. ② 컴퓨터의 프로그래밍에 종사하는 사람. プログラマー

프로그래밍[programming] 컴퓨터를 작동(作動)시킬 프로그램을 만드는 일. プログラミング

프로그램[program] ① 예정. 계획. ② 진행 순서표(進行順序表). ③ 컴퓨터의 작업 순서를 만들어 놓은 것. プログラム

프로그램 디렉터[program director] 방송 프로그램 제작의 연출(演出) 담당자. 피디(PD). プログラムディレクター

프로덕션[production] ① 생산. 제작. ② 영화 제작소(映畫製作所). プロダクション

프로듀:서[producer] ① 연극·영화·방송의 제작자. ② 무대 감독(舞臺監督). 연출가. プロデューサー

프로메테우스[Prometheus] 그리스 신화에 나오는 영웅(英雄). 하늘에서 불을 훔쳐 인간에게 준 까닭으로 제우스의 노여움을 사서 독수리에게 간을 쪼이는 벌 받음. プロメテウス

프로메튬[promethium] 희토류(稀土類) 원소에 딸린 방사성 원소의 한 가지. 원소 기호는 Pm. プロメチウム

프로모:터[promoter] ① 지지자, 후원자. ② 권투 등이 흥행주(興行主). プロモーター

프로미넌스[prominence] 태양의 가장자리에 소용돌이쳐서 일어나는 붉은 불꽃 모양의 가스. 홍염(紅焰). プロミネンス

프로비타민[provitamin] 몸 안에서 비타민으로 변하는 물질(物質).

프로세서[processor] 컴퓨터의 연산(演算) 처리 장치.

프로세스치:즈[process cheese] 천연 치즈를 재성형(再成形)한 가공 치즈. プロセスチーズ

프로젝트[project] 연구·사업 등의 계획(計畫). プロジェクト

프로카인[procaine] 코카인과 비슷한 국부 마취약(局部痲醉藥) プロカイン

프로타:주[프 frottage] 대상물 위에 종이를 대고 색연필 등으로 문질러 모양을 내는 회화(繪畫) 기법(技法).

프로테스탄트[Protestant] 신교도(新敎徒). 개신교(改新敎). プロテスタント

프로테아제[protease] 단백질을 가수분해(加水分解)하는 효소의 총칭.

프로테오스[proteose] 단백질이 효소(酵素)에 의해 가수분해된 것. プロテオース

프로테인[protein] 단백질(蛋白質). プロテイン

프로텍터[protector] ① 야구에서, 포수(捕手)·심판(審判) 외 가슴받이. ② 보호 장치. 안전 장치. ③ 보호자. 후원자(後援者). プロテクター

프로토콜[protocol] ① 데이터 통신을 하기 위한 각 컴퓨터 사이의 신호(信號) 약속. ② 의정서(議定書). プロトコル

프로톤[proton] 양성자(陽性子).

프로파간다[propaganda] ① 선전(宣傳). 선전 운동. ② 전도(傳道). プロパガンダ

프로판[propane] 천연 가스에 함유된 탄화수소의 한 가지.

무색(無色) 가연성(可燃性)의 기체. 프로판가스. プロパン

프로판가스[propane gas] ⇨프로판(propane). プロパンガス

프로페셔널[professional] 전문가. 직업 선수(職業選手). プロフェッショナル

프로펠러[propeller] 비행기·선박의 추진기(推進機). プロペラ

프로포:즈[propose] ① 건의하는 일. 제안하는 일. ② 구혼(求婚)하는 일. プロポーズ

프로필[profile] ① 옆얼굴. ② 인물의 약평(略評). 약력(略歷). プロフィール

프로필렌[propylene] 에틸렌계 탄화수소의 한 가지. 무색의 가연성(可燃性) 기체. プロピレン

프록코:트[frock coat] 상의(上衣)의 길이가 무릎까지 내려오는 남자용 주간(晝間) 예복(禮服). フロックコート

프론토질[독 Prontosil] 화농성(化膿性) 세균 질환의 특효약.

프롤레타리아[프 prolétariat] 임금 노동자(賃金勞動者). 무산자(無産者). 노동자 계급. プロレタリア

프롤로그[prologue] ① 서막(序幕). ② 서시(序詩). 서언(序言). 서곡(序曲). 서사(序詞). ③ 사물의 시작. 발단(發端). プロローグ

프롬프터[prompter] ① 연극에서, 뒤에 숨어서 배우에게 대사(臺詞)를 읽어 주는 사람. ② 컴퓨터가 '명령을 기다리고 있음'을 나타내는 기호(記號). プロンプター

프루:트펀치[fruit punch] 여러 가지 과일을 잘게 썰어 과즙(果汁)·소다수나 얼음물과 섞은 음료(飲料). フルーツポンチ

프룩토오스[fructose] 과당(果糖).

프리깃[frigate] 초계(哨戒)나 선단(船團)의 호위 등을 하는 구축함이나 대형 호위함. フリゲート

프리:랜서[free-lancer] ① 전속이 아닌 자유 기고가(自由寄稿家)·배우·가수. ② 자유 계약에 의한 작가(作家)나 예술가. フリーランサー

프리마돈나[이 prima donna] 가극(歌劇) 중의 주역을 맡은 여가수. プリマドンナ

프리마발레리나[이 prima ballerina] 발레에서, 주역(主役)의 발레리나. プリマバレリーナ

프리미엄[premium] ① 할증금(割增金). 웃돈. ② 수수료. ③ 주식에서, 액면가(額面價)와 시가(市價)의 차액.

프리뷰:[preview] 영화 개봉(開封) 전에 관계자만이 시사(試寫)를 보는 일. プリビュ

프리:스로[free throw] 자유투(自由投). フリースロー

프리:웨이[freeway] 교통상의 장애를 없앤 다차선(多車線) 고속 도로(高速道路). フリーウェー

프리즘[prism] 광선(光線)의 굴절(屈折)·분산(分散) 등을 일으키게 하는 유리 또는 수정의 삼각 기둥 모양의 투명체(透明體). プリズム

프리:지어[freesia] 붓꽃과의 다년초(多年草). 남아메리카

원산. フリージア

프리:킥[free kick] 축구에서, 상대편이 반칙을 범했을 때 그 지점(地點)에 공을 놓고 자유로이 차는 일. フリーキック 蹴球

프리:토:킹[free talking] 원고 없이 하는 자유 토론(自由討論)이나 대화(對話). フリートーキング 自由討論

프리패브[prefab] 조립식 건축물(組立式建築物) 組立式

프리:패스[free pass] ① 무임 승차. 무료 입장 대우. ② 무임 승차권. 무료 입장권. 정기권(定期券). フリーパス 定期券

프린지[fringe] 솔이나 스카프 가장자리에 붙이는 술 장식. フリンジ

프린터[printer] ① 인쇄기(印刷機). ② 컴퓨터에서, 용지에 인쇄하는 출력 장치(出力裝置). プリンター 印刷機

프린트[print] ① 인쇄. ② 인쇄물. ③ 인화(印畫). ④ 날염(捺染). プリント 印刷物

프릴[frill] 천의 가장자리의 주름 장식(裝飾). フリル 裝飾

프시케[Psyche] 그리스 신화 중의 사랑의 신(神) 에로스의 아내. プシケ 神話

프탈산(酸)[phthalic acid] 나프탈렌을 산화하여 만드는, 무색의 기둥 모양의 결정체(結晶體). フタルさん(酸) 結晶體

프토마인[ptomaine] 단백질(蛋白質)이 썩을 때 생기는 독성(毒性) 물질의 총칭. プトマイン 蛋白質 毒性

프티부르주아[프 petit bourgeois] 소시민(小市民). 중산 계급(中産階級). プチブルジョワ 中産 階級

프티알린[ptyalin] 침 속에 들어 있어 녹말을 맥아당(麥芽糖)으로 분해하는 효소. プチアリン 麥芽糖

플라나리아[planaria] 와충류(渦蟲類)에 딸린 편형동물(扁形動物)의 한 가지. 渦蟲類

플라멩코[에 flamenco] 에스파냐 남부 안달루시아 지방의 경쾌(輕快)한 노래와 춤. フラメンコ 輕快

플라밍고[flamingo] 홍학(紅鶴). フラミンゴ 紅鶴

플라본[flavone] 식물의 잎이나 열매의 표면에서 얻는 황색 색소(黃色色素). 黃色色素

플라빈[flavin] 동식물체(動植物體)에 널리 존재하는 일군(一群)의 황색 색소. フラビン

플라스마[plasma] ① 혈장(血漿). 원형질(原形質). ② 고도로 이온화된 기체로 전기적 중성을 지니는 입자 집단. プラズマ 血漿

플라스미드[plasmid] 세균 세포 안에 있는, 염색체(染色體)와는 별개의 단위로 증식(增殖)할 수 있는 유전 인자(遺傳因子). プラスミド 染色體

플라스크[flask] 유리로 목이 길고 몸은 둥글게 만든 화학 실험용(實驗用) 병. フラスコ 實驗用

플라스터[plaster] ① 석고(石膏). 회반죽. ② 고약(膏藥). 경고(硬膏). プラスター 石膏

플라스틱[plastic] ① 외력(外力)·열 등으로 변형(變形)된 재 원형으로 돌아가지 않는 성질의 물질. ② 합성 수지(合成樹脂). プラスチック 變形

플라이[fly] 야구에서, 타자가 하늘 높이 쳐 올린 공. フライ 打者

플라이스토세(世)[Pleistocene epoch] 지질학상 신생

대 최후 시기이며, 제4기의 전반(前半) 시대. 홍적세(洪積世).
플라이오세(世)[Pliocene epoch] 지질학상 신생대(新生代) 제3기 최후의 시대.
플라이트[flight] ①비행(飛行). ②스키의 점프 경기에서 공중을 나는 일. ③육상 경기에서, 장애물(障礙物)을 뛰어넘는 일. 플라이트
플라이휠[flywheel] 속도 조절(速度調節) 바퀴.
플라잉스타ː트[flying start] 출발 신호가 나기 전에 스타트하는 반칙(反則). 플라잉스타ー트
플라지올레토[이 flagioletto] 주둥이가 있는 고음(高音)의 피리. 플라지올레트
플라ː크[plaque] 치태(齒苔).
플라타너스[platanus] 플라탄과에 속하는 낙엽 활엽 교목. 가로수(街路樹)로 널리 심음. 플라타너스
플라토닉러브[platonic love] 관능적(官能的)·육체적이 아닌 정신적(精神的) 사랑. 플라토닉러브
플란넬[flannel] 평직(平織)으로 짠, 털이 보풀보풀한 부드러운 모직물(毛織物). 플란넬
플랑크톤[plankton] 수중에 부유(浮游)하는 미생물(微生物)의 총칭. 플랑크톤
플래니미터[planimeter] 일정한 축척(縮尺)으로 그린 도형(圖形)의 면적을 재는 기계. 면적계(面積計). 플래니미터
플래닝[planning] 기획(企劃). 입안(立案). 플래닝
플래시[flash] ①섬광(閃光). ②손전등. ③사진용 섬광 전구. 플래시
플래시메모리[flash memory] 전원(電源)이 끊겨도 저장된 메모리를 보존하며, 입출력(入出力)이 가능한 메모리.
플래시백[flashback] 영화·텔레비전에서, 장면 전환(場面轉換)을 반복하는 수법.
플래카ː드[placard] 가로로 긴 천에 구호(口號) 등을 적어 걸어 두는 광고물. 플래카ー드.
플래티나[platina] 백금(白金). 플래티나
플랜[plan] ①계획. 설계. ②설계도(設計圖). 플랜
플랜지[flange] 관(管)과 관, 관과 다른 기계를 잇는 결합용(結合用) 기계의 한 부분.
플랜테이션[plantation] 서양의 자본과 열대 또는 아열대(亞熱帶) 지역의 노동을 결합한 대규모 농업. 플랜테이션
플랜트[plant] 공장 설비(設備). 생산 설비. 플랜트
플랩[flap] ①비행기의 보조(補助) 날개. ②공습 경보. 플랩
플랫[flat] ①악보(樂譜)에서, 내림표. ②초(秒) 이하의 우수리가 붙지 않은 경기 기록. 플랫
플랫폼ː[platform] 역이나 정거장의 승강장(乘降場). 플랫폼ー
플러그[plug] ①콘센트에 꽂아 전로(電路)를 잇게 된 기구. ②점화전(點火栓). 플러그
플러그인[plug-in] 하드웨어나 소프트웨어에 새로운 기능을 보강(補强)하여 끼워 넣는 일. 또는 그렇게 끼워 넣어 만든

프로그램. プラグイン

플러드라이트[floodlight] 렌즈를 쓰지 않고 확산적으로 조명하게 만든 조명 기구. 투광 조명(投光照明). 投光照明

플러시[plush] 우단과 비슷하나 보풀이 더 길고 보드라운 비단 또는 무명의 옷감. 견면(絹綿). プラッシュ 絹綿

플런저[plunger] 피스톤처럼 왕복 운동(往復運動)을 하는 기계 부분의 총칭. 往復

플럼[plum] ① 서양 자두. ② 요리용의 건포도(乾葡萄). プラム 乾葡萄

플레어[flare] ① 조명탄. ② 흑점(黑點) 따위의 태양의 활동 영역에 갑자기 빛이 나타나 수 분 내지 수 시간에 소멸하는 현상. 태양면 폭발(爆發). ③ 스커트 따위의 물결 모양의 주름. フレアー 爆發

플레이너[planer] 넓은 평면을 깎는 데 쓰는 공작 기계(工作機械)의 한 가지. 대패. 工作機械

플레이보이[playboy] ① 쾌활한 사나이. ② 한량(閑良). ③ 바람둥이. プレーボーイ 閑良

플레이볼:[play ball] 구기(球技)에서, 심판이 시합 개시(試合開始)를 명령하는 말. 플레이볼 命令

플레이스킥[placekick] 축구·럭비에서, 공을 땅 위에 놓고 차는 일. プレースキック 蹴球

플레이스히트[place hit] 야구에서, 원하는 곳에 겨누어 쳐서 된 안타(安打). プレースヒット 安打

플레이어[player] ① 경기자. ② 연기자(演技者). 연주자(演奏者). プレーヤー 演奏者

플레이오프[play-off] 동점 또는 무승부(無勝負)일 때의 결승 경기. 또는 연장전(延長戰). プレーオフ 延長戰

플레이트[plate] ① 판(板). 금속판. ② 접시. ③ 사진의 감광판(感光板). プレート 感光板

플렉트럼[plectrum] 현악기(絃樂器)의 현을 튀기는 데 쓰는 채. 絃樂器

플로리겐[florigen] 개화(開花) 촉진 호르몬. フロリゲン 開花

플로·시:트[flow sheet] ⇨ 플로차트.

플로어[floor] 마루. 층계(層階). 층. フロア 層階

플로어 쇼:[floor show] 객석(客席)과 같은 마루에서 벌이는 흥행물(興行物). フロアショー 興行物

플로지스톤[phlogiston] 산소를 발견하기 전에 가연성(可燃性)의 원인이 된다고 믿었던 물질. 열소(熱素). 熱素

플로·차:트[flow chart] 작업 공정(工程)의 전단계를 도표화(圖表化)한 것. フローチャート 圖表化

플로터[plotter] 컴퓨터의 명령으로 도면(圖面)이나 그래프를 그리는 장치. 圖面

플로·트[float] ① 수상 비행기의 부주(浮舟). ② 뗏목. ③ 구명대(救命袋). フロート 救命袋

플로피디스크[floppy disk] 컴퓨터의 외부 기억 장치로서, 표면에 자성(磁性) 재료를 바른 얇은 플라스틱 원판. 플로피디스크 磁性

플롯[plot] ① 구상(構想). ② 소설·희곡·각본 따위의 줄거리. プロット 構想

플뢰레[프 fleuret] 펜싱에 쓰이는 검의 한 가지. 또는 그

검으로 하는 펜싱 경기의 한 종목(種目). 種目

플루오르[독 Fluor] 할로겐족(族) 원소의 한 가지. 자극성의 냄새가 나는 담황록색의 기체로 원소 기호는 F. 氣體

플루테우스[pluteus] 극피동물(棘皮動物)에 속하는 유생(幼生). 幼生

플루토[Pluto] ① 그리스 신화 중 저승의 왕. ② 명왕성(冥王星). 프루ー토 冥王星

플루토늄[plutonium] 인공 방사성 원소의 한 가지. 핵 연료로써 원자로(原子爐)·원자 폭탄·수소 폭탄 등에 이용됨. 원소 기호는 Pu. 元素

플루ー트[flute] 피리 비슷한 목긴 악기의 하나. 부드럽고 청신(淸新)한 음색(音色)을 지님. 프루ー트 管樂器

플리머스록[Plymouth rock] 미국에서 개량(改良)한 닭의 한 품종. 改良

플리ː츠[pleats] 아코디언의 주름 상자 모양으로 스커트에 잡는 주름. 프리ー츠

플리커[flicker] 텔레비전 화면(畫面)에 나타나는 깜빡임. 프리카ー 畫面

플립플롭[flip-flop] 컴퓨터의 집적 회로(集積回路) 속에서 기억 소자(素子)로 쓰이는 회로. 素子

피[皮]* 가죽 피 : 가죽. 「皮革(피혁)·獸皮(수피)」② 거죽 피 : 거죽. 껍질. 「皮膚(피부)·表皮(표피)」ㅎ ① かわ 皮革 皮膚

피ː[彼]* 저 피 : 저. 저이. 「彼此(피차)·彼我(피아)」ㅎ·かれ 彼此

피[披] ① 헤칠 피 : 헤치다. 「披見(피견)·披露(피로)·披瀝(피력)」② 걸칠 피 : 입다. 「披服 披露

(피복)·披風(피풍)」ㅎ ① ひらく 披風

피[疲]* ① 지칠 피 : 지치다. 「疲困(피곤)·疲勞(피로)·疲憊(피태)·疲乏(피핍)」② 느른할 피 : 느른하다. 「疲軟(피연)」ㅎ ① つかれる 疲困

피ː[被]* ① 이불 피 : 이불. 「被衾(피금)」② 덮일 피 : 덮이다. 「被覆(피복)·加被(가피)·外被(외피)」③ 입을 피 : 입다. 「被害(피해)·被侵(피침)」ㅎ ③ こうむる 被衾 加被 被

피ː[避]* ① 피할 피 : 피하다. 「逃避(도피)·避難(피난)·避亂(피란)」② 싫어하여 멀리할 피 : 싫어하여 멀리하다. 「回避(회피)·避凶(피흉)」ㅎ ① さける 避亂 回避

끼ː김[被檢] 검거됨. 붙잡힘. 被檢
being arrested

피겨스케이팅[figure skating] 스케이트를 타고 얼음판 위에서 도형(圖形)을 그리듯이 율동적으로 얼음을 지치는 기교적인 스케이팅. 피규어스케ー팅 圖形

피ː격[被擊] 습격을 받음. 被擊
being attacked

피견[披見] 편지·서류 따위를 열어 봄. 펴 봄. =피람(披覽). ひけん 披見

피ː고[被告] 민사 소송에서, 소송을 당한 쪽. ↔원고(原告). ひこく defendant 被告

피곤[疲困] 몸이 피로하여 고단함. =피비(疲憊) fatigue 疲困

피골[皮骨] 살가죽과 뼈. 「~상접(相接)」 skin and bone 皮骨

피권[疲倦] 피곤하여 싫증이 남. ひけん getting tired 疲倦

피그[pig] ① 방사성(放射性) 물질을 운반·저장하는 데 쓰 放射性

이는 용기. ② 돼지.

피그미[Pygmy] 아프리카 적도(赤道) 부근에 사는 아주 작은 흑인 종족. 피그미─

피:난[避難] 재난을 피함. ひなん　refuge

피날레[이 finale] ① 대미(大尾). ② 악곡의 마지막 악장(樂章). ③ 대단원(大團圓). フィナーレ

피네[이 fine] 악보에서, '악곡(樂曲)의 끝'을 나타내는 말. フィーネ

피넨[pinene] 테르펜(terpene)의 일종으로, 방향(芳香)이 있는 무색의 액체. 합성 장뇌(樟腦)·인공 향료의 원료 등으로 쓰임.

피니시[finish] ① 끝. ② 운동 경기의 결승(決勝). フィニッシュ

피닉스[phoenix] 이집트 신화의 신조(神鳥). 불사조(不死鳥).

피대[皮帶] 기계를 돌리는 데 쓰는 가죽 띠. belt

피:동[被動] 외부의 작용을 받아 움직임. ＝수동(受動). ↔능동(能動). ひどう passivity

피드백[feedback] ① 전기 회로에서, 출력의 일부를 입력(入力)으로 돌리는 일. ② 결과나 반응을 보고 원인을 조정(調整)하는 일. フィードバック

피라미돈[독 Pyramidon] 맛이 쓴 진통(鎭痛)·해열제의 상표명. ピラミドン

피:란[避亂] 난리를 피함. refuge

피력[披瀝] 마음 속의 생각을 털어놓고 말함. ひれき expression

피로[披露] ① 일반에게 널리 알림. ② 책·서류 따위를 펴서 보임. ひろう ① announcement

피로[疲勞] 피곤함. 지쳐서 몸이 고단함. ひろう fatigue

피:로연[披露宴] 결혼이나 출생 등을 널리 알리기 위해 베푸는 연회. ひろうえん

피:뢰[避雷] 낙뢰(落雷)를 피함. 「～침(針)」ひらい escaping lightning

피루엣[프 pirouette] 발레에서, 한쪽 발끝으로 돌기. ピルエット

피리독신[pyridoxine] 비타민 B_6의 기능(機能)을 가진 물질. 아데르민. ピリドキシン

피리딘[pyridine] 콜타르 또는 골유(骨油)에서 얻는 휘발성(揮發性) 액체. ピリジン

피리어드[period] ① 기간(期間). 시기(時期). ② 마침표. 온점. ピリオド

피마자[蓖麻子] ① 아주까리. ② 아주까리의 씨. 「～기름」ひまし ① castor-oil plant ② castor bean

피막[皮膜] ① 겉껍질과 속껍질. 피부와 살을 덮은 점막. ② 껍질 같은 막. ひまく membrane

피:막[避幕] 지난날, 사람이 죽기 직전 잠시 안치해 두던, 마을에서 떨어진 외딴집.

피망[프 piment] 서양 고추. ピーマン

피맥[皮麥] 겉보리. unhulled barley

피:명[被命] 명령을 받음. ひめい being ordered

피목[皮目] 식물의 줄기나 사과·배 따위의 껍질에 있는 작은 구멍. 껍질눈. ─피공(皮孔). ひもく lenticel

피물[皮物] 짐승의 가죽. 또는 그것으로 만든 물건. leather 皮物

피발[披髮] 머리를 풀어 헤침. ひはつ letting down one's hair 披髮

피:방[被謗] 비방을 당함. 비난을 받음. being slandered 被謗

피벗[pivot] ① 회전축(回轉軸)의 끝을 둥글게 한 것. ② 구기(球技)나 댄스에서, 한 발로 회전하는 일. ③ 골프에서, 공을 칠 때 허리와 상체를 비트는 일. ピボット 球技

피병[疲兵] 지친 군졸. tired armed forces 疲兵

피:복[被服] 옷. =의복(衣服)·의류(衣類). ひふく clothes 被服

피:복[被覆] 거죽을 덮어 쌈. 또는 그 싼 물건. 「~전선(電線)」 ひふく covering 被覆

피봉[皮封] 겉봉. envelope 皮封

피부[皮膚] 동물의 온몸을 싸고 있는 살가죽. 살갗. 「~염(炎)」 ひふ skin 皮膚

피부과[皮膚科] 피부에 관계되는 질병을 다스리는 의료의 한 분과. ひふか dermatology 皮膚科

피브로인[fibroin] 생사(絹絲)의 주성분이 되는 섬유 같은 단백질. フィブロイン 絹絲

피브리노겐[fibrinogen] 혈액을 응고(凝固)시키는 단백질. フィブリノーゲン 凝固

피브린[fibrin] 혈액 속의 피브리노겐에 트롬빈이 작용하여 생기는 불용성(不溶性) 단백질. 무색·황색을 띤 섬유(纖維) 모양으로, 상처를 덮어 싸서 피를 응고시킴. フィブリン 不溶性

피비[疲憊] 몹시 지침. =피곤(疲困). ひはい tiredness 疲憊

피:사체[被寫體] 사진에 찍히는 물체. ひしゃたい object for photographing 被寫体

피:살[被殺] 죽임을 당함. ひさつ being killed 被殺

피상[皮相] 일이나 현상의 겉으로 드러나 보이는 형상. 겉모양. 「~적(的)」 ひそう outward look 皮相

피:서[避暑] 더위를 피해 서늘한 곳으로 감. ↔피한(避寒). ひしょ summering 避暑

피:석[避席] ① 자리에서 물러남. ② 모시고 있던 자리에서 일어남. ① retiring 避席

피:선[被選] 선거에서 뽑힘. =당선(當選). 「의장에 ~되다」 ひせん being elected 被選

피:선거권[被選擧權] 선거에 입후보하여 뽑힐 수 있는 법률상의 권리. ひせんきょけん eligibility for election 被選擧權

피:소[被訴] 제소를 당함. 고소당함. ひそ 被訴

피스톤[piston] ① 원동기(原動機)나 압축기의 실린더 속을 왕복 운동하는 부품(部品). ② 트럼펫 등에서 음정(音程)을 조절하는 밸브. ピストン 往復

피스톤로드[piston rod] 피스톤의 운동을 실린더 밖으로 전하는 쇠막대기. ピストンロッド 運動

피스톤펌프[piston pump] 피스톤의 왕복 운동(往復運動)으로 물을 높은 곳으로 밀어 올리는 펌프. ピストンポンプ 往復運動

피:습[被襲] 습격을 당함. ひしゅう being assaulted 被襲

피:승수[被乘數] 곱셈에서 곱해지는 수. 곧 8×9에서의 8. ひじょうすう multiplicand 被乘數

피:신[避身] 몸을 피함. =도신(逃身). escape 避身

피:아[彼我] 저와 나. 저편과 이편. ひが self and others 彼我

피아노[이 piano] 악보에서,

'여리게'의 뜻. 피아노

피아놀라[Pianola] 자동(自動) 自動 피아노의 상품명. 피아노놀라

피아니스트[pianist] 피아노 연주자(演奏者). 演奏者

피아니시모[이 pianissimo] 악보에서, '매우 여리게'의 뜻. 피아니시모

피:안[彼岸] ① 건너편 언덕. 彼岸 강 건너. 「~의 화재시(火災視)」 ② 불교에서, 이승의 번뇌를 해탈하여 열반의 세계에 도달하는 일. 또는 그 경지(境地). =내세(來世). ↔차안(此岸). 比岸 ひがん
① other shore ② other world

피앙세[프 fiancé] 남자 약혼자(約婚者). 約婚者 피앙세

피앙세[프 fiancée] 여자 약혼자. 女子 피앙세

피에로[프 pierrot] 어릿광대. 피에로

피에타[이 Pietà] 기독교 미술(美術)의 주제(主題)의 한 가지. 예수의 주검을 안고 슬퍼하는 마리아를 표현함. 피에타 主題

피연[疲軟] 피로하여 기운이 없고 느른함. 疲軟 languor

피오르드[노 fjord] 빙식곡이 침강하여 생긴 좁고 긴 만. 협만(峽灣). 피요르드 峽灣

피육[皮肉] 가죽과 살. ひにく 皮肉 skin and flesh

피육불관[皮肉不關] 아무런 관계가 없음. 皮肉不關

피의[跛倚] 한 다리에 의지하고 기대어 섬. standing on one leg 跛倚

피:의자[被疑者] 범죄의 혐의를 받고 조사를 받는 사람. 被疑者 犯累 ひぎしゃ suspect

피:일시차일시[彼一時此一時] 그때는 그때, 이때는 이때, 경우에 따라 다름. 彼一時 此一時
temporary expedient

피:임[被任] 어떤 임무를 맡게 됨. ひにん being appointed 被任

피:임[避妊] 인위적으로 임신을 피함. 「~구(具)」ひにん 避妊 contraception

피자[跛者] 절름발이. はしゃ 跛者 lame person

피자[이 pizza] 밀가루 반죽에 채소·고기·치즈 따위를 넣고, 향료(香料)를 곁들여 납작하게 구운 파이. 피자 香料

피:자식물[被子植物] 암꽃술의 일부가 자방(子房)을 형성하는 식물. 속씨식물. ひししょくぶつ angiosperm 被子植物

피:장부아:장부[彼丈夫我丈夫] 저나 나나 대장부임은 같다는 뜻으로, 곧 서로 별 차이가 없다는 뜻. 彼丈夫 我丈夫

피:재[被災] 재난을 입음. =이재(罹災). ひさい suffering 被災

피:재[避災] 재난을 피함. =피난(避難). ひさい refuge 避災

피:접[避接] 비접의 원말. 避接

피:정[避靜] 성당이나 수도원 같은 곳에서 오랫동안 있으면서 조용히 자신을 살피며 기도하는 일. retreat 避靜

피:세수[被除數] 나눗셈에서 나뉘어지는 수. 8÷4에서의 8. ひじょすう dividend 被除數

피:조물[被造物] 조물주에 의해 만들어진 모든 물건. creature 被造物

피지[皮脂] 피지선에서 분비되는 기방과 같은 분비물. ひし sebum 皮脂

피지선[皮脂腺] 진피(眞皮) 속에 있는 작은 분비선(分泌腺). 전신에 분포하여 피지를 분비함. ひしせん sebaceous gland 皮脂腺

피진[皮疹] 피부에 생기는 모든 皮疹

발진(發疹). ひしん efflorescence

피질[皮質] ① 부신(副腎)·신장(腎臟) 따위의 겉을 이루는 부분. ② 대뇌(大腦)·소뇌(小腦)의 표층을 이루는 회백질(灰白質). ひしつ ① cortex

피:차[彼此] ① 저것과 이것. ② 서로. 서로의 사이. 「~일반(一般)」 ひし ① this and that ② each other

피:착[被捉] ⇨피체(被逮).

피처[pitcher] 야구에서, 투수(投手).

피:천[被薦] 추천을 받음. ひせん being recommended

피:체[被逮] 붙잡힘. 체포됨. = 피착(被捉). being arrested

피층[皮層] 식물의 표피가 되는 부분. 가죽 켜. ひそう cortex

피치[pitch] ① 일의 능률(能率). ② 야구에서, 투수의 투구(投球). ③ 아스팔트. ④ 음의 높이. ⑤ 톱니바퀴의 톱니와 톱니 사이의 길이. ⑥ 수영(水泳)에서, 팔다리를 젓는 횟수. ピッチ

피치블렌드[pitchblende] 역청(瀝青) 우라늄광(鑛).

피치카토[이 pizzicato] 현악기의 줄을 손가락으로 퉁겨 연주(演奏)함. ピチカート

피:침[被侵] 침범을 당함. being invaded

피침형[披針形·鈹鍼形] 식물의 잎 모양의 한 가지. 갸름하고 끝이 뾰족한 모양. ひしんけい lanceolate shape

피칭[pitching] ① 야구에서, 투수의 투구(投球). ② 선박(船舶)·비행기의 앞뒤가 위아래로 흔들리는 일. ピッチング

피카레스크[프 picaresque] 악한(惡漢)을 주제로 한 소설 따위. ピカレスク

피컬[picul] 중량(重量)의 단위. 보통 60kg을 1피컬이라 함. ピクル

피케[프 piqué] 면직물(綿織物)의 한 가지. 가로로 고랑이 지거나, 무늬가 두드러지게 짠 여름 옷감. ピケ

피케팅[picketing] 노동 쟁의(勞動爭議) 중 피켓을 내보내는 일. ピケッティング

피켈[pickel] 목재 자루에 곡괭이 모양의 날이 달린 등산 용구(用具). ピッケル

피켓[picket] ① 군대의 보초. ② 노동 쟁의 중 배반자를 막기 위한 감시인. ③ 표어(標語)나 광고(廣告) 등을 써붙인 자루 달린 판자. ピケット

피코[프 picot] 레이스·편물(編物) 등의 가장자리를 장식하는 둥근 무늬. ピコット

피콜로[piccolo] 플루트 중에서 가장 작은 것으로, 가장 높은 음역을 담당하는 관악기(管樂器)의 하나. ピッコロ

피:크[peak] 꼭대기. 최고점(最高點). 절정(絕頂). ピーク

피크닉[picnic] 소풍. 야유회(野遊會). ピクニック

피크르산(酸)[picric acid] 쓴맛을 지닌 황색 결정(結晶)의 유기산. 물감·폭약(爆藥) 등에 쓰임. ピクリンさん

피클[pickle] 오이 따위를 소금·초·설탕을 넣은 액(液)에 절인 음식. ピクルス

피:탈[被奪] 빼앗김. 약탈당함. being robbed of

피태[疲怠] 피로하여 게을러짐. laziness

피테칸트로푸스[pithecanthropus] 자바 직립 원인(Java 直立猿人). 1891년 발견한 화석인(化石人)으로 약 50만년 전에 살고 있었던 것으로 짐작됨. 피테칸트로프스

피튜니아[petunia] 가짓과의 일년초 또는 다년초. 관상용(觀賞用)으로 심음.

피:트[feet] 길이의 단위. 1피트는 12인치, 30.48cm임. 피트

피펫[pipette] 극소량(極少量)의 액체를 정확히 재는 데 쓰이는 흡액(吸液) 유리관. 피펫

피폐[疲弊] 지치고 쇠약해짐. 疲弊 ひへい exhaustion

피풍[皮風] 피부가 가려운 풍병. 皮風

피하[皮下] 피부의 속. 「~주사(注射)」ひか 皮下 subcutaneousness

피하 출혈[皮下出血] 피부 밖으로는 나오지 않고 피하 조직 안에 생기는 출혈. =내출혈(內出血). ひかしゅっけつ hypodermal bleeding

피:학증[被虐症] 이성에게 학대당함으로써 쾌감을 느끼는 변태증. masochism 被虐症

피:한[避寒] 추위를 피해 따뜻한 곳으로 옮김. ↔피서(避暑). ひかん wintering 避寒

피:해[被害] 해를 입음. 손해를 봄. ↔가해(加害). ひがい damage 被害

피혁[皮革] 날가죽과 무두질한 가죽의 총칭. 가죽. ひかく leather 皮革

픽[pick] ① 기타·만돌린 같은 악기를 켤 때에 쓰는 손톱 같은 것. ② 종기(腫氣) 등에 붙이는 황갈색의 경고(硬膏). 腫氣 픽

픽션[fiction] ① 허구(虛構). ② 상상력(想像力)으로써 지어낸 이야기나 소설. フィクション 小說

픽스[fix] 경주용(競走用) 보트에서 좌석을 고정시키는 장치. フィックス 競走用

픽업[pickup] ① 픽업 트럭의 준말. ② 상품 집배(集配). ③ 자동차에 편승(便乘)시키기. ④ 여럿 중에서 특히 가려 뽑음. ピックアップ 便乘

픽업트럭[pickup truck] 짐을 싣는 부분이 짧은 소형(小型) 트럭. 小型

픽 오프 플레이[pick-off play] 야구에서, 주자(走者)를 견제(牽制)하여 아웃시키는 일. ピックオフプレー 牽制

핀[Finn] 핀란드 사람. 핀란드 말.

핀[pin] ① 못·바늘 같은 물건의 총칭. ② 볼링에서, 공을 굴리어 쓰러뜨리는 병 모양의 표적(標的). 핀 標的

핀셋[프 pincette] 손으로 집기 어려운 물건을 집는 데 쓰는, 쇠붙이로 만든 족집게 같은 기구(器具). ピンセット 物件

핀치[pinch] ① 곤경(困境). 위기(危機). ② 야구에서, 수비측의 위기. ピンチ 危機

핀치콕[pinchcock] 고무관(管)에서 나오는 물의 양을 조절(調節)하는 물림쇠. ピンチコック 調節

핀치히터[pinch hitter] ① 야구에서, 대타자(代打者). ② 연극 따위에서, 대역(代役). ピンチヒッター 代役

핀 컬:[pin curl] 웨이브를 내려고 머리를 조금씩 클립에 말아 핀을 꽂음.

핀트[←네 brandpunt] ① 카메라 렌즈의 초점(焦點). ② 사물의 중심점. 말이나 행동의 요점(要點). ピント

핀홀:[pinhole] 바늘 구멍. 작은 구멍. ピンホール

핀홀:카메라[pinhole camera] 작은 구멍으로 피사체(被寫體)의 영상(映像)을 받아 들여 촬영하게 된 카메라. ピンホールカメラ

필[匹]* ① 짝 필: 짝. 「匹儔(필주)·配匹(배필)·匹敵(필적)」 ② 하나 필: 홀. 하나. 「匹夫(필부)·匹婦(필부)·匹馬(필마)」 ③ 마리 필: 필. 말을 세는 단위. 「一匹(일필)」 キ·ヒツ

필[必]* ① 반드시 필: 반드시. 꼭. 「必死(필사)·必滅(필멸)·必需(필수)·必勝(필승)·必然(필연)」 ② 기약할 필: 기약하다. 「期必(기필)」 ヒツ ① かならず

필[疋] 필 필: 피륙 세는 단위. 「疋木(필목)·疋練(필연)·疋緞(필단)·疋帛(필백)」 ショ·ソ·ひき

필[畢]☆ ① 마칠 필: 마치다. 「畢擧(필거)·畢役(필역)·納稅畢(납세필)」 ② 다할 필: 다하다. 「畢生(필생)」 ③ 편지 필: 편지. 「畢簡(필간)」 ヒツ ① おわる

필[弼] 도울 필: 돕다. 「弼匡(필광)·弼導(필도)·弼成(필성)·輔弼(보필)」 ヒツ·たすける

필[筆]* 붓 필: 붓. 「毛筆(모필)·鉛筆(연필)·鐵筆(철필)·筆談(필담)·筆舌(필설)」 ヒツ·ふで

필가[筆架] 붓을 걸어 놓는 기구. =필격(筆格). ひっか writing-brush rack

필경[畢竟] 마침내. 결국에는. =구경(究竟). ひっきょう after all

필경[筆耕] ① 직업으로 글씨를 쓰는 일. ② 등사 원지에 철필로 글씨를 쓰는 일. ひっこう copying

필공[筆工] 직업으로 붓을 만드는 사람. ひっこう brush maker

필관[筆管] ①붓대. ②붓. ひっかん ① brush handle ② brush

필기[筆記] ①글씨를 씀. ②말을 받아서 씀. ひっき ① writing ② taking notes

필납[必納] 반드시 납부함. 또는 반드시 납부하여야 함. required payment

필납[畢納] 모두 바침. 다 바쳐 끝냄. full payment

필낭[筆囊] 붓을 넣어서 차는 주머니. writing-brush bag

필단[疋緞] 필로 된 비단. roll of silk

필단[筆端] 붓끝. ひったん tip of the brush

필담[筆談] 말이 안 통할 때 글로 써서 주고받는 말. ひつだん conversation by writing

필답[筆答] 글로 써서 대답함. 「~ 문제(問題)」 ひっとう written answer

필대[匹對] ⇨필적(匹敵).

필:더[fielder] 야구에서, 내야수(內野手)와 외야수의 총칭. フィールダー

필독[必讀] 꼭 읽음. 반드시 읽어야 함. ひつどく required reading

필두[筆頭] ①붓끝. ②여러 사람의 이름을 적을 때의 그 첫머리. ひっとう ① tip of the

brush ② first on a list

필:드[field] ① 육상 경기장(陸上競技場)에서, 트랙 안쪽에 있는 경기장. ② 야구에서, 내야・외야의 총칭. ③ 활동 분야(分野). フィールド

필:드글라스[field glass] 쌍안경(雙眼鏡). フィールドグラス

필:드워:크[field work] 야외(野外) 작업. 현지 조사(現地調査). フィールドワーク

필:드하키[field hockey] 11명씩의 두 팀이 스틱으로 공을 상대방의 골에 많이 넣는 것을 겨루는 경기. フィールドホッケー

필득[必得] 꼭 얻게 됨. 반드시 자기 것이 됨.
required possession

필:딩[fielding] 야구에서, 수비(守備). フィールディング

필라리아[filaria] 사상충과(絲狀蟲科)에 딸린 기생충(寄生蟲)의 총칭. フィラリア

필라멘트[filament] 전구(電球)・진공관 안에 있어 전류를 통하면 빛과 열전자(熱電子)를 내는 가는 선. フィラメント

필력[筆力] ① 글씨의 획에 나다닌 힘. ② 글을 쓰는 능력. = 필세(筆勢). ひつりょく
① vigor in handwriting

필로[筆路] ① 붓의 운용. ② 문장의 줄거리. ひつろ
① penmanship ② plot

필로소마[phyllosoma] 새우・대하류(大蝦類)의 유생(幼生).

필름[film] ① 얇은 막(膜). ② 사진 감광판(感光板)의 한 가지. ③ 영화(映畫). フィルム

필리버스터[filibuster] 의사(議事) 진행을 방해하는 행위. 또는 그 행위자. フィリバスター

필:링[feeling] 직감적(直感的)인 느낌. フィーリング

필링[filling] ① 직물(織物)에서, 씨실. ② 요리(料理)에서, 속에 넣는 소. フィリング

필링[peeling] 껍질 벗기기.

필마[匹馬] 한 필의 말. ひつば
a horse

필마단창[匹馬單槍] 홀로 한 필의 말을 타고 창 하나를 들고 싸움터로 나감.

필멸[必滅] 반드시 멸망함. 꼭 죽음. 「생자(生者)~」 ひつめつ
mortality

필명[畢命] ① 목숨이 끊어짐. ② 목숨을 바쳐 일함. ひつみょう
① death ② loyalty

필명[筆名] ① 글을 쓸 때 쓰는 본명 이외의 이름. ② 글씨를 잘 쓴다는 명성. ひつめい
① pen name ② fame of good writing

필목[疋木] ① 무명실로 짠 피륙의 총칭. ② 필로 된 무명.
① cotton cloth ② roll of cloths

필묵[筆墨] 붓과 먹. ひつぼく
brush and ink

필방[筆房] 붓을 만들어 파는 가게. writing-brush maker's

필배[畢杯] ⇨종배(終杯).

필벌[必罰] 반드시 벌함. 「신상(信賞)~」 ひつばつ

필법[筆法] 글씨 쓰는 법. ひつぽう style of writing

필봉[筆鋒] ① 붓끝. ② 글이나 문장의 기운. ひっぽう
② stroke of brush

필부[匹夫] ① 하찮은 사나이. ② 한 사람의 남자. ひっぷ
ordinary man

필부[匹婦] ① 보잘것없는 여자. ② 한 사람의 부인. ひっぷ　ordinary woman

필부지용[匹夫之勇] 깊은 생각이 없이 혈기만 믿는 만용. ひっぷのゆう　foolhardiness

필사[必死] ① 꼭 죽음. ② 죽을 각오로 힘을 씀. 「~적(的)」 ひっし　① inevitable death ② desperation

필사[筆寫] 베껴서 씀. ひっしゃ　copying

필산[筆算] 숫자를 써서 셈함. ↔암산(暗算). ひっさん　calculation

필생[畢生] 일생 동안. =평생(平生). 「~의 사업(事業)」 ひっせい　one's life

필설[筆舌] ① 붓과 혀. ② 글로 표현하고 말로 표현함. ひつぜつ　② writing and speech

필세[筆勢] ⇨필력(筆力). ひっせい

필수[必修] 반드시 닦아 익혀야 함. ひっしゅう　required study

필수[必須] 꼭 필요로 함. 「~조건(條件)」 ひっす　essentiality

필수[必需] 꼭 소용이 됨. 반드시 필요함. 「생활~품(品)」 ひつじゅ　indispensability

필순[筆順] 글씨를 쓰는 획의 차례. ひつじゅん　order of writing

필술[筆述] 글로 써서 진술함. ↔구술(口述). ひつじゅつ　explanation in writing

필승[必勝] 반드시 이김. ひっしょう　certain victory

필시[必是] ⇨필연(必然).

필업[畢業] 학업이나 과업을 마침. completion

필연[必然] ① 꼭. 반드시. 틀림없이. ② 반드시 그렇게 될 처지에 있음. ↔우연(偶然). ひつぜん　certainty

필연[筆硯] 붓과 벼루. ひっけん

필연성[必然性] 반드시 그렇게 될 수밖에 없는 성질. ひつぜんせい　necessity

필요[必要] 꼭 소용이 됨. ひつよう　need

필우[匹偶] ① 부부. =배우자(配偶者). ② ⇨상대(相對). ひつぐう

필유곡절[必有曲折] 반드시 무슨 까닭이 있음. =필유사단(必有事端).

필자[筆者] 글을 쓴 사람. =작자(作者). ひっしゃ　writer

필적[匹敵] 상대가 될 만큼 실력이 서로 맞먹음. =필대(匹對). ひってき　rival

필적[筆蹟·筆跡·筆迹] 써놓은 글씨의 모양이나 흔적. =수적(手迹). ひっせき　holograph

필전[筆戰] 글로 써서 서로 다툼. ↔설전(舌戰). ひっせん　paper battle

필점[筆占] 글씨의 필력이나 필세로 운수를 점치는 일.

필주[筆誅] 남의 잘못을 글로 써서 책망함. ひっちゅう　denunciation in writing

필지[必至] 반드시 이름. ひっし　inevitability

필지[必知] 반드시 알아야 함. required knowledge

필진[筆陣] ① 필전(筆戰)에 대응할 진영. ② 신문사 따위의 집필 진용. ひつじん　② writing members

필첩[筆帖] ① 옛 사람의 필적을 모은 서첩. ② ⇨수첩(手帖). ① collection book of handwriting

필치[筆致] 글·글씨·그림에 나타나는 개성적인 솜씨. ひっち　style of writing

필터[filter] ① 여과기(濾過器).「~가 붙은 담배」② 여광기(濾光器). フィルター

필통[筆筒] 붓·연필 등을 넣는 갑이나 통. ふでづつ·ひっとう　pencil case

필하:모닉[philharmonic] 음악 애호가. 음악회. 교향악단(交響樂團). フィルハーモニック

필화[筆禍] 글을 잘못 써서 당하는 재난.「~ 사건(事件)」ひっか serious slip of the pen

필휴[必携] 꼭 가지고 다녀야 함. ひっけい　indispensableness

필흔[筆痕] 글씨를 쓴 흔적. handwriting

핍[乏] 모자랄 핍 : 모자라다. 떨어지다.「乏少(핍소)·乏錢(핍전)·窮乏(궁핍)·貧乏(빈핍)·乏困(핍곤)」ボウ·とぼしい

핍[偪] 핍박할 핍 : 핍박하다.「偪匱(핍궤)」フク

핍[逼] ① 닥칠 핍 : 닥치다. 가까이 다다르다.「逼近(핍근)·逼迫(핍박)」② 궁핍할 핍 : 궁핍하다.「逼塞(핍색)·窮逼(궁핍)」ヒツ ① せまる

핍박[逼迫] ① 가까이 바싹 닥쳐 형세가 절박함. ② 바싹 죄어쳐서 괴롭힘. ひっぱく
① urgency ② stringency

핍색[逼塞] 꽉 막혀 아주 군색함. poverty

핍재[乏材] 쓸 만한 인재(人材)가 달려 모자람. =핍인(乏人). want of able man

핍전[乏錢] 돈이 달려 모자람. want of money

핍절[逼切] 매우 절박하고 간절함. destitution

핍축[逼逐] 바싹 뒤쫓음.

핑거링[fingering] 악기를 연주할 때 손가락을 사용하는 방법. 운지법(運指法). フィンガーリング

핑거볼:[finger bowl] 양식(洋食)에서, 식사 중에 손가락과 입을 씻도록 물을 담아 놓는 그릇. フィンガーボール

핑거페인팅[finger painting] 풀에 물감을 섞어서 손가락으로 문질러 그리는 그림. フィンガーペインティング

핑크[pink] ① 패랭이꽃. ② 연분홍색(軟粉紅色). ピンク

핑퐁[ping-pong] 탁구(卓球). ピンポン

하:[下]* ① 아래 하 : 아래. 밑. 「下向(하향)·下級(하급)·下品(하품)·下略(하략)」 ② 내릴 하 : 내리다. 「下野(하야)·下鄕(하향)·下落(하락)·下筆(하필)·却下(각하)」 カ・ゲ ① した ② さげる・さがる

하[何]* 어찌 하 : 어찌. 무슨. 무엇. 어느. 「何時(하시)·何處(하처)·誰何(수하)·何故(하고)·如何(여하)·何必(하필)」 カ・なに

하[河]* 물 하 : 강. 내. 「河川(하천)·河海(하해)·河流(하류)·江河(강하)·山河(산하)·大河(대하)」 カ・かわ

하:[夏]* 여름 하 : 여름. 「夏至(하지)·夏季(하계)·夏穀(하곡)·夏服(하복)·盛夏(성하)·初夏(초하)」 カ・なつ

하[荷]☆ ① 짐질 하 : 짐지다. 메다. 짐. 「荷物(하물)·荷役(하역)·荷主(하주)·負荷(부하)」 ② 연꽃 하 : 연꽃. 「荷花(하화)·荷葉(하엽)·荷香(하향)」 カ ① になう・に ② はす

하:[賀]* 하례 하 : 하례하다. 축하하다. 「賀客(하객)·賀禮(하례)·賀正(하정)·年賀(연하)·慶賀(경하)·祝賀(축하)」 ガ・いわう・よろこぶ

하[遐] 멀 하 : 멀다. 「遐鄕(하향)」 カ・とおい

하[瑕] 허물 하 : 흠. 허물. 과실. 「瑕疵(하자)·瑕玷(하점)」 カ・きず

하[嚇] ① 으를 하 : 위협하다. 「威嚇(위하)」 ② 꾸짖을 혁 : 꾸짖다. 성내다. 「嚇怒(혁노)」 カク ① おどす ② しかる

하[霞] 노을 하 : 노을. 「霞彩(하채)·朝霞(조하)」 カ・かすみ

하:가[下嫁] 공주(公主)·옹주(翁主)가 귀족이나 신하에게로 시집감. =하강(下降).

하가[何暇] 어느 때. 어느 겨를.

하:감[下瞰] 높은 데서 내려다 봄. looking down

하:감[下鑑] 윗사람이 아랫사람이 올린 글을 봄. reading an inferior's letter

하:강[下降] ① 아래로 내려옴. =강하(降下). かこう ② ⇨ 하가(下嫁). ③ 신선이 하늘에서 내려옴 ④ 웃어른이 윗자리에서 아랫자리로 내려가거나 내려옴. ① descent

하:객[賀客] 축하하는 손. がかく congratulator

하:거[下去] ① 위에서 아래로 내려감. ② 시골로 내려감. ① descent

하:거[下車] ① 원(員)이 부임함. ② 수레에서 내림.

하:계[下界] ① 사람이 사는 이 세상. ② 높은 곳에서 낮은 곳을 이르는 말. げかい ① this world ② lower place

하:계[下計] 가장 하치로 꾸민 꾀. =하책(下策). poor plan

하계[河系] 강물의 본류와 지

류.　　　　　river system
하:계[夏季] ⇨하기(夏期). 夏季
하고[何故] 무슨 까닭. なぜ 何故
　　　　　　　　　　why
하고[河鼓] ⇨견우성(牽牛星). 河鼓
하:고초[夏枯草] 제비꽃의 줄 夏枯草
　기와 잎. 조금 찬 성질에, 쓴
　맛이 남. 나력(瘰癧)·자궁병·
　월경 불순·눈병 등에 약재로
　씀.
하:곡[夏穀] 보리와 밀 따위의 夏穀
　여름에 거두는 곡식. ↔추곡
　(秋穀).　　　summer crops
하공학[河工學] 하천에 관한 河工學
　구조물을 연구하는 공학(工
　學)의 한 부분. かこうがく
하:관[下官] ①아랫자리의 관 下 官
　원. ↔상관(上官). ②하급 관
　원이 상관에게 자기를 낮추어
　이르는 말. げかん
　　　　　　　① lower official
하:관[下棺] 관을 광(壙) 안에 下 棺
　내림. taking down the coffin
하:관[下顴] 얼굴의 아래쪽. 下 顴
　　　　　　lower part of the face
하:관포[下棺布] 관을 들어 광 下棺布
　(壙) 안에 내리기 위하여 관의
　네 모퉁이에 거는 베.
하:괘[下卦] ①주역의 육효(六 下 卦
　爻)의 두 괘 중 아래에 있는
　괘. ②흉한 점괘. ↔상괘(上
　卦).
하괴성[下魁星] 음양가(陰陽家) 下魁星
　에서, 북두(北斗)의 둘째 별을
　이르는 말. =천선(天璇)·장 天 璇
　성(將星).
하:교[下校] 학교에서 공부를 下 校
　미치고 집으로 돌아옴. ↔등
　교(登校). げこう
하:교[下教] ①임금의 명령. 下 教
　=전교(傳教). ②윗사람이 아
　랫사람에게 가르쳐 줌.
　　　　　　　② instructions

하구[河口] 강물이 바다로 들 河 口
　어가는 어귀. ↔하원(河源).
　かこう　　mouth of a river
하구언[河口堰] 바닷물이 거슬 河口堰
　러 오는 것을 막기 위해서 강
　어귀에 쌓은 댐. かこうぜき
하:국[夏菊] 국화과의 다년초. 夏 菊
　각처의 들에 나며 여름에 줄
　기 끝에 누런 꽃이 핌. 꽃은
　민간에서 약재로 씀. なつぎく
　　　　　summer chrysanthemum
하:권[下卷] 한 벌이 둘 또는 下 卷
　셋으로 된 책의 끝 권. げか
　ん　　　　　　last volume
하:극상[下剋上] 조직체에서, 下剋上
　계급·신분이 낮은 사람이 윗
　사람을 꺾고 오름. げこく
　じょう the lower dominating
　the upper
하:급[下級] 등급이나 계급 따 下 級
　위를 상·하 또는 상·중·하
　로 나눌 때의 아래의 급. ↔
　상급(上級). 「~생(生)」 か
　きゅう　　　　lower class
하:급 법원[下級法院] 상하 下 級
　관계에 있는 법원 사이에서, 法 院
　등급이 아래인 법원. かきゅ
　うほういん　　lower court
하:급생[下級生] 학년이 낮은 下級生
　학생(學生). かきゅうせい
　　　　　　lower-class student
하:급심[下級審] 하급 법원의 下級審
　심리. かきゅうしん
　　　　　　　lower-court trial
하:기[下技] 변변하지 못한 재 下 技
　수. =말기(末技). poor skill
하:기[下記] ①시난날, 돈을 下 記
　쓰거나 처러 준 것을 기록하
　던 일. 또는 그 기록. ②아래
　에 적음. 또는 그 적은 글.
　↔상기(上記). 「~와 같이 지
　시함」かき　② the following
하:기[下氣] ①기운을 내리게 下 氣

함. ② 흥분을 가라앉힘.
② calming down

하:기[夏期] 여름의 시기. 여름철. =하계(夏季). 「~방학」かき summer period

하:기 대학[夏期大學] 여름 휴가를 이용하여 임시로 여는 특수한 전문 학술 강의의 모임. かきだいがく

하:기 학교[夏期學校] 여름 방학을 이용하여 일정한 학과나 실습을 목적으로 열리는 학교. かきがっこう summer school

하:기 휴가[夏期休暇] 여름철에 휴양을 위하여 실시하는 휴가. ↔동기 휴가(冬期休暇). かききゅうか summer holidays

하:납[下納] 조선 시대 때, 조세나 공물을 나라에 바치지 않고 지방 관청에 바치던 일. ↔상납(上納).

하:녀[下女] 계집종. =하비(下婢). ↔하인(下人). げじょ maidservant

하년[遐年] 오래 삶. =장수(長壽). longevity

하:념[下念] 윗사람이 아랫사람을 염려함. 또는 그 염려. =하려(下慮).

하:단[下段] ①글의 아래쪽 부분. ②여러 단으로 된 것에서 아래의 단. ↔상단(上段). げだん ① lowest column ② lowest step

하:단[下端] 아래쪽의 끝. ↔상단(上端). かたん lower end

하:단[下壇] 단에서 내려옴. ↔등단(登壇). leaving the platform

하:달[下達] 윗사람의 뜻이 아랫사람에게 이름. 또는 이르도록 알림. ↔상달(上達). かたつ conveyance

하:답[下畓] 토질이 낮은 논. ↔상답(上畓).

하:답[下答] 웃어른이 아랫사람에게 대답함. 또는 그 답. ↔상답(上答). superior's answer

하:대[下待] ①상대편에게 낮은 말을 씀. ②소홀히 대우하거나 대접함. ↔존대(尊待)·공대(恭待). ① using disrespectful words ② inhospitability

하:도[下道] 지난날, 충청(忠淸)·경상(慶尙)·전라(全羅)의 세 도를 이르던 말.

하도[河圖] 옛날 중국 복희씨(伏羲氏) 때 황하(黃河)에서 용마(龍馬)가 등에 지고 나왔다는, 주역(周易) 팔괘(八卦)의 근원이 되는 그림.

하:도급[下都給] 어떤 사람이 도급 맡은 일의 전부나 일부를 다시 다른 사람에게 도급 맡는 일. subcontracting

하:동[夏冬] 여름과 겨울. かとう summer and winter

하.드디스크[hard disk] 표면이 자성체(磁性體)로 코팅된 디스크. 컴퓨터 보조 기억 장치의 하나. ハードディスク

하:드보:드[hardboard] 펄프에 접착제를 섞어 높은 온도로 압축하여 만든 인공 목재(人工木材). ハードボード

하:드보일드[hard-boiled] 문학에서, 감정을 섞지 않은 태도와 간결한 문체(文體)로써 사건을 다루는 경향. ハードボイルド

하:드웨어[hardware] 컴퓨터를 구성하는 기계(機械) 장치의 총칭. ハードウェア

하:드카피[hard copy] ①프린

터 또는 플로터 따위로 종이나 필름에 출력(出力)되어 저장된 정보. ② 프린터 또는 플로터 등을 통하여 영상(映像)을 화상(畫像)으로 출력하는 일. 하드카피

하ː드트레이닝[hard training] 맹훈련(猛訓練). 맹연습. ハードトレーニング

하ː등[下等] ① 아래의 등급. ② 품질이나 정도가 낮은 등급. =하급(下級). ↔상등(上等). かとう
① lower class ② inferiority

하등[何等] 아무런. 조금도. なんら whatever

하ː등 감ː각[下等感覺] 오관(五官) 중 후(嗅)·미(味)·촉(觸)의 세 감각의 총칭. ↔고등 감각(高等感覺). かとうかんかく lower senses

하ː등 동ː물[下等動物] 진화 정도가 낮은 원시적인 동물. ↔고등 동물(高等動物). lower animals

하ː등 식물[下等植物] 세균류(細菌類) 식물과 같이 진화(進化)의 정도가 낮고 조직이 간단한 식물. ↔고등 식물(高等植物). かとうしょくぶつ lower plants

하ː락[下落] ① 아래로 떨어짐. ② 물건값이 떨어짐. ↔앙등(昻騰). ③ 등급이 떨어짐. げらく ② fall ③ degradation

하ː래[下來] ① 높은 곳에서 낮은 곳으로 내려옴. ② 서울에서 시골로 내려옴.
① coming down

하ː략[下略] 아래의 부분을 생략함. げりゃく the rest omitted

하ː량[下諒] 윗사람이 아랫사람의 마음을 살펴 알아 줌. generous consideration

하량[荷量] 짐의 분량. quantity of pack

하렘[harem] 금단의 장소라는 뜻으로, 이슬람교 국가의 귀인·부자들의 처첩(妻妾)이 있는 거실. ハレム

하ː려[下慮] ⇨하념(下念).

하ː령[下令] 명령을 내림. handing down an order

하ː령회[夏令會] 각 교회의 대표자 또는 신앙심이 두터운 교인이 수양과 친목을 위하여 여름에 여는 모임. summer church conference

하ː례[下隷] ⇨하인(下人).

하ː례[賀禮] 축하의 예식. =하의(賀儀). congratulatory ceremony

하ː례배[下隷輩] 하례의 무리. =하인배(下人輩).

하ː로동선[夏爐冬扇] 여름의 화로와 겨울의 부채라는 뜻으로, 곧 쓸데없는 사물을 가리키는 말. かろとうせん useless thing

하ː료[下僚] ① 아래 직위에 있는 동료. ② 지위(地位)가 낮은 관리. かりょう ① subordinates

하ː류[下流] ① 강이나 내의 흘러내리는 아래편. ② 하등의 계급. ↔상류(上流). かりゅう ① downstream ② lower classes

하류[河流] 강의 흐름. かりゅう stream

하ː류 사회[下流社會] 신분이나 생활 정도가 낮은 사람들의 사회. かりゅうしゃかい lower strata of society

하ː륙[下陸] 배나 비행기 따위에서 짐을 부림.

하:리[下吏] ⇨아전(衙前). 下吏

하:리[下里] 상하(上下)로 나 下里
누어진 동네의 아랫동네. ↔
상리(上里).

하:마[下馬] 말에서 내림. げば 下馬
　　　　　　　　　dismounting

하마[河馬] 하마과의 포유동물. 河馬
몸 길이는 4m 내외이며, 입이
매우 크고 아프리카의 호수나
늪 등지에서 무리지어 삶.
　　　　　　　hippopotamus

하:마비[下馬碑] 누구든지 그 下馬碑
앞을 지날 때는 말에서 내리
라는 표지를 새긴 비. '大小人
員皆下馬'라고 새겼음.

하:마석[下馬石] 말을 타거나 下馬石
내릴 때 발돋움으로 쓰려고 대
문 앞에 놓은 큰 돌. 노둣돌.

하:마평[下馬評] 고관의 인사 下馬評
이동 등에 관하여 민간에 떠 民間
돌아다니는 풍설. げばひょう
　　　　　　　advance rumor

하:면[下面] 아래쪽 면. ↔상 下面
면(上面). かめん lower side

하:면[夏眠] 일부 동물이 여름 夏眠
철의 더위와 건조(乾燥)를 피
하고 신진 대사를 약화하기 위
하여 활동을 중지하고 잠을 자
는 일. 여름잠. ↔동면(冬眠). 冬眠
かみん

하면목[何面目] 무슨 면목이라 何面目
는 뜻으로, 곧 볼 낯이 없음
을 이르는 말. 「~으로 만나
겠느냐」

하:면적[下面積] 물체의 아랫 下面積
면의 넓이. 밑넓이. ↔상면적
(上面積). area of base

하:명[下命] ①명령의 높임말. 下命
②명령을 내림.

하:모늄[harmonium] 오르간
비슷한 건반 악기(鍵盤樂器). 鍵盤
ハーモニウム

하:모니[harmony] ①화성(和

聲). ②조화(調和). 일치. ハー 調和
モニー

하:모니카[harmonica] 작은
취주(吹奏) 악기의 한 가지. 吹奏
ハーモニカ

하:묘[下錨] 닻을 내림. 또는 下錨
배를 항구(港口)에 댐. =정
박(碇泊). 　　　anchoring

하:문[下門] 여자의 외성기. 下門
　　　　　　　　　　vulva

하:문[下問] ①아랫 사람에게 下問
물음. ②남의 물음을 높여 이
르는 말. かもん ①asking

하물[何物] 무슨 물건. 어떠한 何物
것. 　　　　　　　　what

하물[荷物] 짐. にもつ load 荷物

하:미[下米] 품질이 낮은 쌀. 下米
　　　rice of inferior quality

하:민[下民] ⇨범민(凡民). 下民

하바네라[에 habanera] 쿠비
에서 생기어 에스파냐에서 유
행한 민속 무곡(民俗舞曲). 또 舞曲
는 그 춤. 4분의 2박자로 탱
고와 비슷함. ハバネラ

하:박[下膊] 팔꿈치에서 손목 下膊
까지의 부분. 팔뚝. =전박(前
膊). 상박(上膊). かはく
　　　　　　　　　forearm

하:박골[下膊骨] 팔뚝을 이루 下膊骨
는 뼈. =전박골(前膊骨)·전 前膊骨
완골(前腕骨). forearm bones

하:박석[下薄石] 비(碑)·탑(塔) 下薄石
등의 맨 아래에 까는 넓적한
돌. 　　　　　　　pedestal

하:반[下半] 둘로 나눈 것의 下半
아랫부분. ↔상반(上半). 「~
신(身)」かはん lower half

하반[河畔] 강가. 강 언덕. = 河畔
강변(江邊). かはん riverside

하:반[夏半] 음력 7월의 딴이 夏半
름.

하:반기[下半期] 일 년을 둘로 下半期
나누었을 때의 나중 여섯 달

동안. ↔상반기(上半期). 「~결산(決算)」 しもはんき latter half of the year

하:방[下枋] 하인방(下引枋)의 준말.

하:배[下輩] 하인배(下人輩)의 준말.

하백[河伯] 물을 다스린다는 신(神). かはく god of water

하:번[下番] ①당직(當直)을 마치고 나오는 사람. ②군영(軍營)에서 돌림 차례를 마치고 나오는 번(番). かばん ③순번이 아래인 사람. ↔상번(上番).

하:복[下腹] 아랫배. かふく・したはら underbelly

하:복[夏服] 여름 옷. ↔동복(冬服). なつふく summer suit

하:복부[下腹部] 척추동물, 특히 사람의 치골부(恥骨部)와 서혜부(鼠蹊部)를 합친 아랫배 부분. 복부의 최하부로서 외음부(外陰部)나 대퇴부(大腿部)에 접하는 곳. かふくぶ underbelly

하:부[下付] 관청에서 백성에게 증명・허가・인가・면허 따위를 내려 줌. かふ issuance

하:부[下部] ①아랫부분. ②하급 기관. 또는 그 사람. ↔상부(上部). かぶ ① lower part

하:비[下婢] 계집종. =하녀(下女). maidservant

하:사[下士] 국군의 육・해・공군에서 중사(中士)와 병장(兵長)의 중간 계급. かし staff sergeant

하:사[下賜] 임금이 신하에게 물건을 내리어 줌. 「~품(品)」 かし royal grant

하:사관[下士官] 국군의 준사관(准士官)과 병(兵) 사이의 계급. かしかん noncommissioned officer

하:산[下山] 산에서 내려옴. ↔입산(入山)・등산(登山). げさん descent from a mountain

하상[河床] 하천 밑의 지반(地盤). 하천의 바닥. かしょう riverbed

하:생[下生] ①정일품(正一品) 관원(官員)이 서로 일컫던 자칭 대명사. ②어른에게 대한 자칭 대명사.

하:서[下書] 웃어른이 주신 편지. ↔상서(上書). 「~ 봉독(奉讀)」

하:서[賀書] 축하하는 뜻을 적은 편지. ↔조서(弔書). がしょ congratulatory letter

하:석상:대[下石上臺] 아랫돌 빼서 윗돌 괴고, 윗돌 빼서 아랫돌 괴기란 말로, 임기응변(臨機應變)으로 어려운 일을 처리함을 이름.

하:선[下船] 배에서 내림. ↔상선(上船)・등선(登船)・승선(乘船). げせん leaving a ship

하선[荷船] 짐을 싣는 배. ↔객선(客船). にぶね freighter

하:솔[下率] ⇨하인배(下人輩).

하:송[下送] ①높은 곳에서 낮은 곳으로 내려 보냄. ②손윗사람이 손아랫사람에게 편지나 물품 따위를 보냄. =하부(下付). ① sending down

하:수[下手] ①솜씨가 낮음. 또는 그런 솜씨의 사람. 아랫수. ↔상수(上手). したて ② ⇨착수(着手). ③사람을 죽이는 일을 직접 손을 대어 실행함. げしゅ ① poor hand

하:수[下水] 빗물 또는 가정에서 흘러 나오는 더러운 물. ↔상수(上水). げすい sewage

하:수[下壽] 나이 예순 살. かじゅ

하수[河水] 강물. =강수(江水). かすい river water

하:수[賀壽] 장수(長壽)를 축하함. かじゅ congratulation on long life

하:수구[下水溝] 더러운 물을 빼내는 배수로. sewer

하:수인[下手人] 사람을 살해할 목적으로 직접 손을 댄 사람. =하수자(下手者). げしゅにん slayer

하:수자[下手者] ⇨하수인(下手人).

하:숙[下宿] ① 비교적 오랜 기간을 정하고 남의 집에 숙박함. 또는 그 집.「~방(房)」② 하등인 여관. けしゅく ① lodging

하:순[下旬] 한 달 중에서 스무하룻날부터 그믐날까지의 열흘 동안. =하한(下澣)·하완(下浣). げじゅん last ten days of a month

하:시[下視] ① 아래를 봄. ② 낮잡아 봄. 업신여김. ① looking down ② looking down on

하식[河蝕] 하천의 물이 땅을 침식하는 현상. かしょく erosion of the river

하안[河岸] 하천의 둔덕. かわぎし·かがん riverbank

하안 단구[河岸段丘] 하천 양쪽에서 지반(地盤)의 융기(隆起)와 물의 침식 작용으로 이루어진 계단 모양의 지형. かがんだんきゅう river terrace

하:야[下野] 관(官)에서 물러나 야인(野人)으로 돌아감. げや retiring from public life

하여간[何如間] 어찌하였든지.

어쨌든. 하여튼.「~ 그 날에는 꼭 와 주게」 anyhow

하역[荷役] 짐을 싣고 내리는 일. にやく loading and unloading

하:연[賀宴] 축하하는 뜻으로 베푸는 잔치. =하연(賀筵). がえん celebration banquet

하:열[下劣] 비천하고 졸렬함. げれつ baseness

하:오[下午] 낮 12시부터 밤 12시까지의 동안. =오후(午後). ↔상오(上午). かご afternoon

하:옥[下獄] 옥에 가두거나 갇힘. げごく imprisonment

하와[헤 Hawwāh] 구약 성서에 나오는 인류(人類) 최초의 여자. 이브(Eve).

하 와 이 안 기 타:[Hawaiian guitar] 하와이 음악의 중심 악기로 경음악(輕音樂)에 사용되는 전기 기타. ハワイアンギター

하:우[夏雨] 여름철에 내리는 비. 여름비. かう summer rain

하우스빌[house bill] 같은 회사의 상점 간에 발행(發行)하는 화어음.

하우징[housing] 주택(住宅) 산업의 총칭. ハウジング

하:운기봉[夏雲奇峰] 산봉우리같이 기이하게 솟아오른 여름철의 구름을 이르는 말. summer clouds

하:원[下元] 음력 시월 보름. かげん

하:원[下院] 양원제(兩院制)의 회에서, 국민이 선출(選出)한 의원(議員)으로 조직된 입법 기관(立法機關). 상원과 양립하면서 견제를 받음. ↔상원(上院). かいん Lower House

하원[河源] 하천의 수원(水源). source of the river

하ː위[下位] 낮은 지위(地位)나 순위. 아랫자리. ↔상위(上位). かい lower rank

하ː위 개ː념[下位槪念] 어떤 개념이 다른 개념을 포괄할 때 포괄당하는 좁은 개념. =저급 개념(低級槪念). ↔상위 개념(上位槪念). かいがいねん

하ː육처자[下育妻子] 아래로 처자를 기름.

하ː의[下衣] 아랫도리에 입는 옷. ↔상의(上衣). trousers

하ː의[下意] 아랫사람들의 의사(意思). 「~ 상달(上達)」 かい wishes of the lower-grade personnel

하ː의[賀意] 경하하는 뜻. がい

하이넥[high-necked] 목 까지 높이 올라온 옷깃으로, 되접어 꺾지 아니하는 형태의 것. 또는 그 깃. 하이넥

하이다이빙[high diving] 수면(水面)에서 5m 및 10m 높이에서 뛰어내리며 연기(演技)하는 다이빙 경기(競技)의 한 가지.

하이라이트[highlight] ① 빛이 가장 밝은 부문. ②가장 흥미로운 장면(場面). 하이라이트

하이볼ː[highball] 위스키에 소다수나 물을 넣고 얼음을 띄운 음료(飮料). 하이볼

하이에나[hyena] 하이에나과의 짐승. 성질은 강포(强暴)하고 썩은 고기를 먹음. 하이에나

하이웨이[highway] 고속 도로(高速道路). 하이웨이

하이재킹[hijacking] 운행 중인 항공기나 배를 납치(拉致)하는 범죄.

하이칼라[high-collar] ①서양식(西洋式) 유행을 따르는 멋쟁이. ②머리털을 밑만 깎고 윗부분은 남겨 가르는 머리 모양. 하이칼라

하이클래스[high-class] 신분이나 품질 등이 높은 부류에 속하는 것. 고급(高級). 하이클래스

하이킹[hiking] 해변(海邊)·산·들 등을 걸어서 여행(旅行)하는 일. 하이킹

하이테크[high tech] 첨단(尖端) 과학 기술. 하이테크

하이틴[highteens] 십대(十代) 후반(後半)의 나이. 또는 그 나이의 사람. 하이틴

하이패션[high fashion] 일반 유행(流行)보다 앞선 최첨단 유행. 하이패션

하이퍼론[hyperon] 질량이 핵자(核子)보다 큰 소립자(素粒子). 중핵자(重核子).

하이퍼소닉[hypersonic] ① 극초음속(極超音速). ② 극초음파(極超音波). 하이퍼소닉

하ː인[下人] 남자 종과 여자 종의 총칭. =하례(下隷). げにん servant

하인[何人] 어떠한 사람. 어느 사람. 「~을 막론하고」 who

하ː인방[下引枋] 벽의 아래쪽 기둥 사이에 가로지른 인방. 준하방(下枋).

하ː인배[下人輩] 하인의 무리. 준하배(下輩). servants

하자[何者] 어떤 사람. 어느 것.

하자[瑕疵] ①흠. ②법률 또는 당사자가 예기(豫期)한 상태나 성질이 결여되어 있는 일. かし defect

하:장[賀狀] 경사를 축하하는 賀狀 편지. がじょう
congratulatory letter

하:전[下田] 토질이 좋지 않은 下田 하등(下等)의 전지(田地). げでん

하:전[下典] ①여자 종을 대 下典 접하여 부르거나 여자 종끼리 서로 존대하여 부르던 말. 하님. ②⇨아전(衙前)

하:절[夏節] 여름철. 夏節
summer season

하:정[賀正] 신년(新年)을 축 賀正 하함. がしょう
New Year's greetings

하:정배[下庭拜] 신분이 낮은 下庭拜 사람이 높은 사람에게 뜰 아 래에서 절하던 일.

하:제[下第] 과거에 응시하여 下第 낙제함.

하:제[下劑] 설사를 하게 하는 下劑 약제의 총칭. =사제(瀉劑). げざい
purgative

하:종[下從] 아내가 남편을 좇 下從 아 죽음.

하.종가[下終價] 증권 시장에 下終價 서 하루에 내릴 수 있는 최저 한도까지 내려간 주가. =하 한가(下限價). ↔상종가(上終 價).

하:좌[下座] 아래의 자리나 낮 下座 은 자리. =말좌(末座). ↔상 좌(上座). げざ

하중[荷重] ①짐의 무게. ② 荷重 물체에 작용하는 외력(外力). かじゅう ①load

하:지[下肢] 사지(四肢)를 가 下肢 진 동물의 뒷다리. 또는 사람 의 다리. ↔상지(上肢). かし
lower limbs

하:지[夏至] 이십사 절기의 하 夏至 나. 6월 21일경으로, 북반구 에서는 낮이 가장 길고 밤이 가장 짧음. げし
summer solstice

하:직[下直] ①먼 길을 떠날 下直 때 웃어른에게 작별을 아룀. 作別 ②서울을 떠나는 관원이 임금 에게 작별을 아룀.
① leave-taking

하:질[下秩] 품질이 가장 낮은 下秩 부류. 또는 그런 대상.

하:차[下車] 차에서 내림. ↔승 下車 차(乘車). げしゃ getting off

하:책[下策] 낮은 계책. =하 下策 계(下計). ↔상책(上策). げ さく

하:처[下處] 사처의 원말. 下處

하처[何處] 어디. 어느 곳. ど 何處 こ where

하천[河川] 시내. 강. かせん 河川
river

하:천인[下賤人] 신분이 낮은 下賤人 사람. =하천(下賤).

하:첨[下籤] 산가지로 길흉을 下籤 점치는 데 있어, 가장 낮은 점괘.

하:청[下請] 하도급(下都給)의 下請 구용어.

하청[河清] 황하의 탁류(濁流) 河清 가 맑아지는 일이라는 뜻으로, 아무리 해도 실현되지 않는 일 의 비유. 「백년(百年) ~」
impossibility

하:청부[下請負] 하도급(下都 下請負 給)의 구용어.

하:체[下體] 몸의 아랫도리. 下體 ↔상체(上體).
lower part of the body

하:초[下焦] 한방에서 말하는 下焦 삼초(三焦)의 하나. 배꼽 아래 의 배.
lower part of the abdomen

하:층[下層] ①아래층. 밑층. 下層 ②아래 계층. =하급(下級). 下級 ↔상층(上層). かそう

① downstairs ② lower social stratum

하ː켄[독 Haken] 등산에서, 암벽이나 빙벽(氷壁)에 박는 금속제의 못.

하키[hockey] ① ⇨필드하키. ② ⇨아이스하키. ホッケー

하ː토[下土] 농사짓기에 아주 나쁜 토지. barren land

하ː퇴[下腿] 정강이와 종아리. ↔상퇴(上腿). かたい calf

하ː트[heart] ① 심장(心臟). ② 마음. 애정. ③ 심장 모양이 그려진 카드 패. ハート

하ː판[下版] 교정이 완료된 조판(組版)을 인쇄 또는 지형(紙型)을 뜨기 위하여 다음 공정(工程)으로 옮기는 일. げはん

하ː편[下篇] 상·하의 두 편 또는 상·중·하의 세 편으로 된 책의 맨 나중 편. げへん last volumn

하폭[河幅] 하천의 너비. かわはば width of a river

하ː품[下品] ① 낮은 품위 또는 품격. ② 품질이 낮은 물건. 하치. げひん ① meanness ② low-grade goods

하ː프[half] ① 반(半). ② ⇨하프백. ハーフ

하ː프[harp] 활처럼 굽은 틀에 현을 세로로 평행하게 걸고 손으로 줄을 퉁겨 연주하는 삼각형 모양의 현악기(絃樂器). ハープ

하프늄[hafnium] 금속 원소의 한 가지. 원소 기호는 Ht. 지르코늄과 비슷한데, 원자로의 제어(制御)에 쓰임. ハフニウム

하ː프백[halfback] 축구·하키 등에서, 포워드와 풀백 사이의 자리, 또는 그 자리를 지키는 선수(選手). ハーフバック

하ː프시코ː드[harpsichord] 건반 악기의 한 가지. 피아노의 전신(前身). ハープシコード

하ː필[下筆] 시문(詩文)을 짓는 일. composition

하필[何必] 어찌하여 꼭. of all things

하ː학[下學] 학교에서 그 날의 공부를 마침. ↔상학(上學). 「~종(鐘)」 ending of the school day

하ː학상ː달[下學上達] 아래의 것을 배워서 위에 이른다는 뜻으로, 쉬운 것을 깨쳐 어려운 이치에 통함을 이름.

하ː한[下限] 아래쪽 또는 끝쪽의 한계. ↔상한(上限). 「~선(線)」

하ː한[下澣] ⇨하순(下旬).

하ː한가[下限價] ⇨하종가(下終價).

하항[河港] 강안(江岸)에 있는 항구. かこう river port

하해[河海] 강과 바다. かかい rivers and seas

하해지택[河海之澤] 큰 강이나 넓은 바다와 같이 넓고 큰 은혜. great favor

하ː행[下行] ① 아래쪽으로 내려감. かこう ② 서울에서 지방으로 내려감. ↔상행(上行). ① going down ② going away from the capital

하ː향[下向] ① 위쪽에서 아래쪽으로 향함. ② 점점 쇠퇴하여 감. ③ 물가 등이 떨어지는 일. ↔상향(上向). げこう ① going down ② decline ③ fall

하ː향[下鄕] ① 시골로 내려감. ② 서울에 있다가 고향으로 내려감. ① going to the country

하:향식[下向式] 어떤 일의 의견·방침 등이 상부층에서 결정되어 하부층으로 내려가는 방법. ↔상향식(上向式). げこうしき 下向式 方法

하:현[下弦] 음력 매월 23일경에 뜨는 달. ↔상현(上弦). かげん　waning moon 下弦

하:혈[下血] 항문(肛門)이나 하문(下門)에서 피가 나옴. discharging blood 下血

하:회[下回] ① 아랫 사람에게 내리는 회답. ② 다음의 차례. ① reply ② next time 下回

하:회[下廻] 어떤 표준보다 밑 돎. 下廻

하:후상:박[下厚上薄] 아랫사람에게 후하고 윗사람에게 박함. ↔상후하박(上厚下薄) 下厚上薄

하후하박[何厚何薄] 한쪽은 후하게 하고 한쪽은 박하게 한다는 뜻으로, 차별이 있게 대함을 이르는 말. 何厚何薄

학[虐] 사나울 학 : 사납다. 학대하다. 「虐待(학대)·虐殺(학살)·虐政(학정)·自虐(자학)」ギャク 虐待

학[瘧] 학질 학 : 학질. 말라리아. 「瘧疾(학질)」ギャク·おこり 瘧疾

학[謔] ① 희롱할 학 : 희롱하다. 해학. 「謔笑(학소)」 ② 기쁠 학 : 기쁘다. 기뻐하는 모양. 「謔謔(학학)」ギャク ① たわむれる 謔謔

학[學]* 배울 학 : 배우다. 공부하다. 학문. 「學校(학교)·學問(학문)·學者(학자)·學生(학생)·文學(문학)·碩學(석학)」ガク·まなぶ 學問 碩學

학[鶴]☆ 두루미 학 : 두루미. 학. 「鶴首(학수)·鶴髮(학발)·鶴壽(학수)·白鶴(백학)·靑鶴(청학)」カク·つる 鶴首

학계[學界] 학문을 연구하는 사회. 학자들의 사회. がっかい　academic circles 学界

학과[學科] ⇨학과목(學科目). がっか 学科

학과[學課] 학교의 수학 과정(修學課程). がっか　lesson 学課

학과목[學科目] 학문의 과목. =학과(學科). がっかもく　school subject 学科目

학관[學館] 학교의 명칭을 붙일 수 있는 조건을 갖추지 못한 사설 교육 기관. がっかん　educational institution 学館

학교[學校] 일정한 설비와 방안으로써 학생을 가르치는, 사회가 공인하는 제도적 교육 기관. 또는 그 건물. がっこう　school 学校

학구[學究] ① 오로지 학문에만 열중함. ② 학문에만 몰두(沒頭)하여 세정(世情)에 어두운 사람. ③ 지난날, 훈장을 달리 이르던 말. がっきゅう ① study ② scholar 学究 沒頭

학구[學區] 교육 행정상의 필요로, 아동이 취학할 학교를 지정하여 갈라 놓은 구역. 「~제(制)」がっく　school district 学區

학군[學群] 교육 행정상 나눈, 중학교나 고등 학교의 무리. school group 学群

학규[學規] ① ⇨ 교규(校規). ② 학과(學課)의 규정. ② school regulation 学規

학급[學級] 한 교실에서 같은 학과(學科)를 동시에 교수받는 학생의 일단(一團). =학반(學班). 「~ 문고(文庫)」がっきゅう　class 学級

학기[學期] 학교에서 한 학년의 수업 기간을 몇 개로 나눈 그 하나. がっき　term 学期

학년[學年] ① 교육법에서 규정된 1년간의 수업 기간. ② 1년간의 수업하는 학과의 정도에 따라서 구별한 학교 교육의 단계. がくねん
① school year ② class

학당[學堂] ① 글방. ② 지난날, 지금의 학교와 같은 교육 기관을 이르던 말. がくどう
① village school

학대[虐待] 혹독한 짓으로 사람이나 동물을 괴롭히거나 포악하게 대함. =혹우(酷遇). ぎゃくたい ill-treatment

학덕[學德] 학식(學識)과 덕행(德行). 「~ 겸비(兼備)」 がくとく learning and virtue

학도[學徒] ① ⇨ 학생(學生). ② 학문을 닦는 사람. がくと
② scholar

학도병[學徒兵] 학생으로 조직된 군대. 또는 그 군인. 준 학병(學兵). student soldier

학동[學童] ① 글방에서 글을 배우는 아이. ② 초등 학교에 다니는 아동. がくどう pupil

학력[學力] ① 학문의 힘. ② 학문을 쌓은 정도. 학문의 수준. がくりょく ② scholarship

학력[學歷] 수학(修學)한 이력(履歷). がくれき
school career

학령[學齡] 의무 교육을 받아야 할 나이. 「~ 아동(兒童)」 がくれい school age

학령[鶴齡] 두루미의 나이라는 뜻으로, 장수(長壽)한 노인의 나이를 이르는 말.

학령부[學齡簿] 시(市)·읍(邑)·면장(面長)이 작성하는, 그 관할 안의 의무 취학 중에 있는 아동과 이듬해 취학할 학령 아동에 관한 장부. がくれい

いぼ

학리[學理] 학문상의 원리(原理)나 이론(理論). がくり
theory

학명[學名] ① 학자로서의 명성이나 평판. ② 학술상으로 세계에 공통되게 붙인 동식물의 이름. がくめい
② scientific name

학모[學帽] 학생모(學生帽)의 준말. がくぼう

학무[學務] 학사(學事)·교육(教育)에 관한 온갖 사무(事務). がくむ school affairs

학무 아문[學務衙門] 조선 말에, 교육에 관한 사무를 맡아 보던 관청. 학부(學部)의 전신.

학문[學問] ① 배우고 익힘. ② 일정한 이론에 따라 체계(體系)가 선 지식(知識). ③ ⇨ 학식(學識). がくもん
① learning ② knowledge

학발[鶴髮] 학의 깃처럼 흰 머리털이라는 뜻으로, 하얗게 센 머리. 또는 그런 머리털을 가진 노인을 비유하여 이르는 말. 「~ 노인(老人)」 かくはつ
gray hair

학벌[學閥] ① 출신 학교의 지체. ② 같은 학교 출신으로 이루어진 파벌. =학파(學派). がくばつ academic clique

학병[學兵] 학도병(學徒兵)의 준말.

학보[學報] 대학이나 학회에서 학술에 관한 논문·연구·조사를 발표하는 간행물. がくほう
school bulletin

학부[學府] ① 학문을 배우는 사람이 모인 곳이라는 뜻으로, 흔히 대학을 이르는 말. 「최고(最高) ~」 ② 학문에 통달해 있음을 비유하는 말. がく

학부[學部] ① 대학(大學)에서 전공 영역에 따라 한 개 또는 몇 개의 학과를 묶어서 나눈 부(部). ② 학무 아문(學務衙門)의 후신. 「~ 대신(大臣)」 がくぶ ① department

학부형[學父兄] 학생(學生)의 부형(父兄). がくふけい parents of students

학비[學費] 학업을 닦는 데 드는 비용. =학자(學資). がくひ school expenses

학사[學士] ① 4년제 대학의 학부와 사관 학교를 졸업한 사람에게 수여하는 학위의 칭호. ② 학술 연구에 전념(專念)하는 사람. =학자(學者). がくし ① bachelor ② scholar

학사[學舍] 학습하는 장소. 또는 그 건물. がくしゃ school

학사[學事] ① 학문에 관계된 일. ② 학교의 교육·경영 등에 관한 모든 일. 「~ 시찰(視察)」 がくじ school affairs

학살[虐殺] 참혹(慘酷)하게 죽임. ぎゃくさつ slaughter

학생[學生] ① 학교에서 공부하는 사람. =학도(學徒). ② 생전에 벼슬하지 아니한 사람에게 대한 존칭. 명정(銘旌)·신주(神主) 등에 씀. がくせい ① student

학생모[學生帽] 학생이 쓰는 제모(制帽). 준학모(學帽).

학설[學說] 학문상으로 주장하는 이론(理論). がくせつ theory

학수[鶴首] ① 학의 목. ② 목을 길게 빼고 기다림. かくしゅ ① crane's neck

학수[鶴壽] 학(鶴)의 수명이라는 뜻으로, 장수(長壽)를 기리어 이르는 말. かくじゅ longevity

학수고대[鶴首苦待] 학의 목처럼 길게 늘어 몹시 기다림. waiting expectantly

학술[學術] ① 학문과 기술. 또는 학문과 예술. 「~ 잡지(雜誌)」 ② 학문의 방법. がくじゅつ ① science and skill ② method of learning

학술원[學術院] 학술상의 연구 및 발전에 기여(寄與)하기 위하여 권위 있는 학자로써 조직된 가장 높은 학술 기관. 아카데미. がくじゅついん Academy

학습[學習] 배워서 익힘. がくしゅう learning

학승[學僧] ① 불학(佛學)이나 속학(俗學) 등에 소예가 깊은 중. ② 수학 중인 중. がくそう ① learned priest

학식[學識] ① 학문과 식견(識見). ② 배워서 얻은 지식. =학문(學問). がくしき ① learning ② scholarly attainments

학업[學業] 배움을 닦는 일. がくぎょう studies

학연[學緣] 같은 학교를 나온 관계로 맺어진 인간 관계. =학맥(學脈).

학예[學藝] 학문과 예능. 학문과 기예(技藝). 「~회(會)」 がくげい arts and science

학예란[學藝欄] 학예에 관계되는 기사나 작품을 싣는 신문·잡지의 난(欄). がくげいらん literary columns

학용품[學用品] 학습에 필요한 물건. 연필·공책 등. がくようひん school supplies

학우[學友] ① 학교에서 함께

공부하는 벗.「~회(會)」② 학문상(學問上)의 벗. 글동무. =학려(學侶). 学侶 がくゆう ① schoolmate ② fellow student

학원[學院] 학교의 명칭을 붙일 수 있는 조건을 갖추지 못한 사립 교육 기관.「어학(語學)~」学院 がくいん educational institution

학원[學員] 공부하는 인원(人員). 学員 がくいん

학원[學園] ① 학교 및 기타 교육 기관의 총칭. ② 학교 안의 정원(庭園). 学園 がくえん ① school

학위[學位] 어떤 부문의 학술을 전공하여 그 깊은 이치를 연구·발표한 사람에게 법률이 정하는 과정과 절차를 거쳐 수여하는 칭호. 박사(博士)·석사(碩士)·학사(學士) 등.「~논문(論文)」 学位 博士 がくい degree

학이지지[學而知之] 배워서 앎. 学而知之

학인[學人] ① 배우는 사람. ② 학자나 문필가가 흔히 아호(雅號) 밑에 붙여 쓰는 말. 学人

학자[學者] 학문에 통달하거나 학문을 연구하는 사람. 学者 がくしゃ scholar

학자[學資] ⇨학비(學費). 学資

학자금[學資金] ⇨학비(學費). 学資金

학장[學長] 단과 대학의 장(長). 学長 がくちょう dean

학재[學才] 학문에 대한 재능. 学才 がくさい scholastic talent

학적[學籍] ① 재학생의 성명·생년월일·주소 등에 관한 기록. ② 학생으로서의 적(籍). 学籍 がくせき school register

학적부[學籍簿] 학교에서 학 学籍簿

적을 기록하여 비치(備置)해 두는 장부. がくせきぼ school register

학점[學點] 대학과 대학원 학생의 학과목 이수(履修)를 계산하는 단위.「~제(制)」 学點 credit

학정[虐政] 사납고 혹독한 정치. =가정(苛政). ぎゃくせい 虐政 oppressive government

학정[鶴頂] 탕건의 윗이마. 鶴頂

학정 금대[鶴頂金帶] 조선 시대에 종이품(從二品)의 관원이 띠던 띠. 鶴頂金帶

학제[學制] 학교 또는 교육에 관한 제도. 学制 がくせい educational system

학질[瘧疾] 학질모기가 매개하는 말라리아 병원충의 기생으로 일어나는 전염성 열병. 일정한 시간이 되면 발열(發熱)함. 말라리아. ぎゃくしつ 瘧疾 malaria

학창[學窓] 학문을 닦는 곳. 학교·교실의 일컬음.「~생활(生活)」 学窓 がくそう school

학칙[學則] 학교 운영과 교과(敎科) 및 편제(編制)·학생 지도에 관한 학교의 규칙. がくそく 学則 school regulations

학파[學派] 학문상(學問上)의 유파(流派). =학류(學流). がくは 学派 school

학풍[學風] ① 학문상의 경향. ② 학교의 기풍(氣風). =교풍(校風). がくふう ① academic traditions ② school character 学風

학해[學海] ① 학문을 넓고 깊은 바다에 비유한 말. ② 냇물이 쉬지 않고 흘러서 바다로 들어가는 것과 같이, 꾸준히 학문을 쌓아야 할을 이르는 말. がっかい 学海

학행[學行] ① 학문 및 불도(佛 学行

道)의 수행(修行). ② 학문과 덕행(德行). ③ 학문과 실행(實行). がくぎょう
③ study and practice

학형[學兄] 학우(學友)나 학문 상의 선후배끼리 서로 높이어 이르는 말. がっけい

학회[學會] 학술의 연구·장려(獎勵)를 목적으로 조직된 단체. 「국어(國語) ～」 がっかい   learned society

한:[汗]* 땀 한:땀. 「汗衫(한삼)·汗蒸(한증)·冷汗(냉한)·盜汗(도한)·發汗(발한)」 カン·あせ

한:[旱]* 가물 한:가물다. 마르다. 「旱災(한재)·旱魃(한발)·旱害(한해)·旱田(한전)·旱地(한지)·大旱(내한)」 カン·ひでり

한:[罕] 드물 한:드물다. 「罕例(한례)·罕見(한견)·罕古(한고)·稀罕(희한)」 カン·まれ

한:[恨]* 한할 한:한스럽다. 뉘우치다. 「恨歎(한탄)·怨恨(원한)·悔恨(회한)·情恨(정한)·痛恨(통한)」 コン·うらむ

한:[限]* 한정할 한:한정하다. 「限定(한정)·限界(한계)·限度(한도)·期限(기한)·極限(극한)」 ゲン·かぎる

한:[悍] 사나울 한:사납다. 날래다. 「悍勇(한용)·悍戾(한려)·悍馬(한마)」 カン·つよい

한[閑]* "閒"은 本字. 한가할 한:한가하다. 「閑暇(한가)·閑居(한거)·閑寂(한적)·閑散(한산)·閑客(한객)·等閑(등한)」 カン·ひま·しずか

한[閒] "閑"의 本字.

한[寒] ① 찰 한:차다. 춥다. 「寒氣(한기)·寒天(한천)·寒暑(한서)·飢寒(기한)·酷寒(혹한)·惡寒(오한)」 ② 가난할 한:가난하다. 곤궁하다. 「寒村(한촌)·寒微(한미)·貧寒(빈한)」 カン ① さむい

한:[漢]* ① 한수 한:강 이름. 「漢水(한수)·漢江(한강)」 ② 나라 이름 한:나라의 이름. 「漢書(한서)·後漢(후한)·漢文(한문)」 ③ 은하 한:은하. 「銀漢(은한)」 ④ 사나이 한:사나이. 「怪漢(괴한)·惡漢(악한)」 カン

한[翰] ① 붓 한:붓. 「翰毛(한모)·翰墨(한묵)」 ② 글 한:편지. 문서. 「翰林(한림)·書翰(서한)」 ③ 높이 날 한:높이 날다. 「翰飛(한비)」 カン ② ふみ

한[澣] ① 빨래할 한:빨래하다. 「澣滌(한척)」 ② 열흘 한:열흘. 「上澣(상한)·中澣(중한)·下澣(하한)」 カン ① あらう

한[韓]* 나라 이름 한:나라의 이름. 「韓國(한국)·韓服(한복)·韓食(한식)·韓人(한인)·韓屋(한옥)·三韓(삼한)」 カン

한가[閑暇] 바쁘지 않이 겨를이 있음. ↔다망(多忙)·분망(奔忙). かんか   leisure

한:**강투석**[漢江投石] 한강에 돌 던지기라는 뜻으로, 어떤 사물이 너무 미미하여 효과가 없음을 이르는 말. futility

한객[閑客] 파적(破寂)삼아 놀러 오는 한가한 손. かんかく

한거[閑居] 일이 없이 한가히 있음. =연거(燕居). かんきょ   quiet life

한:**건**[旱乾] ① 논밭이 가뭄에 잘 타는 성질이 있음. ② 오래 비가 오지 아니하여 논밭의 물이 마름. dryness

한:**계**[限界] ① 땅의 경계. ②

사물의 정해진 범위. =계한(界限).「～선(線)」げんかい ① boundary ② limit

한:계각[限界角] ⇨임계각(臨界角).

한:계 압력[限界壓力] ⇨임계압력(臨界壓力).

한:계 온도[限界溫度] ⇨임계온도(臨界溫度).

한:계 자본 계:수[限界資本係數] 생산량 1단위를 늘리는 데 필요한 자본 설비 증가액의 비율. げんかいしほんけいすう

한:계 효:용[限界效用] 주관적인 가치 효용에 근거를 둔 이론에서, 재화의 총량에 대하여 새로이 부가되는 한 단위의 재화의 효용이 주는 만족도. =최종 효용(最終效用). げんかいこうよう marginal utility

한고[寒苦] 추위의 괴로움. かんく suffering from cold weather

한공[寒空] 겨울의 차갑고 맑은 하늘. cold winter sky

한:과[漢果] 꿀이나 설탕에 반죽한 밀가루를 네모지게 만들어 튀겨 낸 유밀과의 한 가지.

한교[韓僑] 외국에 가서 사는 한국 교포. Korean residents abroad

한국[寒菊] 겨울에 피는 국화(菊花). 꽃이 잚. かんぎく winter chrysanthemum

한국[韓國] ① 대한 민국(大韓民國)의 준말. ② 대한 제국(大韓帝國)의 준말. かんこく

한국어[韓國語] 한국의 국어. 예로부터 한민족이 써온 언어로, 형태학상 교착어이며 알타이 어족에 속함. 준한어(韓語). かんこくご Korean

한국 은행[韓國銀行] 우리 나라의 중앙 은행. 준한은(韓銀). かんこくぎんこう Bank of Korea

한:귀[旱鬼] 가뭄을 맡은 귀신.

한극[閑隙] 한가한 틈. 겨를. かんげき leisure

한:기[限期] ⇨기한(期限).

한기[寒氣] ① 병적으로 몸에 느껴지는 으스스한 기운. ② 추운 기운. ↔서기(暑氣). かんき ① chill

한난[寒暖] 한란(寒暖)의 원말.

한:내[限內] 한정한 범위나 한도의 안. げんない within the limit

한단지보[邯鄲之步] 자기의 본분을 잊고 함부로 남의 흉내를 내면 남의 것을 제대로 익히지 못할 뿐 아니라 자기 것까지도 잃는다는 말. かんたんのあゆみ

한담[閑談] 심심풀이로 하는 이야기. =한화(閑話). かんだん idle talk

한대[寒帶] 지구상의 기후대(氣候帶)의 하나. 적도에서 남북으로 각각 66.33도에서 시작하여 양쪽 극(極)에 이르기까지의 지대.「～ 식물(植物)」かんたい frigid zones

한대림[寒帶林] 한대의 삼림(森林). 침엽수(針葉樹)가 주를 이룸. ↔열대림(熱帶林). かんたいりん polar forest

한:도[限度] 일정하게 정해 놓은 정도. げんど limit

한란[寒暖] 추움과 따뜻함.「～계(計)」かんだん heat and cold

한랭[寒冷] 춥고 참. 추움.「～

지(地)」かんれい　　　　cold

한랭대[寒冷帶] ① 한랭한 지대. 또는 그 지대의 부근. ② 한랭 전선(寒冷前線)의 부근. 취우(驟雨)·뇌우(雷雨)·급풍(急風) 따위가 잦. かんれいたい　　① cold regions

한랭 전선[寒冷前線] 기상학상의 불연속선(不連續線)의 하나. 따뜻하고 가벼운 기단(氣團) 아래에 들어가 밀어 올리듯 하면서 나아가는 찬 기단의 전선. ↔온난 전선(溫暖前線). かんれいぜんせん　　cold front

한려[閑麗] 윤이 흐르고 아름다움. かんれい　　being glossy and beautiful

한:련[旱蓮] 한련과(旱蓮科)의 일년초. 줄기는 덩굴, 잎은 연잎 모양으로 어린 잎과 씨는 향미료로 씀. tropaeolum

한로[寒露] 이십사 절기(節氣)의 하나. 추분의 다음에 드는 절기로, 양력 10월 8, 9일경이 됨. かんろ

한류[寒流] 온도가 비교적 낮은 해류(海流). 찬무대. ↔난류(暖流). かんりゅう　　cold current

한림[寒林] ① 겨울의 낙엽진 숲. ② 인도의 풍습으로 송장을 버려 두는 숲. ③ ⇨묘지(墓地). かんりん

한:림[翰林] 조선 시대, 예문관(藝文館) 검열(檢閱)을 달리 이르던 말. かんりん

한:림원[翰林院] 고려 때에 사명(詞命)을 짓는 일을 맡아보던 관청. かんりんいん

한:림 학사[翰林學士] 고려 시대, 한림원(翰林院) 또는 학사원(學士院)의 벼슬. かんりんがくし

한:마지로[汗馬之勞] 싸움터에서 말을 달려 싸운 공로라는 뜻으로, 싸움에 이긴 공로의 비유. かんばのろう　　meritorious services in war

한:만[汗漫] 되어 가는 대로 내버려 두고 등한함.　　negligence

한:명[限命] 하늘이 정한 목숨. destined duration of life

한:묵[翰墨] 문한(文翰)과 필묵(筆墨)이라는 뜻으로, 문필(文筆)을 이르는 말. かんばく　　literary work

한문[寒門] 한미한 집안. =한족(寒族).　　poor and humble family

한:문[漢文] ① 중국 한대(漢代)의 문장. ② 중국 고유의 문장. ③ 한자로 씌어진 글. かんぶん　　③ Chinese writing

한문자[閑文字] 필요 없는 문자. かんもじ　useless character

한:문전[漢文典] 한문의 문법(文法) 책. かんぶんてん　　grammar of Chinese classics

한:문학[漢文學] ① 한문을 연구하는 학문. ② 중국의 문학. 중국의 경서(經書)·사서(史書)·시문(詩文) 따위. 준한학(漢學). かんぶんがく　　① study of Chinese classics ② Chinese literature

한미[寒微] 구차하고 지체가 변변하지 못함.　　poverty and obscurity

한:발[旱魃] ① 가물. ↔홍수(洪水). ② 가물을 맡고 있다는 귀신. かんばつ　　① drought ② god of drought

한:방[漢方] ① 중국에서 발달한 의술. =한방의(漢方醫).

② 한의(漢醫)의 처방.「~약 (藥)」かんぽう
① Chinese medicine

한:방[韓方] ① 중국에서 전해져 우리 나라에서 발달한 의술. ② 한의(韓醫)의 처방.

한:배[汗背] 등에 땀을 흘림.

한벽처[閑僻處] 조용하고 궁벽한 곳.

한복[韓服] 우리 나라 고유의 옷. ↔양복(洋服).
Korean dress

한빈[寒貧] 미천하고 가난함. 썩 가난함. かんぴん poverty

한:사[限死] 목숨을 걸고 일함. 죽기를 각오함. =결사(決死).「~ 반대」desperation

한:사[恨死] ① 원통하게 죽음. 억울하게 죽음. ② 한많은 죽음. 원통한 죽음.
regrettable death

한:사[恨事] ① 한탄스러운 일. ② 원통스러운 일. こんじ
regrettable thing ② chagrin

한사[寒士] 가난하고 세도(勢道) 없는 선비. かんし
poor scholar

한산[閑散] ① 한가하고 적적함. ② 일이 없어 한가함. ↔다망(多忙)·빈망(繁忙). かんさん inactivity

한:삼[汗衫] ① 손을 감추기 위하여 두루마기의 두 소맷부리에 길게 덧댄 소매. ② 속적삼의 궁중말.

한상량[閑商量] 천천히 헤아려 생각함. 천천히 요량(料量)함.
considering slowly

한색[寒色] 채색 가운데 찬 느낌을 주는 빛. 푸른빛·검은빛 따위. ↔온색(溫色)·난색(暖色). かんしょく cold color

한서[寒暑] ① 추위와 더위. ② 겨울과 여름. かんしょ
① heat and cold ② winter and summer

한:서[漢書] 한문으로 된 서적(書籍). =한적(漢籍). かんしょ Chinese book

한:선[汗腺] 살갗에 있어서 몸 밖으로 땀을 내보내는 외분비선. 땀샘. かんせん
sweat gland

한:성부[漢城府] 조선 시대 때, 서울의 행정(行政)·사법(司法)을 맡아보던 관청.

한수[寒水] 차가운 물. かんすい
cold water

한습[寒濕] 습기로 허리의 아래가 찬 병. =습랭(濕冷).

한:시[漢詩] 한문으로 지은 시. かんし Chinese poem

한:시법[限時法] 유효 기간이 명기되어 있는 법률이나 명령.

한식[寒食] 동지(冬至)로부터 105일째 되는 날. 종묘(宗廟)와 능원(陵園)에 제향을 올리고, 민간에서는 성묘를 함. かんしょく

한식[韓式] 한국 고유의 양식이나 격식. 한국식.
Korean style

한식[韓食] 한국식의 음식. 한국 요리. Korean-style food

한실[閑室] ① 조용한 방. 한적한 방. かんしつ ② 필요하지 아니한 방. ① quiet room ② surplus room

한심[寒心] ① 너무나도 가엾고 딱함. ② 어이없어 기가 막힘. かんしん ① pity

한:약[漢藥] 한방(漢方)에서 쓰는 약. かんやく

한:약재[漢藥材] 한약의 재료. かんやくざい

한양[閑養] 한가로이 쉬면서

몸을 보양함. repose
한:양[漢陽] 서울의 옛 명칭. 漢陽
historical name of Seoul
한:어[漢語] ① 한자(漢字)로 漢語
된 말. ② 중국 사람이 쓰는
말. かんご　　② Chinese
한어[韓語] 한국어(韓國語)의 韓語
준말.
한언[閑言] ① 조용하고 천천히 閑言
하는 말. ② 쓸데없는 말. か
んげん
한:역[漢譯] 한문으로 번역함. 漢譯
또는 그 책. かんやく
Chinese translation
한역[韓譯] 한국어로 번역함. 韓譯
＝국역(國譯).
translation into Korean
한:열[旱熱] 가물 때의 심한 旱熱
더위. ≒한염(旱炎).
intense heat in dry weather
한열[寒熱] 오한(惡寒)과 신열 寒熱
(身熱). かんねつ
chill and fever
한:염[旱炎] 가물 때의 심한 旱炎
더위. ≒한열(旱熱).
intense heat in dry weather
한옥[韓屋] 한국 전통의 건축 韓屋
양식으로 지은 집. ↔양옥(洋
屋). Korean-style house
한온[寒溫] 날씨의 차가움과 寒溫
따뜻함이라는 뜻으로, 주인과
손이 날씨의 춥고 더움을 말
하며 하는 안부 인사.
한:외[限外] 한계의 밖. 한도 限外
이상. げんがい
한:외 발행[限外發行] 지폐를 限外發行
발행하는 은행에서 준비금 이
상으로 지폐를 발행함. げん
がいはっこう
excessive issuance
한우[寒雨] ① 차가운 비. ② 겨 寒雨
울에 내리는 비. かんう
① cold rain

한우[韓牛] 한국 재래종의 소. 韓牛
한:우충동[汗牛充棟] 실으면 汗牛充棟
소가 땀을 흘리며, 쌓으면 들
보에까지 찬다는 뜻으로, 책
이 매우 많음을 이르는 말.
かんぎゅうじゅうとう
abundance of books
한운[閑雲] 한가로이 떠도는 閑雲
구름. かんうん floating clouds
한운야:학[閑雲野鶴] 공중에 野鶴
한가로이 뜬 구름과 들에 노
니는 학이라는 뜻으로, 속박(束
縛)됨이 없이 한가롭게 지내
는 생활을 이르는 말. かんう
んやかく carefree life
한월[寒月] 겨울의 달. 차가워 寒月
보이는 달. かんげつ
winter moon
한월[閑月] 농사일이 없어 한 閑月
가한 달. ↔망월(忙月). かん
げつ leisurely month
한위[寒威] 추위의 위세. 곧, 寒威
대단한 추위. かんい
severe cold
한:유[罕有] 드물게 있음. 罕有
rarefaction
한유[閑裕] 한가하고 여유가 閑裕
있음. かんゆう leisure
한유[閑遊] 한가히 노닒. idling 閑遊
한은[韓銀] 한국 은행(韓國銀 韓銀
行)의 준말.
한음[閑吟] 한가로이 시가를 閑吟
읊음. 조용하고 천천히 시가
를 읊음. かんぎん
reciting poetry at leisure
한:음[漢音] 한자의 중국 음. 漢音
かんおん
한:의[韓醫] ① 한방(韓方)의 韓醫
의술. ↔양의(洋醫). ② 한의
사(韓醫師)의 준말. かんい
한:의사[韓醫師] 한방 의술을 漢醫師
전문으로 하는 의사. 준한의 漢方
(韓醫). かんいし

한:의원[韓醫院] 한의사가 한의업을 하는 곳. かんいいん 韓醫院
doctor of Oriental medicine
clinic of Oriental medicine

한:인[恨人] ① 다정다한(多情多恨)한 사람. ② 한이 많은 사람. 恨人
① man of sentiment

한인[閑人] ① 한가한 사람. ② 볼일이 없는 사람. 「~물입(勿入)」 かんじん 閑人 勿入
① man of leisure

한:인[漢人] ① 중국 한족(漢族)에 속한 사람. ② 중국 사람. かんじん ② Chinese 漢人 中國

한인[韓人] 한국 사람. かんじん 韓人
Korean

한:일[限日] 기한이 되는 날. かんじつ appointed day 限日

한일[閑日] 한가한 날. かんじつ leisurely day 閑日

한일월[閑日月] 한가한 세월. かんじつげつ spare time 閑日月

한:입골수[恨入骨髓] 원한이 뼛속 깊이 사무침. 恨入骨髓

한:재[旱災] 가뭄으로 인해 생기는 재난. かんさい 旱災
damage from a drought

한적[閑寂] 한가롭고 고요함. かんじゃく quietness 閑寂

한:적[漢籍] ⇨한서(漢書). 漢籍

한:전[旱田] 밭을 논에 상대하여 이르는 말. ↔수전(水田). 旱田
field

한전[寒戰·寒顫] 오한이 심하여 몸이 떨리는 증세. 寒戰

한:정[限定] ① 제한하여 정함. 한도를 정함. ② 개념에 속성을 묶어 내포(內包)를 넓게 하고 외연(外延)을 좁히는 일. ↔개괄(概括). げんてい 限定 內包
① limitation

한정[閑靜] 한가하고 조용함. かんせい quietness 閑靜

한:정 치산[限定治産] 심신 박약자·낭비자 등이 자기 재산을 단독으로 관리·처분하는 것을 법률로 금지하는 처분. 「~자(者)」 限定治産

한:정판[限定版] 서적의 발행 부수를 제한하여 내는 출판물이나 레코드. げんていはん 限定版
limited edition

한:조[翰藻] 시가(詩歌) 또는 문장(文章). かんそう 翰藻
verse or composition

한:족[漢族] 중국 본토에서 예로부터 살아온 종족. 중국인의 약 90%를 차지하는 황색 인종임. かんぞく 漢族

한족[韓族] 한반도 전역에 사는 민족. =한민족(韓民族). かんぞく Korean race 韓族

한:종신[限終身] 죽을 때까지로 한정함. till one's death 限終身

한중[寒中] ① 소한(小寒)부터 대한(大寒)까지의 사이. ② 가장 추운 계절. ③ 한방에서, 속에 한기(寒氣)가 서려 여름에도 설사를 잘 하는 병을 이름. かんちゅう ①② midwinter 寒中

한중망[閑中忙] 한가한 가운데 바쁨. ↔망중한(忙中閑). 閑中忙
keeping busy in a leisurely life

한중진미[閑中眞味] 한가한 가운데 깃들이는 참다운 맛. 閑中眞味

한:증[汗蒸] 높은 열과 증기가 공급되는 특수한 시설 속에서 몸을 덥게 하고 땀을 내어 병을 고치는 일. sweating bath 汗蒸

한:증막[汗蒸幕] 한증하기 위하여 만든 시설. 汗蒸幕
sweating bathroom

한:지[旱地] 밭. field 旱地
한:지[限地] 지역을 제한함. かんち limiting the area 限地

한지[寒地] 추운 지방. ↔난지(暖地). かんち cold region

한지[閑地] 조용하고 한가한 지방. かんち quiet land

한지[韓紙] 닥나무 따위의 섬유를 원료로 하여 한국 고래(古來)의 제조법으로 뜬 종이. Korean paper

한직[閑職] 늘 한가한 벼슬자리. 중요하지 않은 직위나 직무. =한관(閑官). かんしょく sinecure

한:진[汗疹] 땀띠. あせも・かんしん heat rash

한:천[旱天] 몹시 가문 날씨. かんてん dry weather

한천[寒天] ① 추운 겨울철. 추운 때. =한절(寒節). ↔염천(炎天). ② 우무. かんてん ① cold weather ② agar

한촌[寒村] ① 가난한 마을. ② 쓸쓸한 마을. かんそん ① poor village ② forlorn village

한촌[閑村] 한적한 마을. quiet village

한:탄[恨歎] 원통하거나 한스러워 탄식함. 또는 그러한 때의 탄식. deploring

한토[寒土] ① 쓸쓸한 곳. =벽지(僻地). ② 추운 곳. かんど ① remote place ② cold place

한:토하[汗吐下] 한방에서, 병을 고치려고 땀을 내게 하거나 토하게 하거나 설사를 시키는 일.

한파[寒波] 찬 공기가 갑자기 이동하여 모진 추위가 오는 기류(氣流)의 흐름. =난파(暖波)・열파(熱波) かんぱ cold wave

한:평생[限平生] 살아 있는 동안까지. =한생전(限生前). lifetime

한풍[寒風] 찬바람. ↔난풍(暖風). かんぷう cold wind

한필[閑筆] 한가한 마음으로 쓴 글씨나 글. かんぴつ writing leisurely

한:학[漢學] ① 한문 및 한어(漢語)에 관한 학문. ↔양학(洋學). ② 한문학(漢文學)의 준말. ③ 중국에서, 송(宋)・명(明) 시대의 성리학(性理學)에 상대하여 한(漢)・당(唐) 시대의 훈고학(訓詁學)을 일컫는 말. かんがく ① study of Chinese classics

한:해[旱害] 가물로 말미암아 입는 재해. ↔수해(水害). かんがい damage from a drought

한해[寒害] 추위로 말미암아 입는 재해. =동해(凍害). かんがい damage from cold weather

한:혈[汗血] ① 땀과 피. ② 피와 같은 땀이라는 뜻으로, 크게 노력함을 이르는 말. かんけつ ① blood and sweat

한화[閑話] ↪한담(閑談).

한화[韓貨] 한국의 화폐. Korean money

한화휴제[閑話休題] 쓸데없는 이야기는 그만둔다는 뜻으로, 글을 쓸 때 한동안 본론에서 벗어난 이야기를 써 내려가다가 다시 본론으로 돌아갈 때 쓰는 말.

할[割]☆ 나눌 할: 나누다. 가르다. 끊다. 「割去(할거)・割當(할당)・割據(할거)・割引(할인)・割增(할증)・分割(분할)」 カツ・わる

할[轄] 다스릴 할: 다스리다. 지배하다. 「管轄(관할)・所轄(소할)・直轄(직할)・統轄(통

할)」カツ

할거[割去] 베어 냄. 베어 버림. 割去
      cutting off

할거[割據] 땅을 나누어서 차지하여 세력권을 이룩함. 「군웅(群雄)~」かっきょ
  holding one's own ground

할당[割當] 몫몫이 벼름. 또는 그 몫. 「잉여금 ~」わりあて
      apportionment

할렐루야[hallelujah] 기독교에서, '신을 찬양(讚揚)하라'의 뜻으로, 기쁨 또는 감사를 나타내는 말. ハレルヤ

할로겐[halogen] 염소(鹽素)・브롬・요오드・플루오르・아스타틴의 다섯 원소의 총칭. 할로겐족 원소. ハロゲン

할반지통[割半之痛] 형제 자매가 죽은 슬픔.
  sorrow for brother's death

할복[割腹] ① 배를 가름. ② 배를 갈라 죽음. 「~ 자살(自殺)」かっぷく
   ① disembowelment

할부[割賦] 물건값을 여러 번으로 나누어서 줌. かっぷ
      installment

할애[割愛] 아깝게 여기는 것을 선뜻 내어 놓거나 버림. かつあい   sparing

할양[割讓] ① 물건의 일부를 나누어서 다른 이에게 넘겨 줌. ② 조약에 따라 자국 영토의 일부분을 다른 나라에 떼어 줌. かつじょう cession

할인[割引] 정가보다 얼마간을 싸게 함. ↔할증(割增). 「~권(券)」わりびき discount

할인[割印] 한 개의 도장을 두 장의 서류에 걸쳐서 찍음. 또는 그 도장. =계인(契印).
      tally

할인료[割引料] ① 어음 할인에 있어 현금과 인환(引換)한 날부터 만기(滿期)까지의 일수(日數)에 따라 차감(差減)하는 이자(利子). ② 어음 액면(額面)과 매입 가격(買入價格)과의 차(差). わりびきりょう

할접[割椄] 접본(椄本)을 쪼갠 다음, 접가지의 아랫부분을 쐐기 모양으로 빗깎아 끼워 접붙이는 방법.

할주[割註] 본문 사이에 두 줄로 잘게 단 주(註).
    inserted note

할증[割增] 일정한 액수에 얼마를 더함. ↔할인(割引). わりまし   premium

함[含]☆ 머금을 함 : 머금다. 품다. 「含蓄(함축)・含毒(함독)・含怨(함원)・含憤(함분)・包含(포함)」ガン・ふくむ

함[函] "凾"은 俗字. ① 함 함 : 함. 그릇. 상자. 「函籠(함롱)・函褓(함보)・函封(함봉)・書函(서함)」 ② 편지 함 : 편지. 「函招(함초)・函告(함고)・函書(함서)」 ③ 갑옷 함 : 갑옷. 「函人(함인)」カン ① はこ

함:[凾] "函"의 俗字.

함[咸]☆ 다 함 : 다. 모두. 「咸告(함고)・咸服(함복)」カン・みな

함[涵] 젖을 함 : 젖다. 잠기다. 「涵養(함양)・涵泳(함영)・涵育(함육)」カン・ひたす

함[陷]☆ 빠질 함 : 빠지다. 무너지다. 「陷沒(함몰)・陷落(함락)・陷穽(함정)・陷地(함지)・陷城(함성)・缺陷(결함)」カン・おちいる

함:[喊] 고함지를 함 : 고함지르

다. 크게 꾸짖다. 「喊聲(함성)·喊喧(함훤)」 カン·さけぶ 喊聲

함[銜] ① 재갈 함: 재갈. 「銜勒(함륵)」 ② 머금을 함: 머금다. 물다. 「銜枚(함매)」 ③ 직함 함: 직함. 「銜字(함자)·職銜(직함)」 カン ① くつわ 銜勒 / 職銜

함[緘] 봉할 함: 봉하다. 묶다. 꿰매다. 「緘口(함구)·緘默(함묵)·緘封(함봉)·緘書(함서)·緘札(함찰)·封緘(봉함)」 カン·とじる 緘口

함:[檻] ① 우리 함: 우리. 죄인을 싣는 수레. 「檻車(함거)·檻輿(함여)·檻倉(함창)·檻致(함치)·獸檻(수함)」 ② 난간 함: 난간. 「欄檻(난함)」 カン ① おり 檻車 / 檻致

함:[艦] 싸움배 함: 싸움배. 군함. 「艦隊(함대)·艦船(함선)·艦砲(함포)·艦艇(함정)·軍艦(군함)·戰艦(전함)」 カン·いくさぶね 艦船

함:[轞] 함거 함: 죄인 태우는 수레. 「轞車(함거)」 カン 轞車

함:거[檻車·轞車] 예전에 죄인을 호송하던 수레. かんしゃ 檻車·轞車

함:교[艦橋] 군함의 두 현(舷)에 높이 건너지른 갑판(甲板). かんきょう bridge of a warship 艦橋

함구[緘口] 입을 다물고 말을 하지 아니함. =결구(結口)·겸구(箝口)·함묵(緘默). ↔개구(開口). 「~령(令)」 かんこう keeping one's mouth shut 緘口/結口

함구물설[緘口勿說] 입을 다물고 말하지 말라는 뜻. =겸구물설(箝口勿說). letting someone hold his tongue 緘口勿說

함:닉[陷溺] ① 물 속에 빠져 들어감. ② 주색(酒色) 따위에 빠짐. かんでき ① drowning ② indulgence 陷溺/酒色

함:대[艦隊] 군함 두 척 이상으로 짜인 해군 부대. かんたい fleet 艦隊

함독[含毒] ① 독을 품음. ② 독한 마음을 품음. ② bearing malice 含毒

함:락[陷落] ① 땅이 꺼져 내려앉음. =함몰(陷沒). ② 적진(敵陣)을 빼앗음. かんらく ① sinking ② fall 陷落/敵陣

함량[含量] 함유되어 있는 분량. content 含量

함:령[艦齡] 함선이 진수(進水)한 때로부터 경과한 연수(年數). かんれい age of a warship 艦齡

함루[含淚] 눈물을 머금음. having tears in one's eyes 含淚

함:몰[陷沒] ① 빠져 들어감. 아래로 움푹 들어감. ↔융기(隆起). ② 재난을 당하여 멸망함. かんぼつ ① sinking ② ruin 陷沒

함:몰 지진[陷沒地震] 지층이 함몰할 때에 일어나는 지반(地盤)의 진동(震動). =압낙지진(陷落地震). かんぼつじしん fallen earthquake 陷沒地震/地盤

함묵[含默] 입을 다물고 잠잠히 있음. keeping silent 含默

함묵[緘默] ⇨함구(緘口). 緘默

함:미포[艦尾砲] 군함의 뒤쪽 끝에 장치한 속사포(速射砲) 따위의 포. ↔함수포(艦首砲). stern chaser 艦尾砲

함봉[緘封] 편지의 겉봉을 봉함. ↔개봉(開封). sealing 緘封

함분[含憤] 분한 마음을 품음. bearing resentment 含憤

함분축원[含憤蓄怨] 분하고 원통한 마음을 품음. 含憤蓄怨

함:상[艦上] 군함의 위. かん 艦上

함:상기[艦上機] 항공 모함에 실려 갑판에서 뜨고 내려앉는 비행기. かんじょうき 艦上機 on board a warship

함서[緘書] 봉한 편지. =봉서(封書). 緘書 sealed letter

함:선[艦船] ① 군함과 기선의 총칭. ② 군사용의 배의 총칭. =선함(船艦). かんせん 艦船 ① warships and other crafts

함:성[陷城] 성이 함락됨. 성을 함락시킴. 陷城 fall of a castle

함:성[喊聲] 크게 부르짖는 소리. 아우성. かんせい 喊聲 shout

함소[含笑] ① 웃음을 머금거나 띰. ふくみわらい ② 꽃이 피기 시작함. 含笑 ① wearing a smile ② beginning to bloom

함소입지[含笑入地] 웃으며 죽는다는 뜻으로, 의사(義士)가 죽음 앞에 태연함. 또는 두려움 없이 위험한 곳에 뛰어듦을 이름. 含笑入地

함:수[函數] 두 변수(變數) x·y 사이에 일정한 관계가 있어서 x가 변함에 따라 y가 변하는 경우에 y를 이르는 말. 따름수. かんすう 函數 function

함:수[艦首] 군함의 뱃머리. かんしゅ 艦首 bow

함수 탄:소[含水炭素] ⇨탄수화물(炭水化物). がんすいたんそ 含水炭素

함:수포[艦首砲] 군함의 뱃머리에 장치한 대포. ↔함미포(艦尾砲). 艦首砲 bow chaser

함수표[函數表] 한 가지 또는 몇 가지의 함수에 관해서, 그 독립 변수(變數)의 온갖 값에 대하여 함수의 값을 벌여 적어서 실지로 계산하는 데에 이바지하는 표. 대수표(對數表)·삼각표(三角表) 등. かんす 函數表 table of function

함씨[咸氏] 남을 높이어 그의 조카를 이르는 말. =영질(令姪). 咸氏 your nephew

함양[涵養] 학문과 식견을 넓히어 심성(心性)을 닦음. =함육(涵育). かんよう 涵養 涵育 cultivation

함원[含怨] 원한을 품음. 含怨 bearing a grudge

함유[含有] 섞이어 있거나 머금고 있음. がんゆう 含有 containing

함:입[陷入] 빠짐. 빠져듦. 꺼져듦. かんにゅう 陷入 subsidence

함자[銜字] 남의 이름의 높임말. 銜字 your name

함:장[艦長] 군함의 지휘·감독을 맡은 군인. かんちょう 艦長 captain of a warship

함:장[艦檣] 군함의 돛대. 艦檣 mast of a warship

함:재[艦載] 군함에 실음. かんさい 艦載 carrying aboard a warship

함:재기[艦載機] 항공 모함(航空母艦)에 실은 비행기. かんさいき 艦載機 ship-based airplane

함:정[陷穽] 허방다리. かんせい 陷穽 pitfall

함:정[艦艇] 크고 작은 군함의 총칭. かんてい 艦艇 war vessels

함:지[陷地] 움푹 꺼져 들어간 땅. 陷地 low ground

함:지사지[陷之死地] 위험한 지경에 빠짐. 陷之死地 falling into a dangerous pitfall

함축[含蓄] ① 깊이 간직하여 드러나지 아니함. ② 말이나 글 속에 많은 내용을 담고 있음. がんちく 含蓄 implication

함축성[含蓄性] 말이나 글 속에 어떤 뜻이 함축되어 있는 성질. 含蓄性

함:포[艦砲] 군함에 장치해 놓은 대포. かんぽう
guns of a warship

함포고복[含哺鼓腹] 배불리 먹고 배를 두드리며 즐김.

함:해[陷害] 남을 재해에 빠지게 함. 남을 모함하여 해를 입힘. かんがい entrapping

함흥차사[咸興差使] 한 번 가기만 하면 깜깜무소식이라는 뜻으로, 심부름을 가서 돌아오지 아니하거나 아무 소식이 없음을 이르는 말.
lost messenger

합[合]* ① 합할 합:합하다. 모으다. 「合同(합동)·合力(합력)·合心(합심)·集合(집합)·會合(회합)」 ② 맞을 합:맞다. 「合法(합법)·合理(합리)」 ③ 홉 홉:양을 되는 단위. 작(勺)의 10배, 승(升)의 10분의 1. ゴウ ② あう

합[盒] 합 합:합. 식기의 일종. 「盒子(합자)·香盒(향합)」 コウ

함[蛤] 조개 함·조개 「蛤蚧(합개)·蛤蜊(합리)·蛤子(합자)·大蛤(대합)·紅蛤(홍합)」 コウ·はまぐり

합[閤] ① 쪽문 합:쪽문. 쪽문. 「閤門(합문)·閤外(합외)」 ② 안방 합:안방. 규방. 「閤內(합내)·閤患(합환)·閤夫人(합부인)」 コウ

합가[合家] ① 살림을 합침. ② ⇨전가(全家).

합격[合格] ① 격식·조건에 맞음. 「~품(品)」 ② 시험에 붙음. ↔불합격(不合格). 「~증(證)」 ごうかく
① standing the test ② passing an examination

합격자[合格者] ① 시험에 붙은 사람. =급제자(及第者). ② 격식이나 조건에 알맞은 사람. ごうかくしゃ ① successful candidate ② eligible person

합계[合計] 한데 몰아서 계산함. 또는 그 수. =합산(合算)·총계(總計). ごうけい
sum total

합국[合局] 묏자리·집터가 좋은 곳. 곧 혈(穴)과 사(砂)가 합하여 이룬 자리.

합궁[合宮] 부부 사이의 성교. =합금(合衾). conjugality

합금[合金] 두 가지 이상의 다른 금속을 녹여서 혼화(混和)시킨 쇠붙이. =합성금(合成金). ごうきん alloy

합금[合衾] ① 한 이불 속에서 잠. ② ⇨합궁(合宮)
① sleeping together

합당[合當] 꼭 알맞음.
adequacy

합당[合黨] 당을 합침.
merger of political parties

합동[合同] ① 여럿이 모이어 함께 함. 「~ 결혼식」 ② 두 개의 도형(圖形)이 완전히 겹쳐지는 일. ごうどう
① combination ② congruence

합력[合力] 힘을 한데 합함. ↔분력(分力). ごうりょく·ごうりき collaboration

합례[合禮] ① 신랑 신부가 첫날 밤에 한 이불 속에서 잠. =정례(正禮). ② 예절에 맞음. 예절에 어그러짐이 없음.

합류[合流] ① 여러 갈래의 냇물이 한데 합치어 흐름. ② 일정한 목적으로 뭉치기 위하여 한데로 몰림. 합하여 행동을 같이함. ごうりゅう
① confluence ② joining

합류점[合流點] ① 여러 강물

이 만나는 곳. ② 합류하게 되는 경우나 계기(契機). ごうりゅうてん
① confluence of rivers

합리[合理] 이치나 도리에 합당함. ↔불합리(不合理). ごうり rationality

합리적[合理的] ① 합리성 또는 합목적성을 기조(基調)로 한 것. ② 합리주의에 입각한 것. =이성적(理性的). ごうりてき ② rational

합리주의[合理主義] 감각적 경험과 우연적인 것을 물리치고 이성(理性)과 논리(論理)가 일체를 지배한다는 주의. =유리론(唯理論)·합리론(合理論). ごうりしゅぎ rationalism

합리화[合理化] ① 이치나 논리에 합당하게 하는 것. ② 변명이나 정당화를 위하여 그럴듯한 이유를 붙여 둘러맞춤. ③ 능률적이고 효과적인 것으로 체제를 개선하는 일.「경영(經營)의 ~」ごうりか rationalization

합명[合名] ① 이름을 함께 이어 씀. ② 공동으로 책임을 지기 위하여 이름을 함께 씀. ごうめい

합명 회:사[合名會社] 두 사람 이상이 출자(出資)하여 경영하는 무한 책임의 간단한 회사. ごうめいがいしゃ
unlimited partnership

합목적[合目的] 목적에 맞음. ごうもくてき fitness

합목적성[合目的性] 어떤 목적에 가장 적합한 구조나 행위. ごうもくてきせい fitness

합문[閤門] ① 편전(便殿)의 앞문. ② 고려(高麗) 때, 조회(朝會)의 의례를 맡은 관아.

합반[合班] 두 학급 이상을 합침. 또는 그 합친 반.
combined class

합방[合邦] 둘 이상의 나라를 한 나라로 합침. がっぽう
annexation

합법[合法] 법령(法令)·법식에 맞음. =적법(適法). ↔불법(不法)·비합법(非合法)·위법(違法). ごうほう legality

합법성[合法性] 행위가 그 국가의 법체계의 테두리 안에서 행하여졌을 경우의 행위 평가. =적법성(適法性). ごうほうせい lawfulness

합법주의[合法主義] ① 범죄에 관한 여러 가지 증거를 검사(檢事)가 잡았을 경우에는 반드시 공소(公訴)를 하여야 한다는 주의. ② 사회 운동·노동 운동을 할 때 법률에 어그러지는 짓을 하지 않으려는 주의. ↔비합법주의(非合法主義). ごうほうしゅぎ ② legalism

합병[合兵] 몇 대(隊) 이상의 군대를 모아서 한 대(隊)로 만듦.
uniting troops

합병[合倂] 둘 이상의 사물이나 조직을 하나로 합침. -병합(倂合). がっぺい
combination

합병증[合倂症] 하나의 질병에 관련하여 일어나는 다른 질병. がっぺいしょう
complication

합보[合褓] 밥상을 덮는 겹보자기.
cloth cover

합본[合本] ① ⇨합자(合資). ② 여러 책을 함께 맴. 또는 그 책. ↔분책(分冊). がっぽん
② bound volumes

합본 취:리[合本取利] 밑천을 한데 모아서 이익을 얻으려고

꾀함.

합부인[閤夫人] 남의 아내에 대한 높임말. your wife

합사[合祀] 둘 이상의 죽은 사람의 넋을 한 곳에 모아 제사함.

합사[合絲] 여러 올의 실을 겹쳐 꼼. 또는 그런 실. 「~기(機)」 twisted thread

합삭[合朔] 달이 해와 지구 사이에 들어 서로 일직선을 이루는 때. ㈜삭(朔). conjunction of moon and sun

합산[合算] 합하여 셈함. =합계(合計). がっさん adding up

합산적[合散炙] 닭·꿩·쇠고기 등을 잘게 다져서 갖은 양념을 치고 반대기를 지어 구워 낸 음식.

합생 웅예[合生雄蕊] 여러 수꽃들이 한데 엉기어 붙어서 한 덩이가 된 수꽃술.

합석[合席] 자리를 함께 함. sitting together

합선[合線] 양전기·음전기의 두 전선이 한데 붙음. short circuit

합섬[合纖] 합성 섬유(合成纖維)의 준말.

합성[合成] ① 둘 이상의 것이 합하여 한 개로 됨. 「~ 국가(國家)」② 둘 이상의 원소를 화합하여 화합물을 만들어 냄. ↔분석(分析). ③ 생물이 탄산가스에서 유기 화합물을 만드는 작용. ↔분해(分解). ごうせい ② synthesis

합성물[合成物] ① 합성하여서 만들어진 물건. ② 여러 물건의 결합으로 단일한 형체가 이루어졌으면서도, 그 구성 부분이 여전히 개성(個性)을 지니는 물건. 곧 보석 반지나 건물 등. ごうせいぶつ ① compound

합성 사:회[合成社會] 남녀의 결합에 의하여 인적 따위의 관계가 생기는 혈연 사회.

합성 섬유[合成纖維] 석유·카바이드 등을 원료로 하여 합성시킨 고분자(高分子) 화합물에서 만들어진 섬유. 나일론·비닐 섬유 등. ㈜합섬(合纖). ごうせいせんい synthetic fiber

합성수[合成數] 소수(素數)가 아닌 자연수. composite number

합성 수지[合成樹脂] 유기 화합물에서 인공적으로 합성하여 만든 수지. =인조 수지(人造樹脂). ごうせいじゅし synthetic resins

합성어[合成語] 복합어(複合語)의 한 갈래로, 둘 이상의 실질 형태소가 결합하여 한 단어가 된 말. '집안·돌다리' 따위. ごうせいご compound word

합성주[合成酒] 알코올에 낸 술과 비슷한 맛의 여러 성분을 섞어서 만든 술. ごうせいしゅ compound liquor

합세[合勢] 세력을 한데 모음. ごうせい joining forces

합솔[合率] 흩어졌던 집안이나 가까운 일가가 함께 삶. living together

합수[合水] 몇 갈래의 물이 모여서 한데 흐르는 물. conflux

합숙[合宿] 여러 사람이 한 곳에 숙박함. 또는 그 집. がっしゅく lodging together

합승[合乘] 여럿이 함께 탐. =승합(乘合). riding together

합심[合心] 많은 사람이 마음

합위[合圍] 빙 둘러 에워쌈. 合圍 encirclement

합유[合有] 공동 소유의 한 형태. 공유(共有)와 총유(總有)의 중간 형태로, 소유자는 각각의 소유권을 가지지만 단독으로 처분할 수 없음. ごうゆう joint ownership

합음자[合音字] 둘 이상의 글자를 합하여 한 글자를 만듦. 또는 그 글자. =합자(合字).

합의[合意] ① 서로 뜻이 같음. ② 당사자간의 뜻이 합치함. ごうい ① mutual consent ② agreement

합의[合議] 몇 사람이 모여서 의논함. ごうぎ conference

합의제[合議制] ① 합의에 의해서 일을 처결하는 제도. ② 법률에서, 몇 사람의 법관이 합의하여 판결을 내리는 제도. ↔단독제(單獨制). ごうぎせい ① representative system ② collegiate system

합의체[合議體] 세 사람 이상으로 구성된 합의제의 재판 기관. ごうぎたい

합일[合一] 합치어서 하나가 됨. ごういつ unity

합자[合資] 두 사람 이상이 자본을 합함. =합본(合本). ごうし joint stock

합자 회:사[合資會社] 무한책임 사원(無限責任社員)이 경영하는 사업에 유한 책임 사원이 자본을 제공하고 그 사업에서 나오는 이익을 분배하는 회사. ごうしがいしゃ limited partnership

합작[合作] ① 힘을 합하여 만듦. ② 공동 목표를 위하여 여러 사람이나 단체가 협력하는 일. ③ 두 사람 이상이 함께 만든 작품. がっさく ① collaboration ② cooperation ③ joint work

합장[合掌] ① 두 손바닥을 합함. ② 부처에게 배례할 때 두 손바닥을 합침. 「~ 배례(拜禮)」 がっしょう joining one's hands

합장[合葬] ① 두 사람 이상의 주검을 한 무덤에 묻음. ② 부부의 시체를 한 무덤에 묻음. =합부(合祔)·합폄(合窆). ↔각장(各葬). がっそう burying together

합주[合奏] 여러 가지 악기를 함께 연주함. ↔독주(獨奏). 「~곡(曲)」 がっそう

합주[合酒] 찹쌀로 빚어서 여름에 먹는 막걸리.

합죽[合竹] 댓조각을 맞붙임.

합죽선[合竹扇] 겉대로 살을 만든 쥘부채. folding fan

합중국[合衆國] 여러 나라가 연합하여 공동의 정부를 조직하고 완전한 외교권을 가진 국가. がっしゅうこく federal states

합창[合唱] ① 여러 사람이 소리를 맞추어 노래함. ② 4명 이상의 소리가 함께 화성(和聲)을 이루면서 다른 가락으로 노래함. ↔독창(獨唱). 「~단(團)」 がっしょう ① singing together ② chorus

합체[合體] 둘 이상의 사람 또는 사물이 합쳐서 하나가 됨. がったい union

합치[合致] 의견·치수·형태 등이 꼭 일치함. がっち agreement

합치 감:정[合致感情] 비교 작용·판단 작용 등에 있어서

두 표상(表象)이 동화가 될 때에 일어나는 감정.
　　　feeling of agreement

합판[合板] 얇게 켠 나무판을 여러 장 겹쳐 붙인 널빤지.
　　　plywood

합판[合辦] ① 몇 사람이 힘을 모아 사업을 경영함. ② 몇 개의 기업체(企業體)가 공동으로 기업을 경영함. ごうべん
　　① joint management

합판화[合瓣花] 꽃잎이 서로 붙은 꽃. 나팔꽃 따위. ↔이판화(離瓣花).
　　　gamopetalous flower

합판 화관[合瓣花冠] 여러 꽃잎이 서로 붙은 꽃부리. ごうべんかかん
　　　gamopetalous corolla

합평[合評] 여럿이 한 자리에 모여서 의견을 나누면서 비평함. 또는 그 비평. 「～회(會)」がっぴょう　joint review

합표[合標] 확실히 하기 위하여, 종이나 피륙의 끊은 자리에 표를 하여 둠. 또는 그 표. =합인(合印).

합필[合筆] 여러 지번(地番)의 토지를 한데 합침. がっぴつ

합하[閤下] 정일품의 벼슬아치를 높이어 이르는 말.

합헌[合憲] 헌법에 위배되지 않음. ↔위헌(違憲). 「～성(性)」ごうけん
　　　constitutionality

합혈[合血] 지난날, 아버지의 피와 아들의 피는 물에 떨어뜨리면 합하여진다고 하여, 재판에서 부자지간임을 확인할 때 쓰던 방법.

합환주[合歡酒] 혼례 때, 신랑·신부가 서로 잔을 바꾸어 마시는 술.　nuptial cups exchanged between the bride and bridegroom

핫뉴:스[hot news] 아주 새로운 보도(報道). 최신 소식. ホットニュース

핫도그[hot dog] 길쭉한 빵 속에 뜨거운 소시지를 넣은 음식(飮食). ホットドッグ

핫라인[hot line] 불의의 충돌을 피하기 위한 두 나라 사이의 직통 통신선(直通通信線). ホットライン

핫머니[hot money] 국제 금융 시장에 나도는 투기적(投機的)인 단기 자금. ホットマネー

핫이슈[hot issue] 뜨거운 관심(關心)을 불러일으키고 있는 문제

핫케이크[hot cake] 밀가루에 달걀·버터·설탕 등을 반죽하여 둥글게 구운 과자(菓子)의 한 가지. ホットケーキ

핫코:너[hot corner] 야구에서, 강한 타구(打球)가 많이 날아가는 3루 근처를 말함. ホットコーナー

핫팬츠[hot pants] 가랑이가 아주 짧은 여성용(女性用) 바지. ホットパンツ

항:[亢] ① 높아질 항: 높아지다. 위로 치키다. 「亢龍(항룡)·亢燥(항조)·亢進(항진)」 ② "抗"과 통자. 겨룰 항: 겨루다. 대항하여 가로막다. 「亢答(항답)·亢禮(항례)」 ③ 목 항: 목. 모가지. 「終亢(종항)」 コウ ① たかぶる

항:[伉] ① 짝 항: 짝. 배필. 「伉儷(항려)·伉配(항배)」 ② 곧을 항: 곧다. 강직하다. 「伉厲(항려)·伉直(항직)」 コウ ① たぐい

항[行]* ① 항렬 항: 항렬. 항오.「行列(항렬)·行伍(항오)」 コウ ② ⇨행(行).

항:[肛] 똥구멍 항: 똥구멍.「肛門(항문)·肛糞(항분)·降肛(강항)·脫肛(탈항)」 コウ·しり·あな

항:[抗]* 맞설 항: 맞서다. 겨루다. 대항하다.「抗拒(항거)·抗議(항의)·抗禦(항어)·抗命(항명)·對抗(대항)·反抗(반항)」 コウ·あたる

항[缸] 항아리 항: 항아리.「缸胎(항태)」 コウ

항[恒]* 항상 항: 항상. 늘.「恒常(항상)·恒例(항례)·恒時(항시)·恒心(항심)·恒用(항용)·恒久(항구)」 コウ·つね

항[姮] 항아 항: 항아.「姮娥(항아)」 コウ

항[降] ① 항복할 항: 항복하다. 무릎꿇다.「降魔(항마)·降服(항복)·降書(항서)·降將(항장)·降卒(항졸)」 ② 내릴 강: 내리다.「降等(강등)·降下(강하)」 コウ ②おりる

항:[巷]* 거리 항: 거리. 골목.「巷談(항담)·巷街(항가)·巷說(항설)·陋巷(누항)·閭巷(여항)」 コウ·ちまた

항:[航]* ① 건널 항: 배로 물을 건너다.「航海(항해)·航路(항로)·航行(항행)·寄航(기항)·難航(난항)·出航(출항)」 ② 비행할 항: 비행하다. 날다.「航空(항공)」 コウ ①わたる

항:[港] 항구 항: 항구.「港口(항구)·港灣(항만)·開港(개항)·軍港(군항)·出港(출항)·入港(입항)」 コウ·みなと

항:[項]* ① 목 항: 목. 모가지.「項領(항령)·項鎖(항쇄)·項腫(항종)」 ② 조목 항: 조목.「項目(항목)·條項(조항)」 コウ ①うなじ

항:가[港街] 항구가 있는 도시. 항구의 거리. port

항:간[巷間] 일반 민중들 사이. =여항간(閭巷間).

항:거[抗拒] 대항함. 맞서서 버팀. こうきょ resistance

항:거죄[抗拒罪] 공무를 집행하는 공무원에게 협박이나 폭행을 하여 방해한 죄. こうきょざい offense of resisting lawful order

항:고[抗告] 법원의 결정·명령에 대하여 상급 법원에 직접 불복(不服) 상소함. 또는 그 상소. こうこく complaint

항:공[航空] 항공기로 공중을 비행함.「~로(路)」 こうくう aviation

항:공기[航空機] 비행기·비행선(飛行船)·기구(氣球)·활공기(滑空機)의 총칭. こうくうき aircraft

항:공대[航空隊] ① 항공기를 주요 부분으로 하여 구성한 부대. ② 단위 부대에 소속되어 있는 항공기의 부대. こうくうたい air corps

항:공력[航空力] ① 항공의 능력·역량(力量). ② 공군의 병력. こうくうりょく ① air power ② air force

항:공 모:함[航空母艦] 항공기를 싣고 다니며 발착(發着)시키는 설비를 갖춘 군함. こうくうぼかん aircraft carrier

항:공 수송[航空輸送] ① 항공기로 여객·화물 등을 수송하는 일. ② 수송기 등으로 보급품·병력 등을 목적지에 수송하는 일. 준공수(空輸). こ

うくうゆそう air transportation

항:구[港口] 배가 드나들고 또 머무를 수 있도록 시설을 갖추어 놓은 곳. =항진(港津). こうこう harbor

항:구세[港口稅] 항구를 통하여 수출입하는 물품에 대하여 매기는 세금. 준항세(港稅).

항구적[恒久的] 변함 없이 오래 가는 것. =영구적(永久的). こうきゅうてき eternal

항:균성 물질[抗菌性物質] 미생물의 발육을 억제하는 물질. =항생 물질(抗生物質). こうきんせいぶっしつ antibiotic

항기[降旗] 항복의 뜻을 나타내는 흰 기. =백기(白旗). こうき

항:내[港內] 항구의 안. ↔항외(港外). こうない in the harbor

항다반[恒茶飯] 늘 있어서 이상하거나 신통할 것이 없는 일. 준다반(茶飯). everyday occurrence

항:담[巷談] 세상의 풍설. =가설(街說)·항설(巷說)·가담(街談). こうだん town talk

항도[恒道] 영구히 변하지 않는 정도(正道). こうどう

항:도[港都] 항구를 끼고 발달한 도시. port town

항등식[恒等式] 등식 속의 문자에 어떤 값을 넣어도 양변의 값이 항상 같은 등식(等式). ↔방정식(方程式). identity

항:력[抗力] ①버티는 힘. 저항하는 힘. ②어떤 물체가 유체(流體) 속을 운동할 때에 운동 방향과는 반대 방향으로 물체에 작용하는 유체의 저항력. ③어떤 물체가 면(面) 위에 있을 때에 면이 그 물체에 작용하는 힘. こうりょく ① resisting power

항렬[行列] 같은 혈족간에서의 윗대와 아랫대의 관계. generations of the clan

항렬자[行列字] 같은 혈족간에서 한 항렬을 표시하기 위해 이름 두 자 가운데 한 자를 공통으로 쓰는 글자. 돌림자. generation character

항례[恒例] ⇨상례(常例).

항:로[航路] ①배가 다니는 길. =해로(海路).「~ 신호(信號)」 ②항공기의 노선. こうろ ① sea route

항:로선[航路船] 항로에 오른 배. こうろせん

항:론[抗論] 대항하여 논함. こうろん refutation

항:만[港灣] ①항구와 만. ②항구 및 그에 딸린 시설이나 구조물이 있는 일정한 구역. こうわん harbors

항:명[抗命] 명령이나 지시에 따르지 않고 반항함. 명령을 어김. こうめい disobedience

항:목[項目] 사물을 세분한 조목. こうもく item

항:무[港務] 항구에 딸린 여러 가지 사무. こうむ harbor service

항:문[肛門] 똥구멍. こうもん anus

항:문[港門] 항구(港口)의 출입구. こうもん entrance to a port

항:법[航法] ①선박이나 항공기가 두 지점 사이를 가장 정확하게 항행하는 기술. ②항공(航空)이나 항해(航海)하는 방법. こうほう navigation

항:변[抗辯] ① 대항하여 말함. 또는 그 말. =항의(抗議). ② 민사 소송에서, 방어하기 위하여 반대 진술을 함. 또는 그 방법. こうべん
　　　　① protest ② plea
항병[降兵] 항복해 오는 병졸. =항졸(降卒). こうへい
　　　　surrendered soldier
항복[降伏·降服] ① 힘에 눌려서 적에게 굴복함. こうふく ② 부처의 힘으로 악마를 물리침. ごうぶく ① surrender
항산[恒産] ① 생활할 수 있는 일정한 재산. ② 일정한 생업(生業). こうさん ① fixed property ② regular occupation
항상[恒常] 늘. 언제나. こうじょう　　　always
항:생 물질[抗生物質] 세균이나 곰팡이로부터 생성되어 다른 미생물(微生物)의 발육과 번식을 억제할 수 있는 물질. こうせいぶっしつ antibiotic
항서[降書] 항복할 의사를 적어서 적에게 보내는 글. こうしょ　capitulatory letter
항:설[巷說] ⇨ 항담(巷談).
항성[恒性] 언제나 변하지 않는 성질. こうせい constancy
항성[恒星] 천구(天球)상에서 서로의 위치가 거의 변하지 않으며 스스로 빛을 내는 별. 붙박이별. =정성(定星). ↔유성(遊星). こうせい
　　　　　　fixed star
항성년[恒星年] 지구가 태양의 둘레를 한 바퀴 도는 시간. こうせいねん sidereal year
항:세[港稅] 항구세(港口稅)의 준말.
항:소[抗訴] 제 일 심(第一審) 판결에 대하여 불복(不服)하고 법원에 취소·변경을 요구하는 일. こうそ
　　　appeal to a higher court
항:속[航續] 항공·항해를 계속함. 「~ 거리(距離)」こうぞく
　　　　　　　　cruising
항:송[航送] 선박 또는 항공기로 수송함. こうそう
　　　sending by ship or airplane
항수[行數] 행수(行數)의 원말.
항수[恒數] ⇨ 상수(常數). こうすう
항습[恒習] 언제나 하는 버릇.
　　　　　　　　custom
항시[恒時] ⇨ 상시(常時).
항:시[港市] ⇨ 항도(港都).
항식[恒式] 일정 불변하는 격식(格式). constant formality
항신풍[恒信風] ⇨ 무역 풍(貿易風). こうしんふう
항:심[抗心] 반항하려는 마음. こうしん
항심[恒心] 흔들리지 아니하는 마음. こうしん constancy
항아[姮娥] 달 속에 있다고 하는 선녀(仙女)의 이름. =상아(嫦娥).
　　fairy who lives in the moon
항:어[巷語] 항간에 떠도는 말. こうご　　　　rumor
항온[恒溫] 늘 일정한 온도. 「~ 장치(裝置)」こうおん
　　　constant temperature
항온기[恒溫器] 밖의 온도가 변하여도 속은 일정한 온도를 유지하도록 만든 기구.
항:외[港外] 항구의 바깥. ↔항내(港內). outside the port
항용[恒用] ① 드물거나 귀할 것 없이 보통임. ② 늘. =항상(恒常).
　　　① commonly ② always
항:우장:사[項羽壯士] 항우처

럼 기운이 썩 센 사람.

항:운[航運] 배로 짐을 실어 나름. こううん　shipping

항:원[抗元・抗原] 혈액 가운데에서 생체 내에 침입하여 항체(抗體)를 형성시키는 단백질 물질. 세균이나 독소 따위. こうげん　antigen

항:의[抗議] ① 반대의 뜻을 주장함. ② 어느 나라가 다른 나라의 행동에 반대하는 뜻을 통지함. こうぎ　① protest

항의[降意] 항복할 뜻. intention of surrender

항:일[抗日] 일본 제국주의에 대한 항거. こうにち resistance to Japan

항자[降者] 항복한 사람. surrenderer

항자불살[降者不殺] 항복하여 오는 사람은 죽이지 아니함.

항장[降將] 항복한 장수(將帥). defeated general

항:재[抗材] ① 건축에 있어서 기초 공사에 쓰이는 지주재(支柱材) ② 광산의 갱도(坑道)에 버팀목으로 쓰이는 재목. こうざい

항:쟁[抗爭] 대항하여 다툼. こうそう　contention

항:적[抗敵] 버티어 대적함. こうてき　resistance

항:적 행위[抗敵行爲] 적국의 전투력을 저하시킬 목적으로 행동하는 짓.

항:전[抗戰] 적(敵)에 대항하여 싸움. こうせん resistance

항:정[航程] 배나 항공기로 가는 이정(里程). こうてい passage

항졸[降卒] ⇨항병(降兵).

항:진[亢進] ① 뽐내며 나아감. ② 기능이나 기세 등이 높아져

감.

항:체[抗體] 병을 앓거나 예방 접종을 한 뒤에 체액(體液) 중에 생기는 면역 물질. =면역체(免疫體). こうたい antibody

항풍[恒風] 무역풍같이 늘 일정한 방향으로 부는 바람. =탁월풍(卓越風). こうふう constant wind

항:해[航海] 배를 타고 바다를 다님. こうかい voyage

항:해력[航海曆] 항해 중에 필요한 천문 사항을 적은 책력. こうかいれき nautical almanac

항:해사[航海士] 선박의 방위 측정, 승무원 지휘 등을 담당하는 선박 직원의 하나. こうかいし mate

항:행[航行] 배나 비행기를 타고 다님. こうこう navigation

항:행 서:열[航行序列] 함대(艦隊)가 항행할 때 각 함대가 나아가는 차례.

해:[亥]* 열두째 지지 해: 열두 번째의 지시(地支).「亥時(해시)・亥日(해일)・亥月(해월)・亥年(해년)・亥坐(해좌)・癸亥(계해)」ガイ・い

해[咳] 기침 해: 기침.「咳氣(해기)・咳嗽(해수)・咳喘(해천)・咳血(해혈)・咳逆(해역)・百日咳(백일해)」ガイ・せき

해[孩] 아이 해: 어린아이.「孩童(해동)・孩笑(해소)・孩抱(해포)・孩子(해자)・兒孩(아해)」ガイ・あかご

해[垓] 지경 해: 경계. 땅의 가장자리.「垓心(해심)・垓埏(해연)・垓字(해자)」ガイ・カイ

해[奚]* ① 어씨 해: 어찌. 의문・반어를 나타냄.「奚如(해

여)·奚疑(해의)·奚特(해특)」
② 종 해 : 종. 하인. 「奚童(해
동)·奚隸(해례)」ケイ

해:[害]* 해할 해 : 해하다. 해
치다. 「害毒(해독)·害蟲(해
충)·加害(가해)·妨害(방해)·
傷害(상해)·殺害(살해)」ガ
イ·そこなう

해:[海]* ① 바다 해 : 바다. 「海
流(해류)·海洋(해양)·海軍(해
군)·海女(해녀)·大海(대해)·
領海(영해)」② 넓을 해 : 넓고
크다. 「海量(해량)·海容(해
용)·海怒(해노)」③ 많이 모
일 해 : 많이 모이다. 「人海(인
해)·雲海(운해)·樹海(수해)」
カイ ① うみ

해[偕] 함께할 해 : 함께하다.
같이하다. 「偕老(해로)·偕樂
(해락)·偕行(해행)·偕住(해
주)·偕偶(해우)·偕作(해작)」
カイ

해[楷] ① 해서 해 : 해서. 「楷
書(해서)·楷法(해법)·楷正(해
정)·楷字(해자)」② 본보기
해 : 본. 법. 「楷索(해색)·楷
式(해식)·楷橫(해횡)·楷則(해
칙)」カイ

해:[解]* 풀 해 : 풀다. 풀어지
다. 해체하다. 「解放(해방)·
解任(해임)·解除(해제)·解剖
(해부)·解明(해명)·解決(해
결)·和解(화해)」カイ·ゲ·
とく

해[該]☆ ① 갖출 해 : 갖추다.
「該敏(해민)·該博(해박)·該備
(해비)·該人(해인)」② ㄱ
해 : 그. 「該當(해당)·該案(해
안)·該地(해지)·該處(해처)」
ガイ

해[骸] 뼈 해 : 뼈. 「骸骨(해골)
·骸炭(해탄)·遺骸(유해)·形
骸(형해)·衰骸(쇠해)」ガイ·

むくろ

해[駭] 놀랄 해 : 놀라다. 「駭怪
(해괴)·駭遁(해둔)·駭俗(해
속)·駭愕(해악)」ガイ·おど
ろく

해[諧] ① 화할 해 : 화하다. 어
울리다. 「諧聲(해성)·諧調(해
조)·諧和(해화)」② 희롱할
해 : 희롱하다. 「諧謔(해학)·
諧語(해어)」カイ

해:[懈] 게으를 해 : 게으르다.
「懈慢(해만)·懈意(해의)·懈弛
(해이)·懈惰(해타)·懈怠(해
태)」カイ

해:[邂] 우연히 만날 해 : 우연
히 만나다. 「邂逅(해후)」カ
イ·めぐりあう

해:[蟹] 게 해 : 게. 「蟹甲(해
갑)·蟹爪(해조)·蟹行(해행)·
蟹黃(해황)」カイ·かに

해-갈[解渴] ① 목마름을 풂.
② 금전이 융통됨. ③ 비가 내
려 가물을 겨우 면함. かいかつ
① appeasing one's thirst ③
being relieved from drought

해-갑[蟹甲] 게의 껍데기. か
いこう   shell of a crab

해-결[解決] ① 제기된 일을 풀
어 처리함. ② 음악에서, 불협
화음이 협화음으로 이행하는
일. かいけつ
① solution ② resolution

해-경[海警] 해양 경찰대(海洋
警察隊)의 준말.

해-고[解雇] 고용자(雇傭者)가
피고용자를 내보냄. =해용
(解傭). 「~ 수당(手當)」か
いこ   discharge

해골[骸骨] ① 몸을 이루고 있
는 뼈. ② 죽은 사람의 살이
썩고 남은 뼈. 또는 그러한 머
리뼈. =촉루(觸髏). がいこつ
① skeleton ② skull

해:공[海空] ① 바다와 하늘. ② 해군과 공군. ① air and sea ② navy and air force

해괴[駭怪] 매우 이상야릇하고 괴상함. strangeness

해:구[海口] 바다가 육지로 후미쳐 들어간 어귀. entrance to a harbor

해:구[海丘] 대양(大洋) 밑에 솟아 있는 높이 1000m 이하의 언덕. sea hill

해:구[海狗] 물개. fur seal

해:구[海區] 바다 위에 설정된 구역. かいく sea area

해:구[海寇] 바다로부터 침입하는 도적 떼. =해적(海賊). かいこう pirate

해:구[海溝] 대양(大洋)의 해서(海底)가 깊게 골이 팬 곳. =해상(海床). かいこう trench

해:구신[海狗腎] 물개의 수컷의 생식기(生殖器). =올눌제(膃肭臍). penis of a sea bear

해:국[海國] 사방이 바다에 둘러싸인 나라. 섬나라. かいこく seagirt country

해:군[海軍] 바다에서의 전투와 방어를 맡은 군대. かいぐん navy

해:군[解軍] 군대를 해산함. かいぐん disbandment

해:권[海權] 해상권(海上權)의 준말. かいけん

해:권국[海權國] 해상권을 쥐고 있는 나라. かいけんこく

해금[奚琴] 속 빈 둥근 나무통에 짐승의 가죽을 메우고 긴 나무를 꽂아 두 가닥의 줄을 활 모양으로 매어 활로 켜는 악기.

해:금[解禁] 금하던 것을 풂. かいきん removal of a ban

해:난[海難] 항해하다가 만나는 재난(災難). 「~ 구조(救助)」かいなん sea disaster

해:내[海內] ① 사면이 바다에 싸인 육지. ② 나라 안. ↔해외(海外). かいだい ① seagirt land ② whole country

해:녀[海女] 바다 속에서 해삼·전복·미역 등을 따는 일을 업으로 삼는 여자. =해인(海人). あま woman diver

해:답[解答] 문제를 풀어서 답함. 또는 그 답. かいとう answer

해당[該當] ① 무엇에 관계되는 바로 그것. ② 바로 들어맞음. がいとう ① appropriateness ② applicability

해:당화[海棠花] 장미과의 낙엽 활엽 관목. 바닷가의 모래 땅이나 산기슭에 나며 5월경에 짙은 홍색의 꽃이 핌. 때찔레. =해낭(海棠). sweetbrier

해:대[解隊] 대(隊)가 붙은 단체를 해산함.

해:도[海島] 바다에 있는 섬. island in the sea

해:도[海盜] ⇨해적(海賊).

해:도[海圖] 바다의 형질·해류·깊이 따위를 적은 지도. かいず sea chart

해:독[害毒] 해와 독. 해가 되는 좋지 않은 것. がいどく harm

해:독[解毒] 독기를 풀어 없앰. げどく detoxification

해:독[解讀] ① 알기 쉽게 풀어 읽음. ② 문장·암호 등을 풀어서 알아냄. かいどく

[해금]

① interpretation ② decipherment

해:돈[海豚] 돌고래. いるか 海豚 dolphin

해:동[海東] 우리 나라의 옛 이름. 海東

해:동[解凍] 얼었던 것이 녹아서 풀림. かいとう 解凍 thawing

해:득[解得] 깨우쳐 앎. 「국문(國文)을 ~하다」かいとく 解得 understanding

해락[偕樂] 많은 사람이 함께 즐김. かいらく 偕樂 enjoying together

해:량[海量] ① 썩 많이 마시는 주량(酒量). ② 바다와 같이 넓은 도량의 비유. 海量 ② generosity

해:량[海諒] 상대방에게 양해를 구할 때 쓰는 말로, 너른 도량으로 잘 헤아려 달라는 뜻. 海諒

해:례[解例] 보기를 들어서 풂. 解例 example

해:로[海路] 배가 다니는 바다의 길. 바닷길. かいろ・うみじ 海路 seaway

해로[偕老] 부부(夫婦)가 일생을 함께 살며 늙음. 「백년(百年)~」かいろう 偕老夫婦 growing old together

해로:[harrow] 쟁기로 간 뒤에, 흙덩이를 잘게 쳐서 깨는 서양 농기구(農機具). ハロー 農機具

해로동혈[偕老同穴] ① 살아서는 같이 늙고 죽어서는 같은 무덤에 묻힌다는 뜻으로, 생사를 같이하는 부부의 사랑의 맹세를 비유한 말. ② 바다수세미과의 해면동물인 '오웨니바다수세미'를 아름답게 이르는 말. かいろうどうけつ 偕老同穴 海綿動物
② Venus's-flower-basket

해:류[海流] 일정한 방향으로 海流 흐르는 바닷물의 흐름. かいりゅう current

해:류도[海流圖] 해류의 종류·방향·속도 등을 나타낸 그림. 海流圖 current chart

해:류병[海流瓶] 해류의 방향과 속도를 알기 위하여 바다 위로 흘러 보내는 병. かいりゅうびん 海流瓶 current bottle

해:륙[海陸] 바다와 육지. かいりく 海陸 sea and land

해:륙풍[海陸風] 해안 지방에서 바다와 육지의 기온차로 낮과 밤에 방향이 변하는 바람. かいりくふう 海陸風 land and sea breeze

해:리[海里] 바다 위의 거리를 나타내는 단위의 한 가지. 1해리는 1,852미터임. かいり 海里 nautical mile

해:리[解離] ① 풀어서 떨어짐. 또는 풀어서 떨어지게 함. ② 한 개의 분자 또는 결정(結晶)이 그 성분의 원자나 원자단·이온 따위로 분해하거나 그 반대로 진행하기도 하는 현상. 「전기(電氣)~」かいり 解離 結晶 dissociation

해:마[海馬] 실고깃과의 바닷물고기. 길이 5~10cm로, 머리는 말과 비슷하고 주둥이는 대롱 모양임. 수컷의 배에 육아낭(育兒囊)이 있어 암컷이 낳은 알을 넣어 부화시킴. かいば 海馬 育兒囊 sea horse

해:만[海灣] ① 바다와 만. ② 바다가 육지로 들어간 곳. = 만(灣). かいわん 海灣 ② gulf

해망[駭妄] 해괴하고 요망스러움. 駭妄 wickedness

해머[hammer] 망치. ハンマー

해먹[hammock] 기둥이나 나무 사이에 매달아 침상(寢牀) 寢牀

으로 쓰는 그물 모양의 물건. ハンモック

해먼드오르간[Hammond organ] 전기 진동(電氣振動)을 일으켜 소리를 내는 전기 오르간의 상표명. ハモンドオルガン

해:면[海面] 바닷물의 표면. かいめん surface of the sea

해:면[海綿] ① 정제한 해면동물의 뼈. 갯솜. ② ⇨해면동물(海綿動物). かいめん ① sponge

해:면[解免] ① 관직이나 직책에서 물러나게 함. ② 책임을 면함. ① discharge ② exemption

해:면동:물[海綿動物] 후생동물계의 한 문(門). 가장 원시적인 다세포(多細胞) 동물. =해면(海綿). かいめんどうぶつ Porifera

해:면상 조직[海綿狀組織] 식물 잎의 잎살을 구성하는 조직. 부정형(不定形)의 세포가 빈틈을 두고 벌집처럼 다공상(多孔狀)으로 배열되어 있음. 갯솜 조직. =해면 조직(海綿組織). かいめんじょうそしき spongy parenchyma

해:면질[海綿質] 해면과 같은 섬유 모양의 골격을 이루고 있는 유기 물질(有機物質). 갯솜질. かいめんしつ spongin

해:면철[海綿鐵] 철광석을 고온으로 가열한 다음, 가스를 사용해서 환원하여 얻은 철. かいめんてつ sponge iron

해:면체[海綿體] 혈액이 충만(充滿)하면 부피가 커지는 조직. かいめんたい spongy body

해:명[解明] 까닭이나 내용을 풀어서 밝힘. かいめい elucidation

해:몽[解夢] 꿈의 길흉을 풀어서 판단함. =점몽(占夢). interpretation of a dream

해:몽[解蒙] 어리석은 자를 일깨워 알게 함. awakening

해:무[海霧] 바다에 끼는 안개. かいむ sea fog

해:문[海門] 두 육지 사이에 끼어 있는 바다의 통로. かいもん channel

해:물[海物] 해산물(海産物)의 준말.

해:물지심[害物之心] 물건을 해치려는 마음. evil intention to harm

해:미[海味] 바다에서 난 생선·조개·해초 등으로 만든 반찬.

해:민[解悶] 근심을 풂. 解悶 being relieved of agony

해박[該博] 다방면으로 학식이 넓음. 「~한 지식(知識)」 がいはく profundity

해:발[海拔] 바닷물의 평면을 기준으로 하여 측정한 육지나 산의 높이. かいばつ height above sea level

해:발 고도[海拔高度] 중등조위(中等潮位)를 기준으로 하여 구한 어떤 지점(地點)의 높이. かいばつこうど altitude

해:방[亥方] 이십사 방위(方位)의 하나. 정북에서 서쪽으로 15도까지의 방위. northwest by north

해:방[解放] 몸이나 마음의 속박을 풀어서 자유롭게 함. ↔속박(束縛). 「~ 운동(運動)」 かいほう liberation

해:방 문학[解放文學] 압박을 당하고 있는 계급이나 민족이 해방과 자유를 얻고자 하는 목

해:배[解配] 귀양을 풀어 줌. 解配
　　release of prisoner in exile
해:법[解法] 문제를 푸는 방법. かいほう　solution 解法
해:변[海邊] 바닷가. =해빈(海濱). うみべ　beach 海邊
해병[咳病] 기침병. がいびょう　cough 咳病
해:병[海兵] 해병대의 사병. かいへい　marine 海兵
해:병대[海兵隊] 해군으로서 상륙 작전을 하기 위하여 편성된 부대. かいへいたい　marine corps 海兵隊
해:부[解剖] ① 생물체의 부분 또는 전체를 째거나 갈라 그 내부를 조사하는 일. 「~학(學)」 ② 사물의 조리를 분석(分析)하여 연구함. かいぼう　① anatomy ② analysis 解剖 分析
해:부도[解剖刀] 해부할 때 쓰는 칼. scalpel 解剖刀
해:부제[解剖祭] 해부에 쓰는 시체의 영혼을 위로하기 위하여 지내는 제사. かいぼうさい 解剖祭
해:분[解紛] 서로 다투던 일을 해결함. compromise 解紛
해:빙[海氷] 바닷물이 얼어붙은 것. かいひょう　sea ice 海氷
해:빙[解氷] 얼음이 풀림. ↔결빙(結氷). 「~기(期)」 かいひょう　thawing 解氷
해:사[海事] 바다에 관한 여러 가지 일. かいじ　maritime affairs 海事
해:산[解産] 아이를 낳음. =해만(解娩)·해복(解腹). childbirth 解産
해:산[解散] ① 모였던 사람들이 헤어져 흩어짐. ↔집합(集合). ② 단체나 조직 따위를 해체하여 없앰. かいさん ① dispersion ② dissolution 解散

해:산물[海産物] 바다에서 나온 온갖 물건. 어패(魚貝)·해초(海草) 등. ↔육산물(陸産物). 준해물(海物)·해산(海産). かいさんぶつ　marine products 海産物

해:삼[海蔘] 스티코푸스과(Stichopus科)의 극피동물. 바닷속에 서식하는데 온몸에 갈색·밤색의 반문이 있으며 영양가가 높고 맛이 좋음. =사손(沙噀)·토육(土肉). trepang 海蔘

해:상[海上] 바다 위. かいじょう　sea 海上

해:상[海商] 배에 물건을 싣고 다니며 하는 장사. 또는 그 장수. marine commerce 海商

해:상[解喪] 어버이의 삼년상을 마침. =결복(関服)·결제(関制)·종제(終制)·탈상(脱喪). end of the mourning 解喪 関服

해:상권[海上權] 바다를 지배(支配)하는 권리. 곧, 군사·통상·항해 등에 관하여 해상에서 가지는 실력. =제해권(制海權). 준해권(海權). かいじょうけん　maritime power 海上權

해:서[海西] 황해도(黃海道)의 딴이름. 海西

해:서[海恕] 넓은 마음으로 용서함. forgiveness 海恕

해서[楷書] 한자(漢字) 서체의 한 가지. 자형(字形)이 가장 방정(方正)한 서체임. かいしょ　square style of Chinese handwriting 楷書

해:석[解析] ① 사물을 상세히 이론적으로 연구함. 「~학(學)」 ② 미분학·적분학에서 발달한 수학(數學)의 총칭. かいせき　analysis 解析 理論

해:석[解釋] 문장이나 사물의 뜻을 판단하고 이해함. 또는 그것을 알기 쉽게 설명함. かいしゃく interpretation

해:석 기하학[解析幾何學] 좌표라고 하는 한 짝의 수를 변수로 하는 방정식의 형태로서 도형의 성질을 연구하는 학문. =좌표 기하학(座標幾何學). かいせききかがく analytic geometry

해:석 법규[解釋法規] 당사자의 의사 표시가 있는 경우에, 그 분명하지 못한 부분을 해석하여 법률 관계를 확정하는 임의(任意) 법규. かいしゃくほうき

해:설[解雪] 눈이 녹음. かいせつ thawing

해:설[解說] 알기 쉽게 풀어서 설명함. 「~ 기사(記事)」 かいせつ explanation

해소[←咳嗽] 해수(咳嗽)의 변한 말.

해:소[解消] 어떤 문제 따위를 풀어서 없앰. かいしょう dissolution

해:소[解訴] 원고(原告)가 소송을 취소함. =해송(解訟). withdrawal of a case

해:손[海損] 항해 중에 사고가 생겨서 나는 손해. かいそん average

해:송[海松] ① 바닷가에서 자라는 소나무. うみまつ ② 곰솔. ③ 잣나무. ① pine on the beach

해:송[解訟] ⇨해소(解訴).

해:송자[海松子] 잣. 「~죽(粥)」

해:송판[海松板] 잣나무 널빤지.

해수[咳嗽] 기침. 「~병(病)」 がいそう cough

해:수[海水] 바닷물. かいすい seawater

해:수[海獸] 바다에 사는 포유 동물의 총칭. 고래·해구 등. かいじゅう sea animal

해:수욕[海水浴] 바닷물에서 수영을 하거나 즐기며 놂. =조욕(潮浴).「~장(場)」 かいすいよく sea bathing

해:시[亥時] ① 십이시(十二時)의 열두째 시. 곧 오후 9시부터 11시까지의 동안. ② 이십사시의 스물셋째 시. 곧 오후 9시 30분부터 10시 30분까지의 동안.

해시시[hashish] 인도산 대마(大麻) 잎을 말린 마취제. ハシシ·ハシシュ·ハシッシュ

해:식[海蝕] 파도나 조류의 침식 작용(浸蝕作用). かいしょく marine erosion

해:식[解式] 운산(運算) 방법을 일정한 기호로 표시하여 풂. 또는 그 방법을 보인 식. かいしき solution

해:식 대지[海蝕臺地] 해식붕(海蝕棚)이 융기하여 이루어진 바닷가의 평탄한 지역. かいしょくだいち marine terrace

해:식동굴[海蝕洞窟] 해식에 의하여 해안에 생긴 동굴(洞窟). marine cave

해:식절벽[海蝕絶壁] 해식에 의하여 해안에 생긴 낭떠러지. marine cliff

해:신[海神] 바다를 다스리는 신. かいじん sea-god

해:신[解信] 불교에서, 교법(敎法)을 배우고 도리를 연구한 뒤에 비로소 믿음.

해:심[害心] 해치려는 마음. がいしん evil intention

해:심[海心] 바다의 복판. かいしん heart of the sea

해:심[海深] 바다의 깊이. かいしん depth of the sea

해:악[害惡] 해가 되는 나쁜 일. がいあく evil

해악[駭愕] 몹시 놀람. amazement

해:안[海岸] 육지와 바다가 닿은 곳. 바닷가. 「~경비(警備)」かいがん seashore

해:안 단구[海岸段丘] 해안선을 따라서 계단식으로 배열된 좁고 긴 지형. かいがんだんきゅう coastal terrace

해:안도[海岸島] 육지의 일부분이 떨어져서 형성된 섬.

해:안선[海岸線] ① 바다와 육지가 맞닿아서 길게 뻗은 경계선. ② 바닷가를 따라 부설한 철도 선로(線路). =연안선(沿岸線). かいがんせん ① shoreline ② coast railway

해:안송[海岸松] 소나뭇과의 상록 교목. 지중해 연안에서 자람. pine tree on the beach

해:안포[海岸砲] 해안 요새에 갖추어 놓은 포(砲). coast gun

해:약[解約] 계약을 깨뜨림. =파약(破約). かいやく cancellation of a contract

해:양[海洋] 크고 넓은 바다. 「~자원(資源)」かいよう ocean

해:양 경:찰대[海洋警察隊] 해상에서의 범죄 수사 등 경찰 업무를 맡은 경찰 조직. 준해경(海警). National Maritime Police

해:양 문학[海洋文學] 해양을 소재로 한 문학. かいようぶんがく sea literature

해:양성 기후[海洋性氣候] 기온의 연교차(年較差)・일교차(日較差)가 적은 기후. 흐리기 쉽고 비가 많이 내리는 기후. ↔대륙성 기후(大陸性氣候). かいようせいきこう oceanic climate

해:양 자유[海洋自由] 전시와 평화시를 막론하고 특정 국가의 해양 영유를 인정하지 않고 개방(開放)하는 일. ↔해양 봉쇄(海洋封鎖). かいようじゆう freedom of the seas

해:어[海魚] 바다에서 나는 물고기. かいぎょ sea fish

해:어[解語] 말을 이해함. かいご interpretation of a word

해어[諧語] 농지거리. =농담(弄談). joke

해:엄[解嚴] 경계나 단속을 해제함. withdrawal of warning

해:역[海域] 바다의 일정한 구역. かいいき sea area

해:연[海淵] 해구(海溝) 가운데서 특별히 깊은 곳. かいえん deep

해:연풍[海軟風] 낮에 바다에서 뭍으로 부는 바람. =해풍(海風). ↔육풍(陸風). かいなんぷう sea breeze

해:열[解熱] 높아진 체온(體溫)을 낮게 함. 「~제(劑)」げねつ removal of fever

해:염[海鹽] 바닷물로 만든 소금. かいえん sea salt

해:오[解悟] 도리(道理)를 터득함. =개오(開悟). かいご comprehension

해:왕성[海王星] 태양계(太陽界)의 안쪽으로부터 여덟 번째의 행성. かいおうせい Neptune

해:외[海外] 바다 밖. 곧, 다

른 나라. =외국(外國). かいがい foreign countries

해:외 이민[海外移民] 외국으로 이주하는 일. 또는 그 사람. かいがいいみん emigration

해:외 투매[海外投賣] 외국 시장에 채산(採算)을 무시하고 낮은 가격으로 상품을 파는 일. 덤핑(dumping).

해:외 투자[海外投資] 자기 나라의 자본을 외국에 투자하는 일. かいがいとうし overseas investment

해:용[海容] 관대한 마음으로 남의 잘못을 널리 용서함. かいよう forgiveness

해:우[海牛] 해우류(海牛類)의 바다 짐승. 얕은 바다나 하천에 삶. 몸길이 3~6m로 앞발은 지느러미 모양이고 뒷발은 퇴화하여 고래와 비슷함. かいぎゅう sea cow

해:운[海運] 바다에서 배로 하는 운송. 「~업(業)」 かいうん marine transportation

해·원[海原] 넓은 바다. うなばら wide sea

해:원[海員] 선박에서 일하는 선장 이외의 승무원. かいいん seaman

해:원[解寃] 분풀이. 분풀이를 함. retaliation

해:월[亥月] 음력 시월의 딴 이름. tenth lunar month

해:읍[海邑] 바닷가에 있는 읍. seaside town

해:의[海衣] 김. laver

해:의[害意] 해하려는 생각. がいい harmful intention

해:의[解義] 뜻을 풀어 밝힘. 「헌법(憲法) ~」 かいぎ explanation

해:이[解弛] 마음이나 규율(規律)이 풀려서 느즈러짐. slackness

해:인[海人] ① ⇨ 해녀(海女). ② 바닷속에서 해산물 등을 채취하는 사람. 남자 보자기. あま ② fisherman

해:인[海印] 바다의 풍랑이 잔잔하여져 만상을 있는 그대로 나타낸다는 뜻으로, 부처의 슬기를 이름. かいいん Buddha's wisdom

해:인초[海人草] 홍조과(紅藻科)에 속하는 조류(藻類)의 한 가지. 말린 것을 달여 회충구제약으로 씀. かいにんそう・かいじんそう Corsican weed

해:일[亥日] 일진(日辰)의 지지(地支)가 해(亥)인 날. 을해(乙亥)·정해(丁亥)·기해(己亥) 등.

해:일[海日] 바다 위에 돋은 해. sun above the sea

해:일[海溢] 큰 물결이 일어나 바닷물이 육지로 넘쳐 드는 일. 지진·화산의 폭발 또는 폭풍우로 인하여 일어나는 현상임. =해소(海嘯). tidal wave

해:임[解任] 맡긴 직책에서 물러나게 함. かいにん dismissal

해:임장[解任狀] 공사나 대사를 본국으로 소환하는 경우에 본국 정부가 그 공사나 대사를 거쳐서 주재국(駐在國) 원수(元首)나 외무 장관에게 보내는 해임의 글. ↔신임장(信任狀). かいにんじょう letter of dismissal

해자[孩子] 두서너 살 된 어린 아이. =해아(孩兒). child

해자[楷字] 해서(楷書)로 쓴 글자. printed-style character

해:장[海葬] 바다에 장사지냄. burial at sea

해:저[海底] 바다의 밑바닥. 「~ 전신(電信)」かいてい
sea bottom

해저드[hazard] 골프 코스에서, 연못·모래밭 따위의 장애물(障礙物). ハザード

해:저 산맥[海底山脈] 바다 밑바닥에서 산줄기처럼 벋어나간 높은 곳. かいていさんみゃく
submarine mountain range

해:저 화:산[海底火山] 대양저(大洋底)에서의 화산 활동(火山活動) 때문에 생겨 바다 위로 봉우리를 내밀지 않은 화산. =해중 화산(海中火山). かいていかざん
submarine volcano

해:적[海賊] 배를 타고 다니면서 항해하는 선박이나 해안 지대에서 물화를 빼앗는 도둑. =해도(海盜)·해구(海寇). かいぞく
pirate

해:적선[海賊船] 해적이 타고 다니는 배. かいぞくせん
pirate ship

해:적판[海賊版] 다른 사람의 출판물을 승낙을 얻지 않고 복사하여 출간한 도서나 음반 따위의 출판물. かいぞくばん
pirated edition

해:전[海戰] 바다에서 함정(艦艇)을 타고 하는 전쟁. かいせん
sea fight

해:정[海程] 뱃길. 뱃길의 이정. かいてい
sea route

해:제[解除] ① 행동(行動)상의 제약을 풀어서 자유롭게 함. 또는 그 일. ② ⇨해면(解免). ③ 어떤 관계나 책임을 지워 없애고, 그것이 없던 때와 같은 상태로 되돌림. 또는 그 일. 「~ 조건(條件)」かいじょ
① release ③ cancellation

해:제[解題] 책의 지은이·내용·출판 연월일 등에 관한 간단한 설명. かいだい
bibliographical introduction

해:제권[解除權] 당사자 한쪽의 뜻으로 계약을 해제할 수 있는 권리. かいじょけん
right of cancellation

해:조[害鳥] 인류(人類)의 생활에 해를 끼치는 새. ↔익조(益鳥). がいちょう
injurious bird

해:조[海鳥] 바다에서 사는 새. かいちょう sea bird

해:조[海潮] ⇨조수(潮水). かいちょう

해:조[海藻] 바다에서 나는 식물의 총칭. 녹조류(綠藻類)·갈조류(褐藻類)·홍조류(紅藻類) 등. 바닷말. かいそう
seaweeds

해조[諧調] ① 잘 조화됨. ② 즐거운 가락. かいちょう
① harmony ② euphony

해:조음[海潮音] 조수(潮水)의 소리. 파도 소리. かいちょうおん
sound of the sea

해:죄[解罪] 고해 성사(告解聖事)로 지은 죄의 사(赦)함을 받음.

해:중[海中] 바다 속. 바다 가운데. 「~ 고혼(孤魂)」かいちゅう
in the sea

해:직[解職] 일하던 자리에서 물러나게 함. かいしょく
release from office

해:진[海震] 바다 밑에서 일어나는 지진(地震). かいしん
submarine quake

해:채[海菜] 미역.
brown seaweed

해천[咳喘] 기침과 천식(喘息). 「~증(症)」cough and asthma

해:체[解體] ① 단체를 해산함. ② 여러 부속품으로 이루어진 기계의 몸체를 뜯어 헤침. ③ ⇨해부(解剖). かいたい
① dissolution ② taking to pieces

해:초[海草] ① 바다에서 자라는 풀의 총칭. 바닷말. =해조(海藻). ② 충청 남도 해변에서 나는 담배. かいそう
① seaweeds

해:충[害蟲] 사람이나 농작물 등에 해를 주는 벌레. 「~ 구제(驅除)」がいちゅう vermin

해치[hatch] 배의 갑판(甲板)의 승강구. 또는 그 뚜껑. ハッチ

해커[hacker] 남의 컴퓨터에 침입(侵入)하여 데이터나 프로그램을 훼손하거나 정보를 빼내는 사람. ハッカー

해:타[懈惰] ⇨해태(懈怠).

해탄[駭嘆] 놀라서 탄식함. がいたん deploring

해:탈[解脫] ① 구속에서 벗어남. ② 불교에서, 미계(迷界)를 벗어나 근심이 없는 편안한 심경에 이름. =열반(涅槃). げだつ
① deliverance ② salvation

해:탈덕[解脫德] 불교에서 이르는 삼덕(三德)의 하나. 곧 무애 자재(無礙自在)의 묘덕(妙德).

해:태[←獬豸] 옳고 그름을 판단하여 안다는 상상의 동물. 석상(石像)으로 새기어 궁전 좌우에 세움. =해타(海駝).
mythical unicorn-lion

해:태[海苔] 김. 노리. laver

해:태[懈怠] 게으름. かいたい・げたい laziness

해:토[解土] 언 땅이 풀림. thawing

해트트릭[hat trick] 축구·하키 등에서, 한 선수가 한 경기(競技)에서 3골 이상을 올림. ハットトリック

해:풍[海風] 바닷바람. ↔육풍(陸風). かいふう sea wind

해프닝[happening] ① 갑자기 일어나는 예상 밖의 사건. ② 전위적(前衛的)이고 실험적인 예술 활동. ハプニング

해피엔딩[happy ending] 소설·연극(演劇) 등에서, 행복하게 끝맺는 일. ハッピーエンディング

해:학[海壑] 바다와 구렁텅이라는 뜻으로, 넓고 깊음의 비유. wide and deep

해학[諧謔] 익살스러우면서도 품위가 있는 말이나 짓. 「~문학(文學)」「~소설(小說)」かいぎゃく joke

해학곡[諧謔曲] 해학적이며 경쾌하고 빠른 음악 작품. 소나타·교향곡 등의 한 악장을 이룸. 스케르초. かいぎゃくきょく scherzo

해학극[諧謔劇] 해학적인 내용의 연극. 벌레스크. かいぎゃくげき burlesque

해:항[海港] 해안에 있는 항구. かいこう seaport

해:협[海峽] 육지와 육지 사이에 끼어 있는 좁은 바다. 「~항(港)」かいきょう strait

해:혹[解惑] ⇨파혹(破惑).

해화[諧和] ① ⇨ 조화(調和). かいわ ② 음악의 곡조가 서로 잘 어울림. ② harmony

해:후[邂逅] 해후상봉(邂逅相逢)의 준말. かいこう

해:후상봉[邂逅相逢] 우연히 서로 만남. ㉰해후(邂逅). chance meeting

핵[劾] 캐물을 핵: 캐묻다. 죄상을 따지다. 「劾繫(핵계)·劾論(핵론)·劾按(핵안)·奏劾(주핵)·彈劾(탄핵)」 ガイ

핵[核] ① 씨 핵: 씨. 「核果(핵과)·核子(핵자)·核質(핵질)」 ② 핵심 핵: 알갱이. 중심. 「核心(핵심)·中核(중핵)」 ③ 원자핵 핵. 원자핵. 「核反應(핵반응)·核分裂(핵분열)·原子核(원자핵)」 カク ① さね

핵[覈] 핵실할 핵: 사실을 밝히다. 「覈實(핵실)·覈論(핵론)」 カク

핵가족[核家族] 한 쌍의 부부와 그들의 미혼 자녀로 구성된 가족 단위. =소가족(小家族). かくかぞく nuclear family

핵과[核果] 씨가 단단한 핵으로 싸여 있는 열매. かっか stone fruit

핵력[核力] 양성자와 중성자를 결합하여 원자핵을 이루고 있는 힘. かくりょく nuclear power

핵론[劾論] 허물을 들어 논박함. impeachment

핵막[核膜] 세포의 핵질을 싸고 있는 막. かくまく nuclear membrane

핵분열[核分裂] ① 세포가 분열하기에 앞서 핵이 두 개로 갈라지는 일. 그 양식에 따라 유사 분열(有絲分裂)과 무사 분열(無絲分裂)로 구별됨. ② 원기핵이 막대한 에니지를 방출하면서 거의 같은 크기의 핵 두 개로 분열하는 일. =원자핵 분열(原子核分裂). かくぶんれつ ① nuclear division ② nuclear fission

핵사[核絲] 핵 속의, 실 모양으로 된 구조. 핵분열에 따라 염색체가 됨. linin

핵산[核酸] 단순 단백질과 결합하여 핵단백질을 이루는 유기산의 한 가지. かくさん nucleic acid

핵실[覈實] 일의 실상을 조사함. verification

핵심[核心] ① 사물(事物)의 중심이 되는 알맹이. ② 한 조직체에서 중심적인 역할을 하는 구성원. かくしん core

핵심체[核心體] ① 핵심이 되는 부분. ② 연료 원자핵 등이 분열하여 에너지를 방출하는 원자로의 중심부. かくしんたい core

핵외 전:자[核外電子] 원자 속에서 원자핵의 주변을 돌고 있는 전자. orbital electron

핵자[核子] ① 알맹이. ② 원자핵을 구성하는 양자(陽子)와 중성자(中性子). かくし ① stone ② nucleon

핵질[核質] 세포의 핵내(核內)에 가득 차 있는 물질. 핵단백질이 주성분임. かくしつ nucleoplasm

핵충격[核衝擊] 원자(原子)를 분열(分裂)시키거나 새로운 원소(元素)를 형성하기 위하여 핵체(核體)에 원자 방사물(原子放射物)을 발사하는 일.

핵탄두[核彈頭] 미사일 등의 앞부분에 결합해 놓으, 핵이 장치된 탄두. かくだんとう nuclear warhead

핸드메이드[handmade] 손으로 만든. ハンドメード

핸드백[handbag] 여성용(女性用)의 손가방. ハンドバッグ

핸드볼:[handball] 7인 또는 11인을 한 팀으로, 공을 손으

로 패스·드리블하여 상대 팀의 골에 던져 넣는 경기(競技). ハンドボール

핸드북[handbook] 여러 가지 지식을 간략하게 추려 엮은 작은 책자. 편람(便覽). ハンドブック

핸드브레이크[hand brake] 수동식 제동기(手動式制動機). ハンドブレーキ

핸들[handle] 기계·자동차 등을 조작(操作)하는 손잡이. ハンドル

핸디캡[handicap] ①우열(優劣)을 고르게 하고자 우세한 편에 지우는 부담. ②불리한 조건. ハンディキャップ

핸섬[handsome] 풍채(風采)가 좋거나 말쑥한. ハンサム

햄[ham] ①돼지고기를 소금에 절여 훈제(燻製)한 식품(食品). ②아마추어 무선사(無線士). ハム

햄버거[hamburger] ① ⇨햄버그스테이크. ②햄버그스테이크를 둥근 빵에 끼운 샌드위치. ハンバーガー

햄버그스테이크[hamburg steak] 쇠고기·돼지고기 등을 잘게 다진 것에 빵가루와 양파 등을 넣어 동글납작하게 뭉쳐 기름에 구운 요리(料理). ハンバーグステーキ

햄스터[hamster] 유럽 등지에 분포(分布)하는 쥐의 일종. 실험 동물로 이용됨. ハムスター

햄프셔[Hampshire] 돼지의 한 품종(品種). ハンプシャー

행[行]* ①다닐 행 : 다니다. 걷다. 가다. 「行路(행로)·行方(행방)·行客(행객)·行裝(행장)·急行(급행)·步行(보행)」 ②행할 행 : 행하다. 「行動(행동)·行使(행사)·行政(행정)·行爲(행위)·實行(실행)·斷行(단행)」 ③ ⇨항(行). コウ·ギョウ ①いく·ゆく ②おこなう

행:[杏] ①살구 행 : 살구. 「杏林(행림)·杏仁(행인)·杏園(행원)·杏花(행화)」 ②은행 행 : 은행. 「杏子(행자)·銀杏(은행)」 キョウ·アン ①あんず

행:[幸]* ①다행 행 : 다행. 행복. 「幸福(행복)·幸運(행운)·僥幸(요행)·多幸(다행)·不幸(불행)」 ②거동 행 : 거동. 거동하다. 「行幸(행행)·巡幸(순행)」 コウ ①さいわい

행:[倖] "幸"과 通字. 요행 행·요행. 「倖利(행리)·倖望(행망)·僥倖(요행)」 コウ

행각[行脚] ①불교에서, 여기 저기 다니면서 수행(修行)함. 「~승(僧)」 ②어떤 목적으로 여기저기 돌아다님. 「애정(愛情) ~」 あんぎゃ ① pilgrimage ② tour

행각[行閣] 몸채의 앞이나 좌우에 달아 지은 행랑. =상방(箱房).

행간[行姦] 간음을 함. =행음(行淫). illicit intercourse

행간[行間] 글줄과 글줄의 사이. ぎょうかん space between lines

행객[行客] 나그네. 길을 가는 사람. こうきゃく traveler

행건[行巾] 복인(服人) 또는 상제가 쓰는 건. mourner's hempen cap

행계[行啓] 왕태후·왕후·왕세자(王世子) 등이 출입하는 일. ぎょうけい

행고[行苦] 삼고(三苦)의 하나.

무상 유전(無常流轉)으로 말미암아 받는 고통. ぎょうく

행고[行鼓] 군대가 행진할 때에 치는 북. drum for march

행군[行軍] ①군대가 대열을 지어 멀리 걸어감. ②여럿이 줄을 지어 걸어감. =행진(行進). こうぐん march

행글라이더[hang glider] 알루미늄 등의 금속제의 틀에 천을 발라서 만든 활공기(滑空機)의 한 가지. ハンググライダー

행낭[行囊] 우편물이나 외교 문서 따위를 넣어서 보내는 주머니. こうのう mailbag

행년[行年] 그 해까지 먹은 나이. ぎょうねん・こうねん age

행년 신수[行年身數] 그 해의 신수. fortune of the year

행년점[行年占] 행년 신수를 알기 위하여 치는 점.

행덕[行德] 불교에서, 불법(佛法)을 닦아 쌓은 공덕. ぎょうとく

행도[行道] ①도(道)를 행함. ②돌아다님. ぎょうどう ② traveling

행동[行動] ①몸을 움직임. 또는 그 동작. 「~심리학(心理學)」 ②⇨행위(行爲). こうどう ① action

행동거:지[行動擧止] 몸을 움직여서 하는 모든 짓. =거조(擧措). 준거지(擧止)・행지(行止). behavior

행동 반:경[行動半徑] ①군함・항공기 따위가 기지를 떠나서 다시 기지로 돌아올 수 있는 최대 행정(行程). ②사람이 행동하는 범위. こうどうはんけい radius of action

행동주의[行動主義] ①자극에 대한 반응으로서 일어나는 행동에서 동물・인간의 의식을 유추(類推)하여 연구하려는 심리학의 한 파. ②문학 운동의 한 가지. 행동을 통하여 사회에 참여하고 인간성을 재건하려는 주의. こうどうしゅぎ
① behaviorism ② activism

행동 환경[行動環境] 행동을 규정하는 심리적 환경. こうどうかんきょう

행락[行樂] 잘 놀고 즐겁게 지냄. 「~객(客)」 こうらく enjoyment

행랑[行廊] ①대문간에 붙어 있는 방. ②대문 안에 죽 벌여 있는, 하인들이 거처하는 방. ③서울 큰 거리의 양쪽에 줄대어 있던 전방(廛房). ① room on the side of the front gate

행려[行旅] 나그네가 되어 돌아다님. 또는 그 사람. こうりょ traveler

행려병:자[行旅病者] 나그네로 떠돌아다니다가 병이 든 사람. こうりょびょうしゃ

행렬[行列] 여러 사람이 줄을 지어 감. 또는 그 줄. 「가장(假裝)~」 ぎょうれつ procession

행로[行路] ①사람이 걸어가는 길. ②세상에서 살아 나가는 길이나 과정. =세로(世路). 「인생(人生) ~」 こうろ
① road ② course of life

행록[行錄] 사람의 언행을 저은 글. chronicle of one's sayings and doings

행:림[杏林] ①살구나무의 수풀. ②의원(醫員)의 미칭(美稱). きょうりん ② doctor

행마[行馬] 쌍륙(雙六)・장기 등의 놀이에서 말을 씀.

행:망[倖望] 요행을 바람. trusting to chance

행문[行文] ① 글을 지음. =작문(作文). こうぶん ② 관문서(官文書)가 오고감. ① composition

행문 이첩[行文移牒] 관청에서 문서로써 조회(照會)함. 준행이(行移).

행방[行方] 간 곳. 간 방향. 「~ 불명(不明)」 ゆくえ whereabouts

행보[行步] ① 걸음. こうほ ② 어떤 곳에 장사하러 나감. ① walking ② going for peddling

행:복[幸福] ① 좋은 운수. ② 뜻을 이루어 조금도 부족감이 없는 마음의 상태. ↔불행(不幸). 「~감(感)」 こうふく ① good fortune ② happiness

행:불행[幸不幸] 행복과 불행. こうふこう happiness and unhappiness

행사[行祀] 제사(祭祀)를 지냄. performing a religious service

행사[行事] 일을 거행함. 또는 그 일. 「연중(年中) ~」 ぎょうじ event

행사[行使] 부려서 씀. 사용함. こうし exercise

행상[行商] 돌아다니며 물건을 팖. 또는 그런 상인. 도붓장수. ぎょうしょう peddling

행상[行喪] ① 상사(喪事)를 치름. 장례를 치름. ② ⇨상여(喪輿). ① funeral procession

행상[行賞] 상을 줌. 「논공(論功) ~」 こうしょう awarding prize

행색[行色] ① 나그네의 차림새. ② 행동하는 태도. ① attire ② behavior

행서[行書] 해서(楷書)와 초서(草書)의 중간쯤 되는, 한자(漢字)의 한 체. ぎょうしょ semicursive style of writing Chinese characters

행선[行先] 가는 곳. 「~지(地)」 ゆきさき destination

행성[行星] ⇨유성(遊星).

행세[行世] ① 처세하여 행동함. 또는 그 태도. ② 거짓으로 그 당사자인 것처럼 행동함. 「주인(主人) ~」 ① conduct of life ② pretense

행세[行勢] 권세를 부림. 또는 그 태도. wielding special power

행세건[行世件] 행세하느라고 하는 짓.

행수[行首] ① 한 무리의 우두머리. ② 지난날, 한량의 우두머리를 이르던 말. boss

행수[行數] 글줄의 수. ぎょうすう number of lines

행수 기:생[行首妓生] 기생의 우두머리. =도기(都妓).

행습[行習] 버릇이 되도록 행동함. 또는 몸에 밴 버릇. habit

행시[行詩] 지난날, 과거를 보일 때 짓던 18구(句) 이상으로 된 한시(漢詩).

행시주:육[行尸走肉] 살아 있는 송장이요, 걸어다니는 고깃덩어리란 뜻으로, 쓸모가 없는 사람의 비유. こうしゅにく

행실[行實] 일상 생활에서 실지로 드러난 행동. conduct

행악[行惡] 모질고 못된 짓을 행함. 또는 그런 짓. doing evil

행업[行業] 불도(佛道)를 닦음.

행용[行用] 일반적으로 널리 씀. 두루 씀. being widely used

행:운[幸運] 좋은 운수. =복운(福運). ↔불운(不運). こううん good fortune

행:운아[幸運兒] 좋은 운수를 만난 사람. こううんじ lucky person

행운유수[行雲流水] 떠가는 구름과 흐르는 물이라는 뜻으로, 마음씨가 시원시원함. 또는 하는 일에 막힘이 없음의 비유. こううんりゅうすい

행원[行員] 은행원(銀行員)의 준말. こういん

행위[行爲] 사람이 자유 의지에 따라 행하는 짓. こうい conduct

행위 능력[行爲能力] ① 사법상(私法上) 법률 행위를 단독으로 할 수 있는 능력. ② 국가가 국제법상의 효력을 발생하게 할 수 있는 행위의 능력. こういのうりょく legal capacity

행음[行吟] ① 거닐며 글을 읊음. ② 귀양살이하는 사람이 글을 읊음. ① walking and reciting

행음[行淫] ⇨행간(行姦).

행의[行衣] 소매가 넓고 검은 천으로 가에 선을 두른, 선비의 두루마기.

행의[行義] 의(義)를 행함. doing justice

행인[行人] ① 길 가는 사람. こうじん ② 불교에서, 불법(佛法)을 닦는 사람. 부처님의 계행(戒行)을 닦는 숭. ぎょうにん ① passerby ② disciplinarian

행:인[杏仁] 한방에서, 살구씨의 속을 약재로 이르는 말. きょうにん apricot stone

행자[行者] ① 불교에서, 속인으로서 불도(佛道)를 수행(修行)하는 사람. =상좌(上佐). ぎょうじゃ ② 장례 때 상제를 따라가는 하인. ① ascetic

행:자목[杏子木] 은행나무의 목재(木材). 준행자(杏子). lumber of a ginkgo wood

행:자반[杏子盤] 은행나무로 만든 소반. tray made of ginkgo wood

행장[行狀] ① 몸가짐. =품행(品行). ② 사람이 죽은 뒤에 그의 평생의 행적을 적은 글. 「~기(記)」 ぎょうじょう ③ 교도소에서 수감자의 언행에 대하여 매긴 성적. ① behavior ② brief record of one's life

행장[行裝] 여행할 때에 쓰는 모든 기구. =행구(行具)·행리(行李). ぎょうそう travel gear

행장기[行狀記] 사람이 죽은 다음에 그의 행적을 적은 글. ぎょうじょうき

행재소[行在所] 임금이 거둥할 때에 일시 머물던 곳. あんざいしょ king's temporary headquarters

행적[行績·行蹟·行跡] 행위의 실적이나 자취. ぎょうせき achievements

행전[行纏] 한복 바지를 입을 때 정강이의 바짓가랑이에 감아 매는 물건. =행등(行縢). leggings

행정[行政] ① 삼권 분립(三權分立) 제도인 국가 통치 조직에 있어서 입법·사법 이외의 통치 작용(統治作用). 법에 따라 국가 의사(意思)를 형성·집행함. 「~ 관청(官廳)」② 전술과 전략을 제외한 모든 군사 사항을 관리·운용하는 일.

ぎょうせい ① administration

행정[行程] ① 멀리 가는 여정. 또는 그 길의 이수(里數). ② 증기 기관·내연 기관에서 피스톤이 왕복하는 거리. こうてい ① itinerary ② stroke

행정 경:찰[行政警察] 국민의 위해(危害)를 예방하고 안녕(安寧) 유지를 목적으로 하는 경찰. ぎょうせいけいさつ administrative police

행정 계:약[行政契約] 국가 또는 공공 단체(公共團體)와 사인(私人)과의 합의로 공법상의 법률 관계를 맺는 계약. ぎょうせいけいやく administrative contract

행정관[行政官] 행정 사무를 맡아보는 관리. ぎょうせいかん executive officer

행정권[行政權] 삼권(三權)의 하나. 법령에 의거하여 국가의 행정 업무를 집행하는 권한. ぎょうせいけん administrative power

행정 명:령[行政命令] 행정 기관이 행정상의 목적으로 직권(職權)에 따라 내리는 명령. ぎょうせいめいれい administrative order

행정벌[行政罰] 행정법상의 의무 위반에 대하여 일반 통치권에 의하여 가해지는 제재. ぎょうせいばつ administrative punishment

행정범[行政犯] 행정 법규의 위반으로 성립되는 범죄. =법정범(法定犯). ぎょうせいはん administrative crime

행정부[行政府] 입법(立法)·사법(司法) 이외의 국가 행정(行政)을 맡아보는 국가 기관(國家機關). =정부(政府). ぎょうせいふ administration

행정 처:분[行政處分] 법규에 따라서 구체적인 권리를 설정하고 의무를 명하는 행정권의 행위. ぎょうせいしょぶん administrative measure

행정청[行政廳] 행정권을 집행하는 관청. 특히, 지방 자치 단체의 의사(意思) 기관을 일컬음. ぎょうせいちょう

행정 협정[行政協定] 국회의 승인이나 비준(批准) 없이 정부가 독자적으로 체결할 수 있는 협정. ぎょうせいきょうてい administrative agreement

행중[行中] 길을 함께 가는 일행. party

행직[行直] 성질이 강하고 곧음. integrity

행진[行進] 여러 사람이 줄을 지어 앞으로 나아감. 「~대열(隊列)」 こうしん march

행차[行次] 웃어른이 길을 나서서 감을 높여 이르는 말. marching of a high official

행차 명정[行次銘旌] 장례 때에 죽은 이의 성(姓)·관직을 써서 상여 앞에서 들고 가는 기(旗).

행차소[行次所] 웃어른이 여행할 때에 머무르는 곳을 높여 이르는 말.

행차접[行次椄] 줄기에서 멀리 떨어진 가지를 잘라 붙이는 접.

행초[行草] ① 지난날, 여행할 때에 가지고 가는 담배를 이르던 말. ② 행서(行書)와 초서(草書). ぎょうそう ① cigarette for traveling

행패[行悖] 체면에 벗어나는 짓을 함. misconduct

행포[行暴] 함부로 사납게 구는 짓. violence

행하[行下] 지난날, ① 잔치 때 주인이 부리는 사람에게 주던 금품. ② 품삯 이외에 더 주던 돈. ③ 놀이나 놀음이 끝난 뒤에 기생이나 광대에게 주던 보수. 　　　　　tip 行下 報酬

행하건[行下件] 등급이 낮은 물건. lower-grade goods 行下件

행행[行幸] 임금이 궁 밖으로 거둥하는 일. =유행(遊行). ぎょうこう　imperial visit 行幸 遊行

행형[行刑] ① 형벌(刑罰)을 집행함. ② 사형을 집행함. ぎょうけい　① execution of a sentence ② execution 行刑

행형법[行刑法] 수형자(受刑者)를 격리·보호·교정·교화하여 사회에 복귀하게 함을 목적으로 하는 법률. law of prison affairs 行刑法 受刑者

행:화[杏花] 살구나무의 꽃. apricot blossom 杏花

향:[向]* ① 향할 향: 향하다. 「向方(향방)·向上(향상)·向學(향학)·傾向(경향)·意向(의향)·趣向(취향)」 ② 이전 향: 이전. 접때. 「向時(향시)·向前(향전)」 コウ ① むく·むかう 向 方 傾 向

향:[享]* ① 누릴 향: 누리다. 받다. 「享樂(향락)·享壽(향수)·享有(향유)·享受(향수)」 ② 제사 향: 제사. 「享祀(향사)·時享(시향)」 キョウ ① うける 享 樂

향[香]* ① 향기 향: 향기. 향기롭다. 「香氣(향기)·香料(향료)·茶香(다향)·芳香(방향)·淸香(청향)」 ② 향 향: 향. 「香火(향화)·焚香(분향)·香匣(향갑)」 コウ ① かおり 香 氣 芳 香

향[鄕]* ① 시골 향: 시골. 고장. 「鄕甲(향리)·鄕村(향촌)·鄕土(향토)·鄕吏(향리)·色鄕

(색향)」 ② 고향 향: 고향. 「鄕思(향사)·鄕愁(향수)·故鄕(고향)·懷鄕(회향)」 キョウ 鄕 故 鄕

향:[嚮] ① 향할 향: 향하다. 「嚮導(향도)·嚮往(향왕)·嚮邇(향이)·嚮晦(향회)」 ② 이전 향: 이전. 접때. 「嚮者(향자)·嚮時(향시)」 キョウ 嚮 時

향:[響]☆ 울릴 향: 울리다. 울림. 「響應(향응)·影響(영향)·假響(가향)·音響(음향)·警響(경향)」 キョウ·ひびく 響 應

향:[饗] 잔치할 향: 잔치하다. 대접하다. 「饗宴(향연)·饗應(향응)·饗設(향설)·饗禮(향례)·饗慶(향경)·饗祭(향제)·歆饗(흠향)」 キョウ 饗 宴

향가[鄕歌] 향찰(鄕札)로 적혀 전해 오는, 신라 중엽에서 고려 초기까지 있었던 고유의 시가(詩歌). 鄕 歌 詩 歌

향갑[香匣] 향을 담는 상자나 갑. incense case 香 匣

향객[鄕客] 시골에서 온 손님. guest from the country 鄕 客

향고양[←香供養] ① 부처 앞에 향을 피우는 일. ② 절간에서 담배를 피우는 일. ① incensing 香供養

향곡[鄕曲] 시골. きょうきょく country 鄕 曲

향:광성[向光性] 식물체가 빛이 비치는 쪽으로 굽는 성질. →배광성(背光性). こうこうせい positive heliotropism 向光性

향교[鄕校] 지난날, 지방에 두었던 문묘(文廟)와 거기에 딸린 학교. きょうこう Confucian school in a locality 鄕 校

향궤[香櫃] 향을 담는 궤. incense case 香 櫃

향금[鄕禁] 그 지방에서 못 하게 금하는 일. 鄕 禁

향기[香氣] 향기로운 냄새. こうき　scent

향:남[向南] 남쪽을 향함. 남쪽을 봄.　facing south

향낭[香囊] 향을 넣어 차고 다니는, 말총으로 짠 주머니. こうのう　sachet

향당[鄕黨] 자기가 태어났거나 사는 시골의 마을. 또는 그 지방에 사는 사람들.　native village community

향도[香徒] 상여꾼.

향:도[嚮導] 길을 인도함. 또는 그 사람. きょうどう　guidance

향:동[向東] 동쪽으로 향함. facing east

향:락[享樂] 즐기움을 누림. きょうらく　enjoyment

향:락재[享樂財] 사람의 욕망을 채워 주는 재화.

향:락주의[享樂主義] 인생의 궁극적인 목적이 향락을 추구하는 데 있다고 하는 주의. = 관능주의(官能主義). きょうらくしゅぎ　epicurism

향랑각시[香娘閣氏] 습한 곳에 모여 사는 절지동물의 한 가지. 고약한 노린내를 풍김. 노래기.　millipede

향:로[向路] 향해 가는 길. 갈 길.　one's way ahead

향로[香爐] 향을 피우는 자그마한 화로. こうろ　incense burner

향로석[香爐石] 무덤 앞에 있는, 향로를 올려놓는 돌.

향료[香料] ① 향(香)을 만드는 감. ② 무슨 물건을 만드는 데 섞어 향내를 내는 물질. 「~식물(植物)」 ③ ⇨ 부의(賻儀). こうりょう　① perfume ② spice local prohibition

향리[鄕吏] 한 고을에 대를 이어 내려오는 아전(衙前).　local official

향리[鄕里] 나서 성장한 고향의 마을. きょうり　native village

향목[香木] 향나무. こうぼく　aromatic tree

향미[香味] 음식의 향기로운 맛. こうみ　flavor

향미[鄕味] 시골에 사는 취미. 시골에 사는 맛.

향미료[香味料] 약품이나 음식물을 향기롭게 하는 원료. こうみりょう　spices

향반[鄕班] 시골에서 여러 대를 살면서 벼슬을 못 한 양반.

향:발[向發] 목적지를 향해 출발함.　leaving for

향:방[向方] 향하는 곳.　destination

향:방 부지[向方不知] 어디가 어디인지 분간을 못 함.

향:배[向背] 좇음과 등짐. = 배향(背向). こうはい　for or against

향병[鄕兵] 지방의 향토인으로 조직한 병정. きょうへい

향:복[享福] 복을 누림.　enjoying a happy life

향:북[向北] 북쪽으로 향함. facing north

향비파[鄕琵琶] 향악기의 한 가지. 신라 때 창제한 비파의 한 종류로, 다섯 줄과 열 개의 기둥으로 되어 있음.

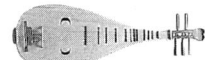

〔향비파〕

향:사[享祀] ⇨ 제사(祭祀).

향사[鄕士] 시골 선비. 지방의 유지(有志).

향사[鄕思] 고향 생각. きょうし homesickness / country gentleman

향:상[向上] 기능·지위·수준 등이 높아지거나 나아짐. ↔저하(低下).「지위(地位)~」こうじょう improvement

향상[香床] 향로나 향합을 올려놓는 상. =향안(香案). table for an incense burner

향:상주의[向上主義] 인격을 완성하고 이상(理想)을 실현함으로써 자기의 발전을 꾀하는 주의. こうじょうしゅぎ

향:서[向西] 서쪽으로 향함. facing west

향선생[鄕先生] 그 지방에서 명망이 높은 선비.

향설[香雪] 향기가 있는 눈이라는 뜻으로, 흰 꽃을 형용하는 말. white flower

향:설[饗設] 잔치를 베풂. holding a banquet

향:성[向性] 굴성(屈性). 특히 양(陽)의 굴성을 이름. こうせい inclination

향속[鄕俗] 시골의 풍속. =향풍(鄕風). きょうぞく rural customs

향:수[享受] 복이나 혜택 따위를 받아 누림. きょうじゅ enjoyment

향:수[享壽] 오래 사는 복을 누림. being blessed with longevity

향수[香水] ①액체 화장품의 하나. 알코올 등에 풀어 만들어 향기로운 냄새가 남. ②불교에서, 관불(灌佛)할 때에 쓰는, 향을 달인 물. こうすい ① perfume

향수[鄕愁] 고향을 그리워하는 마음. きょうしゅう nostalgia

향:습성[向濕性] 식물의 뿌리 따위가 습기가 많은 곳으로 벋어 나가려는 성질. =향수성(向水性). positive hydrotropism

향:시[向時] 접때. 지난번. last time

향시[鄕試] 지난날, 각 도에서 그 관내(管內)에 사는 선비에게 보이던 과거의 한 가지.

향신료[香辛料] 음식에 매운 맛이나 향기로운 맛을 더하는 조미료.「~식물(植物)」こうしんりょう spices

향:심력[向心力] ⇨구심력(求心力). こうしんりょく

향악[鄕樂] 우리 나라 고유의 음악. ↔당악(唐樂). Korean music

향악기[鄕樂器] 향악을 연주하는 악기. 가야금·거문고·대금 따위. instrument for Korean music

향약[鄕約] 지난날, 권선징악을 내용으로 하여 마련된 시골 마을의 자치 규약. rural community agreements

향약[鄕藥] 지난날, 중국에서 나는 약재에 대해서 우리 나라에서 나는 약재를 일컬음. medical herbs produced in Korea

향약 본초[鄕藥本草] 우리 나라에서 나는 약용(藥用)의 식물·동물·광물의 총칭. domestic medicinal substances

향:양[向陽] 햇볕을 마주 받음. sunniness

향어[鄕語] 제 고장의 말. dialect

향연[香煙] ①향을 피우는 연기. こうえん ②향기로운 냄

새가 나는 담배. ① smoke of incense ② fragrant tobacco

향:연[饗宴] 향응(饗應)하는 잔치. きょうえん banquet

향우[鄕友] 고향 동무. 고향이 같은 사람. 「~회(會)」 きょうゆう friend of one's hometown

향원[鄕員] 향소(鄕所)의 직원(職員). 곧 좌수(座首)나 별감(別監) 따위. local official

향:유[享有] 누려서 가짐. きょうゆう enjoyment

향유[香油] ① 향기가 나는 화장용 물기름. ② 참기름. こうゆ ② sesame oil

향유[鄕儒] 시골의 유생·선비. country scholar

향읍[鄕邑] 시골에 있는 읍. 고향의 촌읍(村邑). きょうゆう rural town

향:응[饗應] 특별히 우대하는 뜻으로, 음식을 차리어서 융숭하게 대접함. 또는 그 대접. きょうおう entertainment

향:음[響應] ① 어떤 소리에 마주처 그 소리와 같이 울림. ② 다른 사람의 주창(主唱)에 따라서 그와 같은 행동을 마주 취함. きょうおう ① echo ② acting in concert

향:의[向意] ① 쏠리는 마음. 향하는 마음. =의사(意思)·의향(意向). ② 마음을 기울임. 생각을 둠. =향념(向念). ① attention ② taking notice of

향인[鄕人] 같은 고향 사람. きょうじん fellow countryman

향:인 설화[向人說話] 남을 대하여 이야기함. talk about others

향:일[向日] 접때. 지난번. =

향자(向者). こうじつ the other day

향:일성[向日性] 식물의 가지나 잎이 햇빛이 비치는 방향으로 벋어 자라는 성질. =굴일성(屈日性). ↔배일성(背日性). こうじつせい positive heliotropism

향:일화[向日花] 해바라기. sunflower

향:점[向點] 천체(天體)가 운동하는 방향을 나타낸, 천구상의 점. ↔배점(背點). こうてん apex

향제[鄕第] 고향에 있는 집. house at hometown

향족[鄕族] 향원(鄕員)이 될 자격을 갖춘 가문(家門).

향:지선[向地性] 식물의 뿌리가 지구의 중심을 향하여 벋어 가는 성질. ↔배지성(背地性). こうちせい positive geotropism

향찰[鄕札] 한자로써 우리말을 표음식(表音式)으로 나타내던 신라 시대의 글.

향초[香草] 향내가 좋은 풀 또는 담배. こうそう fragrant grass[cigarettes]

향촉[香燭] 제사에 쓰는 향과 초. incense and candle

향촌[鄕村] 시골의 마을. 시골. きょうそん country village

향:춘객[享春客] 봄을 즐기는 사람. spring-time merrymakers

향취[香臭] 향냄새.

향토[鄕土] 시골. 고향 땅. 「~예비군(豫備軍)」 きょうど native place

향토 문학[鄕土文學] 일정한 지방의 특색이 잘 나타나는 문학. きょうどぶんがく

folk literature

향토색[鄕土色] ⇨지방색(地方色). きょうどしょく

향토 예:술[鄕土藝術] ①어떤 지방에 전통적으로 육성된 예술. ②그 지방의 풍토·인물 따위를 반영한 예술. きょうどげいじゅつ folk arts

향토지[鄕土誌] 향토의 역사·전설·실정 등을 조사·연구하여 적은 기록.
chronicle of a province

향풍[鄕風] ⇨향속(鄕俗).

향:학[向學] 학문에 뜻을 두고 그 길로 나아감. 「~열(熱)」 こうがく desire for learning

향화[香火] ①향불. こうか ②향을 피운다는 뜻으로 제사(祭祀)를 이르는 말. ① incense fire ② religious service

향:후[向後] 이 다음. 이 뒤. こうご after this

향훈[香薰] 향기로운 냄새. fragrance

허[許]* ①허락할 허:허락하다. 허가하다. 「許可(허가)·許諾(허락)·許容(허용)·許婚(허혼)·免許(면허)·特許(특허)」②가량 허:가량. 쯤. 「幾許(기허)」③많을 허:매우 많다. 「許多(허다)」キョ ① ゆるす

허[虛]* ①빌 허:비다. 헛되다. 실없다. 「虛妄(허망)·虛勢(허세)·虛心(허심)·虛言(허언)·虛事(허사)·空虛(공허)」②약할 허:약하다. 허하다. 「虛弱(허약)·虛汗(허한)·虛氣(허기)」キョ ① むなしい

허[墟] ①옛터 허: 황폐해진 옛터. 빈터. 「墟落(허락)·墟里(허리)·墟墓(허묘)·墟墳(허분)·墟域(허역)·廢墟(폐허)」

②언덕 허: 언덕. 「丘墟(구허)」キョ

허[噓] 불 허: 불다. 숨을 천천히 내쉬다. 뿜다. 「噓呵(허가)·風噓(풍허)」キョ·うそ

허가[許可] 금지·제한되어 있는 일을 허락함. ↔불허(不許). きょか permission

허가제[許可制] 행정상의 명령에 의하여 어떤 행위의 일반적인 제한·금지를 특정한 경우에 해제하고 합법적으로 할 수 있게 하는 제도(制度). きょかせい license system

허겁[虛怯] 마음이 실하지 못하여 겁이 많음. trepidation

허겁증[虛怯症] 몸이 몹시 허약하여 까닭 없이 무서움을 타는 증세.

허공[虛空] 아무것도 없는 텅 빈 공중. きょくう air

허교[許交] 서로 벗하기를 허락하고 사귐.
being on friendly terms with

허구[許久] 매우 오램. 「~한 날 신세 타령만 한다」
long time

허구[虛構] ①근거도 없는 일을 사실처럼 얽어 만듦. ②소설·희곡 등에서 실제로 없는 사건을 작자의 상상력으로 창조하는 일. 또는 그 이야기. 픽션. きょこう
① fabrication ② fiction

허근[虛根] 방정식의 근(根) 중에서, 허수(虛數)에 속한 근. ↔실근(實根). きょこん
imaginary root

허기[虛氣] ①기운을 가라앉힘. 또는 그 기운. ②속이 비어 허전한 기운. ② hungriness

허기[虛飢] 굶어서 배가 몹시 고픔. 또는 몹시. 심한 시장

기.「～증(症)」 hunger
허니문:[honeymoon] ① 결혼한 첫 한 달 동안. 밀월(蜜月). ② 신혼 여행. ハネムーン 結婚 蜜月
허다[許多] 몹시 많음. 수두룩함. multitude 許多
허담[虛談] 헛된 이야기. 실상이 없는 꾸민 말. ＝허언(虛言). きょだん empty talk 虛談
허두[虛頭] 글 또는 말의 첫머리. beginning 虛頭
허·들[hurdle] 허들레이스에 사용하는 장애물(障礙物). ② 허들레이스의 준말. ハードル 障礙物
허·들레이스[hurdle race] 장애물 경주(競走). ハードルレース 競走
허락[許諾] 청하고 바라는 바를 들어 줌. －승낙(承諾).↔불허(不許). きょだく consent 許諾 承諾
허랑[虛浪] 말이나 행동이 허황하고 실답지 못함. 「～방탕(放蕩)」 frivolousness 虛浪 放蕩
허랑방:탕[虛浪放蕩] 허랑하고 방탕함. 圂허탕(虛蕩). indulgence 放蕩
허례[虛禮] 겉으로만 꾸미고 실속이 없는 번거로운 예절. きょれい empty forms 虛禮
허론[虛論] 헛된 이론. ＝공론(空論). empty theory 虛論
허리케인[hurricane] 북대서양 서부에서 발생하여 북아메리카 방면에 내습(來襲)하는 열대성 폭풍우. ハリケーン 來襲
허망[虛妄] 거짓이 많아서 미덥지 않음. ＝허탄(虛誕). きょもう falsehood 虛妄
허명[虛名] 실상은 없이 헛되게 난 이름. ＝허성(虛聲)・공명(空名).「～무실(無實)」 きょめい empty name 虛名 無實
허무[虛無] ① 아무것도 없이 텅 빔. ② 마음 속이 비고 아무 생각이 없음. ③ 사물이 덧없음. 무상(無常)함. ④ 노자(老子)의 학설. 천지 만물의 본체는 형상(形狀)이 없어 볼 수도 들을 수도 없는 허무이므로, 마음을 비우고 자연의 섭리를 따라야 한다고 주장함. きょむ ① emptiness ② thoughtlessness ③ nothingness ④ nihility 虛無 老子 狀
허무맹랑[虛無孟浪] 터무니없이 허황하고 실속이 없음. falsehood 虛無孟浪
허무주의[虛無主義] ① 일체 사물의 실재나 진리를 인정하지 않는 주의. ② 도덕・종교 상의 가치・규범이나 기성의 모든 권위・제도를 인정하지 않는 주의. きょむしゅぎ nihilism 虛無主義 認定
허문[虛聞] 헛소문. きょぶん false rumor 虛聞
허밍[humming] 콧노래로 부르는 창법(唱法). ハミング 唱法
허배[虛拜] 신위(神位)에 절을 함. 또는 그 절. 虛拜
허법[虛法] 실속 없이 명목(名目)뿐인 법. nominal law 虛法
허병[虛病] 꾀병. きょびょう feigned illness 虛病
허보[虛報] 허위 보도. きょほう false report 虛報
허비[虛費] ① 헛되이 씀. 또는 그 비용. ② 헛되이 보냄. ① extravagance ② waste 虛費
허사[虛事] 헛된 일. 헛일. ＝도사(徒事). vain effort 虛事
허사[虛辭] ① 조사(助詞)나 어미(語尾)와 같이 홀로는 어떤 뜻을 나타내지 못하는 말.↔실사(實辭). ② ⇨허언(虛言). きょじ ① expletive 虛辭

허상[虛像] ① 실상(實像)이 형성하는 광선을 반대 방향으로 연장하였을 때 이루어지는 상(像). =허영상(虛影像). ② 실체와는 다른 모습이나 평가(評價). ↔실상(實像). きょぞう ① virtual image

허설[虛說] 헛된 말. 거짓말. きょせつ false report

허성[虛聲] 헛소리. きょせい nonsense

허세[虛勢] 실상이 없는 기세. =허위(虛威). きょせい bluff

허송[虛送] 때를 헛되게 보냄. =허도(虛度). 「~ 세월(歲月)」 きょそう waste of time

허수[虛數] 실수(實數)가 아닌 복소수. ↔실수(實數). きょすう imaginary number

허스키[husky] 목소리가 쉬고 탁함. 또는 그런 목소리의 사람. ハスキー

허식[虛飾] 실속이 없이 겉치레만 함. 「허례(虛禮) ~」 きょしょく affectation

허실[虛實] ① 거짓과 참. ② 한방에서 이르는, 허증(虛症)과 실증(實症). ③ 공허(空虛)와 충실(充實). きょじつ ① truth and falsehood ② false proof and actual proof ③ emptiness and substantiality

허심[許心] 마음을 허락함. open-mindedness

허심[虛心] 마음 속에 딴생각이 없음. きょしん absent-mindedness

허심탄회[虛心坦懷] 마음에 아무런 사념(邪念)이 없이 솔직한 태도로 품은 생각을 터놓고 말함. きょしんたんかい frankness

허약[虛弱] 기력이 튼튼하지 못하고 약함. =허박(虛薄). ↔강장(強壯)・건강(健康). きょじゃく weakness

허어[虛語] ⇨허언(虛言).

허언[虛言] 실속이 없는 빈말. 거짓말. =양언(佯言)・위언(僞言)・허어(虛語)・허사(虛辭). 「~ 변절(變節)」 きょげん lie

허여[許與] 허락하여 줌. きょよ permission

허영[虛榮] 실상이 없는 헛된 영화. きょえい vanity

허영상[虛影像] ⇨허상(虛像).

허영청[虛影廳] 실제의 거취(去就)가 분명하지 못함을 이르는 말. 준허청(虛廳). vagueness

허예[虛譽] 실속이 없는 명예. empty reputation

허욕[虛慾] 헛된 욕심. greed

허용[許容] 허락하여 받아들임. =용허(容許). きょよう approval

허용 응:력[許容應力] 어떤 재료가 바깥 힘을 받을 때에 깨어지지 않고 능히 지탱할 수 있는 힘. きょようおうりょく

허위[虛位] ① 빈 자리. ② 실권이 없는 시위. =공위(空位). きょい ② nominal position

허위[虛僞] 거짓. ↔진실(眞實). ぎょぎ falsehood

허입[許入] 들어오는 것을 허락함. permitting to enter

허장성세[虛張聲勢] 실력은 없으면서 허세로 떠벌림. —호왈백만(號曰百萬). bluff

허전[虛傳] 근거 없는 거짓말로 전함. 또는 그러한 말. きょでん false rumor

허족[虛足] 원생동물(原生動物)이 움직일 때 쓰이는 원형질

(原形質)의 돌기(突起). 그것으로 발을 대신함. =위족(僞足). pseudopodium

허즉실[虛則實] ① 보기에 허하나 속은 알참. ② 아무 방비가 없을 듯한 곳에 복병(伏兵)이 있음.

허증[虛症] 한방에서, 몸이 쇠약하거나 하여 병에 대한 저항력이 약한 상태를 이름.

허청[虛廳] ① 헛간으로 된 집채. 헛청. ② 허영청(虛影廳)의 준말. ① open shed

허초점[虛焦點] 오목렌즈에서 굴절한 광선이나 볼록렌즈에서 반사한 광선의 연장선(延長線)이 렌즈 또는 거울 뒤에 모이는 가상적인 초점. きょしょうてん. virtual focus

허탈[虛脫] ① 정신이 멍하여 일이 손에 안 잡히는 상태. ② 몸이 쇠약해져서 기운이 쭉 빠짐. きょだつ
① blankness ② prostration

허탕[虛蕩] 허랑방탕(虛浪放蕩)의 준말.

허투[虛套] 남을 농락하기 위하여 꾸미는 겉치레. sham

허풍[虛風] 실제보다 너무 동떨어지게 과장하여 믿음성이 적은 언행. boast

허풍선[虛風扇] ① 숯불을 불어 일으키는 손풀무의 한 가지. ② 허풍만 치고 다니는 사람. 허풍선이. ① bellows ② boaster

허한[虛汗] 원기가 허약하여 흘리는 땀. cold sweat

허행[虛行] 헛걸음. making a fruitless visit

허허공공[虛虛空空] ① 허공같이 한없이 넓고 큼. ② 아무 것도 없음.
① vastness ② nothing

허허실실[虛虛實實] 허(虛)를 찌르고 실(實)을 꾀하는 계책으로 싸우는 모양. きょきょじつじつ

허혼[許婚] 혼인함을 허락함. = 허빙(許聘). きょこん
approval of marriage

허황[虛荒] 헛되고 황당하여 미덥지 못함. ↔성실(誠實)·진실(眞實).

헌[軒]☆ ① 추녀 헌 : 추녀. 처마. 「軒頭(헌두)·軒燈(헌등)」 ② 수레 헌 : 고관이 타던 수레. 「軒冕(헌면)·軺軒(초헌)」 ③ 높을 헌 : 높이 쳐들다. 높이 오르다. 「軒昻(헌앙)·軒然(헌연)·軒擧(헌거)」 ケン ① のき

헌:[憲]☆ ① 법 헌 : 법령. 규범. 『憲法(헌법) 憲章(헌장)·憲政(헌정)·國憲(국헌)」 ② 관헌 헌 : 관리. 관청. 「官憲(관헌)·憲兵(헌병)」 ケン

헌:[獻]☆ ① 드릴 헌 : 드리다. 바치다. 「獻身(헌신)·獻納(헌납)·獻花(헌화)·獻杯(헌배)·貢獻(공헌)」 ② 어진 이 헌 : 어진 사람. 「文獻(문헌)」 ケン·コン

헌:근[獻芹] 변변하지 못한 미나리를 바친다는 뜻으로, 남에게 물건을 선사할 때나 의견을 적어 보낼 때 겸사로 쓰는 말. けんきん

헌:금[獻金] 돈을 바침. 또는 그 돈. けんきん contribution

헌:납[獻納] 물건을 바침. = 헌공(獻供). けんのう presentation

헌:답[獻畓] 조상의 제사를 절에 맡기고, 그 비용조로 논을 절에 바침. 또는 그 논. 「~시주(施主)」

donation of paddy fields
헌등[軒燈] 처마에 다는 등. けんとう　doorlamp
헌:등[獻燈] 신불(神佛)에게 바치는 등. けんとう
　　votive lantern
헌:배[獻杯] 술잔을 올림. けんぱい　offering a cup of wine
헌:법[憲法] 나라의 통치 체제의 근본이 되는 법. 「~ 재판소(裁判所)」けんぽう
　　constitution
헌:법 기관[憲法機關] 헌법에 의하여 설치하는 국가 기관. 국회(國會)·행정부·법원의 총칭. けんぽうきかん
　　constitutional institution
헌:병[憲兵] 각 군의 참모 총장의 지휘 감독 밑에 군사 경찰을 맡고, 겸하여 행정 경찰·사법 경찰을 맡은 특과(特科) 군인. けんぺい
　　military policeman
헌:사[獻詞·獻辭] 저자나 발행자가 그 책을 헌정(獻呈)하는 취지를 기록한 글. けんし(獻詞)·けんじ(獻辭)
　　dedication
헌:상[獻上] 임금께 바침. = 헌진(獻進). けんじょう
　　presentation
헌:수[獻壽] 환갑 잔치 등에서 오래 살기를 바란다는 뜻으로 술잔을 올림. offering a cup of wine for longevity
헌:시[獻詩] 시를 지어 바침. 또는 그 시. dedicated poem
헌:신[獻身] 어떤 일이나 남을 위해서 자기의 이해를 돌보지 않고 전력(全力)을 다함. 「사회 사업에 ~하다」けんしん
　　self-sacrifice
헌:언[獻言] 임금에게 의견을 말함. けんげん
헌연[軒然] 의기가 당당한 모양. high spirit
헌:의[獻議] 상부에 무슨 의견을 바침. proposal
헌:작[獻爵] 제사 때에 술잔을 올림. = 진작(進爵). けんしゃく　offering a cup of wine
헌:장[憲章] ① 헌법의 전장(典章). ② 국가나 국가와 같은 수준의 집합체가 이상(理想)으로서 정한 원칙. 「국민 교육 ~」けんしょう　charter
헌:정[憲政] 입헌 정치(立憲政治)의 준말. けんせい
헌:정[獻呈] 물품을 바침. けんてい　dedication
헌:향[獻香] 신불께 향을 올림. けんこう dedication of incense
헌헌장:부[軒軒丈夫] 이목구비가 반듯하고 헌거로운 남자.
　　manly fellow
헌:화[獻花] 죽은 이의 묘나 영전에 꽃을 바침. 또는 그 꽃.
　　dedication of flowers
헐[歇] ① 쉴 헐: 쉬다. 「歇泊(헐박)·歇宿(헐숙)·歇息(헐식)·間歇(간헐)」② 헐할 헐: 값이 싸다. 대수롭지 않게 여기다. 「歇價(헐가)·歇看(헐간)·歇客(헐객)·歇邊(헐변)」ケツ
헐가[歇價] 싼값. 헐값.　cheap price
헐가 방:매[歇價放賣] 싼값으로 마구 팔아 버림.
헐변[歇邊] 헐한 이자. = 저리(低利).　low interest
헐장[歇杖] 지난날, 장형(杖刑)에서 때리는 시늉만 하던 매질.
험:[險]* ① 험할 험: 험하다. 험악하다. 거칠다. 「險難(험

난)·險路(험로)·險山(험산)·險峻(험준)·險惡(험악)」② 음흉할 험 : 음흉하다. 음충맞다. 헐뜯다. 「陰險(음험)·險談(험담)」ケン ① けわしい ② roughness

험:[驗] ① 시험할 험 : 시험하다. 살피다. 「試驗(시험)·實驗(실험)·體驗(체험)·證驗(증험)·冒驗(모험)」② 효험 험 : 효과. 보람. 「效驗(효험)」ケン ② しるし

험:객[險客] ① 성질이 험상스러운 사람. ② 험구(險口)로서 남을 잘 헐뜯는 사람. ① rowdy ② foulmouthed person

험:괴[險怪] 험하고 괴상함. 기괴하고 이상함.

험:구[險口] 남의 흉을 들추어 헐뜯음. 또는 그러한 말. evil tongue

험:난[險難] ① 지세가 험하여 다니기가 어려움. ② 위태롭고 고생스러움. =난험(難險). ↔순탄(順坦). けんなん ① steepness ② hardship

험:담[險談] 남을 헐뜯어서 말함. 또는 그러한 말. =험언(險言). calumny

험:로[險路] 험난한 길. =준로(峻路)·악도(惡道). けんろ steep path

험:산[險山] 지세가 험악한 산. けんざん steep mountain

험:산[驗算] 계산의 맞고 틀림을 알기 위해 다시 해 보는 계산. =검산(檢算). けんざん verification of accounts

험:상[險狀] 험악한 모양. 「~궂다」 roughness

험:상[險相] 험악한 인상. けんそう uncanny look

험:악[險惡] ① 길이나 날씨 따위가 험함. ② 성질이 거칠고도 악함. ③ 형세 따위가 무시무시함. けんあく ② roughness

험:준[險峻] 매우 높고도 가파름. けんしゅん steepness

험:지[險地] 험난한 땅. 험난한 곳. rugged place

헤게모니[독 Hegemonie] 주도적 지위. 주도권(主導權). ヘゲモニー

헤드기어[headgear] 권투 등에서, 선수의 머리 보호용(保護用) 덮개. ヘッドギア

헤드라이트[headlight] ① 열차·자동차 등에서 앞에 단 등. ② 장등(檣燈). ヘッドライト

헤드라인[headline] 신문·잡지 등의 표제(標題). ヘッドライン

헤드코:치[head coach] 팀의 으뜸이 되는 코치. 수석(首席) 코치. ヘッドコーチ

헤드폰:[headphone] 머리에 쓰고 두 귀에 대는 수신기(受信機) 또는 소형 스피커. ヘッドホン

헤딩[heading] ① 바뀌기. ② 축구(蹴球)에서, 공을 머리로 받아 치는 일. ヘディング

헤라[Hera] 그리스 신화의 최고 여신(女神). ヘラ

헤라클레스[Heracles] 그리스 신화 중 최대의 영웅(英雄). 제우스의 아들. ヘラクレス

헤로인[heroin] 모르핀으로 만든, 마약(麻藥)의 한 가지. ヘロイン

헤로인[heroine] ① 소설·연극 등의 여주인공. ② 여장부(女丈夫). 여걸(女傑). ヒロイン

헤르니아[hernia] 탈장(脫腸). ヘルニア

헤르메스[Hermes] ① 1937년

에 발견된 특이(特異) 소행성(小行星)의 하나. ② 그리스 신화의 목축·상업·웅변·사자(使者)의 신. ヘルメス

헤르츠[hertz] 주파수(周波數)·진동수의 단위. 기호는 Hz. ヘルツ

헤링본:[herringbone] 화살의 오늬 모양의 무늬. 또는 그렇게 짠 능직(綾織). ヘリングボーン

헤모글로빈[hemoglobin] 주로 척추동물의 적혈구(赤血球) 중에 있으며, 철을 함유하는 색소(色素)와 단백질의 화합물. ヘモグロビン

헤모시아닌[hemocyanin] 색소 단백질의 한 가지. 연체동물·갑각류 등의 혈장(血漿) 속에 있음. ヘモシアニン

헤브라이즘[Hebraism] 고대 히브리 인의 사상(思想)·문화 및 그 전통 등을 문화사적인 관점에서 이르는 말. ヘブライズム

헤브루[그 Hebrew] 서남 아시아에 있었던 고대 유대인의 왕국(王國). 헤브라이(Hebrai).

헤비메탈[heavy metal] 1960년대 말에 대두(擡頭)한 록 음악의 한 가지. 묵직한 비트와 강렬한 금속음(金屬音)을 주로 함. ヘビーメタル

헤어드라이어[hair dryer] 두발(頭髮)의 건조나 정발(整髮)에 쓰는 전기 기구. ヘアドライヤ

헤어스타일[hair style] 머리를 매만져 꾸민 모양새. ヘアスタイル

헤일로:[halo] ① 해와 달의 무리. ② 성상(聖像)의 후광(後光). ハロー

헥산[hexane] 메탄계 탄화수소(炭化水素)의 한 가지. ヘキサン

헥타:르[hectare] 토지(土地) 면적(面積)의 단위. 100아르. ヘクタール

헥토그램[hectogram] 100그램. ヘクトグラム

헥토리터[hectoliter] 100리터. ヘクトリットル

헥토미:터[hectometer] 100미터. ヘクトメートル

헥토파스칼[hectopascal] 기압(氣壓)의 국제(國際) 단위. 100파스칼을 이르는 말. ヘクトパスカル

헬드볼:[held ball] 농구(籠球)에서, 양편의 두 선수가 공을 동시에 잡고 놓지 않는 일. ヘルドボール

헬레네[Helene] 그리스 신화(神話) 중의 미녀. 제우스의 딸로 트로이의 왕자에게 유괴당한 일이 트로이 전쟁의 발단(發端)이 됨. ヘレネ

헬레니즘[Hellenism] 그리스 고유의 문화가 오리엔트 문화와 융합(融合)하여 이룬 세계적 성격을 띤 문화. ヘレニズム

헬륨[helium] 공기 중에 아주 적은 분량 함유(含有)된, 수소 다음으로 가벼운 원소. 원소 기호는 He. ヘリウム

헬리오스탯[heliostat] 햇빛을 반사(反射)시켜 일정한 방향으로 보내는 장치. ヘリオスタット

헬리콘[helicon] 관악기의 한 가지. 어깨에 메고 부는 대형의 저음(低音) 나팔.

헬리콥터[helicopter] 기체 위에 큰 회전 날개를 달아 수직

헬리포:트[heliport] 헬리콥터 전용(專用)의 발착장(發着場). ヘリポート

헬멧[helmet] 쇠나 플라스틱으로 만든, 머리를 충격(衝擊)으로부터 보호하기 위한 모자. ヘルメット

헬스클럽[health club] 옥내(屋內) 운동 시설 등을 활용하여 건강・미용 등을 증진시키기 위한 체육관.

헴[heme] 헤모글로빈의 색소(色素) 성분. 산소 분자와 결합하여 온몸에 산소를 운반하는 역할을 함.

헴록[hemlock] 미나릿과에 속하는 독초(毒草). ヘムロック

헴스티치[hemstitch] 씨실을 몇 가닥씩 뽑고 날실을 몇 가닥씩 묶어서 만든 가장자리 장식(裝飾). ヘムステッチ

혁[革]＊ ① 가죽 혁：가죽.「革帶(혁대)・革囊(혁낭)・革鞭(혁편)・皮革(피혁)」② 갑옷 혁：갑옷.「革甲(혁갑)・兵革(병혁)」③ 고칠 혁：고치다.「革命(혁명)・革世(혁세)・革新(혁신)・改革(개혁)・變革(변혁)」カク ①かわ

혁[奕] ① 클 혁：크다.「奕奕(혁혁)」② 겹칠 혁：겹치다. 여러.「奕世(혁세)」③ 바둑 혁：바둑.「奕棋(혁기)」エキ・ヤク

혁[赫] ① 빛날 혁：빛나다. 밝다.「赫灼(혁작)・赫赫(혁혁)」② 성낼 혁：성내다.「赫怒(혁노)・赫然(혁연)」カク ①かがやく

혁[嚇] ① 화낼 혁：크게 노하다. 성내다.「嚇怒(혁노)」② 웃음 소리 하.「嚇嚇(하하)」カク ①おどす

혁갑[革甲] 갑옷. armor

혁고[革故] 묵은 것을 고침.

혁기[奕棋] 바둑.

혁낭[革囊] 가죽으로 만든 주머니. 가죽주머니. leather bag

혁노[赫怒・嚇怒] 버럭 성을 냄. かくど

혁대[革代] ⇨혁세(革世).

혁대[革帶] 가죽으로 만든 띠. かくたい leather belt

혁명[革命] ① 급격한 변혁. 어떤 상태가 급격하게 발전・변동하는 일. ② 이전의 왕통(王統)을 뒤엎고 다른 왕통이 대신하여 통치자가 되는 일. ③ 비합법적인 수단으로 정권을 빼앗아 국체(國體)・정체(政體)를 변혁하는 일. ④ 종래의 권위나 방식을 단번에 뒤집어 엎는 일.「기술(技術) ~」かくめい revolution

혁명 정부[革命政府] 혁명을 일으킨 주체자들로 구성한 정부. ⇨릭킹(革政). かくめいせいふ revolutionary government

혁세[革世] 나라의 왕조가 바뀜. 세상이 바뀜. ＝혁대(革代). change of the world

혁신[革新] ① 아주 새롭게 함. ② 묵은 제도를 고쳐서 새롭게 함. ↔보수(保守).「~ 세력(勢力)」かくしん ① innovation ② reform

혁연[赫然] ① 벌컥 성을 냄. かくぜん ② 빛나서 왕성함. ③ 사람을 놀래어 움직이게 하는 데가 있음.

혁정[革正] 바르게 고침. かくせい reform

혁정[革政] ① 정치를 개혁함. ② 혁명 정부(革命政府)의 준말. かくせい political reform

혁질[革質] 가죽처럼 질긴 성질. 또는 그런 물건. かくしつ coriaceousness

혁혁[奕奕] 매우 아름답고 성(盛)한 모양. えきえき grand and beautiful

혁혁[赫赫] 빛이 나게 뚜렷한 모양. 「~한 전과(戰果)」かっかく brilliant

현[玄]* ① 검을 현 : 검다. 「玄琴(현금)·玄玉(현옥)·玄米(현미)」 ② 심오할 현 : 심오하다. 오묘하다. 현묘하다. 「玄曠(현광)·玄談(현담)·玄妙(현묘)·玄理(현리)·玄學(현학)·玄微(현미)」ゲン

현:[泫] 눈물 흘릴 현 : 눈물 흘리다. 「泫然(현연)·泫泣(현읍)·泫泫(현현)」ゲン

현[弦]* ① 활시위 현 : 활의 시위. 「弦矢(현시)」 ② "絃"과 通字. 악기 줄 현 : 악기의 줄. 「弦樂器(현악기)·管弦樂(관현악)」 ③ 반달 현 : 반달. 「上弦(상현)·下弦(하현)」ゲン ① つる

현:[炫] 밝을 현 : 밝다. 불빛. 「炫耀(현요)·炫炫(현현)」ケン

현:[見] ① 보일 현 : 보이다. 뵙다. 「見舅姑(현구고)·謁見(알현)」 ② "現"의 古字. 나타날 현 : 나타나다. 「見齒(현치)」 ③ ⇨견(見). ケン ② あらわれる

현:[峴] 고개 현 : 고개. 새. 「峴山(현산)·炭峴(탄현)·阿峴(아현)」ケン・みね

현:[眩] 어지러울 현 : 어지럽다. 아찔하다. 「眩氣(현기)·眩亂(현란)·眩惑(현혹)·眩慌(현황)·眩暈(현훈)」ゲン・くらむ

현[絃]* "弦"과 通字. 악기 줄 현 : 악기의 줄. 「絃樂器(현악기)·管絃樂(관현악)」ゲン・いと

현[舷] 뱃전 현 : 뱃전. 「舷燈(현등)·舷窓(현창)·舷側(현측)·左舷(좌현)·右舷(우현)」ゲン・ふなべり

현:[衒] 자랑할 현 : 자랑하다. 「衒氣(현기)·衒異(현이)·衒張(현장)·衒才(현재)·衒學(현학)」ゲン・てらう

현:[現]* ① 나타날 현 : 나타나다. 「現夢(현몽)·現象(현상)·現身(현신)·實現(실현)·表現(표현)·出現(출현)」 ② 이제 현 : 이제. 지금. 「現在(현재)·現今(현금)·現實(현실)·現存(현존)·現行(현행)·現役(현역)」ゲン ① あらわれる

현:[絢] 색채무늬 현 : 찬란하다. 빛나다. 「絢爛(현란)·絢練(현련)·絢飾(현식)」ケン・あや

현[鉉] 솥귀 현 : 솥의 귀. 「鉉席(현석)·鼎鉉(정현)」ゲン

현:[賢]* 어질 현 : 어질다. 「賢明(현명)·賢妻(현처)·賢淑(현숙)·賢人(현인)·名賢(명현)·聖賢(성현)」ケン・かしこい

현:[縣]* ① 고을 현 : 고을. 「縣政(현정)·縣郡(현군)·縣治(현치)·縣令(현령)·縣監(현감)」 ② "懸"의 本字. 매달 현 : 매달다. 「縣鼓(현고)」ケン ② かける

현:[懸]* ① 매달 현 : 달다. 매달다. 「懸板(현판)·懸賞(현상)·懸燈(현등)·懸案(현안)·懸河(현하)」 ② 멀 현 : 멀다. 「懸隔(현격)·懸絶(현절)」ケン ① かける

현:[顯] ① 나타날 현 : 나타나다. 드러나다. 밝다. 「顯微(현미)·顯著(현저)·顯名(현명)·顯彰(현창)·顯沒(현몰)」 ② 높을 현: 높다. 귀하다. 「顯官(현관)·顯達(현달)·顯貴(현귀)·榮顯(영현)」 ケン ① あらわれる

현:가[現價] 현재의 값. 현재의 시세. 「~ 계산(計算)」げんか present price

현:감[縣監] 고려와 조선 때, 작은 현(縣)의 원(員)을 이르던 말. 외관직 문관(外官職文官)의 종육품 관리.

현격[懸隔] 동떨어져서 차이가 매우 심함. けんかく disparity

현:계[顯界] ⇨ 세세(現世). ↔유계(幽界). げんかい

현:고[顯考] 신주나 축문에서, 세상을 떠난 아버지를 이르는 말.

현:고조고[顯高祖考] 신주나 축문에서, 세상을 떠난 고조부를 이르는 말.

현;고조비[顯高祖妣] 신주나 축문에서, 세상을 떠난 고조모를 이르는 말.

현관[玄關] ① 건축물의 정면(正面) 입구에 낸 문간. ② 현묘(玄妙)한 길로 나갈 어귀라는 뜻으로, 선학(禪學)에로 들어가는 관문을 이르는 말. げんかん ① porch

현:관[現官] 현직(現職)의 관리. げんかん official on the active

현:관[顯官] 높고 중요한 관직. 또는 그런 자리에 있는 관리. ↔미관(微官). けんかん high official

현군[賢君] 어진 임금. けんくん wise king

현:귀[顯貴] 지위가 드러나게 높고 귀함. ↔미천(微賤). けんき being high and noble

현금[玄琴] 거문고. げんきん

현금[弦琴] ① 여러 가지 현악기의 총칭. ② 현악기를 탐. げんきん
① string instrument ② playing the string instrument

현:금[現今] 오늘날. 이제. ↔ 목하(目下)·현하(現下)·당금(當今). げんこん present time

현:금[現金] ① 현재 가지고 있는 돈. ② 어음·채권 따위에 상대하여, 실지로 통용(通用)되는 화폐. 우편환·송금환 따위처럼 바로 통화로 바꿀 수 있는 것까지를 말함. ③ 물건을 사고 팔 때에 그 자리에서 값으로 치르는 돈. 맞돈. =현찰(現札). 「~ 거래(去來)」 げんきん cash

현:금주의[現金主義] ① 현금으로 장사하는 주의. ② 눈앞의 이익만 생각하고 일을 처리하는 주의(主義). げんきんしゅぎ ① pay-as-you-go plan ② mercenary principles

현:기[眩氣] 어지러운 기운. = 현훈(眩暈). giddiness

현:기[衒氣] 자만(自慢)하는 마음. げんき pride

현녀[賢女] 영리하거나 현명한 여자. けんじょ wise woman

현념[懸念] 늘 마음에 걸려 불안하게 생각함. けねん anxiety

현:달[顯達] 벼슬과 명망이 높아서 세상에 드러남. 입신 출세(立身出世)함. けんたつ worldly fame

현답[賢答] 현명한 대답. 「우문(愚問) ~」 けんとう wise answer

현:대[現代] ① 지금의 시대. =현시대(現時代).「~ 감각(感覺)」② 역사상의 시대 구분의 하나. 국사(國史)에서는 고종(高宗)·순종(純宗) 시대 이후, 동양사에서는 청일(清日) 전쟁 이후, 서양사에서는 대개 제1차 세계 대전 이후를 가리킴. ↔고대(古代).「~사(史)」げんだい ① present age ② modern times

현:대전[現代戰] 발달된 과학 병기를 써서 하는 현대의 전쟁. げんだいせん modern warfare

현:대주의[現代主義] 현대의 사조(思潮)나 문화·학술에 순응(順應)하려는 사상(思想) 및 운동. modernism

현등[懸燈] ① 등불을 높이 닮. ② 지난날, 밤에 행군할 때 깃대에 매달던 등. ① suspended lamp

현:란[眩亂] 어지럽고 어수선함. confusion

현:란[絢爛] ① 눈부시도록 찬란함. ② 문장·시가 따위의 사구(辭句)의 수식이 매우 아름다움. けんらん ① gorgeousness

현량[賢良] 어질고 착함. 또는 어진 사람과 착한 사람. けんりょう being wise and virtuous

현려[賢慮] ① 현명한 생각. ② 남을 높이어 그의 생각을 이르는 말. けんりょ ① wise thought ② your thought

현:령[縣令] ① 지난날, 큰 현의 원(員)을 이르던 말. ② 신라 때, 현의 우두머리 관원을 이르던 말. magistrate

현:령[顯靈] 신령(神靈)이 나타남. =현성(顯星).

현명[賢明] 슬기롭고 사리에 밝음. けんめい wisdom

현명[懸命] 목숨을 걺. 죽기를 결심하고 힘을 다함. けんめい risking one's life

현:명[顯名] 이름이 세상에 드러남. winning a name

현모[賢母] 어진 어머니. けんぼ wise mother

현모양처[賢母良妻] 어진 어머니이면서 착한 아내. wise mother and good wife

현:목[眩目] 눈이 어질어질함. げんもく

현:몽[現夢] 꿈에 죽은 사람이나 신령이 나타남. appearing in one's dream

현묘[玄妙] 도리(道理)나 기예(技藝) 따위가 깊고 미묘(微妙)함. =현미(玄微). げんみょう occultness

현무[玄武] ① 북쪽의 일곱 별인 두(斗)·우(牛)·여(女)·허(虛)·위(危)·실(室)·벽(壁)의 통칭. ② 북쪽 방위의 수(水) 기운을 맡은 태음신(太陰神)을 상징한 짐승. 거북과 뱀을 하나로 한 형상임. げんぶ

현무암[玄武巖] 화산암(火山巖)의 하나. 섬은빛이며 단단하여 건축 재료로 쓰임. 총석돌. げんぶがん basalt

현문[玄門] 현묘한 문이란 뜻으로, 불문(佛門)을 이르는 말. げんもん

현문[賢問] 현명한 질문. ↔우문(愚問). けんもん wise question

현:물[現物] ① 현재 있는 물품(物品). ② 금전에 상대하여 물품을 이르는 말.「~ 상환(相換)」③ 주식·공채(公債)·쌀·면사(綿絲) 따위와 같이

현물 거래의 대상이 되는 물품. 「~ 배급(配給)」 げんぶつ ① actual thing ② kind ③ spot goods

현미[玄米] 벼의 겉껍질만 벗기고 쓿지 않은 쌀. 매조미쌀. =조미(糙米). げんまい
unpolished rice

현:미경[顯微鏡] 몹시 작은 물체를 확대해서 볼 수 있도록 한 기구(器具). けんびきょう
microscope

현미기[玄米機] 벼를 왕겨와 현미로 분리하는 기계.

현부[賢婦] 어진 며느리. けんぷ virtuous daughter-in-law

현부인[賢夫人] ① 어진 부인. ② 남을 높이어 그의 부인을 이르는 말. けんぷじん
① virtuous wife ② your wife

현부형[賢父兄] 어진 아버지와 형. wise father and brother

현:비[顯妣] 신주나 축문에서, 세상을 떠난 어머니를 이르는 말.

현사[賢士] 어진 선비. けんし virtuous scholar

현삼[玄蔘] 현삼과의 다년초. 산지에 야생하며 뿌리는 약재로 쓰임. =원삼(元蔘).

현:상[現狀] 지금의 상태(狀態). 지금의 형편. 「~ 유지(維持)」 げんじょう
present situation

현:상[現象] ① 눈앞에 나타나 보이는 사물의 모양이나 상태. ② 사람이 감성적(感性的)으로 지각 경험(知覺經驗)할 수 있는 온갖 대상(對象). ↔본질(本質). げんしょう
phenomenon

현:상[現想] 보고 듣는 데 관련하여 일어나는 생각.

현:상[現像] ① 모양을 나타냄. 또는 그 모양. ② 사진술에서, 촬영할 필름·건판(乾板)·습판(濕板) 따위를 현상액(現像液)에 담가 그 영상(映像)을 나타나게 하는 일. げんぞう
① appearance ② developing

현상[懸賞] 상(賞)을 내걺. 상을 줌을 조건으로 함. 「~금(金)」 けんしょう
prize competition

현:상계[現象界] 감각으로 느끼거나 경험할 수 있는 세계. 형이하(形而下)의 세계. =객체계(客體系). げんしょうかい
phenomenal world

현:상론[現象論] ① 사람이 인식할 수 있는 것은 사물의 본질이 아니고 다만 현상에 불과하다는 학설. ② 인식에 나타난 현상이 곧 본체이고, 인식을 떠난 본체는 있을 수 없다는 이론. =유상론(唯象論). げんしょうろん
phenomenalism

현:생[現生] 이 세상의 생애(生涯). げんしょう this life

현석[玄石] ⇨자석(磁石).

현성[賢聖] ① 현인과 성인. ② 불교에서, 불도(佛道)를 닦은 이름난 중. ① sages

현:세[現世] 이 세상. =현계(顯界). ↔전세(前世)·내세(來世)·미래세(未來世). げんせ
this world

현:세[現勢] 현재의 정세나 세력. げんせい present situation

현:세주의[現世主義] 현세만을 중요시하고 내세나 전세의 존재를 부정하는 사고 방식. げんせしゅぎ secularism

현손[玄孫] 손자의 손자. げんそん
great-great-grandson

현손녀[玄孫女] 손자의 손녀. great-great-granddaughter

현:송[現送] ①현물을 실어 보냄. ②현금, 곧 정화(正貨)를 보냄. げんそう ① making a shipment

현:수[現數] 현재의 수효. げんすう present number

현수[懸垂] ①아래로 곧게 드리워짐. ②현수 운동(懸垂運動)의 준말. けんすい ① suspension

현수막[懸垂幕] ①방·극장 따위에 드리운 막. ②선전문·구호문 따위를 적어 드리운 막. ① drop curtain ② placard

현수 운·동[懸垂運動] 철봉이나 평행봉 따위에 매달려서 턱걸이를 하는 운동. 준현수(懸垂). けんすいうんどう chinning exercises

현수 철도[懸垂鐵道] ①지주(支柱) 사이의 가로대에 부설한 레일에 차량을 매달아서 운전하는 철도. ②공중에 건너지른 레일에 차량을 매달아 사람이나 화물을 운송하는 시설. 케이블카(cable car).

현숙[賢淑] 어질고 정숙함. gracefulness

현:시[現時] 지금. 이 때. げんじ present time

현:시[顯示] 나타내 보임. けんじ revelation

현:시대[現時代] ⇨현대(現代).

현:시 지평[現視地平] 눈에서 지구의 표면으로 그은 모든 길선(切線)이 이루는 바닥. しちへい visible horizon

현:신[現身] ①지난날, 아랫사람이 윗사람을 처음으로 뵘을 이르던 말. ②현세(現世)의 몸. ③불교에서, 중생을 제도(濟度)하기 위하여 때에 따라 여러 가지 모습으로 나타나는 부처. ① presenting ② this life

현:실[現實] ①현재 사실로서 존재하고 있는 일이나 상태. ②사유(思惟)의 대상인 객관적·구체적 존재. げんじつ reality

현:실 도피[現實逃避] ①사상이나 실천면(實踐面)에서 현실과 맞서기를 기피하는 일. ②소극적·퇴폐적인 처세 태도. げんじつとひ escape from reality

현:실주의[現實主義] ①현실적인 것을 첫째로 내세우는 주의. ②주의·이상(理想)에 구애됨이 없이 현실의 사태에 적응해서 일을 처리하는 태도. ↔이상주의(理想主義). げんじつしゅぎ ① actualism ② realism

현:실파[現實派] 실제의 사실에서 학설을 세우고, 일을 처리해 나가는 파. ↔이상파(理想派). actualist

현악[絃樂] 현악기를 탄주(彈奏)하는 음악. 「~ 오중주(五重奏)」げんがく string music

현악기[絃樂器] 줄을 타서 소리를 내는 악기. 거문고·가야금·기타·바이올린 따위. =탄주 악기(彈奏樂器). げんがっき stringed instrument

현안[懸案] 전부터 논의하고 있으면서도 아직 결정을 못 내린 의안(議案). けんあん pending bill

현애[懸崖] 낭떠러지. けんがい cliff

현:액[現額] 지금 있는 돈의 액수. げんかく present amount of cash

현:양[顯揚] 이름·공적 등을

현어[玄魚] 올챙이. tadpole

현어[懸魚] 합각머리의 세모꼴로 된 곳에 달아 놓는, 주로 물고기 모양으로 조각한 장식물. げぎょ

현:업[現業] 현재의 사업이나 직업. げんぎょう present occupation

현:역[現役] ① 현재 군무(軍務)에 종사하고 있는 병역. 또는 그 군인. ↔예비역(豫備役). ② 현재 어떤 분야에서 활동하고 있는 사람. 「~ 작가(作家)」 げんえき ① active service ② service on full pay

현영[弦影] 반월(半月)의 모양. 또는 그 빛. shape of a half moon

현왕[賢王] 어진 임금. wise king

현:요[眩耀] 눈부시게 빛나고 찬란함. げんよう brilliance

현:요[顯要] ① 현관(顯官)과 요직(要職) 또는 그 지위에 있는 사람. ② 지위나 직책이 높고 중요함. けんよう prominence

현우[賢友] 어진 벗. wise friend

현우[賢愚] 현명(賢明)함과 어리석음. 또는 현명한 사람과 어리석은 사람. けんぐ wisdom and folly

현월[弦月] 초승달. げんげつ crescent moon

현:위[顯位] 높은 지위. 현달한 지위. けんい high position

현인[賢人] 성인 다음 가는 어질고 총명한 사람. =현자(賢者). ↔우인(愚人)·우자(愚者). けんじん sage

현인군자[賢人君子] ① 현인과 군자. ② 어진 사람. ① sage and true gentleman ② benevolent person

현:인안·목[眩人眼目] 사람의 눈을 어지럽히고 정신을 아뜩하게 함. dazzlement

현:임[現任] 현재의 직임(職任). =시임(時任). げんにん present post

현자[賢者] ⇨현인(賢人).

현:장[現場] ① 사물(事物)이 지금 있는 곳. ② 사건이 일어난 곳. =현지(現地). 「사건~」 ③ 일을 실제 진행하거나 작업하는 곳. ④ ⇨공사장(工事場). 「~ 감독」 げんじょう·げんば ② spot ③ site

현장[懸章] 주번 사관이나 순찰(巡察) 군인 등이 한쪽 어깨에서 반대쪽 겨드랑이에 걸쳐 매는 띠. けんしょう sash

현:장 부재 증명[現場不在證明] 범죄 사건이 일어났을 때 그 현장에 있지 않았다는 증명. 알리바이. げんじょうふざいしょうめい alibi

현:재[現在] ① 이제. 지금. =시재(時在). ② 이 세상. 이승. ③ 시간상의 여러 구별의 하나. 과거와 미래의 사이. ④ 동사의 시제(時制)의 하나. 말하는 시간과 같은 시간에 일이 일어남을 나타내는 시제. ↔과거(過去)·미래(未來). げんざい ① present time ② this world ④ present tense

현재[賢才] 남보다 뛰어난 재주. 또는 그런 재주가 있는 사람. けんさい man of ability

현:재[顯在] 나타나 있음. 드러나 있음. ↔잠재(潛在). けんざい manifestation

현:재 완료[現在完了] 동사의 시제(時制)의 하나. 현재까지 동작(動作)이 끝났음을 나타냄. present perfect tense

현:저[顯著] 드러나게 분명함. =표저(表著). けんちょ conspicuousness

현:전[現前] 눈앞. げんぜん before one's eyes

현정[懸旌] ① 바람에 나부끼는 기(旗). ② 멀리 출군(出軍)하는 일. ① fluttering flag ② expedition

현제[賢弟] 아우뻘 되는 사람이나 남의 아우를 높여 이르는 말.

현:조[顯祖] 이름이 높이 드러난 조상. eminent ancestor

현:조고[顯祖考] 세상을 떠난 할아버지. 신주(神主)나 축문에 쓰는 칭호.

현:조비[顯祖妣] 세상을 떠난 할머니. 신주(神主)나 축문에 쓰는 칭호.

현:존[現存] 현재 살아 있음. 현재 존재함. =실존(實存). げんそん existing

현좌[賢佐] 왕을 보좌하는 어진 신하.

현:주[現住] ① 현주소(現住所)의 준말. ② 지금 머물러서 삶. 「~자(者)」 げんじゅう ② dwelling at present

현주[賢主] 현명한 군주. けんしゅ wise king

현주[懸註] 주서(註釋)을 닮. けんちゅう annotation

현:주소[現住所] 현재 살고 있는 곳. 준현주(現住). げんじゅうしょ present address

현준[賢俊] 현명하고 준수(俊秀)함. けんしゅん being wise and prominent

현:증조고[顯曾祖考] 세상을 떠난 증조할아버지. 신주(神主)나 축문에 쓰는 칭호.

현:증조비[顯曾祖妣] 세상을 떠난 증조할머니. 신주(神主)나 축문에 쓰는 칭호.

현:지[現地] ① 현재의 토지. ② 어떤 일이 있는 실지의 그 곳. =현장(現場). 「~답사(踏査)」 げんち ① present place ② on the spot

현지[賢智] 어질고 지혜로움. けんち wisdom and intelligence

현:지 입대[現地入隊] 군대에서, 문관·군속이 근무하고 있는 곳에서 바로 현역에 편입되는 일. げんちにゅうたい

현:직[現職] 현재 종사하는 직업이나 직임. ↔전직(前職). 「~교사(教師)」 げんしょく present post

현:찰[現札] ⇨현금(現金).

현처[賢妻] 어질고 착한 아내. =양처(良妻). けんさい wise wife

현천[玄天] 구천(九天)의 하나. 북쪽 하늘. げんてん

현천[懸泉] 폭포수(瀑布水)를 달리 이르는 말. =현폭(懸瀑).

현철[賢哲] 어질고 사리에 밝음. 또는 그런 사람. けんてつ sagacity

현:충[顯忠] 충렬(忠烈)을 드러내어 기림. 또는 그 충렬. 「~일(日)」 けんちゅう exaltation of loyalty

현:칭[現稱] 현재 일컫는 이름. present name

현탁액[懸濁液] 콜로이드 입자보다 큰 고체의 미립자가 퍼져 섞인 흐린 용액. suspension

현ː판[現版] 활판을 직접 기계에 올려 박아 내는 활자 인쇄판. げんばん

현판[懸板] 글씨나 그림을 새기거나 써서 문 위에나 벽에 거는 널조각. tablet

현폭[懸瀑] 아주 높은 곳에서 떨어지는 폭포. =현천(懸泉). waterfall

현ː품[現品] 현재 있는 물품. げんぴん actual things

현하구ː변[懸河口辯] 물이 세차게 흐르듯이 거침없이 하는 말. 말주변. =현하웅변(懸河雄辯)·현하지변(懸河之辯). fluency in speech

현하웅변[懸河雄辯] ⇨현하구변(懸河口辯).

현하시변[懸河之辯] ⇨현하구변(懸河口辯).

현학[玄學] ① 현묘(玄妙)한 학문. ② 노장(老莊)의 학문. げんがく ① occultism ② Taoism

현ː학[衒學] 학식이 있음을 뽐냄. 「~적(的)」 げんがく boasting one's knowledge

현학금[玄鶴琴] 거문고.

현합[賢閤] 남의 아내를 높이어 이르는 말. =귀부인(貴夫人)·영실(令室)·영부인(令夫人).

현ː행[現行] 현재 행함. 또는 행하여짐. 「~법(法)」「~조약(條約)」 げんこう existing

현ː행범[現行犯] 범행하는 현장에서 발각된 범죄. 또는 그 사람. げんこうはん flagrant delict

현ː현[顯現] 명백히 드러남. けんげん manifestation

현ː형[現形] 형체를 드러냄. 또는 그 형체. =현영(現影). げんけい manifestation

현ː형[賢兄] 벗을 높여 이르는 말. =대형(大兄)·인형(仁兄). you

현ː형[顯型] 유전된 형질(形質) 가운데 겉으로 드러나는 형(型).

현ː혹[眩惑] ① 정신이 혼미하여 어지러움. ② 홀림에 빠져서 미혹함. げんわく dazzlement

현ː화[現化] ① 현실로 나타남. ② 신불이 형체를 바꾸어서 세상에 나타남. げんか ① realization ② incarnation

현ː화식물[顯花植物] 일정한 발육을 한 뒤에 꽃이 피고, 수정(受精) 후 씨를 맺는 식물. 꽃식물. ↔은화식물(隱花植物). けんかしょくぶつ phanerogamous plant

현ː황[眩慌·炫煌] 정신이 어지럽고 황송함. disconcertion

현ː황[現況] 현재의 상황. 지금의 형편. げんきょう present situation

현ː효[現效] 효험이 나타남. げんこう efficacy

현ː효[顯效] 현저한 효험. けんこう remarkable efficacy

현ː훈[眩暈] 정신이 아찔아찔하고 어지러움. =현기(眩氣). めまい giddiness

현ː훈증[眩暈症] 어질증. 어지럼증. =현기증(眩氣症). giddiness

혈[孑] 외로울 혈: 외롭다. 「孑遺(혈유)·孑孑(혈혈)」 ケツ·ひとり

혈[穴]☆ 구멍 혈: 구멍. 구덩이. 굴. 「穴居(혈거)·墓穴(묘혈)·洞穴(동혈)·虎穴(호혈)·巢穴(소혈)·穴深(혈심)」 ケツ·あな

혈[血]* 피 혈: 피. 「血管(혈관)·血氣(혈기)·血壓(혈압)·

血液(혈액)・鮮血(선혈)・輸血(수혈)」ケツ・ち

혈[頁] ① 머리 혈 : 머리. ② 쪽 혈 : 쪽. 페이지. ケツ・コウ ① かしら

혈거[穴居] 흙이나 바위의 굴 속에서 삶. =혈처(穴處). 「~야처(野處)」けっきょ
  cave dwelling

혈관[血管] 몸 속으로 혈액이 통하여 흐르는 관(管). 핏줄. =맥관(脈管). 「~ 주사(注射)」けっかん   blood vessel

혈관계[血管系] 혈액의 통로가 되는 기관의 계통. けっかんけい   vascular system

혈관선[血管腺] 갑상선(甲狀腺)・비장 따위처럼 혈관만이 많은 선(腺). けっかんせん

혈괴[血塊] 한방에서, 혈관 밖으로 나와 체내에 엉겨 있는 핏덩어리. けっかい
  clot of blood

혈구[血球] 혈액 중의 고체 성분. 적혈구(赤血球)와 백혈구(白血球)가 있음. けっきゅう
  blood corpuscle

혈기[血氣] ① 목숨을 유지하는 체력(體力). ② 격동하기 쉬운 의기(意氣). けっき
  ① vitality ② youthful vigor

혈기방장[血氣方壯] 혈기가 한창 성함.   full of vigor

혈기지용[血氣之勇] 혈기로 일어나는 한때의 용맹. けっきのゆう

혈농[穴農] 농사가 고르지 못하여 곳에 따라 풍흉이 다르게 되는 농사. 구메농사.

혈뇨[血尿] ① 피가 섞여 나오는 오줌. ② 피가 섞인 오줌이 나오는 병. =요혈(尿血). けつにょう   hematuria

혈담[血痰] 피가 섞인 가래. けったん   bloody phlegm

혈당[血糖] 혈액 속에 포함되어 있는 당류. 특히, 포도당을 이름. けっとう   blood sugar

혈당[血黨] 생사를 같이하는 무리.

혈로[血路] 포위망이나 위태로운 경우를 벗어나는 어려운 고비의 길. けつろ
  difficult escape-route

혈루[血淚] 피눈물. けつるい
  bitter tears

혈맥[血脈] ① 혈액이 통하는 맥관(脈管). =혈관(血管). ② ⇒혈통(血統). けつみゃく ③ 불교에서, 교리나 계율이 스승에게서 제자로 이어짐. =법통(法統). けちみゃく
  ① blood vessel

혈맥 상통[血脈相通] 혈맥이 서로 통한다는 뜻으로, 혈육 관계가 있음을 이르는 말.
  blood relationship

혈맹[血盟] 피로써 굳게 맹세함. けつめい   blood pledge

혈반[血斑] 피하(皮下) 출혈로 피부나 점막에 생기는 검붉은 반점. 「~병(病)」けっぱん
  blood spot

혈변[血便] 피똥. けつべん
  bloody excrement

혈병[血餠] 혈액이 응고되어 생기는 암적색 덩이. けっぺい
  blood clot

혈분[血分] 영양적 측면에서, 피의 분량.

혈분[血糞] 피똥.
  bloody excrement

혈상[血相] 얼굴에 나타나는 혈색의 상격(相格). けっそう
  look

혈색[血色] 핏기. けっしょく

complexion
혈색소[血色素] 철을 함유하는 색소와 단백질의 화합물. 척추동물의 적혈구에 들어 있음. 헤모글로빈. =혈홍소(血紅素). hemoglobin

혈서[血書] 제 몸의 피로 쓴 글발. けっしょ writing in blood

혈성[血性] 용감하고 의기가 있는 성질. vigorous nature

혈성[血誠] 진심에서 우러나오는 정성. =혈심(血心)·혈침(血忱). intense sincerity

혈성 남자[血性男子] 용감하고 의기가 있어 죽음을 두려워하지 않는 사나이. sanguine man

혈세[血洗] 자기의 피로써 자신의 죄를 씻는다는 뜻에서, 순교(殉敎)로 구원을 받는 일.

혈세[血稅] 가혹한 조세. けつぜい unbearably heavy taxes

혈소판[血小板] 혈액을 구성하는 혈구(血球)의 한 가지. 혈액을 응고시키는 효소를 함유하고 있음. けっしょうばん thrombocyte

혈속[血速] 혈액이 순환하는 속도. circulating speed of blood

혈속[血屬] 혈통을 이어가는 살붙이. けつぞく blood relation

혈손[血孫] 혈통을 이은 자손. =혈사(血嗣). descendant

혈수[血讐] 죽기를 각오하고 갚으려는 원수. deadly feud

혈수[血髓] 피와 골수. けつずい blood and medulla

혈심[穴深] 무덤 구덩이의 깊이. depth of a grave

혈안[血眼] ①노하거나 흥분하여 핏발이 선 눈. ②열중하여 분주히 몰아치는 모양. ① bloodshot eye

혈압[血壓] 혈관 속의 피의 압력(壓力). 「~계(計)」けつあつ blood pressure

혈액[血液] 피. 「~ 검사(檢査)」けつえき blood

혈액 은행[血液銀行] 수혈용 혈액(輸血用血液)을 대량으로 저장하는 곳. =혈액원(血液院). けつえきぎんこう blood bank

혈액형[血液型] 사람의 혈액을 혈구와 혈청의 응집 반응에 따라 분류한 O·A·B·AB의 네 가지 형(型). けつえきがた type of blood

혈연[血緣] 같은 핏줄로 이어진 인연. 「~ 사회(社會)」けつえん blood relation

혈온[血溫] 피의 온도. blood heat

혈우[血雨] 살상(殺傷)으로 인한 심한 유혈(流血).

혈우병[血友病] 혈액이 엉기지 않는 유전병. けつゆうびょう hemophilia

혈원골수[血怨骨髓] 아주 깊은 원수. deadly feud

혈유[子遺] ①쓰고 남은 나머지. ②전쟁이나 재난에서 살아 남은 사람.

혈육[血肉] ①피와 살. ②자기가 낳은 자녀. ③피를 나눈 살붙이. 부모·자식·형제·자매 들. =골육(骨肉). けつにく ① blood and flesh ② one's own children

혈육지신[血肉之身] ⇨혈육(血肉).

혈장[血漿] 혈액을 형성하는 액

상(液狀) 성분(成分). けっしょう blood plasma

혈쟁[血爭] ⇨혈투(血鬪).

혈적[血積] 한방에서, 피가 엉기고 뭉쳐서 생기는 적병(積病)을 이르는 말. 얼굴빛이 누렇게 되고 검은 똥을 눔.

혈전[血栓] 생물체의 혈관 안에서 피가 굳어서 된 고형물. けっせん thrombus

혈전[血戰] 목숨을 걸고 피를 흘리며 싸우는 싸움. =혈쟁(血爭)·혈투(血鬪). けっせん desperate fight

혈족[血族] 혈통 관계가 있는 겨레붙이. けつぞく blood relative

혈족 결혼[血族結婚] 같은 혈족끼리의 결혼. けつぞくけっこん intermarriage

혈족친[血族親] 육촌(六寸) 이내의 혈족(血族). けつぞくしん

혈증[血症] ① 피와 관련된 여러 병의 총칭. ② 한방에서, 피가 몸 밖으로 나오는 병. 객혈·변혈(便血) 따위. =실혈증(失血症). ① blood trouble

혈청[血淸] 혈액이 엉겨 굳을 때 혈병(血餠)에서 분리되는 맑은 액(液).「~ 검사(檢査)」けっせい serum

혈청 간:염[血淸肝炎] 수혈(輸血)에 의하여 일어나는 특수한 간염. けっせいかんえん serum hepatitis

혈충[血忠] 정성을 다 바치는 충성. utmost loyalty

혈침[血沈] 적혈구 침강 속도(赤血球沈降速度)의 준말. けっちん

혈통[血統] 같은 피를 나눈 겨레붙이의 계통. 핏줄. =가계(家系)·종성(種姓)·혈맥(血脈). けっとう lineage

혈통주의[血統主義] ⇨속인주의(屬人主義). けっとうしゅぎ

혈투[血鬪] 생사를 가리지 않고 싸움. bloody fight

혈한[血汗] 피와 땀. blood and sweat

혈행[血行] 혈액의 순환. けっこう blood circulation

혈허[血虛] 피가 부족한 증상.

혈혈[孑孑] 의지할 데 없이 외로움.「~단신(單身)」けつけつ solitarily

혈혈무의[孑孑無依] 홀몸으로 의지할 곳이 없음. lonely and helpless person

혈흔[血痕] 피를 묻히거나 흘린 흔적. けっこん bloodstain

혐[嫌] ① 싫어할 혐 : 미워하고 꺼리다.「嫌家(혐가)·嫌忌(혐기)·嫌怒(혐노)·嫌惡(혐오)」② 혐의 혐 : 의심하다.「嫌疑(혐의)」ケン ① きらう

혐[慊] ①"嫌"과 통자. 의심할 혐 : 의심하다.「慊疑(혐의)」② ⇨겸(慊). ケン

혐가[嫌家] 서로 원한을 품고 미워하는 집안. families at feud

혐기성[嫌氣性] 세균 따위가 산소를 싫어하여 공기 속에서는 잘 생육하지 않는 성질. けんきせい anaerobe

혐명[嫌名] 임금의 이름자를 백성이 피하고 쓰지 않던 일. 고려 중기(中期)에 시작되었음.

혐오[嫌惡] 싫어하고 미워함. ↔애호(愛好).「~감(感)」けんお hatred

혐원[嫌怨] 미워하고 원망함. hate

혐의[嫌疑] ① 꺼리고 미워함.

② 범죄를 저지른 사실이 있으리라는 의심. 「～자(者)」けんぎ ① dislike ② suspicion

혐점[嫌點] 혐의를 받을 만한 점. suspicious point

협[夾] ①"挾"과 通字. 낄 협: 끼다. 「夾擊(협격)·夾攻(협공)·夾紙(협지)·夾書(협서)·夾錄(협록)」 ② 곁 협: 곁. 좌우에 있다. 「夾門(협문)·夾房(협방)·夾室(협실)·夾榜(협방)·夾侍(협시)·夾擁(협옹)」 ③ "狹"과 通字. 좁을 협: 좁다. 「夾路(협로)」 キョウ ① はさむ

협[協]* ① 화할 협: 화하다. 「協律(협률)·協和(협화)·協奏(협주)·協商(협상)·協心(협심)·協議(협의)」 ② 도울 협: 돕다. 「協力(협력)·協助(협조)·協扶(협부)」 キョウ ① かなう・あわせる

협[俠] 호협할 협: 호협하다. 의기. 「俠客(협객)·俠氣(협기)·俠骨(협골)·俠士(협사)·俠勇(협용)·豪俠(호협)」 キョウ・おとこだて

협[挾] ① 낄 협: 끼다. 「挾攻(협공)·挾擊(협격)·挾書(협서)」 ② 곁 협: 곁. 좌우 곁. 「挾扶(협부)·挾輔(협보)」 キョウ ① はさむ

협[峽] 산골짜기 협: 물 흐르는 산골. 두메. 「峽谷(협곡)·峽中(협중)·峽村(협촌)·峽雨(협우)·峽邑(협읍)·峽路(협로)」 キョウ・はざま

협[狹] "陜"과 同字. 좁을 협: 좁다. 「狹量(협량)·狹小(협소)·狹義(협의)·狹窄(협착)·狹路(협로)」 キョウ・せまい

협[陜] "狹"과 同字.

협[浹] ① 두루 협: 두루 미침. 「浹寓(협우)·浹洽(협흡)」 ② 돌 협: 돌다. 「浹日(협일)·浹辰(협진)」 ③ 젖을 협: 젖다. 「浹浹(협협)」 キョウ ① あまねし

협[脅]* ① 으를 협: 으르다. 「脅迫(협박)·脅弱(협약)·脅制(협제)·脅從(협종)·脅奪(협탈)·威脅(위협)」 ② 갈비 협: 갈비. 갈빗대뼈. 「脅痛(협통)·脅肩(협견)」 キョウ ① おびやかす

협[莢] 깍지 협: 깍지. 콩꼬투리. 「莢果(협과)·莢錢(협전)」 キョウ・さや

협[鋏] 칼 협: 칼. 칼자루. 「鋏劍(협검)·鋏刀(협도)·彈鋏(탄협)」 キョウ

협[篋] 상자 협: 상자. 행담. 「篋筒(협통)·篋簏(협록)」 キョウ・はこ

협[頰] 뺨 협: 뺨. 「頰骨(협골)·頰筋(협근)·紅頰(홍협)」 キョウ・ほお

협각[夾角] 두 직선 또는 두 호(弧) 사이에 끼인 각. 끼인 각의 구용어. きょうかく included angle

협객[俠客] 협기(俠氣)가 있는 사람. ＝협사(俠士)·유협(遊俠). きょうかく chivalrous person

협격[挾擊] ① ⇨ 협공(挾攻). ② 야구에서, 베이스와 베이스 사이에 있는 주자(走者)를 몰아 아웃시키는 일. ＝협살(挾殺). きょうげき

협곡[峽谷] 험하고 좁은 산골짜기. きょうこく gorge

협골[俠骨] 대장부다운 기골. きょうこつ manly spirit

협공[挾攻] 사이에 끼워 놓고 양쪽에서 들이침. ＝협격(挾

擊). きょうこう attack on both sides

협과[莢果] 꼬투리로 맺히는 과실. きょうか　legume

협괴[俠魁] 협객(俠客)의 두목. boss of gallants

협궤[狹軌] 철도의 레일 사이가 표준 궤간(軌間)보다 좁은 궤간. ↔광궤(廣軌).「~철도(鐵道)」きょうき　narrow gauge

협기[俠氣] 대장부다운 호탕한 기풍 きょうき　chivalry

협대[夾袋] 귀중한 물건을 넣어 두는 작은 전대. small bag

협도[夾刀] ① 칼등에 상모를 달았으며 둥근 콧등이 있는 무기의 한 가지. ② 보졸(步卒)이 익히는 여러 가지 검술(劍術)의 한 가지.

협도[鋏刀] ① 한약재를 써는 칼. 작두와 비슷함. ② 가위. ① herb cutter ② scissors

협동[協同] 힘과 마음을 함께 합함.「~정신(精神)」きょうどう　cooperation

협동 기업[協同企業] 공동 기업의 한 가지. 여러 기업가들이 내부적인 계약에 의하여 연합으로 경영하는 기업. joint enterprise

협동 전:선[協同戰線] 성질이 서로 다른 단체끼리 어떤 목적·주의(主義)를 달성하기 위해 합세하여 펴는 협력 태세. 또는 그 조직. きょうどうせん

협동 조합[協同組合] 소비자·농민·중소 기업자 등이 경제적 편의와 상호 협력을 목적으로 조직한 단체. きょうどうくみあい　cooperative association

협량[狹量] 좁은 국량(局量). きょうりょう　narrow-mindedness

협력[協力] 힘을 합하여 서로 도움. きょうりょく　cooperation

협로[夾路] 큰 길에서 갈린 좁은 길. きょうろ　narrow path

협로[峽路] 산 속의 길. 두멧길. きょうろ　mountain road

협로[狹路] 좁은 길. =소로(小路). narrow path

협만[峽灣] 내륙으로 깊이 들어간 좁고 긴 만. 빙하의 작용으로 이루어짐. きょうわん　fjord

협문[夾門] ① 정문(正門) 옆에 따로 붙은 작은 문. ② 삼문(三門) 좌우에 낸 작은 문. きょうもん　① small side gate

협박[脅迫] ① 어떤 일을 강제로 시키기 위하여 을러댐. =박협(迫脅)·위박(威迫). ② 형법상(刑法上) 상대편에 대하여 공포심을 일으킬 목적으로, 해를 끼칠 뜻을 통고하는 일.「~장(狀)」きょうはく　① intimidation

협사[俠士] ⇨ 협객(俠客).

협상[協商] ① ⇨ 협의(協議). ② 두 나라 또는 몇 나라가 어떤 일을 조정하고 우호 관계를 수립하기 위하여 특정한 사항에 대한 협력을 결정하는 일. きょうしょう　② negotiation

협상 조약[協商條約] 협상하여 조약을 맺음. 또는 그 조약. 준협약(協約).

협서[夾書] 글줄 사이에 끼어서 적음. 또는 그 글. insertion

협서[脇書] 본문 옆에 따로 글을 적음. 또는 그 글.

협성[協成] 힘을 모아 일을 이룸. accomplishing by coop-

협소[狹小] 좁고 작음. =착소(窄小). きょうしょう narrowness

협식성[狹食性] 먹이의 선택 범위가 좁은 동물의 식성. ↔광식성(廣食性).

협실[夾室] 곁방. side room

협심[協心] 여러 사람의 마음을 한 군데로 모음. =합심(合心). きょうしん unison

협심[俠心] 강자를 누르고 약자를 돕는 마음. =의협심(義俠心). きょうしん chivalry

협심[狹心] 좁은 마음. きょうしん narrow-mindedness

협심증[狹心症] 심장부(心臟部)에 갑자기 심한 동통(疼痛)이나 발작이 일어나는 병. きょうしんしょう stricture of the heart

협애[狹隘] ① 지세(地勢) 따위가 좁고 험함. ② 마음이 아주 좁음. きょうあい ① narrowness ② narrow-mindedness

협약[協約] 협상 조약(協商條約)의 준말. きょうやく

협약[脅約] 위협으로써 이루어진 약속이나 조약. きょうやく promise gained by threat

협약[脅弱] 약한 자를 을러 다잡음. きょうじゃく threat

협업[協業] 일정한 계획 아래 많은 노동자가 일을 나누어 협동적·조직적으로 함. 또는 그 일. きょうぎょう cooperation

협연[協演] ① 협력하여 출연함. ② 한 독주자가 다른 독주자나 악단과 함께 연주함.

협의[協議] 서로 상의함. =협상(協商). 「~안(案)」 きょうぎ conference

협의[狹義] 어떤 말의 뜻을 좁은 범위로 한정해서 해석했을 때의 뜻. ↔광의(廣義). きょうぎ narrow sense

협자[俠者] 협기(俠氣) 있는 사람. きょうしゃ chivalrous person

협잡[挾雜] 옳지 않은 일로 남을 속이는 일. cheating

협잡물[挾雜物] ① 잡것이 섞여 순수하지 못한 물건. ② 협잡을 해서 얻은 물건. ① adulterated thing ② swindled goods

협정[協定] ① 협의하여 결정함. 또는 그 내용. ② 국제간 조약의 한 가지. きょうてい ① agreement

협정 가격[協定價格] ① 동업자 조합에서 시로 협정하여 물품에 매긴 가격. ② 국제간에 서로 협정하여 무역품에 매긴 가격. きょうていかかく agreed price

협정 무역[協定貿易] 국제간 무역 거래에 관한 협정을 맺고 그 조약에 따라 하는 무역.

협조[協助] 힘을 모아 서로 도움. きょうじょ cooperation

협조[協調] 견해나 이해(利害)가 대립하는 쌍방이 서로 양보하고 조화하는 일. きょうちょう harmony

협주[協奏] 독주 악기와 관현악이 함께 연주함. 또는 그 연주. きょうそう concert

협주곡[協奏曲] 독주 악기와 관현악이 함께 연주하면서 독주 악기의 기교가 충분히 발휘되도록 작곡된 소나타 형식의 악곡. きょうそうきょく concerto

협착[狹窄] 공간이 몹시 좁음.

협착증[狹窄症] 심장 또는 혈관의 판막(瓣膜)이나 관(管)이 좁아지는 증상. narrowness, stenosis

협찬[協贊] 힘을 보태어 도움. きょうさん support

협촌[峽村] 두메에 있는 마을. mountain village

협호[夾戶] 한 집의 정당(正堂)에서 따로 떨어져 딴살림을 하게 된 집채.

협화[協和] ① 마음을 한데 모아 화합함. ② 음악에서, 여러 소리가 한 번에 울려도 잘 어울리는 현상. きょうわ harmony

협화음[協和音] 여러 음이 동시에 울리는 경우, 서로 조화되는 음(音). 어울림음. ↔불협화음(不協和音). きょうわおん consonance

협회[協會] 회원이 협동하여 유지하는 회. きょうかい association

형[兄]* ① 맏 형:맏이. 형. 언니. 「兄弟(형제)·兄嫂(형수)·兄夫(형부)·長兄(장형)」 ② 경칭 형:친구를 부를 때 높이는 칭호.「兄丈(형장)·老兄(노형)·大兄(대형)·仁兄(인형)·學兄(학형)」ケイ·キョウ ① あに

형[刑]* 형벌 형:형벌.「刑具(형구)·刑期(형기)·刑吏(형리)·刑法(형법)·體刑(체형)·死刑(사형)」ケイ

형[亨]☆ 형통할 형:형통하다.「亨嘉(형가)·亨途(형도)·亨通(형통)」キョウ·コウ·とおる

형[形]* 형상 형:형상. 모양. 꼴. 모습.「形貌(형모)·形狀(형상)·形相(형상)·形象(형상)·外形(외형)·地形(지형)」ケイ·ギョウ·かたち

형[型] ① 거푸집 형:거푸집.「型蠟(형랍)·紙型(지형)·鑄型(주형)·模型(모형)·木型(목형)·原型(원형)」 ② 본보기 형:본보기.「典型(전형)·類型(유형)」ケイ·かた

형[炯] 빛날 형:빛나다. 밝다.「炯介(형개)·炯心(형심)·炯眼(형안)·炯然(형연)·炯炯(형형)」ケイ·あきらか

형[荊] ① 가시 형:가시.「荊棘(형극)·荊扉(형비)」 ② 아내 형:자기 아내의 겸칭.「荊婦(형부)·荊妻(형처)」ケイ ① いばら

형[螢]☆ 반딧불 형:반딧불. 개똥벌레.「螢火(형화)·螢光(형광)·螢雪(형설)·螢影(형영)·螢案(형안)」ケイ·ほたる

형[衡] ① 저울대 형:저울. 저울대.「衡鑑(형감)·衡度(형도)·衡石(형석)·度量衡(도량형)」 ② 평평할 형:평평하다.「平衡(평형)·均衡(균형)」コウ ① はかり

형[馨] 향기로울 형:향기롭다.「馨氣(형기)·馨香(형향)」ケイ·かおる

형격[形格] ⇨체격(體格).

형관[荊冠] 그리스도가 십자가에 못박힐 때, 머리에 썼던 가시나무로 만든 관. 가시면류관. けいかん crown of thorns

형광[螢光] ① 반딧불. ② 어떤 투명체가 빛을 받았을 때, 그 빛과 다른 색의 빛을 반사하는 일.「~ 물질(物質)」けいこう ① light of a firefly ② fluorescence

형광등[螢光燈] 진공 유리관 안쪽에 형광 물질을 칠하여 수은의 방전으로 생긴 자외선을

가시광선으로 바꾸는 조명 장치. けいこうとう
fluorescent lamp

형광체[螢光體] 형광을 내는 물질. けいこうたい
fluorescent body

형광판[螢光板] 자외선 또는 방사선이 닿으면 눈에 보이는 빛을 내는, 형광 물질을 칠한 판. けいこうばん
fluorescent screen

형구[刑具] 체형(體刑)에 쓰이는 제구. けいぐ
implement of punishment

형국[形局] ① 어떤 일이 벌어진 그 때의 형편. ② 관상학에서, 얼굴의 생김새. ③ 풍수설에서, 집터나 묏자리의 지형의 생김새. ① aspect ② phase

형극[荊棘] ① 나무의 가시. ② 고난(苦難)의 비유. 「~로(路)」 けいきょく ① thorn ② hardship

형기[刑期] 형벌의 집행 기간. けいき term of imprisonment

형기[衡器] 물건의 무게를 다는 기구. こうき balance

형도[刑徒] 형(刑)을 받는 사람. 또는 그런 무리. けいと
prisoner

형도[衡度] 저울과 자. こうど
balance and ruler

형랑[兄郞] ⇨형부(兄夫).

형례[刑例] 형벌에 관한 규정. regulation concerning punishment

형륙[刑戮] 죄인을 형벌로써 죽임. =형벽(刑辟). execution

형망제:급[兄亡弟及] 맏형이 아들 없이 죽었을 때, 다음 동생이 그 혈통을 잇는 일.

형명[刑名] 형벌의 명칭. 곧 사형·징역·금고(禁錮)·자격 정지·벌금·구류·과료(科料)·

몰수 따위. けいめい
denominations of penalties

형모[形貌] ① 생긴 모양. ② 얼굴 모양. =용모(容貌). けいぼう ① shape ② face

형무[刑務] 행형(行刑)에 관한 사무나 업무. けいむ
prison affairs

형무소[刑務所] 교도소(矯導所)의 이전 이름. けいむしょ
prison

형배[刑配] 지난날, 죄인을 곤장으로 친 다음 귀양보내던 일. exile

형벌[刑罰] 범죄에 대한 법률 상의 효과로서 국가가 죄를 지은 사람에게 주는 제재. けいばつ penalty

형법[刑法] 공법(公法)의 한 가지. 범죄 및 형벌에 관한 규정. =형률(刑律). 「~학(學)」 けいほう criminal law

형부[兄夫] 언니의 남편. =형랑(兄郞).
girl's elder sister's husband

형부[荊婦] ⇨형처(荊妻).

형사[刑事] ① 형법의 적용(適用)을 받는 사건. ↔민사(民事). 「~ 재판(裁判)」 ② 범죄의 수사 또는 범인의 체포 따위의 일을 맡아 하는 경찰관. けいじ
① criminal case ② detective

형사[形寫] 모양을 본떠서 베낌. けいしゃ copy

형사범[刑事犯] 형사상 범죄를 구성할 만한 행위. =자연범(自然犯). けいじはん
criminal offense

형사 보:상법[刑事補償法] 죄가 없는데 강제 처분을 받은 사람에 대해 국가가 그 손해를 보상할 것을 규정한 법

형사부[刑事部] 법원에서 형사 사건을 담당하여 재판하는 부서. けいじぶ   criminal department

형사 소:송[刑事訴訟] 형사에 관계되는 소송. 준형소(刑訴). けいじそしょう   criminal action

형사 정책[刑事政策] 범죄의 원인과 그 처벌에 관한 일을 연구하여 대책을 세우는 정책. けいじせいさく   criminal policy

형사 피:고인[刑事被告人] 형사범으로 기소되었으나 아직 확정 판결을 받지 않은 사람. けいじひこくにん   prisoner at the bar

형상[形狀·形相] 물건 또는 사람의 생김새나 모양. =형상(形象). けいじょう(形狀)·けいそう(形相)   shape

형상[形象] ① ⇨ 형상(形狀). ② 문학·예술 작품에서 마음속에 그려진 관념 따위를 어떤 표현 수단으로 구상화하는 일. 또는 그 모습. けいしょう

형상 예:술[形象藝術] 시각적인 형태를 갖춘 예술. 조각(彫刻)·회화(繪畫) 따위.   formative arts

형색[形色] 생긴 모양과 빛깔.   form and color

형석[螢石] 플루오르화칼슘으로 이루어진 등축정계의 광물. 무색(無色)·파랑·초록·빨강·보라 따위 여러 가지 빛깔의 것이 있음. ほたるいし·けいせき   fluorite

형설[螢雪] 집이 가난하여 반딧불과 눈의 빛으로 글을 읽었다는 차윤(車胤)과 손강(孫康)의 고사에서, 부지런하고 꾸준하게 학문을 닦음을 이르는 말. けいせつ   hard study under great adversity

형설지공[螢雪之功] 고생을 하면서도 꾸준하게 학문을 닦은 보람. けいせつのこう   fruits of deligent study

형성[形成] 어떤 모양을 이룸. 또는 어떤 모양으로 이루어짐. けいせい   formation

형성[形聲] 한자의 육서(六書)의 하나. 음을 나타내는 글자와 뜻을 나타내는 글자를 합하여 새로운 한자를 만드는 방법. けいせい

형성 가격[形成價格] 원료·운임·임금 따위 가격을 구성하는 요소의 합에 이윤을 더하여 정한 가격. けいせいかかく

형성층[形成層] 식물에서, 줄기나 뿌리를 비대 성장시키는 분열 조직. 물관부와 체관부의 사이에 있음. けいせいそう   cambium

형세[形勢] ① 생활의 경제적인 형편. ② 어떤 일의 진행되는 형편이나 상태. =정세(情勢). ③ 풍수 지리설(風水地理說)에서 말하는 산형(山形)과 지세(地勢). けいせい ① condition ② aspect ③ natural features

형소[刑訴] 형사 소송(刑事訴訟)의 준말.

형수[兄嫂] 형의 아내.   elder brother's wife

형승[形勝] 지세나 경치가 뛰어남. けいしょう   picturesqueness

형승지국[形勝之國] 지세(地勢)가 좋아서 싸우면 승리하기에 마땅한 위치에 있는 나라.   strategic country

형승지지[形勝之地] 경치가 뛰어나게 아름다운 땅. picturesque place

형식[形式] ① 겉모습. 겉으로 나타나는 격식(格式). ↔내용(內容). ② 일정한 일을 이루기 위한 방법. ③ 사물·현상의 내용을 이루는 요소들의 구조와 그것이 밖으로 나타나는 형태. 「논문(論文)의 ~」 けいしき ① form ② formality

형식 논리학[形式論理學] 사유(思惟)의 형식적 원리, 곧 개념·판단·추론 따위의 형식적인 면을 연구하는 학문. けいしきろんりがく formal logics

형식 도야[形式陶冶] 교육 방법의 한 가지. 피교육자의 정신적 능력을 연마시키는 데 중점을 둠. けいしきとうや formal building of character

형식론[形式論] 형식에 관한 이론. けいしきろん formalism

형식 명사[形式名詞] ⇨의존 명사(依存名詞). けいしきめいし

형식미[形式美] 형식을 통해 나타나는 아름다움. ↔내용미(內容美). けいしきび beauty of the form

형식주의[形式主義] 내용보다 형식을 중요시하는 주의. ↔실질주의(實質主義). けいしきしゅぎ formalism

형안[炯眼] 사물을 정확하게 꿰뚫어보는 예리한 관찰력. けいがん sharp eye

형언[形言] 형용하여 말함. description

형용[形容] ① 생긴 모양. ② 사물의 어떠함을 말이나 글·몸짓 등을 통해 나타냄. けいよう ① form ② description

형용사[形容詞] 사물의 형용·상태·성질이 어떠함을 표현하는 품사(品詞). 그림씨. けいようし adjective

형우제:공[兄友弟恭] 형제끼리 서로 극진히 사랑함. love of the brothers

형이상학[形而上學] 우주의 근본 원리를 사유(思惟)나 직관에 의해 연구하는 학문. ↔형이하학(形而下學). けいじじょうがく metaphysics

형이하학[形而下學] 형체를 갖추고 있는 사물에 관한 학문. 자연 과학 따위. ↔형이상학(形而上學). けいじかがく physical science

형인[刑人] 형벌을 받는 사람. けいじん prisoner

형장[兄丈] 나이가 비슷한 벗 사이에 상대편을 높이어 일컫는 말. you

형장[刑杖] ⇨곤장(棍杖). けいじょう

형장[刑場] 사형을 집행하는 곳. けいじょう execution ground

형정[刑政] 형사(刑事)에 관한 행정. けいせい criminal policy

형제[兄弟] ① 형과 아우. =곤계(昆季)·곤제(昆弟). ② ⇨동기(同氣). きょうだい・けいてい ① sibling brothers

형제 자매[兄弟姉妹] 형제와 자매. =동기(同氣). きょうだいしまい brothers and sisters

형제지국[兄弟之國] 사이가 아주 친밀하고 가깝게 지내는 나라. 또는 서로 혼인 관계를 이룬 나라. brother nations

형제지의[兄弟之誼] 형제 사이처럼 지내는 정다운 정의. Damon and Pythias friend-

ship
형조[刑曹] 고려·조선 때, 육조(六曹)의 하나. 법률·소송(訴訟)·노예(奴隷) 등에 관한 일을 맡아보던 관청. 「~판서(判書)」 刑曹
형조 판서[刑曹判書] 조선 때, 형조의 정이품 으뜸 벼슬. 준 형판(刑判). 判書
형죄[刑罪] 형벌과 죄. けいざい punishment and crime 刑罪
형지[型紙] 본(本). かたがみ paper pattern 型紙
형질[形質] ① 형태와 성질. 생긴 모양과 그 바탕. ② 생물의 형태·성질 따위의 특징. 또는 그것이 밖으로 드러난 유전적 성질. 「우성(優性) ~」 けいしつ ① shape and nature ② character 形質 形態
형징[刑懲] 형벌을 주어서 징계함. punishment 刑懲
형체[形體] 물건의 생김새와 그 바탕인 몸. けいたい form 形體
형태[形態] ① 사물의 모양. ② 심리학에서, 부분의 집합체로서가 아닌 하나의 통합된 유기체로 보았을 때의 대상의 형상과 태도. けいたい ① form ② configuration 形態
형태론[形態論] 단어의 어형 변화를 다루는 문법의 한 분야. =어형론(語形論)·형태학(形態學). けいたいろん morphology 形態論 語形論
형태학[形態學] ① 생물 전체 또는 그 일부의 형태·구조·발생 등을 연구하는 학문. ② ⇨형태론(形態論). けいたいがく morphology 形態學 研究
형통[亨通] 모든 일이 뜻과 같이 잘 됨. going well 亨通
형판[刑判] 형조 판서(刑曹判書)의 준말. 刑判
형편[形便] ① 일이 되어 가는 과정이나 상태. =상황(狀況). ② 살림살이의 형세. ① course of an event ② living condition 形便 狀況
형향[馨香] 향기로운 냄새. 꽃다운 향기. けいこう fragrance 馨香
형형색색[形形色色] 형상과 종류가 서로 다른 가지가지. 가지각색. various colors 形形色色
형화[螢火] 반딧불. ほたるび·けいか light of a firefly 螢火
혜:[彗] ① 비 혜:비. 「彗掃(혜소)·竹彗(죽혜)」 ② 살별 혜:혜성. 꼬리가 달린 별. 「彗星(혜성)·彗芒(혜망)」 スイ 竹彗
혜:[惠]* 은혜 혜:은혜. 「惠澤(혜택)·惠賜(혜사)·惠書(혜서)·惠聲(혜성)·恩惠(은혜)·慈惠(자혜)」 ケイ·めぐみ 惠聲
혜:[慧]☆ 지혜 혜:지혜. 밝다. 총명하다. 「慧敏(혜민)·慧眼(혜안)·慧悟(혜오)·知慧(지혜)·智慧(지혜)」 ケイ·エ 智慧
혜[鞋] 신 혜:신. 가죽신. 「鞋裏(혜리)·鞋底(혜저)·草鞋(초혜)·芒鞋(망혜)」 アイ·カイ 鞋裏
혜:감[惠鑑] ⇨혜존(惠存). 惠鑑
혜:고[惠顧] ① 상대편을 높이어, 그가 자기를 찾아 줌을 이르는 말. =혜래(惠來)·혜림(惠臨)·혜왕(惠枉). ② 잘 보살펴 줌. けいこ ① your visit ② patronage 惠顧 惠來
혜:념[惠念] 주로 편지글에서, 동정하여 주는 생각이라는 뜻으로 쓰는 말. 惠念
혜:려[惠慮] 상대편을 높이어, 그의 염려를 이르는 말. 惠慮
혜:민[慧敏] 영리하고 민첩함. けいびん cleverness 慧敏

혜:사[惠賜] 은혜로 무엇을 줌. =혜여(惠與)·혜증(惠贈). けいし bestowment

혜:서[惠書] 상대편을 높이어, 그의 편지를 이르는 말. =혜한(惠翰)·혜함(惠函)·혜찰(惠札)·혜음(惠音). your letter

혜:성[彗星] ①태양계의 작은 천체. 긴 꼬리를 끌며 포물선 또는 타원의 궤도를 돎. 살별. ②어떤 분야에서 갑자기 두각을 나타냄을 비유하여 이르는 말. すいせい ① comet

혜:성[慧性] 민첩하고 총명한 성품. けいせい·えしょう wise nature

혜:시[惠示] 주로 편지글에서, 은혜롭게 알리어 달라는 뜻으로 쓰는 말. your kind instruction

혜:시[惠施] 은혜를 베풀어 줌. bestowment

혜:심[慧心] 슬기로운 마음. けいしん perspicacity

혜:안[慧眼] 사물을 꿰뚫어보는 눈. けいがん keen eye

혜:오[慧悟] 민첩하고 슬기로움. けいご cleverness

혜:우[惠雨] 만물을 촉촉히 적셔 자라게 하는 비라는 뜻으로, 오래 가물다가 오는 비. 또는 임금의 은혜를 비유하여 이르는 말. けいう king's favor

혜:존[惠存] 자기의 저서(著書)나 작품을 남에게 줄 때, 받아 간직해 주십시오라는 뜻으로 적는 말. =혜감(惠鑑). けいそん·けいぞん With the compliments

혜:증[惠贈] ⇨혜사(惠賜). けいぞう

혜:지[慧智] 총명한 슬기. けいち wisdom

혜:택[惠澤] 은혜와 덕택. けいたく favor

혜:풍[惠風] ①화창한 봄바람. ②음력 삼월을 달리 이르는 말. けいふう ① spring breeze

혜:한[惠翰] ⇨혜서(惠書).

혜:해[慧解] 불교에서, 지혜로 사리를 잘 해득함. けいかい

혜:화[惠化] 은혜를 베풀어 교화함.

혜:휼[惠恤] 고맙게 어루만져 돌보아 줌. relief

호[互]* 서로 호:서로. 「互選(호선)·互讓(호양)·互惠(호혜)·互生(호생)·交互(교호)·相互(상호)」 ゴ·たがい

호:[戶]* ①지게 호:지게문. 외짝문. 「戶外(호외)·門戶(문호)」 ②집 호:집. 「戶主(호주)·戶別(호별)·戶口(호구)·上戶(상호)·戶籍(호적)」 コ ①と

호[乎]* 어조사 호:어조사. ①의문·반어(反語)를 나타내는 어조사. 「不亦樂乎(불역낙호)」 ②부사를 만드는 어조사. 「斷乎(단호)·確乎(확호)」 ③탄식을 나타내는 어조사. 「嗟乎(차호)」 コ ①か·や

호:[好]* 좋을 호:좋다. 좋아하다. 「好感(호감)·好機(호기)·好事(호사)·好人(호인)·友好(우호)·愛好(애호)」 コ ウ·このむ·すき

호[呼]* ①부를 호:부르다. 부르짖다. 「呼名(호명)·呼價(호가)·點呼(점호)」 ②숨 내쉴 호:숨을 내쉬다. 「呼氣(호기)·呼吸(호흡)」 ③탄식할 호:탄식하는 소리. 「嗚呼(오호)」 コ ①よぶ

호:[昊] 하늘 호:하늘. 「昊天(호천)·昊蒼(호창)·昊昊(호

호)」コウ

호[狐] ① 여우 호: 여우. 「狐狸(호리)·狐媚(호미)·狐鼠(호서)·狐臭(호취)」 ② 의심할 호: 의심하다. 「狐疑(호의)·狐惑(호혹)」コ ① きつね

호[弧] 활 호: 활. 활 모양으로 휜 것. 「弧度(호도)·弧狀(호상)·弧形(호형)·弧矢(호시)」コ

호:[虎]* 범 호: 범. 호랑이. 「虎口(호구)·虎皮(호피)·虎患(호환)·虎穴(호혈)·虎視(호시)」コ・とら

호[胡]☆ ① 오랑캐 호: 오랑캐. 되. 중국 동북방 일대에 살던 종족. 「胡人(호인)·胡弓(호궁)·胡亂(호란)·胡服(호복)」 ② 어찌 호: 어찌. 「胡然(호연)」 ③ 오래 살 호: 오래 살다. 장수하다. 「胡考(호고)」コ

호:[浩]☆ 넓을 호: 넓다. 크다. 물이 질펀한 모양. 「浩氣(호기)·浩大(호대)·浩然(호연)·浩蕩(호탕)·浩浩(호호)」コウ

호:[扈] ① 호종할 호: 호종하다. 뒤따르다. 「扈從(호종)·扈駕(호가)·扈衛(호위)」 ② 떨칠 호: 떨치다. 「跋扈(발호)」コ

호[瓠] 표주박 호: 표주박. 「瓠果(호과)·瓠犀(호서)·瓠瓢(호표)」コ・ひさご

호[皓] 흴 호: 희다. 맑다. 깨끗하다. 「皓雪(호설)·皓首(호수)·皓然(호연)·皓月(호월)·皓齒(호치)」コウ

호[壺] 병 호: 병. 항아리. 「壺狀(호상)·壺觴(호상)·壺漿(호장)」コ・つぼ

호[湖]* 호수 호: 호수. 큰 못. 「湖畔(호반)·湖水(호수)·湖心(호심)·湖沼(호소)·江湖(강호)」コ・みずうみ

호:[琥] 호박 호: 호박. 「琥珀(호박)」コ

호[瑚] 산호 호: 산호. 「珊瑚(산호)」コ

호:[號]* ① 부르짖을 호: 부르짖다. 「號令(호령)·號哭(호곡)·怒號(노호)」 ② 이름 호: 이름. 이름짓다. 「雅號(아호)·堂號(당호)·別號(별호)·諡號(시호)·國號(국호)」 ③ 차례 호: 차례. 순위. 「號外(호외)·送年號(송년호)·第一號(제일호)」ゴウ

호[犒] 위로할 호: 음식이나 재물을 베풀어 군사를 위로하다. 「犒饋(호궤)」コウ・ねぎらう

호[滸] 물가 호: 물가. 「水滸(수호)·滸滸(호호)」コ

호[豪]☆ ① 호걸 호: 호걸. 호협하다. 「豪傑(호걸)·豪言(호언)·豪宕(호탕)·豪俠(호협)·文豪(문호)·酒豪(주호)」 ② 성할 호: 성하다. 세차다. 「豪奢(호사)·豪華(호화)·豪雨(호우)」ゴウ ① えらい

호[糊] ① 풀 호: 풀. 풀칠하다. 「糊口(호구)·糊斗(호두)·糊精(호정)·糊丸(호환)」 ② 흐릿할 호: 사리에 밝지 아니하다. 모호하다. 「糊塗(호도)·模糊(모호)」コ ① のり

호[蝴] 나비 호: 나비. 「蝴蝶(호접)」コ

호:[毫]☆ ① 가는 털 호: 가는 털. 아주 작다. 「毫末(호말)·毫毛(호모)·毫髮(호발)·秋毫(추호)」 ② 붓 호: 붓. 「揮毫(휘호)」ゴウ

호:[縞] 흰 비단 호: 흰 비단. 희다. 「縞巾(호건)·縞素(호소)·縞衣(호의)」コウ・しま

호[壕] 해자 호: 해자. 「壕側(호

측)·塹壕(참호)」ゴウ・ほり

호[濠] "壕"와 通字. 해자 호: 해자. 성 밖으로 두른 못. 「濠水(호수)·外濠(외호)」ゴウ·ほり

호:[鎬] 호경 호: 호경. 땅 이름. 「鎬京(호경)」コウ·しのぎ

호:[護]☆ 보호할 호: 보호하다. 지키다. 돕다. 「護國(호국)·護送(호송)·護身(호신)·加護(가호)·守護(수호)·救護(구호)」ゴ·まもる

호가[呼價] 팔거나 사려는 값을 부름. price offered

호가[胡笳] ① ⇨ 태평소(太平簫). ② 풀잎피리. ② reed

호:가[扈駕] 왕이 탄 수레를 호위하여 따라감.

호가[豪家] 부유하고 권세가 당당한 집안. ごうか·ごうけ rich house

호가호:위[狐假虎威] 남의 권세를 빌려 위세를 부림.

호:각[號角] 호루라기. whistle

호:감[好感] 좋게 여기는 감정. =호감성(好感情). こうかん goodwill

호객[呼客] 말이나 행동으로 손님을 끎. 「~ 행위(行爲)」 touting

호객[豪客] ① 기운을 뽐내는 사람. ② 호기가 있는 사람.

호:거[虎踞] ① 범처럼 웅크리고 앉음. ② 지세(地勢)가 웅대함을 이르는 말. ③ 괴이하게 생긴 돌의 형상.

호:거용반[虎踞龍盤] ⇨ 용반호거(龍盤虎踞).

호건[豪健] 뛰어나게 세차고 굳셈. 세차고 꿋꿋함. ごうけん pluckiness

호걸[豪傑] 도량이 넓고 기개가 있는 사람. 「~ 남아(男兒)·

「영웅(英雄) ~」 ごうけつ hero

호격[呼格] 문장에서, 체언을 부르는 말로 독립어 구실을 하게 하는 조사의 성격. 부름자리. こかく vocative case

호격 조:사[呼格助詞] 사람이나 물건의 이름 뒤에 붙어, 그 말이 부르는 말이 되게 하는 조사. '야·여·아·이여·시여·이시여' 따위. 부름자리토씨.

호:경[好景] 훌륭한 경치. こうけい fine scenery

호:경기[好景氣] 좋은 경기. 경제 활동이 몹시 왕성한 상태. =호황(好況). ↔불경기(不景氣). こうけいき good business

호:고[好古] 옛 것을 좋아함. こうこ love of antiquities

호:곡[號哭] 소리를 내어 슬피 욺. 또는 그 울음. ごうこく wailing

호:골[虎骨] 범의 뼈. 한방에서, 근골(筋骨)을 튼튼하게 하는 약재로 쓰임. 「~ 주(酒)」 bones of a tiger

호:과[好果] 좋은 결과. こうか good result

호과[胡瓜] 오이. きゅうり cucumber

호과[瓠果] 박과에 딸린 식물의 열매. 오이·참외 따위. pepo

호:관[好官] ⇨ 미관(美官).

호광등[弧光燈] 아크의 방전(放電)을 이용한 전등. 아크등(arc燈). こうとう arc lamp

호:구[戶口] 집과 사람의 수효. 「~ 조사(調査)」 ここう number of houses and inhab-

호:구[虎口] ① 범의 아가리라는 뜻으로, 매우 위태한 경우나 지경을 이르는 말. ② 바둑에서, 한쪽 편의 석 점이 둘러싸고 있는 그 가운데. ここう ① danger

호구[糊口] 입에 풀칠을 한다는 뜻으로, 겨우 먹고 삶을 이르는 말. 「~지책(之策)」ここう bare livelihood

호구지책[糊口之策] 겨우 먹고 살아가는 방책. ＝호구지계(糊口之計). means of living

호:국[護國] 나라를 지킴. ごこく defense of the fatherland

호:군[護軍] ① 조선 때, 오위(五衛)의 정사품 벼슬. ② 고려 말기에, 장군(將軍)을 고쳐 이르던 이름.

호:굴[虎窟] ① 범이 사는 굴. ② 매우 위험한 곳을 비유하여 이르는 말. ＝호혈(虎穴). ① tiger's den

호궁[胡弓] 동양의 현악기의 한 가지. 바이올린과 비슷하며 2~4줄을 얹어 활로 켜서 연주함. こきゅう Oriental fiddle

호금[胡琴] ① ⇨비파(琵琶). ② 당악(唐樂)을 연주하는 현악기의 한 가지. こきん

호:기[好奇] 새롭고 기이한 것을 좋아함. 「~심(心)」こうき curiosity

호:기[好期] 좋은 시기. ＝호시기(好時期). こうき good time

호:기[好機] 좋은 기회. ＝호기회(好機會). 「물실(勿失)~」こうき good opportunity

호기[呼氣] ① 숨을 밖으로 내뿜음. 또는 그 기운. ② 날숨. ↔흡기(吸氣). こき expiration

호:기[虎騎] 용맹스런 기병(騎兵). brave cavalry

호:기[浩氣] 호연(浩然)한 기운. 정대(正大)한 기운. ＝호연지기(浩然之氣). heroic temper

호:기성[好氣性] 미생물이 산소를 좋아하여 공기 중에서 잘 자라는 성질. ↔혐기성(嫌氣性). こうきせい aerotropism

호:기심[好奇心] 새롭고 기이한 것에 끌리는 마음. こうきしん curiosity

호:기회[好機會] ⇨호기(好機). こうきかい

호남[湖南] 전라 남북도를 두루 이르는 말.

호:남아[好男兒] ① 씩씩하고 쾌활한 남자. ② 풍채가 좋은 남자. こうたんじ fine fellow

호농[豪農] 많은 땅을 가지고 크게 짓는 농사. 또는 그러한 농가. ごうのう wealthy farmer

호단[毫端] 붓끝. ごうたん tip of a writing brush

호:담[虎膽] 한방에서, 범의 쓸개를 약재로 이르는 말. こたん

호담[豪談] 호언(豪言)과 장담(壯談). ごうだん big talk

호담[豪膽] 매우 담대함. ごうたん intrepidity

호당[湖堂] 조선 때, 독서당(讀書堂)의 고친 이름.

호:대[浩大] 아주 넓고 큼. こうだい vastness

호도[弧度] 원의 반지름과 같은 길이의 원호에 대한 중심각(中心角). 라디안의 구용어. こど radian

호도[胡桃] 호두의 원말. くるみ

호도[糊塗] ① 사리에 어두움. ② 일시적으로 흐리터분하게

어루만짐. こと
호도법[弧度法] 라디안을 단위로 하여 중심각을 재는 법. ことほう　circular measure
호두[←胡桃] 호두나무의 열매. 식용·제유용(製油用)으로 쓰임.　walnut
호란[胡亂] 병자호란(丙子胡亂)의 준말.
호:랑[虎狼] ① 범과 이리. ② 욕심이 많고 잔인한 사람을 비유하여 이르는 말.　① tiger and wolf ② brute
호렴[←胡鹽] ① 중국에서 나는 소금. ② 알이 굵고 거친 천일염.　① Chinese halite ② crude salt
호:령[號令] ① 지휘하여 명령함. ② 큰 소리로 꾸짖음. ③ ⇨구령(口令). ごうれい　① command ② rating
호:례[好例] 좋은 예. 알맞은 예. こうれい　good example
호로[胡虜] ① 지난날, 중국 북방의 이민족(異民族)인 흉노(匈奴)를 이르던 말. ① 外國人을 낮잡아 이르던 말. こりよ
호로[葫蘆·壺蘆] 박과의 일년생 만초. 열매는 껍질이 단단하여 말려서 그릇으로 씀. 호리병박. ころ　gourd
호로병[葫蘆瓶] 호리병의 원말.
호르몬[hormone] 동물의 내분비선(內分泌腺)에서 분비되는 물질. ホルモン
호른[horn] 금관 악기(金管樂器)의 한 가지. 긴 관이 둥글게 말리고, 끝 부분은 나팔꽃 모양임. 음량이 풍부하고 음색이 부드러움. ホルン
호리[毫釐] ① 자눈과 저울눈인 호(毫)와 이(釐). ② 매우 적은 분량. ごうり ② modicum
호리건곤[壺裏乾坤] 항상 술에 취하여 있음을 이르는 말.
호리병[←葫蘆瓶] 호리병박같이 생긴 병.　gourd bottle
호마[胡馬] 고대 중국 북방의 호국(胡國)에서 나던 말. こば　Chinese horse
호마[胡麻] 참깨와 검은깨를 통틀어 이르는 말. =유마(油麻)·지마(芝麻). ごま sesame
호머님[homonym] 동음 이의어(同音異義語). ホモニム 異義語
호면[胡綿] 품질이 좋은 풀솜.
호면[湖面] 호수의 수면. こめん　surface of a lake
호:명[好名] 명예를 좋아함. こうめい　love of name
호명[呼名] 이름을 부름. =창명(唱名). こめい　calling
호모[毫毛] ① 가는 털. ② 아주 작은 것을 비유하여 이르는 말. ごうもう
호모[homo] ① 생물학상 순수하고 동질인 것. ② 동성애자, 특히 남성 동성애자. 흔히 비하하는 뜻으로 쓰이는 속어. ホモ
호모사피엔스[라 Homo sapiens] 지성인의 뜻으로, 현생 인류(現生人類)를 이르는 말. ホモサピエンス
호모에렉투스[라 Homo erectus] 직립인(直立人)의 뜻으로, 현재 인류의 조상으로 생각되는 화석 인류를 이르는 말. ホモエレクトゥス
호모에코노미쿠스[라 Homo economicus] 타산적이고 공리적인 인간을 이르는 말. 경제인(經濟人). ホモエコノミクス
호모파:베르[라 Homo faber] 공작인(工作人)의 뜻으로, 도구를 만들고 사용할 줄 아는

인간. ホモファーベル

호모포니[homophony] 어떤 한 성부(聲部)가 주선율을 맡고, 다른 성부는 그것을 화성적으로 반주하는 음악 형식. 단선율(單旋律). ホモフォニー

호:묘[浩渺] 넓고 아득한 모양. vastness

호:물[好物] ① 좋은 물건. ② 즐기는 물건. こうぶつ ① good article ② favorite thing

호:미난방[虎尾難放] 잡은 범의 꼬리를 놓기가 어렵다는 뜻으로, 위험한 일에 손을 대어 계속하기도 어렵고 중단하기도 어려운 경우를 이르는 말.

호민[豪民] 세력이 있는 부자.

호:박[浩博] 크고 넓음. broadness

호:박[琥珀] 지질 시대에 송진 따위가 땅 속에 묻히어 굳어진 것. 황색으로 투명하여 장식용 따위로 쓰임. 「~풍잠(風簪)」こはく amber

호:박산[琥珀酸] 호박을 건류(乾溜)하여 얻은 유기산(有機酸). こはくさん succinic acid

호:반[虎班] 왕조 때, 무관(武官)의 반열(班列). =무열(武列)·무반(武班). ↔학반(鶴班). military nobility

호반[湖畔] 호숫가. こはん lakeside

호발[毫髮] 가는 털. 또는 아주 작은 물건을 이르는 말. ごうはつ bit

호발부동[毫髮不動] 조금도 움직이지 아니함. ごうはつふどう immobility

호방[豪放] 의기가 장하여 작은 일에 거리낌이 없음. =호종(豪縱). ごうほう large-mindedness

호버크라:프트[Hovercraft] 압축 공기를 뿜어 내어, 수면 위를 떠서 달리게 만든 수륙 양용(水陸兩用)의 배. ホバークラフト

호:번[浩繁] 규모가 광대하고 번다함.

호:법신[護法神] 불교에서, 불법(佛法)을 지키는 선신(善神). 범천(梵天)·제석천(帝釋天)·사천왕(四天王) 등이 있음. ごほうしん

호:변[好辯] 말솜씨가 좋음. 또는 훌륭한 말솜씨. eloquence

호:변객[好辯客] 말솜씨가 능숙한 사람. 말을 잘 하는 사람. orator

호:별[戶別] 집집마다. =헌별(軒別). 「~방문(訪問)」こべつ each house

호:병[虎兵] 용맹한 병사. brave soldier

호:보[虎步] 씩씩하게 걸음. 또는 그 걸음걸이.

호복[胡服] 호인(胡人)의 옷. 야만인의 복제(服制). こふく Chinese clothes

호:부[好否] 좋음과 나쁨. =호불호(好不好). likes and dislikes

호부[豪富] 세력이 있는 부자. ごうふ rich man

호:부견자[虎父犬子] 훌륭한 아버지에 못난 아들을 이르는 말.

호분[胡粉] ⇨백분(白粉).

호:불호[好不好] ⇨호부(好否).

호:사[好事] ① 좋은 일. ↔악사(惡事). こうじ ② 일을 벌여서 하기를 좋아함. 「~가(家)」こうず ① happy event ② dilettantism

호사[豪士] 호방한 사람. ごうし large-minded person

호사[豪奢] 호화로이 사치함. 또는 그 사치. ごうしゃ luxury

호·사다마[好事多魔] 좋은 일에는 이를 방해하는 일이 끼어들기 쉬움을 이르는 말.
Lights are usually followed by shadows

호사수구[狐死首丘] 여우가 죽을 때는 제가 살던 언덕으로 고개를 돌린다는 뜻으로, 근본을 잊지 않음. 또는 고향을 그리워함을 비유하여 이르는 말.

호사토읍[狐死兔泣] 여우의 죽음에 토끼가 운다는 뜻으로, 같은 무리의 불행을 슬퍼함을 비유하여 이르는 말. —토사호비(兔死狐悲)·호사토비(狐死兔悲).

호산[胡算] 수효를 기록하는 데 쓰는 중국 특유의 부호.

호산나[hosanna] 신약 성서(新約聖書)에 나오는 말로, '이제 구하옵느니'의 뜻. ホサンナ

호·상[互相] 서로. =상호(相互). 「~ 연결(連結)」ごそう mutuality

호·상[好喪] 나이가 썩 많고 복을 많이 누리다가 죽은 사람의 상사(喪事).
propitious mourning

호상[胡牀] 중국식(中國式) 걸상의 한 가지. こしょう
Chinese bench

호상[豪爽] 호방하고 시원시원함. ごうそう large-mindedness

호상[豪商] 규모가 크고 돈이 많은 상인. ごうしょう
wealthy merchant

호·상[護喪] ① 초상에 관한 모든 일을 주관함. 「~소(所)」 ② 호상 차지(護喪次知)의 준말.
① taking charge of a funeral

호:상 감:응[互相感應] 서로 다른 전류 회로(電流回路) 사이의 전자 감응(電磁感應).
mutual induction

호:상입장[互相入葬] ① 친족을 한 묘지에 장사함. ② 임자 없는 산에 아무나 마음대로 장사지냄.

호:상 차지[護喪次知] 초상 치르는 일을 주관하는 사람. 준호상(護喪).
master of a funeral ceremony

호:색[好色] 여색(女色)을 좋아함. =탐색(貪色). こうしょく
sensuality

호:색가[好色家] 여색을 남달리 좋아하는 사람. こうしょくか
lewd man

호:색지도[好色之徒] 여색(女色)을 유난히 즐기는 무리.
lewd party

호:색한[好色漢] 여색(女色)을 특히 좋아하는 사내. こうしょくかん
lewd man

호:생[互生] 식물의 잎이 줄기나 가지의 각 마디에 한 개씩 어긋맞게 남. 어긋나기. ごせい
alternate

호:생오:사[好生惡死] 생물은 살기를 좋아하고 죽기를 꺼림.

호:생지덕[好生之德] 사형(死刑)에 처할 죄인을 특별히 살려 주는 임금의 덕.

호:생지물[好生之物] 아무렇게나 다루어도 죽지 않고 잘 사는 식물.

호서[湖西] 충청 남북도를 두루 이르는 말.

호서배[狐鼠輩] 간사스럽게 구는 못된 무리. flatterers

호:석[護石] 능묘(陵墓)의 봉토 주위를 둘러쌓은 돌. 護石

호:선[互先] 맞바둑. たがいせん 互先

호:선[互選] 특정한 사람들이 그 범위 안의 사람들끼리 서로 행하는 선거. ごせん mutual election 互選

호선[弧線] 활 모양으로 된 선. 반원(半圓)의 선. こせん arc 弧線

호성[豪姓] 그 지방에서 세력을 잡고 있는 성(姓). powerful family name 豪姓

호세[豪勢] 강대한 세력. ごうせい powerfulness 豪勢

호소[呼訴] 원통한 사정을 하소연함. appeal 呼訴

호소[湖沼] 호수와 늪. こしょう lakes and marshes 湖沼

호소무처[呼訴無處] 호소할 곳이 없음. 呼訴無處

호:송[互送] 서로 보냄. sending to each other 互送

호:송[護送] ① 보호하여 보냄. ② 죄인 따위를 감시하며 데려감. =압송(押送). ごそう escort 護送

호:수[戶數] ① 집의 수효. =헌수(軒數). ② 호적상(戶籍上)의 집 수. こすう
① number of houses ② number of families 戶數

호:수[虎鬚] ① 범의 수염. ② 거친 수염. ③ 옛 무장(武裝)의 하나. 주립(朱笠)의 네 귀에 장식으로 꽂던 흰 털. ② bristly mustache 虎鬚

호수[湖水] 육지가 우묵하게 패여 물이 괴어 있는 곳. =호해(湖海). こすい lake 湖水

호:수[號數] 번호나 차례의 수효. ごうすう number 號數

호:수 천신[護守天神] 가톨릭에서, 온 세상 사람을 착한 길로 이끌어서 보호하는 천신(天神). 護守天神

호:스[hose] 고무나 비닐 등으로 만든 관(管). ホース

호스텔[hostel] 여행하는 청소년을 위한 숙박(宿泊) 시설. ホステル 宿泊

호스트[host] 남자 주인. 주인역(主人役). ホスト 主人役

호스티스[hostess] ① 여주인. 여주인역(役). ② 여급(女給). 접대부. ホステス 女給

호스피:스[hospice] 죽을 때가 임박한 환자와 그 가족의 고통을 덜어 주기 위한 의료·간호(看護) 시설. 또는 그 일. ホスピス 患者 看護

호:승[好勝] 이기기를 좋아함. 또는 승벽(勝癖)이 대단함. competitiveness 好勝

호:승지벽[好勝之癖] 경쟁심이 강한 성질. 준승벽(勝癖). competitive spirit 好勝之癖

호:시[互市] 외국과의 물물 교역. こし trade 互市

호:시탐탐[虎視耽耽] 범이 먹이를 노려 눈을 부릅뜨고 지켜본다는 뜻으로, 기회를 노리고 있음을 비유하여 이르는 말. こしたんたん vigilantly 虎視耽耽

호:식[好食] ① 좋은 음식. 또는 좋은 음식을 먹음. ② 음식을 좋아함. 또는 잘 먹음. ↔악식(惡食). こうしょく
① rich diet ② good appetite 好食

호:신[虎臣] 용맹한 신하. こしん brave retainer 虎臣

호신[豪臣] 세력이 강한 신하. ごうしん powerful retainer 豪臣

호:신[護身] 자기의 몸을 보호함. 「~지책(之策)」ごしん self-protection 護身

호:신도[護身刀] 몸을 보호하려고 지니는 칼. ごしんとう sword for self-protection

호:신부[護身符] 몸을 보호하기 위하여 지니고 다니는 부적. ごしんぷ amulet

호심[湖心] 호수(湖水)의 한가운데. こしん center of a lake

호:안[好顔] 기쁜 빛을 띤 얼굴. =호안색(好顔色). cheerful face

호:안[護岸] 하안(河岸)·해안(海岸) 등의 제방을 수해로부터 보호함. 「~공사(工事)」ごがん revetment

호:양[互讓] 서로 사양함. 서로 양보(讓步)함. 「~정신(精神)」ごじょう mutual concession

호:어[好語] ⇨호언(好言).

호:어[豪語] ⇨호언(豪言). ごうご

호:언[好言] 부드럽고 듣기 좋은 말. =호어(好語). kind words

호:언[豪言] 호기롭게 하는 말. =호어(豪語). 「~장담(壯談)」 big talk

호:역[戶役] 지난날, 집집마다 나서서 하던 부역.

호:연[浩然] ① 크고 왕성한 모양. ② 마음이 넓고 뜻이 큰 모양. 「~지기(之氣)」こうぜん ① large and triumphant ② vast and open

호:연[皓然] 희게 빛나는 모양. 아주 명백한 모양. こうぜん clear and white

호:연지기[浩然之氣] ① 썩 넓고 커서 온 세상에 가득차고 넘치는 원기(元氣). ② 공명정대하여 부끄러움이 없는 도덕적 용기. ③ 사물에서 해방되어 자유스럽고 유쾌한 마음. =호기(浩氣). こうぜんのき ① vast-flowing spirit ② open and magnanimous spirit

호염[胡鹽] 호렴의 원말.

호:오[好惡] 좋아함과 미워함. こうお likes and dislikes

호:왈백만[號曰百萬] 실상은 얼마 못 되는 것을 많다고 떠벌리어 말함. exaggeration

호:외[戶外] 집 밖. こがい open air

호:외[號外] 신문 등에서 중대한 사건이 일어났을 때 임시로 발행하는 보도. ごうがい extra edition

호:용[互用] 교대(交代)로 씀. 서로 넘나들며 씀. ごよう alternative use

호용[豪勇] 호기롭고 용감함. ごうゆう valor

호:우[好友] 좋은 벗. good friend

호:우[好雨] 때맞추어 알맞게 내리는 비. welcome rain

호:우[豪雨] 줄기차게 많이 내리는 비. ⇨소우(小雨). ごう heavy rain

호:운[好運] 좋은 운수. こううん good fortune

호원[呼冤] 원통함을 부르짖어 말함.

호:원[護援] 일이 잘 이루어지도록 보호하고 도움을 줌.

호월지의[胡越之意] 서로 소원(疏遠)하여 알지 못함의 비유. 옛 중국의 호(胡)는 북쪽, 월(越)은 남쪽에 있었음.

호:위[虎威] 범의 위세란 뜻으로, 권력이 있는 사람의 위력을 이르는 말. こい influence

호:위[扈衛] 궁성을 경호함.

호:위[護衛] 따라다니면서 보

호하여 지킴. 또는 그런 일을 하는 사람. ごえい guard

호:위병[護衛兵] 호위하는 임무를 맡은 병사. ごえいへい 護衛兵 guard

호유[豪遊] 호화롭게 놂. 또는 그런 일. ごうゆう 豪遊 extravagant pleasure

호:유장단[互有長短] 서로 장처(長處)와 단처(短處)가 있음. 互有長短

호:음[好音] 좋은 소식. 好音

호음[豪飮] 술을 많이 마심. 또는 그 사람. =호주(豪酒). ごういん 豪飮 豪酒 heavy drinking

호:읍[號泣] 소리를 높여서 욺. ごうきゅう 號泣 wailing

호응[呼應] ① 부름에 대답함. ② 서로 기맥(氣脈)이 통함. こおう 呼應 氣脈 ① answer ② unison

호:의[好意] 좋게 가지는 마음. 친절한 마음. =선의(善意). ↔악의(惡意). こうい 好意 goodwill

호:의[好誼] 좋은 정의(情誼). こうぎ 好誼 deep friendship

호:의[縞衣] ① 희고 깨끗한 비단 옷. ② 학의 날개. 縞衣

호:의호:식[好衣好食] 잘 입고 잘 먹음. ↔악의악식(惡衣惡食). 好衣好食 luxurious living

호이스트[hoist] 비교적 소형(小形)의 화물을 들어 옮기는 장치. ホイスト 小形

호:인[好人] 성질이 좋은 사람. =호인물(好人物). 好人 好人物 good natured person

호인[胡人] ① 만주 사람. ② ⇨야만인(野蠻人). こじん 胡人

호:인물[好人物] ⇨호인(好人). こうじんぶつ 好人物

호:자[虎子] 새끼 범. こし 虎子

호:장[虎將] 아주 용맹스러운 장수. こしょう 虎將 brave general

호:장[豪壯] ① 호화롭고 장쾌(壯快)함. ② 세력이 강하고 왕성함. ③ 호탕하고 씩씩함. ごうそう 豪壯 壯快 ① magnificence ② vigorousness ③ boldness

호:장[護葬] 장의(葬儀) 행렬을 호위함. ごそう 護葬 escorting the funeral procession

호:저[好著] 좋은 저서(著書). こうちょ 好著 good book

호:적[戶籍] ① 호수(戶數)와 식구별로 기록한 장부. ② 호주(戶主)를 중심으로 하여 그가(家)에 속하는 사람의 본적지·성명 및 그 밖에 여러 가지 사항을 기록한 공문서. =장적(帳籍).「~ 초본(抄本)」 こせき 戶籍 帳籍 family register

호:적[好適] 꼭 알맞음. こうてき 好適 suitability

호적[胡笛] ⇨태평소(太平簫). 胡笛

호:적[號笛] ① 나발. ② 신호로 부는 피리. ごうてき 號笛 ② hooter

호:적 등본[戶籍謄本] 한 집의 호적의 원본 전체를 복사한 문건. こせきとうほん 戶籍謄本 copy of one's family register

호:적수[好敵手] 좋은 적수. 알맞은 상대. こうてきしゅ 好敵手 good match

호적수[胡笛手] 진중(陣中)에서 태평소를 부는 사람. 胡笛手 陣中

호:전[好戰] 전쟁을 좋아함. こうせん 好戰 bellicosity

호:전[好轉] ① 일이 잘 되어 가기 시작함. ② 병의 증세가 차차 나아짐. ↔악화(惡化). こうてん 好轉 ① favorable turn ② change for the better

호접[蝴蝶] 나비. こちょう 蝴蝶 butterfly

호:정출입[戶庭出入] 앓는 사 戶庭

람이나 늙은이가 겨우 마당 안에서만 드나듦.

호제[呼弟] 아우라고 부름. ↔호형(呼兄).

호:조[戶曹] 고려와 조선 때, 호구(戶口)·공부(貢賦)·전량(錢糧)·식화(食貨)에 관한 사무를 맡았던 육조(六曹)의 하나. 「~ 판서(判書)」 Ministry of Finance

호:조[好調] 좋은 상태. =쾌조(快調). こうちょう good condition

호:조건[好條件] 좋은 조건. 조건이 좋음. ↔악조건(惡條件). こうじょうけん favorable condition

호:조 판서[戶曹判書] 조선 때, 호조의 정이품 으뜸 벼슬. 준호판(戶判).

호족[豪族] 재산이 많고 세력을 떨치는 집안. ごうぞく powerful family

호:주[戶主] ① 한 집안의 주장이 되는 사람. ② 호주권(戶主權)을 지닌 사람. こしゅ head of a family

호:주[好酒] 술을 좋아함. こうしゅ love of drink

호주[豪酒] ⇨호음(豪飮). ごうしゅ

호:주권[戶主權] 호주가 가지는 권리 또는 임무. こしゅけん headship of a family

호준[豪俊] 재지(才智)가 뛰어남. 또는 그러한 사람. ごうしゅん able man

호중[湖中] 충청 남북도(忠淸南北道)를 두루 일컫는 말.

호지[胡地] 오랑캐의 땅. こち

호참[壕塹] ① 둘레에 파 놓았던 구덩이. ② 야전(野戰)에서, 구덩이를 파서 그 흙으로 흉장(胸墻)을 만들어 적의 공격에 대비하는 방어 시설. =참호(塹壕). trench

호:천[昊天] ① 넓고 큰 하늘. ② 구천(九天)의 하나. 서쪽 하늘. ③ 사천(四天)의 하나. 여름 하늘. こうてん
① boundless sky ② west sky ③ sky in summer

호:천망극[昊天罔極] 끝없는 하늘과 같이 부모의 은혜가 다함이 없이 큼을 이르는 말. こうてんきわまりなし boundless love of our parents

호천통곡[呼天痛哭] 하늘을 우러러 부르짖으며 목소리를 높여 욺. wailing loudly

호:청[好晴] 날씨가 맑게 갬. clear weather

호초[胡椒] 후추. こしょう pepper

호:총[號銃] ⇨대포(大砲).

호:총수[號銃手] 군인 중에서 대포(大砲)를 쏘는 사람.

호출[呼出] ① 불러 냄. ② 소환(召喚)의 구용어. よびだし ① calling out

호출 부호[呼出符號] 방송국이나 무선국의 전파 호출 부호. call sign

호:치[皓齒] 희고 깨끗한 이. こうし pearly teeth

호치[豪侈] 호화롭고 사치스러움. luxury

호:치단순[皓齒丹脣] 희고 깨끗한 이와 붉은 입술이라는 뜻으로, 미인을 이르는 말. =단순호치(丹脣皓齒).

호치키스[Hotchkiss] 손잡이를 잡고 누르면 쇠바늘이 튀어나와 종이를 철하는 기구의 상표명(商標名). ホッチキス

호:칭[互稱] 서로 부름. 또는

그 이름. ごしょう mutual designations

호칭[呼稱] 이름을 지어 부름. 또는 그 이름. こしょう name

호쾌[豪快] 호탕하고 쾌활함. ごうかい intrepidity

호:탕[浩蕩] 호호탕탕(浩浩蕩蕩)의 준말. こうとう

호탕[豪宕] 활달하고 호걸스러움. ごうとう magnanimity

호탕불기[豪宕不羈] 기개가 당당하고 호걸스러워 사소한 일에 얽매이지 않음. ごうとうふき

호텐토트[Hottentot] 남아프리카에 사는 황갈색의 미개종족(未開種族) 이름. ホッテントット

호텔[hotel] 비교적 규모가 큰 서양식의 고급 여관(旅館). ホテル

호:판[戶判] 호조 판서(戶曹判書)의 준말.

호:패[號牌] 조선 때, 열여섯 살 이상의 남자가 차던, 성명과 생년 간지(生年干支)를 쓰고 관부의 낙인(烙印)을 찍은 패. identity tag

호:평[好評] 좋게 평가함. 또는 좋은 평가. ↔악평(惡評). こうひょう popularity

호:포[戶布] 봄·가을 두 철에 매호(每戶)마다 거두던 세(稅).

호:포[號砲] 군호(軍號)로 쏘는 대포. ごうほう signal gun

호:품[好品] 좋은 품질. 또는 품질이 좋은 물건. good quality

호풍[胡風] ① 호인(胡人)의 풍속. ② ⇨북풍(北風). ① Manchu customs

호풍환:우[呼風喚雨] 요술로 바람과 비를 불러일으킴. raising wind and rain

호:피[虎皮] 범의 털가죽. 「~방석(方席)」 こひ tiger skin

호:학[好學] 학문을 좋아함. こうがく love of learning

호:한[好漢] 의협심(義俠心)이 강한 훌륭한 사나이. こうかん 義俠心 nice fellow

호:한[浩汗·浩瀚] ① 넓고 커서 질펀함. ② 서적(書籍) 따위가 한없이 많음. こうかん ① vastness

호:한식호한[好漢識好漢] 영웅이라야 영웅을 안다는 말. Only a hero knows a hero.

호항[湖港] 호숫가에 발달한 항구. ここう lake harbor

호해[湖海] ① 호수와 바다. ② ⇨호수(湖水). ③ 강호(江湖). こかい ① lakes and seas

호:행[護行] 따라가며 보호하거나 호위함. escort

호:혈[虎穴] ① 범의 굴. =호굴(虎窟). ② 썩 위험한 곳을 이르는 말. こけつ ① tiger's den ② dangerous place

호협[豪俠] 호방하고 의협심이 있음. ごうきょう chivalrousness

호형[呼兄] 형이라고 부름. ↔호제(呼弟). calling somebody as one's elder brother

호형[弧形] ① 활의 모양. ② 활같이 굽은 형상. こけい arc

호형호제[呼兄呼弟] 형이니 아우니 할 정도로 매우 가까운 친구 사이임을 나타내는 말. close friendship

호:혜[互惠] 서로 도와서 편익(便益)을 주고받는 일. 「~평등(平等)」 ごけい reciprocity

호:혜 조약[互惠條約] 두 나라가 제삼국보다 서로 유리한

통상 혜택을 주기로 하는 조약. ごけいじょうやく reciprocal treaty

호:호[戶戶] 집집이. =매호(每戶). ここ every house

호:호[浩浩] ① 넓고 큰 모양. ② 큰물이 흐르는 모양. こうこう ① vastness

호:호[皓皓] ① 빛나고 맑은 모양. ② 깨끗하고 흰 모양. ③ 텅 비고 넓은 모양. こうこう ① glowing ② whiteness ③ vastness

호:호막막[浩浩漠漠] 끝없이 넓고 멀어 아득함. boundlessness

호:호백발[皓皓白髮] 온통 하얗게 센 머리털. hoary hair

호:호야[好好爺] 인품이 훌륭한 늙은이. こうこうや dignified old man

호:호인[好好人] 기품이 훌륭한 사람. dignified person

호:호탕탕[浩浩蕩蕩] 썩 넓어서 끝이 없음. ⇨호탕(浩蕩). vastness

호홀지간[毫忽之間] 서로 조금 어긋난 지극히 짧은 사이. short while

호화[豪華] 사치스럽고 화려함. ごうか splendor

호화자제[豪華子弟] 호화로운 집안에 태어난 자제. sons of a wealthy family

호화판[豪華版] ① 사치스럽게 꾸민 출판물. ② 사치스럽고 호화로운 판국. ごうかばん ① deluxe edition ② extravagance

호:환[互換] 서로 교환함. 「~성(性)」 ごかん compatibility

호:환[虎患] 범이 인축(人畜)에게 끼치는 해. disaster caused by a tiger

호환[糊丸] 약가루를 풀에 반죽하여 환약을 만듦. 또는 그런 환약. making a pill

호:황[好況] 경기(景氣)가 좋음. =호경기(好景氣). ↔불경기(不況). こうきょう prosperous condition

호황모[胡黃毛] 붓을 매는 데 쓰는 만주 족제비 꼬리의 털.

호흡[呼吸] ① 숨의 내쉼과 들이쉼. 또는 그 숨. ② 생물이 산소(酸素)를 들이마시고 탄산가스를 내보내는 작용. ③ 일을 행할 때의 장단. こきゅう ① breath ② respiration ③ tone

호흡근[呼吸根] 산소가 부족한 진흙이나 물 속에서 나는 식물 뿌리의 한 가지. 호흡 작용을 하기 위해 공기 중에 뻗어 나와 있음. こきゅうこん respiratory root

호흡근[呼吸筋] 호흡할 때 가슴을 확대·수축시키는 근육. こきゅうきん

호흡기[呼吸器] 호흡 작용을 하는 기관. 특히 외호흡(外呼吸)을 맡은 기관(器官). こきゅうき respiratory organs

혹[或]* 혹 혹: 혹시. 어떤. 「或是(혹시)·或時(혹시)·或云(혹운)·或者(혹자)·設或(설혹)·間或(간혹)」 ワク·あるいは

혹[惑]☆ ① 미혹할 혹: 미혹하다. 혹하다. 「惑信(혹신)·惑愛(혹애)·誘惑(유혹)·迷惑(미혹)·眩惑(현혹)」 ② 어지러울 혹: 어지럽다. 「惑世(혹세)·惑亂(혹란)」 ワク ① まどう

혹[酷] 혹독할 혹: 혹독하다.

참혹하다. 심하다.「酷甚(혹심)·酷毒(혹독)·酷使(혹사)·酷評(혹평)·酷寒(혹한)·苛酷(가혹)·冷酷(냉혹)」コク·むごい

혹[hock] 단추처럼 쓰이는, 옷의 벌어진 곳을 엇걸어 잠그는 갈고리 모양의 물건. ホック

혹기[惑嗜] 너무 지나치게 즐김. devotion

혹닉[惑溺] 미혹(迷惑)하여 빠짐. わくでき indulgence

혹독[酷毒] ① 정도가 퍽 심함. ② 성질·행위 따위가 매우 모질고 독함.
① severity ② cruelty

혹란[惑亂] 미혹되어 어지러움. わくらん bewilderment

혹렬[酷烈] ① 매우 혹독하고 심함. ② 냄새가 지독함. こくれつ ① severity

혹령[酷令] 가혹한 명령. こくれい severe order

혹리[酷吏] 가혹한 관리. =가리(苛吏). こくり cruel official

혹법[酷法] 몹시 가혹한 법률. こくほう severe law

혹사[酷似] 아주 비슷함. =혹초(酷肖). こくじ close resemblance

혹사[酷使] 혹독하게 부림. こくし exploitation

혹서[酷暑] 몹시 심한 더위. =혹열(酷熱)·혹염(酷炎)·폭서(暴暑)·폭염(暴炎). ↔혹한(酷寒). こくしょ intense heat

혹설[或說] 어떤 사람이 주장하는 말이니 학설(學說). certain view

혹설[惑說] 여러 사람을 미혹하게 하는 말. misleading rumors

혹성[惑星] ⇨행성(行星). わくせい

혹세[惑世] 어지러운 세상. 또는 세상을 어지럽게 함.

혹세[酷稅] 과중(過重)한 조세(租稅). 가혹한 세금. こくぜい heavy taxes

혹세무민[惑世誣民] 세상을 어지럽히고 백성을 미혹하게 하여 속임. seducing the public

혹시[或是] ① 만일에. ② 어떠한 경우에. =혹야(或也)·혹여(或如)·혹자(或者).
① if ② by some chance

혹시혹비[或是或非] 혹은 옳고 혹은 그르기도 하여, 옳고 그름이 잘 분간되지 않음.

혹심[酷甚] 너무 심함. 지나치게 심함. severity

혹애[惑愛] 끔찍이 사랑함. わくあい blind love

혹양[酷陽] ① 쨍쨍 내리쪼이는 태양. ② 몹시 심한 더위. こくよう ② intense heat

혹여[或如] ⇨혹시(或是).

혹열[酷熱] ⇨혹서(酷暑).

혹염[酷炎] ⇨혹서(酷暑).

혹왈[或曰] 어떤 사람이 말하는 바에 따르면. =혹운(或云)·혹위(或謂).

혹자[或者] ① 어떠한 사람. ② ⇨혹시(或是). ① someone

혹장[酷杖] 혹독한 장형(杖刑). cruel flogging

혹정[酷政] 혹독한 정치. 가혹한 정치. =독정(毒政). こくせい tyranny

혹취[酷臭] 몹시 나쁜 냄새. offensive odor

혹평[酷評] 혹독한 비평. =가평(苛評). こくひょう severe criticism

혹한[酷寒] 몹시 혹독한 추위.

= 극한(劇寒)·호한(沍寒). 沍寒
こっかん　　severe cold

혹해[酷害] 몹시 심한 재해(災害). こっがい　severe harm 酷害

혹형[酷刑] 가혹한 형벌. = 심형(深刑). severe punishment 酷刑

혹호[酷好] 몹시 좋아함. adoration 酷好

혹화[酷禍] 혹독한 재화(災禍). great misfortune 酷禍

혼[昏]☆ ① 어두울 혼: 어둡다. 「昏明(혼명)·昏夜(혼야)·昏定(혼정)·黃昏(황혼)」 ② 혼미할 혼: 혼미하다. 「昏迷(혼미)·昏倒(혼도)·昏睡(혼수)·昏絶(혼절)·昏困(혼곤)」 ③ 어리석을 혼: 사리에 어둡다. 「昏季(혼계)·昏君(혼군)」 コン ① くらい

혼[婚]* 혼인할 혼: 혼인하다. 결혼하다. 「婚期(혼기)·婚姻(혼인)·婚禮(혼례)·結婚(결혼)·未婚(미혼)·約婚(약혼)」 コン

혼:[混]* 섞을 혼: 섞다. 섞이다. 「混同(혼동)·混合(혼합)·混沌(혼돈)·混亂(혼란)·混成(혼성)」 コン·まぜる

혼:[渾] ① 흐릴 혼: 흐리다. 뒤섞이다. 「渾沌(혼돈)·渾然(혼연)·渾和(혼화)·渾濁(혼탁)·渾聲(혼성)·渾雜(혼잡)」 ② 온전할 혼: 온전하다. 모두. 「渾家(혼가)·渾卷(혼권)·渾身(혼신)」 ③ 세찰 혼: 세차다. 「雄渾(웅혼)」 コン

혼[魂]☆ 넋 혼: 넋. 혼. 「魂靈(혼령)·魂膽(혼담)·魂魄(혼백)·鎭魂(진혼)·忠魂(충혼)·孤魂(고혼)」 コン·たましい

혼[閽] 문지기 혼: 문지기. 「閽禁(혼금)·閽人(혼인)」 コン

혼가[婚家] 혼인집. こんか 婚家

혼가[婚嫁] ⇨ 혼인(婚姻). こんか 婚嫁

혼:**간**[混姦] ① ⇨ 윤간(輪姦). ② ⇨ 혼음(混淫). 混姦

혼간[婚簡] 혼인 때, 사주 및 택일 단자를 쓰는 간지(簡紙). 婚簡

혼:**거**[混居] ⇨ 잡거(雜居). 混居

혼겁[魂怯] 혼이 빠지도록 겁을 냄. こんきょう　amazement 魂怯

혼고[昏鼓] 절에서 저녁때에 치는 북. こんこ 昏鼓

혼곤[昏困] 정신이 흐릿하고 매우 곤함. こんこん exhaustion 昏困

혼교[魂轎] 장사(葬事) 때에 고인이 생전에 쓰던 의관을 담아 가는 가마. 魂轎

혼구[婚具] 혼인 때에 쓰는 제구(諸具). wedding outfit 婚具

혼군[昏君] 사리에 어둡고 어리석은 임금. =암군(暗君). foolish king 昏君

혼궁[魂宮] 왕세자의 장례 뒤에 삼 년간 신위(神位)를 모시던 궁전. 魂宮

혼기[婚期] 혼인을 하기에 알맞은 나이. 또는 그 시기. =혼령(婚齡). こんき marriageable age 婚期

혼기[魂氣] 영혼(靈魂)의 기운. =정신(精神). こんき　soul 魂氣

혼담[婚談] 혼인에 대하여 오고 가는 말. =연담(緣談). proposal of marriage 婚談

혼담[魂膽] 혼백(魂魄)과 간담(肝膽). 곧 넋. こんたん soul 魂膽

혼도[昏倒] 정신이 어지러워서 넘어짐. こんとう　swoon 昏倒

혼:**돈**[混沌·渾沌] ① 태초의 천지가 아직 나누어지지 않은 상태. ② 사물이 구별할 수 없이 흐리멍덩한 상태. =혼륜(渾淪). こんとん
① chaos ② disorder 混沌·渾沌

혼:동[混同] ① 섞이어 하나가 됨. 뒤섞음. ② 서로 다른 것을 제대로 구별하지 못하고 잘못 판단함. ③ 권리 및 의무자의 자격이 동일인에 귀속하는 일. こんどう
① mixture ② confusion

혼:동 농법[混同農法] 농사와 목축(牧畜)을 겸하는 농업 경영법. こんどうのうほう
mixed farming

혼란[昏亂] 어둡고 어지러움. こんらん   derangement

혼:란[混亂] 이것저것 뒤섞여서 뒤숭숭함. =혼잡(混雜)·효란(淆亂)·혼효(混淆). こんらん   confusion

혼:란상[混亂相] 뒤섞여 어지러운 모양. 질서가 문란한 상태. こんらんそう chaotic state

혼령[魂靈] ⇨영혼(靈魂).

혼례[婚禮] 혼인의 의식(儀式). =근례(卺禮)·빙례(聘禮). 「~식(式)」こんれい
wedding ceremony

혼:류[混流] 뒤섞이어 하나가 되어 흘러감. こんりゅう
mixed stream

혼:림[混林] 여러 종류의 나무가 뒤섞여 있는 수풀. =잡림(雜林). こんりん

혼망[昏忘] 정신이 흐려서 잘 잊어버림. こんぼう
forgetfulness

혼매[昏昧] 어리석어서 사리를 잘 모름. こんまい stupidity

혼명[昏明] 어두움과 밝음. こんめい
darkness and brightness

혼몽[昏懜] 정신이 흐려서 가물가물함.   dizziness

혼미[昏迷] 사리(事理)에 어둡고 마음이 흐리멍덩함. こんめい   stupefaction

혼:미[混迷] ① 뒤섞여 모르게 됨. ② 마음이 흐리고 사리에 어두움. こんめい
① confusion ② stupidity

혼:방[混紡] 성질이 다른 두 섬유(纖維)를 섞어서 짜는 방적(紡績). こんぼう
mixed spinning

혼:방사[混紡絲] 혼방으로 만든 실. こんぼうし mixed yarn

혼배 성:사[婚配聖事] 혼인 성사(婚姻聖事)의 구용어.

혼백[魂帛] 신주(神主)를 만들기 전에 생명주 조각을 접어서 만드는 임시의 신위(神位). 초상에만 씀. 「~상자(箱子)」
temporary spirit tablet

혼백[魂魄] 넋. こんぱく soul

혼백 상자[魂帛箱子] 혼백(魂帛)을 담는 상자.

혼비[婚費] 혼인에 드는 비용.
marriage expenses

혼비백산[魂飛魄散] 혼백이 흩어진다는 뜻으로, 몹시 놀람을 가리킴. =혼불부체(魂不附體). being frightened out of one's wits

혼사[婚事] 혼인에 관한 일.
nuptial matter

혼상[婚喪] 혼인과 초상에 관한 일. marriage and funeral

혼:색[混色] 뒤섞인 빛깔. 또는 빛깔을 뒤섞음. こんしょく
compound colors

혼서[婚書] 혼인 때에 신랑집에서 신붓집에 보내는 글발. =예서(禮書)·예장(禮狀).

혼서지[婚書紙] 혼서(婚書)를 쓰는 종이.

혼:선[混線] ① 전신(電信)·전화(電話) 따위의 양쪽 전류(電流)가 서로 합하여져서 신호·

혼:성[混成] 섞어서 만듦.「~부대(部隊)」こんせい mixture

혼:성[混聲] ① 뒤섞인 소리. ② 남녀의 각 성부(聲部)를 서로 합함. ↔단성(單聲).「~합창(合唱)」こんせい ① compound sounds ② mixed voices

혼:성 경:기[混成競技] 두 가지 이상의 경기 종목을 합하여 한 가지로 한 경기. 삼종(三種)·오종(五種)·십종(十種) 경기 등. こんせいきょうぎ mixed game

혼:성곡[混成曲] 둘 이상의 곡을 모아서 하나로 만든 곡. こんせいきょく medley

혼:성주[混成酒] 양조주·증류주에 향료(香料) 및 당분(糖分) 따위를 섞어서 만든 술. こんせいしゅ composite drink

혼:성 합창[混聲合唱] 남녀가 각 성부(聲部)로 나뉘어 부르는 합창. こんせいがっしょう mixed chorus

혼수[昏睡] ① 정신 없이 혼혼하여 잠이 듦. ② 의식이 없어짐.「~ 상태(狀態)」こんすい ① dead sleep ② coma

혼수[婚需] 혼인에 드는 물건이나 비용. marriage expenses

혼:숙[混宿] 여러 남녀가 뒤섞여 함께 자는 일.

혼:식[混食] ① 백미(白米)와 잡곡(雜穀)을 섞어서 지은 밥을 먹음. 또는 그 식사. ② 여러 가지 음식을 섞어서 먹음. こんしょく eating mixed food

혼:식[混植] ① 두 가지 이상을 섞어서 심음. ② 혼성 재배(混成栽培). mixed planting

혼:신[渾身] 온몸. =전신(全身). こんしん whole body

혼암[昏暗] ⇨혼암(昏闇).

혼암[昏闇] 어리석어 사리에 어두움. =혼암(昏暗)·혼잠(昏孱). stupidity

혼야[昏夜] 어둡고 깊은 밤. こんや dark night

혼야[婚夜] 혼인한 날의 밤. 첫날밤. こんや bridal night

혼야애걸[昏夜哀乞] 깊은 밤 다른 사람이 보지 않는 틈을 타서 세력이 있는 사람에게 애걸하는 일.

혼약[婚約] 혼인하기로 언약함. 또는 그 언약. =약혼(約婚). こんやく engagement

혼:연[渾然] ① 조금도 다른 것이 섞이지 않은 모양. ② 구별이나 차별이 없는 모양.「~ 일체(一體)」こんぜん in perfect harmony

혼:욕[混浴] 같은 욕탕 안에서 남녀가 함께 목욕하는 일. こんよく mixed bathing

혼:용[混用] 섞어서 씀.「국한문(國漢文) ~」こんよう mixed use

혼:용선[混用船] 화물과 승객을 두루 실을 수 있는 배. こんようせん ship for mixed use

혼유석[魂遊石] ① 상석의 뒤 무덤의 앞에 놓는 장방형(長方形)의 돌. ② 왕릉(王陵)의 봉분 앞에 놓는 장방형 돌. =석상(石床).

혼:융[渾融] 완전히 융합함. こんゆう perfect harmony

혼:음[混淫] 몇 쌍의 남녀가 뒤섞여서 간음(姦淫)함. =혼

간(混姦). こんいん
promiscuousness

혼:음[混飮] 여러 가지 술을 섞어서 마심. こんいん
drinking mixed liquors

혼인[婚姻] 장가들고 시집가는 일. 곧 남녀가 부부가 되는 일. =결혼(結婚)・혼가(婚嫁)・혼구(婚媾)・혼취(婚娶). 「~ 신고(申告)」 こんいん
marriage

혼인계[婚姻屆] 혼인 신고(婚姻申告)의 구용어. こんいんとどけ

혼인 성:사[婚姻聖事] 가톨릭에서, 칠성사(七聖事)의 하나. 일남 일녀(一男一女)가 천주에게 맹세하여 받는 혼인례.

혼인 신고[婚姻申告] 결혼한 사실을 관할 관청에 신고하는 일. registration of one's marriage

혼일[婚日] 혼인하는 날.
wedding day

혼:입[混入] 한데 섞여 들어감. こんにゅう mixing in

혼:작[混作] 한 철에 두 가지 이상의 농작물을 한 땅에 심어 가꾸는 일. こんさく
mixed cultivation

혼:잡[混雜] ① 뒤섞여서 분잡함. =효잡(淆雜). ② ⇨혼란(混亂). こんざつ ① bustling

혼재[婚材] 혼인하기에 적당한 남자와 여자.
marriageable person

혼:전[混戰] ① 두 편이 뒤섞여서 싸움. ② 양편이 승패를 가름할 수 없을 정도로 치열하게 싸움. こんせん
confused fight

혼절[昏絶] 정신이 아찔하여 까무러침. こんぜつ fainting

혼정[昏定] 밤에 잘 때에 부모에게 자리를 깔아 드리고 안부를 여쭙는 일. 「~신성(晨省)」 こんてい

혼처[婚處] 혼인하기에 알맞은 상대방. 혼인할 자리.
marriageable person

혼:천의[渾天儀] 지난날, 천체의 운행과 위치를 관측하던 기계. こんてんぎ

〔혼천의〕

혼취[昏醉] 정신을 못 차릴 정도로 술에 취함. こんすい
dead-drunkenness

혼취[婚娶] ⇨혼인(婚姻).

혼:칭[混稱] 서로 혼동하여 일컬음. 또는 그 명칭. こんしょう

혼:탁[混濁・渾濁] 맑지 아니하고 흐림. こんだく turbidity

혼:탕[混湯] 남녀 구별 없이 함께 쓰는 목욕탕.

혼택[婚擇] 결혼할 날짜를 잡음. 혼인의 택일(擇日).
fixing the marriage day

혼:합[混合] ① 뒤섞어서 한데 합함. ② 두 가지 이상의 물질이 혼화(混和)하는 일. 곧 화학적인 결합을 하지 않고 섞이는 일. 「~ 기체(氣體)」 こんごう
① mixture ② intermixture

혼:합 경제[混合經濟] 사적 자유 경제(私的自由經濟)와 공적 계획 경제(公的計劃經濟)가 병존(倂存)하고 있는 경제. こんごうけいざい

혼ː합 농업[混合農業] 곡물 경작과 목축을 겸하는 집약(集約) 농업의 하나. mixed economy

혼ː합림[混合林] 두 종류 이상의 나무가 혼합된 삼림(森林). こんごうりん mixed forest

혼ː합물[混合物] ① 여러 가지가 뒤섞여서 이루어진 물건. ② 두 가지 이상의 물질이 화학적 결합(化學的結合)을 하지 않고 서로 섞여서 된 것. こんごうぶつ mixture

혼ː합 비료[混合肥料] ⇨ 배합 비료(配合肥料).

혼ː합아[混合芽] 잎이 될 눈과 꽃이 될 눈을 함께 가지고 있는 눈〔芽〕. 혼합눈. mixed bud

혼ː합주[混合酒] ① 성질이 다른 두 가지 이상의 술을 한데 섞은 술. ② 여러 가지 술을 한데 섞어 먹는 술. ③ 칵테일. こんごうしゅ ① blended liquor ② compound spirits

혼ː합체[混合體] 둘 이상이 섞이어 한 덩어리를 이룬 물체나 단체. こんごうたい compound body

혼행[婚行] 혼인할 때에 신랑이 신붓집으로 가거나 또는 신부가 신랑집으로 가는 일. =신행(新行).

혼ː혈[混血] 서로 다른 종족(種族)이 결혼하여 두 계통의 혈통(血統)이 섞임. 또는 그 혈통. ↔순혈(純血). こんけつ mixed blood

혼ː혈아[混血兒] 종족이 다른 부모 사이에서 난 아이. こんけつじ interracial child

혼혹[昏惑] 사리에 어둡고 흐리멍덩함. こんわく dullness

혼혼[昏昏] ① 어두운 모양. ② 도리(道理)를 잘 모르는 모양. ③ 정신이 가물가물하고 희미한 모양. こんこん ③ unconsciously

혼ː화[混化] 뒤섞이어 다른 것이 됨. combination

혼ː화[混和] 섞어서 합함. 또는 한데 섞이어 합쳐짐. こんわ mixture

혼ː효[混淆] 뒤섞음. 또는 뒤섞임. こんこう

혼ː효림[混淆林] 두 가지 이상의 나무로 이루어진 숲. 단순림(單純林)보다 충해(蟲害) 및 풍해에 강하고 목재 생산량이 많음. =혼성림(混成林). ↔단순림(單純林). こんこうりん mixed forest

홀[忽]⋆ ① 문득 홀ː 문득. 갑자기. 「忽然(홀연)·忽來(홀래)·忽去(홀거)·忽地(홀지)·忽顯(홀현)」② 소홀히 할 홀ː 등한히 하다. 업신여기다. 「忽待(홀대)·忽略(홀략)」 コツ ① たちまち

홀[笏] 홀 홀ː 홀. 「笏記(홀기)·投笏(투홀)」 コツ・しゃく

홀[惚] 황홀할 홀ː 황홀하다. 「惚悅(홀열)·恍惚(황홀)」 コツ・ほれる

홀ː[hall] ① 집회장. ② 연회장(宴會場). ホール

홀ː[hole] 골프의 그린 위에 마련된 구멍. ホール

홀ː더[holder] ① 서류 따위의 보관철. ② 보유자(保有者). 소유자. ホルダー

홀ː드[hold] ① 암벽(巖壁)을 올라갈 때 손으로 잡을 수 있는 곳. ② 레슬링에서, 상대편

을 덮어 누르는 재간. ホール
ド

홀:딩[holding] ① 축구·농구 등에서 상대편을 손이나 몸으로 방해하는 반칙(反則). ② 배구에서, 공을 잠깐 동안이라도 손 또는 몸에 머물게 하는 반칙. ホールディング

홀로그래피[holography] 빛의 간섭(干涉)을 이용한 입체 사진술. ホログラフィー

홀리데이[holiday] 휴일(休日). 축제일. ホリデー

홀뮴[holmium] 희토류 원소(元素)의 한 가지. 원소 기호는 Ho. ホルミウム

홀미[忽微] 아주 잘고 가늚.

홀스타인[Holstein] 젖소의 한 품종(品種). 흑백의 얼룩무늬가 많고 젖의 양이 많음.

홀연[忽然] 문득. 갑자기. こつぜん suddenly

홀:인원[hole in one] 골프에서, 최초(最初)로 친 공이 그대로 홀에 들어가는 일. ホールインワン

홀저[忽諸] 갑자기. こっしょ

홀지[忽地] 갑자기. 「~풍파(風波)」こっち

홀현홀몰[忽顯忽沒] 문득 나타났다가 문득 없어짐. appearing and disappearing like a flash

홈:그라운드[home ground] 근거지(根據地). 본거지. ホームグラウンド

홈:드레스[housedress] 실내에서 입는 실용적(實用的)인 부인용 원피스. ホームドレス

홈:런[home run] 야구에서, 타자가 홈베이스까지 살아서 돌아올 수 있도록 친 안타(安打). ホームラン

홈:런히트[home-run hit] ⇨ 홈런(home run)

홈:룸:[homeroom] 교사 지도 밑에서, 가정적 분위기를 이루어 여러 가지 자치 활동(自治活動)을 하는 학생 조직. ホームルーム

홈:뱅킹[home banking] 집에서 통신(通信)을 이용하여 은행의 각종 서비스를 받을 수 있는 제도. ホームバンキング

홈:베이스[home base] 야구에서, 본루(本壘). 홈플레이트. ホームベース

홈:쇼핑[home shopping] 가정에서 통신 등을 통해 물건을 사는 방식(方式).

홈:스펀[homespun] 굵은 수방 모사(手紡毛絲)를 써서 짠 모직물. ホームスパン

홈:웨어[home wear] 집에서 입는 평상복(平常服). ホームウェア

홈:터:미널[home terminal] 가정에 설치된 컴퓨터의 단말기(端末機).

홈:팀:[home team] 본거지에서, 다른 팀을 맞아 내선(對戰)하는 주인격의 팀. ホームチーム

홈:페이지[home page] 인터넷에서, 정보 제공자(提供者)가 구체적인 정보 내용에 들어가기 전에 그 정보의 목록과 이에 대한 간단한 소개 및 사용 요령 등을 설명해 놓은 페이지. ホームページ

홈:플레이트[home plate] ⇨ 홈베이스. ホームプレート

홉[合] ① 홉 홉:홉. 양을 되는 단위. 작(勺)의 10 배, 되의 10 분의 1. ② ⇨ 합(合). ゴウ

홉[hop] 뽕나뭇과의 다년생 만초. 열매는 건위제(健胃劑)나 맥주의 원료로 쓰임. ホップ

홍[弘]☆ 클 홍 : 크다. 크게 하다. 「弘益(홍익)・弘文(홍문)・弘報(홍보)・弘大(홍대)・弘量(홍량)・弘宣(홍선)」 コウ・ひろい

홍[紅]* 붉을 홍 : 붉다. 「紅顔(홍안)・紅色(홍색)・紅茶(홍차)・紅蔘(홍삼)・靑紅(청홍)・眞紅(진홍)」 コウ・くれない・べに・あかい

홍[虹] 무지개 홍 : 무지개. 「虹橋(홍교)・虹蜺(홍예)・虹霓(홍예)」 コウ・にじ

홍[洪]☆ 넓을 홍 : 넓다. 크다. 「洪大(홍대)・洪規(홍규)・洪圖(홍도)・洪濤(홍도)・洪量(홍량)・洪水(홍수)」 コウ

홍[哄] 크게 웃을 홍 : 크게 웃다. 「哄堂(홍당)・哄動(홍동)・哄笑(홍소)」 コウ

홍[訌] 어지러울 홍 : 어지럽다. 「內訌(내홍)」 コウ

홍[鴻]☆ ① 큰 기러기 홍 : 큰 기러기. 「鴻毛(홍모)・鴻鵠(홍곡)・鴻雁(홍안)」 ② 클 홍 : 크다. 「鴻景(홍경)・鴻大(홍대)・鴻恩(홍은)・鴻儒(홍유)」 コウ

홍각[紅殼] 건축 재료의 도료(塗料)로 쓰는 붉은 채색(彩色)의 한 가지. べにがら
　　　　　　red paint

홍건적[紅巾賊] 중국 원나라 말엽, 한산동(韓山童)을 두목으로 하여 일어났던 도둑의 무리.

홍곡[鴻鵠] 큰 기러기와 고니라는 뜻으로, 큰 인물을 이르는 말. こうこく

홍교[虹橋] 두 끝이 처지고 가운데가 무지개처럼 굽은 다리. arched bridge

홍기[弘基・鴻基] 큰 사업의 기초(基礎). こうき foundation of a grand enterprise

홍대[弘大] 넓고 큼. こうだい immenseness

홍대[洪大・鴻大] ① 썩 큼. こうだい ② 맥이 보통보다 크게 뜀. ① immenseness

홍도[紅桃] ① 관상용 복숭아나무의 한 가지. 짙은 홍색의 꽃이 피고 열매는 맺지 아니함. 홍도나무. こうとう ② ⇨ 홍도화(紅桃花).
　① red-blossoming peach tree

홍도[洪圖] ⇨ 홍도(鴻圖).

홍도[鴻圖] ① 큰 계획. =홍도(洪圖). 홍모(洪謨). ② 임금의 계획. こうと
　① grand enterprise

홍도화[紅桃花] 홍도 나무의 꽃. =홍도(紅桃).
　red peach blossoms

홍동[紅銅] ⇨ 적동(赤銅).

홍동백서[紅東白西] 제사지낼 때, 제물(祭物)을 차리는 위치를 이르는 말. 붉은 과일은 동쪽에, 흰 과일은 서쪽에 진설함을 이름.

홍두[紅豆] 붉은 팥. red bean

홍등[紅燈] 붉은 등불. こうとう
　　　　　　red light

홍등롱[紅燈籠] 홍 사 등 롱(紅紗燈籠)의 준말.

홍량[弘量・洪量] ① 넓은 도량. ② 술 같은 것의 많은 양. 또는 많은 양의 술.
　　　　　　① broad mind

홍루[紅淚] ① 미녀의 눈물. ② 피눈물. こうるい ① tears of a fair ② bloody tears

홍루[紅樓] ① 부유한 집안의

부녀가 거처하는 처소. ↔녹창(綠窓). ②기생집. こうろう

홍몽[鴻濛] ①하늘과 땅이 아직 갈리지 아니한 모양. ②천지 자연의 원기(元氣).

홍문[紅門] ①능(陵)·원(園)·관아 따위의 앞에 세운, 붉은 칠을 한 문. 홍살문. ②⇨정문(旌門)

홍박[洪博] 넓고도 넓음. vastness

홍박[鴻博] 학문이 넓고 깊음. erudition

홍백색[紅白色] 붉은빛과 흰빛. ⓒ홍백(紅白). red and white

홍범[弘範] 대종교(大倧敎)에서 시행되는 규범의 총칙(總則).

홍범[洪範] ①모범이 되는 큰 규범. ②서전(書傳)의 편(篇)의 이름. こうはん

홍범[鴻範] 천하를 다스리는 큰 규범. large scale

홍법[弘法] 불도(佛道)를 널리 폄. こうぼう

홍보[弘報] 널리 알림. 또는 그 보도. こうほう public information

홍사[紅絲] ①홍실. ②오라. ③붉은 발. ①red thread

홍사등롱[紅紗燈籠] 조선 때, 정종일품(正從一品)의 관리가 밤에 나들이할 때 쓰던 사등. ⓒ홍등롱(紅燈籠)·홍사롱(紅紗籠).

홍사롱[紅紗籠] 홍사등롱(紅紗燈籠)의 준말.

홍삼[紅蔘] 수삼을 쪄서 말린, 붉은 빛깔의 단단한 인삼. 「~ 정과(正果)」 ginseng steamed red

홍상[紅裳] ①붉은 바탕에 검은 도련을 두른 조복(朝服)의 아래 옷. ②붉은 치마. ② red skirt

홍색[紅色] 붉은빛. ⓒ홍(紅). こうしょく red

홍색 인종[紅色人種] 얼굴빛이 붉은 인종. 아메리카 본토의 인종. 아메리카 인디언. ⓒ홍인종(紅人種). red race

홍석영[紅石英] 붉은 차돌. red quartz

홍소[哄笑] 떠들썩하게 크게 웃음. 또는 그러한 웃음. こうしょう loud laughter

홍송[紅松] 결이 고운 소나무의 한 가지. red pine tree

홍수[洪水] ①비가 많이 와서 내나 강에 크게 붇은 물. 큰물. ↔한발(旱魃).「~ 예보(豫報)」②사람이나 물건이 엄청나게 많이 쏟아져 나옴의 형용.「정보(情報)의 ~」こうずい flood

홍수[紅樹] 홍수과의 상록 교목. 열대 지방 바닷가 진흙에서 나는데, 나무에 달린 채 씨에서 싹이 트고 뿌리가 내려 떨어짐. こうじゅ

홍수피[紅樹皮] 홍수의 껍질. 붉은 물감, 가죽 정제용 약, 설사약의 재료로 쓰임. =단각(丹殼).

홍순[紅脣] ①여자의 붉은 입술. ②막 피어나는 꽃송이. ① red lips ② half open flower

홍시[紅柿] 흠뻑 익어 붉고 말랑말랑한 감. 연감. ripe persimmon

홍안[紅顔] 혈색이 좋은 얼굴. =주안(朱顔). こうがん rosy face

홍안박명[紅顔薄命] 아름다운

여자는 운명이 기박(奇薄)하거나 수명이 짧은 경우가 많다는 뜻. =미인박명(美人薄命).

홍안백발[紅顔白髮] 나이 들어 머리는 세었으나, 얼굴은 붉고 윤기가 돎을 이름.

홍어[洪魚·鮸魚] 가오릿과의 가오리 비슷하게 생긴 바닷물고기. 고동무치. 「~국」 skate

홍업[鴻業·洪業] 건국(建國)의 대업. =비업(丕業). こうぎょう glorious achievement

홍역[紅疫] 급성의 발진 전염병의 한 가지. 유아·소아에게 많이 발병하며, 평생 면역이 됨. =마진(麻疹)·홍진(紅疹). measles

홍연[哄然] 큰 웃음을 터뜨리는 모양. こうぜん loud laughter

홍염[紅焰] ① 붉은 불꽃. ② 태양의 채층(彩層)에서 분출하고 있는 심홍색의 불꽃. 프로미넌스. こうえん ① red flame ② prominence

홍염[紅髥] ① 붉은 수염. ② 서양 사람의 수염. 또는 서양 사람을 달리 이르는 말. こうぜん ① red beard

홍염[紅艶] 화색이 붉게 돌고 탐스러움.

홍엽[紅葉] ① 단풍이 든 나뭇잎. ② 단풍나무의 붉은 잎. もみじ·こうよう ① red leaves ② red maple foliage

홍예[虹蜺·虹霓] ① 무지개. ② 홍예문(虹蜺門)의 준말. ① rainbow

홍예문[虹蜺門·虹霓門] 문의 윗부분을 무지개같이 둥글게 만든 문. 준홍예(虹蜺). arched gate

홍옥[紅玉] ① 붉은 빛깔을 띤 강옥석(鋼玉石)의 한 가지. 루비. こうぎょく ② 사과의 한 종류. ① ruby ② Jonathan

홍우[紅雨] 많이 떨어지는 붉은 꽃잎의 비유. こうう

홍운[紅雲] ① 붉은 구름. ② 꽃이 만발한 모양의 형용. ① red clouds ② blooming of flowers

홍원[弘遠] 넓고 원대함. こうえん vastness

홍원[弘願] 불교에서, 아미타불의 본원(本願) 중의 근본이 되는 서원(誓願).

홍윤[紅潤] 얼굴의 혈색이 좋고 부드러움. 또는 화색이 도는 맑은 안색. ruddiness

홍은[鴻恩] 넓고 큰 은덕. =홍은(鴻恩) 대은(大恩). こうおん great favor

홍의[弘毅] 뜻이 넓고 굳셈. こうき fortitude

홍익[弘益] ① 큰 이익. ② 널리 이롭게 함. 「~ 인간(人間)」 こうえき ① great profit ② public benefit

홍익[鴻益] 매우 큰 이익. great profit

홍익인간[弘益人間] 널리 인간 세계를 이롭게 함. 국조(國祖) 단군(檀君)의 건국 이념(建國理念). devotion to the welfare of mankind

홍인종[紅人種] 홍색 인종(紅色人種)의 준말.

홍일[紅日] 붉은빛을 띤 해. 곧 새벽에 막 떠오르는 해. red sun

홍일점[紅一點] ① 푸른 잎 가운데 피어 있는 한 송이의 붉은 꽃. ② 여럿 속에서 오직 하나 이채(異彩)를 띠는 것.

③ 많은 남자들 사이에 끼어 있는 한 사람뿐인 여자를 이르는 말. =일점홍(一點紅). 一點紅 こういってん
② standing out ③ only woman in the company

홍자[紅紫] ① 붉은빛과 보랏빛. ② 여러 가지 꽃들의 아름다운 빛깔의 비유. こうし
① red and violet

홍잔[虹棧] 무지개처럼 굽은 다리. 무지개 다리.
rainbow bridge

홍장[紅帳] ① 빛깔이 붉은 휘장. ② 지난날, 과거를 보일 때 어제(御題)를 붙인 판을 매달던 뒤쪽 장막.

홍장[紅粧] ① 연지 등으로 붉게 하는 화장. ② 미인의 화장의 비유. ③ 꽃이 붉게 피어 있음의 비유. ② makeup

홍적기[洪積期] 지질 시대(地質時代)의 신생대(新生代) 제4기의 전반(前半) 시대. =홍적세(洪積世)·갱신세(更新世).
diluvial epoch

홍적세[洪積世] ⇨홍적기(洪積期). こうせきせい

홍적층[洪積層] 홍적기에 이루어진 지층. こうせきそう
diluvium

홍전문[紅箭門] 두 기둥을 세우고 가로 막대 두 개를 박고 그 위에 살을 죽 박은 문. 홍살문.

홍조[紅潮] ① 취한 얼굴. ② 미인의 부끄럼 타는 얼굴. ③ 아침 햇살이 바다에 비치어 붉게 보이는 경치. ④ ⇨월경(月經). こうちょう
① drunken face ② flushing ③ seascape aglow with the rising sun

홍조[紅藻] 엽록소 이외에 붉은 색소를 가지고 있는 바닷말. 붉은말. こうそう
red seaweed

홍조소[紅藻素] 홍조류(紅藻類)의 색소체(色素體) 안에 엽록소와 함께 들어 있는 붉은 색소. こうそうそ
pigment of red algae

홍진[紅塵] ① 벌겋게 일어나는 흙먼지. ② 속되고 번거로운 세상의 비유. 「~ 세계(世界)」こうじん ① dust in the air ② troublesome affair of the mundane world

홍진만:장[紅塵萬丈] 벌건 흙먼지가 높이 퍼져 오름.
cloud of dust

홍차[紅茶] 발효(醱酵)시키어 말린 차나무의 잎. 또는 그것을 우려 낸 차. こうちゃ
black tea

홍채[虹彩] 눈알의 각막(角膜)과 수정체(水晶體)의 사이에 있는 둥근 부분. 눈조리개. こうさい iris

홍초[紅蕉] 파초과(芭蕉科)의 다년초. 열대 지방 원산으로 개량종이며, 관상용으로 기름.

홍촉[紅燭] 붉은 빛깔을 들인 밀초. こうしょく red candle

홍칠[紅漆] 붉은 칠. red paint

홍토[紅土] 붉은 빛깔의 흙.
red earth

홍패[紅牌] 대과(大科)에 급제한 사람에게 그 성적의 등급 및 성명을 기록하여 주던 붉은 종이의 합격증.

홍포[弘布] 널리 알림. 널리 포고(布告)함. こうふ
proclamation

홍포[紅袍] 임금이 조하(朝賀) 때에 입는 예복. 빛은 붉고 모양은 관복(官服)과 같음. = 강사포(絳紗袍).

홍하[紅霞] 태양 주위에 보이는 붉은 놀. 紅 霞
glow of sunset in the sky

홍합[紅蛤] 홍합과의 바닷조개. 얕은 바다의 암초에 붙어 삶. =담채(淡菜). 紅 蛤
hard-shelled mussel

홍협[紅頰] ① 붉은 뺨. ② 연지를 바른 뺨. こうきょう 紅 頰
① rosy cheeks

홍화[洪化] 크나큰 덕화(德化). 洪 化

홍화[紅花] ① 붉은 꽃. ② 잇꽃. ③ 한방에서, 잇꽃의 꽃과 씨를 약재로 이르는 말. 어혈(瘀血)·통경(通經) 따위나 외과약(外科藥)으로 쓰임. 베니바나·こうか 紅 花 瘀 血

화:[火]* ① 불 화: 불. 불사르다. 「火災(화재)·火光(화광)·火力(화력)·火葬(화장)·燈火(등화)·防火(방화)」 ② 매우 급할 화: 매우 급하다. 「火急(화급)」 カ ① ひ 火 災 防 火

화:[化]* ① 될 화: 되다, 변화하다. 「化石(화석)·化合(화합)·化學(화학)·純化(순화)·俗化(속화)·風化(풍화)」 ② 교화할 화: 교화하다. 「敎化(교화)·感化(감화)·德化(덕화)」 カ·ケ ① ばける 化 石 敎 化

화[禾]* 벼 화: 벼. 곡식. 「禾稼(화가)·禾稈(화간)·禾穀(화곡)·禾苗(화묘)·禾穗(화수)·嘉禾(가화)」 カ 禾 稼 嘉 禾

화[和]* ① 화할 화: 온화하다. 화목하다. 「和合(화합)·和睦(화목)·和親(화친)·人和(인화)·平和(평화)」 ② 합할 화: 결합하다. 「總和(총화)」 ワ ① やわらぐ 和 合 人 和

화[花]* ① "華"와 통자. 꽃 화: 꽃. 「花草(화초)·花壇(화단)·花盆(화분)·花信(화신)·開花(개화)·落花(낙화)」 ② 아름다울 화: 아름답다. 「花燭(화촉)·花容(화용)」 ③ 기생 화: 노는 여자. 「花街(화가)·花柳(화류)·花代(화대)」 カ ① はな 花 草 花 信 花 街

화:[貨]* ① 재화 화: 재화. 재물. 화폐. 「貨寶(화보)·貨幣(화폐)·貨布(화포)·財貨(재화)·外貨(외화)·通貨(통화)」 ② 물건 화: 물건. 상품. 「貨物(화물)·貨主(화주)·貨車(화차)·滯貨(체화)·雜貨(잡화)」 カ ① たから 貨 寶 外 貨

화[華]* ① 빛날 화: 빛나다. 「華麗(화려)·華館(화관)·華美(화미)·繁華(번화)·榮華(영화)·豪華(호화)」 ② "花"와 통자. 꽃 화: 꽃. 꽃 피다. 「華實(화실)·華容(화용)·蓮華(연화)」 カ ② はな 華 麗

화:[畵] "畵"는 俗字. ① 그림 화: 그림. 「畵架(화가)·畵家(화가)·畵伯(화백)·畵具(화구)·名畵(명화)·壁畵(벽화)」 ② ⇨획(畫). ガ ① えがく 畵 家

화:[畫] "畫"의 俗字. 畫 帖

화[話]* 말할 화: 말. 이야기. 말하다. 「話題(화제)·話頭(화두)·話術(화술)·對話(대화)·談話(담화)·說話(설화)」 ワ ① はなし 話 術 說 話

화[靴] 신 화: 신. 신발. 구두. 「靴店(화점)·洋靴(양화)·木靴(목화)·短靴(단화)·長靴(장화)」 カ ① くつ 靴 店

화[樺] 자작나무 화: 자작나무. 「樺榴(화류)·樺木(화목)·樺皮(화피)」 カ ① かば 樺 榴

화:[禍]* 재앙 화: 재해. 재잉. 「禍根(화근)·禍難(화난)·禍福 禍 福

(화복)·災禍(재화)·戰禍(전화)·筆禍(필화)·殃禍(앙화)」 カ・わざわい

화:가[畫架] 그림을 그릴 때 화폭(畫幅)을 받치는 삼각틀. がか　　　　　　　　easel

화:가[畫家] 그림을 그리는 일을 전문으로 하는 사람. がか painter

화:각[畫角] ① 뿔에 그림을 그리어 만든 악기의 한 가지. ② 채화(彩畫)를 그리고 그 위에 얇은 쇠뿔을 오려 덧붙이는 목기(木器) 세공품(細工品)의 한 가지. がかく

화:각[畫閣] 단청을 한 누각. =화루(畫樓). がかく painted palace building

화간[和姦] 부부가 아닌 남녀가 서로 눈이 맞아서 간통하는 일. わかん adultery

화간[花間] 꽃과 꽃의 사이. amid the flowers

화갑[花甲] 화갑자(花甲子)의 준말.

화갑[華甲] 사람의 나이 예순한 살을 뜻하는 말. '華'자를 풀어 쓰면 '十'자 여섯과 '一'자 하나가 되며, '甲'은 '還甲'의 '甲'으로 한갑외 나이라는 뜻. =화년(華年). かこう

화갑자[花甲子] 육십갑자(六十甲子)의 딴이름. 육갑(六甲)을 둘씩 묶어 오행(五行)의 소속을 나타냄. 곧 갑자을축(甲子乙丑) 해중금(海中金) 따위. 준화갑(花甲).

화강암[花崗巖] 석영(石英)·운모(雲母)·장석(長石)을 주성분으로 한 화성암(火成巖)의 한 가지. かこうがん granite

화강편마암[花崗片麻巖] 화강암이 변질하여 이루어진 편마암. 입자 배열(粒子配列)은 편상(片狀)임.

화개[花蓋] 꽃받침과 꽃부리를 아울러 이르는 말. 꽃뚜껑. かがい

화:객[貨客] 화물과 승객. かきゃく

화:객선[貨客船] 화물과 여객을 함께 운반하는 선박. かきゃくせん cargo-passenger ship

화:격[畫格] ① ⇨화법(畫法). ② ⇨화품(畫品).

화:경[火耕] 화전(火田)을 경작(耕作)함. cultivation of a burnt field

화:경[火鏡] 햇빛에 비추었을 때 불을 일으키는 거울이라는 뜻으로, 볼록렌즈를 이름. convex lens

화경[花梗] 꽃대나 가지에서 갈라져 나와, 꽃을 받치는 작은 자루. 꽃자루. 꽃꼭지. かこう　　　　　　flower stalk

화경[花莖] 꽃이 달리는 줄기. 꽃줄기. かけい　flower stem

화:경[畫境] 경치가 그림처럼 아름다운 곳. picturesque scene

화:고[畫稿] 그림을 그릴 때, 초벌로 그려 보는 초고(草稿). がこう

화:공[畫工] 그림 그리는 일을 업으로 하는 사람. =화사(畫師). がこう　　　　　　painter

화관[花冠] ① 꽃부리. かかん ② 지난날, 나라의 산지 때 기녀(妓女)나 무동(舞童)들이 쓰던 관. ③ 지난날, 예장(禮裝)할 때 쓰던 칠보로 꾸민 관.

화:광[火光] 불빛. 「~ 충천(衝天)」 かこう　　　　　flame

화광동진[和光同塵] 자기의 재

능을 감추고 속세에 묻혀 삶. わこうどうじん

화교[華僑] 외국에 가서 정착(定着)한 중국 사람. かきょう
Chinese residing abroad

화교법[和較法] 섞는 물건의 물질과 섞여 나올 물건의 품질을 정하고, 그 섞는 대중을 셈처 내는 혼합법(混合法)의 한 가지.

화:구[火口] ①불을 때는 아궁이의 아가리. ②화산이 터진 구멍. 「～호(湖)」 かこう
① fuel hole ② crater

화:구[畫具] 그림을 그리는 데 필요한 제구. がぐ
painting materials

화구구[火口丘] 분화구(噴火口) 안에 겹으로 터서 나온 비교적 작은 화산. かこうきゅう
volcanic cone

화구원[火口原] 화구구(火口丘)와 외륜산(外輪山) 사이에 있는 저지(低地). かこうげん
crater basin

화극[話劇] 대화(對話)를 주로 하는 중국의 신극(新劇). わげき

화:근[禍根] 재화(災禍)의 근원. =화원(禍源). かこん
root of evil

화:금[火金] 수은을 이용하여 금을 뽑아 낸 다음, 다시 그 금을 불에 구워 수은을 없앤 금.

화:급[火急] 매우 급함. =화속(火速). かきゅう urgency

화:기[火氣] ①불의 뜨거운 기운. かき ②가슴이 답답하여지는 기운. ③격노한 기운. =화증(火症).
① heat of fire ② stifling sensation in the chest ③ anger

화:기[火器] ①화약의 힘으로 탄알을 쏘는 병기(兵器)의 총칭. ②불을 담는 그릇의 총칭. かき
① firearms ② fire container

화기[和氣] ①화창한 날씨. ②온화한 기색. 또는 화목한 분위기. 「～애애(靄靄)」 わき
① fineness ② peace

화기[花期] ①꽃이 피는 시기. =화후(花候)·화시(花時). ②꽃이 피어 있는 기간. かき
① flower season

화:기[畫器] 그림을 그려 넣은 사기(沙器). がき
painted porcelain

화길[和吉] 화목하고 길(吉)함. harmony and luck

화·난[火難] ⇨화재(火災).

화난[和暖] 날씨가 화창하고 따뜻함. geniality

화:난[禍難] 재앙(災殃)과 환난(患難). =화환(禍患). かなん
disaster

화남[華南] 중국의 남부 지방. かなん South China

화년[華年] ①예순 살. =화갑(華甲). ②젊은 시절의 꽃다운 나이.
② blooming adolescence

화:농[化膿] 종기가 곪아 고름이 생김. =성농(成膿). かのう
maturation

화:농균[化膿菌] 화농을 일으키는 세균. かのうきん
suppurative germs

화단[花壇] 화초를 심기 위해 뜰 한쪽에 흙을 약간 높게 쌓은 곳. =화계(花階). かだん
flower garden

화답[和答] 시가(詩歌)로 응답함. response

화대[花代] ①잔치 때, 기생이

나 악공(樂工)에게 주는 돈이나 물건. 놀음차. ②기생·창녀들과 상관하고 주는 돈. 해웃값. はなだい　charge for entertainer's service

화:덕진군[火德眞君] 불을 맡고 있다는 신령.

화:도[火刀] 부싯돌을 쳐서 불이 나게 하는 쇳조각. 부시. steel for striking fire

화:도[化度] 중생을 교화(敎化)하여 제도(濟度)함. けど

화:도[化導] 덕의로써 교화(敎化)하여 인도함. けどう edification

화:도[畫圖] 그림. がと drawings

화:독[火毒] 불의 독한 기운.

화동[和同] 서로의 사이가 벌어졌다가 다시 뜻이 잘 맞게 됨. わどう harmony

화:두[火斗] 다리미. かと iron

화:두[火頭] 절에서 불을 때는 일. 또는 그 일을 맡은 사람. かとう

화두[話頭] ①이야기의 말머리. ②불교에서, 참선하는 이에게 도를 깨치게 하기 위하여 내는 문제. 공안(公案). わとう beginning of story

화두와[花頭瓦] 처마 끝을 꾸미는 수키와. 막새.

〔화두와〕

화락[和樂] 화평하고 즐거움. わらく harmony

화:란[禍亂] 재앙으로 말미암아 생기는 변고와 세상의 어지러움. からん calamity

화랑[花郎] 신라 때, 군사적인 훈련과 도의의 연마를 목적으로 하여 귀족의 자녀들로 조직한 집단. 또는 그 중심 인물. =국선(國仙). elite youth corps of Silla

화:랑[畫廊] 미술품을 전시하는 시설. がろう picture gallery

화랑도[花郎徒] 화랑의 무리. =낭도(郎徒).

화랑도[花郎道] 화랑이 지켜야 할 도리. 유(儒)·불(佛)·선(仙) 세 교의 정신을 받들고 오계(五戒)와 삼덕(三德)을 신조로 하여 애국 애족을 표방하였음. code of Silla chivalry

화랑 정신[花郎精神] 화랑도가 지키는 다섯 가지 정신. 곧 충성·효도·벗에 대한 믿음·살생을 삼가는 일·전쟁에서 물러서지 않는 일 등.

화려[華麗] 빛나고 아름다움. =화미(華美). かれい splendor

화려체[華麗體] 문장 표현의 한 가지. 감정적이며 화려한 어구와 여러 가지 수사법으로 글을 아름답게 표현하는 문체. ↔건조체(乾燥體). brilliant style

화:력[火力] ①불의 힘. 「~발전(發電)」②총포 따위 무기의 위력. かりょく ①heating power ②fire power

화:로[火爐] 숯불을 담아 두는 그릇. かろ charcoal brazier

화:룡[畫龍] 용을 그림. 또는 그림 속의 용. がりょう drawing a dragon

화:룡점정[畫龍點睛] 용을 그릴 때 마지막에 눈동자를 그려 넣어 그림을 완성시킨다는 뜻으로, 어떤 일의 가장 긴요

한 부분을 마치어 일을 완성시킴을 이르는 말. がりょうてんせい giving the finishing

화:룡촉[畫龍燭] 용을 그리거나 새긴 초. 화룡초.

화:루[畫樓] ⇨화각(畫閣). 畫樓

화류[花柳] ① 꽃과 버들. ② 사내들을 상대하여 노는 계집의 비유. かりゅう ① blossoms and willows ② prostitute

화류[樺榴] 장미과(薔薇科)의 낙엽 교목. 자단(紫檀)의 목재. =화리(花梨). 「~장(欌)」 red sandalwood

화류계[花柳界] 노는 계집의 사회. =화류장(花柳場). かりゅうかい gay world

화류병[花柳病] 화류계에서 걸업되는 병. 곧 성병(性病). かりゅうびょう social disease

화류항[花柳巷] 노는 계집이 모여 사는 거리. =화류가(花柳街)·홍등가(紅燈街). かりゅう(の)ちまた gay quarters

화:륜[火輪] ① 태양(太陽)의 딴이름. ② 불덩이. ③ 화륜선(火輪船)의 준말. かりん ② fireball

화륜[花輪] ⇨화환(花環). 花輪

화:륜거[火輪車] 기차(汽車)를 이전에 이르던 말. 준윤거(輪車). かりんしゃ train

화:륜선[火輪船] 기선(汽船)을 이전에 이르던 말. 준윤선(輪船)·화륜(火輪). かりんせん steamship

화릉[花綾] 꽃무늬를 놓아 짠 능견(綾絹).

화:마[火魔] 화재(火災)를 마귀에 비긴 말. inferno

화면[花面] 꽃과 같이 아름다운 얼굴. =화안(花顏). beautiful face

화:면[畫面] ① 그림을 그린 면. ② 영사막(映寫幕)에 영상이 나타나는 면. ③ 필름·인화지(印畫紙) 등에 촬영(撮影)된 영상(映像)이나 사상(寫像). がめん ① picture ② scene ③ image

화명[花名] 꽃의 이름. 花名 name of a flower

화:목[火木] 땔나무. firewood

화목[花木] 꽃나무. かぼく flowering tree

화목[和睦] 서로 뜻이 맞고 정다움. ↔불목(不睦). わぼく harmony

화목제[和睦祭] 구약 시대에 하느님에게 동물을 바침으로써 진노(震怒)를 벗어나, 하느님과 사람 사이에 화목을 얻으려고 행하던 제사.

화묘[禾苗] 볏모. 벼의 모. rice seedling

화무십일홍[花無十日紅] 열흘 붉은 꽃이 없다는 뜻으로, 한번 성하면 반드시 쇠잔해질 날이 있음을 이르는 말. Every tide has an ebb.

화문[火門] 총·대포 등의 화기(火器)의 아가리. かもん spike

화문[花紋] 꽃의 무늬. 꽃무늬. かもん floral design

화문석[花紋席] 꽃무늬를 놓은 돗자리. 꽃돗자리. =화석(花席). flowered mat

화:물[貨物] 수레나 배로 실어 나를 때의 짐을 이르는 말. 「~열차(列車)」 かもつ freight

화:물 등:급[貨物等級] 철도청에서, 국민 생활과의 관계의 정도에 따라 화물 종류에

매긴 등급. class of freight

화:물선[貨物船] 화물을 실어 나르는 배. 준화선(貨船). かもつせん cargo boat

화미[華美] 화려함. かび splendor

화:민성속[化民成俗] 백성을 교화(敎化)하여 아름다운 풍속을 이룸. enlightening the people

화밀[花蜜] 꽃 속에 생기는 꿀. かみつ nectar

화밀화[花蜜花] 꽃 속의 꿀을 먹으러 오는 벌이나 나비를 통해 수분(受粉)하는 충매화의 한 가지. 벚꽃·배꽃 따위. entomophilous flower

화반석[花斑石] 홍백색(紅白色)의 무늬가 있고 바탕이 무른 돌. 도장 따위의 재료로 쓰임.

화:방[火防] 돌을 섞은 흙으로 땅에서부터 중방 밑까지 쌓아 올린 벽.

화방[花房] 꽃을 가꾸어 파는 가게. 꽃가게. flower shop

화:방[畫房] ⇨화실(畫室).

화:백[畫伯] 화가(畫家)를 높이어 이르는 말. がはく artist

화:법[畫法] 그림을 그리는 방법. =화격(畫格). がほう drawing art

화:변[禍變] 재앙과 변고. great disaster

화:병[火兵] 지난날, 군중(軍中)에서 밥짓는 일을 맡던 병사. かへい cooking soldier

화병[花柄] 꽃자루. peduncle

화:보[貨寶] 금·은·주옥(珠玉)과 같은 귀한 물건. =보화(寶貨)·보물(寶物). かほう treasure

화:보[畫報] 그림 또는 사진을 위주로 편집한 지면이나 인쇄물. 또는 그 그림이나 사진. がほう pictorial news

화:보[畫譜] 여러 가지의 그림을 종류별로 분류·정리해 놓은 책. がふ catalogue of pictures

화복[華服] 물을 들인 천으로 만든 옷. 무색옷. ↔소복(素服). かふく dyed dress

화:복[禍福] 재앙(災殃)과 복록(福祿). かふく fortune and misfortune

화:복무문[禍福無門] 화복은 자기가 행한 선악(善惡)에 따라 찾아든다는 뜻. かふくもんなし Misfortune and happiness need no gate.

화:본[畫本] 그림을 그리는 데 쓰이는 바탕이 되는 종이 또는 감. がほん drawing paper

화봉[花峰] 꽃봉오리. flower bud

화:부[火夫] ① 기관(汽罐) 같은 데에 불을 때는 일을 맡은 사람. ② 절에서 불을 때는 일을 맡은 사람. かふ stoker

화북[華北] 중국의 북부 지방. かほく North China

화분[花盆] 화초를 심는 그릇. flowerpot

화분[花粉] 꽃가루. かふん pollen

화사[花絲] 수꽃술의 꽃밥을 받치고 있는 가느다란 줄기. 꽃실. かし filament

화사[花詞] 꽃의 특질에 의해 상징적으로 의미를 내포시킨 말. 꽃말. はなことば flower language

화:사[畫師] ⇨화공(畫工). がし

화:사첨족[畫蛇添足] 뱀을 그리고 나서 다시 덧붙여 발을

그려 넣는다는 뜻으로, 쓸데 없는 군일을 하다가 도리어 일을 그르침을 이르는 말. ㈜ 사족(蛇足). superfluity 蛇足

화:산[火山] 땅 속의 가스(gas) 나 용암(熔巖) 등이 터져 나와 퇴적하여 이루어진 산. = 분화산(噴火山). かざん volcano 火山

화:산대[火山帶] 화산이 집중 적으로 분포되어 있는, 띠 모양의 지대. かざんたい 火山帶

화:산도[火山島] 해저(海底)에 서 화산이 분출하여 바다에 생기는 섬. かざんとう volcano island 火山島

화:산맥[火山脈] 같은 계통의 화산(火山)이 잇대어 널려 있는 지대. かざんみゃく volcanic chain 火山脈

화:산암[火山巖] 암장(巖漿)이 지표(地表) 또는 지표 가까이 에서 급히 식어서 된 바위. = 분출암(噴出巖). かざんがん volcanic rock 火山巖

화:산진[火山塵] 화산재 중에 서 특히 미세한 부스러기. かざんじん 火山塵

화:산탄[火山彈] 화산이 터질 때 쏟아져 나오는 용암의 조 각. かざんだん volcanic bomb 火山彈

화:산호[火山湖] 화산의 분화구 속에 생긴 호수. crater lake 火山湖

화:산회[火山灰] 화산이 뿜는 용암의 부스러기가 먼지같이 된 재. 화산재. かざんばい volcanic ashes 火山灰

화:삽[火鍤] 불이나 재를 담아 옮기는 데 쓰는 제구. 부삽. fire shovel 火鍤

화:상[火傷] 불에 뎀. 또는 그 상처. かしょう burn 火傷

화상[花床] ⇨ 화탁(花托). か しょう 花床

화상[華商] 화교(華僑) 상인(商人). かしょう Chinese merchant 華商

화:상[畫商] 그림을 사고 파는 장사. 또는 그 장수. がしょう picture dealer 畫商

화:상[畫像] 사람의 얼굴을 그림으로 그린 형상. =사조(寫照)·회상(繪像). がぞう portrait 畫像

화:상찬[畫像讚] 화상에 쓴 찬사(讚辭). 畫像讚

화색[和色] 온화한 얼굴빛. mild complexion 和色

화:생[化生] ①생물의 조직이 나 기관이 질적으로 다른 분화를 하는 일. かせい ②불교에서, 의탁(依託)하는 데 없이 홀연히 나타나거나 형상이 없이 말만 하는 귀신의 무리를 이르는 말. ① metamorphosis 化生

화:생[火生] 불교에서, 부동명왕(不動明王)이 화염(火焰)을 내어 세계를 비추고, 그 불로 악마를 소멸(燒滅)하는 일을 이름. 火生

화:생토[火生土] 오행(五行)의 운행에 있어, 불은 흙을 생성함. 火生土

화서[禾黍] 벼와 기장. rice and millet 禾黍

화서[花序] 꽃이 줄기나 가지에 배열되는 모양. 꽃차례. かじょ inflorescence 花序

화서지몽[華胥之夢] 낮잠. 옛날에 중국의 황제(黃帝)가 낮잠을 자다가 꿈 속에 화서(華胥)라는 나라에 가서 선정(善政)을 보고 깨달았다는 데서 유래함. nap 華胥之夢

화:석[火石] 부싯돌. flint 火石

화:석[化石] 지질 시대(地質時代)에 살던 동식물의 유해(遺骸) 및 그 유적(遺跡)이 수성암(水成巖) 등 암석의 속에 남아 있는 것. かせき fossil

화석[花席] 무늬를 놓은 돗자리. 꽃돗자리. =화문석(花紋席). flowered mat

화:선[火扇] ① 불부채. ② 초꽃이 옆에 장치하여 촛불의 밝기를 조절하는 둥글고 얇은 쇳조각. ① fire fan

화선[花仙] 화중신선(花中神仙)의 준말.

화:선[貨船] 화물선(貨物船)의 준말.

화:선[畫仙] 그림 그리는 재주가 신선의 경지에 이르렀다는 말로, 그림을 썩 잘 그리는 사람. =화성(畫聖). がせん

화:선지[畫宣紙] 옥판선지(玉版宣紙)보다 질이 약간 낮은 선지(宣紙)의 한 가지. Chinese drawing paper

화설[話說] 고대 소설에서, 화두를 내거나 바꿀 때에 쓰는 말. =각설(却說). in the meantime

화:성[化成] ① 길러서 자라게 함. ② 덕화(德化)되어 선해짐. ③ 다른 물질이나 원소(元素)가 화합(化合)하여 새 물질이 됨. かせい ① growth ③ chemical synthesis

화:성[化性] 곤충이 한 해 동안 일정한 수의 세대를 되풀이하는 성질. かせい

화:성[火星] 태양계에 있는 행성 가운데 하나. かせい Mars

화성[和聲] 둘 이상의 음이 동시에 울려 협화(協和)의 느낌을 주는 음. 하모니(harmony). わせい

화:성[畫聖] 뛰어난 화가. =화선(畫仙). がせい great artist

화성법[和聲法] 화음을 기초로 하여 가락을 조직하는 방법. わせいほう law of harmony

화:성암[火成巖] 암장(巖漿)이 엉기어 식어서 이루어진 바위. かせいがん igneous rock

화:세[火勢] 불이 타는 기세(氣勢). かせい force of the fire

화:속[火速] ① 썩 빠름. ② 무척 급함. =화급(火急). ① very fastness ② urgency

화수[禾穗] 벼의 이삭. 벼이삭. かすい ear of rice plant

화수[和酬] 남이 보낸 시(詩)나 노래에 회답하여 갚음.

화수[花樹] 꽃나무. かじゅ flower plant

화수[花穗] 이삭으로 된 꽃. かすい

화수[花鬚] 꽃술. =화예(花蕊). pistils and stamens of a flower

화수회[花樹會] 성(姓)이 같은 일가끼리의 모임. convivial society of the members of a clan

화:순[化順] 감화되어 순응함. obedience

화순[花脣] ① 꽃잎. ② 미인(美人)의 입술. ① petal ② lips of a beauty

화순[和順] ① 온화하고 순량함. ② 고분고분 잘 좇음. わじゅん ① gentleness ② obedience

화술[話術] 이야기하는 기교(技巧). 말재주. わじゅつ art of conversation

화:승[火繩] 불을 붙이는 데 쓰는 노끈. 화약심지. ひなわ fuse

화:승총[火繩銃] 화승불로 화약을 터뜨려 쏘던 구식총. ひなわじゅう matchlock

화:식[火食] 불에 익힌 음식을 먹음. 또는 그 음식. ↔생식(生食). かしょく cooked food

화식[華飾] 아름다운 치장. 아름답게 꾸밈. かしょく ornament

화식도[花式圖] 꽃의 구조를 일정한 부호로 그리어 나타내는 그림. かしきず flower diagram

화:식조[火食鳥] 호주 등지에 사는 거대한 새. 날개가 퇴화하여 날지 못함. ひくいどり cassowary

하·신[化身] ①중생을 구하기 위하여 여러 가지로 성신을 비꾸어 이 세상에 나타난 부처의 몸. ②어떤 추상적인 특질을 구체화 또는 유형화한 것. けしん ① incarnation ② embodiment

화:신[火神] 불을 맡은 신(神). Vulcan

화:신[火燼] 불타고 남은 찌끼. =회신(灰燼). ashes

화신[花信] 꽃이 핌을 알리는 소식. 꽃소식. かしん tidings of flowers

화신[花神] ①꽃을 맡아보는 신(神). ②꽃의 정신. 또는 꽃의 정기. かしん ① Flora ② spirit of flowers

화신풍[花信風] 꽃이 피려고 함을 알리는 바람. 꽃이 필 무렵에 부는 바람. かしんふう spring breeze

화:실[畫室] 화가나 조각가가 작품을 만드는 방. 아틀리에. がしつ studio

화심[花心] ①꽃의 중심. 곧 꽃의 한가운데인 꽃술이 있는 부분. かしん ②미인의 마음. ① central part of a flower ② heart of a beautiful woman

화:심[禍心] ①남을 해하려고 하는 마음. かしん ②재앙의 근본이 되는 마음. malice

화씨 온도계[華氏溫度計] 빙점(氷點)을 32도로 하고 비등점(沸騰點)을 212도로 하여 그 사이를 180등분한 온도계. かしおんどけい Fahrenheit thermometer

화:아[火蛾] 부나방. tiger moth

화아[花芽] 자라서 꽃이 될 눈. 꽃눈. かが flower bud

화안[和顏] 온화한 얼굴. 화기를 띤 얼굴. gentle look

화압[花押] 수결(手決)과 합자(衛字). かおう signature

화:압[畫押] 수결(手決)을 둠. sign

화:앙[禍殃] ⇨재앙(災殃).

화:액[禍厄] 재앙과 액운(厄運). disaster

화·약[火藥] 초석(硝石)·목탄·황 등을 섞어서 만든 폭약(爆藥). =연초(烟硝)·염초(焰硝)·합약(合藥). かやく gunpowder

화약[和約] ①화해의 약속 ②평화 조약(平和條約)의 준말. わやく ① peaceful agreement

화:약고[火藥庫] ①화약을 저장하는 창고. ②폭발할 듯한 위험성을 내포하고 있는 지역의 비유. かやくこ ① powder magazine

화엄경[華嚴經] 석가가 도를 이룬 뒤 맨 처음으로 설법을 한 가르침을 담은 경전. けんぎょう

화엄신장[華嚴神將] 불교에서, 화엄경을 보호하는 신장. 곧, 불법(佛法)을 보호하는 신장. 준신장(神將).

화엄종[華嚴宗] 화엄경(華嚴經)을 소의경(所依經)으로 하는 불교 교종(敎宗)의 한 종파. けごんしゅう

화엄회[華嚴會] 불교에서, 화엄경을 설교(說敎)하는 회합. けごんえ

화연[花宴] 환갑 잔치. banquet celebrating of one's 60th birthday

화열[和悅] 마음이 화평하여 기쁨. peace and joy

화:염[火焰] 불꽃. かえん flame

화:염방:사기[火焰放射器] 압축 가스를 내뿜어 화염(火焰)을 일으켜서 적을 공격하는 무기. かえんほうしゃき flame thrower

화엽[花葉] ① 꽃잎. ② 꽃과 잎. かよう ① petal ② flowers and leaves

화영[花影] 꽃의 그림자. かえい・はなかげ shadow of flowers

화예[花蕊] 꽃의 생식 기관인 웅예(雄蕊)와 자예(雌蕊)의 총칭. 꽃술. かずい pistils and stamens

화예석[花蕊石] ⇨화유석(花乳石).

화용[花容] 꽃같이 아름다운 여자의 얼굴. =화모(花貌). 「~월태(月態)」 beautiful face

화용월태[花容月態] 꽃 같은 얼굴과 달 같은 자태라는 뜻으로, 아름다운 여인의 얼굴과 모습의 비유. lovely face and graceful carriage

화운[和韻] 남이 지은 시의 운자(韻字)를 빌려서 답시(答詩)를 지음. わいん

화:원[火源] 불이 난 근원. source of a fire

화원[花苑] 꽃밭. flower garden

화원[花園] 꽃동산. はなぞの flower garden

화:원[畫員] 조선 때, 도화서(圖畫署)의 잡직을 두루 일컫던 말.

화월[花月] ① 꽃과 달. 또는 꽃에 비치는 달빛. ② 꽃 피고 달 밝은 그윽한 정취. かげつ ① blossoms and the moon

화유[花遊] 꽃놀이. flower viewing

화유[和柔] 온화하고 부드러움. tenderness

화유[和誘] 온화한 안색으로 꾐.

화유석[花乳石] 황색(黃色) 바탕에 흰 점이 있는 돌. =화예석(花蕊石).

화:육[化育] 천지 자연의 이치로 만물을 길러 자라게 함. かいく

화:육법[畫六法] 동양화를 그리는 여섯 가지 방법.

화:융[火絨] 부싯깃. tinder

화음[和音] 고저(高低)가 다른 둘 이상의 소리가 함께 어울려 나는 소리. 「~ 기호(記號)」 わおん accord

화음[花陰] 꽃이 핀 나무의 그늘. はなかげ shade of a flowering tree

화음[華音] 한자(漢字)의 중국음(中國音). かおん Chinese pronunciation

화응[和應] 화답하여 응함. 또는 화합하여 서로 응함.

화의[和議] ① 화해하는 의논. 和議 ② 채무자에게 파산 원인이 있어 파산 선고를 받아야 할 상태에 있을 때, 그 선고를 예방하기 위한 채무자와 채권자 사이의 강제 계약. わぎ
① negotiation for peace ② composition

화ː의[畵意] ① 그림의 의장(意匠). ② 그림을 그리려는 마음. がい ② intention of drawing a picture

화이트골ː드[white gold] 금을 주로 한 니켈·아연의 합금(合金). 백금의 대용품(代用品)임. ホワイトゴールド

화이트소ː스[white sauce] 버터와 밀가루에 우유(牛乳)를 섞어 만든 흰빛의 소스. ホワイトソース

화이트칼라[whitecollar] 사무직(事務職) 근로자. 샐러리맨. ホワイトカラー

화ː인[火因] 화재의 원인. cause of a fire

화ː인[禍因] 재앙의 원인. ↔복인(福因). かいん cause of disaster

화ː장[火匠] ① 배에서 밥짓는 일을 맡은 사람. ② 도기 가마에 불을 때는 사람.
① cook on a ship ② stoker

화장[化粧] 분·연지·기름 등으로 얼굴·머리털을 곱게 매만짐.「~품(品)」けしょう makeup

화ː장[火葬] 시체를 불에 살라 장사지내는 일. かそう cremation

화ː재[火災] 불이 나는 재앙. =화난(火難). かさい fire

화ː재[貨財] 돈이나 그 밖에 값나가는 물건. =재물(財物). かざい property

화ː재[畵材] 그림으로 그릴 만한 소재. がざい materials of painting

화ː전[火田] 원시적 농경법(農耕法)의 하나. 산이나 들에 불을 지르고 그 자리를 일구어 농사를 짓는 밭. かでん hill of field burnt off for cultivation

화ː전[火戰] 서로 총포(銃砲)를 쏘며 하는 전투. =화병전(火兵戰). かせん fire battle

화전[花煎] 부꾸미에 대추와 꽃잎을 붙인 떡. 꽃전.

화전[華箋] 남을 높이어 그의 편지를 이르는 말. かせん

화ː전민[火田民] 화전을 일구어 먹고 사는 농민. かでんみん slash-and-burn farmers

화전지[花箋紙] 편지나 문예 작품 따위를 쓰는 종이. =시전지(詩箋紙). writing paper

화전충화[花田衝火] 꽃밭에 불을 지른다는 뜻으로, 젊은이의 앞길을 막거나 잘 되는 일을 그르치게 함의 비유.

화제[和劑] 약 화제(藥和劑)의 준말.

화ː제[畵題] ① 그림 위에 쓰는 시문(詩文). ② 그림의 제목. がだい ② title of a painting

화제[話題] ① 이야깃거리. ② 이야기의 제목. わだい topic

화조[花鳥] ① 꽃과 새. ② 꽃을 찾아서 날아다니는 새. ③ 새와 꽃을 함께 그린 그림. 또는 그것을 새긴 조각(彫刻). かちょう
② birds that visit flowers ③ painting of flowers and birds

화조[花朝] ① 꽃 피는 아침.

② 음력 이월 보름날을 명절로 이르는 말. かちょう
① blooming morning

화조사[花鳥使] 남녀 사이의 애정에 관계되는 일을 심부름하여 주는 사람. かちょう(の)つかい

화조월석[花朝月夕] 꽃 핀 아침과 달 밝은 저녁이라는 뜻으로, 경치가 가장 좋은 때를 이름.

화조풍월[花鳥風月] ① 꽃과 새와 바람과 달이라는 뜻으로, 천지 자연의 아름다운 경치를 이르는 말. ② 풍치 있고 멋스럽게 노는 일. =풍류(風流). かちょうふうげつ
① beauties of nature

화조화[花鳥畫] 꽃·새·벌레 등을 그리는 동양화의 총칭. 개나 고양이를 함께 그리는 경우도 있음. かちょうが
picture of flowers and birds

화종[火鐘] 불이 난 것을 알리기 위해 치는 종. 불종.
fire bell

화좌[華座] 불교에서, 부처나 보살이 앉는 꽃방석.

화주[化主] ① 불교에서, 중생을 교도(敎導)하는 교주(敎主). 아미타불이나 석가모니불 같은 부처를 이르는 말. =화사(化士). ② ⇨화주승(化主僧). ③ ⇨시주(施主). けしゅ
① priest

화주[火酒] 알코올 성분이 강한 독한 술. かしゅ
strong liquor

화주[花柱] 암꽃술의 씨방 위에 기둥 모양으로 가늘게 된 부분. 암술대. style

화:주[貨主] 화물의 주인. 짐 주인. かしゅ owner of goods

화:주승[化主僧] 불교에서, 인가(人家)에 나가서 시물(施物)을 얻어 절의 양식을 대는 중. mendicant priest

화:주역[畫周易] 주역의 효사(爻辭)를 해석하여 그 길흉(吉凶)을 그림으로 그린 책. =화적(畫籍).

화중[華中] 중국의 중부 지방. かちゅう Central China

화중군자[花中君子] 꽃 중의 군자라는 뜻으로, 연꽃을 이르는 말. lotus blossom

화중신선[花中神仙] 깨끗하고 고상하여 꽃 중의 신선이라는 뜻으로, 해당화(海棠花)를 이르는 말. 준화선(花仙). sweetbrier

화중왕[花中王] 탐스럽고 찬란하여 꽃 중의 왕이라는 뜻으로, 모란꽃을 이르는 말. 준화왕(花王). tree peony

화:중지병[畫中之餠] 그림의 떡. 보고도 먹을 수 없다는 뜻. 준화병(畫餠).
something unattainable

화중화[花中花] ① 꽃 중의 가장 아름다운 꽃. ② 뛰어나게 어여쁜 여자의 비유.
① flower of flowers ② most beautiful woman

화:증[火症] 화를 벌컥 내는 증(症). =화기(火氣). anger

화직[華職] 고귀(高貴)한 벼슬. 높고 화려한 벼슬자리. かしょく nobility

화:직성[火直星] 아홉 직성의 하나. 9년에 한 차례씩 찾아온다는 흉한 직성임.

화:집[畫集] ⇨화첩(畫帖).

화:차[火車] ① 지난날 전쟁에서, 화공(火攻)에 쓰던 병거(兵車). ② 기차(汽車). かしゃ

화:차[貨車] 화물을 실어 나르는 트럭이나 열차. かしゃ freight train

화찬[華饌] 맛있게 썩 잘 차린 반찬. =진수(珍羞). all sorts of delicacies

화창[和暢] 날씨나 마음씨가 온화하고 맑음. genialness

화채[花菜] 꿀이나 설탕을 탄 오미자(五味子) 국에 과실을 썰어 넣고 잣을 띄운 음료. honeyed juice mixed with fruits as a punch

화천월지[花天月地] 꽃 피고 달 밝은 봄 밤의 경치. かてんげっち beauty of moonlight in spring time

화:첩[畫帖] 여러 그림을 모아 엮은 책. =화집(畫集). がちょう picture album

화:청[火淸] 생청(生淸)을 떠 내고 난 찌꺼기 꿀. =화밀(火蜜).

화청[和淸] 음식에 꿀을 탐. mixing with honey

화청소[花靑素] 홍색·흑자색(紅紫色) 등의 빛깔을 띤 꽃이나 잎 따위의 세포액 속에 있는 색소. 꽃파랑이. かせいそ anthocyan

화:청장[畫靑匠] 도자기에 청화(靑畫)를 그리는 것으로 업을 삼는 사람.

화초[花草] ① 꽃이 피는 풀이나 나무. 또는 꽃은 없더라도 관상용(觀賞用)으로 분에 심는 모든 식물. ② 실용적이 아니고 노리개나 장식품으로 쓰인다는 뜻을 나타낼 때, 그 명사 위에 붙이는 말. 「~첩(妾)」 ① flowering plant ② pet

화촉[華燭] ① 빛깔을 먹인 밀초. ② 혼례 때 쓰는 채색한 초. 이에서 결혼 예식의 뜻으로도 씀. かしょく ① colored candle ② wedding

화촉동:방[華燭洞房] 혼인 때에 신랑·신부가 같이 자는 방. bridal room for the wedding night

화촉지전[華燭之典] 결혼식. かしょくのてん wedding ceremony

화축[花軸] 꽃이 수상(穗狀)으로 될 때, 이삭의 중심을 이루며 화경(花梗)이 달리는 줄기. 꽃대. かじく floral axis

화친[和親] 나라와 나라 사이에 분쟁이 없이 사이좋게 지냄. 「~조약(條約)」 わしん friendly relations

화:침[火針] 종기를 따기 위해 불에 달군 침. かしん heated needle

화탁[花托] 화경(花梗)의 맨 끝에 있어서 꽃이 붙는 볼록한 부분. 꽃턱. =화상(花床). かたく receptacle

화:태[禍胎] 재앙이 일어나는 근원. =화인(禍因). かたい cause of disaster

화:택승[火宅僧] 불교에서, 아내와 자식을 거느리는 가정을 가진 중. =재가승(在家僧)·대처승(帶妻僧). ↔비구승(比丘僧). かたくそう married Buddhist priest

화:통[火筒] ① 기차·기선의 굴뚝. ② 기관차의 속된 말. =화통간(火筒間). ① funnel

화투[花鬪] 열두 가지의 그림으로 된 각각 넉 장씩 모두 마흔여덟 장으로 한 벌을 이룬 놀이 딱지.

화:파[畫派] 화가들의 유파. がは school

화판[花瓣] 꽃술을 싸고 있는 꽃의 잎. 꽃잎. かべん petal

화:판[畫板] 수채화나 목탄화를 그릴 때 또는 제도(製圖)를 할 때에 종이를 올려 놓는 널판. がはん drawing board

화편[花片] 낱개의 꽃잎. かへん a petal

화평[和平] 온화하고 태평함. わへい peace

화:폐[貨幣] 돈. 「~ 가치(價値)」 かへい money

화:폐 본위[貨幣本位] 화폐 제도의 기초. 곧 한 나라의 화폐 단위를 규정하는 근거. かへいほんい monetary standard

화:폐 퇴:장[貨幣退藏] 화폐가 유통하는 영역을 벗어나서 한때 쉬는 상태. hoarding

화:포[火砲] 총포(銃砲)의 딴 이름. かほう gun

화포[花布] 반물 빛깔의 바탕에 흰 꽃무늬를 박은 무명. かふ figured cotton cloth

화포[花圃] 꽃을 심는 밭. かほ flowerbed

화:포[畫布] 유화(油畫)를 그릴 때 쓰는 천. 캔버스. がふ canvas

화:폭[畫幅] 그림을 그린 천·종이 등의 조각. がふく picture

화품[花品] 꽃의 품격(品格). elegance of a flower

화:품[畫品] ①그림의 품격. =화격(畫格). ②그림을 비평하여 우열을 정하는 일. がひん ① artistic merit of a picture ② grading paintings

화풍[和風] 따뜻한 바람. 부드러운 바람. =유풍(柔風). 「~감우(甘雨)」 わふう mild wind

화:풍[畫風] 그림을 그리는 데 나타나는 일정한 경향. がふう style of painting

화풍난양[和風暖陽] 솔솔 부는 부드러운 바람과 따뜻한 햇볕.

화:필[畫筆] 그림을 그리는 데 쓰는 붓. がひつ paintbrush

화:학[化學] 물질의 성질·조성 및 상호간의 반응 작용 등을 연구하는 자연 과학의 한 부문. かがく chemistry

화:학[畫學] 그림에 관한 학문. がかく drawing

화:학 당량[化學當量] 수소(水素)의 1g 원자에 의하여 치환(置換)할 수 있는 다른 원소의 양. =당량(當量). かがくとうりょう chemical equivalent

화:학력[化學力] 화학적 변화가 일어날 때의 그 친화력. chemical affinity

화:학 병기[化學兵器] ①화학전(化學戰)에 사용되는 병기(兵器). 독가스·발연제(發煙劑)·소이제(燒夷劑) 등의 총칭. ②화학을 응용한 병기. 독가스·소이탄·화염 방사 물질 따위. =화학 무기(化學武器). かがくへいき chemical weapons

화:학 분석[化學分析] 물질의 감식(鑑識)·검출(檢出)과 화학적 조성을 인지하는 조작. 정성 분석과 정량 분석으로 대별함. かがくぶんせき chemical analysis

화:학 섬유[化學纖維] 화학적 제조 공정(工程)을 거쳐서 만들어지는 섬유. =인조 섬유(人造纖維). かがくせんい chemical fiber

화:학식[化學式] 물질의 구성 원소 및 조성을 화학 기호로 써 나타낸 식. 분자식·구조식·시성식(示性式)·실험식·

일반식 따위가 있음. かがく
しき　　chemical formula

화:합[化合] 두 가지 이상의 물질이 결합하여 다른 성질을 가진 물질이 되는 일. ↔분해(分解). 「~물(物)」 かごう
chemical combination

화합[和合] 화동하여 잘 합하여짐. ↔분규(紛糾). わごう
harmony

화:해[火海] 불바다.
sea of flames

화해[花海] 넓은 곳에 많이 피어 있는 꽃. sea of flowers

화해[和解] ① 다툼질을 서로 풂. ↔갈등(葛藤)·분쟁(紛爭). ② 소송 당사자들이 서로 양보하여 소송 행위를 그만둠. -화외(和合). ③ 이장은 편히 하여 외기(外氣)를 풀어 버리는 한방 치료. わかい
① amicable settlement ② composition

화해[和諧] ① 서로 화친함. ② 서로 잘 어울림. =조화(調和). わかい
① intimacy ② congruity

화:해[禍害] 재난(災難)과 화난(禍難). かがい

화해 계:약[和解契約] 소송 당사자가 화해하기 위하여 맺은 계약. composition agreement

화:해 전:술[火海戰術] 포(砲)·폭탄 등 화력으로써 적군의 수적(數的)인 우세를 분쇄(粉碎)하는 전술. ↔인해 전술(人海戰術). fire sea tactics

화향[花香] ① 꽃의 향기. 꽃향기. かこう ② 불교에서, 불전(佛前)에 올리는 꽃과 향(香).
① fragrance of a flower

화협[和協] 서로 툭 터놓고 협의함. わきょう

harmonious cooperation

화:형[火刑] 불살라 죽이는 형벌. =분형(焚刑). かけい
burning at the stake

화호[和好] 사이좋게 서로 친함. friendliness

화:호불성[畫虎不成] 범을 그리려다 이루지 못한다는 뜻으로, 서투른 솜씨로 어려운 일을 하려 하다가 도리어 잘못됨의 비유. =화호유구(畫虎類狗).

화혼[華婚] 결혼(結婚)을 경사스럽게 이르는 말. marriage

화:화[火花] ① 불꽃. ② 불똥. ③ 부나방의 딴이름. ひばな
①② spark

화환[花環] 조화나 생화를 고리 모양으로 만들어 환영, 혹은 경조(慶弔)의 뜻으로 쓰는 것. =화륜(花輪). はなわ
wreath

화:환[禍患] 재화(災禍)와 환난(患難). =화난(禍難).
disaster

화회[和會] ⇨화해(和解).

화훼[花卉] ① 꽃이 피는 풀. ② 관상의 목적으로 가꾸는 식물. 「~ 원예(園藝)」 ③ 화초를 주제로 하여 그린 그림. かき ① flowering plant ③ flower drawing

화:희[火戲] ① 불놀이. ② 불장난. ① fireworks display ② playing with fire

확[廓] ① 클 확: 크다. 넓다. 넓히다. 「廓大(확대)·廓開(확개)·廓土(확사)」 ② 빌 확: 비다. 휑하다. 「廓如(확여)·廓然(확연)」 ③ ⇨곽(廓). カク

확[確]☆ 확실할 확: 확실하다. 틀림없다. 「確認(확인)·確實

(확실)·確保(확보)·確立(확립)·確信(확신)·正確(정확)」カク·たしか

확[擴]☆ 넓힐 확: 넓히다. 늘리다. 「擴大(확대)·擴聲(확성)·擴充(확충)·擴張(확장)·擴散(확산)」カク·ひろげる

확[穫]☆ 거둘 확: 거두다. 「穫稻(확도)·收穫(수확)·耕穫(경확)·刈穫(예확)」カク

확[攫] ① 빼앗을 확: 후려쳐 빼앗다. 「攫取(확취)·攫奪(확탈)」 ② 움킬 확: 움켜잡다. 「攫金(확금)·一攫千金(일확천금)」カク ②つかむ

확견[確見] 명확한 의견. 확실한 의견. firm opinion

확고[確固] 확실하고 굳음. 「~부동(不動)」かっこ firmness

확단[確斷] 확실하게 결단함. firm decision

확답[確答] 확실한 대답. 분명한 대답. かくとう definite answer

확대[廓大] 넓히어 크게 함. かくだい enlargement

확대[擴大] 늘리어서 크게 함. =확장(擴張). ↔축소(縮小). かくだい magnification

확대경[擴大鏡] 물체가 몇 곱절로 크게 보이는 돋보기 렌즈. 돋보기. かくだいきょう magnifying glass

확대기[擴大機] 사진 따위를 확대하여 만드는 기계. enlarger

확론[確論] 명확한 의론. かくろん infallible argument

확률[確率] 어떤 조건 밑에서 어떤 일이 일어날 확실성의 정도를 나타낸 비율. =공산(公算). かくりつ probability

확립[確立] ① 확고하게 섬. ② 확고하게 세움. 「군기(軍紀)~」かくりつ establishment

확보[確保] 확실하게 지님. 확실히 보전함. かくほ security

확산[擴散] 넓게 흩어져 번져 나감. かくさん diffusion

확설[確說] 확실한 근거가 있는 설. かくせつ established theory

확성기[擴聲器] 음성을 크게 하여 멀리까지 들리게 하는 기계. 메가폰. =고성기(高聲機). かくせいき loudspeaker

확성 나발[←擴聲喇叭] 메가폰. megaphone

확신[確信] 확실히 믿음. 굳게 믿어 의심하지 아니함. かくしん conviction

확신범[確信犯] 확신을 가지고 저지르는 범죄. 사상범·정치범 따위. かくしんはん convinced crime

확실[確實] 틀림이 없이 실지로 그러함. かくじつ certainty

확실성[確實性] 확실한 가능성. かくじつせい certainty

확실시[確實視] 확실한 것으로 봄. confidentness

확약[確約] 확실히 약속함. 또는 그러한 약속. かくやく definite promise

확언[確言] 확실하게 말함. 또는 그러한 말. かくげん assertion

확연[確然] 확실한 모양. ↔망연(茫然). かくぜん definition

확인[確因] 확실한 원인. 틀림없는 원인. definite cause

확인[確認] ① 확실히 인정함. ② 특정한 사실 또는 법률 관계의 존부(存否)를 인정함. かくにん confirmation

확인 소송[確認訴訟] 법률 관

계의 존부(存否)를 확인하기 위하여 제청한 소송. かくにんそしょう appeal of confirmation

확인 판결[確認判決] 확인 소송에 대하여 내려지는 판결. かくにんはんけつ declaratory judgement

확장[擴張] 범위 또는 세력을 늘려서 넓힘. =확대(擴大). ↔긴축(緊縮)·축소(縮小). かくちょう extension

확장 해:석[擴張解釋] 논리 해석의 하나. 법규의 문자를 그 취지에 비추어 통상의 의미보다도 넓게 해석하는 일. ↔축소 해석(縮小解釋). extended interpretation

확정[確定] 확고하게 정함. ↔예정(豫定). かくてい decision

확정 판결[確定判決] 확정의 효력을 가진 판결. 곧 불복 상고에 기간이 경과한 판결이나, 또는 대법원의 판결. かくていはんけつ irrevocable judgement

확증[確證] 확실히 증명함. 확실한 증거. =확거(確據). かくしょう corroboration

확지[確志] 굳게 정해져 움직이지 않는 의지. firm intension

확지[確知] 확실히 앎. かくち definite knowledge

확집[確執] 자기의 의견을 고집함. かくしつ adherence

확충[擴充] 늘리고 넓히어 충실하게 함. かくじゅう expansion

확탈[攫奪] 홱 후려쳐 빼앗음. seizure

확호[確乎] 확실하게. 튼튼하게. 굳게. 「~불발(不拔)」かっこ firmly

환[丸]☆ 알 환: 알. 둥글다. 「丸藥(환약)·丸鋼(환강)·丸泥(환니)·丸劑(환제)·彈丸(탄환)」ガン・まる

환[幻] ① 허깨비 환: 허깨비. 가상. 환상. 「幻想(환상)·幻覺(환각)·幻影(환영)·夢幻(몽환)」② 변할 환: 변하다. 바뀌다. 「幻生(환생)·幻化(환화)·變幻(변환)」③ 어지러울 환: 미혹하다. 「幻弄(환롱)·幻惑(환혹)」④ 요술 환: 요술. 「幻術(환술)·幻人(환인)·幻戲(환희)」ゲン ① まぼろし

환[紈] 흰 비단 환: 흰 비단. 흰 깁. 「紈袴(환고)·紈扇(환선)·紈素(환소)·綺紈(기환)·氷紈(빙환)」カン

환:[宦] ① 벼슬 환: 벼슬. 「宦路(환로)·宦族(환족)·宦途(환도)·宦福(환복)·宦慾(환욕)」② 내시 환: 내시. 고자. 「宦官(환관)·宦者(환자)」カン

환[奐] ① 빛날 환: 빛나다. 「奐奐(환환)·奐爛(환란)」② 성할 환: 성하다. 「奐然(환연)」カン

환[桓] ① 굳셀 환: 굳세다. 「桓桓(환환)」② 머뭇거릴 환; 머뭇거리다. 「盤桓(반환)」カン

환:[患]* ① 근심 환: 근심. 근심하다. 「患難(환난)·患苦(환고)·患悔(환회)·患累(환루)·愛患(애환)·後患(후환)」② 병들 환: 병. 병들다. 「患家(환가)·患者(환자)·患候(환후)·病患(병환)·志患(지환)·重患(중환)」カン ① うれえる

환:[換]☆ 바꿀 환: 바꾸다. 「換家(환가)·換算(환산)·換言(환언)·換箭(환절)·交換(교환)·轉換(전환)」カン・かえる

환:[喚] 부를 환: 부르다. 「喚起(환기)·喚問(환문)·喚客(환

환[喚] 객)·喚想(환상)·召喚(소환)·
叫喚(규환)」カン·よぶ

환:[渙] 풀어질 환: 풀어지다.
흩어지다. 「渙然(환연)·渙散
(환산)」カン

환:[煥] 불빛 환: 불빛. 밝다.
빛나다. 「煥綺(환기)·煥發(환
발)·煥炳(환병)·煥然(환연)」
カン

환[寰] 천하 환: 천하. 세상.
천자가 다스리는 구역. 「寰內
(환내)·寰宇(환우)·寰海(환
해)」カン

환[圜] ① 두를 환: 두르다. 둘
러싸다. 「圜視(환시)·圜流(환
류)」 ② 둥글 원: 둥글다. 「圜
冠(원관)·圜扉(원비)」カン

환[環]* ① 고리 환: 고리. 둥
근 구슬. 「環玉(환옥)·環狀
(환상)·環眼(환안)·環佩(환
패)·耳環(이환)·指環(지환)」
② 둘레 환: 둘레. 두르다.
「環境(환경)·環視(환시)·環攻
(환공)·環繞(환요)·環圍(환
위)·循環(순환)」カン ①わ

환[還]* 돌아올 환: 돌아오다.
돌아가다. 「還國(환국)·還宮
(환궁)·還鄕(환향)·還都(환
도)·奪還(탈환)·歸還(귀환)」
カン·かえる

환[鰥] 홀아비 환: 홀아비. 「鰥
夫(환부)·鰥寡(환과)·鰥居(환
거)·鰥民(환민)」カン

환[歡]* "驩"과 通字. 기뻐할
환: 기뻐하다. 기쁘다. 「歡迎
(환영)·歡悅(환열)·歡呼(환
호)·歡乎(환호)·悲歡(비환)·
哀歡(애환)」カン

환[驩] "歡"과 通字. 기뻐할
환: 기뻐하다. 「交驩(교환)」
カン

환:가[患家] 앓는 사람이 있는
집. =병가(病家). かんか
patient's family

환:가[換家] 집을 서로 바꿈.

환가[還家] 나갔던 사람이 집
으로 돌아옴. =환택(還宅)·
귀가(歸家). returning home

환:각[幻覺] 실제로 없는 사물
이 있는 것처럼 느껴지는 감
각. 「~제(劑)」げんかく
hallucination

환:각범[幻覺犯] 법률상 죄가
되지 않는 행위를 죄가 된다
고 믿고 행하여진 행위. 범죄
가 아님. =착각범(錯覺犯)·
오상범(誤想犯).

환갑[還甲] 사람의 예순한 살
을 이르는 말. =주갑(周甲)·
회갑(回甲)·갑년(甲年)·환력
(還曆). 「~ 노인(老人)」

환갑연[還甲宴] 환갑을 축하
하는 잔치. 환갑 잔치. banquet on one's 60th birthday

환거[還去] 돌아감. return

환거[鰥居] 홀아비로 살아감.
홀아비 생활을 함.

환:거래[換去來] 환어음의 매
매.

환격[還擊] 바둑을 둘 때에 상
대방에게 빼앗겼던 한 집의
자리에 도로 돌을 놓아서 상
대방의 말을 잡는 일.

환:경[幻境] 환상의 세계. 환각
상태의 경지. transient world

환경[環境] 사람이나 동물에게
직접·간접으로 영향을 주는
주위의 자연적·사회적인 조
건이나 형편. かんきょう
circumstances

환:고[患苦] 근심 때문에 생기
는 고통. かんく
agony due to anxiety

환:곡[換穀] 곡식을 서로 바꿈.
exchange of cereals

환곡[還穀] 조선 시대에, 사창

(社倉)에 저장하였다가 봄에 백성에게 꾸어 주고 가을에 이자를 붙여 받아들이던 곡식.
cereals for loaning

환:골탈태[換骨奪胎] ① 모양이 아주 좋게 달라짐. ② 용모가 아주 좋아져 딴사람처럼 됨. ③ 남의 글을 본떠서 지었으나 그 짜임새나 수법이 아주 딴판으로 잘 되어 자작(自作)처럼 보임. かんこつだったい ① adaptation ③ recasting

환과고독[鰥寡孤獨] ① 늙은 홀아비, 늙은 홀어미, 어려서 부모가 없는 사람, 늙어서 자식이 없는 사람을 이르는 말. =사궁(四窮). ② 외롭고 의지할 곳 없는 처지의 사람. かんかごとく ② helpless man

환:관[宦官] 지난날, 임금을 가까이서 모시던 벼슬아치. =내시(內侍)·환시(宦侍). かんがん eunuch

환:관리[換管理] 법령(法令)에 의해서 자본의 도피나 환시세의 급변을 방지하기 위하여 정부가 환매매를 관리하는 일. exchange control

환:국[換局] 시국(時局)이나 판국(版局)이 바뀜. development of the situation

환국[還國] 외국에 가 있던 사람이 고국으로 돌아옴. =귀국(歸國). かんこく returning home from abroad

환군[還軍] 군사를 되돌림. =회군(回軍). withdrawal of troops

환궁[還宮] 임금이 대궐로 돌아옴. =환어(還御)·환행(還幸)·회란(回鑾). returning to the royal palace

환:권[換券] 묵은 돈이나 문권을 관아에 내놓고 새 돈이나 문권으로 바꿈. かんけん changing old deeds

환귀 본종[還歸本宗] 양자로 갔던 사람이 생가에 후사가 끊어졌을 때에 자기 자신이 돌아오거나, 그의 자손을 입후(入後)시키는 일.

환:금[換金] ① 물건을 팔아서 돈으로 바꿈. =환은(換銀). 「~ 작물(作物)」 ② 일국의 통화(通貨)를 타국의 통화와 교환하는 일. ↔환물(換物). かんきん ① realization ② exchange

환급[還給] 도로 돌려줌. 되돌려 줌. =환부(還付). かんきゅう refund

환:기[喚起] 불러 일으킴. 「주의(注意) ~」 かんき awakening

환:기[換氣] 맑은 새 공기로 바꿈. 「~ 장치(裝置)」 かんき ventilation

환낙[歡諾] 기꺼이 승낙함. 즐겨 승낙함. かんだく being willing to consent

환:난[患難] 근심과 재난(災難). かんなん distress

환:난상구[患難相救] 근심과 재난이 생겼을 때 서로 도와줌. =환난상고(患難相顧).

환납[還納] 도로 바침. 다시 바침. かんのう returning

환내[寰內] 천자가 다스리는 세계. =환우(寰宇). kingdom

환:담[幻談] 허황된 이야기. 괴이한 이야기. =괴담(怪談). げんだん ghost story

환담[歡談] 즐겁게 이야기함. 또는 그 이야기. かんだん pleasant talk

환대[歡待] 반갑게 맞아 대접

함. =간대(懇待). かんたい warm reception

환:도[宦途] 벼슬아치가 되는 일. 벼슬길. =사도(仕途)・사로(仕路)・환로(宦路). 宦途 仕途 government service

환도[環刀] 지난날, 군복(軍服)에 차던 군도(軍刀). 環刀 sword

환도[還都] 나라의 어려운 일로 피난갔던 임금이나 정부(政府)가 다시 그 수도(首都)로 돌아옴. ↔천도(遷都). 還都 returning to the capital

환:등[幻燈] 필름에 빛을 비추어 그 그림을 자막에 확대하여 영사하는 장치. げんとう 幻燈 filmslide

환:등기[幻燈機] 환등을 영사하는 기계. げんとうき 幻燈機 stereopticon

환락[歡樂] 기뻐하고 즐거워함. 「~가(街)」 かんらく 歡樂 merriment

환:란[患亂] 재앙(災殃)과 변란(變亂). 患亂

환래[還來] 돌아옴. return 還來
환력[還曆] ⇨환갑(還甲). 還曆
환:로[宦路] ⇨환도(宦途). 宦路
환:롱[幻弄] 교묘한 꾀로 남을 놀림. trickery 幻弄

환류[還流] ① 돌아 흐르는 물. ② 적도 해류(赤道海流)가 대륙 또는 섬에 이르러 둘로 나뉘어 그 방향을 극지(極地)로 바꾸어 점차 동쪽으로 흐르는 난류(暖流)의 하나. かんりゅう ① return current ② reflux 還流 赤道海流

환:매[換買] 값을 쳐서 물건과 물건을 서로 바꿈. =물물교환(物物交換). barter 換買

환:멸[幻滅] 희망이나 기대가 어그러졌을 때에 느끼는 허무한 심정. 「~감(感)」 げんめつ disillusion 幻滅

환멸[還滅] 불교에서, 수행을 쌓아 번뇌를 끊고 깨달음의 세계로 돌아감. 미계(迷界)를 벗어나 오계(悟界)로 돌아감. 還滅

환:명[換名] 남의 성명으로 거짓 행세함. 換名 assuming another's name

환:몽[幻夢] 터무니없는 꿈. 허황된 꿈. げんむ 幻夢 empty dream

환:문[喚問] 소환(召喚)하여 신문(訊問)함. かんもん summons 喚問

환:물[換物] 돈을 물건으로 바꿈. ↔환금(換金). かんぶつ conversion of money into goods 換物

환:발[渙發] 임금의 명령을 널리 선포(宣布)함. かんぱつ promulgation 渙發

환:복[宦福] 벼슬길이 순조롭게 트이는 복. 宦福 official preferment

환본[還本] 근본으로 돌아감. 還本 being restored to the original condition

환:부[患部] 병 또는 상처가 난 자리. かんぶ affected part 患部

환부[鰥夫] 아내를 여의고 홀로 사는 남자. 홀아비. やもお widower 鰥夫

환부금[還付金] 되돌려 주는 돈. refund 還付金

환:부역조[換父易祖] 지체가 낮은 사람이 문벌을 높이기 위하여 부정한 수단으로 가계를 바꾸어 자손 없는 양반의 집을 잇는 일. 換父易祖

환:빈[患貧] 빈한함을 걱정함. 患貧 worrying about poverty

환:산[換算] 단위(單位)가 다른 수량으로 고치어 셈함. 「달러를 원화로 ~하다」 かん 換算

환:상[幻想] ① 실물이 없는데 있는 것같이 느끼는 생각. ② 헛된 생각이나 공상. げんそう ① illusion ② fantasy

환:상[幻像] ⇨ 환영(幻影). 幻像

환상[環狀] ⇨ 환형(環形).

환:상주의[幻想主義] ① 미(美)의 원리를 환상으로서 인정하려는 미학(美學)의 일파. ② 현실을 부정하고 환상을 가치 있는 것으로 여기는 주의. ① illusionism

환:생[幻生] 형상을 바꾸어 다시 태어남. =환생(還生). reincarnation

환생[還生] ① 되살아남. ② 다시 태어남. =환생(幻生). ① revival ② rebirth

환성[歡聲] 기뻐서 크게 부르짖는 소리. かんせい shout of joy

환:세[幻世] 변하고 바뀌어 무상(無常)한 세상. げんせい transient world

환:세[換歲] 해가 바뀜. 새해가 됨. =개력(改曆). change of year

환세[還稅] 이미 낸 세금을 돌려 줌. refunding the tax

환소[還巢] 자기 집에 돌아옴을 낮추어 이르는 말. =환가(還家). returning home

환소[歡笑] 유쾌하게 웃음. 웃고 기뻐함. かんしょう cheerful smile

환속[還俗] 불교에서, 출가(出家)했던 중이 다시 속인(俗人)으로 돌아가는 일. =퇴속(退俗)·환퇴(還退). げんぞく returning to secular life

환속[還屬] 이전의 소속으로 다시 돌려보냄. sending back to one's former post

환송[還送] 도로 돌려 보냄. =회송(回送)·반송(返送). かんそう return

환송[歡送] 기쁘게 보냄. ↔환영(歡迎). 「~식(式)」 かんそう send-off

환:수[宦數] 벼슬길의 운수.

환:수[換手] 솜씨를 서로 바꾸어 일함. 손바꿈. change of hands

환수[還收] 내놓은 것을 도로 거두어들임. かんしゅう withdrawal

환:술[幻術] 남의 눈을 속이는 기술. =요술(妖術)·환법(幻法). げんじゅつ magic arts

환:시[宦侍] ⇨ 환관(宦官).

환시[環視] ① 뭇사람이 둘러서서 봄. 「중인(衆人)~」 かんし ② 사방을 둘러봄. ① concentration of attention ② looking around

환:시세[換時勢] 한 나라 화폐와 다른 나라 화폐가 교환되는 시세. =환율(換率). exchange rate

환심[歡心] 기쁘고 즐거워하는 마음. =환정(歡情). かんしん favor

환:심장[換心腸] 마음이 전과는 아주 달라짐. 준환장(換腸). complete change of heart

환약[丸藥] 동글동글한 모양으로 지은 약. 알약. =환제(丸劑). がんやく pill

환:언[換言] 바꾸어 말함. かんげん saying in other words

환열[歡悅] ⇨ 환희(歡喜).

환:영[幻影] ① 환각으로 나타나는 상. =환상(幻像). ② 실현할 수 없는 원망(願望)이나 이상(理想). げんえい

환영[歡迎] 기쁘게 맞이함. ↔환송(歡送). かんげい welcome ① phantom

환요[環繞] 빙 둘러 에워쌈. =환위(環圍). surrounding

환:욕[宦慾] 벼슬에 대한 욕심. =환정(宦情). desire for official post

환:용[換用] 바꾸어 씀. 바꾸어 사용함. かんよう substitution

환:우[患憂] 근심과 걱정. anxiety

환:우[換羽] 날짐승의 묵은 깃이 빠지고 새 깃이 나는 일. 「~기(期)」 かんう molting

환우[寰宇] ⇨환내(寰內).

환운[環暈] 해나 달의 둘레에 생기는 무리. 해무리 또는 달무리. halo

환원[還元] ① 근본으로 되돌아감. 근원(根源)으로 다시 돌아감. ② 산화물(酸化物)에서 산소의 일부 또는 전부를 잃거나 수소를 흡수하는 화학적 변화. ③ 금속의 양원자가 감소되거나, 음원자가 증가하여 금속의 원자가 변하는 일. ↔산화(酸化). ④ 천도교에서, 사람의 죽음을 이르는 말. かんげん ① restoration ② deoxidization ③ reduction

환원법[還元法] 정언적(定言的) 삼단 논법에 있어서, 환위법(換位法)이나 대소 전제(大小前提)의 위치 교환에 의하여 제2·제3·제4 격(格)을 제1 격 본위 형태로 하는 방법. =개격법(改格法)·변격법(變格法). reduction

환원염[還元焰] 환원성(還元性)이 있는 불꽃. =내염(內焰). かんげんえん reducing flame

환원철[還元鐵] 산화철(酸化鐵)을 수소로 환원시켜 만드는 회색 또는 회흑색의 고운 가루. 빈혈 치료제의 원료로 쓰임. かんげんてつ reduced iron

환위[環圍] ⇨환요(環繞).

환위[環衛] 대궐을 둘러싸고 호위(護衛)함. guarding a royal palace

환:위법[換位法] 원판단(原判斷)의 빈사(賓辭)를 주사(主辭)로 하고, 그 주사를 빈사로 하여 새로운 판단을 얻는 법. ↔환질법(換質法). conversion

환:율[換率] ⇨환시세(換時勢).

환:은[換銀] 물건을 돈으로 바꿈. =환금(換金). realization

환:은행[換銀行] 외국환(外國換) 업무를 보는 은행. foreign exchange bank

환:의[換衣] 옷을 갈아입음. かんい changing one's clothes

환:의[換意] 뜻을 바꿈. 생각을 바꿈. change of mind

환:입[換入] 바꾸어 넣음. putting in exchange

환:자[宦者] ⇨내시(內侍).

환:자[患者] 병을 앓는 사람. =병자(病者). かんじゃ patient

환:장[換腸] 환심장(換心腸)의 준말.

환:전[換錢] ① 환 표(換標)로 보내는 돈. 준환(換). ② 서로 종류가 다른 화폐와 화폐, 또는 화폐와 시금(地金)을 교환하는 일. ① money order ② exchange of money

환:절[患節] 병환(病患)의 상태. 편지나 웃어른에게 쓰는 말.

환:절[換節] ① 계절이 바뀜. =교절(交節). 「~기(期)」 ② 절

조(節操)를 바꿈. ① change of seasons ② apostasy

환절[環節] 곤충이나 지렁이 따위와 같이 여러 개의 고리 모양의 분절(分節)로 이루어진 몸의 그 하나하나의 마디. かんせつ segment

환절기[環節器] 거머리·지렁이 따위의 환형동물(環形動物)의 배설기(排泄器). かんせつき

환절동·물[環節動物] ⇨환형동물(環形動物). かんせつどうぶつ

환제[丸劑] ⇨환약(丸藥).

환조[丸彫] 물체의 형상을 전부 두드러지게 새기는 조각법의 한 가지. まるぼり round

환·족[宦族] 대대로 벼슬을 하는 집안. official family

환·중매인[換仲買人] 은행 상호간 또는 은행과 상인 사이에서 외국 환어음의 매매를 주선·매개함을 업으로 하는 사람. 환브로커(換broker).

환·지[換地] ⇨환토(換土).

화지[澴紙] 못 쓸 종이로 다시 만든 종이. =재생지(再生紙). recycled paper

환·지 처·분[換地處分] 토지 개량이나 토지 구획 정리를 위하여 종래의 토지 대신 다른 토지를 주는 행정 처분. かんちしょぶん disposal of replotting

환·질법[換質法] 직접 추리의 하나. 긍정 판단을 부정 판단으로, 부정 판단을 긍정 판단으로 바꾸는 법. ↔환위법(換位法). かんしつほう obversion

환·질 환·위법[換質換位法] 정언적(定言的) 판단에 관한 변형(變形) 추리의 하나. 환질법과 환위법. かんしつかん

いほう contraposition

환차[還次] 지난날, 어른의 행차(行次)가 돌아옴을 이르던 말. return

환차하[還差下] 지난날, 사직하거나 면직된 관원을 특지(特旨)로써 다시 임관(任官) 시키던 일.

환·처[患處] 아픈 자리. =병처(病處). affected part

환천희·지[歡天喜地] 천지가 환희한다는 뜻으로, 대단히 즐거워하고 기뻐함을 이름. かんてんきち rapture

환출급[還出給] 받아들이지 아니하고 도로 내어 줌.

환·취결[換就結] 환거래의 청산.

환·치[換置] 바꾸어 놓음. =치환(置換). かんち substitution

환·토[換土] 논밭을 서로 바꿈. =환지(換地). land substitution

환퇴[還退] ① 산 것을 도로 무름. ② ⇨환속(還俗). ① sending back

환·표[換票] 표를 바꿈. 또는 그 표. change of tickets

환·표[換標] 먼 곳에서 돈을 거래할 때에 누구에게 돈을 내어 주라는 표로 쓴 편지. =환간(換簡).

환·해[宦海] 관리의 사회(社會). =관해(官海)·관계(官界). 「~ 풍파(風波)」 official circles

환·해[患害] 재난. 재해. かんがい damages

환해[環海] 사방을 둘러싸고 있는 바다. かんかい surrounding seas

환행[還幸] ⇨환궁(還宮).

환향[還向] 이쪽으로 향하여

돌아옴. かんこう
환향[還鄕] 고향으로 돌아옴. 還鄕
かんきょう returning home
환:형[幻形] 병이 들거나 늙어 幻形
서 얼굴 모양이 변함.
getting haggard
환:형[換刑] 벌금 또는 과료 換刑
(科料)를 내지 못한 사람을
노역장(勞役場)에 유치(留置) 勞役場
하는 일.「~ 처분(處分)」か
んけい
환:형[換形] 모양이 전과 달라 換形
짐. transformation
환형[環形] 고리처럼 둥근 모 環形
양. =환상(環狀). かんけい
annularity
환형동:물[環形動物] 동물계 環形
를 분류한 문(門)의 하나. 몸 動物
은 길쭉한 원통형인데 여러
개의 마디로 이루어짐. =환
절동물(環節動物). かんけい
どうぶつ annelid
환호[歡呼] 기뻐서 큰 소리로 歡呼
부르짖음. かんこ cheer
환:혹[幻惑] 사람의 눈을 어리 幻惑
게 하고 마음을 어지럽게 함.
げんわく bewitchment
환:후[患候] 어른의 병을 높이 患候
어 이르는 말. illness
환흡[歡洽] 즐겁고 흡족(洽足) 歡洽
함. delightfulness
환희[歡喜] ① 즐겁고 기쁨. = 歡喜
환열(歡悅)·흔희(欣喜). ↔비
애(悲哀). ② 불교에서, 불법
을 듣고 신심(信心)을 얻어 信心
마음이 기쁜 일. かんき ① joy
활[活]⁺ ① 살 활 : 살다. 생기
있다.「活力(활력)·活動(활 活動
동)·活潑(활발)·活躍(활약)· 活躍
死活(사활)·快活(쾌활)」② 살
릴 활 : 되살리다. 유용하게
쓰다.「活用(활용)-」カツ ①
いきる ② いかす

활[滑] ① 미끄러울 활 : 미끄럽
다. 미끄러지다.「滑氷(활 滑氷
빙)·滑走(활주)·滑空(활공)·
滑降(활강)·滑石(활석)·圓滑
(원활)」② 익살 골 : 익살.「滑
稽(골계)」カツ・コツ ① すべ 滑稽
る・なめらか
활[猾] 교활할 활 : 교활하다.
「猾吏(활리)·猾惡(활악)·狡猾 猾吏
(교활)·老猾(노활)·邪猾(사
활)·獪猾(회활)」カツ
활[闊] "濶"은 俗字. 넓을 활 :
넓다. 너그럽다.「闊達(활 闊達
달)·闊步(활보)·闊葉(활엽)·
久闊(구활)·廣闊(광활)·疏闊
(소활)」カツ
활[濶] "闊"의 俗字. 濶
활[豁] 열릴 활 : 트이다. 활달
하다. 비다. 소통하다.「豁達 豁達
(활달)·豁如(활여)·豁然(활
연)」カツ
활강[滑降] 미끄러져 내림.「~ 滑降
경주(競走)」かっこう descent
활계[活計] 살아 나갈 방도. 活計
=생계(生計). かっけい
subsistence
활공[滑空] ① 동력 장치 없이 滑空
하늘을 미끄러져 낢. ② 글라
이더로 공중을 미끄러져 낢. 飛行
かっくう gliding
활극[活劇] ① 난투 장면을 주 活劇
로 하여 꾸민 연극이나 영화.
② 떠들썩하게 싸우는 장면이
나 사건의 비유. かつげき
① action film ② fighting
scene
활기[活氣] ① 활동하는 기운. 活氣
② 활발한 기개나 기운. かっ
き vitality
활달[豁達] ① 도량이 넓고 큼. 豁達
② 탁 트여 시원스러움. かっ
たつ ① liberality
활동[活動] ① 기운차게 움직 活動

임. ②무슨 일을 이루려고 움직이는 행동. 「~무대(舞臺)」 かつどう ① activity ② function

활력[活力] 살아 움직이는 힘. 활동하거나 생활하는 힘. かつりょく　vitality

활로[活路] ① 살아 나갈 길. ② 어려운 고비에서 벗어나는 길. かつろ　way out

활무대[活舞臺] 활동할 수 있는 자리나 분야. =활동 무대(活動舞臺). かつぶたい
field of action

활물[活物] 살아 있는 동식물. ↔사물(死物). かつぶつ
living being

활물 기생[活物寄生] 생물이 다른 동식물에 기생하여 영양분을 빨아 먹고 사는 일. かつぶつきせい
parasitism on living things

활발[活潑] 생기가 있고 힘참. かっぱつ　liveliness

활배근[闊背筋] 척추의 두 쪽에 있는 큰 힘줄. かっぱいきん

활법[活法] 활용하는 방법. 응용하는 방법. かっぽう
application

활변[滑便] 물찌똥. 묽은 똥.
watery feces

활보[闊步] ① 활기가 넘치게 걸음. 또는 그러한 걸음. ② 거드럭거리며 행동함. 또는 그러한 행동. かっぽ
① striding ② swagger

활불[活佛] 불교에서, ① 도덕과 학행(學行)이 썩 높은 중. =생불(生佛). ② 불교의 한 갈래인 라마교의 수장(首長)의 딴 이름. ③ 자비심이 많은 사람. かつぶつ　① living Buddha ② grand Lama

활빈당[活貧黨] 지난날, 부자의 재물을 빼앗아다가 빈민을 구제해 주었다는 의적(義賊)의 무리를 일컫던 말.
chivalrous robbers

활빙[滑氷] 얼음지치기.
skating

활빙장[滑氷場] 스케이팅을 할 수 있도록 시설해 놓은 곳. 스케이트장. =빙활장(氷滑場).
skating rink

활살[活殺] 살리고 죽이는 일. =생살(生殺). 「~자재(自在)」 かっさつ　life and death

활석[滑石] 함수규산(含水硅酸)과 마그네슘을 성분으로 하는 광물. 「~편암(片巖)」 かっせき　talc

활성[活性] 원소가 화학 반응에 왈발하게 대응하는 성질. かっせい　activity

활성탄[活性炭] 흡착성이 강한 가루로 된 탄소 물질의 총칭. 탈색·정제·촉매 등에 쓰임. かっせいたん
activated charcoal

활성 탄·수[活性炭素] 특별히 강력한 흡수성(吸收性)·흡착성(吸着性)을 가지도록 제조한 탄소. かっせいたんそ
activated carbon

활수[活水] ① 흘러 움직이는 물. ↔사수(死水). かっすい ② 예수교에서, 세례(洗禮) 때 신자(信者)의 머리에 붓는 물. ① running water

활수[滑水] 수상 비행기(水上飛行機)나 비행정(飛行艇)이 이착(離着)할 때에 수면(水面)을 미끄러져 달림. かっすい
taxying on the water

활수[滑手] 금품 따위를 아끼지 않고 시원스럽게 쓰는 솜

활안[活眼] 사물을 날카롭게 관찰하는 안목. 活眼 かつがん piercing eyes

활약[活躍] 힘차게 뛰어다님. 活躍 활발하게 활동함. 「~상(相)」 かつやく activity

활어[活魚] 살아 있는 물고기. 活魚 かつぎょ live fish

활연[豁然] ① 훤하게 터진 모양. ② 막힌 것 없이 밝게 깨달은 모양. 「~관통(貫通)」 豁然 かつぜん ① extensively ② with a sudden flash

활엽[闊葉] 넓고 큰 잎사귀. 闊葉 ↔침엽(針葉). 「~수(樹)」 かつよう broadleaf

활용[活用] ① 잘 살려서 이용함. 「폐품(廢品)~」 ② 용언이 문장에서 그 문법적 구실을 다하기 위하여 말의 어미를 여러 가지로 바꾸는 일. =어미 변화(語尾變化). かつよう 活用 語尾
① application ② conjugation

활음조[滑音調] 한 단어 안이나 두 단어가 이어질 때 인접한 음소(音素)들 사이에서 발음하기 쉽거나 부드러운 소리로 바뀌는 음운 현상. 유포니. 滑音調 euphony

활인지방[活人之方] ① 사람의 목숨을 구해 주는 방법. ② 위험을 피해 살 수 있는 곳. 活人之方
① means of saving people's lives

활자[活字] 활판(活版)을 짜기 위해서 납·인디몬 등을 원료로 하여 윗면을 볼록하게 주조(鑄造)한 글자. かつじ 活字 printing type

활자본[活字本] 활자판으로 인쇄한 책. =활판본(活版本). かつじぼん 活字本 printed book

활자판[活字版] ⇨활판(活版). 活字版 かつじばん

활자화[活字化] 원고가 인쇄되어 나옴. 活字化 printing

활주[滑走] ① 미끄러져 달아남. ② 비행기 따위가 날아 오르기 전이나 내릴 때 땅 위나 물 위를 미끄러져 달리는 일. 「~로(路)」 かっそう 滑走
① gliding ② taxying

활주[滑奏] 피아노를 칠 때에 건반(鍵盤) 위에 손가락을 미끄러져 가듯 연주하는 방법. かっそう 滑奏 鍵盤 glissando

활차[滑車] 밧줄을 거는 홈을 파고 줄을 걸어 돌아갈 수 있게 만든 바퀴. 물건을 달아 올리는 데 쓰는 수레. 도르래. かっしゃ 滑車 pulley

활착[活着] 접목(接木) 또는 이식한 식물이 서로 붙거나 뿌리를 내려서 삶. かっちゃく 活着 taking root

활추[滑錘] 큰 말뚝을 박거나 땅을 다질 때 쓰는 무거운 추. かっすい 滑錘 sledgehammer

활탈[滑脫] ① 미끄러워서 벗겨져 나감. ② 변화의 자유자재로움. かつだつ 滑脫 ① slippery

활택[滑澤] 반드럽고 윤이 있음. かったく 滑澤 gloss

활판[活版] 활자(活字)로 짜 맞추어 된 인쇄판. =활자판(活字版)·식자판(植字版). 「~ 인쇄(印刷)」 かっぱん 活版 printing

활판본[活版本] 활판으로 인쇄한 책. =활자본(活字本). かっぱんぼん 活版本 printed book

활화[活火] 잘 타서 불꽃이 활활 일어나는 불. burning flame 活火

활화산[活火山] 활동을 계속하고 있는 화산. ↔사화산(死火山)·휴화산(休火山). かっ 活火山 死火山 休火山

활황[活況] 활기를 띤 상황. かっきょう activity. かざん active volcano

황:[况] "況"의 俗字.

황:[況]* ① 하물며 황:하물며. 「況且(황차)」 ② 형편 황:형편. 상황. 「槪況(개황)·近況(근황)·狀況(상황)·盛況(성황)·實況(실황)·情況(정황)」 キョウ ① いわんや

황[怳] ① "恍"과 通字. 어렴풋할 황:모호하고 분명하지 않다. 황홀하다. 「怳惚(황홀)·怳兮(황혜)」 ② 놀랄 황:당황하다. 「怳然(황연)」 コウ

황[恍] "怳"과 通字. 황홀할 황:마음을 빼앗겨 멍한 모양. 「恍恍惚惚(황황홀홀)」

황[肓] 명치 끝 황:명치 끝. 심장의 아래, 횡격막 위의 부분. 「膏肓(고황)」 コウ

황[皇]* ① 임금 황:임금. 황제. 「皇帝(황제)·皇后(황후)·皇室(황실)·皇族(황족)·皇女(황녀)·上皇(상황)」 ② 클 황:크다. 「皇者(황구)·皇穹(황궁)」 コウ·オウ

황[徨] 방황할 황:방황하다. 어정거리다. 「徨徨(황황)·彷徨(방황)」 コウ

황[惶] 두려울 황:두렵다. 「惶感(황감)·惶怯(황겁)·惶恐(황공)·惶忙(황망)·惶悚(황송)·驚惶(경황)」 コウ

황[隍] 해자 황:해자. 마른 해자. 성(城) 밖에 두른 물이 없는 해자. 「隍塹(황참)」 コウ

황[煌] 빛날 황:빛나다. 「煌煌(황황)」 コウ·きらめく

황[蝗] 누리 황:누리. 메뚜깃과의 곤충. 「蝗蟲(황충)·蝗災(황재)·蝗旱(황한)·蝗害(황해)」 コウ·いなご

황[遑] 급할 황:급하다. 「遑急(황급)·遑汲(황급)·遑遑(황황)·未遑(미황)」 コウ·いとま

황[凰] 봉황새 황:봉황새. 봉황새의 암컷. 「鳳凰(봉황)」 オウ

황[篁] 대수풀 황:대수풀. 대밭. 「篁竹(황죽)」 コウ·たかむら

황[荒]* ① 거칠 황:거칠다. 난잡하다. 「荒涼(황량)·荒漠(황막)·荒野(황야)·荒淫(황음)·荒誕(황탄)」 ② 흉년들 황:흉년들다. 「荒年(황년)·歲荒(세황)」 コウ ① あれる

황[慌] ① "遑"과 通字. 다급할 황:다급하다. 「慌忙(황망)」 ② "怳"과 通字. 황홀할 황:황홀하다. 흐리멍덩하다. 「慌惚(황홀)」 ③ 두려울 황:두렵다. 「恐慌(공황)」 コウ ① あわただしい

황:[晃] 밝을 황:밝다. 환히 빛나다. 「晃朗(황랑)·晃然(황연)·晃曜(황요)」 コウ

황:[滉] 물 깊고 넓을 황:물이 깊고도 넓다. 「滉洋(황양)·滉蕩(황탕)」 コウ

황:[幌] 포장 황:포장. 「幌車(황차)·幌帳(황장)·蚊幌(문황)」 コウ·ほろ

황[黃]* 누를 황:누르다. 「黃金(황금)·黃色(황색)·黃土(황토)·黃廛(황전)·黃昏(황혼)·卵黃(난황)」 コウ·オウ·き

황[簧] 생황 황:생황. 악기의 일종. 「簧鼓(황고)·簧葉(황엽)·笙簧(생황)」 コウ

황각채[黃角菜] 청각과 똑같으나 빛깔만 누른 청각의 하나. 청각나물. ㉥황각(黃角).

황갈색[黃褐色] 검은색과 누른색이 섞인 색. おうかっしょく

yellowish brown

황감[惶感] 황송하고 감격스러움. deep gratitude

황거[惶遽] 너무 황공하여 허둥지둥함. こうきょ

황건적[黃巾賊] 중국 후한(後漢) 말에, 장각(張角)을 수령으로 하여 일어났던 도둑 떼. 그들이 모두 누런 건을 쓰고 있었다고 해서 생긴 이름임. こうきん(の)ぞく

황겁[惶怯] 두렵고 겁이 남. awe

황경[黃經] 춘분점(春分點)으로부터 황도(黃道)에 따라서 잰 천체의 각거리(角距離). こうけい celestial longitude

황고[皇考] 세상을 떠난 자기의 아버지나 할아버지를 높여 이르는 말. =선고(先考).

황공[惶恐] 높은 위엄에 눌리어 어찌해야 할지 모를 정도로 두려움. =황름(惶懍)·황송(惶悚). awe

황공무지[惶恐無地] 황공하여 몸둘 바를 모름. being extremely awed

황과[黃瓜] 오이. きゅうり cucumber

황괴[惶愧] 황송하고 부끄러움. being overwhelmed with shame

황구[黃口] 입이 노란 새 새끼란 뜻으로, 어린아이를 이르는 말. こうこう young child

황구[黃狗] 털빛이 누른 개. 누렁개. 누렁이. yellow dog

황구[惶懼] 몹시 두려워함. = 공구(恐懼). こうく being extremely awed

황국[黃菊] 빛이 누른 국화. = 황화(黃花). きぎく yellow chrysanthemum

황극[皇極] ① 편파(偏頗)가 없는 중정(中正)의 길. ② 천자(天子)가 세운 만민(萬民)의 범칙(範則). ③ 제왕(帝王)의 자리. = 황위(皇位)·제위(帝位)·왕위(王位). ③ throne

황금[黃金] ① 누런 금. 빛깔이 누른 데서 금을 다른 금속과 구별하여 쓰는 말. =별은(別銀). ② 돈. 곧 재물을 뜻하는 말. おうごん·こがね ① gold ② wealth

황금 보ː관[黃金寶冠] 황금으로 만든 보관(寶冠). =금관(金冠). gold crown

황금색[黃金色] 황금과 같은 빛깔. 황금빛. 금빛. こがねいろ golden color

황금술[黃金術] 옛날 중국에서, 단사(丹砂)를 달구어 황금을 만들어서 늙지도 죽지도 않는 약으로 썼다는 신선의 술법. おうごん(の)じゅつ alchemy

황금 시대[黃金時代] ① 역사의 발전 과정에서 가장 융성하였던 전성 시대. ② 일생을 통해 가장 빛나고 호화로운 시대. =황금 시절(黃金時節) おうごんじだい golden age

황급[遑急] 허둥지둥하도록 급박함. precipitation

황기[荒饑] 흉년이 들어 배를 곯음. 흉년으로 굶주림. famine

황기[黃旗] 누른 빛깔의 기. yellow flag

황녀[皇女] 황세(皇帝)의 딸. ↔황자(皇子). こうじょ princess

황년[荒年] ⇨흉년(凶年). こうねん

황달[黃疸] 살빛이 누렇게 되며 대변은 회백색, 소변은 황색으

로 변하는 병. =달병(疸病)·
달기(疸氣). おうだん jaundice 疸氣

황답[荒畓] 거칠어서 못 쓰게 荒畓
된 논. barren paddy field

황당무계[荒唐無稽] 언행(言 荒唐
行)이 허황하여 믿을 수가 없 無稽
음. =황탄무계(荒誕無稽).
こうとうむけい nonsense

황당지설[荒唐之說] ⇨황설 荒唐
(荒說). 之說

황도[黃桃] 과실의 살이 노랗 黃桃
고 치밀한 복숭아의 한 품종.

황도[黃道] 천구상 태양의 궤 黃道
도. 적도에 대하여 23°27′
정도 기울어져 있음. こうどう
ecliptic

황동[黃銅] ① 빛이 누른 구리. 黃銅
② 놋쇠. おうどう brass

황동광[黃銅鑛] 구리·쇠·유황 黃銅鑛
(硫黃)을 주성분으로 하는 구
리의 중요한 광석. おうどう
こう copper pyrites

황두[黃豆] 누른빛이 나는 콩 黃豆
의 하나. yellow bean

황등롱[黃燈籠] 황사 등롱(黃 黃燈籠
紗燈籠)의 준말.

황량[黃粱] 차지지 않고 메진 黃粱
조. 메조.

황량몽[黃粱夢] 중국 당(唐)나 黃粱夢
라 때, 노생(盧生)이 한단(邯 盧生
鄲) 땅 주막에서 여옹(呂翁) 邯鄲
의 베개를 베고 잠이 들었는
데, 부귀 영화를 누리며 80살
까지 사는 꿈을 꾸고 깨어 보
니, 아까 주인이 짓던 좁쌀
밥이 아직 익지 않았더라는 고
사에서 나온 말로, 세상의 부
귀 영화란 헛된 것임을 뜻하
는 말. =황량지몽(黃粱之夢)
·한단몽(邯鄲夢)·한단지몽(邯 邯鄲夢
鄲之夢).

황막[荒漠] 거칠고 한없이 '넓 荒漠
음. こうばく vastness

황망[惶忙·慌忙] 마음이 몹 惶忙
시 급하여 어쩔 줄 모르고 허 慌忙
둥지둥함. busyness

황매[黃梅] ① 새앙나무의 열 黃梅
매. 산후(産後) 배앓이에 씀.
② 매화나무의 익은 열매. こ
うばい

황매화[黃梅花] ① 황매화나무 黃梅花
의 꽃. ② 죽도화나무의 꽃.

황면[黃面] 불교에서, 석가모 黃面
니(釋迦牟尼)의 얼굴.

황명[皇命] 황제(皇帝)가 내리 皇命
는 명령. imperial order

황모[黃毛] 족제비의 털. 「~ 黃毛
무심필(無心筆)」
fur of a weasel

황모필[黃毛筆] 족제비의 꼬리 黃毛筆
털로 만든 붓. writing brush
made of weasel's tail hair

황무[荒蕪] 논밭 따위를 기두 荒蕪
지 않고 그대로 버려 두어서
몹시 거칢. 「~지(地)」こうぶ
wildness

황문[荒文] 거칠고 너저분한 荒文
글. rough writing

황민[荒民] 흉년을 만난 백성. 荒民
famine-stricken people

황비[皇妃] 황제(皇帝)의 아내. 皇妃
황제의 비(妃). こうひ empress

황사[皇嗣] 황제의 위(位)를 이 皇嗣
을 태자(太子). こうし
Crown Prince

황사[黃砂] ① 빛깔이 누른 모 黃砂
래. ② 봄이나 초여름에 중국
북부에서 황토가 바람에 날려
와 하늘에 누렇게 덮이는 현
상. こうさ ① yellow sand
② sandy dust phenomena

황사[黃紗] 빛깔이 누런 얇은 黃紗
비단.

황사 등롱[黃紗燈籠] ① 지난 黃紗
날, 대궐에서 어전(御前)에 燈籠
쓰던, 황사에 붉은 운문사(雲 雲御前

紋紗)로 위아래에 동을 달아 만든 등롱. ② 지난날, 당하관(堂下官)이 밤에 출입할 때 쓰던 황사로 만든 등롱. 준황등롱(黃燈籠). yellow-gauze lantern

황산[黃酸] 무기산(無機酸)의 하나. 무색 무취의 끈끈한 기름 같은 액체로, 산성이 강하고 공업용으로 용도가 넓음. =유산(硫酸). sulfuric acid

황산아연[黃酸亞鉛] 무색 투명한 마름모기둥꼴의 결정. 물에 녹기 쉽고 소독성·수렴성이 있어서 의약품·방부제·매염제로 쓰임. zinc sulfate

황산염[黃酸鹽] 황산 성분 중의 수소를 금속과 바꾸어 놓을 수 있는 화합물. 황산칼슘·황산바륨 따위. sulfate

황산 제:일철[黃酸第一鐵] 철을 묽은 황산에 녹여 얻는 연한 녹색의 결정. 잉크·안료(顔料)·의약품 제조에 쓰임. =녹반(綠礬).

황산지[黃酸紙] 글리세린액·황산으로 처리한 반투명의 내수(耐水)·내지성(耐脂性) 종이. parchment paper

황색[黃色] 누른빛. 준황(黃). おうしょく·こうしょく·きいろ yellow

황색 신문[黃色新聞] 저속하고 선정적(煽情的) 경향을 띤 신문. 옐로 페이퍼(yellow paper)에서 온 말. おうしょくしんぶん

황색 인종[黃色人種] 살갗이 누르고 머리털이 검은 인종. 한국·중국·일본 사람들이 이에 속함. 준황인종(黃人種). おうしょくじんしゅ yellow race

황서[黃書] 프랑스 외교부(外交部)의 빛이 누른 외교 문서.

황설[荒說] 허황되고 엉터리 없는 말. =황당지설(荒唐之說). こうせつ absurd story

황성[皇城] 황제가 거처하는 도성(都城). =황경(皇京)·황도(皇都)·제도(帝都)·제성(帝城)·제향(帝鄕). こうじょう imperial palace

황성[荒城] 황폐한 성. こうじょう ruined castle

황손[皇孫] 황제의 자손. 황제의 후손(後孫). こうそん imperial grandchild

황손[荒損] 토지 따위가 거칠어 메마름. こうそん being rough and meager

황송[黃松] 나무를 벤 뒤 오륙 년이 지나 땅 속에 있는 뿌리에 복령(茯苓)이 생기는 소나무의 한 가지. 복령은 이뇨제로 쓰임.

황송[惶悚] ⇨황공(惶恐).

황송절[黃松節] 복령이 생긴 소나무의 뿌리. 약재(藥材)로 쓰임.

황수[皇壽] 황제(皇帝)의 나이. 황제의 향수(享壽). emperor's age

황수증[黃水症] 비장(脾臟)에 병이 생겨 허리에서 배까지 붓는 병.

황수행[荒水行] 불교에서, 수도자(修道者)가 찬물에 들어가 몸을 괴롭히며 닦는 수행(修行). ascetic self-discipline in water

황숙[黃熟] 곡식이나 과실이 누렇게 익음. こうじゅく full ripeness

황실[皇室] 황제의 집안. =제실(帝室). こうしつ imperial household

황아석[黃牙石] 뱀이 겨울을 날 때 입에 물었다가 토(吐)한 흙. 약재로 쓰임. =사함석(蛇舍石)·금아석(金牙石).

황압[黃鴨] 오릿과에 속하는 새. 황오리. =포압(蒲鴨).

황야[荒野] 거친 들. =황원(荒原). こうや wilderness

황:연[晃然] ① 환하게 밝은 모양. ② 환히 깨닫는 모양. ① glowing

황연광[黃鉛鑛] 육방정계(六方晶系)에 속하는 포도상 또는 신장상(腎臟狀)의 광석.

황:연대:각[晃然大覺] 환하게 모두 깨달음.

황열병[黃熱病] 모기에 의하여 매개되는 급성 바이러스성 열대성 전염병. こうねつびょう yellow fever

황엽[黃葉] ① 엽록소(葉綠素)가 없어지고 누렇게 된 잎. ② 누런색의 질이 좋은 담배 잎. こうよう ① yellow leaves

황옥[黃玉] 사방정계(斜方晶系)의 기둥꼴의 결정. おうぎょく topaz

황옥석[黃玉石] 빛이 누른 옥돌의 속칭. yellow jade

황우[黃牛] ① 누른 빛깔의 소. ② 큰 수소. 황소. おうぎゅう bull

황운[黃雲] ① 누른 빛깔의 구름. ② 벌판에 벼가 누렇게 익은 것을 비유하여 이르는 말. こううん ① yellowish clouds

황원[荒原] ⇨ 황야(荒野). こうげん

황원[荒遠] ① 국경 지방의 아주 먼 곳. ② 도시에서 멀리 떨어진 궁벽한 고장. こうえん remote place

황위[皇位] 천자(天子)의 지위. 황제의 지위. =황조(皇祚). こうい throne

황위[皇威] 황제(皇帝)의 위엄(威嚴). 천자(天子)의 위광(威光). こうい imperial power

황위[黃緯] 황도(黃道)에서 천체(天體)까지의 각거리. こうい celestial latitude

황유[皇猷] 황제가 나라를 통치하기 위한 계책. =황모(皇謀). こうゆう imperial policy

황유[荒遊] 술과 여색에 빠져서 함부로 놂. こうゆう dissipation

황육[黃肉] 황소의 고기. 쇠고기. beef

황은[皇恩] 황제의 은혜. こうおん imperial favor

황음[荒淫] 주색에 빠져 함부로 음탕하게 놂. 「~무도(無道)」 こういん carnal excesses

황인종[黃人種] 황색 인종(黃色人種)의 준말.

황자[皇子] 황제(皇帝)의 아들. ↔황녀(皇女). こうし imperial prince

황작[黃雀] ① 꾀꼬리. ② 참새. こうじゃく ① oriole ② sparrow

황잡[荒雜] 거칠고 잡됨. baseness

황저[皇儲] 황태자(皇太子)의 딴이름. こうちょ Crown Prince

황적색[黃赤色] 누런빛을 띤 붉은빛. yellowish red

황전[荒田] 거칠어진 논밭. waste field うでん

황정[荒政] ① 흉년에 백성을 구황(救荒)하는 정치. ② 임금이 정사를 게을리 하는 일. こうせい

황제[皇帝] 제국(帝國)의 군주(君主). =천자(天子). こうてい emperor

황족[皇族] 황제의 친족. こうぞく　imperial family

황증[黃蒸] 보리나 밀이 누렇게 되는 병. =맥황(麥黃)

황지[荒地] 묵은 땅. 개간(開墾)하지 않은 땅. こうち　wasteland

황진[黃塵] ① 누른빛의 흙먼지.「~만장(萬丈)」② 속세의 티끌. 세상의 번잡한 일. =속진(俗塵). こうじん　① dust in the air ② mundane affairs

황:차[況且] 하물며. 그 위에 더구나.　much more

황천[皇天] ① 넓고 큰 하늘. ② 하늘을 주재(主宰)하는 신. 하느님. こうてん
① High Heaven ② god

황천[黃泉] 사람이 죽어서 간다는 곳. 저승. =구천(九泉)·명도(冥途). こうせん·よみ·よみじ　Hades

황천객[黃泉客] 저승으로 간 사람. 곧 죽은 사람.　dead person

황천후토[皇天后土] 하늘의 신(神)과 땅의 신. =천신지기(天神地祇). こうてんこうど　gods of heaven and earth

황철광[黃鐵鑛] 철과 유황이 섞인 노란빛의 광물(鑛物). おうてつこう　iron pyrites

황청[黃淸] 빛깔이 누르고 품질이 좋은 꿀의 한 가지. yellow honey

황체[黃體] 배란(排卵)한 성숙 난포(成熟卵胞)가 변화된 것. 황체 호르몬을 분비(分泌)하고 자궁 내막(子宮內膜)의 변화·월경의 출현·임신 지속(姙娠持續)·유선(乳腺) 발육 따위에 관계됨. おうたい
corpus luteum

황초[荒草] ① 거칠게 함부로 자란 풀. ② 알아보기 어렵게 함부로 갈겨 쓴 초서(草書).
① weeds ② illegible handwriting

황초절[黃草節] 목장에서 마른 풀로 말을 먹이는 때. 곧 11월에서 5월까지의 기간. ↔청초절(靑草節).

황촉[黃燭] 밀로 만든 초. 밀초. こうしょく　wax candle

황촉규[黃蜀葵] ① 아욱과의 일년초. 뿌리는 물에 우리면 끈끈하고 풀을 갠 물 같아 종이를 뜨는 데 쓰임. 닥풀. ② 닥풀의 뿌리를 약재로 이르는 말. 내장의 염증에 쓰임.

황촌[荒村] 황폐하여 쓸쓸한 마을. こうそん
deserted village

황충[蝗蟲] 메뚜깃과의 벌레. 농사에 해를 끼침. 누리. こうちゅう

황취[荒醉] 술이 몹시 취함.
dead drunkenness

황칙[皇勅] 황제의 조칙(詔勅).
imperial edict

황칠[黃漆] 황칠나무의 진으로 만든 누른 빛깔의 칠.
yellow lacquer

황탄무계[荒誕無稽] ⇨ 황당무계(荒唐無稽)

황탐[荒耽] 주색(酒色)에 흠빡 빠짐.　being addicted to sensual pleasure

황태손[皇太孫] 황위(皇位)를 이을 황손(皇孫). こうたいそん
eldest grandson of an emperor

황태자[皇太子] 황위(皇位)를 이을 황자(皇子). =성사(聖嗣)·지군(儲君)·저이(儲貳)·동궁(東宮)·원자(元子)·원량(元良)·춘저(春邸)·태자궁(太

子宮). 준태자(太子). こうたいし Crown Prince

황태후[皇太后] 황제의 생존한 모후(母后). 또는 선제(先帝)의 생존한 황후(皇后). 준태후(太后). こうたいごう Queen Mother

황토[荒土] 거친 토지. 불모(不毛)의 땅. こうど barren soil

황토[黃土] 황갈색(黃褐色)의 흙. こうど loess

황토수[黃土水] 황토를 담갔다가 가라앉힌 물. 해독제로 씀. =지장(地漿)·토장(土漿).

황토층[黃土層] 황토가 퇴적하여 이루어진 지층. loessial layer

황통[皇統] 황제의 계통. =홍통(洪統)·대통(大統). こうとう imperial line

황파[荒波] 거친 물결. 거센 파도. あらなみ rough waves

황평 양:서[黃平兩西] 황해도와 평안도를 함께 이르는 말. 평안도는 관서(關西), 황해도는 해서(海西).

황폐[荒廢] 거칠어서서 못 쓰게 됨. 「~화(化)」 こうはい dilapidation

황폐[荒弊] 거칠고 피폐함. waste

황포[荒暴] 성질이 거칠고 사나움. cruelty

황포[黃袍] 임금의 예복(禮服). imperial robe

황한[惶汗] 몹시 황송하여 흐르는 땀. cold sweat

황합[黃蛤] 모시조개. short neck clam

황허[荒墟] 황폐한 옛터. こうきょ ruins

황혈염[黃血鹽] ① 페로시안화 칼륨. ② 동물의 살갗·머리카락·뿔·굽·피와 탄산칼륨을 쇠가마에다 넣고 달구어 만든 결정. おうけつえん

황혹[惶惑] 황송하여 어찌할 바를 모름. こうわく awe-strickenness

황혼[黃昏] ① 해가 지고 어둑어둑할 때. =박모(薄暮)·염혼(斂昏). ② 한창인 고비를 지나 종말(終末)이 이른 때. こうこん·たそがれ ① dusk ② decline

황홀[恍惚·悅惚·慌惚] ① 눈이 부실 정도로 찬란하거나 화려함. ② 정신이 아찔하고 흐리멍덩함. 「~난측(難測)」 ③ 한 가지 사물에 마음이 쏠리어 어리둥절함. こうこつ ① brilliance ② ecstasy

황홀경[恍惚境] 황홀한 지경이나 경지. こうこつきょう trance

황화[皇化] 황제의 덕화(德化). こうか emperor's moral influence

황화[黃花] ① 누른 빛깔의 꽃. ② ⇨황국(黃菊). こうか ① yellow flower

황화 광:물[黃化鑛物] 화합물의 형태로 산출되는 광물. =유화 광물(硫化鑛物).

황화물[黃化物] 유황(硫黃)과 다른 원소와의 화합물. 금속 황화물은 광물로 천연에서 산출됨. =유화물(硫化物). sulfide

황화수소[黃化水素] 천연으로는 화산(火山) 가스 등에 함유되어 있고, 인공적으로는 황화철과 산과의 작용으로 얻어지는 무색 기체. 정성(定性) 분석에 이용됨. =유화 수소(硫化水素). hydrogen sulfide

황화수은[黃化水銀] 의약·안료로 쓰는 진사(辰砂). =유화수은(硫化水銀).

황화 식물[黃化植物] 햇볕을 받지 못하고 자라나서 누렇고 키만 큰 식물. おうかしょくぶつ

황화아연[黃化亞鉛] 아연염(亞鉛鹽)의 용액에 황화암모늄을 작용시키면 생기는 흰색 무정형의 앙금.

황화은[黃化銀] 질산은(窒酸銀)에 용액 황화수소를 통하여 가라앉힌 흑갈색의 가루. =유화은(硫化銀). silver sulfide

황화제이철[黃化第二鐵] 황철광과 백철광의 총칭. =유화제이철(硫化第二鐵). ferric sulfide

황화제일철[黃化第一鐵] 운석(隕石) 속에 들어 있고, 자류철광(磁流鐵鑛)으로서 산출되는 물질. =유화제일철(硫化第一鐵). ferrous sulfide

황화주석[黃化朱錫] 황(黃)과 주석(朱錫)의 화합물. =유화주석(硫化朱錫).

황화철[黃化鐵] 황(黃)과 철의 화합물(化合物). 황화제일철(黃化第一鐵)과 황화제이철(黃化第二鐵)이 있음. =유화철(硫化鐵). iron sulfide

황후[皇后] 황제의 정실 부인(正室夫人). 「～궁(宮)」 こうごう empress

황흉[荒凶] 기근과 흉년. こうきょう

회[回]* ① 돌 회 : 돌다. 돌이키다. 「回歸(회귀)·回顧(회고)·回復(회복)·回轉(회전)·回路(회로)·挽回(만회)」 ② 차례 회 : 차례. 번. 「每回(매회)·今回(금회)·一回(일회)」 カイ ① まわる

회[灰]* ① 재 회 : 재. 「灰燼(회신)·灰釉(회유)·灰土(회토)·灰色(회색)·灰滅(회멸)」 ② 석회 회 : 석회. 「灰壁(회벽)·石灰(석회)·洋灰(양회)」 カイ ① はい

회[徊] 어정거릴 회 : 어정거리다. 배회하다. 「徊翔(회상)·徊徨(회황)·徊徊(회회)·徘徊(배회)」 カイ

회[廻] "迴"와 同字. 돌 회 : 돌다. 「廻廊(회랑)·廻轉(회전)·廻避(회피)·巡廻(순회)·輪廻(윤회)·下廻(하회)」 カイ·めぐる

회[恢] ① 넓을 회 : 넓다. 넓히다. 크다. 「恢宏(회굉)·恢大(회대)·恢文(회문)·恢然(회연)·恢遠(회원)·恢偉(회위)·恢弘(회홍)」 ② 되찾을 회 : 회복하다. 「恢復(회복)」 カイ

회 : [悔]* 뉘우칠 회 : 뉘우치다. 한하다. 「悔改(회개)·悔過(회과)·悔恨(회한)·悔淚(회루)·懺悔(참회)·後悔(후회)」 カイ·くいる·くやむ·くやしい

회 : [晦] ① 그믐 회 : 그믐. 그믐날. 「晦間(회간)·晦朔(회삭)·晦日(회일)·晦初(회초)」 ② 어두울 회 : 어둡다. 「晦宴(회연)·晦明(회명)·晦旨(회맹)」 カイ

회[蛔] 회 회 : 회충. 거위. 「蛔腹(회복)·蛔蟲(회충)·蛔症(회증)·蛔痛(회통)·蛔積(회적)」 カイ

회[詼] 기롱할 회 : 기롱하나. 농담하다. 익살부리다. 「詼笑(회소)·詼嘲(회조)·詼謔(회학)·詼諧(회해)」 カイ

회 : [會]* 모을 회 : 모으다. 모이다. 모임. 「會見(회견)·會話(회화)·會費(회비)·會社(회

회:[賄] 뇌물 회: 뇌물. 「賄賂(회뢰)·收賄(수회)·財賄(재회)·贈賄(증회)·貨賄(화회)」ワイ·まかなう

회:[誨] 가르칠 회: 가르치다. 일깨우다. 교훈. 「誨言(회언)·誨諭(회유)·誨誘(회유)·教誨(교회)」カイ

회:[獪] 간교할 회: 간교하다. 「獪猾(회활)·老獪(노회)」カイ

회:[檜] 노송나무 회: 노송나무. 「檜木(회목)·檜棺(회관)·檜皮(회피)」カイ·ひのき

회:[膾] 회 회: 회치다. 회. 「膾炙(회자)·膾截(회절)·魚膾(어회)·肉膾(육회)」カイ·なます

회:[繪] 그림 회: 그림. 그리다. 「繪畫(회화)·繪事(회사)·繪史(회사)·繪像(회상)」カイ·エ

회[懷]☆ ① 품을 회: 품다. 지니다. 「懷古(회고)·懷疑(회의)·懷慮(회려)·懷抱(회포)·懷舊(회구)·感懷(감회)」 ② 달랠 회: 달래다. 위로하다. 「懷慰(회위)·懷柔(회유)」 カイ ① いだく·ふところ

회간[回看] ① 돌려 가며 봄. = 회람(回覽). ② 돌이켜 봄. ① circulation ② recollection

회·간[晦間] 그믐께쯤. around the end of a month

회갈색[灰褐色] 희읍스름한 주황색. はいかっしょく grayish brown

회갑[回甲] ⇨환갑(還甲).

회갑연[回甲宴] 환갑 잔치. = 환갑연(還甲宴). banquet on one's 60th birthday

회:강[會講] 달마다 왕세자가 사부(師傅) 이하의 모든 관원을 모으고 경사(經史)와 그 밖의 진강(進講)에 대하여 복습하던 일.

회:개[悔改] 잘못을 뉘우치고 고침. = 개회(改悔)·개심(改心)·개오(改悟). repentance

회검[懷劍] ① 품고 다니는 단도(短刀). ② 칼을 품 속에 지님. かいけん ③ 복수할 기회를 노림. ① dagger

회:견[會見] 서로 만나봄. = 접견(接見)·회오(會晤). かいけん interview

회:견담[會見談] 회견할 때에 한 이야기. かいけんだん interview

회:계[會計] ① 따져서 셈함. ② 한데 몰아서 셈함. ③ 물건의 값이나 월급 따위를 지불하는 일. ④ 금품(金品)의 출납에 관한 사무. ⑤ 재산 및 수입·지출의 관리와 운용에 관한 계산 제도. かいけい ① accounting ③ payment

회:계 연도[會計年度] 회계상(會計上)의 편의에 따라 실싱(設定)한 한 해 동안. 곧 세입(歲入)·세출(歲出)을 구분하고 정리하는 기간(期間). かいけいねんど fiscal year

회:계지치[會稽之恥] 중국 춘추 시대(春秋時代)에, 월왕(越王) 구천(勾踐)이 오왕(吳王) 부차(夫差)와의 회계산(會稽山) 회전(會戰)에서 생포(生捕)되어 굴욕적인 강화를 맺었다는 고사(故事)에서, 뼈에 사무치도록 잊을 수 없는 치욕(恥辱)을 이르는 말. かいけいのはじ deep-rooted dishonor

회고[回顧] ① 뒤를 돌아아봄. ② 지난 일을 돌이켜 생각하여

봄. かいこ ① looking back ② recollection

회고[懷古] 지나간 옛일을 돌이켜 생각함. =회구(懷舊). かいこ retrospection

회고담[回顧談] 옛 자취를 돌이켜 생각하면서 하는 이야기. かいこだん reminiscences

회고담[懷古談] 지나간 일을 돌이켜 생각하면서 하는 이야기. かいこだん recollections

회고록[回顧錄] 지난 일을 회고하여 쓴 기록. かいころく memoirs

회고시[懷古詩] 옛일을 돌이켜 생각하면서 읊는 시. retrospective poem

회곡[回曲] 휘어서 꼬부라짐. curve

회:과[悔過] 허물을 뉘우침. かいか repentance

회:관[會館] 같은 목적으로 모이는 집회 장소로 쓰는 건물. =회당(會堂). かいかん hall

회교[回敎] ⇨회회교(回回敎).

회:구[繪具] 그림 그리는 데에 쓰이는 물감·붓 따위의 제구. えのぐ

회구[懷舊] 옛일을 생각함. かいきゅう retrospection

회군[回軍] 군사를 돌이켜 돌아옴. =환군(還軍). withdrawal of troops

회귀[回歸] ① 다시 되돌아옴. ② 한 바퀴 돌고 제자리로 돌아옴. かいき return

회귀권[回歸圈] ⇨회귀선(回歸線). かいきけん

회귀년[回歸年] 태양이 춘분점(春分點)에서 다시 춘분점에 돌아오는 시간. =태양년(太陽年). かいきねん tropical year

회귀 무풍대[回歸無風帶] 무역풍(貿易風) 및 반대 무역풍이 서로 만나서 무풍(無風)이 되는 지방. 위도 30° 근처. 준무풍대(無風帶). かいきむふうたい calm zone of the tropics

회귀선[回歸線] 적도(赤道)를 중심으로 하여 남북 위도(緯度) 23도 28분이 되는 위선(緯線). =회귀권(回歸圈). かいきせん tropics

회귀열[回歸熱] 이·벼룩·모기 등을 매개로 하는 전염병의 한 가지. =재귀열(再歸熱). かいきねつ relapsing fever

회:규[會規] 회의 규칙(規則). =회칙(會則). かいき rules of a society

회근[回졸] ⇨회혼(回婚).

회:금[會金] 회의 경비로 쓰는 돈. fund of an association

회기[回忌] 사람이 죽은 뒤에 해마다 돌아오는 기일(忌日). かいき anniversary of a person's death

회:기[會期] 회합의 시기. 또는 회의 기간. かいき session

회납[回納] ① 답장 겉봉의 받는 사람 이름 밑에 쓰는 말. ② 되돌리어 드림.

회:담[會談] 만나거나 모여서 이야기함. かいだん conversation

회답[回答] 서신·물음에 대하여 상대편에 대답을 보냄. 또는 그 대답. =회리(回鯉). かいとう answer

회:당[會堂] ① 기독교에서, 예배당을 이르는 말. ② ⇨회관(會館). かいどう ① church

회:도[繪圖] ① 그림. ② 가옥·토지 등의 평면도. えず ① picture

회독[回讀] 여럿이 책을 돌려가며 읽음. かいどく
reading in turn

회:동[會同] 같은 목적으로 여러 사람이 모임. かいどう
gathering

회:동좌:기[會同坐起] 해마다 음력 섣달 스무닷새부터 그 다음 해 정월 보름까지의 사이에 형조(刑曹) 및 한성부(漢城府)의 관리가 모여 금령(禁令)을 풀고 경한 죄인을 놓아 주던 일.

회두[回頭] ① 머리를 돌림. = 회수(回首). ② 가톨릭에서, 떠났다가 다시 가톨릭교로 돌아옴.

회:득[會得] 깨달아 앎. = 요해(了解). えとく perceiving

회란석[廻欄石] 난간(欄干)의 손잡이 돌. 돌로 만든 난간의 회란대(廻欄臺).

회람[回覽] 차례로 돌리어 가며 봄. 또는 돌리는 그 글. = 윤시(輪示)·윤첩(輪牒)·회간(回看). かいらん circulation

회랑[回廊] ① 정당(正堂)의 양 옆으로 있는 기다란 집채. ② 양옥집에서 어떤 방을 중심으로 둘러댄 마루. かいろう
① gallery ② corridor

회래[回來] 갔다가 다시 돌아옴. = 회환(回還)·환래(還來). return

회력[回歷] 여기저기를 두루 역방(歷訪)함. = 순력(巡歷). かいれき
making a round of calls

회:렵[會獵] 여러 사람이 모여서 사냥함. hunting in a group

회례[回禮] 감사한 뜻을 표하는 예. = 답례(答禮)·반례(返禮). return courtesy

회례[廻禮] 차례로 돌아다니며 인사를 함. 또는 그 예(禮).
round of complimentary visits

회:례[會禮] ① 회합 또는 회의의 예의. かいれい ② 서로 만나서 하는 인사.
① etiquette of a meeting

회로[回路] ① 되짚어 오는 길. = 반로(返路). ② 전류가 어떤 점을 출발하여 도체(導體)를 돌아서 다시 출발점에 되돌아오기까지의 통로. かいろ
① return way ② circuit

회로[懷爐] 불을 담아 품 속에 지니고 다니는 방한용의 작은 화로. かいろ
portable body warmer

회록[回祿] ① ⇨화재(火災). ② 화재(火災)를 맡아보는 신(神)의 이름. かいろく
② god of fire

회:록[會錄] ① 회의록(會議錄)의 준말. ② 모아서 적음. ③ 정부 소유의 곡물 따위를 본 창고 이외의 다른 창고에 보관하던 일.

회:뢰[賄賂] 사사로운 이익을 위해 권력자에게 몰래 주는 부당한 돈이나 물건. わいろ
bribe

회:뢰죄[賄賂罪] 뇌물을 주고 받음으로써 성립되는 죄. = 수회죄(收賄罪). わいろざい
bribery

회:류[會流] 물줄기가 한데 모여서 흐름. かいりゅう
confluence

회마[回馬] ① 돌아가는 편의 말. ② 말을 돌리어 보냄.
① retrun horse ② turning a person's horse round

회마수[回馬首] ① 말을 타고

가다가 마주쳤을 때 벼슬이 낮은 사람이 먼저 말머리를 돌려 길을 비켜 줌. ②원이 부임 도중이나 부임한 지 얼마 안 되어서 파면되어 돌아감.

회:맹[會盟] ①모여서 모두 맹세함. ②임금이 공신들과 산 짐승을 잡아 하늘에 제사지내고 서로 단결을 맹세함. かいめい league 會盟

회:명[晦冥] 어두컴컴함. かいめい darkness 晦冥

회:명[會名] 회의 이름. 모임의 명칭. name of a society 會名

회모[懷慕] 마음 속 깊이 사모(思慕)함. かいぼ longing for 懷慕

회:목[檜木] 소나뭇과에 속하는 상록 교목(常綠喬木). 노송나무. ひのき cypress 檜木

회무[回舞] 나라 잔치 때의 수보록(受寶籙)·몽금척(夢金尺)·무고(無鼓) 춤에 출연자 일동이 원형을 지어 추는 춤. 回舞 夢金尺

회:무[會務] 회의 사무. かいむ affairs of a society 會務

회무[懷憮] 어루만지고 달래어서 안심시킴. pacification 懷憮

회문[回文] ①여러 사람이 돌려 보도록 쓴 글. =회장(回章·廻章). ②내리읽으나 치읽으나 다 말이 되는 한시체(漢詩體)의 하나. かいぶん·まわしぶみ·めぐらしぶみ ①circular letter 回文 回章 漢詩体

회반[回斑] 홍역 따위의 병으로 몸 거죽에 돋았던 얼룩점이 없어지는 일. 回斑

회백색[灰白色] 잿빛을 띤 흰 빛깔. かいはくしょく light gray 灰白色

회백 연:고[灰白軟膏] 수은(水銀)에 지방(脂肪)을 섞어 만든 연고. =수은 연고(水銀軟膏). かいはくなんこう 灰白軟膏

mercurial ointment

회벽[灰壁] 석회(石灰)로 바른 벽. plastered wall 灰壁

회보[回步] 돌아오는 걸음. 回步

회보[回報] ①대답하여 보고함. 또는 그 보고. ②돌아와서 보고함. 또는 그 보고. =답보(答報). かいほう 回報 答報
①reply ②reporting

회:보[會報] 회에 관계되는 일을 회원에게 보고하는 문서. かいほう bulletin 會報

회복[回復] 이전의 상태와 같이 됨. 「~기(期)」 かいふく 回復

회복[恢復] 쇠퇴하였던 국세(國勢)·가세(家勢)·병세(病勢) 따위가 이전의 상태와 같이 바로잡힘. かいふく recovery 恢復

회복 공:격[回復攻擊] 점령당한 진지를 다시 찾기 위한 공격. 回復攻擊

회복기[恢復期] ①원상으로 복귀하는 시기. ②병이 낫는 시기. かいふくき 恢復期
②convalescence

회복통[蛔腹痛] 회충(蛔蟲)으로 말미암아 일어나는 복통(腹痛). 거위배. =충복통(蟲腹痛)·회충증(蛔蟲症). 蛔腹痛

회부[回附] 돌리어 줌. 회송하여 넘김. かいふ transmission 回附

회분[灰分] 석회질(石灰質)의 성분. かいぶん 灰分

회:비[會費] 회의 개설·유지에 충낭자는 경비(經費). かいひ membership fee 會費

회빈작주[回賓作主] 남의 의견이나 주장하는 사람을 무시하고 마음대로 일을 채잡음. 回賓作主

회사[回謝] 사례(謝禮)하는 뜻을 표함. 回謝
expressing one's gratitude

회:사[悔謝] 잘못을 뉘우치고 悔謝

사과함.   apology

회:사[會社] 영리 행위(營利行爲)를 목적으로 하는 사단 법인(社團法人). かいしゃ   company

회:삭[晦朔] 그믐과 초하루. かいさく   the first and the last of a month

회:산[會散] 모였다 흩어짐. 모임과 흩어짐.   dispersion

회삼물[灰三物] 석회(石灰)·세사(細砂)·황토(黃土)를 한데 섞은 물건.

회:삽[晦澁] 언어·문장 따위가 어려워 뜻을 잘 알 수가 없음. かいじゅう   obscurity

회상[回想] 지나간 일을 돌이켜 생각함. かいそう   reminiscence

회:상[繪像] 사람의 얼굴과 같게 그린 그림. =화상(畫像). えぞう   portrait

회색[灰色] 잿빛. はいいろ   gray

회:색[悔色] 후회하는 안색이나 기색.   sign of repentance

회:색[晦塞] 깜깜하게 꽉 막힘.

회색[懷色] 불교에서, 순전한 흰빛을 없애기 위해 가사(袈裟)에 물을 들이는 일.

회색 분자[灰色分子] 소속이나 주의가 뚜렷하지 못한 사람.   wobbler

회색 시:장[灰色市場] 프리미엄을 내지 아니하면 상품을 살 수 없는 상태.

회색파[灰色派] 양극(兩極)의 중간 노선을 취하는 파벌. =중간파(中間派).   neutral

회생[回生] 다시 살아남. =소생(蘇生). かいせい   resuscitation

회서[回書] 회답으로 보내는 서신. =답장(答狀)·회신(回信). かいしょ   reply

회:석[會席] 여러 사람이 모임. 또는 그런 자리. かいせき   place of meeting

회:석[會釋] 불교에서, 법문(法文)의 어려운 뜻을 통하도록 해석함. えしゃく   explanation

회선[回船] ① 돌아오거나 돌아가는 배. 또는 그 편. ② 배를 돌려서 돌아옴. かいせん   ① return ship ② turning a ship around

회선[回旋·廻旋] 빙빙 돌거나 돌림. かいせん   rotation

회선곡[回旋曲] 프랑스에서 일어난 2박자 계통의 경쾌한 무곡(舞曲). かいせんきょく   rondo

회선교[回旋橋] 한가운데나 양 끝을 자유로 회선시켜 그 아래로 배가 지나갈 수 있게 만든 다리.   swivel bridge

회선탑[回旋塔] 높은 기둥의 꼭대기에 여러 쇠줄을 달아 아이들이 이것을 잡고 회전하는 팽지의 놀이 탑. かいせんとう   swinging pole

회송[回送] 도로 돌리어 보냄. =환송(還送). かいそう   sending back

회수[回收] 도로 거두어들임. かいしゅう   collection

회수[回數] ⇨횟수.

회수권[回數券] 승차권(乘車券)·입장권(入場券) 따위의 여러 번 쓸 것을 한 묶음으로 하여 파는 표. かいすうけん   coupon ticket

회:순[會順] 회의의 순서. 회의의 차례. かいじゅん   order of a meeting

회시[回示] ① 회답하여 보이거나 지시함. 또는 그 회답. ②

죄인을 끌고 다니며 남에게 보임. ① reply

회:시[會試] 소과(小科) 초시(初試)에 급제한 사람에게 보이는 과거. =복시(覆試). かいし

회:식[會食] 여러 사람이 모여 앉아 음식을 함께 먹음. 또는 그 모임. かいしょく　dining together

회신[回申] 웃어른에게 대답을 함. かいしん　answer

회신[回信] 편지 또는 전신(電信)의 회답. =회보(回報)·회서(回書)·회한(回翰). かいしん　reply

회신[灰燼] ① 불에 타고 난 나머지. ② 송두리째 몽땅 타버림. =화신(火燼). かいじん ① ashes ② being burnt down

회신멸지[灰身滅智] 불교에서, 색신(色身)을 멸하고 무위(無爲)·공적(空寂)의 열반계(涅槃界)로 들어감. 소승(小乘) 불교가 이상으로 하는 경지(境地).

회심[回心] ① 마음을 돌이켜 먹음. ② 불교에서, 과거의 사악한 마음을 뉘우치고 부처의 올바른 신앙에 마음을 돌이킴. 돌이마음. ③ 기독교에서, 신앙에 눈을 떠 세속적인 생활을 청산하고 신을 믿는 경건한 신앙 생활로 전향하는 일. かいしん ① changing one's mind ②③ conversion

회:심[悔心] 잘못을 뉘우치는 마음. かいしん　repentance

회:심[會心] 마음에 흐뭇하게 들어맞음. =회의(會意). かいしん　congeniality

회:심[會審] 법관이 모여서 사건을 심리함.

joint examination

회:심작[會心作] 마음에 썩 들게 만들어진 예술 작품. =쾌심작(快心作).

회:심지우[會心之友] 서로 뜻이 맞아 의기 상통하는 벗. かいしんのとも　bosom friend

회:심처[會心處] 마음에 꼭 맞는 곳.

회심향:도[回心向道] 불교에서, 마음을 돌려 바른 길로 들어섬.

회안[回雁] 답장의 편지. =안신(雁信). かいがん　reply

회:연[會宴] 여러 사람이 모여서 여는 잔치. かいえん　banquet

회:오[悔悟] 잘못을 뉘우치고 깨달음. かいご　repentance

회:오[會悟] 무엇을 알아서 깨달음.　understanding

회:우[會友] 같은 회원인 벗. かいゆう　fellow member

회:원[會員] 회를 조직하는 사람들. かいいん　members of a society

회유[回游] 물고기가 알을 낳거나 모이를 찾기 위해 계절에 따라 떼지어 헤엄처 다니는 일. かいゆう　migration

회유[回遊] 두루 돌아다니면서 놂. かいゆう　excursion

회유[懷柔] 어루만지며 달램. 「~ 정책(政策)」 かいじゅう　conciliation

회:음[會陰] 사람의 음부와 항문과의 사이. えいん　perineum

회:음[會飮] 여럿이 모이어 술을 마심. かいいん　compotation

회의[回議] 주관자가 기안하여 관계자들에게 차례로 돌려서 의견을 묻거나 동의를 구하는

일. かいぎ

회:의[會意] ① 한자(漢字)에서 둘 이상의 글자를 합하여 한 개의 자형(字形)으로 새 글자를 만드는 일. かいい ② ⇨회심(會心).

회:의[會議] ① 여럿이 모여 의논함.「~록(錄)」② 어떤 사항을 평의(評議)하는 기관. 법관 회의·군법 회의 등. かいぎ ① meeting ② conference

회의[懷疑] ① 의심을 품음. ② 인식을 부인하고 진리의 절대성을 의심함. =의회(疑懷). かいぎ ① doubt ② skepticism

회:의록[會議錄] 회의의 진행과 내용 등을 적은 기록. 준회록(會錄). かいぎろく minutes

회인[懷人] 마음에 있는 사람을 생각함. yearning for one's sweetheart

회:일[晦日] 그믐날. みそか·かいじつ end of a month

회임[懷姙] ⇨임신(姙娠). かいにん

회:자[膾炙] ① 날고기와 구운 고기. ② 널리 퍼지어 사람의 입에 오르내림.「인구(人口)에 ~되다」かいしゃ ② being on everyone's lips

회:자정:리[會者定離] 만나면 반드시 헤어질 운명에 있다는 말로, 불교에서의 만유무상(萬有無常)을 이르는 말. えじゃじょうり Those who meet must part.

회장[回章·廻章] ⇨회문(回文). かいしょう

회장[回腸] 회곡(回曲)이 심한 대장(大腸)과 접해 있는 소장(小腸)의 한 부분. かいちょう ileum

회장[回裝] ① 병풍·족자 따위의 가장자리를 다른 빛깔로 꾸미는 일. ② 여자의 저고리 깃·끝동·곁대·고름을 색형겊으로 꾸미는 일. ① mounting ② hem

회:장[會長] 회를 대표하는 사람. かいちょう chairman

회:장[會場] ① 모임이 있는 장소. ② 회의를 하는 곳. かいじょう place of meeting

회:장[會葬] 장사지내는 자리에 참여함. かいそう attendance at a funeral

회전[回傳] 빌려 온 물건을 도로 돌려 보냄. return

회전[回電] 회답으로 치는 전보. =답전(答電). かいでん reply telegram

회전[回轉·廻轉] ① 빙빙 돎. 또는 돌림. ② 어떤 물체가 다른 물체의 둘레에 일정한 궤도를 그리며 움직임. =전회(轉回). かいてん ① revolution ② rotation

회:전[會戰] 양쪽 군대가 어울려 싸움. かいせん encounter

회전 마찰[回轉摩擦] 둥근 물체가 어떤 면 위를 구를 때, 그 물체의 운동에 대한 면의 저항력. 구름마찰. 준전마찰(轉摩擦). rolling friction

회전 무:대[回轉舞臺] 빙빙 돌려 가면서 상연할 수 있도록 된 무대. revolving stage

회전 운:동[回轉運動] 회전축(回轉軸)의 주위를 일정한 거리를 두고 도는 운동. ↔왕복운동(往復運動). かいてんうんどう rotation

회전 자:금[回轉資金] 기업의 경상적(經常的) 경영 활동에 필요한 자금. かいてんしきん

회전체[回轉體] 어떤 평면 도형을 그 평면 내에 있는 직선을 축(軸)으로 회전하였을 때 생기는 입체. 맴돌이. かいてんたい　body of rotation

회절[廻折] ① 구부러짐. 휘어 꺾임. ② 광선·음파·빛 따위의 파동이 장애물의 뒤쪽에까지 전달되는 현상.
① bending ② diffraction

회정[回程] 돌아오는 길에 오름. 또는 그 노정. =귀로(歸路)·귀정(歸程). かいてい
return trip

회정[懷情] 마음에 품은 정이나 애정. affection

회좌[回坐] 불교에서, 불상(佛像)이 스스로 돌아앉음.

회:죄[悔罪] 지은 죄(罪)를 뉘우침. penitence

회:주[會主] ① 회를 주장(主掌)하는 사람. かいしゅ ② 불교에서, 법회(法會)를 주관하는 법사(法師)를 이르는 말.
① sponsor of a meeting

회:중[會中] ① 회의를 하는 도중. ② 불교에서, 설법을 하는 도중. ① during meeting

회:중[會衆] 많이 모인 뭇사람. 회집(會集)한 군중. かいしゅう congregation

회중[懷中] ① 품 속. ② 마음 속. かいちゅう
① one's pocket ② bosom

회중 시계[懷中時計] 품에 지니고 다니는 작은 시계. 몸시계. かいちゅうどけい
pocket watch

회증[蛔症] ⇨회충증(蛔蟲症).

회:지[會誌] 어느 회(會)에서 발행하는 기관지(機關誌).
bulletin

회진[回診] 의사가, 병자가 있는 곳으로 돌아다니며 진찰하는 일. かいしん
doctor's round of visits

회진[灰塵] ① 재와 먼지. ② 하잘것없는 물건. ② 여지없이 소멸 또는 멸망함의 비유. かいじん　① ashes and dust ② worthless thing

회:집[會集] 여러 사람이 한 곳에 모임. 또는 여러 사람을 한 곳에 모음. かいしゅう
gathering

회천[回天] ① 제왕(帝王)의 뜻을 돌이키게 함. ② 형세를 일변시킴. ③ 쇠한 것을 회복시킴. かいてん
① changing the king's mind ② changing the situation completely ③ restoration

회첩[回帖] 회답의 글. =답장(答狀). reply

회청색[灰靑色] 잿빛 바탕에 약간 푸른빛이 섞인 빛깔.
bluish gray

회:초간[晦初間] 그믐께부터 다음 달 초승까지. 그믐초승.

회춘[回春] ① 봄이 다시 돌아옴. ② 중한 병에서 건강을 회복함. ③ 노인이 도로 젊어짐. かいしゅん
① return of the spring ② recovery ③ rejuvenation

회춘[懷春] 춘정(春情)을 일으킴. 특히, 나이 찬 여자가 색정(色情)을 느낌. かいしゅん
arousing carnal desire

회충[蛔蟲] 회충과에 딸린 기생충의 총칭. 거위. かいちゅう
roundworm

회충증[蛔蟲症] 회충으로 말미암아 일어나는 배앓이. 거위배. =충복통(蟲腹痛)·회복통(蛔腹痛)

腹痛)・회통(蛔痛). ascariasis

회ː칙[會則] 회(會)의 규칙. =회규(會規). かいそく rules of a society

회태[懷胎] 아기를 뱀. =잉태(孕胎)・임신(姙娠). かいたい conception

회토[灰土] 재와 흙. かいど ashes and earth

회통[蛔痛] ⇨회충증(蛔蟲症)

회포[懷抱] 마음 속에 품은 정이나 생각. =포회(抱懷). かいほう reminiscence

회풍[回風・廻風] 회오리바람. =선풍(旋風). かいふう whirlwind

회피[回避] ① 몸을 피하여 만나지 아니함. ② 책임을 지지 아니하고 피함. ③ 일하기를 꺼려 선뜻 나서지 않음. かいひ ① escaping ②③ evasion

회피부득[回避不得] 일을 아니 하려고 피하려 하나 피할 수가 없음. =요피부득(要避不得). unavoidableness

회ː하[會下] 불교에서, 사승(師僧) 밑에 모여 참선(參禪)하거나 수학(修學)하는 사람. 「~승(僧)」 えげ

회한[回翰] 답장의 편지. =회신(回信). reply

회ː한[悔恨] 뉘우치고 한탄함. =오한(懊恨)・오회(懊悔). かいこん repentance

회ː합[會合] 여러 사람이 한 자리에 모임. 또는 그 모임. かいごう meeting

회항[回航] ① 여러 곳에 들르면서 항해함. 또는 그러한 항해. ↔직항(直航). ② 여러 곳으로 돌아다니다가 돌아오기 위해 항해함. 또는 그러한 항해. かいこう ① navigation ② homeward voyage

회향[回向] ① 돌이키어 다른 쪽으로 향함. ② 불교에서, 불사(佛事)를 경영하다 죽은 이의 명복을 빎. ③ 불교에서, 자기가 닦은 공덕을 남에게 돌려, 자타가 함께 불과(佛果)를 성취하기를 기함. ④ 불교에서, 미타(彌陀)의 공덕을 들어 극락 왕생(極樂往生)에 이바지함. えこう ① turning one's face ② Buddhist memorial

회향[懷鄕] 고향을 그리워함. かいきょう nostalgic reminiscence

회혼[回婚] 부부가 함께 맞는, 혼인한 지 예순 돌. =회근(回卺). 60th wedding anniversary

회혼례[回婚禮] 회혼을 축하하는 잔치. feast celebrating the 60th wedding anniversary

회ː화[會話] ① 서로 만나서 이야기함. ② 외국 말로 이야기함. 또는 그 이야기. かいわ conversation

회ː화[繪畫] 그림. かいが pictures

회ː화 문자[繪畫文字] 그림으로 나타내어 의사를 전달하는 문자. 그림 문자. pictograph

회ː화체[會話體] 서로 묻고 대답하는 형식으로 쓰여진 문체(文體). かいわたい colloquial style

회환[回還] 갔다가 다시 돌아옴. =환래(還來)・회래(回來). return

회회교[回回敎] 세계 3대 종교의 하나. 알라신을 유일신으로 믿음. 마호메트교. 이슬람교. =회교(回敎). フイフイ

きょう Mohammedanism

회훈[回訓] 재외 전권(在外全權)의 청훈(請訓)에 대한 본국 정부의 회답. ↔청훈(請訓). かいくん instructions in response to a request

회흑색[灰黑色] 검은빛을 띤 짙은 잿빛. blackish gray

획[畫]* "劃"과 通字. "畵"은 俗字. ① 그을 획: 긋다. 「畫順(획순)·畫一(획일)·畫引(획인)·畫數(획수)·畫期(획기)·畫然(획연)」 ② 꾀할 획: 꾀. 꾀하다. 「畫策(획책)·計畫(계획)」 ③ ⇨화(畫). カク

획[畵] "畫"의 俗字.

획[劃]☆ "畫"과 通字. ① 그을 획: 긋다. 구획을 긋다. 「劃期(획기)·劃一(획일)·區劃(구획)」 ② 꾀할 획: 꾀. 꾀하다. 「劃策(획책)·計劃(계획)」 カク

획[獲]☆ 얻을 획: 얻다. 잡다. 「獲得(획득)·獲利(획리)·拿獲(나획)·漁獲(어획)·捕獲(포획)·鹵獲(노획)」 カク

획기적[劃期的] 새로운 시대, 새로운 분야를 열 만큼 특출한 상태. 「~ 전환(轉換)」 かっきてき epoch-making

획득[獲得] 손에 넣음. 얻어서 가짐. かくとく acquisition

획득 형질[獲得形質] 선천적(先天的)인 유전 형질(遺傳形質)이 아니고, 생활하는 상태와 환경에 따라서 이루어지는 후천적인 형질. =습득 형질(習得形質). かくとくけいしつ acquired character

획력[畫力] 글씨나 그림의 획에 나타나는 힘. power of a stroke

획리[獲利] 이익을 얻음. =득리(得利). making a profit

획법[畫法] 글씨나 그림의 획을 긋는 법. がほう style of penmanship

획수[畫數] 글자 획의 수효. 자획의 수. かくすう number of strokes

획순[畫順] 글씨를 쓸 때의 획의 순서(順序). order of making strokes

획인[畫引] 획수에 따라 찾는 한자(漢字) 색인(索引)의 하나. かくびき

획일[畫一] ① 한결같아서 변함이 없음. ② 먹줄로 튀긴 듯이 쪽 고름. かくいつ uniformity

획일적[畫一的] ① 한결같은 것. ② 쭉 고른 것. かくいつてき uniform

획정[劃定] 명확히 구별하여 정함. かくてい demarcation

획지[劃地] 도시(都市)에서 건축용으로 구획 정리를 하는 데 단위가 되는 땅. block

획책[畫策] 어떤 일을 하려고 꾀함. 또는 그 계책. かくさく planning

횟수[←回數] 차례의 수효. かいすう number of times

횡[橫]☆ ① 가로 횡: 가로. 가로지르다. 비끼다. 「橫畫(횡화)·橫擊(횡격)·橫斷(횡단)·橫隊(횡대)·橫貫(횡관)·縱橫(종횡)」 ② 뜻밖의 일 횡: 뜻밖에 생기는 일. 「橫財(횡재)·橫夭(횡요)·橫死(횡사)」 ③ 사나울 횡: 시납다. 벗내로 하다. 「橫領(횡령)·橫奪(횡탈)·橫暴(횡포)·橫行(횡행)·橫逸(횡일)·專橫(전횡)」 オウ ① よこ

횡간[橫看] ① 글을 가로로 읽음. ② 가로 그은 줄 안에 벌여 적은 표.

횡갱[橫坑] 광산에서 수평으로 판 갱도(坑道). ↔수갱(竪坑). よここう drift

횡격[橫擊] 적을 측면으로 공격함. おうげき flank attack

횡격막[橫隔膜] 복강(腹腔)과 흉강(胸腔) 사이에 있는 근육성(筋肉性) 막(膜). 호흡에 필요한 작용을 함. 가로막. 준격막(隔膜). おうかくまく diaphragm

횡관[橫貫] ① 가로로 꿰뚫음. 「~ 철도(鐵道)」 ② 동서(東西)로 통과함. ↔종관(縱貫). おうかん ① crossing through ② running east to west

횡단[橫斷] ① 가로 끊음. ② 가로 지나감. ↔종단(縱斷). 「~ 보도(步道)」 おうだん ① crosscutting ② crossing

횡단로[橫斷路] ① 가로 건너질러 다닐 수 있게 된 길. ② 대륙·바다 등을 횡단하는 항로. ① crosscut road ② transcontinental line

횡대[橫隊] 가로 줄을 지은 대오(隊伍). ↔종대(縱隊). おうたい rank

횡도[橫道] ① 옳지 않은 길. ② 가로 난 길. =횡로(橫路). おうどう ① wrong way ② cross road

횡래지액[橫來之厄] 뜻밖에 닥쳐오는 재액. 준횡액(橫厄). unexpected calamity

횡렬[橫列] 가로 늘어섬. 또는 그 줄. ↔종렬(縱列). おうれつ rank

횡령[橫領] 남의 물건을 불법으로 차지하여 가짐. 「~죄(罪)」 おうりょう embezzlement

횡로[橫路] 가로 난 길. =횡도(橫道).

횡류[橫流] ① 물이 딴 곳으로 퍼져 흐름. おうりゅう ② 배급품·통제품 등의 물품을 정규적(正規的)인 경로를 거치지 아니하고 부정하게 빼돌리거나 비싼 값으로 되팖. ③ 예산 따위를 부정하게 처리하는 일. よこながし・よこながれ ① flowing sideways ② sale through illegal channels

횡면[橫面] 옆면. =측면(側面). よこつら side

횡모[橫貌] 옆으로 보이는 모습. 옆모습. profile

횡목[橫木] 가로질러 놓은 나무. よこぎ crossbar

횡문[橫文] 횡서(橫書)로 쓴 글.

횡문[橫紋] 가로무늬.

횡문[橫聞] 무슨 일을 잘못 들음. mishearing

횡문근[橫紋筋] 근육 조직의 한 가지. 무수한 횡문(橫紋)을 가지고 골격근(骨格筋)을 이루며, 의사(意思)대로 움직일 수 있음. 가로무늬근. おうもんきん striated muscle

횡보[橫步] 모로 걷는 걸음. walking sideways

횡사[橫死] 뜻밖의 재앙으로 죽음. 「비명(非命)~」 おうし unnatural death

횡사[橫斜] 가로 비낌. おうしゃ leaning

횡산[橫産] 아기를 가로 낳음. 아이가 팔부터 나옴. よこざん

횡서[橫書] 가로 쓴 글줄. 가로쓰기. ↔종서(縱書). よこがき writing in lateral lines

횡선[橫線] 가로 그은 줄. 가로금. ↔종선(縱線). おうせん horizontal line

횡선 수표[橫線手票] 표면에 두 줄의 평행선이 그어진 수표. 수표 소지인은 일단 자기 거래 은행에 예입한 후에 현금을 찾을 수 있음. crossed check

횡설수설[橫說竪說] 조리가 없는 말을 함부로 지껄임. =횡수설거(橫竪說去)·횡수설화(橫竪說話). おうせつじゅせつ random talks

횡수[橫數] 뜻밖의 운수. chance hit

횡십자[橫十字] 'X'자 모양으로 된 부호나 표지. cross

횡액[橫厄] 횡래지액(橫來之厄)의 준말.

횡언[橫言] 자기 마음대로 함부로 내뱉는 말. おうげん

횡일성[橫日性] 식물의 일부 기관이 빛의 자극 방향에 대하여 직각으로 굴곡하는 성질. おうじつせい heliotropism

횡잔교[橫棧橋] 바닷가와 평행하게 만든 잔교(棧橋). pier

횡재[橫災] 뜻하지 아니한 재난. unforeseen disaster

횡재[橫財] 뜻밖에 재물을 얻음. 또는 그 재물. windfall

횡적[橫的] 어떤 사물에 횡으로 관계되는 상태. 또는 그 상태인 것. cross

횡적[橫笛] 가로 불게 된 관악기(管樂器)의 총칭. 저. よこぶえ

횡전[橫轉] ① 옆으로 회전함. ② 수평 비행 도중에 옆으로 한 번 회전하고 다시 수평 비행을 계속하는 특수 비행. おうてん ① lateral turning ② barrel roll

횡지성[橫地性] 굴지성(屈地性) 가운데 식물이 중력(重力)의 작용 방향에 대하여 거의 직각으로 굴곡 운동을 일으키는 성질. geotropism

횡진[橫陣] 횡대로 진을 침. 또는 그 진영. ↔종진(縱陣). おうじん line abreast

횡철[橫綴] ① 자모(子母)를 가로 풀어서 쓰는 철자(綴字) ② 가로 꿰맴. ↔종철(縱綴). ① lateral writing

횡축[橫軸] ① 가로 길게 꾸민 족자. ② 직교 좌표(直交座標)에 있어서 가로로 잡은 좌표축. 가로축. ↔종축(縱軸). よこじく ② axis of abscissas

횡파[橫波] ① 옆으로 부딪치는 물결. ② 매질(媒質)의 운동 방향이 파동의 나아가는 방향과 수직인 파동. =고저파(高低波). ↔종파(縱波). よこなみ ① side waves ② transverse wave

횡판[橫板] 가로 걸쳐 놓은 널빤지. よこいた horizontal board

횡포[橫暴] 성질이나 행동이 몹시 난폭하고 제멋대로임. おうぼう tyranny

횡학[橫虐] 횡포하고 잔학함. ill-treatment

횡해안[橫海岸] 산맥에 직각을 이룬 해안. ↔종해안(縱海岸).

횡행[橫行] ① 모로 감. ② 제멋대로 행동함. おうこう ① going sidewise ② being rampant

횡화[橫禍] 뜻하지 아니한 화난. おうか unexpected disaster

효[爻] 육효 효 : 효도. 「爻象(효상)·爻周(효주)·六爻(육효)」コウ

효:[孝]* ① 효도 효 : 효도. 부모 잘 섬기는 일. 「孝子(효자)·孝女(효녀)·孝誠(효성)·

효[孝] 孝道(효도)·至孝(지효)·不孝(불효)」 ② 상입을 효: 부모의 상을 입다. 「孝布(효포)·孝服(효복)」コウ

효[肴] 안주 효: 안주. 고기 안주. 「肴味(효미)·肴蔬(효소)·肴核(효핵)·佳肴(가효)·酒肴(주효)」コウ·さかな

효[哮] ① 으르렁거릴 효: 으르렁거리다. 성내다. 부르짖다. 「哮噬(효서)·哮哮(효효)·咆哮(포효)」 ② 천식 효: 천식. 해수. 「哮喘(효천)」コウ

효[効] "效"의 俗字.

효[效]* "効"는 俗字. ① 본받을 효: 본받다. 「效則(효칙)·效顰(효빈)」 ② 힘쓸 효: 힘쓰다. 「效忠(효충)·效情(효정)·效命(효명)」 ③ 효험 효: 효험. 보람. 「效果(효과)·效能(효능)·效驗(효험)·實效(실효)·時效(시효)·藝效(예효)」コウ ③ きく

효[淆] 어지러울 효: 어지럽다. 뒤섞이다. 「淆亂(효란)·淆紊(효문)·淆薄(효박)·混淆(혼효)」コウ

효[梟] ① 올빼미 효: 올빼미. 「梟鴟(효치)」 ② 날랠 효: 날래다. 굳세다. 「梟騎(효기)·梟猛(효맹)·梟同(효동)·梟將(효장)·梟悍(효한)·梟雄(효웅)」 ③ 목 베어 달 효: 목을 베어 달다. 「梟首(효수)·梟木(효목)·梟示(효시)」キョウ ① ふくろう

효[酵] 술 괼 효: 술이 괴다. 발효하다. 「酵母(효모)·酵素(효소)·醱酵(발효)」コウ

효[曉]* ① 새벽 효: 새벽. 「曉起(효기)·曉鐘(효종)·曉色(효색)·曉霧(효무)·今曉(금효)」 ② 깨달을 효: 깨닫다. 「曉達(효달)·曉得(효득)·曉習(효습)·曉悟(효오)·曉解(효해)·通曉(통효)」 ③ 타이를 효: 타이르다. 「曉示(효시)·曉諭(효유)·曉飭(효칙)」ギョウ ① あかつき

효[嚆] 울 효: 울다. 울리다. 「嚆矢(효시)」コウ

효[驍] 날랠 효: 날래다. 「驍騎(효기)·驍武(효무)·驍勇(효용)·驍將(효장)·驍名(효명)·驍雄(효웅)」ギョウ

효:과[效果] ① 보람 있는 결과. ② 연극이나 영화에서, 장면에 맞추어 실감을 자아내도록 내는 소리. 「～음(音)」こうか effect

효:기[曉氣] 새벽녘의 공기. 또는 그 기분. ぎょうき air of the dawn

효기[驍騎] 사납고 날쌘 기병(騎兵). valiant cavalry

효:녀[孝女] 효성스러운 딸. こうじょ filial daughter

효:능[效能] 효험을 나타내는 성능. ＝효력(效力). こうのう efficacy

효:달[曉達] 사물이나 도리를 환하게 깨달아 앎. ＝통효(通曉). ぎょうたつ conversance

효:도[孝道] 부모를 잘 섬기는 도리. ↔불효(不孝). こうどう filial piety

효:두[曉頭] 먼동이 틀 무렵. 이른 새벽. dawn

효:득[曉得] 깨달아 앎. ＝효해(曉解). understanding

효:력[效力] ① 효과·효험·보람 등을 나타내는 힘. ② 법률·규칙 따위의 작용. 「～ 상실(喪失)」こうりょく effect

효:로[效勞] 힘들인 보람. ＝공로(功勞). merits

효명[驍名] 무용(武勇)이나 무공이 뛰어나다는 명성. =무명(武名). ぎょうめい renown

효모[酵母] ⇨효모균(酵母菌).

효모균[酵母菌] 당분을 알코올과 탄산가스로 분해하는 미생물. 발효(醱酵) 작용을 하므로 술이나 빵을 만드는 데 쓰임. =효모(酵母)·발효균(醱酵菌). こうぼきん yeast

효:부[孝婦] 효성이 지극한 며느리. filial daughter-in-law

효:빈[效顰] 덩달아 남의 흉내를 내거나 남의 결점을 장점인 줄로 알고 본뜨는 일.

효:색[曉色] 새벽 경치. 새벽빛. ぎょうしょく dawn view

효:성[孝誠] 마음을 다하여 어버이를 섬기는 정성. filial affection

효:성[曉星] ① 샛별. =계명성(啓明星)·금성(金星)·명성(明星)·신성(晨星)·서성(曙星). ② 매우 드문 존재의 비유. ぎょうせい ① morning star ② rarity

효소[酵素] 단백질과 비슷한 일종의 유기 화합물. 주류(酒類)·간장 등의 제조에 이용됨. こうそ ferment

효:손[孝孫] ① 효성이 지극한 손자. ② 세주(祭主)가 된 손자가 조고(祖考)·조비(祖妣)에게 스스로를 일컫는 말. こうそん ① filial grandson

효수[梟首] 지난날, 죄인의 목을 베어 높이 매달던 일. きょうしゅ gibbeting a head

효수경:중[梟首警衆] 효수를 행하여 뭇사람을 경계함.

효:순[孝順] 효성스럽고 공순함. filial obedience

효:습[曉習] 깨달아 익숙하게 됨. being familiar

효시[梟示] 뭇사람을 경계하게 하려고 효수하여 보임. こうし

효시[嚆矢] ① 소리 나는 화살. 우는살. =향전(響箭). ② 옛날에 개전(開戰)의 신호로서 우는살을 쏘아 보냈다는 고사에서, 사물의 시초의 비유. こうし ② beginning

효:심[孝心] 효성이 있는 마음. こうしん filial affection

효:양[孝養] 부모를 효행으로써 봉양함. こうよう filial devotion

효:연[曉然] 똑똑하고 분명함. =요연(瞭然). clearness

효:열[孝烈] ① 어버이를 잘 섬김과 절개를 굳게 지킴. ② 효자와 열녀. ① filial piety and faith ② pious son and a faithful woman

효:용[效用] ① 일이나 작용의 보람. =효험(效驗). ② 그 물건의 사용 방법. =용도(用途). ③ 사람의 욕망을 만족시키는 재화(財貨)의 능력. こうよう ① effect ③ utility

효용[驍勇·梟勇] 사납고 날쌤. ぎょうゆう valiancy

효:우[孝友] 부모에게 대한 효도와 동기에 대한 우애. =효제(孝悌). こうゆう filial piety and brotherly love

효웅[梟雄] 사납고 용맹한 영웅. きょうゆう valiant hero

효:월[曉月] 새벽녘에 떠 있는 달. 새벽달. morning moon

효:유[曉諭] 알아듣게 타이름. 깨닫도록 일러 줌. ぎょうゆ admonition

효:율[效率] ① 기계가 한 일의 양과 소요된 에너지와의 비율. ② 노력에 대한 결과의 정도. 일의 능률. こうりつ efficiency

효:의[孝義] 효행과 절의(節義). 孝義
　　filial piety and constancy

효:자[孝子] 효성스러운 아들. 孝子
　こうし　　　dutiful son

효:자[孝慈] 부모에게 대한 효 孝慈
도와 자식에게 대한 자애(慈
愛).　　　filial piety and
parental affection

효장[驍將・梟將] 사납고 날 驍將
쌘 장수(將帥). ぎょうしょう
　　　　　　valiant general

효:제[孝悌] ⇨효우(孝友). 孝悌

효:제충신[孝悌忠信] 효도・우 孝悌
애・충성・신의를 아울러 이르 忠信
는 말. こうていちゅうしん
　　　filial piety and loyalty

효:조[孝鳥] 까마귀. =반포조 孝鳥
(反哺鳥).　　　　crow

효:종[曉鐘] 새벽에 치는 종. 曉鐘
새벽종. =서종(曙鐘). ぎょ
うしょう　　daybreak bell

효죄[梟罪] 효수(梟首)에 처하 梟罪
는 죄.
　　crime for gibbeted head

효:중[孝中] 남의 상중(喪中)을 孝中
이르는 말.

효:지[曉知・曉智] 매우 베닌 曉知
한 지혜. sharp intelligence

효:천[曉天] 새벽 하늘. 새벽 曉天
녘. ぎょうてん　　dawn

효:칙[效則] 본받아서 법으로 效則
삼음.

효:친[孝親] 어버이에게 효도 孝親
함.　　　　filial piety

효:통[曉通] 환하게 깨달아 앎. 曉通
=통효(通曉). ぎょうつう
　　　　　　conversance

효:해[曉解] ⇨효득(曉得). 曉解

효:행[孝行] 부모를 잘 섬기는 孝行
행실. こうこう　filial piety

효:험[效驗] 일이나 작용의 보 效驗
람. =효력(效力)・효용(效用).
こうけん　　　efficacy

후[朽] 썩을 후 : 썩다. 늙다. 朽木
쇠하다. 「朽木(후목)・朽落(후
락)・朽損(후손)・朽壞(후괴)・
朽敗(후패)・老朽(노후)・不朽 不朽
(불후)」キュウ・くちる

후[后] ① 왕후 후 : 왕후. 황
후. 「后妃(후비)・王后(왕후)・ 王后
帝后(제후)」② 사직 후 : 사
직. 땅을 다스리는 신. 「后土 后土
(후토)」③ "後"와 通字. 뒤
후 : 뒤. 「午后(오후)」コウ
① きさき

후[吼] 울 후 : 울다. 짐승 우는
소리. 「吼怒(후노)・吼號(후
호)・獅子吼(사자후)」コウ・ 獅子吼
ほえる

후:[後]* 뒤 후 : 뒤. 뒤지다.
「後面(후면)・後方(후방)・後來 後方
(후래)・後進(후진)・前後(전
후)・背後(배후)」ゴ・のち・
あと

후:[厚]* 두터울 후 : 두텁다.
두껍다. 「厚待(후대)・厚顔(후
안)・厚德(후덕)・厚意(후의)・
厚志(후지)・濃厚(농후)」コ 厚志
ウ・あつい

후[侯]* ① 제후 후 : 제후. 군주
의 통칭. 「侯社(후사)・侯印(후 侯社
인)・侯班(후반)・諸侯(제후)・
王侯(왕후)・列侯(열후)」② 과 列侯
녁 후 : 과녁. 「侯鵠(후곡)」コウ

후[逅] 만날 후 : 만나다. 「邂逅 邂逅
(해후)」コウ

후[候]* ① 절기 후 : 절기. 때.
기후. 날씨. 「候鳥(후조)・候 候鳥
雁(후안)・候風(후풍)・候蟲(후
충)・氣候(기후)・節候(절후)」 氣候
② 망볼 후 : 망보다. 염탐하
다. 「候騎(후기)・候樓(후루)・
候兵(후병)・候正(후정)・斥候 斥候
(척후)」③ 문안 후 : 문안.
「候伺(후사)・問候(문후)」④ 問候
조짐 후 : 조짐. 「徵候(징후)」

⑤ 기다릴 후 : 기다리다. 「候補(후보)」コウ

후[喉]☆ 목구멍 후 : 목구멍. 「喉骨(후골)・喉頭(후두)・喉舌(후설)・喉門(후문)・咽喉(인후)」コウ・のど

후[堠] 망대 후 : 망대. 돈대. 「堠鼓(후고)・堠樓(후루)・堠望(후망)」コウ

후[猴] 원숭이 후 : 원숭이. 「猴盜(후도)・猴猿(후원)・猴行(후행)」コウ

후[嗅] 냄새 맡을 후 : 냄새 맡다. 「嗅覺(후각)・嗅感(후감)・嗅官(후관)・嗅器(후기)」キュウ・かぐ

후[篌] 악기 이름 후 : 악기의 이름. 공후. 「箜篌(공후)」コウ

후·가[後嫁] ⇨개가(改嫁).

후·각[後覺] 남보다 뒤늦게 깨달음. ↔선각(先覺). こうかく

후각[嗅覺] 냄새에 대한 감각. =후감(嗅感). きゅうかく olfactory sense

후·감[後鑑] 후일의 귀감(龜鑑). 후세의 모범. こうかん lesson for the future

후감[嗅感] ⇨후각(嗅覺).

후·건[後件] ①뒤의 물건이나 사건. ②기연적 판단을 내릴 때 그 판단의 귀결로 보는 부분. ↔전건(前件). こうけん ① following ② consequent

후·견[後見] 미성년자 또는 금치산자(禁治産者)의 감독・교육 및 그 행위의 내리・보도(輔導)・재산 관리 등을 하는 일. こうけん guardianship

후·견인[後見人] 후견(後見)의 직무를 행하는 사람. こうけんにん guardian

후·경[後景] ①후일의 경황. ②배후의 광경. ③무대의 배경. ↔전경(前景). こうけい ③ background

후·계[後繼] 뒤를 받아 이음. 「~자(者)」こうけい succession

후·고[後顧] ①지난 일을 돌아 봄. ②뒷날의 근심. こうこ ① looking back ② worry of the future

후골[朽骨] 썩은 뼈. きゅうこつ rotten bone

후골[喉骨] 성년 남자(成年男子)의 목구멍 속에 있는 갑상 연골(甲狀軟骨)의 돌기(突起)된 부분. Adam's apple

후관[嗅官] 냄새를 맡는 기관(器官). =후기(嗅器). きゅうかん olfactory organ

후·광[後光] ①부처의 몸 뒤로부터 비치는 광명(光明). 또는 이것을 상징하여 불상(佛像)의 머리 뒤에 붙인 금빛의 둥근 테. =광배(光背)・배광(背光)・원광(圓光). ②어떤 사물이나 인물을 더욱 빛나게 하는 배경. ごこう ① halo

후·군[後軍] ①뒤에 있는 군대. =전군(殿軍)・후진(後陣). ↔전군(前軍). ②지난날, 임금의 거둥 때 뒤를 호위하던 군대. =후상(後廂)・후상진(後廂陣). こうぐん ① rear guard

후·궁[後宮] ①제왕(帝王)의 첩. ↔정궁(正宮)・정비(正妃). ②주되는 궁전 뒤쪽에 있는 궁전. こうきゅう ① royal concubine ② king's harem

후·근[後筋] 후면에 붙은 근육.

후·기[後記] ①뒷날의 기록. ②본문 뒤에 기록함. 또는 그 기록. =후록(後錄). ↔진기(前記). こうき ① later record ② postscript

후:기[後期] ① 뒷날의 기약(期約). =후약(後約). ② 뒤의 기간(期間). ③ 후반기(後半期)의 준말. こうき ① future promise ② latter term

후:기[後騎] 척후(斥候)의 기병.

후:기 인상파[後期印象派] 인상파의 화풍을 개성적으로 발전시켜 강렬한 색채와 대담한 수법을 특색으로 하는 미술 운동의 한 파. こうきいんしょうは Post-impressionism

후:길[後吉] 상기(喪期)를 마치고 길복(吉服)을 입는 일.

후:난[後難] ① 뒷날의 재난. ② 후일(後日)의 비난. こうなん ① future disaster

후:년[後年] ① 내년 다음 해. =재명년(再明年)·내내년(來來年). ② 뒤에 오는 해. こうねん ① year after next

후:념[後念] ① ⇨ 후렴(後斂). ② 훗날의 근심. ② anxiety about one's future

후:뇌[後腦] 뇌수(腦髓)의 뒤쪽 부분. 대뇌(大腦)의 아래에 있으며, 온몸의 운동을 맡아 봄. こうのう metencephalon

후:단[後段] 뒤의 단(段). ↔전단(前段). latter part

후:당[後堂] 정당(正堂) 후면에 있는 별당. separate house in the rear

후:대[後代] 뒤의 세대(世代). ↔선대(先代). こうだい coming generation

후:대[厚待] 후하게 대접함. 또는 그러한 대우. =후우(厚遇). ↔냉우(冷遇)·박대(薄待). warm reception

후:대[後隊] ① 뒤에 있는 대오(隊伍). ② 후방에 있는 부대. rear ranks

후:덕[厚德] 어질고 후함. 또는 그러한 행실. ↔박덕(薄德). 「~ 군자(君子)」こうとく liberal favor

후:독[後毒] 일을 하거나 마치고 난 뒤에 가시지 않은 독기. =여독(餘毒)·여열(餘熱). lingering fatigue

후:두[後頭] 머리의 뒤쪽. 뒤통수. =뇌후(腦後). こうとう occiput

후두[喉頭] 호흡기의 한 부분. 공기의 통로(通路)인 동시에 발성 기관(發聲器官)임. 「~염(炎)」こうとう larynx

후:두골[後頭骨] 두개(頭蓋)의 뒤쪽을 차지하는 큰 뼈. occipital bone

후두 연:골[喉頭軟骨] 공기를 호흡하는 척추동물의 후두를 이루는 연골.

후두염[喉頭炎] 후두에 생기는 염증. 목이 쉬고 기침과 가래가 성함. 급성과 만성이 있음. 후두 카타르. こうとうえん laryngitic

후두음[喉頭音] 후두를 좁히거나 막고 기류(氣流)를 마찰 또는 파열시켜서 내는 소리. こうとうおん laryngeal sound

후드[hood] 외투 등에 달린 두건(頭巾) 모양의 머리쓰개. フード

후락[朽落] 낡고 썩어서 쓸모가 없게 됨. decay

후:래[後來] ① 이 뒤. =장래(將來). ② 뒤에 옴. ① future

후:래삼배[後來三杯] 술자리에서 뒤늦게 온 사람에게 벌주로 계속해서 권하는 석 잔의 술.

후:래선배[後來先杯] 술자리

에서 뒤늦게 온 사람에게 먼저 권하는 술잔. late-comers should be treated first

후:략[後略] 말이나 글의 뒤를 생략함. こうりゃく omission of what follows

후:려[後慮] 뒷날의 염려. 뒷일에 대한 근심. anxiety over the future

후:렴[←後染] 빛깔이 바랜 옷감 따위에 물을 다시 들임.

후:렴[後斂] 노래 끝에 붙어 되풀이하여 부르는 짧은 몇 마디의 가사. =후념(後念). refrain

후로[朽老] 나이가 많아 기력이 쇠약해짐. 또는 그러한 사람. growing weak

후:록[厚祿] 후한 봉록(俸祿). 많은 녹봉. こうろく high salary

후:록[後錄] 글 끝에 덧붙여 쓰는 기록. =후기(後記). postscript

후:료[厚料] 많고 넉넉한 급료(給料). 후하게 주는 급료. good pay

후:리[厚利] 많은 이익. ↔박리(薄利). こうり much profit

후:망[後望] 한 달을 둘로 나누었을 때 뒤의 보름. 곧 16일부터 그믐날까지. 후보름. second half of a month

후:면[後面] ①뒤쪽의 면. 뒤편. ↔전면(前面). こうめん ②절의 큰방의 뒤쪽. 이린 사미(沙彌)들이 앉는 곳. ① back side

후멸[朽滅] 썩어서 없어짐. ruin

후:명[後命] 지난날, 귀양살이하는 죄인에게 사약을 내리던 일.

후:모[後母] 아버지의 후취(後娶). =계모(繼母). stepmother

후:문[後門] 뒤쪽에 난 문. 뒷문. ↔정문(正門). こうもん rear gate

후:문[厚問] 슬프거나 기쁜 일이 있을 때, 정중한 인사의 뜻으로 부조(扶助)를 두터이 함.

후:문[後聞] 어떤 사건이나 일이 끝난 뒤에 들리는 소문. 뒷소문. こうぶん after-talk

후문[喉門] 목구멍. throat

후:미[後尾] ①뒤쪽의 끝. ②대열의 맨 뒷부분. ↔선두(先頭). こうび tail

후:미[後味] 음식을 먹은 뒤에 입 속에 남는 맛. 뒷맛. あとあじ aftertaste

후:미[厚味] ①진한 맛. ②훌륭한 음식. こうみ ① rich taste ② rich meal

후:박[厚朴] 한방에서, 후박나무의 말린 껍질을 약재로 이르는 말. 위한(胃寒)·구토(嘔吐) 등에 쓰임.

후:박[厚薄] ①두꺼움과 얇음. こうはく ②후함과 박함. =풍박(豐薄). ① thickness and thinness ② liberalness and stinginess

후:반[後半] 반으로 가른 뒷부분. ↔전반(前半). こうはん latter half

후:반기[後半期] 한 기간을 둘로 나누었을 때 뒤의 기간. 준후기(後期). latter term

후:발[後發] ①나중에 출발함. ↔선발(先發). ②나중에 쏨. ↔전발(前發). こうはつ ① later departure ② later shooting

후:방[後方] ①뒤쪽. ②전방 군대의 보급에 관한 일을 맡아 하는 부대나 기관. ↔전방

(前方). 「~ 근무(勤務)」こうほう ① rear ② home front

후:배[後配] 후취(後娶)의 존칭. 또는 죽은 후실.=후실(後室). second wife

후:배[後輩] 나이·학문·덕행·경험 따위가 자기보다 낮거나 늦은 사람.=후진(後進). ↔선배(先輩). こうはい junior

후:보[厚報] 후한 보수.=후수(厚酬). rich payment

후:보[後報] 첫번 보도(報道)에 이어서 하는 보도. こうほう later report

후보[候補] ① 장차 어떤 신분이나 직위에 등용될 수 있는 대상으로 인정을 받은 것. 또는 그러한 사람. ② 결원을 채울 수 있는 자격을 가짐. 또는 그러한 사람. こうほ ① candidacy

후보생[候補生] 일정한 과정(課程)을 마침으로 어떤 직위에 오를 수 있는 자격을 갖춘 생도. こうほせい cadet

후보지[候補者] 후보가 되는 사람. こうほしゃ candidate

후:복통[後腹痛] 해산(解産)한 뒤에 생기는 배앓이. 훗배앓이.

후:부[後夫] 여자가 개가하여 살 때의 남편. 후서방.=계부(繼夫). ごふ second husband

후:부[後部] ① 뒤의 부분. ↔전부(前部). ② 대오(隊伍)나 행렬의 뒤의 부분. こうぶ ① back part ② rear

후:분[後分] 사람의 한평생을 초분·중분·후분의 셋으로 나눈 것의 마지막 부분. 늦바탕의 운수. later fortune

후:비[后妃] 제왕(帝王)의 배우(配偶). 임금의 아내. こうひ queen

후:사[後事] ① 죽은 뒤의 일. ② 뒷날에 생기는 일. 뒷일. こうじ ① affairs after one's death ② future affairs

후:사[後嗣] 대(代)를 잇는 아들.=후승(後承). こうし heir

후:사[厚賜] 후하게 내려 줌.=후황(厚貺). liberal bestowal

후:사[厚謝] 후하게 사례함. 또는 그 사례. こうしゃ liberal reward

후:산[後産] 해산 뒤에 태(胎)가 나오는 일. あとざん afterbirth

후:상[厚賞] 두둑하게 상을 내려 줌. 또는 그러한 상. こうしょう liberal prize

후:생[厚生] 생활을 돕고 건강을 증진시킴. 「~ 시설(施設)」 こうせい social welfare

후:생[後生] ① 뒤에 태어남. 또는 그 사람. こうせい ② 불교에서, 삼생(三生)의 하나. 죽은 뒤에 다시 태어나는 생애(生涯).=내생(來生). ↔전생(前生). ごしょう ① juniors

후:생가:외[後生可畏] 후민들은 젊고도 기력이 왕성하므로 힘써 학문에 정진한다면, 그 성취의 경지는 두려워할 만하다는 뜻. こうせいおそるべし

후:생 광:상[後生鑛床] 주변의 바위나 돌이 생긴 다음에 된 광상. こうせいこうしょう epigenetic deposits

후:생동:물[後生動物] 다세포 동물(多細胞動物)을 원생동물(原生動物)에 상대하여 이르는 말.=조직 동물(組織動物). こうせいどうぶつ metazoan

후설[喉舌] ① 목구멍과 혀. ② 후설지신(喉舌之臣)의 준말. こうせつ ① throat and tongue

후:설지신[喉舌之臣] 조선 중엽 이후, 왕명 출납(王命出納)과 정부의 중대한 언론을 맡았던 벼슬아치, 곧 승지(承旨)를 이르던 말. 壱후설(喉舌).

후:성[後聖] 뒷세대에 나타난 성인. later sage

후성[喉聲] 목에서 나는 소리. 목소리. voice

후:세[後世] 뒤의 세상. 다음 세상. 죽은 뒤에 오는 세상. =내세(來世). ↔전세(前世). こうせい future world

후:세자[後世者] 불교에서, 염불을 일삼아 후세에 극락 세계에 나기를 바라는 사람.

후:속[後續] 뒤를 이어 계속됨. こうぞく succession

후:속[後屬] 여러 대가 지난 뒤의 자손. =후손(後孫). descendant

후손[朽損] 나무 같은 것이 썩어서 헒. decay

후:손[後孫] 몇 대가 지나간 뒤의 자손. 먼 자손. =후곤(後昆)·후예(後裔)·세사(世嗣)·여예(餘裔)·주손(冑孫)·주예(冑裔). descendant

후:송[後送] ①후방으로 보냄. ②뒤에 보냄. こうそう ① sending back ② sending later

후:수[厚酬] 두둑한 보수. =후보(厚報). liberal recompense

후:술[後述] 뒤에 기술함. 또는 그 기술. ↔전술(前述). こうじゅつ mentioning later

후:승[後承] ➪후사(後嗣).

후:시지탄[後時之嘆] 때 늦은 한탄. =만시지탄(晩時之嘆). repenting of one's missing a chance

후:식[後食] ①나중에 먹음. ②양식(洋食)을 먹은 뒤에 먹는 과자나 과실 따위의 입가심 음식. ① eating later ② dessert

후:신[後身] ①다시 태어난 몸. ②어떤 물체나 단체가 변한 뒤의 그 실체(實體). ↔전신(前身). こうしん ① reincarnation ② successor

후신경[嗅神經] 대뇌(大腦)에서 나와서 비강(鼻腔)의 점막(粘膜)에 분포하여 있는, 후감(嗅感)을 맡은 신경. =제일 뇌신경(第一腦神經). きゅうしんけい olfactory nerve

후:실[後室] ➪후취(後娶).

후:안[厚顏] ①두꺼운 낯 가죽. ②염치 없는 사람. 「~무치(無恥)」 こうがん ① brazen face

후안[候雁] 철을 따라 사는 곳을 바꾸는 기러기. migratory wild goose

후:약[後約] 뒷날의 약속. 뒤에 하기로 하는 기약. 뒷기약. =후기(後期). ↔전약(前約)·선약(先約). こうやく promise for the future

후약[嗅藥] 냄새를 맡아서 그 자극으로 진정시키거나 정신을 차리게 하는 약. かぎくすり

후:언[後言] 일이 끝난 뒤에 이러니저러니 하는 말. 뒷공론. こうげん futile rehash of an event

후:열[後列] 뒤로 늘어선 줄. ↔전열(前列). こうれつ rear row

후:염[後染] 후렴(後染)의 원말.

후:엽[後葉] 끝 무렵의 시대. =말엽(末葉). こうよう close of an age

후엽색[朽葉色] 물기가 말라서 낙엽 같은 색이라는 뜻으

후:예[後裔] ⇨후손(後孫). 後裔 こうえい

후:우[厚遇] ⇨후대(厚待). 厚遇 こうぐう

후:우[後憂] ⇨후환(後患). 後憂

후:원[後苑] 대궐 뒤에 있는 後苑 동산. こうえん
back garden in the palace

후:원[後援] 뒤에서 도와 줌. 後援 「~군(軍)」こうえん support

후:원[後園] 집 뒤에 풍치로 後園 만들어 놓은 정원이나 동산. こうえん back garden

후:월[後月] 다음 달. =익월 後月 (翌月). next month

후:위[後衛] ①뒤쪽의 호위. 後衛 ② 후위대(後衛隊)의 준말. ③ 축구·배구·테니스 따위의 경기에서 자기편 뒤쪽을 지키는 선수. ↔전위(前衛). こうえい
① rear guard ③ back player

후:위대[後衛隊] 군대 뒤쪽의 後衛隊 엄호(掩護)를 맡은 부대. 준 후위(後衛). ↔전위대(前衛隊). こうえいたい rear guard

후:위 진지[後衛陣地] 후위대 後衛 가 자리잡고 적을 막아 내는 陣地 진지. こうえいじんち

후:유증[後遺症] 앓고 난 뒤 後遺症 에도 남아 있는 병적 증세. こういしょう sequela

후:윤[後胤] ⇨후손(後孫). 後胤

후:은[厚恩] 두터운 은혜. こ 厚恩 うおん great favor

후음[喉音] 내쉬는 숨으로 목 喉音 젖을 마찰하여 내는 소리. 초성인 ㅇ·ㆆ·ㅎ 따위의 소리. 목소리. =후두음(喉頭音). こうおん guttural sound

후:의[厚意] 두텁게 쓰는 마 厚意 음. 「~에 감사하다」こうい kindness

후:의[厚誼] 두터운 정의(情誼). 厚誼 =후정(厚情). こうぎ
warm friendship

후:인[後人] 뒷세상의 사람. 後人 ↔선인(先人). こうじん
posterity

후:일[後日] 앞으로 올 세월. 後日 뒷날. 훗날. ごじつ future

후:임[後任] 앞사람의 일을 뒤 後任 이어 대신 맡아보는 임무. 또 는 그 사람. ↔선임(先任)· 전임(前任). 「~자(者)」こうにん successor

후:임자[後任者] 후임이 되는 後任者 사람. こうにんしゃ successor

후:자[後者] 두 가지 사물을 들 後者 어 말할 때에 뒤의 것. ↔전 자(前者). こうしゃ the latter 前者

후:작[後作] ①그 루 갈이에서 後作 나중에 짓는 농작물. 뒷그루. あとさく ②뒤에 지은 작품. ↔전작(前作).
① second crop ② latter work

후작[侯爵] 오등작(五等爵) 가 侯爵 운데 둘째 번의 작위(爵位). こうしゃく marquis

후:장[後章] 서적·조문(條文) 後章 따위의 뒤에 나오는 장. ↔전 條文 장(前章). こうしょう
latter chapter

후:장[後場] ①다음 번의 장 後場 (場). 다음 장날. ②거래소(去 去來所 來所)에서 오후에 여는 입회 (立會). ↔전장(前場). ごば
② afternoon session

후:전[後殿] ①후비(后妃)나 後殿 궁녀가 살고 있는 궁전. ②군 后妃 대가 퇴각할 때, 최후까지 남 아 적의 추격을 방어하는 군 대. ① royal harem

후:정[後庭] 집 뒤에 있는 뜰. 後庭 뒤뜰. こうてい backyard

후:정[厚情] ⇨후의(厚誼). こうじょう

후조[候鳥] 철을 따라 이리저리 옮아 가며 사는 새. 철새. ↔유조(留鳥). こうちょう　migratory bird

후:족[後足] 네 발 가진 짐승의 뒤에 있는 발. 뒷발. うしろあし　hind foot

후:종[後從] 뒤에서 따라감. 또는 그 사람.　following

후:주[後主] ① 뒷주인. 나중 주인. ② 뒤를 이은 임금. 나중 임금. ↔전주(前主). こうしゅ　① next master

후:주[後奏] 반주(伴奏)에서 독창이나 독주가 끝난 뒤에 연주하는 부분. ↔전주(前奏)・간주(間奏). こうそう postlude

후:주[後酒] 술의 웃국을 떠내고 재강에 물을 부어 다시 짜낸 술.

후:중[後重] 대변을 눌 때에 시원하지 않고 뒤가 무지근한 느낌이 있음.　constipation

후:중기[後重氣] 뒤가 무지근한 느낌.

후:증[後證] 뒷날의 증거. こうしょう　future evidence

후증[喉症] 목구멍이 아프고 붓는 병의 통칭. =인후병(咽喉病).　sore throat

후:지[厚志] 남을 위하는 두터운 마음. こうし kind intention

후:지[後肢] 뒷다리. こうし　hind leg

후:진[後陣] ① 맨 뒤에 친 진(陣). ↔전진(前陣). ② ⇨후군(後軍). こうじん　rear guard

후:진[後進] ① 뒤늦게 진출함. 또는 그 사람. ② ⇨후배(後輩). ③ 문물의 발달이 뒤떨어짐. ↔선진(先進). 「～국(國)」

④ 뒤쪽으로 나아감. ↔전진(前進). こうしん ③ backwardness

후:진성[後進性] 뒤지거나 뒤떨어지는 특성이나 상태. こうしんせい　underdevelopment

후:집[後集] 시집・문집(文集) 따위를 낸 뒤에, 다시 추리어서 만든 책. こうしゅう

후:처[後妻] 아내를 여의고 다시 장가들어 맞은 아내. =후취(後娶)・재취(再娶). ごさい　second wife

후:천[後天] 태어난 뒤에 지니게 된 것. ↔선천(先天). こうてん　posteriority

후:천개벽[後天開闢] 천도교(天道敎)에서, 최수운(崔水雲)이 구세계와 신세계를 종교적으로 가르고 동학(東學)을 일으킨 경신년(庚申年) 4월 5일 이후인 인문 개벽(人文開闢)을 이르던 말.

후:천론[後天論] ① 일체의 사상・사실들은 모두 경험에 의하여 이루어진다는 학설. ② 모든 도덕적 의식은 경험에서 생긴다는 학설. =후천설(後天說). こうてんろん

후:천사[後天事] 현실과는 관계기 없는 민 뒷날의 일.　future affairs

후:천설[後天說] ⇨후천론(後天論). こうてんせつ

후:천성[後天性] 후천적인 성질. ↔선천성(先天性). こうてんせい　posteriority

후:천수[後天數] 천간(天干)과 지지(地支)에 의하여 각각 배정한 수.

후:천적[後天的] 생후에 몸에 지니게 된 성질의 것. ↔선천적(先天的). こうてんてき　acquired

후:취[後娶] ⇨후처(後妻). 後娶
후:치[後置] 뒤에 놓음. こうち 後置
    postposition
후:탈[後頉] ① 병이 나은 뒤 後頉
나 해산한 뒤에 생기는 몸의
병증. ② 일이 지나간 뒤에 생
기는 탈.
 ① complications ② aftermath
후토[后土] 토지의 신(神). こ 后土
うど   god of earth
후:퇴[後退] ① 뒤로 물러감. 後退
↔전진(前進). 「~ 작전(作戰)」作戰
② 집채의 뒤쪽으로 달아
낸 물림. こうたい
   ① retreat ② setback
후:퇴각[後退角] 항공기에서, 後退角
주익(主翼)을 횡축(橫軸)보다
평면적으로 후퇴시킨 각도.
こうたいかく
후:편[後便] ① 나중의 인편이 後便
나 차편. ② 뒤편짝.
   ① later messenger
후:편[後篇] 두 편으로 나누어 後篇
진 책이나 영화 따위의 뒤의
편. ↔전편(前篇). こうへん
    latter part
후폐[朽廢] 썩어서 못 쓰게 됨. 朽廢
きゅうはい   ruin
후:폐[後弊] 뒷날의 폐단. 後弊
     aftermath
후:폭[後幅] 옷의 뒤편 조각. 後幅
뒤폭.   back of a garment
후:풍[厚風] 순후(淳厚)한 풍속. 厚風
후풍[候風] 배가 떠날 무렵에 候風
순풍을 기다림.
후:학[後學] 후진의 학자. =말 後學
학(末學). ↔선학(先學). こ
うがく   junior scholars
후:항[後項] ① 뒤에 적힌 조항 後項
(條項). ② 두 개 이상의 항(項) 條項
중에서 뒤의 항. ↔전항(前項).
こうこう   ① succeeding
clause ② consequent

후:행[後行] 결혼 때, 신부나 後行
신랑을 데리고 가는 사람. =
위요(圍繞)·상객(上客). escort 圍繞
of a bride[bridegroom]
후:형질[後形質] 원형질(原形 後形質
質)의 생활 작용의 결과로 생
긴 배설물이나 저장물. =후
생질(後生質). こうけいしつ
    metaplasm
후:환[後患] 뒷날의 걱정과 근 後患
심. =후우(後憂). こうかん 後憂
    future troubles
후:회[後悔] 이전의 잘못을 뉘 後悔
우침. 「~막급(莫及)」 こうか
い   repentance
후:회막급[後悔莫及] 아무리 後悔
뉘우쳐도 어찌할 도리가 없음. 莫及
=회지무급(悔之無及).
It is no use crying over spilt
milk.
훅[hook] 권투(拳鬪)에서, 팔 拳鬪
꿈치를 구부리고 옆으로 치기.
フック
훈:[訓]* 가르칠 훈:가르치다. 訓戒
훈계하다. 「訓戒(훈계)·訓導
(훈도)·訓育(훈육)·訓鍊(훈
련)·訓手(훈수)·校訓(교훈)·
家訓(가훈)」 クン·おしえ
훈:[葷] 훈채 훈:훈채. 마늘·
생강·파처럼 특이한 맛과 향
이 있는 채소. 「葷菜(훈채)· 葷菜
葷辛(훈신)·葷肉(훈육)·葷酒
(훈주)」 クン
훈[暈] ① 무리 훈:햇무리. 달
무리. 「暈色(훈색)·暈影(훈 暈色
영)·暈輪(훈륜)·暈圍(훈위)」
② 어지러울 훈:어지럽다.
「暈厥(훈궐)」 ウン ① かさ 暈厥
훈[熏] "燻"은 俗字. ① 불길 훈
:불길. 지지다. 불길 오르다.
「熏煮(훈자)·熏灼(훈작)·熏天
(훈천)」 ② 날 저물 훈: 황혼.
「熏夕(훈석)」 ③ 훈훈한 모양 熏夕

훈 : 따뜻하다. 「熏風(훈풍)·熏熏(훈훈)」クン

훈[勳] 공훈. 훈:공훈. 「勳階(훈계)·勳功(훈공)·勳等(훈등)·勳臣(훈신)·勳章(훈장)·元勳(원훈)」クン・いさお

훈[燻] "熏"의 俗字. ① 구울 훈 : 훈하다. 훈김 쐬다. 「燻煙(훈연)·燻肉(훈육)·燻製(훈제)·燻造(훈조)·燻蒸(훈증)·燻腿(훈퇴)」② 불김 훈 : 불김. クン・いぶす・ふすべる・くゆらす

훈[曛] 땅거미 훈 : 땅거미. 어둑어둑하다. 「曛日(훈일)·曛黃(훈황)·曛黑(훈흑)」フン

훈[薰] ① 향풀 훈 : 향기 있는 풀. 「薰沐(훈목)·薰芳(훈방)·薰染(훈염)·香薰(향훈)」② 온화할 훈 : 온화하다. 「薰風(훈풍)·薰氣(훈기)·薰然(훈연)·薰薰(훈훈)」③ 감화시킬 훈 : 감화시키다. 「薰育(훈육)·薰化(훈화)·薰修(훈수)·薰習(훈습)·薰炙(훈자)」④ 훈할 훈 : 훈하다. 「薰蒸(훈증)·薰灼(훈작)」クン ①かおり

훈:계[訓戒] 타일러 경계함. くんかい admonition

훈계[勳階] 공훈의 등급. =훈등(勳等). order of merit

훈:계 방:면[訓戒放免] 경범자(輕犯者)를 훈계하여 놓아 줌. 준훈방(訓放). dismissing with a caution

훈:고[訓告·訓誥] 알아듣도록 잘 타이름. くんこく gentle reproof

훈:고[訓詁] ① 경서(經書)의 고증(考證)·해석(解釋)·주해(註解)의 총칭. ② 자구(字句)의 풀이. くんこ ① exegesis ② commentary

훈공[勳功] 나라를 위하여 세운 공로. =훈로(勳勞)·공훈(功勳). くんこう merits

훈관[勳官] 작호(爵號)만 있고 직분은 없는 벼슬.

훈구[勳舊] 대대(代代)로 훈공이 있는 집안. 또는 훈공이 있는 신하.

훈기[勳記] 훈장과 더불어 내리는 증서. くんき patent of decoration

훈기[薰氣] ① 훈훈한 기운. ② 훈김. warm air

훈도[薰陶] 덕으로써 사람을 교화(敎化)·훈육(訓育)함. くんとう

훈:독[訓讀] 한문을 새기어 읽음. ↔음독(音讀). くんどく Korean reading of a Chinese character

훈등[勳等] ⇨ 훈계(勳階). くんとう

훈:련[訓練·訓鍊] ① 실무(實務)를 배워 익힘. ② 무예(武藝)의 가르침을 받아 단련함. 「~소(所)」くんれん training

훈:련 대:장[訓鍊大將] 조선 때, 훈련도감(訓鍊都監)의 종이품의 주장(主將). 준훈장(訓將).

훈:련도감[訓鍊都監] 임진왜란 후 전술 교련(戰術敎鍊)을 목적으로 설치한 군영의 하나.

훈:련병[訓鍊兵] 훈련을 받고 있는 병사. 준훈병(訓兵).

훈:령[訓令] 상급 관청이 하급 관청에 훈시나 명령을 내림. 또는 그 훈시나 명령. くんれい official orders

훈륜[暈輪] ⇨ 훈위(暈圍).

훈명[勳名] ⇨ 훈호(勳號).

훈목[薰沐] 향료를 뿌리고 머리를 감아 몸을 깨끗이 함. くんもく

훈:몽[訓蒙] 어린아이나 초학

자를 가르침. くんもう instruction

훈문[勳門] 공훈을 세운 가문(家門). =훈벌(勳閥). family of merits

훈문[薰門] 권세 있는 집안. powerful family

훈:민[訓民] 백성을 가르침. teaching the people

훈:민정:음[訓民正音] 조선의 4대 임금인 세종 대왕이 집현전 학자들의 도움으로 만든 우리 나라 글자. 모음 11자, 자음 17자로 되었음. 한글. 준 정음(正音).

훈:방[訓放] 훈계 방면(訓戒放免)의 준말.

훈벌[勳閥] ⇨훈문(勳門). くんばつ

훈:병[訓兵] 훈련병(訓鍊兵)의 준말.

훈:사[訓辭] ⇨훈언(訓言). くんじ

훈상[勳賞] 훈공을 표창하는 상. くんしょう

훈색[暈色] 우련하게 보이는 빛깔.

훈:석[訓釋] 한문의 뜻을 새김. くんしゃく

훈:수[訓手] 바둑·장기 따위에서 수를 뚱기어 가르쳐 줌. hint

훈:시[訓示] ① 가르쳐 보임. ② 관아의 명령을 일반에게 알림. 또는 그 게시(揭示). ③ 상관이 집무상(執務上)의 주의 사항을 부하 관리에게 일러 보임. くんじ ① instruction ② official instructions

훈약[薰藥] 불에 태우거나 고열(高熱)을 가하여 나는 기운을 쐬어 병을 다스리는 약.

훈:언[訓言] 훈계하는 말. =훈사(訓辭). くんげん admonitory speech

훈업[勳業] 훈공이 현저한 사업. 큰 공로. =공업(功業)·공렬(功烈). くんぎょう achievement

훈연[薰煙] 좋은 냄새가 나는 연기. くんえん fragrant fumes

훈열[薰熱] ⇨훈증(薰蒸).

훈위[暈圍] 햇무리나 달무리 등의 둥근 테두리. =훈륜(暈輪). halo

훈위[勳位] 공훈과 위계(位階). くんい

훈:유[訓諭·訓喩] 가르쳐 타이름. くんゆ admonition

훈:육[訓育] ① 가르쳐 기름. ② 감정과 의지를 도야(陶冶)하여 바람직한 인격을 형성시키는 교육. くんいく ① education ② moral education

훈육[燻肉] 훈제(燻製)한 고기. くんにく smoked meat

훈육[薰育] 덕으로써 사람을 감화하여 기름. くんいく moral education

훈:인[訓人] 사람을 가르침. instruction

훈:장[訓長] 글방의 선생. =학구(學究). village schoolmaster

훈:장[訓將] 훈련 대장(訓鍊大將)의 준말.

훈장[勳章] 나라에 훈공이 있는 사람에게 내리는 휘장(徽章). =훈패(勳牌). くんしょう decoration

훈:전[訓典] ① 훈계가 되는 서적. くんてん ② 선왕(先王)·성현(聖賢)의 전적(典籍).

훈:전[訓傳] 경서(經書)를 해석한 책. くんでん

훈:전[訓電] 전보로 보내는 훈

령(訓令). くんでん
telegraphic instructions

훈제[燻製] 소금에 절인 고기를 연기에 그슬려 말린 것. くんせい　smoking

훈조[燻造] 메주. 간장·된장·고추장의 원료가 됨.

훈증[薰蒸] 찌는 듯이 무더움. =훈열(薰熱). くんじょう

훈증제[燻蒸劑] 유독(有毒) 가스를 발생하여 병균 및 해충을 죽이는 약제. くんじょうざい　fumigant

훈:채[葷菜] 마늘이나 파처럼 특이한 냄새가 나는 채소. くんさい
strong-flavored vegetables

훈풍[薰風] 첫여름에 부는 훈훈한 바람. =황작풍(黃雀風). くんぷう　balmy breeze

훈향[薰香] 불을 붙이어 냄새를 내는 향료. =선향(線香). くんこう

훈호[勳號] 훈공의 칭호. =훈명(勳名).　name of merit

훈:화[訓話] 교훈 또는 훈시하는 말. くんわ
admonitory lecture

훈화[薰化] 훈도(薰陶)하여 착하게 함. くんか　guidance

훈:회[訓誨] 가르치고 이끌어 줌. 교도(敎導)하고 훈유(訓諭)함. =교훈(敎訓). くんかい　instruction

훌라댄스[hula dance] 엉덩이를 내어두르며 추는 희이이의 민속춤. フラダンス

훌라후:프[Hula-Hoop] 플라스틱으로 만든 둥근 테를 허리에 걸치고 흔들어 빙빙 돌리는 놀이. 또는 그 물건. フラフープ

훌:리건[hooligan] 축구장 난

동패를 가리키는 말.

훙[薨] 죽을 훙 : 제후가 죽다. 죽다. 「薨去(훙거)·薨逝(훙서)·薨御(훙어)」コウ

훙거[薨去] ⇨ 훙서(薨逝). こうきょ

훙서[薨逝] 왕공 귀인(王公貴人)의 죽음. =훙거(薨去)·훙어(薨御). こうせい　demise

훙어[薨御] ⇨ 훙서(薨逝). こうぎょ

훤[喧] 시끄러울 훤 : 시끄럽다. 지껄이다. 싸우다. 「喧訴(훤소)·喧藉(훤자)·喧爭(훤쟁)·喧呼(훤호)·喧騷(훤소)·喧傳(훤전)」ケン·かまびすしい

훤[萱] ① 원추리 훤 : 원추리. 망우초. 「萱草(훤초)·萱菜(훤채)」② 북당 훤 : 어머니가 거처하는 집. 또는 남의 어머니의 높임말. 「萱堂(훤당)」ケン

훤[暄] 따뜻할 훤 : 따뜻하다. 「暄暖(훤난)·暄日(훤일)·暄天(훤천)·暄風(훤풍)·暄和(훤화)」ケン

훤[諠] "喧"과 通字. 시끄러울 훤 : 시끄럽다. 「諠言(훤언)·諠擾(훤요)·諠傳(훤전)」ケン

훤당[萱堂] 남의 어머니를 높이어 이르는 말. =북당(北堂)·자당(慈堂). けんどう
your mother

훤소[喧騷] 뒤떠들어 소란함. けんそう　noise

훤요[喧擾] 시끄럽게 떠듦. 시끄럽고 떠들썩함. けんじょう　noise

훤일[暄日] 따뜻한 날씨. =훤천(暄天).　warm weather

훤자[喧藉] 뭇사람의 입으로 퍼져 와자하게 됨. =훤전(喧傳).

훤쟁[喧爭] 뒤떠들면서 다툼.

훤전[喧傳] ⇨ 훤자(喧藉). けんでん wrangle

훤조[喧噪] 시끄럽게 떠듦. =훤화(喧譁). けんそう clamor

훤천[喧天] ⇨ 훤일(喧日).

훤풍[喧風] 따뜻한 바람. warm breeze

훤호[喧呼] 떠들어서 부름. shouting

훤화[喧譁] ⇨ 훤조(喧噪). けんか

훼:[卉] 풀 훼 : 풀. 「卉木(훼목)·花卉(화훼)」キ

훼[喙] 부리 훼 : 부리. 새 주둥이. 「喙息(훼식)·喙長(훼장)·容喙(용훼)」カイ

훼:[毀]* ① 헐 훼 : 헐다. 무너지다. 「毀家(훼가)·毀壞(훼괴)·毀棄(훼기)·毀碎(훼쇄)·毀損(훼손)·毀節(훼절)」 ② 비방할 훼 : 비방하다. 「毀謗(훼방)·毀事(훼사)·毀短(훼단)·毀辱(훼욕)」 ③ 얼굴이 파리할 훼 : 얼굴이 파리하다. 「毀慕(훼모)」キ ①こわす

훼:가출동[毀家黜洞] ⇨ 훼가출송(毀家黜送).

훼:가출송[毀家黜送] 한 고을이나 한 동네에서 불미한 행동으로 풍기를 어지럽게 한 사람의 집을 헐고 다른 곳으로 내쫓음. =훼가출동(毀家黜洞).

훼:기[毀棄] 헐거나 깨뜨려 버림. きき destruction

훼:기죄[毀棄罪] 재물(財物) 또는 문서(文書)를 손괴(損壞)하여 그 효용(効用)을 멸실 감소(滅失減少)시킴으로써 성립되는 범죄. =손괴죄(損壞罪). ききざい

훼:멸[毀滅] ① 상(喪)을 당하고 몹시 상심(傷心)하여 몸이 쇠약해지고 마음이 약해짐. ② 몹시 슬퍼함. ③ 헐고 깨뜨려 없앰. ③ destruction

훼:모[毀慕] 몸이 상하도록 죽은 어버이를 사모함. pining

훼:방[毀謗] ① 남을 헐뜯어 비방함. =자훼(訾毀)·자방(訾謗). ② 남의 일을 방해함. きぼう ① slander ② interruption

훼:사[毀事] 남의 일을 훼방함. interruption

훼:상[毀傷] 몸을 다침. 몸에 상처를 냄. きしょう injury

훼:손[毀損] ① 체면을 손상함. ② 헐어서 못 쓰게 함. =괴손(壞損). 「산림(山林)~」きそん ① defamation ② damage

훼:언[毀言] 남을 헐뜯는 말. きげん slander

훼:예[毀譽] 헐는음과 칭찬함. きよ censure and praise

훼:욕[毀辱] 헐뜯어 욕함. disparagement

훼장삼척[喙長三尺] 허물이 드러나서 감출래야 감출 수가 없음.

훼:절[毀節] 절조(節操)를 깨뜨림. apostasy

훼:척[毀瘠] 너무 슬퍼하여 몸이 쇠하고 마름.

훼:척골립[毀瘠骨立] 바짝 말라 뼈가 앙상하게 드러남. 준 척골(瘠骨). emaciation

훼:철[毀撤] 헐어 내어 걷어 치움.

훼:치[毀齒] 어린애가 배냇니를 갊. きし

훼:파[毀破] 헐어 깨뜨림. =훼괴(毀壞). destruction

휘[揮]* ① 휘두를 휘 : 휘두르다. 지휘하다. 「揮劍(휘검)·揮手(휘수)·揮筆(휘필)·揮毫(휘호)·指揮(지휘)·發揮(발

휘[揮] ②뿌릴 휘:뿌리다.「揮淚(휘루)·揮汗(휘한)·揮發(휘발)·揮灑(휘쇄)」キ ①ふるう

휘[暉] 햇빛 휘:햇빛. 빛나다.「暉映(휘영)·暉暉(휘휘)」キ

휘[彙] 무리 휘:무리. 모이다.「彙報(휘보)·彙類(휘류)·彙分(휘분)·部彙(부휘)·語彙(어휘)·辭彙(사휘)」イ

휘[輝]☆ 빛날 휘:빛. 빛나다.「輝映(휘영)·輝耀(휘요)·輝煌(휘황)·光輝(광휘)·明輝(명휘)」キ·かがやく

휘[麾] 대장기 휘:대장기. 지휘하다.「麾下(휘하)·麾軍(휘군)·麾動(휘동)·麾旗(휘기)·麾旌(휘정)·麾鐵(휘철)」キ

휘[諱] ①꺼릴 휘:꺼리다. 숨기다. 피하다.「諱祕(휘비)·諱日(휘일)·諱音(휘음)·諱談(휘담)·諱病(휘병)·忌諱(기휘)」 ②휘 휘:휘. 돌아가신 어른의 이름자.「諱字(휘자)」キ

휘[徽] ①아름다울 휘:아름답다.「徽言(휘언)·徽音(휘음)·徽績(휘적)·徽徽(휘휘)」 ②기 휘:기. 표지.「徽章(휘장)·徽幟(휘치)·徽號(휘호)」キ

휘검[揮劍] 검을 휘두름. brandish a sword

휘광[輝光] 빛이 남. 비치는 빛. きこう brilliance

휘담[諱談] ⇨ 휘언(諱言).

휘도[輝度] 발광체의 표면의 밝기를 나타내는 말. 단위는 람베르트(Lambert). きど

휘동[麾動] ①지휘하여 움지임. ②지휘하여 선동함. ② fomenting

휘루[揮淚] 눈물을 뿌림.

휘류[彙類] 같은 종류나 같은 속성에 따라 모은 종류. いい class

휘발[揮發] 액체가 기체(氣體)로 변하여 날아 흩어지는 현상. きはつ volatilization

휘발성[揮發性] 휘발하는 성질. きはつせい volatility

휘병[諱病] 앓는 병을 숨기고 드러내지 않음. =휘질(諱疾)

휘보[彙報] ① 같은 계통의 여러 가지 일을 종류에 따라 한데 모아 엮어서 알리는 기록. ②⇨ 잡지(雜誌). いほう ① bulletin

휘비[諱祕] 휘지비지(諱之祕之)의 준말.

휘비석[揮沸石] 광물의 한 가지. 빛깔은 백·홍·회·갈색 등이 있음.

휘석[輝石] 조암(造巖) 광물의 하나. 철·칼슘·마그네슘 등의 규산 암류로 된 사방정계(斜方晶系) 또는 단사정계(單斜晶系)의 광물. きせき pyroxene

휘선[輝線] 스펙트럼 속에서 밝게 빛나는 선. ↔암선(暗線). きせん bright line

휘쇄[揮灑] 물에 흔들어 깨끗이 함. rinse

휘수[揮手] ①손짓을 해서 거절의 뜻을 보임. ②손짓을 해서 어떤 낌새를 알아차리게 함. signal with the hand

휘슬[whistle] ①휘파람. ②호각(號角).

휘안광[輝安鑛] 황화안티모(黃化antimon)으로 이루어진 연회색의 부른 광석. きあんこう

휘암[輝巖] 화성암의 하나. 주성분은 휘석으로 담록색 또는 암록색임. きがん

휘언[諱言] 꺼리어 세상에 드러내 놓고 하기 어려운 말. =휘담(諱談). forbidden talk

휘영[輝映] 밝게 비침. 輝映

휘음[諱音] 사람이 죽었다는 기별. =부음(訃音). obituary 諱音

휘음[徽音] ① 아름다운 언행에 대한 소문과 영예. ② 아름다운 음악. 徽音

휘일[諱日] 조상(祖上)의 돌아간 날. ancestor's memorial day 諱日

휘자[諱字] 세상을 떠난 어른의 이름자. 諱字

휘장[揮帳] 피륙을 이어서 만든 둘러치는 막. curtain 揮帳

휘장[徽章] 지위나 신분을 나타내기 위하여 옷이나 모자 등에 붙이는 표장(表章). きしょう badge 徽章

휘지[徽旨] ① 지난날, 왕세자(王世子)가 내리던 문표(門標). ② 왕세자가 섭정(攝政)할 때의 명령. 徽旨

휘지비지[諱之祕之] 남을 꺼려 얼버무려 넘김. 준휘비(諱祕). hushing up 諱之祕之

휘질[諱疾] 앓는 병을 숨기고 드러내지 않음. =휘병(諱病). 諱疾

휘테[독 Hütte] 스키어나 등산인(登山人)을 위해 마련된, 산에 있는 오두막. ヒュッテ 登山人

휘필[揮筆] 붓을 휘두른다는 뜻으로, 예술품으로서의 그림을 그리거나 글자를 씀. =휘호(揮毫). writing or painting 揮筆 揮毫

휘하[麾下] 장군(將軍)의 통솔 아래, 또는 그 통솔 밑에 있는 군사. =부하(部下).「~장병(將兵)」きか 麾下 將軍

휘한[揮汗] 땀을 뿌림. 揮汗

휘호[揮毫] ⇨휘필(揮筆). 揮毫

휘호[徽號] 왕비(王妃)가 죽은 뒤에 시호(諡號)와 함께 내리는 존호(尊號). きごう 徽號

휘황[輝煌] 눈부시게 환함. dazzling 輝煌

휘황찬:란[輝煌燦爛] 광채가 눈부시게 빛남. brilliance 輝煌燦爛

휠:체어[wheelchair] 앉은 채로 이동(移動)할 수 있도록 바퀴를 단 의자. 移動

휴[休]* ① 쉴 휴 : 쉬다. 「休暇(휴가)・休校(휴교)・休息(휴식)・公休(공휴)・運休(운휴)・歸休(귀휴)」 ② 아름다울 휴 : 아름답다. 즐겁다. 「休德(휴덕)・休範(휴범)・休兆(휴조)」 キュウ ① やすむ 休暇 歸休

휴[畦] 밭두둑 휴 : 밭두둑. 「畦道(휴도)・畦畔(휴반)・畦蔬(휴소)」 ケイ・あぜ 畦畦道

휴[携]☆ ① 가질 휴 : 가지다. 지니다. 「携帶(휴대)・携酒(휴주)・携持(휴지)・携行(휴행)」 ② 끌 휴 : 끌다. 이끌다. 『携手(휴수)・提携(제휴)」 ケイ ① たずさえる 携帶 提携

휴[虧] 이지러질 휴 : 이지러지다. 줄다. 「虧空(휴공)・虧損(휴손)・虧失(휴실)・虧喪(휴상)・虧蝕(휴식)・虧月(휴월)」 キ 虧損

휴가[休暇] 학교・직장 따위에서 일정한 기간을 정하여 쉬는 일. 말미. 「동기(冬期) ~」 きゅうか holidays 休暇

휴간[休刊] 신문・잡지 따위의 정기 간행물의 간행을 일시 쉬는 일. ↔속간(續刊). きゅうかん suspension of publication 休刊 續刊

휴강[休講] 강의를 안 하고 쉼. きゅうこう giving no lecture 休講

휴게[休憩] 일을 하거나 길을 가다가 잠깐 쉼. =휴식(休息). 「~실(室)」 きゅうけい rest 休憩 休息

휴교[休校] 어떠한 사정에 의하여 학교의 과업을 한때 쉼. 또는 그런 일. きゅうこう short closure of a school 休校

휴대[携帶] 몸에 지님. =휴지(携持). けいたい carrying

휴등[休燈] 전등 사용을 한동안 중지함. suspending the use of an electric light

휴·머니스트[humanist] 인본주의자(人本主義者). ヒューマニスト

휴·머니즘[humanism] 인문주의(人文主義). 인본주의. ヒューマニズム

휴·머니티[humanity] 인간성(人間性). 인성(人性). ヒューマニティ

휴면[休眠] ① 쉬면서 아무것도 하지 아니함. ② 동식물의 환경이나 조건이 생활에 부적당할 때, 생물이 그 발육이나 활동을 일시적으로 정지하는 일. 「~기(期)」きゅうみん ① quiescence ② hibernation

휴면기[休眠期] 휴면하는 기간. resting stage

휴무[休務] 보던 사무를 한때 쉼. きゅうむ closure

휴병[休兵] 군인에게 적당한 휴식이나 휴가를 주어 사기(士氣)를 돋움. giving soldiers a rest

휴식[休息] 무슨 일을 히다가 잠깐 쉼. =게식(憩息)·휴게(休憩). きゅうそく rest

휴식[虧蝕] ① 일식(日蝕)과 월식(月蝕). ② 자본금의 결손(缺損). ① eclipse ② loss

휴식부[休息符] 문장의 의미가 중단되어 쉬는 자리에 쓰는 부호. 또 숫자의 세 자리마다 구분하는 데 쓰는 부호. 쉼표. =휴지부(休止符). comma

휴식 자·본[休息資本] 현실적으로 생산 과정에 운용되지 아니하나 장차 운용하려는 자본. unemployed capital

휴신[休神] 신경을 쓰지 않고 마음을 편안히 가짐. =안심(安心). きゅうしん peace of mind

휴아[休芽] 잎이나 가지가 상하였을 때, 이를 대신하여 생장 운동을 할 수 있도록 붙어 있는 싹.

휴양[休養] ① 편안히 쉬면서 심신을 잘 기름. 「~지(地)」 ② 조세(租稅)를 가볍게 하여 민력(民力)을 기름. きゅうよう ① rest

휴업[休業] 일삼던 업을 얼마 동안 쉬는 일. きゅうぎょう closure

휴일[休日] 공휴일·일요일 등의 쉬는 날. きゅうじつ holiday

휴재[休載] 연재(連載)하던 글을 한동안 싣지 않음. きゅうさい suspension of serialization

휴전[休戰] 싸우던 전쟁을 얼마 동안 중지함. 「~ 조약(條約)」 きゅうせん truce

휴정[休廷] 재판 도중에 잠시 동안 쉬는 일. ↔개정(開廷). きゅうてい holding no court

휴제[休題] ① 맘을 한동안 멈춤. ② 화제(話題)를 바꿈. きゅうだい

휴조[休兆] 좋은 징조. =길조(吉兆)·휴징(休徵). good omen

휴지[休止] 머무름. 그침. きゅうし stoppage

휴지[休紙] ① 못 쓰게 된 종이. ② 밑을 씻거나 코를 푸는 데 쓰는 허드렛종이. ① wastepaper ② toilet paper

휴지[携持] ⇨ 휴대(携帶).

휴지부[休止符] ① ⇨ 휴식부(休息符). ② 악보(樂譜)에서,

휴지(休止)를 나타내는 부호. 쉼표. =휴부(休符). きゅうしふ ② pause

휴지화[休紙化] 휴지로 되어 버림. 곧 아무 소용이 없게 됨. invalidation

휴직[休職] 어느 기간 동안 현직(現職)의 복무를 중지하고 쉼. きゅうしょく temporary retirement from office

휴직급[休職給] 휴직중의 직원에게 지급하는 봉급. half pay

휴진[休診] 의료 기관에서 진료를 쉼. きゅうしん accepting no patients

휴척[休戚] 편안함과 근심. =희우(喜憂). きゅうせき peace and anxiety

휴퇴[休退] 벼슬에서 물러나 쉼. きゅうたい retiring

휴학[休學] 학생이 병이나 다른 사정으로 일정 기간 학업(學業)을 쉼. ↔복학(復學)·복교(復校). きゅうがく temporary absence from school

휴한[休閑] 토양(土壤)을 개량하기 위하여 어느 기간 동안 경작을 중지함.「~지(地)」 きゅうかん fallow

휴항[休航] 배나 항공기가 운항을 쉼. きゅうこう

휴화산[休火山] 옛날에는 분화하였으나, 현재는 분화하지 않고 활동을 멈춘 화산. =수면화산(睡眠火山)·식화산(熄火山). ↔활화산(活火山). きゅうかざん dormant volcano

휴회[休會] ① 회의 도중에 쉼. ② 거래소(去來所)에서 입회(立會)를 휴지(休止)함. きゅうかい ① recess ② adjournment

휼[恤] 구휼할 휼 : 구휼하다.

가엾이 여기다.「恤救(휼구)·恤米(휼미)·恤民(휼민)·恤兵(휼병)·矜恤(긍휼)·賑恤(진휼)」 ジュツ

휼[譎] ① 속일 휼 : 속이다. 간사하다.「譎計(휼계)·譎妄(휼망)·譎謀(휼모)·譎詐(휼사)·譎詭(휼궤)」 ② 넌지시 간할 휼 : 에둘러 권고하다.「譎諫(휼간)」 ケツ

휼간[譎諫] 에둘러 말하여 간함. admonition

휼계[譎計] 간사하고 능청스러운 꾀. けっけい wicked trick

휼금[恤金] 정부에서 이재민(罹災民)에게 주는 돈. relief fund

휼모[譎謀] 남을 속이는 꾀. wicked trick

휼문[恤問] 가엾이 여기어 위문함.

휼미[恤米] 정부에서 이재민(罹災民)에게 주는 쌀. relief rice

휼민[恤民] 이재민을 구휼(救恤)함. じゅつみん relief of refugees

휼병[恤兵] 긴급에 나간 병사에게 금품을 보내어 위로함. じゅっぺい relief of soldiers

휼병[恤病] 병자를 구휼(救恤)함. relief for the sick

휼사[譎詐] 남을 속이기 위하여 간사한 꾀를 부림. けっさ trickery

휼전[恤典] 정부에서 이재민에게 위로로 베푸는 은전(恩典). relief from the government

휼형[恤刑] ① 형(刑)의 시행을 신중하게 하는 일. ② 형을 공정하게 집행하는 일. ③ 재판이나 형의 집행에서 죄인을 위무(慰撫)하는 일.

흉[凶]* ① 흉할 흉 : 흉하다.

언짢다. 「凶家(흉가)·凶計(흉계)·凶器(흉기)·凶事(흉사)·凶惡(흉악)·吉凶(길흉)」 ② 흉년 흉: 흉년. 흉년이 들다. 「凶年(흉년)·凶歲(흉세)·凶漁(흉어)·凶作(흉작)·豐凶(풍흉)」キョウ ① わるい

흉[兇] ① 흉악할 흉: 흉악하다. 「兇器(흉기)·兇徒(흉도)·兇變(흉변)·兇彈(흉탄)·兇漢(흉한)·元兇(원흉)」 ② 두려워할 흉: 두려워하다. 「兇懼(흉구)·兇兇(흉흉)」キョウ

흉[匈] 오랑캐 흉: 오랑캐. 미개인. 「匈奴(흉노)·匈狄(흉적)」キョウ

흉[洶] ① 물 용솟음칠 흉: 물이 세차게 용솟음치는 모양. 「洶急(흉급)·洶湧(흉용)」 ② 술렁거릴 흉: 술렁거리다. 시끄럽다. 어지럽다. 「洶動(흉동)·洶洶(흉흉)」キョウ

흉[胸]* ① 가슴 흉: 가슴. 「胸圍(흉위)·胸廓(흉곽)·胸部(흉부)·胸腔(흉강)·胸像(흉상)」 ② 마음 흉: 마음. 「胸襟(흉금)·胸中(흉중)·胸情(흉정)·胸底(흉저)·胸懷(흉회)」キョウ ① むね

흉가[凶家] 그 집에 사는 사람마다 흉한 일을 당하는 불길한 집. haunted house

흉강[胸腔] 폐·심장 등이 들어 있는, 가슴 안쪽의 빈 부분. きょうこう

흉겸[凶歉] ⇨흉황(凶荒).

흉계[凶計] 음흉하 고 악독한 계략. =흉모(凶謀). sinister plot

흉곡[胸曲] ⇨흉중(胸中).

흉골[胸骨] 앞가슴 한복판에 있는 뼈. きょうこつ sternum

흉곽[胸廓] 흉추골(胸椎骨)과 늑골(肋骨)로 이루어진 가슴 부분의 골격. きょうかく chest

흉괘[凶卦] 언짢은 점괘. ↔길괘(吉卦). ill omen

흉구[凶具] ⇨흉기(凶器). きょうぐ

흉근[胸筋] 가슴 부분에 있는 근육. きょうきん pectoral muscle

흉금[胸襟] 가슴 속에 품은 생각. =흉심(胸心)·흉회(胸懷)·흉차(胸次)·회포(懷抱). きょうきん bosom

흉기[凶器] 사람을 살상하는 데 쓰는 연장. =흉구(凶具). きょうき lethal weapon

흉년[凶年] 농작물(農作物)이 잘 되지 않은 해. =기년(饑年)·기세(饑歲). ↔풍년(豐年). きょうねん lean year

흉노[匈奴] 기원전 3~1세기에 몽고 지방에서 활약하던 유목 민족. きょうど Huns

흉당[凶黨] 흉악한 역적의 무리. きょうとう rebels

흉도[凶徒] 사납고 흉악한 무리. きょうと mob

흉독[凶毒] 흉악하고 독함. ferocity

흉례[凶禮] 상중(喪中)에 행하는 모든 예절. =상례(喪禮).

흉리[胸裏·胸裡] 가슴 속. 마음 속. =흉중(胸中). きょうり bosom

흉막[胸膜] 흉곽(胸廓)의 내면과 폐(肺)의 표면을 싼 장액막(漿液膜). =늑막(肋膜). きょうまく pleura

흉모[凶謀] 음흉한 꾀. 흉악한 모략. =흉계(凶計). sinister plot

흉몽[凶夢] 불길한 꿈. ↔길몽(吉夢). きょうむ

흉문[凶聞] 흉한 소식. 사람이 죽었다는 소식. きょうぶん　　bad news

흉물[凶物] 성질이 음흉한 사람.　ferocious person

흉배[胸背] ① 가슴과 등. きょうはい ② 지난날, 관복(官服)의 가슴과 등에 붙이던 수(繡)놓은 헝겊 조각.　① breast and back

흉범[凶犯] 흉악한 범인. 살인범(殺人犯) 따위.　heinous criminal

흉변[凶變] 사람이 죽는 따위의 좋지 못한 사고. きょうへん　　calamity

흉보[凶報] ① 불길한 기별. ↔길보(吉報) ② 사람이 죽었다는 통보(通報). =흉음(凶音). きょうほう　　ill news

흉복[凶服] 상중(喪中)에 입는 예복. =상복(喪服). きょうふく　　mourning dress

흉복통[胸腹痛] 가슴이 켕기고 쓰리며 아픈 증세. 가슴앓이.　pyrosis

흉부[胸部] 가슴 부분. きょうぶ　　chest

흉사[凶邪] 흉악하고 간사함. 또는 그 사람.　atrocity

흉사[凶事] ① 불길한 일. 흉악한 일. ② 사람이 죽는 일. ↔길사(吉事)・경사(慶事). きょうじ　　① misfortune ② death

흉산[胸算] 마음 속으로 하는 셈. 속셈. =심산(心算). きょうさん　　inner calculation

흉살[凶煞] 불길한 운수. 흉한 귀신.　misfortune

흉상[凶狀] 흉한 상태나 모양. きょうじょう　　wickedness

흉상[凶相] ① 좋지 못한 상격(相格). ② 보기 흉한 외모(外貌). ↔길상(吉相). きょうそう　　① evil physiognomy ② ugly appearance

흉상[胸像] 가슴 윗부분만을 조각한 소상(塑像). きょうぞう　　bust

흉선[胸腺] 흉골(胸骨) 후방에 있는 내분비선(內分泌腺)의 하나. 편평(扁平)・장타원형(長楕圓形)의 두 엽(葉)으로 됨. きょうせん　thymus gland

흉설[凶說] 음흉하고 괴악(怪惡)한 말.　evil words

흉성[凶星] 언짢고 불길한 별.　inauspicious star

흉세[凶歲] ⇨흉년(凶年).

흉수[凶手・兇手] ① 흉한(兇漢)의 독수(毒手). ② 흉악한 짓을 하는 사람. きょうしゅ　② ruffian

흉수[胸水] 늑막(肋膜) 강내(腔內)에 괴는 액(液). きょうすい　　hydrothorax

흉식 호흡[胸式呼吸] 늑골(肋骨)의 운동에 의하여 행하여지는 호흡. =흉호흡(胸呼吸). きょうしきこきゅう

흉신[凶神] 좋지 못한 귀신. 흉악한 귀신.　evil spirit

흉심[凶心] 흉악한 마음. 음흉한 마음.　evil mind

흉심[胸心] ⇨흉금(胸襟).

흉악[凶惡] ① 마음이나 행동이 음흉하고 악랄함. =흉녕(凶獰). 「～무도(無道)」② 겉모양이 흉하고 고약함. 「～망측(罔測)」きょうあく　　① atrocity ② ugliness

흉액[胸液] 흉막강(胸膜腔) 속에 괸 장액성 액체(漿液性液體).

흉어[凶漁] 물고기가 아주 적게 잡힘. ↔풍어(豐漁).

흉역[凶疫] 말의 폐장(肺臟)과 늑막(肋膜)에 생기는 일종의 전염병. poor catch

흉역[凶逆] 임금이나 부모를 해치려는 생각을 품은 신하나 자식. treacherous person

흉위[胸圍] 가슴둘레. きょうい chest measurement

흉음[凶音] ① 불길한 일의 기별. ② 죽음을 전하는 소식. = 부음(訃音)·흉보(凶報)·부보(訃報). きょういん ① evil tidings ② news of one's death

흉인[凶刃·兇刃] 사람을 해치는 칼날. 살인자의 칼. = 흉기(凶器). きょうじん lethal weapon

흉일[凶日] 불길한 날. = 악일(惡日). ↔길일(吉日). きょうじつ black day

흉작[凶作] 농작물(農作物)이 잘 되지 못함. ↔풍작(豐作). きょうさく bad crop

흉잡[凶雜] 흉악(凶惡)하고 난잡함. atrocity

흉장[胸章] 가슴에 다는 표장(標章).

흉적[凶賊·兇賊] 흉악한 도적. きょうぞく atrocious thief

흉조[凶兆] 불길한 조짐. = 흉증(凶證). ↔길조(吉兆). きょうちょう ill omen

흉조[凶鳥] 불길한 조짐을 보이는 새. ↔길조(吉鳥). ill bird

흉종[凶終] 흉한 몰골로 비명횡사하거나 참살됨. tragic death

흉중[胸中] ① 가슴 속. = 흉곡(胸曲)·흉리(胸裡). 「~에 사무치다」 ② 마음. 생각. 「~을 떠보다」 きょうちゅう

① bosom ② thought

흉참[凶慘] 흉악하고 참혹함. atrocity

흉탄[兇彈] 흉한(兇漢)이 쏜 총탄. きょうだん shot by an assassin

흉통[胸痛] 가슴이 아픈 증세. きょうつう chest pain

흉패[胸牌] 기독교에서, 대제사장(大祭司長)의 가슴에 차는 수놓은 헝겊 조각.

흉포[凶暴] 흉악하고 사나움. きょうぼう atrocity

흉풍[凶風] ① 몹시 사나운 바람. ② 음흉스러운 기풍 또는 풍조(風潮). ① furious wind ② evil trend

흉풍[凶豐] 흉년과 풍년. = 풍흉(豐凶). poor and good crop

흉학[凶虐] 매우 모질고 사나움. outrage

흉한[兇漢] ① 흉악한 사나이. ② 사람을 해치는 사람. きょうかん ① ruffian ② murderer

흉해[兇害] 끔찍한 짓으로 사람을 죽임. きょうがい

흉행[兇行] 사람을 해치는 흉악한 행동. きょうこう atrocity

흉험[凶險] 마음이 음흉함. きょうけん cunning

흉호흡[胸呼吸] ⇨ 흉식 호흡(胸式呼吸)

흉화[凶禍] ① 흉한 재화(災禍). ② 부모의 상사(喪事). ① calamity

흉황[凶荒] 흉작(凶作)으로 농사가 결딴남. きょうこう bad crop

흉회[胸懷] 마음에 품고 있는 생각. 가슴 속에 품은 회포. = 흉금(胸襟). きょうかい bosom

흉흉[洶洶] ① 물결이 어지럽게

일어남. きょうきょう ② 인심이 몹시 어지러워짐. 「~한 세상(世上)」

흑[黑]* 검을 흑: 검다. 어둡다. 「黑幕(흑막)·黑白(흑백)·黑字(흑자)·黑煙(흑연)·黑心(흑심)·漆黑(칠흑)」コク·くろい

흑갈색[黑褐色] 검은빛이 도는 짙은 갈색. こくかっしょく dark brown

흑달[黑疸] 황달이 오래도록 낫지 않고 심해져 몸에 검은빛이 돌고 발한(發汗)·발열(發熱)이 심하며 오줌이 잦은 병. =여로달(女勞疸).

흑당[黑糖] ① 검은 엿. ② 검은 빛깔의 사탕. =흑사탕(黑砂糖). ① black taffy ② black candy

흑도[黑道] 태음(太陰)의 궤도. 황도(黃道)로부터 43도 4분, 남북극으로부터 23도 38분이 되는 자리.

흑두[黑豆] 검은 빛깔의 팥. 검은콩. くろまめ black adzuki beans

흑두[黑頭] ① 검은 머리. ② 젊은 사람. こくとう ① black hair ② young person

흑두 재상[黑頭宰相] 나이 젊어서 재상이 된 사람. =흑두공(黑頭公). young minister

흑막[黑幕] ① 검은 장막. ② 겉으로 드러나지 않은 음흉한 내막(內幕). くろまく ① black curtain ② concealed circumstances

흑맥주[黑麥酒] 엿기름으로 만든 흑색 또는 갈색의 맥주(麥酒). black beer

흑반[黑斑] 검은 반점(斑點). black spot

흑반병[黑斑病] 과수(果樹)나 고구마·목화·오이 따위에 검은 반점이 발생하는 과수병의 하나. =흑성병(黑星病). purple blotch

흑발[黑髮] 검은 머리털. くろかみ black hair

흑백[黑白] ① 검은빛과 흰빛. =조백(早白). 「~영화(映畵)」くろしろ ② 옳고 그름. =시비(是非). 「~을 가리다」こくびゃく·くろしろ ① black and white ② right and wrong

흑백 논리[黑白論理] 어떤 사상을 극단적으로 양분하여, 어느 한쪽만을 판단의 절대적인 기준으로 삼아 전개하는 논리.

흑백 불분[黑白不分] ① 검은 것과 흰 것을 분간하지 못함. ② 옳고 그른 것이 분명하지 아니함.

흑사[黑砂] 자철광(磁鐵鑛)·석석(錫石)·휘석(輝石)·각섬석(角閃石) 따위의 흑색 광물을 다량으로 포함하는 모래. くろずな black sand

흑사병[黑死病] 페스트(pest) 병균의 침입으로 일어나는 급성 전염병의 한 가지. こくしびょう plague

흑산호[黑珊瑚] 검은 빛깔의 산호. くろさんご black coral

흑삼[黑衫] 소매가 검은 예복. 제향(祭享) 때 제관이 입었음.

흑삼릉[黑三稜] 흑삼릉과(黑三稜科)의 다년초. 줄기는 1m 가량으로 연못가·도랑 등지에 나며 여름에 흰 꽃이 핌. bur reed

흑색[黑色] ① 검은빛. ② 무정부주의(無政府主義)를 상징하는 빛깔. こくしょく ① black

흑색 선전[黑色宣傳] 근거 없는 사실을 조작하여 상대편을 중상 모략하고 교란시키는 정치적 술책. malicious propaganda

흑색 인종[黑色人種] 피부의 빛깔이 흑색인 인종. 준흑인종(黑人種). こくしょくじんしゅ black race

흑색 조합[黑色組合] 무정부주의(無政府主義) 계통의 노동조합.

흑색 화:약[黑色火藥] 초석(硝石)·숯·유황(硫黃)을 일정 비율로 혼합(混合)하여 만든 화약. こくしょくかやく black gunpowder

흑석[黑石] ① 검은 빛깔의 돌. ② 검은색의 바둑돌. ③ ⇨ 흑요석(黑曜石).

흑석영[黑石英] 빛깔이 검은 석영(石英). black quartz

흑선[黑線] ① 빛이 검은 선. ② 빛의 흡수 스펙트럼에 나타나는 암흑선. 빛이 물질에 흡수됨에 따라 생김. =암선(暗線). こくせん ① black line

흑설탕[←黑雪糖] 정제(精製)하지 않은, 흑갈색이 도는 설탕. muscovado

흑성병[黑星病] ⇨ 흑반병(黑斑病).

흑소두[黑小豆] 검은 빛깔의 팥. 검은팥. くろあずき

흑손[黑損] 신문 용어로서, 인쇄가 시꺼멓게 검게 되어서 버리는 신문 용지. ↔백손(白損).

흑송[黑松] 바닷가에 나는, 줄기가 거무스름한 소나무의 총칭. 곰솔. =해송(海松). くろまつ black pine

흑수[黑手] ① 검은 손. ② 나쁜 짓을 하는 수단.
② evil design

흑수[黑穗] 흑수병(黑穗病)에 걸려 까맣게 된 이삭. 깜부기. くろほ smut ball

흑수병[黑穗病] 보리·밀·옥수수 따위의 이삭이 흑수균(黑穗菌)에 의해 검게 변하는 병. 깜부기병. くろほびょう smut

흑수증[黑水症] 한방에서, 외음부(外陰部)가 붓는 병증. 신장염(腎臟炎) 따위로 일어남.

흑시[黑柿] 햇볕을 받으면 껍질이 까맣게 되는 감. 먹감. くろがき

흑심[黑心] 음흉하고 부정한 욕심을 품은 마음. evil intention

흑암[黑巖] 검은 빛깔의 암석(巖石). black rock

흑암[黑暗·黑闇] 몹시 껌껌함. 몹시 어두움. darkness

흑야[黑夜] 매우 깜깜한 밤. =칠야(漆夜). dark night

흑양피[黑羊皮] 빛깔이 검은 양가죽. =오양피(烏羊皮). black sheepskin

흑연[黑煙] ① 검은 연기. 새까만 연기. ② 숯가루를 봉지에 넣어 줄을 치는 데 쓰는 화공(畵工)의 먹줄. こくえん ① black smoke ② painter's inking line

흑연[黑鉛] 연필(鉛筆)의 심 따위를 만드는, 탄소(炭素)로 이루어진 광물. =석묵(石墨). こくえん black lead

흑연광[黑鉛鑛] 흑연을 파내는 광산. 또는 흑연을 포함하고 있는 광물. こくえんこう black lead ore

흑요석[黑曜石] 규산이 많이 들어 있는 유리질(琉璃質)의

화산암(火山巖). =오석(烏石). こくようせき　obsidian

흑우[黑牛] 털빛이 검은 소. 黑牛
　　　　　　black cattle

흑운[黑雲] 검은 구름. ↔백운 黑雲
(白雲). こくうん　dark cloud

흑운모[黑雲母] 운모의 한 가 黑雲母
지. 철・반토(礬土)・수분 등
이 결합한 규산염으로 흑색・
청회색・갈색의 빛깔을 띰. 검
은돌비늘. くろうんも　biotite

흑월[黑月] 불교에서, 한 달을 黑月
두 보름으로 나누어 계명(戒 戒命
命)을 설교하는 기간인 후보
름을 이르는 말. ↔백월(白月).
こくげつ

흑의[黑衣] ①검은 옷. ②중 黑衣
의 법의(法衣)로, 잿빛의 옷.
③(공용(公用) 인부들이 입던
검은 빛깔의 윗옷. こくえ・
こくい　　　black clothes

흑의 재:상[黑衣宰相] 지난날, 黑衣
승적(僧籍)에 있으면서 정치 宰相
에 참여하여 대권(大權)을 좌
우하던 사람. こくえ(の)さい
しょう

흑인[黑人] 흑색 인종(黑色 黑人
種)에 속하는 사람. こくじん
　　　　　　Negro

흑인 영가[黑人靈歌] 미국의 黑人
흑인들이 기독교의 신의 은혜 靈歌
를 찬미하여 부르는 노래. こ
くじんれいか　Negro spirituals

흑인종[黑人種] 흑색 인종(黑 黑人種
色人種)의 준말.

흑자[黑字] ①먹 따위로 쓴 빛 黑字
이 검은 글자. ②수입이 지출
보다 많아서 생기는 잉여(剩
餘). ↔적자(赤字). くろじ
　① black letters ② surplus

흑적색[黑赤色] 검붉은 색. 黑赤色
　　　　　dark-red color

흑점[黑點] ①검은 점. ②태 黑點

양 흑점(太陽黑點)의 준말.
こくてん　① black spot

흑조[黑潮] 해류(海流)의 한 가 黑潮
지. 북태평양 서부와 일본 열 海流
도(日本列島)의 근해를 흐르
는 난류(暖流). くろしお
　　　Black Current

흑청[黑淸] 빛깔이 검은 꿀. 黑淸
　　　　　　black honey

흑칠[黑漆] 검은 빛깔의 옻. 黑漆
こくしつ　black lacquer

흑탄[黑炭] 빛깔이 검고 광택 黑炭
이 있으며 탈 때에 연기와 냄
새가 심함, 탄소 함유량이 무
연탄과 갈탄의 중간되는 석탄
의 한 가지. こくたん
　　　　　　black coal

흑태[黑太] 검은 빛깔의 콩. 黑太
검은콩.　　　black bean

흑토[黑土] 검은빛을 띤, 부식 黑土
질(腐植質)을 많이 함유(含
有)한 땅. こくど　black soil

흑토대[黑土帶] 다량의 부식 黑土帶
질(腐植質)을 함유하고 있는
검은 빛깔의 흙으로 되어 있
는 지대. こくどたい
　　　　　black earth zone

흑판[黑板] ⇨칠판(漆板). こ 黑板
くばん　　　　　　漆板

흑풍[黑風] 모래나 먼지를 일 黑風
으켜 햇빛을 가리고 강하게
부는 회오리바람. こくふう

흑풍백우[黑風白雨] 회오리바 黑風
람이 몰아치는 가운데 내리는 白雨
소나기. こくふうはくう　storm

흑화사[黑花蛇] 한방에서, 먹 黑花蛇
구렁이를 이르는 말.

흔[欣] 기뻐할 흔: 기쁘다. 즐
거워하다. 「欣感(흔감)・欣求 欣感
(흔구)・欣諾(흔낙)・欣慕(흔
모)・欣然(흔연)・欣喜(흔희)」
キン・ゴン

흔[掀] 들어올릴 흔: 높이 들어

올리다. 「掀轟(흔굉)·掀動(흔동)·掀舞(흔무)·掀翻(흔번)」キン

흔[痕] 흔적 흔:흔적. 자국. 「痕垢(흔구)·痕迹(흔적)·血痕(혈흔)·傷痕(상흔)」コン

흔감[欣感] 기쁘게 여기어 감동함. rejoicing

흔구[欣求] 불교에서, 흔쾌한 마음으로 원하여 구함을 이르는 말. ごんぐ

흔구정토[欣求淨土] 불교에서, 극락 정토에 왕생하기를 바라고 원함. ごんぐじょうど

흔낙[欣諾] 흔연히 승낙함. きんだく assenting gladly

흔동일세[掀動一世] 위세(威勢)가 한 세상을 뒤흔듦. =흔천동지(掀天動地).

흔모[欣慕] ⇨흠모(欽慕).

흔연[欣然] 기쁘거나 반가워서 기분이 좋음. きんぜん joyfulness

흔적[痕迹] 남은 자취. 뒤에 남은 자국. こんせき traces

흔적 기관[痕迹器官] 생물의 기관 중에서, 본디 유용(有用)한 것이었으나 현재는 퇴화(退化)하여 흔적만 남아 있는 기관. =퇴화 기관(退化器官). こんせききかん vestigial organ

흔천동지[掀天動地] ⇨흔동일세(掀動一世).

흔쾌[欣快] 기쁘고도 유쾌함. きんかい pleasure

흔희[欣喜] 즐겁고 기쁨. =환희(歡喜)·환열(歡悅). きんき delight

흔희작약[欣喜雀躍] 너무나 기뻐서 뛰며 좋아함. =환희작약(歡喜雀躍). きんきじゃくやく

흘[吃] ① 말더듬을 흘:말더듬다. 「吃語(흘어)」② 먹을 흘 吃:먹다. 마시다. 「吃水(흘수)·吃驚(흘경)」キツ ① どもる

흘[屹] 산 우뚝 솟을 흘:산이 우뚝 솟다. 「屹然(흘연)·屹屹(흘흘)·屹立(흘립)·屹出(흘출)」キツ

흘립[屹立] 산이 깎아 세운 듯이 우뚝 솟아 있음. きつりつ towering

흘수[吃水] 배의 밑이 물에 잠기는 깊이나 정도. きっすい draft

흘수선[吃水線] 선체(船體)가 물에 잠기는 부분과 잠기지 않는 부분을 가르는 금. きっすいせん waterline

흘연[屹然] 높이 솟은 모양. 우뚝하게 솟은 모양. =흘호(屹乎). きつぜん towering

흘연독립[屹然獨立] 우뚝하게 홀로 섬. きつぜんどくりつ towering

흘출[屹出] 산이 높고도 날카롭게 우뚝 솟아 있음. きっしゅつ

흠:[欠] ① 하품 흠:하품. 「欠伸(흠신)」 ② 모자랄 흠:모자라다. 「欠缺(흠결)·欠點(흠점)·欠乏(흠핍)·欠節(흠절)·欠字(흠자)·欠處(흠처)」ケツ ① あくび

흠[欽] ① 흠모할 흠:흠모하다. 「欽慕(흠모)·欽服(흠복)·欽羨(흠선)·欽仰(흠앙)·欽喜(흠희)」② 경칭 흠:임금에 관한 일에 붙이는 존칭. 「欽命(흠명)·欽定(흠정)·欽差(흠차)」キン

흠[歆] 흠향할 흠:흠향하다. 「歆格(흠격)·歆饗(흠향)」キン

흠격[歆格] 신명(神明)이 감응함.

흠:결[欠缺] ⇨흠축(欠縮).

흠명[欽命] 황제가 내리는 명

흠령[欽命] きんめい imperial order

흠모[欽慕] 우러르며 사모함. =흔모(欣慕). きんぼ adoration

흠복[欽服] 존경하고 사모하는 마음으로 복종함. obedience

흠봉[欽奉] 공손히 받들어 좇음.

흠:사[欠事] 결점이 되는 일. =흠전(欠典).

흠선[欽羨] 우러러 공경하고 부러워함. きんせん desire

흠숭[欽崇] 흠모하고 공경함. reverence

흠숭지례[欽崇之禮] 가톨릭에서, 천주께 드리는 공경하고 우러러 사모하는 마음.

흠:신[欠身] 공경하는 뜻을 나타내기 위해 몸을 굽힘. 「~답례(答禮)」 bow

흠앙[欽仰] 공경하고 우러러 사모함. きんぎょう adoration

흠:절[欠節] 흠이 되는 점. 모자라는 점. =흠점(欠點)·흠처(欠處). defect

흠:점[欠點] ⇨흠절(欠節). けってん

흠정[欽定] 황제가 친히 제정함. きんてい being done by imperial order

흠준[欽遵] 황제의 명령을 받들어 시행함. execution of imperial order

흠차[欽差] 황제의 명령으로 보내는 차사. きんさ dispatch by imperial order

흠:처[欠處] ⇨흠절(欠節).

흠:축[欠縮] 일정한 수효에서 부족이 생김. =휴흠(虧欠)·흠결(欠缺). deficiency

흠쾌[欽快] 기쁘고 상쾌함. pleasure

흠탄[欽歎] 우러러보며 감탄함. admiration

흠:포[欠逋] 관물(官物)을 사사로이 소비함. =포흠(逋欠). misappropriation of government properties

흠:핍[欠乏] 빠지거나 이지러져서 부족함. shortage

흠향[歆饗] 신명(神明)이 제물을 받아서 먹음. =음감(歆感).

흡[吸]☆ 숨 들이마실 흡: 숨을 들이마시다. 「吸氣(흡기)·吸力(흡력)·吸收(흡수)·吸煙(흡연)·吸入(흡입)·呼吸(호흡)」 キュウ·すう

흡[恰] 흡사할 흡: 흡사하다. 마치. 꼭. 「恰似(흡사)·恰好(흡호)」 コウ·あたかも

흡[洽] ①넉넉하게 할 흡: 넉넉하게 하다 두루 미치다. 화합하다. 「洽足(흡족)·洽滿(흡만)·洽然(흡연)·洽和(흡화)·洽歡(흡환)·洽比(흡비)」 ②젖을 흡: 젖다. 「洽汗(흡한)」 コウ

흡기[吸氣] ①기운을 빨아들임. 또는 그 기운. ②숨을 들이마심. 또는 그 숨. ↔호기(呼氣). きゅうき breathing

흡기기[吸氣器] 공기 또는 수증기를 빨아들이기 위한 장치. aspirator

흡력[吸力] 빨아들이는 힘. sucking force

흡만[洽滿] ⇨흡족(洽足).

흡반[吸盤] 거머리·낙지 따위가 다른 물건에 달라붙는 데 소용되는 육질 배상(肉質杯狀)의 기관. 빨판. きゅうばん sucker

흡반 투쟁[吸盤鬪爭] 노동 조합(勞動組合)의 투쟁 방법 중 직장을 지키며 하는 투쟁.

흡사[恰似] ①거의 같음. 그럴 듯하게 비슷함. ②마치.

흡수[吸收] ① 빨아들임. 「~력(力)」 ② 흩어진 것을 모아들임. ③ 소화된 음식물이 소화관 벽을 통하여 혈관 또는 림프관 속으로 들어가는 현상. ④ 복사선(輻射線)이 물체나 공기 속을 지날 때, 그 에너지의 일부가 다른 에너지로 변하는 현상. きゅうしゅう
①③ absorption ② gathering ④ extinction

흡수구[吸收口] 흡수하는 곳. きゅうしゅうぐち

흡수성[吸收性] 흡수하는 성질. きゅうしゅうせい
absorptiveness

흡습성[吸濕性] 공기 중의 습기를 흡수하는 성질. きゅうしつせい
hygroscopicity

흡연[吸煙] 담배를 피움. smoking

흡연[洽然] 아주 흡족한 모양. satisfaction

흡열 반:응[吸熱反應] 주위의 열을 흡수하면서 진행되는 화학 반응. ↔발열 반응(發熱反應). きゅうねつはんのう
endothermic reaction

흡유기[吸乳期] 포유동물(哺乳動物)이 새끼에게 젖을 빨리는 기간. sucking period

흡의[洽意] 마음에 흡족함. satisfaction

흡인[吸引] 빨아 당김. 끌어들임. 「~력(力)」 きゅういん
absorption

흡입[吸入] 빨아들임. きゅうにゅう
inhalation

흡입기[吸入器] 가스나 수증기 또는 약품을 흡입하는 데 쓰는 의료기의 한 가지. 「산소(酸素) ~」 きゅうにゅうき
inhaler

흡장[吸藏] 기체가 고체에 흡수되어 고체 안으로 들어가는 현상. きゅうぞう
occluding

흡족[洽足] 넉넉하여 조금도 모자람이 없음. =흡만(洽滿).
sufficiency

흡착[吸着] ① 달라붙음. ② 고체(固體)의 표면에 닿은 기체(氣體)가 그 표면에 모여 있는 현상. きゅうちゃく
① adhesion

흡출[吸出] 빨아 냄. すいだし・すいだす
sucking out

흡합[洽合] 마음에 흡족하고 알맞음.
satisfaction

흡혈[吸血] 피를 빨아들임. きゅうけつ
bloodsucking

흡혈귀[吸血鬼] ① 사람의 피를 빨아먹는다는 귀신. ② 남의 재물을 악독하게 착취하는 인간의 비유. 고리 대금업자(高利代金業者) 따위. =흡혈마(吸血魔). きゅうけつき
① vampire ② bloodsucker

흡혈마[吸血魔] ⇨흡혈귀(吸血鬼).

흥:[興]* ① 일 흥: 일다. 일어나다. 일으키다. 「興亡(흥망)・興盛(흥성)・興業(흥업)・中興(중흥)・振興(진흥)・勃興(발흥)」 ② 흥 흥: 흥. 흥겹다. 「興味(흥미)・興趣(흥취)・興致(흥치)・卽興(즉흥)・興行(흥행)・興盡(흥진)」 コウ・キョウ ① おこる

흥:감[興感] 마음에 깊이 감동되어 일어나는 흥취. =감흥(感興).
interest

흥국[興國] 나라를 일으킴. 또는 흥기(興起)한 나라. ↔망국(亡國)・쇠국(衰國). こうこく
development of the nation

흥기[興起] ① 떨쳐 일어남. ② 의기(意氣)가 분발하여 일어남. ③ 세력이 왕성하게 됨. こうき rise

흥:도[興到] 흥이 남. 흥취가 일어남. getting amused

흥륭[興隆] 일어나 번영함. 매우 번성함. こうりゅう prosperity

흥리[興利] 이익을 늘림. =식리(殖利).

흥망[興亡] 일어남과 망함. 흥기(興起)와 멸망(滅亡). =흥폐(興廢). 「～성쇠(盛衰)」 こうぼう rise and fall

흥망치란[興亡治亂] 나라의 흥함과 망함과, 잘 다스려짐과 어지러움. rise and fall, peace and war

흥:미[興味] 흥을 느끼는 재미. 「～본위(本位)」 きょうみ interest

흥분[興奮] ① 감정이 북받쳐 일어남. ↔냉정(冷靜). ② 자극에 의하여 일어나는 생체(生體) 상태의 변화. こうふん
① excitement ② stimulation

흥사[興師] 군사를 일으킴. =기병(起兵). raising an army

흥산[興産] 산업을 일으킴. promotion of industries

흥성[興盛] 왕성하게 흥함. 매우 번성함. こうせい prosperity

흥성흥성[興盛興盛] 매우 번성한 모양.

흥신소[興信所] 거래 상(去來上)의 참고를 목적으로 하여, 남의 재산 상태·신용 등을 조사하여 알려 주는 곳. こうしんじょ inquiry agency

흥업[興業] 산업이나 사업을 일으킴. こうぎょう promotion of industries

흥왕[興旺] 세력이 매우 왕성함. =용왕(旺興).

흥운[興運] 흥하는 운수. ↔쇠운(衰運). good luck

흥:진비래[興盡悲來] 즐거운 일이 다하면 슬픈 일이 닥쳐 온다는 뜻. ↔고진감래(苦盡甘來). After joy comes grief.

흥:취[興趣] 흥을 돋우는 멋. interest

흥:치[興致] 흥과 운치. fun

흥패[興敗] 잘 되어 일어남과 잘못되어 패함. =흥망(興亡)·흥폐(興廢). こうはい rise and fall

흥폐[興廢] ⇨흥망(興亡).

흥행[興行] 연극·영화·서커스 등을 관람 요금을 받고 공개적으로 구경시키는 일. こうぎょう showing

흥행권[興行權] 흥행물을 흥행할 수 있는 권리. こうぎょうけん right of performance

흥행장[興行場] 흥행을 하는 곳. show place

흥:황[興況] 흥미 있는 정황(情況). =경황(景況). interesting situation

희[希]* ① 바랄 희: 바라다. 「希望(희망)·希願(희원)·希幸(희행)·希冀(희기)·希求(희구)」 ② "稀"와 通字. 드물 희: 드물다. 「希代(희대)·希有(희유)·希世(희세)·希毛(희모)」 キ ① こいねがう ② まれ

희[姬] 아씨 희: 아씨. 여자의 미칭. 「姬美(희미)·姬妾(희첩)·歌姬(가희)·舞姬(무희)·美姬(미희)」 キ·ひめ

희[稀]☆ "希"와 通字. 드물 희: 드물다. 성기다. 적다. 「稀怪(희괴)·稀貴(희귀)·稀年(희년)·稀代(희대)·稀少(희소)·

稀疎(희소)」키・마레

희[喜]* "憙"와 同字. 기쁠 희 : 기쁘다. 좋다. 「喜色(희색)・喜怒(희로)・喜悲(희비)・喜報(희보)・喜樂(희락)・歡喜(환희)」キ・よろこぶ

희[熙]☆ ① 빛날 희 : 빛나다. ② 화락할 희 : 화락하다. 「熙笑(희소)・熙朝(희조)・熙熙(희희)」キ

희[憙] "喜"와 同字.

희[嬉] 즐길 희 : 즐기다. 즐겁게 놀다. 「嬉翔(희상)・嬉笑(희소)・嬉娛(희오)・嬉遊(희유)」キ・うれしい

희[嘻] 웃을 희 : 화락해서 내는 소리. 「嘻笑(희소)・嘻嘻(희희)」キ

희[噫]☆ 탄식할 희 : 탄식하다. 「噫嗚(희오)・噫乎(희호)」イ・ああ

희[羲] 황제 이름 희 : 황제 이름. 희황. 「羲皇(희황)・伏羲氏(복희씨)」キ

희:[戲] "戲"의 俗字.

희[禧] 복 희 : 복. 길하다. 좋다. 「禧年(희년)・新禧(신희)」キ

희:[戱]☆ "戲"는 俗字. ① 희롱할 희 : 희롱하다. 놀다. 「戲弄(희롱)・戲答(희답)・戲筆(희필)・戲書(희서)・戲兒(희아)・遊戲(유희)」② 놀이 희 : 연극. 「戲曲(희곡)・演戲(연희)」③ 탄식할 호 : 탄식하다. 「於戲(오호)」ギ ① たわむれる

희[犧] 희생 희 : 희생. 「犧牲(희생)・犧牛(희우)・犧羊(희양)」ギ

희가극[喜歌劇] 가곡 외에 대사와 경쾌한 음악이 수반되며, 해피엔드로 끝나는 가극. きかげき   comic opera

희경[喜慶] 기쁜 경사.
happy event

희:곡[戲曲] ① 상연하기 위해 쓴 연극의 각본. ② 문학 형식의 한 가지. 등장 인물의 대사와 행동으로 표현되는 예술 작품. 드라마. ぎきょく
① play ② drama

희괴[稀怪] 매우 드물고 괴이함.   fantasticality

희구[希求] 바라고 구함. ききゅう   desire

희:구[戲具] 유희에 쓰는 기구. 장난감.   toy

희귀[稀貴] 드물고 귀함. rarity

희극[喜劇] ① 사람을 웃길 만한 일이나 사건. ② 익살과 풍자로 보는 이가 웃도록 각색한 연극. ↔비극(悲劇). 「~배우(俳優)」きげき comedy

희:극[戲劇] ① 실없이 하는 익살스러운 행동. ② 익살을 부리는 연극.
① farcical act ② farce

희금속[稀金屬] 산출량이 매우 적은 금속.   rare metals

희년[稀年] 나이 일흔 살을 이르는 말. =희수(稀壽).
seventy years of age

희년[禧年] 구약 시대의 유태 풍습에서, 50년마다 돌아오는 복스러운 해. 종을 놓아 주고 빚도 탕감했다 함. 후에 가톨릭교의 성년(聖年)의 기원이 되었음.

희노[喜怒] 희로(喜怒)의 원말. きど

희:담[戲談] 실없이 웃기는 말. 실없는 농담. =희언(戲言).
joke

희:답[戲答] 장난으로 하는 대답.   humorous reply

희대[稀代] ⇨희세(稀世). き

희:대[戱臺] 배우가 연극을 하도록 꾸며 놓은 자리. theater 戱臺 たい

희대미:문[稀代未聞] 아주 드물어 좀처럼 듣지 못함. きたいみもん unheard-of 稀代未聞

희동안색[喜動顔色] 얼굴에 기쁜 빛이 나타남. joyfulness 喜動顔色

희락[喜樂] 기뻐하고 즐거워함. 또는 기쁨과 즐거움. =희열(喜悅)·흔열(欣悅). きらく joy and pleasure 喜樂

희랍[希臘] '그리스'의 한자말. ギリシア Greece 希臘

희랍 정:교회[希臘正敎會] 가톨릭 구교의 한 파. 로마 제국(帝國)이 동서로 갈린 뒤의 동방(東方)의 정통적(正統的)·공교적(公敎的)·사도적(使徒的) 교회. 그리스 정교회. ギリシアせいきょうかい Greek Church 希臘正敎會 正統的

희로[←喜怒] 기쁨과 노여움. きど joy and anger 喜怒

희로애락[←喜怒哀樂] 기쁨과 노여움과 슬픔과 즐거움. 곧 사람의 온갖 감정. きどあいらく feelings 哀樂

희:롱[戱弄] ① 장난삼아 놀림. ② 장난하며 놂. ぎろう jesting 戱弄

희망[希望] ① 앞일에 대하여 기대를 가지고 바람. 또는 그 기대. ② 앞으로 잘 될 가망성. ↔절망(絶望). きぼう ① hope ② expectation 希望 希願

희모[稀毛] 성긴 털. 드문드문 난 털. sparse hair 稀毛

희:묵[戱墨] 자기의 글씨나 그림에 대하여 겸사로 하는 말. =희필(戱筆). my humble writing 戱墨

희:문[戱文] ① 장난삼아 쓴 글. ② 중국 원(元)나라 때, 남쪽에서 일어난 희곡의 한 체(體). ぎぶん ① light writing 戱文

희미[稀微] 또렷하지 못하고 어렴풋함. faintness 稀微

희박[稀薄] ① 기체·액체가 묽거나 엷음. ↔농후(濃厚). ② 농도·밀도가 엷거나 얇음. ↔조밀(稠密). ③ 정신 상태가 약함. ④ 희망이나 가망이 적음. きはく ①② thinness ③ weakness 稀薄 濃厚

희보[喜報] 기쁜 기별. 기쁜 소식. ↔비보(悲報). good news 喜報

희불자승[喜不自勝] 어찌할 줄을 모를 만큼 기쁨. 喜不自勝

희비[喜悲] 기쁨과 슬픔. joy and sorrow 喜悲

희비극[喜悲劇] ① 희극과 비극. ② 희극과 비극을 겸한 극. =비희극(悲喜劇). ① comedy and tragedy ② tragicomedy 喜悲劇

희비 쌍곡선[喜悲雙曲線] 기쁨과 슬픔이 한꺼번에 생기는 모양. mingled feelings of joy and sorrow 喜悲雙曲線

희사[喜事] 기쁜 일. happy event 喜事

희사[喜捨] ① 기꺼이 재물을 내놓음. ② 신불(神佛)의 일로 기부를 함. きしゃ ① voluntary contribution ② charity 喜捨

희:살[戱殺] 장난을 하다가 잘못하여 죽임. 戱殺

희색[喜色] 기뻐하는 얼굴빛. 「~만면(滿面)」 きしょく glad countenance 喜色 滿面

희생[犧牲] ① 신명에게 제물로 바치는 양이나 소·돼지 등의 짐승. =생뢰(牲牢). ② 어떠한 목적을 이루기 위하여 목숨·명예·재물 따위의 귀중한 것을 버리거나 바침. ぎせい 犧牲 牲牢

① sacrifice ② self-sacrifice

희생타[犧牲打] 야구에서, 타자 자신은 아웃되나, 그것으로 앞서 나간 주자(走者)가 진루하거나 득점할 수 있도록 친 타격. ぎせいだ　sacrifice hit

희서[稀書] 희귀한 책. きしょ　rare book

희석[稀釋] 용액(溶液)에 물이나 용매 따위를 가하여 묽게 하는 일. きしゃく　dilution

희세[稀世] 세상에 드묾. =희대(稀代). きせい　uncommonness

희세지재[稀世之才] 세상에 드문 재지(才智). 또는 그런 사람.　genius of extraordinary caliber

희소[稀少] 드물고 아주 적음. 「~ 가치(價値)」 きしょう　rareness

희소[喜笑] 기뻐서 웃음. きしょう　laughing with joy

희소[稀疏] ① 사이가 뜨거나 동안이 멂. ② 소식이 잦지 못함. =희활(稀闊). きそ　scarcity

희소[嬉笑] 실없는 웃음. 장난으로 웃는 웃음. きしょう　laughing with joke

희소극[喜笑劇] 저급한 익살과 과장된 기지(機智)를 넣는 희곡의 한 형식.　comedy

희소식[喜消息] 기쁜 소식. 좋은 기별.　good news

희수[喜壽] 나이 일흔일곱 살을 이르는 말. きじゅ　seventy-seven years of age

희수[稀壽] 나이 일흔 살의 일컬음.　seventy years of age

희:언[戲言] ⇨희담(戲談). げん・ざれごと

희열[喜悅] 기쁨과 즐거움. =희락(喜樂). きえつ　joy and pleasure

희염산[稀鹽酸] 증류수를 타서 묽게 만든 염산. きえんさん　dilute hydrochloric acid

희우[喜雨] 가뭄 끝에 오는 단비. =감우(甘雨). きう　welcome rain

희우[喜憂] 기쁨과 근심. きゆう　pleasure and anxiety

희원[希願] ⇨희망(希望).

희원소[稀元素] 희유 원소(稀有元素)의 준말.

희유[稀有] 드물게 있음. けう　rareness

희:유[戲遊] 실없는 희롱을 하며 놂.　frolic

희유 원소[稀有元素] 산출량(産出量)이 비교적 적은 원소의 총칭. 준희원소(稀元素).　rare elements

희:작[戲作] 장난삼아 지음. 또는 그 작품. ぎさく・げさく　writing for amusement

희종[稀種] 아주 드문 종류.　rare kind

희질산[稀窒酸] 물을 섞어서 묽게 한 질산. dilute nitric acid

희출망:외[喜出望外] 바라지도 않았던 기쁜 일이 뜻밖에 생김.　unexpected joy

희:칭[戲稱] 실없이 희롱으로 일컫는 이름. 곧 풍자(諷刺)의 뜻을 붙인 이름.　name for amusement

희:필[戲筆] ⇨희묵(戲墨).

희:학[戲謔] 실없는 말로 하는 농. ぎぎゃく　joke

희한[稀罕] 썩 드물고 기이함.　rarity

희:화[戲畫] 장난삼아 그린 익살스러운 그림. 캐리커처. ぎが　caricature

희황산[稀黃酸] 묽은 황산. 약품·도료(塗料) 또는 시약(試藥)으로 쓰임. dilute sulfuric acid

희황상:인[義皇上人] 복희씨(伏羲氏) 이전의 사람이란 뜻으로, 세상일을 잊고 한가롭게 지내는 사람을 이르는 말. hermit

희희[嘻嘻] 즐겁게 웃는 모양이나 소리. きき laughing merrily

희희[嬉嬉] 기뻐서 웃는 모양. きき laughing joyfully

희희낙락[喜喜樂樂] 매우 기뻐하고 즐거워함. rejoicing

히드라[그 Hydra] 그리스 신화에서, 9개의 머리를 가진 괴사(怪蛇). ヒドラ

히드라[hydra] 히드라과의 강장동물(腔腸動物). 몸길이 1cm의 원통상으로, 동물 실험의 재료로 많이 쓰임. ヒドラ

히드로퀴논[hydroquinone] 사진 현상액·산화(酸化) 방지제·연료용 따위로 쓰이는 무색 결정. ヒドロキノン

히로뽕[philopon] ⇨ 필로폰. ヒロポン

히마티온[그 himation] 고대(古代) 그리스인이 입던 몸에 감는 겉옷.

히브리[Hebrew] ⇨ 헤브루.

히비스커스[hibiscus] 아욱과의 상록 관목(常綠灌木). 하와이의 대표적인 꽃임. ハイビスカス

히스타민[histamine] 동식물 조직(組織)에 있는 아민의 한 가지. ヒスタミン

히스테리[독 Hysterie] 병적인 흥분이나 발작(發作) 증세. ヒステリー

히스테릭[hysteric] 히스테리와 같은 성질이 있음. ヒステリック

히스토그램[histogram] 통계에서, 도수 분포(度數分布)를 나타내는 기둥 모양의 그래프.

히스티딘[histidine] 단백질을 가수 분해하면 생성되는 염기성(鹽基性) 아미노산. ヒスチジン

히아신스[hyacinth] 백합과의 다년초(多年草). 비늘줄기에서 피침형의 잎이 뭉쳐 남. ヒアシンス

히알루론산(酸)[hyaluronic acid] 다당류(多糖類)의 한 가지. 아미노산과 우론산으로 이루어짐.

히에라르키[독 Hierarchie] 피라미드형의 조직. 군대나 대조직의 관료제적(官僚制的)인 질서를 가리킴. ヒエラルキー

히치하이크[hitchhike] 지나가는 자동차에 편승(便乘)하는 일. 또는 그렇게 하는 도보 여행. ヒッチハイク

히타이트[Hittite] 소아시아의 고대 민족·유럽계 민족(民族).

히:터[heater] 난방(煖房) 장치. ヒーター

히트[hit] ①안타(安打). ②명중(命中). ③대성공. ヒット

히트바이피치[hit by pitch] 야구에서, 투수의 투구(投球)가 타자의 몸이나 옷에 닿는 일. 데드 볼. ヒットバイピッチ

히트송[hit song] 인기(人氣)를 끈 노래. ヒットソング

히트앤드런[hit-and-run] 야구에서, 투수(投手)가 공을 던지자마자 주자는 달리고 타자는 무조건 그 공을 치는 작전. ヒットエンドラン

히페리온[Hyperion] ①토성

(土星)의 제7위성. ②그리스 신화의 거인(巨人). ヒップ

히피[hippie] 기성(旣成) 사회에 반발하여, 자유로운 생활 양식을 추구하는 젊은이들. ヒッピー

힌두교(敎)[Hinduism] 인도인(印度人)의 민족 종교. 바라문교를 전신(前身)으로 함. ヒンドゥーきょう

힌디[hindi] 북부 인도 지방의 말. ヒンディー

힌트[hint] 암시(暗示). 귀띔. ヒント

힐[詰] ①꾸짖을 힐: 꾸짖다. 「詰問(힐문)・詰難(힐난)・詰責(힐책)」 ②이른 아침 힐: 이른 아침. 「詰晨(힐신)・詰旦(힐단)・詰朝(힐조)」 キツ・つめる

힐[頡] 곧은 목 힐: 곧은 목. 「頡頏(힐항)」 ケツ

힐[黠] 약을 힐: 약다. 간사하다. 「黠智(힐지)」 カツ

힐:[heel] ①뒤축. 발꿈치. ②하이힐의 준말. ヒール

힐거[詰拒] 힐난하며 항거(抗拒)함. =힐항(詰抗).

힐난[詰難] 트집을 잡아 따지며 나무람. きつなん reprimand

힐단[詰旦] 이른 아침. =힐조(詰朝)・힐신(詰晨). きったん early morning

힐론[詰論] 힐난(詰難)하는 변론.

힐문[詰問] 트집을 잡아 따져 물음. きつもん rigid inquiry

힐신[詰晨] ⇨힐단(詰旦).

힐조[詰朝] ⇨힐단(詰旦). きっちょう

힐주[詰誅] 힐난하여 그 죄를 다스림.

힐책[詰責] 잘못을 따져 꾸짖음. きっせき reproach

힐척[詰斥] 꾸짖어 물리침. きっせき rejecting

힐항[詰抗] ⇨힐거(詰拒).

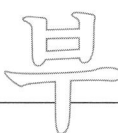
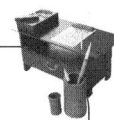
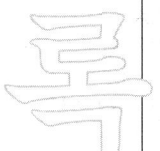

부록

최신 영자 약어

AA ① [Asian-African] 아시아와 아프리카의 약자. ② [automatic approval] 수입(輸入)의 자동 승인. 에이 에이

AAA [Amateur Athletic Association] 아마추어 운동 경기 협회. 에이 에이 에이

AA group [Asian-African Group] 아시아·아프리카의 국제 연합 가맹국 63개국이 구성한 비공식 단체. 에이 에이 그룹

AAM [air to air missile] 적의 비행기를 목표로 비행기에서 발사하게 된 유도탄. 공대공(空對空) 미사일. 에이 에이 엠

ABC [Audit Bureau of Circulation] 신문·잡지의 발행 부수나 판매 부수를 조사해서 인증하는 기구. 발행 부수 공사 기구(發行部數公査機構). 에이 비 시

ABM [anti-ballistic missile] 탄도탄(彈道彈) 요격 미사일. 에이 엠 엠 (AMM). 에이 비 엠

ABS [anti-lock brake system] 자동차의 급제동(急制動) 능력을 강화시키는 잠김 방지 제동 장치. 급제동 시 짧은 시간에 바퀴를 잠갔다 풀었다 반복함으로써 바퀴가 한쪽으로 급히 쏠리는 것을 막아 줌. 에이 비 에스

ABU [Asian-Pacific Broadcasting Union] 아시아 태평양 방송 연맹. 에이 비 유

ACTH [adrenocorticotropic hormone] 부신 피질 자극(副腎皮質刺戟) 호르몬. 에이 시 티 에이치

AD [라 Anno Domini] 서력 기원(西曆紀元). 에이 디

ADB [Asian Development Bank] 아시아 개발 도상국의 경제 발전 자금을 융자하기 위해 1966년 12월에 발족한 국제 개발 은행. 아시아 개발 은행. 에이 디 비

AF [automatic focusing] 카메라의 자동 초점(焦點) 조정. 에이 에프

AFC [automatic frequency control] 자동 주파수 제어(自動周波數制御). 에이 에프 시

AFKN [American Forces Korea Network] 미군의 한국 방송망. 주한 미군 사령부 공보부(公報部)에서 주한 미군을 위해 설치한 것으로 지방에 6개소의 방송국이 있음. 에이 에프 케이 엔

AFL-CIO [American Federation of Labor & Congress of Industrial Organization] 미국 노동 총동맹-산업별 조합 회의. 1955년 AFL(미국 노동 총동맹)과 CIO(산업별 조합 회의)의 2대 노동 조합이 결합하여 발족한 미국 최대의 노동 조합. 에이 에프 엘 시 아이 오

AFP [Agence France Presse] 프랑스의 통신사 이름. 에이 에프 피

AFTA [ASEAN Free Trade Agreement] 아세안 국가들을 단일 시장으로 묶는 자유 무역 협정. 1993년 1월에 발효됨. 에이 에프 티 에이

AGM [air-to-ground missile] 공대지(空對地) 미사일. 에이 지 엠

AI [artificial intelligence] 인공 지능(人工知能). 에이 아이

AIDS [Acquired Immune Deficiency Syndrome] 사람 면역 부전(不全) 바이러스에 의해서 생기는 병. 비정상적인 성 접촉·수혈·모자 감염 등에 의해 감염되는데, 전신의 면역 기구가 파괴되어 사망률이 높음. 후천성 면역 결핍증(後天性免疫缺乏症). 에이즈

ALBM [air-launched ballistic missile] 항공기에서 지상을 향하여

아시아 태평양 이사회. 아스팍

ATC ①[Air Traffic Control] 항공 교통 관제(管制). ②[Automatic Train Control] 열차 자동 제어 장치. 에이 티 시

ATO [automatic train operation] 자동 열차 운전 장치. 에이 티 오

ATS ①[Automatic Train Stopper] 열차의 자동 정지 장치. ②[Application Technology Satellite] 미국의 응용 기술 위성. 통신·기상·과학 위성 따위의 개발에 필요한 새 기술을 실험하는 인공 위성. 에이 티 에스

B

BAL ①[British Anti-Lewisite] 독가스 해독제(解毒劑)의 일종. 무색 유성(油性)의 액체로, 수은·코발트 등의 금속 중독에도 효과가 있음. ②[basic assembly language] 컴퓨터 기본 프로그램 언어. 발

BASIC [beginner's all-purpose symbolic instruction code] 컴퓨터에서, 초보자를 위하여 개발된 프로그래밍 언어. 문법이 간단하고, 프로그램의 편집·수정이 쉬움. 베이식

BBC [British Broadcasting Corporation] 영국 방송 협회(英國放送協會). 비 비 시

BBS [Bulletin Board System] 전자 게시판. 정보 제공·전자 우편 배달 등의 컴퓨터 통신을 서비스하는 방식. 비 비 에스

BC ①[Before Christ] 서력 기원전(西曆紀元前). ②[birth control] 산아 제한(産兒制限). 비 시

BCG [Bacille de Calmette et Guérin] 결핵 예방 백신. 소의 결핵균을 무독화(無毒化)한 것으로, 미(未)감염자의 몸에 접종하여 면역을 얻게 함. 비 시 지

BCL [Broadcasting Listener] 해외(海外) 방송 청취자. 비 시 엘

BEV [billion electron volt] 10억 전자 볼트. 베브

BHC [benzene hexa-chloride] 농업용 살충제의 하나. 우리 나라에서는 사용이 금지됨. 비 에이치 시

BIOS [Basic Input Output System] 컴퓨터와 주변 장치에서 정보 전달을 제어하는 시스템 프로그램. 바이오스

BIS [Bank for International Settlements] 국제 결제(決濟) 은행. 1930년에 주요국의 공동 출자로 설립된 국제 은행. 각국 중앙 은행간 거래의 환(煥) 업무, 금융 위기에 처한 국가에 대한 자금 융자, 국제적인 신용 질서 유지 기능 등을 수행함. 비 아이 에스

BL [bill of landing] 선하 증권(船荷證券). 해상 운송 계약에 따른 운송품의 인도 청구권을 표시하는 유가 증권. 비 엘

BOD [biochemical oxygen demand] 생물학적 산소 요구량. 호기성(好氣性) 미생물이 일정 기간 물 속의 유기물을 산화·문해하는 데 필요한 산소량을 ppm으로 나타낸 것. 수질 오염 상태를 나타내는 수치. 비 오 디

BPS [bits per second] 컴퓨터에서, 1초에 전송되는 비트(bit) 수. 비 피 에스

BSI [business survey index] 경기 실사 지수(景氣實查指數). 경기에 대한 기업가들의 판단, 장래의 전망 등을 설문 조사하여 경기 지표화한 것. 지수가 100 이상이면 경기는 확장 국면, 100 미만이면 수축 국면을 나타냄. 비 에스 아이

발사하는 탄도탄(彈道彈). 공중 발사 탄도탄. 에이 엘 비 엠

ALCM [air launching cruising missile] 공중 발사 순항(巡航) 미사일. 에이 엘 시 엠

ALGOL [algorithmic language] 컴퓨터에서 주로 과학 기술 계산용으로 쓰이는 프로그램 언어. 알골

AM, am ①[라 ante meridiem] 오전(午前). ②[라 Artium Magister] 문학사(文學士). ③[amplitude modulation] 진폭 변조(振幅變調). 에이 엠

AMM [anti-missile missile] 대(對)미사일용·(用) 미사일. 에이 엠 엠

ANZUS [Australia, New Zealand and the United States] 태평양 안전 보장 조약. 미국, 오스트레일리아·뉴질랜드 사이에 체결된 안보 조약. 1985년 이후 공동화(空洞化) 상태임. 앤저스

AP [The Associated Press] 미국 연합 통신사. 신문사와 방송국을 가맹사(加盟社)로 하는 협동 조직의 비영리 법인(非營利法人). 에이 피

APEC [Asia Pacific Economic Cooperation] 환태평양 지역의 경제 협력과 무역 증진을 목적으로 한, 범정부간 협력 기구. 아시아 태평양 경제 협력체. 에이팩

APPU [Asia Pacific Parliamentary Union] 아시아·태평양 국회 의원 연맹. APU (아시아 국회 의원 연맹)를 모태로 발전한 아시아·태평양 지역 국가들 간의 의회 차원의 교류 조직. 1981년 출범. 에이 피 피 유

APU [Asian Parliamentarians Union] 아시아 국회 의원 연맹. 아시아 여러 국가들 간의 의회 차원의 교류 조직. 1980년 제 16 차 총회에서 APPU (아시아·태평양 국회 의원 연맹)으로 확대 발족함. 에이 피 유

AQ [achievement quotient] 교육률(敎育率)을 지능률로 나눈 것에 100을 곱한 수치. 지능에 비하여 학습이 어느 정도인가를 나타냄. 성취 지수(成就指數). 에이 큐

ARS [Audio Response System] 음성 자동 응답 시스템. 컴퓨터가 자동으로 응답하도록 만들어 놓은 체계. 에이 아르 에스

A/S [after service] 상품을 판매한 후에 제조 업자가 무료 또는 실비(實費)로 수리나 기타의 봉사를 하는 일. 에이 에스

ASCII code [American Standard Code for Information Interchange code] 미국 표준 정보 교환용 코드. 정보 처리 시스템, 통신 시스템 및 이에 관련된 장치에서 정보를 교환하기 위해 쓰이는 부호화한 문자 체계로 가장 많이 보급됨. 아스키 코드

ASEAN [Association of Southeast Asian Nations] 동남아 국가 연합. 1967년 8월 결성된 동남 아시아 여러 국가들 간의 정치·경제·사회·문화·안보 등에 관한 협력 기구. 1999년 현재 회원국은 브루나이, 인도네시아, 라오스, 말레이시아, 미얀마, 필리핀, 싱가포르, 태국, 베트남, 캄보디아 등 10개국. 아세안

ASEM [Asia-Europe Meeting] 아시아와 유럽의 새로운 동반자 관계를 구축하기 위해 한·중·일 동북아 3 개국, 아세안(ASEAN) 회원국, 유럽 연합 국가들이 참여하는 아시아와 유럽 간의 정상 회의. 아셈

ASM [air to surface missile] 적의 지상 진지(地上陣地)를 목표로 하고 비행기에서 발사하게 된 유도탄(誘導彈). 공대지(空對地) 미사일. 에이 에스 엠

ASPAC [Asian and Pacific Council] 아시아 태평양 지역의 유대 강화를 목적으로 하는 국제 기구.

CAD [computer aided design] 컴퓨터를 이용한 디자인. 캐드

CAI [computer-aided instruction] 컴퓨터 이용 교육. 컴퓨터를 이용하여 학생들의 개별 학습이나 수업 계획 수립 등을 쉽게 처리해 주는 방식. 시 에이 아이

CALS [continuous acquisition and life cycle support] 제조 업체의 생산·유통·판매·구매 등의 모든 과정을 컴퓨터망으로 연결함으로써 자동화·정보화 환경을 구축하고, 비용 절감과 업무 처리의 효율성을 높이기 위한 컴퓨터 시스템. 칼스

CATV [cable television] 소규모의 TV 방송 송수신 장비를 갖춘 국(局)과 가입자 자택 사이를 동축(同軸) 케이블 등으로 연결·구축한 유선 텔레비전. 시 에이 티 브이

CC, cc [cubic centimeter] 세제곱센티미터. 1cc는 1/1000 리터임. 시 시

CCIR [프 Comité Consultatif International des Redio communication] 국제 무선 통신 자문 위원회. 시 시 아이 아르

CCTV [closed circuit television] 폐쇄 회로(閉鎖回路) 텔레비전. 시 시 티 브이

CD ① [cash dispenser] 현금 자동 지급기. 은행이 예금자에게 발급한 카드로 예금 지급, 신용 카드 업무 등을 수행할 수 있게 한 기계. ② [certificate of deposit] 양도성(讓渡性) 정기 예금 증서. 고객이 예치한 정기 예금에 대해 은행이 발행하는 무기명 예금 증서. 예금자는 이것을 금융 시장에서 자유롭게 매매할 수 있음. ③ [compact disk] 음성 신호를 디지털화하여 저장해 놓은 원판(圓板). 여기에 레이저 광선을 비춰 음을 재생시킴. 시 디

CD-ROM [compact disk read only memory] 콤팩트 디스크에 컴퓨터 자료를 수록한 기억 매체. 대규모 자료의 수록·보급에 편리함. 시 디 -롬

CEO [chief executive officer] 경영 최고 책임자. 시 이 오

CF [commercial film] 광고 선전용의 텔레비전 필름.

cf. [라 confer] '비교하라·참조하라'의 뜻. 시 에프

CIA [Central Intelligence Agency] 미국의 중앙 정보국. 세계 각국의 정치·군사·경제에 관한 정보 수집·분석을 목적으로 하는 비밀 기구임. 시 아이 에이

CIC [CounterIntelligence Corps] 군대에서, 방첩(防諜) 부대. 시 아이 시

CID [Criminal Investigation Detachment] 군사 범죄 수사대(軍事犯罪搜査隊). 시 아이 디

CIF [Cost, Insurance and Freight] 운임 보험료 부담 조건. 무역 거래 조건의 하나. 매도자가 상품의 선적에서부터 목적지까지의 운임·보험료의 일체를 부담할 것을 조건으로 하는 무역 계약. 시 아이 에프

CIS [Commonwealth of Independent States] 독립 국가 연합. 소련이 해체되고 난 후 러시아를 중심으로 12개의 공화국이 참여해 창설한 국가 연합체. 시 아이 에스

CM [commercial message] 라디오·텔레비전의 삽입 프로그램에 끼어 넣는 선전 문구나 광고. 시 엠

CNN [Cable News Network] 전 세계의 뉴스를 현지에서 취재·제작하여 위성 통신과 케이블을 통해 송출하는 동시 전달망을 구축한 미국의 유선 방송사. 시 엔 엔

COBOL [**Common Business Oriented Language**] 대형 컴퓨터용으로 개발된 사무 처리용 프로그래밍 언어. 코볼

COCOM [**Coordinating Committee for Export Control to Communist Area**] 대(對)공산권 수출 통제 위원회. 군수 물자의 대공산권 수출을 규제하기 위한 자유주의 국가들간의 비공식 협의 기관. 냉전 체제의 종식으로 1994년 3월 자진 해체하고 4월부터 기존 참가 17개국에 러시아가 새로 가입한 신코콤 체제가 잠정 발효됨. 코콤

COMDEX [**Computer Distribution Exposition**] 미국에서 매년 봄과 가을에 열리는, 세계 최대의 컴퓨터 관련 제품 전시회. 컴덱스

COMSAT [**Communication Satellite Corporation**] 미국 통신 위성 회사. 1963년에 설립된 상업 위성 통신을 업무로 하는 회사. 위성 통신의 설비·조직을 소유하고 미국의 국제 통신업자에게 그 채널을 제공하고 있음. 콤샛

CP ①[**Command Post**] 군대에서, 지휘소. ②[**commercial paper**] 신종(新種) 기업 어음. 기업의 단기 자금 조달을 쉽게 하기 위해 도입된 어음 형식으로, 금리를 자율 결정함. ③[**Chief Producer**] 방송에서, 책임 프로듀서. 시 피

CPI [**Consumer's Price Index**] 소비자 가격 지수(價格指數). 시 피 아이

CPR [**cost per response**] 광고(廣告) 반응의 건당 비용. 시 피 아르

CPU [**central processing unit**] 컴퓨터의 중앙 처리 장치. 시 피 유

CPX [**Command Post Exercise**] 각급 부대의 지휘소 요원들을 상대로 실시되는 작전 연습. 시 피 엑스

CRS [**Computer Reservation System**] 항공권 자동(自動) 예약 시스템. 시 아르 에스

CRT [**cathoderay tube**] 음극선관. 텔레비전이나 컴퓨터의 디스플레이 장치에 널리 사용되는 전자관. 브라운관이라고도 함. 시 아르 티

CT [**computed tomography**] 컴퓨터 단층 촬영. X선 장치와 컴퓨터를 결합시킨 의료 기기(機器). 인체의 횡단면을 X선을 주사하여 촬영, 각 방향에서의 상(像)을 컴퓨터로 처리함. 시 티

CTC ①[**Centralized Traffic Control**] 열차 집중 제어 장치(列車集中制御裝置). 하나의 사령실에서 전선(全線) 또는 일정 구간의 열차 운행을 집중적으로 제어하는 방식. 또는 그 장치. ②[**computer traffic control**] 열차의 컴퓨터 운전 제어 시스템. 이제까지의 열차 집중 제어 장치(CTC)에 컴퓨터를 직결하여 열차의 운행을 자동화한 것임. 시 티 시

CTS ①[**crude oil transshipment station**] 유조선으로 실어 온 원유를 대량으로 저장하는 기지. 석유 저장 기지. ②[**computerized typesetting system**] 전산 사식 조판(鳥植組版) 시스템. 컴퓨터를 사용한 사진 식자 시스템. 시 티 에스

D, C, [**da capo**] 악보에서, 도돌이표. 디 시

DDD [**direct distant dialing**] 시외 자동 전화. 원거리 즉시 통화. 디 디 디

DDT [**dichloro - diphenyl - trichloro-ethane**] 무색 결정성의 방역용·농업용 살충제. 우리 나라에서는 제조·판매가 금지됨. 디 디 티

DefCon [Defense Condition] 미군의 방위 준비 태세. 데프콘

DF [direction finder] 방향 탐지기. 디 에프

DHA [Docosa-Hexaenoic Acid] 고도 불포화 지방산의 일종. 뇌의 기억 학습 중추의 구성 물질이며, 혈전(血栓) 예방의 효과가 있음. 수산물, 특히 어개류에 많이 포함되어 있음. 디 에이치 에이

DI [diffusion index] 경기 동향 지수 또는 경기 확산 지수. 경기 변동 요인이 경제의 특정 부문에서 나타나 점차 경제 전반에 확산・파급되어 가는 과정을 파악하기 위해 경기 변동과 밀접한 관계가 있는 주요 지표의 움직임을 종합하여 경기를 측정・예측하는 수단임. 디 아이

Dink 族(족) [double income, no kids] 풍족한 경제 생활을 위해 의도적으로 자녀를 두지 않는 맞벌이 부부. 딩크족

DIY [Do it yourself] 자신이 원하는 물건을 만드는 데 쓰이는 상품. 디 아이 와이

DJ [disk jockey] 방송이나 공공 장소에서 음악 감상 프로그램을 진행하는 사람. 디 제이

DLF [Development Loan Fund] 1954년도의 미국 예산상에 설치되기 시작한 개발 차관 기금. 후진국 경제 개발 대여 기금. 디 엘 에프

DM [Direct Mail] 광고주가 예상 고객에게 직접 우송하는 상품 안내 카탈로그나 설명서 등의 인쇄물. 디 엠

DMZ [Demilitarized zone] 비무장 지대. 협정 등에 익해서 무장 부대 주둔과 군사 시설의 설치가 금지된 지역. 디 엠 지

DNA [deoxyribonucleic acid] 디옥시리보 핵산. 디옥시리보오스를 당 성분으로 하는 핵산. 염색체의 주요 성분으로서 유전자의 본체임. 디 엔 에이

DOS [disk operating system] 윈도 이전에 사용되던 운영 체제. 주로 디스크와 파일을 다루어 붙여진 이름임. 도스

DP [displaced person] 전재(戰災)나 통치자의 변동으로 인해서 피난하여 온 사람. 난민. 유민(流民). 디 피

DPE [developing, printing, enlarging] 사진의 현상과 인화 및 확대. 또는 그러한 일을 하는 가게. 디 피 이

DPT [diphtheria + pertussis + tetanus] 디프테리아・백일해・파상풍의 예방 혼합 백신. 디 피 티

DR [Depository Receipt] 은행이 발행하는 주식(株式) 예탁(預託) 증서. 국제적인 주식 유통 수단으로 이용되고 있음. 디 아르

DRAM [dynamic random access memory] 컴퓨터용 기억 장치의 하나. 전원이 계속 공급되면 데이터가 계속 유지될 수 있기 때문에 컴퓨터 기억 장치로 가장 많이 사용됨. 디램

DTP [desk-top publishing] 전자(電子) 출판. 탁상(卓上) 출판. 컴퓨터를 이용하여 서적이나 보고서・유인물 등의 편집과 출력을 하는 전자 출판 시스템. 디 티 피

DVD [Digital Video Disk] 디지털 압축 방식에 의하여 영상이나 음성 신호를 기록하는 디스크 기억 장치. 디 브이 디

EC [European Communities] 유럽 공동체. 평화와 경제 번영을 위한 유럽 통합을 목표로 설립되었던 국제 조직. 1967년 유럽 경제 공동체(EEC), 유럽 원자력 공동체(EAEC),

유럽 석탄 철강 공동체 세 기관이 통합되어 발족함. 1994년 1월 1일부터 상품·사람·자본·서비스 등의 자유 이동을 제한하고 있는 물리적, 조세적 장벽을 제거하고 EU(유럽 연합)로 공식 명칭을 바꿔 사용함. 이 시

ECAFE [United Nations Economic Commission for Asia and Far East] 국제 연합의 아시아 극동(極東) 경제 위원회. 에스캅(ESCAP)의 전신. 에카페

EDC [European Defense Community] 유럽 방위 공동체. 유럽 6개국 사이에 조인된 공동 방위 기구. 프랑스의 비준 거부로 대신 서구 연합(西歐聯合)이 설립됨. 이 디 시

EDPS [electronic data processing system] 전자 정보 처리 시스템. 컴퓨터를 이용하여 사무나 경영 관리를 위한 데이터 처리를 하는 체계. 이 디 피 에스

EDSAC [electronic delay storage automatic calculator] 1949년에 완성된, 프로그램 내장 방식·순차 처리 등을 실현한 세계 최초의 노이만형 컴퓨터. 에드삭

EDVAC [electronic discrete variable automatic computer] 1950년에 완성된 2진법과 프로그램 내장 방식인 폰 노이만 방식을 채택한 전자 계산기. 에드박

EEA [European Economic Area] 유럽 경제 지역. 유럽 연합(EU) 회원국과 유럽 자유 무역 연합(EFTA) 회원국으로 구성된 거대한 단일 통합 시장.

EE camera [electric eye camera] 피사체(被寫體)의 밝기에 따라 자동적으로 노출이 조절되는 카메라. 이 이 카메라

EEC [European Economic Community] 유럽 경제 공동체. 1958년에 설립되어 1967년에 EC로 통합됨. 이 이 시

EEZ [Exclusive Economic Zone] 배타적 경제 수역(水域). 자국의 해안으로부터 200 해리(370.4km) 안에 있는 모든 자원에 대한 독점적인 권리를 인정하는 국제 해양법상의 개념. 이 이 제트

EFTA [European Free Trade Association] 유럽 자유 무역 연합. EC에 대항하여 유럽 전역에 걸친 자유 무역 지역을 설립하기 위해 발족되었으나, 1994년 1월에 EU로 통합, 유럽 경제 지역(EEA)을 결성함.

ENIAC, eniac [electronic numerical integrator and calculator] 세계 최초의 전자식 컴퓨터. 1946년 미국의 모클리와 에커트에 의해 개발됨. 에니악

EP 板(판) [extended playing record] 1분간에 45회전하는 장시간 레코드. 이피판

EP-ROM [erasable and programmable ROM] 사용자가 ROM에 프로그램을 기록할 수 있는 기억 장치. ROM에 저장되어 있는 데이터를 몇 번이고 소거하고 다시 기록할 수 있음. 이 피 롬

ESCAP [Economic and Social Commission for Asia and the Pacific] 아시아 태평양 경제 사회 이사회. 1974년에 고친 에카페(ECAFE)의 새로운 이름. 에스캅

ETA [estimated time of arrival] 항공기나 선박의 도착 예정 시간. 이 티 에이

ETD [estimated time of departure] 항공기나 선박의 출발 예정 시간. 이 티 디

EU [European Union] 유럽 연합. 유로화 창설, 공동 외교·안보 정책 추진, 노동·교육·사회·산업 분야의 공조 등 3개 영역의 통합 작업을 주도. 유럽 공동체(EC)와는 달리 법률

적 실체는 아니며 유럽 통합을 추진하는 추상적 주체 개념임. 이 유
EXPO [**World Exposition**] 세계 각국의 생산품을 합동 전시하는 국제 박람회. 만국 박람회. 엑스포

F ①[**Fahrenheit**] 화씨 온도계의 온도 눈금을 나타내는 기호. ②[**filial**] 유전의 법칙에서, '새끼'를 의미하는 기호. ③[**fine**] 연필심의 경도를 나타내는 기호. 'HB'와 'H'와의 중간. ④[**focal length number**] 사진 렌즈의 밝기와 조리개의 크기를 나타내는 수치. 에프
FA [**factory automation**] 공장의 자동화 기계화. 공장의 생산 시스템을 컴퓨터 따위를 써서 자동화·무인화(無人化)하는 일. 에프 에이
FAO [**Food and Agriculture Organization**] 국제 연합 식량 농업 기구. 농민의 생활 수준 향상, 식량과 농산물 생산 및 분배의 능률 증진 등을 목적으로 1945년에 설립됨. 에프 에이 오
FBI [**Federal Bureau of Investigation**] 미국의 연방 수사국. 1908년에 미국 법무부 안에 설치되어 1935년에 개칭(改稱)된 비밀 경찰. 에프 비 아이
FCS [**fire control system**] 사격 통제 장치. 사격 지휘 장치. 사격 관제(管制) 장치. 에프 시 에스
FEAF [**Far East Air Forces**] 미국의 극동(極東) 공군. 에프 이 에이 에프
FEN [**Far East Network**] 극동(極東) 미군 방송. 에프 이 엔
FI [**fade-in**] 영화나 텔레비전에서, 화면을 점점 밝게 하는 기법. 또는 라디오에서 음량을 점차 증가시키는 일. 에프 아이
FIA [프 **Fédération Internationale de l'Automobile**] 국제 자동차 연맹. 1904년에 창립됨. 본부는 파리. 에프 아이 에이
FIR [**flight information region**] 비행 정보 구역. 에프 아이 아르
FIFA [프 **Fédération Internationale de Football Association**] 국제 축구 연맹. 1904년에 창립됨. 피파
FM [**frequency modulation**] 주파수 변조. 에프 엠
FMS [**flexible manufacturing system**] 컴퓨터를 중심으로 공작 기계와 로봇을 조화시켜 가공이나 수송을 자동화한 생산 체계. 소량(少量) 다품종(多品種) 생산에 적합하게 한 자동 생산 방식임. 에프 엠 에스
FO [**fade out**] 영화나 텔레비전에서, 화면을 점점 어둡게 하거나, 라디오에서 소리를 점점 작게 하는 기법. 에프 오
FOB [**free on board**] 국제적 매매(賣買) 계약의 약관. 무역 거래 조건의 하나로, 매주(賣主)가 상품을 상대국의 선박에 넘겨 주기까지의 모든 책임 및 비용을 부담한다는 계약. 에프 오 비
FOBS [**Fractional Orbital Bombardment System**] 궤도 폭탄. 위성 폭탄. 부분 궤도 폭격 체계. 핵탄두를 장비하고 궤도를 날면서 지구를 돌다가 목표 지점에 가까운 곳에서 감속 로켓을 분사한 뒤 내리꽂으로 재신입하여 폭격함. 포브스
FORTRAN [**formula translation**] 컴퓨터를 위한 프로그램 언어의 하나. 과학 기술 계산용 프로그래밍 언어. 포트란
FW [**forward**] 축구·럭비 등에서 전위(前衛). 또는 그 선수. 에프 더블유

G

G7 [Group of seven] 미국·영국·독일·프랑스·일본·캐나다·이탈리아 등 선진 7개국의 재무 장관과 중앙 은행 총재가 세계 경제의 운영이나 국제 통화 정세를 둘러싸고 비공식적으로 개최하는 회의.

GATT [General Agreement on Tariffs and Trade] 관세 및 무역에 관한 일반 협정. 관세와 수출입 규제 등 무역상의 장벽을 제거하여, 국제 무역을 증진시키기 위한 국제 무역 협정. 가트

GCA [ground controlled approach] 지상 유도 착륙 방식. 야간이나 악천후(惡天候)일 때, 착륙하는 항공기의 진입 방향·높이 등의 지시를 지상 관제탑에서 관제관이 유도하는 방식. 지 시 에이

GCM [greatest common measure] 수학에서, 최대 공약수. 지 시 엠

GD mark [good design mark] 우수 디자인 마크. 상품의 디자인·기능·안전성·품질 등을 종합적으로 심사하여 우수한 상품에 붙여 주는 표지. 지 디 마크

GDP [Gross Domestic Product] 국내 총생산(國內總生産). 일정 기간 동안 자국에서 외국인 및 내국인이 새로이 생산한 재화와 용역의 가치를 합한 것. 지 디 피

GI [Government Issue] 하사관이나 병사는 의복 등 모든 보급이 관급(官給)이라는 뜻에서, 미국 병사의 이칭(異稱). 지 아이

GII [Global Information Infrastructure] 미국의 주도로 추진되고 있는 차세대 고속 통신망. 미국은 이를 일본·유럽 등 전세계 5,000만 명의 가입자를 가진 상업용 네트워크로 발전시켰음.

GIS [Geographic Information System] 국가 지리 정보 시스템. 국토 개발 계획에서부터 도시 계획·수자원·교통 운송 도로망·토지·환경 생태·지리 정보·지하 매설물 등 국가가 소유한 모든 자원 및 공간 정보를 컴퓨터로 관리하는 시스템. 지 아이 에스

GM [guided missile] 유도탄(誘導彈). 지 엠

GMDSS [Global Maritime Distress and Safety System] 해상(海上)에서의 조난 및 안전 통신의 세계적 제도. 지 엠 디 에스 에스

GMP [Good Manufacturing Practice] 의약품 적정 제조 기준. WHO(세계 보건 기구)가 1969년 권고한 안전성과 유효성(有效性)을 품질면에서 보증하는 기본 조건으로서의 우수 의약품 제조 관리 기준. 지 엠 피

GMT [Greenwich Mean Time] 그리니치 표준시. 지 엠 티

GNP [Gross National Product] 국민 총생산(國民總生産). 일정 기간 동안 자국에서 그 나라 국민이 국내와 해외에서 새로이 생산한 재화와 용역의 가치를 합한 것. 지 엔 피

GR [Green Round] 환경 보호 문제를 주제로 한 다자간 국제 협상. 여기에서 합의된 환경 기준에 미달하는 무역 상품에 대해서는 각종 제재 조치를 가하게 됨.

GSP ① [Generalized System of Preferance] 일반 특혜 관세 제도. 선진국이 개발 도상국으로부터 수입하는 공산품과 농수산품에 관세를 면제하거나 가장 낮은 관세율을 적용해 주는 제도. ② [Government Selling Price] 산유국(産油國) 정부가 정한 원유의 공식 판매 가격. 지 에스 피

H

H [hard] 연필심의 굳기를 나타내는 기호. 에이치

H-bomb [hydrogen bomb] 수소(水素) 폭탄. 에이치봄

HB [hard and black] 연필심의 굳고 검은 정도를 나타내는 기호. 별로 단단하지도 무르지도 않은 중간치의 것. 에이치 비

HBS [Harvard Business School] 하버드 대학 대학원 경영학 연구과. 미국 경영학의 중심으로 많은 인재를 배출하였음. 에이치 비 에스

HDD [hard disk drive] 개인용 컴퓨터의 보조 기억 장치인 하드 디스크를 구동시켜 데이터를 저장하거나 읽을 수 있는 장치. 에이치 디 디

HDTV [High Definition Television] 고선명(高鮮明) 텔레비전. 화면의 고정밀화·대형화를 실현시킨 텔레비전으로, 디지털 신호 처리 기법을 사용하며 좌우 화각이 30° 정도로 현장감을 느낄 수 있음. 에이치 디 티 브이

HE ① [human engineering] 인간 공학. ② [high explosive] 고성능 폭약. 에이치 이

hi-fi [high fidelity] 라디오 수신 장치나 녹음 장치에서, 본래의 소리에 가까운 소리로 만드는 장치. 하이파이

HP [horse power] 마력(馬力). 에이치 피

HR [human relations] 조직에 있어서의 인간 관계. 특히 노사의 인간 관계를 긴밀히 함을 목적으로 함. 에이치 아르

HST [hypersonic transport] 음속의 5배 이상으로 비행하는 극초음속(極超音速) 여객기. 에이치 에스 티

I

IADB [Inter-American Development Bank] 미주(美洲)간 개발 은행. 중남미의 사회·경제 개발 원조 자금을 융자해 줌. 1960년에 설립됨. 아이 에이 디 비

IAEA [International Atomic Energy Agency] 국제 원자력 기구. 원자력의 평화적인 이용을 위하여 창설된 국제 기관. 1957년에 발족됨. 아이 에이 이 에이

IAF [International Astronautical Federation] 국제 우주 여행 연맹. 1951년에 창립됨. 본부는 파리. 아이 에이 에프

IBF [International Boxing Federation] 국제 복싱 연맹. 아이 비 에프

IBM [International Business Machines] 세계 최대의 컴퓨터 및 관련 장비를 제조·생산하는 회사. 또는 이 회사의 컴퓨터 이름. 아이 비 엠

IBRD [International Bank for Reconstruction and Development] 국제 부흥 개발 은행. 1944년 제2차 세계 대전 후의 경제 부흥과 개발 도상국의 개발을 꾀하기 위해 설립됨. 아이 비 아르 디

IC ① [integrated circuit] 집적 회로(集積回路). 아주 작은 원판 위에 트랜지스터·다이오드·저항기·콘덴서 등의 소자를 배선해 놓은 회로. 초소형(超小形)으로, 컴퓨터 등에 쓰임. ② [Interchange] 인터체인지. 고속 도로의 입체 교차에 의한 출입구. 아이 시

ICAO [International Civil Aviation Organization] 국제 민간 항공 기구. 국제 연합의 전문 기관. 1947년에 발족됨. 이카오

ICBM [**Intercontinental Ballistic Missile**] 대륙간 탄도 유도탄. 아이 시 비 엠

ICC [**International Chamber of Commerce**] 국제 상업 회의소. 각 국간의 통상 관계의 원만한 발달을 도모하고 무역 관행의 일치화 추구 등을 목적으로 하는 단체. 1920년에 설립되었으며 본부는 파리. 아이 시 시

ICFTU [**International Confederation of Free Trade Unions**] 국제 자유 노동 조합 연맹. 국제적 노동 조합 조직. 1949년에 결성됨. 아이 시 에프 티 유

ICJ [**International Court of Justice**] 국제 사법 재판소. 국제 연합의 사법 기구. 아이 시 제이

ICPO [**International Criminal Police Organization**] 국제 형사 경찰 기구. 보통 '인터폴'이라고 일컬음. 1923년에 설립됨. 아이 시 피 오

ICRC [**International Committee of the Red Cross**] 적십자 국제 위원회. 각국의 적십자사를 통합하는 중앙 기관. 아이 시 아르 시

ICSU [**International Council of Scientific Union**] 국제 학술 연합 회의. 1931년 설립. 아이 시 에스 유

ICU [**insentive care unit**] 집중 치료실. 중환자를 집중적으로 치료하는 시설. 아이 시 유

ID [**identification**] 등록 이름. 데이터 통신에서 통신망에 연결된 각각의 사용자들을 구분하기 위하여 부여된 고유한 이름. 아이 디

ID card [**identification card**] 신분 증명서. 아이 디 카드

ID System [**Identification System**] 기업의 모든 분야, 모든 사원이 통일적인 이미지를 나타내도록 하는 체계. 아이 디 시스템

IDA [**International Development Association**] 국제 개발 협회. 개발 도상국의 경제 개발 원조를 위해 조건이 좋은 융자를 하는 국제 금융 기관. 아이 디 에이

IDP [**integrated data processing**] 정보 집중 처리 방식. 컴퓨터를 사용하여 데이터를 처리하는 데 있어 데이터의 발생·입력·처리·문의·출력 등의 단계가 서로 연관되어 있는 종합적인 하나의 시스템으로 처리하는 방식. 아이 디 피

IFC [**International Finance Corporation**] 국제 금융 공사. 세계 은행을 보조하는 국제 금융(金融) 기관.

IGY [**International Geophysical Year**] 국제 지구 물리 관측년. 국제 학술 연합 회의가 기획, 53개국이 협력하여 전세계적 규모로 지구 물리학상의 관측 기업을 행한 1957년 7월부터 1958년 12월까지를 이름. 아이 지 와이

II [**iris in**] 영화 화면의 한가운데서부터 주위로 둥글게 확 퍼져 전체가 나타나는 기법. 아이 아이

IIC [**International Institute of Communications**] 각국의 방송인·사회 과학자·저널리스트 들이 개인 자격으로 참가하는 형식의 국제 기구. 세계 방송 통신 기구. 아이 아이 시

ILO [**International Labor Organization**] 국제 노동 기구. 국제 연합 경제 사회 이사회의 전문 기관의 하나. 1919년에 창설됨. 아이 엘 오

ILS [**Instrument Landing System**] 계기(計器) 착륙 방식. 악천후로 시계(視界)가 흐릴 때, 항공기가 일정한 경로로 정확하게 착륙하도록 지상에서 활주로의 방향과 진입각을 나타내는 두 전파를 보내어 기상(機上)의 계기로 포착해서 착륙하는 방식. 아이 엘 에스

IMF [**International Monetary Fund**] 국제 통화 기금. 가맹국의 출

자로 공동의 외화 기금을 만들어 이것을 각국이 이용하도록 하여 외화 자금 조달을 원활하게 해 주는 국제 기구. 1944년에 설립됨. 아이 엠 에프

INF [**Intermediate-range Nuclear Forces**] 중거리 핵전력(中距離核戰力). 사정 거리 1,000~1,500 km의 핵 미사일. 아이 엔 에프

INTELSAT [**International Telecommunication Satellite Organization**] 국제 전기 통신 위성 기구. 인텔샛

IO [**iris out**] 영화 화면에서, 화면이 주위로부터 한가운데로 점점 줄어들면서 사라지는 기법. 아이 오

IOC [**International Olympic Committee**] 국제 올림픽 위원회. 아이 오 시

IOU [**I owe you**] 차용증(借用證). 아이 오 유

IPI [**International Press Institute**] 국제 신문(新聞) 편집인 협회. 아이 피 아이

IPO [**Internet Post Office**] 인터넷을 이용해 국내외간 우편을 송수신할 수 있는 인터넷 우체국. 아이 피 오

IPU [**Inter-Parliamentary Union**] 국제 의원(議員) 연맹. 아이 피 유

IQ [**intelligence quotient**] 지능 지수(知能指數). 아이 큐

IR [**information retrieval**] 정보 검색. 처리된 정보에서 필요에 따라 특정 정보를 검색·이용하는 형태로서, 기억 매체에 기록된 대량의 데이터의 집단에서 특정 정보를 찾기 위한 방법 및 순서. 아이 아르

IRA [**Irish Republican Army**] 아일랜드 공화국군(軍). 북아일랜드를 영국으로부터 탈환하려는 반영(反英) 지하 조직. 아이 아르 에이

IRBM [**Intermediate Range Ballistic Missile**] 중거리 탄도 미사일. 아이 아르 비 엠

IRC ①[**International Red Cross**] 국제 적십자(赤十字). ②[**Internet Relay Chat**] 인터넷 대화방. 인터넷 사용자들을 채널(Channel)이라는 방에서 대화를 나눌 수 있게 하는 프로그램. 아이 아르 시

ISBN [**International Standard Book Number**] 국제 표준 도서 번호. 아이 에스 비 엔

ISDN [**Integrated Services digital network**] 종합 디지털 통신 서비스망. 디지털 기술을 바탕으로 하여 전화·전신·텔렉스·팩시밀리·컴퓨터 통신 등의 각종 통신망을 하나로 통합한 정보 통신망. 아이 에스 디 엔

ISF [**International Sports Federation**] 국제 스포츠 연맹. 아이 에스 에프

ISO [**International Standardization Organization**] 국제 표준화 기구. 아이 에스 오

ITI [**International Theater Institute**] 국제 연극 협회. 아이 티 아이

ITO [**International Trade Organization**] 국제 무역 기구. 아이 티 오

ITU [**International Telecommunication Union**] 국제 전기 통신 연합. 아이 티 유

ITV [**industrial television**] 공업용 텔레비전. 아이 티 브이

IU [**international unit**] 국제 단위(單位). 아이 유

IUCN [**International Union for Conservation of Nature and Natural resources**] 국제 자연 보호 연합. 아이 유 시 엔

IUPAC [**International Union of Pure and Appled Chemistry**] 국제 순수 응용 화학 연합. 아이 유 피 에이 시

IUPAP [**International Union of**

Pure and Applied physics] 국제 순수 응용 물리학 연합. 아이 유 피 에이 피

IWS [International Wool Secretariat] 국제 양모(羊毛) 사무국. 아이 더블유 에스

J

JAL [Japan Air Line] 일본 항공. 1951년에 창립됨. 잘

JC [Junior Chamber] 청년 회의소(會議所). 제이 시

JRC [Junior Red Cross] 청소년 적십자(赤十字). 제이 아르 시

K

KAPF [Korea Artista Proleta Federatio] 1925년부터 1935년까지 일제 시대에 결성되어 활동했던 조선 프롤레타리아 예술가 동맹. 카프

KATUSA [Korean Augmentation Troops to the United States Army] 주한(駐韓) 미 육군에 배속(配屬)된 한국 군인. 카투사

KBS [Korean Broadcasting system] 한국 방송 공사(韓國放送公社)의 통상 명칭. 케이 비 에스

KDI [Korea Development Institute] 한국 개발 연구원. 케이 디 아이

KEDO [Korean Peninsula Energy Development Organization] 한반도 에너지 개발 기구. 한국·미국·일본 세 나라가 1994년 10월 제네바에서 체결된 미국과 북한 간 합의문 이행과 북한에 경수로(輕水爐) 건설을 지원하기 위하여 세운 국제 기구. 케도

KKK [Ku Klux Klan] 미국의 비합법적 폭력 단체. 백인 국수주의자들의 비밀 결사. 케이 케이 케이

KMAG [Korean Military Advisory Group] 한국군에 파견되어 있는 미군 군사 고문단. 주한 미 군사 고문단. 케이매그

KO [knockout] 권투에서, 상대를 10초 안에 일어날 수 없도록 때려눕히는 일. 녹아웃. 케이오

KOC [Korea Olympic Committee] 한국 올림픽 위원회. 케이 오 시

KOSDAQ [Korea Securities Dealers Automated Quotation] 매매를 위한 유형의 장소 없이 컴퓨터 통신망을 이용해 장외 거래 주식을 매매하는 전자 거래 시스템. 코스닥

KOTRA [Korea Trade Promotion Corporation] 대한 무역 진흥 공사. 코트라

KS [Korean Industrial Standards] 한국 공업 규격. 또는 그 표시. 케이 에스

L

L size [Large size] 셔츠·블라우스 따위의 규격 중 대형의 것. 엘 사이즈

LAN [Local Area Network] 근거리 통신망. 기업이나 학교 등 하나의 건물이나 동일 부지 내에 있는 컴퓨터를 광섬유나 동축 케이블로 연결하여 서로 통신할 수 있도록 한 네트워크. 컴퓨터 간의 파일 전송·전자 우편·원격 로그인·대용량의 기억 장치·프로그램이나 데이터의 공유 등의 기능을 함. 랜

LARA [Licensed Agency for Relief of Asia] 아시아 구제 연맹. 1946년 미국에서 종교·교육·사회 사업 단체를 중심으로 조직된 아시아 구

제 공인 단체. 라라
L/C [letter of credit] 신용장(信用狀). 은행이 수입업자나 해외 여행자의 의뢰에 의하여 그의 신용을 보증하기 위하여 발행하는 신용 증서. 엘시
LCD [Liquid Crystal Display] 액정 표시 장치. 두 개의 얇은 유리판 사이의 틈에 액체 결정을 넣고 전압을 가하면 결정의 분자 배열 방향이 달라져서 빛의 통과율에 차이가 나는 성질을 이용하여 문자나 영상을 표시하는 장치. 엘 시 디
LCM [least common multiple] 최소 공배수(最小公倍數). 엘 시 엠
LIBOR [London Interbank Offered Rate] 런던의 은행 사이에 거래되는 금리. 국제 금융 거래의 기준이 됨. 리보
Lions Club [liberty, intelligence, our nation's safety club] 유력한 사업가를 회원으로 하는, 국제적인 민간 사회 봉사 단체. 라이온스 클럽
LMG ① [light machine gun] 경기관총. ② [liquefied methan gas] 액화(液化) 메탄 가스. 엘 엠 지
LNG [liquefied natural gas] 액화(液化) 천연 가스. 엘 엔 지
LO [light open] 연극에서, 조명이나 불이 켜진 상태에서 막을 올리는 일. 엘 오
LORAN [long range navigation] 배나 비행기가 두 무선국으로부터 받는 전파의 도착 시각의 차이를 측정하여 자신의 위치를 산출하는 장치. 로란
LP 板(판) [long playing record] 장시간 연주용 레코드. 편면의 연주 시간은 약 30분. 엘피판
LPG [liquefied petroleum gas] 액화(液化) 석유 가스. 엘 피 지
LSD [lysergic acid diethylamine] 귀리에 생기는 곰팡이로 만든 강력한 환각제. 엘 에스 디

LSI [Large Scale Integration] 고밀도 집적 회로(高密度集積回路). 한 개의 칩에 1000개 이상의 소자(素子)가 집적되어 있음. 엘 에스 아이
LST [landing ship tank] 미국의 상륙 작전용 함정. 엘 에스 티

M size [Middle size] 셔츠 · 블라우스 따위의 규격 중 중치의 것. 엠 사이즈
MA [Master of Arts] 문학 석사(文學碩士). 엠 에이
M&A [merger and acquisition] 기업을 합병(合倂)하고 사들임. 엠엔드에이
MBA [master of business administration] 경영 관리학 석사. 엠 비 에이
MC [master of ceremonies] 주로, 방송 프로그램이나 연예 공연의 사회자. 엠시
ME [medical electronics] 의료용 전자 공학. 엠 이
MEDC [Middle East Defense Community] 중동 방위 공동체. 엠 이 디 시
MERCOSOUR [Mercado Common Sour] 아르헨티나 · 브라질 · 파라과이 · 우루과이 등 남미 4개국이 상호 무역 개방을 목표로 창설한 역내 공동 시장. 메르코수르
MICR [magnetic ink character reader] 자기(磁氣) 잉크 문자 판독 장치. 자기 잉크를 사용하여 인쇄한 문자를 자기 헤드로 판독하는 장치. 은행에서의 수표 처리에 널리 이용됨. 엠 아이 시 아르
MIG [러 Mikoyan i Gurevich] 소련의 대표적인 제트 전투기의 이름. 설계자인 미코얀(Mikoyan)과 구레비치

(Gurevich)의 이름에서 유래됨. 미그

MIPS [Million Instructions Per Second] 프로세서의 성능을 나타내는 단위. 1초당의 명령 실행 횟수를 100만 회의 단위로 표현함. 밉스

MIRV [multiple independently targeted reentry vechicle] 다탄두 각개 유도(多彈頭各個誘導) 미사일. 엠 아이 아르 브이

MIS [Management Information System] 기업 경영의 의사 결정에 필요한 정보를 컴퓨터로 처리하여 이용할 수 있도록 만들어 놓은 체계. 경영 정보 시스템.

ML [Master of Law] 법학 석사(法學碩士). 엠 엘

MODEM [modulator demodulator] 컴퓨터의 변복조(變復調) 장치. 일반 전화 회선을 이용하여 컴퓨터 통신을 가능하게 해 주는 장치. 모뎀

MP ①[military police] 군대에서, 헌병. ②[melting point] 녹는점. 엠피

MP 板(판) [medium playing record] 엘피(LP)판과 회전수가 같으나 홈의 넓이가 커서 큰 음량의 녹음을 될 수 있는 레코드. 엠피판

MPEG [motion picture experts group] 컬러 동영상 축적용 부호화 방식의 표준화 작업을 추진하는 조직. 또는 MPEG에서 표준화 작업이 이루어지고 있는 부호화 방식의 호칭으로서도 사용됨. 엠팩

m.p.h [miles per hour] 마일을 단위로 한 시속(時速). 엠 피 에이치

MRA 運動(운동) [Moral Re-Armament] 도덕 재무장 운동. 기독교 정신을 근본으로 도덕의 재무장을 하여 세계의 평화를 수립하려는 운동. 엠 아르 에이 운동

MRBM [medium range ballistic missile] 준(準)중거리 탄도 미사일. 사정 거리 800~2,400km 내외임. 엠 아르 비 엠

MRI [magnetic resonance imaging] 자기 공명(磁氣共鳴) 영상. 자장(磁場) 속에 몸을 넣고, 인체에 전자기파를 쐬어 핵자기 공명을 일으키게 하여 단층 촬영을 하는 장치. 엠 아르 아이

MS [Master of Science] 이학 석사(理學碩士). 엠 에스

MS-DOS [microsoft disk operating system] 미국의 마이크로소프트사가 개발한 개인용 컴퓨터 운영 체제(OS)의 하나. 엠 에스 도스

MT [membership training] 수련(修鍊) 모임. 엠티

MTB [mountain bike] 산악 자전거. 엠 티 비

MTP [management training plan] 관리자 훈련 계획. 엠 티 피

MVP [most valuable player] 야구 등에서, 그 해의 최우수 선수. 엠 브이 피

N [north] 북쪽·북극을 나타내는 부호. 엔

NAFTA [North America Free Trade Agreement] 미국·캐나다·멕시코 등 북미 3국을 단일 시장으로 묶는 무역 협정. 1994년 1월에 정식 발효됨. 나프타

NAK [negative acknowledge] 텔레타이프에서, 부정(否定) 응답 문자. 신호가 바르게 수신되지 않았음을 나타내는 부호. 나크

NANA [North American Newspaper Alliance] 북아메리카 신문(新聞) 연맹. 나나

NASA [National Aeronautics and Space Administration] 미

국 국립 항공 우주국. 1958년에 설립됨. 나사
NASDAQS [National Association of Securities Dealers' Automated Quotation System] 전미(全美) 증권 협회(NASD)가 관리하는 컴퓨터에 의한 장외 시장의 시세 보도 시스템. 나스닥
NATM 工法(공법) [new Austrian tunneling method] 신(新)오스트리아 터널 굴착 공법. 지하에서 흙·암석 등을 발파·굴착 등으로 뚫은 뒤, 무너지기 전에 콘크리트를 벽에 뿌려 굳히는 공법. 나틈 공법
NATO [North Atlantic Treaty Organization] 1949년 소련 및 동구권에 대항하여 만들어진 군사 방위 기구. 냉전 종식에 따라, 1994년 4월 구소련 공화국들 및 동유럽 국가들과 '평화를 위한 동반자 관계' 협정을 맺어 새로운 군사 협력체로 출범함. 북대서양 조약 기구. 나토
NBA [National Basketball Association] 미국 프로 농구 협회. 엔 비 에이
NBC [National Broadcasting Company] 미국 4대 방송 회사 중의 하나. 1926년에 설립됨. 엔 비 시
NBR [nitrile-butadiene rubber] 부타디엔과 아크릴로니트릴을 중합(重合)하여 만든 합성 고무의 하나. 내유성(耐油性)이 강함. 엔 비 아르
ND [nothing doing] 무선 전신 용어로, 성공하지 못함을 알리는 신호. 엔 디
NDB [non-directional range beacon] 무지향성 무선 표지(無指向性無線標識). 일정하지 않은 전파를 수평면 내에 발사하여 항공기의 지표(指標)가 되는 지상 시설. 엔 디 비
NED [New English Dictionary] 영국 옥스퍼드 대학이 출판한 영어 사전. 엔 이 디

NG [no good] 영화에서, 촬영이나 배우의 연기가 잘 안 됨의 뜻. 또는 그 필름. 엔 지
NGC [New General Catalogue of Nebulae and Clusters of Stars] 성운(星雲)·성단(星團)의 위치표. 1864년 제작. 엔 지 시
NGL [natural gas liquid] 천연(天然) 가솔린. 엔 지 엘
NGO [Non-Government Organization] 비정부 기구(非政府機構). 또는 비정부 단체. 국제 연합 경제 사회 이사회, 국제 연합 군축 특별 총회 등에 전세계의 900여 민간 단체가 등록하여 활동 중임. 엔 지 오
NHK [Nippon Hoso Kyokai] 일본 방송 협회. 1925년에 설립됨. 엔 에이치 케이
NICS [Newly Industrializing Countries] 신흥 공업국. 또는 중진국. 닉스
NNP [Net National Product] 국민 순생산(國民純生産). 엔 엔 피
NOC [National Olympic Committee] 국가 올림픽 위원회. 엔 오 시
NPT [(Nuclear) Non-Proliferation Treaty] 핵확산 금지 조약(核擴散禁止條約). 1970년 3월 핵무기의 확산을 막기 위해 핵보유국들과 비핵보유국들이 모여 맺은 조약. 엔 피 티
NR 數(수) [noise rating number] 소음 평가수(騷音評價數). 소음에 대한 청력 안전 기준의 단위. 엔 아르 수
NRF [프 La Nouvelle Revue Francaise] 프랑스 평론. 프랑스의 문예 잡지로 1906년에 창간됨. 엔 에르 에프
NTSC 方式(방식) [National Television System Committee] 컬러 TV 방송 방식의 하나. 미국 텔레비전 시스템 위원회에 의해 표준으로 지정된 방식. 현재 우리 나라에서 NTSC 방식을 사용함. 엔티에스시 방식

OA [office automation] 사무 자동화. 오 에이
OANA [Organization of asian News Agencies] 아시아 태평양 통신사 연맹. 오 에이 엔 에이
OAO [Orbiting Astronomical Observatory] 미국의 천체 관측 위성. 오 에이 오
OAPEC [Organization of Arab Petroleum Exporting Countries] 아랍 석유 수출국 기구. 오아펙
OAU [Organization of African Unity] 아프리카 통일 기구. 1963년 아디스아바바 헌장에 의해서 독립 아프리카 제국의 협력·연대·주권·영토의 수호, 아프리카 인민 생활의 개발의 촉진 등을 목적으로 설치한 국제 기구. 오 에이 유
OB ① [old boy] 학교를 졸업한 사람들로 구성하는 팀. 또는 그 구성원. 올드 보이. ② [out of bounds] 골프에서, 아웃 바운즈에 공을 쳐 넣는 일. 오 비
OBV [On Balance Volume] 거래량은 항상 주가(株價)에 선행한다는 것을 전제로 주가를 분석하는 방법. 오 비 브이
OCR [optical character reader] 광학(光學) 문자 판독기. 컴퓨터의 문자 입력 장치의 하나로, 인쇄물이나 이미지에 빛을 조사(照射)해 반사되는 광선의 강약을 검출하여 문자를 인식·판독하는 장치. 오 시 아르
OECD [Organization for Economic Cooperation and Development] 경제 협력 개발 기구. 세계 경제의 발전, 세계 무역의 확대 등을 목적으로 1961년 발족한 국제 기구. 오 이 시 디
OED [Oxford English Dictionary] 옥스퍼드 영어 사전. 오 이 디
OEM [original equipment manufacturing] 주문자 상표 부착 생산 방식. 계약에 의해 생산자의 상표 대신 공급 상대방의 상표를 부착하여 상품을 생산하는 일종의 하도급 생산 방식. 오 이 엠
OGL [Open General Licence] 포괄 수입 허가제. 미리 일정한 상품에 대해 포괄적인 허가를 내려 놓고 그 범위 안에서는 허가 신청 없이 자유로이 수입을 인정하는 제도. 오 지 엘
OGO [Orbiting Geophysical Observatory] 미국의 지구 물리 관측 위성. 오고
OIRT [프 Organisation Internationale de Radiodiffusion et Télévision] 국제 방송(放送) 기구. 오 이아르 티
OJT [on the job training] 직무를 수행하면서 직무를 통해 실시하는 교육 훈련. 오 제이 티
OK ['all correct'를 바꾸어 쓴 'oll korrect'의 약어임] ① 승인(承認). 허가(許可). ② 교정(校正)을 마침. 오케이
OL ① [office lady] 여자 사무원. 직장 여성. ② [overlap] 영화나 텔레비전에서, 한 화면에 다른 화면이 겹치면서 먼저 화면이 서서히 사라지게 하는 촬영법. 오 엘
OMR [optical mark reader] 광학(光學) 기호 판독기. 연필 등으로 기입한 문자나 기호를 판독하여 컴퓨터에 입력하는 장치. 오 엠 아르
OOC [Olympic Organizing Committee] 올림픽 조직 위원회. 오 오 시
OP [observation post] 관측소(觀測所). 오 피
OPEC [Organization of Petroleum Exporting Countries] 석유 수출국 기구. 오펙

OR [operations research] 기업에서 합리적 경영 방법의 연구. 오 아르

OS [operating system] 운영 체제. 컴퓨터의 운영을 보다 능률적으로 하기 위한, 프로그램의 집합체. 오 에스

PA [purchase acknowledgement] 구매 승인서(購買承認書). 피 에이

PASCAL [프 Program Appliqué la Sélection et à la Compilation Automatiques de la Littérature] 컴퓨터 프로그래밍 언어의 한 가지. 학생들에게 프로그래밍을 가르치기 위하여 개발된 언어로, 실무적인 프로그램을 만드는 데도 널리 사용됨. 파스칼

PATA [Pacific Area Travel Association] 태평양 지역 관광 협회. 파타

PATO [Pacific Area Treaty Organization] 태평양 조약 기구. 전(全)태평양 지역의 집단 방위 체제. 파토

PBC [Pyonghwa Broadcasting Corporation] 평화 방송(平和放送)의 통칭. 피 비 시

PBR [price bookvalue ratio] 주가 순자산 배율(株價純資産倍率). 피 비 아르

PC ①[personal computer] 개인용 컴퓨터. 주컴퓨터에 연결되지 않고 독립서·개별서으로도 사용할 수 있노독한 컴퓨터. ②[pre-stressed concrete] 피 에스 콘크리트. 콘크리트에 피아노선을 넣어 장력(張力)의 강도를 높인 철근 콘크리트. 피 시

PCB [polychlorinated biphenyl] 폴리 염화 비페닐. 내열성·전기 절연성이 좋고 불연성이 있어 널리 쓰였으나 독성이 강하여 환경 오염 문제로 생산이 금지되고 있음. 피 시 비

PCM [pulse code modulation] 펄스 부호 변조 방식에 의한 통신. 음성과 같은 아날로그 신호를 0과 1의 디지털 신호로 변환해서 보내는 방식. 피 시 엠

PCN [Personal Communications Network] 평생 고유 번호로 전세계 어디서나 사용이 가능한 초소형 최첨단 개인 휴대 전화. 피 시 엔

PCP [pentachlorophenol] 살균제·제초제·목재 방부제 등에 쓰이는, 백색의 분말 상태의 결정. 피 시 피

PCS ①[personal communication system] 개인 휴대 통신. ②[punch card system] 천공(穿孔) 카드 방식. 천공 카드를 사용한 정보 처리·사무 처리 방법. 피 시 에스

PD ①[producer] 연극·영화·방송 관계의 제작자. ②[program director] 방송 제작에 있어서의 연출 담당자. 피 디

PEN club [international association of poets, playwrights, editors, essayists and novelists] 국제 펜클럽. 문필(文筆)에 종사하는 사람들의 친선과 저작의 교류를 목적으로 하여 결성된 국제적인 기구. 펜클럽

PER [price earnings ratio] 주가 수익률(株價收益率). 주가를 1주당 연간 순이익으로 나눈 수치. 피 이 아르

PERT [program evaluation and review technique] 복잡한 프로젝트를 계획·통제·관리하는 방식. 피 디

PHT [put husband through] 직장 생활 등으로, 공부하는 남편의 학비를 부담하는 아내. 피 에이치 티

PIP [picture in picture] 텔레비전 화면 속에 다른 채널의 화면을 볼 수 있는 상태. 두 가지 프로그램을 동시에 볼 수 있게 한 기법임. 피 아이 피

PK [**psychokinesis**] 정신력. 정신력으로 물체를 움직이게 하는 초능력. 피 케이

PKF [**Peace-keeping Force**] 평화 유지군. 분쟁 당사국들의 요청에 따라 국제 연합의 여러 국가에서 자발적으로 차출, 파견하여 분쟁국의 평화 유지 임무를 수행하는 군대. 피 케이 에프

PKO [**Peace-keeping Operations**] 평화 유지 활동. 국제 연합이 관계 당사국의 동의를 얻어 국제 연합 평화 유지군이나 감시단 등을 현지에 파견해 휴전·정전의 감시 또는 치안 유지 임무를 수행하는 일. 피 케이 오

PLO [**Palestine Liberation Organization**] 팔레스타인 해방 기구. 이스라엘이 점령한 지역을 되찾기 위해 1964년에 결성한 팔레스타인·아랍의 반이스라엘 해방 조직. 피 엘 오

P.M., p.m. [라 post meridiem] 오후(午後). 피 엠

PNC [**Palestine National Council**] 팔레스타인 민족 평의회(評議會). 피 엔 시

PNL [**perceived noise level**] 항공기 한 대당 지각(知覺) 소음 기준. 피 엔 엘

PO [**private offering**] 장외 거래. 거래소 밖에서 행해지는 증권 거래. 피 오

POP 廣告(광고) [**point of purchase advertisement**] 구매 시점 광고. 옥외 간판·쇼윈도·점포 내의 포스터·페넌트 종류. 피 오 피 광고

POS [**point of sales**] 판매 시점 정보 관리. 전자식 금전 등록기·정찰 판독 장치 등을 컴퓨터에 연동시켜 상품 데이터를 관리하는 방식. 피 오 에스

POW [**Prisoner of War**] 포로(捕虜). 피 오 더블유

PP 加工(가공) [**permanent press**] 옷감을 수지 가공한 후 고온 고압으로 압착하여, 주름·형태를 고정시킴. 피 피 가공

ppb [**parts per billion**] 1 ppm 의 1000분의 1. 10억분의 1 단위를 나타냄. 피 피 비

PPC [**plain paper copier**] 보통 종이를 사용하는 복사기. 피 피 시

ppm [**parts per million**] 100만분의 1 비율. 1ppm=10^{-6}. 피 피 엠

PR [**public relations**] 일반 대중의 이해를 얻고 그들의 관심을 끌기 위하여 사업의 취지를 널리 알리는 선전. 피 아르

PROLOG [**Programming in Logic**] 프랑스·영국에서 개발된 컴퓨터용 고급 프로그래밍 언어. 프롤로그

PS ①[독 **Pferdestärke**] 마력(馬力). ②[**postscript**] 추신(追伸). 피 에스

PS 方式(방식) [**production-sharing system**] 개발 수입 방식의 하나. 선진국이 개발 도상국에 개발 자재와 자금·기술을 제공하고 그것에 의해 생산된 제품을 수입하는 방식. 피 에스 방식

PST [**Pacific Standard Time**] 태평양 표준시(標準時). 피 에스 티

PTA [**Parent Teacher Association**] 사친회(師親會). 피 티 에이

PVC [**polyvinyl chloride**] 폴리염화비닐. 열에 약하지만 내수성·내약품성·전기 절연성이 뛰어나 파이프·전선의 피복 등에 널리 쓰임. 피 브이 시

PWR [**pressurized water reactor**] 가압수형(加壓水型) 원자로. 경수로(輕水爐)의 하나. 섭씨 100도 이상의 온도를 받아도 끓지 않도록 압력을 가한 경수를 냉각재, 감속재로 쓰는 원자로. 발전의 동력로로 사용. 피 더블유 아르

PX [**Post Exchange**] 군매점(軍賣店). 피 엑스

Q&A [question and answer] 질문과 대답. 큐 앤드 에이

QC [quality control] 품질 관리. 보다 좋고 보다 싼 제품을 만들어 내기 위한 경영 관리의 한 수법. 큐 시

radar [radio detecting and ranging] 전파 탐지기(電波探知機). 레이더

RAM [random access memory] 컴퓨터에 사용하는 주기억 장치(主記憶裝置)의 하나로, 자료를 저장하고 읽어 오며 지울 수도 있게 만들어진 반도체 장치. 램

RAPCON [radar approach control] 항공 교통 관제. 착륙하려는 비행기를 레이더로 유도하는 방법. 랩콘

R&B [rhythm and blues] 리듬 앤드 블루스. 강렬한 리듬과 단순한 멜로디가 특징인 미국 흑인의 대중 음악. 아르 앤드 비

R&D [research and development] 연구와 개발. 기업이 기초 과학을 연구하고 그 응용 방법을 개발하여 이를 제품화하는 업무. 아르 앤드 디

remicon [ready mixed concrete] 작업장에서 바로 쓸 수 있도록 믹서차로 배합한 콘크리트. 또는 그 믹서차. 레미콘

Rh 因子(인자) [rhesus factor] 인간 혈액의 적혈구 중에 있는 응집원의 하나. 약 85%의 사람이 가지고 있음. 아르 에이치 인자

RMC [Regional Meteorological Center] 지구 기상 중추(地球氣象中樞). 아르 엠 시

RNA [ribonucleic acid] 리보 핵산. 오탄당(五炭糖)의 일종인 리보오스를 함유하는 핵산. 단백질과 결합하여 세포질 중에 있는 리보솜의 주요 성분을 이룸. 아르 엔 에이

ROK [The Republic of Korea] 대한 민국. 록

ROKA [Republic of Korea Army] 대한 민국 육군. 로카

ROM [read only memory] 컴퓨터에 내장되어 있는 주기억 장치(主記憶裝置). 기억된 내용을 임의로 바꾸거나 지울 수 없고, 오로지 기록된 자료를 읽기만 할 수 있는 반도체 장치. 롬

ROTC [Reserve Officers' Training Corps] 예비 장교 훈련단. 학생 군사 교육단. 아르 오 티 시

RR 方式(방식) [rear engine, rear drive] 자동차의 후부(後部)에 엔진을 장치하고 직접 뒷바퀴를 움직이는 방식. 아르 아르 방식

RSC [referee stop contest] 권투나 레슬링 등에서, 위험 방지를 위해 심판의 판단에 의해 시합을 중지시키는 일. 아르 에스 시

RTO [Railway Transportation Office] 군용 철도 수송 사무소. 아르 티 오

S [south] 남쪽·남극을 나타내는 부호. 에스

S size [Small size] 셔츠·블라우스 따위의 규격 중 작은 크기의 것. 에스 사이즈

SALT [Strategic Arms Limitation Talks] 전략 무기 제한 협정. 미소간의 전략 무기의 양적·질적 제

한을 위한 협정. 솔트
SB spot [station break spot announcement] 프로그램과 프로그램 사이의 시간을 이용하여 방송되는 짧은 광고나 뉴스. 에스 비 스폿
SBR [styrene-butadiene rubber] 합성 고무의 하나. 에스 비 아르
SDI [Strategic Defense Initiative] 전략 방위 구상. 우주 공간에 방위망을 구축하려는 미국의 군사 계획. '별들의 전쟁 계획'이라고도 함. 에스 디 아이
SDR [special drawing rights] 국제 통화 기금의 특별 인출권. 에스 디 아르
SF [science fiction] 공상 과학 소설. 에스 에프
SI [프 Le Système International d'Unités] 국제 단위계. 에스 아이
SLBM [submarine launching ballistic missile] 잠수함에서 발사하는 탄도탄. 에스 엘 비 엠
SLCM [submarine launching cruising missile] 잠수함 발사 순항 미사일. 에스 엘 시 엠
SMD [Sony magnetodiode] 1968년에 일본의 소니 회사가 개발한 새로운 반도체 소자. 에스 엠 디
SN 比(비) [signal to noise ratio] 전기의 입출력 신호 정도와 잡음 신호 정도의 비. 에스 엔 비
SNA 方式(방식) [System of National Accounts] 국민 경제 계산 체계. 한 나라의 경제 성장이나 부(富)를 나타내는 새로운 통계 방식. 에스 엔 에이 방식
SNOBOL [String Oriented Symbolic Language] 미국의 노벨 연구소가 개발한 컴퓨터 프로그래밍 언어의 하나. 코볼을 개선해서 만듦. 스노볼
SO [System Operator] 지역 종합 유선 방송 사업자. 구역별로 케이블 TV를 송출하는 지역 방송국. 에스 오
SOFA [Status of Forces Agreement in Korea] 한미 행정 협정 (韓美行政協定). 정식 명칭은 '대한민국과 아메리카 합중국 간의 상호 방위 조약 제4조에 의한 시설과 구역 및 대한 민국에서의 군대의 지위에 관한 협정'. 소파
SONAR [sound navigation and ranging] 음파 탐지기. 음파를 사용하여 수중 물체의 탐지·수심 측정 따위를 하는 방식의 총칭. 소나
SOS 선박·항공기 등이 조난을 당했을 때 구조를 요청하는 무선 전신 신호. 1919년 국제 무선 협회가 지정. 에스 오 에스
SP 板(판) [standard playing record] 1분간 78회전하는 레코드판. 에스 피
SPS [service propulsion system] 우주선 궤도 수정용 로켓. 달 비행용 아폴로 우주선의 동력 부분인 기계선의 으뜸 엔진. 에스 피 에스
SRAM [short range attack missile] 단거리 공격 미사일. 에스 아르 에이 엠
SRAM [static random access memory] 기억 보존 동작을 필요로 하지 않고도 수시로 읽어 내고 써 넣을 수 있는 반도체 기억 장치. 에스램
SRBM [short range ballistic missile] 단거리 탄도 유도탄. 에스 아르 비 엠
SSM [surface to surface missile] 지대지(地對地) 미사일. 에스 에스 엠
SST [supersonic transport] 초음속 제트 여객기. 시속은 마하 2~3. 에스 에스 티
STOL [short take-off and landing] 단거리 이착륙기. 짧은 활주로에서 이착륙이 가능한 항공기. 에스톨
SUM [surface to underwater missile] 함대(艦隊) 수중(水中) 유

도탄. 에스 유 엠

TASS [러 Telegrafnoe Agentsvo Sovetskovo Soyuza] 소련의 국영 국제 통신사. 1925년에 설립됨. 1992년 RIA 노보스티의 일부와 타스가 합병, 새로운 통신사로 재편됨. 타스

TAT [Thematic Apperception Test] 성격 진단 테스트 투영법의 하나. 연속된 그림을 피검자(被檢者)에게 한 장씩 보여 주고 자유롭게 감상을 말하게 하여 피검자의 심리 상태를 관찰하는 테스트. 티 에이 티

TB [tubercle bacillus] 결핵병(結核病). 티 비

TC [traveler's check] 여행자 수표. 티 시

TCDD [tetra chlor dibenzo dioxine] 맹독(猛毒)을 가지는 불용성(不溶性) 물질. 고엽제·제초제 따위의 원료로 쓰임. 티 시 디 디

TDX [time division exchange] 국산 전(全)전자식 교환기. 1984년 우리 나라에서 개발되어 현재 세계적인 전화 교환기로 부상하고 있음. 티 디 엑스

TEE [Trans Europe Express] 유럽 횡단 국제 특급 열차. 유럽 7개국의 약 90개 주요 도시를 연결하여 직통 운행되는 급행 열차. 1957년에 개통됨. 티 이 이

TGV [프 Train à Grande Vitesse] 프랑스 국유 철도의 초고속 열차. 테 제 베

TKO [technical knockout] 권투에서, 실력 차이가 많이 날 때, 심판이 시합 도중에 승패를 결정짓는 일. 티 케이 오

TNT [trinitrotoluene] 톨루엔을 강하게 니트로화(化)하여 얻는 고성능(高性能)의 폭약. 티 엔 티

TO [table of organization] ① 조직표(組織表). 편성표. ② 정원(定員). 티 오

TOEFL [Test of English as Foreign Language] 미국 등 영어를 공용어로 사용하고 있는 나라에 유학하려는 사람을 위한 영어 시험. 토플

TOEIC [Test of English for International Communication] 영어를 국어(國語)로 사용하지 않는 나라에서 국제적인 의사 소통을 위하여 실시되는 영어 시험. 토익

TQC [total quality control] 종합적 품질 관리. 티 큐 시

TRS [Trunked Radio System] 주파수 공용 통신. 동시에 여러 사람이 그룹 통화를 할 수 있는 통신. 티 아르 에스

TT [telegraphic transfer] 전신(電信)에 의한 환(換)·송금(送金). 티 티

TTC [total traffic control] 열차 운행 종합 제어 장치. 티 티 시

TTL camera [through the lens camera] 촬영 렌즈를 통하여 들어온 빛으로 노출을 측정하는 장치를 한 카메라. 티 티 엘 카메라

TUC [Trades Union Congress] 영국 최대의 산업별 노동 조합 연합체. 1868년에 결성됨. 티 유 시

TTT [time temperature tolerance] 허용 온도 시간. 식품의 신선도가 일정 온도에 의해 몇 시간 유지되는가를 나타내는 수치. 티 티 티

TV [television] 텔레비전. 티 브이

UCC [Universal Copyright Convention] 세계 저작권 협약(世界著

作權協約). 문학·음악·미술 및 지적인 작품을 포함한 저작물에 관하여 저자와 저작권을 가진 사람의 권리를 보호하는 국제 조약. 우리 나라는 1987년에 가입함.

UDT [underwater demolition team] 수중(水中) 파괴반. 유 디 티

UFO [unidentified flying object] 미확인 비행 물체. 비행 접시. 유 에프 오

UICC [라 Unio Internationalis Contra Concrum] 국제 대암(對癌) 연합. 암 연구를 위한 국제 학술 단체. 유 아이 시 시

UK [United Kingdom of Great Britain and Northern Ireland] 영국(英國). 유 케이

UL [Underwriter's Laboratories] 미국 보험업자 협회가 관장하는 세계 최대의 전기와 전자 분야 공업 규격. 이 규격에 합격하지 못하면 이 분야의 미국 시장 진출이 사실상 불가능함. 유 엘

ULSI [ultra large scale integration] 초고밀도 집적 회로. 하나의 칩에 100만 개 이상의 소자를 집적하여 만든 집적 회로(IC). VLSI보다 집적도(集積度)가 한 단계 높음. 유 엘 에스 아이

ULM [Ultra Light Machine] 초경량(超輕量) 항공기. 유 엘 엠

UMP [upper mantle project] 지구 내부(地球內部) 개발 계획. 유 엠 피

UN [United Nations] 국제 연합. 1945년에 설립됨. 유 엔

UNC [United Nations Charter] 국제 연합 헌장. 국제 연합의 근본 조직과 기본적 활동의 원칙을 정하고 있는 근본법으로 1945년에 제정됨. 유 엔 시

UNCTAD [UN Conference on Trade and Development] 국제 연합 무역 개발 회의. 운크타드

UNDP [United Nations Development Program] 국제 연합 개발 계획. 유 엔 디 피

UNEP [United Nations Environment Program] 국제 연합 환경 계획. 환경 보호를 목적으로 하는 국제 연합 기구. 환경을 훼손하지 않고 경제 개발을 할 수 있도록 하는 방안을 강구하고 이를 각국에 권하는 일을 함. 유 엔 이 피

UNESCO [United Nations Educational, Scientific and Cultural Organization] 국제 연합 교육 과학 문화 기구. 여러 국가간의 교육·과학·문화적 협력으로 세계 평화와 안전 보장에 기여하는 것이 목적임. 유네스코

UNICEF [United Nations International Children's Emergency Fund] 국제 연합 아동 기금. 개발 도상국 어린이들의 구제와 복지 향상을 목적으로 함. 유니세프

UNKRA [United Nations Korean Reconstruction Agency] 6·25 전쟁 후의 한국의 경제 부흥·재건을 돕기 위해 1950년 국제 연합 총회의 결의로 창설된 원조 기관. 1958년에 해체됨. 운크라

UNSC [United Nations Security Council] 국제 연합 안전 보장 이사회. 유 엔 에스 시

UPI [United Press International] AP와 더불어 미국의 2대 통신사의 하나. 유 피 아이

UPS [uninterruptable power supply] 무정전 전원 장치. 컴퓨터의 전원이 중단될 경우, 일정 시간 동안 전력을 공급해 주는 보조 전력 공급 장치. 유 피 에스

UPU [Universal Postal Union] 만국 우편 연합. 1875년에 창립되었으며 본부는 스위스의 베른. 유 피 유

US [United States] 미국. 유 에스
USA ①[United States of America] 아메리카 합중국. ②[United States Army] 미국 육군(陸軍). ③[Union of South Africa] 남아프리카 연방. 유 에스 에이
USO [unknown swimming object] 미지의 수영(水泳) 물체. 곧 스코틀랜드 네스 호의 괴물 네시의 일컬음. 유 에스 오
USM [underwater-to-surface] 수중 대지(對地) 미사일. 유 에스 엠
UT [universal time] 세계 표준시(時). 그리니치 평균시와 같음. 유 티
UTC [universal time coordinated] 원자 시계를 기초로 하여, 국제적으로 협정된 방법으로 정해진 세계시(世界時). 유 티 시
UUM [underwater-to-underwater missile] 수중대(水中對) 수중 미사일. 유 유 엠
UV [ultraviolet rays] 자외선(紫外線). 유 브이

VAN [value added network] 부가 가치 통신망. 민간 사업자가 공중 통신망을 이용해 부가 가치가 높은 서비스를 하는 통신망. 밴
VCR [video cassette recorder] 비디오 카세트 녹화 재생 장치. 브이 시 아르
VDP [video disk player] 레이저 광선을 이용해 특수 제조된 디스그에 레이저 광선을 쬐어 영상과 음향을 텔레비전 화면에 재생시키는 장치. 브이 디 피
VDT [visual display terminal] 컴퓨터 단말기와 같이 화면을 볼 수 있게 되어 있는 단말기. 브이 디 티

VE [value engineering] 가치 공학(價値工學). 제품이나 서비스 기능의 향상과 생산 원가 인하를 실현하려는 경영 관리 수단으로, 제품의 가치를 기술적·공학적으로 조사 분석하는 기법. 브이 이
VHF [very high frequency] 초단파(超短波). 주파수 30∼300 메가헤르츠의 전파. 텔레비전 및 에프엠(FM) 방송에 이용됨. 브이 에이치 에프
VIP [very important person] 가장 중요한 인물. 정부 요인·국빈·황족 등 특별 대우를 필요로 하는 사람. 브이 아이 피
VLF [very-low-frequency] 초장파(超長波). 주파수 13∼30 킬로헤르츠, 파장 10km 이상의 전자기(電磁氣). 브이 엘 에프
VLSI [very large scale integration, very large scale integrated circuit] 초대규모 집적 회로, 초고밀도 집적 회로. 칩당 소자수(집적도)가 100,000개 이상의 반도체 집적 회로(IC). 1칩에 1만 게이트(gate) 이상의 것을 말함. 브이 엘 에스 아이
VM record [variable micrograde record] 1분간에 78회전하는 장시간 레코드. 한쪽 면의 연주 시간은 8분. 브이 엠 레코드
VMS [virtual memory system] 가상 기억 장치 시스템. 컴퓨터가 장착하고 있는 주기억 장치보다도 큰 용량의 기억 공간을 제공하기 위한 기술.
VOA [Voice of America] 미국의 해외 방송. 미국의 소리. 브이 오 에이
VTOL [vertical take-off and landing aircraft] 수직 이착륙기(垂直離着陸機). 브이톨
VTR [video tape recorder] 자기 녹화 재생 장치(磁器錄畫再生裝置). 텔레비전의 화면 신호를 비디오 테이프에 기록하거나 재생하는 장치. 브이 티 아르

W [west] 자석이나 컴퍼스에서 서쪽을 나타내는 기호. 더블유

WBA [World Boxing Association] 세계 권투 협회. 전미(全美) 복싱 협회(NBA)의 후신(後身)임. 본부는 호놀룰루. 더블유 비 에이

WBC [World Boxing Council] 세계 권투 평의회. 본부는 멕시코시티. 더블유 비 시

WC [water closet] 화장실. 수세식 변소. 더블유 시

WCC [World Council of Churches] 세계 교회 협의회. 더블유 시 시

WCOTP [World Confederation of Organization of the Teaching Profession] 세계 교직(敎職) 단체 총연합. 더블유 시 오 티 피

WEU [Western European Union] 서유럽 동맹. 1955년에 발족됨. 더블유 이 유

WFC [World Food Council] 세계 식량 이사회. 1974년에 설립됨. 더블유 에프 시

WFTU [World Federation of Trade Unions] 세계 노동 조합 연맹. 1945년에 결성되었으며 본부는 프라하. 더블유 에프 티 유

WHO [World Health Organization] 세계 보건(保健) 기구. 1948년에 발족됨. 더블유 에이치 오

WTO [World Trade Organization] 세계 무역(貿易) 기구. 더블유 티 오

WWF [World Wildlife Fund] 세계 야생 생물 기금(野生生物基金). 1961년 영국에서 설립함. 더블유 더블유 에프

X [experimental] 항공기의 분류에서, 계획·연구·실험 단계에 있는 기종(機種)을 나타내는 기호. 차세대(次世代)의 뜻. 엑스

XXX 무선 전신에 의한 만국 공통의 긴급 신호. 에스 오 에스(SOS) 다음가는 제2급의 위난(危難)에 발신함. 엑스 엑스 엑스

YMCA [Young Men's Christian Association] 기독교 청년회. 1844년 영국에서 창설됨. 와이 엠 시 에이

YWCA [Young Women's Christian Association] 기독교 여자 청년회. 1894년에 창설됨. 와이 더블유 시 에이

Z

ZETA [zero energy thermonuclear assembly] 제어(制御) 열핵반응 실험 장치. 1958년 설립. 제타

ZD 運動(운동) [zero defects] 무결점(無缺點) 운동. 종업원에게 계속적으로 바른 작업을 할 동기를 부여함으로써, 생산에 결함이 없게 하여 제품과 서비스에 신뢰도를 높이고 낮은 생산 원가와 납기 엄수를 실현하여 고객 만족도를 높이려는 운동. 제트 디 운동

국어 한자어/외래어 실용사전

판 권
본사소유

2000년 1월 25일 초판 발행
2026년 1월 10일 15쇄 인쇄
2026년 1월 25일 15쇄 발행

편　자　국어 실용사전 편찬 연구회
발행인　양　진　오
인　쇄　교학사 공무부
발행처　**(주)교학사**
　　　　서울특별시 마포구 마포대로14길 4
전　화　영업 (02) 707-5147
　　　　편집 (02) 707-5350
등　록　1962. 6. 26 (18 - 7)

정가 32,000원

친 척

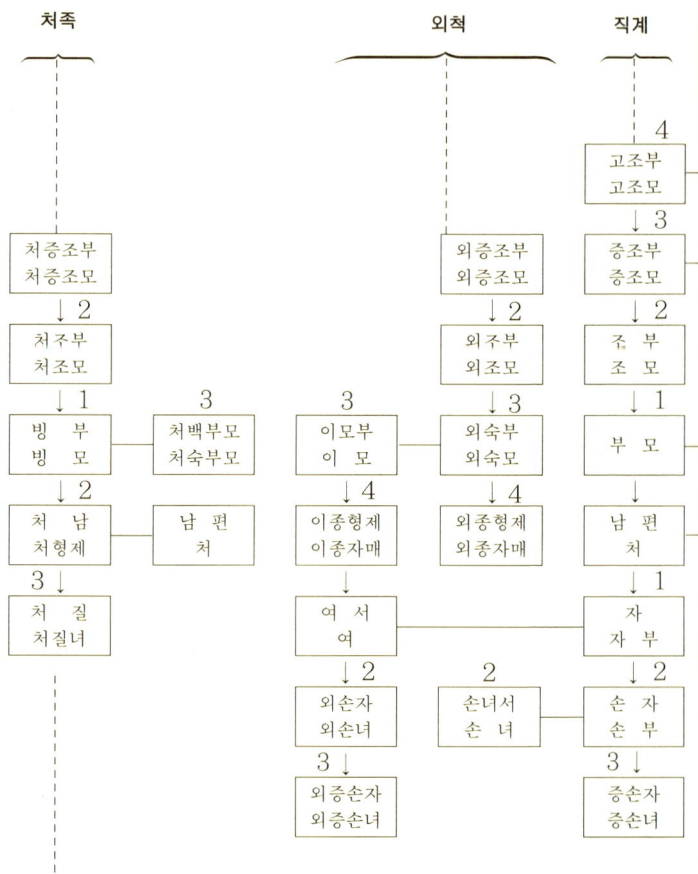

白 흰백
皮 가죽피
皿 그릇명
目 눈목
矛 창모
矢 화살시
石 돌석
示(礻) 보일시
禸 자귀유
禾 벼화
穴 구멍혈
立 설립
四(网) 그물망
衤 옷의변

六 획

竹 대죽머리
米 쌀미
糸 실사
缶 장군부
网 그물망
羊 양양
羽 깃우
老 늙을로
而 말이을이
耒 가래뢰
耳 귀이
聿 붓율
肉 고기육
臣 신하신
自 스스로자
至 이를지
臼 절구구
舌 혀설
舛 어그러질천
舟 배주
艮 간괘간
色 빛색
艸 초두
虍 범호
虫 버러지훼
血 피혈
行 다닐행
衣 옷의
西 덮을아

七 획

見 볼견
角 뿔각
言 말씀언
谷 골곡
豆 콩두
豕 돼지시
豸 갖은돼지시
貝 조개패
赤 붉을적
走 달릴주
足 발족
身 몸신
車 수레거
辛 매울신
辰 별진
辵 책받침
邑 고을읍(우부방)
酉 닭유
釆 분별할변
里 마을리

八 획

金 쇠금
長 긴장
門 문문
阜 언덕부(좌부방)
隶 미칠이
隹 새추
雨 비우
靑 푸를청
非 아닐비

九 획

面 낯면
革 가죽혁
韋 가죽위
韭 부추구
音 소리음
頁 머리혈
風 바람풍
飛 날비
食 밥식
首 머리수
香 향기향

十 획

馬 말마
骨 뼈골
高 높을고
髟 터럭발
鬥 싸울투
鬯 술창
鬲 솥력
鬼 귀신귀

十一 획

魚 물고기어
鳥 새조
鹵 소금밭로
鹿 사슴록
麥 보리맥
麻 삼마

十二 획

黃 누를횡
黍 기장서
黑 검을흑
黹 바느질치

十三 획

黽 맹꽁이맹
鼎 솥정
鼓 북고
鼠 쥐서

十四 획

鼻 코비
齊 가지런할제

十五 획

齒 이치

十六 획

龍 용룡
龜 거북귀

十七 획

龠 피리약